DIREITO ADMINISTRATIVO

O GEN | Grupo Editorial Nacional – maior plataforma editorial brasileira no segmento científico, técnico e profissional – publica conteúdos nas áreas de concursos, ciências jurídicas, humanas, exatas, da saúde e sociais aplicadas, além de prover serviços direcionados à educação continuada.

As editoras que integram o GEN, das mais respeitadas no mercado editorial, construíram catálogos inigualáveis, com obras decisivas para a formação acadêmica e o aperfeiçoamento de várias gerações de profissionais e estudantes, tendo se tornado sinônimo de qualidade e seriedade.

A missão do GEN e dos núcleos de conteúdo que o compõem é prover a melhor informação científica e distribuí-la de maneira flexível e conveniente, a preços justos, gerando benefícios e servindo a autores, docentes, livreiros, funcionários, colaboradores e acionistas.

Nosso comportamento ético incondicional e nossa responsabilidade social e ambiental são reforçados pela natureza educacional de nossa atividade e dão sustentabilidade ao crescimento contínuo e à rentabilidade do grupo.

MARIA SYLVIA ZANELLA DI PIETRO

DIREITO ADMINISTRATIVO

38ª edição revista, atualizada e ampliada

■ A autora deste livro e a editora empenharam seus melhores esforços para assegurar que as informações e os procedimentos apresentados no texto estejam em acordo com os padrões aceitos à época da publicação, e todos os dados foram atualizados pela autora até a data de fechamento do livro. Entretanto, tendo em conta a evolução das ciências, as atualizações legislativas, as mudanças regulamentares governamentais e o constante fluxo de novas informações sobre os temas que constam do livro, recomendamos enfaticamente que os leitores consultem sempre outras fontes fidedignas, de modo a se certificarem de que as informações contidas no texto estão corretas e de que não houve alterações nas recomendações ou na legislação regulamentadora.

■ Fechamento desta edição: 20.12.2024

■ A Autora e a editora se empenharam para citar adequadamente e dar o devido crédito a todos os detentores de direitos autorais de qualquer material utilizado neste livro, dispondo-se a possíveis acertos posteriores caso, inadvertida e involuntariamente, a identificação de algum deles tenha sido omitida.

■ **Atendimento ao cliente:** (11) 5080-0751 | faleconosco@grupogen.com.br

■ Direitos exclusivos para a língua portuguesa
Copyright © 2025 by **Editora Forense Ltda.**
Uma editora integrante do GEN | Grupo Editorial Nacional
Travessa do Ouvidor, 11
Rio de Janeiro – RJ – 20040-040
www.grupogen.com.br

■ Reservados todos os direitos. É proibida a duplicação ou reprodução deste volume, no todo ou em parte, em quaisquer formas ou por quaisquer meios (eletrônico, mecânico, gravação, fotocópia, distribuição pela Internet ou outros), sem permissão, por escrito, da Editora Forense Ltda.

■ Capa: Daniel Kanai

■ **CIP-BRASIL. CATALOGAÇÃO NA PUBLICAÇÃO**
SINDICATO NACIONAL DOS EDITORES DE LIVROS, RJ

D524d
38. ed.

Di Pietro, Maria Sylvia Zanella, 1943-
Direito administrativo / Maria Sylvia Zanella Di Pietro. - 38. ed., rev. e atual. - [2. Reimp.] - Rio de Janeiro : Forense, 2025.
1048 p. ; 24 cm.

Inclui bibliografia
índice remissivo
ISBN 978-85-3099-592-8

1. Direito administrativo - Brasil. I. Título.

24-95230

CDU: 342.9(81)

Gabriela Faray Ferreira Lopes - Bibliotecária - CRB-7/6643

Ao Professor José Cretella Júnior, pela amizade, pelo incentivo e pelo apoio de valor inestimável.

Sobre a Autora

Professora titular aposentada de Direito Administrativo na Faculdade de Direito da Universidade de São Paulo. Procuradora do Estado de São Paulo, aposentada. Autora também dos livros *Discricionariedade administrativa na Constituição de 1988*; *Parcerias na Administração Pública*; *Direito Administrativo – Pareceres*; e *Uso privativo de bem público por particular*. Coautora de *Servidores públicos na Constituição de 1988,* coordenadora de *Supremacia do interesse público e de Licitações e Contratos Administrativos*, todos publicados pelo GEN | Grupo Editorial Nacional. Doutora *honoris causa* pela Faculdade de Direito da Universidade Federal de Goiás. Membro da Academia Brasileira de Letras Jurídicas.

Nota da Autora à 38ª Edição

Nesta edição, foi feita revisão de toda a legislação citada na obra, mais uma vez com a colaboração de Sandra Zanella Caramelo. Também foi acrescentada jurisprudência relevante sobre os temas tratados no livro, em especial do STF e do STJ.

As principais alterações são as seguintes: no capítulo 1, ao tratar das transformações do direito administrativo brasileiro, foi introduzido um item sobre inovações tecnológicas, que aponta os fundamentos constitucionais e as cautelas que devem ser observadas no uso da inteligência artificial pelos órgãos públicos; no capítulo 8, pertinente a contratos administrativos, foram novamente feitas referências às alterações introduzidas na Lei de Licitações e Contratos Administrativos (Lei nº 14.133/2021) pela Lei nº 14.770, de 22-12-2023; no mesmo capítulo, foram incluídas referências aos Decretos que dispõem sobre garantias trabalhistas a serem observadas na execução dos contratos administrativos no âmbito da Administração Pública Federal, e sobre transferência de recursos da União mediante convênios e contratos de repasse. No capítulo 9, que trata das licitações, foram incluídos os Decretos que cuidam da margem de preferência no âmbito da Administração Pública Federal e sobre o credenciamento. Além disso, foi feita referência à Lei nº 14.981, de 20-9-2024, que prevê medidas excepcionais para a aquisição de bens e contratação de obras e de serviços, inclusive de engenharia, destinados ao enfrentamento de impactos decorrentes de estado de calamidade pública. No capítulo 13, referente aos agentes públicos, foi comentada a Lei nº 14.965, de 9-9-2024, que dispõe sobre concursos públicos, e foram introduzidas as alterações decorrentes da Emenda Constitucional nº 135, de 20-12-2024. No capítulo 16, sobre bens públicos, foi comentada a Lei nº 14.701, de 20-10-2023, que regula o art. 231 da Constituição Federal, prevendo e disciplinando três categorias de terras indígenas.

Nota Introdutória

A Nota Introdutória deste livro foi escrita quando da publicação da primeira edição, em 1990.

Já naquela época ressaltávamos que o direito administrativo, desde o seu nascimento, com o Estado de Direito, vinha sofrendo a ampliação do seu conteúdo e frequentes mutações, intensificadas, no direito brasileiro, com a entrada em vigor da Constituição de 1988.

Isto se explica, de um lado, pelo sensível acréscimo das funções assumidas pelo Estado como consequência das crescentes necessidades coletivas nos âmbitos econômico e social. O conceito de serviço público ampliou-se para abranger serviços sociais, comerciais e industriais, antes privativos do particular; o poder de polícia estendeu-se a áreas onde antes não se fazia necessário, como a proteção ao meio ambiente e a defesa do consumidor; a atuação do Estado estendeu-se, também, à esfera da atividade econômica de natureza privada.

Paralelamente, no entanto, a nova Constituição trouxe princípios inovadores que refletem o espírito democrático que norteou a sua elaboração; nota-se a preocupação em restringir a autonomia administrativa, aumentando o controle dos demais Poderes sobre a Administração Pública e inserindo a participação popular na função fiscalizadora.

O direito administrativo assume, pois, feição nova. Não é fácil discorrer sobre ele, porque a fase é de aprendizado, de interpretação, de assimilação de novos conceitos e princípios; o momento é de elaboração legislativa, doutrinária e jurisprudencial; muita coisa há por fazer.

A dificuldade não pode, porém, deter ou atemorizar quem exerceu a função de Procurador do Estado por 24 anos e fez do estudo do direito administrativo objeto de trabalho no dia a dia, na difícil missão de defesa da legalidade administrativa, combinada com o exercício do Magistério na mesma área.

Vivemos o direito administrativo cotidianamente e acompanhamos a sua constante evolução, facilmente perceptível pela quantidade de leis e regulamentos que se editam nessa área, revelando um aspecto de flexibilidade que lhe é próprio e inevitável em face da dinâmica dos interesses públicos que a Administração deve atender.

O livro cuida dos vários temas do direito administrativo, começando pelo seu conceito, origem e objetivo, passando para o exame da Administração Pública em sentido objetivo (serviço público, poder de polícia, atos e contratos, licitação) e em sentido subjetivo (pessoas jurídicas, órgãos e agentes públicos) para, a seguir, analisar os instrumentos de atuação (processo administrativo e bens públicos), deixando para a parte final a matéria relativa ao controle, já que este incide sobre vários aspectos da atuação administrativa.

Esse foi o texto original da Nota Introdutória, escrita no ano de 1990.

No entanto, a partir da 35ª edição do livro (que dobrou de tamanho em 30 anos), a autora sentiu que era o momento de ampliar a Nota Introdutória, tendo em vista que, ao contrário das projeções feitas por aqueles que anteviam o fim do direito administrativo (principalmente pela busca de institutos do direito privado), esse ramo do direito foi um dos que mais cresceu nos últimos anos. E isso não ocorreu apenas no direito brasileiro, já que este apenas acompanhou as tendências do direito comunitário europeu e também do sistema da *common law*. Além disso, o direito administrativo, desde as origens, vem acompanhando a evolução do constitucionalismo e do Estado de Direito. E a Constituição de 1988 não para de ser alterada por sucessivas emendas, que já ultrapassam o número de cem. Essas emendas, por sua vez, vêm acompanhadas de legislação infraconstitucional que lhes dá aplicação, muitas delas regulando matérias que se inserem no âmbito de estudo do direito administrativo.

Este livro vem sendo atualizado anualmente, revelando, de forma incontroversa, o crescimento, o aperfeiçoamento, o desenvolvimento do direito administrativo, que ora se aproxima do direito privado (levando alguns a falarem em fuga do direito público), ora é influenciado pelo direito constitucional (permitindo falar em constitucionalização do direito administrativo).

O crescimento do direito administrativo é fácil de ser comprovado pela comparação entre as matérias que constavam da edição original e as que foram sendo acrescentadas nas edições posteriores: lei geral de licitações de 1993, seguida da lei do pregão e da lei do regime diferenciado de contratação, agora substituídas pela Lei nº 14.233/21; lei de concessões e permissões de serviços públicos, dando aplicação ao art. 175 da Constituição, seguida das leis estaduais que disciplinaram esses tipos de contratos, e depois enriquecida pela lei das parcerias público-privadas (concessão patrocinada e concessão administrativa), também sob a égide do mesmo preceito constitucional; legislação sobre consórcios públicos e convênios, fundamentada no art. 241 da Constituição, alterado pela Emenda Constitucional nº 19/98; o tema da terceirização, fundada no art. 37, XXI, da Constituição; o Regime Diferenciado de Contratação, instituído para facilitar as contratações necessárias à efetivação das olimpíadas e que depois acabou sendo estendido a outras espécies contratuais; a introdução da figura da agência reguladora, que assumiu, em grande parte, as atribuições do Estado regulador referido no art. 174 da Constituição; a previsão das agências executivas, para designar as entidades da administração indireta que firmam contrato de gestão com o poder público em busca de maior autonomia; o chamado contrato de gestão, depois denominado de contrato de desempenho, dando aplicação ao art. 37, § 8º, da Constituição, introduzido pela Emenda Constitucional nº 19/98; a legislação sobre o terceiro setor (organizações sociais, organizações da sociedade civil de interesse público e organizações da sociedade civil) e as parcerias com o poder público; a reforma administrativa levada a efeito pela Emenda Constitucional nº 19/98 e a reforma da previdência, iniciada com a Emenda nº 20/98 e alterada por emendas posteriores; a nova reforma da previdência efetuada pela Emenda nº 103/19, seguida de medidas de igual natureza nos âmbitos estadual e municipal; a legislação sobre improbidade administrativa, vigente desde 1992 e agora alterada por lei de 2021; lei anticorrupção; meios alternativos de resolução de conflitos (mediação, arbitragem e autocomposição de conflitos); alterações da Lei de Introdução às Normas do Direito Brasileiro – LINDB – pela Lei nº 13.655/18, com profundos reflexos no regime jurídico administrativo; Lei de Processo Administrativo federal, acompanhada de leis estaduais e municipais que deram aplicação ao princípio do devido processo legal, previsto no art. 5º, LV, da Constituição; legislação sobre a proteção e defesa dos usuários de serviços públicos, em cumprimento ao art. 37, § 3º, da Constituição, alterado pela Emenda Constitucional nº 19/98.

Alguns desses temas podem dar a impressão de que vem ocorrendo a fuga para o direito privado. É o caso das parcerias do poder público com a iniciativa privada para desempenho de atribuições próprias do Estado, como ocorre com as concessões de serviços públicos, as parcerias público-privadas, as parcerias com o terceiro setor, as concessões e permissões de uso de bens públicos. No entanto, embora as atividades passem a ser executadas por pessoas jurídicas privadas, que não integram a Administração Pública direta ou indireta, o regime jurídico a que se submetem é híbrido, porque as relações que estabelecem com o poder público regem-se inteiramente pelo direito público. Trata-se de institutos que constituem objeto de estudo do direito administrativo e são tratados nos vários manuais que se dedicam ao estudo desse ramo do direito público.

A Autora

Obras da Autora

Livros

1. *Servidão administrativa.* São Paulo: Revista dos Tribunais, 1978.
2. *Uso privativo de bem público por particular.* 3. ed. São Paulo: Atlas, 2014.
3. *Do direito privado na administração pública.* São Paulo: Atlas, 1989.
4. *Direito administrativo.* 37. ed. Rio de Janeiro: Forense, 2024.
5. *Discricionariedade administrativa na Constituição de 1988.* 3. ed. São Paulo: Atlas, 2012.
6. *Temas polêmicos sobre licitações e contratos.* 5. ed. São Paulo: Malheiros, 2001 (em coautoria).
7. *Parcerias na administração pública: concessão, permissão, franquia, terceirização, parceria público-privada e outras formas.* 13. ed. Rio de Janeiro: Forense, 2021.
8. *Direito regulatório.* Temas polêmicos (organizadora). 2. ed. Belo Horizonte: Fórum, 2004.
9. *Supremacia do interesse público e outros temas relevantes do direito administrativo* (coordenação, juntamente com Carlos Vinícius Alves Ribeiro). São Paulo: Atlas, 2010.
10. *Servidores públicos na Constituição de 1988.* 3. ed. São Paulo: Atlas, 2015 (em coautoria com Fabrício Motta e Luciano de Araújo Ferraz).
11. *Direito privado administrativo* (organização). São Paulo: Atlas, 2013.
12. *Tratado de direito administrativo* (coordenação). 3. ed. São Paulo: Revista dos Tribunais, 2022. 7 volumes.
13. Teoria geral e princípios do direito administrativo. In: DI PIETRO, Maria Sylvia Zanella. *Tratado de direito administrativo.* 3. ed. São Paulo: Revista dos Tribunais, 2022. v. 1, Parte I, p. 31-253.
14. Administração Pública e servidores públicos. In: DI PIETRO, Maria Sylvia Zanella. *Tratado de direito administrativo.* São Paulo: Revista dos Tribunais, 2022, v. 2, Parte I, capítulo 9, p. 299-357, e Parte II, p. 361-615.
15. *Direito administrativo* – Pareceres. São Paulo: Forense, 2015.
16. *Teses jurídicas dos tribunais superiores.* (coordenação juntamente com Irene Patrícia Nohara). Direito Administrativo, v. I, II e III. São Paulo: Revista dos Tribunais, 2017.
17. *Lei anticorrupção comentada* (coordenação em conjunto com Thiago Marrara). 4. ed. Belo Horizonte: Fórum, 2024.
18. *Licitações e contratos administrativos.* Inovações da Lei 14.133, de 1º de abril de 2021 (coordenação). Rio de Janeiro: Forense, 2021.
19. *Manual de licitações e contratos administrativos.* Lei 14.133, de 1º de abril de 2021 (coordenação). 3. ed. Rio de Janeiro: Forense, 2023.

Artigos e Pareceres

1. Cremação de cadáveres. *Revista da Procuradoria Geral do Estado*, São Paulo, v. 7, p. 213-302, dez. 1975.
2. Autarquias. Regime de dedicação exclusiva. Ilegalidade. *Revista da Procuradoria Geral do Estado*, São Paulo, v. 11, p. 535-543, dez. 1977.

3. Tribunal de Contas. Fundações públicas. *Revista da Procuradoria Geral do Estado*, São Paulo, v. 12, p. 619-629, jun. 1978.
4. As competências no Estado Federal. *Revista da Procuradoria Geral do Estado*, v. 13/15, p. 237-262, dez. 1978-1979.
5. Isenção de tarifas relativas às travessias por balsas. Preço público. *Boletim da Procuradoria Geral do Estado*, São Paulo, v. 3, p. 659-661, ago. 1979.
6. Natureza dos bens das empresas estatais. *Revista da Procuradoria Geral do Estado*, São Paulo, v. 30, p. 173-186.
7. Fundações públicas. *Revista de Informação Legislativa*, ano 26, nº 101, p. 173-182, jun./mar. 1989.
8. Conceito e princípios da licitação. *Boletim de Licitação e Contratos*, p. 73-80, dez. 1988.
9. A gestão do patrimônio imobiliário do Estado. *Cadernos Fundap*, ano 9, nº 17, p. 55-65, dez. 1989.
10. Concurso público. Natureza jurídica da importância paga para fins de inscrição. *Boletim da Procuradoria Geral do Estado*, v. 12, p. 198-200, jun. 1988.
11. Da exigência de concurso público na Administração Indireta. *RDP* nº 93, p. 129-132.
12. Sociedade de economia mista. Incorporação. Necessidade de autorização legislativa. *Boletim de Direito Administrativo*, ano 6, nº 11, p. 599-603, nov. 1990.
13. Contratação de professores estrangeiros perante a Constituição Federal de 1988. *RDP* nº 97, p. 76-80, 1991.
14. Fundação. Personalidade de direito privado. Admissão de pessoal. *Boletim de Direito Administrativo*, ano 7, nº 10, p. 561-564, out. 1991.
15. Funcionário público. Acumulação de cargos e funções. Proventos. *Boletim de Direito Administrativo*, nº 10, p. 561-564, out. 1991.
16. Polícia do meio ambiente. *Revista Forense*, v. 317, p. 179-187, 1992.
17. Participação popular na Administração Pública. *Revista Trimestral de Direito Público*, v. 1, p. 127-139.
18. Processo administrativo. Garantia do administrado. *Revista de Direito Tributário*, nº 58, p. 113-139, out./dez. 1991.
19. Servidor público. Incompetência da Justiça do Trabalho para julgar dissídios de servidores públicos estatutários. Comentários a acórdão do STF. *Revista de Direito do Trabalho*, nº 4, p. 379-385, abr. 1993.
20. Responsabilidade administrativa do servidor público. *Revista de Direito Administrativo Aplicado*, v. 4, p. 29-36, mar. 1995.
21. Fundação governamental. Personalidade de direito privado. *Revista de Direito Administrativo Aplicado*, v. 3/784-794, mar. 1994.
22. Da franquia na Administração Pública. *Boletim de Direito Administrativo*, nº 3, p. 131-151, mar. 1995, e *Revista de Direito Administrativo*, v. 199, p. 131-140, jan./mar. 1995.
23. Responsabilidade do Estado por ato jurisdicional. *Revista de Direito Administrativo*, v. 198, p. 85-96, out./dez. 1994.
24. Mandado de segurança: ato coator e autoridade coatora. In: GONÇALVES, Aroldo Plínio (Coord.). *Mandado de Segurança*. Belo Horizonte: Del Rey, 1996.
25. Coisa julgada. Aplicabilidade a decisões do Tribunal de Contas da União. *Revista do Tribunal de Contas da União*, v. 27, nº 70, p. 23-36, out./dez. 1996.
26. As carreiras jurídicas e o controle da Administração Pública. *Revista Jurídica de Osasco*, v. 3, p. 59-68, 1996.
27. Contratos de gestão. Contratualização do controle administrativo sobre a administração indireta e sobre as organizações sociais. *Revista da Procuradoria Geral do Estado de São Paulo*, v. 45-46, p. 173-194, jan./dez. 1996.
28. Advocacia pública. *Revista Jurídica da Procuradoria Geral do Município de São Paulo*, v. 3, p. 11-30, dez. 1996.

29. Necessidade de motivação do ato de dispensa de servidor celetista. *Revista Trimestral de Direito Público*, v. 13, p. 74-76, 1996.
30. O sistema de parceria entre os setores público e privado. *Boletim de Direito Administrativo*, São Paulo: NDJ, nº 9, p. 586-590, set. 1997.
31. A Reforma Administrativa e os contratos de gestão. *Revista Licitar*, ano 1, nº 4, p. 10-19, out. 1997.
32. O que muda na remuneração dos servidores? (subsídios). *Boletim de Direito Administrativo*, São Paulo: NDJ, nº 7, p. 421-428, jul. 1998.
33. A defesa do cidadão e da res publica. *Revista do Serviço Público*, Fundação Nacional Escola Nacional de Administração Pública, ano 49, nº 2, p. 127-132, abr./jun. 1998.
34. 500 anos de direito administrativo. *Cadernos de Direito e Cidadania II* – Instituto de Estudos de Direito e Cidadania. São Paulo: Artchip, 2000, p. 39-69.
35. *Reforma administrativa*. Anais da XVII Conferência Nacional da OAB. Rio de Janeiro, v. 1, p. 579-587.
36. Teto salarial posterior à Emenda Constitucional nº 19/98. *Boletim de Direito Administrativo*, São Paulo: NDJ, nº 12, p. 893-903, dez. 2000.
37. Previdência Social do servidor público. *Revista Trimestral de Direito Público*, São Paulo, v. 26, p. 168-185, 1999.
38. Agências executivas, agências reguladoras e organizações sociais. *Boletim de Direito Municipal*, São Paulo: NDJ, nº 12, p. 745-767, dez. 2000.
39. Atos administrativos. Elementos. Poder discricionário face ao princípio da legalidade. *Boletim de Direito Municipal*, São Paulo: NDJ, nº 11, p. 669-691, 2000.
40. *Comentários à Lei de Responsabilidade Fiscal* (arts. 18 a 28). In: MARTINS, Ives Gandra da Silva; NASCIMENTO, Carlos Valder do (Org.). 6. ed. São Paulo: Saraiva, 2012, p. 182-237.
41. As inovações constitucionais no regime previdenciário do servidor público. *Fórum Administrativo*, Belo Horizonte, ano 1, nº 2, p. 163-175, abr. 2001.
42. As novas regras para os servidores públicos. In: *Cadernos FUNDAP/Fundação do Desenvolvimento Administrativo*. São Paulo: FUNDAP, 2002, nº 22. Reforma Administrativa.
43. Compartilhamento de infraestrutura por concessionárias de serviços públicos. *Fórum Administrativo* – Direito Público, Belo Horizonte: Fórum, ano 2, nº 11, p. 43-52, jan. 2002.
44. Aspectos jurídicos envolvendo o uso de bens públicos para implantação e instalação do serviço de telefonia. *Fórum de Contratação e Gestão Pública*, Belo Horizonte: Fórum, ano 1, nº 1, p. 38-48, jan. 2002.
45. Concessão de uso especial para fins de moradia (Medida Provisória nº 2.220, de 4-9-2001). *Estatuto da cidade*: comentários à Lei Federal 10.257/2001. São Paulo: Malheiros, 2002, p. 152-170.
46. Direito de superfície. *Estatuto da cidade*: comentários à Lei Federal 10.257/2002. São Paulo: Malheiros, 2002, p. 172-190.
47. Terceirização municipal em face da Lei de Responsabilidade Fiscal. *Revista de Direito Municipal*. Belo Horizonte: Fórum, nº 1, ano 4, nº 7, p. 40-50, jan./fev./mar. 2003.
48. Limites da função reguladora das agências diante do princípio da legalidade. *Direito Regulatório. Temas Polêmicos*. Belo Horizonte: Fórum, 2003. p. 27-60.
49. O equilíbrio econômico-financeiro e o controle das agências reguladoras. *O controle externo da regulação de serviços públicos*. Brasília: Tribunal de Contas da União, 2002, p. 55-65.
50. Transporte alternativo de passageiros por "perueiros". Poder de polícia do Município. *Direito Público Moderno*. Luciano Ferraz e Fabrício Motta (Org.). Belo Horizonte: Del Rey, 2003, p. 3.

51. Função social da propriedade pública. *Direito Público*. Estudos em homenagem ao Prof. Adilson Abreu Dallari. Luiz Guilherme da Costa Wagner Júnior (Org.). Belo Horizonte: Del Rey, 2004.
52. Inovações no direito administrativo brasileiro. In: *Revista Interesse Público*. Porto Alegre: Notadez, ano 6, nº 30, 2005, p. 39-55.
53. Regulação, poder estatal e controle social. In: *Revista de Direito Público da Economia*. Belo Horizonte: Fórum, nº 11, jul./set. 2005, p. 163-172.
54. Bens públicos e trespasse de uso. In: *Boletim de Direito Administrativo*. São Paulo: NDJ, nº 4, abr. 2005, p. 403-412.
55. Concessões de serviços públicos. In: *Boletim de Licitações e Contratos*. São Paulo: NDJ, nº 3, mar. 2006, p. 210-219.
56. Discricionariedade técnica e discricionariedade administrativa. *Estudos de direito público em homenagem a Celso Antônio Bandeira de Mello*. São Paulo: Malheiros, 2006, p. 480-504.
57. Omissões na atividade regulatória do Estado e responsabilidade civil das agências reguladoras. In: FREITAS, Juarez (Org.). *Responsabilidade civil do Estado*. São Paulo: Malheiros, 2006, p. 249-267.
58. O consórcio público na Lei nº 11.107, de 6-4-05. In: *Boletim de Direito Administrativo*. São Paulo: NDJ, nº 11, nov. 2005, p. 1220-1228.
59. Os princípios da proteção à confiança, da segurança jurídica e da boa-fé na anulação do ato administrativo. In: MOTTA, Fabrício (Org.). *Estudos em homenagem ao Professor Nélson Figueiredo*. Belo Horizonte: Fórum, 2008. p. 295-315.
60. O princípio da supremacia do interesse público: sobrevivência diante dos ideais do neoliberalismo. In: *Revista Trimestral de Direito Público*. São Paulo: Malheiros, v. 48, p. 63-76, 2004; e *Jam-Jurídica*, ano XIII, nº 9, set. 2008, p. 32-45.
61. Parecer sobre a exclusividade das atribuições da carreira de Advogado da União. In: *Revista de Direito dos Advogados da União*, ano 7, nº 7, out. 2008, p. 11-35.
62. Direito adquirido: comentário a acórdão do STF. *Fórum Administrativo – Direito Público*. Belo Horizonte: Fórum, 2007, nº 81, ano 6, p. 7-16.
63. O princípio da supremacia do interesse público. In: *Revista Interesse Público*. Belo Horizonte: Fórum, jul./ago. 2009, ano 11, nº 56, p. 35-54.
64. Gestão de florestas públicas por meio de contratos de concessão. In: *Revista do Advogado*. São Paulo: AASP – Associação dos Advogados de São Paulo, dez. 2009, nº 107, p. 140-149.
65. O Ministério Público como função essencial à justiça. In: *Ministério Público – Reflexões sobre princípios e funções institucionais*. Carlos Vinícius Alves Ribeiro (Org.). São Paulo: Atlas, 2010, p. 3-12.
66. Servidores temporários. Lei no 500/1974. Inclusão no regime próprio de previdência do servidor público. In: *Revista da Procuradoria Geral do Estado de São Paulo*, nº 69-70, jan./dez. 2009, p. 221-237.
67. Transformações da organização administrativa. Diretrizes, relevância e amplitude do anteprojeto. In: Modesto, Paulo (Coord.). *Nova organização administrativa brasileira*. 2. ed. Belo Horizonte: Fórum, 2010, p. 21-33.
68. Das entidades paraestatais e das entidades de colaboração. In: Modesto, Paulo (Coord.). *Nova organização administrativa brasileira*. 2. ed. Belo Horizonte: Fórum, 2010, p. 239-255.
69. Existe um novo direito administrativo? In: DI PIETRO, Maria Sylvia Zanella; RIBEIRO, Carlos Vinícius Alves (Coord.). *Supremacia do interesse público e outros temas relevantes do direito administrativo*. São Paulo: Atlas, 2010, p. 1-9.
70. O princípio da supremacia do interesse público: sobrevivência diante dos ideais do neoliberalismo. In: DI PIETRO, Maria Sylvia Zanella; RIBEIRO, Carlos Vinícius Alves (Coord.). *Supremacia do interesse público e outros temas relevantes do direito administrativo*. São Paulo: Atlas, 2010, p. 85-102.

71. Da constitucionalização do direito administrativo: reflexos sobre o princípio da legalidade e a discricionariedade administrativa. In: DI PIETRO, Maria Sylvia Zanella; RIBEIRO, Carlos Vinícius Alves (Coord.). *Supremacia do interesse público e outros temas relevantes do direito administrativo*. São Paulo: Atlas, 2010, p. 175-196; e *Atualidades Jurídicas – Revista do Conselho Federal da Ordem dos Advogados do Brasil*, ano 1, nº 1, jul./dez. 2011, Belo Horizonte: Fórum, 2011, p. 83-106.
72. Ainda existem os contratos administrativos? In: DI PIETRO, Maria Sylvia Zanella; RIBEIRO, Carlos Vinícius Alves (Coord.). *Supremacia do interesse público e outros temas relevantes do direito administrativo*. São Paulo: Atlas, 2010, p. 398-410.
73. Responsabilidade civil das entidades paraestatais. In: GUERRA, Alexandre Dartanhan de Mello; PIRES, Luis Manuel Fonseca; BENACCHIO, Marcelo (Org.). *Responsabilidade civil do Estado*: desafios contemporâneos. São Paulo: Quartier Latin, 2010, p. 824-842.
74. A lei de processo administrativo federal: sua ideia matriz e âmbito de aplicação. In: NOHARA, Irene Patricia; MORAES FILHO, Marco Antonio Praxedes de (Org.). *Processo administrativo*. Temas polêmicos da Lei nº 9.784/99. São Paulo: Atlas, 2011, p. 185-201.
75. Princípio da segurança jurídica no direito administrativo. In: BOTTINO, Marco Túlio (Org.). *Segurança jurídica no Brasil*. São Paulo: RG, 2012, p. 159-188.
76. Terceirização municipal em face da lei de responsabilidade fiscal (com adendo: inovações em matéria de terceirização na Administração Pública). In: FORTINI, Cristiana (Coord.). *Terceirização na Administração Pública*. Estudos em homenagem ao Professor Pedro Paulo de Almeida Dutra. 2. ed. Belo Horizonte: Fórum, 2012, p. 71-87.
77. Serviços públicos. In: DALLARI, Adilson Abreu; NASCIMENTO, Carlos Valder do; MARTINS, Ives Gandra da Silva. *Tratado de direito administrativo*. São Paulo: Saraiva, 2013, v. 2, p. 292-317.
78. Direito fundamental à intimidade e publicação da remuneração dos agentes públicos. In: *Revista de Direito Administrativo Contemporâneo*, São Paulo: Revista dos Tribunais, ano 1, nº 1, jul./ago. 2013, p. 15-26.
79. Direito administrativo e dignidade da pessoa humana. In: *Revista de Direito Administrativo & Constitucional*, Belo Horizonte: Fórum, ano 13, nº 52, abr./jul. 2013, p. 13-33.
80. Do direito privado na Administração Pública. In: DI PIETRO, Maria Sylvia Zanella. *Direito privado administrativo*. São Paulo: Atlas, 2013. p. 1-20.
81. Limites da utilização de princípios do processo judicial no processo administrativo. In: *Fórum Administrativo*, Belo Horizonte: Fórum, ano 13, nº 147, maio 2013, p. 44-60.
82. Da estabilidade do servidor público. In: CANOTILHO, J. J. Gomes; MENDES, Gilmar Ferreira; STRECK, Lenio Luiz; LEONCY, Léo Ferreira. *Comentários à Constituição do Brasil*. São Paulo: Saraiva, 2014. p. 981-989 e 2211-2216.
83. O papel dos Tribunais de Contas no controle dos contratos administrativos. In: *Revista Interesse Público*. Belo Horizonte: Fórum, ano XII, 2013, nº 82, p. 15-48.
84. Participação popular na Administração Pública. In: *Revista Trimestral de Direito Público*. São Paulo: Malheiros, n. 59, p. 226-239 (republicação).
85. Parecer: Alteração da poligonal de porto organizado: requisitos materiais, segundo a Lei 12.815/13. *Revista de Direito Administrativo Contemporâneo – ReDAC*. São Paulo: RT, ano 3, vol. 17, mar-abril 2015, p. 13-27.
86. Parecer: Consulta pública realizada para discussão de proposta de alteração da poligonal do Porto Organizado de Paranaguá e Antonina, apresentada pela Secretaria Especial de Portos da Presidência da República. In: *Boletim de Licitações e Contratos – BLC*. São Paulo: NDJ, 2015, nº 5, maio, ano 28, p. 479-501.
87. Parecer: Cobrança de tarifa independentemente da conclusão do mecanismo de tratamento do esgoto: exame dos aspectos de constitucionalidade e legalidade. In: *Boletim de Licitações e Contratos – BLC*. São Paulo: NDJ, nº 6, ano 28, jun-2015, p. 599-616; *Direito administrativo*. Pareceres. São Paulo: Forense, 2015, p. 525-551.

88. Terceirização municipal em face da Lei de Responsabilidade Fiscal. In: *Fórum de Contratação e Gestão Pública.* Belo Horizonte: Fórum, ano 14, nº 161, maio 2015, p. 36-44.
89. O regime das licitações para os contratos de concessão. In: SUNDFELD, Carlos Ari; JUSSATIS, Guilherme Jardim. *Contratos públicos e direito administrativo.* São Paulo: Malheiros, 2015. p. 114-141.
90. *As possibilidades de arbitragem em contratos administrativos.* In: www.conjur.com.br, 24-9-15.
91. *Cassação de aposentadoria afronta regime previdenciário dos servidores.* In: www.conjur.com.br, 15-4-15.
92. *Responsabilização dos advogados públicos pela elaboração de pareceres.* In: www.conjur.com.br, 20-8-15.
93. *Politização do Judiciário pode opor interesses individuais e coletivos.* In: www.conjur.com.br, 28-5-15.
94. *Princípios do processo administrativo no novo CPC.* In: www.conjur.com.br, 29-10-2015.
95. *Princípios do processo civil no processo administrativo.* In: www.conjur.com.br, 10-12-15.
96. Supremacia do interesse público e a questão dos direitos fundamentais. In: BLANCHET, Luiz Alberto; HACHEM, Daniel Wunder; SANTANO, Ana Cláudia (coordenadores). *Estado, Direito & Políticas Públicas.* Homenagem ao Professor Romeu Felipe Bacellar Filho. Curitiba: Íthala, 2014, p. 23-37.
97. Estudo sobre o artigo 27 do Projeto de Lei nº 349/2015, que inclui, na Lei de Introdução às Normas do Direito Brasileiro, disposições para aumentar a segurança jurídica e a eficiência na aplicação do direito público. In: PEREIRA, Flávio Unes (Coord.); ANASTASIA, Antonio Augusto Junho (apresentação). *Segurança jurídica e qualidade das decisões públicas.* Desafios de uma sociedade democrática. Brasília: Senado Federal, 2015, p. 36-39.
98. Advocacia pública e sua atuação no procedimento licitatório: fundamentos, limites e responsabilização (em coautoria com Fabrício Motta). In: *Revista de Direito Administrativo – RDA,* Rio de Janeiro: FGV, vol. 270, set.-dez. 2015, p. 285-299.
99. Carreiras e remuneração no serviço público. In: *Fórum Administrativo.* Belo Horizonte: Fórum, ano 16, nº 186, I, ago. 2016, p. 76-82.
100. A arbitragem em contratos administrativos. Repercussões da Nova Lei nº 13.129, de 26-5-15. In: CÂMARA, Alexandre Freitas; PIRES, Adilson Rodrigues; e MARÇAL, Thaís Boia (Coords.). *Estudos de direito administrativo em homenagem ao Prof. Jessé Torres Pereira Júnior.* Belo Horizonte: Fórum, 2016, p. 273-285.
101. Contratos – Regime jurídico e formalização. Artigos 54 a 64 da Lei nº 8.666/1993. In: PEREIRA JUNIOR, Jessé Torres (Coord.). *Comentários ao Sistema Legal Brasileiro de Licitações e Contratos Administrativos.* São Paulo: NDJ, 2016, p. 319-349.
102. *A advocacia pública como função essencial à justiça.* In: www.conjur.com.br, 18-8-16.
103. *Quando o reajuste salarial contraria o interesse público.* In: www.conjur.com.br, 23-6-16.
104. Princípios do processo administrativo no novo Código de Processo Civil. In: PONTES FILHO, Valmir; MOTTA, Fabrício; GABARDO, Emerson (Coords.). *Administração Pública – Desafios para a transferência, probidade e desenvolvimento.* Belo Horizonte: Fórum, 2017, p. 229-232.
105. Comentários a teses do STJ. In: *Teses jurídicas dos Tribunais Superiores.* São Paulo: Revista dos Tribunais, 2017, v. I, p. 45-56, (sobre independência das instâncias administrativa e penal); e v. II, p. 595-610 e 661-676 (respectivamente sobre termo inicial dos juros compensatórios na desapropriação direta e indireta e sobre cumulação de juros moratórios e juros compensatórios na desapropriação).

106. Comentários aos artigos 6º, 7º, 18, 19 e 24 da lei anticorrupção. In: DI PIETRO, Maria Sylvia Zanella; MARRARA, Thiago. *Lei anticorrupção comentada*. Belo Horizonte: Fórum, p. 115-140, 243-254 e 279-280.

107. O princípio da segurança jurídica diante do princípio da legalidade. In: MARRARA, Thiago. *Princípios do direito administrativo*. 2. ed. Belo Horizonte: Fórum, 2021, p. 25-52.

108. Terceirização e subcontratação de atividades inerentes à concessão: distinções necessárias. *Revista Interesse Público – IP*. Ano 20, nº 107. Belo Horizonte: Fórum, p. 15-33, jan./fev. 2018.

109. Concessões, permissões e autorizações de serviços públicos municipais. In: NASCIMENTO, Carlos Valder; DI PIETRO, Maria Sylvia Zanella; MENDES, Gilmar (Coords.). *Tratado de Direito Municipal*. Belo Horizonte: Fórum, 2018, p. 681-710.

110. Entrevista com o Mestre. In: *Solução em licitações e contratos*, ano 1, nº 7, out. 2018, p. 7-14.

111. O futuro do concurso público. In: MOTTA, Fabrício; DI PIETRO, Maria Sylvia Zanella (coords.). *Crise e reformas legislativas na agenda do direito administrativo*. Belo Horizonte: Fórum, 2018, p. 153-164.

112. Introdução. In: MOTTA, Fabrício; DI PIETRO, Maria Sylvia Zanella (coords.). *O direito administrativo nos 30 anos da Constituição*. Belo Horizonte: Fórum, 2018, p. 13-26.

113. *Impacto da Constituição de 1988 sobre o direito administrativo*. 30 anos da Constituição Federal e o direito brasileiro. [Org. Equipe Forense]. Rio de Janeiro: Forense, 2018, p. 27-70.

114. Entrevista com Maria Sylvia Zanella Di Pietro. Por Augusto Neves Dal Pozzo e Ricardo Marcondes Martins. In: *Revista de Direito e Infraestrutura – RDAI*. São Paulo: Revista dos Tribunais, 2018, out-dez, p. 389-402.

115. Concurso público na administração indireta. *Revista de Direito e Infraestrutura – RDAI*. 2018, p. 405-410.

116. O futuro do concurso público. In: MOTTA, Fabrício; DI PIETRO, Maria Sylvia Zanella. Belo Horizonte: Fórum, 2018, p. 153-164.

117. Responsabilidade do advogado público parecerista: dilema entre controle ou análise prévia de legalidade. In: *Anais da XXIII Conferência Nacional da Advocacia Pública Brasileira*, vol. 5, São Paulo, 27 a 30-11-2017, p. 49-51.

118. O STJ e o princípio da segurança jurídica. In: Revista do Advogado. São Paulo: AASP – Associação dos Advogados de São Paulo, nº 141, abr. 2019, p. 160-166.

119. Os direitos dos usuários de serviço público no direito brasileiro. In: SHINJI, Alberto; BEZERRA, Arthur (organizadores). Temas em homenagem ao Professor Toshio Mukai. Tholh, 2019, p. 729-746.

120. Estrutura Geral da Nova Lei: abrangência, objetivos e princípios (em coautoria com Thiago Marrara. In: DI PIETRO, Maria Sylvia Zanella (coordenação). *Licitações e contratos administrativos*. Inovações da Lei 14.133, de 1º de abril de 2021. Rio de Janeiro: Forense, 2021, p. 1-44.

121. Reflexos da atuação administrativa sobre os direitos fundamentais. In: *Democracia: substantivo feminino*. Rio de Janeiro: Forense, 2021.

122. A jurisprudência como fonte do direito administrativo. In: GALLOTTI, Isabel; FONSECA, Reginaldo Soares da (coord.). *Repensar a Justiça* – estudos em homenagem à Ministra Assusete Magalhães. São Paulo: D'Plácido, 2023.

123. Transformações da advocacia pública. In: TESOLIN, Fabricio de Rosa; MACHADO, André de Azevedo (coord.). *Direito Federal Brasileiro*: 15 anos de jurisdição do STJ dos Ministros Og Fernando, Luis Felipe Salomão e Mauro Campbell Marques. Londrina: Thoth, 2023.

124. Norma Geral na Lei nº 14.133/21 – o passado e o futuro da jurisprudência do STF. *SLC – Soluções em Licitações e Contratos*, Seção Soluções Autorais, ano 6, agosto 2023, p. 39-50.
125. A nova LINDB e o direito administrativo: o que esperar. *Revista da Academia Brasileira de Letras Jurídicas*, Rio de Janeiro: GZ Editora, nº 40, p. 147-163, 2023.
126. A visão delas na construção de uma administração pública sustentável. In: FORTINI, Cristiana; MELO, Lígia; FABRIS, Renata. *Novas perspectivas para uma administração pública sustentável*. A visão delas. Em homenagem à Ministra Assusete Magalhães. Curitiba: Editora Íthala, 2024, p. 37-46.
127. Sustentabilidade nas contratações públicas. *SLC – Soluções em Licitações e Contratos*, n. 78, set. de 2024.

Sumário

Capítulo 1 – O Direito Administrativo 1
   1.1   Formação do Direito Administrativo 1
   1.2   Fundamentos filosóficos e constitucionais do Direito Administrativo 4
   1.3   Contribuição do direito francês 7
   1.4   Direito administrativo alemão 10
   1.5   Direito administrativo italiano 12
   1.6   Direito administrativo anglo-americano 13
   1.7   Direito administrativo brasileiro 19
   1.8   O Direito Administrativo brasileiro sob influência do direito estrangeiro: sistemas de base romanística, do *common law* e do direito comunitário europeu 22
   1.9   Transformações do Direito Administrativo brasileiro 25
   1.10 Objeto do Direito Administrativo 39
   1.11 Métodos de estudo 42
        1.11.1   Escola legalista, exegética, empírica ou caótica 42
        1.11.2   O estudo do Direito Administrativo jurisprudencial 43
        1.11.3   Direito Administrativo e Ciência da Administração 43
        1.11.4   Critério técnico-científico de estudo do Direito Administrativo 44
   1.12 Fontes do Direito Administrativo 45
   1.13 Conceito de Direito Administrativo 56
        1.13.1   Escola da *puissance publique* 56
        1.13.2   Escola do serviço público 57
        1.13.3   Critério do Poder Executivo 58
        1.13.4   Critério das relações jurídicas 58
        1.13.5   Critério teleológico 58
        1.13.6   Critério negativo ou residual 59
        1.13.7   Critério da distinção entre atividade jurídica e social do Estado 59
        1.13.8   Critério da Administração Pública 60
        1.13.9   Nossa definição 61

Capítulo 2 – Administração Pública 63
   2.1   O vocábulo administração 63
   2.2   A expressão Administração Pública 63
   2.3   Administração pública e governo 64
        2.3.1   Aspecto objetivo 64
        2.3.2   Aspecto subjetivo 65
   2.4   Administração pública em sentido estrito 67
   2.5   Administração pública em sentido objetivo 67
   2.6   Administração pública em sentido subjetivo 69

Capítulo 3 – Regime Jurídico Administrativo ... 73
- 3.1 Regimes público e privado na administração pública ... 73
- 3.2 Regime jurídico administrativo ... 74
- 3.3 Reflexos da LINDB sobre o direito administrativo ... 75
- 3.4 Princípios da administração pública ... 79
  - 3.4.1 Legalidade ... 81
  - 3.4.2 Supremacia do interesse público ... 81
  - 3.4.3 Impessoalidade ... 83
  - 3.4.4 Presunção de legitimidade ou de veracidade ... 84
  - 3.4.5 Especialidade ... 84
  - 3.4.6 Controle ou tutela ... 85
  - 3.4.7 Autotutela ... 85
  - 3.4.8 Hierarquia ... 86
  - 3.4.9 Continuidade do serviço público ... 86
  - 3.4.10 Publicidade ... 87
  - 3.4.11 Moralidade administrativa ... 91
  - 3.4.12 Razoabilidade e proporcionalidade ... 93
  - 3.4.13 Motivação ... 95
  - 3.4.14 Eficiência ... 96
  - 3.4.15 Segurança jurídica, proteção à confiança e boa-fé ... 99
    - 3.4.15.1 Segurança jurídica ... 99
    - 3.4.15.2 Proteção à confiança ... 100
    - 3.4.15.3 Boa-fé ... 101
    - 3.4.15.4 Aplicação dos princípios da segurança jurídica, boa-fé e proteção à confiança ... 102
- 3.5 Poderes da Administração ... 103
  - 3.5.1 Normativo ... 104
  - 3.5.2 Disciplinar ... 107
  - 3.5.3 Decorrentes da hierarquia ... 108

Capítulo 4 – Serviços Públicos ... 113
- 4.1 Conceito ... 113
  - 4.1.1 Serviço público em sentido amplo ... 113
  - 4.1.2 Serviço público em sentido restrito ... 115
  - 4.1.3 Evolução ... 116
  - 4.1.4 Conclusões quanto ao conceito ... 118
- 4.2 Elementos da definição ... 119
  - 4.2.1 Elemento subjetivo ... 119
  - 4.2.2 Elemento formal ... 119
  - 4.2.3 Elemento material ... 120
- 4.3 Crise na noção de serviço público ... 121
- 4.4 Princípios ... 123
- 4.5 Direitos dos usuários de serviços públicos ... 124
- 4.6 Classificação ... 125
- 4.7 Formas de gestão ... 128

Capítulo 5 – Poder de Polícia ... 133
- 5.1 Introdução ... 133
- 5.2 Evolução ... 133
- 5.3 Conceito ... 135

5.4	Polícia administrativa e judiciária		136
5.5	Meios de atuação		136
5.6	Características		137
5.7	Limites		139

Capítulo 6 – Restrições do Estado sobre a Propriedade Privada 143

6.1	Evolução		143
6.2	Modalidades		143
6.3	Fundamento		144
6.4	Função social da propriedade		146
6.5	Limitações administrativas		148
6.6	Ocupação temporária		150
6.7	Requisição administrativa		152
6.8	Tombamento		154
	6.8.1	Proteção do patrimônio histórico e artístico nacional	154
	6.8.2	Conceito e características	155
	6.8.3	Objeto	156
	6.8.4	Modalidades	156
	6.8.5	Procedimento	157
	6.8.6	Efeitos	159
	6.8.7	Natureza jurídica	161
6.9	Servidão administrativa		162
	6.9.1	Servidão na teoria geral do direito	162
	6.9.2	Servidão de direito privado e de direito público	163
	6.9.3	Servidão administrativa e limitação administrativa	164
	6.9.4	Conceito	164
	6.9.5	Forma de constituição	164
	6.9.6	Extinção	165
	6.9.7	Direito à indenização	166
	6.9.8	Modalidades	167
		6.9.8.1 Servidão sobre terrenos marginais	167
		6.9.8.2 Servidão a favor das fontes de água mineral, termal ou gasosa e dos recursos hídricos	167
		6.9.8.3 Servidão sobre prédios vizinhos de obras ou imóvel pertencente ao patrimônio histórico e artístico nacional	167
		6.9.8.4 Servidão em torno de aeródromos e heliportos	168
		6.9.8.5 Servidão militar	168
		6.9.8.6 Servidão de aqueduto	168
		6.9.8.7 Servidão de energia elétrica	169
6.10	Desapropriação		170
	6.10.1	Evolução no direito brasileiro	170
	6.10.2	Conceito	171
	6.10.3	Modalidades de desapropriação sancionatória	171
	6.10.4	Procedimento	174
	6.10.5	Sujeitos ativo e passivo	179
	6.10.6	Pressupostos	180
	6.10.7	Objeto	181
	6.10.8	Indenização	182
	6.10.9	Natureza jurídica	186
	6.10.10	Imissão provisória na posse	188

	6.10.11	Destino dos bens desapropriados	190
	6.10.12	Desapropriação indireta	193
	6.10.13	Retrocessão	195

Capítulo 7 – Atos Administrativos 203

7.1	Fatos da administração	203
7.2	Atos da administração	203
7.3	Origem da expressão	204
7.4	Conceito	205
7.5	Ato administrativo e produção de efeitos jurídicos	208
7.6	Atributos	208
	7.6.1 Presunção de legitimidade e veracidade	208
	7.6.2 Imperatividade	210
	7.6.3 Autoexecutoriedade	210
	7.6.4 Tipicidade	211
7.7	Elementos	212
	7.7.1 Sujeito	212
	7.7.2 Objeto	215
	7.7.3 Forma	215
	7.7.4 Finalidade	218
	7.7.5 Motivo	218
7.8	Discricionariedade e vinculação	219
	7.8.1 Conceito	219
	7.8.2 Justificação	220
	7.8.3 Âmbito de aplicação da discricionariedade	221
	7.8.4 Legalidade e mérito do ato administrativo	223
	7.8.5 Limites da discricionariedade e controle pelo Poder Judiciário	226
7.9	Classificação	227
7.10	Atos administrativos em espécie	231
	7.10.1 Quanto ao conteúdo	232
	7.10.1.1 Autorização	232
	7.10.1.2 Licença	234
	7.10.1.3 Admissão	234
	7.10.1.4 Permissão	234
	7.10.1.5 Aprovação	235
	7.10.1.6 Homologação	235
	7.10.1.7 Parecer	235
	7.10.1.8 Visto	238
	7.10.2 Quanto à forma	238
	7.10.2.1 Decreto	238
	7.10.2.2 Resolução e portaria	238
	7.10.2.3 Circular	239
	7.10.2.4 Despacho	239
	7.10.2.5 Alvará	239
7.11	Extinção	240
	7.11.1 Modalidades	240
	7.11.2 Anulação ou invalidação	240
	7.11.2.1 Conceito, efeitos e natureza	240
	7.11.2.2 Vícios: peculiaridades no Direito Administrativo	243
	7.11.2.3 Vícios relativos ao sujeito	243

			7.11.2.4	Vícios relativos ao objeto	245
			7.11.2.5	Vícios relativos à forma	246
			7.11.2.6	Vícios quanto ao motivo	246
			7.11.2.7	Vícios relativos à finalidade	246
			7.11.2.8	Consequências decorrentes dos vícios	247
			7.11.2.9	Atos administrativos nulos e anuláveis	248
			7.11.2.10	Convalidação	249
			7.11.2.11	Confirmação	251
	7.11.3	Revogação			251

Capítulo 8 – Contrato Administrativo ... 259

- 8.1 Contratos da administração ... 259
- 8.2 Divergências doutrinárias ... 259
- 8.3 O contrato administrativo como espécie do gênero contrato ... 261
- 8.4 Traços distintivos entre o contrato administrativo e o contrato de direito privado ... 262
- 8.5 Direito positivo ... 265
  - 8.5.1 Normas constitucionais ... 265
  - 8.5.2 Legislação ordinária ... 266
  - 8.5.3 Regulamentação da Lei nº 14.133/21 ... 268
- 8.6 Características dos contratos administrativos ... 269
  - 8.6.1 Presença da Administração Pública como Poder Público ... 269
  - 8.6.2 Finalidade pública ... 269
  - 8.6.3 Obediência à forma prescrita em lei ... 269
    - 8.6.3.1 Dos prazos contratuais e sua prorrogação ... 271
    - 8.6.3.2 Do recebimento do objeto do contrato ... 272
    - 8.6.3.3 Dos pagamentos ... 273
  - 8.6.4 Procedimento legal ... 273
  - 8.6.5 Contrato de adesão ... 274
  - 8.6.6 Natureza *intuitu personae* ... 274
  - 8.6.7 Presença das cláusulas exorbitantes ... 275
    - 8.6.7.1 Exigência de garantia ... 275
    - 8.6.7.2 Alteração unilateral ... 277
    - 8.6.7.3 Extinção unilateral ... 278
    - 8.6.7.4 Fiscalização ... 279
    - 8.6.7.5 Aplicação de penalidades ... 279
    - 8.6.7.6 Anulação ... 282
    - 8.6.7.7 Retomada do objeto ... 284
    - 8.6.7.8 Restrições ao uso da *exceptio non adimpleti contractus* ... 285
  - 8.6.8 Mutabilidade ... 285
    - 8.6.8.1 Álea administrativa: alteração unilateral do contrato ... 288
    - 8.6.8.2 Álea administrativa: fato do príncipe ... 289
    - 8.6.8.3 Álea administrativa: fato da administração ... 289
    - 8.6.8.4 Álea econômica: teoria da imprevisão ... 291
- 8.7 Extinção do contrato administrativo ... 296
- 8.8 Meios alternativos de resolução de controvérsias ... 297
- 8.9 Modalidades de contratos administrativos ... 298
  - 8.9.1 Concessão ... 298
    - 8.9.1.1 Conceito e modalidades ... 298
    - 8.9.1.2 Natureza jurídica ... 301
    - 8.9.1.3 Concessão de serviço público ... 302

			8.9.1.3.1 Evolução	302
			8.9.1.3.2 Conceito e características	303
			8.9.1.3.3 Concessão, permissão e autorização de serviço público	311
		8.9.1.4	Parcerias público-privadas	314
			8.9.1.4.1 Direito positivo	314
			8.9.1.4.2 Conceito e modalidades	315
			8.9.1.4.3 Concessão patrocinada	316
			8.9.1.4.4 Concessão administrativa	319
			8.9.1.4.5 Traços comuns à concessão patrocinada e à concessão administrativa	321
			8.9.1.4.6 Da licitação	324
			8.9.1.4.7 Procedimento de manifestação de interesse	328
			8.9.1.4.8 Normas aplicáveis apenas à União	331
		8.9.1.5	Concessão de obra pública	335
		8.9.1.6	Concessão de uso	336
	8.9.2	Contratos de obra pública e de prestação de serviços		336
		8.9.2.1	Empreitada	338
		8.9.2.2	Administração contratada	339
		8.9.2.3	Tarefa	340
		8.9.2.4	Serviços de publicidade	340
	8.9.3	Contrato de fornecimento		341
8.10	Programa de Parcerias de Investimentos – PPI			343
8.11	Contrato de desempenho e contrato de gestão			344
8.12	Convênio			347
8.13	Consórcio administrativo			350
8.14	Terceirização			351

Capítulo 9 – Licitação 367

9.1	Conceito		367
9.2	Direito positivo		368
9.3	Disposições preliminares – âmbito de aplicação da Lei nº 14.133/21		371
9.4	Objetivos da licitação		372
9.5	Princípios da licitação		372
	9.5.1	Princípio da legalidade	374
	9.5.2	Princípios da impessoalidade, do julgamento objetivo e da competitividade	375
	9.5.3	Princípio da moralidade e da probidade	376
	9.5.4	Princípios da transparência, da publicidade e da motivação	376
	9.5.5	Princípios da eficiência, da celeridade, da economicidade, do planejamento e da eficácia	378
	9.5.6	Princípio do interesse público	379
	9.5.7	Princípio da igualdade	380
	9.5.8	Princípio da segregação de funções	385
	9.5.9	Princípio da vinculação ao edital	385
	9.5.10	Princípios da razoabilidade e da proporcionalidade	385
	9.5.11	Princípio do desenvolvimento nacional sustentável	386
	9.5.12	Princípio da segurança jurídica	389
	9.5.13	Observância de normas da LINDB	390
9.6	Agentes públicos		390
9.7	Contratação direta		392
	9.7.1	Fundamento constitucional	392

		9.7.2	Instrução do processo de contratação direta, sem licitação............................	392
		9.7.3	Responsabilidade solidária pela contratação direta irregular.........................	393
		9.7.4	Modalidades de contratação direta	393
			9.7.4.1 Inexigibilidade de licitação	394
			9.7.4.2 Dispensa de licitação	395
			9.7.4.3 Licitação dispensada	403
9.8	Modalidades de licitação..			405
9.9	Do processo licitatório			408
		9.9.1	Exigências formais para o processo de licitação..	409
		9.9.2	Publicidade do procedimento e sigilo do orçamento estimado	410
		9.9.3	Vedação à participação em licitação ou na execução do contrato	410
		9.9.4	Participação de empresas em consórcio	411
		9.9.5	Participação de profissionais organizados em cooperativa............................	411
9.10	Fases do processo de licitação			412
		9.10.1	Primeira fase: preparatória	413
			9.10.1.1 Da instrução do processo licitatório	413
			9.10.1.2 Centralização e padronização do procedimento	414
			9.10.1.3 Aquisição de itens de consumo	414
			9.10.1.4 Convocação de audiência pública e consulta pública	414
			9.10.1.5 Valor estimado da contratação	415
		9.10.2	Segunda fase: a divulgação do edital de licitação	416
			9.10.2.1 Do parecer do órgão de assessoramento jurídico	416
			9.10.2.2 Publicidade do edital	416
			9.10.2.3 Regras sobre o edital...	417
			9.10.2.4 Da impugnação ao edital...	418
			9.10.2.5 Margem de preferência..	418
			9.10.2.6 Matriz de riscos	419
		9.10.3	Terceira fase: apresentação de propostas e lances	420
			9.10.3.1 Prazos para apresentação de propostas e lances	420
			9.10.3.2 Modos de disputa	420
		9.10.4	Quarta fase: julgamento..	421
			9.10.4.1 Objetivo	421
			9.10.4.2 Subfases do julgamento	421
			9.10.4.3 Critérios de julgamento...	422
		9.10.5	Quinta fase: habilitação	425
			9.10.5.1 Substituição de documentos	426
			9.10.5.2 Saneamento de erros ou falhas	426
			9.10.5.3 Previsão das condições de habilitação no edital	427
			9.10.5.4 Aspectos formais da documentação	429
			9.10.5.5 Substituição dos documentos por registro cadastral..................	429
			9.10.5.6 Dispensa de documentos	429
		9.10.6	Sexta fase: recursal...	429
		9.10.7	Sétima fase: homologação	430
9.11	Dos instrumentos auxiliares			431
		9.11.1	Previsão legal..	431
		9.11.2	Modalidades..	431
			9.11.2.1 Credenciamento	432
			9.11.2.2 Pré-qualificação	433
			9.11.2.3 Do procedimento de manifestação de interesse.........................	433
			9.11.2.4 Sistema de registro de preços...	434

		9.11.2.5	Do registro cadastral	437
9.12	Controle das contratações			438
9.13	Portal Nacional de Contratações Públicas – PNCP			441
9.14	Disposições finais e transitórias			442

Capítulo 10 – Administração Indireta 457

10.1	Descentralização			457
	10.1.1	Descentralização e desconcentração		457
	10.1.2	Descentralização política e administrativa		457
	10.1.3	Modalidades de descentralização administrativa		458
		10.1.3.1	Descentralização territorial	458
		10.1.3.2	Descentralização por serviços	459
		10.1.3.3	Descentralização por colaboração	460
	10.1.4	Evolução		461
	10.1.5	A descentralização administrativa no direito positivo brasileiro		462
		10.1.5.1	A confusão do legislador	462
		10.1.5.2	A expressão Administração Indireta na Constituição	464
10.2	Entidades da Administração Indireta			465
	10.2.1	Modalidades e natureza jurídica		465
	10.2.2	Regime jurídico		466
10.3	Autarquias			469
	10.3.1	O vocábulo autarquia		469
	10.3.2	Evolução no direito brasileiro		470
	10.3.3	Conceito e características		471
	10.3.4	Posição perante a Administração Pública e terceiros		472
	10.3.5	Classificação		472
10.4	Fundação			475
	10.4.1	Natureza jurídica e conceito		475
	10.4.2	Fundação de direito privado		476
	10.4.3	Direito positivo brasileiro		478
	10.4.4	Fundação de direito público		481
10.5	Empresas estatais			482
	10.5.1	Alcance da expressão		482
	10.5.2	Distinção quanto ao tipo de atividade		483
	10.5.3	Sociedade de economia mista, empresa pública e subsidiárias		485
		10.5.3.1	Estatuto jurídico	485
		10.5.3.2	Conceito legal	488
		10.5.3.3	Traços comuns	490
		10.5.3.4	Traços distintivos	494
		10.5.3.5	Regime jurídico	496
		10.5.3.6	Órgãos de Administração	498
		10.5.3.7	Função social	500
		10.5.3.8	Responsabilidade e controle interno	501
		10.5.3.9	Licitação	503
		10.5.3.10	Contratos	507
		10.5.3.11	Fiscalização	508
10.6	Normas comuns às entidades da Administração Indireta			509
10.7	Privilégios próprios das autarquias e fundações públicas			515
10.8	Natureza jurídica dos bens das entidades da Administração Indireta			516
10.9	Agências			518

		10.9.1 Considerações gerais	518
		10.9.2 Agência executiva	520
		10.9.3 Agência reguladora	521
	10.10	Consórcio público	531
		10.10.1 Considerações gerais	531
		10.10.2 Conceito e natureza jurídica	533
		10.10.3 Constituição, alteração e extinção do consórcio	535
		10.10.4 Contratos de rateio	537
		10.10.5 Contratos de programa e convênios de cooperação	538
	10.11	Consórcio público e Associação de Representação de Municípios	540
	10.12	Controle administrativo ou tutela das entidades da Administração Indireta	542

Capítulo 11 – Entidades Paraestatais e Terceiro Setor 555

11.1	A expressão entidade paraestatal	555
11.2	Aproximação entre entidades paraestatais e terceiro setor	557
11.3	As entidades paraestatais no direito positivo	561
11.4	Serviços sociais autônomos	563
11.5	Entidades de apoio	565
11.6	Organizações sociais	570
11.7	Organizações da sociedade civil de interesse público	576
11.8	Organizações da sociedade civil	580
	11.8.1 Abrangência da Lei nº 13.019/14	580
	11.8.2 Do termo de colaboração, do termo de fomento e do acordo de cooperação	582
	11.8.3 Do chamamento público	583
	11.8.3.1 Providências preliminares	583
	11.8.3.2 Procedimento do chamamento público	583
	11.8.3.3 Dispensa e inexigibilidade do chamamento público	585
	11.8.4 Da celebração do termo de colaboração e do termo de fomento	586
	11.8.5 Das vedações	588
	11.8.6 Das contratações realizadas pelas organizações da sociedade civil	588
	11.8.7 Medidas moralizadoras	588

Capítulo 12 – Órgãos Públicos 597

12.1	Teorias sobre as relações do Estado com os agentes públicos	597
12.2	Conceito	598
12.3	Natureza	599
12.4	Classificação	599

Capítulo 13 – Servidores Públicos 603

13.1	Terminologia	603
13.2	Agentes públicos	603
	13.2.1 Agentes políticos	604
	13.2.2 Servidores públicos	606
	13.2.3 Militares	609
	13.2.4 Particulares em colaboração com o Poder Público	612
13.3	Cargo, emprego e função	612
13.4	Normas constitucionais	614
	13.4.1 Regime jurídico do servidor	614
	13.4.2 Direito de acesso aos cargos, empregos e funções públicas	616
	13.4.3 Condições de ingresso	616

	13.4.4	Sistema remuneratório dos servidores públicos.............................		624
		13.4.4.1	Normas constitucionais pertinentes à remuneração ou vencimento.	625
		13.4.4.2	Regime de subsídios..	627
			13.4.4.2.1 Agentes públicos em regime de subsídio.....................	629
			13.4.4.2.2 Competência para fixação e alteração dos subsídios......	629
			13.4.4.2.3 Subsídios para os servidores organizados em carreira...	630
		13.4.4.3	Normas comuns à remuneração e aos subsídios........................	631
			13.4.4.3.1 Fixação e alteração da remuneração e do subsídio.........	631
			13.4.4.3.2 Teto das remunerações e subsídios.............................	632
			13.4.4.3.3 Irredutibilidade de remuneração e subsídio.................	637
	13.4.5	Direito de greve e de livre associação sindical................................		638
	13.4.6	Proibição de acumulação de cargos...		641
	13.4.7	Aposentadoria e pensão..		644
		13.4.7.1	Regime previdenciário...	644
		13.4.7.2	Princípios da reforma previdenciária.....................................	646
		13.4.7.3	Regimes previdenciários diferenciados..................................	650
		13.4.7.4	Modalidades de aposentadoria..	655
		13.4.7.5	Cálculo dos proventos dos servidores federais........................	660
		13.4.7.6	Regime previdenciário dos servidores estaduais, distritais e municipais..	664
		13.4.7.7	Valor dos proventos de aposentadoria voluntária dos servidores estaduais, distritais e municipais..	667
		13.4.7.8	Pensão por morte do servidor...	669
		13.4.7.9	Previdência complementar...	671
		13.4.7.10	Contagem de tempo para aposentadoria................................	673
	13.4.8	Estabilidade...		674
	13.4.9	Afastamento para exercício de mandato eletivo..............................		678
	13.4.10	Direitos sociais..		678
	13.4.11	Limites de despesa com pessoal..		679
	13.4.12	Limites decorrentes das Emendas Constitucionais nos 95/16, 109/21 e 126/22..		683
13.5	Provimento e investidura..			686
13.6	Vacância...			690
13.7	Direitos e deveres..			690
13.8	Responsabilidade...			692
	13.8.1	Responsabilidade civil..		694
	13.8.2	Responsabilidade administrativa...		696
	13.8.3	Responsabilidade penal..		698
	13.8.4	Comunicabilidade de instâncias..		700

Capítulo 14 – Processo Administrativo... 715

14.1	Processos estatais..	715
14.2	Processo administrativo...	716
14.3	Processo e procedimento...	716
14.4	Modalidades..	717
14.5	Decisão coordenada...	720
14.6	Processo administrativo eletrônico..	721
14.7	Princípios..	722
	14.7.1 Princípio da publicidade...	723
	14.7.2 Princípio da oficialidade...	723
	14.7.3 Princípio da obediência à forma e aos procedimentos....................	724

	14.7.4	Princípio da gratuidade	725
	14.7.5	Princípio da ampla defesa e do contraditório	725
	14.7.6	Princípio da atipicidade	727
	14.7.7	Princípio da pluralidade de instâncias	729
	14.7.8	Princípio da economia processual	729
	14.7.9	Princípio da participação popular	730
14.8	Processo administrativo disciplinar		731
14.9	Processo sumário		734
	14.9.1	Sindicância	734
	14.9.2	Verdade sabida	734

Capítulo 15 – Responsabilidade Extracontratual do Estado 739

15.1	Delimitação do tema		739
15.2	Evolução		739
	15.2.1	Teoria da irresponsabilidade	740
	15.2.2	Teorias civilistas	741
	15.2.3	Teorias publicistas	741
15.3	Direito positivo brasileiro		743
15.4	Causas excludentes e atenuantes da responsabilidade		746
15.5	Responsabilidade do estado por omissão		748
15.6	Responsabilidade do Estado por danos decorrentes de leis e regulamentos		750
15.7	Responsabilidade do Estado por atos jurisdicionais		754
15.8	Reparação do dano		756

Capítulo 16 – Bens Públicos 765

16.1	Evolução			765
16.2	Classificação			765
16.3	Bens do domínio público do Estado			767
	16.3.1	Conceito		767
	16.3.2	Natureza jurídica		768
	16.3.3	Modalidades		769
	16.3.4	Regime jurídico		770
16.4	Bens do domínio privado do Estado ou bens dominicais			771
	16.4.1	Conceito		771
	16.4.2	Características		772
	16.4.3	Regime jurídico		772
16.5	Alienação			776
	16.5.1	Alienação dos bens de uso comum e de uso especial		776
	16.5.2	Alienação dos bens dominicais		777
16.6	Uso de bem público por particular			782
	16.6.1	Uso normal e uso anormal		782
	16.6.2	Uso comum		783
	16.6.3	Uso privativo		785
		16.6.3.1	Conceito e características	785
		16.6.3.2	Instrumentos estatais de outorga de uso privativo	786
		16.6.3.3	Autorização, permissão e concessão	786
		16.6.3.4	Uso privativo de bens imóveis da União	791
		16.6.3.5	Tutela do uso privativo	797
16.7	Formação do patrimônio público			799
16.8	Bens públicos em espécie			802

	16.8.1	Direito positivo		802
	16.8.2	Terrenos reservados		802
	16.8.3	Terrenos de marinha e seus acrescidos		805
	16.8.4	Terras tradicionalmente ocupadas pelos índios		806
	16.8.5	Terras devolutas		809
		16.8.5.1	Evolução da propriedade rural no Brasil	809
		16.8.5.2	Conceito e natureza jurídica	811
		16.8.5.3	Titularidade	812
		16.8.5.4	Processo de discriminação	813
	16.8.6	Faixa de fronteira		814
	16.8.7	Ilhas		814
	16.8.8	Águas públicas		815
	16.8.9	Minas e jazidas		817
		16.8.9.1	Conceito	817
		16.8.9.2	Sistemas de exploração e aproveitamento das jazidas	817
		16.8.9.3	Evolução no direito brasileiro	818
		16.8.9.4	Sistema atual	818

Capítulo 17 – Controle da Administração Pública 829

17.1	Conceito e abrangência			829
17.2	Espécies			830
17.3	Controle administrativo			831
	17.3.1	Conceito e alcance		831
	17.3.2	Recursos administrativos		832
		17.3.2.1	Conceito, efeitos e fundamento	832
		17.3.2.2	Modalidades	833
		17.3.2.3	Coisa julgada administrativa	838
		17.3.2.4	Prescrição administrativa	839
17.4	Controle legislativo			840
	17.4.1	Alcance		840
	17.4.2	Controle político		841
	17.4.3	Controle financeiro		842
17.5	Controle judicial			844
	17.5.1	Sistema de unidade de jurisdição		844
	17.5.2	Limites		844
	17.5.3	Controle judicial das políticas públicas		846
		17.5.3.1	Conceito de políticas públicas e competência para sua definição e execução	846
		17.5.3.2	Controle das políticas públicas pelo Poder Judiciário	847
	17.5.4	A Administração Pública em juízo		852
	17.5.5	Meios de controle		868
		17.5.5.1	*Habeas corpus*	868
		17.5.5.2	*Habeas data*	869
		17.5.5.3	Mandado de injunção	872
			17.5.5.3.1 Controvérsias quanto à origem	872
			17.5.5.3.2 Objeto do mandado de injunção	873
			17.5.5.3.3 A solução adotada pela Lei nº 13.300/16	875
			17.5.5.3.4 Pressupostos	876
			17.5.5.3.5 Mandado de injunção individual ou coletivo	876
			17.5.5.3.6 Anotações quanto ao processo	877

		17.5.5.3.7	Competência para julgamento...	879
	17.5.5.4	Mandado de segurança individual...		879
		17.5.5.4.1	Origem..	879
		17.5.5.4.2	Conceito e pressupostos..	880
		17.5.5.4.3	Restrições...	884
		17.5.5.4.4	Anotações quanto ao processo...	887
		17.5.5.4.5	Prazo...	892
	17.5.5.5	Mandado de segurança coletivo..		893
	17.5.5.6	Ação popular...		896
		17.5.5.6.1	Evolução...	896
		17.5.5.6.2	Conceito e pressupostos..	897
		17.5.5.6.3	Sujeito ativo e passivo...	900
		17.5.5.6.4	Posição do Ministério Público...	901
		17.5.5.6.5	Objeto..	902
		17.5.5.6.6	Anotações quanto ao processo...	902
	17.5.5.7	Ação civil pública..		903
		17.5.5.7.1	Origem e evolução..	903
		17.5.5.7.2	Comparação com ação popular e mandado de segurança coletivo...	905
		17.5.5.7.3	Pressupostos e conceito..	905
		17.5.5.7.4	Sujeito ativo e passivo...	906
		17.5.5.7.5	Funções do Ministério Público..	907
		17.5.5.7.6	Objeto..	907
		17.5.5.7.7	Anotações quanto ao processo...	908

Capítulo 18 – Improbidade Administrativa 919

18.1 Legalidade, moralidade e probidade.. 919
18.2 Evolução no direito positivo.. 921
18.3 Lei de Improbidade Administrativa.. 924
    18.3.1 Competência para legislar sobre improbidade administrativa em função da natureza do ilícito e da sanção cabível.. 924
    18.3.2 Inovações da Lei nº 14.230, de 25-10-21.. 926
    18.3.3 Concomitância de instâncias penal, civil e administrativa........................... 927
    18.3.4 Elementos constitutivos do ato de improbidade administrativa................. 928
        18.3.4.1 Sujeito passivo... 928
        18.3.4.2 Sujeito ativo.. 928
        18.3.4.3 Ocorrência de ato danoso... 933
        18.3.4.4 Elemento subjetivo: dolo ou culpa.. 936
    18.3.5 Sanções.. 937
    18.3.6 Procedimento administrativo.. 940
    18.3.7 Ação judicial de improbidade administrativa... 941

Capítulo 19 – Responsabilidade das Pessoas Jurídicas pela Prática de Atos Danosos contra a Administração Pública.. 951

19.1 Da lei anticorrupção... 951
19.2 Dos requisitos da responsabilização.. 952
19.3 Responsabilização administrativa.. 955
19.4 Do processo administrativo de responsabilização... 956
19.5 Do acordo de leniência.. 957
19.6 Da responsabilização judicial... 960

19.7	Dosimetria das sanções		961
19.8	Da cumulatividade de sanções		963
19.9	Do Cadastro Nacional de Empresas Punidas – CNEP		964

Capítulo 20 – Arbitragem, Mediação e Autocomposição de Conflitos na Administração Pública 969

20.1	Direito positivo		969
20.2	A arbitragem na Administração Pública		971
	20.2.1	Das controvérsias doutrinárias	971
	20.2.2	Inovações da Lei nº 13.129, de 26-5-15, quanto à arbitragem na Administração Pública	973
	20.2.3	Direitos patrimoniais disponíveis	974
	20.2.4	Previsão de contratos de direito privado na Lei nº 8.666/93 e na nova Lei de Licitações – Lei nº 14.133/21	976
	20.2.5	Matérias que podem ser submetidas à arbitragem	976
	20.2.6	Competência para autorizar a arbitragem	977
	20.2.7	Arbitragem de direito	979
	20.2.8	Conflito entre sigilo e publicidade	979
20.3	Mediação		980
20.4	Autocomposição de conflitos em que for parte pessoa jurídica de direito público		981
	20.4.1	Conceito e alcance	981
	20.4.2	Medidas de autocomposição de conflitos	981

Bibliografia 989

Índice Remissivo 999

1
O Direito Administrativo

1.1 FORMAÇÃO DO DIREITO ADMINISTRATIVO

O Direito Administrativo, como ramo **autônomo**, nasceu em fins do século XVIII e início do século XIX, o que não significa que inexistissem anteriormente normas administrativas, pois onde quer que exista o Estado existem órgãos encarregados do exercício de funções administrativas. O que ocorre é que tais normas se enquadravam no *jus civile*, da mesma forma que nele se inseriam as demais, hoje pertencentes a outros ramos do direito.

Além disso, o que havia eram normas esparsas relativas principalmente ao funcionamento da Administração Pública, à competência de seus órgãos, aos poderes do Fisco, à utilização, pelo povo, de algumas modalidades de bens públicos, à servidão pública. Não se tinha desse ramo do direito uma elaboração baseada em princípios informativos próprios que lhe imprimissem autonomia.

A Idade Média não encontrou ambiente propício para o desenvolvimento do Direito Administrativo. Era a época das monarquias absolutas, em que todo poder pertencia ao soberano; a sua vontade era a lei, a que obedeciam todos os cidadãos, justificadamente chamados **servos** ou **vassalos** (aqueles que se submetem à vontade de outrem). Nesse período, do chamado Estado de Polícia, assinala Merkl (1980:93) que o direito público se esgota num único preceito jurídico, que estabelece um **direito ilimitado para administrar**, estruturado sobre princípios segundo os quais *quod regi placuit lex est, the king can do no wrong, le roi ne peut mal faire*.

O rei não podia ser submetido aos Tribunais, pois os seus atos se colocavam acima de qualquer ordenamento jurídico. Com base nessa ideia é que se formulou a teoria da irresponsabilidade do Estado, que, em alguns sistemas, continuou a ter aplicação mesmo após as conquistas do Estado Moderno em benefício dos direitos individuais.

Não havia Tribunais independentes, uma vez que, em uma primeira fase, o próprio rei decidia os conflitos entre particulares e, em fase posterior, as funções judicantes foram delegadas a um conselho, que ficava, no entanto, subordinado ao soberano.

No entanto, apontam-se algumas obras de glosadores da Idade Média, principalmente dos séculos XIII e XIV, nas quais se encontra o germe dos atuais direitos constitucional, administrativo e fiscal. Indica-se a obra de Andrea Bonello (1190 a 1275 d.C.), dedicada ao estudo dos três últimos livros do Código Justiniano, que tinham sido deixados de lado, porque dedicados a estruturas fiscais e administrativas de um império que já não existia. Outro texto sobre o qual trabalharam os juristas, na época, foi o Liber Constitutionis, publicado pelo parlamento de Melfi em 1231. No século XIV, a obra de Bartolo de Sassoferrato (1313-57) lança as bases da teoria do Estado Moderno (cf. Mario G. Losano, 1979:55).

Mas a formação do Direito Administrativo, como ramo autônomo, teve início, juntamente com o direito constitucional e outros ramos do direito público, a partir do momento em que começou a desenvolver-se – já na fase do Estado Moderno – o conceito de **Estado de Direito**, estruturado sobre o **princípio da legalidade** (em decorrência do qual até mesmo os governantes se submetem à lei, em especial à lei fundamental que é a Constituição) e sobre o **princípio da separação de poderes**, que tem por objetivo assegurar a proteção dos direitos individuais, não apenas nas relações entre particulares, mas também entre estes e o Estado.

Daí a afirmação de que o Direito Administrativo nasceu das Revoluções que acabaram com o velho regime absolutista que vinha da Idade Média. "Constitui disciplina própria do Estado Moderno, ou melhor, do chamado Estado de Direito, porque só então se cogitou de normas delimitadoras da organização do Estado-poder e da sua ação, estabelecendo balizas às prerrogativas dos governantes, nas suas relações recíprocas, e, outrossim, nas relações com os governados. Na verdade, o Direito Administrativo só se plasmou como disciplina autônoma quando se prescreveu processo jurídico para atuação do Estado-poder, através de programas e comportas na realização das suas funções" (cf. O. A. Bandeira de Mello, 1979, v. 1:52).

Alguns vão ao ponto de afirmar que o Direito Administrativo é produto exclusivo da situação gerada pela Revolução Francesa, só existindo nos países que adotaram os princípios por ela defendidos. Onde não houve a mesma luta que convergiu para a mudança brusca de regime, não existe Direito Administrativo. É o que expõe Mario G. Losano (1979:68), quando, citando tese defendida, na França, por Hauriou, na Suíça, por Fleiner, e na Itália, por Zanobini, afirma que ela "foi reconsolidada pela constatação de que o direito inglês – não tendo sofrido o nítido corte gerado pela Revolução Francesa entre mundo feudal e mundo burguês – não conhece um Direito Administrativo, tal como não conhece direitos imobiliários (ou reais) encerrados em categorias taxativas determinadas". Com isso, deve concluir-se que "o Direito Administrativo é um produto da Europa continental pós-revolucionária, o que impede a generalização de conceitos para além destes limites de espaço e de tempo. Na realidade, ele apresenta-se como o direito que o Estado burguês utiliza para se defender tanto contra a classe derrubada como contra a que, utilizada como aliada no decurso da revolução, é reprimida depois da tomada do poder".

Não se afigura verdadeira a tese de que o Direito Administrativo só exista nos sistemas europeus formados com base nos princípios revolucionários do século XVIII. O que é verdadeiro é o fato de que nem todos os países tiveram a mesma história nem estruturaram pela mesma forma o seu poder; em consequência, o Direito Administrativo teve origem diversa e desenvolvimento menor em alguns sistemas, como o anglo-americano. Mesmo dentro dos "direitos" filiados ao referido sistema europeu existem diferenças que vale a pena assinalar, uma vez que, quanto menos desenvolvido o Direito Administrativo, maior é a aplicação do direito privado nas relações jurídicas de que participa o Estado.

Na realidade, o **conteúdo do Direito Administrativo** varia no tempo e no espaço, conforme o tipo de Estado adotado. No chamado Estado de Polícia, em que a finalidade é apenas a de assegurar a ordem pública, o objeto do Direito Administrativo é bem menos amplo, porque menor é a interferência estatal no domínio da atividade privada. O Estado do Bem-estar é um Estado mais atuante; ele não se limita a manter a ordem pública, mas desenvolve inúmeras atividades na área da saúde, educação, assistência e previdência social, cultura, sempre com o objetivo de promover o bem-estar coletivo. Nesse caso, o Direito Administrativo amplia o seu conteúdo, porque cresce a máquina estatal e o campo de incidência da burocracia administrativa. O próprio conceito de serviço público amplia-se, pois o Estado assume e submete a regime jurídico publicístico atividades antes reservadas aos particulares. Além disso, a substituição do Estado liberal, baseado na liberdade de iniciativa, pelo Estado-Providência ampliou, em muito, a atuação estatal no domínio econômico, criando novos instrumentos de ação do poder público, quer para disciplinar e fiscalizar a iniciativa privada, com base no poder de polícia do Estado, quer para exercer atividade econômica, diretamente, na qualidade de empresário. Também sob esse aspecto, ampliou-se o conteúdo do Direito Administrativo, a ponto de já se começar a falar em novo ramo que a partir daí vai-se formando – o **direito econômico** – baseado em normas parcialmente públicas e parcialmente privadas.

Neste capítulo, o que se pretende mostrar, em primeiro lugar, são os fundamentos constitucionais e filosóficos do Direito Administrativo. A seguir, será analisada a contribuição do direito francês, do direito alemão e do direito italiano para a formação do Direito Administrativo como ramo autônomo. A orientação seguida pelos três "direitos" foi diversa: o primeiro, que praticamente deu origem ao Direito Administrativo, formou, no início, a chamada escola legalista ou exegética, porque o estruturou quase inteiramente a partir da interpretação de textos legais, levada a efeito pelos Tribunais Administrativos; o segundo, embora influenciado pelo direito francês, deu os primeiros passos no sentido da elaboração científica do Direito Administrativo; e o terceiro, seguindo um pouco de cada tendência – a exegética e a científica – trouxe inegável contribuição para a elaboração sistemática do Direito Administrativo. Os três fazem parte do sistema de base romanística, assim chamado porque proveio dos estudos do direito romano, realizados, a partir do século XII, nas universidades dos países latinos e dos países germânicos, dentre as quais se destaca a Universidade de Bolonha, na Itália. Esse sistema tinha por objetivo criar um direito comum (*jus commune*) para a Europa continental, porém respeitando a diversidade dos povos que a integram. Embora idealizado para a Europa, expandiu-se para fora dela, por conta da colonização ou por recepção voluntária. Abrange a maior parte dos países da Europa ocidental: Itália, Espanha, Portugal, Grécia, Alemanha, Áustria, Suíça, Bélgica, Dinamarca, Suécia, Finlândia, Noruega, Escócia; fora da Europa, abrange os países que foram colonizados por países da Europa continental: América Latina, Luisiana (nos Estados Unidos), Quebec (no Canadá francês), países africanos colonizados pela França, pela Bélgica ou por Portugal, bem como a África do Sul.

A ideia de direito comum caiu por terra com o desenvolvimento da Escola do Direito Natural, nos séculos XVII e XVIII, que inspirou as codificações e levou ao positivismo interno de cada país. O objetivo de criar um direito comum europeu só ressurgiu no século XX, com a formação da União Europeia e, em consequência, do direito comunitário europeu, no qual se verifica um encontro entre os sistemas romanístico e do *common law*.

Também se fará rápida análise do Direito Administrativo anglo-americano, inserido no sistema do *common law*, que se caracteriza por ser essencialmente um direito feito pelo juiz; nesse sistema, a jurisprudência é a principal fonte do direito. O sistema do *common law* é adotado na Grã-Bretanha (com ressalva para a Escócia, que permaneceu no sistema de base romanística), nos Estados Unidos, no Canadá (com exceção de Quebec), na Austrália, Nova Zelândia, Jamaica, alguns países africanos, Índia, Birmânia, Malásia. Seu estudo, neste capítulo, tem como objetivo demonstrar a diversidade de sua formação e o seu menor desenvolvimento quando comparado com o sistema de base romanística.

Não se poderia deixar de dedicar um parágrafo ao Direito Administrativo brasileiro que, seguindo a orientação dos demais países da América Latina, adotou o sistema europeu-continental, porém também sofreu influência do sistema do *common law* e, mais recentemente, do direito comunitário europeu. Um item será dedicado ao exame da influência do direito estrangeiro na formação e evolução do Direito Administrativo brasileiro.

Também será dedicado um item apontando as principais transformações do Direito Administrativo.

O capítulo se encerrará com itens sobre o objeto, as fontes e o conceito do Direito Administrativo.

1.2 FUNDAMENTOS FILOSÓFICOS E CONSTITUCIONAIS DO DIREITO ADMINISTRATIVO

Na doutrina administrativista brasileira, alguns autores mais recentes defendem a origem autoritária do Direito Administrativo, que teria nascido para proteger os interesses econômicos e políticos da burguesia. A divergência surgiu em razão das críticas ao princípio da supremacia do interesse público, que também teria conteúdo autoritário. Nessa linha de pensamento, inserem-se, dentre outros, Gustavo Binenbojm, Humberto Ávila e Daniel Sarmento, todos com textos publicados em obra organizada pelo último, sob o título de *Interesses públicos* versus *interesses privados*: desconstruindo o princípio da supremacia do interesse público.

Também é o pensamento de Marçal Justen Filho (2008:67), para quem "a organização do aparato administrativo do Estado se modela pelas concepções napoleônicas, que traduzem uma rígida hierarquia de feição militar do século XIX. A fundamentação filosófica do Direito Administrativo ainda se reporta à clássica disputa entre Duguit e Hauriou, ocorrida nos primeiros decênios do século XX. Mais do que isso, predomina a influência do pensamento de Hauriou muito mais intensamente do que a visão de Duguit. O conteúdo do Direito Administrativo é preenchido por institutos vinculados a concepções políticas de um período distante. Ou seja, o Direito Administrativo continua vinculado às concepções filosóficas, políticas e constitucionais que vigoravam na primeira metade do século XX. A evolução radical do constitucionalismo do final do século XX permanece ignorada pelo Direito Administrativo".

Falando sobre a constitucionalização do Direito Administrativo, Marçal Justen Filho acrescenta que "[...] a evolução recente importou alterações radicais nas instituições e nas concepções vigentes. A função e o conteúdo da Constituição foram impregnados por princípios e valores democráticos, o que se afirma com ainda grande relevância no Brasil – cuja vivência democrática é muito limitada. Todas essas modificações não ingressaram integralmente no Direito Administrativo. O conteúdo e as interpretações do Direito Administrativo permanecem vinculados e referidos a uma realidade sociopolítica que há muito deixou de existir. O instrumental do Direito Administrativo, é, na sua essência, o mesmo de um século atrás".

Uma das grandes razões que deram nascimento à tese do autoritarismo do Direito Administrativo é, provavelmente, a teoria da *puissance publique*, elaborada no século XIX e defendida, entre outros, por Batbie, Ducroq, Louis-Edouard Laferrière, León Aucoc, Berthélmy. Sistematizada por Maurice Hauriou (1927:133), essa teoria, ao procurar o critério definidor do Direito Administrativo, apontou a existência de *prerrogativas* e *privilégios* do Estado diante do particular, criando uma posição de verticalidade ou de desigualdade entre Administração Pública e cidadão.

Outro fator relevante, apontado por Celso Antônio Bandeira de Mello (2016:44), foi a própria definição inicial do Direito Administrativo como derrogatório e exorbitante do direito comum. Diz o autor que "talvez a razão primordial desta forma errônea de encarar o Direito Administrativo resida no fato de que este, ao surgir, foi encarado como um direito 'excepcional', que discrepava do 'direito comum', isto é, do direito privado, o qual, até então, era, com ressalva do Direito Penal, o único que se conhecia. Com efeito, o Direito Administrativo, tal como foi sendo elaborado, pressupunha a existência, em prol do Estado, de prerrogativas inexistentes nas relações entre os particulares, as quais, então, foram nominadas de 'exorbitantes', isto é, que exorbitavam dos direitos e faculdades que se reconheciam aos particulares em suas recíprocas relações".

Em outra oportunidade, já analisei o tema (2012a:10-11) afirmando que, paradoxalmente, o Estado de Direito, preocupado embora com a liberdade do cidadão e a igualdade de todos perante o Direito, trouxe em seu bojo o Direito Administrativo, como ramo autônomo, composto por normas de direito público, aplicáveis à Administração Pública e que, derrogando o direito comum, a ela reconhece uma série de prerrogativas e privilégios de que o particular não dispõe. E lembramos a lição de Massimo Severo Giannini (1970:28), para quem a existência de Estados com *Direito Administrativo* é o resultado de uma síntese de pensamentos contrastantes e de experiências político-jurídicas oriundos de todas as partes da Europa. O Estado com Direito Administrativo recebe, do *direito inglês*, o princípio constitucional da divisão de poderes e a ideia de não arbítrio do poder público, que coloca como princípio o primado da função normativa e do qual deriva o princípio da legalidade da ação administrativa; do *pensamento político-jurídico comum*, nasce o princípio constitucional do absolutismo da jurisdição, do qual deriva o reconhecimento de situações jurídicas subjetivas tuteláveis perante o juiz, criando-se a categoria dos direitos subjetivos de conteúdo público; da *estrutura estatal do absolutismo iluminado* recebe a ideia de legislação pública especial para regular a atividade da administração pública, transformando os poderes absolutos da coroa em poderes do Estado regulados pela lei.

Na realidade, o caráter pretensamente autoritário do Direito Administrativo foi abrandado pelos princípios vigentes no Estado liberal, uma vez que a autoridade era limitada pelo reconhecimento de direitos individuais garantidos pelo Poder Judiciário ou por uma jurisdição administrativa independente do Poder Executivo.

O Direito Administrativo, desde as origens, caracterizou-se pelo binômio *prerrogativas* (que protegem a autoridade) e *sujeições* (que protegem os direitos individuais perante os excessos do poder); e esse é um dos grandes paradoxos do Direito Administrativo como ramo do direito caracterizado fundamentalmente pelo referido binômio. Não há justificativa para que esse binômio seja visto de um lado só.

Pode ter havido períodos da evolução do Direito Administrativo, em que a balança pendeu para o lado das prerrogativas e, portanto, do autoritarismo. No primeiro período, da *justice rétenue* (justiça retida), em que o contencioso administrativo esteve vinculado ao imperador (fase do administrador-juiz) prevaleceu o caráter autoritário das normas que disciplinavam a atuação administrativa, fortemente centralizada; a última palavra sobre as manifestações do contencioso administrativo era do imperador. Com a instauração do Estado de Direito, pendeu-se para o lado oposto, ou seja, para a proteção das liberdades individuais; o que mais contribuiu para isso foi a atribuição de função jurisdicional propriamente dita, desvinculada do Poder Executivo, aos órgãos do contencioso administrativo. Abandonou-se a fase da *justice rétenue* e entrou-se na fase da *justice déléguée* (justiça delegada), quando a decisão proferida pelo juiz passa a ser definitiva. Nesse período, dentro do binômio *direitos individuais e prerrogativas públicas*, preocupava-se especialmente com o primeiro aspecto.

Foi, portanto, o Direito Administrativo elaborado sob a base de alguns princípios fundamentais do constitucionalismo também incipiente, dentre os quais ressaltam, por sua importância, o da separação de poderes e o da legalidade. Um e outro tinham por objetivo assegurar a liberdade do cidadão diante das prerrogativas do poder público. Segundo José Eduardo Faria (1988:40), "equilíbrio entre poderes e representação política, certeza jurídica e garantia dos direitos individuais, constitucionalidade e legalidade, hierarquia das leis e distinção entre atos de império e atos de gestão, autonomia da vontade e liberdade contratual – eis alguns dos princípios básicos em torno dos quais o Estado liberal se desenvolveu". Foi sob a égide desses postulados que evoluiu o Direito Administrativo nesse período.

Importante, quanto ao tema, é o pensamento de Miguel Reale, em trabalho sobre *Nova fase do direito moderno* (1990:79-82), em que o autor demonstra que tanto o direito constitucional como o administrativo são filhos da Revolução Francesa. Observa o autor que "nesta, com efeito, surgem as condições históricas e os pressupostos teóricos indispensáveis ao estudo da administração pública segundo categorias jurídicas próprias, a começar pela afirmação dos direitos do cidadão perante o Estado; o princípio da responsabilidade dos agentes públicos por seus atos arbitrários, e o livre acesso de todos às funções administrativas". Acrescenta o autor que, "sem a subordinação do Estado ao império da lei e da jurisdição não teria sido possível o tratamento autônomo e sistemático do Direito Administrativo".

Miguel Reale parece reconhecer o caráter autoritário da origem do Direito Administrativo, mas realça que é necessário separar o aspecto político do jurídico. Ele lembra observação feita por Massimo Severo Giannini (em trabalho sobre *Diritto amministrativo*, publicado na *Enciclopedia del Diritto*, t. 12, p. 862) de que o advento dessa nova disciplina "foi visto por historiadores, como Salvemini e Lefèvre, 'como um instrumento mediante o qual a burguesia, conquistando o poder graças à Revolução, tende a conservá-lo, por um lado, contra as classes privilegiadas destituídas de seus antigos poderes, e, por outro lado, contra as classes subalternas, donde um Direito privilegiado do Estado, por ser este, na realidade, instrumento exclusivo dos detentores do poder político". Lembra ainda Miguel Reale que: "Giannini não diverge dessa visão histórica no plano político, mas, sob o prisma jurídico, faz uma ressalva que me parece relevante, assinalando que, não obstante sua origem autoritária e centralizadora inspirada nos propósitos políticos dos Termidorianos, empenhados em prevenir e reprimir desordens sociais, para a manutenção da ordem pública e da paz social, *o Direito Administrativo redundava em respeito à liberdade pregada pela Revolução na medida em que eram reconhecidos limites à autoridade estatal, sujeita a controle jurisdicional*" (grifamos).

A conclusão de Reale é a de que: "O Direito Administrativo, embora vinculado originariamente a interesses políticos e econômicos burgueses, transcendia esses objetivos, representando, desde o início, uma das vertentes realizadoras do Estado de Direito de cunho liberal."

Na realidade, pode-se afirmar que, qualquer que tenha sido o intuito inicial da criação do Direito Administrativo, o fato é que, sob o ponto de vista jurídico, ele nasceu junto com o constitucionalismo e com o Estado de Direito, não tendo como furtar-se à influência dos ideais filosóficos que inspiraram a Revolução Francesa (representados especialmente pelas figuras de Rousseau e de Montesquieu) e deram nascimento aos princípios da separação de poderes, da isonomia, da legalidade e do controle judicial.

Nas palavras de Celso Antônio Bandeira de Mello (2016:47), "o Direito Administrativo nasce com o Estado de Direito. Nada semelhante àquilo que chamamos de Direito Administrativo existia no período histórico que precede a submissão do Estado à ordem jurídica. Antes disso, nas relações entre o Poder, encarnado na pessoa do soberano, e os membros da sociedade, então súditos – e não cidadãos –, vigoravam ideias que bem se sintetizam em certas máximas clássicas, de todos conhecidas, quais as de que *quod principi placuit leges habet vigorem*: 'o que agrada ao príncipe tem vigor de lei'. Ou, ainda: 'o próprio da soberania é impor-se a todos sem compensação'; ou, mesmo: 'o rei não pode errar'. O advento do Estado de Direito promoveu profunda subversão nestas ideias políticas, que eram juridicamente aceitas. Ao firmar a submissão do Estado, isto é, do Poder, ao Direito e ao regular a ação dos governantes nas relações com os administrados, fundando, assim, o Direito Administrativo, este último veio trazer, em antítese ao período histórico precedente – o do Estado de Polícia –, justamente a disciplina do Poder, sua contenção e a inauguração dos direitos dos, já agora, administrados – não mais súditos".

Com efeito, o Direito Administrativo incorporou o princípio da legalidade e, do outro lado da moeda, o princípio da justicialidade. Se incorporou também o princípio do interesse público é porque ao Estado incumbe a defesa dos interesses da coletividade.

E talvez nunca se tenha vivido outro período da evolução do Direito Administrativo em que se defende de forma tão efetiva a proteção dos direitos individuais como o atual. O Direito Administrativo se constitucionalizou, se humanizou, se democratizou. Este, desde as origens, encontrou fundamento no Estado de Direito e acompanhou a sua evolução nas várias fases (Liberal, Social e Democrática). Mais recentemente, a ligação com os princípios do Estado de Direito ainda mais se acentuou com a constitucionalização do Direito Administrativo, referida no item 1.8 sobre as transformações do Direito Administrativo.

Por essas razões, não é possível concordar com os autores que apontam a origem autoritária do Direito Administrativo, negam a sua constitucionalização e afirmam a sua imutabilidade no decurso do tempo. Não há dúvida de que a doutrina e, em grande parte, a jurisprudência, muito avançaram e continuam avançando, no que diz respeito à constitucionalização do Direito Administrativo. O Direito Administrativo vem passando por profundas modificações, das quais se realça precisamente a sua constitucionalização, hoje tratada e defendida pela doutrina e aplicada pela jurisprudência, com reflexos sensíveis sobre a legalidade, a discricionariedade administrativa e o controle judicial. O conteúdo do Direito Administrativo ampliou-se consideravelmente, não só no direito brasileiro, mas também no direito europeu, levando Jacqueline Morand-Deviller (2013:11) a afirmar que "as mutações do fim do século XX foram descritas pelos administrativistas como um período de pós-modernismo. O século XXI conhece já um *pós-pós-modernismo* cujas características seriam, em reação contra os excessos do período precedente, uma nova aproximação mais sutil da normatividade, como contrapeso ao excesso de regulação, uma nova maneira de conceber as relações sociais humanizando o consensualismo (empobrecimento do contrato) pela convivência (ética da convivência) e uma nova maneira de conceber os direitos, vinculando-os a deveres. A obrigação e a coerção se transformariam em um consentimento voluntário de assumir suas responsabilidades. No face a face entre a administração e os administrados, a primeira não conceberia suas prerrogativas senão vinculadas a seu dever de prestar contas e, os segundos, transformados plenamente em cidadãos, não separariam seus direitos de seus deveres para com a coisa pública".

Por isso mesmo, pode-se afirmar que as bases filosóficas do Direito Administrativo, desde as origens, são as mesmas do Estado de Direito, tendo acompanhado de perto as mutações por este sofridas, em suas várias fases – liberal, social, democrática e, talvez, pós-pós-modernista (como mencionado por Jacqueline Morando-Deviller). Hoje, o Direito Administrativo – de base essencialmente constitucional – foi enriquecido pelos ideais de centralidade e dignidade da pessoa humana, de participação, de transparência, de exigência de motivação, de processualização, de controle social.

1.3 CONTRIBUIÇÃO DO DIREITO FRANCÊS

É inegável a contribuição do direito francês para a autonomia do Direito Administrativo.

Costuma-se indicar, como termo inicial do nascimento do Direito Administrativo, a Lei de 28 pluvioso do Ano VIII (1800), que organizou juridicamente a Administração Pública na França.

Mas foi graças principalmente à elaboração jurisprudencial do Conselho de Estado francês que se construiu o Direito Administrativo.

O apego ao princípio da separação de poderes e a desconfiança em relação aos juízes do velho regime serviram de fundamento para a criação, na França, da **jurisdição administrativa** (o **contencioso administrativo**), ao lado da **jurisdição comum**, instituindo-se, dessa forma, o sistema da dualidade de jurisdição.

Com efeito, os constituintes franceses pós-revolucionários deram alcance mais amplo à teoria da separação de poderes, entendendo que a solução dos litígios nos quais a Administração Pública é parte não pode ser atribuída ao Poder Judiciário, sob pena de criar-se subordinação de um Poder ao outro. Essa concepção do princípio da separação de poderes traduzia uma visão política herdada da experiência do Velho Regime: a desconfiança em relação ao Poder Judiciário, pois a sua resistência ao poder real e às reformas que ele pretendia promover foi uma das principais causas do imobilismo que acabou por provocar a Revolução (cf. Georges Vedel, 1964:60).

Tal o fundamento pelo qual se instituiu na França o contencioso administrativo, com apoio no texto do art. 13 da Lei de 16-24 de agosto de 1790, em cujos termos "as funções judiciárias são distintas e permanecerão sempre separadas das funções administrativas. Não poderão os juízes, sob pena de prevaricação, perturbar de qualquer modo as operações dos corpos administrativos, nem citar diante de si os administradores por motivo das funções que estes exercem".

Essa norma foi confirmada, posteriormente, pelo decreto de 16 frutidor do ano III: "Proibições iterativas feitas aos tribunais de conhecer atos de administração de qualquer espécie..." (cf. José Cretella Júnior, *Tratado de Direito Administrativo*, 1969, v. 6:69-71).

De início, a própria Administração decidia os seus conflitos com os particulares, já que o Judiciário não podia fazê-lo. Foi a fase do administrador-juiz, em que a Administração era, ao mesmo tempo, juiz e parte. No entanto, no ano VIII, começa a desenvolver-se uma verdadeira jurisdição administrativa, com a criação do Conselho de Estado, que só passa a exercer função verdadeiramente jurisdicional a partir de 1872, quando se tornou independente e suas decisões deixaram de submeter-se ao chefe de Estado.

Foi pela elaboração pretoriana desse órgão de jurisdição administrativa que se desenvolveram inúmeros princípios informativos do Direito Administrativo, incorporados ao regime jurídico de inúmeros outros países.

Pode-se dizer que a autonomia do Direito Administrativo, ou seja, a sua posição como ciência dotada de objeto, método, institutos, princípios e regime jurídico próprios, começou a conquistar-se a partir do famoso **caso Blanco**, ocorrido em 1873, e que envolveu uma menina (Agnès Blanco) que, ao atravessar uma rua da cidade francesa de Bordeaux, foi colhida por uma vagonete da Companhia Nacional de Manufatura de Fumo, que transportava matéria-prima de um para outro edifício (cf. José Cretella Júnior, *Tratado de Direito Administrativo*, 1970, v. 8:22-23). Naquela oportunidade, o Conselheiro Davi, do Tribunal de Conflitos, proferiu o seu voto, colocando de lado o Código Napoleão e afirmando, pela primeira vez, o equacionamento e a solução da responsabilidade civil do Estado em termos publicísticos. Relembre-se de que, nessa ocasião, ocorreu choque de competência entre o Conselho de Estado e a Corte de Cassação. O conflito era de atribuição negativo; suscitado perante o Tribunal de Conflitos – a quem cabia dirimir os conflitos dessa natureza entre a jurisdição comum e a administrativa –, o Conselheiro Davi, entusiasmado com o caso, não só concluiu que o Conselho de Estado era competente para decidir a controvérsia, como também devia fazê-lo em termos publicísticos, já que o Estado era parte na relação jurídica. Acentua-se aqui a saída do instituto da responsabilidade do campo do direito civil, como então era tratado, para mergulhar no campo do Direito Administrativo, onde a relação entre preposto e preponente é diversa dessa mesma relação no campo do Direito Civil.

Embora a decisão apenas confirmasse, quanto à competência da jurisdição administrativa, jurisprudência anterior do Conselho de Estado, adotada nos casos Rotschild (1855) e Dekeister (1862), ela inovava em dois pontos: quando definia a competência da jurisdição administrativa pelo critério do **serviço público** (responsabilidade por danos decorrentes do **serviço público**) e quando resolvia a questão com base em princípios autônomos, distintos daqueles adotados pelo Código Civil para as relações entre particulares.

A partir de então, inegável foi a contribuição do Conselho de Estado francês para a elaboração de princípios informativos do Direito Administrativo. "Em 1945, o Conselho de Estado francês invocou, pela primeira vez de modo expresso, os princípios de direito aplicáveis, mesmo na ausência de textos legais, às relações entre Administração-indivíduo, Administração-funcionário ou entre órgãos administrativos. E a partir de então expediu-se naquele tribunal essa diretriz, atribuindo-se aos princípios força de lei quanto aos atos administrativos gerais e especiais. Em virtude do surgimento de regulamentos autônomos previstos na Constituição francesa de 1958 e dotados da mesma força de lei, o Conselho de Estado passou a conferir, aos princípios gerais, valor constitucional, com base no preâmbulo da referida Constituição" (cf. Odete Medauar, *O Estado de S. Paulo*, 24-4-86, p. 42).

Georges Vedel (1964:53) ressalta o fato de que o Direito Administrativo francês é, em grande parte, **não legislativo**, porque formulado pelo **juiz**. Diz ele que, nesse ramo do Direito, o repúdio ao Código Civil e ao direito privado e a imensidão de lacunas legislativas levaram o juiz a fazer verdadeiramente o direito. A função do juiz administrativo não era só a de interpretar o direito positivo, como o fazia o juiz comum, mas também preencher, por suas decisões, as lacunas da lei. Daí a contribuição do Conselho de Estado para a elaboração de princípios informativos do Direito Administrativo, ainda hoje vigentes em vários sistemas: o da responsabilidade civil da Administração, o da alteração unilateral dos contratos administrativos, os concernentes ao regime jurídico especial dos bens do domínio público, a teoria da nulidade dos atos administrativos.

Afora a contribuição do Conselho de Estado, que não se limitou às origens do Direito Administrativo, pois se perpetuou nas sucessivas interpretações de leis e regulamentos administrativos, mediante princípios publicísticos, o direito francês também se coloca entre os pioneiros no campo da elaboração doutrinária do Direito Administrativo.

É verdade que se indica como primeira obra, nessa matéria, os *Principii fondamentali di diritto amministrativo*, de Giandomenico Romagnosi, publicada na Itália em 1814; porém, logo a seguir, surgem, na França, as obras de Macarel (*Élements de jurisprudence administrative*, 1818) e De Cormenin (*Questions de droit administratif*, 1822). Costuma-se criticar essas primeiras obras pelo fato de que se limitaram a comentar textos legais e decisões jurisprudenciais. Assim foram as obras de Macarel, Cormenin e De Gerando. No entanto, são ainda do Direito Administrativo francês as primeiras obras que trataram dos temas do Direito Administrativo como categoria própria, constituída por princípios autônomos; é o caso do *Cours de droit administratif*, de Ducroq, das *Conférences sur le Droit*, de Aucoc, e do *Traité sur la juridiction administrative*, de Laferrière.

Também foi o direito francês o primeiro a colocar o Direito Administrativo como matéria de ensino universitário. Em 1819, muito antes, portanto, do referido caso Blanco, foi inaugurada na Faculdade de Direito de Paris a cadeira de Direito Administrativo, ministrada pelo Barão de Gerando, que publica o seu *Programe du Cours de Droit Public Positif Administratif à la Faculté de Droit de Paris*, no qual expõe os princípios gerais da Ciência da Administração, distinta do Direito Administrativo Positivo. Em 1829, ele publica as *Institutes du Droit Administratif Français*, nas quais sistematiza a exposição de mais de 80.000 dispositivos legais e regulamentares (cf. Oswaldo Aranha Bandeira de Mello, 2007:78).

O Direito Administrativo francês formou-se como disciplina normativa referida a um sujeito – a Administração Pública, ou, nas palavras de André Hauriou (RDA 1:465), *il reste une discipline interieure à un groupe*. Ele se elaborou com base em determinados conceitos, como o de serviço público, de autoridade, de Poder Público, de especialidade de jurisdição, nenhum deles inspirado no direito privado. Segundo Vedel (1964:57), quatro princípios essenciais informam o Direito Administrativo francês: o da **separação das autoridades administrativa e judiciária**, que determina as matérias para as quais os tribunais judiciais são incompetentes; o das **decisões executórias**, que reconhece à Administração a prerrogativa de emitir unilateralmente atos jurídicos que criam obrigações para o particular, independentemente de sua concordância; o da **legalidade**, que obriga a Administração a respeitar a lei; e o da **responsabilidade do poder público**, em virtude do qual as pessoas públicas devem reparar os danos causados aos particulares.

Tendo o Direito Administrativo francês nascido como o direito concernente a um sujeito – Administração Pública –, é natural que se entendesse que sua organização, seus direitos, prerrogativas e obrigações fossem regulados por normas próprias, diversas daquelas que disciplinam as relações particulares. Daí a razão pela qual muitos autores viram o Direito Administrativo como "o conjunto das derrogações que as leis trariam à aplicação do direito privado no que concerne à via administrativa. Ele sempre foi apresentado como um corpo de regras globalmente autônomo, repudiando em bloco o direito privado" (cf. Vedel, 1964:47). Foi o que fez o Conselheiro Davi, no caso Blanco, onde ele afirma que "a responsabilidade que pode incumbir ao Estado para os danos causados aos particulares por fato das pessoas que ele emprega no serviço público não pode ser regida por princípios que são estabelecidos pelo Código Civil para as relações de particular a particular..." (cf. Vedel, 1964:48).

A mesma rejeição às normas do Direito Civil, que se verifica em relação ao tema da responsabilidade, repete-se também em relação aos contratos administrativos, às fundações públicas, à propriedade pública. Vale dizer que se procura solucionar com normas e princípios do Direito Administrativo todas as questões em que a Administração é parte.

Evidentemente, a autonomia nunca foi total. Jean Waline (apud Vedel, 1964:48) "mostra que as hipóteses nas quais o juiz administrativo aplica, aos litígios que lhe são submetidos, regras emprestadas ao Código e leis de direito privado são muito mais numerosas do que se supõe geralmente, de tal sorte que a apresentação tradicional que nisso vê 'exceções' à autonomia do Direito Administrativo repudiando 'em bloco' o direito privado torna-se muito contestável".

Vedel (1964:48), que aceita essa conclusão, afirma que "o que permanece verdadeiro da tese clássica é que, ao contrário do juiz judiciário, o juiz administrativo é senhor de decidir se os Códigos e as leis de direito privado se aplicam a tal ou tal matéria dependente de sua competência. Conforme os casos, ele próprio forjará as regras aplicáveis ou considerará inútil a derrogação das regras do direito privado".

Não se pode encerrar este item sem realçar que o direito francês, inclusive seu Direito Administrativo, vem passando por importantes transformações, em decorrência de sua integração na União Europeia, cujo direito se impõe aos Estados-membros, inclusive às suas Constituições. A própria jurisprudência do Conselho de Estado, que sempre se constituiu na principal fonte do Direito Administrativo francês, perdeu grande parte de sua força, não só pela grande quantidade de leis hoje existentes, mas também pela submissão obrigatória aos atos normativos provenientes de organismos que compõem a estrutura da União Europeia. De resto, a constitucionalização, a privatização, a consensualidade, a democratização, a substituição do conceito de serviço público por serviço de interesse econômico (agora substituído, por sua vez, por serviço de interesse geral), a força crescente das fontes internacionais do direito, o surgimento do Direito Administrativo econômico, são algumas das transformações pelas quais vem passando o Direito Administrativo francês e que acabam por se expandir por todos os países que integram o sistema de base romanística.

1.4 DIREITO ADMINISTRATIVO ALEMÃO

Enquanto na França o Direito Administrativo surgiu após a revolução, que rompeu inteiramente com o sistema anterior, na Alemanha não houve a mesma ruptura, pois resultou, esse ramo do direito, de longa evolução, não processada pela mesma forma nos diferentes Estados. Lá, a transformação "não se desenrolou segundo um ritmo uniforme nos diferentes Estados alemães, e em nenhuma parte o velho direito foi em um dado momento totalmente eliminado para ser substituído por um direito novo; constata-se, em cada período, a subsistência de reminiscências jurídicas de concepções passadas. Mas em cada um desses períodos, a situação do poder público em relação aos sujeitos e em relação ao direito é determinada por uma concepção nova, que se afasta das tendências anteriores" (cf. Fritz Fleiner, 1933:25).

Na Idade Média, a proteção jurídica para a autoridade e para o particular era a mesma, sujeitando-se, um e outro, às instâncias jurisdicionais dos tribunais, cabendo, no entanto, ao príncipe um direito eminente (*jus eminens*), composto por uma série de prerrogativas e poderes que ele devia exercer no interesse da coletividade. Em uma segunda fase, após a Reforma, ampliou-se o poder do príncipe; constitui-se o chamado *jus politiae* (direito de polícia), que, partindo da ideia de poder sobre a vida religiosa e espiritual do povo, concentrou em mãos dos príncipes poderes de interferir na vida privada dos cidadãos, sob o pretexto de alcançar a segurança e o bem-estar coletivo; houve, nesse período, uma separação entre a polícia e a justiça; o príncipe podia baixar regras de polícia, relativas à Administração, e normas relativas à justiça; estas últimas ficavam fora de sua ação e só podiam ser aplicadas pelos juízes; as outras eram aplicadas pelo príncipe e seus funcionários, que agiam exclusivamente sob normas dele emanadas e sem assegurar aos indivíduos apelo aos tribunais.

Para combater esse poder absoluto do príncipe, elaborou-se a teoria do fisco, em consonância com a qual o patrimônio público não pertence ao príncipe nem ao Estado, mas ao Fisco, que teria personalidade de direito privado, diversa da personalidade do Estado, associação política, pessoa jurídica de direito público, com poderes de mando, de império; o primeiro submetia-se ao direito privado e, em consequência, aos tribunais; o segundo regia-se por normas editadas pelo príncipe, fora da apreciação dos tribunais.

Com isto, muitas das relações jurídicas em que a Administração era parte passaram a ser regidas pelo **Direito Civil** e a submeter-se a tribunais independentes, sem qualquer vinculação com o príncipe. Estes tribunais passaram a reconhecer, em favor do indivíduo, a titularidade de direitos adquiridos contra o Fisco, todos eles fundamentados no direito privado. Na realidade, não havia outro direito além do Direito Civil.

Como diz Otto Mayer (1982, t. 1:56), "o resultado foi que nesse período do regime de polícia existe efetivamente um direito civil, um direito penal, um direito processual; em uma palavra: o direito de justiça. Com relação à administração não existem regulamentos que sejam obrigatórios para a autoridade frente ao súdito: não há direito público".

No Estado Moderno, conservou-se do regime de polícia a ideia de soberania do Estado e, embora desaparecendo o dualismo do Estado e do Fisco, manteve-se a ideia de submissão de uma parte da atividade estatal ao Direito Civil.

Por outro lado, deixou este de ser o direito único, pois desenvolveu-se o direito público, em especial o Direito Administrativo, para reger as relações entre o Estado e os administrados; o Direito Civil passou a ter aplicação apenas subsidiária.

Tudo isto, não é demais repetir, foi produto de longa evolução; não resultou de rupturas violentas com regimes anteriores, nem do trabalho do legislador; nas palavras de Fritz Fleiner (1933:33), "o progresso decorreu da prática das autoridades, da jurisdição administrativa e do trabalho silencioso da doutrina".

Embora o direito público alemão tivesse sofrido influência do direito francês, foi diversa a origem do seu Direito Administrativo e a sua própria formação; o Direito Administrativo, na França, foi produto de elaboração pretoriana do Conselho de Estado, desenvolvida para atender a necessidades puramente práticas, surgidas em cada caso concreto. Na Alemanha, predominou a elaboração sistemática e científica, mais abstrata, a cargo dos doutrinadores, conforme se demonstrará além, ao cuidar-se do objeto do Direito Administrativo.

No direito alemão, a influência do direito civil foi muito maior na elaboração do Direito Administrativo do que ocorreu no direito francês. Enquanto neste houve uma tendência para rejeitar, em bloco, as normas do direito privado, construindo-se o Direito Administrativo como conjunto de normas derrogatórias e exorbitantes do direito comum, na Alemanha a sistematização do Direito Administrativo, por ideias herdadas do Estado de Polícia, seguiu muito mais a orientação adotada pelos pandectistas na interpretação do Código Civil. Na sistematização do Direito Administrativo, adotou-se o método construtivo, preocupado em formular dogmas específicos do direito público, mas sempre a partir do modelo construído pelo direito privado.

Segundo Fritz Fleiner (1933:44), a expressão *Direito Administrativo* não designa, na Alemanha, ao contrário da França, uma espécie particular de direito. "No sentido mais amplo, o 'Direito Administrativo' designa todas as normas que regulam a atividade das autoridades estatais administrativas, quer façam parte do direito público ou do direito privado. Mas a ciência do direito não entende a noção dessa maneira tão ampla. Ela parte da consideração de que as normas particulares não foram elaboradas pela Administração Pública senão nos casos em que as normas gerais do direito privado, do direito penal e do processo não podem proteger, pelo menos de maneira suficiente, em razão do modo mesmo pelo qual elas são concebidas, os interesses especiais da administração pública." Acrescenta o mesmo autor que se entenderá por Direito Administrativo "o direito público estabelecido na medida das necessidades da administração pública".

Também com relação ao Direito Administrativo alemão, é importante lembrar que, tal como ocorreu com todos os países-membros da União Europeia, está sujeito ao direito comunitário europeu. Tal afirmação, já feita com relação ao direito francês, tem por objetivo ressaltar que as transformações do Direito Administrativo, a serem analisadas no item 1.8 deste capítulo, são muito semelhantes em todos os países que fazem parte da União Europeia, inclusive naqueles filiados ao sistema do *common law*.

Foi o direito alemão que deu os primeiros passos no sentido da valorização dos direitos fundamentais e da constitucionalização dos princípios e valores que devem orientar a atividade da Administração Pública, da teoria dos conceitos jurídicos indeterminados, do princípio da dignidade da pessoa humana como fundante do Estado de Direito, do princípio da proporcionalidade, do princípio da proteção à confiança. Tudo isso influenciou os países filiados ao sistema romanista e produziu reflexos inclusive sobre a União Europeia, que foi progressivamente se constitucionalizando, pela integração, a partir do Tratado de Lisboa, de artigos relativos aos valores e objetivos da União, a afirmação da dimensão cidadã da União, o reconhecimento dos direitos fundamentais (cf. Marianne Donny, 2012:37 ss).

1.5 DIREITO ADMINISTRATIVO ITALIANO

Também na Itália não houve o mesmo rompimento brusco com o regime anterior.

Encontram-se as origens do Direito Administrativo italiano no ordenamento administrativo piemontês que, sob dominação da França, foi profundamente influenciado pelo direito francês elaborado a partir da época de Napoleão. O próprio método exegético do direito francês foi seguido, nas origens, pelo Direito Administrativo italiano. Com a anexação das demais províncias ao Reino piemontês, aquela mesma influência se fez sentir, na medida em que houve a unificação administrativa, em especial pela Lei nº 2.248, de 20-3-1865, conhecida como "Lei sobre unificação administrativa do Reino", compreendendo seis anexos referentes às leis fundamentais do Estado; a Lei provincial e municipal, a Lei sobre segurança pública, a Lei de saúde, a do Conselho de Estado, a do contencioso administrativo e a de obras públicas.

Num segundo período, que vai de 1865 até a Primeira Guerra Mundial, verificaram-se importantes alterações na legislação, especialmente nas quatro primeiras partes anexas à referida lei de unificação do Reino, para adaptá-las aos princípios liberais defendidos na Europa do século XIX.

A terceira fase (1922 a 1943), iniciada após a Primeira Guerra Mundial, foi marcada pelo aparecimento do fascismo, com adoção de princípios autoritários e abolição de postulados democráticos na organização dos órgãos administrativos: definição dos poderes do Primeiro-ministro, faculdades normativas do Poder Executivo, extinção de órgãos eletivos nos municípios, ampliação dos poderes do prefeito, intervenção do Estado na vida social, econômica e moral dos cidadãos.

A partir da queda do fascismo, voltam os princípios democráticos, reinstaurando-se o sistema de governo parlamentar, reconstituindo-se os órgãos eletivos nos municípios e nas províncias, limitando-se os poderes do prefeito e criando-se a autonomia regional (cf. Alessi, 1970:20-23).

Sob o aspecto doutrinário, o Direito Administrativo, na primeira fase, sofreu influência da doutrina francesa e paralelamente se inspirou nos esquemas do direito privado. Na segunda fase, já abandonando gradativamente o apego aos métodos de direito privado e à escola exegética, foi assumindo caráter científico, com sistematização própria, embora com influência alienígena, especialmente do direito alemão. Nessa fase, as obras de Orlando, Santi Romano, Oreste Ranelletti, Federico Cammeo.

Segundo Orlando (1900:47), o direito italiano conseguiu uma "feliz harmonia" entre as duas tendências opostas verificadas no direito francês e no direito alemão; o primeiro apegou-se excessivamente ao caso concreto tal como estudado pela jurisprudência; e o segundo pecou pela excessiva abstração e distanciamento da realidade.

Como se verá no item 1.7, o direito italiano também influenciou o Direito Administrativo brasileiro (quanto ao conceito de mérito do ato administrativo, de interesse público primário e secundário, de autarquia, de entidades paraestatais, dentre outros). Hoje passa por transformações decorrentes de sua submissão ao direito comunitário europeu.

1.6 DIREITO ADMINISTRATIVO ANGLO-AMERICANO

Enquanto o direito francês, o italiano, o alemão e, entre tantos outros, o brasileiro são filiados ao sistema de base romanística, o direito vigente nos Estados Unidos e na Inglaterra integra o chamado sistema do *common law*, expressão que designa, nas palavras de José Cretella Júnior (*Revista da Procuradoria-Geral do Estado*, v. 12:10), "o direito não escrito de um país, baseado no costume, no uso e nas decisões das Cortes de Justiça".

Uma das diferenças básicas entre os dois sistemas está em que o primeiro tem como fonte principal o direito legislado (*statute law*) e o segundo, o precedente judiciário, ou seja, o direito comum (*common law*) criado por decisões judiciárias.

Conforme ensinamento de John Clarke Adams (1964:10-11), na elaboração de sua sentença, "o juiz do *common law* está teoricamente vinculado pelo *common law*. Praticamente, entretanto, está vinculado somente na medida em que este tenha sido gradualmente revelado através das sentenças anteriores".

Outra fonte do direito anglo-saxão é a **equidade**, que serve de fundamento a decisões judiciais nos casos em que não se encontra no *common law* a tutela eficaz aos direitos privados. Uma vez proferida a decisão com base na equidade, ela também se transforma em precedente judiciário e passa a integrar o *common law*.

Os direitos filiados a esse sistema têm também como fonte o direito legislado, que é direito escrito, ao contrário das demais fontes citadas, que compõem o direito não escrito. Em caso de conflito entre este último e a lei, esta é que prevalece. Desse modo, à medida que aumenta o direito legislado, diminui o campo de aplicação do direito não escrito. Mas as decisões proferidas com base na lei passam também a constituir precedentes judiciários que vinculam os juízes nas decisões futuras; o mesmo ocorre, nos Estados Unidos, com relação à interpretação judicial da Constituição escrita.

O papel do juiz, no sistema anglo-americano, é da maior relevância, porque ele não se limita a aplicar uma norma preexistente ao caso concreto, pois, "para ele, os **precedentes**, os atos legislativos e até a carta constitucional não são senão as peças já ordenadas de um vasto e incompleto mosaico que representará ao direito eterno, peças às quais ele mesmo agregará sua modesta contribuição no ato de ditar a sentença" (John Clarke Adams, 1964:17).

No que diz respeito ao Direito Administrativo no sistema anglo-americano, o seu nascimento, além de posterior ao do sistema continental, não teve a seu favor as razões históricas que justificaram a interpretação que na França se deu ao princípio da separação de poderes e inspiraram a criação do contencioso administrativo.

Na Inglaterra e Estados Unidos, o Poder Judiciário exerce sobre a Administração Pública o mesmo controle que exerce sobre os particulares, graças ao apego aos princípios da *rule of law*, na Inglaterra, *judicial supremacy* e *due process of law*, nos Estados Unidos.

Enquanto aos franceses, após a revolução, repugnava a ideia de submeter a Administração ao Judiciário em consequência dos apontados antecedentes históricos, na Inglaterra e nos Estados Unidos os revolucionários dos séculos XVII e XVIII, respectivamente, receavam os excessos do Poder Executivo, razão pela qual registrou-se a tendência oposta de atribuir ao Judiciário e ao Legislativo maiores poderes de controle.

Havia grande resistência ao nascimento do Direito Administrativo, que era visto como um conjunto de normas que asseguravam privilégios e prerrogativas para a Administração frente ao particular, parecendo mais como direito próprio dos regimes totalitários.

Se o Direito Administrativo surgiu no sistema anglo-americano, não foi em consequência dos princípios revolucionários, mas para atender aos reclamos da sociedade moderna, em favor da atuação crescente do Estado no campo social e econômico, a exigir o crescimento da máquina administrativa e, paralelamente, a elaboração de normas próprias para a sua atuação.

Hoje não é possível negar mais a existência do Direito Administrativo naquele sistema, embora com conteúdo menos amplo do que no direito francês. Porém, durante algum tempo, os juristas resistiram ao reconhecimento desse fato, graças principalmente à obra de Albert Venn Dicey (*Lectures introductory to the study of law of the constitution*, publicada pela primeira vez em 1885), e que influenciou tanto o direito inglês, como o norte-americano.

Um estudo crítico a respeito do pensamento de Dicey foi feito por James W. Garner (1929:337-385). Do seu trabalho extrai-se a ideia de que, para Dicey, existem no Direito Administrativo francês dois princípios estranhos à concepção inglesa: o primeiro é o que reconhece aos funcionários uma série de prerrogativas que não têm os particulares, colocando-os em situação de desigualdade no que concerne à sua responsabilidade perante os Tribunais; enquanto na Inglaterra os funcionários e os simples cidadãos submetem-se ao mesmo **direito comum** e respondem perante os tribunais ordinários, na França, os funcionários gozam de privilégios assegurados por leis administrativas e não podem ser processados perante a justiça comum. Para Dicey, o princípio do *rule of law* (império da lei) significa:

a) supremacia do direito comum, a impedir o reconhecimento de privilégios, prerrogativas e poderes discricionários às autoridades administrativas e governamentais;
b) unidade da lei e da jurisdição para todos, sejam funcionários ou particulares;
c) existência de um **direito comum** constituído pelo conjunto dos direitos individuais tal como aplicados e interpretados pelos tribunais.

O outro princípio do direito francês, diferente do anglo-americano, é o que concerne à separação de poderes que, na França, é interpretado de forma a impedir a apreciação, pelos juízes da jurisdição comum, dos atos praticados pela Administração Pública e, nos Estados Unidos e Inglaterra, como separação funcional, a impedir a Administração de exercer função jurisdicional como a que exerce o Conselho de Estado francês.

Tais ideias são contestadas por Garner, no referido trabalho. Ele demonstra, de um lado, que os funcionários franceses respondem perante os tribunais administrativos, apenas quando se trata de falta cometida em razão do serviço; pelas suas faltas pessoais e pelos seus crimes, eles respondem perante a jurisdição ordinária. Por outro lado, ele observa que não é inteiramente verdadeira a afirmação de Dicey segundo a qual, no direito inglês, funcionário e cidadão encontram-se em pé de igualdade perante a lei, no que concerne à prática de infrações. Além do Chefe de Estado, personificado pela Coroa, e dos Ministros, uns e outros gozando de proteção e imunidades especiais, inúmeros funcionários ingleses são total ou parcialmente liberados de responder perante os tribunais ordinários pelas consequências de seus atos oficiais; é o caso dos juízes, oficiais de polícia, funcionários das alfândegas e outros. Além disso, uma lei de 1893 concedeu certo privilégio aos servidores do Estado, ao exigir que todas as ações contra os mesmos, por atos praticados no exercício do cargo, sejam iniciadas no prazo de apenas seis meses da data do ato.

Quanto à impossibilidade de os tribunais ordinários, na França, apreciarem atos da Administração Pública, Garner contesta também, mostrando que essa apreciação ocorre em vários casos, como nas faltas pessoais cometidas por funcionários, nas desapropriações, na responsabilização civil da Administração, na aplicação das regras de polícia, nos processos contra a administração dos correios e telégrafos. Por outro lado, embora não exista na Inglaterra o contencioso administrativo, foi atribuída função judicial ou quase judicial a inúmeros órgãos administrativos, cujas decisões não podem, em geral, ser revistas pelos tribunais ordinários, com a agravante de que esses órgãos não têm as características de corpo judiciário que revestem os tribunais administrativos.

O mesmo ocorreu nos Estados Unidos, onde inúmeros órgãos administrativos foram investidos de funções judiciais ou quase judiciais, para a solução de reclamações dos particulares contra o Estado, dos empregados contra os trabalhadores, sem as características essenciais dos tribunais judiciários e sem a possibilidade de revisão por estes últimos, a não ser sobre questões de direito.

É interessante notar que, na última edição da sua obra, Dicey, influenciado por Gaston Jèze, reconhece que sua concepção do Direito Administrativo francês está errada e que as decisões do Conselho de Estado se aproximavam bastante das decisões tomadas pelos tribunais comuns (cf. Garner, 1929:353-355).

Também é oportuno observar que o pensamento de Dicey, inteiramente avesso ao regime administrativo francês, justificava-se, talvez, pela própria diversidade da organização do poder na Inglaterra, embora ele não tivesse se apercebido da evolução que já na sua época se verificava.

Garrido Falla (1970:109-111) aponta as seguintes características do regime inglês da primeira metade do século XIX, quando a França já estava desenvolvendo e aperfeiçoando o Direito Administrativo:

a) falta quase absoluta de uma burocracia, significando que os cargos públicos do reino compreendiam apenas os chamados **supremos** (Parlamento e Rei, por exemplo) e os **subordinados**, que incluíam apenas algumas categorias, deixando fora dessa classificação inúmeros cargos de relevo no Estado, como os de Secretários de Estado, que não eram previstos em lei, embora existissem **de fato**;

b) falta de centralização administrativa, pois a maior parte das funções públicas típicas, em especial as concernentes ao poder de polícia, pertenciam aos governos locais, que eram dotados de autonomia (*self-government*) em relação ao poder central, ao qual não se subordinavam hierarquicamente, mas através do Parlamento; este é que legislava para os órgãos locais;

c) a atividade administrativa era, do século XVI ao XIX, realizada pelos juízes e pelo Parlamento; a administração dos condados era feita pelos juízes de paz, controlados pelos Tribunais ordinários, o que significa dizer que os juízes praticavam atos judiciais e atos administrativos. Também o Parlamento praticava e ainda pratica atos administrativos, donde a distinção entre *public business* e *private business*, estes últimos dando lugar a *bills* privados.

Já no século XVIII iniciaram-se algumas reformas, que se intensificaram no século XIX, revelando a tendência crescente no sentido do fortalecimento do Governo central, que recebeu amplos poderes para a elaboração de **leis delegadas**, as quais chegaram a superar sensivelmente, em quantidade, as leis promulgadas pelo Parlamento. O poder central também cresceu, à medida que foi criando empresas estatais e assumindo algumas funções quase judiciais.

No **direito inglês**, a Administração goza de ampla discricionariedade, a tal ponto que muitos dos seus atos são subtraídos à apreciação do Poder Judiciário, como ocorria com a chamada "cláusula de Henrique VIII", em decorrência da qual pode o Parlamento delegar à Administração o poder de mudar a lei, inclusive subtraindo a lei delegada à apreciação pelo Poder Judiciário; nesses casos, os regulamentos baixados pela Administração tinham a mesma força que a lei, produzindo o mesmo efeito de impedir a apreciação judicial. Vale dizer que, como na Inglaterra os tribunais não controlam a constitucionalidade das leis, os regulamentos também escapavam a esse controle; hoje essa cláusula está em desuso, não sendo mais aceita pelos Tribunais, que exercem controle sobre os regulamentos, exigindo a sua conformidade com a lei. Aquilo que ocorria em relação aos regulamentos ainda ocorre no caso das decisões proferidas por órgãos administrativos com funções quase-judiciais, em que se presume, *juris et de jure,* que o ato reúne todos os requisitos legais, vedada, em muitos casos, a apreciação, pelo Judiciário, da matéria de fato, reservada à competência discricionária da Administração.

No que diz respeito à responsabilidade civil do Estado, vigorou, na Inglaterra, até 1947, a teoria da irresponsabilidade, baseada no princípio segundo o qual *the king can do no wrong*; o funcionário é que respondia pelos danos causados ao particular. Com a aprovação, naquele ano, do *Crown Proceeding Act,* a Coroa passou a responder nas seguintes hipóteses: por danos cometidos pelos seus funcionários ou agentes, desde que haja infração daqueles deveres que todo patrão tem em relação aos seus prepostos e também daqueles deveres que toda pessoa comum tem em relação à propriedade.

A responsabilidade, no entanto, não é total, porque sofre algumas limitações, não se aplicando aos entes locais nem às empresas estatais.

Quanto aos **contratos** celebrados pela Coroa, há também algumas particularidades, que decorrem da aplicação do princípio, de elaboração pretoriana, segundo o qual a Coroa não pode obrigar-se em detrimento da sua liberdade de ação, ou, por outras palavras, o poder discricionário da autoridade pública não pode ser restringido por via contratual (cf. Garrido Falla, 1970:116). Em decorrência disso, nos contratos com seus funcionários, ainda que conste cláusula que impeça a rescisão, é possível a destituição sumária, contra a qual não cabe nenhum recurso; também é possível a redução de salários, cabendo ao funcionário a possibilidade de desistir do contrato. No caso dos militares, ainda que a Administração atrase o respectivo pagamento, não lhes é dado abandonar o serviço (cf. Wade, 1971:453-455). Além disso, são comuns, nos contratos de obras públicas, cláusulas muito semelhantes às dos contratos administrativos, regidos pelo direito público; tais são as cláusulas que estabelecem amplos poderes de controle sobre o contratado, as que asseguram à Coroa o poder sancionador, sem recurso prévio aos Tribunais, as que preveem o poder de modificação, suspensão ou rescisão do contrato, a qualquer momento, mediante compensação pecuniária ao particular, as que conferem à Coroa o poder de interpretação e privilégios de decisão unilateral.

Gaspar Ariño Ortiz, em prólogo escrito na obra de José Ignacio Monedero Gil (1977:12-14), onde faz um estudo do contrato no sistema do *common law*, mostra que tais cláusulas são estabelecidas, em caráter geral, para os contratos de obras públicas (United Kingdom General Government Contracts for Building and Civil Engeneering Works, General Conditions, 1971), revelando que, embora a doutrina inglesa continue a afirmar que os contratos celebrados pela Coroa se regem pelo direito privado, em uma colocação teórica de "religioso respeito à tradição jurídica recebida", a realidade das coisas é diferente; inexiste um texto de lei que estabeleça normas sobre tais contratos, que se regem pelas condições estabelecidas em seu próprio texto, aprovado pelo Governo. Os litígios se resolvem geralmente por árbitros, a tal ponto que foi criado um órgão – Review Board of Government Contracts – de caráter independente, que decide, **definitivamente**, sobre todos os conflitos que versem sobre rompimento do equilíbrio do contrato.

As características apontadas revelam que o *rule of law* não tem, na Inglaterra, o alcance que Dicey lhe imprimiu: a Administração goza de privilégios e prerrogativas e de poder discricionário perante o particular; o princípio da unidade de jurisdição sofre a restrição decorrente das funções quase judiciais exercidas pelo Executivo; o direito comum elaborado pelos tribunais ordinários não é a única fonte do direito na Inglaterra.

Dessa forma, sob muitos aspectos, o Direito Administrativo inglês se aproximou bastante do regime de Direito Administrativo condenado por Dicey. Mas, como diz Garrido Falla (1970:118), "não são poucos os que diagnosticaram a situação entendendo que a Inglaterra copiou uma parte do regime administrativo (precisamente a que supõe maior sujeição para o particular), porém mostrou-se refratária a admitir, em troca, suas instituições de garantia (um contencioso no estilo francês)".

Nos **Estados Unidos**, onde também se fez presente a influência de Dicey, o conteúdo do Direito Administrativo é bem menos amplo do que nos países que adotam o chamado **regime jurídico administrativo**. Isto porque toda a matéria relativa à organização administrativa está fora da abrangência daquela disciplina, sendo tratada exclusivamente pela Ciência da Administração, como ramo, portanto, da Ciência Política. O próprio problema das relações entre a Administração e seus funcionários rege-se pelo direito comum; desse modo, o objeto do Direito Administrativo fica restringido apenas às relações da Administração com os particulares.

John Clarke Adams (1964:36), fazendo uma comparação entre o conteúdo do Direito Administrativo norte-americano e o dos direitos francês e italiano, aponta, para o primeiro, as seguintes peculiaridades em relação aos demais:

a) a doutrina norte-americana da **separação de poderes** está fundada em critérios funcionais, em decorrência dos quais a Administração Pública deve limitar-se a exercer funções administrativas, não podendo assumir funções jurisdicionais, como a que exerce o Conselho de Estado francês;

b) falta, no **direito norte-americano**, o **conceito de interesse legítimo** que delimita, na Itália, as competências do Conselho de Estado e da magistratura ordinária;

c) a doutrina norte-americana da *judicial supremacy* dá aos tribunais ordinários um poder genérico de controle sobre qualquer ato administrativo, por questões de legalidade, sempre que um particular tenha um direito de ação garantido pelo *common law* ou pelas leis;

d) a doutrina da irresponsabilidade do Estado no *common law* opõe-se à da responsabilidade no direito francês e italiano;

e) é **limitado o uso da execução forçada** no direito norte-americano, onde, a não ser em casos excepcionais, em que o interesse coletivo esteja em perigo, a execução dos atos da Administração depende de autorização dos tribunais;

f) falta um regime jurídico de emprego público nos Estados Unidos;

g) inexiste um *corpus* de jurisprudência administrativa;

h) é escasso o **desenvolvimento e importância da doutrina** no direito anglo-americano;

i) a **predominante posição da jurisprudência** no Direito Administrativo norte-americano leva a um método de **ensino universitário diverso**, baseado quase só em textos de decisões judiciais.

No que diz respeito à **responsabilidade do Estado**, houve uma evolução; até bem recentemente prevalecia, também, a regra da irresponsabilidade, sob influência do princípio inglês de que o rei não pode errar (*the king can do no wrong*).

Hoje, o particular pode acionar diretamente o funcionário, admitindo-se, em algumas hipóteses, a responsabilidade direta do Estado.

Com relação ao **funcionário**, responde da mesma forma que o particular, segundo normas do direito privado. Desde que o Tribunal reconheça a ilegalidade do ato praticado, o seu autor fica sujeito a reparar os danos dele decorrentes. Mas mesmo essa orientação já sofreu certa evolução; os tribunais resolveram reconhecer a determinados funcionários imunidade semelhante àquela de que gozam os juízes; isto ocorreu em relação aos funcionários administrativos que exercem funções de caráter jurisdicional e àqueles que exercem competências discricionárias.

No que diz respeito à responsabilidade do Estado, o *Federal Tort Claims Act* (lei federal sobre demandas de danos civis), de 1948, estabeleceu a regra de que os Estados Unidos serão responsáveis, sempre que haja **culpa**, da mesma maneira e tão amplamente como um particular nas mesmas circunstâncias.

Além de a responsabilidade ser baseada na culpa, portanto, segundo normas de direito privado, a lei estabelece uma série de restrições, pois não se aplica nas seguintes situações: reclamações relativas à perda de cartas ou objetos postais; cobrança de taxas, tarifas aduaneiras ou retenção de bens ou mercadorias pela alfândega; danos causados pela imposição de medidas de quarentena; reclamações que se produzam em país estrangeiro; reclamações relativas às atividades fiscais do Tesouro; danos causados por forças militares e navais em tempo de guerra; quando o funcionário tenha agido em cumprimento a leis ou regulamentos ou no exercício de funções discricionárias, desde que tenha usado da diligência devida.

Nos Estados Unidos também surgiram **órgãos administrativos com funções quase judiciais**, à semelhança do que ocorreu na Inglaterra. Trata-se das *Commissions, Offices, Agencies, Boards*, que são dotadas de relativa independência em relação ao presidente da República. Segundo Garrido Falla (1970:126), "trata-se de uma autêntica concentração de poderes, posto que ditam regulamentos, aplicam-nos e, finalmente, perseguem por si mesmos e julgam os seus infratores".

No que diz respeito aos **serviços de utilidade pública**, muitos dos quais são assumidos pelo Estado no sistema europeu continental e delegados ao particular mediante concessão ou permissão, nos Estados Unidos são deixados para a iniciativa privada, dentro do princípio constitucional da liberdade de indústria e comércio; no entanto, muitos desses serviços dependem da licença do poder público para funcionar e são submetidos a uma regulamentação administrativa, como se verifica com os serviços de navegação aérea e de transportes ferroviários.

Na parte relativa aos **contratos**, ocorre situação muito semelhante à mencionada para a Inglaterra; embora se continue a afirmar que os contratos celebrados pelo poder público são regidos pelo direito privado, na realidade crescem, a partir de 1940, as leis e decisões judiciais que reconhecem poderes e privilégios para o Estado, quando contrata com outras entidades, públicas ou privadas. Antes disso, entendia-se que as regras ditadas pelo Estado, para celebração de contratos, não tinham caráter obrigatório, pois serviam apenas como instruções para os agentes administrativos; isto porque se igualavam o Governo e o particular, em direitos e obrigações, perante o contrato.

A primeira lei que se promulgou dando orientação diferente foi a "Armed Services Procurement Act" (Lei de Contratos para as Forças Armadas), que impõe limites à ação governamental, exigindo publicidade e concorrência, para eliminar abusos e assegurar ao Governo um preço justo e razoável, além de permitir aos diversos empresários igual oportunidade para competirem e participarem dos negócios com o Governo, tal como consta da justificativa da referida lei (cf. Ortiz, 1968:29).

A partir daí, outras leis e regulamentos foram publicados, com objetivos análogos; também a Corte Suprema vem proferindo decisões, reconhecendo força de lei às normas administrativas referentes aos contratos, além de privilégios e poderes para a Administração, como o da decisão unilateral executória, com a consequente compensação pecuniária ao particular prejudicado. Também nos Estados Unidos existem os órgãos administrativos – Board of Contracts Appeals – com poder de decisão dos conflitos decorrentes de contratos com o Estado, em muitos casos sem possibilidade de recursos aos tribunais; suas decisões são publicadas e constituem um corpo de doutrina citado pelos autores e pelos advogados em suas argumentações perante o Poder Judiciário.

Quanto ao poder regulamentar, não constitui uma atribuição inerente à Administração Pública, pois depende de delegação expressa em cada caso; além disso, as normas regulamentares têm a mesma força de lei, à semelhança do que ocorre na Inglaterra com a "cláusula de Henrique VIII".

Assinale-se, ainda, a adoção do **princípio da publicidade** dos atos da Administração Pública, que assegura ao público em geral a possibilidade de conhecer os atos do seu interesse, salvo hipóteses de sigilo previamente declarado; assegura-se também a participação do cidadão no procedimento de elaboração dos regulamentos, mediante consultas e conferências para conhecer a opinião dos grupos econômicos interessados, audiências públicas, publicação prévia dos projetos (cf. Garrido Falla, 1970:133).

Não há dúvida, portanto, de que o sistema de *common law* já tem um Direito Administrativo, embora a sua formação e o seu desenvolvimento estejam sendo muito mais lentos. Note-se que, no momento em que se constituíram os Estados Unidos da América, como federação, o povo americano já era senhor dos direitos pelos quais o povo francês teve que lutar. Garrido Falla (1970:129) sintetiza essa diferença de maneira precisa: na Europa, "o Estado de Direito é uma criação historicamente tardia que vem a sobrepor-se às antigas monarquias absolutas centralizadas. A Administração, frente às garantias jurídicas que se introduzem para garantia da liberdade dos súditos, segue, entretanto, atuando como herdeira do antigo Monarca absoluto, com **poderes residuais**. Ao contrário, os Estados Unidos nascem como Estado independente, sendo já Estado de Direito: a liberdade individual não é ali uma conquista frente a um poderoso Estado anterior, senão também um pressuposto do Estado que nasce. O desenvolvimento ulterior faz com que a situação se pareça cada vez mais com a da Europa; porém, o que merece destacar é que isto se consegue através de um processo em que é o Estado que vai conquistando pouco a pouco (em contrapartida das lutas do cidadão europeu por suas liberdades) as suas prerrogativas de poder público".

Mas também não há dúvida de que, comparando-se os dois sistemas (o europeu continental e o do *common law*), este último ainda utiliza, nas relações da Administração com o funcionário e com o particular, predominantemente, o regime jurídico de direito privado.

1.7 DIREITO ADMINISTRATIVO BRASILEIRO

À semelhança do que ocorreu na Europa continental, o Direito Administrativo não nasceu, no Brasil, como ramo autônomo, enquanto esteve sob o regime da monarquia absoluta.

No período colonial, ao tempo das capitanias, os respectivos donatários detinham em mãos poderes absolutos que lhes eram outorgados pelo monarca português e que abrangiam, sem qualquer controle, a administração, a legislação e a distribuição da justiça.

Quando da criação do governo-geral, embora se dividissem as atribuições entre o governador-geral (representante do Rei), o provedor-mor (representante do Fisco) e o ouvidor-geral (distribuidor da justiça), ainda assim o primeiro concentrava grande parte dos poderes, inclusive o de legislar e o de presidir a distribuição da justiça, a ponto de atribuir-se ao governador-geral, a partir de 1640, o título de vice-rei. No século seguinte, alguns receberam poderes em matéria cível e criminal, com possibilidade, inclusive, de aplicar a pena de morte.

Com o Império, há uma divisão de funções entre o Poder Legislativo, o Poder Judiciário, o Poder Executivo e o Poder Moderador, os dois últimos concentrados em mãos do Imperador.

Já existia, nessa época, uma administração pública organizada, mas **regida praticamente pelo direito privado**, que o Conselho de Estado se limitava a aplicar.

No entanto, já no período imperial, criou-se a cadeira de Direito Administrativo nos cursos jurídicos, instalada, em 1856, na Faculdade de Direito de São Paulo e regida por José Antonio Joaquim Ribas.

Começa, então, a desenvolver-se o Direito Administrativo graças ao trabalho de doutrinadores, dentre os quais Vicente Pereira do Rego (*Elementos de Direito Administrativo brasileiro*, de 1857), Prudêncio Giraldes Tavares da Veiga Cabral (*Direito administrativo brasileiro*, de 1859), Visconde do Uruguai (*Ensaios sobre o Direito Administrativo*, de 1862), Furtado de Mendonça (*Excerto de Direito Administrativo pátrio*, de 1865), José Rubino de Oliveira (*Epítome do Direito Administrativo pátrio*, de 1865), José Antonio Joaquim Ribas (*Direito administrativo brasileiro*, de 1866), José Higino Duarte Pereira (*Lições de Direito Administrativo*).

Com o início do período republicano, suprime-se o Poder Moderador e a jurisdição administrativa antes atribuída ao Conselho de Estado. A Administração Pública começa a agilizar-se e afastar-se dos moldes do direito privado. No entanto, na primeira fase, foi pobre o trabalho doutrinário desenvolvido no âmbito do Direito Administrativo.

Segundo Ruy Cirne Lima (1982:33), "reside a causa dessa indiferença pelo Direito Administrativo na própria base, sobre que se fez assentar o nosso direito público. Foram as instituições dos Estados Unidos da América e os princípios da *common law* tomados para fundamento do nosso regime jurídico incipiente". O autor acrescenta que o fundamento estava em contradição com o regime, pois aqui a Constituição de 1891, no art. 34, nº 23, dividia o direito objetivo em civil, comercial, criminal e processual, enquanto a *common law* abrange, no conceito norte-americano, "os princípios que regem assim de uma parte a justiça repressiva, como, de outra, a direção dos negócios jurídicos e, de outra ainda, a conservação de interesse privado, a regulamentação das instituições domésticas, e a aquisição, fiscalização e transferência da propriedade; toca, destarte, todos os ramos da Ciência do Direito. O resultado dessa contradição é a incerteza das categorias jurídicas no nosso Direito Administrativo: é o desconhecimento de pessoas administrativas, fora da União, dos Estados e dos Municípios; é o desconhecimento dos limites do domínio público, além dos que lhe assinala a propriedade da União, dos Estados ou dos Municípios; é o desconhecimento da doutrina dos atos administrativos, acima das prescrições do direito privado".

São dessa fase os trabalhos de Viveiros de Castro (*Tratado de ciência da administração e do Direito Administrativo*, de 1906), Alcides Cruz (*Direito administrativo brasileiro*, de 1910), Manuel Porfírio de Oliveira Santos (*Direito administrativo e ciência da administração*, de 1919), Carlos Porto Carneiro (*Lições de Direito Administrativo*, de 1916) e Aarão Reis (*Direito administrativo brasileiro*, de 1923).

A partir da Constituição de 1934, o Direito Administrativo experimentou grande evolução, em decorrência da própria previsão constitucional de extensão da atividade do Estado nos âmbitos social e econômico. Instituiu-se, inclusive, um Tribunal de Direito Administrativo na esfera federal. Ao contrário da Constituição de 1891, de feição nitidamente liberal e individualista, a de 1934, que se seguiu ao movimento revolucionário de 1930, assume caráter socializante, marcado pela intervenção crescente na ordem social. O Estado deixa a sua posição de guardião da ordem pública e passa a atuar no campo da saúde, higiene, educação, economia, assistência e previdência social.

Como consequência, cresce a máquina estatal, pela criação de novas pessoas jurídicas públicas, quer as de capacidade específica para execução de serviços públicos (autarquias), quer as de capacidade genérica (territórios); paralelamente, aumenta o quadro de funcionários públicos necessários para o atendimento das novas tarefas assumidas pelo Estado.

A partir de então, enriqueceu-se o Direito Administrativo com sucessivas obras, das quais, excluídas as monografias, que são inúmeras, destacam-se as de Themístocles Brandão Cavalcanti (*Instituições de Direito Administrativo brasileiro*, de 1936; *Tratado de Direito Administrativo*, de 1948/1949; *Princípios de Direito Administrativo*, de 1945), José Mattos de Vasconcellos (*Direito administrativo*, de 1932), Ruy Cirne Lima (*Princípios de Direito Administrativo*, de 1939, e *Lições de Direito Administrativo*, de 1943), J. Rodrigues Vale (*Curso de Direito Administrativo*, de 1943), J. Guimarães Menegale (*Direito administrativo e ciência da administração*, de 1950), Fernando Mendes de Almeida (*Noções de Direito Administrativo*, de 1956), José Cretella Júnior (*Direito administrativo do Brasil*, de 1956; *Curso de Direito Administrativo*, de 1964; *Tratado de Direito Administrativo*, de 1966/1972; *Lições de Direito Administrativo*, de 1970), Mário Masagão (*Curso de Direito Administrativo*, de 1959/1960), Carlos S. de Barros Júnior (*Compêndio de Direito Administrativo*, de 1962), Hely Lopes Meirelles (*Direito administrativo brasileiro*, de 1964), Manuel Ribeiro (*Direito administrativo*, de 1964), Oswaldo Aranha Bandeira de Mello (*Princípios gerais de Direito Administrativo*, de 1969), Valmir Pontes (*Programa de Direito Administrativo*, de 1968), Luiz Delgado (*Compêndio elementar de Direito Administrativo*, de 1970), Diogo de Figueiredo Moreira Netto (*Curso de Direito Administrativo*, de 1970/1971), Júlio Scantimburgo (*Elementos de Direito Administrativo*, de 1971), Oscar de Oliveira (*Sinopse de Direito Administrativo*, de 1971), Sérgio de Andréa Ferreira (*Lições de Direito Administrativo*, de 1972), Nelson Schiesari (*Direito administrativo*, de 1975), Celso Antônio Bandeira de Mello (*Elementos de Direito Administrativo*, de 1980), Diógenes Gasparini (*Direito administrativo*, de 1989), Lúcia Valle Figueiredo (*Curso de Direito Administrativo*, de 1994), Odete Medauar (*Direito administrativo moderno*, de 1996), José dos Santos Carvalho Filho (*Manual de Direito Administrativo*, de 2000), Edmir Netto de Araújo (*Curso de Direito Administrativo*, de 2005), Marçal Justen Filho (*Curso de Direito Administrativo*, de 2005).

Atualmente existem inúmeros manuais de Direito Administrativo, como os de Dirley da Cunha Júnior, Irene Patrícia Nohara, Aloísio Zimmer Júnior, Elyesis Silva do Nascimento, Rafael Carvalho Rezende Oliveira, Alexandre Mazza, Alexandre de Santos Aragão, Celso Ribeiro Bastos, Raquel Melo Urbano de Carvalho, dentre outros. Também se multiplicaram as monografias em matérias de Direito Administrativo, em razão do crescimento das dissertações de mestrado e teses de doutorado. E ainda inúmeras obras coletivas sobre variados temas do Direito Administrativo.

O Direito Administrativo brasileiro sofreu grande influência do direito alienígena, em especial, nas origens, do francês e italiano e, posteriormente, também do direito alemão, todos inseridos no sistema de base romanística. Porém, também adotou institutos originários do sistema do *common law*. Mais recentemente, vem sofrendo influência do direito comunitário europeu, em que houve encontro dos sistemas de base romanística e do *common law*. É o que se demonstrará no item subsequente.

1.8 O DIREITO ADMINISTRATIVO BRASILEIRO SOB INFLUÊNCIA DO DIREITO ESTRANGEIRO: SISTEMAS DE BASE ROMANÍSTICA, DO *COMMON LAW* E DO DIREITO COMUNITÁRIO EUROPEU

Embora sob influência do direito francês e de outros direitos enquadrados no sistema de base romanística (direito italiano, alemão, espanhol, português etc.), o regime jurídico administrativo, no Brasil, também sofreu alguma influência do sistema do *common law*, especialmente do direito norte-americano. Mais recentemente, também vem sofrendo influência do direito comunitário europeu, emanado da União Europeia.

No Brasil-Colônia, aplicavam-se as leis portuguesas, especialmente as Ordenações do Reino.

No período do Império, adotaram-se os princípios do Estado Liberal, sob influência do direito francês, inclusive com a criação do Conselho de Estado. Só que este não exercia função jurisdicional e sim função consultiva. Também nesse aspecto o direito francês serviu de modelo, porque, na fase inicial do Conselho de Estado francês, o órgão não tinha independência, sendo suas manifestações sujeitas à aprovação do Imperador.

No primeiro período da República, suprime-se o Poder Moderador e o Conselho de Estado. Isto ocorreu porque se abandonou a influência francesa da dualidade de jurisdição e se acolheu o modelo anglo-americano da unidade de jurisdição. No Decreto nº 848, de 11-10-1890, inseriu-se dispositivo (art. 386) determinando que *"os estatutos dos povos cultos e especialmente os que regem as relações jurídicas na República dos Estados Unidos da América, os casos de common law e equity serão também subsidiários da jurisprudência e processo federal"*.

Com isso, passou a Administração Pública a submeter-se ao controle jurisdicional. E também, em matéria de Direito Administrativo e ainda sob influência do direito norte-americano, a jurisprudência passou a ocupar papel de destaque como fonte do direito. Ou seja, a jurisprudência passou a desempenhar importante papel na criação do direito.

Conforme demonstramos em artigo sobre "*500 anos de Direito Administrativo brasileiro*" (in *Cadernos de Direito e Cidadania II*, publicado pelo Instituto de Estudos de Direito e Cidadania. São Paulo: Artchip, 2000, p. 39-69), com base nos ensinamentos de Lafayette Pondé (in *RDA* 178, p. 24-37), existem vários exemplos de criação jurisprudencial de institutos consagrados no Direito Administrativo brasileiro, alguns temporariamente e outros em caráter duradouro, até os dias atuais; alguns foram aplicados como institutos não previstos no direito positivo e outros contrariamente à letra da lei: ampliação do instituto do *habeas corpus* para proteção de outros direitos individuais que não a proteção da liberdade de locomoção; criação do instituto da *desapropriação indireta*, ao arrepio do art. 547 do Código Civil de 1916, que exigia indenização prévia e o requisito de decreto explícito; aplicação do contrato de *concessão de uso* e não de contratos de direito privado para a ocupação de boxes ou bancas de mercado público ou de locais em logradouros públicos; submissão das *servidões administrativas* a regime jurídico próprio; adoção de uma *teoria dos contratos administrativos,* com características diversas do direito privado; afastamento da *exceptio non adimpleti contractus* nos contratos administrativos; aplicação da *teoria da imprevisão* e da *teoria do fato do príncipe* segundo regras especiais; tese de que os funcionários públicos se regem por um *status* e não por contrato, sendo suas vantagens e deveres iguais para uma mesma categoria; reconhecimento e qualificação da *autarquia,* como pessoa jurídica de direito público não prevista no art. 14 do Código Civil de 1916; reconhecimento da *teoria do risco,* em termos de responsabilidade civil do Estado, contrariamente à norma do art. 15 do Código Civil.

Pode-se afirmar que o Direito Administrativo brasileiro sofreu, nessa fase, influência do direito norte-americano, no que diz respeito ao sistema de unidade de jurisdição, à jurisprudência como fonte do direito, à submissão da Administração Pública ao controle jurisdicional. Mas, no que diz respeito às teorias e aos princípios, ficou evidente que a influência predominante foi a do direito francês criado pela jurisdição administrativa, que, aos poucos, pela decisão de casos concretos, foi derrogando o direito privado antes aplicado à Administração e criando regime jurídico próprio que acabou por dar autonomia ao Direito Administrativo. Nisto afastou-se do sistema do *common law*, que repudiava a existência de um regime jurídico especial para a Administração Pública, como também repudiava a existência de tribunais administrativos para decidir os litígios em que ela fosse parte interessada.

Do direito francês, o Direito Administrativo brasileiro acolheu a ideia de ato administrativo, com o atributo da autoexecutoriedade, as sucessivas teorias sobre responsabilidade civil do Estado, o conceito de serviço público, as prerrogativas da Administração Pública, a teoria dos contratos administrativos, o princípio da legalidade.

Na realidade, a influência da doutrina na formação do Direito Administrativo brasileiro foi muito grande. O direito positivo previu a unidade de jurisdição e o princípio da legalidade. Mas, pelo trabalho da doutrina, fortemente inspirada no direito europeu continental, os tribunais foram acatando e aplicando teorias e princípios não consagrados no direito positivo, senão em fase bem mais adiantada da evolução do Direito Administrativo brasileiro. Veja-se, por exemplo, que, em termos de contratos administrativos, de teoria dos atos administrativos, seus vícios, nulidades, revogação, convalidação, discricionariedade, responsabilidade objetiva do Estado, tivemos todo um regime jurídico construído e elaborado muito antes de sua previsão legal. Muito antes de haver uma lei disciplinando os contratos administrativos (o que só foi feito de forma mais completa pelo Decreto-lei nº 2.300, de 1986), nós já aplicávamos tudo o que hoje está no direito positivo.

Se for analisada a fundo a evolução do Direito Administrativo brasileiro, poder-se-á caminhar no seguinte sentido: trabalho da doutrina (fortemente inspirada no direito francês), acolhido pela jurisprudência e consagrado no direito positivo. Doutrina, jurisprudência e direito positivo. Esse foi o sentido da evolução.

Quanto ao princípio da legalidade, embora adotando o sistema de jurisdição una próprio do *common law*, o direito brasileiro não adotou o mesmo princípio do *stare decisis*, que dá força obrigatória aos precedentes judiciais. E, embora adotando o princípio da legalidade herdado do direito francês, o mesmo foi aceito em sua pureza, tal como apregoado pelos ideais revolucionários: a lei, como ato do parlamento, representante da vontade geral do povo, é a principal fonte do direito. E esse postulado foi inserido, com ressalva para a Constituição de 1937, em todas as Constituições brasileiras, inclusive na do Império (art. 179, I). Vale dizer que todas as Constituições, com a ressalva já apontada, sempre contiveram a norma segundo a qual ninguém é obrigado a fazer ou deixar de fazer alguma coisa senão em virtude de lei.

É curioso que, embora o direito francês considerasse o princípio da legalidade como uma das bases do Direito Administrativo, na prática, afastou-se desse postulado, na medida em que a jurisprudência adotada pela jurisdição administrativa transformou-se, aos poucos, na principal fonte do Direito Administrativo. No direito francês, falar em princípio da legalidade significa falar na força obrigatória das decisões do Conselho de Estado, órgão de cúpula da jurisdição administrativa.

Em decorrência da adoção do princípio da legalidade, o Direito Administrativo brasileiro, à semelhança de outros direitos, como o espanhol, o português, o dos países sul-americanos, colocou no direito positivo aquilo que no direito francês constituíam teorias e princípios de elaboração jurisprudencial. Aquilo que na França é alterado pela jurisdição administrativa no Brasil depende de alteração legislativa. E com uma agravante: as bases do Direito Administrativo estão na Constituição: as intervenções do Estado na propriedade privada, o regime estatutário do servidor público, os princípios da Administração Pública, a regra sobre responsabilidade civil do Estado, o princípio da licitação, as normas sobre orçamento e contabilidade pública, as competências normativas, a proteção do patrimônio público, os direitos e garantias do cidadão perante a Administração Pública, o controle interno, o judicial e o legislativo.

A consequência é que a evolução do Direito Administrativo depende, em grande parte, de reformas constitucionais, o que conduz a dois caminhos: (a) um, lícito, que é a reforma pelos instrumentos que a própria Constituição prevê; (b) outro que é feito ao arrepio da Constituição, que vai sendo atropelada pelas leis ordinárias, por atos normativos da Administração Pública e, às vezes, sem qualquer previsão normativa; a Administração Pública, com muita frequência, coloca-se na frente do legislador. Daí o desprestígio da Constituição e do princípio da legalidade.

Este é talvez o maior paradoxo: afastamo-nos do direito francês e do sistema da *common law*, quando colocamos a lei como principal fonte do direito. Mas, na prática, colocamos uma distância grande entre o que está na lei e o que se aplica na prática, pelo afã de copiar modelos estrangeiros nem sempre adaptáveis ao direito positivo brasileiro, em especial à Constituição.

O certo é que aquele Direito Administrativo que está hoje nos manuais (já chamado de Direito Administrativo tradicional ou conservador) foi estruturado com base em determinados institutos e princípios que constituem ainda hoje objeto de estudo desse ramo do direito e que recebeu influência de diferentes direitos, o que pode ser resumido pela forma a seguir exposta.

Do *direito francês*, herdou o conceito de serviço público, a teoria dos atos administrativos com o atributo da executoriedade, as teorias sobre responsabilidade civil do Estado, o princípio da legalidade, a teoria dos contratos administrativos (com as cláusulas exorbitantes, o equilíbrio econômico-financeiro, as teorias da imprevisão, do fato do príncipe e do fato da administração), as formas de delegação da execução de serviços públicos, a ideia de que a Administração Pública se submete a um regime jurídico de direito público, derrogatório e exorbitante do direito comum, e que abrange o binômio autoridade/liberdade.

Do *direito italiano*, recebeu o conceito de mérito, o de autarquia e entidade paraestatal (dois vocábulos criados no direito italiano), a noção de interesse público e o próprio método de elaboração e estudo do Direito Administrativo, mais técnico-científico do que o método pragmático do direito francês. Com efeito, ao lado dos alemães, os autores italianos muito contribuíram, não só aqui, mas em outros países, para a mudança do próprio método de estudo do Direito Administrativo; este, sendo de formação jurisprudencial, era elaborado a partir de casos concretos, sem muita preocupação com a sistematização; a doutrina alemã e a italiana contribuíram para a adoção de um método técnico-científico.

No *direito alemão* e também no direito espanhol e português, encontrou inspiração o tema dos conceitos jurídicos indeterminados e do princípio da razoabilidade (relacionados com a matéria de interpretação e discricionariedade administrativa). Foi no direito alemão que se buscou também inspiração para aplicação do princípio da segurança jurídica, especialmente sob o aspecto subjetivo da proteção à confiança. Ainda os temas da constitucionalização dos princípios e da centralidade da pessoa humana (a serem analisados no item subsequente) tiveram inspiração na Lei Fundamental de Bonn, de 1949, produzindo reflexos importantes sobre o princípio da legalidade, sobre a discricionariedade administrativa e sobre o controle judicial.

Do sistema do *common law*, o Direito Administrativo brasileiro herdou o princípio da unidade de jurisdição, o mandado de segurança e o mandado de injunção, o princípio do devido processo legal, inclusive, mais recentemente, em sua feição substantiva, e que praticamente se confunde com o princípio da razoabilidade, já aplicado no direito brasileiro. Em fins do século XX, também herdou do sistema do *common law* o fenômeno da agencificação, a própria ideia de regulação e o modelo contratual das parcerias público-privadas.

Até na doutrina social da Igreja foi-se procurar inspiração para instituir o princípio da função social da propriedade, que deu origem às desapropriações sancionatórias; e também o princípio da subsidiariedade, pelo qual o Estado só deve atuar quando o particular não tiver condições de atuar sozinho, hipótese em que deve estimular, ajudar, subsidiar a iniciativa privada.

Também o direito comunitário europeu vem exercendo alguma influência mais recente sobre o direito brasileiro e outros países da América latina, embora não façam parte da União Europeia. Os países que dela fazem parte estão passando por uma série de transformações decorrentes do encontro entre sistemas jurídicos distintos: o sistema de base romanística e o sistema do *common law* (do qual fazem parte a Grã-Bretanha, os Estados Unidos e alguns países da África). Neste último sistema, apenas recentemente se aceitou a existência do Direito Administrativo como ramo autônomo do direito. Porém, não se adotam todos os institutos do Direito Administrativo francês, como o conceito de serviço público de titularidade do Estado, a sujeição dos contratos da Administração com particulares a regime jurídico de direito público, a existência de atos administrativos, o regime diferenciado para os servidores públicos; a própria ideia de responsabilidade civil do Estado somente foi aceita na década de 40 do século passado, mesmo assim sem a extensão adotada no direito francês, no qual se inspirou o direito brasileiro.

Talvez em matéria de bens públicos é que se encontre alguma coisa de peculiar ao direito brasileiro, quer na classificação tripartite dos bens, quer nos institutos ligados à regularização das terras públicas, como os conceitos de terras devolutas, de legitimação de posse e o processo de discriminação, quer nos conceitos de terras indígenas, terrenos reservados, terrenos de marinha.

Também é inegável que a legislação portuguesa sobre terras públicas, especialmente sobre sesmarias e concessão, influenciou grandemente o direito brasileiro.

Outra coisa que se fez no Brasil e também em outros países foi passar para o direito positivo grande parte dos institutos trazidos do direito francês, como a matéria dos contratos, com as teorias do fato do príncipe e da imprevisão; e, mais recentemente, a teoria dos atos administrativos, em parte positivada pela lei que disciplina os processos administrativos na órbita federal. Por outras palavras, enquanto, no direito francês, o Direito Administrativo era de formação pretoriana, jurisprudencial, adaptável de forma mais flexível ao interesse público sempre cambiante, pelo trabalho criativo da jurisdição administrativa, no Brasil essas mesmas teorias e princípios foram incorporados ao direito positivo.

Além de passar para o direito positivo, muitas vezes para a própria Constituição, determinados institutos do Direito Administrativo, ainda se fez legislação que, pelo excesso de formalismo, contribuiu para emperrar o funcionamento da Administração Pública; tal ocorreu especialmente em matéria de licitação e contrato, de regime jurídico do servidor público, de controle administrativo e financeiro, de administração indireta, pois a estas se atribuiu regime jurídico praticamente igual ao das entidades públicas, tirando muito de sua flexibilidade e da sua própria razão de existir.

1.9 TRANSFORMAÇÕES DO DIREITO ADMINISTRATIVO BRASILEIRO

O Direito Administrativo brasileiro sempre se inspirou no direito estrangeiro, como visto no item anterior. Essa inspiração continua presente.

Pelo trabalho da doutrina, seguida, em parte, pela jurisprudência e pela legislação, o direito brasileiro vem sofrendo influência do direito comunitário europeu. Talvez o aspecto em que essa influência se fez sentir de forma mais sensível tenha sido a introdução da ideia de competição na prestação de serviços públicos, com reflexos na legislação sobre telecomunicações, energia elétrica, portos e correios. Muitas das modificações produzidas no Direito Administrativo europeu, por meio de regulamentos, diretivas e decisões jurisprudenciais, adotadas no âmbito da União Europeia, como, por exemplo, a substituição da expressão serviço público por serviço econômico de interesse geral (agora serviço de interesse geral, para abranger também a área social) e as alterações no regime dos contratos administrativos, não conseguiram, por ora, produzir resultados no direito brasileiro (ainda que tenham entusiasmado parte da doutrina), seja em decorrência de normas constitucionais, seja por força da legislação ordinária.

Também as fontes do direito, profundamente alteradas no direito comunitário europeu (pelo fortalecimento das fontes internacionais). A influência maior diz respeito aos princípios gerais de direito, como os da subsidiariedade, da segurança jurídica (especialmente quanto ao aspecto da confiança legítima), o da transparência e tantos outros, construídos no direito nacional dos Estados-membros da União Europeia e por ela incorporados em seu ordenamento jurídico.

De modo geral, as transformações do Direito Administrativo apontadas pelos autores europeus são praticamente as mesmas proclamadas pela doutrina brasileira, como a constitucionalização, a privatização (ou fuga do direito público), a consensualidade, a democratização, a mudança na forma de conceber a supremacia do interesse público, o direito à boa administração, o direito de acesso aos documentos, a proteção de dados de caráter pessoal e o crescimento do direito público econômico.

No Direito Administrativo brasileiro, as principais inovações foram introduzidas após a Constituição de 1988 e reforçadas pelas sucessivas Emendas, seja com a adoção dos princípios do Estado Democrático de Direito, seja sob a inspiração do neoliberalismo e da globalização, do sistema do *common law* e do direito comunitário europeu, que levaram à chamada Reforma do Estado, na qual se insere a Reforma da Administração Pública e, em consequência, a introdução de novidades no âmbito do Direito Administrativo. Não se pode deixar de mencionar a influência de princípios da ciência econômica e da ciência da administração no Direito Administrativo, com duas consequências: de um lado, a formação do chamado *Direito Administrativo econômico* (em relação ao qual o Direito Administrativo tradicional é chamado, pejorativamente, de conservador ou, mesmo, ultrapassado) e, de outro lado, a preocupação com princípios técnicos, mais próprios da ciência da administração, significando um retorno a uma fase anterior em que já houve a confusão entre os institutos e princípios jurídicos, próprios do direito, e os aspectos puramente técnicos, mais ligados à ciência da administração.

As principais tendências do Direito Administrativo, no momento atual, serão a seguir analisadas. Muitas delas já constituem realidade, como a constitucionalização do Direito Administrativo, com reflexos sobre o princípio da legalidade, a supremacia dos direitos fundamentais (que conduz à ideia de centralidade da pessoa humana), a democratização da Administração Pública, o movimento de agencificação, a aplicação do princípio da subsidiariedade, a substituição do quadro de servidores públicos por mão de obra terceirizada, a consensualidade, a privatização (ou fuga para o direito privado); outras correspondem a propostas de mudanças, inspiradas no sistema do *common law* e no direito comunitário europeu, muitas vezes difíceis de serem aplicadas no direito brasileiro sem que haja maiores mudanças no ordenamento jurídico, inclusive na Constituição. É o caso do conceito de serviço público (que, no direito brasileiro, não enfrenta a mesma crise que se verifica no direito comunitário europeu, porque previsto na própria Constituição), do princípio da supremacia do interesse público (que está na base de todos os ramos do direito público), do conceito de contrato administrativo, com características próprias, que o diferenciam dos contratos privados (conforme está expresso no direito positivo brasileiro, em relação a todas as modalidades de contratos administrativos, como obras, serviços, compras, alienações, concessões, parcerias público-privadas, e cuja extinção exigiria a alteração de parcela considerável da legislação hoje vigente, inclusive de leis esparsas que tratam de contratos específicos, nas áreas de telecomunicações, energia elétrica, portos, saneamento e tantas outras).

Serão a seguir analisadas algumas das principais transformações ou tendências do Direito Administrativo (algumas reais, outras não concretizadas), a saber:

1. **Constitucionalização do Direito Administrativo**, entendida em dois sentidos: (a) elevação, ao nível constitucional, de matérias antes tratadas por legislação infraconstitucional;

(b) irradiação dos efeitos das normas constitucionais por todo o sistema jurídico (cf. Virgílio Afonso da Silva, 2007:48-49).

No primeiro sentido, a constitucionalização teve início já com a Constituição de 1934, fortaleceu-se consideravelmente com a Constituição de 1988 e foi reforçada por meio de suas Emendas. A sua leitura é suficiente para demonstrar a quantidade de matérias de Direito Administrativo hoje tratadas em nível constitucional, dentre as quais: previsão dos princípios da Administração Pública e do regime jurídico dos servidores públicos (arts. 37 a 41); regime previdenciário próprio dos servidores públicos (art. 40); previsão de licitação para celebração dos contratos administrativos (art. 37, XXI); ampliação da função social da propriedade para a área urbana (art. 182); diferentes fundamentos para a desapropriação (arts. 5º, XXIV, 182, § 4º, III, 184 e 243); previsão da requisição de bens (art. 5º, XXV), extensão da regra da responsabilidade objetiva às entidades privadas prestadoras de serviço público (art. 37, § 6º); previsão de órgãos reguladores de telecomunicações e de petróleo (art. 21, XX, e art. 177, § 2º, III); previsão do contrato, que se convencionou chamar de contrato de gestão, entre o poder público e administradores de órgãos e entidades públicas (art. 37, § 8º); inclusão de norma sobre gestão associada de serviços públicos, com possibilidade de constituição de consórcios públicos ou convênios, para essa finalidade (art. 241); normas sobre a proteção do patrimônio cultural (art. 216); ampliação das medidas judiciais de controle da Administração Pública, especialmente para proteção de interesses difusos e coletivos, a saber, ações coletivas, mandado de segurança coletivo, ação popular, ação civil pública (arts. 5º, XXI, LXX, LXXIII, e 129, III).

O segundo sentido de constitucionalização do Direito Administrativo produziu reflexos intensos sobre o princípio da legalidade (que resultou consideravelmente ampliado) e a discricionariedade (que resultou consideravelmente reduzida). A constitucionalização de princípios e valores passou a orientar a atuação dos três Poderes do Estado.

Com efeito, desde que formulado, o princípio da legalidade passou por toda uma evolução, acompanhada de perto pelo direito brasileiro.

Com a Constituição de 1891, instaurou-se o Estado Liberal de Direito preocupado com as liberdades do cidadão. Em decorrência dessa preocupação, o princípio da legalidade tinha sentido restrito: a Administração pode fazer tudo o que a lei não proíbe (era o princípio da vinculação negativa, que praticamente se identifica com o princípio da autonomia da vontade).

A partir da Constituição de 1934 pôde-se falar em Estado Social de Direito, um Estado prestador de serviços, que foi ampliando a sua atuação para abranger as áreas econômica e social, com o consequente fortalecimento do Poder Executivo. O princípio da legalidade ampliou-se para abranger os atos normativos baixados pelo Poder Executivo, com força de lei, e estendeu-se a todo o âmbito de atuação administrativa. O princípio da legalidade passou a significar que a Administração só pode fazer o que a lei permite (princípio da vinculação positiva).

Com a Constituição de 1988, optou-se pelos princípios próprios do *Estado Democrático de Direito*. Duas ideias são inerentes a esse tipo de Estado: *uma concepção mais ampla do princípio da legalidade* e a ideia de *participação do cidadão* na gestão e no controle da Administração Pública.

No que diz respeito ao primeiro aspecto, o Estado Democrático de Direito pretende vincular a lei aos ideais de justiça, ou seja, submeter o Estado não apenas à lei em sentido puramente formal, mas ao Direito, abrangendo todos os valores inseridos expressa ou implicitamente na Constituição.

O primeiro passo no sentido da constitucionalização dos princípios do Direito Administrativo foi dado pela Lei Fundamental da Alemanha, de 8-5-49, cujo art. 20, item 3, estabelece que "o poder legislativo está vinculado à ordem constitucional; os poderes executivo e judicial obedecem à lei e ao direito". Ideias semelhantes foram inseridas nas Constituições espanhola e portuguesa.

No Brasil, embora não se repita norma com o mesmo conteúdo, não há dúvida de que se adotou igual concepção, já a partir do preâmbulo da Constituição, rico na menção a valores como segurança, bem-estar, desenvolvimento, igualdade e justiça. Além disso, os arts. 1º a 4º e outros dispositivos esparsos contemplam inúmeros princípios e valores, como os da dignidade da pessoa humana, os valores sociais do trabalho e da livre iniciativa, o da erradicação da pobreza, o da prevalência dos direitos humanos, o da moralidade, publicidade, impessoalidade, economicidade, eficiência, dentre outros. Todos esses princípios e valores são dirigidos aos três Poderes do Estado: a lei que os contrarie será inconstitucional; a discricionariedade administrativa está limitada pelos mesmos, o que significa a ampliação do controle judicial, que deverá abranger a validade dos atos administrativos não só diante da lei, mas também perante o Direito, no sentido assinalado.

Vale dizer que, hoje, o princípio da legalidade tem uma abrangência muito maior porque exige submissão ao *Direito*.

A consequência da ampliação da legalidade é a **redução da discricionariedade** e, em consequência, do mérito do ato administrativo (aspecto concernente à oportunidade e conveniência da decisão diante do interesse público). Essa redução já vinha ocorrendo no decurso do tempo, pela aplicação das teorias do desvio de poder e dos motivos determinantes. Posteriormente, aceitou-se, no direito brasileiro, a **teoria dos conceitos jurídicos indeterminados** (conceitos plurissignificativos, utilizados nas regras jurídicas, como interesse público, urgência, utilidade pública etc.); tais conceitos eram considerados aspectos de mérito, excluídos da apreciação judicial; hoje se considera que, sendo conceitos jurídicos, são passíveis de interpretação e, portanto, de controle pelo Poder Judiciário. O Judiciário não pode mais alegar, *a priori*, que o termo indeterminado utilizado na lei envolve matéria de mérito e, portanto, aspecto discricionário vedado ao exame judicial. O juiz tem primeiro que interpretar a norma diante do caso concreto a ele submetido e só após essa interpretação é que poderá concluir se a norma outorgou ou não diferentes opções à Administração Pública. A existência de diferentes opções válidas perante o direito afasta a possibilidade de correção do ato administrativo que tenha adotado uma delas.

A constitucionalização dos princípios da Administração conferiu ao Poder Judiciário e aos demais órgãos de controle a possibilidade de examinar aspectos do ato antes vedados ao Poder Judiciário. Princípios como os da razoabilidade, proporcionalidade, segurança jurídica, dentre outros previstos no ordenamento jurídico, são utilizados no controle de atos administrativos, dentro da ideia, já referida, de que a Administração Pública deve obediência não só à lei, mas ao Direito.

Carlos de Cabo Martín (2000:79 ss.) resume o que vem ocorrendo com o princípio da legalidade e, de outro lado, com o controle judicial. Suas observações aplicam-se, em grande medida, ao direito brasileiro.

Quanto à legalidade, o autor espanhol fala em **substituição da legalidade por constitucionalidade**, com a ampliação do âmbito da Constituição e diminuição do âmbito da lei; extensão do âmbito dos direitos e liberdades até entender-se que praticamente todas as questões estão impregnadas dos mesmos, levando a uma contaminação do individualismo; tendência a colocar na Constituição a regulação de todas as matérias, sem deixar muito campo ao legislador; tendência à formação de um direito constitucional de princípios e valores, o que muda a forma de interpretação da Constituição, tornando-a mais complexa e difusa, com prejuízo para a certeza do direito.

Quanto ao controle judicial, o autor fala da **ampliação do conteúdo e efeitos das sentenças**, pelo surgimento da interpretação conforme à Constituição (sentenças interpretativas), da inconstitucionalidade por omissão (sentenças de mera inconstitucionalidade), sentenças que completam o conteúdo da lei (sentenças aditivas). Dentre estas últimas, podemos citar, no direito brasileiro, as sentenças proferidas em mandados de injunção, no âmbito do Supremo Tribunal Federal.

2. **Democratização da Administração Pública**, pelo fortalecimento da **democracia participativa**, com a previsão de inúmeros instrumentos de participação do cidadão no controle e na gestão de atividades da Administração Pública, o que nem sempre se efetiva na prática.

É inerente ao conceito de Estado Democrático de Direito a ideia de **participação do cidadão** na gestão e no controle da Administração Pública, no processo político, econômico, social e cultural; essa ideia está incorporada na Constituição não só pela introdução da fórmula do Estado Democrático de Direito – permitindo falar em democracia participativa –, como também pela previsão de vários instrumentos de participação, podendo-se mencionar, exemplificativamente, o direito à informação (art. 5º, XXXIII), o direito de denunciar irregularidades perante o Tribunal de Contas (art. 74, § 2º), a gestão democrática da seguridade social (art. 194, VII), da saúde (art. 198, III), do ensino público (art. 206, VI), sem falar em inúmeras normas contidas na legislação ordinária prevendo também essa participação, como ocorre na Lei Geral de Telecomunicações, na Lei de Licitações e Contratos, na Lei de Processo Administrativo.

A ideia é reforçada com a introdução do § 3º no art. 37 da Constituição pela Emenda Constitucional 19/98, que prevê lei que discipline as formas de participação do usuário na administração direta e indireta. A Lei nº 13.460, de 26-6-17, (com alterações posteriores), deu aplicação a esse dispositivo constitucional, ao dispor sobre participação, proteção e defesa dos usuários dos serviços públicos da Administração Pública (tema a ser tratado no capítulo 4, item 4.5).

Além da ideia de participação, também contribuem para a democratização da Administração Pública: (a) a **processualização do Direito Administrativo**, com a exigência do devido processo legal (art. 5º, LIV e LV, da Constituição) e a promulgação da Lei de Processo Administrativo federal (Lei nº 9.784, de 29-1-99, com alterações posteriores), seguida de leis semelhantes em vários Estados e Municípios; (b) o **princípio da transparência**, no qual se inserem o princípio da publicidade, o direito à informação, a exigência de motivação.

Com efeito, intimamente relacionada com a ideia de participação ocorreu a **processualização do Direito Administrativo**, especialmente com a exigência constitucional do devido processo legal, que exige, entre outras coisas, a observância de formalidades essenciais à proteção dos direitos individuais, como a ampla defesa, o contraditório, o direito de recorrer, a publicidade.

3. "**Crise na noção de serviço público**", pela tendência de transformar serviços públicos exclusivos do Estado em atividades privadas abertas à livre iniciativa e à livre concorrência.

No seio da União Europeia (como também no direito brasileiro, conforme o art. 170, *caput* e inciso IV, da Constituição) adotam-se como postulados da ordem econômica a liberdade de iniciativa e a livre concorrência. Em decorrência disso, a Corte de Justiça da União Europeia entende que a ideia de que existam serviços públicos exclusivos do Estado é contrária à ideia de livre iniciativa; e a ideia de que serviços públicos possam ser prestados por empresas estatais contraria a livre concorrência.

Daí ter-se adotado e imposto aos países-membros a substituição do conceito de serviço público por *serviço de interesse econômico geral*. A consequência foi a privatização de empresas estatais, a privatização (ou **liberalização** de serviços públicos) não da forma de gestão, mas das atividades, que passaram a ser consideradas de natureza privada, com a devolução das mesmas à livre iniciativa, a liberação de preços etc.

No direito francês, onde nasceu e se desenvolveu o conceito de serviço público, houve séria oposição a essa mudança; porém, adotou-se o conceito de serviço de interesse econômico geral para as atividades econômicas exercidas pelo Estado, mas manteve-se o conceito de serviço público para as atividades sociais do Estado.

A consequência de privatizar uma atividade, colocando-a na livre iniciativa, é que o particular não tem o *dever* de prestá-la; quando o direito francês elaborou o conceito de serviço público foi exatamente pela ideia de que somente o Estado tem o dever de assumir atividades essenciais, ainda que com prejuízo ou inteiramente às custas do dinheiro público. Além disso, sendo o serviço prestado pelo particular, como atividade privada, não se aplicam princípios como os da continuidade, universalidade, isonomia e outros inerentes à prestação de serviços públicos. Daí a Corte Europeia ter retrocedido um pouco e passado a permitir, em determinadas atividades econômicas consideradas essenciais (como telecomunicações, energia elétrica e outras), a imposição de **obrigações de serviço público**, especialmente a universalidade e continuidade. Posteriormente, retrocedeu ainda mais quando substituiu a expressão "serviço de interesse econômico geral" por "serviço de interesse geral". Vale dizer que retirou da expressão o vocábulo "econômico", tendo em vista que a União Europeia evoluiu de sua posição original, voltada fundamentalmente para fins econômicos, para prestigiar também os serviços sociais. Em decorrência disso, Jacqueline Morand-Deviller (2013) mostra a aproximação que ocorreu entre o que ela mesma chama de "serviço público à francesa" e o "serviço de interesse geral".

No direito brasileiro, parte da doutrina entende que a mesma crise do serviço público ocorrida na União Europeia existiria no direito brasileiro. Mas a dificuldade é grande porque é a própria Constituição que prevê expressamente a competência exclusiva do Estado para a execução de várias atividades, como ocorre no art. 21, XI e XII. E continua a fazer referência a serviços públicos, especialmente no art. 175.

O que vem ocorrendo é uma privatização parcial, feita pela legislação ordinária, ao arrepio da Constituição, como na legislação de telecomunicações, energia elétrica, correios, portos, em que uma parte da atividade atribuída à União para ser exercida diretamente ou por autorização, permissão ou concessão, está sendo deixada à iniciativa privada.

Independentemente de não se poder adotar no direito brasileiro a mesma solução imposta no direito comunitário europeu (em decorrência de óbices de natureza constitucional), passou-se a defender e a implementar a concorrência na prestação de serviços públicos.

4. Movimento de **agencificação,** com a outorga de **função regulatória às agências reguladoras** instituídas como autarquias de regime especial.

Paralelamente à privatização de empresas estatais, surgiu o movimento já chamado de agencificação, com a criação de agências reguladoras com a natureza de autarquias de regime especial, a que a lei atribui função de regulação. Segundo alguns, como Marçal Justen Filho, trata-se de mais uma função administrativa, ao lado das quatro tradicionais: serviço público, polícia administrativa, fomento e intervenção.

Aqui se nota a influência do sistema do *common law.*

Nos Estados Unidos, a Administração Pública é composta por *agências* com função *quase legislativa* e *quase judicial.* E o Direito Administrativo é o conjunto de normas postas pelas agências.

A função é *quase legislativa* porque as agências recebem, por lei, quando criadas, o poder de baixar normas com força obrigatória. Mas a função é *quase legislativa* porque as normas das agências estão colocadas abaixo das leis na escala hierárquica, podendo ser invalidadas por decisão judicial, quando contrariem as leis, seja por infringência dos *standards,* princípios, diretrizes contidos na lei (princípio do devido processo legal substantivo), seja por inobservância do processo de elaboração das normas, em que a participação do cidadão constitui exigência obrigatória em várias fases.

A função é *quase judicial* porque as agências resolvem conflitos entre prestadores de serviço ou destes com os usuários. E suas decisões são passíveis de apreciação judicial.

A justificativa para a delegação de função normativa às agências baseou-se em verdadeiro tripé construído pela Corte Suprema:

a) a lei delega essa função à agência, mas o faz limitadamente, na medida em que os regulamentos por elas baixados devem obediência aos conceitos indeterminados contidos na lei; quer dizer que se adotou o sistema da chamada lei-quadro; os regulamentos baixados pelas agências são obrigatórios, têm força de lei e podem inovar na ordem jurídica; mas têm que sujeitar-se aos *standards* contidos na lei; daí falar-se em função quase legislativa;

b) para dar legitimidade a essa função, instituiu-se um procedimento a ser obrigatoriamente observado, seja nas decisões dos casos concretos, seja na elaboração dos regulamentos; e esse procedimento exige obrigatoriamente a participação dos interessados, em maior ou menor escala, nas várias fases de elaboração da norma, com obrigatoriedade de divulgação dos projetos, realização de audiências públicas, recebimento de sugestões, obrigatoriedade de motivação quanto à aceitação ou não dessas sugestões pela agência; vale dizer, impôs-se o devido processo legal, em sua feição adjetiva, para elaboração dos regulamentos pelas agências;

c) para aperfeiçoar o controle judicial, construiu-se a doutrina do *devido processo legal substantivo,* que permite ao Judiciário examinar, além da observância do procedimento pela agência, também a razoabilidade de suas decisões diante dos conceitos jurídicos indeterminados contidos na lei; quer dizer que a evolução do princípio do devido processo legal deu-se no sentido de tornar cada vez mais rigoroso o formalismo do procedimento, com exigências feitas pela Corte Suprema quanto à motivação, à racionalidade das decisões diante dos dados colhidos pelas agências, à relação custo-benefício das medidas e normas adotadas.

Mesmo no direito europeu, onde se adota o nome de *autoridades administrativas independentes,* em vez de agências (França, Itália, Portugal, Espanha), também se fala de um *direito negociado* como nova forma de regulação jurídica. Ao lado do direito posto pelo Estado (que continua como principal fonte de produção do direito), surge outra forma de regulação, que resulta do consenso dos interessados. E esse direito negociado passa a integrar o ordenamento jurídico, dentro da hierarquia das normas.

No direito brasileiro, o modelo norte-americano enfrenta algumas dificuldades. A delegação legislativa não encontra fundamento na Constituição, a não ser nas hipóteses expressamente previstas. A participação ou não é prevista para o processo de elaboração de normas pelas agências ou é prevista sem caráter de obrigatoriedade, o que retira grande parte da legitimidade democrática da atuação das agências. E o princípio do devido processo legal em sua feição substantiva é de aplicação recente e muito restrita no direito brasileiro, sem falar nas restrições impostas pelo Supremo Tribunal Federal ao cabimento das ações diretas de inconstitucionalidade contra atos normativos da Administração Pública.

De qualquer forma, as agências vêm sendo instituídas em grande quantidade e vêm exercendo função reguladora, o que abrange competência normativa (limitada pelo princípio da legalidade), polícia administrativa, resolução de conflitos, embora sem força de coisa julgada.

Essa função normativa das agências reguladoras (tratada em maior profundidade no Capítulo 10, item 10.9.3, deste livro, e no Capítulo 8 do livro de *Parcerias na administração pública*) não constitui propriamente novidade no direito brasileiro, porque desde longa data existem autarquias de regime especial no direito brasileiro, como existem órgãos e entidades autárquicas com esse tipo de função.

5. Aplicação do **princípio da subsidiariedade**, com as seguintes consequências: privatização de empresas estatais, privatização de atividades antes consideradas serviços públicos, ampliação da atividade de fomento, ampliação das formas de parceria do setor público com o setor privado, crescimento do terceiro setor.

O princípio da subsidiariedade, embora bem anterior à nova concepção de Estado de Direito Democrático, assume agora importância fundamental na definição do Estado. Ele se desenvolveu em fins do século XIX e começo do século XX, dentro da Doutrina Social da Igreja, principalmente pelas Encíclicas Rerum Novarum (1891), de Leão XIII, Quadragesimo Anno (1931), do Papa Pio XI, Mater et Magistra (1961), de João XXIII, e, mais recentemente, Centesimus Annus (1991), de João Paulo II.

Duas ideias fundamentais são inerentes ao princípio: de um lado, a de respeito aos direitos individuais, pelo reconhecimento de que a iniciativa privada, seja através dos indivíduos, seja através das associações, tem primazia sobre a iniciativa estatal; em consonância com essa ideia, o Estado deve abster-se de exercer atividades que o particular tem condições de exercer por sua própria iniciativa e com seus próprios recursos; em consequência, sob esse aspecto, o princípio implica uma limitação à intervenção estatal. De outro lado, o Estado deve fomentar, coordenar, fiscalizar a iniciativa privada, de tal modo a permitir aos particulares, sempre que possível, o sucesso na condução de seus empreendimentos.

Esse princípio foi adotado na Constituição de 1967, com a regra de que o Estado somente deve exercer atividade econômica para subsidiar a iniciativa privada quando ela seja deficiente. Na Constituição atual, contém-se, em termos um pouco diversos, no art. 173, *caput*, em que está determinado que a atividade econômica só deve ser exercida pelo Estado por motivo de segurança ou interesse coletivo relevante, conforme definido em lei. Embora previsto apenas com relação às atividades econômicas, o princípio vem sendo aplicado com relação aos serviços sociais não exclusivos do Estado.

Da aplicação desse princípio resultam algumas consequências: (a) a privatização de empresas estatais, para que as atividades assumidas pelo Estado sejam devolvidas à iniciativa privada; (b) a ampliação da atividade de fomento, seja na área econômica, seja na área social, com o ressurgimento de fórmulas não tão novas, como a concessão de serviços públicos (agora sob nova versão – concessão patrocinada, como uma das formas de parceria público-privada instituída na Lei nº 11.079/04), o surgimento de novas formas de parceria com a iniciativa privada, os contratos de gestão com as organizações sociais, os termos de parceria com as organizações da sociedade civil de interesse público (Oscip); ainda como consequência, há um crescimento considerável do chamado *terceiro setor*, que abrange entidades que ficam a meio caminho entre o público e o privado, por desempenharem atividades de interesse público, muitas delas com incentivos do Estado; nova concepção do interesse público, já que a sua tutela deixa de ser vista como de titularidade do Estado, para ser assumida também pelo particular; diminuição do aparelhamento administrativo do Estado, como resultado da diminuição de suas atividades.

6. Reforma da Administração, pela instauração da chamada **Administração Pública Gerencial**, que envolve: maior discricionariedade para as autoridades administrativas, substituição do controle formal pelo controle de resultados, autonomia administrativa, financeira e orçamentária; o principal instrumento seria o **contrato de gestão**, que, fundamentado no art. 37, § 8º, da Constituição, foi disciplinado, com a denominação de contrato de desempenho, pela Lei nº 13.934, de 11-12-19 (tema a ser tratado no capítulo 8, item 8.11).

Os objetivos da reforma ficaram expressos no Plano Diretor da Reforma do Aparelho do Estado, elaborado pelo Ministério da Administração e da Reformado Estado (Mare, hoje extinto) e aprovado em 21-9-95 pela Câmara de Reforma do Estado. A principal medida proposta seria a transformação da administração pública burocrática pela administração pública gerencial. Para consecução desse objetivo, foram sugeridos: **política de profissionalização do serviço público**; introdução de uma cultura gerencial baseada na **avaliação de desempenho**; atribuição de capacidade gerencial aos dirigentes de órgãos e entidades públicas, por meio de **contratos de gestão**; maior **participação popular** na fixação de políticas públicas; transformação de autarquias e fundações públicas em **agências autônomas**, administradas segundo contratos de gestão; **programa de publicização** para os serviços sociais não exclusivos do Estado, mediante contratos de gestão firmados entre o poder público e entidades públicas não estatais (chamadas de **Organizações Sociais – OS**, **Organizações da Sociedade Civil de Interesse Público – OSCIPs** e **Organizações da Sociedade Civil – OSC**); para o setor de produção de bens para o mercado, continuidade do programa de privatização; reorganização e fortalecimento dos órgãos dos monopólios naturais privatizados; implantação de contrato de gestão com as empresas que não puderem ser privatizadas.

Parte desses objetivos foi sendo concretizada por meio de emendas à Constituição ou por normas infraconstitucionais. Na esfera constitucional, a EC 19/98 fez várias previsões voltadas para a consecução dos objetivos da Reforma da Administração Pública, muitos deles já disciplinados por legislação infraconstitucional: (a) inclusão da **eficiência** entre os princípios da administração (art. 37, *caput*) e entre os princípios da licitação, previstos no art. 5º da Lei nº 14.133, de 1º-4-21; (b) introdução do § 8º no art. 37 da CF/88, prevendo contratos a serem firmados entre o poder público e dirigentes de órgãos públicos e de entidades da administração indireta, disciplinados com a denominação de **contrato de desempenho** pela Lei nº 13.934, de 11-12-19; ; (c) previsão de lei disciplinando os direitos dos usuários dos serviços públicos (art. 37, § 3º), matéria regulada pela Lei nº 12.527, de 18-11-11 (Lei de Acesso a Informações) e pela Lei nº 13.460, de 26-6-17 (lei de participação, proteção e defesa dos usuários dos serviços públicos da Administração Pública); (d) alteração do art. 175, parágrafo único, prevendo lei que institua o estatuto jurídico das empresas estatais e já estabelecendo alguns parâmetros, como sujeição aos princípios da licitação e submissão ao mesmo regime jurídico das empresas privadas, inclusive quanto aos direitos civis, comerciais, trabalhistas e tributários (dispositivo disciplinado pela Lei nº 13.303, de 30-6-16 (Estatuto Jurídico das Empresa Estatais), regulamentada pelo Decreto nº 8.945, de 27-12-16, este último aplicável apenas na esfera federal; (e) previsão de gestão associada de serviços públicos entre a União, Estados, Distrito Federal e Municípios, por meio de convênios e consórcios, com a transferência total ou parcial de encargos, serviços, pessoal e bens essenciais à continuidade dos serviços transferidos (art. 241, já disciplinado pela Lei nº 11.107, de 6-4-05, regulamentada pelo Decreto nº 6.017, de 7-1-07).

Pode-se dizer que os objetivos da Reforma Administrativa foram parcialmente alcançados, principalmente no que diz respeito à privatização de empresas estatais (ocorrida na década de 90), ao programa de publicização (com o surgimento de inúmeras parcerias com entidades públicas não estatais ou terceiro setor), à regulamentação do direito de acesso à informação e do direito de participação, proteção e defesa dos usuários de serviços públicos (com o que se amplia a participação do cidadão no controle dos atos da administração), à gestão associada de serviços públicos.

7. **Consensualidade:** tanto a doutrina europeia como a brasileira ressaltam a procura da consensualidade como novo instrumento de atuação da Administração Pública. Apenas para ilustrar, serão citados alguns autores.

É o caso de Maria João Estorninho (1999:42 ss). Depois de falar sobre o alargamento das tarefas da Administração Pública, no Estado Social, a autora aponta como uma das consequências fundamentais desse processo o fato de ela passar a utilizar o meio de atuação mais típico do direito privado, que é o contrato. Mas, com base na lição de Prosper Weil e Hans Peter Bull, um outro fator que também contribui para o incremento da atividade contratual, que seria o aparecimento de uma nova mentalidade: "No fundo, um dos aspectos que aqui está em causa é o fenômeno de passagem da 'Administração autoritária' para a Administração soberana consensual". E continua: "Assim, ao lado da actuação tipicamente soberana, que autoriza ou impõe unilateralmente, apareceu essa nova figura dogmática da actuação 'soberana consensual'. Trata-se de uma forma de administração nova, 'negociada ou contratual', em que o acordo vem substituir os tradicionais actos unilaterais de autoridade, aparecendo em relação a eles como uma verdadeira alternativa e em que os administrados deixam de ser meros destinatários passivos das decisões unilaterais da Administração Pública".

Jacqueline Morand-Deviller (2012:59) usa a expressão o "tudo contratual" para designar a *contratualização* como um dos fenômenos mais significativos do pós-modernismo jurídico. Ela observa que "nos dias atuais, o recurso à fórmula contratual está 'na moda'. O 'tudo contratual' é compreendido como uma maneira consensual de administrar em parceria e de melhorar as relações com os cidadãos e entre as próprias pessoas públicas. As relações são mais consentidas do que prescritas. Elas estão ligadas mais em rede do que de maneira piramidal. É uma abordagem pluralista e consensual da ação pública que se manifesta pela externalização, pela regulação e pela negociação".

No direito brasileiro a mesma tendência se verifica já há algum tempo e vem se acentuando nos últimos anos, pelo aparecimento de novas fórmulas contratuais. Embora continuem a existir os chamados contratos administrativos, disciplinados, de forma muito rígida, pela Lei nº 8.666, de 21-6-1993, e pela Lei nº 14.133, de 1º-4-2021, pode-se mencionar, no sentido dessa tendência, o surgimento de novas modalidades de gestão de serviços públicos (vários tipos de concessões e de parcerias com o setor privado), a privatização de empresas estatais prestadoras de serviços públicos (com a subsequente outorga de concessão à iniciativa privada), a quebra do monopólio de exploração de petróleo (também com a subsequente outorga de concessão), o incremento da terceirização (inclusive para fornecimento de mão de obra, em substituição ao regime estatutário dos servidores públicos), os termos de ajustamento de conduta celebrados pelo Ministério Público e por outros órgãos e entidades públicas, as novas formas de participação do cidadão, por meio de audiências e consultas públicas.

Fernando Dias Menezes de Almeida, em texto sobre *Mecanismos de consenso no Direito Administrativo* (2008:337), demonstra que "o consenso tem íntima relação com a democracia, não integrando o princípio próprio dos regimes autocráticos. O Estado, como fenômeno político, e a administração, como parte desse fenômeno, no contexto de um regime democrático, devem, pois, dedicar-se permanentemente à construção do consenso da comunidade".

O autor, depois de afirmar que a utilização de mecanismos de consenso na atividade administrativa não se limita ao caso do contrato administrativo tradicional, indica quatro vetores em que se verifica a utilização de mecanismos de consenso:

    a) *a utilização de novas fórmulas convencionais pela Administração Pública, para o estabelecimento de situações subjetivas com particulares, ou com outros entes estatais; seria o caso das novas espécies de concessão (parcerias público-privadas), dos consórcios públicos e dos conexos contratos de rateio e de programa, dos contratos de gestão firmados com organizações sociais, dos termos de parceria com organizações da sociedade civil de interesse público;*

b) *a substituição de mecanismos fundamentados em hierarquia por acordos, nas relações internas da Administração Pública*, ou seja, envolvendo os órgãos públicos de uma pessoa administrativa ou de entidades a ela vinculadas; como exemplo, o autor cita o contrato previsto no art. 37, § 8º, da CF/88 (chamado de contrato de gestão pela doutrina);
c) *o estímulo à participação dos governados, enquanto destinatários das decisões a serem tomadas pela Administração Pública, no processo decisório*; seria o caso das audiências e consultas públicas previstas em diversos textos legais;
d) *o emprego de técnicas baseadas em acordos para a prevenção ou solução de litígios*; os exemplos seriam os termos de ajustamento de conduta e instrumentos semelhantes, negociados pelo Ministério Público e outros órgãos administrativos, a arbitragem e a mediação.

Pode-se mencionar, ainda, como instrumento de consenso, o acordo de leniência de que trata a Lei nº 12.846, de 1º-8-13 (Lei Anticorrupção).

Por sua vez, a Lei de Introdução às Normas do Direito Brasileiro (Decreto-lei nº 4.657, de 4-9-42, com as alterações introduzidas pela Lei nº 13.655, de 25-4-18), contempla, no art. 26, permissão genérica de celebração de compromisso para "eliminar irregularidades, incerteza jurídica ou situação contenciosa na aplicação do direito público, inclusive no caso de expedição de licença". Tal compromisso deverá ser precedido de manifestação do órgão jurídico e, "quando for o caso", de realização de consulta pública, devendo estar presentes razões de "relevante interesse geral". Tais exigências contribuem para a adequada motivação da celebração do compromisso.

Em consonância com o § 1º do art. 26, o compromisso deve atender a determinados requisitos: "I – buscará solução jurídica proporcional, equânime, eficiente e compatível com os interesses gerais; II – (vetado); III – não poderá conferir desoneração permanente de dever ou condicionamento de direito reconhecidos por orientação geral; IV – deverá prever com clareza as obrigações das partes, o prazo para seu cumprimento e as sanções aplicáveis em caso de descumprimento".

Na realidade, o consenso tem o mérito de reduzir o lado autoritário da administração pública, contribuindo para a sua democratização. Aliás, pode-se dizer que a tendência para a consensualidade se insere como uma das formas de expressão da *democratização* da Administração Pública.

8. **Centralidade da pessoa humana *versus* princípio da supremacia do interesse público**,[1] seja para bani-lo do mundo do direito, seja para reconstruí-lo. O que se alega é a inviabilidade de falar em supremacia do interesse público sobre o particular, diante da existência dos direitos fundamentais constitucionalmente garantidos. Fala-se em indeterminação do conceito. Fala-se em ponderação de interesses para substituir a ideia de supremacia do interesse público. Defende-se a aplicação do princípio da razoabilidade também em substituição ao da supremacia do interesse público.

Em verdade, os que se opõem à aplicação do princípio da supremacia do interesse público partem de uma errônea interpretação de seu significado. Dão a ele uma generalização que jamais existiu, pois é evidente a impossibilidade de, em qualquer situação de conflito entre o público e o privado, fazer prevalecer o primeiro; se assim fosse, realmente não haveria como garantir os direitos individuais.

---

[1] Sobre o assunto, v. *Supremacia do interesse público e outros temas relevantes do Direito Administrativo* (Coord. Maria Sylvia Zanella Di Pietro e Carlos Vinícius Alves Ribeiro). São Paulo: Atlas, 2010.

Mas também não se pode esquecer que não existe direito individual que possa ser exercido de forma ilimitada. Praticamente todos os direitos previstos na Constituição sofrem limitações que são impostas pelo ordenamento jurídico, precisamente para definir os seus contornos e impedir que o seu exercício se faça em prejuízo dos direitos dos demais cidadãos e da coletividade.

O princípio da supremacia do interesse público está na base de praticamente todas as funções do Estado e de todos os ramos do direito público. Está presente nos quatro tipos de *funções administrativas*: serviço público, fomento, polícia administrativa e intervenção.

Pode-se dizer que ele é inerente ao próprio conceito de *serviço público*; este é *público* porque é de titularidade do Estado, e é de titularidade do Estado porque atende a necessidades coletivas. Daí apontar-se como características do serviço público o elemento subjetivo (titularidade do Estado), o elemento objetivo (prestação de atividades que atendem ao interesse coletivo) e o elemento formal (submissão total ou parcial ao regime jurídico de direito público).

O princípio da supremacia do interesse público está também na base da atividade de *fomento*, pela qual o Estado subsidia, incentiva, ajuda a iniciativa privada, exatamente quando considera que o particular merece essa ajuda porque está atuando em benefício do interesse público, paralelamente ao Estado.

O interesse público constitui o próprio fundamento do poder de polícia do Estado e também da atividade de intervenção no domínio econômico; por meio deles, o Estado impõe restrições ao exercício de direitos individuais para beneficiar o interesse da coletividade. É o que ocorre também em relação ao princípio da função social da propriedade, que justifica a imposição de restrições ao exercício do direito de propriedade em benefício do interesse público. Trata-se de restrições, muitas delas previstas na própria Constituição, e que sempre conviveram com os direitos fundamentais. Note-se que o Direito Administrativo nasceu exatamente no período do Estado liberal em que a grande preocupação era a de proteger os direitos individuais frente aos excessos do poder. Por isso mesmo se diz que o Direito Administrativo se caracteriza pelo binômio: liberdade e autoridade.

A defesa do interesse público corresponde ao próprio fim do Estado. O Estado tem que defender os interesses da coletividade. Tem que atuar no sentido de favorecer o bem-estar social. Negar a existência desse princípio é negar o próprio papel do Estado.

O princípio da supremacia do interesse público não coloca em risco os direitos individuais, porque tem que ser aplicado em consonância com os princípios todos que informam o Direito Administrativo, como os da legalidade, impessoalidade, razoabilidade, segurança jurídica e tantos outros consagrados no ordenamento jurídico. Ele protege os direitos individuais. Veja-se que o Direito Administrativo nasceu justamente no período do Estado liberal, cuja preocupação maior era a de proteger os direitos individuais frente aos abusos do poder. Protegeu tanto a liberdade, que acabou por gerar profunda desigualdade social, porque, afinal, os homens não nascem tão livres e iguais como pretendia Rousseau e como foi afirmado no art. 1º da Declaração Universal dos Direitos do Homem.

A preocupação com a proteção do interesse público desenvolveu-se com o Estado Social. Não nasceu para proteger um interesse público único, indeterminado, difícil ou impossível de definir-se, mas para proteger os vários interesses das várias camadas sociais. Ele não afetou os direitos individuais, mas passou a conviver com eles. Tanto assim é que, paralelamente ao princípio do interesse público, nasceram os direitos sociais e econômicos.

Por isso mesmo, o Direito Administrativo se caracteriza pelo binômio autoridade/liberdade. A Administração Pública tem que ter prerrogativas que lhe garantam a autoridade necessária para a consecução do interesse público. Ao mesmo tempo, o cidadão tem que ter garantias de observância de seus direitos fundamentais contra os abusos do poder.

Esse binômio autoridade/liberdade está presente em todos os institutos do Direito Administrativo. Na evolução desse ramo do direito, pode o pêndulo do relógio pender mais para um lado do que para o outro. O ideal é que haja um equilíbrio.

Por isso se fala em princípio da razoabilidade. Isto não implica negar o princípio da supremacia do interesse público. Na realidade, a razoabilidade ou proporcionalidade (como preferem alguns), pressupõe a existência de um interesse público a ser protegido. A razoabilidade exige relação, proporção, adequação entre *meios* e *fins*. Quais fins? Os que dizem respeito ao interesse público.

9. **Privatização** ou **fuga do Direito Administrativo** ou **fuga para o direito privado**. Essa tendência não tem como concretizar-se com a extensão que se possa pretender, tendo em vista que o direito privado, quando utilizado pela Administração Pública, é sempre derrogado parcialmente por normas de direito público, muitas delas com fundamento constitucional.

Com efeito, uma das tendências que se nota atualmente é a de ampliar a utilização de institutos do direito privado, com o objetivo de privatizar o próprio regime jurídico a que se submete a Administração Pública, para escapar às normas sobre licitação, contrato administrativo, concurso público e outras normas constitucionais sobre servidores públicos, controles formais, regras sobre orçamento e contabilidade pública.

Evidentemente, a fuga do Direito Administrativo não pode e não será total. Em primeiro lugar, porque os próprios instrumentos utilizados pela Administração Pública para transferir a gestão de serviços públicos aos particulares são regidos pelo Direito Administrativo, como ocorre com os contratos de concessão, os contratos de gestão, os convênios, os termos de parceria, tendo de sujeitar-se aos controles da Administração Pública, inclusive do Tribunal de Contas. Em segundo lugar, porque o regime jurídico a que se submete o particular que exerce atividade estatal é híbrido: se é verdade que a entidade atua sob o regime do direito privado, não é menos verdade que são de direito público as normas sobre os bens utilizados na prestação dos serviços, sobre responsabilidade civil perante os usuários, sobre os princípios aplicáveis à prestação do serviço, sobre os poderes exercidos pelo poder público, sobre as prerrogativas públicas outorgadas ao particular. No caso das atividades sujeitas a regulação por agências reguladoras, as normas postas pelas mesmas compõem um Direito Administrativo de natureza talvez um pouco diversa (pela origem do órgão de que emanam) e que imprimem menos segurança jurídica (porque não sujeitas a qualquer processo de elaboração normativa, seja para sua formulação, seja para sua alteração e revogação) e com a desvantagem de serem baixadas sem a observância do princípio democrático presente no processo previsto constitucionalmente para o Poder Legislativo.

Na realidade, a Administração Pública nunca deixou de aplicar o direito privado em inúmeras hipóteses. No direito brasileiro, por exemplo, ela celebra contratos de direito privado, cria empresas sujeitas ao regime das empresas privadas, contrata servidores sob regime da CLT.

Por isso mesmo, muitos autores, desde longa data, falam na existência de um *Direito Administrativo em sentido amplo,* que abrange o regime jurídico de direito público e o direito privado a que se submete a Administração Pública; e em *Direito Administrativo em sentido estrito,* correspondente a um regime jurídico de direito público, derrogatório e exorbitante do direito comum, com restrições e prerrogativas destinadas a, de um lado, garantir a autoridade do poder público e, de outro, respeitar os direitos dos cidadãos.

Por mais que se idealize a fuga do Direito Administrativo, ela nunca poderá ser integral, porque, mesmo quando se socorre de institutos do direito privado, tais normas são parcialmente derrogadas pelo direito público.

10. **Inovação tecnológica:** trata-se de avanço que vem ocorrendo tanto no âmbito da Administração Pública como nos órgãos de controle, seja nos Tribunais de Contas, seja no Poder Judiciário.

O fato é que o incentivo à inovação tecnológica, no Brasil, tem fundamento constitucional, a partir do art. 3º, II, da Constituição de 1988, que inclui entre os objetivos fundamentais da República Federativa do Brasil o de "garantir o desenvolvimento nacional".

Em consonância com esses objetivos, muitos instrumentos foram previstos na Constituição. Por exemplo, com relação à área da saúde, o art. 200, inciso V, incluiu entre as atribuições do SUS a de "*incrementar em sua área de atuação o desenvolvimento científico e tecnológico*".

O art. 5º, ao dar o elenco dos direitos e deveres individuais e coletivos, inclui, no inciso XXIX, a previsão de lei que assegure "*aos autores de inventos industriais privilégio temporário para sua utilização, bem como proteção às criações industriais, à propriedade das marcas, aos nomes de empresas e a outros signos distintivos, tendo em vista o interesse social e o desenvolvimento tecnológico e econômico do País*".

Fundamental nessa matéria foi a EC nº 85, de 26-2-2015, que alterou vários dispositivos da CF e incluiu outros. Ela deu competência à União, aos Estados, ao Distrito Federal e aos Municípios para "proporcionar os meios de acesso à cultura, à educação, à ciência, à tecnologia, à pesquisa e à inovação"; previu a competência comum de todos os entes federativos para legislar sobre "desenvolvimento e inovação" (art. 24, IX); dispensou autorização legislativa para a transposição, o remanejamento ou a transferência de recursos de uma categoria de programa para outra, com o objetivo de viabilizar os resultados de projetos nas funções de ciência, tecnologia e inovação (art. 167, § 5º); e ampliou o capítulo da CF que trata da "Ciência, Tecnologia e Inovação" (arts. 218 a 219-B). Esses dispositivos dão ao Estado a incumbência de promover e incentivar o desenvolvimento científico, a pesquisa, a capacitação científica e tecnológica e a inovação, de forma prioritária (art. 218); coloca o mercado como integrante do patrimônio nacional (art. 219); atribui ao Estado o dever de estimular a formação e o **fortalecimento da inovação** nas empresas bem como nos demais entes públicos e privados, a **constituição e a manutenção de parques e polos tecnológicos** e demais ambientes promotores da inovação, a **atuação dos inventores independentes** e a criação, a absorção, a difusão e a transferência de tecnologia (art. 219, parágrafo único); prevê a celebração de instrumentos de cooperação com órgãos e entidades públicos e também com entidades privadas, para o compartilhamento de recursos humanos especializados e capacidade instalada, para a execução de projetos de pesquisa, de desenvolvimento científico e tecnológico e de inovação, mediante contrapartida financeira ou não financeira assumida pelo ente beneficiário (art. 219-A); prevê a organização do Sistema Nacional de Ciência, Tecnologia e Inovação (SNCTI), em regime de colaboração entre entes públicos e privados, com vistas a promover o desenvolvimento científico e tecnológico e a inovação (art. 219-B).

As inovações tecnológicas, especialmente pela adoção de novos instrumentos de atuação da Administração Pública, ao lado dos tradicionais, constituem uma realidade que vem sendo adotada e evoluindo com o objetivo de contribuir para a maior eficiência na atuação do setor público. É o caso da adoção do **processo eletrônico**, de que trata o Decreto nº 8.539, de 8-10-2015, e também do chamado **Governo Digital**, disciplinado pela Lei nº 14.129, de 29-3-2021 (referidos no capítulo 14, item 14.5, deste livro)[2]. Também vem evoluindo o uso da **inteligência artificial**, que pode colocar em risco a certeza do Direito, na medida em que a sua utilização vem sendo feita sem que haja regulamentação específica e efetivos meios de controle contra o mau uso. Nos Estados Unidos foi baixada a Ordem Executiva em 30-10-2023, regulando a Inteligência

---

[2] Sobre o tema, v. FREITAS, Juarez. Governo Digital e gestão de riscos. *Revista Interesse Público*. Belo Horizonte, ano 26, n. 147, p. 17-30, set./out. 2024.

Artificial. Na União Europeia, foi aprovado em junho de 2024 o Regulamento UE 2024/89 (AI ACT), entrando em vigor em 1º-8-2024. No Brasil, existe o Projeto de Lei nº 2.339/2023, do Senado, em tramitação no Congresso Nacional, mais ainda pendente de apreciação.

Embora o uso de tecnologia pela Administração Pública, inclusive da Inteligência Artificial, há a necessidade de enquadrá-la na legislação vigente, como a Lei de Acesso à Informação (Lei nº 12.527/2011), a Lei Geral de Proteção de Dados (Lei nº 13.709/2018), a Lei da Liberdade econômica (Lei nº 13.874/2019), a lei que é considerada o Marco Legal da Ciência, Tecnologia e Inovação (Lei nº 13.243/2016).

Na realidade, são conquistas importantes, uma vez que podem contribuir para a maior eficiência dos órgãos administrativos e dos órgãos de controle, desde que não se descuide da necessidade de que a **eficiência produza a eficácia,** ou seja, os melhores resultados. Não adianta garantir a eficiência, que constitui princípio constitucional, se a eficácia (considerada como a aptidão para produzir resultados adequados) ficar prejudicada. E também é necessário que essas conquistas não passem por cima de direitos individuais.

Principalmente a utilização de inteligência artificial deve observar uma série de cautelas: (i) os dados em que se baseiam os instrumentos de tecnologia (especialmente na IA) têm que ser muito confiáveis sob pena de prejudicarem a **segurança jurídica**, que constitui um dos princípios considerados implícitos na Constituição Federal, porque inerente ao Estado de Direito; a falta de precisão dos dados pode prejudicar os resultados, podendo causar danos ao ente público, ao erário e aos destinatários do controle; (2) a utilização de precedentes, no âmbito tanto do Poder Judiciário como dos Tribunais de Contas, tem que ser feita com muita cautela, tendo em vista as peculiaridades de cada caso, e não pode prejudicar a exigência de motivação das decisões da Administração Pública, dos Tribunais de Contas e do Poder Judiciário; (iii) devem ser criados procedimentos hábeis para impedir o mau uso da tecnologia de informação; (iv) o uso de banco de dados não pode prejudicar o direito de acesso ao processo, o direito à obtenção de certidão e o devido processo legal; (v) tem que ser respeitada a **privacidade** das pessoas alcançadas pela atuação da Administração Pública e dos órgãos de controle; é verdade que os órgãos de controle têm o direito de acesso a todos os documentos e informações necessários ao exercício de sua atividade institucional, já que o sigilo não existe perante os órgãos de controle; mas, se desrespeitado o direito ao sigilo e à privacidade, mediante o compartilhamento indevido dos dados sigilosos, incide a responsabilidade, até criminal, de quem o desrespeitou; (vi) em benefício da **transparência**, devem ser observados os dispositivos da Lei de Acesso à Informação, inclusive quanto às normas que protegem a privacidade e o sigilo; (vii) devem ser levadas em consideração as normas da Lei Geral de Proteção de Dados.

1.10 OBJETO DO DIREITO ADMINISTRATIVO

Fazendo um estudo do Direito Administrativo desde o seu nascimento, com o Estado de Direito, até os dias atuais, verifica-se que o seu conteúdo tem variado no tempo e no espaço e que vários têm sido os critérios adotados para a sua conceituação.

Para ter a ideia da diversidade de sua amplitude no espaço, basta comparar o Direito Administrativo próprio do sistema europeu-continental e o Direito Administrativo do sistema **anglo-americano**. No primeiro, originário do direito francês e adotado por vários **países europeus** (Itália, Bélgica, Espanha, Portugal, Alemanha Ocidental) e latino-americanos, inclusive o Brasil, o Direito Administrativo tem amplitude muito maior, abrangendo o que Rivero (1984:32) chama de Direito Administrativo **descritivo**, que se preocupa em delimitar o estatuto dos órgãos públicos administrativos do Estado e das coletividades locais, a estrutura dos serviços públicos e os mecanismos dos procedimentos referentes a certas atividades (sua fonte é a lei e o regulamento); é o **Direito Administrativo que rege as relações jurídicas** que nascem da ação da Administração, fixa suas prerrogativas e obrigações, rege as garantias outorgadas aos particulares contra o arbítrio (sua fonte, na França, é a jurisprudência).

Ainda segundo Rivero (1984:34), o Direito Administrativo, nesse sistema, ganhou autonomia, porque é constituído por um corpo de regras e princípios próprios, originais. Em relação ao direito comum, ele é derrogatório. Ele não se contenta em considerar problemas não propostos em direito privado, mas ele os resolve fazendo apelo a noções que o direito privado ignora (utilidade pública, potestade pública). Mais ainda, quando surgem problemas que também se apresentam no direito privado (contrato, responsabilidade), ele lhes dá soluções diversas das que lhes dá o Direito Civil, sendo este último traço que lhe imprime **autonomia**.

Mesmo dentro dos direitos filiados ao sistema europeu-continental, notam-se algumas diferenças, em especial entre os que adotam e os que não adotam a jurisdição administrativa.

Nos direitos filiados ao sistema anglo-americano, a diferença é muito maior, uma vez que toda a parte que Rivero chama de Direito Administrativo descritivo integra a Ciência da Administração e grande parte das relações jurídicas é regida pelo direito comum.

Além dessa diversidade no espaço, o conteúdo do Direito Administrativo, dentro do mesmo sistema europeu-continental, ao qual se filia o direito brasileiro, tem também apresentado variações. De início, a atividade da Administração Pública abrangia apenas a segurança interna e defesa contra o inimigo externo, além de alguns serviços públicos essenciais. O Estado do bem-estar é um Estado mais atuante; ele não se limita a manter a ordem pública, mas desenvolve inúmeras atividades nas áreas da saúde, educação, assistência e previdência social, cultura, sempre com o objetivo de promover o bem-estar coletivo. O Direito Administrativo, nessa fase, amplia o seu conteúdo, porque cresce a máquina estatal e o campo de incidência da burocracia administrativa. O conceito de serviço público amplia-se, pois o Estado assume e submete a regime jurídico publicístico atividades antes reservadas aos particulares. Além disso, a substituição do Estado liberal, baseado na liberdade de iniciativa, pelo Estado Providência ampliou, em muito, a atuação estatal no domínio econômico, criando novos instrumentos de ação do poder público, para disciplinar e fiscalizar a iniciativa privada, com base no poder de polícia do Estado, quer para disciplinar e fiscalizar a iniciativa privada, com base no poder de polícia do Estado, quer para exercer atividade econômica, diretamente, na qualidade de empresário. Também sob esse aspecto ampliou-se o conteúdo do Direito Administrativo, a ponto de surgir novo ramo do direito – o direito econômico ou Direito Administrativo econômico – baseado em normas parcialmente públicas e parcialmente privadas.

Mesmo dentro do sistema europeu-continental, ao qual se filia o direito brasileiro, o conteúdo do Direito Administrativo tem apresentado variações. Não é por outra razão que Jean Rivero (1984:32) aponta algumas dificuldades inerentes à aplicação do método comparativo ao Direito Administrativo. A primeira dificuldade por ele apontada "reside no fato de que a própria definição do direito administrativo não tem valor universal. De país a país, o sentido e o conteúdo do direito administrativo variam totalmente. Ao passo que o civilista e o constitucionalista não encontram dificuldade em demarcar o objeto do estudo dessas disciplinas e em descobrir, no direito de cada país, a matéria de comparação à qual (eles, os civilistas e os constitucionalistas) se restringem, aquele que quer estudar o direito administrativo esbarra com um problema inicial: a delimitação exata do objeto das pesquisas. Para bem entender isto, é preciso partir da concepção francesa do direito administrativo".

Odete Medauar (2003:39), falando sobre o encontro das elaborações francesa, alemã e italiana, aponta o **núcleo essencial do Direito Administrativo**, decorrente, sobretudo, de influências recíprocas entre as duas primeiras e dessas sobre o direito italiano. Segundo a autora, "compõem esse núcleo os seguintes temas ou concepções: autoridade do Estado; personalidade jurídica do Estado; capacidade de direito público (competência); propriedade pública; ato administrativo unilateral e executório; direitos subjetivos públicos; interesse legítimo; poder discricionário; jurisdição administrativa; interesse público; *puissance publique*; serviço público; poder de polícia; pessoas jurídicas públicas; fontes do direito – lei e regulamento; centralização – hierarquia; contratos administrativos".

Se comparados os sistemas de base romanística e do *common law*, as distinções são maiores. Neste último, o objeto do Direito Administrativo é bem menor, abrangendo, fundamentalmente, a matéria referente ao processo administrativo, às agências reguladoras e a alguns temas que, nos sistemas de base romanística, constituem objeto da Ciência da Administração.

No direito brasileiro, constituem objeto do Direito Administrativo, sendo por ele regulado e estudado nos livros de doutrina, os seguintes temas:

a) Administração Pública, em sentido subjetivo, para abranger as pessoas físicas e jurídicas, públicas e privadas, que exercem a função administrativa do Estado; aí entram os órgãos administrativos que integram a Administração Direta, as entidades da Administração Indireta, os agentes públicos;

b) Administração Pública em sentido objetivo, ou seja, as funções administrativas do Estado, a saber, serviço público, polícia administrativa, fomento, intervenção e regulação;

c) as entidades paraestatais (como os serviços sociais autônomos) e as entidades do chamado "terceiro setor", como as organizações sociais, as organizações da sociedade civil de interesse público – OSCIPS, as organizações da sociedade civil, as entidades filantrópicas, as declaradas de utilidade pública e outras modalidades com as quais a Administração Pública tenha algum tipo de vínculo;

d) o regime jurídico administrativo, abrangendo as *prerrogativas*, privilégios e poderes da Administração (a chamada *puissance publique* dos franceses), necessários para a consecução do interesse público, bem como as *restrições* necessárias à garantia dos direitos individuais, em especial as representadas pelos princípios da Administração Pública;

e) os vários desdobramentos do poder de polícia e do princípio da função social da propriedade, incidentes sobre a propriedade privada, como as diversas formas de intervenção do Estado na propriedade privada (limitações administrativas, tombamento, desapropriação, requisição, servidão administrativa, dentre outras);

f) a discricionariedade administrativa, especialmente sob o aspecto dos limites de sua apreciação pelo Poder Judiciário;

g) os meios de atuação da Administração Pública, abrangendo os atos e contratos administrativos, inclusive o processo da licitação; aí se incluem as várias modalidades de acordos de vontade firmados pela Administração Pública, como as diferentes formas de concessão (de serviço público, de obra pública, de uso de bem público, patrocinadas e administrativas, estas duas últimas como espécies de parcerias público-privadas), os convênios, os termos de parceria, os contratos de gestão e outros instrumentos congêneres;

h) os bens públicos das várias modalidades e respectivo regime jurídico, inclusive quanto às formas de sua utilização por particulares;

i) o processo administrativo e respectivos princípios informadores;

j) a responsabilidade civil do Estado;

k) a responsabilidade das pessoas jurídicas que causam danos à Administração Pública;

l) o controle da Administração Pública, nas modalidades de controle administrativo, legislativo e jurisdicional;

m) a improbidade administrativa.

Mais recentemente, outros temas ganham força, como os pertinentes à constitucionalização do Direito Administrativo, à ampliação do controle judicial sobre aspectos discricionários dos atos administrativos, ao papel do Direito Administrativo na concretização dos direitos sociais e das políticas públicas, com o complexo exame dos limites do controle judicial sobre as omissões do poder público.

Embora tenha havido um crescimento espetacular do objeto do Direito Administrativo, o duplo aspecto do regime jurídico administrativo, constituído pelo binômio "prerrogativas e restrições", "liberdade e autoridade", "finalidade de interesse público e proteção dos direitos individuais", permanece o mesmo, não impedindo a fixação de um conceito do Direito Administrativo aplicável a todas as matérias que compõem o seu objeto.

1.11 MÉTODOS DE ESTUDO

Vários critérios têm sido utilizados no estudo do Direito Administrativo.

1.11.1 Escola legalista, exegética, empírica ou caótica

Em suas origens, na França, o Direito Administrativo tinha por objeto apenas a interpretação das leis administrativas e atos complementares, que abrangiam matérias concernentes à organização do Poder Executivo e das pessoas jurídicas públicas, às relações entre Administração e administrados, às limitações da liberdade e propriedade, ao domínio público e privado do Estado, às obras públicas, à prestação de serviços excepcionais quanto à saúde, instrução e educação pública, meios de comunicação, transportes em geral e à jurisdição administrativa (cf. O. A. Bandeira de Mello, 2007, v. 1:79).

Os doutrinadores limitavam-se a compilar as leis existentes e a interpretá-las com base principalmente na jurisprudência dos Tribunais administrativos, formando a chamada Escola Exegética, Legalista, Empírica ou Caótica, "para a qual o Direito Administrativo era compreendido como sinônimo de direito positivo" (cf. Cretella Júnior, 1966, v. 1:145).

Era a mesma orientação adotada no direito privado, em decorrência do respeito aos grandes Códigos, em especial o Código Napoleão (de 21-3-1804), considerado imutável e sagrado.

Pertenciam à escola exegética, entre outros, o Barão De Gerando, Macarel, Foucart, De Courmenin, Dufour, Ducroq, Batbie, que influenciaram, no direito brasileiro do Império, o jurista Pimenta Bueno, para quem o Direito Administrativo limitava-se ao complexo de princípios práticos e de leis positivas de um povo, que no contexto imperial era representado pela Constituição (cf. Fernando A. de Oliveira, *RDA* 120/14).

Inúmeras críticas foram opostas ao critério legalista. Nas palavras de Cretella Júnior (1966, v. 1:145), "nem o direito privado está todo contido em seus códigos, nem o Direito Administrativo se esgota nas leis e regulamentos administrativos. O direito tem uma extensão muito mais ampla, pois compreende os conceitos e princípios produzidos pelo lento e penoso labor científico dos juristas, expostos e fundamentados nos tratados doutrinários e nos repertórios de jurisprudência. A ciência jurídica é um conjunto de princípios e não pode consistir em comentários da legislação positiva".

Hoje, o método de estudo do direito, idealizado pela Escola da Exegese, tem valor apenas histórico, porque representa o fruto de uma época – a das grandes codificações –, tendo perdurado durante praticamente todo o século XIX, sem condições de prosperar com as transformações sociais, econômicas e filosóficas que foram ocorrendo especialmente a partir de fins daquele século e começo do século XX.

Nas palavras de Miguel Reale (1965:366-367), a concepção da Escola da Exegese, "de repassado otimismo, prevaleceu enquanto perdurou um equilíbrio relativo entre os Códigos e a vida social e econômica. Quanto mais esta se renovava, sob o impacto da Técnica e da nova Ciência; quanto mais se aprofundavam abismos no mundo dos interesses econômicos, mais se sentia a necessidade de recorrer ao subterfúgio ou ao expediente da 'intenção presumida' do legislador. Por essa brecha, relações de fato, forças econômicas e morais irrompiam no plano da cogitação do jurista, dando conteúdo à regra insuficiente em sua abstração: – a Escola da Exegese encontrava em si mesma o princípio de sua negação, revelando-se a 'unilateralidade' de suas concepções, que puderam prevalecer até e enquanto o mundo das normas constituiu a expressão técnica de uma realidade histórico-social, não dizemos subjacente, mas sim implícita em seu conteúdo".

1.11.2 O estudo do Direito Administrativo jurisprudencial

À **fase de simples comentário das leis e regulamentos**, seguiu-se, na França, a fase de comentários de julgados (*arrêts*) do Conselho de Estado, órgão de cúpula da jurisdição administrativa francesa. Isso ocorreu pelo fato de esse Conselho criar o direito, permitindo a afirmação de que o Direito Administrativo, na França, é de caráter essencialmente jurisprudencial.

Nas palavras de Fernando Dias Menezes de Almeida (2013:67-68), "não deixam os franceses de produzir teoria – no caso, teoria do Direito Administrativo – porém, fazem-no de modo peculiar: nesse primeiro momento, a teoria do Direito Administrativo é, por um lado, descritiva da organização administrativa, com base em leis e regulamentos; por outro lado, já se faz presente (mas ganhará intensidade em fins do século XIX) o relato faz decisões jurisprudenciais (*arrêts*)".

Note-se que, no sistema do *common law*, o estudo do direito em geral, inclusive do Direito Administrativo, baseia-se nos precedentes judiciais (*cases*), mais do que no direito positivo e na doutrina.

No direito brasileiro, esse método de estudo do Direito Administrativo praticamente não teve aplicação, pela pequena importância da jurisprudência como fonte do Direito Administrativo. Hoje cresce esse papel da jurisprudência, como se verá no item 1.12 deste capítulo, sobre as fontes do direito administrativo.

1.11.3 Direito Administrativo e Ciência da Administração

Autores italianos, espanhóis e portugueses reagiram contra o método de estudo do Direito Administrativo, adotado pela Escola Exegética. Começou-se a ampliar o objeto de estudo do Direito Administrativo, procurando-se fixar os princípios informativos de seus institutos, mas aliando-se a isso o estudo da Ciência da Administração, que envolve matéria de política administrativa e não matéria jurídica propriamente dita. Essa orientação de unir o Direito Administrativo e a Ciência da Administração foi seguida, na Itália, principalmente por Federico Persico e Lorenzo Meucci, na Espanha, por Vicente Santamaria de Paredes e, em Portugal, por Guimarães Pedrosa.

Posteriormente, graças à influência dos próprios doutrinadores italianos (Carlos Francesco Ferraris, Wautrain Cavagnari e Orlando) e dos alemães (Lorenz von Stein e Loening), separou-se a matéria relativa à Ciência da Administração. Isto se deu em decorrência do crescimento de seu objeto de estudo, pois, na segunda metade do século XIX, com a Revolução Industrial, o Estado teve que intervir na ordem social para solucionar os problemas econômicos gerados pelo Estado liberal. Sentiu-se a necessidade de separar essa atividade do Estado, de ingerência na ordem social, da sua atividade de natureza jurídica.

Ficou para o Direito Administrativo a **atividade jurídica** do Estado, tendo por objeto a tutela do Direito, com exclusão das funções legislativa e jurisdicional e, para a Ciência da

Administração, a **atividade social**, incluindo as várias formas de ingerência positiva e direta do Estado-poder nas áreas da saúde, educação, cultura, economia, previdência e assistência social (cf. Cretella Júnior, 1966, v. 1:182). Esta divisão justifica-se plenamente, uma vez que a matéria que constitui objeto da Ciência da Administração é aquela concernente à valoração da interferência do Estado na ordem econômica e social, abrangendo os aspectos da utilidade e oportunidade dessa atuação; enquanto o Direito Administrativo é complexo de normas e princípios jurídicos que regem a organização administrativa em seus vários aspectos, bem como as relações da Administração Pública com os particulares.

Sob certo aspecto, o Direito Administrativo sofreu uma redução em seu objeto, porque toda a matéria concernente à política administrativa, envolvendo estudos sobre utilidade e conveniência de uma ou outra forma de atuação do Estado na ordem social, ficou confiada à Ciência da Administração, que não faz mais parte do currículo dos cursos jurídicos, integrando a Ciência Política. Aliás, no que diz respeito à Ciência da Administração, há duas tendências: uma, seguindo o sistema europeu-continental, inclui essa matéria entre as Ciências Políticas, estudando a Administração sob o aspecto de sua oportunidade, conveniência e adequação aos fins estatais voltados para a intervenção na ordem social; outra, porém, própria do sistema anglo-saxão, não considera a Ciência da Administração como Ciência Política, mas baseada fundamentalmente em fator **técnico**; o seu objeto é o estudo da função administrativa, incluindo o **planejamento**, a **execução** e o **controle**. Nas duas hipóteses, a Ciência da Administração é autônoma em relação ao Direito Administrativo.

1.11.4 Critério técnico-científico de estudo do Direito Administrativo

À medida que se reduziu o objeto do Direito Administrativo às matérias de natureza jurídica, a sua construção doutrinária passou a ser feita de forma muito mais sistemática e científica com a preocupação de definir os seus institutos específicos e princípios informativos.

Na França, sem abandonar-se o apego à análise da jurisprudência do Conselho de Estado, os autores passaram a sistematizar a matéria de Direito Administrativo, como se observa pelas obras de Georges Vedel, Jean Rivero, André de Laubadère, dentre outros.

Esse trabalho científico foi desenvolvido em grande parte com a contribuição dos juristas alemães, dentre os quais Carl Friedrich Gerber, G. Meyer, Sarwey, Loening e, principalmente, Otto Mayer, considerado o "verdadeiro pai do **Direito Administrativo alemão**" (cf. Retortillo, 1959:715). É verdade que esse autor foi influenciado pelo direito francês, tendo publicado, em 1886, o livro *Direito administrativo francês*, divulgando, na Alemanha, a legislação e a doutrina que a França adotava na época. Só que o seu trabalho foi sensivelmente enriquecido pelo cunho científico que lhe imprimiu, atribuindo ao Direito Administrativo instituições jurídicas próprias, diversas das pertinentes ao Direito Civil.

A sistematização doutrinária do Direito Administrativo alemão, baseada em método técnico-jurídico, estava, dessa forma, afastada da orientação seguida pela escola legalista, que adotava o método exegético.

Com a mesma orientação científica, citem-se, na Itália, Orlando, Errico Presutti, Oreste Ranelletti, Attilio Bruniatti, Federico Cammeo. Na França, Maurice Hauriou, Henri Berthélemy, Léon Duguit, Gaston Jèze e Roger Bonnard.

No direito brasileiro, esse tem sido o método preferido pelos doutrinadores do Direito Administrativo, como se verifica pelas obras de Mário Masagão, Themístocles Brandão Cavalcanti, José Cretella Júnior, Oswaldo Aranha Bandeira de Mello, Celso Antônio Bandeira de Mello, dentre outros.

1.12 FONTES DO DIREITO ADMINISTRATIVO

A matéria pertinente às fontes do direito constitui objeto de estudo da teoria geral do direito. No entanto, é importante a análise do assunto na área do Direito Administrativo, pelas peculiaridades de algumas de suas fontes.

No direito francês, a principal fonte do Direito Administrativo, desde que este ganhou a sua autonomia, foi a **jurisprudência** emanada dos órgãos do contencioso administrativo, em especial do seu órgão de cúpula, o Conselho de Estado. Não é por outra razão que se afirma que o Direito Administrativo francês é de *origem pretoriana*. No entanto, como acentua Jacqueline Morand-Deviller (2012:51-56), "a importância da jurisprudência do Conselho de Estado entre as fontes do Direito não é mais tão forte quanto antigamente". Ela aponta vários fatores para essa mudança, dentre eles: (i) de um lado, a *inflação legislativa e regulamentar*, como fenômeno recorrente que se acelerou nos últimos anos, em cerca de 35% do número anual de leis e de 25% do número de decretos; (ii) de outro lado, o peso das *fontes internacionais*, especialmente do direito comunitário europeu (tratados, decisões jurisprudenciais da Corte de Justiça das Comunidades Europeias, e o "direito derivado", composto pelos atos praticados pelas instituições comunitárias, abrangendo pareceres, recomendações, regulamentos e diretivas).

No sistema do *common law*, a jurisprudência constitui a fonte primordial do direito.

Embora o Direito Administrativo francês tenha inspirado consideravelmente o Direito Administrativo brasileiro, não o fez no que diz respeito ao papel da jurisprudência como fonte primordial do direito. E o sistema de unidade de jurisdição, adotado no Brasil por influência do direito norte-americano, não veio acompanhado do papel da jurisprudência como principal fonte do direito, nem no Direito Administrativo, nem em qualquer outro ramo do direito. Aqui, a principal fonte do direito é a lei. No entanto, mais recentemente, com a Constituição de 1988 e o novo CPC, aumenta a importância da jurisprudência como fonte do direito, inclusive no direito administrativo.

São muitas as classificações das fontes do direito adotadas pela doutrina nacional e estrangeira. Levaremos em conta, nesta obra, a classificação das fontes do Direito Administrativo adotada pelo jurista argentino, Agustín Gordillo (1998:capítulo VI). Ele classifica as fontes em *supranacionais* e *nacionais*. As primeiras compreendem os *tratados* e as *convenções* (como a Convenção Americana dos Direitos Humanos e a Convenção Interamericana contra a Corrupção) e os *princípios jurídicos supranacionais* (como o da defesa em juízo, o da razoabilidade, o do devido processo legal nos sentidos objetivo e subjetivo, como controle das demais fontes). As fontes nacionais são a *Constituição*, a *lei*, os *regulamentos*, a *jurisprudência*, o *costume* e a *doutrina*, as três últimas como fontes materiais.

Em outro ponto de sua obra, Gordillo (1998, capítulo 5, item 4.1) distingue as *fontes formais* das *fontes materiais*. As primeiras "seriam aquelas que diretamente passam a constituir o direito aplicável, e as segundas as que promovem ou originam em sentido social-político às primeiras". As fontes formais, para o autor, são os tratados, a Constituição, as leis, os regulamentos; e as fontes materiais são a jurisprudência, a doutrina e o costume.

A partir dessa classificação, serão a seguir analisadas as principais fontes do Direito Administrativo brasileiro, adotando-se a distinção entre *fontes formais* (as que constituem propriamente o direito aplicável, abrangendo a Constituição, a lei, o regulamento e outros atos normativos da Administração Pública, bem como, parcialmente, a jurisprudência) e *fontes materiais* (as que promovem ou dão origem ao direito aplicável, abrangendo a doutrina, a jurisprudência e os princípios gerais de direito).

1ª) A CONSTITUIÇÃO

A Constituição (com respectivas Emendas) constitui a fonte primeira do Direito Administrativo. No direito brasileiro, pode-se falar em *Constituições*, tendo em vista que, adotando o Estado Brasileiro a forma federativa, existem, além da Constituição da República, as Constituições dos Estados-membros e as leis orgânicas do Distrito Federal e dos Municípios.

Conforme visto no item pertinente às transformações do Direito Administrativo, grande parte dos institutos do Direito Administrativo brasileiro tem fundamento constitucional, a exemplo da desapropriação, tombamento, requisição, regime do servidor público, regime previdenciário do servidor público, princípios da Administração Pública, licitação, administração pública direta e indireta, controle, direito à informação, serviço público etc.

Uma das características do Direito Administrativo é o fato de ser ele concretizador da Constituição, porque é por meio da legislação, doutrina e jurisprudência do Direito Administrativo que se dá efetividade a preceitos constitucionais. Quando o legislador se omite, a Constituição deixa de ser cumprida. Com a constitucionalização do Direito Administrativo, acentuada na Constituição de 1988 e ainda mais fortalecida por meio de Emendas constitucionais, cresceu de importância a Constituição como principal fonte do Direito Administrativo. Fala-se em substituição da *legalidade* por *constitucionalidade*.

Nas palavras de Carlos de Cabo Martín (2000:80), "a substituição do princípio da legalidade pelo da constitucionalidade como eixo do ordenamento jurídico se vê potencializada pelo que se pode chamar a tendência para a *hiperconstitucionalização* do sistema; trata-se de estender progressivamente o âmbito e aplicação da Constituição, reduzindo simultaneamente os da lei. Esta hiperconstitucionalização segue normalmente duas vias: uma é a da extensão dos direitos e liberdades até entender que praticamente todas as questões estão impregnadas por eles, levando a uma contaminação do individualismo; a outra é o intuito de encontrar na Constituição a regulação de todas as matérias, sem margem ou com margens cada vez mais reduzidas para o legislador (para o princípio democrático)".

2ª) A LEI

A Constituição de 1988 prevê a *legalidade* como um dos princípios a que se submete a Administração Pública direta e indireta. Nem poderia deixar de fazê-lo, tendo em vista que o Estado de Direito, referido já no preâmbulo da Constituição e em seu art. 1º, tem o princípio da legalidade como um dos seus fundamentos, ao lado do princípio da judicialidade (exigência de controle judicial), que decorre do art. 5º, XXXV, pelo qual "a lei não excluirá da apreciação do Poder Judiciário lesão ou ameaça de lesão". Sem esses dois princípios, não é possível falar em Estado de Direito, pois eles constituem as principais garantias de respeito aos direitos individuais. Isso porque a lei, ao mesmo tempo em que os define, estabelece também os limites da atuação administrativa que tenha por objeto a restrição ao exercício de tais direitos em benefício da coletividade.

No art. 5º, inciso II, determina que "ninguém será obrigado a fazer ou deixar de fazer alguma coisa senão em virtude de lei". Em vários dispositivos, exige-se lei. A título de exemplo, cite-se a exigência de lei para a criação de cargos, funções ou empregos públicos, organização administrativa e judiciária, criação e extinção de Ministérios e órgãos da Administração Pública, militares das Forças Armadas (art. 61, § 1º, inciso II, *a*, *b*, *e*, *f*), reserva de cargos para portadores de deficiência (art. 37, VIII), casos de contratação por tempo determinado (art. 37, IX), fixação e alteração de remuneração dos servidores (art. 37, X), instituição do regime previdenciário do servidor (art. 40, § 15), para mencionar apenas alguns exemplos aplicáveis no âmbito do Direito Administrativo.

Quando a Constituição exige lei, logo se pensa nas *leis ordinárias*. No entanto, quando se fala em lei como fonte do Direito Administrativo, têm-se que considerar as várias espécies normativas referidas no art. 59, I a V, da Constituição, abrangendo as emendas à Constituição, as leis complementares, as leis ordinárias, as leis delegadas e as medidas provisórias.

E tem-se também que verificar a distribuição de competência legislativa, feita pela Constituição, entre a União, os Estados, o Distrito Federal e os Municípios. Em algumas matérias pertinentes ao Direito Administrativo, a União dispõe de competências privativas, previstas no art. 22, como desapropriação (inciso II), requisições civis e militares (inciso III), serviço postal (inciso V), diretrizes da política nacional de transportes (inciso IX), regime de portos, navegação lacustre fluvial, marítima, aérea e aeroespacial (inciso X), trânsito e transporte (inciso XI), normas gerais de licitação e contratação (inciso XXVII), dentre outras.

Em outras hipóteses, a Constituição prevê a competência legislativa concorrente da União e Estados, como ocorre no art. 24, para a legislação sobre florestas, caça, pesca, fauna, conservação da natureza, defesa do solo e dos recursos naturais, proteção do meio ambiente e controle da poluição (inciso VI), responsabilidade por dano ao meio ambiente (inciso VIII), educação, cultura, ensino, desporto, ciência, tecnologia, pesquisa, desenvolvimento e inovação (inciso IX), assistência jurídica e defensoria pública (inciso XIII), proteção e integração social das pessoas portadoras de deficiência (inciso XIV), proteção à infância e à juventude (inciso XV). Nessas matérias de competência concorrente, os Estados têm que observar, em suas leis, as *normas gerais* contidas na legislação federal; na omissão desta, os Estados exercem a competência legislativa plena (art. 24, §§ 1º a 4º).

Os Municípios também têm competência legislativa prevista no art. 30, em especial em assuntos de interesse local (inciso I) e na suplementação da legislação federal e estadual, no que couber (inciso II).

Portanto, quando se fala na lei como fonte do Direito Administrativo brasileiro, tem-se que observar as leis conforme a distribuição de competências prevista na Constituição Federal.

3ª) OS ATOS NORMATIVOS DA ADMINISTRAÇÃO PÚBLICA

Dentre as fontes do Direito Administrativo, inserem-se inúmeros tipos de atos normativos emanados da própria Administração Pública. Eles são expedidos, seja pelo Chefe do Poder Executivo, seja por órgãos da Administração direta, seja por entidades da Administração indireta. Todos esses atos normativos podem ser enquadrados na categoria de *regulamento*, em sentido amplo, embora o poder regulamentar, por excelência, incumba ao Chefe do Poder Executivo das três esferas de governo (art. 84, IV, da Constituição Federal, repetido nas Constituições estaduais e leis orgânicas distritais e municipais). Este tipo de Regulamento se formaliza mediante decreto. Mas existem outros tipos de atos normativos com caráter regulamentar, expedidos por órgãos ou entidades da Administração Pública, como as **resoluções**, **portarias**, **instruções**, **circulares**, **regimentos**, **ordens de serviço**, **avisos**, além de atos normativos do Legislativo e do Judiciário, praticados no exercício de função administrativa. É o caso dos **decretos legislativos** e **resoluções do Legislativo**, bem como dos **provimentos dos Tribunais** em matéria de sua respectiva competência. Ainda podem ser mencionados os **pareceres normativos** e as súmulas editadas no âmbito administrativo, com efeitos vinculantes para toda a Administração Pública. Todos esses atos têm em comum o fato de produzirem normas, ou seja, atos com efeitos gerais e abstratos, alguns com efeitos internos ao ente que os baixou, outros com efeitos externos. Todos eles subordinam-se hierarquicamente à Constituição e à lei.

A maior parte desses atos, a partir do decreto, pode ter efeitos concretos, quando solucionam casos individuais. Mas, como fontes do direito, interessam os que têm efeito normativo, vinculando as decisões futuras. Constituem fontes do Direito Administrativo, porque têm caráter obrigatório, vinculando toda a Administração Pública. No entanto, podem ser objeto de impugnação perante o Poder Judiciário, se contrariarem normas de hierarquia superior, como a lei, a Constituição Federal ou a Constituição Estadual.

O **regulamento** será analisado de forma mais detida no Capítulo 3, item 3.4.1. Abrange duas modalidades: o **executivo** e o **independente ou autônomo**. O primeiro complementa a lei, ou, nos termos do art. 84, IV, da Constituição, contém normas "para fiel execução da lei". Ele não pode estabelecer normas *contra legem* ou *ultra legem*. Ele não pode inovar na ordem jurídica, criando direitos, obrigações, proibições, medidas punitivas, até porque ninguém é obrigado a fazer ou deixar de fazer alguma coisa senão em virtude de lei (art. 5º, II, da Constituição); ele tem que se limitar a estabelecer normas sobre a forma como a lei vai ser cumprida pela Administração.

Conforme ensinamento de Celso Antônio Bandeira de Mello (2013:355-256), o regulamento existe quando a lei deixa um espaço para que a Administração Pública decida discricionariamente a maneira como deve ser cumprida a lei. Para ele, "ditas normas são requeridas para que se disponha sobre o modo de agir dos órgãos administrativos, tanto no que concerne aos *aspectos procedimentais* de seu comportamento quanto no que respeita aos *critérios que devem obedecer em questões de fundo*, como condição para cumprir os objetivos da lei". O autor enfatiza, citando a lição de Oswaldo Aranha Bandeira de Mello, algumas características do regulamento: (a) "onde não houver espaço para uma atuação administrativa, não haverá cabida para regulamento"; (b) "onde não houver liberdade administrativa alguma a ser exercitada (discricionariedade) – por estar prefigurado na lei o único modo e o único possível comportamento da Administração ante hipóteses igualmente estabelecidas em termos de objetividade absoluta – não haverá lugar para regulamento que não seja mera repetição da lei ou desdobramento do que nela se disse sinteticamente"; (c) "o regulamento executivo, único existente no sistema brasileiro, é um meio de disciplinar a *discrição administrativa*, vale dizer, de regular a liberdade relativa que viceje no interior das balizas legais, quando a Administração esteja posta na contingência de executar lei que demande ulteriores precisões".

O regulamento autônomo ou independente inova na ordem jurídica, porque estabelece normas sobre matérias não disciplinadas em lei; ele não completa nem desenvolve nenhuma lei prévia. Tem aplicação muito limitada no direito brasileiro, conforme se verá no item 3.4.1 deste livro.

Qualquer que seja o tipo de regulamento, ele constitui fonte do Direito Administrativo, na medida em que vincula a Administração Pública (inclusive a autoridade que o expediu) e vincula a todos os destinatários de suas normas.

As **resoluções, portarias, deliberações, instruções, circulares, regimentos, provimentos** são editados por autoridades outras que não o Chefe do Executivo. O Decreto nº 12.002, de 22-4-2024, estabelece normas para elaboração, redação, alteração e consolidação de atos normativos. Não se pode deixar de fazer referência aos chamados *pareceres normativos* e às *súmulas* adotadas no âmbito administrativo, com força vinculante para as decisões futuras.

É comum que determinadas autoridades administrativas, ao decidirem um caso concreto, com fundamento em parecer proferido por órgão técnico ou jurídico, estabeleçam que a decisão é obrigatória para os casos futuros, da mesma natureza. Na realidade, não é o parecer que é normativo, mas o despacho em que se fundamenta o parecer. Situação muito semelhante ocorre com as súmulas.

No âmbito da Advocacia-Geral da União, existem exemplos de pareceres normativos e de súmulas, previstos na Lei Complementar nº 73, de 10-2-93; seu art. 40, nos §§ 1º e 2º, prevê que o parecer do Advogado Geral da União, aprovado e publicado juntamente com o despacho presidencial, vincula a Administração Federal, cujos órgãos e entidades ficam obrigados a lhe dar fiel cumprimento; se aprovado, mas não publicado, o parecer obriga apenas as repartições interessadas, a partir do momento em que dele tenham ciência. Também são vinculantes os pareceres das Consultorias Jurídicas, aprovados pelo Ministro de Estado, pelo Secretário Geral e pelos titulares das demais Secretarias da Presidência da República ou pelo Chefe do Estado Maior das Forças Armadas; tais pareceres obrigam, também, os respectivos órgãos autônomos e entidades vinculadas.

Pelo art. 43, a Súmula da Advocacia-Geral da União, que deve ser publicada no *Diário Oficial da União* por três dias consecutivos, tem caráter obrigatório quanto aos órgãos jurídicos enumerados nos arts. 2º e 17 da Lei, o que abrange todos os órgãos integrantes da instituição, inclusive os das autarquias e das fundações públicas.

No âmbito de algumas leis orgânicas de Procuradorias estaduais, existe previsão também de súmulas que consagram o entendimento do órgão jurídico sobre determinada matéria. É o que consta da Lei Orgânica da Procuradoria-Geral do Estado de São Paulo (Lei Complementar nº 1.270, de 25-8-15), cujo art. 3º, inciso XIII, atribui à Procuradoria-Geral do Estado competência para "promover a uniformização da jurisprudência administrativa e da interpretação das normas, tanto na Administração Direta como na Indireta". Em consonância com o § 5º do mesmo dispositivo, "as súmulas aprovadas pelo Procurador Geral do Estado passarão a vigorar após homologação pelo Governador e publicação no Diário Oficial do Estado". A partir de então, elas vinculam todos os órgãos e entidades da Administração Pública (§ 6º do art. 3º).

No art. 87, parágrafo único, II, da Constituição, está prevista a competência dos Ministros de Estado para "expedir **instruções** para a execução das leis, decretos e regulamentos". Há, ainda, os **regimentos**, pelos quais os órgãos colegiados estabelecem normas que têm alcance limitado ao âmbito de atuação do órgão expedidor. Não têm o mesmo alcance nem a mesma natureza que os regulamentos baixados pelo Chefe do Executivo.

Há que se mencionar ainda a **função normativa** atribuída às agências reguladoras em matéria de telecomunicações e de petróleo; as Emendas Constitucionais nºs 8/95 e 9/95 alteraram, respectivamente, a redação dos arts. 21, XI, e 177, § 2º, III, da Constituição, para prever a promulgação de leis que disponham sobre a exploração dessas atividades e a instituição de seu órgão regulador. Com base nesses dispositivos, foram criadas a Agência Nacional de Telecomunicações – ANATEL (Lei nº 9.472, de 16-7-1997) e a Agência Nacional do Petróleo – ANP (Lei nº 9.478, de 6-8-97), atribuindo função normativa a ambas as agências.

Além disso, leis ordinárias foram criando outras agências reguladoras, algumas com funções ligadas a concessões, como é o caso da Agência Nacional de Energia Elétrica – ANEEL (Lei nº 9.427, de 26-12-96), outras com funções de polícia em áreas específicas, a exemplo da Agência Nacional de Águas – ANA (Lei nº 9.984, de 17-7-00), Agência Nacional de Vigilância Sanitária – ANVISA (Lei nº 9.782, de 26-1-99), Agência Nacional de Saúde Suplementar – ANS (Lei nº 9.961, de 29-1-00), além de agências criadas nos âmbitos estadual e municipal. Isso significa que esses órgãos reguladores exercerão função normativa, porém dentro dos limites decorrentes do princípio da legalidade. Normalmente, as agências exercem essa função por meio de resoluções ou portarias.

Inúmeros órgãos da administração direta e entidades da administração indireta também recebem de suas leis instituidoras competência para regular os assuntos a elas afetos.

Todos esses órgãos e entidades expedem atos normativos por meio de resoluções, portarias, instruções, circulares e outras modalidades.

Tais atos normativos, desde que expedidos com observância da Constituição e das leis, vinculam as autoridades administrativas. Os atos que os contrariem padecem do vício de ilegalidade, sendo passíveis de correção pelos órgãos de controle, inclusive pelo Poder Judiciário. No entanto, os próprios atos normativos baixados na esfera administrativa são passíveis de apreciação judicial, quando eivados de ilegalidade ou inconstitucionalidade.

4ª) A JURISPRUDÊNCIA

No direito brasileiro, a jurisprudência, como fonte do Direito Administrativo, não apresenta o mesmo significado que no direito francês ou no sistema do *common law*. No direito francês, de dualidade de jurisdição, o órgão de cúpula da jurisdição administrativa – o Conselho de Estado –, bem como o Tribunal de Conflitos (que resolve os conflitos de atribuição entre as duas jurisdições) criam princípios, teorias e institutos, preenchendo as lacunas da lei. Principalmente na origem da jurisdição administrativa francesa, o seu papel foi muito mais de **integração** do direito do que de interpretação de legislação, ainda praticamente inexistente em matéria de Administração Pública. O seu papel foi de **criação do direito**. Por isso se diz que o Direito Administrativo francês é de formação pretoriana.

Esse papel do Conselho de Estado francês é realçado por Jacqueline Morand-Deviller (2012:51) quando afirma que "uma das características do Direito Administrativo francês foi durante muito tempo sua *origem pretoriana* e a importância da jurisprudência do Conselho de Estado – e às vezes a do Tribunal de Conflitos – no estabelecimento dos grandes princípios desse ramo jurídico. Tal como a amplamente conhecida indagação 'quem nasceu primeiro: o ovo ou a galinha?', não se sabe dizer se é a existência de uma jurisdição administrativa autônoma que está na origem do Direito Administrativo ou se é o inverso. E, sem evidência de falsa modéstia, há que se reconhecer que a construção paciente à qual se dedicou o Conselho de Estado francês ao longo de todo o século XX consiste em uma fonte de criatividade – ele prefere referir-se à 'revelação' – notável".

Também no sistema do *common law*, a jurisprudência desempenha importante papel como fonte do direito, uma vez que os precedentes judiciais têm força obrigatória para os casos futuros (princípio do *stare decisis*).

No direito brasileiro, o papel da jurisprudência como fonte do direito ainda é mais modesto. O juiz atua muito mais como intérprete do direito positivo do que como criador do direito. Por isso mesmo, melhor se adapta ao direito brasileiro a definição dada à jurisprudência, como fonte do direito, por Agustín Gordilho (1998, capítulo VII, item 18.1), quando afirma que "a jurisprudência não é o conjunto de normas e princípios imperativos contidos nas decisões dos órgãos jurisdicionais, mas sim as interpretações reiteradamente concordantes da ordem jurídica positiva feitas por órgãos jurisdicionais". Ou, nas palavras de Edmir Netto de Araújo (2014:65), "trata-se de fonte *mediata* de produção do Direito, consistente na orientação dada pelos Tribunais à solução de casos concretos, em importantíssima atividade interpretativa, cuja relevância na prática forense é evidente: os magistrados seguem, quase sempre, os paradigmas nas suas decisões, e os advogados procuram adaptar suas razões à argumentação de casos já decididos anteriormente".

Quando se estuda a evolução do Direito Administrativo brasileiro, a exemplo do que fizemos em trabalho sobre os *500 anos do Direito Administrativo* (2000:39-69) encontram-se alguns exemplos de institutos criados pela jurisprudência, como a desapropriação indireta, o concessão de uso de bens públicos, a teoria brasileira do *habeas corpus*, a servidão administrativa, o regime estatutário dos servidores, a teoria dos contratos administrativos, as teorias da imprevisão e do fato do príncipe, dentre outros exemplos. Foram institutos que se consolidaram quando não havia leis que os disciplinassem. Contudo, não se pode afirmar que as decisões judiciais, mesmo com relação a tais institutos, tivessem força vinculante para os juízes ou para a Administração Pública.

No entanto, não há dúvida de que a jurisprudência foi crescendo de importância no direito brasileiro, não só para o Direito Administrativo, mas para todos os ramos do direito. Nos livros de doutrina, nos trabalhos da advocacia, pública e privada, e mesmo nas decisões judiciais, nota-se preocupação em mencionar precedentes judiciais, especialmente decisões emanadas do Superior Tribunal de Justiça e do Supremo Tribunal Federal, ainda que estes não tenham caráter vinculante.

Já começam a surgir exemplos de decisões judiciais de observância obrigatória, não só para o caso concreto analisado (quebrando o princípio de que a sentença faz lei apenas entre as partes), mas para todos os casos futuros iguais; são as hipóteses de **sentenças com efeito *erga omnes***, como ocorre nas ações coletivas, na ação popular, na ação civil pública, no mandado de segurança coletivo.

Ainda é o que ocorre na hipótese do art. 102, § 2º, da Constituição (com a alteração introduzida pela Emenda Constitucional nº 45/2004 – Emenda da Reforma do Judiciário), que atribuiu efeito vinculante às decisões de mérito, proferidas pelo Supremo Tribunal Federal, nas ações diretas de inconstitucionalidade e nas ações declaratórias de constitucionalidade, relativamente aos demais órgãos do Poder Judiciário e à administração pública direta e indireta, das esferas federal, estadual e municipal.

E há ainda as chamadas **súmulas vinculantes** introduzidas no direito brasileiro também pela Emenda Constitucional nº 45/04, conforme art. 103-A, em cujos termos "o Supremo Tribunal Federal poderá, de ofício ou por provocação, mediante decisão de dois terços dos seus membros, depois de reiteradas decisões sobre matéria constitucional, aprovar súmula que, a partir de sua publicação na imprensa oficial, terá efeito vinculante em relação aos demais órgãos do Poder Judiciário e à administração pública direta e indireta, nas esferas federal, estadual e municipal, bem como proceder à sua revisão ou cancelamento, na forma estabelecida em lei". Se alguma decisão administrativa ou judicial contrariar a súmula vinculante, cabe *reclamação administrativa* ao Supremo Tribunal Federal que, julgando-a procedente, anulará o ato administrativo ou cassará a decisão judicial reclamada, e determinará que outra seja proferida com ou sem a aplicação da súmula, conforme o caso (art. 103-A, § 3º).

A Lei nº 9.784, de 29-1-99, que regula o processo administrativo no âmbito da Administração Pública Federal, contém norma sobre a súmula vinculante nos arts. 64-A e 64-B, introduzidos pela Lei nº 11.417, de 19-12-06.[3]

Dentro da mesma tendência de ampliar a força vinculante das decisões judiciais, a Constituição Federal, pela Emenda Constitucional nº 45/04, veio prever, no art. 102, § 3º, um requisito para propositura de recurso extraordinário perante o Supremo Tribunal Federal, ao determinar que "no recurso extraordinário o recorrente deverá demonstrar a repercussão geral das questões constitucionais discutidas no caso, nos termos da lei, a fim de que o Tribunal examine a admissão do recurso, somente podendo recusá-lo pela manifestação de dois terços de seus membros". O CPC de 1973, por sua vez, veio disciplinar a matéria no art. 543-A (art. 1.035 do atual CPC), determinando que "o Supremo Tribunal Federal, em decisão irrecorrível, não conhecerá do recurso extraordinário, quando a questão constitucional nele versada não oferecer repercussão geral, nos termos deste artigo".

Haverá **repercussão geral** quando o recorrente demonstrar a existência de questões relevantes do ponto de vista econômico, político, social ou jurídico, que "ultrapassem os interesses subjetivos da causa" (art. 1.035, § 1º, do CPC) ou quando o recurso impugnar decisão contrária à súmula ou jurisprudência dominante do Tribunal (§ 3º). Veja-se que, não só o desrespeito à súmula vinculante pode ser suficiente para demonstrar a ocorrência de repercussão, mas

---

[3] O art. 64-A determina que "se o recorrente alegar violação de enunciado da súmula vinculante, o órgão competente para decidir o recurso explicitará as razões da aplicabilidade ou inaplicabilidade da súmula, conforme o caso". E o art. 65-A estabelece que "acolhida pelo Supremo Tribunal Federal a reclamação fundada em violação de enunciado da súmula vinculante, dar-se-á ciência à autoridade prolatora e ao órgão competente para o julgamento do recurso, que deverão adequar as futuras decisões administrativas em casos semelhantes, sob pena de responsabilização pessoal nas esferas cível, administrativa e penal".

também o desrespeito à "jurisprudência dominante", que passa a ter efeito vinculante. Pelo § 3º do art. 1.035 do CPC, "haverá repercussão geral sempre que o recurso impugnar acórdão que: I – contrarie súmula ou jurisprudência dominante do Supremo Tribunal Federal; II – revogado; III – tenha reconhecido a inconstitucionalidade de tratado ou de lei federal, nos termos do art. 97 da Constituição Federal".

"Reconhecida a repercussão geral, o relator no Supremo Tribunal Federal determinará a suspensão do processamento de todos os processos pendentes, individuais ou coletivos, que versem sobre a questão e tramitem no território nacional" (§ 5º do art. 1.035). Vale dizer que a decisão produzirá efeito *erga omnes*. Pelo art. 1.035, § 8º, do CPC, "negada a repercussão geral, o presidente ou o vice-presidente do tribunal de origem negará seguimento aos recursos extraordinários sobrestados na origem que versem sobre matéria idêntica".

Outro exemplo que bem ilustra a força que vêm ganhando as decisões judiciais é dado por Thiago Marrara (2010:255): é o que ele chama de "*ressurreição do mandado de injunção*" (utilizando expressão empregada em reportagem de Rodrigo Haidar na *Revista Consultor Jurídico* de 27-7-09), na medida em que "passou o Supremo Tribunal Federal a exercer seu papel de 'legislador *ad hoc*' nos casos em que 'a falta de norma regulamentadora torne inviável o exercício dos direitos e liberdades constitucionais e das prerrogativas inerentes à nacionalidade, à soberania e à cidadania' (art. 5º, LXXI, CF). Isso ocorreu quando o Supremo, em agosto de 2007, deu concretude à Constituição no tocante ao direito de servidores públicos terem contagem diferenciada de tempo de serviço em razão de atividade insalubre e, em outubro do mesmo ano, determinou a aplicação de normas da Lei de Greve (Lei nº 7.783/89) aos casos de greve no serviço público até que o Congresso venha a editar a tal 'lei específica' prevista no art. 37, inciso VII, da CF com redação dada pela Emenda nº 19, de 1998. Essas duas decisões refletiram uma grande mudança de postura do Judiciário e geraram o que se chamou de 'ressurreição do mandado de injunção', antes utilizado timidamente pelos advogados".

Nas hipóteses em que produz efeito vinculante, a jurisprudência tem a natureza de **fonte formal**, porque integra o direito a ser aplicado pelos juízes e pela Administração Pública.

No entanto, como regra geral, a jurisprudência não constitui fonte obrigatória do Direito Administrativo brasileiro, mas meramente indicativa, facultativa ou orientadora para decisões futuras do Judiciário e da Administração Pública. Ela seria **fonte material** do direito.

5ª) A DOUTRINA

Na citada classificação de Gordillo, a doutrina tem a natureza de *fonte material*, porque ela não integra o direito aplicável, mas serve de fundamentação e de orientação para as decisões administrativas e judiciais, como também serve de inspiração para o legislador. O papel da doutrina como fonte do Direito Administrativo também é mais de orientação, de fundamentação ou de referência para as decisões judiciais e administrativas.

Mas foi muito relevante o papel da doutrina para a formação do Direito Administrativo brasileiro. Isso porque os doutrinadores foram buscar no direito estrangeiro (seja no sistema de base romanística, seja no sistema do *common law*) determinados princípios, teorias e institutos que não eram previstos nem disciplinados pelo direito positivo. Foi o caso da teoria dos contratos administrativos, com suas cláusulas exorbitantes, bem como das teorias paralelas do equilíbrio econômico-financeiro dos contratos, da imprevisão, do fato do príncipe, do fato da Administração; essas teorias eram amplamente analisadas pelos doutrinadores e aplicadas pelos tribunais, muito antes de existir uma lei de licitação e contratos semelhante à atual Lei nº 8.666/93. Foi também o caso de toda a teoria dos atos administrativos, com seus atributos de presunção de legitimidade, imperatividade e autoexecutoriedade, bem como toda a teoria das nulidades dos atos administrativos e dos institutos da revogação, anulação e convalidação, sempre estudados pelos doutrinadores e aplicados nas esferas administrativa e judicial; hoje a matéria está em grande parte disciplinada pelas leis de processos administrativos, que não existem em todos os Estados e Municípios, mas não impedem a utilização dos referidos institutos. A desapropriação indireta, até hoje não prevista em lei, tem sido amplamente tratada nos livros de Direito Administrativo, utilizada pela Administração Pública e reconhecida pelos tribunais. Outro exemplo de antecipação da doutrina ao direito positivo é o da responsabilidade objetiva do Estado, adotada muito antes de sua previsão constitucional e até mesmo contrariando a norma do art. 15 do Código Civil de 1916, que previa a responsabilidade subjetiva; somente com a Constituição de 1946 é que ficou consagrada a regra da responsabilidade objetiva no âmbito constitucional.

A evolução do Direito Administrativo brasileiro partiu da doutrina para a jurisprudência (administrativa e judicial) e para o direito positivo. Essa evolução foi reconhecida por Fernando Dias Menezes de Almeida, em sua tese sobre a *formação da teoria do Direito Administrativo no Brasil*, apresentada na Faculdade de Direito da Universidade de São Paulo, para obtenção, com sucesso, do título de Professor Titular de Direito Administrativo.

Isso quer dizer que as lacunas das leis do Direito Administrativo foram preenchidas pelo trabalho da doutrina e da jurisprudência. Embora sem caráter vinculante, a doutrina desempenhou importante papel como *fonte material* do Direito Administrativo, na medida em que as construções doutrinárias foram sendo incorporadas pelo direito positivo. Por outras palavras, a doutrina foi, em muitas matérias, a fonte inspiradora da elaboração legislativa.

6ª) O COSTUME

No sistema do *common law*, a exemplo do que ocorre no direito inglês principalmente, o costume constitui importante fonte do direito em geral. Não é o que ocorre no Direito Administrativo brasileiro.

Talvez por isso mesmo, nem todos os autores incluam o costume entre as fontes do direito e, muito menos, do Direito Administrativo.

Thiago Marrara (2010:255) define o costume como "uma prática reiterada ao longo de um período razoavelmente longo" e observa, com base na lição de Ossenbühl, que, no direito, "para que o costume se transforme em fonte, é preciso mais que esse simples elemento. Com efeito, além da prática reiterada (*longa consuetudo*), designada como elemento objetivo, exige-se o reconhecimento de seu poder normativo, ou seja, o convencimento, pela doutrina e pelos Tribunais, da necessidade da prática (*opinio juris* ou *opinio necessitatis*), designante do elemento subjetivo, bem como a possibilidade de formulação da prática reiterada como norma jurídica (elemento formal)".

No entanto, no âmbito do Direito Administrativo brasileiro, o costume – como prática reiterada da atuação administrativa – tem aplicação praticamente nula. Isso em decorrência de vários fatores: de um lado, a constitucionalização do Direito Administrativo, que coloca na Constituição o fundamento da maior parte dos institutos desse ramo do direito; de outro lado, pela aplicação do princípio da legalidade, entendida em sentido amplo (que abrange as leis, os atos normativos da Administração Pública, os valores e princípios constitucionais), que obriga a Administração a procurar no ordenamento jurídico o fundamento para as suas decisões.

Quando muito, os costumes vigentes em outros ramos do direito, como o internacional e o comercial, devem ser observados pela Administração Pública. É o entendimento de Thiago Marrara (2010:251-252), que adoto: "Se costumes de outra natureza forem considerados verdadeiras fontes de direito, tais costumes também deverão ser considerados pelo Estado dentro do bloco normativo que rege suas condutas. Imagine-se, assim, uma autoridade pública atuante no campo dos direitos humanos. Ora, tal entidade, ao agir, respeita não somente o direito positivo interno, mas também o direito internacional público nesse setor de atuação. Por essa razão, costumes internacionais em matéria de direitos humanos, entendidos como fonte de direito, são necessariamente de observação obrigatória na ação desse agente público. O mesmo se diga, por exemplo, a respeito de costumes de direito comercial. Se tais costumes são fontes de direito, a Administração Pública, ao atuar em matéria de direito comercial, tem a obrigação de considerá-los. Afirmar que o *costume administrativo* não é fonte primária e vinculante de normas administrativas não é, portanto, o mesmo que dizer que o Poder Público não deve respeitar costumes eventualmente reconhecidos como fonte de normas vinculantes. Em suma: o costume administrativo não é fonte relevante do Direito Administrativo; mas o costume em geral, quando aceito como fonte, vincula a Administração Pública na medida em que constitui o bloco normativo que rege suas condutas em alguns setores".

7ª) OS PRINCÍPIOS GERAIS DO DIREITO

Da mesma forma que ocorre com o costume, nem todos os autores incluem os princípios gerais do direito entre as fontes do Direito Administrativo.

No entanto, foi muito grande, na formação do Direito Administrativo, a importância dos princípios gerais de direito entre as fontes do Direito Administrativo, especialmente pelo fato de tratar-se de ramo não codificado e também devido à flexibilidade e mutabilidade das leis. Muitos dos princípios informadores do Direito Administrativo brasileiro têm origem no direito francês e são de elaboração pretoriana do Conselho de Estado, que é o órgão de cúpula da jurisdição administrativa. No início de sua atuação, como não havia leis, os juízes, diante dos casos concretos, iam formulando regras que correspondiam a verdadeiros princípios, aos poucos incorporados a textos legislativos.

Georges Vedel e Pierre Delvolvé (1984:393) ensinam que o entendimento prevalecente foi, durante muito tempo, o de que "um princípio geral procede não de uma criação, mas de uma *descoberta* pelo juiz. Por exemplo, o princípio geral do direito de defesa, consagrado por uma abundante jurisprudência, não é colocado como uma pura exigência do juiz nem como uma regra de 'direito natural'. Ele procede de uma constatação: inúmeros textos legislativos ou regulamentares consagram os direitos de defesa em uma multiplicidade de hipóteses. É necessário, portanto, supor que essas disposições textuais não são senão aplicação a tal ou qual caso de um princípio geral que delas é a fonte. O juiz não faz outra coisa senão constatar esse princípio geral, regra de direito positivo e não de direito natural ou ideal".

Houve, no entanto, mudança de entendimento, que tem explicação: é que, na origem, a jurisdição administrativa tinha que decidir diante do caso concreto, sem que houvesse um texto expresso de lei e atendendo à tendência de repudiar, em bloco, o direito privado nas relações de que a Administração Pública fosse parte; a partir do momento em que se foi consolidando o Direito Administrativo, por meio de normas legais expressas, passou-se a entender que os princípios não são criados pelo juiz, mas por ele extraídos do ordenamento jurídico positivo. Na hierarquia das normas jurídicas, entendia-se que os princípios gerais de direito se colocam em nível inferior à lei e podem ser por ela derrogados; mas têm força obrigatória para a Administração Pública, na prática dos atos administrativos.

A partir da Constituição francesa de 1958 verificou-se uma alteração na forma de considerar o tema: essa Constituição veio prever os chamados *regulamentos autônomos* sobre determinadas matérias, a respeito das quais o Executivo pode estabelecer normas com a mesma força da lei; o juiz, com relação a esses atos, ficaria limitado ao controle de legalidade da forma e da competência; para evitar que o conteúdo desses atos ficasse subtraído ao controle jurisdicional, o Conselho de Estado adotou o entendimento de que os mesmos deveriam obedecer aos princípios gerais de direito consagrados no Preâmbulo da Constituição, os quais se impõem à Administração Pública, titular do poder regulamentar, mesmo na ausência de norma legal expressa. Com isso, garantia-se plenamente o Estado de Direito.

Segundo ainda a lição de Georges Vedel e Pierre Delvolvé (1984:397-399), o Conselho de Estado francês, para contornar a dificuldade de atribuir aos princípios gerais de direito um valor superior ao da lei, reconheceu-lhes um *valor constitucional*, "seja porque eles estão enumerados na Declaração de Direitos de 1789 e no Preâmbulo de 1946, uma e outro integrados na Constituição atual, seja em virtude de um 'costume constitucional' que se manifestaria por uma tradição legislativa constante correspondente ao mesmo tempo ao *corpus* do costume (repetição de práticas) e ao seu *animus* (a prática é inspirada pela convicção de que ela é conforme ao direito)". Com isso, os princípios gerais de direito passaram a ter valor constitucional, não podendo ser derrogados pela lei, ao contrário do que se entendia antes da Constituição de 1958.

Considerações semelhantes são feitas por Jean Rivero (1981:88), concluindo que a jurisprudência do Conselho Constitucional distingue duas categorias de princípios gerais: os princípios "com valor constitucional", que se ligam normalmente aos textos a que se refere o preâmbulo de 1958, e os "princípios com valor simplesmente legislativo". Isso significa que os princípios com valor constitucional prevalecem sobre a lei; com relação aos atos da Administração, mesmo os normativos, prevalecem tanto os princípios de valor constitucional como os de valor legislativo.

Segundo Jacqueline Morand-Deviller (2013:267), os princípios gerais de direito são "princípios não escritos, não expressamente formulados nos textos, mas que, postos pelo juiz e consagrados por ele, impõem-se à administração em suas diversas atividades. Eles se encontram na jurisprudência do Conselho de Estado há meio século e constituem uma fonte recente nova da legalidade. Os princípios gerais de direito são o ponto robusto do Conselho de Estado, a joia de sua jurisprudência, surgidos após os tempos confusos da Segunda Guerra Mundial, quando os direitos e liberdades eram particularmente maltratados". A autora fala em dois tipos de princípios gerais de direito: (a) os que têm valor inferior à lei mas superior aos decretos, impondo-se ao poder regulamentar em todos os seus aspectos; eles não se impõem ao legislador; (b) os que têm valor constitucional, porque consagrados pelo Conselho Constitucional.

Os princípios desempenham papel relevante na interpretação das leis e na busca do equilíbrio entre as prerrogativas do poder público e os direitos do cidadão. Princípios como os da ampla defesa, do contraditório, do devido processo legal, da vedação de enriquecimento ilícito, da igualdade dos administrados diante dos serviços públicos e dos encargos sociais, da proporcionalidade dos meios aos fins, da segurança jurídica, constituem garantias fundamentais, inerentes à liberdade e segurança da pessoa humana. Princípios como o da continuidade do serviço público, da mutabilidade dos contratos, da executoriedade das decisões administrativas, da autotutela, são essenciais para assegurar a posição de supremacia da Administração Pública em benefício do interesse público.

No Direito Administrativo brasileiro, o papel dos princípios como fonte do Direito Administrativo passou por uma evolução muito semelhante à ocorrida na França, ainda que por caminhos diversos. Lá, foi o papel da jurisprudência administrativa que levou a distinguir os princípios com força constitucional, superiores à lei, e os princípios sem força constitucional, inferiores à lei, mas superiores aos regulamentos. Aqui, foram as alterações no direito positivo, principalmente a partir da Constituição de 1988. A partir da chamada *constitucionalização do Direito Administrativo*, com a consagração de valores e princípios essenciais ao Estado de Direito Democrático, os mesmos passaram a ter maior imperatividade, tornando possível distinguir os dois tipos de princípios referidos no direito francês. Além disso, a legislação ordinária passou a conter previsão expressa de princípios, como as sucessivas Leis de Licitações (Lei nºs 8.666/93 e 14.133/21), a Lei de Concessões (Lei nº 8.987/95), a Lei de Processo Administrativo (Lei nº 9.784/99), dentre outras. Os princípios de valor constitucional passaram a ocupar posição hierárquica superior às leis ordinárias, tornando-se de observância obrigatória para os três Poderes do Estado. Especialmente, os princípios que decorrem do Título II da Constituição, pertinente aos direitos e garantias fundamentais, são de aplicação imediata, por força do disposto no art. 5º, § 1º. Por outro lado, os princípios fundamentados apenas em leis infraconstitucionais continuam a constituir fonte subsidiária do direito, nos termos do art. 4º da Lei de Introdução às Normas do Direito Brasileiro.

Os princípios ainda desempenham importante papel na limitação da discricionariedade administrativa, que significa liberdade de apreciação, pela Administração Pública, dos aspectos de oportunidade e conveniência que lhe foram conferidos pela lei. Trata-se de liberdade limitada pela legalidade, considerada em sentido amplo, de modo a abranger os princípios e os valores consagrados implícita ou expressamente no ordenamento jurídico.

Os princípios são de observância obrigatória pela Administração. Se corresponderem a valores previstos no Preâmbulo da Constituição ou mesmo decorrerem implícita ou explicitamente de suas normas, o ato administrativo (e também a lei) que os contrarie padecerá do vício de inconstitucionalidade. Se não decorrerem da Constituição mas da legislação ordinária ou mesmo da teoria geral do direito, ainda assim têm que ser observados pela Administração, sob pena de invalidade do ato, corrigível pelo Poder Judiciário. Apenas em caso de conflito entre o princípio geral de direito, sem valor constitucional, e a norma expressa de lei, esta deve prevalecer, porque o art. 4º da Lei de Introdução às Normas do Direito Brasileiro (aplicável aos vários ramos do direito) coloca os princípios gerais de direito como subsidiários em relação à lei.

Quando a Administração se vê diante de uma situação em que a lei lhe deixou um leque de opções, a escolha há de fazer-se com observância dos princípios gerais do direito.

Em vez de afirmar-se que a discricionariedade é liberdade de ação limitada pela *lei*, melhor se dirá que a discricionariedade é liberdade de ação limitada pelo *Direito*. O princípio da legalidade há de ser observado, não no sentido estrito, concebido pelo positivismo jurídico, mas no sentido amplo que abrange os princípios que estão na base do sistema jurídico vigente, e que permitem falar em Estado de Direito propriamente dito.

Tratamos do assunto em livro sobre a *Discricionariedade administrativa na Constituição de 1988* (2012a).

1.13 CONCEITO DE DIREITO ADMINISTRATIVO

Delimitado o âmbito do Direito Administrativo, dispõem-se os autores a defini-lo, adotando critérios diversos, alguns deles já superados, tendo valor apenas histórico.

1.13.1 Escola da *puissance publique*

Os **doutrinadores** franceses procuraram encontrar o melhor critério para identificar o Direito Administrativo.

Formaram-se, essencialmente, duas Escolas: a da *puissance publique* (que talvez se possa definir, de forma aproximada, como 'potestade' pública, acompanhando a lição de José Cretella Júnior) e a do serviço público.[4]

A Escola da *puissance publique* foi desenvolvida no século XIX por Maurice Hauriou e seguida por autores como Ducrocq, Aucoc, Laferrière, Berthélemy, Batbie.

---

[4] Talvez se possa traduzir como *Escola das prerrogativas públicas*, já que ela sustenta, como critério identificador do Direito Administrativo, o fato de ser o poder público dotado de prerrogativas próprias de autoridade, exorbitantes das que exerce o particular. A dificuldade da tradução leva os doutrinadores brasileiros a explicarem a teoria sem preocupação em traduzir a expressão *"puissance publique"*.

A teoria parte da distinção entre **atividades de autoridade** e **atividades de gestão**; nas primeiras, o Estado atua com autoridade sobre os particulares, tomando decisões unilaterais, regidas por um direito exorbitante do direito comum, enquanto nas segundas atua em posição de igualdade com os cidadãos, regendo-se pelo direito privado.

No Brasil, ainda hoje, muitos autores, ao tratarem do tema da classificação dos atos administrativos, fazem referência à distinção entre **atos de império** (praticados pelo poder público com prerrogativas próprias de autoridade e, portanto, com supremacia sobre o particular), e **atos de gestão** (praticados sem prerrogativas públicas, em posição de igualdade com os particulares).

Essa distinção chegou a servir de critério, na França, para separar as competências da jurisdição administrativa (responsável pelo julgamento dos atos de império) e da jurisdição comum (responsável pelo julgamento dos atos de gestão). E também foi utilizada pelo Conselho de Estado para abrandar a teoria da irresponsabilidade do Estado, herdada do Estado de Polícia. Passou-se a entender que a irresponsabilidade só existiria com relação aos atos de império, tendo em vista a posição de supremacia do poder público, porém não incidiria quanto aos atos de gestão. Neste caso, sendo a posição do poder público colocada em pé de igualdade com os particulares, as regras de responsabilidade também deveriam ser as mesmas.

O critério das prerrogativas públicas não pode prevalecer na definição do Direito Administrativo, porque deixa fora de seu âmbito toda uma série de atos praticados sem prerrogativas públicas e que também são regidos pelo direito público. É o caso, por exemplo, dos atos negociais, que decorrem da vontade comum de ambas as partes.

1.13.2 Escola do serviço público

Outro critério adotado foi o do **serviço público**. Formou-se na França a chamada Escola do Serviço Público, integrada, entre outros, por Duguit, Jèze e Bonnard. Inspirou-se na jurisprudência do Conselho de Estado francês que, a partir do caso Blanco, decidido em 1873, passou a fixar a competência dos Tribunais Administrativos em função da execução de serviços públicos. Essa escola acabou por ganhar grande relevo, pelo fato de ter o Estado-providência assumido inúmeros encargos que, antes atribuídos ao particular, passaram a integrar o conceito de serviço público.

Foi grande a sua repercussão, influenciando juristas do porte de Rodolfo Bullrich e Rafael Bielsa, na Argentina, Themístocles Brandão Cavalcanti e Henrique Carvalho Simas, no Brasil, Laubadère e Rolland, na França.

Para Duguit (1911:40), o direito público se resume às regras de organização e gestão dos serviços públicos. Ele, acompanhado de Bonnard (1953:1-8), considera o serviço público como **atividade** ou **organização**, em **sentido amplo**, abrangendo todas as funções do Estado, sem distinguir o regime jurídico a que se sujeita essa atividade.

Dentro desse conceito, o Direito Administrativo, por referir-se ao serviço público, incluiria normas que pertencem ao direito constitucional e processual, abrangendo, inclusive, a atividade industrial e comercial do Estado, que se submete ao direito privado. O conceito não faz nenhuma distinção entre a atividade jurídica do Estado e o serviço público, que é a atividade material.

Gaston Jèze (1948:3-39), ao contrário, considera o serviço público como **atividade** ou **organização**, em **sentido estrito**, abrangendo a atividade material exercida pelo Estado para satisfação de necessidades coletivas, com submissão a regime exorbitante do direito comum. Com essa abrangência, ficariam excluídas do Direito Administrativo algumas matérias que lhe pertencem, embora não se adaptem ao conceito de serviço público. Tal é o caso da atividade exercida com base no poder de polícia do Estado. Além disso, a Administração, ao prestar serviço público, nem sempre se submete ao regime totalmente derrogatório e exorbitante do direito comum; algumas atividades de caráter industrial, comercial e social, embora assumidas pelo Estado como serviços públicos, são exercidas parcialmente sob regime de direito privado: é o caso dos serviços públicos comerciais e industriais do Estado.

Na realidade, qualquer que seja o sentido que se atribua à expressão **serviço público**, ela não serve para definir o objeto do Direito Administrativo. Pelo conceito de uns ultrapassa o seu objeto e, pelo conceito de outros, deixa de lado matérias a ele pertinentes.

1.13.3   Critério do Poder Executivo

Alguns autores apelaram para a noção de **Poder Executivo** para definir o Direito Administrativo. Esse critério também é insuficiente, porque mesmo os outros Poderes podem exercer atividade administrativa, além de que o Poder Executivo exerce, além de sua função específica, as funções de governo, que não constituem objeto de estudo do Direito Administrativo. No Brasil, Carlos S. de Barros Júnior (1963:81) adotou esse critério, procurando aperfeiçoá-lo, ao definir o Direito Administrativo como o "conjunto de princípios jurídicos que disciplinam a organização e a atividade do Poder Executivo, inclusive os órgãos descentralizados, bem como as atividades tipicamente administrativas exercidas por outros Poderes".

Fernando Andrade de Oliveira (*RDA* 120/14) lembra que o Visconde de Uruguai já criticava esse critério, ao distinguir o Poder Executivo **puro, político** ou **governamental**, sujeito ao direito constitucional, e o **poder administrativo** que, cuidando da Administração Pública, está submetido ao ramo específico do direito público e que é, exatamente, o Direito Administrativo. Acrescenta Fernando Andrade de Oliveira que, realmente, nem toda atividade da Administração Pública se rege pelo Direito Administrativo; sobre ela incidem normas de direito público e até de direito privado. A competência dos órgãos superiores, geralmente fixada pela Constituição, é matéria tratada pelo direito constitucional (*v.g.*, as funções colegislativas do Poder Executivo), como também pelo direito internacional (celebração de tratados, declaração de guerra). Além disso, há matérias submetidas ao direito privado, civil e comercial. Por outro lado, a própria noção de Poder Executivo há de ser deduzida do sistema de divisão do poder político, exposto pela Ciência Política e cuja aplicação, no campo jurídico, não constitui objeto específico do Direito Administrativo.

1.13.4   Critério das relações jurídicas

Há ainda os que consideram o Direito Administrativo como o conjunto de normas que regem as relações entre a Administração e os administrados. Mas esse critério também se revelou inaceitável, porque outros ramos do direito, como o constitucional, o penal, o processual, o eleitoral, o tributário, também têm por objeto relações dessa natureza. Além disso, o critério é insuficiente, porque reduz o objeto do Direito Administrativo, que abrange ainda a organização interna da Administração Pública, a atividade que ela exerce e os bens de que se utiliza.

1.13.5   Critério teleológico

Citem-se os que, filiando-se ao pensamento de Orlando (1919:9-10), adotam o critério teleológico, considerando o Direito Administrativo como o sistema dos princípios jurídicos que regulam a atividade do Estado para cumprimento de seus fins. O ponto comum em todos os autores que seguem essa doutrina está no entendimento de que o Direito Administrativo compreende normas que disciplinam a atividade concreta do Estado para consecução de fins de utilidade pública. São adeptos dessa teoria, dentre outros, Recaredo F. de Velasco Calvo, José Gascon y Marin, Carlos Garcia Oviedo, Sabino Alvarez Gendin, Francesco D'Alessio e Arnaldo de Valles.

Essa corrente foi aceita, no direito brasileiro, por Oswaldo Aranha Bandeira de Mello (2007:217), com a ressalva de que, para ele, o Direito Administrativo compreende "tão somente a forma de ação do Estado-poder, quer dizer, a ação de legislar e executar, e a sua organização para efetivar essa forma, quer dizer, os meios de sua ação". Daí a sua definição do Direito Administrativo como "ordenamento jurídico da atividade do Estado-poder, enquanto tal, ou de quem faça as suas vezes, de criação de utilidade pública, de maneira direta e imediata".

1.13.6 Critério negativo ou residual

Este critério está inteiramente ligado com o anterior e encontra também em Orlando um de seus idealizadores.

De acordo com essa corrente, o Direito Administrativo tem por objeto as atividades desenvolvidas para a consecução dos fins estatais, excluídas a legislação e a jurisdição ou somente esta.

Orlando distingue dois aspectos do Estado: como ordenamento fundamental, rege-se pelo direito constitucional; como organização voltada ao cumprimento de seus fins, compreende a atividade administrativa em sentido lato, que abrange administração, legislação e jurisdição; excluídas as duas últimas, tem-se a **Administração em sentido estrito**, que é objeto do Direito Administrativo.

Assim, para ele, o Direito Administrativo, considerado em **sentido positivo**, compreende todos os institutos jurídicos pelos quais o Estado busca a realização dos seus fins; quando considerado em **sentido negativo**, define-se o objeto do Direito Administrativo, excluindo-se das atividades do Estado a legislação e a jurisdição, além das atividades patrimoniais, regidas pelo direito privado.

No direito brasileiro, esse critério foi adotado por Tito Prates da Fonseca (1939:49).

Também eram de natureza residual os conceitos adotados nas origens do Direito Administrativo, especialmente pela doutrina francesa, quando afirmava que o Direito Administrativo é o ramo do Direito Derrogatório e exorbitante do Direito Civil. Segundo Georges Vedel e Pierre Delvolvé (1984:98), "o Direito Administrativo aparece como o conjunto das derrogações que as leis trariam à aplicação do direito privado no que concerne à via administrativa". E acrescentam que "frequentemente foi apresentado como um corpo de regras globalmente autônomo, repudiando em bloco o direito privado".

Essa concepção do Direito Administrativo também tem sido criticada, tendo em vista que nunca deixou de ser aplicado o direito privado à Administração Pública. Esta, com muita frequência, utiliza institutos do direito privado, levando os autores a falarem em **Direito Administrativo em sentido amplo** ou direito público administrativo (que abrange o Direito Administrativo propriamente dito e o direito privado utilizado pela Administração) e **Direito Administrativo em sentido restrito** ou direito privado administrativo (que abrange o direito privado utilizado pela Administração Pública). Foi o que se analisou no livro *Direito privado administrativo* (Di Pietro, organizadora, 2013).

1.13.7 Critério da distinção entre atividade jurídica e social do Estado

Alguns doutrinadores brasileiros preferem definir o Direito Administrativo considerando, de um lado, o tipo de atividade exercida (a atividade jurídica não contenciosa) e, de outro, os órgãos que regula; vale dizer, leva-se em consideração o sentido objetivo (atividade concreta exercida) e o sentido subjetivo (órgãos do Estado que exercem aquela atividade). Tal é o conceito de Mário Masagão (1926:21), para quem o Direito Administrativo é o "conjunto dos princípios que regulam a atividade jurídica não contenciosa do Estado e a constituição dos órgãos e meios de sua ação em geral".

Do mesmo feitio é o conceito de José Cretella Júnior (1966, t. 1:182): Direito Administrativo é o "ramo do direito público interno que regula a atividade jurídica não contenciosa do Estado e a constituição dos órgãos e meios de sua ação em geral".

1.13.8 Critério da Administração Pública

Vários autores adotam o critério da Administração Pública, dizendo que o **Direito Administrativo** é o conjunto de princípios que regem a Administração Pública. É o que fazem Zanobini, Cino Vitta, Laubadère, Gabino Fraga, Otto Mayer, Jean Rivero.

No direito brasileiro, adotaram esse critério Ruy Cirne Lima, Fernando Andrade de Oliveira, Hely Lopes Meirelles, Celso Antônio Bandeira de Mello, Marçal Justen Filho, dentre outros.

Para Ruy Cirne Lima (1982:25-26), "o Direito Administrativo é o ramo do direito positivo que, específica e privativamente, rege a administração pública como forma de atividade; define as pessoas administrativas, a organização e os agentes do Poder Executivo das politicamente constituídas e lhes regula, enfim, os seus direitos e obrigações, umas com as outras e com os particulares, por ocasião do desempenho daquela atividade".

Fernando Andrade de Oliveira (*RDA* 120/14) também adota esse critério, partindo das noções de Administração Pública em sentido **subjetivo**, **objetivo** e **formal**. Sob o aspecto **subjetivo**, a Administração Pública é o conjunto de órgãos e pessoas jurídicas; sob o aspecto **objetivo**, compreende as atividades do Estado destinadas à satisfação concreta e imediata dos interesses públicos; e, sob o aspecto **formal**, é a manifestação do Poder Público decomposta em atos jurídico-administrativos dotados da propriedade da autoexecutoriedade, ainda que de caráter provisório.

Daí a sua definição do Direito Administrativo como "o conjunto de princípios e normas que, sob a Constituição, têm por objeto a organização e o exercício das atividades do Estado destinadas à satisfação concreta e imediata dos interesses públicos, mediante atos jurídicos tipificados pela autoexecutoriedade, de caráter provisório, posto que sujeitos ao controle jurisdicional de legalidade".

A definição, no entanto, padece do defeito de considerar que todos os atos administrativos sejam autoexecutórios; na realidade, somente o são os atos que impõem obrigações; não os que criam direitos. É o caso de atos como a licença, a autorização, a permissão, a admissão, que não têm força coercitiva, embora sejam também atos administrativos.

Hely Lopes Meirelles (2003:38) define também o Direito Administrativo pelo critério da Administração, considerando-o como o "conjunto harmônico de princípios jurídicos que regem os órgãos, os agentes e as atividades públicas tendentes a realizar concreta, direta e imediatamente os fins desejados pelo Estado".

Celso Antônio Bandeira de Mello (2013:37) também define o Direito Administrativo levando em conta os aspectos subjetivo e objetivo da noção de Administração Pública. Para o autor, Direito Administrativo "é o ramo do direito público que disciplina a função administrativa, bem como pessoas e órgãos que a exercem".

Marçal Justen Filho (2013:35-36), embora critique o critério, por considerar difícil a conceituação de "função administrativa" (por não ser esta monopólio do Estado, já que muitas vezes ela é exercida pelas organizações não governamentais), também dá uma definição levando em conta os dois aspectos da Administração, orgânico e material, porém combinando-os com o da finalidade (realização dos direitos fundamentais) e acrescentando, do lado subjetivo, as estruturas não estatais. Para ele, o Direito Administrativo é "o conjunto das normas jurídicas de direito público que disciplinam as atividades necessárias à realização dos direitos fundamentais e a organização e o funcionamento das estruturas estatais e não estatais encarregadas de seu desempenho".

Concordamos parcialmente com as críticas feitas pelo autor ao critério da Administração Pública, que acaba por não abranger todas as matérias que hoje constituem objeto do Direito Administrativo. No entanto, parece exagero colocar como fim único das atividades administrativas a realização dos direitos fundamentais. O Direito Administrativo, desde as origens, caracteriza-se pelo binômio liberdade/autoridade, direitos individuais/interesse público. Não há razão para defini-lo levando em consideração apenas um dos lados da equação. Inúmeros são os institutos que constituem objeto de estudo do Direito Administrativo, cuja finalidade é a consecução do interesse público, como a desapropriação, o tombamento, as atividades de polícia, a intervenção, a dominialidade pública, o controle da Administração e tantos outros.

1.13.9 Nossa definição

A nossa definição também adota o critério da Administração Pública. Partindo para um conceito descritivo, que abrange a Administração Pública em sentido objetivo e subjetivo, definimos o Direito Administrativo como **o ramo do direito público que tem por objeto os órgãos, agentes e pessoas jurídicas administrativas que integram a Administração Pública, a atividade jurídica não contenciosa que exerce e os bens e meios de que se utiliza para a consecução de seus fins, de natureza pública.**

Ao falar em "**ramo do direito público**", realça-se que o Direito Administrativo é composto por um corpo de regras e princípios que disciplinam as relações entre a Administração e os particulares, caracterizadas por uma posição de verticalidade e regidas pelo princípio da justiça distributiva, no que difere do direito privado, que regula relações entre iguais, em posição de horizontalidade, regidas pelo princípio da justiça comutativa.

Com a expressão "**órgãos, agentes e pessoas jurídicas administrativas**", a referência é à Administração em seu sentido subjetivo. São pessoas "**administrativas**", porque se excluem do conceito as pessoas jurídicas políticas (União, Estados, Distrito Federal e Municípios), que constituem objeto de estudo do direito constitucional.

A expressão "**atividade não contenciosa**" delimita a função administrativa do Estado, já que a atividade contenciosa se insere no âmbito da função judicial.

A expressão "**bens e meios de ação *de que se utiliza***" é necessária para abranger toda uma gama de institutos que constituem objeto de disciplina pelo Direito Administrativo, como os atos e contratos, as parcerias com entes privados (como concessionários, permissionários, organizações não governamentais), os processos administrativos, os bens públicos, dentre outros.

A referência aos "fins, de natureza pública" serve para combinar os aspectos subjetivo e material do conceito com o critério teleológico, incontestavelmente presente no Direito Administrativo, já que toda a atividade administrativa é voltada à consecução do interesse público, no qual se insere a realização dos direitos fundamentais.

RESUMO

1. **Nascimento do direito administrativo**: teve início com o Estado de Direito, estruturado sobre os princípios da legalidade e da separação de poderes.

2. **Direito administrativo do sistema de base romanística**: influência do direito francês, italiano e alemão, com alguma influência do sistema da *common law*.

3. **Fundamentos filosóficos**: ideais da Revolução Francesa, que deram origem aos princípios da legalidade, da separação de poderes, da isonomia e do controle judicial. Mais recentemente: influência da constitucionalização que atingiu os vários ramos do direito, com a valorização dos direitos fundamentais (centralidade da pessoa humana) e dos princípios constitucionais.

4. **Contribuição do direito francês**, direito pretoriano, elaborado pelo Conselho de Estado Francês, órgão de cúpula da jurisdição administrativa: conceito de ato administrativo, noção de serviço público com o atributo da autoexecutoriedade, teoria dos contratos administrativos, teorias sobre responsabilidade civil do Estado, ideia de um regime jurídico constituído por prerrogativas e restrições.

5. **Contribuição do direito italiano**: conceito de mérito do ato administrativo, de interesse público primário e secundário, de autarquia, de entidade paraestatal.

6. **Contribuição do direito alemão**, de formação mais teórica: influência maior do direito civil, valorização dos direitos fundamentais, teoria dos conceitos jurídicos indeterminados, princípio da dignidade da pessoa humana, princípio da proporcionalidade, princípio da razoabilidade, princípio da proteção da confiança, princípio da reserva do possível.

7. **Contribuição do direito anglo-americano** (sistema da *common law*), baseado no princípio do *stare decisis* (força obrigatória do precedente judicial), que tem como fonte principal do direito a jurisprudência: sistema de unidade de jurisdição, o mandado de segurança e o mandado de injunção, o princípio do devido processo legal, inclusive em sua feição substantiva, a agencificação, a ideia de regulação, o modelo contratual das parcerias público-privadas.

8. **Contribuição da doutrina social da igreja**: princípio da função social da propriedade e princípio da subsidiariedade.

9. **Transformações do direito administrativo**: constitucionalização, redução da discricionariedade, democratização da Administração Pública, processualização, agencificação, função regulatória, ampliação da consensualidade, centralidade da pessoa humana, fuga para o direito privado, inovação tecnológica, em especial o uso da inteligência artificial pela Administração, pelos Tribunais de Contas e pelo Poder Judiciário.

10. **Fontes do direito administrativo**: a Constituição, a lei, os atos normativos da Administração Pública (regulamentos, portarias, resoluções etc.), a jurisprudência, a doutrina, o costume, os princípios gerais de direito.

11. **Conceito de direito administrativo**: embora baseado em vários critérios, o mais relevante é o que leva em conta o principal objeto da disciplina: a Administração Pública. Direito administrativo é o ramo do direito público que tem por objeto os órgãos, agentes e pessoas jurídicas administrativas que integram a Administração Pública, a atividade jurídica não contenciosa que exerce e os bens e meios de que se utiliza para a consecução de seus fins, de natureza pública.

2

Administração Pública

2.1 O VOCÁBULO ADMINISTRAÇÃO

Oswaldo Aranha Bandeira de Mello (2007:59) indica duas versões para a origem do vocábulo **administração**. Para uns, vem de **ad** (preposição) mais **ministro, as, *are*** (verbo), que significa servir, executar; para outros, vem de ***ad manus trahere***, que envolve ideia de direção ou gestão. Nas duas hipóteses, há o sentido de relação de subordinação, de hierarquia. O mesmo autor demonstra que a palavra **administrar** significa não só prestar serviço, executá-lo, como, outrossim, dirigir, governar, exercer a vontade com o objetivo de obter um resultado útil; e que até, em sentido vulgar, administrar quer dizer traçar programa de ação e executá-lo.

Em resumo, o vocábulo tanto abrange a atividade superior de planejar, dirigir, comandar, como a atividade subordinada de executar.

Por isso mesmo, alguns autores dão ao vocábulo **administração**, no direito público, sentido amplo para abranger a legislação e a execução. Outros, nela incluem a função administrativa propriamente dita e a função de governo.

Quer no direito privado quer no direito público, os atos de administração limitam-se aos de guarda, conservação e percepção dos frutos dos bens administrados; não incluem os de alienação. Neles, há sempre uma vontade externa ao administrador a impor-lhe a orientação a seguir.

Consoante Ruy Cirne Lima (1982:51-52), existe na relação de administração uma "relação jurídica que se estrutura ao influxo de uma finalidade cogente". Distinguindo **administração** e **propriedade**, ele diz que "na administração o dever e a finalidade são predominantes; no domínio, a vontade". Administração é a atividade do que não é senhor absoluto. Tanto na Administração Privada, como na Pública, há uma atividade dependente de uma **vontade externa**, individual ou coletiva, vinculada ao princípio da finalidade; vale dizer que toda atividade de administração deve ser útil ao interesse que o administrador deve satisfazer.

No caso da Administração Pública, a vontade decorre da lei que fixa a finalidade a ser perseguida pelo administrador.

2.2 A EXPRESSÃO ADMINISTRAÇÃO PÚBLICA

Basicamente, são dois os sentidos em que se utiliza mais comumente a expressão **Administração Pública**:

a) em sentido **subjetivo, formal** ou **orgânico**, ela designa os entes que exercem a atividade administrativa; compreende **pessoas jurídicas, órgãos** e **agentes públicos** incumbidos de exercer uma das funções em que se tripartе a atividade estatal: a função administrativa;

b) em sentido **objetivo, material** ou **funcional**, ela designa a natureza da atividade exercida pelos referidos entes; nesse sentido, a Administração Pública é a própria **função administrativa** que incumbe, **predominantemente**, ao Poder Executivo.

Há, ainda, outra distinção que alguns autores costumam fazer, a partir da ideia de que administrar compreende **planejar** e **executar**:

a) em sentido amplo, a Administração Pública, **subjetivamente** considerada, compreende tanto os órgãos **governamentais**, supremos, constitucionais (Governo), aos quais incumbe traçar os planos de ação, dirigir, comandar, como também os **órgãos administrativos**, subordinados, dependentes (Administração Pública, em sentido estrito), aos quais incumbe executar os planos governamentais; ainda em sentido amplo, porém **objetivamente** considerada, a Administração Pública compreende a **função política**, que traça as diretrizes governamentais e a **função administrativa**, que as executa;

b) em sentido estrito, a Administração Pública compreende, sob o aspecto subjetivo, apenas os órgãos administrativos e, sob o aspecto objetivo, apenas a função administrativa, excluídos, no primeiro caso, os órgãos governamentais e, no segundo, a função política.

Sob esses vários aspectos é que se procederá ao estudo da Administração Pública nos itens subsequentes.

2.3 ADMINISTRAÇÃO PÚBLICA E GOVERNO

2.3.1 Aspecto objetivo

Para bem entender-se a distinção entre Administração Pública (em sentido estrito) e Governo, é mister partir da diferença entre as três funções do Estado. Embora o poder estatal seja uno, indivisível e indelegável, ele desdobra-se em três funções: a legislativa, a executiva e a jurisdicional. A primeira estabelece regras gerais e abstratas, denominadas leis; as duas outras aplicam as leis ao caso concreto: a função jurisdicional, mediante solução de conflitos de interesses e aplicação coativa da lei, quando as partes não o façam espontaneamente; a função executiva, mediante atos concretos voltados para a realização dos fins estatais, de satisfação das necessidades coletivas.

Muitos critérios têm sido apontados para distinguir as três funções do Estado. Ficamos com a lição de Renato Alessi (1970, t. 1:7-8). Analisando o tema sob o aspecto estritamente jurídico, ele diz que nas três ocorre a **emanação de atos de produção jurídica**, ou seja, atos que introduzem modificação em relação a uma situação jurídica anterior, porém com as seguintes diferenças:

a) a **legislação** é ato de produção jurídica **primário**, porque fundado única e diretamente no poder soberano, do qual constitui exercício direto e primário; mediante a lei, o Estado regula relações, permanecendo acima e à margem das mesmas;
b) a **jurisdição** é a emanação de atos de produção jurídica **subsidiários** dos atos primários; nela também o órgão estatal permanece acima e à margem das relações a que os próprios atos se referem;
c) a **administração** é a emanação de atos de produção jurídica **complementares**, em aplicação concreta do ato de produção jurídica primário e abstrato contido na lei;

nessa função, o órgão estatal atua como **parte** das relações a que os atos se referem, tal como ocorre nas relações de direito privado. A diferença está em que, quando se trata de Administração Pública, o órgão estatal tem o poder de influir, mediante decisões unilaterais, na esfera de interesses de terceiros, o que não ocorre com o particular. Daí a posição de superioridade da Administração na relação de que é parte.

A essa distinção pode-se acrescentar, com relação às duas últimas funções, a seguinte: a jurisdição atua mediante provocação da parte interessada, razão pela qual é função **subsidiária**, que se exerce apenas quando os interessados não cumpram a lei espontaneamente; a administração atua independentemente de provocação para que a vontade contida no comando legal seja cumprida e alcançados os fins estatais.

No entanto, o mesmo autor demonstra que a função de emanar atos de produção jurídica **complementares** não fica absorvida apenas pela função administrativa de realização concreta dos interesses coletivos, mas compreende também a **função política** ou de **governo**, "que implica uma atividade de ordem superior referida à direção suprema e geral do Estado em seu conjunto e em sua unidade, dirigida a determinar os fins da ação do Estado, a assinalar as diretrizes para as outras funções, buscando a unidade da soberania estatal".

Basicamente, a função política compreende as atividades colegislativas e de direção; e a função administrativa compreende o serviço público, a intervenção, o fomento e a polícia.

Não há uma separação precisa entre os dois tipos de função. Sob o ponto de vista do conteúdo (aspecto material), não se distinguem, pois em ambas as hipóteses há aplicação concreta da lei. Alguns traços, no entanto, parecem estar presentes na função política: ela abrange atribuições que decorrem diretamente da Constituição e por esta se regulam; e dizem respeito mais à *polis*, à sociedade, à nação, do que a interesses individuais.

Costuma-se dizer que os atos emanados no exercício da função política não são passíveis de apreciação pelo Poder Judiciário; as Constituições de 1934 (art. 68) e 1937 (art. 94) estabeleciam que as questões exclusivamente políticas não podiam ser apreciadas pelo Poder Judiciário. As Constituições posteriores silenciaram, mas a vedação persiste, desde que se considerem como questões **exclusivamente** políticas aquelas que, dizendo respeito à *polis*, não afetam direitos subjetivos. No entanto, se houver lesão a direitos individuais e, atualmente, aos chamados interesses difusos protegidos por ação popular e ação civil pública, o ato de Governo será passível de apreciação pelo Poder Judiciário.

São exemplos de atos políticos: a convocação extraordinária do Congresso Nacional, a nomeação de Comissões Parlamentares de Inquérito, as nomeações de Ministros de Estado, as relações com Estados estrangeiros, a declaração de guerra e de paz, a permissão para que forças estrangeiras transitem pelo território do Estado, a declaração de estado de sítio e de emergência, a intervenção federal nos Estados. Além disso, podem ser assim considerados os atos decisórios que implicam a fixação de metas, de diretrizes ou de planos governamentais. Estes se inserem na função política do Governo e serão executados pela Administração Pública (em sentido estrito), no exercício da função administrativa propriamente dita.

2.3.2 Aspecto subjetivo

Vistas as três funções do Estado – legislação, jurisdição e administração – e, paralelamente a estas, a função política ou de governo, é preciso verificar como se distribuem entre os três Poderes do Estado.

É sabido que não há uma separação absoluta de poderes; a Constituição, no art. 2º, diz que "são Poderes da União, independentes e harmônicos entre si, o Legislativo, o Executivo e o Judiciário". Mas, quando define as respectivas atribuições, confere **predominantemente** a cada um dos Poderes uma das três funções básicas, prevendo algumas interferências, de modo a assegurar um sistema de freios e contrapesos.

Assim é que os Poderes Legislativo e Judiciário, além de suas funções precípuas de legislar e julgar, exercem também algumas funções administrativas, como, por exemplo, as decorrentes dos poderes hierárquico e disciplinar sobre os respectivos servidores.

Do mesmo modo, o Executivo participa da função legislativa, quando dá início a projetos de lei, quando veta projetos aprovados pela Assembleia, quando adota medidas provisórias, com força de lei, previstas no art. 62 da Constituição, ou elabora leis delegadas, com base no art. 68. O Legislativo também exerce algumas funções judicantes, como no caso em que o Senado processa e julga o Presidente da República por crime de responsabilidade, bem como os Ministros de Estado e os Comandantes da Marinha, do Exército e da Aeronáutica nos crimes da mesma natureza conexos com aqueles, ou quando processa e julga os Ministros do STF, os membros do Conselho Nacional de Justiça e do Conselho Nacional do Ministério Público, o Procurador Geral da República e o Advogado Geral da União nos crimes de responsabilidade (art. 52, incisos I e II, da Constituição).

Quanto à **função política**, quem a exerce?

Fernando Andrade de Oliveira (*RDA* 120/26-28) faz um estudo sobre a evolução do Governo, mostrando que, em sua acepção primitiva, o vocábulo indicava o conjunto das funções do Estado, incluindo a jurisdição e a legislação, aquela nascida antes desta; "nas suas formações mais antigas, o Governo não legislava, pois a criação do direito se realizava pelo costume, como produto espontâneo da cultura popular. O governante se limitava a resolver os litígios, procedendo como árbitro na aplicação das normas de conduta social preexistente. Tanto que, conforme observa Robert M. MacIven, só em épocas posteriores surgiram legisladores, como Licurgo, Sólon, Hammurabi e Moisés que, aliás, apenas codificaram as leis tradicionais ou as apresentaram como mandamentos oriundos da divindade".

A atividade administrativa compreendia "arrecadação e aplicação de tributos e aproveitamento de recursos humanos e materiais disponíveis, na execução de obras e serviços de interesse comum e particularmente úteis à defesa do agregado social, contra as agressões internas e externas – todas essas participantes dos fins essenciais do Estado e determinantes da sua organização".

O mesmo autor mostra que "as funções do Estado antigo somente comportavam um conceito de administração em sentido amplo, compreensivo daquelas atividades originárias e indefinidas do governo, já que, nas suas primeiras fases, o processo evolutivo de diferenciação material das funções públicas apenas veio alcançar, progressivamente, a jurisdição e a legislação. Durante muito tempo, a administração, *stricto sensu,* tal como é hoje considerada, permaneceu sem especificação, no núcleo central das atividades do Estado, fundida à função governamental, por sua vez carente de identidade própria. Na sua acepção primitiva, a palavra **governo** indicava, pois, o conjunto das funções do Estado, de que se separou, primeiro, a justiça, depois, a legislação. É por isso que, atualmente, o termo é empregado por muitos autores para designar tão somente as **atividades residuais**, atribuídas ao **Poder Executivo**. Mas aquele significado genérico ainda prevalece para exprimir o **Poder Público** ou **Jurídico**, inseparável da coatividade e que, como elemento formal, conjugado com o **território**, como dado material, e com o **povo**, que é o componente social, constituem o Estado, no seu todo".

Diante disso, é válido identificar-se Administração Pública (em sentido subjetivo) com Governo, para concluir-se que as funções políticas são atribuídas ao Poder Executivo?

Na realidade, existe uma preponderância do Poder Executivo no exercício das atribuições políticas; mas não existe exclusividade no exercício dessa atribuição. No direito brasileiro, de regime presidencialista e com grande concentração de poderes nas mãos do Presidente da

República, é justificável a tendência de identificar-se o Governo com o Poder Executivo. E quando se pensa em função política como aquela que traça as grandes diretrizes, que dirige, que comanda, que elabora os planos de governo nas suas várias áreas de atuação, verifica-se que o Poder Executivo continua, na atual Constituição, a deter a maior parcela de atuação política, pelo menos no que diz respeito às **iniciativas**, embora grande parte delas sujeitas à aprovação, prévia ou posterior, do Congresso Nacional; aumenta a participação do Legislativo nas decisões do Governo.

Pode-se dizer que no direito brasileiro as funções políticas repartem-se entre Executivo e Legislativo, com acentuada predominância do primeiro.

Ao contrário dos Estados Unidos, onde o Poder Judiciário desempenha papel de relevo nessa área, chegando-se a falar, em determinada época de sua evolução, em **governos dos juízes**, no Brasil a sua atuação restringe-se, quase exclusivamente, à atividade jurisdicional, sem grande poder de influência nas decisões políticas do Governo, a não ser pelo seu papel de controle, sempre dependente de provocação.

2.4 ADMINISTRAÇÃO PÚBLICA EM SENTIDO ESTRITO

Deixando de lado a ideia de Administração Pública em sentido amplo, que abrange, em sentido subjetivo, os órgãos governamentais (Governo), e os órgãos administrativos (Administração Pública em sentido estrito e próprio), e, em sentido objetivo, a função política e a administrativa, levar-se-á em consideração, doravante, apenas a **Administração Pública em sentido estrito**, que compreende:

a) em sentido subjetivo: as pessoas jurídicas, órgãos e agentes públicos que exercem a função administrativa;
b) em sentido objetivo: a **atividade administrativa** exercida por aqueles entes.

Nesses sentidos, a Administração Pública é objeto de estudo do direito administrativo; o Governo e a função política são mais objeto do Direito Constitucional.

2.5 ADMINISTRAÇÃO PÚBLICA EM SENTIDO OBJETIVO

Em sentido objetivo, a Administração Pública abrange as atividades exercidas pelas pessoas jurídicas, órgãos e agentes incumbidos de atender concretamente às necessidades coletivas; corresponde à função administrativa, atribuída preferencialmente aos órgãos do Poder Executivo.

Nesse sentido, a Administração Pública abrange o **fomento**, a **polícia administrativa** e o **serviço público**. Alguns autores falam em **intervenção** como quarta modalidade, enquanto outros a consideram como espécie de fomento.

Há quem inclua a **regulação** como outro tipo de função administrativa. É o caso de Marçal Justen Filho (2005:447), para quem a regulação econômico-social "consiste na atividade estatal de intervenção indireta sobre a conduta dos sujeitos públicos e privados, de modo permanente e sistemático, para implementar as políticas de governo". Um pouco além, ele afirma que a regulação se traduz tanto na função administrativa como legislativa, jurisdicional e de controle; essa afirmação é aceitável desde que se tenha presente que as funções legislativa e jurisdicional exercidas pela Administração Pública são típicas de outros Poderes do Estado, porém atribuídas a entes administrativos dentro do sistema de freios e contrapesos. A atividade normativa e a atividade judicante, no caso, têm que observar os limites constitucionais. Assim, as normas baixadas colocam-se em nível hierárquico inferior às leis, e as decisões de conflitos não fazem coisa julgada (a não ser no sentido de coisa julgada administrativa);[1] portanto, são funções atípicas da Administração Pública. Na realidade, a regulação envolve uma parcela de cada uma das funções administrativas (polícia administrativa, intervenção e fomento), como, aliás, decorre do próprio ensinamento de Marçal Justen Filho (2005:448-452). Nessas outras funções administrativas, também estão presentes a função normativa e a função de controle.

O **fomento** abrange a atividade administrativa de incentivo à iniciativa privada de utilidade pública. Fernando Andrade de Oliveira (*RDA* 120/14) indica as seguintes atividades como sendo de fomento:

a) auxílios financeiros ou **subvenções**, por conta dos orçamentos públicos;
b) **financiamento**, sob condições especiais, para a construção de hotéis e outras obras ligadas ao desenvolvimento do turismo, para a organização e o funcionamento de indústrias relacionadas com a construção civil, e que tenham por fim a produção em larga escala de materiais aplicáveis na edificação de residências populares, concorrendo para seu barateamento;
c) **favores fiscais** que estimulem atividades consideradas particularmente benéficas ao progresso material do país;
d) **desapropriações** que favoreçam entidades privadas sem fins lucrativos, que realizem atividades úteis à coletividade, como os clubes desportivos e as instituições beneficentes.

Trata-se de elenco meramente exemplificativo, já que outras modalidades de fomento são previstas em lei, como ocorre nas parcerias com as Organizações Sociais (OS) e Organizações da Sociedade Civil de Interesse Público (Oscips), além de outras entidades do terceiro setor analisadas no capítulo 11. Muitas vezes o fomento abrange o repasse de verbas orçamentárias, a cessão de servidores públicos, a permissão para utilização de bens públicos, entre outras modalidades.

A **polícia administrativa** compreende toda atividade de execução das chamadas **limitações administrativas**, que são restrições impostas por lei ao exercício de direitos individuais em benefício do interesse coletivo. Compreende medidas de polícia, como ordens, notificações, licenças, autorizações, fiscalização e sanções.

Serviço público é toda atividade que a Administração Pública executa, direta ou indiretamente, para satisfazer à necessidade coletiva, sob regime jurídico predominantemente público. Abrange atividades que, por sua essencialidade ou relevância para a coletividade, foram assumidas pelo Estado, com ou sem exclusividade. A própria Constituição Federal é farta em exemplos de serviços públicos, em especial os previstos no art. 21 com a redação dada pela Emenda Constitucional nº 8/95: serviço postal e correio aéreo nacional (inciso X), serviços de telecomunicações (inciso XI), serviços e instalações de energia elétrica e aproveitamento energético, radiodifusão, navegação aérea, aeroespacial, transporte ferroviário e aquaviário entre portos brasileiros em fronteiras nacionais ou que transponham os limites de Estado ou Território, transporte rodoviário interestadual e internacional de passageiros, serviços de portos marítimos, fluviais e lacustres (inciso XII); serviços oficiais de estatística, geografia, geologia e cartografia de âmbito nacional (inciso XV); serviços nucleares (inciso XXIII). E ainda os serviços sociais do Estado, como saúde, educação, assistência social, previdência social, cultura, entre outros.

---

[1] V. item 17.3.2.3.

A **intervenção** compreende a regulamentação e fiscalização da atividade econômica de natureza privada (intervenção indireta), bem como a atuação direta do Estado no domínio econômico (intervenção direta), o que se dá normalmente por meio das empresas estatais. Nesse caso, o Estado opera segundo as normas do direito privado, consoante art. 173, § 1º, II, da Constituição Federal, porém com inúmeras derrogações impostas por outras normas constitucionais, como as referentes à fiscalização financeira e orçamentária (art. 70 e seguintes) e as constantes do capítulo concernente à Administração Pública, em especial o art. 37.

Para quem, como nós, considera como atividade ou função administrativa apenas aquela sujeita total ou predominantemente ao direito público, a intervenção, na segunda modalidade apontada, não constitui função administrativa; nesse caso, trata-se de atividade privada, que o Estado exerce em regime de **monopólio** nos casos indicados na Constituição (art. 177) ou em regime de competição com o particular, conforme o determine o interesse público ou razões de segurança (art. 173). Essas atividades econômicas de natureza privada são denominadas de serviços governamentais por Celso Antônio Bandeira de Mello (2008:683).

As demais atividades ou são, originariamente, próprias do Estado ou foram sendo por ele assumidas como suas, para atender às necessidades coletivas; ele as exerce diretamente ou transfere a terceiros o seu exercício, outorgando-lhes determinadas prerrogativas públicas necessárias a esse fim.

A atividade que o Estado exerce a título de intervenção direta na ordem econômica não é assumida pelo Estado como atividade pública; ele a exerce conservando a sua condição de atividade de natureza privada, submetendo-se, por isso mesmo, às normas de direito privado que não forem expressamente derrogadas pela Constituição. Aqui, a Administração Pública sai de sua órbita natural de ação para atuar no âmbito de atuação reservado preferencialmente à iniciativa privada.

Quanto à regulação, trata-se de atividade que envolve poder normativo por parte da Administração Pública (portanto, função atípica da Administração Pública), polícia, fomento, intervenção, com a peculiaridade de que todas essas atribuições se concentram em um mesmo ente (as agências reguladoras, ainda que nem todas tenham essa denominação).

São as seguintes as características da Administração Pública, em sentido objetivo:

1. é uma atividade **concreta**, no sentido de que põe em execução a vontade do Estado contida na lei;
2. a sua finalidade é a **satisfação direta** e **imediata** dos fins do Estado;
3. o seu regime jurídico é predominantemente de direito público, embora possa também submeter-se a regime de direito privado, parcialmente derrogado por normas de direito público.

Assim, em sentido material ou objetivo, a **Administração Pública** pode ser definida como a **atividade concreta e imediata que o Estado desenvolve, sob regime jurídico total ou parcialmente público, para a consecução dos interesses coletivos**.

2.6 ADMINISTRAÇÃO PÚBLICA EM SENTIDO SUBJETIVO

Considerando agora os sujeitos que exercem a atividade administrativa, a Administração Pública abrange todos os entes aos quais a lei atribui o exercício dessa função.

Predominantemente, a função administrativa é exercida pelos órgãos do Poder Executivo; mas, como o regime constitucional não adota o princípio da separação absoluta de atribuições e sim o da **especialização** de funções, os demais Poderes do Estado também exercem, além de suas atribuições predominantes – legislativa e jurisdicional – algumas funções tipicamente administrativas. Tais funções são exercidas, em parte, por órgãos administrativos existentes no âmbito dos dois Poderes (as respectivas Secretarias) e, em parte, pelos próprios parlamentares e magistrados; os primeiros, por meio das chamadas leis de efeito concreto, que são leis apenas, em sentido formal, porque emanam do Legislativo e obedecem ao processo de elaboração das leis, mas são verdadeiros atos administrativos, quanto ao seu conteúdo; os segundos, por meio de atos de natureza disciplinar, atos de provimento de seus cargos, atos relativos à situação funcional dos integrantes do Poder Judiciário.

Assim, compõem a Administração Pública, em sentido subjetivo, todos os órgãos integrantes das pessoas jurídicas políticas (União, Estados, Municípios e Distrito Federal), aos quais a lei confere o exercício de funções administrativas. São os órgãos da **Administração Direta** do Estado.

Porém, não é só. Às vezes, a lei opta pela execução indireta da atividade administrativa, transferindo-a a pessoas jurídicas com personalidade de direito público ou privado, que compõem a chamada **Administração Indireta** do Estado.

Desse modo, pode-se definir Administração Pública, em sentido subjetivo, como o **conjunto de órgãos e de pessoas jurídicas aos quais a lei atribui o exercício da função administrativa do Estado.**

No **direito positivo** brasileiro, há uma enumeração legal dos entes que compõem a Administração Pública, subjetivamente considerada. Trata-se do art. 4º do Decreto-lei nº 200, de 25-2-67, o qual, com a redação dada pela Lei nº 7.596, de 10-4-87, determina:

"A administração federal compreende:
I – a administração direta, que se constitui dos serviços integrados na estrutura administrativa da Presidência da República e dos Ministérios;
II – a administração indireta, que compreende as seguintes categorias de entidades, dotadas de personalidade jurídica própria:
a) autarquias;
b) empresas públicas;
c) sociedades de economia mista;
d) fundações públicas".

Embora esse decreto-lei seja aplicável, obrigatoriamente, apenas à União, não há dúvida de que contém conceitos, princípios que, com algumas ressalvas feitas pela doutrina, se incorporaram aos Estados e Municípios, que admitem aquelas mesmas entidades como integrantes da Administração Indireta, chamada de Administração Descentralizada na legislação do Estado de São Paulo (Decreto-lei Complementar nº 7, de 6-11-69).

Hoje também compõem a Administração Indireta os consórcios públicos disciplinados pela Lei nº 11.107, de 6-4-05 (v. item 10.10).

RESUMO

1. **O vocábulo "administração":** designa uma vontade externa ao administrador a impor-lhe a orientação a seguir. No caso da Administração Pública a vontade decorre da lei que fixa a finalidade a ser seguida pelo administrador.

2. **Distinção entre as três funções do Estado:**

    a) **Legislação**: é ato de produção jurídica *primário*, porque fundado no poder soberano; nela, o Estado regula relações, permanecendo acima e à margem destas;

b) **Jurisdição**: é a emanação de atos de produção jurídica *subsidiários* dos atos primários; o órgão estatal permanece acima e à margem das relações a que os atos se referem; a jurisdição atua mediante provocação da parte interessada, razão pela qual é função subsidiária, que se exerce apenas quando os interessados não cumpram a lei espontaneamente;

c) **Administração**: é a emanação de atos de produção jurídica *complementares*, em aplicação concreta do ato de produção jurídica primário e abstrato contido na lei; o órgão atua como *parte* das relações a que os atos se referem; a administração atua independentemente de provocação.

3. **Administração Pública e Governo:** a função de governo também emana atos de produção jurídica complementares, referentes à direção suprema e geral do Estado e à fixação das diretrizes para as outras funções: abrange as atividades colegislativas e de direção; quanto ao conteúdo (aspecto material), não se distinguem as funções administrativas e de governo, mas nesta última incluem-se atribuições que decorrem diretamente da Constituição, dizendo respeito mais à *polis*, à sociedade, à nação, do que a interesses individuais; a Administração Pública é objeto de estudo mais do direito administrativo, e, por sua vez, o Governo é objeto de estudo mais do direito constitucional.

4. **Exemplos de atos políticos:** convocação extraordinária do Congresso Nacional, nomeação de Comissões Parlamentares de Inquérito, nomeações de Ministros, relações com Estados estrangeiros, declaração de guerra e de paz, declaração de estado de sítio e de emergência, intervenção federal.

5. **Administração Pública em sentido objetivo:**

– **abrangência:** atividades exercidas pelas pessoas jurídicas, órgãos e agentes incumbidos de atender concretamente às necessidades coletivas; corresponde à *função administrativa do Estado*: serviço público, fomento, polícia administrativa, intervenção e regulação;

– **características**: é atividade *concreta* (porque põe em execução a vontade do Estado contida na lei); tem por finalidade a *satisfação direta e imediata* dos fins do Estado; seu regime jurídico é predominantemente de direito público, embora possa também submeter-se a regime de direito privado;

– **conceito**: é a atividade concreta e imediata que o Estado desenvolve, sob regime jurídico total ou parcialmente público, para a consecução dos interesses coletivos.

6. **Administração Pública em sentido subjetivo:**

– **abrangência**: as pessoas jurídicas de direito público ou privado que compõem a *administração indireta* (autarquias, fundações públicas, empresas públicas, sociedades de economia mista e consórcios públicos), órgãos que integram a administração direta; e *agentes públicos*;

– **conceito**: conjunto e órgãos, de pessoas jurídicas e de agentes aos quais a lei atribui o exercício da função administrativa do Estado.

3
Regime Jurídico Administrativo

3.1 REGIMES PÚBLICO E PRIVADO NA ADMINISTRAÇÃO PÚBLICA

A Administração Pública pode submeter-se a regime jurídico de direito privado ou a regime jurídico de direito público.

A opção por um regime ou outro é feita, em regra, pela Constituição ou pela lei. Exemplificando: o art. 173, § 1º, da Constituição, prevê lei que estabeleça o estatuto jurídico da empresa pública, da sociedade de economia mista e de suas subsidiárias que explorem atividade econômica de produção ou comercialização de bens ou de prestação de serviços, dispondo, entre outros aspectos, sobre "a sujeição ao regime jurídico próprio das empresas privadas, inclusive quanto aos direitos e obrigações civis, comerciais, trabalhistas e tributários". Não deixou qualquer opção à Administração Pública e nem mesmo ao legislador; quando este instituir, por lei, uma entidade para desempenhar atividade econômica, terá que submetê-la ao direito privado.

Já o art. 175 outorga ao Poder Público a incumbência de prestar serviços públicos, podendo fazê-lo diretamente ou sob regime de concessão ou permissão; e o parágrafo único deixa à lei ordinária a tarefa de fixar o regime das empresas concessionárias e permissionárias de serviços públicos, o caráter especial de seu contrato, de sua prorrogação, bem como as condições de execução, fiscalização e rescisão da concessão ou permissão. Vale dizer que a Constituição deixou à lei a opção de adotar um regime ou outro.

Isto não quer dizer que a Administração Pública não participe da decisão; ela o faz à medida que, detendo o Poder Executivo grande parcela das decisões políticas, dá início ao processo legislativo que resultará na promulgação da lei contendo a decisão governamental. Normalmente, é na esfera dos órgãos administrativos que são feitos os estudos técnicos e financeiros que precedem o encaminhamento de projeto de lei e respectiva justificativa ao Poder Legislativo.

O que não pode é a Administração Pública, por ato próprio, de natureza administrativa, optar por um regime jurídico não autorizado em lei; isto em decorrência da sua vinculação ao princípio da legalidade.

Não há possibilidade de estabelecer-se, aprioristicamente, todas as hipóteses em que a Administração pode atuar sob regime de direito privado; em geral, a opção é feita pelo próprio legislador, como ocorre com as **pessoas jurídicas, contratos** e **bens de domínio privado do Estado**. Como regra, aplica-se o direito privado, no silêncio da norma de direito público.

O que é importante salientar é que, quando a Administração emprega modelos privatísticos, nunca é integral a sua submissão ao direito privado; às vezes, ela se nivela ao particular, no sentido de que não exerce sobre ele qualquer prerrogativa de Poder Público; mas nunca se despe de determinados **privilégios**, como o juízo privativo, a prescrição quinquenal, o processo especial de execução, a impenhorabilidade de seus bens; e sempre se submete a **restrições** concernentes à competência, finalidade, motivo, forma, procedimento, publicidade. Outras vezes, mesmo utilizando o direito privado, a Administração conserva algumas de suas prerrogativas, que derrogam parcialmente o direito comum, na medida necessária para adequar o **meio** utilizado ao **fim** público a cuja consecução se vincula por lei.

Por outras palavras, a norma de direito público sempre impõe desvios ao direito comum, para permitir à Administração Pública, quando dele se utiliza, alcançar os fins que o ordenamento jurídico lhe atribui e, ao mesmo tempo, preservar os direitos dos administrados, criando limitações à atuação do Poder Público.

3.2 REGIME JURÍDICO ADMINISTRATIVO

A expressão **regime jurídico da Administração Pública** é utilizada para designar, em sentido amplo, os regimes de direito público e de direito privado a que pode submeter-se a Administração Pública. Já a expressão **regime jurídico administrativo** é reservada tão somente para abranger o conjunto de traços, de conotações, que tipificam o Direito Administrativo, colocando a Administração Pública numa posição privilegiada, vertical, na relação jurídico-administrativa.

Basicamente, pode-se dizer que o regime administrativo se resume a duas palavras apenas: **prerrogativas** e **sujeições**.

É o que decorre do ensinamento de Rivero (1973:35), quando afirma que as particularidades do Direito Administrativo parecem decorrer de duas ideias opostas: "as normas do Direito Administrativo caracterizam-se, em face das do direito privado, seja porque conferem à Administração prerrogativas sem equivalente nas relações privadas, seja porque impõem à sua liberdade de ação sujeições mais estritas do que aquelas a que estão submetidos os particulares".

O Direito Administrativo nasceu sob a égide do Estado liberal, em cujo seio se desenvolveram os princípios do individualismo em todos os aspectos, inclusive o jurídico; paradoxalmente, o regime administrativo traz em si traços de autoridade, de supremacia sobre o indivíduo, com vistas à consecução de fins de interesse geral.

Garrido Falla (1962:44-45) acentua esse aspecto. Em suas palavras, "é curioso observar que fosse o próprio fenômeno histórico-político da Revolução Francesa o que tenha dado lugar simultaneamente a dois ordenamentos distintos entre si: a ordem jurídica individualista e o regime administrativo. O regime individualista foi se alojando no campo do direito civil, enquanto o regime administrativo formou a base do direito público administrativo".

Assim, o Direito Administrativo nasceu e desenvolveu-se baseado em duas ideias opostas: de um lado, a **proteção aos direitos individuais** frente ao Estado, que serve de fundamento ao princípio da legalidade, um dos esteios do Estado de Direito; de outro lado, a de **necessidade de satisfação dos interesses coletivos**, que conduz à outorga de prerrogativas e privilégios para a Administração Pública, quer para limitar o exercício dos direitos individuais em benefício do bem-estar coletivo (poder de polícia), quer para a prestação de serviços públicos.

Daí a bipolaridade do Direito Administrativo: liberdade do indivíduo e autoridade da Administração; **restrições** e **prerrogativas**. Para assegurar-se a liberdade, sujeita-se a Administração Pública à observância da lei e do direito (incluindo princípios e valores previstos explícita ou implicitamente na Constituição); é a aplicação, ao direito público, do **princípio da legalidade**. Para assegurar-se a autoridade da Administração Pública, necessária à consecução de seus fins, são-lhe outorgados prerrogativas e privilégios que lhe permitem assegurar a **supremacia do interesse público sobre o particular**.

Isto significa que a Administração Pública possui **prerrogativas** ou **privilégios**, desconhecidos na esfera do direito privado, tais como a autoexecutoriedade, a autotutela, o poder de expropriar, o de requisitar bens e serviços, o de ocupar temporariamente o imóvel alheio, o de instituir servidão, o de aplicar sanções administrativas, o de alterar e rescindir unilateralmente os contratos, o de impor medidas de polícia. Goza, ainda, de determinados privilégios como a imunidade tributária, prazos dilatados em juízo, juízo privativo, processo especial de execução, presunção de veracidade de seus atos.

Segundo Cretella Júnior (*Revista de Informação Legislativa*, v. 97:13), as **prerrogativas públicas** são "as regalias usufruídas pela Administração, na relação jurídico-administrativa, derrogando o direito comum diante do administrador, ou, em outras palavras, são as faculdades especiais conferidas à Administração, quando se decide a agir contra o particular".

Mas, ao lado das **prerrogativas**, existem determinadas **restrições** a que está sujeita a Administração, sob pena de nulidade do ato administrativo e, em alguns casos, até mesmo de responsabilização da autoridade que o editou. Dentre tais **restrições**, citem-se a observância da finalidade pública, bem como os princípios da moralidade administrativa e da legalidade, a obrigatoriedade de dar publicidade aos atos administrativos e, como decorrência dos mesmos, a sujeição à realização de concursos para seleção de pessoal e de concorrência pública para a elaboração de acordos com particulares.

Ao mesmo tempo em que as **prerrogativas** colocam a Administração em posição de supremacia perante o particular, sempre com o objetivo de atingir o benefício da coletividade, as **restrições** a que está sujeita limitam a sua atividade a determinados fins e princípios que, se não observados, implicam desvio de poder e consequente nulidade dos atos da Administração.

O conjunto das prerrogativas e restrições a que está sujeita a Administração e que não se encontram nas relações entre particulares constitui o **regime jurídico administrativo**.

Muitas dessas prerrogativas e restrições são expressas sob a forma de **princípios** que informam o direito público e, em especial, o Direito Administrativo.

3.3 REFLEXOS DA LINDB SOBRE O DIREITO ADMINISTRATIVO

A Lei de Introdução às Normas do Direito Brasileiro – LINDB (Decreto-lei nº 4.657, de 4-9-42), antes denominada de Lei de Introdução ao Código Civil, contém normas que se inserem na teoria geral do direito, sendo, por isso mesmo, aplicada a todos os ramos do direito, público e privado.

Ela foi alterada pela Lei nº 13.655, de 25-4-18 (regulamentada pelo Decreto nº 9.830, de 10-6-19), com a introdução de novos dispositivos que se inserem mais especificamente no âmbito do direito administrativo. Nem tudo o que nela se contém constitui inovação do direito positivo. Algumas de suas disposições praticamente se limitam a explicitar princípios informadores do direito administrativo, no que se refere às decisões tomadas pela Administração Pública e à atividade de controle que sobre ela se exerce.

As alterações reforçam e complementam a exigência de determinados princípios já previstos na Constituição e em leis infraconstitucionais, em especial os da (i) segurança jurídica, (ii) motivação, (iii) proporcionalidade, (iv) consensualidade, (v) transparência, (vi) participação, (vii) eficiência, (viii) interesse público. Elas praticamente transformam alguns princípios em regras jurídicas, na medida em que definem o seu conteúdo jurídico. Além disso, a Lei prevê a responsabilização do agente público pelas decisões ou opiniões técnicas em caso de dolo ou erro grosseiro.

A proteção à segurança jurídica parece constituir o grande objetivo da lei, resultante já do seu preâmbulo. Além disso, a preocupação com esse princípio revela-se principalmente pela norma do art. 23, pelo qual "a decisão administrativa, controladora ou judicial que estabelecer interpretação ou orientação nova sobre norma de conteúdo indeterminado, impondo novo dever ou novo condicionamento de direito, deverá prever regime de transição quando indispensável para que o novo dever ou condicionamento de direito seja cumprido de modo proporcional, equânime e eficiente e sem prejuízo aos interesses gerais". Conforme art. 7º do Regulamento (Decreto nº 9.830/19): "Quando cabível, o regime de transição preverá: I – os órgãos e as entidades da administração pública e os terceiros destinatários; II – as medidas administrativas a serem observadas para adequação à interpretação ou à nova orientação sobre norma de conteúdo administrativo; e III – o prazo e o modo para que o novo dever ou novo condicionamento de direito seja cumprido".

Além disso, o art. 24 veda a retroação de nova orientação geral. Esse dispositivo reforça norma que já se contém no art. 2º, parágrafo único, inciso XIII, da Lei nº 9.784, de 29-1-99 (Lei de Processo Administrativo Federal), que veda a "aplicação retroativa de nova interpretação", sendo de aplicação obrigatória nos processos administrativos. O art. 24 da LINDB, de efeito mais amplo (porque voltado para as esferas administrativa, controladora e judicial), exige que, ao ser revisto um ato, contrato, ajuste, processo ou norma administrativa, sejam respeitadas as situações plenamente constituídas, desde que decorram de orientação vigente à época em que foram praticados. Trata-se de hipótese em que a invalidação de ato ou contrato da Administração não deve retroagir. São situações cujos efeitos já produzidos por ato ilícito devem ser respeitados, em nome da segurança jurídica. O art. 5º, § 1º, do Regulamento, também veda que seja declarada inválida situação plenamente constituída devido a mudança posterior de orientação geral. Mas o § 2º do mesmo dispositivo determina que "o disposto no § 1º não exclui a possibilidade de suspensão de efeitos futuros de relação em curso". Vale dizer que a mudança de orientação geral produz efeitos para o futuro, não podendo servir de fundamento para a anulação de decisões anteriores, adotadas com base em orientação geral então vigente. O parágrafo único do art. 24, repetido no art. 5º, § 3º, do Regulamento, tem a cautela de definir o que se entende por "orientações gerais": são "as interpretações e as especificações contidas em atos públicos de caráter geral ou em jurisprudência judicial ou administrativa majoritária e as adotadas por prática administrativa reiterada e de amplo conhecimento público". Não há dúvida de que o art. 24 protege o princípio da segurança jurídica, nos dois aspectos: objetivo (que diz respeito à estabilidade das relações jurídicas) e subjetivo (que protege a confiança legítima do administrado quanto à validade dos atos emanados do poder público). O dispositivo quase que se limita a transformar em regra jurídica uma disposição que era aceita e aplicada como princípio do direito administrativo.

O princípio da motivação, já amplamente defendido pela doutrina e jurisprudência e previsto no direito positivo, é reforçado com as normas dos arts. 20 e 21 da LINDB, ao exigirem que as decisões administrativas e as de controle, inclusive do Poder Judiciário, levem em consideração as consequências práticas, jurídicas e administrativas da decisão, especialmente quando a mesma determinar a invalidação do ato, contrato, ajuste, processo ou norma administrativa. O art. 20 proíbe que, "nas esferas administrativa, controladora e judicial, se decida com base em valores jurídicos abstratos sem que sejam consideradas as consequências práticas da decisão". Por sua vez, o art. 3º, § 1º, do Regulamento, considera como valores jurídicos abstratos "aqueles previstos em normas jurídicas com alto grau de indeterminação e abstração". É o caso dos chamados conceitos jurídicos indeterminados, que não têm um conteúdo preciso ou matemático, como ocorre, por exemplo, com os princípios jurídicos em geral (como moralidade, interesse público, eficiência, dentre outros) ou vocábulos como necessidade pública, interesse social, urgência, notório saber etc.

Com base nesses dispositivos legais e regulamentares, a decisão deverá mencionar expressamente as consequências jurídicas e administrativas dela decorrentes. Por exemplo: a invalidação de um contrato administrativo poderá dar ensejo a novas contratações, inclusive emergenciais, sem licitação; e poderá implicar o direito do contratado a indenização por prejuízos referidos, quando não tenha sido ele que a dar causa à ilegalidade. Ao levar em consideração as consequências jurídicas, pode a autoridade verificar que a invalidação não é a melhor solução para o interesse público.

O art. 4º do Regulamento, que trata da motivação das invalidações, permite, no § 4º, a modulação dos efeitos dessa decisão, diante das consequências jurídicas e administrativas da invalidação para a administração pública e para o administrado. Permite: "I – restringir os efeitos da declaração; ou II – decidir que sua eficácia se iniciará em momento posteriormente definido". Pelo § 5º do mesmo dispositivo, "a modulação dos efeitos da decisão buscará a mitigação dos ônus ou das perdas dos administrados ou da administração pública que sejam anormais ou excessivos em função das peculiaridades do caso". Não há dúvida de que o art. 4º está outorgando larga margem de discricionariedade para a administração pública modular os efeitos das decisões de invalidação, com base no princípio da proporcionalidade; a medida exige rigorosa motivação. Deverá ser observada a norma do art. 21, parágrafo único, da LINDB (inserido pela Lei nº 13.655/18), pelo qual "a decisão a que se refere o *caput* deste artigo deverá, quando for o caso, indicar as consequências para que a regularização ocorra de modo proporcional e equânime e sem prejuízo aos interesses gerais, não se podendo impor aos sujeitos atingidos ônus ou perdas que, em função das peculiaridades do caso, sejam anormais ou excessivos". O dispositivo constitui aplicação dos princípios da motivação, do interesse público e da proporcionalidade.

Também o art. 22, que se repete no art. 8º do Regulamento, exige motivação adequada que demonstre que, na interpretação das normas sobre gestão pública, foram considerados os obstáculos e as dificuldades reais do gestor e as exigências de políticas públicas a seu cargo, sem prejuízo dos direitos dos administrados. O dispositivo, de certa forma, está a exigir razoabilidade na interpretação das normas, de tal modo que as imposições ao agente público levem em consideração as dificuldades e os obstáculos que enfrenta na execução das políticas públicas. Por exemplo, devem ser levadas em conta as limitações financeiras e orçamentárias, inclusive a exigência das normas da lei de responsabilidade fiscal.

Ainda sobre a motivação, o art. 20, parágrafo único, exige que esta demonstre a necessidade e a adequação da medida imposta ou da invalidação decretada, inclusive em função de possíveis alternativas. Nesse dispositivo combina-se o princípio da motivação com o da proporcionalidade. Se existem duas ou mais alternativas, a motivação tem que demonstrar que a medida adotada era realmente necessária e a mais adequada diante das circunstâncias concretas que exigiam a decisão.

A proporcionalidade também é exigida pelo já referido parágrafo único do art. 21 e com relação à aplicação de sanções, conforme §§ 2º e 3º do art. 22. Pelo § 2º, "na aplicação de sanções, serão consideradas a natureza e a gravidade da infração cometida, os danos que dela provierem para a administração pública, as circunstâncias agravantes ou atenuantes e os antecedentes do agente". Como se verifica, o dispositivo exige que a sanção seja devidamente motivada, com a indicação dos fatores que foram levados em consideração para a escolha da penalidade cabível. E o § 3º é especialmente relevante diante da sobreposição de instâncias sancionadoras, agasalhadas pelo direito positivo. O mesmo fato pode ensejar punição na esfera administrativa, na esfera cível (pela lei de improbidade administrativa ou pela lei anticorrupção), na esfera de atuação do Tribunal de Contas, na esfera do CADE, entre outras. Muitas vezes, a mesma sanção é prevista em várias leis, pela prática do mesmo ilícito. Nesse caso, o § 3º do art. 22 exige que as sanções aplicadas ao agente sejam "levadas em conta na dosimetria das demais sanções da mesma natureza e relativas ao mesmo fato". O objetivo é impedir a cumulatividade de sanções pela prática da mesma infração.

Em benefício da consensualidade, o art. 26 da LINDB prevê a celebração de compromisso, nos seguintes termos: "para eliminar irregularidade, incerteza jurídica ou situação contenciosa na aplicação do direito público, inclusive no caso de expedição de licença, a autoridade administrativa poderá, após oitiva do órgão jurídico e, quando for o caso, após realização de consulta pública, e presentes razões de relevante interesse geral, celebrar compromisso com os interessados, observada a legislação aplicável, o qual só produzirá efeitos a partir de sua publicação oficial". O dispositivo está permitindo que a autoridade administrativa, ao invés de decidir unilateral e imperativamente, entre em acordo com os interessados para corrigir a irregularidade, afastar a incerteza jurídica e pôr fim a um litígio. Essa possibilidade é outorgada com a exigência de determinadas cautelas, como a oitiva do órgão jurídico, a realização de consulta pública (quando prevista em lei ou for de interesse das partes) e o atendimento ao interesse geral.

Além disso, o § 1º impõe a observância de outros requisitos para a celebração do compromisso: a) ele deverá buscar solução jurídica proporcional, equânime, eficiente e compatível com os interesses gerais; revela-se, com essa exigência, preocupação com os princípios da proporcionalidade, eficiência e interesse público; b) o compromisso não poderá conferir desoneração permanente de dever ou condicionamento de direito reconhecidos por orientação geral; o objetivo é o de impedir soluções isoladas, que contrariem interpretação adotada em caráter geral, para situações semelhantes, o que contrariaria o princípio da isonomia; c) o compromisso deverá prever com clareza as obrigações das partes, o prazo para seu cumprimento e as sanções aplicáveis em caso de descumprimento; a preocupação, no caso, é com a eficácia do compromisso. A lei deveria ter indicado quais as sanções cabíveis, diante da impossibilidade de punição sem previsão legal. O art. 10, § 2º, do Regulamento, acrescenta outros dados que devem constar do compromisso: a forma de fiscalização quanto a sua observância; os fundamentos de fato e de direito; a sua eficácia de título executivo extrajudicial (o que é de legalidade duvidosa, por não haver previsão legal; os documentos que têm força de título executivo extrajudicial são os previstos no art. 784 do CPC ou em outras leis, consoante decorre do inciso XII desse dispositivo da lei processual).

O Regulamento, no art. 11, prevê outra medida não prevista na LINDB e que somente terá validade se tiver fundamento em alguma norma legal: o termo de ajustamento de gestão entre os agentes públicos e os órgãos de controle interno da administração pública com a finalidade de "corrigir falhas apontadas em ações de controle, aprimorar procedimentos, assegurar a continuidade da execução do objeto, sempre que possível, e garantir o atendimento do interesse geral". Esse termo não poderá ser celebrado com agente público que tenha agido com dolo ou erro grosseiro (§ 2º do mesmo dispositivo regulamentar).

O art. 27 da LINDB determina que: "A decisão do processo, nas esferas administrativa, controladora ou judicial, poderá impor compensação por benefícios indevidos ou prejuízos anormais ou injustos resultantes do processo ou da conduta dos envolvidos". Pelo § 1º: "A decisão sobre a compensação será motivada, ouvidas previamente as partes sobre seu cabimento, sua forma e, se for o caso, seu valor". E, pelo § 2º, "para prevenir ou regular a compensação, poderá ser celebrado compromisso processual entre os envolvidos". O dispositivo está reconhecendo que a decisão administrativa ou a dos órgãos de controle, ainda que lícita, pode resultar em benefícios indevidos, ou mesmo prejuízos anormais ou injustos, para uma das partes. A norma enquadra-se no tema da responsabilidade civil e tem por objetivo "evitar procedimentos contenciosos de ressarcimento de danos" (conforme consta do art. 9º do Regulamento). Nesse caso, é possível a celebração de compromisso entre os envolvidos para regular a forma como a compensação será feita. Mais uma vez, a tendência para o consenso, em substituição às decisões unilaterais. A medida não destoa dos compromissos e transações já admitidos no âmbito dos processos judiciais. O art. 27 da LINDB está prevendo essa possibilidade também na esfera administrativa e na esfera dos órgãos de controle (interno e externo).

O art. 28 da LINDB contém importante norma sobre responsabilização dos agentes públicos pelas decisões ou opiniões técnicas que emitirem. Trata-se de norma limitadora dirigida aos órgãos de controle: eles somente podem responsabilizar pessoalmente o agente público se a decisão ou opinião técnica for emitida com dolo (intenção de praticar ato ilícito) ou erro grosseiro (que não admite qualquer dúvida sobre a sua ocorrência, como a aplicação de dispositivo legal já revogado ou decisão em afronta a súmula administrativa ou jurisprudencial de amplo conhecimento na esfera administrativa). O objetivo evidente da norma é o de impedir que os órgãos de controle responsabilizem os agentes públicos por decisões ou opiniões que sejam aceitáveis e defensáveis diante de divergências doutrinárias ou jurisprudenciais sobre a mesma matéria. A simples divergência de opinião em relação à adotada pelo órgão de controle não pode servir de fundamento para a responsabilização do agente público. O Regulamento definiu o erro grosseiro como "aquele manifesto, evidente e inescusável praticado com culpa grave, caracterizado por ação ou omissão com elevado grau de negligência, imprudência ou imperícia" (art. 12, § 1º). O art. 14 do Regulamento (aplicável apenas à esfera da União) determinou que: "No âmbito do Poder Executivo federal, o direito de regresso previsto no § 6º do artigo 37 da Constituição somente será exercido na hipótese de o agente público ter agido com dolo ou erro grosseiro em suas decisões ou opiniões técnicas (...)".

Favorecendo a participação do particular no controle social da Administração Pública, o art. 29 da LINDB estabelece que "em qualquer órgão ou Poder, a edição de atos normativos por autoridade administrativa, salvo os de mera organização interna, poderá ser precedida de consulta pública para manifestação de interessados, preferencialmente por meio eletrônico, a qual será considerada na decisão". Pelo § 1º do dispositivo, "a convocação conterá a minuta do ato normativo e fixará o prazo e demais condições da consulta pública, observadas as normas legais e regulamentares específicas, se houver". Além de permitir a realização de consulta pública, o dispositivo ainda exige que as manifestações dos interessados sejam levadas em consideração pelo órgão que fez a consulta; vale dizer que o dispositivo exige motivação quanto à aceitação ou rejeição das sugestões apresentadas em relação ao projeto de ato normativo.

É inegável a importância da LINDB, com as alterações introduzidas pela Lei nº 13.655/2018, inclusive sobre matérias disciplinadas por outras leis. É o caso da Lei nº 14.133, de 1º-4-2021 (Lei Geral de Licitações e Contratos Administrativos), cujo art. 5º, ao dar o rol de princípios a serem observados na sua aplicação, inclui "as disposições do Decreto-lei nº 4.657, de 4 de setembro de 1942 (Lei de Introdução às Normas do Direito Brasileiro)". Também é o que ocorre com a Lei nº 14.230, de 25-10-2021, que, ao alterar a Lei de Improbidade Administrativa (Lei nº 8.429, de 25-10-2021), inclui o art. 17-C, exigindo que a sentença proferida nos processos de improbidade observe normas que repetem preceitos já referidos na Lei nº 13.655/2018. E ainda as normas da LINDB serviram de inspiração à Lei nº 14.965, de 9-9-2024, que, ao dispor sobre as normas gerais relativas a concursos públicos, determina, no art. 12, que "a decisão controladora ou judicial que, com base em valores jurídicos abstratos, impugnar tipo de prova ou critério de avaliação previsto no edital do concurso público deverá considerar as consequências práticas da medida, especialmente em função dos conhecimentos, das habilidades e das competências necessárias ao desempenho das atribuições do cargo ou emprego público, em observância ao *caput* do art. 20 do Decreto-Lei nº 4.657, de 4 de setembro de 1942 (Lei e Introdução às Normas do Direito Brasileiro)".

3.4   PRINCÍPIOS DA ADMINISTRAÇÃO PÚBLICA

"Princípios de uma ciência são as **proposições básicas**, fundamentais, típicas que condicionam todas as estruturações subsequentes. Princípios, neste sentido, são os alicerces da ciência." É o conceito de José Cretella Júnior (*Revista de Informação Legislativa*, v. 97:7).

Segundo o mesmo autor, os princípios classificam-se em:

a) **onivalentes** ou **universais**, comuns a todos os ramos do saber, como o da identidade e o da razão suficiente;
b) **plurivalentes** ou **regionais**, comuns a um grupo de ciências, informando-as nos aspectos em que se interpenetram. Exemplos: o princípio da causalidade, aplicável às ciências naturais e o princípio do *alterum non laedere* (não prejudicar a outrem), aplicável às ciências naturais e às ciências jurídicas;
c) **monovalentes**, que se referem a um só campo do conhecimento; há tantos princípios monovalentes quantas sejam as ciências cogitadas pelo espírito humano. É o caso dos princípios gerais de direito, como o de que ninguém se escusa alegando ignorar a lei;
d) **setoriais**, que informam os diversos setores em que se divide determinada ciência. Por exemplo, na ciência jurídica, existem princípios que informam o Direito Civil, o Direito do Trabalho, o Direito Penal etc.

Desse modo, o Direito Administrativo está informado por determinados princípios, alguns deles próprios também de outros ramos do direito público e outros dele específicos e enquadrados como setoriais, na classificação de Cretella Júnior.

Sendo o Direito Administrativo, em suas origens, de elaboração pretoriana e não codificado, os princípios sempre representaram papel relevante nesse ramo do direito, permitindo à Administração e ao Judiciário estabelecer o necessário equilíbrio entre os direitos dos administrados e as prerrogativas da Administração.

Os dois princípios fundamentais e que decorrem da assinalada bipolaridade do Direito Administrativo – liberdade do indivíduo e autoridade da Administração – são os princípios da **legalidade** e da **supremacia do interesse público sobre o particular**, que não são específicos do Direito Administrativo porque informam todos os ramos do direito público; no entanto, são essenciais, porque, a partir deles, constroem-se todos os demais.

A Constituição de 1988 inovou ao fazer expressa menção a alguns princípios a que se submete a Administração Pública Direta e Indireta, a saber, os princípios da **legalidade**, da **impessoalidade**, da **moralidade administrativa**, da **publicidade** e **eficiência** (art. 37, *caput*, com redação dada pela Emenda Constitucional nº 19, de 4-6-98), aos quais a Constituição do Estado de São Paulo acrescentou os da razoabilidade, finalidade, motivação e interesse público (art. 111).

A Lei nº 9.784, de 29-1-99 (Lei do Processo Administrativo Federal), no art. 2º, faz referência aos princípios da legalidade, finalidade, motivação, razoabilidade, proporcionalidade, moralidade, ampla defesa, contraditório, segurança jurídica, interesse público e eficiência.

Além disso, outras leis esparsas fazem expressa referência a princípios específicos de determinados processos, tal como ocorreu com a Lei nº 8.666, de 21-6-93, e agora se repete de forma mais ampla na nova Lei de Licitações e contratos administrativos (Lei nº 14.133, de 1º-4-21), e também ocorreu com a Lei nº 8.987, de 13-2-95, sobre concessão e permissão de serviço público.

Ressalvados os princípios específicos de determinados processos, que serão analisados nos capítulos que cuidam da matéria a que se referem, serão a seguir comentados os demais princípios constitucionais e legais já referidos, além de alguns não contemplados expressamente no direito positivo, mas que estão implícitos no modelo de Estado de Direito, como é o caso dos princípios do interesse público, da segurança jurídica, da boa-fé, da motivação, da razoabilidade e proporcionalidade. Eles informam também o Direito Administrativo.

3.4.1 Legalidade

Este princípio, juntamente com o de controle da Administração pelo Poder Judiciário, nasceu com o Estado de Direito e constitui uma das principais garantias de respeito aos direitos individuais. Isto porque a lei, ao mesmo tempo em que os define, estabelece também os limites da atuação administrativa que tenha por objeto a restrição ao exercício de tais direitos em benefício da coletividade.

É aqui que melhor se enquadra aquela ideia de que, na relação administrativa, a vontade da Administração Pública é a que decorre da lei.

Segundo o princípio da legalidade, a Administração Pública só pode fazer o que a lei permite. No âmbito das relações entre particulares, o princípio aplicável é o da **autonomia da vontade**, que lhes permite fazer tudo o que a lei não proíbe. Essa é a ideia expressa de forma lapidar por Hely Lopes Meirelles (2003:86) e corresponde ao que já vinha explícito no art. 4º da Declaração dos Direitos do Homem e do Cidadão, de 1789: "a liberdade consiste em fazer tudo aquilo que não prejudica a outrem; assim, o exercício dos direitos naturais de cada homem não tem outros limites que os que asseguram aos membros da sociedade o gozo desses mesmos direitos. Esses limites somente podem ser estabelecidos em lei".

No direito positivo brasileiro, esse postulado, além de referido no art. 37, está contido no art. 5º, inciso II, da Constituição Federal que, repetindo preceito de Constituições anteriores, estabelece que "ninguém será obrigado a fazer ou deixar de fazer alguma coisa senão em virtude de lei".

Em decorrência disso, a Administração Pública não pode, por simples ato administrativo, conceder direitos de qualquer espécie, criar obrigações ou impor vedações aos administrados; para tanto, ela depende de lei.

A observância do referido preceito constitucional é garantida por meio de outro direito assegurado pelo mesmo dispositivo, em seu inciso XXXV, em decorrência do qual "a lei não excluirá da apreciação do Poder Judiciário lesão ou ameaça a direito", ainda que a mesma decorra de ato da Administração. E a Constituição ainda prevê outros remédios específicos contra a ilegalidade administrativa, como a ação popular, o *habeas corpus*, o *habeas data*, o mandado de segurança e o mandado de injunção; tudo isto sem falar no controle pelo Legislativo, diretamente ou com auxílio do Tribunal de Contas, e no controle pela própria Administração.

O tema concernente ao princípio da legalidade foi mais desenvolvido no livro *Discricionariedade Administrativa na Constituição de 1988* (Di Pietro: 2012a). Sobre o alargamento do princípio da legalidade, v., neste livro, o item 1.8, sobre as tendências atuais do direito administrativo.

3.4.2 Supremacia do interesse público

Esse princípio está presente tanto no momento da **elaboração da lei** como no momento da sua execução em concreto pela Administração Pública. Ele inspira o **legislador** e vincula a autoridade administrativa em toda a sua atuação.

No que diz respeito à sua influência na elaboração da lei, é oportuno lembrar que uma das distinções que se costuma fazer entre o direito privado e o direito público (e que vem desde o Direito Romano) leva em conta o interesse que se tem em vista proteger; o direito privado contém normas de **interesse individual** e, o direito público, normas de **interesse público**.

Esse critério tem sido criticado porque existem normas de direito privado que objetivam defender o interesse público (como as concernentes ao Direito de Família) e existem normas de direito público que defendem também interesses dos particulares (como as normas de segurança, saúde pública, censura, disposições em geral atinentes ao poder de polícia do Estado e normas no capítulo da Constituição consagrado aos direitos fundamentais do homem).

Apesar das críticas a esse critério distintivo, que realmente não é absoluto, algumas verdades permanecem: em primeiro lugar, as normas de direito público, embora protejam reflexamente o interesse individual, têm o objetivo primordial de atender ao interesse público, ao bem-estar coletivo. Além disso, pode-se dizer que o direito público somente começou a se desenvolver quando, depois de superados o primado do Direito Civil (que durou muitos séculos) e o individualismo que tomou conta dos vários setores da ciência, inclusive a do Direito, substituiu-se a ideia do homem como fim único do direito (própria do individualismo) pelo princípio que hoje serve de fundamento para todo o direito público e que vincula a Administração em todas as suas decisões: o de que os **interesses públicos têm supremacia sobre os individuais**.

Com efeito, já em fins do século XIX começaram a surgir reações contra o individualismo jurídico, como decorrência das profundas transformações ocorridas nas ordens econômica, social e política, provocadas pelos próprios resultados funestos daquele individualismo exacerbado. O Estado teve que abandonar a sua posição passiva e começar a atuar no âmbito da atividade exclusivamente privada.

O Direito deixou de ser apenas instrumento de garantia dos direitos do indivíduo e passou a ser visto como meio para consecução da justiça social, do bem comum, do bem-estar coletivo.

Em nome do primado do interesse público, inúmeras transformações ocorreram: houve uma ampliação das atividades assumidas pelo Estado para atender às necessidades coletivas, com a consequente ampliação do próprio conceito de serviço público. O mesmo ocorreu com o poder de polícia do Estado, que deixou de impor obrigações apenas negativas (não fazer) visando resguardar a ordem pública, e passou a impor obrigações positivas, além de ampliar o seu campo de atuação, que passou a abranger, além da ordem pública, também a ordem econômica e social. Surgem, no plano constitucional, novos preceitos que revelam a interferência crescente do Estado na vida econômica e no direito de propriedade; assim são as normas que permitem a intervenção do Poder Público no funcionamento e na propriedade das empresas, as que condicionam o uso da propriedade ao bem-estar social, as que reservam para o Estado a propriedade e a exploração de determinados bens, como as minas e demais riquezas do subsolo, as que permitem a desapropriação para a justa distribuição da propriedade; cresce a preocupação com os interesses difusos, como o meio ambiente e o patrimônio histórico e artístico nacional.

Tudo isso em nome dos interesses públicos que incumbe ao Estado tutelar. É, pois, no âmbito do direito público, em especial do Direito Constitucional e Administrativo, que o princípio da supremacia do interesse público tem a sua sede principal.

Ocorre que, da mesma forma que esse princípio inspira o **legislador** ao editar as normas de direito público, também vincula a Administração Pública, ao aplicar a lei, no exercício da função administrativa.

Se a lei dá à Administração os poderes de desapropriar, de requisitar, de intervir, de policiar, de punir, é porque tem em vista atender ao interesse geral, que não pode ceder diante do interesse individual. Em consequência, se, ao usar de tais poderes, a autoridade administrativa objetiva prejudicar um inimigo político, beneficiar um amigo, conseguir vantagens pessoais para si ou para terceiros, estará fazendo prevalecer o interesse individual sobre o interesse público e, em consequência, estará se desviando da finalidade pública prevista na lei. Daí o vício do **desvio de poder** ou **desvio de finalidade**, que torna o ato ilegal.

Ligado a esse princípio de supremacia do interesse público – também chamado de princípio da finalidade pública – está o da indisponibilidade do interesse público que, segundo Celso Antônio Bandeira de Mello (2019:76), "significa que sendo interesses qualificados como próprios da coletividade – internos ao setor público – não se encontram à livre disposição de quem quer que seja, por inapropriáveis. O próprio órgão administrativo que os representa não tem disponibilidade sobre eles, no sentido de que lhe incumbe apenas curá-los – o que é também um dever – na estrita conformidade do que dispuser a *intentio legis*". Mais além, diz que "**as pessoas administrativas não têm portanto disponibilidade sobre os interesses públicos confiados à sua guarda e realização**. Esta disponibilidade está permanentemente retida nas mãos do Estado (e de outras pessoas políticas, cada qual na própria esfera) em sua manifestação legislativa. Por isso, a Administração e a pessoa administrativa, autarquia, têm caráter instrumental".

Precisamente por não poder dispor dos interesses públicos cuja guarda lhes é atribuída por lei, os **poderes** atribuídos à Administração têm o caráter de poder-dever; são poderes que ela não pode deixar de exercer, sob pena de responder pela omissão. Assim, a autoridade não pode renunciar ao exercício das competências que lhe são outorgadas por lei; não pode deixar de punir quando constate a prática de ilícito administrativo; não pode deixar de exercer o poder de polícia para coibir o exercício dos direitos individuais em conflito com o bem-estar coletivo; não pode deixar de exercer os poderes decorrentes da hierarquia; não pode fazer liberalidade com o dinheiro público. Cada vez que ela se omite no exercício de seus poderes, é o interesse público que está sendo prejudicado.

O princípio do interesse público está expressamente previsto no art. 2º, *caput*, da Lei nº 9.784/99, e especificado no parágrafo único, com a exigência de "*atendimento a fins de interesse geral, vedada a renúncia total ou parcial de poderes ou competências, salvo autorização em lei*" (inciso II). Fica muito claro no dispositivo que o interesse público é irrenunciável pela autoridade administrativa.[1] O princípio também foi inserido entre os princípios da licitação no art. 5º da Lei nº 14.133, de 1º-4-21.

3.4.3 Impessoalidade

Este princípio, que aparece, pela primeira vez, com essa denominação, no art. 37 da Constituição de 1988, está dando margem a diferentes interpretações, pois, ao contrário dos demais, não tem sido objeto de cogitação pelos doutrinadores brasileiros. Exigir impessoalidade da Administração tanto pode significar que esse atributo deve ser observado em relação aos administrados como à própria Administração. No primeiro sentido, o princípio estaria relacionado com a **finalidade pública** que deve nortear toda a atividade administrativa. Significa que a Administração não pode atuar com vistas a prejudicar ou beneficiar pessoas determinadas, uma vez que é sempre o interesse público que tem que nortear o seu comportamento. Aplicação desse princípio encontra-se, por exemplo, no art. 100 da Constituição, referente aos precatórios judiciais; o dispositivo proíbe a designação de pessoas ou de casos nas dotações orçamentárias e nos créditos adicionais abertos para esse fim.

No segundo sentido, o princípio significa, segundo José Afonso da Silva (2003:647), baseado na lição de Gordillo que "os atos e provimentos administrativos são imputáveis não ao funcionário que os pratica, mas ao órgão ou entidade administrativa da Administração Pública, de sorte que ele é o autor institucional do ato. Ele é apenas o órgão que formalmente manifesta a vontade estatal". Acrescenta o autor que, em consequência "as realizações governamentais não são do funcionário ou autoridade, mas da entidade pública em nome de quem as produzira. A própria Constituição dá uma consequência expressa a essa regra, quando, no § 1º do art. 37, proíbe que conste **nome, símbolos** ou **imagens** que caracterizem promoção pessoal

---

[1] Sobre as críticas ao princípio da supremacia do interesse público, v., neste livro, o item 1.8, concernente às tendências atuais do direito administrativo e artigo publicado na *Revista Trimestral de Direito Público*, nº 48, p. 63-76 (São Paulo: Malheiros, 2004). V. também *Supremacia do interesse público e outros temas relevantes do direito administrativo*, Maria Sylvia Zanella Di Pietro e Carlos Vinícius Alves Ribeiro (coord.), Atlas, 2010.

de autoridades ou servidores públicos em publicidade de atos, programas, obras, serviços e campanhas dos órgãos públicos".

Na Lei nº 9.784/99, o princípio não aparece expressamente mencionado, porém, está implicitamente contido no art. 2º, parágrafo único, inciso III, nos dois sentidos assinalados, pois se exige *"objetividade no atendimento do interesse público, vedada a promoção pessoal de agentes ou autoridades".*

A nova Lei de Licitações e Contratos Administrativos – Lei nº 14.133/21, no art. 5º, ao mencionar os princípios da licitação, inclui o da impessoalidade.

Outra aplicação desse princípio encontra-se em matéria de exercício de fato, quando se reconhece validade aos atos praticados por funcionário irregularmente investido no cargo ou função, sob fundamento de que os atos são do órgão e não do agente público.

É oportuno lembrar, ainda, que a Lei nº 9.784/99, nos arts. 18 a 21, contém normas sobre **impedimento e suspeição**, que se inserem também como aplicação do princípio da impessoalidade e do princípio da moralidade (v. item 7.11.2.3). Do mesmo modo que nas ações judiciais existem hipóteses de impedimento e suspeição do Juiz, também no processo administrativo essas hipóteses criam presunção de parcialidade da autoridade que decidir sem declarar a existência das causas de impedimento ou suspeição.

3.4.4 Presunção de legitimidade ou de veracidade

Esse princípio, que alguns chamam de princípio da **presunção de legalidade**, abrange dois aspectos: de um lado, a presunção de verdade, que diz respeito à **certeza dos fatos**; de outro lado, a presunção da legalidade, pois, se a Administração Pública se submete à lei, presume-se, até prova em contrário, que todos os seus atos sejam verdadeiros e praticados com observância das normas legais pertinentes.

Trata-se de presunção relativa (*juris tantum*) que, como tal, admite prova em contrário. O efeito de tal presunção é o de inverter o ônus da prova.

Como consequência dessa presunção, as decisões administrativas são de execução imediata e têm a possibilidade de criar obrigações para o particular, independentemente de sua concordância e, em determinadas hipóteses, podem ser executadas pela própria Administração, mediante meios diretos ou indiretos de coação. É o que os franceses chamam de decisões executórias da Administração Pública.

A Lei nº 13.460, de 26-6-17, que dispõe sobre participação, proteção e defesa dos direitos do usuário dos serviços públicos da Administração Pública (regulamentada pelos Decretos nº 9.094, de 17-7-17, e 9.492, de 5-9-18, ambos com alterações posteriores), prevê também a presunção de boa-fé do usuário do serviço público, colocando-a entre as diretrizes a serem observadas pelos prestadores de serviços públicos (art. 5º). Sobre o entendimento atual do sentido dessa presunção, v. item 7.6.1, onde serão analisados os atributos dos atos administrativos.

3.4.5 Especialidade

Dos princípios da **legalidade** e da **indisponibilidade do interesse público** decorre, dentre outros, o da **especialidade**, concernente à ideia de descentralização administrativa.

Quando o Estado cria pessoas jurídicas públicas administrativas – as autarquias – como forma de descentralizar a prestação de serviços públicos, com vistas à especialização de função, a lei que cria a entidade estabelece com precisão as finalidades que lhe incumbe atender, de tal modo que não cabe aos seus administradores afastar-se dos objetivos definidos na lei; isto precisamente pelo fato de não terem a livre disponibilidade dos interesses públicos.

Embora esse princípio seja normalmente referido às **autarquias**, não há razão para negar a sua aplicação quanto às demais pessoas jurídicas, instituídas por lei, para integrarem a Administração Pública Indireta. Sendo necessariamente criadas ou autorizadas por lei (conforme norma agora expressa no art. 37, incisos XIX e XX, da Constituição), tais entidades não podem desvirtuar-se dos objetivos legalmente definidos. Com relação às sociedades de economia mista, existe norma nesse sentido, contida no art. 237 da Lei nº 6.404, de 15-12-76, em cujos termos "a companhia de economia mista somente poderá explorar os empreendimentos ou exercer as atividades previstas na lei que autorizou a sua constituição". Significa que nem mesmo a Assembleia Geral de acionistas pode alterar esses objetivos, que são **institucionais**, ligados a interesse público indisponível pela vontade das partes interessadas.

O Estatuto Jurídico das Empresas Estatais, aprovado pela Lei nº 13.303, de 30-6-16, contém, no art. 8º, inciso I e § 1º, aplicação do princípio da especialidade (v. item 10.5.3.2).

3.4.6 Controle ou tutela

Para assegurar que as entidades da Administração Indireta observem o princípio da especialidade, elaborou-se outro princípio: o do **controle** ou **tutela**, em consonância com o qual a Administração Pública direta fiscaliza as atividades dos referidos entes, com o objetivo de garantir a observância de suas finalidades institucionais.

Colocam-se em confronto, de um lado, a **independência** da entidade que goza de parcela de autonomia administrativa e financeira, já que dispõe de fins próprios, definidos em lei, e patrimônio também próprio destinado a atingir aqueles fins; e, de outro lado, a necessidade de **controle** para que a pessoa jurídica política (União, Estado ou Município) que instituiu a entidade da Administração Indireta se assegure de que ela está agindo de conformidade com os fins que justificaram a sua criação.

A regra é a autonomia; a exceção é o controle; este não se presume; só pode ser exercido nos limites definidos em lei.

3.4.7 Autotutela

Enquanto pela tutela a Administração exerce controle sobre outra pessoa jurídica por ela mesma instituída, pela autotutela o controle se exerce sobre os próprios atos, com a possibilidade de anular ou convalidar os ilegais e revogar os inconvenientes ou inoportunos, independentemente de recurso ao Poder Judiciário.

É uma decorrência do princípio da legalidade; se a Administração Pública está sujeita à lei, cabe-lhe, evidentemente, o controle da legalidade.

Esse poder da Administração está consagrado em duas súmulas do STF. Pela de nº 346, "a administração pública pode declarar a nulidade dos seus próprios atos"; e pela de nº 473, "a administração pode anular os seus próprios atos, quando eivados de vícios que os tornem ilegais, porque deles não se originam direitos; ou revogá-los, por motivo de conveniência ou oportunidade, respeitados os direitos adquiridos, e ressalvada, em todos os casos, a apreciação judicial".

Também se fala em autotutela para designar o poder que tem a Administração Pública de zelar pelos bens que integram o seu patrimônio, sem necessitar de título fornecido pelo Poder Judiciário. Ela pode, por meio de medidas de polícia administrativa, impedir quaisquer atos que ponham em risco a conservação desses bens.

3.4.8 Hierarquia

Em consonância com o princípio da hierarquia, os órgãos da Administração Pública são estruturados de tal forma que se cria uma relação de coordenação e subordinação entre uns e outros, cada qual com atribuições definidas na lei. Desse princípio, que só existe relativamente às funções administrativas, não em relação às legislativas e judiciais, decorre uma série de prerrogativas para a Administração: a de rever os atos dos subordinados, a de delegar e avocar atribuições, a de punir; para o subordinado surge o dever de obediência. Com a instituição da súmula vinculante pelo art. 103-A da Constituição Federal (acrescentado pela Emenda Constitucional nº 45/04, sobre reforma do Poder Judiciário), é estabelecida uma subordinação hierárquica dos órgãos do Judiciário ao Supremo Tribunal Federal; isto porque, se a decisão judicial contrariar ou aplicar indevidamente a súmula, o Supremo Tribunal Federal poderá cassá-la se acolher reclamação a ele dirigida, e **determinar** que outra seja proferida. A mesma subordinação ocorrerá com as decisões definitivas proferidas em ações diretas de inconstitucionalidade e nas ações declaratórias de constitucionalidade de lei ou ato normativo federal ou estadual (art. 102, § 2º, da Constituição).

A mesma hierarquia decorre de outras sentenças judiciais que funcionam como precedentes de observância obrigatória no âmbito do próprio Judiciário, como em relação aos recursos com repercussão geral, conforme arts. 102, § 3º, da Constituição Federal e 1.035 do CPC. As hipóteses foram analisadas no capítulo 1º, ao tratar do tema da jurisprudência como fonte do direito administrativo.

3.4.9 Continuidade do serviço público

Por esse princípio entende-se que o serviço público, sendo a forma pela qual o Estado desempenha funções essenciais ou necessárias à coletividade, não pode parar. Dele decorrem consequências importantes:

1. a proibição de greve nos serviços públicos; essa vedação, que antes se entendia absoluta, está consideravelmente abrandada, pois a atual Constituição, no art. 37, inciso VII, determina que o direito de greve será exercido "nos termos e nos limites definidos em lei específica"; o STF, na ausência de "lei específica", decidiu pela aplicação da Lei nº 7.783/89 (cf. item 13.4.5); também em outros países já se procura conciliar o direito de greve com a necessidade do serviço público. Na França, por exemplo, proíbe-se a greve rotativa que, afetando por escalas os diversos elementos de um serviço, perturba o seu funcionamento; além disso, impõe-se aos sindicatos a obrigatoriedade de uma declaração prévia à autoridade, no mínimo cinco dias antes da data prevista para o seu início;
2. necessidade de institutos como a suplência, a delegação e a substituição para preencher as funções públicas temporariamente vagas;
3. a impossibilidade, para quem contrata com a Administração, de invocar a *exceptio non adimpleti contractus* nos contratos que tenham por objeto a execução de serviço público;
4. a faculdade que se reconhece à Administração de utilizar os equipamentos e instalações da empresa que com ela contrata, para assegurar a continuidade do serviço;
5. com o mesmo objetivo, a possibilidade de encampação da concessão de serviço público.

3.4.10 Publicidade

O princípio da publicidade, que vem agora inserido no art. 37 da Constituição, exige a ampla divulgação dos atos praticados pela Administração Pública, ressalvadas as hipóteses de sigilo previstas em lei.

Existem na própria Constituição (art. 5º) outros preceitos que ou confirmam ou restringem o princípio da publicidade:

1. O inciso LX determina que a lei só poderá restringir a publicidade dos atos processuais quando a **defesa da intimidade** ou o **interesse social** o exigirem; como a Administração Pública tutela interesses públicos, não se justifica o sigilo de seus atos processuais, a não ser que o próprio interesse público assim determine, como, por exemplo, se estiver em jogo a segurança pública; ou que o assunto, se divulgado, possa ofender a intimidade de determinada pessoa, sem qualquer benefício para o interesse público. O inciso LX deve ser combinado com o art. 5º, X, que inova ao estabelecer serem invioláveis a intimidade, a vida privada, a honra e a imagem das pessoas, assegurado o direito à indenização pelo dano material ou moral decorrente de sua violação; também os incisos XI e XII do art. 5º protegem o direito à intimidade; o primeiro garante a inviolabilidade do domicílio, "salvo em caso de flagrante delito ou desastre, ou para prestar socorro ou, durante o dia, por determinação judicial", e, o segundo, o sigilo da correspondência e das comunicações telegráficas, de dados e das comunicações telefônicas, "salvo, no último caso, por ordem judicial, nas hipóteses e na forma que a lei estabelecer para fins de investigação criminal ou instrução processual penal." O inciso LXXIX do art. 5º, introduzido pela Emenda Constitucional nº 115/22, insere entre os direitos fundamentais, a "proteção dos dados pessoais, inclusive nos meios digitais". Antes disso, a Lei nº 13.709, de 14-8-2018 (Lei Geral de Proteção de Dados Pessoais), com alterações posteriores, já dispunha sobre "o tratamento de dados pessoais, inclusive nos meios digitais, por pessoa natural ou por pessoa jurídica de direito público ou privado, com o objetivo de proteger os direitos fundamentais de liberdade e de privacidade e o livre desenvolvimento da personalidade da pessoa natural" (art. 1º). Por sua vez, a Lei nº 12.965, de 23-4-2014, estabelece princípios, garantias, direitos e deveres para o uso da internet no Brasil, contendo normas que também protegem a intimidade e a vida privada.

    Pode ocorrer conflito entre o direito individual ao sigilo, que protege a intimidade, e outro direito individual (como a liberdade de opinião e de imprensa) ou conflito entre o direito à intimidade e um interesse público (como o dever de fiscalização por parte do Estado. Para resolver esse conflito, invoca-se o princípio da proporcionalidade (em sentido amplo), que exige observância das regras da **necessidade**, **adequação** e **proporcionalidade** (em sentido estrito). Por outras palavras, a medida deve trazer o mínimo de restrição ao titular do direito, devendo preferir os meios menos onerosos (regra da necessidade); deve ser apropriada para a realização do interesse público (regra da adequação); e deve ser proporcional em relação ao fim a atingir (regra da proporcionalidade em sentido estrito).

    Para proteger a intimidade, como direito individual, o direito positivo limita a atuação de determinados órgãos e instituições e de determinados profissionais que, por força das funções que lhes são próprias, têm conhecimento de informações relativas a terceiros, impondo-lhes o **dever de sigilo**. Nessas hipóteses, as informações obtidas não podem ser objeto de divulgação; não tem aplicação, nesses casos, a regra da publicidade.[2]

Vale dizer que existe o sigilo como **direito** fundamental, ao qual corresponde o **dever de sigilo** imposto a todos aqueles, sejam particulares, sejam agentes públicos, que tenham conhecimento de dados sigilosos que não lhes pertencem e em relação aos quais fica vedada a divulgação ou publicidade. O Código Penal tipifica como crime o fato de "revelar alguém, sem justa causa, segredo de que tem ciência em razão de função, ministério, ofício ou profissão, e cuja revelação possa produzir dano a outrem".

A Lei nº 12.527, de 18-11-11, que regula, com alterações posteriores, o acesso a informações (e está regulamentada pelo Decreto nº 7.724, de 16-5-12, também com alterações posteriores), estabelece, no art. 31, § 1º, que as informações pessoais, relativas à intimidade, vida privada, honra e imagem terão seu acesso restrito, independentemente de classificação de sigilo e pelo prazo máximo de 100 (cem anos) a contar da sua data de produção, a agentes públicos legalmente autorizados e à pessoa a que elas se referirem; e poderão ter autorizada sua divulgação ou acesso por terceiros diante de previsão legal ou consentimento expresso da pessoa a que elas se referirem. No § 3º do mesmo dispositivo são indicadas as hipóteses em que o consentimento não será exigido. O § 4º proíbe que a restrição de acesso à informação seja invocada com o intuito de prejudicar processo de apuração de irregularidades em que o titular das informações estiver envolvido, bem como em ações voltadas para a recuperação de fatos históricos de maior relevância.

2. O inciso XIV assegura a todos o acesso à informação e resguardado o sigilo da fonte, quando necessário ao exercício profissional.

3. O inciso XXXIII estabelece que todos têm direito a receber dos órgãos públicos informações de seu **interesse particular**, ou de **interesse coletivo** ou **geral**, que serão prestadas no prazo da lei, sob pena de responsabilidade, **ressalvadas aquelas cujo sigilo seja imprescindível à segurança da sociedade e do Estado**; essa norma deve ser combinada com a do inciso LX, que garante o sigilo dos atos processuais quando necessário à defesa da intimidade e proteção do interesse social. Tais dispositivos estão disciplinados pela Lei nº 12.527, de 18-11-11.[3]

Essa Lei disciplina também os arts. 37, § 3º, II, e 216, § 2º, da Constituição; o primeiro prevê lei que assegure o acesso dos usuários a registros administrativos e a informações sobre atos do governo, observado o disposto no art. 5º, X e XXXIII; o segundo outorga à Administração Pública a gestão da documentação governamental e as providências para franquear sua consulta a quantos dela necessitarem.

A Lei, ao mesmo tempo que resguarda o direito de acesso à informação necessária à tutela judicial ou administrativa de direitos fundamentais (art. 21), também protege as hipóteses de sigilo, de segredo de justiça e de segredo industrial (art. 22). Ela ainda estabelece o procedimento de acesso à informação, abrangendo o pedido e os recursos cabíveis (arts. 10 a 19), com a previsão de que os órgãos do Poder

---

[2] No âmbito da legislação ordinária, existem inúmeras normas que protegem o direito à intimidade e impõem o dever de sigilo: Lei nº 7.232/84 (Lei de Informática, art. 2º, VIII), Lei nº 12.527, de 18-11-11, que regulamenta a parte final do art. 5º, inciso XXXIII, da Constituição; sem falar na legislação que protege o sigilo que deve ser observado por determinados profissionais, como o médico (Código de Ética) e o Advogado (Estatuto da OAB).

[3] A Lei nº 12.527/11 foi regulamentada pelo Decreto nº 7.724, de 16-5-12.

Judiciário e do Ministério Público informarão ao Conselho Nacional de Justiça e ao Conselho Nacional do Ministério Público, respectivamente, as decisões que, em grau de recurso, negarem acesso a informações de interesse público: define o que se considera sigilo imprescindível à segurança da sociedade ou do Estado e, portanto, passível de classificação como ultrassecreta, secreta ou reservada (arts. 23 e 24); estabelece os procedimentos de classificação, reclassificação e desclassificação do sigilo de informações, indicando as autoridades competentes e exigindo, dentre outros requisitos, fundamento da classificação (arts. 27 e 28); define as condutas ilícitas que ensejam responsabilidade do agente público ou militar e as sanções cabíveis, inclusive por ato de improbidade (art. 32); estabelece as penalidades aplicáveis à pessoa física ou entidade privada que detiver informações em virtude de vínculo de qualquer natureza com o Poder Público.

O Decreto nº 9.094, de 17-7-17 (que regulamenta a Lei nº 13.460, de 26-6-17, com alterações posteriores), veio facilitar o acesso a informações ao dispor sobre a simplificação do atendimento prestado aos usuários dos serviços públicos, ratificar a dispensa do reconhecimento de firma e da autenticação em documentos produzidos no País e regulamentar a Carta de Serviços ao Usuário, prevista no art. 7º da Lei nº 13.460, de 26-6-17 (que dispõe sobre participação, proteção e defesa dos direitos do usuário dos serviços públicos da Administração Pública). Essa Carta, conforme estabelece o art. 11, § 1º, do referido Decreto, "tem por objetivo informar aos usuários: I – os serviços prestados pelo órgão ou pela entidade do Poder Executivo federal; II – as formas de acesso aos serviços a que se refere o inciso I; III – os compromissos e padrões de qualidade do atendimento ao público; e IV – os serviços publicados no portal único gov.br, nos termos do disposto no Decreto nº 8.936, de 19-12-16".

4. O direito à informação relativa à **pessoa** é garantido pelo *habeas data*, nos termos do inciso LXXII do art. 5º da Constituição: "conceder-se-á *habeas data*:
   a) para assegurar o conhecimento de informações relativas à pessoa do impetrante, constantes de registros ou bancos de dados de entidades governamentais ou de caráter público;
   b) para a retificação de dados, quando não se prefira fazê-lo por processo sigiloso, judicial ou administrativo".

O *habeas data* tem, pois, uma finalidade restrita; em outras hipóteses, o direito à informação pode ser assegurado pelas vias ordinárias ou por mandado de segurança, já que nenhuma lesão ou ameaça a direito pode ser excluída da apreciação do Poder Judiciário (art. 5º, inciso XXXV).

O direito à informação, para os fins do art. 5º, LXXII, da Constituição, está disciplinado pela Lei nº 9.507, de 12-11-97. De acordo com o parágrafo único do art. 1º, "considera-se de caráter público todo registro ou banco de dados contendo informações que sejam ou que possam ser transmitidas a terceiros ou que não sejam de uso privativo do órgão ou entidade produtora ou depositária de informações".

Está claro que o direito à informação, nesse caso específico em que é protegido pelo *habeas data*, somente é exercido quando a informação esteja depositada em órgão ou entidade (sejam públicos ou privados) que forneçam dados a terceiros; não cabe o direito se a informação for usada para uso exclusivo do próprio órgão ou entidade.

O direito à informação é exercido mediante requerimento dirigido ao órgão ou entidade depositária do registro ou banco de dados e deve ser deferido ou indeferido no prazo de 48 horas, sendo a decisão comunicada ao requerente em 24 horas (art.

2º). Em caso de deferimento, o depositário deve comunicar ao requerente o dia e hora em que tomará conhecimento da informação (art. 3º).

Ao interessado é dado requerer a retificação, se a informação estiver errada e apresentar os devidos comprovantes ou exigir que do registro ou banco de dados conste explicação ou contestação sobre os mesmos, ou ainda a possível pendência sobre os fatos registrados (art. 4º). O procedimento administrativo para a obtenção dessas medidas é gratuito, conforme art. 21 da Lei nº 9.507.

Em caso de recusa, caberá o *habeas data* (v. item 17.5.4.2).

5. O inciso XXXIV assegura a todos, independentemente do pagamento de taxas:
   a) o direito de petição aos Poderes Públicos em defesa de direitos ou contra ilegalidade ou abuso de poder;
   b) a obtenção de certidões em repartições públicas, para defesa de direito e esclarecimento de situações pessoais.

Quando a certidão é pedida para outros fins, como, por exemplo, a proteção de interesses coletivos, ainda assim ela é devida pela Administração, sob pena de tornar-se inviável a propositura de ação popular, de ação civil pública ou de mandado de segurança coletivo só que, nessa hipótese, a certidão, ou mesmo o direito à informação, não será gratuita.

O direito à expedição de certidão está disciplinado pela Lei nº 9.051, de 18-5-95, que fixa o prazo de 15 dias para atendimento, a contar do registro do pedido no órgão expedidor e exige que do requerimento constem esclarecimentos relativos aos fins e razões do pedido.

Na Lei nº 9.784/99, o art. 2º, parágrafo único, inciso V, exige "*divulgação oficial dos atos administrativos, ressalvadas as hipóteses de sigilo previstas na Constituição*", além de várias outras exigências pertinentes ao mesmo princípio, analisadas no item 15.5.1.

Ainda com relação ao princípio da publicidade, a Lei de Responsabilidade Fiscal estabelece, no art. 1º, § 1º, que a responsabilidade na gestão fiscal pressupõe a ação planejada e "transparente". E, no art. 48, com a redação dada pela Lei Complementar nº 131, de 27-5-09, estabelece normas sobre a "transparência da gestão fiscal", exigindo, no parágrafo único, "incentivo à participação popular e realização de audiências públicas, durante os processos de elaboração e discussão dos planos, lei de diretrizes orçamentárias e orçamentos; II – liberação ao pleno conhecimento e acompanhamento da sociedade, em tempo real, de informações pormenorizadas sobre a execução orçamentária e financeira, em meios eletrônicos de acesso público; III – adoção de sistema integrado de administração financeira e controle, que atenda a padrão mínimo de qualidade estabelecido pelo Poder Executivo da União e ao disposto no artigo 48-A".[4]

Além disso, a Lei Complementar nº 131/09 inseriu dispositivos prevendo: (a) a exigência de disponibilização de informações pertinentes à despesa e à receita a qualquer pessoa física ou jurídica (art. 48-A); (b) a legitimidade de qualquer cidadão, partido político, associação ou sindicato para denunciar irregularidades ao Tribunal de Contas e ao órgão do Ministério Público sobre o descumprimento das normas da Lei de Responsabilidade Fiscal (art. 73-A); a observância de prazos

---

[4] O Decreto nº 10.540, de 5-11-20, dispõe sobre o padrão mínimo de qualidade do Sistema Único e Integrado de Execução Orçamentária, Administração Financeira e Controle, no âmbito de cada ente da Federação, nos termos do art. 48, § 1º, III, e § 6º da Lei Complementar nº 101/00.

fixados na lei para cumprimento das medidas previstas nos arts. 48 e 48-A, sob pena de sujeição à sanção prevista no art. 23, § 3º, I, ou seja, proibição de recebimento de transferências voluntárias (arts. 73-B e 73-C).

No Estado de São Paulo, a **Constituição de 1989** também assegura a publicidade administrativa; o art. 112 exige publicação das leis e atos administrativos externos para que produzam os seus efeitos regulares, apenas permitindo a publicação resumida quando se trate de atos não normativos; o art. 114 obriga a Administração a fornecer a qualquer interessado, no prazo máximo de **10 dias**, certidão de atos, contratos, decisões ou pareceres, sob pena de responsabilização da autoridade ou servidor que negar ou retardar a sua expedição.

Além disso, a Lei nº 10.177, de 30-12-98, que regula o processo administrativo no âmbito da Administração Pública Estadual, estabelece normas sobre o direito à obtenção de certidão e de informações pessoais; em ambos os casos, o direito deve ser assegurado no prazo de 10 dias (arts. 74 e 78, II).

3.4.11 Moralidade administrativa

Nem todos os autores aceitam a existência desse princípio; alguns entendem que o conceito de moral administrativa é vago e impreciso ou que acaba por ser absorvido pelo próprio conceito de legalidade.

No entanto, antiga é a distinção entre Moral e Direito, ambos representados por círculos concêntricos, sendo o maior correspondente à moral e, o menor, ao direito. **Licitude** e **honestidade** seriam os traços distintivos entre o direito e a moral, numa aceitação ampla do brocardo segundo o qual *non omne quod licet honestum est* (nem tudo o que é legal é honesto).

Antonio José Brandão (*RDA* 25:454) faz um estudo da evolução da moralidade administrativa, mostrando que foi no direito civil que a regra moral primeiro se imiscuiu na esfera jurídica, por meio da doutrina do exercício abusivo dos direitos e, depois, pelas doutrinas do **não locupletamento à custa alheia** e da **obrigação natural**. Essa mesma intromissão verificou-se no âmbito do direito público, em especial no Direito Administrativo, no qual penetrou quando se começou a discutir o problema do exame jurisdicional do **desvio de poder**.

O mesmo autor demonstra ter sido Maurice Hauriou o primeiro a cuidar do assunto, tendo feito a sua colocação definitiva na 10ª edição do *Précis de Droit Administratif*, onde define a moralidade administrativa como o "conjunto de regras de conduta tiradas da disciplina interior da Administração"; implica saber distinguir não só o **bem** e o **mal**, o **legal** e o **ilegal**, o **justo** e o **injusto**, o **conveniente** e o **inconveniente**, mas também entre o **honesto** e o **desonesto**; há uma **moral institucional**, contida na lei, imposta pelo Poder Legislativo, e há a moral administrativa, que "é imposta de dentro e vigora no próprio ambiente institucional e condiciona a utilização de qualquer poder jurídico, mesmo o discricionário".

Conforme assinalado, a imoralidade administrativa surgiu e se desenvolveu ligada à ideia de **desvio de poder**, pois se entendia que em ambas as hipóteses a Administração Pública se utiliza de meios lícitos para atingir finalidades metajurídicas irregulares. A imoralidade estaria na intenção do agente.

Essa a razão pela qual muitos autores entendem que a imoralidade se reduz a uma das hipóteses de ilegalidade que pode atingir os atos administrativos, ou seja, a ilegalidade quanto aos **fins** (**desvio de poder**).

Autores mais antigos, considerando a moral administrativa como algo relacionado à **disciplina interna** da Administração, entendiam que o seu controle também só podia ser feito internamente, excluída a apreciação pelo Poder Judiciário. Este só examinaria a **legalidade** dos atos da Administração; não o **mérito** ou a **moralidade**.

Certamente, com o objetivo de sujeitar ao exame judicial a moralidade administrativa é que o desvio de poder passou a ser visto como hipótese de **ilegalidade**, sujeita, portanto, ao controle judicial. Ainda que, no desvio de poder, o vício esteja na consciência ou intenção de quem pratica o ato, a matéria passou a inserir-se no próprio conceito de legalidade administrativa. O **direito** ampliou o seu círculo para abranger matéria que antes dizia respeito apenas à **moral**.

No direito positivo brasileiro, a lei que rege a ação popular (Lei nº 4.717, de 29-6-65) consagrou a tese que coloca o desvio de poder como uma das hipóteses de ato administrativo **ilegal**, ao defini-lo, no art. 2º, parágrafo único, alínea *e*, como aquele que se verifica "quando o agente pratica o ato visando a fim diverso daquele previsto, explícita ou implicitamente, na regra de competência".

Será então que se pode identificar o princípio da legalidade com o da moralidade administrativa?

Em face do direito positivo brasileiro, a resposta é negativa. A Constituição de 1967, no art. 84, V, mantido como art. 82, V, na Emenda Constitucional nº 1, de 1969, considerava como crime de responsabilidade os atos do Presidente da República que atentassem contra a **probidade administrativa**; e a Constituição de 1988, além de repetir aquela norma no art. 85, V, faz um avanço, ao mencionar, no art. 37, *caput*, como princípios autônomos, o da **legalidade** e o da **moralidade**, e, no § 4º do mesmo dispositivo, punir os atos de improbidade administrativa com a suspensão dos direitos políticos, a perda da função pública, a indisponibilidade dos bens e o ressarcimento ao erário, na forma e gradação previstas em lei, sem prejuízo da ação penal cabível. Também merece menção o art. 15, inciso V, que inclui entre as hipóteses de perda ou suspensão dos direitos políticos a de *"improbidade administrativa, nos termos do art. 37, § 4º"*. Por sua vez, o art. 5º, inciso LXXIII, ampliou os casos de cabimento de ação popular para incluir, entre outros, os que impliquem ofensa à **moralidade administrativa**. Além disso, a Emenda Constitucional de Revisão nº 4, de 7-6-94, alterou o § 9º do art. 14 da Constituição para colocar a **probidade administrativa** e a **moralidade para o exercício do mandato** como objetivos a serem alcançados pela lei que estabelecer os casos de inelegibilidades.

A Lei nº 1.079, de 10-4-50, que define os crimes de responsabilidade, prevê, no art. 9º, os crimes contra a probidade administrativa; em alguns deles, há ofensa direta à lei, como na hipótese de infringência às normas legais sobre provimento dos cargos públicos; em outros, isso não ocorre, como na hipótese de omissão ou retardamento doloso na publicação de atos do Poder Executivo, na omissão de responsabilização dos subordinados por delitos funcionais e no de procedimento incompatível com a dignidade, a honra e o decoro do cargo.

A Lei nº 9.784/99 prevê o princípio da moralidade no art. 2º, *caput*, como um dos princípios a que se obriga a Administração Pública; e, no parágrafo único, inciso IV, exige *"atuação segundo padrões éticos de probidade, decoro e boa-fé"*, com referência evidente aos principais aspectos da moralidade administrativa.

Mesmo os comportamentos ofensivos da **moral comum** implicam ofensa ao princípio da moralidade administrativa (cf. Manoel de Oliveira Franco Sobrinho, 1974:11).

Além disso, o princípio deve ser observado não apenas pelo administrador, mas também pelo particular que se relaciona com a Administração Pública. São frequentes, em matéria de licitação, os conluios entre licitantes, a caracterizar ofensa a referido princípio.

Em resumo, sempre que em matéria administrativa se verificar que o comportamento da Administração ou do administrado que com ela se relaciona juridicamente, embora em consonância com a lei, ofende a moral, os bons costumes, as regras de boa administração, os princípios de justiça e de equidade, a ideia comum de honestidade, estará havendo ofensa ao princípio da moralidade administrativa.

É evidente que, a partir do momento em que o desvio de poder foi considerado como ato **ilegal** e não apenas imoral, a moralidade administrativa teve seu campo reduzido; o que não impede, diante do direito positivo brasileiro, o reconhecimento de sua existência como princípio autônomo.

Embora não se identifique com a legalidade (porque a lei pode ser imoral e a moral pode ultrapassar o âmbito da lei), a imoralidade administrativa produz efeitos jurídicos, porque acarreta a invalidade do ato, que pode ser decretada pela própria Administração ou pelo Poder Judiciário. A apreciação judicial da imoralidade ficou consagrada pelo dispositivo concernente à ação popular (art. 5º, LXXIII, da Constituição) e implicitamente pelos já referidos arts. 15, V, 37, § 4º, e 85, V, este último considerando a improbidade administrativa como crime de responsabilidade.

Merece menção a obra em que Agustin Gordillo (1982:74-78) fala sobre a existência de uma **administração paralela**, ou seja, de um "parassistema jurídico-administrativo, que revela existirem, concomitantemente, procedimentos formais e informais, competências e organização formais e informais, a Constituição real e o sistema paraconstitucional, o governo instituído e o governo paralelo e, também, a existência de dupla moral ou de duplo *standard* moral, que está presente em todos os setores da vida pública ou privada. Ele cita o caso do comerciante que quer denunciar o competidor desleal que não paga os impostos, o do estudante que "cola" nos exames, o do professor que não ensina, e em geral o de todos aqueles que exercem uma atividade qualquer sem dedicação, sem responsabilidade, sem vocação, sem espírito de servir à comunidade. Acrescenta ele que "a dupla moral implica o reconhecimento de que o sistema não deve ser cumprido fiel nem integralmente, que ele carece de sentido; é o parassistema o que dá realidade e sentido obrigacional às condutas individuais".

É a existência dessa moral paralela na Administração Pública um problema crucial de nossa época, por deixar sem qualquer sanção atos que, embora legais, atentam contra o senso comum de honestidade e de justiça.

Segundo Gordillo, é só por meio da participação popular no controle da Administração Pública que será possível superar a existência dessa administração paralela e, em consequência, da **moral** paralela.

Sobre moralidade administrativa, falamos, de modo mais aprofundado, no livro *Discricionariedade Administrativa na Constituição de 1988*. Sobre a relação entre legalidade, moralidade e probidade, v. Capítulo 18 deste livro (item 18.1).

3.4.12 Razoabilidade e proporcionalidade

A Constituição do Estado de São Paulo, no art. 111, inclui entre os princípios a que se sujeita a Administração Pública o da razoabilidade.

Trata-se de princípio aplicado ao Direito Administrativo como mais uma das tentativas de impor-se limitações à discricionariedade administrativa, ampliando-se o âmbito de apreciação do ato administrativo pelo Poder Judiciário (Di Pietro, 2001b:174-208).

Segundo Gordillo (1977:183-184), "a decisão discricionária do funcionário será ilegítima, apesar de não transgredir nenhuma norma concreta e expressa, se é 'irrazoável', o que pode ocorrer, principalmente, quando:

a) não dê os fundamentos de fato ou de direito que a sustentam ou;
b) não leve em conta os fatos constantes do expediente ou públicos e notórios; ou

c) não guarde uma proporção adequada entre os meios que emprega e o fim que a lei deseja alcançar, ou seja, que se trate de uma medida desproporcionada, excessiva em relação ao que se deseja alcançar".

Diogo de Figueiredo Moreira Neto (1989:37-40) dá maior realce a esse último aspecto ao afirmar que, pelo princípio da razoabilidade, "o que se pretende é considerar se determinada decisão, atribuída ao Poder Público, de integrar discricionariamente uma norma, contribuirá efetivamente para um satisfatório atendimento dos **interesses públicos**". Ele realça o aspecto **teleológico** da discricionariedade; tem que haver uma relação de pertinência entre oportunidade e conveniência, de um lado, e a finalidade, de outro. Para esse autor, "a razoabilidade, agindo como um limite à discrição na avaliação dos motivos, exige que sejam eles adequáveis, compatíveis e proporcionais, de modo a que o ato atenda a sua finalidade pública específica; agindo também como um limite à discrição na escolha do objeto, exige que ele se conforme fielmente à finalidade e contribua eficientemente para que ela seja atingida".

Também se refere a esse princípio Lúcia Valle Figueiredo (1986:128-129). Para ela, "discricionariedade é a competência-dever de o administrador, no caso concreto, após a interpretação, valorar, **dentro de um critério de razoabilidade**, e afastado de seus próprios *standards* ou **ideologias**, portanto, dentro do critério da razoabilidade geral, qual a melhor maneira de concretizar a utilidade pública postulada pela norma".

Embora a Lei nº 9.784/99 faça referência aos princípios da razoabilidade e da proporcionalidade, separadamente, na realidade, o segundo constitui um dos aspectos contidos no primeiro. Isto porque o princípio da razoabilidade, entre outras coisas, exige **proporcionalidade** entre os meios de que se utiliza a Administração e os fins que ela tem que alcançar. E essa proporcionalidade deve ser medida não pelos critérios pessoais do administrador, mas segundo padrões comuns na sociedade em que vive; e não pode ser medida diante dos termos frios da lei, mas diante do caso concreto. Com efeito, embora a norma legal deixe um espaço livre para decisão administrativa, segundo critérios de oportunidade e conveniência, essa liberdade às vezes se reduz no caso concreto, onde os fatos podem apontar para o administrador a melhor solução (cf. Celso Antônio Bandeira de Mello, in *RDP* 65/27). Se a decisão é **manifestamente inadequada** para alcançar a finalidade legal, a Administração terá exorbitado dos limites da discricionariedade e o Poder Judiciário poderá corrigir a ilegalidade (Capítulo 7, item 7.8.5).

O princípio da razoabilidade, sob a feição de proporcionalidade entre meios e fins, está contido implicitamente no art. 2º, parágrafo único, da Lei nº 9.784/99, que impõe à Administração Pública: adequação entre meios e fins, vedada a imposição de obrigações, restrições e sanções em medida superior àquelas estritamente necessárias ao atendimento do interesse público (inciso VI); observância das formalidades essenciais à garantia dos direitos dos administrados (inciso VIII); adoção de formas simples, suficientes para propiciar adequado grau de certeza, segurança e respeito aos direitos dos administrados (inciso IX); e também está previsto no art. 29, § 2º, segundo o qual "os atos de instrução que exijam a atuação dos interessados devem realizar-se do modo menos oneroso para estes".

Com a Emenda Constitucional nº 45, de 30-12-04, que dispõe sobre a Reforma do Judiciário, acrescenta-se um inciso LXXVIII ao art. 5º da Constituição, assegurando a todos, no âmbito judicial e administrativo, "a razoável duração do processo e os meios que garantam a celeridade de sua tramitação".

Trata-se da razoabilidade no prazo de tramitação dos processos judiciais e administrativos. O intuito evidente é o de acelerar essa tramitação, o que somente será possível com a criação de instrumentos adequados. Não adianta impor finalidades sem outorgar os meios necessários. Uma medida que pode colaborar com a consecução desse fim é a **súmula vinculante**, prevista no art. 102, § 2º (com a redação dada pela referida Emenda) e no art. 103-A, introduzido pela mesma Emenda. A súmula, uma vez aprovada pelo STF, será obrigatória, não só para os demais órgãos judiciais, como também para toda a administração pública, direta e indireta, federal, estadual e municipal.

Muitos processos judiciais e administrativos poderão tornar-se inúteis quando tratarem de assunto já resolvido por súmula vinculante.

A insistência da Administração Pública em prolongar discussões, nas esferas administrativa e principalmente judicial – chegando às raias da imoralidade administrativa – será cerceada com esse novo instrumento, o que certamente contribuirá para a sensível redução dos prazos de tramitação dos processos administrativos e judiciais.

A Lei de Introdução às Normas do Direito Brasileiro também se preocupa com a razoabilidade e a proporcionalidade, com as normas, já referidas, dos arts. 20, parágrafo único, 21, parágrafo único, 22, §§ 1º, 2º e 3º, 26, § 1º, inciso I, introduzidas pela Lei nº 13.655/18.

Por sua vez, a Lei nº 14.133/21 (Lei geral de licitações e contratos), no art. 5º, inclui a razoabilidade e a proporcionalidade entre os princípios que devem ser observados na aplicação dessa Lei.

3.4.13 Motivação

O **princípio** da motivação exige que a Administração Pública indique os fundamentos de fato e de direito de suas decisões. Ele está consagrado pela doutrina e pela jurisprudência, não havendo mais espaço para as velhas doutrinas que discutiam se a sua obrigatoriedade alcançava só os atos vinculados ou só os atos discricionários, ou se estava presente em ambas as categorias. A sua obrigatoriedade se justifica em qualquer tipo de ato, porque se trata de formalidade necessária para permitir o controle de legalidade dos atos administrativos.

Na Constituição Federal, a exigência de motivação consta expressamente apenas para as decisões administrativas dos Tribunais e do Ministério Público (arts. 93 e 129, § 4º, com a redação dada pela Emenda Constitucional nº 45/04), não havendo menção a ela no art. 37, que trata da Administração Pública, provavelmente pelo fato de ela já ser amplamente reconhecida pela doutrina e jurisprudência. Na Constituição Paulista, o art. 111 inclui expressamente a motivação entre os princípios da Administração Pública.

Na Lei nº 9.784/99, o princípio da motivação é previsto no art. 2º, *caput*, havendo, no parágrafo único, inciso VII, exigência de "*indicação dos pressupostos de fato e de direito que determinarem a decisão*". Além disso, o art. 50 estabelece a obrigatoriedade de motivação, com indicação dos fatos e fundamentos jurídicos, quando:

I – neguem, limitem ou afetem direitos ou interesses;
II – imponham ou agravem deveres, encargos ou sanções;
III – decidam processos administrativos de concurso ou seleção pública;
IV – dispensem ou declarem a inexigibilidade de processo licitatório;
V – decidam recursos administrativos;
VI – decorram de exame de ofício;
VII – deixem de aplicar jurisprudência firmada sobre a questão ou discrepem de pareceres, laudos, propostas e relatórios oficiais;
VIII – importem anulação, revogação, suspensão ou convalidação de ato administrativo.

Como se verifica pelo dispositivo, as hipóteses em que a motivação é obrigatória, em regra, dizem respeito a atos que, de alguma forma, afetam direitos ou interesses individuais, o que está a demonstrar que a preocupação foi muito mais com os destinatários dos atos administrativos do que com o interesse da própria Administração. No entanto, tem-se que considerar a enumeração contida no dispositivo como o mínimo a ser necessariamente observado, o que não exclui a mesma exigência em outras hipóteses em que a motivação é fundamental para fins de controle da legalidade dos atos administrativos. Além disso, há que se lembrar que a exigência de motivação consta de outras leis esparsas, como ocorre, exemplificativamente, na Lei nº 8.666/93 e na nova Lei de Licitações – Lei nº 14.133, de 1º-4-21. Também é o caso dos arts. 56, § 3º, 64-A da Lei nº 9.784 (com as alterações introduzidas pela Lei nº 11.417, de 19-12-06, que regulamenta o art. 103-A da Constituição Federal); embora sem falar em **motivação**, esses dispositivos implicitamente a exigem, ao determinarem que a autoridade administrativa que proferir decisão contra a súmula vinculante **explicite as razões** por que o fazem.

A motivação, em regra, não exige formas específicas, podendo ser ou não concomitante com o ato, além de ser feita, muitas vezes, por órgão diverso daquele que proferiu a decisão. Frequentemente, a motivação consta de pareceres, informações, laudos, relatórios, feitos por outros órgãos, sendo apenas indicados como fundamento da decisão. Nesse caso, eles constituem a motivação do ato, dele sendo parte integrante.

A Lei de Introdução às Normas do Direito Brasileiro (Decreto-lei nº 4.657, de 4-9-42, antigamente chamada de Lei de Introdução ao Código Civil), com as alterações introduzidas pela Lei nº 13.655, de 25-4-18, veio tornar mais rigorosa a exigência de motivação nas decisões das decisões administrativas e dos órgãos de controle. Pelo art. 20, "nas esferas administrativa, controladora e judicial, não se decidirá com base em valores jurídicos abstratos sem que sejam consideradas as consequências práticas da decisão". O parágrafo único determina que "a motivação demonstrará a necessidade e adequação da medida imposta ou da invalidação em face das possíveis alternativas". Por sua vez, o art. 21 determina que "a decisão que, nas esferas administrativa, controladora ou judicial, decretar a invalidação de ato, contrato, ajuste, processo ou norma administrativa deverá indicar de modo expresso suas consequências jurídicas e administrativas". O parágrafo único do mesmo dispositivo exige que a decisão referida no *caput* indique as condições para que a regularização ocorra de modo proporcional e equânime e sem prejuízo a interesses gerais, não se podendo impor aos sujeitos atingidos ônus ou perdas que, em função das peculiaridades do caso, sejam anormais ou excessivas.

Essas normas são relevantes porque obrigam a autoridade de controle, nas esferas administrativa e judicial, a sopesar as consequências da decisão de invalidação do ato ou contrato, até porque em muitas situações a invalidação é mais prejudicial ao interesse público do que a manutenção do ato inválido. Os dispositivos, com as maiores exigências de motivação, protegem o interesse público e o interesse privado na escolha da melhor alternativa (nas decisões discricionárias), bem como a razoabilidade e a proporcionalidade das medidas impostas ao cidadão, além de obrigarem a autoridade a levar em consideração, em suas decisões, a situação concreta, objeto do controle, e não apenas princípios genéricos ou conceitos teóricos ou indeterminados, muitas vezes distantes da situação concreta submetida a controle.

3.4.14 Eficiência

A Emenda Constitucional nº 19, de 4-6-98, inseriu o princípio da eficiência entre os princípios constitucionais da Administração Pública, previstos no art. 37, *caput*. Também a Lei nº 9.784/99 fez referência a ele no art. 2º, *caput*. Por sua vez, a Lei nº 14.133, de 1º-4-21, incluiu o princípio da eficiência entre os princípios da licitação, no art. 5º.

Hely Lopes Meirelles (2003:102) fala na eficiência como um dos deveres da Administração Pública, definindo-o como "o que se impõe a todo agente público de realizar suas atribuições com presteza, perfeição e rendimento funcional. É o mais moderno princípio da função administrativa, que já não se contenta em ser desempenhada apenas com legalidade, exigindo resultados positivos para o serviço público e satisfatório atendimento das necessidades da comunidade e de seus membros". Acrescenta ele que: "esse dever de eficiência bem lembrado por Carvalho Simas, corresponde ao 'dever de boa administração' da doutrina italiana, o que já se acha consagrado, entre nós, pela Reforma Administrativa Federal do Dec.-lei 200/67, quando submete toda atividade do Executivo ao *controle de resultado* (arts. 13 e 25, V), fortalece o *sistema de mérito* (art. 25, VII), sujeita a Administração indireta a *supervisão ministerial* quanto à *eficiência administrativa* (art. 26, III) e recomenda a *demissão* ou *dispensa* do servidor comprovadamente *ineficiente* ou *desidioso* (art. 100)".

O princípio da eficiência apresenta, na realidade, dois aspectos: pode ser considerado em relação ao **modo de atuação do agente público**, do qual se espera o melhor desempenho possível de suas atribuições, para lograr os melhores resultados; e em relação ao **modo de organizar, estruturar, disciplinar a Administração Pública**, também com o mesmo objetivo de alcançar os melhores resultados na prestação do serviço público.

Trata-se de ideia muito presente entre os objetivos da Reforma do Estado. No Plano Diretor da Reforma do Estado, elaborado em 1995, expressamente se afirma que "reformar o Estado significa melhorar não apenas a organização e o pessoal do Estado, mas também suas finanças e todo o seu sistema institucional-legal, de forma a permitir que o mesmo tenha uma relação harmoniosa e positiva com a sociedade civil. A reforma do Estado permitirá que seu núcleo estratégico tome decisões mais corretas e efetivas, e que seus serviços – tanto os exclusivos, quanto os competitivos, que estarão apenas indiretamente subordinados na medida que se transformem em organizações públicas não estatais – *operem muito eficientemente*".

É com esse objetivo que estão sendo idealizados institutos, como os contratos de gestão, as agências autônomas, as organizações sociais e tantas outras inovações com que se depara o administrador a todo momento.

No livro *Parcerias na administração pública* (2017:407-408), já tivemos oportunidade de realçar a acentuada oposição entre o **princípio da eficiência**, pregado pela ciência da Administração, e o **princípio da legalidade**, imposto pela Constituição como inerente ao Estado de Direito. Lembramos, então, o ensinamento de Jesus Leguina Villa (1995:637) a respeito dessa oposição entre os dois princípios quando o autor afirma: "Não há dúvida de que a eficácia é um princípio que não se deve subestimar na Administração de um Estado de Direito, pois o que importa aos cidadãos é que os serviços públicos sejam prestados adequadamente. Daí o fato de a Constituição o situar no topo dos princípios que devem conduzir a função administrativa dos interesses gerais. Entretanto, a eficácia que a Constituição exige da administração não deve se confundir com a eficiência das organizações privadas nem é, tampouco, um valor absoluto diante dos demais. Agora, o princípio da legalidade deve ficar resguardado, porque a eficácia que a Constituição propõe é sempre suscetível de ser alcançada conforme o ordenamento jurídico, e em nenhum caso ludibriando este último, que haverá de ser modificado quando sua inadequação às necessidades presentes constitua um obstáculo para a gestão eficaz dos interesses gerais, porém nunca poderá se justificar a atuação administrativa contrária ao direito, por mais que possa ser elogiado em termos de pura eficiência."

Vale dizer que a eficiência é princípio que se soma aos demais princípios impostos à Administração, não podendo sobrepor-se a nenhum deles, especialmente ao da legalidade, sob pena de sérios riscos à segurança jurídica e ao próprio Estado de Direito.

A Lei nº 14.129, de 29-3-21, veio dispor sobre princípios, regras e instrumentos para o Governo Digital e para o aumento da eficiência pública, o que se dará, nos termos do art. 1º, por meio de desburocratização, inovação, transformação digital e participação do cidadão. A lei aplica-se na esfera federal, a todos os órgãos da administração pública direta da União, às entidades da administração indireta federal, inclusive empresas públicas, sociedades de economia mista e suas subsidiárias que prestem serviço público, autarquias e fundações públicas, bem como às administrações diretas e indiretas dos demais entes federativos, desde que adotem os comandos da lei por meio de atos normativos próprios (art. 2º).

O art. 3º, em 26 incisos, dá o elenco dos princípios e diretrizes do **Governo Digital** e da eficiência pública. O art. 14, na seção que trata do Governo Digital, determina que "a prestação digital dos serviços públicos deverá ocorrer por meio de tecnologias de amplo acesso pela população, inclusive pela de baixa renda ou residente em áreas rurais e isoladas, sem prejuízo do direito do cidadão a atendimento presencial". Em consonância com o parágrafo único do mesmo dispositivo, "o acesso à prestação digital dos serviços públicos será realizado, preferencialmente, por meio de **autosserviço**", assim considerado, nos termos do art. 4º, II, o "acesso pelo cidadão a serviço público prestado por meio digital, sem necessidade de mediação humana".

Algumas das medidas previstas assim se resumem: (i) possibilidade de emissão de atestados, certidões, diplomas ou outros documentos comprobatórios, com validade legal, por meio eletrônico (art. 5º, parágrafo único); (ii) atos processuais realizados por meio eletrônico nos processos administrativos eletrônicos, com algumas exceções expressamente previstas (art. 6º); (iii) previsão de assinatura eletrônica nas hipóteses expressamente previstas (art. 7º); (iv) participação da administração pública na consolidação da Estratégia Nacional de Governo Digital, editada pelo Poder Executivo federal, podendo os demais entes federativos editar sua própria estratégia de governo (art. 16); (v) autorização para o Poder Executivo federal criar redes de conhecimento com os objetivos definidos no dispositivo, as quais poderão ser utilizadas por todas as entidades referidas no art. 2º e pelas instituições científicas, tecnológicas e de inovação (art. 17); (vi) previsão dos componentes do Governo Digital: I - a Base Nacional de Serviços Públicos, com informações sobre a oferta de serviços públicos em cada ente federado; II - as Cartas de Serviços ao Usuário de que trata a Lei nº 13.460, de 26-6-17; III – as Plataformas de Governo Digital, que deverão ter ao menos as seguintes funcionalidades: I – ferramenta digital de solicitação de atendimento e de acompanhamento da entrega dos serviços públicos; II – painel de monitoramento do desempenho dos serviços públicos (arts. 18 a 22); (vii) previsão dos direitos dos usuários da prestação digital (art. 27); (viii) indicação do número de inscrição no CPF ou no CNPJ como suficiente para identificação do cidadão ou da pessoa jurídica; (ix) normas sobre abertura de dados, com observância da Lei nº 13.709/18 (Lei de Proteção de Dados Pessoais) (art. 29); (x) indicação dos dados que devem ser obrigatoriamente divulgados na internet (art. 29, § 2º); (xi) possibilidade de qualquer interessado pedir abertura de base de dados da administração pública (art. 30); (xii) direito do requerente obter o inteiro teor da decisão negativa de abertura de base de dados (art. 34); (xiii) previsão de aplicação subsidiária da Lei nº 9.784/99 (Lei de Processo Administrativo federal) ao procedimento de abertura de dados (art. 37); (xiv) possibilidade de realização de comunicações, notificações e intimações por meio eletrônico, mediante opção do usuário (art. 42); (xv) possibilidade de instituição de laboratórios de inovação, abertos à participação e à colaboração da sociedade para o desenvolvimento e a experimentação de conceitos, de ferramentas e de métodos inovadores para a gestão pública, a prestação de serviços públicos, tratamento de dados produzidos pelo poder público e participação do cidadão no controle da administração pública (art. 44); (xii) normas sobre governança, gestão de riscos, controle e auditoria (art. 47 a 49); (xiii) entrada em vigor da lei em 90 dias (para a União), 120 dias (para Estados e Distrito Federal) e 180 dias (para os Municípios).

A Lei nº 14.133/21, no art. 5º, inclui a eficiência entre os princípios de observância obrigatória na aplicação dessa Lei.

3.4.15 Segurança jurídica, proteção à confiança e boa-fé

Existe grande aproximação entre o princípio da segurança jurídica e o princípio da proteção à confiança e entre este e o princípio da boa-fé, razão pela qual serão os três tratados neste item.[5]

3.4.15.1 Segurança jurídica

O princípio da segurança jurídica, que não tem sido incluído nos livros de Direito Administrativo entre os princípios da Administração Pública, foi inserido entre os mesmos pelo art. 2º, *caput*, da Lei nº 9.784/99.

Como participante da Comissão de juristas que elaborou o anteprojeto de que resultou essa lei, permito-me afirmar que o objetivo da inclusão desse dispositivo foi o de vedar a aplicação retroativa de nova interpretação de lei no âmbito da Administração Pública. Essa ideia ficou expressa no parágrafo único, inciso XIII, do art. 2º, quando impõe, entre os critérios a serem observados, "*interpretação da norma administrativa da forma que melhor garanta o atendimento do fim público a que se dirige, vedada aplicação retroativa de nova interpretação*".

O princípio se justifica pelo fato de ser comum, na esfera administrativa, haver mudança de interpretação de determinadas normas legais, com a consequente mudança de orientação, em caráter normativo, afetando situações já reconhecidas e consolidadas na vigência de orientação anterior. Essa possibilidade de mudança de orientação é inevitável, porém gera insegurança jurídica, pois os interessados nunca sabem quando a sua situação será passível de contestação pela própria Administração Pública. Daí a regra que veda a aplicação retroativa.

O princípio tem que ser aplicado com cautela, para não levar ao absurdo de impedir a Administração de anular atos praticados com inobservância da lei. Nesses casos, não se trata de mudança de interpretação, mas de ilegalidade, esta sim a ser declarada retroativamente, já que atos ilegais não geram direitos.

A segurança jurídica tem muita relação com a ideia de respeito à boa-fé. Se a Administração adotou determinada interpretação como a correta e a aplicou a casos concretos, não pode depois vir a anular atos anteriores, sob o pretexto de que os mesmos foram praticados com base em errônea interpretação. Se o administrado teve reconhecido determinado direito com base em interpretação adotada em caráter uniforme para toda a Administração, é evidente que a sua boa-fé deve ser respeitada. Se a lei deve respeitar o direito adquirido, o ato jurídico perfeito e a coisa julgada, por respeito ao princípio da segurança jurídica, não é admissível que o administrado tenha seus direitos flutuando ao sabor de interpretações jurídicas variáveis no tempo.

Isto não significa que a interpretação da lei não possa mudar; ela frequentemente muda como decorrência e imposição da própria evolução do direito. O que não é possível é fazê-la retroagir a casos já decididos com base em interpretação anterior, considerada válida diante das circunstâncias do momento em que foi adotada.

A Lei de Introdução às Normas do Direito Brasileiro (Decreto-lei nº 4.657, de 4-9-42), com as alterações introduzidas pela Lei nº 13.655, de 25-4-18) também protege as situações jurídicas previamente constituídas, em respeito ao princípio da segurança jurídica, ao exigir regime de transição quando a decisão administrativa, controladora ou judicial que estabelecer interpretação ou orientação nova sobre norma de conteúdo indeterminado, imponha novo dever ou novo condicionamento de direito. Esse regime de transição deve ser previsto "quando

---

[5] Sobre o assunto, escrevemos mais detidamente, artigo sobre *os princípios da proteção à confiança, da segurança jurídica e da boa-fé* (*Direito Público Atual*. Estudos em homenagem ao Professor Nélson Figueiredo. Org. Instituto de Direito Administrativo de Goiás, Fabrício Motta. Belo Horizonte: Fórum, 2008, p. 296-316).

indispensável para que o novo dever ou condicionamento de direito seja cumprido de modo proporcional, equânime e eficiente e sem prejuízo aos interesses gerais" (art. 23).

Com o mesmo objetivo de proteger o princípio da segurança jurídica, o art. 24 determina que "a revisão, nas esferas administrativa, controladora ou judicial, quanto à validade de ato, contrato, ajuste, processo ou norma administrativa cuja produção já se houver completado levará em conta as orientações gerais da época, sendo vedado que, com base em mudança posterior de orientação geral, se declarem inválidas situações plenamente constituídas". A lei vai ao ponto de definir as "orientações gerais" como "as interpretações e especificações contidas em atos públicos de caráter geral ou em jurisprudência judicial ou administrativa majoritária, e ainda as adotadas por prática administrativa reiterada e de amplo conhecimento público" (parágrafo único do art. 24).

Em síntese, a lei estabelece, de modo mais detalhado, a proibição de retroação de novas interpretações, já contida no art. 2º, parágrafo único, inciso XIII, da Lei de Processo Administrativo.

Embora seja essa a ideia inspiradora da inclusão do princípio da segurança jurídica nas Leis nos 9.784/99 e 13.655/18, ela não esgota todo o sentido do princípio, que informa vários institutos jurídicos, podendo mesmo ser inserido entre os princípios gerais do direito, portanto não específico do Direito Administrativo. Com efeito, o princípio está na base das normas sobre prescrição e decadência, das que fixam prazo para a Administração rever os próprios atos, da que prevê a súmula vinculante; o § 1º do art. 103-A da Constituição Federal deixa expresso o objetivo da súmula vinculante de afastar controvérsias que gerem "**grave insegurança jurídica e relevante multiplicação de processos sobre questão idêntica**".

O art. 30 da Lei de Introdução às Normas do Direito Brasileiro contém exigência de caráter geral, exigindo que as autoridades públicas atuem "para aumentar a segurança jurídica na aplicação das normas, inclusive por meio de regulamentos, súmulas administrativas e respostas a consultas", devendo tais instrumentos "ter caráter vinculante em relação ao órgão ou entidade a que se destinam, até ulterior revisão", conforme determina o parágrafo único. Com isso, almeja-se uniformidade de entendimento na aplicação das normas.

3.4.15.2   Proteção à confiança

No Brasil, a doutrina apenas recentemente começou a debruçar-se sobre o princípio da proteção à confiança. É provável que o trabalho pioneiro sobre o tema tenha sido escrito por Almiro do Couto e Silva, publicado na *Revista Brasileira de Direito Público – RDPB*, v. 2, nº 6, p. 7-59.

Demonstra o jurista que esse princípio tem sido tratado no direito brasileiro como princípio da segurança jurídica. E, na realidade, trata-se de princípio que corresponde ao aspecto subjetivo da segurança jurídica. Conforme ensinamento do autor,

> "no direito alemão e, por influência deste, também no direito comunitário europeu, 'segurança jurídica' é expressão que geralmente designa a parte objetiva do conceito, ou então simplesmente, o princípio da segurança jurídica, enquanto a parte subjetiva é identificada como 'proteção à confiança' (no direito germânico) ou 'proteção à confiança legítima' no direito comunitário europeu)".

Teve início pelo trabalho da jurisprudência, mais especificamente do Tribunal Administrativo Federal, em acórdão de 1957, ao qual se sucederam inúmeros outros. Foi previsto na Lei de Processo Administrativo alemã, de 1976, sendo elevado à categoria de princípio de valor constitucional, na década de 1970, por interpretação do Tribunal Federal Constitucional. A preocupação era a de, em nome da proteção à confiança, manter atos ilegais ou inconstitucionais, fazendo prevalecer esse princípio em detrimento do princípio da legalidade.

Do direito alemão passou para o direito comunitário europeu, consagrando-se em decisões da Corte de Justiça das Constituições Europeias como "regra superior de Direito" e "princípio fundamental do direito comunitário" (cf. Couto e Silva, *Revista Brasileira de Direito Público – RDPB*, v. 2, nº 6, p. 14).

No direito brasileiro, o tema demorou a ser tratado, talvez pelo fato de que as nossas Constituições (ao contrário das europeias) têm consagrado o princípio da proteção ao direito adquirido, ao ato jurídico perfeito e à coisa julgada, que constituem aplicação do princípio da segurança jurídica.

Segundo J. J. Gomes Canotilho (2000:256),

> "o homem necessita de segurança para conduzir, planificar e conformar autônoma e responsavelmente a sua vida. Por isso, desde cedo se consideravam os princípios da segurança jurídica e proteção à confiança como elementos constitutivos do Estado de direito. Estes dois princípios – segurança jurídica e proteção à confiança – andam estreitamente associados, a ponto de alguns autores considerarem o princípio da proteção da confiança como um subprincípio ou como uma dimensão específica da segurança jurídica. Em geral, considera-se que a segurança jurídica está conexionada com elementos objetivos da ordem jurídica – garantia de estabilidade jurídica, segurança de orientação e realização do direito – enquanto a proteção da confiança se prende mais com as componentes subjetivas da segurança, designadamente a calculabilidade e previsibilidade dos indivíduos em relação aos efeitos jurídicos dos actos".

Na realidade, o princípio da proteção à confiança leva em conta a boa-fé do cidadão, que acredita e espera que os atos praticados pelo Poder Público sejam lícitos e, nessa qualidade, serão mantidos e respeitados pela própria Administração e por terceiros.

No direito brasileiro não há previsão expressa do princípio da proteção à confiança; pelo menos não com essa designação, o que não significa que ele não decorra implicitamente do ordenamento jurídico. O que está previsto expressamente é o princípio da segurança jurídica.

3.4.15.3 Boa-fé

O princípio da boa-fé começou a ser aplicado no direito administrativo muito antes da sua previsão no direito positivo, o que veio a ocorrer com a Lei federal nº 9.784, de 29-1-99, que regula o processo administrativo no âmbito da Administração Pública Federal. No art. 2º, parágrafo único, IV, a lei inclui entre os critérios a serem observados nos processos administrativos a "atuação segundo padrões éticos de probidade, decoro e boa-fé". Também está previsto no art. 4º, II, que insere entre os deveres do administrado perante a Administração o de "proceder com lealdade, urbanidade e boa-fé".[6]

Na Constituição, o princípio não está previsto expressamente, porém pode ser extraído implicitamente de outros princípios, especialmente do princípio da moralidade administrativa e da própria exigência de probidade administrativa que decorre de vários dispositivos constitucionais (arts. 15, V, 37, § 4º, 85, V). A Lei nº 8.429, de 2-6-92 (Lei da Improbidade Administrativa),

---

[6] O Supremo Tribunal Federal e o Superior Tribunal de Justiça têm prestigiado a boa-fé do servidor, entendendo que não está obrigado a devolver importâncias remuneratórias recebidas indevidamente, a menos que seja comprovada a má-fé. Nesse sentido, acórdão do STF: ARE 696.316, Rel. Min. Joaquim Barbosa, decisão monocrática, j. em 10-8-12, *DJe* de 16-8-12. Também acórdãos do STJ: EResp 711.995-RS, *DJe* de 7-8-08.

considera como ato de improbidade que atenta contra os princípios da Administração Pública "qualquer ação ou omissão dolosa que viole os deveres de honestidade, imparcialidade, legalidade e lealdade às instituições" (art. 11, com a redação dada pela Lei nº 14.230, de 25-10-21).

O princípio da boa-fé abrange um **aspecto objetivo**, que diz respeito à conduta leal, honesta, e um **aspecto subjetivo**, que diz respeito à crença do sujeito de que está agindo corretamente. Se a pessoa sabe que a atuação é ilegal, ela está agindo de má-fé.

Há quem identifique o princípio da boa-fé e o da proteção à confiança. É o caso de Jesús González Perez, em sua obra sobre *El principio general de la buena fe en el derecho administrativo*. Na realidade, embora em muitos casos, possam ser confundidos, não existe uma identidade absoluta. Pode-se dizer que o princípio da boa-fé deve estar presente do lado da Administração e do lado do administrado. Ambos devem agir com lealdade, com correção. O princípio da proteção à confiança protege a **boa-fé do administrado**; por outras palavras, a confiança que se protege é aquela que o particular deposita na Administração Pública. O particular confia em que a conduta da Administração esteja correta, de acordo com a lei e com o direito. É o que ocorre, por exemplo, quando se mantêm atos ilegais ou se regulam os efeitos pretéritos de atos inválidos.

3.4.15.4 Aplicação dos princípios da segurança jurídica, boa-fé e proteção à confiança

Existem inúmeras situações em que os três princípios podem ser invocados. Algumas são analisadas a seguir, a título ilustrativo:

a) **na manutenção de atos administrativos inválidos**

Essa possibilidade tem sido reconhecida pela doutrina e pela jurisprudência (conforme demonstrado nos itens 7.11.2.1 e 7.11.2.11) e ocorre quando o prejuízo resultante da anulação for maior do que o decorrente da manutenção do ato ilegal; nesse caso, é o interesse público que norteará a decisão.

Quanto a este tema, têm que ser levados em consideração os princípios do interesse público, da segurança jurídica, nos aspectos objetivo (estabilidade das relações jurídicas) e subjetivo (proteção à confiança), bem como o da boa-fé.

b) **na manutenção de atos praticados por funcionário de fato**

Nesse caso, o servidor está em situação irregular, ou porque não preenche os requisitos para o exercício do cargo, ou porque ultrapassou a idade limite para continuar no cargo, ou porque está em situação de acumulação irregular, enfim porque existe algum tipo de irregularidade em sua investidura. A rigor, os atos por ele praticados seriam ilegais, porque, estando irregularmente no exercício do cargo, emprego ou função, ele não teria competência para a prática de atos administrativos. No entanto, mantém-se os atos por ele praticados, uma vez que, tendo aparência de legalidade, geraram nos destinatários a crença na validade do ato.

c) **na fixação de prazo para anulação**

O art. 54 da Lei nº 9.784/99 agasalhou uma hipótese em que é possível a aplicação dos três princípios, quando estabelece que "o direito da Administração de anular os atos administrativos de que decorram efeitos favoráveis para os destinatários decai em cinco anos, contados da data em que foram praticados, salvo comprovada má-fé". Trata-se de mais uma hipótese em que o legislador, em detrimento do princípio da legalidade, prestigiou outros valores, como o da segurança jurídica, nos aspectos objetivo e subjetivo; também prestigiou o princípio da boa-fé quando, na parte final do dispositivo, ressalvou a hipótese de ocorrência de má-fé.

d) **na regulação dos efeitos já produzidos pelo ato ilegal**

Neste caso, não se mantém o ato ilegal; ele é anulado, porém sem aplicação dos efeitos retroativos à data em que foi praticado. Como exemplo, podem ser citadas as hipóteses previstas no art. 27 da Lei nº 9.868, de 10-11-99, e no art. 11 da Lei nº 9.882, de 3-12-99, que possibilitam, respectivamente, em caso de declaração de lei ou ato normativo em ação de declaração de inconstitucionalidade e em processo de arguição de descumprimento de preceito fundamental, que o Supremo Tribunal Federal, por maioria de 2/3 de seus membros, restrinja os efeitos da declaração ou decida que ela só tenha eficácia a partir de seu trânsito em julgado ou de outro momento que venha a ser fixado. Os dois dispositivos indicam como justificativa para a adoção de tal medida *"razões de segurança jurídica ou de excepcional interesse social"*.

e) **na regulação dos efeitos da súmula vinculante**

Esta hipótese está prevista no art. 4º da Lei nº 11.417, de 19-12-06, que regulamenta o art. 103-A da Constituição Federal; de acordo com esse dispositivo, a súmula vinculante tem eficácia imediata, mas o Supremo Tribunal Federal pode, por decisão de 2/3 dos seus membros, restringir os efeitos vinculantes ou decidir que só tenha eficácia a partir de outro momento, tendo em vista razões de segurança jurídica.

3.5 PODERES DA ADMINISTRAÇÃO

Analisados os princípios que estão na base de toda a função administrativa do Estado, é necessário examinar alguns dos poderes que deles decorrem para as autoridades administrativas; tais poderes são inerentes à Administração Pública pois, sem eles, ela não conseguiria fazer sobrepor-se a vontade da lei à vontade individual, o interesse público ao interesse privado.

Embora o vocábulo **poder** dê a impressão de que se trata de **faculdade** da Administração, na realidade trata-se de **poder-dever**, já que reconhecido ao poder público para que o exerça em benefício da coletividade; os poderes são, pois, irrenunciáveis.

Todos eles encerram prerrogativas de autoridade, as quais, por isso mesmo, só podem ser exercidas nos limites da lei.

Dentre eles, serão aqui analisados o **poder normativo**, o **disciplinar** e os **decorrentes da hierarquia**; o **poder de polícia** constituirá objeto de capítulo específico.

Quanto aos chamados poderes **discricionário** e **vinculado**, não existem como poderes autônomos; a discricionariedade e a vinculação são, quando muito, atributos de outros poderes ou competências da Administração.

O chamado "poder vinculado", na realidade, não encerra "prerrogativa" do Poder Público, mas, ao contrário, dá ideia de **restrição**, pois, quando se diz que determinada atribuição da Administração é vinculada, quer-se significar que está sujeita à lei em praticamente todos os aspectos. O legislador, nessa hipótese, preestabelece todos os requisitos do ato, de tal forma que, estando eles presentes, não cabe à autoridade administrativa senão editá-lo, sem apreciação de aspectos concernentes à oportunidade, conveniência, interesse público, equidade. Esses aspectos foram previamente valorados pelo legislador.

A discricionariedade, sim, tem inserida em seu bojo a ideia de prerrogativa, uma vez que a lei, ao atribuir determinada competência, deixa alguns aspectos do ato para serem apreciados pela Administração diante do caso concreto; ela implica liberdade a ser exercida nos limites fixados na lei. No entanto, não se pode dizer que exista como poder autônomo; o que ocorre é que as várias competências exercidas pela Administração com base nos poderes regulamentar, disciplinar, de polícia, serão vinculadas ou discricionárias, dependendo da liberdade, deixada ou não, pelo legislador à Administração Pública.

3.5.1 Normativo

Normalmente, fala-se em **poder regulamentar**; preferimos falar em poder normativo, já que aquele não esgota toda a competência normativa da Administração Pública; é apenas uma de suas formas de expressão, coexistindo com outras, conforme se verá.

Os atos pelos quais a Administração exerce o seu poder normativo têm em comum com a lei o fato de emanarem normas, ou seja, atos com efeitos gerais e abstratos.

Segundo a lição de Miguel Reale (1980:12-14), podem-se dividir os atos normativos em **originários** e **derivados**. "Originários se dizem os emanados de um órgão estatal em virtude de competência própria, outorgada imediata e diretamente pela Constituição, para edição de regras instituidoras de direito novo"; compreende os atos emanados do Legislativo. Já os atos normativos **derivados** têm por objetivo a "explicitação ou especificação de um conteúdo normativo preexistente, visando à sua execução no plano da *praxis*"; o ato normativo derivado, por excelência, é o regulamento.

Acrescenta o mesmo autor que "os **atos legislativos** não diferem dos regulamentos ou de certas sentenças por sua natureza normativa, mas sim pela **originariedade** com que instauram situações jurídicas novas, **pondo o direito e, ao mesmo tempo, os limites de sua vigência e eficácia**, ao passo que os demais atos normativos **explicitam** ou **complementam** as leis, sem ultrapassar os horizontes da legalidade".

Insere-se, portanto, o **poder regulamentar** como uma das formas pelas quais se expressa a função normativa do Poder Executivo. Pode ser definido como o que cabe ao Chefe do Poder Executivo da União, dos Estados e dos Municípios, de editar normas complementares à lei, para sua fiel execução.

Doutrinariamente, admitem-se dois tipos de regulamentos: o **regulamento executivo** e o **regulamento independente ou autônomo**. O primeiro complementa a lei ou, nos termos do art. 84, IV, da Constituição, contém normas "para fiel execução da lei"; ele não pode estabelecer normas *contra legem* ou *ultra legem*. Ele não pode inovar na ordem jurídica, criando direitos, obrigações, proibições, medidas punitivas, até porque ninguém é obrigado a fazer ou deixar de fazer alguma coisa senão em virtude de lei, conforme art. 5º, II, da Constituição; ele tem que se limitar a estabelecer normas sobre a forma como a lei vai ser cumprida pela Administração.

O regulamento autônomo ou independente inova na ordem jurídica, porque estabelece normas sobre matérias não disciplinadas em lei; ele não completa nem desenvolve nenhuma lei prévia.

Essa distinção, nos países em que o sistema jurídico a agasalha, é ligada a outra distinção entre **regulamentos jurídicos ou normativos** e **regulamentos administrativos ou de organização**.

Os **regulamentos jurídicos** ou **normativos** estabelecem normas sobre relações de supremacia geral, ou seja, aquelas relações que ligam todos os cidadãos ao Estado, tal como ocorre com as normas inseridas no poder de polícia, limitadoras dos direitos individuais em benefício do interesse público. Eles voltam-se para fora da Administração Pública.

Os **regulamentos administrativos** ou **de organização** contêm normas sobre a organização administrativa ou sobre as relações entre os particulares que estejam em situação de submissão especial ao Estado, decorrente de um título jurídico especial, como um contrato, uma concessão de serviço público, a outorga de auxílios ou subvenções, a nomeação de servidor público, a convocação para o serviço militar, a internação em hospital público etc.

Nos casos de regulamentos jurídicos, o poder regulamentar é menor, com menos discricionariedade, porque diz respeito à liberdade e aos direitos dos particulares, sem qualquer título jurídico concedido por parte da Administração. Nos casos de regulamentos administrativos ou de organização, a discricionariedade administrativa no estabelecimento de normas é maior porque a situação de sujeição do cidadão é especial, presa a um título jurídico emitido pela própria Administração, dizendo respeito à própria organização administrativa ou forma de prestação do serviço. Em consequência, os regulamentos jurídicos são necessariamente complementares à lei, enquanto os regulamentos administrativos podem ser baixados com maior liberdade.

Nos sistemas jurídicos que admitem essa distinção, os regulamentos independentes ou autônomos só podem existir em matéria organizativa ou de sujeição; nunca nas relações de supremacia geral.

No direito brasileiro, a Constituição de 1988 limitou consideravelmente o poder regulamentar, não deixando espaço para os regulamentos autônomos, a não ser a partir da Emenda Constitucional nº 32/01. Na Constituição de 1967, com redação dada pela Emenda Constitucional nº 1/69, o art. 81, V, outorgava competência ao Presidente da República para "dispor sobre a estruturação, atribuições e funcionamento dos órgãos da administração federal", única hipótese de decreto dessa natureza agasalhada expressamente na legislação; tratava-se de decreto autônomo sobre matéria de organização da Administração Pública. A atual Constituição, no art. 84, VI, previa, na redação original, competência para "dispor sobre a organização e o funcionamento da administração federal, *na forma da lei*".

Além disso, o art. 25 do Ato das Disposições Constitucionais Transitórias, revogou, a partir de 180 dias da promulgação da Constituição, **sujeito esse prazo a prorrogação por lei**, todos os dispositivos legais que atribuam ou deleguem a órgão do Poder Executivo competência assinalada pela Constituição ao Congresso Nacional, especialmente no que tange à **ação normativa**. Paralelamente, o art. 61, § 1º, II, *e*, faz depender de lei de iniciativa do Presidente da República "a criação, estruturação e atribuições dos Ministérios e órgãos da administração pública". Isto significa que nem mesmo os regulamentos autônomos em matéria de organização administrativa existem no direito brasileiro, o que é lamentável, porque esse poder é atribuído aos demais Poderes, conforme arts. 51, IV (relativo à Câmara dos Deputados), 52, XIII (relativo ao Senado) e 96, I, *b* (relativo aos Tribunais).

Com a Emenda Constitucional nº 32, altera-se o art. 84, VI, para outorgar ao Presidente da República competência para "dispor, mediante decreto, sobre: (a) organização e funcionamento da administração federal, quando não implicar aumento de despesa nem criação ou extinção de órgãos públicos; (b) extinção de funções ou cargos públicos, quando vagos". A competência, quanto à alínea *a*, limita-se à organização e funcionamento, pois a criação e extinção de Ministérios e órgãos da Administração Pública continua a depender de lei, conforme art. 88, alterado pela Emenda Constitucional nº 32. Quanto à alínea *b*, não se trata de função regulamentar, mas de típico ato de efeitos concretos, porque a competência do Presidente da República se limitará a extinguir cargos ou funções, quando vagos, e não a estabelecer normas sobre a matéria.

Com a alteração do dispositivo constitucional, fica restabelecido, de forma muito limitada, o regulamento autônomo no direito brasileiro, para a hipótese específica inserida na alínea *a*. A norma estabelece certo paralelismo com atribuições semelhantes da Câmara dos Deputados (art. 51, IV), do Senado (art. 52, XIII) e dos Tribunais (art. 96, I, *b*).

Portanto, no direito brasileiro, excluída a hipótese do art. 84, VI, com a redação dada pela Emenda Constitucional nº 32, só existe o **regulamento de execução**, hierarquicamente subordinado a uma lei prévia, sendo ato de competência privativa do Chefe do Poder Executivo.

No entanto, alguns órgãos ainda hoje dispõem de competência normativa, porque a legislação que a delegava, antes da Constituição de 1988, teve o prazo de vigência prorrogado por lei, tal como previsto expressamente no art. 25 das Disposições Transitórias. Fora dessas hipóteses, os demais órgãos administrativos que continuam a exercer função normativa, dispondo sobre matéria reservada à lei ou ao regulamento, não mais dispõem desse poder e as normas que editam padecem do vício de inconstitucionalidade.

Há que se lembrar que, em matéria de telecomunicações e de petróleo, as Emendas Constitucionais nos 8/95 e 9/95 alteraram, respectivamente, a redação dos arts. 21, XI, e 177, § 2º, III, para prever a promulgação de lei que disponha sobre a exploração dessas atividades e a instituição de seu **órgão regulador**. Com base nesses dispositivos, foram criadas a Agência Nacional de Telecomunicações – Anatel (Lei nº 9.472, de 16-7-97) e a Agência Nacional do Petróleo – ANP (Lei nº 9.478, de 6-8-97). Além disso, leis ordinárias foram criando outras agências reguladoras, algumas com funções ligadas a concessões, como é o caso da Agência Nacional de Energia Elétrica – Aneel (Lei nº 9.427, de 26-12-96), outras com funções de polícia em áreas específicas, a exemplo da Agência Nacional de Águas – ANA (Lei nº 9.984, de 17-7-00), Agência Nacional de Vigilância Sanitária – Anvisa (Lei nº 9.782, de 26-1-99), Agência Nacional de Saúde Suplementar – ANS (Lei nº 9.961, de 29-1-00), além de agências criadas nos âmbitos estadual e municipal. Isso significa que esses órgãos reguladores exercerão função normativa, porém dentro dos limites do princípio da legalidade (v. seção 10.9.3).

Além do decreto regulamentar, o poder normativo da Administração ainda se expressa por meio de **resoluções, portarias, deliberações, instruções**, editadas por autoridades que não o Chefe do Executivo. Note-se que o art. 87, parágrafo único, inciso II, outorga aos Ministros de Estado competência para "expedir instruções para a execução das leis, decretos e regulamentos". Há, ainda, **os regimentos**, pelos quais os órgãos colegiados estabelecem normas sobre o seu funcionamento interno. Todos esses atos estabelecem normas que têm alcance limitado ao âmbito de atuação do órgão expedidor. Não têm o mesmo alcance nem a mesma natureza que os regulamentos baixados pelo Chefe do Executivo.

Em todas essas hipóteses, o ato normativo não pode contrariar a lei, nem criar direitos, impor obrigações, proibições, penalidades que nela não estejam previstos, sob pena de ofensa ao princípio da legalidade (arts. 5º, II, e 37, *caput*, da Constituição). Lembre-se de que o Congresso Nacional dispõe agora de poder de controle sobre atos normativos do Poder Executivo, podendo sustar os que exorbitem do poder regulamentar (art. 49, V), e que o controle de constitucionalidade exercido pelo STF, com base no art. 102, I, *a*, da Constituição, abrange não só a lei como também o **ato normativo** federal ou estadual; por outras palavras, abrange também qualquer ato normativo baixado por órgãos administrativos.

Quanto à omissão do Poder Executivo em editar regulamentos, a Constituição de 1988 trouxe remédio que resolve parcialmente o problema; previu o **mandado de injunção** e a **ação de inconstitucionalidade por omissão**.

O primeiro tem alcance restrito às hipóteses em que a falta de norma regulamentadora torna inviável o exercício dos direitos e liberdades constitucionais e das prerrogativas inerentes à nacionalidade, à soberania e à cidadania (art. 5º, LXXI). Cabe, nesse caso, ao Poder Judiciário, suprir a omissão, estabelecendo a norma que resolva o caso concreto.

O segundo, previsto no art. 103, § 2º, tem âmbito um pouco menos restrito, porque é cabível quando haja omissão de medida necessária para tornar efetiva **norma constitucional**; nesse caso, o STF, órgão competente para julgar, deverá dar ciência da decisão ao Poder competente para cumprimento no prazo de 30 dias.

Continuam desprotegidas as hipóteses em que a falta de regulamentação torna inviável o cumprimento da legislação infraconstitucional. Hely Lopes Meirelles (1989:108) entende que, "quando a própria lei fixa o prazo para sua regulamentação, decorrido este sem a publicação do decreto regulamentar, os destinatários da norma legislativa podem invocar utilmente os seus preceitos e auferir todas as vantagens dela decorrentes, desde que possa prescindir do regulamento, porque a omissão do Executivo não tem o condão de invalidar os mandamentos legais do Legislativo".

3.5.2 Disciplinar

Poder disciplinar é o que cabe à Administração Pública para apurar infrações e aplicar penalidades aos servidores públicos e demais pessoas sujeitas à disciplina administrativa; é o caso dos estudantes de uma escola pública.

Não abrange as sanções impostas a particulares não sujeitos à disciplina interna da Administração, porque, nesse caso, as medidas punitivas encontram seu fundamento no poder de polícia do Estado.

No que diz respeito aos servidores públicos, o poder disciplinar é uma decorrência da hierarquia; mesmo no Poder Judiciário e no Ministério Público, onde não há hierarquia quanto ao exercício de suas funções institucionais, ela existe quanto ao aspecto funcional da relação de trabalho, ficando os seus membros sujeitos à disciplina interna da instituição.

Costuma-se dizer que o poder disciplinar é discricionário, o que deve ser entendido em seus devidos termos. A Administração não tem liberdade de escolha entre punir e não punir, pois, tendo conhecimento de falta praticada por servidor, tem necessariamente que instaurar o procedimento adequado para sua apuração e, se for o caso, aplicar a pena cabível. Não o fazendo, sem uma justificativa aceitável incide em crime de condescendência criminosa, previsto no art. 320 do Código Penal.

Com a tendência ao crescimento do consensualismo dentro da Administração Pública (para substituir, parcialmente, os atos administrativos unilaterais, imperativos e autoexecutórios), o direito positivo vem admitindo o consenso para propiciar a isenção ou o abrandamento de sanções, como ocorre nos acordos de leniência firmados entre a Administração Pública e o infrator. O assunto é analisado no capítulo 19, item 19.5.

Mesmo com relação à escolha da sanção cabível, não se pode falar em **discricionariedade propriamente dita, mas em certa margem de apreciação outorgada pela lei à autoridade administrativa,** uma vez que os Estatutos funcionais não estabelecem regras rígidas como as que se impõem na esfera criminal. O Estatuto dos Funcionários Públicos Civis do Estado de São Paulo (Lei nº 10.261, de 28-10-68, com alterações posteriores), por exemplo, determina, no art. 305, que "não será declarada a nulidade de nenhum ato processual que não houver influído na apuração da verdade substancial ou diretamente na decisão do processo ou da sindicância" (redação dada pela Lei Complementar nº 942, de 6-6-03).

Além disso, a lei costuma dar à Administração o poder de levar em consideração, na escolha da pena, a natureza e a gravidade da infração e os danos que dela provierem para o serviço público (art. 128 do Estatuto Federal – Lei nº 8.112, de 11-12-90, e art. 252 do Estatuto Estadual). Também a Lei de Introdução às Normas do Direito Brasileiro (Decreto-lei nº 4.657/42), com as alterações introduzidas pela Lei nº 13.655/18, contém norma semelhante no art. 22, § 2º, aplicável aos gestores públicos: "Na aplicação de sanções, serão considerados a natureza e a gravidade da infração cometida, os danos que dela provierem para a administração pública, as circunstâncias agravantes ou atenuantes e os antecedentes do agente". Não se pode falar que exista aí discricionariedade, no sentido de liberdade de escolha da sanção, segundo critérios de oportunidade e conveniência (mérito do ato administrativo), uma vez que a decisão tem que ser adequadamente motivada e basear-se em fatos devidamente apurados em processos administrativos em que se assegure a observância do devido processo legal, especialmente o direito de defesa e contraditório, tal como previsto no art. 5º, LV, da Constituição. Seria inaceitável que a sanção pudesse ser escolhida segundo critérios de oportunidade e conveniência. Por outras palavras, deve haver uma relação de adequação e proporção entre os fatos apurados e a penalidade aplicada.

Discricionariedade também não existe com relação a certas infrações que a lei não define; é o caso do "procedimento irregular" e da "ineficiência no serviço", puníveis com pena de demissão, e da "falta grave", punível com suspensão; são expressões imprecisas (os chamados conceitos jurídicos indeterminados), de modo que a lei deixou à Administração a possibilidade de enquadrar os casos concretos em uma ou outra dessas infrações. Mas a decisão tem que se basear nos fatos apurados e a escolha da pena tem que ser motivada.[7]

Nenhuma penalidade pode ser aplicada sem prévia apuração por meio de **procedimento legal**, em que sejam assegurados o contraditório e a ampla defesa, com os meios e recursos a ela inerentes (art. 5º, LV, da Constituição).

Quanto aos meios de apuração, serão analisados em capítulo concernente ao processo administrativo.

3.5.3 Decorrentes da hierarquia

A organização administrativa é baseada em dois pressupostos fundamentais: a distribuição de competências e a hierarquia. O direito positivo define as atribuições dos vários órgãos administrativos, cargos e funções e, para que haja harmonia e unidade de direção, ainda estabelece uma relação de **coordenação** e **subordinação** entre os vários órgãos que integram a Administração Pública, ou seja, estabelece a hierarquia.

Não se pode dizer que a organização hierárquica corresponda a atribuição exclusiva do Poder Executivo, diante do art. 61, § 1º, II, da Constituição, segundo o qual se incluem na iniciativa do Presidente da República as leis que disponham sobre organização administrativa. Combinando-se esse dispositivo com o art. 84, VI, na redação dada pela Emenda Constitucional nº 32/01, tem-se que concluir que a organização administrativa, quando não implique aumento de despesa, é da competência do Presidente da República; quando acarrete aumento de despesa, é matéria de lei de iniciativa do Presidente da República.

No entanto, mesmo quando dependa de lei, pode-se dizer que da organização administrativa decorrem para a Administração Pública diversos poderes:

1. o de **editar atos normativos** (resoluções, portarias, instruções), com o objetivo de ordenar a atuação dos órgãos subordinados; trata-se de atos normativos de efeitos apenas internos e, por isso mesmo, inconfundíveis com os regulamentos; são apenas e tão somente decorrentes da **relação hierárquica**, razão pela qual não obrigam pessoas a ela estranhas;
2. o de **dar ordens** aos subordinados, que implica o dever de obediência, para estes últimos, salvo para as ordens manifestamente ilegais;
3. o de **controlar** a atividade dos órgãos inferiores, para verificar a legalidade de seus atos e o cumprimento de suas obrigações, podendo **anular** os atos ilegais ou **revogar** os inconvenientes ou inoportunos, seja *ex officio*, seja mediante provocação dos interessados, por meio de recursos hierárquicos;
4. o de **aplicar sanções** em caso de infrações disciplinares;
5. o de **avocar** atribuições, desde que estas não sejam da competência exclusiva do órgão subordinado;
6. o de **delegar** atribuições que não lhe sejam privativas.

---

[7] A partir da 31ª edição, alteramos o entendimento quanto à discricionariedade do poder disciplinar.

Há de se observar que a **relação hierárquica** é acessória da organização administrativa. Pode haver distribuição de competências dentro da organização administrativa, excluindo-se a relação hierárquica com relação a determinadas atividades. É o que acontece, por exemplo, nos órgãos consultivos que, embora incluídos na hierarquia administrativa para fins disciplinares, por exemplo, fogem à relação hierárquica no que diz respeito ao exercício de suas funções. Trata-se de determinadas atividades que, por sua própria natureza, são incompatíveis com uma determinação de comportamento por parte do superior hierárquico. Outras vezes, acontece o mesmo porque a própria lei atribui uma competência, com exclusividade, a determinados órgãos administrativos, em especial os colegiados, excluindo, também, a interferência de órgãos superiores.

Ainda a respeito de hierarquia, cabe assinalar que a expressão pode ser empregada em três sentidos diferentes, um técnico-político e os outros dois jurídicos (cf. Renato Alessi, 1970:103):

a) sob o primeiro aspecto, a hierarquia é um **princípio**, um critério de organização administrativa, em decorrência do qual um órgão se situa em plano de superioridade com respeito a outros que se situam na mesma posição em relação a outros que, por sua vez, se situam na mesma posição em relação a outros mais, e assim por diante, dando lugar a uma característica **pirâmide**; em seu ápice encontra-se o Chefe do Poder Executivo, de onde emanam as diretrizes para os órgãos inferiores; estes, por sua vez, fornecem os elementos e preparam as decisões dos órgãos superiores;

b) sob o segundo aspecto (agora jurídico), a hierarquia corresponde a um **ordenamento hierárquico** definido por lei e que implica diversidade de funções atribuídas a cada órgão; essa distribuição de competências pode ser mais ou menos rígida, podendo ser **concorrente** ou **exclusiva**; dependendo da maior ou menor rigidez, os órgãos superiores terão maior ou menor possibilidade de controle sobre os subordinados;

c) sob o terceiro aspecto (ainda jurídico), a hierarquia corresponde a uma **relação** pessoal, obrigatória, de natureza pública, que se estabelece entre os titulares de órgãos hierarquicamente ordenados; é uma relação de coordenação e de subordinação do inferior frente ao superior, implicando um poder de dar ordens e o correlato dever de obediência. Vale dizer que o **ordenamento hierárquico** é fixado pela lei e que desse ordenamento resulta uma **relação de coordenação e subordinação**, que implica os já referidos poderes para a Administração.

Segundo Mário Masagão (1968:55), a relação hierárquica caracteriza-se da seguinte maneira:

a) é uma relação estabelecida entre órgãos, de forma necessária e permanente;
b) que os coordena;
c) que os subordina uns aos outros;
d) e gradua a competência de cada um.

Daí a sua definição de hierarquia como "o vínculo que coordena e subordina uns aos outros os órgãos do Poder Executivo, graduando a autoridade de cada um".

Apenas substituiríamos a expressão "Poder Executivo" por "Administração Pública", já que nos outros Poderes existem órgãos administrativos com a mesma organização hierárquica e a mesma relação de hierarquia.

Nos Poderes Judiciário e Legislativo não existe hierarquia no sentido de **relação de coordenação e subordinação**, no que diz respeito às suas funções institucionais. No primeiro, há uma distribuição de competências entre instâncias, mas uma funcionando com independência em relação à outra; o juiz da instância superior não pode substituir-se ao da instância inferior, nem dar ordens ou revogar e anular os atos por este praticados. Com a aprovação da Reforma do Judiciário pela Emenda Constitucional nº 45/04, cria-se uma hierarquia parcial entre o STF e todos os demais órgãos do Poder Judiciário, uma vez que suas decisões sobre matéria constitucional, quando aprovadas como súmulas, nos termos do art. 103-A, introduzido na Constituição, terão efeito vinculante para todos. O mesmo ocorrerá com as decisões definitivas proferidas em ações diretas de inconstitucionalidade e nas ações declaratórias de constitucionalidade de lei ou ato normativo federal ou estadual (art. 102, § 2º). No Legislativo, a distribuição de competências entre Câmara e Senado também se faz de forma que haja absoluta independência funcional entre uma e outra Casa do Congresso.

RESUMO

1. **Regime público e privado na Administração Pública**: a opção é feita em regra pela Constituição ou pela lei; quando utilizado o regime de direito privado, este é parcialmente derrogado por normas de direito público.

2. **Regime administrativo**: expressão usada para abranger o conjunto de traços que tipificam o Direito Administrativo; abrange *prerrogativas* (que garantem a autoridade necessária para a consecução do interesse público) e *restrições* (necessárias para proteger os direitos individuais perante o poder público).

3. **Exemplos de prerrogativas**: autoexecutoriedade, autotutela, poder de expropriar, de requisitar bens e serviços, o de ocupar temporariamente o imóvel alheio, o de instituir servidão, o de aplicar sanções administrativas, o de alterar e rescindir unilateralmente os contratos, o de impor medidas de polícia; além de privilégios, como imunidade tributária, prazos dilatados em juízo, juízo privativo, processo especial de execução, presunção de veracidade de seus atos.

4. **Exemplos de restrições**: exigência de licitação para a celebração de contratos e de concurso público para a seleção de pessoal, além da submissão aos princípios da Administração Pública.

5. **Os princípios como proposições básicas que estão na base do regime administrativo**.

6. **Legalidade:** a Administração Pública só pode fazer o que a lei prevê (arts. 5º, II, e 37, *caput*, da CF).

7. **Supremacia do interesse público**: presente na elaboração da lei e em sua aplicação pela Administração Pública, nas hipóteses previstas no ordenamento jurídico; dele decorre a indisponibilidade do interesse público.

8. **Impessoalidade**: previsto no art. 37, *caput*, da CF; deve ser observada em relação aos administrados (no sentido de que os atos da Administração devem observar a finalidade pública) e à Administração Pública (no sentido de que os atos administrativos são imputáveis ao órgão ou à pessoa jurídica que os praticou e não aos servidores públicos), conforme art. 2º, parágrafo único, III, da Lei nº 9.784/99 (Lei de Processo Administrativo Federal).

9. **Presunção de legitimidade ou de veracidade**: trata-se de presunção *juris tantum* (relativa), porque admite prova em contrário; a de legitimidade faz presumir que todos os atos da Administração Pública são praticados em consonância com a lei; e a de

veracidade diz respeito à certeza dos fatos; consequência: autoexecutoriedade dos atos administrativos.

10. Especialidade: as entidades da Administração Indireta não podem desvincular-se dos fins previstos em sua lei instituidora.

11. Controle ou tutela: equivale à fiscalização que os órgãos da Administração Direta exercem sobre as entidades da Administração Indireta, com o objetivo de garantir a observância de suas finalidades institucionais.

12. Autotutela: poder de que dispõe a Administração Pública de corrigir os próprios atos, pela anulação e revogação (reconhecido pela Súmula 473, do STF) e de zelar pelos bens de seu patrimônio, sem necessidade de autorização judicial.

13. Hierarquia: relação de coordenação e subordinação entre os órgãos que compõem a estrutura da Administração Pública.

14. Continuidade do serviço público: o serviço público não pode parar, porque atende a necessidades essenciais da coletividade. Consequências: restrições à greve no serviço público, inaplicabilidade da *exceptio non adimpleti contractus*, encampação ou caducidade da concessão etc.

15. Publicidade: a regra geral na Administração Pública é a divulgação de seus atos; o sigilo somente é admissível nas hipóteses previstas na Constituição (art. 5º, X, XI, XII, XIV, XXXIII, XXXIV, LX, LXXII); o direito à informação disciplinado é pela Lei nº 12.527/11.

16. Moralidade administrativa: exige atuação segundo padrões éticos de probidade, decoro e boa-fé (art. 2º, *caput*, e parágrafo único, IV, da Lei nº 9.784); aplicação dos arts. 5º, LXXIII; 14, § 9º; 15, V; 37, *caput* e § 4º, da CF; seu descumprimento caracteriza desvio de poder e ato de improbidade administrativa (Lei nº 8.429/92, art. 11, inciso I).

17. Razoabilidade e proporcionalidade: exige relação e proporção entre meios e fins (art. 2º, parágrafo único, incisos VI, VIII e IX, da Lei nº 9.784/99); arts. 20, parágrafo único, 21, parágrafo único, 22, §§ 1º, 2º e 3º, 23 e 26, § 1º, da LINDB, introduzidos pela Lei nº 13.655/18); exigência de razoável duração dos processos judiciais e administrativos (art. 5º, LXXVIII, da CF).

18. Motivação: exige que todos os atos administrativos indiquem os fundamentos de fato e de direito, bem como as consequências jurídicas e administrativas da decisão (arts. 2º, *caput*, e parágrafo único, VII, e 50 da Lei nº 9.784; e arts. 20 e 21 da LINDB, introduzidos pela Lei nº 13.655/18).

19. Eficiência: diz respeito ao modo de **atuação do agente público**, do qual se espera o melhor desempenho no exercício de suas atribuições, sob pena de demissão, e ao modo de organizar, estruturar, disciplinar a Administração Pública, com o objetivo e alcançar os melhores resultados (arts. 37, *caput*, da CF, 2º, *caput*, da Lei nº 9.784/99, e 5º da Lei nº 14.133/21); corresponde ao **dever de boa administração.**

20. Segurança jurídica: dois aspectos: a) objetivo (estabilidade das relações jurídicas) e subjetivo (proteção à confiança). Correlação com o princípio da boa-fé. Aplicação: manutenção de atos administrativos inválidos, manutenção de atos praticados por funcionário de fato, fixação de prazo para invalidação, regulação dos efeitos já produzidos pelo ato ilegal, regulação dos efeitos de súmula vinculante.

21. Poderes da Administração: natureza de poderes-deveres.

a) **Poder normativo**: emanação de atos com efeitos gerais e abstratos, que não podem contrariar a lei. Expressão mais ampla que poder regulamentar (o que cabe ao Chefe do Poder Executivo de editar normas complementares à lei, para sua fiel execução); expressa-se por meio de regulamentos, resoluções, portarias, deliberações, instruções.

Tipos de regulamento: executivo (complementa a lei) e independente ou autônomo (inova na ordem jurídica); falta de fundamento constitucional para a segunda modalidade; competência normativa dos órgãos reguladores do petróleo e das telecomunicações.

Regulamentos jurídicos ou normativos (estabelecem normas sobre relações de supremacia geral, que atingem a todos os cidadãos) e **administrativos ou de organização** (contêm normas sobre a organização administrativa ou sobre as relações da Administração com particulares em situação de submissão especial).

Medidas judiciais cabíveis em caso de omissão do poder regulamentar: mandado de injunção (art. 5º, LXXI, da CF) e ação de inconstitucionalidade por omissão (art. 103, § 2º, da CF).

b) **Poder disciplinar**: apuração de infrações e aplicação de penalidades aos servidores públicos e outras pessoas sujeitas à disciplina interna administrativa.

Como se distingue da sanção de polícia: esta é aplicada a particulares.

Necessidade de procedimento legal para apuração de penalidade: observância do devido processo legal (art. 5º, LV, da Constituição).

Existência de certa margem de apreciação na escolha da sanção cabível: não há discricionariedade no sentido de opção segundo critérios de oportunidade e conveniência.

Necessidade de relação e proporção entre os fatos apurados e a sanção, devidamente motivada.

c) **Decorrentes da hierarquia,** como relação de subordinação e coordenação entre os órgãos administrativos: o de editar atos normativos, o de dar ordens, o de controlar os órgãos inferiores, o de anular os atos ilegais e revogar os atos inoportunos ou inconvenientes, o de aplicar sanções, o de avocar e delegar atribuições não privativas.

Inexistência de hierarquia nos Poderes Judiciário e Legislativo no que diz respeito ao exercício de suas funções institucionais.

4
Serviços Públicos

4.1 CONCEITO

Não é tarefa fácil definir o serviço público, pois a sua noção sofreu consideráveis transformações no decurso do tempo, quer no que diz respeito aos seus elementos constitutivos, quer no que concerne à sua abrangência. Além disso, alguns autores adotam **conceito amplo**, enquanto outros preferem um **conceito restrito**. Nas duas hipóteses, combinam-se, em geral, três elementos para a definição: o **material** (atividades de interesse coletivo), o **subjetivo** (presença do Estado) e o **formal** (procedimento de direito público).

4.1.1 Serviço público em sentido amplo

As primeiras noções de serviço público surgiram na França, com a chamada **Escola de Serviço Público**, e foram tão amplas que abrangiam, algumas delas, todas as atividades do Estado.

Conforme ensinamento de Dinorá Adelaide Musetti Grotti (2003:19-20), o primeiro a utilizar a expressão teria sido Rousseau, no *Contrato Social*, com o significado de qualquer atividade estatal e abrangendo dois aspectos: *"de um lado, trata-se de atividades destinadas ao serviço do público, isto é, ações através das quais se assegura aos cidadãos a satisfação de uma necessidade sentida coletivamente, sem que cada um tenha de atendê-la pessoalmente; de outro, concebe-se como uma atividade estatal que sucede ao serviço do Rei, porque se operou uma substituição na titularidade da soberania"*.

No direito francês, a noção de serviço público foi particularmente importante por duas grandes razões: (a) de um lado, o critério do serviço público foi um dos adotados, por longo período, para separar a competência da jurisdição administrativa da competência da justiça comum; (b) de outro lado, foi utilizado como critério de definição do próprio direito administrativo.

Com efeito, em decorrência da proibição aos tribunais judiciais de apreciar os atos da Administração e de perturbar as suas operações, surgiu a necessidade de definir os critérios definidores da competência de cada uma das jurisdições. Esses critérios sucederam-se no tempo, por força de interpretação do próprio Conselho de Estado Francês (órgão de cúpula da jurisdição administrativa). Afastou-se logo de início a ideia de que todos os atos praticados pela Administração seriam excluídos da justiça comum. E passaram a ser adotados três critérios concomitantes: (a) o que proibia aos tribunais judiciais o direito de condenar o Estado a pagar qualquer soma em dinheiro (*critério do Estado devedor*); (b) o que atribuía à jurisdição administrativa o conhecimento dos atos de autoridade (os atos de império) e, aos tribunais judiciais, o conhecimento dos atos de gestão (critério dos atos de império e atos de gestão); (c) o que atribuía à jurisdição administrativa os atos de gestão pública, ficando com os tribunais judiciais os atos de gestão privada, como, por exemplo, a gestão do domínio privado, por meio de contratos de direito privado.

A partir do famoso caso Blanco, começou a alteração nos critérios de definição da competência das duas jurisdições. Tratava-se de ação de indenização proposta pelo pai de Agnès Blanco, em decorrência de ferimentos causados por uma vagonete da Cia. Nacional de Manufatura de Fumo. Surgindo conflito de competência, foi o mesmo submetido ao Tribunal de Conflitos (competente para decidir os conflitos de atribuições surgidos entre os tribunais judiciais e os tribunais administrativos). Esse Tribunal, por decisão tomada em 1873, entendeu que os danos tinham sido causados no exercício de uma atividade de *serviço público* e que a responsabilidade pelos prejuízos causados por serviços públicos devia reger-se por princípios próprios, diversos daqueles previstos no Código Civil para as relações entre particulares.

A decisão foi pouco mencionada nos anos subsequentes, seja pela doutrina, seja pela jurisprudência, continuando a aplicar-se preferencialmente o critério dos atos de autoridade e atos de gestão. A dificuldade estava em definir um critério que permitisse identificar os atos de autoridade, regidos por normas próprias (o direito administrativo), diversas das que regem os atos de gestão.

Com o caso Terrier, foi feita a ligação com o caso Blanco, ficando decidido pelo Conselho de Estado, em 6-2-1903, que *"tudo o que diz respeito à organização e funcionamento dos serviços públicos propriamente ditos, gerais ou locais, quer a Administração aja por via de contrato, quer proceda por via de autoridade, constitui uma operação administrativa que é pela sua natureza da competência administrativa"* (Jean Rivero, 1981:190). Com isso, a distinção entre atos de autoridade e atos de gestão pôde ser feita pelo critério do serviço público.

Esse critério teve dupla utilidade: passou a ser utilizado como definidor da competência da jurisdição administrativa,[1] e, pela forma como evoluiu, passou a ser adotado como critério de definição do próprio direito administrativo.

A chamada Escola do Serviço Público, liderada por Leon Duguit e integrada também por Gaston Jèze, Roger Bonnard, Louis Rolland, dentre outros, formulou as primeiras noções de serviço público, algumas delas tão amplas que abrangiam todas as atividades do Estado.

Leon Duguit, por exemplo, acompanhado de perto por Roger Bonnard, considerava o serviço público como atividade ou organização, em sentido amplo, abrangendo todas as funções do Estado; ele chegou ao ponto de pretender substituir a noção de soberania pela de serviço público, dizendo que o Estado é uma cooperação de serviços públicos organizados e fiscalizados pelos governantes. Para ele, em torno da noção de serviço público gravita todo o direito público.

Duas grandes ideias estavam presentes nos conceitos de serviço público formulados pela Escola do Serviço Público: (a) trata-se de atividade ou organização assumida por uma coletividade pública (a chamada *publicatio);* e (b) o seu objetivo é o de satisfazer a uma necessidade de interesse geral. A esses dois elementos tem-se que acrescentar um terceiro, que era a submissão dos serviços públicos a regime jurídico derrogatório do direito comum. Nas palavras de Rivero (1981:193), *"na prática mais frequente do Estado liberal, no serviço público encontravam-se reunidos três elementos: um organismo administrativo, uma atividade de interesse geral e um regime jurídico derrogatório do direito comum".*

Como ensinam Vedel e Delvolvé (1984:1097), *"o direito administrativo é o 'direito dos serviços públicos'. Todas as suas regras encontram sua justificativa nesta ideia: por exemplo, as sujeições especiais que pesam sobre os funcionários e notadamente a interdição ou a limitação do*

---

[1] Havia exceção a essa regra, nas hipóteses em que a Administração opta pela gestão privada dos serviços públicos, o que ocorre especialmente na gestão do domínio privado; nesse caso, embora se trate de serviço público, a competência desloca-se para a justiça comum.

direito de greve se explicam pelas necessidades do serviço público, em particular no que se refere à continuidade; as regras especiais concernentes aos bens do domínio público se explicam por sua afetação ao serviço público; o regime exorbitante do direito comum que governa os contratos administrativos se explica pelo laço estreito que têm esses contratos com os serviços públicos; as condições para que incida a responsabilidade das pessoas públicas, condições ora mais severas ora menos severas que aquelas que regem a responsabilidade dos particulares, explicam-se pelas particularidades de funcionamento dos serviços públicos, etc. [...]"

Por influência da Escola de Serviço Público, alguns doutrinadores brasileiros adotaram conceito amplo de serviço público.

No direito brasileiro, exemplo de conceito amplo é o adotado por Mário Masagão. Levando em consideração os fins do Estado, ele considera como serviço público "toda atividade que o Estado exerce para cumprir os seus fins" (1968:252). Nesse conceito ele inclui a atividade judiciária e a administrativa; nesta o Estado exerce atividade primária, decidindo sobre o seu próprio procedimento, ao passo que, naquela, desempenha função de terceiro, ao gerenciar o procedimento das partes. Para ele, a atividade legislativa é própria da Administração Pública. No entanto, ele dá também um **conceito restrito de serviço público administrativo**, como "toda atividade que o Estado exerce para cumprir seus fins, exceto a judiciária". Ainda assim, o conceito é um pouco amplo, porque abrange todas as atividades exercidas pela Administração Pública, sem distinguir a atividade jurídica (poder de polícia), a atividade material (serviço público) e a atividade econômica.

Amplo também é o conceito de José Cretella Júnior (1980:55-60), para quem serviço público é "toda atividade que o Estado exerce, direta ou indiretamente, para a satisfação das necessidades públicas mediante procedimento típico do direito público".

Hely Lopes Meirelles (2003:319) define o serviço público como "todo aquele prestado pela Administração ou por seus delegados, sob normas e controles estatais, para satisfazer necessidades essenciais ou secundárias da coletividade, ou simples conveniências do Estado". O conceito é um pouco mais restrito do que o de Cretella Júnior, porque, ao fazer referência à **Administração** e não ao Estado, exclui as atividades legislativa e jurisdicional. No entanto, ainda é amplo, porque não distingue o poder de polícia do serviço público. Vale dizer, abrange **todas** as atividades exercidas pela Administração Pública.

Odete Medauar (2007:313) faz referência ao serviço público em sentido amplo, que abrange inclusive as atividades dos Poderes Legislativo e Judiciário, mas observa que, *"como um capítulo do direito administrativo, diz respeito a atividade realizada no âmbito das atribuições da Administração Pública, inserida no Executivo"*. E acrescenta que o serviço público *"refere-se a* **atividade prestacional**, *em que o poder público propicia algo necessário à vida coletiva, como, por exemplo, água, energia elétrica, transporte urbano"*.

Edmir Netto de Araújo (2010:123) faz referência a um conceito amplo, que é o de sua preferência e, segundo ele, adotado por boa parte da doutrina estrangeira e brasileira. Nesse sentido, serviço público "é toda atividade exercida pelo Estado, através de seus Poderes (Legislativo, Executivo e Judiciário) para a realização direta ou indireta de suas finalidades". Mas o autor dá também o conceito restrito de serviço público, que seria *"todo aquele que o Estado exerce direta ou indiretamente para a realização de suas finalidades, mas* **somente pela Administração**, *com exclusão das funções legislativa e jurisdicional, sob normas e controles estatais, para satisfação de necessidades essenciais ou secundárias da coletividade ou simples conveniência do Estado"*.

4.1.2 Serviço público em sentido restrito

Restritos são os conceitos que confinam o serviço público entre as atividades exercidas pela **Administração Pública**, com exclusão das funções legislativa e jurisdicional; e, além disso, o consideram como **uma** das atividades administrativas, perfeitamente distinta do poder de polícia do Estado.

Restrito é o conceito de Celso Antônio Bandeira de Mello (1975b:20 e 2019:717). Ele considera dois elementos como integrantes do conceito: o substrato **material**, consistente na prestação de utilidade ou comodidade fruível **diretamente** pelos administrados; e o substrato **formal**, que lhe dá justamente caráter de noção jurídica, consistente em um regime jurídico de direito público, composto por princípios e regras caracterizadas pela supremacia do interesse público, sobre o particular e por restrições parciais. Para ele, "serviço público é toda atividade de oferecimento de utilidade ou comodidade material fruível diretamente pelos administrados, prestado pelo Estado ou por quem lhe faça as vezes, sob um regime de direito público – portanto consagrador de prerrogativas de supremacia e de restrições especiais – instituído pelo Estado em favor dos interesses que houver definido como próprios no sistema normativo".

Embora, ao explicar o conceito, o autor se refira a dois elementos, constata-se, pela noção transcrita, que ele também considera os **interesses que o Estado houver definido como próprios no sistema normativo**. Nessa parte, ele adota a mesma orientação de Gaston Jèze, para concluir que é o Estado, por meio do Poder Legislativo, que, a seu sabor, erige ou não em serviço público tal ou qual atividade, desde que respeite os limites constitucionais.

Tal conceito restringe demais com a expressão *utilidade ou comodidade fruível diretamente pelos administrados*. Nesse sentido, seriam serviços públicos, por exemplo, o de água, o de transportes, o de telecomunicações, o de energia elétrica, pois estes são fruíveis **diretamente** pelos administrados. Mas existem outras espécies de serviços que são considerados públicos e nem por isso são usufruíveis **diretamente pela coletividade**. Assim é o caso dos **serviços administrativos** do Estado prestados internamente, dos serviços diplomáticos, dos trabalhos de pesquisa científica, os quais só por via indireta beneficiam a coletividade.

Marçal Justen Filho (2010:692) adota um conceito também restritivo, vinculando a prestação do serviço público à satisfação de um direito fundamental (o que é discutível, quando se pensa em serviços como o de navegação aérea e o de portos, dentre outros) e colocando como característica a insuscetibilidade de satisfação adequada mediante os mecanismos da livre iniciativa (o que também é discutível, quando se pensa que os serviços sociais, como saúde, educação, cultura, assistência, previdência são considerados serviços públicos quando prestados pelo Estado, sem que isto impeça a livre iniciativa dos particulares para atuarem na mesma área). Diz ele que "*serviço público é uma atividade pública administrativa de satisfação concreta de necessidades individuais ou transindividuais, materiais ou imateriais, vinculadas diretamente a um direito fundamental, insuscetíveis de satisfação adequada mediante os mecanismos da livre iniciativa privada, destinada a pessoas indeterminadas, qualificada legislativamente e executada sob regime de direito público*".

No direito positivo, encontra-se conceito de serviço público no art. 2º, II, da Lei nº 13.460, de 26-6-17, que dispõe sobre participação, proteção e defesa dos direitos do usuário dos serviços públicos da Administração Pública. Para os fins dessa lei, referido dispositivo legal considera como serviço público a "atividade administrativa ou de prestação direta ou indireta de bens ou serviços à população, exercida por órgão ou entidade da administração pública". Como se vê, o conceito deixa de lado as atividades judiciais e legislativas ao definir o serviço público.

4.1.3 Evolução

Antes de darmos a nossa definição, é preciso mostrar a evolução que se deu no conceito de serviço público e como, diante das dificuldades de conceituação e da sua flutuação no tempo, chegou-se a falar em "crise na noção de serviço público".

Em suas origens, os autores, sob a influência da Escola do Serviço Público, adotavam três critérios para definir o serviço público:

1. o **subjetivo**, que considera a **pessoa jurídica** prestadora da atividade: o serviço público seria aquele prestado pelo Estado;
2. o **material**, que considera a **atividade** exercida: o serviço público seria a atividade que tem por objeto a satisfação de necessidades coletivas;
3. o **formal**, que considera o **regime jurídico**: o serviço público seria aquele exercido sob regime de direito público derrogatório e exorbitante do direito comum.

Quando surgiram as primeiras noções de serviço público, era válida a combinação desses três elementos. Isso ocorreu no período do Estado liberal, em que o serviço público abrangia as **atividades de interesse geral, prestadas pelo Estado sob regime jurídico publicístico.**

No entanto, duas dissociações, pelo menos, ocorreram quanto àqueles três elementos, tal como considerados em suas origens. Em primeiro lugar, o fato de que o Estado, à medida que foi se afastando dos princípios do liberalismo, começou a ampliar o rol de atividades próprias, definidas como serviços públicos, pois passou a assim considerar determinadas atividades comerciais e industriais que antes eram reservadas à iniciativa privada. Trata-se dos serviços comerciais e industriais do Estado.

Paralelamente, outro fenômeno se verificou; o Estado percebeu que não dispunha de organização adequada à realização desse tipo de atividade; em consequência, passou a delegar a sua execução a particulares, por meio dos contratos de concessão de serviços públicos e, posteriormente, por meio de pessoas jurídicas de direito privado criadas para esse fim (empresas públicas e sociedades de economia mista), para execução sob regime jurídico predominantemente privado.

A partir daí, dois elementos foram afetados; o elemento **subjetivo**, porque não mais se pode considerar que as pessoas jurídicas públicas são as únicas que prestam serviço público; os particulares podem fazê-lo por delegação do Poder Público. E o elemento **formal**, uma vez que nem todo serviço público é prestado sob regime jurídico exclusivamente público.

Por essa razão, os autores passaram a falar em **crise na noção de serviço público**. Um autor francês – Louis Corail – elaborou tese de doutoramento sobre esse tema, entendendo que os três elementos normalmente considerados pela doutrina para conceituar o serviço público não são essenciais, porque às vezes falta um dos elementos ou até mesmo dois.

Jean Rivero (1981:494) mostra que, em decorrência dessa crise, ficou menos frequente a combinação dos três elementos. Existem necessidades de interesse geral que a autoridade atende satisfatoriamente, mas que nem por isso confia a órgãos públicos; e também pode acontecer que entidades públicas, como autarquias, desempenhem atividade industrial ou comercial idêntica à das empresas privadas similares, e que não pode ser considerada serviço público, uma vez que nenhuma peculiaridade distingue o seu regime do adotado no setor privado. Há, aí, uma dissociação dos sentidos subjetivo e material. A dissociação é igualmente frequente entre os dois primeiros sentidos e o regime jurídico de serviço público: os serviços comerciais e industriais do Estado são exercidos pelas empresas estatais sob regime jurídico de direito privado, parcialmente derrogado por normas publicísticas.

Posteriormente, especialmente a partir da década de 90, passou-se a falar, no direito brasileiro, em nova crise na noção de serviço público, pelo fato de ter ocorrido, no âmbito da União Europeia, a substituição da expressão *serviço público* por "***serviço econômico de interesse geral***". Conforme analisado no item 1.9, na parte pertinente às transformações do Direito Administrativo, a Corte de Justiça, apegada aos princípios da ordem econômica, entende que a existência de serviços públicos exclusivos do Estado é contrária ao princípio da livre iniciativa e que a atribuição de serviços públicos a empresas estatais contraria o princípio da livre concorrência. No entanto, a Corte Europeia já retrocedeu um pouco e passou a admitir, em determinadas atividades econômicas consideradas essenciais (como telecomunicações, energia elétrica e outras), a imposição de **obrigações de serviço público**, especialmente a universalidade e a continuidade.

Depois disso, retrocedeu mais um pouco, ao substituir a expressão **serviço de interesse econômico geral** por **serviço de interesse geral**. Isto ocorreu porque a União Europeia evoluiu de sua posição inicial, voltada exclusivamente para fins de interesse econômico, para uma posição que abarca também os objetivos sociais.

Segundo ensinamento de Jacqueline Morand-Deviller (2013:13), houve uma aproximação entre a noção de "serviço público à francesa" e a noção de "serviço de interesse econômico geral", adotada no âmbito da União Europeia. Diz a autora que, "tendo alargado seus objetivos – estritamente econômicos na origem – acolhendo o objetivo de coesão social, o direito da União Europeia se aproximou pouco a pouco da concepção ética do serviço público". Em outro ponto de sua obra (2013:465), a autora afirma ter ocorrido uma recíproca influência entre o direito comunitário e o direito francês: "habituado a situações de privilégios e monopólio, os serviços públicos franceses tiveram que rapidamente respeitar as regras novas de publicidade e concorrência. O conflito se apaziguou e aproximações foram procuradas de uma parte e outra. O 'serviço público à francesa' adaptou-se às exigências de Bruxelas mas ele também as influenciou". A autora nega que se deva, para imitar Bruxelas, rebatizar o serviço público de *serviço de interesse geral*.

No direito brasileiro, parte da doutrina também fala em crise no conceito de serviço público. Mas o abandono da expressão encontra óbice na Constituição, que continua a falar em serviço público em vários dispositivos, como é o caso do art. 175.

O que vem ocorrendo é uma liberalização parcial, feita pela legislação ordinária, especialmente nas áreas de telecomunicações, energia elétrica, correios, portos, em que uma parte da atividade, atribuída constitucionalmente à União para ser exercida, por autorização, permissão ou concessão, está sendo deixada à iniciativa privada. Além disso, mesmo com relação aos serviços públicos, passou-se a admitir que a sua execução pode ser feita em regime de competição.

O fato é que os serviços públicos continuam a existir no direito brasileiro, com previsão constitucional.

4.1.4 Conclusões quanto ao conceito

Do exposto, podem-se tirar algumas conclusões:

1. a noção de serviço público não permaneceu estática no tempo; houve uma ampliação na sua abrangência, para incluir atividades de natureza comercial, industrial e social;
2. é o Estado, por meio da **lei**, que escolhe quais as atividades que, em determinado momento, são consideradas serviços públicos; no direito brasileiro, a própria Constituição faz essa indicação nos arts. 21, incisos X, XI, XII, XV e XXIII, e 25, § 2º, alterados, respectivamente, pelas Emendas Constitucionais 8 e 5, de 1995; isto exclui a possibilidade de distinguir, mediante critérios objetivos, o serviço público da atividade privada; esta permanecerá como tal enquanto o Estado não a assumir como própria;
3. daí outra conclusão: o serviço público varia não só no tempo, como também no espaço, pois depende da legislação de cada país a maior ou menor abrangência das atividades definidas como serviços públicos;
4. não se pode dizer, dentre os conceitos mais amplos ou mais restritos, que um seja mais correto que o outro; pode-se graduar, de forma decrescente, os vários conceitos:

os que incluem todas as atividades do Estado (legislação, jurisdição e execução); os que só consideram as atividades administrativas, excluindo jurisdição e legislação, sem distinguir o serviço público do poder de polícia, fomento e intervenção; os que preferem restringir mais para distinguir o serviço público das outras três atividades da Administração Pública.

No direito positivo, a expressão é utilizada ora em sentido amplo, ora em sentido restrito. Por exemplo, no art. 37, § 6º, da Constituição Federal, que cuida da responsabilidade das pessoas jurídicas de direito público e das pessoas jurídicas de direito privado prestadoras de *serviço público*, esta expressão aparece em seu sentido mais amplo, de modo a abranger todas as atividades do Estado, sem distinguir a administrativa, a judicial e a legislativa, e sem distinguir o serviço público, em sentido estrito, da atividade de polícia, do fomento e da intervenção. Já no art. 175, que atribui ao poder público a prestação de serviço público, mediante concessão ou permissão, a expressão aparece em seu sentido mais restrito, adotado por Celso Antônio Bandeira de Mello, porque pressupõe que se trate de fornecimento de utilidades das quais os cidadãos possam usufruir individualmente. Também no art. 145, II, ao prever, como um dos fatos geradores da taxa, a prestação de serviços públicos específicos e divisíveis, prestados ao contribuinte ou postos à sua disposição, a expressão *serviço público* é utilizada em seu sentido mais restrito.

É no sentido amplo que se utilizará a expressão doravante, de modo a distinguir o serviço público propriamente dito das demais atividades administrativas de natureza pública, ou seja, polícia, fomento e intervenção.

Daí a nossa definição de serviço público como **toda atividade material que a lei atribui ao Estado para que a exerça diretamente ou por meio de seus delegados, com o objetivo de satisfazer concretamente às necessidades coletivas, sob regime jurídico total ou parcialmente público.**

Os três elementos que compõem a definição – subjetivo, material e formal – permanecem, porém, com sensíveis diferenças em relação à sua concepção original.

4.2 ELEMENTOS DA DEFINIÇÃO

4.2.1 Elemento subjetivo

O serviço público é sempre incumbência do Estado, conforme está expresso, aliás, no art. 175 da Constituição Federal, e sempre depende do Poder Público (cf. Rivero, 1981:496):

1. a sua **criação** é feita por lei e corresponde a uma opção do Estado; este assume a execução de determinada atividade que, por sua importância para a coletividade, parece não ser conveniente ficar dependendo da iniciativa privada;
2. a sua **gestão** também incumbe ao Estado, que pode fazê-lo **diretamente** (por meio dos próprios órgãos que compõem a Administração Pública centralizada da União, Estados e Municípios) ou **indiretamente**, por meio de concessão ou permissão, ou de pessoas jurídicas criadas pelo Estado com essa finalidade.

4.2.2 Elemento formal

O regime jurídico a que se submete o serviço público também é definido por lei. Para determinados tipos de serviços (não comerciais ou industriais) o regime jurídico é de direito público: nesse caso, os **agentes** são estatutários; os **bens** são públicos; as **decisões** apresentam todos os atributos do ato administrativo, em especial a presunção de veracidade e a executoriedade; a **responsabilidade** é objetiva; os **contratos** regem-se pelo direito administrativo. Evidentemente, isso não exclui a possibilidade de utilização de institutos de direito privado, em determinadas circunstâncias previstas em lei, especialmente em matéria de contratos como os de locação, comodato, enfiteuse, compra e venda.

Quando, porém, se trata de serviços comerciais e industriais, o seu regime jurídico é o de direito comum (civil e comercial), derrogado, ora mais ora menos, pelo direito público. Em regra, o **pessoal** se submete ao direito do trabalho, com equiparação aos servidores públicos para determinados fins; os **contratos** com terceiros submetem-se, em regra, ao direito comum; os **bens** não afetados à realização do serviço público submetem-se ao direito privado, enquanto os vinculados ao serviço têm regime semelhante ao dos bens públicos de uso especial; a **responsabilidade**, que até recentemente era subjetiva, passou a ser objetiva com a norma do art. 37, § 6º, da Constituição de 1988. Aplica-se também o direito público no que diz respeito às **relações entre a entidade prestadora do serviço e a pessoa jurídica política** que a instituiu. Vale dizer, o **regime jurídico**, nesse caso, é **híbrido**, podendo prevalecer o direito público ou o direito privado, dependendo do que dispuser a lei em cada caso; nunca se aplicará, em sua inteireza, o direito comum tal qual aplicado às empresas privadas.

Segundo alguns autores, como Celso Antônio Bandeira de Mello (2019:717) e Marçal Justen Filho (2010:692), o serviço público é sempre prestado no regime de direito público. E, com efeito, ainda que sob certos aspectos possam ser aplicadas normas de direito privado, como exposto no parágrafo anterior, a sujeição a regime publicístico é inerente ao próprio conceito de serviço público, no sentido de que os princípios a que se submetem as entidades prestadoras de serviço público, ainda que tenham a natureza de pessoa jurídica de direito privado (como empresas estatais e concessionárias e permissionárias de serviço público), são os mesmos a que se submete a Administração Pública, como os da continuidade, isonomia entre usuários, mutabilidade, generalidade, universalidade etc.

4.2.3 Elemento material

Quanto a esse elemento, parece haver unanimidade entre os autores, quer entre os que adotam conceito mais amplo, para abranger todas as atividades do Estado, quer entre os que preferem conceito mais restrito, que só inclui a atividade administrativa. Todos consideram que o serviço público corresponde a uma atividade de interesse público.

É verdade que muitos particulares também podem exercer atividades de interesse geral; mas há dois aspectos a considerar: um é o fato de raramente ser esse o seu objetivo primordial, pois o que move o particular é em regra o seu próprio interesse; outro aspecto é o fato de não ser suficiente o **objetivo de interesse público** para caracterizar o serviço público, pois é necessário que a **lei** atribua esse objetivo ao Estado.

Daí ser correta a afirmação de que todo **serviço público visa a atender a necessidades públicas**, mas nem toda atividade de interesse público é serviço público.

Rivero (1981:494) afirma que no serviço público o interesse geral é a finalidade exclusiva e extrai daí algumas consequências:

1. "o serviço público, contrariamente à empresa privada, pode muito bem funcionar **com prejuízo**. Esta é mesmo uma das suas razões de ser: incumbe-lhe satisfazer necessidades cuja não rentabilidade afasta a empresa privada. Só a pessoa pública, por meio do imposto, pode transferir dos utentes para o conjunto das coletividades o financiamento do serviço". A gratuidade é, pois, a regra que prevalece em inúmeros serviços (ensino, assistência social, saúde); e, mesmo nos casos em que

é exigida contribuição do usuário, ela pode ser inferior ao custo. Só no caso do serviço comercial e industrial é que a própria natureza da atividade exclui a gratuidade (transportes, água, energia elétrica) e a gestão tende, no mínimo, para um equilíbrio e mesmo para um lucro que permita o autofinanciamento da empresa;

2. a apreciação do que seja interesse geral é discricionária. O Poder Público pode considerar que o interesse geral exige que ele se encarregue da necessidade a satisfazer, achando-se o particular eliminado desse campo de ação, quer porque julgue que ele é ineficaz (é o caso dos serviços públicos não rentáveis), quer porque o considere perigoso (manutenção da ordem pública). Nesse caso, o serviço é **monopolizado**. Inversamente, o poder público pode deixar que o particular exerça livremente a atividade, lado a lado com a Administração Pública (caso do ensino, da ação sanitária e social), repartindo entre uns e outros a satisfação da mesma necessidade. Daí a classificação dos serviços públicos em **exclusivos** e **não exclusivos** do Estado, embora, neste último caso, se trate de serviços públicos impróprios, quando prestados por particulares.

4.3 CRISE NA NOÇÃO DE SERVIÇO PÚBLICO

No item 4.1.3 já se falou em crise na noção de serviço público, ocorrida em meados do século XX, pelo fato de o serviço público nem sempre ser prestado pelo Estado e nem sempre ser prestado sob regime jurídico inteiramente público. Essa crise levou à alteração parcial no conceito de serviço público, conforme demonstrado no item 4.1.4.

Por influência do direito comunitário europeu, por sua vez influenciado pelo sistema da *common law*, volta-se a falar em crise no conceito de serviço público. Na União Europeia, a ideia de serviço público exclusivo do Estado é considerada incompatível com os princípios fundamentais da ordem econômica, quais sejam, o da liberdade de iniciativa e o da livre concorrência.

O art. 86º do Tratado de Roma, de 1957, no item 2, determina que "as empresas encarregadas da gestão de **serviços de interesse econômico geral** ou que tenham a natureza de monopólio fiscal ficam submetidas ao disposto no presente Tratado, designadamente às regras de concorrência, na medida em que a aplicação destas regras não constitua obstáculo ao cumprimento, de direito ou de fato, da missão particular que lhes foi confiada. O desenvolvimento das trocas comerciais não deve ser afetado de maneira que contrarie os interesses da Comunidade".

Verifica-se que o dispositivo não fala em serviço público, mas em serviço de interesse econômico geral.

Embora de início não houvesse oposição a que os Estados-membros mantivessem os seus conceitos tradicionais de serviço público e os monopólios estatais, a partir da década de 80 houve um entendimento mais rígido, que implicou confronto com o conceito de serviço público oriundo do direito francês. A consequência foi a sucessiva liberalização e privatização dos serviços públicos tradicionais. Nas palavras de Vital Moreira (in *Revista de Direito Público da Economia – RDPE* nº 1, p. 236), "a *liberalização* implicou a abertura ao mercado de sectores anteriormente regidos em monopólio público, permitindo e fomentando o aparecimento de empresas privadas ao lado das empresas públicas. A *privatização*, que pode ser simultânea ou posterior à liberalização, traduziu-se na alienação das empresas públicas ao sector privado".

Inclusive no direito francês, a expressão **serviço público** foi substituída por serviço de interesse econômico geral, com relação às atividades de natureza econômica, preservando-se o conceito tradicional para os serviços sociais do Estado.

Daí voltar-se a falar em nova crise na noção de serviço público.

Vital Moreira, na obra citada, p. 239-240, procurando mostrar as grandes diferenças entre os serviços públicos e os serviços de interesse econômico geral, afirma que, "de fato, verificaram-se algumas mudanças de fundo, principalmente as seguintes:

a) A *'mercadorização' dos serviços públicos,* que passaram a ser prestações disponíveis no mercado por um preço, muitas vezes em concorrência;
b) A consequente transformação dos *utentes* de serviços públicos em *consumidores* ou *clientes*;
c) A *liberdade de escolha de fornecedor ou prestador,* passando o serviço público a ser uma figura subsidiária do mercado, no caso de o interessado não encontrar neste condições de fornecimento adequadas".

Não se pode olvidar, contudo, que no próprio direito comunitário houve, na década de 90, um abrandamento na interpretação do referido dispositivo do Tratado de Roma, passando-se a aceitar que os Estados-membros estabelecessem *obrigações de serviço universal* e *obrigações de serviço público,* quando necessárias para o atendimento das necessidades coletivas. Dentro desse contexto é que o Tratado de Amsterdam, de 1997, acrescentou no capítulo dos princípios o art. 16º, estabelecendo que, "sem prejuízo do disposto nos artigos 73º, 86º e 87º, e atendendo à posição que os serviços de interesse econômico geral ocupam no conjunto dos valores comuns da União e ao papel que desempenham na promoção da coesão social e territorial, a Comunidade e os seus Estados-Membros, dentro do limite das respectivas competências e no âmbito de aplicação do presente Tratado, zelarão por que esses serviços funcionem com base em princípios e em condições que lhes permitam cumprir as suas missões".

No Brasil não existe a mesma justificativa para adotar-se a conclusão de que o conceito de serviço público entrou em crise, tendendo a desaparecer, já que o país não está vinculado a qualquer tratado que estipule medidas semelhantes às impostas à União Europeia, mesmo porque a Constituição Federal continua a atribuir atividades ao poder público, com caráter de exclusividade, como ocorre, por exemplo, com o art. 21; e continua a prever, como encargo do Estado, a prestação de serviço público, nos termos do art. 175. Sem alterar a Constituição é muito difícil adotar a mesma orientação imposta pelo Tratado de Roma, tal como interpretado pela Comissão Europeia e pelo Tribunal de Justiça das Comunidades Europeias.

O que tem ocorrido é uma parcial liberalização de serviços públicos no âmbito da legislação ordinária, como ocorreu com a Lei Geral de Telecomunicações (Lei nº 9.472, de 16-7-97), que, em nenhum momento, utiliza a expressão *serviço público*, preferindo falar, no art. 62, em serviços de interesse coletivo e serviços de interesse restrito, estes últimos submetidos aos princípios constitucionais da ordem econômica, abertos à livre iniciativa e à competição.

Tenta-se acabar com os monopólios estatais (no âmbito da energia elétrica, dos correios, das telecomunicações, da exploração de minas e jazidas) e tenta-se introduzir a ideia de competição na prestação de serviços públicos. Além disso, a "mercadorização" dos serviços públicos, referida por Vital Moreira, também se verifica quando, em determinadas concessões, o critério de julgamento, na licitação, é o da maior oferta pela outorga do serviço, que acaba por onerar o usuário, com o acréscimo no valor da tarifa.

Mas esses avanços não permitem falar ainda em crise na noção de serviço público no direito brasileiro. A Constituição prevê determinadas atividades como exclusivas do Estado, permitindo que sejam desempenhadas diretamente ou mediante concessão, permissão ou autorização. E atribui ao Estado o dever de prestar determinados serviços sociais não exclusivos do Estado (especialmente nas áreas da saúde e educação). Nesses casos, a atividade é prestada sob regime jurídico total ou parcialmente público, a gestão fica a cargo da própria Administração Pública direta ou indireta ou de empresas privadas que atuam sob delegação do Estado. Continuam a aplicar-se os princípios da prestação de serviços públicos. A responsabilidade rege-se por norma de direito público (art. 37, § 6º, da Constituição).

Por esse motivo, não há razão, por ora, para alterar o conceito de serviço público contido no item 4.1.4, nem os elementos da definição (subjetivo, material e formal) analisados nos itens 4.2.1 a 4.2.3.

4.4 PRINCÍPIOS

Existem determinados princípios que são inerentes ao regime jurídico dos serviços públicos (cf. Rivero, 1981:501-503): o da continuidade do serviço público, o da mutabilidade do regime jurídico e o da igualdade dos usuários.

O princípio da **continuidade do serviço público**, em decorrência do qual o serviço público não pode parar, tem aplicação especialmente com relação aos **contratos administrativos** e ao **exercício da função pública**.

No que concerne aos contratos, o princípio traz como consequências:

1. a imposição de prazos rigorosos ao contraente;
2. a aplicação da teoria da imprevisão, para recompor o equilíbrio econômico-financeiro do contrato e permitir a continuidade do serviço;
3. a inaplicabilidade da *exceptio non adimpleti contractus* contra a Administração (hoje abrandada, conforme demonstrado no item 8.6.7.8);
4. o reconhecimento de privilégios para a Administração, como o de encampação, o de uso compulsório dos recursos humanos e materiais da empresa contratada, quando necessário para dar continuidade à execução do serviço.

Quanto ao exercício da **função pública**, constituem aplicação do princípio da continuidade, dentre outras hipóteses:

1. as normas que exigem a permanência do servidor em serviço, quando pede exoneração, pelo prazo fixado em lei;
2. os institutos da substituição, suplência e delegação;
3. a proibição do direito de greve, hoje bastante afetada, não só no Brasil, como também em outros países, como a França, por exemplo. Lá se estabeleceram determinadas regras que procuram conciliar o direito de **greve** com as necessidades do serviço público; proíbe-se a greve rotativa que, afetando por escala os diversos elementos de um serviço, perturba o seu funcionamento; além disso, impõe-se aos sindicatos a obrigatoriedade de uma declaração prévia à autoridade, no mínimo cinco dias antes da data prevista para o seu início.

No Brasil, o art. 37, inciso VII, da Constituição assegura o direito de greve aos servidores públicos, nos termos e nos limites a serem estabelecidos em lei específica.[2]

O **princípio da mutabilidade do regime jurídico** autoriza mudanças no regime de execução do serviço para adaptá-lo ao interesse público, que é sempre variável no tempo. Em decorrência disso, nem os servidores públicos, nem os usuários dos serviços públicos, nem os contratados pela Administração têm direito adquirido à manutenção de determinado regime

---

[2] Sobre interpretação do STF a respeito do direito de greve do servidor, v. item 13.4.5.

jurídico; o estatuto dos funcionários pode ser alterado, os contratos também podem ser alterados ou mesmo rescindidos unilateralmente para atender ao interesse público.

Pelo **princípio da igualdade dos usuários** perante o serviço público, desde que a pessoa satisfaça às condições legais, ela faz jus à prestação do serviço, sem qualquer distinção de caráter pessoal. A Lei de concessões de serviços públicos (Lei nº 8.987, de 13-2-95) prevê a possibilidade de serem estabelecidas tarifas diferenciadas "em função das características técnicas e dos custos específicos provenientes do atendimento aos distintos segmentos de usuário"; é o que permite, por exemplo, isenção de tarifa para idosos ou tarifas reduzidas para os usuários de menor poder aquisitivo; trata-se de aplicação do princípio da razoabilidade, tratado no item 3.3.12.

Além desses princípios, outros são mencionados na Lei nº 8.987/95 (que disciplina a concessão e a permissão de serviços públicos), cujo art. 6º, § 1º, considera como **serviço adequado** "o que satisfaz as condições de regularidade, continuidade, eficiência, segurança, atualidade, generalidade, cortesia na sua prestação e modicidade das tarifas".

4.5 DIREITOS DOS USUÁRIOS DE SERVIÇOS PÚBLICOS

A Emenda Constitucional nº 19/1998 acrescentou o § 3º no art. 37 da Constituição para prever lei que discipline "as formas de participação do usuário na administração pública direta e indireta, regulando especialmente: I – as reclamações relativas à prestação dos serviços públicos em geral, asseguradas a manutenção de serviços de atendimento ao usuário e a avaliação periódica, externa e interna, da qualidade dos serviços; II – o acesso dos usuários a registros administrativos e a informações sobre atos de governo, observado o disposto no art. 5º, X e XXXIII; III – a disciplina da representação contra o exercício negligente ou abusivo de cargo, emprego ou função na administração pública". Esse dispositivo está regulado pela Lei nº 13.460, de 26-6-17, e alterações posteriores.

O dispositivo constitucional tem aplicação à administração pública direta e indireta, abrangendo autarquias (inclusive agências reguladoras), fundações públicas, sociedades de economia mista, empresas públicas e consórcios públicos. Conforme art. 1º, § 2º, da Lei nº 13.460/17, sua aplicação se faz sem prejuízo do cumprimento de normas regulamentadoras específicas, quando se tratar de serviço ou atividade sujeitos a regulação ou supervisão (como telecomunicações, energia elétrica, portos, dentre outros) e serviços previstos na Lei nº 8.080, de 19-9-90, quando caracterizada relação de consumo. Se o serviço público é prestado por particular, como ocorre na concessão e permissão de serviço público e nas parcerias público-privadas (concessão patrocinada e concessão administrativa), têm aplicação as normas do art. 7º da Lei nº 8.987, de 13-2-95, sobre direitos e obrigações dos usuários, sem prejuízo da aplicação subsidiária da Lei nº 13.460/17 (art. 1º, § 3º).

A Lei nº 13.460, de 26-6-17, dando cumprimento ao art. 37, § 3º, da Constituição, veio dispor sobre participação, proteção e defesa dos usuários dos serviços públicos da administração pública. Essa lei define os direitos básicos e deveres dos usuários, como a participação no acompanhamento da prestação e na avaliação dos serviços; a liberdade de escolha entre os meios oferecidos; a proteção das informações pessoais; a obtenção de informações precisas e de fácil acesso nos locais de prestação do serviço, dentre outros. A lei prevê a divulgação de Carta de Serviços ao Usuário, que tem por objetivo informar o usuário sobre os serviços prestados pelo órgão ou entidade, as formas de acesso a esses serviços e seus compromissos e padrões de qualidade de atendimento ao público.

A lei ainda contém normas sobre o direito dos usuários de apresentarem manifestações perante a administração pública acerca da prestação de serviços públicos. Essas manifestações serão dirigidas à ouvidoria do órgão ou entidade responsável e conterá a identificação do requerente. Poderão ser feitas por meio de Conselhos de Usuários, constituídos com observância de critérios de representatividade e pluralidade das partes (art. 19). É prevista expressa vedação de recusa de recebimento da manifestação (art. 11).

A lei também contém normas sobre as ouvidorias, com definição das respectivas atribuições, a serem disciplinadas por meio de atos normativos específicos de cada Poder.

A Lei nº 13.460 está regulamentada pelo Decreto nº 9.094, de 17-7-17, com alterações posteriores.

No Estado de São Paulo, a Lei nº 10.294, de 20-4-1999, estabelece normas sobre a proteção e defesa do usuário do serviço público do Estado, prestado pela administração direta, indireta ou fundacional, e mesmo por particular, mediante concessão, permissão, autorização ou qualquer outra forma de delegação, por ato administrativo, contrato ou convênio. Ela regula três tipos de direitos básicos dos usuários: I – a informação; II – a qualidade na prestação do serviço público; e III – o controle adequado do serviço público.

Para fins do controle adequado, a lei determina a instituição, por todos os órgãos e entidades prestadores de serviços públicos no Estado de São Paulo, a instituição de Ouvidorias e Comissões de Ética. Estabelece normas sobre o processo administrativo a que responderão os prestadores de serviços públicos que causem dano ao usuário, a terceiros e ao Poder Público e o direito de regresso contra os agentes responsáveis nos casos de dolo ou culpa.

O art. 28 define as sanções cabíveis: são as previstas no Estatuto dos Funcionários Públicos Civis do Estado de São Paulo e nos regulamentos das entidades da Administração indireta e fundacional, sem prejuízo de outras de natureza administrativa, civil ou penal. Para as entidades particulares delegatárias de serviços públicos, as sanções cabíveis são as previstas nos respectivos atos de delegação, com base na legislação vigente.

A lei paulista cria o Sistema Estadual de Defesa do Usuário de Serviços Públicos – SEDUSP, que será integrado pelas (i) Ouvidorias, (ii) Comissões de Ética, (iii) uma Comissão de Centralização de Informações dos Serviços Públicos do Estado de São Paulo, com representação dos usuários, tendo por finalidade sistematizar e controlar todas as informações relativas aos serviços especificados na lei, facilitando o acesso aos dados colhidos; e (iv) os órgãos encarregados do desenvolvimento de programas de qualidade do serviço público.

4.6 CLASSIFICAÇÃO

Vários critérios têm sido adotados para classificar os serviços públicos:

1. Serviços públicos **próprios** e **impróprios**.

    Essa classificação foi feita originariamente por Arnaldo de Valles e divulgada por Rafael Bielsa (cf. Cretella Júnior, 1980:50).

    Para esses autores, serviços públicos **próprios** são aqueles que, atendendo a necessidades coletivas, o Estado assume como seus e os executa **diretamente** (por meio de seus agentes) ou **indiretamente** (por meio de concessionários e permissionários). E serviços públicos **impróprios** são os que, embora atendendo também a necessidades coletivas, como os anteriores, não são assumidos nem executados pelo Estado, seja direta ou indiretamente, mas apenas por ele **autorizados, regulamentados** e **fiscalizados**; eles correspondem a atividades privadas e recebem **impropriamente** o nome de **serviços públicos**, porque atendem a necessidades de interesse geral; vale dizer que, por serem atividades privadas, são exercidas por particulares, mas, por atenderem a necessidades coletivas, dependem de autorização do Poder Público, sendo por ele regulamentadas e fiscalizadas; ou seja, estão sujeitas a maior ingerência do poder de polícia do Estado.

Na realidade, essa categoria de atividade denominada de serviço público impróprio **não é serviço público** em sentido jurídico, porque a lei não a atribui ao Estado como incumbência sua ou, pelo menos, não a atribui com exclusividade; deixou-a nas mãos do particular, apenas submetendo-a a especial regime jurídico, tendo em conta a sua relevância. São atividades **privadas** que dependem de autorização do Poder Público; são **impropriamente** chamadas, por alguns autores, de **serviços públicos autorizados**.

Hely Lopes Meirelles (2003:385) dá o exemplo dos serviços de táxi, de despachantes, de pavimentação de ruas por conta dos moradores, de guarda particular de estabelecimentos e de residências. Ele diz que não constituem atividades públicas típicas, mas os denomina de **serviços públicos autorizados**.

Essa classificação carece de maior relevância jurídica e padece de um vício que justificaria a sua desconsideração: inclui, como espécie do gênero serviço público, uma atividade que é, em face da lei, considerada **particular** e que só tem em comum com aquele o fato de atender ao interesse geral.

É interessante observar que Hely Lopes Meirelles (2003:321) adota essa classificação, mas lhe imprime sentido diverso do original. Para ele, serviços públicos **próprios** "são aqueles que se relacionam intimamente com as atribuições do Poder Público (segurança, polícia, higiene e saúde públicas) e para a execução dos quais a Administração usa de sua supremacia sobre os administrados. Por esta razão só devem ser prestados por órgãos ou entidades públicas, sem delegação a particulares". Serviços públicos **impróprios** "são os que não afetam substancialmente as necessidades da comunidade, mas satisfazem a interesses comuns de seus membros e por isso a Administração os presta remuneradamente, por seus órgãos, ou entidades descentralizadas (autarquias, empresas públicas, sociedades de economia mista, fundações governamentais) ou delega a sua prestação a concessionários, permissionários ou autorizatários".

O que o autor considera fundamental é o tipo de interesse atendido, **essencial** ou **não essencial** da coletividade, combinado com o **sujeito** que o exerce; no primeiro caso, só as entidades públicas; no segundo, as entidades públicas e também as de direito privado, mediante delegação.

2. Quanto ao **objeto**, os serviços públicos podem ser **administrativos, comerciais ou industriais** e **sociais**.

    Serviços **administrativos** "são os que a Administração Pública executa para atender às suas necessidades internas ou preparar outros serviços que serão prestados ao público, tais como os da imprensa oficial, das estações experimentais e outros dessa natureza" (cf. Hely Lopes Meirelles, 2003:321).

    A expressão é equívoca porque também costuma ser usada em sentido mais amplo para abranger todas as funções administrativas, distinguindo-as da legislativa e jurisdicional (cf. Cretella Júnior, 1980:59) e ainda para indicar os serviços que não são usufruídos **diretamente** pela comunidade, ou seja, no mesmo sentido de serviço público *uti universi*, adiante referido. Além disso, abrange as atividades-meio, nem sempre inseridas no conceito de serviço público em sentido técnico preciso, conforme lição de Odete Medauar (2007:313).

    Serviço público **comercial** ou **industrial** é aquele que a Administração Pública executa, direta ou indiretamente, para atender às necessidades coletivas de ordem econômica. Ao contrário do que diz Hely Lopes Meirelles (2003:321), entendemos que esses serviços não se confundem com aqueles a que faz referência o art. 173 da Constituição, ou seja, não se confundem com a **atividade econômica** que só pode ser prestada pelo Estado em caráter suplementar da iniciativa privada.

O Estado pode executar três tipos de atividade econômica:

a) uma que é reservada à iniciativa privada pelo art. 173 da Constituição e que o Estado só pode executar por motivo de segurança nacional ou relevante interesse coletivo; quando o Estado a executa, ele não está prestando serviço público (pois este só é assim considerado quando a lei o define como tal), mas intervindo no domínio econômico; está atuando na esfera de ação dos particulares e sujeita-se obrigatoriamente ao regime das empresas privadas, salvo algumas derrogações contidas na própria Constituição;

b) outra que é considerada atividade econômica, mas que o Estado assume em caráter de monopólio, como é o caso da exploração de petróleo, de minas e jazidas, de minérios e minerais nucleares (arts. 176 e 177 da Constituição, com as alterações introduzidas pelas Emendas Constitucionais 6 e 9, de 1995);

c) e uma terceira que é assumida pelo Estado como **serviço público** e que passa a ser incumbência do Poder Público; a este não se aplica o art. 173, mas o art. 175 da Constituição, que determina a sua execução **direta** pelo Estado ou **indireta**, por meio de concessão ou permissão; é o caso dos serviços de transportes, energia elétrica, telecomunicações e outros serviços previstos nos arts. 21, XI e XII, e 25, § 2º, da Constituição, alterados, respectivamente, pelas Emendas Constitucionais 8 e 5, de 1995; **esta terceira categoria corresponde aos serviços públicos comerciais e industriais do Estado**.

Serviço público **social** é o que atende a necessidades coletivas em que a atuação do Estado é essencial, mas que convivem com a iniciativa privada, tal como ocorre com os serviços de saúde, educação, previdência, cultura, meio ambiente; são tratados na Constituição no capítulo da ordem social e objetivam atender aos direitos sociais do homem, considerados direitos fundamentais pelo art. 6º da Constituição.

3. Quanto à maneira como concorrem para satisfazer ao interesse geral, os serviços podem ser: *uti singuli* e *uti universi*.

Serviços *uti singuli* são aqueles que têm por finalidade a satisfação **individual** e **direta** das necessidades dos cidadãos. Pelo conceito restrito de serviço público adotado por Celso Antônio Bandeira de Mello, só esta categoria constitui serviço público: prestação de utilidade ou comodidade fruível **diretamente** pela comunidade. Entram nessa categoria determinados serviços comerciais e industriais do Estado (energia elétrica, luz, gás, transportes) e de serviços sociais (ensino, saúde, assistência e previdência social).

Os serviços *uti universi* são prestados à coletividade, mas usufruídos apenas **indiretamente** pelos indivíduos. É o caso dos serviços de defesa do país contra o inimigo externo, dos serviços diplomáticos, dos trabalhos de pesquisa científica, de iluminação pública, de saneamento. Quanto a este último, o STF, pela Súmula nº 670 (atual Súmula Vinculante nº 41), consagrou o entendimento de que "o serviço de iluminação pública não pode ser remunerado mediante taxa", exatamente por não ser usufruído *uti singuli* e não se enquadrar no conceito contido no art. 145, II, da Constituição.

4. Caio Tácito (1975:199) faz referência a outra classificação, que divide os serviços públicos em **originários** ou **congênitos** e **derivados** ou **adquiridos**; corresponde à distinção entre atividade **essencial** do Estado (tutela do direito) e atividade **facultativa** (social, comercial e industrial do Estado).

O autor observa que "a evolução moderna do Estado exaltou de tal forma a sua participação na ordem social, que a **essencialidade** passou a abranger tanto os encargos tradicionais de garantias de ordem jurídica como as prestações administrativas que são emanadas dos modernos direitos econômicos e sociais do homem, tão relevantes, na era da socialização do direito, como os direitos individuais o foram na instituição da ordem liberal". Mas acrescenta que "há, todavia, uma sensível diferença entre os serviços públicos que, por sua natureza, são próprios e privativos do Estado e aqueles que, passíveis em tese de execução particular, são absorvidos pelo Estado, em regime de monopólio ou de concorrência com a iniciativa privada. Aos primeiros poderíamos chamar de serviços estatais **originários** ou **congênitos**; aos últimos, de serviços estatais **derivados** ou **adquiridos**".

5. Um último critério de classificação considera a exclusividade ou não do Poder Público na prestação do serviço; esse critério permite falar em serviços públicos **exclusivos** e **não exclusivos** do Estado.

Na Constituição, encontram-se exemplos de serviços públicos **exclusivos**, como o serviço postal e o correio aéreo nacional (art. 21, X), os serviços de telecomunicações (art. 21, XI), os de radiofusão, energia elétrica, navegação aérea, transportes e demais indicados no art. 21, XII, o serviço de gás canalizado (art. 25, § 2º). Esses serviços é que estão sendo parcialmente liberalizados pela legislação ordinária, passando essa parte privatizada a reger-se pelos princípios da ordem econômica, principalmente liberdade de iniciativa e livre concorrência (art. 170, *caput* e inciso IV, da Constituição Federal).

Outros serviços públicos podem ser executados pelo Estado ou pelo particular, neste último caso mediante **autorização** do Poder Público. Tal é o caso dos serviços previstos no título VIII da Constituição, concernentes à ordem social, abrangendo saúde (arts. 196 e 199), previdência social (art. 202), assistência social (art. 204) e educação (arts. 208 e 209).

Com relação a esses serviços **não exclusivos** do Estado, pode-se dizer que são considerados **serviços públicos próprios**, quando prestados pelo Estado; e podem ser considerados **serviços públicos impróprios**, quando prestados por particulares, porque, neste caso, ficam sujeitos a autorização e controle do Estado, com base em seu poder de polícia. São considerados serviços públicos, porque atendem a necessidades coletivas; mas impropriamente públicos, porque falta um dos elementos do conceito de serviço público, que é a gestão, direta ou indireta, pelo Estado.

4.7 FORMAS DE GESTÃO

Vários instrumentos de gestão de serviços públicos são previstos no direito brasileiro. O art. 175 da Constituição estabelece que *"incumbe ao Poder Público, na forma da lei, diretamente ou sob regime de concessão ou permissão, sempre através de licitação, a prestação de serviços públicos"*. O dispositivo agasalha, portanto, a concessão e a permissão de serviços públicos. No entanto, faz referência à prestação direta pelo Poder Público. Além disso, os arts. 21, XI e XII, preveem também a execução direta ou por meio de concessão, permissão ou autorização de vários serviços, como os de telecomunicações, energia elétrica, portos, navegação aérea, dentre outros. O art. 25, § 2º, inclui na competência dos Estados-membros a exploração direta ou por meio de concessão dos serviços de gás canalizado.

Quando a Constituição fala em execução direta, tem-se que entender que abrange a execução pela *Administração Pública direta* (constituída por órgãos sem personalidade jurídica) e pela *Administração Pública indireta* referida em vários dispositivos da Constituição, em especial no art. 37, *caput*, e que abrange entidades com personalidade jurídica própria, como as autarquias, fundações públicas, sociedades de economia mista e empresas públicas.

Essas são as formas tradicionais de gestão dos serviços públicos. No entanto, outras formas foram surgindo no direito positivo brasileiro, como as parcerias público-privadas, os contratos de gestão com as organizações sociais, as franquias. Também não se pode deixar de lado os consórcios públicos e convênios de cooperação previstos no art. 241 da Constituição.

Atualmente, as principais formas de gestão abrangem:

a) a concessão e a permissão de serviços públicos, disciplinadas pela Lei nº 8.987, de 13-2-95;
b) a concessão patrocinada e a concessão administrativa, englobadas sob o título de parcerias público-privadas na Lei nº 11.079, de 30-12-04;
c) o contrato de gestão como instrumento de parceria com as chamadas organizações sociais, disciplinadas, na esfera federal, pela Lei nº 9.637, de 15-5-98.

A Administração Pública não é inteiramente livre para escolher a forma de gestão. Quando se tratar de execução por meio de entidades da Administração Indireta, há necessidade de lei, conforme art. 37, XIX, da Constituição.

Quando se tratar de formas de gestão que impliquem a delegação a entidade privada, alguns critérios devem ser levados em consideração:

a) para o *serviço público de natureza comercial ou industrial*, que admite a cobrança de tarifa do usuário, o instituto adequado é a concessão ou permissão de serviço público, em sua forma tradicional, regida pela Lei nº 8.987/95, ou a concessão patrocinada; também é admissível a franquia (hoje já prevista para as atividades do correio); trata-se de formas de gestão que não podem ser utilizadas para: (1) atividades exclusivas do Estado, porque são indelegáveis por sua própria natureza; (2) serviços sociais, porque estes são prestados gratuitamente e, portanto, incompatíveis com a concessão tradicional (a menos que possam ser mantidos exclusivamente com receitas alternativas) e com a concessão patrocinada, que se caracterizam pela cobrança de tarifa dos usuários; (3) os serviços *uti universi*, não usufruíveis diretamente pelos cidadãos, como a limpeza pública, por exemplo, cuja prestação incumbe ao poder público, com verbas provenientes dos impostos;
b) para o *serviço público de natureza comercial ou industrial*, sem cobrança de tarifa do usuário, o instituto cabível é a concessão administrativa;
c) para os serviços sociais, são possíveis os contratos de gestão com as organizações sociais e a concessão administrativa;
d) para qualquer tipo de serviço público é possível a gestão associada entre entes federativos, por meio de convênios de cooperação ou consórcios públicos, previstos no art. 241 da Constituição e disciplinados pela Lei nº 11.107, de 6-4-05, com alterações posteriores.

RESUMO

1. Serviço público em sentido amplo: todas as funções do Estado. Três elementos: a) atividade assumida por uma coletividade pública (*publicatio*); b) objetivo: satisfazer a uma necessidade de interesse geral; c) regime jurídico de direito público derrogatório do direito comum. (Mário Masagão, José Cretella Júnior, Edmir Netto de Araújo e Odete Medauar).

Importância do conceito de serviço público na França a) na definição do direito administrativo (Escola do Serviço Público: Leon Duguit, Gaston Jèze, Roger Bonnard, Louis Rolland, dentre outros); b) um dos critérios adotados para definição da competência dos órgãos de jurisdição administrativa.

2. **Conceito menos amplo**: todas as atividades desempenhadas pela Administração Pública, com exclusão das funções legislativa e judicial (Hely Lopes Meirelles).

3. **Serviço público em sentido estrito**: atividades exercidas pela Administração Pública, com exclusão da polícia administrativa, do fomento e da intervenção (Celso Antônio Bandeira de Mello e Marçal Justen Filho).

4. **Evolução**:

Nas **origens**: presença de três elementos: **subjetivo** (serviço prestado pelo Estado); **material** (satisfação de necessidades coletivas); **formal** (regime de direito público). Daí o conceito: serviço público abrange as atividades de interesse geral, prestadas pelo Estado, sob regime jurídico publicístico.

Primeira crise na noção de serviço público: dois elementos do conceito foram afetados: o elemento **subjetivo**, porque nem sempre o serviço público é prestado pelo Estado; o **formal**, porque nem sempre o serviço é prestado em regime inteiramente publicístico.

Segunda crise na noção de serviço público: influência da União Europeia, pela substituição da expressão serviço público por **serviço econômico de interesse geral**. Justificativa: a existência de serviços públicos exclusivos do Estado contrariava os princípios da livre-iniciativa e da livre concorrência. Depois retrocedeu um pouco e passou a falar em **obrigações de serviço público** no caso de atividades essenciais à coletividade; e substituiu a expressão serviço econômico de interesse geral por **serviço de interesse geral**.

Direito brasileiro: dificuldade de abandonar a noção de serviço público, porque ela tem previsão na CF. Mas tem ocorrido parcial **liberalização** (devolução à iniciativa privada) de alguns serviços públicos pela legislação ordinária, como ocorreu na lei geral de telecomunicações, por exemplo.

5. **Conclusões quanto ao conceito:** a) ampliação da noção de serviço público para abranger serviços comerciais, industriais e sociais do Estado; b) é o Estado, por lei, que escolhe as atividades que assume como serviço público; c) o conceito de serviço público varia no tempo e no espaço; d) todos os conceitos, amplos ou restritos, são válidos em função do critério adotado; e) no direito positivo, a expressão ora é utilizada em sentido amplo (como no art. 37, § 6º, CF), ora em sentido restrito (como nos arts. 175 e 145, II, CF).

6. **Nossa definição:** serviço público é toda atividade material que a lei atribui ao Estado para que a exerça diretamente ou por meio de seus delegados, com o objetivo de satisfazer concretamente às necessidades coletivas, sob regime jurídico total ou parcialmente público.

7. **Elementos da definição**:

   a) **subjetivo:** o serviço público é sempre incumbência do Estado, a quem cabe a criação e a definição dos modos de gestão;

   b) **formal:** o regime jurídico é total ou parcialmente público;

   c) **material:** o objetivo é sempre a prestação de atividade de interesse público.

8. Princípios:

a) **continuidade do serviço público**: o serviço público não pode parar. Consequências: prazos rigorosos nos contratos; teoria da imprevisão; inaplicabilidade da *exceptio non adimpleti contractus* contra a Administração; reconhecimento de prerrogativas para a Administração, como encampação; uso compulsório de recursos humanos da empresa contratada; restrições ao direito de greve etc.;

b) **mutabilidade do regime jurídico**: necessidade de adaptação ao interesse público; inexiste o direito adquirido à manutenção de determinado regime jurídico;

c) **igualdade dos usuários perante os serviços públicos**, desde que satisfeitas às condições legais;

d) **princípios do art. 6º, § 1º, da Lei nº 8.987/95**: regularidade, continuidade, eficiência, segurança, atualidade, generalidade, cortesia na sua prestação e modicidade das tarifas.

9. Classificação:

1ª) **Próprios** (prestados diretamente pelo Estado ou indiretamente por meio de concessionárias e permissionárias) e **impróprios** (não assumidos pelo Estado, mas apenas autorizados, regulamentados e fiscalizados).

2ª) **Administrativos** (os prestados internamente), **comerciais ou industriais** (os que têm natureza econômica) e **sociais** (previstos no capítulo da CF que trata da ordem social; não são exclusivos do Estado).

3ª) *Uti universi* (prestados à coletividade, mas usufruídos indiretamente) e *uti singuli* (voltados para a satisfação direta e individual das necessidades do cidadão).

4ª) **Originários ou congênitos** (correspondem a atividade essencial, própria e privativa do Estado, como a tutela do direito) e **derivados ou adquiridos** (correspondem a atividade facultativa, não exclusiva do Estado, como os serviços sociais, comerciais e industriais).

5ª) **Exclusivos** (como os dos arts. 21, XI e XII, e 25, § 2º, da CF) e **não exclusivos** (como os serviços sociais, abrangendo a saúde, a educação, a assistência social).

10. Formas de gestão:

a) direta pelo poder público, pelos órgãos da administração direta ou pelas entidades da administração indireta;

b) indireta, por meio dos contratos de concessão e permissão de serviços públicos, concessão patrocinada e concessão administrativa (parcerias público-privadas) ou por meio de contratos de gestão com organizações sociais.

11. **Escolha da forma de gestão** segundo o tipo de serviço público:

a) por meio de empresas estatais: necessidade de lei (art. 37, XIX, da CF);

b) por meio de delegação a entidade privada, com cobrança de tarifa, de serviços comerciais e industriais, concessão comum, concessão patrocinada ou franquia; forma inadequada para: **atividades exclusivas do Estado** (porque são indelegáveis), **serviços sociais** (porque prestados gratuitamente), e **serviços *uti universi***, não usufruíveis diretamente pelo cidadão;

c) por meio de delegação a entidade privada, sem cobrança de tarifa: concessão administrativa;

d) para os serviços sociais: contratos de gestão e concessão administrativa.

5
Poder de Polícia

5.1 INTRODUÇÃO

Quando se estuda o regime jurídico-administrativo a que se submete a Administração Pública, conclui-se que os dois aspectos fundamentais que o caracterizam são resumidos nos vocábulos **prerrogativas** e **sujeições**, as primeiras concedidas à Administração, para oferecer-lhe meios para assegurar o exercício de suas atividades, e as segundas como limites opostos à atuação administrativa em benefício dos direitos dos cidadãos. Praticamente, todo o direito administrativo cuida de temas em que se colocam em tensão dois aspectos opostos: a **autoridade** da Administração Pública e a **liberdade** individual.

O tema relativo ao poder de polícia é um daqueles em que se colocam em confronto esses dois aspectos: de um lado, o cidadão quer exercer plenamente os seus direitos; de outro, a Administração tem por incumbência **condicionar o exercício daqueles direitos ao bem-estar coletivo**, e ela o faz usando de seu poder de polícia.

Não existe qualquer incompatibilidade entre os direitos individuais e os limites a eles opostos pelo poder de polícia do Estado porque, como ensina Zanobini (1968, v. 4:191), "a ideia de limite surge do próprio conceito de direito subjetivo: tudo aquilo que é juridicamente garantido é também juridicamente limitado".

Themístocles Brandão Cavalcanti (1956, v. 3:6-7) diz que o poder de polícia "constitui um meio de assegurar os direitos individuais porventura ameaçados pelo exercício ilimitado, sem disciplina normativa dos direitos individuais por parte de todos". E acrescenta que se trata de "limitação à liberdade individual mas tem por fim assegurar esta própria liberdade e os direitos essenciais ao homem".

O **fundamento** do poder de polícia é o princípio da predominância do interesse público sobre o particular, que dá à Administração posição de supremacia sobre os administrados.

5.2 EVOLUÇÃO

O vocábulo **polícia** origina-se do grego *politeia*, sendo utilizado para designar todas as atividades da cidade-estado (*polis*), sem qualquer relação com o sentido atual da expressão.

Na Idade Média, durante o período feudal, o príncipe era detentor de um poder conhecido como *jus politiae* e que designava tudo o que era necessário à **boa ordem da sociedade civil** sob autoridade do Estado, em contraposição à **boa ordem moral e religiosa**, de competência exclusiva da autoridade eclesiástica (cf. Cretella Júnior, 1986:578).

Posteriormente, em fins do século XV, o *jus politiae* volta a designar, na Alemanha, **toda a atividade do Estado**, compreendendo poderes amplos de que dispunha o príncipe, de ingerência na vida privada dos cidadãos, incluindo sua vida religiosa e espiritual, sempre sob o pretexto de alcançar a segurança e o bem-estar coletivo. No entanto, logo se estabeleceu uma distinção entre a **polícia** e a **justiça**; a primeira compreendia normas baixadas pelo príncipe, relativas à Administração, e eram aplicadas sem possibilidade de apelo dos indivíduos aos Tribunais; a segunda compreendia normas que ficavam fora da ação do príncipe e que eram aplicadas pelos juízes. Esse **direito de polícia** do príncipe foi sofrendo restrições em seu conteúdo, deixando de alcançar, paulatinamente, primeiro as atividades eclesiásticas, depois as militares e financeiras, chegando a um momento em que se reduzia a normas relativas à atividade interna da Administração. Posteriormente, ainda, passou-se a ligar a polícia à ideia de coação; nesse momento, começou-se a distinguir a atividade de polícia das demais atividades administrativas, hoje chamadas serviço público e fomento (cf. Garrido Falla, 1962:113-115).

Em resumo, nessa fase, conhecida como Estado de Polícia, o *jus politiae* compreendia uma série de normas postas pelo príncipe e que se colocavam fora do alcance dos Tribunais.

Com o Estado de Direito, inaugura-se nova fase em que já não se aceita a ideia de existirem leis a que o próprio príncipe não se submeta. Um dos princípios básicos do Estado de Direito é precisamente o da **legalidade**, em consonância com o qual o próprio Estado se submete às leis por ele mesmo postas.

Num primeiro momento, o Estado de Direito desenvolveu-se baseado nos princípios do **liberalismo**, em que a preocupação era a de assegurar ao indivíduo uma série de direitos subjetivos, dentre os quais a **liberdade**. Em consequência, tudo o que significasse uma interferência nessa liberdade deveria ter um caráter excepcional. A regra era o livre exercício dos direitos individuais amplamente assegurados nas Declarações Universais de Direitos, depois transpostos para as Constituições; a atuação estatal constituía exceção, só podendo limitar o exercício dos direitos individuais para assegurar a **ordem pública**. A polícia administrativa era essencialmente uma **polícia de segurança**.

Um segundo momento se inicia quando o Estado liberal começa a transformar-se em Estado intervencionista; a sua atuação não se limita mais à segurança e passa a estender-se também à **ordem econômica** e **social**.

Antes já de iniciar-se o século XX, os autores começam a falar em uma **polícia geral**, relativa à segurança pública, e em **polícias especiais**, que atuam nos mais variados setores da atividade dos particulares.

O crescimento do poder de polícia deu-se em dois sentidos:

1. de um lado, passou a atuar em setores não relacionados com a segurança, atingindo as relações entre particulares, anteriormente fora de alcance do Estado; o próprio conceito de **ordem pública**, antes concernente apenas à segurança, passou a abranger a ordem **econômica** e **social**, com medidas relativas às relações de emprego, ao mercado dos produtos de primeira necessidade, ao exercício das profissões, às comunicações, aos espetáculos públicos, ao meio ambiente, ao patrimônio histórico e artístico nacional, à saúde e tantas outras;
2. de outro lado, passou a possibilitar a imposição de obrigações de fazer, como o cultivo da terra, o aproveitamento do solo, a venda de produtos; a polícia tradicional limitava-se a impor obrigações de não fazer. Para alguns autores, essas medidas escapam ao poder de polícia e se apresentam como novo instrumento de que o Estado dispõe para intervir na propriedade, com vista em assegurar o bem comum, com base no princípio da função social da propriedade.

Na realidade, quer se trate de obrigação negativa, quer se trate de obrigação positiva, a pessoa que a cumpre está sofrendo uma **limitação em sua liberdade, em benefício do interesse**

público. Não se pode dizer que haja atividades estatais de conteúdo diverso quando o Estado impede que o comerciante fixe os seus próprios preços (obrigação de não fazer) ou quando exige que ele ponha à venda determinados produtos estocados (obrigação de fazer). Nos dois casos, o Estado intervém na economia, utilizando-se do seu poder de polícia, sempre com o objetivo de adequar o exercício dos direitos individuais ao bem-estar geral.

5.3 CONCEITO

Pelo conceito clássico, ligado à concepção liberal do século XVIII, o poder de polícia compreendia a **atividade estatal que limitava o exercício dos direitos individuais em benefício da segurança**.

Pelo conceito moderno, adotado no direito brasileiro, o poder de polícia é a **atividade do Estado consistente em limitar o exercício dos direitos individuais em benefício do interesse público.**

Esse interesse público diz respeito aos mais variados setores da sociedade, tais como segurança, moral, saúde, meio ambiente, defesa do consumidor, patrimônio cultural, propriedade. Daí a divisão da polícia administrativa em vários ramos: polícia de segurança, das florestas, das águas, de trânsito, sanitária etc.

No direito brasileiro, encontra-se conceito legal de poder de polícia no art. 78 do Código Tributário Nacional: "considera-se poder de polícia atividade da administração pública que, limitando ou disciplinando direito, interesse ou liberdade, regula a prática de ato ou abstenção de fato, em razão de interesse público concernente à segurança, à higiene, à ordem, aos costumes, à disciplina da produção e do mercado, ao exercício de atividades econômicas dependentes de concessão ou autorização do Poder Público, à tranquilidade pública ou ao respeito à propriedade e aos direitos individuais ou coletivos".

A razão de o Código Tributário Nacional dar o conceito de poder de polícia decorre do fato de constituir o exercício desse poder um dos fatos geradores da **taxa** (cf. art. 145, II, da Constituição Federal e art. 77 do referido Código).

O poder de polícia reparte-se entre Legislativo e Executivo. Tomando-se como pressuposto o princípio da legalidade, que impede à Administração impor obrigações ou proibições senão em virtude de lei, é evidente que, quando se diz que o poder de polícia é a faculdade de limitar o exercício de direitos individuais, está-se pressupondo que essa limitação seja prevista em lei.

O Poder Legislativo, no exercício do **poder de polícia** que incumbe ao Estado, cria, por lei, as chamadas **limitações administrativas** ao exercício das liberdades públicas.

A Administração Pública, no exercício da parcela que lhe é outorgada do mesmo poder, **regulamenta** as leis e **controla** a sua aplicação, preventivamente (por meio de **ordens, notificações, licenças** ou **autorizações**) ou repressivamente (mediante imposição de medidas coercitivas).

Note-se que o art. 78 do Código Tributário Nacional define o poder de polícia como atividade da **administração pública**; mas no parágrafo único considera regular o seu exercício "quando desempenhado pelo órgão competente **nos limites da lei aplicável,** com observância do processo legal e, tratando-se de atividade que a lei tenha como discricionária, sem abuso ou desvio de poder".

Em razão dessa bipartição do exercício do poder de polícia, Celso Antônio Bandeira de Mello (2008:809) dá dois conceitos de poder de polícia:

1. em sentido amplo, corresponde à "atividade estatal de condicionar a liberdade e a propriedade ajustando-as aos interesses coletivos"; abrange atos do Legislativo e do Executivo;

2. em sentido restrito, abrange "as intervenções, quer gerais e abstratas, como os regulamentos, quer concretas e específicas (tais como as autorizações, as licenças, as injunções) do Poder Executivo, destinadas a alcançar o mesmo fim de prevenir e obstar ao desenvolvimento de atividades particulares contrastantes com os interesses sociais"; compreende apenas atos do Poder Executivo.

5.4 POLÍCIA ADMINISTRATIVA E JUDICIÁRIA

O poder de polícia que o Estado exerce pode incidir em duas áreas de atuação estatal: na administrativa e na judiciária.

A principal diferença que se costuma apontar entre as duas está no caráter **preventivo** da polícia administrativa e no **repressivo** da polícia judiciária. A primeira terá por objetivo impedir as ações antissociais, e a segunda, punir os infratores da lei penal.

A diferença não é, no entanto, absoluta, pois a polícia administrativa tanto pode agir **preventivamente** (como, por exemplo, proibindo o porte de arma ou a direção de veículos automotores), como pode agir **repressivamente** (a exemplo do que ocorre quando apreende a arma usada indevidamente ou a licença do motorista infrator). No entanto, pode-se dizer que, nas duas hipóteses, ela está tentando impedir que o comportamento individual cause prejuízos maiores à coletividade; nesse sentido, é certo dizer que a polícia administrativa é preventiva. Mas, ainda assim, falta precisão ao critério, porque também se pode dizer que a polícia judiciária, embora seja repressiva em relação ao indivíduo infrator da lei penal, é também preventiva em relação ao interesse geral, porque, punindo-o, tenta evitar que o indivíduo volte a incidir na mesma infração.

Conforme Álvaro Lazzarini (in *RJTJ*-SP, v. 98:20-25), **a linha de diferenciação está na ocorrência ou não de ilícito penal. Com efeito, quando atua na área do ilícito puramente administrativo (preventiva ou repressivamente), a polícia é administrativa. Quando o ilícito penal é praticado, é a polícia judiciária que age**.

A primeira se rege pelo Direito Administrativo, incidindo sobre **bens**, **direitos** ou **atividades**; a segunda, pelo direito processual penal, incidindo sobre **pessoas**.

Outra diferença: a polícia judiciária é privativa de corporações especializadas (polícia civil e militar), enquanto a polícia administrativa se reparte entre diversos órgãos da Administração, incluindo, além da própria polícia militar, os vários órgãos de fiscalização aos quais a lei atribua esse mister, como os que atuam nas áreas da saúde, educação, trabalho, previdência e assistência social.

5.5 MEIOS DE ATUAÇÃO

Considerando o poder de polícia em sentido amplo, de modo que abranja as atividades do Legislativo e do Executivo, os meios de que se utiliza o Estado para o seu exercício são:

1. **atos normativos** em geral, a saber: pela **lei**, criam-se as **limitações administrativas** ao exercício dos direitos e das atividades individuais, estabelecendo-se normas gerais e abstratas dirigidas indistintamente às pessoas que estejam em idêntica situação; também por meio de lei são definidas as **infrações administrativas** e respectivas **sanções,** bem como as **medidas preventivas** e **repressivas cabíveis;** trata-se de exigência que decorre do princípio da legalidade, previsto no art. 37, *caput*, da Constituição e do seu art. 5º, inciso II, pelo qual ninguém é obrigado a fazer ou

deixar de fazer alguma coisa senão em virtude de lei; disciplinando a aplicação da lei aos casos concretos, pode o Executivo baixar **decretos**, **resoluções**, **portarias**, **instruções**;

2. **atos administrativos** e **operações materiais** de aplicação da lei ao caso concreto, compreendendo **medidas preventivas** (fiscalização, vistoria, ordem, notificação, autorização, licença), com o objetivo de adequar o comportamento individual à lei, e **medidas repressivas** (dissolução de reunião, interdição de atividade, apreensão de mercadorias deterioradas, internação de pessoa com doença contagiosa), com a finalidade de **coagir** o infrator a cumprir a lei.

5.6 CARACTERÍSTICAS

Costuma-se apontar como atributos do poder de polícia a **discricionariedade**, a **autoexecutoriedade** e a **coercibilidade**, além do fato de corresponder a uma atividade negativa. Pode-se atualmente acrescentar outra característica, que é a *indelegabilidade* do poder polícia a pessoas jurídicas de direito privado.

Quanto à discricionariedade, embora esteja presente na maior parte das medidas de polícia, nem sempre isso ocorre. Às vezes, a lei deixa certa margem de liberdade de apreciação quanto a determinados elementos, como o motivo ou o objeto, mesmo porque ao legislador não é dado prever todas as hipóteses possíveis a exigir a atuação de polícia. Assim, em grande parte dos casos concretos, a Administração terá que decidir qual o melhor momento de agir, qual o meio de ação mais adequado, qual a sanção cabível diante das previstas na norma legal. Em tais circunstâncias, o poder de polícia será discricionário.

Em outras hipóteses, a lei já estabelece que, diante de determinados requisitos, a Administração terá que adotar solução previamente estabelecida, sem qualquer possibilidade de opção. Nesse caso, o poder será vinculado. O exemplo mais comum do ato de polícia vinculado é o da **licença**. Para o exercício de atividades ou para a prática de atos sujeitos ao **poder de polícia** do Estado, a lei exige alvará de licença ou de autorização. No primeiro caso, o ato é vinculado, porque a lei prevê os requisitos diante dos quais a Administração é obrigada a conceder o alvará; é o que ocorre na licença para dirigir veículos automotores, para exercer determinadas profissões, para construir. No segundo caso, o ato é discricionário, porque a lei consente que a Administração aprecie a situação concreta e decida se deve ou não conceder a autorização, diante do interesse público em jogo; é o que ocorre com a autorização para porte de arma, com a autorização para circulação de veículos com peso ou altura excessivos, com a autorização para produção ou distribuição de material bélico. Essa é uma distinção feita pela doutrina; no entanto, nem sempre os vocábulos **licença e autorização** são utilizados no direito positivo com essas características de vinculação, para o primeiro, e discricionariedade, para o segundo; ao intérprete cabe verificar os termos da norma legal para concluir sobre o sentido em que o vocábulo foi utilizado.

Diante disso, pode-se dizer que o poder de polícia tanto pode ser **discricionário** (e assim é na maior parte dos casos), como **vinculado**.

A **autoexecutoriedade** (que os franceses chamam de executoriedade apenas) é a possibilidade que tem a Administração de, com os próprios meios, pôr em execução as suas decisões, sem precisar recorrer previamente ao Poder Judiciário.

Alguns autores desdobram o princípio em dois: a **exigibilidade** (*privilège du préalable*) e a **executoriedade** (*privilège d'action d'office*). O *privilège du préalable* resulta da possibilidade que tem a Administração de tomar **decisões executórias**, ou seja, decisões que dispensam a Administração de dirigir-se **preliminarmente** ao juiz para impor a obrigação ao administrado.

A decisão administrativa impõe-se ao particular ainda contra a sua concordância; se este quiser se opor, terá que ir a juízo.

O *privilège d'action d'office* consiste na faculdade que tem a Administração, quando já tomou decisão executória, de realizar **diretamente** a execução forçada, usando, se for o caso, da força pública para obrigar o administrado a cumprir a decisão.

Pelo atributo da **exigibilidade**, a Administração se vale de **meios indiretos** de coação. Cite-se, como exemplo, a multa; ou a impossibilidade de licenciamento do veículo enquanto não pagas as multas de trânsito.

Pelo atributo da autoexecutoriedade, a Administração compele **materialmente** o administrado, usando meios diretos de coação. Por exemplo, ela dissolve uma reunião, apreende mercadorias, interdita uma fábrica.

A autoexecutoriedade não existe em todas as medidas de polícia. Para que a Administração possa se utilizar dessa faculdade, é necessário que a lei a autorize expressamente, ou que se trate de medida urgente, sem a qual poderá ser ocasionado prejuízo maior para o interesse público. No primeiro caso, a medida deve ser adotada em consonância com o procedimento legal, assegurando-se ao interessado o direito de defesa, previsto expressamente no art. 5º, inciso LV, da Constituição. No segundo caso, a própria urgência da medida dispensa a observância de procedimento especial, o que não autoriza a Administração a agir arbitrariamente ou a exceder-se no emprego da força, sob pena de responder civilmente o Estado pelos danos causados (cf. art. 37, § 6º, da Constituição), sem prejuízo da responsabilidade criminal, civil e administrativa dos servidores envolvidos.

Em resumo, pode-se dizer que a **exigibilidade** está presente em todas as medidas de polícia, mas não a executoriedade (*privilège d'action d'office*).

A **coercibilidade** é indissociável da autoexecutoriedade. O ato de polícia só é autoexecutório porque dotado de força coercitiva. Aliás, a autoexecutoriedade, tal como a conceituamos, não se distingue da coercibilidade, definida por Hely Lopes Meirelles (2003:134) como "a imposição coativa das medidas adotadas pela Administração".

Outro atributo que alguns autores apontam para o **poder de polícia** é o fato de ser uma atividade **negativa**, distinguindo-se, sob esse aspecto, do serviço público, que seria uma atividade **positiva**. Neste, a Administração Pública exerce, ela mesma, uma **atividade material** que vai trazer um benefício, uma utilidade, aos cidadãos: por exemplo, ela executa os serviços de energia elétrica, de distribuição de água e gás, de transportes etc.; na atividade de polícia, a Administração apenas impede a prática, pelos particulares, de determinados atos contrários ao interesse público; ela impõe limites à conduta individual.

O critério é útil apenas na medida em que demonstra a diferença entre poder de polícia e serviço público. Mas tem-se que levar em conta que, ao se qualificar o serviço público como **atividade positiva**, está-se considerando a posição da Administração: ela desenvolve uma atividade que vai trazer um acréscimo aos indivíduos, isoladamente ou em conjunto; no poder de polícia, o aspecto negativo diz respeito ao particular frente à Administração: ele sofrerá um limite em sua liberdade de atuação, imposto pela Administração.

Ensina Celso Antônio Bandeira de Mello (in *RDP* 9:55) que o poder de polícia é atividade negativa no sentido de que sempre impõe uma abstenção ao particular, uma obrigação de **não fazer**. Mesmo quando o poder de polícia impõe, **aparentemente**, uma obrigação de fazer, como exibir planta para licenciamento de construção, fazer exame de habilitação para motorista, colocar equipamento contra incêndio nos prédios, "o poder público **não** quer estes atos. Quer, sim, **evitar** que as atividades ou situações **pretendidas pelos particulares sejam** efetuadas de maneira **perigosa** ou **nociva**, o que ocorreria se realizadas fora destas condições". Por outras palavras, mesmo quando se exige prática de um ato pelo particular, o objetivo é sempre uma abstenção: evitar um dano oriundo do mau exercício do direito individual.

Há que se lembrar, porém, que alguns autores consideram como inseridas no poder de polícia as obrigações de fazer impostas ao proprietário, compelindo-o a usar o imóvel de acordo com sua função social. Nesse caso, não se pode falar que o objetivo do poder de polícia seja uma abstenção, uma atividade negativa.

Quanto à *indelegabilidade* do exercício do poder de polícia a pessoas jurídicas de direito privado, essa característica tem sido reconhecida pela jurisprudência, inclusive do Supremo Tribunal Federal, com base no argumento de que, em se tratando de atividade típica do Estado, só pode ser por este exercida. Com efeito, o poder de polícia envolve o exercício de prerrogativas próprias do poder público, especialmente a repressão, insuscetíveis de serem exercidas por um particular sobre outro. Os atributos, já apontados, da autoexecutoriedade e coercibilidade (inclusive com emprego de meios diretos de coação) só podem ser atribuídos a quem esteja legalmente investido em cargos públicos, cercados de garantias que protegem o exercício das funções públicas típicas do Estado.[1]

Não se pode deixar de mencionar, no entanto, a existência de entendimento favorável à delegação de atividades de polícia exclusivamente materiais, desde que não envolvam o exercício de autoridade por um particular sobre outro cidadão. Seria o caso, por exemplo, da instalação de infraestrutura necessária para o exercício do poder de polícia, a colocação de sinalizações, a pura fiscalização (sem aplicação de sanções). Tal entendimento, que serve para justificar situações concretas já verificadas na prática administrativa, deve ser aceito com cautela, tendo em vista a dificuldade de distinguir a mera execução material do efetivo ato de polícia, privativo do poder público.

5.7 LIMITES

Como todo ato administrativo, a medida de polícia, ainda que seja discricionária, sempre esbarra em algumas limitações impostas pela lei, quanto à **competência** e à **forma**, aos **fins** e mesmo com relação aos **motivos** ou ao **objeto**; quanto aos dois últimos, ainda que a Administração disponha de certa dose de discricionariedade, esta deve ser exercida nos limites traçados pela lei.

Quanto aos fins, o poder de polícia só deve ser exercido para atender ao interesse público. Se o seu fundamento é precisamente o princípio da predominância do interesse público sobre o particular, o exercício desse poder perderá a sua justificativa quando utilizado para beneficiar ou prejudicar pessoas determinadas; a autoridade que se afastar da finalidade pública incidirá em **desvio de poder** e acarretará a nulidade do ato com todas as consequências nas esferas civil, penal e administrativa.

A **competência** e o **procedimento** devem observar também as normas legais pertinentes.

---

[1] Nesse sentido, acórdão do STF na ADin 1.717, que julgou inconstitucional o art. 58 da Lei nº 9.649/98, segundo o qual os serviços de fiscalização de profissões regulamentadas serão exercidos em caráter privado, por delegação do poder público, mediante autorização legislativa (Tribunal Pleno, j. em 7-11-02, *DJ* de 28-3-03, p. 61); no mesmo sentido, o STJ decidiu pela impossibilidade de a Empresa de Transporte de Trânsito de Belo Horizonte (BHTrans), sociedade de economia mista, aplicar multas com fundamento no poder de polícia (REsp 817534, Rel. Min. Mauro Campbell Marques, *DJe* 10-12-09). Contudo, foram acolhidos embargos declaratórios interpostos contra a decisão proferida no REsp 817534-MG "para dar parcial provimento ao recurso especial, no sentido de que permanece a vedação à imposição de sanções pela parte embargada, facultado, no entanto, o exercício do poder de polícia no seu aspecto fiscalizatório" (Rel. Min. Mauro Campbell. *DJe* 16-6-10).

Quanto ao **objeto**, ou seja, quanto ao meio de ação, a autoridade sofre limitações, mesmo quando a lei lhe dê várias alternativas possíveis. Tem aqui aplicação um princípio de direito administrativo, a saber, o da **proporcionalidade dos meios aos fins**; isto equivale a dizer que o poder de polícia não deve ir além do necessário para a satisfação do interesse público que visa proteger; a sua finalidade não é destruir os direitos individuais, mas, ao contrário, assegurar o seu exercício, condicionando-o ao bem-estar social; só poderá reduzi-los quando em conflito com interesses maiores da coletividade e na medida estritamente necessária à consecução dos fins estatais.

Na aplicação das sanções de polícia, a Lei nº 9.873, de 23-11-99, com alterações posteriores, estabelece o prazo de prescrição de cinco anos, passível de interrupção e suspensão nos casos expressamente previstos. Essa lei somente se aplica à esfera federal.

Alguns autores indicam regras a serem observadas pela polícia administrativa, com o fim de não eliminar os direitos individuais:

1. a da **necessidade**, em consonância com a qual a medida de polícia só deve ser adotada para evitar ameaças reais ou prováveis de perturbações ao interesse público;
2. a da **proporcionalidade**, já referida, que significa a exigência de uma relação necessária entre a limitação ao direito individual e o prejuízo a ser evitado;
3. a da **eficácia**, no sentido de que a medida deve ser adequada para impedir o dano ao interesse público.

Por isso mesmo, os meios diretos de coação só devem ser utilizados quando não haja outro meio eficaz para alcançar-se o mesmo objetivo, não sendo válidos quando desproporcionais ou excessivos em relação ao interesse tutelado pela lei.

RESUMO

1. **Introdução**: inexistência de incompatibilidade entre direitos individuais e poder de polícia.

2. **Fundamento**: princípio da supremacia do interesse público sobre o particular.

3. **Evolução**

Idade Média: amplos poderes do príncipe (*jus politiae*)

Fins do século XV: *jus politiae* designa toda a atividade do Estado, com amplos poderes sobre a vida privada dos cidadãos. É a fase do Estado de Polícia.

Estado de Direito: adoção do princípio da legalidade.

Primeira fase: liberalismo: o poder de polícia somente se exerce para garantir a ordem pública. Era a polícia da segurança.

Segunda fase: Estado intervencionista: poder de polícia estende-se à ordem econômica e social. Imposição de obrigações de fazer para assegurar o bem comum.

4. **Conceito**

Na fase liberal: atividade estatal que limitava o exercício dos direitos individuais em benefício da segurança.

Conceito moderno: atividade estatal consistente em limitar o exercício dos direitos individuais em benefício do interesse público.

Conceito legal: art. 78 do CTN.

5. **Competência**: reparte-se entre Poder Legislativo (que cria as limitações administrativas) e Poder Executivo (que regulamenta as leis e fiscaliza a sua aplicação, preventiva e repressivamente). Daí os conceitos amplo e restrito de poder de polícia. O primeiro abrange a atuação do Estado; o segundo refere-se à polícia administrativa.

6. **Polícia administrativa e judiciária**: Distinções: a) ocorrência ou não de ilícito penal: enquanto este não ocorre, atua a polícia administrativa; b) a polícia administrativa rege-se pelo direito administrativo, incidindo sobre bens, direitos ou atividades, e a judiciária rege-se pelo direito processual penal e incide sobre pessoas; c) a polícia administrativa reparte-se entre diferentes órgãos de fiscalização, enquanto a judiciária é privativa de corporações (polícia civil e militar).

7. **Meios de atuação**:

   a) **atos normativos**: leis (criam as limitações administrativas, preveem as obrigações positivas (de fazer) e definem as infrações administrativas e sanções cabíveis.

   b) **atos administrativos** e **operações materiais**: medidas preventivas (fiscalização, vistoria, ordem, notificação, autorização, licença) e repressivas (por exemplo: dissolução de reunião, interdição de atividade, apreensão de mercadorias deterioradas, internação de pessoas com doença contagiosa e outras previstas em lei).

8. **Características**

   a) **discricionariedade, como regra geral**: certa margem de apreciação quanto ao momento e ao meio de atuação; hipóteses de decisão vinculada, como no alvará de licença;

   b) **autoexecutoriedade, que abrange:** 1) **exigibilidade** ou *privilège du préalable* (poder de decidir sem ir previamente a juízo); e 2) **executoriedade** ou *privilège d´action d´office* (poder de executar a decisão sem autorização judicial). A executoriedade só existe quando **prevista em lei** ou quando se trate de **medida urgente** para evitar prejuízo maior ao interesse público;

   c) **coercibilidade:** imposição coativa das medidas adotadas pela Administração;

   d) **natureza de atividade negativa:** impede o administrado de praticar atos ilícitos ou contrários ao interesse público; critério que distingue o **poder de polícia** do **serviço público** (em que existe atuação positiva do poder público em benefício dos administrados);

   e) **indelegabilidade**: como atividade típica do Estado, o poder de polícia não pode ser delegado a particulares; é privativo de servidores investidos em cargos públicos, com garantias que protegem o exercício das funções públicas dessa natureza (conforme entendimento da jurisprudência do STF e do STJ); aceitação da possibilidade de delegação de atividades puramente materiais, que não envolvam exercício de autoridade sobre o cidadão.

9. **Limites:** previstos em lei, quanto à competência, à forma, aos fins, aos motivos e ao objeto; observância das regras da proporcionalidade entre meios e fins, da necessidade e da eficácia.

10. **Prescrição:** prazo de cinco anos, previsto na Lei nº 9.873, de 23-11-99, alterada pela Lei nº 11.941, de 27-5-2009, para aplicação de sanções de polícia na esfera federal.

6
Restrições do Estado sobre a Propriedade Privada

6.1 EVOLUÇÃO

A propriedade, como o mais amplo direito real, que congrega os poderes de usar, gozar e dispor da coisa, de forma absoluta, exclusiva e perpétua, bem como o de persegui-la nas mãos de quem quer que injustamente a detenha, e cujo desmembramento implica a constituição de direitos reais parciais, evoluiu do sentido individual para o social.

Superada a fase que se seguiu à Revolução Francesa, na qual, como repúdio ao sistema feudal, reviveu, de forma exacerbada, a concepção puramente individualista do período romano, a propriedade foi sendo afetada, principalmente a partir da segunda metade do século XIX, por crescente número de restrições impostas pelo Estado.

Note-se que, enquanto a "Declaração dos Direitos do Homem e do Cidadão", de 1789, proclamava ser a propriedade "direito inviolável e sagrado", o Código de Napoleão, de 1804, pretendendo ser individualista, consagrou, como princípio, a legitimidade da limitação do Estado sobre a propriedade, ao definir esse instituto, no art. 544, como "o direito de gozar e de dispor das coisas de modo absoluto, **contanto que isso não se torne uso proibido pelas leis ou pelos regulamentos**".

Apenas, enquanto naquela época essas leis e regulamentos se limitavam, quase exclusivamente, aos direitos de vizinhança, aos poucos o seu campo foi se ampliando, com a tendência para condicionar, cada vez mais, o exercício do direito de propriedade ao bem-estar social. O princípio permanece, mas o seu alcance alterou-se profundamente, dando à propriedade sentido social então desconhecido. Hoje, prevalece o princípio da **função social da propriedade**, que autoriza não apenas a imposição de obrigações de não fazer, como também as de deixar fazer e, hoje, pela Constituição, a obrigação de fazer, expressa no art. 182, § 4º, consistente no **adequado aproveitamento do solo urbano**.

6.2 MODALIDADES

Hoje, no direito brasileiro, podem ser indicadas as seguintes modalidades de restrição do Estado sobre a propriedade privada, cada qual afetando de modo diverso o direito de propriedade: as limitações administrativas, a ocupação temporária, o tombamento, a requisição, a servidão administrativa, a desapropriação e o parcelamento e edificação compulsórios.

As **limitações** administrativas impõem obrigações de caráter geral a proprietários indeterminados, em benefício do interesse geral, afetando o **caráter absoluto** do direito de propriedade, ou seja, o atributo pelo qual o titular tem o poder de usar, gozar e dispor da coisa da maneira que melhor lhe aprouver.

A **ocupação temporária** e a **requisição de imóveis** impõem ao proprietário a obrigação de suportar a utilização temporária do imóvel pelo Poder Público, para realização de obras ou serviços de interesse coletivo; afetam a **exclusividade** do direito de propriedade, ou seja, o atributo segundo o qual a mesma coisa não pode pertencer simultaneamente a duas ou mais pessoas, e o proprietário tem a faculdade de opor-se à ação de terceiros exercida sobre aquilo que lhe pertence; pelo art. 1.231 do Código Civil, "a propriedade presume-se plena e exclusiva, até prova em contrário".

O **tombamento** implica limitação perpétua ao direito de propriedade em benefício do interesse coletivo; afeta o caráter **absoluto** do direito de propriedade; acarreta ônus maior do que as limitações administrativas, porque incide sobre imóvel determinado.

A **servidão administrativa** implica a instituição de direito real de natureza pública, impondo ao proprietário a obrigação de suportar um ônus parcial sobre o imóvel de sua propriedade, em benefício de um serviço público ou de um bem afetado a um serviço público; afeta a **exclusividade** do direito de propriedade, porque transfere a outrem faculdades de uso e gozo; excepcionalmente afeta apenas o caráter absoluto, quando implica obrigação de não fazer; acarreta gravame maior do que a ocupação temporária, porque tem o caráter perpétuo.

A **desapropriação** e a **requisição de bens móveis e fungíveis**, atingindo a faculdade que tem o proprietário de dispor da coisa segundo sua vontade, implicam a transferência compulsória, mediante indenização, para satisfazer a interesse público; afetam o caráter **perpétuo** e **irrevogável** do direito de propriedade.

A **edificação** e o **parcelamento compulsórios** são impostos ao proprietário que não utiliza adequadamente a sua propriedade. Ferem o caráter absoluto e perpétuo do direito de propriedade.

6.3 FUNDAMENTO

Sabe-se que a propriedade é o **direito individual** que assegura a seu titular uma série de poderes cujo conteúdo constitui objeto do direito civil; compreende os poderes de usar, gozar e dispor da coisa, de modo absoluto, exclusivo e perpétuo. Não podem, no entanto, esses poderes ser exercidos ilimitadamente, porque coexistem com direitos alheios, de igual natureza, e porque existem interesses públicos maiores, cuja tutela incumbe ao Poder Público exercer, ainda que em prejuízo de interesses individuais. Entra-se aqui na esfera do **poder de polícia** do Estado, ponto em que o estudo da propriedade sai da órbita do direito privado e passa a constituir objeto do direito público e a submeter-se a **regime jurídico derrogatório e exorbitante do direito comum**.

No dizer de José Cretella Júnior (in *RDA* 112/51), "ao passo que o direito civil de propriedade confere ao titular cem por cento, vamos dizer, do *jus utendi, fruendi et abutendi*, o direito público da propriedade, que considera o bem dentro de um conjunto maior, vai reduzindo o *quantum* daquela fruição, porque observa a totalidade dos direitos de propriedade bem como a necessidade pública, a utilidade pública e o interesse social".

Essa atividade o Estado começou a exercer por meio do poder de polícia, que constitui o instrumento pelo qual é assegurado o bem-estar da coletividade, mediante a restrição dos direitos individuais que com ele conflitem.

Mas já se viu que o poder de polícia sofreu uma ampliação, não apenas de conteúdo, mas também de extensão, porque, enquanto originariamente somente justificava a imposição de obrigações de **não fazer**, passou, com o tempo, a impor obrigações de fazer, ou seja, a impor o **dever** de utilizar o bem.

Neste momento é que se começou a falar em função social da propriedade.

Em relação a esta, duas posições se colocam:

1. uns a mantêm no âmbito do poder de polícia e interpretam a função social sob dois aspectos: o **negativo** e o **positivo**. Sob o **aspecto negativo**, a função social abrange as limitações impostas ao exercício da propriedade com as mais variadas finalidades (segurança, saúde, economia popular, proteção ao meio ambiente, ao patrimônio histórico e artístico nacional); inclui as obrigações de **não fazer** e mesmo certas obrigações de **fazer**, impostas como condições para o exercício de determinados direitos, por exemplo, a obrigação de adotar medidas de segurança contra incêndios como condição do direito de construir. Sob o **aspecto positivo**, implica **obrigação de fazer** consistente no dever de utilização da propriedade;
2. outros distinguem: o aspecto negativo corresponde ao poder de polícia, e o aspecto positivo, à função social da propriedade; quer dizer, a função social da propriedade seria "**um novo instrumento**, que, conjugado aos normalmente admitidos (as limitações, as desapropriações, as servidões etc.), possibilitam a obtenção de uma ordem econômica e social que realize o desenvolvimento com justiça social" (cf. Carlos Ari Sundfeld, 1987:9).

Os autores dessa segunda corrente continuam apegados à concepção originária do poder de polícia, como atividade **negativa**, ou seja, atividade que impõe ao particular limitações ao exercício dos direitos individuais, consistentes em obrigações de **não fazer**.

No entanto, quando se consideram os três elementos essenciais caracterizadores do poder de polícia – o subjetivo (Estado), o finalístico (interesse público) e o conteúdo (restrição à liberdade individual) – não há como deixar de reconhecer a sua presença em qualquer das modalidades de intervenção do Estado sobre a propriedade privada.

Pela concepção restritiva de poder de polícia, apenas as **limitações administrativas** à propriedade seriam manifestações dessa atividade estatal. Ficariam fora a ocupação temporária, a requisição, a servidão administrativa, o tombamento, a desapropriação e o dever de utilização do imóvel.

Pela nova concepção, teria havido uma ampliação do poder de polícia, de modo a abranger as formas de intervenção que impõem obrigações de **deixar fazer** e de **fazer**.

Na monografia sobre **Servidão Administrativa** (1978:18-22), já nos havíamos colocado entre os que explicam as várias formas de intervenção do Estado na propriedade privada como manifestações do poder de polícia: "na realidade, tanto as chamadas **limitações administrativas à propriedade** (em sentido estrito), como a **ocupação temporária**, a **requisição administrativa**, a **servidão administrativa** e a **desapropriação** constituem formas de limitações do Estado sobre a propriedade privada, cada uma delas atingindo o exercício desse direito de maneira mais ou menos intensa, mas sempre com o objetivo de satisfazer o interesse público. Assim, em sentido amplo, as limitações administrativas abrangem todas essas modalidades; em sentido restrito, referem-se apenas àquelas impostas pelo poder de polícia do Estado, condicionando o exercício do direito de propriedade ao bem-estar social, sem implicar desdobramento dos poderes inerentes ao domínio".

Com relação à **desapropriação**, dissemos, então, que ela "pode ser tida como limitação à propriedade quando se considera abstratamente aquele instituto, que é inerente à soberania do Estado, perante os direitos individuais assegurados aos cidadãos. Trata-se de instituto de direito público – a desapropriação – perante instituto de direito privado – a propriedade; o primeiro é limitação ao segundo, no sentido de que se constitui em exceção à intangibilidade do direito individual à propriedade. Abstratamente considerada, a desapropriação afeta a propriedade, como instituição, ou seja, afeta os atributos com os quais foi concebida pelas correntes individualistas. No entanto, quando incide, concretamente, sobre determinado bem, ela não pode ser considerada como simples limitação, já que, vista pela ótica do direito privado, implica a perda da propriedade".

Quanto ao **dever de utilização**, corresponde a nova ampliação do poder de polícia do Estado, mas que dele se destaca para constituir a chamada função social da propriedade, hoje definida pela Constituição no art. 182, § 4º, consistente no **adequado aproveitamento do solo urbano** (com relação à política urbana); quanto à política agrícola e fundiária e à reforma agrária, a função social da propriedade impõe as obrigações previstas no art. 186: aproveitamento racional e adequado; utilização adequada dos recursos naturais disponíveis e preservação do meio ambiente; observância das disposições que regulam as relações de trabalho; e exploração que favoreça o bem-estar dos proprietários e dos trabalhadores.

6.4 FUNÇÃO SOCIAL DA PROPRIEDADE

Antes de aparecer expressamente mencionado na Constituição de 1967, o princípio da função social da propriedade já servira de inspiração para a inclusão de nova modalidade de desapropriação (por **interesse social**) na Constituição de 1946.

Se alguma dúvida houvesse a esse respeito, seria ela dissipada pela justificativa apresentada pelo autor da emenda de que resultou essa inovação, o Senador Ferreira de Souza. Ele reconhece como lógico que o homem possua "como seu, de forma absoluta, aqueles bens necessários à sua vida, à sua profissão, à sua manutenção e à de sua família, mesmo os que constituem economias para o futuro. Mas além desse mínimo, a propriedade tem uma **função social** de modo que ou o seu proprietário a explora e a mantém dando-lhe utilidade, concorrendo para o bem comum, ou ela não se justifica. A emenda não chega ao extremo de negar a propriedade, mas, superpondo o bem comum ao bem individual, admite a expropriação das propriedades inúteis, das que poderiam ser cultivadas e não o são, daquelas cujo domínio absoluto chega a representar um acinte aos outros homens". Em outra oportunidade, ao justificar a Emenda perante a Comissão Constitucional, ele diz que "devemos estabelecer também a possibilidade de uma desapropriação que não seja nem por necessidade do Estado, em si, como órgão diretor da sociedade em geral, nem por utilidade pública, para qualquer serviço do Estado. Mas devemos também possibilitar a desapropriação sempre que necessária à ordem social, à vida social". E cita dois casos: na sociedade puramente individualista, que compreende a propriedade como direito absoluto, admite-se a propriedade dos bens que não produzem e recebem valorização do próprio Estado e do trabalho coletivo. Evidentemente, essa propriedade improdutiva, que o proprietário não explora no sentido de transformá-la numa utilidade geral, criando riqueza para a coletividade, é um peso para a sociedade. O proprietário tem em seu favor toda a proteção da lei e da autoridade, recebe as consequências do enriquecimento resultante do trabalho geral e da própria ação do Estado e nada lhe dá em virtude desse mesmo direito. Deve ser possível ao Estado, em casos especiais, desapropriá-la a fim de tornar a propriedade uma utilidade, uma riqueza social, seja porque vá dividi-la entre os que pretendem cultivá-la, seja para outro fim de ordem coletiva.

A Constituição de 1967, com a redação dada pela Emenda Constitucional nº 1 de 1969, incluiu a função social da propriedade como um dos princípios da ordem econômica e social (art. 160, III), que coexiste com o da propriedade como direito individual consagrado no art. 153, § 22. Segundo Manoel Gonçalves Ferreira Filho (1975, v. 3:166), "isto significa que a propriedade não é a da concepção absoluta, romanística, e sim a propriedade encarada como uma função eminentemente social. É o que se depreende do texto do artigo 160, III, que implicitamente condena a concepção absoluta da propriedade, segundo a qual esta é o direito de usar, gozar e tirar proveito de uma coisa, de modo puramente egoístico, sem levar em conta o interesse alheio e particularmente o da sociedade. Reconhecendo a função social da propriedade, a Constituição não nega o direito exclusivo do dono sobre a coisa, mas exige que o seu uso seja condicionado ao bem-estar geral. Não ficou, portanto, o constituinte longe da concepção tomista, segundo a qual o proprietário é um procurador da comunidade para a gestão de bens destinados a servir a todos, embora pertençam a um só".

Não há dúvida, no entanto, de que a inspiração mais próxima do princípio é a **doutrina social da Igreja**, tal como exposta nas Encíclicas *Mater et Magistra*, do Papa João XXIII, de 1961, e *Centesimus Cennus*, de 1991, de João Paulo II, nas quais se associa a propriedade a uma função social, ou seja, à função de servir de instrumento para a criação de bens necessários à subsistência de toda a humanidade.

Segundo José Afonso da Silva (2003:283), a função social da propriedade pode manifestar-se, "conforme as hipóteses, seja como condição de exercício das faculdades atribuídas, seja como obrigação de executar determinadas faculdades de acordo com modalidades preestabelecidas". No entanto, o princípio não autoriza esvaziar a propriedade de seu conteúdo essencial mínimo, sem indenização, porque este está assegurado pela norma de garantia do respectivo direito.

Na vigência da Constituição de 1967, com a redação dada pela Emenda Constitucional nº 1 de 1969, o princípio da função social teve aplicação restrita à desapropriação para reforma agrária, fundamentada no art. 161.

Na Constituição de 1988, o art. 5º, inciso XXII, garante o direito da propriedade, mas no inciso XXIII determina que a propriedade atenderá à sua função social; além disso, ela volta a ser incluída entre os princípios da ordem econômica, que têm por fim "assegurar a todos existência digna, conforme os ditames da justiça social" (art. 170, III); porém, tem seu alcance delimitado.

Quanto à propriedade urbana, o art. 182, § 2º, diz que ela "cumpre sua função social quando atende às exigências fundamentais de ordenação da cidade expressas no Plano-diretor"; este é obrigatório para cidades com mais de 20.000 habitantes, sendo considerado o instrumento básico da política de desenvolvimento e de expansão urbana (§ 2º).

A norma se completa com a do § 4º, que faculta ao Poder Público Municipal, mediante lei específica para área incluída no Plano-diretor, exigir, nos termos da lei federal, do proprietário do solo urbano não edificado, subutilizado ou não utilizado, que promova seu adequado aproveitamento, sob pena, sucessivamente, de:

I – parcelamento ou edificação compulsórios;
II – imposto sobre a Propriedade Predial e Territorial urbana progressivo no tempo;
III – desapropriação com pagamento mediante títulos da dívida pública de emissão previamente aprovada pelo Senado Federal, com prazo de resgate de até 10 anos, em parcelas anuais, iguais e sucessivas, assegurados o valor real da indenização e os juros legais.

Vale dizer que, em se tratando de propriedade urbana, o Poder Público municipal pode exigir do proprietário, que não esteja usando adequadamente o seu imóvel dentro das condições previstas no Plano-diretor, que faça o seu **parcelamento** ou **edificação compulsórios**. A matéria está disciplinada pela Lei nº 10.257, de 10-7-01 (Estatuto da Cidade), que regulamenta os arts. 182 e 183 da Constituição Federal e estabelece diretrizes gerais da política urbana.

Quanto à propriedade rural, o art. 186 estabelece que a sua função social "é cumprida quando a propriedade rural atende, simultaneamente, segundo critérios e graus de exigências estabelecidos em lei, os seguintes requisitos:

I – aproveitamento racional e adequado;
II – utilização adequada dos recursos naturais disponíveis e preservação do meio ambiente;
III – observância das disposições que regulam as relações de trabalho;
IV – exploração que favoreça o bem-estar dos proprietários e dos trabalhadores."

Não cumprindo a sua função social, o proprietário fica sujeito à desapropriação para fins de **reforma agrária**, prevista no art. 184; se tornar produtiva a sua propriedade – assegurando-lhe, pois, função social – o seu titular escapa à possibilidade de desapropriação sob essa modalidade (art. 185, II). A matéria está hoje disciplinada pela Lei nº 8.629, de 25-2-93 (regulamentada pelo Decreto nº 9.311, de 15-3-18, com alterações posteriores) e pela Lei Complementar nº 76, de 6-7-93, com alterações posteriores.

A Constituição delimitou, portanto, o campo de aplicação do princípio da função social da propriedade: na área urbana, significa adequação ao Plano Diretor do Município; especialmente, visa obrigar o proprietário de terreno não construído a nele edificar ou proceder ao seu parcelamento.

Na zona rural, corresponde à ideia, já assente na doutrina jurídico-agrária, de "correta utilização econômica da terra e sua justa distribuição, de modo a atender ao bem-estar social da coletividade, mediante o aumento da produtividade e da promoção da justiça social" (cf. Telga de Araújo, in *Enciclopédia Saraiva de Direito*, v. 39:9).

A desapropriação apresenta-se como um instrumento de que se utiliza o Poder Público para assegurar o acesso à propriedade rural àqueles que a cultivam sem serem os donos. Para evitar o desvirtuamento dos objetivos da reforma agrária, o art. 189 da Constituição determina que "os beneficiários da distribuição de imóveis rurais pela reforma agrária receberão títulos de domínio ou de concessão de uso, inegociáveis pelo prazo de dez anos".

6.5 LIMITAÇÕES ADMINISTRATIVAS

Ao contrário das limitações impostas no direito privado (normas referentes ao direito de vizinhança), que constituem objeto do direito civil e visam a regulamentar os direitos e obrigações recíprocos dos particulares, as limitações administrativas, impostas no interesse público, constituem objeto do direito público, mais especificamente do Direito Administrativo, pois, embora muitas das normas legais limitadoras de direitos individuais sejam de caráter constitucional, penal, eleitoral, é à Administração Pública que cabe o exercício dessa atividade de restrição ao domínio privado, por meio do poder de polícia fundado na supremacia do interesse público sobre o particular.

A grande dificuldade, no que se refere às limitações administrativas, não está propriamente na sua conceituação, mas no aplicar-se o conceito aos casos concretos, muitos dos quais são confundidos com a servidão administrativa.

Bielsa (1965, t. 4:375-376) indica três traços característicos das limitações administrativas:

1. impõem obrigação de não fazer ou deixar fazer;
2. visando conciliar o exercício do direito público com o direito privado, só vão até onde exija a necessidade administrativa;
3. sendo condições inerentes ao direito de propriedade, não dão direito a indenização.[1]

---

[1] Decisões nesse sentido têm sido adotadas pelo STJ, como é o caso do acórdão da 1ª Turma, que reafirmou o entendimento predominante da Corte de que é indevida a indenização em favor de proprietários de terrenos

Analisando-se as limitações administrativas à propriedade, verifica-se, inicialmente, que elas decorrem de normas gerais e abstratas, que se dirigem a propriedades indeterminadas, com o fim de satisfazer interesses coletivos abstratamente considerados ou, como diz Marcello Caetano (1970, t. 2:1981), para atender à "realização de interesse públicos abstratos, da utilidade pública ideal não **corporificada na função de uma coisa**". Se a utilidade pública estiver corporificada na função de uma coisa, ter-se-á servidão e não simples limitação.

O interesse público a que atende a limitação pode referir-se à segurança, à salubridade, à estética, à defesa nacional ou qualquer outro fim em que o interesse da coletividade se sobreponha ao dos particulares. Citem-se, como exemplos de limitações administrativas: as que impõem a adoção de medidas técnicas para construção de imóveis, visando a sua segurança e mesmo à salubridade pública; e as que restringem a altura dos edifícios, por motivos de estética ou de segurança.

Quanto ao conteúdo das limitações administrativas, no mais das vezes corresponde a uma obrigação de não fazer. Ocorre, no entanto, que, examinando-se os casos concretos, verifica-se que em muitos deles, embora haja **obrigação negativa** de não colocar em risco a segurança, a saúde, a tranquilidade pública, na realidade a obtenção desses fins depende de prestação positiva por parte do proprietário. Citem-se, por exemplo, as obrigações de adotar medidas de segurança contra incêndio ou medidas impostas por autoridades sanitárias, ou, ainda, a obrigatoriedade de demolir um prédio que ameaça ruína. Embora impliquem prestações positivas por parte do proprietário, tais imposições são também limitações administrativas à propriedade, porque a afetam em um de seus traços fundamentais – o seu caráter de direito absoluto – concebido como poder de usar e desfrutar da coisa da maneira que melhor aprouver a seu titular.

Alguns doutrinadores costumam distinguir a limitação administrativa da servidão, dizendo que a primeira impõe obrigação de não fazer, e a segunda, obrigação de deixar fazer.

Consoante Celso Antônio Bandeira de Mello (*RDP* 9-65), "se a propriedade é afetada por uma disposição genérica e abstrata, pode ou não ser caso de servidão. Será limitação e não servidão se impuser apenas um dever de abstenção: um *non facere*. Será servidão se impuser um *pati*, obrigação de suportar".

Note-se, no entanto, que o critério não é absoluto; existem servidões administrativas que, do mesmo modo que as limitações, impõem obrigações negativas, como no caso da servidão de não edificar acima de determinada altura, ao redor dos aeroportos, ou de não construir propriedades nas proximidades das estradas de rodagem.

A diferença está em que, na limitação administrativa, a obrigação de não fazer é imposta em benefício do interesse público genérico, abstratamente considerado, enquanto na servidão ela é imposta em proveito de determinado bem afetado a fim de utilidade pública. A coisa dominante, inexistente na limitação administrativa, distingue os dois institutos.

Distinguem-se ainda as limitações das servidões administrativas pelo fato de estas implicarem a constituição de direito real de uso e gozo, em favor do poder público ou da coletividade, paralelo ao direito do proprietário, que perde, por essa forma, a exclusividade de poderes que exerce sobre o imóvel de sua propriedade. Nas limitações administrativas, o proprietário conserva em suas mãos a totalidade de direitos inerentes ao domínio, ficando apenas sujeito às normas regulamentadoras do exercício desses direitos, para conformá-lo ao bem-estar social; a propriedade não é afetada na sua exclusividade, mas no seu caráter de direito absoluto, pois o proprietário não reparte, com terceiros, os seus poderes sobre a coisa, mas, ao contrário, pode

---

atingidos por atos administrativos que limitam a propriedade, salvo comprovação de que o mencionado ato acarretou limitação administrativa mais extensa do que aquelas já existentes à época da sua edição (REsp 1.168.632-SP, Rel. Min. Luiz Fux, *DJe* 1º-7-10).

desfrutar de todos eles, da maneira que lhe convenha, até onde não esbarre com óbices opostos pelo poder público em prol do interesse coletivo.

Sendo inerentes à propriedade ou constituindo, no dizer de Bandeira de Mello (*RDP* 9:64), o próprio "perfil do direito", as limitações administrativas não dão direito à indenização, que só é cabível quando o proprietário se vê privado, em favor do Estado ou do público em geral, de alguns ou de todos os poderes inerentes ao domínio, como ocorre, respectivamente, na servidão administrativa e na desapropriação. Como diz Bielsa (1965, t. 4:376), as restrições não dão direito à indenização, "já que não são senão uma carga geral imposta a todas as propriedades. Trata-se, segundo se disse, de uma condição inerente ao direito de propriedade, cujo conteúdo normal se limita pelas leis".

O mesmo autor demonstra que os tribunais, em alguns casos, reconhecem o direito à indenização, na hipótese de culpa da Administração, mas então o problema se desloca para o campo da responsabilidade do Estado por danos causados a particulares. E cita o caso da mudança de nível nas calçadas, quando a culpa consiste "em assinalar aos proprietários um nível para a edificação e logo impor-lhes outro, alegando que o primeiro foi dado por erro" (1965, t. 4:377).

Sendo medidas impostas pelo poder de polícia do Estado, com fundamento no princípio da supremacia do interesse público, não cabe ao particular qualquer medida, administrativa ou judicial, visando impedir a incidência da limitação sobre o imóvel de sua propriedade; o Estado age imperativamente, na qualidade de Poder Público, e somente poderá sofrer obstáculos, quando a Administração aja com abuso de poder, extravasando os limites legais. Nesse caso, cabe ao particular, além de opor-se à limitação estatal, pleitear a indenização por prejuízos dela decorrentes.

As **limitações** podem, portanto, ser **definidas** como medidas de caráter geral, previstas em lei com fundamento no poder de polícia do Estado, gerando para os proprietários obrigações positivas ou negativas, com o fim de condicionar o exercício do direito de propriedade ao bem-estar social.

6.6 OCUPAÇÃO TEMPORÁRIA

Ocupação temporária é a forma de limitação do Estado à propriedade privada que se caracteriza pela utilização transitória, gratuita ou remunerada, de imóvel de propriedade particular, para fins de interesse público.

Cretella Júnior (1968, v. 4:189-190) define esse instituto como "a utilização por parte do Estado da propriedade particular, com ou sem indenização, durante período de tempo limitado, por motivos de utilidade ou necessidade pública". E ensina, ainda, que tal conceito, de caráter amplo, abrange "todos os casos de ocupação de urgência, aproximando-se, pois, da orientação seguida por grandes mestres italianos e afastando-se da perfilhada por tratadistas franceses, adeptos da conceituação *stricto sensu*, limitada, na maioria das vezes, aos casos de extração de matéria-prima e depósito de ferramentas e materiais de construção".

A amplitude maior ou menor dada ao instituto decorre do direito positivo de cada país, pois, tratando-se de restrição a direito individual, os seus limites e fins são definidos por lei.

No direito positivo brasileiro, o art. 3º do Decreto nº 1.021, de 26-8-1903, estabeleceu que seriam definidas em regulamento "as regras e formalidades para a ocupação temporária de imóveis, quando for indispensável à execução de obras decretadas e para a devida indenização aos proprietários".

Por sua vez, o Decreto nº 4.956, de 9-9-1903, que dispunha sobre o processo das desapropriações, estabelecia, no art. 42: "poderão ser ocupados temporariamente os terrenos não edificados, de imprescindível necessidade para a instalação dos serviços e trabalhos temporários de execução das obras e extração de materiais destinados às mesmas obras".

De acordo com os §§ 1º e 2º desse dispositivo, a ocupação temporária foi equiparada ao arrendamento forçado, mediante preço certo por tempo de sua duração, e responsabilidade pelos danos e prejuízos causados, estimado por convenção amigável ou por arbitramento. Após o depósito do montante da indenização, como garantia provisória de eventuais danos, seria expedido mandado de ocupação.

A atual lei das desapropriações (Decreto-lei nº 3.365, de 21-6-41) permite, no art. 36, "a ocupação temporária, que será indenizada, afinal, por ação própria, de terrenos não edificados, vizinhos às obras e necessários à sua realização. O expropriante prestará caução, quando exigida".

A ocupação temporária constitui, nessa hipótese, instituto complementar da desapropriação, que só se justifica quando verificados os seguintes requisitos (cf. Cretella Jr., 1976:496):

1º realização de obras públicas;
2º necessidade de ocupação de terrenos vizinhos;
3º inexistência de edificação no terreno ocupado;
4º obrigatoriedade de indenização;
5º prestação de caução prévia, quando exigida.

Outro exemplo de ocupação temporária no direito brasileiro é contido na Lei nº 3.924, de 26-7-61, que dispõe sobre monumentos arqueológicos e pré-históricos. O art. 13 permite escavações e pesquisas, no interesse da arqueologia e da pré-história, em terrenos de propriedade particular, com exceção de áreas muradas que envolvem construções domiciliares; no parágrafo único estabelece que "à falta de acordo amigável com o proprietário da área onde situa-se a jazida, será esta declarada de utilidade pública e autorizada pelo período necessário à execução dos estudos, nos termos do art. 36 do Decreto-lei nº 3.365, de 21-6-1941".

Na Lei nº 8.666, de 21-6-93, que regulava as licitações e contratos administrativos, era prevista, entre as prerrogativas da Administração nos contratos administrativos, a de, "nos serviços essenciais, ocupar provisoriamente bens móveis, imóveis, pessoal e serviços vinculados ao objeto do contrato, na hipótese da necessidade de acautelar apuração administrativa de faltas contratuais pelo contratado, bem como na hipótese de rescisão do contrato administrativo" (art. 58, inciso V). Ainda a mesma medida era prevista no art. 80 da lei como uma das consequências da rescisão unilateral do contrato. Trata-se de hipótese de ocupação temporária só admissível para dar continuidade ao contrato administrativo, seja pelo tempo necessário para apurar faltas praticadas pelo contratado, seja em caso de rescisão do contrato, pelo tempo necessário para que seja providenciada nova contratação. Essa possibilidade de ocupação só era prevista "nos casos de serviços essenciais", ou seja, de serviços públicos cuja paralisação possa ocasionar prejuízo ao interesse da coletividade a que se destina; são atividades regidas pelo princípio da continuidade do serviço público.

A Lei nº 14.133/21, que revogou a Lei nº 8.666/93, também inclui entre as prerrogativas da Administração a de "ocupar provisoriamente bens móveis e imóveis e utilizar pessoal e serviços vinculados ao objeto do contrato, nas hipóteses de: a) risco à prestação de serviços essenciais; b) necessidade de acautelar apuração administrativa de faltas contratuais pelo contratado inclusive após extinção do contrato" (art. 104, V). E o art. 139 estabelece que a extinção do contrato determinada por ato unilateral da Administração poderá acarretar, sem prejuízo das sanções previstas nessa lei, a "ocupação e utilização do local, das instalações, dos equipamentos, do material e do pessoal empregados na execução do contrato e necessários à sua continuidade" (inciso II).

Também na Lei nº 8.987, de 13-2-95, que estabelece o regime de concessão e permissão de serviços públicos, o art. 35, que trata das hipóteses de extinção da concessão, prevê a imediata assunção do serviço pelo poder concedente (§ 2º), a qual autoriza a **ocupação** das instalações e a utilização, pelo poder concedente, de todos os bens reversíveis (§ 3º). A inspiração para o dispositivo também é o princípio da continuidade dos serviços públicos.

A Constituição Federal prevê, no art. 5º, inciso XXV, a ocupação temporária da propriedade particular, em caso de perigo público iminente, mediante indenização ulterior se houver dano. É o caso, por exemplo, de ocupação de imóvel particular, por motivo de inundação, ameaça de desabamento de prédio em ruína ou perigo de propagação de moléstia contagiosa.

Quanto à natureza jurídica da ocupação temporária, divergem os doutrinadores.

Eurico Sodré (1955:205) afirma que ela "é uma verdadeira servidão administrativa, imposta por lei, a prazo certo, mediante pagamento". Para outros, ela se apresenta como desapropriação temporária de uso (cf. Pontes de Miranda, 1956, t. 14:154).

Na realidade, embora apresente certa semelhança com alguns desses institutos, a ocupação temporária tem características próprias, não se identificando com qualquer deles.

Não se confunde com as limitações administrativas em sentido estrito, porquanto estas não implicam, como a ocupação temporária, a utilização do imóvel por parte de terceiros; as primeiras afetam o caráter absoluto do direito de propriedade, porque apenas regulamentam, no interesse da coletividade, o exercício, pelo particular, dos poderes inerentes ao domínio; a segunda afeta a exclusividade do direito de propriedade, porque confere ao Poder Público a faculdade de uso temporário do imóvel particular. A limitação refere-se ao exercício dos poderes oriundos do domínio pelo próprio proprietário ou possuidor; a ocupação temporária refere-se ao exercício de um dos poderes oriundos do domínio – o uso – por terceiros.

Nesse particular, a ocupação temporária aproxima-se da servidão administrativa, que também afeta a exclusividade do direito de propriedade; mas com ela não se confunde, por ser de caráter transitório.

Também não é possível considerar a ocupação temporária como forma de expropriação, porque aquela, ao contrário desta, não implica perda da propriedade pelo particular.

6.7 REQUISIÇÃO ADMINISTRATIVA

A requisição administrativa pode apresentar-se sob diferentes modalidades, incidindo ora sobre bens, móveis ou imóveis, ora sobre serviços, identificando-se, às vezes, com a ocupação temporária e assemelhando-se, em outras, à desapropriação; é forma de limitação à propriedade privada e de intervenção estatal no domínio econômico; justifica-se em tempo de paz e de guerra.

Em suas origens no direito brasileiro, só se admitiam as requisições em **tempo de guerra** ou de comoção intestina grave (art. 80 da Constituição de 1891 e art. 591 do Código Civil de 1916). As Constituições de 1934, 1946 e 1967 previam a competência da União para legislar sobre requisições civis e militares em tempo de guerra. O art. 22, III, da atual Constituição outorga à União competência privativa para legislar sobre requisições civis e militares, em caso de iminente perigo e em tempo de guerra. Na legislação ordinária, tais requisições são regulamentadas pelo Decreto-lei nº 4.812, de 8-10-42, com as alterações introduzidas pelo Decreto-lei nº 5.451, de 30-4-43.

Posteriormente, foram admitidas, visando à intervenção no domínio econômico, as requisições em **tempo de paz**, autorizadas pela Lei Delegada nº 4, de 26-9-62, regulamentada pelo Decreto nº 51.644-A, de 26-11-62, referente às requisições de bens e serviços. No entanto, a Lei Delegada nº 4 foi revogada pela Lei nº 13.874, de 20-9-19 (Declaração de Direitos de Liberdade Econômica), que nada estabeleceu sobre o assunto.

Continua em vigor o Decreto-lei nº 2, de 14-1-66, regulamentado pelo Decreto nº 57.844, de 18-2-66, referente às requisições de bens ou serviços essenciais ao abastecimento da população. Ambas são de competência da SUNAB.

A Lei nº 8.080, de 19-9-90, que dispõe sobre o Sistema Único de Saúde (SUS), também tratou expressamente de hipótese de requisição administrativa voltada para a promoção, proteção e recuperação da saúde. O art. 15, XIII, deu competência à União, Estados, Distrito Federal e Municípios para, em seu âmbito administrativo, requisitar bens e serviços, tanto de pessoas naturais como de pessoas jurídicas, assegurada justa indenização, quando a medida seja necessária para atendimento de necessidades coletivas, urgentes e transitórias, decorrentes de situações de perigo iminente, de calamidade pública ou de irrupção de epidemia.[2]

A Lei nº 13.979, de 6-2-20, que "dispõe sobre medidas para enfrentamento da emergência de saúde pública de importância internacional decorrente do coronavírus responsável pelo surto de 2019", no art. 3º, autorizava as medidas que poderiam ser adotadas, dentre elas, no inciso VII, a "requisição de bens e serviços de pessoas naturais e jurídicas, hipótese em que será garantido o pagamento posterior de indenização justa". As medidas previstas nessa lei, pela redação original do art. 8º, deveriam perdurar no período em que durasse o estado de emergência internacional provocado pelo coronavírus. Mas o art. 8º foi alterado pela Lei nº 14.035, de 11-8-20, passando a estabelecer que a Lei 13.979 vigoraria enquanto vigente o Decreto-Legislativo nº 6, de 30-3-30. Esgotado o prazo desse Decreto-Legislativo em 31-12-20, as medidas previstas na Lei 13.979 deixaram de ter aplicação. Isto não impede que Estados, Distrito Federal e Municípios prevejam a requisição como medida de combate à pandemia, com fundamento em suas próprias leis e no art. 5º, XXV, da Constituição Federal, já que se trata de matéria de competência legislativa concorrente (conforme arts. 23, II, e 24, XII, da Constituição).

Por sua vez, o Decreto nº 10.308, de 2-4-20, autorizava o Ministro de Estado da Infraestrutura, durante o estado de calamidade pública decorrente do coronavírus, a "requisitar bens de serviços de empresas públicas vinculadas ao Ministério da Infraestrutura, nos termos do inciso XIII do *caput* do art. 15 da Lei nº 8.080, de 19-9-90".[3] Esse Decreto foi revogado pelo Decreto nº 11.077, de 20-5-22.

A atual Constituição prevê a competência da União para legislar sobre requisição civil e militar, em caso de iminente perigo e em tempo de guerra (art. 22, III).

Em qualquer das modalidades, a requisição caracteriza-se por ser procedimento unilateral e autoexecutório, pois independe da aquiescência do particular e da prévia intervenção do Poder Judiciário; é em regra oneroso, sendo a indenização *a posteriori*. Mesmo em tempo de paz, só se justifica em caso de perigo público iminente.

---

[2] Sobre requisição administrativa, o Supremo Tribunal Federal julgou inconstitucionais dispositivos do Decreto Federal nº 5.392, de 10-3-05, que, ao decretar estado de calamidade pública no setor hospitalar do SUS, no Município do Rio de Janeiro, previram, com base no art. 15 da Lei nº 8.080/90, a possibilidade de requisição, pela União, de bens e serviços de hospitais públicos e particulares. Não se cogitou da inconstitucionalidade do art. 15 da Lei nº 8.080, mas se entendeu ter havido ofensa à autonomia municipal e verdadeira intervenção federal, no caso, sem prévia decretação de Estado de Defesa ou Estado de Sítio. Também se considerou inconstitucional a delegação da competência para a requisição feita ao Ministro da Saúde (MS 25295/DF, Relator Min. Joaquim Barbosa, julgamento em 20-4-05, Tribunal Pleno, *DJ* de 5-10-07, p. 00022). Na ADI 3.454, o STF, em decisão unânime, deu interpretação conforme à Constituição ao art. 15, III, da Lei nº 8.080/90, reafirmando o entendimento de que constitui ofensa ao princípio federativo a requisição administrativa de bens ou serviços por uma unidade federativa a outra (Rel. Min. Dias Toffoli, j. 21-6-22, pelo Plenário). A questão foi discutida a propósito das requisições de vacinas feitas para atender a situação emergencial decorrente da pandemia do coronavírus.

[3] O estado de calamidade pública foi decretado pelo Decreto-legislativo nº 6, de 20-3-20, do Senado Federal, exclusivamente para os fins do art. 65 da Lei de Responsabilidade Fiscal (Lei Complementar nº 101, de 4-5-00).

A requisição, quando recai sobre imóvel, confunde-se com a ocupação temporária, consoante se vê pelos termos dos arts. 1º e 15, item 13, do Decreto-lei nº 4.812, de 8-10-42; o seu fundamento é o art. 5º, XXV, da Constituição Federal vigente, pelo qual "no caso de iminente perigo público, a autoridade competente poderá usar de propriedade particular, assegurada ao proprietário indenização ulterior, se houver dano."

Quando recai sobre bens móveis fungíveis, assemelha-se à desapropriação, porém com ela não se confunde: na requisição, a indenização é posterior, o fundamento é necessidade pública inadiável e urgente; na desapropriação, a indenização é prévia e o seu fundamento pode ser a necessidade pública, a utilidade pública e o interesse social. Além disso, na desapropriação, o Poder Público depende de autorização judicial para imitir-se na posse do imóvel.

Fixados os seus elementos característicos, pode-se conceituar a requisição como ato administrativo unilateral, autoexecutório e oneroso, consistente na utilização de bens ou de serviços particulares pela Administração, para atender a necessidades coletivas em tempo de guerra ou em caso de perigo público iminente.

6.8 TOMBAMENTO

6.8.1 Proteção do patrimônio histórico e artístico nacional

Na Constituição de 1988, nota-se a preocupação do constituinte com a tutela do **patrimônio cultural** brasileiro, constituído pelos "bens de natureza material e imaterial, tomados individualmente ou em conjunto, portadores de referência à identidade, à ação, à memória dos diferentes grupos formadores da sociedade brasileira, nos quais se incluem:

I – as formas de expressão;
II – os modos de criar, fazer e viver;
III – as criações científicas, artísticas e tecnológicas;
IV – as obras, objetos, documentos, edificações e demais espaços destinados às manifestações artístico-culturais;
V – os conjuntos urbanos e sítios de valor histórico, paisagístico, artístico, arqueológico, paleontológico, ecológico e científico" (art. 216).

O art. 23, inciso III, da mesma Constituição, inclui entre as funções de competência comum da União, Estados, Distrito Federal e Municípios, a proteção dos documentos, obras e outros bens de valor histórico, artístico e cultural, os monumentos, as paisagens naturais notáveis e os sítios arqueológicos. E o art. 24, inciso VII, conferiu à União, aos Estados e ao Distrito Federal **competência concorrente** para legislar sobre proteção ao patrimônio histórico, cultural, artístico, turístico e paisagístico, o que significa que a União limitar-se-á a estabelecer normas gerais, exercendo os Estados a competência suplementar, na forma dos §§ 1º a 4º do art. 24.

Aos Municípios foi dada a atribuição de "promover a proteção do patrimônio histórico-cultural local, observada a legislação e a ação fiscalizadora federal e estadual" (art. 30, inciso IX). Vale dizer que eles não têm competência legislativa nessa matéria, mas devem utilizar os instrumentos de proteção previstos na legislação federal e estadual.

Pelo § 1º do art. 216, o Poder Público, com a colaboração da comunidade, promoverá e protegerá o patrimônio cultural brasileiro, por meio de **inventário, registro, vigilância, tombamento e desapropriação e de outras formas de acautelamento e preservação**. E o § 5º determina que ficam tombados todos os documentos e os sítios detentores de reminiscências históricas dos antigos quilombos.

Diante do § 1º do art. 216, o tombamento é um dos institutos que têm por objeto a tutela do **patrimônio histórico e artístico nacional**. O dispositivo prevê ainda a **desapropriação**, que será utilizada quando a restrição afete **integralmente** o direito do proprietário; o tombamento é sempre restrição parcial, conforme se verifica pela legislação que o disciplina; se acarretar a impossibilidade total de exercício dos poderes inerentes ao domínio, será ilegal e implicará desapropriação indireta, dando direito à indenização integral dos prejuízos sofridos.

Além disso, a própria Constituição prevê ainda, como instrumentos de tutela do patrimônio histórico e artístico nacional, a **ação popular** (art. 5º, LXXIII) e a **ação civil pública** (art. 129, III). Cabe indagar se essas ações exigem o prévio tombamento do bem; atendo-nos ao art. 1º, § 1º, do Decreto-lei nº 25, de 30-11-37 (Lei do Tombamento) a resposta será positiva, pois esse dispositivo determina que os bens só podem ser considerados parte integrante do patrimônio histórico e artístico brasileiro **depois de inscritos** separada ou agrupadamente num dos quatro Livros de Tombo que a lei prevê.

No entanto, diante do art. 216 da Constituição, além de ter-se uma ampliação dos bens merecedores de proteção (**bens de interesse público**, integrados no patrimônio cultural brasileiro), ainda se preveem, ao lado do tombamento, **outras formas de acautelamento e preservação**, de que o Poder Público se utilizará, "com a colaboração da comunidade".

Além do mais, a ação popular e a ação civil pública são mais úteis, como formas de proteção, precisamente em relação aos bens ainda não tombados, porque, em relação a estes, as restrições e a fiscalização a que se sujeitam já têm por objetivo dar-lhes adequada **tutela**.

6.8.2 Conceito e características

O tombamento é forma de intervenção do Estado na propriedade privada, que tem por objetivo a proteção do patrimônio histórico e artístico nacional, assim considerado, pela legislação ordinária, "o conjunto dos bens móveis e imóveis existentes no país cuja conservação seja de interesse público, quer por sua vinculação a fatos memoráveis da história do Brasil, quer por seu excepcional valor arqueológico ou etnográfico, bibliográfico ou artístico" (art. 1º do Decreto-lei nº 25, de 30-11-37, que organiza a proteção do patrimônio histórico e artístico nacional).

Empregando o vocábulo **tombamento**, o direito brasileiro seguiu a tradição do direito português, que utiliza a palavra **tombar** no sentido de **registrar, inventariar, inscrever** nos arquivos do Reino, guardados na **Torre do Tombo** (cf. Hely Lopes Meirelles, 2003:543).

Pelo tombamento, o Poder Público protege determinados bens, que são considerados de valor histórico ou artístico, determinando a sua inscrição nos chamados **Livros do Tombo**, para fins de sua sujeição a restrições parciais; em decorrência dessa medida, o bem, ainda que pertencente a particular, passa a ser considerado **bem de interesse público**; daí as restrições a que se sujeita o seu titular.

O tombamento é sempre uma **restrição parcial**, não impedindo ao particular o exercício dos direitos inerentes ao domínio; por isso mesmo, não dá, em regra, **direito a indenização**; para fazer jus a uma compensação pecuniária, o proprietário deverá demonstrar que realmente sofreu algum prejuízo em decorrência do tombamento.

Se, para proteger o bem, o Poder Público tiver que impor restrição total, de modo que impeça o proprietário do exercício de todos os poderes inerentes ao domínio, deverá desapropriar o bem e não efetuar o tombamento, uma vez que as restrições possíveis, nesta última medida, são apenas as que constam da lei, nela não havendo a previsão de qualquer imposição que restrinja **integralmente** o direito de propriedade.

O tombamento pode ser definido como o procedimento administrativo pelo qual o Poder Público sujeita a restrições parciais os bens de qualquer natureza cuja conservação seja de interesse público, por sua vinculação a fatos memoráveis da história ou por seu excepcional valor arqueológico ou etnológico, bibliográfico ou artístico.

É **procedimento administrativo**, porque não se realiza em um único ato, mas numa sucessão de atos preparatórios, essenciais à validade do ato final, que é a inscrição no Livro do Tombo.

6.8.3   Objeto

O tombamento pode atingir bens de qualquer natureza: móveis ou imóveis, materiais ou imateriais, públicos ou privados. Nos termos do § 2º do art. 1º do Decreto-lei nº 25/37, são sujeitos a tombamento "os monumentos naturais, bem como os sítios e paisagens que importem conservar e proteger pela feição notável com que tenham sido dotados pela natureza ou agenciados pela indústria humana".

O art. 3º do mesmo Decreto-lei exclui do patrimônio histórico e artístico nacional e, portanto, da possibilidade de tombamento, as obras de origem estrangeira:

1. que pertençam às representações diplomáticas ou consulares acreditadas no país;
2. que adornem quaisquer veículos pertencentes a empresas estrangeiras, que façam carreira no país;
3. que se incluam entre os bens referidos no art. 10 da Introdução ao Direito Civil e que continuam sujeitos à lei penal do proprietário (bens adquiridos por sucessão de estrangeiro e situados no Brasil);
4. que pertençam a casas de comércio de objetos históricos ou artísticos;
5. que sejam trazidas para exposições comemorativas, educativas ou comerciais;
6. que sejam importadas por empresas brasileiras expressamente para adorno dos respectivos estabelecimentos.

6.8.4   Modalidades

O **tombamento** pode ser:

1. quanto à constituição ou procedimento: de ofício, voluntário ou compulsório;
2. quanto à eficácia: provisório ou definitivo;
3. quanto aos destinatários: geral ou individual.

Pelo Decreto-lei nº 25/37, o tombamento distingue-se conforme atinja bens públicos ou particulares. Quando incide sobre **bens públicos**, tem-se o **tombamento de ofício**, previsto no art. 5º, que se processa mediante simples notificação à entidade a quem pertencer (União, Estado ou Município) ou sob cuja guarda estiver a coisa tombada; com a notificação, a medida começa a produzir efeitos.

O tombamento que tem por objeto bens particulares pode ser **voluntário** ou **compulsório** (art. 6º).

O primeiro é disciplinado pelo art. 7º e ocorre quando:

1. o proprietário pedir o tombamento e a coisa se revestir dos requisitos necessários para constituir parte integrante do patrimônio histórico e artístico nacional, a juízo do órgão técnico competente;
2. o proprietário anuir, por escrito, à notificação que se lhe fizer para a inscrição da coisa em qualquer dos Livros do Tombo.

O tombamento compulsório, previsto nos arts. 8º e 9º, é feito por iniciativa do Poder Público, mesmo contra a vontade do proprietário.

O art. 10 ainda distingue duas outras modalidades, ao estabelecer que o tombamento voluntário ou compulsório pode ser **provisório** ou **definitivo**, conforme esteja o respectivo processo iniciado pela **notificação** ou concluído pela **inscrição** dos referidos bens no competente Livro do Tombo.

O tombamento provisório, que ocorre com a notificação do proprietário, produz os mesmos efeitos que o definitivo, salvo quanto à transcrição no Registro de Imóveis, somente exigível para o tombamento definitivo (art. 10, parágrafo único, do Decreto-lei nº 25).

Outra classificação do tombamento, quanto aos destinatários, considera o **individual**, que atinge um bem determinado, e o **geral**, que atinge todos os bens situados em um bairro ou uma cidade.

6.8.5 Procedimento

O **tombamento** efetua-se por meio de um **procedimento**, ou seja, de uma sucessão de atos preparatórios do ato final que é a inscrição do bem no **Livro do Tombo**. Esse procedimento varia conforme a modalidade de tombamento.

Em qualquer das modalidades, tem que haver manifestação de órgão técnico que, na esfera federal, é o Instituto do Patrimônio Histórico e Artístico Nacional (IPHAN), instituído, como autarquia, pelo Decreto nº 99.492, de 3-9-90, conforme autorização contida no art. 2º, inciso II e § 1º, da Lei nº 8.029, de 12-4-90. Neste decreto, recebeu a denominação de Instituto Brasileiro do Patrimônio Cultural (IBPC), depois alterada para IPHAN pela Medida Provisória nº 610, de 8-9-94, sucessivamente reeditada com outra numeração, até a Medida Provisória nº 1.651-43, de 5-5-98, convertida na Lei nº 9.649, de 27-5-98, que organiza a Presidência da República e os Ministérios e mantém a competência do Ministério da Cultura no art. 14, inciso IV, b, em matéria de proteção do patrimônio histórico e artístico nacional. Por sua vez, a Lei nº 6.292, de 15-12-75, exige que o tombamento e o seu cancelamento sejam homologados pelo Ministro da Cultura.

No caso de **bem público**, após a manifestação do órgão técnico, a autoridade administrativa determina a inscrição do bem no Livro do Tombo, notificando a pessoa jurídica de direito público titular do bem ou que o tenha sob sua guarda.

Em se tratando de tombamento voluntário **requerido** pelo proprietário, será também ouvido o órgão técnico e, em caso de preencher os requisitos, será determinada a sua inscrição no Livro do Tombo e a transcrição no Registro de Imóveis, desde que se trate de bem imóvel.

Quando o procedimento começar por iniciativa do Poder Público, ele observará as seguintes fases:

1. manifestação do órgão técnico sobre o valor do bem para fins de tombamento;
2. notificação ao proprietário para anuir ao tombamento dentro do prazo de 15 dias, a contar do recebimento da notificação ou para, se quiser, impugnar e oferecer as razões dessa impugnação;
3. se o proprietário anuir, por escrito, à notificação, ou não impugnar, tem-se o tombamento voluntário, com a inscrição no Livro do Tombo;
4. havendo impugnação, será dada vista, no prazo de mais 15 dias, ao órgão que tiver tomado a iniciativa do tombamento, a fim de sustentar as suas razões;
5. a seguir, o processo será remetido ao IPHAN, que proferirá decisão a respeito, no prazo de 60 dias a contar do recebimento;

6. se a decisão for contrária ao proprietário, será determinada a inscrição no Livro do Tombo; se for favorável, o processo será arquivado;
7. a decisão do Conselho Consultivo terá que ser apreciada pelo Ministro da Cultura (Lei nº 6.292, de 15-12-75), o qual poderá examinar todo o procedimento, anulando-o, se houver ilegalidade, ou revogando a decisão do órgão técnico, se contrária ao interesse público, ou, finalmente, apenas homologando;
8. o tombamento somente se torna definitivo com a inscrição em um dos Livros do Tombo que, na esfera federal, compreende, nos termos do art. 4º do Decreto-lei nº 25:
    1. o Livro do Tombo Arqueológico, Etnográfico e Paisagístico;
    2. o Livro do Tombo das Belas Artes;
    3. o Livro do Tombo das Artes Aplicadas;
    4. o Livro do Tombo Histórico.

No Estado de São Paulo, além desses quatro, existe o Livro do Tombo das Artes Populares (Decreto s/nº de 19-12-69).

Embora o procedimento se encerre com inscrição no **Livro do Tombo**, a lei exige ainda que, em se tratando de imóveis, se faça a **transcrição** no Registro de Imóveis, averbando-se o tombamento ao lado da transcrição do domínio (art. 13 do Decreto-lei nº 25). Em se tratando de bens móveis, embora a lei federal não contenha norma semelhante, deduz-se do § 2º do mesmo dispositivo que a transcrição deve ser feita em registro público, no caso o Registro de Títulos e Documentos. No Estado de São Paulo, essa exigência se contém no art. 1º, § 1º, do Decreto-lei nº 149, de 15-8-69.

Em resumo, o procedimento do tombamento compulsório compreende os seguintes atos: manifestação do órgão técnico, notificação ao proprietário, impugnação, manifestação do órgão que tomou a iniciativa do tombamento, decisão pelo órgão técnico, homologação pelo Ministro da Cultura, inscrição no Livro do Tombo. A transcrição no Registro de Imóveis não integra o procedimento, pois mesmo sem ela o tombamento produz efeitos jurídicos para o proprietário. Tem-se entendido que a falta de registro apenas impede as entidades públicas de exercerem o direito de preferência para aquisição do bem tombado conforme previsto no art. 22 do Decreto-lei nº 25.

No entanto, esse dispositivo foi revogado pelo art. 1.072, I, do novo CPC. Com isso, parece ter desaparecido o direito de preferência da União, Estados e Municípios, embora permaneça a obrigação de inscrição do tombamento no Registro de Imóveis como meio de dar publicidade à existência do regime especial do bem tombado.

Cabe lembrar que o direito de preferência desses entes políticos está previsto nos arts. 889, inciso VIII, e 892, § 3º, do CPC de 2015, no curso do processo de execução, quando houver alienação judicial por iniciativa particular e arrematação em leilão. Nesse caso, o art. 889, inciso VIII, estabelece que devem ser cientificados, com pelo menos cinco dias de antecedência, entre outros, "a União, o Estado e o Município, no caso de alienação de bem tombado". E o art. 892, § 3º, determina que, "no caso de leilão de bem tombado, a União, os Estados e os Municípios terão, nessa ordem, o direito de preferência na arrematação, em igualdade de oferta".

Os dispositivos são incoerentes diante da revogação do art. 22 do Decreto-lei 25: desaparece o direito de preferência em caso de alienação onerosa de bem tombado, previsto nesse dispositivo, mas mantém-se o direito de preferência em caso de alienação judicial por iniciativa do particular e arrematação em leilão judicial.

Com a entrada em vigor do CPC de 2015, provavelmente terá que ser revisto o entendimento adotado no despacho presidencial que aprovou parecer da Consultoria-Geral da República, no sentido de que "o eventual descumprimento, pelo IPHAN, do dever de promover o registro dos bens particulares, definitivamente tombados, resulta em prejuízo de interesses das entidades públicas em exercer a **preferência na aquisição** deles e exonera o adquirente da obrigação de notificá-las. Mas, ainda assim, no plano do direito administrativo, o tombamento produzirá todos os seus efeitos, facultando ao IPHAN praticar, nos limites de sua competência, os atos tendentes à vigilância e proteção dos bens tombados" (in *RDA* 120:406).

Um último dado a assinalar no tocante ao procedimento é o que se refere à possibilidade de ser **cancelado o tombamento**. Pelo art. 10, *in fine*, do Decreto-lei nº 25, a decisão do tombamento não era passível de recurso. Porém, esse dispositivo ficou revogado pelo Decreto-lei nº 3.866, de 29-11-41, ao estabelecer que "o Presidente da República, atendendo a motivos de interesse público, poderá determinar, de ofício ou em grau de **recurso**, interposto por qualquer legítimo interessado, seja cancelado o tombamento de bens pertencentes à União, ao Estado, aos Municípios ou a pessoas naturais ou jurídicas de direito privado, feito no IPHAN, de acordo com o Decreto-lei nº 25, de 3-11-37".

Esse dispositivo tem sido criticado pelo fato de dar ao Presidente da República o poder discricionário de cancelar o tombamento, passando por cima de parecer do órgão técnico competente para manifestar-se (cf. Carlos Augusto A. Machado, 1987:35).

Não nos parece procedente a crítica, tendo em vista que o dispositivo só autoriza o cancelamento "por motivos de interesse público", o que exige motivação, contrastável perante o Judiciário, por parte do Presidente da República. Se é verdade que a proteção do patrimônio cultural é dever do Estado precisamente pelo seu interesse público, não é menos verdade que esse interesse pode, em determinado momento, conflitar com outros, também relevantes e merecedores de proteção; um deles terá que ser sacrificado, a critério da autoridade a quem a lei conferiu o poder de decisão.

6.8.6 Efeitos

O Decreto-lei nº 25/37 dedica o seu capítulo III aos **efeitos do tombamento**. Esses se produzem quanto à **alienação**, quanto ao **deslocamento**, quanto às **transformações**, quanto aos **imóveis vizinhos**, quanto à **conservação**, quanto à **fiscalização**. Disso resultam para o proprietário obrigações positivas (de fazer), negativas (não fazer) e de suportar (deixar fazer); para os proprietários de imóveis vizinhos, obrigações negativas (não fazer); e para o IPHAN, obrigações positivas (fazer).

O proprietário do bem tombado fica sujeito às seguintes obrigações:

1. **positivas**: fazer as obras de conservação necessárias à preservação do bem ou, se não tiver meios, comunicar a sua necessidade ao órgão competente, sob pena de incorrer em multa correspondente ao dobro da importância em que foi avaliado o dano sofrido pela coisa (art. 19); em caso de alienação onerosa do bem, deverá assegurar o direito de preferência da União, Estados e Municípios, nessa ordem, sob pena de nulidade do ato, sequestro do bem por qualquer dos titulares do direito de preferência e multa de 20% do valor do bem a que ficam sujeitos o transmitente e o adquirente; as punições serão determinadas pelo Poder Judiciário (art. 22).[4]

---

[4] Esse efeito deixou de existir com a entrada em vigor do CPC de 2015, cujo art. 1.072, inciso I, revoga o art. 22 do Decreto-lei nº 25/37.

Se o **bem** tombado for **público**, será inalienável, ressalvada a possibilidade de transferência entre União, Estados e Municípios (art. 11);

2. **negativas**: o proprietário não pode destruir, demolir ou mutilar as coisas tombadas nem, sem prévia autorização do IPHAN, repará-las, pintá-las ou restaurá-las, sob pena de multa de 50% do dano causado (art. 17); também não pode, em se tratando de bens móveis, retirá-los do país, senão por curto prazo, para fins de intercâmbio cultural, a juízo do IPHAN (art. 14); tentada sua exportação, a coisa fica sujeita a sequestro e o seu proprietário, às penas cominadas para o crime de contrabando e multa (art. 15);

3. **obrigação de suportar**: o proprietário fica sujeito à fiscalização do bem pelo órgão técnico competente, sob pena de multa em caso de opor obstáculos indevidos à vigilância.

Os **proprietários dos imóveis vizinhos** também sofrem as consequências do tombamento previstas no art. 18 do Decreto-lei, *in verbis*: "sem prévia autorização do Serviço do Patrimônio Histórico e Artístico Nacional, não se poderá, na vizinhança da coisa tombada, fazer construção que lhe impeça ou reduza a visibilidade nem nela colocar anúncios ou cartazes, sob pena de ser mandada destruir a obra ou retirado o objeto, impondo-se neste caso a multa de 50% do valor do mesmo objeto".

Trata-se de **servidão administrativa** em que dominante é a coisa tombada, e serviente, os prédios vizinhos. É servidão que resulta automaticamente do ato do tombamento e impõe aos proprietários dos prédios servientes obrigação negativa de não fazer construção que impeça ou reduza a visibilidade da coisa tombada e de não colocar cartazes ou anúncios; a esse encargo não corresponde qualquer indenização.

Com relação ao alcance dessa restrição, foi proferido acórdão (in *RT* 222:559) em que se decidiu que "no conceito de visibilidade em relação a monumentos históricos há um sentido mais amplo que envolve outros aspectos além da simples visibilidade física, inclusive a respeitabilidade do imóvel protegido que pode ser prejudicada com ligeiras construções de madeira, como seja um pórtico com aparelhos de ginástica, embora não lhe impedindo de todo a visão". Tratava-se de hipótese em que se pretendia erguer pórtico com aparelhos de ginástica nas proximidades de um convento tombado.

Na esfera administrativa, muito se tem discutido a respeito da restrição contida no art. 18, havendo algumas orientações já traçadas. A Consultoria Geral da República, em parecer aprovado pelo Presidente da República, por despacho de 16-4-68, manifestou-se no sentido de que "as obras projetadas – com relação a dois edifícios já concluídos – não prejudicam a visibilidade do Museu Imperial, de modo a ensejar a aplicação do artigo 18 do Decreto-lei nº 25 de 1937. Não basta que a construção esteja na vizinhança da coisa tombada, é necessário que a mesma impeça ou reduza sua visibilidade" (in *RDA* 93:379-381). Nesse sentido parecer do mesmo órgão, também aprovado pela Presidência da República em 4-2-75: "o exercício da atribuição conferida ao IPHAN, pelo artigo 18 do Decreto-lei nº 25/37, somente se exerce, legitimamente, em relação a construções, no suposto de duas condições, a se verificarem simultaneamente, a saber, a vizinhança do bem tombado e o comprometimento, por elas, de sua visibilidade, quer impedindo-a, quer a reduzindo" (in *RDA* 120:403-413).

A servidão, no caso, surge no ato do tombamento (inscrição no Livro do Tombo), independendo da transcrição no Registro de Imóveis. A publicidade e o efeito constitutivo do direito real, que decorrem do registro, só alcançam aquele determinado bem, objeto do tombamento, e visam assegurar o respeito à boa-fé de terceiros e o próprio direito de preferência das entidades públicas sobre as coisas tombadas, em caso de alienação. É o que ficou decidido pelo mesmo despacho presidencial de 4-2-75. Nem poderia ser diferente. O art. 18 constituiu uma servidão, mas não delimitou seu campo de incidência, deixando ao critério subjetivo de determinado órgão público a decisão quanto ao alcance dessa restrição em cada caso. Assim sendo, ainda que se assegurasse ao tombamento toda a publicidade possível, não contariam os proprietários vizinhos com critério objetivo para verificar se são ou não alcançados pela restrição.

Acresce que é de competência municipal a autorização de construções, mediante aprovação das respectivas plantas; já têm ocorrido hipóteses em que, aprovada pela Prefeitura, vem depois a construção a ser impugnada pelo IPHAN (cf. parecer in *RDA* 93:379).

Para assegurar-se, a um tempo, o respeito ao art. 18 do Decreto-lei nº 25 e a boa-fé de terceiros, necessária seria a adoção das seguintes medidas: fixação de critério objetivo na delimitação do conceito de vizinhança, mediante determinação da área dentro da qual qualquer construção ficaria dependendo de aprovação do IPHAN; e imposição de averbação no Registro de Imóveis da área onerada com a servidão ou notificação às Prefeituras interessadas para que, ao conferirem licença para construção, não ajam em desacordo com o IPHAN, com evidente prejuízo, ainda, para terceiros interessados na construção.

Na ausência dessas medidas, incumbe àquele órgão exercer permanente vigilância sobre as coisas tombadas e respectiva vizinhança, cabendo responsabilidade por perdas e danos quando, por culpa sua, terceiros de boa-fé tiverem suas construções embargadas ou demolidas, embora devidamente aprovadas pela Prefeitura.

No Estado de São Paulo, também foi instituída servidão sobre os prédios vizinhos aos bens tombados, porém se definiu um raio de 300 metros em torno da coisa tombada, conforme Decreto nº 13.426, de 16-3-79 (arts. 137 e 138). E o art. 1º do Decreto-lei Complementar nº 2, de 15-8-69, determina que "para a preservação dos locais a que se refere o art. 127 da Constituição Estadual, os Municípios não poderão aprovar construções e loteamentos ou a instalação de propaganda, painéis, dísticos, cartazes, ou semelhantes, em zonas declaradas de interesse turístico estadual, ou na vizinhança de bens tombados, que contrariem padrões de ordem estética fixados pelo Governo do Estado". Norma semelhante encontra-se no art. 16 do Decreto s/nº de 19-12-69, que regulamenta o Decreto-lei nº 149/69, o qual, por sua vez, dispõe sobre tombamento de bens, para a proteção do patrimônio histórico e artístico estadual.

Finalmente, ainda surgem efeitos do **tombamento** para o próprio IPHAN, que assume as seguintes obrigações:

1. mandar executar as obras de conservação do bem, quando o proprietário não puder fazê-lo ou providenciar para que seja feita a desapropriação da coisa (art. 19, § 1º); não adotadas essas providências, o proprietário pode requerer que seja cancelado o tombamento (§ 2º);
2. exercer permanente vigilância sobre as coisas tombadas, inspecionando-as sempre que julgar conveniente (art. 20);
3. providenciar, em se tratando de bens particulares, a transcrição do tombamento no **Registro de Imóveis** e a averbação ao lado da transcrição do domínio (art. 13).

6.8.7 Natureza jurídica

Dois aspectos merecem ser aqui analisados: se o ato de tombamento é discricionário ou vinculado; se a restrição que resulta do tombamento constitui servidão administrativa ou limitação administrativa à propriedade.

Quanto ao primeiro aspecto, colocamo-nos entre os que consideram o tombamento um ato **discricionário**. Há quem entenda que, colocando, a Constituição, os bens do patrimônio histórico e artístico nacional sob a proteção do poder público, a autoridade competente para determinar o tombamento (inscrição no Livro do Tombo) não pode deixar de fazê-lo quando o parecer do órgão técnico reconhecer o valor cultural do bem para fins de proteção. Ocorre que o patrimônio cultural não é o único bem que compete ao Estado proteger. Entre dois valores em conflito, a Administração terá que zelar pela conservação daquele que de forma mais intensa afete os interesses da coletividade. Essa apreciação terá que ser feita no momento da decisão, diante do caso concreto; evidentemente, se nenhuma razão de interesse público obstar o tombamento, este deve ser feito; por isso mesmo, a recusa em fazê-lo há de ser motivada, sob pena de transformar-se a discricionariedade em arbítrio que afronta a própria Constituição, na parte em que protege os bens de interesse público.

Com relação ao segundo aspecto, a doutrina não é uniforme. Celso Antônio Bandeira de Mello (in *RDP* 9:55), Ruy Cirne Lima (in *RDP* 5:26) e Adilson Abreu Dallari (in *RDP* 59:60) entendem que o tombamento constitui modalidade de servidão administrativa, porque, ao contrário da simples limitação, incide sobre imóvel determinado, causando a seu proprietário ônus maior do que o sofrido pelos demais membros da coletividade. Consoante Celso Antônio, "sempre que seja necessário um ato específico da Administração impondo um gravame, por conseguinte, criando uma situação nova, atingiu-se o próprio direito e, pois, a hipótese é de servidão".

Não compartilhamos desse entendimento porque, embora o tombamento seja feito, voluntária ou compulsoriamente, mediante inscrição no Livro do Tombo, dependendo, portanto, de ato administrativo que individualize o bem tombado, não se trata de **servidão**, pelo fato de não haver a **coisa dominante**. A restrição não é imposta em benefício de coisa afetada a fim público ou de serviço público, mas, ao contrário, tem por objetivo satisfazer a interesse público genérico e abstrato, a saber, o patrimônio histórico e artístico nacional.

O tombamento tem em comum com a limitação administrativa o fato de ser imposto em benefício de interesse público; porém dela difere por individualizar o imóvel.

Comparado com a servidão, o tombamento a ela se assemelha pelo fato de individualizar o bem; porém dela difere porque falta a coisa dominante, essencial para caracterizar qualquer tipo de servidão, seja de direito público ou privado.

Preferimos, por isso, considerar o tombamento categoria própria, que não se enquadra nem como simples limitação administrativa, nem como servidão. Nesse ponto, evoluímos um pouco em relação ao entendimento adotado na tese "Servidão Administrativa" (1978:27).

6.9 SERVIDÃO ADMINISTRATIVA

6.9.1 Servidão na teoria geral do direito

Embora a servidão tenha nascido e se desenvolvido no direito privado, o seu conceito pertence à teoria geral do direito, ou seja, não é comprometido com o Direito Civil nem com o Direito Administrativo. Deve-se procurar uma noção genérica – **categoria jurídica** – para, a partir dela, chegar aos dois conceitos próprios de cada um daqueles ramos jurídicos.

São elementos comuns em qualquer tipo de servidão, de direito público ou privado:

1. a natureza de direito real sobre coisa **alheia** (*jus in re aliena*), no qual alguns dos poderes do domínio se destacam e se transferem a terceiros;
2. **a situação de sujeição** em que se encontra a coisa serviente (*res serviens*) em relação à coisa dominante (*res dominans*) ou a uma pessoa: aliás, essa ideia decorre do próprio vocábulo *servitudinem*, significando **escravidão**;

3. o **conteúdo** da servidão é sempre uma utilidade inerente à *res serviens*, que dá ao titular do direito real o direito de usar, ou de gozar ou, ainda, o de extrair determinados produtos, como água.

Assim, como categoria jurídica, própria da teoria geral do direito, a servidão pode ser definida como um **direito real de gozo sobre coisa alheia, instituído em benefício de entidade diversa da sacrificada**; existe, do lado passivo, uma coisa serviente e, do lado ativo, uma coisa dominante (na servidão real) ou uma pessoa (na servidão pessoal); o conteúdo é uma utilidade prestada pela primeira à segunda.

6.9.2 Servidão de direito privado e de direito público

A partir desse conceito, é possível fixar o regime jurídico da servidão de direito privado, de um lado, e o da servidão administrativa, de outro.

No Código Civil (seja no de 1916, seja no de 2002), só tem o caráter de servidão o direito real instituído sobre um prédio em benefício de outro prédio, excluídas, assim, as servidões pessoais – o uso, o usufruto, e a habitação – que são tratados como institutos à parte, com características próprias.

Com base no art. 1.378 do atual Código Civil, pode-se definir a servidão como **direito real sobre um prédio, instituído em favor de outro prédio**, pertencente a dono diverso.

São princípios que regem a servidão de direito privado e aplicáveis também à servidão administrativa: o da **perpetuidade** (art. 695 do Código Civil de 1916 ou 1.378 do novo Código); o de que a servidão **não se presume** (art. 696 do Código de 1916, não repetido no novo Código); o da **indivisibilidade** (art. 707 do Código Civil de 1916 e 1.386 do atual Código); o do **uso moderado** (arts. 704, 705 e 706 do Código de 1916 e art. 1.385 do atual Código).

Nas servidões administrativas ou de direito público, existem todos os elementos que caracterizam a servidão: a *res serviens* (prédio de propriedade alheia), prestando utilidade à *res dominans* (bem afetado a fim de utilidade pública ou a determinado serviço público).

A principal diferença está do lado passivo da relação, a saber, na definição da *res dominans* que, no dizer de Ruy Cirne Lima (in *RDP* 5:24), é o "serviço público, ou seja, a organização de pessoas e bens, constituída para executá-los"; ou, como dissemos em nossa tese (*Servidão Administrativa*, 1978:50), é "determinado bem, enquanto afetado à realização de um serviço público". Por exemplo, na servidão de **energia elétrica**, *res serviens* é o prédio particular por onde passam as linhas de distribuição e *res dominans* é o próprio serviço público de energia elétrica; na servidão ao redor dos aeroportos, *res serviens* são os prédios vizinhos e *res dominans*, o próprio prédio onde funciona o serviço de navegação aérea.

Cretella Júnior (1966 v. 5:185-186) aponta mais as seguintes diferenças:

1. as servidões civis não impõem ao proprietário nenhuma obrigação de fazer, mas apenas a obrigação passiva de **deixar fazer**; ao contrário, certo número de servidões administrativas traduzem-se por obrigações positivas, como roçar o mato, podar ou cortar árvores ou fazer o alinhamento particular;
2. as servidões administrativas, estando fora do comércio, não se extinguem pela prescrição, como as civis;
3. as servidões administrativas podem gravar bens do domínio público; as civis não;
4. as servidões administrativas não obrigam, em regra, à indenização, salvo quando esta é formalmente estabelecida em lei.

Considerando, pois, a servidão administrativa dentro do regime jurídico de direito público a que se submete, conclui-se que ela constitui uma prerrogativa da Administração Pública agindo com o poder de império que lhe permite onerar a propriedade privada com um **direito real de natureza pública**, sem obter previamente o consentimento do particular ou título expedido pelo Judiciário. O seu fundamento é o princípio da supremacia do interesse público sobre o privado. No exercício dessa prerrogativa, deve a Administração respeitar as restrições decorrentes da lei ou dos princípios publicísticos que informam a sua atividade, não devendo ultrapassar aquilo que seja necessário e suficiente para os fins públicos que se pretende atingir com a instituição da servidão.

6.9.3 Servidão administrativa e limitação administrativa

Toda servidão limita a propriedade, mas nem toda limitação à propriedade implica a existência de servidão. Assim, se a restrição que incide sobre um imóvel for em benefício de interesse público genérico e abstrato, como a estética, a proteção do meio ambiente, a tutela do patrimônio histórico e artístico, existe **limitação à propriedade**, mas não servidão; esta se caracteriza quando, no outro extremo da relação (o dominante) existe um interesse público corporificado, ou seja, existe coisa palpável, concreta, a usufruir a vantagem prestada pelo prédio serviente. Por isso mesmo, não consideramos o tombamento como servidão, pois nele, embora a restrição incida sobre um imóvel determinado, não existe a coisa dominante; a restrição é imposta em benefício de um interesse público: a proteção do patrimônio histórico e artístico nacional.

Isso porque é essencial ao conceito de servidão a presença dos dois elementos: a coisa serviente e a coisa dominante, a primeira prestando utilidade à segunda. Eliminar do conceito de servidão administrativa a coisa dominante significa desnaturar o instituto tal qual tem sido concebido desde o direito romano e dar-lhe amplitude tão grande que abrangerá todas as restrições impostas pelo poder público à propriedade privada.

6.9.4 Conceito

Servidão administrativa é o direito real de gozo, de natureza pública, instituído sobre imóvel de propriedade alheia, com base em lei, por entidade pública ou por seus delegados, em favor de um serviço público ou de um bem afetado a fim de utilidade pública.

Elementos da definição:

1. direito real de gozo;
2. natureza pública;
3. coisa serviente: imóvel de propriedade alheia;
4. coisa dominante: um serviço público ou um bem afetado a fins de utilidade pública;
5. o titular do direito real é o Poder Público (União, Estados, Municípios, Distrito Federal, Territórios) ou seus delegados (pessoas jurídicas públicas ou privadas autorizadas por lei ou por contrato);
6. finalidade pública;
7. exigência de autorização legal.

6.9.5 Forma de constituição

De modo geral, as servidões administrativas se constituem por uma das seguintes formas:

1. **decorrem diretamente da lei**, independendo a sua constituição de qualquer ato jurídico, unilateral ou bilateral. Exemplo: servidão sobre as margens dos rios navegáveis e servidão ao redor dos aeroportos; alguns autores consideram essas servidões como limitações à propriedade, por incidirem sobre imóveis indeterminados: consideramos como servidões, por haver a coisa dominante: no primeiro caso, o serviço público de policiamento das águas e, no segundo, o bem afetado à realização do serviço de navegação aérea;
2. efetuam-se mediante **acordo**, precedido de ato declaratório de utilidade pública. Exemplo: servidão de energia elétrica, que depende, em cada caso, de decreto governamental e se efetivará por meio de acordo lavrado por escritura pública (Decreto nº 38.581, de 16-7-54);
3. efetuam-se por **sentença judicial**, quando não haja acordo ou quando sejam adquiridas por usucapião.

Nas hipóteses de declaração de utilidade pública, seguida de acordo ou sentença judicial, o procedimento é semelhante ao da desapropriação e encontra fundamento no art. 40 do Decreto-lei nº 3.365, de 21-6-41, segundo o qual "o expropriante poderá constituir servidões, mediante indenização na forma da lei".

Semelhante a essa é a servidão administrativa prevista na Lei nº 8.987, de 13-2-95 (Lei de Concessões e Permissões de Serviços Públicos), cujo art. 29, inciso IX, atribui ao poder concedente competência para "declarar de necessidade ou utilidade pública, para fins de instituição de servidão administrativa, os bens necessários à execução de serviço ou obra pública, promovendo-a diretamente ou mediante outorga de poderes à concessionária, caso em que será desta a responsabilidade pelas indenizações cabíveis".

Problema interessante é o que diz respeito à necessidade ou não de registro da servidão administrativa. É preciso distinguir: as que decorrem diretamente da lei dispensam esse registro, porque o ônus real se constitui no momento em que a lei é promulgada ou, posteriormente, quando algum fato coloque o prédio na situação descrita na lei; esta confere à servidão a mesma publicidade e satisfaz os mesmos fins atribuídos ao Registro de Imóveis.

Nas demais hipóteses, a inscrição torna-se indispensável, uma vez que tanto o contrato, como a sentença fazem lei entre as partes apenas, além de não gozarem da mesma publicidade que tem a lei. Para que se tornem oponíveis *erga omnes*, precisam ser registrados. A anterior Lei de Registros Públicos (Lei nº 4.857, de 9-11-39) só exigia, no art. 178, *a*, nº X, a inscrição dos "títulos das servidões não aparentes para a sua constituição". Essa regra estava em consonância com o art. 697 do Código Civil, pelo qual "as servidões não aparentes só podem ser estabelecidas por meio de transcrição no Registro de Imóveis".

A atual Lei de Registros Públicos (Lei nº 6.015, de 31-12-73) alterou essa sistemática, exigindo, no art. 167, I, 6, o registro das "servidões em geral".

No entanto, o STF adotou o entendimento de que "servidão de trânsito não titulada, mas tornada permanente, sobretudo pela natureza das obras realizadas, considera-se aparente, conferindo direito à proteção possessória" (cf. Súmula nº 415).

E o Tribunal de Alçada Civil entendeu que a servidão para transmissão de energia elétrica, sendo aparente e contínua, dispensa inscrição para valer contra terceiros (*RT* 430/163).

6.9.6 Extinção

Característica típica das servidões, quer públicas, quer privadas, é a **perpetuidade**.

Consoante Ruy Cirne Lima (*RDP* 5:24), a servidão administrativa é "insuscetível de termo final, porque o prazo, somente estabelecido em favor da pessoa, colidiria com a *utilitas*, essencial à servidão real e, para esse efeito, definida segundo as coisas e não as pessoas".

Portanto, as servidões administrativas são perpétuas no sentido de que perduram enquanto subsiste a necessidade do Poder Público e a utilidade do prédio serviente. Cessada esta ou aquela, extingue-se a servidão. Por outras palavras, se a coisa dominante perder a sua função pública, a servidão desaparece.

Alguns autores admitem a fixação de um prazo na servidão instituída mediante *acordo*. No entanto, isso nos parece inócuo porque, se persistir a utilidade pública, cabe ao Poder Público usar de suas prerrogativas estatais para impor a servidão pelo tempo que se fizer necessário, ainda contra a vontade do particular, podendo, para isso, recorrer ao processo expropriatório, com base no art. 40 do Decreto-lei nº 3.365.

Por outro lado, se a necessidade pública cessar antes do termo estipulado, cabe ao Poder Público extinguir a servidão, já que tem a faculdade de rescindir unilateralmente os contratos que não mais atendam ao interesse público.

Também se extingue se a coisa dominante for **desafetada** ou for afetada a fim diverso para o qual não seja necessária a servidão. Exemplo: se as instalações utilizadas como fortificações passam a ter fim diverso, cessarão as servidões administrativas correspondentes.

Estas também cessarão pela reunião das coisas serviente e dominante no domínio de um só titular, pois *nulli res sua servit*.

Quanto à **prescrição**, o pensamento dominante é o de que as *servidões administrativas* não se extinguem pelo não uso, pela mesma razão de que ninguém pode adquirir bens do domínio público por usucapião. O direito real de natureza pública, da mesma forma que o bem público, é coisa fora do comércio jurídico, não podendo ser objeto de alienação, prescrição, penhora etc.

Em resumo, as causas extintivas da servidão administrativa são:

1. a perda da coisa gravada;
2. a transformação da coisa por fato que a torne incompatível com seu destino;
3. a desafetação da coisa dominante;
4. a incorporação do imóvel serviente ao patrimônio público.

6.9.7 Direito à indenização

Não cabe direito à indenização quando a servidão decorre diretamente da lei, porque o sacrifício é imposto a toda uma coletividade de imóveis que se encontram na mesma situação. Somente haverá direito à indenização se um prédio sofrer prejuízo maior, por exemplo, se tiver de ser demolido.

Quando a servidão decorre de contrato ou de decisão judicial, incidindo sobre imóveis determinados, a regra é a indenização, porque seus proprietários estão sofrendo prejuízo em benefício da coletividade. Nesses casos, a indenização terá que ser calculada em cada caso concreto, para que se demonstre o prejuízo efetivo; se este não existiu, não há o que indenizar. No caso da servidão de energia elétrica, que é a mais frequente, a jurisprudência fixa a indenização em valor que varia entre 20% e 30% sobre o valor da terra nua (cf. acórdãos in *RT* 404:212, 406:272, 389:127, 391:130; também jurisprudência citada por Ronaldo de Albuquerque, 1987:139).

Tem-se entendido, na jurisprudência, que, além dos acréscimos legais (juros moratórios, correção monetária, honorários do advogado, do perito oficial, do assistente técnico e custas) a indenização, na servidão administrativa, inclui juros compensatórios, à semelhança da desapropriação, quando a Administração tome **posse** da área antes de pagar o preço justo. Ronaldo de Albuquerque (1987:149) cita acórdãos proferidos em caso de servidão de energia elétrica, fixando em 12% ao ano os juros compensatórios com base na Súmula nº 164 do STF: Ac. nº 71.527-SP0TFR; Ac. nº 68.077-SP-TFR; Ac. nº 88.947-TFR; Ac. nº 74.209-SP-TFR; Ac. nº 43.988-TJSP. Em sentido contrário, Ac. nº 36.869-RJ-TFR, Ac. nº 22.273-TJ-SC e Ac. nº 68.944-TFR.

O STJ, fazendo confusão entre desapropriação e servidão, fixou o entendimento de que "na desapropriação para instituir servidão administrativa são devidos juros compensatórios pela limitação de uso da propriedade" (Súmula nº 56). A confusão não está no reconhecimento do direito à indenização, mas na identificação feita entre dois institutos diversos como a desapropriação e a servidão administrativa: não é necessário desapropriar para instituir servidão.

6.9.8 Modalidades

Dentre as servidões que decorrem diretamente da lei, citem-se:

6.9.8.1 Servidão sobre terrenos marginais

Compreende uma faixa de sete braças craveiras (15,4 metros) paralela aos rios navegáveis, contada a partir do ponto médio das enchentes ordinárias (Lei nº 1.507, de 26-9-1867, art. 39; Decreto nº 4.105, de 22-2-1868). Pelo Código de Águas (Decreto nº 24.643, de 10-7-34), a servidão destina-se, no caso, ao aproveitamento industrial das águas e da energia hidráulica, bem como à utilização da navegação do rio (art. 29, § 1º). Além disso, nessa faixa é tolerado o uso de ribeirinhos, principalmente os pequenos proprietários, que os cultivem, sempre que o mesmo não colidir por qualquer forma com o interesse público (art. 11, § 2º).

Quando o **rio** não for **navegável nem flutuável**, a servidão incide sobre uma faixa de 10 metros e é instituída em benefício dos agentes da administração pública em execução de serviço (art. 12 do Código de Águas).

6.9.8.2 Servidão a favor das fontes de água mineral, termal ou gasosa e dos recursos hídricos

O Código de Águas Minerais (Decreto-lei nº 7.841, de 8-8-45) instituiu determinado tipo de servidão administrativa, estabelecendo, no art. 12, que "às fontes de água mineral, termal ou gasosa, em exploração regular, poderá ser assinalado, por decreto, um perímetro de proteção, sujeito a modificações posteriores se novas circunstâncias o exigirem".

Com base nesse Código, por exemplo, o Decreto Federal nº 75.700, de 7-5-75, fixou uma área de 17,4720 ha para proteção das fontes de água mineral situadas em São Lourenço, no Estado de Minas Gerais.

No Estado de São Paulo, a Lei nº 898, de 18-12-75, instituiu servidão semelhante para proteção dos mananciais, cursos e reservatórios de águas e demais recursos hídricos de interesse da Região Metropolitana da Grande São Paulo, como, por exemplo, os reservatórios Billings, da Cantareira, de Guarapiranga e outros.

6.9.8.3 Servidão sobre prédios vizinhos de obras ou imóvel pertencente ao patrimônio histórico e artístico nacional

É prevista no art. 18 do Decreto-lei nº 25, de 30-11-37, que proíbe, sem prévia autorização do Instituto do Patrimônio Histórico e Artístico Nacional, que se faça, na vizinhança de coisa tombada, construção que lhe impeça ou reduza a visibilidade, bem como que se coloquem anúncios ou cartazes, sob pena de ser mandada destruir a obra ou retirado o objeto, impondo-se, neste caso, a multa de 50% do valor do mesmo objeto.

No Estado de São Paulo, o art. 1º do Decreto-lei Complementar nº 2, de 15-8-69, determina que "para a preservação dos locais a que se refere o art. 127 da Constituição Estadual, os municípios não poderão aprovar construções e loteamentos ou a instalação de propaganda, painéis, dísticos, cartazes ou semelhantes, em zonas declaradas de interesse turístico estadual, ou na vizinhança de bens tombados, que contrariem padrões de ordem estética fixados pelo Governo do Estado". Norma semelhante encontra-se no art. 16 do Decreto s/nº de 19-12-69, que regulamenta o Decreto-lei nº 149, de 15-8-69, o qual, por sua vez, dispõe sobre tombamento de bens, para a proteção do patrimônio histórico e artístico estadual.

6.9.8.4 Servidão em torno de aeródromos e heliportos

O conteúdo da servidão diz respeito ao aproveitamento das propriedades quanto a edificações, instalações, culturas agrícolas e objetos de natureza permanente ou temporária, que possam embaraçar as manobras de aeronaves ou causar interferência nos sinais de auxílio à radionavegação ou dificultar a visibilidade de auxílios visuais.

Cabe indenização quando as restrições impuserem demolição ou impedirem construções de qualquer natureza.

6.9.8.5 Servidão militar

O Decreto-lei nº 3.437, de 17-7-41, consolidando a legislação sobre servidão militar, fixou duas áreas de restrições em torno das fortificações:

1. na zona de 15 braças (33 metros), proibição de aforamento e de construção civil ou pública;
2. na zona de 600 braças (1.320 metros), proibição de novos **aforamentos**, sendo permitidas apenas as construções que obedecessem aos gabaritos determinados pelo Ministério da Guerra.

Além dessa servidão, outras podem ser instituídas por acordo ou sentença judicial, com base no art. 40 do Decreto-lei nº 3.365/41 ou em leis esparsas, merecendo ser citadas, como exemplo, a de aqueduto e a de energia elétrica.

6.9.8.6 Servidão de aqueduto

É aquela que confere a seu titular o direito de canalizar águas pelo prédio de outrem. Era prevista no art. 567 do Código Civil de 1916 e mantida no art. 1.293 do Código Civil de 2002, dentre as normas sobre direito de vizinhança.

No entanto, o Código de Águas, nos arts. 117 a 138, previu expressamente a possibilidade de constituição de **aqueduto para aproveitamento das águas, no interesse público**, por meio de concessão por utilidade pública. Nesse caso, a servidão será decretada pelo Governo (art. 120) e será de direito público: o titular é empresa concessionária de serviço público; a finalidade é pública; a sua constituição depende de decreto governamental; o beneficiário é o público em geral.

Pelo art. 120, § 4º, a indenização, nesse caso, será devida se da servidão resultar diminuição do rendimento da propriedade ou redução da sua área.

Conquanto o Código de Águas fale em "servidão legal de aqueduto", na realidade, a sua constituição não decorre diretamente da lei, pois depende de decreto governamental, em cada caso.

6.9.8.7 Servidão de energia elétrica

A partir da Constituição de 1934 até a atual (art. 176), os potenciais de energia hidráulica constituem propriedade distinta da do solo para efeito de exploração ou aproveitamento e pertencem à União. Além disso, o art. 21, inciso XII, *b*, da Constituição contém o princípio da competência da União para explorar, diretamente ou mediante autorização, permissão ou concessão, os serviços e instalações de energia elétrica e o aproveitamento energético dos cursos de água, em articulação com os Estados onde se situam os potenciais hidroenergéticos.

Quanto ao regime jurídico de aproveitamento dos potenciais de energia elétrica, aplicam-se as normas contidas no Código de Águas, cujo art. 151 estabelece, para o concessionário de serviços de energia elétrica, determinados privilégios, dentre os quais, na alínea *c*, o de "estabelecer as servidões permanentes ou temporárias exigidas para as obras hidráulicas e para o transporte e distribuição de energia elétrica".

Esse dispositivo foi regulamentado pelo Decreto nº 35.851, de 16-7-54, que estabelece, além do conteúdo da servidão, o processo de constituição, que assim se resume:

1. em um primeiro momento, expedição de decreto do Poder Executivo reconhecendo a conveniência da servidão e declarando de utilidade pública as áreas destinadas à passagem da linha de transmissão e de distribuição de energia elétrica (art. 2º);
2. em um segundo momento, escritura pública em que o concessionário e os proprietários interessados estipulam, nos termos do mesmo decreto, a extensão e os limites dos ônus e os direitos e obrigações de ambas as partes (art. 4º);
3. em caso de embaraço oposto pelo proprietário, medidas judiciais serão adotadas visando ao reconhecimento da servidão ou, ainda, utilização do processo de desapropriação previsto no art. 40 do Decreto-lei nº 3.365/41 (art. 6º).

Quanto ao conteúdo, a servidão compreende o exercício dos seguintes direitos por parte do concessionário:

1. o de praticar, na área abrangida pela servidão, todos os atos de construção, manutenção, conservação e inspeção das linhas de transmissão de energia elétrica e das linhas telegráficas e telefônicas auxiliares, além de acesso à área da servidão, através do prédio serviente, desde que não haja outra via praticável (art. 2º, § 2º, do Decreto nº 35.851/54);
2. o de mandar podar ou cortar árvores que, dentro da área da servidão ou da faixa paralela à mesma, ameacem as linhas de transmissão ou distribuição (art. 3º, § 2º, do mesmo Decreto).

Quanto aos proprietários dos prédios servientes, o art. 5º assegura o direito à indenização correspondente à justa reparação dos prejuízos causados pelo uso público e pelas restrições estabelecidas ao seu gozo.

Embora a lei fale em servidões **permanentes** ou **temporárias**, a designação é imprópria, neste segundo caso, pois o que ocorre é a **ocupação temporária**, que se caracteriza precisamente pela utilização do imóvel de propriedade particular, para fins de interesse público. É a transitoriedade que distingue os dois institutos.

6.10 DESAPROPRIAÇÃO

6.10.1 Evolução no direito brasileiro

A primeira Constituição Brasileira, a Imperial, de 1824, no art. 179, inciso XXII, garantiu o direito de propriedade "em toda a sua plenitude", aditando, porém, que "se o bem público, legalmente verificado, exigir o uso e emprego da propriedade do cidadão, ele será previamente indenizado do valor dela". Antes disso, uma lei de 21-5-1821 prescreveu que a ninguém se tirasse a propriedade, quaisquer que fossem as necessidades do Estado, sem que previamente se ajustasse o preço a pagar ao interessado pelo erário, no momento da entrega.

A Constituição de 1824 deixou à lei ordinária a definição dos casos de desapropriação, o que foi feito pela Lei nº 422, de 1826, que especificou as hipóteses de **necessidade pública** e **utilidade pública** mantidas em todas as Constituições posteriores e definidas pelo art. 590 do Código Civil de 1916 (não repetido no Código atual).

Na Constituição de 1891, o art. 72, § 17, assegurou o direito de propriedade em toda a plenitude, "salvo desapropriação por necessidade ou utilidade pública, mediante indenização prévia".

Na Constituição de 1934, o direito de propriedade é garantido (excluída a expressão *em toda a sua plenitude*), não podendo ser exercido contra o interesse social ou coletivo. À exigência de indenização **prévia** acrescentou-se a de indenização **justa** (art. 113, item 17), excluída na Carta de 1937 (art. 122, item 14).

Na vigência dessa Constituição, foi editado o Decreto-lei nº 3.365, de 21-6-41, que fundiu em uma única modalidade – utilidade pública – as hipóteses de utilidade pública e necessidade pública referidas no art. 590 do Código Civil de 1916 e na própria Constituição.

Em 1946, a Constituição exigia que a indenização fosse prévia, justa e em dinheiro. O art. 147 previa a justa distribuição da propriedade em consonância com a ideia de supremacia do interesse social que então prevalecia. Foi nessa Constituição que se instituiu a **desapropriação por interesse social**, sob inspiração do princípio da função social da propriedade, embora não se empregasse essa expressão no texto constitucional. Os casos de desapropriação por interesse social foram previstos na Lei nº 4.132, de 10-9-62.

Pela Emenda Constitucional nº 10, de 9-11-64, foi instituída outra modalidade de desapropriação por interesse social, que visava especificamente à **reforma agrária**, permitindo-se que a indenização fosse feita em títulos da dívida pública quando se tratasse de latifúndio como tal definido em lei, excetuadas as benfeitorias úteis e necessárias, que seriam pagas em dinheiro.

O Ato Institucional nº 9, de 25-4-69, não mais exigiu que a indenização fosse **prévia** na desapropriação para reforma agrária.

A desapropriação para reforma agrária foi disciplinada pelo Decreto-lei nº 554, de 25-4-69, depois revogado pela Lei Complementar nº 76, de 6-7-93, que hoje disciplina a matéria, com as alterações introduzidas pela Lei Complementar nº 88, de 23-12-96.

A Constituição de 1967 manteve as mesmas hipóteses de desapropriação, às quais a Constituição de 1988 acrescentou nova modalidade, prevista no art. 182, § 4º, inciso III, em que o pagamento da indenização também pode ser feito em títulos da dívida pública; é mais uma hipótese de desapropriação por interesse social, de competência exclusiva do Município, inspirada no princípio da função social da propriedade, pois incide sobre os imóveis que não atendem a essa função. Essa modalidade está disciplinada no Estatuto da Cidade (Lei nº

10.257, de 10-7-01, art. 8º). A atual Constituição prevê ainda uma hipótese de desapropriação sem indenização, que incidirá sobre terras onde se cultivem plantas psicotrópicas legalmente proibidas ou a exploração de trabalho escravo (art. 243, com a redação dada pela Emenda Constitucional nº 81/14), disciplinada pela Lei nº 8.257, de 26-11-91 e regulamentada pelo Decreto nº 577, de 24-6-92. Pelo parágrafo único do art. 243, "todo e qualquer bem de valor econômico apreendido em decorrência do tráfico ilícito de entorpecentes e drogas afins e da exploração de trabalho escravo será confiscado e reverterá a fundo especial com destinação específica, na forma da lei".[5]

6.10.2 Conceito

A **desapropriação** é o **procedimento administrativo** pelo qual o Poder Público ou seus delegados, mediante prévia declaração de necessidade pública, utilidade pública ou interesse social, impõe ao proprietário a perda de um bem, substituindo-o em seu patrimônio por justa indenização.

Aparecem nesse conceito as seguintes características do instituto:

1. o aspecto formal, com a menção a um procedimento;
2. o sujeito ativo: Poder Público ou seus delegados;
3. os pressupostos: necessidade pública, utilidade pública ou interesse social;
4. o sujeito passivo: o proprietário do bem;
5. o objeto: a perda de um bem;
6. a reposição do patrimônio do expropriado por meio de justa indenização.

Cada um desses elementos será objeto de análise nos itens subsequentes.

6.10.3 Modalidades de desapropriação sancionatória

A Constituição de 1988 prevê três modalidades de desapropriação com caráter sancionatório. Duas delas são previstas para os casos de descumprimento da função social da propriedade urbana (art. 182, § 4º) e da propriedade rural (art. 186), hipóteses em que o pagamento da indenização é feito em títulos da dívida pública e não em dinheiro. A terceira é a prevista no art. 243, que trata da **expropriação** de glebas de terras em que forem localizadas culturas ilegais de plantas psicotrópicas ou em que haja a exploração de trabalho escravo na forma da lei, hipóteses em que o expropriado não faz jus a qualquer tipo de indenização, além de ficar sujeito às sanções previstas em lei.

---

[5] O STF decidiu, com repercussão geral, que "cabe ao Estado fornecer, em termos excepcionais, medicamento que, embora não possua registro na Anvisa, tem a sua importação autorizada pela agência de vigilância sanitária, desde que comprovada a incapacidade econômica do paciente, a imprescindibilidade clínica do tratamento e a impossibilidade de substituição por outro similar constante das listas oficiais de dispensação de medicamentos e os protocolos de intervenção terapêutica do SUS" (j. 21-6-21, Tribunal Pleno, Rel. Ministro Marco Aurélio). No caso, discutia-se a viabilidade de fornecimento gratuito de medicamento à base de canabidiol. Ainda a respeito da desapropriação prevista no art. 243 da CF, o STF, no Tema 399, de repercussão geral, consagrou a tese de que "a expropriação prevista no art. 243 da Constituição Federal pode ser afastada, desde que o proprietário comprove que não incorreu em culpa, ainda que in vigilando ou in eligendo; o leading case é o RE 635.336 (j. 14-12-2016, Rel. Min. Gilmar Mendes).

A **desapropriação por descumprimento da função social da propriedade urbana** está disciplinada pela Lei nº 10.257, de 10-7-01 (Estatuto da Cidade), que regulamenta os arts. 182 e 183 da Constituição Federal e estabelece diretrizes gerais da política urbana.

Nessa lei, a desapropriação é prevista como um dos institutos jurídicos que constituem instrumento da política urbana (art. 4º, V, *a*). O art. 8º trata da **desapropriação com pagamento em títulos**, regulamentando a modalidade prevista no art. 182, § 4º, da Constituição.

Pela interpretação conjunta do dispositivo constitucional e dos arts. 5º a 8º do Estatuto da Cidade, podem ser apontadas as seguintes exigências para essa modalidade de desapropriação:

a) é de competência exclusiva dos Municípios;

b) depende da existência de um plano diretor que defina as exigências fundamentais de ordenação da cidade (art. 182, §§ 1º e 2º, da Constituição); em consonância com o § 1º, o plano diretor, aprovado pela Câmara Municipal, somente é obrigatório para cidades com mais de vinte mil habitantes, constituindo-se em instrumento básico da política de desenvolvimento e de expansão urbana; contudo, o Estatuto da Cidade, com o objetivo de dar efetividade à função social da propriedade urbana, ampliou, no art. 41, a exigência constitucional, ao tornar obrigatório o plano diretor para as cidades: I – com mais de vinte mil habitantes; II – integrantes de regiões metropolitanas e aglomerações urbanas; III – onde o Poder Público municipal pretenda utilizar os instrumentos previstos no § 4º do art. 182 da Constituição Federal; IV – integrantes de áreas de especial interesse turístico; V – inseridas na área de influência de empreendimentos ou atividades com significativo impacto ambiental de âmbito regional ou nacional; em consonância com o art. 42 do mesmo Estatuto, o plano diretor deverá conter, entre outras medidas, a delimitação das áreas urbanas onde poderá ser aplicado o parcelamento, edificação ou utilização compulsórios, considerando, para esses fins, a existência de infraestrutura e de demanda para utilização;[6]

c) tem de ser precedida de lei municipal específica para área incluída no plano diretor, determinando o parcelamento, a edificação ou a utilização compulsórios do solo urbano não edificado, subutilizado ou não utilizado, devendo fixar as condições e os prazos para implementação da referida obrigação (art. 5º, *caput*, do Estatuto da Cidade);

d) o imóvel deve estar subutilizado, ou seja, com aproveitamento inferior ao mínimo definido no plano diretor ou em legislação dele decorrente (art. 5º, § 1º);

e) o proprietário deve ser notificado para o cumprimento da obrigação, devendo a notificação ser averbada no cartório do registro de imóveis (§ 2º do mesmo dispositivo); recebida a notificação, o proprietário tem o prazo mínimo de um ano para protocolar o projeto no órgão municipal competente e dois anos, a partir da aprovação do projeto, para iniciar as obras do empreendimento (§ 4º); excepcionalmente, em empreendimentos de grande porte, a lei municipal específica poderá prever a conclusão em etapas, assegurando-se que o projeto aprovado compreenda o empreendimento como um todo (§ 5º);

f) desatendidos a notificação e os prazos estabelecidos, o Município aplicará o IPTU progressivo no tempo, mediante a majoração da alíquota pelo prazo de cinco anos

---

[6] Pelo art. 50 do Estatuto da Cidade, alterado pela Lei nº 11.673/08, "os Municípios que estejam enquadrados na obrigação prevista nos incisos I e II do *caput* do art. 41 desta Lei e que não tenham plano diretor aprovado na data de entrada em vigor desta Lei deverão aprová-lo até 30-6-2008".

consecutivos (art. 7º) ou até que se cumpra a obrigação (§ 2º do art. 7º); o valor da alíquota a ser aplicada a cada ano será fixado em lei e não excederá a duas vezes o valor referente ao ano anterior, respeitada a alíquota máxima de 15%;

g) só depois de decorridos cinco anos de aplicação do IPTU progressivo sem que o proprietário tenha cumprido a obrigação de parcelamento, edificação ou utilização é que o Município poderá desapropriar com pagamento em títulos da dívida pública (art. 8º, § 1º) aprovados pelo Senado e resgatáveis em até dez anos (art. 182, § 4º, III, da Constituição).

Como se verifica, trata-se de modalidade de desapropriação somente aplicável nos Municípios que tenham **plano diretor aprovado por lei**; além disso, exige-se **lei específica determinando o parcelamento, edificação ou utilização compulsórios**; cumpridos esses requisitos, tem de haver **notificação** ao proprietário averbada no registro de imóveis; desatendida a notificação nos prazos legais, o proprietário fica sujeito ao **IPTU progressivo no tempo** pelo prazo máximo de cinco anos; só após esse prazo é que o Município poderá efetuar a **desapropriação com pagamento em títulos**. Sem considerar os prazos para aprovação do plano diretor e da lei específica, os demais prazos previstos no Estatuto da Cidade estão a indicar que o decreto de desapropriação não poderá ser expedido antes do transcurso de aproximadamente oito anos. Vale dizer que o atendimento de todas as exigências constitucionais e legais passará por três mandatos de Prefeito, no mínimo, o que torna o instituto difícil de ser aplicado, ainda que juridicamente possível.

Quanto ao processo de desapropriação, a Lei nº 10.257/01 não contém normas específicas, razão pela qual se aplica o mesmo procedimento previsto no Decreto-lei nº 3.365/41.

A **desapropriação por descumprimento de função social da propriedade rural** é tratada na Lei Complementar nº 76, de 6-7-93, alterada pela Lei Complementar nº 88, de 23-12-96, apresentando as seguintes peculiaridades:

a) é de competência exclusiva da União;
b) o imóvel deve estar descumprindo a sua função social, ou seja, deve estar sendo utilizado com inobservância dos seguintes requisitos previstos no art. 186 da Constituição: I – aproveitamento racional e adequado; II – utilização adequada dos recursos naturais disponíveis e preservação do meio ambiente; III – observância das disposições que regulam as relações de trabalho; IV – exploração que favoreça o bem-estar dos proprietários e dos trabalhadores;
c) não pode incidir sobre a pequena e média propriedade rural, desde que seu proprietário não possua outra, e sobre a propriedade produtiva (art. 185 da Constituição);
d) o pagamento é feito em títulos da dívida agrária, resgatáveis em até 20 anos, sendo, no entanto, as benfeitorias úteis e necessárias pagas em dinheiro (§ 1º do art. 184 da Constituição, regulamentado pelo art. 5º da Lei nº 8.629, de 25-2-93, com a redação dada pela Medida Provisória nº 2.183-56, de 2001 pela Medida Provisória nº 759, de 22-12-16, convertida na Lei nº 13.465, de 11-7-17).

Não ficou ao arbítrio da Administração Pública definir o que sejam propriedade rural, pequena propriedade, propriedade produtiva, nem as hipóteses em que se consideram atendidos os requisitos do art. 186. Todos esses conceitos estão contidos na Lei nº 8.629/93.

O processo de desapropriação também obedece a normas específicas contidas na Lei Complementar nº 76/93 com alterações posteriores, conforme será realçado no item subsequente, que trata do procedimento da desapropriação.

Quanto à **desapropriação de glebas de terra em que sejam cultivadas plantas psicotrópicas ou em que haja exploração de trabalho escravo** foi prevista no art. 243 da Constituição, alterado pela Emenda Constitucional nº 81, de 5-6-14. A primeira modalidade foi disciplinada pela Lei nº 8.257, de 26-11-91 (regulamentada pelo Decreto nº 577, de 24-6-92) Pode-se dizer que essa espécie de desapropriação se equipara ao confisco, por não assegurar ao expropriado o direito à indenização. Pela mesma razão, teria sido empregado o vocábulo *expropriação*, em vez de *desapropriação*.

Não é qualquer cultura de plantas psicotrópicas que dá margem a esse tipo de desapropriação, mas apenas aquela que seja ilícita, por não estar autorizada pelo Poder Público e estar incluída em rol elencado pelo Ministério da Saúde. Conforme o parágrafo único do art. 2º da Lei nº 8.257/91, a autorização para a cultura desse tipo de plantas será concedida pelo órgão competente do Ministério da Saúde, atendendo exclusivamente a finalidades terapêuticas e científicas.

No parágrafo único do mesmo dispositivo constitucional, com a redação dada pela Emenda nº 81/14, é previsto o **confisco** de todo e qualquer bem de valor econômico apreendido em decorrência do tráfico ilícito de entorpecentes e drogas afins e da exploração de trabalho escravo, o qual reverterá a fundo especial com destinação específica, na forma da lei. No caso de tráfico ilícito de entorpecentes e drogas afins, o art. 1º, parágrafo único, da Lei nº 8.257/91 determina que os bens confiscados reverterão em benefício de instituições e pessoal especializados no tratamento e recuperação de viciados e no aparelhamento e custeio de atividades de fiscalização, controle, prevenção e repressão do crime de tráfico dessas substâncias.

O processo de desapropriação, no caso, segue as regras específicas constantes da Lei nº 8.257, com aplicação subsidiária do Código de Processo Civil.[7]

6.10.4 Procedimento

A desapropriação desenvolve-se por meio de uma sucessão de atos definidos em lei e que culminam com a incorporação do bem ao patrimônio público.

Esse procedimento compreende duas fases: a **declaratória** e a **executória**. Esta última, por sua vez, pode desenvolver-se em **fase administrativa** ou **fase judicial**, podendo ainda ser objeto de meio alternativo de solução de conflito, ou seja, **arbitragem ou mediação**.

Na fase **declaratória**, o Poder Público declara a utilidade pública ou o interesse social do bem para fins de desapropriação.

A declaração expropriatória pode ser feita pelo Poder Executivo, por meio de decreto, ou pelo Legislativo, por meio de lei (arts. 6º e 8º do Decreto-lei nº 3.365/41), cabendo, neste último caso, ao Executivo tomar as medidas necessárias à efetivação da desapropriação, independentemente de autorização legislativa.[8] Esta somente é **obrigatória** quando a desapropriação recaia sobre bens públicos do domínio dos Estados, dos Municípios e do Distrito Federal pela União e sobre bens de domínio dos Municípios pelos Estados (art. 2º, § 2º, do mesmo Decreto-lei, com a redação dada pela Lei nº 14.620, de 13-7-2023). Nos termos do § 2º-A (acrescentado pela Lei nº 14.620/2023), "será dispensada a autorização legislativa a que se refere o § 2º quando a

---

[7] No RE-543974-MG, Rel. Min. Eros Grau, o STF entendeu que a expropriação de glebas a que se refere o art. 243 da Constituição Federal deve abranger toda a propriedade e não apenas a área efetivamente cultivada (*DJe*-099).

[8] Nesse sentido já decidiu o STF que "é inconstitucional, por invadir a competência legislativa da União e violar o princípio da separação dos poderes, norma distrital que submeta as desapropriações, no âmbito do Distrito Federal, à aprovação prévia da Câmara Legislativa do Distrito Federal" (ADI 969/DF, Rel. Min. Joaquim Barbosa, julgamento em 27-9-06).

desapropriação for realizada mediante acordo entre os entes federativos, no qual são fixadas as respectivas responsabilidades financeiras quanto ao pagamento das indenizações correspondentes". Além disso, depende de autorização do Presidente da República a desapropriação, pelos Estados, Distrito Federal, Territórios e Municípios, de ações, cotas e direitos, representativos do capital de instituições e empresas cujo funcionamento dependa de autorização do Governo Federal e se subordine à sua fiscalização (art. 2º, § 3º).

O ato declaratório, seja lei ou decreto, deve indicar o sujeito passivo da desapropriação, a descrição do bem, a declaração de utilidade pública ou interesse social, a destinação específica a ser dada ao bem, o fundamento legal e os recursos orçamentários destinados ao atendimento da despesa (cf. Rubens Limongi França, 1987:40).

A declaração de utilidade pública já produz alguns **efeitos**:

a) submete o bem à força expropriatória do Estado;
b) fixa o estado do bem, isto é, suas condições, melhoramentos, benfeitorias existentes;
c) autoriza o Poder Público a "ingressar nas áreas compreendidas na declaração, inclusive para realizar inspeções e levantamentos de campo, podendo recorrer, em caso de resistência, ao auxílio de força policial" (art. 7º, com a redação dada pela Lei nº 14.620/2023). Nos termos do parágrafo único do mesmo dispositivo, com a nova redação, "em caso de dano por excesso ou abuso de poder ou originário das inspeções e levantamentos de campo realizados, cabe indenização por perdas e danos, sem prejuízo da ação penal";
d) dá início ao prazo de caducidade da declaração (cf. Celso Antônio Bandeira de Mello, 2004:772).

Embora a declaração de **utilidade pública** ou **interesse social** não seja suficiente para transferir o bem para o patrimônio público, ela incide compulsoriamente sobre o proprietário, sujeitando-o, a partir daí, às operações materiais e aos atos administrativos e judiciais necessários à efetivação da medida. Trata-se de **decisão executória** do Poder Público, no sentido de que não depende de título fornecido pelo Poder Judiciário para subjugar o bem. O particular que se sentir lesado por verificar algum vício de ilegalidade ou inconstitucionalidade no ato poderá impugná-lo judicialmente pelas vias ordinárias ou por mandado de segurança, podendo inclusive pleitear liminar que suste o procedimento da desapropriação até que haja apreciação judicial da validade do ato. Essa impugnação é possível ainda que a declaração de utilidade pública seja feita por lei, já que neste caso se trata da chamada **lei de efeito concreto** (lei em sentido **formal**, porque emana do Legislativo; mas ato **administrativo** em sentido **material**, porque alcança pessoa determinada).

Quanto ao segundo efeito da declaração – o de fixar o estado do bem –, cabe observar que o ato declaratório deve conter a descrição do bem desapropriado, uma vez que o estado em que se encontra nesse momento será levado em consideração no cálculo da indenização: dentre as benfeitorias feitas posteriormente a essa declaração, somente serão indenizadas as **necessárias** e, desde que autorizadas pelo Poder Público, as benfeitorias **úteis** (art. 26, § 1º, da Lei de Desapropriação); as voluptuárias feitas após a declaração não serão indenizadas. As benfeitorias existentes no imóvel antes da declaração serão todas indenizadas, uma vez que a indenização deve recompor integralmente o patrimônio do expropriado.

Quanto às **construções**, aplica-se a Súmula nº 23, do STF, segundo a qual "verificados os pressupostos legais para o licenciamento da obra, não o impede a declaração de utilidade pública para desapropriação do imóvel, mas o valor da obra não se incluirá na indenização, quando a desapropriação for efetivada". No acórdão proferido no Recurso Extraordinário nº 49.820 – SP, que serviu de base à Súmula nº 23, o Relator Ministro Gonçalves de Oliveira deixa claro que a decisão decorre de aplicação analógica do art. 26, § 1º, da Lei de Desapropriação e explica:

> "O poder de autorizar as construções não coincide com o poder de expropriar. Salvo quando é a Municipalidade que desapropria. Mas esta não pode, só por esse fato, ficar em condição mais desfavorável do que a União e o Estado. Desta sorte, ao autorizar a construção, no poder que lhe cabe como superintendente das edificações no Município, há de se lhe ressalvar o direito de declarar que não responde pelo valor da construção, como faculta o artigo 26 da Lei das Desapropriações, aplicável, por analogia, no caso de construções novas, já que é expresso o preceito, no que diz respeito às benfeitorias úteis" (apud Rubens Limongi França, 1987:298).

Quanto ao **direito de penetrar no imóvel**, não se confunde com a posse; nos termos do art. 7º do Decreto-lei nº 3.365/41, com a alteração introduzida pela Lei nº 14.620, de 13-7-2023), "declarada a utilidade pública, ficam as autoridades administrativas do expropriante ou seus representantes autorizados a ingressar nas áreas compreendidas na declaração, inclusive para realizar inspeções e levantamentos de campo, podendo recorrer, em caso de resistência, ao auxílio de força policial". Nos termos do parágrafo único, incluído pela Lei nº 14.260/23, "em caso de dano por excesso ou abuso de poder ou originário das inspeções e levantamentos de campo realizados, cabe indenização por perdas e danos, sem prejuízo da ação penal".

Embora esse dispositivo não preveja autorização judicial, é evidente que, em respeito ao princípio da inviolabilidade do domicílio, inserido no art. 5º, XI, da Constituição, se o proprietário não concordar com a entrada do expropriante em seu imóvel, terá que ser requerida autorização judicial, vedada a entrada compulsória.

Nesse ponto, a Lei Complementar nº 76/93, referente à desapropriação para reforma agrária, já prevê a necessidade de autorização judicial, em consonância com o referido dispositivo constitucional. Com efeito, o art. 2º, § 2º, da lei estabelece que, "declarado o interesse social, para fins de reforma agrária, fica o expropriante legitimado a promover a vistoria e a avaliação do imóvel, inclusive com o auxílio de força policial, mediante prévia autorização do juiz, responsabilizando-se por eventuais perdas e danos que seus agentes vierem a causar, sem prejuízo das sanções penais".

No que se refere ao **prazo de caducidade**, o art. 10 do Decreto-lei nº 3.365/41 determina que a desapropriação deverá efetivar-se mediante acordo ou intentar-se judicialmente dentro de **cinco anos**, contados da data da expedição do respectivo decreto e findos os quais este caducará. No entanto, o prazo de caducidade aí previsto não é fatal, uma vez que, na parte final, o mesmo dispositivo determina que "decorrido um ano, poderá ser o mesmo bem objeto de nova declaração".

No caso de desapropriação por interesse social regida pela Lei nº 4.132/62, o prazo de caducidade se reduz a **dois anos** a partir da decretação da medida (art. 3º); e essa caducidade refere-se não apenas à efetivação da desapropriação, mas também às **providências de aproveitamento do bem expropriado**; aqui difere do Decreto-lei nº 3.365/41, que nenhum prazo estabelece para utilização do bem expropriado. Além disso, o dispositivo não prevê um período de carência para a renovação da declaração. De acordo com decisão do STF, ocorre, no caso, a caducidade do direito (*RDA* 164/367).

Quanto à reforma agrária, o prazo de caducidade também é de dois anos (art. 3º da Lei Complementar nº 76/93).

Para a desapropriação por descumprimento da função social da propriedade, na área urbana, a Lei nº 10.257/01 não estabelece prazo de caducidade do decreto. A mesma omissão verifica-se na Lei nº 8.257/91, sobre expropriação de terras onde se cultivam plantas psicotrópicas.

A **segunda fase** do procedimento da desapropriação – **a executória** – pode ser administrativa ou judicial.

Nos termos do art. 10-A do Decreto-lei nº 3.365/41, incluído pela Lei nº 13.867, de 26-8-19: "O poder público deverá notificar o proprietário e apresentar-lhe oferta de indenização", a qual deve ser aceita ou rejeitada no prazo de 15 dias, sendo o silêncio considerado como rejeição (§ 1º, IV, do art. 10-A).

A aceitação ou rejeição é que definirá se a desapropriação será amigável ou judicial. Se a oferta do poder público for aceita e for realizado o pagamento, a desapropriação será amigável e formalizada por meio de acordo, que será título hábil para a transcrição no registro de imóveis (§ 2º do art. 10-A). Trata-se de hipótese em que se observarão as formalidades estabelecidas para a compra e venda, exigindo-se, em caso de bem imóvel, escritura transcrita no registro de imóveis. Essa fase amigável nem sempre existe, pois acontece às vezes que o Poder Público desconhece quem seja o proprietário, hipótese em que deverá propor a ação de desapropriação, que independe de se saber quem é o titular do domínio.

Se a oferta for rejeitada ou se transcorrer o prazo de 15 dias sem manifestação, a desapropriação será judicial, devendo ser observadas as normas dos arts. 11 a 30 do Decreto-lei nº 3.365, aplicáveis também à desapropriação por interesse social fundada na Lei nº 4.132/62, consoante se verifica pelo disposto em seu art. 5º; na omissão da lei, aplica-se o CPC (art. 42 do Decreto-lei nº 3.365/41). Quanto à desapropriação para fins de reforma agrária, o procedimento está estabelecido na Lei Complementar nº 76, de 6-7-93, alterada pela Lei Complementar nº 88, de 23-12-96.

A Lei nº 13.867/19 introduziu o art. 10-B no Decreto-lei nº 3.365, para permitir a opção pela mediação ou pela via arbitral, hipótese em que o particular indicará um dos órgãos ou instituições especializados em mediação ou arbitragem previamente cadastrados pelo órgão responsável pela desapropriação. A arbitragem deve seguir as normas da Lei nº 9.307, de 23-9-1996, e, a mediação, as normas da Lei nº 13.140, de 26-6-15. O tema está tratado no capítulo 20 deste livro.

Ao permitir a opção pela arbitragem ou mediação, a Lei nº 13.867/19 omitiu-se quanto às limitações ao uso desses instrumentos. Tem-se que entender que a arbitragem somente é possível em relação ao cálculo da indenização, não podendo discutir matérias que decorram de prerrogativas do poder público, como a ocorrência ou não de utilidade pública ou interesse social. Por outras palavras, aplica-se aos processos de arbitragem a norma contida no art. 20 do Decreto-lei nº 3.365/41, sobre o que pode ser discutido na ação judicial de desapropriação. Também tem que ser afastada a possibilidade de ser decretada, pelo árbitro, a imissão provisória na posse, que constitui ato privativo do juiz, consoante Decreto-lei nº 1.075, de 22-01-70. Pelo art. 22-A da Lei nº 9.307/96, incluído pela Lei nº 13.129/2019: "Antes de instituída a arbitragem, as partes poderão recorrer ao Poder Judiciário para a concessão de medida cautelar ou de urgência". No que diz respeito ao cumprimento da sentença arbitral, quanto ao valor da indenização a ser paga ao expropriado, deve ser observado o processo de execução por precatórios, previsto no art. 100 da Constituição Federal. Isto porque, embora o dispositivo constitucional fale em sentença judicial, o art. 31 da Lei nº 9.307/96 a ela equipara a sentença arbitral, ao estabelecer que a mesma "produz, entre as partes e seus sucessores, os mesmos efeitos da sentença proferida pelos órgãos do Poder Judiciário". Na parte final, o dispositivo preceitua que a sentença arbitral condenatória constitui título executivo, repetindo norma que já consta do art. 515, VII, do CPC. Sendo título executivo, a sua execução contra a Fazenda Pública terá que observar o processo dos precatórios.

No caso de mediação, a conclusão é a mesma, tendo em vista que o art. 20, parágrafo único, da Lei nº 13.140/15, determina que, se houver acordo, o termo final de mediação constitui título executivo extrajudicial e, quando homologado judicialmente, título executivo judicial. Mesmo no caso de título executivo extrajudicial, não é possível que o mesmo constitua instrumento para burlar a ordem dos precatórios judiciais.

Como se vê, a fase executória da desapropriação compreende os atos pelos quais o Poder Público **promove** a desapropriação, ou seja, adota as medidas necessárias à efetivação da desapropriação, pela integração do bem no patrimônio público.[9]

A competência para **promover** a desapropriação, mediante autorização expressa constante de lei ou contrato, conforme art. 3º do Decreto-lei nº 3.365, com a redação dada pelas Leis nº 14.273/21 e nº 14.620/23, cabe: I – às concessionárias, inclusive aquelas contratadas nos termos da Lei nº 11.079, de 30-12-2004 (parcerias púbico-privadas), permissionários, autorizatários e arrendatários; II – às entidades públicas (abrangendo pessoas jurídicas de direito público, como autarquias, fundações de direito público e consórcios públicos); III – às entidades que exerçam funções delegadas pelo Poder Público (como empresas públicas, sociedades de economia mista e suas subsidiárias, e mesmo entidades privadas que atuem por delegação dada pelo poder público, por lei ou contrato); IV – o contratado pelo poder público para fins de execução de obras e serviços de engenharia sob os regimes de empreitada por preço global, empreitada integral e contratação integrada. Conforme parágrafo único do art. 3º, "na hipótese prevista no inciso IV do *caput*, o edital deverá prever expressamente: I – o responsável por cada fase do procedimento expropriatório; II – o orçamento estimado para sua realização; III – a distribuição objetiva de riscos entre as partes, incluído o risco pela variação do custo das desapropriações em relação ao orçamento estimado".

Iniciado o processo judicial, se as partes fizerem acordo quanto ao preço, a decisão judicial será apenas homologatória, valendo como título para transcrição no Registro de Imóveis.

No curso do **processo judicial**, só podem ser discutidas questões relativas ao preço ou a vício processual, pois o art. 20 do Decreto-lei nº 3.365/41 determina que "a contestação só poderá versar sobre vício do processo judicial ou impugnação do preço; qualquer outra questão deverá ser decidida por ação direta". Esse dispositivo completa-se com a norma do art. 9º, que veda ao Poder Judiciário, no processo de desapropriação, decidir se se verificam ou não os casos de utilidade pública.

Não há nessa limitação qualquer ofensa aos direitos do proprietário, de modo que caracterize infringência aos preceitos constitucionais que garantem o direito de propriedade (art. 5º, XXII) e, aos litigantes, em processo judicial ou administrativo, o direito ao contraditório e à ampla defesa (art. 5º, LV), pois o que a lei quer impedir é que outras questões, que não as indicadas no art. 20, sejam discutidas no processo expropriatório, remetendo as partes para outras vias judiciais abertas ao interessado. Medida semelhante é prevista em dispositivos do CPC que remetem às vias ordinárias o exame de questões insuscetíveis de serem examinadas em procedimentos especiais, como ocorre na hipótese do art. 984.

À vista dos arts. 9º e 20 da Lei de Desapropriação, se houver alguma ilegalidade no ato declaratório de utilidade pública ou interesse social, quanto à competência, à finalidade, à forma ou mesmo quanto aos fundamentos (casos de utilidade pública ou interesse social), o expropriado terá que propor "ação direta", que poderá ser tanto uma ação ordinária declaratória

---

[9] O art. 34-A do Decreto-lei nº 3.365, incluído pela Lei nº 13.465/17, prevê hipótese em que, com a concordância expressa do expropriado, a decisão concessiva de imissão provisória na posse implicará a aquisição da propriedade pelo expropriante com o consequente registro da propriedade na matrícula do imóvel. Por sua vez, o § 4º do mesmo dispositivo, incluído pela Lei nº 14.421/22, também permite a aquisição da propriedade, independentemente de indenização, após a contestação do expropriado, desde que não haja oposição expressa com relação à validade do decreto expropriatório. O dispositivo é de constitucionalidade bastante duvidosa, tendo em vista a exigência expressa de indenização prévia contida no art. 5º, XXIV, da Constituição.

da nulidade, como mandado de segurança, se houver lesão a direito individual líquido e certo, como até mesmo ação popular, se se verificarem os pressupostos previstos no art. 5º, inciso LXXIII, da Constituição (lesão ao patrimônio público, à moralidade administrativa, ao meio ambiente e ao patrimônio histórico e cultural). Sobre o cabimento de mandado de segurança existem vários acórdãos, inclusive do STF (in *RTJ* 81/502; *RDA* 131/174; *RT* 479/159, 491/163 e 611/34).

No caso da desapropriação para reforma agrária, o art. 9º da Lei Complementar nº 76/93 só exclui da contestação a apreciação do "**interesse social declarado**". E o art. 4º permite que, na contestação, o proprietário requeira "a desapropriação de todo o imóvel, quando a área remanescente ficar: I – reduzida a superfície inferior à da pequena propriedade rural; ou II – prejudicada substancialmente em suas condições de exploração econômica, caso seja o seu valor inferior ao da parte desapropriada". Trata-se do chamado **direito de extensão**, ou seja, do direito de exigir que na desapropriação se inclua a parte do imóvel que ficou inaproveitável isoladamente.

O Superior Tribunal de Justiça, pela Súmula nº 354, consagrou o entendimento de que "a invasão do imóvel é causa de suspensão do processo expropriatório para fins de reforma agrária" (*DJ* de 8-9-08).

A desapropriação, quando incide sobre imóvel, somente se completa depois de efetuado o pagamento ou a consignação, pois, caso contrário, desatender-se-ia o mandamento constitucional da **prévia** indenização. Depois disso, a sentença que fixa o valor da indenização constitui título hábil para transcrição no Registro de Imóveis (art. 29 do Decreto-lei nº 3.365/41).

6.10.5 Sujeitos ativo e passivo

Sujeito ativo, segundo Rubens Limongi França (1987:14), é a pessoa à qual é deferido, nos termos da Constituição e legislação ordinária, o direito subjetivo de expropriar.

Segundo o Decreto-lei nº 3.365/41, podem ser sujeitos ativos da **desapropriação por utilidade pública** a União, os Estados, os Municípios, o Distrito Federal e os Territórios (art. 2º). Quanto à **desapropriação por interesse social**, há que se distinguir três hipóteses:

1. a prevista no art. 5º, inciso XXIV, da Constituição, regulada pela Lei nº 4.132/62, é de competência das mesmas pessoas jurídicas já aludidas (art. 5º da lei);
2. a que tem fundamento no art. 182, § 4º, da Constituição, regulamentada pela Lei nº 10.257/01 (Estatuto da Cidade), é da competência exclusiva do Município;
3. a que tem fundamento no art. 184, referente à desapropriação para reforma agrária, disciplinada pelo Estatuto da Terra (Lei nº 4.504, de 30-11-64) e pela Lei Complementar nº 76, de 6-7-93, é de competência exclusiva da União.

O STF já desfez o engano de quem entendia que a desapropriação de imóveis rurais é sempre de competência da União; somente o é quando o **imóvel rural** se destine à **reforma agrária**. Nesse sentido, decidiu que podem os Estados e Municípios desapropriar imóveis rurais para fins de utilidade pública, não, porém, para fins de reforma agrária, privativa da União (in *RDA* 152/122 e *RT* 595/266).

Como os sujeitos ativos da desapropriação estão definidos em lei (art. 2º do Decreto-lei nº 3.365/41), não há impedimento a que outra lei também federal atribua o mesmo poder expropriatório a outras entidades da Administração Indireta, tal como ocorreu com o DNER, ao qual foi atribuído esse poder pelo art. 14 do Decreto-lei nº 512, de 21-3-69, que regulou a Política Nacional de Viação Rodoviária e fixou Diretrizes para a reorganização daquele Departamento;

a mesma competência é hoje outorgada ao Departamento Nacional de Infraestrutura de Transportes, pelo art. 82, inciso IX, da Lei nº 10.233, de 5-6-01.

Também a Agência Nacional de Energia Elétrica (Aneel) dispõe do poder de "declarar a utilidade pública, para fins de desapropriação ou instituição de servidão administrativa, das áreas necessárias à implantação de instalações de concessionários, permissionários e autorizados de energia elétrica", conforme art. 10 da Lei nº 9.074, de 7-7-95, com a redação dada pela Lei nº 9.648, de 27-5-98.

Não se confundem com os sujeitos ativos as entidades indicadas no art. 3º do Decreto-lei nº 3.365/41 (com a redação dada pelas Leis nº 14.273, de 23-12-2021, e nº 14.620, de 13-7-2023). O sujeito ativo é apenas aquela pessoa jurídica que pode submeter o bem à força expropriatória, o que se faz pela declaração de utilidade pública ou interesse social. As entidades indicadas no art. 3º podem apenas **promover** a desapropriação (fase executória), depois de expedido o ato expropriatório; elas são **beneficiárias** da desapropriação, já que os bens expropriados passarão a integrar o seu patrimônio.

Sujeito passivo da desapropriação é o expropriado, que pode ser pessoa física ou jurídica, pública ou privada. Quanto às pessoas jurídicas públicas, deve ser observada a norma do art. 2º, § 2º, do Decreto-lei nº 3.365/41.

6.10.6   Pressupostos

A Constituição do Brasil indica, como pressupostos da desapropriação, a **necessidade pública**, a **utilidade pública** e o **interesse social** (arts. 5º, inciso XXIV, e 184).

Doutrinariamente, costuma-se distinguir essas três hipóteses da seguinte maneira:

1. "**existe necessidade pública** quando a Administração está diante de um problema inadiável e premente, isto é, que não pode ser removido, nem procrastinado, e para cuja solução é **indispensável** incorporar, no domínio do Estado, o bem particular";
2. "há **utilidade pública** quando a utilização da propriedade é **conveniente** e **vantajosa** ao interesse coletivo, mas não constitui um imperativo irremovível";
3. "ocorre **interesse social** quando o Estado esteja diante dos chamados interesses sociais, isto é, daqueles diretamente atinentes às camadas mais pobres da população e à massa do povo em geral, concernentes à melhoria nas condições de vida, à mais equitativa distribuição da riqueza, à atenuação das desigualdades em sociedade" (cf. M. Seabra Fagundes, 1984:287-288).

Há que se observar, contudo, que a definição de quais sejam os casos de necessidade pública, utilidade pública ou interesse social não fica a critério da Administração Pública, uma vez que as hipóteses vêm taxativamente indicadas em lei; não basta, no ato expropriatório, mencionar genericamente um dos três fundamentos; é necessário indicar o dispositivo legal em que se enquadra a hipótese concreta.

No âmbito da legislação ordinária, o direito positivo atual define os casos de **utilidade pública** e **interesse social**, não mais mencionando as hipóteses de **necessidade pública** anteriormente previstas no art. 590, § 1º, do Código Civil de 1916 (não repetido no Código Civil de 2002); estas últimas foram enquadradas entre as de **utilidade pública**. Em síntese, o Decreto-lei nº 3.365/41 fundiu em uma só categoria – utilidade pública – os casos de necessidade pública e utilidade pública indicados no referido dispositivo do Código Civil.

A desapropriação por **utilidade pública** fundamenta-se no art. 5º, inciso XXIV, da Constituição.

As hipóteses de **utilidade pública** estão mencionadas no art. 5º do Decreto-lei nº 3.365/41 (com alterações posteriores), o qual, na letra *p*, menciona "os demais casos previstos por leis especiais"; o disposto nessa alínea é que tem servido de fundamento para a tese de que as hipóteses de desapropriação são apenas as **taxativamente** previstas na **lei**, não havendo possibilidade de o Poder Executivo criar outras, ainda que, a seu ver, se insiram no conceito doutrinário de utilidade pública.

Quanto à **desapropriação por interesse social**, há três fundamentos constitucionais diversos, a cada um deles correspondendo, no âmbito da legislação ordinária, disciplina legal diferente:

1. o art. 5º, inciso XXIV, disciplinado pela Lei nº 4.132, de 10-9-62, que indica os casos de **interesse social** no art. 2º;
2. o art. 182, que cuida de hipótese nova de desapropriação cujo objetivo é atender à função social da propriedade expressa no Plano Diretor da cidade; embora a Constituição não fale em interesse social, a hipótese aí prevista melhor se enquadra em seu conceito doutrinário, além de apresentar grande semelhança com a prevista no art. 2º, inciso I, da Lei nº 4.132/62; o art. 182, § 4º, prevê que é cabível quando se tratar de **solo urbano não edificado, subutilizado ou não utilizado** e desde que já adotadas, sem resultado, as medidas previstas nos incisos I e II (parcelamento ou edificação compulsórios e imposto predial e territorial urbano progressivo no tempo); é patente o caráter sancionatório da desapropriação, nesse caso, se não por outras razões, pelo fato de ser o pagamento da indenização feito em títulos da dívida pública. Essa modalidade está disciplinada pelo Estatuto da Cidade (Lei nº 10.257, de 10-7-01), especialmente em seu art. 8º;
3. o art. 184, que prevê a desapropriação por interesse social, para **fins de reforma agrária** e que objetiva assegurar a função social da propriedade rural; está disciplinado pela Lei Complementar nº 76, de 6-7-93, alterada pela Lei Complementar nº 88, de 23-12-96, pelos arts. 18 a 23 do Estatuto da Terra (Lei nº 4.504, de 30-11-64) e pela Lei nº 8.629, de 25-2-93, com alterações posteriores.

É de interesse do expropriado verificar em qual hipótese se enquadra a desapropriação que incidiu sobre bem de sua propriedade, já que diferenças existem quanto à **competência** (v. item 6.10.4), quanto à **caducidade** (item 6.10.3), quanto aos **beneficiários** (item 6.10.4) e quanto à **indenização** (item 6.10.7).

6.10.7 Objeto

Como se depreende do art. 2º do Decreto-lei nº 3.365/41, com a redação dada pela Lei nº 14.260/23, todos os bens poderão ser desapropriados, incluindo coisas móveis e imóveis, corpóreas e incorpóreas, públicas ou privadas. O **espaço aéreo** e o **subsolo** também podem ser expropriados, quando da utilização do bem puder resultar prejuízo patrimonial ao proprietário do solo (§ 1º).

Com relação aos bens públicos, o § 2º do mesmo dispositivo, com a nova redação, exige autorização legislativa para a desapropriação dos bens de domínio dos Estados, dos Municípios e do Distrito Federal pela União e dos bens de domínio dos Municípios pelos Estados. O § 2º-A, introduzido pela Lei nº 14.260/23 dispensa a autorização legislativa a que se refere o § 2º "quando a desapropriação for realizada mediante acordo entre os entes federativos, no qual serão fixadas as respectivas responsabilidades financeiras quanto ao pagamento das indenizações correspondentes".

Esse artigo do Decreto-lei nº 3.365/41 tem sido objeto de crítica pelos doutrinadores, segundo os quais a **desapropriação** de bens estaduais, pela União, ou de bens municipais, pela

União e pelos Estados, fere a autonomia estadual e municipal. Esse entendimento, no entanto, não pode ser aceito, tendo em vista o próprio fundamento político em que se baseia o instituto da desapropriação, a saber, a ideia de **domínio eminente** do Estado, entendido como o poder que o Estado exerce sobre todas as coisas que estão em seu território; trata-se de poder inerente à própria ideia de soberania e não poderia ser obstado por um poder de igual natureza exercido pelos Estados e Municípios dentro de suas respectivas áreas geográficas, mesmo porque tais entidades não detêm soberania, mas apenas autonomia nos termos defendidos pela Constituição. Os interesses definidos pela União são de abrangência muito maior, dizendo respeito a toda a nação, tendo que prevalecer sobre os interesses regionais.

O § 3º, acrescentado ao art. 2º do Decreto-lei nº 3.365/41 pelo Decreto-lei nº 856, de 11-9-69, proíbe a desapropriação, pelos Estados, Distrito Federal, Territórios e Municípios, de ações, cotas e direitos representativos do capital de instituições e empresas cujo funcionamento dependa da autorização do Governo Federal e se subordine à sua fiscalização, salvo mediante prévia autorização, por decreto do Presidente da República.

Com relação aos **bens** pertencentes às entidades da **administração indireta**, aplica-se, por analogia, o art. 2º do Decreto-lei nº 3.365/41, sempre que se trate de bem afetado a uma finalidade pública. Tais bens, enquanto mantiverem essa afetação, são indisponíveis e não podem ser desafetados por entidade política menor. Esse entendimento não destoa da tese adotada na Súmula nº 157 do STF, segundo a qual "é necessária prévia autorização do Presidente da República para desapropriação, pelos Estados, de empresa de energia elétrica".

Ainda com relação ao **objeto** da desapropriação, cabe lembrar que determinados tipos de bens são inexpropriáveis; é o caso dos direitos personalíssimos, como o direito pessoal do autor, o direito à vida, à imagem, aos alimentos etc.

Quando se trata de desapropriação para fins de reforma agrária, o objeto é, evidentemente, o imóvel rural que não atende a sua função social, definida no art. 186 da Constituição. No entanto, o art. 185 proíbe que essa modalidade de desapropriação incida sobre:

I – a pequena e média propriedade rural, assim definida em lei, desde que seu proprietário não possua outra;
II – a **propriedade produtiva** (v. Lei nº 8.629, de 25-2-93).

Para assegurar que essa propriedade produtiva, insuscetível de expropriação para reforma agrária, cumpra a **função social** nos termos em que a Constituição a define, o parágrafo único do art. 185 determina que a lei lhe garanta tratamento especial e fixe normas para o cumprimento dos requisitos relativos àquela função.

A desapropriação prevista no art. 182, § 4º, da Constituição somente incide sobre **solo urbano não edificado, subutilizado** ou **não utilizado**, e desde que seu proprietário não cumpra as exigências do Poder Público previstas no mesmo dispositivo.

6.10.8 Indenização

A indenização é exigência que se impõe como forma de buscar o equilíbrio entre o interesse público e o privado; o particular perde a propriedade e, como compensação, recebe o valor correspondente ao dinheiro (agora, em algumas hipóteses, substituído por títulos da dívida pública). Diz Marcello Caetano (1970, v. 2:960) que "a expropriação vem a resolver-se numa conversão de valores patrimoniais: no patrimônio onde estavam os imóveis, a entidade expropriante põe o seu valor pecuniário". E acrescenta que "a garantia principal da justiça da indenização está na possibilidade de, em caso de desacordo, o expropriado poder recorrer aos tribunais judiciais para discutir o seu montante".

O direito à indenização é de natureza pública, já que embasado na Constituição; a indenização deverá ser prévia, justa e em dinheiro. Poderá ser em título da dívida pública nas hipóteses dos arts. 182, § 4º, III, e 184 da Constituição. No primeiro caso (desapropriação, pelo Município, de bens urbanos inadequadamente utilizados), os títulos terão sua emissão previamente aprovada pelo Senado, com prazo de resgate de até 10 anos, em parcelas anuais, iguais e sucessivas, assegurados o valor real da indenização e os juros legais.

Na hipótese do art. 184 (desapropriação, pela União, de imóvel rural, para fins de reforma agrária), a indenização será prévia, justa e em títulos da dívida agrária, com a cláusula de preservação do valor real, resgatáveis no prazo de 20 anos, a partir do segundo ano de sua emissão, e cuja utilização será definida em lei. Há aqui uma ressalva que não consta da hipótese anterior: **as benfeitorias úteis e necessárias serão indenizadas em dinheiro.**

A Constituição de 1988 previu, no art. 243, uma hipótese de desapropriação **sem indenização**; no entanto, a medida aí prevista configura verdadeiro confisco, assim entendida a apropriação que o Estado faz dos bens particulares, sem indenizar seus respectivos donos, em caráter de pena imposta aos mesmos (*Novo Dicionário Jurídico Brasileiro*, de José Náufel). Essa modalidade está disciplinada pela Lei nº 8.257, de 26-11-91.

Com exclusão dessa hipótese única de desapropriação sem indenização, em todas as demais deve ser apurado o valor considerado necessário para recompor integralmente o patrimônio do expropriado, de tal modo que ele não sofra qualquer redução. Para esse fim, devem ser incluídas no cálculo da indenização as seguintes parcelas:

1. o **valor do bem expropriado**, com todas as **benfeitorias** que já existiam no imóvel antes do ato expropriatório; quanto às benfeitorias feitas posteriormente, aplica-se a regra do art. 26, § 1º, do Decreto-lei nº 3.365/41, ou seja, serão pagas as benfeitorias necessárias; as úteis, somente se realizadas com autorização do expropriante. A respeito das construções feitas posteriormente, ainda que com licença concedida pelo Município, não são incluídas no valor da indenização, conforme Súmula nº 23, do STF;
2. os **lucros cessantes** e **danos emergentes**;
3. os **juros compensatórios**, em caso de ter havido imissão provisória na posse, computando-se a partir dessa imissão; a sua base de cálculo, conforme art. 15-A do Decreto-lei nº 3.365, alterado pela Lei nº 14.260/23, "no caso de imissão provisória na posse, na desapropriação por necessidade ou utilidade pública ou na desapropriação por interesse social prevista na Lei nº 4.132, de 10-9-62, na hipótese de haver divergência entre o preço ofertado em juízo e o valor do bem fixado na sentença, expressos em termos reais, poderão incidir juros compensatórios de até 6% ao ano (seis por cento ao ano) sobre o valor da diferença eventualmente apurada, contado da data de imissão na posse, vedada a aplicação de juros compostos". Conforme § 1º do mesmo dispositivo, "os juros compensatórios destinam-se apenas a compensar danos correspondentes a lucros cessantes comprovadamente sofridos pelo proprietário, não incidindo nas indenizações relativas às desapropriações que tiverem como pressuposto o descumprimento da função social da propriedade, previstas no art. 182, § 4º, inciso III, e no art. 184 da Constituição". Pelo § 2º, "o disposto no *caput* aplica-se também às ações ordinárias de indenização por apossamento administrativo ou por desapropriação indireta e às ações que visem à indenização por restrições decorrentes de atos do poder públicos". Conforme § 3º, "nas ações referidas no § 2º, o poder público não será onerado por juros compensatórios relativos a período anterior à aquisição da propriedade ou da posse titulada pelo autor da ação".

4. os **juros moratórios**, incidentes sobre o valor da indenização fixado na sentença, corrigido monetariamente, no montante de até 6% ao ano, a partir de 1º de janeiro do exercício seguinte àquele em que o pagamento deveria ser feito, nos termos do art. 100 da Constituição Federal; é o que determina o art. 15-B, acrescentado ao Decreto-lei nº 3.365/41 pela Medida Provisória nº 2.183, de 2001; no entanto, no RE nº 579.431, decidiu o STF, com repercussão geral, que "incidem o juros de mora no período compreendido entre a data da realização dos cálculos e da requisição ou do precatório" (Rel. Min. Marco Aurélio); o fundamento dessa decisão foi o § 12 do art. 100 da Constituição Federal, introduzido pela Emenda Constitucional nº 62/09. Em decorrência dessa decisão, deixaria de ter aplicação a Súmula Vinculante nº 17, pela qual "durante o período previsto no § 1º do art. 100 da Constituição, não incidem juros de mora sobre os precatórios que nele sejam pagos".[10] O STJ adotou o mesmo entendimento, fixando a tese de que "incidem os juros da mora no período compreendido entre a data da realização dos cálculos e a da requisição ou do precatório".[11] No entanto, o STF, no RE 1.169.289, com repercussão geral (Tema 1.037), decidiu, em 15-6-20, que não incidem juros de mora no período compreendido entre a expedição do precatório ou requisição de pequeno valor e o efetivo pagamento, considerado o "período de graça", que é de 1º de julho até o fim do exercício seguinte. Foi firmada, com base em voto do Ministro Alexandre de Moraes, a seguinte tese: "O enunciado da Súmula Vinculante nº 17[12] não foi afetado pela superveniência da Emenda Constitucional nº 62/2009, de modo que não incidem juros de mora no período de que trata o parágrafo 5º do artigo 100 da Constituição. Havendo o inadimplemento pelo ente público devedor, a fluência dos juros inicia-se após o 'período de graça'".

Os juros moratórios não se confundem com os juros compensatórios, porque aqueles "compensam" o expropriado pela perda antecipada da posse, enquanto estes decorrem da demora do pagamento. Pela Súmula 103, o STJ adotou o entendimento de que "a incidência dos juros moratórios sobre os compensatórios, nas ações expropriatórias, não constitui anatocismo vedado em lei"; tal entendimento tem sua razão de ser, tendo em vista que os juros moratórios incidem sobre o valor fixado na sentença (devidamente corrigido), na qual se incluem os juros compensatórios; no entanto, diante do entendimento do STF, o STJ entende que a Súmula 103 só tem aplicação às situações ocorridas até 12-01-00, data anterior à vigência da Medida Provisória 1.997-34;

5. os **honorários advocatícios**, calculados sobre a diferença entre a oferta inicial e o valor da indenização, acrescido de juros moratórios e compensatórios.[13] A

---

[10] O § 1º, referido na Súmula, corresponde hoje ao § 5º, em decorrência de alterações feitas pela Emenda Constitucional nº 62/09.

[11] Conjur, 16-5-19; Informativo da APESP – Associação dos Procuradores do Estado de São Paulo, de 16-5-19.

[12] Súmula Vinculante nº 17, do STF: "Durante o período previsto no parágrafo 1º do artigo 100 da Constituição, não incidem juros de mora sobre os precatórios que nele sejam pagos".

[13] Súmulas do STJ sobre cálculo dos honorários advocatícios na desapropriação: nº 141 (os honorários de advogado em desapropriação direta são calculados sobre a diferença entre a indenização e a oferta, corrigidas monetariamente) e 131 (nas ações de desapropriação incluem-se no cálculo da verba advocatícia as parcelas relativas aos juros compensatórios e moratórios, devidamente corrigidas). O STF, por sua vez, pela Súmula nº 617, firmou o entendimento de que "a base de cálculo dos honorários de advogado em desapropriação é a diferença entre a oferta e a indenização, corrigidas ambas monetariamente".

Medida Provisória nº 2.183, de 2001, limitou o valor dos honorários na ação de desapropriação, inclusive na desapropriação para fins de reforma agrária e nas ações de indenização por apossamento administrativo ou desapropriação indireta, conforme redação dada aos §§ 1º e 3º do art. 27 do Decreto-lei nº 3.365/41. De acordo com esses dispositivos, a sentença que fixar o valor da indenização quando este for superior ao preço oferecido condenará o dasapropriante a pagar honorários do advogado, que serão fixados entre meio e 5% do valor da diferença, não podendo os honorários ultrapassar R$ 151.000,00, valor esse a ser atualizado no dia 1º de janeiro de cada ano, com base na variação acumulada do Índice de Preços ao Consumidor Amplo (IPCA) do respectivo período; esse dispositivo também foi suspenso na referida ADIN 2.332-DF; ao julgar a ADIn 2.332/DF, em 17-5-18, o STF entendeu ser inconstitucional esse limite estabelecido para os honorários advocatícios;
6. custas e despesas judiciais;
7. **correção monetária**, calculada a partir do laudo de avaliação; não mais vigora o § 2º do art. 26 do Decreto-lei nº 3.365/41, que só mandava incidir a correção monetária, quando decorrido prazo superior a um ano a partir da avaliação; esse dispositivo ficou implicitamente revogado pela Lei nº 6.899, de 8-4-81, cujo art. 1º determina que a correção monetária incide sobre qualquer débito resultante de decisão judicial inclusive sobre custas e honorários advocatícios. A respeito de correção monetária, a Súmula nº 561, do STF, determina que "em desapropriação, é devida correção monetária até a data do efetivo pagamento da indenização, devendo proceder-se à atualização do cálculo, ainda que por mais de uma vez";
8. despesa com desmonte e transporte de mecanismos instalados e em funcionamento (art. 25, parágrafo único, do Decreto-lei nº 3.365/41).

Com relação aos juros moratórios e compensatórios, a jurisprudência vinha entendendo que eles eram cumuláveis (*RTJ* 941/169, 95/275, *RT* 545/252, *RDA* 148/199). O STJ, pela Súmula nº 12, definiu o entendimento de que, em desapropriação, são cumuláveis juros compensatórios e moratórios. No entanto, esse entendimento não se justifica, devendo os primeiros incidir a partir da imissão na posse até o momento em que ocorre o trânsito em julgado da sentença que homologa o cálculo da indenização; neste momento, o valor total da indenização já está calculado, com todas as parcelas que o compõem; sobre esse valor incidirão apenas a correção monetária e os juros moratórios devidos pela demora no pagamento.[14]

No que se refere ao **fundo de comércio**, a jurisprudência tem entendido que deve ser incluído no valor da indenização, se o próprio expropriado for o seu proprietário (cf. acórdão do STF in *RDA* 140/79 e 150/131); porém, se o fundo de comércio pertencer a terceiro, a este caberá pleitear a indenização em ação própria, tendo em vista que, conforme determina o art. 26 do Decreto-lei nº 3.365/41, no valor da indenização não se incluirão os direitos de terceiros; por essa indenização responde o poder expropriante.

---

[14] Esse entendimento é agora adotado pelo STJ, conf. acórdão proferido no REsp 11182103/SP, Rel. Min. Teori Zavascki, *DJe* de 8-3-10. Nesse acórdão é feita menção a jurisprudência assentada por ambas as Turmas da 1ª Seção, constando a afirmação de que o entendimento está confirmado pelo § 12 do art. 100 da CF, com a redação dada pela EC 62/09; acrescenta o acórdão que "sendo assim, não ocorre, no atual quadro normativo, hipótese de cumulação de juros moratórios e juros compensatórios, eis que se trata de encargos que incidem em períodos diferentes: os juros compensatórios têm incidência até a data da expedição de precatório, enquanto que os moratórios somente incidirão se o precatório expedido não for pago no prazo constitucional".

Pela mesma razão, quaisquer pessoas que exerçam direito obrigacional sobre o bem expropriado, atingidas indiretamente pelo ato de expropriação, farão jus à indenização, a ser reclamada em **ação própria**. É o caso do **locatário** prejudicado em consequência da desapropriação. Apenas no caso de ônus reais (penhor, hipoteca, anticrese, usufruto) o Poder Público não responde, porque ficam os mesmos sub-rogados no preço (art. 31 do Decreto-lei nº 3.365/41). Nas palavras de Seabra Fagundes (1984:297), "a lei de desapropriações, adotando o sistema de indenização única e apenas ressalvando, no interesse de terceiros, a sub-rogação de quaisquer ônus ou direitos incidentes sobre a coisa, deixou ao desamparo as situações que se não possam fazer valer tão só por essa providência. Apesar disso, e porque amparados pelo texto constitucional assecuratório do direito de propriedade em sentido amplo, as situações patrimoniais afetadas simultaneamente com a do dono da coisa, desde que não suscetíveis de reparação pelo sub-rogamento, hão de dar ensejo à indenização pelo expropriante. Esta se fará cobrar por outra via que não a ação expropriatória".

Com relação à **indenização devida na desapropriação para fins de reforma agrária**, devem ser observadas as normas da Lei nº 8.629, de 25-2-93, e da Lei Complementar nº 76 de 1993, com as alterações da Lei Complementar nº 88, de 23-12-96, da Medida Provisória nº 2.183/01, e da Medida Provisória nº 759, de 22-12-16, convertida na Lei 13.465, de 11-7-17.

Conforme art. 12 da Lei nº 8.629, com a redação dada pela Medida Provisória nº 2.183, considera-se justa a indenização que reflita o preço atual de mercado do imóvel em sua totalidade, aí incluídas as terras e acessões naturais, matas e florestas e as benfeitorias indenizáveis, observados os seguintes aspectos: I – localização do imóvel; II – aptidão agrícola; III – dimensão do imóvel; IV – área ocupada e ancianidade das posses; V – funcionalidade, tempo de uso e estado de conservação das benfeitorias.

Quanto à desapropriação na área urbana por desatendimento da função social da propriedade, a Lei nº 10.257/01 estabelece, no § 2º do art. 8º, que "o valor real da indenização: I – refletirá o valor da base de cálculo do IPTU, descontando o montante incorporado em função de obras realizadas pelo Poder Público na área onde o mesmo se localiza após a notificação de que trata o § 2º do art. 5º desta lei; II – não computará expectativas de ganhos, lucros cessantes e juros compensatórios".

O dispositivo é inconstitucional e tem grande possibilidade de ser assim declarado pelo Supremo Tribunal Federal, da mesma forma que o foi, anteriormente, o art. 11 do Decreto-lei nº 554, de 25-4-69, que dispunha sobre desapropriação para reforma agrária. O dispositivo determinava como teto para a indenização o valor declarado pelo proprietário, para efeito de pagamento do imposto territorial rural, independentemente de considerar se esse teto seria ou não suficiente para recompor integralmente o patrimônio do expropriado. Por essa razão, foi declarado inconstitucional (*RDA* 155/238), tendo sua execução suspensa pelo Senado, por meio da Resolução nº 126, de 8-11-65.

A limitação da indenização conflita com a exigência de **indenização justa** contida na Constituição, seja no art. 5º, inciso XXIV, seja no art. 182, § 3º. O caráter sancionatório apenas impõe o pagamento em títulos da dívida pública, mas não afeta a exigência de indenização justa, sob pena de a desapropriação adquirir, nesse caso, feição confiscatória. A indenização só é justa quando recompõe inteiramente o patrimônio do desapropriado, abrangendo todos os eventuais prejuízos que decorram da perda da propriedade.

6.10.9 Natureza jurídica

A desapropriação é **forma originária de aquisição** da propriedade.

Segundo Rubens Limongi França (1987:4-5), a forma **originária** de aquisição da propriedade "é aquela que nasce de uma relação direta entre o sujeito e a coisa"; e, **derivada**, "aquela em que a subordinação da coisa ao sujeito depende de fato de terceiro". Ou, com as palavras de Celso Antônio Bandeira de Mello (*RDP* 9:19), "diz-se originária a forma de aquisição da propriedade quando a causa que atribui a propriedade a alguém não se vincula a nenhum título anterior, isto é, não procede, não deriva, de título precedente, portanto, não é dependente de outro. É causa autônoma, bastante por si mesma, para gerar, por força própria, o título constitutivo da propriedade". É precisamente o que ocorre na desapropriação, em que a transferência forçada do bem para o patrimônio público independe de qualquer vínculo com o título anterior de propriedade; não interessa, para fins de expropriação, verificar se se tratava de título justo ou injusto, de boa ou de má-fé.

Disso decorrem algumas consequências:

1. a ação judicial de desapropriação pode prosseguir independentemente de saber a Administração quem seja o proprietário ou onde possa ser encontrado; mesmo porque no processo de desapropriação, as questões referentes ao domínio não são objeto de consideração, já que as únicas matérias passíveis de serem alegadas na contestação são as nulidades processuais e o preço (art. 20 do Decreto-lei nº 3.365/41); apenas no momento de levantar o valor da indenização é que o interessado deverá fazer a prova de domínio (art. 34 do Decreto-lei nº 3.365/41); segundo Antonio de Pádua Ferraz Nogueira (1981:101), "tratando-se de ação cujo processamento independe de contestação, basta o chamamento do presumível titular do domínio, detentor da posse direta do imóvel, para que se admita a legitimidade passiva". Deve-se lembrar ainda o entendimento de que não se aplicam, nas desapropriações, os efeitos da revelia previstos no art. 319 do CPC (art. 344 do novo CPC), pois o juiz, mesmo na falta de contestação, está adstrito à norma constitucional que exige **justa** indenização, cabendo-lhe o dever de zelar por esse princípio (cf. acórdãos in *RT* 479/159 e 526/222, e Súmula nº 118 do TFR: "na ação expropriatória, a revelia do expropriado não implica aceitação do valor da oferta e, por isso, não autoriza a dispensa de avaliação");
2. se a indenização for paga a terceiro, que não o proprietário, não se invalidará a desapropriação, pois o art. 35 do Decreto-lei nº 3.365/41 determina que "os bens expropriados, uma vez incorporados à Fazenda Pública, não podem ser objeto de reivindicação, ainda que fundada em nulidade do processo de desapropriação. Qualquer ação, julgada procedente, resolver-se-á em perdas e danos"; nesse caso, já entendeu o STF que "se a desapropriação foi proposta contra quem não era proprietário do imóvel, este não fica vinculado à decisão, ainda que com trânsito em julgado, e tem ação de perdas e danos, por desapropriação indireta" (apud Antonio de Pádua Nogueira, 1981:101);
3. todos os ônus ou direitos que recaiam sobre o bem expropriado extinguem-se e ficam sub-rogados no preço (art. 31 do Decreto-lei nº 3.365/41); embora a norma não fale em **direitos reais**, tem-se entendido que apenas essa categoria de direito foi abrangida pelo dispositivo: em primeiro lugar, porque a expressão *direitos que recaiam sobre o* **bem** *expropriado* dá ideia de direito real; em segundo lugar, porque o art. 26 determina que no valor da indenização não se incluirão os direitos de terceiros contra o expropriado; vale dizer que os direitos obrigacionais terão que ser pleiteados contra o poder expropriante em ação própria;
4. a transcrição da desapropriação no registro de imóveis independe da verificação da continuidade em relação às transcrições anteriores, não cabendo qualquer impugnação por parte do Oficial de Registro de Imóveis; não há possibilidade de eventuais prejudicados reivindicarem o imóvel, que não fica sujeito à evicção (*RT*

481:106), já que não se pode invalidar a desapropriação se o expropriado não era o legítimo dono (art. 35 do Decreto-lei nº 3.365/41).

Sob o aspecto **formal**, a desapropriação é um **procedimento**; quanto ao **conteúdo**, constitui **transferência compulsória da propriedade**.

A desapropriação ainda se caracteriza, segundo Manoel de Oliveira Franco Sobrinho (*RDA* 112/25):

1. por independer da vontade do particular;
2. por não ser compra e venda;
3. por não ser confisco;
4. por exigir compensação;
5. pela fixação do interesse público;
6. por estar isenta de evicção ou demanda por vício redibitório;
7. pela força de extinguir os ônus reais que pesarem sobre a coisa;
8. pela extinção da inalienabilidade.

6.10.10 Imissão provisória na posse

Imissão provisória na posse, define Celso Antônio Bandeira de Mello (*RDP* 9/24), "é a transferência da posse do bem objeto da expropriação para o expropriante, já no início da lide, obrigatoriamente concedida pelo juiz, se o Poder Público declarar urgência e depositar em juízo, em favor do proprietário, importância fixada segundo critério previsto em lei".

Ela está prevista no art. 15 do Decreto-lei nº 3.365/41, que exige os seguintes requisitos:

1. que o poder expropriante alegue **urgência**, o que pode ser feito no próprio ato expropriatório ou, depois, a qualquer momento, no curso do processo judicial (*RDA* 140/82); no entanto, o STF já entendeu que não há cabimento para conceder-se a imissão provisória na posse de bem expropriado quando o feito já está julgado e o preço da indenização fixado em definitivo (*RDA* 121/271);
2. que o poder expropriante faça o depósito da quantia fixada segundo critério previsto em lei;
3. que a imissão seja requerida no prazo de 120 dias a contar da alegação de urgência; não requerida nesse prazo, o direito caduca, pois a alegação de urgência não pode ser renovada (art. 15, § 2º) e a imissão não pode ser concedida (§ 3º).

A Lei nº 11.977, de 7-7-09, que instituiu o Programa Minha Casa Minha Vida, inseriu um § 4º no art. 15 do Decreto-lei nº 3.365/41, para exigir que a imissão provisória na posse seja registrada no registro de imóveis competente.

Quanto à forma de calcular esse valor, há duas normas legais diversas: uma é a contida no § 1º do art. 15 do Decreto-lei nº 3.365/41; a outra é a de que trata o Decreto-lei nº 1.075, de 22-1-70, que regula a imissão de posse, *initio litis*, em imóveis residenciais urbanos.

O Decreto-lei nº 1.075/70 veio estabelecer um procedimento para o cálculo do depósito inicial, no caso de imissão provisória, somente se aplicando quando se reúnam os seguintes requisitos:

a) que se trate de desapropriação por **utilidade pública**;

b) que tenha por objeto **prédio urbano residencial**;
c) que o prédio seja **habitado pelo proprietário** ou **compromissário comprador** cuja promessa de compra esteja devidamente inscrita no Registro de Imóveis (arts. 1º e 6º).

Nesse caso, o poder expropriante depositará o preço oferecido ao expropriado a título de indenização; porém, este poderá impugnar tal valor no prazo de 5 dias da intimação da oferta; feita a impugnação, o juiz, servindo-se, se necessário, de perito avaliador, fixará em quarenta e oito horas o valor provisório do imóvel. Quando o valor arbitrado for superior à oferta, o juiz só autorizará a imissão provisória na posse do imóvel, se o expropriante complementar o depósito para que atinja a metade do valor arbitrado, não ultrapassado o limite de 2.300 salários mínimos vigentes na região. O expropriado, desde que faça prova de propriedade e de quitação de débitos fiscais sobre o bem, poderá levantar toda a importância depositada e complementada. Quando o valor arbitrado for inferior ou igual ao dobro do preço oferecido, é lícito ao expropriado optar entre o levantamento de 80% do preço oferecido ou de metade do valor arbitrado.

Para as desapropriações não abrangidas pelo Decreto-lei nº 1.075/70, o depósito inicial, para fins de imissão provisória, deveria obedecer ao art. 15, § 1º, do Decreto-lei nº 3.365/41, que estabelece quatro critérios, um a ser utilizado na falta do anterior:

"a) o preço oferecido, se este for superior a 20 vezes o valor locativo, caso o imóvel esteja sujeito ao imposto predial;
b) a quantia correspondente a 20 vezes o valor locativo, estando o imóvel sujeito ao imposto predial e sendo menor o preço oferecido;
c) o valor cadastral do imóvel, para fins de lançamento do imposto territorial, urbano ou rural, caso o referido valor tenha sido atualizado no ano fiscal imediatamente anterior;
d) não tendo havido a atualização a que se refere a alínea *c*, o juiz fixará, independentemente de avaliação, a importância do depósito, tendo em vista a época em que houver sido fixado originariamente o valor cadastral e a valorização ou desvalorização posterior do imóvel."

Contudo, o STJ vinha sustentando que apenas o *caput* do art. 15 foi recepcionado pela nova Constituição, ficando derrogado o § 1º do dispositivo, por entender-se que o valor venal (normalmente irrisório) é incompatível com a norma constitucional que exige indenização **justa** e **prévia** (*RSTJ*-51/117, 52/120, 71/168). Esse entendimento não é aceito pelo STF, que entende continuarem em vigor o art. 15 e seus parágrafos (*RE* nº 178.215-3, *RREE* – 149.993 e 176.108) conforme ficou consagrado na Súmula nº 652, em cujos termos "não contraria a Constituição o art. 15, § 1º, do Decreto-lei nº 3.365/41 (Lei da Desapropriação por utilidade pública)".

O expropriado poderá levantar até 80% do valor depositado, nos termos do art. 33, § 2º, desde que apresente também a prova de domínio e a prova de quitação de débitos fiscais sobre o imóvel.

A vantagem, para o expropriado, do procedimento previsto no Decreto-lei nº 1.075/70 decorre do fato de ser passível de impugnação o preço oferecido pelo expropriante, hipótese em que o valor será arbitrado pelo juiz. O art. 15 do Decreto-lei nº 3.365/41 não admite essa impugnação nem o arbitramento. O objetivo do legislador ficou expresso nos "considerando" que acompanham o Decreto-lei nº 1.075/70; por reconhecer que a avaliação feita pelo Poder Público é sempre abaixo do valor real do bem, quis garantir ao expropriado (desde que **habite** no imóvel) um depósito inicial mais próximo daquele valor, que lhe permita a "aquisição de nova casa própria".

A Lei nº 13.465, de 11-7-17, incluiu no Decreto-lei nº 3.365 o art. 34-A para determinar que "se houver concordância, reduzida a termo, do expropriado, a decisão concessiva da imissão provisória na posse implicará a aquisição da propriedade pelo expropriante com o consequente registro da propriedade na matrícula do imóvel", hipótese em que o expropriado poderá levantar 100% do depósito de que trata o art. 33 do Decreto-lei, deduzidas as dívidas fiscais, quando inscritas e ajuizadas, bem como as multas decorrentes de inadimplemento e de obrigações fiscais. É o que estabelecem os §§ 2º e 3º do art. 34-A. Nos termos do § 1º do mesmo dispositivo, a concordância expressa do expropriado não implica renúncia ao seu direito de questionar o preço ofertado em juízo. Por sua vez, o § 4º, incluído pela Lei nº 14.421, de 20-7-22, determina que "após a apresentação da contestação pelo expropriado, se não houver oposição expressa com relação à validade do decreto desapropriatório, deverá ser determinada a imediata transferência da propriedade do imóvel para o expropriante, e prosseguirá o processo somente para a resolução das questões litigiosas".

O art. 34-A, *caput*, e seu § 4º demonstram a intenção do legislador de facilitar a transferência da propriedade para o expropriado. Na realidade, pela Constituição (art. 5º, XXIV), essa transferência exigiria a prévia indenização.

Na desapropriação para reforma agrária, a imissão provisória integra o procedimento normal da desapropriação.

De acordo com o art. 5º, inciso V, da Lei Complementar nº 76/93, na petição inicial, o poder expropriante deverá compor o depósito do valor ofertado para pagamento das benfeitorias úteis e necessárias.

Pelo art. 6º da mesma lei, com a redação dada pela Lei Complementar nº 88/96, o juiz, ao despachar a inicial, de plano ou no prazo de 48 horas, mandará imitir o autor na posse do imóvel e determinará a citação do expropriado para contestar o pedido e indicar assistente técnico, se quiser.

Se não houver dúvidas acerca do domínio ou de algum direito real sobre o bem, "poderá o expropriando requerer o levantamento de 80% da indenização depositada, quitando os tributos e publicados os editais, para conhecimento de terceiros, a expensas do expropriante, duas vezes na imprensa local e uma na oficial, decorrido o prazo de 30 dias" (art. 6º, § 1º).

6.10.11 Destino dos bens desapropriados

Como regra, os bens desapropriados passam a integrar o patrimônio das pessoas jurídicas políticas que fizeram a desapropriação (União, Estados, Municípios e Distrito Federal) ou das pessoas públicas ou privadas que desempenhem serviços públicos por delegação do Poder Público.

No entanto, pode ocorrer que os bens se destinem a ser transferidos a terceiros. Isto ocorre nos casos em que a desapropriação se faz:

1. por zona;
2. para fins de urbanização;
3. para fins de formação de distritos industriais;
4. por interesse social;
5. para assegurar o abastecimento da população;
6. a título punitivo, quando incide sobre terras onde se cultivem plantas psicotrópicas.

A **desapropriação por zona**, também chamada **extensiva**, é modalidade de desapropriação por utilidade pública prevista no art. 4º do Decreto-lei nº 3.365/41, caracterizando-se por abranger:

a) a área contígua necessária ao desenvolvimento posterior da obra a que se destine; ou
b) as zonas que se valorizarem extraordinariamente em consequência da realização do serviço.

O ato expropriatório deve especificar qual a área que se destina à continuidade da obra e qual a que se destina à revenda, em decorrência de sua valorização. Nesta última hipótese, o bem não é expropriado para integrar o patrimônio público, mas para ser revendido, com lucro, depois de concluída a obra que valorizou o imóvel.

O efeito, para o Poder Público, é o mesmo da contribuição de melhoria; nas duas hipóteses, o imóvel experimenta extraordinária valorização em decorrência de obras públicas; o poder público pode simplesmente cobrar a contribuição de melhoria (art. 145, III, da Constituição) ou desapropriar, antes da realização da obra, a área contígua que será valorizada, para revendê-la após o término da obra, beneficiando-se com a diferença entre o preço da aquisição e o da revenda.

Muita controvérsia doutrinária suscitou o art. 4º do Decreto-lei nº 3.365/41, pois alguns entendem que a desapropriação por zona é inconstitucional, em decorrência do caráter especulativo a ela inerente, fugindo aos pressupostos constitucionais do instituto; outros a consideram válida, como sucedâneo da contribuição de melhoria; no entanto, como observa Antonio de Pádua Ferraz Nogueira (1981:39), depois de apontar as divergências, o fato é que essa modalidade tem sido admitida na totalidade dos tribunais brasileiros, inclusive pelo STF que, em acórdão relatado pelo Ministro Aliomar Baleeiro (*RTJ* 46/550), concluiu que "é lícito ao poder expropriante – não expropriar para satisfazer os interesses de particulares – mas ao interesse público, sem limitações, inclusive para auferir, da revenda de terrenos, um proveito que comporte e financie execução da obra pretendida".

A **desapropriação para urbanização ou reurbanização** encontra fundamento no art. 5º, *i*, do Decreto-lei nº 3.365/41, que enquadra como **utilidade pública** a execução de planos de urbanização. Nesses casos, a jurisprudência já vinha se firmando no sentido de que o poder público, depois de concluída a urbanização ou reurbanização, pode alienar as áreas que excedem às necessidades, respeitando o direito de preferência dos expropriados (acórdão in *RTJ* 86/155, 90/217, *RDA* 132/175).

A esse propósito, a Lei nº 6.766, de 19-12-79, que dispõe sobre o parcelamento do solo urbano, determina, no art. 44, que "o Município, o Distrito Federal e o Estado poderão expropriar áreas urbanas ou de expansão urbana para reloteamento, demolição, reconstrução e incorporação, ressalvada a preferência dos expropriados para aquisição de novas unidades".

Novo avanço em benefício da urbanização é dado pela Constituição de 1988, que praticamente consagra, a nível constitucional, a possibilidade de desapropriação para revenda, ao permitir que o solo urbano não edificado, subutilizado ou não utilizado, fique sujeito à expropriação, na forma prevista no art. 182, § 4º.

A desapropriação para fins de **construção ou ampliação de distritos industriais** está prevista no mesmo art. 5º, *i*, *in fine*, do Decreto-lei nº 3.365/41, exigindo, o § 2º, que a efetivação da medida seja precedida de "aprovação prévia e expressa, do respectivo projeto de implantação". No § 1º, está expressamente determinado que a construção ou ampliação de distritos industriais inclui o loteamento das áreas necessárias à instalação de indústrias e atividades correlatas, bem como a **revenda** ou **locação** dos respectivos lotes para empresas previamente qualificadas.

Nos casos de desapropriação por **interesse social**, a transferência dos bens a terceiros constitui, em regra, a própria finalidade da medida, como ocorre na desapropriação para reforma agrária, cujo objetivo é precisamente fazer a justa distribuição da propriedade para que ela cumpra a sua função social tal qual definida no art. 186 da Constituição; nos termos do art. 189, os beneficiários da distribuição de imóveis rurais pela reforma agrária receberão **títulos de domínio ou de concessão de uso**, inegociáveis pelo prazo de 10 anos.[15]

Também no caso previsto no art. 182, § 4º, em que o objetivo é assegurar o adequado aproveitamento do solo urbano por seu parcelamento e edificação, a possibilidade de transferência decorre implicitamente do preceito constitucional e está prevista no art. 8º, § 5º, da Lei nº 10.257/01. O § 4º determina que "o Município procederá ao adequado aproveitamento do imóvel no prazo máximo de cinco anos, contado a partir da sua incorporação ao patrimônio público"; e o § 5º estabelece que "o aproveitamento do imóvel poderá ser efetivado diretamente pelo Poder Público ou por meio de alienação ou concessão a terceiros, observando-se, nesses casos, o devido procedimento licitatório". A pessoa que adquirir o imóvel, seja por alienação ou concessão de uso, fica sujeita às mesmas obrigações de parcelamento, edificação ou utilização a que se sujeitava o expropriado (§ 6º do art. 8º). Embora a lei não o diga, é evidente que, se não houver atendimento das exigências quanto ao aproveitamento, o novo proprietário ficará sujeito às mesmas sanções previstas no art. 182, § 4º, da Constituição, inclusive à desapropriação sancionatória.

Diversa não é a situação nos casos de desapropriação por interesse social baseados no art. 5º, XXIV, da Constituição, pois a Lei nº 4.132/62, que os define, estabelece que "os bens desapropriados serão objeto de **venda** ou **locação** a quem estiver em condições de dar-lhes a destinação social prevista"; o STF tem entendido não serem possíveis **doações**, já que não são previstas expressamente na lei (*RDA* 162/208 e *RF* 294/191).

Outra hipótese em que o bem expropriado não se destina a integrar o patrimônio público é a prevista no art. 5º, *e*, do Decreto-lei nº 3.365/41, que permite a desapropriação para assegurar o abastecimento da população.

Finalmente, na nova modalidade de desapropriação prevista no art. 243 da Constituição, as terras onde se cultivam plantas psicotrópicas ou em que houver exploração de trabalho escravo, uma vez desapropriadas, serão destinadas ao assentamento de colonos, para o cultivo de produtos alimentícios e medicamentosos. No entanto, pelo art. 15 da Lei nº 8.257, de 26-11-91 (Regulamentada pelo Decreto nº 577, de 24-6-92) transitada em julgado a sentença expropriatória, o imóvel será incorporado ao patrimônio da União". Nos termos do parágrafo único, se a gleba expropriada, após o trânsito em julgado da sentença, não puder ter em cento e vinte dias a destinação prevista (assentamento de colonos para o cultivo de produtos alimentícios e medicamentosos), ficará incorporada ao patrimônio da União, reservada, até que sobrevenham as condições necessárias àquela destinação.

---

[15] O destino dos bens desapropriados para fins de reforma agrária está disciplinado pelos arts. 18 a 24 da Lei nº 8.629, de 25-2-93, com alterações posteriores. Nos termos do art. 18, com a redação dada pela Lei nº 13.001/14, "a distribuição de imóveis rurais pela reforma agrária far-se-á por meio de títulos de domínio, concessão de uso ou concessão de direito de uso – CDRU instituído pelo Decreto-lei nº 271, de 28 de fevereiro de 1967". Conforme § 1º, os títulos de domínio e a CDRU são inegociáveis pelo prazo de dez anos, contado da data de celebração do contrato de concessão de uso ou de outro instrumento equivalente, observado o disposto nesta Lei". Pelo § 3º, "os títulos de domínio e a CDRU conterão cláusulas resolutivas e será outorgado ao beneficiário do programa de reforma agrária, de forma individual ou coletiva, após a realização dos serviços de medição e demarcação topográfica do imóvel a ser alienado". A forma de outorga dos títulos de domínio e da CDRU depende de Regulamento (§ 4º). Os arts. 19 e 19-A, com a redação dada pela Lei nº 13.465/17, estabelecem os requisitos para seleção dos beneficiários do Programa Nacional de Reforma Agrária, e o art. 20 menciona quem não pode ser selecionado.

6.10.12 Desapropriação indireta

Desapropriação indireta é a que se processa sem observância do procedimento legal; costuma ser equiparada ao esbulho e, por isso mesmo, pode ser obstada por meio de ação possessória. No entanto, se o proprietário não o impedir no momento oportuno, deixando que a Administração lhe dê uma destinação pública, não mais poderá reivindicar o imóvel, pois os bens expropriados, uma vez incorporados ao patrimônio público, não podem ser objeto de reivindicação (art. 35 do Decreto-lei nº 3.365/41 e art. 21 da Lei Complementar nº 76/93). Imagine-se hipótese em que o Poder Público construa uma praça, uma escola, um cemitério, um aeroporto, em área pertencente a particular; terminada a construção e afetado o bem ao uso comum do povo ou ao uso especial da Administração, a solução que cabe ao particular é pleitear indenização por perdas e danos.

Às vezes, a Administração não se apossa diretamente do bem, mas lhe impõe limitações ou servidões que impedem **totalmente** o proprietário de exercer sobre o imóvel os poderes inerentes ao domínio; neste caso, também se caracterizará a desapropriação indireta, já que as limitações e servidões somente podem, licitamente, afetar **em parte** o direito de propriedade.

O Superior Tribunal de Justiça vem consagrando jurisprudência em que são fixados determinados requisitos para que se reconheça a ocorrência de desapropriação indireta. Em acórdão[16] que vem sendo frequentemente invocado, o Ministro Relator Teori Albino Zavascki começa por afirmar que "a chamada desapropriação indireta é construção pretoriana criada para dirimir conflitos concretos entre o direito de propriedade e o princípio da função social das propriedades, nas hipóteses em que a Administração ocupa propriedade privada, sem observância de prévio processo de desapropriação, para implantar obra ou serviço público". E acrescenta que, "para que se tenha por caracterizada situação que imponha ao particular a substituição da prestação específica (restituir a coisa vindicada) por prestação alternativa (indenizá-la em dinheiro), com a consequente transferência compulsória do domínio ao Estado, é preciso que se verifiquem, cumulativamente, as seguintes circunstâncias: (a) o apossamento do bem pelo Estado, sem prévia observância do devido processo de desapropriação; (b) a afetação do bem, isto é, sua destinação à utilização pública; (c) a impossibilidade material da outorga da tutela específica ao proprietário, isto é, a irreversibilidade da situação fática resultante do indevido apossamento e da afetação". Depois ainda acrescenta que "não se pode, salvo em caso de fato consumado e irreversível, compelir o Estado a efetivar a desapropriação, se ele não a quer, pois se trata de ato informado pelos princípios da conveniência e da oportunidade".[17]

Com efeito, a desapropriação indireta decorre de atuação ilegal do Poder Público (esbulho). Por essa razão, o reconhecimento de sua ocorrência deve estar sujeito a requisitos bastante rígidos, aplicados na medida exata para atender à necessidade de conciliar o direito individual de propriedade com a função social da propriedade.

No entanto, o acórdão deixa sem solução aquelas hipóteses em que, mesmo não ocorrendo o apossamento (esbulho), a Administração impõe restrições, como servidão ou tombamento, que esvaziam inteiramente o direito de propriedade, impedindo o proprietário de exercer os poderes inerentes ao domínio. Cite-se exemplo em que é feito o tombamento de um terreno, para proteger a paisagem; como o tombamento impede o proprietário de fazer alterações no imóvel que prejudiquem o seu valor patrimonial protegido, o proprietário ficará privado do seu direito de utilizar o bem, inclusive o de construir. Não há dúvida de que, para adotar tal medida,

---

[16] REsp nº 442.774-SP (2002/0057146-5), Rel. Min. Teori Albino Zavascki, j. 2-6-05, *DJU* 20-6-05.

[17] No mesmo sentido: REsp 871141/RR, 2ª Turma, Rel. Min. Herman Benjamin, *DJe* 30-9-10; EREsp 922786/SC, 1ª Seção, Rel. Min. Benedito Gonçalves, *DJe* 15-9-09; REsp 9127778/RS, 1ª Turma, Rel. Min. Denise Arruda, *DJe* 3-5-07; REsp 1041693, Rel. Min. Luiz Fux, *DJe* 2-2-10, dentre outros.

o Poder Público deve, primeiro, desapropriar o imóvel, para, a seguir, efetuar o tombamento sobre o próprio bem. Não efetuada a desapropriação, caracterizada estará a desapropriação indireta, mesmo não tendo ocorrido o apossamento exigido, como requisito, nos referidos acórdãos do STJ. A manter-se, para tais hipóteses, a exigência de apossamento, restará para o proprietário uma dupla alternativa: (a) pleitear a invalidação do tombamento, por afetar integralmente o direito de propriedade sem a devida compensação ou (b) pleitear a indenização correspondente ao prejuízo sofrido, não só com fundamento no dispositivo constitucional que garante o direito de propriedade, mas também com base no art. 37, § 6º, da Constituição, que prevê a responsabilidade civil do Estado por danos causados aos particulares. A solução, evidentemente, é mais danosa para o erário do que a desapropriação indireta, porque, nesta, o Poder Público paga a indenização, mas adquire o domínio do imóvel, o que não ocorreria na segunda alternativa aventada.

A indenização, no caso de desapropriação indireta, inclui as mesmas parcelas mencionadas para a desapropriação legal, inclusive os **juros compensatórios**, que eram devidos a contar da ocupação. Era nesse sentido o entendimento mais recente do STF (*RTJ* 80/525, 106/473, 68/74 e *RDA* 118/232), que revoga, implicitamente, a Súmula nº 345, segundo a qual os juros compensatórios, na desapropriação indireta, contam-se a partir da perícia.

Pago o proprietário, a sentença transitada em julgado deve ser transcrita no Registro de Imóveis, para incorporação do bem ao patrimônio público.

Quando o particular não pleiteia a indenização em tempo hábil, deixando prescrever o seu direito, o Poder Público, para regularizar a situação patrimonial do imóvel, terá que recorrer à ação de **usucapião**, já que a simples afetação do bem particular a um fim público não constitui forma de transferência da propriedade. Desse modo, quando se aplica à desapropriação indireta a regra do art. 35 do Decreto-lei nº 3.365/41, há que se entender que essa aplicação se faz por analogia, já que essa desapropriação não é medida suficiente para incorporar o bem à Fazenda Pública. O que ocorre, com a **desapropriação indireta**, é, na realidade, a **afetação**, assim entendido "o fato ou a manifestação de vontade do poder público, em virtude do que a coisa fica incorporada ao uso e gozo da comunidade" (cf. Marienhoff, 1960:152-153); acrescente-se que se trata de afetação ilícita, porque atinge bem pertencente a particular; lícita é apenas a afetação que alcança bens já integrados no patrimônio público, na qualidade de bens dominicais, para passá-los à categoria de uso comum do povo ou de uso especial.

Em termos de **prescrição**, entende-se que na desapropriação indireta o prazo não é o quinquenal, previsto pelo Decreto-lei nº 20.910, de 6-1-32, para as ações contra a Fazenda Pública, e sim o prazo que o Código Civil estabelece para a usucapião extraordinária (*RTJ* 37/297, 47/134, 63/232). Embora se pleiteie **indenização**, argumenta-se que o direito do proprietário permanece enquanto o proprietário do imóvel não perde a propriedade pela usucapião extraordinária em favor do Poder Público; considera-se o prazo desse usucapião e não do ordinário porque o Poder Público não tem, no caso, justo título e boa-fé, já que o apossamento decorre de ato ilícito. O direito à indenização, no caso, aparece como um sucedâneo do direito de reivindicação do imóvel, ficando sujeito ao mesmo prazo prescricional. Na vigência do Código Civil de 2016, o STJ consagrou esse entendimento pela Súmula nº 119, pela qual "a ação de desapropriação indireta prescreve em vinte anos".

Posteriormente, na vigência do novo Código Civil, o STJ, pelo tema de teses nº 1.019, adotado com relação ao sistema de recursos repetitivos, fixou o entendimento de que "o prazo prescricional aplicável à desapropriação indireta, na hipótese em que o poder público tenha realizado obras no local ou atribuído natureza de utilidade pública ou de interesse social ao imóvel, é de 10 anos, conforme parágrafo único do artigo 1.238 do Código Civil".

6.10.13 Retrocessão

A retrocessão é o direito que tem o expropriado de exigir de volta o seu imóvel caso o mesmo não tenha o destino para que se desapropriou.

O instituto tem sido objeto de polêmica, formando-se três correntes, todas elas anteriores ao Código Civil de 2002:

1. a que entendia não mais existir, no direito brasileiro, a retrocessão como **direito real** de reivindicar o imóvel de volta, subsistindo apenas como direito **pessoal** de pleitear perdas e danos, com base no art. 1.150 do Código Civil de 1916 (segundo o qual a União, o Estado ou o Município oferecerá ao ex-proprietário o imóvel desapropriado, pelo preço por que o foi caso não tenha o destino para que se desapropriou). Era o pensamento de Hely Lopes Meirelles (2003:596), Clóvis Beviláqua (1958, v. 4:257), Erbert Chamoun (1959:45-46) e também a tese adotada em inúmeros acórdãos (*RDA* 32/233, 32/224, 43/214, 36/218, *RTJ* 108/373, *RT* 389/350 e 373/88). Baseava-se esse entendimento no fato de que o Decreto-lei nº 3.365 não mais prevê a retrocessão, como o fazia a legislação anterior (art. 2º, § 4º, da Lei nº 1.021, de 28-8-1903), além de proibir, no art. 35, a reivindicação de bem expropriado já incorporado à Fazenda Pública e determinar que qualquer ação sobre o imóvel, se julgada procedente, resolver-se-á em perdas e danos; restaria, portanto, o direito de preferência ou preempção, previsto no art. 1.150 do Código Civil, de eficácia puramente **obrigacional** e não real, conforme decorre do art. 1.156 do mesmo Código;

2. a que entendia que permanece a retrocessão, como **direito real**, ou seja, como direito à reivindicação do imóvel expropriado; a essa corrente pertencem, entre outros, Seabra Fagundes (*RDA* 78/15), José Cretella Júnior (1976:489), Pontes de Miranda (1955, v. 14:174-175), além de copiosa jurisprudência (*RTJ* 104/468, 80/139, *RDP* 11/274, *RF* 186/140, *RT* 258/49, 439/199, 397/210, 413/217). Essa corrente, com algumas variantes na argumentação, baseia-se no preceito constitucional que assegura o direito de propriedade e que só autoriza a desapropriação, como alienação forçada que é, quando a medida seja adotada em benefício do interesse coletivo; se o bem não foi utilizado para qualquer fim público (necessidade pública, utilidade pública e interesse social), desaparece a justificativa para a alienação forçada, cabendo ao ex-proprietário o direito de reaver o bem pelo mesmo preço pelo qual foi expropriado. A norma do art. 35 do Decreto-lei nº 3.365/41 somente é aplicável se a desapropriação atendeu aos requisitos constitucionais.

   Outro argumento é no sentido de que a norma do art. 1.156 do Código Civil de 1916, que dava ao direito de preferência o caráter **obrigacional**, não se aplica à hipótese prevista no art. 1.150 do mesmo Código (referente à desapropriação), pois aquela pressupõe um contrato de compra e venda, em que haja cláusula da qual decorre uma obrigação para o comprador em face do vendedor, sendo essa obrigação de eficácia puramente pessoal. No que diz respeito ao art. 1.150, estaria consagrando um direito de natureza real do expropriado frente ao expropriante (cf. voto do Ministro Moreira Alves na Ação Rescisória nº 1.098, in *RTJ* 104/468);

3. a terceira corrente via na retrocessão um direito de natureza mista (pessoal e real), cabendo ao expropriado a ação de preempção ou preferência (de natureza real) ou, se preferir, perdas e danos. É o pensamento do Roberto Barcelos de Magalhães (1968:276-283), acompanhado por acórdão do STF (*RTJ* 80/139).

Essa terceira corrente era e é a que melhor se coaduna com a proteção ao direito de propriedade: em princípio, a retrocessão era tratada como um direito real, já que o art. 1.150 do anterior Código Civil mandava que o expropriante oferecesse de volta o imóvel; podia ocorrer, no entanto, que a devolução do imóvel tivesse se tornado problemática, em decorrência de sua transferência a terceiros, de alterações nele introduzidas, de sua deterioração ou perda, da realização de benfeitorias; nesse caso, podia o ex-proprietário pleitear indenização, que corresponderia ao mesmo preço da desapropriação, devidamente corrigido, com alterações para mais ou para menos, conforme as melhorias ou deteriorações incidentes sobre o imóvel. Com as palavras de Manuel de Oliveira Franco Sobrinho (1973:146), "pela retrocessão, firmada no direito à coisa, o expropriado readquire a propriedade de igual modo, pagando um justo preço. E este justo preço deve ser calculado, para o equilíbrio dos direitos, na base em que se calcula o justo preço nas desapropriações".

Em trabalho sobre a **retrocessão**, o juiz federal Edilson Pereira Nobre Júnior demonstra que o STF, "outrora vassalo da tese do direito pessoal, passou, desde o *RE* 64.559-SP (*RTJ* 57/46, Relator Min. Eloy da Rocha), a compreender a retrocessão como direito real. Primeiramente, sob o fundamento já narrado, da inaplicabilidade do art. 1.156 ao art. 1.150 do Código Civil. Depois, continuou a pervagar o mesmo caminho, porém com apego ao realce constitucional do **jus proprietatis**" (*Revista da Associação dos Juízes Federais do Brasil*, nº 45, maio/jun. 1995, p. 60-71).

É possível que, com o novo Código Civil, volte a prevalecer a tese da retrocessão como direito pessoal, porque não se mantém a redação do art. 1.150 do Código Civil de 1916. O art. 519 do atual Código não mais manda que o poder público ofereça o imóvel ao desapropriado, pois apenas assegura ao expropriado o direito de preferência, pelo preço atual da coisa. De acordo com o art. 519, "se a coisa expropriada para fins de necessidade ou utilidade pública, ou por interesse social, não tiver o destino para que se desapropriou, ou não for utilizada em obras ou serviços públicos, caberá ao expropriado direito de preferência, pelo preço atual da coisa".

Não obstante a redação do novo dispositivo do Código Civil, ainda fico com a corrente que utiliza o argumento suprarreferido, de ordem constitucional, pois o Código Civil não tem o condão de infringir a norma da Constituição que só permite a desapropriação por motivo de necessidade pública, utilidade pública ou interesse social. Demonstrado que o imóvel não foi utilizado nessa conformidade, o direito de propriedade do expropriado se restabelece em sua totalidade, com o direito à reivindicação do imóvel.

A **retrocessão** cabe quando o Poder Público não dê ao imóvel a utilização para a qual se fez a desapropriação, estando pacífica na jurisprudência a tese de que o expropriado não pode fazer valer o seu direito quando o expropriante dê ao imóvel uma **destinação pública** diversa daquela mencionada no ato expropriatório; por outras palavras, desde que o imóvel seja utilizado para um fim público qualquer, ainda que não o especificado originariamente, não ocorre o direito de retrocessão. Este só é possível em caso de **desvio de poder** (finalidade contrária ao interesse público, como, por exemplo, perseguição ou favoritismo a pessoas determinadas), também chamado, na desapropriação, de **tredestinação**, ou quando o imóvel seja transferido a terceiros, a qualquer título, nas hipóteses em que essa transferência não era possível.

Há divergência sobre existência desse direito quando o poder público não se utiliza do imóvel para qualquer fim; segundo alguns, o direito à retrocessão ocorre no prazo de cinco anos, por analogia com o prazo de caducidade previsto no art. 10 do Decreto-lei nº 3.365/41; para outros, não existe possibilidade de retrocessão, nesse caso, porque a lei não estabelece prazo para a utilização do imóvel. E, na verdade, assim é. Para que se entenda infringido o direito de preferência do expropriado, é preciso que se revele, por alguma forma concreta, a intenção do Poder Público de não utilizar o bem para qualquer finalidade de interesse coletivo; deve, no entanto, o expropriado, estar atento ao prazo de prescrição, porque, uma vez caracterizada a desistência pelo Poder Público, começa a correr o prazo para pleitear a retrocessão ou perdas e danos.

Embora houvesse opiniões no sentido de que a prescrição, em se tratando de perdas e danos, ocorria no prazo de cinco anos previsto no Decreto-lei nº 20.910, entendemos mais correta a tese de que a prescrição era a dos direitos reais, estabelecida no art. 177 do Código Civil de 1916 (10 anos entre presentes e 15 entre ausentes); se assim não fosse, estar-se-ia instituindo, em benefício da Fazenda Pública, uma hipótese de usucapião no prazo de cinco anos, não agasalhada quer pela Constituição, quer pela legislação ordinária. Nesse sentido, decisão unânime do STF no ERE 104.591-4 (in *DJU* 10-4-87, p. 6.420).

Pelo atual Código Civil, o art. 205 não faz mais distinção entre ações reais e pessoais para fins de fixação do prazo prescricional; este passa a ser de 10 anos em qualquer hipótese. Com essa nova norma, a jurisprudência do Supremo Tribunal Federal deve ser adaptada, para entender-se que a prescrição, na retrocessão, ocorre no prazo de 10 anos, desde que mantido o entendimento de que a retrocessão é direito real. Caso contrário, o prazo será o quinquenal, válido para as ações contra a Fazenda Pública.

No caso de desapropriação por interesse social, prevista na Lei nº 4.132/62, o art. 3º estabelece um prazo de caducidade, a contar do decreto expropriatório, não só para que se promova a desapropriação, mas também para que se adotem as "providências de aproveitamento do bem expropriado". De modo que, ultrapassados os dois anos, começa a correr o prazo prescricional para a retrocessão.

Na hipótese de desapropriação para reforma agrária, o art. 16 da Lei nº 8.629/93 estabelece o prazo de três anos, contados da data de registro do título translativo de domínio, para que o órgão expropriante destine a respectiva área aos beneficiários da reforma agrária, admitindo-se para tanto formas de exploração individual, condominial, cooperativa, associativa ou mista. Ultrapassados os três anos, começa também a correr o prazo de prescrição para a ação de retrocessão.

Na desapropriação por interesse social de que trata o art. 8º da Lei nº 10.257/01, o Município tem o prazo de cinco anos para proceder ao adequado aproveitamento do imóvel, a contar de sua incorporação ao patrimônio público (§ 4º). Isso significa que, não iniciado o aproveitamento no prazo, surge para o expropriado o direito à retrocessão. Além disso, o Prefeito que se omitir quanto ao adequado aproveitamento do imóvel incide em improbidade administrativa, consoante norma expressa contida no art. 52, II, da Lei nº 10.257/01.

Essa inclusão entre os atos de improbidade nem precisaria constar da lei, porque já decorre da própria Lei de Improbidade (Lei nº 8.429, de 2-6-92) para qualquer hipótese de omissão do Poder Público (art. 11).

RESUMO

1. **Evolução:** do individual para o social.

   Concepção individualista: direito romano; Revolução Francesa; Declaração dos Direitos do Homem e do Cidadão de 1789: propriedade como direito inviolável e sagrado.

   Evolução: crescimento das limitações em benefício do bem-estar social; adoção do princípio da função social da propriedade.

2. **Modalidades no direito brasileiro:** limitações administrativas, ocupação temporária, requisição, tombamento, servidão administrativa, desapropriação, edificação e parcelamento compulsórios.

3. **Fundamentos:** poder de polícia e função social da propriedade.

4. **Função social da propriedade:** inspiração para a inclusão da desapropriação por interesse social na Constituição de 1946.

Previsão constitucional a partir da Constituição de 1967 (como direito individual e como princípio da ordem econômica e social).

Inspiração mais próxima: Doutrina social da Igreja (Encíclicas *Master et Magistra*, do Papa João XXIII, de 1961, e *Centesimus Annus*, de 1991, do Papa João Paulo II: a propriedade aparece com a função de servir de instrumento para a criação de bens necessários à subsistência de toda a humanidade.

Sentido: imposição de obrigações de fazer ao proprietário (vender, cultivar, produzir).

Aplicação: desapropriação para reforma agrária (na zona rural) e desapropriação para fins de ordenação da cidade expressas no Plano Diretor (na zona urbana).

Fundamentos constitucionais: arts. 5º, XXIII, 170, III, 182, §§ 2º e 4º, e 184, da CF.

5. **Delimitação do significado da função social da propriedade pela Constituição:**

   a) **na zona urbana:** adequação ao Plano Diretor do Município (art. 182, § 4º, CF);

   b) **na zona rural:** cumprimento dos requisitos do art. 186 da CF.

6. **Limitações administrativas à propriedade**

Não se confundem com as restrições decorrentes da vizinhança (impostas no interesse privado), porque atendem ao interesse público (segurança, meio ambiente, proteção do patrimônio histórico e cultural, ordem pública etc.).

Não se confundem com a servidão administrativa, porque incidem sobre propriedades indeterminadas e não dão direito a indenização.

Características:

   a) **decorrem de normas gerais e abstratas, constantes de lei** (porque incidem sobre todas as propriedades que se encontrem na mesma situação); se forem individualizadas, confundem-se com a servidão administrativa;

   b) **em regra, não dão direito a indenização,** porque inerentes ao direito de propriedade; admitem indenização se causarem dano específico a certos proprietários;

   c) **conteúdo:** obrigações de fazer e não fazer;

   d) **finalidade:** condicionar o direito de propriedade ao bem-estar social.

7. **Ocupação temporária:** utilização transitória, gratuita ou remunerada, de imóvel de propriedade particular, para fins de interesse público.

Previsão Legal:

– **no Decreto-lei nº 3.365, de 21-6-41** (Lei de Desapropriação, art. 36), como instituto complementar da desapropriação, com os seguintes requisitos:

   a) realização de obras públicas;

   b) necessidade de ocupação de terrenos vizinhos;

   c) inexistência de edificação no terreno ocupado;

   d) obrigatoriedade de indenização;

   e) prestação de caução prévia, quando exigida.

- **na Lei nº 3.924, de 26-7-61** (art. 13, parágrafo único): declaração de utilidade pública da área necessária a escavações arqueológicas, sendo a ocupação autorizada pelo período necessário à execução dos estudos, nos termos do art. 36 do Decreto-lei nº 3.365.

- na Lei nº 14.133, de 1º-4-2021 (art. 104, V) e na **Lei nº 8.987, de 13-2-95** (art. 35, § 2º): para a hipótese de rescisão do contrato administrativo: ocupação provisória de bens móveis, imóveis, instalações, equipamentos, pelo poder público.

- **na Constituição Federal (art. 5º, XXV)**: em caso de perigo público iminente, mediante indenização, se houver dano; hipótese que se confunde com a **requisição**.

Inconfundível com as limitações administrativas (porque incide sobre propriedade determinada e dá direito à indenização), **com as servidões administrativas** (porque tem caráter temporário), **nem com a desapropriação** (porque não implica perda da propriedade).

8. Requisição administrativa

Conceito: ato administrativo unilateral, autoexecutório e oneroso, consistente na utilização de bens ou de serviços particulares pela Administração, para atender a necessidades coletivas em tempo de guerra ou em caso de perigo público iminente.

Diferentes modalidades: de bens móveis e imóveis e de serviços.

Origem: requisição em tempo de guerra ou de comoção intestina grave (arts. 80 da CF de 1891 e 591 do CC de 1916). Regulamentação: Decreto-lei nº 5451, de 30-4-42.

Requisição em tempo de paz: Decreto nº 51.644-A, de 26-11-62.

Requisição de bens e serviços necessários ao abastecimento da população: Decreto-lei nº 2, de 14-1-66, e Decreto nº 57.844, de 18-2-66 (competência da SUNAB).

Requisição na área do SUS: de bens, de serviços, e de pessoas físicas ou jurídicas, mediante indenização, para atendimento de necessidades coletivas, urgentes e transitórias, decorrentes de situações de perigo iminente, calamidade pública ou irrupção de epidemia (Lei nº 8.080, de 19-9-90, art. 15).

Competência legislativa da União: art. 22, III, da CF.

Fundamento constitucional da requisição de propriedade particular: art. 5º, XXV, da CF.

Requisição de bens móveis fungíveis: semelhança com a desapropriação; distinções: na requisição a indenização é *a posteriori* e o fundamento é só o perigo público iminente.

9. Tombamento

Objetivo: proteção do patrimônio cultural, definido pelo art. 216 da CF.

Instrumentos de proteção: inventário, registro, vigilância, tombamento e desapropriação (art. 216, § 1º), além de ações judiciais (ação popular e ação civil pública), que cabem inclusive preventivamente.

Competência comum dos entes federativos: art. 23, III, da CF.

Competência concorrente para legislar: arts. 24, VII, e 30, IX, da CF.

Regulamentação na esfera federal: Decreto-lei nº 25, de 30-11-1937.

Conceito: procedimento administrativo pelo qual o Poder Público sujeita a restrições parciais os bens de qualquer natureza cuja conservação seja de interesse público, por sua vinculação a fatos memoráveis da história ou por seu excepcional valor arqueológico ou etnológico, bibliográfico ou artístico.

Características: o tombamento é sempre **restrição parcial;** é feito mediante procedimento administrativo, que culmina com a inscrição do bem no Livro do Tombo.

Objeto: bens de qualquer natureza, salvo os referidos no art. 3º do Decreto-lei nº 25/1937.

Modalidades:

a) **quanto à constituição: de ofício** (incide sobre bens públicos – art. 5º do DL); **voluntário** (o proprietário solicita ou concorda com a notificação do poder público – art. 7º do DL); e **compulsório** (por iniciativa do poder público, mesmo contra a vontade do proprietário – arts. 8º e 9º do DL);

b) **quanto à eficácia: provisório** (ocorre com a notificação do proprietário) e **definitivo** – art. 10 do DL);

c) **quanto aos destinatários: geral** (atinge todos os bens de um bairro ou cidade) ou **individual** (atinge um bem determinado).

Procedimento: várias fases:

a) **manifestação do órgão técnico** (IPHAN, na esfera federal);

b) **notificação ao proprietário;**

c) **se houver anuência, ocorre o tombamento voluntário;**

d) **se houver impugnação:** nova manifestação do proponente;

e) **decisão pelo** órgão técnico no prazo de 60 dias;

f) **manifestação do Ministro da Cultura:** pela anulação ou homologação;

g) **inscrição no Livro do Tombo** (uns dos previstos no art. 4º do DL) **ou arquivamento do processo.**

Necessidade **transcrição no Registro de Imóveis** (art. 13 do DL).

Possibilidade de **cancelamento do tombamento por motivo de interesse público**, mediante recurso dirigido ao Presidente da República (Decreto-lei nº 3.866, de 29-11-41).

Efeitos do tombamento:

a) **obrigações positivas:** obras de conservação (art. 19 do DL);

b) **obrigações negativas:** impedimento de fazer alterações no bem sem autorização do IPHAN (art. 17); impedimento de retirar os bens móveis tombados do País (art. 14);

c) **obrigação de suportar:** fiscalização pelo órgão técnico;

d) **restrições sobre os imóveis vizinhos** (art. 18): impedimento de realizar obras que impeçam ou reduzam a visibilidade do bem tombado;

e) **obrigações para o IPHAN:** executar obras de conservação, quando o proprietário não puder fazê-lo, ou desapropriar o bem (art. 19, § 1º, do DL); exercer vigilância (art. 20); providenciar a transcrição no Registro de Imóveis (art. 13).

Natureza jurídica: a) o tombamento é ato discricionário; b) natureza jurídica própria, não confundível com as limitações administrativas nem com a servidão administrativa.

10. Servidão administrativa

Servidão no direito civil: é direito real sobre um prédio, instituído em favor de outro prédio (art. 1.378 do CC); características: perpetuidade; não se presume; indivisibilidade; uso moderado.

Servidão administrativa: direito real de gozo, de natureza pública, que incide sobre prédio de propriedade alheia (*res serviens*), com base em lei, por entidade pública ou seus delegados, em benefício de um serviço público ou de outro prédio afetado a fim de utilidade pública (*res dominans*); não depende do consentimento do proprietário; o fundamento é a supremacia do interesse público sobre o particular.

Forma de constituição:

a) **por meio de lei** (independentemente de ato jurídico, unilateral ou bilateral do poder público); exemplo: servidão sobre as margens dos rios navegáveis, servidão ao redor dos aeroportos, servidão ao redor de bem tombado; para alguns, essa hipótese não é servidão, mas limitação administrativa à propriedade; não dá direito a indenização;

b) **por meio de acordo**, precedido de ato declaratório de utilidade pública; ex.: servidão de energia elétrica; semelhante à desapropriação; fundamento no art. 40 do DL 3.365/41; dá direito a indenização, com inclusão de juros compensatórios;

c) **por sentença judicial**, quando não haja acordo ou quando sejam adquiridas por usucapião; dá direito à indenização, também com juros compensatórios.

Extinção (como exceção ao caráter perpétuo): perda da coisa gravada; transformação da coisa por fato incompatível com seu destino; desafetação da coisa dominante; incorporação do imóvel serviente ao patrimônio público.

11. Desapropriação

Evolução no direito brasileiro:

– **Constituição de 1824:** não falava em desapropriação, mas em indenização (art. 179); definição dos casos de desapropriação por necessidade ou utilidade pública pela Lei nº 422, de 1826;

– **CC de 1916, art. 590:** hipóteses de necessidade e utilidade públicas;

– **Constituição de 1891:** previu as duas hipóteses, mediante **indenização prévia**;

– **Constituição de 1934:** exigência de **indenização prévia e justa**; promulgação do Decreto-lei nº 3.365, de 21-6-1941;

– **Constituição de 1946: indenização prévia, justa e em dinheiro**; previsão da desapropriação por interesse social, previstos na Lei nº 4.132, de 10-9-1962;

– **Emenda Constitucional nº 10, de 9-11-64: desapropriação para reforma agrária, com indenização em títulos da dívida pública**; regulamentada pelo Decreto-lei nº 554, de 25-4-69, depois revogado pela Lei Complementar nº 76, de 6-7-93 (com alterações posteriores);

– **Constituição de 1967:** mesmas hipóteses de desapropriação;

– **Constituição de 1988:** mesmas hipóteses e mais: a **desapropriação por descumprimento da função social de imóvel urbano** (art. 184, § 4º, III), disciplinada pelo Estatuto da Cidade (Lei nº 10.257, de 10-7-01, art. 8º), e **desapropriação sem indenização** (art. 243), que incide sobre terras onde se cultivem plantas psicotrópicas (Lei nº 8.257, de 26-11-91).

Modalidades de desapropriação sancionatória:

a) por descumprimento da função social da propriedade urbana (art. 182, § 4º, CF); aplicação do Estatuto da Cidade; competência dos Municípios;

b) por descumprimento da função social da propriedade rural (art. 186 CF); Lei Complementar nº 76, de 6-7-93; competência da União;

c) em decorrência de cultivo de plantas psicotrópicas (art. 243 CF); Lei nº 8.257, de 26-11-91; sem direito a indenização.

Procedimento:

a) **fase declaratória;** efeitos: submete o bem à força expropriatória do Estado; fixa o estado do bem; confere ao poder público o poder de penetrar no imóvel; início do prazo de caducidade da declaração (5 anos, na desapropriação por utilidade pública, e 2 anos na desapropriação por interesse social e na desapropriação para reforma agrária);

b) **fase executória** (administrativa ou judicial); possibilidade de opção pela mediação ou pela via arbitral para definição do valor da indenização (Lei nº 13.867, de 26-8-19).

Pressupostos: necessidade pública, utilidade e interesse social (arts. 5º, XXIV, de 184, CF).

Objeto: todos os bens, móveis ou imóveis, corpóreos ou incorpóreos;

Quanto aos bens públicos: necessidade de autorização legislativa nas hipóteses do art. 2º, § 2º (redação dada pela Lei nº 14.260/2023), salvo se houver acordo entre os entes federativos (§ 2º-A, acrescentado pela Lei nº 14.620/2023);

Indenização: valor do bem desapropriado com as benfeitorias; lucros cessantes e danos emergentes; juros compensatórios em caso de imissão provisória na posse; juros moratórios; honorários advocatícios; custas e despesas judiciais; correção monetária; despesa com desmonte e transporte de mecanismos instalados.

Natureza jurídica: forma originária de aquisição da propriedade.

Imissão provisória na posse: requisitos:

a) declaração de urgência;

b) depósito de quantia em dinheiro;

c) requerimento no prazo de 120 dias.

Possibilidade de transferência da propriedade ao expropriante, a partir da decisão concessiva da imissão provisória, se houver concordância expressa do expropriado (art. 34-A).

Destino dos bens desapropriados: ingresso no patrimônio público do ente expropriante, salvo se a desapropriação for: por zona, para fins de urbanização, para formação de distritos industriais, por interesse social, para assegurar o abastecimento da população, em caráter punitivo.

Desapropriação indireta: feita sem observância do procedimento legal; equiparação ao esbulho; indenização com os mesmos valores da desapropriação direta. Prescrição: prazo de 10 anos (art. 1.238, parágrafo único, do CC).

Retrocessão: direito que tem o expropriado de exigir de volta o seu imóvel caso o mesmo não tenha o destino para que se desapropriou.

7

Atos Administrativos

7.1 FATOS DA ADMINISTRAÇÃO

O Direito Civil faz distinção entre **ato** e **fato**; o primeiro é imputável ao homem; o segundo decorre de acontecimentos naturais, que independem do homem ou que dele dependem apenas indiretamente.

Quando o fato corresponde à descrição contida na norma legal, ele é chamado **fato jurídico** e produz efeitos no mundo do direito. Quando o fato descrito na norma legal produz efeitos no campo do direito administrativo, ele é um **fato administrativo**, como ocorre com a morte de um funcionário, que produz a vacância de seu cargo; com o decurso do tempo, que produz a prescrição administrativa.

Se o fato não produz qualquer efeito jurídico no Direito Administrativo, ele é chamado **fato da Administração**.

7.2 ATOS DA ADMINISTRAÇÃO

Partindo-se da ideia da divisão de funções entre os três Poderes do Estado, pode-se dizer, em sentido amplo, que **todo ato praticado no exercício da função administrativa é ato da Administração**.

Essa expressão – *ato da Administração* – tem sentido mais amplo do que a expressão **ato administrativo**, que abrange apenas determinada categoria de atos praticados no exercício da função administrativa.

Dentre os atos da Administração, incluem-se:

1. os **atos de direito privado**, como doação, permuta, compra e venda, locação;
2. os **atos materiais** da Administração, que não contêm manifestação de vontade, mas que envolvem apenas execução, como a demolição de uma casa, a apreensão de mercadoria, a realização de um serviço;
3. os chamados **atos de conhecimento, opinião, juízo ou valor**, que também não expressam uma vontade e que, portanto, também não podem produzir efeitos jurídicos; é o caso dos atestados, certidões, pareceres, votos;
4. os **atos políticos**, que estão sujeitos a regime jurídico-constitucional;
5. os **contratos**;
6. os **atos normativos** da Administração, abrangendo decretos, portarias, resoluções, regimentos, de efeitos gerais e abstratos;
7. os **atos administrativos propriamente ditos**.

Dependendo do critério mais ou menos amplo que se utilize para conceituar o ato administrativo, nele se incluirão ou não algumas dessas categorias de atos da Administração.

O importante é dar um conceito que permita individualizar o ato administrativo como categoria própria, na qual se incluam todos os atos da Administração que apresentem as mesmas características, sujeitando-se a idêntico regime jurídico.

7.3 ORIGEM DA EXPRESSÃO

Onde existe Administração Pública, existe *ato administrativo*; no entanto, nem sempre se utilizou essa expressão, pois se falava mais comumente em atos do Rei, atos do Fisco, atos da Coroa.

Embora não se saiba exatamente em que momento a expressão foi utilizada pela primeira vez, o certo é que o primeiro texto legal que fala em atos da Administração Pública em geral, foi a Lei de 16/24-8-1790, que vedava aos Tribunais conhecerem de "operações dos corpos administrativos". Depois, a mesma proibição constou da Lei de 3-9-1795, onde se proibiu "aos tribunais conhecer dos atos da administração, qualquer que seja a sua espécie". Essas normas é que deram origem, na França, ao contencioso administrativo; para separar as competências, houve necessidade de elaboração de listas dos atos da Administração excluídos da apreciação judicial.

Em texto doutrinário, a primeira menção encontra-se no Repertório Merlin, de Jurisprudência, na sua edição de 1812, onde ato administrativo se define como "ordenança ou decisão de autoridade administrativa, que tenha relação com a sua função".

Na realidade, a noção de ato administrativo só começou a ter sentido a partir do momento em que se tornou nítida a separação de funções, subordinando-se cada uma delas a regime jurídico próprio. Décio Carlos Ulla (1982:24) demonstra que a noção de ato administrativo é contemporânea ao constitucionalismo, à aparição do princípio da separação de poderes e à submissão da Administração Pública ao Direito (Estado de Direito); vale dizer que é produto de certa concepção ideológica; só existe nos países em que se reconhece a existência de um **regime jurídico-administrativo**, a que se sujeita a Administração Pública, diverso do regime de direito privado.

Onde não se adota esse regime, como nos sistemas da *common law*, a noção de ato administrativo, tal como a conhecemos, não é aceita.

O mesmo autor indica certos pressupostos institucionais considerados necessários para a existência e o conceito de ato administrativo:

a) existência de vários Poderes do Estado, um dos quais pode definir-se como Poder Executivo;

b) existência de certa divisão de atribuições entre esses Poderes;

c) submissão do Estado às normas jurídicas por ele mesmo emanadas (Estado de Direito) com o que a ação administrativa também fica sob o primado da lei (princípio da legalidade);

d) conjunto autônomo de normas jurídicas preestabelecidas pelo ordenamento jurídico e que sejam próprias e exclusivas da Administração Pública, constituindo um **regime jurídico administrativo** distinto do direito comum; onde não haja o reconhecimento da existência de um regime jurídico administrativo não existe o conceito de ato administrativo, pois, nessa hipótese, todos os atos praticados pela Administração Pública são atos jurídicos de direito comum, ou seja, iguais aos praticados por particulares, sob regime jurídico de direito privado.

Nos países filiados ao sistema do ***common law*** (como Estados Unidos e Inglaterra), embora já exista o direito administrativo, nega-se a existência de um regime jurídico a que se sujeite a Administração, diverso do regime a que se submetem os particulares; o direito é comum (*common law*) para as duas espécies de sujeitos.

Foi, portanto, nos países filiados ao sistema europeu continental, em especial França, Itália e Alemanha, que teve origem e se desenvolveu a concepção de ato administrativo.

7.4 CONCEITO

Inúmeros critérios têm sido adotados para definir o ato administrativo, alguns deles já superados.

Dentre eles, merecem realce os critérios **subjetivo** e **objetivo**, o primeiro levando em consideração o órgão que pratica o ato e, o segundo, o tipo de atividade exercida.

Pelo critério **subjetivo, orgânico** ou **formal**, ato administrativo é o que ditam os órgãos administrativos; ficam excluídos os atos provenientes dos órgãos legislativo e judicial, ainda que tenham a mesma natureza daqueles; e ficam incluídos todos os **atos da Administração**, pelo só fato de serem emanados de órgãos administrativos, como os atos normativos do Executivo, os atos materiais, os atos enunciativos, os contratos.

Esse critério tem sido criticado por faltar-lhe rigor científico: deixa fora do conceito de ato administrativo os atos praticados pelo Legislativo e Judiciário e sujeitos a idêntico regime jurídico que os emanados dos órgãos administrativos, só pelo fato de não emanarem destes. Por exemplo, a punição de um servidor, a concessão de férias, de licença, de aposentadoria são atos de idêntica natureza, seja qual for o órgão que o pratique. Além disso, o conceito coloca na mesma categoria – ato administrativo – atos da Administração sujeitos a disciplina jurídica diversa, como é o caso dos atos de direito privado por ela praticados.

Pelo critério **objetivo, funcional** ou **material**, ato administrativo é somente aquele praticado no exercício concreto da **função administrativa**, seja ele editado pelos órgãos administrativos ou pelos órgãos judiciais e legislativos.

Esse critério parte da divisão de funções do Estado: a legislativa, a judicial e a administrativa. Embora haja três Poderes, a distribuição das funções entre eles não é rígida; cada qual exerce **predominantemente** uma função que lhe é própria, mas, paralelamente, desempenha algumas atribuições dos outros Poderes. Assim, a função administrativa cabe, precipuamente, ao Poder Executivo, mas os outros Poderes, além de disporem de órgãos administrativos (integrando o conceito de Administração Pública), ainda exercem, eles próprios, função tipicamente administrativa. Juízes e parlamentares desempenham algumas atribuições tipicamente administrativas, que dizem respeito ao funcionamento interno de seus órgãos e servidores. No desempenho dessas funções, praticam atos administrativos.

Considerando, pois, as três funções do Estado, sabe-se que a **administrativa** caracteriza-se por prover, de maneira **imediata e concreta,** as exigências individuais ou coletivas para a satisfação dos interesses públicos preestabelecidos em lei. Costuma-se apontar três características essenciais da função administrativa: é **parcial**, **concreta** e **subordinada**. É **parcial** no sentido de que o órgão que a exerce é parte nas relações jurídicas que decide, distinguindo-se, sob esse aspecto, da função jurisdicional; é **concreta**, porque aplica a lei aos casos concretos, faltando-lhe a característica de generalidade e abstração própria da lei; é **subordinada**, porque está sujeita a **controle jurisdicional**.

Partindo-se dessa ideia de função administrativa para definir o ato administrativo, já se pode concluir que só integram essa categoria os atos que produzem efeitos concretos, o que exclui os atos normativos do Poder Executivo, em especial os regulamentos, pois estes, da mesma forma que a lei, produzem efeitos gerais e abstratos.

No entanto, não basta dizer que ato administrativo é o praticado no exercício da função administrativa, porque isto incluiria determinados atos da Administração sujeitos a regime jurídico diferente, tal como ocorre com os atos de direito privado.

Pode-se dizer que o critério objetivo é o que preferem os doutrinadores na atualidade; mas como ele é insuficiente, procuram acrescentar novos elementos ao conceito para permitir identificar, dentre os atos praticados no exercício da função administrativa, aqueles que podem ser considerados **atos administrativos propriamente ditos**, surgindo uma série de **concepções mistas**, que combinam diferentes critérios.

Para alguns, é a presença da **potestade pública** que caracteriza o ato administrativo; seriam dessa natureza apenas os atos que a Administração Pública pratica com prerrogativas próprias do Poder Público. Para outros, é o **regime jurídico administrativo** que caracteriza o ato administrativo e o diferencia do ato de direito privado da Administração; assim, tanto o ato individual, como o normativo, estando sujeitos a regimes idênticos, podem ser considerados atos administrativos. Há, ainda, aqueles que só consideram atos administrativos os que contêm uma **declaração de vontade** que produz efeitos jurídicos; isto exclui os atos que contêm declaração de **opinião** (parecer) e de **conhecimento** (certidão).

No direito brasileiro, alguns autores definem o ato administrativo a partir do conceito de ato jurídico. Consideram que este é o gênero de que aquele é uma das espécies. Com efeito, o conceito de ato jurídico pertence à teoria geral do direito, não sendo específico do Direito Civil.

O art. 81 do CC de 1916 definia o ato jurídico como sendo "todo ato lícito, que tenha por fim imediato adquirir, resguardar, transferir, modificar ou extinguir direitos".

Os mesmos elementos caracterizadores do ato jurídico – manifestação de vontade, licitude e produção de efeitos jurídicos imediatos – estão presentes no ato administrativo, de acordo com essa concepção.

José Cretella Júnior (1977:19), adotando essa orientação, define o ato administrativo como "a manifestação de vontade do Estado, por seus representantes, no exercício regular de suas funções, ou por qualquer pessoa que detenha, nas mãos, fração de poder reconhecido pelo Estado, que tem por finalidade imediata criar, reconhecer, modificar, resguardar ou extinguir situações jurídicas subjetivas, em matéria administrativa".

Aos elementos do art. 81 do CC ele acrescentou o agente (que é sempre o poder público ou pessoa que o represente) e a matéria administrativa.

Por esse conceito, sendo o ato **manifestação de vontade**, ficam excluídos os atos que encerram **opinião, juízo** ou **conhecimento**. Produzindo **efeitos imediatos**, ficam excluídos os **atos normativos** do Poder Executivo, como os regulamentos. O autor preferiu, pois, um conceito restrito.

Também Celso Antônio Bandeira de Mello (1981:12-32) adota critério semelhante; aponta, de um lado, os traços que distinguem o ato administrativo do ato jurídico privado; e, de outro, os traços que o distinguem dos atos legislativo e jurisdicional. A partir daí, define-o como "a declaração do Estado ou de quem lhe faça as vezes, expedida em nível inferior à lei – a título de cumpri-la – sob regime de direito público e sujeita a controle de legitimidade por órgão jurisdicional".

Esse conceito é amplo e abrange atos individuais e normativos, unilaterais e bilaterais (contratos), declarações de juízo, de conhecimento, de opinião e de vontade. Com referência a "regime de direito público", distingue o ato administrativo do ato de direito privado; com a expressão "expedidas em nível inferior à lei – a título de cumpri-la", distingue o ato administrativo da lei; na parte final, referindo-se ao "controle de legitimidade por órgão jurisdicional", diferencia o ato administrativo do ato jurisdicional. Na parte inicial, ao falar em "declaração do Estado ou de quem lhe faça as vezes", ressalta o fato de que o ato administrativo pode ser praticado não só pelo Poder Executivo, mas também pelos outros Poderes do Estado.

Preferimos conceito um pouco menos amplo, que exclua os atos normativos do Poder Executivo que, como se verá mais adiante, têm características próprias.

Para definir o ato administrativo, é necessário considerar os seguintes dados:

1. ele constitui **declaração do Estado** ou de quem lhe faça as vezes; é preferível falar em **declaração** do que em **manifestação**, porque aquela compreende sempre uma exteriorização do pensamento, enquanto a manifestação pode não ser exteriorizada; o próprio silêncio pode significar manifestação de vontade e produzir efeito jurídico, sem que corresponda a um ato administrativo; falando-se em **Estado**, abrangem-se tanto os órgãos do Poder Executivo como os dos demais Poderes, que também podem editar atos administrativos;
2. sujeita-se a **regime jurídico administrativo**, pois a Administração aparece com todas as prerrogativas e restrições próprias do poder público; com isto, afastam-se os atos de direito privado praticados pelo Estado;
3. **produz efeitos jurídicos imediatos**; com isso, distingue-se o ato administrativo da lei e afasta-se de seu conceito o regulamento que, quanto ao conteúdo, é ato normativo, mais semelhante à lei; e afastam-se também os atos não produtores de efeitos jurídicos diretos, como os atos materiais e os atos enunciativos;
4. é sempre passível de controle judicial;
5. sujeita-se à lei.

As duas últimas características colocam o ato administrativo como uma das modalidades de ato praticado pelo Estado, pois o diferenciam do ato normativo e do ato judicial.

Com esses elementos, pode-se definir o **ato administrativo** como **a declaração do Estado ou de quem o represente, que produz efeitos jurídicos imediatos, com observância da lei, sob regime jurídico de direito público e sujeita a controle pelo Poder Judiciário.**

O Código Civil de 2002 não mantém o conceito de ato jurídico contido no art. 81 do Código Civil de 1916, preferindo falar em negócio jurídico. A preferência por essa expressão justifica-se pelo fato de que nem todo ato jurídico é praticado com a intenção precípua de produzir efeitos jurídicos. Ainda que determinados atos jurídicos possam produzir efeitos jurídicos, não são praticados com esse intuito específico, como ocorre, por exemplo, no pagamento indevido. Já nos negócios jurídicos existe o intuito de produzir efeitos jurídicos.

Na realidade, os atos jurídicos compreendem os atos jurídicos em sentido estrito (que não têm o intuito de produzir efeitos jurídicos, embora os produzam) e os negócios jurídicos (praticados com o intuito específico de produzir determinados efeitos jurídicos). Os negócios jurídicos, por sua vez, podem ser unilaterais ou bilaterais (contratos).

A teoria dos negócios jurídicos, com origem no direito alemão, fundamenta-se no princípio da autonomia da vontade, aplicado no âmbito do direito privado.

No direito administrativo, onde a Administração Pública não dispõe de autonomia da vontade, porque está obrigada a cumprir a vontade da lei, o conceito de negócio jurídico não pode ser utilizado com relação ao ato administrativo unilateral.

Por essa razão, a alteração do Código Civil não afeta o conceito de ato administrativo; a referência ao art. 81 do Código Civil anterior fica valendo como referência histórica inafastável, porque deu origem ao conceito de ato administrativo no direito brasileiro.

7.5 ATO ADMINISTRATIVO E PRODUÇÃO DE EFEITOS JURÍDICOS

Dentre os **atos da Administração** distinguem-se os que produzem e os que não produzem efeitos jurídicos. Estes últimos não são atos administrativos propriamente ditos, já que não se enquadram no respectivo conceito.

Nessa última categoria, entram:

1. os **atos materiais**, de simples execução, como a reforma de um prédio, um trabalho de datilografia, a limpeza das ruas etc.;
2. os despachos de encaminhamento de papéis e processos;
3. os atos **enunciativos** ou de **conhecimento**, que apenas atestam ou declaram a existência de um direito ou situação, como os atestados, certidões, declarações, informações;
4. os **atos de opinião**, como os pareceres e laudos.

Em todas essas hipóteses, não há produção de **efeitos jurídicos imediatos** como decorrência dos atos. A sua ausência não caracteriza nulidade, a não ser que integrem um procedimento; não podem nem mesmo ser impugnados judicialmente.

Existem, no entanto, determinados atos que são **preparatórios** ou **acessórios** do ato principal, mas que não podem ser excluídos da noção de ato administrativo, porque ou integram um **procedimento** ou fazem parte de um **ato complexo**. Nesse caso, eles são condições de validade do ato principal; sem eles, este não produz efeitos jurídicos; além disso, podem ser impugnados separadamente. Cite-se o exemplo dos atos que compõem o procedimento da licitação ou de um concurso público de ingresso no funcionalismo.

7.6 ATRIBUTOS

Visto que o ato administrativo é espécie de ato jurídico, cumpre apresentar os atributos que o distinguem dos atos de direito privado, ou seja, as características que permitem afirmar que ele se submete a um **regime jurídico administrativo** ou a um **regime jurídico de direito público**.

Não há uniformidade de pensamento entre os doutrinadores na indicação dos atributos do ato administrativo; alguns falam apenas em **executoriedade**; outros acrescentam a **presunção de legitimidade**; outros desdobram em inúmeros atributos, compreendendo a imperatividade, a revogabilidade, a tipicidade, a estabilidade, a impugnabilidade, a executoriedade (que alguns desdobram em executoriedade e exigibilidade).

Serão aqui consideradas a presunção de legitimidade ou de veracidade, a imperatividade, a executoriedade e a autoexecutoriedade, que correspondem, na realidade, a verdadeiras **prerrogativas** do poder público, dentre as muitas que o colocam em posição de supremacia sobre o particular, já que os atos por este editados não dispõem dos mesmos atributos; será analisada também a tipicidade.

7.6.1 Presunção de legitimidade e veracidade

Embora se fale em *presunção de legitimidade* ou *de veracidade* como se fossem expressões com o mesmo significado, as duas podem ser desdobradas, por abrangerem situações diferentes. A **presunção de legitimidade** diz respeito à conformidade do ato com a lei; em decorrência desse atributo, presumem-se, até prova em contrário, que os atos administrativos foram emitidos com observância da lei.

A **presunção de veracidade** diz respeito aos **fatos**; em decorrência desse atributo, presumem-se verdadeiros os fatos alegados pela Administração. Assim ocorre com relação às certidões, atestados, declarações, informações por ela fornecidos, todos dotados de fé pública.

Diversos são os fundamentos que os autores indicam para justificar esse atributo do ato administrativo:

1. o procedimento e as formalidades que precedem a sua edição, os quais constituem garantia de observância da lei;
2. o fato de ser uma das formas de expressão da soberania do Estado, de modo que a autoridade que pratica o ato o faz com o consentimento de todos;
3. a necessidade de assegurar celeridade no cumprimento dos atos administrativos, já que eles têm por fim atender ao interesse público, predominante sobre o particular;
4. o controle a que se sujeita o ato, quer pela própria Administração, quer pelos demais Poderes do Estado, sempre com a finalidade de garantir a legalidade;
5. a sujeição da Administração ao *princípio da legalidade*, o que faz presumir que todos os seus atos tenham sido praticados de conformidade com a lei, já que cabe ao poder público a sua tutela.

Nas palavras de Cassagne (s/d:327-328), "a presunção de legitimidade constitui um princípio do *ato administrativo* que encontra seu fundamento na presunção de validade que acompanha todos os atos estatais, princípio em que se baseia, por sua vez, o dever do administrado de cumprir o ato administrativo". Acrescenta que, se não existisse esse princípio, toda a atividade administrativa seria diretamente questionável, obstaculizando o cumprimento dos fins públicos, ao antepor um interesse individual de natureza privada ao interesse coletivo ou social, em definitivo, o interesse público.

Na realidade, essa prerrogativa, como todas as demais dos órgãos estatais, são inerentes à ideia de "poder" como um dos elementos integrantes do conceito de Estado, e sem o qual este não assumiria a sua posição de supremacia sobre o particular.

Da presunção de veracidade decorrem alguns efeitos:

1. enquanto não decretada a invalidade do ato pela própria Administração ou pelo Judiciário, ele produzirá efeitos da mesma forma que o ato válido, devendo ser cumprido; os Estatutos dos Funcionários Públicos costumam estabelecer norma que abranda o rigor do princípio, ao incluir, entre os deveres do funcionário, o de obediência, salvo se o ato for **manifestamente ilegal**. Para suspender a eficácia do ato administrativo, o interessado pode ir a juízo ou usar de recursos administrativos, desde que estes tenham efeito suspensivo;
2. o Judiciário não pode apreciar *ex officio* a validade do ato; sabe-se que, em relação ao ato jurídico de direito privado, o art. 168 do CC determina que as nulidades absolutas podem ser alegadas por qualquer interessado ou pelo Ministério Público, quando lhe couber intervir, e devem ser **pronunciadas pelo juiz**, quando conhecer do ato ou dos seus efeitos; o mesmo não ocorre em relação ao ato administrativo, cuja nulidade só pode ser decretada pelo Judiciário a pedido da pessoa interessada;
3. a **presunção de veracidade** inverte o ônus da prova; é errado afirmar que a presunção de **legitimidade** produz esse efeito, uma vez que, quando se trata de confronto entre o ato e a lei, não há matéria de fato a ser produzida; nesse caso, o efeito é apenas o anterior, ou seja, o juiz só apreciará a nulidade se arguida pela parte.

Alguns autores têm impugnado esse último efeito da presunção. Gordillo (1979, t. 3, cap. 5:27) cita a lição de Treves e de Micheli, segundo a qual a presunção de legitimidade do ato administrativo importa uma *relevatio ad onera agendi*, mas nunca uma *relevatio ad onera probandi*; segundo Micheli, a presunção de legitimidade não é suficiente para formar a convicção do juiz no caso de falta de elementos instrutórios e nega que se possa basear no princípio de que "na dúvida, a favor do Estado", mas sim no de que "na dúvida, a favor da liberdade"; em outras palavras, para esse autor, a presunção de legitimidade do ato administrativo não inverte o ônus da prova, nem libera a Administração de trazer as provas que sustentem a ação.

Na realidade, não falta parcela de razão a esses autores; inverte-se, sem dúvida nenhuma, o **ônus de agir**, já que a parte interessada é que deverá provar, perante o Judiciário, a alegação de ilegalidade do ato; inverte-se, também, o ônus da prova, porém não de modo absoluto: a parte que propôs a ação deverá, em princípio, provar que os **fatos** em que se fundamenta a sua pretensão são verdadeiros; porém isto não libera a Administração de provar a sua verdade, tanto assim que a própria lei prevê, em várias circunstâncias, a possibilidade de o juiz ou o promotor público requisitar da Administração documentos que comprovem as alegações necessárias à instrução do processo e à formação da convicção do juiz.

Quanto ao **alcance** da presunção, cabe realçar que ela existe, com as limitações já analisadas, em todos os atos da Administração, inclusive os de direito privado, pois se trata de prerrogativa inerente ao Poder Público, presente em todos os atos do Estado, qualquer que seja a sua natureza. Esse atributo distingue o ato administrativo do ato de direito privado praticado pela própria Administração.

7.6.2 Imperatividade

Imperatividade é o atributo pelo qual os atos administrativos se impõem a terceiros, independentemente de sua concordância.

Decorre da prerrogativa que tem o Poder Público de, por meio de atos unilaterais, impor obrigações a terceiros; é o que Renato Alessi chama de "poder extroverso", "que permite ao Poder Público editar atos que vão além da esfera jurídica do sujeito emitente, ou seja, que interferem na esfera jurídica de outras pessoas, constituindo-as, unilateralmente, em obrigações" (apud Celso Antônio Bandeira de Mello, 2019:427).

A imperatividade não existe em todos os atos administrativos, mas apenas naqueles que impõem obrigações; quando se trata de ato que confere direitos solicitados pelo administrado (como na licença, autorização, permissão, admissão) ou de ato apenas enunciativo (certidão, atestado, parecer), esse atributo inexiste.

A imperatividade é uma das características que distingue o ato administrativo do ato de direito privado; este último não cria qualquer obrigação para terceiros sem a sua concordância.

7.6.3 Autoexecutoriedade

Consiste a autoexecutoriedade em atributo pelo qual o ato administrativo pode ser posto em execução pela própria Administração Pública, sem necessidade de intervenção do Poder Judiciário.

No direito privado, são muito raras as hipóteses de execução sem título; a regra é a da *nulla executio sine titulo*. São exemplos de execução direta a legítima defesa, a retenção da bagagem do hóspede que não pague as despesas de hospedagem, a defesa da posse em caso de esbulho, o corte de ramos da árvore do vizinho que invadem a propriedade alheia.

No Direito Administrativo, a autoexecutoriedade não existe, também, em todos os atos administrativos; ela só é possível:

1. quando expressamente prevista em lei. Em matéria de contrato, por exemplo, a Administração Pública dispõe de várias medidas autoexecutórias, como a retenção da caução, a utilização dos equipamentos e instalações do contratado para dar continuidade à execução do contrato, a encampação etc.; também em matéria de polícia administrativa, a lei prevê medidas autoexecutórias, como a apreensão de mercadorias, o fechamento de casas noturnas, a cassação de licença para dirigir;
2. quando se trata de medida urgente que, caso não adotada de imediato, possa ocasionar prejuízo maior para o interesse público; isso acontece no âmbito também da polícia administrativa, podendo-se citar, como exemplo, a demolição de prédio que ameaça ruir, o internamento de pessoa com doença contagiosa, a dissolução de reunião que ponha em risco a segurança de pessoas e coisas.

Esse atributo é chamado, pelos franceses, de *privilège d'action d'office* ou *privilège du préalable*; porém, alguns autores o desdobram em dois: a exigibilidade, que corresponde ao *privilège du préalable*, pelo qual a Administração toma decisões executórias criando obrigação para o particular sem necessitar ir preliminarmente a juízo; e a **executoriedade**, que corresponde ao *privilège d'action d'office* (privilégio da ação de ofício), que permite à Administração executar diretamente a sua decisão pelo uso da força.

O que é importante ressaltar é o fato de que, em ambas as hipóteses, a Administração pode autoexecutar as suas decisões, com meios coercitivos próprios, sem necessitar do Poder Judiciário. A diferença, nas duas hipóteses, está apenas no meio coercitivo; no caso da **exigibilidade**, a Administração se utiliza de **meios indiretos** de coerção, como a multa ou outras penalidades administrativas impostas em caso de descumprimento do ato. Na **executoriedade**, a Administração emprega **meios diretos** de coerção, compelindo **materialmente** o administrado a fazer alguma coisa, utilizando-se inclusive da força. Na primeira hipótese, os meios de coerção vêm sempre definidos na lei; na segunda, podem ser utilizados, independentemente de previsão legal, para atender situação emergente que ponha em risco a segurança, a saúde ou outro interesse da coletividade.

Embora se diga que a decisão executória dispensa a Administração de ir preliminarmente a juízo, essa circunstância não afasta o controle judicial *a posteriori*, que pode ser provocado pela pessoa que se sentir lesada pelo ato administrativo, hipótese em que poderá incidir a regra da responsabilidade objetiva do Estado por ato de seus agentes (art. 37, § 6º, da Constituição). Também é possível ao interessado pleitear, pela via administrativa ou judicial, a suspensão do ato ainda não executado.

7.6.4 Tipicidade

Tipicidade é o atributo pelo qual o ato administrativo deve corresponder a figuras definidas previamente pela lei como aptas a produzir determinados resultados. Para cada finalidade que a Administração pretende alcançar existe um ato definido em lei.

Trata-se de decorrência do princípio da legalidade, que afasta a possibilidade de a Administração praticar atos inominados; estes são possíveis para os particulares, como decorrência do princípio da autonomia da vontade.

Esse atributo representa uma garantia para o administrado, pois impede que a Administração pratique atos dotados de imperatividade e executoriedade, vinculando unilateralmente o particular, sem que haja previsão legal; também fica afastada a possibilidade de ser praticado ato totalmente discricionário, pois a lei, ao prever o ato, já define os limites em que a discricionariedade poderá ser exercida.

A tipicidade só existe com relação aos atos unilaterais; não existe nos contratos porque, com relação a eles, não há imposição de vontade da Administração, que depende sempre da aceitação do particular; nada impede que as partes convencionem um contrato inominado, desde que atenda melhor ao interesse público e ao do particular.

7.7 ELEMENTOS

Nessa matéria, o que se observa é a divergência doutrinária quanto à indicação dos **elementos** do ato administrativo, a começar pelo próprio vocábulo *elementos*, que alguns preferem substituir por *requisitos*. Também existe divergência quanto à indicação desses elementos e à terminologia adotada.

Há um autor italiano, Humberto Fragola, que escrevendo sobre "Gli atti amministrativi", fala, por analogia com as ciências médicas, em **anatomia** do ato administrativo, para indicar os elementos que o compõem; com isso ele pretende examinar os vícios que esses elementos possam apresentar sob o título de **patologia** dos atos administrativos.

Cretella Júnior (1977:22) adota essa terminologia e define a anatomia do ato administrativo como "o conjunto dos cinco elementos básicos constitutivos da manifestação da vontade da Administração, ou seja, o **agente**, o **objeto**, a **forma**, o **motivo** e o **fim**".

Quanto à diferença entre **elementos** e **requisitos**, ele diz que os primeiros dizem respeito à **existência** do ato, enquanto são indispensáveis para sua **validade**. Nesse caso, **agente, forma** e **objeto** seriam os elementos de **existência** do ato, enquanto os requisitos seriam esses mesmos elementos acrescidos de caracteres que lhe dariam condições para produzir efeitos jurídicos: agente **capaz**, objeto **lícito** e forma **prescrita ou não defesa em lei.**

No entanto, como a maioria dos autores, ele prefere empregar os vocábulos como sinônimos.

É a orientação aqui adotada e que está consagrada no direito positivo brasileiro a partir da Lei nº 4.717, de 29-6-65 (Lei da ação popular), cujo art. 2º, ao indicar os atos nulos, menciona os cinco elementos dos atos administrativos: **competência, forma, objeto, motivo** e **finalidade.**

Apenas com relação à **competência** é preferível fazer referência ao **sujeito**, já que a competência é apenas um dos atributos que ele deve ter para validade do ato; além de **competente**, deve ser **capaz**, nos termos do Código Civil.

Portanto, pode-se dizer que os elementos do ato administrativo são o **sujeito**, o **objeto**, a **forma**, o **motivo** e a **finalidade**. A só indicação desses elementos já revela as peculiaridades com que o tema é tratado no direito administrativo, quando comparado com o direito privado; neste, consideram-se elementos do ato jurídico (ou negócio jurídico, na terminologia do novo Código Civil) apenas o sujeito, o objeto e a forma.

À semelhança do Direito Civil, alguns administrativistas costumam dividir os elementos dos atos administrativos em **essenciais** e **acidentais** ou **acessórios**; os primeiros são necessários à validade do ato e compreendem os cinco elementos já indicados; os segundos são os que ampliam ou restringem os efeitos jurídicos do ato e compreendem o **termo**, a **condição** e o **modo** ou **encargo**. Os elementos acidentais referem-se ao objeto do ato e só podem existir nos atos discricionários, porque decorrem da vontade das partes.

7.7.1 Sujeito

Sujeito é aquele a quem a lei atribui competência para a prática do ato.

No direito civil, o sujeito tem que ter **capacidade**, ou seja, tem que ser titular de direitos e obrigações que possa exercer, por si ou por terceiros.

No direito administrativo não basta a capacidade; é necessário também que o sujeito tenha **competência**.

Partindo-se da ideia de que só o ente com personalidade jurídica é titular de direitos e obrigações, pode-se dizer que, no direito brasileiro, quem tem capacidade para a prática de atos administrativos são as pessoas públicas políticas (União, Estados, Municípios e Distrito Federal).

Ocorre que as funções que competem a esses entes são distribuídas entre **órgãos administrativos** (como os Ministérios, Secretarias e suas subdivisões) e, dentro destes, entre seus agentes, pessoas físicas.

Assim, a competência tem que ser considerada nesses três aspectos; em relação às **pessoas jurídicas** políticas, a distribuição de competência consta da Constituição Federal; em relação aos **órgãos** e **servidores**, encontra-se nas **leis**.

Pode-se, portanto, definir competência como o **conjunto de atribuições das pessoas jurídicas, órgãos e agentes, fixadas pelo direito positivo.**

A competência decorre da lei, por força dos arts. 61, § 1º, II, da Constituição e art. 25 de suas Disposições Transitórias, cabendo lembrar que, pela Emenda Constitucional nº 32, de 2001, foi alterado o art. 84, inciso VI, com o objetivo de atribuir competência ao Presidente da República para "dispor mediante decreto, sobre: a) organização e funcionamento da administração federal, quando não implicar aumento de despesa nem criação ou extinção de órgãos públicos". Quem organiza tem que definir competências. Vale dizer que, no âmbito federal, as competências poderão ser definidas por decreto.

É interessante a colocação feita por Renato Alessi (1970, t. I:82), aplicável ao direito brasileiro. Ele distingue, dentro da organização administrativa, dois tipos de órgãos:

a) os que têm individualidade jurídica, pelo fato de que o círculo das atribuições e competências que os integram é marcado por normas jurídicas propriamente ditas (leis);
b) os que não têm essa individualidade jurídica, uma vez que o círculo de suas atribuições não está assinalado por normas jurídicas propriamente ditas, mas por normas administrativas de caráter interno, de tal modo que, sob o ponto de vista jurídico, tais órgãos são apenas elementos de um conjunto maior.

Essa distinção tem, para ele, os seguintes efeitos: as normas jurídicas em matéria de criação ou supressão de órgãos somente se aplicam aos primeiros; os outros podem ser criados e extintos livremente pela Administração.

Além disso, as normas sobre **competência** que tenham caráter propriamente jurídico somente se aplicam aos primeiros.

Embora a competência do Poder Executivo tenha sido reduzida a quase nada, em decorrência dos já citados dispositivos constitucionais, isso não impede que se faça, internamente, subdivisão dos órgãos criados e estruturados por lei, como também não impede a criação de órgãos como comissões, conselhos e grupos de trabalho.

Só que, nessas hipóteses, aplicam-se os efeitos referidos por Alessi, ou seja, a **competência**, com valor e conteúdo propriamente jurídicos, só existe com relação aos órgãos criados e estruturados por **lei**; com relação aos demais, a competência terá valor meramente administrativo. Em consequência, somente se pode falar em **incompetência** propriamente dita (como vício do ato administrativo), no caso em que haja sido infringida a competência definida em **lei**.

Aplicam-se à competência as seguintes regras:

1. **decorre sempre da lei**, não podendo o próprio órgão estabelecer, por si, as suas atribuições;

2. é **inderrogável**, seja pela vontade da Administração, seja por acordo com terceiros; isto porque a competência é conferida em benefício do interesse público;
3. pode ser objeto de **delegação** ou de **avocação**, desde que não se trate de competência conferida a determinado órgão ou agente, com exclusividade, pela lei.

Quanto à previsão em lei, há que se lembrar a possibilidade de omissão do legislador quanto à fixação da competência para a prática de determinados atos. A rigor, não havendo lei, entende-se que competente é o Chefe do Poder Executivo, já que ele é a autoridade máxima da organização administrativa, concentrando em suas mãos a totalidade das competências não outorgadas em caráter privativo a determinados órgãos. No entanto, a Lei nº 9.784, de 29-1-99, que dispõe sobre o processo administrativo no âmbito da Administração Pública Federal, adotou critério diverso, determinado, no art. 17, que, inexistindo competência legal específica, o processo administrativo deverá ser iniciado perante a autoridade de menor grau hierárquico para decidir.

As características da inderrogabilidade e da possibilidade de delegação e avocação, já amplamente aceitas pela doutrina, constam hoje de norma expressa do direito positivo. A Lei nº 9.784/99 determina, no art. 11, que "*a competência é irrenunciável e se exerce pelos órgãos administrativos a que foi atribuída como própria, salvo os casos de delegação e avocação legalmente admitidos*".

Embora o dispositivo dê a impressão de que a delegação somente é possível quando a lei permita, na realidade, o poder de delegar é inerente à organização hierárquica que caracteriza a Administração Pública, conforme visto no item 3.4.3. A regra é a possibilidade de delegação; a exceção é a impossibilidade, que só ocorre quando se trate de competência outorgada com exclusividade a determinado órgão. Essa ideia está presente no art. 12 da mesma lei, segundo o qual "um órgão administrativo e seu titular poderão, se não houver impedimento legal, delegar parte de sua competência a outros órgãos ou titulares, ainda que estes não lhe sejam hierarquicamente subordinados, quando for conveniente, em razão de circunstâncias de índole técnica, social, econômica, jurídica ou territorial". Pelo parágrafo único, o dispositivo é aplicável também à delegação de competência dos órgãos colegiados aos respectivos presidentes.

O art. 13 da lei exclui a delegação para:

I – **a edição de atos de caráter normativo**;
II – **a decisão de recursos administrativos**, já que o recurso administrativo também é decorrência da hierarquia e há de ser decidido por cada instância separadamente, sob pena de perder sentido; se a autoridade superior pudesse delegar a decisão do recurso, estaria praticamente extinguindo uma instância recursal;
III – **as matérias de competência exclusiva do órgão ou autoridade**, pois, se assim não fosse, a delegação implicaria infringência à lei que reservou a matéria à competência de determinado órgão ou autoridade.

Também a possibilidade de avocação existe como regra geral decorrente da hierarquia, desde que não se trate de competência exclusiva do subordinado. No entanto, o art. 15 da Lei nº 9.784/99 restringiu a possibilidade de avocação, só a admitindo temporariamente e por motivos relevantes devidamente justificados. A norma talvez se justifique porque, para o subordinado, cuja competência foi avocada, a avocação sempre aparece como uma *capitis diminutio*.

A distribuição de competência pode levar em conta vários critérios:

1. em razão da **matéria**, a competência se distribui entre os Ministérios (na esfera federal) e entre as Secretarias (nos âmbitos estadual e municipal);

2. em razão do **território**, distribui-se por zonas de atuação;
3. em razão do grau **hierárquico**, as atribuições são conferidas segundo o maior ou menor grau de complexidade e responsabilidade;
4. em razão do **tempo**, determinadas atribuições têm que ser exercidas em períodos determinados, como ocorre quando a lei fixa prazo para a prática de certos atos; também pode ocorrer a proibição de certos atos em períodos definidos pela lei, como de nomear ou exonerar servidores em período eleitoral;
5. em razão do **fracionamento**, a competência pode ser distribuída por órgãos diversos, quando se trata de **procedimento** ou de atos **complexos**, com a participação de vários órgãos ou agentes.

7.7.2 Objeto

Objeto ou **conteúdo** é o efeito jurídico imediato que o ato produz.

Sendo o ato administrativo espécie do gênero ato jurídico, ele só existe quando produz efeito jurídico, ou seja, quando, em decorrência dele, nasce, extingue-se, transforma-se um determinado direito. Esse efeito jurídico é o **objeto** ou **conteúdo** do ato.

Para identificar-se esse elemento, basta verificar o que o ato **enuncia, prescreve, dispõe.**

Alguns autores distinguem **conteúdo** e **objeto.** É o caso de Régis Fernandes de Oliveira (1978:54) que, baseando-se na lição de Zanobini, diz que o objeto é a coisa, a atividade, a relação de que o ato se ocupa e sobre a qual vai recair o conteúdo do ato. Dá como exemplo a demissão do servidor público, em que o objeto é a relação funcional do servidor com a Administração e sobre a qual recai o conteúdo do ato, ou seja, a demissão. Na desapropriação, o conteúdo do ato é a própria desapropriação e o objeto é o imóvel sobre o qual recai.

O importante, no entanto, é deixar claro que, para o ato administrativo, o que interessa é considerar o segundo aspecto, ou seja, a produção de efeitos jurídicos. Quando se parte da ideia de que o ato administrativo é espécie do gênero ato jurídico e quando se fala, em relação a este, de **objeto** como um dos seus elementos integrantes, nada impede, antes é aconselhável, que se utilize o mesmo vocábulo no direito administrativo.

Como no direito privado, o **objeto** deve ser **lícito** (conforme à lei), **possível** (realizável no mundo dos fatos e do direito), **certo** (definido quanto ao destinatário, aos efeitos, ao tempo e ao lugar), e **moral** (em consonância com os padrões comuns de comportamento, aceitos como corretos, justos, éticos).

Também à semelhança do negócio jurídico de direito privado, o objeto do ato administrativo pode ser **natural** ou **acidental**. Objeto **natural** é o efeito jurídico que o ato produz, sem necessidade de expressa menção; ele decorre da própria natureza do ato, tal como definido na lei. Objeto **acidental** é o efeito jurídico que o ato produz em decorrência de cláusulas acessórias apostas ao ato pelo sujeito que o pratica; ele traz alguma alteração no objeto natural; compreende o **termo**, o **modo** ou **encargo** e a **condição**.

Pelo **termo**, indica-se o dia em que inicia ou termina a eficácia do ato.

O **modo** é um ônus imposto ao destinatário do ato.

A **condição** é a cláusula que subordina o efeito do ato a evento futuro e incerto; pode ser **suspensiva**, quando suspende o início da eficácia do ato, e **resolutiva**, quando, verificada, faz cessar a produção de efeitos jurídicos do ato.

7.7.3 Forma

Encontram-se na doutrina duas concepções da **forma** como elemento do **ato administrativo**:

1. uma concepção **restrita**, que considera forma como a **exteriorização do ato**, ou seja, o modo pelo qual a declaração se exterioriza; nesse sentido, fala-se que o ato pode ter a forma escrita ou verbal, de decreto, portaria, resolução etc.;
2. uma concepção **ampla**, que inclui no conceito de forma, não só a exteriorização do ato, mas também todas as formalidades que devem ser observadas durante o processo de formação da vontade da Administração, e até os requisitos concernentes à publicidade do ato.

Partindo-se da ideia de **elemento** do ato administrativo como condição de **existência** e de **validade** do ato, não há dúvida de que a inobservância das formalidades que precedem o ato e o sucedem, desde que estabelecidas em lei, determinam a sua invalidade. É verdade que, na concepção restrita de **forma**, considera-se cada ato isoladamente; e, na concepção ampla, considera-se o ato dentro de um **procedimento**. Neste último, existe, na realidade, uma sucessão de atos administrativos preparatórios da decisão final; cada ato deve ser analisado separadamente em seus cinco elementos: sujeito, objeto, forma, motivo e finalidade.

Ocorre que tanto a inobservância da forma como a do procedimento produzem o mesmo resultado, ou seja, a ilicitude do ato. Por exemplo, se a lei exige a forma escrita e o ato é praticado verbalmente, ele será nulo; se a lei exige processo disciplinar para demissão de um funcionário, a falta ou o vício naquele procedimento invalida a demissão, ainda que esta estivesse correta, quando isoladamente considerada.

Não há dúvida, pois, que a observância das formalidades constitui requisito de validade do ato administrativo, de modo que o procedimento administrativo integra o conceito de **forma**.

No direito administrativo, o aspecto formal do ato é de muito maior relevância do que no direito privado, já que a obediência à forma (no sentido estrito) e ao procedimento constitui **garantia jurídica** para o administrado e para a própria Administração; é pelo respeito à forma que se possibilita o controle do ato administrativo, quer pelos seus destinatários, quer pela própria Administração, quer pelos demais Poderes do Estado.

A obediência à forma não significa, no entanto, que a Administração esteja sujeita a formas rígidas e sacramentais; o que se exige, a rigor, é que seja adotada, como **regra**, a forma escrita, para que tudo fique documentado e passível de verificação a todo momento; a não ser que a lei preveja expressamente determinada forma (como decreto, resolução, portaria etc.), a Administração pode praticar o ato pela forma que lhe parecer mais adequada. Normalmente, as formas mais rigorosas são exigidas quando estejam em jogo direitos dos administrados, como ocorre nos concursos públicos, na licitação, no processo disciplinar.

Na Lei nº 9.784/99 (Lei do Processo Administrativo na esfera federal), o art. 22 consagra praticamente, como regra, o informalismo do ato administrativo, ao determinar que "os atos do processo administrativo não dependem de forma determinada senão quando a lei expressamente a exigir". Apenas exige, no § 1º, que os atos sejam produzidos "por escrito, em vernáculo, com a data e o local de sua realização e a assinatura da autoridade responsável". Além disso, o reconhecimento de firma somente será exigido quando houver dúvida de autenticidade (§ 2º) e a autenticação de documentos exigidos em cópia poderá ser feita pelo órgão administrativo (§ 3º).

O Decreto nº 9.094, de 17-7-17 (com alterações posteriores), que regulamenta a Lei nº 13.460, de 26-6-17 (que dispõe sobre participação, proteção e defesa dos direitos do usuário dos serviços públicos na administração pública) reafirma a dispensa do reconhecimento de firma e da autenticação em documentos produzidos no País. Além disso, no art. 1º, inclui entre as diretrizes nas relações entre si e com os usuários dos serviços públicos a "eliminação de formalidades e exigências cujo custo econômico ou social seja superior ao risco envolvido" (art. 1º, V).

A Lei nº 13.726, de 8-10-18, racionaliza atos e procedimentos administrativos dos Poderes da União, dos Estados, do Distrito Federal e dos Municípios e institui o Selo de Desburocratização e Simplificação. Na realidade, a lei fere a autonomia de Estados e Municípios para estabelecerem normas sobre seus procedimentos administrativos.

No art. 3º, a Lei dispensa o cidadão, nas relações dos órgãos e entidades dos Poderes de todas as esferas de governo, da apresentação de várias exigências, como reconhecimento de firma, autenticação de cópia de documento, juntada de documento pessoal do usuário, certidão de nascimento, título de eleitor, autorização com firma reconhecida para viagem de menor, se os pais estiverem presentes no embarque. O art. 6º estabelece que "ressalvados os casos que impliquem imposição de deveres, ônus, sanções ou restrições ao exercício de direitos e atividades, a comunicação entre o Poder Público e o cidadão poderá ser feita por qualquer meio, inclusive comunicação verbal, direta ou telefônica, e correio eletrônico, devendo a circunstância ser registrada quando necessário".

Pelo art. 7º fica instituído o Selo de Desburocratização e Simplificação, "destinado a reconhecer e a estimular projetos, programas e práticas que simplifiquem o funcionamento da administração pública e melhorem o atendimento aos usuários dos serviços públicos". Os órgãos que receberem o Selo serão inscritos em Cadastro Nacional de Desburocratização (art. 9º).

Excepcionalmente, admitem-se ordens verbais, gestos, apitos, sinais luminosos; lembrem-se as hipóteses do superior dando ordens ao seu subordinado ou do policial dirigindo o trânsito. Há, ainda, casos excepcionais de cartazes e placas expressarem a vontade da Administração, como os que proíbem estacionar nas ruas, vedam acesso de pessoas a determinados locais, proíbem fumar. Em todas essas hipóteses, tem que se tratar de gestos ou sinais convencionais, que todos possam compreender. A Lei nº 13.726/18 determina, no art. 6º, que, "ressalvados os casos que impliquem imposição de deveres, ônus, sanções ou restrições ao exercício de direitos e atividades, a comunicação entre o Poder Público e o cidadão poderá ser feita por qualquer meio, inclusive comunicação verbal, direta ou telefônica, e correio eletrônico, devendo a circunstância ser registrada quando necessário". Até mesmo o **silêncio** pode significar forma de manifestação da vontade, quando a lei assim o prevê; normalmente ocorre quando a lei fixa um prazo, findo o qual o silêncio da Administração significa concordância ou discordância. A Lei nº 14.129, de 29-3-21, que dispõe sobre princípios, regras e instrumentos para o Governo Digital e para o aumento da eficiência pública, prevê a prática de atos processuais por meio digital, conforme tratado no item 3.4.14 do capítulo terceiro deste livro.

Integra o conceito de **forma** a **motivação** do ato administrativo, ou seja, a exposição dos fatos e do direito que serviram de fundamento para a prática do ato; a sua ausência impede a verificação de legitimidade do ato.

Finalmente, ainda quanto à forma, pode-se aplicar ao ato administrativo a classificação das formas em essenciais e não essenciais, consoante afetem ou não a existência e a validade do ato; no entanto, a distinção tem sido repelida, por não existirem critérios seguros para distinguir umas e outras; às vezes, decorre da própria lei essa distinção, tal como se verifica no processo disciplinar, em que a ampla defesa é essencial, sob pena de nulidade da punição; também o **edital**, na concorrência, ou o **decreto**, na expropriação. A ausência dessas formalidades invalida irremediavelmente todo o procedimento e o ato final objetivado pela Administração, sem possibilidade de convalidação.

Em outras hipóteses, em que a decisão administrativa não afeta direitos individuais, mas é imposta apenas para ordenamento interno ou para facilitar o andamento do serviço, a forma não é essencial; por exemplo, a lei estabelece requisitos para que o administrado exerça o seu direito de petição, mas a sua inobservância nem sempre tem o condão de impedir o seu recebimento pela Administração, já que esta tem, de ofício, o dever de observar a lei e de exercer a tutela sobre os próprios atos; assim, nada impede que conheça do pedido se verificar que assiste razão ao requerente.

É só o exame de cada caso concreto que permite concluir se a forma é ou não essencial; terá essa qualidade necessariamente quando for estabelecida como **garantia** de respeito aos direitos individuais.

7.7.4   Finalidade

Finalidade é o resultado que a Administração quer alcançar com a prática do ato.

Enquanto o **objeto** é o efeito jurídico **imediato** que o ato produz (aquisição, transformação ou extinção de direitos), a finalidade é o efeito **mediato**.

Distingue-se do **motivo**, porque este antecede a prática do ato, correspondendo aos fatos, às circunstâncias, que levam a Administração a praticar o ato. Já a finalidade sucede à prática do ato, porque corresponde a algo que a Administração quer alcançar com a sua edição.

Tanto **motivo** como **finalidade** contribuem para a formação da **vontade** da Administração: diante de certa situação de fato ou de direito (motivo), a autoridade pratica certo ato (objeto) para alcançar determinado resultado (finalidade).

Pode-se falar em **fim** ou **finalidade** em dois sentidos diferentes:

1. em sentido amplo, a finalidade corresponde à consecução de um resultado de interesse público; nesse sentido, se diz que o ato administrativo tem que ter **finalidade pública**;
2. em sentido restrito, finalidade é o resultado específico que cada ato deve produzir, conforme definido na lei; nesse sentido, se diz que a finalidade do ato administrativo é sempre a que decorre explícita ou implicitamente da lei.

É o legislador que define a finalidade que o ato deve alcançar, não havendo liberdade de opção para a autoridade administrativa; se a lei coloca a **demissão** entre os atos punitivos, não pode ela ser utilizada com outra finalidade que não a de punição; se a lei permite a **remoção** *ex officio* do funcionário para atender a necessidade do serviço público, não pode ser utilizada para finalidade diversa, como a de punição.

Seja infringida a finalidade legal do ato (em sentido estrito), seja desatendido o seu fim de interesse público (sentido amplo), o ato será ilegal, por **desvio de poder**. Tanto ocorre esse vício quando a Administração remove o funcionário a título de punição, como no caso em que ela desapropria um imóvel para perseguir o seu proprietário, inimigo político. No primeiro caso, o ato foi praticado com finalidade diversa da prevista na lei; no segundo, fugiu ao interesse público e foi praticado para atender ao fim de interesse particular da autoridade.

7.7.5   Motivo

Motivo é o pressuposto de fato e de direito que serve de fundamento ao ato administrativo.

Pressuposto **de direito** é o dispositivo legal em que se baseia o ato.

Pressuposto **de fato**, como o próprio nome indica, corresponde ao conjunto de circunstâncias, de acontecimentos, de situações que levam a Administração a praticar o ato.

No ato de punição do funcionário, o motivo é a **infração** que ele praticou; no tombamento, é o valor cultural do bem; na licença para construir, é o conjunto de requisitos comprovados pelo proprietário; na exoneração do funcionário estável, é o pedido por ele formulado.

A ausência de motivo ou a indicação de motivo falso invalidam o ato administrativo.

Não se confundem **motivo** e **motivação** do ato. Motivação é a exposição dos motivos, ou seja, é a demonstração, por escrito, de que os pressupostos de fato realmente existiram. Para punir, a Administração deve demonstrar a prática da infração. A motivação diz respeito às formalidades do ato, que integram o próprio ato, vindo sob a forma de "consideranda"; outras vezes, está contida em parecer, laudo, relatório, emitido pelo próprio órgão expedidor do ato ou por outro órgão, técnico ou jurídico, hipótese em que o ato faz remissão a esses atos precedentes. O importante é que o ato possa ter a sua legalidade comprovada.

Discute-se se a motivação é ou não obrigatória. Para alguns, ela é obrigatória quando se trata de ato **vinculado**, pois, nesse caso, a Administração deve demonstrar que o ato está em conformidade com os motivos indicados na lei; para outros, ela somente é obrigatória no caso dos atos discricionários, porque nestes é que se faz mais necessária a motivação, pois, sem ela, não se teria meios de conhecer e controlar a legitimidade dos motivos que levaram a Administração a praticar o ato.

Entendemos que a motivação é, em regra, necessária, seja para os atos vinculados, seja para os atos discricionários, pois constitui garantia de legalidade, que tanto diz respeito ao interessado como à própria Administração Pública; a motivação é que permite a verificação, a qualquer momento, da legalidade do ato, até mesmo pelos demais Poderes do Estado. Note-se que o art. 111 da Constituição Paulista de 1989 inclui a motivação entre os princípios da Administração Pública; do mesmo modo, o art. 2º, parágrafo único, VII, da Lei nº 9.784, de 29-1-99, que disciplina o processo administrativo federal, prevê a observância desse princípio, e o art. 50 indica as hipóteses em que a motivação é obrigatória.

A Lei de Introdução às Normas do Direito Brasileiro (Decreto-lei nº 4.657, de 4-9-42), com a introdução de novos dispositivos pela Lei nº 13.655, de 25-4-18, trouxe novas exigências quanto à motivação, conforme ressaltado no capítulo 3, item 3.4.13, desta obra. O maior rigor quanto à motivação dirige-se não somente à Administração Pública, mas também especificamente aos órgãos de controle.

Ainda relacionada com o **motivo**, há a **teoria dos motivos determinantes**, em consonância com a qual a validade do ato se vincula aos motivos indicados como seu fundamento, de tal modo que, se inexistentes ou falsos, implicam a sua nulidade. Por outras palavras, quando a Administração motiva o ato, mesmo que a lei não exija a motivação, ele só será válido se os motivos forem verdadeiros.

Tomando-se como exemplo a exoneração *ad nutum*, para a qual a lei não define o motivo, se a Administração praticar esse ato alegando que o fez por falta de verba e depois nomear outro funcionário para a mesma vaga, o ato será nulo por vício quanto ao motivo.

Também é o caso da revogação de um ato de permissão de uso, sob alegação de que a mesma se tornou incompatível com a destinação do bem público objeto de permissão; se a Administração, a seguir, permitir o uso do mesmo bem a terceira pessoa, ficará demonstrado que o ato de revogação foi ilegal por vício quanto ao motivo.

7.8 DISCRICIONARIEDADE E VINCULAÇÃO

7.8.1 Conceito

Para o desempenho de suas funções no organismo Estatal, a Administração Pública dispõe de poderes que lhe asseguram posição de supremacia sobre o particular e sem os quais ela não conseguiria atingir os seus fins. Mas esses poderes, no Estado de Direito, entre cujos postulados básicos se encontra o princípio da legalidade, são limitados pela lei, de forma a impedir os abusos e as arbitrariedades a que as autoridades poderiam ser levadas.

Isto significa que os poderes que exerce o administrador público são **regrados** pelo sistema jurídico vigente. Não pode a autoridade ultrapassar os limites que a lei traça à sua atividade, sob pena de ilegalidade.

No entanto, esse regramento pode atingir os vários aspectos de uma atividade determinada; neste caso se diz que o poder da Administração é **vinculado**, porque a lei não deixou opções; ela estabelece que, diante de determinados requisitos, a Administração deve agir de tal ou qual forma. Por isso mesmo se diz que, diante de um poder vinculado, o particular tem um **direito subjetivo** de exigir da autoridade a edição de determinado ato, sob pena de, não o fazendo, sujeitar-se à correção judicial.

Em outras hipóteses, o regramento não atinge todos os aspectos da atuação administrativa; a lei deixa certa margem de liberdade de decisão diante do caso concreto, de tal modo que a autoridade poderá optar por uma dentre várias soluções possíveis, todas válidas perante o direito. Nesses casos, o poder da Administração é **discricionário**, porque a adoção de uma ou outra solução é feita segundo critérios de oportunidade, conveniência, justiça, equidade, próprios da autoridade, porque não definidos pelo legislador. Mesmo aí, entretanto, o poder de ação administrativa, embora discricionário, não é totalmente livre, porque, sob alguns aspectos, em especial a competência, a forma e a finalidade, a lei impõe limitações. Daí por que se diz que a discricionariedade implica liberdade de atuação nos limites traçados pela lei; se a Administração ultrapassa esses limites, a sua decisão passa a ser **arbitrária**, ou seja, contrária à lei.

Pode-se, pois, concluir que a atuação da Administração Pública no exercício da função administrativa é vinculada quando a lei estabelece a única solução possível diante de determinada situação de fato; ela fixa todos os requisitos, cuja existência a Administração deve limitar-se a constatar, sem qualquer margem de apreciação subjetiva.

E a atuação é discricionária quando a Administração, diante do caso concreto, tem a possibilidade de apreciá-lo segundo critérios de oportunidade e conveniência e escolher uma dentre duas ou mais soluções, todas válidas para o direito (ver Di Pietro, 2001*b*).

7.8.2   Justificação

Para justificar a existência da discricionariedade, os autores apelam para um critério **jurídico** e um **prático**.

Sob o ponto de vista jurídico, utiliza-se a teoria da formação do Direito por degraus, de Kelsen: considerando-se os vários graus pelos quais se expressa o Direito, a cada ato acrescenta-se um elemento novo não previsto no anterior; esse acréscimo se faz com o uso da discricionariedade; esta existe para tornar possível esse acréscimo.

Se formos considerar a situação vigente no direito brasileiro, constataremos que, a partir da norma de grau superior – a Constituição –, outras vão sendo editadas, como leis e regulamentos, até chegar-se ao ato final de aplicação ao caso concreto. Em cada um desses degraus, acrescenta-se um elemento inovador, sem o qual a norma superior não teria condições de ser aplicada.

Sob o ponto de vista **prático**, a discricionariedade justifica-se, quer para **evitar o automatismo** que ocorreria fatalmente se os agentes administrativos não tivessem senão que aplicar rigorosamente as normas preestabelecidas, quer para suprir a impossibilidade em que se encontra o legislador de prever todas as situações possíveis que o administrador terá que enfrentar, isto sem falar que a discricionariedade é indispensável para permitir o poder de iniciativa da Administração, necessário para atender às infinitas, complexas e sempre crescentes necessidades coletivas. A dinâmica do interesse público exige flexibilidade de atuação, com a qual pode revelar-se incompatível o moroso procedimento de elaboração das leis.

7.8.3 Âmbito de aplicação da discricionariedade

A fonte da discricionariedade é a própria lei; aquela só existe nos espaços deixados por esta. Nesses espaços, a atuação livre da Administração é previamente legitimada pelo legislador. Normalmente essa discricionariedade existe:

a) quando a lei expressamente a confere à Administração, como ocorre no caso da norma que permite a remoção *ex officio* do funcionário, a critério da Administração, para atender à conveniência do serviço;
b) quando a lei é omissa, porque não lhe é possível prever todas as situações supervenientes ao momento de sua promulgação, hipótese em que a autoridade deverá decidir de acordo com princípios extraídos do ordenamento jurídico;
c) quando a lei prevê determinada competência, mas não estabelece a conduta a ser adotada; exemplos dessa hipótese encontram-se em matéria de poder de polícia, em que é impossível à lei traçar todas as condutas possíveis diante de lesão ou ameaça de lesão à vida, à segurança pública, à saúde.

É amplo o âmbito de atuação discricionária da Administração Pública. Só que a discricionariedade nunca é total, já que alguns aspectos são sempre vinculados à lei.

Cumpre, pois, analisar onde é possível localizar-se a discricionariedade.

Um primeiro aspecto ao qual concerne a discricionariedade é o concernente ao **momento** da prática do ato. Se a lei nada estabelece a respeito, a Administração escolhe o momento que lhe pareça mais adequado para atingir a consecução de determinado fim. Dificilmente o legislador tem condições de fixar um momento preciso para a prática do ato. O que ele normalmente faz é estabelecer um prazo para que a Administração adote determinadas decisões, com ou sem sanções para o caso de seu descumprimento; às vezes, a lei estabelece que o vencimento do prazo implica consequência determinada, como ocorre com o prazo de 15 dias para que o Executivo vete ou sancione projeto de lei aprovado pelo Legislativo: vencido o prazo, o **silêncio** do Executivo implica sanção do projeto (art. 66, § 3º, da Constituição). Nessas hipóteses, há uma limitação quanto ao momento da prática do ato, mas ainda assim persiste a discricionariedade, porque, dentro do tempo delimitado, a autoridade escolhe o que lhe parece mais conveniente.

A discricionariedade ainda pode dizer respeito a uma escolha entre o agir e o não agir; se, diante de certa situação, a Administração está obrigada a adotar determinada providência, a sua atuação é vinculada; se ela tem possibilidade de escolher entre atuar ou não, existe discricionariedade. Sirva de exemplo o caso de ocorrência de ilícito administrativo: a Administração é obrigada a apurá-lo e a punir os infratores, sob pena de condescendência criminosa (art. 320 do Código Penal). Em outro caso: realizada uma licitação, a Administração pode ter de optar entre a celebração do contrato ou a revogação da licitação, segundo razões de interesse público devidamente demonstradas.

A discricionariedade ou vinculação pode ainda referir-se aos **elementos** do ato administrativo: sujeito, objeto, forma, motivo e finalidade.

Com relação ao **sujeito**, o ato é sempre vinculado; só pode praticá-lo aquele a quem a lei conferiu competência.

No que diz respeito à **finalidade**, também existe **vinculação** e não discricionariedade, se bem que a matéria mereça ser analisada com cuidado. Foi visto que em dois sentidos se pode considerar a finalidade do ato: em sentido amplo, ela corresponde sempre ao interesse público; em sentido restrito, corresponde ao resultado específico que decorre, explícita ou implicitamente da lei, para cada ato administrativo.

No primeiro sentido, pode-se dizer que a finalidade seria discricionária, porque a lei se refere a ela usando noções vagas e imprecisas, como ordem pública, moral, segurança, bem-estar. Quando a lei não estabelece critérios objetivos que permitam inferir quando tais fins são alcançados, haverá discricionariedade administrativa. Por exemplo: a autorização para fazer reunião em praça pública será outorgada segundo a autoridade competente entenda que ela possa ou não ofender a ordem pública.

No segundo sentido, a finalidade é sempre vinculada; para cada ato administrativo previsto na lei, há uma finalidade específica que não pode ser contrariada. Por exemplo: a finalidade do ato de demissão é sempre a de punir o infrator, de modo que se for praticado, por exemplo, para atender à conveniência do serviço será ilegal; a remoção *ex officio* do funcionário só pode dar-se para atender à conveniência do serviço, de modo que, se for feita para punir, será ilegal.

Com relação à **forma**, os atos são em geral vinculados porque a lei previamente a define, estabelecendo, por exemplo, que serão expressos por meio de decreto, de resolução, de portaria etc. Eventualmente, a lei prevê mais de uma forma possível para praticar o mesmo ato: o contrato pode ser celebrado, em determinadas hipóteses, por meio de ordem de serviço, nota de empenho, carta de autorização; a ciência de determinado ato ao interessado pode, quando a lei permita, ser dada por meio de publicação ou de notificação direta. Nesses casos, existe discricionariedade com relação à forma.

Porém, onde mais comumente se localiza a **discricionariedade** é no **motivo** e no **conteúdo** do ato.

Considerando o **motivo** como o pressuposto de fato que antecede a prática do ato, ele pode ser vinculado ou discricionário.

Será vinculado quando a lei, ao descrevê-lo, utilizar noções precisas, vocábulos unissignificativos, conceitos matemáticos, que não dão margem a qualquer apreciação subjetiva. Exemplo: terá direito à aposentadoria o funcionário que completar 35 anos de serviço público ou 70 anos de idade; fará jus à licença-prêmio o funcionário que completar 5 anos de serviço, sem punições e sem ultrapassar número certo de faltas justificadas.

O motivo será discricionário quando:

1. a lei não o definir, deixando-o ao inteiro critério da Administração; é o que ocorre na exoneração *ex officio* do funcionário nomeado para cargo de provimento em comissão (exoneração *ad nutum*); não há qualquer motivo previsto na lei para justificar a prática do ato;
2. a lei define o motivo utilizando noções vagas, vocábulos plurissignificativos, os chamados **conceitos jurídicos indeterminados**, que deixam à Administração a possibilidade de apreciação segundo critérios de oportunidade e conveniência administrativa; é o que ocorre quando a lei manda punir o servidor que praticar "falta grave" ou "procedimento irregular", sem definir em que consistem; ou quando a lei prevê o tombamento de bem que tenha valor artístico ou cultural, também sem estabelecer critérios objetivos que permitam o enquadramento do bem nesses conceitos.

No que diz respeito aos conceitos jurídicos indeterminados, ainda há muita polêmica, podendo-se falar de duas grandes correntes: a dos que entendem que eles não conferem discricionariedade à Administração, porque, diante deles, a Administração tem que fazer um trabalho de **interpretação** que leve à única solução válida possível; e a dos que entendem que eles podem conferir discricionariedade à Administração, desde que se trate de conceitos de valor, que impliquem a possibilidade de apreciação do interesse público, em cada caso concreto, afastada a discricionariedade diante de certos conceitos de experiência ou de conceitos técnicos, que não admitem soluções alternativas.

Esta segunda corrente é a que tem mais aceitação no direito brasileiro. No entanto, a grande dificuldade está em definir aprioristicamente todas as hipóteses em que o uso de conceitos indeterminados implica a existência de discricionariedade para a Administração. É só pelo exame da lei, em cada caso, que podem ser extraídas as conclusões.

Em determinadas hipóteses, não há dúvida: a lei usa **conceitos técnicos** que dependem de manifestação de órgão técnico, não cabendo à Administração mais do que uma solução juridicamente válida. Assim, quando a lei assegura o direito à aposentadoria por invalidez, a decisão da Administração fica vinculada a laudo técnico, fornecido pelo órgão especializado competente, que concluirá sobre a invalidez ou não para o trabalho; não resta qualquer margem de discricionariedade administrativa.

Existem também os chamados **conceitos de experiência** ou **empíricos**, em que a discricionariedade fica afastada, porque existem critérios objetivos, práticos, extraídos da experiência comum, que permitem concluir qual a única solução possível. Quando a lei usa esse tipo de expressão é porque quer que ela seja empregada no seu sentido usual. É o caso de expressões como *caso fortuito* ou *força maior, jogos de azar, premeditação, bons antecedentes*.

Já nos casos de **conceitos de valor**, como os de moralidade, interesse público, utilidade pública etc. a discricionariedade pode existir, embora não signifique liberdade total, isenta de qualquer limite. Muitas vezes, a matéria de fato permite tornar determinado um conceito que na lei aparece como indeterminado. É o caso, por exemplo, da expressão *notório saber jurídico*; ela é indeterminada quando aparece na lei, porém pode tornar-se determinada pelo exame do currículo da pessoa a que se atribui essa qualidade.

Com relação ao **objeto** ou **conteúdo**, o ato será vinculado quando a lei estabelecer apenas um objeto como possível para atingir determinado fim; por exemplo, quando a lei prevê uma única penalidade possível para punir uma infração. E será discricionário quando houver vários objetos possíveis para atingir o mesmo fim, sendo todos eles válidos perante o direito; é o que ocorre quando a lei diz que, para a mesma infração, a Administração pode punir o funcionário com as penas de suspensão ou de multa.

7.8.4 Legalidade e mérito do ato administrativo

A partir da ideia de que certos elementos do ato administrativo são sempre vinculados (a competência e a finalidade, em sentido estrito), pode-se afirmar que não existe ato administrativo inteiramente discricionário. No ato vinculado, todos os elementos vêm definidos na lei; no ato discricionário, alguns elementos vêm definidos na lei, com precisão, e outros são deixados à decisão da Administração, com maior ou menor liberdade de apreciação da oportunidade e conveniência.

Por isso se diz que o ato vinculado é analisado apenas sob o aspecto da legalidade e que o ato discricionário deve ser analisado sob o aspecto da **legalidade** e do **mérito**: o primeiro diz respeito à conformidade do ato com a lei e o segundo diz respeito à oportunidade e conveniência diante do interesse público a atingir.

Nem todos os autores brasileiros falam em **mérito** para designar os aspectos discricionários do ato. Os que o fazem foram influenciados pela doutrina italiana. É o caso de Seabra Fagundes (1984:131) que, expressando de forma adequada o sentido em que o vocábulo é utilizado, diz que "o mérito se relaciona com a intimidade do ato administrativo, concerne ao seu valor intrínseco, à sua valorização sob critérios comparativos. Ao ângulo do merecimento, não se diz que o ato é ilegal ou legal, senão que é ou não é o que devia ser, que é bom ou mau, que é pior ou melhor do que outro. E por isto é que os administrativistas o conceituam, uniformemente, como o aspecto do ato administrativo, relativo à conveniência, à oportunidade, à utilidade intrínseca do ato, à sua justiça, à finalidade, aos princípios da boa gestão, à obtenção dos desígnios genéricos e específicos, inspiradores da atividade estatal".

Resumidamente, afirma-se que o mérito é o aspecto do ato administrativo relativo à conveniência e oportunidade; só existe nos atos discricionários. Seria um aspecto do ato administrativo cuja apreciação é reservada à competência da Administração Pública. Daí a afirmação de que o Judiciário não pode examinar o mérito dos atos administrativos.

Trata-se de vocábulo consagrado no Direito brasileiro e que, durante muito tempo, tem servido de palavra mágica que detém o controle do Poder Judiciário sobre os atos da Administração. Sempre se relacionou o mérito com a discricionariedade administrativa, pois aquele só existe onde esta está presente.

Mais recentemente, após a Constituição de 1988, a doutrina e a jurisprudência têm se insurgido contra a ideia de insindicabilidade do mérito pelo Poder Judiciário. E, na realidade, houve considerável evolução no controle judicial sobre os atos administrativos, com grandes avanços sobre o exame do chamado mérito. O exame dos fatos (motivos do ato), a sua valoração, a sua razoabilidade e proporcionalidade em relação aos fins, a sua moralidade, eram vistos como matéria de mérito, insuscetíveis de controle judicial. Se o juiz se deparasse com um conceito jurídico indeterminado na lei, como interesse público, utilidade pública, urgência, notório saber, moralidade, ele se eximia do dever de apreciar tais aspectos, sob a alegação de que se tratava de matéria de mérito.

Com o passar dos tempos, inúmeras teorias foram sendo elaboradas para justificar a extensão do controle judicial sobre aspectos antes considerados como abrangidos pelo conceito de mérito. A teoria do desvio de poder permitiu o exame da finalidade do ato, inclusive sob o aspecto do atendimento do interesse público; a teoria dos motivos determinantes permitiu o exame dos fatos ou motivos que levaram à prática do ato; a teoria dos conceitos jurídicos indeterminados e a sua aceitação como conceitos jurídicos permitiu que o Judiciário passasse a examiná-los e a entrar em aspectos que também eram considerados de mérito; a chamada constitucionalização **dos princípios**[1] da Administração também veio limitar a discricionariedade administrativa e possibilitar a ampliação do controle judicial sobre os atos discricionários.

Com a constitucionalização dos princípios, especialmente no art. 37, *caput*, da Constituição e em outros dispositivos esparsos, sem falar nos que são considerados implícitos (como os da segurança jurídica, razoabilidade, motivação), o conceito de legalidade adquiriu um novo sentido, mais amplo, que abrange não só os atos normativos, como também os princípios e valores previstos implícita ou explicitamente na Constituição. Hoje fala-se em legalidade em sentido restrito (para abranger as matérias que exigem lei, como ato legislativo propriamente dito) e legalidade em sentido amplo. Nos dois sentidos, a legalidade limita a ação da Administração Pública. A ampliação da legalidade trouxe como consequência a redução da discricionariedade e a ampliação do controle judicial sobre aspectos que antes eram considerados como mérito. Por outras palavras, o que ocorreu foi uma sensível redução do mérito do ato administrativo, porque aspectos que eram considerados como mérito, insuscetíveis de controle judicial, passaram a ser vistos como de legalidade, em sentido amplo.

Isso não significa, ao contrário do que se afirma, que não mais exista discricionariedade administrativa e que não mais exista o mérito. Existem inúmeros exemplos de atos administrativos

---

[1] Sobre o assunto, v. nosso trabalho sobre "constitucionalização do direito administrativo: reflexos sobre o princípio da legalidade e a discricionariedade administrativa", in DI PIETRO, Maria Sylvia Zanella; RIBEIRO, Carlos Vinícius Alves. *Supremacia do interesse público e outros temas relevantes do direito administrativo*. São Paulo: Atlas, 2010, p. 175-196.

em que a lei reserva para a Administração Pública a apreciação do mérito (entendido como oportunidade e conveniência): a revogação de ato discricionário e precário, como a autorização e a permissão de uso de bem público; a dispensa, sem justa causa, de servidor celetista; a alteração e a rescisão unilaterais de contratos administrativos; o deferimento ou indeferimento de determinados tipos de afastamento dos servidores públicos; a revogação do procedimento licitatório; a decisão sobre a execução direta ou indireta de serviços e obras; a revogação de licença para construir, por motivo de interesse público; e tantas outras hipóteses que podem ser facilmente extraídas do Direito positivo.

Em todos esses exemplos, a Administração Pública tem certa margem de liberdade para escolher a melhor solução a ser adotada no caso concreto. Isso não significa que a sua escolha seja inteiramente livre. Ela está limitada pelo princípio da legalidade (considerado em seus sentidos amplo e restrito) e pela exigência de razoabilidade e motivação. Por maior que seja a margem de discricionariedade, como, por exemplo, na exoneração de servidor ocupante de cargo em comissão ou na dispensa, sem justa causa, de servidor celetista, existe a exigência de motivação. A motivação não pode limitar-se a indicar a norma legal em que se fundamenta o ato. É necessário que na motivação se contenham os elementos indispensáveis para controle da legalidade do ato, inclusive no que diz respeito aos limites da discricionariedade. É pela motivação que se verifica se o ato está ou não em consonância com a lei e com os princípios a que se submete a Administração Pública. Verificada essa conformidade, a escolha feita pela Administração insere-se no campo do mérito. A exigência de motivação, hoje considerada imprescindível em qualquer tipo de ato, foi provavelmente uma das maiores conquistas em termos de garantia de legalidade dos atos administrativos.

A grande diferença que se verifica com relação à evolução do mérito, sob o aspecto de seu controle judicial, é a seguinte: anteriormente, o Judiciário recuava diante dos aspectos discricionários do ato, sem preocupar-se em verificar se haviam sido observados os limites da discricionariedade; a simples existência do aspecto de mérito impedia a própria interpretação judicial da lei perante a situação concreta, levando o juiz a acolher como correta a opção administrativa; atualmente, entende-se que o Judiciário não pode alegar, *a priori*, que se trata de matéria de mérito e, portanto, aspecto discricionário vedado ao exame judicial. O juiz tem, primeiro, que interpretar a norma diante do caso concreto a ele submetido. Só após essa interpretação é que poderá concluir se a norma outorgou ou não diferentes opções à Administração Pública. Se, após a interpretação, concluir que existem diferentes opções igualmente válidas perante o Direito e aceitáveis diante do interesse público a atender, o juiz não poderá corrigir o ato administrativo que tenha adotado uma delas, substituindo-a pela sua própria opção. Aí sim haverá ofensa ao princípio da separação de poderes. Trata-se de aplicar o velho ensinamento segundo o qual a discricionariedade começa quando termina o trabalho de interpretação.

Por isso, quando se diz que o Judiciário pode controlar o mérito do ato administrativo, essa afirmação tem que ser aceita em seus devidos termos: o que o Judiciário pode fazer é verificar se, ao decidir discricionariamente, a autoridade administrativa não ultrapassou os limites da discricionariedade. Por outras palavras, o juiz controla para verificar se realmente se tratava de mérito.

As decisões judiciais que invalidam atos discricionários por vício de desvio de poder, por irrazoabilidade ou desproporcionalidade da decisão administrativa, por inexistência de motivos ou de motivação, por infringência a princípios como os da moralidade, segurança jurídica, boa-fé, não estão controlando o mérito, mas a legalidade do ato. Poder-se-ia afirmar que estão controlando o mérito, no sentido antigo da expressão, mas não no sentido atual. Somente se pode falar em mérito, no sentido próprio da expressão, quando se trate de hipóteses em que a lei deixa à Administração Pública a possibilidade de escolher entre duas ou mais opções igualmente válidas perante o Direito; nesse caso, a escolha feita validamente pela Administração tem que ser respeitada pelo Judiciário. Não se pode confundir controle do mérito com controle dos limites legais da discricionariedade.

7.8.5 Limites da discricionariedade e controle pelo Poder Judiciário

A distinção entre atos discricionários e atos vinculados tem importância fundamental no que diz respeito ao controle que o Poder Judiciário sobre eles exerce.

Com relação aos atos vinculados, não existe restrição, pois, sendo todos os elementos definidos em lei, caberá ao Judiciário examinar, em todos os seus aspectos, a conformidade do ato com a lei, para decretar a sua nulidade se reconhecer que essa conformidade inexistiu.

Com relação aos **atos discricionários**, o controle judicial é possível **mas terá que respeitar a discricionariedade administrativa nos limites em que ela é assegurada à Administração Pública pela lei.**

Isto ocorre precisamente pelo fato de ser a discricionariedade um poder delimitado previamente pelo legislador; este, ao definir determinado ato, intencionalmente deixa um espaço para livre decisão da Administração Pública, legitimando previamente a sua opção; qualquer delas será legal. Daí por que não pode o Poder Judiciário invadir esse espaço reservado, pela lei, ao administrador, pois, caso contrário, estaria substituindo, por seus próprios critérios de escolha, a **opção legítima** feita pela autoridade competente com base em razões de oportunidade e conveniência que ela, melhor do que ninguém, pode decidir diante de cada caso concreto.

A rigor, pode-se dizer que, com relação ao ato discricionário, o Judiciário pode apreciar os aspectos da legalidade e verificar se a Administração não ultrapassou os limites da discricionariedade; neste caso, pode o Judiciário invalidar o ato, porque a autoridade ultrapassou o espaço livre deixado pela lei e invadiu o campo da legalidade.

Algumas teorias têm sido elaboradas para fixar limites ao exercício do poder discricionário, de modo a ampliar a possibilidade de sua apreciação pelo Poder Judiciário.

Uma das teorias é a relativa ao **desvio de poder**, formulada com esse objetivo; o desvio de poder ocorre quando a autoridade usa do poder discricionário para atingir fim diferente daquele que a lei fixou. Quando isso ocorre, fica o Poder Judiciário autorizado a decretar a nulidade do ato, já que a Administração fez uso indevido da discricionariedade, ao desviar-se dos fins de interesse público definidos na lei.

Outra é a **teoria dos motivos determinantes**, já mencionada: quando a Administração indica os motivos que a levaram a praticar o ato, este somente será válido se os motivos forem verdadeiros. Para apreciar esse aspecto, o Judiciário terá que examinar os motivos, ou seja, os **pressupostos de fato** e as **provas** de sua ocorrência. Por exemplo, quando a lei pune um funcionário pela prática de uma infração, o Judiciário pode examinar as provas constantes do processo administrativo, para verificar se o motivo (a infração) realmente existiu. Se não existiu ou não for verdadeiro, anulará o ato.

Começa a surgir no direito brasileiro forte tendência no sentido de limitar-se ainda mais a discricionariedade administrativa, de modo a ampliar-se o controle judicial. Essa tendência verifica-se com relação às **noções imprecisas** que o legislador usa com frequência para designar o motivo e a finalidade do ato (interesse público, conveniência administrativa, moralidade, ordem pública etc.). Trata-se daquilo que os doutrinadores alemães chamam de "conceitos legais indeterminados" (cf. Martin Bullinger, 1987).

Alega-se que, quando a Administração emprega esse tipo de conceito, nem sempre existe discricionariedade; esta não existirá se houver elementos objetivos, extraídos da experiência, que permitam a sua delimitação, chegando-se a uma única solução válida diante do direito. Neste caso, haverá apenas **interpretação** do sentido da norma, inconfundível com a discricionariedade. Por exemplo, se a lei prevê o afastamento *ex officio* do funcionário incapacitado para o exercício de função pública, a autoridade tem que procurar o auxílio de peritos que esclareçam se determinada situação de fato caracteriza incapacidade; não poderá decidir segundo critérios subjetivos.

Se, para delimitação do conceito, houver necessidade de apreciação subjetiva, segundo conceitos de valor, haverá discricionariedade. É o que ocorre quando a lei prevê a remoção do funcionário para atender a necessidade do serviço.

No primeiro caso, o Poder Judiciário pode examinar o ato da Administração, porque ele não é discricionário. No segundo, não pode examinar os critérios de valor em que se baseou a autoridade administrativa, porque estaria penetrando no exame da **discricionariedade**. Mesmo neste caso, alguns autores apelam para o **princípio da razoabilidade** para daí inferir que a valoração subjetiva tem que ser feita dentro do razoável, ou seja, em consonância com aquilo que, para o senso comum, seria aceitável perante a lei.

Existem situações extremas em que não há dúvida possível, pois qualquer pessoa normal, diante das mesmas circunstâncias, resolveria que elas são certas ou erradas, justas ou injustas, morais ou imorais, contrárias ou favoráveis ao interesse público; e existe uma zona intermediária, cinzenta, em que essa definição é imprecisa e dentro da qual a decisão será discricionária, colocando-se fora do alcance do Poder Judiciário (cf. Celso Antônio Bandeira de Mello, in *RDP* 65/27-38; Lúcia Valle Figueiredo, 1986:120-135; Regina Helena Costa, 1988:79-108).

Por exemplo, o conceito de *notável saber jurídico* permite certa margem de discricionariedade na referida zona cinzenta; mas não a permite quando os elementos de fato levam à conclusão, sem sombra de dúvida, de que o requisito constitucional não foi atendido.

Dentro desses parâmetros é que caberá ao Poder Judiciário examinar a **moralidade** dos atos administrativos, com fundamento no art. 37, *caput*, e art. 5º, LXXIII, da Constituição, este último referente à ação popular. Não cabe ao magistrado substituir os valores morais do administrador público pelos seus próprios valores, desde que uns e outros sejam admissíveis como válidos dentro da sociedade; o que ele pode e deve invalidar são os atos que, pelos padrões do homem comum, atentam manifestamente contra a moralidade. Não é possível estabelecer regras objetivas para orientar a atitude do juiz. Normalmente, os atos imorais são acompanhados de grande clamor público, até hoje sem sensibilizar a Administração. Espera-se que o Judiciário se mostre sensível a esses reclamos.

Essa tendência que se observa na doutrina, de ampliar o alcance da apreciação do Poder Judiciário, não implica invasão na discricionariedade administrativa; o que se procura é colocar essa discricionariedade em seus devidos limites, para distingui-la da **interpretação** (apreciação que leva a uma única solução, sem interferência da **vontade** do intérprete) e impedir as arbitrariedades que a Administração Pública pratica sob o pretexto de agir discricionariamente.

Sobre o controle judicial das políticas públicas pelo Poder Judiciário, v. capítulo 17, item 17.5.3.2.

7.9 CLASSIFICAÇÃO

Inúmeros são os critérios para classificar os atos administrativos:

1. Quanto às **prerrogativas** com que atua a Administração, os atos podem ser de **império** e de **gestão**.

Essa classificação vem do direito francês e foi também desenvolvida pelos autores italianos; **atos de império** seriam os praticados pela Administração com todas as prerrogativas e privilégios de autoridade e impostos unilateral e coercitivamente ao particular independentemente de autorização judicial, sendo regidos por um direito especial exorbitante do direito comum, porque os particulares não podem praticar atos semelhantes, a não ser por delegação do poder público.

Atos de gestão são os praticados pela Administração em situação de igualdade com os particulares, para a conservação e desenvolvimento do patrimônio público e para a gestão de seus serviços; como não diferem a posição da Administração e a do particular, aplica-se a ambos o direito comum.

Essa distinção foi idealizada como meio de abrandar a teoria da irresponsabilidade do monarca por danos causados a terceiros. Passou-se a admitir a responsabilidade civil quando decorrente de atos de gestão e afastá-la nos prejuízos resultantes de atos de império. Alguns autores, para esse fim, distinguiam a **pessoa do Rei** (insuscetível de errar – *the king can do no wrong, le roi ne peut mal faire*), que praticaria os atos de império, da **pessoa do Estado**, que praticaria atos de gestão através de seus prepostos. A distinção servia também para definir a competência da jurisdição administrativa, que somente apreciava os atos de império, enquanto os atos de gestão ficavam a cargo do Judiciário.

Surgiu, no entanto, grande oposição a essa teoria, quer pelo reconhecimento da impossibilidade de dividir-se a personalidade do Estado, quer pela própria dificuldade, senão impossibilidade de enquadrar-se como atos de gestão todos aqueles praticados pelo Estado na administração do patrimônio público e na gestão de seus serviços. Em um e outro caso, a Administração age muitas vezes com seu poder de império. Por exemplo, quando fiscaliza a utilização de bens públicos, quando celebra contratos de direito público tendo por objeto o uso de bens públicos por particulares ou a concessão de serviços públicos, quando fixa unilateralmente o valor das tarifas, quando impõe normas para realização dos serviços concedidos.

Desse modo, abandonou-se a distinção, hoje substituída por outra: **atos administrativos**, regidos pelo direito público, e **atos de direito privado** da Administração. Só os primeiros são atos administrativos; os segundos são apenas atos da Administração, precisamente pelo fato de serem regidos pelo direito privado.

2. Quanto à função da **vontade**, os atos administrativos classificam-se em **atos administrativos propriamente ditos e puros** ou **meros atos administrativos**.

No ato administrativo propriamente dito, há uma declaração de **vontade** da Administração, voltada para a obtenção de determinados efeitos jurídicos definidos em lei. Exemplo: demissão, tombamento, requisição.

No mero ato administrativo, há uma declaração de **opinião** (parecer), **conhecimento** (certidão) ou **desejo** (voto num órgão colegiado).

Nem todos os autores consideram os meros atos administrativos como espécie de ato administrativo; para muitos, eles não têm essa natureza, porque não produzem efeitos jurídicos imediatos.

Pela nossa definição de ato administrativo, eles estão excluídos; são **atos da Administração**.

Dentre os atos administrativos propriamente ditos distinguem-se os que são dotados de imperatividade e os que não possuem esse atributo; os primeiros impõem-se ao particular, independentemente de seu consentimento, enquanto os segundos resultam do consentimento de ambas as partes, sendo chamados de **atos negociais**.

É importante realçar o fato de que não se confundem **atos negociais** com **negócios jurídicos**.

No direito privado, formulou-se a teoria dos negócios jurídicos, a partir do princípio da autonomia da vontade; no negócio jurídico, a vontade do sujeito adquire maior relevância no que diz respeito aos efeitos do ato, pois se reconhece às partes autonomia de vontade para estabelecer os resultados do ato; os efeitos jurídicos são aqueles pretendidos e estipulados livremente pelas partes. O Código Civil de 2002 substituiu o conceito de ato jurídico, que se continha no art. 81 do Código Civil de 1916, pela ideia de negócio jurídico (art. 104 e seguintes), o que se justifica pelo fato de que nem todo ato jurídico é praticado com a intenção específica de produzir efeitos jurídicos, ainda que possam produzi-los, como ocorre, por exemplo, com o pagamento indevido. Já nos negócios jurídicos, o intuito é produzir determinados efeitos jurídicos.

Vicente Rao (1961:29) demonstra que existem atos de vontade (atos jurídicos) que não são negócios jurídicos; estes se distinguem dos demais atos voluntários lícitos pela maior relevância da vontade, isto é, da vontade que visa alcançar, direta e imediatamente, os efeitos práticos protegidos pela norma e recebe desta o poder de autorregular os interesses próprios do agente. A grande importância do negócio jurídico está no fato de que, por meio dele, o homem forma, ele próprio, suas relações jurídicas dentro dos limites traçados pelo ordenamento jurídico. Nos outros atos volitivos que não constituem negócios jurídicos, podem resultar consequências que nem sempre correspondem ao intento das partes, como ocorre no pagamento indevido.

Os atos administrativos unilaterais não podem ser considerados negócios jurídicos, porque a Administração não tem liberdade para estabelecer, por sua própria vontade, os efeitos jurídicos, que são aqueles fixados na lei; trata-se de aplicação do atributo da tipicidade, que é decorrência do princípio da legalidade; já com relação aos contratos, pode-se falar em negócios jurídicos administrativos em determinados contratos em que as partes podem autorregular as suas relações jurídicas, desde que não contrariem as normas legais e atendam ao interesse público protegido pela lei. O mesmo não ocorre nos contratos como os de concessão de serviços públicos, em que as cláusulas contratuais vêm predefinidas em ato normativo.

Há que se observar também que a palavra *negócio* e o verbo *negociar* excluem a hipótese de imposição de efeitos por um sujeito a outro e importam o **concurso** e o **consentimento** de, pelo menos, dois sujeitos. Por mais essa razão, os atos administrativos praticados com **autoridade** e **poder de império,** ou seja, com o atributo da **imperatividade**, não podem ser considerados negócios jurídicos nem atos negociais. São atos de vontade, em sentido amplo, mas não são negócios jurídicos.

Nos atos administrativos em que não há imperatividade, porque os efeitos são queridos por ambas as partes, fala-se em atos negociais. É o caso da licença, autorização, admissão, permissão, nomeação, exoneração a pedido. São atos negociais, mas não são negócios jurídicos, porque os efeitos, embora pretendidos por ambas as partes, não são por elas livremente estipulados, mas decorrem da lei.

Em resumo, entram na categoria de atos negociais todos aqueles que são queridos por ambas as partes; excluem-se os impostos pela Administração, independentemente de consentimento do particular.

Entram na categoria de negócios jurídicos administrativos determinados contratos em que as condições de celebração não são previamente fixadas por atos normativos.

3. Quanto à **formação da vontade**, os atos administrativos podem ser **simples, complexos e compostos.**

Atos simples são os que decorrem da declaração de vontade de um único órgão, seja ele singular ou colegiado. Exemplo: a nomeação pelo Presidente da República; a deliberação de um Conselho.

Atos complexos são os que resultam da manifestação de dois ou mais órgãos, sejam eles singulares ou colegiados, cuja vontade se funde para formar um ato único. As vontades são homogêneas; resultam de vários órgãos de uma mesma entidade ou de entidades públicas distintas, que se unem em uma só vontade para formar o ato; há identidade de conteúdo e de fins. Exemplo: o decreto que é assinado pelo Chefe do Executivo e referendado pelo Ministro de Estado; o importante é que há duas ou mais vontades para a formação de um **ato único**.

Entre os atos complexos, podem ser incluídas as **decisões coordenadas** de que trata a Lei nº 9.784, de 29-1-99 (Lei de Processo Administrativo federal), conforme alteração introduzida pela Lei nº 14.210, de 30-9-21. O seu conceito consta do art. 49-A, § 1º: é "a instância de natureza interinstitucional ou intersetorial que atua de forma compartilhada com a finalidade de simplificar o processo administrativo mediante participação concomitante de todas as autoridades e agentes decisórios e dos responsáveis pela instrução técnico-jurídica, observada a natureza do objeto e a compatibilidade do procedimento e de sua formalização com a legislação pertinente". Conforme consta do *caput* do art. 49-A, as decisões coordenadas podem ser tomadas sempre que haja participação de três ou mais setores, órgãos ou entidades, desde que: I – for justificável pela relevância da matéria; e III – houver discordância que prejudique a celeridade do processo administrativo decisório.[2]

Ato composto é o que resulta da manifestação de dois ou mais órgãos, em que a vontade de um é instrumental em relação a de outro, que edita o ato principal. Enquanto no ato complexo fundem-se vontades para praticar **um ato só**, no ato composto, praticam-se dois atos, um principal e outro acessório; este último pode ser **pressuposto** ou **complementar** daquele. Exemplo: a nomeação do Procurador-Geral da República depende da prévia aprovação pelo Senado (art. 128, § 1º, da Constituição); a nomeação é o ato principal, sendo a aprovação prévia o ato acessório, **pressuposto** do principal. A dispensa de licitação, em determinadas hipóteses, depende de homologação pela autoridade superior para produzir efeitos; a homologação é ato acessório, complementar do principal.

Os atos, em geral, que dependem de autorização, aprovação, proposta, parecer, laudo técnico, homologação, visto etc., são atos compostos.

4. Quanto aos **destinatários**, os atos administrativos podem ser **gerais** e **individuais**.

Os **atos gerais** atingem todas as pessoas que se encontram na mesma situação; são os atos **normativos** praticados pela Administração, como regulamentos, portarias, resoluções, circulares, instruções, deliberações, regimentos.

Atos individuais são os que produzem efeitos jurídicos no caso concreto. Exemplo: nomeação, demissão, tombamento, servidão administrativa, licença, autorização.

Embora registremos essa classificação feita por vários autores, na realidade, pelo conceito restrito de ato administrativo que adotamos, como modalidade de ato jurídico, os atos gerais são **atos da Administração** e não atos administrativos; apenas em sentido **formal** poderiam ser considerados atos administrativos, já que emanados da Administração Pública, com subordinação à lei; porém, quanto ao **conteúdo**, não são atos administrativos, porque não produzem efeitos no caso concreto.

Além disso, os atos normativos da Administração apresentam vários traços distintivos em relação aos atos individuais, justificando a inclusão em outra categoria:

a) o ato normativo não pode ser impugnado, na via judicial, diretamente pela pessoa lesada; apenas pela via de arguição de inconstitucionalidade, cujos sujeitos ativos estão indicados no art. 103 da Constituição, é possível pleitear a invalidação direta do ato normativo;

b) o ato normativo tem precedência hierárquica sobre o ato individual;

c) o ato normativo é sempre revogável; a revogação do ato individual sofre uma série de limitações que serão analisadas além; basta, por ora, mencionar que não podem ser revogados os atos que geram direitos subjetivos a favor do administrado, o que ocorre com praticamente todos os atos vinculados;

d) o ato normativo não pode ser impugnado, administrativamente, por meio de recursos administrativos, ao contrário do que ocorre com os atos individuais.

---

[2] Sobre o tema, v. capítulo 14, item 14.5.

5. Quanto à **exequibilidade**, o ato administrativo pode ser **perfeito, imperfeito, pendente** e **consumado**.

Quando se fala em exequibilidade, considera-se a capacidade do ato para produzir efeitos jurídicos.

Ato perfeito é aquele que está em condições de produzir efeitos jurídicos, porque já completou todo o seu ciclo de formação.

Não se confundem **perfeição** e **validade**; a primeira diz respeito às etapas de formação do ato, exigidas por lei para que ele produza efeitos. Por exemplo, um ato que seja motivado, reduzido a escrito, assinado, publicado, está perfeito em sua formação, se a lei não contiver qualquer outra exigência. A **validade** diz respeito à conformidade do ato com a lei: a motivação deve referir-se a motivos reais, a autoridade que assina deve ser a competente, a publicação deve ser a forma exigida para divulgar o ato.

O ato pode ter completado o seu ciclo de formação, mas ser inválido e vice-versa.

Ato **imperfeito** é o que não está apto a produzir efeitos jurídicos, porque não completou o seu ciclo de formação. Por exemplo, quando falta a publicação, a homologação, a aprovação, desde que exigidas por lei como requisitos para a exequibilidade do ato.

O prazo de prescrição, administrativa ou judicial, não começa a correr enquanto o ato não se torna perfeito.

Ato **pendente** é o que está sujeito a condição ou termo para que comece a produzir efeitos. Distingue-se do ato imperfeito porque já completou o seu ciclo de formação e está apto a produzir efeitos; estes ficam suspensos até que ocorra a condição ou termo.

Ato **consumado** é o que já exauriu os seus efeitos. Ele se torna definitivo, não podendo ser impugnado, quer na via administrativa, quer na via judicial; quando muito, pode gerar responsabilidade administrativa ou criminal quando se trata de ato ilícito, ou responsabilidade civil do Estado, independentemente da licitude ou não, desde que tenha causado dano a terceiros.

6. Quanto aos **efeitos**, o ato administrativo pode ser **constitutivo, declaratório** e **enunciativo**.

Ato constitutivo é aquele pelo qual a Administração cria, modifica ou extingue um direito ou uma situação do administrado. É o caso da permissão, autorização, dispensa, aplicação de penalidade, revogação.

Ato declaratório é aquele em que a Administração apenas reconhece um direito que já existia antes do ato.

Como exemplo, podem ser citadas a admissão, licença, homologação, isenção, anulação.

Ato enunciativo é aquele pelo qual a Administração apenas atesta ou reconhece determinada situação de fato ou de direito. Alguns autores acham, com razão, que esses atos não são atos administrativos propriamente ditos, porque não produzem efeitos jurídicos. Correspondem à categoria, já mencionada, dos **meros atos administrativos.** Eles exigem a prática de um outro ato administrativo, constitutivo ou declaratório, este sim produtor de efeitos jurídicos. São atos enunciativos as certidões, atestados, informações, pareceres, vistos. Encerram **juízo, conhecimento** ou **opinião** e não manifestação de vontade produtora de efeitos jurídicos.

7.10 ATOS ADMINISTRATIVOS EM ESPÉCIE

Neste item serão analisados alguns atos administrativos em espécie, divididos em duas categorias: quanto ao **conteúdo** e quanto à **forma** de que se revestem.

São do primeiro tipo a **autorização**, a **licença**, a **admissão**, a **permissão** (como atos administrativos negociais); a **aprovação** e a **homologação** (que são atos de controle); o **parecer** e o **visto** (que são atos enunciativos). Os conceitos que serão adotados correspondem àqueles tradicionalmente aceitos no âmbito do direito brasileiro (lei, doutrina e jurisprudência); porém, é bom que se tenha presente que muitas vezes os vocábulos são utilizados sem muita precisão conceitual, como ocorre, especialmente, com a autorização, a permissão e a licença, nem sempre empregadas com as características que serão apontadas. Por exemplo, a autorização nem sempre é precária; às vezes, é outorgada com características que a aproximam das relações contratuais; a licença nem sempre é referida como ato vinculado; a permissão ora é tratada como contrato, ora como ato unilateral, com ou sem precariedade. É do direito positivo que se tem que tirar as respectivas características em cada caso. No entanto, o uso indevido dos vocábulos no direito positivo não impede que se apontem as características dos institutos no âmbito doutrinário, como se fará a seguir.

No segundo grupo serão analisados o **decreto**, a **portaria**, a **resolução**, a **circular**, o **despacho** e o **alvará**.

7.10.1   Quanto ao conteúdo

7.10.1.1   Autorização

No direito brasileiro, a autorização administrativa tem várias **acepções**:

1. Num primeiro sentido, designa o ato unilateral e discricionário pelo qual a Administração faculta ao particular o desempenho de atividade material ou a prática de ato que, sem esse consentimento, seriam legalmente proibidos.

    Exemplo dessa hipótese encontra-se na Constituição Federal, quando atribui à União competência para autorizar e fiscalizar a produção e o comércio de material bélico (art. 21, VI) e para autorizar a pesquisa e lavra de recursos naturais (art. 176, §§ 1º, 3º e 4º); outro exemplo é o da autorização para porte de arma, que a Lei das Contravenções Penais (Decreto-lei nº 3.688, de 3-10-41) denomina impropriamente de licença (art. 19).

    Nesse sentido, a autorização abrange todas as hipóteses em que o exercício de atividade ou a prática de ato são vedados por lei ao particular, por razões de interesse público concernentes à segurança, à saúde, à economia ou outros motivos concernentes à tutela do bem comum. Contudo, fica reservada à Administração a faculdade de, com base no poder de polícia do Estado, afastar a proibição em determinados casos concretos, quando entender que o desempenho da atividade ou a prática do ato não se apresenta nocivo ao interesse da coletividade. Precisamente por estar condicionada à compatibilidade com o interesse público que se tem em vista proteger, a autorização pode ser revogada a qualquer momento, desde que essa compatibilidade deixe de existir.
2. Na segunda acepção, autorização é o ato unilateral e discricionário pelo qual o Poder Público faculta ao particular o uso privativo de bem público, a título precário.

    Trata-se da **autorização de uso**.
3. Na terceira acepção autorização é o ato administrativo unilateral e discricionário pelo qual o Poder Público delega ao particular a exploração de serviço público, a título precário. Trata-se da **autorização de serviço público**. Esta hipótese está referida, ao lado da concessão e da permissão, como modalidade de delegação de serviço público de competência da União. Até a 17ª edição, vínhamos entendendo que a autorização não existe como forma de delegação de serviço prestado ao público, porque o serviço é prestado no interesse exclusivo do autorizatário. A partir da 18ª

edição, esse entendimento foi reformulado. Os chamados serviços públicos autorizados, previstos no art. 21, XI e XII, da Constituição Federal, são de titularidade da União, podendo ou não ser delegados ao particular, por decisão discricionária do poder público; e essa delegação pode ser para atendimento de necessidades coletivas, com prestação a terceiros (casos da concessão e da permissão), ou para execução no próprio benefício do autorizatário, o que não deixa de ser também de interesse público. A essa conclusão chega-se facilmente pela comparação entre os serviços de telecomunicações, energia elétrica, navegação aérea e outros referidos no art. 21, XI e XII, com os serviços não exclusivos do Estado, como educação e saúde. Estes últimos, quando prestados pelo Estado, são **serviços públicos próprios**; quando prestados por particular, são **serviços públicos impróprios**, porque abertos à iniciativa privada por força da própria Constituição; no primeiro caso, existe **autorização de serviço público**; no segundo, existe autorização como ato de polícia.

Pode-se, portanto, definir a **autorização administrativa**, em sentido amplo, como o **ato administrativo unilateral, discricionário e precário pelo qual a Administração faculta ao particular o uso de bem público (autorização de uso), ou a prestação de serviço público (autorização de serviço público), ou o desempenho de atividade material, ou a prática de ato que, sem esse consentimento, seriam legalmente proibidos (autorização como ato de polícia)**.

Algumas leis usam o vocábulo "autorização", mas tratam esse instituto como contrato de adesão. É o caso da antiga Lei de Portos (Lei nº 8.630, de 25-2-92, arts. 4º e 6º, § 1º), em que se utilizou a **autorização como ato unilateral**, nos casos em que o terminal estivesse fora da área do porto organizado e naquela em que o interessado fosse titular do domínio útil do terreno, mesmo que situado dentro da área do porto organizado. O art. 6º confirmava o caráter unilateral do ato de autorização, porém, no § 1º, previa a formalização mediante contrato de adesão. A mesma sistemática foi mantida na Lei nº 12.815, de 5-6-13 (art. 2º, XII).

Do mesmo modo, a Medida Provisória nº 1.065, de 30-8-2021 (não convertida em lei porque perdeu eficácia em decorrência do decurso de prazo para votação no Congresso), dispunha sobre a exploração do serviço de transporte ferroviário, o trânsito e outras atividades correlatas e instituía o Programa de Autorizações Ferroviárias. O art. 6º previa a exploração indireta do serviço de transporte ferroviário mediante **autorização**, sendo a formalização feita por contrato de adesão. O art. 12 tratava do "contrato de autorização".

Vale dizer que o legislador federal trata a autorização como ato unilateral, quanto ao ato de outorga, mas trata como contrato de adesão o ato pelo qual a autorização se formaliza.

A Lei Geral de Telecomunicações (Lei nº 9.472, de 16-7-97), no art. 131, § 1º, define a "autorização de serviço de telecomunicações" como "ato administrativo **vinculado** que faculta a exploração, no regime privado, de modalidade de serviço de telecomunicações, quando preenchidas as condições objetivas e subjetivas necessárias".

No entanto, esse emprego do vocábulo, utilizado para dar a impressão de que a lei se afeiçoa aos termos do art. 21, XI, da Constituição (que fala em concessão, permissão e autorização) não está corretamente utilizado, não se amoldando ao conceito doutrinário. O uso indevido do vocábulo não justifica a alteração do conceito.[3]

Na Constituição Federal ainda se emprega o vocábulo no sentido de consentimento de um poder a outro para a prática de determinado ato; é o caso previsto no art. 49, II e III, que

---

[3] V. Maria Sylvia Zanella Di Pietro, *Parcerias na Administração Pública*. 6. ed. São Paulo: Atlas, 2008, p. 137-141.

dá competência ao Congresso Nacional para autorizar o Presidente da República a declarar a guerra e a fazer a paz; permitir que forças estrangeiras transitem pelo Território Nacional ou nele permaneçam temporariamente e para autorizar o Presidente e o Vice-Presidente da República a se ausentarem do País. No art. 52, V, é estabelecida a competência do Senado para autorizar operações externas de natureza financeira, de interesse da União, dos Estados, do Distrito Federal, dos Territórios e dos Municípios. Tais autorizações podem ser consideradas atos administrativos em **sentido material** (quanto ao conteúdo), pois equivalem, também, a um consentimento manifestado por um Poder a outro para a prática de ato que não seria válido sem essa formalidade. Sob o aspecto **formal**, não se trata de ato administrativo, mas de ato legislativo, que se edita sob a forma de decretos legislativos ou de resoluções. O próprio fundamento é diverso.

A autorização administrativa baseia-se no poder de polícia do Estado sobre a atividade privada; a autorização legislativa, nos casos mencionados, é modalidade de controle do Legislativo sobre os atos do Executivo.

7.10.1.2 Licença

Licença é o ato administrativo unilateral e vinculado pelo qual a Administração faculta àquele que preencha os requisitos legais o exercício de uma atividade.

A diferença entre licença e autorização, acentua Cretella Júnior, é nítida, porque o segundo desses institutos envolve interesse, "caracterizando-se como ato discricionário, ao passo que a licença envolve direitos, caracterizando-se como ato vinculado" (in *RT* 486/18). Na autorização, o Poder Público aprecia, discricionariamente, a pretensão do particular em face do interesse público, para outorgar ou não a autorização, como ocorre no caso de consentimento para porte de arma; na licença, cabe à autoridade tão somente verificar, em cada caso concreto, se foram preenchidos os requisitos legais exigidos para determinada outorga administrativa e, em caso afirmativo, expedir o ato, sem possibilidade de recusa; é o que se verifica na licença para construir e para dirigir veículos automotores.

A autorização é ato **constitutivo** e a licença é ato **declaratório** de direito preexistente.

7.10.1.3 Admissão

Admissão é o ato unilateral e vinculado pelo qual a Administração reconhece ao particular, que preencha os requisitos legais, o direito à prestação de um serviço público.

É ato **vinculado**, tendo em vista que os requisitos para outorga da prestação administrativa são previamente definidos, de modo que todos os que os satisfaçam tenham direito de obter o benefício.

São exemplos a admissão nas escolas públicas, nos hospitais, nos estabelecimentos de assistência social.

7.10.1.4 Permissão

Permissão, em sentido amplo, designa o ato administrativo unilateral, discricionário e precário, gratuito ou oneroso, pelo qual a Administração Pública faculta ao particular a execução de serviço público ou a utilização privativa de bem público.

O seu objeto é a **utilização privativa de bem público** por particular ou a **execução de serviço público**.

Contudo, há que se ter presente que o art. 175, parágrafo único, inciso I, da Constituição Federal permite a interpretação de que tanto a concessão como a permissão de serviços públicos são contratos; e a Lei nº 8.987, de 13-2-95 (que regula as concessões e permissões de serviços públicos) faz referência à permissão como contrato de adesão, com o traço da precariedade. Paralelamente, algumas leis ainda falam em permissão de serviço público como ato administrativo e não como contrato; é o caso, por exemplo, do art. 118, parágrafo único, da Lei Geral de Telecomunicações (Lei nº 9.472, de 16-7-97). Vale dizer que, pela legislação atualmente em vigor, a permissão de serviço público aparece ora como ato unilateral, ora como contrato. Assim sendo, o conceito de permissão adotado neste item limita-se às hipóteses em que a permissão de serviço público constitui ato unilateral. A permissão de serviço público como contrato administrativo é tratada no Capítulo 8.

7.10.1.5 Aprovação

A aprovação é ato unilateral e discricionário pelo qual se exerce o controle *a priori* ou *a posteriori* do ato administrativo.

No controle *a priori*, equivale à autorização para a prática do ato; no controle *a posteriori* equivale ao seu referendo (cf. Oswaldo Aranha Bandeira de Mello, 2007:562).

É ato **discricionário**, porque o examina sob os aspectos de conveniência e oportunidade para o interesse público; por isso mesmo, constitui condição de eficácia do ato.

A Constituição Federal contém inúmeros exemplos de atos dependentes de aprovação, a maior parte deles constituindo modalidades de controle político do Poder Legislativo sobre o Executivo e sobre entidades da administração indireta. O art. 52 exige **aprovação** prévia do Senado para a escolha de Magistrados, Ministros do Tribunal de Contas, Governador do Território etc. (inciso III), para a escolha dos chefes de missão diplomática de caráter permanente (inciso IV), para a exoneração, de ofício, do Procurador-Geral da República (inciso XI); o art. 49 atribui ao Congresso Nacional competência para aprovar o estado de defesa e a intervenção federal (inciso IV), aprovar iniciativas do Poder Executivo referentes a atividades nucleares (inciso XIV), aprovar, previamente, a alienação ou concessão de terras públicas com área superior a 2.500 ha (inciso XVII).

Em todos esses casos, a aprovação constitui, quanto ao **conteúdo**, típico ato administrativo (de controle), embora **formalmente** integre os atos legislativos (resoluções ou decretos legislativos) previstos no art. 59, VI e VII, da Constituição.

7.10.1.6 Homologação

Homologação é o ato unilateral e vinculado pelo qual a Administração Pública reconhece a legalidade de um ato jurídico. Ela se realiza sempre *a posteriori* e examina apenas o aspecto de legalidade, no que se distingue da aprovação.

É o caso do ato da autoridade que homologa o procedimento da licitação (art. 71, IV, da Lei nº 14.133, de 1º-4-2021).

7.10.1.7 Parecer

Parecer é o ato pelo qual os órgãos consultivos da Administração emitem opinião sobre assuntos técnicos ou jurídicos de sua competência.

Segundo Oswaldo Aranha Bandeira de Mello (2007:583), o parecer pode ser **facultativo, obrigatório** e **vinculante**.

O parecer é **facultativo** quando fica a critério da Administração solicitá-lo ou não, além de não ser vinculante para quem o solicitou. Se foi indicado como fundamento da decisão, passará a integrá-la, por corresponder à própria motivação do ato.

O parecer é **obrigatório** quando a lei o exige como pressuposto para a prática do ato final. A obrigatoriedade diz respeito à **solicitação** do parecer (o que não lhe imprime caráter vinculante). Por exemplo, uma lei que exija parecer jurídico sobre todos os recursos encaminhados ao Chefe do Executivo; embora haja obrigatoriedade de ser emitido o parecer sob pena de ilegalidade do ato final, ele não perde o seu caráter opinativo. Mas a autoridade que não o acolher deverá motivar a sua decisão ou solicitar novo parecer, devendo lembrar que a atividade de consultoria jurídica é privativa de advogado, conforme art. 1º, II, do Estatuto da OAB (Lei nº 8.906, de 4-7-94). No âmbito da Administração Pública, a atividade consultiva é privativa da Advocacia-Geral da União e das Procuradorias dos Estados, conforme arts. 131 e 132 da Constituição Federal.

O parecer é vinculante quando a Administração é obrigada a solicitá-lo e a acatar a sua conclusão. Por exemplo, para conceder aposentadoria por invalidez, a Administração tem que ouvir o órgão médico oficial e não pode decidir em desconformidade com a sua decisão; é o caso também da manifestação prevista no art. 53 da Lei nº 14.133, de 1º-4-2021, que torna obrigatório o controle prévio de legalidade mediante análise jurídica da contratação pelo órgão de assessoramento jurídico da Administração. Também neste caso, se a autoridade tiver dúvida ou não concordar com o parecer, deverá pedir novo parecer. A nova Lei de Licitações, no art. 53, § 2º (vetado pelo Presidente da República), retira o caráter vinculante do parecer jurídico proferido em matéria de contratação, ao estabelecer que "o parecer jurídico que desaprovar a continuidade da contratação, no todo ou em parte, poderá ser motivadamente rejeitado pela autoridade máxima do órgão ou entidade, hipótese em que esta passará a responder pessoal e exclusivamente pelas irregularidades que, em razão desse fato, lhe forem eventualmente imputadas".

Apesar do parecer ser, em regra, ato meramente opinativo, que não produz efeitos jurídicos, o Supremo Tribunal Federal tem admitido a responsabilização de consultores jurídicos quando o parecer for vinculante para a autoridade administrativa, desde que proferido com má-fé ou culpa. No mandado de segurança 24.631-DF, foi feita distinção entre três hipóteses de parecer: "(i) quando a consulta é facultativa, a autoridade não se vincula ao parecer proferido, sendo que seu poder de decisão não se altera pela manifestação do órgão consultivo; (ii) quando a consulta é obrigatória, a autoridade administrativa se vincula a emitir o ato tal como submetido à consultoria, com parecer favorável ou contrário, e se pretender praticar o ato de forma diversa da apresentada à consultoria, deverá submetê-lo a novo parecer; (iii) quando a lei estabelece a obrigação de decidir à luz de parecer vinculante, essa manifestação de teor jurídico deixa de ser meramente opinativa e o administrador não poderá decidir senão nos termos da conclusão do parecer ou, então, não decidir". A conclusão do Relator foi no sentido de que "é abusiva a responsabilização do parecerista à luz de uma alargada relação de causalidade entre seu parecer e o ato administrativo do qual tenha resultado dano ao erário. Salvo demonstração de culpa ou erro grosseiro, submetida às instâncias administrativas disciplinares ou jurisdicionais próprias, não cabe a responsabilidade do advogado público pelo conteúdo de seu parecer de natureza meramente opinativa" (MS nº 24.631/DF, julgamento em 9-8-07, Tribunal Pleno).

Na realidade, o parecer contém a motivação do ato a ser praticado pela autoridade que o solicitou. Por isso mesmo, se acolhido, passa a fazer parte integrante da decisão. Essa a razão pela qual o Tribunal de Contas tem procurado responsabilizar os advogados públicos que, com seu parecer, deram margem a decisão considerada ilegal. No entanto, essa responsabilização não pode ocorrer a não ser nos casos em que haja erro grosseiro, culpa grave, má-fé por parte do consultor; ela não se justifica se o parecer estiver adequadamente fundamentado; a simples diferença de opinião – muito comum na área jurídica – não pode justificar a responsabilização do consultor.[4] Não é por outra razão que o parecer isoladamente não produz qualquer efeito jurídico; em regra, ele é meramente opinativo.[5]

A Lei nº 13.655/18 introduziu o art. 28 na Lei de Introdução às Normas do Direito Brasileiro (Decreto-lei nº 4.657/42) para determinar que "o agente público responderá pessoalmente por suas decisões ou opiniões técnicas em caso de dolo ou erro grosseiro". Ao falar em "opiniões técnicas", o dispositivo alcança os agentes públicos que elaboram parecer.

A Lei nº 14.133, de 1º-4-21 (Lei de Licitações e Contratos Administrativos), estabelece, no art. 53, os requisitos que devem ser observados na elaboração do parecer jurídico, a título de controle prévio de legalidade da licitação, na fase preparatória (§ 1º) e nas contratações diretas, acordos, termos de cooperação, convênios, adesões a atas de registro de preços, outros instrumentos congêneres e de seus termos aditivos. É comum, no âmbito da Administração Pública, fazer-se referência a *parecer normativo*. Na realidade, o parecer não possui efeito normativo, por si mesmo; porém, muitas vezes, quando aprovado pela autoridade competente prevista em lei, as conclusões do parecer tornam-se obrigatórias para outros órgãos ou entidades da Administração Pública. É o despacho dessa autoridade que dá efeito normativo ao parecer. O objetivo é garantir uniformidade de orientação na esfera administrativa e até o de evitar consultas repetitivas que exijam novas manifestações do órgão consultivo. O parecer, aprovado por despacho com efeito normativo, favorece, por isso mesmo, a própria economicidade processual.

A título de exemplo, pode-se citar a matéria disciplinada pela Lei Complementar nº 73, de 10-2-93, que instituiu a Lei Orgânica da Advocacia-Geral da União. No título V, a lei trata do tema "dos pareceres e da súmula da Advocacia-Geral da União". O art. 40, § 1º, determina que "o parecer aprovado e publicado juntamente com o despacho presidencial vincula a Administração Federal, cujos órgãos e entidades ficam obrigados a lhe dar fiel cumprimento". O mesmo efeito têm os pareceres emitidos pela Consultoria-Geral da União, quando aprovados pelo Presidente da República (art. 41 da mesma lei complementar).

Se o parecer da Consultoria Jurídica for aprovado por Ministro de Estado, pelo Secretário-Geral e pelos titulares das demais Secretarias da Presidência da República ou pelo Chefe do Estado-Maior das Forças Armadas, ele obriga, também, os órgãos autônomos e entidades vinculadas (art. 42).

A mesma lei complementar ainda prevê a possibilidade de serem emitidas súmulas pela Advocacia-Geral da União, as quais obrigam a todos os órgãos jurídicos que integram a instituição, bem como os órgãos jurídicos das autarquias e fundações públicas (art. 43).

---

[4] A função de consultoria jurídica, dentro da Administração Pública, é privativa da Advocacia Pública (conforme arts. 131 e 132 da Constituição Federal) e só pode ser exercida de forma adequada e atuar como órgão responsável pelo controle preventivo da legalidade de atos administrativos, quando sejam asseguradas aos seus integrantes condições de independência dentro da estrutura da Administração Pública. Eles não podem estar hierarquicamente subordinados a agentes políticos, sob pena de ficarem sujeitos a pressões políticas que contaminam o exercício da função consultiva.

[5] O TCU tem entendido que a aprovação da minuta pelo órgão de assessoramento jurídico não tem o condão de vincular a administração: "[...] o parecer é opinativo e não vincula o administrador. Este tem o comando da empresa e assume a responsabilidade de sua gestão. Se se entendesse de forma diversa, estar-se-ia considerando que o parecer jurídico é um alvará para o cometimento de ilícitos, o que constitui um absurdo. O dirigente de uma companhia possui o comando da máquina administrativa e deve estar ciente de todas as decisões que adota, independentemente da natureza delas. O administrador público não é simplesmente uma figura decorativa na estrutura da empresa. Ao contrário, deve ter uma postura ativa [...]. Com mais razão, nas licitações, os gestores devem ser ainda mais cuidadosos, vez que estas envolvem princípios fundamentais da administração pública, tais como: legalidade, eficiência, moralidade, impessoalidade, publicidade, controle, coordenação, planejamento, isonomia, proposta mais vantajosa dentre outros" (Acórdão nº 1379/2010-Plenário, TC-007.582/2002-1, rel. Min. Augusto Nardes, 16-6-10).

7.10.1.8 Visto

Visto é o ato administrativo unilateral pelo qual a autoridade competente atesta a legitimidade formal de outro ato jurídico. Não significa concordância com o seu conteúdo, razão pela qual é incluído entre os atos de conhecimento, que são **meros atos administrativos** e não atos administrativos propriamente ditos, porque não encerram manifestações de vontade.

Exemplo de **visto** é o exigido para encaminhamento de requerimentos de servidores subordinados a autoridade de superior instância; a lei normalmente impõe o **visto** do chefe imediato, para fins de conhecimento e controle formal, não equivalendo à concordância ou deferimento de seu conteúdo.

7.10.2 Quanto à forma

O Decreto nº 12.002, de 22-4-2024, estabelece normas para elaboração, redação, alteração e consolidação de atos normativos, abrangendo aqueles de competência do Presidente da República e os de autoridades hierarquicamente inferiores, no âmbito da administração pública federal direta, autárquica e fundacional. Os atos normativos inferiores a decreto do Chefe do Executivo serão editados sob a forma de instruções normativas e portarias (quando editados por uma ou mais autoridades singulares) e resoluções (quando editados por colegiados).

7.10.2.1 Decreto

Decreto é a forma de que se revestem os atos individuais ou gerais, emanados do Chefe do Poder Executivo (Presidente da República, Governador e Prefeito).

Ele pode conter, da mesma forma que a lei, regras gerais e abstratas que se dirigem a todas as pessoas que se encontram na mesma situação (decreto geral) ou pode dirigir-se a pessoa ou grupo de pessoas determinadas. Nesse caso, ele constitui decreto de efeito concreto (decreto individual); é o caso de um decreto de desapropriação, de nomeação, de demissão.

Quando produz efeitos gerais, ele pode ser:

1. **regulamentar** ou de **execução**, quando expedido com base no art. 84, IV, da Constituição, para fiel execução da lei;
2. **independente** ou **autônomo**, quando disciplina matéria não regulada em lei. A partir da Constituição de 1988, não há fundamento para esse tipo de decreto no direito brasileiro, salvo nas hipóteses previstas no art. 84, VI, da Constituição, com a redação dada pela Emenda Constitucional nº 32/01; assim mesmo, é uma independência bastante restrita porque as normas do decreto não poderão implicar aumento de despesa nem criação ou extinção de órgãos públicos.

O decreto só pode ser considerado ato administrativo propriamente dito quando tem efeito concreto. O decreto geral é ato normativo, semelhante, quanto ao conteúdo e quanto aos efeitos, à lei.

Quando comparado à lei, que é **ato normativo originário** (porque cria direito novo originário de órgão estatal dotado de competência própria derivada da Constituição), o decreto regulamentar é **ato normativo derivado** (porque não cria direito novo, mas apenas estabelece normas que permitam explicitar a forma de execução da lei).

7.10.2.2 Resolução e portaria

Resolução e portaria são formas de que se revestem os atos, gerais ou individuais, emanados de autoridades outras que não o Chefe do Executivo.

No Estado de São Paulo, a Lei nº 10.177, de 30-12-98, que regula o processo administrativo no âmbito da Administração Pública Estadual, estabelece uma distinção, quanto ao aspecto formal, entre os atos normativos do Poder Executivo. No art. 12, diz que

"são atos administrativos:
I – de competência privativa:
a) do Governador do Estado, o Decreto;
b) dos Secretários de Estado, do Procurador-Geral do Estado e dos Reitores das Universidades, a Resolução;
c) dos órgãos colegiados, a Deliberação;
II – de competência comum:
a) a todas as autoridades, até o nível de Diretor de Serviço; às autoridades policiais; aos dirigentes das entidades descentralizadas, bem como, quando estabelecido em norma legal específica, a outras autoridades administrativas, a Portaria;
b) a todas as autoridades ou agentes da Administração, os demais atos administrativos, tais como Ofícios, Ordens de Serviço, Instruções e outros".

De acordo com essa norma, a diferença entre os vários tipos de atos está apenas na autoridade de que emanam, podendo uns e outros ter conteúdo **individual** (punição, concessão de férias, dispensas), ou **geral**, neste último caso contendo normas emanadas em matérias de competência de cada uma das referidas autoridades.

Não se confunde a resolução editada em sede administrativa com a referida no art. 59, VII, da Constituição Federal. Nesse caso, ela equivale, sob o aspecto formal, à lei, já que emana do Poder Legislativo e se compreende no processo de elaboração das leis, previsto no art. 59. Normalmente é utilizada para os atos de competência exclusiva do Congresso Nacional, previstos no art. 49 da Constituição, e para os de competência privativa da Câmara dos Deputados (art. 51), e do Senado (art. 52), uns e outros equivalendo a atos de controle político do Legislativo sobre o Executivo.

7.10.2.3 Circular

Circular é o instrumento de que se valem as autoridades para transmitir ordens internas uniformes a seus subordinados.

7.10.2.4 Despacho

Despacho é o ato administrativo que contém decisão das autoridades administrativas sobre assunto de interesse individual ou coletivo submetido à sua apreciação. Quando, por meio do despacho, é aprovado parecer proferido por órgão técnico sobre assunto de interesse geral, ele é chamado **despacho normativo**, porque se tornará obrigatório para toda a Administração. Na realidade, esse despacho não cria direito novo, mas apenas estende a todos os que estão na mesma situação a solução adotada para determinado caso concreto, diante do Direito Positivo.

7.10.2.5 Alvará

Alvará é o instrumento pelo qual a Administração Pública confere licença ou autorização para a prática de ato ou exercício de atividade sujeitos ao poder de polícia do Estado. Mais resumidamente, o alvará é o instrumento da licença ou da autorização. Ele é a **forma**, o revestimento exterior do ato; a licença e a autorização são o **conteúdo** do ato.

7.11 EXTINÇÃO

7.11.1 Modalidades

Segundo Celso Antônio Bandeira de Mello (2019: 458-459), um ato administrativo extingue-se por:

I – cumprimento de seus efeitos, o que pode suceder pelas seguintes razões:
a) esgotamento do conteúdo jurídico; por exemplo, o gozo de férias de um funcionário;
b) execução material; por exemplo, a ordem, executada, de demolição de uma casa;
c) implemento de condição resolutiva ou termo final;
II – desaparecimento do sujeito ou do objeto;
III – **retirada**, que abrange:
a) **revogação**, em que a retirada se dá por razões de oportunidade e conveniência;
b) **invalidação**, por razões de ilegalidade;
c) **cassação**, em que a retirada se dá "porque o destinatário descumpriu condições que deveriam permanecer atendidas a fim de poder continuar desfrutando da situação jurídica"; o autor cita o exemplo de cassação de licença para funcionamento de hotel por haver se convertido em casa de tolerância;
d) **caducidade**, em que a retirada se deu "porque sobreveio norma jurídica que tornou inadmissível a situação antes permitida pelo direito e outorgada pelo ato precedente"; o exemplo dado é a caducidade de permissão para explorar parque de diversões em local que, em face da nova lei de zoneamento, tornou-se incompatível com aquele tipo de uso;
e) **contraposição**, em que a retirada se dá "porque foi emitido ato com fundamento em competência diversa que gerou o ato anterior, mas cujos efeitos são contrapostos aos daqueles"; é o caso da exoneração de funcionário, que tem efeitos contrapostos ao da nomeação.
IV – Renúncia, pela qual se extinguem os efeitos do ato porque o próprio beneficiário abriu mão de uma vantagem de que desfrutava.

7.11.2 Anulação ou invalidação

7.11.2.1 Conceito, efeitos e natureza

Anulação, que alguns preferem chamar de **invalidação** é o desfazimento do ato administrativo por razões de ilegalidade.

Como a desconformidade com a lei atinge o ato em suas origens, a anulação produz **efeitos** retroativos à data em que foi emitido (efeitos *ex tunc*, ou seja, a partir de então).

No entanto, se a invalidação do ato decorrer de mudança de orientação da Administração Pública, ela não pode retroagir. Trata-se de aplicação do princípio da segurança jurídica, expressamente consagrado no art. 2º da Lei de Processo Administrativo federal (Lei nº 9.784, de 29-1-99). Em seu art. 2º, parágrafo único, inciso XIII, a lei veda "aplicação retroativa de nova interpretação". Por sua vez, a Lei de Introdução às Normas do Direito Brasileiro, com o art. 24, introduzido pela Lei nº 13.655, de 25-4-18, determina que "a revisão, nas esferas administrativa, controladora ou judicial, quanto à validade de ato, contrato, ajuste, processo ou norma administrativa cuja produção já se houver completado levará em conta as orientações gerais da época, sendo vedado que, com base em mudança posterior de orientação geral, se declarem inválidas situações plenamente constituídas". O parágrafo único do mesmo dispositivo define orientações gerais como "as interpretações e especificações contidas em atos públicos de caráter geral ou em jurisprudência judicial ou administrativa majoritária, e ainda as adotadas por prática administrativa reiterada e de amplo conhecimento público".

A anulação pode ser feita pela Administração Pública, com base no seu poder de autotutela sobre os próprios atos, conforme entendimento já consagrado pelo STF por meio das Súmulas nº 346 e nº 473. Pela primeira, "a Administração Pública pode declarar a nulidade de seus próprios atos"; e nos termos da segunda, "a Administração pode anular seus próprios atos, quando eivados de vícios que os tornem ilegais, porque deles não se originam direitos, ou revogá-los, por motivo de conveniência ou oportunidade, respeitados os direitos adquiridos e ressalvada, em todos os casos, a apreciação judicial".

E a anulação pode também ser feita pelo Poder Judiciário, mediante provocação dos interessados, que poderão utilizar, para esse fim, quer as ações ordinárias e especiais previstas na legislação processual, quer os remédios constitucionais de controle judicial da Administração Pública.

A anulação feita pela própria Administração independe de provocação do interessado uma vez que, estando vinculada ao princípio da legalidade, ela tem o poder-dever de zelar pela sua observância. No entanto, vai-se firmando o entendimento de que a anulação do ato administrativo, quando afete interesses ou direitos de terceiros, deve ser precedida do contraditório, por força do art. 5º, LV, da Constituição. A Lei paulista nº 10.177, de 30-12-98, que regula o processo administrativo no âmbito da Administração Pública Estadual, prevê o contraditório, com a obrigatoriedade de intimação do interessado para manifestar-se, antes da invalidação do ato (arts. 58, IV e V, e 59, II).

O aspecto que se discute é quanto ao caráter **vinculado** ou **discricionário** da anulação. Indaga-se: diante de uma ilegalidade, a Administração está **obrigada** a anular o ato ou tem apenas a **faculdade** de fazê-lo? Há opiniões nos dois sentidos. Os que defendem o **dever** de anular apegam-se ao princípio da legalidade; os que defendem a **faculdade** de anular invocam o princípio da predominância do interesse público sobre o particular.

Para nós, a Administração tem, em regra, o **dever** de anular os atos ilegais, sob pena de cair por terra o princípio da legalidade. No entanto, poderá deixar de fazê-lo, em circunstâncias determinadas, quando o prejuízo resultante da anulação puder ser maior do que o decorrente da manutenção do ato ilegal; nesse caso, é o interesse público que norteará a decisão. Também têm aplicação os princípios da segurança jurídica nos aspectos objetivo (estabilidade das relações jurídicas) e subjetivo (proteção à confiança) e da boa-fé.[6]

Esse entendimento é adotado por Seabra Fagundes (1984:39-40), Miguel Reale (1980:59-64), Regis Fernandes de Oliveira (1978:124). Este último fornece um exemplo: "imagine-se a seguinte hipótese: autorizou-se um loteamento em terras municipais. O interessado, valendo-se de documentos falsos, logrou obter aprovação do loteamento, seu registro e o competente deferimento do loteamento perante a própria Prefeitura Municipal a quem pertenciam as terras. O ato que determinou a expedição do alvará autorizando a realização do loteamento é nulo. E a nulidade advém do conteúdo do ato. O loteamento não poderia ser autorizado, uma vez que dentro do imóvel municipal. Inobstante, famílias adquiriram lotes, construíram casas, introduziram-se melhoramentos, cobrados foram tributos incidentes sobre eles, bem como tarifas de água etc. Enfim, onde era terreno municipal erigiu-se verdadeira cidade. Anos após, descobre-se que o terreno não pertence ao loteador e que se trata de área municipal. Imagina-se, mais, que se

---

[6] Ver item 3.3.15.4, sobre os princípios da segurança jurídica e da boa-fé.

tratava de verdadeiro paul, que foi sanado pelos adquirentes e, o que era um terreno totalmente inaproveitável, tornou-se valorizado".

Num caso como esse, a Administração tem que decidir qual a melhor solução, levando em conta os princípios do interesse público, da segurança jurídica e da boa-fé; com base nisso, poderá simplesmente anular o ato ou convalidá-lo.

Embora reconhecendo essa possibilidade da Administração, é necessário observar determinadas condições mencionadas por Miguel Reale (1980:62): que o ato não se origine de dolo, não afete direitos ou interesses privados legítimos, nem cause dano ao erário.

Na esfera federal, a Lei nº 9.784, de 29-1-99, que regula o processo administrativo no âmbito da Administração Pública Federal, estabelece, no art. 53, que "a Administração deve anular seus próprios atos, quando eivados de vício de legalidade"; porém, no art. 55, prevê a hipótese de ser mantido o ato ilegal, ao determinar que, "em decisão na qual se evidenciem não acarretarem lesão ao interesse público nem prejuízo a terceiros, os atos que apresentarem defeitos sanáveis poderão ser convalidados pela própria Administração". Vale dizer que, em vez de anular o ato, a Administração pode convalidá-lo; trata-se de decisão discricionária, somente possível quando os atos inválidos não acarretarem prejuízo a terceiros (nem ao erário); caso contrário, a anulação será obrigatória.

A Lei de Introdução às Normas do Direito Brasileiro estabelece, no art. 21, introduzido pela Lei nº 13.655, de 25-4-18, que "a decisão que, nas esferas administrativa, controladora ou judicial, decretar a invalidação de ato, contrato, ajuste, processo ou norma administrativa deverá indicar de modo expresso suas consequências jurídicas e administrativas". Pelo parágrafo único do mesmo dispositivo, "a decisão a que se refere o caput deste artigo deverá, quando for o caso, indicar as condições para que a regularização ocorra de modo proporcional e equânime e sem prejuízo aos interesses gerais, não se podendo impor aos sujeitos atingidos ônus ou perdas que, em função das peculiaridades do caso, sejam anormais ou excessivos". Combinam-se, no dispositivo, os princípios da legalidade, da segurança jurídica, da motivação, da proporcionalidade e do interesse público.

Por sua vez, o art. 24 determina que "a revisão, nas esferas administrativa, controladora ou judicial, quanto à validade de ato, contrato, ajuste, processo ou norma administrativa cuja produção já se houver completado levará em conta as orientações gerais da época, sendo vedado que, com base em mudança posterior de orientação geral, se declarem inválidas situações plenamente constituídas". Comentários sobre esses dispositivos da LINDB foram feitos no capítulo 3 deste livro, no item 3.3.

Quanto aos prazos para invalidação, a Lei nº 9.784 estabelece um prazo de decadência (que não admite interrupção nem suspensão) para que a Administração declare a nulidade de ato administrativo ilegal. O art. 54 determina que "o direito da Administração de anular os atos administrativos de que decorram efeitos favoráveis para os destinatários decai em 5 (cinco) anos, contados da data em que foram praticados, salvo comprovada má-fé". Trata-se de aplicação do princípio da segurança jurídica e também do princípio da boa-fé: de um lado, o legislador quis beneficiar a estabilidade das relações jurídicas, impedindo que a possibilidade de invalidação do ato possa atingir situações já consolidadas pelo decurso do tempo; de outro, quis beneficiar o destinatário do ato ilegal que esteja de boa-fé.

Independentemente do disposto nesse dispositivo, já vínhamos defendendo, desde as primeiras edições deste livro, que o prazo para a Administração rever os próprios atos é o da prescrição quinquenal (v. item 17.3.2.4), o que se aplica, evidentemente, a todas as esferas de governo. O Superior Tribunal de Justiça, pela Súmula nº 633, fixou o entendimento de que "a Lei nº 9.784/1999, especialmente no que diz respeito ao prazo decadencial para a revisão dos atos administrativos no âmbito da Administração Pública Federal, pode ser aplicada, de forma subsidiária, aos Estados e Municípios, se inexistente norma local e específica que regule a matéria".

O STF julgou inconstitucional o art. 10, inciso I, da Lei nº 10.177/98, do Estado de São Paulo, que estabelece o prazo de 10 anos para anulação dos atos inválidos, por entender que a norma, ao estabelecer prazo diverso do previsto no art. 54 da Lei federal nº 9.784/99, fere o princípio da isonomia (ADIN-6.019, j. 12-5-21, Relator do acórdão Min. Luiz Roberto Barroso).

7.11.2.2 Vícios: peculiaridades no Direito Administrativo

Existem muitas controvérsias doutrinárias a respeito dos vícios dos atos administrativos, girando principalmente em torno da possibilidade ou não de aplicar-se aos mesmos a teoria das nulidades do Direito Civil.

Sendo o ato administrativo modalidade de ato jurídico, é evidente que muitos dos princípios do Código Civil podem ser aplicados; porém, não se pode deixar de considerar que o ato administrativo apresenta certas peculiaridades que têm que ser levadas em consideração; de um lado, com relação aos próprios elementos integrantes, que são em maior número e de natureza um pouco diversa do que o **ato de direito privado**; de outro lado, com relação às consequências da inobservância da lei, que são diferentes no ato administrativo.

As principais diferenças que se apresentam são as seguintes:

1. os vícios dos atos privados atingem apenas interesses individuais, enquanto os vícios dos atos administrativos podem afetar o interesse de terceiros ou até mesmo o interesse público; por exemplo, a adjudicação, na licitação, a quem não seja o vencedor prejudica a este, aos demais licitantes e ao próprio interesse da Administração na escolha da melhor proposta; por isso mesmo, não pode o Poder Público ficar dependendo de provocação do interessado para declarar a nulidade do ato, incumbindo-lhe o poder-dever de fazê-lo, com base em seu poder de autotutela; daí decorre conceito diverso de ato anulável, no direito administrativo;
2. por outro lado, diante de determinados casos concretos, pode acontecer que a manutenção do ato ilegal seja menos prejudicial ao interesse público do que a sua anulação; nesse caso, pode a Administração deixar que o ato prevaleça, desde que não haja dolo, dele não resulte prejuízo ao erário, nem a direitos de terceiros; é o que ocorre, por exemplo, com os atos praticados por funcionários "de fato";
3. finalmente, quanto aos vícios que atingem o ato administrativo, há modalidades peculiares que não existem no direito privado, como o excesso e o abuso de poder, a usurpação de função, o exercício de fato.

No Direito Civil, os vícios estão previstos nos arts. 166 e 171 do Código Civil (arts. 145 e 147 do CC de 1916), correspondendo, respectivamente, às nulidades absolutas e relativas; eles se referem, basicamente, aos três elementos do ato jurídico: sujeito, objeto e forma.

No Direito Administrativo, também, os vícios podem atingir os cinco elementos do ato, caracterizando os vícios quanto à **competência** e à **capacidade** (em relação ao sujeito), à **forma**, ao **objeto**, ao **motivo** e à **finalidade**.

Esses cinco vícios estão definidos no art. 2º da Lei de ação popular (Lei nº 4.717, de 29-6-65).

7.11.2.3 Vícios relativos ao sujeito

Sob esse aspecto, o ato administrativo pode apresentar vícios de duas categorias:

1. incompetência;
2. incapacidade.

Visto que a competência vem sempre definida em lei, o que constitui garantia para o administrado, será ilegal o ato praticado por quem não seja detentor das atribuições fixadas na lei e também quando o sujeito o pratica exorbitando de suas atribuições. Nos termos do art. 2º da Lei nº 4.717/65, a incompetência fica caracterizada quando o ato não se incluir nas atribuições legais do agente que o praticou.

Os principais **vícios quanto à competência** são:

1. usurpação de função;
2. excesso de poder;
3. função "de fato".

A **usurpação de função** é crime definido no art. 328 do CP: "usurpar o exercício de função pública". Ocorre quando a pessoa que pratica o ato não foi por qualquer modo investida no cargo, emprego ou função; ela se apossa, por conta própria, do exercício de atribuições próprias de agente público, sem ter essa qualidade.

O **excesso de poder** ocorre quando o agente público excede os limites de sua competência; por exemplo, quando a autoridade, competente para aplicar a pena de suspensão, impõe penalidade mais grave, que não é de sua atribuição; ou quando a autoridade policial se excede no uso da força para praticar ato de sua competência.

Constitui, juntamente com o **desvio de poder**, que é vício quanto à finalidade, uma das espécies de **abuso de poder**. Este pode ser definido, em sentido amplo, como o vício do ato administrativo que ocorre quando o agente público exorbita de suas atribuições (**excesso de poder**), ou pratica o ato com finalidade diversa da que decorre implícita ou explicitamente da lei (**desvio de poder**).

Tanto o excesso de poder como o desvio de poder podem configurar **crime de abuso de autoridade**, quando o agente público incidir numa das infrações previstas na Lei nº 13.869, de 5-9-19, hipótese em que ficará sujeito à responsabilidade administrativa e à penal, podendo ainda responder civilmente, se de seu ato resultarem danos patrimoniais.

A **função de fato** ocorre quando a pessoa que pratica o ato está irregularmente investida no cargo, emprego ou função, mas a sua situação tem toda **aparência de legalidade**. Exemplos: falta de requisito legal para investidura, como certificado de sanidade vencido; inexistência de formação universitária para função que a exige, idade inferior ao mínimo legal; o mesmo ocorre quando o servidor está suspenso do cargo, ou exerce funções depois de vencido o prazo de sua contratação, ou continua em exercício após a idade-limite para aposentadoria compulsória.

Ao contrário do ato praticado por usurpador de função, que a maioria dos autores considera como **inexistente**, o ato praticado por funcionário de fato é considerado **válido**, precisamente pela aparência de legalidade de que se reveste; cuida-se de proteger a boa-fé do administrado.

Como diz Seabra Fagundes (1984:53), "no que respeita à validade dos atos praticados por tais pessoas, cabe distinguir segundo as circunstâncias especiais ocorrentes. Se o funcionário exerce a função em época normal, e é por todos aceito como serventuário legítimo, os seus atos podem ser tidos como válidos quando praticados de boa-fé. Razões de **utilidade pública** aconselham a isso. Quando seja **manifesta** e **evidente** a incompetência, os atos são visceralmente nulos, pois que não há como requisito moral a ampará-los a boa-fé no agente e no beneficiário". E acrescenta que a "aparência de legalidade da investidura, manifesta nas próprias condições de exercício da função (local, aquiescência da Chefia do serviço etc.), faz certa a boa-fé do público em geral e de cada um *de per si* no tratar com o agente".

Além dos vícios de incompetência, ainda existem os de **incapacidade**, previstos nos arts. 3º e 4º do CC, e os resultantes de erro, dolo, coação, simulação ou fraude, os quais não servem para distinguir a nulidade absoluta da relativa, como ocorre no direito privado, uma vez que, conforme se verá, no direito administrativo o critério distintivo é diverso.

A Lei nº 9.784, de 29-1-99 (Lei do Processo Administrativo Federal), prevê duas hipóteses de incapacidade do sujeito que pratica o ato administrativo: o **impedimento** e a **suspeição**.

O art. 18 determina estar **impedido** de atuar em processo administrativo o servidor ou autoridade que: I – tenha interesse direto ou indireto na matéria; II – tenha participado ou venha a participar como perito, testemunha ou representante, ou se tais situações ocorrem quanto ao cônjuge, companheiro ou parente e afins até o terceiro grau; III – esteja litigando judicial ou administrativamente com o interessado ou respectivo cônjuge ou companheiro.

E o art. 20 prevê a possibilidade de ser arguida a **suspeição** de autoridade ou servidor que tenha amizade íntima ou inimizade notória com algum dos interessados ou com os respectivos cônjuges, companheiros, parentes e afins até o terceiro grau.

A diferença entre o impedimento e a suspeição é a mesma que se faz no Direito Processual Civil ou Penal; o impedimento gera uma ***presunção absoluta*** de incapacidade, razão pela qual a autoridade fica proibida de atuar no processo, devendo obrigatoriamente comunicar o fato à autoridade competente, sob pena de incidir em "*falta grave, para fins disciplinares*", conforme art. 19, *caput*, parágrafo único, da Lei nº 9.784/99.

A suspeição gera uma ***presunção relativa*** de incapacidade, razão pela qual o vício fica sanado, se não for arguido pelo interessado no momento oportuno. Note-se que o art. 20 diz que a suspeição *pode* ser arguida; portanto, trata-se de faculdade que o interessado irá exercer ou não; já no impedimento, o dispositivo diz que *é impedido de atuar no processo* o servidor ou autoridade que estiver em uma das situações mencionadas no art. 18 e ainda prevê punição para o servidor que deixar de declarar o seu impedimento.

No Direito Processual, o impedimento do juiz gera nulidade absoluta, podendo ensejar até mesmo ação rescisória (art. 485, II, do CPC/73, repetido no art. 966, II, do atual CPC); a suspeição gera nulidade relativa, porque o vício desaparece se não arguido no momento oportuno.

No Direito Administrativo, ambas as hipóteses se enquadram como atos anuláveis e, portanto, passíveis de convalidação por autoridade que não esteja na mesma situação de impedimento ou suspeição.

7.11.2.4 *Vícios relativos ao objeto*

Segundo o art. 2º, parágrafo único, *c*, da Lei nº 4.717/65, "a ilegalidade do objeto ocorre quando o resultado do ato importa em violação de lei, regulamento ou outro ato normativo".

No entanto, o conceito não abrange todas as hipóteses possíveis; o objeto deve ser lícito, possível (de fato e de direito), moral e determinado. Assim, haverá vício em relação ao objeto quando qualquer desses requisitos deixar de ser observado, o que ocorrerá quando for:

1. proibido pela lei; por exemplo: um Município que desaproprie bem imóvel da União;
2. diverso do previsto na lei para o caso sobre o qual incide; por exemplo: a autoridade aplica a pena de suspensão, quando cabível a de repreensão;
3. impossível, porque os efeitos pretendidos são irrealizáveis, de fato ou de direito; por exemplo: a nomeação para um cargo inexistente;
4. imoral; por exemplo: parecer emitido sob encomenda, apesar de contrário ao entendimento de quem o profere;
5. incerto em relação aos destinatários, às coisas, ao tempo, ao lugar; por exemplo: desapropriação de bem não definido com precisão.

7.11.2.5 Vícios relativos à forma

"O vício de forma consiste na omissão ou na observância incompleta ou irregular de formalidades indispensáveis à existência ou seriedade do ato" (art. 2º, parágrafo único, *b*, da Lei nº 4.717/65).

O ato é ilegal, por vício de forma, quando a lei expressamente a exige ou quando uma finalidade só possa ser alcançada por determinada forma. Exemplo: o **decreto** é a forma que deve revestir o ato do Chefe do Poder Executivo; o **edital** é a única forma possível para convocar os interessados em participar de concorrência.

7.11.2.6 Vícios quanto ao motivo

A Lei nº 4.717/65 fala apenas em **inexistência dos motivos** e diz que esse vício ocorre "quando a matéria de fato ou de direito, em que se fundamenta o ato, é materialmente inexistente ou juridicamente inadequada ao resultado obtido" (art. 2º, parágrafo único, *d*).

Mas, além da hipótese de **inexistência**, existe a **falsidade** do motivo. Por exemplo: se a Administração pune um funcionário, mas este não praticou qualquer infração, o motivo é inexistente: se ele praticou infração diversa, o motivo é falso.

7.11.2.7 Vícios relativos à finalidade

Trata-se do **desvio de poder** ou **desvio de finalidade**, definido pela Lei nº 4.717/65 como aquele que se verifica quando "o agente pratica o ato visando a fim diverso daquele previsto, explícita ou implicitamente, na regra de competência" (art. 2º, parágrafo único, *e*).

Mais uma vez, o conceito legal está incompleto. Visto que a finalidade pode ter duplo sentido (amplo e restrito), pode-se dizer que ocorre o desvio de poder quando o agente pratica o ato com inobservância do interesse público ou com objetivo diverso daquele previsto explícita ou implicitamente na lei. O agente **desvia-se** ou **afasta-se** da finalidade que deveria atingir para alcançar resultado diverso, não amparado pela lei.

Conforme palavras de Cretella Júnior (1977:184), "base para a anulação dos atos administrativos que nele incidem, o **desvio de poder** difere dos outros casos, porque não se trata aqui de apreciar objetivamente a conformidade ou não conformidade de um ato com uma regra de direito, mas de proceder-se a uma dupla investigação de intenções subjetivas: é preciso indagar se os **móveis** que inspiram o autor de um ato administrativo são aqueles que, segundo a intenção do legislador, deveriam realmente, inspirá-lo".

Exemplos: a desapropriação feita para prejudicar determinada pessoa caracteriza desvio de poder porque o ato não foi praticado para atender a um interesse público; a remoção *ex officio* do funcionário, permitida para atender à necessidade do serviço, constituirá desvio de poder se for feita com o objetivo de punir.

A grande dificuldade com relação ao desvio de poder é a sua **comprovação**, pois o agente **não declara** a sua verdadeira intenção; ele procura ocultá-la para produzir a enganosa impressão de que o ato é legal. Por isso mesmo, o desvio de poder comprova-se por meio de **indícios**; são os "sintomas" a que se refere Cretella Júnior (1977:209-210).

"a)   a motivação insuficiente,
b)   a motivação contraditória,
c)   a irracionalidade do procedimento, acompanhada da edição do ato,
d)   a contradição do ato com as resultantes dos atos,

e) a camuflagem dos fatos,
f) a inadequação entre os motivos e os efeitos,
g) o excesso de motivação".

7.11.2.8 Consequências decorrentes dos vícios

Nesta matéria são grandes as divergências doutrinárias, que dizem respeito às consequências dos vícios dos atos administrativos.

No Direito Civil, os vícios podem gerar nulidade **absoluta** ou nulidade **relativa**, conforme arts. 166 e 171 do Código Civil (arts. 145 e 147 do Código anterior).

No Direito Administrativo, encontram-se diferentes formas de classificar os atos ilegais.

Oswaldo Aranha Bandeira de Mello (2007:655) considera que o ato administrativo pode ser **nulo** ou **anulável**. Será nulo "quanto à capacidade da pessoa se praticado o ato por pessoa jurídica sem atribuição, por órgão absolutamente incompetente ou por agente usurpador da função pública. Será nulo quanto ao objeto, se ilícito ou impossível por ofensa frontal à lei, ou nele se verifique o exercício de direito de modo abusivo. Será nulo, ainda, se deixar de respeitar forma externa prevista em lei ou preterir solenidade essencial para a sua validade. Ao contrário, será simplesmente anulável, quanto à capacidade da pessoa, se praticado por agente incompetente, dentro do mesmo órgão especializado, uma vez o ato caiba, na hierarquia, ao superior. Outrossim, será tão somente anulável o que padeça de vício de vontade decorrente de erro, dolo, coação moral ou simulação".

Seabra Fagundes (1984:42-51), refutando a possibilidade de aplicar-se ao direito administrativo a teoria das nulidades do Direito Civil, entende que os atos administrativos viciosos podem agrupar-se em três categorias: atos absolutamente inválidos ou atos nulos, atos relativamente inválidos ou anuláveis e atos irregulares. **Atos nulos** são os que violam regras fundamentais atinentes à manifestação da vontade, ao motivo, à finalidade ou à forma, havidas como de obediência indispensável pela sua natureza, pelo interesse público que as inspira ou por menção expressa da lei. **Atos anuláveis** são os que infringem regras atinentes aos cinco elementos do ato administrativo, mas, em face de razões concretamente consideradas, se tem como melhor atendido o interesse público pela sua parcial validez; para o autor, tratando-se de ato relativamente inválido, se estabelece uma hierarquia entre dois interesses públicos: o abstratamente considerado, em virtude do qual certas normas devem ser obedecidas, e o ocorrente na espécie, que se apresenta, eventualmente, por motivos de ordem prática, de justiça e de equidade em condições de superar aquele. **Atos irregulares** são os que apresentam defeitos irrelevantes, quase sempre de forma, não afetando ponderavelmente o interesse público, dada a natureza leve da infringência das normas legais; os seus efeitos perduram e continuam, posto que constatado o vício; é o caso em que a lei exige **portaria** e se expede outro tipo de ato.

Celso Antônio Bandeira de Mello (2019:490), adotando a posição de Antonio Carlos Cintra do Amaral, entende que "o critério importantíssimo para distinguir os tipos de invalidade reside na possibilidade ou impossibilidade de convalidar-se o vício do ato". Os **atos nulos** são os que não podem ser convalidados; entram nessa categoria:

a) os atos que a lei assim declare;
b) os atos em que é racionalmente impossível a convalidação, pois se o mesmo conteúdo fosse novamente produzido, seria reproduzida a invalidade anterior; é o que ocorre com os vícios relativos ao objeto, à finalidade, ao motivo, à causa.

São **anuláveis**:

a) os que a lei assim declare;
b) os que podem ser praticados sem vício; é o caso dos atos praticados por sujeito incompetente, com vício de vontade, com defeito de formalidade.

O autor ainda acrescenta a categoria dos **atos inexistentes**, que "correspondem a condutas criminosas ofensivas a direitos fundamentais da pessoa humana, ligados à sua personalidade ou dignidade intrínseca e, como tais, resguardados por princípios gerais de direito que informam o ordenamento jurídico dos povos civilizados" (2008:459).

Para Hely Lopes Meirelles (2003:169-170), não existem atos administrativos **anuláveis**, "pela impossibilidade de preponderar o interesse privado sobre atos **ilegais**, ainda que assim o desejem as partes, porque a isto se opõe a exigência de **legalidade administrativa**. Daí a impossibilidade jurídica de convalidar-se o ato considerado **anulável** que não passa de um ato originariamente **nulo**". Embora mencionando o ato **inexistente** (que tem apenas a aparência de manifestação regular da Administração, mas não chega a se aperfeiçoar como ato administrativo), nega, como a maioria dos autores, a importância dessa distinção, porque os atos inexistentes se equiparam aos atos nulos.

Cretella Júnior (1977:138) admite os atos nulos, anuláveis e inexistentes; os dois primeiros distinguem-se conforme possam ou não ser convalidados; o ato inexistente é o que não chega a entrar no mundo jurídico, por falta de um elemento essencial, como ocorre com o ato praticado por um demente ou com o que é praticado por um particular, quando deveria emanar de um funcionário, o que é praticado por um usurpador de função etc.

7.11.2.9 Atos administrativos nulos e anuláveis

Quando se compara o tema das nulidades no Direito Civil e no Direito Administrativo, verifica-se que em ambos os ramos do direito, os vícios podem gerar nulidades absolutas (atos nulos) ou nulidades relativas (atos anuláveis); porém, o que não pode ser transposto para o Direito Administrativo, sem atentar para as suas peculiaridades, são as hipóteses de nulidade e de anulabilidade previstas nos arts. 166 e 171 do Código Civil.

No Direito Civil, são as seguintes as diferenças entre a nulidade absoluta e a relativa, no que diz respeito a suas consequências:

1. na nulidade absoluta, o vício não pode ser sanado; na nulidade relativa, pode;
2. a nulidade absoluta pode ser decretada pelo juiz, **de ofício** ou mediante provocação do interessado ou do Ministério Público (art. 168 do Código Civil); a nulidade relativa só pode ser decretada se provocada pela parte interessada.

No Direito Administrativo, essa segunda distinção não existe, porque, dispondo a Administração do poder de autotutela, não pode ficar dependendo de provocação do interessado para decretar a nulidade, seja absoluta seja relativa. Isto porque não pode o interesse individual do administrado prevalecer sobre o interesse público na preservação da legalidade administrativa.

Mas a primeira distinção existe, pois também em relação ao ato administrativo, alguns vícios podem e outros não podem ser sanados.

Quando o vício seja **sanável** ou **convalidável**, caracteriza-se hipótese de nulidade relativa; caso contrário, a nulidade é absoluta. Cumpre, pois, examinar quando é possível o **saneamento** ou **convalidação**.

7.11.2.10 Convalidação

Convalidação ou **saneamento** é o ato administrativo pelo qual é suprido o vício existente em um ato ilegal, com efeitos retroativos à data em que este foi praticado.

Ela é feita, em regra, pela Administração, mas eventualmente poderá ser feita pelo administrado, quando a edição do ato dependa da manifestação de sua vontade e a exigência não foi observada. Este pode emiti-la posteriormente, convalidando o ato.

Em edições anteriores, vínhamos entendendo que a convalidação é ato discricionário, porque cabe à Administração, diante do caso concreto, verificar o que atende melhor ao interesse público: a convalidação, para assegurar validade aos efeitos já produzidos, ou a decretação de sua nulidade, quando os efeitos produzidos sejam contrários ao interesse público. Evoluímos, no entanto, a partir da 11ª edição, para acompanhar o pensamento de Weida Zancaner (1990:55), no sentido de que o ato de convalidação é, às vezes, vinculado, e outras vezes, discricionário. Entende a autora que "só existe uma hipótese em que a Administração Pública pode optar entre o dever de convalidar e o dever de invalidar segundo critérios discricionários. É o caso de ato discricionário praticado por autoridade incompetente. Destarte, nestes casos, pode a Administração Pública, segundo um juízo subjetivo, optar se quer convalidar ou invalidar o ato viciado". E acrescenta: "se alguém pratica em lugar de outrem um dado ato discricionário e esse alguém não era o titular do poder para expedi-lo, não poderá pretender que o agente a quem competia tal poder seja obrigado a repraticá-lo sem vício (convalidá-lo), porquanto poderá discordar da providência tomada. Se o sujeito competente não tomaria a decisão em causa, porque deveria tomá-la ante o fato de que outrem, sem qualificação para isto, veio a agir em lugar dele? Por outro lado, também não se poderá pretender que deva invalidá-lo, em vez de convalidá-lo, pois é possível que a medida em questão seja a mesma que ele – o titulado – teria adotado. Então, abrem-se novamente duas hipóteses: ou o agente considera adequado ao interesse público o ato que fora expedido por agente incompetente e, neste caso, o convalida, ou o reputa inadequado e, dado o vício de incompetência, o invalida. Há, pois, nessa hipótese, opção discricionária, mas é única hipótese em que há lugar para discrição".

Assiste razão à autora, pois, tratando-se de ato vinculado praticado por autoridade incompetente, a autoridade competente não poderá deixar de convalidá-lo, se estiverem presentes os requisitos para a prática do ato; a convalidação é obrigatória, para dar validade aos efeitos já produzidos; se os requisitos legais não estiverem presentes, ela deverá necessariamente anular o ato. Se o ato praticado por autoridade incompetente é discricionário e, portanto, admite apreciação subjetiva quanto aos aspectos de mérito, não pode a autoridade competente ser obrigada a convalidá-lo, porque não é obrigada a aceitar a mesma avaliação subjetiva feita pela autoridade incompetente; nesse caso, ela poderá convalidar ou não, dependendo de sua própria apreciação discricionária.

Na Lei nº 9.784/99 (Lei do Processo Administrativo Federal), o art. 55 estabelece que *"em decisão na qual se evidencie não acarretarem lesão ao interesse público nem prejuízo a terceiros, os atos que apresentarem defeitos sanáveis poderão ser convalidados pela própria Administração"*. Vale dizer que a convalidação aparece como **faculdade** da Administração, portanto, como ato discricionário, somente possível quando os atos inválidos não acarretam lesão ao interesse público nem prejuízo a terceiros; em caso contrário, tem-se que entender que a Administração está obrigada a anular o ato, em vez de convalidá-lo. Mesmo com essa norma, acompanhamos, mais uma vez, a lição de Weida Zancaner (2008:68-69), quando entende que somente na hipótese assinalada (vício de incompetência em ato discricionário) a convalidação constitui-se em decisão discricionária do Poder Público. Nas demais hipóteses, a convalidação é obrigatória. Esse é também o ensinamento de Celso Antônio Bandeira de Mello (2008:467), citado pela autora: "Não se trata aqui, evidentemente, de pretender sobrepor uma opinião a dicções legais, mas de questionar a constitucionalidade de preceptivos de leis. O ordenamento jurídico, como se sabe, também é integrado por *princípios gerais de Direito* que, em alguns casos, pelo menos, informam a própria compostura nuclear da Constituição. O princípio da segurança jurídica certamente é um deles. Destarte, quando em um tema específico dois princípios jurídicos de estatura constitucional concorrem em prol de uma solução (na hipótese vertente, o da restauração da legalidade – que a convalidação propicia, como visto – e o da segurança jurídica), o legislador infraconstitucional não pode ignorá-los e adotar diretriz que os contrarie, relegando a plano subalterno valores que residem na estrutura medular de um sistema normativo".

O uso do verbo **poder** no art. 55 da Lei nº 9.784/99 não significa necessariamente que o dispositivo esteja outorgando uma faculdade para a Administração convalidar o ato ilegal, segundo critérios de discricionariedade; como em tantas outras hipóteses em que a lei usa o mesmo verbo, trata-se, no caso, de reconhecimento de um poder de convalidação que pode ser exercido na esfera administrativa, sem necessidade de procura pela via judicial. A convalidação é, em regra, obrigatória, se se pretende prestigiar o princípio da legalidade na Administração Pública.

Nem sempre é possível a convalidação. Depende do tipo de vício que atinge o ato. O exame do assunto tem que ser feito a partir da análise dos cinco elementos do ato administrativo: sujeito, objeto, forma, motivo e finalidade.

Quanto ao **sujeito**, se o ato for praticado com vício de **incompetência**, admite-se a convalidação, que nesse caso recebe o nome de **ratificação**, desde que não se trate de competência outorgada com exclusividade, hipótese em que se exclui a possibilidade de delegação ou de avocação; por exemplo, o art. 84 da Constituição Federal define as matérias de competência privativa do Presidente da República e, no parágrafo único, permite que ele delegue as atribuições mencionadas nos incisos VI, XII e XXV aos Ministros do Estado, ao Procurador-Geral da República ou ao Advogado-Geral da União; se estas autoridades praticarem um desses atos, sem que haja delegação, o Presidente da República poderá ratificá-los; nas outras hipóteses, não terá essa faculdade. Do mesmo modo, nas matérias de competência **exclusiva** das pessoas públicas políticas (União, Estado e Municípios) não é possível a ratificação de ato praticado pela pessoa jurídica, incompetente; no caso, o ato é inconstitucional, porque fere a distribuição de competência feita pela própria Constituição.

Também não se admite a ratificação quando haja incompetência **em razão da matéria**; por exemplo, quando um Ministério pratica ato de competência de outro Ministério, porque, nesse caso, também existe exclusividade de atribuições.

Em resumo, tratando-se de competência **exclusiva**, não é possível a ratificação.

Em relação à forma, a convalidação é possível se ela não for essencial à validade do ato (v. item 7.7.3).

Quanto ao **motivo** e à **finalidade**, nunca é possível a convalidação. No que se refere ao motivo, isto ocorre porque ele corresponde a situação **de fato** que ou ocorreu ou não ocorreu; não há como alterar, com efeito retroativo, uma situação de fato. Em relação à finalidade, se o ato foi praticado contra o interesse público ou com finalidade diversa da que decorre da lei, também não é possível a sua correção; não se pode corrigir um resultado que estava na **intenção** do agente que praticou o ato.

O **objeto** ou **conteúdo** ilegal não pode ser objeto de convalidação. Com relação a esse elemento do ato administrativo, é possível a **conversão**, que alguns dizem ser espécie do gênero convalidação e outros afirmam ser instituto diverso, posição que nos parece mais correta, porque a conversão implica a substituição de um ato por outro. Pode ser definida como o ato administrativo pelo qual a Administração converte um ato inválido em ato de outra categoria, com efeitos retroativos à data do ato original. O objetivo é aproveitar os efeitos já produzidos.

Um exemplo seria o de uma concessão de uso feita sem licitação, quando a lei a exige; pode ser convertida em permissão precária, em que não há a mesma exigência; com isso, imprime-se validade ao uso do bem público, já consentido.

Não se confunde **conversão** com **reforma**, pois aquela atinge o ato ilegal e esta afeta o ato válido e se faz por razões de oportunidade e conveniência; a primeira retroage e a segunda produz efeitos para o futuro. Exemplo: um decreto que expropria parte de um imóvel é reformado para abranger o imóvel inteiro.

7.11.2.11 *Confirmação*

Embora o vocábulo seja às vezes utilizado para designar a própria convalidação, iremos utilizá-lo no sentido em que Gordillo e Cassagne, entre outros, a empregam, ou seja, para qualificar a decisão da Administração que implica renúncia ao poder de anular o ato ilegal.

No direito privado, é possível a parte prejudicada pelo ato ilegal deixar de impugná-los, nos casos de nulidade relativa; nesse caso, o ato se convalida.

No direito administrativo, já vimos que a Administração não pode ficar sujeita à vontade do particular para decretar ou não a nulidade. Mas a própria administração pode deixar de fazê-lo por razões de interesse público quando a anulação possa causar prejuízo maior do que a manutenção do ato (v. item 7.11.2.2).

A confirmação difere da convalidação porque ela não corrige o vício do ato; ela o mantém tal como foi praticado. Somente é possível quando não causar prejuízo a terceiros, uma vez que estes, desde que prejudicados pela decisão, poderão impugná-la pela via administrativa ou judicial.

Outra hipótese de confirmação é a que ocorre em decorrência da prescrição do direito de anular o ato. Seria uma confirmação tácita, ou seja, uma confirmação pelo decurso do tempo. Aqui não há propriamente renúncia da Administração, mas impossibilidade decorrente da prescrição.

7.11.3 **Revogação**

Revogação é o ato administrativo discricionário pelo qual a Administração extingue um ato válido, por razões de oportunidade e conveniência.

Como a revogação atinge um ato que foi editado em conformidade com a lei, ela não retroage; os seus efeitos se produzem a partir da própria revogação; são feitos *ex nunc* (a partir de agora).

Quer dizer que a revogação respeita os efeitos já produzidos pelo ato, precisamente pelo fato de ser este válido perante o direito.

Enquanto a anulação pode ser feita pelo Judiciário e pela Administração, a revogação é privativa desta última porque os seus fundamentos – oportunidade e conveniência – são vedados à apreciação do Poder Judiciário.

Como todo ato discricionário, a revogação deve ser feita nos limites em que a lei a permite, implícita ou explicitamente; isto permite falar em limitações ao poder de revogar:

1. não podem ser revogados os atos vinculados, precisamente porque nestes não há os aspectos concernentes à oportunidade e conveniência; se a Administração não tem liberdade para apreciar esses aspectos no momento da edição do ato, também não poderá apreciá-los posteriormente; nos casos em que a lei preveja impropriamente a revogação de ato vinculado, como ocorre na licença para construir, o que existe é uma verdadeira desapropriação de direito, a ser indenizada na forma da lei;

2. não podem ser revogados os atos que exauriram os seus efeitos; como a revogação não retroage, mas apenas impede que o ato continue a produzir efeitos, se o ato já se exauriu, não há mais que falar em revogação; por exemplo, se a Administração concedeu afastamento, por dois meses, a um funcionário, a revogação será possível enquanto não transcorridos os dois meses; posteriormente, os efeitos terão se exaurido. Vale dizer que a revogação supõe um ato que ainda esteja produzindo efeitos, como ocorre com a autorização para porte de armas ou exercício de qualquer atividade, sem prazo estabelecido;
3. a revogação não pode ser feita quando já se exauriu a competência relativamente ao objeto do ato; suponha-se que o interessado tenha recorrido de um ato administrativo e que este esteja sob apreciação de autoridade superior; a autoridade que praticou o ato deixou de ser competente para revogá-lo;
4. a revogação não pode atingir os **meros atos administrativos**, como certidões, atestados, votos, porque os efeitos deles decorrentes são estabelecidos pela lei;
5. também não podem ser revogados os atos que integram um procedimento, pois a cada novo ato ocorre a preclusão com relação ao ato anterior;
6. não podem ser revogados os atos que geram direitos adquiridos, conforme está expresso na Súmula nº 473 do STF.

Quanto à **competência** para revogar, ficamos com a lição de Miguel Reale (1980:37): "só quem pratica o ato, ou quem tenha poderes, implícitos ou explícitos, para dele conhecer de ofício ou por via de recurso, tem competência legal para revogá-lo por **motivos de oportunidade ou conveniência**, competência essa intransferível, a não ser por força de lei, e insuscetível de ser contrasteada em seu exercício por outra autoridade administrativa".

RESUMO

1. **Atos da Administração:** a) de direito privado, b) atos materiais; c) atos de conhecimento, opinião, juízo ou valor; d) atos políticos; e) contratos; f) atos normativos; e g) atos administrativos.

2. **Conceito:**

   a) **critério subjetivo:** é o praticado por órgãos administrativos;

   b) **critério objetivo:** é o praticado no exercício da função administrativa;

   c) **critérios mistos:** acrescentam novos elementos (potestade pública, regime jurídico, declaração de vontade);

   d) **critério do ato jurídico:** declaração do Estado ou de quem o represente, que produz efeitos jurídicos imediatos, com observância da lei, sob regime jurídico de direito público e sujeita a controle pelo Poder Judiciário.

3. **Atributos:**

   a) **presunção de veracidade** (conformidade do ato com os fatos) e de **legitimidade** (conformidade do ato com a lei); efeitos: o ato produz efeitos imediatos; em regra, o Judiciário não pode declarar a nulidade *ex officio*; inverte o ônus da prova (apenas a presunção de veracidade). Presunção que tem sido contestada, porque a Administração também tem de comprovar a verdade dos fatos em que se fundamenta, podendo o juiz e o promotor requisitarem provas;

   b) **imperatividade:** os atos administrativos impõem-se ao particular independentemente de sua concordância; atributo inexistente nos atos negociais;

c) **autoexecutoriedade:** duplo aspecto: *privilège d'action d'office* (exigibilidade dos atos) e *privilège du préalable* (executoriedade, independentemente de título judicial); este último atributo só existe: 1) quando a lei o prevê; 2) em caso de urgência para evitar dano maior. Consequência: inverte o ônus de ir a juízo;

d) **tipicidade:** o ato administrativo deve corresponder a figuras previstas em lei.

4. **Elementos** (condições de existência do ato) e **requisitos** (condições de validade):

a) **sujeito:** aquele a quem a lei atribui **competência** para a prática do ato; a competência decorre da lei, é inderrogável, pode ser objeto de delegação ou avocação (salvo quanto às exclusivas);

b) **objeto** ou **conteúdo:** efeito jurídico imediato que o ato produz; requisitos: lícito, possível e moral; pode ser: natural (inerente ao ato) ou acidental (decorre de cláusulas acessórias, como no caso do **termo**, **modo** ou **encargo** e **condição**);

c) **forma:** exteriorização do ato (conceito restrito) e formalidades que devem ser observadas para a prática do ato (conceito amplo), sob pena de invalidade. Princípio do informalismo (art. 22 da Lei nº 9.784/99).

Motivação: integra o conceito de forma; a sua ausência gera nulidade do ato.

Classificação: formas essenciais (à garantia dos direitos dos administrativos) e acessórias (não afetam a validade do ato);

d) **finalidade:** é o resultado que a Administração pretende alcançar.

Sentido amplo: corresponde a um fim de interesse público.

Sentido restrito: é o resultado específico que cada ato deve produzir, conforme definido na lei.

e) **motivo:** pressuposto de fato e de direito que serve de fundamento ao ato; inconfundível com **motivação** (exposição dos motivos).

Teoria dos motivos determinantes: a validade do ato se vincula aos motivos indicados como seu fundamento.

5. **Discricionariedade** (possibilidade de decidir no caso concreto segundo critérios de oportunidade e conveniência e escolher entre duas ou mais soluções, todas válidas perante o direito) e **vinculação** (a lei estabelece a única solução possível).

Localização da discricionariedade: a) quanto ao **momento** da prática do ato; b) quanto à **finalidade entendida no sentido amplo;** não existe na finalidade considerada em sentido estrito; c) quanto à **forma** (quando a lei não prevê forma ou prevê mais de uma forma possível, a critério da Administração); c) quanto ao **motivo** (a lei não define o motivo ou o define utilizando conceitos jurídicos indeterminados, especialmente conceitos de valor); d) quanto ao **conteúdo** ou **objeto** (a lei prevê vários objetos possíveis para alcançar o mesmo resultado).

6. **Legalidade** (conformidade do ato com a lei) e mérito (aspectos discricionários do ato administrativo)**: importância para fins de controle.**

Nos atos vinculados: todos os elementos do ato são definidos pela lei; não existe o aspecto do mérito.

Nos atos discricionários: alguns elementos são deixados à apreciação da Administração, segundo critérios de oportunidade e conveniência. Nos atos discricionários existem aspectos de legalidade e de mérito.

Ideia tradicional de controle do mérito: o Judiciário não pode apreciar aspectos de mérito.

Evolução: antes de concluir que não pode examinar o mérito, o juiz deve interpretar a lei diante do caso concreto; se concluir que existem diferentes opções para a Administração, não deve interferir com a decisão administrativa. A discricionariedade começa quando termina o trabalho de interpretação.

Teorias que contribuíram para ampliar o controle judicial:

a) **teoria do desvio de poder:** passou a admitir a análise da finalidade pelo juiz;

b) **teoria dos motivos determinantes:** permitiu a análise dos motivos (fatos) pelo juiz;

c) **teoria dos conceitos jurídicos indeterminados:** inexistência de discricionariedade nos conceitos técnicos e de experiência; possibilidade de discricionariedade nos conceitos de valor (divergências doutrinárias).

7. **Classificação:**

a) **quanto às prerrogativas: atos de império** (praticados com prerrogativas de autoridade) e **atos de gestão** (praticados pela Administração em igualdade de condições com o particular);

b) **quanto à função da vontade: atos administrativos propriamente ditos** (em que há manifestação de vontade voltada para a produção de efeitos jurídicos) **e puros ou meros atos administrativos** (em que não há produção de efeitos jurídicos, mas simples opinião, conhecimento ou desejo);

c) **quanto à presença ou não de imperatividade:** atos administrativos propriamente ditos (em que existe esse atributo) e atos negociais (em que não existe);

d) **quanto à formação da vontade: simples** (decorrem da manifestação de um único órgão), **complexos** (resultam de dois ou mais órgãos, cuja vontade se funde para formar um só ato) e **compostos** (resultam da manifestação de dois ou mais órgãos em que a vontade de um é instrumental em relação ao outro);

e) **quanto aos destinatários: gerais ou normativos** (atingem todas as pessoas que estão na mesma situação) e **individuais** (produzem efeitos no caso concreto); os primeiros, ao contrário dos segundos: não podem ser impugnados judicialmente pela pessoa lesada, mas apenas por meio da ADIN; têm precedência sobre o ato individual; são sempre revogáveis na via administrativa;

f) **quanto à exequibilidade: perfeito** (o que está em condições de produzir efeitos, porque completou o ciclo de formação), **imperfeito** (não completou o ciclo de formação e não está apto a produzir efeitos), **pendente** (o que está sujeito a condição ou termo) e **consumado** (o que já exauriu os seus efeitos);

g) **quanto aos efeitos: constitutivo** (pelo qual a Administração cria, modifica ou extingue um direito ou uma situação do administrado), **declaratório** (apenas reconhece um direito preexistente) e **enunciativo** (atesta ou reconhece situação de fato ou de direito).

8. **Atos administrativos em espécie**

a) **quanto ao conteúdo:**

– **Autorização** como ato unilateral, discricionário e precário: várias acepções: 1ª) **medida de polícia:** a Administração faculta ao particular o desempenho de atividade material ou a prática de ato que, sem esse consentimento, seriam legalmente proibidos; 2ª) **autorização de uso de bem público**; 3ª) **autorização de serviço público**.

– **Licença**: ato unilateral e vinculado pelo qual a Administração faculta àquele que preencha os requisitos legais o exercício de uma atividade.

– **Admissão**: ato unilateral e vinculado pelo qual a Administração reconhece ao particular que preencha os requisitos legais o direito à prestação de um serviço público.

– **Permissão**: ato unilateral, discricionário e precário, gratuito ou oneroso, pelo qual a Administração Pública faculta ao particular a execução de serviço público ou a utilização privativa de bem público. Observação: o art. 175 da CF trata a permissão de serviço público como contrato.

– **Aprovação**: ato unilateral e discricionário pelo qual se exerce o controle *a priori* ou *a posteriori* do ato administrativo.

– **Homologação**: ato unilateral e vinculado pelo qual a Administração Pública reconhece a legalidade de um ato jurídico. É sempre *a posteriori* e examina apenas a legalidade, ao contrário da aprovação.

– **Parecer**: ato pelo qual os órgãos consultivos da Administração emitem opinião sobre assuntos técnicos ou jurídicos de sua competência. Pode ser: **facultativo** (não precisa necessariamente ser solicitado e não se torna vinculante), **obrigatório** (deve ser solicitado) ou **vinculante** (a Administração é obrigada a solicitá-lo e a acatá-lo).

– **Visto**: ato administrativo unilateral pelo qual a autoridade competente atesta a legitimidade formal de outro ato jurídico, sem manifestar concordância ou não.

b) **quanto à forma**:

– **Decreto**: são **atos gerais** ou **individuais** emanados do Chefe do Executivo.

– **Resolução e portaria**: atos gerais ou individuais emanados de autoridades outras que não o Chefe do Executivo.

– **Circular**: instrumento para transmitir ordens internas uniformes aos subordinados.

– **Despacho**: ato que contém decisão das autoridades administrativas.

– **Alvará:** instrumento para outorga de licença ou autorização.

9. **Extinção dos atos administrativos**

Modalidades (segundo Celso Antônio Bandeira de Mello):

a) **cumprimento de seus efeitos:** esgotamento do conteúdo jurídico, execução material, implemento de condição resolutiva ou termo final;

b) **desaparecimento do sujeito ou do objeto;**

c) **retirada: revogação** (por oportunidade ou conveniência); **invalidação** (por ilegalidade); **cassação** (por descumprimento de condições que deveriam permanecer atendidas); **caducidade** (pelo surgimento de norma jurídica que tornou impossível a situação antes permitida); **contraposição** (surgimento de novo ato com efeitos contrapostos ao anterior);

d) **renúncia.**

10. Anulação ou invalidação

Conceito: desfazimento do ato por razões de ilegalidade.

Efeitos: retroativos (*ex tunc*), em regra.

Competência: da Administração Pública (Súmulas 346 e 473 do STF) e do Judiciário; nas duas hipóteses, deve ser observado o direito de defesa e o contraditório (art. 5º, LV, da CF).

Natureza jurídica: em regra, é ato vinculado. Aplicação do art. 53 da Lei nº 9784/99. Situação em que o ato pode deixar de ser anulado: o prejuízo resultante da anulação é maior do que o da manutenção do ato ilegal. Fundamento nos princípios da segurança jurídica (estabilidade das relações jurídicas e proteção da confiança) e da boa-fé. Previsão no art. 55 da Lei nº 9.784/99. Proibição de anulação que decorra de mudança de orientação (art. 2º, parágrafo único, XIII, da Lei nº 9.784/99 e art. 24 da Lei de Introdução às Normas do Direito Brasileiro.

Prazo de decadência: art. 54 da Lei nº 9.784/99 (aplicável na esfera federal).

11. Vícios dos atos administrativos:

a) quanto ao **sujeito**: incompetência ou incapacidade (nos termos do CC);

Incompetência: falta de atribuição legal de competência; usurpação de função (art. 328 do CP), em que a pessoa não foi investida no cargo; **excesso de poder** (o agente excede os limites de sua competência); **função de fato** (o agente está investido irregularmente no cargo, emprego ou função, mas apresenta aparência de legalidade).

Incapacidade (arts. 3º e 4º do CC e nos casos de erro, dolo, coação, simulação ou fraude).

Na Lei nº 9.784/99, há duas hipóteses de incapacidade: **impedimento** (art. 18), que gera presunção absoluta; e **suspeição** (art. 20), que gera presunção relativa. Ao contrário do direito civil, as duas situações geram atos anuláveis e, portanto, convalidáveis por autoridade que não esteja na situação de impedimento ou suspeição.

b) **quanto ao objeto**: quando viola a lei, regulamento ou outro ato normativo (art. 2º, parágrafo único, *c*, da Lei nº 9.784/99). Outras situações ocorrem quando: o objeto é proibido pela lei; diverso do previsto em lei; impossível, de fato ou de direito; imoral; incerto quanto aos destinatários, às coisas, ao tempo, ao lugar;

c) **quanto à forma**: omissão ou inobservância de formalidades essenciais à existência ou seriedade do ato (art. 2º, parágrafo único, *b*, da Lei nº 9.784/99);

d) **quanto ao motivo**: inexistência ou falsidade do motivo (fatos);

e) **quanto à finalidade**: desvio de poder ou desvio de finalidade: o agente pratica o ato com inobservância do interesse público ou com objetivo diverso daquele previsto na lei. Dificuldade de comprovação. Indícios de desvio de poder: motivação insuficiente, motivação contraditória, irracionalidade do procedimento, contradição do ato com as resultantes dos atos; camuflagem dos fatos, inadequação entre motivos e efeitos, excesso de motivação.

12. Consequências decorrentes dos vícios: atos nulos ou anuláveis

Atos nulos: o vício não admite convalidação.

Atos anuláveis: os que admitem convalidação.

Convalidação: ato pelo qual é suprido o vício existente em um ato ilegal, com efeitos retroativos à data em que este foi praticado. Natureza de ato vinculado, salvo no caso em que o ato praticado por autoridade incompetente for discricionário; a discricionariedade permanece no ato de convalidação.

Hipóteses em que é possível a convalidação:

a) nos vícios de incompetência, desde que não se trate de competência exclusiva;

b) nos vícios relativos à forma, desde que ela não seja essencial à validade do ato.

Hipóteses em que não é possível a convalidação:

a) nos vícios relativos ao motivo, já que não é possível alterar o fato;

b) nos vícios relativos à finalidade: não é possível corrigir um resultado que estava na intenção e quem o praticou;

c) nos vícios relativos ao objeto. Nesse caso é possível a **conversão**: ato administrativo pelo qual a Administração converte um ato inválido em ato de outra categoria, com efeitos retroativos à data do ato original.

13. **Confirmação:** difere da convalidação, porque não corrige o ato. Por meio dela, mantém-se o ato ilegal por razões de interesse público, desde que não cause prejuízo a terceiros.

14. **Revogação:** é o ato administrativo discricionário pelo qual a Administração Pública extingue um ato válido, por razões de oportunidade e conveniência (mérito).

Efeitos: *ex nunc* (não retroativo, já que atinge ato válido).

Limites: não podem ser revogados os atos:

a) vinculados, porque estes não têm aspectos de mérito;

b) que exauriram seus efeitos;

c) cuja competência se exauriu relativamente ao objeto do ato;

d) que sejam meros atos administrativos, porque seus efeitos decorrem da lei;

e) que integram um procedimento;

f) que geram direitos adquiridos (Súmula 473, STF).

Competência: a mesma autoridade que praticou o ato original.

8
Contrato Administrativo

8.1 CONTRATOS DA ADMINISTRAÇÃO

A expressão **contratos da Administração** é utilizada, em sentido amplo, para abranger todos os contratos celebrados pela Administração Pública, seja sob regime de direito público, seja sob regime de direito privado. E a expressão **contrato administrativo** é reservada para designar tão somente **os ajustes que a Administração, nessa qualidade, celebra com pessoas físicas ou jurídicas, públicas ou privadas, para a consecução de fins públicos, segundo regime jurídico de direito público**.

Costuma-se dizer que, nos contratos de direito privado, a Administração se nivela ao particular, caracterizando-se a relação jurídica pelo traço da **horizontalidade** e que, nos contratos administrativos, a Administração age como poder público, com todo o seu poder de império sobre o particular, caracterizando-se a relação jurídica pelo traço da **verticalidade**.

8.2 DIVERGÊNCIAS DOUTRINÁRIAS

Existem grandes controvérsias entre os doutrinadores a respeito dos chamados contratos administrativos, havendo, pelo menos, três correntes:

1. a que nega a existência de contrato administrativo;
2. a que, em sentido diametralmente oposto, acha que todos os contratos celebrados pela Administração são contratos administrativos;
3. a que aceita a existência dos contratos administrativos, como espécie do gênero contrato, com regime jurídico de direito público, derrogatório e exorbitante do direito comum.

Os adeptos da primeira corrente argumentam que o contrato administrativo não observa o **princípio da igualdade entre as partes**, o da **autonomia da vontade** e o da **força obrigatória das convenções**, caracterizadores de todos os contratos. Com relação ao primeiro, afirma-se não estar presente porque a Administração ocupa posição de supremacia em relação ao particular. Quanto à autonomia da vontade, alega-se que não existe quer do lado da Administração, quer do lado do particular que com ela contrata: a autoridade administrativa só faz aquilo que a lei manda (princípio da legalidade) e o particular submete-se a cláusulas **regulamentares** ou **de serviço**, fixadas unilateralmente pela Administração, em obediência ao que decorre da lei. Mesmo com relação às cláusulas financeiras, que estabelecem o equilíbrio econômico no contrato, alegam os adeptos dessa teoria que não haveria, nesse aspecto, distinção entre os contratos firmados pela Administração e os celebrados por particulares entre si.

Quanto ao princípio da **força obrigatória das convenções** (*pacta sunt servanda*), seria também desrespeitado no contrato administrativo, em decorrência da mutabilidade das cláusulas regulamentares, que permite à Administração fazer alterações unilaterais no contrato. A autoridade administrativa, por estar vinculada ao princípio da indisponibilidade do interesse público, não poderia sujeitar-se a cláusulas inalteráveis como ocorre no direito privado.

Essa posição foi adotada, no direito brasileiro, entre outros, por Oswaldo Aranha Bandeira de Mello (2007:684). Segundo ele, as cláusulas regulamentares decorrem de **ato unilateral** da Administração, vinculado à lei, sendo as cláusulas econômicas estabelecidas por contrato de direito comum.

No caso, por exemplo, da concessão, o autor entendia que pode haver contrato apenas quanto à equação econômico-financeira, como ato jurídico complementar adjeto ao ato unilateral ou ato-união da concessão. O ato por excelência, que é a concessão de serviço público ou de uso de bem público, é unilateral; o ato acessório, que diz respeito ao equilíbrio econômico, é contratual. Não se poderia definir a natureza de um instituto por um ato que é apenas acessório do ato principal. E mesmo esse contrato não é administrativo, por ser inalterável pelas partes da mesma forma que qualquer contrato de direito privado.

A segunda corrente entende que todo contrato celebrado pela Administração é contrato administrativo; o que não existe é contrato de direito privado, porque em todos os acordos de que participa a Administração Pública há sempre a interferência do regime jurídico administrativo; quanto à competência, à forma, ao procedimento, à finalidade, aplica-se sempre o direito público e não o direito privado. É o que ocorre nos contratos de compra e venda, locação, comodato, quando celebrados pelo poder público. Veja-se, a respeito, José Roberto Dromi (1977:16-18).

A terceira posição, adotada pela maioria dos administrativistas brasileiros, admite a existência de contratos administrativos, com características próprias que os distinguem do contrato de direito privado.

Vários são os critérios apontados para distinguir o contrato administrativo do contrato de direito privado:

1. alguns adotam o critério **subjetivo** ou **orgânico**, entendendo que no contrato administrativo a Administração age como poder público, com poder de império na relação jurídica contratual; não agindo nessa qualidade, o contrato será de direito privado;

2. para outros, o contrato administrativo tem sempre por **objeto** a organização e o funcionamento dos serviços públicos; se tiver por conteúdo a prestação de atividade privada, será contrato de direito civil;

3. há quem diferencie o contrato administrativo pela **finalidade pública**, o que é contestado, sob a alegação de que a Administração, mesmo agindo sob regime jurídico privado, tem que agir com esse objetivo, sob pena de incidir em desvio de poder;

4. outros entendem que é o **procedimento** de contratação que caracteriza o contrato administrativo, o que também não corresponde à verdade porque existem algumas formalidades que são exigidas, não pela natureza do contrato, mas pela presença da Administração e pela finalidade pública que ela tem que atender; é o caso da licitação, da forma, da motivação, da publicidade;

5. finalmente, há aqueles para os quais o contrato administrativo se caracteriza pela presença de **cláusulas exorbitantes do direito comum**, assim chamadas porque estão fora da órbita (*ex orbita*) do direito comum e cuja finalidade é a de assegurar a posição de supremacia da Administração em relação ao particular; assim são as

cláusulas que asseguram o poder de alteração unilateral do contrato, a sua rescisão unilateral antes do prazo, a imposição de penalidades administrativas e tantas outras analisadas além.

8.3 O CONTRATO ADMINISTRATIVO COMO ESPÉCIE DO GÊNERO CONTRATO

Colocamo-nos entre os adeptos da terceira corrente, que aceita a existência do contrato administrativo como espécie do gênero contrato.

O conceito de contrato não é específico do direito privado, devendo ser dado pela teoria geral do direito. Ele existe também no âmbito do direito público, compondo a espécie **contrato de direito público**, que, por sua vez, abrange contratos de direito internacional e de direito administrativo.

Quando a Administração celebra contratos, acontece, com grande frequência, que ela obedece a um contrato-padrão (e isso ocorre até com determinados **contratos de direito privado**, como a locação de imóvel destinado à instalação de repartição pública). Em outras hipóteses, como na concessão de serviços públicos, as condições de contratação, na parte referente à execução do contrato, constam de regulamento, denominado, pelos franceses, de "caderno de encargos", elaborado unilateralmente pela Administração e que, em geral, se limita a repetir preceitos de lei. Isto leva alguns autores a verem nos contratos administrativos simples **atos unilaterais** da Administração ou verdadeiras **normas jurídicas**.

Comparando-se o contrato da Administração com o ato unilateral, de um lado, e, de outro, com a norma jurídica, verifica-se que existem diferenças marcantes.

O que caracteriza o ato unilateral, seja ele de direito público ou de direito privado, é o fato de ser produzido por uma só declaração de vontade.

Enquanto no direito privado prevalecem os atos jurídicos bilaterais – os contratos –, a Administração Pública utiliza-se **essencialmente** de atos administrativos unilaterais, com características exorbitantes do direito comum, tais como as prerrogativas e sujeições que constituem o regime administrativo.[1] Dentre os atributos do ato administrativo, um deles, a **imperatividade**, permite à Administração utilizar-se de seu poder de império para praticar atos unilaterais que criam obrigações para o particular, independentemente de sua concordância ou ainda contra a sua vontade. Esse atributo vem acompanhado, em certos casos, da possibilidade de autoexecutar a decisão.

Apenas não têm o atributo da imperatividade aqueles atos em que há uma coincidência entre a vontade da Administração e a do particular, ou seja, naquele tipo de ato em que a Administração não impõe deveres, mas confere direitos. É o que se dá nos chamados atos negociais, como a autorização, a permissão, a admissão. Em todos eles, a Administração, por ato unilateral, consente, em geral atendendo a pedido do interessado, que ele exerça certa atividade ou pratique determinado ato; não lhe impõe uma obrigação.

O contrato administrativo, ao contrário, ainda que as cláusulas regulamentares ou de serviço sejam fixadas unilateralmente, só vai aperfeiçoar-se se a outra parte der o seu assentimento; além disso, o contratado não é titular de mera **faculdade** outorgada pela Administração, como ocorre nos atos negociais, mas, ao contrário, assume direitos e obrigações perante o poder público contratante. Falta, nesse caso, às cláusulas fixadas unilateralmente pela Administração,

---

[1] Hoje, a consensualidade é apontada como uma das tendências atuais do direito administrativo, no sentido de que se tenta reduzir a unilateralidade das decisões e ampliar o consenso nas relações entre Administração Pública e o cidadão. Nesse sentido, dentre outros, Fernando Dias Menezes de Almeida, *Mecanismos de consenso no Direito Administrativo*, 2008, p. 335-341.

a imperatividade que caracteriza os atos administrativos unilaterais, pois aquelas não têm, como estes últimos, a capacidade de impor obrigações ao particular, sem a sua manifestação de concordância.

Quer isto dizer que o fato de a Administração estabelecer unilateralmente as condições do ajuste não lhe retira a natureza contratual. Enquanto não se produz o acordo de vontades, nenhum efeito resulta do ato unilateral da Administração.

Com relação à doutrina que equipara as condições gerais do contrato, fixadas pela Administração, a verdadeiras normas jurídicas, também há alguns reparos a fazer.

As **condições gerais** somente obrigam àquele que celebra o contrato com a Administração; delas resultam direitos e deveres recíprocos para a Administração e o contratado; são, em regra, irrevogáveis, ressalvados os poderes de alteração e rescisão unilateral, por motivos de interesse público e desde que respeitado o equilíbrio econômico do contrato. As **normas jurídicas**, ao contrário, são obrigatórias para todos, independentemente do consentimento individual; não criam direitos e deveres recíprocos, pois estabelecem uma relação desigual, em que ao **poder** da Administração se contrapõe o **dever** do administrado; são essencialmente revogáveis, sem a contrapartida de quaisquer direitos compensatórios por parte do particular.

Afastadas as duas ideias – quer a que equipara o contrato administrativo ao ato unilateral, quer a que o equipara a verdadeiras normas jurídicas – resta enquadrá-lo como contrato, considerado este em suas características básicas, presentes em qualquer tipo de contrato, público ou privado, a saber, segundo Meirelles Teixeira (*RDP* 6/115-116):

a) um acordo voluntário de vontades, indissoluvelmente ligadas uma à outra, reciprocamente condicionante e condicionada, coexistentes no tempo, formando uma vontade contratual unitária;
b) os interesses e finalidades visados pelas partes apresentam-se contraditórios e opostos, condicionando-se reciprocamente, uns como causa dos outros;
c) produção de efeitos jurídicos para ambas as partes, ou seja, criação de direitos e obrigações recíprocos para os contratantes; daí a afirmação de que faz lei entre as partes.

No contrato administrativo, existe uma **oferta** feita, em geral, por meio do edital de licitação, **a toda a coletividade**; dentre os interessados que a aceitam e fazem a sua proposta (referente ao equilíbrio econômico do contrato), a Administração seleciona a que apresenta as condições mais convenientes para a celebração do ajuste. Forma-se, assim, a **vontade contratual unitária** (primeiro elemento).

Os **interesses** e **finalidades** visados pela Administração e pelo contratado são contraditórios e opostos; em um contrato de concessão de serviço público, por exemplo, a Administração quer a prestação adequada do serviço e o particular objetiva o lucro (segundo elemento).

Cada uma das partes adquire, em relação à outra, o direito às obrigações convencionadas (terceiro elemento).

Quer isto dizer que os contratos administrativos se enquadram no conceito geral de contrato como **acordo de vontades gerador de direitos e obrigações recíprocos**.

8.4 TRAÇOS DISTINTIVOS ENTRE O CONTRATO ADMINISTRATIVO E O CONTRATO DE DIREITO PRIVADO

Os contratos celebrados pela Administração compreendem, quanto ao regime jurídico, duas modalidades.

1. os **contratos de direito privado**, como a compra e venda, a doação, o comodato, regidos pelo Código Civil, parcialmente derrogados por normas publicistas;
2. os **contratos administrativos**, dentre os quais incluem-se:
   a) os **tipicamente administrativos**, sem paralelo no direito privado e inteiramente regidos pelo direito público, como a concessão de serviço público, de obra pública e de uso de bem público;
   b) **os que têm paralelo no direito privado**, mas são também regidos pelo direito público, como o mandato, o empréstimo, o depósito, a empreitada.

Embora de **regimes jurídicos** diversos, nem sempre é fácil a distinção entre os contratos privados da Administração e os contratos administrativos, pois, como os primeiros têm regime de direito privado **parcialmente derrogado pelo direito público**, essa derrogação lhes imprime algumas características que também existem nos da segunda categoria. Importa, portanto, indicar os pontos comuns e os traços distintivos entre os dois tipos de **contratos da Administração**.

Sabe-se que o **regime jurídico administrativo** caracteriza-se por **prerrogativas** e **sujeições**; as primeiras conferem poderes à Administração, que a colocam em posição de supremacia sobre o particular; as sujeições são impostas como limites à atuação administrativa, necessários para garantir o respeito às finalidades públicas e aos direitos dos cidadãos.

Quando se cuida do tema contratual, verifica-se que, no que se refere às **sujeições** impostas à Administração, não diferem os contratos de direito privado e os administrativos; todos eles obedecem a exigências de **forma**, de **procedimento**, de **competência**, de **finalidade**; precisamente por essa razão é que alguns autores acham que todos os contratos da Administração são **contratos administrativos**.

Com efeito, sob o aspecto **formal**, exige-se, para todos os contratos da Administração, pelo menos a forma escrita; mesmo na alienação de bens móveis, essa exigência deve ser respeitada, ressalvados apenas alguns contratos de pequeno valor e pagamento imediato. Na Lei nº 14.133, de 1º-4-2021 (Lei de Licitações e Contratos Administrativos), o art. 95, § 2º, considera "nulo e de nenhum efeito o contrato verbal com a Administração, salvo o de pequenas compras ou o de prestação de serviços de pronto pagamento, assim entendidos aqueles de valor não superior a R$ 10.000,00 (dez mil reais)".[2]

Com relação às **finalidades** e **procedimentos** para a celebração do contrato, também não há distinção; todos eles estão sujeitos, em maior ou menor grau, à observância de requisitos previstos em lei para a sua validade, como autorização legislativa (quando for o caso), avaliação, licitação, motivação, indicação de recursos orçamentários, publicação, aprovação pelo Tribunal de Contas.

Também no que concerne à **competência**, as regras são as mesmas, pois, em direito administrativo, toda a competência resulta da lei.

A **finalidade**, direta ou indiretamente, há de ser sempre pública, sob pena de desvio de poder.

Já no que concerne às **prerrogativas**, as diferenças são maiores. São elas previstas por meio das chamadas **cláusulas exorbitantes** ou de **privilégio** ou de **prerrogativa**.

Tais cláusulas podem ser definidas como **aquelas que não são comuns ou que seriam ilícitas nos contratos entre particulares, por encerrarem prerrogativas ou privilégios de uma das partes em relação à outra.**

---

[2] Todos os valores fixados pela Lei nº 14.133/21 serão atualizados, a cada 1º de janeiro, pelo Poder Executivo, com base no Índice Nacional de Preços ao Consumidor Amplo Especial (IPCA-E), conforme determina o art. 182 da referida lei.

Algumas **não são comuns** nos contratos de direito privado, mas podem existir, desde que livremente pactuadas pelas partes, dentro do princípio da autonomia da vontade e desde que não haja ofensa a disposição expressa de lei. Tal é o caso das cláusulas que asseguram a uma das partes o poder de alterar unilateralmente o ajuste ou o de rescindi-lo, também unilateralmente, antes do prazo estabelecido, o de fiscalizar a execução do contrato, o de exigir caução.

Outras cláusulas seriam **ilícitas** nos contratos entre particulares, porque dão a uma das partes poder de império, autoridade, de que é detentora apenas a Administração. É o caso das cláusulas que preveem aplicação de penalidades administrativas, a retomada da concessão, a responsabilização do contratado sem necessidade de recurso ao Poder Judiciário; em todos esses casos está presente a **executoriedade**, que constitui atributo de certos atos praticados pela Administração e que não seriam válidos quando conferidos ao particular.

Quando a Administração celebra **contratos administrativos**, as cláusulas exorbitantes existem **implicitamente, ainda que não expressamente previstas**; elas são indispensáveis para assegurar a posição de supremacia do Poder Público sobre o contratado e a prevalência do interesse público sobre o particular. Quando a Administração celebra contratos de direito privado, normalmente ela não necessita dessa supremacia e a sua posição pode nivelar-se à do particular; excepcionalmente, algumas cláusulas exorbitantes podem constar, mas elas não resultam implicitamente do contrato; **elas têm que ser expressamente previstas**, com base em lei que derrogue o direito comum. Por exemplo, quando a lei permite o **comodato** de bem público, pode estabelecer para a Administração a faculdade de exigi-lo de volta por motivo de interesse público.

Por isso, deve ser aceita com reservas a afirmação de que no contrato administrativo a posição entre as partes é de **verticalidade** (o que é verdadeiro) e, no contrato privado celebrado pela Administração, a posição das partes é de **horizontalidade**, o que não é inteiramente verdadeiro, quer pela submissão do Poder Público a **restrições** inexistentes no direito comum, quer pela possibilidade de lhe serem conferidas determinadas prerrogativas, por meio de cláusulas exorbitantes expressamente previstas.

Outra diferença entre o contrato administrativo e o contrato de direito privado da Administração diz respeito ao **objeto**. O contrato administrativo visa à prestação de serviço público, não no sentido restrito de "atividade exercida sob regime jurídico exorbitante", mas no sentido mais amplo, que abrange toda atividade que o Estado assume, por lhe parecer que a sua realização era necessária ao interesse geral e que a iniciativa privada era insuficiente para realizar adequadamente. Abrange os serviços públicos comerciais e industriais do Estado que, embora exercidos, em geral, sob regime de direito privado, podem ter execução transferida ao particular por meio do contrato de concessão de serviço público, que é o contrato administrativo por excelência.

Também será administrativo o contrato que tiver por objeto a **utilização privativa de bem público de uso comum ou uso especial**, uma vez que tais bens, sendo inalienáveis, estão fora do comércio jurídico de direito privado; todas as relações jurídicas que sobre eles incidam são disciplinadas pelo direito público.

Diríamos até que, mais do que o tipo de atividade, o que se considera essencial para a caracterização do contrato administrativo é a **utilidade pública que resulta diretamente do contrato**. Nesses casos, é patente a desigualdade entre as partes: o particular visa à consecução de seu interesse individual; a Administração objetiva o atendimento do interesse geral. Sendo este predominante sobre aquele, a Administração terá que agir com todo o seu poder de império para assegurar a sua observância, o que somente é possível sob regime jurídico administrativo.

Ao contrário, quando a Administração celebra contrato cujo objeto apenas indiretamente ou acessoriamente diz respeito ao interesse geral (na medida em que tem repercussão orçamentária, quer do lado da despesa, quer do lado da receita), ela se submete ou pode submeter-se ao direito privado; por exemplo, para comprar materiais necessários a uma obra ou serviço público, para colocar no seguro os veículos oficiais, para alugar um imóvel necessário à instalação de repartição pública, enfim, para se equipar dos instrumentos necessários à realização da atividade principal, esta sim regida pelo direito público. O mesmo ocorre com a utilização de bens do domínio privado do Estado (bens dominicais) por terceiros; se a utilização se der para fins de utilidade pública (mercado municipal, por exemplo), o instituto adequado é a concessão de uso, contrato tipicamente administrativo; se a utilização se der para proveito exclusivo do particular (como residência) e não para exploração de atividade de utilidade pública, o instituto adequado será a locação. Nesses casos, o interesse público é protegido apenas indiretamente, à medida que, por esse meio, a Administração estará explorando adequadamente o patrimônio, para obtenção de renda.

8.5 DIREITO POSITIVO

8.5.1 Normas constitucionais

No âmbito constitucional, cabe fazer referência à inovação introduzida pela Constituição de 1988, quanto à **competência** para legislar sobre contrato. Seu art. 22, inciso XXVII, com a redação dada pela Emenda Constitucional nº 19, de 4-6-98, inclui entre as matérias de **competência legislativa privativa da União** as "normas gerais de licitação e **contratação**, em todas as modalidades, para as administrações públicas diretas, autárquicas e fundacionais da União, Estados, Distrito Federal e Municípios, obedecido o disposto no artigo 37, XXI, e para as empresas públicas e sociedades de economia mista, nos termos do artigo 173, § 1º, III".

Vale dizer que a matéria relativa a contratos administrativos, que antes era de competência privativa de cada ente político, reparte-se agora entre, de um lado, a União, que estabelece normas gerais e, de outro, Estados, Distrito Federal e Municípios, que estabelecem as normas suplementares.

Desse modo, a Lei nº 14.133, de 1º-4-2021, do mesmo modo que a anterior Lei nº 8.666, de 21-6-93, exorbita da competência legislativa federal ao estabelecer normas que se aplicam a todas as esferas de governo, sem distinguir as normas gerais e as que não têm essa natureza. A verificação do que seja norma geral tem que ser feita com relação à aplicação de cada dispositivo.[3]

Ainda em matéria de contratação pública, a Constituição Federal, no art. 37, XXI, exige licitação para os contratos de obras, serviços, compras e alienações, ressalvados os casos especificados na legislação. O art. 173, § 1º, prevê que o estatuto jurídico da empresa pública, da sociedade de economia mista e de suas subsidiárias que explorem atividade econômica de produção ou comercialização de bens ou de prestação de serviços disponha, entre outras matérias, sobre "a sujeição ao regime jurídico próprio das empresas privadas, inclusive quanto aos direitos e obrigações civis, comerciais, trabalhistas e tributários" (inciso II) e "licitação e contratação de obras, serviços, compras e alienações, observados os princípios da administração pública" (inciso III). Por sua vez, o art. 175 exige que a concessão e a permissão de serviços públicos se façam sempre por licitação; no parágrafo único, prevê lei dispondo sobre tais contratos.

---

[3] V. DI PIETRO, Maria Sylvia Zanella. Norma geral na Lei nº 14.133/21 – o passado e o futuro da jurisprudência do STF. *SLC – Soluções em Licitações e Contratos, Seção Soluções Autorais*, ano 6, agosto 2023, p. 39-50.

8.5.2 Legislação ordinária

A Lei nº 14.133, de 1º-4-2021, estabelece normas gerais sobre licitações e contratos administrativos. No art. 193, com a redação dada pela Lei Complementar nº 198, de 28-6-2023, a lei revogou:

I – os arts. 89 a 108 da Lei nº 8.666/93, que tratam dos crimes e das penas em matéria de licitações, bem como do processo e do procedimento judicial para sua apuração; em substituição a esses dispositivos, o art. 178 inclui o Capítulo II-B no Código Penal (Decreto-lei nº 2.848, de 7-12-40) sobre os "**crimes em licitações e contratos administrativos**";

II – a Lei nº 8.666/93, a Lei nº 10.520, de 17-7-02 (Lei do Pregão), e os arts. 1º a 47-A da Lei nº 12.462, de 4-8-11 (Lei do RDC – Regime Diferenciado de Contratação), **em 30-12-2023**.

O art. 191 previu a possibilidade de a Administração optar, no prazo de que trata o inciso II do *caput* do art. 193 (30-12-2023), "por licitar ou contratar diretamente de acordo com esta Lei ou de acordo com as leis citadas no referido inciso, e a opção escolhida deverá ser indicada expressamente no edital ou no aviso ou instrumento de contratação direta, vedada a aplicação combinada desta Lei com as citadas no referido inciso". Conforme determina o parágrafo único do mesmo dispositivo, ocorrendo a opção referida no *caput*, "o contrato respectivo será regido pelas regras nelas previstas durante toda a sua vigência". Portanto, a possibilidade de opção prevista no art. 191 continuou a aplicar-se até essa data. Feita essa opção, os contratos firmados nesse período continuarão a reger-se pela legislação revogada até que ocorra a sua extinção.

O art. 190 determina que "o contrato cujo instrumento tenha sido assinado antes da entrada em vigor desta Lei continuará a ser regido de acordo com as regras previstas na legislação revogada". Vale dizer que, embora as leis referidas no inciso II do art. 193 já estejam revogadas desde 30-12-2023, elas continuarão a ser aplicadas aos contratos celebrados sob sua regência. Trata-se de aplicação do princípio da irretroatividade das leis, decorrente do disposto no art. 5º, inciso XXXVI, da Constituição.

Em decorrência dos arts. 190 e 191, a Lei nº 8.666, a Lei nº 10.520 e os arts. 1º a 47 da Lei nº 12.462 continuaram a ter aplicação nas seguintes hipóteses: (a) para os contratos cujo instrumento tenha sido assinado antes da entrada em vigor da Lei nº 14.133/2021; (b) por opção da Administração, feita, até 30-12-2023, com fundamento no art. 191.

Salvo em seu título, a **Lei nº 14.133/21** não faz referência à expressão "contratos administrativos" (que constava dos arts. 1º e 54 da Lei nº 8.666/93). No art. 1º, fala em "contratação para as Administrações Públicas diretas, autárquicas e fundacionais da União, dos Estados, do Distrito Federal e dos Municípios" (art. 1º). No art. 89, fala simplesmente em "contratos de que trata esta lei".

Quanto aos **contratos abrangidos** pela Lei nº 14.133, o art. 2º prevê a aplicação à: I – alienação e concessão de direito real de uso de bens; II – compra, inclusive por encomenda; III – locação; IV – concessão e permissão de uso de bens públicos; V – prestação de serviços, inclusive os técnico-profissionais especializados; VI – obras e serviços de arquitetura e engenharia; VII – contratações de tecnologia da informação e de comunicação. Pelo art. 192, o contrato relativo a imóvel do patrimônio da União ou de suas autarquias e fundações continuará regido pela legislação pertinente (tratada no capítulo 16 deste livro), aplicando-se a Lei de Licitações apenas subsidiariamente. Assim, embora o art. 2º inclua, nos incisos III e IV, a locação e a concessão e permissão de uso de bens públicos, tem-se que entender que, quando tais contratos tenham por objeto bens do patrimônio da União, continua a aplicar-se a legislação específica sobre a matéria. Conforme art. 184, a lei aplica-se, "no que couber e na ausência de norma específica, aos convênios, acordos, ajustes e outros instrumentos congêneres celebrados por órgãos e entidades da Administração Pública, na forma estabelecida em regulamento do Poder Executivo federal".

Nos termos do art. 89, os contratos de que trata a Lei nº 14.133 regem-se pelas suas cláusulas e pelos preceitos de direito público, e a eles serão aplicados, supletivamente, os princípios da teoria geral dos contratos e as disposições de direito privado.

Alguns dos contratos referidos na Lei nº 14.133 regem-se basicamente pelo direito privado, com sujeição a algumas normas de direito público. Tal é o caso da compra, da alienação, da locação de imóvel, da concessão de direito real de uso.

As normas contidas na Lei nº 14.133/21, **pertinentes** à **compra** e à **alienação**, não derrogam o direito comum; apenas estabelecem determinadas exigências, que dele exorbitam, concernentes ao **procedimento** prévio que a Administração deverá observar para concretizar o contrato: no caso de **compra**, essas exigências dizem respeito às condições de guarda e armazenamento, atendimento aos princípios da padronização, do parcelamento e da responsabilidade fiscal e aplicação do sistema de registro de preços (art. 40); quanto à **alienação**, exige-se demonstração do interesse público, prévia avaliação, licitação e autorização legislativa, nas hipóteses que especifica (art. 76). Trata-se da aplicação, a **todos os contratos** da Administração, das sujeições próprias do regime jurídico administrativo, e que têm por objetivo, basicamente, assegurar a observância da legalidade e o respeito ao interesse público.

Já no que diz respeito aos **contratos de obra e serviço**, abrangendo a **empreitada** e a **tarefa**, a Lei nº 14.133/21 (art. 104) não apenas estabelece sujeições próprias do regime administrativo, como também assegura à Administração uma série de **prerrogativas** que a colocam em situação de supremacia sobre o particular. Ainda que os contornos do instituto estejam definidos pelo Código Civil, as relações jurídicas entre as partes regulam-se inteiramente pela Lei nº 14.133.

O art. 3º exclui da abrangência da Lei: "I – contratos que tenham por objeto operação de crédito, interno ou externo, e gestão de dívida pública, incluídas as contratações de agente financeiro e a concessão de garantia relacionadas a esses contratos; II – contratações sujeitas a normas previstas em legislação própria". Nesse segundo inciso, podem ser incluídos os contratos firmados com base no direito privado. Embora não se exija a submissão desses contratos ao regime jurídico da Lei de Licitações, na realidade, a fuga do direito público nunca pode ser total, pela exigência de alguns aspectos como competência, finalidade, motivação, procedimento, dentre outros.

Além da sujeição às normas da Lei nº 14.133, as licitações e os contratos por ela disciplinados submetem-se, conforme art. 4º, às disposições constantes dos arts. 42 a 49 da Lei Complementar nº 123, de 14-12-06, que estabelecem normas diferenciadas sobre **aquisições públicas feitas por microempresas**. Essa submissão não tem aplicação: "I – no caso de licitação para aquisição de bens ou contratação de serviços em geral, ao item cujo valor estimado for superior à receita bruta máxima admitida para fins de enquadramento como empresa de pequeno porte; II – no caso de contratação de obras e serviços de engenharia, às licitações cujo valor estimado for superior à receita bruta máxima admitida para fins de enquadramento como empresa de pequeno porte".

Algumas modalidades de contratos administrativos estão disciplinadas por leis específicas, porém com aplicação subsidiária da Lei nº 14.133, conforme previsto em seu art. 186. A prestação de serviços de publicidade rege-se pela Lei nº 12.232, de 29-4-10. A Lei Complementar nº 182, de 1º-6-2021, institui o marco legal das startups e do empreendedorismo inovador, estabelecendo normas sobre licitação e contratação, inclusive para as empresas estatais. A concessão de serviços públicos, precedida ou não de obra pública, e a permissão de serviços públicos regem-se pelas

Leis nº 8.987, de 13-2-95 (com alterações posteriores) e nº 9.074, de 7-7-95. As duas modalidades de parceria público-privada (concessão patrocinada e concessão administrativa) estão reguladas pela Lei nº 11.079, de 30-12-2004. Tratando-se de leis que dispõem sobre contratos administrativos e licitações, aplicam-se aos Estados, Distrito Federal e Municípios apenas as normas gerais nelas contidas. Os contratos relativos a imóvel do patrimônio da União ou de suas autarquias e fundações continuarão a reger-se pela legislação pertinente (mencionada no capítulo 16 deste Livro), aplicada a Lei nº 14.133 apenas subsidiariamente.

Existem algumas leis esparsas disciplinando a concessão de determinados serviços públicos, como é o caso da Lei nº 9.427, de 26-12-96 (energia elétrica), Lei nº 9.472, de 16-7-97 (telecomunicações), dentre outras, que não foram revogadas pela Lei nº 14.133/21.

No que diz respeito aos **entes abrangidos**, a Lei nº 14.133, no art. 1º, estabelece normas de licitação e contratação para as Administrações Públicas diretas, autárquicas e fundacionais da União, dos Estados, do Distrito Federal e dos Municípios, abrangendo: I – os órgãos dos Poderes Legislativo e Judiciário da União, dos Estados e do Distrito Federal e os órgãos do Poder Legislativo dos Municípios, quando no desempenho de função administrativa; II – os fundos especiais e as demais entidades controladas direta ou indiretamente pela Administração Pública. Foram excluídas da abrangência da lei as empresas públicas, as sociedades de economia mista e as suas subsidiárias, regidas pela Lei nº 13.303, de 30-6-2016 (lei das estatais), salvo quanto ao art. 178 (que introduz um capítulo no Código Penal sobre crimes em licitações e contratos administrativos).

Quanto à aplicação da lei às **repartições sediadas no exterior**, o § 2º do art. 1º prevê regulamentação específica a ser editada por Ministro de Estado, com observância às peculiaridades locais e aos princípios básicos estabelecidos na lei.

Também podem estar sujeitas a condições especiais, nos termos do § 3º do art. 1º, as licitações e contratações que envolvam recursos provenientes de empréstimo ou doação oriundos de agência oficial de cooperação estrangeira ou de organismo financeiro de que o Brasil seja parte.

O § 5º do art. 1º prevê ato normativo do Banco Central para disciplinar as contratações relativas à gestão, direta e indireta, das reservas internacionais do País, inclusive as de serviços conexos e acessórios a essa atividade, devendo ser observados os princípios estabelecidos no caput do art. 37 da Constituição Federal.

8.5.3 Regulamentação da Lei nº 14.133/21

A Lei nº 14.133/21 contém algumas dezenas de artigos dependentes de regulamentação. No art. 187, determina que "os Estados, o Distrito Federal e os Municípios poderão aplicar os regulamentos editados pela União para execução desta Lei". A *contrario sensu*, o dispositivo significa que cada ente federativo pode exercer o poder regulamentar em sua esfera de atuação legislativa. Essa norma quebra a rigidez do art. 1º, que considerou como "normas gerais" todas as normas contidas na lei, respeitando a autonomia dos Estados, do Distrito Federal e dos Municípios para exercerem o poder regulamentar.[4]

---

[4] O Governo Federal, no site www.gov.br, vem publicando periodicamente e mantendo atualizada uma lista de atos normativos e estágios de regulamentação da Lei nº 14.133/21, incluindo não só Decretos do Poder Executivo federal, mas também atos normativos baixados por outros órgãos e entidades da Administração Pública federal.

8.6 CARACTERÍSTICAS DOS CONTRATOS ADMINISTRATIVOS

Considerando os contratos administrativos, no sentido próprio e restrito (que exclui os contratos privados firmados no âmbito do Poder Público), pode-se defini-los como os acordos de que a Administração Pública é parte, sob regime jurídico publicístico, derrogatório e exorbitante do direito comum. São suas características:

1. presença da Administração Pública como Poder Público;
2. finalidade pública;
3. obediência à forma prescrita em lei;
4. procedimento legal;
5. natureza de contrato de adesão;
6. natureza *intuitu personae*;
7. presença de cláusulas exorbitantes;
8. mutabilidade.

Cada uma dessas características será analisada a seguir.

8.6.1 Presença da Administração Pública como Poder Público

Nos contratos administrativos, a Administração aparece com uma série de prerrogativas que garantem a sua posição de supremacia sobre o particular; elas vêm expressas precisamente por meio das chamadas cláusulas exorbitantes ou de privilégio ou de prerrogativas, adiante analisadas (art. 104 da Lei nº 14.133/21).

8.6.2 Finalidade pública

Esta característica está presente em todos os atos e contratos da Administração Pública, ainda que regidos pelo direito privado; às vezes, pode ocorrer que a utilidade direta seja usufruída apenas pelo particular, como ocorre na concessão de uso de sepultura, mas, indiretamente, é sempre o interesse público que a Administração tem que ter em vista, sob pena de desvio de poder. No exemplo citado, o sepultamento adequado, nos termos da lei, é do interesse de todos e, por isso mesmo, colocado sob tutela do Poder Público. A Lei nº 14.133/21 inclui o **princípio do interesse público** entre os princípios de observância obrigatória na aplicação da lei (art. 5º).

8.6.3 Obediência à forma prescrita em lei

Para os contratos celebrados pela Administração, encontram-se na lei inúmeras normas referentes à forma; esta é essencial, não só em benefício do interessado, como da própria Administração, para fins de controle da legalidade.

Além de outras leis esparsas, referentes a contratos específicos, a Lei nº 14.133/21 estabelece uma série de normas referentes ao aspecto **formal**, dentre as quais merecem realce as seguintes:

1. exigência de forma escrita (art. 91), só admitindo os contratos verbais para compras de pequeno valor (art. 95, *caput* e § 2º), não superior a R$ 10.000,00 (atualizado anualmente pelo Poder Executivo Federal, conforme art. 182 da Lei nº 14.133/2021), devendo a formalização ser feita por meio de escritura pública lavrada em notas de tabelião, no caso de contratos relativos a direitos reais sobre imóveis (art. 91,

§ 2º); a forma eletrônica é admitida na celebração de contratos e termos aditivos (art. 91, § 3º);

2. quanto à publicidade, exigência de que a divulgação do contrato seja feita no **Portal Nacional de Contratações Públicas (PNCP)**, criado pelo art. 174, como condição indispensável para a eficácia do contrato e seus aditamentos, devendo ocorrer no prazo de 20 dias úteis, no caso de licitação, ou 10 dias úteis, no caso de contratação direta (art. 94); em se tratando de contratos celebrados em casos de urgência, a eficácia se dará a partir da assinatura e deverão ser publicados no PNCP nos casos previstos no art. 94, sob pena de nulidade (art. 94, § 1º); em se tratando de contrato de obras, a Administração deve divulgar em sítio eletrônico oficial, em até 25 dias úteis após a assinatura do contrato, os quantitativos e os preços unitários e totais que contratar e, em até 45 dias úteis após a conclusão do contrato, os quantitativos executados e os preços praticados (art. 94, § 3º);

3. determinação, no art. 95, de que o contrato se formalize por meio de "instrumento de contrato", admitidos outros instrumentos, como carta-contrato, nota de empenho de despesa, autorização de compra ou ordem de execução de serviço, nos casos de dispensa de licitação em razão do valor e de compras com entrega imediata e integral dos bens adquiridos, dos quais não resultem obrigações futuras, inclusive quanto à assistência técnica, independentemente de seu valor.

Com relação ao conceito de **nota de empenho**, devem ser analisados os arts. 58 e 61 da Lei nº 4.320, de 17-3-64, que estatui normas gerais de direito financeiro; o primeiro define **empenho** como "o ato emanado de autoridade competente que cria para o Estado obrigação de pagamento pendente ou não de implemento de condição"; e o segundo determina que "para cada empenho será extraído um documento denominado 'nota de empenho' que indicará o nome do credor, a representação e a importância da despesa, bem como a dedução desta do saldo da 'dotação própria'".

Quer dizer que, para cada pagamento a ser efetuado, o Poder Público emite uma nota de empenho; esta pode substituir o termo de contrato em hipóteses outras que não as previstas no art. 62.

O mesmo ocorre com a "autorização de compra" e a "ordem de execução de serviço", utilizáveis, como o próprio nome indica, em casos de compra e prestação de serviços, respectivamente, desde que respeitadas as limitações contidas no art. 62;

4. exigência de que, na redação do termo de contrato ou outro instrumento equivalente, sejam observadas as condições constantes do edital de licitação, e as da proposta vencedora ou os termos do ato que autorizou a contratação direta e os da respectiva proposta; trata-se de aplicação do princípio da vinculação ao edital referido no art. 5º da Lei nº 14.133 (art. 89, § 2º, da Lei nº 14.133/21);

5. previsão de que, nas alterações contratuais, seja firmado o termo aditivo (art. 132), que se torna desnecessário quando se trate de registros que não caracterizam alteração do contrato, como nas seguintes situações previstas no art. 136: "I – variação do valor contratual para fazer face ao reajuste ou à repactuação de preços previstos no próprio contrato; II – atualizações, compensações ou penalizações financeiras decorrentes das condições de pagamento previstas no contrato; III – alterações na razão ou na denominação social do contratado; IV – empenho de dotações orçamentárias";

6. exigência de que constem do contrato determinadas cláusulas consideradas **necessárias** pelo art. 92; dentre as mesmas, algumas podem ser consideradas **regulamentares** (as referentes ao objeto, forma de execução, rescisão, responsabilidade das

partes); outras constituem as chamadas cláusulas **financeiras**, por estabelecerem o equilíbrio econômico do contrato (em especial as referentes ao preço, condições de pagamento, critérios de reajustamento de preços, critérios de atualização monetária entre a data do adimplemento das obrigações e a do efetivo pagamento, a matriz de risco, a repactuação, dentre outras).

8.6.3.1 *Dos prazos contratuais e sua prorrogação*

No que diz respeito aos **prazos** dos contratos e suas prorrogações, a **Lei nº 14.133**, no art. 105, determina que a duração dos contratos será prevista no edital, com exigência de observância da disponibilidade de créditos orçamentários, bem como da previsão no plano plurianual, quando ultrapassar um exercício financeiro. A demonstração da existência de créditos orçamentários para pagamento das parcelas contratuais vincendas no exercício em que realizada a contratação constitui exigência que, se não observada, caracteriza hipótese de nulidade do contrato e de responsabilização de quem lhe deu causa, conforme previsto no art. 150 da Lei.

O parágrafo único do art. 105, incluído pela Lei nº 14.770/2023, determina que "não serão objeto de cancelamento automático os restos a pagar vinculados a contratos de duração plurianual, senão depois de encerrada a vigência destes, nem os vinculados a contratos rescindidos, nos casos dos §§ 8º e 9º do art. 90 desta Lei".

São fixados diferentes prazos de duração dos contratos firmados sob o regime jurídico da **Lei nº 14.133**:

(i) para os **contratos de serviços e fornecimentos contínuos**, bem como **aluguel de equipamentos e utilização de programas de informática**, o prazo, conforme previsto no art. 106, pode ser de cinco anos, com as seguintes diretrizes: I – maior vantagem econômica, atestada pela autoridade competente, vislumbrada em razão da contratação plurianual; II – existência, atestada no início da contratação e a cada exercício, de créditos orçamentários vinculados à contratação e a vantagem de sua manutenção; III – opção da Administração de extinguir o contrato, sem ônus, quando não dispuser de créditos orçamentários para sua continuidade ou quando entender que o contrato não mais lhe oferece vantagem; nesse caso, a opção pela extinção do contrato ocorrerá na próxima data de aniversário do contrato e não poderá ocorrer em prazo inferior a dois meses, contados da referida data (§ 1º do art. 106);

(ii) com base no art. 108, podem ser celebrados contratos com prazo de até dez anos nas hipóteses de contratação com dispensa de licitação previstas no art. 75, inciso IV, alíneas *f* e *g*, V, VI, XII e XVI;

(iii) possibilidade de celebração com prazo indeterminado nos contratos em que a Administração Pública seja a usuária de serviço público oferecido em regime de monopólio, desde que comprovada, a cada exercício financeiro, a existência de créditos orçamentários vinculados à contratação (art. 109); como exemplo, pode ser mencionado o serviço postal e o correio aéreo nacional, previstos no art. 21, X, da Constituição;

(iv) na contratação que gere receita e no contrato de eficiência (tal como definido no art. 6º, LIII) que gere economia para a Administração, o prazo pode ser de até dez anos nos contratos sem investimento, ou até 35 anos, nos contratos com investimento, assim considerados aqueles que impliquem a elaboração de benfeitorias permanentes, realizadas exclusivamente a expensas do contratado, que serão revertidas ao patrimônio da Administração Pública ao término do contrato (art. 110);

(v) no contrato sob o regime de fornecimento e prestação de serviço associado, o prazo máximo é definido pela "soma do prazo relativo ao fornecimento inicial ou à entrega da obra com o prazo relativo ao serviço de operação e manutenção, este limitado a 5 anos contados da data de recebimento do objeto inicial, autorizada a prorrogação na forma do art. 107" (art. 113);

(vi) no contrato em que houver previsão de operação continuada de sistemas estruturantes de tecnologia da informação, o prazo máximo é de 15 anos (art. 114).

Quanto à **prorrogação**, a **Lei nº 14.133** contém apenas duas normas: (i) o art. 107 permite que os contratos de serviços e fornecimentos contínuos sejam prorrogados sucessivamente, respeitada a vigência máxima decenal, desde que haja previsão em edital e que a autoridade competente ateste que as condições e os preços permanecem vantajosos para a Administração, permitida a negociação com o contratado ou a extinção contratual sem ônus para qualquer das partes; (ii) o art. 111 permite que na contratação com escopo predefinido, o prazo de vigência seja automaticamente prorrogado quando seu objeto não for concluído no período firmado no contrato; se a não conclusão decorrer de culpa do contratado, ele será constituído em mora e sujeito a sofrer sanções administrativas, podendo a Administração Pública optar pela extinção do contrato, adotando as medidas admitidas em lei para a continuidade da execução contratual (parágrafo único do art. 111).

8.6.3.2 Do recebimento do objeto do contrato

O art. 140 da Lei nº 14.133 estabelece que o objeto do contrato será recebido:

I – em se tratando de obras e serviços: a) provisoriamente, pelo responsável por seu acompanhamento e fiscalização, mediante termo detalhado, quando verificado o cumprimento das exigências de caráter técnico; b) definitivamente, por servidor ou comissão designada pela autoridade competente, mediante termo detalhado que comprove o atendimento das exigências contratuais;

II – em se tratando de compras: a) provisoriamente, de forma sumária, pelo responsável por seu acompanhamento e fiscalização, com verificação posterior da conformidade do material com as exigências contratuais; b) definitivamente, por servidor ou comissão designada pela autoridade competente, mediante termo detalhado que comprove o atendimento das exigências contratuais.

Nos termos do § 1º do art. 140, o objeto do contrato poderá ser rejeitado, no todo ou em parte, quando estiver em desacordo com o contrato.

O recebimento provisório ou definitivo não exclui a responsabilidade civil pela solidez e pela segurança da obra ou do serviço, nem a responsabilidade ético-profissional pela perfeita execução do contrato, dentro dos limites estabelecidos pela lei ou pelo contrato (§ 2º do art. 140).

Ainda quanto à responsabilidade, o § 5º do art. 140 estabelece que, "em se tratando de projeto de obra, o recebimento definitivo pela Administração não eximirá o projetista ou o consultor da responsabilidade objetiva por todos os danos causados por falha do projeto"; e o § 6º determina que "em se tratando de obra, o recebimento definitivo pela Administração não eximirá o contratado, pelo prazo mínimo de cinco anos, admitida a previsão de prazo de garantia superior no edital e no contrato, da responsabilidade objetiva pela solidez e pela segurança dos materiais e dos serviços executados e pela funcionalidade da construção, da reforma, da recuperação ou da ampliação do bem imóvel, e, em caso de vício, defeito ou incorreção identificados, o contratado ficará responsável pela reparação, pela correção, pela reconstrução ou pela substituição necessárias".

8.6.3.3 Dos pagamentos

O art. 141 da Lei nº 14.133 exige obediência à ordem cronológica, especificando que essa ordem se aplica a cada fonte diferenciada de recursos, subdividida nas seguintes categorias: I – fornecimento de bens; II – locações; III – prestação de serviços; IV – realização de obras. O § 1º indica as hipóteses em que a ordem cronológica pode ser alterada, mediante prévia justificativa da autoridade competente e posterior comunicação ao órgão de controle interno da Administração e ao tribunal de contas competente. A inobservância da ordem cronológica acarreta a apuração de responsabilidade do agente responsável, cabendo aos órgãos de controle a sua fiscalização (§ 2º). Para fins de cumprimento da ordem cronológica, o § 3º do art. 141 exige que o órgão ou entidade disponibilize, mensalmente, em seção específica de acesso à informação em seu sítio na internet, a ordem cronológica de seus pagamentos, bem como as justificativas que fundamentarem a eventual alteração dessa ordem.

Ainda sobre pagamento, outras normas constam da Lei:

a) possibilidade de previsão no edital ou no contrato de **pagamento em conta vinculada** ou **pagamento pela efetiva comprovação do fato gerador** (art. 142);
b) em caso de controvérsia sobre a execução do objeto, a parcela incontroversa deverá ser liberada no prazo previsto para pagamento (art. 143);
c) possibilidade de previsão de **remuneração variável**, nos contratos de obras, fornecimentos e serviços, inclusive de engenharia, vinculada ao desempenho do contratado, com base em metas, padrões de qualidade, critérios de sustentabilidade ambiental e prazos de entrega definidos no edital de licitação e no contrato (art. 144);
d) **vedação de pagamento antecipado**, salvo se propiciar sensível economia de recursos ou se representar condição indispensável para a obtenção do bem ou para a prestação do serviço, hipótese que deverá ser previamente justificada no processo licitatório e expressamente prevista no edital de licitação ou instrumento formal de contratação direta (art. 145, *caput* e § 1º); nessa hipótese, poderá ser exigida garantia adicional como condição para o pagamento antecipado (§ 2º do art. 145).

8.6.4 Procedimento legal

A legislação estabelece determinados procedimentos obrigatórios para a celebração de contratos e que podem variar de uma modalidade para outra, compreendendo medidas como autorização legislativa, avaliação, motivação, autorização pela autoridade competente, indicação de recursos orçamentários e licitação.

A própria Constituição Federal contém algumas exigências quanto ao procedimento; o art. 37, XXI, exige licitação para os contratos de obras, serviços, compras e alienações, e o art. 175, para a concessão de serviços públicos. A mesma exigência é feita por leis ordinárias, dentre as quais a Lei nº 14.133. O assunto será, no entanto, aprofundado no capítulo 9, concernente à licitação.

Quanto aos recursos orçamentários, embora a sua indicação deva constar do contrato, dentre as cláusulas necessárias (art. 92, VIII, da Lei nº 14.133/21), na realidade a verificação de sua existência deve preceder qualquer providência da Administração, até mesmo a licitação, pois não é viável que se cogite de celebrar contrato e se inicie qualquer procedimento, sem a prévia verificação da existência de verbas para atender à despesa. Por sua vez, o art. 18 da mesma lei exige que, na fase preparatória da licitação, o planejamento se compatibilize com o plano de contratações anual e com as **leis orçamentárias**.

A Constituição do Estado de São Paulo de 1967 já continha norma salutar nesse sentido, ao estabelecer, no art. 75, que "nenhuma despesa será ordenada ou realizada sem que existam recursos orçamentários ou crédito votado pela Assembleia". E a Constituição Federal, no art. 167, II, veda "a realização de despesas ou a assunção de obrigações diretas que excedam os créditos orçamentários ou adicionais". A mesma exigência se contém no art. 176, II, da Constituição Paulista de 1989.

Dessa norma não destoa o art. 105 da **Lei nº 14.133/21**, ao exigir a disponibilidade de créditos orçamentários na fixação do prazo de duração dos contratos no edital da licitação. E o art. 150 considera nulo o contrato e exige a responsabilização de quem lhe tiver dado causa, se a contratação for feita sem a indicação dos créditos orçamentários para pagamento das parcelas contratuais vincendas no exercício em que realizada a contratação.

Por sua vez, a Lei Federal nº 4.320, de 17-3-64, no art. 60, veda a realização de despesa sem prévio empenho e, no art. 59, o empenho de despesa que exceda o limite dos créditos concedidos.

A Lei de Responsabilidade Fiscal (Lei Complementar nº 101, de 4-5-00) veio reforçar essa ideia, com as normas dos arts. 15 e 16. O primeiro considera "não autorizadas, irregulares e lesivas ao patrimônio público a geração de despesa ou assunção de obrigação que não atendam o disposto nos arts. 16 e 17". O segundo exige, para a criação, expansão ou aperfeiçoamento de ação governamental que acarrete aumento da despesa: estimativa do impacto orçamentário-financeiro no exercício em que deva entrar em vigor e nos dois subsequentes (inciso I); e declaração do ordenador da despesa de que o aumento tem adequação orçamentária e financeira com a lei orçamentária anual e compatibilidade com o plano plurianual e com a lei de diretrizes orçamentárias (inciso II).[5]

8.6.5 Contrato de adesão

Todas as cláusulas dos contratos administrativos são fixadas unilateralmente pela Administração. Costuma-se dizer que, pelo instrumento convocatório da licitação, o poder público faz uma oferta a todos os interessados, fixando as condições em que pretende contratar; a apresentação de propostas pelos licitantes equivale à aceitação da oferta feita pela Administração. Essa ideia se confirma com a norma do art. 18 da Lei nº 14.133, que trata da instrução do processo licitatório na fase preparatória, incluindo, entre as exigências a serem observadas nessa fase "a elaboração de minuta de contrato, quando necessária, que constará obrigatoriamente como anexo do edital de licitação" (inciso VI).

Mesmo quando o contrato não é precedido de licitação, é a Administração que estabelece, previamente, as cláusulas contratuais, vinculada que está às leis, regulamentos e ao princípio da indisponibilidade do interesse público.

---

[5] De acordo com o Tribunal de Contas da União, "as despesas ordinárias e rotineiras da administração pública, já previstas no orçamento, destinadas à manutenção das ações governamentais preexistentes, prescindem da estimativa de impacto orçamentário-financeiro de que trata o art. 16, I, da Lei de Responsabilidade Fiscal" (Acórdão nº 883/05, da 1ª Câmara). A Emenda Constitucional nº 106, de 7-5-20, instituiu regime extraordinário fiscal, financeiro e de contratações para enfrentamento de calamidade pública nacional decorrente de pandemia. Com base nessa Emenda, o STF, na ADIN-6357, em que foi relator o Ministro Alexandre de Moraes, deu interpretação conforme à Constituição a dispositivos da Lei de Responsabilidade Fiscal, dentre eles o art. 16, para considerá-los suspensos durante a pandemia.

8.6.6 Natureza *intuitu personae*

Em regra, os contratos para os quais a lei exige licitação são firmados *intuitu personae*, ou seja, em razão de condições pessoais do contratado, apuradas no procedimento da licitação. No entanto, a lei prevê a possibilidade de subcontratação pelo contratado, hipótese em que o subcontratado também tem que atender às exigências de qualificação previstas na lei.

A subcontratação é tratada no art. 122 da Lei nº 14.133, que permite que o contratado subcontrate partes da obra, do serviço ou do fornecimento até o limite autorizado, em cada caso pela Administração, sem prejuízo das responsabilidades contratuais e legais; em havendo a subcontratação, o contratado deverá apresentar à Administração documentação que comprove a capacidade técnica do subcontratado, que será avaliada e juntada aos autos do processo correspondente (§ 1º do art. 122), a confirmar que as condições pessoais do subcontratado são relevantes. O § 2º do mesmo dispositivo permite que regulamento ou edital de licitação vede, restrinja ou estabeleça condições para a subcontratação. E o § 3º veda a subcontratação de pessoa física ou jurídica, "se aquela ou os dirigentes desta mantiverem vínculo de natureza técnica, comercial, econômica, financeira, trabalhista ou civil com dirigentes do órgão ou entidade contratante ou com agente público que desempenhe função na licitação ou atue na fiscalização ou na gestão do contrato, ou se deles forem cônjuge, companheiro ou parente em linha reta, colateral, ou por afinidade, até o terceiro grau, devendo essa proibição constar expressamente do edital de licitação"; trata-se de hipóteses de impedimento e suspeição, que também reforçam a preocupação do legislador com as condições pessoais do contratado. A lei não inclui a subcontratação entre as causas de extinção do contrato previstas no art. 137, mas, se houver descumprimento do que for estabelecido no contrato, poderá ocorrer essa extinção com base no inciso I desse dispositivo (não cumprimento ou cumprimento irregular de normas editalícias ou de cláusulas contratuais).

8.6.7 Presença das cláusulas exorbitantes

São cláusulas exorbitantes aquelas que não seriam comuns ou que seriam ilícitas em contrato celebrado entre particulares, por conferirem prerrogativas a uma das partes (a Administração) em relação à outra; elas colocam a Administração em posição de supremacia sobre o contratado.

Serão a seguir analisadas as principais cláusulas exorbitantes, muitas delas agasalhadas antes pela Lei nº 8.666/93 e repetidas na Lei nº 14.133/21.

8.6.7.1 *Exigência de garantia*

A faculdade de exigir garantia nos contratos de obras, serviços e compras está prevista no art. 96 **da Lei nº 14.133/21,** podendo abranger as seguintes modalidades, previstas no § 1º do mesmo dispositivo: caução em dinheiro ou títulos da dívida pública (inciso I), seguro-garantia (inciso II), fiança bancária (inciso III) e título de capitalização custeado por pagamento único, com resgate pelo valor total (inciso IV, incluído pela Lei nº 14.770, de 22-12-23).

Pelo § 1º do art. 96, a escolha da modalidade de garantia cabe ao contratado, observados os seguintes limites: (i) nas contratações de obras, serviços e fornecimentos, 5% do valor inicial do contrato, podendo ser autorizada a majoração para até 10%, desde que justificada mediante análise da complexidade técnica e dos riscos envolvidos (art. 98); pelo parágrafo único desse dispositivo, nos contratos com vigência superior a um ano e nas suas prorrogações, será utilizado o valor anual do contrato para definição e aplicação dos percentuais previstos (ii) nas contratações de obras e serviços de engenharia de grande vulto, poderá ser exigido seguro-garantia, com cláusula de retomada prevista no art. 102, em percentual equivalente a até 30% do valor inicial do contrato (art. 99); (iii) nos contratos que impliquem a entrega de bens pela Administração, dos quais o contratado ficará depositário, o valor desses bens deverá ser acrescido ao valor da garantia (art. 101).

Conforme **art. 100 da Lei nº 14.133,** a garantia prestada pelo contratado será liberada ou restituída após a fiel execução do contrato ou após a sua extinção por culpa exclusiva da Administração e, quando em dinheiro, atualizada monetariamente.

O art. 102 permite que nos contratos de obras e serviços de engenharia, o edital exija a prestação da garantia na modalidade de **seguro-garantia** e preveja a obrigação de a seguradora, em caso de inadimplemento pelo contratado, assumir a execução e concluir o objeto do contrato, com as seguintes consequências: I – a seguradora deverá firmar o contrato como interveniente, podendo ter livre acesso às instalações em que for executado o contrato principal, acompanhar a execução do contrato principal, ter acesso a auditoria técnica e contábil, requerer esclarecimentos ao responsável técnico pela obra ou pelo fornecimento; II – emissão de empenho em nome da seguradora, ou a quem ela indicar para a conclusão do contrato, desde que demonstrada sua regularidade fiscal; e III – a seguradora poderá subcontratar a conclusão do contrato, total ou parcialmente. Se a seguradora executar e concluir o objeto do contrato, estará isenta da obrigação de pagar a importância segurada indicada na apólice; se não assumir a execução do contrato, pagará a integralidade da importância segurada indicada na apólice (art. 102, parágrafo único).

O art. 145, § 2º, prevê a possibilidade de ser exigida garantia adicional como condição para pagamento antecipado, quando ocorrer a hipótese de que trata o § 1º do mesmo dispositivo, ou seja, quando essa antecipação propiciar sensível economia de recursos ou representar condição indispensável para a obtenção do bem ou para a prestação do serviço, hipótese que deverá ser previamente justificada no processo licitatório e expressamente prevista no edital de licitação ou instrumento formal de contratação direta.

A **Lei 14.133/21, no art. 58,** permite que a exigência de garantia seja feita, já durante o procedimento licitatório, na fase de apresentação de propostas e lances de que trata o art. 55, mediante a comprovação do recolhimento de quantia a título de garantia de proposta, como requisito de pré-habilitação. Neste caso, a garantia de proposta será devolvida aos licitantes, no prazo de 10 dias, contado da assinatura do contrato ou da data em que for declarada fracassada a licitação (§ 2º do art. 58). Em caso de recusa em assinar o contrato ou de não apresentação dos documentos para a contratação, a garantia de proposta será objeto de execução pelo seu valor integral (§ 3º do art. 58). O § 4º do mesmo dispositivo permite que a garantia da proposta seja prestada nas modalidades de que trata o § 1º do art. 96.

Nos contratos de parceria público-privada (concessão patrocinada e concessão administrativa), a prestação de garantia deixa de ser ônus apenas do contratado, porque prevista também para o parceiro público; em razão disso, perde a natureza de cláusula exorbitante.

O Decreto nº 12.174, de 11-9-2024, dispõe sobre as **garantias trabalhistas** a serem observadas na execução dos contratos administrativos no âmbito da Administração Pública Federal Direta, Autárquica e Fundacional. O art. 2º, combinado com o art. 1º, parágrafo único, exige que nos contratos de execução de obras e serviços de engenharia de que trata o art. 46 da Lei nº 14.133/2021, sejam incluídas cláusulas que disponham sobre: I – o cumprimento das normas de proteção ao trabalho, inclusive aquelas relativas à segurança e à saúde no trabalho; II – a erradicação do trabalho análogo ao de escravo e do trabalho infantil; III – a recepção e o tratamento de denúncias de discriminação, violência e assédio no ambiente de trabalho; e IV – a responsabilidade solidária da empresa contratada por atos e omissões de eventual empresa subcontratada que resultem em descumprimento da legislação trabalhista.

Normas são estabelecidas também com relação aos contratos de serviços contínuos com regime de dedicação exclusiva de mão de obra (arts. 3º, 4º e 5º), para garantia de férias, compensação de jornada de trabalho e exigências quanto à proposta de licitantes.

Tais normas deveriam ser postas por meio de lei, especialmente as constantes do art. 5º, que acrescenta exigências relativas à apresentação de propostas, dizendo respeito, portanto, ao procedimento licitatório estabelecido pela Lei nº 14.133/2021.

8.6.7.2 Alteração unilateral

Essa prerrogativa está prevista, genericamente, no art. 104, I, da **Lei nº 14.133** para possibilitar a melhor adequação às finalidades de interesse público; mais especificamente, o art. 124, I, da mesma lei estabelece a possibilidade de alteração unilateral nos seguintes casos:

1. quando houver modificação do projeto ou das especificações, para melhor adequação técnica aos seus objetivos;
2. quando for necessária a modificação do valor contratual em decorrência de acréscimo ou diminuição quantitativa de seu objeto, nos limites permitidos nos parágrafos do mesmo dispositivo.

A redação do dispositivo permite falar em duas modalidades de alteração unilateral: a primeira é **qualitativa**, porque ocorre quando há necessidade de alterar o próprio projeto ou as suas especificações; a segunda é **quantitativa**, porque envolve acréscimo ou diminuição quantitativa do objeto.

São requisitos para a alteração unilateral:

a) que haja adequada motivação sobre qual o interesse público que justifica a medida;
b) que seja respeitada a natureza do contrato, no que diz respeito ao seu objeto; não se pode alterar um contrato de venda para um de permuta, ou um contrato de vigilância para um de limpeza; esse requisito está expresso no **art. 126 da Lei nº 14.133;**
c) que seja respeitado o direito do contratado à manutenção do equilíbrio econômico-financeiro inicialmente pactuado;
d) que seja respeitado o limite imposto pelo art. 125 da Lei nº 14.133; esses dispositivos estabelecem um limite para os **acréscimos** ou **supressões** que se fizerem nas obras, serviços ou compras, sendo de até 25% do valor inicial atualizado do contrato e, no caso de reforma de edifício ou equipamento, até 50% para os seus acréscimos.[6]

A **Lei nº 14.133** tornou expresso, no art. 125, que esses limites se aplicam na hipótese do inciso I do *caput* do art. 124, abrangendo, portanto, as alterações quantitativas e qualitativas.

---

[6] A Lei nº 13.448, de 5-6-17 (com alterações posteriores), que estabelece diretrizes para prorrogação e relicitação dos contratos de parceria definidos nos termos da Lei nº 13.334, de 13-9-16 (também com alterações posteriores), nos setores rodoviário, ferroviário e aeroportuário da administração pública federal, estabelece, no art. 22, que "as alterações dos contratos de parceria decorrentes da modernização, da adequação, do aprimoramento ou da ampliação dos serviços não estão condicionadas aos limites fixados nos §§ 1º e 2º do art. 65 da Lei nº 8.666, de 21-6-93". Criou, portanto, exceções à regra desses dispositivos, quanto aos limites para alterações unilaterais. Tais exceções têm aplicação apenas nas parcerias de que trata a Lei nº 13.334/16 (v. item 8.9 deste capítulo). Tem-se que entender que a referência ao art. 65, §§ 1º e 2º da Lei nº 8.666 deve ser substituída pela referência ao art. 125, da Lei nº 14.133. Tal conclusão decorre do disposto no art. 189 da Lei nº 14.133/21: "Aplica-se esta Lei às hipóteses previstas na legislação que façam referência expressa à Lei nº 8.666, de 21 de junho de 1993..."

Ao poder de alteração unilateral, conferido à Administração, corresponde o **direito** do contratado de ver mantido o **equilíbrio econômico-financeiro** do contrato, assim considerada a relação que se estabelece, no momento da celebração do ajuste, entre o encargo assumido pelo contratado e a prestação pecuniária assegurada pela Administração (v. item 8.6.8.1).

Esse direito, que sempre foi reconhecido pela doutrina e jurisprudência, está consagrado na Lei nº 14.133, para a hipótese de alteração unilateral; há expressa referência ao equilíbrio econômico-financeiro nos arts. 129, 130 e 134. O primeiro estabelece que, no caso de supressão de obras, bens ou serviços, se o contratado já houver adquirido os materiais e os colocado no local dos trabalhos, estes deverão ser pagos pela Administração pelos custos de aquisição, regularmente comprovados e monetariamente corrigidos, podendo caber indenização por outros danos eventualmente decorrentes da supressão, desde que regularmente comprovados; o segundo determina que, em havendo a alteração unilateral do contrato, que aumente ou diminua os encargos do contratado, a Administração deverá restabelecer, no mesmo termo aditivo, o equilíbrio econômico-financeiro inicial; o terceiro prevê a revisão dos preços, para mais ou para menos, conforme o caso, se houver, após a data da apresentação da proposta, criação, alteração ou extinção de tributos ou encargos legais ou a superveniência de disposições legais, com comprovada repercussão nos preços contratados.

Por sua vez, o art. 104 (que trata das prerrogativas da Administração) impõe um limite ao poder de alteração unilateral ao determinar, no § 1º, que "as cláusulas econômico-financeiras e monetárias dos contratos não poderão ser alteradas sem prévia concordância do contratado". E o § 2º determina que, em caso de modificação unilateral do contrato para melhor adequação às finalidades de interesse público, "as cláusulas econômico-financeiras do contrato deverão ser revistas para que se mantenha o equilíbrio contratual".

8.6.7.3 Extinção unilateral

A **Lei nº 14.133**, no art. 104, II, inclui entre as prerrogativas da Administração, próprias do regime jurídico instituído por essa lei, o poder de **extinguir os contratos, unilateralmente**, "nos casos especificados nesta Lei". No art. 137, indica as hipóteses de extinção do contrato, exigindo a observância do contraditório e da ampla defesa. O dispositivo prevê as várias hipóteses, que podem ser enquadradas como:

1. **inadimplemento com culpa** (incisos I, II, VI, VII e IX), abrangendo o não cumprimento ou cumprimento irregular de normas editalícias ou de cláusulas contratuais, de especificações, de projetos ou de prazos; desatendimento das determinações regulares emitidas pela autoridade designada para acompanhar e fiscalizar sua execução ou por autoridade superior; atraso na obtenção da licença ambiental, ou impossibilidade de obtê-la, ou alteração substancial do anteprojeto que dela resultar, ainda que obtida no prazo previsto; não cumprimento das obrigações relativas à reserva de cargos prevista em lei, bem como em outras normas específicas, para pessoa com deficiência, para reabilitado da Previdência Social ou para aprendiz;
2. **inadimplemento sem culpa**, que caracterize desaparecimento do sujeito, sua insolvência ou comprometimento da execução do contrato (incisos III e IV): alteração social ou modificação da finalidade ou da estrutura da empresa que restrinja sua capacidade de concluir o contrato; decretação de falência ou de insolvência civil, dissolução da sociedade ou falecimento do contratado;
3. razões de **interesse público**, justificadas pela autoridade máxima do órgão ou da entidade contratante (inciso VIII);

4. **caso fortuito ou de força maior**, regularmente comprovados, impeditivos da execução do contrato (inciso V).

No art. 138, inciso I, estabelece que a extinção pode ser "determinada por ato unilateral e escrito da Administração, exceto no caso de descumprimento decorrente de sua própria conduta". Vale dizer que a extinção unilateral pode ser feita em praticamente todas as hipóteses previstas no art. 137, salvo se o descumprimento do contrato se der pela própria Administração ou se houver "atraso na liberação das áreas sujeitas a desapropriação, a desocupação ou a servidão administrativa, ou impossibilidade de liberação dessas áreas" (inciso VII do art. 137).

Pelo art. 138, § 2º, da **Lei nº 14.133**, se a extinção decorrer de culpa exclusiva da Administração, o contratado será ressarcido pelos prejuízos regularmente comprovados que houver sofrido e terá direito a: "I – devolução da garantia; II – pagamentos devidos pela execução do contrato até a data da extinção; III – pagamento do custo da desmobilização".

8.6.7.4 Fiscalização

Trata-se de prerrogativa do poder público, prevista no art. 104, III, da Lei nº 14.133/21. Está disciplinada mais especificamente pelo art. 117, que exige seja a execução do contrato acompanhada e fiscalizada por um ou mais fiscais do contrato, representantes da Administração, especialmente designados, conforme requisitos estabelecidos no art. 7º, ou pelos respectivos substitutos, permitida a contratação de terceiros para assisti-los e subsidiá-los com informações pertinentes a essa atribuição. A este fiscal caberá anotar em registro próprio todas as ocorrências relacionadas à execução do contrato, determinando o que for necessário para a regularização das faltas ou dos defeitos observados (§ 1º do art. 117), cabendo-lhe informar a seus superiores, em tempo hábil para a adoção das medidas convenientes, a situação que demandar decisão ou providência que ultrapasse sua competência (§ 2º).

O não atendimento das determinações da autoridade fiscalizadora enseja rescisão unilateral do contrato (art. 137, II), sem prejuízo das sanções cabíveis.

O § 3º do art. 117 determina que "o fiscal do contrato será auxiliado pelos órgãos de assessoramento jurídico e de controle interno da Administração, que deverão dirimir dúvidas e subsidiá-lo com informações relevantes para prevenir riscos na execução contratual".

O § 4º do art. 117 exige que, na hipótese de contratação de terceiros, deverão ser observadas as seguintes regras: "I – a empresa ou o profissional contratado assumirá responsabilidade civil objetiva pela veracidade e pela precisão das informações prestadas, firmará termo de compromisso de confidencialidade e não poderá exercer atribuição própria e exclusiva de fiscal de contrato; II – a contratação de terceiros não eximirá de responsabilidade o fiscal do contrato, nos limites das informações recebidas do terceiro contratado".

8.6.7.5 Aplicação de penalidades

Na Lei nº 14.133, o poder de aplicar sanções motivadas pela inexecução total ou parcial do ajuste é incluído entre as prerrogativas da Administração Pública (art. 104, IV). Nessa lei, são definidas as **infrações e as sanções administrativas** (arts. 155 e 156) e indicadas as hipóteses de cabimento de cada qual. Ao definir as infrações, a lei supre uma omissão da anterior **Lei nº 8.666**, muito criticada pela doutrina, por afronta ao princípio da legalidade. Uma parte das infrações definidas no art. 155 diz respeito à inexecução parcial ou total do contrato (incisos I, II, III e IX). As demais ocorrem no curso do procedimento da licitação (incisos IV a XII), podendo coincidir com os mesmos ilícitos previstos no art. 5º da Lei Anticorrupção (Lei nº 12.846, de 1º-8-13).

O art. 156 prevê as seguintes penalidades, indicando, nos parágrafos, as hipóteses de cabimento de cada qual:

I – **advertência**, aplicável pela infração prevista no inciso I do *caput* do art. 155, quando não se justificar a imposição de penalidade considerada mais grave (§ 2º);

II – **multa**, calculada na forma do edital e do contrato, não podendo ser inferior a 0,5% nem superior a 30% do valor do contrato licitado ou celebrado com contratação direta, e será aplicada ao responsável por qualquer das infrações administrativas previstas no art. 155 (§ 3º do art. 156);

III – **impedimento de licitar e contratar**, aplicável ao responsável pelas infrações administrativas previstas nos incisos II, III, IV, V, VI e VII do *caput* do art. 155, quando não se justificar a imposição de penalidade mais grave, e impedirá o responsável de licitar ou contratar no âmbito da Administração Pública direta e indireta do ente federativo que tiver aplicado a sanção, pelo prazo máximo de três anos (§ 4º do art. 156);

IV – **declaração de inidoneidade para licitar ou contratar**, aplicável ao responsável pelas infrações administrativas previstas nos incisos VIII, IX, X, XI e XII do *caput* do art. 155, bem como pelas infrações administrativas previstas nos incisos II a VII do mesmo dispositivo, que justifiquem a imposição de penalidade mais grave que a sanção referida no § 4º deste art., e impedirá o responsável de licitar ou contratar no âmbito da Administração Pública direta e indireta de todos os entes federativos, pelo prazo mínimo de três anos e máximo de seis anos (art. 156, § 5º). A competência exclusiva para aplicação dessa penalidade é, nos termos do § 6º do art. 156: I – no âmbito do Poder Executivo, do ministro de Estado, secretário estadual ou secretário municipal e, quando aplicada por autarquia ou fundação, será da autoridade máxima da entidade; II – no âmbito dos Poderes Legislativo e Judiciário, Ministério Público e Defensoria Pública, quando no desempenho de função administrativa, é da autoridade de nível hierárquico equivalente às autoridades referidas no inciso I, na forma de regulamento.

As penas de advertência, impedimento de licitar e contratar e declaração de inidoneidade podem ser aplicadas cumulativamente com a pena de multa (§ 7º do art. 156).

A aplicação das sanções previstas no *caput* do art. 155 não exclui, em hipótese alguma, a obrigação de reparação integral do dano causado à Administração (§ 9º do art. 156).

Nos termos do § 1º do art. 156, "na aplicação das sanções serão considerados: I – a natureza e a gravidade da infração cometida; II – as peculiaridades do caso concreto; III – as circunstâncias agravantes ou atenuantes; IV – os danos que dela provierem para a Administração Pública; V – a implantação ou o aperfeiçoamento de programa de integridade, conforme normas e orientações dos órgãos de controle".

Na **Lei nº 8.666** não havia essa previsão, que é importante para fixação da dosagem da pena. No entanto, para os contratos firmados na vigência dessa lei, tal exigência tem que ser cumprida com fundamento no art. 22, §§ 1º, 2º e 3º, da Lei de Introdução às Normas do Direito Brasileiro (LINDB), introduzido pela Lei nº 13.655, de 24-4-2018. Tais normas devem ser levadas em consideração na dosimetria da pena, que deverá ser devidamente motivada. A norma do § 3º do art. 22 (pela qual "as sanções aplicadas ao agente serão levadas em conta na dosimetria das demais sanções de mesma natureza e relativas ao mesmo fato") tem em vista a existência de sobreposição de esferas sancionatórias e objetiva impedir o "bis in idem".

Quanto ao inciso V do § 1º art. 156, da Lei nº 14.133, sobre **programa de integridade**, a omissão da Lei nº 8.666 é suprida pela Lei Anticorrupção, tratada no capítulo 19 deste livro.

Embora o art. 156, *caput*, não faça referência ao direito de defesa e ao contraditório, trata-se de exigências que têm que ser cumpridas com fundamento no art. 5º, LV, da Constituição. Além disso, os arts. 157 e 158 da Lei nº 14.133/21 preveem algumas normas procedimentais que atendem ao preceito constitucional. Para a pena de multa prevista no art. 156, II, o art. 157 faculta a defesa do interessado no prazo de 15 dias úteis, contados da data da intimação.

Para as penas de impedimento de contratar e declaração de inidoneidade, o art. 158 prevê a instauração de processo de responsabilização, conduzido por comissão composta de dois ou mais servidores estáveis ou, não existindo tais servidores no órgão ou entidade, a comissão será composta de dois ou mais empregados públicos pertencentes aos quadros permanentes, preferencialmente com, no mínimo, três anos de tempo de serviço no órgão ou entidade. Cabe à comissão avaliar fatos e circunstâncias conhecidos e intimar o licitante ou o contratado para, no prazo de 15 dias úteis, contados da data de intimação, apresentar defesa escrita e especificar as provas que pretenda produzir.

Pelo § 2º do art. 158, se for deferido pedido de produção de novas provas ou juntada de provas julgadas indispensáveis pela comissão, o licitante ou o contratado poderá apresentar alegações finais no prazo de 15 dias úteis, contados da data da intimação. Podem ser indeferidas pela comissão, mediante decisão fundamentada, provas ilícitas, impertinentes, desnecessárias, protelatórias ou intempestivas (§ 3º do art. 158).

Da aplicação das sanções de advertência, multa e impedimento de contratar, cabe recurso no prazo de 15 dias úteis, contados da data da intimação (art. 166). O recurso será dirigido à autoridade que tiver proferido a decisão recorrida, que, se não a reconsiderar no prazo de cinco dias úteis, encaminhará o recurso com sua motivação à autoridade superior, a qual deverá proferir sua decisão no prazo máximo de 20 dias úteis, contados do recebimento dos autos (parágrafo único do art. 166).

Da aplicação da pena de declaração de inidoneidade, cabe apenas pedido de reconsideração, que deverá ser apresentado no prazo de 15 dias úteis, contados da data da intimação, e decidido no prazo máximo de 20 dias úteis, contados do seu recebimento (art. 167).

Tanto o recurso como o pedido de reconsideração terão efeito suspensivo do ato ou da decisão recorrida até que sobrevenha decisão final da autoridade competente (art. 168). Para a tomada de decisão, a autoridade será auxiliada pelo órgão de assessoramento jurídico, que deverá dirimir dúvidas e subsidiá-la com as informações necessárias (parágrafo único do art. 168).

O § 4º do art. 158 estabelece em cinco anos o prazo de **prescrição**, que pode ser: I – interrompida pela instauração do processo de responsabilização; II – suspensa pela celebração de acordo de leniência, nos termos da Lei nº 12.846, de 1º-8-13; III – suspensa por decisão judicial que inviabilize a conclusão da apuração administrativa.

O art. 159 leva em consideração a possibilidade de infrações administrativas previstas na Lei de Licitações ou em outras leis de licitações e contratos da Administração Pública serem também tipificadas como atos lesivos na Lei nº 12.846/13, determinando que, nesses casos, serão apurados e julgados conjuntamente, nos mesmos autos, observados o rito procedimental e a autoridade competente definidos nessa lei.

O art. 160 prevê a possibilidade de **desconsideração da personalidade jurídica** "sempre que utilizada com abuso do direito para facilitar, encobrir ou dissimular a prática dos atos ilícitos previstos nesta Lei ou para provocar confusão patrimonial, e, nesse caso, todos os efeitos das sanções aplicadas à pessoa jurídica serão estendidos aos seus administradores e sócios com poderes de administração, à pessoa jurídica sucessora ou à empresa do mesmo ramo com relação de coligação ou controle, de fato ou de direito, com o sancionado, observados, em todos os casos, o contraditório, a ampla defesa e a obrigatoriedade de análise jurídica prévia". Essa medida, que também é prevista, de forma análoga, no art. 14 da Lei nº 12.846, tem por objetivo alcançar situações em que ocorre abuso de direito praticado por empresas impedidas de licitar ou declaradas inidôneas, que assumem forma diversa para fugir aos efeitos daquelas sanções.

Com o objetivo de garantir a publicidade das sanções, o art. 161 impõe a todos os órgãos e entidades dos três Poderes a obrigação de, no prazo de 15 dias úteis, contados da data da aplicação da sanção, informar e manter atualizados os dados relativos às sanções por eles aplicadas no Cadastro Nacional de Empresas Inidôneas e Suspensas (Ceis), criado pelo mesmo dispositivo, e no Cadastro Nacional de Empresas Punidas (CNEP), criado pelo art. 22 da Lei nº 12.846/13, no âmbito do Poder Executivo Federal. No parágrafo único, é previsto regulamento a ser expedido pelo Poder Executivo sobre a forma de cômputo e as consequências da soma de diversas sanções previstas no art. 156 aplicadas a uma mesma empresa e derivadas de contratos distintos.

O art. 162 prevê a **multa de mora** a ser aplicada, na forma prevista em edital ou em contrato, em caso de atraso injustificado na execução do contrato. O parágrafo único do mesmo dispositivo determina que a aplicação de multa de mora não impedirá que a Administração a converta em compensatória e promova a extinção unilateral do contrato com a aplicação cumulada de outras sanções previstas na nova Lei.

O art. 163 permite a **reabilitação** do licitante ou contratado perante a própria autoridade que aplicou a penalidade, exigidos, cumulativamente, os seguintes requisitos: I – reparação integral do dano causado à Administração Pública; II – pagamento da multa; III – transcurso do prazo mínimo de um ano da aplicação da penalidade, no caso de impedimento de licitar e contratar, ou de três anos da aplicação da penalidade, no caso de declaração de inidoneidade; IV – cumprimento das condições de reabilitação definidas no ato punitivo; V – análise jurídica prévia, com posicionamento conclusivo quanto ao cumprimento dos requisitos definidos nesse dispositivo. No caso das infrações previstas nos incisos VIII e XII do *caput* do art. 155, a implantação ou aperfeiçoamento de programa de integridade pelo responsável é exigida como condição de reabilitação (parágrafo único do art. 163, regulamentado pelo Decreto nº 12.304, de 9-12-24).

8.6.7.6 Anulação

A Administração Pública, estando sujeita ao princípio da legalidade, tem que exercer constante controle sobre seus próprios atos, cabendo-lhe o poder-dever de anular aqueles que contrariam a lei; é a prerrogativa que alguns chamam de **autotutela** e que não deixa de corresponder a um dos atributos dos atos administrativos, que diz respeito à sua executoriedade pela própria Administração. Esta decide e põe em execução a própria decisão.

Essa prerrogativa da Administração de rever e corrigir os próprios atos está consagrada na Súmula nº 473, do STF: "a Administração pode anular seus próprios atos, quando eivados de vícios que os tornem ilegais, porque deles não se originam direitos; ou revogá-los, por motivo de conveniência ou oportunidade, respeitados os direitos adquiridos, e ressalvada, em todos os casos, a apreciação judicial". Essa anulação deve, contudo, respeitar o princípio da ampla defesa e do contraditório previsto no art. 5º, LV, da Constituição Federal, conforme entendimento jurisprudencial que, aos poucos, vai-se firmando (v. acórdão do Superior Tribunal de Justiça, publicado na *RSTJ* 36/165, com citação de precedentes). A Lei paulista nº 10.177, de 30-12-98, que disciplina o processo administrativo estadual, no art. 58, IV e V, impõe a observância desse princípio no procedimento de anulação dos atos administrativos.

Em se tratando de ilegalidade verificada nos contratos de que é parte, a Administração tem também o poder de declarar a sua nulidade, com efeito retroativo, impedindo os efeitos jurídicos que elas ordinariamente deveriam produzir, além de desconstituir os já produzidos.

É o que constava do art. 59 da Lei nº 8.666/93. Se a ilegalidade for imputável apenas à própria Administração, não tendo para ela contribuído o contratado, este terá que ser indenizado pelos prejuízos sofridos.

Há que se observar que a ilegalidade no procedimento da licitação vicia também o próprio contrato, já que aquele procedimento é condição de validade deste; de modo que, ainda que a ilegalidade da licitação seja apurada depois de celebrado o contrato, este terá que ser anulado.

A anulação do contrato não exonera a Administração Pública do dever de pagar o contratado pela parte do contrato já executada, sob pena de incidir em enriquecimento ilícito.[7] Além disso, também não a exonera do poder-dever de apurar a eventual responsabilidade dos seus servidores pela ocorrência do vício que levou à invalidação do contrato.

Mais uma vez, têm que ser levadas em consideração determinadas disposições da Lei de Introdução às Normas do Direito Brasileiro – LINDB. Nos termos do art. 21, "a decisão que, nas esferas administrativa, controladora ou judicial, decretar a invalidação de ato, contrato, ajuste, processo ou norma administrativa deverá indicar de modo expresso suas consequências jurídicas e administrativas". Conforme visto ao tratar do princípio da segurança jurídica no capítulo 3 (item 3.3.15), nem sempre a invalidação é a melhor solução, já que em determinadas situações a manutenção do ato ilegal atende melhor ao interesse público e às necessidades imediatas da Administração. Isto sem prejuízo da punição dos responsáveis pela ilicitude. A invalidação de um contrato, por exemplo, pode levar à necessidade de contratações emergências, sem licitação, para evitar a paralisação de um serviço ou obra essenciais.

O parágrafo único do art. 21 preocupa-se com a observância do princípio da proporcionalidade, determinando que a decisão sobre invalidação indique, quando for o caso, as condições para que a regularização ocorra de modo proporcional e equânime e sem prejuízo aos interesses gerais, "não se podendo impor aos sujeitos atingidos ônus ou perdas que, em função das peculiaridades do caso, sejam anormais ou excessivos".

Além disso, se a invalidade decorrer da mudança de orientação adotada pela Administração Pública ou pelos órgãos de controle, essa nova orientação tem que respeitar as situações plenamente constituídas, conforme art. 24 da mesma Lei, que está em consonância com o art. 2º, parágrafo único, inciso XIII, da Lei de Processo Administrativo federal (Lei nº 9.784, de 29-1-99).

Por sua vez, o art. 20 da LINDB exige que a decisão leve em conta as consequências práticas da decisão e que a motivação demonstre a necessidade e a adequação da invalidação, inclusive em face das possíveis alternativas. Mais uma vez, revela-se a preocupação do legislador com a aplicação do princípio da proporcionalidade.

A Lei nº 14.133 estabelece normas sobre invalidação dos contratos, seguindo a mesma linha já traçada pelos referidos dispositivos da LINDB, uma vez que leva em consideração o entendimento, já consagrado pela doutrina e pela jurisprudência de que nem sempre a invalidação é a melhor solução. O art. 147 da Lei de Licitações trata do tema, a partir da ideia de que, não sendo possível o saneamento da irregularidade no procedimento licitatório ou no contrato, a decisão sobre a suspensão da execução ou anulação do contrato somente será adotada na hipótese em que se revelar medida de interesse público, com avaliação, entre outros, dos aspectos expressamente elencados nos incisos I a XI do mesmo dispositivo.

Em conformidade com o parágrafo único do art. 147, "caso a paralisação ou anulação não se revele medida de interesse público, o poder público deverá optar pela continuidade do contrato e pela solução da irregularidade por meio de indenização por perdas e danos, sem prejuízo da apuração de responsabilidade e da aplicação de penalidades cabíveis".

---

[7] Nesse sentido, entendimento do STJ (REsp 876140, Rel. Min. Mauro Campbell Marques, *DJe* 23-6-09).

Como se verifica pelo ar. 147, o princípio do interesse público é de importância fundamental na decisão da Administração Pública diante de irregularidade no procedimento da licitação ou do contrato, podendo optar por suspender o contrato, admitir o saneamento, dar continuidade ou invalidá-lo. Fica bem clara, no dispositivo, a separação entre duas ideias: de um lado, a decisão sobre a continuidade ou não do contrato; de outro lado, a apuração de responsabilidade, com aplicação das penalidades cabíveis. Ou seja, o fato de dar-se continuidade ao contrato, apesar de suas irregularidades, não pode impedir a apuração de responsabilidade de quem deu causa à nulidade, conforme está expresso no art. 147, § 1º.

A mesma proteção do interesse público é reforçada pelo art. 148, em cujos termos "a declaração de nulidade do contrato administrativo requererá análise prévia do interesse público envolvido, na forma do artigo 147 desta Lei, e operará retroativamente, impedindo os efeitos jurídicos que o contrato deveria produzir ordinariamente e desconstituindo os já produzidos". Pelo § 1º, se não for possível o retorno à situação fática anterior, "a nulidade será resolvida pela indenização por perdas e danos, sem prejuízo da apuração de responsabilidade e aplicação das penalidades cabíveis". O § 2º permite a modulação dos efeitos da declaração de nulidade e prestigia o princípio da continuidade dos contratos administrativos (que também favorece o interesse público), autorizando a autoridade a decidir que a declaração de nulidade só tenha eficácia em momento futuro, que seja suficiente para efetuar nova contratação, por prazo de até seis meses, prorrogável uma única vez.

O art. 149 determina que "a nulidade não exonerará a Administração do dever de indenizar o contratado pelo que houver executado até a data em que for declarada ou tornada eficaz, bem como por outros prejuízos regularmente comprovados, desde que não lhe seja imputável, e será promovida a responsabilização de quem lhe tenha dado causa".

O art. 150 prevê uma hipótese de nulidade e de responsabilização de quem lhe tiver dado causa: a contratação "sem a caracterização adequada de seu objeto e sem a indicação dos créditos orçamentários para pagamento das parcelas contratuais vincendas no exercício em que realizada a contratação".

8.6.7.7 Retomada do objeto

Além das medidas executórias já analisadas, o art. 139 da Lei nº 14.133/21 prevê, ainda, como cláusula exorbitante, determinadas prerrogativas que têm por objetivo assegurar a continuidade da execução do contrato, sempre que a sua paralisação possa ocasionar prejuízo ao interesse público e, principalmente, ao andamento de serviço público essencial; trata-se, neste último caso, de aplicação do princípio da continuidade do serviço público.

Essas medidas, que somente são possíveis nos casos de rescisão unilateral, são as seguintes:

I – assunção imediata do objeto do contrato, no estado e local em que se encontrar, por ato próprio da Administração;

II – ocupação e utilização do local, das instalações, dos equipamentos, do material e do pessoal empregados na execução do contrato, necessários à sua continuidade;

III – execução da garantia contratual, para: a) ressarcimento da Administração Pública por prejuízos decorrentes da não execução; b) pagamento de verbas trabalhistas, fundiárias e previdenciárias, quando cabível; c) pagamento de valores das multas devidas à Administração Pública; d) exigência da assunção da execução e conclusão do contrato pela seguradora, quando cabível;

IV – retenção dos créditos decorrentes do contrato até o limite dos prejuízos causados à Administração Pública e das multas aplicadas.

A Lei nº 14.133/21 inclui entre as prerrogativas da Administração Pública, no art. 104, inciso V, a de "ocupar provisoriamente bens móveis e imóveis e utilizar pessoal e serviços vinculados ao objeto do contrato, nas hipóteses de: a) risco à prestação de serviços essenciais; b) necessidade de acautelar apuração administrativa de faltas contratuais pelo contratado, inclusive após extinção do contrato". Em caso de extinção unilateral do contrato, pela Administração, o art. 139 prevê, sem prejuízo das sanções previstas na lei, as seguintes consequências, dentre outras: "I – assunção imediata do objeto do contrato, no estado e local em que se encontrar, por ato próprio da Administração; II – ocupação e utilização do local, das instalações, dos equipamentos, do material e do pessoal, empregados na execução do contrato e necessários à sua continuidade".

8.6.7.8 *Restrições ao uso da* exceptio non adimpleti contractus

No direito privado, quando uma das partes descumpre o contrato, a outra pode descumpri-lo também, socorrendo-se da *exceptio non adimpleti contractus* (exceção do contrato não cumprido), com fundamento no art. 477 do Código Civil.

No direito administrativo, o particular não pode interromper a execução do contrato, em decorrência dos princípios da continuidade do serviço público e da supremacia do interesse público sobre o particular; em regra, o que ele deve fazer é requerer, administrativa ou judicialmente, a rescisão do contrato e pagamento de perdas e danos, dando continuidade à sua execução, até que obtenha ordem da autoridade competente (administrativa ou judicial) para paralisá-lo.

O rigor desse entendimento tem sido abrandado pela doutrina e jurisprudência, quando a "inadimplência do poder público impeça de fato e diretamente a execução do serviço ou da obra" (cf. Barros Júnior, 1986:74); além disso, torna-se injustificável quando o contrato não tenha por objeto a execução de **serviço público**, porque não se aplica, então, o princípio da continuidade. Permanece, no entanto, o fato de que a lei não prevê rescisão unilateral pelo particular; de modo que este, paralisando, por sua conta, a execução do contrato, corre o risco de arcar com as consequências do inadimplemento, se não aceita, em juízo, a exceção do contrato não cumprido (v. item 8.6.8.3).

A Lei nº 14.133/21 inova ao prever o **direito** do contratado à **extinção** do contrato nas hipóteses previstas no art. 137, § 2º, como será analisado no item 8.7, ao tratar da *extinção do contrato administrativo*. O fato de ser assegurado ao contratado o direito à extinção não o autoriza a paralisar a execução do contrato, por iniciativa própria, sob pena de sujeitar-se às sanções previstas na lei. Ele pode optar, com fundamento no art. 137, § 3º, II, pela suspensão do cumprimento das obrigações assumidas até a normalização da situação, admitido o restabelecimento do equilíbrio econômico-financeiro do contrato, na forma da alínea *d* do inciso II do *caput* do art. 124 da Lei, que exige acordo entre as partes.

8.6.8 Mutabilidade

Um dos traços característicos do contrato administrativo é a sua **mutabilidade**, que, segundo muitos doutrinadores, decorre de determinadas cláusulas exorbitantes, ou seja, das que conferem à Administração o poder de, unilateralmente, alterar as cláusulas regulamentares ou rescindir o contrato antes do prazo estabelecido, por motivo de interesse público.

Segundo entendemos, a mutabilidade pode decorrer também de outras circunstâncias, que dão margem à aplicação das teorias do fato do príncipe e da imprevisão.

O assunto tem que ser analisado sob dois aspectos: o das circunstâncias que fazem **mutável** o contrato administrativo e o da consequência dessa mutabilidade, que é o direito do contratado à manutenção de **equilíbrio econômico-financeiro**.

Já foi visto que o equilíbrio econômico-financeiro ou equação econômico-financeira é a relação que se estabelece, no momento da celebração do contrato, entre o encargo assumido pelo contratado e a contraprestação assegurada pela Administração. Preferimos falar em contraprestação **assegurada** e não **devida** pela Administração, porque nem sempre é ela que paga; em determinados contratos, é o usuário do serviço público que paga a prestação devida, por meio da **tarifa**; é o que ocorre nos contratos de concessão e permissão de serviço público e, parcialmente, na concessão patrocinada.

Na realidade, todos os contratos, sejam eles públicos ou privados, supõem a existência de um equilíbrio financeiro que, conforme demonstrado por Gaspar Ariño Ortiz (1968:6), costuma ser visto sob dois aspectos: o da **equivalência material** das prestações, ou seja, a equivalência objetiva, atendendo à valoração econômica das contraprestações e invocando em sua defesa um ideal de justiça comutativa; e o da **equivalência subjetiva**, atendendo ao valor subjetivo que para cada uma das partes tem a prestação da outra.

Nos contratos entre particulares, nem sempre a equivalência material corresponde à equivalência subjetiva, sendo comum esta prevalecer sobre aquela. A tanto autoriza o princípio da autonomia da vontade. Estabelecida essa equivalência no momento em que se firma o contrato, ela só poderá ser alterada por novo acordo entre as partes.

Nos contratos administrativos e nos contratos em geral de que participa a Administração, não existe a mesma autonomia da vontade do lado da Administração Pública; ela tem que buscar sempre que possível a equivalência material, já que não tem a livre disponibilidade do interesse público. Além disso, é mais difícil fazer, no momento do contrato, uma previsão adequada do equilíbrio, uma vez que os acordos administrativos em geral envolvem muitos riscos decorrentes de várias circunstâncias, como a longa duração, o volume grande de gastos públicos, a natureza da atividade, que exige muitas vezes mão de obra especializada, a complexidade da execução etc. O próprio interesse público que à Administração compete defender não é estável, exigindo eventuais alterações do contrato para ampliar ou reduzir o seu objeto ou incorporar novas técnicas de execução.

Tudo isso faz com que o equilíbrio do contrato administrativo seja essencialmente dinâmico; ele pode romper-se muito mais facilmente do que no direito privado. É por causa desses elementos de insegurança que se elaborou toda uma teoria do equilíbrio econômico do contrato administrativo.

Além da **força maior**, apontam-se três tipos de áleas ou riscos que o particular enfrenta quando contrata com a Administração:

1. **álea ordinária** ou **empresarial**, que está presente em qualquer tipo de negócio; é um risco que todo empresário corre, como resultado da própria flutuação do mercado; sendo previsível, por ele responde o particular. Há quem entenda que mesmo nesses casos a Administração responde, tendo em vista que nos contratos administrativos os riscos assumem maior relevância por causa do porte dos empreendimentos, o que torna mais difícil a adequada previsão dos gastos; não nos parece aceitável essa tese, pois, se os riscos não eram previsíveis, a álea deixa de ser ordinária;

2. **álea administrativa**, que abrange três modalidades:
   a) uma decorrente do poder de **alteração unilateral** do contrato administrativo, para atendimento do interesse público; por ela responde a Administração,

incumbindo-lhe a obrigação de restabelecer o equilíbrio voluntariamente rompido;

b) a outra corresponde ao chamado **fato do príncipe**, que seria um ato de autoridade, não diretamente relacionado com o contrato, mas que repercute indiretamente sobre ele; nesse caso, a Administração também responde pelo restabelecimento do equilíbrio rompido;

c) a terceira constitui o **fato da Administração**, entendido como "toda conduta ou comportamento desta que torne impossível, para o cocontratante particular, a execução do contrato" (Escola, 1977, v. I:434); ou, de forma mais completa, é "toda ação ou omissão do Poder Público que, incidindo direta e especificamente sobre o contrato, retarda, agrava ou impede a sua execução" (Hely Lopes Meirelles, 2003:233);

3. **álea econômica**, que corresponde a circunstâncias externas ao contrato, estranhas à vontade das partes, imprevisíveis, excepcionais, inevitáveis, que causam desequilíbrio muito grande no contrato, dando lugar à aplicação da teoria da imprevisão; a Administração Pública, em regra, responde pela recomposição do equilíbrio econômico-financeiro.

No direito francês, onde se buscou inspiração para a adoção dessas teorias, a distinção entre as áleas administrativas e econômicas é relevante, porque, nas primeiras, o poder público responde sozinho pela recomposição do equilíbrio econômico-financeiro, enquanto nas segundas os prejuízos se repartem, já que não decorrem da vontade de nenhuma das partes. No direito brasileiro, prevaleceu por muitos anos o entendimento de que, seja nas áleas administrativas, seja nas áleas econômicas, o contratado tem direito à manutenção do equilíbrio econômico-financeiro do contrato, por força do art. 37, XXI, da Constituição, que exige, nos processos de licitação para obras, serviços, compras e alienações, sejam mantidas "as condições efetivas da proposta". É o que se verificava no art. 65, inciso II, e §§ 5º e 6º, da Lei nº 8.666/93 e é o que estabelece o art. 9º da Lei nº 8.987/95 (lei de concessões e permissões de serviços públicos).

Em consequência, a solução, no direito positivo brasileiro, vinha sendo a mesma em qualquer das teorias (fato do príncipe, fato da Administração e imprevisão). Em todos os casos, a Administração Pública responderia sozinha pela recomposição do equilíbrio econômico-financeiro. A invocação das teorias servia apenas para fins de enquadramento jurídico e fundamentação para a revisão das cláusulas financeiras do contrato.

No entanto, nos contratos de parceria público-privada (concessão patrocinada e concessão administrativa), regidos pela Lei nº 11.079, de 30-12-2004, adotou-se solução diversa, uma vez que foi prevista a repartição de riscos entre as partes, inclusive os referentes a caso fortuito, força maior, fato do príncipe e álea econômica extraordinária (art. 5º, III).

Também a Lei nº 14.133 prevê a repartição de riscos. Ela contém um capítulo específico sobre **alocação de riscos** (art. 103). O art. 6º, inciso XXVII, define a **matriz de riscos** como "cláusula contratual definidora de riscos e de responsabilidades entre as partes e caracterizadora do equilíbrio econômico-financeiro inicial do contrato, em termos de ônus financeiro decorrente de eventos supervenientes à contratação, contendo, no mínimo" as informações referidas nas alíneas *a*, *b* e *c*. A matriz de riscos, quando for o caso, deve ser inserida entre as cláusulas necessárias (art. 92, IX).

A definição da matriz de riscos é facultativa, podendo constar de cláusula contratual, desde que haja previsão no instrumento convocatório da licitação. Por meio dela, há uma definição prévia de como os riscos (ou áleas) serão distribuídos entre contratante e contratado. Ela é relevante para definição do equilíbrio econômico-financeiro do contrato, definido no procedimento licitatório. Nos termos do art. 103, "o contrato poderá identificar os riscos contratuais previstos e presumíveis e prever matriz de alocação de riscos, alocando-os entre contratante e contratado, mediante indicação daqueles a serem assumidos pelo setor público ou pelo setor privado ou daqueles a serem compartilhados".

Pelos parágrafos do art. 103, extraem-se as seguintes características:

a) a alocação de riscos tem que considerar a natureza do risco, o beneficiário, as prestações a que se vincula e a capacidade de cada setor para melhor gerenciá-lo (§ 1º);
b) serão preferencialmente alocados ao contratado os riscos que tenham cobertura oferecida por seguradora (§ 2º);
c) a alocação de riscos tem que ser quantificada para fins de projeção dos reflexos de seus custos no valor estimado da contratação (§ 3º);
d) a matriz de alocação de riscos definirá o equilíbrio econômico-financeiro inicial do contrato em relação a eventos supervenientes e deverá ser observada na solução de eventuais pleitos das partes (§ 4º);
e) é considerado mantido o equilíbrio econômico-financeiro sempre que forem atendidas as condições do contrato, hipótese em que as partes renunciam aos pedidos de restabelecimento do equilíbrio relacionados aos riscos assumidos (§ 5º), salvo quanto às alterações unilaterais do contrato pela Administração, previstas no art. 124, I, e quanto ao aumento ou redução, por legislação superveniente, dos tributos diretamente pagos pelo contratado em decorrência do contrato (fato do príncipe).

Pelo § 6º do art. 102, a Administração Pública poderá adotar, para fins de alocação de riscos, os métodos e padrões usualmente utilizados por entidades públicas e privadas, podendo os ministérios e secretarias supervisores dos órgãos e das entidades da Administração Pública definir os parâmetros e o detalhamento dos procedimentos necessários a sua identificação, alocação e quantificação financeira.

Será analisada, a seguir, cada uma das circunstâncias que imprimem mutabilidade aos contratos administrativos, deixando de lado a álea ordinária e analisando apenas as outras duas, que podem ser abrangidas sob a denominação genérica de **áleas extraordinárias**.

8.6.8.1 Álea administrativa: alteração unilateral do contrato

O poder de alteração unilateral do contrato não é ilimitado. Adverte Edmir Netto de Araújo (1987:130-131) que "esse poder da Administração não tem a extensão que, à primeira vista, pode aparentar, pois ele é delimitado por dois princípios básicos que não pode o Poder Público desconhecer ou infringir, quando for exercitar a faculdade de alterar: a variação do interesse público e o equilíbrio econômico-financeiro do contrato".

Esses dois limites estão previstos expressamente na **Lei nº 14.133/21**; o art. 104, I, prevê a prerrogativa de modificação unilateral "para melhor adequação às **finalidades de interesse público**". E o art. 130 obriga a Administração, em caso de alteração que aumente ou diminua os encargos do contratado, a "**restabelecer, no mesmo termo aditivo, o equilíbrio econômico-financeiro inicial**".

Além disso, a lei ainda estabelece limite **quantitativo** às alterações unilaterais (art. 125), na medida em que, ao permitir acréscimos e supressões de obras, serviços ou compras, impõe ao contratado a obrigação de acatá-los até o montante de 25% ou 50% (conforme o caso) do valor do contrato, não podendo os acréscimos implicar alterações do seu objeto.

Essa prerrogativa da Administração faz com que o equilíbrio econômico-financeiro do contrato administrativo seja essencialmente **dinâmico**, ao contrário do que ocorre nos contratos de direito privado, em que o equilíbrio é estático. Alguns autores, especialmente franceses, ilustram com fórmulas matemáticas a diferença entre o equilíbrio do contrato de direito privado e o administrativo: no primeiro, o equilíbrio é do tipo **a = b**, de tal forma que, se uma das partes descumpre a sua obrigação, ela comete uma **falta** e o sistema contratual fica irremediavelmente rompido; no contrato administrativo, o equilíbrio é do tipo *a/b = a1/b1*. Se a Administração altera a obrigação *a* do contratado, substituindo-a pela obrigação *a*1, a remuneração devida pelo poder público passa de *b* para *b*1 (cf. Caio Tácito, 1975:204); vale dizer que, no contrato entre particulares, a alteração não consentida por ambas as partes caracteriza inadimplemento contratual pelo qual responde o particular; no contrato administrativo, esse inadimplemento só ocorre se a alteração decorrer de ato do particular, hipótese em que ele arcará com todas as consequências legais; quando a alteração feita nos limites legais decorrer de ato da Administração, não se caracteriza **falta contratual**, mas **prerrogativa** a ela reconhecida no interesse público, com a consequente obrigação de restabelecer o equilíbrio econômico do contrato.

8.6.8.2   Álea administrativa: fato do príncipe

Divergem os autores na conceituação do fato do príncipe; para uns, abrange o poder de alteração unilateral e também as **medidas de ordem geral, não relacionadas diretamente com o contrato, mas que nele repercutem, provocando desequilíbrio econômico-financeiro em detrimento do contratado**. Para outros, o fato do príncipe corresponde apenas a essa segunda hipótese. Cite-se o exemplo de um tributo que incida sobre matérias-primas necessárias ao cumprimento do contrato; ou medida de ordem geral que dificulte a importação dessas matérias-primas.

É a corrente a que aderimos, por ser diverso o fundamento da responsabilidade do Estado; no caso de alteração unilateral de cláusulas contratuais, a responsabilidade decorre do próprio contrato, ou seja, da cláusula exorbitante que confere essa prerrogativa à Administração; trata-se de **responsabilidade contratual**.

No caso de medida geral, que atinja o contrato apenas reflexamente, a responsabilidade é extracontratual; o dever de recompor o equilíbrio econômico do contrato repousa na mesma ideia de equidade que serve de fundamento à teoria da **responsabilidade objetiva** do Estado.

No direito brasileiro, de regime federativo, a teoria do fato do príncipe somente se aplica se a autoridade responsável pelo fato do príncipe for da mesma esfera de governo em que se celebrou o contrato (União, Estados e Municípios); se for de outra esfera, aplica-se a teoria da imprevisão.

Há expressa referência à teoria do fato do príncipe no art. 5º, III, da Lei nº 11.079/04, que disciplina as parcerias público-privadas, e no art. 124, II, *d*, da Lei nº 14.133/21.

Hipótese de fato do príncipe (ainda que a expressão não seja utilizada) encontra-se no art. 134 da Lei nº 14.133/21, segundo o qual "os preços contratados serão alterados, para mais ou para menos, conforme o caso, se houver, após a data da apresentação da proposta, criação, alteração ou extinção de quaisquer tributos ou encargos legais ou a superveniência de disposições legais, com comprovada repercussão sobre os preços contratados".

8.6.8.3   Álea administrativa: fato da administração

O **fato da Administração** distingue-se do **fato do príncipe**, pois, enquanto o primeiro se relaciona diretamente com o contrato, o segundo é praticado pela autoridade, não como "parte" no contrato, mas como autoridade pública que, como tal, acaba por praticar um ato que, reflexamente, repercute sobre o contrato.

O fato da Administração compreende qualquer conduta ou comportamento da Administração que, como parte contratual, pode tornar impossível a execução do contrato ou provocar seu desequilíbrio econômico. Celso Antônio Bandeira de Mello (2023:566-567) considera como fato da Administração "o comportamento irregular do contratante governamental que, nesta mesma qualidade, viola os direitos do contratado e eventualmente lhe dificulta ou impede a execução do que estava entre eles avençado". Para o autor, o que caracteriza efetivamente o fato da Administração (e se apresenta como mais um traço que o diferencia do fato do príncipe) é a irregularidade do comportamento do Poder Público. Além disso, o autor realça que o fato da Administração nem sempre retarda ou impede a execução do contrato.

Na Lei nº 14.133, o fato da Administração pode servir de fundamento à **extinção** do contrato, prevista como direito do contratado (art. 137, § 2º, incisos I a V) ou à **suspensão** do cumprimento das obrigações assumidas até a normalização da situação, admitido o restabelecimento do equilíbrio econômico-financeiro do contrato na forma da alínea *d* do inciso II do *caput* do art. 124 (art. 137, § 3º, inciso II).

Exemplos de fato da Administração são dados por Hely Lopes Meirelles: "quando a Administração deixa de entregar o local da obra ou do serviço, ou não providencia as desapropriações necessárias, ou não expede a tempo as competentes ordens de serviço, ou pratica qualquer ato impediente dos trabalhos a cargo da outra parte. Até mesmo a falta de pagamento, por longo tempo, das prestações contratuais, pode constituir **fato da Administração** capaz de autorizar a rescisão do contrato por culpa do Poder Público com as indenizações devidas" (1990:236).

Costuma-se equiparar o fato da Administração com a força maior, o que deve ser entendido em termos; em ambas as hipóteses, há a ocorrência de um fato **atual** (posterior à celebração do contrato), **imprevisível** e **inevitável**; porém, na força maior, esse fato é estranho à vontade das partes e, no fato da Administração, é imputável a esta. Além disso, a força maior torna impossível a execução do contrato, isentando ambas as partes de qualquer sanção, enquanto o fato da Administração pode determinar a paralisação temporária ou definitiva, respondendo a Administração pelos prejuízos sofridos pelo contratado.

O que se discute em doutrina é se, em ocorrendo o chamado fato da Administração, pode o particular simplesmente parar a execução do contrato, invocando a *exceptio non adimpleti contractus*.

Trata-se de exceção surgida no direito privado, para os contratos bilaterais, sob o fundamento de que as obrigações a cargo de uma parte são correlativas às obrigações da outra parte, sendo injusto que se exija o cumprimento, por uma, quando a outra não cumpriu o que lhe cabia. No Direito Romano, essa exceção era chamada *exceptio doli*, sendo posteriormente denominada pela forma como hoje é conhecida.

Grande parte dos doutrinadores entende que essa exceção não pode ser aplicada no direito administrativo, principalmente pelo fato de que, neste, o contratado assume o papel de colaborador da Administração Pública e, como tal, age no interesse público, que não pode ficar prejudicado pela paralisação na execução do contrato.

Essa doutrina sofre hoje algum abrandamento, pois já se aceita que a *exceptio non adimpleti contractus* seja invocada pelo particular contra a Administração, embora sem a mesma amplitude que apresenta no direito privado. Neste, os interesses das partes são equivalentes e se colocam no mesmo pé de igualdade; no contrato administrativo, os interesses das partes são diversos, devendo, em determinadas circunstâncias, prevalecer o interesse público que incumbe, em princípio, à Administração proteger. Por isso, o particular deve, como regra, dar continuidade ao contrato, evitando de, *sponte sua*, paralisar a execução do contrato, já que a rescisão unilateral é prerrogativa da Administração; o que o particular pode e deve fazer, até mesmo para acautelar seus interesses, é pleitear a rescisão (ou extinção), administrativa ou judicialmente, aguardando que ela seja deferida.

Essa regra admite exceção pela aplicação da teoria do fato da Administração, quando sua conduta tornar impossível a execução do contrato ou causar ao contratado um desequilíbrio econômico extraordinário, que não seria razoável exigir que suportasse, pela desproporção entre esse sacrifício e o interesse público a atingir pela execução do contrato.

A Lei 14.133/21, no art. 137, § 2º, prevê hipóteses em que é possível, com critério objetivo, saber se é dado ou não ao particular exercer o direito à **extinção** do contrato: I – supressão, por parte da Administração, de obras, serviços ou compras que acarrete modificação do valor inicial do contrato além do limite permitido no art. 125; II – suspensão de execução do contrato, por ordem escrita da Administração, por prazo superior a 3 meses; III – repetidas suspensões que totalizem 90 dias úteis, independentemente do pagamento obrigatório de indenização pelas sucessivas e contratualmente imprevistas desmobilizações e mobilizações e outras previstas; IV – atraso superior a 2 meses, contado da emissão da nota fiscal, dos pagamentos ou de parcelas de pagamentos devidos pela Administração por despesas de obras, serviços ou fornecimentos; V – não liberação pela Administração, nos prazos contratuais, de área, local ou objeto, para execução de obra, serviço ou fornecimento, e de fontes de materiais naturais especificadas no projeto, inclusive devido a atraso ou descumprimento das obrigações atribuídas pelo contrato à Administração relacionadas a desapropriação, a desocupação de áreas públicas ou a licenciamento ambiental.

Pelo § 3º, inciso I, do art. 137, as hipóteses de extinção a que se referem os incisos II, III e IV do § 2º do mesmo dispositivo observarão as seguintes disposições: I – não serão admitidas em caso de calamidade pública, grave perturbação da ordem interna ou de guerra, bem como quando decorrerem de ato ou fato que o contratado tenha praticado, do qual tenha participado ou para o qual tenha contribuído; II – assegurarão ao contratado o direito de optar pela **suspensão** do cumprimento das obrigações assumidas até a normalização da situação, admitido o restabelecimento do equilíbrio econômico-financeiro do contrato, na forma da alínea *d* do inciso II do *caput* do art. 124. Nesta segunda hipótese, tem aplicação a regra da *exceptio non adimpleti contractus*.

8.6.8.4 Álea econômica: teoria da imprevisão

Álea econômica, que dá lugar à aplicação da teoria da imprevisão, **é todo acontecimento externo ao contrato, estranho à vontade das partes, imprevisível e inevitável, que causa um desequilíbrio muito grande, tornando a execução do contrato excessivamente onerosa para o contratado**.

Ocorrendo essa álea econômica, aplica-se a teoria da imprevisão que, da mesma forma que a teoria do fato do príncipe, foi construída pelo Conselho de Estado francês, órgão de cúpula da jurisdição administrativa na França; essa teoria nada mais é do que aplicação da antiga cláusula *rebus sic stantibus*.

Embora não se saiba exatamente em que momento surgiu essa cláusula, sabe-se que os romanos já aceitavam a vulnerabilidade do princípio da obrigatoriedade do contrato (*pacta sunt servanda*). Antes de ser uma regra jurídica, ela foi uma regra moral adotada pelo cristianismo; exigia-se equivalência das prestações sempre que se estivesse em presença de um ato a título oneroso. Daí a frase, que é atribuída a Bartolo (1314-1354): *"contractus qui habent tractum successivum et dependentiam de futuro, rebus sic stantibus intelliguntur"*.

Como se vê, a expressão *rebus sic stantibus* é parte dessa frase e designa a cláusula que é considerada implícita em todos os contratos de prestações sucessivas, significando que a convenção não permanece em vigor se as coisas não permanecerem (*rebus sic stantibus*) como eram no momento da celebração.

Não seria justo obrigar a parte prejudicada a cumprir o seu encargo, sabendo-se que ela não teria firmado o contrato se tivesse previsto as alterações que o tornaram muito oneroso.

Essa cláusula, surgida na Idade Média, entrou em declínio e praticamente desapareceu no século XVIII, por influência do individualismo que floresceu em todos os aspectos, inclusive no jurídico.

Segundo Caio Tácito (1975:297) "foi o conflito mundial da segunda década do século atual que veio reavivar a teoria. As violentas flutuações econômicas geradas pelo desequilíbrio social e político da guerra exigiram dos intérpretes e dos tribunais a mitigação do princípio rígido da imutabilidade dos contratos (*pacta sunt servanda*)".

Ainda segundo o mesmo autor, essa teoria consolida-se no direito administrativo, com o famoso aresto do Conselho de Estado francês, proferido no caso da Cia. de Gás de Bordeaux (30-3-1916) – Compagnie Générale d'Éclairage de Bordeaux. A guerra de 1914 tinha provocado tal subida no preço do carvão que os concessionários de gás não podiam prosseguir a sua exploração com as tarifas previstas nos contratos sem se exporem à ruína. Daí a decisão do Conselho de Estado francês permitindo a revisão das tarifas.

Alega-se, em favor da teoria, que, se de um lado, a ocorrência de circunstâncias excepcionais não libera o particular da obrigação de dar cumprimento ao contrato, por outro lado não é justo que ele responda sozinho pelos prejuízos sofridos. Para evitar a interrupção do contrato, a Administração vem em seu auxílio, participando também do acréscimo de encargos. Essa compensação o particular só pode pleitear quando continuar a execução do contrato; e nunca será integral, porque não cobre o total do déficit financeiro do cocontratante; reparte-se o prejuízo para restabelecer o equilíbrio econômico do contrato.

No direito brasileiro, essa teoria tem sido aceita pela doutrina e jurisprudência. Em matéria de concessão de serviços públicos, Celso Antônio Bandeira de Mello (1975*b*:47) sempre entendeu que a Administração tem o ônus do restabelecimento **integral** do equilíbrio econômico, seja qual for o tipo de álea, à vista do art. 167 da Constituição de 1967, com redação dada pela Emenda Constitucional nº 1/69, que impunha a fixação de tarifas que assegurassem ao concessionário a justa remuneração do capital, o melhoramento e a expansão do serviço e o **equilíbrio econômico e financeiro** do contrato.

A Constituição de 1988, embora contenha dispositivo análogo, concernente à concessão, não repete a norma sobre tarifa, remetendo à lei ordinária a incumbência de dispor sobre política tarifária (art. 175, parágrafo único, III). Apenas se estabelece, de maneira muito vaga, que os contratos de **obras, serviços, compras e alienações** serão contratados mediante cláusulas que estabeleçam obrigações de pagamento, "**mantidas as condições efetivas da proposta**, nos termos da lei" (art. 37, XXI). Essa norma tem sido interpretada como fazendo referência ao equilíbrio econômico-financeiro; porém, é uma garantia de âmbito restrito, pois não abrange todas as modalidades de contratos da Administração.

No entanto, é certo que o antigo Decreto-lei nº 2.300/86 já havia incorporado em seu texto, a aplicação da teoria da imprevisão, ao permitir a **alteração do contrato, por acordo das partes** "para restabelecer a relação, que as partes pactuaram inicialmente, entre os encargos do contratado e a retribuição da Administração para a justa remuneração da obra, serviço ou fornecimento, objetivando a manutenção do inicial equilíbrio econômico e financeiro do contrato" (art. 55, II, *d*).

Essa norma ficou excluída da Lei nº 8.666/93 (art. 65), em decorrência de veto do Presidente da República, mas foi restabelecida pela Lei nº 8.883/94, com nova redação, em que ficam claras as exigências de que se trate de **fatos imprevisíveis** ou **previsíveis, porém de consequências**

incalculáveis; que esses fatos retardem ou impeçam a execução do contrato e configurem álea econômica extraordinária ou extracontratual.

Na Lei nº 14.133, a recomposição do equilíbrio econômico-financeiro inicial do contrato, mediante acordo entre as partes, é prevista no art. 124, inciso II, *d*, "em caso de força maior, caso fortuito ou fato do príncipe ou em decorrência de fatos imprevisíveis ou previsíveis de consequências incalculáveis, que inviabilizem a execução do contrato tal como pactuado, respeitada, em qualquer caso, a repartição objetiva de risco estabelecida no contrato".

Aliada essa norma aos princípios já assentes em doutrina, pode-se afirmar que são requisitos para restabelecimento do equilíbrio econômico-financeiro do contrato, pela aplicação da teoria da imprevisão, que o fato seja:

1. imprevisível quanto à sua ocorrência ou quanto às suas consequências;
2. estranho à vontade das partes;
3. inevitável;
4. causa de desequilíbrio muito grande no contrato.

Se for fato previsível e de consequências calculáveis, ele é suportável pelo contratado, constituindo álea econômica ordinária; a mesma conclusão, se se tratar de fato que o particular pudesse evitar, pois não será justo que a Administração responda pela desídia do contratado; só o desequilíbrio muito grande, que torne excessivamente onerosa a execução para o contratado, justifica a aplicação da teoria da imprevisão, pois os pequenos prejuízos, decorrentes de má previsão, constituem álea ordinária não suportável pela Administração. Além disso, tem que ser fato estranho à vontade das partes: se decorrer da vontade do particular, responde sozinho pelas consequências de seu ato; se decorrer da vontade da Administração, cai-se nas regras referentes à álea administrativa (alteração unilateral e teoria do fato do príncipe).

Pela norma contida no art. 124, II, *d*, da Lei nº 14.133/21, verifica-se que a Administração Pública nem sempre responde sozinha pela recomposição do equilíbrio econômico-financeiro do contrato. Seguindo o modelo da Lei nº 11.079/04 (que disciplina as parcerias público-privadas) e inovando em relação à legislação anterior (Lei nº 8.666/93), o dispositivo, na parte final, exige que seja "respeitada, em qualquer caso, a repartição objetiva de risco estabelecida no contrato".

A inclusão, no edital, de cláusula definindo a matriz de riscos, é facultativa, salvo nas hipóteses previstas no art. 22, *caput*. O objetivo da alocação da matriz de risco é o de estabelecer parâmetros para restabelecimento do equilíbrio econômico-financeiro do contrato, seja em caso de alteração contratual, seja em caso de extinção do contrato (art. 22, § 2º).

O art. 6º, XXVII, da Lei nº 14.133 define a **matriz de risco** como "cláusula contratual definidora de riscos e de responsabilidades entre as partes e caracterizadora do equilíbrio econômico-financeiro inicial do contrato, em termos de ônus financeiro decorrente de eventos supervenientes à contratação, contendo, no mínimo, as seguintes informações: a) listagem de possíveis eventos supervenientes à assinatura do contrato que possam causar impacto em seu equilíbrio econômico-financeiro e previsão de eventual necessidade de prolação de termo aditivo por ocasião de sua ocorrência; b) no caso de obrigações de resultado, estabelecimento das frações do objeto com relação às quais haverá liberdade para os contratados inovarem em soluções metodológicas ou tecnológicas, em termos de modificação das soluções previamente delineadas no anteprojeto ou no projeto básico; c) no caso de obrigações de meio, estabelecimento preciso das frações do objeto com relação às quais não haverá liberdade para os contratados inovarem em soluções metodológicas ou tecnológicas, devendo haver obrigação de aderência entre a execução e a solução predefinida no anteprojeto ou no projeto básico, consideradas as características do regime de execução no caso de obras e serviços de engenharia".

Ainda com relação à **álea econômica**, que justifica a aplicação da teoria da imprevisão, cumpre compará-la com a **força maior**.

Na **Lei nº 8.666/93**, a força maior e o caso fortuito eram previstos em duas situações: (i) como causa de desequilíbrio econômico-financeiro do contrato, hipótese em que se aplicava a mesma solução uniforme adotada em relação às teorias da imprevisão e do fato do príncipe, com base no art. 65, II, *d*, a saber, a recomposição do equilíbrio mediante acordo entre as partes; nessa hipótese, identificam-se os requisitos da álea econômica e da força maior, tendo em vista que nos dois casos existe um fato estranho à vontade das partes, inevitável e imprevisível que provoca o desequilíbrio do contrato; (ii) como circunstância impeditiva da execução do contrato, servindo de fundamento para rescisão do contrato, conforme previsto no art. 78, XVII; nesse caso, a rescisão se fazia unilateralmente pela Administração, nos termos do art. 79, I, hipótese em que o contratado era ressarcido dos prejuízos regularmente comprovados, com direito ainda à devolução da garantia; pagamentos devidos pela execução do contrato até a data da rescisão; e pagamento do custo da desmobilização (art. 79, § 2º). Nessa segunda hipótese é que se distinguiam a álea econômica e a força maior. Nesta, estavam presentes os mesmos elementos: fato estranho à vontade das partes, inevitável, imprevisível; a diferença estava em que, na teoria da imprevisão, ocorria apenas um desequilíbrio econômico, que não impedia a execução do contrato; e na força maior, verificava-se a **impossibilidade absoluta** de dar prosseguimento ao contrato. As consequências eram também diversas: pelo art. 65, II, *d*, ocorrendo força maior ou álea econômica, a Administração podia aplicar a teoria da imprevisão, revendo as cláusulas financeiras do contrato, mediante acordo com o contratado, para permitir a continuidade do ajuste, se essa solução fosse conveniente para o interesse público; pelo art. 78, XVII, a Administração podia rescindir o contrato unilateralmente, ficando ambas as partes liberadas, sem qualquer responsabilidade por inadimplemento, devendo ser assegurado ao contratado o recebimento dos valores mencionados no art. 79, § 2º.

Comparando o disposto no art. 124, inciso II, *d*, da Lei nº 14.133 com o art. 65, II, *d*, da Lei nº 8.666, verifica-se que a nova lei: (i) inclui a força maior e o caso fortuito, hipóteses em que não mais se atribui ao poder público a responsabilidade exclusiva pelo restabelecimento do equilíbrio econômico-financeiro; (ii) dispõe que as áleas referidas no dispositivo inviabilizam a execução do contrato (o que, na realidade, não ocorre, porque apenas tornam mais oneroso o cumprimento do ajuste), enquanto na Lei nº 8.666, se referia às mesmas como "álea econômica extraordinária e extracontratual"; (iii) inclui a referência à repartição objetiva de risco estabelecida no contrato, que deve ser respeitada.

Também é necessário mencionar as **sujeições imprevistas** ou **fatos imprevistos** a que fazem referência alguns autores; eles correspondem a fatos de ordem material, que podiam já existir no momento da celebração do contrato, mas que eram desconhecidos pelos contratantes; é o caso de empreiteiro de obra pública que, no curso da execução do contrato, esbarra em terreno de natureza imprevista que onera ou torna impossível a execução do contrato. Se o fato era imprevisível, ou previsível, porém de consequências incalculáveis, aplicar-se-á a norma do art. 65, II, *d*, da Lei nº 8.666.

O § 1º do art. 124 prevê hipótese de apuração de responsabilidade do responsável técnico e adoção de providências necessárias para o ressarcimento dos danos causados à Administração, se as alterações contratuais, nos contratos de obras e serviços de engenharia, decorrerem de falhas de projeto.

Pelo § 2º, também constitui hipótese de alteração por acordo entre as partes, com base no art. 124, II, *d*, nas contratações de obras e serviços de engenharia, "quando a execução for obstada pelo atraso na conclusão de procedimentos de desapropriação, desocupação, servidão administrativa ou licenciamento ambiental, por circunstâncias alheias ao contratado".

Nos termos do art. 131, "a extinção do contrato não configurará óbice para o reconhecimento do desequilíbrio econômico-financeiro, hipótese em que será concedida indenização por meio de termo indenizatório". Pelo parágrafo único do mesmo dispositivo, "o pedido de restabelecimento do equilíbrio econômico-financeiro deverá ser formulado durante a vigência do contrato e antes de eventual prorrogação nos termos do artigo 107 desta Lei".

Ainda sobre o restabelecimento do equilíbrio econômico-financeiro, a Lei nº 14.133 prevê que, na **contratação integrada e na semi-integrada** (definidas no art. 6º, XXXII e XXXIII), é vedada a alteração dos valores contratuais, salvo nas hipóteses mencionadas nos incisos I a IV, dentre as quais se inclui o "restabelecimento do equilíbrio econômico-financeiro decorrente de caso fortuito ou força maior" (art. 133, I).

O art. 135 prevê, para os contratos de serviços contínuos com regime de dedicação exclusiva de mão de obra (definidos no art. 6º, XVI) ou com predominância de mão de obra, a **repactuação**, definida, no art. 6º, LIX, como "forma de manutenção do equilíbrio econômico-financeiro de contrato utilizada para serviços contínuos com regime de dedicação exclusiva de mão de obra ou predominância de mão de obra, por meio de análise de variação dos custos contratuais, devendo estar prevista no edital com data vinculada à apresentação das propostas, para os custos decorrentes do mercado, e com data vinculada ao acordo, à convenção coletiva ou ao dissídio coletivo ao qual o orçamento esteja vinculado, para os custos decorrentes da mão de obra". O art. 135 repete o que já consta do conceito contido no art. 6º, LIX, ao mencionar as datas às quais se vincula a repactuação: I – a da apresentação da proposta, para custos decorrentes do mercado; II – a do acordo, convenção coletiva ou dissídio coletivo ao qual a proposta esteja vinculada, para os custos de mão de obra.

O § 1º do art. 135 limita a vinculação da Administração Pública aos acordos, convenções ou dissídios coletivos de trabalho, proibindo-a nas hipóteses em que tais ajustes tratem de "matéria não trabalhista, de pagamento de participação dos trabalhadores nos lucros ou resultados do contratado, ou que estabeleçam direitos não previstos em lei, como valores ou índices obrigatórios de encargos sociais ou previdenciários, bem como de preços para os insumos relacionados ao exercício da atividade". E o § 2º também proíbe a vinculação do órgão ou entidade contratante a disposições previstas nos acordos, convenções ou dissídios coletivos de trabalho que "tratem de obrigações e direitos que somente se aplicam aos contratos com a Administração Pública".

Ainda sobre repactuação, a Lei nº 14.133 estabelece que:

a) deve observar o interregno mínimo de um ano, contado da data da apresentação da proposta ou da data da última repactuação (§ 3º do art. 135);

b) pode ser dividida em tantas parcelas quantas forem necessárias, observado o princípio da anualidade do reajuste de preços da contratação, podendo ser realizada em momentos distintos para discutir a variação de custos que tenham sua anualidade resultante em datas diferenciadas, como os decorrentes de mão de obra e os decorrentes dos insumos necessários à execução dos serviços (§ 4º do art. 135);

c) quando a repactuação envolver mais de uma categoria profissional, a repactuação a que se refere o inciso (vinculada a acordo, convenção ou dissídio coletivo) poderá ser dividida em tantos quantos forem os ajustes das categorias envolvidas na contratação (§ 5º do art. 135);

d) a repactuação deve ser precedida de solicitação do contratado, acompanhada de demonstração analítica da variação dos custos, por meio de apresentação da planilha de custos e formação de preços, ou do novo acordo, convenção ou sentença normativa que fundamente a repactuação (§ 6º do art. 135);

e) a variação do valor do contrato decorrente de repactuação (da mesma forma que o reajuste) não precisa ser formalizada por meio de termo aditivo, bastando simples apostila (art. 136, I).

8.7 EXTINÇÃO DO CONTRATO ADMINISTRATIVO

A **Lei nº 14.133/21, que não mais fala em rescisão do contrato, como o fazia a Lei nº 8.666/93,** prevê três modalidades de **extinção** do contrato: (i) **unilateral,** exceto no caso de descumprimento decorrente de conduta da própria Administração; (ii) **consensual,** por acordo entre as partes, por conciliação, por mediação ou por comitê de resolução de disputas, desde que haja interesse da Administração; e (iii) determinada por **decisão arbitral,** em decorrência de cláusula compromissória ou compromisso arbitral, ou por **decisão judicial** (art. 138).[8]

Pela redação do inciso I, tem-se a impressão de que a extinção por decisão unilateral só pode ocorrer nos casos em que o descumprimento do contrato decorre de conduta do contratado, no caso de razões de interesse público e nas hipóteses de caso fortuito e força maior. Se houver culpa do contratado, a extinção unilateral, conforme art. 139, poderá acarretar, sem prejuízo das sanções cabíveis, as seguintes consequências: I – assunção imediata do objeto do contrato, no estado e local em que se encontrar, por ato próprio da Administração; II – ocupação e utilização do local, das instalações, dos equipamentos, do material e do pessoal empregados na execução do contrato e necessários à sua continuidade; III – execução da garantia contratual para: a) ressarcimento da Administração Pública por prejuízos decorrentes da não execução; b) pagamento de verbas trabalhistas, fundiárias e previdenciárias, quando cabível; c) pagamento de valores das multas devidas à Administração Pública; d) exigência da assunção da execução e conclusão do objeto do contrato pela seguradora, quando cabível; IV – retenção dos créditos decorrentes do contrato até o limite dos prejuízos causados à Administração Pública e das multas aplicadas.

Nos termos do § 1º do art. 139, as medidas previstas nos incisos I e II ficarão a critério da Administração, que poderá dar continuidade à obra ou ao serviço por execução direta ou indireta. Pelo § 2º, na hipótese do inciso II do art. 139, o ato deverá ser precedido de autorização expressa do ministro de Estado, do secretário estadual ou do secretário municipal competente, conforme o caso.

O § 2º do art. 138 estabelece que, quando a extinção decorrer de culpa exclusiva da Administração, o contratado será ressarcido pelos prejuízos regularmente comprovados que houver sofrido e terá direito a: I – devolução da garantia; II – pagamentos devidos pela execução do contrato até a data da extinção; III – pagamento do custo da desmobilização. O dispositivo difere do art. 79, § 2º, da Lei nº 8.666, que previa as mesmas consequências quando a rescisão ocorresse sem culpa do contratado, o que abrangia fatos da Administração, razões de interesse público, além de caso fortuito e força maior. A norma da nova Lei de Licitações tem aplicação nos casos de extinção em que haja culpa da Administração. Como o dispositivo constitui parágrafo do art. 138, tem-se que entender que as consequências nele previstas têm aplicação nas três modalidades de extinção previstas nesse dispositivo (unilateral, consensual, ou decorrente de decisão arbitral, compromisso arbitral ou sentença judicial), desde que haja culpa da Administração (imperícia, negligência ou imprudência). A norma pode conduzir a resultados absurdos: por exemplo, se a extinção se der por motivo de interesse público (quando não se pode falar em culpa da Administração), o contratado poderá deixar de fazer jus ao ressarcimento pelos prejuízos comprovados, à devolução da garantia,

---

[8] A conciliação, a mediação, o comitê de resolução de disputas e a arbitragem são referidos nos arts. 151 a 154 da Lei nº 14.133/21, sendo tratados por legislação específica de que trata o capítulo 20 deste livro.

aos pagamentos devidos pela execução do contrato até a data da extinção, ao pagamento do custo da desmobilização.

A **Lei nº 14.133** não é muito clara ao especificar as hipóteses em que tem aplicação a extinção unilateral. O art. 137 dá o elenco das hipóteses de extinção dos contratos, sem especificar a modalidade de extinção dentre as previstas no art. 138, o que significa que qualquer uma delas pode ser utilizada. Algumas das hipóteses são imputáveis ao contratado: as previstas nos incisos I, II, III, IV, VI e IX. Outras são imputáveis à Administração: atraso na liberação das áreas sujeitas a desapropriação, a desocupação ou a servidão administrativa, ou impossibilidade de liberação dessas áreas (inciso VII), razões de interesse público (inciso VIII); outras resultam de caso fortuito ou força maior, regularmente comprovados, impeditivos da execução do contrato (inciso V).

O § 2º do art. 137 indica hipóteses em que o contratado tem **direito à extinção do contrato**, correspondendo aos chamados **fatos da Administração**, o que não significa que poderá extinguir unilateralmente; deverá pleitear o reconhecimento de seu direito pela via administrativa ou judicial. Esse direito existe nas seguintes hipóteses elencadas no dispositivo: supressão, por parte da Administração, de obras, serviços ou compras que acarrete modificação do valor inicial do contrato além do limite permitido no art. 125 (inciso I); suspensão de execução do contrato, por ordem escrita da Administração, por prazo superior a três meses (inciso II); repetidas suspensões que totalizem 90 dias úteis, independentemente do pagamento obrigatório de indenização pelas sucessivas e contratualmente imprevistas desmobilizações e mobilizações e outras previstas (inciso III); atraso superior a dois meses, contados da emissão da nota fiscal, dos pagamentos ou de parcelas de pagamentos devidos pela Administração por despesas de obras, serviços ou fornecimentos (inciso IV); não liberação pela Administração, nos prazos contratuais, de área, local ou objeto, para execução de obra, serviço ou fornecimento, e de fontes de materiais naturais especificados no projeto, inclusive pelo atraso ou descumprimento das obrigações atribuídas pelo contrato à Administração relacionadas a desapropriação, a desocupação de áreas públicas ou a licenciamento ambiental (inciso V). Pelo § 3º do mesmo dispositivo, as hipóteses de extinção a que se referem os incisos II, III e IV do § 2º observarão as seguintes disposições: I – não serão admitidas em caso de calamidade pública, de grave perturbação da ordem interna ou de guerra, bem como quando decorrerem de ato ou fato que o contratado tenha praticado, do qual tenha participado ou para o qual tenha contribuído; II – assegurarão ao contratado o direito de optar pela suspensão do cumprimento das obrigações assumidas até a normalização da situação, admitido o restabelecimento do equilíbrio econômico-financeiro do contrato, na forma da alínea *d* do inciso II do *caput* do art. 124.

8.8 MEIOS ALTERNATIVOS DE RESOLUÇÃO DE CONTROVÉRSIAS

O art. 151 da Lei nº 14.133 permite a utilização de meios alternativos de prevenção e resolução de controvérsias, notadamente a conciliação, a mediação, o comitê de resolução de disputas e a arbitragem. Pelo parágrafo único desse dispositivo, esses meios alternativos poderão ser aplicados nas controvérsias relacionadas a "direitos patrimoniais disponíveis, como as questões relacionadas ao restabelecimento do equilíbrio econômico-financeiro do contrato, ao inadimplemento de obrigações contratuais por quaisquer das partes e ao cálculo de indenizações". São três hipóteses consideradas, pelo dispositivo, como referentes a direitos patrimoniais disponíveis, mas que são apenas exemplificativas, não impedindo que outras questões sejam abrangidas pela expressão.

A mediação e a arbitragem já estão disciplinadas no direito positivo pela Lei nº 9.307, de 23-9-96, com alterações introduzidas pela Lei nº 13.129, de 26-5-15, e pela Lei nº 13.140, de 26-6-15 (comentadas no capítulo 20 deste livro).

A conciliação e o comitê de resolução de disputas não receberam tratamento legislativo específico para os contratos administrativos. No âmbito do Município de São Paulo, foi promulgada a Lei nº 16.873, de 22-2-18, dispondo sobre os comitês de resolução de conflitos (conhecidos como *dispute boards* no direito estrangeiro). Trata-se de comitês que acompanham a execução dos contratos de longa duração e que vão fazendo recomendações ou resolvendo conflitos, porém sem que se trate de decisões definitivas. Suas decisões são sempre passíveis de apreciação no âmbito judicial ou arbitral.

A **Lei nº 14.133** prevê essa modalidade de resolução de controvérsias no âmbito dos contratos administrativos, mas não a conceitua nem a regulamenta, deixando um vazio legislativo que deverá ser preenchido futuramente, para dar cumprimento ao princípio da legalidade previsto no art. 37 da Constituição Federal. Apenas estabelece, no art. 154, que "o processo de escolha dos árbitros, dos colegiados arbitrais e dos comitês de resolução de disputas observará critérios isonômicos, técnicos e transparentes".

O art. 152 repete norma que já consta da Lei nº 9.307 (art. 2º, § 3º), introduzida pela Lei nº 13.129, ao estabelecer que "a arbitragem que envolva a administração pública será sempre de direito e observará o princípio da publicidade". Quer-se afastar os julgamentos baseados na equidade, possíveis nos países de *common law*.

Para incentivar a utilização dos meios alternativos de solução de controvérsias, o art. 153 permite que os contratos sejam aditados para incluir essa possibilidade.

8.9 MODALIDADES DE CONTRATOS ADMINISTRATIVOS

Dentre os contratos administrativos, sujeitos ao direito público, compreendem-se a **concessão** de serviço público, a de obra pública, a de uso de bem público, a concessão patrocinada, a concessão administrativa (as duas últimas como formas de parcerias público-privadas), o contrato de **prestação** ou **locação de serviços,** o de **obra pública**, o de **fornecimento**, o de **empréstimo público**, o de **função pública.**

Serão analisadas a concessão, em suas várias modalidades, por ser o contrato administrativo por excelência, e os contratos de que trata a Lei nº 14.133/21, que são os de maior uso pela Administração.

8.9.1 Concessão

8.9.1.1 Conceito e modalidades

Não existe uniformidade de pensamento entre os doutrinadores na definição do instituto da concessão. Para fins de sistematização da matéria, pode-se separá-los em três grupos:

1. os que, seguindo a doutrina italiana, atribuem acepção muito ampla ao vocábulo *concessão* de modo a abranger qualquer tipo de ato, unilateral ou bilateral, pelo qual a Administração outorga direitos ou poderes ao particular; não tem muita aceitação no direito brasileiro que, em matéria de contrato, se influenciou mais pelo direito francês;

2. os que lhe dão acepção menos ampla, distinguindo a **concessão translativa** da **constitutiva**, e admitindo três tipos de concessão: a de serviço público, a de obra pública e a de uso de bem público;
3. os que lhe dão acepção restrita, só considerando como concessão a delegação de poderes para prestação de serviços públicos, ou seja, a concessão de serviços públicos.

Esta última posição foi defendida por Mário Masagão (1933:17-19), que entende não haver "um gênero **concessão**, dentro do qual apareçam espécies diversas, mas sim que a **concessão** é uma espécie, em cujas manifestações se verifica, sempre, a incumbência de um serviço público a uma pessoa de direito privado, que em seu nome os exerça". Embora se refira à concessão de obra pública, esta só existe se ligada à concessão de serviço público. Afirma ele que "na concessão de obra pública, a execução da obra se confia a pessoa que, em vez de receber a retribuição, fica incumbida de gerir o **serviço público**, ao qual se destina a obra, percebendo, no tempo e nas condições prefixadas, os competentes tributos". Conclui que a concessão de serviço público pode estar, ou não, subordinada à prévia execução de uma obra.

Esse é também o pensamento de Manoel de Oliveira Franco Sobrinho (1981:211-216), para quem toda concessão implica a transferência de poderes da Administração para o particular, com vistas à execução de serviço público. O que, para outros autores, se denomina "concessão de uso" de bem público, para ele constitui cessão de uso.

À segunda corrente, que distingue três modalidades de concessão, pertence a maioria dos doutrinadores brasileiros.

Quanto à distinção entre concessão translativa e constitutiva, Oswaldo Aranha Bandeira de Mello (2007:556-559), que a aceita, diz que "corresponde a ato administrativo translativo de direito a concessão pela qual o concedente atribui ao concessionário inalterados os poderes e deveres que lhe cabem para exercê-los e cumpri-los em seu lugar, a fim de praticar ato jurídico, como os de serventuário de ofício público, ou de construir obra pública, como de retificação de rio, ou de prestar serviço público, como de fornecimento de energia elétrica"; "corresponde a ato administrativo constitutivo de direito a concessão pela qual o concedente delega ao concessionário poderes para utilizar ou explorar bem público, mas os atribui em qualidade inferior e quantidade menor dos que os tem, relativos à exploração de jazidas e fontes minerais, à utilização de terrenos nos cemitérios como túmulos de família, à instalação de indústrias de pesca às margens dos rios".

Em resumo, a concessão **translativa** importa a passagem, de um sujeito a outro, de um bem ou de um direito que se perde pelo primeiro e se adquire pelo segundo; os direitos derivados dessa concessão são **próprios** do Estado, porém transferidos ao concessionário; são dessa modalidade as concessões de serviço público e de obra pública, as concessões patrocinadas e as concessões administrativas, estas últimas quando tiverem por objeto a prestação de serviço público.

A concessão **constitutiva** ocorre quando, com base em um poder mais amplo, o Estado constitui, em favor do concessionário, um poder menos amplo; é o que ocorre no caso de concessão de uso de bem público.

Quer dizer que, sob o aspecto **formal**, não há distinção: trata-se, em qualquer das modalidades, de contratos administrativos sujeitos a regime publicístico.

Sob o aspecto **material**, de seu conteúdo, assim se distinguem: na concessão de serviços públicos e de obra pública, na concessão patrocinada e na concessão administrativa, o Estado delega ao concessionário a execução de um serviço público ou de uma obra que seriam de sua atribuição; é uma parcela de poderes, direitos, vantagens ou utilidades que se destacam da

Administração e se transferem ao concessionário. Na concessão de uso, o Estado consente que o particular se utilize de parcela de bem público, mas o direito que o concessionário vai exercer sobre o bem é de natureza diversa daquele que o concedente exerce sobre o mesmo bem; uma pequena parcela do bem é destinada ao uso privativo do concessionário.

Na concessão translativa, os direitos ou poderes transferidos ao particular preexistem na entidade concedente; na constitutiva, eles derivam do ato de concessão.

O ponto comum, em todas as modalidades de concessão, é a reserva que o concedente faz de alguns direitos, poderes e vantagens, como os de rescisão unilateral do contrato, fiscalização, punição etc.

No que diz respeito ao objeto da concessão, existem várias modalidades sujeitas a regime jurídico parcialmente diferenciado:

a) **concessão de serviço público**, em sua forma tradicional, disciplinada pela Lei nº 8.987/95; a remuneração básica decorre de tarifa paga pelo usuário ou outra forma de remuneração decorrente da própria exploração do serviço;

b) **concessão patrocinada**, que constitui modalidade de concessão de serviço público, instituída pela Lei nº 11.079/04, como forma de parceria público-privada; nela se conjugam a tarifa paga pelos usuários e a contraprestação pecuniária do concedente (parceiro público) ao concessionário (parceiro privado);

c) **concessão administrativa**, que tem por objeto a prestação de serviço de que a Administração Pública seja a usuária direta ou indireta, podendo envolver a execução de obra ou fornecimento e instalação de bens; está disciplinada também pela Lei nº 11.079/04; nessa modalidade, a remuneração básica é constituída por contraprestação feita pelo parceiro público ao parceiro privado;

d) **concessão de obra pública**, nas modalidades disciplinadas pela Lei nº 8.987/95 ou pela Lei nº 11.079/04;

e) **concessão de uso de bem público**, com ou sem exploração do bem, disciplinada por legislação esparsa, além da sujeição às normas da Lei nº 14.133/21 (art. 2º, IV);

f) **concessão de direito real de uso** (instituída pelos arts. 7º e 8º do Decreto-lei nº 271, de 28-2-67), e alcançada pelas normas da Lei nº 14.133/21 (art. 2º, I).

Em muitos contratos, existe a conjugação de diferentes modalidades, em que uma constitui o objeto principal e, a outra, o acessório. É o que ocorre, por exemplo, na concessão de rodovia, em que o objeto é a construção, ampliação ou reforma de obra pública, acompanhada da exploração comercial da obra para fins de remuneração do concessionário; mas o mesmo contrato envolve, em regra, a utilização de bens do patrimônio público. Também é o que ocorre nas várias modalidades de concessão de serviço público (e vai ocorrer nas parcerias público-privadas), em que a execução do serviço depende da utilização concomitante do uso de bem público.

Como existem agora novas modalidades de contratos que têm por objeto a prestação de serviços públicos (as parcerias público-privadas), a concessão de serviços públicos de que trata a Lei nº 8.987/95 tem que ser chamada de **tradicional** ou **comum**, para diferenciar-se das outras, especialmente da concessão patrocinada.

À vista do que foi dito, pode-se definir concessão, em sentido amplo, como o **contrato administrativo** pelo qual a Administração confere ao particular a execução remunerada de **serviço público**, de **obra pública** ou de **serviço de que a Administração Pública seja a usuária direta ou indireta**, ou lhe cede o **uso de bem público**, para que o explore pelo prazo e nas condições regulamentares e contratuais.

8.9.1.2 Natureza jurídica

Existem várias correntes doutrinárias que explicam de maneira diversa a natureza jurídica da concessão; essas correntes foram sistematizadas por José Cretella Júnior da seguinte maneira (1986:403-406):

1. **teorias unilaterais**, que se subdividem em dois grupos:
   a) existe na concessão **um ato unilateral** do Poder Público, porque as cláusulas são estabelecidas unilateralmente pela Administração, achando-se as partes em posição de desigualdade;
   b) existem na concessão **dois atos unilaterais**, um da Administração, que seria um ato de império, e um do particular regido pelo direito privado; o primeiro fixa as condições que, em momento subsequente, provocam a declaração de vontade do particular aceitando as condições;
2. **teorias bilaterais**, que também se subdividem:
   a) a concessão é um **contrato de direito privado**; essa corrente é adotada por autores que, apegados ao direito civil, negam que exista, na concessão, um acordo de vontades; ele não difere de outros contratos regidos pelo direito comum;
   b) a concessão é um **contrato de direito público**, vale dizer, submetido a regime jurídico publicístico, derrogatório e exorbitante do direito comum;
   c) a concessão é um **contrato de direito misto**, porque sujeito parcialmente ao direito público e parcialmente ao direito privado;
3. **teoria mista**: vê na concessão um **ato unilateral** do Poder Público, estabelecendo as condições da concessão, ou seja, as cláusulas regulamentares, e um **contrato** concernente ao equilíbrio econômico-financeiro; o ato unilateral é um ato administrativo, regido pelo direito público; e o contrato é de direito privado.

Colocamo-nos entre os que atribuem à concessão a natureza jurídica de contrato administrativo, sujeito a regime jurídico de direito público, pelas razões já expostas no item 8.3.

Nela estão presentes todos os elementos caracterizadores de um contrato: acordo de vontades sobre determinado objeto; interesses contraditórios e reciprocamente condicionantes; efeitos jurídicos para ambas as partes.

É verdade que enquanto, em alguns casos, todas as condições decorrem do próprio ato de concessão, em outros, algumas das condições já constam de ordenamento jurídico previamente estabelecido, vinculando as partes contratantes. Mas isto não retira à concessão a natureza contratual, da mesma forma que não perdem essa natureza os contratos de adesão em geral, pois a outorga do objeto do contrato (serviço público, obra pública ou uso privativo) somente se efetuará mediante manifestação expressa de ambas as partes, implicando, o consentimento do concessionário, aceitação das condições previamente estabelecidas pelo Poder Público. Além disso, existem, ao lado dessas cláusulas ditas **regulamentares**, outras que se denominam **financeiras** ou **contratuais** propriamente ditas, em que as partes estipulam o prazo, a remuneração, os casos de rescisão, ou outras condições que não estejam predeterminadas em lei.

Quanto à natureza pública do contrato, parece-nos ser indiscutível, em decorrência do regime jurídico administrativo que o informa, com todas as **prerrogativas** e **sujeições** próprias do poder público, concernentes à finalidade, procedimento, forma, cláusulas exorbitantes, mutabilidade etc.

8.9.1.3 Concessão de serviço público

8.9.1.3.1 Evolução

A concessão de serviço público foi a primeira forma que o Poder Público utilizou para transferir a terceiros a execução de serviço público. Isto se deu a partir do momento em que, saindo do liberalismo, o Estado foi assumindo novos encargos no campo social e econômico. A partir daí, sentiu-se a necessidade de encontrar novas formas de gestão do serviço público e da atividade privada exercida pela Administração. De um lado, a ideia de especialização, com vistas à obtenção de melhores resultados; de outro lado, e com o mesmo objetivo, a utilização de métodos de gestão privada, mais flexíveis e mais adaptáveis ao novo tipo de atividade assumida pelo Estado.

O procedimento utilizado, inicialmente, foi a delegação da execução de serviços públicos a empresas particulares, mediante **concessão**; por meio dela, o particular (concessionário) executa o serviço, em seu próprio nome e por sua conta e risco, mas mediante fiscalização e controle da Administração Pública, inclusive sob o aspecto da remuneração cobrada ao usuário – a tarifa –, a qual é fixada pelo poder concedente.

"A grande vantagem do regime de concessão para o Estado liberal", diz Bilac Pinto (RDA 32:3), "era a de que, por meio dela, o Estado prestava um serviço público essencial sem que tivesse necessidade de inverter recursos do Tesouro e, sobretudo, sem correr os riscos econômicos de toda exploração industrial. Estas características originárias da concessão de serviço público foram, entretanto, sensivelmente alteradas, de começo pelas cláusulas de 'garantias de juros' e mais tarde pela aplicação da teoria da imprevisão. Em razão destas modificações estruturais do contrato de concessão, entre o poder concedente e o concessionário, como que surgiu uma associação financeira lesiva ao Poder Público que, privado dos benefícios eventuais, estava, entretanto, obrigado a participar das perdas da exploração do serviço público concedido. Quando a evolução do instituto chegou a este ponto, o seu declínio se tornou inevitável".

Como diz Rivero (1981:417), "a autoridade pública foi levada a aumentar os seus poderes sobre o concessionário, a fim de o obrigar a reger-se pelos imperativos de interesse geral. A contrapartida necessária destas intervenções que comportavam o risco de pôr em cheque as previsões financeiras do concessionário e de comprometer, pela sua ruína, a continuidade do serviço, foi a outorga ao concessionário de uma ajuda financeira cada vez maior. O casamento da autoridade pública com o empresário privado passou de um regime de separação de bens para um regime de comunhão. Por isso o processo de concessão perdia, aos olhos do poder público, muito do seu interesse e, aos olhos dos empresários capitalistas, muito da sua sedução".

Daí o surgimento das sociedades de economia mista e empresas públicas, como novas formas de descentralização dos serviços públicos.

Posteriormente, acompanhando a mesma tendência verificada em outros países, ocorreu outro fenômeno no direito brasileiro; voltou-se a utilizar o instituto da concessão, não para delegar o serviço a particular, mas a empresas estatais sob controle acionário do Poder Público. A vantagem estava no fato de que o Estado mantinha, como na forma originária de concessão, o seu poder de controle sobre o concessionário, inclusive na fixação de preços; por outro lado, todos os riscos do empreendimento ficavam por conta do poder concedente (e não mais do concessionário), já que ele é o acionista majoritário da empresa. Perde-se, com esse procedimento, a grande vantagem da concessão que constitui a própria justificativa para o seu surgimento: a de poder prestar serviços públicos sem necessitar investir grandes capitais do Estado.

Exemplos desse tipo de entidade existiram inúmeros no direito brasileiro. Basta conferir o art. 8º, inciso XV, da Constituição de 1967, que indicava serviços públicos passíveis de serem executados mediante concessão, para constatar o quanto o Poder Público se utilizou desse procedimento; com efeito, ali estão relacionados serviços como os de **telecomunicações, energia elétrica, navegação aérea, transportes**. Pense-se, então, na CESP, ELETROPAULO, TELEBRAS, EMBRATEL, todas empresas sob controle acionário da União ou do Estado de São Paulo e, ao mesmo tempo, concessionárias de serviços públicos. Algumas delas nem foram criadas por lei, nem têm com o Poder Público um contrato de concessão.

Isto quer dizer que se passou a falar em dois tipos de concessão:

1. a que se outorga a empresa particular;
2. a que se outorga a empresa estatal.

Em um e outro caso, a concessão há de ser feita por **contrato**. Embora a concessão, por lei, a empresas estatais seja uma realidade brasileira, não compartilhamos da opinião dos que a aceitam como válida. A concessão de serviço público, de um lado, e as empresas públicas e sociedades de economia mista, de outro, correspondem a formas bem diversas de descentralização de serviços públicos.

A primeira é feita por contrato, em que o poder público transfere apenas a **execução** do serviço e conserva a sua **titularidade**; em decorrência disso, mantém a plena disponibilidade sobre o mesmo, alterando as cláusulas regulamentares, retomando a execução do serviço por meio de encampação, fiscalizando e punindo, administrativamente, o concessionário em caso de inadimplemento.

As empresas públicas e sociedades de economia mista são criadas por **lei** e adquirem o **direito** à prestação do serviço, direito esse oponível até mesmo à pessoa jurídica que as criou, pois esta somente pode interferir na vida da empresa nos limites previstos em lei.

Quando a lei cria empresa e a ela atribui a prestação de um serviço público que a Constituição exige seja prestado **diretamente** ou **mediante concessão**, além de haver ofensa à Constituição, está tirando da Administração aquelas prerrogativas de que só é detentor o poder concedente, pela via contratual. Esse entendimento se reforça pelo fato de a atual Constituição, no art. 175, parágrafo único, inciso I, deixar claro que a concessão tem que ser feita por **contrato**.

Com o movimento da privatização, volta o Poder Público a utilizar-se da concessão de serviços públicos como forma de delegação de serviços públicos a empresas privadas, sem abandonar a possibilidade de concessão a empresas estatais. Isto ocorre por diferentes maneiras: (a) pela transferência do controle acionário de empresas estatais ao setor privado (privatização ou desestatização de empresas estatais), com o que muda a natureza da concessionária: esta deixa de ser uma empresa estatal e passa a ser uma empresa privada; (b) pelo retorno ao instituto da concessão de serviços públicos, em sua forma tradicional, mediante realização de concorrência aberta a todos os possíveis interessados em celebrar o contrato com o Poder Público, disciplinado pela Lei nº 8.987, de 13-2-95.

Ainda avançando na evolução do instituto, a Lei nº 11.079/04 instituiu a chamada parceria público-privada, como espécie de contrato administrativo que abrange duas modalidades: a concessão patrocinada e a concessão administrativa, a serem tratadas no item 8.9.1.4, no tema das parcerias público-privadas.

8.9.1.3.2 Conceito e características

Concessão de serviço público é o contrato administrativo pelo qual a Administração Pública delega a outrem a execução de um serviço público, para que o execute em seu próprio nome, por sua conta e risco, assegurando-lhe a remuneração mediante tarifa paga pelo usuário ou outra forma de remuneração decorrente da exploração do serviço. Esse é o conceito aplicável às concessões disciplinadas pela Lei nº 8.987 e que poderá ser alterado em relação às parcerias público-privadas, porque, nesse caso, a remuneração por tarifa tende a deixar de ser a forma principal ou única de remuneração das empresas concessionárias.

As características da concessão de serviço público são as mesmas já assinaladas para os demais contratos administrativos e que já eram reconhecidas para todos eles, pela doutrina e jurisprudência, muito antes de ser editado o Decreto-lei nº 2.300/86, depois, a Lei nº 8.666/93, e, finalmente, a Lei nº 14.133/21, que se limitaram a encampar os ensinamentos já aceitos no direito brasileiro.

A concessão vem, pois, acompanhada das cláusulas exorbitantes que conferem ao poder concedente os poderes de alterar e rescindir unilateralmente o contrato, fiscalizar a sua execução, aplicar penalidades; tem a mesma característica da **mutabilidade**, aplicando-se-lhes as teorias do fato do príncipe e da imprevisão. Aliás, foi a propósito da concessão de serviço público que se elaboraram originariamente essas teorias.

A Constituição Federal, no art. 175, à semelhança do art. 167 da Constituição de 1967, previu lei que viesse disciplinar a concessão e a permissão de serviço público. No Estado de São Paulo, a matéria foi regulamentada pela Lei nº 7.835, de 8-5-92, que "dispõe sobre o regime de concessão de obras públicas, de concessão e permissão de serviços públicos e dá providências correlatas". Na esfera federal, a matéria está disciplinada pela Lei nº 8.987, de 13-2-95, que "dispõe sobre o regime de concessão e permissão da prestação de serviços públicos previstos no art. 175 da Constituição Federal, e dá outras providências", e pela Lei nº 9.074, de 7-7-95, que "estabelece normas para outorga e prorrogações das concessões e permissões de serviços públicos e dá outras providências", ambas com alterações posteriores. Subsidiariamente, aplica-se a Lei nº 14.133, por força do que determina seu art. 189. Nos termos desse dispositivo essa lei tem aplicação em todas as hipóteses previstas na legislação que façam referência expressa à Lei nº 8.666/93, à Lei nº 10.520/02 (Lei do Pregão) e aos arts. 1º a 47-A da Lei nº 12.462/11 (que disciplina o RDC). Existem ainda leis específicas disciplinando a concessão de determinados serviços públicos, como a Lei nº 9.427, de 26-12-96, sobre a concessão de energia elétrica, e as Leis nºs 9.295, de 19-7-96, e 9.472, de 16-7-97, sobre telecomunicações. A Lei nº 11.079/04, dispondo sobre parcerias público-privadas, sem revogar ou derrogar a atual lei de concessões, prevê formas de contratos que acrescentam ao direito positivo modelos de concessão com contornos um pouco diferentes, quanto a novas formas de remuneração da concessionária e a garantias a serem oferecidas pelo poder público.

Alguns Estados se adiantaram e promulgaram leis instituindo essa forma de parceria, antes da lei federal. No Estado de São Paulo, a matéria foi disciplinada pela Lei nº 11.688, de 19-6-04.

Evidentemente, como a lei paulista foi editada anteriormente, só poderá aplicar-se no que não contrariar as "normas gerais" contidas na legislação federal, já que a competência da União, em matéria de contratos da Administração Pública, se limita ao estabelecimento de normas gerais, conforme art. 22, inciso XXVII, da Constituição.

A concessão tem cláusulas regulamentares, estabelecidas unilateralmente pela Administração, e cláusulas financeiras concernentes ao equilíbrio econômico-financeiro do contrato.

A concessão de serviços públicos é definida no direito positivo pelo art. 2º, II, da Lei nº 8.987, que foi alterado pelo art. 179 da Lei nº 14.133/21, para incluir a referência ao **diálogo competitivo**, ao lado da concorrência, como modalidade de licitação cabível: "Concessão de serviço público: a delegação de sua prestação, feita pelo poder concedente, mediante licitação, na modalidade concorrência ou diálogo competitivo, a pessoa jurídica ou consórcio de empresas que demonstre capacidade para seu desempenho, por sua conta e risco e por prazo determinado".

Embora tenha a natureza de contrato administrativo, a concessão apresenta algumas peculiaridades:

1. só existe concessão de serviço público quando se trata de serviço de titularidade do Estado; por outras palavras, a lei define determinadas atividades como sendo serviços públicos, permitindo que sejam executadas diretamente ou mediante concessão ou permissão;
2. o poder concedente só transfere ao concessionário a **execução** do serviço, continuando **titular** do mesmo, o que lhe permite dele dispor de acordo com o interesse público; essa titularidade é que lhe permite alterar as cláusulas regulamentares ou rescindir o contrato por motivo de interesse público;
3. a concessão tem que ser feita "sempre através de licitação", consoante o exige o art. 175 da Constituição; a modalidade cabível é a **concorrência** ou o **diálogo competitivo** (art. 2º, II, da Lei nº 8.987/95, com a redação dada pela Lei nº 14.133/21); o dispositivo constitucional não contém a ressalva do art. 37, XXI, que permite contratação direta nas hipóteses previstas em lei; assim, não se aplicam às licitações para concessão de serviço público os casos de dispensa de licitação previstos na Lei nº 14.133; admite-se a declaração de inexigibilidade desde que se demonstre a inviabilidade de competição; o procedimento da licitação é o mesmo estabelecido na Lei nº 14.133, com as derrogações previstas nos arts. 14 a 22 da Lei nº 8.987/95 e no art. 120 da Lei nº 11.196, de 21-11-05, especialmente quanto aos critérios de julgamento, que são diversos, e quanto à possibilidade de inversão das fases de habilitação e julgamento;
4. é cabível o procedimento de manifestação de interesse como meio para subsidiar a Administração Pública na realização de projetos, levantamentos, investigações ou estudos, por pessoa física ou jurídica de direito privado, tal como regulamentado pelo Decreto nº 8.428, de 2-4-15, com alterações posteriores; o fundamento decorre do art. 21 da Lei nº 8.987/95;[9]
5. o concessionário executa o serviço em seu próprio nome e corre os riscos normais do **empreendimento**; ele faz jus ao recebimento da **remuneração**, ao **equilíbrio econômico** da concessão, e à **inalterabilidade do objeto**; vale dizer que o poder público pode introduzir alterações unilaterais no contrato, mas tem que respeitar o seu **objeto** e assegurar a manutenção do equilíbrio econômico-financeiro, aumentando a tarifa ou compensando pecuniariamente o concessionário;
6. a tarifa, quando cabível, tem a natureza de preço público e é fixada no contrato (arts. 9º e 23, IV, da Lei nº 8.987/95); na Constituição de 1967, o art. 167, com a redação dada pela Emenda Constitucional nº 1/69, exigia a fixação de tarifas que permitissem ao concessionário a justa remuneração do capital, o melhoramento e a expansão dos serviços e assegurassem o equilíbrio econômico e financeiro; a atual Constituição, no art. 175, remete à lei a incumbência de dispor sobre "política tarifária". Assim, enquanto, pela Constituição anterior, era pela tarifa que se assegurava o equilíbrio econômico, pela atual nada impede que a lei adote critério diverso, possibilitando, por exemplo, a fixação de tarifas mais acessíveis ao usuário (preço político) e compensando, por outra forma, o concessionário; a Lei nº 8.987/95 previu, no art. 11, a possibilidade de previsão de outras fontes provenientes de receitas alternativas, complementares, acessórias ou de projetos associados, com ou sem exclusividade, com vistas a favorecer a modicidade das tarifas; essas fontes de receitas devem ser indicadas no edital da licitação (art.

---

[9] Sobre o procedimento de manifestação de interesse, v. item 8.9.1.4.7.

18, inciso VI) e devem compor o equilíbrio econômico-financeiro do contrato (parágrafo único do art. 11);[10]

7. o **usuário tem direito** à prestação de serviço adequado (arts. 6º, *caput*, e 7º, I, da Lei nº 8.987/95, e art. 5º da Lei nº 13.460, de 26-6-17, que dispõe sobre participação, proteção e defesa dos direitos do usuário dos serviços públicos da Administração Pública); se este lhe for indevidamente negado, pode exigir judicialmente o cumprimento da obrigação pelo concessionário; é comum ocorrerem casos de interrupção na prestação de serviços como os de luz, água e gás, quando o usuário interrompe o pagamento; mesmo nessas circunstâncias, existe jurisprudência não unânime no sentido de que o serviço, sendo **essencial**, não pode ser suspenso, cabendo ao concessionário cobrar do usuário as prestações devidas, usando das ações judiciais cabíveis;

8. na concessão devem ser observados os princípios da continuidade do serviço público, da mutabilidade do regime jurídico, da igualdade de tratamento dos usuários, além dos princípios previstos no art. 6º, § 1º, da Lei nº 8.987/95: regularidade, continuidade, eficiência, segurança, atualidade, generalidade, cortesia na sua prestação e modicidade das tarifas; o art. 4º da Lei nº 13.460/17 acrescentou a exigência de transparência.

9. a responsabilidade do concessionário por prejuízos causados a terceiros, em decorrência da execução de serviço público, é **objetiva**, nos termos do art. 37, § 6º, da Constituição vigente, que estendeu essa norma às pessoas jurídicas de direito privado **prestadoras de serviços públicos**; o poder concedente responde subsidiariamente, em caso de insuficiência de bens da concessionária; mas essa responsabilidade subsidiária somente se aplica em relação aos prejuízos decorrentes da execução do serviço público; eventualmente, pode haver responsabilidade solidária, por má escolha da concessionária ou omissão quanto ao dever de fiscalização;

10. a rescisão unilateral da concessão, antes do prazo estabelecido, é conhecida doutrinariamente sob o nome de **encampação**; equivale à retomada da execução do serviço pelo poder concedente, quando a concessão se revelar contrária ao interesse público; como em toda rescisão unilateral, o concessionário faz jus ao ressarcimento dos prejuízos regularmente comprovados (art. 37 da Lei nº 8.987/95);

11. a rescisão unilateral por motivo de inadimplemento contratual é denominada **caducidade**, regendo-se pelo art. 38 da Lei nº 8.987/95; nesse caso, não cabe indenização senão com relação à parcela não amortizada do capital, representada pelos equipamentos necessários à prestação do serviço e que reverterão ao concedente (cf. Celso Antônio Bandeira de Mello, 2008:738); quanto ao mais, responde o concessionário pelas consequências de seu inadimplemento, inclusive sujeitando-se às penalidades administrativas cabíveis;

12. em qualquer dos casos de extinção da concessão previstos no art. 35 da Lei nº 8.987 (advento do termo contratual, encampação, caducidade, rescisão, anulação, falência e extinção da empresa concessionária e falecimento ou incapacidade do

---

[10] A Lei nº 13.673, de 5-6-18, acrescenta o § 5º ao art. 9º da Lei nº 8.987/95, para exigir que a concessionária divulgue em sítio eletrônico, "de forma clara e de fácil compreensão dos usuários, tabela com o valor das tarifas praticadas e a evolução das revisões ou reajustes realizados nos últimos cinco anos". A mesma exigência aplica-se à concessão patrocinada, por força do art. 3º da Lei nº 11.079, de 30-12-2004 (que rege as parcerias público-privadas). A mesma exigência estende-se às concessões de energia elétrica (Lei nº 9.427, de 26-12-96) e às concessões de telecomunicações (Lei nº 9.472, de 16-7-97), também expressamente alcançadas pelo art. 1º da Lei 13.673/18.

titular), é cabível a incorporação, ao poder concedente, dos bens do concessionário necessários ao serviço público, mediante indenização (art. 36 da Lei nº 8.987); é o que se denomina de **reversão,** a qual encontra fundamento no princípio da continuidade do serviço público.

Com relação à **falência,** prevista no art. 35, VI, da Lei nº 8.987 como uma das hipóteses de extinção da concessão, o art. 195 da Lei de Falências (Lei nº 11.101, de 9-1-05) estabelece também que "a decretação da falência das concessionárias de serviços públicos implica extinção da concessão, na forma da lei". A lei aí mencionada já existe, porque a matéria está disciplinada pela lei de concessões (Lei nº 8.987/95). Pode-se, portanto, afirmar que a norma inserida no art. 195 da Lei de Falências não é de conteúdo inovador. A extinção dos contratos de concessão de serviços públicos já está devidamente disciplinada no direito positivo, razão pela qual o dispositivo é autoaplicável, apesar da fórmula contida em sua parte final: *"na forma da lei".*

Também é importante assinalar que o simples pedido de **recuperação judicial** formulado por empresa concessionária de serviço público, com base na Lei de Falências, não justifica a extinção da concessão. A Lei nº 8.666/93 (promulgada na vigência da anterior lei de falência, que falava em concordata) estabelecia, no art. 80, § 2º, que *"é permitido à Administração, no caso de concordata do contratado, manter o contrato, podendo assumir o controle de determinadas atividades de serviços essenciais".* Vale dizer que deixou a critério da Administração decidir pela continuidade ou rescisão do contrato.

A Lei nº 8.987/95 incluiu a caducidade entre as causas de extinção do contrato de concessão. Trata-se de forma de extinção que decorre do inadimplemento total ou parcial do contrato, conforme o art. 38, que disciplinou a caducidade. O § 1º do mesmo dispositivo dá o elenco das hipóteses em que poderá ser declarada a caducidade, dentre elas, no inciso IV, aquela em que *"a concessionária perder as condições econômicas, técnicas ou operacionais para manter a adequada prestação do serviço concedido".*

A norma faz sentido tendo em vista que a qualificação econômica e técnica da empresa constitui requisito a ser demonstrado no procedimento da licitação; a empresa que não o demonstrar será declarada inabilitada. Porém, a extinção do contrato, nos casos de caducidade, não é automática. O § 2º do art. 38 exige que a declaração de caducidade seja precedida da verificação da inadimplência da concessionária em processo administrativo, assegurado o direito de ampla defesa. Além disso, o § 3º proíbe a instauração de processo administrativo de inadimplência antes de comunicados à concessionária, detalhadamente, os descumprimentos contratuais referidos no § 1º, dando-lhe um prazo para corrigir as falhas e transgressões apontadas e para o enquadramento, nos termos contratuais.

Somente se comprovada a inadimplência, a caducidade será declarada por decreto do poder concedente, independentemente de indenização prévia, calculada no decurso do processo, de conformidade com o art. 36, já referido, que trata da reversão.

Assim, repita-se, o fato de ter a empresa pedido recuperação judicial, na forma do art. 47 e seguintes da Lei nº 11.101/05 não é suficiente para a declaração de caducidade. O objetivo do processo, expresso no art. 47, é precisamente o de *"viabilizar a superação da situação de crise econômico-financeira do devedor, a fim de permitir a manutenção da fonte produtora, do emprego dos trabalhadores e dos interesses dos credores, promovendo, assim, a preservação da empresa, sua função social e o estímulo à atividade econômica".*

Pode, inclusive, ocorrer que, embora pedindo a recuperação judicial, a empresa continue a cumprir o contrato de concessão, hipótese em que faltará um requisito para a declaração de caducidade, que é a inexecução total ou parcial do contrato.

No caso de ser declarada a caducidade, estabelece o § 6º do art. 38 da Lei nº 8.987/95 que *"não resultará para o poder concedente qualquer espécie de responsabilidade em relação aos encargos, ônus, obrigações ou compromissos com terceiros ou com empregados da concessionária"*. A norma justifica-se pelo fato de ter sido a empresa concessionária a dar causa à caducidade. Nesse caso, a indenização do poder público limita-se à parcela correspondente aos bens reversíveis. Celso Antônio Bandeira de Mello menciona, em sua obra (2019:799) decisões nesse sentido proferidas pelo Supremo Tribunal Federal (*RDA* 37-307), TFR (*RDA* 54/102) e TJMG (*RDA* 56/234).

13. o poder concedente tem o poder de decretar a **intervenção** na empresa concessionária, com base nos arts. 32 a 34 da Lei nº 8.987/95, a qual não tem natureza punitiva, mas apenas investigatória; ela equivale à substituição temporária do gestor da empresa concessionária pelo interventor designado pelo poder concedente, com o objetivo de apurar irregularidades, assegurar a continuidade do serviço e propor, a final, as medidas mais convenientes a serem adotadas, inclusive, se for o caso, a aplicação de sanções; decretada a intervenção, o interventor tem o prazo de 30 dias para instaurar procedimento administrativo contraditório destinado a apurar as irregularidades, devendo concluí-lo no prazo de 180 dias, sob pena de considerar-se inválida a intervenção;

14. quanto ao **prazo**, a Lei nº 8.987 apenas dispõe que seja determinado (art. 2º, II e III) e que o edital de licitação (art. 18, I) e o contrato (art. 23, I) indiquem o prazo da concessão. A mesma exigência não é feita com relação à permissão (art. 2º, IV), constando do conceito legal que a permissão é feita "a título precário". Sendo, a definição do prazo, essencial ao estabelecimento do equilíbrio econômico-financeiro do contrato, se este se extinguir antes do prazo estabelecido, conforme previsto no art. 35, II a VI, da Lei nº 8.987, o concessionário fará jus à indenização "das parcelas dos investimentos vinculados a bens reversíveis ainda não amortizados ou depreciados, que tenham sido realizados com o objetivo de garantir a continuidade e atualidade do serviço concedido" (art. 36). Quanto à **prorrogação** do contrato, ela é possível desde que prevista no edital e no contrato, ainda que a Lei nº 8.987 só contenha menção a essa exigência no art. 23, XII, entre as cláusulas essenciais ao contrato de concessão. Assim é porque o princípio da vinculação ao instrumento convocatório, inerente a todos os tipos de licitação, impediria a previsão da prorrogação no contrato, se não tivesse havido a menção expressa a essa possibilidade no edital da licitação. Nesse instrumento é que a Administração deverá estabelecer os critérios e as condições em que a prorrogação será possível.

A Lei nº 13.448, de 5-6-17, em que se converteu a Medida Provisória nº 752, de 24-11-16, estabelece diretrizes gerais para a prorrogação e a relicitação dos contratos de parceria definidos nos termos da Lei nº 13.334, de 13-9-16, nos setores rodoviário, ferroviário e aeroportuário da administração pública federal. Ela prevê, para esses setores, normas específicas sobre **prorrogação de prazo** e **relicitação**. Embora mencione contratos de parceria, a Lei tem aplicação a todas as modalidades referidas na Lei nº 13.334, a saber, a concessão de serviço público, a concessão administrativa, a concessão patrocinada e o arrendamento, e desde que tenham por objeto empreendimentos que tenham sido prévia e especificamente qualificados para esse fim no Programa de Parcerias de Investimentos (PPI), tratados no item 8.10 deste capítulo.

Pelo conceito contido no art. 4º, inciso I, da Lei nº 13.448, de 5-6-17, a prorrogação contratual é possível desde que prevista no edital ou no contrato original. Pelo inciso II, essa prorrogação pode ser antecipada, com alteração do prazo de vigência do contrato de parceria, de comum acordo com o contratado, para produzir efeitos antes do término da vigência do contrato.

Paralelamente à prorrogação antecipada, a lei permite a **relicitação**, definida no art. 4º, III, como o "procedimento que compreende a extinção amigável do contrato de parceria e a celebração de novo ajuste negocial para o empreendimento, em novas condições contratuais e com novos contratados, mediante licitação promovida para esse fim". Não se trata de rescisão unilateral do contrato pelo poder concedente, e sim de extinção amigável, por acordo entre as partes. Se não houver acordo, a rescisão somente será possível com fundamento nas hipóteses expressamente previstas na legislação que rege cada modalidade de contrato. Conforme disposto no art. 13 da Lei, a relicitação do objeto dos contratos de parceria só é possível quando as disposições contratuais "não estejam sendo atendidas ou cujos contratados demonstrem incapacidade de adimplir as obrigações contratuais ou financeiras assumidas originalmente".[11]

A relicitação afasta o processo de caducidade eventualmente em curso contra o contratado (art. 14, § 3º) e a aplicação dos regimes de recuperação judicial e extrajudicial previstos na Lei nº 11.101, de 9-2-05, com alterações posteriores, salvo se o contratado tiver que dar continuidade à execução do contrato por não acudirem interessados para o procedimento licitatório, na forma do art. 20 da Lei nº 13.448 (art. 14, § 4º).

Finalmente, cabe fazer menção aos institutos da **subconcessão, subcontratação e transferência da concessão** ou do controle societário ou da administração temporária, disciplinados pelos arts. 25, 26, 27 e 27-A da Lei nº 8.987, com as alterações introduzidas pela Lei nº 13.097, de 19-1-15. Na subconcessão, existe a delegação de uma parte do próprio objeto da concessão para outra empresa (a subconcessionária); por exemplo, uma concessionária de dez linhas de ônibus faz a subconcessão de duas dessas linhas. O contrato de subconcessão tem que ser autorizado pelo poder concedente, está sujeito à prévia concorrência e implica, para o subconcessionário, a sub-rogação em todos os direitos e obrigações do subconcedente, dentro dos limites da subconcessão. A subconcessão tem a mesma natureza de contrato administrativo que o contrato de concessão e é celebrado à imagem deste. A subconcessionária responde objetivamente pelos danos causados a terceiros, com base no art. 37, § 6º, da Constituição.

A **subcontratação**, disciplinada pelo art. 25, corresponde à terceirização ou contratação de terceiros para a prestação de serviços ou de obras ligados à concessão. São contratos de direito privado que não dependem de autorização do poder concedente, nem de licitação (a não ser que a concessionária seja empresa estatal), não estabelecendo qualquer vínculo com o poder concedente. Por isso mesmo, perante este e perante o usuário, quem responde é a própria concessionária.[12]

---

[11] Para maior desenvolvimento do tema da prorrogação e da relicitação, v. DI PIETRO, Maria Sylvia Zanella. *Parcerias na administração pública*. 13. ed. Rio de Janeiro: Forense, 2022.p. 140-148.

[12] O STF, por maioria, julgou procedente a Ação Declaratória de Constitucionalidade (ADC) 57, ajuizada pela Confederação Nacional da Indústria, para reconhecer a validade do § 1º do art. 25 da Lei nº 8.987/1995, que trata da possibilidade de contratação de terceiros para o desenvolvimento de atividades inerentes, acessórias ou complementares ao serviço prestado pelas concessionárias (j. 3-10-19, Rel. Edison Fachin). Essa decisão reafirma entendimento já adotado na ADC-26.

A **transferência da concessão**, prevista no art. 27 da Lei nº 8.987, significa a entrega do objeto da concessão a outra pessoa que não aquela com quem a Administração Pública celebrou o contrato. Há uma substituição na figura do concessionário. As únicas exigências são a de que o concessionário obtenha a anuência do poder concedente, sob pena de caducidade da concessão, e a de que o pretendente atenda às seguintes condições: satisfaça os requisitos de capacidade técnica, idoneidade financeira e regularidade jurídica e fiscal necessárias à assunção do serviço; e comprometa-se a cumprir todas as cláusulas do contrato em vigor. Não há exigência de licitação, o que implica burla à norma do art. 175 da Constituição.

Diferente é a hipótese de **transferência do controle societário** da concessionária, pois, nesse caso, não existe alteração na pessoa do concessionário, já que os sócios possuem personalidade jurídica distinta da entidade. O art. 27-A, § 3º, define o controle da concessionária, para os fins do disposto no *caput*, como "a propriedade resolúvel de ações ou quotas por seus financiadores e garantidores que atendam os requisitos do art. 116 da Lei nº 6.404, de 15-12-76" (Lei de Sociedade por Ações).[13] O requisito que o dispositivo impõe para a transferência é que haja autorização do poder concedente e que a transferência de controle não afete as exigências de capacidade técnica, idoneidade financeira e regularidade jurídica e fiscal necessárias à prestação do serviço.

Também não existe alteração da pessoa do concessionário na **transferência da administração temporária**, prevista no art. 27-A, introduzido pela Lei nº 13.097/15 e definida no § 4º. De acordo com esse dispositivo, "configura-se a administração temporária da concessionária por seus financiadores e garantidores quando, sem a transferência da propriedade de ações ou quotas, forem outorgados os seguintes poderes: I – indicar os membros do Conselho de Administração, a serem eleitos em Assembleia Geral pelos acionistas, nas sociedades regidas pela Lei 6.404, de 15-12-76; ou administradores, a serem eleitos pelos quotistas, nas demais sociedades; II – indicar os membros do Conselho Fiscal, a serem eleitos pelos acionistas ou quotistas controladores em Assembleia Geral; III – exercer poder de veto sobre qualquer proposta submetida à votação dos acionistas ou quotistas da concessionária, que representem, ou possam representar, prejuízos aos fins previstos no *caput* deste artigo; IV – outros poderes necessários ao alcance dos fins previstos no *caput* deste artigo."

Pelo § 5º, a administração temporária "não acarretará responsabilidade aos financiadores e garantidores em relação à tributação, encargos, ônus, sanções, obrigações ou compromissos com terceiros, inclusive com o poder concedente ou empregados".

Nos termos do § 2º, a assunção do controle ou da administração temporária autorizada "não alterará as obrigações da concessionária e de seus controladores para com terceiros, poder concedente e usuários dos serviços públicos".

Não há dúvida de que os §§ 2º e 5º tornam mais vantajosa, para os financiadores e garantidores do contrato de concessão, assunção do controle e a transferência temporária da administração da concessionária, quando comparadas com a transferência da concessão, exatamente pela ressalva quanto à responsabilidade prevista nesses dois parágrafos do art. 27-A.

A Lei nº 11.196, de 21-11-05, no art. 119, alterou a Lei nº 8.987/95, para prever, nos §§ 2º a 4º do art. 27, medida semelhante à prevista para as parcerias público-privadas pela Lei nº 11.079, de 30-12-04: a possibilidade de os financiadores assumirem o controle da concessionária para promover sua reestruturação financeira e assegurar a continuidade da prestação

---

[13] O art. 116 da Lei 6.404 considera acionista controlador a pessoa, natural ou jurídica, ou o grupo de pessoas vinculadas por acordo de voto, ou sob controle comum, que: a) é titular de direitos de sócio que lhe assegurem, de modo permanente, a maioria dos votos nas deliberações da assembleia geral e o poder de eleger a maioria dos administradores da companhia; e b) usa efetivamente seu poder para dirigir as atividades sociais e orientar o funcionamento dos órgãos da companhia.

dos serviços. Nesse caso, os financiadores deverão demonstrar a sua regularidade jurídica e fiscal, podendo o poder concedente alterar ou dispensar os requisitos de capacidade técnica e idoneidade financeira (o que é absurdo). Além disso, nos termos do § 4º do art. 27 da Lei nº 8.987/95, a assunção do controle pelo financiador não alterará as obrigações da concessionária e de seus controladores ante o poder concedente.

No entanto, a Lei nº 13.097, de 19-1-15, revogou os §§ 2º a 4º do art. 27 e introduziu o art. 27-A para prever que os financiadores e garantidores com quem o poder concedente não mantenha vínculo societário direto poderão ser autorizados a assumirem o **controle** ou a **administração temporária da concessionária**, para promoverem sua reestruturação financeira e assegurar a continuidade da prestação dos serviços. O § 2º do dispositivo deixa expresso que a assunção do controle ou da administração temporária não alterará as obrigações da concessionária e de seus controladores para com terceiros, poder concedente e usuários dos serviços públicos.

Pelo § 1º do art. 27-A, o poder concedente exigirá dos financiadores e dos garantidores que atendam às exigências de regularidade jurídica e fiscal, podendo alterar ou dispensar os demais requisitos previstos no inciso I do parágrafo único do art. 27 (§ 1º do art. 27-A). Na realidade os "demais requisitos" dizem respeito apenas à capacidade técnica.

A título de garantia para os financiadores, o art. 28 da Lei nº 8.987/95 estabelece que "nos contratos de financiamento, as concessionárias poderão oferecer em garantia os direitos emergentes da concessão, até o limite que não comprometa a operacionalização e a continuidade da prestação do serviço".

E o art. 28-A, acrescentado pela Lei nº 11.196/05, permite que nos contratos de mútuo de longo prazo (superiores a 5 anos), destinados a investimentos relacionados a contratos de concessão, em qualquer de suas modalidades, as concessionárias cedam ao mutuante, em caráter fiduciário, parcela de seus créditos operacionais futuros, observadas as condições estabelecidas no dispositivo. Embora a norma não o diga, é evidente que essa cessão dos créditos futuros não pode ser feita em prejuízo da continuidade do serviço.

Outra alteração introduzida na Lei nº 8.987/95 (art. 23-A) pela Lei nº 11.196/05 foi a permissão de que o contrato de concessão preveja o emprego de **mecanismos privados de solução de conflitos, inclusive a arbitragem,** a ser realizada no Brasil e em língua portuguesa, nos termos da Lei nº 9.307, de 23-9-96. Essa possibilidade foi reforçada pela Lei nº 13.129, de 26-5-15, que alterou a Lei nº 9.307/96 para permitir o uso de arbitragem pela Administração Pública direta e indireta para dirimir conflitos relativos a direitos patrimoniais disponíveis.[14]

8.9.1.3.3 Concessão, permissão e autorização de serviço público

De acordo com o art. 175 da Constituição, "incumbe ao poder público, na forma da lei, diretamente ou sob regime de **concessão** ou **permissão**, sempre através de licitação, a prestação de serviços públicos". Note-se que o dispositivo não faz referência à **autorização** de serviço público, talvez porque os chamados serviços públicos **autorizados** não sejam prestados a terceiros, mas aos próprios particulares beneficiários da autorização; são chamados serviços públicos, porque atribuídos à titularidade exclusiva do Estado, que pode, discricionariamente, atribuir a sua execução ao particular que queira prestá-lo, não para atender à coletividade, mas às suas próprias necessidades. São as hipóteses mencionadas no art. 21, incisos XI e XII. Não são atividades abertas à iniciativa privada, nem sujeitas aos princípios da ordem econômica previstos no art. 170, tendo em vista que a Constituição os outorga à União. É diferente dos

---

[14] Sobre o emprego de meios alternativos de solução de conflitos pela Administração Pública, v. cap. 20.

serviços públicos não exclusivos do Estado, como os da saúde e educação, que a Constituição, ao mesmo tempo em que os prevê, nos arts. 196 e 205, como deveres do Estado (e, portanto, como **serviços públicos próprios**), deixa aberta ao particular a possibilidade de exercê-los por sua própria iniciativa (arts. 199 e 209), o que significa que se incluem na categoria de **serviços públicos impróprios**; nesse caso, a autorização não constitui ato de delegação de atividade do Estado, mas simples medida de polícia.[15]

Importa, em primeiro lugar, distinguir **concessão** e **permissão**, podendo-se adiantar que esta, doutrinariamente, não tem natureza contratual, sendo tratada neste capítulo para permitir a adequada diferenciação dos institutos e pelo fato de o art. 175 da Constituição Federal ter uma redação que permitiu a conclusão de tratar-se de contrato; como tal, foi a permissão tratada na Lei nº 8.987/95.

A permissão de serviço público é, tradicionalmente, considerada ato unilateral, discricionário e precário, pelo qual o Poder Público transfere a outrem a execução de um serviço público, para que o exerça em seu próprio nome e por sua conta e risco, mediante tarifa paga pelo usuário.

A diferença está na **forma de constituição**, pois a concessão decorre de acordo de vontades e, a permissão, de ato unilateral; e na **precariedade** existente na permissão e não na concessão.

Consoante Celso Antônio Bandeira de Mello (2019:808), a permissão, pelo seu caráter precário, seria utilizada, normalmente, quando: "a) o permissionário não necessitasse alocar grandes capitais para o desempenho do serviço; b) poderia mobilizar, para diversa destinação e sem maiores transtornos, o equipamento utilizado; ou, ainda, quando c) o serviço não envolvesse implantação física de aparelhamento que adere ao solo, ou, finalmente, quando d) os riscos da precariedade a serem assumidos pelo permissionário fossem compensáveis seja pela rentabilidade do serviço, seja pelo curto prazo em que se realizaria a satisfação econômica almejada".

Com base na lição de Hely Lopes Meirelles (2003:383), pode-se acrescentar a essas hipóteses, em que seria preferível a permissão, aquela em que os serviços permitidos são "transitórios, ou mesmo permanentes, mas que exijam frequentes modificações para acompanhar a evolução da técnica ou as variações do interesse público, tais como o transporte coletivo, o abastecimento da população e demais atividades cometidas a particulares, mas dependentes de controle estatal".

Relativamente à permissão de serviço público, as suas características assim se resumem:

1. é contrato de adesão, precário e revogável unilateralmente pelo poder concedente (em conformidade com o art. 175, parágrafo único, inciso I, da Constituição, e do art. 40 da Lei nº 8.987/95), embora tradicionalmente seja tratada pela doutrina como ato unilateral, discricionário e precário, gratuito ou oneroso, *intuitu personae*.
2. depende sempre de **licitação**, conforme art. 175 da Constituição (ver item 15.6.3.3);
3. seu objeto é a **execução** de serviço público, continuando a titularidade do serviço com o Poder Público;
4. o serviço é executado em nome do permissionário, por sua conta e risco;
5. o permissionário sujeita-se às condições estabelecidas pela Administração e a sua fiscalização;
6. como ato precário, pode ser alterado ou revogado a qualquer momento pela Administração, por motivo de interesse público;

---

[15] Nesse assunto, estamos reformulando a posição adotada até a 17ª edição deste livro.

7. não obstante seja de sua natureza a outorga **sem prazo**, tem a doutrina admitido a possibilidade de fixação de prazo, hipótese em que a revogação antes do termo estabelecido dará ao permissionário direito à indenização; é a modalidade que Hely Lopes Meirelles (2003:382) denomina de **permissão condicionada** e Cretella Júnior (1972:112-113) de **permissão qualificada**.

Segundo entendemos, a fixação de prazo aproxima de tal forma a permissão da concessão que quase desaparecem as diferenças entre os dois institutos. Em muitos casos, nota-se que a Administração celebra verdadeiros contratos de concessão sob o nome de permissão. Isto ocorre porque a precariedade inerente à permissão, com possibilidade de revogação a qualquer momento, sem indenização, plenamente admissível quando se trata de **permissão de uso de bem público** (sem maiores gastos para o permissionário), é inteiramente inadequada quando se cuida de prestação de serviço público. Trata-se de um empreendimento que, como outro qualquer, envolve gastos; de modo que dificilmente alguém se interessará, sem ter as garantias de respeito ao equilíbrio econômico-financeiro, somente assegurado pelo contrato com prazo estabelecido.

Daí as permissões **com** prazo, que desnaturam o instituto; e daí, também, o fato de já haver quem impugne o caráter de permissão de determinados atos que a lei assim denomina (cf. Meirelles Teixeira, in *RDP* 6/100 e 7/114) e até quem pregue, por sua inutilidade, a extinção do instituto (cf. Ivan Barbosa Rigolin, 1988:639-644). Talvez por isso a Constituição, no art. 175, parágrafo único, inciso I, refira-se à permissão como **contrato**, embora com uma redação que enseja dúvidas de interpretação.

A Lei nº 8.987/95 referiu-se à permissão em apenas dois dispositivos: no art. 2º, inciso IV, e no art. 40, pelos quais se verifica que a permissão é definida como **contrato de adesão, precário** e **revogável unilateralmente pelo poder concedente** (melhor seria que, em vez de falar em **revogação**, que se refere a atos unilaterais, o legislador tivesse falado em **rescisão**, esta sim referente a contratos; o emprego errôneo do vocábulo bem revela as incertezas quanto à natureza da permissão).

A primeira e a última características apontadas não servem para distinguir a permissão da concessão, porque todos os contratos administrativos são de **adesão** e passíveis de **rescisão unilateral** pela Administração Pública. A **precariedade** poderá servir para distinguir a permissão da concessão, desde que seja entendida como contrato sem prazo estabelecido.

Outra distinção é que a lei no inciso IV do art. 2º, ao definir a permissão, não fez referência à concorrência como modalidade de licitação obrigatória, ao contrário do que ocorre no inciso II, relativo à concessão.

Ainda outra distinção: a concessão de serviço público só pode ser feita a pessoa jurídica (art. 2º, II, da Lei nº 8.987/95), enquanto a permissão de serviço público pode ser feita a pessoa física ou jurídica (inciso IV do mesmo dispositivo legal).

A forma pela qual foi disciplinada a permissão (se é que se pode dizer que ela foi disciplinada) pode tornar bastante problemática a utilização do instituto ou, pelo menos, possibilitar abusos, por ensejar o uso de meios outros de licitação, que não a concorrência, sob pretexto de precariedade da delegação, em situações em que essa precariedade não se justifique.

Com relação à ***autorização de serviço público***, constitui ato unilateral, discricionário e precário pelo qual o poder público delega a execução de um serviço público de sua titularidade, para que o particular o execute predominantemente em seu próprio benefício. Exemplo típico é o da autorização dos serviços de energia elétrica previstos no art. 7º da Lei nº 9.074, de 7-7-95, com redação dada pela Lei nº 13.360, de 17-7-16.[16]

---

[16] Sobre o uso indevido do vocábulo *autorização*, v. item 7.10.1.1.

Não depende de licitação, porque, sendo o serviço prestado no interesse exclusivo ou predominante do beneficiário, não há viabilidade de competição. O serviço é executado em nome do autorizatário, por sua conta e risco, sujeitando-se à fiscalização pelo poder público. Sendo ato precário, pode ser revogado a qualquer momento, por motivo de interesse público, sem dar direito a indenização. Quanto ao estabelecimento de prazo, aplica-se o quanto foi dito em relação às permissões com prazo.

8.9.1.4 Parcerias público-privadas

8.9.1.4.1 Direito positivo

As parcerias público-privadas foram instituídas, como modalidades de contratos administrativos, pela Lei nº 11.079, de 30-12-04, com alterações posteriores.

Até a promulgação dessa lei, quando a Constituição se referia à concessão (arts. 21, XI e XII, 25, § 2º, 175 e 223), tinha-se que entender que a referência era à concessão de serviço público. Após a instituição do regime legal das parcerias público-privadas, embora a Constituição continue a falar em concessão apenas, tem-se que incluir sob a égide dos referidos dispositivos constitucionais a concessão patrocinada, que é definida em lei como concessão de serviço público, ainda que sujeita a regime jurídico um pouco diverso; com efeito, os serviços previstos no art. 21, XI e XII, e no art. 25, § 2º, admitindo cobrança de tarifa dos usuários, podem ser prestados sob a forma de concessão de serviço público comum ou sob a forma de concessão patrocinada, a critério do Poder Público.

Quanto ao art. 175, a própria **concessão administrativa** tem que ser abrangida, no que couber, pela norma nele contida, uma vez que, embora de forma meio camuflada na lei, essa modalidade de concessão também poderá ter por objeto a prestação de serviços públicos. Não se aplica a essa modalidade a política tarifária referida no parágrafo único, inciso III, do dispositivo constitucional, porque nela a remuneração do concessionário fica a cargo do poder concedente, não cabendo a instituição de tarifa. Todas as demais exigências contidas no dispositivo aplicar-se-ão também a essa modalidade de concessão.

No que diz respeito à Lei nº 11.079/04, o art. 1º deixa claro que ela institui normas gerais para licitação e contratação de parceria público-privada no âmbito dos Poderes da União, dos Estados, do Distrito Federal e dos Municípios. A norma está em consonância com o art. 22, XXVII, da Constituição Federal. Pelo parágrafo único, a lei se aplica aos órgãos da Administração Pública direta, aos fundos especiais, às autarquias, às fundações públicas, às empresas públicas, às sociedades de economia mista e às demais entidades controladas direta ou indiretamente pela União, Estados, Distrito Federal e Municípios. Diante disso, os Estados que se anteciparam ao governo federal e promulgaram leis dispondo sobre parcerias público-privadas terão que adaptá-las às normas gerais contidas na lei federal. No Estado de São Paulo, a matéria está disciplinada pela Lei nº 11.688, de 19-5-04.

Quanto à aplicação da lei às entidades da Administração Indireta, o parágrafo único do art. 1º da Lei nº 11.079 (alterado pela Lei nº 13.137, de 19-6-15) causa certa perplexidade e será de aplicação limitada. Isto porque a delegação de serviços públicos a concessionárias e a outorga a entidades da Administração Indireta são duas modalidades diversas de descentralização de atividades de que o Poder Público é titular. Não existe hipótese em que a titularidade de determinado serviço público seja originariamente de entidade da Administração Indireta. Quando ela desempenha um serviço público, já o faz porque o respectivo titular houve por bem criá-la com essa finalidade específica. Não há a possibilidade de a entidade transferir a execução do serviço a terceiros; o que ela pode fazer é celebrar contratos de prestação de serviços, de execução de obra ou de fornecimento, com base na Lei nº 14.133/21, se atuar como concessionária de serviço público, pode fazer subconcessão, com fundamento no art. 26 da Lei nº 8.987/95.

Desse modo, uma entidade da Administração Indireta não pode celebrar contrato de parceria público-privada na modalidade de concessão patrocinada, na qualidade de parceiro público. Poderá eventualmente fazer parcerias, nessa qualidade, sob a modalidade de concessão administrativa, desde que o contrato não tenha por objeto a prestação de serviço público de titularidade do Poder Público, porque, neste caso, a este cabe fazer a parceria. O que é possível é a subconcessão, se a entidade atuar como concessionária de serviço público.

Não há impedimento na lei a que a entidade da Administração Indireta atue como parceiro privado, hipótese em que se sujeitará a todas as normas previstas na lei. Essa possibilidade somente existe se a atividade objeto do contrato se inserir entre as finalidades institucionais da entidade.

A Lei nº 11.079 permite com mais facilidade distinguir as **normas gerais** nela contidas, obrigatórias para União, Estados, Distrito Federal e Municípios, e as **normas federais** aplicáveis apenas à União. É que a lei contém um Capítulo VI, com "disposições aplicáveis à União", abrangendo os arts. 14 a 22. Tais dispositivos tratam especificamente do órgão gestor das parcerias público-privadas, do Fundo Garantidor de PPPs (FGP), das garantias a serem prestadas pelo parceiro público e dos limites para a contratação de PPPs. Tais dispositivos não são de aplicação obrigatória aos demais entes da federação, que poderão disciplinar a matéria dentro de sua própria competência legislativa resultante do art. 22, XXVII, da Constituição, observadas as normas gerais contidas nos demais dispositivos da lei.

Aplica-se, subsidiariamente, à concessão patrocinada a Lei nº 8.987/95, conforme previsão contida no art. 3º, § 1º, da Lei nº 11.079. À concessão administrativa aplicam-se, conforme *caput* do art. 3º, os arts. 21, 23, 25 e 27 a 39 da Lei nº 8.987 e art. 31 da Lei nº 9.074.

Além disso, aplica-se também subsidiariamente, em matéria de licitação, a Lei nº 14.133, de 1º-4-2021, conforme estabelece o art. 12 da Lei nº 11.079. Pelo art. 189 da Lei de Licitações, ela tem aplicação na legislação que faça referência expressa à Lei nº 8.666/93, à Lei nº 10.520/02 (Lei do Pregão) e aos arts. 1º a 47-A da Lei nº 12.462/11 (que disciplina o RDC).

8.9.1.4.2 Conceito e modalidades

Embora existam várias espécies de parceria entre os setores público e privado, a Lei nº 11.079/04 reservou a expressão **parceria público-privada** para duas modalidades específicas. Nos termos do art. 2º, "parceria público-privada é o contrato administrativo de concessão, na modalidade patrocinada ou administrativa".

O dispositivo legal, na realidade, não contém qualquer conceito, porque utiliza expressões que também têm quer ser definidas, o que consta dos §§ 1º e 2º do mesmo artigo.

Pelo § 1º, "concessão patrocinada é a concessão de serviços públicos ou de obras públicas de que trata a Lei nº 8.987, de 13-2-95, quando envolver, adicionalmente à tarifa cobrada dos usuários, contraprestação pecuniária do parceiro público ao parceiro privado".

E, pelo § 2º, "concessão administrativa é o contrato de prestação de serviços de que a Administração Pública seja a usuária direta ou indireta, ainda que envolva execução de obra ou fornecimento e instalação de bens".

Do art. 2º e seus parágrafos resulta que a parceria público-privada pode ter por objeto a prestação de serviço público (tal como na concessão de serviço público tradicional) ou a prestação de serviços de que a Administração seja a usuária direta ou indireta (o que também pode corresponder a serviço público), envolvendo ou não, neste segundo caso, a execução de obra e o fornecimento e instalação de bens; na primeira modalidade, tem-se a concessão patrocinada, em que a remuneração compreende tarifa do usuário e contraprestação pecuniária do parceiro público ao parceiro privado; na segunda modalidade, tem-se a concessão administrativa, em que a remuneração é feita exclusivamente por contraprestação do parceiro público ao parceiro privado, o que aproxima essa modalidade do contrato de empreitada.

Para englobar as duas modalidades em um conceito único, pode-se dizer que a parceria público-privada é o contrato administrativo de concessão que tem por objeto (a) a execução de serviço público, precedida ou não de obra pública, remunerada mediante tarifa paga pelo usuário e contraprestação pecuniária do parceiro público, ou (b) a prestação de serviço de que a Administração Pública seja a usuária direta ou indireta, com ou sem execução de obra e fornecimento e instalação de bens, mediante contraprestação do parceiro público.

8.9.1.4.3 Concessão patrocinada

A concessão patrocinada é uma concessão de serviço público sujeita a regime jurídico **parcialmente** diverso da concessão de serviço público comum, ordinária ou tradicional, disciplinada pela Lei nº 8.987/95. É a própria Lei nº 11.079/04 que o diz no conceito, já transcrito, contido no art. 2º, § 1º. E é o que resulta também do § 3º do mesmo dispositivo, quando estabelece que "não constitui parceria público-privada, a concessão comum, assim entendida a concessão de serviços públicos ou de obras públicas de que trata a Lei nº 8.987, de 1995, quando não envolver contraprestação pecuniária do parceiro público ao parceiro privado".

A contrario sensu, será parceria público-privada quando envolver essa contraprestação.

A partir dessa constatação, o conceito de concessão patrocinada pode ser dado tomando por base o próprio conceito de concessão de serviço público contido no item 8.9.1.3.2. Ou seja, é possível definir concessão patrocinada como o contrato administrativo pelo qual a Administração Pública (ou o parceiro público) delega a outrem (o concessionário ou parceiro privado) a execução de um serviço público, precedida ou não de obra pública, para que o execute, em seu próprio nome, mediante tarifa paga pelo usuário, acrescida de contraprestação pecuniária paga pelo parceiro público ao parceiro privado.

No que diz respeito ao conceito, a principal diferença entre a concessão patrocinada e a concessão de serviço público comum é a que diz respeito à forma de remuneração; assim mesmo, essa diferença pode desaparecer se, na concessão tradicional, houver previsão de subsídio pelo poder público, conforme previsto no art. 17 da Lei nº 8.987/95. Também existe diferença no que diz respeito (a) aos **riscos** que, nas parcerias público-privadas, são repartidos com o parceiro público, (b) às **garantias** que o poder público presta ao parceiro privado e ao financiador do projeto, e (c) ao **compartilhamento** entre os parceiros de **ganhos econômicos** decorrentes da redução do risco de crédito dos financiamentos utilizados pelo parceiro privado.

As diferenças não são conceituais, mas de regime jurídico, **parcialmente** diverso na concessão patrocinada. Tanto assim que o art. 3º, § 1º, da Lei nº 11.079 determina que "as concessões patrocinadas regem-se por esta Lei, aplicando-se-lhes subsidiariamente o disposto na Lei nº 8.987, de 1995, e nas leis que lhe são correlatas".

A semelhança entre os dois institutos quase permitiria afirmar o contrário: a concessão patrocinada rege-se pela Lei nº 8.987 em tudo o que não for derrogado pela Lei nº 11.079.

Sendo a concessão patrocinada uma concessão de serviços públicos, inúmeros são os pontos comuns com a modalidade disciplinada pela Lei nº 8.987.

a) existência de **cláusulas regulamentares** no contrato, resultantes da atividade hoje chamada de regulação;
b) outorga de **prerrogativas públicas** ao parceiro privado;
c) sujeição do parceiro privado aos **princípios** inerentes à prestação de serviços públicos: continuidade, mutabilidade, igualdade dos usuários, além dos mencionados no art. 6º da Lei nº 8.987/95;
d) reconhecimento de **poderes** ao parceiro público, como encampação, intervenção, uso compulsório de recursos humanos e materiais da empresa concessionária,

poder de direção e controle sobre a execução do serviço, poder sancionatório e poder de decretar a caducidade;
e) reversão, ao término do contrato, de bens do parceiro privado afetados à prestação do serviço;
f) natureza pública dos bens da concessionária afetados à prestação do serviço;
g) responsabilidade civil, por danos causados a terceiros, regida por normas publicísticas, mais especificamente o art. 37, § 6º, da Constituição;
h) efeitos trilaterais da concessão: sobre o poder concedente, o parceiro privado e os usuários.

Mencionando especificamente a Lei nº 8.987/95, aplicam-se à concessão patrocinada as normas referentes a:

a) direitos e obrigações dos usuários (art. 7º);
b) política tarifária (arts. 9º a 13), no que couber;
c) cláusulas essenciais do contrato (art. 23), no que não contrariarem os incisos do art. 5º da Lei nº 11.079;
d) encargos do poder concedente (art. 29);
e) encargos do concessionário (art. 31);
f) intervenção (arts. 32 a 34);
g) responsabilidade por prejuízos causados ao poder concedente e a terceiros (art. 25, *caput*);
h) subcontratação (art. 25, §§ 1º a 3º);
i) subconcessão (art. 26);
j) transferência da concessão (art. 27), com as restrições contidas no art. 9º da Lei nº 11.079 quanto à transferência de controle acionário;
k) formas de extinção, abrangendo advento do termo, encampação, caducidade, rescisão ou anulação (arts. 35 a 39);
l) reversão (art. 36);
m) licitação (arts. 15, §§ 3º e 4º, 18, 19 e 21), no que não contrariarem as normas dos arts. 11 a 13 da Lei nº 11.079;
n) controle da concessionária (art. 30 da Lei nº 8.987/95, e arts. 31 e 36 da Lei nº 9.074/95).

Embora a concessão patrocinada seja equiparada, pela própria lei, à concessão de serviços públicos, existem algumas distinções no que diz respeito ao regime jurídico:

a) a forma de remuneração, que deve estar prevista no contrato entre as cláusulas essenciais (art. 5º, IV) e que abrange, além da tarifa e outras fontes de receita previstas no art. 11 da Lei nº 8.987/95, a contraprestação do parceiro público ao parceiro privado;
b) a obrigatoriedade de constituição de sociedade de propósitos específicos para implantar e gerir o objeto da parceria (art. 9º);
c) a possibilidade de serem prestadas, pela Administração Pública, garantias de cumprimento de suas obrigações pecuniárias (art. 8º);

d) o compartilhamento de riscos (art. 4º, VI, e art. 5º, III) e de ganhos econômicos efetivos do parceiro privado decorrentes da redução do risco de crédito dos financiamentos utilizados pelo parceiro privado (art. 5º, IX);
e) normas específicas sobre licitação, derrogando parcialmente as normas das Leis nºs 8.987/95 e 14.133/21;
f) possibilidade de aplicação de penalidades à Administração Pública em caso de inadimplemento contratual (art. 5º, II);
g) normas limitadoras do prazo mínimo e máximo do contrato (art. 5º, I);
h) imposição de limite de despesa com contratos de parcerias público-privadas (arts. 22 e 28, este último alterado pela Lei nº 12.766, de 27-12-12);
i) vedação de utilização da concessão patrocinada quando o contrato for inferior a R$ 10.000.000,00 (dez milhões de reais), conforme art. 2º, § 4º, I, da Lei nº 11.079/04, com a redação dada pela Lei nº 13.529, de 4-12-17; essa vedação não existe para os contratos de concessão de serviço público.

Essas características serão analisadas adiante, após tratar-se da chamada concessão administrativa, tendo em vista que, salvo quanto à forma de remuneração, os demais traços são previstos na lei de forma idêntica para as duas modalidades de parcerias público-privadas.

Pelo conceito dado pelo art. 2º, § 1º, da Lei nº 11.079, a remuneração da concessionária compreende a tarifa cobrada dos usuários e a contraprestação pecuniária do parceiro público ao parceiro privado. No entanto, como o dispositivo equipara a concessão patrocinada à concessão de serviços públicos ou de obras da Lei nº 8.987, e como o art. 3º, § 1º, preceitua que essa lei se aplica subsidiariamente às concessões patrocinadas, é possível concluir que a remuneração pode abranger também as receitas alternativas, complementares, acessórias ou de projetos associados, com vistas a favorecer a modicidade das tarifas, conforme está previsto no art. 11 da Lei nº 8.987. No caso de que se trata, essas receitas podem favorecer a redução da própria contraprestação do poder público.

Nos termos do art. 10, § 3º, a contribuição do parceiro público não pode ser superior a 70% da remuneração total a ser recebida pelo parceiro privado, a menos que haja autorização legislativa específica.

A contraprestação pode ser paga diretamente pelo poder público, em pecúnia, por meio de ordem bancária, ou, indiretamente, pelas formas previstas no art. 6º da Lei nº 11.079/04 (com novos parágrafos acrescentados pela Lei nº 12.766, de 27-12-2012, e pela Lei nº 13.043, de 13-11-2014). Pelo § 2º, "o contrato poderá prever o aporte de recursos em favor do parceiro privado, para a realização de obras e aquisição de bens reversíveis, nos termos dos incisos X e XI do *caput* do art. 18 da Lei nº 8.987, de 13-2-95, desde que autorizado no edital de licitação, se contratos novos, ou em lei específica, se contratos celebrados até 8-8-12". Nesse caso, se o aporte de recursos for realizado durante a fase dos investimentos a cargo do parceiro privado, deverá guardar proporcionalidade com as etapas efetivamente executadas (§ 2º do art. 7º, acrescentado pela Lei nº 12.766/12).

Para a remuneração, em qualquer de suas modalidades, aplica-se o § 1º do art. 5º, segundo o qual "as cláusulas contratuais de atualização automática de valores baseadas em índices e fórmulas matemáticas, quando houver, serão aplicadas sem necessidade de homologação pela Administração Pública, exceto se esta publicar, na imprensa oficial, onde houver, até o prazo de 15 (quinze) dias após a apresentação da fatura, razões fundamentadas nesta lei ou no contrato para a rejeição da atualização".

Embora o art. 2º, § 1º, da Lei nº 11.079, ao definir a concessão patrocinada, fale em contraprestação pecuniária do parceiro público ao parceiro privado, essa contraprestação pode assumir todas as formas previstas no art. 6º da lei, a saber: ordem bancária, cessão de créditos não tributários, outorga de direitos em face da Administração Pública, outorga de direitos sobre bens públicos dominicais, outros meios admitidos em lei.

Isto significa que a contraprestação nem sempre é paga diretamente pelo poder público, já que a lei permite que esse pagamento seja efetuado de forma indireta.

A contraprestação do poder público só terá início quando o serviço objeto do contrato se tornar total ou parcialmente disponível (art. 7º, *caput*, e § 1º). Com isto, se a prestação do serviço depender da prévia execução de obra pública e do fornecimento ou instalação de bens, o parceiro privado terá que cumprir tais tarefas às suas próprias custas, já que a tarifa do usuário também não pode, por sua natureza, ser cobrada antes que o serviço comece a ser prestado. Quando muito, o parceiro privado poderá, mesmo antes de iniciar a prestação do serviço, receber as receitas previstas no art. 11 da Lei nº 8.987, desde que não constituam encargos do poder público, previstos no art. 6º da Lei nº 11.079.

Por isso mesmo, assume fundamental importância a figura do financiador do projeto de parceria público-privada, que está protegido pela Lei nº 11.079 por meio de uma série de medidas previstas no art. 5º, § 2º. Além disso e pela mesma razão, a contraprestação da Administração Pública está coberta pelas garantias a que se refere o art. 8º. Os dois preceitos serão analisados adiante, por serem figuras comuns às duas modalidades de parceria público-privada.

8.9.1.4.4 Concessão administrativa

Nos termos do art. 2º, § 2º, da Lei nº 11.079, "concessão administrativa é o contrato de prestação de serviços de que a Administração Pública seja a usuária direta ou indireta, ainda que envolva a execução de obra ou fornecimento e instalação de bens".

O conceito peca pela falta de clareza. É preciso recorrer a outros dispositivos da lei para tentar esclarecer o real objetivo do legislador. Além do próprio conceito, já transcrito, existe outro dispositivo referindo-se à concessão administrativa, que é o art. 3º, sobre as leis aplicáveis a essa modalidade. Todos os demais artigos (salvo os poucos que se referem à concessão patrocinada) fazem referência às parcerias público-privadas dando a entender que se aplicam, sem distinção, às duas modalidades.

Um primeiro dado que resulta do conceito legal é o que diz respeito ao objeto do contrato, que é a prestação de serviço de que a Administração Pública seja a usuária direta ou indireta, podendo ou não abranger a execução de obra e o fornecimento e instalação de bens. Resulta claro que o objeto principal é a prestação de serviço.

Ao contrário da concessão patrocinada, que tem por objeto a execução de serviço público, a concessão administrativa, à primeira vista, tem por objeto a prestação de serviço (atividade material prestada à Administração e que não tem as características de serviço público). Vale dizer que haveria uma aproximação conceitual entre esse contrato e o contrato de serviços de que trata a Lei nº 14.133/21, sob a forma de empreitada.

Na concessão patrocinada (da mesma forma que na concessão de serviços públicos comum ou tradicional), a execução de serviço público é delegada ao concessionário, que vai assumir a sua gestão e a sua execução material. Na concessão administrativa, se o objeto for a prestação de serviço, o concessionário, da mesma forma que na empreitada, vai assumir apenas a execução material de uma atividade prestada à Administração Pública; esta é que detém a gestão do serviço.

No entanto, não é possível identificar inteiramente a concessão administrativa com a empreitada. Em primeiro lugar, porque, na primeira, o parceiro privado sujeitar-se-á às normas da Lei nº 11.079, da Lei nº 8.987 (arts. 21, 23, 25 e 27 a 39) e da Lei nº 9.074/95 (art. 31), enquanto na segunda aplica-se a Lei nº 14.133/21.

Em segundo lugar, apesar da errônea impressão que decorre do conceito legal contido no art. 2º, § 2º, outros dispositivos permitem inferir que a concessão administrativa terá ou poderá ter por objeto a prestação de serviço público, até porque a lei expressamente veda a concessão patrocinada ou administrativa "que tenha por objeto único o fornecimento de mão de obra, o fornecimento e instalação de equipamentos ou a execução de obra pública" (art. 2º, § 4º, inciso III). Por exemplo, a parceria público-privada não poderá ter por objeto só a construção de um hospital ou de uma escola, porque, nesse caso, haveria contrato de empreitada regido pela Lei nº 14.133/21; após a construção da obra deverá haver a prestação de serviço de que a Administração seja a usuária direta ou indireta; a ideia bastante provável é a de que deverá haver a gestão do serviço pelo parceiro privado.

Essa ideia é reforçada pelo fato de que vários dispositivos legais referentes à concessão de serviço público serão aplicados à concessão administrativa. Além de alguns dispositivos da Lei nº 8.987, que se referem ao contrato (arts. 21 e 23), aplicam-se à concessão administrativa as normas que tratam da responsabilidade da concessionária perante o poder concedente, os usuários e terceiros (art. 25), da subcontratação (art. 25, §§ 1º a 3º), da transferência da concessão (art. 27), dos encargos do poder concedente (art. 29), dos encargos da concessionária (art. 31), da intervenção (arts. 32 a 34), da extinção, abrangendo o advento do termo, a encampação, a caducidade, a rescisão, a anulação, a falência ou extinção da empresa, o falecimento ou incapacidade do titular (arts. 32 a 39), além da reversão (art. 36). É o que decorre do art. 3º, *caput*, da Lei nº 11.079. Se o objeto do contrato fosse tão somente a prestação de serviço, à semelhança do contrato de empreitada, não teria sentido a aplicação desses dispositivos da Lei nº 8.987/95 à concessão administrativa.

Por isso, o conceito inserido no art. 2º, § 2º, causa certa perplexidade, já que alguns dos dispositivos mencionados pressupõem a gestão do serviço pelo concessionário; é o caso, por exemplo, do art. 31, que inclui, entre os encargos da concessionária, o de prestar contas da gestão do serviço ao poder concedente e aos usuários; do art. 32, que prevê a intervenção para assegurar a adequação na prestação do serviço; do art. 34, segundo o qual, ao término da intervenção, a administração do serviço será devolvida à concessionária; é o caso também do § 2º do art. 35, que prevê, ao término da concessão, a imediata assunção do serviço pelo poder concedente. É evidente que em um contrato de empreitada que tenha por objeto a simples execução material de uma atividade não se justificam poderes como esses.

Diante disso, pode-se dizer que os dispositivos citados, da Lei nº 11.079, desmentem, de certa forma, a ideia que se quis passar com a regra do art. 2º, § 2º, de que se trataria de contrato de prestação de serviços.

Na realidade, a interpretação sistemática da lei permite concluir que a concessão administrativa tanto pode ter, eventualmente, por objeto a execução material de atividade (aproximando-se da empreitada), como a gestão de serviço público (como na concessão de serviço público comum e na concessão patrocinada), que é o real objetivo do legislador.

Além da norma do art. 3º já mencionada, outros dados permitem chegar à mesma conclusão:

a) em primeiro lugar, o art. 2º, § 2º, ao falar em "serviços de que a Administração Pública seja a usuária direta ou indireta", implicitamente admite a prestação de serviços a terceiros; com efeito, quando o dispositivo fala na Administração como usuária direta, pode-se imaginar qualquer dos serviços prestados diretamente a ela, previstos nos arts. 6º, XI, e 74, III, da Lei nº 14.133; porém, quando se fala em usuária indireta, está-se pressupondo que os usuários diretos sejam terceiros aos quais a Administração Pública presta serviços públicos (como os estudantes de uma escola pública, os pacientes de um hospital público etc.);

b) em segundo lugar, o art. 4º, III, só exclui dos objetos das parcerias público-privadas as atividades que sejam exclusivas do Estado; dentre as não exclusivas, algumas somente poderão ser objeto de concessão patrocinada (que permite cobrança de tarifa dos usuários), o que significa que as outras só poderão ser objeto de concessão administrativa (quando não haja possibilidade de cobrar tarifa dos usuários).

Isto permite concluir que a concessão administrativa se constitui em um misto de empreitada (porque o serviço, mesmo que prestado a terceiros, é remunerado pela própria Administração, como se deduz do art. 2º, § 3º) e de concessão de serviço público (porque o serviço prestado ou não a terceiros – os usuários – está sujeito a algumas normas da Lei nº 8.987, sejam as relativas aos encargos e prerrogativas do poder concedente, sejam as relativas aos encargos do concessionário).

Se esse objeto de concessão administrativa – delegação da execução de serviço público – se revelar verdadeiro, haverá terceirização de atividade-meio (serviços administrativos) e atividade-fim (serviços sociais do Estado).

A forma de remuneração, na concessão administrativa, é fundamentalmente a contraprestação paga pela Administração, por uma das formas previstas no art. 6º da Lei nº 11.079, com alterações posteriores.

Evidentemente, não há impedimento a que o concessionário receba recursos de outras fontes de receitas complementares, acessórias, alternativas ou decorrentes de projetos associados, até porque o inciso V do art. 6º, ao falar em *"outros meios admitidos em lei"*, deixa claro que a indicação das formas de contraprestação não é taxativa.

O que não existe, na concessão administrativa, é a tarifa cobrada do usuário porque, nesse caso, haveria concessão patrocinada. Por essa razão, o objeto do contrato só poderá ser serviço administrativo (atividade-meio) ou serviço social não exclusivo do Estado.

Não havendo possibilidade de instituição de tarifa e a contribuição do poder público só se iniciando quando o serviço se tornar disponível, a figura do financiador e as medidas previstas para garantir o seu investimento, mais uma vez, adquirem importância fundamental para o sucesso da parceria público-privada.

8.9.1.4.5 Traços comuns à concessão patrocinada e à concessão administrativa

São pontos comuns às duas modalidades de parcerias público-privadas:

a) a previsão de **contraprestação pecuniária do parceiro público ao parceiro privado**, sob pena de se configurar a concessão comum, regida pela Lei nº 8.987/95; é o que estabelece o art. 2º, § 3º, da Lei nº 11.079; só que na concessão patrocinada a contraprestação do parceiro público é um *plus* em relação à tarifa cobrada do usuário, enquanto na concessão administrativa ela constituirá a forma básica de remuneração;

b) a garantia do **equilíbrio econômico-financeiro**, não prevista expressamente na Lei nº 11.079/04, mas decorrente, na concessão patrocinada, da aplicação subsidiária da Lei nº 8.987/95, em especial os arts. 9º e 10; em ambas as modalidades, a garantia decorre implicitamente do art. 5º, III e IV, da Lei nº 11.079, que prevê, entre as cláusulas que devem ser incluídas no contrato de parceria, a que diz respeito à "repartição de riscos entre as partes, inclusive os referentes a caso fortuito, força maior, fato do príncipe e álea econômica extraordinária" e à "forma de remuneração e de atualização dos valores contratuais"; trata-se de técnicas consagradas precisamente para garantir o equilíbrio econômico-financeiro dos contratos administrativos;

c) o **compartilhamento de ganhos econômicos** decorrentes da redução do risco de crédito dos financiamentos utilizados pelo parceiro privado; essa característica se justifica porque, para as parcerias público-privadas, ao contrário do que ocorre na concessão de serviços públicos, o poder público poderá oferecer garantias ao financiador do projeto (art. 5º, § 2º), reduzindo, dessa forma, os riscos do empreendimento e possibilitando maiores ganhos econômicos pelo parceiro privado, os quais deverão ser compartilhados com o poder público;

d) o **financiamento por terceiros**, referido em alguns dispositivos da Lei nº 11.079/04, como ocorre nos arts. 5º, § 2º, 18, § 2º, e 24; este último prevê que o Conselho Monetário Nacional estabelecerá, na forma da legislação pertinente, as diretrizes para a concessão de crédito destinado ao financiamento de contratos de parcerias público-privadas, bem como para participação de entidades fechadas de previdência complementar;

e) previsão dos três tipos de garantias referidos nos arts. 5º, VIII, e 5º-A (redação dada pela Lei nº 13.097, de 19-1-15) para as parcerias público-privadas: (1) as garantias de execução do contrato, prestadas **pelo parceiro privado ao parceiro público**, que são as mesmas previstas na Lei nº 14.133 (arts. 96 a 102), para os contratos administrativos em geral; (2) a garantia de cumprimento das obrigações pecuniárias assumidas **pelo parceiro público perante o parceiro privado**, prevista no art. 8º da Lei nº 11.079 e abrangendo: vinculação de receitas, observado o disposto no inciso IV do art. 167 da Constituição Federal; instituição ou utilização de fundos especiais previstos em lei; contratação de seguro-garantia junto a companhias seguradoras que não sejam controladas pelo poder público; garantia prestada por organismos internacionais ou instituições financeiras e garantias prestadas por fundo garantidor ou empresa estatal; e (3) a contragarantia prestada **pelo parceiro público aos financiadores e garantidores**, que pode assumir as seguintes modalidades: I – **transferência do controle ou administração temporária da sociedade de propósito específico** para os financiadores e garantidores com quem não mantenha vínculo societário direto, com o objetivo de promover a sua reestruturação financeira e assegurar a continuidade da prestação dos serviços, não se aplicando para esse efeito o previsto no inciso I do § 1º do art. 27 da Lei nº 8.987, de 13-2-95. O art. 27, § 1º, da Lei nº 8.987/95 estabelece que, "para fins de obtenção da anuência de que trata o caput deste artigo, o pretendente deverá: I – atender às exigências de capacidade técnica, idoneidade financeira e regularidade jurídica e fiscal necessárias à assunção do serviço; e II – comprometer-se a cumprir todas as cláusulas do contrato em vigor". II – possibilidade de **emissão de empenho em nome dos financiadores do projeto** em relação às obrigações pecuniárias da Administração Pública; III – legitimidade dos financiadores do projeto para **receberem indenizações por extinção antecipada do contrato**, bem como pagamentos efetuados pelos fundos e empresas estatais garantidores de parcerias público-privadas;

f) constituição de **sociedade de propósitos específicos** (art. 9º da Lei nº 11.079), em caráter obrigatório, independentemente de o licitante vencedor ser ou não um consórcio;

g) previsão de **penalidades aplicáveis à Administração Pública** (art. 5º, II), o que somente será possível se se tratar de multa ressarcitória, cujo objetivo é o de indenizar o contratado pelos prejuízos eventualmente causados pelo poder concedente; qualquer outro tipo de penalidade é inconcebível de ser imposta à Administração Pública, porque a sanção resultaria aplicada ao próprio Estado, que detém com exclusividade o poder sancionatório;

h) **delimitação do prazo contratual**, que não pode ser inferior a cinco nem superior a 35 anos, incluindo eventual prorrogação (art. 5º, inciso I);
i) **normas sobre licitações**, a serem tratadas no item subsequente;
j) **observância da Lei de Responsabilidade Fiscal**, também a ser mencionada no item subsequente;
k) **imposição de limite de despesa**, conforme arts. 22 e 28 (alterados pela Lei nº 12.024, de 27-8-09); o art. 22 está inserido entre as normas aplicáveis apenas à União e veda a contratação de parceria público-privada "quando a soma das despesas de caráter continuado derivadas do conjunto das parcerias já contratadas não tiver excedido, no ano anterior, a 1% da receita corrente líquida do exercício, e as despesas anuais dos contratos vigentes, nos dez anos subsequentes, não excedam a 1% da receita corrente líquida projetada para os respectivos exercícios"; como não podia definir o limite para Estados e Municípios, sob pena de ferir a sua autonomia, estabeleceu esse limite de forma indireta, no art. 28, proibindo a União de conceder garantia e transferência voluntária aos Estados, Distrito Federal e Municípios se estes não observassem o limite previsto no dispositivo e que, na redação original, era igual ao estabelecido para a União; levando em conta que esse limite praticamente impossibilitava a contratação de parcerias público-privadas no âmbito de alguns Estados e na grande maioria dos Municípios, o art. 28 foi alterado pela Lei nº 12.766, de 27-12-12, para proibir a União de conceder garantia e realizar transferência voluntária aos Estados, Distrito Federal e Municípios se a soma das despesas de caráter continuado derivadas do conjunto das parcerias já contratadas por esses entes tiver excedido, no ano anterior, a 5% da receita corrente líquida do exercício ou se as despesas anuais dos contratos vigentes nos dez anos subsequentes excederem a 5% da receita corrente líquida projetada para os respectivos exercícios;
l) vedações previstas no art. 2º, § 4º, da Lei nº 11.079/04,[17] com a redação dada pela Lei nº 13.529, de 4-12-2017, a saber, celebração de contrato de parceria público-privada: "I – cujo valor do contrato seja inferior a R$ 10.000.000,00 (dez milhões de reais); II – cujo período de prestação do serviço seja inferior a 5 (cinco) anos ou III – que tenha como objeto único o fornecimento de mão de obra, o fornecimento e instalação de equipamentos ou a execução de obra pública".

No que diz respeito à transferência de controle e à administração temporária (referidas no item e, supra, como modalidades de garantia do parceiro público aos financiadores e garantidores do contrato), a Lei nº 13.097/15 acrescentou o art. 5º-A à Lei nº 11.079, praticamente repetindo algumas normas acrescentadas na Lei nº 8.987/95, no art. 27-A. O objetivo é disciplinar a transferência do controle e a administração temporária previstas no já referido art. 5º, § 2º, inciso I.

O art. 5º-A, no inciso I, considera como controle da sociedade de propósito específico "a propriedade resolúvel de ações ou quotas por seus financiadores e garantidores que atendam os requisitos do art. 116 da Lei nº 6.404, de 16-12-76" (Lei da Sociedade por Ações). Trata-se

---

[17] A Lei nº 13.529/17, em sua redação original, no art. 1º, autorizou a União a participar de fundo que tenha por finalidade exclusiva financiar serviços técnicos profissionais especializados, com vistas a apoiar a estruturação e o desenvolvimento de projetos de concessão e parcerias público-privadas da União, dos Estados, do Distrito Federal e dos Municípios, em regime isolado ou consorciado, até o limite de R$ 180.000.000,00 (cento e oitenta milhões de reais). O dispositivo foi alterado pela Lei 14.026, de 15-7-20 (que estabeleceu o marco legal do saneamento básico), a qual não mais estabelece o referido limite. Trata-se de fundo sem personalidade jurídica própria, de natureza jurídica privada, administrado por instituição financeira controlada direta ou indiretamente pela União.

de propriedade resolúvel porque somente remanesce enquanto o concessionário não cumprir as obrigações em relação ao financiador ou garantidor.

E o inciso II considera como administração temporária da sociedade de propósito específico pelos financiadores e garantidores "quando, sem a transferência da propriedade de ações ou quotas, forem outorgados os seguintes poderes: a) indicar os membros do Conselho de Administração, a serem eleitos em Assembleia Geral pelos acionistas, nas sociedades regidas pela Lei 6.404, de 15-12-76; ou administradores, a serem eleitos pelos quotistas, nas demais sociedades; b) indicar os membros do Conselho Fiscal, a serem eleitos pelos acionistas ou quotistas controladores em Assembleia Geral; c) exercer poder de veto sobre qualquer proposta submetida à votação dos acionistas ou quotistas da concessionária, que representem, ou possam representar, prejuízos aos fins previstos no caput deste artigo; d) outros poderes necessários ao alcance dos fins previstos no *caput* deste artigo".

O prazo da administração temporária tem que ser estabelecido pelo poder concedente (art. 5º-A, § 2º).

Nos termos do § 1º, "a administração temporária autorizada pelo poder concedente não acarretará responsabilidade aos financiadores e garantidores em relação à tributação, encargos, ônus, sanções, obrigações ou compromissos com terceiros, inclusive com o poder concedente ou empregados".

8.9.1.4.6 Da licitação

No Capítulo V, que trata da licitação, a Lei nº 11.079/04, no art. 10, com redação alterada pela Lei nº 14.133/21, prevê a obrigatoriedade de licitação para a contratação de parceria público-privada, na modalidade de concorrência ou diálogo competitivo, condicionando a abertura do procedimento à observância de determinadas formalidades, que abrangem, em resumo: (a) autorização pela autoridade competente, devidamente motivada com a demonstração da conveniência e oportunidade da contratação; (b) demonstração de cumprimento da Lei de Responsabilidade Fiscal – Lei Complementar nº 101, de 4-5-00; (c) submissão da minuta do edital e do contrato a consulta pública; e (d) licença ambiental prévia ou diretrizes para o licenciamento ambiental do empreendimento, na forma do regulamento, sempre que o objeto do contrato exigir.

Quanto à autoridade competente para a autorização de abertura da licitação e à motivação, a Lei nº 11.079 disciplina o assunto nos arts. 14 e 15, dos quais se deduz que as minutas de edital serão elaboradas pelo Ministério ou Agência Reguladora em cuja área de competência se insira o objeto do contrato. A autorização para a contratação será dada pelo órgão gestor[18] e será precedida de estudo técnico sobre a conveniência e a oportunidade da contratação e o cumprimento de disposições da Lei de Responsabilidade Fiscal; sobre esse estudo técnico, haverá manifestação fundamentada do Ministério do Planejamento, Orçamento e Gestão, quanto ao mérito do projeto, e do Ministério da Fazenda, quanto à viabilidade da concessão de garantia e à sua forma, relativamente aos riscos para o Tesouro Nacional e ao cumprimento do limite de que trata o art. 22.

Segundo esse dispositivo, a União somente poderá contratar parceria público-privada quando a soma das despesas de caráter continuado derivadas do conjunto das parcerias já

---

[18] O órgão gestor era o Comitê Gestor de Parceria Público-Privada – CGP, instituído pelo Decreto nº 5.385, de 4-3-05. Porém, esse decreto foi revogado pelo Decreto nº 9.784, de 7-5-19, passando as atribuições a serem exercidas pelo órgão responsável, assim considerado "aquele que exerce a função de presidente ou coordenador do órgão colegiado" (art. 2º). A norma é de legalidade duvidosa, porque o caráter colegiado do órgão gestor decorre do art. 14 da Lei nº 11.079, que indica, no § 1º, os seus integrantes.

contratadas não tiver excedido, no ano anterior, a 1% da receita corrente líquida do exercício, e as despesas anuais dos contratos vigentes, nos dez anos subsequentes, não excedam a 1% da receita corrente líquida projetada para os respectivos exercícios.

Estando esse dispositivo inserido no capítulo das disposições aplicáveis à União, os demais entes da Federação terão que definir em lei os respectivos limites, cientes, no entanto, de que, se os limites forem superiores ao estabelecido no art. 22, não poderão obter garantias nem receber transferências voluntárias da União, conforme estabelece o art. 28. Foi uma forma indireta e, portanto, inconstitucional, de a lei federal instituir limite em matéria que seria de competência de cada ente da federação.

Quando a lei exige manifestação quanto ao mérito, tem-se que entender que aí se incluem vários aspectos, como o da razoabilidade e proporcionalidade, que exigem adequação entre meios e fins, exame da relação de custo-benefício, utilidade para o interesse público, economicidade, entre outros.

No que diz respeito ao aspecto jurídico, aplica-se subsidiariamente a Lei nº 14.133 (art. 53).

No âmbito do Distrito Federal, dos Estados e dos Municípios, cabe a cada qual disciplinar, por lei, a matéria referente à competência, já que os referidos dispositivos da lei federal são de aplicação restrita à União. Na Lei nº 11.688, de 19-5-04, do Estado de São Paulo, optou-se pela criação de um Conselho Gestor do PPP, vinculado ao Gabinete do Governador, outorgando-lhe, entre outras atribuições, a de aprovar projetos de parceria público-privadas.

No que diz respeito ao cumprimento da **Lei de Responsabilidade Fiscal**, o art. 10, incisos I, *b* e *c*, a V, da Lei nº 11.079/04 exige que os estudos técnicos que antecederem a abertura da licitação demonstrem:

a) que as despesas criadas ou aumentadas não afetarão as metas de resultados fiscais previstas no anexo referido no § 1º do art. 4º da Lei de Responsabilidade Fiscal (Lei Complementar nº 101, de 4-5-00), devendo seus efeitos financeiros, nos períodos seguintes, ser compensados pelo aumento permanente de receita ou pela redução permanente de despesa (inciso I, *b*);

b) quando for o caso, conforme as normas editadas na forma do art. 25, a observância dos limites e condições decorrentes da aplicação dos arts. 29, 30 e 32 da Lei Complementar nº 101, nas obrigações contraídas pela Administração Pública relativas ao objeto do contrato (inciso I, *c*); esses dispositivos da Lei de Responsabilidade Fiscal tratam dos limites do endividamento e da recondução da dívida aos seus limites;

c) elaboração de estimativa do impacto orçamentário-financeiro nos exercícios em que deva vigorar o contrato de parceria público-privada (inciso II);

d) declaração do ordenador da despesa de que as obrigações contraídas pela Administração Pública no decorrer do contrato são compatíveis com a Lei de Diretrizes Orçamentárias e estão previstas na lei orçamentária anual (inciso III);

e) estimativa do fluxo de recursos públicos suficientes para o cumprimento, durante a vigência do contrato e por exercício financeiro, das obrigações contraídas pela Administração Pública (inciso IV);

f) previsão no plano plurianual em vigor no âmbito onde o contrato será celebrado (inciso V).

Aparentemente, procura-se dar cumprimento a dispositivos da Lei de Responsabilidade Fiscal. A grande dificuldade está no fato de que essa lei impõe uma série de restrições voltadas para a responsabilidade na gestão fiscal, a qual, nos termos do art. 1º, § 1º, "pressupõe a ação planejada e transparente, em que se previnem riscos e corrigem desvios capazes de afetar o equilíbrio das contas públicas, mediante o cumprimento de metas de resultados entre receitas e despesas e a obediência a limites e condições no que tange a renúncia de receita, gestão de despesas com pessoal, da seguridade social e outras, dívidas consolidada e mobiliária, operações de crédito, inclusive por antecipação de receita, concessão de garantia e inscrição em Restos a Pagar".

A dificuldade, no entanto, de dar cumprimento às exigências dessa lei é grande, em razão do prazo de duração dos contratos de parceria público-privada, que vai de cinco a 35 anos. Ocorre que as restrições previstas na Lei de Responsabilidade Fiscal são limitadas no tempo em função do Plano Plurianual, da Lei de Diretrizes Orçamentárias e da Lei Orçamentária Anual. Se a Lei nº 11.079 exige, por exemplo, elaboração de estimativa do impacto orçamentário-financeiro nos exercícios em que deva vigorar o contrato de parceria público-privada (dando cumprimento ao art. 16 da Lei de Responsabilidade Fiscal), isto significa que a cada exercício esse estudo deverá ser repetido; se constatado que a despesa não é compatível com o plano plurianual, com a Lei de Diretrizes Orçamentárias ou com a lei orçamentária anual, o contrato terá que ser obrigatoriamente rescindido.

Não há como o ordenador da despesa fazer estimativas que cubram todo o período de vigência do contrato. As estimativas são feitas para o exercício em que a despesa for efetuada e os dois subsequentes (conforme art. 16 da Lei de Responsabilidade Fiscal). Em razão disso, ou essa lei resultará descumprida, na medida em que empenhará orçamentos futuros, ou levará à rescisão dos contratos que venham a descumpri-la no decorrer de sua execução, com as consequências financeiras que toda rescisão extemporânea acarreta para o Poder Público.

Vale dizer que nenhuma das exigências contidas no art. 10, incisos I a V, pertinentes à Lei de Responsabilidade Fiscal, tem condições de ser cumprida em relação a todo o período de vigência dos contratos.

Não há dúvida de que a Lei nº 11.079, embora com a natureza de lei ordinária, conflita com os objetivos, princípios e normas que inspiraram a Lei de Responsabilidade Fiscal, que tem a natureza de lei complementar.

Outra exigência que deve ser atendida antes da abertura da licitação é a **consulta pública**. O art. 10, inciso VI, da Lei nº 11.079 exige que a minuta de edital e de contrato seja submetida à consulta pública, mediante publicação na imprensa oficial, em jornais de grande circulação e por meio eletrônico, que deverá informar a justificativa para a contratação, a identificação do objeto, o prazo de duração do contrato, seu valor estimado, fixando-se prazo mínimo de 30 dias para recebimento de sugestões, cujo termo dar-se-á pelo menos sete dias antes da data prevista para a publicação do edital.

Não há dúvida de que a exigência é útil em termos de participação dos interessados. Mas ela será inútil para o cumprimento dos princípios da democracia participativa se as sugestões não forem efetivamente examinadas e a sua recusa devidamente justificada. A consulta não pode transformar-se em mero instrumento formal para dar aparência de legalidade à exigência, como costuma acontecer com relação a medidas semelhantes previstas em outras leis.

Ainda como formalidade prévia à abertura do procedimento da licitação, o inciso VII do art. 10 exige a **licença ambiental prévia ou expedição das diretrizes para o licenciamento ambiental do empreendimento**, na forma do regulamento, sempre que o objeto do contrato exigir. Na realidade, a exigência seria desnecessária, porque toda a matéria de licenciamento já está disciplinada em lei, especialmente a Lei nº 6.938, de 31-8-81, que dispõe sobre a Política Nacional do Meio Ambiente. A regulamentação prevista no referido dispositivo legal terá que observar toda a legislação vigente sobre a matéria.

Quanto ao procedimento da licitação, a Lei nº 11.079/04, da mesma forma que a Lei nº 8.987/93, não o define, limitando-se, nos arts. 11 a 13, a estabelecer algumas normas específicas que complementam ou derrogam parcialmente as Leis n°s 14.133/21 e 8.987/95. Além disso, o art. 12 determina expressamente que o certame para a contratação de parcerias público-privadas obedecerá ao procedimento previsto na legislação vigente sobre licitações e contratos administrativos.

O art. 11 refere-se ao instrumento convocatório, mandando aplicar, no que couber, os §§ 3º e 4º do art. 15, os arts. 18, 19 e 21 da Lei nº 8.987, o que significa: (a) possibilidade de recusa de propostas manifestamente inexequíveis ou financeiramente incompatíveis com os objetivos da licitação (§ 3º do art. 15); (b) preferência à proposta apresentada por empresa brasileira, quando haja igualdade de condições (§ 4º do art. 15); (c) elaboração do edital pelo poder concedente segundo critérios e normas gerais da legislação própria sobre licitações e contratos, com inclusão dos itens especialmente indicados (art. 18); (d) observância das normas sobre participação de empresas em consórcio (art. 19); (e) exigência de serem postos à disposição dos interessados estudos, investigações, levantamentos, projetos, obras e despesas ou investimentos já efetuados, vinculados à licitação, realizados pelo poder concedente ou com sua autorização, cabendo ao vencedor da licitação ressarcir os dispêndios correspondentes, especificados no edital (art. 21).

Além da observância desses dispositivos da Lei nº 8.987, o instrumento convocatório poderá ainda prever, em consonância com o art. 11, *caput* e parágrafo único: (a) exigência de garantia dentro do limite previsto no inciso III do art. 31 da Lei nº 8.666 (1% do valor estimado do objeto do contrato);[19] (b) possibilidade de emprego de mecanismos privados de resolução de disputas, inclusive a arbitragem; (c) as garantias, quando houver, da contraprestação do parceiro público a serem concedidas ao parceiro privado.

Embora o dispositivo não o diga, é evidente que o edital também terá que prever as garantias a serem ofertadas ao financiador do projeto; além da exigência constituir aplicação do princípio da vinculação ao edital, ela decorre implicitamente do art. 5º, § 2º, da Lei nº 11.079, que autoriza a previsão dessa possibilidade no contrato; como a minuta do contrato acompanha o edital de licitação, conforme o exige o art. 11, nela deverá ser inserida essa garantia, sob pena de não poder ser concedida após o término da licitação.

Quanto ao emprego da arbitragem, a possibilidade de sua utilização pela Administração Pública foi reafirmada pela Lei nº 13.129, de 26-5-15, que alterou a Lei nº 9.307, de 23-9-96, para permitir que a Administração Pública direta e indireta utilize a arbitragem para dirimir conflitos relativos a direitos patrimoniais disponíveis.[20]

Ainda com relação ao edital, o art. 13 permite (não obriga) a inversão da ordem das fases de habilitação e julgamento. Essa inversão é prevista como faculdade discricionária do poder concedente, ao elaborar o edital de licitação. Do mesmo modo, essa inversão é prevista na Lei nº 8.987/95, em decorrência de alteração nela introduzida pela Lei nº 11.196/05.

O art. 12, além de sujeitar o certame à legislação sobre licitações e contratos administrativos, estabelece algumas normas específicas sobre a fase de julgamento, o que também derroga as Leis n°s 14.133/21 e 8.987/95. O dispositivo indica os critérios de julgamento, que podem ser:

a) o previsto no inciso I do art. 15 da Lei nº 8.987, ou seja, o menor valor da tarifa do serviço público a ser prestado; esse critério, evidentemente, somente se aplica à concessão patrocinada, já que na concessão administrativa não existe possibilidade de cobrança de tarifa dos usuários;

---

[19] A Lei nº 14.133 estabelece diferentes limites para as garantias, nos arts. 98 e 101, nenhum deles aplicável às parcerias público-privadas. Há uma lacuna na legislação diante da revogação da Lei nº 8.666.

[20] Sobre arbitragem, v. cap. 20.

b) o previsto no inciso II do mesmo dispositivo legal, que é o da melhor proposta em razão da combinação dos critérios de maior oferta pela outorga da concessão com o de melhor técnica;
c) o menor valor da contraprestação a ser paga pela Administração Pública;
d) a melhor proposta em razão da combinação do critério anterior com o de melhor técnica, de acordo com os pesos estabelecidos no edital.

Embora alguns dos critérios apontados prevejam a combinação da maior oferta ou da menor contraprestação a ser paga pela Administração com o da melhor técnica, o inciso I do art. 12 permite que o julgamento seja precedido de etapa de qualificação de propostas técnicas, desclassificando-se os licitantes que não alcançarem a pontuação mínima, os quais não participarão das etapas seguintes.

Com relação às propostas econômicas, o inciso III do art. 12 admite que as mesmas sejam (a) escritas em envelopes lacrados, ou (b) escritas, seguidas de lances em viva voz. Nessa segunda hipótese, os lances serão sempre oferecidos na ordem inversa da classificação das propostas escritas, sendo vedado ao edital limitar a quantidade de lances, porém podendo restringir a apresentação de lances em viva voz aos licitantes cuja proposta escrita seja no máximo 20% maior que o valor da melhor proposta (§ 1º).

Outra novidade da lei, quanto ao procedimento da licitação, é a possibilidade de ser previsto no edital o saneamento de falhas, de complementação de insuficiências ou ainda de correções de caráter formal no curso do procedimento, desde que o licitante possa satisfazer às exigências dentro do prazo fixado no instrumento convocatório (art. 12, IV). A lei não diz, mas exatamente por isso se subentende que essa correção é possível tanto em relação ao julgamento como à habilitação. Trata-se de medida salutar, que certamente evitará muitas das controvérsias suscitadas por licitantes inabilitados ou desclassificados no curso do procedimento.

Nota-se que a lei deixou larga margem de discricionariedade para a elaboração do edital, cabendo à autoridade decidir sobre a inclusão ou não dos seguintes itens: exigência de garantia, emprego dos mecanismos privados de resolução de disputas, inclusive arbitragem, classificação de propostas técnicas antes da fase de julgamento, forma de apresentação das propostas econômicas, critérios de julgamento, saneamento de falhas, limitação dos lances em viva voz aos licitantes cuja proposta escrita for no máximo 20% maior que o valor da melhor proposta, inversão das fases de habilitação e julgamento. Sendo decisões discricionárias do poder concedente e derrogando a legislação vigente sobre licitação, a ausência de qualquer dessas possibilidades no instrumento convocatório significará que não poderão ser adotadas posteriormente.

8.9.1.4.7 Procedimento de manifestação de interesse

Procedimento de manifestação de interesse é o meio pelo qual pessoa física ou jurídica de direito privado manifesta seu interesse em apresentar subsídios à Administração Pública na estruturação de empreendimentos que constituam objeto de **concessão ou permissão de serviços públicos**, de **parceria público-privada**, de **arrendamento de bens públicos** ou de **concessão de direito real de uso**.

Trata-se de importante instrumento de que a Administração Pública pode valer-se, facultativamente, para suprir a sua insuficiência de conhecimento técnico indispensável para a estruturação de grandes empreendimentos. É um procedimento facultativo porque, se a Administração Pública preferir, poderá valer-se de trabalhos efetuados por seus próprios servidores ou poderá celebrar com terceiros contratos de prestação de serviços para elaboração de projetos, com fundamento na Lei nº 14.133/21.

Para a concessão e permissão de serviço público, o fundamento para tal procedimento encontra-se no art. 21 da Lei nº 8.987, de 13-2-95 (lei de concessões e permissões de serviços públicos), em cujos termos "os estudos, investigações, levantamentos, projetos, obras e despesas ou investimentos já efetuados, vinculados à concessão, de utilidade para a licitação, realizados pelo poder concedente ou com a sua autorização, estarão à disposição dos interessados, devendo o vencedor da licitação ressarcir os dispêndios correspondentes, especificados no edital". Embora o dispositivo somente se refira à concessão, também é cabível na permissão, em decorrência da norma do art. 40 da lei. O mesmo art. 21 serve de fundamento para a utilização do procedimento de manifestação de interesse nas parcerias público-privadas, em decorrência das normas contidas no art. 3º, *caput* e § 1º, da Lei nº 11.079, de 30-12-04. O art. 3º, *caput*, manda aplicar às concessões administrativas vários dispositivos da lei de concessões, dentre os quais o art. 21. E o § 1º submete as concessões patrocinadas, subsidiariamente, ao disposto na lei de concessões.

O art. 21 da Lei nº 8.987 parte do pressuposto de que estudos, investigações, levantamentos, projetos, obras e despesas ou investimentos tenham sido realizados previamente à licitação, com ou sem autorização do poder concedente e sejam de seu interesse e utilidade para a licitação. Nesse caso, tais elementos têm que estar à disposição de todos os licitantes, devendo o vencedor ressarcir os dispêndios correspondentes, desde que devidamente especificados no edital.

Por sua vez, o art. 31 da Lei nº 9.074, de 7-7-95 (que estabelece normas para outorga e prorrogações das concessões e permissões de serviços públicos), também é indicado como fundamento para o procedimento de manifestação de interesse, tendo em vista que permite, nas licitações para concessão e permissão de serviços públicos ou uso de bem público, que os autores ou responsáveis economicamente pelos projetos básico ou executivo participem, direta ou indiretamente, da licitação ou da execução de obras ou serviços.

Para as parcerias público-privadas, o procedimento de manifestação de interesse está regulamentado pelo Decreto nº 8.428, de 2-4-15, alterado pelo Decreto nº 10.104, de 6-11-19. O procedimento, conforme disposto no art. 1º, deve "ser observado na apresentação de projetos, levantamentos, investigações ou estudos, por pessoa física ou jurídica de direito privado, com a finalidade de subsidiar a administração pública na estruturação de desestatização de empresa e de contratos de parcerias, nos termos do disposto no § 2º do art. 1º da Lei nº 13.334, de 13-9-2016". Este último dispositivo determina que se consideram "contratos de parceria a concessão comum, a concessão patrocinada, a concessão administrativa, a concessão regida por legislação setorial, a permissão de serviço público, o arrendamento de bem público, a concessão de direito real e os outros negócios público-privados que, em função de seu caráter estratégico e de sua complexidade, especificidade, volume de investimentos, longo prazo, riscos ou incertezas envolvidos, adotem estrutura jurídica semelhante".

Tratando-se de decreto que regulamenta dispositivos de leis que contêm normas gerais de licitação e contratos (aplicáveis em âmbito nacional, por força do art. 22, XXVII, da Constituição Federal), ele tem a mesma amplitude das normas regulamentadas. No entanto, como a competência da União abrange apenas as *normas gerais*, não há óbice jurídico para que Estados e Municípios tenham seus regulamentos, como já vem ocorrendo. Aliás, o art. 187 da Lei nº 14.133 permite que os Estados, o Distrito Federal e os Municípios apliquem os regulamentos editados pela União para execução dessa lei. Portanto, se preferirem, podem ter seus próprios regulamentos.

O Decreto nº 8.428/15 (alterado pelo Decreto nº 10.104, de 6-11-19), no art. 1º, § 4º, prevê três fases para o procedimento: I – abertura, por meio de publicação de edital de chamamento público; II – autorização para a apresentação de projetos, levantamentos, investigações ou estudos; e III – avaliação, seleção e aprovação.

O **chamamento público**, que deve ser cercado de ampla publicidade, pode ser aberto de ofício pela autoridade máxima ou pelo órgão colegiado máximo do órgão ou entidade competente para proceder à licitação ou para elaborar o projeto, ou pode ser aberto mediante provocação da pessoa física ou jurídica interessada. O edital de chamamento deve conter os requisitos mencionados no art. 4º, como objeto, prazos, valor máximo para ressarcimento, contraprestação do poder público (no caso de parceria público-privada).

A **autorização** para apresentação de projetos, levantamentos, investigações e estudos constitui a segunda fase do procedimento. Nos termos do art. 6º do Decreto: I – será conferida com exclusividade ou a número limitado de interessados (redação dada pelo Decreto nº 10.104/19); II – não gerará direito de preferência no processo licitatório do empreendimento; III – não obrigará o Poder Público a realizar licitação; IV – não implicará, por si só, direito a ressarcimento de valores envolvidos em sua elaboração; e V – será pessoal e intransferível. Vale dizer que o fato de a Administração dar a autorização não cria qualquer direito ao interessado, nem mesmo o de ser ressarcido. Ele realiza o projeto às suas próprias custas, podendo ser ressarcido se utilizado na licitação que vier a ser realizada e desde que esse ressarcimento seja previsto no instrumento convocatório (conforme art. 21 da Lei nº 8.987).

O Decreto nº 8.428/15 prevê, no art. 7º, a **cassação** da autorização (em caso de descumprimento de seus termos), a sua **revogação** (em caso de perda de interesse do Poder Público ou desistência da pessoa autorizada) e **anulação** (em caso de vício no procedimento ou outros motivos previstos em lei), bem como a possibilidade de ser **tornada sem efeito** (em caso de superveniência de dispositivo legal que, por qualquer motivo, impeça o recebimento dos projetos, levantamentos, investigações ou estudos). Em nenhuma dessas hipóteses, o autorizado terá direito a ressarcimento (art. 7º, § 3º). Não há qualquer ilicitude nessa norma, tendo em vista que a pessoa interessada em participar do procedimento conhece de antemão as normas que o regem e, ainda assim, corre o risco de efetuar despesas, que não serão ressarcidas, a não ser que se configure a hipótese prevista no art. 21 da Lei nº 8.987/95. Nesse caso, o autor do projeto, estudos ou levantamentos será ressarcido pelo vencedor da licitação.

A **avaliação, seleção e aprovação** correspondem à terceira fase do procedimento e são realizadas por comissão designada pelo órgão ou pela entidade solicitante. Esta pode solicitar a reapresentação de projetos, levantamentos, investigações e estudos apresentados, caso necessitem de detalhamentos ou correções, a serem apresentados em prazo indicado pelo órgão ou pela entidade solicitante, sob pena de cassação da autorização.

Os critérios para avaliação e seleção, que devem constar do edital de chamamento público, devem observar os requisitos previstos no art. 10 do Decreto nº 8.428/15.

Os trabalhos selecionados não vinculam a Administração (art. 11). Eles podem ser rejeitados total ou parcialmente. Pode ocorrer que nenhum projeto, levantamentos, investigações ou estudos seja selecionado. Aqueles que forem selecionados terão seu valor apurado pela comissão competente. O valor poderá ser rejeitado pelo interessado, hipótese em que não serão utilizadas as informações contidas nos documentos selecionados (art. 15). O art. 16 determina que os valores relativos a projetos, levantamentos, investigações e estudos selecionados serão ressarcidos à pessoa física ou jurídica de direito privado autorizada exclusivamente pelo vencedor da licitação, desde que os projetos, levantamentos, investigações e estudos selecionados tenham sido efetivamente utilizados no certame. A norma está em conformidade com o art. 21 da Lei nº 8.987/95. Para esse fim, o art. 17 do Decreto determina que o edital do procedimento licitatório para contratação do empreendimento de que trata o art. 1º conterá obrigatoriamente cláusula que condicione a assinatura do contrato pelo vencedor da licitação ao ressarcimento dos valores relativos à elaboração de projetos, levantamentos, investigações e estudos utilizados na licitação.

Pelo art. 18 do Decreto, os autores ou responsáveis economicamente pelos projetos, levantamentos, investigações e estudos apresentados poderão participar direta ou indiretamente da licitação ou da execução de obras ou serviços, exceto se houver disposição em contrário no edital de abertura do chamamento público do procedimento de manifestação de interesse.

Nenhuma retribuição é devida pelo poder público (art. 16, parágrafo único), a não ser na hipótese prevista no art. 4º, inciso II, g, referente aos dados que devem constar do edital, dentre eles a "contraprestação pública admitida, no caso de parceria público-privada, sempre que possível estimar, ainda que sob a forma de percentual".

8.9.1.4.8 Normas aplicáveis apenas à União

Conforme assinalado, a Lei nº 11.079/04 distinguiu, dentre as suas normas, as que têm natureza de normas gerais, aplicáveis a União, Estados, Distrito Federal e Municípios, e as que são aplicáveis apenas à União. Com relação a estas últimas, os demais entes da Federação terão competência própria para legislar.

São de âmbito federal os artigos da lei que tratam da instituição do Fundo Garantidor de Parcerias Público-Privadas (FGP), que terá por finalidade, nos termos do art. 16, com a redação dada pela Lei nº 12.766, de 27-12-12, "prestar garantia de pagamento de obrigações pecuniárias pelos parceiros públicos federais em virtude das parcerias de que trata esta Lei".

A lei não instituiu propriamente o Fundo, limitando-se a dar algumas de suas características e autorizando a União, seus fundos especiais, suas autarquias, suas fundações públicas e suas empresas estatais dependentes a participar no limite global de seis bilhões de reais (art. 16, alterado pela Lei nº 12.766/12). Presume-se que cada uma dessas pessoas jurídicas contribuirá com cotas, na medida em que celebrem contratos de parceria público-privada, com base no art. 1º da Lei.

Pelo § 4º do art. 16, "a integralização das cotas poderá ser realizada em dinheiro, títulos da dívida pública, bens imóveis dominicais, bens móveis, inclusive ações de sociedade de economia mista federal excedentes ao necessário para manutenção de seu controle pela União, ou outros direitos com valor patrimonial".

O art. 17 estabelece que "o FGP será criado, administrado, gerido e representado judicial e extrajudicialmente por instituição financeira controlada, direta ou indiretamente, pela União, com observância das normas a que se refere o inciso XXII do artigo 4º da Lei nº 4.595, de 31.12.64". O art. 18, com a redação dada pela Lei nº 12.409/11, determina que "o estatuto e o regulamento do FGP devem deliberar sobre a política de concessão de garantias, inclusive no que se refere à relação entre ativos e passivos do Fundo". A mesma Lei nº 12.409/11 incluiu o § 8º no art. 18 para permitir que o FGP utilize parcela da cota da União para prestar garantia aos seus fundos especiais, às suas autarquias, às suas fundações públicas e às suas empresas estatais dependentes.

Ocorre que o fundo, para ser assim considerado e existir validamente, tem que ser criado por lei que indique as receitas que ficarão vinculadas ao mesmo. O fundo é uma *receita* específica que a *lei* afasta do caixa único e vincula a um fim determinado. Sem receita vinculada, o fundo não tem existência legal. Não há possibilidade de ser o fundo *criado* por instituição financeira, ainda que esta integre a Administração Indireta. O que a instituição financeira poderá fazer é tomar as medidas administrativas para colocar o fundo em funcionamento, depois de ter sido instituído por lei.

Também é juridicamente inaceitável que fundos especiais, autarquias, fundações públicas e empresas estatais em geral, não identificados na lei, possam destinar uma parte de sua receita e de seu patrimônio à constituição desse fundo. As entidades da Administração Indireta estão sujeitas ao princípio da especialidade, que significa a vinculação aos fins para os quais foram instituídas. Elas não podem destinar parcelas de sua receita ou de seu patrimônio a finalidade diversa, sem autorização legislativa específica. Todas elas são criadas ou autorizadas por lei, que define os seus fins, o seu patrimônio, a sua receita. Se uma ou algumas dessas entidades dispõe de bens excedentes às suas necessidades, a lei terá que especificá-las e indicar os bens transferíveis ao Fundo. Não pode ser dada uma autorização em branco às autarquias, fundações públicas e empresas estatais em geral para destinarem verbas orçamentárias próprias, bens móveis ou imóveis ou mesmo direitos de que sejam titulares. Sem autorização legislativa específica, essa destinação caracterizaria ato de improbidade administrativa definido no art. 10 da Lei nº 8.429, de 2-6-92. Há que se lembrar, também, que essa destinação não poderá fazer-se com infringência à Lei de Responsabilidade Fiscal (Lei Complementar nº 101, de 4-5-00) exatamente pelo fato de tratar-se de lei complementar a que as leis ordinárias se sujeitam hierarquicamente. Também não há fundamento para que fundos especiais da União destinem parte de sua receita para a constituição do FGP, já que os fundos, por definição, são receitas vinculadas a determinados fins; não há como destinar essas receitas a finalidade diversa, como previsto no art. 16 da Lei 11.079/04, com a redação dada pela Lei nº 12.409/11).

As garantias a serem prestadas pelo FGP estão disciplinadas pelo art. 18 da Lei nº 11.079/04, que foi alterado e acrescido de alguns parágrafos pela Lei nº 12.766/12.

O § 1º do art. 18 indica as modalidades de garantia que podem ser prestadas pelo FGP, a saber: (I) fiança, sem benefício de ordem para o fiador; (II) penhor de bens móveis ou de direitos integrantes do patrimônio do FGP, sem transferência da posse da coisa empenhada antes da execução da garantia; (III) hipoteca de bens imóveis do patrimônio do FGP; (IV) alienação fiduciária, permanecendo a posse direta dos bens com o FGP ou com agente fiduciário por ele contratado antes da execução de garantia; (V) outros contratos que produzam efeito de garantia, desde que não transfiram a titularidade ou posse direta dos bens ao parceiro privado antes da execução da garantia; (VI) garantia, real ou pessoal, vinculada a um patrimônio de afetação constituído em decorrência da separação de bens e direitos pertencentes ao FGP.

Neste último inciso, está prevista praticamente a possibilidade de constituição de um fundo específico dentro do FGP. Específico, porque ele ficará destinado a garantir um contrato de parceria determinado, não podendo ser utilizado para garantir outras obrigações assumidas pelo FGP. É o que estabelece o art. 21 da lei, que utiliza a expressão *patrimônio de afetação* para designar as parcelas vinculadas por essa forma. Os bens que integram esse patrimônio de afetação não podem ser objeto de penhora, arresto, sequestro, busca e apreensão ou qualquer ato de constrição judicial decorrente de outras obrigações do FGP. Por outras palavras, esse patrimônio de afetação será criado para privilegiar determinado credor, o que é de constitucionalidade pelo menos duvidosa, por contrariar os princípios da isonomia e impessoalidade que devem nortear a destinação dos recursos orçamentários. A norma vai em sentido oposto ao objetivo que inspirou o legislador ao exigir que, no pagamento das obrigações relativas ao fornecimento de bens, locações, realização de obras e prestação de serviços, seja obedecida, para cada fonte diferenciada de recursos, a estrita ordem cronológica das datas de suas exigibilidades (art. 5º da Lei nº 8.666/93; art. 12 da Lei nº 14.133/21).

Pelo § 7º do art. 18, "em caso de inadimplemento, os bens e direitos do Fundo poderão ser objeto de constrição judicial e alienação para satisfazer as obrigações garantidas".

Dificilmente poderão, sem impugnação, ser concedidas as garantias previstas no § 1º do art. 18 e sujeitá-las, também sem impugnação, à constrição judicial. Embora a lei diga que o FGP tem natureza privada (art. 16, § 1º) e que a sua administração, gestão e representação judicial e extrajudicial será atribuída à instituição financeira sob controle direto ou indireto da União, na realidade o fundo vai ser constituído com receitas e bens públicos, oriundos da União, suas autarquias e fundações públicas. Essas receitas e esses bens não perderão a sua natureza pública pelo fato de ficarem vinculados a um fundo, tanto assim que o art. 19 assegura a qualquer dos cotistas a possibilidade de requerer o resgate total ou parcial de suas cotas, e o art. 20, parágrafo único, prevê que, em caso de ser "dissolvido" (melhor se diria "extinto") o fundo, o seu patrimônio será rateado entre os cotistas, com base na situação patrimonial à data da dissolução ("extinção"). Vale dizer que os bens voltam a integrar o patrimônio da União, autarquia ou fundação pública.

Se os bens da União, autarquias e fundações públicas são públicos e, portanto, impenhoráveis, por força do art. 100 da Constituição, não perdem essa natureza pelo fato de ficarem vinculados a um Fundo. Se isso fosse possível, estar-se-ia, pela via indireta, alcançando objetivo que o constituinte quis coibir com a regra do referido dispositivo constitucional. A cada vez que uma pessoa pública quisesse oferecer bens de seu patrimônio em garantia de dívidas, poderia instituir um fundo ao qual esses bens ficassem vinculados. Nem por lei isso pode ser feito, sob pena de burla ao preceito constitucional. Aliás, parece ter sido exatamente esse o objetivo do legislador ao instituir o Fundo. Tanto assim que o art. 18 apenas fez referência à União, autarquias e fundações públicas, não abrangendo empresas públicas e sociedades de economia mista, provavelmente pelo fato de que estas, sendo pessoas jurídicas de direito privado, podem oferecer bens não afetados à realização de serviços públicos em garantia do parceiro privado, sem necessitarem da constituição de fundo para fugir à regra constitucional, já que não estão sujeitas ao processo de execução ali estabelecido.

Ainda a respeito da inconstitucionalidade do art. 8º, incisos I e II, da Lei nº 11.079, merece especial menção, mais uma vez, parecer proferido por Kiyoshi Harada, a pedido da Comissão de Precatórios da OAB, Sessão de São Paulo (publicado no *Boletim de Direito Administrativo*, São Paulo: NDJ, nº 3, p. 308-315, mar. 2005).

Em resumo, a instituição do FGP depende de lei que especifique as receitas que ficarão vinculadas ao mesmo. Não pode o Fundo ser instituído com burla à norma constitucional de que decorre a impenhorabilidade de bens públicos.

Muito mais adequada é a solução adotada pela lei paulista (11.688, de 19-5-04) que, no Capítulo IV, trata da Companhia Paulista de Parcerias (CPP). Ela autoriza o Poder Executivo a constituir pessoa jurídica, sob a forma de sociedade por ações, e define os seus objetivos (art. 12); indica a forma como será constituído o seu capital (art. 14), mencionando os bens imóveis que poderão ser utilizados para a integralização do capital da entidade (art. 14, § 2º, combinado com os arts. 19 e 20, e Anexo I). Não existe qualquer autorização legislativa em branco. Os bens transferidos para a CPP passarão a integrar o seu patrimônio, podendo, sem qualquer ofensa à Constituição, ser oferecidos em garantia de compromissos vinculados a parcerias público-privadas, na forma do art. 15. É verdade que a prestação de garantia pela CPP irá esbarrar na proibição contida no art. 40, § 6º, da Lei de Responsabilidade Fiscal, segundo o qual "é vedado às entidades da Administração Indireta, inclusive suas empresas controladas e subsidiárias, conceder garantia, ainda que com recursos de fundos". No entanto, afastada a interpretação puramente literal do dispositivo, é possível entender que o mesmo teve por objetivo impedir que as entidades da Administração Indireta empenhem verbas do seu patrimônio para prestar garantias a terceiros, em prejuízo de seu fim institucional. No caso da solução adotada pela lei paulista, a entidade foi criada com o objetivo específico de prestar garantia mediante a utilização de bens integrados ao seu patrimônio pela própria lei instituidora. Esse é o seu objetivo institucional. Não há outra atribuição específica que possa ficar prejudicada com a prestação da garantia.

Outra norma aplicável apenas à União é a contida no art. 14 da Lei nº 11.079, de 30-12-04, que diz respeito ao **órgão gestor das parcerias público-privadas**, a ser instituído por decreto, com as seguintes competências: (I) definir os serviços prioritários para execução no regime de parceria público-privada; (II) disciplinar os procedimentos para celebração desses contratos; (III) autorizar a abertura da licitação e aprovar seu edital; (IV) apreciar os relatórios de execução dos contratos.

A constituição do órgão está disciplinada no § 1º e contará com representantes do Ministério do Planejamento, Orçamento e Gestão (que coordenará os trabalhos), do Ministério da Fazenda e da Casa Civil da Presidência da República. Além disso, em cada reunião do órgão deverá participar um representante do órgão da Administração Pública direta cuja área de competência seja pertinente ao objeto do contrato em análise (§ 2º).

Embora o órgão tenha competência decisória sobre a contratação, depende, para esse fim, conforme art. 14, § 3º, de manifestação prévia e fundamentada do Ministério do Planejamento, Orçamento e Gestão, sobre o mérito do projeto, e do Ministério da Fazenda, quanto à viabilidade da concessão da garantia e à sua forma, relativamente aos riscos para o Tesouro Nacional e ao cumprimento do limite de que trata o art. 22.

No que diz respeito à licitação, o órgão gestor não a realiza, limitando-se a autorizar a abertura do procedimento e aprovar o edital; a licitação é realizada pelo próprio Ministério ou Agência Reguladora, nas respectivas áreas de competência (art. 15).

O Comitê Gestor de Parceria Público-Privada (CGP) foi instituído, na esfera federal, pelo Decreto nº 5.385, de 4-3-05, que foi revogado pelo Decreto nº 9.784/19.[21]

Salvo com relação às agências reguladoras, a lei não define competências nem faz qualquer referência à hipótese em que a parceria seja proposta por entidade da Administração Indireta, conforme o permite o art. 1º, parágrafo único. Isto permite a conclusão de que cada entidade, tendo personalidade jurídica própria, tomará as próprias decisões quanto às parcerias, pela aplicação do princípio segundo o qual não existe tutela sem lei que a preveja. Sendo as entidades da Administração Indireta criadas por lei, com esfera de competência própria, a interferência da Administração Indireta fica limitada ao que dispuser a lei.

Na lei do Estado de São Paulo, as competências em matéria de parceria público-privada ficam concentradas nas mãos da Companhia Paulista de Parcerias, devendo, contudo, submeter-se às políticas e diretrizes definidas por outros órgãos da Administração Pública com competência específica sobre a matéria.

Ainda de aplicação restrita à União são as normas relativas ao controle, estabelecidas mais para definir competências do que alterar as formas de controle já previstas no direito positivo:

a) o art. 14, § 4º, prevê o controle pelo Congresso Nacional e pelo Tribunal de Contas, ao exigir que lhes sejam remetidos, com periodicidade anual, os relatórios de desempenho dos contratos de parceria público-privada;[22]

b) o § 6º do mesmo dispositivo garante o controle pelo particular, ao exigir que referidos relatórios sejam disponibilizados ao público, por meio de rede pública de transmissão de dados, salvo quanto às informações classificadas como sigilosas;

c) o art. 15 outorga competência aos Ministérios e às Agências Reguladoras, nas suas respectivas áreas de atuação, para acompanhar e fiscalizar os contratos de parceria público-privada.

Isto tudo não afasta a aplicação dos dispositivos da Constituição referentes a controle (político, financeiro, administrativo, judicial), nem dos contidos nas Leis nºs 8.987 (art. 30) e

---

[21] Sobre o órgão gestor, v. nota de rodapé nº 19, no item 8.9.1.4.6.

[22] A Instrução Normativa nº 52, de 4-7-07, do Tribunal de Contas da União, dispõe sobre o controle e a fiscalização de procedimentos de licitação, contratação e execução contratual de parcerias público-privadas.

9.074 (art. 36), sobre controle pelo poder concedente e controle popular, exercido, como direito, pelo usuário do serviço, conforme previsto no art. 7º da Lei nº 8.987. Como também não afasta o controle exercido pelo Ministério Público.

8.9.1.5 Concessão de obra pública

Concessão de obra pública é o contrato administrativo pelo qual o Poder Público transfere a outrem a execução de uma obra pública, para que a execute por sua conta e risco, mediante remuneração paga pelos beneficiários da obra ou obtida em decorrência da exploração dos serviços ou utilidades que a obra proporciona.

Alguns autores, como Mário Masagão, negam a existência desse tipo de contrato, alegando que ele é sempre acessório de um contrato de concessão de serviço público. O que a Administração Pública tem em vista é a prestação do serviço público; mas, como este depende da realização de uma obra pública, esta é previamente transferida ao mesmo concessionário.

Hoje já se reconhece a existência desse contrato, como modalidade autônoma em relação ao de concessão de serviço público;[23] ele tem por objeto a execução de uma obra, sendo secundária a prestação ou não de um serviço público. Isto ocorre principalmente na medida em que se aceita a possibilidade de que o concessionário seja retribuído, não por meio de exploração da obra, após sua conclusão, mas por meio de contribuição de melhoria.

Em qualquer caso, não é a Administração que remunera o concessionário pela construção da obra; serão os futuros usuários, por meio de contribuição de melhoria ou por meio de tarifas fixadas no contrato.

No primeiro caso, o Poder Público institui contribuição de melhoria para remunerar o concessionário, hipótese em que a obra é paga pelos que experimentaram proveito em decorrência dela (cf. Hector Jorge Escola, 1979, t. 2:309).

No segundo caso, ao concessionário é assegurado o direito de administrar o serviço pelo tempo necessário para recuperar o capital que investiu e ainda obter um lucro. A rescisão unilateral do contrato antes do tempo estabelecido dará ao concessionário o direito ao ressarcimento dos prejuízos. Exemplos de contrato desse tipo seriam aqueles que tivessem por objeto a construção de uma ponte, de um viaduto, de uma estrada, e em que se assegurasse ao concessionário o direito de cobrar pedágio durante certo tempo, para ressarcimento dos gastos efetuados; ou, ainda, a construção de um estacionamento, que fosse administrado posteriormente pelo mesmo concessionário que o construiu.

A vantagem desse tipo de contrato é a possibilidade que tem a Administração de realizar obras e prestar serviços sem dispêndio de capital.

No Estado de São Paulo, a concessão de obra pública está disciplinada pela Lei nº 7.835, de 8-5-92, inclusive quanto às formas de remuneração do concessionário. Na esfera federal, pela Lei nº 8.987/95 que, no entanto, se limitou a definir o instituto no art. 2º, inciso II, alterado pela Lei nº 14.133, do qual se conclui apenas que a forma de licitação utilizável é a concorrência ou o diálogo competitivo; e que o investimento do concessionário será remunerado e amortizado mediante a exploração do serviço ou da obra por prazo determinado. Quanto ao mais, tem-se que entender que se aplicam as normas pertinentes à concessão de serviço público, no que couberem, as normas da Lei nº 14.133/21.

---

[23] Nesse sentido é o entendimento do TCU, no Acórdão nº 790/08, Plenário, Rel. Min. Ubiratan Aguiar.

8.9.1.6 Concessão de uso

É o contrato administrativo pelo qual a Administração Pública faculta a terceiros a utilização privativa de bem público, para que a exerça conforme a sua destinação (v. item 16.6.3.3).

8.9.2 Contratos de obra pública e de prestação de serviços

Lei nº 14.133/21 dá o conceito de **obra** no art. 6º, inciso XII, como "toda atividade estabelecida, por força de lei, como privativa das profissões de arquiteto e engenheiro que implica intervenção no meio ambiente por meio de um conjunto harmônico de ações que, agregadas, formam um todo que inova o espaço físico da natureza ou acarreta alteração substancial das características originais de bem imóvel".

Quanto ao serviço, o art. 6º, inciso XI, o define como "atividade ou conjunto de atividades destinadas a obter determinada utilidade, intelectual ou material, de interesse da Administração".

Dentre os serviços, a lei distingue, no art. 6º, várias modalidades: (i) bens e serviços comuns: aqueles cujos padrões de desempenho e qualidade podem ser objetivamente definidos pelo edital, por meio de especificações usuais de mercado (inciso XIII); (ii) bens e serviços especiais: aqueles que, por sua alta heterogeneidade ou complexidade, não podem ser descritos na forma do inciso XIII, exigida justificativa prévia do contratante (inciso XIV); (iii) serviços e fornecimentos contínuos: serviços contratados e compras realizadas pela Administração Pública para a manutenção da atividade administrativa, decorrentes de necessidades permanentes ou prolongadas (inciso XV); (iv) serviços contínuos com regime de dedicação exclusiva de mão de obra: aqueles cujo modelo de execução contratual exige, dentre outros requisitos, que: a) os empregados do contratado fiquem à disposição nas dependências do contratante para a prestação dos serviços; b) o contratado não compartilhe os recursos humanos e materiais disponíveis de uma contratação para execução simultânea de outros contratos; c) o contratado possibilite a fiscalização pelo contratante quanto à distribuição, controle e supervisão dos recursos humanos alocados aos seus contratos (inciso XVI); (v) serviços não contínuos ou contratados por escopo: impõem ao contratado o dever de realizar a prestação de um serviço específico em período predeterminado, podendo ser prorrogado, desde que justificadamente, pelo prazo necessário à conclusão do objeto (inciso XVII); (vi) serviços técnicos especializados de natureza predominantemente intelectual: aqueles realizados em trabalhos relativos às atividades elencadas de forma taxativa no inciso XVIII; tais serviços podem ser contratados com inexigibilidade de licitação, nos termos do art. 74, III; (vii) serviço de engenharia: toda atividade ou conjunto de atividades destinadas a obter determinada utilidade, intelectual ou material, de interesse para a Administração e que, não enquadradas no conceito de obra a que se refere o inciso XII, são estabelecidas, por força de lei, como privativas das profissões de arquiteto e engenheiro ou de técnicos especializados, compreendendo: a) serviço comum de engenharia: que tem por objeto ações, objetivamente padronizáveis em termos de desempenho e qualidade, de manutenção, de adequação e de adaptação de bens móveis e imóveis, com preservação das características originais dos bens; b) serviço especial de engenharia: aquele que, por sua alta heterogeneidade ou complexidade, não pode se enquadrar na definição constante da alínea *a* (inciso XXI).

A Lei nº 14.133 contém várias normas comuns aos contratos de obras e serviços:

1. previsão dos seguintes **regimes de execução**, previstos no art. 46 e definidos no art. 6º:

    a) **empreitada por preço unitário:** contratação da execução da obra ou serviço por preço certo de unidades determinadas (XXVIII);

b) **empreitada por preço global**: contratação da execução da obra ou do serviço por preço certo e total (inciso XXIX);

c) **empreitada integral**: contratação de empreendimento em sua integralidade, compreendida a totalidade das etapas de obras, serviços e instalações necessárias, sob inteira responsabilidade do contratado até sua entrega ao contratante em condições de entrada em operação, com características adequadas às finalidades para as quais foi contratado e atendidos os requisitos técnicos e legais para sua utilização com segurança estrutural e operacional (inciso XXX);

d) **contratação por tarefa**: regime de contratação de mão de obra para pequenos trabalhos por preço certo, com ou sem fornecimento de materiais (inciso XXXI);

e) **contratação integrada**: regime de contratação de obras e serviços de engenharia em que o contratado é responsável por elaborar e desenvolver os **projetos básico e executivo**, executar obras e serviços de engenharia, fornecer bens ou prestar serviços especiais e realizar montagem, teste, pré-operação e as demais operações necessárias e suficientes para a entrega final do objeto (inciso XXXII);

f) **contratação semi-integrada**: regime dc contratação de obras e serviços de engenharia em que o contratado é responsável por elaborar e desenvolver o **projeto executivo**, executar obras e serviços de engenharia, fornecer bens ou prestar serviços especiais e realizar montagem, teste, pré-operação e as demais operações necessárias e suficientes para a entrega final do objeto (inciso XXXIII);

g) **fornecimento e prestação de serviço associado**: regime de contratação em que, além do fornecimento do objeto, o contratado responsabiliza-se por sua operação, manutenção ou ambas, por tempo determinado (inciso XXXIV).

2. os regimes de execução referidos nas alíneas *b* a *f* do item anterior serão licitados por preço global (art. 46, § 9º);

3. vedação da realização de obras e serviços de engenharia sem **projeto executivo** (art. 46, § 1º), exceto na hipótese do art. 18, § 3º, quando demonstrada a existência de prejuízos para aferição dos padrões de desempenho e qualidade almejados;

4. dispensa de **projeto executivo nos casos de contratação integrada,** tal como definida no art. 6º (art. 46, § 2º), hipótese em que deverá ser elaborado **anteprojeto** pela Administração, tal como definido no art. 6º, XXIV;

5. **vedação de participação**, direta ou indiretamente, da licitação ou da execução do contrato, de agente público de órgão ou entidade licitante ou contratante, devendo ser observadas as situações que possam configurar conflito de interesses no exercício ou após o exercício do cargo ou emprego (art. 9º, § 1º); a mesma proibição estende-se a terceiro que auxilie a condução da contratação na qualidade de integrante de equipe de apoio, profissional especializado ou funcionário ou representante de empresa que preste assessoria técnica (art. 9º, § 2º);

6. na **contratação integrada**, exigência de avaliação e aprovação, pela Administração, do projeto básico apresentado pelo contratado, com todos os seus elementos (art. 46, § 3º);

7. **na contratação integrada e na semi-integrada**, exigência de que o edital e o contrato, quando for o caso, prevejam as providências necessárias para efetivação de desapropriação, indicação do responsável por cada fase do procedimento expro-

priatório, responsabilidade pelo pagamento das indenizações, estimativa do valor da indenização, inclusive os custos correlatos, distribuição objetiva de riscos entre as partes, em nome de quem deverá ser promovido o registro de imissão provisória na posse e o registro de propriedade dos bens a serem desapropriados (art. 46, § 4º);

8. **possibilidade de alteração do projeto básico na contratação semi-integrada**, na hipótese prevista no art. 46, § 5º.

Ainda merecem menção os **contratos de serviços de publicidade** prestados por intermédio de agências de propaganda, disciplinados por legislação específica (Lei nº 12.232, de 29-4-10), que prevê, inclusive, algumas normas sobre o procedimento da licitação, que alteram, para a contratação desse tipo de serviço, o procedimento previsto na Lei nº 8.666/93 (v. item 9.7.7). Aplicam-se subsidiariamente a esse tipo de contrato as normas da nova Lei de Licitações, conforme estabelece o seu art. 186.

8.9.2.1 Empreitada

A empreitada é contrato que existe no direito privado, disciplinado pelo Código Civil (arts. 610 a 626), e no direito administrativo, regido pela Lei nº 14.133/21. O conteúdo é o mesmo no direito privado e nas duas leis de licitações; a diferença existe quanto ao regime jurídico, já que, na empreitada celebrada pela Administração, estão presentes as características dos contratos administrativos, com todas as cláusulas exorbitantes já mencionadas.

Existe empreitada quando a Administração comete ao particular a execução da obra ou serviço, para que a execute por sua conta e risco, mediante remuneração prefixada.

A empreitada pode ser de **lavor** (quando abrange só a obra ou serviço) e **mista** (quando, além da obra, o empreiteiro fornece os materiais).

Quanto à forma de remuneração, ela pode ser por **preço global** (quando o pagamento é total, abrangendo toda a obra ou serviço) e por **preço unitário** (em que o trabalho é executado paulatinamente e pago por unidade de execução, como, por exemplo, por metro quadrado ou por quilômetro). Nos termos do art. 46 da **Lei nº 14.133/21**, são admitidos, na execução indireta de obras e serviços de engenharia, os seguintes regimes: empreitada por preço unitário, empreitada por preço global, empreitada integral, contratação por tarefa, contratação integrada, contratação semi-integrada (todas elas remuneradas por preço global) e fornecimento e prestação de serviço associado (art. 46).

A **Lei nº 8.666/93** (já revogada pela Lei nº 14.133/21) tinha inovado ao prever a **empreitada integral** que, segundo Marçal Justen Filho (2001:105-106) "é uma espécie de empreitada por preço global. O que a peculiariza é a abrangência da prestação imposta ao contratado, que tem o dever de executar e entregar um **empreendimento** em sua integralidade, pronto, acabado e em condições de funcionamento. A expressão **empreendimento** indica uma obra ou um serviço não consumível que serve de instrumento para produzir outras utilidades. A diferença entre os conceitos de empreitada por preço global e de empreitada integral fica evidente no caso de fracionamento de obra. Nesse caso, não haverá empreitada integral, pois o contratado executará apenas uma parte do empreendimento. No entanto, poderá existir empreitada por preço global. Basta que a fração da obra seja contratada por um preço que abranja todas as prestações do particular".

A Lei nº 12.462, de 4-9-2011, que instituiu o Regime Diferenciado de Contratações Públicas (RDC), previu, no art. 8º, a contratação integrada como regime de execução, que "compreende a elaboração e desenvolvimento dos projetos básico e executivo, a execução de obras e serviços de engenharia, a montagem, a realização de testes, a pré-operação e todas as demais operações necessárias e suficientes para a entrega final do objeto".

A Lei nº 14.133/21 de Licitações mantém a empreitada integral e acrescenta as modalidades já referidas e previstas no art. 46.

No contrato de empreitada não existe relação de subordinação entre empreiteiro e Administração Pública; ele não é empregado do Estado e responde, perante este, pela má execução da obra ou serviço.

Perante **terceiros**, a responsabilidade é do Estado e se rege pelo art. 37, § 6º, da Constituição; o Estado responde objetivamente, mas tem direito de regresso contra aquele a quem transferiu a execução da obra ou serviço, desde que este tenha agido com culpa.

Algumas distinções merecem ser realçadas entre os contratos de empreitada de serviço e a concessão de serviço público. O contrato de empreitada tem por objeto a execução de uma atividade material (limpeza, vigilância, projeto, parecer etc.), dentre as previstas no art. 6º, incisos XI e XIII a XVIII, da Lei nº 14.133, sem transferir a gestão do serviço; a concessão de serviço público, como o próprio nome indica, tem por objeto a execução de um serviço público em sua integralidade, com todo o complexo de atividades materiais a ele inerente, como ocorre com o serviço de energia elétrica, telecomunicações, navegação aérea etc.

Na empreitada, a remuneração é paga pelo poder público, enquanto na concessão a remuneração é paga pelo usuário ou outras fontes de receita decorrentes da exploração do serviço. Essa distinção poderá ser abrandada ou até desaparecer em algumas formas de concessão outorgadas sob a forma de parceria público privada, em que a remuneração pode decorrer de dotações orçamentárias, títulos da dívida pública, cessão de direitos oponíveis ao poder público, transferência de bens públicos.

Outra diferença diz respeito à responsabilidade perante terceiros: enquanto na empreitada a responsabilidade é objetiva do Estado, porque ele é o gestor, exercendo a atividade por meio da chamada execução indireta prevista no art. 46 da Lei nº 14.133/21, na concessão de serviço público, a responsabilidade objetiva é da concessionária, consoante decorre do art. 37, § 6º, da Constituição, respondendo o Estado apenas subsidiariamente ou solidariamente, neste último caso se houver má escolha da concessionária ou omissão do poder de fiscalização sobre o serviço concedido.

A empreitada produz efeitos bilaterais entre poder público e empreiteira, enquanto a concessão produz efeitos trilaterais, porque alcança o usuário do serviço público, que, embora não sendo parte no contrato, assume direitos e obrigações, conforme arts. 7º e 7º-A, da Lei nº 8.987/95.

Finalmente, o empreiteiro atua como particular, sem qualquer prerrogativa pública, enquanto o concessionário recebe prerrogativas próprias do poder público (como a de instituir servidão, promover desapropriação, fazer subconcessão) e sujeita-se a algumas restrições também próprias do poder concedente, como a submissão aos princípios inerentes à prestação de serviços públicos (mutabilidade, continuidade, universalidade, igualdade entre usuários etc.) e inserção de alguns de seus bens na categoria de bens *extra commercium*, por estarem vinculados à prestação de serviço público.

Se comparada a empreitada de obra pública com a concessão de obra pública, existem diferenças quanto à forma de remuneração, às prerrogativas, à responsabilidade, aos efeitos em relação a terceiros.

8.9.2.2 *Administração contratada*

Administração contratada, também chamada de **Administração interessada** (por influência do direito francês, que fala em *régie interessée*) é o contrato administrativo em que a Administração defere a terceiro a incumbência de orientar e superintender a execução da obra ou serviço, mediante pagamento de importância proporcional ao seu custo total.

O particular contratado, que não tem vínculo empregatício com a Administração contratante, entra com a direção dos serviços, com a responsabilidade técnica, com o *know-how*, com a técnica de execução.

O administrador (ou *régisseur*) não suporta os riscos do empreendimento, que correm por conta da Administração Pública.

As principais diferenças entre a Administração contratada e a empreitada são as seguintes:

1. quanto à remuneração, o pagamento corresponde, na Administração contratada, a um percentual sobre o custo da obra ou serviço e, na empreitada, a um preço fixo abrangendo o total da obra; aliás, nisto ambas se distinguem da concessão de obra pública, em que a remuneração é paga pelo usuário por meio da tarifa;
2. quanto aos **riscos**, são suportados pelo empreiteiro (e também pelo concessionário de obra pública), mas não pelo *régisseur* ou administrador.

A Lei nº 14.133/21, da mesma forma que a anterior Lei nº 8.666/93, não prevê essa modalidade de contrato.

8.9.2.3 Tarefa

Tarefa é o contrato administrativo que tem por objeto a mão de obra para pequenos trabalhos, mediante pagamento por preço certo, com ou sem fornecimento de material.

Normalmente é utilizado para trabalhos em que o pequeno valor justifica a dispensa de licitação e o termo de contrato; a forma normalmente usada é a "ordem de execução de serviço".

Na Lei nº 14.133, a contratação por tarefa é prevista como regime de execução, no art. 46, sendo definida, no art. 6º, XXXI, como "o regime de contratação de mão de obra para pequenos trabalhos por preço certo, com ou sem fornecimento de materiais".

8.9.2.4 Serviços de publicidade

Os serviços de publicidade foram incluídos no art. 2º da Lei nº 8.666/93 entre aqueles que devem necessariamente ser precedidos de licitação, não tendo sido referidos no art. 2º da Lei nº 14.133/21. No entanto, estão regidos pela legislação específica já referida (a Lei nº 12.232/10), aplicável à União, Estados, Distrito Federal e Municípios (art. 1º, *caput*), bem como aos órgãos do Poder Executivo, Legislativo e Judiciário, e às entidades da administração indireta e a todas as entidades controladas direta ou indiretamente pelos entes referidos no *caput* (art. 1º, § 1º).

Nos termos do art. 2º dessa lei, são "serviços de publicidade o conjunto de atividades realizadas integradamente que tenham por objetivo o estudo, o planejamento, a conceituação, a concepção, a criação, a execução interna, a intermediação e a supervisão da execução externa e a distribuição de publicidade aos veículos e demais meios de divulgação, com o objetivo de promover a venda de bens ou serviços de qualquer natureza, difundir ideias ou informar o público em geral".

Os serviços de publicidade somente podem ser contratados em agências de propaganda cujas atividades sejam disciplinadas pela Lei nº 4.680, de 18-6-65, e que tenham obtido certificado de qualificação técnica de funcionamento, junto ao Conselho Executivo das Normas-Padrão (CENP); trata-se de entidade sem fins lucrativos, integrada e gerida por entidades nacionais que representam veículos, anunciantes e agências, ou por entidade equivalente, legalmente reconhecida como fiscalizadora e certificadora das condições técnicas de agências de propaganda (art. 4º).

O contrato pode incluir as **atividades complementares** previstas no art. 2º, § 1º, as quais somente poderão ser prestadas por pessoas físicas ou jurídicas previamente cadastradas pelo contratante (art. 14). Para essa contratação ou, melhor dizendo, subcontratação, o contratado deverá apresentar ao contratante três orçamentos obtidos entre pessoas que atuem no mercado do ramo do fornecimento pretendido. Se o valor do fornecimento tiver valor superior a 0,5% do valor global do contrato, os três orçamentos serão abertos em sessão pública, convocada e realizada sob fiscalização do contratante (art. 14, § 2º).

O art. 18 da lei permite a concessão de planos de incentivo por veículo de divulgação e sua aceitação por agência de propaganda, hipótese em que os frutos deles resultantes constituem receita própria da agência e não do contratante (art. 18). Esse proveito obtido pela agência não altera a equação econômico-financeira do contrato. De acordo com o § 2º do mesmo dispositivo, as agências de propaganda não poderão, em nenhum caso, sobrepor os planos de incentivo aos interesses dos contratantes, preterindo veículos de divulgação que não os concedam ou priorizando os que os ofereçam, devendo sempre conduzir-se na orientação da escolha desses veículos de acordo com pesquisas e dados técnicos comprovados. O descumprimento a esse parágrafo caracteriza grave violação aos deveres contratuais, sujeitando o infrator às penalidades previstas no art. 87 da Lei nº 8.666/93 (ao qual corresponde o art. 156 da Lei nº 14.133/21).

Ao contrário do que ocorre com os planos de incentivo, cujos frutos são apropriados pela agência de propaganda, pertencem ao contratante as vantagens obtidas em negociação de compra de mídia diretamente ou por intermédio de agência de propaganda, incluídos os eventuais descontos e as bonificações na forma de tempo, espaço ou reaplicações que tenham sido concedidos pelo veículo de divulgação (art. 15, parágrafo único).

O art. 20 da lei prevê a sua aplicação subsidiária às empresas que possuem regulamento próprio de contratação, às licitações já abertas, aos contratos em fase de execução e aos efeitos pendentes dos contratos já encerrados na data de sua aplicação. O dispositivo, certamente, será fruto de controvérsias.

A aplicação às licitações já abertas exigirá nova publicação do instrumento convocatório, se afetar a formulação das propostas, conforme previsto no art. 55, § 1º, da Lei nº 14.133. Eventualmente, a anulação ou revogação do procedimento serão as medidas cabíveis, com a consequente obrigação de indenização aos licitantes, na forma dos arts. 69, § 3º, e 148 da Lei nº 14.133.

A aplicação aos efeitos pendentes dos contratos já encerrados contraria a norma do art. 5º, XXXVI, da Constituição, que protege o ato jurídico perfeito diante das alterações legislativas, além de infringir o princípio da segurança jurídica, seja no aspecto objetivo da estabilidade das relações jurídicas, seja no aspecto subjetivo da proteção à confiança.

A Lei nº 14.133/21 aplica-se subsidiariamente à Lei nº 12.232/10, conforme determina o art. 186.

8.9.3 Contrato de fornecimento

Fornecimento é o contrato administrativo pelo qual a Administração Pública adquire bens móveis e semoventes necessários à execução de obras ou serviços.

Quanto ao conteúdo, não se distingue do contrato de compra e venda; por isso mesmo, alguns negam que exista como contrato administrativo. A legislação sobre licitações ora fala em compras (como no art. 40 da Lei nº 14.133/21), ora em fornecimento (como no art. 41 da mesma Lei).

Quando se trata de compras para entrega imediata e pagamento à vista, não há que se falar, realmente, em contrato de fornecimento como contrato administrativo. Ele em nada difere da compra e venda, a não ser pelo procedimento prévio da licitação, quando for o caso, e demais normas previstas nos arts. 40 a 44.

Ele só apresentará as características de contrato administrativo, em que a Administração Pública aparece em posição de supremacia, com privilégios assegurados por meio das cláusulas exorbitantes, quando se tratar de fornecimento **contínuo**, **parcelado** ou quando o fornecimento for integral, porém para entrega futura.

Fornecimento **parcelado**, como o próprio nome indica, é aquele que se faz por partes. Por exemplo, quando a Administração adquire quantidade de bens, como veículos, máquinas, mesas, e a entrega se faz parceladamente.

Fornecimento **contínuo** é aquele que se faz por tempo determinado, para entrega de bens de consumo habitual ou permanente, como, por exemplo, papel, graxa, tinta, combustível etc. Trata-se de materiais necessários à realização de obras públicas ou à execução de serviços públicos, de modo que a continuidade destes fica dependendo do fornecimento.

Algumas vezes, além de fornecer material, o contratado se compromete a produzi-lo, hipótese em que haverá um misto de locação de serviços e fornecimento. É o que ocorre com o fornecimento de alimentação aos presos, por exemplo.

A **Lei nº 14.133/21** trata das **compras** nos arts. 40 a 44. E dá o seu conceito no art. 6º, inciso X: "aquisição remunerada de bens para fornecimento de uma só vez ou parceladamente, considerada imediata aquela com prazo de entrega de até 30 dias da ordem de fornecimento". No inciso XV do art. 6º, faz referência a "serviços e fornecimentos contínuos", definindo-os como "serviços contratados e compras realizadas pela Administração Pública para a manutenção da atividade administrativa, decorrentes de necessidades permanentes ou prolongadas". No inciso XXII do mesmo dispositivo, fala em "obras, serviços e fornecimentos de grande vulto", como aqueles cujo valor estimado supera R$ 239.624.058,14, atualizado anualmente com fundamento no art. 182 da Lei nº 14.133/21".

Vale dizer que as compras podem ser o objeto único de um contrato ou podem vir associadas aos contratos de serviços ou de obras.

A sua contratação exige a elaboração do **termo de referência**, definido no art. 6º, XXIII, como "documento necessário para a contratação de bens e serviços, que deve conter os parâmetros e elementos descritivos" referidos nas alíneas do mesmo inciso, como: definição do objeto, fundamentação da contratação, requisitos da contratação, modelo de execução do objeto, adequação orçamentária, dentre outros.

O art. 40 da Lei nº 14.133 contempla algumas exigências para o planejamento de compras, que deverá considerar a expectativa de consumo anual e observar: "I – condições de aquisição e pagamento semelhantes às do setor privado; II – processamento por meio de **sistema de registro de preços**, quando pertinente; III – determinação de unidades e quantidades a serem adquiridas em função de consumo e utilização prováveis, cuja estimativa será obtida, sempre que possível, mediante adequadas técnicas quantitativas, admitido o fornecimento contínuo; IV – condições de guarda e armazenamento que não permitam a deterioração do material; V – atendimento aos **princípios "da padronização, do parcelamento e da responsabilidade fiscal"**.

Quanto ao **parcelamento**, o § 2º do art. 40 exige sejam considerados: "I – a viabilidade da divisão do objeto em lotes; II – o aproveitamento das peculiaridades do mercado local, com vistas à economicidade, sempre que possível, desde que atendidos os parâmetros de qualidade; e III – o dever de buscar a ampliação da competição e de evitar a concentração de mercado".

Por sua vez, o § 3º do mesmo dispositivo aponta as hipóteses em que o parcelamento não pode ser feito, o que ocorre quando: "I – a economia de escala, a redução de custos de gestão de contratos ou a maior vantagem na contratação recomendar a compra do item do mesmo fornecedor; II – o objeto a ser contratado configurar sistema único e integrado e houver a possibilidade de risco ao conjunto do objeto pretendido; III – o processo de padronização ou de escolha de marca levar a fornecedor exclusivo".

O art. 42 indica as formas como pode ser feita a prova da qualidade de produto apresentado pelos proponentes como similar ao das marcas eventualmente indicadas no edital. O § 1º permite que o edital exija, como condição de aceitabilidade da proposta, certificado de qualidade do produto por instituição credenciada pelo Conselho Nacional de Metrologia, Normalização e Qualidade Industrial (Conmetro). Os §§ 2º e 3º tratam da possibilidade de ser exigida amostra do licitante provisoriamente vencedor, para atender a diligência ou, após o julgamento, como condição para firmar contrato. O art. 41 indica as hipóteses em que a Administração pode indicar uma ou mais marcas ou modelos (inciso I), exigir amostra ou prova de conceito do bem no procedimento de pré-qualificação permanente (inciso II); vedar a contratação de marca ou produto (inciso III) ou solicitar, motivadamente, carta de solidariedade emitida pelo fabricante, que assegure a execução do contrato, no caso de licitante revendedor ou distribuidor (inciso IV). Quanto às exigências do inciso II, estas estão restritas à fase de julgamento de propostas e lances, conforme determina o parágrafo único do art. 41.

No que se refere à **padronização**, o art. 42 indica as exigências que devem ser atendidas, como: parecer técnico sobre o produto, despacho motivado da autoridade superior, e síntese da justificativa e descrição sucinta do padrão definido, divulgadas em sítio eletrônico oficial. O § 1º permite que a padronização seja feita, justificadamente, com base em processo de outro órgão ou entidade de nível federativo igual ou superior ao do órgão adquirente.

8.10 PROGRAMA DE PARCERIAS DE INVESTIMENTOS – PPI

A Lei nº 13.334, de 13-9-16, criou o Programa de Parcerias de Investimentos – PPI, destinado ao fortalecimento da interação entre o Estado e a iniciativa privada por meio da celebração de contratos de parceria para a execução de empreendimentos públicos de infraestrutura e de outras medidas de desestatização (art. 1º).

Embora utilize o vocábulo "parceria", a lei não se aplica apenas aos contratos de parceria público-privada, mas às várias modalidades de contratos mencionadas no art. 1º, § 2º, da Lei: concessão comum, concessão patrocinada, concessão administrativa, concessão regida por legislação setorial, permissão de serviço público, arrendamento de bens públicos, concessão de direito real de uso e outros negócios público-privados que, em função de seu caráter estratégico e de sua complexidade, especificidade, volume de investimentos, longo prazo, riscos ou incertezas envolvidos, adotem estrutura jurídica semelhante.

A Lei não institui modalidade nova de contrato, já que ela contém medida de fomento à celebração de contratos entre o poder público e a iniciativa privada, bem como às demais medidas do Programa Nacional de Desestatização a que se refere a Lei nº 9.491, de 9-9-97.

Para viabilizar o cumprimento da Lei, o art. 14 autoriza o BNDES a constituir e participar do Fundo de Apoio à Estruturação de Parcerias – FAEP, "que terá por finalidade a prestação onerosa, por meio de contrato, de serviços técnicos profissionais especializados para a estruturação de parcerias de investimentos e de medidas de desestatização". Vale dizer que o FAEP pode ser contratado pelos órgãos ou entidades públicas para prestação de serviços técnicos profissionais especializados, ou seja, para a estruturação dos projetos que integrem ou venham a integrar o PPI.

O FAEP, que será administrado pelo próprio BNDES, é um fundo de natureza privada e patrimônio próprio constituído por recursos: I – oriundos da integralização de cotas, em moeda corrente nacional, por pessoas jurídicas de direito público, organismos internacionais e pessoas naturais ou jurídicas de direito privado, estatais ou não estatais; II – as remunerações recebidas por seus serviços; III – os recebidos pela alienação de bens e direitos, ou de publicações, material técnico, dados e informações; IV – os rendimentos de aplicações financeiras que realizar; e V – os recursos provenientes de outras fontes definidas em seu estatuto (art. 14, *caput* e § 6º).

O PPI tem aplicação apenas à União. Mas o art. 17 contém norma voltada para os demais entes da federação, que exerçam competências de cujo exercício dependa a viabilização de empreendimento do PPI, exigindo que atuem "em conjunto e com eficiência, para que sejam concluídos, de forma uniforme econômica e em prazo compatível com o caráter prioritário nacional do empreendimento, todos os processos e atos administrativos necessários à sua estruturação, liberação e execução". A exigência justifica-se porque, muitas vezes, a execução do empreendimento, mesmo sendo de iniciativa do governo federal, pode depender de licenças, autorizações, registros, permissões, direitos de uso ou exploração, regimes especiais, de natureza regulatória, ambiental, urbanística, de trânsito, patrimonial pública etc., conforme consta do § 1º do art. 17.

8.11 CONTRATO DE DESEMPENHO E CONTRATO DE GESTÃO

A expressão "contrato de gestão" é a denominação que tem sido utilizada no direito brasileiro para designar dois tipos de ajustes: (i) o firmado entre a Administração Pública e as chamadas **organizações sociais**, disciplinadas, na esfera federal, pela Lei nº 9.637, de 15-5-98, e que será objeto de análise no capítulo 11, que trata das entidades do terceiro setor; e (ii) o contrato firmado entre, de um lado, a Administração Pública Direta e, de outro, dirigente de entidades da Administração Indireta ou órgãos da própria Administração Direta.

Esta segunda modalidade corresponde à referida no § 8º do art. 37, introduzido pela Emenda Constitucional nº 19/98 e foi disciplinada pela Lei nº 13.934, de 11-12-19, com a denominação de **contrato de desempenho**. No entanto, mantém-se, neste item, também a expressão **contrato de gestão** como sinônimo, por várias razões: (i) ela está consagrada na doutrina e jurisprudência; (ii) a Lei nº 13.934/19 só tem aplicação na esfera federal, continuando Estados, Distrito Federal e Municípios a referir-se aos contratos de gestão, enquanto não alterarem a sua legislação; (iii) os contratos de gestão estão previstos, com essa denominação, em leis e decretos federais, não revogados pela Lei nº 13.934/19.

O objetivo do contrato é o de estabelecer determinadas metas a serem alcançadas pela entidade em troca de algum benefício outorgado pelo Poder Público. O contrato é estabelecido por tempo determinado, ficando a entidade sujeita a controle de resultado para verificação do cumprimento das metas estabelecidas. Na realidade, esse tipo de contrato serve de instrumento de controle (ou tutela) exercido pelos órgãos supervisores da Administração direta sobre as entidades da Administração indireta e mesmo sobre os órgãos supervisionados da própria Administração direta. Trata-se de controle pela via contratual.

Os primeiros contratos desse tipo foram celebrados com a Companhia Vale do Rio Doce – CVRD (antes de sua privatização), a Petróleo Brasileiro S.A. – Petrobras (ambos com base no Decreto nº 137, de 27-5-91, que instituiu o Programa de Gestão das Empresas Estatais) e com o Serviço Social Autônomo Associação das Pioneiras Sociais.

Com relação às entidades da Administração Indireta, o objetivo seria o de sujeitá-las ao cumprimento de metas definidas no contrato e, em troca, liberá-las de certas formas de controle, dando-lhes, portanto, maior autonomia.

Ocorre que, tendo sido a matéria disciplinada apenas por meio de *decreto*, os poucos contratos de gestão celebrados na esfera federal acabaram sendo impugnados pelo Tribunal de Contas, já que as exigências de controle ou decorrem da própria Constituição ou de leis infraconstitucionais, não podendo ser derrogadas por meio de decreto ou de contrato. Para tornar viável a utilização desse tipo de contrato, seria necessário alterar o direito positivo.

Essa alteração foi efetuada pela Emenda Constitucional nº 19, de 4-6-98, que introduziu o § 8º no art. 37 da Constituição, estabelecendo que "a autonomia gerencial, orçamentária e financeira dos órgãos e entidades da administração direta e indireta poderá ser ampliada mediante contrato, a ser firmado entre seus administradores e o poder público, que tenha por objeto a fixação de metas de desempenho para o órgão ou entidade, cabendo à lei dispor sobre: I – o prazo de duração do contrato; II – os controles e critérios de avaliação de desempenho, direitos, obrigações e responsabilidade dos dirigentes; III – a remuneração do pessoal".

Embora o dispositivo constitucional não mencione a expressão *contrato de gestão*, nem *contrato de desempenho*, é a esse tipo de contrato que quis referir-se, com a peculiaridade de que o mesmo poderá ser celebrado não apenas com entidades da Administração Indireta, como também com órgãos (sem personalidade jurídica) da própria Administração Direta. Isto significa que poderá ocorrer que dois órgãos sem personalidade jurídica própria celebrem acordo de vontade. Em qualquer caso, o objetivo é definir **metas de desempenho**, ampliar a **autonomia** e permitir o **controle de resultado** em função das metas estabelecidas.

O contrato de gestão ainda é mencionado nos Decretos nºs 2.487 e 2.488, ambos de 2-2-98, que preveem, com fundamento nos arts. 51 e 52 da Lei nº 9.649, de 27-5-98 (que dispõe sobre organização da Presidência da República), a possibilidade de autarquias e fundações receberem a qualificação de **agências executivas** desde que celebrem contrato de gestão com o respectivo Ministério Supervisor e tenham plano estratégico de reestruturação e desenvolvimento institucional, voltado para a melhoria da qualidade de gestão e para a redução de custos. A ideia é sempre a mesma: fixação de metas para aumentar a eficiência, em troca de maior autonomia (v. item 10.9.2).

O objetivo a ser alcançado pelos contratos de gestão é o de conceder maior **autonomia** à entidade da Administração Indireta ou ao órgão da Administração Direta de modo a permitir a consecução de **metas** a serem alcançadas no prazo definido no contrato; para esse fim, o contrato deve prever um **controle de resultados** que irá orientar a Administração Pública quanto à conveniência ou não de manter, rescindir ou alterar o contrato.

O fim último dos contratos de gestão é a **eficiência**, como princípio constitucional previsto no art. 37, *caput*, da Constituição (alterado pela Emenda Constitucional nº 19/98).

Basicamente, todos os contratos de gestão devem conter, no mínimo:

a) forma como a autonomia será exercida;
b) metas a serem cumpridas pelo órgão ou entidade no prazo estabelecido no contrato;
c) controle de resultado, para verificação do cumprimento ou não das metas estabelecidas.

Quando o contrato referido na Emenda Constitucional nº 19 for celebrado com órgão da Administração Direta, dificilmente estarão presentes as características próprias de um contrato, pois este pressupõe um acordo de vontades entre pessoas dotadas de **capacidade**, ou seja, titulares de direitos e obrigações. Como os órgãos da Administração Direta não são dotados de personalidade jurídica, mas atuam em nome da pessoa jurídica em que estão integrados, os dois signatários do ajuste estarão representando exatamente a mesma pessoa jurídica. E não se pode admitir que essa mesma pessoa tenha interesses contrapostos defendidos por órgãos diversos. Por isso mesmo, esses contratos correspondem, na realidade, quando muito, a termos de compromisso assumidos por dirigentes de órgãos, para lograrem maior autonomia e se obrigarem a cumprir metas. Além disso, as metas que se obrigam a cumprir já correspondem àquelas que estão obrigados a cumprir por força da própria lei que define as atribuições do órgão público; a outorga de maior autonomia é um incentivo ou um instrumento que facilita a consecução das metas legais.

Mesmo em se tratando de contrato de gestão ou de desempenho entre entidade da Administração Indireta e o Poder Público, a natureza efetivamente contratual do ajuste pode ser contestada, tendo em vista que a existência de interesses opostos e contraditórios constitui uma das características presentes nos contratos em geral e ausente no contrato de gestão, pois é inconcebível que os interesses visados pela Administração Direta e Indireta sejam diversos. É incontestável que a sua natureza se aproxima muito mais dos convênios do que dos contratos propriamente ditos.

O contrato de gestão foi ainda previsto expressamente na Lei nº 9.637, de 15-5-98, que dispôs sobre a qualificação de entidades como organizações sociais; ele será o instrumento para estabelecer-se um vínculo jurídico entre a organização social e a Administração Pública. Por meio dele, fixam-se as metas a serem cumpridas pela entidade e, em troca, o Poder Público auxilia de diversas formas, quer cedendo bens públicos, quer transferindo recursos orçamentários, quer cedendo servidores públicos.[24]

A Lei nº 13.934/19 (entrou em vigor 180 dias depois de sua publicação, conforme art. 12) regulamenta o contrato referido no § 8º do art. 37 da Constituição. No art. 1º utiliza, para designá-lo, a expressão **contrato de desempenho** e restringe a sua aplicação à administração pública federal direta de qualquer dos Poderes da União e das autarquias e fundações públicas federais. Estados, Distrito Federal e Municípios que queiram também regulamentar o dispositivo constitucional devem fazê-lo por leis próprias.

O art. 2º define o **contrato de desempenho** como "o acordo celebrado entre o órgão ou entidade supervisor e o órgão ou entidade supervisionado, por meio de seus administradores, para o estabelecimento de metas de desempenho do supervisionado, com os respectivos prazos de execução e indicadores de qualidade, tendo como contrapartida a concessão de flexibilidades ou autonomias especiais". O § 1º do mesmo dispositivo define **meta de desempenho** como o "nível desejado de atividade ou resultado, estipulada de forma mensurável e objetiva para determinado período". O § 2º considera como **indicador de qualidade** "o referencial utilizado para avaliar o desempenho do supervisionado". No que diz respeito à maior autonomia da entidade supervisionado, o § 3º estabelece que "as flexibilidades e as autonomias especiais referidas no *caput* podem compreender a ampliação da autonomia gerencial, orçamentária e financeira do supervisionado".

O art. 6º prevê as flexibilidades e autonomias especiais que podem ser concedidas ao supervisionado por meio do contrato de desempenho, abrangendo: "I – definição de estrutura regimental, sem aumento de despesas, conforme os limites e as condições estabelecidos em regulamento; II – ampliação de autonomia administrativa quanto a limites e delegações relativos a: a) celebração de contratos; b) estabelecimento de limites específicos para despesas de pequenos vultos; c) autorização para formação de banco de horas".

Como se verifica, é muito modesta a autonomia que pode ser outorgada aos órgãos e entidades supervisionados, tendo em vista as limitações que decorrem do regime constitucional.

O art. 7º prevê as cláusulas obrigatórias que devem constar do contrato de desempenho, dentre elas o prazo de vigência, que não pode ser superior a 5 anos nem inferior a um ano. Os arts. 8º e 9º estabelecem as obrigações dos administradores do supervisionado e do supervisor, respectivamente.

---

[24] V. item 10.1.5.3.3, sobre as organizações sociais, Di Pietro, *Parcerias na administração pública*. 6. ed. São Paulo: Atlas, 2008.

Em caso de descumprimento reiterado das cláusulas contratuais ou de insuficiência injustificada do desempenho do supervisionado, o contrato pode ser rescindido por acordo entre as partes ou por ato do supervisor (art. 11).

8.12 CONVÊNIO

O convênio não constitui modalidade de contrato, embora seja um dos instrumentos de que o Poder Público se utiliza para associar-se com outras entidades públicas ou com entidades privadas.

Define-se o convênio como forma de ajuste entre o Poder Público e entidades públicas ou privadas para a realização de objetivos de interesse comum, mediante mútua colaboração.

O convênio tem em comum com o contrato o fato de ser um acordo de vontades. Mas é um acordo de vontades com características próprias. Isto resultava da própria Lei nº 8.666/93, quando, no art. 116, *caput*, determinava que suas normas se aplicariam aos convênios "**no que couber**". Também a Lei nº 14.133 tem aplicação aos convênios, "**no que couber**", conforme determina o art. 184. Se os convênios tivessem natureza contratual, não haveria necessidade dessas normas.

As diferenças que costumam ser apontadas entre contrato e convênio são as seguintes:

a) no contrato, os **interesses** são opostos e contraditórios, enquanto no convênio são recíprocos; por exemplo, em um contrato de compra e venda, o vendedor quer alienar o bem para receber o melhor preço e o comprador quer adquirir o bem pagando o menor preço; no convênio, também chamado de **ato coletivo**, todos os participantes querem a mesma coisa;

b) os entes conveniados têm **objetivos institucionais comuns** e se reúnem, por meio de convênio, para alcançá-los; por exemplo, uma universidade pública – cujo objetivo é o ensino, a pesquisa e a prestação de serviços à comunidade – celebra convênio com outra entidade, pública ou privada, para realizar um estudo, um projeto, de interesse de ambas, ou para prestar serviços de competência comum a terceiros; é o que ocorre com os convênios celebrados entre Estados e entidades particulares tendo por objeto a prestação de serviços de saúde ou educação; é também o que se verifica com os convênios firmados entre Estados, Municípios e União em matéria tributária para coordenação dos programas de investimentos e serviços públicos e mútua assistência para fiscalização dos tributos respectivos e permuta de informações;

c) no convênio, os partícipes objetivam a obtenção de um **resultado comum**, ou seja, um estudo, um ato jurídico, um projeto, uma obra, um serviço técnico, uma invenção etc., que serão usufruídos por todos os partícipes, o que não ocorre no contrato;

d) no convênio, verifica-se a **mútua colaboração**, que pode assumir várias formas, como repasse de verbas, uso de equipamentos, de recursos humanos e materiais, de imóveis, de *know-how* e outros; por isso mesmo, no convênio não se cogita de preço ou remuneração, que constitui cláusula inerente aos contratos;

e) dessa diferença resulta outra: no contrato, o valor pago a título de remuneração passa a integrar o patrimônio da entidade que o recebeu, sendo irrelevante para o repassador a utilização que será feita do mesmo; no convênio, se o conveniado recebe determinado valor, este fica vinculado à utilização prevista no ajuste; assim, se um particular recebe verbas do poder público em decorrência de convênio, esse valor não perde a natureza de dinheiro público, só podendo ser utilizado para os fins previstos no convênio; por essa razão, a entidade está obrigada a prestar contas de sua utilização, não só ao ente repassador, como ao Tribunal de Contas;

f) nos contratos, "as vontades são antagônicas, se compõem, mas não se adicionam, delas resultando uma terceira espécie (vontade contratual, resultante e não soma) – ao passo que nos convênios, como nos consórcios, as vontades se somam, atuam paralelamente, para alcançar interesses e objetivos comuns" (cf. Edmir Netto de Araújo, 1992:145);

g) em decorrência disso, há uma outra distinção feita por Edmir Netto de Araújo (1992:146): "a ausência de vinculação contratual, a inadmissibilidade de cláusula de permanência obrigatória (os convenentes podem denunciá-lo antes do término do prazo de vigência, promovendo o respectivo encontro de contas) e de sanções pela inadimplência (exceto eventuais responsabilidades funcionais que, entretanto, são medidas que ocorrem fora da avença)".

O art. 241 da Constituição, com a redação dada pela Emenda Constitucional nº 19/98, determina que "a União, os Estados, o Distrito Federal e os Municípios disciplinarão por meio de lei os consórcios públicos e os convênios de cooperação entre os entes federados, autorizando a gestão associada de serviços públicos, bem como a transferência total ou parcial de encargos, serviços, pessoal e bens essenciais à continuidade dos serviços transferidos".

Quanto ao convênio entre entidades públicas (União, Estados, Distrito Federal e Municípios), a possibilidade de cooperação por meio de convênios ou consórcios já decorria implicitamente do art. 23 da Constituição, para as atividades de competência concorrente, como saúde, assistência social, proteção dos deficientes, proteção dos documentos, obras e outros de valor histórico, preservação das florestas etc. Agora essa possibilidade de cooperação ou de "gestão associada" consta expressamente da Constituição, no art. 241, com a redação dada pela Emenda Constitucional nº 19/98. A Lei nº 11.107, de 6-4-05, veio disciplinar a matéria, prevendo, como instrumentos de gestão associada, o consórcio público (como pessoa jurídica de direito público ou privado, conforme a lei o estabelecer), o contrato de programa e o convênio de cooperação. A matéria está tratada no item 10.10.5.

Quanto ao convênio entre entidades públicas e particulares, a possibilidade de sua celebração foi bastante restringida pela Lei nº 13.019, de 31-7-14, que estabelece o regime jurídico das parcerias voluntárias, envolvendo ou não transferências de recursos financeiros, entre a Administração Pública e as organizações da sociedade civil. Essa lei previu, como instrumentos para celebração do ajuste, os chamados **termos de colaboração e termos de fomento** e, no art. 84, parágrafo único, restringiu os convênios regidos pelo art. 116 da Lei nº 8.666/93[25] a duas hipóteses apenas: I – os firmados entre entes federados ou pessoas jurídicas a eles vinculadas; e II – os decorrentes da aplicação do disposto no inciso IV do art. 3º (que exclui da abrangência da Lei nº 13.019, dentre outros ajustes, os "convênios e contratos celebrados com entidades filantrópicas e sem fins lucrativos nos termos do § 1º do artigo 199 da Constituição Federal"). O art. 84-A reforça a restrição ao determinar que a partir da vigência dessa Lei, "somente serão celebrados convênios nas hipóteses do parágrafo único do art. 84.[26]

Portanto, a partir da entrada em vigor dessa lei (que ocorreu 540 dias após a sua publicação, conforme Medida Provisória nº 684, de 21-7-15, convertida na Lei nº 13.204, de 14-12-15),

---

[25] Tem-se que entender que a referência será à Lei nº 14.133/21, conforme determina seu art. 189.

[26] Sobre o assunto, v. Capítulo 11, item 11.8, onde o tema é tratado com maior profundidade.

os convênios somente são possíveis entre entes públicos; entre entes públicos e particulares, são possíveis apenas na área da saúde, com fundamento no art. 199 da Constituição Federal.

Nas hipóteses em que é possível a sua celebração, ele não é adequado como forma de delegação de serviços públicos, mas como modalidade de **fomento**. É normalmente utilizado quando o Poder Público quer incentivar a iniciativa privada de interesse público. Em vez de o Estado desempenhar, ele mesmo, determinada atividade, opta por incentivar ou auxiliar o particular que queira fazê-lo, por meio de auxílios financeiros ou subvenções, financiamentos, favores fiscais etc. A forma usual de concretizar esse incentivo é o convênio.

O convênio não se presta à delegação de serviço público ao particular, porque essa delegação é incompatível com a própria natureza do ajuste; na delegação ocorre a transferência de atividade de uma pessoa para outra que não a possui; no convênio, pressupõe-se que as duas pessoas têm competências comuns e vão prestar mútua colaboração para atingir seus objetivos.

O convênio estava disciplinado pelo art. 116 da Lei nº 8.666/93. Com a revogação dessa lei pelo art. 193, II, da Lei nº 14.133/21, os convênios passaram a ser disciplinados por legislação específica, nos termos do art. 184 dessa lei: "Aplicam-se as disposições desta Lei, no que couber, e na ausência de norma específica, aos convênios, acordos, ajustes e outros instrumentos congêneres celebrados por órgãos e entidades da Administração Pública, na forma estabelecida em regulamento do Poder Executivo Federal".

A Lei nº 14.770, de 22-12-2023, introduziu na Lei nº 14.133, de 1º-4-2021 (Lei de Licitações e Contratos Administrativos) o art. 184-A, criando um **regime simplificado** a ser observado na celebração, na execução, no acompanhamento e na prestação de contas dos convênios, contratos de repasse e instrumentos congêneres em que for parte a União, com valor global de até R$ 1.500.000,00. Esse regime aplica-se aos ajustes firmados a partir da vigência da Lei nº 14.770, impondo a observância das seguintes exigências: "I – o plano de trabalho aprovado conterá parâmetros objetivos para caracterizar o cumprimento do objeto; II – a minuta dos instrumentos deverá ser simplificada; III – vetado; IV – a verificação da execução do objeto ocorrerá mediante visita de constatação da compatibilidade com o plano de trabalho."

A expressão "instrumentos congêneres", referida no dispositivo, é bastante abrangente, incluindo todos os ajustes firmados com entidades do terceiro setor ou entidades paraestatais, como entidades de apoio, serviços sociais autônomos, organizações sociais, organizações da sociedade civil de interesse público e organizações da sociedade civil.

Os convênios firmados na área da saúde continuam a reger-se pela legislação do SUS. Quanto ao mais, o art. 184 da Lei nº 14.133 depende de regulamento do Poder Executivo Federal. O Decreto nº 11.531, de 16-5-2023, com alterações posteriores, veio dispor "sobre convênios e contratos de repasse relativos à transferência de recursos da União, e sobre parcerias sem transferências de recursos, por meio da celebração de acordos de cooperação técnica ou de acordos de adesão". Trata-se de decreto aplicável apenas à União, podendo ser adotado pelos demais entes federativos, com fundamento no art. 187 da Lei nº 14.133.

Esse decreto, no art. 2º, I, define o **convênio** como "instrumento que, na ausência de legislação específica, dispõe sobre a transferência de recursos financeiros provenientes do Orçamento Fiscal e da Seguridade Social da União para a execução de programas, projetos e atividades de interesse recíproco e em regime de mútua colaboração". E **contrato de repasse** como "instrumento de interesse recíproco, por meio do qual a transferência de recursos financeiros é processada por intermédio de instituição ou de agente financeiro oficial federal que atue como mandatário da União" (inciso II). É evidente que as normas desse Decreto não podem contrariar o disposto no art. 184-A da Lei nº 14.133/2021.

Quanto à exigência de licitação para a celebração de convênios, ela não se aplica, pois neles não há viabilidade de competição; esta não pode existir quando se trata de mútua colaboração, sob variadas formas, como repasse de verbas, uso de equipamentos, recursos humanos, imóveis. Não se cogita de preço ou de remuneração que admita competição.

Aliás, o convênio não é abrangido pelas normas da Lei nº 14.133, aplicáveis a "licitação e **contratação** para as Administrações Públicas diretas, autárquicas e fundacionais da União, dos Estados, do Distrito Federal e dos Municípios" (art. 1º). Se não existe **contratação**, não se cogita também de licitação.

O convênio e o contrato de repasse com órgãos ou entidades da Administração Pública direta ou indireta de outros entes federativos devem obedecer às restrições previstas no art. 5º do Decreto nº 11.531/23, alterado pelo Decreto nº 11.845, de 11-12-2023.

Esse Decreto só tem aplicação aos convênios entre entes públicos e aos convênios previstos em lei, não atingidos pelas normas do art. 84 da Lei nº 13.019/14, com a redação dada pela Lei nº 13.204/15. As demais parcerias entre entes públicos e privados sujeitam-se às normas dessa lei. O assunto será analisado no Capítulo 11, item 11.8.

8.13 CONSÓRCIO ADMINISTRATIVO

Doutrinariamente, consórcio administrativo é o acordo de vontades entre duas ou mais pessoas jurídicas públicas da mesma natureza e mesmo nível de governo ou entre entidades da administração indireta para a consecução de objetivos comuns.

Desvirtuando inteiramente um instituto que já estava consagrado no direito brasileiro, principalmente como forma de ajuste entre Municípios para desempenho de atividades de interesse comum, a Lei nº 11.107, de 6-4-05, veio estabelecer normas sobre consórcio, tratando-o como pessoa jurídica, com personalidade de direito público ou de direito privado. No primeiro caso, integra a administração indireta de todos os entes da Federação consorciados (art. 6º).

Por ter a natureza de acordo de vontades, o consórcio público, como pessoa jurídica, é tratado no Capítulo 10, pertinente à Administração Indireta, sendo tratados neste capítulo os consórcios administrativos sem personalidade jurídica.

Os consórcios administrativos (ainda celebrados como acordos de vontade, sem adquirir personalidade jurídica) têm pontos comuns com os convênios, porque em ambos o objetivo é o de reunir esforços para a consecução de fins comuns às entidades consorciadas ou conveniadas. Em ambos, existe um acordo de vontades que não chega a ser um contrato, precisamente pelo fato de os interesses serem comuns, ao passo que, no contrato, os interesses são contrapostos. As entidades têm competências iguais, exercem a mesma atividade, objetivam o mesmo resultado, estabelecem mútua cooperação. Portanto, a semelhança entre convênio e consórcio é muito grande; só que o convênio se celebra entre uma entidade pública e outra entidade pública, de natureza diversa, ou outra entidade privada. E o consórcio é sempre entre entidades da mesma natureza: dois ou mais Municípios, dois ou mais Estados, duas ou mais entidades autárquicas etc.

O consórcio, como acordo de vontades, existe também no direito privado, como modalidade de concentração de empresas, em que elas se associam mutuamente para assumir atividades e encargos que, isoladamente, não teriam força econômica e financeira, nem capacidade técnica para executar. De acordo com o art. 278, § 1º, da Lei das Sociedades por Ações (Lei nº 6.404, de 15-12-76), "o consórcio não tem personalidade jurídica e as consorciadas somente se obrigam nas condições previstas no respectivo contrato, respondendo cada uma por suas obrigações, sem presunção de solidariedade".

O consórcio administrativo (desde que não alcançado pela Lei nº 11.107/05), não adquire personalidade jurídica. As entidades se associam, mas dessa associação não resulta a criação de nova pessoa jurídica. Em decorrência disso, sempre se discutiu, em doutrina, qual a melhor forma de administrá-lo. Essa dificuldade é que levou o legislador federal a disciplinar de forma diferente a matéria, por meio da Lei nº 11.107/05. No entanto, tal dificuldade nunca se constituiu em empecilho para que consórcios fossem constituídos, principalmente no âmbito municipal. Diferentes soluções foram propostas, como a constituição de uma sociedade civil, comercial ou industrial, com o fim precípuo de executar os termos do consórcio em todos os seus termos.

A melhor solução seria a de criar uma comissão executiva para administrar o consórcio e assumir direitos e obrigações (não em nome próprio, já que a Comissão não tem personalidade jurídica), mas em nome das pessoas jurídicas que compõem o consórcio e nos limites definidos no instrumento do consórcio. Também é possível, à semelhança do consórcio de empresas, indicar um dos partícipes como líder, hipótese em que ele pode (desde que previsto no instrumento do consórcio e autorizado em lei) instituir uma entidade (autarquia ou fundação) para gerir os assuntos pertinentes ao consórcio. Outra alternativa é a instituição de um fundo constituído com verbas dos vários partícipes, que funcionaria vinculado a órgão de um dos entes integrantes do consórcio.

Seja qual for a maneira de administração do consórcio, ele estará gerindo dinheiro público e serviço público. Por isso mesmo, as suas contratações de pessoal dependem de concurso público e os contratos de obras, serviços, compras e alienações dependem de licitação.

Quanto à necessidade de autorização legislativa para a celebração de convênio ou consórcio, embora exigida em algumas leis orgânicas, a exigência é inconstitucional, por implicar o controle do Legislativo sobre atos administrativos do Poder Executivo, em hipótese não prevista na Constituição. Nesse sentido o entendimento do STF (*RDA* 140/68). No entanto, se o convênio ou o consórcio envolverem repasse de verbas não previstas na lei orçamentária, daí sim é necessária autorização legislativa.

8.14 TERCEIRIZAÇÃO

O tema da terceirização é incluído neste capítulo, não porque seja nova modalidade de contrato administrativo – já que se trata de contratação que pode assumir várias formas, já analisadas –, mas porque o vocábulo vem sendo utilizado com frequência no âmbito do direito administrativo e foi referido no art. 18, § 1º, da Lei de Responsabilidade Fiscal (Lei Complementar nº 101, de 4-5-00), com o intuito de coibir a utilização do instituto como forma de burla ao limite de despesa com pessoal, previsto no art. 169 da Constituição.

No âmbito do direito do trabalho, terceirização é a contratação, por determinada empresa (o tomador de serviço), do trabalho de terceiros para o desempenho de atividade-meio. Ela pode assumir diferentes formas, como empreitada, locação de serviços, fornecimento etc.

O conceito é o mesmo para a Administração Pública que, com muita frequência, celebra contratos de empreitada (de obra e de serviço) e de fornecimento, com fundamento no art. 37, XXI, da Constituição, observadas as normas da Lei nº 8.666/93 (já revogada) ou da Lei nº 14.133/21. Trata-se da execução indireta a que se refere o art. 46 da Lei nº 14.133.

Cada vez que a Administração Pública recorre a terceiros para a execução de tarefas que ela mesma pode executar, ela está terceirizando.

Embora se trate de contratação que obedece às regras e princípios do direito administrativo, a terceirização acaba, muitas vezes, por implicar burla aos direitos sociais do trabalhador da empresa prestadora do serviço, o que coloca a Administração Pública sob a égide do direito do trabalho. Daí a necessidade de sujeitar-se às decisões normativas da Justiça do Trabalho.

Por força da jurisprudência consolidada pelo Tribunal Superior do Trabalho a terceirização tinha ficado limitada à contratação de atividade-meio, o que foi alterado pela Lei nº 13.429, de 31-3-17, que modificou dispositivos da Lei nº 6.019, de 3-1-74 (regulamentada pelo Decreto nº 10.854, de 10-11-2021). Com efeito, a Justiça do Trabalho (e, em consequência, o Ministério do Trabalho) somente aceitavam como válida a terceirização que tivesse por objeto a atividade--meio da empresa. A consequência do descumprimento era o reconhecimento da existência de vínculo empregatício entre o tomador do serviço e o trabalhador, o que não ocorre em relação à Administração Pública, embora a mesma possa responder subsidiariamente pelos encargos sociais da empresa contratada, conforme se demonstrará.

Na Justiça do Trabalho, o assunto foi inicialmente objeto do Enunciado nº 256, de 22-9-86, do TST (hoje Súmula 256), em cujos termos "salvo os casos de trabalho temporário e de serviços de vigilância previstos nas Leis nº 6.019, de 3-1-74, e nº 7.102, de 20-6-83, é ilegal a contratação de trabalhadores por empresa interposta, formando-se o vínculo empregatício diretamente com o tomador de serviços".

O grande objetivo era o de evitar a burla aos direitos sociais do trabalhador. Esse tipo de contrato é visto como uma espécie de *marchandage*, em que o objeto é o próprio trabalho humano. Daí o repúdio da Justiça do Trabalho, que só aceitava a terceirização para atender a necessidades transitórias do tomador de serviços.

No entanto, aos poucos foi havendo um abrandamento na interpretação da Súmula, passando-se a distinguir a terceirização lícita da ilícita, esta última correspondendo ao fornecimento de mão de obra. E chegou-se à Súmula 331, de 17-12-93, do TST, a qual, com a alteração introduzida pela Resolução nº 96, de 11-9-00, consagrou o seguinte entendimento:

"I – A contratação de trabalhadores por empresa interposta é ilegal, formando-se o vínculo diretamente com o tomador dos serviços, salvo no caso de trabalho temporário (Lei nº 6.019, de 3-1-74).

II – A contratação de trabalhador, através de empresa interposta, não gera vínculo de emprego com os órgãos da Administração Pública Direta, Indireta ou Fundacional (art. 37, II, da Constituição da República).

III – Não forma vínculo de emprego com o tomador a contratação de serviços de vigilância (Lei nº 7.102, de 20-6-83[27]), de conservação e limpeza, bem como a de serviços especializados ligados à atividade-meio do tomador, desde que inexistente a pessoalidade e a subordinação direta.

IV – O inadimplemento das obrigações trabalhistas, por parte do empregador, implica a responsabilidade subsidiária do tomador dos serviços quanto àquelas obrigações, inclusive quanto aos órgãos da administração direta, das autarquias, das fundações públicas, das empresas públicas e das sociedades de economia mista, desde que hajam participado da relação processual e constem também do título executivo judicial (art. 71 da Lei nº 8.666/93)."

Pelos termos em que estava redigida essa Súmula, verifica-se que a regra geral era de que o fornecimento de mão de obra (contratação de trabalhadores por empresa interposta) era ilegal, tendo como consequência o reconhecimento de vínculo entre o tomador de serviços e o trabalhador.

Existiam duas exceções em que não se formavam esse vínculo:

a) quando o contratante é a Administração Pública direta, indireta ou fundacional, porque, nesse caso, a formação do vínculo significaria burla à exigência constitucional de concurso público, contida no art. 37, II, da Constituição;

---

[27] A Lei nº 7.102, de 20-6-83, foi revogada pela Lei nº 14.967, de 9-9-2024, que institui o Estatuto da Segurança Privada e da Segurança das Instituições Financeiras.

b) quando se trate de contrato de vigilância (Lei nº 7.102, de 20-6-83), de conservação e limpeza ou de serviços especializados ligados à **atividade-meio** do tomador, desde que inexistente a **pessoalidade** e a **subordinação direta**.

Como se verifica, a Súmula insistia em que a terceirização somente se fizesse para atividade-meio; *a contrario sensu*, se fosse atividade-fim, haveria o reconhecimento do vínculo (desde que a contratada não fosse a Administração Pública).

Nessa parte, a Súmula foi tacitamente alterada pela Lei nº 13.429, de 31-3-17, que veio dispor sobre "as relações de trabalho na empresa de prestação de serviços a terceiros". Ela alterou dispositivos da Lei nº 6.019/74 (que dispõe sobre trabalho temporário), que passou a estabelecer, no art. 9º, § 3º, que "o contrato de trabalho temporário pode versar sobre o desenvolvimento de atividades-meio e atividades-fim a serem executadas na empresa tomadora de serviços". A Lei nº 13.429/17 ainda veio estabelecer normas de proteção das relações de trabalho, especialmente as que são a seguir mencionadas:

a) o art. 5º-A, § 3º, prevê a responsabilidade da empresa tomadora do serviço pelas condições de segurança, higiene e salubridade dos trabalhadores, quando o trabalho for realizado em suas dependências ou local previamente convencionado em contrato;

b) o art. 5º-A, § 5º, atribui à contratante a responsabilidade subsidiária pelas obrigações trabalhistas referentes ao período em que ocorrer a prestação de serviços, e pelo recolhimento das contribuições previdenciárias; esse dispositivo é repetido, em termos idênticos, no art. 10, § 7º;

c) o art. 9º, § 2º, obriga o contratante a estender ao trabalhador da empresa de trabalho temporário o mesmo atendimento médico, ambulatorial e de refeição destinado aos seus empregados, existente nas dependências da contratante, ou local por ela designado;

d) o art. 12 assegura ao trabalhador temporário os seguintes direitos: remuneração equivalente à percebida pelos empregados da mesma categoria da empresa tomadora ou cliente calculados à base horária, garantida, em qualquer hipótese, a percepção do salário mínimo regional; jornada de oito horas, remuneradas as horas extraordinárias não excedentes de duas, com acréscimo de 20%; férias proporcionais; repouso semanal remunerado; adicional por trabalho noturno; indenização por dispensa sem justa causa ou término normal do contrato, correspondente a 1/12 do pagamento recebido; seguro contra acidente do trabalho; proteção previdenciária nos termos da Lei Orgânica da Previdência Social;

e) o art. 16 determina que, em caso de falência da empresa de trabalho temporário, a empresa tomadora ou cliente é solidariamente responsável pelo recolhimento das contribuições previdenciárias, no tocante ao tempo em que o trabalhador esteve sob suas ordens, assim como em referência ao mesmo período, pela remuneração e indenização previstas na Lei.

Com a entrada em vigor da Lei nº 13.429/17, a Súmula nº 331, do TST, perde grande parte de seus efeitos, em relação às empresas privadas, até porque ela absorveu, em parte, algumas regras que já constavam da Súmula. O item I estabelecia que, em caso de contratação ilegal de trabalhadores por empresa interposta, forma-se o vínculo com o tomador dos serviços, "salvo em caso de trabalho temporário". Essa imposição de formação de vínculo no caso de trabalho temporário repete-se no art. 4º-A, § 2º, da Lei nº 6.019/74. A responsabilidade subsidiária do tomador de serviço em caso de inadimplemento das obrigações trabalhistas era prevista no item IV da Súmula e repete-se no art. 5º-A, § 5º, e no art. 10, § 7º, da Lei.

Quanto à **terceirização no âmbito da Administração Pública**, é importante realçar que a Lei nº 6.019/74, com as alterações introduzidas pelas Leis nº 13.429/17 e nº 13.467/17 (e regulamentada pelo Decreto nº 10.854, de 10-11-2021), não tem aplicação (salvo no caso das empresas estatais), continuando a aplicar-se a Súmula nº 331, do TST, na parte em que cuida especificamente da Administração Pública.

Isto porque o servidor público está submetido a regime constitucional diverso daquele a que se submetem os trabalhadores do setor privado. A única hipótese em que se poderia enquadrar a contratação temporária, sem concurso, seria aquela prevista no art. 37, IX, da Constituição, que prevê a "contratação por tempo determinado para atender a necessidade temporária de excepcional interesse público". Cada ente federativo tem competência própria para especificar as hipóteses em que é possível a contratação temporária. Na esfera federal, a contratação de servidor temporário está disciplinada pela Lei nº 8.745, de 9-12-93 (com alterações posteriores).

Apenas para as empresas públicas, sociedades de economia mista e suas subsidiárias não tem aplicação a Lei nº 8.745/93, conforme decorre de seu art. 1º. Além disso, essas empresas, quando desempenhem atividade econômica de produção ou comercialização de bens ou de prestação de serviços, estão sujeitas ao regime jurídico próprio das empresas privadas, inclusive quanto aos direitos e obrigações civis, comerciais, trabalhistas e tributários, conforme estabelece o art. 173, § 1º, inciso II, da Constituição. Em consequência, a Lei nº 6.019/74, com alterações posteriores, aplica-se a tais entidades.

Com relação às demais entidades da Administração Indireta, não se pode cogitar de revogação tácita da Lei nº 8.745/93 pela Lei nº 6.019/74, com a redação dada pela Lei nº 13.429/17, não só porque o regime de contratação temporária do servidor público tem fundamento constitucional, como também diante da norma do art. 2º, § 2º, da Lei de Introdução ao Código Civil (atualmente denominada de Lei de Introdução às Normas do Direito Brasileiro – LINDB), pelo qual "a lei nova, que estabeleça disposições gerais ou especiais a par das já existentes, não revoga nem modifica a lei anterior".

Ainda com relação à **terceirização no âmbito da Administração Pública**, cabe lembrar que foi objeto de discussão a existência de conflito entre o item IV da Súmula nº 331, do TST, e o art. 71, § 1º, da Lei nº 8.666/93, que assim estabelece:

> "Art. 71. O contratado é responsável pelos encargos trabalhistas, previdenciários, fiscais e comerciais resultantes da execução do contrato.
>
> § 1º A inadimplência do contratado com referência aos encargos trabalhistas, fiscais e comerciais não transfere à Administração Pública a responsabilidade por seu pagamento, nem poderá onerar o objetivo do contrato ou restringir a regularização e o uso das obras e edificações, inclusive perante o Registro de Imóveis."

O meu entendimento sempre foi o de que o conflito, na realidade, não existe, tendo em vista que a Súmula se refere ao fornecimento de mão de obra, enquanto o art. 71, § 1º, da Lei nº 8.666 só podia estar abrangendo os contratos regidos por essa lei, dentre os quais não se insere o de fornecimento de mão de obra. Nem poderia a Súmula sobrepor-se ao disposto em lei, a menos que esta fosse considerada inconstitucional por interpretação judicial. No entanto, o conflito surgiu em decorrência da forma pela qual a Justiça do Trabalho vinha aplicando o item IV da Súmula, estendendo-o a praticamente todos os tipos de contratos administrativos. Daí o conflito: enquanto o dispositivo legal afasta a transferência, para a Administração Pública, da responsabilidade pelo pagamento dos encargos trabalhistas, fiscais e comerciais, o item IV da Súmula prevê a responsabilização da Administração Pública (direta e indireta), em caso de inadimplemento das obrigações trabalhistas por parte do empregador, desde que a mesma haja participado da relação processual e constem também do título executivo judicial.

Em razão disso, foi proposta ação perante o STF, pelo Governador do Distrito Federal, objetivando a declaração de constitucionalidade do art. 71, § 1º, da Lei nº 8.666/93 (ADC nº 16-DF, Rel. Ministro Cezar Peluso, *DJe* 9-9-11). A decisão, por maioria de votos, em sessão plenária do dia 24-11-2010, foi no sentido de que é constitucional o referido dispositivo legal. No entanto, o acórdão não afastou a possibilidade de ser examinado pelo TST, em cada caso concreto, se a inadimplência do contratado teve como causa principal a falha ou a falta de fiscalização pelo órgão público contratante.

À vista desse entendimento do STF, o TST alterou a Súmula nº 331, em seu item IV, e acrescentou os itens V e VI, nos seguintes termos:

> "IV – O inadimplemento das obrigações trabalhistas, por parte do empregador, implica a responsabilidade subsidiária do tomador de serviços quanto àquelas obrigações, desde que haja participado da relação processual e conste também do título executivo judicial.
>
> V – Os entes integrantes da administração pública direta e indireta respondem subsidiariamente, nas mesmas condições do item IV, caso evidenciada a sua conduta culposa no cumprimento das obrigações da Lei nº 8.666/93, especialmente na fiscalização do cumprimento das obrigações contratuais e legais da prestadora de serviço como empregadora. A aludida responsabilidade não decorre de mero inadimplemento das obrigações trabalhistas assumidas pela empresa contratada.
>
> VI – A responsabilidade subsidiária do tomador de serviços abrange todas as verbas decorrentes da condenação referentes ao período da prestação laboral."

Posteriormente, em reclamações dirigidas ao STF, em razão do descumprimento do acórdão proferido na ADC nº 16-DF, os Ministros, em decisões monocráticas, têm cassado acórdãos proferidos pelo TST e determinado que outros sejam proferidos. Foi o que ocorreu nos autos do AIRR-130940-64.2007.5.02.0022, ajuizado pelo Estado de São Paulo contra decisão proferida pela 4ª Turma do TST. Citando outros precedentes, a Ministra Cármen Lúcia julgou procedente a reclamação para cassar a decisão proferida pela 4ª Turma do TST e determinar que outra decisão fosse proferida como de direito (decisão de 15-9-11).

Na esfera da União, o Decreto nº 9.507, de 21-9-18 (que dispõe sobre a execução indireta, mediante contratação, de serviços da administração pública federal direta, indireta e fundacional e das empresas públicas e das sociedades de economia mista controladas pela União), alterado pelo Decreto nº 10.183, de 20-12-19, exige a inclusão, nos contratos de terceirização de serviços, de cláusulas que acautelam os interesses do poder público, como declaração de responsabilidade exclusiva da contratante sobre a quitação dos encargos trabalhistas e sociais decorrentes do contrato; indicação de preposto da contratada para representá-la na execução do contrato; pagamento mensal pela contratante após a comprovação do pagamento das obrigações sociais da contratada; possibilidade de rescisão do contrato por ato unilateral e escrito do contratante e aplicação das penalidades cabíveis na hipótese de não pagamento dos salários e das verbas trabalhistas, e pelo não recolhimento das contribuições sociais, previdenciárias e para com o FGTS; exigência de garantia de cumprimento das referidas obrigações (art. 8º).

Em resumo, pela decisão do STF declarando a constitucionalidade do art. 71, § 1º, da Lei nº 8.666/93, e pelos termos do item V da Súmula nº 331, do TST, a regra é a de que a Administração Pública não responde subsidiariamente pelas obrigações trabalhistas, em caso de inadimplemento pelo contratado, a menos que tenha havido omissão ou falha na fiscalização da execução do contrato.

A Lei nº 14.133/21 veio determinar, no art. 121, § 2º, que "exclusivamente nas contratações de serviços contínuos com regime de dedicação exclusiva de mão de obra, a Administração responderá solidariamente pelos encargos previdenciários e subsidiariamente pelos encargos trabalhistas se comprovada falha na fiscalização do cumprimento das obrigações do contratado".

No que diz respeito à terceirização no âmbito da Administração Pública, a Lei nº 14.133/21, no art. 48, determina que "poderão ser objeto de execução por terceiros as atividades materiais acessórias, instrumentais ou complementares aos assuntos que constituam área de competência legal do órgão ou da entidade", elencando uma série de vedações nos incisos I a VI e no parágrafo único. Esse dispositivo legal impede a terceirização de atividade-fim no âmbito da Administração Pública, ficando superado, para as contratações feitas na vigência dessa Lei, o decidido pelo STF na ADI 5.685 (j. 16-6-20, Rel. Min. Gilmar Mendes). Nesse acórdão, o STF julgou improcedente essa ADI, considerando constitucional a contratação de atividade-fim pela Administração Pública, indicando como precedentes os acórdãos proferidos na ADPF 324 (Min. Roberto Barroso) e no RE-RG 958.252 (Rel. Min. Luiz Fux). As terceirizações feitas no âmbito da Administração Pública, na vigência da Lei nº 14.133, estão sujeitas às limitações contidas em seu art. 48 e no Decreto nº 9.507, que continua em vigor.

Ainda com relação à Súmula nº 331, do TST, cabe ressaltar que a referência à inexistência da **pessoalidade** e **subordinação** (contida no item III) é importante para distinguir a terceirização lícita (sob a forma de prestação de serviço) da ilícita (sob a forma de fornecimento de mão de obra). Se estiverem presentes esses requisitos, surge o vínculo de emprego, por estar caracterizada a contratação de trabalhador por meio de interposta pessoa. O art. 7º do referido Decreto nº 9.507/18 veda a inclusão de disposições, nos instrumentos convocatórios, que permitam a "caracterização do objeto como fornecimento de mão de obra" (inciso II) e a "pessoalidade e a subordinação direta dos empregados da contratada aos gestores da contratante" (inciso IV). Embora o Decreto seja de aplicação apenas à União, na realidade, trata-se de tipo de vedação que, mesmo sem a previsão constante do art. 7º do Decreto federal, caracteriza ilicitude por parte da Administração Pública.

Dora Maria de Oliveira Ramos, em trabalho sobre *Terceirização na administração pública* (2001:66), depois de observar que a doutrina trabalhista distingue diferentes tipos de subordinação (técnica, hierárquica, econômica, jurídica e social), acrescenta: "A subordinação pode ser entendida como consequência do poder concedido ao empregador de, organizando e controlando os fatores de produção, dirigir a realização dos trabalhos, inclusive exercendo poder disciplinar. O empregado, ao depender juridicamente do empregador, subordina-se contratualmente ao seu poder de comando, submetendo-se às suas ordens. A subordinação necessária para configurar o vínculo de emprego na terceirização não é a meramente técnica, até porque, como ensina Sergio Pinto Martins, nem sempre há subordinação técnica entre empregado e empregador, como acontece, por vezes, com altos empregados ou empregados especializados. É necessário, pois, que o tomador dirija os serviços diretamente, dando ordens aos empregados da contratante e submetendo-os ao seu poder disciplinar, para que se caracterize o requisito da subordinação".

Com relação à pessoalidade, observa a autora que "o contrato de trabalho, firmável apenas com pessoa física, pressupõe a realização da atividade por sujeito certo e determinado, assumindo o ajuste caráter *intuitu personae*. Na terceirização lícita, que não representa mera intermediação de mão de obra, ao tomador do serviço é irrelevante a identidade do agente que desempenha a atividade, dado que o fim do ajuste se limita à obtenção do resultado material pactuado".

Assim, se o tomador do serviço escolhe o trabalhador, dá ordens diretas a ele e não à empresa contratada, exerce sobre ele o poder disciplinar, aplicando-lhe penalidades, se a empresa contratada se substitui, mas os trabalhadores continuam, o que ocorre é fornecimento de mão de obra, porque estão presentes a pessoalidade e a subordinação direta.

O que a Administração Pública pode fazer, licitamente, é celebrar contratos de empreitada, seja para realização de obra pública, seja para prestação de serviço, com fundamento na Lei nº 8.666/93 ou na Lei nº 14.133/21. Nesses tipos de contrato, a empresa é que é contratada e o vínculo contratual se forma com ela e não com seus empregados.

O que a Administração não pode fazer é contratar trabalhador com intermediação de empresa de prestação de serviços a terceiros, porque nesse caso o contrato assume a forma de fornecimento de mão de obra, com burla à exigência de concurso público.

O trabalhador, nesse caso, não pode ser considerado servidor público; ele se enquadra na figura conhecida como "funcionário de fato", porque não investido licitamente em cargo, emprego ou função. Em consequência, ele não pode praticar atos administrativos e, se os praticar, tais atos são inválidos, não podendo produzir efeitos jurídicos. Nem mesmo se enquadram no art. 37, IX, da Constituição, que prevê a hipótese de contratação temporária, porque esse dispositivo permite seja contratado o servidor, pessoa física, e não a empresa. Além disso, as leis que disciplinam esse dispositivo constitucional exigem processo seletivo para a contratação de pessoal temporário, salvo em situações de emergência (nesse sentido, v. art. 3º da Lei nº 8.745, de 9-12-93, sobre contratação de servidor temporário na esfera federal; no Estado de São Paulo, existe decisão nesse sentido do Tribunal de Contas, proferida no Processo TCA-15248/026/04, publicada no *Diário Oficial do Estado*, de 17-6-04).

No âmbito federal, o Decreto nº 9.507, de 21-9-2018 (que substitui e revoga o Decreto nº 2.271, de 7-7-97 e foi alterado pelo Dec. 10.183, de 20-12-2019), no art. 2º, atribui ao Ministro de Estado da Economia a competência para estabelecer os serviços que serão preferencialmente objeto de execução indireta mediante contratação. No art. 3º, determina que "não poderão ser objeto de execução indireta na administração pública federal direta, autárquica e fundacional, os serviços: I – que envolvam a tomada de decisão ou posicionamento institucional nas áreas de planejamento, coordenação, supervisão e controle; II – que sejam considerados estratégicos para o órgão ou a entidade, cuja terceirização possa colocar em risco o controle de processos e de conhecimentos e tecnologias; III – que estejam relacionados ao poder de polícia, de regulação, de outorga de serviços públicos e de aplicação de sanção; IV – que sejam inerentes às categorias funcionais abrangidas pelo plano de cargos do órgão ou entidade, exceto disposição legal em contrário ou quando se tratar de cargo extinto, total ou parcialmente, no âmbito do quadro geral de pessoal".

Mesmo nesses casos, a contratação não tem por objeto o fornecimento de mão de obra, mas a prestação de serviço pela empresa contratada. É o que consta expressamente do art. 7º, inciso II, do Decreto nº 9.507/2018, quando veda a inclusão de disposições nos instrumentos convocatórios de licitação que permitam "a caracterização do objeto como fornecimento de mão de obra".

Na Lei de Responsabilidade Fiscal (Lei Complementar nº 101, de 4-5-00), o art. 18, § 1º, determina que "os valores dos contratos de terceirização de mão de obra que se referem à substituição de servidores e empregados públicos serão contabilizados como 'outras despesas de pessoal'". O dispositivo merece críticas porque praticamente está admitindo a possibilidade de contratos de terceirização de mão de obra. Para afastar esse entendimento, a norma deve ser interpretada no sentido de que, mesmo sendo ilegal, se celebrado esse tipo de contrato, a despesa a ele correspondente será considerada como despesa de pessoal para os fins do limite estabelecido pelo art. 169 da Constituição.

No que diz respeito à responsabilidade pela celebração de contratos de terceirização de mão de obra, cabe lembrar que a autoridade estará sujeita a responder civil, administrativa e criminalmente, sem falar na sujeição à Lei de Improbidade Administrativa (Lei nº 8.429, de 2-6-92, com as alterações introduzidas pela Lei nº 14.230, de 26-10-2021).

Em caso de danos causados a terceiros pelos trabalhadores contratados de forma ilícita, incide a responsabilidade do Estado, que é objetiva e independe de quem seja o agente causador do dano, conforme art. 37, § 6º, da Constituição. Vale dizer que, embora contratado ilicitamente, esse agente é considerado agente público para fins de responsabilidade civil do Estado.

RESUMO

1. **Contratos da administração:** todos os contratos firmados pela Administração.

2. **Contrato administrativo:** ajuste que a Administração Pública, nessa qualidade, celebra com pessoas físicas ou jurídicas, públicas ou privadas, para a consecução de fins públicos, segundo regime jurídico de direito público.

3. **Traços comuns entre contrato administrativo e contrato privado da administração:** forma, procedimento, competência e finalidade.

4. **Traços distintivos: prerrogativas** previstas nas chamadas **cláusulas exorbitantes**, entendidas como as que não são comuns ou que seriam ilícitas nos contratos entre particulares, por encerrarem prerrogativas ou privilégios de uma das partes em relação à outra.

5. **Contratos administrativos quanto ao objeto:** todos os contratos que têm por objeto a **prestação de serviço público** (no sentido amplo) e o **uso privativo de bens de uso comum do povo e de uso especial.**

6. **Competência legislativa:** art. 22, XXVII, da CF (competência **privativa** da União para estabelecer **normas gerais** de licitação e contratação).

7. **Legislação ordinária: Lei nº 14.133, de 1º-4-2021** (que é a lei básica sobre licitação e contrato, aplicando-se subsidiariamente a contratos regidos por legislação específica; **Lei nº 12.232, de 29-4-10** (sobre contratos de publicidade); **Lei nº 8.987, de 13-2-95, e Lei nº 9.074, de 7-7-95** (sobre concessões e permissões de serviços públicos); **Lei nº 11.079, de 30-12-04** (sobre parcerias público-privadas: concessão patrocinada e concessão administrativa), além de leis específicas sobre determinados serviços públicos, como telecomunicações, energia elétrica, correios, portos etc.

8. **Características dos contratos administrativos:**

   a) **presença da Administração Pública atuando como Poder Público**, pela aplicação das cláusulas exorbitantes;

   b) **finalidade pública;**

   c) **obediência à forma prescrita em lei;**

   d) **procedimento legal:** autorização legislativa (quando for o caso), avaliação (na alienação de bens públicos), motivação, autorização pela autoridade competente, indicação de recursos orçamentários, licitação (art. 37, XXI, da CF);

   e) **natureza de contrato de adesão:** cláusulas fixadas unilateralmente pela Administração Pública no instrumento convocatório;

   f) **natureza *intuitu personae*:** nos contratos precedidos de licitação, em que se levam em consideração as qualificações do licitante;

   g) **presença de cláusulas exorbitantes na Lei nº 14.133/21:** a) exigência de **garantia** nas modalidades previstas no art. 96; b) **alteração unilateral** nas hipóteses do art. 124, inciso I; c) **extinção unilateral** (art. 138); d) **fiscalização** (art. 117);

e) **aplicação de penalidades** (art. 104, IV); f) **anulação** (art. 147); g) **retomada do objeto** (art. 139, I); h) restrições ao uso da *exceptio non adimpleti contractus* (abrandamento pela doutrina e jurisprudência, e pelo art. 137, § 2º).

9. **Prazo dos contratos administrativos**: fixado pelos arts. 105 a 114; **inaplicabilidade dos prazos previstos nesses artigos** aos contratos relativos a **uso de bem público por particular** e aos de **concessão de obra pública** e de **serviço público** (porque não são onerosos para o Poder Público); aos **relativos a imóveis da União** e aos **contratos de direito privado** (porque regidos por legislação específica, conforme art. 3º, II).

10. **Mutabilidade**: (i) poderes de **alteração e extinção unilateral** e (ii) aplicação das **teorias da imprevisão**, do **fato do príncipe** e do **fato da administração**. Contrapartida do contratado: direito ao **equilíbrio econômico-financeiro** (relação que se estabelece no momento da celebração do contrato entre o encargo assumido pelo contratado e a contraprestação assegurada pela Administração).

a) **força maior:** fato imprevisível, inevitável e estranho à vontade das partes;

b) **álea administrativa**, em três modalidades:

b.1) **Alteração unilateral: qualitativa** (art. 124, I, *a*, da Lei nº 14.133) e **quantitativa** (art. 124, I, *b*). Requisitos: a) motivação; b) respeito à natureza do contrato; c) respeito ao equilíbrio econômico-financeiro; d) limite do art. 125);

b.2) **Fato do príncipe:** ato de autoridade não relacionado diretamente com o contrato, mas que nele repercute, provocando desequilíbrio econômico-financeiro (art. 5º, III, da Lei nº 11.079/04, e art. 124, II, d, da Lei nº 14.133);

b.3) **Fato da administração:** praticado pela Administração, como parte no contrato, tornando impossível a execução do contrato ou provocando o desequilíbrio econômico-financeiro; leva à **suspensão**, à **paralisação** definitiva ou à **recomposição do equilíbrio econômico-financeiro**; inaplicabilidade da *exceptio non adimpli contractus* (com as restrições já referidas);

c) **álea econômica:** todo acontecimento externo ao contrato, estranho à vontade das partes, imprevisível e inevitável, que causa um desequilíbrio muito grande, tornando a execução do contrato excessivamente onerosa para o contratado; aplicação da teoria da imprevisão, baseada na cláusula *rebus sic stantibus*, implícita em todos os contratos de prestações sucessivas; previsão implícita no art. 175, parágrafo único, III, da CF, com a expressão **"mantidas as condições efetivas da proposta"**;

11. **Penalidades:** art. 156 da Lei nº 14.133, assegurado o direito de defesa e o contraditório.

12. **Anulação**: fundamento na Súmula 473, do STF; poder de autotutela; aplicação do art. 149 da Lei nº 14.133: se a ilegalidade for imputável apenas à Administração, o contratado terá de ser indenizado pelos prejuízos sofridos; possibilidade de manutenção do procedimento licitatório e do contrato, quando constatada irregularidade; anulação dependente da verificação do interesse público (arts. 147, *caput* e parágrafo único, e art. 148).

13. **Retomada do objeto**: fundamento no princípio da continuidade da execução do contrato; hipóteses do art. 139, I, da Lei nº 14.133).

14. **Extinção**. Três tipos:

a) **consensual**: por acordo entre as partes, por conciliação, por mediação ou por comitê de resolução de disputas (art. 138, II);

b) por decisão **arbitral** ou **judicial** (art. 138, III);

c) por ato unilateral, exceto no caso de descumprimento decorrente de culpa da Administração (art. 138, I).

15. Modalidades de contratos administrativos

15.1. Concessão de serviço público

– **Direito positivo**: arts. 21, XI e XII, 25, § 2º, 175 e 223 da CF; Lei nº 8.987, de 13-2-95; Lei nº 9.074, de 7-7-95; e leis específicas de determinados serviços públicos (telecomunicações, energia elétrica, correios, portos).

– **Conceito**: contrato administrativo pelo qual a Administração Pública delega a outrem a execução de um serviço público, para que o execute em seu próprio nome, por sua conta e risco, assegurando-lhe remuneração mediante tarifa paga pelo usuário ou outra forma de remuneração decorrente da exploração do serviço.

– **Características**: além das já mencionadas para os contratos administrativos em geral: a) o objeto é **serviço público de titularidade do Estado**; b) o Estado só transfere ao concessionário a **execução do contrato**; c) deve ser sempre por meio de **licitação** (art. 175 da CF); d) admite o **procedimento de manifestação de interesse** previsto no art. 21 da Lei nº 8.987 (regulamentado pelo Decreto nº 8.428, de 2-4-15); e) o concessionário executa o serviço em **seu próprio nome** e **corre os riscos do empreendimento**, fazendo jus à **manutenção do equilíbrio econômico-financeiro**; f) a remuneração do concessionário é feita por **tarifa** (preço público) e outras fontes provenientes de receitas alternativas, complementares, acessórias ou de projetos associados, com ou sem exclusividade, com vistas a favorecer a modicidade das tarifas (art. 11); g) o **usuário** tem direito à prestação do serviço; h) a **responsabilidade civil** do concessionário é objetiva, com relação aos danos decorrentes da prestação do serviço público (art. 37, § 6º, da CF); h) a rescisão unilateral é chamada de **encampação** (por motivo de interesse público, dando direito ao ressarcimento dos prejuízos regularmente comprovados, conforme art. 37 da Lei nº 8.987); ou caducidade (por motivo de inadimplemento, conforme art. 38 da Lei nº 8.987): direito às parcelas não amortizadas do capital); j) cabimento da **reversão**, ao poder concedente, dos bens afetados à prestação do serviço público, mediante indenização (art. 35 da Lei nº 8.987); k) a **falência** da concessionária implica a extinção da concessão e rege-se pela Lei nº 11.101, de 9-1-05); a **recuperação judicial** não acarreta a extinção da concessão; l) possibilidade de **intervenção**, sem natureza punitiva, mas investigativa, observado o prazo de 30 dias para início das investigações, e de 180 dias para término (arts. 32 a 34 da Lei nº 8.987); m) possibilidade de utilização de **mecanismos privados de solução de conflitos, inclusive arbitragem**, (art. 23-A da Lei nº 8.987).

– **Subcontratação**: terceirização ou contratação de terceiros para a prestação de serviços ou de obras ligados à concessão (art. 25); é contrato de direito privado, que não depende de autorização do poder concedente nem de licitação.

– **Subconcessão**: delegação de uma parte do objeto da concessão a outra empresa; depende de autorização do poder concedente e de licitação; tem a mesma natureza do contrato de concessão; implica, para o subconcessionário, a sub-rogação em todos os direitos e obrigações do subconcedente; ele responde pelos danos causados a terceiros com fundamento no art. 37, § 6º, da CF.

– **Transferência da concessão**: entrega do objeto da concessão a terceiro (art. 27); substituição da figura do concessionário; exigências: (i) anuência do poder concedente; (ii) observância dos requisitos de capacidade técnica, financeira, jurídica e fiscal e (iii) compromisso de cumprir todas as cláusulas do contrato em vigor; não depende de licitação.

– **Transferência do controle societário:** mas alteram-se os controladores da empresa; mesmos requisitos da transferência da concessão (art. 27); possibilidade de **assunção do controle** ou da **administração temporária** pelo financiador do contrato, com quem a Administração não mantenha vínculo societário, para que promova a reestruturação financeira e assegure a observância dos requisitos de regularidade jurídica e fiscal, dispensados os de capacidade técnica (§ 1º do art. 27-A).

– **Permissão de serviço público:** considerada tradicionalmente como ato unilateral, discricionário e precário, passou a ser referida como contrato no art. 175, parágrafo único, I, da CF; tratada na Lei nº 8.987 como **contrato de adesão, precário e revogável unilateralmente pelo poder concedente** (art. 2º, IV, e 40); depende de **licitação**; pode ser feita a pessoa física ou pessoa jurídica.

– **Autorização de serviço público**: ato unilateral, discricionário e precário pelo qual o poder público delega a execução de um serviço público de sua titularidade, para que o particular o execute em seu próprio benefício; não depende de licitação.

15.2. Parcerias público-privadas

– **Direito positivo:** Mesmos dispositivos da CF aplicáveis à concessão comum; Lei nº 11.079, de 30-12-04, com alterações posteriores (distingue as **normas gerais** das que não são).

– **Conceito**: é o contrato administrativo de concessão que tem por objeto (a) a execução de serviço público, precedida ou não de obra pública, remunerada mediante tarifa paga pelo usuário e contraprestação pecuniária do parceiro público, ou (b) a prestação de serviço de que a Administração Pública seja a usuária direta ou indireta, com ou sem execução de obra e fornecimento e instalação de bens, mediante contraprestação do parceiro público.

– **Modalidades**: concessão patrocinada e concessão administrativa.

– **Concessão patrocinada**: "é a **concessão de serviços públicos ou de obras públicas** de que trata a Lei nº 8.987, de 13-2-95, quando envolver, adicionalmente à **tarifa** cobrada dos usuários, **contraprestação pecuniária do parceiro público** ao parceiro privado" (art. 2º, § 1º).

– **Características: as mesmas da concessão de serviço público** (aplicação subsidiária da Lei nº 8.987, conforme art. 3º, § 1º, da Lei nº 11.079), com as seguintes **diferenças**: a **forma de remuneração: tarifa e contraprestação do parceiro público**, nas modalidades do art. 6º da Lei nº 11.079); pagamento que só tem início quando o serviço se tornar total ou parcialmente disponível (art. 7º, *caput* e § 1º. *i*).

– **Concessão administrativa:** "é o contrato de prestação de serviços de que a Administração Pública seja a usuária direta ou indireta, podendo ou não abranger a execução de obra e o fornecimento e instalação de bens" (art. 2º, § 2º).

– **Características:** a) sujeição aos arts. 21, 23, 25, e 27 a 39 da Lei nº 8.987 e 31 da Lei 9.074 (conf. art. 3º da Lei nº 11.079; b) **objeto**: prestação de **serviço público** ou

serviço, podendo a Administração Pública ser usuária direta ou indireta, acompanhado ou não da **execução de obra** ou **fornecimento e instalação de bens**; impossibilidade de concessão administrativa que tenha por objeto apenas o fornecimento e instalação de bens; c) é misto de **empreitada** (porque o serviço é remunerado pela Administração) e de **concessão de serviço público** (porque o serviço se submete a algumas normas da Lei de Concessões); d) a **remuneração** é constituída de contraprestação paga pela Administração, por um dos meios previstos no art. 6º.

– Traços comuns à concessão patrocinada e à concessão administrativa: a) **contraprestação pecuniária** do parceiro público ao parceiro privado (art. 2º, § 3º); b) garantia de **equilíbrio econômico-financeiro** (art. 5º, III e IV); c) obrigatoriedade de **constituição de sociedade de propósito específico** (art. 9º); d) previsão de **garantias a serem dadas pela Administração Pública, para o contratado** (art. 8º) **e para o financiador** (art. 5º, § 2º) e) **compartilhamento de riscos** (art. 4º, VI, e 5º, III) e de **ganhos econômicos** (art. 5º, IX); f) **normas específicas sobre licitação** (art. 10 a 13); g) possibilidade de aplicação de **penalidades à Administração** (art. 5º, II); h) limite mínimo (5 anos) e máximo (35 anos) de **prazo** (art. 5º, I); i) **limite de despesa** com contratos de parcerias público-privadas (arts. 22 e 28); j) **vedação de utilização da concessão patrocinada quando o contrato for inferior a R$ 10.000.000,00** (art. 2º, § 4º, I); k) **financiamento por terceiros** (arts. 5º, § 2º, 18, § 2º, e 24); l) observância da Lei de Responsabilidade Fiscal.

– **Licitação**: modalidade de **concorrência** (art. 10); **requisitos**: a) autorização pela autoridade competente, devidamente motivada com a demonstração da conveniência e oportunidade da contratação; b) cumprimento da LRF (art. 10, I, *b* e *c*, a V, da Lei nº 11.079); c) submissão da minuta do edital e do contrato a consulta pública; e d) **licença ambiental prévia** ou diretrizes para o licenciamento ambiental, quando o contrato o exigir; **procedimento**: o previsto nas Leis nºs 14.133 e 8.987, com derrogações previstas nos arts. 11 a 13 da Lei nº 11.079 (discricionariedade quanto à: **inversão das fases de habilitação e julgamento**; possibilidade de **saneamento de falhas**, exigência de **garantia**, emprego de **mecanismos privados de resolução de conflitos, inclusive arbitragem**, formas de apresentação da **proposta econômica**, critérios de **julgamento**).

– **Procedimento de manifestação de interesse**: meio pelo qual pessoa física ou jurídica de direito privado manifesta seu interesse em apresentar subsídios à Administração Pública na estruturação de empreendimentos que constituam objeto de **concessão ou permissão de serviços públicos** (art. 21 da Lei nº 8.987), de **parceria público-privada**, de **arrendamento de bens públicos** ou de **concessão de direito real de uso**. Regulamento pelo Decreto nº 8.428, de 2-4-15, com previsão de **três fases**: I – abertura, por meio de publicação de edital de chamamento público; II – autorização para apresentação de projetos, levantamentos, investigações ou estudos; e III – avaliação, seleção e aprovação. **Trabalhos selecionados não vinculam a Administração Pública**. Possibilidade de os autores ou responsáveis pelos projetos **participarem da licitação**, salvo disposição em contrário no edital. **Nenhuma remuneração** é devida pelo poder público, salvo art. 4º, II, *g*.

– **Normas aplicáveis apenas à União**: a) normas pertinentes à instituição do **Fundo Garantidor de Parcerias Público-Privadas (FGP)** (arts. 16 a 21); **modalidades de garantia** previstas no art. 18, § 1º; b) normas que dizem respeito ao órgão gestor das parcerias público-privadas (arts. 14 e 15).

15.3. Concessão de obra pública:

– **Conceito**: é o contrato administrativo pelo qual o Poder Público transfere a outrem a execução de uma obra pública, para que a execute por sua conta e risco, mediante remuneração paga pelos beneficiários da obra ou obtida em decorrência da exploração dos serviços ou utilidades que a obra proporciona.

– **Remuneração**: paga pelo usuário, por meio de **tarifa** ou **contribuição de melhoria.**

– **Objeto**: execução de **obra pública**, sendo secundária a prestação ou não de um serviço público.

– **Legislação aplicável**: Lei nº 8.987. No Estado de São Paulo: Lei nº 7.835, de 8-5-92.

15.4. Contratos de obra pública e de prestação de serviços

– Conceito de **obra pública** e de **serviço**: art. 6º, XI e XII, da Lei nº 14.133.

– **Serviços**: a) **comuns** (sem habilitação específica); b) **técnicos profissionais especializados de natureza predominantemente intelectual** (previstos nos arts. 6º, XVIII, e 74, III, da Lei nº 14.133, podendo ser contratados sem licitação com **profissional notoriamente especializado** (art. 74, III, da mesma lei); c) **serviço artístico**, que pode ser contratado sem licitação desde que seja com profissional consagrado pela crítica especializada (art. 74, II, da Lei de Licitações); **serviços técnicos especializados de natureza predominantemente intelectual**.

– **Conceito de empreitada**: contrato em que a Administração comete ao particular a execução da obra ou serviço, para que o execute por sua conta e risco, mediante remuneração prefixada. Distingue-se da empreitada do CC pelo regime jurídico (Lei nº 14.133).

– **Distinções entre empreitada de serviço e a concessão de serviço público**: a) **objeto**: na empreitada, é atividade material; na concessão, a gestão de um serviço público; b) **remuneração**: na empreitada, pagamento pela Administração; na concessão, tarifa paga pelos usuários ou outras fontes de recursos; c) **responsabilidade perante terceiros**: na empreitada, a responsabilidade objetiva é do Estado; na concessão, é da empresa concessionária (art. 37, § 6º, da CF); d) **efeitos**: na empreitada, efeitos bilaterais, entre as partes; na concessão, efeitos trilaterais, entre as partes e os usuários; e) **forma de atuação**: o empreiteiro atua como particular; o concessionário recebe algumas **prerrogativas públicas** e sujeita-se aos **princípios** inerentes à prestação dos serviços públicos.

– **Conceito de tarefa**: regime de contratação de mão de obra para pequenos trabalhos, por preço certo, com ou sem fornecimento de materiais (art. 6º, XXXI).

– **Regimes de execução**: empreitada por preço unitário, empreitada por preço global, empreitada integral, contratação por tarefa, contratação integrada, contratação semi-integrada, fornecimento e prestação de serviço associado (art. 6º, incisos XXVIII a XXXIV).

15.5. Serviço de publicidade (Lei nº 12.232, de 29-4-10): conceito no art. 2º. Exigências: a) só pode ser contratado com **agências de publicidade** disciplinadas pela Lei nº 4.680, de 18-6-65; b) o contrato pode incluir **atividades complementares**, contratadas com pessoas jurídicas ou físicas previamente cadastradas pelo contratante (art. 14); c) possibilidade de concessão de **planos de incentivo por veículo de divulgação**, sendo os frutos daí resultantes receita própria da agência e não do contratante (art. 18); d) pertencem ao contratante as **vantagens obtidas em negociação de compra de mídia** diretamente ou por intermédio de agência de

propaganda (art. 15, parágrafo único).

15.6. Contrato de fornecimento

– **Conceito**: é o contrato administrativo pelo qual a Administração Pública adquire bens móveis e semoventes necessários à execução de obras ou serviços. Referido como **compra** no art. 6º, X, da Lei nº 14.133.

– **Natureza jurídica: contrato de direito privado**, se for compra à vista e entrega imediata; **contrato administrativo**, quando se tratar de fornecimento contínuo, parcelado ou para entrega futura.

15.7. Programa de Parcerias de Investimentos – PPI (criado pela Lei nº 13.334, de 13-9-16)

– **Contratos a que se aplica:** contratos de concessão comum, concessão patrocinada, concessão administrativa, concessão regida por legislação setorial, permissão de serviço público, arrendamento de bens públicos, concessão de direito real de uso ou outros contratos com estrutura jurídica semelhante (art. 1º, § 2º).

– Não constitui modalidade nova de contrato, mas forma de **fomento** à celebração de contratos entre o Poder Público e a iniciativa privada.

– Autorização ao **BNDES** para constituir e participar do **Fundo de Apoio à Estruturação de Parcerias – FAEP**, com o objetivo de prestar, onerosamente, serviços técnicos profissionais especializados para a estruturação de parcerias de investimentos e de medidas de desestatização.

– Fundo de **natureza privada** constituído com recursos indicados no art. 14, *caput* e § 6º, *a*.

– Aplicação à União apenas; aplica-se a outros entes da federação que exerçam competências de cujo exercício dependa a viabilização de empreendimento do PPI (art. 17, § 1º).

15.8. Contrato de desempenho e contrato de gestão (fundamento no art. 37, § 8º, da Constituição)

– Regulamentado pela Lei nº 13.934/19, com a denominação de contrato de desempenho.

– Expressão contrato de gestão mantida em legislação federal, estadual e municipal não revogada pela Lei nº 13.934/19.

– **Objetivo**: estabelecer metas a serem observadas pelo órgão ou entidade, em troca de benefício outorgado pelo Poder Público.

– **Características**: a) definição de **metas**; b) outorga de **autonomia gerencial, orçamentária e financeira**; c) **controle de resultado**. Fim último: **eficiência**.

15.9. Convênio

– **Conceito**: forma de ajuste entre o Poder Público e entidades públicas ou privadas para a realização de objetivos de interesse comum, mediante mútua colaboração. Não é contrato.

– **Distinções entre contrato e convênio**: a) **interesses** opostos e contraditórios, no contrato, e recíprocos, no convênio; b) **objetivos institucionais comuns**, no convênio; c) **resultado comum**, no convênio, o que não ocorre no contrato; d) **mútua colaboração**, no convênio; e) no contrato, a remuneração passa a integrar o patrimônio do contratado, enquanto no convênio, a sua utilização vincula-se à utilização prevista no ajuste; f) **vontades antagônicas**, no contrato, e **vontades que se somam**, no convênio; g) ausência, no convênio, de **vinculação contratual obrigatória** e de **sanções de inadimplência**.

– **Utilização dos convênios restringida** pela Lei nº 13.019, de 31-7-14 a duas hipóteses: a) entre entes públicos, inclusive para gestão associada de serviços públicos (art. 241 da CF); b) entre entes públicos e particulares, apenas na área da saúde (art. 199 da CF).

– Sujeição dos convênios às normas do Decreto nº 11.845, de 22-12-2023, com alterações posteriores (sobre convênios e contratos de repasse relativos a transferências de recursos da União e sobre parcerias sem transferência de recursos, por meio de acordos de cooperação técnica ou de acordos de adesão) e às normas do art. 184-A da Lei nº 14.133/2021, introduzido pela Lei nº 14.770/2023 (com a instituição de regime simplificado para a celebração de ajustes em que for parte a União, com valor global de até R$ 1.500.000,00).

– Inexigência de licitação, por não ter natureza de contrato.

15.10. Terceirização

– **No direito privado:** é a contratação de serviços de terceiros, por determinada empresa, para o desempenho de atividades-meio ou de atividades-fim (por meio de empreitada, locação de serviços, fornecimento de mão de obra etc.).

– Lei nº 13.429/17: permitiu **terceirização de atividade-fim** e estabeleceu **normas de proteção** às **relações de trabalho**: responsabilidade subsidiária pelas obrigações trabalhistas e recolhimento das contribuições previdenciárias (art. 5º-A, § 5º, e 10, § 7º); extensão ao trabalhador temporário o mesmo atendimento, ambulatorial e de refeição destinado aos empregados (art. 9º, § 2º), mesma remuneração, salário mínimo regional, jornada de oito horas, férias proporcionais, repouso semana remunerado, adicional de trabalho noturno e outros direitos (art. 12).

– **Terceirização na Administração Pública**: continua a reger-se pela **Súmula 331, do TST. Inaplicabilidade** da Lei nº 13.429, salvo para as empresas estatais que prestem atividade econômica (art. 173, § 1º, II, da CF). Trabalho temporário contratado com fundamento no art. 37, IX, da CF. Lei nº 8.745, de 9-12-93 (na esfera federal) e leis estaduais e municipais.

– **Inexistência de conflito entre o item IV da Súmula 331 e o art. 71, § 1º, da Lei nº 8.666 (hoje revogada)**: decisão do STF na ADC 16-DF, Rel. Min. Cezar Peluso. Consequência: alteração do item IV da Súmula 331 pelo TST, com acréscimo dos itens V e VI. Repetição do art. 71, § 1º, da Lei nº 8.666 no art. 121, § 1º, da Lei nº 14.133. Em síntese: a Administração Pública não responde subsidiariamente pelas obrigações trabalhistas, em caso de inadimplemento do contratado, a menos que tenha havido omissão ou falha na fiscalização do contrato.

– **Decreto 9.507, de 21-9-18**: dispõe sobre a execução indireta, no âmbito federal.

– **Lei de Responsabilidade Fiscal** (Lei Complementar 101, de 4-5-00), art. 18, § 1º: "os valores dos contratos de terceirização de mão de obra que se referem à substituição de servidores e empregados públicos serão contabilizados como 'outras despesas de pessoal'".

9
Licitação

9.1 CONCEITO

Aproveitando, parcialmente, conceito de José Roberto Dromi (1975:92), pode-se definir a licitação como o procedimento administrativo pelo qual um ente público, no exercício da função administrativa, abre a todos os interessados, que se sujeitem às condições fixadas no instrumento convocatório, a possibilidade de formularem propostas dentre as quais selecionará e aceitará a mais conveniente para a celebração de contrato.

Ao falar-se em **procedimento administrativo**, está-se fazendo referência a uma série de atos preparatórios do ato final objetivado pela Administração. A licitação é um procedimento integrado por atos e fatos da Administração e atos e fatos do licitante, todos contribuindo para formar a vontade contratual. Por parte da Administração, o edital ou convite, o recebimento das propostas, a habilitação, a classificação, a adjudicação, além de outros atos intermediários ou posteriores, como o julgamento de recursos interpostos pelos interessados, a revogação, a anulação, os projetos, as publicações, os anúncios, as atas etc. Por parte do particular, a retirada do edital, a proposta, a desistência, a prestação de garantia, a apresentação de recursos e as impugnações.

A expressão *ente público no exercício da função administrativa* justifica-se pelo fato de que mesmo as entidades privadas que estejam no exercício de função pública, ainda que tenham personalidade jurídica de direito privado, submetem-se à licitação. Note-se que as entidades da Administração Indireta, com personalidade de direito privado, como empresas públicas, sociedades de economia mista e fundações, costumam ser chamadas por alguns autores de **entidades públicas de direito privado**, por terem o regime de direito comum parcialmente derrogado por normas de direito público; é o caso dos dispositivos constitucionais que impõem licitação (arts. 22, XXVII, e 37, *caput*, combinado com o inciso XXI, e com o art. 173, § 1º, inciso III, da Constituição).

Pela licitação, a Administração **abre a todos os interessados que se sujeitem às condições fixadas no instrumento convocatório**, a possibilidade de apresentação de proposta. Quando a Administração convida os interessados pela forma de convocação prevista na lei (edital ou carta-convite), nesse ato convocatório vêm contidas as condições básicas para participar da licitação, bem como as normas a serem observadas no contrato que se tem em vista celebrar; o atendimento à convocação implica a aceitação dessas condições por parte dos interessados. Daí a afirmação segundo a qual o edital é a lei da licitação e, em consequência, a lei do contrato. Nem a Administração pode alterar as condições, nem o particular pode apresentar propostas ou documentação em desacordo com o exigido no ato de convocação, sob pena de desclassificação ou inabilitação, respectivamente.

Finalmente, a expressão *possibilidade de formularem propostas dentre as quais selecionará a mais conveniente para a celebração de contrato* encerra o conceito de licitação. No direito privado, em que vigora o princípio da autonomia da vontade, o contrato celebra-se mediante a apresentação de uma oferta que o outro aceita. No Direito Administrativo, a licitação equivale a uma oferta dirigida a toda a coletividade de pessoas que preencham os requisitos legais e regulamentares constantes do edital; dentre estas, algumas apresentarão suas propostas, que equivalerão a uma aceitação da oferta de condições por parte da Administração; a esta cabe escolher a que seja mais conveniente para resguardar o interesse público, dentro dos requisitos fixados no ato convocatório.

No direito brasileiro, a **Lei nº 14.133, de 1º-4-2021**, que disciplina as licitações e os contratos da Administração Pública, indica, no art. 11, os objetivos da licitação, permitindo a formulação de outro conceito: licitação é o procedimento prévio à celebração dos contratos administrativos, que tem por objetivo selecionar a proposta mais vantajosa para a Administração, assegurar a justa competição, evitar contratações com sobrepreço ou com preços manifestamente inexequíveis e superfaturamento na execução do contrato, bem como incentivar a inovação e o desenvolvimento nacional sustentável.

9.2 DIREITO POSITIVO

Na Constituição de 1967, não havia norma expressa definindo a competência para legislar sobre licitação, o que deu margem à formação de duas correntes doutrinárias: uma entendendo que licitação é matéria de direito financeiro, a respeito da qual cabe à União estabelecer normas gerais e, aos Estados, as normas supletivas (art. 8º, XVII, *c* e § 2º); e outra vendo a licitação como matéria de direito administrativo, de competência legislativa de cada uma das unidades da federação.

A controvérsia surgiu com a Lei Federal nº 5.456, de 20-6-68, que determinou a aplicação, aos Estados e aos Municípios, das normas relativas às licitações, previstas no Decreto-lei nº 200, de 25-2-67. E prosseguiu com a promulgação do Decreto-lei nº 2.300, de 21-11-86, que, dispondo sobre licitações e contratos da Administração Federal, determinou, no art. 85, que se aplicariam aos Estados, aos Municípios, ao Distrito Federal e aos Territórios as **normas gerais** nele estabelecidas.

Para os adeptos da primeira corrente, essas normas eram válidas; para os da segunda, elas eram inconstitucionais e feriam o princípio da autonomia das unidades federadas para legislar sobre essa matéria.

A Constituição de 1988 pôs fim à controvérsia, ao dar competência privativa à União para legislar sobre "normas gerais de licitação e contratação, em todas as modalidades, para a administração pública, direta e indireta, incluídas as fundações instituídas e mantidas pelo Poder Público, nas diversas esferas de governo, e empresas sob seu controle" (art. 22, XXVII). Essa norma imprimiu validade inconteste ao art. 85 do Decreto-lei nº 2.300/86, significando que Estados e Municípios podiam exercer competência legislativa suplementar em matéria de licitação (art. 24, § 2º, e art. 30, II, da Constituição). A Emenda Constitucional nº 19/98 deu nova redação ao art. 22, XXVII, da Constituição Federal, atribuindo à União competência privativa para legislar sobre "normas gerais de licitação e contratação, em todas as modalidades, para as administrações públicas diretas, autárquicas e fundacionais da União, Estados, Distrito Federal e Municípios, obedecido o disposto no artigo 37, XXI, e para as empresas públicas e sociedades de economia mista, nos termos do artigo 173, § 1º, III".

A grande dificuldade com que se defrontava o intérprete do Decreto-lei nº 2.300/86 decorria da falta de técnica legislativa, que levou seus redatores a inserirem num texto **normas gerais**, de âmbito nacional, e **normas especiais**, de âmbito federal, sem qualquer critério orientador que permitisse distinguir umas das outras. Isto levava a resultados negativos, pois a interpretação do que sejam normas gerais variava de um Estado e Município para outro, produzindo resultado oposto ao que levou as Constituições brasileiras, desde 1946, a dar à União competência para estabelecer normas gerais: a uniformização de determinados princípios em todo o território nacional.

No Estado de São Paulo, a Lei nº 6.544, de 22-11-89, procurou fazer a adaptação da legislação estadual à lei federal, reproduzindo as suas disposições, com pequenas alterações.

A Lei Federal nº 8.666, de 21-6-93, com alterações posteriores, revogou o Decreto-lei nº 2.300/86. Conforme constava de seu preâmbulo, ela "regulamenta o artigo 37, inciso XXI, da Constituição Federal, institui normas para licitações e contratos da Administração Pública e dá outras providências".

Intensificando a tendência legislativa centralizadora da União e com flagrante invasão na área de competência dos Estados e Municípios para a legislação suplementar, o art. 1º afirmava, textualmente, que "esta lei estabelece **normas gerais** sobre licitações e contratos administrativos pertinentes a obras, serviços, inclusive de publicidade, compras, alienações e locações no âmbito dos Poderes da **União**, dos **Estados**, do **Distrito Federal** e dos **Municípios**".

Enquanto o Decreto-lei nº 2.300/86, com a norma do art. 85, deixava a possibilidade de separar as **normas gerais** das que não tinham essa natureza (ainda que com a apontada dificuldade), a Lei nº 8.666/93 já declarava, no art. 1º, que todas as disposições nela contidas têm a natureza de normas gerais. Se alguma dúvida houvesse, ela se dissiparia com a norma do art. 118, que determina aos Estados, ao Distrito Federal, aos Municípios e às entidades da administração indireta a obrigatoriedade de adaptarem as suas normas sobre licitações e contratos "ao disposto nesta Lei".

A inconstitucionalidade do art. 1º da Lei nº 8.666/93 era manifesta, porque nada deixava para que Estados e Municípios legislassem em matéria de licitação e contrato administrativo. Apenas o art. 115 concedia aos "órgãos da Administração" (não aos legislativos estaduais e municipais) competência para expedirem normas relativas aos procedimentos operacionais a serem observados na execução das licitações, no âmbito de sua competência; essas normas, após aprovação da autoridade competente, deveriam ser publicadas na imprensa oficial (parágrafo único). Ambas as determinações eram inúteis; a primeira, porque a lei está conferindo a órgãos administrativos uma competência que eles já detêm, qual seja, a de editar atos normativos (regulamentos, resoluções, portarias) que permitam facilitar ou aperfeiçoar o cumprimento da lei; a segunda, porque a publicidade é princípio que decorre do art. 37 da Constituição e constitui condição para que os atos administrativos produzam efeitos externos.

Ainda sobre licitação, foram promulgadas outras leis: a Lei nº 10.520, de 17-7-2002, que instituiu nova modalidade denominada **pregão**; a Lei Complementar nº 123, de 14-12-2006 (**Estatuto da Microempresa e da Empresa de Pequeno Porte**), que, nos arts. 42 a 49, contém normas sobre licitação, favorecendo as microempresas e empresas de pequeno porte; a Lei nº 11.488, de 15-6-2007, que no art. 34 determina a aplicação da Lei Complementar nº 123/06 às Sociedades Cooperativas; a Lei nº 12.462, de 4-8-2011, que, dentre outras medidas, instituiu o **Regime Diferenciado de Contratações Públicas (RDC)**; a Lei nº 12.232, de 29-4-2010, que disciplina os **contratos de publicidade**; a Lei nº 12.598, de 22-3-2013 (regulamentada pelo Decreto nº 7.970, de 28-3-2013), que estabelece normas especiais para as compras, as contratações e o desenvolvimento de produtos e de **sistemas de defesa**.

Conforme demonstrado no capítulo 8, foi promulgada uma nova lei sobre licitações e contratos administrativos – a Lei nº 14.133, de 1º-4-2021 –, que também determina, no art. 1º, que suas normas têm o caráter de normas gerais. Em consequência, ficam os Estados, o Distrito Federal e os Municípios com a competência para estabelecer normas específicas aplicáveis em seu âmbito de atuação, conforme determina o art. 22, XXVII, da Constituição.

Inúmeros dispositivos dessa lei dependem de regulamentação, não sendo, portanto, autoaplicáveis. São cerca de 50 dispositivos em que a previsão de regulamento consta expressamente, além de outros em que existe essa necessidade, ainda que não conste expressamente da lei.

Embora a Lei nº 14.133 contenha normas gerais sobre contratação e licitação para todos os entes federativos (o que se aplicaria também aos regulamentos), o art. 187 determina que "os Estados, o Distrito Federal e os Municípios poderão aplicar os regulamentos editados pela União para execução desta Lei".

Essa Lei, no art. 193, com a redação dada pela Lei Complementar nº 198, de 28-6-2023, revogou:

I – os arts. 89 a 108 da Lei nº 8.666/93, que tratam dos crimes e das penas em matéria de licitações, bem como do processo e do procedimento judicial para sua apuração; em substituição a esses dispositivos, o art. 178 da nova Lei de Licitações incluiu o Capítulo II-B no Código Penal (Decreto-lei nº 2.848, de 7-12-40) sobre os **crimes em licitações e contratos administrativos**";

II – a Lei nº 8.666/93, a Lei nº 10.520, de 17-7-2002 (Lei do Pregão), e os arts. 1º a 47-A da Lei nº 12.462, de 4-8-2011 (Lei do RDC – Regime Diferenciado de Contratação), em 30-12-2023.

Nos termos do art. 191, "até o decurso do prazo de que trata o inciso II do caput do art. 193, a Administração poderá optar por licitar ou contratar diretamente de acordo com esta Lei ou de acordo com as leis citadas no referido inciso, e a opção escolhida deverá ser indicada expressamente no edital ou no aviso ou instrumento de contratação direta, vedada a aplicação combinada desta Lei com as citadas no referido inciso". Conforme dispõe o parágrafo único desse dispositivo, se for feita a opção pela aplicação das leis revogadas, "o contrato respectivo será regido pelas regras nelas previstas durante toda a sua vigência".

O art. 190 determina que "o contrato cujo instrumento tenha sido assinado antes da entrada em vigor desta Lei continuará a ser regido de acordo com as regras previstas na legislação revogada". Vale dizer que, embora as leis referidas no inciso II do art. 193 já estejam revogadas desde 30-12-2023, elas continuarão a ser aplicadas aos contratos celebrados sob sua regência. Trata-se de aplicação do princípio da irretroatividade das leis, decorrente do disposto no art. 5º, inciso XXXVI, da Constituição.

Em decorrência dos arts. 190 e 191, a Lei nº 8.666, a Lei nº 10.520 e os arts. 1º a 47 da Lei nº 12.462 continuaram a ter aplicação nas seguintes hipóteses: (a) para os contratos cujo instrumento tenha sido assinado antes da entrada em vigor da Lei nº 14.133/2021; (b) por opção da Administração, feita, até 30-12-2023, com fundamento no art. 191.

Pelo art. 189, "aplica-se esta Lei às hipóteses previstas na legislação que façam referência expressa à Lei nº 8.666, de 21 de junho de 1993, à Lei nº 10.520, de 17 de julho de 2002, e aos arts. 1º a 47 da Lei nº 12.462, de 4 de agosto de 2011". Isto significa que, ao interpretar dispositivos que façam referência a essas leis, tem que substituí-las pelas normas da Lei nº 14.133.

Quanto à concessão e permissão de serviço público e de obra pública, às parcerias público-privadas e aos contratos de publicidade, todos disciplinados por legislação própria, aplicar-se-á, subsidiariamente, a Lei nº 14.133, conforme previsto em seu art. 186.

Ainda existem outras leis sobre concessão de determinados serviços públicos, como telecomunicações, portos, energia, transporte ferroviário e outros, com normas específicas sobre licitação.

A Lei Complementar nº 182, de 1º-6-2021, institui o marco legal das startups e do empreendedorismo inovador, disciplinando a licitação e a contratação de soluções inovadoras pela administração pública, inclusive pelas empresas estatais de que trata a Lei nº 13.303, de 30-6-2016.

9.3 DISPOSIÇÕES PRELIMINARES – ÂMBITO DE APLICAÇÃO DA LEI Nº 14.133/21

A Lei nº 14.133, de 1º de abril de 2021, estabelece normas sobre licitações e contratos administrativos, repetindo algumas normas da Lei nº 8.666, de 21-6-93, e adotando muitas das normas da Lei do Pregão (Lei nº 10.520, de 17-7-2002) e da Lei do RDC (Lei nº 12.462, de 4-8-2011). Inclusive, adota muitas das inovações introduzidas por esta última lei.

Quanto às entidades abrangidas, a Lei nº 14.133, dando cumprimento aos dispositivos constitucionais (arts. 22, XXVII, 37, XXI, e 173, § 1º, III), manda aplicar suas normas às administrações públicas diretas, autárquicas e fundacionais da União, dos Estados, do Distrito Federal e dos Municípios (art. 1º), abrangendo os órgãos dos Poderes Legislativo e Judiciário da União, dos Estados e do Distrito Federal e os órgãos do Poder Legislativo dos Municípios, quando no desempenho de função administrativa (art. 1º, I), bem como os fundos especiais e demais entidades controladas direta ou indiretamente pela Administração Pública (art. 1º, II). Excluiu de sua abrangência as empresas públicas e as suas subsidiárias (art. 1º, § 1º), regidas pela Lei nº 13.303, de 30-6-2016 (lei das estatais), ressalvado o disposto no art. 178, que acrescentou ao Código Penal um capítulo II-B, pertinente aos "crimes em licitações e contratos administrativos".

Quanto às **contratações realizadas no âmbito das repartições públicas sediadas no exterior**, obedecem às peculiaridades locais e aos princípios básicos estabelecidos na Lei nº 14.133, "na forma de regulamentação específica a ser editada por ministro de Estado" (§ 2º do art. 1º).

Também podem fugir ao regime estabelecido pela Lei nº 14.133, as licitações e contratações que envolvam recursos provenientes de empréstimo ou doação oriundos de agência oficial de cooperação estrangeira ou de organismo financeiro de que o Brasil seja parte (§ 3º do art. 1º). Ocorre, nesse caso, relativo abrandamento do princípio da legalidade.

O art. 192 determina que "o contrato relativo a imóvel do patrimônio da União ou de suas autarquias e fundações continuará regido pela legislação pertinente, aplicada esta Lei subsidiariamente".[1]

Quanto à obrigatoriedade de licitação por **entidades do terceiro setor** (designadas como organizações da sociedade civil de interesse público), mediante a utilização de recursos públicos, a matéria está hoje disciplinada pela Lei nº 13.019, de 31-7-2014 (com alterações posteriores), analisada no Capítulo 11, mais especificamente no item 11.8.

São **tipos de contratos** alcançados pela Lei nº 14.133: I – alienação e concessão de direito real de uso de bens; II – compras, inclusive por encomenda; III – locação; IV – concessão e permissão de uso de bens públicos; V – prestação de serviços, inclusive os técnico-profissionais especializados; VI – obras e serviços de arquitetura e engenharia; VII – contratações de tecnologia da informação e de comunicação (art. 2º).

São tipos de contratos excluídos do âmbito da Lei (art. 3º): I – contratos que tenham por objeto operação de crédito, interno ou externo, e gestão de dívida pública, incluídas as contratações de agente financeiro e a concessão de garantias relacionadas a esses contratos; II – contratações sujeitas a normas previstas em legislação própria. A Lei nº 14.133 não repete a norma do art. 62, § 3º, da Lei nº 8.666, quanto à aplicação das normas gerais aos contratos de direito privado, significando isto que os mesmos continuarão a submeter-se à legislação

---

[1] Sobre a legislação relativa ao patrimônio da União, confira-se o capítulo 16 deste livro.

específica a eles pertinente. No entanto, não é possível afastar inteiramente a aplicação de normas de direito público, referentes à competência, à forma, ao procedimento, ao motivo, à finalidade, dentre outras.

Aplicam-se, às licitações e aos contratos regidos pela Lei nº 14.133, os arts. 42 a 49 da Lei Complementar nº 123, de 14-12-2006 (sobre microempresas e empresas de pequeno porte) – art. 4º, com as exceções previstas no § 1º do mesmo dispositivo.

9.4 OBJETIVOS DA LICITAÇÃO

O art. 11 da Lei nº 14.133 repete alguns objetivos que já constavam do art. 3º da Lei nº 8.666/93 e do art. 1º, § 1º, da Lei nº 12.462/11 (RDC), com alguns acréscimos: I – assegurar a seleção da proposta apta a gerar o resultado de contratação mais vantajoso para a Administração Pública, inclusive no que se refere ao ciclo de vida do objeto; II – assegurar tratamento isonômico entre os licitantes, bem como a justa competição; III – evitar contratações com sobrepreço ou com preços manifestamente inexequíveis e superfaturamento na execução dos contratos; IV – incentivar a inovação e o desenvolvimento nacional sustentável.

O art. 6º, LVI, define o **sobrepreço** como o "preço orçado para licitação ou contratado em valor expressivamente superior aos preços referenciais de mercado, seja de apenas um item, se a licitação ou a contratação for por preços unitários de serviço, seja do valor global do objeto, se a licitação ou a contratação for por tarefa, empreitada por preço global ou empreitada integral, semi-integrada ou integrada".

O art. 6º, LVII, define o **superfaturamento** como dano provocado ao patrimônio da Administração, caracterizado, entre outras situações, por: (a) medição de quantidades superiores às efetivamente executadas ou fornecidas; (b) deficiência na execução de obras e de serviços de engenharia que resulte em diminuição da sua qualidade, vida útil ou segurança; (c) alterações no orçamento de obras e de serviços de engenharia que causem desequilíbrio econômico-financeiro do contrato em favor do contratado; (d) outras alterações de cláusulas financeiras que gerem recebimentos contratuais antecipados, distorção do cronograma físico-financeiro, prorrogação injustificada do prazo contratual com custos adicionais para a Administração ou reajuste irregular de preços.

O parágrafo único do art. 11 inova ao introduzir norma que visa a facilitar a consecução dos objetivos previstos no *caput*, estabelecendo que "a alta administração do órgão ou entidade é responsável pela governança das contratações e deve implementar processos e estruturas, inclusive de gestão de riscos e controles internos, para avaliar, direcionar e monitorar os processos licitatórios e os respectivos contratos, com o intuito de alcançar os objetivos estabelecidos no *caput* deste artigo, promover um ambiente íntegro e confiável, assegurar o alinhamento das contratações ao planejamento estratégico e às leis orçamentárias e promover eficiência, efetividade e eficácia em suas contratações".

9.5 PRINCÍPIOS DA LICITAÇÃO

Não há uniformidade entre os doutrinadores na indicação dos princípios que informam a licitação. José Roberto Dromi (1975:134) indica dois: o da **livre concorrência** e o da **igualdade entre os concorrentes**; Sayaguéz Laso (1940:52-53) também aponta dois: o da **igualdade de todos frente à Administração** e o **estrito cumprimento do edital**; Adilson Abreu Dallari fala em três princípios: os da **igualdade, da publicidade** e da **rigorosa observância das condições do edital** (1973:33); a esses três Celso Antônio Bandeira de Mello (1980:2) acrescenta o da **possibilidade de o disputante fiscalizar o atendimento dos princípios anteriores**.

Hely Lopes Meirelles (2003:265) relaciona maior número de princípios: **procedimento formal, publicidade, igualdade entre os licitantes, sigilo das propostas, vinculação aos termos do instrumento convocatório, julgamento objetivo e adjudicação compulsória**.

Uma primeira observação é no sentido de que a própria licitação constitui um princípio a que se vincula a Administração Pública. Ela é uma decorrência do princípio da **indisponibilidade do interesse público** e que se constitui em uma restrição à liberdade administrativa na escolha do contratante; a Administração terá que escolher aquele cuja proposta melhor atenda ao interesse público.

O princípio da indisponibilidade do interesse público também exige que as empresas estatais, embora regidas pelo direito privado, se submetam à licitação, uma vez que administram recursos total ou parcialmente públicos. A exigência decorre também da Constituição, por força do já mencionado art. 37, XXI, e do art. 22, XXVII, que dá à União competência para estabelecer normas gerais de licitação e contratação em todas as modalidades, para as Administrações Públicas Diretas, autárquicas e fundacionais da União, dos Estados, do Distrito Federal e dos Municípios, obedecido o disposto no art. 37, XXI, e **para as empresas públicas e sociedades de economia mista, nos termos do art. 173, § 1º, III**. Este último dispositivo, alterado pela Emenda Constitucional nº 19/98, prevê que as empresas públicas, as sociedades de economia mista e suas subsidiárias que explorem atividade econômica de produção ou comercialização de bens ou de prestação de serviços sejam regidas por estatuto jurídico que disponha, entre outras coisas, sobre licitação e contratação, com observância dos princípios da Administração Pública.

Isto significa que, com a nova redação do dispositivo constitucional, as empresas estatais passaram a dispor de procedimento próprio para suas licitações. Esse procedimento foi definido pela Lei nº 13.303, de 30-6-2016 (Lei das Estatais). As empresas, no entanto, não estarão dispensadas de observar os princípios da licitação.[2]

Afora o princípio da indisponibilidade do interesse público, que está na base da exigência de licitação para a celebração de contratos administrativos, existem outros que se referem ao próprio procedimento: em suas várias fases vão se colocar em confronto o interesse público na escolha da melhor oferta e o interesse particular em contratar com a Administração. Seguindo mais a linha de Hely Lopes Meirelles, o art. 3º do Decreto-lei nº 2.300, de 21-11-86, determinava que a licitação será processada e julgada em estrita conformidade com os princípios básicos da **igualdade**, da **publicidade**, da **probidade administrativa**, da **vinculação ao instrumento convocatório**, do **julgamento objetivo** e dos que lhes são correlatos; a esses o art. 3º da Lei nº 8.666, de 21-6-93, acrescentou os da **legalidade, da impessoalidade** e da **moralidade**, já previstos no art. 37, *caput*, da Constituição. A Lei nº 14.133/21 acrescentou mais 14 princípios no art. 5º, resultando num total de 22 princípios a serem observados na aplicação da lei: legalidade, impessoalidade, moralidade, publicidade, **eficiência, interesse público**, probidade administrativa, **planejamento, transparência, eficácia, segregação de funções**, motivação, vinculação ao edital, julgamento objetivo, **segurança jurídica, razoabilidade, competitividade, proporcionalidade, celeridade, economicidade e desenvolvimento nacional sustentável**, assim como as disposições do Decreto-lei nº 4.657, de 4-9-42 (**Lei de Introdução às Normas do Direito Brasileiro**). Ainda outros princípios não previstos expressamente na Lei nº 14.133 podem ser mencionados, em especial o da adjudicação compulsória, o da ampla defesa, o da participação popular, todos eles decorrendo expressa ou implicitamente da própria Lei nº 14.133 e de outras leis esparsas, estando amplamente consagrados no direito brasileiro. O princípio

---

[2] Quanto à Petrobras, o STF, no RE-441.280, decidiu, por maioria, pela validade de contrato firmado, sem licitação, pela empresa, pelo fato de atuar em mercado competitivo, inclusive em âmbito internacional, fazendo referência a "pacífica jurisprudência do STF de que, à época dos fatos, não se submetia a recorrida ao disposto na Lei de Licitações" (Plenário, Rel. Min. Dias Toffoli, j. em 8-3-21).

da **adjudicação compulsória** significa que, uma vez concluído o procedimento licitatório, a Administração Pública só pode atribuir o objeto da licitação ao vencedor. Segundo Hely Lopes Meirelles (2003:267) "a adjudicação ao vencedor é obrigatória, salvo se este desistir expressamente do contrato ou o não firmar no prazo prefixado, a menos que comprove justo motivo. A compulsoriedade veda também que se abra nova licitação enquanto válida a adjudicação anterior". Adverte ele, no entanto, que "o direito do vencedor limita-se à adjudicação, ou seja, à atribuição a ele do objeto da licitação, e não ao contrato imediato. E assim é porque a Administração pode, licitamente, revogar ou anular o procedimento ou, ainda, adiar o contrato, quando ocorram motivos para essas condutas". Mais recentemente, fala-se em princípio da sustentabilidade da licitação ou princípio da licitação sustentável (previsto como **princípio**, no art. 5º, e inserido entre os objetivos da licitação no art. 11 da Lei nº 14.133).

9.5.1 Princípio da legalidade

O **princípio da legalidade**, já analisado no item 3.4.1 em relação à Administração Pública em geral, é de suma relevância, em matéria de licitação, pois esta constitui um procedimento inteiramente vinculado à lei; todas as suas fases estão rigorosamente disciplinadas na Lei nº 14.133/21, cujo art. 164 confere a qualquer pessoa a legitimidade para impugnar edital de licitação por irregularidade na aplicação da lei ou para solicitar esclarecimento sobre os seus termos, devendo protocolar o pedido até três dias úteis antes da data de abertura do certame. Isto significa que qualquer pessoa, física ou jurídica, é titular de **direito público subjetivo** à fiel observância do pertinente procedimento estabelecido na lei. A Administração Pública é obrigada a responder à impugnação ou ao pedido de esclarecimento por meio eletrônico oficial no prazo de três dias úteis, limitado ao último dia útil anterior à data da abertura do certame (parágrafo único do art. 164).

Tratando-se de direito público subjetivo, o licitante que se sinta lesado pela inobservância das normas legais pode impugnar o procedimento, não apenas na esfera administrativa, mas também na judicial.

Além disso, mais do que direito público subjetivo, a observância da legalidade foi erigida em interesse difuso, passível de ser protegido por iniciativa do próprio cidadão. É que a Lei nº 14.133 previu várias formas de controle em capítulo sobre "controle das contratações", dentre as quais a possibilidade de participação popular. Com efeito, o § 4º do art. 170 prevê que "qualquer licitante, contratado ou pessoa física ou jurídica poderá representar aos órgãos de controle interno ou ao tribunal de contas competente contra irregularidades na aplicação desta Lei".

Previsto no art. 37, *caput*, da Constituição e em várias leis ordinárias, o princípio da legalidade designa a obrigatoriedade de submissão do procedimento da licitação e do contrato às normas constitucionais e infraconstitucionais vigentes, observada a hierarquia legislativa: Constituição Federal, Lei de Licitações, LINDB, Leis de Processo Administrativo (e respectivos regulamentos); nas esferas estadual, distrital e municipal, ainda devem ser observadas as Constituições Estaduais, as Leis Orgânicas dos Municípios, as leis de licitações, as leis de processo administrativo, onde houver.

A Lei nº 14.133 contempla algumas situações em que as suas normas podem deixar de ser observadas, flexibilizando, desse modo, a aplicação do princípio da legalidade quando em confronto com outros valores ou princípios:

(i) o art. 147, parágrafo único, determina que "caso a paralisação ou anulação não se revele medida de interesse público, o poder público deverá optar pela continuidade do contrato e pela solução da irregularidade por meio de indenização por perdas e danos, sem prejuízo da apuração de responsabilidade e da aplicação de penalidades cabíveis". Essa norma, que privilegia o princípio da segurança jurídica, está em consonância com os arts. 20, parágrafo único, 21, *caput* e parágrafo único, da LINDB.[3] A ideia é a de que, em algumas situações, a invalidação do procedimento ou do contrato pode causar prejuízo maior do que a manutenção do ato ilegal. No caso de manutenção do ato, embora ilegal, não pode ser dispensada a responsabilização do agente que praticou o ato ilícito.

(ii) o art. 1º, § 2º, permite que as contratações realizadas no âmbito das repartições públicas sediadas no exterior obedeçam às peculiaridades locais e aos princípios básicos estabelecidos na Lei, "na forma de regulamentação específica a ser editada por ministro de Estado".

(iii) o art. 1º, § 3º, autoriza o uso de condições especiais e peculiares constantes de Acordos Internacionais aprovados no Congresso e devidamente ratificados ou determinados por agências ou organismos estrangeiros, inclusive quanto à seleção e ao contrato, no caso em que a licitação envolver recurso proveniente de entes estrangeiros ou internacionais de que o Brasil seja parte.

9.5.2 Princípios da impessoalidade, do julgamento objetivo e da competitividade

O **princípio da impessoalidade**, já analisado no item 3.4.3, aparece, na licitação, intimamente ligado aos princípios da isonomia, da competitividade e do julgamento objetivo: todos os licitantes devem ser tratados igualmente, em termos de direitos e obrigações, devendo a Administração, em suas decisões, pautar-se por critérios objetivos, sem levar em consideração as condições pessoais do licitante ou as vantagens por ele oferecidas, salvo as expressamente previstas na lei ou no instrumento convocatório.

Na Lei nº 14.133, pode-se afirmar que ele se desdobra em subprincípios, que constituem aplicação da impessoalidade, a saber, a igualdade (analisada no item 9.5.7), o julgamento objetivo e a competitividade.

O **princípio do julgamento objetivo**, que constitui desdobramento da impessoalidade, significa que a classificação das propostas deve observar os critérios fixados no edital, dentre os que constam do art. 33 da Lei nº 14.133, a saber: I – menor preço; II – maior desconto; III – melhor técnica ou conteúdo artístico; IV – técnica e preço; V – maior lance, no caso de leilão; e VI – maior retorno econômico.[4] Nenhum outro critério pode ser adotado pela Administração Pública. A lei quer vedar o julgamento baseado em critérios subjetivos, pessoais, da autoridade julgadora. Mas a objetividade também deve existir nos procedimentos auxiliares da licitação, conforme previsto no art. 78, § 1º, nos pareceres jurídicos, na forma do art. 53, § 1º, inciso I, e na fiscalização de controle, de conformidade com o art. 171, II.

---

[3] "Art. 20, parágrafo único. A motivação demonstrará a necessidade e a adequação da medida imposta ou da invalidação de ato, contrato, ajuste, processo ou norma administrativa, inclusive em face das possíveis alternativas. Art. 21. A decisão que, nas esferas administrativa, controladora ou judicial, decretar a invalidação de ato, contrato, ajuste, processo ou norma administrativa deverá indicar de modo expresso suas consequências jurídicas e administrativas. Parágrafo único. A decisão a que se refere o *caput* deste artigo deverá, quando for o caso, indicar as condições para que a regularização ocorra de modo proporcional e equânime e sem prejuízo aos interesses gerais, não se podendo impor aos sujeitos atingidos ônus ou perdas que, em função das peculiaridades do caso, sejam anormais ou excessivos."

[4] Os critérios de julgamento nos contratos de concessão de serviços públicos e de parcerias público-privadas (concessão patrocinada e concessão administrativa) são os previstos, respectivamente, nas Leis nos 8.987, de 13-2-95 (art. 15) e 11.079, de 30-12-2004 (art. 12, II).

O **princípio da competitividade,** que também decorre da impessoalidade, significa que é de interesse da Administração Pública atrair o maior número possível de propostas no procedimento licitatório. Constituem aplicação desse princípio, dentre outras medidas: (i) o planejamento de compras, previsto no art. 40, que deve ser feito mediante análise dos fatores indicados no § 2º do mesmo dispositivo, dentre os quais "o dever de buscar a ampliação da competição e de evitar a concentração de mercado" (inciso III); (ii) a exigência de prova de qualidade do produto apresentado como similar ao das marcas indicadas no edital (art. 42); (iii) a proibição de que, nas licitações internacionais, o edital preveja condições de habilitação, classificação e julgamento que constituam barreiras de acesso ao licitante estrangeiro (art. 52, § 6º).

9.5.3 Princípio da moralidade e da probidade

O **princípio da moralidade**, conforme visto nos itens 3.4.11 e 18.1, exige da Administração comportamento não apenas lícito, mas também consoante com a moral, os bons costumes, as regras de boa administração, os princípios de justiça e de equidade e a ideia comum de honestidade. Além de previsto nos arts. 37, *caput*, e 5º, LXXIII, da Constituição, o Decreto-lei nº 2.300/86 o incluía no art. 3º com o nome de princípio da probidade, que nada mais é do que honestidade no modo de proceder.

A Lei nº 14.133/21, da mesma forma que a anterior Lei nº 8.666/93, faz referência à **moralidade** e à **probidade**, provavelmente porque a primeira, embora prevista na Constituição, ainda constitui um conceito vago, indeterminado, que abrange uma esfera de comportamentos ainda não absorvidos pelo Direito, enquanto a probidade ou, melhor dizendo, a improbidade administrativa já tem contornos bem mais definidos no direito positivo, tendo em vista que a Constituição estabelece sanções para punir os servidores que nela incidem (art. 37, § 4º). O ato de improbidade administrativa está definido na Lei nº 8.429, de 2-6-92, em grande parte alterada pela Lei nº 14.230, de 25-10-2021.

Vários dispositivos da Lei nº 14.133 dão aplicação ao princípio da moralidade e à probidade administrativa, como, exemplificativamente: (i) art. 7º, inciso III, que veda a indicação, para as funções de execução da lei, de cônjuge ou companheiro de licitante ou contratados habituais da Administração ou que tenham com eles vínculo de parentesco, colateral ou por afinidade, até o terceiro grau, ou de natureza técnica, comercial, econômica, financeira, trabalhista e civil; (ii) arts. 9º e 14, que contemplam hipóteses de vedação à participação no procedimento licitatório; (iii) art. 25, § 4º, que exige a implantação de programa de integridade pelo licitante vencedor, nas contratações de obras, serviços e fornecimentos de grande vulto, conforme regulamento aprovado pelo Decreto nº 12.304/24; (iv) art. 155, que, ao definir as infrações administrativas, inclui várias que constituem infração à moralidade e à probidade administrativa, como, por exemplo: "fraudar a licitação ou praticar ato fraudulento na execução do contrato" (inciso IX), "comportar-se de modo inidôneo ou cometer fraude de qualquer natureza" (inciso X), "praticar atos ilícitos com vistas a frustrar os objetivos da licitação" (inciso XI).

Vale lembrar que alguns dos princípios da licitação constituem aplicação do princípio maior da moralidade, como o da segregação de funções, o da razoabilidade, o da proporcionalidade, o do julgamento objetivo, o da impessoalidade, dentre outros.

9.5.4 Princípios da transparência, da publicidade e da motivação

O princípio da transparência não é previsto, com essa denominação, na Constituição de 1988. Mas está nela implícito, pela presença de subprincípios, como os da **publicidade** e do **direito à informação**, além dos princípios da **motivação** e da **participação popular** no controle da Administração Pública, também implícitos na Constituição. O princípio da transparência exige que a atuação da Administração Pública seja amplamente divulgada e aberta ao conhecimento público, somente sendo permitido o sigilo nas hipóteses expressamente previstas na Constituição.

A **publicidade** (analisada de forma mais ampla no item 3.4.10 deste livro) constitui princípio relevante para o controle da Administração Pública. Diz respeito não apenas à divulgação do procedimento para conhecimento de todos os interessados, como também aos atos da Administração praticados nas várias fases do procedimento, que podem e devem ser abertos aos interessados, para assegurar a todos a possibilidade de fiscalizar sua legalidade. A publicidade é tanto maior quanto maior for a competição propiciada pela modalidade de licitação; ela é a mais ampla possível na **concorrência**, em que o interesse maior da Administração é o de atrair maior número de licitantes, e se reduz ao mínimo no **convite**, em que o valor do contrato dispensa maior divulgação.

Na Lei nº 14.133, existem vários dispositivos que impõem a divulgação de atos, contratos ou outras medidas estatais, como requisito de validade e/ou de eficácia jurídica:

(i) o art. 13 exige sejam públicos os atos praticados no processo licitatório, ressalvadas as hipóteses de informações cujo sigilo seja imprescindível à segurança da sociedade e do Estado, na forma da lei;

(ii) o art. 25, § 3º, exige a divulgação de todos os anexos do edital (minuta de contrato, termos de referência, anteprojeto, projetos), em sítio eletrônico oficial, na mesma data da divulgação do edital;

(iii) o art. 55 estabelece períodos mínimos de divulgação do ato convocatório, contados entre a data de sua publicação até o momento de recebimento das propostas;

(iv) o art. 54 estabelece que a publicidade do edital de licitação será realizada mediante divulgação e manutenção do inteiro teor do ato convocatório e de seus anexos no Portal Nacional de Contratações Públicas (PNCP), criado pelo art. 174 da Lei nº 14.133;

(v) o art. 72, parágrafo único, impõe a divulgação, em sítio eletrônico oficial, do extrato do contrato firmado ou do ato que autoriza a contratação direta, sem licitação.

Embutido no princípio da transparência, o **direito à informação** é assegurado no art. 5º, XXXIII, da Constituição, com ressalva para o sigilo indispensável à segurança do Estado e da sociedade. Seguindo o previsto nesse dispositivo constitucional, o art. 13 da Lei nº 14.133 estabelece que os atos praticados no processo licitatório são públicos, ressalvadas as hipóteses de informações cujo sigilo seja imprescindível à segurança da sociedade e do Estado, na forma da lei. Tem aplicação, no caso, a Lei de Acesso à Informação (Lei nº 12.527, de 18-11-2011, regulamentada pelo Decreto nº 7.724, de 16-5-2012, com alterações posteriores).

Além da ressalva quanto ao sigilo, contida nos referidos dispositivos, o art. 13, no parágrafo único, ainda permite que a publicidade seja diferida: I – quanto ao conteúdo das propostas, até a respectiva abertura; II – quanto ao orçamento da Administração, nos termos do art. 24. Este último dispositivo permite que orçamento estimado da contratação tenha caráter sigiloso, hipótese em que o sigilo não prevalecerá para os órgãos de controle interno e externo.

Por sua vez, a Lei de Acesso a Informações (Lei nº 12.527, de 18-11-2011), no art. 8º, impõe aos órgãos e entidades públicas o dever de promover, independentemente de requerimento, a divulgação em local de fácil acesso, no âmbito de suas competências, de informações de interesse coletivo ou geral por eles produzidas ou custodiadas. O § 1º estabelece que, na divulgação das informações deverão constar, no mínimo, entre outras, as "informações concernentes a procedimentos licitatórios, inclusive os respectivos editais e resultados, bem como a todos os contratos celebrados".

Ainda ligado à ideia maior de transparência, a **participação** do particular no procedimento é garantida pela previsão de **audiência pública**, a ser realizada facultativamente, de forma eletrônica ou presencial, nos termos do art. 21 da Lei nº 14.133, e pela possibilidade, prevista no parágrafo único do mesmo dispositivo, de realização de **consulta pública**, mediante a disponibilização de seus elementos a todos os interessados, que poderão formular sugestões no prazo fixado.

Ainda o particular pode participar do controle da licitude do procedimento, mediante a impugnação do edital por irregularidade na aplicação da lei, ou solicitação de esclarecimentos sobre os seus termos (art. 164). A Administração Pública é obrigada a responder à impugnação e ao pedido de esclarecimentos, mediante divulgação da resposta em sítio eletrônico oficial, no prazo de até três dias úteis (parágrafo único do art. 164).

O **princípio da motivação** (tratado no item 3.4.13 deste livro), também inserido no conceito de transparência, exige que a Administração Pública justifique as suas decisões, indicando expressamente (i) os fundamentos de fato, (ii) os fundamentos de direito, além (iii) das consequências jurídicas e administrativas, tal como previsto nos arts. 20 e 21 da LINDB.

Em vários dispositivos da Lei nº 14.133, existe previsão expressa de exigência de motivação, podendo-se citar, exemplificativamente: (i) o art. 17, § 1º, que prevê a possibilidade de ser a fase de habilitação realizada antes da fase do julgamento, como exceção à regra do *caput*, que prevê o julgamento antes da habilitação; (ii) o art. 17, § 2º, quando permite que o procedimento seja realizado pela forma presencial, como exceção à forma eletrônica; (iii) o art. 43, II, que exige despacho motivado da autoridade superior, no processo de padronização; (iv) o art. 71, II, que prevê a revogação da licitação por motivo de conveniência e oportunidade; (v) o art. 147, sobre a declaração de nulidade do contrato, exige avaliação de vários fatores indicados nos incisos I a XI, devendo ser precedida da análise prévia do interesse público envolvido (art. 148); (vi) o art. 104, IV, que inclui entre as prerrogativas da Administração a de aplicar sanções motivadas pela inexecução total ou parcial do ajuste.

Além dos dispositivos legais em que a motivação é expressamente prevista, é importante lembrar que essa exigência, exatamente por ter a natureza de princípio implícito na Constituição e expresso no art. 2º da Lei nº 9.784/99 (Lei de Processo Administrativo Federal), é obrigatória em praticamente todos os atos do procedimento licitatório, como nas decisões sobre habilitação, inabilitação, classificação e desclassificação de licitantes, dispensa e inexigibilidade de licitação, dentre outros.

9.5.5 Princípios da eficiência, da celeridade, da economicidade, do planejamento e da eficácia

Introduzido no art. 37 da Constituição de 1988 pela Emenda Constitucional nº 19/98 e também previsto no art. 2º da Lei de Processo Administrativo federal (Lei nº 9.784/99), o **princípio da eficiência** é agora inserido entre os princípios da licitação no art. 5º da Lei nº 14.133, designando os meios e instrumentos que devem ser utilizados pela Administração Pública para alcançar o melhor resultado. O seu significado foi analisado no item 3.4.14. Na Lei nº 14.133, ele abrange os subprincípios da **celeridade**, da **economicidade**, do **planejamento** e da **eficácia**.

O **princípio da celeridade** encontra fundamento no art. 5º, LXXVIII, da Constituição Federal, que garante a todos, no âmbito judicial e administrativo, a razoável duração do processo e os meios que garantam a celeridade de sua tramitação. Na Lei nº 14.133, além da fixação de prazos para a prática de atos do procedimento licitatório, existem várias normas que dão aplicação ao princípio da celeridade:

(i) art. 17, § 1º, que prevê a possibilidade de a habilitação ser realizada antes da apresentação das propostas e do julgamento;
(ii) art. 17, § 2º, que autoriza, por exceção, a utilização da forma presencial em vez da eletrônica;
(iii) art. 40, II, V, *a* e *b*, que autoriza que nas compras seja utilizado o sistema de registro de preços;
(iv) art. 25, § 1º, que autoriza o uso de minutas padronizadas de editais e contratos;
(v) art. 80, que prevê a pré-qualificação dos licitantes;
(vi) art. 46, V, VI e VII, que prevê, como forma de execução indireta de obras e serviços de engenharia, a **contratação integrada** (em que os projetos básico e executivo são elaborados pelo próprio contratado, conforme art. 6º, XXXII), a contratação **semi-integrada** (em que o projeto executivo é elaborado pelo contratado, conforme art. 6º, XXXIII) e o **fornecimento e prestação de serviço associado** (em que, além do fornecimento do objeto, o contratado responsabiliza-se por sua operação, manutenção ou ambas, por tempo determinado, conforme art. 6º, XXXIV);
(vii) o art. 49, que permite a contratação de mais de uma empresa ou instituição para executar o mesmo serviço.

O **princípio da economicidade** constitui aspecto dos princípios da razoabilidade e da proporcionalidade, porque diz respeito ao custo-benefício, alcançado principalmente mediante planejamento adequado. Embora nem sempre o menor preço leve ao melhor resultado, o legislador força o administrador a gastar o mínimo, quando, no art. 34, determina que o julgamento por menor preço ou maior desconto e, quando couber, por técnica e preço, considerará o menor dispêndio para a Administração.

O **princípio da eficácia** exige que, pela licitação, se propicie a obtenção dos melhores resultados. A eficácia significa aptidão para produção de efeitos jurídicos. Os instrumentos de eficiência (como a celeridade e a economicidade) têm que ser utilizados de tal modo que não impeçam a eficácia do procedimento. Para esse fim, é relevante o **princípio do planejamento**, que foi altamente prestigiado na Lei nº 14.133, em vários dispositivos:

(i) art. 6º, incisos XX, XXIV, XXV, XXVI, com os conceitos de estudo técnico preliminar, anteprojeto, projeto básico e projeto executivo;
(ii) art. 12, VII, com a previsão do **plano de contratação anual**, que objetiva racionalizar as contratações dos órgãos e entidades, garantir o alinhamento com seu planejamento estratégico e subsidiar a elaboração das leis orçamentárias;
(iii) art. 18, que estabelece normas sobre a fase preparatória da licitação, definindo-a como caracterizada pelo **planejamento** e exigindo a sua compatibilização com o plano de contratações anual e com as leis orçamentárias;
(iv) art. 40, que trata do **planejamento de compras**, que deverá levar em conta a expectativa de consumo anual;
(v) o art. 43, inserido no capítulo que trata das compras, estabelece as normas que devem ser observadas no **processo de padronização**.

9.5.6 Princípio do interesse público

O **princípio do interesse público**, considerado implícito na Constituição, é previsto também no art. 2º da Lei de Processo Administrativo federal (Lei nº 9.784/99). Já tratado no item 3.4.2 deste livro, é previsto no art. 5º da Lei nº 14.133, que contempla algumas normas que lhe dão aplicação:

(i) o art. 71, II, que prevê a revogação da licitação por motivo de conveniência e oportunidade;
(ii) o art. 47, que recomenda o parcelamento do objeto, quando for tecnicamente viável e economicamente vantajoso, contribuindo para aumentar a competitividade;
(iii) o art. 146, pelo qual, em havendo irregularidade na licitação ou no contrato, a decisão sobre suspensão da execução ou sobre a declaração de nulidade do contrato somente será adotada na hipótese em que se revelar medida de interesse público;
(iv) o parágrafo único do art. 147, que prevê a possibilidade de continuidade do contrato caso a paralisação ou anulação não se revele medida de interesse público;
(v) o art. 148, que exige prévia análise do interesse público para a declaração de nulidade do contrato administrativo, a qual operará retroativamente, impedindo os efeitos jurídicos que o contrato deveria produzir ordinariamente e desconstituindo os já produzidos.

9.5.7 Princípio da igualdade

O **princípio da igualdade** constitui um dos alicerces da licitação, já que mencionado não apenas no art. 5º, como também inserido entre os **objetivos da licitação** referidos no art. 11. A ele é inerente o princípio da justa competição (art. 11, II).

Esse princípio, que está expresso no art. 37, XXI, da Constituição, veda o estabelecimento de condições que impliquem preferência em favor de determinados licitantes em detrimento dos demais. Na parte final, o dispositivo deixa claro que o procedimento da licitação somente permitirá as exigências de qualificação técnica e econômica indispensáveis à garantia do cumprimento das obrigações.

No art. 9º da Lei nº 14.133, está implícito o princípio da **competitividade,** decorrente do princípio da isonomia: é vedado aos agentes públicos "I – admitir, prever, incluir ou tolerar, nos atos que praticar, situações que: a) comprometam, restrinjam ou frustrem o caráter competitivo do processo licitatório, inclusive nos casos de sociedades cooperativas; b) estabeleçam preferências ou distinções em razão da naturalidade, da sede ou do domicílio dos licitantes; c) sejam impertinentes ou irrelevantes para o específico objeto do contrato; II – estabelecer tratamento diferenciado de natureza comercial, legal, trabalhista, previdenciária ou qualquer outra, entre empresas brasileiras e estrangeiras, inclusive no que se refere a moeda, modalidade e local de pagamento, mesmo quando envolvido financiamento de agência internacional; III – opor resistência injustificada ao andamento dos processos e, indevidamente, retardar ou deixar de praticar ato de ofício, ou praticá-lo contra disposição expressa em lei."

A preocupação com a isonomia e a competitividade ainda se revela em outros dispositivos da Lei nº 14.133/21:

(i) no art. 52, referente às concorrências de âmbito internacional, procura-se estabelecer igualdade entre brasileiros e estrangeiros;
(ii) pelo § 1º do art. 52, "quando for permitido ao licitante estrangeiro cotar preço em moeda estrangeira, o licitante brasileiro igualmente poderá fazê-lo";
(iii) pelo § 3º do art. 52, "as garantias de pagamento ao licitante brasileiro serão equivalentes àquelas oferecidas ao licitante estrangeiro";

(iv) pelo § 5º do art. 52, "as propostas de todos os licitantes serão sujeitas às mesmas regras e condições, na forma estabelecida no edital".

Outra aplicação do princípio da isonomia na Lei nº 14.133 consta do art. 32, § 1º, incisos III e IX, ambos aplicáveis ao diálogo competitivo: o primeiro veda a divulgação de informações de modo discriminatório que possa implicar vantagem para algum licitante; o segundo autoriza a Administração a solicitar esclarecimentos ou ajustes às propostas apresentadas "desde que não impliquem discriminação ou distorçam a concorrência".

O art. 337-F, acrescentado ao Código Penal pelo art. 178 da Lei nº 14.133/21, define o crime de "frustração do caráter competitivo de licitação": "frustrar ou fraudar, com o intuito de obter, para si ou para outrem, vantagem decorrente da adjudicação do objeto da licitação, o caráter competitivo do processo licitatório".

Apesar da preocupação com a igualdade entre os licitantes, a Lei nº 14.133/21 prevê algumas exceções a esse princípio. É que o princípio da isonomia tem que ser analisado, muitas vezes, em conjunto com o princípio da razoabilidade (que exige relação entre meios e fins), porque o tratamento discriminatório é lícito, sem afronta à isonomia, se houver uma justificativa adequada para a diversidade de tratamento. Por exemplo, o art. 26 da Lei nº 14.133 possibilita o uso de margem de preferência para bens manufaturados e serviços nacionais que atendam a normas técnicas brasileiras, bem como para bens reciclados, recicláveis ou biodegradáveis. O art. 4º da Lei Complementar nº 123/06, prevê tratamento discriminatório para empresas de pequeno porte e microempresas. O art. 9º, I, *c*, já citado, veda a previsão de cláusulas que "sejam impertinentes ou irrelevantes para o objeto específico do contrato"; a *contrario sensu*, se a previsão, embora aparentemente discriminatória, for pertinente ou relevante para o objeto específico do contrato, ela será válida.

No que diz respeito à razoabilidade das leis (que se confunde com o princípio do devido processo legal substantivo), o que se exige é que as discriminações previstas em lei sejam necessárias para alcançar determinados fins estabelecidos pelo ordenamento jurídico, especialmente pela Constituição.

San Tiago Dantas, que bem analisou o assunto, parte da ideia de que o princípio da igualdade deve ser observado como limite à função do legislador. Ele reconhece que "a intervenção do Estado nas relações econômicas – a economia planificada ou dirigida – acentua a necessidade de cingir a norma legislativa ao caso concreto, obriga a proceder para com os particulares com diferentes pesos e medidas. O Estado bloqueia os preços de um produto, e deixa livres os de outro. Permite a um fazendeiro que empreenda certa lavoura (a da cana-de-açúcar, por exemplo), e proíbe atividade idêntica a seu vizinho. De sorte que, ou afirmamos a natureza ilimitada dos poderes conferidos ao Legislativo, e para isso reduzimos o princípio constitucional da igualdade a simples preceito programático, com eficácia vinculativa para os órgãos administrativos e judiciários, ou temos de firmar doutrina sobre os limites constitucionais da função legislativa, excluindo dela as leis que não podem ser feitas, e que, se forem, não podem lograr aplicação". No entanto, afirma a necessidade de que as discriminações, ainda que necessárias, sejam plausíveis, racionais, razoáveis em relação aos fins que o ordenamento jurídico impõe; com isso, "abre-se ao Poder Judiciário a porta por onde lhe vai ser dado examinar o próprio mérito da disposição legislativa; repelindo como 'undue processes of law', a lei caprichosa, arbitrária no diferenciar o tratamento jurídico dado a uma classe de indivíduos, o tribunal faz o cotejo da lei especial com as normas gerais do direito, e repele o direito de exceção que não lhe parece justificado".[5]

---

[5] DANTAS, San Tiago. Igualdade perante a lei e *due processo of law*. RF 116, p. 21-22.

Do mesmo modo, Celso Antônio Bandeira de Mello (1978:24), ao analisar em profundidade o princípio da igualdade, embora sem referência expressa à razoabilidade ou ao devido processo legal, adota o mesmo entendimento, quando afirma que "as discriminações são recebidas como compatíveis com a cláusula igualitária apenas e tão somente quando existe um vínculo de correlação lógica entre a peculiaridade diferencial acolhida, por residente no objeto, e a desigualdade de tratamento em função dela conferida". E acrescenta que, "por via do princípio da igualdade, o que a ordem jurídica pretende firmar é a impossibilidade de desequiparações fortuitas ou injustificadas".

Com relação aos atos administrativos, a razoabilidade exige proporção, correlação ou adequação entre os meios e os fins (v. item 3.4.12).

É levando em conta o princípio da razoabilidade que devem ser analisadas as exceções à isonomia previstas na Lei nº 14.133/21 e em outras leis esparsas.

A **primeira exceção** resulta implícita do art. 9º, inciso I, c, quando veda ao agente público admitir, prever, incluir ou tolerar, nos atos que praticar, situações que "sejam impertinentes ou irrelevantes para o objeto específico do contrato". A *contrario sensu*, conclui-se que, se a circunstância for pertinente ou relevante para o específico objeto do contrato, ela é razoável e, portanto, não fere o princípio da isonomia. É o caso, por exemplo, em que, ocorrendo uma das razões referidas no art. 41, inciso I, a Administração Pública pode indicar uma ou mais marcas ou modelos em licitação que envolva o fornecimento de bens; ou na hipótese em que se façam exigências de habilitação técnica ou financeira indispensáveis à execução do contrato (cf. art. 37, XXI, da Constituição).

A **segunda exceção**, prevista no art. 26, agasalha a possibilidade de ser estabelecida margem de preferência para *bens manufaturados e serviços nacionais* que atendam a normas técnicas brasileiras (inciso I) e para bens reciclados, recicláveis ou biodegradáveis, conforme regulamento (inciso II).

O art. 6º, inciso XXXVI, define **serviço nacional** como aquele "prestado em território nacional, nas condições estabelecidas pelo Poder Executivo federal" (dispositivo não autoaplicável); e o inciso XXXVII define **produto manufaturado nacional** como o "produzido no território nacional de acordo com o processo produtivo básico ou com as regras de origem estabelecidas pelo Poder Executivo Federal" (dispositivo não autoaplicável).

Não existe, na Constituição, dispositivo específico que permita discriminação em favor de produtos e serviços nacionais em detrimento dos estrangeiros. A justificativa tem que ser buscada em princípios mais genéricos, como os da soberania (art. 1º, I), o da garantia do desenvolvimento nacional (art. 3º, II), o da promoção e capacitação tecnológicas, com apoio e estímulo às empresas que invistam em pesquisa, criação de tecnologia adequada ao País (art. 218 e parágrafos), incentivo ao mercado interno, definido como patrimônio nacional (art. 219). Com base nesses dispositivos, é possível incluir nos instrumentos convocatórios exigências que confiram a margem de preferência prevista na Lei nº 12.349/10.

No entanto, a previsão da margem de preferência não poderá implicar desrespeito ao art. 37, XXI, da Constituição, com exigências de qualificação técnica não essenciais ao específico objeto do contrato.

O Decreto nº 11.890, de 22-1-2024, alterado pelo Decreto nº 12.218, de 11-10-2024, regulamenta o art. 26 da Lei nº 14.133/2021, para dispor sobre a aplicação da **margem de preferência** no âmbito da administração pública federal direta, autárquica e fundacional, e institui a Comissão Interministerial de Contratações Públicas para o Desenvolvimento Sustentável (CICS). Nele é feita distinção entre **margem de preferência normal** (diferencial de preços entre produtos manufaturados nacionais e estrangeiros e entre serviços nacionais e serviços estrangeiros, e entre bens reciclados, recicláveis ou biodegradáveis e bens não enquadrados como tais); **margem de preferência adicional** (diferencial de preços entre produtos manufaturados nacionais de desenvolvimento e inovação tecnológica no País e produtos manufaturados estrangeiros; produtos manufaturados nacionais resultantes de desenvolvimento e inovação tecnológica no País e produtos manufaturados nacionais não resultantes de desenvolvimento e inovação tecnológica no País; serviços nacionais resultantes de desenvolvimento e inovação tecnológica no País e serviços estrangeiros; serviços nacionais resultantes de desenvolvimento e inovação tecnológica no País e serviços nacionais não resultantes de desenvolvimento e inovação tecnológica no País).

O § 4º do art. 3º do Decreto nº 11.890/2024 permite que Estados, Distrito Federal, Municípios e demais Poderes da União adotem as margens de preferência estabelecidas pelo Poder Executivo Federal, previstas no art. 26 da Lei nº 14.133/2021.

Em consonância com o art. 6º do mesmo Decreto, "nas contratações a que se refere o § 7º do art. 26 da Lei nº 14.133, de 2021, destinadas à implantação, à manutenção e ao aperfeiçoamento dos sistemas de tecnologia da informação e comunicação, a licitação poderá ser restrita a bens e serviços com tecnologia desenvolvida no País e produzidos de acordo com o processo produtivo básico de que trata a Lei nº 10.176, de 11 de janeiro de 2001, desde que considerados estratégicos por resolução da CICS".

A **terceira exceção** é a que se contém no § 1º do art. 60 da Lei nº 14.133, que assegura, em igualdade de condições, como critério de desempate, preferência, sucessivamente, aos bens e serviços produzidos ou prestados por: "I – empresas estabelecidas no território do Estado ou do Distrito Federal do órgão ou entidade da Administração Pública estadual ou distrital licitante ou, no caso de licitação realizada por órgão ou entidade de Município, no território do Estado em que se localize; II – empresas brasileiras; III – empresas que invistam em pesquisa e no desenvolvimento de tecnologia no País; IV – empresas que comprovem a prática de mitigação, nos termos da Lei nº 12.187, de 29 de dezembro de 2009".[6] Também aqui valem as observações feitas com relação à margem de preferência para serviços e produtos nacionais.

Além disso, a Lei Complementar nº 123, de 14-12-2006, veio criar mais um critério de desempate em favor da microempresa e da empresa de pequeno porte (art. 44), considerando como empate, para esse fim, "aquelas situações em que as propostas apresentadas pelas microempresas e empresas de pequeno porte sejam iguais ou até 10% (dez por cento) superiores à proposta mais bem classificada" (§ 1º do art. 44); esse índice é de 5% no caso do pregão (§ 2º do art. 44). Ocorrendo esse empate, a microempresa ou empresa de pequeno porte mais bem classificada poderá apresentar proposta de preço inferior àquela considerada vencedora do certame, situação em que será adjudicado em seu favor o objeto licitado (art. 45, I); se houver empate entre microempresas e empresas de pequeno porte, será realizado sorteio entre elas (art. 45, inciso III).

Nos termos do art. 60, § 2º, da Lei nº 14.133, "as regras previstas no *caput* deste artigo não prejudicarão a aplicação do disposto no art. 44 da Lei Complementar nº 123. De 14 de dezembro de 2006".

A Lei Complementar nº 123, de 14-12-2006, criou **outras exceções** em favor das microempresas e empresas de pequeno porte (estendidas também às cooperativas pela Lei nº 11.488/07), a saber:

---

[6] A Lei nº 12.187, de 29-12-2009, instituiu a Política Nacional sobre Mudança do Clima – PNMC. No art. 2º, inciso VII, define "mitigação" como "mudanças e substituições tecnológicas que reduzam o uso de recursos e as emissões por unidade de produção, bem como a implementação de medidas que reduzam as emissões de gases de efeito estufa e aumentem os sumidouros".

a) exigência de comprovação de regularidade fiscal e trabalhista das microempresas para efeito de assinatura do contrato (art. 42, com a redação dada pela Lei Complementar nº 155, de 27-10-2016);
b) preferência em caso de desempate, nos termos já assinalados;
c) possibilidade de emissão de cédula de crédito microempresarial quando forem titulares de direitos creditórios decorrentes de empenhos liquidados por órgãos e entidades da União, dos Estados, do Distrito Federal e dos Municípios, não pagos em até 30 dias contados da data de liquidação; tais cédulas têm a natureza de título de crédito (art. 46);
d) possibilidade de desfrutarem de tratamento diferenciado e simplificado nas contratações públicas, objetivando a promoção do desenvolvimento econômico e social no âmbito municipal e regional, a ampliação da eficiência das políticas públicas e o incentivo à inovação tecnológica, desde que previsto, e regulamentado na legislação do respectivo ente (art. 47); esses privilégios podem consistir em: abertura de licitação destinada exclusivamente à participação dessas empresas, nas contratações cujo valor seja de até R$ 80.000,00; exigência de que a subcontratação recaia sobre empresas dessa natureza, desde que o percentual máximo do objeto a ser subcontratado não exceda a 30% do total licitado; possibilidade de estabelecer cota de até 25% do objeto para a contratação dessas empresas, em certames para a aquisição de bens e serviços de natureza divisível (art. 48). Em consonância com o art. 49, não pode ser dispensado esse tratamento diferenciado quando: não for expressamente previsto no instrumento convocatório; não houver um mínimo de três fornecedores competitivos enquadrados como microempresas ou empresas de pequeno porte, em condições de cumprirem as exigências do instrumento convocatório; não for vantajoso para Administração Pública ou representar prejuízo ao conjunto ou complexo do objeto a ser contratado; quando a licitação for dispensável ou inexigível.

As normas dos arts. 42 a 49 da Lei Complementar nº 123/06 continuam a aplicar-se às licitações realizadas com fundamento na Lei nº 14.133, conforme determina o art. 4º, salvo nas hipóteses de que trata o § 1º desse dispositivo.

As exceções criadas em benefício das microempresas e empresas de pequeno porte não conflitam com o princípio da isonomia, tendo em vista que, no caso das microempresas e empresas de pequeno porte, o tratamento diferenciado resulta da própria situação desigual dessas empresas em relação a outras que não têm a mesma natureza e encontra fundamento nos arts. 170, IX, e 179 da Constituição Federal. O primeiro inclui entre os princípios gerais da ordem econômica o "tratamento favorecido para as empresas de pequeno porte constituídas sob as leis brasileiras e que tenham sua sede e administração no País"; o segundo determina que "a União, os Estados, o Distrito Federal e os Municípios dispensem às microempresas e às empresas de pequeno porte, assim definidas em lei, tratamento jurídico diferenciado, visando a incentivá-las pela simplificação de suas obrigações administrativas, tributárias, previdenciárias e creditícias, ou pela eliminação ou redução destas por meio de lei"; por outras palavras, trata-se de tratar desigualmente os desiguais.

Ainda **outra exceção** à regra da isonomia diz respeito às normas que permitem exigências, no instrumento convocatório, que favoreçam o desenvolvimento sustentável, em consonância com o princípio da licitação sustentável; tais exigências são compatíveis com os princípios da isonomia e da razoabilidade, já que as cláusulas discriminatórias, no caso, têm por objetivo a proteção do meio ambiente, com fundamento em preceitos constitucionais, contidos especialmente nos arts. 170, VI, e 225, § 1º, V.

9.5.8 Princípio da segregação de funções

Esse princípio constitui inovação da Lei nº 14.133, embora já fosse anteriormente aplicado pelos órgãos de controle, especialmente os Tribunais de Contas, tendo se desenvolvido na jurisprudência do TCU. Ele é útil para separar as várias fases do procedimento da licitação. No art. 7º, § 1º, da Lei nº 14.133, existe referência a esse princípio para torná-lo de observância obrigatória pela autoridade máxima do órgão ou da entidade ao promover gestão por competências e designar agentes públicos para o desempenho das funções essenciais à execução da lei. A ideia é a de evitar atribuir aos mesmos servidores, na licitação, tarefas da fase preparatória (interna) e da fase externa (competitiva), ou de condução da fiscalização do contrato e de apuração de infrações contratuais em processos sancionadores. Na Lei nº 8.666, não aparece a expressão segregação de funções, mas o art. 9º já continha uma aplicação desse princípio, ao vedar a participação, direta ou indireta, na licitação ou na execução de obra ou serviço e no fornecimento de bens, do autor do projeto, básico ou executivo.

9.5.9 Princípio da vinculação ao edital

O edital corresponde ao instrumento convocatório do procedimento da licitação. Nos termos do art. 25 da Lei nº 14.133/21, ele deve conter "o objeto da licitação e as regras relativas à convocação, ao julgamento, à habilitação, aos recursos e às penalidades da licitação, à fiscalização e à gestão do contrato, à entrega do objeto e às condições de pagamento".

Em consonância com o princípio da vinculação ao edital, inserido no art. 5º, tanto a Administração como os licitantes vinculam-se aos termos do Edital. Trata-se de princípio essencial cuja inobservância enseja nulidade do procedimento. Os licitantes que deixarem de atender aos requisitos do edital poderão ter suas propostas desclassificadas (art. 59, V) ou ser inabilitados, se não apresentarem as informações e os documentos necessários e suficientes para demonstrar a capacidade de realizar o objeto da licitação (art. 62).

Quando a Administração estabelece, no edital, as condições para participar da licitação e as cláusulas essenciais do futuro contrato, os interessados apresentarão suas propostas com base nesses elementos; ora, se for aceita proposta ou celebrado contrato com desrespeito às condições previamente estabelecidas, burlados estarão os princípios da licitação, em especial o da igualdade entre os licitantes, pois aquele que se prendeu aos termos do edital poderá ser prejudicado pela melhor proposta apresentada por outro licitante que os desrespeitou.

Também estariam descumpridos os princípios da publicidade, da livre competição e do julgamento objetivo com base em critérios fixados no edital.

O princípio da vinculação ao edital não impede as alterações contratuais previstas nos arts. 104, I, e 124 da Lei nº 14.133, que são inerentes à mutabilidade que caracteriza os contratos administrativos.

9.5.10 Princípios da razoabilidade e da proporcionalidade

Já analisados no item 3.4.12 (porque aplicados à toda a Administração Pública), os **princípios da razoabilidade e da proporcionalidade**, considerados implícitos na Constituição, como decorrência do Estado de Direito e do princípio da legalidade a ele inerente, exigem observância das regras da **adequação**, da **necessidade** e **da proporcionalidade em sentido estrito.**

Constituem aplicação desses princípios, dentre outros dispositivos já referidos com relação ao princípio da isonomia:

(i) o art. 37, XXI, da Constituição, na parte final, pelo qual o procedimento da licitação somente permitirá as exigências de qualificação técnica e econômica indispensáveis à garantia do cumprimento das obrigações;

(ii) o art. 41 da Lei nº 14.133, que prevê a possibilidade de indicação de marca ou modelo na licitação que envolva o fornecimento de bens, desde que devidamente justificada;

(iii) art. 147 da mesma lei, que prevê, em caso de irregularidade no procedimento ou na execução contratual, a ponderação de vários fatores, na hipótese em que a suspensão da execução ou a declaração de nulidade se revelar medida de interesse público.

9.5.11 Princípio do desenvolvimento nacional sustentável

O desenvolvimento nacional sustentável (também conhecido como princípio da sustentabilidade da licitação ou da licitação sustentável) está previsto como **princípio** no art. 5º da Lei nº 14.133 e inserido no art. 11 entre os **objetivos da licitação**. Abrange a dimensão ambiental, a econômica, a social e a cultural, conforme previsto no Decreto nº 10.024/19, que regulamentou o pregão na vigência da Lei nº 10.320, de 17-7-2002. Na Lei nº 14.230, a preocupação maior parece ser com o meio ambiente.

O primeiro passo nesse sentido talvez tenha sido dado pela Lei nº 6.938, de 31-8-81, que dispõe sobre a Política Nacional do Meio Ambiente. No art. 4º, foram definidos os objetivos dessa Política, dentre eles, a compatibilização do desenvolvimento econômico-social com a preservação da qualidade do meio ambiente e do equilíbrio econômico-social, a difusão de tecnologias nacionais orientadas para o uso racional de recursos ambientais, a difusão de tecnologias de manejo do meio ambiente, a divulgação de dados e informações ambientais e a formação de uma consciência pública sobre a necessidade de preservação da qualidade ambiental e do equilíbrio ecológico, da preservação e restauração dos recursos ambientais com vistas à sua utilização racional e disponibilidade permanente, concorrendo para a manutenção do equilíbrio ecológico propício à vida.

Por sua vez, o art. 170, inciso VI, da Constituição Federal, na redação original, incluía a defesa do meio ambiente entre os objetivos da ordem econômica. E o art. 225 estabelece que todos têm direito ao meio ambiente ecologicamente equilibrado, bem de uso comum do povo e essencial à sadia qualidade de vida, impondo-se ao Poder Público e à coletividade o dever de defendê-lo e preservá-lo para as presentes e futuras gerações. O § 1º do mesmo dispositivo indica as medidas possíveis para assegurar a efetividade desse direito, dentre elas o dever de "exigir, na forma da lei, para instalação de obra ou atividade potencialmente causadora de significativa degradação do meio ambiente, estudo prévio de impacto ambiental, a que se dará publicidade" (inciso IV) e o de "controlar a produção, a comercialização e o emprego de técnicas, métodos e substâncias que comportem risco para a vida, a qualidade de vida e o meio ambiente" (inciso V).

Posteriormente, o art. 170, VI, foi alterado pela Emenda Constitucional nº 42/03, para colocar como princípio da ordem econômica a "defesa do meio ambiente, inclusive mediante tratamento diferenciado conforme o impacto ambiental dos produtos e serviços e dos seus processos de elaboração e prestação". Estava posto o fundamento constitucional para as chamadas licitações sustentáveis ou licitações verdes, em que se combinam os objetivos tradicionais da licitação (de buscar a melhor proposta para a Administração e garantir a isonomia aos licitantes) com o de desenvolvimento sustentável, que procura preservar o meio ambiente, em harmonia com fatores sociais e econômicos.

A partir daí sucederam-se as normas legais visando a garantir o princípio da sustentabilidade das licitações.

A Lei nº 12.187, de 29-12-2009, que instituiu a Política Nacional sobre Mudanças do Clima, no art. 6º, inciso XII, indicou como instrumento dessa Política "as medidas existentes, ou a serem criadas, que estimulem o desenvolvimento de processos e tecnologias, que contribuam para a redução de emissões e remoções de gases de efeito estufa, bem como para a adaptação, dentre as quais o *estabelecimento de critérios de preferência nas licitações e concorrências públicas, compreendidas aí as parcerias público-privadas e a autorização, permissão, outorga e concessão para exploração de serviços públicos e recursos naturais, para as propostas que propiciem maior economia de energia, água e outros recursos naturais e redução da emissão de gases de efeito estufa e de resíduos*".

A Lei nº 12.305, de 2-8-2010, que instituiu a Política Nacional de Resíduos Sólidos, no art. 7º, XI, incluiu, entre os objetivos da Política Nacional de Resíduos Sólidos, a "prioridade, nas aquisições e contratações governamentais, para: (a) produtos reciclados e recicláveis; (b) bens, serviços e obras que considerem critérios compatíveis com padrões de consumo social e ambientalmente sustentáveis".

A Lei nº 12.836, de 2-7-2013, veio alterar o Estatuto da Cidade (Lei nº 10.257, de 10-7-2001) para incluir entre os objetivos da política urbana o "estímulo à utilização, nos parcelamentos do solo e nas edificações urbanas, de sistemas operacionais, padrões construtivos e aportes tecnológicos que objetivem a redução de impactos ambientais e a economia de recursos naturais" (art. 2º, XVII). Incentivo semelhante foi previsto para as operações urbanas consorciadas, com o acréscimo, pela mesma lei, de um inciso III ao § 2º do art. 32 do Estatuto da Cidade.

Por sua vez, a Lei nº 8.666/93, que já previa, desde a redação original, o impacto ambiental entre os requisitos a serem observados na elaboração dos projetos básicos e executivos de obras e serviços (art. 12, VII), teve seu art. 3º alterado pela Lei nº 12.349, de 21-12-2010 para inserir entre os objetivos da licitação a promoção do *desenvolvimento nacional sustentável*. Esse dispositivo foi regulamentado pelo Decreto nº 7.746, de 5-6-2012, com alterações posteriores.

Na esfera federal, o Ministério do Planejamento, Orçamento e Gestão, por intermédio da Secretaria de Logística e Tecnologia da Informação, editou a Instrução Normativa nº 01, de 19-1-2010, que "dispõe sobre os critérios de sustentabilidade ambiental na aquisição de bens, contratação de serviços ou obras pela Administração Pública Federal direta, autárquica e fundacional". Essa Instrução, no art. 1º, estabelece que "as especificações para a aquisição de bens, contratação de serviços e obras por parte dos órgãos e entidades da Administração Pública Federal direta, autárquica e fundacional deverão conter critérios de sustentabilidade ambiental, considerando os processos de extração ou fabricação, utilização e descarte dos produtos e matérias-primas". Dentre os critérios possíveis a serem utilizados, faz referência, por exemplo, à maior economia no consumo de energia elétrica na climatização e iluminação de ambientes; uso exclusivo de lâmpadas fluorescentes, aquecimento de água por energia solar; medição individualizada de água e energia elétrica, aproveitamento da água da chuva, exigência de comprovação da origem da madeira, uso de mão de obra, materiais e matérias-primas locais, uso obrigatório de agregados reciclados, observância das regras do Inmetro, aquisição de bens compostos de materiais reciclados, atóxicos e biodegradáveis, cumprimento de requisitos ambientais para certificação pelo Inmetro, uso de embalagens adequadas, emprego de produtos de limpeza e conservação que respeitem normas da Agência de Vigilância Sanitária – Anvisa, redução do desperdício de água, observância à Resolução do Conselho Nacional do Meio Ambiente – Conama sobre ruído, utilização de equipamentos de proteção individual pelos profissionais terceirizados, treinamento destes mesmos profissionais para redução do consumo da água, energia e da produção de resíduos sólidos, separação dos resíduos recicláveis, atendimento às normas da Agência Brasileira de Normas Técnicas sobre resíduos sólidos, destinação ambiental adequada de pilhas e baterias.

Pelo art. 4º, *caput*, as obras públicas e os serviços de engenharia, os projetos básico e executivo "devem ser elaborados visando à economia da manutenção e operacionalização da edificação, a redução do consumo de energia e água, bem como a utilização de tecnologias e materiais que reduzam o impacto ambiental".

E o art. 5º permite a exigência de que as aquisições sejam, total ou parcialmente, compostas por material reciclado, atóxico, biodegradável e que observem os requisitos ambientais necessários para serem certificados pelo Inmetro como produtos sustentáveis ou de menor impacto ambiental em relação aos seus similares, devendo ser concedida aos licitantes a oportunidade de comprovar o atendimento aos requisitos, também de modo a não prejudicar a ampla competitividade.

A Lei nº 12.462, de 4-8-2011, que institui o Regime Diferenciado de Contratações Públicas (RDC) para a construção de estádios e aeroportos necessários à realização dos Jogos Olímpicos e Paraolímpicos de 2016 e da Copa do Mundo de 2014, inseriu entre os princípios da licitação o do desenvolvimento sustentável. E, no art. 4º, § 1º, estabelecia que devem ser respeitadas as normas relativas à: I – disposição final ambientalmente adequada dos resíduos sólidos gerados pelas obras contratadas; II – mitigação por condicionantes e compensação ambiental, que serão definidas no procedimento de licenciamento ambiental; III – utilização de produtos, equipamentos e serviços que, comprovadamente, reduzam o consumo de energia e recursos naturais; IV – avaliação de impactos de vizinhança, na forma da legislação urbanística; V – proteção do patrimônio cultural, histórico, arqueológico e imaterial, inclusive por meio da avaliação do impacto direto ou indireto causado pelas obras contratadas; e VI – acessibilidade para o uso por pessoas com deficiência ou com mobilidade reduzida.

Por sua vez, o Decreto nº 7.746, de 5-6-2012, com alterações posteriores, regulamentou o art. 3º da Lei nº 8.666/93, para estabelecer critérios, práticas e diretrizes para a promoção do desenvolvimento nacional sustentável nas contratações realizadas pela Administração Pública federal, e institui a Comissão Interministerial de Sustentabilidade na Administração Pública (Cisap).

Tal Decreto foi recepcionado pela Lei nº 14.133/21, que, além de prever o desenvolvimento sustentável como **princípio**, no art. 5º, e como **objetivo** da licitação, no art. 11, ainda lhe deu aplicação nos seguintes dispositivos:

(i) art. 6º, XXIV, e, que define o anteprojeto, exigindo que sejam observados os parâmetros para adequado tratamento do impacto ambiental;

(ii) art. 6º, XXV, que define o projeto básico também exigindo observância do "adequado tratamento do empreendimento";

(iii) art. 18, § 1º, XII, que exige que o estudo técnico preliminar contenha a "descrição de possíveis impactos ambientais e respectivas medidas mitigadoras, incluídos requisitos de baixo consumo de energia e de outros recursos, bem como logística reversa para desfazimento e reciclagem de bens e refugos, quando aplicável".

É curioso que o Decreto nº 7.746 tenha estabelecido normas apenas para a Administração Pública federal. O dispositivo regulamentado (art. 3º da Lei nº 8.666/93) tinha natureza de **norma geral**, sendo, por essa razão, aplicável em âmbito nacional. Em consequência, o decreto regulamentar deveria ter o mesmo alcance. A mesma observação cabe com relação aos dispositivos mencionados da Lei nº 14.133.

O art. 2º do Decreto determina que a Administração Pública federal direta, autárquica e fundacional e as empresas estatais dependentes adotem critérios e práticas de sustentabilidade objetivamente definidos no instrumento convocatório; a adoção de critérios e práticas de sustentabilidade deverá ser justificada nos autos e preservar o caráter competitivo do certame (parágrafo único do art. 2º). Pelos termos do art. 3º do mesmo Decreto, os critérios e práticas de sustentabilidade de que trata o art. 2º serão veiculados como especificação técnica do objeto, como obrigação da contratada ou requisito previsto em lei especial, de acordo com o disposto no inciso IV do *caput* do art. 30 da Lei nº 8.666/93.

O art. 4º indica algumas diretrizes de sustentabilidade: I – baixo impacto sobre recursos naturais como flora, fauna, ar, solo e água; II – preferência para materiais, tecnologias e matérias-primas de origem local; III – maior eficiência na utilização de recursos naturais como água e energia; IV – maior geração de empregos, preferencialmente com mão de obra local; V – maior vida útil e menor custo de manutenção do bem e da obra; VI – uso de inovações que reduzam a pressão sobre recursos naturais; e VII – origem sustentável dos recursos naturais utilizados nos bens, nos serviços e nas obras; VIII – utilização de produtos florestais madeireiros e não madeireiros originários de manejo florestal sustentável ou de reflorestamento. A indicação não é taxativa, deixando as portas abertas para adoção de outros critérios, mediante adequada motivação nos autos do procedimento licitatório. Na esfera federal, foi atribuída à Cisap (que tem natureza consultiva e caráter permanente), entre outras funções, a de propor à Secretária de Logística e Tecnologia de Informação critérios e práticas de sustentabilidade nas aquisições, contratações, utilização dos recursos públicos, desfazimento e descarte.

O art. 5º ainda permite que a Administração Pública federal, autárquica e fundacional e as empresas estatais dependentes exijam no instrumento convocatório para aquisição de bens que estes sejam constituídos por material renovável, reciclado, atóxico ou biodegradável, entre outros critérios de sustentabilidade. E o art. 6º determina que as especificações e demais exigências do projeto básico ou executivo para contratação de obras e serviços de engenharia sejam elaboradas, nos termos do art. 12 da Lei nº 8.666/93, de modo a proporcionar a economia da manutenção e operacionalização da edificação e a redução do consumo de energia e água, por meio de tecnologias, práticas e materiais que reduzam o impacto ambiental.

O Decreto nº 11.890, de 22-1-2024, alterado pelo Decreto nº 12.218, de 11-10-2024, além de regulamentar o art. 26 da Lei nº 14.133/2021 (sobre margem de preferência), criou, no art. 7º, a Comissão Interministerial de Contratações Públicas para o Desenvolvimento Sustentável (CICS), definindo os seus objetivos e competências.

O princípio da licitação sustentável autoriza a previsão, nos instrumentos convocatórios, de exigências que podem ser vistas como discriminatórias, mas que se harmonizam com o princípio da isonomia, conforme analisado no item 9.3.7.

9.5.12 Princípio da segurança jurídica

Já analisado no item 3.4.15, o princípio da segurança jurídica também é considerado implícito na Constituição. A Lei nº 13.655, de 25-4-2018, que alterou a Lei de Introdução às Normas do Direito Brasileiro (LINDB), está referida no art. 5º da Lei nº 14.133/21, contendo importantes aplicações desse princípio (arts. 22, 23, 24 e 30), conforme analisado no item 3.3 deste livro.

A segurança jurídica exige:

(i) clareza e precisão dos textos legislativos;
(ii) estabilidade das relações jurídicas, garantida por alguns dispositivos da Lei nº 14.133: o art. 71, § 1º, exige que, em caso de anulação da licitação, a autoridade indique ex-

pressamente os atos com vícios insanáveis, tornando sem efeito todos os subsequentes que deles dependam; o art. 147 exige, para a declaração de nulidade, a avaliação de diversos fatores, como impactos econômicos e financeiros, riscos sociais, ambientais e à segurança da população, dentre outros expressamente mencionados no dispositivo; o art. 190, em respeito a atos jurídicos perfeitos, determina que o contrato cujo instrumento tenha sido assinado antes da entrada em vigor da Lei nº 14.133 continue a ser regido de acordo com as regras previstas na legislação revogada;

(iii) garantia do direito de defesa (previsto nos arts. 157 e 158);

(iv) possibilidade de impugnação de atos convocatórios (prevista no art. 164);

(v) direito à produção de provas (previsto no art. 158);

(vi) direito à interposição de recursos (art. 165);

(vii) direito de representar aos órgãos de controle interno ou ao Tribunal de Contas sobre irregularidades na aplicação da legislação (art. 170, § 4º).

9.5.13 Observância de normas da LINDB

O art. 5º da Lei nº 14.133/21, ao dar o elenco dos princípios da licitação, ainda exige, na parte final, a observância das disposições do Decreto-lei nº 4.657, de 4-9-42 (Lei de Introdução às Normas do Direito Brasileiro – LINDB), alterado pela Lei nº 13.655, de 25-4-2018. A norma seria dispensável, tendo em vista que a lei é de aplicação obrigatória pela Administração Pública, conforme demonstrado no item 3.3 do capítulo 3º deste livro.

A Lei nº 13.655 ficou conhecida como lei da segurança jurídica, mas, na realidade, ela reforça e complementa a exigência de determinados princípios já previstos na Constituição e na legislação infraconstitucional, em especial os da motivação, da proporcionalidade, da consensualidade, da transparência, da participação, da eficiência e do interesse público.

Especificamente em matéria de licitações e contratos, a Lei nº 14.133 deu aplicação às disposições da LINDB em vários dispositivos, dentre os quais os que tratam da nulidade do procedimento licitatório e do contrato (arts. 147 e 148), que prestigiam os princípios do interesse público, da razoabilidade, da proporcionalidade e da motivação. Também é relevante, quanto a esse aspecto, a norma do art. 156, § 1º, referente à aplicação de sanções pela prática de infrações administrativas previstas na Lei nº 14.133.

9.6 AGENTES PÚBLICOS

A Lei nº 14.133/21 introduziu capítulo específico sobre agente público.

O art. 6º, V, define o agente público como o indivíduo que, em virtude de eleição, nomeação, designação, contratação ou qualquer outra forma de investidura ou vínculo, exerce mandato, cargo, emprego ou função em pessoa jurídica integrante da Administração Pública. Os arts. 7º a 10 da nova Lei de Licitações referem-se especificamente aos agentes públicos, exigindo:

I – que sejam, preferencialmente, servidor efetivo ou empregado público dos quadros permanentes da Administração Pública;

II – tenham atribuições relacionadas a licitações e contratos ou possuam formação compatível ou qualificação atestada por certificação profissional emitida por escola de governo criada e mantida pelo poder público;

III – não sejam cônjuge ou companheiro de licitantes ou contratados habituais da Administração nem tenham com eles vínculo de parentesco, colateral ou por afinidade, até o terceiro grau, ou de natureza técnica, comercial, econômica, financeira, trabalhista e civil (art. 7º, III).

O § 1º do art. 7º exige que, na designação do agente público, seja observada a **segregação de funções**, vedada a designação do mesmo agente para atuação simultânea em funções mais suscetíveis a riscos, de modo a reduzir a possibilidade de ocultação de erros e de ocorrência de fraudes na respectiva contratação.

As exigências do art. 7º, *caput* e § 1º, devem ser observadas também em relação aos órgãos de assessoramento jurídico e de controle interno da Administração (art. 7º, § 2º).

O art. 6º, LX, define o agente de contratação como a pessoa designada pela autoridade competente, entre servidores efetivos ou empregados públicos dos quadros permanentes da Administração Pública, para tomar decisões, acompanhar o trâmite da licitação, dar impulso ao procedimento licitatório e executar quaisquer outras atividades necessárias ao bom andamento do certame até a homologação.

A figura é também prevista no art. 8º, que repete o mesmo conceito no *caput*, estabelecendo, no § 1º, que o agente de contratação será auxiliado por equipe de apoio e **responderá individualmente** pelos atos que praticar, salvo quando induzido a erro pela atuação da equipe. A equipe de apoio pode ser assessorada por empresa contratada para esse fim, nos termos do § 4º do art. 8º.

Comissão de contratação (art. 6º, L): conjunto de agentes públicos indicados pela Administração, em caráter permanente ou especial, com a função de receber, examinar e julgar documentos relativos às licitações e aos procedimentos auxiliares.

Nos termos do art. 8º, § 2º, a comissão de contratação pode atuar, em substituição ao agente de contratação, nas licitações que envolvam bens ou serviços especiais, observados os requisitos do art. 7º, sendo formada por, no mínimo, três membros, que responderão solidariamente por todos os atos praticados pela comissão, ressalvado o membro que expressar posição individual divergente fundamentada e registrada em ata lavrada na reunião em que houver sido tomada a decisão.

O art. 8º depende de regulamentação, prevista no § 3º, no que diz respeito à atuação do agente de contratação e da equipe de apoio, ao funcionamento da comissão de contratação e à atuação de fiscais e gestores de contratos de que trata a Lei, devendo "ser prevista a possibilidade de eles contarem com o apoio dos órgãos de assessoramento jurídico e de controle interno para o desempenho das funções essenciais à execução do disposto nesta Lei". O § 3º do art. 8º foi regulamentado pelo Decreto nº 11.246, de 27-10-2022.

Pelo art. 8º, § 4º, a equipe de apoio pode ser assessorada por empresa ou profissional especializado, contratado para assessorar os agentes públicos responsáveis pela condução da licitação, quando esta envolva bens ou serviços especiais cujo objeto não seja rotineiramente contratado pela Administração.

A figura do **pregoeiro** é definida pelo art. 8º, § 5º, como o agente responsável pela condução do certame em caso de pregão.

São vedações dirigidas ao agente público e a terceiro que auxilie a condução da contratação na qualidade de integrante da equipe de apoio (art. 9º, *caput* e §§ 1º e 2º)**:**

a) atuação que implique afronta ao princípio da isonomia e ao caráter competitivo da licitação. O dispositivo repete vedação que constava do art. 3º, I e II, da Lei nº 8.666, acrescentando a proibição de opor resistência injustificada ao andamento dos processos e, indevidamente, retardar ou deixar de praticar ato de ofício, ou praticá-lo contra disposição expressa em lei;

b) proibição de "participar, direta ou indiretamente, da licitação ou da execução do contrato agente público de órgão ou entidade licitante ou contratante, devendo ser observadas as situações que possam configurar conflito de interesses no exercício ou após o exercício do cargo ou emprego, nos termos da legislação que disciplina a matéria" (art. 9º, § 1º).

A lei contém norma pertinente à **defesa das autoridades e agentes públicos participantes da licitação (art. 10)**: em caso de defesa nas esferas administrativa, controladora ou judicial em razão de ato praticado com observância de orientação constante de parecer jurídico elaborado na forma do § 1º do art. 53, a advocacia pública promoverá, a critério do agente público, sua representação judicial ou extrajudicial, salvo quando: I – o responsável pelo parecer jurídico não pertencer aos quadros permanentes da Administração; II – provas da prática de atos ilícitos dolosos constarem nos autos do processo administrativo ou judicial. O dispositivo tem aplicação mesmo quando o agente público não mais ocupar o cargo, emprego ou função em que foi praticado o ato questionado.

O art. 11, parágrafo único, faz referência à **alta administração do órgão ou entidade**, como a "responsável pela governança das contratações" e que "deve implementar processos e estruturas, inclusive de gestão de riscos e controles internos, para avaliar, direcionar e monitorar os processos licitatórios e os respectivos contratos, com o intuito de alcançar os objetivos estabelecidos no caput deste artigo, promover um ambiente íntegro e confiável, assegurar o alinhamento das contratações ao planejamento estratégico e às leis orçamentárias e promover eficiência, efetividade e eficácia em suas contratações".

O dispositivo não diz quem integra a alta administração. Cabe a cada ente federativo fazer essa definição, sem o que a norma não tem condição de ser cumprida. Isto porque ela atribui competências a órgãos e entidades públicas. E a competência não se presume.

O dispositivo está mal colocado no art. 11 (que trata dos objetivos da licitação) e se amolda muito mal às normas dos arts. 169 a 173 da lei, que tratam do controle das contratações.

9.7 CONTRATAÇÃO DIRETA

9.7.1 Fundamento constitucional

O art. 37, XXI, da Constituição Federal, ao exigir licitação para os contratos de obras, serviços, compras e alienações, ressalva "os casos especificados na Legislação", ou seja, deixa em aberto a possibilidade de serem fixadas, por lei ordinária, hipóteses em que a licitação deixa de ser obrigatória.

Note-se que a mesma ressalva não se contém no art. 175 que, ao facultar a execução de serviço público por concessão ou permissão, exige que ela se faça "sempre através de licitação". Desse modo, apenas em situações de inviabilidade de competição poderá deixar de ser realizada licitação.

Na Lei nº 14.133/21, a contratação direta está disciplinada em capítulo próprio, que abrange os arts. 72 a 75.

9.7.2 Instrução do processo de contratação direta, sem licitação

O art. 72 menciona os documentos que devem instruir o processo de contratação direta, inovando em relação ao art. 26, parágrafo único, da Lei nº 8.666:

I – documento de formalização da demanda e, se for o caso, estudo técnico preliminar, análise de riscos, termo de referência, projeto básico ou projeto executivo;

II – estimativa de despesa, que deverá ser calculada na forma estabelecida no art. 23;

III – parecer jurídico e pareceres técnicos, se for o caso, que demonstrem o atendimento dos requisitos exigidos;
IV – demonstração da compatibilidade da previsão de recursos orçamentários com o compromisso a ser assumido;
V – comprovação de que o contratado preenche os requisitos de habilitação e qualificação mínima necessária;
VI – razão da escolha do contratado;
VII – justificativa de preço;
VIII – autorização da autoridade competente.

Pelo parágrafo único, o ato que autoriza a contratação direta ou o extrato decorrente do contrato deverá ser divulgado e mantido à disposição do público em sítio eletrônico oficial. O dispositivo não indica quais seriam os requisitos de habilitação e a qualificação mínima necessária, o que deixa larga margem de discricionariedade para as autoridades administrativas. Essa discricionariedade pode e deve ser limitada pela exigência de demonstração da "razão de escolha do contratado".

9.7.3 Responsabilidade solidária pela contratação direta irregular

O art. 73 prevê a responsabilidade solidária do contratado e do agente público responsável pelo dano causado ao erário, sem prejuízo de outras sanções legais cabíveis, na hipótese de contratação direta indevida ocorrida com dolo, fraude ou erro grosseiro.

9.7.4 Modalidades de contratação direta

O Decreto-lei nº 200, de 25-2-67, que estabeleceu a reforma administrativa federal, previa hipóteses de dispensa de licitação, sem distingui-las dos casos de inexigibilidade. Não obstante, a doutrina já fazia a distinção, depois consagrada pelo Decreto-lei nº 2.300/86: o art. 22 e o art. 15, § 1º, indicavam os casos de dispensa e o art. 23, os de inexigibilidade. A Lei nº 8.666/93, nos arts. 17, incisos I e II, e no art. 24, previa os casos de dispensa e, no art. 25, os de inexigibilidade.

Pelo art. 72 da Lei nº 14.133, o processo de contratação direta compreende os casos de **inexigibilidade** e de **dispensa de licitação**. A diferença básica entre as duas hipóteses está no fato de que, na dispensa, há possibilidade de competição que justifique a licitação; de modo que a lei faculta a dispensa, que fica inserida na competência discricionária da Administração. Nos casos de inexigibilidade, não há possibilidade de competição, porque só existe um objeto, ou uma pessoa que atenda às necessidades da Administração, ou inúmeras pessoas que atendam a essas necessidades (hipótese de credenciamento), ou objeto com características específicas; a licitação é, portanto, inviável.

Os casos de dispensa de licitação não podem ser ampliados pela Administração Pública nem por leis promulgadas pelos Estados, pelo Distrito Federal e pelos Municípios, porque constituem uma exceção à regra geral que exige licitação, quando haja possibilidade de competição. Precisamente por constituírem exceções, sua interpretação deve ser feita em sentido estrito. Quanto à inexigibilidade, a própria redação do art. 74 traz implícita a possibilidade de ampliação.

No entanto, ao tratar das **alienações**, no art. 76, a Lei nº 14.133 prevê algumas hipóteses de **licitação dispensada**, nos incisos I e II. Trata-se de situação que escapa à discricionariedade administrativa, por já estar determinada por lei. Com efeito, a inexigibilidade é decorrência da inviabilidade de competição: o próprio dispositivo prevê algumas hipóteses, o que não impede que outras surjam na prática. Se a competição inexiste, não há que se falar em licitação. A inviabilidade deve ficar adequadamente demonstrada.

Em resumo, na Lei nº 14.133, os casos de **inexigibilidade** são previstos no art. 74; os casos de **dispensa** constam dos arts. 75 e 76, inciso I; e as hipóteses de **licitação dispensada** constam do art. 76, incisos I e II.

9.7.4.1 Inexigibilidade de licitação

O conceito de inexigibilidade de licitação, adotado pelo art. 74 da Lei nº 14.133/21, é o mesmo adotado pelo art. 25 da Lei nº 8.666: **inviabilidade de competição**.

O dispositivo contempla cinco hipóteses de inviabilidade, que são meramente exemplificativas; a relação que consta do dispositivo não é taxativa, podendo haver outras que se enquadrem no conceito de inviabilidade de competição. As hipóteses previstas expressamente são as seguintes:

I – **exclusividade de fornecedor (art. 74, I):** "aquisição de materiais, de equipamentos ou de gêneros ou contratação de serviços que só possam ser fornecidos por produtor, empresa ou representante comercial exclusivos"; quando comparado com o art. 25 da Lei nº 8.666, verifica-se que foi acrescentada a "contratação de serviços", que já era defendida por parte da doutrina. A comprovação da inviabilidade de competição é feita pela forma prevista no § 1º do art. 74: "atestado de exclusividade, contrato de exclusividade, declaração do fabricante ou outro documento idôneo capaz de comprovar que o objeto é fornecido ou prestado por produtor, empresa ou representante comercial exclusivos, vedada a preferência por marca específica". Como se verifica pela redação, os meios de prova indicados no dispositivo não são taxativos, ficando aberta a possibilidade de utilização de outros que façam a mesma comprovação.

II – **contratação de profissional do setor artístico (art. 74, II):** diretamente ou por meio de empresário exclusivo, desde que consagrado pela crítica especializada ou pela opinião pública. É a mesma redação do art. 25, III, da Lei nº 8.666. Para essa hipótese de inexigibilidade de licitação, o § 2º considera como "empresário exclusivo a pessoa física ou jurídica que possua contrato, declaração, carta ou outro documento que ateste a exclusividade permanente e contínua de representação, no País ou em Estado específico, do profissional do setor artístico, afastada a possibilidade de contratação direta por inexigibilidade por meio de empresário com representação restrita a evento ou local específico".

III – **contratação de profissional notoriamente especializado (art. 74, III):** "contratação dos seguintes **serviços técnicos especializados de natureza predominantemente intelectual** com profissionais ou empresas de **notória especialização**, vedada a inexigibilidade para serviços de publicidade e divulgação: *a) estudos técnicos, planejamentos, projetos básicos ou projetos executivos; b) pareceres, perícias e avaliações em geral; c) assessorias ou consultorias técnicas e auditorias financeiras ou tributárias; d) fiscalização, supervisão ou gerenciamento de obras ou serviços; e) patrocínio ou defesa de causas judiciais ou administrativas; f) treinamento e aperfeiçoamento de pessoal; g) restauração de obras de arte e de bens de valor histórico; h) controles de qualidade e tecnológico, análises, testes e ensaios de campo e laboratoriais, instrumentação e monitoramento de parâmetros específicos de obras e do meio ambiente e demais serviços de engenharia que se enquadrem no disposto neste inciso".* Com exceção da última hipótese, que é inovadora (alínea *h*), as demais correspondem, com exatidão, aos mesmos serviços antes previstos no art. 13 da Lei nº 8.666. O dispositivo repete, inutilmente, a mesma relação que consta do art. 6º, XVIII, da Lei nº 14.133, ao dar o conceito de "serviços técnicos especializados de natureza predominantemente intelectual". A relação não é taxativa, pois, havendo algum serviço que não conste dessa lista, mas em que seja inviável a competição, a licitação é inexigível pela aplicação do *caput* do dispositivo. Não é prevista a natureza singular do serviço, como constava do art. 25, II, da Lei nº 8.666, e é acrescentada a exigência de que os serviços sejam técnicos especializados de natureza predominantemente intelectual.

O § 3º do art. 74 repete o conceito de notória especialização que já constava do art. 25, § 1º, da Lei nº 8.666, substituindo a expressão "trabalho essencial e **indiscutivelmente** o mais adequado à plena satisfação do objeto do contrato" por "trabalho essencial e **reconhecidamente o mais adequado à plena satisfação do objeto do contrato". Exatamente o mesmo conceito, em repetição inútil, consta do art. 6º, XIX, da nova Lei de Licitações.

Tratando-se de inviabilidade de competição fundada nesse inciso III, o § 4º do art. 74 veda a subcontratação de empresas ou a atuação de profissionais distintos daqueles que tenham justificado a inexigibilidade. A vedação justifica-se inteiramente, porque a inexigibilidade de licitação, no caso, decorre de condição particularíssima do contratado; é uma hipótese típica de contratação *intuitu personae*.

IV – **objetos que devam ou possam ser contratados por meio de credenciamento:** o art. 6º, XLIII, define o credenciamento como o "processo administrativo de chamamento público em que a Administração Pública convoca interessados em prestar serviços ou fornecer bens para que, preenchidos os requisitos necessários, credenciem-se no órgão ou na entidade para executar o objeto quando convocados".

Nessa situação, inexiste competição, já que não há seleção de um ou mais licitantes. Todos os que forem convocados e preencherem os requisitos podem ser contratados.

O art. 78, I, inclui o credenciamento entre os procedimentos auxiliares das licitações e das contratações regidas pela nova Lei de Licitações, sendo possível nas hipóteses elencadas no art. 79.

V – **aquisição ou locação de imóvel** cujas características de instalações e de localização tornem necessária sua escolha. Essa hipótese era incluída entre as de dispensa de licitação, previstas no art. 24, X, da Lei nº 8.666. Para essa modalidade, o § 5º do art. 74 da nova Lei de Licitações estabelece alguns requisitos: I – avaliação prévia do bem, do seu estado de conservação e dos custos de adaptações, quando imprescindíveis às necessidades de utilização, e prazo de amortização dos investimentos; II – certificação da inexistência de imóveis públicos vagos e disponíveis que atendam ao objeto; III – justificativas que demonstrem a singularidade do imóvel a ser comprado ou locado pela Administração e que evidenciem vantagem para ela.

9.7.4.2 *Dispensa de licitação*

Conforme salientado, a dispensa de licitação, da mesma forma que na Lei nº 8.666, é facultativa e só pode ocorrer nas hipóteses expressamente previstas nos arts. 75 e 76 da Lei nº 14.133, não podendo ser ampliada na esfera administrativa e no âmbito da legislação estadual, distrital e municipal. As várias hipóteses podem se enquadrar nas modalidades de **dispensa em razão do pequeno valor**, **dispensa em razão de situações excepcionais**, **dispensa em razão do objeto** e **dispensa em razão da pessoa**.

A Lei nº 14.133 repete, em sequência diferente e, às vezes, com alterações na redação, grande parte das hipóteses de dispensa previstas no art. 24 da Lei nº 8.666, valendo salientar algumas inovações:

a) a dispensa para compra ou locação de imóvel, cujas características de instalações e de localização tornem necessária sua escolha, prevista no inciso X do art. 24 da Lei nº 8.666, passou a ser incluída entre as hipóteses de inexigibilidade de licitação, previstas no art. 74, inciso V;

b) das hipóteses de licitação previstas no art. 24 da Lei nº 8.666, não foram repetidas as dos incisos XI (contratação de remanescente de obra), XVI (impressão dos diários oficiais), XXII (contratação de fornecimento ou suprimento de energia elétrica e gás natural), XXIII (contratação realizada por empresa pública ou sociedade de economia mista com suas subsidiárias e controladas), XXIV (contratos de prestação de serviços com organizações sociais), XXX (contratação de instituição ou organização pública ou privada para a prestação de serviços de assistência e extensão rural no âmbito do

Programa Nacional de Assistência Técnica e Extensão Rural na Agricultura Familiar e na Reforma Agrária) e XXXIII (contratações de entidades privadas sem fins lucrativos, para a implementação de cisternas ou outras tecnologias sociais de acesso à água para consumo humano e produção de alimentos, para beneficiar as famílias rurais de baixa renda atingidas pela seca ou falta regular de água) – este último inciso foi reincluído no art. 75 pela Lei nº 14.628, de 20-7-23, como inciso XVII;

c) as dispensas em razão do objeto foram inseridas no inciso IV do art. 75;

d) dentre as dispensas em razão do objeto foram incluídas, no inciso IV, alíneas *l* e *m*, as contratações que tenham por objeto, respectivamente, "serviços especializados ou aquisição ou locação de equipamentos destinados ao rastreamento e à obtenção de provas previstas nos incisos II e V do *caput* do art. 3º da Lei nº 12.850, de 2 de agosto de 2013 (sobre organização criminosa), quando houver necessidade justificada de manutenção de sigilo sobre a investigação" e "aquisição de medicamentos destinados exclusivamente ao tratamento de doenças raras definidas pelo Ministério da Saúde".

Com relação à hipótese do inciso XI do art. 24 da Lei nº 8.666, o art. 90 da Lei nº 14.133 (inserido no capítulo pertinente à formalização dos contratos) determina, no § 7º, que "será facultada à Administração a convocação dos demais licitantes classificados para a contratação de remanescente de obra, de serviço ou de fornecimento em consequência de rescisão contratual, observados os mesmos critérios estabelecidos nos §§ 2º e 4º deste artigo".

São hipóteses de **dispensa de licitação** previstas no art. 75 da Lei nº 14.133:

I – para contratação que envolva valores inferiores a R$ 100.000,00, no caso de **obras e serviços de engenharia ou de serviços de manutenção de veículos automotores** (valor atualizado anualmente pelo Poder Executivo Federal, conforme art. 182);

II – para contratação que envolva valores inferiores a R$ 50.000,00 (cinquenta mil reais) no caso de **outros serviços e compras** (valor atualizado anualmente pelo Poder Executivo Federal, conforme art. 182);

Esses dois incisos incluem-se na modalidade de **dispensa em razão do valor do contrato** e têm fundamento no princípio da razoabilidade, porque, sendo pequeno o valor, não se justifica que o erário arque com o custo de um procedimento licitatório. Conforme o art. 182, os valores previstos na lei serão atualizados pelo Poder Executivo Federal, a cada dia 1º de janeiro, pelo Índice Nacional de Preços ao Consumidor Amplo Especial (IPCA) ou por índice que venha a substituí-lo, os quais serão divulgados no PNCP (Portal Nacional de Contratações Públicas) criado pelo art. 174 da Lei nº 14.133.

Em consonância com o § 1º do art. 75, é necessário, para aferição dos valores que atendam aos limites referidos nos incisos I e II, observar: "I – o somatório do que for despendido no exercício financeiro pela respectiva unidade gestora; II – o somatório da despesa realizada com objetos de mesma natureza, entendidos como tais aqueles relativos a contratações no mesmo ramo de atividade". Esse parágrafo não se aplica "às contratações de até R$ 8.000,00 (oito mil reais)[7] de serviços de manutenção de veículos automotores de propriedade do órgão ou entidade contratante, incluído o fornecimento de peças" (§ 7º do art. 75).

---

[7] Todos os valores fixados pela Lei nº 14.133/21 serão atualizados, a cada 1º de janeiro, pelo Poder Executivo, com base no Índice Nacional de Preços ao Consumidor Amplo Especial (IPCA-E), conforme determina o art. 182 da referida lei.

O § 2º do art. 75 beneficia os consórcios públicos e as autarquias e fundações qualificadas como agências executivas na forma a lei, duplicando, para tais entidades, os valores previstos nos incisos I e II, para fins de dispensa de licitação.

O § 3º do mesmo dispositivo estabelece que as dispensas de licitação pelo valor, previstas nos incisos I e II do art. 75, serão **preferencialmente** precedidas de divulgação de aviso em sítio eletrônico oficial, pelo prazo mínimo de 3 dias úteis, com a especificação do objeto pretendido e com a manifestação de interesse da Administração em obter propostas adicionais de eventuais interessados, devendo ser selecionada a proposta mais vantajosa.

E o § 4º determina que nas dispensas de licitação previstas nos incisos I e II do art. 75, as contratações sejam pagas **preferencialmente** por meio de cartão de pagamento, cujo extrato deverá ser divulgado e mantido à disposição do público no Portal Nacional de Contratações Públicas (PNCP).

Os dois parágrafos, ao utilizarem o vocábulo "preferencialmente" tiram a força dos dispositivos. No entanto, tem-se que entender que a discricionariedade administrativa, no caso, é relativa, porque o descumprimento das duas normas tem que ser devidamente justificado.

III – "para contratação que mantenha todas as condições definidas em edital de licitação realizada há menos de 1 (um) ano, quando se verificar que naquela licitação: a) **não surgiram licitantes interessados** ou não **foram apresentadas propostas válidas**; b) as propostas apresentadas consignaram **preços manifestamente superiores aos praticados no mercado ou incompatíveis com os fixados pelos órgãos oficiais competentes**".

A alínea a, na primeira parte, corresponde à chamada **licitação deserta**, quando não acudirem interessados na licitação anterior. A segunda parte corresponde à chamada **licitação fracassada**, que ocorre quando apareceram interessados na licitação anterior, mas suas propostas não eram válidas.

A alínea *b* tem o objetivo de impedir a aceitação de propostas com sobrepreço (definido no art. 6º, LVI) ou que desatendam aos preços fixados pelos órgãos oficiais competentes.

Em qualquer dessas situações (alíneas *a* ou *b*), a dispensa de licitação só é possível se a nova contratação mantiver todas as condições definidas em edital de licitação realizada há menos de um ano.

IV – **para contratação que tenha por objeto os bens, serviços, alienações ou obras indicados nas alíneas *a* a *m***.

A dispensa de licitação, nessa hipótese, é prevista em **razão do objeto** a ser contratado, como o adquirido no período de garantia, os adquiridos mediante acordo internacional, os destinados a pesquisa, à transferência de tecnologia ou licenciamento de uso, ao uso das Forças Armadas, à aquisição ou restauração de obras de arte e objetos históricos, ao tratamento de doenças raras definidas pelo Ministério da Saúde etc. O dispositivo congrega diferentes hipóteses de dispensa de licitação, anteriormente já previstas, de forma análoga, na Lei nº 8.666/93, em incisos esparsos.

Quanto à dispensa de licitação prevista na alínea *c* do inciso IV do art. 75, se aplicada a obras e serviços de engenharia, está sujeita à observância de procedimentos especiais instituídos em regulamentação específica. É o que determina o § 5º do art. 75. Por outras palavras, o dispositivo que prevê essa hipótese não é autoaplicável. O valor de R$ 300.000,00 (trezentos mil reais), referido na alínea c, é atualizado anualmente pelo Poder Executivo Federal, com fundamento no art. 182 da Lei nº 14.133.

V – **para contratação com vistas ao cumprimento do disposto nos arts. 3º, 3º-A, 4º, 5º e 20 da Lei nº 10.973, de 2-12-2004, observados os princípios gerais de contratação constantes da referida lei.**

A Lei nº 10.973/04 dispõe sobre incentivos à inovação e à pesquisa científica e tecnológica no ambiente produtivo. O art. 3º-A permite que a Finep (Financiadora de Estudos e Projetos), o CNPq (Conselho Nacional de Desenvolvimento Científico e Tecnológico) e as Agências Financeiras Oficiais de Fomento celebrem convênios e contratos, nos termos do inciso XIII do art. 24 da Lei nº 8.666, por prazo determinado, com as fundações de apoio, com a finalidade de dar apoio às Ifes (instituições federais de ensino superior e de pesquisa científica e tecnológica). O art. 4º trata de modalidades de cessão de uso de bens públicos por parte da ICT pública (Instituição Científica, Tecnológica e de Inovação). O art. 5º trata da participação minoritária da União, dos demais entes federativos e de suas entidades autorizadas, no capital social de empresas, com o propósito de desenvolver produtos ou processos inovadores; em consonância com o § 3º do art. 5º, a alienação dos ativos da participação societária dispensa realização de licitação. E o art. 20 permite que os órgãos e entidades da Administração Pública, em matéria de interesse público, contratem diretamente ICT, entidades de direito privado sem fins lucrativos ou empresas, isoladamente ou em consórcios, voltadas para atividades de pesquisa e de reconhecida capacitação tecnológica no setor, visando à realização de atividades de pesquisa, desenvolvimento e inovação que envolvam risco tecnológico, para solução de problema técnico específico ou obtenção de produto, serviço ou processo inovador.

As contratações realizadas com base nesse dispositivo podem ser feitas com dispensa de licitação, obedecidas as normas estabelecidas na Lei nº 10.973/04. A referência à Lei nº 8.666, constante do art. 3º-A da Lei nº 10.973 deve ser substituída pela menção à Lei nº 14.133, conforme previsto em seu art. 189.

VI – para contratação que possa acarretar **comprometimento da segurança nacional**, nos casos estabelecidos pelo Ministro de Estado da Defesa, mediante demanda dos comandos das Forças Armadas ou dos demais ministérios.

O dispositivo não é autoaplicável.

VII – nos casos de **guerra, estado de defesa, estado de sítio, intervenção federal ou de grave perturbação da ordem**.

A aplicação desse dispositivo exige observância do princípio da razoabilidade: só pode ser dispensada a licitação se a contratação tiver por objeto a consecução de algum objetivo relacionado ao atendimento das situações excepcionais expressamente mencionadas no inciso VII do art. 75.

VIII – nos casos de **emergência** ou de **calamidade pública**, quando caracterizada urgência de atendimento de situação que possa ocasionar prejuízo ou comprometer a continuidade dos serviços públicos ou a segurança de pessoas, obras, serviços, equipamentos e outros bens, públicos ou privados, e somente para aquisição de bens necessários ao atendimento de situação emergencial ou calamitosa e para as parcelas de obras e serviços que possam ser concluídas no prazo máximo de 1 (um) ano, contado da ocorrência da emergência ou da calamidade, vedadas a prorrogação dos respectivos contratos e a recontratação de empresa já contratada com base no disposto neste inciso.

O estado de **calamidade pública** está definido pelo Decreto nº 10.593, de 24-12-2020, que dispõe sobre a organização e o funcionamento do Sistema Nacional de Proteção e Defesa Civil. O art. 2º define a **situação de emergência** como "situação anormal, provocada por desastre que causa danos e prejuízos que impliquem o comprometimento parcial da capacidade de resposta do poder público do ente federativo atingido" ou que demande a adoção de medidas administrativas excepcionais para resposta e recuperação (inciso XIV); e **estado de calamidade pública como** "situação anormal, provocada por desastre que causa danos e prejuízos que impliquem o comprometimento substancial da capacidade de resposta do poder público do ente federativo atingido ou que demande a adoção de medidas administrativas excepcionais para resposta e recuperação".[8]

Nos termos do § 6º do art. 75, "para os fins do inciso VIII do *caput* deste artigo, considera-se **emergencial** a contratação por dispensa com objetivo de manter a continuidade do serviço público e deverão ser observados os valores praticados pelo mercado na forma do art. 23 desta Lei e adotadas as providências necessárias para a conclusão do processo licitatório, sem prejuízo de apuração de responsabilidade dos agentes públicos que deram causa à situação emergencial". O dispositivo praticamente amplia o conceito de situação de emergência contido no art. 2º, inciso XIV, do Decreto nº 10.593/20, prestigiando o princípio da continuidade do serviço público e a exigência de observância dos valores praticados no mercado, na forma do art. 23 da Lei nº 14.133; esse dispositivo prevê, para verificação dos preços praticados no mercado, sejam considerados "os preços constantes de bancos de dados públicos e as quantidades a serem contratadas, observadas a potencial economia de escala e as peculiaridades do local de execução do objeto".

A Emenda Constitucional nº 109, de 15-3-2021, incluiu o inciso XVIII no art. 49 da Constituição para atribuir ao Congresso Nacional a competência exclusiva para decretar o estado de calamidade pública de âmbito nacional previsto nos arts. 167-B a 167-G da Constituição, acrescentados pela mesma Emenda. E incluiu o inciso XXVIII no art. 84 para outorgar competência privativa ao Presidente da República para propor ao Congresso Nacional a decretação do estado de calamidade pública de âmbito nacional previsto nos arts. 167-B a 167-G da Constituição. O art. 167-C autoriza que, com o propósito exclusivo de enfrentamento da calamidade pública e de seus efeitos sociais, no seu período de duração, o Poder Executivo federal, entre outras medidas, pode **adotar processos simplificados de contratação de obras, serviços e compras**, que assegurem, quando possível, competição e igualdade de condições a todos os

---

[8] O TCU vem entendendo, a partir do Acórdão nº 46/02, do Plenário, que é possível a contratação direta quando a situação de emergência decorre da falta de planejamento, da desídia administrativa ou da má gestão dos recursos públicos, devendo-se analisar, para fim de responsabilização, a conduta do agente público que não adotou tempestivamente as providências cabíveis. Nesse sentido, Acórdão nº 3.521/10, da 2ª Câmara, Rel. Min. Benjamin Zymler, j. em 6-7-10. Essa tese é compatível com a norma do art. 75, VIII, da Lei nº 14.133. A responsabilização do agente está prevista expressamente no § 6º do art. 75 da mesma lei. O STF, na ADIn 6.890, considerou constitucional a vedação à recontratação de empresa contratada diretamente por dispensa de licitação nos casos de emergência ou calamidade pública, prevista no inciso VIII do art. 75 da Lei nº 14.133/2021. E entendeu que a vedação incide na recontratação fundada na mesma situação emergencial ou calamitosa que extrapole o prazo máximo legal de um ano, e não impede que a empresa participe de eventual licitação substitutiva à dispensa de licitação e seja contratada diretamente por fundaamento diverso previsto em lei, inclusive outra emergência ou calamidade pública, sem prejuízo do controle por abusos ou ilegalidade verificados na aplicação da norma (conforme Comunicado GP nº 34/2024, do TCU, de 24-9-2024).

concorrentes. A previsão fica sem explicação diante da norma do art. 24, inciso IV, da Constituição, que autoriza a dispensa de licitação nos casos de calamidade pública, uma vez demonstrados os requisitos previstos no dispositivo. E dificilmente poderá ser implementada sem que se estabeleçam normas dispondo sobre o **processo simplificado** referido no dispositivo.[9]

O inciso VIII do art. 75 da Lei nº 14.133 constitui aplicação do **princípio da razoabilidade** (v. item 3.3.12), na medida em que exige uma relação entre os meios (dispensa de licitação) e os fins (atendimento de situação emergencial ou calamitosa).

À exigência referente ao prazo, prevista na parte final do inciso VIII, soma-se outra, já referida, que aplica o princípio da razoabilidade; além de ser relacionada com o atendimento da situação emergencial ou calamitosa, o contrato ainda não pode ultrapassar o prazo de um ano; se exigir prazo superior, a licitação tornar-se-á obrigatória.

IX – **para a aquisição, por pessoa jurídica de direito público interno**, de bens produzidos ou serviços prestados por órgão ou entidade que integrem a Administração Pública e que tenham sido criados para esse fim específico, desde que o preço contratado seja compatível com o praticado no mercado.

Esta hipótese de dispensa de licitação só pode ser utilizada por pessoas jurídicas de direito público interno (União, Estados, Municípios, Distrito Federal, Territórios, autarquias, fundações de direito público e consórcios públicos) e desde que estejam presentes todos os demais requisitos: (a) que o contratado seja órgão ou entidade da Administração Pública, o que abrange todas as entidades referidas no art. 6º, inciso III, da Lei nº 14.133/21; (b) que esse órgão ou entidade tenha sido criado com o fim específico de fornecer os bens ou serviços objeto do contrato; (c) que o contratante e o contratado sejam do mesmo nível de governo, já que ninguém vai criar um ente para prestar serviços ou fornecer bens para pessoas jurídicas de outra esfera de governo; (d) que o preço contratado seja compatível com o praticado no mercado.

X – quando a União tiver que **intervir no domínio econômico** para regular **preços ou normalizar o abastecimento**.

Diógenes Gasparini (1995:309) fornece o seguinte exemplo: "contrata-se sem licitação a aquisição de certo produto para pô-lo no mercado e, desse modo, forçar a queda ou a regularização do preço ou para obrigar os particulares a desovarem seus estoques e normalizar o abastecimento".

XI – para celebração de **contrato de programa**[10] com ente federativo ou com entidade de sua Administração Pública indireta que envolva prestação de serviços públicos de forma associada nos termos autorizados em contrato de consórcio público ou em convênio de cooperação.

---

[9] Em razão dos eventos climáticos extremos ocorridos nos meses de abril e maio de 2024, especialmente no Rio Grande do Sul, foi promulgada a Lei nº 14.981, de 20-9-2024, dispondo sobre medidas excepcionais para a aquisição de bens e a contratação de obras e de serviços, inclusive de engenharia. Dentre as medidas previstas, o art. 2º autorizou a dispensa de licitação, a redução pela metade dos prazos mínimos de que tratam o art. 55 e o § 3º do art. 75 da Lei nº 14.133/2021, a prorrogação de contratos para além dos prazos estabelecidos nas Leis nº 8.666/93 e nº 14.133/2021, a celebração de contrato verbal desde que o seu valor não seja superior a R$ 100.000,00, e a adoção do regime especial previsto para a realização de registro de preços.

[10] Sobre contrato de programa, v. capítulo 10, item 10.10.5.

XII – para contratação em que houver **transferência de tecnologia de produtos estrangeiros para o Sistema Único de Saúde (SUS)**, conforme elencados em ato da direção nacional do SUS, inclusive por ocasião da aquisição desses produtos durante as etapas de absorção tecnológica, e em valores compatíveis com aqueles definidos no instrumento firmado para a transferência de tecnologia.

XIII – para contratação de profissionais para compor a **comissão de avaliação de critérios de técnica**, quando se tratar de profissional técnico de notória especialização.

Não há outro dispositivo na Lei nº 14.133 que se refira a essa comissão. Deduz-se que se trata de comissão que atuará no procedimento licitatório quando o critério de julgamento envolver proposta técnica. Essa hipótese melhor se enquadraria como modalidade de inexigibilidade de licitação prevista no art. 74, III.

XIV – para contratação de **associação de pessoas com deficiência**, sem fins lucrativos e de comprovada idoneidade, por órgão ou entidade da Administração Pública, para a prestação de serviços, desde que o preço contratado seja compatível com o praticado no mercado e os serviços contratados sejam prestados exclusivamente por pessoas com deficiência.

Essa modalidade de dispensa pode ser utilizada por todas as entidades referidas no art. 6º, III, desde que estejam presentes os seguintes requisitos: (a) que se trate de contrato de prestação de serviços ou fornecimento de mão de obra; (b) que o contratado seja associação de portadores de deficiência física, sem fins lucrativos; (c) que o preço contratado seja compatível com o praticado no mercado, requisito que não precisaria ser mencionado, porque deve estar presente em todas as hipóteses de dispensa, sob pena de lesão ao patrimônio público ensejadora de ação popular, conforme art. 4º, V, b, da Lei nº 4.717, de 29-6-65 (Lei de Ação Popular), sem falar na possibilidade de sobrepreço (tal como definido no art. 6º, LVI, da Lei nº 14.133); que os serviços contratados sejam prestados exclusivamente por pessoas com deficiência.

XV – para contratação de **instituição brasileira que tenha por finalidade estatutária apoiar, captar e executar atividades de ensino, pesquisa, extensão, desenvolvimento institucional, científico e tecnológico e estímulo à inovação**, inclusive para gerir administrativa e financeiramente essas atividades, ou para contratação de instituição dedicada à recuperação social da pessoa presa, desde que o contratado tenha inquestionável reputação ética e profissional e não tenha fins lucrativos.[11]

Esse inciso serve de fundamento à contratação das chamadas fundações de apoio (de que trata o capítulo 11, item 11.5). A Lei nº 12.349, de 15-12-2010, alterou a redação do art. 1º da Lei nº 8.958, de 20-12-94 (que dispõe sobre as relações entre as instituições de ensino superior e de pesquisa científica e tecnológica e as fundações de apoio), para tornar expresso que as Instituições Federais de Ensino Superior (Ifes), bem como as Instituições Científicas e Tecnológicas (ICTs), sobre as quais dispõe a Lei nº 10.973, de 2-12-2004, poderão realizar convênios e contratos, nos termos do inciso XIII do art. 24 da Lei nº 8.666/93,[12] por prazo determinado, com fundações instituídas com a finalidade de dar apoio a projetos de ensino, pesquisa e extensão e de desenvolvimento institu-

---

[11] V. nota de rodapé nº 7 do Capítulo 11, referente ao entendimento do TCU sobre a contratação direta de fundação de apoio, sem licitação.

[12] Conforme art. 189 da Lei nº 14.133/21, "Aplica-se esta Lei às hipóteses previstas na legislação que façam referência expressa à Lei nº 8.666, de 21 de junho de 1993, à Lei nº 10.520, de 17 de julho de 2002, e aos arts. 1º a 47-A da Lei nº 12.462, de 4 de agosto de 2011."

cional, científico e tecnológico, inclusive na gestão administrativa e financeira estritamente necessária à execução desses projetos.[13]

XVI – para aquisição, por pessoa jurídica de direito público interno, de insumos estratégicos para a saúde produzidos por fundação que, regimental ou estatutariamente, tenha por finalidade apoiar órgão da Administração Pública direta, sua autarquia ou fundação em projetos de ensino, pesquisa, extensão, desenvolvimento institucional, científico e tecnológico e de estímulo à inovação, inclusive na gestão administrativa e financeira necessária à execução desses projetos, ou em parcerias que envolvam transferência de tecnologia de produtos estratégicos para o SUS, nos termos do inciso XII deste *caput*, e que tenha sido criada para esse fim específico em data anterior à entrada em vigor desta Lei, desde que o preço contratado seja compatível com o praticado no mercado; (redação dada pela Lei nº 14.628/23).

XVII – para contratação de entidades privadas sem fins lucrativos para a implementação de cisternas ou outras tecnologias sociais de acesso à água para consumo humano e produção de alimentos, a fim de beneficiar as famílias rurais de baixa renda atingidas pela seca ou pela falta regular de água; (inciso incluído pela Lei nº 14.628/23).

XVIII – para contratação de entidades privadas sem fins lucrativos, para a implementação do Programa Cozinha Solidária, que tem como finalidade fornecer alimentação gratuita preferencialmente à população em situação de vulnerabilidade e risco social, incluída a população em situação de rua, com vistas à promoção de políticas de segurança alimentar e nutricional e de assistência social e à efetivação de direitos sociais, dignidade humana, resgate social e melhoria da qualidade de vida. (inciso incluído pela Lei nº 14.628/23). Trata-se de mais uma hipótese de licitação que beneficia as fundações de apoio, hipótese em que também se aplica o entendimento do TCU referido no capítulo 11. Quanto ao requisito de que o preço contratado seja compatível com o praticado no mercado, aplica-se o comentário feito com relação ao inciso XIV do art. 75.

Com relação às hipóteses de dispensa em razão do valor, previstas nos incisos I e II do art. 75, os parágrafos desse dispositivo estabelecem algumas normas específicas: para fins de aferição dos valores referidos nesses incisos, deverão ser observados: I – o somatório do que for despendido no exercício financeiro pela respectiva unidade gestora; e II – o somatório da despesa realizada com objetos de mesma natureza, entendidos como tais aqueles relativos a contratações no mesmo ramo de atividade (§ 1º), não se aplicando essa norma às contratações de até R$ 8.000,00[14] de serviços de manutenção de veículos automotores de propriedade do órgão ou entidade contratante, incluído o fornecimento de peças (§ 7º); os valores referidos nos incisos I e II do art. 75 serão duplicados para compras, obras e serviços contratados por consórcio público ou por autarquia ou fundação qualificadas como agências executivas na forma da lei (§ 2º); as contratações referidas nos incisos I e II serão preferencialmente precedidas de divulgação de aviso em sítio eletrônico oficial, pelo prazo mínimo e 3 dias úteis, com

---

[13] É estranho que o dispositivo, embora cuidando de hipótese de dispensa de licitação na contratação de fundação de apoio, somente trate de entidades federais. Tem-se que entender que se trata de norma geral que, por isso mesmo, não impede a adoção, por Estados e Municípios, de norma semelhante prevista em sua legislação sobre licitações.

[14] Todos os valores fixados pela Lei nº 14.133/21 serão atualizados, a cada 1º de janeiro, pelo Poder Executivo, com base no Índice Nacional de Preços ao Consumidor Amplo Especial (IPCA-E), conforme determina o art. 182 da referida lei.

a especificação do objeto pretendido e com a manifestação de interesse da Administração em obter propostas adicionais de eventuais interessados, devendo ser selecionada a proposta mais vantajosa (§ 3º); as contratações serão preferencialmente pagas por meio de cartão de pagamento, cujo extrato deverá ser divulgado e mantido à disposição do público no Portal Nacional de Contratações Públicas (§ 4º).

9.7.4.3 Licitação dispensada

Conforme ressaltado, a licitação dispensada é aquela que escapa à discricionariedade administrativa, por já estar determinada por lei. Com efeito, a inexigibilidade é decorrência da inviabilidade de competição: o próprio dispositivo prevê algumas hipóteses, o que não impede que outras surjam na prática. Se a competição inexiste, não há que se falar em licitação. A inviabilidade deve ficar adequadamente demonstrada.

O art. 76 da Lei nº 14.133 trata das hipóteses de dispensa de licitação na alienação de bens, "subordinada à existência de interesse público, devidamente justificado". No inciso I, trata da alienação de bens imóveis, inclusive os pertencentes às autarquias e às fundações, exigindo os seguintes requisitos: autorização legislativa e licitação na modalidade leilão. No inciso II, trata da alienação de bens móveis, exigindo licitação na modalidade de leilão. Ambos os incisos preveem hipótese de licitação dispensada (sobre o tema, v. também capítulo 16, item 16.5.2).

O inciso I dá o elenco de alienações de bens imóveis em que a licitação é dispensada, mencionando as respectivas exceções:

(a) "**dação em pagamento**";
(b) "**doação**, permitida exclusivamente para outro órgão ou entidade da administração pública, de qualquer esfera de governo, ressalvado o disposto nas alíneas *f*, **g** e h" deste inciso; conforme § 2º do art. 76, cessadas as razões que justificaram a doação, os bens serão revertidos ao patrimônio da pessoa jurídica doadora, vedada sua alienação pelo beneficiário"; em se tratando de doação com encargo, o § 6º do art. 76 exige licitação e que de seu instrumento constem, obrigatoriamente, os encargos, o prazo de seu cumprimento e a cláusula de reversão, sob pena de nulidade do ato, dispensada a licitação em caso de interesse público devidamente justificado; por sua vez, o § 7º do mesmo dispositivo determina que, no caso de doação com encargo, se o donatário necessitar oferecer o imóvel em garantia de financiamento, a cláusula de reversão e as demais obrigações sejam garantidas por hipoteca em segundo grau em favor do doador;
(c) "**permuta**, por outros imóveis que atendam às finalidades precípuas da Administração, desde que a diferença apurada não ultrapasse a metade do valor do imóvel que será ofertado pela União, segundo avaliação prévia, e ocorra a torna de valores, sempre que for o caso;
(d) "**investidura**"; definida, para os fins da Lei nº 14.133, pelo § 5º do art. 76, como "I – alienação, ao proprietário de imóvel lindeiro, de área remanescente ou resultante de obra pública que se tornar inaproveitável isoladamente, por preço que não seja inferior ao da avaliação nem superior a 50% do valor máximo permitido para dispensa de licitação de bens e serviços previstos nesta Lei; II – alienação, ao legítimo possuidor direto ou, na falta dele, ao poder público, de imóvel para fins residenciais construído em núcleo urbano anexo a usina hidrelétrica, desde que considerado dispensável na fase de operação da usina e que não integre a categoria de bens reversíveis ao final da concessão".
(e) "**venda** a outro órgão ou entidade da Administração Pública, de qualquer esfera de governo";

(f) "**alienação gratuita ou onerosa, aforamento, concessão de direito real de uso, locação** e **permissão de uso** de bens imóveis residenciais construídos, destinados ou efetivamente usados em programas de habitação ou de regularização fundiária de interesse social desenvolvidos por órgãos ou entidades da administração pública";

(g) "alienação gratuita ou onerosa, aforamento, concessão de direito real de uso, locação e permissão e uso de bens imóveis comerciais de âmbito local, com área de até 250 m² (duzentos e cinquenta metros quadrados) e destinados a programas de regularização fundiária de interesse social desenvolvidos por órgãos ou entidades da administração pública";

(h) "alienação e concessão de direito real de uso, gratuita ou onerosa, de terras públicas rurais da União e do Instituto Nacional de Colonização e Reforma Agrária (Incra) onde incidam ocupações até o limite de que trata o § 1º do art. 6º da Lei nº 11.952, de 25 de junho de 2009, para fins de regularização fundiária, atendidos os requisitos legais";

(i) "**legitimação de posse** de que trata o art. 29 da Lei nº 6.383, de 7 de dezembro de 1976, mediante iniciativa e deliberação dos órgãos da Administração Pública competentes";

(j) "legitimação fundiária e legitimação de posse de que trata a Lei nº 13.465, de 11 de julho de 2017".

Nos termos do § 1º do art. 76, se os bens imóveis foram adquiridos mediante procedimentos judiciais (como ocorre na legitimação de posse e na legitimação fundiária) ou dação em pagamento, é dispensada autorização legislativa, exigindo-se apenas avaliação prévia e licitação na modalidade leilão.

Conforme disposto no § 3º do art. 76, "a Administração poderá conceder título de propriedade ou de direito real de uso de imóvel, admitida a dispensa de licitação, quando o uso destinar-se a: I – outro órgão ou entidade da Administração Pública, qualquer que seja a localização do imóvel; II – pessoa natural que, nos termos de lei, regulamento ou ato normativo do órgão competente, haja implementado os requisitos mínimo de cultura, de ocupação mansa e pacífica e de exploração direta sobre área rural, observado o limite de que trata o § 1º do artigo 6º da Lei nº 11.952, de 25 de junho de 2009". Note-se que nessas hipóteses, não se trata de licitação dispensada, mas de dispensa a critério da Administração Pública. No caso do inciso II, o § 4º do art. 76 dispensa a autorização legislativa e fica sujeito aos condicionamentos estabelecidos nos incisos I a VII.

Quanto à **alienação de bens móveis**, o inciso II do art. 76 exige licitação na modalidade leilão, dispensada a realização de licitação nos seguintes casos:

(a) "**doação**, permitida exclusivamente para fins e uso de interesse social, após avaliação de sua oportunidade e conveniência socioeconômica em relação à escolha de outra forma de alienação";

(b) "**permuta**, permitida exclusivamente entre órgãos ou entidades da Administração Pública";

(c) "**venda de ações**, que poderão ser negociadas em bolsa, observada a legislação específica";

(d) "**venda de títulos**, na forma da legislação pertinente";

(e) "**venda de bens** produzidos ou comercializados por órgãos ou entidades da Administração Pública, em virtude de suas finalidades";

(f) "**venda de materiais e equipamentos** sem utilização previsível por quem deles dispõe para outros órgãos ou entidades da Administração Pública".[15]

Com relação à doação de bens imóveis, o § 1º do art. 17 estabelece que, cessadas as razões que justificaram sua doação, reverterão ao patrimônio da pessoa jurídica doadora, vedada sua alienação pelo beneficiário. Conjugando-se esse parágrafo com o *caput* do mesmo dispositivo, que exige demonstração de **interesse público** em qualquer ato de alienação, e com seu inciso I, *b*, que só permite a doação para outro órgão ou entidade da Administração Pública, é possível presumir que se está diante de uma hipótese específica de **doação condicionada**: ela é feita para que o donatário utilize o imóvel para fins de interesse público; se deixar de haver essa utilização, o bem volta para o patrimônio do doador.

A ideia evidente é a de manter o bem doado vinculado ao fim de interesse público que justificou a doação. Se deixar de atender a esse objetivo, o bem volta ao patrimônio público.

Quando a doação é feita, por exemplo, para uma entidade da Administração indireta, presume-se, com base no princípio da especialidade (item 3.3.5), que a utilização só pode ser feita para os fins institucionais a que a entidade está afeta. Se ela o destina a finalidade diversa, a doação será revogada.

O § 4º do art. 17, com a redação dada pela Lei nº 8.883/94, traz uma exceção à regra de licitação dispensada para a doação de bens públicos, móveis ou imóveis; obriga a realização de licitação quando se tratar de doação com encargo, hipótese em que "de seu instrumento convocatório constarão, obrigatoriamente, os encargos, o prazo de seu cumprimento e cláusula de reversão, sob pena de nulidade do ato". Porém, dispensa a licitação no caso de interesse público devidamente justificado.

9.8 MODALIDADES DE LICITAÇÃO

A Lei nº 14.133 inova ao definir as modalidades de licitação, porque não mais prevê a tomada de preços e o convite, que constavam do art. 22 da Lei nº 8.666. No art. 28, prevê, como modalidades de licitação: I – **pregão**; II – **concorrência**; III – **concurso**; IV – **leilão**; e V – **diálogo competitivo**.

No § 2º do art. 28, repete norma que já constava do § 8º do art. 22 da Lei nº 8.666, ao vedar a criação de outras modalidades de licitação ou, ainda, a combinação daquelas referidas no *caput* do dispositivo. A norma contém limitação voltada para Estados, Distrito Federal e Municípios, tendo, portanto, a natureza de norma geral.

Também constitui inovação parcial a norma do § 1º do art. 28, pela qual, além das modalidades referidas no *caput*, a Administração pode servir-se dos procedimentos auxiliares previstos no art. 78 da nova Lei de Licitações (credenciamento, pré-qualificação, procedimento de manifestação de interesse, sistema de registro de preços e registro cadastral). A inovação é apenas parcial, porque esses procedimentos eram previstos na legislação anterior, ainda que disciplinados de forma um pouco diferente. Tais procedimentos não são modalidades isoladas

---

[15] O Decreto nº 9.764, de 11-4-2019, alterado pelo Decreto nº 10.314, de 6-4-2020, dispõe sobre o recebimento de doações de bens móveis e de serviços de pessoas físicas ou jurídicas de direito privado pelos órgãos e pelas entidades da Administração Pública federal direta, autárquica e fundacional, nas seguintes espécies: I – sem ônus ou encargo; ou II – com ônus ou encargo. Pelo art. 6º, as doações de bens móveis e de serviços de que trata o Decreto serão feitas por meio dos seguintes procedimentos: I – chamamento público ou manifestação de interesse, quando se tratar de doação sem ônus ou encargo; II – manifestação de interesse, quando se tratar de doação com ônus ou encargo.

de licitação, mas, quando utilizados, são meramente auxiliares do procedimento licitatório ou das hipóteses de contratação direta (como ocorre, por exemplo, com o credenciamento).

Todas as modalidades de licitação referidas no art. 28 são definidas no art. 6º, incisos XXXVIII a XLII.

1) Concorrência (inciso XXXVIII do art. 6º): modalidade de licitação para contratação de bens e serviços especiais e de obras e serviços comuns e especiais de engenharia, cujo critério de julgamento poderá ser:

a) menor preço;
b) melhor técnica ou conteúdo artístico;
c) técnica e preço;
d) maior retorno econômico;
e) maior desconto.

O **procedimento (ou processo de licitação)**[16] é o previsto no art. 17 e será analisado adiante.

2) Pregão (inciso XLI do art. 6º): modalidade de licitação obrigatória para **aquisição de bens e serviços comuns**, cujo critério de julgamento poderá ser o de menor preço ou o de maior desconto. Os bens e serviços comuns são definidos pelo art. 6º, XIII, como "aqueles cujos padrões de desempenho e qualidade podem ser objetivamente definidos pelo edital, por meio de especificações usuais de mercado". Essa norma é repetida no art. 29, segundo o qual o pregão deve ser adotado sempre que o objeto possuir padrões de desempenho e qualidade que possam ser objetivamente definidos pelo edital, por meio de especificações usuais de mercado, ou seja, sempre que corresponder ao conceito contido no art. 6º, XIII. Conforme parágrafo único do art. 29, não se aplica o pregão às contratações de serviços técnicos especializados de natureza predominantemente intelectual e de obras e serviços de engenharia, exceto os serviços de engenharia de que trata a alínea *a* do inciso XXI do *caput* do art. 6º, que são os "serviços comuns de engenharia",[17] definidos como "todo serviço de engenharia que tem por objeto ações, objetivamente padronizáveis em termos de desempenho e qualidade, de manutenção, de adequação e de adaptação de bens móveis e imóveis, com preservação das características originais dos bens".

O **procedimento (ou processo licitatório)** do pregão é igual ao da concorrência, previsto no art. 17.

Como o procedimento é o mesmo para a concorrência e o pregão, as diferenças entre as duas modalidades dizem respeito às hipóteses em que cada qual é cabível (conforme conceitos do art. 6º, incisos XXXVIII e XLI) e quanto aos critérios de julgamento: no pregão são admitidos apenas os critérios de menor preço ou de maior desconto e, na concorrência, além desses dois critérios, são admitidos os de melhor técnica ou conteúdo artístico, de técnica e preço e o de maior retorno econômico.

---

[16] Enquanto a Lei nº 8.666/93 falava em "procedimento" para designar as fases da licitação (art. 12), a Lei nº 14.133/21 fala em "processo licitatório" (art. 13). A substituição do vocábulo me parece infeliz. De qualquer forma, será observada, neste livro, a terminologia utilizada na lei, porém deixando claro que, quando utilizado o vocábulo "procedimento", estar-se-á designando as fases em que se desenvolve o processo de licitação.

[17] Parece ter sido um equívoco do legislador prever que a licitação para contratação de **serviços comuns de engenharia** tanto pode ser licitada por concorrência (art. 6º, XXXVIII) como por pregão (art. 29, parágrafo único).

3) Concurso (inciso XXXIX do art. 6º): modalidade de licitação para escolha de trabalho técnico, científico ou artístico, cujo critério de julgamento será o de melhor técnica ou conteúdo artístico, e para concessão de prêmio ou remuneração ao vencedor.

O procedimento (ou processo licitatório) é o estabelecido no edital, que definirá as regras e condições, indicando: I – a qualificação exigida dos participantes; II – as diretrizes e formas de apresentação do trabalho; III – as condições de realização e o prêmio ou remuneração a ser concedida ao vencedor (art. 30).

Quando o concurso tiver por objeto a elaboração de projeto, o vencedor deverá ceder à Administração Pública, nos termos do art. 93, todos os direitos patrimoniais relativos ao projeto e autorizar sua execução conforme juízo de conveniência e oportunidade das autoridades competentes (parágrafo único do art. 30). O art. 93, referido no art. 30, está inserido na seção que cuida da formalização dos contratos administrativos e trata das "contratações de projetos ou de serviços técnicos especializados, inclusive daqueles que contemplem o desenvolvimento de programas e aplicações de internet para computadores, máquinas, equipamentos e dispositivos de tratamento e de comunicação da informação (*software*) e a respectiva documentação técnica associada"; nesse tipo de contratação, o autor deve "ceder todos os direitos patrimoniais a eles relativos para a Administração Pública, hipótese em que poderão ser livremente utilizados e alterados por ela em outras ocasiões, sem necessidade de nova autorização de seu autor".

4) Leilão (inciso XL do art. 6º): modalidade de licitação para alienação de bens imóveis ou de bens móveis inservíveis ou legalmente apreendidos a quem oferecer o maior lance.

O procedimento (ou processo licitatório) pode ser conduzido por servidor designado pela Administração ou por leiloeiro oficial (art. 31) selecionado mediante credenciamento ou pregão, sendo critério de julgamento o de maior desconto para as comissões a serem criadas, devendo ser usados como parâmetro máximo os percentuais definidos na lei que regula a profissão e observados os valores dos bens a serem leiloados (§ 1º).

O **procedimento** inicia com a divulgação de edital em sítio eletrônico e ainda afixado em local de ampla circulação de pessoas na sede da Administração, podendo ainda ser divulgado por outros meios necessários para ampliar a publicidade e a competitividade (art. 31, §§ 2º e 3º). O edital conterá os elementos indicados no § 2º do art. 31. Terminados os lances, haverá a homologação, seguida da fase recursal e pagamento pelo licitante vencedor.

Não se exige no leilão o registro cadastral prévio; não há a fase de habilitação; a homologação deve ser feita assim que concluída a fase de lances (art. 31, § 4º).

O Decreto nº 11.461, de 31-3-2023, regulamenta o art. 31 da Lei nº 14.133, para dispor sobre os procedimentos operacionais do leilão, na forma eletrônica, para alienação de bens móveis inservíveis ou legalmente apreendidos, e institui o Sistema de Leilão Eletrônico no âmbito da Administração Pública federal, direta, autárquica e fundacional.

5) Diálogo competitivo (inciso XLII do art. 6º): modalidade de licitação para contratação de obras, serviços e compras em que a Administração Pública realiza diálogos com licitantes previamente selecionados mediante critérios objetivos, com o intuito de desenvolver uma ou mais alternativas capazes de atender às suas necessidades, devendo os licitantes apresentar proposta final após o encerramento dos diálogos.

Nos termos do art. 32, somente pode ser usada essa modalidade de licitação para as contratações em que a Administração:

I – vise a contratar objeto que envolva as seguintes condições: (a) inovação tecnológica ou técnica; (b) impossibilidade de o órgão ou entidade ter sua necessidade satisfeita sem a adaptação de soluções disponíveis no mercado; e (c) impossibilidade de as especificações técnicas serem definidas com precisão suficiente pela Administração;

II – verifique a necessidade de definir e identificar os meios e as alternativas que possam satisfazer suas necessidades, com destaque para os seguintes aspectos: (a) a solução técnica mais adequada; (b) os requisitos técnicos aptos a concretizar a solução já definida; (c) a estrutura jurídica ou financeira do contrato;

III – considere que os modos de disputa aberto e fechado não permitem apreciação adequada das variações entre propostas.

O diálogo competitivo é conduzido por **comissão** composta de pelo menos três servidores efetivos ou empregados públicos pertencentes aos quadros permanentes da Administração, podendo ser contratados **profissionais para assessoramento técnico** da comissão; esses profissionais assinarão termo de confidencialidade, devendo abster-se de atividades que possam configurar conflito de interesses (art. 32, § 1º, inciso XI, e § 2º). O procedimento pode ser acompanhado por órgão de controle externo, opinando, no prazo máximo de 40 dias úteis, sobre a legalidade, a legitimidade e a economicidade da licitação, antes da celebração do contrato (art. 32, § 1º, XII, vetado pelo Presidente da República).

O procedimento é descrito pormenorizadamente no art. 32, § 1º, I a XI. Resumidamente, abrange as seguintes fases: (i) **divulgação do edital**, que deve conter a indicação das necessidades e exigências previamente definidas; prazo mínimo de 25 dias para manifestação de interesse de participação; definição dos critérios para pré-seleção dos licitantes; (ii) **apresentação de soluções pelos licitantes**, sendo vedado à Administração revelar aos demais as soluções propostas por um licitante, sem o seu consentimento; (iii) **fase de diálogo**, em que serão realizadas reuniões com os licitantes pré-selecionados, registradas em ata e gravadas mediante utilização de recursos tecnológicos de áudio e vídeo; (iv) **divulgação da solução ou das soluções** que atendam às necessidades da Administração; (v) **fase competitiva** com a divulgação, em edital, da solução selecionada e dos critérios objetivos para seleção da proposta mais vantajosa; (vi) apresentação de **propostas** no prazo não inferior a 60 dias úteis, definidos no edital; (vii) **definição da proposta vencedora**.

A Lei Complementar nº 182, de 1º-6-2021, que institui o marco legal das startups e do empreendimento inovador, cria, no art. 13, modalidade especial de licitação, sem denominação própria, para contratação de pessoas físicas ou jurídicas, isoladamente ou em consórcio, para o teste de soluções inovadoras por elas desenvolvidas ou a ser desenvolvidas, com ou sem risco tecnológico.

9.9 DO PROCESSO LICITATÓRIO

A Lei nº 14.133/21 fala em **processo licitatório**, deixando de lado a expressão **procedimento licitatório** que estava consagrada na legislação anterior para designar as várias formalidades que deveriam ser observadas para consecução do resultado almejado pela licitação. Ao falar-se em procedimento licitatório, a lei referia-se às várias fases em que se desenvolvia a licitação.

A expressão **processo**, doutrinariamente designa o conjunto de atos coordenados para a solução de uma controvérsia no âmbito administrativo. No entanto, não parece ser esse o sentido em que foi empregada na Lei nº 14.133. Pelo que se deduz do art. 17, a expressão designa as fases em que se desenvolverá a licitação. Por outras palavras, "processo de licitação" equivale ao sentido do "procedimento da licitação" a que se referia o art. 12 da Lei nº 8.666/93. Lamenta-se a substituição terminológica adotada pelo legislador da Lei nº 14.133. No entanto, em vários dispositivos, a lei fala em "procedimento licitatório", revelando a insegurança do próprio legislador quanto ao uso da expressão.

O processo licitatório fica a cargo de **agente de contratação**, que pode ser auxiliado por **equipe de apoio** e substituído por **comissão de licitação,** conforme analisado no item 9.6.

Em capítulo específico intitulado "Do processo licitatório", a Lei nº 14.133, depois de definir os objetivos desse processo, no art. 11 (já analisados no item 9.4), estabelece normas sobre: (i) exigências formais a serem observadas (art. 12), (ii) publicidade dos atos praticados no processo, com respectivas exceções (art. 13), (iii) vedações para participação em licitações (art. 14), (iv) participação de empresas em consórcio (art. 15), (v) participação de profissionais organizados em cooperativas (art. 16) e (v) indicação das fases do processo de licitação (art. 17).

9.9.1 Exigências formais para o processo de licitação

O art. 12 da Lei nº 14.133 estabelece as exigências formais a serem observadas no processo licitatório, a saber:

I – **forma escrita de todos os documentos**, com data e local de sua realização e assinatura dos responsáveis; o § 2º do art. 12 permite a identificação e assinatura digital por pessoa física ou jurídica em meio eletrônico, mediante certificado digital emitido em âmbito da Infraestrutura de Chaves Públicas Brasileira (ICP-Brasil);

II – os valores, preços e custos em **moeda nacional**, salvo na hipótese do art. 52 (licitações internacionais);

III – previsão de que o desatendimento de exigências meramente formais que não comprometam a aferição da qualificação do licitante ou a compreensão do conteúdo de sua proposta não importará seu afastamento da licitação ou a invalidação do processo. **Observação**: o dispositivo dá aplicação ao princípio da razoabilidade, previsto no art. 2º, parágrafo único, VIII e IX, da Lei de Processo Administrativo federal (Lei nº 9.784/99), que exige "observância das formalidades essenciais à garantia dos direitos dos administrados" e "adoção de formas simples, suficientes para propiciar adequado grau de certeza, segurança e respeito aos direitos dos administrados";

IV – **comprovação de autenticidade de cópia de documento** público ou particular feita perante agente da Administração, mediante apresentação do original, ou de declaração de autenticidade por advogado, sob sua responsabilidade pessoal;

V – **reconhecimento de firma dispensado**, somente sendo exigível em caso de dúvida quanto à autenticidade (salvo exigência legal); os incisos I, IV e V correspondem a normas já existentes no direito positivo, no art. 22, §§ 1º, 2º e 3º, da Lei nº 9.784/99;

VI – **preferência aos atos digitais**, de forma a permitir que sejam produzidos, comunicados, armazenados e validados por meio eletrônico;

VII – previsão de um **plano de contratações anuais**, elaborado pelos órgãos responsáveis pelo planejamento de cada ente federativo, com base em documentos de formalização de demandas, com o objetivo de racionalizar as contratações dos órgãos e entidades sob sua competência, garantir o alinhamento com o seu planejamento estratégico e subsidiar a elaboração das respectivas leis orçamentárias. Esse plano deve ser divulgado e mantido à disposição do público em sítio eletrônico oficial e será observado pelo ente federativo na realização de licitações e na execução dos contratos (§ 1º do art. 12). Pela norma do art. 12, VII, **a elaboração do plano de contratações anual é facultativa**, discricionariedade essa confirmada pela redação do art. 18, *caput*, que fala no "plano de contratações anual de que trata o inciso VII do *caput* do art. 12 desta Lei, **sempre que elaborado**". É conveniente que a não elaboração desse plano seja devidamente justificada na fase preparatória, já que o mesmo serve, juntamente com o orçamento anual, de parâmetro para o **planejamento** referido no art. 18, *caput*.

9.9.2 Publicidade do procedimento e sigilo do orçamento estimado

O art. 13 garante a publicidade dos atos do procedimento, ressalvadas as hipóteses de informações cujo sigilo seja imprescindível à segurança da sociedade e do Estado, na forma da lei. Mas a publicidade é diferida: I – quanto ao conteúdo das propostas, até a respectiva abertura; II – quanto ao orçamento da Administração, nos termos do art. 24 (art. 13, parágrafo único). Pelo art. 24, inspirado no art. 6º da Lei do RDC, "desde que justificado, o orçamento estimado da contratação poderá ter caráter sigiloso, sem prejuízo da divulgação do detalhamento dos quantitativos e das demais informações necessárias para a elaboração das propostas, e, nesse caso: I – o sigilo não prevalecerá para os órgãos de controle interno e externo; II – o orçamento será tornado público apenas e imediatamente após a fase de julgamento de propostas" (inciso vetado pelo Presidente da República). Conforme parágrafo único, "na hipótese de licitação em que for adotado o critério de julgamento por maior desconto, o preço estimado ou o máximo aceitável constará do edital da licitação".

A decisão quanto ao caráter sigiloso do orçamento estimado é prevista no art. 24 como discricionária, ou seja, a critério da Administração Pública. Mas a discricionariedade é limitada pela imposição de justificativa prévia, que deverá ser feita na fase preparatória do processo licitatório (art. 18, XI), já que o sigilo, se adotado, deverá constar do edital da licitação.

9.9.3 Vedação à participação em licitação ou na execução do contrato

Segundo o art. 14 da Lei nº 14.133, não poderão disputar licitação ou participar da execução de contrato, direta ou indiretamente:

I – o autor do anteprojeto ou do projeto executivo quando a licitação versar sobre obra, serviços ou fornecimento de bens a eles relacionados; pelo § 3º, equiparam-se aos autores do projeto as empresas integrantes do mesmo grupo econômico;

II – empresa, isoladamente ou em consórcio, responsável pela elaboração do projeto básico ou do projeto executivo, ou empresa da qual o autor do projeto seja dirigente, gerente, controlador, acionista ou detentor de mais de 5% do capital com direito a voto, responsável técnico ou subcontratado, quando a licitação versar sobre obra, serviços ou fornecimento de bens a ela necessários; nos termos do § 2º, a critério da Administração e exclusivamente a seu serviço, o autor dos projetos e a empresa a que se referem os incisos I e II do *caput* do art. 14 poderão participar no apoio das atividades de planejamento da contratação, de execução da licitação ou de gestão do contrato, desde que sob supervisão exclusiva de agentes públicos do órgão ou entidade;

III – pessoa física ou jurídica que se encontre, ao tempo da licitação, impossibilitada de participar da licitação em decorrência de sanção que lhe foi imposta; o mesmo impedimento é também aplicado ao licitante que atue em substituição a outra pessoa, física ou jurídica, com o intuito de burlar a efetividade da sanção a ela aplicada, inclusive a sua controladora, controlada ou coligada, desde que devidamente comprovado o ilícito ou a utilização fraudulenta da personalidade jurídica do licitante (§ 1º do art. 14);

IV – aquele que mantenha vínculo de natureza técnica, comercial, econômica, financeira, trabalhista ou civil com dirigente do órgão ou entidade contratante ou de agente público que desempenhe função na licitação ou atue na fiscalização ou na gestão do contrato, ou que deles seja cônjuge, companheiro ou parente em linha reta, colateral ou por afinidade, até o terceiro grau, devendo essa proibição constar expressamente do edital de licitação;

V – empresas controladoras, controladas ou coligadas, nos termos da Lei nº 6.404, de 15-12-76, concorrentes entre si;

VI – pessoa física ou jurídica que, nos cinco anos anteriores à divulgação do edital, tenha sido condenada judicialmente, com trânsito em julgado, por exploração de trabalho infantil, por submissão de trabalhadores a condições análogas às de escravo ou por contratação de adolescentes nos casos vedados pela legislação trabalhista.

A essas hipóteses de vedação tem que ser acrescentada a prevista no § 5º do art. 14, que trata de licitações e contratações realizadas no âmbito de projetos e programas parcialmente financiados por agência oficial de cooperação estrangeira ou por organismo financeiro internacional com recursos do financiamento ou da contrapartida nacional: nesses casos, não poderá participar da licitação pessoa física ou jurídica que integre o rol de pessoas sancionadas por essas entidades ou que seja declarada inidônea nos termos da nova Lei de Licitações.

Nos termos do § 4º do art. 14, o disposto nesse dispositivo não impede a licitação ou a contratação de obra ou serviço que inclua como encargo do contratado a elaboração do projeto básico e do projeto executivo, nas **contratações integradas** (em que o contratado é responsável por elaborar e desenvolver os projetos básico e executivo, executar obras e serviços de engenharia, fornecer bens ou prestar serviços especiais e realizar montagem, teste, pré-operação e as demais operações necessárias e suficientes para a entrega final do objeto, conforme definição do art. 6º, XXXII); o impedimento também não existe nos regimes de execução em que o contratado é responsável pela elaboração do projeto executivo, o que ocorre na contratação semi-integrada definida pelo art. 6º, XXXIII.

9.9.4 Participação de empresas em consórcio

O art. 15 autoriza, salvo vedação devidamente justificada no processo licitatório, a participação de pessoa jurídica em consórcio: (i) o § 1º prevê para o consórcio o acréscimo de 10% a 30% sobre o valor exigido de licitante individual para a habilitação econômico-financeira; (ii) possibilidade de, mediante justificativa técnica aprovada pela autoridade competente, ser estabelecido limite máximo ao número de empresas consorciadas (§ 4º do art. 15); (iii) exigência de que a substituição de consorciado seja expressamente autorizada pelo órgão ou entidade contratante e condicionada à comprovação de que a nova empresa do consórcio possui, no mínimo, os mesmos quantitativos para efeito de qualificação econômico-financeira apresentados pela empresa substituída para fins de habilitação do consórcio no processo licitatório que originou o contrato (§ 5º do art. 15).

9.9.5 Participação de profissionais organizados em cooperativa

O art. 16, sem correspondente na legislação anterior, autoriza os profissionais organizados em cooperativa a participarem de licitação quando: I – a constituição e o funcionamento da cooperativa observarem as regras estabelecidas na legislação aplicável, em especial a Lei nº 5.764, de 16-12-71, a Lei nº 12.690, de 19-7-12, e a Lei Complementar nº 130, de 17-4-09;

II – a cooperativa apresentar demonstrativo de atuação em regime cooperado, com repartição de receitas e despesas entre os cooperados; III – qualquer cooperado, com igual qualificação, for capaz de executar o objeto contratado, vedado à Administração indicar nominalmente pessoas; IV – o objeto da licitação referir-se, em se tratando de cooperativas enquadradas na Lei nº 12.690, de 19-7-12, a serviços especializados constantes do objeto social da cooperativa, a serem executados de forma complementar à sua atuação.

Na Lei 8.666 e em outras sobre licitação, não havia dispositivo expresso permitindo a participação de cooperativas. Mas elas podiam participar, desde que cumprissem as exigências dos instrumentos convocatórios. E a Lei Complementar nº 123, de 14-12-06 (que trata das microempresas e empresas de pequeno porte) criou um critério de desempate em favor das sociedades cooperativas que tenham auferido, no ano-calendário anterior, receita bruta até o limite definido no inciso II do *caput* do art. 3º, conforme ressaltado no item 9.3.1 deste livro (com menção de entendimento do TCU a respeito da participação de cooperativas em licitação, na nota 6).

9.10 FASES DO PROCESSO DE LICITAÇÃO

O art. 17 da Lei nº 14.133 inspirou-se no art. 12 da Lei do RDC, adotando, com pequenas alterações, as mesmas fases do processo, em sequência:

I – preparatória;
II – de divulgação do edital de licitação;
III – de apresentação de propostas e lances, quando for o caso;
IV – de julgamento;
V – de habilitação;
VI – recursal;
VII – de homologação.

Quando comparado com as fases de licitação previstas na Lei nº 8.666, verifica-se que a maior inovação é a **inversão das fases de julgamento e habilitação**, já adotada na lei do pregão, na lei de concessão e permissão de serviço público, na lei das parcerias público-privadas. Porém, da mesma forma que na lei do RDC, a nova Lei de Licitações prevê a possibilidade de ser prevista, no edital, a realização da habilitação antes das fases de apresentação das propostas e julgamento (§ 1º do art. 17). Essa possibilidade exige motivação prévia em que se demonstrem os "benefícios decorrentes" da medida. Essa motivação deve ser feita na fase preparatória da licitação, uma vez que a antecipação da fase de habilitação deve constar expressamente do edital, em atendimento ao disposto no art. 25.

Pelo § 2º do art. 17, as licitações serão realizadas preferencialmente sob a **forma eletrônica, admitida a utilização da forma presencial**, desde que motivada, devendo a sessão pública ser registrada em ata e gravada em áudio e vídeo. Em sendo utilizada a forma eletrônica, a Administração pode determinar, como condição de validade e eficácia, que os licitantes pratiquem seus atos em formato eletrônico (§ 4º do art. 17). Se for utilizada a forma presencial, a sessão pública de apresentação de propostas deverá ser gravada em áudio e vídeo, e a gravação será juntada aos autos do processo licitatório depois de seu encerramento (§ 5º do art. 17).

O § 3º permite, desde que previsto no edital, que na **fase de julgamento**, o órgão ou entidade licitante, em relação ao licitante provisoriamente vencedor, realize análise e avaliação da conformidade da proposta, mediante homologação de amostras, exame de conformidade e prova de conceito, entre outros testes de interesse da Administração, de modo a comprovar sua aderência às especificações definidas no termo de referência ou no projeto básico. Embora não o diga expressamente, o dispositivo está autorizando a desclassificação das propostas que não atendam aos requisitos do edital.

Quanto à fase de **habilitação**, o § 6º do art. 17 permite que a Administração exija certificação por organização independente acreditada pelo Instituto Nacional de Metrologia, Qualidade e Tecnologia (Inmetro) como condição para aceitação de: I – estudos, anteprojetos, projetos básicos e projetos executivos; II – conclusão de fases ou de objetos de contratos; III – material e do corpo técnico apresentados por empresa para fins de habilitação. **Comentário**: embora o dispositivo não seja claro, essa exigência permite a desclassificação de licitantes na fase de habilitação.

9.10.1 Primeira fase: preparatória

Na parte relativa à fase preparatória, que vai do art. 18 ao art. 27, a Lei nº 14.133 trata de assuntos variados, por serem objeto de exigências a serem observadas nessa fase: instrução do processo licitatório (art. 18), centralização e padronização do procedimento (art. 19), audiência pública (art. 21), matriz de riscos (art. 22), compatibilidade do orçamento estimado com os valores de mercado (art. 23); possibilidade de sigilo do orçamento estimado (art. 24); margem de preferência (art. 26); publicidade da relação de empresas favorecidas pela margem de preferência (art. 27).

9.10.1.1 Da instrução do processo licitatório

O art. 18 define alguns parâmetros a serem observados na fase preparatória: **planejamento**; compatibilidade com o **plano de contratações anual** previsto no art. 12, VII;[18] **compatibilidade com as leis orçamentárias**; fundamentação baseada em **considerações técnicas, mercadológicas e de gestão** que possam interferir na contratação. Essa fase compreende (sinteticamente) a descrição da necessidade da contratação (fundamentada em estudo técnico), definição do objeto, condições de execução e pagamento, garantias, orçamento estimado, elaboração do edital (do qual deve fazer parte, como anexo, a minuta do contrato), regime de execução, modalidade de licitação, critério de julgamento, modo de disputa, motivação circunstanciada das condições do edital, análise dos riscos, motivação sobre o momento da divulgação do orçamento da licitação (observado o art. 24, sobre sigilo e publicidade do orçamento).

Na Lei nº 14.133, a fase preparatória assumiu papel relevante na modelagem do procedimento licitatório, já que deixa larga margem de discricionariedade para a autoridade administrativa decidir sobre todos os aspectos mencionados no art. 18, como o sigilo do orçamento (art. 24), o modo de disputa dentre os previstos no art. 56, o critério de julgamento dentre os elencados no art. 33, a inversão das fases de julgamento e a habilitação a que se refere o § 1º do art. 17. O próprio Edital e a minuta de contrato são elaborados na fase preparatória e devem constar do Estudo Técnico Preliminar referido no art. 18.

O § 1º do art. 18 dá o elenco dos elementos que devem constar do estudo técnico referido no inciso I do *caput*. O § 2º indica os elementos que devem constar obrigatoriamente do estudo técnico; a não inclusão dos demais deve ser justificada. Pelo § 3º, se o estudo técnico preliminar se referir a contração de obras e serviços comuns de engenharia, a possibilidade de especificação do objeto poderá ser indicada apenas em **termo de referência** (definido no

---

[18] O Decreto nº 10.947, de 25-1-2022, regulamenta o inciso VII do art. 12 da Lei nº 14.133, para dispor sobre o plano de contratações anual e institui o Sistema de Planejamento e Gerenciamento de Contratações no âmbito da Administração Pública federal direta, autárquica e fundacional.

art. 6º, XXIII), dispensada a elaboração de projetos, desde que demonstrada a inexistência de prejuízos para aferição dos padrões de desempenho e qualidade almejados.

9.10.1.2 Centralização e padronização do procedimento

O art. 19 outorga algumas atribuições aos órgãos da Administração com **competências regulamentares** relativas às atividades de administração de materiais, de obras e serviços e de licitações e contratos: instituição de instrumentos de **centralização dos procedimentos de aquisição e contratação de bens e serviços**; criação de **catálogo eletrônico**; instituição de **sistema informatizado de acompanhamento de obras**, inclusive com recursos de imagem e vídeo; instituição, com auxílio de órgãos de assessoramento jurídico e de controle interno, de **modelos de minutas de editais, de termos de referência, de contratos padronizados e de outros documentos**, admitida a adoção das minutas do Poder Executivo Federal por todos os entes federativos (o que implica respeito à autonomia dos demais entes federativos); **adoção gradativa de tecnologias e processos integrados** que permitam a criação, a utilização e a atualização de modelos digitais de obras e serviços de engenharia. Quando se trata de licitações para obras e serviços de engenharia e arquitetura, o § 3º do art. 19 estabelece que será preferencialmente adotada a Modelagem da Informação da Construção (*Building Information Modelling* – BIM) ou tecnologias e processos integrados similares ou mais avançados que venham a substituí-la.

O **catálogo eletrônico** de padronização de compras, serviços e obras, é definido pelo art. 6º, LI, como o "sistema informatizado, de gerenciamento centralizado e com indicação de preços, destinado a permitir a padronização de itens a serem adquiridos pela Administração Pública e que estarão disponíveis para a licitação". Pelo § 1º do art. 19, o catálogo eletrônico pode ser utilizado em licitações cujo critério de julgamento seja o de menor preço ou o de maior desconto e conterá toda a documentação e os procedimentos próprios da fase interna de licitações, assim como as especificações dos respectivos objetos, conforme disposto em regulamento. Embora a redação do dispositivo preveja o catálogo eletrônico como **faculdade** da Administração, na realidade, a discricionariedade administrativa é relativa, porque a não utilização desse procedimento deve ser justificada por escrito e anexada ao respectivo processo licitatório (conforme § 2º do art. 19).

9.10.1.3 Aquisição de itens de consumo

O art. 20 trata dos itens de consumo adquiridos para suprir as demandas das estruturas da Administração Pública que deverão ser de qualidade comum, não superior à necessária. Para esse fim, o § 1º prevê que os três Poderes definirão em regulamento os limites para o enquadramento dos bens de consumo nas **categorias comum e luxo**, sendo vedada a aquisição de itens de luxo e de qualidade superior à necessária para cumprir as finalidades a que se destinam (*caput*). Esse Regulamento foi baixado pelo Decreto nº 10.818, de 27-9-21. O § 2º do art. 20 veda, a partir de 180 dias a contar da publicação da lei, novas compras e bens de consumo se não for editado o regulamento previsto no § 1º. Pelo art. 187 da Lei, Estados, Municípios e Distrito Federal poderão adotar os regulamentos editados pela União para execução da lei.

O § 3º do art. 20 estabelece um limite aos valores de referência dos três Poderes, em todas as esferas de governo: não podem ser superiores aos do Poder Executivo Federal. O dispositivo, que foi vetado pelo Presidente da República, constitui uma tentativa de evitar o sobrepreço (definido no art. 6º, LVI), ainda que não haja garantia de que essa irregularidade já não esteja presente nos valores de referência definidos na esfera federal.

9.10.1.4 Convocação de audiência pública e consulta pública

Na Lei nº 14.133, o art. 21 prevê a possibilidade de a Administração Pública convocar, com antecedência mínima de 8 dias úteis, audiência pública pela forma presencial ou eletrônica, com disponibilização prévia de informações pertinentes, inclusive de estudo técnico preliminar, elementos do edital de licitação e outros, e com possibilidade de manifestação de todos os interessados. O dispositivo não estabelece qualquer requisito quanto ao valor do contrato que justifique a realização de audiência pública e não imprime caráter vinculante à convocação, o que seria necessário, já que se trata de medida de controle social das licitações de maior vulto.

Também a consulta pública, prevista no parágrafo único do art. 21, constitui medida facultativa para a Administração Pública.

9.10.1.5 Valor estimado da contratação

O art. 23 inspira-se, parcialmente, nos arts. 8º e 9º da Lei do RDC, ao estabelecer parâmetros para definição do valor da contratação, a ser previamente estimado. O *caput* já coloca os critérios básicos:

(i) o valor deve ser compatível com os praticados no mercado;
(ii) deve levar em consideração os preços constantes de bancos de dados públicos e as quantidades a serem contratadas;
(iii) deve observar a potencial economia de escala;
(iv) deve observar as peculiaridades do local de execução do objeto.

O § 1º prevê regulamento sobre os **parâmetros a serem utilizados nas aquisições de bens e serviços** em geral, abrangendo, resumidamente: consulta de preços constante do Banco de Preços em Saúde disponíveis no Portal Nacional de Contratações Públicas – PNCP (criado pelo art. 174); contratações similares feitas no período de um ano anterior à data da pesquisa de preços, inclusive mediante registro de preços; utilização de dados de pesquisa publicada em mídia especializada, de tabela de referência formalmente aprovada pelo Poder Executivo federal e de sítios eletrônicos especializados ou de domínio amplo; pesquisa direta feita com, no mínimo, três fornecedores, desde que apresentada a justificativa da escolha desses fornecedores e que não tenham sido obtidos os orçamentos com mais de seis meses de antecedência da data de divulgação do edital; pesquisa na base nacional de notas fiscais eletrônicas, na forma de regulamento.

Para a **contratação de obras e serviços de engenharia**, o § 2º do art. 23 prevê regulamento e estabelece que o valor estimado deve ser acrescido do percentual de Benefícios e Despesas Indiretas (BDI) de referência e dos Encargos Sociais (ES) cabíveis, devendo ser definido segundo os parâmetros previstos nos incisos I a IV; no inciso I, inclui o Sistema de Custos Referenciais de Obras (Sicro) para serviços de infraestrutura de transportes, e o Sistema Nacional de Pesquisa de Custos e Índices de Construção Civil (Sinapi), para as demais obras e serviços de engenharia. Os demais incisos repetem os parâmetros já mencionados com relação à aquisição de bens e serviços.

Os Estados, Distrito Federal e Municípios que façam contratações sem utilização de recursos da União, poderão criar outros sistemas de custos adotados pelo respectivo ente federativo (§ 3º do art. 23).

Nas contratações diretas, por dispensa ou inexigibilidade de licitação, quando não for possível utilizar os critérios referidos nos §§ 1º, 2º e 3º do art. 23 para estimar o valor do objeto, o contratado deverá comprovar que os preços estão em conformidade com os praticados em contratações semelhantes de objetos de mesma natureza, por meio da apresentação de notas fiscais emitidas para outros contratantes no período de um ano anterior à data da contratação pela Administração, ou por outro meio idôneo (§ 4º).

Os §§ 5º e 6º estabelecem o critério a ser utilizado para estimar o valor do objeto nos casos de contratação integrada e semi-integrada: o mesmo previsto no § 2º, podendo ou não ser acrescido da parcela referente à remuneração do risco. A seguir, o dispositivo faz referência a termos técnicos, como "**orçamento sintético**" e "**metodologia expedita ou paramétrica e de avaliação**", sem definir o seu significado, podendo gerar dificuldades de interpretação na aplicação do dispositivo.

9.10.2 Segunda fase: a divulgação do edital de licitação

O edital é o ato pelo qual a Administração divulga a abertura do processo licitatório, fixa os requisitos para participação, define o objeto e as condições básicas do contrato e convida a todos os interessados para que apresentem suas propostas. Em síntese, o edital é o ato pelo qual a Administração faz uma oferta de contrato a todos os interessados que atendam às exigências nele estabelecidas.

Costuma-se dizer que o edital é a **lei da licitação**; é preferível dizer que é a **lei da licitação e do contrato**, pois o que nele se contiver deve ser rigorosamente cumprido, sob pena de nulidade; trata-se de aplicação do princípio da vinculação ao edital, previsto no art. 5º da Lei nº 14.133 e já tratado no item 9.5.9 deste capítulo.

Com a publicação do edital tem início a segunda fase do processo de licitação.

9.10.2.1   Do parecer do órgão de assessoramento jurídico

Pela redação do *caput* do art. 53, é obrigatório, ao término da fase preparatória, o encaminhamento do processo licitatório ao órgão de assessoramento jurídico, para fins de **controle prévio de legalidade**, salvo por decisão da autoridade jurídica máxima competente, quando se tratar de contratação de baixo valor, baixa complexidade, entrega imediata do bem ou quando forem utilizadas minutas padronizadas de editais, contratos, convênios ou outros ajustes (§ 5º). O controle prévio é realizado também quando se tratar de contratação direta, acordos, termos de cooperação, convênios, ajustes, adesões a atas de registro de preços, outros instrumentos congêneres e de seus termos aditivos (§ 4º).

O § 1º do art. 53, cujo inciso III foi vetado, define exigências formais a serem observadas na elaboração do parecer jurídico: observância de critérios objetivos de prioridade (não indicados pelo dispositivo); exigências quanto à linguagem; apresentação da conclusão em item separado da fundamentação do parecer; proposta de impossibilidade de continuidade da contratação se verificada alguma ilegalidade.

9.10.2.2   Publicidade do edital

Terminada a análise jurídica e a instrução do processo licitatório, é feita a **publicação do edital conforme disposto no art. 54** (§ 3º do art. 53).

A publicidade é garantida mediante divulgação e manutenção do inteiro teor do ato convocatório e de seus anexos no Portal Nacional de Contratações Públicas (PNCP).

O § 2º faculta a divulgação adicional e a manutenção do inteiro teor do edital e de seus anexos em sítio eletrônico oficial do ente federativo do órgão ou entidade responsável pela licitação ou, no caso de consórcio público, do ente de maior nível entre eles, admitida, ainda, a divulgação direta a interessados devidamente cadastrados para esse fim.

Nos termos do § 3º, após a homologação do processo licitatório, serão disponibilizados no Portal Nacional de Contratações Públicas (PNCP) e, se o órgão ou entidade responsável pela licitação entender cabível, também no sítio referido no § 2º deste art., os documentos elaborados na fase preparatória que porventura não tenham integrado o edital e seus anexos (v. item 9.12.9).

O § 3º do art. 25 também contém aplicação do **princípio da publicidade**, referido no art. 5º da Lei nº 14.133 (com fundamento no art. 37 da Constituição Federal), ao exigir que todos os elementos do edital – incluídos minuta de contrato, termos de referência, anteprojeto, projetos e outros anexos – sejam divulgados em sítio eletrônico oficial na mesma data de divulgação do edital, sem necessidade de registro ou de identificação para acesso. O **sítio eletrônico oficial** é definido pelo art. 6º, LII, como o "sítio da internet, certificado digitalmente por autoridade certificadora, no qual o ente federativo divulga de forma centralizada as informações e os serviços de governo digital dos seus órgãos e entidades".

9.10.2.3 Regras sobre o edital

A Lei nº 14.133, como regra geral, não fala em instrumento convocatório para referir-se ao ato de chamamento de interessados em participar da licitação. O vocábulo é quase sempre **edital**, em todas as modalidades de licitação, salvo no § 4º do art. 56 e no § 4º do art. 86.

Ao contrário da Lei nº 8.666, em que o art. 40 indicava os elementos que deviam constar do edital, a nova Lei de Licitações trata desses requisitos no art. 25, *caput* e parágrafos, sem preocupação com a sistematização. No *caput* indica, genericamente, os elementos que devem constar do edital: o **objeto da licitação** e as **regras relativas à convocação**, ao **julgamento**, à **habilitação**, **aos recursos** e às **penalidades**, à **fiscalização e gestão do contrato**, à **entrega do objeto** e às **condições de pagamento**.

Em consonância com o art. 19, que estabelece regras sobre **padronização**, o § 1º do art. 25 obriga a Administração a adotar minutas padronizadas de edital e de contrato, com cláusulas uniformes (quando o objeto do contrato o permitir).

O § 2º do art. 25 contém norma que constitui exceção ao princípio da isonomia, previsto no art. 5º, I, da Constituição, bem como no art. 5º da Lei de Licitações, sendo aplicado pelo art. 9º, com proibições dirigidas aos agentes públicos, de estabelecer cláusulas discriminatórias. Com efeito, o § 2º do art. 25 determina que "desde que, conforme demonstrado em estudo técnico preliminar, não sejam causados prejuízos à competitividade do processo licitatório e à eficiência do respectivo contrato, o edital poderá prever a utilização de mão de obra, materiais, tecnologias e matérias-primas existentes no local de execução, conservação e operação do bem, serviço ou obra". **Comentário**: a demonstração a que se refere o dispositivo terá que aplicar o princípio da razoabilidade, porque deverá comprovar a existência de adequação, necessidade, relação entre a possibilidade criada pelo dispositivo e o fim a alcançar. Por outras palavras, tem que ser demonstrada a existência de relação entre meios e fins, sob pena de afronta ao princípio da isonomia, que é de natureza constitucional.

Na Lei nº 8.666, o art. 40, § 2º, estabelecia quais os documentos que constituíam **anexos do edital**, dele fazendo parte integrante. Na Lei nº 14.133, não se repete esse dispositivo, mas o § 3º do art. 25 permite a mesma conclusão, porque diz quais os documentos que constituem anexos do edital (minutas de contrato, termos de referência, anteprojeto, projetos), mas deixa em aberto a possibilidade de inclusão de outros, com a expressão "e outros anexos".

O § 4º do art. 25 prevê a inclusão, no edital, da obrigatoriedade de implantação de **programa de integridade** (o chamado *compliance*, disciplinado pela Lei Anticorrupção – Lei nº 12.846/13) pelo licitante vencedor, no prazo de seis meses, contados da celebração do contrato, conforme regulamento aprovado pelo Decreto nº 12.304/24. A exigência, conforme art. 6º, XXII, só tem aplicação nas contratações de obras, serviços e fornecimentos de grande vulto (de valor estimado superior a R$ 200.000.000,00, atualizado anualmente pelo Presidente da República, com base no art. 182 da Lei nº 14.133/21).

Os §§ 5º e 6º do art. 25 tratam do **licenciamento ambiental e da desapropriação.** O edital pode prever a responsabilidade do contratado pela: I – obtenção do licenciamento ambiental;

II – realização da desapropriação autorizada pelo poder público. Essa previsão é facultativa, cabendo lembrar que a referência à desapropriação diz respeito apenas à promoção da desapropriação pela via administrativa ou judicial, e não à declaração de necessidade pública, utilidade pública e interesse social, que é privativa do poder público. Para tentar contornar a costumeira demora dos órgãos e entidades ambientais na expedição do licenciamento ambiental, o § 6º determina que os licenciamentos de obras e serviços de engenharia licitados e contratados nos termos da Lei de Licitações terão prioridade de tramitação nos órgãos e entidades integrantes do Sistema Nacional do Meio Ambiente (Sisnama) e deverão ser orientados pelos princípios da celeridade, da cooperação, da economicidade e da eficiência.

O § 7º torna obrigatória a inclusão de cláusula no edital de índice de **reajustamento de preço** com data-base vinculada à data do orçamento estimado e com a possibilidade de ser estabelecido mais de um índice específico ou setorial, em conformidade com a realidade de mercado dos respectivos insumos. Essa previsão de reajustamento deve constar obrigatoriamente do edital, independentemente do prazo de duração do contrato.

Ainda sobre reajustamento, o § 8º estabelece norma específica para as licitações de serviços contínuos (definidos no art. 6º, XV), para determinar que, observado o interregno mínimo de um ano, o critério de reajustamento será por: I – **reajustamento em sentido estrito**, quando não houver regime de dedicação exclusiva de mão de obra ou predominância de mão de obra, mediante previsão de índices específicos ou setoriais; II – **repactuação**, quando houver regime de dedicação exclusiva de mão de obra ou predominância de mão de obra, mediante demonstração analítica da variação dos custos. **O reajustamento em sentido estrito** está definido no art. 6º, LVIII, como a "forma de manutenção do equilíbrio econômico-financeiro de contrato consistente na aplicação do índice de correção monetária previsto no contrato, que deve retratar a variação efetiva do custo de produção, admitida a adoção de índices específicos ou setoriais". E a **repactuação** é definida pelo art. 6º, LIX, como a "forma de manutenção do equilíbrio econômico-financeiro de contrato utilizada para serviços contínuos com regime de dedicação exclusiva de mão de obra ou predominância de mão de obra, por meio da análise da variação dos custos contratuais, devendo estar prevista no edital com data vinculada à apresentação as propostas, para os custos decorrentes do mercado, e com data vinculada ao acordo, à convenção coletiva ou ao dissídio coletivo ao qual o orçamento esteja vinculado, para os custos decorrentes da mão de obra". Esses conceitos não constavam da legislação anterior, constituindo inovação da nova Lei de Licitações.

Outro dado que pode constar, facultativamente, do edital, conforme vier a ser disposto em regulamento, é a exigência de que o contratado destine um percentual mínimo da mão de obra responsável pela execução do objeto da contratação a: I – mulheres vítimas de violência doméstica; II – oriundos ou egressos do sistema prisional (§ 9º do art. 25). O dispositivo está regulamentado pelo Decreto nº 11.430, de 8-3-2023.

9.10.2.4 Da impugnação ao edital

O art. 164 da Lei de Licitações considera qualquer pessoa como parte legítima para impugnar edital de licitação por irregularidade na aplicação da lei ou para solicitar esclarecimento sobre os seus termos, devendo protocolar o pedido até três dias úteis antes da data de abertura do certame. Nos termos do parágrafo único, a Administração tem o prazo de três dias úteis para responder à impugnação ou ao pedido de esclarecimento.

9.10.2.5 Margem de preferência

A possibilidade de previsão de margem de preferência nos processos de licitação é prevista na Lei nº 14.133, constituindo **exceção ao princípio da isonomia**, e sua justificativa diante da

Constituição foi comentada ao tratar-se desse princípio; e constitui também **exceção às vedações estabelecidas no art. 9º** da Lei.

O art. 26, *caput*, autoriza a previsão de margem de preferência para: I – bens manufaturados e serviços nacionais que atendam a normas técnicas brasileiras; e II – bens reciclados, recicláveis ou biodegradáveis conforme regulamento.

Nos termos do § 1º do art. 26: I – a previsão da margem de preferência deve ser tomada em "decisão fundamentada do Poder Executivo federal, no caso do inciso I do *caput*"; II – "poderá ser de até 10% sobre o preço dos bens e serviços que não se enquadrem no disposto nos incisos I e II do *caput*"; III – "poderá ser estendida a bens manufaturados e serviços originários de Estados Partes do Mercado Comum do Sul (Mercosul), desde que haja reciprocidade com o País prevista em acordo internacional aprovado pelo Congresso Nacional e ratificado pelo Presidente da República".

O índice estabelecido no § 1º, II, admite variação: (i) pode ser de até 20% quando se tratar de bens manufaturados nacionais e serviços nacionais resultantes de desenvolvimento e inovação tecnológica no País, definidos conforme regulamento do Poder Executivo federal (§ 2º do art. 26); (ii) os Estados e o Distrito Federal poderão estabelecer margem de preferência de até 10% para bens manufaturados nacionais produzidos em seus territórios, e os Municípios poderão estabelecer margem de preferência de até 10% para bens manufaturados nacionais produzidos nos Estados em que estejam situados (§ 3º, vetado); (iii) para os Municípios com até 50.000 habitantes, o índice pode ser de até 10% para empresas nele sediadas (§ 4º, vetado).

O § 5º do art. 26 estabelece os limites abaixo dos quais a margem de preferência não se aplica.

O § 6º permite que os editais de licitação exijam que o contratado "promova, em favor de órgão ou entidade da Administração Pública ou daqueles por ela indicados a partir de processo isonômico, medidas de compensação comercial, industrial ou tecnológica ou acesso a condições vantajosas de financiamento, cumulativamente ou não, na forma estabelecida pelo Poder Executivo Federal". O dispositivo não é autoaplicável.

E o § 7º estabelece que "nas contratações destinadas à implantação, à manutenção e ao aperfeiçoamento dos sistemas de tecnologia de informação e comunicação considerados estratégicos em ato do Poder Executivo federal, a licitação poderá ser restrita a bens e serviços com tecnologia desenvolvida no País produzidos de acordo com o processo produtivo básico de que trata a Lei nº 10.176, de 11 de janeiro de 2001" (Lei de Informática).

O art. 27 exige divulgação, em sítio eletrônico oficial, a cada exercício financeiro, da relação de empresas favorecidas pela margem de preferência prevista no art. 26, com indicação do volume de recursos destinados a cada uma delas.

9.10.2.6 *Matriz de riscos*

O art. 6º, XXVII, define a matriz de riscos como cláusula contratual definidora de riscos e de responsabilidades entre as partes e caracterizadora do equilíbrio econômico-financeiro inicial do contrato, em termos de ônus financeiro decorrente de eventos supervenientes à contratação, contendo, no mínimo, as informações relacionadas nas alíneas *a*, *b* e *c* do mesmo dispositivo legal.

A inclusão, no edital, de cláusula definindo a matriz de riscos é **facultativa**, conforme termos do *caput* do art. 22, salvo para as contratações de **obras e serviços de grande vulto** (aqueles cujo valor, atualizado anualmente pelo Presidente da República, supera R$ 239.624.058,14, nos termos do art. 6º, XXII) ou se forem adotados os regimes de contratação integrada (em que o contratado executa os projetos básico e executivo) e semi-integrada (em que o contratado executa o projeto executivo) (§ 3º do art. 22). Nesses dois regimes de execução, os riscos decorrentes de fatos supervenientes à contratação, associados à escolha da solução de projeto básico pelo contratado, deverão ser alocados como de sua responsabilidade na matriz de riscos

(§ 4º). Quando incluída a matriz de risco no edital, "o cálculo do valor estimado da contratação poderá considerar taxa de risco compatível com o objeto da licitação e os riscos atribuídos ao contratado, de acordo com a metodologia predefinida pelo ente federativo".

A alocação da matriz de riscos serve ao objetivo primordial de estabelecer parâmetros para restabelecimento do equilíbrio econômico-financeiro do contrato e mesmo para extinção do contrato; conforme § 2º do art. 22: o contrato deve refletir a alocação realizada pela matriz de riscos, especialmente quanto: I – às hipóteses de alteração contratual para restabelecimento do equilíbrio, quando o sinistro seja considerado na matriz de riscos como causa do desequilíbrio; II – à possibilidade de extinção do contrato quando o sinistro majorar excessivamente ou impedir a continuidade da execução contratual; III – à contratação de seguros obrigatórios previamente definidos no contrato, integrado o custo de contratação ao preço ofertado.

9.10.3 Terceira fase: apresentação de propostas e lances

9.10.3.1 Prazos para apresentação de propostas e lances

O art. 55 estabelece os **prazos para apresentação de propostas e lances**, contados a partir da data de divulgação do edital de licitação, e que variam conforme a modalidade de contrato (aquisição de bens ou serviços e obras) e o critério de julgamento (maior lance, técnica e preço ou de melhor técnica ou conteúdo artístico). Esses prazos podem ser reduzidos para a metade nas licitações realizadas pelo Ministério da Saúde, no âmbito do SUS (§ 2º do art. 55).

9.10.3.2 Modos de disputa

O art. 56 prevê os **modos de disputa**, que podem ser adotados isolada ou conjuntamente: **aberto** e **fechado**, em normas semelhantes às do art. 17 da Lei do RDC.

No **modo de disputa aberto**, os licitantes apresentam suas propostas por meio de lances públicos e sucessivos, crescentes ou decrescentes. No **modo de disputa fechado**, as propostas permanecerão em sigilo até a data e a hora designadas para sua divulgação.

Acrescenta-se, no § 1º do art. 56, a vedação de que seja utilizado o modo de disputa fechado quando adotados os critérios de julgamento de menor preço ou de maior desconto; e, no § 2º, a vedação do modo de disputa aberto quando adotado o critério de julgamento de técnica e preço.

O § 3º do art. 56 estabelece norma sobre **lances intermediários**, assim considerados aqueles: I – iguais ou inferiores ao maior já ofertado, quando adotado o critério de julgamento de maior lance; II – iguais ou superiores ao menor já ofertado, quando adotados os demais critérios de julgamento.

O § 4º determina que "após a definição da melhor proposta, se a diferença em relação à proposta classificada em segundo lugar for de pelo menos 5%, a Administração poderá admitir o reinício da disputa aberta, nos termos estabelecidos no instrumento convocatório, para a definição das demais colocações".

O § 5º exige que, nas licitações de obras ou serviços de engenharia, após o julgamento, o licitante vencedor deverá reelaborar e apresentar à Administração, por meio eletrônico, as planilhas com indicação dos quantitativos e dos custos unitários, bem como do detalhamento das Bonificações e Despesas Indiretas (BDI), com os respectivos valores adequados ao valor final da proposta vencedora, admitida a utilização dos preços unitários, no caso de empreitada por preço global, empreitada integral, contratação semi-integrada e contratação integrada, exclusivamente para eventuais adequações indispensáveis no cronograma físico-financeiro e para balizar excepcional aditamento posterior do contrato.

O art. 57 permite que o edital de licitação estabeleça intervalo mínimo de diferença de valores entre os lances, que incidirá tanto em relação aos lances intermediários quanto em relação à proposta que cobrir a melhor oferta.

O art. 58 permite que seja exigida, no momento da apresentação da proposta, a comprovação do recolhimento de quantia a título de **garantia de proposta**, como requisito de pré-habilitação, no montante de 1% do valor estimado da contratação; ela será executada em caso de recusa do licitante em assinar o contrato ou não apresentar os documentos para a contratação. A garantia deve ser devolvida aos licitantes no prazo de dez dias úteis, contados da assinatura do contrato ou da data em que for declarada fracassada a licitação. Essa garantia não se confunde com a garantia de execução do contrato, prevista no art. 96, embora as modalidades sejam as mesmas previstas nesse dispositivo (§ 4º do art. 58). **Observação**: embora o dispositivo silencie, essa garantia de proposta só pode ser exigida se prevista no edital.

9.10.4   Quarta fase: julgamento

9.10.4.1   Objetivo

Na fase de julgamento, é feita a classificação dos licitantes que preenchem os requisitos do edital e a desclassificação dos que não satisfazem esses requisitos, com o objetivo de selecionar a proposta vencedora.

9.10.4.2   Subfases do julgamento

A nova Lei de Licitações repete, com pequenas alterações, as normas da Lei do RDC no que diz respeito à fase de julgamento. Da mesma forma que já era estabelecida pela Lei nº 12.462, de 4-8-2011, a fase de julgamento desdobra-se em quatro subfases, ainda que não haja norma expressa nesse sentido:

a) **classificação das propostas**, pelos critérios de julgamento previstos no art. 33;
b) **desclassificação das propostas** nas hipóteses previstas no art. 59, que repete a norma do art. 24 da Lei do RDC, com as seguintes alterações: (i) o § 3º estabelece norma sobre avaliação de exequibilidade e de sobrepreço no caso de obra e serviços de engenharia e arquitetura, determinando que "serão considerados o preço global, os quantitativos e os preços unitários tidos como relevantes, observado o critério de aceitabilidade de preços unitário e global a ser fixado no edital, conforme as especificidades do mercado correspondente"; (ii) o § 4º determina que "no caso de obras e serviços de engenharia, serão consideradas inexequíveis as propostas cujos valores forem inferiores a 75% do valor orçado pela Administração"; (iii) o § 5º exige, nas contratações de obras e serviços de engenharia, garantia adicional do licitante vencedor cuja proposta for inferior a 85% do valor orçado pela Administração, equivalente à diferença entre esse último e o valor da proposta, sem prejuízo das demais garantias exigíveis de acordo com a nova Lei de Licitações;
c) **desempate**, em conformidade com o art. 60, que estabelece os seguintes critérios de desempate:
    I – disputa final, hipótese em que os licitantes empatados poderão apresentar nova proposta em ato contínuo à classificação (inciso I);

II – avaliação do desempenho contratual prévio dos licitantes, para a qual deverão preferencialmente ser utilizados registros cadastrais para efeito de atesto de cumprimento de obrigações previstas na lei (inciso II);

III – desenvolvimento pelo licitante de ações de equidade entre homens e mulheres no ambiente de trabalho, conforme regulamento (inciso III, regulamentado pelo Decreto nº 11.430, de 8-3-2023);

IV – desenvolvimento pelo licitante de programa de integridade, conforme orientações dos órgãos de controle (inciso IV).

Se os critérios estabelecidos nesse dispositivo não levarem ao desempate, o § 1º do art. 60 assegura preferência, sucessivamente, aos bens e serviços produzidos ou prestados por:

I – empresas estabelecidas no território do Estado ou do Distrito Federal do órgão ou entidade da Administração Pública estadual ou distrital licitante ou, no caso de licitação realizada por órgão ou entidade do Município, no território do Estado em que este se localize;

II – empresas brasileiras;

III – empresas que invistam em pesquisa e no desenvolvimento de tecnologia no País;

IV – empresas que comprovem a prática de mitigação, nos termos da Lei nº 12.187, de 29-12-09.

O § 2º determina que "as regras previstas no *caput* deste art. não prejudicarão a aplicação do disposto no artigo 44 da Lei Complementar nº 123, de 14-12-2006", que institui o Estatuto Nacional da Microempresa e da Empresa de Pequeno Porte; seu art. 44 assegura a essas empresas preferência de contratação, como critério de desempate nas licitações; pelo § 1º do art. 44, "entende-se por empate aquelas situações em que as propostas apresentadas pelas microempresas e empresas de pequeno porte sejam iguais ou até 10% superiores à proposta mais bem classificada"; no caso de pregão, o intervalo percentual estabelecido no § 1º será de 5% superior ao melhor preço.

d) **negociação**, prevista no art. 61. Já prevista no art. 26 da Lei do RDC, a negociação pode ser feita com o primeiro colocado, com o objetivo de obtenção de condições mais vantajosas para a Administração. Se, mesmo após a negociação, o primeiro colocado for desclassificado por sua proposta permanecer acima do preço máximo definido pela Administração, a negociação poderá ser feita com os demais licitantes, segundo a ordem de classificação inicialmente estabelecida (§ 1º). Pelo § 2º, "a negociação será conduzida por agente de contratação ou comissão de contratação, na forma de regulamento, e, depois de concluída, terá seu resultado divulgado a todos os licitantes e anexado aos autos do processo licitatório".

9.10.4.3 Critérios de julgamento

O art. 33 prevê os seguintes critérios, inspirados na Lei do RDC:

I – menor preço;
II – maior desconto;
III – melhor técnica ou conteúdo artístico;
IV – técnica e preço;

V – maior lance, no caso de leilão;
VI – maior retorno econômico.

Julgamento por menor preço: conforme art. 34, o julgamento por menor preço ou maior desconto e, quando couber, por técnica e preço, considera o menor dispêndio para a Administração, atendidos os parâmetros mínimos de qualidade definidos no edital de licitação. Os §§ 1º e 2º repetem normas que já constavam da Lei do RDC, no art. 19, §§ 1º e 2º.

Julgamento por melhor técnica ou conteúdo artístico (art. 35): considera exclusivamente as propostas técnicas ou artísticas apresentadas pelos licitantes, devendo o edital definir o prêmio ou a remuneração que será atribuída aos vencedores; conforme parágrafo único do art. 35, esse critério pode ser utilizado para a contratação de projetos e trabalhos de natureza técnica, científica ou artística. Pela própria redação do dispositivo, verifica-se que a escolha desse critério constitui decisão discricionária do Poder Público. De certa forma, esse critério equivale ao concurso previsto na lei de licitação, pois, nessa modalidade de julgamento, o edital define o prêmio ou a remuneração que será atribuída ao vencedor.

Julgamento por técnica e preço (art. 36): considera a maior pontuação obtida a partir da ponderação, segundo fatores objetivos previstos no edital das notas atribuídas aos aspectos de técnica e preço da proposta.

Conforme se deduz do § 1º do art. 36, a aplicação desse critério exige estudo técnico preliminar que demonstre que a avaliação e a ponderação da qualidade técnica das propostas que superarem os requisitos estabelecidos no edital são relevantes aos fins pretendidos pela Administração nas licitações para contratação de:

I – serviços técnicos especializados de natureza predominantemente intelectual, caso em que o critério de julgamento de técnica e preço deverá ser preferencialmente empregado;
II – serviços majoritariamente dependentes de tecnologia sofisticada e de domínio restrito, conforme atestado por autoridades técnicas de reconhecida qualificação;
III – bens e serviços especiais de tecnologia da informação e de comunicação;
IV – obras e serviços especiais de engenharia;
V – objetos que admitam soluções específicas e alternativas e variações de execução, com repercussões significativas e concretamente mensuráveis sobre sua qualidade, produtividade, rendimento e durabilidade, quando essas soluções e variações puderem ser adotadas à livre escolha dos licitantes, conforme critérios objetivamente definidos no edital de licitação.

O § 2º do art. 36 determina que devem ser avaliadas e ponderadas as propostas técnicas e, em seguida, as propostas de preço apresentadas pelos licitantes, na proporção máxima de 70% de valoração para a proposta técnica.

Pelo § 3º, "o desempenho pretérito na execução de contratos com a Administração Pública deverá ser considerado na pontuação técnica, observado o disposto nos §§ 3º e 4º do artigo 88 desta Lei e em regulamento". O art. 88 está inserido na seção que trata do registro cadastral (previsto como procedimento auxiliar da licitação); os §§ 3º e 4º cuidam da avaliação da atuação do contratado no cumprimento das obrigações. Como se verifica por esses dispositivos, embora o desempenho pretérito do contratado pudesse se referir à sua habilitação técnica, o legislador o acrescentou como mais um critério a ser levado em consideração na fase de julgamento das propostas, quando o critério de julgamento for o da técnica e preço.

Julgamento por melhor técnica ou por técnica e preço: deve ser realizado, nos termos do art. 37, por:

I – verificação da capacitação e da experiência do licitante, comprovadas por meio da apresentação de atestados de obras, produtos ou serviços previamente realizados;

II – atribuição de notas a quesitos de natureza qualitativa por **banca** designada para esse fim, de acordo com orientações e limites definidos em edital, considerados a demonstração de conhecimento do objeto, a metodologia e o programa de trabalho, a qualificação das equipes técnicas e a relação dos produtos que serão entregues; essa banca não se confunde com a comissão de contratação;

III – atribuição de notas por desempenho do licitante em contratações anteriores aferida nos documentos comprobatórios de que trata o § 3º do art. 88 desta lei e em registro cadastral unificado disponível no Portal Nacional de Contratações Públicas (PNCP).

A banca referida no inciso II não se confunde com a comissão de contratação. Nos termos do § 1º do art. 37, ela é composta por no mínimo 3 membros, que podem ser "servidores efetivos ou empregados públicos pertencentes aos quadros permanentes da Administração Pública" (inciso I) ou "profissionais contratados por conhecimento técnico, experiência ou renome na avaliação dos quesitos especificados em edital, desde que seus trabalhos sejam supervisionados por profissionais designados conforme o disposto no artigo 7º desta Lei."

A contratação dos profissionais para composição dessa banca pode ser feita com dispensa de licitação com fundamento no art. 75, XIII, da Lei nº 14.133.

No caso de contratação dos serviços técnicos especializados de natureza predominantemente intelectual previstos nas alíneas *a*, *d* e *h* do inciso XVIII do *caput* do art. 6º, cujo valor estimado da contratação seja superior a R$ 359.436,08, atualizado anualmente com base no art. 182 da Lei nº 14.133/21, o julgamento será de: I – melhor técnica; ou II – técnica e preço, na proporção de 70% de valoração da proposta técnica (§ 2º). Nessas hipóteses, a obtenção de pontuação devida à capacitação técnico-profissional exigirá que a execução do respectivo contrato tenha participação direta e pessoal do profissional correspondente (art. 38).

Julgamento por maior retorno econômico: utilizado, conforme art. 39, exclusivamente para a celebração de **contrato de eficiência**; esse critério considerará a maior economia para a Administração, sendo a remuneração fixada em percentual que incidirá de forma proporcional à economia efetivamente obtida na execução do contrato.

O **contrato de eficiência**, referido no dispositivo, é aquele "cujo objeto é a prestação de serviços, que pode incluir a realização de obras e o fornecimento de bens, com o objetivo de proporcionar economia ao contratante, na forma de redução de despesas correntes, remunerado o contratado com base em percentual da economia gerada" (art. 6º, LIII).

Na aplicação do critério de maior retorno econômico, os licitantes apresentam: **proposta de trabalho** e **proposta de preço** (§ 1º do art. 39).

A **proposta de trabalho** deve contemplar: a) as obras, os serviços ou os bens, com os respectivos prazos de realização ou fornecimento; b) a economia que se estima gerar, expressa em unidade monetária.

A **proposta de preço** corresponderá a percentual sobre a economia que se estima gerar durante determinado período, expressa em unidade monetária.

A **base de cálculo** para a remuneração é definida segundo parâmetros objetivos de mensuração da economia gerada com a execução do contrato, conforme previsto no edital (§ 2º do art. 39).

O **julgamento** leva em consideração o retorno econômico, que será o resultado da economia que se estima gerar com a execução da proposta de trabalho, deduzida a proposta de preço (§ 3º).

Se não for gerada a economia prevista no contrato de eficiência, o contratado sofre as seguintes consequências: I – a diferença entre a economia contratada e a efetivamente obtida será descontada da remuneração do contratado; II – se a diferença entre a economia contratada e a efetivamente obtida for superior ao limite máximo estabelecido no contrato, o contratado sujeitar-se-á, ainda, a outras sanções cabíveis (§ 4º). **Observação:** o dispositivo não diz quais são as sanções, mas se presume que são as previstas no art. 156 da nova Lei de Licitações.

9.10.5 Quinta fase: habilitação

Objetivo:

A habilitação é a fase em que são examinados os documentos dos licitantes, conforme exigidos no edital, para considerá-los habilitados ou inabilitados para a celebração do contrato administrativo.

Documentação necessária e suficiente para a habilitação dos licitantes:

O art. 62 define a habilitação como a "fase da licitação em que se verifica o conjunto de informações e documentos necessários e suficientes para demonstrar a capacidade do licitante de realizar o objeto da licitação, dividindo-se em:

I – jurídica;
II – técnica;
III – fiscal, social e trabalhista;
IV – econômico-financeira".

Na realidade, o dispositivo mantém os mesmos itens que constavam do art. 27 da Lei 8.666, com redação um pouco diferente (sem alterar o conteúdo), porém excluindo, nesse dispositivo, a exigência de "cumprimento do disposto no inc. XXXIII do art. 7º da Constituição" (proibição de trabalho de menor), que passou a ser prevista no art. 68, como requisito para comprovação de habilitação fiscal, social e trabalhista. A documentação referente a cada um desses itens consta dos arts. 66, 67, 68 e 69.

Já foi visto, no item referente às fases da licitação, que a Lei nº 14.133, seguindo o modelo das Leis do RDC, do Pregão, de Concessões e de Parcerias Público-Privadas, prevê, no art. 17, que o julgamento se realiza antes da habilitação, embora permitindo a inversão dessas fases, para que a habilitação se realize antes da apresentação das propostas e julgamento (§ 1º do art. 17). Essa inversão, que já é decidida na fase preparatória da licitação, deve ser motivada para o fim de demonstrar qual o benefício da medida para fins de seleção da proposta mais vantajosa.

De acordo com o art. 64, § 2º, se a fase de habilitação anteceder a de julgamento e já tiver sido encerrada, "não caberá exclusão de licitante por motivo relacionado à habilitação, salvo em razão de fatos supervenientes ou só conhecidos após o julgamento".

O art. 63 repete, com algumas alterações, as normas que constam do art. 14 da Lei do RDC e que assim se resumem:

a) poderá ser exigida dos licitantes a declaração de que atendem aos requisitos de habilitação; essa possibilidade justifica-se quando a habilitação é feita posteriormente

ao julgamento, hipótese em que o licitante, antes mesmo do julgamento, deve fazer a declaração de que preenche os requisitos de habilitação (art. 63, I); nesse caso, o licitante responde pela veracidade das informações prestadas, na forma da lei;
b) será exigida a apresentação dos documentos de habilitação do licitante vencedor, exceto no caso em que a habilitação for feita antes da apresentação das propostas e do julgamento (art. 63, II);
c) na hipótese de inversão de fases (com a habilitação antecedendo o julgamento), só serão recebidas as propostas dos licitantes previamente habilitados (art. 63, II);
d) os documentos relativos à regularidade fiscal poderão ser exigidos em momento posterior ao julgamento das propostas, apenas em relação ao licitante mais bem classificado (art. 63, III);
e) obrigatoriedade de ser exigida do licitante declaração de que cumpre as exigências de cargos para pessoa com deficiência e para reabilitação da Previdência Social, previstas em lei e em outras normas específicas (art. 63, IV).

O § 1º determina que conste do edital cláusula que exija dos licitantes, sob pena de desclassificação (melhor seria falar em inabilitação), declaração de que "suas propostas econômicas compreendem a integralidade dos custos para atendimento dos direitos trabalhistas assegurados na Constituição Federal, nas leis trabalhistas, nas normas infralegais, nas convenções coletivas de trabalho e nos termos de ajustamento de conduta vigentes na data de entrega das propostas".

O § 2º trata da exigência de avaliação prévia do local de execução; para esse fim, o edital pode prever, sob pena de inabilitação, "a necessidade de o licitante atestar que conhece o local e as condições de realização da obra ou serviço, assegurado a ele o direito de realização de vistoria prévia", hipótese em que a Administração deverá disponibilizar data e horário diferentes para os eventuais interessados (§ 4º). Para os fins previstos no § 2º, o edital de licitação deverá prever "a possibilidade de substituição da vistoria por declaração formal assinada pelo responsável técnico do licitante acerca do conhecimento pleno das condições e peculiaridades da contratação" (§ 3º).

9.10.5.1 Substituição de documentos

O art. 64 veda a substituição ou apresentação de documentos após a sua entrega para habilitação, salvo em sede de diligência, para: I – complementação de informações acerca dos documentos já apresentados pelos licitantes e desde que necessária para fatos existentes à época da abertura do certame; II – atualização de documentos cuja validade tenha expirado após a data de recebimento das propostas.

9.10.5.2 Saneamento de erros ou falhas

A possibilidade de saneamento de erros ou falhas não era prevista na Lei 8.666 nem na Lei do RDC. Essa omissão recebia críticas da doutrina, porque afastava do procedimento a participação de licitantes em decorrência de pequenos erros ou falhas, fáceis de serem corrigidos. O art. 64, § 1º, da Lei nº 14.133 estabelece que, na fase de análise dos documentos de habilitação, a comissão de licitação "poderá sanar erros ou falhas que não alterem a substância dos documentos e sua validade jurídica, mediante despacho fundamentado registrado e acessível a todos, atribuindo-lhes eficácia para fins de habilitação e classificação". **Observação**: ressalte-se que o dispositivo, ainda apegado à sistemática da Lei nº 8.666, fala em "comissão de licitação", contrariando a norma dos arts. 6º, L e LX, e 8º, que falam em "agente de contratação" e em "comissão de contratação".

9.10.5.3 Previsão das condições de habilitação no edital

O art. 65 contém, desnecessariamente, norma que diz o óbvio: "as condições de habilitação serão definidas no edital". Essa exigência já decorre do princípio da vinculação ao edital (art. 5º) e do art. 25. Inova nos §§ 1º e 2º, o primeiro estabelecendo que as empresas criadas no exercício financeiro da licitação deverão atender a todas as exigências da habilitação e ficarão autorizadas a substituir os demonstrativos contábeis pelo balanço de abertura. E o § 2º prevê a realização da habilitação por processo eletrônico de comunicação à distância, nos termos dispostos em regulamento; o dispositivo era desnecessário porque a previsão de processo eletrônico já consta do art. 17, § 2º.

Documentos para habilitação jurídica:

O art. 66 simplifica a redação do art. 24 da Lei 8.666, ao exigir apenas a "comprovação de existência jurídica da pessoa e, quando cabível, de autorização para o exercício da atividade a ser contratada".

Documentos para habilitação técnica:

O art. 67 desdobra a documentação pertinente a esse item em **qualificação técnico-profissional** e **técnico-operacional**.

O dispositivo vem acompanhado de 12 parágrafos, que assim se resumem:

a) restringe a exigência de atestados às parcelas de maior relevância ou valor significativo do objeto da licitação, assim consideradas as que tenham valor individual igual ou superior a 4% do valor total estimado da contratação (§ 1º);

b) admite a exigência de atestados com quantidades mínimas de até 50% das parcelas de que trata o § 1º, vedadas limitações de tempo e de locais específicos relativas aos atestados (§ 2º);

c) admite que os documentos exigidos nos incisos I e II do *caput* (certidões emitidas pelo conselho profissional competente demonstrando a capacidade técnica e operacional do licitante para obras ou serviços semelhantes), salvo nas obras e serviços de engenharia, sejam substituídos por outra prova prevista em regulamento (§ 3º);

d) admite documentos emitidos por entidades estrangeiras, quando acompanhados de tradução para o português, salvo se comprovada a inidoneidade da entidade emissora (§ 4º);

e) em se tratando de serviços contínuos, exige prova de execução, pelo licitante, de execução de serviços similares ao objeto da licitação, em períodos sucessivos ou não, por um período, que não poderá ser superior a três anos (§ 5º);

f) exige que os profissionais indicados pelo licitante na forma dos incisos I e III do *caput* participem da obra ou serviço objeto da licitação, sendo admitida a sua substituição por profissionais de experiência equivalente ou superior, desde que aprovada pela Administração (§ 6º);

g) exige que sociedades empresárias estrangeiras apresentem, no momento da assinatura do contrato, prova da solicitação de registro perante a entidade profissional competente no Brasil (§ 7º);

h) possibilita a exigência da relação de compromissos assumidos pelo licitante que importem em diminuição da disponibilidade de pessoal técnico referido nos incisos I e III do *caput* (§ 8º);

i) possibilita a previsão no edital, em relação a aspectos técnicos específicos, de que a qualificação técnica seja demonstrada por meio de atestados relativos a potencial subcontratado, limitado a 25% do objeto a ser licitado, hipótese em que mais de um licitante poderá apresentar atestado relativo ao mesmo potencial subcontratado (§ 9º);

j) estabelece regras a serem observadas em caso de apresentação, por licitante, de atestado de desempenho anterior emitido em favor de consórcio do qual tenha feito parte, as quais variam conforme se trate de consórcio homogêneo ou heterogêneo (§ 10); nesse caso, se não constar do atestado ou certidão o percentual de participação do consorciado, deverá ser juntada cópia do instrumento de constituição do consórcio (§ 11);

k) em relação ao profissional apresentado pelo licitante, detentor de atestado de responsabilidade técnica por execução de obra ou serviço de características semelhantes, veda a aceitação de atestados que, na forma de regulamento, tenham dado causa à aplicação das sanções previstas nos incisos II e IV do *caput* do art. 156 em decorrência de orientação proposta, de prescrição técnica ou de qualquer ato profissional de sua responsabilidade (§ 12).

Documentos para habilitação fiscal, social e trabalhista:

O art. 68 repete, com pequenas alterações de redação, os documentos previstos no art. 29, incisos I a V, da Lei 8.666, acrescentando, no inciso VI, a exigência de "cumprimento do disposto no inciso XXXIII da Constituição Federal" (pertinente à proibição de trabalho de menor).

O § 1º do art. 68 admite que os documentos exigidos pelo dispositivo sejam substituídos ou supridos, no todo ou em parte, por outros meios hábeis a comprovar a regularidade do licitante, inclusive por meio eletrônico.

O § 2º estabelece o óbvio ao exigir que a comprovação dos documentos previstos nos incisos III, IV e V (regularidade perante a Fazenda Pública, perante a Seguridade Social e ao FGTS, e perante a Justiça do Trabalho) seja feita na forma da legislação específica.

Documentos para habilitação econômico-financeira:

Nos termos do art. 69, "a habilitação econômico-financeira visa a demonstrar a aptidão econômica do licitante para cumprir as obrigações decorrentes do futuro contrato, devendo ser comprovada de forma objetiva, por coeficientes e índices econômicos previstos no edital, devidamente justificados no processo licitatório" e será restrita à apresentação da seguinte documentação:

I – balanço patrimonial, demonstração de resultado de exercício e demais demonstrações contábeis dos dois últimos exercícios sociais; no caso de pessoa jurídica constituída há menos de dois anos, esses documentos limitar-se-ão ao último exercício (§ 6º);

II – certidão negativa de feitos sobre falência expedida pelo distribuidor da sede do licitante.

O § 1º autoriza que, a critério da Administração, seja exigida declaração, assinada por profissional habilitado da área contábil, atestando o atendimento pelo licitante dos índices econômicos previstos no edital.

O § 2º veda a exigência de valores mínimos de faturamento anterior e de índices de rentabilidade ou lucratividade, para fins de cumprimento do *caput*.

O § 3º admite a exigência da relação dos compromissos assumidos pelo licitante que importem em diminuição de sua capacidade econômico-financeira, excluídas parcelas já executadas de contratos firmados.

O § 4º permite que, nas compras para entrega futura e na execução de obras e serviços, o edital estabeleça a exigência de capital mínimo ou de patrimônio líquido mínimo equivalente a até 10% do valor estimado da contratação.

Pelo § 5º, é vedada a exigência de índices e valores não usualmente adotados para a avaliação de situação econômico-financeira suficiente para o cumprimento das obrigações decorrentes da licitação.

9.10.5.4 Aspectos formais da documentação

Pelo art. 70, I, a documentação para habilitação pode ser apresentada em original, por cópia ou por qualquer outro meio expressamente admitido pela Administração. No caso de empresas estrangeiras que não funcionem no País, deverão ser apresentados documentos equivalentes, na forma de regulamento emitido pelo Poder Executivo federal.

9.10.5.5 Substituição dos documentos por registro cadastral

O art. 70, II, permite que a documentação seja substituída por registro cadastral emitido por órgão ou entidade pública, desde que previsto no edital e que o registro tenha sido feito em obediência ao disposto na lei. O registro cadastral é previsto como um dos **procedimentos auxiliares da licitação e das contratações**, no art. 78, V, e disciplinado pelos arts. 87 e 88 (analisados adiante).

9.10.5.6 Dispensa de documentos

O art. 70, III, prevê seja dispensada a documentação, total ou parcialmente, nas contratações para entrega imediata, nas contratações em valores inferiores a ¼ do limite para dispensa de licitação para compras em geral e nas contratações de produto para pesquisa e desenvolvimento até o valor de R$ 359.436,08 , atualizado anualmente com base no art. 182 da Lei nº 14.133/21. O dispositivo, a toda evidência, dá aplicação ao princípio da razoabilidade, sob a forma de proporcionalidade, na medida em que dispensa o formalismo da habilitação, quando o mesmo se revela desnecessário ou desproporcional em relação ao objeto da contratação.

9.10.6 Sexta fase: recursal

Recursos

O capítulo da Lei de Licitações que vem imediatamente na sequência da fase de habilitação é denominado "Do encerramento da licitação", seguindo terminologia utilizada no art. 12 da Lei do RDC. Nesse capítulo, que contém um único dispositivo (o art. 71), na realidade, a lei trata de providências que devem ser adotadas depois de encerrada a fase recursal, que só vai ser tratada no Título IV, que cuida das "irregularidades", dentro do capítulo II, sobre "impugnações, pedidos de esclarecimento e recursos".

O art. 165 indica os recursos cabíveis contra atos da Administração decorrentes da aplicação da nova Lei de Licitações:

I – **recurso**, no prazo de três dias úteis, contados da data de intimação ou de lavratura da ata, em face de:
    a) ato que defira ou indefira pedido de pré-qualificação do interessado ou de inscrição em registro cadastral, sua alteração ou cancelamento;
    b) **julgamento das propostas**;
    c) **ato de habilitação ou inabilitação** de licitante;
    d) **anulação ou revogação** da licitação;

e)   extinção do contrato, quando determinada por ato unilateral e escrito da Administração;

II – **pedido de reconsideração**, no prazo de três dias úteis, contados da data de intimação, relativamente a ato do qual não caiba recurso hierárquico.

Na sexta fase do procedimento licitatório, os recursos cabíveis são os propostos contra o **julgamento das propostas** e contra o ato de **habilitação ou inabilitação de licitante**. Nessas duas hipóteses, o § 1º do art. 165 estabelece as seguintes regras:

I   – a intenção de recorrer deve ser manifestada imediatamente, sob pena de preclusão, e o prazo para apresentação das razões recursais tem início na data de intimação ou de lavratura da ata de habilitação ou inabilitação ou, na hipótese de adoção da inversão de fases (habilitação antes do julgamento), na data da ata de julgamento;
II – a apreciação dar-se-á em fase única.

O recurso é dirigido à autoridade que tiver editado o ato ou proferido a decisão recorrida, que, se não reconsiderar o ato ou a decisão no prazo de três dias úteis, encaminhará o recurso com a sua motivação à autoridade superior, a qual deverá proferir sua decisão no prazo máximo de 10 dias úteis, contado do recebimento dos autos (§ 2º).

Pelo § 3º, "o acolhimento do recurso implicará invalidação apenas de ato insuscetível de **aproveitamento**". Na realidade, o dispositivo deveria falar em **convalidação** e não em aproveitamento, para utilizar terminologia já consagrada no direito brasileiro, especialmente no art. 55 da Lei 9.784/99 (Lei de Processo Administrativo Federal).

O § 4º estabelece, para as **contrarrazões**, o mesmo prazo do recurso e terá início na data de intimação pessoal ou de divulgação da interposição de recurso. Essa parte final é inaceitável, porque fere o direito de defesa e o contraditório previstos no art. 5º, LV, da Constituição, porque não é possível apresentar contrarrazões sem conhecer as razões do recurso.

O § 5º assegura ao licitante "o **direito de vista** dos elementos indispensáveis à defesa de seus interesses". Melhor seria falar em defesa de seus **direitos**.

Pelo art. 168, o recurso e o pedido de reconsideração terão efeito suspensivo do ato ou da decisão recorrida até que sobrevenha decisão final da autoridade competente. O parágrafo único prevê o auxílio da autoridade competente pelo órgão de **assessoramento jurídico**, que deverá dirimir dúvidas e subsidiá-la com as informações necessárias.

9.10.7   Sétima fase: homologação

Encerramento da licitação:

A sétima fase é chamada de **HOMOLOGAÇÃO** pelo art. 17, inciso VII, da nova Lei de Licitações, que, na realidade, é o ato final da fase de encerramento da licitação. O art. 71 fala em "**encerramento da licitação**", que exige a análise de todo o procedimento, com várias possibilidades: saneamento de irregularidades, revogação e anulação; não sendo cabíveis essas medidas, o procedimento segue para as subfases finais: adjudicação e homologação. Estabelece esse dispositivo que, encerradas as fases de julgamento e habilitação, e exauridos os recursos administrativos, o processo licitatório será encaminhado à autoridade superior, que poderá:

I   – determinar o retorno dos autos para **saneamento de irregularidades**;
II – **revogar** a licitação por motivo de conveniência e oportunidade;

III – proceder à **anulação** da licitação, de ofício ou mediante provocação de terceiros, quando presente ilegalidade insanável;

IV – **adjudicar** o objeto e **homologar** a licitação.

A anulação ocorre por vício de ilegalidade, enquanto a revogação se dá por motivo de oportunidade e conveniência, devendo, em ambas as hipóteses, ser assegurada a prévia manifestação dos interessados (§ 3º). **Comentário**: melhor seria assegurar o direito de defesa e o contraditório, como era previsto no art. 49, § 3º, da Lei 8.666, que estava mais em conformidade com o art. 5º, LV, da Constituição.

Em caso de nulidade, a autoridade indicará expressamente os atos com vícios insanáveis, tornando sem efeito todos os subsequentes que deles dependam, e dará ensejo à apuração de responsabilidade de quem lhes tenha dado causa (§ 1º).

O § 2º repete norma que já constava do art. 49 da Lei 8.666, ao estabelecer que o motivo determinante para a revogação do processo licitatório deverá ser resultante de fato superveniente devidamente comprovado.

Pelo § 4º, o disposto no art. 71 será aplicado, no que couber, às hipóteses de contratação direta e aos procedimentos auxiliares da licitação.

Comentário: embora a revogação e a anulação estejam previstas na fase final do procedimento (antes da homologação e adjudicação), na realidade elas podem ocorrer a qualquer momento em que se verifique que a contratação se tornou inconveniente ou inoportuna ou em que se constate a prática de ato ilegal. Não tem sentido, por contrariar o princípio da razoabilidade, aguardar o término do procedimento, que é sempre oneroso para a Administração, para os cofres públicos e para os licitantes, na hipótese em que os motivos determinantes da revogação ou anulação se revelem durante o procedimento, em qualquer de suas fases.

9.11 DOS INSTRUMENTOS AUXILIARES

9.11.1 Previsão legal

As modalidades de licitação estão previstas no art. 28 da Lei nº 14.133. O § 1º desse dispositivo determina que "além das modalidades referidas no *caput* deste artigo, a Administração pode servir-se dos procedimentos auxiliares previstos no artigo 78 desta Lei". É estranho que se faça referência aos instrumentos auxiliares no mesmo dispositivo que trata das modalidades de licitação, como se tais instrumentos também se enquadrassem nessa categoria. É contraditório mencioná-los como "auxiliares da licitação" e, ao mesmo tempo, considerá-los como modalidades de licitação.

Por sua vez, o art. 78 trata da matéria no capítulo "dos instrumentos auxiliares", na Seção I, com o título de "Procedimentos Auxiliares". Portanto, não são modalidades de licitação, ainda que, em pelo menos uma das hipóteses (credenciamento), o instrumento auxiliar substitua a licitação. Existe uma aproximação do procedimento da licitação na regra do art. 78, § 2º, quanto ao **julgamento** que decorrer dos procedimentos auxiliares previstos nos incisos II e III do *caput* (pré-qualificação e procedimento de manifestação de interesse); nesse caso, "o julgamento seguirá o mesmo procedimento das licitações".

9.11.2 Modalidades

O art. 78 prevê as seguintes modalidades de procedimentos auxiliares das licitações e das contratações, os quais, segundo o disposto no § 1º, obedecerão a **critérios claros e objetivos definidos em regulamento**:

I   – credenciamento;
II – pré-qualificação;
III – procedimento de manifestação de interesse;
IV – sistema de registro de preços;
V   – registro cadastral.

9.11.2.1 Credenciamento

O conceito legal é dado pelo art. 6º, XLIII: "credenciamento: processo administrativo de chamamento público em que a Administração Pública convoca interessados em prestar serviços ou fornecer bens para que, preenchidos os requisitos necessários, se credenciem no órgão ou na entidade para executar o objeto quando convocados".

O instituto já é conhecido no direito brasileiro, embora não tratado na legislação sobre licitações e contratos. Na realidade, o credenciamento afasta-se da necessidade de licitação exatamente porque nele não se cogita de competição, já que todos os interessados que preencham os requisitos legais podem ser credenciados para fins de contratação. Seria uma hipótese de inviabilidade de competição.

São três hipóteses previstas no art. 79 da nova Lei de Licitações:

I   – **paralela e não excludente**: caso em que é viável e vantajosa para a Administração a realização de contratações simultâneas em condições padronizadas; nesse caso, estabelece o parágrafo único, II, que "quando o objeto não permitir a contratação imediata e simultânea de todos os credenciados, deverão ser adotados critérios objetivos de distribuição da demanda"; realmente, pode acontecer que o número de credenciados supere as necessidades imediatas da Administração, hipótese em que tem aplicação o parágrafo único, inciso II;
II – com **seleção a critério de terceiros**: caso em que a seleção do contratado está a cargo do beneficiário direto da prestação;
III – em **mercados fluidos**: caso em que a flutuação constante do valor da prestação e das condições de contratação inviabiliza a seleção de agente por meio de processo de licitação; é estranho o dispositivo porque, da mesma forma que os mercados fluidos tornam inviável a seleção de agente por meio de processo licitatório, também essa fluidez pode tornar inviável o credenciamento, a não ser temporariamente; na aplicação da hipótese desse inciso, o parágrafo único, inciso IV, exige que a Administração registre as cotações de mercado vigentes no momento da contratação.

Como são chamados todos os possíveis interessados, o edital de chamamento deve prever condições padronizadas, como está expresso no parágrafo único, inciso III. Nas hipóteses dos incisos I e II, o edital deve definir o valor da contratação.

O parágrafo único, inciso VI, do art. 79 permite a denúncia por qualquer das partes nos prazos fixados no edital.

A lei não diz qual o procedimento a ser adotado para o credenciamento. Pelos dispositivos citados, já se conclui que o chamamento é feito por **edital**, divulgado e mantido à disposição do público, em sítio eletrônico oficial, de modo a permitir o cadastramento permanente de novos interessados (art. 79, parágrafo único, I); desse edital devem constar, dentre outros dados, (i) os critérios objetivos de distribuição da demanda, para o caso de o objeto não permitir a contratação imediata e simultânea de todos os credenciados (parágrafo único, II); (ii) as condições padronizadas de contratação; (iii) o valor da contratação, nas hipóteses dos incisos I e II do *caput* (parágrafo único, inciso III).

O Decreto nº 11.878, de 9-1-2024, regulamenta o art. 79 da Lei nº 14.133/2021, indicando as fases do procedimento: I – fase preparatória; II – divulgação do edital; III – de registro do requerimento de participação; IV – de habilitação; V – recursal; e VI – de divulgação da lista de credenciados. O art. 19 deixa claro que a contratação dos credenciados não é obrigatória.

9.11.2.2   Pré-qualificação

O conceito legal consta do art. 6º, XLIV: "procedimento seletivo prévio à licitação, convocado por meio de edital, destinado à análise das condições de habilitação, total ou parcial, dos interessados ou do objeto".

A grande vantagem da pré-qualificação é a de facilitar o procedimento da licitação ou das licitações que se pretende realizar, porque, feita a pré-qualificação, a Administração pode realizar licitação restrita aos pré-qualificados, conforme está expresso no § 10 do art. 80.

O *caput* do art. 80 estabelece que a pré-qualificação é o procedimento técnico-administrativo para selecionar previamente: I – os **licitantes** que reúnam condições de habilitação para participar de futura licitação ou de licitação vinculada a programas de obras ou de serviços objetivamente definidos; II – **bens** que atendam às exigências técnicas ou de qualidade estabelecidas pela Administração.

O procedimento tanto serve para a identificação de licitantes quanto à identificação de bens; no primeiro caso, são dispensados os documentos que já constarem do registro cadastral; no segundo, poderá ser exigida comprovação de qualidade (§ 1º do art. 80).

Da mesma forma que no credenciamento, o procedimento de pré-qualificação ficará permanentemente aberto para a inscrição de interessados (§ 2º do art. 80).

Pelo § 3º do art. 80, devem constar do edital: I – as informações mínimas necessárias para definição do objeto; II – a modalidade, a forma da futura licitação e os critérios de julgamento. O § 4º estabelece que a apresentação de documentos far-se-á perante órgão ou comissão indicada pela Administração, que deverá examiná-los no prazo máximo de dez dias úteis e determinar correção ou reapresentação de documentos, quando for o caso, com vistas à ampliação da competição. Pelo § 5º, os bens e os serviços pré-qualificados deverão integrar o catálogo de bens e serviços da Administração. **Observação**: o dispositivo trata de bens e **serviços pré-qualificados,** mas a pré-qualificação de serviços não é prevista no *caput* do art. 79, nem em seu § 1º, que só incluem a identificação de licitantes e de bens.

O **julgamento** deve seguir o procedimento das licitações, conforme § 2º do art. 78.

O § 6º do art. 80 admite a pré-qualificação em grupos ou segmentos, segundo as especialidades dos fornecedores; o § 7º admite a pré-qualificação parcial ou total, com alguns ou todos os requisitos técnicos ou de habilitação necessários à contratação, assegurada, em qualquer hipótese, a igualdade de condições entre os concorrentes.

O § 8º trata do prazo da pré-qualificação, que tem validade: I – de um ano, no máximo, e poderá ser atualizada a qualquer tempo; II – não superior ao prazo de validade dos documentos apresentados pelos interessados.

Pelo § 9º, os licitantes e os bens pré-qualificados serão obrigatoriamente divulgados e mantidos à disposição do público.

9.11.2.3   Do procedimento de manifestação de interesse

Ao contrário das outras modalidades de instrumentos auxiliares da licitação, o procedimento de manifestação de interesse não é definido pelo art. 6º.

Esse procedimento não é previsto na Lei 8.666 nem na Lei do RDC. Mas está regulamentado pelo Decreto federal nº 8.428, de 2-4-15 e tem fundamento no art. 21 da Lei de Concessões e Permissões de Serviços públicos (Lei 8.987, de 13-2-95). Em consonância com esse Decreto, tal procedimento tem aplicação nos contratos de concessão ou permissão de serviços públicos, de parceria público-privada, de arrendamento de bens públicos ou de concessão de direito real de uso, conforme analisado no capítulo 8, item 8.9.1.4.7, deste livro.

Na Lei nº 14.133, é previsto no art. 78, inciso III, e disciplinado pelo art. 81, para aplicação de forma mais ampla, porque abrange todas as modalidades de contratação de que trata a lei. Nos termos desse dispositivo, "a Administração poderá solicitar à iniciativa privada, mediante procedimento aberto de manifestação de interesse a ser iniciado com a publicação de edital de chamamento público, a propositura e a realização de estudos, investigações, levantamentos e projetos de soluções inovadoras que contribuam com questões de relevância pública, na forma de regulamento".

Pelo § 2º do art. 81, a realização de estudos, investigações, levantamentos e projetos realizados pela iniciativa privada, em decorrência do procedimento de manifestação de interesse: "I – não atribuirá ao realizador direito de preferência no processo licitatório; II – não obrigará o poder público a realizar licitação; III – não implicará, por si só, direito a ressarcimento de valores envolvidos em sua elaboração; IV – será remunerada somente pelo vencedor da licitação, vedada, em qualquer hipótese, a cobrança de valores do poder público".

A aceitação dos produtos e serviços de que trata o *caput* depende de parecer fundamentado, elaborado pela Administração, com a demonstração de que os mesmos são adequados e suficientes à "compreensão do objeto, de que as premissas adotadas são compatíveis com as reais necessidades do órgão e de que a metodologia proposta é a que propicia maior economia e vantagem entre as demais possíveis" (§ 3º).

O § 4º permite que o procedimento de manifestação de interesse seja restrito a *startups*, "assim considerados os microempreendedores individuais, as microempresas e as empresas de pequeno porte, de natureza emergente e com grande potencial, que se dediquem à pesquisa, ao desenvolvimento e à implementação de novos produtos ou serviços baseados em soluções tecnológicas inovadoras que possam causar alto impacto, exigida, na seleção definitiva da inovação, validação prévia fundamentada em métricas objetivas, de modo a demonstrar o atendimento das necessidades da Administração". **Observação**: esse dispositivo tem o evidente intuito de incentivar os pequenos investidores, conferindo mera autorização à Administração, para ser utilizada discricionariamente, com a devida fundamentação.

9.11.2.4 Sistema de registro de preços

O sistema de registro de preços é definido pelo art. 6º, XLV, como o "conjunto de procedimentos para realização, mediante contratação direta ou licitação nas modalidades pregão ou concorrência, de registro formal de preços relativos a prestação de serviços, a obras e a aquisição e locação de bens para contratações futuras". Está disciplinado pelo art. 82.

A Lei nº 8.666 e a Lei do RDC já previam o registro de preços, cada uma com normas específicas.

Na Lei nº 8.666, o procedimento foi tratado no item pertinente às **compras** (art. 15), sem que lhe fosse atribuída a natureza de instrumento auxiliar da licitação. O Decreto nº 7.892, de 23-1-2013 (com alterações posteriores), que regulamentou o dispositivo legal, ampliou a utilização desse procedimento para as contratações de **serviços**.

Na Lei do RDC, foi incluído entre os procedimentos auxiliares das licitações (art. 29, III), regulamentado pelo Decreto 7.581, de 11-10-11, sendo aplicável nos contratos regidos por essa lei, relativos à prestação de serviços, inclusive de engenharia, de aquisição de bens e de execução de obras com características padronizadas (art. 88 do Regulamento).

Na Lei nº 14.133, o sistema de registro de preços é incluído entre os procedimentos auxiliares da licitação e pode ser utilizado nos contratos relativos à **prestação de serviços**, **obras** e **aquisição** e **locação de bens**, conforme conceito do art. 6º, XLV, tendo sido consideravelmente ampliada a sua utilização. No entanto, contraditoriamente, o § 5º do art. 82 determina que "o sistema de registro de preços poderá ser usado para a **contratação de bens e serviços**, inclusive de **obras e serviços de engenharia**", não fazendo referência à locação de bens (a não ser que se inclua esse tipo de contrato na expressão "contratação de bens"). O § 6º permite que, na forma de regulamento, seja utilizado o sistema de registro de preços nas hipóteses de inexigibilidade e de dispensa de licitação para a aquisição de bens ou para a contratação de serviços por mais de um órgão ou entidade. O Regulamento foi aprovado pelo Decreto nº 11.462, de 31-3-2023.

A contratação de **obras e serviços de engenharia**, pelo sistema de registro de preços, exige a observância dos requisitos previstos no art. 85: I – existência de projeto padronizado, sem complexidade técnica e operacional; II – necessidade permanente ou frequente de obra ou serviço a ser contratado.

O procedimento envolve os seguintes tipos de órgãos:

a) órgão ou entidade gerenciadora, definido pelo art. 6º, XLVII, como "órgão ou entidade da Administração pública responsável pela condução do conjunto de procedimentos para registro de preços e pelo gerenciamento da ata de registro de preços dele decorrente";

b) órgão ou entidade participante, definido pelo art. 6º, XLVIII, como "órgão ou entidade da Administração Pública que participa dos procedimentos iniciais da contratação para registro de preços e integra a ata de registro de preços";

c) órgão ou entidade não participante, definido pelo art. 6º, XLIX, como "órgão ou entidade da Administração Pública que não participa dos procedimentos iniciais da licitação para registro de preços e não integra a ata de registro de preços"; corresponde à figura do "**carona**".

O § 5º do art. 82 estabelece as condições que devem ser observadas no procedimento, em termos análogos aos que constavam do art. 32, § 2º, da Lei do RDC:

I – realização prévia de ampla pesquisa de mercado;
II – seleção de acordo com os procedimentos previstos em regulamento;
III – desenvolvimento obrigatório de rotina de controle;
IV – atualização periódica dos preços registrados; (inciso não previsto no referido dispositivo da Lei do RDC);
V – definição do período de validade do registro de preços;
VI – inclusão, em ata de registro de preços, do licitante que aceitar cotar os bens ou serviços em preços iguais aos do licitante vencedor na sequência de classificação da licitação e inclusão do licitante que mantiver sua proposta original.

Como decorre do conceito dado pelo art. 6º, XLV, o sistema de registro de preços é realizado mediante **pregão** ou **concorrência**, cujo objetivo é organizar um registro formal de preços a ser utilizado em contratações futuras, relativas aos tipos de contratos já referidos. Os preços ficam registrados na **ata de registro de preços,** definida no art. 6º, XLVI, como "documento vinculativo e obrigacional, com característica de compromisso para futura contratação, no qual são registrados o objeto, os preços, os fornecedores, os órgãos participantes e as condições a serem praticadas, conforme as disposições contidas no edital da licitação, no aviso ou instrumento de contratação direta e nas propostas apresentadas". A ata de registro de preços está sujeita ao **prazo de vigência** de um ano, prorrogável por igual período, desde que comprovado o preço vantajoso. Por sua vez, o contrato decorrente da ata de registro de preços terá sua vigência estabelecida em conformidade com as disposições nela contidas (art. 84, *caput* e parágrafo único).

Na **fase preparatória**, o órgão ou entidade gerenciadora deverá divulgar a **intenção de organizar registro de preços,** com a finalidade de permitir, nos termos de regulamento, a participação de outros órgãos ou entidades públicas (são os órgãos ou entidades participantes), possibilitando, pelo prazo mínimo de oito dias úteis, a sua participação na respectiva ata e determinando a estimativa total de quantidades de contratação (art. 86). Esse procedimento não será necessário quando o órgão ou entidade gerenciadora for o único contratante (§ 1º do art. 86).

O procedimento externo começa com a divulgação do edital de licitação, que deve conter os elementos indicados no art. 82. Por esse dispositivo, verifica-se que o **critério de julgamento** é o de **menor preço** ou o de **maior desconto** sobre tabela de preços praticada no mercado (inciso V). O § 1º admite o critério de **julgamento de menor preço por grupo de itens**, "quando for demonstrada a inviabilidade de se promover a adjudicação por item e for evidenciada a sua vantagem técnica e econômica, e o critério de aceitabilidade de preços unitários máximos deverá ser indicado no edital". Nesse caso, se a contratação posterior tiver por objeto item específico constante do grupo de itens, terá que ser feita "prévia pesquisa de mercado e demonstração de sua vantagem para o órgão ou entidade". O § 3º do art. 82 permite registro de preços com indicação limitada a unidades de contratação sem manifestação do total a ser adquirido, apenas nas seguintes situações: I – quando for a primeira licitação para o objeto e o órgão ou entidade não tiver registro de demandas anteriores; II – no caso de alimento perecível; III – no caso em que o serviço estiver integrado ao fornecimento de bens. Nessas hipóteses, o § 4º exige a indicação do valor máximo da despesa e veda a participação de outro órgão ou entidade na ata.

Nos termos do art. 83, "a existência de preços registrados implicará compromisso de fornecimento nas condições estabelecidas, mas não obrigará a Administração a contratar, facultada a realização de licitação específica para a aquisição pretendida, desde que devidamente motivada".

Conforme § 2º do art. 86, os órgãos e entidades não participantes (os **caronas**) podem aderir à ata de registro de preços na condição de não participantes. Para esse fim, devem observar os seguintes requisitos: I – apresentação de justificativa da vantagem da adesão, inclusive em situações de provável desabastecimento ou descontinuidade de serviço público; II – demonstração de que os valores registrados estão compatíveis com os valores praticados pelo mercado, na forma do art. 23 da nova Lei de Licitações; III – prévia consulta e aceitação do órgão ou entidade gerenciadora e do fornecedor.

Pelo § 3º do art. 86 (na redação dada pela Lei nº 14.770, de 22-12-23, a faculdade de aderir à ata de registro de preços na condição de não participante poderá ser exercida: I – por órgãos e entidades da Administração Pública federal, estadual, distrital e municipal, relativamente à ata de registro de preços de órgão ou entidade gerenciadora federal, estadual ou distrital; ou II – por órgãos e entidades da Administração Pública municipal, relativamente à ata de registro de preços de órgão ou entidade gerenciadora municipal, desde que o sistema de registro de preços tenha sido formalizado mediante licitação.

O § 8º veda a órgãos e entidades da Administração Pública federal a adesão à ata de registro de preços gerenciada por órgão ou entidade estadual, distrital ou municipal.

Além disso, outras limitações são estabelecidas para a adesão do carona: (i) as suas aquisições ou contratações caronas não podem exceder, por órgão ou entidade, a 50% dos quantitativos dos itens do instrumento convocatório registrados na ata de registro de preços para o órgão gerenciador e para os órgãos participantes (§ 4º); (ii) o quantitativo decorrente das adesões dos caronas não podem exceder, na totalidade, ao dobro do quantitativo de cada item registrado na ata de registro de preços para o órgão gerenciador e órgãos participantes, independentemente do número de órgãos não participantes que aderirem (§ 5º); esse limite não se aplicará quando a adesão for exigida como condição para transferências voluntárias e se destinar à execução descentralizada de programa ou projeto federal e comprovada a compatibilidade dos preços registrados com os valores praticados no mercado na forma do art. 23 (§ 6º) e quando a adesão se realizar para aquisição emergencial de medicamentos e material de consumo médico-hospitalar por órgãos e entidades da Administração Pública federal, estadual, distrital e municipal (§ 7º).

9.11.2.5 Do registro cadastral

O registro cadastral não está definido no art. 6º da nova Lei de Licitações. Está disciplinado pelos arts. 87 e 88, de forma semelhante ao registro cadastral previsto nos arts. 34 a 37 da Lei 8.666.

O art. 87 estabelece que os órgãos e entidades da Administração Pública deverão utilizar o **sistema de registro cadastral unificado disponível no Portal Nacional de Contratações Públicas** (criado pelo art. 174), para efeito de cadastro unificado de licitantes, na forma disposta em regulamento. Como o dispositivo menciona a Administração Pública, entende-se que abrange a "administração direta e indireta da União, dos Estados, do Distrito Federal e dos Municípios, inclusive as entidades com personalidade jurídica de direito privado sob controle do poder público e as fundações por ele instituídas ou mantidas", conforme conceito do art. 6º, III, da nova Lei de Licitações.

O § 1º do art. 87 repete, em termos semelhantes, a norma do § 1º do art. 34 da Lei 8.666, ao estabelecer que "o sistema de registro cadastral unificado será público e deverá ser amplamente divulgado e estar permanentemente aberto aos interessados, e será obrigatória a realização de chamamento público pela internet, no mínimo anualmente, para atualização dos registros existentes e para ingresso de novos interessados".

O § 2º proíbe a exigência, pelo órgão ou entidade licitante, de registro cadastral complementar para acesso a edital e anexos.

O § 3º permite seja realizada licitação restrita a fornecedores cadastrados, atendidos os critérios, as condições e os limites estabelecidos em regulamento, bem como a ampla publicidade dos procedimentos para o cadastramento. Nesse caso, estabelece o § 4º que será admitido fornecedor que realize seu cadastro dentro do prazo previsto no edital para apresentação de propostas. **Observação**: a Lei nº 14.133 não manteve a tomada de preços, prevista no art. 22, II, da Lei nº 8.666, como modalidade de licitação entre interessados devidamente cadastrados ou que atendam a todas as condições exigidas para cadastramento até o terceiro dia anterior à data de recebimento das propostas. Mas permite que licitações (sem especificar a modalidade) fiquem restritas a fornecedores cadastrados.

O art. 88, de forma semelhante ao art. 35 da Lei 8.666, exige que o interessado, ao requerer, a qualquer tempo, inscrição no cadastro ou a sua atualização, forneça os elementos necessários exigidos para habilitação prevista na nova Lei de Licitações. Pelo § 1º, o inscrito será classificado por categorias – considerada sua área de atuação – subdivididas em grupos, segundo a qualificação técnica e econômico-financeira avaliada, de acordo com regras objetivas divulgadas em sítio eletrônico oficial. Ao inscrito será fornecido certificado, renovável sempre que atualizar o registro (§ 2º do art. 88).

Os §§ 3º e 4º do art. 88 contêm normas inovadoras. O primeiro prevê que "a atuação do contratado no cumprimento de obrigações assumidas será avaliada pelo contratante, que emitirá documento comprobatório da avaliação realizada, com menção ao seu desempenho na execução contratual, baseado em indicadores objetivamente definidos e aferidos, e a eventuais penalidades aplicadas, o que constará do registro cadastral em que a inscrição for realizada". E o segundo determina que "a anotação do cumprimento de obrigações pelo contratado de que trata o § 3º deste artigo, será condicionada à implantação e à regulamentação do cadastro de atesto de cumprimento das obrigações, apto à realização do registro de forma objetiva, em atendimento aos princípios da impessoalidade, da igualdade, da isonomia, da publicidade e da transparência, de modo a possibilitar a implementação de medidas de incentivo aos licitantes que possuírem ótimo desempenho anotado em seu registro cadastral".

O § 5º, repetindo norma do art. 37 da Lei 8.666, estabelece que "a qualquer tempo poderá ser alterado, suspenso ou cancelado o registro de inscrito que deixar de satisfazer exigências determinadas por esta Lei ou por regulamento".

E o § 6º permite a participação, em processo licitatório, do interessado que requerer o cadastro, até a decisão da Administração, ficando a celebração do contrato condicionada à emissão do certificado de registro cadastral.

9.12 CONTROLE DAS CONTRATAÇÕES

A Lei nº 14.133 inova ao inserir capítulo específico sobre "controle das contratações", nos arts. 169 a 173. Esse controle não se confunde com o poder de fiscalização que a Administração Pública exerce em relação aos contratos administrativos, como uma de suas prerrogativas, prevista no art. 104, III, e especificado no art. 117; nesse caso, o fiscal exerce o acompanhamento do contrato específico que lhe foi atribuído, devendo anotar em registro próprio todas as ocorrências relacionadas à execução do contrato, determinando o que for necessário para a regularização das faltas ou dos defeitos observados. O controle das contratações tem sentido mais amplo, pois se submete a práticas contínuas e permanentes de **gestão de riscos** e de **controle preventivo**, inclusive mediante adoção de recursos de tecnologia da informação (art. 169). A implementação dessas práticas fica a cargo "da alta administração do órgão ou entidade e levará em consideração os custos e os benefícios decorrentes de sua implementação, optando-se pelas medidas que promovam relações íntegras e confiáveis, com segurança jurídica para todos os envolvidos, e que produzam o resultado mais vantajoso para a Administração, com eficiência, eficácia e efetividade nas contratações públicas" (§ 1º).

O *caput* do art. 169 prevê **três linhas de defesa**:

I – **primeira linha de defesa**, integrada por servidores e empregados públicos, agentes de licitação e autoridades que atuam na estrutura de governança do órgão ou entidade;

II – **segunda linha de defesa**, integrada pelas unidades de assessoramento jurídico e de controle interno do próprio órgão ou entidade;

III – **terceira linha de defesa,** integrada pelo órgão central de controle interno da Administração e pelo Tribunal de Contas.

Na realidade, todos esses servidores, empregados públicos, inclusive os de controle interno, já exercem, de certa forma, essas atribuições, quando inerentes aos respectivos cargos, empregos e funções, já que todos estão sujeitos aos princípios da Administração Pública, em especial ao da legalidade. Os órgãos de controle interno e os tribunais de contas da União, dos Estados, do Distrito Federal e dos Municípios (quando houver) já exercem atribuições de controle que são inerentes aos órgãos e instituições de que fazem parte, já que atribuídas pela Constituição Federal e pelas Constituições estaduais. Nesse sentido, não se pode falar propriamente em inovação. Provavelmente o legislador quis sistematizar o tema especificamente em matéria de licitações e contratos e ampliar a atuação dos órgãos de controle.

O § 2º do art. 169 atribui aos órgãos de controle o direito de "**acesso irrestrito aos documentos e às informações** necessárias à realização dos trabalhos, inclusive aos documentos classificados pelo órgão ou entidade nos termos da Lei nº 12.527, de 18-11-11, e o órgão de controle com o qual foi compartilhada eventual informação sigilosa tornar-se-á corresponsável pela manutenção do seu sigilo".

Esse parágrafo constitui aplicação da Lei nº 12.527/11, que é a lei de acesso à informação, na qual a publicidade dos atos da Administração Pública tem que ser limitada pelas hipóteses de sigilo decorrentes de dispositivos constitucionais e definidas por essa lei. Na realidade, não existe sigilo perante os órgãos de controle; o que existe é o seu dever de manter o sigilo em face de terceiros, em contrapartida ao seu direito de acesso às informações. O que parece um pouco temerária é a amplitude do inciso I, que abre as portas a que qualquer servidor ou empregado público tenha acesso a informações. Tem-se que entender que nessa primeira linha de defesa se enquadram os agentes públicos de que tratam os arts. 7º e 8º da Lei de Licitações, inclusive com observância do princípio da segregação de funções. Os demais exercem o controle de legalidade, da mesma forma que qualquer cidadão, com fundamento no art. 164 e no art. 170, § 4º, da Lei de Licitações. O primeiro dispositivo prevê o direito de qualquer cidadão impugnar edital de licitação por irregularidade na aplicação da lei ou para solicitar esclarecimento sobre os seus termos. O segundo garante a qualquer licitante, contratado ou pessoa física ou jurídica, o direito de representar aos órgãos de controle interno ou ao Tribunal de Contas competente contra irregularidades na aplicação da lei. **Observação**: o art. 74, § 2º, da Constituição já assegura a qualquer cidadão, partido político, associação ou sindicato o direito de denunciar irregularidades ou ilegalidades perante o Tribunal de Contas da União.

O § 3º do art. 169 estabelece a forma de atuação dos integrantes das três linhas de defesa, em função do tipo de irregularidade que constatarem:

I – no caso de **impropriedade formal**, "adotarão medidas para o seu saneamento e para a mitigação de riscos de sua nova ocorrência, preferencialmente com o aperfeiçoamento dos controles preventivos e com a capacitação dos agentes públicos responsáveis"; esse dispositivo confirma a ideia de que os servidores e empregados referidos no inciso I do art. 169 têm que ser os agentes públicos de que tratam os arts. 7º e 8º, que atuam diretamente no processo de contratação, pois, caso contrário, não teriam competência para a adoção das medidas previstas no § 3º;

II – no caso de impropriedade que cause **dano à Administração**, adotarão, sem prejuízo das medidas previstas no inciso anterior, "as providências necessárias para a apuração das infrações administrativas, observadas a segregação de funções e a necessidade de individualização das condutas, bem como remeterão ao Ministério Público competente cópias dos documentos cabíveis para a apuração dos demais ilícitos de sua competência". **Observação**: cabe lembrar que os servidores que praticam atos ilícitos respondem por seus atos nas esferas cível, administrativa e criminal, respondendo por improbidade administrativa e por ilícitos previstos na própria Lei de Licitações, no Código Penal e na Lei Anticorrupção. Os agentes públicos que atuam nos processos de licitação estão agora submetidos ao capítulo do Código Penal que trata dos crimes em licitação e contratos (arts. 337-E a 337-P, introduzidos pelo art. 178 da Lei nº 14.133).

O art. 170 impõe aos órgãos de controle o dever de adotar, na fiscalização dos atos previstos na Lei de Licitações, "critérios de oportunidade, materialidade, relevância e risco e considerarão as razões apresentadas pelos órgãos e entidades responsáveis e os resultados obtidos com a contratação, observado o disposto no § 3º do artigo 169 desta Lei". **Observação**: de certa forma, o preceito contido nesse dispositivo não difere muito da Lei de Introdução às Normas do Direito Brasileiro – LINDB, na parte em que, com as alterações introduzidas pela Lei 13.655/18, impõe exigências aos órgãos administrativos e aos órgãos de controle, com o intuito de reforçar a aplicação dos princípios da motivação e da segurança jurídica, conforme analisado no capítulo 3, item 3.3 deste livro.

Os §§ 2º e 3º do art. 170 reforçam a necessidade de serem levadas em consideração, pelos órgãos de controle, as razões apresentadas pelos órgãos e entidades responsáveis pelo procedimento de contratação, exigindo que as mesmas fiquem constando dos autos, somente podendo ser desconsiderados os documentos impertinentes, meramente protelatórios ou de nenhum interesse para o esclarecimento dos fatos.

Outras faculdades e imposições são outorgadas aos órgãos de controle pelo art. 171, a saber: I – possibilidade de se manifestarem sobre possíveis propostas de encaminhamento que terão impacto significativo nas rotinas de trabalho dos órgãos e entidades fiscalizados, a fim de que eles disponibilizem subsídios para avaliação prévia da relação entre custo e benefício dessas possíveis proposições; II – adoção de procedimentos objetivos e imparciais e elaboração de relatórios tecnicamente fundamentados, baseados exclusivamente nas evidências obtidas e organizados de acordo com as normas de auditoria do respectivo órgão de controle, de modo a evitar que interesses pessoais e interpretações tendenciosas interfiram na apresentação e no tratamento dos fatos levantados; III – definição de objetivos, nos regimes de empreitada por preço global, empreitada integral, contratação semi-integrada e contratação integrada, atendidos os requisitos técnicos, legais, orçamentários e financeiros, de acordo com as finalidades da contratação, devendo, ainda, ser perquirida a conformidade do preço global com os parâmetros de mercado para o objeto contratado, considerada inclusive a dimensão geográfica.

Comentário: o dispositivo é de difícil compreensão e parece atribuir papel mais ativo aos órgãos de controle, dando-lhes a possibilidade de participar de decisões que, na realidade, incumbem aos órgãos controlados. A previsão contida no inciso III é inteiramente inadequada, porque não cabe aos órgãos de controle definir objetivos para os regimes de execução referidos no dispositivo. O legislador, com essas normas, infringe o próprio princípio da segregação de funções, inserido no art. 5º da nova Lei de Licitações e voltado especificamente para os órgãos de controle. A atividade de controle não pode se confundir com gestão administrativa, que é própria da Administração Pública.

O § 1º também contém desdobramento de dispositivos introduzidos na LINDB pela Lei 13.655/18, ao impor ao Tribunal de Contas, em caso de suspensão cautelar do processo licitatório, o dever de pronunciar-se definitivamente sobre o mérito da irregularidade que tenha dado causa à suspensão, com indicação objetiva das "causas da ordem de suspensão" (inciso I) e do "modo como será garantido o atendimento do interesse público obstado pela suspensão da licitação, no caso de objetos essenciais ou de contratação por emergência" (inciso II). Vale dizer que, em outras palavras, o legislador quer que sejam apontadas as consequências da decisão cautelar. O § 3º reforça essa exigência, repetindo, em termos semelhantes aos do art. 20 da LINDB, que a decisão que examinar o mérito, deverá definir "as medidas necessárias e adequadas, em face das alternativas possíveis, para o saneamento do processo licitatório, ou determinar a sua anulação". Trata-se de aplicação do princípio da razoabilidade.

Por sua vez, o § 2º do art. 171 impõe ao órgão ou entidade responsável pelo processo suspenso cautelarmente o dever de, no prazo de dez dias úteis, admitida a prorrogação: I – informar as medidas adotadas para cumprimento da decisão; II – prestar todas as informações cabíveis; III – proceder à apuração de responsabilidade, se for o caso. Pelo § 4º, "o descumprimento do disposto no § 2º deste artigo ensejará a apuração de responsabilidade e a obrigação de reparação do prejuízo causado ao erário".

O art. 173 atribui aos tribunais de contas o dever de, "por meio de suas escolas de contas, promover eventos de capacitação para os servidores efetivos e empregados públicos designados para o desempenho das funções essenciais à execução desta Lei, incluídos cursos presenciais e à distância, redes de aprendizagem, seminários e congressos sobre contratações públicas".

9.13 PORTAL NACIONAL DE CONTRATAÇÕES PÚBLICAS – PNCP

Criado pelo art. 174 da Lei nº 14.133/21, como **sítio eletrônico oficial**, destinado à:

I   – divulgação centralizada e obrigatória dos atos exigidos pela nova Lei de Licitações;

II – realização facultativa das contratações pelos órgãos e entidades dos Poderes Executivo, Legislativo e Judiciário de todos os entes federativos. **Comentário**: o inciso é de difícil compreensão, porque, como sítio eletrônico, não "realiza" contratações; talvez o que se queira dizer é que ele serve à divulgação também das contratações referidas no dispositivo.

A ideia é que ele seja utilizado por todos os entes federativos, o que é confirmado pela regra do § 1º do art. 174, que prevê a gestão do PNCP por um Comitê Gestor da Rede Nacional de Contratações Públicas, constituído por representantes da União, dos Estados, do Distrito Federal e dos Municípios.[19] Essa centralização é de constitucionalidade bem duvidosa, por invadir matéria que se insere na área de autonomia de cada ente federativo. Não há como, por meio de lei federal, a União obrigar os demais entes federativos a utilizarem sítio eletrônico oficial instituído na órbita federal. Além dessa centralização, o art. 175 permite que os entes federativos instituam seu próprio sítio eletrônico oficial para **divulgação complementar** e realização das respectivas contratações. A regra é inútil, porque, independentemente dela, o Distrito Federal, os Estados e os Municípios poderiam instituir o seu próprio sítio eletrônico oficial para divulgação dos atos regidos pela nova Lei de Licitações. Não necessitam de permissivo legal emanado da União.

O § 1º do art. 175 permite que as contratações sejam realizadas por meio de sistema eletrônico fornecido por pessoa jurídica de direito privado, na forma de regulamento, desde que seja observada a norma do art. 174.

O § 2º do art. 175 (vetado pelo Presidente da República, mas mantido pelo Congresso Nacional) exige que os Municípios, até 31-12-23, realizem divulgação complementar de suas contratações mediante publicação de extrato de edital de licitação em jornal diário de grande circulação local. O art. 176 também contém norma dirigida aos Municípios com até 20.000 habitantes, fixando o prazo de seis anos, contados da data de publicação da lei, para cumprimento:

I   – dos requisitos estabelecidos no art. 7º e no *caput* do art. 8º (dispositivos que tratam da designação de agentes públicos e de agentes de contratação para desempenho de funções previstas na nova Lei de Licitações);

II – da obrigatoriedade de realização da licitação sob a forma eletrônica a que se refere o § 2º do art. 17;

III – das regras relativas à divulgação em sítio eletrônico oficial.

Pelo parágrafo único do art. 176, os Municípios com até 20.000 habitantes, enquanto não adotarem o PNCP, deverão: I – publicar, em diário oficial, as informações que a lei exige que sejam divulgadas em sítio eletrônico oficial, admitida a publicação de extrato; II – "disponibilizar a versão física dos documentos em suas repartições, vedada a cobrança de qualquer valor, salvo o referente ao fornecimento de edital ou de cópia de documento, que não será superior ao custo de sua reprodução gráfica".

---

[19] Esse Comitê foi criado pelo Decreto nº 10.764, de 9-8-21.

O § 2º do art. 174 relaciona os tipos de informações referentes a contratações que deverão estar contidas no Painel e o § 3º indica os vários sistemas por ele oferecidos, como o sistema de registro cadastral unificado, o painel para consulta de preços, banco de preços em saúde e acesso à base nacional de notas fiscais eletrônicas, dentre outras funcionalidades. Pelo § 5º, **vetado pelo Presidente da República**, a base nacional de notas fiscais eletrônicas conterá as notas fiscais e os documentos auxiliares destinados a órgão ou entidade da Administração Pública, que serão de livre consulta pública, sem constituir violação de sigilo fiscal.

9.14 DISPOSIÇÕES FINAIS E TRANSITÓRIAS

Aplicabilidade da nova Lei de Licitações, que adotou as seguintes medidas:

Revogação, pelo art. 193, I, a contar da publicação da Lei, dos arts. 89 a 108 da Lei nº 8.666/93, que tratam dos crimes e das penas, e alteração do Código Penal para incluir um Capítulo II-B, dispondo sobre "**crimes em licitações e contratos administrativos**".

Revogação, pelo art. 193, II (com a redação dada pela Lei Complementar nº 198/2023), da Lei nº 8.666, de 21-6-93, da Lei nº 10.520, de 17-7-2002 (sobre pregão), e dos arts. 1º a 47-A da Lei nº 12.462, de 4-88-2011 (sobre RDC), a contar de 30-12-2023.

Aplicação das leis revogadas aos contratos firmados antes da entrada em vigor da nova Lei de Licitações (art. 190).

Possibilidade de **opção, pela Administração, por licitar de acordo com a nova Lei de Licitações ou de acordo com as leis revogadas** pelo art. 193, II, no prazo de dois anos em que continuam em vigor, devendo a opção constar do edital (art. 191, *caput*).

Aplicação de **legislação específica** aos **contratos relativos a imóvel do patrimônio da União ou de suas autarquias e fundações das leis pertinentes**, aplicando-se a nova Lei de Licitações apenas subsidiariamente (art. 192).

Aplicação da nova Lei de Licitações a todas as hipóteses previstas na legislação com referência à legislação revogada pelo art. 193, II (art. 189).

Aplicação subsidiária da nova Lei de Licitações aos contratos de concessão e permissão de serviços públicos, às parcerias público-privadas e aos contratos de publicidade (art. 186).

Aplicação da nova Lei de Licitações, no que couber, aos **convênios, acordos, ajustes e outros instrumentos congêneres** celebrados por órgãos e entidades da Administração Pública, na forma de regulamento do Poder Executivo federal (art. 184).

Previsão de instituição de **centrais de compras** pelos entes federativos, para realização de compras em grande escala (art. 181, *caput*), devendo os Municípios com até 10.000 habitantes, preferencialmente, constituir consórcios públicos para realização das compras (art. 181, parágrafo único).

Atribuição de competência ao Poder Executivo federal para **atualizar os valores fixados pela lei**, com base no Índice Nacional de Preços ao Consumidor Amplo Especial (IPCA-E), ou pelo índice que venha a substituí-lo, a cada dia 1º de janeiro, com divulgação dos novos valores pelo PNCP (art. 182).

Contagem dos prazos: previsão, no art. 183, de que os prazos previstos na nova Lei de Licitações serão contados com exclusão do dia do começo e inclusão do dia do vencimento, com observância das seguintes disposições: I – os prazos expressos em dias corridos serão computados de modo contínuo; II – os prazos expressos em meses ou anos serão computados de data a data; não havendo, no mês do vencimento, dia equivalente àquele do início do prazo, considera-se como termo o último dia do mês (§ 3º do art. 183); III – nos prazos expressos em dias úteis, serão computados somente os dias em que ocorrer expediente administrativo no órgão ou entidade competente. Pelo § 1º, salvo disposição em contrário, considera-se dia do começo do prazo: I – o primeiro dia útil seguinte ao da disponibilização da informação na internet; II – a data de juntada aos autos do aviso de recebimento, quando a notificação for pelos correios. O § 2º considera prorrogado o prazo até o primeiro dia útil seguinte se o vencimento cair em dia em que não houver expediente, se o expediente for encerrado antes da hora normal ou se houver indisponibilidade da comunicação eletrônica.

Possibilidade de Estados, Distrito Federal e Municípios aplicarem os regulamentos editados pela União para execução da nova Lei de Licitações (art. 187). Se optarem por ter seus próprios regulamentos, os entes federativos editarão, preferencialmente, apenas um ato normativo (art. 188, vetado pelo Presidente da República).

RESUMO

1. **Conceito:** licitação é o procedimento administrativo pelo qual um ente público, no exercício da função administrativa, abre a todos os interessados, que se sujeitem às condições fixadas no instrumento convocatório, a possibilidade de formularem propostas dentre as quais selecionará e aceitará a mais conveniente para a celebração de contrato.

2. **Direito positivo:** (i) **CF: art. 22, XXVII**, (competência privativa da União para dispor sobre **normas gerais** de licitação); arts. 37, XXI, e 173, § 1º, III; (ii) **legislação ordinária**: Lei nº 8.666, de 21-6-93 (**lei básica de licitação**, que não se limitou às normas gerais); Lei nº 10.520, de 17-7-02 (**pregão**); Lei Complementar 123, de 14-12-06 (**Estatuto da Microempresa e da Empresa de Pequeno Porte**), estendida às Cooperativas pela Lei nº 11.488, de 15-6-07 (art. 34); **Lei nº 12.462, de 4-8-11** (Regime Diferenciado de Contratação – RDC); **Lei nº 8.987, de 13-2-95** (concessão e permissão e serviço público); **Lei nº 11.079, de 30-12-04** (parcerias público-privadas – PPP); outras leis sobre serviços públicos específicos; Lei nº 14.133, de 1º-4-2021 (que revoga, no art. 193, inciso II, a Lei nº 8.666, a Lei nº 10.520 e os arts. 1º a 47-A da Lei nº 12.462), vigência da legislação revogada até 30-12-2023, conforme Lei Complementar nº 198/23.

3. **Licitação na Lei nº 14.133/21.**

4. **Regime jurídico**
– Repetição de normas da Lei 8.666, inspiração na Lei do Pregão e na Lei do RDC.

5. **Âmbito de aplicação:** entidades da administração indireta, com exclusão das empresas públicas, sociedades de economia mista e suas subsidiárias (art. 1º).

6. **Tipos de contratos a que se aplica:** alienação e concessão de direito real de uso de bens, compras, locação, concessão e permissão de uso de bens públicos, prestação de serviços, obras e serviços de arquitetura e engenharia, contratação e tecnologia da informação e da comunicação (art. 2º).

7. **Princípios:** legalidade, impessoalidade, moralidade, publicidade, eficiência, interesse público, probidade administrativa, igualdade, planejamento, transparência, eficácia, segregação de funções, motivação, vinculação ao edital, julgamento objetivo, segurança jurídica, razoabilidade, competitividade, proporcionalidade, celeridade, economicidade, desenvolvimento nacional sustentável e mais as disposições da LINDB (art. 5º da Lei nº 14.133).

8. **Agente de contratação:** faz o papel da comissão de licitação a que se referia a Lei nº 8.666/93 (arts. 6º, LX, e 8º). Decreto nº 11.246/22: regulamenta o disposto no § 3º do art. 8º da Lei nº 14.133/21, sobre atuação do agente de contratação e da equipe de apoio.

9. Comissão de contratação: responsável pelo procedimento nas licitações que envolvam bens ou serviços especiais (arts. 6º, L, e 8º, §§).

10. Defesa das autoridades e agentes públicos participantes da licitação: possibilidade de representação judicial ou extrajudicial pela advocacia pública quando o ato foi praticado com base em orientação constante de parecer jurídico emitido na forma do § 1º do art. 53 (art. 10).

11. Objetivos da licitação: a) escolha da proposta mais vantajosa; b) garantir a isonomia e a justa competição; c) evitar sobrepreço, preços manifestamente inexequíveis e superfaturamento; d) incentivar a inovação e o desenvolvimento nacional sustentável (art. 11).

12. Exigências formais para o processo licitatório (art. 12).

13. Publicidade do procedimento com **sigilo das propostas** (até a abertura dos envelopes) e possibilidade de **sigilo do orçamento estimado da contratação** (arts. 13 e 24).

14. Vedações à participação em licitação ou na execução do contrato (art. 14).

– **Participação de empresas em consórcio:** art. 15.

– **Participação de profissionais organizados em cooperativa:** requisitos fixados pelo art. 16.

15. Modalidades de licitação (art. 28, sem inclusão da tomada de preços e do convite), com vedação de criação de outras modalidades ou combinação entre elas (§ 2º):

a) **pregão** (art. 6º XLI):

– modalidade obrigatória para **aquisição de bens e serviços comuns;**

– **critérios de julgamento:** menor preço ou maior desconto;

– **procedimento:** igual ao da concorrência (art. 17).

b) **concorrência** (art. 6º, XXXVIII):

– modalidade cabível para **contratação de bens e serviços especiais** e de **obras e serviços comuns e especiais de engenharia;**

– **critérios de julgamento:**

– b.1) menor preço;

– b.2) melhor técnica ou conteúdo artístico;

– b.3) técnica e preço;

– b.4) maior retorno econômico;

– b.5) maior desconto.

– **procedimento:** art. 17.

c) **concurso** (art. 6º, XXXIX):

– modalidade para escolha de **trabalho técnico, científico ou artístico;**

– **critério de julgamento:** melhor técnica ou conteúdo artístico;

– **procedimento:** o previsto no edital;

– cessão, à Administração, dos direitos patrimoniais relativos ao projeto (art. 93).

d) **leilão** (art. 6º, XL):

– modalidade cabível para alienação de bens imóveis ou de bens móveis inservíveis ou legalmente apreendidos;

- **critério de julgamento**: o de maior lance;

- **procedimento**: art. 31; realização por servidor designado pela Administração ou leiloeiro oficial;

- leilão eletrônico regulamentado pelo Decreto nº 11.461/23;

e) **diálogo competitivo** (art. 6º, XLII):

- modalidade para contratação de obras, serviços e compras em que a Administração Pública realiza diálogos com licitantes previamente selecionados mediante critérios objetivos, com o intuito de desenvolver uma ou mais alternativas capazes de atender às suas necessidades, devendo os licitantes apresentar proposta final após o encerramento dos diálogos.

- **critérios objetivos de julgamento** (não definidos na lei);

- hipóteses de cabimento: art. 32;

- condução por **comissão** constituída de, pelo menos, três servidores, podendo ser contratados profissionais para assessoramento técnico;

- **procedimento** (art. 32, § 1º), com as seguintes fases: (i) **divulgação do edital**; (ii) **apresentação de soluções pelos licitantes**; (iii) **fase de diálogo**; (iv) **divulgação da solução ou soluções**; (iv) **fase competitiva**; (v) **apresentação de propostas**; (vi) definição da proposta vencedora.

16. **Fases do processo de licitação (art. 17):**

    a) **preparatória** (fase interna);

    b) **divulgação do edital;**

    c) **apresentação de propostas e lances** (quando for o caso);

    d) **julgamento**, com possibilidade de exame de amostras, de conformidade e prova de conceito, entre outros testes de interesse da Administração (art. 17, § 3º); possibilidade de desclassificação de propostas;

    e) **habilitação;**

    f) **recursal;**

    g) **homologação.**

    - **inovação quanto às fases**: inversão das fases de julgamento e habilitação, com possibilidade de ser realizada primeiro a habilitação, a critério da Administração (art. 17, § 1º).

    - preferência pela **forma eletrônica** (art. 17, § 2º).

17. **Primeira fase do procedimento: preparatória** (arts. 18 a 27).

    - **Instrução do processo licitatório (art. 18): planejamento**, compatibilidade com o **plano de contratações anual** (art. 12, VII), **compatibilidade com as leis orçamentárias**, fundamentação baseada em **considerações** técnicas, mercadológicas e de gestão. Requisitos previstos no art. 18, dentre os quais a realização de **plano de contratações anual** e **estudo técnico preliminar** que caracterizem o interesse público envolvido. Elementos que devem constar do estudo técnico preliminar (art. 18, §§ 1º, 2º e 3º).

    - **Centralização e padronização do procedimento**: criação de **catálogo eletrônico** (definido no art. 6º, LI), instituição de **sistema informatizado de acompa-**

nhamento de obras, instituição de modelos de minutas de editais, de termos de referência, de contratos e de outros documentos (art. 19). Adoção da Modelagem da Informação da Construção nas licitações para obras e serviços de engenharia e arquitetura (art. 19, § 3º).

– **Audiência pública e consulta pública** (art. 21), pela forma eletrônica ou presencial, sem indicar o valor do contrato que exige essas medidas; caráter não vinculante das manifestações.

– **Valor estimado da contratação**: parâmetros para definição desse valor fixados no art. 23.

18. Segunda fase: publicação do edital de licitação:

– **Regras sobre edital** (art. 25). A nova Lei de Licitações não fala mais em instrumento convocatório salvo no § 4º do art. 56 e no § 4º do art. 86.

– obrigatoriedade de parecer do órgão jurídico, sem caráter vinculante (art. 53);

– adoção de **minutas padronizadas** (art. 25, § 1º);

– exceções ao **princípio da isonomia** (art. 25, § 2º);

– **publicidade** (arts. 25, § 3º, e 53, § 3º): divulgação de todos os atos em **sítio eletrônico oficial**; obrigatória a divulgação e a manutenção do inteiro teor do edital e de seus anexos, à disposição do público, no Portal Nacional de Contratações Públicas – PNCP (art. 54, § 1º). O § 3º do art. 25 também contém aplicação do **princípio da publicidade**, referido no art. 5º da nova Lei de Licitações (com fundamento no art. 37 da Constituição Federal), ao exigir que todos os elementos do edital, incluídos minuta de contrato, termos de referência, anteprojeto, projetos e outros anexos, sejam divulgados em sítio eletrônico oficial na mesma data de divulgação do edital, sem necessidade de registro ou de identificação para acesso. O **sítio eletrônico oficial** é definido pelo art. 6º, LII, como o "sítio da internet, certificado digitalmente por autoridade certificadora, no qual o ente federativo divulga de forma centralizada as informações e os serviços de governo digital dos seus órgãos e entidades";

– previsão de obrigatoriedade de implantação de **programa de integridade** (*compliance*) pelo licitante vencedor, no prazo de seis meses, quando se tratar de contratações de obras, serviços e fornecimentos de grande vulto (de valor estimado superior a duzentos milhões de reais) (arts. 6º, XXII, e 22, § 4º);

– **licenciamento ambiental** e **desapropriação**: possibilidade de atribuição de responsabilidade ao contratado (art. 25, §§ 5º e 6º);

– **reajustamento de preço**: previsão obrigatória no edital (art. 25, § 7º);

– **reajustamento de preço nos contratos de serviços contínuos** (art. 6º, XV): a) **reajustamento em sentido estrito**, definido no art. 6º, LVIII (quando não houver regime de dedicação exclusiva de mão de obra ou predominância de mão de obra, mediante previsão de índices específicos ou setoriais); b) **repactuação**, definida no art. 6º, LIX (quando houver regime de dedicação exclusiva de mão de obra ou predominância de mão de obra, mediante demonstração analítica da variação dos custos);

– destinação de percentual mínimo da mão de obra à **mulher vítima de violência doméstica** ou **oriundo ou egresso do sistema prisional** (§ 9º, I e II, dependente de regulamento);

– **impugnação ao edital**: direito assegurado a qualquer pessoa (art. 164);

– **margem de preferência**: exceção ao princípio da isonomia (arts. 26 e 27); normas semelhantes às do art. 3º, §§ 9º, 11, 12 e 13, da Lei 8.666;

– **matriz de riscos**: inovação introduzida pelo art. 22 e conceito dado pelo art. 6º, XXVII, com o objetivo de permitir a inclusão de cláusula definidora de riscos e de responsabilidades entre as partes e caracterizadora do equilíbrio econômico-financeiro inicial do contrato; o objetivo é estabelecer parâmetros a recomposição do equilíbrio econômico-financeiro; **previsão facultativa**, salvo para as contratações de obras e serviços de grande vulto (com valor estimado superior a duzentos milhões de reais) ou se forem adotados os regimes de contratação integrada e semi-integrada (art. 22, § 3º).

19. **Terceira fase: apresentação de propostas e lances (art. 55 a 58)**

– **Prazos para apresentação de propostas e lances**: variam conforme a modalidade de licitação. Prazos reduzidos nas licitações feitas pelo Ministério da Saúde, mediante decisão fundamentada: (art. 55, § 2º).

– **Modos de disputa** (art. 56): **aberto** e **fechado**, que podem ser usados isolada ou conjuntamente; vedações de utilização: (i) do modo de disputa fechado, no julgamento pelo menor preço ou de maior desconto; (ii) do modo de disputa aberto, no julgamento de técnica e preço.

– **Lances intermediários (art. 56, § 3º)**.

– **Intervalo mínimo de diferença de valores entre os lances** (art. 57).

– Possibilidade de exigência de **garantia de proposta** como requisito de pré-habilitação (art. 58).

20. **Quarta fase: julgamento (art. 59 a 61)**.

– **Objetivo**: classificar os licitantes que preenchem os requisitos do edital e desclassificar os demais.

– **Subfases**: (i) classificação inicial das propostas; (ii) desclassificação das propostas que não atendem aos requisitos, que sejam inexequíveis ou que apresentem sobrepreço (art. 59, § 3º); (iii) desempate; (iv) negociação.

– **Garantia adicional**: possibilidade de ser exigida do licitante vencedor cuja proposta for inferior a 85% do valor orçado pela Administração (art. 59, § 5º).

– **Desempate**: critérios previstos no art. 60, sem prejuízo da aplicação do art. 44 da Lei Complementar nº 123, de 12-12-06 (Estatuto da Microempresa e da Empresa de Pequeno Porte).

– **Negociação (art. 61)**: com o primeiro colocado para obtenção de condições mais vantajosas para a Administração; se sua proposta permanecer acima do preço máximo definido pela Administração, a negociação é feita com os demais, segundo a ordem de classificação inicial (§ 1º).

– **Critérios de julgamento** (art. 33):

I – **menor preço** (art. 34);

II – **maior desconto** (art. 34, § 2º);

III – **melhor técnica ou conteúdo artístico** (art. 35);

IV – **técnica e preço** (art. 36); exige estudo técnico preliminar; aplica-se às contratações previstas no § 1º; exige avaliação e ponderação das propostas técnicas e, em seguida, das propostas de preço, na proporção máxima de 70% de valoração para a proposta técnica (§ 2º), devendo ser considerado na pontuação técnica o desempenho pretérito na execução do contrato, conforme previsto no art. 87, §§ 3º e 4º do art. 88 (§ 3º).

V – **maior lance**, no caso de leilão;

VI – **maior retorno econômico** (art. 39): aplicável para os **contratos de eficiência** (definidos no art. 6º, LIII); exige dos licitantes **proposta de trabalho** e **proposta de preço**; julgamento que leva em conta o retorno econômico (resultado da economia que se estima gerar com a execução da proposta de trabalho, deduzida a proposta de preço) (§ 3º).

21. Quinta fase: habilitação (arts. 62 a 70).

– **Objetivo**: exame da documentação dos licitantes, conforme exigido no edital, para considerá-los habilitados ou inabilitados para a celebração do contrato.

– **Documentação (art. 62)**: a mesma exigida pelo art. 27 da Lei 8.666, com exclusão da exigência de cumprimento do disposto no inciso XXXIII do art. 7º da Constituição (trabalho de menor), que passou a ser prevista no art. 68 para comprovação de habilitação fiscal, social e trabalhista:

a) **jurídica** (docs. referidos no art. 66);

b) **técnica** (docs. referidos no art. 67, que desdobra esse item em **qualificação técnico-profissional** e **técnico operacional**);

c) **fiscal, social e trabalhista** (docs. referidos no art. 68);

d) **econômico-financeira** (docs. referidos no art. 69).

– **Regras**:

a) se a fase de habilitação for anterior ao julgamento: (i) não cabe a exclusão de licitante por motivo relacionado à habilitação, salvo em caso de fatos supervenientes ou só conhecidos após o julgamento (art. 64, § 2º); (ii) possibilidade de exigência de declaração de que os licitantes atendem aos requisitos de habilitação (art. 63, I); (iii) recebimento de propostas apenas dos licitantes mais bem classificados (art. 63, III);

b) possibilidade de exigência de comprovação de regularidade fiscal em **momento posterior ao julgamento das propostas**, apenas em relação ao licitante mais bem classificado (art. 63, III);

c) obrigatoriedade de exigência de declaração de que o licitante cumpre as exigências de **cargos para pessoa com deficiência e para reabilitação** da Previdência Social (art. 63, IV);

d) inclusão de cláusula no edital exigindo dos licitantes declaração de que suas propostas econômicas compreendem a **integralidade dos custos para atendimento dos direitos trabalhistas** (art. 63, § 1º);

e) exigência de **avaliação prévia do local de execução** (art. 63, § 2º); possibilidade de substituição da vistoria por declaração formal assinada pelo responsável técnico do licitante acerca do conhecimento pleno das condições e peculiaridades da contratação (art. 63, § 3º);

f) **proibição de substituição ou apresentação de documentos** após a entrega para habilitação, salvo nas hipóteses do art. 64;

g) possibilidade de **saneamento de erros ou falhas** que não alterem a substância dos documentos e sua validade jurídica (art. 64, § 1º);

h) obrigatoriedade de **previsão, no edital, dos requisitos para habilitação** (art. 65);

i) **aspectos formais**: a documentação pode ser apresentada em original, por cópia ou por qualquer outro meio expressamente admitido pela Administração (art. 70, I);

j) possibilidade de **substituição por registro cadastral** (art. 70, II);

k) **dispensa de documentação**, total ou parcial, nas contratações para entrega imediata, nas contratações em valores inferiores a ¼ do limite para dispensa de licitação para compras em geral e nas contratações de produto para pesquisa e desenvolvimento até o valor de R$ 300.000,00[20] (art. 70, III).

22. Sexta fase: recursal (art. 165).

– **Recursos cabíveis contra atos praticados com base na nova Lei de Licitações** (art. 164).

a) **recursos contra:** (i) deferimento ou indeferimento de pré-qualificação ou de inscrição, alteração ou cancelamento de registro cadastral; (ii) julgamento das propostas; habilitação ou inabilitação; anulação ou revogação da licitação; extinção do contrato por ato unilateral da Administração;

b) **pedido de reconsideração**: prazo de três dias quando não couber recurso hierárquico (art. 165, II).

– **Recursos cabíveis na sexta fase do processo de licitação**: contra o **julgamento** e contra a **habilitação**. Regras:

a) necessidade de manifestação da **intenção de recorrer**, sob pena de preclusão, sendo a apreciação feita em fase única (art. 165, § 1º);

b) recurso dirigido à autoridade que tiver editado ou proferido a decisão recorrida, com possibilidade de reconsideração; não feita esta, o recurso será encaminhado à autoridade superior (§ 2º do art. 165);

c) o acolhimento do recurso implicará a invalidação apenas de ato insuscetível de **aproveitamento** (ou convalidação) (art. 165, § 3º);

d) cabimento de **contrarrazões** no prazo para recorrer (art. 165, § 4º);

e) garantia do **direito de vista** (art. 165, § 5º);

f) **efeito suspensivo do recurso e do pedido de reconsideração** até que sobrevenha decisão final (art. 168);

g) previsão de **assessoramento jurídico** para decisão dos recursos (art. 168, parágrafo único).

23. Sétima fase: encerramento da licitação (art. 71).

– **Homologação**: terminologia usada no art. 17; corresponde a um dos atos do encerramento da licitação (sétima fase).

– **Encerramento da licitação**: terminologia usada no art. 71, que exige a análise de todo o procedimento, com várias possibilidades:

---

[20] Todos os valores fixados pela Lei nº 14.133/21 serão atualizados, a cada 1º de janeiro, pelo Poder Executivo, com base no Índice Nacional de Preços ao Consumidor Amplo Especial (IPCA-E), conforme determina o art. 182 da referida lei.

a) **saneamento de irregularidades** (art. 71, I);

b) **revogação** da licitação por motivo de oportunidade e conveniência, que só pode ocorrer por fato superveniente devidamente comprovado (art. 71, § 2º), com possibilidade de prévia manifestação dos interessados (§ 3º);

c) **anulação** da licitação, de ofício ou mediante provocação de terceiros, por razões de ilegalidade, também com possibilidade de prévia manifestação dos interessados (§ 3º);

d) **adjudicação do objeto** e **homologação** da licitação.

– Aplicação das mesmas normas às contratações diretas e aos procedimentos auxiliares da licitação (§ 4º).

– Dever da Administração de **indenizar** o contratado, em caso de anulação por ilegalidade que não lhe seja imputável (art. 149).

24. Contratação direta (arts. 72 a 77).

– **Documentos para instrução do processo** (art. 72).

– **Responsabilidade solidária do contratado e do agente público** pelo dano causado ao erário (art. 73).

25. Modalidades de contratação direta:

a) **Inexigibilidade de licitação**: inviabilidade de competição (art. 74); cinco hipóteses:

a.1) **exclusividade de fornecedor** (art. 74, I);

a.2) **contratação de profissional do setor artístico** (art. 74, II);

a.3) **contratação de profissional notoriamente especializado** (definido no § 3º) de serviços técnicos especializados de natureza predominantemente intelectual (art. 74, III); não mais exigida natureza singular do serviço; rol de serviços constante do mesmo dispositivo e do art. 6º, XVIII;

a.4) objetos que devam ou possam ser contratados por **credenciamento** (art. 74, IV); definição de credenciamento no art. 6º, XLIII; é procedimento auxiliar da licitação, conforme art. 78, I;

a.5) a **aquisição ou locação de imóvel** com características de instalações e de localização que tornem necessária a escolha; requisitos previstos no § 5º do art. 74; trata-se de locação de imóvel pertencente a particular e não de locação de imóvel, que se rege por legislação específica.

b) **Dispensa de licitação** (art. 75).

– Impossibilidade de ampliação das hipóteses na esfera administrativa e no âmbito da legislação estadual, distrital e municipal.

– Repetição, com pequenas alterações, das hipóteses previstas no art. 24 da Lei 8.666:

b.1) contratação direta para compra ou locação de imóvel passou a ser de inexigibilidade de licitação;

b.2) não repetição das hipóteses de dispensa previstas no art. 24, incisos XI, XV, XVI, XXII, XXIII, XXIV, XXX e XXXIII, da Lei 8.666;

b.3) dispensas em razão do objeto inseridas no inciso IV do art. 75;

b.4) inclusão, dentre as dispensas em razão do objeto, previstas no inciso IV, das alíneas *l* e *m*, que tratam das contratações que tenham por objeto serviços especializados ou aquisição ou locação de equipamentos destinados ao rastreamento e à obtenção de provas previstas nos incisos II e V do *caput* do art. 3º da Lei 12.850, de 2-8-13, quando houver necessidade justificada de manutenção de sigilo sobre a investigação, e aquisição de medicamentos destinados exclusivamente ao tratamento de doenças raras definidas pelo Ministério da Saúde;

b.5) previsão de nova hipótese de dispensa no inciso XIII do art. 75, para contratação de profissionais para compor a comissão de avaliação de critérios de técnica, quando se tratar de profissional técnico de notória especialização.

c) **Licitação dispensada** (art. 76, II): alienação de bens móveis nas hipóteses que especifica.

26. **Alienações** (art. 76): normas semelhantes às do art. 17 da Lei 8.666, com algumas alterações:

a) as normas sobre alienação de imóveis, quanto às exigências de **autorização legislativa** e de **licitação** aplicam-se às autarquias e fundações;

b) modalidade de licitação, que era a concorrência, passou a ser o **leilão**;

c) dispensa de licitação em caso de alienação e concessão de direito real de uso, gratuita ou onerosa, de terras públicas rurais da União e do Instituto Nacional de Colonização e Reforma Agrária (Incra) onde incidam ocupações até o limite de que trata o § 1º do art. 6º da Lei 11.952/09, para fins de regularização fundiária (alínea *h* do inciso I);

d) inclusão, na alínea *j*, da legitimação fundiária e legitimação de posse de que trata a Lei nº 13.465/17;

e) **licitação dispensada** para alienação de bens móveis, nas hipóteses que especifica (art. 76, II);

f) desnecessidade de autorização legislativa para alienação de bens imóveis da Administração Pública cuja aquisição tenha sido derivada de procedimentos judiciais ou de dação em pagamento; exigência de avaliação prévia e licitação na modalidade leilão (art. 76, § 1º);

g) preferência, na venda de bens imóveis, garantida ao licitante que, submetendo-se a todas as regras do edital, comprove a ocupação do imóvel objeto da licitação (art. 77).

27. **Instrumentos auxiliares (arts. 28, § 1º, 78 e 79).**

a) **Credenciamento** (art. 79): definido pelo art. 6º, XLIII.

– Inviabilidade de competição.

– **procedimento**: edital divulgado em sítio eletrônico oficial (art. 79, parágrafo único, I), constando critérios objetivos de distribuição da demanda, as condições padronizadas de contratação (art. 79, parágrafo único, II) e o valor da contratação nas hipóteses dos incisos I e II (art. 79, parágrafo único, III).

– **hipóteses (art. 79):**

I – **paralela e não excludente**: contratações simultâneas em condições padronizadas;

II – **com seleção a critério de terceiros**: a contratação está a cargo do beneficiário direto da prestação;

III – **em mercados fluidos**: a flutuação constante do valor da prestação e das condições de contratação inviabiliza a seleção de agente por meio de licitação.

– **procedimento a ser definido por regulamento**.

– **chamamento por edital** com observância dos requisitos do art. 79, parágrafo único, III.

– **regulamentação pelo Decreto nº 11.878, de 9-1-2024.**

b) Pré-qualificação: definida no art. 6º, XLIV (art. 80).

– **vantagem:** facilita o procedimento da licitação porque a Administração pode realizá-la apenas entre os licitantes pré-qualificados (art. 80, § 10).

– **procedimento destinado a selecionar licitantes** (com dispensa de documentação que conste do registro cadastral) **e bens** (com possibilidade de ser exigida comprovação de qualidade) (art. 80, *caput* e § 1º).

– **procedimento permanentemente aberto** (art. 80, § 2º).

– **requisitos do edital** (art. 80, § 3º): I – informações mínimas para definição do objeto; II – modalidade, forma da futura licitação e critérios de julgamento.

– **julgamento**: o mesmo procedimento das licitações (art. 78, § 2º).

– **pré-qualificação em grupos ou segmentos**: permitida pelo § 6º do art. 80.

– **validade da pré-qualificação:** I – um ano, no máximo, podendo ser atualizada a qualquer tempo; II – não superior ao prazo de validade dos documentos apresentados (§ 8º do art. 80).

– **divulgação dos licitantes e bens pré-qualificados** (art. 80, § 9º).

c) **Procedimento de manifestação de interesse** (arts. 78, III, e 81).

– **chamamento por edital** para que a iniciativa privada manifeste interesse em realizar estudos, investigações, levantamentos e projetos de soluções inovadoras que contribuam com questões de relevância pública (art. 81, *caput*).

– **procedimento dependente de regulamento**.

– **procedimento que não atribui preferência ao particular que apresente soluções, não obriga o poder público a realizar a licitação, não garante o direito a ressarcimento de valores e será remunerada pelo vencedor da licitação, sendo vedada a cobrança de valores do poder público (§ 2º do art. 81).**

– possibilidade de ser o **procedimento restrito a** *startups* (pequenos investidores referidos no § 4º do art. 81).

d) **Sistema de registro de preços**: definido pelo art. 6º, XLV, e disciplinado pelos arts. 82 a 86.

– Regulamentado pelo Decreto nº 11.462, de 31-3-2023.

– possibilidade de utilização para: **prestação de serviços**, **obras**, **aquisição** e **locação de bens**.

– para **obras e serviços de engenharia** a utilização do sistema de registro de preços exige: I – projeto padronizado, sem complexidade técnica e operacional; II – necessidade permanente ou frequente de obra ou serviço a ser contratado (art. 85).

Tipos de órgãos envolvidos:

d.1) órgão ou entidade gerenciadora (art. 6º, XLVII): conduz o procedimento;

d.2) órgão ou entidade participante (art. 6º, XLVIII): participa do procedimento e integra a ata de registro de preço;

d.3) órgão ou entidade não participante (art. 6º, XLIX): o "carona"; pode aderir à ata de registro de preços (art. 86, § 2º).

- **objetivo:** organizar um registro formal de preços a ser utilizado em contratações futuras.

- **ata de registro de preços** (definida no art. 6º, XLVI). Validade de um ano, prorrogável por igual período.

- **requisitos:** art. 82, § 5º.

- **procedimento de seleção dependente de regulamento.**

- **licitação: pregão** ou **concorrência.**

- **fase preparatória:** divulgação da **intenção de organizar registro de preços.**

- **chamamento por edital** com os elementos do art. 82.

- **critério de julgamento:** menor preço ou maior desconto sobre tabela de preços praticada no mercado.

e) **Registro cadastral** (arts. 87 e 88).

28. **Controle das contratações** (arts. 169 a 173).

- Três **linhas de defesa:**

I – **primeira linha de defesa:** servidores e empregados públicos, agentes de licitação e autoridades que atuam na estrutura de governança do órgão ou entidade;

II – **segunda linha de defesa:** unidades de assessoramento jurídico e de controle interno;

III – **terceira linha de defesa:** órgão central de controle interno e Tribunal de Contas.

- Direito de **acesso irrestrito** aos documentos e às informações (art. 169, § 2º).

- **Formas de atuação:**

I – no caso de **impropriedade formal:** saneamento e mitigação de riscos de nova ocorrência;

II – impropriedade que cause **dano à Administração:** apuração das infrações, com observância da segregação de funções e individualização das condutas; remessa ao Ministério Público.

- Necessidade de serem levadas em consideração as razões apresentadas pelos órgãos e entidades controladas (arts. 169, § 3º, e 170).

- Suspensão cautelar do processo licitatório pelo Tribunal de Contas: obrigatoriedade de decidir o mérito (art. 171, § 1º).

- Dever do órgão ou entidade responsável pelo processo suspenso cautelarmente: I – informar as medidas adotadas para cumprimento da decisão; II – prestar todas as informações cabíveis; III – proceder à apuração de responsabilidade (art. 171, § 2º). O descumprimento desse dispositivo enseja apuração de responsabilidade e obrigação de reparação e prejuízo causado.

29. **Portal Nacional de Contratações Públicas – PNCP (arts. 174 a 176)**

- Criado pelo art. 174, como **sítio eletrônico oficial**, destinado à: I – divulgação centralizada e obrigatória dos atos exigidos pela nova Lei de Licitações; II – realização facultativa das contratações pelos órgãos e entidades dos Poderes Executivo, Legislativo e Judiciário de todos os entes federativos.

– Utilização do PNCP por todos os entes federativos.

– Gestão por um **Comitê Gestor da Rede Nacional de Contratações Públicas**, constituído por representantes de todos os entes federativos (art. 174, § 1º).

– Possibilidade de instituição de sítio eletrônico oficial pelos entes federativos, para **divulgação complementar** e realização das respectivas contratações (art. 175).

– Possibilidade de realização de contratações por meio de sistema eletrônico fornecido por pessoa jurídica de direito privado, na forma de regulamento, desde que observada a norma do art. 174 (art. 175, § 1º).

– Prazo até 31-12-23 para os Municípios realizarem divulgação complementar de suas contratações, mediante publicação de extrato de edital de licitação em jornal diário de grande circulação local (art. 175, § 2º, vetado pelo Presidente da República).

– Prazo de seis anos para os Municípios com até 20.000 habitantes: I – cumprirem os requisitos estabelecidos nos arts. 7º e 8º; II – realizarem licitações sob a forma eletrônica; III – cumprirem as regras relativas à divulgação em sítio eletrônico oficial (art. 176).

– Obrigatoriedade de os Municípios com até 20.000 habitantes, enquanto não adotarem o PNCP: I – publicar em diário oficial as informações que a lei exige que sejam divulgadas em sítio eletrônico oficial; II – disponibilizar a versão física dos documentos em suas repartições, vedada a cobrança de qualquer valor, salvo o referente ao fornecimento de edital ou de cópia de documento (art. 176, parágrafo único).

30. Disposições finais e transitórias

– Revogação, pelo art. 193, I, dos arts. 89 a 108 da Lei nº 8.666/93, que tratam dos crimes e das penas, e alteração do Código Penal para incluir um Capítulo II-B, dispondo sobre "**crimes em licitações e contratos administrativos**".

– Revogação, pelo art. 193, II, da Lei nº 8.666, de 21-6-93, da Lei nº 10.520, de 17-7-2002 (sobre pregão), e dos arts. 1º a 47-A da Lei nº 12.462, de 4-88-2011 (sobre RDC), **a contar de 30-12-2023 (redação dada pela Lei Complementar nº 198/2023).**

– Aplicação das leis revogadas aos contratos firmados antes da entrada em vigor da nova Lei de Licitações (art. 190).

– Possibilidade de opção, pela Administração, até 30-12-2023, por licitar de acordo com a nova Lei de Licitações ou de acordo com as leis revogadas pelo art. 190, II.

– Aplicação aos contratos relativos a imóvel do patrimônio da União ou de suas autarquias e fundações das leis pertinentes, aplicando-se a Lei de Licitações apenas subsidiariamente (art. 192).

– Aplicação da Lei de Licitações a todas as hipóteses previstas na legislação com referência à legislação revogada pelo art. 190, II (art. 189).

– Aplicação subsidiária da Lei de Licitações aos contratos de concessão e permissão de serviços públicos, às parcerias público-privadas e aos contratos de publicidade (art. 186).

– Possibilidade de Estados, Distrito Federal e Municípios aplicarem os regulamentos da Lei de Licitações, editados pela União (art. 187).

– Aplicação da Lei de Licitações, no que couber, aos convênios, acordos, ajustes e outros instrumentos congêneres celebrados por órgãos e entidades da Administração Pública, na forma de regulamento do Poder Executivo federal (art. 184).

– Previsão de instituição de centrais de compras pelos entes federativos, para realização de compras em grande escala (art. 181, *caput*), devendo os Municípios com até 10.000 habitantes, preferencialmente, constituir consórcios públicos para realização das compras (art. 181, parágrafo único).

– Atribuição de competência ao Poder Executivo federal para atualizar os valores fixados pela lei, com base no Índice Nacional de Preços ao Consumidor Amplo Especial (IPCA-E), ou pelo índice que venha a substituí-lo, a cada dia 1º de janeiro, com divulgação dos novos valores pelo PNCP (art. 182).

– **Forma de contagem dos prazos**: art. 183.

10
Administração Indireta

10.1 DESCENTRALIZAÇÃO

10.1.1 Descentralização e desconcentração

Descentralização é a distribuição de competências de uma para outra pessoa, física ou jurídica.

Difere da **desconcentração** pelo fato de ser esta uma distribuição interna de competências, ou seja, uma distribuição de competências dentro da mesma pessoa jurídica; sabe-se que a Administração Pública é organizada hierarquicamente, como se fosse uma pirâmide em cujo ápice se situa o Chefe do Poder Executivo. As atribuições administrativas são outorgadas aos vários órgãos que compõem a hierarquia, criando-se uma relação de coordenação e subordinação entre uns e outros. Isso é feito para descongestionar, **desconcentrar**, tirar do centro um volume grande de atribuições, para permitir seu mais adequado e racional desempenho. A desconcentração liga-se à hierarquia.

A descentralização supõe a existência de, pelo menos, duas pessoas, entre as quais se repartem as competências.

10.1.2 Descentralização política e administrativa

O tema pode ser analisado sob o ponto de vista político e administrativo.

A **descentralização política** ocorre quando o ente descentralizado exerce atribuições próprias que não decorrem do ente central; é a situação dos Estados-membros da federação e, no Brasil, também dos Municípios. Cada um desses entes locais detém competência legislativa própria que não decorre da União nem a ela se subordina, mas encontra seu fundamento na própria Constituição Federal. As atividades jurídicas que exercem não constituem delegação ou concessão do governo central, pois delas são titulares de maneira originária.

A **descentralização administrativa** ocorre quando as atribuições que os entes descentralizados exercem só têm o valor jurídico que lhes empresta o ente central; suas atribuições não decorrem, com força própria, da Constituição, mas do poder central. É o tipo de descentralização própria dos Estados unitários, em que há um centro único de poder, do qual se destacam, com relação de subordinação, os poderes das pessoas jurídicas locais.

Os vocábulos **autonomia** e **administração** expressam bem a distinção. Autonomia, de *autós* (próprio) e *nómos* (lei), significa o poder de editar as próprias leis, sem subordinação a outras normas que não as da própria Constituição; nesse sentido, só existe autonomia onde haja descentralização política.

Autoadministração dá ideia de capacidade de gerir os próprios negócios, mas com subordinação a leis postas pelo ente central; é o que ocorre na descentralização administrativa.

Normalmente, combinam-se as duas modalidades de descentralização, outorgando-se aos entes locais (Estados e Municípios) uma parcela de competência própria que podem exercer com autonomia (sem subordinação a leis federais) e fixando-se uma parcela de competências concorrentes em que as leis locais se subordinam às leis federais; além disso, criam-se entidades com personalidade jurídica própria, com capacidade de **autoadministração**, porém sem autonomia.

10.1.3   Modalidades de descentralização administrativa

Não há uniformidade entre os doutrinadores na maneira de classificar a descentralização administrativa. Alguns consideram duas modalidades:

1. descentralização **territorial** ou **geográfica**; e
2. descentralização **por serviços**, **funcional** ou **técnica**.

Outros fazem uma classificação tripartite que abrange, além dessas duas, a **descentralização por colaboração**. Essa classificação será aqui adotada por apresentarem, as três modalidades, características próprias que justificam a inclusão em categorias diversas.

10.1.3.1   Descentralização territorial

Descentralização **territorial** ou **geográfica** é a que se verifica quando uma entidade local, geograficamente delimitada, é dotada de personalidade jurídica própria, de direito público, com capacidade administrativa genérica.

São características desse ente descentralizado:

1. personalidade jurídica de direito público;
2. capacidade de autoadministração;
3. delimitação geográfica;
4. capacidade genérica, ou seja, para exercer a totalidade ou a maior parte dos encargos públicos de interesse da coletividade;
5. sujeição a controle pelo poder central.

Esse tipo de descentralização é o que ocorre nos Estados unitários, como França, Portugal, Itália, Espanha, Bélgica, constituídos por Departamentos, Regiões, Províncias, Comunas, e é o que se verificava no Brasil, à época do Império. Foi o modelo adotado para os territórios federais pelo art. 33 da Constituição Federal de 1988, que se mantém, embora, atualmente, não existam territórios com essa configuração. O art. 18, § 3º, permite a sua criação como integrantes da União. Nesse caso, seriam incluídos na modalidade de descentralização territorial, sem integrarem a federação. Teriam personalidade jurídica de direito público, sendo geograficamente delimitados e possuindo capacidade genérica, que abrange serviços de segurança, saúde, justiça etc.

É importante realçar que a descentralização administrativa territorial nem sempre impede a capacidade legislativa; só que esta é exercida **sem autonomia**, porque subordinada a normas emanadas do poder central.

10.1.3.2 Descentralização por serviços

Descentralização **por serviços, funcional** ou **técnica** é a que se verifica quando o Poder Público (União, Estados, Distrito Federal ou Municípios) cria uma pessoa jurídica de direito público ou privado e a ela atribui a titularidade e a execução de determinado serviço público. No Brasil, essa criação somente pode dar-se por meio de **lei** e corresponde, basicamente, à figura da **autarquia**, mas abrange também **fundações** governamentais, **sociedades de economia mista, empresas públicas e suas subsidiárias**, que exerçam serviços públicos. A Lei nº 11.107, de 6-4-05, criou novo tipo de entidade que prestará serviço público mediante descentralização; trata-se dos **consórcios públicos**, a serem criados por entes federativos para a gestão associada de serviços públicos, prevista no art. 241 da Constituição Federal.

Tradicionalmente, os autores indicam apenas a autarquia como forma de descentralização por serviço, definindo-a, por isso mesmo, como **serviço público descentralizado**: trata-se de determinado serviço público que se destaca da pessoa jurídica pública (União, Estados ou Municípios) e ao qual se atribui personalidade jurídica própria, também de natureza pública; entende-se que o ente instituído deve ter a mesma capacidade pública, com todos os privilégios e prerrogativas próprios do ente instituidor. Não é por outra razão que o Decreto-lei nº 200, de 25-2-67, apegado a essa doutrina tradicional, define apenas a autarquia como entidade que presta **serviço público** típico do Estado.

Todavia, o estudo da evolução das formas de descentralização revela que se criaram entes com personalidade de direito privado e a eles transferiram a **titularidade** e a **execução** de serviço público, com o mesmo processo de descentralização; a diferença está em que os privilégios e prerrogativas são menores, pois a entidade só usufrui daqueles expressamente conferidos pela lei instituidora e reputados necessários para a consecução de seus fins.

Isso ocorre, não só no Brasil, mas também em outros países onde se multiplicam as variedades de entes descentralizados. Para citar apenas o direito francês, no qual o nosso direito administrativo se inspirou em grande parte, lembramos que o *établissement publique* (estabelecimento público), que correspondia originariamente às nossas autarquias, hoje é denominação genérica que abrange entidades com personalidade pública e privada.

No caso da descentralização por serviço, o ente descentralizado passa a deter a **titularidade** e a **execução** do serviço; em consequência, ele desempenha o serviço com independência em relação à pessoa que lhe deu vida, podendo opor-se a interferências indevidas; estas somente são admissíveis nos limites expressamente estabelecidos em lei e têm por objetivo garantir que a entidade não se desvie dos fins para os quais foi instituída. Essa a razão do **controle** ou **tutela** a que tais entidades se submetem nos limites da lei.

Esse processo de descentralização envolve, portanto:

1. reconhecimento de **personalidade jurídica** ao ente descentralizado;
2. existência de órgãos próprios, com **capacidade de autoadministração** exercida com certa independência em relação ao poder central;
3. **patrimônio próprio**, necessário à consecução de seus fins;
4. **capacidade específica**, ou seja, limitada à execução do serviço público determinado que lhe foi transferido, o que implica sujeição ao **princípio da especialidade**, que impede o ente descentralizado de desviar-se dos fins que justificaram a sua criação;
5. sujeição a **controle** ou **tutela**, exercido nos limites da lei, pelo ente instituidor; esse controle tem que ser limitado pela lei precisamente para assegurar certa margem de independência ao ente descentralizado, sem o que não se justificaria a sua instituição.

Aliás, para assegurar essa independência, o ideal seria que os dirigentes dessas entidades fossem eleitos por seus próprios membros, o que raramente ocorre. Em regra, a escolha dos dirigentes fica por conta da Administração Direta, ocupando eles cargos de confiança do Chefe do Executivo; isso cria uma vinculação prejudicial à independência da entidade, que acaba sendo dirigida pela própria pessoa jurídica que a criou precisamente para dar-lhe certa "autonomia"; torna-se, pois, imperfeita e, por vezes, inútil e onerosa a descentralização.

Note-se que a instituição de entidades descentralizadas prende-se essencialmente a razões de ordem **técnico-administrativa**; o acréscimo de encargos assumidos pelo Estado prestador de serviços (Estado do Bem-estar) aconselha a descentralização de atividades que, pelo elevado número e complexidade, não poderiam ser executadas a contento se mantidas nas mãos de uma única pessoa jurídica. A descentralização, além de aliviar o órgão central de certo número de atividades, ainda traz o benefício da especialização; com a criação da entidade, formar-se-á (ou deveria formar-se) um corpo técnico, especializado na execução do serviço que lhe foi confiado.

10.1.3.3 Descentralização por colaboração

Descentralização por colaboração é a que se verifica quando, por meio de **contrato** ou **ato administrativo unilateral**, se transfere a **execução** de determinado serviço público a pessoa jurídica de direito privado, previamente existente, conservando o Poder Público a **titularidade** do serviço.

Comparando-se esta modalidade com a anterior, verifica-se que, naquela, a descentralização é feita por **lei**, que cria uma **pessoa jurídica pública**, à qual atribui a **titularidade** e a **execução do serviço**, colocando-a sob a **tutela** do Poder Público (controle nos limites da lei). Vale dizer que o ente que cria a entidade perde a disponibilidade sobre o serviço, pois, para retomá-lo, depende de lei.

A descentralização por colaboração é feita por **contrato** ou **ato unilateral**, pelo qual se atribui a uma pessoa de direito privado a **execução** de serviço público, conservando o Poder Público a sua titularidade. Isto lhe permite dispor do serviço de acordo com o interesse público, envolvendo a possibilidade de alterar unilateralmente as condições de sua execução e de retomá-la antes do prazo estabelecido; o controle é muito mais amplo do que aquele que se exerce na descentralização por serviço, porque o Poder Público é que detém a titularidade do serviço, o que não ocorre nesta última.

Originariamente, nessa forma de descentralização por colaboração, que se faz por concessão, permissão ou autorização do serviço público, o Poder Público delegava a execução do serviço a pessoas jurídicas já constituídas com capital exclusivamente privado; e essa era a sua vantagem, ou seja, a possibilidade de realizar grandes serviços sem dispêndio de capital público, além de manter, o poder concedente, a disponibilidade sobre o serviço.

Mais recentemente, especialmente na vigência da Constituição de 1967, adotou-se o procedimento de delegar a execução do serviço público a **empresas sob controle acionário do Poder Público**, referidas na Constituição de 1988 como categoria própria, diversa das empresas públicas e sociedades de economia mista (arts. 37, XVII, e 165, § 5º, II).

Embora sem a grande vantagem originária das concessões (realização do serviço sem dispêndio de capital público), o procedimento é legal, desde que assegurada ao Poder Público a disponibilidade sobre o serviço.

A partir da década de 1990, sob o impulso da chamada Reforma do Estado e da privatização, volta a concessão de serviços públicos a ser utilizada sob a forma originária de delegação a empresas privadas. Isto está sendo feito por dois caminhos: pela **desestatização** (com a venda de ações de empresas estatais para o setor privado, com o que tais empresas deixam de estar sob o controle acionário do Estado) e pela abertura de licitação para outorga de novas concessões (seja a tradicional, seja sob a forma de parceria público-privada, nas modalidades de concessão patrocinada e concessão administrativa).

10.1.4 Evolução

À época do Estado liberal, em que a sua atividade se restringia quase exclusivamente à defesa externa e segurança interna, não havia grande necessidade de descentralização das atividades administrativas, mesmo porque as funções de polícia são, em geral, indelegáveis, pelo fato de implicarem autoridade, coerção sobre o indivíduo em benefício do bem-estar geral; com relação a elas, são incompatíveis os métodos do direito privado, baseados no princípio da igualdade. A essa época, o conceito de serviço público ligava-se sem contestação ao regime jurídico administrativo. Esse podia ser considerado o critério mais adequado para distinguir o serviço público da atividade particular.

À proporção que o Estado foi assumindo outros encargos nos campos social e econômico, sentiu-se necessidade de encontrar novas formas de gestão do serviço público e da atividade privada exercida pela Administração. De um lado, a ideia de **especialização**, com vistas à obtenção de melhores resultados, e que justificou e ainda justifica a existência de autarquias; de outro lado, e com o mesmo objetivo, a **utilização de métodos de gestão privada**, mais flexíveis e mais adaptáveis ao novo tipo de atividade assumida pelo Estado, em especial a de natureza comercial e industrial; em alguns países, como a Alemanha, isso foi feito com fins de socialização e, em outros, especialmente nos subdesenvolvidos, com vistas ao desenvolvimento econômico.

Com isso, o próprio conceito de serviço público entrou em crise, já que os chamados serviços industriais e comerciais, antes executados exclusivamente por particulares, passaram a ser desempenhados também pela Administração Pública, sob regime predominante de direito privado; como consequência, o regime jurídico deixou de ser a baliza que delimitava os conceitos de serviço público e atividade privada.

O procedimento utilizado, inicialmente, foi a delegação da execução de serviços públicos a empresas particulares, por meio de **concessão**, cuja vantagem, já assinalada, era a possibilidade que tinha o Estado de prestar serviço público essencial, sem necessidade de inverter recursos públicos e sem correr os riscos do empreendimento.

À medida que o Poder Público teve que interferir na vida da empresa concessionária, para assegurar a consecução dos interesses gerais, foi necessária também a sua ajuda financeira cada vez maior. Construíram-se teorias, objetivando assegurar o equilíbrio econômico do contrato e possibilitar a continuidade na prestação do serviço. Quando o Estado começou a participar dos riscos do empreendimento, a concessão foi perdendo o seu interesse e buscaram-se novas formas de descentralização.

As autarquias, por terem capacidade pública semelhante à da Administração Pública, foram consideradas mais adequadas para a prestação de serviços públicos próprios do Estado, embora no direito brasileiro muitas tenham sido criadas para desempenhar atividade econômica, como as Caixas Econômicas, depois transformadas em empresas públicas. Foi, principalmente, a ideia de **especialização** que norteou a criação dessas entidades.

Já para a atividade comercial ou industrial do Estado, mostrou-se mais adequada a forma empresarial.

Com o declínio das concessões, surgiram as sociedades de economia mista e as empresas públicas. Nas primeiras, o que atraiu o Poder Público foi, de um lado, a possibilidade de, em uma única empresa voltada para a execução de serviço público de natureza comercial e industrial, acumular grande volume de recursos financeiros que o Estado, sozinho, não conseguiria levantar e, de outro, a possibilidade de atuar sob o mesmo regime das empresas privadas.

No início deste século, começou-se a apontar o principal aspecto negativo da sociedade de economia mista, a saber, o conflito de interesses entre o Estado e o particular; o primeiro, visando ao interesse geral, procura fixar preços mais baixos, acessíveis para a população; o segundo objetiva o lucro e, por essa razão, quer os preços mais elevados.

Daí a instituição de empresas públicas, em que o capital é inteiramente público.

Ocorre que, com a necessidade de intervenção do Estado no domínio econômico, especialmente após a Segunda Guerra Mundial, ampliou-se, mais uma vez, a atuação estatal, para abranger não apenas as atividades de natureza industrial e comercial exercidas como **serviços públicos** (transportes, energia, luz, gás etc.), mas também a atividade industrial e comercial de natureza privada que o Estado precisava exercer a título de intervenção no domínio econômico, ou seja, não para assumir como sua uma atividade que o particular não desempenhava a contento, mas para **subsidiar a iniciativa privada quando ela fosse deficiente**. Daí o ressurgimento da sociedade de economia mista.

Posteriormente, e acompanhando a mesma tendência verificada em outros países, voltou-se a utilizar o instituto da **concessão**, não para delegar a execução do serviço a empresa particular, mas a empresa sob controle acionário do Estado, conforme referido no item anterior.

A partir da década de noventa, teve início a fase das privatizações, como forma de diminuir o aparelhamento do Estado. Passaram a ser utilizados vários instrumentos, entre eles a concessão, a permissão de serviços públicos e as parcerias público-privadas (concessão patrocinada e concessão administrativa), em que a delegação é feita a empresa privada.

10.1.5 A descentralização administrativa no direito positivo brasileiro

10.1.5.1 A confusão do legislador

O Decreto-lei nº 200, de 25-2-67, que dispõe sobre a reforma administrativa federal, incluiu entre os seus princípios norteadores o da descentralização; nos termos do art. 10, § 1º, esta se fará em três planos:

a) dentro dos quadros da Administração Federal, distinguindo-se claramente o nível de direção do de execução;
b) da Administração Federal para as unidades federadas, quando estejam devidamente aparelhadas e mediante convênio;
c) da Administração Federal para a órbita privada, mediante contratos ou concessões.

No primeiro caso, não há descentralização, mas desconcentração; no segundo, há apenas cooperação entre governos federal, estadual e municipal para a execução de serviços de interesse comum; na terceira, com referência a **contrato**, há apenas **execução indireta** de obras e serviços por terceiros, conforme previsto no art. 10 da Lei nº 8.666, de 21-6-93. Apenas com referência à concessão pode-se entender que o termo descentralização foi empregado adequadamente, abrangendo a descentralização por colaboração.

As demais modalidades não se enquadram nos processos de descentralização já referidos.

Por sua vez, o art. 4º do Decreto-lei nº 200 divide a **Administração Pública** em **direta** e **indireta**. A Administração Direta compreende os serviços integrados na estrutura administrativa da Presidência da República e na dos Ministérios. A Administração Indireta abrangia, na redação original, **autarquias, empresas públicas** e **sociedades de economia mista**, equiparando as fundações às empresas públicas.

O Decreto-lei nº 900, de 29-9-69, no art. 3º, expressamente declarou que as fundações instituídas por lei federal não integravam a administração indireta, mas se subordinavam à supervisão ministerial, desde que recebessem subvenções ou transferências à conta do orçamento da União.

Posteriormente, o Decreto-lei nº 2.299, de 21-11-86, incluiu as fundações federais entre os órgãos da Administração Indireta, mas apenas para fins de sujeição às normas de fiscalização, controle e gestão financeira e para fins de inclusão dos seus cargos, empregos e funções no Plano de Classificação de Cargos estabelecido para a Administração Direta; apenas excluiu as fundações universitárias e as destinadas à pesquisa, ao ensino e às atividades culturais.

Finalmente, a Lei nº 7.596, de 10-4-87, deu nova redação ao art. 4º do Decreto-lei nº 200, nele incluindo as "fundações públicas". Desse modo, hoje, são entidades da Administração Indireta, na órbita federal, segundo esse decreto-lei, autarquias, empresas públicas, sociedades de economia mista e fundações públicas.

O Decreto-lei nº 200 tem sido objeto de crítica, nessa parte, por não abranger todas as entidades da Administração Indireta e por incluir, entre elas, algumas que não são. Com efeito, se era intenção do legislador mencionar, com a expressão *administração indireta*, as entidades que prestam serviços públicos descentralizados, ele o fez de maneira imperfeita; primeiro, porque não mencionou as entidades que são **concessionárias** e **permissionárias** de serviços públicos (descentralização por colaboração) e que exercem **administração indireta** ou **descentralizada**; segundo, porque só considerou como empresas públicas e sociedades de economia mista as que exercem **atividade econômica**, as quais não são entidades **descentralizadas**.

Isto porque só existe descentralização quando o Poder Público destaca um **serviço público que lhe é próprio** para transferi-lo, por descentralização, a outra entidade, com personalidade jurídica própria; ninguém pode delegar uma atribuição que não lhe pertence.

Ocorre que a atuação do Estado não se limita aos serviços públicos; ele às vezes sai da órbita de ação que lhe é própria e vai atuar no âmbito de atividade reservada essencialmente à iniciativa privada; trata-se da atividade de **intervenção**, que compreende, além da regulamentação e fiscalização da atividade econômica de natureza privada (**intervenção indireta**), também a atuação direta no domínio econômico, o que se dá por meio de empresas estatais (**intervenção direta**).

Nesse caso, não se trata de atividade assumida pelo Estado como **serviço público**; é atividade tipicamente privada que o Estado exerce em regime de monopólio (nos casos indicados no art. 177 da Constituição) ou em regime de competição com a iniciativa privada, conforme o determine o interesse público ou razões de segurança (art. 173). O Estado exerce essa atividade a título de **intervenção no domínio econômico**, conservando a natureza da atividade como tipicamente privada; por isso mesmo, ele se submete às normas de direito privado que não forem expressamente derrogadas pela Constituição.

Não se pode, pois, tecnicamente, considerar essas empresas que exercem atividade econômica como entidades da Administração Indireta; somente se podem considerar corretos os conceitos de empresa pública e sociedade de economia mista, contidos no art. 5º do Decreto-lei nº 200, se se considerar a expressão *atividade econômica* em sentido amplo, abrangendo a de natureza privada (exercida a título de intervenção no domínio econômico) e a de natureza pública (assumida pelo Estado como serviço público, comercial ou industrial, como, por exemplo, o de transportes, de navegação aérea, de distribuição de gás).

Com essa abrangência ampla dada à expressão *atividade econômica*, usada no art. 5º do Decreto-lei nº 200/67, fica superada a deficiência conceitual de empresa pública e sociedade de economia mista e chega-se a uma conclusão quanto ao sentido em que o legislador empregou a expressão **administração indireta** naquele dispositivo. Não se referiu à Administração Pública como **atividade** (sentido objetivo), mas como **sujeito** (sentido subjetivo). Desse modo,

Administração Indireta, no art. 4º do Decreto-lei nº 200/67, significa o conjunto de pessoas jurídicas, de direito público ou privado, criadas ou autorizadas por lei, para o desempenho de atividades assumidas pelo Estado, como serviços públicos ou a título de intervenção no domínio econômico.

Além das entidades da Administração Indireta referidas no art. 4º do Decreto-lei nº 200/67, a Lei nº 11.107, de 6-4-05, criou outra modalidade sob a denominação de **consórcio público** que pode ter personalidade de direito público (hipótese em que assume a denominação de **associação pública**, inserida, pela mesma lei, no art. 41, inciso IV, do Código Civil), ou personalidade de direito privado. Embora a lei determine que apenas os consórcios com personalidade pública integram a Administração Indireta, a mesma conclusão tem que se aplicar aos que têm personalidade de direito privado, conforme exposto no item 10.10.2. Em qualquer das duas modalidades, o consórcio é criado por dois ou mais entes federativos em conjunto (União, Estados, Distrito Federal ou Municípios) para a gestão associada de serviços públicos prevista no art. 241 da Constituição.

Com a aprovação do Estatuto Jurídico das empresas públicas, sociedades de economia mista e suas subsidiárias, pela Lei nº 13.303, de 30-6-16, tem-se que incluir entre as entidades da administração indireta as empresas subsidiárias das empresas públicas e sociedades de economia mista.

No Estado de São Paulo, o Decreto-lei Complementar nº 7, de 6-11-69, que estabelece o estatuto das entidades descentralizadas, diz, no art. 2º, que a descentralização se efetivará mediante a constituição de:

I – autarquias;
II – empresas públicas e empresas em cujo capital o Estado tenha participação majoritária, pela sua administração centralizada ou descentralizada; e
III – fundações.

Não definiu essas entidades e andou melhor do que o legislador federal ao falar, genericamente, em empresas de que o Estado tenha participação majoritária; com essa expressão abrange tanto as sociedades de economia mista como as empresas estatais que não tenham essa natureza, por faltar-lhes algum requisito essencial, mas que exercem serviços públicos **descentralizados** do Estado e que, por isso, mesmo, compõem a administração indireta ou descentralizada.

A Lei Orgânica do Município de São Paulo, de 4-4-90, no art. 80, II, inclui na Administração Indireta as autarquias, fundações, empresas públicas e sociedades de economia mista, e outras entidades dotadas de personalidade jurídica.

Em todas as unidades federadas, a Administração Indireta inclui também as empresas subsidiárias das empresas públicas e sociedades de economia mista, por força do disposto na Lei nº 13.303, de 30-6-16, que é lei de âmbito nacional.

10.1.5.2 A expressão Administração Indireta na Constituição

Diante da confusão de terminologia e de conceitos da legislação ordinária, a grande dificuldade está em saber em que sentido a Constituição de 1988, com as alterações introduzidas pela Emenda Constitucional nº 19/98, usa a expressão **Administração Indireta**. E ela o faz em vários dispositivos: no art. 37, *caput*, fala em "Administração Pública Direta e Indireta"; no art. 49, X, fala em fiscalização e controle dos atos do Poder Executivo, incluídos os da Administração Indireta; no art. 70, fala em fiscalização da "União e das entidades da Administração Direta e Indireta"; no art. 71, II, ainda referente à fiscalização, fala em responsáveis por dinheiros, bens e valores públicos da "Administração Direta e Indireta, incluídas as fundações e sociedades instituídas e mantidas pelo Poder Público"; no inciso subsequente, usa expressões semelhantes, excluindo a menção a "sociedades"; já no art. 74, que cuida do controle interno, faz referência a "órgãos e entidades da Administração Federal", bem como à aplicação de recursos por "entidades de direito privado"; no art. 165, § 5º, I e III, menciona "entidades da Administração Direta e Indireta, inclusive fundações instituídas e mantidas pelo Poder Público"; idêntica redação é usada no art. 169, § 1º.

Lamentável, como se vê, a falta de técnica legislativa.

Houve certa insistência do constituinte em mencionar "a Administração Indireta, **inclusive as fundações**", como se estas não fizessem parte daquela; isto se deu ou porque se conviveu, desde a entrada em vigor do Decreto-lei nº 200/67, com um sistema em que as fundações não integravam a Administração Indireta, desconhecendo, o constituinte, a Lei nº 7.596/87, que mudou essa sistemática; ou porque se quis deixar estreme de dúvidas a aplicação de certas normas constitucionais a esse tipo de entidade, precisamente pelo fato de anteriormente ela ter sido excluída; ou porque é o tipo de entidade que mais tem provocado controvérsias quanto à sua natureza jurídica.

De qualquer forma, hoje não há mais dúvida de que as fundações instituídas e mantidas pelo Poder Público integram a Administração Indireta, seja federal, estadual ou municipal, de modo que, mesmo nos dispositivos em que não há menção expressa às fundações, elas são alcançadas pela expressão *Administração Indireta*, como ocorre nos arts. 49, X, e 70; ambos se referem à fiscalização e não seria aceitável que a mesma não abrangesse as fundações; note-se que, mesmo quando eram excluídas do art. 4º do Decreto-lei nº 200, já se sujeitavam às normas sobre controle.

Quanto às empresas públicas e sociedades de economia mista, há de se entender que todas elas foram incluídas no conceito constitucional de "Administração Indireta", sejam elas prestadoras de serviços públicos ou de atividade econômica de natureza privada, que é o sentido comum, que se vulgarizou, apesar da conceituação falha contida no art. 5º, II e III, do Decreto-lei nº 200/67. Caso contrário, chegar-se-ia ao absurdo de excluir as empresas prestadoras de serviços públicos do alcance de determinadas normas constitucionais que são mais importantes precisamente com relação a elas: é o que ocorre com a norma do art. 37, que estabelece os princípios da Administração Pública.

Ficaram, no entanto, excluídas da expressão *Administração Indireta* as empresas estatais sob controle acionário do Estado, mas que não têm a natureza de empresas públicas ou sociedades de economia mista; quando quis alcançá-las, o constituinte as mencionou expressamente, como nos arts. 37, XVII, 71, II, 165, II, e 173, § 1º, com a expressão "e suas subsidiárias"; a maioria delas desempenha **serviços públicos**, incluindo-se na categoria de concessionárias de serviços públicos.

Em resumo, a Constituição usa a expressão *Administração Indireta* no mesmo **sentido subjetivo** do Decreto-lei nº 200/67, ou seja, para designar o conjunto de pessoas jurídicas, de direito público ou privado, criadas ou autorizadas por lei, para desempenhar atividades assumidas pelo Estado, seja como serviço público, seja a título de intervenção no domínio econômico.

10.2 ENTIDADES DA ADMINISTRAÇÃO INDIRETA

10.2.1 Modalidades e natureza jurídica

Compõem a Administração Indireta, no direito positivo brasileiro, as **autarquias**, as **fundações** instituídas pelo Poder Público, as **sociedades de economia mista**, as **empresas públicas, as subsidiárias dessas empresas** e os **consórcios públicos**. Tecnicamente falando, dever-se-iam incluir as **empresas concessionárias** e **permissionárias de serviços públicos**, constituídas ou não com participação acionária do Estado.

Dessas entidades, a autarquia é pessoa jurídica de direito público; a fundação e o consórcio público podem ser de direito público ou privado, dependendo do regime que lhes for atribuído pela lei instituidora; as demais são pessoas jurídicas de direito privado.

Importa, portanto, em primeiro lugar, apontar a diferença que existe, quanto ao regime jurídico, entre as pessoas de direito público e as de direito privado.

10.2.2 Regime jurídico

Tem-se que analisar, em dois pontos extremos, as pessoas públicas e as pessoas de direito privado instituídas por particulares, para, depois, considerar as pessoas de direito privado instituídas pelo Poder Público, pois, por essa forma, ficará demonstrado que estas últimas se colocam num ponto intermediário, tendo algumas características de regime jurídico administrativo e outras de regime jurídico de direito comum.

Celso Antônio Bandeira de Mello (1968:319), no que é seguido de perto por Lúcia Valle Figueiredo, indica vários critérios práticos para distinguir as pessoas públicas e as pessoas privadas constituídas por particular.

São características das **pessoas privadas**:

1. origem na vontade do particular;
2. fim geralmente lucrativo;
3. finalidade de interesse particular;
4. liberdade de fixar, modificar, prosseguir ou deixar de prosseguir seus próprios fins;
5. liberdade de se extinguir;
6. sujeição a controle negativo do Estado ou a simples fiscalização (poder de polícia);
7. ausência de prerrogativas autoritárias.

Já as **pessoas públicas** se caracterizam por:

1. origem na vontade do Estado;
2. fins não lucrativos;
3. finalidade de interesse coletivo;
4. ausência de liberdade na fixação ou modificação dos próprios fins e obrigação de cumprir os escopos;
5. impossibilidade de se extinguirem pela própria vontade;
6. sujeição a controle positivo do Estado;
7. prerrogativas autoritárias de que geralmente dispõem.

Ocorre que **quando o Estado cria ou autoriza a criação de uma pessoa jurídica privada, ela aparece com praticamente todas as características indicadas para as pessoas públicas:** elas são criadas e extintas por decisão do Poder Público; o seu fim principal não é o lucro, ressalvada a hipótese de sociedade de economia mista, em que o intuito lucrativo do particular se opõe ao interesse público visado pelo Estado; elas não podem afastar-se dos fins para os quais foram instituídas; sujeitam-se a controle positivo do Estado; e recebem, às vezes, algumas prerrogativas autoritárias.

E é compreensível que assim seja; se o Estado necessita de uma pessoa jurídica para exercer determinada atividade, ele a coloca no mundo jurídico e dele a retira quando lhe pareça conveniente ao interesse coletivo; ele fixa os fins que ela deve perseguir, sem os quais não se justificaria a sua existência; para obrigá-la a cumprir seus fins, o Estado exerce sobre ela o controle estabelecido em lei; e ainda, para que ela atinja a esses fins, ele lhe outorga, na medida do que seja necessário, determinados privilégios próprios do Poder Público.

Assim, existem vários traços comuns entre o regime jurídico das pessoas públicas e o das pessoas de direito privado instituídas pelo Estado:

1. todas têm personalidade jurídica própria, o que implica direitos e obrigações definidos em lei, patrimônio próprio, capacidade de autoadministração, receita própria;
2. a sua criação é sempre feita ou autorizada por lei, exigência que consta agora do art. 37, XIX, da Constituição;
3. a sua finalidade essencial não é o lucro e sim a consecução do interesse público;
4. falta-lhes liberdade na fixação ou modificação de seus próprios fins; é a própria lei singular que, ao criar a entidade, define o seu objeto, o qual só pode ser alterado por outra lei da mesma natureza;
5. elas não têm a possibilidade de se extinguirem pela própria vontade; sendo criadas por lei, só outra lei poderá extingui-las, em consonância com o princípio do paralelismo das formas; por isso mesmo, não se aplicam a essas entidades as formas normais de extinção previstas no direito civil e comercial;
6. a todas elas se aplica o controle positivo do Estado, o qual tem por finalidade verificar se a entidade está cumprindo os fins para os quais foi criada.

Onde está, portanto, a diferença entre as pessoas públicas e as pessoas privadas que compõem a Administração Indireta do Estado?

A diferença primordial está nas **prerrogativas** e **restrições** próprias do regime jurídico administrativo (item 3.2), como autoexecutoriedade, autotutela, possibilidade de alteração e rescisão unilateral dos contratos, impenhorabilidade de seus bens, juízo privativo, imunidade tributária, sujeição à legalidade, à moralidade, à licitação, à realização de concursos públicos etc.

As pessoas públicas (autarquias e fundações de direito público) têm praticamente as mesmas prerrogativas e sofrem as mesmas restrições que os órgãos da Administração Direta, e as pessoas de direito privado só possuem as prerrogativas e sujeitam-se às restrições expressamente previstas em lei.

Além disso, nas relações dessas entidades com a pessoa jurídica instituidora (União, Estado ou Município), não existem praticamente diferenças entre as pessoas públicas e privadas; as normas são de direito público, precisamente para manter a vinculação entre a Administração Indireta e a Direta; já quanto à forma da sua organização e nas relações com terceiros, aplica-se, para as pessoas jurídicas de direito privado, basicamente, o direito privado, salvo algumas alterações decorrentes expressamente de normas publicísticas. As pessoas jurídicas públicas sujeitam-se ao direito público, com a possibilidade de utilizar o direito privado em hipóteses previstas em lei, como, por exemplo, na celebração de contratos de compra e venda, locação, comodato; as pessoas jurídicas privadas regem-se pelo direito privado, salvo quando houver norma de direito público dispondo de forma diversa.

Por outras palavras, a Administração Pública, ao instituir, com autorização em lei, empresas públicas, sociedades de economia mista ou fundações de direito privado, está socorrendo-se de meios de atuação próprios do direito privado; foi precisamente o regime jurídico de direito privado que levou o Poder Público a adotar esse tipo de entidade, pois, sob esse regime, ela pode atuar com maior liberdade do que a Administração Pública Direta. **No entanto, tais pessoas nunca se sujeitam inteiramente ao direito privado.** O seu regime jurídico é híbrido, porque, sob muitos aspectos, elas se submetem ao direito público, tendo em vista especialmente a necessidade de fazer prevalecer a vontade do ente estatal, que as criou **para atingir determinado fim de interesse público**.

Sendo o interesse público indisponível, a adoção pura e simples do regime jurídico privado seria inaceitável, porque retiraria das entidades da Administração Indireta determinadas prerrogativas que lhes são reconhecidas precisamente para permitir a consecução de seus fins; do mesmo modo que, ao permitir-lhes atuar com autonomia de vontade, própria do direito privado, suprimir-se-iam as restrições legais que o direito público impõe e que constituem a garantia fundamental da moralidade administrativa e do respeito aos direitos dos administrados. As normas de direito público que derrogam parcialmente o direito privado têm por objetivo assegurar o equilíbrio entre a posição de supremacia da Administração e a liberdade de atuação que caracteriza as pessoas jurídicas de direito privado.

Melhor dizendo, a Administração confere às suas pessoas jurídicas privadas os meios de atuação do direito privado considerados mais adequados para a execução de determinadas atividades; mas, simultaneamente, as submete, em parte, ao regime administrativo, na medida considerada essencial para a consecução daqueles mesmos fins.

O Código Civil de 2002, no art. 41, elenca as pessoas jurídicas de direito público interno, incluindo as autarquias e demais entidades de caráter público criadas por lei. Vale dizer que não fez uma enunciação taxativa, deixando ao Poder Público a possibilidade de instituir outras modalidades de entes com personalidade jurídica pública.

E o parágrafo único do mesmo dispositivo estabelece que, "salvo disposição em contrário, as pessoas jurídicas de direito público, a que se tenha dado estrutura de direito privado, regem-se, no que couber, quanto ao seu funcionamento, pelas normas deste Código". A referência mais provável é às fundações instituídas pelo Poder Público com personalidade jurídica de direito público, mas que tenham a mesma estrutura das fundações de direito privado. Como a personalidade é de direito público, é a lei instituidora que vai definir o regime aplicável e a medida em que serão derrogadas as normas do Código Civil referentes ao instituto.

Em resumo, em todas as pessoas de direito privado criadas pelo Estado existe um traço comum: a **derrogação parcial do direito privado por normas de direito público**.

Antes de iniciar a análise de cada uma das entidades da Administração Indireta, pode-se resumir da seguinte maneira as suas características:

1. a **autarquia** é pessoa jurídica de direito público, o que significa ter praticamente as mesmas **prerrogativas** e **sujeições** da Administração Direta; o seu regime jurídico pouco difere do estabelecido para esta, aparecendo, perante terceiros, como a própria Administração Pública; difere da União, Estados e Municípios – **pessoas públicas políticas** – por não ter capacidade política, ou seja, o poder de criar o próprio direito; é **pessoa pública administrativa**, porque tem apenas o poder de autoadministração, nos limites estabelecidos em lei;

2. a **fundação** instituída pelo Poder Público caracteriza-se por ser um patrimônio, total ou parcialmente público, a que a lei atribui personalidade jurídica de direito público ou privado, para consecução de fins públicos; quando tem personalidade pública, o seu regime jurídico é idêntico ao das autarquias, sendo, por isso mesmo, chamada de autarquia fundacional, em oposição à autarquia corporativa; outros preferem falar em fundações públicas ou de direito público; as fundações de direito privado regem-se pelo Direito Civil em tudo o que não for derrogado pelo direito público;

3. o **consórcio público** é pessoa jurídica de direito público ou privado criada por dois ou mais entes federativos (União, Estados, Distrito Federal ou Municípios) para a gestão associada de serviços públicos prevista no art. 241 da Constituição; se tiver personalidade de direito público, é denominado de associação pública, inserindo-se na categoria de autarquia; se tiver personalidade de direito privado, rege-se pela legislação civil, em tudo o que não for derrogado pelo direito público, em especial pela Lei nº 11.107, de 6-4-05;
4. a **sociedade de economia mista** é pessoa jurídica de direito privado, em que há conjugação de capital público e privado, participação do Poder Público na gestão e organização sob forma de sociedade anônima, com as derrogações estabelecidas pelo direito público e pela própria lei das S.A. (Lei nº 6.404, de 15-12-76); executa atividades econômicas, algumas delas próprias da iniciativa privada (com sujeição ao art. 173 da Constituição) e outras assumidas pelo Estado como serviços públicos (com sujeição ao art. 175 da Constituição);
5. a **empresa pública** é pessoa jurídica de direito privado com capital inteiramente público (com possibilidade de participação das entidades da Administração Indireta) e organização sob qualquer das formas admitidas em direito;
6. a **empresa sob controle acionário do Estado** é pessoa jurídica de direito privado, que presta atividade econômica (pública ou privada), mas a que falta um dos requisitos essenciais para que seja considerada empresa pública ou sociedade de economia mista; em geral, presta serviços públicos comerciais e industriais do Estado, atuando, em muitos casos, como empresa concessionária de serviços públicos, sujeita ao art. 175 da Constituição;
7. a **empresa subsidiária** da sociedade de economia mista ou da empresa pública é aquela em que o controle acionário é exercido por uma dessas modalidades de empresas estatais, ficando a União, o Estado, o Distrito Federal ou o Município com o controle indireto. Nos termos do art. 2º, IV, do Decreto nº 8.945, de 27-12-16, que regulamentou o estatuto jurídico das empresas estatais no âmbito da União, empresa subsidiária é a "empresa estatal cuja maioria das ações com direito a voto pertença direta ou indiretamente a empresa pública ou a sociedade de economia mista"; o parágrafo único do art. 2º do decreto regulamentar inclui no conceito de empresa subsidiária "as subsidiárias integrais e as demais sociedades em que a empresa estatal detenha o controle acionário majoritário, inclusive as sociedades de propósito específico". Embora o decreto não defina "subsidiária integral", ela é disciplinada na Lei das Sociedades por Ações (Lei nº 6.404, 15-12-76, como companhia que tem como único acionista uma sociedade brasileira (arts. 251 e 252); a empresa subsidiária corresponde à modalidade muitas vezes referida na legislação como entidade sob controle indireto do poder público.

As três últimas categorias podem ser abrangidas pela expressão **empresa estatal** ou **empresa governamental**, que serão utilizadas sempre nesse sentido amplo.

10.3 AUTARQUIAS

10.3.1 O vocábulo autarquia

Segundo José Cretella Júnior (1980:139), o termo *autarquia*, incorporado há cerca de três décadas ao nosso léxico, é formado de dois elementos justapostos: *autós* (= próprio) e *arquia*

(= comando, governo, direção), significando, à letra, etimologicamente, "comando próprio, direção própria, autogoverno".

Foi usado, pela primeira vez, em 1897, na Itália, por Santi Romano, ao escrever para a Enciclopédia Italiana, sobre o tema "decentramento amministrativo"; com o vocábulo autarquia, ele fazia referência às comunas, províncias e outros entes públicos existentes nos Estados unitários; dessa forma, ele substitui a expressão ente autônomo, que é contraditória, porque "autonomia" designa o poder de estabelecer o próprio direito (*autós* = próprio e *nómos* = lei), poder esse de que não desfrutam os entes locais senão a título de delegação do poder central.

O vocábulo, com esse sentido, teve grande uso no direito italiano, até que o governo fascista entendeu necessário bani-lo do léxico jurídico, já que a doutrina dos entes autárquicos, defendendo parcela de independência para as entidades locais, dificultava a inteira subordinação das mesmas ao poder central. O direito positivo italiano voltou a empregar a expressão "ente autônomo".

Esses dados são importantes para realçar o fato de que o termo autarquia surgiu com significado um pouco diverso daquele empregado no direito brasileiro, pois designava as formas de **descentralização territorial**, próprias dos Estados unitários. Foi mais pelo trabalho de doutrinadores italianos, como Guido Zanobini e Renato Alessi, que se desenvolveu o conceito de autarquia como entidade da Administração Indireta (descentralização administrativa **por serviço**), que exerce serviço determinado, com as mesmas características e os mesmos efeitos da atividade administrativa do Estado.

10.3.2 Evolução no direito brasileiro

No Brasil, já existiam entidades com natureza autárquica, antes que fosse elaborado o seu conceito, pela doutrina ou pela legislação.

Segundo alguns, a primeira autarquia teria sido a Caixa Econômica, instituída em 1861, portanto, pelo Governo Imperial; no entanto, controvérsias existem sobre a sua natureza jurídica.

A autarquia não foi incluída no art. 14 do Código Civil de 1916, entre as pessoas jurídicas de direito público interno, pois começou a aparecer, especialmente no campo da previdência social, a partir de 1923, com a criação do Instituto de Aposentadoria e Pensões. Mas está prevista no atual Código Civil, no art. 41, inciso IV, entre as pessoas jurídicas de direito público interno.

O primeiro conceito legal de autarquia foi dado pelo Decreto-lei nº 6.016, de 22-11-43, que a definia como "o serviço estatal descentralizado, com personalidade de direito público, explícita ou implicitamente reconhecida por lei".

Atualmente, seu conceito legal consta do art. 5º, I, do Decreto-lei nº 200: "serviço autônomo, criado por lei, com personalidade jurídica, patrimônio e receita próprios, para executar atividades típicas da Administração pública, que requeiram, para seu melhor funcionamento, gestão administrativa e financeira descentralizada". É de se notar que não consta desse preceito a natureza **pública** da sua personalidade; a essa circunstância acrescente-se o fato de que a Constituição de 1967 (art. 163, § 2º), em sua redação original, determinava que as empresas públicas, as **autarquias** e sociedades de economia mista reger-se-ão pelas normas aplicáveis às empresas privadas; a falha foi corrigida pela Emenda Constitucional nº 1, de 1969, que, no art. 170, § 2º, repetiu aquela norma, excluindo a referência às autarquias.

Mas parece ter-se repetido na atual Constituição, cujo art. 173, § 1º, em sua redação original, fazia referência a "outras entidades que explorem atividade econômica", incluindo-as entre as que se sujeitam ao direito privado; essa expressão abrangia autarquias, acaso existentes, que desempenhassem atividade econômica. Com a alteração introduzida pela Emenda Constitucional nº 19/98, o dispositivo implicitamente exclui as autarquias, pois faz expressa referência a empresa pública, sociedade de economia mista e suas subsidiárias que explorem atividade econômica de produção ou comercialização de bens ou de prestação de serviços.

Costuma-se apontar outra falha no conceito legal de autarquia, pelo fato de fazer referência ao exercício de "atividades típicas da Administração Pública"; alega-se que autarquias existem que prestam atividade econômica. A crítica é **parcialmente** procedente, porque o estudo da história das autarquias no direito brasileiro revela que muitas foram criadas para desempenhar atividade de natureza econômica, como as Caixas Econômicas e a Rede Ferroviária Federal. No entanto, essa fase parece estar superada, porque as chamadas autarquias econômicas foram sendo paulatinamente transformadas em pessoas jurídicas de direito privado, para funcionar como sociedades comerciais.

Além disso, se falha existe, não é propriamente no conceito do Decreto-lei nº 200, mas na escolha da entidade autárquica para o exercício de atividades em que ela não se revela como a forma mais adequada.

10.3.3 Conceito e características

Há certo consenso entre os autores ao apontarem as características das autarquias:

1. criação por lei;
2. personalidade jurídica pública;
3. capacidade de autoadministração;
4. especialização dos fins ou atividades;
5. sujeição a controle ou tutela.

A criação por lei é exigência que vem desde o Decreto-lei nº 6.016/43, repetindo-se no Decreto-lei nº 200/67 e constando agora do art. 37, XIX, da Constituição.

Sendo **pessoa jurídica**, ela é titular de direitos e obrigações próprios, distintos daqueles pertencentes ao ente que a instituiu; sendo **pública**, submete-se a regime jurídico de direito público, quanto à criação, extinção, poderes, prerrogativas, privilégios, sujeições. Em resumo, apresenta as características das pessoas públicas, já mencionadas no item 10.2.2. Daí Celso Antônio Bandeira de Mello (1968:226) definir sinteticamente as autarquias, de forma muito feliz, como "pessoas jurídicas de direito público de capacidade exclusivamente administrativa".

Falando-se em capacidade de **autoadministração**, diferencia-se a autarquia das pessoas jurídicas públicas **políticas** (União, Estados e Municípios), que têm o poder de criar o próprio direito, dentro de um âmbito de ação fixado pela Constituição. Não é demais repetir que se deve evitar o termo *autonomia*, em relação às autarquias, porque estas não têm o poder de criar o próprio direito, mas apenas a capacidade de se autoadministrar a respeito das matérias específicas que lhes foram destinadas pela pessoa pública política que lhes deu vida.

A outorga de patrimônio próprio é acessório necessário, sem o qual a capacidade de autoadministração não existiria.

A **especialização dos fins** ou atividades coloca a autarquia entre as formas de descentralização administrativa por serviços ou funcional, distinguindo-a da descentralização territorial; a autarquia desenvolve **capacidade específica** para a prestação de serviço determinado; o ente territorial dispõe de **capacidade genérica** para a prestação de serviços públicos variados. O reconhecimento da capacidade específica das autarquias deu origem ao **princípio da especialização**, que as impede de exercer atividades diversas daquelas para as quais foram instituídas.

Finalmente, o **controle administrativo** ou **tutela** é indispensável para assegurar que a autarquia não se desvie de seus fins institucionais.

Outra ideia ligada à de autarquia é a de **descentralização**, porque ela surge precisamente quando se destaca determinado serviço público do Estado para atribuí-lo a outra pessoa jurídica; daí o seu conceito como "serviço público descentralizado" ou "serviço público personalizado", ou, para usar expressão do Decreto-lei nº 6.016, "serviço estatal descentralizado".

Com esses dados, pode-se conceituar a autarquia como a **pessoa jurídica de direito público, criada por lei, com capacidade de autoadministração, para o desempenho de serviço público descentralizado, mediante controle administrativo exercido nos limites da lei.**

10.3.4 Posição perante a Administração Pública e terceiros

Exercendo a autarquia um serviço público descentralizado, é necessário analisar a sua posição perante a pessoa jurídica política que a instituiu; e sendo todo serviço público uma atividade de interesse geral da coletividade, importa verificar também a posição da autarquia perante os particulares.

Perante a Administração Pública centralizada, a autarquia dispõe de **direitos** e **obrigações**; isto porque, sendo instituída por lei para desempenhar determinado serviço público, do qual passa a ser titular, ela pode fazer valer perante a Administração o **direito** de exercer aquela função, podendo opor-se às interferências indevidas; vale dizer que ela tem o **direito ao desempenho do serviço nos limites definidos em lei**. Paralelamente, ela tem a **obrigação** de desempenhar as suas funções; originariamente, essas funções seriam do Estado, mas este preferiu descentralizá-las a entidades às quais atribuiu personalidade jurídica, patrimônio próprio e capacidade administrativa; essa entidade torna-se a **responsável** pela prestação do serviço; em consequência, a Administração centralizada tem que exercer controle para assegurar que a função seja exercida.

Esse duplo aspecto da autarquia – direito e obrigação – dá margem a outra dualidade: **independência** e **controle**; a capacidade de autoadministração é exercida nos limites da lei; da mesma forma, os atos de controle não podem ultrapassar os limites legais.

Perante os particulares, a autarquia aparece como se fosse a própria Administração Pública, ou seja, com todas as **prerrogativas** e **restrições** que informam o regime jurídico-administrativo.

10.3.5 Classificação

Vários critérios costumam ser apresentados para classificar as autarquias.

Um critério mais antigo, que hoje tem mais valor histórico, já que não mais encontra respaldo no direito positivo, é o que considera o tipo de atividade, falando em autarquias:

1. **econômicas**, destinadas ao controle e incentivo à produção, circulação e consumo de certas mercadorias, como o Instituto do Açúcar e do Álcool;
2. **de crédito**, como as Caixas Econômicas (hoje transformadas em empresas públicas);
3. **industriais**, como a Imprensa Oficial do Estado (hoje também transformada em empresa);
4. **de previdência e assistência**, como o INSS e o IPESP;
5. **profissionais ou corporativas**, que fiscalizam o exercício das profissões, como o CREA, o CRM e tantas outras;
6. as **culturais** ou de **ensino**, em que se incluem as Universidades.

Esse tipo de classificação, além de não corresponder à atual realidade do direito positivo brasileiro, carece de relevância, tendo em vista que o tipo de atividade não altera o regime jurídico; além disso, sempre é possível surgirem autarquias com novas funções que não se enquadram em nenhuma das categorias mencionadas (como, por exemplo, as agências reguladoras e as agências de fomento), da mesma forma que alguns tipos de autarquias, dentre as mencionadas, deixaram de existir ou podem deixar de existir (como as autarquias de crédito, que não mais existem com essa natureza).

As autarquias econômicas (dentre as quais se podem incluir as autarquias industriais e as de crédito, referidas na classificação) já existiram em grande quantidade no direito brasileiro, talvez porque as autarquias fossem definidas pelo Decreto-lei nº 6.016, de 22-11-43, como "serviço estatal descentralizado", podendo abranger serviços públicos de qualquer natureza, inclusive os de natureza comercial ou industrial do Estado. Com o Decreto-lei nº 200/67, o art. 5º, I, deixou expresso que elas desempenham "atividades típicas da Administração Pública", o que levou, provavelmente, à transformação de autarquias econômicas e de crédito em empresas estatais. Com a Constituição de 1988, o art. 173, § 1º, deu margem à possibilidade de criação de autarquias econômicas, com regime de direito privado, uma vez que previu o regime próprio das empresas privadas para "a empresa pública, a sociedade de economia mista e *outras entidades que explorem atividade econômica*". A redação dada a esse dispositivo pela Emenda Constitucional nº 19/98 deixou de fazer referência a essas "outras entidades" que explorem atividade econômica, reservando esse tipo de atividade para as empresas públicas, sociedades de economia mista e suas subsidiárias.

Um outro critério é o da **capacidade administrativa**, que distingue dois tipos de autarquias:

1. a **geográfica** ou **territorial**, que é de capacidade genérica; e
2. a de **serviço** ou **institucional**, que é de capacidade específica.

Essas duas modalidades correspondem a duas das formas de descentralização já analisadas: a territorial e a por serviços.

O que as distingue é precisamente a capacidade administrativa. A autarquia territorial exerce múltiplas atividades no âmbito do seu território; praticamente se desincumbe das mesmas funções que normalmente são exercidas pelos Estados e Municípios, como distribuição de água, luz, gás, poder de polícia, proteção à saúde, educação; porém, diferem desses entes por não terem capacidade **política**, ou seja, por não terem competência para legislar com autonomia em relação ao governo central. São dessa modalidade os Departamentos, Regiões, Comunas, Províncias, dos Estados Unitários e, no direito brasileiro, apenas os territórios federais, hoje inexistentes, embora previstos no art. 33 da Constituição.

As autarquias de **serviços** ou **institucionais** têm capacidade **específica**, ou seja, limitada a determinado serviço que lhes é atribuído por lei.

Um outro critério considera a **estrutura** das autarquias e as subdivide em:

1. **fundacionais**; e
2. **corporativas** ou **associativas**.

Essa classificação é baseada na distinção que se contém no novo Código Civil entre as duas modalidades de pessoas jurídicas privadas: **associação** e **sociedade**, de um lado, e **fundação** de outro (art. 44, I e III), que repete a mesma classificação contida no art. 16 do Código Civil de 1916.

Na pessoa jurídica de forma associativa, o elemento essencial é a existência de determinados **membros** que se associam para atingir a certos fins que a eles mesmos beneficiam; na fundação, o elemento essencial é o **patrimônio** destinado à realização de certos fins que ultrapassam o âmbito da própria entidade, indo beneficiar terceiros estranhos a ela.

Essa distinção tanto é aplicável às pessoas jurídicas privadas, como às pessoas jurídicas públicas (autarquias institucionais). O Estado pode instituir pessoa jurídica constituída por sujeitos unidos (ainda que compulsoriamente) para a consecução de um fim de interesse público, mas que diz respeito aos próprios associados, como ocorre com a OAB e demais entidades corporativas; e pode constituir pessoa jurídica dotada de patrimônio vinculado a um fim que irá beneficiar pessoas indeterminadas, que não a integram como membros ou sócios, a exemplo do que ocorre com a Fundação de Amparo à Pesquisa do Estado de São Paulo, o Hospital das Clínicas, as Universidades oficiais, todas elas constituídas por um patrimônio destinado a beneficiar terceiros; o elemento humano que as compõe, compreendendo dirigentes e servidores, é mero instrumento para a consecução de seus fins.

Com relação à OAB, o Supremo Tribunal Federal, na ADI 3.026-4/DF, ao apreciar a constitucionalidade do art. 79, § 1º, da Lei nº 8.906, de 4-7-94 (Estatuto da OAB), entendeu que "não procede a alegação de que a OAB se sujeita aos ditames impostos à Administração Pública Direta e Indireta da União. A Ordem não é uma entidade da Administração Indireta da União. A Ordem é um serviço público independente, categoria ímpar no elenco das personalidades jurídicas existentes no direito brasileiro. A OAB não está incluída na categoria na qual se inserem essas que se tem referido como 'autarquias especiais' para pretender-se afirmar equivocada independência das hoje chamadas 'agências'. Por não consubstanciar uma entidade da Administração Indireta, a OAB não está sujeita a controle da Administração, nem a qualquer das suas partes está vinculada. Essa não vinculação é formal e materialmente necessária" (Relator: Ministro Eros Grau; julgamento: 8-6-06, pelo Tribunal Pleno, *DJ* 29-09-06).

Com essa decisão, a OAB passa a ser considerada como pessoa jurídica de direito público no que esta tem de vantagens (com todos os privilégios da Fazenda Pública, como imunidade tributária, prazos em dobro, prescrição quinquenal etc.), mas não é considerada pessoa jurídica de direito público no que diz respeito às restrições impostas aos entes da Administração Pública direta e indireta (como licitação, concurso público, controle). A decisão é absolutamente inaceitável quando se considera que a OAB, da mesma forma que as demais entidades profissionais, desempenha atividade típica do Estado (poder de polícia, no qual se insere o poder disciplinar) e, portanto, função administrativa descentralizada pelo Estado. Ela se enquadra tanto no conceito de serviço estatal descentralizado, que constava da Lei nº 6.016/43, como se enquadra como atividade típica do Estado, constante do art. 5º, I, do Decreto-lei nº 200. O acórdão do Supremo Tribunal Federal, com todo o respeito que é devido à instituição, criou uma fórmula mágica para subtrair a OAB do alcance das normas constitucionais pertinentes à Administração Pública indireta, quando essas normas imponham ônus ou restrições, sem, no entanto, retirar-lhe os privilégios próprios das demais pessoas jurídicas de direito público.

A autarquia fundacional corresponde à figura da **fundação de direito público**, cuja existência alguns doutrinadores negam, por entenderem que todas as fundações são de direito privado e se regem pelo Código Civil.

A fundação pública é colocada, para aqueles que a aceitam (entre os quais nos colocamos), como modalidade de **autarquia**, porque seu regime jurídico é o das pessoas jurídicas públicas administrativas; quer nas relações perante a Administração Pública, quer nas relações com terceiros, elas se regem pelo direito público.

Finalmente, um último critério de classificação das autarquias considera o seu âmbito de atuação, distinguindo-as em **federais**, **estaduais** e **municipais**.

10.4 FUNDAÇÃO

10.4.1 Natureza jurídica e conceito

Com a denominação de fundações públicas, a Lei nº 7.596, de 10-4-87, alterando a redação do art. 4º do Decreto-lei nº 200, de 25-2-67, incluiu entre os órgãos da Administração Indireta as fundações públicas, definindo-as como pessoas jurídicas de direito privado.

Nem por isso se põe fim à discussão que se trava no direito brasileiro a respeito da sua natureza jurídica, pública ou privada. De todas as entidades da Administração Indireta, a fundação é, sem dúvida alguma, a que tem provocado maiores divergências doutrinárias no que diz respeito à sua natureza jurídica e às consequências que daí decorrem.

Formaram-se, basicamente, duas correntes: de um lado, a que defende a natureza privatística de todas as fundações instituídas pelo Poder Público, e, de outro, a que entende possível a existência de fundações com personalidade pública ou privada, a primeira das quais como modalidade de autarquia. Após a Constituição de 1988, há quem entenda que todas as fundações governamentais são pessoas jurídicas de direito público.

Colocamo-nos entre os que defendem a possibilidade de o Poder Público, ao instituir fundação, atribuir-lhe personalidade de direito público ou de direito privado. Isto porque nos parece incontestável a viabilidade de aplicar-se, no direito público, a distinção que o Código Civil de 1916 continha entre as duas modalidades de pessoas jurídicas privadas: associação e sociedade, de um lado, e fundação, de outro; a distinção se mantém no novo Código Civil.

A distinção entre as duas modalidades de pessoa jurídica foi feita de modo preciso, no início do século XX, por Lacerda de Almeida (1905:66-67): "o que caracteriza *in genere* os estabelecimentos, e *in specie* as fundações, é servirem a um fim de utilidade pública – religioso, moral, científico, político ou mesmo industrial – e nisto se distinguem das associações ou corporações, as quais, posto possam ter fins idênticos ou análogos, não servem a tais fins, antes no alcançá-los buscam o seu próprio proveito, trabalham no interesse da coletividade, ou do ser ideal que a personifica. Por isso mesmo que são pessoas e não coisas e, como pessoas, têm em si próprias a razão de sua atividade, as associações ou corporações – admita-se a sinonímia desses vocábulos – as associações ou corporações são do mesmo modo e pelo mesmo título que as pessoas físicas, fim para si, trabalham, agem, movem-se, dirigem-se para servir a si próprias, tudo que fazem, fazem-no no interesse próprio; os direitos que adquirem, adquirem-nos para si e para si os exercem. As fundações, os institutos, os estabelecimentos são, ao contrário, estruturas destinadas a servir a certos fins de religião ou de beneficência ou de ciência ou arte etc., não são pessoas, mas coisas personificadas, não são fins para si, adquirem direitos e exercem-nos em proveito de certa classe de pessoas indeterminadas, ou de quaisquer pessoas indistintamente. São patrimônios administrados; a personalidade deles pode considerar-se uma abstração".

Sinteticamente, pode-se dizer que, na pessoa jurídica de forma associativa, o elemento essencial é a existência de determinados membros que se associam para atingir a certos fins que a eles mesmos beneficiam; na fundação, o elemento essencial é o patrimônio destinado à realização de certos fins que ultrapassam o âmbito da própria entidade, indo beneficiar terceiros estranhos a ela.

Essa distinção é aplicável tanto às pessoas jurídicas privadas, como às pessoas jurídicas públicas. O Estado pode instituir pessoa jurídica constituída por sujeitos unidos (ainda que compulsoriamente) para a consecução de um fim que é ao mesmo tempo público (fiscalização do exercício da profissão) e de interesse específico dos associados (defesa dos interesses da classe), como ocorre com a OAB e demais entidades corporativas; como pode constituir pessoa jurídica dotada de patrimônio vinculado a um fim que irá beneficiar pessoas indeterminadas, como ocorre com a Fundação de Amparo à Pesquisa do Estado de São Paulo, o Hospital das Clínicas, as Universidades Públicas, todas elas constituídas por um patrimônio destinado a atingir terceiros estranhos a essas entidades; o elemento humano que as compõe é mero instrumento para a consecução dos seus fins.

Quando o Estado institui pessoa jurídica sob a forma de fundação, ele pode atribuir a ela regime jurídico administrativo, com todas as prerrogativas e sujeições que lhe são próprias, ou subordiná-la ao Código Civil, neste último caso, com derrogações por normas de direito público. Em um e outro caso se enquadram na noção categorial do instituto da fundação, como patrimônio personalizado para a consecução de fins que ultrapassam o âmbito da própria entidade.

Em cada caso concreto, a conclusão sobre a natureza jurídica da fundação – pública ou privada – tem que ser extraída do exame da sua lei instituidora e dos respectivos estatutos. Ainda que a legislação federal considere a fundação como pessoa jurídica de direito privado, nada impede que a lei instituidora adote regime jurídico-publicístico, derrogando, no caso concreto, as normas gerais estabelecidas pelo Decreto-lei nº 200/67, com as alterações introduzidas pela Lei nº 7.596/87, da mesma forma como tem sido feito em relação às sociedades de economia mista e empresas públicas, instituídas, estas últimas especialmente, sob formas inéditas, não previstas em qualquer lei anterior que discipline as sociedades comerciais. Trata-se de aplicar o art. 2º, § 2º, da Lei de Introdução às Normas do Direito Brasileiro, em consonância com o qual "a lei nova que estabeleça disposições gerais ou especiais a par das já existentes não revoga nem modifica a lei anterior".

À vista dessas considerações, pode-se definir a fundação instituída pelo Poder Público como o patrimônio, total ou parcialmente público, dotado de personalidade jurídica, de direito público ou privado, e destinado, por lei, ao desempenho de atividades do Estado na ordem social, com capacidade de autoadministração e mediante controle da Administração Pública, nos limites da lei.

Aí estão presentes as suas características:

1. **dotação patrimonial**, que pode ser inteiramente do Poder Público ou semipública e semiprivada;
2. personalidade jurídica, pública ou privada, atribuída por lei;
3. desempenho de atividade atribuída ao Estado no âmbito social; com isto fica presente a ideia de descentralização de uma atividade estatal e também a de que a fundação é a forma adequada para o desempenho de funções de ordem social, como saúde, educação, cultura, meio ambiente, assistência e tantas outras; isto precisamente pelo fato de ela objetivar fins que beneficiam terceiros estranhos à entidade;
4. capacidade de autoadministração; e
5. sujeição ao controle administrativo ou tutela por parte da Administração Direta, nos limites estabelecidos em lei.

10.4.2 Fundação de direito privado

Uma observação preliminar: mesmo quando o Estado institui fundação com personalidade jurídica privada, ela nunca se sujeita inteiramente a esse ramo do direito.

Todas as **fundações governamentais**, ainda que não integrando a Administração Pública, submetem-se, sob um ou outro aspecto, ao direito público; isto se verifica, em especial, no que se refere à fiscalização financeira e orçamentária (controle externo) e ao controle interno pelo Poder Executivo; a legislação federal, mesmo quando declarava que tais entidades não integram a Administração Indireta (art. 3º do Decreto-lei nº 900, de 29-9-69), ainda assim as submetia a esses tipos de controle.

A posição da fundação governamental privada perante o Poder Público é a mesma das sociedades de economia mista e empresas públicas; todas elas são entidades públicas com personalidade jurídica de direito privado, pois todas elas são instrumentos de ação do Estado para a consecução de seus fins; todas elas submetem-se ao controle estatal para que a vontade do ente público que as instituiu seja cumprida; nenhuma delas se desliga da vontade do Estado, para ganhar vida inteiramente própria; todas elas gozam de autonomia parcial, nos termos outorgados pela respectiva lei instituidora.

Qual a razão pela qual o legislador hesitou em incluir a fundação entre os órgãos da Administração Indireta?

Provavelmente foi a tentativa de manter-se fiel ao modelo do Código Civil, sem ter a consciência de que ele não é inteiramente adaptável às exigências do serviço público, cuja execução, sob qualquer modalidade, impõe a observância de alguns dos princípios fundamentais do regime administrativo, em especial o da indisponibilidade do interesse público, o da continuidade do serviço público e o da tutela. No entanto, paradoxalmente, a fundação (que doutrinadores dos mais respeitáveis insistem em afirmar que tem sempre natureza privada) é o tipo de pessoa jurídica que, quando instituída pelo Poder Público, mais se afasta da figura definida pelo direito comum.

Com efeito, examinada a fundação tal como se encontra estruturada pelo Código Civil, verifica-se que ela se caracteriza por ser dotada de um patrimônio a que a lei, mediante observância de certos requisitos, reconhece personalidade jurídica, tendo em vista a consecução de determinado fim. Até aí, apenas a noção categorial, pertinente à teoria geral do direito, perfeitamente enquadrável como pessoa pública ou privada.

Na fundação, o instituidor faz a dotação de determinada universalidade de bens livres, especificando o fim a que se destina e declarando, se quiser, a maneira de administrá-la; o seu estatuto é feito pela pessoa por ele designada ou pelo Ministério Público, a quem compete velar pela fundação.

O papel do instituidor exaure-se com o ato da instituição; a partir do momento em que a fundação adquire personalidade jurídica, ela ganha vida própria. O instituidor nenhum poder mais exerce sobre ela; seu ato é irrevogável. As alterações estatutárias têm que ser feitas por deliberação dos administradores da fundação, com observância do art. 67 do atual Código Civil (alterado pela Lei nº 13.151, de 28-7-15). O patrimônio da fundação destaca-se do patrimônio do fundador e com ele não mais se confunde. Na fundação, o instituidor, por um ato de liberalidade, destaca bens do seu patrimônio pessoal, desviando-os de um objetivo de interesse privado, para destiná-los a um fim de interesse alheio.

No âmbito da Administração Pública, a situação é diversa, ainda que a lei determine que a fundação se rege pelo Código Civil, como ocorre no Estado de São Paulo (art. 22 do Decreto-lei Complementar nº 7, de 6-11-69). Em primeiro lugar, o Poder Público, ao instituir fundação, seja qual for o regime jurídico, dificilmente pratica simples ato de liberalidade para destacar bens de seu patrimônio e destiná-los a fins alheios que não sejam de interesse do próprio Estado. Este, ao instituir fundação, utiliza tal espécie de entidade para atingir determinado fim de interesse público; serve-se da fundação para descentralizar a execução de uma atividade que lhe compete, da mesma forma que o faz em relação às autarquias, sociedades de economia mista e empresas públicas, às quais confere a execução de serviços públicos.

Por essa razão, a fundação governamental não adquire, em geral, vida inteiramente própria, como se fosse instituída por particular. É o interesse público que determina a sua criação; sendo variável o interesse público, o destino da fundação também pode ser mudado pelo ente que a instituiu, quer para alterar a lei que autorizou a sua criação, quer para revogá-la. Entender-se de outra forma significaria desconhecer ou desrespeitar o princípio da indisponibilidade do interesse público ao qual se vincula a Administração. Se instituísse uma entidade tendo em vista a consecução de determinado interesse coletivo, ela estaria dele dispondo na medida em que deixaria a fundação livre dos laços que a prendem à Administração Pública, necessários para determinar o cumprimento da vontade estatal.

Acresce que a fundação governamental não tem, em geral, condições para adquirir vida própria, também por outra razão: a dotação inicial que lhe é feita não é, no mais das vezes, suficiente para permitir-lhe a consecução dos fins que a lei lhe atribui. Por isso mesmo, além da dotação inicial, ela depende de verbas orçamentárias que o Estado lhe destina periodicamente.

O ato do Poder Público – como instituidor – não é irrevogável, ao contrário do que ocorre na fundação instituída por particular; o Poder Público pode extingui-la a qualquer momento, como, aliás, está previsto pelo art. 178 do Decreto-lei nº 200, com a redação dada pelo Decreto-lei nº 2.299, de 21-11-86.

Além disso, o Poder Público pode introduzir alterações na lei instituidora, da mesma forma que ocorre com as sociedades de economia mista e empresas públicas. Em todas elas existe uma parte das relações jurídicas que é regida por essa lei instituidora e imutável por via estatutária; e outra parte que a própria lei deixa para ser disciplinada pelo estatuto; para alterar a lei que rege a fundação, o Estado não depende de prévia decisão dos órgãos de direção da entidade.

Portanto, enquanto no direito privado a fundação adquire vida própria, independente da vontade do instituidor (que não poderá nem mesmo fiscalizar o cumprimento da sua manifestação de vontade, já que essa função foi confiada ao Ministério Público), a fundação instituída pelo Estado constitui instrumento de ação da Administração Pública, que se cria, mantém ou extingue na medida em que sua atividade se revelar adequada à consecução dos fins que, se são públicos, são também próprios do ente que a instituiu e que deles não pode dispor.

Aliás, a fiscalização pelo Ministério Público, com relação às fundações governamentais, mesmo as de direito privado, é totalmente desnecessária, pois somente serve para sobrecarregar a entidade com duplicidade de controles que têm o mesmo objetivo. A tutela administrativa a que se sujeitam essas entidades, com o nome de "supervisão ministerial", já visa assegurar a "realização dos objetivos fixados nos atos de constituição da entidade, a harmonia com a política e a programação do Governo no setor de atuação da entidade, a eficiência administrativa e a autonomia administrativa, operacional e financeira da entidade" (art. 26 do Decreto-lei nº 200/67). Isto sem falar na fiscalização financeira e orçamentária prevista na Lei nº 6.223, de 14-7-75, e agora tornada indiscutível em face da Constituição de 1988 (arts. 71, 49, inciso X, 165, § 5º, 169, § 1º).

Acresce que, com relação às fundações instituídas por particulares, a função do Ministério Público justifica-se pela necessidade de atribuir a algum órgão público a função de manter a entidade dentro dos objetivos para os quais foi instituída; vale dizer, como a fundação adquire vida própria e nela não mais interfere o instituidor, o Ministério Público assume essa função.

Nas fundações, públicas ou privadas, instituídas pelo Poder Público, a autonomia da entidade não vai ao ponto de as desvincular inteiramente dos laços que a prendem ao ente instituidor; este se encarrega de manter essa vinculação por meio do controle interno (tutela) exercido pelos órgãos da Administração Direta.

Já Pontes de Miranda ensinava que, nas fundações instituídas pelo Poder Público, "há o poder de ingerência do Estado, que se não confunde com o dever de velar exercido pelo Poder Público e que se constitui em característica da fundação de direito privado" (RF-102/76).

10.4.3 Direito positivo brasileiro

No direito positivo, a matéria parece refletir as incertezas da doutrina a respeito do assunto.

A Constituição Federal de 1967, com a norma do art. 99, § 2º, na redação dada pela Emenda Constitucional nº 1/69, parecia não considerar as fundações como entidades da administração indireta, porque estendeu a proibição de acumular cargos, empregos ou funções às empresas públicas, sociedades de economia mista e autarquias; silenciou no que diz respeito às fundações. Isto não impediu que se considerassem alcançadas pela proibição as fundações com personalidade de direito público, que seriam modalidades de autarquias.

No âmbito da legislação ordinária federal, nota-se a indecisão do legislador: o Decreto-lei nº 200/67, na redação original, não incluía as fundações no rol dos órgãos da administração indireta (art. 4º), mas, no parágrafo único, as equiparava às empresas públicas. O Decreto-lei nº 900/69, no art. 3º, expressamente determinava que as fundações instituídas por lei federal não integram a Administração Indireta, mas se subordinam à supervisão ministerial de que tratam os arts. 19 e 26 do Decreto-lei nº 200/67, desde que recebam subvenções ou transferências à conta do orçamento da União.

Posteriormente, o Decreto-lei nº 2.299, de 21-11-86, deu nova redação ao art. 4º do Decreto-lei nº 200, incluindo o § 2º, em cujos termos as fundações instituídas em virtude de lei federal ou de cujos recursos participe a União integram a Administração Indireta, para fins de:

"a) subordinação aos mecanismos e normas de fiscalização, controle e gestão financeira;
b) inclusão dos seus cargos, empregos, funções e respectivos titulares no Plano de Classificação de Cargos estabelecido pela Lei nº 5.645, de 10-12-70".

Pelo § 3º, excetuam-se do disposto na alínea *b* as fundações universitárias e as destinadas à pesquisa, ao ensino e às atividades culturais.

A Lei nº 7.596, de 10-4-87, alterou o art. 4º do Decreto-lei nº 200, para incluir as "fundações públicas" entre as entidades da Administração Indireta, e inseriu, no art. 5º do mesmo Decreto-lei, um inciso IV, em que definiu a fundação pública como "a entidade dotada de personalidade jurídica de direito privado, sem fins lucrativos, criada em virtude de autorização legislativa, para o desenvolvimento de atividades que não exijam execução por órgãos ou entidades de direito público, com autonomia administrativa, patrimônio próprio gerido pelos respectivos órgãos de direção e funcionamento custeado por recursos da União e de outras fontes".

Porém, de forma incongruente, o legislador, no § 3º, acrescentado ao art. 5º do Decreto-lei nº 200, determina que "as entidades de que trata o inciso IV deste artigo adquirem personalidade jurídica com a inscrição da escritura pública de sua constituição no Registro Civil das Pessoas Jurídicas, não se lhes aplicando as demais disposições do Código Civil concernentes às fundações".

Ao defini-las como fundações de direito privado, mas excluindo-as das disposições pertinentes do Código Civil, a lei criou um rótulo inteiramente ou quase inteiramente despido de conteúdo, levando à conclusão de que as fundações serão regidas pelas leis singulares que as instituírem e por outras normas, contidas na Constituição ou em leis esparsas que forem aplicáveis às pessoas jurídicas privadas, desde que também não excluídas por outras normas de direito público.

Aliás, como se diz que as fundações públicas não estão regidas pelo Código Civil e como o direito privado compreende basicamente o direito civil, o direito comercial e, para alguns, o direito do trabalho, a conclusão a que se chega é a de que, na realidade, as fundações públicas, embora definidas como pessoas de direito privado, passaram a ter, na esfera federal, a partir da Lei nº 7.596/87, natureza jurídica predominantemente pública. A elas não se aplicam as normas civilistas sobre o destino dos bens doados pelo instituidor quando insuficientes para constituir a fundação, sobre o controle pelo Ministério Público, sobre a elaboração e alteração dos estatutos e sobre a extinção da entidade.

No entanto, como a lei fala em personalidade jurídica de direito privado, quais as consequências que daí se extraem para atribuir algum conteúdo à expressão legal? Salvo outras hipóteses ora olvidadas, pode-se mencionar as seguintes: os seus bens são penhoráveis, não se lhes aplicando o processo de execução contra a Fazenda Pública; não terão juízo privativo; em termos de responsabilidade civil por danos causados pelos seus servidores, somente se aplica a regra da responsabilidade objetiva prevista no art. 37, § 6º, da Constituição Federal, se forem prestadoras de serviços públicos; o regime jurídico de seus empregados será o da CLT, com equiparação aos funcionários públicos para determinados fins; inaplicabilidade do direito à estabilidade prevista no art. 41 da Constituição e da estabilidade excepcional prevista no art. 19 do ADCT.

Na nova Constituição, houve uma preocupação do constituinte, nos vários dispositivos em que se referiu à Administração Indireta, em fazer expressa referência às fundações, provavelmente partindo da ideia de que, durante longo período, elas estiveram, sob muitos aspectos, fora do alcance das normas legais e constitucionais referentes às demais pessoas jurídicas de direito público e privado integrantes da Administração Pública.

Além disso, nota-se que a Constituição, em sua redação original, fazia distinção entre fundações públicas e privadas. Em alguns dispositivos, falava, genericamente, em **administração fundacional** ou em **fundação instituída ou mantida pelo Poder Público** (arts. 22, XXVII, 37, *caput* e inciso XVII, 71, II e III, 150, VI, *a*, 163, II, 165, § 5º, e 169, parágrafo único). Em pelo menos dois dispositivos, usava a expressão **fundação pública:** no art. 39, quando previa o regime jurídico único para os servidores da Administração Direta, autarquias e fundações públicas; e no art. 19 das Disposições Transitórias, quando outorgou estabilidade excepcional aos servidores não concursados que tivessem cinco anos de serviço público na data da Constituição.

A Emenda Constitucional nº 19/98 introduziu alterações em vários desses dispositivos, não mencionando mais a expressão **fundação pública.** Isto, contudo, não significa que não possam ser instituídas fundações com personalidade de direito público. Pelo contrário, a opção continua a ser do Poder Público que, ao instituir uma fundação, poderá outorgar-lhe personalidade de direito público, igual à da autarquia, ou personalidade de direito privado.

De qualquer forma, como a Constituição não faz distinção quanto à personalidade jurídica, tem-se que entender que todos os seus dispositivos que se referem às fundações abrangem todas, independentemente da personalidade jurídica, pública ou privada.

Também é importante assinalar que, quando a Administração Pública cria fundação de direito privado, ela se submete ao direito comum em tudo aquilo que não for expressamente derrogado por normas de direito público, podendo essas normas derrogatórias constar da própria Constituição, de leis ordinárias e complementares federais e da própria lei singular, também federal, que instituiu a entidade. Na esfera estadual, somente são cabíveis as derrogações que tenham fundamento na Constituição e nas leis federais, já que os Estados, não podendo legislar sobre Direito Civil, não podem estabelecer normas que o derroguem.

Assim, afora as derrogações previstas nas leis instituidoras e as ressalvas contidas na Lei nº 7.596 (válidas somente para a União), pode-se dizer que se aplicam às fundações de direito privado, instituídas ou mantidas pelo Poder Público, as seguintes normas de natureza pública:

1. subordinação à fiscalização, controle e gestão financeira, o que inclui fiscalização pelo Tribunal de Contas e controle administrativo, exercido pelo Poder Executivo (supervisão ministerial), com sujeição a todas as medidas indicadas no art. 26 do Decreto-lei nº 200 (arts. 49, inciso X, 72 e 73 da Constituição);
2. constituição autorizada em lei (art. 1º, inciso II, da Lei nº 7.596, e art. 37, inciso XIX, da Constituição);
3. a sua extinção somente poderá ser feita por lei; nesse aspecto, fica derrogado o art. 69 do Código Civil, que prevê as formas de extinção da fundação, inaplicáveis às fundações governamentais;

4. equiparação dos seus empregados aos servidores públicos para os fins previstos no art. 37 da Constituição, inclusive acumulação de cargos, para fins criminais (art. 327 do Código Penal) e para fins de improbidade administrativa (arts. 1º e 2º da Lei nº 8.429, de 2-6-92);
5. sujeição dos seus dirigentes a mandado de segurança quando exerçam funções delegadas do Poder Público, somente no que entender com essas funções (art. 1º, § 1º, da Lei nº 12.016, de 7-8-09, e art. 5º, inciso LXIX, da Constituição); cabimento de ação popular contra atos lesivos do seu patrimônio (art. 1º da Lei nº 4.717, de 29-6-65, e art. 5º, inciso LXXIII, da Constituição); legitimidade ativa para propor ação civil pública (art. 5º da Lei nº 7.347, de 24-7-85);
6. juízo privativo na esfera estadual (art. 36 do Código Judiciário do Estado de São Paulo – Decreto-lei Complementar nº 3, de 27-8-69);
7. submissão à Lei nº 14.133, de 1º-4-2021 (Lei Geral de Licitações e Contratos Administrativos), nos termos do art. 1º;
8. em matéria de finanças públicas, as exigências contidas nos arts. 52, VII, 169 e 165, §§ 5º e 9º, da Constituição;
9. imunidade tributária referente ao imposto sobre o patrimônio, a renda ou serviços vinculados a suas finalidades essenciais ou às delas decorrentes (art. 150, § 2º, da Constituição Federal, alterado pela Emenda Constitucional nº 132, de 20-12-23).

10.4.4 Fundação de direito público

Comparando-se as fundações governamentais de direito privado com as de direito público, a estas se aplicarão as normas já referidas no item anterior, além de apresentarem mais as seguintes características: presunção de veracidade e executoriedade dos seus atos administrativos; inexigibilidade de inscrição de seus atos constitutivos no Registro Civil das Pessoas Jurídicas, porque a sua personalidade jurídica já decorre da lei; não submissão à fiscalização do Ministério Público; impenhorabilidade dos seus bens e sujeição ao processo especial de execução estabelecido pelo art. 100 da Constituição; juízo privativo (art. 109, inciso I, da Constituição Federal). Em resumo, usufruem dos privilégios e prerrogativas e sujeitam-se às mesmas restrições que, em conjunto, compõem o regime administrativo aplicável às pessoas jurídicas públicas.

Finalmente, é importante assinalar que, não obstante as opiniões doutrinárias em contrário, a jurisprudência é sensível à distinção entre fundações governamentais de direito público e privado.

O Tribunal de Justiça de São Paulo proferiu acórdão em mandado de segurança referente à Fundação Padre Anchieta – Centro Paulista de Rádio e TV Educativa (publicado, na íntegra, no *Diário Oficial do Estado*, de 7-5-86, Seção I, p. 55-56); a conclusão foi no sentido de que se tratava de pessoa jurídica de direito privado, não porque rejeitasse a possibilidade de instituição de fundações públicas, claramente admitidas na fundamentação do acórdão, mas à vista do disposto na legislação estadual instituidora da fundação e nos seus atos constitutivos.

No antigo Tribunal Federal de Recursos, foram prolatados acórdãos reconhecendo a natureza jurídica pública de fundações educacionais (cf. acórdão in *RDA* 156/226, com menção inclusive a acórdão do STF, proferido no RE 95722-SP). A mesma posição foi adotada pela Corte Suprema no RE 101.126-RJ, publicado in *RDA* 160/85, no qual se conclui que a Fundação de Amparo à Pesquisa do Rio de Janeiro é fundação de direito público, sujeita aos preceitos da lei que determinou a sua instituição e não ao Código Civil. A *RDA* 156/226 publica outro acórdão do Supremo Tribunal Federal, entendendo que a Fundação Universidade Estadual de Londrina é uma entidade de direito público, com autonomia didático-científica, administrativa, financeira e disciplinar, portanto, uma espécie do gênero autarquia cultural, em tudo semelhante à Universidade de São Paulo.

Nos últimos anos, a tendência do Supremo Tribunal Federal vem se firmando no sentido de considerar como fundações de direito público todas as que desempenhem atividade estatal e se utilizem de recursos públicos. Mesmo reconhecendo a existência dos dois tipos de fundações instituídas pelo Poder Público, aquelas que, mesmo sendo chamadas de fundações de direito privado, prestem atividade estatal, teriam a natureza jurídica de pessoas jurídicas de direito público.[1]

Não me parece, no entanto, que esse critério decorra do direito positivo. Na esfera federal, o art. 4º do Decreto-lei nº 200/67 (com a redação dada pela Lei nº 7.596/87) expressamente estabeleceu que as chamadas fundações públicas são pessoas jurídicas de direito privado. Diante desse dispositivo, tem-se que entender que somente são fundações de direito público aquelas cujas leis instituidoras assim estabeleçam. A escolha do regime jurídico, público ou privado, cabe ao legislador; essa escolha foi feita pelo referido dispositivo legal. A opção pelo regime de direito público é praticamente obrigatória apenas para aquelas atividades típicas do Estado, como polícia, controle, fiscalização. A prestação de serviço público e a utilização de recursos públicos provenientes do orçamento do Estado não constituem critérios adequados para definir a natureza jurídica da fundação. Se assim fosse, todas as empresas públicas e sociedades de economia mista que prestam serviço público ou são dependentes de verbas estatais teriam também que ser consideradas pessoas jurídicas de direito público, o que não tem sido defendido nem pela doutrina nem pela jurisprudência.

Em 7-8-19, o Plenário do STF concluiu o julgamento do Recurso Extraordinário nº 716.378/SP, relativo ao alcance da estabilidade excepcional prevista no art. 19 do Ato das Disposições Constitucionais Transitórias da Constituição da República. Nessa decisão, acabou por definir o critério para identificar a natureza jurídica de uma fundação criada pelo poder público. A decisão foi proferida sob a sistemática da repercussão geral e ensejou a aprovação da seguinte tese: "1. A qualificação de uma fundação instituída pelo Estado como sujeita ao regime público ou privado depende (i) do estatuto de sua criação ou autorização e (ii) das atividades por ela prestadas. As atividades de conteúdo econômico e as passíveis de delegação, quando definidas como objetos de dada fundação, ainda que essa seja instituída ou mantida pelo Poder Público, podem-se submeter ao regime jurídico de direito privado. 2. A estabilidade especial do art. 19 do ADCT não se estende aos empregados das fundações públicas de direito privado, aplicando-se tão somente aos servidores das pessoas jurídicas de direito público" (Boletim Informativo da Associação dos Procuradores do Estado de São Paulo – APESP, de 22-8-2019).

10.5 EMPRESAS ESTATAIS

10.5.1 Alcance da expressão

Com a expressão **empresa estatal** ou **governamental** designamos todas as entidades, civis ou comerciais, de que o Estado tenha o controle acionário, diretamente ou por meio de outra entidade da administração indireta, abrangendo a empresa pública, a sociedade de economia mista e suas subsidiárias, além de outras empresas que não tenham essa natureza e às quais a Constituição faz referência, em vários dispositivos, como categoria à parte (arts. 37, XVII, 71, II, 165, § 5º, II, 173, § 1º).

---

[1] Nesse sentido, por exemplo, Acórdão do STF no RE nº 101.126-RJ, Rel. Min. Moreira Alves, j. 24-10-84, in *RDA* nº 161, p. 50 e seguintes.

Deve ser evitada a expressão *empresa pública*, nesse sentido genérico de empresa estatal, tendo em vista que, no direito brasileiro, essa designação é reservada a determinado tipo de entidade da Administração Indireta, com características que as distinguem das demais.

10.5.2 Distinção quanto ao tipo de atividade

O legislador brasileiro, como também boa parte da doutrina, não se tem preocupado em fazer distinção mais precisa entre as empresas que executam atividade econômica de natureza privada e aquelas que prestam serviço público.

No entanto, já mencionamos o fato de que a Constituição de 1988 permite uma distinção, quanto ao regime jurídico, entre esses dois tipos de empresas.

O art. 173 determina que, ressalvados os casos previstos na Constituição, "a exploração direta de atividade econômica pelo Estado só será permitida quando necessária aos imperativos da segurança nacional ou à relevante interesse coletivo, conforme definidos em lei". Houve aí uma ampliação da possibilidade de atuação direta no domínio econômico; a Constituição anterior, no art. 170, § 1º, somente a permitia para subsidiar a iniciativa privada, enquanto a atual permite, genericamente, para fins de segurança nacional ou relevante interesse coletivo, deixando à legislação ordinária a tarefa de definir o alcance dessas expressões.

O § 1º do art. 173, com a redação dada pela Emenda Constitucional nº 19/98, determina que "a lei estabelecerá o estatuto jurídico da empresa pública, da sociedade de economia mista e de suas subsidiárias que explorem atividade econômica de produção ou comercialização de bens ou de prestação de serviços, dispondo sobre: I – sua função e formas de fiscalização pelo Estado e pela sociedade; II – a sujeição ao regime jurídico próprio das empresas privadas, inclusive quanto aos direitos e obrigações civis, comerciais, trabalhistas e tributários; III – licitação e contratação de obras, serviços, compras e alienações, observados os princípios da administração pública; IV – a constituição e o funcionamento dos conselhos de administração e fiscal, com a participação de acionistas minoritários; V – os mandatos, a avaliação de desempenho e a responsabilidade dos administradores". O estatuto jurídico previsto nesse dispositivo da Constituição foi definido pela Lei nº 13.303, de 30-6-16, e regulamentado pelo Decreto nº 8.945, de 27-12-16, aplicável apenas no âmbito da União.

Uma primeira ilação que se tira do art. 173, § 1º, é a de que, quando o Estado, por intermédio dessas empresas, exerce atividade econômica, reservada preferencialmente ao particular pelo *caput* do dispositivo, ele obedece, no silêncio da lei, a normas de direito privado. Estas normas são a regra; o direito público é exceção e, como tal, deve ser interpretado restritivamente.

Outra conclusão é a de que, se a própria Constituição estabelece o regime jurídico de direito privado, as derrogações a esse regime somente são admissíveis quando delas decorrem implícita ou explicitamente. A lei ordinária não pode derrogar o direito comum, se não admitida essa possibilidade pela Constituição.

Tais conclusões, repita-se, somente se aplicam quando as empresas governamentais sejam instituídas para atuar na área da iniciativa privada.

Isto porque, como o art. 173 cuida especificamente da atividade de natureza privada, exercida excepcionalmente pelo Estado por razões de segurança nacional ou interesse coletivo relevante, há que se concluir que as normas dos §§ 1º e 2º só incidem nessa hipótese. Se a atividade for econômica (comercial ou industrial) mas assumida pelo Estado como serviço público, tais normas não têm aplicação, incidindo, então, o art. 175 da Constituição, segundo o qual incumbe ao Poder Público, na forma da lei, **diretamente** ou sob regime de **concessão** ou **permissão**, sempre através de licitação, a prestação de serviços públicos.

Isto quer dizer que a empresa estatal que desempenha serviço público atua à semelhança de uma concessionária de serviço público, submetendo-se à norma do art. 175, especialmente no que diz respeito aos deveres perante os usuários, à política tarifária, à obrigação de manter serviço adequado, bem como a todos os princípios que regem a prestação de serviços públicos, como continuidade, isonomia, mutabilidade, dentre outros. Nas hipóteses em que a empresa estatal é criada por um ente estatal para prestar serviço público delegado por outro ente estatal, ela tem a natureza de concessionária de serviço público e rege-se pela Lei de Concessões (Lei nº 8.987, de 13-2-95). É o que ocorre com os serviços de energia elétrica, de competência da União (art. 21, XII, *b*, da Constituição), delegados a empresas estatais sob controle acionário dos Estados. Outro exemplo é o serviço de saneamento delegado por Municípios à SABESP, que é sociedade de economia mista do Estado de São Paulo.[2]

Essa distinção tem sido feita no âmbito doutrinário, por autores como José Cretella Júnior (1973:257-258), Celso Antônio Bandeira de Mello (1975*b*:119), Eros Roberto Grau (1981:103), Toshio Mukai (1984:160). E deveria ser levada em consideração pelo legislador, como o fez o constituinte, consciente ou inconscientemente, no art. 173.

A distinção ganha relevo em matéria de interpretação das leis. Quando se trata de atividade econômica exercida pelo Estado com fundamento no art. 173, que determina a sujeição ao direito privado, este é que se aplicará, no silêncio da norma publicística; por outras palavras, presume-se a aplicação do regime de direito privado, só derrogado por norma expressa, de interpretação estrita.

Quando, porém, o Estado fizer a gestão privada do serviço público, ainda que de natureza comercial ou industrial, aplicam-se, no silêncio da lei, os princípios de direito público, inerentes ao regime jurídico administrativo. Nem poderia ser diferente, já que alguns desses princípios são inseparáveis da noção de serviço público, tais como o da predominância do interesse público sobre o particular, o da igualdade de tratamento dos usuários, o da mutabilidade do regime jurídico, o da continuidade do serviço público e, como consequência, o das limitações ao direito de greve, o da obrigatoriedade de sua execução pelo Estado, ainda que por meio de concessionários e permissionários, daí resultando o direito do usuário à prestação do serviço.

Cabe, portanto, ao intérprete, ao aplicar as leis, procurar a exegese que as torne compatíveis com os parâmetros que decorrem dos arts. 173 e 175 da Constituição. Ao analisar, mais além, as normas sobre empresas estatais, serão demonstradas algumas distinções que podem e devem ser feitas entre os dois tipos de empresas, conforme o tipo de atividade que lhes incumbe.

Hoje, a jurisprudência vem evoluindo no sentido de fazer distinção entre as empresas que prestam serviço público e as que atuam no domínio econômico. Essa distinção tem sido feita especificamente quanto à aplicação do processo dos precatórios, à natureza dos bens dessas entidades, à imunidade recíproca (v. item 10.8). A diferença também é relevante para fins de responsabilidade por danos causados a terceiros, tendo em vista que o art. 37, § 6º, da Constituição Federal somente se aplica às empresas estatais prestadoras de serviço público.

Lamentavelmente, a Lei nº 13.303/16, ao dispor sobre o estatuto jurídico das empresas estatais, não fez a distinção entre as que prestam serviço público e as que exercem atividade econômica a título de intervenção no domínio econômico. No entanto, muitas de suas normas

---

[2] Celso Antônio Bandeira de Mello adota igual entendimento no seu *Curso de direito administrativo*, 32ª edição, 2015, p. 202-203, porém também inclui na categoria de concessionárias de serviços públicos as sociedades de economia mista em que haja efetiva (e não simbólica) participação do capital privado. Afirma que "nas duas hipóteses mencionadas estes acionistas têm direito a que se assegurem os termos próprios de uma concessão, como garantia dos interesses que os levaram a aportar recursos integradores do capital da entidade" (p. 204). A mesma solução não se justifica quando a empresa estatal tenha capital inteiramente público (como na empresa pública) ou capital predominantemente público, sendo irrisória a participação do capital privado.

são aplicáveis apenas às empresas que exercem atividade econômica (em sentido estrito), com fundamento no art. 173, § 1º, da Constituição Federal, razão pela qual cabe ao intérprete, em cada situação, separar o que é e o que não é aplicável às empresas estatais prestadoras de serviços públicos.

10.5.3 Sociedade de economia mista, empresa pública e subsidiárias

10.5.3.1 Estatuto jurídico

A Lei nº 13.303, de 30-6-16, dispõe sobre o estatuto jurídico da empresa pública, da sociedade de economia mista e de suas subsidiárias, no âmbito da União, dos Estados, do Distrito Federal e dos Municípios. Ela veio dar cumprimento, com quase vinte anos de atraso, ao art. 173, § 1º, da Constituição Federal, com a redação dada pela Emenda Constitucional nº 19/98, que previu lei que estabelecesse "*o estatuto jurídico da empresa pública, da sociedade de economia mista e de suas subsidiárias que explorem atividade econômica de produção ou comercialização de bens ou de prestação de serviços, dispondo sobre:*

I – sua função social e formas de fiscalização pelo Estado e pela sociedade;
II – a sujeição ao regime jurídico próprio das empresas privadas, inclusive quanto aos direitos e obrigações civis, comerciais, trabalhistas e tributários;
III – licitação e contratação de obras, serviços, compras e alienações, observados os princípios da administração pública;
IV – a constituição e o funcionamento dos conselhos de administração e fiscal, com a participação de acionistas minoritários;
V – os mandatos, a avaliação de desempenho e a responsabilidade dos administradores".

Precisamente por dar cumprimento à norma constante da Constituição Federal, a lei é de âmbito nacional, ou seja, aplicável a todas as esferas de governo. Essa amplitude da lei também se justifica porque as empresas por ela disciplinadas são pessoas jurídicas de direito privado, regidas, em grande parte, pelo direito privado, cuja competência legislativa é privativa da União, conforme art. 22, I, da Constituição Federal. E também porque ela trata de matérias de licitação e contratos, cujas normas gerais são também de competência privativa da União, nos termos do art. 22, XXVII, da Constituição.

As normas da lei abrangem:

a) as empresas públicas, as sociedades de economia mista e suas subsidiárias que exercem *atividade econômica em sentido estrito* (próprias da iniciativa privada), mesmo que seja em regime de monopólio. É o caso, por exemplo, da Petrobras, do Banco do Brasil, da Caixa Econômica Federal;
b) as empresas públicas, sociedades de economia mista e suas subsidiárias, que prestam atividade econômica de produção ou comercialização de bens ou de prestação de serviços, na qualidade de *serviços públicos*, de que constitui exemplo a Companhia de Saneamento Básico do Estado de São Paulo – SABESP; vale dizer que a lei iguala o regime jurídico das empresas estatais que exercem atividade econômica em sentido estrito e as que prestam serviço público;
c) a empresa pública dependente, tal como definida no art. 2º, III, da Lei de Responsabilidade Fiscal (Lei Complementar nº 101, de 4-5-00), ou seja, a empresa pública que depende de verbas do orçamento público para as despesas com pessoal ou de custeio em geral ou de capital;

d) a empresa pública e a sociedade de economia mista que participe de consórcio, nos termos do art. 279 da Lei nº 6.404, de 15-12-76, na condição de operadora;
e) as sociedades de propósito específico que sejam controladas por sociedade de economia mista ou empresa pública.

A sociedade empresarial da qual participem empresas estatais ou suas subsidiárias, porém sem deter o controle acionário, não são consideradas empresas públicas nem sociedades de economia mista, mas estão obrigadas a "adotar, no dever de fiscalizar, práticas de governança e controle proporcionais à relevância, à materialidade e aos riscos do negócio do qual são partícipes", devendo considerar, para esse fim, os dados referidos no art. 1º, § 7º, como, por exemplo, documentos e informações estratégicos do negócio, relatório de execução do orçamento, execução da política de transações com partes relacionadas, avaliação das inversões financeiras etc. O Decreto nº 12.301, de 9-12-24, dispõe sobre a aprovação de diretrizes e estratégias relativas à governança corporativa nas empresas estatais federais e à administração das participações acionárias da União; o Decreto nº 12.302, da mesma data, institui o Sistema de Coordenação da Governança e da Supervisão Ministerial das Empresas Estatais Federais (SISEST); e o Decreto nº 12.303, também da mesma data, institui o Programa de Governança e Modernização das Empresas Estatais (INOVA).

A exigência justifica-se tendo em vista que, embora não detenham o controle acionário da sociedade empresarial privada, as empresas estatais, na hipótese de que trata o dispositivo, utilizam recursos total ou parcialmente públicos que, como tais, estão sujeitos à fiscalização pelos órgãos de controle. Note-se que a participação de empresas públicas, sociedades de economia mista e suas subsidiárias em empresa privada depende de autorização legislativa, nos termos do art. 37, XX, da Constituição, repetido no art. 2º, § 2º, da Lei nº 13.303.

A lei contém três Títulos: o Título I tem um Capítulo I, com disposições preliminares pertinentes ao alcance da lei e ao conceito das empresas destinatárias das suas normas; um Capítulo II, sobre o regime societário da empresa pública e da sociedade de economia mista, com normas sobre o acionista controlador, o administrador, o Conselho de Administração, o membro independente do Conselho de Administração, a Diretoria, o Comitê de Auditoria Estatutário, o Conselho Fiscal e a função social da empresa. O Título II trata das licitações e contratos, bem como da fiscalização das empresas pelo Estado e pela sociedade. E o Título III contém disposições finais e transitórias.

Excluem-se da abrangência do Título I da lei a empresa pública e a sociedade de economia mista que tiverem, em conjunto com suas respectivas subsidiárias, no exercício social anterior, receita operacional bruta inferior a 90 milhões de reais. É estranha essa exclusão, já que o art. 173 da Constituição Federal não faz essa distinção. Talvez o objetivo seja excluir do alcance da lei empresas estatais de pequeno porte, criadas nos âmbitos estadual e municipal.

A exclusão não é total, porque alguns dispositivos do Título I têm aplicação mesmo a essas empresas, conforme previsto no art. 1º, § 1º:

(i) o que exige que as atividades econômicas sejam exercidas por empresas públicas ou sociedades de economia mista (art. 2º);
(ii) os que dão os conceitos de empresa pública e sociedade de economia mista (arts. 3º e 4º);
(iii) o que estabelece que as sociedades de economia mista tenham a forma de sociedade anônima (art. 5º);
(iv) o que impõe a inclusão, no estatuto das empresas de que trata a lei, das regras de governança corporativa, transparência e de estruturas, práticas de gestão de riscos

e de controle interno (que são referidas no art. 9º), composição da administração e, havendo acionistas, mecanismos para sua proteção, todos constantes da lei (art. 6º); esse dispositivo gera dúvida quanto ao real alcance da exclusão prevista no art. 1º, § 1º; aplicadas todas as matérias indicadas no art. 6º, quase nada fica de fora;

(v) o que exige a submissão das empresas públicas, das sociedades de economia mista de capital fechado e de suas subsidiárias à Lei nº 6.404, de 15-12-76, e às normas da Comissão de Valores Mobiliários – CVM sobre escrituração e elaboração de demonstrações financeiras, inclusive a obrigatoriedade de auditoria independente por auditor registrado nesse órgão (art. 7º);

(vi) o que estabelece requisitos de transparência (art. 8º);

(vii) o que proíbe a empresa pública de lançar debêntures ou outros títulos ou valores mobiliários, conversíveis em ações, bem como emitir partes beneficiárias (art. 11);

(viii) o que impõe o dever de divulgar todas as formas de remuneração dos administradores, a obrigação de adequação ao Código de Conduta e Integridade (*compliance*) (art. 12);

(ix) o que prevê a possibilidade de uso da arbitragem pela sociedade de economia mista para solução de divergências entre acionistas e a sociedade, ou entre acionistas controladores e acionistas minoritários (art. 12, parágrafo único); o dispositivo somente prevê o uso de arbitragem pela sociedade de economia mista, silenciando quanto à empresa pública, provavelmente porque o seu capital pertence integralmente à União, Estados, Distrito Federal ou Municípios (art. 3º); porém, o legislador permitiu que participassem do capital da empresa pública entidades da administração indireta (art. 3º, parágrafo único), dentre as quais podem se inserir sociedades de economia mista, hipótese em que, para estas, a arbitragem será possível. O dispositivo também não prevê o uso da arbitragem pelas subsidiárias das empresas estatais, o que não impede o uso desse procedimento se elas também tiverem a natureza de sociedades de economia mista;

(x) o que estabelece normas sobre a função social das empresas estatais (art. 27).

As demais normas do Título I, pertinentes à Administração da empresa, não se aplicam às que tenham receita operacional bruta inferior a 90 milhões de reais, o que significa que elas se sujeitam às normas da Lei nº 6.404. Têm total aplicação a tais empresas as normas sobre licitações e contratos, bem como as disposições finais e transitórias. Não se aplicam as normas referentes à estrutura e prática de gestão de riscos, inclusive as que preveem Código de Conduta, auditoria interna, comitê estatutário (arts. 9º e 10); as que tratam dos requisitos para exercício dos cargos de direção (art. 13), acionista controlador (arts. 14 e 15); administradores da empresa (Conselho de Administração e Diretores), membros independentes do Conselho, diretoria, Comitê de Auditoria Estatutário e Conselho Fiscal (arts. 16 a 26).

Para essas empresas, a Lei nº 13.303/16, no § 3º do art. 1º, prevê a competência do Poder Executivo de cada esfera de governo para o estabelecimento de regras de governança para suas empresas públicas e sociedades de economia mista. Se não publicadas essas normas no prazo de 180 dias a contar da promulgação daquela lei, as empresas passarão a sujeitar-se às normas do Título I da Lei nº 13.303/16.[3]

---

[3] No Estado de São Paulo, foi publicado o Decreto nº 62.349, de 26-12-16, que dispõe sobre o programa de integridade e a área de conformidade a ser adotado por empresas controladas direta ou indiretamente pelo

No que diz respeito à **vigência**, o art. 97 determina que a lei entrará em vigor na data de sua publicação. No entanto, o art. 91 estabelece que "a empresa pública e a sociedade de economia mista constituídas anteriormente à vigência desta Lei deverão, no prazo de 24 (vinte e quatro) meses, promover as adaptações necessárias à adequação ao disposto nesta Lei". Vale dizer que as constituídas posteriormente à entrada em vigor da lei estarão sujeitas, de imediato, às suas normas.

Por sua vez, o § 3º determina que "permanecem regidos pela legislação anterior procedimentos licitatórios e contratos iniciados ou celebrados até o final do prazo previsto no *caput*". Isto significa que as licitações iniciadas (com a publicação do instrumento convocatório) e os contratos firmados até o prazo de 24 meses a contar da data da entrada em vigor da lei continuam a reger-se pela legislação anterior. A partir desse prazo, começarão a aplicar-se as normas da Lei nº 13.303.

Note-se, no entanto, que essa norma, que é de transição, somente tem aplicação para as empresas constituídas anteriormente à entrada em vigor da lei. Alguma empresa que seja instituída a partir dessa data estará sujeita, de imediato, às suas normas. A consequência é que a data da entrada em vigor, estabelecida no art. 97, fica sem aplicação, a menos que nova empresa estatal seja criada.

O Decreto nº 8.945/16 (somente aplicável à União) parece fugir um pouco às normas da Lei nº 13.303, no que diz respeito à vigência. Pelo art. 71, o regime de licitação e contratação da Lei nº 13.303, de 2016, é autoaplicável, exceto quanto às seis hipóteses expressamente mencionadas no dispositivo. O § 1º prevê a edição de regulamento interno de licitações e contratos até o dia 30-6-18. E o § 2º permite a utilização da legislação anterior para os procedimentos licitatórios e contratos iniciados ou celebrados até a edição do regulamento interno referido no § 1º ou até o dia 20-6-18, o que ocorrer primeiro.

10.5.3.2 Conceito legal

Os arts. 3º e 4º da lei definem, respectivamente, a empresa pública e a sociedade de economia mista, perdendo, o legislador, ótima oportunidade de dar o conceito de empresa subsidiária.

Os conceitos são muito semelhantes aos contidos no art. 5º, incisos II e III, do Decreto-lei nº 200, de 25-2-67. Embora esse decreto-lei se aplicasse apenas à União, os seus conceitos foram incorporados nos âmbitos estadual e municipal, sendo adotados inclusive pela doutrina e jurisprudência.

O art. 3º da lei deixa expresso que a *empresa pública* (i) é pessoa jurídica de direito privado; (ii) tem sua criação autorizada por lei (e não "criada por lei", como constava do Decreto-lei nº 200)[4]; tem patrimônio próprio; tem capital integralmente detido pela União, Estados, Distrito Federal ou Municípios, podendo contar com a participação de outras pessoas jurídicas de direito público ou de entidades da administração indireta de qualquer das três esferas de governo, desde que a maioria do capital votante permaneça em propriedade da União, Estados, Distrito Federal ou Municípios (o que já era permitido pelo art. 5º do Decreto-lei nº 900, de 29-9-69).

O conceito legal não mais faz referência ao objetivo da criação da empresa pública e à possibilidade de ela assumir qualquer das formas admitidas em direito, que constavam do art. 5º, II, do Decreto-lei nº 200: "*exploração de atividade econômica que o Governo seja levado*

Estado de São Paulo, regulamentando a aplicação da Lei Federal nº 13.303, de 30-6-16, e criando instâncias e procedimentos de fomento ao controle interno.

[4] A expressão "criada por lei", utilizada pelo Decreto-lei nº 200, nunca impediu o entendimento de que a lei apenas autorizava a criação da empresa pública e da sociedade de economia mista, sendo a criação feita pelo Poder Executivo, mediante registro de seus atos constitutivos no Registro das Pessoas Jurídicas, como requisito indispensável para o nascimento da personalidade jurídica.

a exercer por força de contingência ou de conveniência administrativa, podendo revestir-se de qualquer das formas admitidas em direito".

O objetivo de sua criação é o que consta do art. 1º da lei (que repete e amplia o que consta do art. 173, § 1º, da Constituição[5]): *exploração de atividade econômica de produção ou comercialização de bens ou de prestação de serviços, ainda que a atividade econômica esteja sujeita ao regime de monopólio da União ou preste serviço público.*

Além disso, não é qualquer atividade econômica que justifica a instituição da empresa pública (e também da sociedade de economia mista), já que o art. 2º, § 1º, deixa expresso que a lei, ao dar autorização legislativa para a sua criação, deve indicar, de forma clara, qual o *"interesse coletivo ou imperativo de segurança nacional, nos termos do art. 173 da Constituição Federal".* O legislador deu especial relevância ao cumprimento desse dispositivo constitucional, porque, no art. 8º, I, incluiu entre os *requisitos de transparência* a exigência de elaboração de carta anual subscrita pelos membros do Conselho de Administração, com a explicitação dos compromissos de consecução de objetivos de políticas públicas pelas empresas de que trata a lei, *"em atendimento ao interesse coletivo ou ao imperativo de segurança nacional que justificou a autorização para suas respectivas criações, com definição clara dos recursos a serem empregados para esse fim, bem como dos impactos econômico-financeiros da consecução desses objetivos, mensuráveis por meio de indicadores objetivos".* Essa carta anual constituirá importante instrumento de controle de resultados.

Acresce que o § 1º do art. 8º determina que o interesse público da empresa, respeitadas as razões que motivaram a autorização legislativa, manifesta-se por meio do *alinhamento entre seus objetivos e aqueles de políticas públicas*, na forma explicitada na carta anual já referida. As normas contidas no art. 8º, I e § 1º, constituem aplicação do *princípio da especialidade* aplicável a todas as entidades da administração indireta, pelo qual elas ficam vinculadas aos objetivos institucionais que justificaram a sua criação, não podendo seus recursos ser utilizados para fins diversos (v. item 3.3.5).

No que diz respeito à *forma*, como a lei não impõe qualquer forma específica, a conclusão é que a lei instituidora da empresa pública é que a definirá, podendo defini-la livremente na lei instituidora ou simplesmente adotar uma das formas já previstas na legislação. Na vigência do Decreto-lei nº 200 surgiram empresas públicas com formas inéditas, algumas sem a forma societária. Havia empresas públicas unipessoais. No entanto, a Lei nº 13.303 pode gerar dúvida de interpretação, porque, no Capítulo II do Título I, trata do *"regime societário da empresa pública e da sociedade de economia mista".* Embora no art. 5º estabeleça que a *sociedade de economia mista será constituída sob a forma de sociedade anônima*, não repetindo a mesma norma em relação à empresa pública, o art. 7º manda aplicar às empresas públicas, às sociedades de economia mista de capital fechado e às suas subsidiárias as disposições da Lei nº 6.404, de 15-12-76 (que regula as sociedades por ações), e as normas da Comissão de Valores Mobiliários sobre escrituração e elaboração de demonstrações financeiras, inclusive a obrigatoriedade de auditoria independente por auditor registrado nesse órgão.

Preferimos entender que não houve intenção de impor o regime integral da Lei nº 6.404/76 a todas as empresas públicas, mas apenas o de submetê-las às normas dessa lei nas matérias expressamente mencionadas nos arts. 7º, 16, 18 e 19, § 2º.

O art. 4º dá o *conceito de sociedade de economia mista*, também de forma semelhante ao que constava do art. 5º, III, do Decreto-lei nº 200, deixando claro que a sociedade de economia

---

[5] O art. 1º da Lei 13.303 deixa clara a possibilidade de que a sociedade de economia mista, a empresa pública e suas subsidiárias tanto podem prestar atividade econômica em sentido estrito (própria da iniciativa privada) como atividade econômica assumida pelo poder público com a natureza de serviço público. Com isso, a lei igualou o regime jurídico das empresas estatais que prestam atividades econômicas de naturezas diversas. Isto, contudo, não impede que as empresas prestadoras de serviços públicos se submetam aos princípios próprios do regime jurídico de direito público, inerente à prestação de qualquer tipo de serviço público, como a universalidade, a continuidade, a mutabilidade, a isonomia, dentre outros.

mista (i) é pessoa jurídica de direito privado; (ii) tem sua criação autorizada por lei; (iii) tem a forma de sociedade anônima cujas ações com direito a voto pertençam em sua maioria à União, Estados, Distrito Federal, Municípios ou entidades da administração indireta. Não mais contém a finalidade – "*exploração de atividade econômica*" – que constava do referido dispositivo do Decreto-lei nº 200. No entanto, a lei que autorizar a sua criação deve deixar expresso o interesse público relevante ou a razão de segurança nacional a que se destina, conforme art. 2º, § 1º, já comentado com relação às empresas públicas. Por outras palavras, a sociedade de economia mista, da mesma forma que a empresa pública, só pode ser criada para explorar atividade econômica de produção ou comercialização de bens ou de prestação de serviços, desde que justificado o interesse público relevante ou a razão de segurança nacional a que se destina.

Pelo conceito legal, verifica-se que se mantém a ideia de que toda sociedade de economia mista é majoritária, ou seja, o seu controle acionário é exercido pelo poder público. Mas esse fato não impede que o poder público participe de empresas privadas como sócio minoritário. Essa possibilidade já constava do art. 37, XX, da Constituição Federal e está prevista no art. 2º, § 2º, da Lei nº 13.303/16. Nesse caso, a participação depende de autorização legislativa e só pode dar-se em empresas privadas cujo objeto social esteja relacionado ao da investidora. A participação do poder público não transforma a entidade em sociedade de economia mista. Ela continua com a sua natureza de empresa privada.[6]

No que diz respeito à empresa subsidiária, não definida na Lei nº 13.303, tem-se que apelar para o conceito doutrinário. Trata-se de empresas cujo controle acionário é exercido por empresa pública ou por sociedade de economia mista, ficando a União, Estado, Distrito Federal ou Município com o controle indireto. Sua criação depende de autorização legislativa, conforme art. 37, XX, da Constituição. Tem-se que entender que é a elas que o legislador se refere quando fala em empresas sob controle indireto do poder público. É o caso do art. 37, XVII, da Constituição, que, ao proibir a acumulação de cargos públicos, estende a vedação às sociedades controladas, direta ou indiretamente, pelo poder público. É o caso também do art. 1º, parágrafo único, da Lei nº 8.666, de 23-6-93, que, ao dar o rol dos órgãos e entidades sujeitos ao seu regime jurídico, fazia referência, na parte final, às "*demais entidades controladas direta ou indiretamente pela União, Estados, Distrito Federal e Municípios*". As controladas diretamente são as empresas públicas e sociedades de economia mista; as controladas indiretamente são as empresas subsidiárias, em que o controle direto é exercido por empresa pública ou sociedade de economia mista.

O Decreto nº 8.945/16, que regulamenta a Lei nº 13.303/16 apenas no âmbito da União, trouxe o conceito de empresa subsidiária no art. 2º, IV, estabelecendo que se trata da "empresa estatal cuja maioria das ações com direito a voto pertença direta ou indiretamente à União e cujo capital social admite a participação do setor privado". A sua criação depende de autorização legislativa, conforme previsto no art. 37, XX, da Constituição e repetido no art. 6º do Decreto nº 8.945/16. Seu objeto deve estar vinculado ao da estatal controladora, nos termos do art. 7º, parágrafo único, do mesmo decreto.

10.5.3.3 Traços comuns

São traços comuns às empresas públicas e sociedades de economia mista:

1. criação e extinção autorizadas por lei;
2. personalidade jurídica de direito privado;

---

[6] Sobre a participação do Estado em empresa privada, merece menção, por sua atualidade e excelente qualidade, a tese de doutoramento do paranaense Rafael Scwinden Wallbach, publicada pela Editora Almedina, sob o título *O Estado Acionista. Empresas estatais e empresas privadas com participação estatal*. São Paulo, 2017.

3. sujeição ao controle estatal;
4. derrogação parcial do regime de direito privado por normas de direito público;
5. vinculação aos fins definidos na lei instituidora;
6. desempenho de atividade de natureza econômica.

A exigência de **criação por lei** constava do art. 5º, II e III, do Decreto-lei nº 200/67; com relação às sociedades de economia mista, foi repetida no art. 236 da Lei das Sociedades por Ações (Lei nº 6.404, de 15-12-76); e o art. 37, XIX, da Constituição exige lei específica para a criação de empresa pública, sociedade de economia mista, autarquia ou fundação. Além disso, o inciso XX do mesmo dispositivo constitucional exige autorização legislativa, em cada caso, para a criação de subsidiárias das entidades mencionadas no inciso anterior, assim como para a participação de qualquer delas em empresa privada.[7]

A Emenda Constitucional nº 19/98 corrigiu uma falha do art. 37, XIX, da Constituição, que exigia lei específica para a criação de empresa pública, sociedade de economia mista, autarquia ou fundação. O dispositivo era criticado porque, em se tratando de entidades de direito privado, como a sociedade de economia mista, a empresa pública e a fundação, a lei não **cria** a entidade, tal como o faz com a autarquia, mas apenas **autoriza** a criação, que se processa por atos constitutivos do Poder Executivo e transcrição no Registro Público. Com a nova redação, a distinção foi feita, estabelecendo o referido dispositivo que "somente por lei específica poderá ser criada autarquia e autorizada a instituição de empresa pública, de sociedade de economia mista e de fundação, cabendo à lei complementar, neste último caso, definir as áreas de sua atuação".

Na Lei nº 13.303/16, a redação está em consonância com a norma constitucional, já que os arts. 3º e 4º, ao definirem, respectivamente, a empresa pública e a sociedade de economia mista, falam em entidade "com criação autorizada por lei".

Nem sempre a entidade surge, originariamente, da lei, podendo resultar da transformação de órgãos públicos ou de autarquias em empresas, ou da desapropriação de ações de sociedade privada, ou ainda da subscrição de ações de uma sociedade anônima já constituída por capital particular. O importante é que da lei resulte a clara intenção do Estado de fazer da entidade instrumento de sua ação.

No caso de desapropriação de ações que leve o Poder Público a assumir o controle de companhia em funcionamento, o art. 236, parágrafo único, da Lei das Sociedades por Ações dá ao acionista minoritário o direito de pedir, dentro de 60 dias da publicação da primeira ata da assembleia geral, realizada após a aquisição do controle, o reembolso das suas ações, salvo

---

[7] A respeito da necessidade de autorização legislativa para a criação de empresas públicas e sociedades de economia mista, nos termos do art. 37, XIX, da Constituição, o Supremo Tribunal Federal possui precedente entendendo que tal autorização pode ser genérica e não específica: "AÇÃO DIRETA DE INCONSTITUCIONALIDADE. LEI 9.478/97. AUTORIZAÇÃO À PETROBRAS PARA CONSTITUIR SUBSIDIÁRIAS. OFENSA AOS ARTIGOS 2º E 37 DA CONSTITUIÇÃO FEDERAL. INEXISTÊNCIA ALEGAÇÃO IMPROCEDENTE. 1. A Lei 9.478/97 não autorizou a instituição de empresa de economia mista, mas sim a criação de subsidiárias distintas da sociedade-matriz, em consonância com o inciso XX, e não com o XIX do artigo 37 da Constituição Federal. 2. É dispensável a autorização legislativa para a criação de empresas subsidiárias, desde que haja previsão para esse fim na própria lei que instituiu a empresa de economia mista matriz, tendo em vista que a lei criadora é a própria medida autorizadora. Ação direta de inconstitucionalidade julgada improcedente" (ADI 1649-DF, Relator: Min. Maurício Corrêa, julgamento em 24-3-04, Órgão Julgador: Tribunal Pleno). A respeito da exigência de lei, o STF decidiu que "a circunstância de a sociedade de economia mista não ter sido criada por lei não afasta a competência do Tribunal de Contas. São sociedades de economia mista, inclusive para os efeitos do art. 37, XIX, da CB/88, aquelas – anônimas ou não – sob o controle da União, dos Estados-membros, do Distrito Federal ou dos Municípios, independentemente da circunstância de terem sido criadas por lei" (MS 26.117, Rel. Min. Eros Grau, j. em 20-5-09, Plenário, *DJe* de 6-11-09).

se a companhia já estava sob controle, direto ou indireto, de outra pessoa jurídica de direito público, ou no caso de concessão de serviço público.

A exigência de autorização legislativa de tal forma se incorporou ao conceito de sociedade de economia mista, que a doutrina e a jurisprudência vêm entendendo que, se não houve autorização legislativa, não existe esse tipo de entidade, mas apenas uma empresa estatal sob controle acionário do Estado (cf. acórdãos do STF in *RDA* 143/118 e 145/170; e do TFR in *RDA* 157/222). Esse entendimento foi consagrado pelo legislador constituinte, como se verifica pela referência, em vários dispositivos, a esse tipo de empresa, como categoria à parte.

Não havia na legislação anterior à atual Constituição exigência de autorização legislativa para criação de subsidiárias das sociedades de economia mista e empresas públicas; como elas não eram criadas por lei, não eram consideradas sociedades de economia mista. O art. 235, § 2º, da Lei das Sociedades por Ações já determinava que "as companhias de que participarem, majoritária ou minoritariamente, as sociedades de economia mista, estão sujeitas ao disposto nesta lei, sem as exceções previstas neste capítulo"; quer dizer que a elas não se aplicam as normas da Lei das Sociedades por Ações referentes às sociedades de economia mista, sendo tratadas como outra sociedade anônima qualquer, de capital privado.

Essa conclusão tem, na realidade, alcance mais amplo, pois a todas as sociedades em que o Estado tenha **participação acionária**, sem, no entanto, a natureza de sociedade de economia mista, não se aplicam as normas constitucionais, legais ou regulamentares referentes a esta última entidade, a menos que sejam abrangidas expressamente. É o caso do capítulo da Lei das Sociedades por Ações concernente às sociedades de economia mista. É o caso também de dispositivos da Constituição Federal, que deixaram clara a intenção do legislador de submetê-las, sob vários aspectos, às mesmas normas aplicadas às empresas públicas e sociedades de economia mista (por exemplo, arts. 37, XVII, 71, II, 173, § 1º).

Quanto à **extinção** das empresas públicas e sociedades de economia mista (bem como das autarquias e fundações), o art. 178 do Decreto-lei nº 200/67 previa a possibilidade da sua liquidação ou incorporação a outras entidades, "**por ato do Poder Executivo**, respeitados os direitos assegurados aos eventuais acionistas minoritários, se houver, nas leis e atos constitutivos de cada entidade".

Esse dispositivo sempre foi criticado pelos doutrinadores, por atribuir ao Poder Executivo a possibilidade de desfazer ato do legislador, sendo, portanto, inconstitucional.

Na atual Constituição, ficou fora de dúvida sua revogação, pois a competência do Presidente da República para dispor sobre a organização e o funcionamento da Administração Federal, que era invocada para justificar aquela norma, passou a ser exercida "na forma da lei" (art. 84, VI, em sua redação original). Esse dispositivo foi alterado pela Emenda Constitucional nº 32/00, que deu competência ao Presidente da República para dispor, por decreto, sobre a organização e funcionamento da administração federal, porém quando não implicar aumento de despesa nem **criação ou extinção de órgãos públicos**. A mesma Emenda Constitucional também alterou o art. 61, § 1º, alínea *e*, exigindo lei de iniciativa do Presidente da República para a criação e extinção de Ministérios e órgãos da administração pública. Se a exigência é feita para órgãos (que não têm personalidade jurídica própria), com muito mais razão se justifica em relação aos entes da administração indireta, que são pessoas jurídicas distintas da pessoa política que as instituiu.[8]

---

[8] No julgamento da ADI 234-RJ, ao apreciar dispositivos da Constituição do Rio de Janeiro que vedavam a alienação de ações de sociedades de economia mista estaduais, o STF conferiu interpretação conforme à Constituição da República, condicionando essas alienações à autorização legislativa, por lei em sentido formal, *tão somente quando importarem em perda do controle acionário por parte do Estado*. No mesmo sentido, invocando esse precedente, foi julgada, em 21-2-08, a ADI 1348. Na ADI 5624/DF, o Plenário do STF referendou

Quanto à natureza jurídica das **empresas públicas e sociedades de economia mista**, as controvérsias doutrinárias se pacificaram consideravelmente a partir de 1967; de um lado, porque a Constituição, no art. 163, § 2º, determinava a sua submissão ao direito privado; de outro lado, tendo em vista o conceito contido no art. 5º, II e III, do Decreto-lei nº 200.

A isso tudo acrescente-se outra razão de ordem técnico-funcional, ligada à própria origem desse tipo de entidade; ela foi idealizada, dentre outras razões, principalmente por fornecer ao Poder Público instrumento adequado para o desempenho de atividades de natureza comercial e industrial; foi precisamente a forma de funcionamento e organização das empresas privadas que atraiu o Poder Público. Daí a sua personalidade jurídica de direito privado.

Embora elas tenham personalidade dessa natureza, o regime jurídico é híbrido, porque o direito privado é parcialmente derrogado pelo direito público. Mas, falando-se em **personalidade de direito privado**, tem-se a vantagem de destacar o fato de que ficam espancadas quaisquer dúvidas quanto ao direito a elas aplicável: será sempre o direito privado, a não ser que se esteja na presença de norma **expressa** de direito público.

Essa **derrogação parcial do direito comum** pelo direito público existe sempre que o Poder Público se utiliza de institutos de direito privado; no caso das pessoas jurídicas, essa derrogação é de tal forma essencial que, na sua ausência, não haverá sociedade de economia mista, mas apenas participação acionária do Estado.

A derrogação é feita, em grande parte, pela própria Constituição, mas também por leis ordinárias e complementares, quer de caráter genérico, aplicável a todas as entidades, quer de caráter específico, como é a lei que cria a entidade.

Na esfera federal, isso pode ser feito, observadas as limitações constitucionais; nas esferas estadual e municipal, as derrogações têm que se limitar àquelas que tenham fundamento na própria Constituição ou em lei federal de âmbito nacional, como a própria Lei nº 13.303/16, a Lei das Sociedades por Ações; outras derrogações não podem ser feitas por Estados e Municípios, visto que não têm competência para legislar sobre direito civil e comercial.

A derrogação parcial do direito comum é essencial para manter a vinculação entre a entidade descentralizada e o ente que a instituiu; sem isso, deixaria ela de atuar como instrumento de ação do Estado.

Outro ponto de semelhança é o fato de empresas públicas e sociedades de economia mista desempenharem **atividade de natureza econômica**, o que pode ser feito, conforme anteriormente realçado, quer a título de intervenção do Estado no domínio econômico (quando se submetem à regra do art. 173 da Constituição), quer como serviço público assumido pelo Estado (hipótese em que se sujeitam ao disposto no art. 175).

Finalmente, a **vinculação aos fins definidos na lei instituidora** é traço comum a todas as entidades da Administração Indireta e que diz respeito ao princípio da especialização e ao próprio princípio da legalidade; se a lei as criou, fixou-lhes determinado objetivo, destinou-lhes um patrimônio afetado a esse objetivo, não pode a entidade, por sua própria vontade, usar esse patrimônio para atender a finalidade diversa.

Com relação à sociedade de economia mista, existe norma expressa nesse sentido no art. 237 da Lei das Sociedades por Ações: "a companhia de economia mista somente poderá explorar

---

medida cautelar anteriormente concedida para conferir ao art. 29, *caput*, XVIII, da Lei 13.303/2016, "interpretação conforme à Constituição Federal (CF), nos seguintes termos: i) a alienação do controle acionário de empresas públicas e sociedades de economia mista exige autorização legislativa e licitação; e ii) a exigência de autorização legislativa, todavia, não se aplica à alienação do controle de suas subsidiárias e controladas. Nesse caso, a operação pode ser realizada sem a necessidade de licitação desde que siga procedimentos que observem os princípios da administração pública inscritos no art. 37 da CF" (Informativo nº 943, do STF, de 3 a 7-6-19).

os empreendimentos ou exercer atividades previstas na lei que autorizou a sua constituição". Somente por outra lei é que poderão ser alterados esses objetivos.

Segundo Paulo B. de Araújo Lima (1980:58-59), "a lei especial, ao autorizar a criação de uma sociedade, dispondo certas regras, tais como a fixação da sede e do objetivo social, e outros componentes de estrutura administrativa, não está evidentemente autorizando o sócio fundador – a Administração Pública – a negociar com outros sócios a prevalência daquelas regras nos estatutos sociais. Ao contrário, está impondo legalmente tais regras, até pela mais elementar das razões de que quase sempre, como nos casos de nomeação ou de imposição de limites à circulação de títulos, refogem elas ao sistema da lei geral e, a não ser que tenham vigência por diploma específico, serão nulas de pleno direito, caso sejam puramente negociadas. Não são objeto, portanto, de contrato que constitui a sociedade, mas sim de comandos legais".

Pela mesma razão, não pode o Executivo, por meio de ato próprio, baixar normas dirigidas a essas entidades, conflitando com os objetivos ou com outros elementos definidos na lei instituidora; isto ocorre, na prática, sem que haja impugnação pela entidade, normalmente dirigida por pessoa da confiança do Chefe do Executivo; caberia ao acionista minoritário essa impugnação, inclusive perante o Poder Judiciário.

10.5.3.4 Traços distintivos

Duas são as principais diferenças entre sociedade de economia mista e empresa pública, no direito brasileiro:

1. a forma de organização;
2. a composição do capital.

Quanto à **forma de organização**, o art. 5º do Decreto-lei nº 200/67 determinava que a sociedade de economia mista seja estruturada sob a forma de **sociedade anônima** e, a empresa pública, **sob qualquer das formas admitidas em direito**; disso decorria que a primeira é sempre sociedade comercial e a segunda pode ser civil ou comercial.

A rigor, os conceitos do Decreto-lei nº 200/67 somente seriam aplicáveis na esfera federal, já que ele se limita a estabelecer normas sobre a organização da Administração Federal; e realmente ele dispõe dessa forma. Ocorre que as características mencionadas nos referidos conceitos, com algumas ressalvas, são reconhecidas pela doutrina como próprias desses tipos de entidades; apenas esse aspecto, concernente à forma de organização, parece decorrer de opção do governo federal, podendo-se então argumentar que Estados e Municípios não se sujeitam a essa exigência.

No entanto, a organização da sociedade de economia mista sob a forma de sociedade anônima passou a ser imposição que consta de lei de âmbito nacional, a saber, a Lei das Sociedades por Ações, que tem um capítulo dedicado a essas entidades (arts. 235 a 240); embora não contenha um conceito, o art. 235 determina que "as **sociedades de economia mista estão sujeitas a esta lei**, sem prejuízo das disposições especiais de lei federal". De modo que Estados e Municípios não têm a liberdade de adotar outra forma de organização, já que não dispõem de competência para legislar sobre Direito Civil e Comercial.

Com relação à empresa pública, a expressão *qualquer das formas admitidas em direito*, não repetida no conceito contido no art. 3º da Lei nº 13.303/16, era interpretada no sentido de que a ela se poderia dar a estrutura de sociedade civil ou de sociedade comercial já disciplinada pelo direito comercial, ou ainda, forma inédita prevista na lei singular que a instituiu.

Já os Estados e Municípios, não sendo alcançados pela norma do art. 5º, II, do Decreto-lei nº 200/67 e não havendo lei de âmbito nacional dispondo da mesma forma, terão que adotar uma das modalidades de sociedade já disciplinadas pela legislação comercial.

Na esfera federal, foram criadas empresas públicas com formas inéditas; Sérgio de Andréa Ferreira (*RDA* 136/1-33) indica três tipos:

1. **sociedade unipessoal**: esta, como sociedade, tem de ter o órgão necessário nesse tipo de pessoa jurídica, que é a **assembleia geral**. Como exemplo, cita a Cia. de Desenvolvimento do Vale do São Francisco, cujo capital pertence inteiramente à União; não obstante ter um único "sócio", dispõe de assembleia geral, conselho diretor, diretoria executiva e conselho fiscal; a justificativa para a existência da assembleia geral (órgão pelo qual se manifesta a vontade dos sócios) seria o fato de que seu capital foi dividido em 300 milhões de ações, com a previsão de participação, em futuros aumentos de capital, de outras pessoas jurídicas de direito público, desde que a maioria permaneça de propriedade da União;
2. **sociedade pluripessoal**, com capital pertencente à União (sócia majoritária) e a outras pessoas políticas ou administrativas (conforme art. 5º do Decreto-lei nº 900, de 29-9-69);
3. **empresa pública unipessoal**, que corresponde à empresa individual do direito privado, com a diferença de que a empresa pública tem personalidade jurídica e a constituição de empresa individual, no direito privado, não acarreta a criação de pessoa jurídica. A empresa pública unipessoal, por ser personalizada, tem alguns pontos de semelhança com a fundação: em ambas existe a destinação de bens patrimoniais à consecução de um fim. Mas, esclarece Sérgio de Andréa Ferreira, "na fundação, o patrimônio dotado se personifica e se destaca, definitivamente, do patrimônio do instituidor. A fundação não tem, portanto, **capital**, pois que nada nela pertence a outrem, ainda que ao instituidor. Ela só tem **patrimônio**, ou, mais exatamente, ela é um **patrimônio**. Ao contrário, na empresa individual personalizada, o empresário – pessoa física é o detentor do **capital**. Ela tem, portanto, **capital**, pertencente ao empresário individual, e **patrimônio**, que pertence à nova pessoa jurídica".

E há um outro ponto comum, também assinalado pelo mesmo autor: é que em ambas existe uma vontade **externa** ou **transcendente**, que domina, de fora, a pessoa jurídica, inexistindo um órgão deliberativo interno dessa, em que aquela manifesta a sua vontade. "Essa é manifestada de fora, atuando, dentro da pessoa jurídica, como seus órgãos, os administradores designados pelo Estado."

Como exemplo de empresa pública unipessoal, ele cita a Caixa Econômica Federal, cujo capital, uno, pertence integralmente à União. "Seus órgãos são a Diretoria (Presidente e sete Diretores nomeados e exoneráveis *ad nutum* pelo Presidente da República) e o Conselho Fiscal (membros nomeados pelo Ministro da Fazenda). Não há assembleia ou órgão da empresa através do qual se manifeste a detentora do capital, dentro da entidade. A participação da União, como verdadeira empresária, se dá através de seus designados e por meio dos instrumentos da tutela administrativa."

Do exposto se deduz que a diferença entre a empresa pública unipessoal e a empresa constituída sob forma de sociedade unipessoal está no fato de que nesta existe, e naquela não, a assembleia geral, como órgão pelo qual se manifesta a vontade do Estado. Na primeira, essa vontade é externa e, na segunda, é interna ou imanente.

Resta assinalar que, nos âmbitos estadual e municipal, não é possível a instituição de empresas públicas com formas inéditas ou mesmo sociedades de economia mista que fujam às normas da Lei das Sociedade por Ações, porque Estados e Municípios não têm competência para legislar sobre Direito Comercial ou Direito Civil, reservada exclusivamente à União (art. 22, inciso I, da Constituição Federal).

A Lei nº 13.303/16, nas disposições finais e transitórias, determina que "a empresa pública e a sociedade de economia mista constituídas anteriormente à vigência desta Lei deverão, no prazo de 24 (vinte e quatro) meses, promover as adaptações necessárias à adequação ao disposto nesta Lei". Essa norma não significa que deverá ser alterada a forma societária com que foram instituídas, já que a lei tem que respeitar os atos jurídicos perfeitos, conforme exigência contida no art. 5º, XXXVI, da Constituição Federal. As normas que devem fundamentalmente ser aplicadas são as estabelecidas no Capítulo II do Título I, concernentes ao regime societário, bem como as normas sobre licitações e contratos do Título II.

Com relação à **composição do capital**, a sociedade de economia mista é constituída por capital público e privado, e a empresa pública, por capital público.

Quanto a esse aspecto, tanto o Decreto-lei nº 200/67 quanto a lei estadual (Decreto-lei Complementar nº 7/69) já exigiam **participação majoritária** do Poder Público, por meio da Administração Direta ou Indireta; a lei estadual não emprega a expressão sociedade de economia mista, mas fala em "empresas em cujo capital o Estado tenha **participação majoritária**, pela sua Administração centralizada ou **descentralizada**". A Lei nº 13.303/16 contém a mesma exigência no art. 4º, em cujos termos "as ações com direito a voto pertencem em sua maioria à União, aos Estados, ao Distrito Federal, aos Municípios ou a entidade da administração indireta".

Pelo art. 235, § 2º, da Lei das Sociedades por Ações, as companhias "de que participarem, majoritária ou minoritariamente, as sociedades de economia mista, estão sujeitas ao disposto nesta lei, sem as exceções previstas neste capítulo"; em resumo, **não são consideradas sociedades de economia mista** para os fins dessa lei. Se a entidade que detém a maioria do capital votante for de outra natureza, como uma empresa pública ou uma autarquia, ela não deixará de ser sociedade de economia mista e continuará a reger-se pelo capítulo que lhe é concernente.

A empresa pública tem o capital inteiramente público, o que faria supor que dele só podem participar as pessoas jurídicas de direito público interno. Mas o art. 5º do Decreto-lei nº 900/69 veio permitir que, desde que a maioria do capital votante permaneça de propriedade da União, seja admitida, no capital da empresa pública a participação de outras pessoas de direito público interno, bem como de entidades da **Administração Indireta** da União, dos Estados, Distrito Federal e Municípios. Com isso, admite-se a participação de pessoas jurídicas de direito privado que integrem a Administração Indireta, inclusive de sociedades de economia mista, em que o capital é parcialmente privado. A mesma possibilidade continua a existir na Lei nº 13.303/16 que, no art. 4º, permite que a maioria do capital com direito a voto pertença, em sua maioria, a entidade da administração indireta, sem distinguir se ela tem personalidade de direito público ou privado.

Uma última observação é quanto ao fato de não bastar a participação majoritária do Poder Público na entidade para que ela seja sociedade de economia mista; é necessário que haja a participação na **gestão** da empresa e a intenção de fazer dela um instrumento de ação do Estado, manifestada por meio da lei instituidora e assegurada pela derrogação parcial do direito comum. Sem isso, haverá empresa estatal, mas não haverá sociedade de economia mista.

10.5.3.5 Regime jurídico

O regime jurídico das empresas submetidas ao estatuto jurídico instituído pela Lei nº 13.303/16 é parcialmente de direito público e parcialmente de direito privado, ainda que elas sejam pessoas jurídicas de direito privado. Esse regime jurídico híbrido existe em praticamente todos os institutos de direito privado utilizados pela Administração Pública.[9]

A sujeição ao mesmo regime jurídico próprio das empresas privadas está prevista no art. 173, § 1º, II, da Constituição. No entanto, a mesma Constituição contém normas que derrogam parcialmente o direito privado, como a que sujeita essas empresas ao controle pelo Tribunal de Contas (art. 71, II e III); a que proíbe deputados e senadores, a partir da expedição do diploma, de firmarem ou manterem contrato com empresas públicas e sociedades de economia mista (dentre outras entidades previstas no dispositivo) (art. 54, I, *a*); a que sujeita tais entidades aos limites globais e condições para as operações de crédito externo e interno, fixados pelo Senado (art. 52, VII); a que sujeita a controle pelo Congresso Nacional todas as entidades da administração indireta (art. 49, X); a que submete todas as entidades da administração direta e indireta aos princípios da Administração Pública (art. 37, *caput*); as que aplicam aos empregados de toda a administração indireta as normas sobre servidores constantes dos vários incisos do art. 37; as que estabelecem normas sobre licitações e contratos administrativos (art. 22, XXVII, combinado com art. 173, § 1º, III); a que manda incluir na lei orçamentária anual o orçamento fiscal, o orçamento de investimento e o orçamento da seguridade das entidades da administração direta e indireta (art. 165, § 5º); a que exige prévia dotação orçamentária para a concessão de qualquer vantagem ou aumento de remuneração, criação de empregos ou alteração de estrutura de carreiras, bem como a admissão ou contratação de pessoal nas entidades da administração direta e indireta (art. 169, § 1º, I).

Essa sujeição parcial a normas de direito público justifica-se pelo fato de as empresas públicas e sociedades de economia mista (bem como suas subsidiárias) manterem vínculo com o ente político que as criou, para fins de controle, além do fato de administrarem total ou parcialmente recursos públicos e terem por objetivo a execução de atividades econômicas que o Estado presta por motivo de interesse público relevante ou por motivo de segurança nacional.

No entanto, como é a própria Constituição que determina a submissão dessas empresas ao mesmo regime jurídico das empresas privadas, tem-se que entender que as derrogações a esse regime são apenas as que constam da própria Constituição. No silêncio desta, aplicam-se normas do direito privado.

Assim é que o art. 5º da Lei nº 13.303/16 determina que "*a sociedade de economia mista será constituída sob a forma de sociedade anônima e, ressalvado o disposto nesta Lei, estará sujeita ao regime previsto na Lei nº 6.404, de 15 de dezembro de 1976*".

A sujeição ao regime da Lei nº 6.404, que dispõe sobre sociedade por ações, já constava dessa lei, que dedica um capítulo às sociedades de economia mista, determinando, no art. 235, que tais entidades se submetem ao regime dessa lei, além da legislação que lhes é própria.

Vale dizer que, em termos de regime jurídico, as sociedades de economia mista submetem-se, pela ordem: (i) às normas constitucionais que a ela se referem; (ii) às normas da Lei nº 13.303/16; (iii) às normas da Lei nº 6.404 não derrogadas pela Constituição nem pela Lei nº 13.303/16; (iv) às normas da Comissão de Valores Mobiliários sobre escrituração e elaboração de demonstrações financeiras, inclusive a obrigatoriedade de auditoria independente por auditor independente registrado nesse órgão (conf. art. 7º); (v) suas normas estatutárias, que deverão "*observar regras de governança corporativa, de transparência e de estruturas, práticas de gestão de riscos e de controle interno, composição de administração e, havendo acionistas, mecanismos para sua proteção*", conforme determina o art. 6º da Lei nº 13.303/16.

---

[9] Foi o que defendemos na tese sobre *Direito Privado na Administração Pública*, publicada pela Editora Atlas em 1989, e também no artigo, com o mesmo título, publicado em: DI PIETRO, Maria Sylvia Zanella (org.). *Direito privado administrativo*. São Paulo: Atlas, 2013, p. 1-20.

Com relação às empresas públicas, a Lei nº 13.303/16 não apresenta a mesma clareza. Não há dúvida de que se sujeitam às normas referidas nos itens (i), (ii), (iv) e (v) do parágrafo anterior. No que diz respeito às normas da Lei nº 6.404/76, há que se distinguir: se a empresa pública tiver a forma de sociedade por ações, a ela também se aplicam as normas da Lei nº 6.404, não derrogadas pela Lei nº 13.303/16. Se tiverem outra forma, somente se sujeitarão às normas da Lei nº 6.404 expressamente referidas na Lei nº 13.303/16, a saber: arts. 7º (sobre escrituração e elaboração de demonstrações financeiras, além da obrigatoriedade de auditoria independente por auditor registrado na Comissão de Valores Mobiliários), 15 (sobre responsabilidade do acionista controlador por atos praticados com abuso de poder), 16 (sobre o administrador da empresa, que compreende os membros do Conselho de Administração e da Diretoria, nos termos do parágrafo único do art. 16), 18 (sobre as competências do Conselho de Administração), 19 (sobre participação de representantes dos empregados e dos acionistas minoritários no Conselho de Administração).

No que diz respeito às contratações feitas pelas empresas públicas, sociedades de economia mista e suas subsidiárias, a Lei nº 13.303 estabelece o procedimento a ser seguido na licitação e, quanto aos contratos, determina, no art. 68, que eles "*regulam-se por suas cláusulas, pelo disposto nesta Lei e pelos preceitos de direito privado*". Esse aspecto será analisado em item específico sobre o tema.

10.5.3.6 Órgãos de Administração

O art. 173, § 1º, inciso IV, da Constituição exige que a lei, ao estabelecer o estatuto jurídico das empresas públicas, sociedades de economia mista e suas subsidiárias, disponha sobre "a constituição e o funcionamento dos conselhos de administração e fiscal, com a participação de acionistas minoritários". O inciso V, por sua vez, exige que o mesmo estatuto defina "os mandatos, a avaliação de desempenho e a responsabilidade dos administradores".

O art. 16, parágrafo único, da Lei nº 13.303/16 considera como administradores da empresa pública e da sociedade de economia mista os membros do *Conselho de Administração* e da *diretoria*, os quais se submetem às normas da Lei nº 6.404/76. Embora o dispositivo não faça referência às empresas subsidiárias, tem-se que aplicar a elas as mesmas normas, tendo em vista que o art. 173, § 1º, da Constituição as menciona expressamente.

O Conselho de Administração deve observar o mínimo de sete e o máximo de onze membros (art. 13, I). A diretoria deve ser constituída por no mínimo três diretores (art. 13, II).

Nos termos do art. 22, o Conselho de Administração deve ser composto, no mínimo, por 25% de **membros independentes** ou por pelo menos um, caso haja decisão pelo exercício da faculdade do voto múltiplo pelos acionistas minoritários, nos termos do art. 141 da Lei nº 6.404.[10] O mesmo art. 22 indica as características do conselheiro independente, todas elas indicando a preocupação de manter no Conselho de Administração membros inteiramente desvinculados da empresa, seja por vínculo de emprego, seja por parentesco, seja por relações contratuais.

O **mandato** dos diretores e dos membros do Conselho de Administração deve ter a mesma duração, não podendo ser superior a dois anos, sendo permitidas, no máximo, três reconduções consecutivas (art. 13, VI).

---

[10] O art. 141 da Lei nº 6.404/76 estabelece que "na eleição dos conselheiros, é facultado aos acionistas que representem, no mínimo, 0,1 (um décimo) do capital social com direito a voto, esteja ou não previsto no estatuto, requerer a adoção do processo de voto múltiplo, atribuindo-se a cada ação tantos votos quantos sejam os membros do conselho, e reconhecido ao acionista o direito de cumular os votos num só candidato ou distribuí-los entre vários".

No art. 17, a lei estabelece **requisitos rigorosos de idoneidade, experiência prévia e formação acadêmica, para a escolha dos administradores**. O art. 19 exige que participe, obrigatoriamente, do Conselho de Administração representante dos empregados e dos acionistas minoritários (observadas as normas da Lei nº 12.353, de 28-12-10, que dispõe sobre participação dos empregados e dos acionistas minoritários). Pelo § 2º do art. 19, os acionistas minoritários têm o direito de eleger um conselheiro, se maior número não lhes couber pelo processo de voto múltiplo previsto na Lei nº 6.404.

O § 2º do art. 17 estabelece uma série de **incompatibilidades** a serem observadas na escolha dos administradores, norma que se completa com a contida no art. 20, que veda a participação *remunerada* de membros da administração pública, direta ou indireta, em mais de 2 (dois) conselhos, de administração ou fiscal, de empresa pública, sociedade de economia mista ou de suas subsidiárias.

O § 4º do art. 17 exige participação dos administradores, na posse e, anualmente, em treinamentos específicos sobre legislação societária e de mercado de capitais, divulgação de informações, controle interno, código de conduta, lei anticorrupção e demais temas relacionados às atividades da empresa pública ou da sociedade de economia mista.

O **Conselho de Administração** exerce as competências previstas no art. 142 da Lei nº 6.404 e mais as atribuições previstas no art. 18 da Lei nº 13.303.

Com relação à **diretoria**, há a preocupação de exigir desta a indicação de metas e resultados específicos, aprovados pelo Conselho de Administração, e aos quais os ocupantes do cargo de diretor ficam vinculados (art. 23). Para esse fim, o § 1º do art. 23 exige que a diretoria apresente, até a última reunião ordinária do Conselho de Administração do ano anterior, a quem compete a sua aprovação: I – plano de negócios para o exercício anual seguinte; II – estratégia de longo prazo atualizada com análise de riscos e oportunidades para, no mínimo, os próximos cinco anos.

Essa definição é importante para fins de controle interno pelo Conselho de Administração, a quem compete, sob pena de responsabilidade por omissão, promover anualmente análise de atendimento das metas e resultados na execução do plano de negócios e da estratégia de longo prazo exigidos pelo § 1º do art. 23. O Conselho de Administração deve publicar as suas conclusões e informá-las ao Congresso Nacional, às Assembleias Legislativas, à Câmara Legislativa do Distrito Federal ou às Câmaras Municipais (conforme o caso) e aos respectivos tribunais de contas, quando houver. Vale dizer que tais exigências contribuem para o controle externo exercido pelo Poder Legislativo, com o auxílio do Tribunal de Contas.

O art. 10 da Lei nº 13.303 exige que a empresa crie um Comitê Estatutário para verificar a conformidade do processo de indicação dos membros do Conselho de Administração e do Conselho Fiscal, com competência também para auxiliar o acionista controlador na indicação desses membros.

Como órgão auxiliar do Conselho de Administração e a ele diretamente vinculado, o art. 24 exige que as empresas possuam em sua estrutura societária um **Comitê de Auditoria Estatutário**, integrado por, no mínimo, três e, no máximo, cinco membros, em sua maioria independentes (art. 25), observadas as condições mínimas estabelecidas no § 1º do mesmo dispositivo. As atribuições desse Comitê, definidas no § 1º do art. 23, são essencialmente de auxiliar do Conselho de Administração, no exercício da atividade de controle interno. Dentre outras atribuições relevantes, o Comitê "deverá possuir meios para receber denúncias, inclusive sigilosas, internas e externas à empresa pública ou à sociedade de economia mista, em matérias relacionadas ao escopo de suas atividades" (art. 24, § 2º).

O art. 26 da Lei estabelece, com relação ao **Conselho Fiscal**, a submissão às normas da Lei nº 6.404/76, relativas a seus poderes, deveres e responsabilidades, requisitos e impedimentos para investidura e remuneração, "além de outras disposições estabelecidas na referida Lei". Em síntese, o Conselho Fiscal submete-se às normas da lei de sociedades anônimas. O § 1º exige que os membros do Conselho Fiscal sejam "pessoas naturais, residentes no País, com formação acadêmica compatível com o exercício da função e que tenham exercido, por prazo mínimo de 3 (três) anos, cargo de direção ou assessoramento na administração pública ou cargo de conselheiro fiscal ou administrador em empresa". Dentre os membros desse Conselho, pelo menos um será indicado pelo ente controlador, devendo ser servidor público com vínculo permanente com a administração pública (§ 2º).

O prazo de gestão dos membros do Conselho Fiscal não pode ser superior a dois anos, permitidas duas reconduções consecutivas (art. 13, VIII).

10.5.3.7 Função social

O art. 173, § 1º, inciso I, da Constituição exige que o estatuto jurídico da empresa pública, da sociedade de economia mista e de suas subsidiárias que explorem atividade econômica de produção ou comercialização de bens ou de prestação de serviços disponham sobre "sua função social e formas de fiscalização pelo Estado e pela sociedade".

Tem-se **função**, nas palavras de Celso Antônio Bandeira de Mello (2015:100), "apenas quando alguém está assujeitado ao *dever* de buscar, no *interesse de outrem*, o atendimento de certa finalidade". Quando a Constituição fala em **função social da propriedade**, ela está atribuindo ao proprietário o dever de utilizar o bem de sua propriedade em proveito do bem comum. E quando fala em função social das empresas estatais, está impondo a elas o dever de exercer as suas atividades em benefício do bem comum.

Segundo José Afonso da Silva (2005:718), "empresas estatais, por sua própria natureza, hão que estar voltadas exclusivamente ao atendimento da função social, pois os objetivos sociais é que movem o Estado a exercer atividade econômica". A mesma observação é cabível para todas as empresas estatais, sejam prestadoras de serviço público comercial ou industrial ou prestadoras de atividade econômica, em regime de monopólio ou em competição com a iniciativa privada.

A Lei nº 13.303/16 definiu a função social da empesa pública e da sociedade de economia mista, no art. 27: é a "realização do interesse coletivo ou de atendimento a imperativo da segurança nacional expressa no instrumento de autorização legal para a sua criação". O dispositivo está em consonância com o § 1º do art. 173 da Constituição que, ao prever o estabelecimento, por lei, do estatuto jurídico das empresas estatais, expressamente exige que sejam inseridas normas sobre sua função social.

E o dispositivo também está em consonância com o art. 173, *caput*, da Constituição, que só permite a exploração direta de atividade econômica pelo Estado "quando necessária aos imperativos da segurança nacional ou a relevante interesse coletivo, conforme definidos em lei".

É curioso que a Lei nº 13.303/16 abranja tanto as empresas estatais que atuem na área econômica, subsidiariamente à iniciativa privada, como as que prestam serviço público, embora o dispositivo constitucional, a toda evidência, esteja se referindo às empresas que exercem atividade econômica (em sentido estrito). No entanto, a restrição quanto à prestação de atividade econômica apenas por motivo de segurança nacional ou relevante interesse coletivo somente se aplica às empresas estatais que prestam atividade econômica. Nem poderia ser diferente, já que o Estado tem o dever de prestar determinados serviços públicos, por força de normas constitucionais, como as dos arts. 21, X, XI e XII, 25, § 2º, 30, V, 196, 203, 205, dentre outros. Quanto às que prestam serviço público, a função social é a elas inerente e vem definida não só na Constituição, como na lei que as institui. Não se trata de atividade subsidiária à iniciativa privada.

Feita essa restrição, as normas contidas nos parágrafos do art. 27 da Lei nº 13.303 aplicam-se a todas as empresas estatais, independentemente do tipo de atividade que exercem. Em todas elas, a realização do interesse coletivo a que se dedicam deve estar "orientada para o alcance do bem-estar econômico e para a alocação socialmente eficiente dos recursos geridos pela empresa pública e pela sociedade de economia mista, bem como para o seguinte: I – ampliação economicamente sustentada do acesso de consumidores aos produtos e serviços da empresa pública ou da sociedade de economia mista; II – ao desenvolvimento ou emprego de tecnologia brasileira para produção e oferta de produtos e serviços da empresa pública ou da sociedade de economia mista, sempre de maneira economicamente justificada".

O § 2º do art. 27 ainda impõe a prática de sustentabilidade ambiental e de responsabilidade social corporativa compatíveis com o mercado em que atuam. E o § 3º admite a atuação das empresas estatais em atividades culturais, sociais, esportivas, educacionais e de inovação tecnológica, mediante convênio ou contrato de patrocínio com pessoa física ou com pessoa jurídica, "desde que comprovadamente vinculadas ao fortalecimento de sua marca, observando-se, no que couber, as normas de licitação e contratos desta Lei". A norma constitui aplicação do princípio da especialidade, que impede as entidades da administração indireta de utilizarem seus recursos para fins estranhos aos objetivos institucionais para os quais foram criadas.

Outros dispositivos da lei são voltados à consecução da função social das empresas estatais: o art. 2º, § 1º, exige que a lei instituidora da estatal indique, de forma clara, qual o relevante interesse coletivo ou imperativo de segurança nacional que se insere entre os seus fins institucionais; o art. 8º, I, impõe, como requisito de transparência, a elaboração de **carta anual**, subscrita pelos membros do Conselho de Administração, com a explicitação dos compromissos de consecução de objetivos de políticas públicas pela empresa pública, sociedade de economia mista e suas subsidiárias, em atendimento ao interesse coletivo ou ao imperativo de segurança nacional que justificou a sua criação, com definição clara dos recursos a serem empregados para esse fim, bem como dos impactos econômico-financeiros da consecução desses objetivos, mensuráveis por meio de indicadores objetivos; o inciso VIII do mesmo dispositivo exige ampla divulgação da carta anual.

10.5.3.8 Responsabilidade e controle interno

Como entidades da administração indireta, as empresas públicas, sociedades de economia mista e suas subsidiárias submetem-se a todas as formas de controle interno e externo previstas na Constituição. Mas a Lei nº 13.303/16 prevê normas específicas sobre responsabilidade e sobre controle interno da **empresa**, do **acionista controlador da sociedade de economia mista** e de seus **administradores**.

Para a **empresa**, a lei exige:

a) **transparência** (art. 8º, incisos I a IX);
b) adoção de regras de estruturas e práticas de **gestão de riscos** e **controle interno,** previstas no art. 9º, abrangendo: I – ação dos administradores e empregados, por meio da implementação cotidiana de práticas de controle interno; para esse fim, deve ser elaborado e divulgado Código de Conduta e Integridade (*compliance*) com observância dos preceitos contidos no § 1º; II – área responsável pela verificação do cumprimento de obrigações e de gestão de riscos; essa área deve ser vinculada ao diretor-presidente e liderada por diretor estatutário, devendo o estatuto prever as suas atribuições, bem como estabelecer mecanismos que assegurem atuação independente (art. 9º, § 2º); essa área pode se reportar diretamente ao Conselho de Administração, conforme possibilidade que deve ser prevista no estatuto social, para situações em que se suspeite do envolvimento do diretor-presidente em irregularidades ou quando este se furtar à obrigação de adotar medidas necessárias em relação à situação a ele relatada (§ 4º do art. 9º); III – auditoria interna e

Comitê de Auditoria Estatutário; a auditoria interna deve vincular-se ao Conselho de Administração, diretamente ou por meio de Comitê de Auditoria Estatutário, e ser responsável por aferir a adequação do controle interno, a efetividade do gerenciamento dos riscos e dos processos de governança e a confiabilidade do processo de coleta, mensuração, classificação, acumulação, registro e divulgação de eventos e transações, visando ao preparo de demonstrações financeiras (§ 3º do art. 9º);

c) criação de **Comitê Estatutário** para verificar a conformidade do processo de indicação e de avaliação de membros para o Conselho de Administração e para o Conselho Fiscal, com competência para auxiliar o acionista controlador na indicação desses membros (art. 10);

d) **divulgação da forma de remuneração dos administradores** (art. 12, I);

e) submissão às sanções administrativas e judiciais previstas na lei anticorrupção (Lei nº 12.846, de 1º-8-13), salvo as previstas nos incisos II, III e IV do art. 19, a saber: suspensão ou interdição parcial de suas atividades; dissolução compulsória da pessoa jurídica; e proibição de receber incentivos, subsídios, subvenções, doações ou empréstimos de órgãos ou entidades públicas e de instituições financeiras públicas ou controladas pelo Poder Público, pelo prazo mínimo de um e máximo de cinco anos; a norma é prevista no art. 94 da Lei nº 13.303/16 e justifica-se, facilmente, pelo fato de que as empresas públicas, sociedades de economia mista e suas subsidiárias são voltadas a fins de interesse público, que poderiam restar inviabilizados com a aplicação dessas penalidades; aliás, embora a pena de multa não seja excluída pelo art. 94, na realidade, dependendo do seu montante, poderia também dificultar ou impedir a realização dos fins institucionais da empresa. Melhor seria punir apenas os administradores do que a empresa.

Para o **acionista controlador**, a Lei nº 13.303, no art. 15, prevê a responsabilidade pelos atos praticados com abuso de poder, a qual se dará nos termos da Lei nº 6.404, de 15-12-76 (lei das sociedades por ações), podendo a ação ser proposta pela sociedade, nos termos do art. 246 da Lei nº 6.404, pelo terceiro prejudicado ou pelos demais sócios, independentemente de autorização da assembleia-geral de acionistas. A ação prescreve em seis anos.

Para os **administradores** (membros do Conselho de Administração e da diretoria), a Lei nº 13.303 prevê:

a) possibilidade de ser prevista, no estatuto social da empresa, a contratação de seguro de responsabilidade civil (art. 17, § 1º);

b) participação, na posse e anualmente, em treinamentos específicos sobre legislação societária e de mercado de capitais, divulgação de informações, controle interno, código de conduta, lei anticorrupção e demais temas relacionados às atividades da empresa pública ou da sociedade de economia mista (art. 17, § 4º);

c) atribuição, ao Conselho de Administração, de competência para, sob pena de responsabilidade por omissão, promover anualmente análise de atendimento das metas e resultados na execução do plano de negócios e da estratégia de longo prazo, devendo publicar suas conclusões e informá-las ao Congresso Nacional, às Assembleias Legislativas ou às Câmaras Municipais e aos respectivos tribunais de contas, quando houver (art. 23, § 2º);

d) previsão do Comitê de Auditoria Estatutário, como órgão auxiliar do Conselho de Administração, com as atribuições de fiscalização, monitoramento e avaliação previstas no art. 24, § 1º, além do poder de receber denúncias, inclusive sigilosas, internas e externas à empresa pública ou à sociedade de economia mista, em matérias relacionadas ao escopo de suas atividades (§ 2º); para garantir a independência ao Comitê, o § 7º do art. 24 prevê seja garantida ao órgão autonomia operacional e dotação orçamentária, anual ou por projeto, dentro dos limites aprovados pelo Conselho de Administração, para conduzir ou determinar a realização de consultas, avaliações e investigações dentro do escopo de suas atividades, inclusive com a contratação e utilização de especialistas externos independentes;

e) Conselho Fiscal com os poderes, deveres e responsabilidades, requisitos e impedimentos para investidura e remuneração, previstos na Lei nº 6.404/76 (art. 26).

10.5.3.9 Licitação

Os arts. 22, XXVII, e 173, § 1º, III, com a redação dada pela Emenda Constitucional nº 19/98, deixaram em aberto a possibilidade de ser instituído regime diferenciado de licitação e contratação para as empresas públicas e sociedades de economia mista. O segundo dispositivo citado, ao prever a instituição do estatuto jurídico das empresas públicas, sociedades de economia mista e suas subsidiárias, estabeleceu alguns critérios a serem observados, dentre eles a submissão a "licitação e contratação de obras, serviços, compras e alienações, observados os princípios da administração pública".

Foi intencional a diferença de tratamento dispensada entre as empresas estatais de que trata o art. 173 e as demais entidades da administração indireta. Isto porque o art. 173 trata especificamente do exercício de atividade econômica pelo Estado, subsidiariamente à iniciativa privada, e prevê a sua prestação por meio de empresas públicas, sociedades de economia mista e suas subsidiárias. Precisamente por exercerem atividade própria da iniciativa privada, o inciso II do § 1º do mesmo dispositivo determinou a sujeição das empresas ao "regime jurídico próprio das empresas privadas, inclusive quanto aos direitos e obrigações civis, comerciais, trabalhistas e tributários".

Com base nesse dispositivo, o estatuto jurídico baixado por meio da Lei nº 13.303/16 poderia ter instituído procedimento simplificado para as empresas estatais que atuam no domínio econômico, para torná-lo mais compatível com as atividades que exercem em regime de concorrência com a iniciativa privada.

No entanto, lamentavelmente, não foi esse o caminho adotado pelo legislador. Este preferiu, por meio da Lei nº 13.303/16, instituir um regime em que se combinam normas da Lei nº 8.666, de 21-6-93 (Lei de Licitações e Contratos Administrativos), da Lei nº 12.462, de 4-8-11 (Lei do RDC), da Lei nº 10.520, de 17-7-02 (Lei do Pregão), da Lei nº 8.987, de 13-2-95 (Lei de Concessões e Permissões de Serviços Públicos) e da Lei nº 11.079, de 30-12-04. Repetiu conceitos legais, regras e institutos que já estão consolidados no direito positivo, criando mais uma lei de licitações, ao lado de tantas outras já existentes, dificultando o trabalho dos que atuam na área, inclusive dos órgãos de controle.

O art. 28 submete às normas da lei os contratos de prestação de serviços, os de engenharia e de publicidade, os de aquisição e locação de bens, de alienação de bens e ativos integrantes do patrimônio das empresas estatais, bem como os de obras a serem integradas nesse patrimônio, além dos que têm por objeto a implementação de ônus real sobre tais bens. Embora o dispositivo não se refira às empresas subsidiárias das sociedades de economia mista e das empresas públicas, é possível concluir que elas se submetem às mesmas normas, já que o art. 173, § 1º, da Constituição as inclui no mesmo dispositivo.

O § 3º do art. 28 exclui da abrangência da lei as empresas públicas e as sociedades de economia mista em duas situações: I – comercialização, prestação ou execução, de forma direta, de produtos, serviços ou obras especificamente relacionados com respectivos objetos sociais;

II – nos casos em que a escolha do parceiro esteja associada a suas características particulares vinculada a oportunidades de negócio jurídico definidas e específicas, justificada a inviabilidade de procedimento competitivo. A primeira hipótese ajusta-se à jurisprudência que vem se formando no STF no sentido de que as contratações efetuadas pela Petrobras ficam fora do âmbito da Lei nº 8.666/93;[11] a exclusão tem sua razão de ser nas hipóteses em que a realização da licitação seja prejudicial ao exercício das atividades-fim ou à capacidade competitiva da empresa estatal. A segunda hipótese vem dar fundamento à mesma exclusão do âmbito da lei, no caso em que as empresas estatais pretendam associar-se a empresa privada; o dispositivo procura contornar o entendimento adotado pelos doutrinadores de que a escolha do parceiro privado deve obediência a critérios objetivos de seleção, como ocorre na licitação; para aplicar-se essa hipótese de exclusão do âmbito da lei, é necessário demonstrar que a competição é inviável.

A lei poderia ter inserido essas duas hipóteses, respectivamente, nos arts. 29 e 30, que tratam da dispensa e da inexigibilidade de licitação.

As hipóteses de **dispensa de licitação** são elencadas no art. 29, de forma muito semelhante às que constavam do art. 24 da Lei nº 8.666/93, e também elencadas no art. 75 Lei nº 14.133/21. O art. 29 inclui, nos incisos XVII e XVIII, duas hipóteses que na Lei nº 8.666 e na Lei nº 14.133 seriam de **licitação dispensada**: a "doação de bens móveis para fins e usos de interesse social, após avaliação de sua oportunidade e conveniência socioeconômica relativamente à escolha de outa forma de alienação", e a "compra e venda de ações, de títulos de crédito e de dívida e de bens que produzam ou comercializem". Com isso, substitui-se decisão vinculada (própria da licitação dispensada) por decisão discricionária (própria da dispensa de licitação).[12]

O § 2º do art. 29 contém norma que apenas acolhe entendimento da doutrina e do TCU no sentido de que as contratações de emergência não dispensam a responsabilização de quem deu causa à situação descrita no dispositivo, inclusive por ato de improbidade administrativa.

O § 3º permite que os valores definidos nos incisos I e II, para fins de dispensa, sejam alterados pelo Conselho de Administração da empresa pública ou da sociedade de economia mista, para refletir a variação de custos, admitindo valores diferenciados para cada sociedade. O dispositivo contempla hipótese perigosa de discricionariedade outorgada ao Conselho de Administração, abrindo as portas a abusos por parte das empresas. O dispositivo é de constitucionalidade pelo menos duvidosa, tendo em vista que, pelo art. 37, XXI, da Constituição, as hipóteses de dispensa têm que ser previstas em lei. A aplicação do dispositivo deve ser evitada. Se utilizada essa faculdade outorgada ao Conselho de Administração, deve ela ser objeto de cuidadosa motivação em que se demonstre a variação de custos referida no dispositivo legal, mediante a manifestação de órgão técnico.

O art. 30 estabelece as hipóteses de **inexigibilidade de licitação**, também de forma semelhante à contida na revogada Lei nº 8.666/93 e no art. 74 da Lei nº 14.133/21.

Os objetivos e princípios da licitação são referidos no art. 31. Entre os objetivos, inclui-se, além da seleção da proposta mais vantajosa, o de "evitar operações em que se caracterize

---

[11] V. nota ao item 9.4 deste livro.

[12] O Min. Ricardo Lewandowski, do STF, concedeu medida cautelar na ADI 5624 para dar interpretação conforme à Constituição ao art. 29, XVIII, da Lei 13.303/2016, que torna dispensável a licitação no caso de compra e venda de ações, de títulos de crédito e de dívida e de bens que produzam ou comercializem. Segundo o Ministro, o dispositivo deve ser interpretado no sentido de afirmar que a venda de ações de empresas públicas, sociedades de economia mista e de suas subsidiárias ou controladas exige prévia autorização legislativa, sempre que se cuide de alienar o controle acionário. A dispensa de licitação só pode ser aplicada à venda de ações que não importem a perda de controle acionário de empresas públicas, sociedades de economia mista ou de suas subsidiárias ou controladas (*Informativo Jurídico da APESP* – Associação dos Procuradores do Estado de São Paulo, de 28-6-2018).

sobrepreço ou superfaturamento". No § 1º o dispositivo dá os conceitos de sobrepreço[13] e de superfaturamento (este último de forma apenas exemplificativa).[14]

O § 4º do art. 31 prevê o **procedimento de manifestação de interesse privado** para o recebimento de propostas e projetos de empreendimentos com vistas a atender a necessidades previamente identificadas. Trata-se de procedimento já previsto para os contratos de concessão e permissão de serviço público, parceria público-privada, arrendamento de bens públicos e concessão de direito real de uso, comentado no item 8.9.1.4.7 deste livro. Na Lei nº 14.133, esse procedimento também é previsto no art. 78, III, entre os procedimentos auxiliares da licitação, e definido no art. 81. No caso do art. 31, § 4º, da Lei nº 13.303, é previsto regulamento para a definição das regras do procedimento. O § 5º deixa expresso que "o autor ou financiador do projeto poderá participar da licitação para a execução do empreendimento, podendo ser ressarcido pelos custos aprovados pela empresa pública ou sociedade de economia mista caso não vença o certame, desde que promovida a cessão de direitos de que trata o artigo 80".

Sinteticamente, podem ser realçadas as seguintes normas pertinentes à licitação:

a) **preferência pelo pregão** para a aquisição de bens e serviços comuns (art. 32, IV);
b) regras sobre **sustentabilidade ambiental** (art. 32, § 1º), com repetição das normas do art. 4º, § 1º;
c) **sigilo quanto ao valor estimado do contrato** (art. 34);
d) previsão de pré-qualificação de fornecedores ou produtos (art. 36, combinado com art. 64);
e) indicação de hipóteses de **impedimento** de participar de licitações e de firmar contratos com as empresas estatais (art. 38);
f) previsão de **regulamento interno** de licitações e contratos, quanto a vários itens: glossário de expressões técnicas, cadastro de fornecedores, minutas-padrão de editais e contratos, procedimentos de licitação e contratação direta, tramitação de recursos, formalização de contratos, gestão e fiscalização de contratos, aplicação de penalidades, recebimento do objeto do contrato (art. 40);
g) aplicação às licitações e contratos regidos pela Lei nº 13.303 das normas do Código Penal constantes do Capítulo II-B do Título XI da Parte Especial (art. 185 da nova Lei de Licitações);

---

[13] O sobrepreço ocorre "quando os preços orçados para a licitação ou os preços contratados são expressivamente superiores aos preços referenciais de mercado, podendo referir-se ao valor unitário de um item, se a licitação ou a contratação for por preços unitários de serviço, ou ao valor global do objeto, se a licitação ou a contratação for por preço global ou por empreitada". Por outras palavras, ocorre o sobrepreço quando os preços orçados pela Administração ou por ela contratados são superiores aos de mercado.

[14] O superfaturamento ocorre "quando houver dano ao patrimônio da empresa pública ou da sociedade de economia mista caracterizado, por exemplo: a) pela medição de quantidades superiores às efetivamente executadas ou fornecidas; b) pela deficiência na execução de obras e serviços de engenharia que resulte em diminuição da qualidade, da vida útil ou da segurança; c) por alterações no orçamento de obras e de serviços de engenharia que causem o desequilíbrio econômico-financeiro do contrato em favor do contratado; d) por alterações de cláusulas financeiras que gerem recebimentos contratuais antecipados, distorção do cronograma físico-financeiro, prorrogação injustificada do prazo contratual com custos adicionais para a empresa pública ou sociedade de economia mista ou reajuste irregular de preços". Em síntese, as hipóteses que não se enquadrem no conceito legal de sobrepreço, mas causem dano ao patrimônio da empresa estatal enquadram-se como superfaturamento.

h) previsão da **contratação integrada** (art. 42, VI), com conceito idêntico ao contido no art. 9º, § 1º, da Lei do RDC: "contratação que envolve a elaboração e o desenvolvimento dos projetos básico e executivo, a execução de obras e serviços de engenharia, a montagem, a realização de testes, a pré-operação e as demais operações necessárias e suficientes para a entrega final do objeto, de acordo com o estabelecido nos §§ 1º, 2º e 3º deste artigo";

i) previsão da **contratação semi-integrada**, definida como a "contratação que envolve a elaboração e o desenvolvimento do projeto executivo, a execução de obras e serviços de engenharia, a montagem, a realização de testes, a pré-operação e as demais operações necessárias e suficientes para a entrega final do objeto, com o estabelecido nos §§ 1º e 3º deste artigo"; note-se que nessa modalidade de contratação, o projeto básico não é incluído na contratação semi-integrada, ao contrário do que ocorre na contratação integrada;

j) inclusão do conceito de **matriz de riscos**, como "cláusula contratual definidora de riscos e responsabilidades entre as partes e caracterizadora do equilíbrio econômico-financeiro inicial do contrato, em termos de ônus financeiro decorrente de eventos supervenientes à contratação, contendo, no mínimo, as seguintes informações: a) listagem de possíveis eventos supervenientes à assinatura do contrato, impactantes no equilíbrio econômico-financeiro da avença, e previsão de eventual necessidade de prolação de termo aditivo quando de sua ocorrência; b) estabelecimento preciso das frações do objeto em que haverá liberdade das contratadas para inovar em soluções metodológicas ou tecnológicas, em obrigações de resultado, em termos de modificação das soluções previamente delineadas no anteprojeto ou no projeto básico da licitação; c) estabelecimento preciso das frações do objeto em que não haverá liberdade das contratadas para inovar em soluções metodológicas ou tecnológicas, em obrigações de meio, devendo haver obrigação de identidade entre a execução e a solução predefinida no anteprojeto ou no projeto básico da licitação" (art. 42, X); o dispositivo é, em grande parte, inútil, tendo em vista que, normalmente, o ônus decorrente do desequilíbrio econômico-financeiro decorre de fatos imprevisíveis no momento da celebração do contrato; precisamente por serem "imprevisíveis" não têm como ser elencados em cláusula contratual, a não ser de forma genérica, não impedindo que outros ocorram e deem margem a pedidos de recomposição do equilíbrio econômico-financeiro, que se baseia em princípios de equidade; nas alíneas *b* e *c*, o dispositivo, na realidade, inclui hipóteses em que a contratada pode e aquelas em que não pode fazer alterações contratuais no tocante a soluções metodológicas ou tecnológicas;

k) previsão da possibilidade de ser estabelecida **remuneração variável** vinculada ao desempenho do contratado, com base em metas, padrões de qualidade, critérios de sustentabilidade ambiental e prazos de entrega definidos no instrumento convocatório e no contrato (art. 45); trata-se de forma de remuneração já prevista com relação às parcerias público-privadas, no art. 6º, § 1º, da Lei nº 11.079, de 30-12-04;

l) com relação à aquisição de bens, o art. 47 indica as hipóteses em que é cabível a exigência de **marca ou modelo**, de **amostra** e de **certificação de qualidade do produto ou do processo de fabricação**, além de permitir a exigência, como condição de aceitabilidade da proposta, da adequação às normas da ABNT ou a certificação da qualidade do produto por instituição credenciada pelo Sistema Nacional de Metrologia, Normalização e Qualidade Industrial; tais exigências têm que ser devidamente motivadas, para demonstrar a sua razoabilidade diante do objeto do contrato;

m) com relação ao **procedimento** da licitação, que deve ser preferencialmente por meio eletrônico, o art. 51 indica as várias fases de forma muito semelhante à do art. 12 da Lei do RDC, cabendo realçar inclusive a **inversão das fases de habilitação e julgamento** e a possibilidade de a habilitação anteceder o julgamento, mediante prévia previsão no edital; admite-se a **correção dos vícios sanáveis** no que diz respeito à apresentação das propostas (art. 56, I); também de forma semelhante à Lei do RDC, são previstos os **modos de disputa aberto ou fechado ou a combinação de ambos** (art. 52); os **critérios de julgamento** são indicados no art. 54, abrangendo: menor preço, maior desconto, melhor combinação de técnica e preço, melhor técnica, melhor conteúdo artístico, maior oferta de preço, maior retorno econômico e melhor destinação de bens alienados; os **critérios de desempate** são indicados no art. 55, compreendendo, pela ordem: I – disputa final, em que os licitantes empatados poderão apresentar nova proposta fechada, em ato contínuo ao encerramento da etapa de julgamento; II – avaliação do desempenho contratual prévio dos licitantes, desde que exista sistema objetivo de avaliação instituído; e III – os critérios estabelecidos no art. 3º da Lei nº 8.248, de 23-10-91,[15] no § 2º do art. 3º da Lei nº 8.666, de 21-6-93 e no art. 59, § 1º, Lei nº 14.133, de 1º-4-21; admissão de **fase recursal única** (art. 59); previsão da competência para **revogação e anulação** do procedimento, atribuída à mesma autoridade competente para homologação do resultado (art. 62);

n) previsão dos mesmos **procedimentos auxiliares da licitação** previstos no art. 29 da Lei do RDC, a saber: pré-qualificação permanente; cadastramento, sistema de registro de preços e catálogo eletrônico de padronização (art. 63).

10.5.3.10 Contratos

Pelo art. 68 da Lei nº 13.303/16, "os contratos de que trata esta Lei regulam-se pelas suas cláusulas, pelo disposto nesta Lei e pelos preceitos de direito privado".

Na Lei nº 8.666/93 (já revogada), o art. 54 previa a submissão dos contratos de que trata a Lei pelos **preceitos de direito público**, aplicando-se os princípios da teoria geral dos contratos e as disposições de direito privado apenas supletivamente. Vale dizer que, no silêncio da norma de direito público (que era a Lei nº 8.666), aplica-se o direito privado. Norma semelhante consta do art. 89 da Lei nº 14.133, de 1º-4-2021.

Na Lei nº 13.303, o legislador aparentemente quis inovar ao afirmar que os contratos por ela regidos se submetem aos **preceitos de direito privado** e também "pelo disposto nesta Lei". Por outras palavras, no silêncio da norma de direito privado, aplica-se o direito público, ou seja, a Lei nº 13.303. Na realidade, não mudou muita coisa, até porque a lei repete grande parte das normas que constavam da Lei nº 8.666/93 (muitas delas mantidas na Lei nº 14.133/21). Poderia, simplesmente, ter determinado que, em matéria de contratos, as empresas públicas, sociedades de economia mista e suas subsidiárias se submetem às normas da Lei nº 8.666/93, indicando as hipóteses em que essa aplicação não ocorreria. De qualquer forma, o intuito do legislador, na Lei nº 13.303, parece ter sido o de dar aos contratos firmados pelas empresas estatais a natureza de contratos de direito privado. A Lei nº 14.133/21, no art. 1º, § 1º, expressamente exclui de sua abrangência as empresas públicas, as sociedades de economia mista e as

---

[15] O art. 3º da Lei nº 8.248/91 trata das aquisições de bens e serviços de informática e automação, para dar preferência aos produzidos por empresas de capital nacional, observada a seguinte ordem: "I – bens e serviços com tecnologia desenvolvida no país; II – bens e serviços produzidos de acordo com processo produtivo básico, na forma a ser definida pelo Poder Executivo".

suas subsidiárias, regidas pela Lei nº 13.303/16, "ressalvado o disposto no art. 178 desta Lei" (que incluiu no Título XI da Parte Especial do Código Penal um capítulo sobre os crimes em licitações e contratos administrativos).

Com o intuito de reforçar a ideia de que os contratos regidos pela Lei nº 13.303 seriam de direito privado, esta norma não repetiu o disposto no art. 58 da Lei nº 8.666/93 (repetido no art. 104 da Lei nº 14.133/21), que previa as prerrogativas da Administração Pública e dava, ao contrato, a natureza de contrato de direito público: poderes de alterar e rescindir unilateralmente, aplicar sanções, fiscalizar a execução, ocupar provisoriamente bens móveis, imóveis, pessoal e serviços vinculados ao objeto do contrato. Apenas manteve, no art. 83, o poder de aplicar as sanções de advertência, multa e suspensão temporária de participação em licitação e impedimento de contratar com a entidade sancionadora, por prazo não superior a dois anos. Não foi prevista a declaração de inidoneidade, talvez porque se trate de penalidade reservada à competência dos Ministros e Secretários de Estado, além de Secretários de Municípios.

Com relação à **alteração contratual**, o art. 81 deixou de prever a **alteração unilateral** dos contratos, somente permitindo as que se façam por acordo entre as partes. Do mesmo modo, o art. 72 determina que "os contratos regidos por esta Lei somente poderão ser alterados por acordo entre as partes". Com isso, o legislador quis excluir uma das cláusulas exorbitantes presentes nos contratos administrativos em geral, fazendo uma aproximação maior com os contratos privados firmados entre particulares. As hipóteses de alteração unilateral previstas no art. 65 da Lei nº 8.666 (e repetidas no art. 124 da Lei nº 14.133/21) foram incluídas na Lei nº 13.303/16, como fundamentos para alteração por acordo entre as partes. A aceitação das alterações, dentro do limite legal previsto no § 1º do art. 81, deixa de ser obrigatória para o contratado (como ocorria no art. 65, § 1º, da Lei nº 8.666 e ocorre no art. 125 da Lei nº 14.133), para ser considerada como **possibilidade** para o contratado.

Com o mesmo objetivo de aproximar os contratos firmados com fundamento na Lei nº 13.303 dos contratos de direito privado, a lei deixou de prever hipóteses de **rescisão unilateral dos contratos** por motivo de interesse público. No entanto, falhou ao deixar de prever as hipóteses de rescisão por acordo entre as partes. O art. 69, ao indicar as cláusulas necessárias nos contratos, inclui, no inciso VII, a referente aos casos de rescisão do contrato. Como a lei, no art. 31, faz referência ao princípio da vinculação ao instrumento convocatório, deve este também indicar os casos de rescisão. No silêncio do instrumento convocatório e do contrato, têm que ser aplicadas as normas do Código Civil (arts. 472 a 480), já que a Lei nº 13.303 não previu a aplicação subsidiária da Lei Geral de Licitações.

10.5.3.11 Fiscalização

A Lei nº 13.303/16 contém um capítulo específico sobre fiscalização, compreendendo os arts. 85 a 90. Muitas das normas são inúteis porque repetem preceitos que já constam da Constituição Federal. O controle externo e interno (realizado pelos órgãos responsáveis pela fiscalização contábil, financeira e orçamentária, prevista no art. 70 da Constituição) abrange os aspectos de legitimidade, economicidade e eficácia da aplicação dos recursos, sob o ponto de vista contábil, financeiro, operacional e patrimonial (art. 85).

Ainda é previsto na lei o controle por qualquer cidadão (art. 87), seja mediante impugnação do edital de licitação (§ 1º), seja mediante representação ao tribunal de contas ou aos órgãos integrantes do sistema de controle interno (§ 2º).

Nota-se preocupação do legislador com o dever das empresas estatais de prestar informações, mesmo que sigilosas, aos órgãos de controle interno e externo. O grau de confidencialidade é atribuído pela própria empresa estatal, não impedindo o seu exame pelos órgãos de controle, que ficam responsáveis pela manutenção do sigilo (art. 85, § 2º). Segundo o art. 86, § 5º, "os critérios para a definição do que deve ser considerado sigilo estratégico, comercial ou industrial serão estabelecidos em regulamento". A esse respeito, cumpre ressaltar que o regulamento não pode contrariar normas expressas contidas na Lei de Acesso a Informações (Lei nº 12.527, de 18-11-11).

Em caso de sigilo bancário, estratégico, comercial ou industrial, as informações, ainda assim, terão que ser prestadas aos órgãos de controle, "respondendo o servidor administrativa, civil e penalmente pelos danos causados à empresa pública ou à sociedade de economia mista e a seus acionistas em razão de eventual divulgação indevida" (art. 86, § 4º).

Também se nota, em vários dispositivos, preocupação do legislador com a **transparência**: no art. 86, há a exigência de que as informações relativas a licitações e contratos, inclusive aquelas referentes a bases de preços, constem de bancos de dados eletrônicos atualizados e com acesso em tempo real aos órgãos de controle competentes; no § 1º do mesmo dispositivo, exige-se que as demonstrações contábeis auditadas da empresa sejam disponibilizadas em seu sítio eletrônico, inclusive em formato eletrônico editável; o art. 88 exige que as empresas estatais disponibilizem para conhecimento público, por meio eletrônico, informação completa mensalmente atualizada sobre a execução de seus contratos e de seu orçamento, admitindo-se retardo de até dois meses na divulgação das informações. O fato de a lei conter normas específicas sobre o dever de informar não significa derrogação, para as empresas estatais, das normas da Lei de Acesso à Informação, a que se sujeitam em toda a sua extensão.

Outra preocupação do legislador foi a de separar a atividade de controle da atividade de gestão da empresa. O art. 89 estabelece que "o exercício da supervisão por vinculação da empresa pública ou da sociedade de economia mista pelo órgão a que se vincula, não pode ensejar a redução ou a supressão da autonomia conferida pela lei específica que autorizou a criação da entidade supervisionada ou da autonomia inerente a sua natureza, nem autoriza a ingerência do supervisor em sua administração e funcionamento, devendo a supervisão ser exercida nos limites da legislação aplicável". De forma repetitiva, o art. 90 determina que "as ações e deliberações do órgão ou ente de controle não podem implicar interferência na gestão das empresas públicas e das sociedades de economia mista a ele submetidas nem ingerência no exercício de suas competências ou na definição de políticas públicas".

Os dois dispositivos constituem aplicação do princípio da *nulla tutella praeter legem, nulla tutella contra legem,* que significa que, com relação às entidades da administração indireta (todas elas vinculadas a um órgão da administração direta, para fins de supervisão), é na lei que se encontram os limites para a atividade de controle. O assunto é tratado no item 10.11 deste livro.

10.6 NORMAS COMUNS ÀS ENTIDADES DA ADMINISTRAÇÃO INDIRETA

Foi visto que, dentre as entidades da Administração Indireta, algumas têm personalidade jurídica de direito público (autarquias e fundações públicas) e, outras, de direito privado (fundações privadas, empresas públicas, sociedades de economia mista e suas subsidiárias).

Também já foi dito que existem muitos pontos comuns entre os dois grupos de entidades; isto porque, embora as de direito privado se submetam, em regra, ao direito civil ou comercial, conforme o caso, na realidade a elas se aplicam normas de direito público derrogatórias do direito comum; isto é necessário precisamente para manter a vinculação da entidade com o poder central.

Neste item, o que se verá são precisamente essas normas de direito público que se aplicam às pessoas jurídicas de direito público e que, com relação às demais, derrogam o direito comum. Apontaremos as diferenças, quando houver.

1. **Exigência de criação autorizada em lei**, prevista no art. 37, XIX e XX, da Constituição.
2. **Controle estatal**, abrangendo o **interno**, pelo Poder Executivo, e o **externo**, pelo Poder Legislativo, com o auxílio do Tribunal de Contas (arts. 49, X, 70 e 71).

    O controle externo compreende a "fiscalização contábil, financeira, orçamentária, operacional e patrimonial" e, com relação à Administração Indireta, está previsto de forma muito mais clara na atual Constituição. Exercido com o auxílio do **Tribunal de Contas**, abrangerá o julgamento das contas dos administradores e demais responsáveis por dinheiro, bens e valores da Administração **Direta** e **Indireta**, inclusive das **fundações** e **sociedades** instituídas e mantidas pelo Poder Público (art. 71, II); alcança, pois, todas as empresas de que a União participe, majoritária ou minoritariamente.

    Esse controle compreende ainda a apreciação, para fins de registro, da legalidade dos atos de pessoal, a qualquer título, na Administração **Direta** e **Indireta**, excetuadas as nomeações para cargo de provimento em comissão, bem como a apreciação dos atos de concessão de aposentadoria, reforma ou pensão; além da realização de inspeções e auditorias de natureza contábil, financeira, orçamentária, operacional e patrimonial, inclusive quando requeridas pela Câmara dos Deputados, Senado Federal e por iniciativa de comissão técnica ou de inquérito nas unidades administrativas das referidas entidades (art. 71, III e IV).

    O **controle interno**, pelo Poder Executivo, será objeto de análise em item específico sobre o tema.
3. Em matéria de **finanças públicas**, a atual Constituição prevê: sujeição aos limites globais e condições para as operações de crédito externo e interno, estabelecidos pelo Senado e aplicáveis às autarquias e demais entidades controladas pelo Poder Público (art. 52, VII); obediência, imposta às mesmas entidades, à lei complementar que disponha sobre dívida externa e interna (art. 163, II); inclusão, na lei orçamentária anual, do orçamento fiscal e de seguridade social das entidades da Administração Direta e Indireta, inclusive fundações instituídas e mantidas pelo Poder Público e do orçamento de investimento das empresas em que a União, direta ou indiretamente, detenha a maioria do capital social com direito a voto (art. 165, § 5º).
4. Com relação aos **servidores públicos** das entidades da Administração Indireta, há várias normas constitucionais.

    O art. 173, § 1º, II (na redação dada pela Emenda Constitucional nº 19/98), impõe a sujeição às normas trabalhistas aos empregados das empresas públicas, sociedades de economia mista e suas subsidiárias que explorem atividade econômica de produção ou comercialização de bens ou de prestação de serviços.

    No entanto, a própria Constituição, no capítulo concernente à Administração Pública (art. 37), derroga parcialmente a legislação trabalhista, ao dispor normas que se aplicam a todos os servidores da Administração Pública Direta ou Indireta, merecendo realce: a exigência de concurso público para ingresso; proibição de acumulação de cargos, empregos e funções (com as exceções previstas na própria Constituição). Além disso, as entidades da Administração Indireta estão sujeitas à restrição do art. 169, § 1º (redação da Emenda Constitucional nº 19/98), segundo o qual "a concessão de qualquer vantagem ou aumento de remuneração, a criação de cargos, empregos e funções ou alteração de estrutura de carreiras, bem como a admissão ou contratação de pessoal, a qualquer título, pelos órgãos da administração direta ou indireta, inclusive fundações instituídas e mantidas pelo Poder

Público, só poderão ser feitas: I – se houver prévia dotação orçamentária suficiente para atender às projeções de despesa de pessoal e aos acréscimos dela decorrentes; II – se houver autorização específica na lei de diretrizes orçamentárias, ressalvadas as empresas públicas e as sociedades de economia mista".

Essa norma coloca sob controle prévio da Administração Direta os atos que envolvem despesas com pessoal; e completa-se com a norma do art. 71, III, que sujeita à fiscalização pelo Tribunal de Contas a legalidade dos atos de admissão de pessoal da Administração Direta e Indireta.

Ainda no âmbito da Constituição, há que se lembrar que as normas sobre aposentadoria e estabilidade, constantes dos arts. 40 e 41, não se aplicam aos servidores das fundações de direito privado, empresas públicas e sociedades de economia mista, pois, sendo regidos, em regra, pela CLT, estão sujeitos às normas do art. 7º da Constituição, com as derrogações contidas no art. 37.

Com relação às entidades que exercem atividade econômica, a submissão ao regime da CLT é obrigatória, por força do art. 173, § 1º.

Também não se aplica às referidas entidades de direito privado a norma do art. 19 das Disposições Transitórias da Constituição, que deu estabilidade aos servidores que, na data da sua promulgação, tivessem cinco anos de exercício contínuo.

Na legislação ordinária, também se encontram normas que equiparam os servidores da Administração Indireta aos da Administração Direta; é o caso do § 1º do art. 327 do Código Penal, que considera funcionário público, para fins criminais, "quem exerce cargo, emprego ou função em entidade paraestatal". Esse dispositivo somente é aplicável aos empregados das empresas governamentais que desempenhem **serviço público**; aos que trabalham em empresas que exercem atividade econômica não é aceitável essa equiparação, em primeiro lugar, tendo em vista o art. 173, § 1º, da Constituição, que os sujeita ao mesmo regime aplicável aos empregados das empresas particulares, somente se admitindo as derrogações previstas na própria Constituição; em segundo lugar, porque o art. 327 do Código Penal considera funcionário público, para fins penais, somente aquele que exerce **função pública**, o que não ocorre com os empregados das empresas que se instituem como forma de intervenção do Estado no domínio econômico.

Ainda se dá a equiparação para fins de improbidade administrativa, conforme art. 1º, § 5º, da Lei nº 8.429, de 2-6-92, alterada pela Lei nº 14.230, de 25-10-2021.[16]

5. O art. 54, I, *a* e *b*, e II, *b* e *c*, da Constituição, estabelece proibição a Deputados e Senadores, sob pena de perda de mandato, de, a partir da expedição do diploma, firmarem ou manterem contrato com pessoa jurídica de direito público, autarquia, empresa pública, sociedade de economia mista ou empresa concessionária de serviço público, salvo quando o contrato obedecer a cláusula uniforme; aceitar ou exercer cargo, função ou emprego remunerado, inclusive os de que sejam demissíveis *ad nutum*, nas mesmas entidades; e, a partir da posse, a proibição de ocupar cargo ou função de que sejam demissíveis *ad nutum* e de patrocinar causa em que seja interessada qualquer das referidas entidades.

---

[16] Vários dispositivos da Lei nº 8.429/92 fazem referência às entidades mencionadas no art. 1º. Só que esse dispositivo, no *caput*, com a redação dada pela Lei nº 14.230/21, não mais se refere às entidades abrangidas pela Lei. Apenas o § 5º do art. 1º faz menção aos atos de improbidade que "violam a probidade na organização do Estado e no exercício de suas funções e a integridade do patrimônio público e social dos Poderes Executivo, Legislativo e Judiciário, bem como da administração direta e indireta, no âmbito da União, dos Estados, dos Municípios e do Distrito Federal".

6. Com relação a **mandado de segurança**, as autoridades das entidades da Administração Indireta, incluindo as empresas sob controle acionário do Estado, podem ser tidas como **coatoras**, para esse fim, quando exerçam funções delegadas do Poder Público. Essa possibilidade, que constava do art. 1º, § 1º, da Lei nº 1.533, de 31-12-51, e da Súmula nº 510,[17] do STF, decorre agora do art. 5º, inciso LXIX, da Constituição, e foi repetida no art. 1º, § 1º, da Lei nº 12.016/09.[18]

7. A **ação popular** é cabível contra as entidades da Administração Indireta; prevista no art. 5º, LXXIII, da Constituição, ela tem por objetivo anular ato lesivo ao patrimônio público ou de entidade de que o Estado participe, à moralidade administrativa, ao meio ambiente e ao patrimônio histórico e cultural. Tratando-se de ação que tem por objetivo garantir a qualquer cidadão o direito de participar ativamente da vida política, mediante o controle de atos da Administração Pública, ela é cabível contra a Administração Indireta, quer pela abrangência do art. 4º do Decreto-lei nº 200/67, que incluiu no conceito genérico de Administração Pública a **direta** e a **indireta**; quer pelo art. 37 da Constituição que, em capítulo concernente à Administração Pública, incluiu também a Administração Indireta, estendendo-lhe os princípios da legalidade, impessoalidade, moralidade e publicidade.

8. As entidades da Administração Indireta têm legitimação ativa para propor **ação civil pública** (art. 5º da Lei nº 7.347, de 24-7-85), cabível para proteção do patrimônio público e social, do meio ambiente e de outros interesses difusos e coletivos (art. 129, III, e § 1º, da Constituição), mencionados no art. 1º da Lei nº 7.347/85, com alterações posteriores.

9. Com relação ao **juízo privativo**, abrange, na esfera federal, as **autarquias** e **empresas públicas**, salvo nas ações de falência, acidentes de trabalho e as sujeitas à Justiça Eleitoral e à Justiça do Trabalho; com relação às **fundações públicas**, sendo modalidades do gênero autarquia, podem ser consideradas abrangidas pela referência às entidades autárquicas (art. 109, I, da Constituição). A respeito das sociedades de economia mista, a Súmula nº 556, do STF, consagrou o entendimento de que "é competente a justiça comum para julgar as causas em que é parte sociedade de economia mista". Com isso, afasta-se qualquer possibilidade de argumentação de que a expressão *empresa pública*, no dispositivo constitucional, pudesse ser entendida em sentido amplo, de modo a abranger todas as empresas estatais.

No Estado de São Paulo, o juízo privativo foi concedido a todas as entidades da Administração Indireta, com a referência a "entidades **paraestatais**" (art. 36 do Código Judiciário – Decreto-lei Complementar nº 3, de 27-8-69).

10. Em caso de estado de sítio, as **empresas prestadoras de serviços públicos** ficam sujeitas a intervenção (art. 139, VI, da Constituição).

---

[17] Súmula 510: "Praticado o ato por autoridade, no exercício de competência delegada, contra ela cabe o mandado de segurança ou medida judicial."

[18] O STJ, pela Súmula nº 333, fixou o entendimento de que "cabe mandado de segurança contra ato praticado em licitação promovida por sociedade de economia mista". O mesmo Tribunal também já decidiu que a imposição de multa decorrente de contrato firmado por empresa pública, ainda que precedido de licitação, não é ato de autoridade, mas ato de gestão, contra o qual não cabe mandado de segurança (entendimento consolidado no art. 1º, § 2º, da Lei nº 12.016/09) (REsp. 1078.342-PR, Rel. Min. Luiz Fux, *DJe* 15-3-10). Este último entendimento não encontra apoio na doutrina dos contratos administrativos, que admite a existência de cláusulas exorbitantes que consagram prerrogativas de autoridade para a Administração Pública, sem natureza tipicamente contratual; a multa não é ato de gestão, mas típico ato de império.

11. Quanto à **licitação e contratos**, o art. 37, XXI, da Constituição diz que, ressalvados os casos especificados na legislação, as obras, serviços, compras e alienações serão contratadas mediante licitação.

A Emenda Constitucional nº 19/98 trouxe alguma alteração na matéria de licitação e contrato referente às empresas públicas, sociedades de economia mista e suas subsidiárias. Isto porque, ao alterar a redação do art. 22, XXVII, fez remissão, com relação a tais entidades, ao art. 173, § 1º, III; segundo esse dispositivo, a lei que definir o estatuto jurídico da empresa pública, da sociedade de economia mista e das suas subsidiárias que explorem atividade econômica de produção ou comercialização de bens ou de prestação de serviços disporá sobre "licitação e contratação de obras, serviços, compras e alienações, observados os princípios da administração pública" (v. capítulo 9, item 9.5).

Com essa alteração, abriu-se ensejo a que se estabeleçam normas diferentes sobre licitação e contratos para as empresas estatais. Por meio da Lei nº 13.303/16, que dispõe sobre o estatuto jurídico das empresas estatais, foram estabelecidas normas sobre licitações e contratos para as empresas estatais.[19] Essas normas foram comentadas nos itens 10.5.3.8 e 10.5.3.9 deste capítulo.

A Lei nº 8.666, de 21-6-93, com a redação dada pela Lei nº 8.883, de 8-6-94, previa, nos incisos VIII[20] e XVI do art. 24, duas hipóteses de dispensa de licitação para contratação, por pessoa jurídica de direito público interno, de entidades da Administração Indireta. Essa possibilidade foi repetida na Lei nº 13.303/16, que prevê, no art. 29, inciso XI, a dispensa de licitação nas "contratações entre empresas públicas ou sociedades de economia mista e suas respectivas subsidiárias, para aquisição ou alienação de bens e prestação ou obtenção de serviços, desde que os preços sejam compatíveis com os praticados no mercado e que o objeto do contrato tenha relação com a atividade da contratada prevista em seu estatuto social".

Há que se atentar, no entanto, para o fato de que a hipótese é apenas de **dispensa** de licitação, o que não impede a Administração Pública de realizá-la, quando entender conveniente. Aliás, há de se lembrar que, se a Administração contratar, **sem licitação**, por preço superior ao de mercado, estará sujeita à ação popular, com base em norma expressa da Lei nº 4.717/65 (art. 4º, V, *b*), que presume, nesse caso, o dano ao patrimônio público, sem falar na responsabilidade solidária do fornecedor ou prestador de serviços e o agente público responsável, conforme art. 25, § 2º, da Lei nº 8.666/93 e art. 73 da Lei nº 14.133/21.

Pela Lei nº 9.648, de 27-5-98, que alterou a Lei nº 8.666/93, foi prevista, no inciso XXIII do art. 24, a possibilidade de dispensa de licitação "na contratação realizada por empresa pública ou sociedade de economia mista com suas subsidiárias e controladas, para a aquisição ou alienação de bens, prestação ou obtenção de serviços, desde que o preço contratado seja compatível com o praticado no mercado". Essa hipótese não foi repetida na Lei nº 14.133/21. Mas pode ser utilizada com fundamento no art. 29, XI, da Lei nº 13.303/16, à vista do disposto no art. 1º, § 1º, da Lei nº 14.133/21.

---

[19] No RE 441.280/RS, em tramitação no Supremo Tribunal Federal, o STF já vinha discutindo a sujeição da Petrobras às normas da Lei nº 8.666/93, diante do art. 173, § 1º, da Constituição, conforme noticiado no *Boletim Informativo* nº 522, do STF.

[20] Correspondente ao inciso IX do art. 75 da Lei nº 14.133/21.

Ainda com relação à licitação, as sociedades de economia mista, as empresas públicas e suas subsidiárias são beneficiadas com percentual maior para dispensa de licitação, em razão do valor, nas obras e serviços de engenharia e para outros serviços e compras, por elas contratados, conforme art. 29, I e II, da Lei nº 13.303/16.

Há que se observar que as normas da Lei nº 14.133/21, sobre licitações e contratos, não revogam disposições da Lei nº 13.303/16, devendo ser aplicadas apenas as normas sobre infrações penais introduzidas no Código Penal pelo art. 178 da Lei nº 14.133. Trata-se de aplicação da norma da LINDB pela qual "a lei nova, que estabeleça disposições gerais ou especiais a par das já existentes, não revoga nem modifica a lei anterior" (art. 2º, § 2º).

12. Com relação à **responsabilidade** por danos causados por atos dos seus agentes, o art. 37, § 6º, da Constituição estabelece que "as pessoas jurídicas de direito público e as de direito privado prestadoras de **serviços públicos** responderão pelos danos que seus agentes, nessa qualidade, causarem a terceiros, assegurado o direito de regresso contra o responsável nos casos de dolo ou culpa.

A responsabilidade é **objetiva** e alcança todas as pessoas públicas ou privadas que prestem serviços públicos. Houve uma ampliação em relação à Constituição anterior (art. 107), que somente fazia referência às pessoas jurídicas de direito público. Note-se que é a própria entidade da Administração Indireta que responde e não a pessoa política que a instituiu; isto porque, tendo personalidade jurídica, ela é dotada de patrimônio próprio, que responde por suas obrigações.

O que tem sido defendido pela doutrina é a possibilidade de o Estado responder subsidiariamente quando se exaure o patrimônio da entidade; esse entendimento estava consagrado em lei, no tocante às sociedades de economia mista, pois o art. 242 da Lei das Sociedades por Ações determinava que elas "não estão sujeitas à falência mas os seus bens são penhoráveis e executáveis, e a pessoa jurídica que a controla responde, subsidiariamente, pelas suas obrigações".

Esse dispositivo foi revogado pela Lei nº 10.303, de 31-10-01; no entanto, isso não invalida o entendimento doutrinário segundo o qual a pessoa política que institui a entidade deve responder subsidiariamente pelas obrigações que a mesma não tiver condições de cumprir. Isso se dá, nas palavras de Celso Antônio Bandeira de Mello (1975b:118-119), "não porque a entidade seja sociedade de economia mista, mas por se tratar de pessoa explícita ou implicitamente concessionária de serviços públicos". Em outra obra (2019:1068), o mesmo autor ensina que, "*para fins de responsabilidade subsidiária do Estado,* incluem-se, também, as demais pessoas jurídicas de direito público auxiliares do Estado, bem como quaisquer outras, inclusive de direito privado, que, inobstante alheias à sua estrutura orgânica central, desempenham cometimentos estatais sob *concessão* ou *delegação* explícitas (concessionárias de serviço público e delegados de função pública) ou implícitas (sociedades mistas e empresas do Estado em geral, quando no desempenho de *serviço público* propriamente dito). Isso porque não faria sentido que o Estado se esquivasse a responder *subsidiariamente* – ou seja, depois de exaustas as forças da pessoa alheia à sua intimidade estrutural – se a atividade lesiva só foi possível porque o Estado lhe colocou em mãos o desempenho da atividade exclusivamente pública geradora do dano".

Se assim é com relação a essas entidades, com muito mais razão no caso de outras em que o capital é inteiramente público ou em que o objetivo institucional é a prestação de serviço público.

Na realidade, o fundamento dessa responsabilidade é o mesmo que inspirou a regra do art. 37, § 6º, da Constituição (adotada desde a Constituição de 1946), e que leva o Estado a responder objetivamente por atos de entidades a que ele deu vida, quando o patrimônio das mesmas seja insuficiente; afinal, é o particular sofrendo prejuízo pela atuação, direta ou indireta, do Estado.

13. A **prescrição quinquenal** das dívidas, direitos e ações contra a Fazenda Pública, prevista no Decreto nº 20.910, de 6-1-32, foi expressamente estendida às "autarquias, ou entidades e órgãos paraestatais, criados por lei e mantidos por impostos, taxas ou quaisquer contribuições exigidas em virtude de lei federal, estadual ou municipal, bem como a todo e qualquer direito e ação contra os mesmos" (art. 2º do Decreto-lei nº 4.597, de 19-8-42).

14. As empresas públicas e sociedades de economia mista não estão sujeitas à **falência**, conforme está expresso no art. 2º da Lei nº 11.101, de 9-2-05 (Lei de Falências). Essa lei deu tratamento diferente às empresas concessionárias e às empresas estatais (sociedades de economia mista e empresas públicas). Estas últimas foram excluídas da abrangência da lei (art. 2º, I). A diferença de tratamento tem sua razão de ser: é que as empresas estatais fazem parte da Administração Pública indireta, administram patrimônio público, total ou parcialmente, dependem de receitas orçamentárias ou têm receita própria, conforme definido em lei, e correspondem a forma diversa de descentralização: enquanto as concessionárias exercem serviço público delegado por meio de contrato, as empresas estatais são criadas por lei e só podem ser extintas também por lei. Sendo criadas por lei, o Estado provê os recursos orçamentários necessários à execução de suas atividades, além de responder subsidiariamente por suas obrigações.

    Só cabe fazer uma observação: a lei falhou ao dar tratamento igual a todas as empresas estatais, sem distinguir as que prestam serviço público (com fundamento no art. 175 da Constituição) e as que exercem atividade econômica a título de intervenção (com base no art. 173 da Constituição). Estas últimas não podem ter tratamento privilegiado em relação às empresas do setor privado, porque o referido dispositivo constitucional, no § 1º, II, determina que elas se sujeitem ao mesmo regime das empresas privadas, inclusive quanto aos direitos e obrigações civis, comerciais, trabalhistas e tributários.

10.7 PRIVILÉGIOS PRÓPRIOS DAS AUTARQUIAS E FUNDAÇÕES PÚBLICAS

Já se realçou o fato de que, dentre as entidades da Administração Indireta, as de direito público – autarquias e fundações públicas – têm praticamente os mesmos privilégios e prerrogativas próprios do Estado, enquanto as de direito privado têm apenas aqueles que forem expressamente previstos em lei que derrogue o direito comum; essas normas derrogatórias foram analisadas no item anterior.

Resta apontar alguns privilégios próprios das autarquias e fundações públicas: o **processo especial de execução** previsto no art. 100 da Constituição e arts. 730 e 731 do CPC (art. 910 do novo CPC); disso resulta a **impenhorabilidade** dos seus bens; o **juízo privativo** (art. 109 da Constituição); **prazos dilatados** em juízo; **duplo grau de jurisdição** (v. item 17.5.3).

A **imunidade tributária** relativa aos impostos sobre o patrimônio, renda ou serviços, referida no art. 150, VI, *a*, da Constituição, estende-se expressamente às **autarquias** e **fundações instituídas e mantidas pelo Poder Público**, conforme § 2º do mesmo dispositivo. Note-se que, pela forma como se referiu às **fundações**, foram alcançadas as de direito público e as de direito privado.

Além disso, citem-se a presunção de veracidade, a imperatividade e a executoriedade dos seus atos, as prerrogativas com que o Poder Público aparece nos contratos administrativos, a autotutela sobre seus próprios atos, além de outros privilégios que podem ser previstos nas leis específicas de cada entidade.

10.8 NATUREZA JURÍDICA DOS BENS DAS ENTIDADES DA ADMINISTRAÇÃO INDIRETA

O conceito de bens públicos era dado pelo art. 65 do Código Civil de 1916, segundo o qual são públicos "os bens do domínio nacional pertencentes à União, aos Estados ou aos Municípios. Todos os outros são particulares, seja qual for a pessoa a que pertencerem". O art. 98 do atual Código Civil altera pouco o dispositivo, apenas para deixar claro que entram nessa categoria todos os bens pertencentes a pessoas jurídicas de direito público interno. Estabelece que "são públicos os bens do domínio nacional pertencentes às pessoas jurídicas de direito público interno; todos os outros são particulares, seja qual for a pessoa a que pertencerem".

Pela redação do Código anterior, até mesmo os bens das autarquias seriam privados. No entanto, a doutrina já defendia que os bens das autarquias eram públicos, porque sua destinação os enquadrava no conceito de bens de uso especial contido no art. 66, II; além disso, a omissão do Código não era suficiente para levar a outra conclusão, tendo em vista que à época da promulgação do Código, ainda não se cogitava das entidades autárquicas nem das demais modalidades de entidades da Administração Indireta. Suas normas tiveram que ser adaptadas e interpretadas de modo a alcançar institutos posteriormente surgidos no ordenamento jurídico. Desse modo, o art. 98 do novo Código Civil apenas incorpora o entendimento que já era corrente na doutrina e jurisprudência.

Da mesma forma, o art. 99 do atual Código reforça a mesma ideia quando, ao definir os bens de uso especial, abrange os edifícios ou terrenos destinados a serviço ou estabelecimento da administração federal, estadual, territorial ou municipal, inclusive os de suas autarquias.

Com relação às entidades da Administração Indireta com personalidade de direito privado, grande parte presta **serviços públicos**; desse modo, a mesma razão que levou o legislador a imprimir regime jurídico publicístico aos bens de uso especial, pertencentes às pessoas jurídicas de direito público interno, tornando-os inalienáveis, imprescritíveis, insuscetíveis de usucapião e de direitos reais, justifica a adoção de idêntico regime para os bens de entidades da Administração Indireta afetados à realização de serviços públicos.

É precisamente essa afetação que fundamenta a indisponibilidade desses bens, com todos os demais corolários.

Com relação às autarquias e fundações públicas, essa conclusão que já era aceita pacificamente, ficou fora de dúvida com o novo Código Civil. Mas ela é também aplicável às entidades de direito privado, com relação aos seus bens afetados à prestação de serviços públicos.

É sabido que a Administração Pública está sujeita a uma série de princípios, dentre os quais o da **continuidade dos serviços públicos**. Se fosse possível às entidades da Administração Indireta, mesmo empresas públicas, **sociedades de economia mista** e concessionárias de serviços públicos, alienar livremente esses **bens**, ou se os mesmos pudessem ser penhorados, hipotecados, adquiridos por usucapião, haveria uma interrupção do serviço público. E o serviço é considerado público precisamente porque atende às necessidades essenciais da coletividade. Daí a impossibilidade da sua paralisação e daí a sua submissão a regime jurídico publicístico.

Por isso mesmo, entende-se que, se a entidade presta serviço público, os bens que estejam vinculados à prestação do serviço não podem ser objeto de penhora, ainda que a entidade tenha personalidade jurídica de direito privado.

Também pela mesma razão, não podem as entidades prestadoras de serviços públicos alienar os seus bens afetados a essa finalidade, sem que haja a prévia desafetação; embora a Lei nº 14.133, de 1º-4-2021 (art. 76, I), da mesma forma que o art. 17, I, da anterior Lei nº 8.666, só exija autorização legislativa para a alienação de bens imóveis das autarquias e fundações, encontra-se, às vezes, em leis esparsas concernentes à prestação de serviços públicos concedidos, norma expressa tornando inalienáveis os bens das empresas concessionárias, sem a prévia autorização do poder concedente.

O Supremo Tribunal Federal tem entendido também que os bens das empresas estatais de direito privado prestadoras de serviços públicos são impenhoráveis, aplicando-se à entidade o regime dos precatórios previsto no art. 100 da Constituição Federal. Assim entendeu em relação à Empresa Brasileira de Correios e Telégrafos: "pessoa jurídica equiparada à Fazenda Pública" à qual "é aplicável o privilégio da impenhorabilidade de seus bens, rendas e serviços" e o regime de precatório, "sob pena de vulneração do disposto no artigo 100 da Constituição Federal".[21] Posteriormente, o mesmo entendimento foi confirmado no julgamento de recurso extraordinário interposto pela Administração dos Portos de Paranaguá e Antonina contra acórdão do TST que, aplicando a Orientação Jurisprudencial 87, dessa Corte, entendera que a recorrente, embora autarquia, não goza do privilégio de execução por precatório, uma vez que se sujeita ao regime próprio das empresas privadas por exercer atividade econômica. Tendo em conta precedentes do STF no sentido de não incidir a norma do § 1º do art. 173 nas sociedades de economia mista ou empresas públicas que, apesar de exercerem atividade econômica, gozam de exclusividade, e salientando o julgamento do feito envolvendo a ECT, concluiu-se que o referido dispositivo também não seria aplicável à autarquia. Asseverou-se que, no caso, trata-se de autarquia que presta serviço público e recebe recursos estaduais, conforme previsto no Regulamento da Autarquia. Além disso, a Emenda Constitucional nº 19/98, ao alterar o art. 173, § 1º, da Constituição, teria reforçado tal entendimento. No entanto, o mesmo Tribunal decidiu de maneira diversa com relação às Centrais Elétricas do Norte do Brasil S.A. (Eletronorte), em Recurso Extraordinário em que se discutia se o regime de precatórios aplicar-se-ia ou não a sociedade de economia mista.[22]

O STF também tem entendido caber a extensão da imunidade tributária a empresas estatais prestadoras de serviços públicos, como ocorreu em relação à Casa da Moeda do Brasil (RE

---

[21] RE 220906-DF, Relator: Min. Maurício Corrêa, julgamento: 16-11-00, Órgão Julgador: Tribunal Pleno, Publicação *DJ* 14-11-02, p. 00015. Ainda sobre a Empresa Brasileira de Correios e Telégrafos, o STF firmou-se no sentido de que, sendo empresa pública, é beneficiária da imunidade tributária recíproca prevista no art. 150, VI, *a*, da Constituição da República: "Tributário. Imunidade recíproca. Art. 150, VI, *a*, da Constituição Federal. Extensão. Empresa pública prestadora de serviço público. Precedentes da Suprema Corte. 1. Já assentou a Suprema Corte que a norma do art. 150, VI, *a*, da Constituição Federal alcança as empresas públicas prestadoras de serviço público, como é o caso da autora, que não se confunde com as empresas públicas que exercem atividade econômica em sentido estrito. Com isso, impõe-se o reconhecimento da imunidade recíproca prevista na norma supracitada" (ACO nº 765/RJ, Rel. para o acórdão o Min. Menezes Direito, *DJ* de 4-9-09).

[22] Prevaleceu, no caso, o voto do Min. Joaquim Barbosa. Ele realçou, inicialmente, que seria predominante para a resolução da controvérsia a circunstância de o modelo de geração e fornecimento de energia admitir a livre iniciativa e a concorrência. Apontou que interessariam os serviços públicos, quais sejam, as produtoras independentes de energia e as autoprodutoras de energia com autorização para comercializar o excedente gerado. Concluiu que a extensão à sociedade de economia mista, de prerrogativa constitucional inerente ao Estado, teria o potencial para desequilibrar artificialmente as condições de concorrência, em prejuízo das pessoas jurídicas e dos grupos por elas formados alheios a qualquer participação societária estatal. Asseverou ser incontroverso que o objetivo principal da recorrente, sociedade de economia mista, seria a exploração lucrativa em benefício de seus acionistas, entidades públicas ou privadas. Explicitou que o direito de buscar o lucro teria como perspectiva o particular, e não o Estado (RE 599628/DF, rel. orig. Min. Carlos Ayres Britto, red. para o acórdão Min. Joaquim Barbosa, 25-5-11; *Informativo STF* nº 628).

610517/RJ, Rel. Min. Celso de Mello, j. 3-6-14) e à Empresa de Correios e Telégrafos – ECT (RE 773992, com repercussão geral reconhecida).

Portanto, são bens públicos de uso especial não só os bens das autarquias e das fundações públicas, como também os das entidades de direito privado prestadoras de serviços públicos, desde que afetados diretamente a essa finalidade (cf. Maria Sylvia Zanella Di Pietro, *Revista da Procuradoria-Geral do Estado*, 1988, v. 30:173-186).

10.9 AGÊNCIAS

10.9.1 Considerações gerais

O vocábulo **agência** é um dos modismos introduzidos no direito brasileiro em decorrência do movimento da globalização. Foi importado do direito norte-americano, onde tem sentido mais amplo, que abrange "qualquer autoridade do Governo dos Estados Unidos, esteja ou não sujeita ao controle de outra agência, com exclusão do Congresso e dos Tribunais", conforme consta expressamente da Lei de Procedimento Administrativo (*Administrative Procedure Act*). Por outras palavras, excluídos os três Poderes do Estado, todas as demais autoridades públicas constituem agências. Nos Estados Unidos, falar em Administração Pública significa falar nas agências, excluída do conceito a própria Presidência da República, ao contrário do que ocorre no Brasil, em que o Chefe do Poder Executivo integra a Administração Pública, estando colocado no seu ápice, orientando e dirigindo o seu funcionamento. Nos termos do art. 84, II, da Constituição, é da competência privativa do Presidente da República "exercer, com o auxílio dos Ministros de Estado, a direção superior da administração federal". Não há qualquer possibilidade de serem criadas agências que escapem a essa direção superior do Presidente da República.

Enquanto no sistema europeu-continental, em que se inspirou o direito brasileiro, a Administração Pública tem uma organização complexa, que compreende uma série de órgãos que integram a Administração Direta e entidades que compõem a Administração Indireta, nos Estados Unidos toda a organização administrativa se resume em agências (vocábulo sinônimo de ente administrativo, em nosso direito), a tal ponto que se afirma que "o direito administrativo norte-americano é o direito das agências" (cf. Eloísa Carbonell et al., 1996:22).

Existem nos Estados Unidos vários tipos de agências, sendo que a classificação mais antiga considerava duas modalidades: as agências reguladoras (*regulatory agency*) e as não reguladoras (*non regulatory agency*), conforme tivessem ou não poderes normativos, delegados pelo Congresso, para baixar normas que afetassem os direitos, as liberdades ou atividades econômicas dos cidadãos. Outra distinção que se faz é entre agências executivas (*executive agency*) e agências independentes (*independent regulatory agency or commissions*), sendo os dirigentes das primeiras livremente destituídos pelo Presidente da República e, os da segunda, protegidos por maior estabilidade, porque só podem perder seus cargos por razões expressamente estabelecidas em lei.

As agências norte-americanas exercem funções quase legislativas, porque editam normas; e funções quase judiciais, porque resolvem determinados conflitos de interesses, determinando o direito aplicável para solucioná-los. A função quase judicial é aceita sem maiores contestações, uma vez que submetida ao controle pelos Tribunais, mas passou por toda uma evolução, no sentido da ampliação desse controle.

A função quase legislativa tem sido objeto de grandes contestações, tendo em vista principalmente a ideia de indelegabilidade de poder, decorrente do princípio da separação de poderes, bastante rígido no direito norte-americano; esse princípio impede que o legislativo delegue a sua função de legislar a órgãos de outros Poderes.

Um dos grandes pilares da sistemática regulatória adotado nos Estados Unidos – ou seja, a função normativa exercida pelas agências – foi a ideia de que as mesmas são altamente **especializadas** em suas respectivas formas de atuação e **neutras** com relação aos assuntos políticos; elas deveriam ficar fora das influências políticas. Daí a preocupação de assegurar aos dirigentes das agências (pelo menos de parte delas) grande parcela de independência em relação Chefe do Poder Executivo. Para esse fim, procurou-se garantir maior estabilidade em suas funções, já que não podiam perdê-las exclusivamente a critério do Presidente da República, mas apenas pelas causas expressamente indicadas em lei.

Para dar legitimidade à função normativa das agências, foi idealizado um **procedimento** para tomada de decisões, inclusive para a elaboração de regulamentos. Esse procedimento foi estabelecido inicialmente pelas próprias agências, individualmente. Depois foi uniformizado pela Lei de Procedimento Administrativo (*Administrative Procedure Act*), de 1946, como instrumento de garantia dos administrados.

Não se pode afirmar que os poderes reconhecidos às agências tenham sempre a mesma natureza e extensão. O tema passou por toda uma evolução, havendo fase de grande prestígio das agências e outra – a atual – em que seus poderes vêm sendo grandemente limitados, especialmente no que diz respeito a sua função reguladora, devido à disputa entre Legislativo e Presidência da República em exercer controle sobre as mesmas.

É curioso que as mesmas venham a servir de modelo exatamente em um momento em que, no país de origem, elas perderam grande parte do prestígio de que desfrutavam e passaram a inspirar grande dose de desconfiança, seja por parte dos órgãos de governo, seja por parte dos cidadãos, conforme analisado, em maior profundidade, em nosso livro *Parcerias na administração pública*, a partir da 3ª edição.

O fato é que o direito norte-americano vem servindo de modelo para o fenômeno que já vem sendo chamado de "**agencificação**" (cf. Mario P. Chiti, 1997:110), que corresponde à proliferação de agências, em substituição ao fenômeno anterior de proliferação de entes com personalidade jurídica própria, que compõem a Administração Indireta do Estado. Não é um fenômeno que ocorre apenas no direito brasileiro; ele vem se difundindo pelo mundo, dentro do já referido movimento da globalização, ainda que no direito brasileiro não haja grandes justificativas para a adoção dessa terminologia.

Além do próprio vocábulo, certamente o que mais atrai nas agências são, de um lado, a sua maior independência em relação ao Poder Executivo e, de outro, a sua função regulatória. No entanto, mesmo sob esses aspectos, a inovação é muito menor do que possa parecer à primeira vista, porque já existem, no direito brasileiro, muitas entidades, especialmente autárquicas, com maior dose de independência em relação ao Poder Executivo, tal como ocorre com as Universidades Públicas, a Ordem dos Advogados do Brasil e outras entidades em que os dirigentes dispõem de mandato fixo, não podendo ser livremente exonerados pelo Poder Executivo, como também existem inúmeras entidades que exercem função reguladora, ainda que de constitucionalidade mais do que duvidosa; é o caso do CADE, Banco Central, Conselho Monetário Nacional, Conselho de Seguros Privados e tantas outras. Algumas das agências que estão sendo criadas nada mais são do que autarquias de regime especial, tal como tantas outras que já existem no direito brasileiro. A maior novidade provavelmente está na instituição das agências reguladoras que vêm assumindo o papel que o Poder Público desempenha nas concessões e permissões de serviços públicos (v. Di Pietro, *Parcerias na administração pública*, 2002:Cap. 6) e na concessão para exploração e produção de petróleo; é o caso da Agência Nacional de Telecomunicações – ANATEL, da Agência Nacional de Energia Elétrica – ANEEL e da Agência Nacional de Petróleo – ANP.

A terminologia ainda é muito nova, para permitir uma classificação das agências no direito brasileiro. Duas modalidades, no entanto, já se delineiam de forma um pouco mais precisa: as *agências executivas* e as *agências reguladoras*, a serem tratadas nos itens subsequentes. Além dessas, que apresentam características próprias, outras surgem sem peculiaridades outras que não o emprego do vocábulo **agência**.

10.9.2 Agência executiva

Agência executiva é a qualificação dada à autarquia ou fundação que celebre contrato de gestão com o órgão da Administração Direta a que se acha vinculada, para a melhoria da eficiência e redução de custos.

Não se trata de entidade instituída com a denominação de agência executiva. Trata-se de entidade preexistente (autarquia ou fundação governamental) que, uma vez preenchidos os requisitos legais, recebe a qualificação de agência executiva, podendo perdê-la, se deixar de atender aos mesmos requisitos.

A sua previsão consta da Lei nº 9.649, de 27-5-98 (com alterações posteriores), que dispõe sobre organização da Presidência da República e dos Ministérios. O art. 51 estabelece que "o Poder Executivo poderá qualificar como Agência Executiva a autarquia ou fundação que tenha cumprido os seguintes requisitos: I – ter um plano estratégico de reestruturação e de desenvolvimento institucional em andamento; II – ter celebrado contrato de gestão com o respectivo Ministério supervisor".

Pelo § 1º desse dispositivo, a qualificação como Agência Executiva será feita em ato do Presidente da República. O § 2º incumbe o Poder Executivo de editar medidas de organização administrativa específicas para as Agências Executivas, visando assegurar a sua autonomia de gestão, bem como a disponibilidade de recursos orçamentários e financeiros para o cumprimento dos objetivos e metas definidos nos contratos de gestão.

O art. 52, por sua vez, determina que "os planos estratégicos de reestruturação e de desenvolvimento institucional definirão diretrizes, políticas e medidas voltadas para a racionalização de estruturas e do quadro de servidores, a revisão dos processos de trabalho, o desenvolvimento dos recursos humanos e o fortalecimento da identidade institucional da Agência Executiva".

Com fundamento nesses dispositivos, tais entidades foram disciplinadas pelos Decretos Federais nºs 2.487 e 2.488, de 2-2-98 (parcialmente alterado pelo Decreto nº 6.548/08), que falam em autarquias e fundações qualificadas como agências executivas. São, na realidade, autarquias e fundações que, em decorrência dessa qualificação, passam a submeter-se a regime jurídico especial.

De acordo com o art. 1º, § 1º, do Decreto nº 2.487, "a qualificação de autarquia ou fundação como agência executiva poderá ser conferida mediante iniciativa do Ministério supervisor, com anuência do Ministério da Administração Federal e Reforma do Estado, que verificará o cumprimento, pela entidade candidata à qualificação, dos seguintes requisitos: (a) ter celebrado contrato de gestão com o respectivo Ministério supervisor (v. item 8.9); (b) ter plano estratégico de reestruturação e de desenvolvimento institucional, voltado para a melhoria da qualidade da gestão e para a redução de custos, já concluído ou em andamento".

Trata-se de medida que visa melhorar a **eficiência** das entidades autárquicas e fundacionais. Para esse fim, elas deverão fazer uma avaliação do seu modelo de gestão com base nos critérios de excelência do Prêmio Nacional da Qualidade, de forma a terem subsídios para elaborar um plano de reestruturação e desenvolvimento institucional. Se for aprovado esse plano, a entidade celebrará um contrato de gestão com o Ministério encarregado de exercer o controle administrativo sobre ela: nesse contrato, são definidas, entre outras coisas, as metas a serem atingidas, a compatibilidade dos planos anuais com o orçamento da entidade, os meios necessários à consecução, as medidas legais e administrativas a serem adotadas para assegurar maior autonomia de gestão orçamentária, financeira e administrativa, as penalidades aplicáveis em caso de descumprimento das metas, as condições para revisão, renovação e rescisão, a vigência.

Firmado o contrato, a qualificação como agência executiva será feita por decreto. Se houver descumprimento do plano estratégico de reestruturação e desenvolvimento institucional, a entidade perderá a qualificação de agência executiva.

Embora os decretos estejam em vigor, eles tiveram pouco efeito prático, pois dificilmente se poderia ampliar a autonomia dessas entidades, por meio de decreto ou de contrato de gestão, porque esbarrariam os mesmos em normas legais e constitucionais.

A ampliação dessa autonomia dependia da promulgação da lei referida no art. 37, § 8º, da Constituição, com a redação dada pela Emenda Constitucional nº 19/98. Esse dispositivo estabelece que "a autonomia gerencial, orçamentária e financeira dos órgãos e entidades da Administração Direta e Indireta poderá ser ampliada mediante contrato, a ser firmado entre seus administradores e o Poder Público, que tenha por objeto a fixação de metas de desempenho para o órgão ou entidade, cabendo à lei dispor sobre: I – o prazo de duração do contrato; II – os controles e critérios de avaliação de desempenho, direitos, obrigações e responsabilidade dos dirigentes; III – a remuneração do pessoal". A regulamentação veio com a Lei nº 13.934, de 11-12-19, que regulamenta o contrato referido no § 8º do art. 37 da Constituição Federal, denominado "contrato de desempenho", no âmbito da administração pública federal de qualquer dos Poderes da União e das autarquias e fundações de direito público federais. (v. item 8.11 deste livro, onde esse tipo de contrato foi analisado).

A Lei nº 12.715, de 17-9-12, no art. 73, tinha alterado a Lei nº 8.666/93 para outorgar às autarquias e fundações qualificadas como agências executivas um benefício não outorgado às demais entidades autárquicas e fundacionais. Elas são beneficiadas com percentual maior para dispensa de licitação, em razão do valor, nas compras, obras e serviços por elas contratados, conforme art. 24, § 1º, da Lei nº 8.666/93, com a redação introduzida pela Lei nº 12.715/12. O mesmo benefício consta do art. 75, § 2º, da Lei nº 14.133/21, que duplica os valores para dispensa no caso de compras, obras e serviços contratados por consórcio público ou por autarquia ou fundação qualificadas como agências executivas na forma da lei.

Uma última observação é no sentido de que os dois decretos que se referem a agências executivas, bem como a Lei nº 13.934/19 somente se aplicam à esfera federal. Se Estados e Municípios quiserem adotar medida semelhante, deverão baixar as suas próprias normas, observando o disposto no art. 37, § 8º, da Constituição.

10.9.3 Agência reguladora

Agência reguladora, em sentido amplo, seria, no direito brasileiro, qualquer órgão da Administração Direta ou entidade da Administração Indireta com função de regular a matéria específica que lhe está afeta. A Lei nº 13.848, de 25-6-19, que, entre outras medidas, dispõe sobre a gestão, a organização e o controle social das agências reguladoras, não dá um conceito dessa espécie de autarquia, porque se limita a dar o elenco das entidades que têm a natureza de agência reguladora. E, evidentemente, o elenco só abrange as agências reguladoras existentes na esfera federal, não excluindo a possibilidade de outros entes federativos instituírem entidades com a mesma natureza, segundo suas próprias leis. Tratando-se de entidades com natureza autárquica e, portanto, tendo personalidade de direito público, cada ente federativo tem competência própria para a sua instituição e regulamentação.

Sendo entidade da Administração indireta, a agência reguladora está sujeita ao **princípio da especialidade**, (conforme analisado no item 10.1.3.2), significando que cada qual exerce e é especializada na matéria que lhe foi atribuída por lei. Aliás, a ideia de especialização sempre inspirou a instituição das agências norte-americanas, como também foi uma das inspiradoras da instituição de autarquias no direito europeu-continental.

No direito brasileiro, existem, desde longa data, entidades com função reguladora, ainda que sem a denominação de agências. Manoel Gonçalves Ferreira Filho, em trabalho sobre o papel das agências reguladoras e fiscalizadoras, publicado na revista *Forum Administrativo*, ano 1, nº 3, p. 253-257, menciona, no início do século passado, no período 1930-1945, o Comissariado de Alimentação Pública (1918), o Instituto de Defesa Permanente do Café (1923), o Instituto do Açúcar e do Álcool (1933), o Instituto Nacional do Mate (1938), o Instituto Nacional do Pinho (1941), o Instituto Nacional do Sal (1940), todos esses institutos instituídos como autarquias econômicas, com a finalidade de regular a produção e o comércio. Além desses, podem ser mencionados outros exemplos, como o Banco Central, o Conselho Monetário Nacional, a Comissão de Valores Mobiliários e tantos outros órgãos com funções normativas e de fiscalização. No entanto, para os fins da Lei nº 13.848/19 e da Lei nº 9.986, de 18-7-00 (que dispõe sobre a gestão de recursos humanos das agências reguladoras), somente são considerados como tal as referidas no art. 2º da Lei nº 13.848/19, além das **autarquias especiais** assim caracterizadas e criadas a partir da data de vigência dessa lei, que é 26-6-19. Com relação ao Cade, o art. 51 dessa lei determina a aplicação do art. 3º (sobre natureza especial das agências reguladoras), e dos arts. 14 a 20, inseridos no capítulo da prestação de contas e do controle social.

Assim sendo, embora outras entidades exerçam função reguladora semelhante à atribuída as agências reguladoras, as duas leis citadas somente se aplicam às entidades criadas com essa denominação.

Da função regulatória:

A função de **regular** significa, no caso, organizar determinado setor afeto à agência, bem como controlar as entidades que atuam nesse setor. Nas palavras de Calixto Salomão Filho (2001:15), a regulação, em sentido amplo, "engloba toda forma de organização da atividade econômica através do Estado, seja a intervenção através da concessão de serviço público ou o exercício de poder de polícia". A seu ver, "a concepção ampla justifica-se pelas mesmas razões invocadas acima. Na verdade, o Estado está ordenando ou regulando a atividade econômica tanto quando concede ao particular a prestação de serviços públicos e regula sua utilização – impondo preços, quantidade produzida etc. – como quando edita regras no exercício do poder de polícia administrativo". Dentro dessa função regulatória, considerada no duplo sentido assinalado pelo autor, pode-se considerar a existência de dois tipos de agências reguladoras no direito brasileiro:

a) as que exercem, com base em lei, típico **poder de polícia**, com a imposição de limitações administrativas, previstas em lei, fiscalização, repressão; é o caso, por exemplo, da Agência Nacional de Vigilância Sanitária (Anvisa), criada pela Lei nº 9.782, de 26-1-99, da Agência Nacional de Saúde Pública Suplementar (ANS), criada pela Lei nº 9.961, de 28-1-00, da Agência Nacional de Águas, criada pela Lei nº 9.984, de 17-7-00;

b) as que regulam e controlam as atividades que constituem objeto de concessão, permissão ou autorização de serviço público (telecomunicações, energia elétrica, transportes etc.) ou de concessão para exploração de bem público (petróleo e outras riquezas minerais, rodovias etc.).

As primeiras não são muito diferentes de outras entidades anteriormente existentes, como o Banco Central, a Secretaria da Receita Federal, o Conselho Monetário Nacional, não consideradas como agências reguladoras pela Lei nº 13.848/19.

As segundas é que constituem novidade maior no direito brasileiro, pelo papel que vêm desempenhando, ao assumirem os poderes que, na concessão, permissão e na autorização, eram antes desempenhados pela própria Administração Pública Direta, na qualidade de poder concedente. E esse papel vem sendo assumido quando o objeto da concessão é um serviço público, como nas hipóteses elencadas no art. 21, XI e XII, da Constituição, e quando o objeto da concessão é a exploração de atividade econômica monopolizada, como nas hipóteses do art. 177.

Sabe-se que todo contrato de concessão (como os contratos administrativos em geral) possui um duplo aspecto: o que diz respeito ao seu **objeto**, referente à execução da atividade delegada ao particular; o que diz respeito ao **aspecto financeiro**, referente aos direitos do contratado, que é, em regra, empresa capitalista que objetiva o lucro; disso resulta a presença, na concessão, de **cláusulas regulamentares**, que visam garantir que o serviço seja prestado pela forma mais adequada ao interesse público, e de **cláusulas contratuais**, que objetivam garantir o direito da concessionária ao equilíbrio econômico-financeiro.

Do primeiro aspecto resultam determinadas características da concessão, como o reconhecimento de poderes à Administração concedente, em especial os de fixar e alterar unilateralmente as cláusulas regulamentares, os de encampação, intervenção, uso compulsório de recursos humanos e materiais da empresa concessionária, poder de direção e controle sobre a execução do serviço, poder sancionatório, poder de decretar a caducidade e de fazer a reversão de bens da concessionária ao término da concessão.

Todos esses poderes são exercidos tradicionalmente pela própria Administração Pública Direta; atualmente, à medida que vão sendo instituídas, as chamadas **agências reguladoras** vêm assumindo esses poderes.

As agências reguladoras começaram a ser instituídas no direito brasileiro sem que houvesse uma lei específica que as disciplinasse. Elas foram sendo criadas por leis esparsas, como as de nºs 9.427, de 26-12-96, 9.472, de 16-7-97, e 9.478, de 6-8-97, que instituíram, respectivamente, a Agência Nacional de Energia Elétrica (ANEEL), a Agência Nacional de Telecomunicações (ANATEL), a Agência Nacional de Petróleo (ANP). A ANATEL e a ANP têm fundamento constitucional (arts. 21, XI, e 177, § 2º, III), sendo previstas sob a expressão **órgão regulador**. Note-se que a Constituição, apegada à tradição do direito brasileiro, empregou o vocábulo **órgão**; a legislação ordinária é que copiou o vocábulo de origem norte-americana.

Do regime especial:

A primeira lei genérica sobre as agências reguladoras federais foi a de nº 9.986, de 18-7-00, que dispõe sobre a gestão de recursos humanos nas agências reguladoras. Posteriormente, foi promulgada a Lei nº 13.848, de 25-6-19, que dispõe sobre a gestão, a organização, o processo decisório e o controle social das agências reguladoras, além de alterar a Lei nº 9.986/00 e as leis que instituíram as onze agências reguladoras mencionadas no art. 2º.

Embora não houvesse disciplina legal única, a instituição dessas agências foi obedecendo mais ou menos ao mesmo padrão, o que não impede que outros modelos sejam idealizados posteriormente.

Elas foram sendo criadas como **autarquias de regime especial**. Sendo autarquias, sujeitam-se às normas constitucionais que disciplinam esse tipo de entidade; o **regime especial,** de início, era definido nas leis instituidoras, dizendo respeito, em regra, à maior autonomia em relação à Administração Direta; à estabilidade de seus dirigentes, garantida pelo exercício de mandato fixo, que eles somente podem perder nas hipóteses expressamente previstas, afastada a possibilidade de exoneração *ad nutum*; ao caráter final das suas decisões, que não são passíveis de apreciação por outros órgãos ou entidades da Administração Pública.

Esse regime especial foi posteriormente complementado, de forma uniforme para todas as agências reguladoras federais, pela Lei nº 13.848/19, cujo art. 3º determina que: "A natureza especial conferida à agência reguladora é caracterizada pela **ausência de tutela ou de subordinação hierárquica**, pela **autonomia funcional, decisória, administrativa e financeira** e pela **investidura a termo de seus dirigentes e estabilidade durante os mandatos**, bem como pelas demais disposições constantes desta Lei ou de leis específicas voltadas à sua implementação".

Com essa norma, a Lei nº 13.848 quis estabelecer os termos em que se dá a **autonomia** das agências reguladoras federais diante do Poder Executivo. E o fez de forma inadequada.

No que diz respeito à **ausência de tutela**, tem-se a impressão de que a expressão foi utilizada como sinônimo de **ausência de subordinação hierárquica** (pelo uso do vocábulo "ou", que separa as duas expressões). Na realidade, doutrinariamente, as duas expressões não se equivalem, já que a hierarquia supõe **subordinação**, que existe dentro da mesma pessoa jurídica, entre órgãos da Administração Pública independentemente de previsão legal, enquanto a tutela supõe **vinculação de uma pessoa jurídica a outra**, para fins de controle de legitimidade e de resultado e somente se exerce nos casos expressamente previstos em lei (conforme exposto no item 10.1 deste livro).

Não há dúvida de que não existe subordinação hierárquica entre qualquer tipo de entidade da administração indireta e os órgãos da administração direta. Os poderes decorrentes da hierarquia, como dar ordens, anular ou revogar, avocar, delegar (dentre outros), como regra geral, não são exercidos pelo Poder Executivo sobre as agências reguladoras. No entanto, a instauração de processo administrativo disciplinar, prevista como uma das hipóteses de perda do mandato no art. 8º-B, inserido na Lei 9.986/00 pela Lei 13.848/19, constitui decorrência do poder hierárquico.

Também não há dúvida de que a tutela existe nos limites previstos em lei. Mas não há qualquer possibilidade de a agência reguladora, mesmo tendo natureza especial, ficar inteiramente isenta de tutela pelo órgão a que se vincula. Todas as entidades da administração indireta, inclusive as agências reguladoras, quando são instituídas por lei, já ficam **vinculadas** a um órgão da Administração Direta, exatamente para fins de controle (ou tutela). As agências reguladoras, sendo autarquias, fazem parte da Administração Indireta e têm que se conformar aos planos governamentais, às políticas públicas definidas pelo Executivo ou pelo Legislativo, ao plano plurianual. Além disso, têm que alcançar os resultados para os quais foram instituídas e sujeitar-se aos princípios da Administração Pública. Em outras palavras, elas têm que sujeitar a um controle de resultado e de legitimidade. Isto porque, quando o ente político institui uma autarquia (ou outra modalidade de entidade da administração indireta), ele transfere a ela atividades de titularidade estatal. Ela passa a atuar como um braço do ente instituidor. Em consequência, este tem que zelar para que a entidade por ele instituída cumpra os fins que justificaram a sua criação. Por isso mesmo, a tutela é inerente à descentralização de serviços públicos.

Além de exigências que podem constar das leis instituidoras das agências, a própria Lei 13.848 prevê alguns instrumentos de tutela, como a exigência prevista no art. 3º, § 2º, inciso I, de "solicitar diretamente ao Ministro da Economia: a) autorização para a realização de concursos públicos; b) provimento dos cargos autorizados em lei para seu quadro de pessoal, observada a disponibilidade orçamentária; c) alterações no respectivo quadro de pessoal, fundamentadas em estudos de dimensionamento, bem como alterações nos planos de carreira de seus servidores"; também a exigência de que o sumário do relatório anual de atividades seja encaminhado pela agência reguladora, por escrito, no prazo de até 90 dias após a abertura da sessão legislativa do Congresso Nacional, ao **Ministro de Estado da pasta a que estiver vinculada**, além de outras autoridades do Legislativo e do Tribunal de Contas da União. O art. 6º da Lei nº 13.848, de 25-6-19 (regulamentado pelo Decreto nº 10.411, de 30-6-20) estabelece que "a adoção e as propostas de alteração de atos normativos de interesse geral dos agentes econômicos, consumidores ou usuários dos serviços prestados serão, nos termos de regulamento, precedidas da realização de Análise de Impacto Regulatório (AIR), que conterá informações e dados sobre os possíveis efeitos do ato normativo". O objetivo do AIR é subsidiar a tomada de decisão pela autoridade competente do órgão ou da entidade que o elabore. A mesma exigência de AIR consta do art. 5º da Lei nº 13.874, de 20-9-19 (Lei da Liberdade Econômica), também regulamentado pelo Decreto nº 10.411/20). O art. 15 da Lei nº 13.848/19 expressamente determina que: "A agência reguladora deverá elaborar relatório anual circunstanciado de suas atividades, no qual destacará o cumprimento da política do setor, definida pelos Poderes Legislativo e Executivo, e o cumprimento dos seguintes planos: I – plano estratégico vigente, previsto no artigo 17 desta Lei; II – plano de gestão anual, previsto no artigo 18 desta Lei". Dentre os objetivos desses planos, estabelecidos no § 1º do art. 15, foi inserido o de "aperfeiçoar as relações de cooperação da agência reguladora com o Poder Público, em particular no cumprimento das políticas públicas definidas em lei". Por sua vez, o art. 22 (que trata da exigência de ouvidor em todas as agências reguladoras), determina que o relatório seja encaminhado ao titular do Ministério a que a agência estiver vinculada, às duas Casas do Congresso Nacional e ao Tribunal de Contas da União. A exigência de apresentação de relatório somente se justifica para fins de controle por parte das autoridades destinatárias do relatório.

É curioso que essas normas tenham sido inseridas na Lei nº 13.848 em capítulo que trata do controle externo e do relatório anual de atividades. O que a lei não diz é a finalidade desse encaminhamento ao Ministro de Estado a que a agência estiver vinculada e quais as medidas cabíveis em caso de o relatório demonstrar que a agência não está cumprindo os seus fins ou os está cumprindo de forma ilícita. O encaminhamento ao Tribunal de Contas justifica-se para que este exerça a fiscalização contábil, financeira e orçamentária, nos termos dos arts. 70 e 71 da Constituição, devendo limitar-se a esses aspectos. O encaminhamento ao Senado Federal e à Câmara dos Deputados justifica-se pelo controle político que exercem sobre os atos do Poder Executivo, incluídos os da administração indireta, conforme previsto no art. 49, X, da Constituição. E não diz quais as medidas possíveis a serem adotadas pelo Legislativo. Diante da impossibilidade de convocar os dirigentes para prestar informações, resta praticamente a instauração de CPI, com fundamento no art. 58 da Constituição.

A omissão legislativa é flagrante (e intencional), no que diz respeito à tutela pelo Poder Executivo, quando se verifica que a lei contém normas sobre as interações entre as agências reguladoras e os órgãos de defesa da concorrência, sobre a articulação com os órgãos de defesa do consumidor e do meio ambiente e sobre a articulação com agências reguladoras ou órgãos de regulação estaduais, distritais e municipais. Mas não contém normas sobre as relações entre as agências reguladoras e o órgão a que se vinculam. Pela forma como a matéria foi disciplinada pela Lei nº 13.848/19, a autonomia que se deu às agências reguladoras acabou assumindo proporções excessivamente alargadas e incompatíveis com o ordenamento jurídico brasileiro.

Enganam-se os autores da lei ao pensar que a autonomia das agências reguladoras significa inteira desvinculação do Poder Executivo. A autonomia é exercida nos termos definidos em lei, da mesma forma que os atos de controle somente são legítimos se previstos em lei. A autonomia e a tutela são dois lados da mesma moeda. Na ausência de normas legais prevendo o controle pelo órgão a que a agência se vincula, seja na lei instituidora, seja na Lei nº 13.848, tem-se que apelar para as normas de supervisão ministerial contidas no Decreto-lei nº 200, de 25-2-67, com alterações posteriores, especialmente seu art. 26. Não há como fugir à norma do art. 84, inciso II, da Constituição, que dá competência privativa ao Presidente da República para "exercer, com o auxílio dos Ministros de Estado, a direção superior da administração federal", e à norma do art. 87, parágrafo único, inciso I, que dá ao Ministro de Estado competência para "exercer a orientação, coordenação e supervisão dos órgãos e entidades da administração federal na área de sua competência". As agências reguladoras, da mesma forma que as demais entidades da administração indireta, fazem parte da administração federal.

Note-se que, com relação à **autonomia**, que também constitui aspecto da natureza especial das agências reguladoras, o art. 3º da Lei nº 13.848 limitou-se a definir, no § 2º, a autonomia administrativa, deixando de apontar o significado da autonomia funcional, decisória e financeira, também referidas no mesmo dispositivo. Dessa forma, os outros aspectos da autonomia regulam-se pelas normas contidas nas leis instituidoras ou, em sua omissão, pelas normas aplicáveis às demais autarquias que integram a Administração Pública.

Dos dirigentes:

Com relação aos **dirigentes** das agências reguladoras, o mesmo art. 3º inclui entre as características relevantes para definir a natureza especial das agências reguladoras, a "investidura a termo de seus dirigentes e estabilidade durante os mandatos". Tais características já constavam do direito positivo, em especial, na Lei nº 9.986, de 18-7-00, que dispõe sobre a gestão de recursos humanos das Agências Reguladoras. Essa lei veio uniformizar as normas sobre o provimento dos dirigentes, ao determinar que os mesmos serão escolhidos pelo Chefe do Poder Executivo, porém dependendo, a escolha, de aprovação pelo Senado Federal.

De acordo com o art. 4º da Lei 9.986/00, alterado pela Lei 13.848, "as Agências terão como órgão máximo o Conselho Diretor ou a Diretoria Colegiada, que será composto de até quatro Conselheiros e um Presidente, Diretor-Presidente ou Diretor-Geral". O mesmo dispositivo exige, no § 3º, que a estrutura organizacional de cada agência abranja uma **procuradoria**, uma **ouvidoria** e uma **auditoria**.

Por sua vez, o art. 5º da Lei 9.986/00, também alterado pela Lei 13.848, exige que todos os membros do Conselho Diretor ou da Diretoria Colegiada sejam brasileiros, "indicados pelo Presidente da República e por ele nomeados, após aprovação pelo Senado Federal. nos termos da alínea *f* do inciso III do art. 52 da Constituição Federal, entre cidadãos de reputação ilibada e de notório conhecimento no campo de sua especialidade (...)". O mesmo dispositivo estabelece exigências de **experiência profissional** e de **formação acadêmica** compatível com o cargo para o qual foi indicado. A ideia é garantir a característica de especialização inerente às agências reguladoras e que constitui uma das principais justificativas para a idealização desse modelo de autarquia.

De acordo com o art. 6º da Lei 9.986/00, com a redação dada pela Lei 13.848, "o mandato dos membros do Conselho Diretor ou da Diretoria Colegiada das agências reguladoras será de cinco anos, vedada a recondução, ressalvada a hipótese do § 7º do artigo 5º", ou seja, ressalvada a ocorrência de vacância no cargo de Presidente, Diretor-Presidente, Diretor Geral, Diretor ou Conselheiro no curso do mandato. Nesse caso, o mandato é "completado por sucessor investido na forma prevista no *caput* e exercido pelo prazo remanescente, admitida a recondução se tal prazo for igual ou inferior a 2 anos". A perda do mandato somente pode ocorrer nas hipóteses previstas no art. 9º da Lei 9.986, na redação dada pela Lei 13.848, incluindo: I – em caso de renúncia; II – em caso de condenação judicial transitada em julgado ou de condenação em processo administrativo disciplinar; III – por infringência de quaisquer das vedações previstas no art. 8º-B (que indica as atividades vedadas aos membros do Conselho Diretor e da Diretoria Colegiada, a proibição de recebimento de honorários, percentagens ou custas, bem como a vedação de estar em situação de conflito de interesse nos termos da Lei nº 12.813, de 16-5-2013, que dispõe sobre o conflito de interesses no exercício de cargo ou emprego do Poder Executivo Federal e impedimentos posteriores ao exercício do cargo ou emprego). A lei não indica as infrações que podem justificar a instauração de processo administrativo disciplinar e resultar na perda do mandato. Sem dúvida, incluem-se entre essas infrações os atos de improbidade administrativa previstos na Lei nº 8.429, de 2-6-92 (alterada pela Lei nº 14.230/21), com aplicação das normas sobre procedimento administrativo, estabelecidas no art. 14. Também se consideram aplicáveis as normas da Lei nº 8.112, de 11-12-90, que estabelece o regime jurídico único dos servidores públicos civis da União, das autarquias e das fundações públicas.

O art. 8º da Lei 9.986/00, alterado pela Lei 13.848, previu a chamada "quarentena", de conteúdo moralizador, ao proibir o ex-dirigente de exercer atividade ou prestar qualquer serviço no setor regulado pela respectiva agência por um período de seis meses, contados da exoneração ou do término de seu mandato. No período de impedimento, o ex-dirigente continua vinculado à Agência, fazendo jus à remuneração compensatória equivalente à do cargo de direção que exerceu.

A Lei 13.848/19 introduziu dispositivos na Lei 9.986/00 para garantir a **neutralidade** dos dirigentes das agências reguladoras, importante para a sua autonomia administrativa e funcional. É o caso do art. 8º-A, que estabelece impedimentos para o exercício do cargo, e do art. 8º-B, que prevê vedações cuja desobediência constituem causa de perda do mandato.

Outra característica própria das agências reguladoras, reforçada pela Lei nº 13.848/19 é a que diz respeito à **participação** dos interessados nas decisões das agências, propiciada pela previsão de **consulta pública**, em caráter obrigatório, previamente à tomada de decisão, as minutas e propostas de alteração de atos normativos de interesse geral dos agentes econômicos, consumidores ou usuários dos serviços prestados (art. 9º), de **audiência pública**, aberta facultativamente (art. 10), cujos resultados devem ser objeto de divulgação. Outros meios de participação podem ser previstos no regimento interno da agência (art. 11). A participação também é prevista no Decreto nº 10.411/20, que regulamenta a análise de impacto regulatório (AIR), exigida pelo art. 6º da Lei nº 13.848/19 e pelo art. 5º da Lei nº 13.874/19. Pelo art. 8º do Decreto, "o relatório de AIR poderá ser objeto de participação social específica realizada antes da decisão sobre a melhor alternativa para enfrentar o problema regulatório identificado e antes da elaboração de eventual minuta de ato normativo a ser editado".

Dos servidores:

Quanto aos servidores, o seu regime jurídico foi definido pela Lei nº 9.986, de 18-7-00, que dispõe sobre a gestão de recursos humanos das Agências Reguladoras. Ocorre que os arts. 1º, 2º e parágrafo único, 12 e § 1º, 13 e parágrafo único, 15, 24 e inciso I, 27 e 30 dessa lei, que determinavam que as agências reguladoras teriam suas relações de trabalho regidas pela Consolidação das Leis do Trabalho, foram liminarmente suspensos pelo STF na ADI 2310, tendo em vista o entendimento de que a função que desempenham constitui atividade típica do Estado, com a qual é incompatível o regime celetista. Essa ADI acabou por perder o seu objeto, tendo em vista que a Lei nº 9.986/00 foi alterada pela Lei nº 10.871, de 20-5-04, que substituiu o regime celetista pelo estatutário, extinguiu os empregos públicos que haviam sido criados e criou cargos públicos sujeitos ao regime jurídico estabelecido pela Lei nº 8.112, de 11-12-90.

Do direito norte-americano:

No direito norte-americano, as agências reguladoras gozam de certa margem de independência em relação aos três Poderes do Estado: (a) em relação ao Poder Legislativo, porque dispõem de função normativa, que justifica o nome de órgão regulador ou agência reguladora; (b) em relação ao Poder Executivo, porque suas normas e decisões não podem ser alteradas ou revistas por autoridades estranhas ao próprio órgão; (c) em relação ao Poder Judiciário, porque dispõem de função quase-jurisdicional, no sentido de que resolvem, no âmbito das atividades controladas pela agência, litígios entre os vários delegatários que exercem serviço público mediante concessão, permissão ou autorização e entre estes e os usuários dos serviços públicos.

Da independência das agências no direito brasileiro:

A sua independência, contudo, deve ser entendida em termos compatíveis com o regime constitucional brasileiro.

1. Independência em relação ao Poder Judiciário

Independência em relação ao Poder Judiciário praticamente não existe; a agência pode dirimir conflitos **em última instância administrativa**, da mesma forma que outros órgãos administrativos, mas isto não impede e não pode impedir o controle das suas decisões pelo Poder Judiciário, tendo em vista a norma do art. 5º, XXXV, da Constituição, em cujos termos "a lei não excluirá da apreciação do Poder Judiciário lesão ou ameaça a direito". Esse dispositivo significa a adoção, no direito brasileiro, do sistema de unidade de jurisdição, ao contrário de outros países que seguiram o direito francês e adotaram o sistema da dualidade de jurisdição, que admite, ao lado da jurisdição comum, a jurisdição administrativa, com competência para dirimir conflitos de interesse envolvendo a Administração Pública, com força de coisa julgada. Essa possibilidade não existe no direito brasileiro. Qualquer tipo de ato praticado pelas agências reguladoras, desde que cause lesão ou ameaça de lesão, pode ser apreciado pelo Poder Judiciário.

Quanto ao exercício de **função quase judicial**, o máximo que se pode dizer que se aproxima dessa função é a competência que tem sido concedida às agências reguladoras já instituídas, para dirimir conflitos de interesse entre agentes que prestam serviços controlados pela agência ou entre esses agentes e os usuários. Não há fundamento, no direito brasileiro, para a distinção que se fazia no direito norte-americano (hoje em grande parte superada), entre **questões de fato** e **questões de direito**, para deixar as primeiras à competência exclusiva das agências, excluindo-as do âmbito de apreciação judicial. No direito brasileiro, o motivo (pressuposto de fato) integra o ato administrativo como aspecto de legalidade, não podendo ser subtraído à apreciação do Poder Judiciário, até por força do art. 5º, XXXV, da Constituição.

Também não há fundamento para a reserva de uma **discricionariedade técnica** para as agências. Embora se reconheça aos órgãos administrativos, em função de sua especialidade, a possibilidade de estabelecer normas sobre aspectos técnicos da matéria que lhes é afeta, não se pode, *a priori*, excluir esses aspectos do controle judicial. Na medida em que se reconhece, sem qualquer controvérsia, a possibilidade do Judiciário examinar matéria de fato, por mais técnica que seja (e o faz, em regra, com a ajuda de peritos), e na medida em que é perfeitamente possível o abuso de poder, o arbítrio, o erro, o dolo, a culpa, no estabelecimento de critérios técnicos, também não se pode deixar de reconhecer que a chamada discricionariedade técnica pode causar lesão ou ameaça de lesão e, portanto, ensejar correção judicial.

No entanto, já existem algumas decisões judiciais, inclusive do STF, afastando o controle jurisdicional de aspectos técnicos. São hipóteses em que o Judiciário entende que deve ser adotada postura de **deferência em relação a normas de conteúdo técnico, editadas pelas agências**. Sobre o assunto, foi elaborado interessante estudo sobre "*A produção normativa das agências reguladoras – Limites para eventual controle da atuação regulatória da Anvisa em resposta à Covid-19*", de autoria de Natasha Schnitt Caccia Salinas, Patrícia Regina Pinheiro Sampaio e Ana Tereza Marques Parente (publicado na Revista de Informação Legislativa – RIL, vol. 58, nº 270).

Segundo as autoras, "pouco a pouco, a deferência tem ganhado espaço na fundamentação de decisões dos tribunais superiores e tem sido utilizada para embasar a recusa a rever o conteúdo de decisões administrativas em matéria técnica. O STF, por exemplo, já afirmou que 'não cabe ao Poder Judiciário, no exercício do controle jurisdicional da exegese conferida por uma Agência ao seu próprio estatuto legal, simplesmente substituí-la pela sua própria interpretação'. As autoras citam ainda decisão adotada pelo STF em 2019, em que novamente o recurso à deferência foi utilizado para o Tribunal se abster de rever decisão do Conselho Administrativo de Defesa Econômica (Cade) que condenara um conjunto de agentes econômicos por infração à legislação concorrencial. Nessa decisão, o STF decidiu que "a capacidade institucional na seara regulatória, a qual atrai controvérsias de natureza acentuadamente complexa, que demandam tratamento especializado e qualificado, revela a reduzida *expertise* do Judiciário para o controle jurisdicional das escolhas políticas e técnicas subjacentes à regulação econômica, bem como de seus efeitos sistêmicos".

A mesma deferência às decisões das agências, em especial da Anvisa, durante a pandemia, tem sido adotada em hipóteses em que a urgência da medida torna inviável a observância dos procedimentos formais exigidos pela legislação, inclusive a Análise do Impacto Regulatório – AIR. O próprio Decreto nº 10.411, de 30-6-2020, que regulamenta essa exigência (prevista no art. 5º da Lei 13.874/2019 e no art. 6º da 13.848/2019), autoriza, no art. 4º, seja dispensada a AIR em hipóteses que especifica, dentre as quais: "urgência" (inciso I); "ato normativo que vise a manter a convergência a padrões internacionais" (inciso VI). Essa dispensa deve ser fundamentada, conforme consta do *caput* do dispositivo.

No que diz respeito à deferência a decisões que envolvam aspectos técnicos, em respeito à *expertise* da agência, deve ser observada muita cautela por parte do Poder Judiciário. Não se pode esquecer de que o conceito de discricionariedade técnica, originado na Áustria (no século dezenove) e utilizado na Alemanha no mesmo período, foi logo abandonado nesses países e também em outros que adotaram o mesmo conceito, exatamente por considerarem que a discricionariedade técnica (também chamada de discricionariedade imprópria) não constitui verdadeira discricionariedade, tendo em vista que envolve o tema dos conceitos técnicos, que deixam de ser indeterminados pela manifestação de órgão técnico. Não havendo discricionariedade, não há justificativa para que o Judiciário se abstenha de examiná-los, com a ajuda de peritos, se for o caso, conforme normas contidas nos arts. 420 a 439 do CPC.

Tratamos do assunto no livro "*Discricionariedade Administrativa na Constituição de 1988*" (3. Ed. São Paulo: Atlas, 2012 e também em artigo sobre "*Discricionariedade técnica e discricionariedade administrativa*", in "*Estudos de direito público em homenagem a Celso Antônio Bandeira de Mello* São Paulo: Malheiros, 2006, p. 480-504). O objetivo foi o de mostrar como o tema é tratado no direito europeu, no norte-americano e no brasileiro. Nos Estados Unidos, onde o Brasil buscou inspiração para adoção do modelo das agências, a deferência ampla à discricionariedade técnica das agências e ao exame por elas feito da matéria de fato, sofreu grande evolução, uma vez que a Corte Suprema passou a exigir motivação das agências, razoabilidade e proporcionalidade dos regulamentos em relação aos fins, aos princípios, aos *standards* contidos na Constituição e nas leis. Trata-se de aplicação do princípio do devido processo legal substantivo. Mesmo no direito francês, em que se evoluiu para maior deferência às decisões técnicas das agências, entende-se que o controle judicial pode ser feito em caso de *erro manifesto*.

Não vemos fundamento para afastamento, a priori, do controle judicial pelo simples fato de se tratar de ato produzido por agência especializada na matéria. Essa deferência pode justificar-se quanto a aspectos procedimentais, em casos de urgência como a que se verifica na situação de pandemia. Mas é bastante temerário que o Poder Judiciário se furte ao exame de aspectos técnicos, principalmente se as questões postas à sua apreciação revelarem indícios de erro manifesto.

Aliás, tenho entendido que, entre os *conceitos jurídicos indeterminados* contidos na lei, os *conceitos técnicos* são precisamente os que menos geram discricionariedade, pelo simples fato de que a indeterminação pode desaparecer com a manifestação de órgão técnico (cf. Di Pietro, 2001:114). No direito brasileiro, os peritos são considerados auxiliares da Justiça e, com sua manifestação, o Judiciário pode transformar em **determinado** um conceito que, na lei, aparece como indeterminado. Se a definição feita por ato administrativo for incorreta e causar dano ou ameaça de dano, pode ela ser invalidada pelo Judiciário.

2. Independência em relação ao Poder Legislativo

Independência em relação ao Poder Legislativo também não existe, tendo em vista que os seus atos normativos não podem conflitar com normas constitucionais ou legais, por força do princípio da legalidade. Além disso, estão sujeitas ao controle pelo Congresso Nacional, previsto no art. 49, inciso X, da Constituição Federal, e ao controle financeiro, contábil e orçamentário exercido pelo Legislativo, com auxílio do Tribunal de Contas, conforme previsto no art. 70 e seguintes da Constituição.

A independência maior que existe é em relação ao Poder Executivo, assim mesmo nos limites estabelecidos em lei, podendo variar de um caso para outro. Como já realçado, as agências reguladoras, tendo natureza de autarquias, compõem a Administração Indireta, sendo-lhes aplicáveis todas as normas constitucionais pertinentes; assim sendo, estão sujeitas à tutela ou controle administrativo exercido pelo Ministério a que se acham vinculadas, ao controle exercido pelo Congresso Nacional, previsto no art. 49, X, da Constituição, não podendo escapar à "direção superior da administração federal", prevista no art. 84, II. Porém, como autarquias de regime especial, os seus atos não podem ser revistos ou alterados pelo Poder Executivo. A estabilidade outorgada aos dirigentes das agências confere maior independência, não muito comum na maior parte das entidades da Administração Indireta, em que os dirigentes, por ocuparem cargos de confiança do Chefe do Poder Executivo, acabam por curvar-se a interferências, mesmo que ilícitas. Todos exercem seus cargos com mandato fixo estabelecido em lei, só podendo perdê-lo nas hipóteses previstas no art. 9º da Lei 9.986/00, com a redação dada pela Lei 13.848/19.

As **atribuições** das agências reguladoras, no que diz respeito à concessão, permissão e autorização de serviço público resumem-se ou deveriam resumir-se às funções que o poder concedente exerce nesses tipos de contratos ou atos de delegação: regulamentar os serviços que constituem objeto da delegação, realizar o procedimento licitatório para escolha do concessionário, permissionário ou autorizatário, celebrar o contrato de concessão ou permissão ou praticar ato unilateral de outorga da autorização, definir o valor da tarifa e da sua revisão ou reajuste, controlar a execução dos serviços, aplicar sanções, encampar, decretar a caducidade, intervir, fazer a rescisão amigável, fazer a reversão de bens ao término da concessão, exercer o papel de ouvidor de denúncias e reclamações dos usuários, enfim exercer todas as prerrogativas que a lei outorga ao Poder Público na concessão, permissão e autorização.

Isto significa que a lei, ao criar a agência reguladora, está tirando do Poder Executivo todas essas atribuições para colocá-las nas mãos da agência.

Quanto às agências que atuam no exercício do poder de polícia, as atribuições são aquelas inerentes a esse poder, tais como as de normatizar a atividade (nos limites legais), fiscalizar o cumprimento das normas, aplicar sanções.

Das características que vêm sendo atribuídas às agências reguladoras, a que mais suscita controvérsias é a função normativa, exatamente a que justifica o nome da agência. Nos dois tipos de agências reguladoras, a função reguladora está sendo outorgada de forma muito semelhante à delegada às agências reguladoras do direito norte-americano; por outras palavras, a elas está sendo dado o poder de ditar normas com a mesma força de lei e com base em parâmetros, conceitos indeterminados, *standards* nela contidos.

A primeira indagação diz respeito aos fundamentos jurídico-constitucionais para a delegação de função normativa às agências. As duas únicas agências que estão previstas na Constituição são a ANATEL e a ANP, com a referência à expressão *órgão regulador* contida nos arts. 21, XI, e 177, § 2º, III.

As demais não têm previsão constitucional, o que significa que a delegação está sendo feita pela lei instituidora da agência. Por isso mesmo, a função normativa que exercem não pode, sob pena de inconstitucionalidade, ser maior do que a exercida por qualquer outro órgão administrativo ou entidade da Administração Indireta. Elas nem podem regular matéria não disciplinada em lei, porque os regulamentos autônomos não têm fundamento constitucional no direito brasileiro, nem podem regulamentar leis, porque essa competência é privativa do Chefe do Poder Executivo e, se pudesse ser delegada, essa delegação teria que ser feita pela autoridade que detém o poder regulamentar e não pelo legislador.

As normas que podem baixar resumem-se ao seguinte: (a) regular a própria atividade da agência por meio de normas de efeitos internos; (b) conceituar, interpretar, explicitar conceitos jurídicos indeterminados contidos em lei, sem inovar na ordem jurídica. Essa segunda função explica-se pela natureza técnica e especializada das agências. A lei utiliza, muitas vezes, conceitos jurídicos indeterminados, cujo sentido tem que ser definido por órgãos técnicos especializados. Por exemplo, a Lei nº 9.782/99, que criou a Agência Nacional de Vigilância Sanitária, dá a ela competência para estabelecer normas e padrões sobre "limites de contaminantes, resíduos tóxicos, desinfetantes, metais pesados e outros que envolvam risco à saúde" (art. 7º, IV); a Agência, dentro de seus conhecimentos técnicos, vai poder, licitamente, sem inovar na ordem jurídica, baixar ato normativo definindo os "contaminantes", os "resíduos técnicos", os "desinfetantes" etc., e estabelecendo os respectivos padrões e limites. Trata-se de conceitos indeterminados que a agência vai tornar determinados. Ela não estará inovando na ordem jurídica, mas explicitando o sentido dos vocábulos contidos na lei. Se, ao exercer essa função, for além do previsto em lei, estará infringindo o princípio da legalidade.

Com relação à ANATEL e à ANP, pode-se reconhecer a sua função normativa mais ampla, porque se trata de entidades previstas na Constituição como órgãos reguladores. No entanto, não se pode entender que esses órgãos exerçam função legislativa propriamente dita, com possibilidade de inovar na ordem jurídica, pois isto contrariaria o princípio da separação de poderes e a norma inserida entre os direitos fundamentais, no art. 5º, II, da Constituição, segundo o qual ninguém é obrigado a fazer ou deixar de fazer alguma coisa senão em virtude de lei. Ao falar em órgão regulador, está a Constituição reconhecendo ao mesmo a possibilidade de regulamentar a lei a partir de conceitos genéricos, princípios, *standards*, tal como as agências reguladoras norte-americanas. Além disso, as matérias que podem ser objeto de regulamentação são única e exclusivamente as que dizem respeito aos respectivos contratos de concessão, observados os parâmetros e princípios estabelecidos em lei. Não podem invadir matéria de competência do legislador. Sobre o tema, ver Di Pietro (*Parcerias na Administração Pública*, 2019:Cap. 8).

10.10 CONSÓRCIO PÚBLICO

10.10.1 Considerações gerais

A Lei nº 11.107, de 6-4-05, com alterações posteriores, regulamentada pelo Decreto nº 6.017, de 7-1-07, alterado pelo Decreto nº 10.243, de 13-2-20, dispõe sobre normas gerais de contratação de consórcios públicos.

A lei é, sob todos os aspectos, lamentável e não deveria ter sido promulgada nos termos em que o foi. Mais do que resolver problemas, ela os criou, seja sob o ponto de vista jurídico, seja sob o ponto de vista de sua aplicação prática.

Havia, antes da lei, certo consenso no entendimento de que o consórcio administrativo, do mesmo modo que o consórcio de empresas previsto no art. 278, § 1º, da Lei das Sociedades por Ações (Lei nº 6.404, de 15-12-76), não adquire personalidade jurídica. Apenas se discutia a melhor forma de administrar o consórcio.

Hely Lopes Meirelles (2003:388) entendia que, como os consórcios não assumem personalidade jurídica, não tendo, portanto, capacidade para assumir direitos e obrigações em nome próprio, "é de toda conveniência a organização de uma entidade civil ou comercial, paralela, que administre os seus interesses e realize seus objetivos como desejado pelos consorciados".

No mesmo sentido era a lição de Diógenes Gasparini (1995:281), quer em relação ao convênio, quer em relação ao consórcio. Ele ensina que "o convênio, dada a sua índole, não adquire personalidade jurídica. Não lhe cabe, pois, por exemplo, comprar ou vender, ser locador ou locatário, ser empregador, contratar ou distratar, abrir e manter conta bancária, ter inscrição estadual, municipal ou federal, doar ou receber em doação, conveniar ou, em suma, assumir obrigações e desfrutar de direitos, dado que tais poderes são próprios das pessoas físicas ou jurídicas. Além disso, não se pode pretender que o convênio tenha uma estrutura organizacional e uma administração empresarial. Essas precauções não se compatibilizam com sua natureza e instabilidade institucional. A execução do convênio, por todas essas razões, fica sob a responsabilidade dos partícipes ou uma comissão executiva, que atuará nos termos e condições do convênio, mas sempre em nome dos partícipes".

Porém, ele admite, como Hely Lopes Meirelles, a constituição de uma sociedade civil, comercial ou industrial, com o fim precípuo de executar o convênio em todos os termos e condições fixados pelos partícipes. Mais adiante (p. 284), ele afirma que tudo o que disse com relação ao convênio se aplica ao consórcio.

Na realidade, conforme temos entendido, nem o convênio nem o consórcio se constituem como pessoa jurídica; trata-se de acordos de vontades para a consecução de fins comuns. Não havia (até a promulgação da Lei nº 11.107/05) nada, no direito brasileiro, que autorizasse a considerar o consórcio como pessoa jurídica, seja no direito administrativo, seja no direito privado. Exatamente por se tratar de acordo de vontades é que a Lei nº 8.666, de 21-6-93, sobre licitações e contratos, mandava aplicar as suas disposições, no que couber, a convênios, acordos, ajustes e outros instrumentos congêneres celebrados por órgãos e entidades da Administração Pública. A Lei nº 14.133, de 1º-4-21, repete o dispositivo, com algumas alterações, no art. 184.

A melhor solução seria a de criar uma comissão executiva que vai administrar o consórcio e assumir direitos e obrigações (não em nome próprio, já que a comissão não tem personalidade jurídica), mas em nome das pessoas jurídicas que compõem o consórcio e nos limites definidos no instrumento do consórcio.

Também seria possível, à semelhança do consórcio de empresas, indicar um dos partícipes como líder, hipótese em que ele poderia (desde que previsto no instrumento do consórcio e autorizado em lei) instituir uma entidade (autarquia ou fundação) para gerir os assuntos pertinentes ao consórcio. Outra alternativa seria a instituição de um fundo constituído com verbas dos vários partícipes, que funcionaria vinculado a órgão de um dos entes integrantes do consórcio.

No entanto, o legislador preferiu dar tratamento diferente ao consórcio, atribuindo-lhe personalidade jurídica, conforme consta da Lei nº 11.107/05.

A incongruência da lei começa a partir do preâmbulo, com a referência a "normas gerais de contratação de consórcios públicos", ideia que se repete no art. 1º, ao estabelecer que a lei dispõe sobre "normas gerais para a União, os Estados, o Distrito Federal e os Municípios contratarem consórcios públicos para a realização de objetivo de interesse comum".

Na realidade, a lei não trata de **contratação** de consórcios pela União, Estados, Distrito Federal e Municípios, mas de constituição de pessoa jurídica, o que se dá por meio de todo um procedimento, que abrange várias fases, conforme se verá. O contrato corresponde a uma das fases do procedimento de constituição da entidade.

Talvez o objetivo do legislador fosse o de dar a impressão de que a lei, dispondo sobre contrato, insere-se na competência da União para estabelecer normas gerais sobre contratos administrativos, conforme previsto no art. 22, XXVII, da Constituição.

Os consórcios estão previstos no art. 241 da Constituição Federal (introduzido pela Emenda Constitucional nº 19/98), em cujos termos "a União, os Estados, o Distrito Federal e os Municípios disciplinarão por meio de lei os consórcios públicos e os convênios de cooperação entre os entes federados, autorizando a gestão associada de serviços públicos, bem como a transferência total ou parcial de encargos, serviços, pessoal e bens essenciais à continuidade dos serviços transferidos".

O objetivo da norma constitucional é o de consolidar a **gestão associada** entre os entes federados para consecução de fins de interesse comum. Normalmente, essas matérias são as que se inserem na competência comum prevista no art. 23 da Constituição. Muitas vezes, o serviço que uma pessoa jurídica pública não pode ou tem dificuldades para executar sozinha torna-se possível ou mais eficiente mediante a conjugação de esforços.

Na Constituição de 1967, com a redação dada pela Emenda Constitucional nº 1/69, o art. 13 estabelecia que "a União, os Estados e os Municípios poderão celebrar convênios para execução de suas leis, serviços ou decisões, por intermédio de funcionários federais, estaduais ou municipais".

A Constituição vigente, no art. 241, criou certa perplexidade ao estabelecer que os entes federados "disciplinarão por meio de lei os consórcios e os convênios de cooperação", dando a impressão de que cada qual terá competência própria para legislar sobre a matéria. Só que, como os consórcios envolvem a participação de diferentes pessoas jurídicas públicas, é impossível que cada qual estabeleça suas próprias normas, sem que haja uma lei de âmbito nacional estabelecendo os pontos comuns. Provavelmente por essa razão, foi promulgada a Lei nº 11.107/05, estabelecendo normas gerais. Só que não são normas gerais sobre contrato, mas normas sobre constituição de pessoa jurídica por entes federativos em conjunto.

Outra incongruência da lei é a de considerar como ato de improbidade administrativa que causa lesão ao erário "celebrar contrato ou outro instrumento que tenha por objeto a prestação de serviços públicos por meio da gestão associada sem observar as formalidades previstas em lei" e "celebrar contrato de rateio de consórcio público sem suficiente e prévia dotação orçamentária, ou sem observar as formalidades previstas em lei". É o que consta do art. 18, que deu nova redação ao art. 10 da Lei nº 8.429, de 2-6-92, para inserir os incisos XIV e XV com essa redação. As duas hipóteses foram mantidas com a promulgação da Lei nº 14.230, de 25-10-2021.

10.10.2 Conceito e natureza jurídica

Antes da promulgação da Lei nº 11.107/05, havia certo consenso doutrinário em considerar o convênio e o consórcio como acordos de vontade, sendo o consórcio utilizado quando os entes consorciados eram do mesmo nível (consórcio entre Municípios ou entre Estados) e o convênio, quando se tratava de entidades de níveis diferentes, como por exemplo os convênios entre União e Estados ou Municípios, ou entre Estados e Municípios.

A Lei nº 11.107/05 veio mudar a natureza jurídica do instituto ao estabelecer, no art. 6º, que "o consórcio público adquirirá personalidade jurídica: I – de direito público, no caso de constituir associação pública, mediante a vigência das leis de ratificação do protocolo de intenções; II – de direito privado, mediante o atendimento dos requisitos da legislação civil".

Se tiver personalidade de direito público, constitui-se como **associação pública** (art. 6º, *caput*, inciso I) e "integra a Administração Indireta de todos os entes da Federação consorciados" (conforme § 1º do art. 6º). Nesse caso, terá todas as prerrogativas e privilégios próprios das pessoas jurídicas de direito público, mencionados no item 10.7. Se tiver personalidade de direito privado, o consórcio constituir-se-á "mediante o atendimento dos requisitos da legislação civil" (art. 6º, inciso II). Seja com personalidade de direito público ou privado, o consórcio "obedecerá às normas de direito público no que concerne à realização de licitação, à celebração de contratos, à prestação de contas e à admissão de pessoal, que será regido pela Consolidação das Leis do Trabalho – CLT, aprovada pelo Decreto-lei nº 5.452, de 1º de maio de 1943" (art. 6º, § 2º, da Lei 11.107, de 6-4-05, com redação dada pela Lei nº 13.822, de 3-5-19). Ao submeter os consórcios com personalidade de direito público (que têm natureza autárquica) às normas da CLT, no que diz respeito à admissão de pessoal, a norma reveste-se de vício de inconstitucionalidade, porque foge ao regime jurídico único previsto no art. 39 da Constituição Federal.

Do exposto decorre que o chamado consórcio público passa a constituir-se em nova espécie de entidade da Administração Indireta de todos os entes federados que dele participarem. Embora o art. 6º só faça essa previsão com relação aos consórcios constituídos como pessoas jurídicas de direito público, é evidente que o mesmo ocorrerá com os que tenham personalidade de direito privado. Não há como uma pessoa jurídica política (União, Estados, Distrito Federal e Municípios) instituir pessoa jurídica administrativa para desempenhar atividades próprias do ente instituidor e deixá-la fora do âmbito de atuação do Estado, como se tivesse sido instituída pela iniciativa privada. Todos os entes criados pelo Poder Público para o desempenho de funções administrativas do Estado têm que integrar a Administração Pública Direta (se o ente for instituído como órgão sem personalidade jurídica) ou Indireta (se for instituído com personalidade jurídica própria). Até porque o desempenho dessas atividades dar-se-á por meio de descentralização de atividades administrativas, inserida na modalidade de descentralização por serviços (v. item 10.1.3.2).

Desse modo, se tiver personalidade de direito privado, reger-se-á pelo direito civil, em tudo o que não for expressamente derrogado por normas de direito público, tal como ocorre com as fundações governamentais instituídas com personalidade de direito privado e com as empresas estatais. A própria Lei nº 11.107 derroga parcialmente o direito privado, na medida em que se aplica aos consórcios públicos, independentemente de sua personalidade pública ou privada. Especificamente, o direito privado é derrogado quando o art. 6º, § 2º, determina a sujeição dos consórcios com personalidade de direito privado às normas sobre licitação, celebração de contratos, prestação de contas e admissão de pessoal.

A lei deu alguns privilégios ao consórcio público, independentemente de sua natureza pública ou privada:

a) poder de promover desapropriações e instituir servidões nos termos de declaração de utilidade ou necessidade pública, ou interesse social, realizada pelo Poder Público (art. 2º, § 1º, inciso II);
b) possibilidade de ser contratado pela Administração Direta ou Indireta dos entes da Federação consorciados, com dispensa de licitação (art. 2º, § 1º, inciso III);
c) limites mais elevados para fins de escolha da modalidade de licitação (§ 8º do art. 23 da Lei nº 8.666, de 21-6-93, acrescentado pela Lei nº 11.107/05); a norma não foi repetida na Lei nº 14.133, de 1º-4-21, porque não existem mais a tomada de preços e o convite (ao lado da concorrência) a exigirem escolha da modalidade de licitação;
d) poder de dispensar a licitação na celebração de contrato de programa com ente da Federação ou com entidade de sua Administração Indireta, para a prestação de serviços públicos de forma associada nos termos do autorizado em contrato de consórcio público ou em convênio de cooperação (art. 24, XXVI, da Lei nº 8.666/93, acrescentado pela Lei nº 11.107/05, e art. 75, XI, da nova Lei de Licitações);
e) valores mais elevados para a dispensa de licitação em razão do valor, prevista no art. 24, incisos I e II, da Lei nº 8.666/93, conforme alteração introduzida no § 1º do referido dispositivo pela Lei nº 12.715, de 17-9-12; essa elevação de valores consta do art. 75, § 2º, da Lei nº 14.133/21.

Outra dificuldade que decorre da natureza jurídica atribuída aos consórcios públicos é o fato de eles fazerem parte da Administração Indireta de todos os entes políticos que deles participarem como sócios. Além do controle pelo Tribunal de Contas, as entidades da Administração Indireta sujeitam-se ao controle administrativo ou tutela, disciplinado, na esfera federal, pelo Decreto-lei nº 200, de 25-2-67, sob o título de supervisão ministerial (arts. 19 a 29). Poderá acontecer que o mesmo consórcio seja controlado por vários entes federativos que dele façam parte; como pode acontecer de a mesma pessoa jurídica fazer parte de diferentes consórcios e ter de controlar todos eles.

Quanto ao controle pelo Tribunal de Contas, o art. 9º, parágrafo único, da Lei nº 11.107/05 tentou resolver o assunto, evitando a repetição de controles por Tribunais diferentes; o dispositivo determinou que "o consórcio público está sujeito à fiscalização contábil, operacional e patrimonial pelo Tribunal de Contas competente para apreciar as contas do Chefe do Poder Executivo representante legal do consórcio, inclusive quanto à legalidade, legitimidade e economicidade das despesas, atos, contratos e renúncia de receitas, sem prejuízo do controle externo a ser exercido em razão de cada um dos contratos de rateio".

Isto, contudo, não tem e nem pode ter o condão de afastar o controle efetuado pelo Tribunal de Contas competente para apreciar as contas dos demais entes federativos partícipes do consórcio, sob pena de infringência às normas constitucionais sobre fiscalização pelo Poder Legislativo, com o auxílio do Tribunal de Contas.

Ainda quanto à natureza jurídica do consórcio público, existe outra incongruência na lei. Embora prevendo dois tipos de consórcios públicos (um com personalidade de direito público e, o outro, com personalidade de direito privado), o art. 15 determina que "no que não contrariar esta Lei, a organização e funcionamento dos consórcios públicos serão disciplinados pela legislação que rege as associações civis". Paralelamente, o art. 16 altera o art. 41 do Código Civil, que dá o elenco das pessoas jurídicas de direito público interno; o inciso IV, que menciona as autarquias, fica acrescido da expressão *inclusive as associações públicas*. Isto seria desnecessário porque, sendo associação pública, já está inserida no vocábulo *autarquia*, da mesma forma que as fundações de direito público.

Tem-se que entender, para dar algum sentido a essas normas, que os consórcios com personalidade de direito privado têm a natureza de associações civis, disciplinadas pelo Código Civil, salvo as derrogações, já referidas, decorrentes da Lei nº 11.107/05; os consórcios com personalidade de direito público têm a natureza de associações públicas, enquadrando-se no gênero autarquia e regendo-se, em consequência, pelo direito público e não pelo Código Civil.

Diante do exposto e com todas as ressalvas feitas quanto à forma como foram disciplinados, podem-se conceituar os consórcios públicos, perante a Lei nº 11.107/05, como **associações formadas por pessoas jurídicas políticas (União, Estados, Distrito Federal ou Municípios), com personalidade de direito público ou de direito privado, criadas mediante autorização legislativa, para a gestão associada de serviços públicos**.

10.10.3 Constituição, alteração e extinção do consórcio

Embora o art. 3º da Lei nº 11.107/05 estabeleça que o consórcio será constituído por contrato, na realidade, outras normas contidas na lei permitem a conclusão de que a constituição do consórcio público se fará com observância de todo um procedimento, que envolve as seguintes fases:

a) subscrição de protocolo de intenções (art. 3º);
b) publicação do protocolo de intenções na imprensa oficial (art. 4º, § 5º);
c) lei promulgada por cada um dos partícipes, ratificando, total ou parcialmente, o protocolo de intenções (art. 5º) ou disciplinando a matéria (art. 5º, § 4º);
d) celebração de contrato (art. 3º);

e) atendimento das disposições da legislação civil, quando se tratar de consórcio com personalidade de direito privado (art. 6º, II).

Fácil é entender a necessidade de que o procedimento tenha início com a celebração de protocolo de intenções. Trata-se de figura pouco estudada no direito brasileiro e que designa um instrumento pelo qual os interessados manifestam a intenção de celebrar um acordo de vontade (contrato, convênio, consórcio ou outra modalidade) para a consecução de objetivos de seu interesse, porém sem qualquer tipo de sanção pelo descumprimento. Na realidade, não se assume, nele, o **compromisso** de celebrar o acordo; não se assumem direitos e obrigações; apenas se definem as cláusulas que serão observadas em caso de o acordo vir a ser celebrado.

Como o consórcio é instituído como pessoa jurídica, não poderia ser constituído pela simples celebração de um contrato. Daí a necessidade de celebração de um protocolo de intenções em que se definam as condições em que o consórcio será instituído, até para poder submeter o consórcio à aprovação legislativa.

O art. 4º da Lei nº 11.107 define as cláusulas necessárias do protocolo de intenções, como a denominação, a finalidade, o prazo de duração, a sede, a identificação dos entes da Federação consorciados, a área de atuação, a natureza jurídica pública ou privada, a forma de administração, os serviços públicos objeto da gestão associada etc.

Mesmo que subscrevendo o protocolo de intenções, o ente federativo poderá não participar do consórcio (art. 5º, § 1º) ou poderá participar parcialmente, se a ratificação por lei for feita com reserva e aceita pelos demais subscritores do protocolo de intenções (art. 5º, § 2º). Vale dizer que o fato de ter subscrito o protocolo de intenções não obriga o ente da Federação a participar do consórcio; a sua decisão não acarreta qualquer tipo de sanção.

A ratificação do protocolo de intenções é dispensada pelo art. 5º, § 4º, desde que o ente da Federação, antes de subscrever o protocolo de intenções, tenha disciplinado por lei a sua participação no consórcio público. Evidentemente, essa participação ficará impossibilitada ou restringida se o protocolo de intenções estabelecer condições que contrariem a lei anterior que disciplinava a matéria.

Ainda sobre a ratificação, o art. 5º, § 3º, estabelece que, se realizada após dois anos da subscrição do protocolo de intenções, dependerá de homologação da assembleia geral do consórcio público.

Somente após a ratificação é que poderá ser celebrado o contrato de constituição do consórcio.

A exigência de contrato de constituição de consórcio público, quando este for instituído como pessoa jurídica de direito público, é praticamente desnecessária e é desmentida pela norma do art. 6º, inciso I. Estabelece o dispositivo que o consórcio público adquirirá personalidade jurídica "de direito público, no caso de constituir associação pública, mediante a vigência das leis de ratificação do protocolo de intenções".

Como todas as autarquias, a personalidade jurídica surge com a simples data de entrada em vigor das leis que as instituírem. A pessoa jurídica de direito público é criada por lei, conforme decorre do art. 37, XIX, da Constituição. O vocábulo *ratificação* é incorreto, porque dá a impressão de que a lei apenas aprova uma criação já feita pela Administração Pública. No caso dos consórcios públicos, a dificuldade está no fato de haver várias leis, uma de cada consorciado. A Lei nº 11.107 não diz como resolver as dificuldades que surgirão na hipótese de alguns entes ratificarem imediatamente, outros não ratificarem ou ratificarem parcialmente. Quantas leis ratificadoras têm que ser promulgadas para que o consórcio adquira personalidade jurídica? Como os consórcios públicos integrarão a Administração Indireta de cada ente consorciado, tem-se que entender que a personalidade jurídica surge em momentos diferentes para cada qual (o que é, evidentemente, absurdo, mas é o que decorre da lei).

No caso de o consórcio ser instituído como associação pública, o contrato poderá ser utilizado como instrumento para aprovação do estatuto da entidade.

No caso de o consórcio ser instituído como pessoa jurídica de direito privado, o art. 6º, inciso II, determina que a personalidade jurídica é adquirida "mediante o atendimento dos requisitos da legislação civil". Terá que ser observado especificamente o art. 45 do Código Civil, segundo o qual "começa a existência legal das pessoas jurídicas de direito privado com a inscrição do ato constitutivo no respectivo registro, precedido, quando necessário, de autorização ou aprovação do Poder Executivo, averbando-se no registro todas as alterações por que passar o ato constitutivo". Terá que ser observada ainda a norma do art. 46, que estabelece os dados que necessariamente deverão constar do registro.

Quanto à alteração ou extinção do consórcio, o art. 12 da lei determina que dependerá de instrumento aprovado pela assembleia geral, ratificado mediante lei por todos os entes consorciados. Nem poderia ser diferente, já que, sendo instituído mediante lei, não poderá ser alterado ou extinto sem lei.

Nos termos do § 2º do art. 12, "até que haja decisão que indique os responsáveis por cada obrigação, os entes consorciados responderão solidariamente pelas obrigações remanescentes, garantindo o direito de regresso em face dos entes beneficiados ou dos que deram causa à obrigação".

A norma tem que ser interpretada à luz do art. 37, § 6º, da Constituição, que prevê a responsabilidade objetiva da pessoa jurídica de direito público ou de direito privado prestadora de serviços públicos, por ato que seus agentes causarem a terceiros. Enquanto subsistente a pessoa jurídica, ela responde. Após sua extinção, a responsabilidade fica sendo solidária.

A lei ainda prevê a possibilidade de ente da Federação retirar-se do consórcio público. Segundo o art. 11, a retirada depende de ato formal de seu representante na assembleia geral, na forma previamente disciplinada por lei. Entende-se que deve ser lei do próprio consorciado que pretende retirar-se. Além da retirada voluntária, a lei prevê a exclusão, após prévia suspensão, do consorciado que não consignar, em sua lei orçamentária ou em créditos adicionais, as dotações suficientes para suportar as despesas assumidas por meio de contrato de rateio (art. 8º, § 5º).

Segundo o § 1º do art. 11, os bens destinados ao consórcio público pelo consorciado que se retira somente serão revertidos ou retrocedidos no caso de expressa previsão no contrato de consórcio público ou no instrumento de transferência ou de alienação. Apesar do preceito contido nesse dispositivo, não há como o ente consorciado abrir mão de seus bens apenas mediante previsão em cláusula contratual. Essa previsão tem que constar do protocolo de intenções a ser objeto de ratificação por meio de lei, pois a Administração Pública não tem liberdade para livremente dispor de bens de seu patrimônio. Não é por outra razão que a Lei nº 8.666, de 21-6-93, no art. 17, exigia, e a Lei nº 14.133, de 1º-4-2021, continua a exigir autorização legislativa para qualquer tipo de alienação de bens públicos imóveis. Além disso, terão que ser observadas as demais exigências contidas nesse dispositivo, especialmente a avaliação prévia.

O § 2º do art. 11 da Lei nº 11.107, com a redação dada pela Lei nº 14.026, de 15-7-20, ainda estabelece que a retirada ou a extinção do consórcio público não prejudicará as obrigações já constituídas, inclusive os contratos de programa, cuja extinção dependerá do prévio pagamento das indenizações eventualmente devidas.

10.10.4 Contratos de rateio

A Lei nº 11.107/05 prevê dois tipos de contratos a serem firmados pelos entes consorciados: o contrato de rateio e o contrato de programa.

O contrato de rateio, previsto no art. 8º, constitui instrumento mediante o qual os entes consorciados entregarão recursos ao consórcio público. Esses recursos devem ser devidamente previstos na lei orçamentária de cada consorciado, sob pena de exclusão do consórcio, após prévia suspensão (§ 5º do art. 8º), e sob pena de improbidade administrativa (art. 10, XV, da Lei nº 8.429/92, com a redação dada pelo art. 18 da Lei nº 11.107/05).

O contrato terá que ser firmado anualmente e seu prazo de vigência não pode ser superior ao das dotações que o suportam, com exceção dos contratos que tenham por objeto exclusivamente projetos consistentes em programas e ações contemplados em plano plurianual (art. 8º, § 1º, com a redação dada pela Lei nº 14.026, de 15-7-2020).

Para fins de cumprimento da Lei de Responsabilidade Fiscal, o § 4º do art. 8º exige que o consórcio público forneça as informações necessárias para que sejam consolidadas, nas contas dos entes consorciados, todas as despesas realizadas com os recursos entregues em virtude de contrato de rateio, de forma que possam ser contabilizadas nas contas de cada ente da Federação na conformidade dos elementos econômicos e das atividades ou projetos atendidos.

10.10.5 Contratos de programa e convênios de cooperação

O convênio de cooperação é definido pelo art. 2º, VIII, do Regulamento da Lei nº 11.107/05 (Decreto 6.017, de 17-1-17) como o "pacto firmado exclusivamente por entes da Federação, com o objetivo de autorizar a gestão associada de serviços públicos, desde que ratificado ou previamente disciplinado por lei editada por cada um deles; (...)". Conforme § 4º do art. 1º, acrescentado pela Lei nº 14.026, de 15-7-20 (lei do marco legal do saneamento básico), "aplicam-se aos convênios de cooperação, no que couber, as disposições desta Lei relativas aos consórcios públicos".

A expressão *contrato de programa*, no âmbito do direito administrativo, costuma ser utilizada no mesmo sentido em que se fala em contrato de gestão, ambos fundamentados no art. 37, § 8º, da Constituição, com a redação dada pela Emenda Constitucional nº 19/98. Agora, na Lei nº 11.107, a expressão está utilizada com outro sentido, que bastante se aproxima da própria noção de convênio e que nada tem a ver com a norma do referido dispositivo constitucional. Pelo Decreto nº 6.017/07 (que regulamenta a Lei nº 11.107), o contrato de programa é definido como "o instrumento pelo qual devem ser constituídas e reguladas as obrigações que um ente da Federação, inclusive sua administração indireta, tenha para com outro ente da Federação, ou para com consórcio público, no âmbito da prestação de serviços públicos por meio de cooperação federativa" (art. 2º, XVI).

O contrato de programa é referido, inicialmente, no art. 4º, XI, *d*, da Lei 11.107, que, ao mencionar as cláusulas necessárias do protocolo de intenções, inclui a "autorização para a gestão associada de serviços públicos", explicitando, dentre outras coisas, "as condições a que deve obedecer o contrato de programa, no caso de a gestão associada envolver também a prestação de serviços por órgão ou entidade de um dos entes da Federação consorciados". Mais adiante, é previsto no art. 13 como instrumento a ser utilizado para a constituição e regulação de "obrigações que um ente da Federação constituir para com outro ente da Federação ou para com consórcio público no âmbito de gestão associada em que haja a prestação de serviços públicos ou a transferência total ou parcial de encargos, serviços, pessoal ou de bens necessários à continuidade dos serviços transferidos".

Da combinação dos dois dispositivos extrai-se a conclusão de que a **gestão associada** pode ser feita:

a) mediante a constituição de **consórcio público**, como pessoa jurídica, na forma disciplinada pela Lei nº 11.107;

b) mediante acordos de vontade, como o **convênio de cooperação, o contrato de programa** ou outro instrumento que tenha por objeto a prestação de serviços públicos por meio da gestão associada.

Por sua vez, o contrato de programa pode ser celebrado em duas hipóteses:

a) no próprio âmbito do consórcio público; nesse caso, o contrato de programa será celebrado entre o consórcio e um de seus consorciados, quando este último assumir a obrigação de prestar serviços por meio de seus próprios órgãos (Administração Direta) ou por meio de entidade da Administração Indireta;
b) fora do âmbito do consórcio; neste caso, a gestão associada não exigirá a constituição de consórcio público, como pessoa jurídica de direito público ou privado, sendo a gestão associada disciplinada por meio de contrato de programa.

Em qualquer das duas hipóteses, o instrumento utilizado deverá indicar, "como condição de validade, as obrigações que um ente da Federação constituir para com outro ente da Federação ou para com consórcio público quando haja a prestação de serviços públicos ou a transferência total ou parcial de encargos, serviços, pessoal ou de bens necessários à continuidade dos serviços transferidos" (art. 13). Nesse caso, o § 2º do mesmo dispositivo indica as cláusulas que deverão necessariamente constar do contrato de programa, sendo expressamente vedado atribuir ao contratado o exercício dos poderes de planejamento, regulação e fiscalização dos serviços por ele próprio prestados (art. 13, § 3º).

No caso de estar vinculado a consórcio público ou a convênio de cooperação que venham a ser extintos, o contrato de programa poderá continuar vigorando, conforme estabelece o § 4º do art. 13. A norma é impossível de ser aplicada porque, com a extinção do consórcio, desaparece uma das partes no contrato do programa, que, em consequência, se extingue de pleno direito. A continuidade do contrato de programa só é possível se ele for celebrado entre entes consorciados ou entre um deles e uma entidade da Administração Indireta do outro.

A Lei nº 11.107/05 não estabelece as formalidades a serem observadas para a celebração de convênios de cooperação e contratos de programa.

Com relação aos convênios, aplica-se o quanto foi dito no item 8.12. Pelo art. 14 da Lei nº 11.107, "a União poderá celebrar convênios com os consórcios públicos, com o objetivo de viabilizar a descentralização e a prestação de políticas públicas em escalas adequadas". Nos termos do parágrafo único (incluído pela Lei nº 13.821/19): "Para a celebração dos convênios de que trata o *caput* deste artigo, as exigências legais de regularidade aplicar-se-ão ao próprio consórcio envolvido e não aos entes federativos nele consorciados". Em conformidade com o art. 36 do Decreto nº 6.017/07, "a União somente participará de consórcio público em que também façam parte os Estados em cujos territórios estejam situados os Municípios consorciados. O art. 39 do mesmo Decreto determina que "a partir de 1º-1-2008 a União somente celebrará convênios com consórcios públicos constituídos sob a forma de associação pública ou que para essa forma tenham se convertido". Nos termos do § 1º do art. 39, com a redação dada pelo Decreto nº 10.243/20, "a celebração dos convênios de que trata o *caput* está condicionada à comprovação do cumprimento das exigências legais pelo consórcio público, conforme o disposto no parágrafo único do artigo 14 da Lei nº 11.107, de 2005".

No caso de contrato de programa, tem-se que fazer algumas distinções. Se ele estiver vinculado a consórcio, deverá estar previsto no protocolo de intenções a ser ratificado por lei e, em consequência, deverá constar do contrato de constituição do consórcio.

Se estiver vinculado a convênio de cooperação, deverá estar previsto em suas cláusulas.

No caso de não estar vinculado nem a consórcio nem a convênio de cooperação, o contrato de programa rege-se pelo art. 184 da Lei nº 14.133/21 e independe, como regra geral, de autorização legislativa, tendo em vista que isto implicaria o controle do Poder Legislativo sobre atos administrativos do Poder Executivo, em hipótese não prevista na Constituição. Nesse sentido, o entendimento do Supremo Tribunal Federal (in *RDA* 140/68). No entanto, se o contrato de programa envolver repasse de verbas não previstas na lei orçamentária, daí sim é necessária autorização legislativa. A respeito do assunto, vale o quanto foi dito sobre os convênios no item 8.12.

É incompreensível que o art. 13, § 1º, determine que o contrato de programa deve obediência "à legislação de concessões e permissões de serviços públicos e, especialmente no que se refere ao cálculo de tarifas e de outros preços públicos, à de regulação dos serviços a serem prestados". É difícil imaginar que um ente federativo assuma a posição de concessionário em relação a outro ente Federativo. Quando muito, pode ocorrer que entidade da Administração Indireta vinculada a um ente federativo (uma sociedade de economia mista ou empresa pública, por exemplo) assuma, como concessionária, a prestação de serviço público de que é titular determinado ente federativo. Isto já ocorre. É o caso da SABESP, comumente contratada por municípios para a prestação de serviços públicos de saneamento. E ocorreu, com grande frequência, antes das privatizações de empresas estatais, nas áreas de telecomunicações e energia elétrica, quando a União, titular do serviço, os delegava, por concessão, a empresa estatal de outra esfera de governo, como a TELESP, a ELETROPAULO, a CESP etc.

Nesses casos, a denominação de contrato de programa é imprópria, porque se trata de verdadeiros contratos de concessão de serviços públicos, podendo, agora, assumir também a forma de parceria público-privada, disciplinada pela Lei nº 11.079, de 30-12-04.

Em resumo, existem várias possibilidades para a gestão associada de serviços públicos:

a) a constituição de consórcio público com personalidade de direito público, sob a forma de associação pública;
b) a constituição de consórcio público com personalidade de direito privado, sob a forma de associação civil;
c) o convênio de cooperação;
d) o contrato de programa que, por sua vez, pode estar vinculado a um consórcio público ou a um convênio de cooperação, ou pode ser independente de qualquer outro tipo de ajuste, podendo, inclusive, ser celebrado diretamente por um ente federativo com entidade da Administração Indireta de outro ente federativo.

10.11 CONSÓRCIO PÚBLICO E ASSOCIAÇÃO DE REPRESENTAÇÃO DE MUNICÍPIOS

A Associação de Representação de Municípios foi prevista e disciplinada pela Lei nº 14.341, de 18-5-22, "para a realização de objetivos de interesse comum de caráter político-representativo, técnico, científico, educacional, cultural e social" (art. 1º).

É instituída por Municípios que se organizam para consecução de fins não econômicos, com a natureza de **pessoa jurídica de direito privado**. O art. 2º, inciso I, b, previa a possibilidade de constituição da entidade como pessoa jurídica de direito público, "na forma da Lei nº 11.107, de 6-4-2005" (que regula os consórcios públicos), mas o dispositivo foi vetado, por inconstitucionalidade, sob o argumento de que infringiria o art. 241 da Constituição Federal.

A Associação será sempre representada por alguém que tenha sido ou seja Chefe do Poder Executivo de qualquer dos municípios associados (art. 2º, III).

Por ser pessoa jurídica de direito privado não integrante da Administração Pública indireta, a Associação não faz jus às prerrogativas de direito material e de direito processual asseguradas aos Municípios (art. 12).

As atividades atribuídas à Associação de Representação de Municípios estão relacionadas no art. 3º, dentre as quais a de "postular em juízo, em ações individuais ou coletivas, na defesa de interesse dos Municípios filiados, na qualidade de parte, terceiro interessado ou *amicus curiae*, quando receberem autorização individual expressa e específica do chefe do Poder Executivo" (inciso V); "atuar na defesa dos interesses gerais dos Municípios filiados perante os Poderes Executivos da União, dos Estados e do Distrito Federal" (inciso VI); "apoiar a defesa dos interesses comuns dos Municípios filiados em processos administrativos que tramitem perante os Tribunais de Contas e órgãos do Ministério Público" (inciso VII); "representar os Municípios filiados perante instâncias privadas" (inciso VIII); "conveniar-se com entidades de caráter internacional, nacional, regional ou local que atuem em assuntos de interesse comum" (inciso XII). Não poderão exercer qualquer atividade que se enquadre como gestão associada de serviços públicos de interesse comum, nem atividades e serviços públicos próprios dos seus associados (art. 4º, I), porque tais atividades são exercidas por consórcios públicos ou mediante convênios, nos termos do art. 241 da Constituição e conforme regulamentação contida na Lei nº 11.107/05.

A seleção de pessoal e a contratação de bens e serviços serão realizadas com base em procedimentos simplificados previstos em regulamento próprio (art. 6º), devendo a contratação de pessoal sujeitar-se à legislação trabalhista.

A manutenção da entidade será feita mediante contribuição dos Municípios associados, observados os créditos orçamentários específicos, e também por meio de outros recursos previstos em estatuto (art. 7º). A falta de pagamento da contribuição por mais de um ano autoriza a desfiliação do Município, assegurado o direito de defesa e o contraditório (art. 9º, *caput* e parágrafo único).

A filiação do Município não depende de autorização legislativa, mas de decisão discricionária do Chefe do Executivo, podendo a filiação ser feita em mais de uma associação.

Para possibilitar a representação judicial do Município, a Lei alterou o art. 75, III, do CPC, para determinar que "serão representados em juízo, ativa e passivamente: (...) III – o Município, por seu prefeito, procurador ou Associação de Representação de Municípios, quando expressamente autorizada"; e acrescentou o § 5º ao art. 75, estabelecendo que "a representação judicial do Município pela Associação de Representação de Municípios somente poderá ocorrer em questões de interesse comum dos Municípios associados e dependerá de autorização do respectivo chefe do Poder Executivo municipal, com indicação específica do direito ou da obrigação a ser objeto das medidas judiciais".

Alguns comentários a respeito da Lei nº 14.341/22:

Os Municípios que tenham carreira organizada no âmbito da advocacia pública não poderão atribuir a terceiros as atribuições próprias dos integrantes da carreira, que exercem atividade típica de Estado, com caráter de exclusividade. Existe jurisprudência no âmbito dos Tribunais de Justiça de vários Estados, consagrando o entendimento de que a advocacia pública só pode ser exercida por servidores efetivos nomeados por concurso público.

A norma do art. 6º, sobre seleção de pessoal e contratação de bens e serviços, não pode constituir-se em burla às normas constitucionais sobre concurso público e licitação, por parte dos Municípios associados. Esse regulamento próprio somente pode aplicar-se à própria Associação e não aos Municípios que a integram.

A intenção do legislador foi a de subtrair a Associação de Representação de Municípios do regime jurídico de direito público, o que pode ser prejudicial ao interesse público, principalmente pela perda dos privilégios judiciais de que dispõem os entes federativos e as pessoas jurídicas de direito público.

Não havia necessidade de instituir novo modelo de pessoa jurídica para desempenhar atividades de interesse comum de Municípios, porque bastaria dar aos consórcios públicos as atribuições previstas na Lei nº 14.341 ou firmar os convênios previstos no art. 241 da Constituição.

Na realidade, o modelo de entidade instituído por essa lei constitui forma de terceirização de atividade própria dos entes federativos associados.

A Associação de Representação de Municípios não integra a Administração Pública direta ou indireta de qualquer um dos entes federativos. É uma entidade privada. É uma entidade sui *generis*. Está sendo incluída neste capítulo pelo fato de que, na realidade, ela se constitui em forma de descentralização de atividades próprias dos Municípios, ainda que possam não ter, todas elas, a natureza de serviços públicos. Mas não há dúvida de que a representação judicial de entes federativos constitui atribuição típica de Estado, conforme se depreende dos arts. 131 e 132 da Constituição Federal. Tais dispositivos incluíram a advocacia pública entre as funções essenciais à Justiça.

Da mesma forma que os consórcios públicos, a Associação de Representação de Municípios constitui forma de associação entre Municípios para consecução de interesses comuns. Não se confunde com os consórcios públicos regidos pela Lei nº 11.107, porque estes se constituem como entidades da administração indireta, para a gestão associada de serviços públicos; além disso, a sua criação depende de autorização legislativa e da sujeição a procedimento específico definido na lei.

A Associação de Representação de Municípios talvez se aproxime mais das entidades paraestatais, no sentido de que se constitui para o desempenho de atividades de interesse comum dos Municípios. Mas delas se afasta pelo fato de não ser criada por lei e não decorrer da iniciativa privada. Ela se coloca entre o público e o privado. Aproxima-se do setor público, porque é constituída por entes federativos (os Municípios), para o desempenho de atividades que eles mesmos poderiam exercer; a sua manutenção depende recursos públicos oriundos de leis orçamentárias dos Municípios que a integram e está sujeita a controle pelos Tribunais de Contas. Afasta-se da natureza pública, porque nem presta serviço público (ainda que desempenhe atividades de interesse comum dos Municípios), não se sujeita a concurso público para seleção de seu pessoal nem a licitação para celebração de seus contratos, não dispõe das prerrogativas judiciais próprias das pessoas jurídica de direito público.

A aplicação prática da Lei nº 14.341 vai esbarrar em muitas dificuldades e controvérsias de ordem jurídica.

10.12 CONTROLE ADMINISTRATIVO OU TUTELA DAS ENTIDADES DA ADMINISTRAÇÃO INDIRETA

A descentralização administrativa traz consigo a ideia de controle. O poder central transfere a execução de determinados serviços a entes dotados de personalidade jurídica, patrimônio próprio, capacidade de autoadministração, porém exerce sobre eles fiscalização necessária para assegurar que cumpram os seus fins. Ressalvada a hipótese de descentralização por colaboração (concessão e permissão de serviços públicos) em que o controle se rege pelas normas concernentes aos atos e contratos administrativos, nos casos de descentralização por serviços e territorial, o Estado atribui o controle administrativo a determinados órgãos da administração direta, que o exercerão nos limites da lei.

Disso resultam dois aspectos concernentes às entidades que exercem serviços públicos descentralizados: de um lado, a capacidade de autoadministração, que lhes confere o **direito** de exercer, com independência, o serviço que lhes foi outorgado por lei, podendo opor esse direito até mesmo à pessoa política que as instituiu. De outro lado, o **dever** de desempenhar esse serviço, o que as coloca sob fiscalização do Poder Público; este precisa assegurar-se de que aquela atividade que era sua e foi transferida a outra pessoa jurídica seja executada adequadamente.

Esse duplo aspecto é essencial para entender-se a extensão do controle sobre os entes descentralizados; ele só vai até onde não ofenda a capacidade de autoadministração delimitada por lei; por sua vez, essa capacidade de autoadministração vai até onde não esbarre com os atos de controle previstos em lei.

Odete Medauar (1976:68) observa que, "se a tutela administrativa contrapõe-se à independência conferida **por lei** aos entes públicos descentralizados, somente um texto de lei poderá determinar seu exercício. A tutela não se presume; ela se constitui de uma soma de competências particulares atribuídas explicitamente por lei, que não podem ser acrescidas, nem por analogia". Fazendo referência à lição de Cretella Júnior, a autora acrescenta que a tutela administrativa existe na medida e nos limites da lei que a prevê e organiza, o que dá origem à seguinte fórmula diretriz: *nulla tutela sine lege, nulla tutela praeter legem, nulla tutela contra legem*.

Esse controle não significa que os entes descentralizados estejam hierarquicamente subordinados à Administração Direta. Existe apenas uma **vinculação** para fins de controle; essa vinculação normalmente se dá com relação ao Ministério ou Secretaria de Estado ou de Município cujas atividades se relacionam com a da pessoa jurídica da Administração Indireta.

Há diferenças sensíveis entre **tutela** e **hierarquia**:

1. a tutela não se presume, pois só existe quando a lei a prevê; a hierarquia existe independentemente de previsão legal, porque é princípio inerente à organização administrativa do Estado;
2. a tutela supõe a existência de duas pessoas jurídicas, uma das quais exercendo controle sobre a outra, existindo onde haja descentralização administrativa; a hierarquia existe dentro de uma mesma pessoa jurídica, relacionando-se com a ideia de **desconcentração**;
3. a tutela é **condicionada** por lei, ou seja, só admite os atos de controle expressamente previstos; a hierarquia é incondicionada e implica uma série de poderes que lhe são inerentes, como o de dar ordens, o de rever os atos dos subordinados (*ex officio* ou mediante provocação), o de avocar e delegar atribuições.

Em ambos os casos, existe **controle administrativo**; por isso mesmo muitos autores preferem falar em **tutela**, quando se trata de controle sobre Administração Indireta, com o que se evita qualquer confusão com o **controle hierárquico**.

Também não se confunde **tutela** e **autotutela**, pois esta corresponde ao poder que tem a Administração de rever os próprios atos, para corrigir ou anular os ilegais, bem como revogar os inoportunos ou inconvenientes, sem necessidade de recorrer ao Poder Judiciário.

Isto significa que a **tutela**, o **controle hierárquico** e a **autotutela** são modalidades do gênero **controle administrativo**.

Originariamente, empregava-se o vocábulo *tutela* para abranger apenas o controle sobre as pessoas administrativas de direito público, ou seja, as autarquias; isto porque apenas elas eram utilizadas como forma de descentralização por serviço.

À medida que o Poder Público passou a utilizar outros tipos de entidades, como as fundações, as sociedades de economia mista e a empresa pública, como formas de descentralização por serviço, a tutela, que é inerente a esse tipo de descentralização, passou a alcançar todas as entidades da Administração Indireta.

Por isso a tutela pode ser definida como a **fiscalização que os órgãos centrais das pessoas públicas políticas (União, Estados e Municípios) exercem sobre as pessoas administrativas** descentralizadas, nos limites definidos em lei, para garantir a observância da legalidade e o cumprimento das suas finalidades institucionais.

A tutela é apenas um dos tipos de controle a que se sujeitam os entes descentralizados, porque corresponde a um **controle administrativo**, ou seja, exercido pelos órgãos da Administração Direta. Ela coexiste com outros tipos de controle, a saber: o **externo**, exercido pelo Poder Legislativo, com o auxílio do Tribunal de Contas, e o **controle judicial**.

Teoricamente, a **tutela** pode ser **preventiva** ou **repressiva** conforme se exerça antes ou depois da prática do ato; de **legitimidade** ou de **mérito**, segundo examine a conformidade com a lei ou apenas aspectos de oportunidade e conveniência.

Abrange atos dos mais variados tipos, como autorização, aprovação, anulação, revogação, intervenção.

No entanto, os vários tipos de controles e as várias espécies de tutela, admissíveis doutrinariamente, somente se aplicam quando previstos expressamente em lei. Assim, é o exame do direito positivo que diz o que pode e o que não pode fazer a autoridade de tutela.

Com relação às empresas públicas, sociedades de economia mista e suas subsidiárias, a Lei nº 13.303/16 procurou garantir que o controle pelo órgão a que a empresa está vinculada não assuma a feição de gestão da empresa, com restrição à sua independência. Por outras palavras, o legislador quis realçar a distinção entre atividade de controle e atividade de gestão. O art. 89 estabelece que "o exercício da supervisão por vinculação da empresa pública ou da sociedade de economia mista, pelo órgão a que se vincula, não pode ensejar a redução ou a supressão da autonomia conferida pela lei específica que autorizou a criação da entidade supervisionada ou da autonomia inerente a sua natureza, nem autoriza a ingerência do supervisor em sua administração e funcionamento, devendo a supervisão ser exercida nos limites da legislação aplicável". E o art. 90 determina que "as ações e deliberações do órgão ou ente de controle não podem implicar interferência na gestão das empresas públicas e das sociedades de economia mista a ele submetidas nem ingerência no exercício de suas competências ou na definição de políticas públicas".

No **direito positivo brasileiro**, não se usava a expressão tutela, até o advento da Lei nº 13.303/16, cujo art. 3º utiliza esse vocábulo quando trata da autonomia das agências reguladoras.

Na esfera federal, a matéria está disciplinada, basicamente, pelo Decreto-lei nº 200/67, que usa a expressão *supervisão ministerial*. Esta é exercida pelos Ministérios sobre os órgãos da Administração Direta e Indireta enquadrados na sua área de competência (arts. 19 ss).

De acordo com o art. 26, no que se refere à Administração Indireta, a supervisão visará assegurar, especialmente:

I – a realização dos objetivos fixados nos atos da constituição da entidade;
II – a harmonia com a política e a programação do Governo no setor de atuação da entidade;
III – a eficiência administrativa;
IV – a autonomia administrativa, operacional e financeira da entidade.

O parágrafo único do mesmo dispositivo indica as medidas possíveis, ou seja, o que se denomina de atos de tutela, que abrangem, dentre outros, a indicação ou nomeação do dirigente da entidade, o recebimento de relatórios, balancetes, aprovação da proposta orçamentária, limites com gastos de publicidade e de pessoal, intervenção por motivo de interesse público.

Também é utilizado como instrumento de controle o contrato desempenho (disciplinado pela Lei nº 13.934, de 11-12-19), ou contrato de gestão, celebrado entre a Administração Direta e a entidade da Administração Indireta. Por meio dele, são estabelecidas metas que a entidade se obriga a cumprir em troca de maior autonomia. O seu fundamento é o art. 37, § 8º, da Constituição.

Ao término do prazo contratual, a entidade submete-se a controle de resultado, para avaliação do cumprimento das metas (v. item 8.10).

No Estado de São Paulo, o Decreto-lei Complementar nº 7, de 6-11-69, prevê, no art. 4º, a vinculação das entidades descentralizadas à Secretaria de Estado cujas atribuições se relacionem com a atividade principal que lhe cumpra exercer.

São estabelecidos três tipos de controle:

1. o de **resultados**, a ser exercido pela Secretaria a que estiver vinculada a entidade, quanto ao atendimento das finalidades e objetivos institucionais e a sua situação administrativa; e pela Secretaria da Fazenda, quanto à execução orçamentária, aos custos operacionais, à rentabilidade econômica de seus serviços, bem assim à situação econômico-financeira (art. 5º);
2. o de **legitimidade**, a cargo da Secretaria da Fazenda, que será exercido pelo sistema de auditoria; abrange a legitimidade dos atos relativos à despesa, à receita, ao patrimônio, ao pessoal, material e transportes (arts. 6º e 7º);
3. o exercido pelo Governador, mediante aprovação de planos de trabalho, orçamento, regulamentos etc. (arts. 15 e 19).

A lei estabelece os atos de controle possíveis, de um lado sobre as autarquias e, de outro, sobre as fundações e empresas.

Enquanto o Decreto-lei nº 200/67 prevê **intervenção** em todas as modalidades de pessoas descentralizadas, por **motivo de interesse público** (art. 26, parágrafo único, *i*), a lei estadual só a admite sobre as autarquias, quando se verificar desvio de finalidade ou inobservância de normas legais na sua administração (art. 18).

Finalmente, é importante realçar que o **recurso** não constitui ato de tutela; a rigor, não cabe recurso perante a Administração Direta, contra atos praticados por entidade descentralizada. O recurso existe onde haja subordinação hierárquica, o que não ocorre no caso dessas entidades. Excepcionalmente, poderá ser interposto recurso, **desde que haja previsão legal expressa**, sendo, nesse caso, chamado de **recurso hierárquico impróprio**.

Com exceção dessa hipótese, nas demais, prolatada a decisão final pelo dirigente da entidade, somente cabe ao interessado recorrer ao Poder Judiciário.

RESUMO

1. **Descentralização:** distribuição de competências de uma para outra pessoa, física ou jurídica.

2. **Desconcentração:** distribuição interna de competências, dentro da mesma pessoa **jurídica**.

3. **Modalidades de descentralização:**

    a) **política:** as atribuições do ente descentralizado não decorrem do ente central; é o que ocorre com os Estados membros da Federação, que têm **autonomia** (poder de editar normas, sem subordinação a outras que não as da própria CF);

    b) **administrativa:** as atribuições dos entes descentralizados decorrem do poder central, como ocorre nos Estados unitários; têm poder de administração, com subordinação a leis postas pelo ente central.

4. **Modalidades de descentralização administrativa:**

   a) **territorial** ou **geográfica**: personalidade jurídica de direito público, capacidade de autoadministração, delimitação geográfica, capacidade genérica, sujeição a controle pelo poder central;

   b) **por serviços, funcional ou técnica**: o ente político cria uma pessoa jurídica de direito público ou privado e a ela atribui a **titularidade** e a **execução** de determinado serviço público. É o caso das autarquias, fundações governamentais, sociedades de economia mista, empresas públicas e consórcios públicos. Processo de descentralização que envolve: 1) reconhecimento de personalidade jurídica ao ente descentralizado; 2) patrimônio próprio; 3) capacidade específica; 4) sujeição a controle ou tutela;

   c) **por colaboração**: por meio de contrato ou ato unilateral, o poder público transfere a **execução** de determinado serviço público a pessoa jurídica de direito privado, conservando o Poder Público a **titularidade** do serviço. É o caso da concessão, permissão e autorização de serviço público e das parcerias público-privadas.

5. **Evolução:** várias fases: serviço público desempenhado diretamente pelo Estado (período liberal); concessão de serviços públicos a particulares; declínio das concessões; criação de sociedades de economia mista; criação de empresas públicas; concessão a empresas estatais, concessão a particulares.

6. **Decreto-lei** nº 200, de 25-2-67:

   a) descentralização como princípio da reforma administrativa (art. 10);

   b) previsão, no art. 4º, da **administração direta** (órgãos sem personalidade jurídica) e **administração indireta** (entidades com personalidade jurídica: autarquias, empresas públicas, sociedades de economia mista e fundações públicas, estas últimas inseridas no rol do art. 4º pela Lei nº 7.596, de 10-4-87);

   c) conceito dessas entidades no art. 5º.

7. **Lei nº 11.107, de 6-4-05:** previsão dos **consórcios públicos**, com personalidade de direito público (associações públicas, previstas no art. 41, IV, do CC) ou de direito privado; integram a **administração indireta**.

8. **A expressão administração indireta na CF:** sentido subjetivo: conjunto de pessoas jurídicas, de direito público ou privado, criadas ou autorizadas por lei, para desempenhar atividades assumidas pelo Estado, seja como serviço público, seja a título de intervenção no domínio econômico.

9. **Regime jurídico das entidades da administração indireta**

   – **pessoas jurídicas de direito público:** autarquias, fundações de direito público e consórcios públicos com personalidade de direito público (associações públicas);

   – **pessoas jurídicas de direito privado:** empresas públicas, sociedades de economia mista e suas subsidiárias, fundações de direito privado e os consórcios públicos de direito privado.

Pontos comuns: a) personalidade jurídica própria; b) criação ou autorização por lei (art. 37, XIX, CF); c) consecução de fim de interesse público e não o lucro; d) ausência de liberdade para fixação ou modificação de seus fins institucionais; e) ausência de liberdade de extinção por sua própria iniciativa; f) sujeição a controle positivo do Estado (tutela).

Diferença: as **prerrogativas** e **sujeições** próprias do regime jurídico administrativo estão todas presentes nas pessoas jurídicas de direito público; nas de direito privado, somente as previstas expressamente em lei. Estas últimas sujeitam-se ao direito privado parcialmente derrogado por normas de direito público (regime híbrido).

10. Referência do art. 41, parágrafo único, do CC: "pessoas jurídicas de direito público a que se tenha dado estrutura de direito privado": a referência é às fundações, as quais se submetem às normas desse CC.

11. Autarquias

Junção dos **vocábulo**s *autós* (próprio) e *arquia* (comando, direção): governo próprio.

Primeira autarquia: Caixa Econômica (1861), embora sem a denominação.

Não previsão no art. 14 do CC de 1916. Previsão no novo CC, art. 41, IV, no rol das **pessoas jurídicas de direito público interno.**

Primeiro conceito legal: Decreto-lei nº 6.016, de 22-11-43: "serviço público descentralizado, com personalidade de direito público, explícita ou implicitamente reconhecida por lei".

Conceito atual: art. 5º, II, do Decreto-lei nº 200/67 (não consta a natureza pública, porque a CF de 1967, no art. 163, § 2º, mandava aplicar as normas das empresas privadas). Falha corrigida com a EC 1/69. Mesma falha na CF de 1988: art. 173, § 1º, fazia referência a "*outras entidades que explorem atividade econômica*", abrangendo as autarquias que desempenhassem esse tipo de atividade. EC-19/98: somente abrange as empresas estatais.

Conceito: pessoa jurídica de direito público, criada por lei, com capacidade de autoadministração, para o desempenho de serviço público descentralizado, mediante controle administrativo exercido nos limites da lei.

Características: a) criação por lei; b) personalidade jurídica de direito público; c) capacidade de autoadministração; d) especialização dos fins ou atividades; e) sujeição a controle ou tutela.

Regime jurídico: de direito público, com todas as prerrogativas e restrições aplicáveis à Administração Direta: atributos do ato administrativo, imunidade tributária, processo dos precatórios, prazos dilatados em juízo, juízo privativo etc.

Posição perante a Administração Pública: a autarquia dispõe do **direito ao desempenho do serviço nos limites definidos em lei (o que equivale à independência ou autonomia)**, podendo opor-se às interferências indevidas da administração direta; mas ela tem também a **obrigação de desempenhar suas funções**, razão pela qual se sujeita a **controle ou tutela** pela entidade a que se vincula.

Posição perante particulares: a autarquia aparece como se fosse a própria Administração Pública, com todas as prerrogativas e sujeições próprias de autoridade.

Classificações:

1ª) de **valor apenas histórico** (quanto ao tipo de atividade): autarquias econômicas, de crédito, industriais, de previdência e assistência, profissionais ou corporativas, culturais ou de ensino. O tipo de atividade não altera o regime jurídico. Classificação que não abarca todas as hipóteses, como as agências reguladoras e as de fomento;

2ª) quanto à **capacidade administrativa**: a) **geográfica** ou **territorial** (de capacidade genérica, como os territórios, sem capacidade política); b) **de serviço ou**

institucional (de capacidade específica, voltada para a atividade definida na lei instituidora);

3ª) quanto à **estrutura: fundacionais** e **corporativas** ou **associativas** (baseada na distinção entre **associação e sociedade**, de um lado (em que o elemento essencial são os membros), e **fundação**, do outro lado (em que o **patrimônio** é o elemento principal (art. 44, I e III do CC). **A autarquia fundacional corresponde à fundação de direito público.**

Natureza jurídica da OAB: autarquia. Entendimento diverso do STF na ADIN 3.026-4/DF: é pessoa jurídica de direito público, quanto às **vantagens** próprias dessas entidades, mas não quanto às **restrições** (sujeição a concurso público, a licitação, a controle). A OAB seria um **serviço público independente**.

12. Fundação

– Inclusão no rol das entidades da Administração Indireta, constante do art. 4º do DL 200/67, pela Lei nº 7.596, de 10-4-87, com a denominação de **fundações públicas**, com **personalidade de direito privado**.

– **Controvérsias doutrinárias** sobre a natureza pública ou privada. Alguns negam a existência de fundações de direito público.

– **Minha opinião**: aplicação, no direito administrativo, da distinção entre fundação e associação, contida no art. 44, I e III do CC. Possibilidade de criação de fundação pelo poder público, com personalidade de direito público ou de direito privado. A opção é do legislador.

Conceito: patrimônio, total ou parcialmente público, dotado de personalidade jurídica, de direito público ou privado, e destinado, por lei, ao desempenho de atividades do Estado na ordem social, com capacidade de autoadministração e mediante controle da Administração Pública, nos limites da lei.

Características: a) dotação patrimonial total ou parcialmente pública; b) personalidade jurídica de direito público ou de direito privado, atribuída por lei; c) desempenho de atividade atribuída ao Estado na ordem social; d) capacidade de autoadministração; e e) sujeição ao controle ou tutela pela Administração Direta, nos limites definidos em lei.

Fundação de direito privado: submetem-se ao direito privado, com as seguintes derrogações por normas de direito público:

a) fiscalização, controle e gestão financeira, inclusive do TC;

b) constituição autorizada em lei (art. 37, XIX, CF);

c) extinção por lei (inaplicabilidade do art. 69 do CC, sobre extinção das fundações;

d) equiparação de seus empregados aos servidores públicos para os fins do art. 37 da CF, do art. 327 do CP e da Lei de Improbidade Administrativa;

e) sujeição de seus dirigentes a mandado de segurança; cabimento de ação popular; legitimidade ativa para ação civil pública;

f) juízo privativo na esfera do Estado de São Paulo (art. 36 do Código Judiciário);

g) submissão à legislação sobre licitação e contratos;

h) em matéria de finanças públicas: arts. 52, VI, 169 e 165, §§ 5º e 9º, da CF;

i) imunidade tributária referente aos impostos de que trata o art. 150, § 2º, da CF.

Fundação de direito público: regime jurídico idêntico ao das autarquias.

Critério adotado pelo STF: são **fundações de direito público** as que desempenhem atividade estatal e se utilizem de recursos públicos. Critério falho.

13. Empresas estatais

Alcance da expressão: empresa pública, sociedade de economia mista, suas subsidiárias, além de outras empresas de que o Estado tenha o controle acionário, diretamente ou por meio de entidades da Administração Indireta.

Distinção quanto ao tipo de atividade:

a) **empresas que executam atividade econômica de natureza privada**: art. 173 CF; previsão de lei instituindo o seu **Estatuto Jurídico**; norma cumprida pela **Lei nº 13.303, de 30-6-17**, regulamentada pelo **Decreto** nº **8.945, de 27-12-16** (aplicável à União).

Regime jurídico: o mesmo das empresas privadas (art. 173, § 1º, II);

b) **empresas que desempenham serviço público**: regime semelhante ao das concessionárias de serviços públicos (art. 175 da CF), quanto aos deveres perante os usuários, à política tarifária, à obrigação de serviço adequado, aos princípios da continuidade, isonomia, mutabilidade do regime jurídico, dentre outros.

Estatuto jurídico das empresas estatais (Lei nº 13.303/17):

a) **Não distinguiu as empresas estatais quanto ao tipo de atividade.**

b) **Abrange:** a) a empresa estatal que exerça atividade econômica; b) a empresa estatal que preste serviço público; c) empresa estatal dependente (art. 2º, III, da Lei de Responsabilidade Fiscal); d) a empresa pública ou a sociedade de economia mista que participe de consórcio, na condição de operadora (art. 279 da Lei nº 6.404/76); e) a sociedade de propósito específico que seja controlada por sociedade de economia mista ou empresa pública.

Não incluídas: sociedades da qual participem empresas estatais ou suas subsidiárias, sem deterem o controle acionário.

c) **Conceito legal:** arts. 3º e 4º do Estatuto; faltou o conceito de empresa subsidiária.

d) **Conceito doutrinário de empresa subsidiária:** empresa cujo controle acionário é exercido por empresa pública ou por sociedade de economia mista, ficando a União, Estado, Distrito Federal ou Município com o controle indireto. Sua criação depende de autorização legislativa (art. 37, XX, da CF).

e) **Traços comuns:**

– criação e extinção autorizadas por lei (art. 37, XIX, e 84, VI, da CF);

– personalidade jurídica de direito privado;

– sujeição ao controle estatal ou tutela;

– derrogação parcial do regime de direito privado por normas de direito público;

– vinculação aos fins definidos na lei instituidora;

– desempenho de atividade de natureza econômica, assumidas como serviços públicos ou a título de intervenção no domínio econômico.

f) **Traços distintivos**:

– **composição do capital**: capital misto, com participação majoritária do poder público (na sociedade de economia mista) e capital inteiramente público (na empresa pública (com possibilidade de participação do capital de outras entidades da administração indireta, conforme art. 4º do Estatuto das Estatais).

– **regime jurídico**: as empresas que exercem atividade econômica submetem-se ao mesmo regime jurídico a que se submetem as empresas privadas (art. 173, § 1º, II, da CF), porém com derrogações por normas de direito público: 1º) **CF**: art. 71, II e III, 54, I, art. 37, *caput* e incisos sobre servidores púbicos, art. 21, XXVI, c/c com o art. 173, § 1º, III, 165, § 5º, 169, § 1º, I; 2º) **Lei nº 13.303/16**; 3º) **Lei nº 6.404/76** (Lei das S.A.), para as que tenham a forma de S.A.; 4º) Regulamento aprovado pelo Decreto nº 8.945/16; 5º) **normas da Comissão de Valores Mobiliários** sobre escrituração e elaboração de demonstrações financeiras; 6º) suas **normas estatutárias** (art. 6º da Lei nº 13.303).

g) **Órgãos de administração**: membros do Conselho de Administração (com mínimo de sete membros e máximo de 11, sendo 25% membros independentes) e diretoria (com no mínimo três membros).

– Requisitos rigorosos de **idoneidade, experiência prévia e formação acadêmica** para a escolha dos administradores (art. 17 do Estatuto), **previsão de incompatibilidades** (art. 17, § 2º); exigência de **treinamentos específicos** sobre legislação societária e de mercado de capitais (art. 17, § 4º); exigência de existência de **Comitê de Auditoria Estatutário** (art. 24).

h) **Função social**: interesse coletivo relevante ou motivo de segurança nacional expresso na lei que autoriza a instituição da empresa (arts. 27 do Estatuto e 173, *caput*, da CF). Norma só aplicável às estatais que exerçam atividade econômica. Nas que prestam serviço público o interesse público é inerente aos fins da entidade. Importância da **carta anual** aprovada pelo Conselho de Administração, com indicação dos compromissos assumidos com vistas ao cumprimento da função social (art. 2º, § 1º, e 8º, I).

i) **Responsabilidade e controle interno**

– da **empresa**: normas sobre transparência, adoção de regras de estruturas e práticas de gestão de riscos e controle interno previstos no art. 9º, com previsão de adoção de Código de Conduta e Integridade – *compliance*), criação do Comitê Estatutário, divulgação da forma de remuneração dos administradores (art. 12, I); submissão às normas da lei anticorrupção;

– do **acionista controlador**: responsabilidade pelos atos praticados com abuso de poder, nos termos da Lei nº 6.404/76;

– dos **administradores**: previsão de seguro de responsabilidade civil (art. 17, § 1º); participação em treinamentos específicos; atribuição ao Conselho de Administração do dever de promover anualmente análise de atendimento das metas e resultados (art. 23, § 2º); previsão do Comitê Estatutário, como auxiliar do Conselho de Administração; Conselho Fiscal (art. 26).

j) **Licitação:** arts. 22, XXVII, e 173, § 1º, III, da CF: possibilidade de instituição de procedimento diferenciado para as empresas estatais (caminho não adotado no

Estatuto das Estatais). Adoção de normas semelhantes às da Lei do RDC (revogada pela Lei nº 14.133/21).

Exclusão de licitação: empresas públicas e sociedades de economia mista nos casos de: I – comercialização, prestação ou execução, de forma direta, de produtos, serviços ou obras especificamente relacionados com respectivos objetos sociais; II – quando a escolha do parceiro esteja associada a suas características particulares vinculada a oportunidades de negócio jurídico definidas e específicas, justificada a inviabilidade de procedimento competitivo (art. 28, § 3º).

Dispensa de licitação: art. 29.

Inexigibilidade de licitação: art. 30.

Procedimento de manifestação de interesse privado: art. 31, § 4º.

Principais normas: preferência pelo **pregão** (art. 32, IV); **sustentabilidade ambiental** (art. 32, § 1º); **sigilo quanto ao valor estimado do contrato** (art. 34); previsão de **pré-qualificação de fornecedores ou produtos** (art. 36 e 64); hipóteses de **impedimento** de participar de licitações e contratos (art. 38); previsão de **regulamento interno** (art. 40); sujeição às normas de direito penal contidas nos arts. 89 a 99 da Lei nº 8.666/93; previsão da **contratação integrada** (art. 42, VI) e da **contratação semi-integrada** (art. 42, §§ 1º e 3º); inclusão do conceito de **matriz de risco, no que diz respeito ao equilíbrio econômico-financeiro do contrato** (art. 42, X); possibilidade de **remuneração variável** (art. 45); indicação das hipóteses em que é possível a exigência de **marca** ou **modelo**, de **amostra** e de **certificação de qualidade** do produto ou do processo de fabricação (art.47); **procedimento da licitação** (preferencialmente por meio eletrônico): inversão das fases de habitação e julgamento; correção de vícios sanáveis da proposta; modos de disputa aberto ou fechado ou a combinação de ambos; critérios de julgamento indicados no art. 54; critérios de empate definidos no art. 55; **fase recursal única** (art. 59); competência para **revogação** e **anulação** do procedimento (art. 62); previsão dos **procedimentos auxiliares da licitação** (art. 63).

k) **Contratos:** aplicação do direito privado e das normas da Lei nº 13.303; não repetição da norma do art. 58 da Lei nº 8.666, quanto às **prerrogativas do poder público** (poderes de alteração e rescisão unilaterais, mantido o poder de aplicar sanções); **alteração unilateral** somente por acordo entre as partes (art. 72); não previsão da **rescisão unilateral por motivo de interesse público**.

l) **Fiscalização:** arts. 85 a 90, com repetição de normas da Constituição sobre controle externo e interno e controle por qualquer cidadão. Preocupação com a **transparência** (art. 86).

14. **Normas comuns às entidades da administração indireta**

   a) exigência de **criação autorizada em lei** (art. 37, XIX e XX, da CF);

   b) **controle estatal**, interno e externo (arts. 49, 70 e 71 da CF);

   c) limites referentes a finanças públicas (arts. 52, VII, e 165, § 5º, da CF);

   d) **servidores públicos**: art. 173, § 1º, II, da CF: sujeição às normas trabalhistas para os empregados das empresas que prestam atividade econômica; derrogações pelo art. 37 (concurso público, proibição de acumulação de cargo, teto salarial); normas sobre aposentadoria e estabilidade (arts. 40 e 41 da CF) não aplicáveis aos empregados das entidades da administração indireta com personalidade de direito privado; equiparação aos servidores públicos para fins penais (art. 327, § 1º, do CP) e para fins de improbidade administrativa (arts. 1º e 2º da Lei nº 8.429/92);

e) sujeição ao **mandado de segurança** (arts. 5º, LXIX, da CF, 1º, § 1º, da Lei nº 1.533/51) e Súmula 510, do STF;

f) sujeição à **ação popular** (art. 5º, LXXIII, da CF);

g) legitimidade ativa para **ação civil pública** (art. 5º da Lei nº 7.347/85);

h) **juízo privativo**: abrange, na esfera, as autarquias (inclusive fundações de direito público) e empresas públicas (art. 109, I, da CF);

i) sujeição das empresas prestadoras de serviço público à **intervenção** em caso de estado de sítio (art. 139, VI, da CF);

j) sujeição à **licitação** (arts. 37, 22, XXVII, e 173, § 1º, III, da CF);

k) **responsabilidade civil por danos causados a terceiros**: aplicação do art. 37, § 6º, da CF, se a entidade prestar serviço público (responsabilidade objetiva);

l) **não sujeição a falência** (art. 2º da Lei nº 11.101/05).

15. Privilégios próprios das autarquias e fundações públicas: processo especial de execução (art. 100 da CF); impenhorabilidade dos bens; prazos dilatados em juízo; duplo grau de jurisdição; imunidade tributária relativa aos impostos sobre o patrimônio, renda ou serviços (art. 150, VI, da CF); atributos dos atos administrativos, cláusulas exorbitantes dos contratos administrativos, autotutela sobre os próprios atos.

16. Natureza jurídica dos bens das entidades da administração indireta: são bens públicos de uso especial, desde que afetados à prestação de serviços públicos.

17. Agências

– **inspiração no direito norte-americano:** funções quase legislativa e quase judicial; maior independência em relação ao Poder Executivo;

– **direito brasileiro: agências reguladoras e agências executivas.**

18. Agência executiva: qualificação dada a autarquia ou fundação que celebre contrato de gestão com o órgão da administração direta a que se vinculada. Previsão na Lei nº 9.649, de 27-5-98 (organização da Presidência da República e Ministérios). Disciplinadas pelos Decretos nº 2.487 e 2.488, de 2-2-88. Abrange autarquias e fundações que, com o contrato de gestão, passam a submeter-se a regime jurídico especial, para melhorarem a **eficiência** e terem maior **autonomia**.

19. Agência reguladora: autarquia de regime especial, com maior autonomia em relação à Administração Direta, estabilidade dos dirigentes (garantida por meio de mandato fixo, que só pode ser perdido nas hipóteses expressamente previstas, afastada a possibilidade de exoneração *ad nutum*).

– Criação por leis específicas.

– Lei nº 9.986, de 18-7-00, dispõe sobre a gestão de recursos humanos das agências.

– Lei nº 13.848, de 25-6-19, que dispõe sobre a gestão, a organização, o processo decisório e o controle social das agências reguladoras.

– Decreto nº 10.411, de 30-6-20, que regulamenta a Análise de Impacto Regulatório de que trata o art. 5º da Lei 13.874/19 e o art. 6º da Lei 13.848, de 25-6-19 (Lei da Liberdade Econômica).

– **Funções de regulação**: estabelecimento de normas (observada a reserva de lei), fiscalização, resolução de conflitos.

– **Independência das agências compatível com o direito brasileiro**: a função quase judicial não impede a apreciação judicial; a função quase legislativa tem de respeitar a reserva de lei.

– Tendência do STF para manifestar deferência a decisões técnicas das agências reguladoras, em nome da discricionariedade técnica.

20. Consórcios públicos

– **Fundamento**: art. 241 da CF.

– **Disciplina legal**: Lei nº 11.107, de 6-4-05, e Decreto nº 6.017, de 7-1-07.

– **Conceito**: associações formadas por pessoas jurídicas políticas (União, Estados, Distrito Federal ou Municípios), com personalidade de direito público ou de direito privado, criadas mediante autorização legislativa, para a gestão associada de serviços públicos. O consórcio de direito público constitui **associação pública** (art. 41 do Código Civil) e integra a administração indireta, com a natureza de autarquia. Os de direito privado constituem associações civis.

– **Procedimento para constituição**: a) subscrição de protocolo de intenções; b) publicação do protocolo na imprensa oficial; c) lei promulgada por cada um dos partícipes ratificando, total ou parcialmente, o protocolo ou disciplinando a matéria; d) celebração de contrato; e) atendimento das disposições da legislação civil, quando se tratar de consórcio com personalidade de direito privado.

– **Alteração e extinção**: por meio de instrumento aprovado pela assembleia geral, ratificado mediante lei por todos os entes consorciados.

– **Retirada de membro do consórcio**: a) **voluntária**, mediante ato formal de seu representante, na forma disciplinada em lei; b) **exclusão**, para o consorciado que não consignar, em sua lei orçamentária as dotações suficientes para suportar as despesas assumidas por meio de contrato de rateio.

– **Contrato de rateio**: instrumento mediante o qual os entes consorciados entregam recursos ao consórcio (recursos previstos na lei orçamentária de cada ente, sob pena de exclusão do consórcio, após prévia suspensão, e sob pena de improbidade administrativa). Contrato firmado anualmente.

– **Contratos de programa e convênios de cooperação**: instrumentos para gestão associada de serviços público.

– **Contrato de programa**: instrumento utilizado para a constituição e regulação de obrigações que um ente da federação constituir para com outro ou para com consórcio público no âmbito de gestão associada em que haja a prestação de serviços públicos ou a transferência total ou parcial de encargos, serviços, pessoal ou de bens necessários à continuidade dos serviços transferidos (art. 13 da Lei nº 11.107/05). Hipóteses: a) no âmbito do próprio consórcio (entre o consórcio e um de seus consorciados); b) fora do âmbito do consórcio.

– **Possibilidades de gestão associada de serviços públicos**: a) constituição de consórcio de direito público (associação pública); constituição de consórcio de direito privado (associação civil); convênio de cooperação; contrato de programa, vinculado a um consórcio ou a um convênio de cooperação, ou independente.

21. Associação de Representação de Municípios: prevista e disciplinada pela Lei nº 14.341, de 18-5-22, "para a realização de objetivos de interesse comum de caráter político-representativo, técnico, científico, educacional, cultural e social" (art. 1º). Não integra a Administração Pública direta ou indireta, mas constitui instrumento para descentralização de atividade própria dos Municípios, como entes federativos.

22. Controle administrativo ou tutela

– **Conceito: fiscalização** que os órgãos centrais das pessoas públicas políticas (União, Estados e Municípios) exercem sobre as pessoas administrativas descentralizadas, nos limites definidos em lei, para garantir a observância da legalidade e o cumprimento das suas finalidades institucionais.

– **Inexistência de hierarquia** entre as entidades da administração indireta e a administração direta. Existência de **vinculação** para fins de controle.

– Diferença entre **hierarquia** e **tutela:** a) a tutela depende de previsão em lei, ao contrário da hierarquia *(nulla tutela sine lege)*; b) a tutela supõe a existência de duas pessoas jurídicas, enquanto a hierarquia se exerce dentro da mesma pessoa jurídica; a tutela é condicionada por lei, enquanto a hierarquia implica poderes que lhe são inerentes.

– **Tutela** e **autotutela:** a tutela se exerce por uma pessoa jurídica sobre outra (da administração indireta); a autotutela se exerce dentro da mesma pessoa jurídica (poder de anulação, revogação e convalidação dos próprios atos). Ambas são formas de controle administrativo.

– **Tipos de tutela: preventiva** ou **repressiva;** de **legitimidade** ou **de mérito.**

– **Direito positivo brasileiro:** não utiliza o vocábulo tutela. Fala em **supervisão ministerial** (Decreto-lei nº 200/67: arts. 19 e 26). No Estado de São Paulo: a) controle de resultados; b) de legitimidade; c) o exercido pelo Governador (Decreto-lei Complementar nº 7/69).

11
Entidades Paraestatais e Terceiro Setor

11.1 A EXPRESSÃO ENTIDADE PARAESTATAL

Embora não empregada na atual Constituição, *entidade paraestatal* é expressão que se encontra não só na doutrina e na jurisprudência, como também em leis ordinárias e complementares.

Como ensina Cretella Júnior (1980:140), **paraestatal** ou **parestatal**, "é vocábulo híbrido formado de dois elementos, a saber, a partícula grega *pará*, que significa 'ao lado de', 'lado a lado', e **estatal**, adjetivo formado sobre o nome latino *status*, que tem o sentido de Estado. À letra, paraestatal é algo que não se confunde com o Estado, porque caminha lado a lado, paralelamente ao Estado".

Conforme demonstrado por Celso Antônio Bandeira de Mello (2019:167), o termo foi empregado, pela primeira vez, no direito italiano, em um decreto-lei de 1924, para indicar a existência de certos entes paraestatais, ao lado das autarquias; para alguns autores, o que se quis abranger, sob essa designação, seria um *tertium genus* intermediário entre as pessoas públicas e privadas; por outras palavras, seria uma pessoa semipública e semiprivada.

No entanto, posteriormente, o mesmo vocábulo foi utilizado, em outras leis italianas, para fazer referência a autarquias de base fundacional.

O termo passou para o direito brasileiro com a mesma imprecisão conceitual, havendo diferentes correntes de pensamento a respeito de seu significado.

José Cretella Júnior (1980:140-141), baseando-se na lição de Miguel Reale, define as entidades paraestatais como "as *autarquias* que conservam fortes laços de dependência burocrática, possuindo, em regra, cargos criados e providos como os das demais repartições do Estado, âmbito de ação coincidente com o do território do Estado e participando amplamente do *jus imperii*".

Para Themístocles Brandão Cavalcanti (1956, v. II:106-107), o vocábulo designa os entes autárquicos que têm menores laços de subordinação com o Estado.

Esses doutrinadores que identificam entidade paraestatal e autarquia têm apoio em doutrina italiana que, originariamente, adotou tal entendimento. E provavelmente foi essa doutrina que inspirou o legislador do Código Penal (Decreto-lei nº 2.848, de 7-12-40) quando, no art. 327, equiparou a funcionário público, para fins penais, quem exerce cargo, emprego ou função em entidade paraestatal. Àquela época, certamente, não havia a multiplicidade de entidades que hoje compõem a chamada Administração Indireta.

Posição diversa (porque exclui as autarquias do conceito de entidade paraestatal) foi adotada por Hely Lopes Meirelles (2003:362), para quem "entidades paraestatais são pessoas jurídicas de direito privado, cuja criação é autorizada por lei específica, com patrimônio público ou misto, para realização de atividades, obras ou serviços de interesse coletivo, sob normas e controle do Estado"; elas são o meio-termo entre o público e o privado e compreendem as *empresas públicas,* as *sociedades de economia mista,* as *fundações instituídas pelo Poder Público* e os *serviços sociais autônomos.*

Diogo de Figueiredo Moreira Neto (2009:273) classifica os entes administrativos em três categorias: "os *entes administrativos estatais,* que são pessoas jurídicas de direito público, às quais a ordem jurídica *outorga* o desempenho de funções administrativas; os *entes administrativos paraestatais,* que são pessoas jurídicas de direito privado, cuja criação foi por lei autorizada, e dela recebe *delegação* para o desempenho de funções administrativas; e os *entes administrativos extraestatais,* que são pessoas de direito privado, que se associam ao Estado para o desempenho de funções administrativas ou de simples atividades de interesse público, através de *vínculos administrativos* unilaterais ou bilaterais de colaboração".

Para o autor, as entidades paraestatais fazem parte da Administração Indireta. Esta é de natureza híbrida, porque compreende "tanto (1) *entes administrativos estatais,* instituídos como desdobramentos do Estado com *personalidade de direito público,* para atuar por direito próprio – as *autarquias"* – como (2) *entes administrativos paraestatais,* instituídos com *personalidade de direito privado,* para atuar em atividades administrativas ou de interesse público por *delegação legal,* distinguindo-se nestas quatro subcategorias – as *empresas públicas,* as *sociedades de economia mista,* as *subsidiárias destas* e as *fundações públicas com personalidade jurídica de direito privado.* Na primeira categoria, ele inclui os serviços sociais autônomos. O seu entendimento aproxima-se bastante do adotado por Hely Lopes Meirelles, já que ambos incluem entre as entidades paraestatais: as *entidades da administração indireta com personalidade de direito privado* e os *serviços sociais autônomos.* O ponto comum entre todas elas é o fato de ser a sua criação autorizada por lei e de exercerem atividade administrativa delegada.

O reparo que se faz a essa colocação decorre de várias razões:

a) embora as duas modalidades de entidades paraestatais apontadas por esses autores tenham um regime jurídico híbrido, a meio caminho entre o público e o privado, não há dúvida de que, com relação às entidades integrantes da Administração Indireta com personalidade de direito privado, a derrogação do direito privado por normas de direito público (inclusive de ordem constitucional) é muito mais intensa, precisamente por fazerem parte da Administração Pública e se sujeitarem às normas da Constituição Federal que a elas se referem, de que constituem exemplo as pertinentes aos servidores públicos, ao controle pelo Legislativo, com auxílio do Tribunal de Contas e às finanças públicas; os serviços sociais autônomos não se sujeitam às mesmas normas constitucionais, somente sendo derrogado o direito privado, a que se submetem fundamentalmente, na medida prevista em leis infraconstitucionais, principalmente nas leis específicas que autorizaram a sua instituição; não se pode colocar na mesma categoria de entidades paraestatais entes que o próprio autor enquadra, em sua classificação das modalidades de entes administrativos, como *Administração Indireta* e como *administração associada*; os regime jurídicos são diversos;

b) o critério da *delegação* de atividade administrativa, que estaria presente em todas as entidades paraestatais, também não parece adequado, porque a delegação supõe que a atividade seja de titularidade do Estado; ora, no caso dos serviços sociais autônomos, não existe delegação de atividade administrativa do Estado, mas mero *fomento* para o desempenho de atividade privada de interesse público; a única delegação que existe não diz respeito à atividade, mas ao recebimento de contribuições parafiscais;

c) nem sempre as entidades da Administração Indireta com personalidade de direito privado desempenham atividade delegada pelo Estado; em determinadas hipóteses desempenham típica atividade econômica, própria da iniciativa privada, e só assumida pelo Estado a título de intervenção no domínio econômico; é o caso dos bancos estatais, por exemplo; ainda que possam desempenhar alguma atividade delegada pelo Estado, esse não é o seu objeto essencial;

d) as entidades da Administração Indireta, mesmo as que têm personalidade de direito privado, integram a Administração Pública e constituem braços de atuação do Estado, o que não ocorre com os serviços sociais autônomos, que apenas colaboram com o Estado para o desempenho de atividades de interesse público e, por isso mesmo, são por ele fomentados; se o Estado quer assumir o desempenho de atividade de interesse público, ele assume a sua titularidade e a desempenha como serviço público, seja por meio dos órgãos da Administração Direta, seja por meio de entidades da Administração Indireta; se ele não quer assumir a titularidade, mas reconhece o interesse público da atividade, ele a deixa nas mãos de particulares e lhes concede algum tipo de incentivo.

Celso Antônio Bandeira de Mello (2023:137) adota conceito diferente de entidade paraestatal. Para ele, a expressão designa "sujeitos não estatais, isto é, de direito privado que, em paralelismo com o Estado, desempenham cometimentos que este poderia desempenhar por se encontrarem no âmbito de interesses seus, mas não exclusivamente seus. Caracterizam-se pelo fato de que o Poder Público enfaticamente os assume como colaboradores emprestando-lhes o significativo amparo de colocar a seu serviço o poder de império de que dispõe ao instituir *tributo em favor deles*, como ocorre justamente com os chamados serviços sociais autônomos, circunstância esta que lhes confere uma peculiar singularidade entre os sujeitos alheios à Administração indireta que concorrem para objetivos sociais de interesse público".

Marçal Justen Filho (2013:322) não se afasta muito desse entendimento, ao tratar a entidade paraestatal praticamente como sinônimo de serviço social autônomo. Em suas palavras, "entidade paraestatal ou serviço social autônomo é uma pessoa jurídica de direito privado criada por lei para, atuando sem submissão à Administração Pública, promover o atendimento de necessidades assistenciais e educacionais de certas atividades ou categorias profissionais, que arcam com sua manutenção mediante contribuições compulsórias".

Pelo nosso conceito, as entidades paraestatais são definidas como *pessoas jurídicas de direito privado, instituídas por particulares, com ou sem autorização legislativa, para o desempenho de atividades privadas de interesse público, mediante fomento e controle pelo Estado.*

Como se verifica pelas opiniões citadas, os doutrinadores brasileiros adotaram a mesma expressão *entidade paraestatal* do direito italiano e herdaram a mesma indefinição quanto ao seu sentido. As consequências desastrosas dessa indefinição só não são maiores porque, felizmente, no direito positivo, a expressão, como se verá, não aparece com frequência.

11.2 APROXIMAÇÃO ENTRE ENTIDADES PARAESTATAIS E TERCEIRO SETOR

No mesmo sentido de entidades paralelas ao Estado, adotado por Celso Antônio Bandeira de Mello para definir os entes paraestatais, podem ser consideradas, hoje, além dos **serviços sociais autônomos**, também as **entidades de apoio** (em especial fundações, associações e cooperativas), as chamadas **Organizações Sociais** (OS), as **Organizações da Sociedade Civil de Interesse Público** (Oscips) e as **organizações da sociedade civil**. Na realidade, todas essas entidades poderiam ser incluídas no conceito de serviços sociais autônomos; no entanto, elas serão analisadas com suas denominações específicas, não só porque estão sendo tratadas dessa forma no direito positivo, como também porque apresentam determinadas peculiaridades que merecem ser apontadas separadamente.

Não existia uniformidade terminológica no enquadramento dessas entidades em categorias já existentes ou em novas categorias.[1]

Os teóricos da Reforma do Estado incluíram essas entidades no que denominaram de **terceiro setor**, assim entendido aquele que é composto por entidades da sociedade civil de fins públicos e não lucrativos; esse terceiro setor coexiste com o primeiro setor, que é o Estado, e o segundo setor, que é o mercado. Na realidade, ele caracteriza-se por prestar atividade de interesse público, por iniciativa privada, sem fins lucrativos; precisamente pelo interesse público da atividade, recebe proteção e, em muitos casos, ajuda por parte do Estado, dentro da atividade de fomento; para receber essa ajuda tem que atender a determinados requisitos impostos por lei que variam de um caso para outro; uma vez preenchidos os requisitos, a entidade recebe um título, como o de utilidade pública, o certificado de fins filantrópicos, a qualificação de organização social. Esse tipo de entidade existe desde longa data, mas adquiriu feição nova, com a promulgação da Lei nº 9.790, de 22-3-99, que dispõe sobre as organizações da sociedade civil de interesse público, e da Lei nº 13.019, de 31-7-14, que dispõe sobre as parcerias entre a administração pública e as organizações da sociedade civil (e que entrou em vigor 540 dias a contar de sua publicação, conforme alteração introduzida em seu art. 88 pela Lei nº 13.204, de 14-12-15). Antes disso, o instrumento usual para formalização da parceria era o convênio.

Outros, também teóricos da Reforma do Estado, sem descartar a expressão *terceiro setor*, incluem tais entidades entre as **públicas não estatais**; entende-se que são públicas porque prestam atividade de interesse público; e não estatais, porque não integram a Administração Pública, Direta ou Indireta.

Usando a terminologia tradicional do Direito Administrativo brasileiro, incluímos essas entidades, quando tenham vínculo com o Poder Público, entre as chamadas **entidades paraestatais**, no sentido em que a expressão é empregada por Celso Antônio Bandeira de Mello, ou seja, para abranger pessoas privadas que colaboram com o Estado desempenhando atividade não lucrativa e às quais o Poder Público dispensa especial proteção, colocando a serviço delas manifestações do seu poder de império, como o tributário, por exemplo; não abrangem as entidades da Administração Indireta; trata-se de pessoas privadas que exercem função típica (embora não exclusiva do Estado), como as de amparo aos hipossuficientes, de assistência social, de formação profissional. Exatamente por atuarem ao lado do Estado e terem com ele algum tipo de vínculo jurídico, recebem a denominação de entidades paraestatais; nessa expressão podem ser incluídas todas as entidades integrantes do chamado terceiro setor que tenham vínculo com o poder público, o que abrange as **declaradas de utilidade pública**, as que recebem **certificado de fins filantrópicos**, os **serviços sociais autônomos** (como Sesi, Sesc, Senai e outras entidades do chamado sistema S), os **entes de apoio**, as **Organizações Sociais**, as **Organizações da Sociedade Civil de Interesse Público** e as **Organizações da Sociedade Civil**.

Embora haja leis específicas que disciplinam algumas dessas modalidades, não há dúvida de que, sob o ponto de vista de seus vínculos com o Estado, elas estão na mesma posição e apresentam vários pontos comuns:

---

[1] No anteprojeto de organização da Administração Pública Federal, elaborado por Comissão de Juristas designada pelo Ministro do Planejamento por meio da Portaria 426, de 6-12-07, alterada pela Portaria 84, de 23-4-08, fugiu-se às várias posições doutrinárias sobre entidades paraestatais, para abranger, na expressão, as corporações profissionais (como pessoas jurídicas de direito público) e os serviços sociais autônomos (como pessoas jurídicas de direito privado). As entidades do terceiro setor foram tratadas como entidades de colaboração, sujeitas a regime jurídico de direito privado, parcialmente derrogado por normas de direito público, especialmente com vistas ao controle. Sobre o assunto, livro organizado por Paulo Modesto, com trabalhos dos autores do anteprojeto: *Nova organização administrativa brasileira*, 2. ed., Belo Horizonte, 2010.

a) **não são criadas pelo Estado**, ainda que algumas delas sejam autorizadas por lei ou, pelo menos, dependam de algum tipo de impulso estatal para serem instituídas; é o caso dos serviços sociais autônomos, especialmente as entidades do chamado sistema S, em que houve autorização legal para que fossem criadas pelas respectivas Confederações, porém a autorização não teve por objetivo a *delegação* de atividades administrativas de titularidade do Estado (já que elas apenas desempenham atividade privada de interesse público);

b) em regra, **não desempenham serviço público delegado pelo Estado**, mas atividade privada de interesse público; trata-se dos chamados serviços sociais não exclusivos do Estado; quando prestados por este, sob regime jurídico de direito público, são serviços públicos; quando prestados pelo particular, são atividades privadas de interesse público, que alguns chamam de serviços públicos impróprios; elas desempenham serviços não exclusivos do Estado, mas atuam em colaboração com ele;

c) recebem algum tipo de **incentivo do Poder Público**, que pode ser tanto a outorga de um título (o de utilidade pública, por exemplo), como auxílios e subvenções provenientes do orçamento do Estado, cessão de servidores públicos, outorga para utilização de bens públicos[2];

d) têm **vínculos jurídicos com o Poder Público**, por meio de convênio, termo de parceria, contrato de gestão ou outros instrumentos congêneres; nesse caso, vinculam-se aos termos do ajuste e têm que prestar contas ao ente da Administração Pública do cumprimento dos objetivos estipulados e ao Tribunal de Contas, na hipótese de receberem recursos públicos;

e) seu **regime jurídico é de direito privado**, porém parcialmente **derrogado por normas de direito público**, precisamente em decorrência do vínculo que as liga ao Poder Público;

f) integram o **terceiro setor** porque nem se enquadram inteiramente como entidades privadas, nem integram a Administração Pública, direta ou indireta; todas são organizações não governamentais.

É preciso fazer aqui uma observação quanto às chamadas **Organizações Sociais**, disciplinadas, na esfera federal, pela Lei nº 9.637, de 15-5-98. Embora enquadradas, em regra, como entidades de colaboração que integram o terceiro setor, na realidade elas apresentam uma peculiaridade em relação às demais entidades: elas, como regra geral, prestam serviço público por

---

[2] Todas as entidades de que trata este capítulo estão sujeitas às normas do art. 184-A da Lei nº 14.133/2021, acrescentado pela Lei nº 14.770, de 22-12-2023. Esse dispositivo veio prever **regime simplificado** para a celebração, a execução, o acompanhamento e a prestação de contas dos convênios, contratos de repasse e instrumentos congêneres em que for parte a União, com valor global de até R$ 1.500.000,00, firmados após a publicação dessa lei. Esse regime abrange as seguintes exigências: "I – o plano de trabalho aprovado conterá parâmetros objetivos para caracterizar o cumprimento do objeto; II – a minuta dos instrumentos deverá ser simplificada; III – vetado; IV – a verificação da execução do objeto ocorrerá mediante visita de constatação da compatibilidade com o plano de trabalho". Dentre os **instrumentos congêneres** referidos no dispositivo, incluem-se, sem dúvida, os contratos de gestão com Organizações Sociais, os termos de parceria com Oscips, bem como os termos de fomento e de colaboração com Organizações da Sociedade Civil de que trata a Lei nº 13.019/2014, com alterações posteriores. Por sua vez, o Decreto nº 11.531, de 16-5-2023, com alterações posteriores, dispõe sobre convênios e contratos de repasse relativos às transferências de recursos da União, e sobre parcerias sem transferência de recursos, por meio da celebração de acordos de cooperação técnica ou de acordos de adesão. Esse Decreto não se aplica aos termos de cooperação e de fomento de que trata a Lei nº 13.019/2014 (com Organizações da Sociedade Civil).

delegação do Poder Público. Elas se substituem ao Poder Público na prestação de uma atividade que a este incumbe; elas prestam a atividade utilizando-se de bens do patrimônio público, muitas vezes contando com servidores públicos em seu quadro de pessoal, e são mantidas com recursos públicos; embora instituídas como entidades privadas, criadas por iniciativa de particulares, a sua qualificação como **Organização Social** constitui iniciativa do Poder Público e é feita com o objetivo específico de a elas transferir a gestão de determinado serviço público e a gestão de um patrimônio público. O grande objetivo é fugir ao regime jurídico a que se submete a Administração Pública e permitir que o serviço público seja prestado sob o regime jurídico do direito privado. No que diz respeito ao objeto do contrato de gestão que as vincula ao Poder Público, elas não prestam atividade privada de interesse público (serviços sociais não exclusivos do Estado, como as entidades do terceiro setor), mas serviço público social de titularidade do Estado, a elas transferido mediante delegação feita por meio de contrato de gestão. A sua posição é muito semelhante à das concessionárias de serviço público, com a diferença de que não recebem remuneração dos usuários, mas são mantidas com recursos provenientes do orçamento do ente político que as qualificou. A aproximação maior é com a parceria público-privada, na modalidade de concessão administrativa, em que a atividade é delegada pelo Estado e por ele inteiramente financiada. A diferença é que, na concessão administrativa, a entidade privada atua com fins lucrativos, o que não ocorre com as organizações sociais que, necessariamente, para serem qualificadas como tais, não podem ter fins lucrativos.

Outro dado relevante a ressaltar quanto às entidades que chamamos de paraestatais (num sentido muito mais amplo que os demais autores citados, porque incluímos as entidades do terceiro setor) diz respeito ao regime jurídico: todas estão sujeitas ao direito privado, que sofre derrogações por normas de direito público. Porém, não é possível dizer, de forma genérica, em que medida se dá essa derrogação, tendo em vista que cada modalidade está disciplinada por legislação específica; em consequência, é nessa legislação, fundamentalmente, que se encontram as derrogações, muitas vezes consistindo na exigência de procedimentos simplificados para seleção de pessoal e contratação com terceiros, ou apenas dizendo respeito a algum tipo de controle. Em alguns casos, o legislador privilegiou o direito privado, impondo pouquíssimas normas de direito público, como ocorre em relação às entidades declaradas de utilidade pública; em outros casos, existem maiores exigências quanto à outorga do título, quanto aos requisitos para formação de vínculo com o Estado e quanto à prestação de contas, como ocorre em relação às organizações sociais e às organizações da sociedade civil de interesse público. Pode-se dizer que, com a promulgação da Lei nº 13.019, de 31-7-14, tinha havido, em grande medida, certa uniformização do regime jurídico de todas as entidades privadas, sem fins lucrativos, que firmam parcerias voluntárias com o poder público, ressalva feita quanto às organizações sociais e às organizações da sociedade civil de interesse público. No entanto, com as alterações introduzidas pela Lei nº 13.204, de 14-12-15, esse objetivo caiu por terra. É o que se demonstrará neste capítulo.

Em se tratando de entidades com personalidade jurídica de direito privado, a regra é a seguinte: no silêncio da lei, aplica-se o direito privado. O direito público somente se aplica quando haja norma expressa que assim determine.

O importante é que todas as entidades paraestatais estão a meio caminho entre o setor público e o setor privado, entre o direito público e o direito privado, seja pelas atividades que exercem, voltadas para o atendimento de necessidades coletivas, seja pelo vínculo que mantêm com o Poder Público, que as sujeita a algum tipo de controle não imposto às demais entidades privadas, seja pela submissão parcial a normas de direito público. Todas elas atuam ao lado do Estado, em colaboração com ele, sem integrarem a Administração Pública direta ou indireta. São esses elementos que permitem enquadrá-las, doutrinariamente, no mesmo rol de entidades paraestatais. Não há mais justificativa para somente considerar como tal os serviços sociais autônomos, idealizados na primeira metade do século passado. Depois disso, outras tantas modalidades de entidades foram surgindo, com inúmeros pontos comuns, como a denominada organização da sociedade civil de interesse público (OSCIP), a organização social (OS) e a **organização da sociedade civil** (OSC).

No que diz respeito à responsabilidade dos empregados de tais entidades, vale lembrar que o art. 327, § 1º, do Código Penal privilegiou o direito público, quando equiparou ao funcionário público, para fins penais, os empregados que ocupam cargo, função ou emprego em entidade paraestatal; nesse caso, ficam evidentes as razões que inspiraram o legislador: a natureza da atividade de interesse público desempenhada por tais entidades e a utilização maior ou menor de recursos oriundos dos cofres públicos.

A equiparação também existe para os fins de aplicação da lei de improbidade administrativa (Lei nº 8.429, de 2-6-92), pois o art. 1º, § 7º, incluído pela Lei nº 14.230, de 25-10-2021, sujeita às penalidades da lei "os atos de improbidade praticados contra o patrimônio de entidade privada para cuja criação ou custeio o erário haja concorrido ou concorra no seu patrimônio ou receita atual, limitado o ressarcimento de prejuízos, nesse caso, à repercussão do ilícito sobre a contribuição dos cofres públicos". Além da sanção patrimonial, os agentes das entidades paraestatais (incluídas as do terceiro setor) ficam sujeitos a todas as demais sanções previstas no art. 37, § 4º, da Constituição Federal e na própria Lei nº 8.429/92.

Embora a Lei de Improbidade Administrativa não deixe dúvida a esse respeito, as Leis nos 9.637/98 (art. 10) e 9.790/99 (art. 13) ainda preveem expressamente que, havendo indícios de malversação de bens ou recursos de origem pública, os responsáveis pela fiscalização representarão ao Ministério Público e à Advocacia-Geral da União, para que requeiram ao juízo competente a decretação da indisponibilidade dos bens da entidade e o sequestro de bens dos seus dirigentes, bem como do agente público ou terceiro, que possam ter enriquecido ilicitamente ou causado dano ao patrimônio público, além de outras medidas consubstanciadas na Lei nº 8.429/92 e na Lei Complementar nº 64, de 18-5-90. Além disso, a Lei nº 13.019/14 fez alterações nos arts. 10 e 11 da Lei nº 8.429/92 (também alterados pela Lei nº 14.230/21), para ampliar o rol de atos de improbidade que causam prejuízo ao erário e dos que atentam contra os princípios da Administração. Todos os atos de improbidade, no caso, são praticados no âmbito de parcerias entre as organizações da sociedade civil e o poder público.

Como se verifica, o que levou o legislador a equiparar os empregados de todas essas entidades aos agentes públicos, para fins de responsabilidade, foi o fato de administrarem bens oriundos dos cofres públicos. Não houve preocupação com a natureza da entidade, que é pessoa jurídica de direito privado instituída por particulares. O grande objetivo foi o de proteger o patrimônio público por elas administrado.

11.3 AS ENTIDADES PARAESTATAIS NO DIREITO POSITIVO

Pelo menos dois dispositivos legais relevantes fazem referência às entidades paraestatais: o art. 327, § 1º, do Código Penal, e o art. 107 da Lei nº 4.320, de 17-3-64 (que estatui normas gerais de direito financeiro). O art. 84, § 1º, da Lei nº 8.666/93 também fazia referência às entidades paraestatais. Mas o dispositivo deixou de existir com a revogação dessa lei pela de nº 14.133/21.

O art. 327, *caput*, do Código Penal, com a redação dada pela Lei nº 9.983, de 13-7-00, dá o conceito de funcionário público, para efeitos penais, considerando como tal "*quem, embora transitoriamente ou sem remuneração, exerce cargo, emprego ou função pública*". E no § 1º equipara a funcionário "*quem exerce cargo, emprego ou função em entidade paraestatal, e quem trabalha para empresa prestadora de serviço contratada ou conveniada para a execução de atividade típica da Administração Pública*".

Os comentadores da área do direito penal divergem quanto à abrangência da expressão *entidade paraestatal* no dispositivo. Julio Fabbrini Mirabete (2004:298-299) adota o conceito de Hely Lopes Meirelles, para incluir na expressão as empresas públicas, sociedades de economia mista, fundações instituídas pelo Poder Público e serviços sociais autônomos. Porém aponta posicionamento diverso adotado por Heleno Cláudio Fragoso que acha inadmissível essa ampliação às entidades que prestam serviços comerciais ou industriais que não constituem fins próprios do Estado. Na jurisprudência, existem decisões nos dois sentidos, embora o Supremo Tribunal Federal já tenha decidido que os empregados de empresas públicas e sociedades de economia mista são equiparados aos funcionários públicos para fins penais.[3] Tal entendimento é reforçado pela norma do § 2º do art. 327, introduzido pela Lei nº 6.799, de 23-6-80, nos seguintes termos: "*A pena será aumentada da terça parte quando os autores dos crimes previstos neste Capítulo forem ocupantes de cargos em comissão ou de função de direção ou assessoramento de órgão da administração direta, sociedade de economia mista, empresa pública ou fundação instituída pelo Poder Público.*" Na realidade, esse parágrafo pôs fim a qualquer dúvida que ainda houvesse quanto à inclusão dos empregados dessas empresas estatais no conceito de funcionário público para fins penais. O legislador não quis deixar ao sabor da doutrina a interpretação mais ampla ou mais restritiva do que sejam entidades paraestatais.

O art. 107 da Lei nº 4.320/64 utiliza a expressão, estabelecendo:

> "Artigo 107. As entidades **autárquicas ou paraestatais**, inclusive de previdência social ou investidas de delegação para arrecadação de contribuições parafiscais da União, dos Estados, dos Municípios e do Distrito Federal, terão seus orçamentos aprovados por decreto do Poder Executivo, salvo se disposição legal expressa determinar que o sejam pelo Poder Legislativo." (grifamos)
>
> "Parágrafo único. Compreendem-se nesta disposição as empresas com autonomia financeira e administrativa cujo capital pertencer, integralmente, ao Poder Público."

O dispositivo não define as entidades paraestatais, mas parece dar-lhes um sentido bem abrangente, incluindo, com a expressão "investidas de delegação para arrecadação de contribuições parafiscais", os **serviços sociais autônomos**.

Na Lei nº 8.666/93, o art. 84, certamente inspirado no referido dispositivo do Código Penal, assim definia: "*Considera-se servidor público, para os fins desta lei, aquele que exerce, mesmo que transitoriamente ou sem remuneração, cargo, função ou emprego público.*"

Pelo § 1º, "*equipara-se a servidor público, para os fins desta Lei, quem exerce cargo, emprego ou função em entidade paraestatal, assim consideradas, além das fundações, empresas públicas e sociedades de economia mista, as demais entidades sob controle direto ou indireto, do Poder Público*".

E, nos termos do § 2º, "*a pena imposta será acrescida da terça parte, quando os autores dos crimes previstos nesta Lei forem ocupantes de cargo em comissão ou de função de confiança em órgão da Administração direta, autarquia, empresa pública, sociedade de economia mista, fundação pública, ou outra entidade controlada direta ou indiretamente pelo Poder Público*".

Talvez seja essa a única norma legal que deu um conceito de entidade paraestatal, assim mesmo deixando expresso que o mesmo se dava para os fins dessa lei. No entanto, a Lei nº 8.666 foi revogada pela Lei nº 14.133/21.

Em parte, o legislador seguiu a posição de Hely Lopes Meirelles, incluindo no conceito as entidades da Administração Indireta que têm personalidade de direito privado: empresas públicas, sociedades de economia mista, fundações e outras entidades controladas direta ou

---

[3] V. jurisprudência in Mirabete, 2009, p. 299.

indiretamente pelo Poder Público. Não incluiu as autarquias e as fundações de direito público, porque estas estão abrangidas pelo *caput* do art. 84. Também não incluiu os serviços sociais autônomos que, no entendimento de Hely Lopes Meirelles, são considerados entidades paraestatais.

A parte final do § 1º do art. 84, com a referência às "demais entidades sob controle, direto ou indireto do Poder público", repetia expressão que se continha no art. 1º, parágrafo único, da Lei nº 8.666/93 e que se repete no art. 1º, II, da Lei nº 14.133/21. Esse dispositivo, ao referir-se aos órgãos e entidades sujeitos ao regime dessa lei, faz referência também às "demais entidades controladas direta ou indiretamente pela União, Estados, Distrito Federal e Municípios". A referência ao *controle*, no caso, não significa fiscalização; se assim fosse, todas as entidades submetidas ao controle pelo Tribunal de Contas, ainda que não integrando a Administração Indireta, estariam obrigadas a obedecer às normas da Lei nº 8.666/93 e da Lei nº 14.133/21. Na realidade, a expressão *controle*, no dispositivo, significa direção, gestão, comando. Tal expressão, que aparece, em termos semelhantes, em vários dispositivos da Constituição, é utilizada quando o legislador quer abranger não só as empresas públicas e sociedades de economia mista, mas também outras empresas de que o Estado tenha o controle acionário. Confiram-se, por exemplo, os arts. 37, XVII, 71, II, 165, § 5º, II.

Em relação às **entidades de apoio** e às **organizações sociais**, tal como hoje disciplinadas, fica muito clara a intenção do legislador de fugir ao seu enquadramento entre as entidades da Administração Indireta e, em consequência, ao regime jurídico imposto às mesmas, como licitação, concurso público e controle. No entanto, considerando que tais entidades administram, em regra, bens do patrimônio público, inclusive dinheiro público, não é possível que fiquem inteiramente à margem de determinadas normas publicísticas, sob pena de burla aos preceitos constitucionais que regem a Administração Pública, precisamente para proteger o patrimônio público. Por isso mesmo, algumas das tendências iniciais vão hoje revertendo, seja pela atuação do Tribunal de Contas da União, seja por alterações legislativas, como se verá nos itens subsequentes.

Isto porque, se fogem ao conceito de Administração Indireta, não escapam, contudo, ao conceito de entidade paraestatal, que exige a imposição parcial de normas de direito público.

11.4 SERVIÇOS SOCIAIS AUTÔNOMOS

Serviços sociais autônomos, consoante Hely Lopes Meirelles (2003:362), "são todos aqueles instituídos por lei, com personalidade de Direito Privado, para ministrar assistência ou ensino a certas categorias sociais ou grupos profissionais, sem fins lucrativos, sendo mantidos por dotações orçamentárias ou por contribuições parafiscais. São **entes paraestatais, de cooperação com o Poder Público**, com administração e patrimônio próprios, revestindo a forma de instituições particulares convencionais (fundações, sociedades civis ou associações) ou peculiares ao desempenho de suas incumbências estatutárias". Como exemplos, ele cita o Senai, Senac, Sesc, Sesi, "com estrutura e organização especiais, genuinamente brasileiras". Acrescenta o autor que tais entidades, "embora oficializadas pelo Estado, não integram a Administração direta nem a indireta, mas trabalham ao lado do Estado, sob seu amparo, cooperando nos setores, atividades e serviços que lhes são atribuídos, por considerados de interesse específico de determinados beneficiários. Recebem, por isso, oficialização do Poder Público e autorização legal para arrecadarem e utilizarem na sua manutenção **contribuições parafiscais**, quando não são subsidiadas diretamente por recursos orçamentários da entidade que as criou".

Também Orlando Gomes escreveu sobre o assunto em parecer publicado na *RDA* nº 19/384-391, mas no qual apenas se preocupa em demonstrar que tais entidades não são pessoas jurídicas de direito público só pelo fato de serem subvencionadas mediante arrecadação de contribuições parafiscais instituídas por lei. Ele apenas conclui que têm personalidade jurídica de direito privado, não se enquadrando especificamente nem como fundações nem como associações, mas sem esclarecer se tais entidades integram ou não a Administração Indireta.

Muitas dessas entidades foram criadas na vigência da Constituição de 1946, com base em autorização dada por meio de decretos-leis. Estes não as criaram diretamente, nem autorizaram o Poder Executivo a fazê-lo, como ocorre com as entidades da Administração Indireta. Eles apenas atribuíram a Confederações Nacionais o encargo de fazê-lo, tal como ocorreu com os Decretos-leis n°s 4.048, de 22-1-42 (Senai), 8.621, de 10-1-46 (Senac), 9.403, de 25-6-46 (Sesi) e 9.853, de 13-9-46 (Sesc). Paralelamente, pelos mesmos decretos-leis, o Poder Público garantiu a manutenção das entidades por meio de contribuições parafiscais recolhidas pelos empregadores.

Outras entidades foram criadas posteriormente, algumas já na vigência da Constituição de 1988: Sest – Serviço Nacional do Transporte e Senat – Serviço Nacional de Aprendizagem do Transporte (Lei nº 8.706, de 14-9-93), Senar – Serviço Nacional de Aprendizagem Rural (Lei nº 8.315, de 23-12-91), este último com fundamento no art. 62 do ADCT;[4] Sebrae – Serviço Brasileiro de Apoio às Micro e Pequenas Empresas (Lei nº 8.029, de 12-4-90).

Essas entidades não prestam serviço público delegado pelo Estado, mas atividade de interesse público (serviços não exclusivos do Estado). Exatamente por isso, são incentivadas pelo Poder Público. A atuação estatal, no caso, é de **fomento** e não de prestação de serviço público. Por outras palavras, a participação do Estado, no ato de criação, se deu para incentivar a iniciativa privada, mediante subvenção garantida por meio da instituição compulsória de contribuições parafiscais destinadas especificamente a essa finalidade. Não se trata de atividade que incumbisse ao Estado, como serviço público, e que ele transferisse para outra pessoa jurídica, por meio do instrumento da descentralização. Trata-se, isto sim, de atividade privada de interesse público que o Estado resolveu incentivar e subvencionar.

Por isso mesmo, essas entidades não são consideradas integrantes da Administração Indireta. No entanto, pelo fato de administrarem verbas decorrentes de contribuições parafiscais e gozarem de uma série de privilégios próprios dos entes públicos, estão sujeitas a normas semelhantes às da Administração Pública, sob vários aspectos, em especial no que diz respeito à observância dos princípios da licitação,[5] à exigência de processo seletivo para contratação de pessoal, à prestação de contas, à equiparação dos seus empregados aos servidores públicos para fins criminais (art. 327 do Código Penal) e para fins de improbidade administrativa (Lei nº 8.429, de 2-6-92, alterada pela Lei nº 14.230, de 25-10-2021).

Ocorre que tem havido hipóteses de entidades criadas com a denominação de serviços sociais autônomos, porém com características diferenciadas, por serem **criadas diretamente por lei**. São exemplos: o Serviço Social Autônomo Agência de Promoção de Exportações do Brasil (APEX-Brasil), criado pela Medida Provisória nº 106, de 22-1-03, convertida na Lei nº 10.668, de 14-5-03, e regulamentada pelo Decreto nº 4.584, de 5-2-03; o Serviço Social Autônomo Agência Brasileira de Desenvolvimento Industrial (ABDI), criado pela Lei nº 11.080, de 30-12-04 (com alterações posteriores), regulamentada pelo Decreto nº 5.352, de 24-1-05; o

---

[4] "Art. 62. A lei criará o Serviço Nacional de Aprendizagem Rural (SENAR) nos moldes da legislação relativa ao Serviço Nacional de Aprendizagem Industrial (SENAI) e ao Serviço Nacional de Aprendizagem do Comércio (SENAC), sem prejuízo das atribuições dos órgãos públicos que atuam na área."

[5] O TCU tem jurisprudência consolidada no sentido de que os serviços sociais autônomos, por não integrarem, em sentido estrito, a Administração Pública, não se sujeitam aos ditames da Lei de Licitações, mas sim aos princípios gerais que regem a matéria, devendo contemplá-los em seus regulamentos próprios (Decisões n°s 907/97, Plenário, e 461/98, Plenário). Como consta da ementa do Acórdão nº 2.522/09-TCU, 2ª Câmara, "os serviços sociais autônomos (Sistema 'S') não se sujeitam aos ditames da Lei nº 8.666/1993, devendo disciplinar o assunto em regulamentos próprios, respeitados os princípios legais e constitucionais que regem a matéria". O Supremo Tribunal Federal, por sua vez, decidiu que as entidades que compõem os serviços sociais autônomos, por terem natureza jurídica de direito privado e ficarem de fora da administração indireta, não são obrigadas a contratar pessoal por concurso público (Conjur, 17-9-14, e Informativo Jurídico da APESP – Associação dos Procuradores do Estado de São Paulo, de 18-9-14).

Serviço Social Autônomo Associação das Pioneiras Sociais (APS), mantenedor da Rede Sarah, criado pela Lei nº 8.246, de 22-10-91, regulamentada pelo Decreto nº 371, de 20-12-91.

Tais entidades, embora criadas com a denominação de **serviço social autônomo**, fogem inteiramente às características dos modelos anteriores. É como se a simples denominação fosse suficiente para definir a natureza da pessoa jurídica. O real objetivo foi o de fugir ao regime jurídico próprio das entidades da Administração Pública Indireta.

Alice Gonzalez Borges (2010:264-265) compartilha dessa opinião, ao observar que "pela sua própria denominação já se vê que tais novas entidades, criadas *diretamente* pela lei, em sua maioria mediante a transformação de preexistentes entidades da administração indireta e passando a manter-se exclusivamente com dotações orçamentárias, eram destinadas a finalidades bem diversas da primitiva previsão constitucional de fomento às atividades de aprendizagem e capacitação de categorias profissionais que caracterizava, até então, os serviços sociais autônomos de que têm o nome".

Tais entidades melhor se enquadrariam na Administração indireta do Estado, porém usufruindo de maior grau de autonomia.

11.5 ENTIDADES DE APOIO

São **entidades de apoio** as pessoas jurídicas de direito privado, sem fins lucrativos, instituídas por servidores públicos, porém em nome próprio, sob a forma de fundação, associação ou cooperativa, para a prestação, em caráter privado, de serviços sociais não exclusivos do Estado, mantendo vínculo jurídico com entidades da Administração Direta ou Indireta, em regra por meio de convênio.

Pelo conceito, verifica-se a presença das seguintes características em tais entidades:

a) elas não são instituídas por iniciativa do Poder Público, mas por servidores públicos de determinada entidade estatal, e com os seus próprios recursos;

b) essas entidades, mais comumente, assumem a forma de fundação, mas também podem assumir a forma de associação ou cooperativa, sempre sem fins lucrativos e inserindo em seus estatutos objetivos iguais aos da entidade pública junto à qual pretendem atuar;

c) em consequência, enquanto a entidade pública presta ***serviço público*** propriamente dito, a entidade de apoio presta o mesmo tipo de atividade, porém, não como serviço público delegado pela Administração Pública, mas como atividade privada aberta à iniciativa privada; ela atua mais comumente em hospitais públicos e universidades públicas;

d) sendo a atividade prestada em caráter privado, ela não fica sujeita ao regime jurídico imposto à Administração Pública; por outras palavras, os seus contratos são de direito privado, celebrados sem licitação; os seus empregados são celetistas, contratados sem concurso público; por não serem servidores públicos, não ficam sujeitos às normas constitucionais pertinentes a essa categoria de trabalhadores; por não desempenharem atividade delegada pelo Poder Público, não se sujeitam à tutela administrativa;

e) para poderem atuar como entidades de apoio, paralelamente à Administração Pública, estabelecem um vínculo jurídico com a mesma, em regra por meio de convênio.

Normalmente, coloca-se no ato constitutivo da entidade o objetivo de oferecer "apoio" ao órgão ou instituição junto aos quais funcionam. A formalização da parceria com o poder público normalmente se faz por meio de convênio, que prevê, em benefício da entidade, a utilização de bens públicos de todas as modalidades (móveis e imóveis) e de servidores públicos.

Sobre o assunto, discorremos no livro *Parcerias na administração pública* (13ª edição, Rio de Janeiro: Forense, 2021, capítulo 13, item 13.1). Aí opinamos no sentido de ser bastante duvidosa a legalidade da forma de atuação de muitas dessas entidades, pelo fato de se utilizarem livremente do patrimônio público e de servidores públicos, sem observância do regime jurídico imposto à Administração Pública. Ficou demonstrado que, embora haja diferenças entre umas e outras entidades de apoio, elas obedecem, em regra, a determinado padrão. Com efeito, a cooperação com a Administração se dá, em regra, por meio de convênios, pelos quais se verifica que praticamente se confundem em uma e outra as atividades que as partes conveniadas exercem; o ente de apoio exerce as atividades próprias da entidade estatal com a qual celebrou o convênio, tendo inseridas tais atividades no respectivo estatuto, entre os seus objetivos institucionais. A própria sede das duas entidades também, por vezes, se confunde, pois o ente de apoio nem sempre tem sede própria. Esse ente de apoio assume a gestão de recursos públicos próprios da entidade pública. Grande parte dos empregados do ente de apoio é constituída por servidores dos quadros da entidade pública com a qual cooperam. O local de prestação de serviços também é, em regra, o mesmo em que a entidade pública atua.

Em suma, o serviço é prestado por servidores públicos, na própria sede da entidade pública, com equipamentos pertencentes ao patrimônio desta última; só que quem arrecada toda a receita e a administra é a entidade de apoio. E o faz sob as regras das entidades privadas, sem a observância das exigências de licitação (nem mesmo os princípios da licitação) e sem a realização de qualquer tipo de processo seletivo para a contratação de empregados. Essa é a grande vantagem dessas entidades: elas são a roupagem com que se reveste a entidade pública para escapar às normas do regime jurídico de direito público.

Na esfera federal, caminha-se para a moralização do vínculo entre as fundações de apoio e as Instituições Federais de Ensino Superior (IFES) e as Instituições Científicas, Tecnológicas e de Inovação – ICTs (de que trata a Lei nº 10.973, de 2-12-04, com redação alterada pela Lei nº 13.243, de 11-1-16).[6] Primeiro, pela atuação do Tribunal de Contas da União, que tem apontado as irregularidades e fixado sucessivas orientações sobre o assunto. Depois, pela promulgação da Lei nº 8.958, de 20-12-94, com alterações posteriores, sendo regulamentada pelo Decreto nº 7.423, de 31-12-10, e pelo Decreto nº 9.283, de 7-2-18.

As primeiras decisões do Tribunal de Contas da União apontando graves irregularidades no vínculo entre as fundações de apoio e as IFES foram proferidas em 1992 (*DOU* de 25-11-92, Seção I, p. 16.302 a 16.305). Provavelmente foi o conteúdo de tais decisões que inspirou as normas da Lei nº 8.958/94.

No entanto, mesmo após a promulgação dessa lei, o Tribunal de Contas continuou a apontar irregularidades, como se verifica pela decisão nº 655/02.[7]

---

[6] Essa lei dispõe sobre incentivos à inovação e à pesquisa científica e tecnológica no ambiente produtivo; no art. 2º, V, define a Instituição Científica, Tecnológica e de Inovação (ICT) como "órgão ou entidade da administração pública direta ou indireta ou pessoa jurídica de direito privado sem fins lucrativos legalmente constituída sob as leis brasileiras, com sede e foro no País, que inclua em sua missão institucional ou em seu objetivo social ou estatutário a pesquisa básica ou aplicada de caráter científico ou tecnológico ou o desenvolvimento de novos produtos, serviços ou processos" (redação dada pela Lei nº 13.243/16).

[7] O Tribunal de Contas da União, na decisão nº 655/02, do Plenário, fixou o entendimento de que a contratação de fundação de apoio, diretamente, sem licitação, com fundamento no art. 1º da Lei nº 8.958/94, exige a observância dos seguintes requisitos: "a1) a instituição contratada tenha sido criada com a finalidade de dar

Posteriormente, o mesmo Tribunal editou a Súmula nº 250/07, que não diz respeito apenas às fundações de apoio, mas que a elas se aplica também: "A contratação de instituição sem fins lucrativos, com dispensa de licitação, com fulcro no art. 24, XIII, da Lei nº 8.666/93 e art. 75, XV da nova Lei de Licitações, somente é admitida nas hipóteses em que houver nexo efetivo entre o mencionado dispositivo, a natureza da instituição e o objeto contratado, além de comprovada a compatibilidade com os preços de mercado."

Pelo Acórdão nº 2.731/08 (Rel. Min. Aroldo Cedraz, *DOU* 1º-12-08), o Tribunal de Contas da União fixou o entendimento de que a expressão *recursos públicos*, a que se refere o art. 3º da Lei nº 8.958/94 "abrange não apenas os recursos financeiros aplicados nos projetos executados com fundamento na citada lei mas também toda e qualquer receita auferida com a utilização de recursos humanos e materiais das Instituições Federais de Ensino Superior, tais como: laboratórios, salas de aula; materiais de apoio e de escritório; nome e imagem da instituição; redes de tecnologia de informação de ensino utilizados em parcerias com fundações de apoio, sendo obrigatório o recolhimento de tais receitas à conta única do Tesouro Nacional". Além disso, deu o prazo de 180 dias para que o Ministério da Educação instituísse ato normativo regulamentando o relacionamento das IFES com suas fundações de apoio, referentes a procedimentos de contratação de projetos, registros das propostas, elaboração de planos de trabalho, prestação de contas, publicidade, restrições quanto à subcontratação nos contratos e convênios, restrições quanto à terceirização, à transferência de recursos destinados à execução de obras ou serviços de engenharia (que não se enquadram no art. 24, XIII, da Lei nº 8.666/93, ao qual corresponde, em termos semelhantes, o art. 75, XV, da Lei nº 14.133/21); exigência de observância do Decreto nº 6.170/07 (que dispõe sobre a transferência de recursos públicos para entidades privadas mediante convênio), dentre outras recomendações. Esse Decreto foi revogado pelo Decreto nº 11.531, de 16-5-2023, que atualmente regula a mesma matéria.

Algumas das medidas preconizadas pelo Tribunal de Contas nesse acórdão foram incorporadas à Lei nº 8.958/94 pela Lei nº 12.349/10. Essa lei estabelece normas que disciplinam as relações entre as instituições federais de ensino superior e de pesquisa científica e tecnológica e as fundações de apoio. Ela estabelece exigências de controle, de prévio credenciamento junto aos Ministérios da Educação e da Ciência e Tecnologia, de licitação (nas hipóteses que especifica), de prestação de contas, além de requisitos para a utilização, pela fundação, de servidores públicos e de bens públicos, neste último caso mediante remuneração.

Em resumo, o que a lei estabelece é o seguinte:

a) prevê a contratação de fundações de apoio, pelas IFES e ICTs, com dispensa de licitação fundamentada no art. 24, XIII, da Lei nº 8.666/93 (art. 75, XV, da Lei nº

---

apoio a projetos de pesquisa, ensino e extensão e de desenvolvimento institucional, científico e tecnológico; a2) o objeto do contrato esteja diretamente relacionado à pesquisa, ensino, extensão ou desenvolvimento institucional; b) a Fundação, enquanto contratada, deve desempenhar o papel de escritório de contratos de pesquisa, viabilizando o desenvolvimento de projetos sob encomenda, com a utilização do conhecimento e da pesquisa do corpo docente das Instituições Federais de Ensino Superior, ou de escritório de transferência de tecnologia, viabilizando a inserção, no mercado, do resultado de pesquisas e desenvolvimentos tecnológicos realizados no âmbito das Universidades; c) o contrato deve estar diretamente vinculado a projeto a ser cumprido em prazo determinado e que resulte produto bem definido, não cabendo a contratação de atividades continuadas nem de objeto genérico, desvinculado de projeto específico; d) os contratos para execução de projeto de desenvolvimento institucional devem ter produto que resulte em efetivo desenvolvimento institucional, caracterizado pela melhoria mensurável da eficácia e eficiência no desempenho da instituição beneficiada; e) a remuneração e o desenvolvimento institucional não devem ser confundidos e, nesse sentido, não cabe a contratação para atividades de manutenção da instituição, a exemplo de serviços de limpeza, vigilância e conservação predial".

14.133/21), para dar apoio a projetos de ensino, pesquisa e extensão e de desenvolvimento institucional, científico e tecnológico, inclusive na gestão administrativa e financeira estritamente necessária à execução desses projetos (art. 1º); para esse fim, a lei define o que considera desenvolvimento institucional Pelo art. 1º, § 1º, da lei, repetido no art. 2º do Decreto nº 7.423/10, "entende-se por desenvolvimento institucional os programas, projetos, atividades e operações, inclusive de natureza infraestrutural, material e laboratorial, que levem à melhoria mensurável das condições das IFES e das ICTs, para cumprimento eficiente e eficaz de sua missão, conforme descrita no plano de desenvolvimento institucional, vedada, em qualquer caso, a contratação de objetos genéricos, desvinculados de projetos específicos". e veda o enquadramento, como tal, de determinadas atividades, como manutenção predial ou de infraestrutura, conservação, limpeza, vigilância e outras não abrangidas pelo Plano de Desenvolvimento Institucional da instituição;

b) também a FINEP (Financiadora de Estudos e Projetos), o Conselho Nacional de Desenvolvimento Científico e Tecnológico (CNPQ), as Agências Financeiras Oficiais de Fomento e empresas públicas e sociedades de economia mista, suas subsidiárias e controladas poderão firmar convênios e contratos com as fundações de apoio, com dispensa de licitação fundamentada no art. 24, XIII, da Lei nº 8.666/93 (art. 75, XV, da Lei nº 14.133/21, por prazo determinado, com a finalidade de dar apoio às IFES e às ICTs, inclusive na gestão administrativa e financeira dos projetos de ensino, pesquisa e extensão referidos no art. 1º (art. 1º-A, com a redação dada pela Lei nº 12.863/13);

c) as organizações sociais e entidades privadas poderão realizar convênios e contratos, por prazo determinado, com as fundações de apoio, com a finalidade de dar apoio às IFES e às demais ICTs, inclusive na gestão administrativa e financeira dos projetos mencionados no *caput* do art. 1º, com a anuência expressa das instituições apoiadas (art. 1º-B, incluído pela Lei nº 12.863/13); tais convênios foram regulamentados pelo Decreto nº 8.240, de 21-5-14;

d) as fundações de apoio devem ser instituídas como pessoas jurídicas de direito privado, sem fins lucrativos, regidas pelo Código Civil e por estatutos que prevejam a observância dos princípios da legalidade, impessoalidade, moralidade, publicidade, economicidade e eficiência, bem como a sujeição à fiscalização pelo Ministério Público, à legislação trabalhista e ao prévio registro e credenciamento no Ministério da Educação e do Desporto e no Ministério da Ciência e Tecnologia, renovável bienalmente (art. 2º);

e) na execução de convênios, contratos, acordos e demais ajustes abrangidos pela Lei nº 8.958/94, que envolvam recursos provenientes do poder público, "as fundações de apoio adotarão regulamento específico de aquisições e contratações de obras e serviços, a ser editado por meio de ato do Poder Executivo de cada nível de governo" (art. 3º, com a redação dada pela Lei nº 13.243/16);

f) as IFES e ICTs podem autorizar a participação de seus servidores nas atividades realizadas pelas fundações, referidas no art. 1º, sem a criação de vínculo de emprego, sendo vedado aos servidores públicos federais a referida participação durante a jornada de trabalho a que estão sujeitos, excetuada a colaboração esporádica, remunerada ou não, em assuntos de sua especialidade, de acordo com as normas aprovadas pelo órgão de direção superior competente; também é vedada essa contratação para atender a necessidades de caráter permanente das IFES e ICTs (art. 4º);

g) há a exigência de divulgação, pela Internet, dos instrumentos contratuais referidos na lei, dos relatórios semestrais de execução dos contratos, da relação dos pagamentos efetuados a servidores ou agentes públicos com base nos contratos de que trata a lei (art. 4º-A);
h) é prevista a possibilidade de concessão de bolsas de ensino, pesquisa e extensão e de estímulo à inovação, pelas fundações de apoio aos alunos de graduação e pós-graduação e aos servidores vinculados a projetos institucionais das IFES e ICTs (art. 4º-B);
i) é expressamente vedado às IFES e ICTs o pagamento de débitos contraídos pelas fundações de apoio e a assunção de responsabilidade a qualquer título, em relação ao pessoal por estas contratado (art. 5º);
j) é possível que as fundações de apoio utilizem bens e serviços das IFES e ICTs, pelo prazo estritamente necessário à elaboração e execução do projeto referido no art. 1º (art. 6º alterado pela Lei nº 12.863/13).

A lei contém disposições altamente moralizadoras, porém aplicáveis à esfera federal apenas. Tenho realçado, em edições anteriores deste livro, que seria de todo conveniente que Estados, Distrito Federal e Municípios regulamentassem os vínculos com as fundações de apoio, na esteira do que foi feito na esfera federal. Essa disciplina legal da matéria seria necessária para melhor proteger o patrimônio público que elas administram.[8]

Essa lacuna da legislação federal foi agora sanada pela Lei nº 13.019, de 31-7-14 (alterada pela Lei nº 13.204/15) que, ressalvadas apenas as organizações sociais e organizações da sociedade civil de interesse público, abrange todas as entidades privadas, sem fins lucrativos, que firmam parceria com o poder público de todos os entes federativos para desempenho, em regime de mútua colaboração, de atividade de interesse público. Não há dúvida de que não só as fundações de apoio instituídas na esfera federal, como também as instituídas nos níveis estadual e municipal foram abrangidas por suas normas, já que a lei tem âmbito nacional, conforme consta expressamente do seu art. 1º. Sobre o alcance da lei, v. item 11.8 deste capítulo.

A Lei nº 13.019/14 teve evidente intuito moralizador. Ela terá aplicação às fundações e outros tipos de entidades de apoio que tenham vínculo com o poder público. É o caso das normas sobre requisitos para a constituição de vínculo jurídico com o poder público, sobre vedações, sobre despesas, sobre liberação de recursos públicos, sobre movimentação e aplicação financeira desses recursos, sobre controle, prestação de contas, responsabilidade e sanções.

A Lei nº 13.243, de 11-1-16, que dispõe sobre estímulos ao desenvolvimento científico, à pesquisa, à capacitação científica e tecnológica e à inovação (entre outras providências), define a fundação de apoio como a "fundação criada com a finalidade de dar apoio a projetos de pesquisa, ensino e extensão, projetos de desenvolvimento institucional, científico, tecnológico e projetos de estímulo à inovação de interesse das ICTs, registrada e credenciada no Ministério da Educação e no Ministério da Ciência, Tecnologia e Inovação, nos termos da Lei nº 8.958, de 20 de dezembro de 1994, e das demais legislações pertinentes nas esferas estadual, distrital

---

[8] No anteprojeto de lei referido na nota nº 1 deste capítulo, entendeu-se necessário disciplinar tanto as entidades paraestatais como as entidades de colaboração por normas de âmbito nacional, diante da consideração de que todas elas são pessoas jurídicas regidas pelo Código Civil e, portanto, de competência legislativa da União. Além disso, as normas gerais sobre contratos de qualquer natureza, celebrados pela Administração Pública de todos os níveis, inserem-se na competência privativa da União (art. 22, XXVII, da Constituição Federal).

e municipal". O conceito de fundação de apoio é dado, no caso, com vistas às entidades dessa natureza alcançadas pelas normas da Lei nº 13.243/16, o que não impede que existam fundações de apoio com outras finalidades.

A Lei nº 13.243/16 contém normas que favorecem a atuação das fundações de apoio. Ela faz alterações na Lei nº 8.958/94, introduzindo os §§ 6º, 7º e 8º no art. 1º. O primeiro determina que "os parques e polos tecnológicos, as incubadoras de empresas, as associações e as empresas criados com a participação de ICT pública poderão utilizar fundações de apoio a ela vinculada ou com a qual tenham acordo".

O § 7º estabelece que "os recursos e direitos provenientes dos projetos de que trata o *caput* e das atividades e dos projetos de que tratam os arts. 3º a 9º, 11 e 13 da Lei nº 10.973, de 2-12-04, poderão ser repassados pelos contratantes diretamente para as fundações de apoio". Vale dizer que a lei está autorizando que recursos públicos sejam repassados a entidades privadas e que, portanto, sejam por elas administrados.

Por sua vez, o § 8º determina que "o Núcleo de Inovação Tecnológica constituído no âmbito de ICT poderá assumir a forma de fundação de apoio de que trata esta Lei". Esse Núcleo é definido pelo art. 2º, VII (com a redação dada pela Lei nº 13.243/16) como a "estrutura instituída por uma ou mais ICTs, com ou sem personalidade jurídica própria, que tenha por finalidade a gestão de política institucional de inovação e por competências mínimas as atribuições previstas nesta lei". Com tais normas, haverá entes públicos com o poder de instituir Núcleos sob a forma de fundação de direito privado. A norma é de constitucionalidade bastante duvidosa, diante do disposto no art. 37, XX, da Constituição, que exige autorização legislativa, em cada caso, para a participação de entidades da administração indireta em empresa privada. É bem possível que um Núcleo, com tais características, passe a ser considerado como ente da administração pública indireta e, em consequência, sujeito ao respectivo regime jurídico.

11.6 ORGANIZAÇÕES SOCIAIS

As chamadas **Organizações Sociais** constituem novo tipo de entidade disciplinada, no âmbito federal, pela Lei nº 9.637, de 15-5-98. Embora usualmente incluídas entre as entidades do terceiro setor, apresentam algumas peculiaridades que as diferenciam das demais. Talvez, por isso mesmo, tenham sido excluídas do âmbito de aplicação da Lei nº 13.019, de 31-7-14, como se verá no item 11.8.

Organização Social é a qualificação jurídica dada a pessoa jurídica de direito privado, sem fins lucrativos, instituída por iniciativa de particulares, e que recebe delegação do Poder Público, mediante contrato de gestão, para desempenhar serviço público de natureza social. Nenhuma entidade nasce com o nome de organização social; a entidade é criada pela iniciativa privada como associação ou fundação e, habilitando-se perante o Poder Público, recebe a qualificação; trata-se de título jurídico outorgado e cancelado pelo Poder Público.

Esse tipo de entidade foi mencionado no Plano Diretor da Reforma do Aparelho do Estado, elaborado pelo Ministério da Administração Federal e da Reforma do Estado (MARE) e aprovado pela Câmara da Reforma do Estado em reunião de 21-9-95. Alguns Estados, antecipando-se ao Governo Federal, acabaram legislando sobre a matéria por meio de leis estaduais, segundo o modelo proposto no Plano Diretor.

No Plano Diretor constava a afirmativa de que "o Projeto das Organizações Sociais tem como objetivo permitir a **descentralização** de atividades no setor de prestação de serviços não exclusivos, nos quais o exercício do poder de Estado, a partir do pressuposto que esses serviços serão mais eficientemente realizados se, mantendo o financiamento do Estado, forem realizados pelo setor público não estatal" (grifamos). Embora o Plano Diretor fizesse referência ao projeto das organizações sociais como instrumento de **descentralização**, dando ideia de que o Estado iria transferir atividades suas para o particular, consta do texto da lei que o contrato de gestão com tais entidades constitui instrumento de **fomento** e, portanto, meio de incentivo à iniciativa privada. No entanto, contraditoriamente, o art. 20 prevê a criação, mediante decreto do Poder Executivo, do Programa Nacional de Publicização – PNP, com o objetivo de estabelecer diretrizes e critérios para a qualificação de organizações sociais, a fim de assegurar a "**absorção de atividades desenvolvidas por entidades ou órgãos públicos da União**" por organizações sociais. Com essa norma, fica clara a intenção do Governo de transferir (descentralizar) para entidades qualificadas como organizações sociais atividades antes desempenhadas por órgãos públicos ou entidades da administração indireta.

Exatamente por isso, é curioso falar-se em Programa Nacional de Publicização quando, na realidade, o que está sendo idealizado é exatamente a privatização sob outra modalidade que não a venda de ações, já que a qualificação da entidade como organização social implica a extinção de um órgão público ou de uma pessoa jurídica de direito público (autarquia ou fundação) e, em seu lugar, o surgimento de uma pessoa jurídica de direito privado não enquadrada no conceito de Administração Pública, seja Direta ou Indireta.

O modelo das organizações sociais foi inspirado nas *quase autonomous governmental organizations – quangos* do direito inglês e também utilizado por diversos outros países, como a Austrália e a Nova Zelândia. Talvez essa inspiração no direito inglês (que se insere no sistema do *common law*) justifique a dificuldade de enquadramento das organizações sociais nas categorias de pessoas jurídicas existentes no âmbito do direito administrativo brasileiro (que se insere no sistema de base romanística). É que não existe na Inglaterra uma Constituição escrita que contenha as balizas do regime jurídico da Administração Pública, ao contrário do que ocorre no direito brasileiro.

No âmbito federal, podem ser apontadas as seguintes notas características da organização social:

a) tem a natureza de pessoa jurídica de direito privado, sem fins lucrativos (art. 1º da Lei nº 9.637/98);

b) criada por particulares, deve habilitar-se perante a Administração Pública, para obter a qualificação de organização social; ela é declarada, pelo art. 11 da Lei nº 9.637/98, como "entidade de interesse social e utilidade pública";

c) ela pode atuar nas áreas de ensino, pesquisa científica, desenvolvimento tecnológico, proteção e preservação do meio ambiente, cultura e saúde;

d) seu órgão de deliberação superior tem que ter representantes do Poder Público e de membros da comunidade, de notória capacidade profissional e idoneidade moral;

e) as atribuições, responsabilidades e obrigações do Poder Público e da organização social são definidas por meio de **contrato de gestão**, que deve especificar o programa de trabalho proposto pela organização social, estipular as metas a serem atingidas, os respectivos prazos de execução, bem como os critérios objetivos de avaliação de desempenho, inclusive mediante indicadores de qualidade e produtividade;

f) a execução do contrato de gestão será supervisionada pelo órgão ou entidade supervisora da área de atuação correspondente à atividade fomentada; o controle que sobre ela se exerce é de *resultado*, sendo feito mediante análise por comissão de avaliação indicada pela autoridade supervisora, de relatório apresentado periodicamente pela entidade, contendo comparativo específico das metas propostas com os resultados alcançados, acompanhado da prestação de contas correspondente ao exercício financeiro (art. 8º);

g) o órgão ou entidade supervisora deve dar ciência, ao Tribunal de Contas da União, da ocorrência de irregularidade na utilização de recursos públicos, sob pena de responsabilidade solidária (art. 9º);

h) em caso de malversação de bens ou recursos públicos, os responsáveis pela fiscalização devem representar ao Ministério Público, à Advocacia da União ou à Procuradoria da entidade para que requeira em juízo a indisponibilidade de bens da entidade e o sequestro de bens dos seus dirigentes, bem como de agente público ou terceiro, que possam ter enriquecido ilicitamente ou causado dano ao patrimônio público (art. 10);

i) o fomento pelo Poder Público poderá abranger as seguintes medidas: destinação de recursos orçamentários e bens necessários ao cumprimento do contrato de gestão, mediante permissão de uso, com dispensa de licitação (art. 12); cessão especial de servidores públicos, com ônus para a origem (art. 14);

j) a entidade poderá ser desqualificada como organização social, pela perda do título, quando descumprir as normas do contrato de gestão.

Quanto ao **contrato de gestão**, trata-se do instrumento pelo qual se estabelece o vínculo jurídico entre a organização social e a Administração Pública. É definido pelo art. 5º da Lei nº 9.637/98 como "o instrumento firmado entre o Poder Público e a entidade qualificada como organização social, com vistas à formação de parceria entre as partes para fomento e execução de atividades relativas às áreas relacionadas no artigo 1º" (ensino, pesquisa científica, desenvolvimento tecnológico, proteção e preservação do meio ambiente, cultura e saúde). Por meio dele, fixam-se as metas a serem cumpridas pela entidade e a forma pela qual o Poder Público fomenta a entidade, quer cedendo bens públicos, quer transferindo recursos orçamentários, quer cedendo servidores públicos. O contrato deve definir ainda o programa de trabalho, os prazos de execução, os critérios de avaliação de desempenho, com indicadores de qualidade e produtividade, os limites e critérios para despesa com remuneração e vantagens de qualquer natureza, dos dirigentes e empregados das organizações sociais.

O contrato de gestão, de certa forma, restringe a autonomia da organização social, porque, embora seja entidade privada, terá que se sujeitar às exigências nele contidas.

Quanto ao objeto do contrato de gestão, pode-se afirmar que é a delegação da gestão de serviço público, além do fomento prestado pelas diversas formas já mencionadas. Aparentemente, a organização social vai exercer atividade de natureza privada, com incentivo do Poder Público, dentro da atividade de fomento. No entanto, na realidade, o real objetivo é o de **privatizar a forma de gestão de serviço público** delegado pelo Estado, conforme exposto no item 11.3.

A própria lei, em pelo menos um caso, está prevendo a prestação de **serviço público** pela organização social; quando a entidade absorver atividades de entidade federal extinta no âmbito da área de saúde, deverá considerar no contrato de gestão, quanto ao atendimento da comunidade, os princípios do Sistema Único de Saúde, expressos no art. 198 da Constituição Federal e no art. 7º da Lei nº 8.080, de 19-9-90. Vale dizer que prestará serviço público e não atividade privada; em consequência, estará sujeita a todas as normas constitucionais e legais que regem esse serviço, até porque não poderia a lei ordinária derrogar dispositivos constitucionais.

Na realidade, não existe na lei qualquer norma que vede o exercício de atividade privada pela organização social. No entanto, ficou expresso no art. 20 da Lei nº 9.637/98 que o Plano de Publicização tem por objetivo "estabelecer diretrizes e critérios para a qualificação de organizações sociais, a fim de assegurar a **absorção de atividades desenvolvidas por entidades** ou **órgãos públicos da União**". Vale dizer que as organizações sociais vão **absorver** atividades antes desempenhadas por órgãos ou entidades estatais; suas instalações, abrangendo bens móveis e imóveis, serão cedidos à organização social. Por isso, parece claro que as organizações sociais absorvem essas atividades, mantendo a sua natureza de serviços públicos. Por isso mesmo, o contrato de gestão muito se assemelha à concessão administrativa, prevista, como uma das formas de parceria público-privada, pela Lei nº 11.079, de 30-12-04: haverá delegação de atividade estatal, remunerada inteiramente pelo Poder Público. Distinguem-se as duas modalidades de contrato porque na concessão administrativa a delegatária é uma empresa privada que tem objetivo de lucro e, no contrato de gestão, a delegatária é uma entidade sem fins lucrativos. Entretanto, ambas prestam serviço público delegado pelo poder público e são por ele remuneradas.

O Plano Diretor da Reforma do Aparelho do Estado fala em *publicização* e a própria Lei nº 9.637/98, logo na ementa, fala em *Programa Nacional de Publicização*, para definir a forma como se substituirá uma entidade pública por uma entidade particular qualificada como organização social. No entanto, apesar da terminologia utilizada, não há qualquer dúvida quanto a tratar-se de um dos muitos instrumentos de **privatização** de que o Governo vem se utilizando para diminuir o tamanho do aparelhamento da Administração Pública. A atividade prestada pelo Poder Público, no regime jurídico publicístico, passa a ser prestada por entidade privada, no regime jurídico de direito privado, parcialmente derrogado por normas publicísticas; a entidade pública é substituída por uma entidade privada. Esse é o modelo adotado na esfera federal, não precisando necessariamente ser instituído, nos mesmos moldes, nos âmbitos estadual e municipal.

Mesmo que se considere que a atividade absorvida pela organização social deixa de ser serviço público e passa a ser prestada como atividade privada (o que se diz só para argumentar), uma vez feita a absorção, resultam as seguintes consequências: o órgão ou entidade estatal será extinto (sem que se diga na lei qual a solução para a hipótese de rescisão do contrato de gestão, de modo a garantir prestação sem solução de continuidade); e suas instalações, abrangendo bens móveis e imóveis, serão cedidas à organização social.[9]

Ainda quanto ao objeto, é importante ressaltar que não há possibilidade de contrato de gestão que tenha por objeto o fornecimento de mão de obra para a Administração Pública. Haveria, no caso, descumprimento das normas da Lei nº 9.637/98 e total desvirtuamento do contrato de gestão. Além disso, haveria burla à exigência de concurso público contida no art. 37, II, da Constituição. Nesse sentido é a decisão do Tribunal de Contas da União, no Acórdão nº 3239/13 (Relator Ministro Walton Alencar Rodrigues), proferido em 27-11-13.[10] Também não é possível transferir à organização social a atividade de regulação, por ser exclusiva de Estado.

O **regime jurídico** da entidade qualificada como organização social é de direito privado, não sendo razoável imprimir-lhe tratamento igual ao da Administração Pública, sob pena de perder qualquer justificativa a utilização do modelo. No entanto, o regime privado é parcialmente derrogado pelo direito público, não só em decorrência do vínculo que se estabelece com o poder público, como também pelo fato de envolver prestação de serviço público e administração de recursos públicos. Por isso, a entidade submete-se aos princípios do *caput* do

---

[9] No livro *Parcerias na administração pública*, 13. ed., Rio de Janeiro: Forense, 2021, capítulo 12, item 12.3.3.2, destacamos o conteúdo de imoralidade contido na lei, os riscos para o patrimônio público e para os direitos do cidadão.

[10] Esse acórdão baseou-se em excelente relatório apresentado em auditoria operacional realizada no processo TC 018.739/12-1, no qual são analisados contratos de gestão firmados no âmbito da saúde, em nível estadual e municipal.

art. 37 da Constituição. Prestando serviço público, ela está sujeita à observância dos princípios que regem esse tipo de atividade, como os da continuidade, da isonomia no atendimento dos usuários, o da mutabilidade do regime jurídico. Administrando recursos públicos, está sujeita ao controle pelo Tribunal de Contas no que diz respeito à sua aplicação. Pelo mesmo fato de receberem e administrarem recursos públicos, seus dirigentes são considerados agentes públicos para fins de improbidade administrativa; o art. 1º, § 7º, da Lei nº 8.429, de 2-6-92, alterado pela Lei nº 14.230, de 25-10-2021, considera ato de improbidade, entre outros, os praticados por qualquer agente público contra entidade para cuja criação ou custeio o erário haja concorrido ou concorra no seu patrimônio ou receita atual, limitado o ressarcimento de prejuízos, nesse caso, à repercussão do ilícito sobre a contribuição dos cofres públicos. No que diz respeito à **licitação**, há diferentes aspectos que têm sido objeto de controvérsia:

a) licitação pelo poder público para escolha da entidade a ser qualificada como organização social: a Lei nº 9.637/98 não a prevê;
b) licitação pela organização social para celebração de contratos com terceiros, utilizando recursos públicos: a Lei nº 9.637/98 também não a prevê, mas o art. 17 exige que a organização social publique, no prazo máximo de 90 dias contados da assinatura do contrato de gestão, regulamento próprio contendo os procedimentos que adotará para a contratação de obras e serviços, bem como para compras com emprego de recursos provenientes do Poder Público;
c) licitação para permissão de uso de bens públicos: o art. 12, § 3º, da Lei nº 9.637/98 prevê a dispensa de licitação, mediante cláusula expressa no contrato de gestão, não se justificando qualquer controvérsia a respeito.

Temos entendido que a organização social, para enquadrar-se adequadamente nos princípios constitucionais que regem a gestão do patrimônio público, os quais existem exatamente para proteger esse patrimônio, seria necessário, no mínimo: (a) exigência de licitação para a escolha da entidade, atendendo ao princípio da isonomia e ao objetivo de escolha da entidade que apresentasse melhores condições de desempenhar o contrato a contento; (b) comprovação de que a entidade já existe, tem sede própria, patrimônio, capital, entre outros requisitos exigidos para que uma pessoa jurídica se constitua validamente – isto para evitar que entidade, sem qualquer experiência anterior e sem a necessária qualificação técnica e financeira, se constitua com o fim específico de pleitear a qualificação de organização social; (c) demonstração de qualificação técnica e idoneidade financeira para administrar patrimônio público, requisitos exigidos para qualquer contrato administrativo e que não poderiam deixar de ser impostos quando a entidade vai assumir a gestão de serviço público e de recursos públicos; (d) submissão aos princípios da licitação quando celebre contratos com terceiros com a utilização de recursos públicos; (e) imposição de limitações salariais quando dependam de recursos orçamentários do Estado para pagar seus empregados; (f) prestação de garantia tal como exigida nos contratos administrativos em geral – no caso das organizações sociais, essa garantia torna-se mais necessária pelo fato de ela administrar patrimônio público.

A sistemática adotada na Lei nº 9.637/98 destoa das exigências que a legislação faz para a celebração de contratos administrativos, quanto à habilitação dos licitantes interessados em contratar com o poder público. Não se pode conceber que exigências semelhantes deixem de ser feitas para a celebração de contratos de gestão com organizações sociais, quando se sabe que elas administram vultosos recursos públicos. E também é curioso que a Lei nº 13.019/14, que veio prever um procedimento para a seleção da entidade do terceiro setor que vai celebrar parceria com o poder público, impondo uma série de medidas moralizadoras, tenha excluído de seu âmbito de aplicação os contratos de gestão com as organizações sociais. Essa lei somente será aplicada às organizações sociais que não cumpram os requisitos da Lei nº 9.637/98.

No entanto, qualquer controvérsia sobre a constitucionalidade da lei ficou dissipada com o julgamento, pelo STF, da ADin nº 1923/DF, ocorrido em 15-4-15 (Relator Min. Luiz Fux). A ADin foi julgada parcialmente procedente, apenas para conferir à Lei 9.637/98 e ao art. 24, XXIV, da Lei nº 8.666/93 interpretação conforme à Constituição. Em resumo, decidiu o STF, em relação (i) à escolha da entidade a ser qualificada, (ii) à celebração do contrato de gestão, (iii) à dispensa de licitação (para contratação de organização social) e para permissão de uso de bem público, (iv) à seleção de pessoal, que sejam conduzidas "de forma pública, objetiva e impessoal, com observância dos princípios do caput do art. 37 da Constituição Federal. Decidiu também que os contratos firmados pela organização social com terceiros, com o uso de recursos públicos, e a seleção de pessoal feita com recursos públicos observem os princípios do art. 37 da Constituição, bem como os termos de regulamento próprio a ser editado pela entidade. Também deixou clara a licitude do controle pelo Tribunal de Contas da União e pelo Ministério Público com relação à aplicação de verbas públicas.

Por outras palavras, conforme entendimento do STF, não é necessária licitação para escolha da entidade a ser qualificada como organização social, bastando que (i) sejam observados os princípios do art. 37, *caput*, da Constituição; (ii) a seleção seja feita de forma pública, objetiva e impessoal; e (iii) seja feita de acordo com parâmetros fixados em abstrato segundo o que prega o art. 20 da Lei nº 9.637/98 (ênfase no atendimento do cidadão-cliente, nos resultados, qualitativos e quantitativos, nos prazos pactuados e controle social das ações de forma transparente). Essas diretrizes devem ser fixadas em decreto do Poder Executivo, ao ser criado o Programa Nacional de Publicização, para garantir a absorção, por organizações sociais, de atividades desenvolvidas por entidades ou órgãos públicos da União.

A decisão do STF não impede que leis estaduais e municipais prevejam e definam algum tipo de procedimento para escolha da entidade, o que é recomendável em nome da publicidade, da moralidade e da impessoalidade, previstas no art. 37 da Constituição.

Quer-me parecer que a decisão do STF não implica revogação dos decretos federais pelos quais a União, autolimitando a sua discricionariedade, estabelece algumas exigências pertinentes à licitação.

Tais entidades sujeitam-se também à norma do art. 109 da Lei nº 12.465/11 (Lei de Diretrizes Orçamentárias da União), repetido em termos análogos nas leis de diretrizes orçamentárias posteriores, quando receberem recursos provenientes do orçamento da União.

Quanto à seleção de pessoal pela organização social, não se justifica a realização de concurso público, já que se trata de pessoa jurídica de direito privado. No entanto, tratando-se de contratação feita com recursos públicos, entendeu o STF, na aludida decisão proferida na ADin nº 1923/DF, que devem ser observados os princípios do caput do art. 37 da Constituição, devendo a seleção ser feita de forma pública, objetiva e impessoal, nos termos de regulamento próprio a ser baixado pela própria entidade. Em resumo, deve ser realizado um procedimento em que se prevejam critérios objetivos, previamente divulgados, para seleção de empregados.

Quanto à **responsabilidade da organização social por danos causados a terceiros**, submete-se à norma do art. 37, § 6º, da Constituição, quando o dano for causado na prestação de serviço público. Ou seja, trata-se de responsabilidade objetiva da pessoa jurídica e subjetiva do agente causador do dano. É a conclusão possível, tendo em vista que o dispositivo constitucional alcança as pessoas jurídicas de direito público e as de **direito privado prestadoras de serviço público.** Essa responsabilidade da organização social não afasta a responsabilidade subsidiária da pessoa jurídica de direito público que firmou o contrato de gestão, à semelhança do que ocorre na concessão de serviço público.

No que diz respeito aos bens utilizados pela organização social, eles podem ser de diferente natureza: podem ser **bens** públicos cedidos pelo poder público, por meio de permissão de uso; e podem ser bens do domínio privado da entidade qualificada como organização social. Os primeiros submetem-se, evidentemente, ao regime jurídico dos bens públicos, sendo inalienáveis, impenhoráveis, insuscetíveis de ser adquiridos por usucapião e de imposição de ônus reais. Os segundos, embora sendo bens particulares (nos termos do art. 98 do Código Civil), sofrerão as mesmas restrições que os bens públicos, na medida em que estejam afetados à prestação de serviços públicos.

Quanto aos Estados e Municípios, eles dispõem de competência própria para legislar a respeito das organizações sociais, não sendo obrigados a adotar o modelo federal. O art. 15 da Lei nº 9.637/98 estende os efeitos dos arts. 11 (declaração como entidades de interesse social e utilidade pública para todos os efeitos legais) e 12, § 3º (permissão de uso de bens públicos, com dispensa de licitação), "quando houver reciprocidade e desde que a legislação local não contrarie os preceitos desta Lei e a legislação específica de âmbito federal".

Também é importante realçar que as organizações sociais que recebam recursos da União, como ocorre na área da saúde, com os recursos do SUS, submetem-se ao controle pelo Tribunal de Contas da União, já que se trata de utilização de recursos do orçamento da União. Nesse sentido foi a referida decisão do TCU (acórdão nº 3239/13).

No Estado de São Paulo, as organizações sociais, que só podem atuar nas áreas da cultura e saúde, estão disciplinadas pela Lei Complementar nº 846, de 4-6-98 (com alterações posteriores), de forma mais adequada do que na lei federal: elas não podem absorver atividades exercidas por entes públicos; não podem utilizar bens do patrimônio público que já estejam sendo utilizados por entidades públicas; não contam com representantes do Poder Público em seus órgãos de administração; existe um procedimento para escolha da entidade. Não há dúvida de que elas administram serviço público por delegação do Estado.

11.7 ORGANIZAÇÕES DA SOCIEDADE CIVIL DE INTERESSE PÚBLICO

A Organização da Sociedade Civil de Interesse Público (Oscip) foi disciplinada, originariamente, pela Lei nº 9.790, de 23-3-99, regulamentada pelo Decreto nº 3.100, de 30-6-99, com alterações posteriores.

Embora essa lei continue em vigor, as entidades assim qualificadas também se submetem, no que couber, às normas da Lei nº 13.019, de 31-7-14, desde que não cumpridos os requisitos da Lei nº 9.790/99.

Tal como ocorre com a denominação *Organização Social*, analisada no item anterior, a denominação *Organização da Sociedade Civil de Interesse Público* constitui uma qualificação jurídica dada a pessoas jurídicas de direito privado, sem fins lucrativos, instituídas por iniciativa de particulares, para desempenhar serviços sociais não exclusivos do Estado com incentivo e fiscalização pelo Poder Público, mediante vínculo jurídico instituído por meio de **termo de parceria**. Embora conhecida como a lei do terceiro setor, é evidente que a Lei nº 9.790/99 não trata de todas as entidades do terceiro setor, conforme resulta do exposto no item 11.2.

Existe alguma semelhança com as organizações sociais, na medida em que ambas são entidades privadas, sem fins lucrativos, que, uma vez preenchidos os requisitos legais, recebem uma qualificação pelo Poder Público: Organização Social – OS, em um caso, e Organização da Sociedade Civil de Interesse Público – Oscip, em outro. A grande diferença está em que a OS recebe ou pode receber delegação para a gestão de **serviço público,** enquanto a Oscip exerce **atividade de natureza privada,** com a ajuda do Estado. No caso da Oscip, o objetivo é semelhante ao que já inspirou anteriormente a outorga do título de **utilidade pública.** Uma vez qualificada pelo Poder Público, a entidade passa a receber algum tipo de auxílio por parte do Estado, dentro da atividade de fomento. Só que a Oscip está mais bem estruturada, já que a lei impõe requisitos mais rígidos para a obtenção da qualificação.

Outra diferença: a qualificação de Organização Social somente é dada à entidade que vai celebrar contrato de gestão com o poder público, enquanto a qualificação de Oscip é outorgada a qualquer entidade que preencha os requisitos previstos na Lei nº 9.790/99, independentemente de vir ou não a firmar termo de parceria com o poder público.

Além disso, na Organização Social, o instrumento adequado para firmar a parceria com o poder público é o **contrato de gestão**, enquanto na Oscip o instrumento previsto na lei é o **termo de parceria**.

O legislador teve a preocupação em definir, para os fins da lei, a entidade sem fins lucrativos, assim considerada aquela que "não distribui, entre os seus sócios ou associados, conselheiros, diretores, empregados ou doadores, eventuais excedentes operacionais, brutos ou líquidos, dividendos, bonificações, participações ou parcelas do seu patrimônio, auferidos mediante o exercício de suas atividades, e que os aplica integralmente na consecução do respectivo objeto social" (art. 1º, § 1º).

O art. 2º expressamente exclui da abrangência da lei, tenham ou não fins lucrativos, as sociedades comerciais, sindicatos, associações de classe ou de representação de categoria profissional; as instituições religiosas ou voltadas para a disseminação de credos, cultos, práticas e visões devocionais e confessionais; as organizações partidárias e assemelhadas, inclusive suas fundações; as entidades de benefício mútuo destinadas a proporcionar bens ou serviços a um círculo restrito de associados ou sócios; as entidades e empresas que comercializam planos de saúde e assemelhados; as instituições hospitalares privadas não gratuitas e suas mantenedoras; as escolas privadas dedicadas ao ensino formal não gratuito e suas mantenedoras; as organizações sociais; as cooperativas; as fundações públicas; as fundações, sociedades civis ou associações de direito privado criadas por órgão público ou por fundações públicas; as organizações creditícias que tenham quaisquer tipos de vinculação com o sistema financeiro nacional a que se refere o art. 192 da Constituição Federal.

Podem ser apontadas as seguintes **características** na organização da sociedade civil de interesse público, tal como está disciplinada pela Lei nº 9.790/99:

a) é pessoa jurídica de direito privado, sem fins lucrativos (art. 1º, *caput* e § 1º);

b) sua criação é de iniciativa privada, devendo habilitar-se perante o Ministério da Justiça para obter a qualificação de Oscip (art. 5º);

c) deve atuar em pelo menos uma das seguintes áreas: assistência social; promoção da cultura, defesa e conservação do patrimônio histórico e artístico; promoção gratuita da educação ou da saúde; promoção da segurança alimentar e nutricional; defesa, preservação e conservação do meio ambiente e promoção do desenvolvimento sustentável; promoção do voluntariado; promoção do desenvolvimento econômico e social e combate à pobreza; experimentação, não lucrativa, de novos modelos socioprodutivos e de sistemas alternativos de produção, comércio, emprego e crédito; promoção de direitos estabelecidos, construção de novos direitos e assessoria jurídica gratuita de interesse suplementar; promoção da ética, da paz, da cidadania, dos direitos humanos, da democracia e de outros valores universais; estudos e pesquisas, desenvolvimento de tecnologias alternativas, produção e divulgação de informações e conhecimentos técnicos e científicos que digam respeito às atividades mencionadas neste artigo (art. 3º);

d) seu vínculo com a Administração Pública é estabelecido por meio de **termo de parceria**, definido pelo art. 9º da Lei nº 9.790/99 como "o instrumento passível de ser firmado entre o Poder Público e as entidades qualificadas como Oscips, destinado à formação de vínculo de cooperação entre as partes, para o fomento e a execução das atividades de interesse público previstas no artigo 3º desta Lei"; o termo de parceria deve especificar, como cláusulas essenciais: o **objeto**, com especificação do programa de trabalho; as **metas** e os **resultados** a serem atingidos e os respectivos **prazos** de execução ou cronograma; os critérios objetivos de **avaliação de desempenho**, mediante indicadores de resultado; **previsão de receitas e despesas**, inclusive com detalhamento das remunerações e benefícios do pessoal a serem pagos com recursos oriundos ou vinculados ao termo de parceria; obrigatoriedade de apresentação de **relatório anual**, com comparação entre as metas e os resultados alcançados, acompanhado de prestação de contas; publicação na imprensa oficial do extrato do termo de parceria e de demonstrativo de sua execução física e financeira (art. 10, § 2º);

e) a execução do termo de parceria será supervisionada pelo órgão do Poder Público da área de atuação correspondente à atividade fomentada e pelos Conselhos de Políticas Públicas das áreas correspondentes de atuação existentes, em cada nível de governo (art. 11);

f) o objetivo do termo de parceria é regular o fomento pelo Poder Público ou a cooperação entre Poder Público e entidade privada, não sendo especificadas na lei as modalidades de fomento ou cooperação; há apenas algumas referências a bens ou recursos de origem pública;

g) a entidade poderá perder a qualificação a pedido ou mediante decisão proferida em processo administrativo, no qual será assegurada a ampla defesa e o contraditório (art. 7º);

h) em caso de malversação de bens ou recursos de origem pública, os responsáveis pela fiscalização representarão ao Ministério Público, à Advocacia-Geral da União ou à Procuradoria da entidade, para que requeira ao juízo competente a decretação da indisponibilidade dos bens da entidade e o sequestro dos bens de seus dirigentes, bem como de agente público ou terceiro, que possam ter enriquecido ilicitamente ou causado dano ao patrimônio público (art. 13); também são previstos a investigação, o exame e o bloqueio de bens, contas bancárias e aplicações mantidas pelo demandado no país e no exterior (art. 13, § 2º). Note-se que a Lei nº 13.019/14 alterou a Lei nº 8.429, de 2-6-92 (lei de improbidade administrativa) para incluir novas modalidades de atos de improbidade nos arts. 10 e 11, que tratam, respectivamente, dos atos que causam prejuízo ao erário e dos atos que atentam contra os princípios da Administração; em todos os novos atos de improbidade, as infrações previstas relacionam-se com a celebração e execução de parcerias com entidades privadas.

Embora haja muitos pontos comuns entre essas entidades e as organizações sociais, é evidente que o objetivo visado pelo Governo é bem diverso nos dois casos; nas organizações sociais, o intuito evidente é o de que elas assumam determinadas atividades hoje desempenhadas, como serviços públicos, por entidades da Administração Pública, resultando na extinção destas últimas. Nas organizações da sociedade civil de interesse público, essa intenção não resulta, implícita ou explicitamente, da lei, pois a qualificação da entidade como tal não afeta em nada a existência ou as atribuições de entidades ou órgãos integrantes da Administração Pública. Além disso, a entidade privada, para ser qualificada, tem que ter existência legal, já que, dentre os documentos exigidos para a obtenção da qualificação, estão o "balanço patrimonial e demonstrativo de resultados do exercício" e a "declaração de isenção do imposto de renda" (art. 5º, III e IV, da Lei nº 9.790/99).

No caso das Oscips, a atuação da Administração Pública enquadra-se na função de fomento, ou seja, de incentivo à iniciativa privada de interesse público. O Estado não está abrindo mão de serviço público (tal como ocorre na organização social) para transferi-lo à iniciativa privada, mas fazendo parceria, ajudando, cooperando com entidades privadas que, observados os requisitos legais, se disponham a exercer as atividades indicadas no art. 3º, por se tratar de atividades que, mesmo sem a natureza de serviços públicos, atendem a necessidades coletivas. Têm que ser atividades que se enquadrem entre os objetivos definidos no art. 3º da Lei nº 9.790/99 e incluídas entre os objetivos institucionais da entidade.

Com relação aos Estados e Municípios, não tem aplicação obrigatória a Lei nº 9.790. Da mesma forma que os títulos de utilidade pública e organização social, para serem outorgados, dependem de lei de cada ente da federação, também a qualificação de Oscip está sujeita à mesma exigência. União, Estados e Municípios exercem o fomento em suas respectivas áreas de atuação. Cada qual tem competência própria para estabelecer os requisitos para essa finalidade, que não têm que ser iguais aos da lei federal. Isto, contudo, não impede Estados e Municípios de firmarem ajustes com as Oscips qualificadas pela União.

Só que tais ajustes não podem assumir a forma de convênio em decorrência da norma do art. 84, parágrafo único, combinado com art. 85, da Lei nº 13.019/14, que restringe os convênios aos firmados entre entes federativos e aos decorrentes da aplicação do disposto no inciso IV, do art. 3º (convênio na área da saúde, com fundamento no art. 199 da Constituição Federal).

De qualquer forma, trata-se de acordos de vontades, em que os partícipes objetivam a um fim de interesse comum; cada qual colabora de uma forma, podendo ser por meio de recursos humanos, materiais, financeiros, *know-how*; a verba que o Poder Público repassa à entidade privada não tem a natureza de preço ou remuneração, razão pela qual não passa a integrar o patrimônio da entidade, para que ela a utilize a seu bel-prazer, mas, ao contrário, mantém a natureza de dinheiro público; em decorrência disso, a entidade está obrigada a prestar contas de maneira a demonstrar que os recursos foram utilizados para os fins estabelecidos no acordo, sob pena de ilegalidade.

Quanto à escolha da Oscip com a qual o Poder Público vai fazer a parceria, o Decreto nº 3.100, de 30-6-99, com alterações posteriores, permite o concurso de projetos (art. 23). Como esse decreto somente se aplica à esfera federal, Estados e Municípios que vierem a disciplinar a matéria por lei devem prever o procedimento a ser utilizado, de modo a garantir igualdade de oportunidades a todos os possíveis interessados.

Na prática vem ocorrendo desvirtuamento das Oscips, tendo em vista que os termos de parceria com elas firmados nem sempre observam os seus fins institucionais, que são **atividades privadas de interesse público,** dentre as previstas no art. 3º da Lei nº 9.790 ou na respectiva legislação estadual e municipal. No entanto, dessa lei já decorria a ideia de que a participação do Poder Público se enquadra na atividade de **fomento**: o objetivo é o de incentivar tais entidades pelo fato de prestarem atividade privada de interesse público. Elas não se prestam à delegação de serviços públicos nem podem ser contratadas pela Administração Pública para prestação de serviços ou obras (sob a forma de empreitada) ou para fornecimento de mão de obra, porque isto contraria os objetivos da lei que disciplina a matéria. Elas devem atuar **paralelamente ao Estado** em seu próprio âmbito de atividade, com a ajuda do Estado, e não se substituir à Administração Pública. Na hipótese de admitir-se como válida a celebração de contratos de prestação de serviços ou de fornecimento de mão de obra com a Oscip, essa contratação está sujeita às normas de licitação, não podendo fazer-se por meio de termos de parceria.

No Estado de São Paulo, a Lei nº 11.598, de 15-12-03, estabelece normas sobre as Oscips. Ela não prevê a qualificação de Oscips pelo Governo do Estado, limitando-se a disciplinar os termos de parceria a serem firmados entre os entes da Administração Estadual e as Oscips qualificadas pelo Governo Federal. A lei deixa claro, no art. 1º, que o termo de parceria se destina à formação de vínculo de cooperação entre as partes, para o **fomento** e a **execução das atividades de interesse público** discriminadas no art. 3º da Lei nº 9.790. Estabelece os requisitos para a parceria, prevê o controle e manda aplicar, no que couber, as normas da Lei nº 9.790 e do Decreto nº 3.100.

11.8 ORGANIZAÇÕES DA SOCIEDADE CIVIL

A Lei nº 13.019, de 31-7-2014, com alterações posteriores, veio disciplinar de forma mais rigorosa as parcerias entre o Poder Público e as entidades do terceiro setor, chamadas genericamente de *Organizações da Sociedade Civil*.[11]

A entrada em vigor da lei, inicialmente marcada para 90 dias após a data de sua publicação, foi adiada para 360 dias após a data de sua publicação (ocorrida em 1º-8-14), conforme Medida Provisória nº 658, de 29-10-14, que se converteu na Lei nº 13.102, de 26-2-15. Pela Medida Provisória nº 684, de 21-7-15, convertida na Lei nº 13.204, de 14-12-15, a entrada em vigor da lei foi adiada mais uma vez, para 540 dias de sua publicação oficial.

Nos termos do art. 1º, a lei "institui normas gerais para as parcerias entre a administração pública e organizações da sociedade civil, em regime de mútua colaboração, para a consecução de finalidades de interesse público e recíproco, mediante execução de atividades ou de projetos previamente estabelecidos em planos de trabalho inseridos em termos de colaboração, em termos de fomento ou em acordos de cooperação" (redação dada pela Lei nº 13.204/15).

A Lei foi regulamentada pelo Decreto nº 8.726, de 27-4-2016, alterado pelos Decretos nº 11.661, de 24-8-2023, e nº 11.948, de 12-3-2024.

11.8.1 Abrangência da Lei nº 13.019/14

Conforme consta do art. 1º, já transcrito, combinado com o art. 2º, inciso II, a lei contém *normas gerais* e, como tais, aplicáveis às três esferas de governo (União, Estados, Distrito Federal, Municípios), bem como às respectivas entidades da administração indireta (autarquias, fundações, empresas públicas e sociedades de economia mista prestadoras de serviço público, e suas subsidiárias), quando façam *parcerias* com organizações da sociedade civil.

A referência a *normas gerais* justifica-se por tratar-se de matéria de contratação e licitação, inserida na competência privativa da União, pelo art. 22, inciso XXVII, da Constituição Federal. Como a competência privativa, no caso, é apenas para o estabelecimento de *normas gerais*, não ficam Estados, Distrito Federal e Municípios impedidos de estabelecer normas próprias, desde que observem as normas gerais contidas na lei. A lei, quanto a esse aspecto, padece do mesmo vício da Lei nº 8.666, de 21-6-93, e da Lei nº 14.133, de 1º-4-21 (leis de licitações e contratos administrativos), porque não diz quais as normas gerais, dando a impressão de que todas as contidas na lei têm essa natureza. Como consequência, ficará ao sabor do intérprete definir, na aplicação da lei, quais as normas que realmente são "gerais", de observância obrigatória para todos os entes federativos.

Quanto às entidades incluídas no conceito de organizações da sociedade civil, houve considerável redução pela Lei nº 13.204/15, tirando grande parte do objetivo original de imprimir um regime jurídico uniforme para todas as entidades do terceiro setor que façam parceria com o Poder Público, e tirando também grande parte do objetivo moralizador que inspirou a Lei nº 13.019/14. Foram tantas as entidades excluídas pelo art. 3º, que se chega a pensar que a

---

[11] O tema foi tratado, também, no livro de minha autoria, *Parcerias na administração pública*: concessão, permissão, franquia, terceirização, parceria público-privada e outras formas. 13. ed. Rio de Janeiro: Forense, 2022, Capítulo 12.

lei perdeu grande parte do seu objeto. As organizações da sociedade civil de interesse público (OSCIPS) e as organizações sociais (OS), que seriam o principal alvo da lei, porque são as que administram maior volume de recursos públicos, somente são por ela alcançadas se não cumprirem os requisitos das Leis nº 9.790/99 e 9.637/98, respectivamente. Os serviços sociais autônomos também foram excluídos.

Pelo art. 2º, inciso I, da Lei nº 13.019/14, organizações da sociedade civil são:

"a) entidade privada sem fins lucrativos que não distribua, entre os seus sócios ou associados, conselheiros, diretores, empregados, doadores ou terceiros eventuais resultados, sobras, excedentes operacionais, brutos ou líquidos, dividendos, isenções e qualquer natureza, participações ou parcelas do seu patrimônio, auferidos mediante o exercício de suas atividades, e que os aplica integralmente na consecução do respectivo objeto social, de forma imediata ou por meio da constituição de fundo patrimonial ou fundo de reserva;

b) as sociedades cooperativas previstas na Lei nº 9.867, de 10 de novembro de 1999; as integradas por pessoas em situação de risco ou vulnerabilidade pessoal ou social; as alcançadas por programas e ações de combate à pobreza e de geração de trabalho e renda; as voltadas para fomento, educação e capacitação de trabalhadores rurais ou capacitação de agentes de assistência técnica e extensão rural; e as capacitadas para execução de atividades ou de projetos de interesse público e de cunho social;

c) as organizações religiosas que se dediquem a atividades ou a projetos de interesse público e de cunho social distintas das destinadas a fins exclusivamente religiosos".

Quando tais organizações sociais firmarem parceria com o Poder Público, estarão sujeitas às normas da Lei nº 13.019/14, com as alterações posteriores.

O art. 3º indica as parcerias que escapam ao regime da lei, entre elas "os contratos de gestão celebrados com organizações sociais, desde que cumpridos os requisitos previstos na Lei nº 9.637, de 15-5-98" (inciso III), os "convênios e contratos celebrados com entidades filantrópicas e sem fins lucrativos nos termos do § 1º do art. 199 da Constituição Federal" (inciso IV), os "termos de parceria celebrados com organizações da sociedade civil de interesse público, desde que cumpridos os requisitos previstos na Lei nº 9.790, de 23-3-99" (inciso VI), as "parcerias entre a administração pública e os serviços sociais autônomos (inciso X)". Não há dúvida de que a Lei nº 13.204/15 restringiu consideravelmente o âmbito de aplicação da Lei nº 13.019/14, o que é lamentável, especialmente no que diz respeito às organizações da sociedade civil de interesse público, que são as que mais apresentam desvirtuamentos, inclusive de recursos públicos.

Com relação aos convênios, não mais se aplica a norma do art. 116 da Lei nº 8.666/93 (revogada pela Lei nº 14.133/21). Mesmo o art. 184 da Lei nº 14.133/21 não tem aplicação, salvo em duas hipóteses: I – quando celebrados entre entes federados ou pessoas jurídicas a eles vinculadas; II – quando decorrentes da aplicação do disposto no inciso IV do art. 3º (os firmados com entidades filantrópicas e sem fins lucrativos, na área da saúde, com fundamento no art. 199, § 1º, da Constituição). Na realidade, a figura do convênio ficou reduzida às duas hipóteses referidas nesse dispositivo. Todos os demais ajustes têm que obedecer às normas da Lei 13.019/14, consoante decorre do art. 84, *caput* e parágrafo único. A conclusão é reforçada pela norma do art. 84-A, pelo qual, "a partir da vigência desta lei, somente serão celebrados convênios nas hipóteses do parágrafo único do artigo 84". As parcerias celebradas com entidades privadas que se enquadrem no conceito de organização da sociedade civil terão que ser formalizadas por meio do termo de colaboração, termo de fomento ou acordo de cooperação, firmados com observância das normas da Lei nº 13.019/14.

No caso de prorrogação dos ajustes firmados na vigência da lei anterior, já se aplicam as normas da Lei nº 13.019, exceto no caso de prorrogação de ofício prevista em lei ou regulamento, exclusivamente para a hipótese de atraso na liberação de recursos por parte da Administração Pública, quando a prorrogação poderá ser feita por período equivalente ao atraso (art. 83, § 1º, com a redação dada pela Lei nº 13.204/15).

Se as parcerias foram firmadas por prazo indeterminado antes da promulgação da Lei nº 13.019 ou prorrogáveis por período superior ao inicialmente estabelecido, no prazo de até um ano após a data da entrada em vigor da lei, serão alternativamente: I – substituídas pelos instrumentos previstos nos arts. 16 (termo de colaboração) ou 17 (termo de fomento), conforme o caso; II – objeto de rescisão unilateral pela administração pública (art. 83, § 2º).

A Lei nº 14.133, no art. 184, manda aplicar as suas disposições, no que couber e na ausência de norma específica, aos convênios, acordos, ajustes e outros instrumentos congêneres celebrados por órgãos e entidades da Administração Pública, na forma estabelecida em regulamento do Poder Executivo federal. O art. 184-A da Lei nº 14.133/2021, acrescentado pela Lei nº 14.770, de 22-12-2023, veio prever **regime simplificado** para a celebração, a execução, o acompanhamento e a prestação de contas dos convênios, contratos de repasse e instrumentos congêneres em que for parte a União, com valor global de até R$ 1.500.000,00, firmados após a publicação dessa lei. Esse regime abrange as seguintes exigências: "I – o plano de trabalho aprovado conterá parâmetros objetivos para caracterizar o cumprimento do objeto; II – a minuta dos instrumentos deverá ser simplificada; III – vetado; IV – a verificação da execução do objeto ocorrerá mediante visita de constatação da compatibilidade com o plano de trabalho". Dentre os **instrumentos congêneres** referidos no dispositivo, incluem-se, sem dúvida, os termos de parceria e de fomento de que trata a Lei nº 13.019/2014, com alterações posteriores.

11.8.2 Do termo de colaboração, do termo de fomento e do acordo de cooperação

Da mesma forma que a lei utilizou uma expressão genérica para designar os vários tipos de entidades que se enquadram no conceito genérico de *Organização da Sociedade Civil*, sem alterar a denominação das mesmas, dada por outras leis, também empregou expressões genéricas – *termo de colaboração, termo de fomento e acordo de cooperação* – para designar o instrumento de parceria disciplinado pela lei, sem alterar a denominação (ou, pelo menos, a definição) adotada em outras leis.

O art. 2º, inciso VII, da Lei nº 13.019/14, define o *termo de colaboração* como o "instrumento por meio do qual são formalizadas as parcerias estabelecidas pela administração pública com organizações da sociedade civil para a consecução de finalidades de interesse público e recíproco propostas pela administração pública, que envolvam a transferência de recursos financeiros".

O *termo de fomento* foi definido pelo art. 2º, inciso VIII, como o "instrumento por meio do qual são formalizadas as parcerias estabelecidas pela administração pública com organizações da sociedade civil para a consecução de finalidades de interesse público e recíproco propostas pelas organizações da sociedade civil, que envolvam a transferência de recursos financeiros.

As duas definições são praticamente iguais nos seguintes aspectos: (a) ambos os termos são instrumentos de parcerias entre a Administração Pública e as organizações da sociedade civil; (b) os dois instrumentos têm por finalidade a consecução de atividades de interesse público e recíproco; (c) as duas envolvem a transferência de recursos financeiros.

A diferença é apenas uma: enquanto o termo de colaboração é proposto pela Administração Pública, o termo de fomento é proposto pela organização da sociedade civil.

O novo instrumento de parceria (acordo de cooperação), incluído pela Lei nº 13.204/15, define-se como o "instrumento por meio do qual são formalizadas as parcerias estabelecidas pela administração púbica com organizações da sociedade civil para a consecução de finalidades de interesse público e recíproco que não envolvam a transferência de recursos financeiros" (art. 2º, VIII-A). Como se vê, distingue-se dos dois outros por não envolver transferência de recursos financeiros.

Os arts. 16 e 17 da lei exigem que o termo de colaboração e o termo de fomento sejam adotados pela administração pública para consecução de planos de trabalho propostos, respectivamente, pela administração ou pela organização da sociedade civil.

11.8.3   Do chamamento público

A Lei nº 13.019/14 não utilizou o vocábulo *licitação* para designar o procedimento de seleção da organização da sociedade civil. Falou em *chamamento público*, que não deixa de ser modalidade de licitação, regida por legislação própria.

Aliás, o legislador quis deixar claro que a Lei nº 8.666/93 (hoje substituída pela Lei nº 14.133/21) não se aplica às relações regidas pela Lei nº 13.019/14, salvo nos casos expressamente previstos.

O art. 2º, inciso XII, define o chamamento público como o "procedimento destinado a selecionar organização da sociedade civil para firmar parceria por meio de termo de colaboração ou de fomento, no qual se garanta a observância dos princípios da isonomia, da legalidade, da impessoalidade, da moralidade, da igualdade, da publicidade, da probidade administrativa, da vinculação ao instrumento convocatório e dos que lhes são correlatos".

No art. 24, a lei determina que, "exceto nas hipóteses previstas nesta Lei, a celebração de termo de colaboração ou de fomento será precedida de chamamento público voltado a selecionar organizações da sociedade civil que tornem mais eficaz a execução do objeto".

11.8.3.1   *Providências preliminares*

O plano de trabalho apresentado para celebração do termo de colaboração e de fomento deve atender aos requisitos exigidos pelo art. 22.

Para as entidades privadas, o art. 18 institui o *procedimento de Manifestação de Interesse Social*, como "instrumento por meio do qual as organizações da sociedade civil, movimentos sociais e cidadãos poderão apresentar propostas ao poder público para que este avalie a possibilidade de realização de um chamamento público objetivando a celebração de parceria".

O art. 19 indica os requisitos que devem ser atendidos para a proposta. Uma vez preenchidos os mesmos, a Administração deverá tornar pública a proposta em seu sítio eletrônico e, verificada a conveniência e oportunidade para realização do procedimento de Manifestação de Interesse Social, o instaurará para oitiva da sociedade sobre o tema (art. 20). O parágrafo único desse dispositivo prevê regulamento que defina os prazos e regras do procedimento de Manifestação de Interesse Social.

A realização do procedimento não obriga a Administração a fazer o chamamento público nem dispensa a convocação por meio de chamamento público (art. 21).

11.8.3.2   *Procedimento do chamamento público*

A lei não indica as fases do procedimento do chamamento público. Mas, pela forma como está disciplinado pela lei, pode-se dizer que compreende as seguintes fases: **instrumento convocatório** (edital), **julgamento** e **classificação**, **homologação** e **habilitação**.

O **edital**, que deve ser amplamente divulgado em página do sítio oficial do órgão ou entidade na Internet com antecedência mínima de 30 dias (art. 26), deve conter os elementos indicados no art. 24, § 1º, como programação orçamentária que autoriza e viabiliza a celebração da parceria, o objeto da parceria, as datas, os prazos, as condições, o local e a forma de apresentação das propostas, as datas e os critérios de seleção e julgamento das propostas, valor previsto para a realização do objeto.

Note-se que o art. 24 somente aponta as especificações que deve conter o edital. Isto, no entanto, não impede que outras sejam previstas. É até recomendável que o edital seja o mais completo possível, já que, indiscutivelmente, é apontado como a lei da licitação, até porque o art. 2º, inciso XII, inclui a vinculação ao instrumento convocatório entre os princípios a serem observados no chamamento público. É importante, por exemplo, que o edital estabeleça as regras do procedimento, os prazos, a possibilidade ou não de prorrogação, as hipóteses de rescisão, os documentos exigíveis para verificação dos requisitos para celebração do termo de colaboração ou de fomento (previstos nos arts. 33 a 35), os recursos cabíveis durante o chamamento público, dentre outras previsões importantes para garantir a eficiência, a transparência, a moralidade do procedimento.

O § 2º do art. 24 estabelece vedação semelhante à que se continha no art. 3º, § 1º, da Lei nº 8.666, de 21-6-93,[12] com o objetivo de garantir a isonomia entre os interessados: "é vedado admitir, prever, incluir ou tolerar, nos atos de convocação, cláusulas ou condições que comprometam, restrinjam ou frustrem o seu caráter competitivo em decorrência de qualquer circunstância impertinente ou irrelevante para o específico objeto da parceria", porém admitindo: "I – a seleção de propostas apresentadas exclusivamente por concorrentes sediados ou com representação atuante e reconhecida da unidade da Federação onde será executado o objeto da parceria; II – o estabelecimento de cláusula que delimite o território ou a abrangência da prestação de atividades ou da execução de projetos, conforme estabelecido nas políticas setoriais". A ressalva prevista no inciso I é de constitucionalidade bastante duvidosa, porque a participação de entidades sediadas em outros municípios seria sempre possível uma vez que atendessem às exigências estabelecidas no edital.

Interpretado *a contrario sensu*, o dispositivo está dizendo que somente se aceitam as discriminações que sejam pertinentes ou relevantes para o específico objeto da parceria, o que deve ser devidamente motivado. Trata-se de aplicação do princípio da razoabilidade, que exige relação ou adequação entre meios e fins.

Para o **julgamento** das propostas, o art. 27 impõe como critério obrigatório "o grau de adequação da proposta aos objetivos específicos do programa ou ação em que se insere o tipo de parceria e, quando for o caso, ao valor de referência constante do chamamento". Não significa que outros critérios não possam também ser previstos no edital, conforme consta do art. 24, § 1º, inciso V. Apenas a lei quis tornar obrigatória a adoção do critério previsto no art. 27.

O julgamento das propostas incumbe a uma *comissão de seleção*, definida, pelo art. 2º, inciso X, como o "órgão colegiado destinado a processar e julgar chamamentos públicos, constituído por ato publicado em meio oficial de comunicação, assegurada a participação de pelo menos um servidor ocupante de cargo efetivo ou emprego permanente do quadro de pessoal da administração pública". Pelo § 2º do art. 27, será impedida de participar da comissão de seleção pessoa que, nos últimos cinco anos, tenha mantido relação jurídica com, ao menos, uma das entidades participantes do chamamento público". Verificado o impedimento, deverá ser designado membro substituto que possua qualificação equivalente à do substituído (§ 3º do art. 27).

Concluído o julgamento, a Administração Pública homologará e divulgará o resultado em página do sítio oficial previsto no art. 26.

---

[12] Vedações semelhantes constam agora do art. 9º da nº 14.133/21.

Encerrada essa fase, a Administração Pública procederá à verificação dos requisitos estabelecidos nos arts. 33 e 34, dentre os quais são especialmente relevantes os previstos no inciso V, que contempla as exigências de que a entidade possua: "a) no mínimo, um, dois ou três anos de existência, com cadastro ativo, comprovados por meio de documentação emitida pela Secretaria da Receita Federal do Brasil, com base no Cadastro Nacional da Pessoa Jurídica – CNPJ, conforme, respectivamente, a parceria seja celebrada no âmbito dos Municípios, do Distrito Federal ou dos Estados e da União, admitida a redução desses prazos por ato específico de cada ente na hipótese de nenhuma organização atingi-los; b) experiência prévia na realização, com efetividade, do objeto da parceria ou de natureza semelhante; c) instalações, condições materiais e capacidade técnica e operacional para o desenvolvimento das atividades ou projetos previstos na parceria e o cumprimento das metas estabelecidas".

O art. 35-A permite a atuação em rede, por duas ou mais organizações da sociedade civil, mantida a integral responsabilidade da organização celebrante do termo de fomento ou de colaboração, desde que a organização da sociedade civil signatária do termo de fomento ou de colaboração possua: I – mais de cinco anos de inscrição no CNPJ; II – capacidade técnica e operacional para supervisionar e orientar diretamente a atuação da organização que com ela estiver atuando em rede.

A Lei nº 13.019 não prevê a possibilidade de **recursos** ou impugnações por qualquer interessado. Mas a impugnação do ato convocatório e o recurso contra as decisões pertinentes ao julgamento, desqualificação ou inabilitação, são sempre cabíveis com fundamento no art. 5º, inciso LV, da Constituição Federal. Como não existe previsão na Lei, os recursos podem ser dirigidos à autoridade imediatamente superior à que proferiu a decisão, devendo ser observadas as normas das leis de processo administrativo, seja a federal, sejam as estaduais ou municipais, quando houver.

A lei também foi omissa quanto à exigência de que as decisões, nas diversas fases, sejam tomadas em sessão pública, o que não impede seja a mesma prevista no edital. A exigência de divulgação foi feita apenas com relação ao edital e ao julgamento. De qualquer forma, as decisões devem ser todas devidamente motivadas, sob pena de afronta ao princípio da motivação, contido no art. 2º da Lei nº 9.784, de 29-1-99 (Lei de Processo Administrativo Federal), e também ao seu art. 50, inciso III, que exige motivação, com indicação dos fatos e dos fundamentos jurídicos, nos atos "que decidam processos administrativos de concurso ou seleção pública". Além disso, as decisões devem ser publicadas e de fácil acesso aos interessados, não só em obediência ao art. 5º, inciso XXXIII, da Constituição, mas também à Lei de Acesso à Informação, que o regulamentou (Lei nº 12.527, de 18-11-11).

11.8.3.3 Dispensa e inexigibilidade do chamamento público

O art. 30 da Lei nº 13.019/14, com a redação dada pela Lei nº 13.204/15, previa seis hipóteses de *dispensa* do chamamento público. No entanto, duas delas foram vetadas pela Chefe do Executivo, restando quatro:

I – no caso de urgência decorrente de paralisação ou iminência de paralisação de atividades de relevante interesse público;

II – nos casos de guerra, grave perturbação da ordem pública ou ameaça à paz social;

III – quando se tratar da realização de programa de proteção a pessoas ameaçadas ou em situação que possa comprometer a sua segurança; embora a lei não o diga expressamente, trata-se de situação excepcional, que exige demonstração de que pessoas estão ameaçadas por algum fator também excepcional, ou em situação que coloque em risco a sua segurança;

IV – no caso de atividades voltadas ou vinculadas a serviços de educação, saúde e assistência social, desde que executadas por organizações da sociedade civil previamente credenciadas pelo órgão gestor da respectiva política.

As hipóteses de dispensa são apenas essas, taxativamente indicadas na lei. O art. 30 não torna obrigatória a dispensa diante da ocorrência de uma das hipóteses previstas em seus quatro incisos, cabendo à Administração decidir discricionariamente pela dispensa ou pela abertura do chamamento público, mediante adequada motivação.

O art. 31 prevê a *inexigibilidade* do chamamento público "na hipótese de inviabilidade de competição entre as organizações da sociedade civil, em razão da natureza singular do objeto da parceria ou se as metas somente puderem ser atingidas por uma entidade específica, especialmente quando: I – o objeto da parceria constituir incumbência prevista em acordo, ato ou compromisso internacional, no qual sejam indicadas as instituições que utilizarão os recursos; II – a parceria decorrer de transferência para a organização da sociedade civil que esteja autorizada em lei na qual seja identificada expressamente a entidade beneficiária, inclusive quando se tratar da subvenção prevista no inciso I do § 3º do art. 12 da Lei nº 4.320, de 17-3-1964, observado o disposto no art. 26 da Lei Complementar nº 101, de 4-5-2000".

O art. 32 exige que a dispensa e a inexigibilidade sejam justificadas, com publicação do extrato da justificativa na mesma data em que for efetivado o extrato, em página do sítio oficial da Administração Pública na Internet e, eventualmente, a critério do administrador público, também no meio oficial de publicidade da administração pública, a fim de garantir ampla e efetiva transparência. Sem essa publicidade, exigida pelo § 1º do art. 32, o ato de formalização da parceria será nulo.

O § 2º do mesmo dispositivo admite a impugnação da justificativa, desde que apresentada no prazo de cinco dias a contar de sua publicação, cujo teor deve ser analisado pelo administrador público responsável em até cinco dias da data do respectivo protocolo. Essa delimitação de um prazo para a impugnação não impede a Administração de reconhecer a sua nulidade e invalidá-la de ofício. Tal possibilidade, que de longa data é reconhecida pela doutrina (em atenção ao princípio da legalidade), está hoje consagrada pelo art. 63, § 2º, da Lei de Processo Administrativo federal (Lei nº 9.784/99).

Pelo § 3º do art. 32, havendo fundamento na impugnação, será revogado o ato que declarou a dispensa ou considerou inexigível o chamamento público, e será imediatamente iniciado o procedimento para a realização do chamamento público. Embora o dispositivo fale em *revogação* (que supõe desfazimento por razões de oportunidade e conveniência), não há dúvida de que, se houver vício de ilegalidade na dispensa ou inexigibilidade, tratar-se-á de hipótese de anulação.

11.8.4 Da celebração do termo de colaboração e do termo de fomento

Os arts. 33 a 38 da Lei nº 13.019/14 estabelecem normas sobre os **requisitos para celebração do termo de colaboração e do termo de fomento**.

Na realidade, muitos dos requisitos, especialmente os referentes à documentação a ser apresentada pela organização da sociedade civil, deveriam ser exigidos durante o procedimento do chamamento público, na fase de habilitação, que se segue ao julgamento e seleção da proposta vencedora. No entanto, pelo art. 28, nessa fase, que ocorre depois de encerrada a etapa competitiva e ordenadas as propostas, a administração pública examinará *apenas* os documentos que comprovem o atendimento, pela entidade selecionada, dos requisitos previstos nos arts. 33 e 34.

Com efeito, o art. 33 indica os requisitos que devem constar do estatuto da organização civil, como condição para celebração do termo.

O art. 34 dá uma relação de documentos que a entidade deverá apresentar, para poder firmar o termo de colaboração ou de fomento, como certidões de regularidade fiscal, previdenciária, tributária, de contribuições e de dívida ativa; certidão de existência jurídica expedida pelo cartório de registro civil ou cópia do estatuto registrado e eventuais alterações ou, tratando-se de sociedade cooperativa, certidão simplificada emitida por junta comercial; cópia da ata de eleição do quadro dirigente atual; relação nominal atualizada dos dirigentes da entidade, com endereço, número e órgão expedidor da carteira de identidade e número de registro no Cadastro de Pessoas Físicas – CPF; comprovação de que a organização da sociedade civil funciona no endereço por ela declarado. As exigências são altamente meritórias, porque contribuem para afastar verdadeiras entidades fantasmas que têm celebrado termos de parceria com o Poder Público: entidades que só existem no papel. Mas essa documentação deveria ser examinada durante o procedimento do chamamento público, sob pena de a Administração selecionar, como melhor proposta, uma organização da sociedade civil que não poderá firmar o termo de colaboração ou de fomento.

Além disso, o art. 35 indica uma série de providências a serem adotadas pela Administração Pública, também como condição para celebração do ajuste. Na revogada Lei nº 8.666/93, essas providências, em sua maioria, eram adotadas antes da abertura do procedimento da licitação, na fase interna do procedimento, exatamente por serem requisitos indispensáveis para a celebração do contrato. Não tem sentido e fere frontalmente o princípio da razoabilidade e da eficiência impor a verificação da observância dessas exigências após a realização do chamamento público. Verifica-se uma inversão na ordem lógica que deveria ser observada para a celebração do termo de colaboração ou de fomento. Pela forma como a matéria foi disciplinada, uma série de exigências – inclusive exame de documentos – deve ser cumprida depois de selecionada a proposta vencedora. Será praticamente uma nova fase de habilitação depois de concluído o chamamento público e ter sido divulgado o resultado no sítio eletrônico apropriado.

Com efeito, o art. 35 exige, entre outras providências, a indicação expressa da existência de prévia dotação orçamentária e aprovação do plano de trabalho. Ambas as medidas têm que ser prévias à abertura do procedimento. Sem a existência de dotação orçamentária, não é possível cogitar de parcerias que envolvam recursos públicos. Sem o plano de trabalho não existe proposta de parceria, conforme decorre dos arts. 16 e 17. Os pareceres de órgãos jurídicos quanto à viabilidade da proposta deveriam ser previstos para a fase de julgamento, como requisitos de viabilidade da proposta.

A falha da lei pode ser corrigida pelo edital. O art. 24, § 1º, especifica os itens que o edital deve conter, *no mínimo*. Nada impede que se exija no edital documentação que comprove o preenchimento dos requisitos previstos nos arts. 33 e 34, bem como no art. 35, na medida do possível.

As **cláusulas essenciais** dos termos de colaboração ou de fomento são as indicadas no art. 42.

Dentre elas, é importante mencionar a do inciso X, referente à definição, se for o caso, da titularidade dos bens e direitos remanescentes na data da conclusão ou extinção da parceria e que, em razão de sua execução, houverem sido adquiridos, produzidos ou transformados com recursos repassados pela administração pública; a do inciso XII, que prevê a prerrogativa atribuída à administração pública para assumir ou transferir a responsabilidade pela execução do objeto, no caso de paralisação, de modo a evitar a sua descontinuidade; a do inciso XV, que prevê o livre acesso dos agentes da administração pública, do controle interno e do Tribunal de Contas correspondente aos processos, aos documentos e às informações relacionadas a termos de colaboração ou a termos de fomento, bem como aos locais de execução do respectivo objeto; a do inciso XVI, que prevê a faculdade dos partícipes rescindirem o instrumento, a qualquer tempo, com as respectivas condições e delimitações claras de responsabilidades, além da estipulação de prazo mínimo de antecedência para a publicidade dessa intenção, que não poderá ser inferior a 60 dias; a do inciso XX, sobre a responsabilidade exclusiva da organização da sociedade civil pelo pagamento dos encargos trabalhistas, previdenciários, fiscais e comerciais relacionados à execução do objeto previsto no termo de colaboração ou de fomento, não implicando responsabilidade solidária ou subsidiária da administração pública a inadimplência da organização da sociedade civil em relação ao referido pagamento, os ônus incidentes sobre o objeto da parceria ou os danos decorrentes da restrição à sua execução.

Pelo parágrafo único do art. 42, constitui **anexo do termo de colaboração, do termo de fomento ou do acordo de colaboração** o plano de trabalho, que dele é parte integrante e indissociável. Com as alterações introduzidas pela Lei nº 13.204/15, desapareceu a exigência de que a entidade apresentasse regulamento de compras e contratações, devidamente aprovado pela administração pública.

11.8.5 Das vedações

Os arts. 39 e 40 da lei contêm dois tipos de vedações:

a) no art. 39, são estabelecidas vedações que correspondem a *impedimentos* da Organização da Sociedade Civil e que, rigorosamente, devem ser verificados durante o chamamento público, em nome da eficiência e da razoabilidade;

b) no art. 40, são estabelecidas vedações referentes ao *objeto* da parceria; o dispositivo veda as parcerias que envolvam, direta ou indiretamente, a delegação das funções de regulação, de fiscalização, do exercício do poder de polícia ou de outras atividades exclusivas do Estado; infelizmente a Lei 13.204/15 não mais proíbe a prestação de serviços ou de atividades cujo destinatário seja o aparelhamento administrativo do Estado; essa proibição havia sido prevista com o objetivo de impedir que organizações da sociedade civil fossem contratadas, a qualquer título, para exercer atividades prestadas ao Estado, seja por meio de contratos de empreitada, seja por meio de falsos termos de parceria, como ocorre comumente, inclusive com desrespeito às normas sobre licitação. No entanto, embora excluída da lei, a exigência de licitação para a celebração desse tipo de ajuste tem que ser observada, sob pena de infringência à Lei nº 8.666/93. Além disso, tais entidades não podem ser contratadas para prestar atividades que fujam aos seus objetivos institucionais.

11.8.6 Das contratações realizadas pelas organizações da sociedade civil

A Lei nº 13.019/14 prevê licitação, na modalidade de chamamento público, para a seleção da organização da sociedade civil com a qual será firmado o ajuste. Mas, em decorrência de alterações feitas pela Lei nº 13.204/15, deixou de prever qualquer tipo de licitação para as contratações realizadas por essas entidades com terceiros. Deixou de exigir até mesmo a observância dos princípios da licitação, que constava da redação original do art. 43.

11.8.7 Medidas moralizadoras

As relações jurídicas entre a Administração Pública e as entidades do terceiro setor têm sido campo fértil para os desvios dos objetivos que justificam a celebração de parcerias entre os setores público e privado para fomento de atividades sociais de interesse público; como também têm propiciado o desrespeito das finalidades institucionais das entidades parceiras; e, principalmente, têm provocado o desvio de vultosos recursos públicos para finalidades outras que não são de interesse público.

A Lei nº 13.019/14 adotou uma série de medidas que, se devidamente monitoradas pelos órgãos de controle, podem contribuir para moralizar as parcerias com entidades do terceiro setor e corrigir os abusos que atualmente se verificam. Dentre elas, pode-se mencionar como especialmente relevantes:

a) imposição de medidas garantidoras de transparência, seja para exigir divulgação, pela Administração Pública e pela organização da sociedade civil, por meio eletrônico, da relação das parcerias celebradas e dos respectivos planos de trabalho (arts. 10 e 11), seja para divulgação, pela Internet, dos meios para apresentação de denúncia sobre a aplicação irregular dos recursos envolvidos na parceria (art. 12);

b) exigência de **chamamento público** para seleção da entidade, conforme analisado no item 11.8.3.2;

c) maiores exigências para que as chamadas organizações da sociedade civil possam celebrar parcerias com o poder público, especialmente o requisito de, no mínimo, **um, dois ou três anos de existência** (art. 33, inciso V), conforme, respectivamente, a parceria seja celebrada no âmbito dos Municípios, do Distrito Federal ou dos Estados e da União, admitida a redução desses prazos por ato específico de cada ente na hipótese de nenhuma organização atingi-los; experiência prévia na realização, com efetividade, do objeto da parceria ou de natureza semelhante; instalações, condições materiais e capacidade técnica e operacional para o desenvolvimento das atividades ou projetos previstos na parceria e o cumprimento das metas estabelecidas;

d) previsão de **plano de trabalho** como documento anexo ao termo de colaboração, ao termo de fomento ou ao acordo de cooperação (art. 42, parágrafo único), fundamental para favorecer o controle de resultado, previsto como uma das diretrizes fundamentais do regime jurídico de fomento ou de colaboração (art. 6º, II) e a verificação da licitude das despesas efetuadas com recursos vinculados à parceria, que devem estar aprovadas no plano de trabalho (art. 46);

e) **restrições para liberação dos recursos públicos** a serem transferidos no âmbito da parceria (arts. 48 e 49) bem como para movimentação e aplicação financeira dos recursos (arts. 51 a 53);

f) previsão de **monitoramento e avaliação**, pela Administração Pública (que poderá valer-se do apoio de terceiros), pelos órgãos de controle ou pelos conselhos de políticas públicas das áreas correspondentes de atuação existentes em cada esfera de governo, além do controle pela própria sociedade (arts. 58 a 60);

g) previsão da figura do **gestor**, definido, pelo art. 2º, VI, como o agente público responsável pela gestão de parceria celebrada por meio de termo de colaboração ou termo de fomento, designado por ato publicado em meio oficial de comunicação, com poderes de controle e fiscalização, e cujas atribuições estão especificadas no art. 61;

h) atribuição, à Administração Pública, dos **poderes de retomar os bens públicos** em poder da organização da sociedade civil e de **assumir a responsabilidade pela execução** do restante do objeto previsto no plano de trabalho, para dar continuidade à execução do objeto da parceria (art. 62);

i) exigência de **prestação de contas** segundo as normas estabelecidas nos arts. 63 a 68, com fixação de prazo para sua apresentação e também para averiguação pela Administração Pública (arts. 69 a 72); para as organizações da sociedade civil de interesse público, foi estabelecida norma específica relativamente à prestação de contas, mediante introdução do art. 15-B na Lei nº 9.790/99.

j) previsão de **penalidades** pela execução da parceria em desacordo com o plano de trabalho e com as normas da Lei nº 13.019 e da legislação específica, garantida a prévia defesa; as sanções são: I – advertência; II – suspensão temporária da participação em chamamento público e impedimento de celebrar parceria ou contrato com órgãos e entidades da esfera de governo da Administração Pública sancionadora, por prazo não superior a dois anos; III – declaração de inidoneidade para participar de chamamento público ou celebrar parceria ou contrato com órgãos e entidades de todas as esferas de governo, enquanto perdurarem os motivos determinantes da punição ou até que seja promovida a reabilitação perante a própria autoridade que aplicou a penalidade, que será concedida sempre que a organização da sociedade civil ressarcir a Administração pelos prejuízos resultantes, e depois de decorrido o prazo da sanção aplicada com base no inciso II (art. 73); pelo § 1º do mesmo dispositivo, as sanções previstas nos incisos II e III são de competência do Ministro de Estado ou do Secretário Estadual, Distrital ou Municipal, conforme o caso, facultada a defesa do interessado no respectivo processo, no prazo de 10 dias da abertura de vista, podendo a reabilitação ser requerida após dois anos de aplicação da penalidade;

k) alteração da lei de improbidade administrativa (Lei nº 8.429/92, depois alterada pela Lei nº 14.230, de 25-10-2021) para incluir novas modalidades de atos de improbidade praticados em relação às parcerias de que trata a lei (art. 77).

A título de conclusão, pode-se afirmar que a Lei nº 13.019/14 previu importantes instrumentos de controle, da maior relevância para moralização das parcerias com as entidades privadas do terceiro setor, chamadas pela lei de *organizações da sociedade civil*. O seu cumprimento vai depender, em grande parte, da atuação eficiente dos órgãos de controle.

RESUMO

1. **A expressão entidade paraestatal**: *pará* (do grego: ao lado de) e *estatal* (de *status*: Estado): ao lado do Estado.

2. **Imprecisão conceitual na doutrina, com diferentes opiniões**: tais entes identificam-se com autarquias; ou são partes da administração indireta; ou são entes não estatais colaboradores do Estado; ou são sinônimos de serviço social autônomo.

3. **Meu conceito**: pessoas jurídicas de direito privado, instituídas por particulares, com ou sem autorização legislativa, para o desempenho de atividades privadas de interesse público, mediante fomento e controle pelo Estado.

4. **Aproximação entre entidades paraestatais e terceiro setor**

    – **Teóricos da Reforma do Estado**: inclusão dessas entidades entre as do terceiro setor, chamando-as de **públicas não estatais**.

    – Características comuns:

    a) **não são criadas pelo Estado**, ainda que algumas sejam autorizadas por lei;

    b) desempenham **atividade privada de interesse público,** ressalva feita quanto às organizações sociais – OS, que, em regra, prestam serviço público delegado pelo Estado;

    c) recebem algum tipo de **incentivo do Poder Público;**

    d) têm **vínculo jurídico** com o Poder Público: convênio, termo de parceria, contrato de gestão ou outros instrumentos congêneres;

    e) **regime jurídico de direito privado parcialmente derrogado pelo direito público** (leis específicas que disciplinam os vários tipos de entidades do terceiro setor); estão a meio caminho entre o público e o privado;

f) integram o **terceiro setor**, porque não se enquadram inteiramente como entidades privadas, nem integram a administração pública, direta ou indireta; todas são ONGs.

– **Responsabilidade dos empregados**: equiparação aos funcionários públicos para fins criminais (art. 327, § 1º, do CP) e para fins de improbidade administrativa, quando recebam subvenção do Poder Público (art. 1º, parágrafo único, da Lei nº 8.429, de 2-6-92).

– **Responsabilidade civil por danos causados a terceiros**: aplicação do art. 37, § 6º, da CF, quando prestarem serviço público delegado a qualquer título.

5. **Direito positivo** (referências às entidades paraestatais):

   a) **art. 327, §§ 1º e 2º, do CP**: equiparação aos funcionários públicos para fins penais; abrange empregados das sociedades de economia mista, empresa pública ou fundação instituída ou mantida pelo Poder Público;

   b) **art. 107 da Lei nº 4.320, de 17-3-64** (normas de direito financeiro): exigência de que orçamentos sejam aprovados pelo Poder Executivo; abrange empresas com autonomia financeira e administrativa cujo capital pertencer, integralmente, ao Poder Público (parágrafo único);

6. **Exigências para as entidades que recebem recursos repassados pela União**: Decreto nº 11.531, de 16-5-2023, com alterações posteriores, bem como art. 184-A da Lei nº 14.133/2021, acrescentado pela Lei nº 14.770, de 22-12-2023.

7. **Serviços sociais autônomos**

   – **Conceito de Hely Lopes Meirelles:** "são todos aqueles instituídos por lei, com personalidade de Direito Privado, para ministrar assistência ou ensino a certas categorias sociais ou grupos profissionais, sem fins lucrativos, sendo mantidos por dotações orçamentárias ou por contribuições "parafiscais". Exemplos: Sesi, Senac, Sesc.

   – **Crítica ao conceito**: tais entidades não são instituídas por lei; a lei apenas autoriza as Confederações Nacionais a fazê-lo; autorização dada, em regra, por meio de decretos-leis; a lei também garantiu a manutenção das entidades por meio de contribuições parafiscais dos empregadores.

   – Não integram a administração pública, direta ou indireta. A atuação do Estado no caso é de **fomento**. Não prestam serviço público, mas atividade de interesse público (serviços não exclusivos do Estado). Sujeição a regime parcial de direito público (princípios da licitação, processo seletivo para contratação de pessoal, equiparação a funcionários públicos para fins criminais e improbidade administrativa).

   – Existência de entidades criadas com a denominação de serviços sociais autônomos, mas com natureza jurídica diversa, por serem criadas diretamente por lei. Fuga ao regime de direito público.

8. **Entidades de apoio**

   – **Conceito**: São pessoas jurídicas de direito privado, sem fins lucrativos, instituídas por servidores públicos, porém em nome próprio, sob a forma de fundação, associação ou cooperativa, para a prestação, em caráter privado, de serviços sociais não exclusivos do Estado, mantendo vínculo jurídico com entidades da administração direta ou indireta, em regra por meio de convênio.

– Atuam paralelamente a entidades públicas, prestando o mesmo tipo de atividade, porém não como serviço público, mas como atividade privada, sob regime jurídico privado; seu estatuto prevê a sua atividade de "apoio" à entidade pública junto à qual atuam; o serviço muitas vezes é prestado por servidores públicos, na própria sede da entidade pública, com equipamentos pertencentes ao patrimônio desta última; apropriam-se dos recursos que arrecadam.

– **Moralização na esfera federal**, pela atuação do TCU e pela Lei nº 8.958, de 20-12-94, com alterações posteriores.

– **Inovações pela Lei nº 13.243, de 11-1-16**, que dispõe sobre estímulos ao desenvolvimento científico, à pesquisa, à capacitação científica e tecnológica e à inovação; define a fundação de apoio como "a criada com a finalidade de dar apoio a projetos de pesquisa, ensino e extensão, projetos de desenvolvimento institucional, científico, tecnológico e projetos de estímulo à inovação de interesse das ICTs [Instituições Científicas, Tecnológicas e de Inovação], registrada e credenciada no Ministério da Educação e no Ministério da Ciência, Tecnologia e Inovação, nos termos da Lei nº 8.958, de 20-12-1994, e das demais legislações pertinentes nas esferas estadual, distrital e municipal". A Lei nº 13.243 favorece o funcionamento das fundações de apoio, inclusive autorizando que recursos públicos sejam repassados a entidades privadas e que sejam por elas administrados.

9. Organizações sociais

– **Idealizadas no Plano Diretor da Reforma do Aparelho do Estado.**

– **Disciplina legal:** Lei nº 9.637, de 15-5-98, aplicável na esfera federal, dentro do chamado Programa Nacional de Publicização – PNP (art. 20). Submissão à Lei nº 13.019, de 31-8-14 (sobre Organizações da Sociedade Civil – OSC), se não cumprirem os requisitos da Lei nº 9.637.

– **Estados e Municípios** têm competência própria para legislar sobre OS.

– **Conceito**: organização social (OS) é a qualificação jurídica dada a pessoa jurídica de direito privado, sem fins lucrativos, instituída por iniciativa de particulares, e que recebe delegação do Poder Público, mediante contrato de gestão, para desempenhar serviço público de natureza social.

– Características na esfera federal: a) é **pessoa jurídica de direito privado, sem fins lucrativos** (art. 1º); b) habilitação perante o Poder Público para obter a **qualificação de OS** e ser declarada "**entidade de interesse social e utilidade pública**" (art. 11); c) atuação nas áreas de ensino, pesquisa científica, desenvolvimento tecnológico, proteção e preservação do meio ambiente, cultura e saúde; d) representante do Poder Público e da comunidade, de notória capacidade profissional e idoneidade moral, no órgão de deliberação superior; e) vínculo com o Poder Público por meio de **contrato de gestão**, que deve conter o programa de trabalho, as metas, os prazos de execução, os critérios de avaliação; f) fiscalização da execução do contrato pelo órgão ou entidade supervisora da área de atuação, sob a forma de **controle de resultado** (art. 8º); g) **ciência ao TCU**, pelo órgão supervisor, da ocorrência de irregularidade na utilização de recursos públicos, sob pena de responsabilidade solidária (art. 9º); h) sujeição a **indisponibilidade de bens da entidade e sequestro de bens dos administradores**, em caso de malversação de bens ou recursos públicos (art. 10); i) **fomento** da OS pelo Poder Público mediante: destinação de recursos orçamentários e de bens públicos mediante permissão de uso de bens públicos, com dispensa de licitação (art. 12); cessão de servidores com ônus para a origem (art. 14); j) **desqualificação da** entidade quando descumprir o contrato de gestão.

– **Objeto do contrato**: prestação de serviço público ou de atividade de interesse público; e fomento. Impossibilidade de contrato de gestão que tenha por objeto o fornecimento de mão de obra.

– **Possibilidade de substituição de órgão ou entidade pública por OS** (art. 20 da Lei nº 9.637).

– **Regime jurídico: de direito privado, derrogado parcialmente pelo direito público** (princípios do art. 37 da CF; princípios pertinentes à prestação de serviços públicos: continuidade, isonomia, mutabilidade; fiscalização pelo TC; sujeição dos dirigentes à Lei de Improbidade Administrativa (art. 1º, parágrafo único).

– **Licitação**:

a) **para escolha da entidade a ser qualificada como OS**: não prevista.

b) **para celebração de contratos com terceiros**: exigência de regulamento próprio (art. 17 da Lei nº 9.637/98);

c) **para permissão de uso de bens públicos**: dispensa (art. 12, § 3º, da Lei nº 9.637/98);

– **Inconstitucionalidade da Lei 9.637/98**: afastada na ADIN 1.923/DF. Resumo da decisão: (i) não é necessária licitação para escolha da entidade, para celebração do contrato de gestão, para permissão de uso de bens públicos; (ii) a seleção de pessoal deve ser pública, objetiva e impessoal, com observância dos princípios do art. 37, *caput*, da CF; (iii) celebração de contratos com terceiros não necessita de licitação, bastando a aplicação dos princípios do art. 37 da CF.

– **Responsabilidade** por danos causados a terceiros: aplicação do art. 37, § 6º, da CF (responsabilidade objetiva) se a OS prestar serviço público.

– **Natureza dos bens** utilizados pelas OS: podem ser **bens públicos** cedidos pelo poder público ou **bens privados**; se estes forem afetados à prestação de serviço público, adquirem o mesmo regime jurídico dos bens públicos (inalienabilidade, imprescritibilidade etc.).

No **Estado de São Paulo**: Lei Complementar nº 846, de 4-6-98: atuação nas áreas da cultura e saúde; proibição de absorção de atividades exercidas por entes públicos; proibição de utilização de bens do patrimônio público, já utilizados por entidades públicas; ausência de representantes do poder público no órgão de deliberação.

10. **Organizações da Sociedade Civil de Interesse Público – OSCIPs**

– **Disciplina legal:** Lei nº 9.790, de 23-3-99, e ao Regulamento (Decreto nº 3.100, de 30-6-99). Submissão à Lei nº 13.019, de 31-7-14 (sobre Organizações da Sociedade Civil – OSAC), se não cumprirem os requisitos da Lei nº 9.790.

– **Conceito**: Organização da Sociedade Civil de Interesse Público – OSCIP é a qualificação jurídica dada a pessoa jurídica de direito privado, sem fins lucrativos, instituída por iniciativa de particulares, para desempenhar serviços sociais não exclusivos do Estado, com incentivo e fiscalização pelo Poder Público, mediante vínculo jurídico instituído por meio de **termo de parceria**.

– **Semelhanças com as OS**: (i) recebem **qualificação jurídica** dada pelo poder público; (ii) recebem algum tipo de incentivo do poder público (fomento); são **desqualificadas** se descumprirem o termo de parceria.

– Exclusão da abrangência da lei: entidades mencionadas no art. 2º da Lei nº 9.790.

– **Características**: a) **pessoa jurídica de direito privado**, sem fins lucrativos (art. 1º, *caput*); b) **criação por iniciativa privada** (art. 5º); c) atuação **nas áreas indicadas no art. 3º**; d) vínculo com a Administração Pública por meio dos **termos de parceria;** e) **supervisão** por órgão do Poder Executivo (art. 11); f) **fomento** pelo poder público; g) **perda da qualificação de OSCIP**, a pedido ou *ex officio* (com ampla defesa e contraditório (art. 7º); h) **indisponibilidade de bens da entidade e sequestro dos bens dos dirigentes**, em caso de malversação de bens ou recursos públicos; **sequestro de bens de agente público ou terceiro** que tenha enriquecido ilicitamente ou causado dano ao patrimônio público (art. 13); investigação, exame e bloqueio de bens, contas bancárias e aplicações mantidas pelo demandado no País e no exterior (§ 2º do art. 13).

– **Licitação**:

a) **para escolha da OSCIP**: concurso de Projetos (Decreto nº 3.100/99);

b) **para celebração de contratos com terceiros:** não consta da legislação.

– **Desvirtuamento das OSCIPs na prática administrativa**: contratação para prestação de serviços públicos e para fornecimento de mão de obra para a Administração Pública.

– **Estado de São Paulo**: Lei nº 11.598, de 15-12-03: não regula a qualificação como OSCIP, mas apenas os termos de parceria com entidades qualificadas pelo governo federal.

11. Organizações da Sociedade Civil – OSC

– **Disciplina legal:** Lei nº 13.019, de 31-7-2014, com alterações posteriores, regulamentada pelo Decreto nº 8.726, de 27-4-2016, alterado pelos Decretos nº 11.661, de 24-8-2023, e nº 11.948, de 12-3-2024.

– **Conceito**: Organizações da Sociedade Civil são pessoas jurídicas de direito privado, sem fins lucrativos, que fazem parceria com a Administração Pública, em regime de mútua colaboração, para a consecução de finalidades de interesse público e recíproco, mediante execução de atividades ou de projetos previamente estabelecidos nos **termos de fomento, termos de colaboração ou acordos de cooperação**.

– Âmbito de aplicação: entidades da Administração Pública, direta e indireta, de todas as esferas de governo, no que diz respeito às suas **normas gerais. Justificativa:** trata de matéria de contratação e licitação (art. 22, XXVII, da CF).

– **Entidades abrangidas:** art. 2º.

– **Entidades excluídas:** art. 3º. Dentre elas: as OS e OSCIPs, salvo se descumprirem os requisitos das Leis nºs 9.637 e 9.790, respectivamente (art. 3º, III e VI, da Lei nº 9.790).

– **Convênios**: não mais se aplicam as normas do art. 116 da Lei nº 8.666/93, revogada pela Lei nº 14.133/21; aplicação do art. 184 da Lei nº 14.133 em duas hipóteses: a) quando celebrados entre entes federados ou pessoas jurídicas a eles vinculadas; b) quando firmados com entidades filantrópicas e sem fins lucrativos, na área da saúde, com fundamento no art. 199, § 1º, da CF.

– Criação de **regime simplificado** para a celebração, a execução, o acompanhamento e a prestação de contas dos convênios, contratos de repasse e instrumentos congêneres em que for parte a União, com valor global de até R$ 1.500.000,00, nos termos do art. 184-A da Lei nº 14.133/2021, com a redação dada pela Lei nº 14.770/2023.

– **Instrumentos de parceria**: a) **termo de colaboração**: a proposta de parceria é feita pela Administração Pública e envolve transferência de recursos financeiros; b) **termo de fomento**: a proposta de parceria é feita pela OSC e envolve transferência de recursos financeiros; c) **acordo de cooperação**: a parceria não envolve transferência de recursos financeiros.

– **Chamamento público**: é procedimento de seleção da OSC que vai firmar a parceria com a Administração Pública (art. 2º, XII).

– Procedimento de **Manifestação de Interesse Social**: instrumento pelo qual as OSC, movimentos sociais e cidadãos podem apresentar propostas ao poder público para que este avalie a possibilidade de realização de um chamamento público com vistas à celebração de parceria (art. 18). Não obriga a Administração Pública a fazer o chamamento público. Fases: **instrumento convocatório** (edital, art. 24), **julgamento** e **classificação** (art. 27), **homologação** e **habilitação** (arts. 33 e 34). Não previsão de recursos na lei: possibilidade que decorre do art. 5º, LV, da CF.

– **Dispensa e inexigibilidade** de chamamento público (art. 30 e 31). Necessidade de justificação e publicação (art. 32).

– **Requisitos para celebração do termo de colaboração e do termo de fomento** (arts. 33 a 38): a) os que devem constar do estatuto da entidade (art. 33); b) documentos a serem apresentados pela entidade (art. 34); c) existência de dotação orçamentária (art. 35).

– **Cláusulas essenciais**: art. 42. Anexo ao termo: plano de trabalho que é parte integrante e indissociável do termo de fomento ou de colaboração e de acordo de cooperação.

– **Vedações**: a) **impedimentos** da OSC (art. 39); e b) quanto ao **objeto**: proibição de parcerias que envolvam a delegação das funções de regulação, fiscalização, poder de polícia ou outras atividades exclusivas do Estado.

– **Licitação**: prevista apenas para seleção da entidade, por meio de chamamento público; não prevista para contratação de terceiros pela OSC.

– **Medidas moralizadoras**: a) transparência (arts. 10 a 12); b) **chamamento público** para seleção da entidade; c) exigência de **três anos de existência e de experiência** da entidade, além de ficha limpa (art. 33, V, e 39); d) previsão de **plano de trabalho**, que favorece o controle de resultado (art. 42, parágrafo único, e 46); e) **restrições para liberação de recursos** (arts. 48 e 49) e para **movimentação e aplicação financeira dos recursos** (arts. 51 a 53); f) **monitoramento e avaliação** (art. 58 a 60); g) figura do **gestor** (art. 2º, VI, e 61); h) possibilidade de **retomada dos bens públicos** em poder da OSC e de **assunção da responsabilidade pela execução** do restante do objeto do plano de trabalho (art. 62); i) **prestação de contas** (arts. 63 a 68 e 69 a 72); j) previsão de **penalidades**, com extensão a vedações de acordos de qualquer tipo com o poder público de todas as esferas de governo (art. 73); k) novas modalidades de atos de improbidade (art. 77).

12
Órgãos Públicos

12.1 TEORIAS SOBRE AS RELAÇÕES DO ESTADO COM OS AGENTES PÚBLICOS

Considerando que o Estado é pessoa jurídica e que, como tal, não dispõe de vontade própria, ele atua sempre por meio de pessoas físicas, a saber, os agentes públicos.

Várias teorias surgiram para explicar as relações do Estado, pessoa jurídica, com seus agentes:

1. pela **teoria do mandato**, o agente público é mandatário da pessoa jurídica; a teoria foi criticada por não explicar como o Estado, que não tem vontade própria, pode outorgar o mandato;
2. pela **teoria da representação**, o agente público é representante do Estado por força de lei; equipara-se o agente à figura do **tutor** ou **curador**, que representam os incapazes; a teoria também foi criticada, quer por equiparar a pessoa jurídica ao incapaz, quer por implicar a ideia de que o Estado confere representantes a si mesmo, quando não é isso o que ocorre na tutela e curatela; além disso, essa teoria, da mesma forma que a anterior, teria outro inconveniente: quando o representante ou mandatário ultrapassasse os poderes da representação, a pessoa jurídica não responderia por esses atos perante terceiros prejudicados;
3. pela **teoria do órgão**, a pessoa jurídica manifesta a sua vontade por meio dos órgãos, de tal modo que quando os agentes que os compõem manifestam a sua vontade, é como se o próprio Estado o fizesse; substitui-se a ideia de representação pela de **imputação**.

Enquanto a teoria da representação considera a existência da pessoa jurídica e do representante como dois entes autônomos, a teoria do órgão funde os dois elementos, para concluir que o órgão é parte integrante do Estado.

Essa teoria é utilizada por muitos autores para justificar a validade dos atos praticados por funcionário de fato; considera-se que o ato do funcionário é ato do órgão e, portanto, imputável à Administração. A mesma solução não é aplicável à pessoa que assuma o exercício de função pública por sua própria conta, quer dolosamente (como o usurpador de função), quer de boa-fé, para desempenhar função em momentos de emergência, porque nesses casos é evidente a inexistência de investidura do agente no cargo ou função.

Vale dizer que existem limites à teoria da **imputabilidade** ao Estado de todas as atividades exercidas pelos órgãos públicos; para que se reconheça essa imputabilidade, é necessário que o agente esteja investido de poder jurídico, ou seja, de poder reconhecido pela lei ou que, pelo menos, tenha **aparência** de poder jurídico, como ocorre no caso da função de fato. Fora dessas hipóteses, a atuação do órgão não é imputável ao Estado.

A teoria do órgão foi elaborada na Alemanha, por Otto Gierke, merecendo grande aceitação pelos publicistas, como Michoud, Jellinek, Carré de Malberg, D'Alessio, Cino Vitta, Renato Alessi, Santi Romano, Marcello Caetano, entre tantos outros.

12.2 CONCEITO

Com base na teoria do órgão, pode-se definir o **órgão público** como uma unidade que congrega atribuições exercidas pelos agentes públicos que o integram com o objetivo de expressar a vontade do Estado.

Na realidade, o órgão não se confunde com a pessoa jurídica, embora seja uma de suas partes integrantes; a pessoa jurídica é o todo, enquanto os órgãos são parcelas integrantes do todo. O órgão também não se confunde com a pessoa física, o agente público, porque congrega funções que este vai exercer. Conforme estabelece o art. 1º, § 2º, inciso I, da Lei nº 9.784, de 29-1-99, que disciplina o processo administrativo no âmbito da Administração Pública Federal, órgão é "*a unidade de atuação integrante da estrutura da Administração direta e da estrutura da Administração indireta*". Isto equivale a dizer que o órgão não tem personalidade jurídica própria, já que integra a estrutura da Administração Direta, ao contrário da ***entidade***, que constitui "*unidade de atuação dotada de personalidade jurídica*" (inciso II do mesmo dispositivo); é o caso das entidades da Administração Indireta (autarquias, fundações, empresas públicas e sociedades de economia mista).

Nas palavras de Celso Antônio Bandeira de Mello (1975a:69), os órgãos "nada mais significam que **círculos de atribuições, os feixes individuais de poderes funcionais repartidos no interior da personalidade estatal e expressados através dos agentes neles providos**".

Embora os órgãos não tenham personalidade jurídica, eles podem ser dotados de capacidade processual. A doutrina e a jurisprudência têm reconhecido essa capacidade a determinados órgãos públicos, para defesa de suas prerrogativas. Nas palavras de Hely Lopes Meirelles (2003:69-70), "embora despersonalizados, os órgãos mantêm relações funcionais entre si e com terceiros, das quais resultam efeitos jurídicos internos e externos, na forma legal ou regulamentar. E, a despeito de não terem personalidade jurídica, os órgãos podem ter prerrogativas funcionais próprias que, quando infringidas por outro órgão, admitem defesa até mesmo por *mandado de segurança*".

Por sua vez, José dos Santos Carvalho Filho (2011:14-15), depois de lembrar que a regra geral é a de que o órgão não pode ter capacidade processual,[1] acrescenta que "de algum tempo para cá, todavia, tem evoluído a ideia de conferir capacidade a órgãos públicos para certos tipos de litígio. Um desses casos é o da impetração de mandado de segurança por órgãos públicos de natureza constitucional, quando se trata da defesa de sua competência, violada por ato de outro órgão".

Também a jurisprudência tem reconhecido capacidade processual a órgãos públicos, como Câmaras Municipais, Assembleias Legislativas, Tribunal de Contas. Mas a competência

---

[1] O autor cita, nesse sentido, acórdão do STF, proferido na Pet. 3.674-QO/DF, Rel. Min. Sepúlveda Pertence, em 4-10-06, em que não conheceu de ação popular ajuizada contra o Conselho Nacional do Ministério Público, por entender que se trata de órgão público e não de pessoa jurídica, como o exige a lei processual (*Informativo STF* nº 443, de outubro de 2006).

é reconhecida apenas para defesa das prerrogativas do órgão e não para atuação em nome da pessoa jurídica em que se integram.[2]

12.3 NATUREZA

A respeito da natureza dos órgãos também foram formuladas algumas teorias, dentre as quais a subjetiva, a objetiva e a eclética ou mista.

A **teoria subjetiva** identifica os órgãos com os agentes públicos; essa teoria leva à conclusão de que, desaparecendo o funcionário, deixará de existir o órgão; essa é a sua grande falha.

A **teoria objetiva** vê no órgão apenas um conjunto de atribuições, inconfundível com o agente; essa teoria, defendida especialmente pela doutrina italiana, denomina o órgão de *ofício* (*ufficio*); tem a vantagem, sobre a anterior, de possibilitar a subsistência do órgão, não obstante o desaparecimento do agente. Ela é criticada porque, não tendo o órgão vontade própria, da mesma forma que o Estado, não explica como expressa a sua vontade, que seria a própria vontade do Estado.

Pela **teoria eclética**, o órgão é formado por dois elementos, a saber, o agente e o complexo de atribuições; com isso, pretende-se superar as objeções às duas teorias anteriores. Na realidade, essa teoria incide na mesma falha que a subjetiva, à medida que, exigindo os dois elementos para a existência do órgão, levará à mesma conclusão de que, desaparecendo um deles – o agente –, também desaparecerá o outro.

Acreditamos que a doutrina que hoje prevalece no direito brasileiro é a que vê no órgão apenas um feixe de atribuições, uma unidade inconfundível com os agentes. Como diz Hely Lopes Meirelles (2003:67), "cada órgão, como centro de competência governamental ou administrativa, tem necessariamente **funções, cargos e agentes**, mas é distinto desses elementos, que podem ser modificados, substituídos ou retirados sem supressão da unidade orgânica. Isto explica por que a alteração de funções, ou a vacância dos cargos, ou a mudança de seus titulares não acarreta a extinção do órgão". Além disso, grande parte dos órgãos é constituída por vários agentes, cada um exercendo uma parcela das atribuições totais dos órgãos que integram.

A existência de órgãos públicos, com estrutura e atribuições definidas em lei, corresponde a uma necessidade de distribuir racionalmente as inúmeras e complexas atribuições que incumbem ao Estado nos dias de hoje. A existência de uma **organização** e de uma **distribuição de competências** são atualmente inseparáveis da ideia de pessoas jurídicas estatais.

12.4 CLASSIFICAÇÃO

Vários são os critérios para classificar os órgãos públicos:

1. Quanto à **esfera de ação**, classificam-se em **centrais** (que exercem atribuições em todo o território nacional, estadual ou municipal, como os Ministérios, as Secretarias de Estado e as de Município) e **locais** (que atuam sobre uma parte do território, como as Delegacias Regionais da Receita Federal, as Delegacias de Polícia, os Postos de Saúde).

---

[2] Nesse sentido, acórdão no REsp 730.979/AL, Rel. Min. Castro Meira, *DJ* de 2-9-08; REsp 696.561/RN, Rel. Min. Luiz Fux, *DJ* de 24-10-05 e REsp 1109840, 1ª Turma, Rel. Min. Benedito Gonçalves, *DJe* 17-6-09.

2. Quanto à **posição estatal**, classificam-se em independentes, autônomos, superiores e subalternos (cf. Hely Lopes Meirelles, 2003:71).

Independentes são os originários da Constituição e representativos dos três Poderes do Estado, sem qualquer subordinação hierárquica ou funcional, e sujeitos apenas aos controles constitucionais de um sobre o outro; suas atribuições são exercidas por agentes políticos. Entram nessa categoria as Casas Legislativas, a Chefia do Executivo e os Tribunais.

Autônomos são os que se localizam na cúpula da Administração, subordinados diretamente à chefia dos órgãos independentes; gozam de autonomia administrativa, financeira e técnica e participam das decisões governamentais. Entram nessa categoria os Ministérios, as Secretarias de Estado e de Município, o Serviço Nacional de Informações e o Ministério Público.

Superiores são órgãos de direção, controle e comando, mas sujeitos à subordinação e ao controle hierárquico de uma chefia; não gozam de autonomia administrativa nem financeira. Incluem-se nessa categoria órgãos com variadas denominações, como Departamentos, Coordenadorias, Divisões, Gabinetes.

Subalternos são os que se acham subordinados hierarquicamente a órgãos superiores de decisão, exercendo principalmente funções de execução, como as realizadas por seções de expediente, de pessoal, de material, de portaria, zeladoria etc.

3. Quanto à **estrutura**, os órgãos podem ser **simples** ou **unitários** (constituídos por um único centro de atribuições, sem subdivisões internas, como ocorre com as seções integradas em órgãos maiores) e **compostos** (constituídos por vários outros órgãos, como acontece com os Ministérios, as Secretarias de Estado, que compreendem vários outros, até chegar aos órgãos unitários, em que não existem mais divisões).

4. Quanto à **composição**, classificam-se em **singulares** (quando integrados por um único agente) e **coletivos** (quando integrados por vários agentes). A Presidência da República e a Diretoria de uma escola são exemplos de órgãos singulares, enquanto o Tribunal de Impostos e Taxas é exemplo de órgão colegiado.

Quanto a essa classificação, merece menção o pensamento um pouco diverso de Renato Alessi (1970, t. 1:84-85); ele divide os órgãos, quanto à sua estrutura, em **burocráticos** e **colegiados**. Os primeiros são aqueles que estão a cargo de uma só pessoa física ou de várias pessoas ordenadas **verticalmente**, isto é, de forma que cada uma delas possa atuar individualmente, porém ligadas, para a sua necessária coordenação, por uma relação hierárquica. Quando se fala, por exemplo, de uma Diretoria, sabe-se que existe o Diretor, que é o responsável pelo órgão, mas dentro desse órgão existem outras pessoas ligadas ao dirigente, como secretárias, datilógrafos, contínuos. Já os órgãos **colegiados** são, ao contrário, formados por uma coletividade de pessoas físicas ordenadas **horizontalmente**, ou seja, com base em uma relação de coligação ou coordenação, e não uma relação de hierarquia; são pessoas situadas no mesmo plano que devem atuar coletivamente em vez de individualmente, concorrendo a vontade de todas elas ou da maioria para a formação da vontade do órgão.

5. O mesmo autor ainda classifica os órgãos, **quanto às funções**, em **ativos, consultivos ou de controle**, segundo tenham por função primordial o desenvolvimento de uma administração ativa, ou de uma atividade consultiva ou de controle sobre outros órgãos.

RESUMO

1. **Teorias sobre as relações do Estado com os agentes públicos:**

    a) **teoria do mandato**: não explica como o Estado, sem vontade própria, pode outorgar o mandato;

    b) **teoria da representação**: o agente público representa o Estado por força de lei; crítica: equipara o agente público ao incapaz;

    c) **teoria do órgão**: a pessoa jurídica manifesta a sua vontade por meio dos órgãos; quando os agentes públicos manifestam a sua vontade, é como se o próprio Estado o fizesse; substitui-se a ideia de representação pela de **imputação**. O reconhecimento da imputação, ao Estado exige que o agente esteja investido de poder jurídico, reconhecido pela lei. Teoria elaborada na Alemanha, por Otto Gierke, e aceita por Michou, Jellinek, Carré de Malberg, D'Alessio, Cino Vitta, Renato Alessi, Santi Romano, Marcello Caetano, dentre outros.

2. **Conceito:** órgão público é uma unidade que congrega atribuições exercidas pelos agentes públicos que o integram com o objetivo de expressar a vontade do Estado. O órgão não se confunde com a pessoa jurídica (sendo parte dela) nem com o agente público.

3. **Conceito legal:** órgão é "a unidade de atuação integrante da estrutura da Administração direta e da estrutura da Administração indireta" (art. 1º, § 2º, da Lei de Processo Administrativo federal – nº 9.784, de 29-1-99). Não possui personalidade jurídica.

4. **Capacidade processual**: embora sem personalidade jurídica, o órgão pode ser dotado de capacidade processual, em certas situações, especialmente para defesa de seus direitos (como ocorre com o mandado de segurança) e não para atuação em nome da pessoa jurídica em que se integram. Ex.: Câmaras Municipais, Assembleias Legislativas, Tribunal de Contas.

5. **Teorias sobre a natureza dos órgãos**:

    a) **teoria subjetiva**: identifica os órgãos com os agentes públicos; falha: desaparecendo o funcionário, desaparece o órgão;

    b) **teoria objetiva**: o órgão abrange um conjunto de atribuições, inconfundível com o agente; falha: não explica como o órgão, que não tem vontade própria, expressa a sua vontade;

    c) **teoria eclética**: o órgão abrange dois elementos: o **agente** e o **complexo de atribuições;** mesma falha da teoria subjetiva.

6. **Teoria que hoje prevalece**: vê o órgão como conjunto de atribuições; todo órgão tem **funções**, **cargos** e **agentes**, mas não se confunde com esses elementos, que podem ser modificados, substituídos ou retirados sem supressão da unidade orgânica.

7. **Classificação:**

    a) Quanto à **esfera de ação**: órgãos **centrais** (de âmbito nacional) e órgãos **locais** (atuam em parte do território).

    b) Quanto à **posição estatal: independentes** (originários da Constituição: as Casas Legislativas, a Chefia do Executiva, os Tribunais); **autônomos** (subordinados diretamente aos órgãos independentes, tendo autonomia administrativa, financeira e técnica: Ministérios e Secretarias de Estado e do Município, SNI e Ministério

Público); **superiores** (órgãos de direção, controle e comando, sem autonomia administrativa nem financeira: Departamentos, Coordenadorias, Divisões, Gabinetes); **subalternos** (subordinados aos órgãos superiores de decisão, com funções de execução: seções de expediente, de pessoal, de material, de portaria, zeladoria etc.).

c) Quanto à **estrutura**: **simples** ou **unitários** (os que têm um único centro de atribuições) e **compostos** (constituídos por vários órgãos).

d) Quanto à **composição**: **singulares** (com um único agente) e **coletivos** (com vários agentes).

e) Quanto às **funções**: **ativos** (administração ativa), **consultivos** e de **controle**.

13

Servidores Públicos

13.1 TERMINOLOGIA

A Constituição de 1988, na seção II do capítulo concernente à Administração Pública, emprega a expressão "Servidores Públicos" para designar as pessoas que prestam serviços, com vínculo empregatício, à Administração Pública **Direta, autarquias** e **fundações públicas**. É o que se infere dos dispositivos contidos nessa seção.

No entanto, na seção I, que contém disposições gerais concernentes à Administração Pública, contempla normas que abrangem todas as pessoas que prestam serviços à "Administração Pública **Direta e Indireta**", o que inclui não só as autarquias e fundações públicas, como também as empresas públicas, sociedades de economia mista e fundações de direito privado.

Na seção III, cuida dos militares dos Estados, do Distrito Federal e dos Territórios.

Isso significa que "servidor público" é expressão empregada ora em sentido amplo, para designar todas as pessoas físicas que prestam serviços ao Estado e às entidades da Administração Indireta, com vínculo empregatício, ora em sentido menos amplo, que exclui os que prestam serviços às entidades com personalidade jurídica de direito privado. Nenhuma vez a Constituição utiliza o vocábulo **funcionário**, o que não impede seja este mantido na legislação ordinária.

Além disso, em outros capítulos existem preceitos aplicáveis a outras pessoas que exercem **função pública**; esta, em sentido amplo, compreende não só a função administrativa, de que cuida o capítulo referente à Administração Pública, mas também as funções **legislativa** e **jurisdicional**, tratadas em capítulos próprios.

E ainda há as pessoas que exercem função pública, sem vínculo empregatício com o Estado.

Daí a necessidade de adoção de outro vocábulo, de sentido ainda mais amplo do que servidor público para designar as pessoas físicas que exercem **função pública**, com ou sem vínculo empregatício.

De alguns tempos para cá, os doutrinadores brasileiros passaram a falar em **agente público** nesse sentido amplo.

13.2 AGENTES PÚBLICOS

Agente público é toda pessoa física que presta serviços ao Estado e às pessoas jurídicas da Administração Indireta.

Antes da Constituição atual, ficavam excluídos os que prestavam serviços às pessoas jurídicas de direito privado instituídas pelo Poder Público (fundações, empresas públicas e sociedades de economia mista). Hoje o art. 37 exige a inclusão de todos eles.

Perante a Constituição de 1988, com as alterações introduzidas pela Emenda Constitucional nº 18/98, pode-se dizer que são quatro as categorias de agentes públicos:

1. agentes políticos;
2. servidores públicos;
3. militares; e
4. particulares em colaboração com o Poder Público.

A expressão **agente público** não é destituída de importância, tendo em vista ser utilizada pela própria Constituição. Todas as categorias, mesmo a dos particulares, se atuarem no exercício de atribuições do poder público, acarretam a responsabilidade objetiva prevista no art. 37, § 6º, da Constituição Federal, já que o dispositivo fala em danos causados por **agentes públicos**. Se o Estado for condenado, cabe ação regressiva contra o agente causador do dano, desde que tenha agido com dolo ou culpa.

Além disso, todas são abrangidas pelo art. 5º, LXIX, da Constituição, sendo passíveis de mandado de segurança se, no exercício de atribuições do poder público, praticarem ato ilegal ou com abuso de poder, ferindo direito líquido e certo não amparado por *habeas corpus*. O dispositivo também se refere a **agente**, e não a servidor.

Cabe aqui uma referência aos militares. Até a Emenda Constitucional nº 18/98, eles eram tratados como "servidores militares". A partir dessa Emenda, excluiu-se, em relação a eles, a denominação de servidores, o que significa ter de incluir, na classificação apresentada, mais uma categoria de agente público, ou seja, a dos militares. Essa inclusão em nova categoria é feita em atenção ao tratamento dispensado pela referida Emenda Constitucional. Porém, quanto ao tipo de vínculo com o poder público, não há distinção entre os servidores civis e os militares, a não ser pelo regime jurídico, parcialmente diverso. Uma e outra categoria abrangem pessoas físicas vinculadas ao Estado por vínculo de natureza estatutária.

Entram na categoria de militares os membros das Polícias Militares e Corpos de Bombeiros dos Estados, Distrito Federal e Territórios (art. 42), os membros das Forças Armadas, ou seja, Marinha, Exército e Aeronáutica (art. 142), além das polícias responsáveis pela segurança pública, referidas no art. 144, abrangendo polícia federal, polícia rodoviária federal, polícia ferroviária federal, polícias civis, polícias militares, corpos de bombeiros militares e polícias penais federal, estaduais e distrital (art. 144, alterado pela Emenda Constitucional nº 104, de 4-12-19).

13.2.1 Agentes políticos

Não há uniformidade de pensamento entre os doutrinadores na conceituação dos agentes políticos.

Para Hely Lopes Meirelles (2003:75), "**agentes políticos** são os componentes do Governo nos seus primeiros escalões, investidos em cargos, funções, mandatos ou comissões, por nomeação, eleição, designação ou delegação para o exercício de atribuições constitucionais". Ele inclui nessa categoria tanto os Chefes do Poder Executivo federal, estadual e municipal, e seus auxiliares diretos, os membros do Poder Legislativo, como também os da Magistratura, Ministério Público, Tribunais de Contas, representantes diplomáticos e "demais autoridades que atuem com independência funcional no desempenho das atribuições governamentais, judiciais ou quase judiciais, estranhas ao quadro do funcionalismo estatutário".

Celso Antônio Bandeira de Mello (1975*a*:7 e 2015:251-252) adota um conceito mais restrito: "Agentes Políticos são os titulares dos cargos estruturais à organização política do País, ou seja, são os ocupantes dos cargos que compõem o arcabouço constitucional do Estado e, portanto, o esquema fundamental do poder. Sua função é a de formadores da vontade superior do Estado." Para ele, são agentes políticos apenas o Presidente da República, os Governadores, os Prefeitos e respectivos auxiliares imediatos (Ministros e Secretários das diversas pastas), os Senadores, os Deputados e os Vereadores.

Esta última conceituação é a preferível. A ideia de agente político liga-se, indissociavelmente, à de **governo** e à de **função política**, a primeira dando ideia de órgão (aspecto subjetivo) e, a segunda, de atividade (aspecto objetivo).

Ao tratarmos do assunto concernente à **Administração Pública**, vimos, baseados na lição de Renato Alessi, que a função política "implica uma atividade de ordem superior referida à direção suprema e geral do Estado em seu conjunto e em sua unidade, dirigida a determinar os fins da ação do Estado, a assinalar as diretrizes para as outras funções, buscando a unidade de soberania estatal". Compreende, basicamente, as atividades de direção e as colegislativas, ou seja, as que implicam a fixação de metas, de diretrizes, ou de planos governamentais.

Essas funções políticas ficam a cargo dos órgãos governamentais ou governo propriamente dito e se concentram, em sua maioria, nas mãos do Poder Executivo, e, em parte, do Legislativo; no Brasil, a participação do Judiciário em decisões políticas praticamente inexiste, pois a sua função se restringe, quase exclusivamente, à atividade jurisdicional sem grande poder de influência na atuação política do Governo, a não ser pelo controle *a posteriori*.

O mesmo se diga com relação aos membros do Ministério Público e do Tribunal de Contas, o primeiro exercendo uma das funções essenciais à justiça, ao lado da Advocacia-Geral da União, da Defensoria Pública e da Advocacia, e o segundo a função de auxiliar do Legislativo no controle sobre a Administração. Em suas atribuições constitucionais, nada se encontra que justifique a sua inclusão entre as funções de governo; não participam, direta ou indiretamente, das decisões governamentais.

Não basta o exercício de atribuições constitucionais para que se considere como agente político aquele que as exerce, a menos que se considere como tal todos os servidores integrados em instituições com competência constitucional, como a Advocacia-Geral da União, as Procuradorias dos Estados, a Defensoria Pública, os militares.

São, portanto, agentes políticos, no direito brasileiro, porque exercem típicas atividades de **governo e exercem mandato, para o qual são eleitos**, apenas os Chefes dos Poderes Executivos federal, estadual e municipal, os Ministros e Secretários de Estado, além de Senadores, Deputados e Vereadores. A forma de investidura é a **eleição**, salvo para Ministros e Secretários, que são de livre escolha do Chefe do Executivo e providos em cargos públicos, mediante **nomeação**.

É necessário reconhecer, contudo, que atualmente há uma tendência a considerar os membros da Magistratura e do Ministério Público como agentes políticos. Com relação aos primeiros, é válido esse entendimento desde que se tenha presente o sentido em que sua função é considerada política; não significa que participem do Governo ou que suas decisões sejam políticas, baseadas em critérios de oportunidade e conveniência, e sim que correspondem ao exercício de uma parcela da soberania do Estado, consistente na função de dizer o direito em última instância. Nesse sentido, o STF, no Recurso Extraordinário 228.977/SP, em que foi relator o Ministro Néri da Silveira, referiu-se aos magistrados como "agentes políticos, investidos para o exercício de atribuições constitucionais, sendo dotados de plena liberdade funcional no desempenho de suas funções, com prerrogativas próprias e legislação específica" (*DJ* de 12-4-02). Quanto ao vínculo com o poder público, é de natureza estatutária, regido pela Lei Orgânica da Magistratura.

Quanto aos membros do Ministério Público, a inclusão na categoria de agentes políticos tem sido justificada pelas funções de controle que lhe foram atribuídas a partir da Constituição de 1988 (art. 129), especialmente a de "zelar pelo efetivo respeito dos Poderes Públicos e dos serviços de relevância pública aos direitos assegurados nesta Constituição, promovendo as medidas necessárias a sua garantia" (inciso II). No entanto, quanto à forma de investidura e aos vínculos com o Poder Público, sua situação iguala-se à dos servidores públicos estatutários, ainda que submetida a estatuto próprio.

Para fins de responsabilidade política, o rol de agentes políticos é maior porque abrange todos os referidos nos arts. 29-A, §§ 2º e 3º, da Constituição (Prefeito e Presidente da Câmara Municipal), 52, I (Presidente e Vice-Presidente da República, Ministros de Estado e Comandantes da Marinha, do Exército e da Aeronáutica, nos crimes de responsabilidade conexos com aqueles), 52, II (Ministros do STF, Membros do Conselho Nacional de Justiça e do Conselho Nacional do Ministério Público, Procurador-Geral da República e Advogado-Geral da União), 102, I (Ministros de Estado, Comandantes da Marinha, do Exército e da Aeronáutica, membros dos Tribunais Superiores, do Tribunal de Contas e chefes de missão diplomática), art. 105, I, "a" (desembargadores dos Tribunais de Justiça dos Estados e do Distrito Federal, os membros dos Tribunais de Contas dos Estados e do Distrito Federal, os dos Tribunais Regionais Federais, dos Tribunais Regionais Eleitorais e do Trabalho, membros dos Conselhos ou Tribunais de Contas dos Municípios e os do Ministério Público da União que oficiem perante tribunais) e 108, I, "a" (juízes federais, inclusive os da Justiça Militar e da Justiça do Trabalho, e os membros do Ministério Público da União), além dos referidos nas Constituições estaduais.

13.2.2 Servidores públicos

São servidores públicos, em sentido amplo, as pessoas físicas que prestam serviços ao Estado e às entidades da Administração Indireta, com vínculo empregatício e mediante remuneração paga pelos cofres públicos.

Compreendem:

1. os **servidores estatutários**, sujeitos ao regime estatutário e ocupantes de cargos públicos;
2. os **empregados públicos**, contratados sob o regime da legislação trabalhista e ocupantes de **emprego público**;
3. os **servidores temporários**, contratados por tempo determinado para atender à necessidade temporária de excepcional interesse público (art. 37, IX, da Constituição); eles exercem **função**, sem estarem vinculados a cargo ou emprego público.

Os da primeira categoria submetem-se a **regime estatutário**, estabelecido em lei por cada uma das unidades da federação e modificável unilateralmente, desde que respeitados os direitos já adquiridos pelo servidor. Quando nomeados, eles ingressam numa situação jurídica previamente definida, à qual se submetem com o ato da posse; não há possibilidade de qualquer modificação das normas vigentes por meio de contrato, ainda que com a concordância da Administração e do servidor, porque se trata de normas de ordem pública, cogentes, não derrogáveis pelas partes.

Os da segunda categoria são **contratados** sob regime da legislação trabalhista, que é aplicável com as alterações decorrentes da Constituição Federal; não podem Estados e Municípios derrogar outras normas da legislação trabalhista, já que não têm competência para legislar sobre Direito do Trabalho, reservada privativamente à União (art. 22, I, da Constituição). Embora sujeitos à CLT, submetem-se a todas as normas constitucionais referentes a requisitos para a investidura, acumulação de cargos, vencimentos, entre outras previstas no Capítulo VII, do Título III, da Constituição.

Os da terceira categoria são contratados para exercer funções em caráter temporário, mediante regime jurídico especial a ser disciplinado em lei de cada unidade da federação.

Eles substituem os servidores a que fazia referência o art. 106 da Constituição de 1967 (com a redação dada pela Emenda Constitucional nº 1/69), que previa, também, um regime especial para duas hipóteses: servidores **admitidos** em serviços de caráter temporário ou **contratados** para funções de natureza técnica especializada. No Estado de São Paulo, esse regime foi instituído pela Lei nº 500, de 13-11-74, que acabou por desvirtuar a norma constitucional e com ela conflitar, ao estabelecer, para os servidores "temporários", regime jurídico praticamente igual ao do funcionário público, com a agravante de aplicá-lo a funções de **caráter permanente**. Diante do art. 37, IX, da Constituição Federal, e art. 115, X, da Constituição Paulista, não há mais fundamento para a admissão prevista na Lei paulista nº 500/74, mas apenas para a **contratação**, que somente pode ocorrer "por tempo determinado para atender a necessidade temporária de excepcional interesse público"; não existe mais a contratação para serviços de natureza técnica especializada.

O Estado de São Paulo, depois de 21 anos da entrada em vigor da Constituição, finalmente veio disciplinar a contratação de servidores temporários e o fez pela Lei Complementar nº 1.093, de 17-7-2009, com alterações posteriores. Ela indica as hipóteses de contratação temporária prevista no art. 115, X, da Constituição do Estado; exige processo seletivo simplificado, que poderá ser apenas classificativo nos casos de urgência expressamente referidos; estabelece como regime de contratação o estabelecido na Lei nº 10.261, de 28-10-68 (Estatuto dos Funcionários Públicos Civis do Estado de São Paulo); veda a admissão de pessoal com fundamento na Lei nº 500/74; prevê a extinção, na vacância, das funções-atividades submetidas à Lei nº 500; as que estiverem vagas serão extintas na data de publicação da Lei nª 1.093/94. Vale dizer que respeitou a situação dos servidores já admitidos no regime da Lei nº 500, mas vedou a admissão de novos servidores nesse regime.

Na esfera federal, a contratação temporária, com base no art. 37, IX, da CF, está disciplinada pela Lei nº 8.745, de 9-12-93, alterada por sucessivas leis posteriores. Essa lei estabelece as hipóteses de **contratação temporária na esfera federal**, bem como os procedimentos a serem adotados, conforme item 13.4.3 deste capítulo. A Emenda Constitucional nº 109, de 15-3-21, introduziu o art. 167-C na Constituição para permitir que, com o propósito exclusivo de enfrentamento da calamidade pública e de seus efeitos sociais e econômicos, no seu período de duração, o Poder Executivo federal pode adotar processos simplificados de contratação de pessoal em caráter temporário e emergencial, que assegurem, quando possível, competição e igualdade de condições a todos os concorrentes, dispensada a observância das vedações contidas no § 1º do art. 169, limitada a dispensa às situações de que trata o inciso IX do *caput* do art. 37. Vale dizer que têm que ser observados os requisitos previstos nesse dispositivo constitucional (necessidade temporária de excepcional interesse público). Trata-se, portanto, de mais uma hipótese de contratação temporária, além das previstas na Lei nº 8.745. A medida só é prevista para a esfera federal e dificilmente poderá ser efetivada sem que uma norma infraconstitucional estabeleça a forma como se desenvolverá o processo simplificado a que se refere o dispositivo.[1]

Também na **esfera federal**, o regime de emprego público do pessoal da Administração Direta, autárquica e fundacional está disciplinado pela Lei nº 9.962, de 22-2-00, segundo a qual o pessoal celetista será regido pela CLT no que a lei não dispuser em contrário, o que nem precisava ser dito, porque, sendo da União a competência privativa para legislar sobre Direito do Trabalho (art. 22, I, da Constituição), é evidente que ela pode derrogar, por lei específica para os servidores federais, a legislação trabalhista. A lei repete a exigência de lei para a criação de empregos, já prevista no art. 61, § 1º, II, *a*, da Constituição, vedando expressamente a utilização de medidas provisórias para esse fim (art. 4º). Veda a aplicação do regime celetista

---

[1] Sobre servidor temporário, v. item 13.4.3.

para os cargos em comissão, para os servidores regidos pela Lei nº 8.112/90, bem como para a criação de empregos não criados por leis específicas; repete a exigência constitucional, contida no art. 37, II, de concurso público de provas ou de provas e títulos, conforme a natureza e a complexidade do emprego; cria certo grau de estabilidade para os servidores celetistas contratados por prazo indeterminado, ao estabelecer que a rescisão unilateral só poderá ocorrer nas seguintes hipóteses: I – prática de falta grave, dentre as enumeradas no art. 482 da CLT; II – acumulação ilegal de cargos, empregos ou funções públicas; III – necessidade de redução de quadro de pessoal, por excesso de despesa, nos termos da lei complementar a que se refere o art. 169 da Constituição; IV – insuficiência de desempenho, apurada em procedimento no qual se assegurem pelo menos um recurso hierárquico dotado de efeito suspensivo, que será apreciado em 30 dias, e o prévio conhecimento dos padrões mínimos exigidos para continuidade da relação de emprego, obrigatoriamente estabelecidos de acordo com as peculiaridades das atividades exercidas. Esse procedimento só é dispensado para as contratações de pessoal decorrentes da autonomia de gestão de que trata o § 8º do art. 37 da Constituição Federal (a referência é aos órgãos da Administração Direta e entidades da Administração Indireta que celebram contrato – o chamado *contrato de gestão,* tratado no item 8.11 deste livro – com o Poder Público, para obtenção de maior autonomia, nos termos do dispositivo constitucional). A lei permite também a transformação de cargos em empregos, o que só poderá alcançar os cargos efetivos que estejam vagos, tendo em vista que os cargos em comissão foram excluídos da abrangência da lei; por outro lado, se o cargo efetivo estiver ocupado, estará o servidor regido pela Lei nº 8.112/90 e, portanto, também excluído do alcance da lei (art. 1º, § 2º, II).

Menção à parte merece a situação dos **agentes comunitários de saúde e agentes de combate às endemias**. A Emenda Constitucional nº 51 acrescentou três parágrafos ao art. 198 da Constituição, que trata do Sistema Único de Saúde (SUS). O § 4º prevê admissão de tais profissionais pelos gestores locais do SUS, mediante processo seletivo público, de acordo com a natureza e complexidade de suas atribuições e requisitos específicos para sua atuação; o § 5º, com a redação alterada pela Emenda Constitucional nº 63/10, prevê lei federal que venha dispor sobre o regime jurídico, o piso salarial profissional nacional, as diretrizes para os Planos de Carreira e a regulamentação das atividades desses agentes, competindo à União, nos termos da lei, prestar assistência financeira complementar aos Estados, ao Distrito Federal e aos Municípios, para o cumprimento do referido piso salarial; e o § 6º prevê, para os servidores que exerçam funções equivalentes às dos agentes comunitários de saúde e agentes de combate às endemias, mais uma hipótese de perda do cargo, além das previstas no art. 41 e no § 4º do art. 169 da Constituição. É estranho que o § 4º fale em **processo seletivo** público e não em **concurso público**, o que seria exigido para que o dispositivo se harmonizasse com a norma do art. 37, II, da Constituição.

Dando cumprimento ao dispositivo constitucional, a Lei nº 11.350, de 5-10-06, com alterações posteriores, regulamenta o § 5º do art. 198 da Constituição do seguinte modo: prevê a sujeição de tais servidores ao regime da CLT, salvo se, nos Estados, Distrito Federal e Municípios, lei local dispuser de forma diversa (art. 8º); cria, no art. 15, empregos públicos de Agentes de Combate às Endemias (art. 15); prevê a contratação das duas categorias de Agentes mediante processo seletivo público de provas ou de provas e títulos, de acordo com a natureza e a complexidade de suas atribuições e requisitos específicos para o exercício das atividades (art. 9º); estabelece as hipóteses de rescisão unilateral do contrato de trabalho, que são exatamente as mesmas previstas para os servidores celetistas pela Lei nº 9.962/00 (art. 10); proíbe a contratação temporária ou terceirizada das duas categorias de Agentes, salvo na hipótese de combate a surtos endêmicos (art. 16).

Nos Estados e Municípios, os servidores celetistas reger-se-ão pela CLT com as derrogações constantes da própria Constituição Federal. Sendo da União a competência privativa para legislar sobre direito do trabalho, não é possível a promulgação de leis estaduais e municipais que derroguem total ou parcialmente as normas da CLT para os servidores públicos.

Na vigência da Constituição anterior, utilizava-se a expressão **funcionário público** para designar o atual servidor estatutário. A expressão mantém-se em algumas leis mais antigas, como é o caso da Lei paulista nº 10.261, de 28-10-68, que instituiu o Estatuto dos Funcionários Públicos Civis do Estado de São Paulo, ainda em vigor, com alterações posteriores. Essa categoria só existia na Administração Direta (incluindo Executivo, Judiciário e Legislativo), pois apenas ele ocupava cargo público criado por lei e se submetia ao Estatuto; os servidores autárquicos ou tinham regime estatutário próprio ou se submetiam à CLT, sendo seus cargos criados pelo Poder Executivo.

A Constituição de 1988, que substituiu a expressão **funcionário público** por **servidor público**, previu, na redação original, regime jurídico único para os servidores da Administração Direta, autarquias e fundações públicas (art. 39). A partir da Emenda Constitucional nº 19, de 4-6-98, a exigência tinha deixado de existir, de modo que cada esfera de governo podia instituir o regime estatutário ou o contratual, com possibilidade de conviverem os dois regimes na mesma entidade ou órgão, não havendo necessidade de que o mesmo regime adotado para a Administração Direta fosse igual para as autarquias e fundações públicas. No entanto, o Supremo Tribunal Federal suspendeu, em ação direta de inconstitucionalidade, a vigência do art. 39, *caput*, voltando a aplicar-se o dispositivo em sua redação original (conf. demonstrado no item 13.4.1).

Algumas categorias se enquadrarão necessariamente como **servidores estatutários**, ocupantes de **cargos** e sob regime estatutário, estabelecido por leis próprias: trata-se dos membros da Magistratura, do Ministério Público, do Tribunal de Contas, da Advocacia Pública e da Defensoria Pública. Embora exerçam atribuições constitucionais, fazem-no mediante vínculo empregatício com o Estado, ocupam cargos públicos criados por lei e submetem-se a regime estatutário próprio estabelecido pelas respectivas leis orgânicas. Também os servidores que trabalham em serviços auxiliares da justiça serão ocupantes de **cargos**, conforme decorre do art. 96, I, *e*, da Constituição.

Além disso, também ocupam necessariamente cargos públicos, sob regime estatutário, os servidores que "desenvolvam atividades exclusivas de Estado"; isto porque o art. 247 da Constituição, acrescentado pelo art. 32 da Emenda Constitucional nº 19/98, exige sejam fixados, por lei, "critérios e garantias especiais para a perda do cargo pelo servidor público estável que, em decorrência das atribuições de seu cargo efetivo, desenvolva atividades exclusivas de Estado". Ainda não foram definidas as carreiras de Estado, mas, com certeza, pode-se afirmar que abrangem, além dos membros da Magistratura, Ministério Público, Tribunal de Contas, Advocacia Pública e Defensoria Pública (os quais exercem atribuições constitucionais), os servidores que atuam nas áreas de polícia civil ou militar, controle, fiscalização, diplomacia e regulação.

Os servidores das empresas públicas, sociedades de economia mista e suas subsidiárias, bem como as fundações privadas regem-se pela legislação trabalhista. Para as empresas que exercem atividade econômica, esse regime é imposto pelo art. 173, § 1º, da Constituição. Para os demais, não é obrigatório, mas é o que se adota por meio das leis ordinárias, por ser o mais compatível com o regime de direito privado a que se submetem.

13.2.3 Militares

Os militares abrangem as pessoas físicas que prestam serviços às Forças Armadas – Marinha, Exército e Aeronáutica (art. 142, *caput*, e § 3º, da Constituição), às Polícias Militares e Corpos de Bombeiros Militares dos Estados, Distrito Federal e dos Territórios (art. 42), bem como às Polícias referidas no art. 144, com a redação dada pela Emenda Constitucional nº 104, de 4-12-19, abrangendo a polícia federal, a polícia rodoviária federal, a polícia ferroviária federal, as polícias civis, as polícias militares e corpos de bombeiros militares, as polícias penais federal, estaduais e distrital. Todos prestam serviços a essas instituições com vínculo estatutário sujeito a regime jurídico próprio, com remuneração paga pelos cofres públicos. Até a Emenda Constitucional nº 18/98, eram considerados servidores públicos, conforme art. 42 da Constituição, inserido em seção denominada "servidores públicos militares". Note-se, no entanto, que no § 9º do art. 144, acrescido pela Emenda Constitucional nº 19/98, o legislador volta a utilizar a expressão "servidores policiais" (abrangendo polícia civil e militar), ao determinar que "a remuneração dos servidores policiais integrantes dos órgãos relacionados neste artigo será fixada na forma do § 4º do artigo 39", ou seja, sob a forma de subsídio.

De qualquer forma, a partir da Emenda Constitucional nº 18/98, os militares ficaram excluídos da categoria de servidores públicos, só lhes sendo aplicáveis as normas que a estes se referem quando houver previsão expressa nesse sentido, como a contida no art. 142, § 3º, inciso VIII. Esse dispositivo manda aplicar aos militares das Forças Armadas os incisos VIII, XII, XVII, XVIII, XIX e XXV do art. 7º e os incisos XI, XIII, XIV e XV do art. 37. Vale dizer que os militares fazem jus a algumas vantagens próprias do trabalhador privado: décimo terceiro salário, salário-família, férias anuais remuneradas, licença à gestante, licença-paternidade e assistência gratuita aos filhos e dependentes desde o nascimento até seis anos de idade em creches e pré-escolas. E estão sujeitos a algumas normas próprias dos servidores públicos: teto salarial, limitações, forma de cálculo dos acréscimos salariais e irredutibilidade de vencimentos.

Essas mesmas normas são aplicadas aos militares dos Estados, Distrito Federal e Territórios com base no art. 42, §§ 1º e 2º. Nos termos do § 1º, "aplicam-se aos militares dos Estados, do Distrito Federal e dos Territórios, além do que vier a ser fixado em lei, as disposições do art. 14, § 8º, do art. 40, § 9º, e do art. 142, §§ 2º e 3º, cabendo à lei estadual específica dispor sobre as matérias do art. 142, § 3º, inciso X, sendo as patentes dos oficiais conferidas pelos respectivos governadores".

Em decorrência do disposto no art. 42, § 1º, são aplicáveis aos militares as seguintes disposições da Constituição:

a) o art. 14, § 8º, que trata das condições de elegibilidade dos militares;
b) o art. 40, § 9º, que prevê a contagem de contribuição federal, estadual ou municipal para efeito de aposentadoria e o tempo de serviço correspondente para efeito de disponibilidade;
c) o art. 142, § 2º, que veda a propositura de *habeas corpus* em relação a punições disciplinares militares;
d) o art. 142, § 3º, que define os direitos, obrigações e impedimentos dos integrantes das Forças Armadas, além de outros que vierem a ser previstos em lei;
e) o art. 142, § 3º, inciso X, que prevê lei dispondo sobre o ingresso nas Forças Armadas, os limites de idade, a estabilidade e outras condições de transferência do militar para a inatividade, os direitos, os deveres, a remuneração, as prerrogativas e outras situações especiais dos militares, consideradas as peculiaridades de suas atividades, inclusive aquelas cumpridas por força de compromissos internacionais e de guerra. A lei prevista nesse dispositivo é de competência estadual, para os militares referidos no art. 42; e é de competência federal para os mencionados no art. 142, § 3º, X.

As mesmas normas são aplicadas aos militares dos Estados, Distrito Federal e Territórios, com base no art. 42, §§ 1º e 2º, combinado com o art. 142, § 3º.

Seu regime é estatutário porque estabelecido em lei a que se submetem independentemente de contrato. Esse regime é definido por legislação própria dos militares, que estabelece normas sobre ingresso, limites de idade, estabilidade, transferência para a inatividade, direitos, deveres, remuneração prerrogativas (arts. 42, § 1º, e 142, § 3º, X, da Constituição).

Conforme art. 142, § 3º, I, as patentes, com prerrogativas, direitos e deveres a elas inerentes, são conferidas pelo Presidente da República e asseguradas em plenitude aos oficiais da ativa, da reserva ou reformados, sendo-lhes privativos os títulos e postos militares e, juntamente com os demais membros, o uso dos uniformes das Forças Armadas. No âmbito estadual, as patentes são conferidas pelos Governadores do Estado, conforme art. 42, § 1º.

O militar em atividade que tomar posse em cargo ou emprego civil *permanente* será transferido para a reserva, nos termos da lei (art. 142, § 3º, II); se for cargo, emprego ou função pública *temporária*, não eletiva, ficará *agregado* ao respectivo quadro e somente poderá, enquanto permanecer nessa situação, ser promovido por antiguidade, contando-se-lhe o tempo de serviço apenas para aquela promoção e transferência para a reserva, sendo depois de dois anos de afastamento, contínuos ou não, transferido para a reserva (art. 142, § 3º, III). Vale dizer que não existe possibilidade de acumulação do posto do militar com outro cargo, emprego ou função.[2]

O art. 142, § 3º, incisos IV e V, proíbe o direito de greve e sindicalização, bem como a filiação a partidos políticos, enquanto em serviço ativo. Podem votar e ser votados, mas não podem os *conscritos* alistar-se como eleitores, durante o período de serviço militar obrigatório (art. 14, § 2º).

Conforme art. 142, § 3º, VI, a perda do posto e da patente só pode ocorrer se o militar for julgado indigno do oficialato ou com ele incompatível, por decisão do Tribunal militar de caráter permanente, em tempo de paz, ou de tribunal especial, em tempo de guerra; esse julgamento é obrigatório quando o oficial for condenado na justiça comum ou militar a pena privativa de liberdade, superior a dois anos, por sentença transitada em julgado (inciso VII).

Os militares submetem-se a regime estatutário estabelecido em lei. Para os militares federais, aplica-se o Estatuto dos Militares, aprovado pela Lei nº 6.880, de 9-12-80 (com alterações posteriores), que define os seus direitos, prerrogativas, impedimentos e regime disciplinar. Para os militares dos Estados, Territórios e Distrito Federal, aplica-se a Lei nº 14.751, de 12-12-23, que institui a Lei Orgânica Nacional das Polícias Militares dos Estados, do Distrito Federal e dos Territórios, ficando para os Estados e o Distrito Federal a competência para complementar a legislação federal.[3]

Alguns direitos dos militares são designados com terminologia diversa da empregada para os servidores civis: fala-se em *agregação* quando o militar passa temporariamente à condição de inativo, a pedido ou *ex officio*, permanecendo sem número (art. 80 da Lei nº 6.880/80). A condição de inativo, nesse caso, é temporária, ficando o agregado sujeito à reversão, quando cesse o motivo da agregação. A agregação pode ocorrer, por exemplo, como decorrência de invalidez ou incapacidade temporária, extravio, idade limite para a reforma (até que esta se concretize). É a hipótese referida no art. 142, § 3º, III, da Constituição, que prevê a agregação do militar da ativa que exercer, temporariamente, outro cargo, emprego ou função pública. Nessa situação, o militar ficará agregado ao respectivo quadro.

---

[2] O STJ já entendeu possível "a acumulação de dois cargos privativos na área da saúde, no âmbito das esferas civil e militar, desde que o servidor público não desempenhe as funções tipicamente exigidas para a atividade castrense, e sim atribuições inerentes a profissões de civis" (RMS 22.765/RJ, 6ª Turma, Rel. Min. Thereza de Assis Moura, j. 3-8-10, *DJe* 23-8-10).

[3] Pela Súmula Vinculante nº 39, do STF, "compete privativamente à União legislar sobre vencimento dos membros das polícias civil e militar e do corpo de bombeiros militar do Distrito Federal".

Outra hipótese de exclusão do serviço ativo é a *transferência para a reserva*, que pode ocorrer a pedido ou *ex officio*. Essa é a situação referida no art. 142, § 3º, II, da Constituição, que ocorre quando o militar tomar posse em cargo ou emprego público civil permanente.

A *reforma* – que equivale à aposentadoria do servidor civil – ocorre quando o militar é definitivamente desligado do serviço ativo, nas hipóteses previstas em lei, como tempo de serviço, invalidez, idade-limite para permanência na reserva.

A *demissão* também constitui forma de exclusão do serviço ativo, mas não tem caráter punitivo, podendo ocorrer a pedido ou *ex officio*. Outras hipóteses de exclusão ainda são a *perda do posto ou patente* (prevista, com caráter punitivo, no art. 142, § 3º, VI, da Constituição), e o *licenciamento* (aplicável a oficiais da reserva e praças, podendo ser a pedido ou *ex officio*, por conveniência do serviço ou a bem da disciplina).

13.2.4 Particulares em colaboração com o Poder Público

Nesta categoria entram as pessoas físicas que prestam serviços ao Estado, sem vínculo empregatício, com ou sem remuneração. Podem fazê-lo sob títulos diversos, que compreendem:

1. **delegação do Poder Público**, como se dá com os empregados das empresas concessionárias e permissionárias de serviços públicos, os que exercem serviços notariais e de registro (art. 236 da Constituição), os leiloeiros, tradutores e intérpretes públicos; eles exercem função pública, em seu próprio nome, sem vínculo empregatício, porém sob fiscalização do Poder Público. A remuneração que recebem não é paga pelos cofres públicos mas pelos terceiros usuários do serviço;

2. mediante **requisição, nomeação** ou **designação** para o exercício de funções públicas relevantes; é o que se dá com os jurados, os convocados para prestação de serviço militar ou eleitoral, os comissários de menores, os integrantes de comissões, grupos de trabalho etc.; também não têm vínculo empregatício e, em geral, não recebem remuneração;

3. como **gestores de negócio** que, espontaneamente, assumem determinada função pública em momento de emergência, como epidemia, incêndio, enchente etc.

13.3 CARGO, EMPREGO E FUNÇÃO

A Constituição Federal, em vários dispositivos, emprega os vocábulos **cargo, emprego** e **função** para designar realidades diversas, porém que existem paralelamente na Administração. Cumpre, pois, distingui-las.

Para bem compreender o sentido dessas expressões, é preciso partir da ideia de que na Administração Pública todas as competências são definidas na lei e distribuídas em três níveis diversos: **pessoas jurídicas** (União, Estados e Municípios), **órgãos** (Ministérios, Secretarias e suas subdivisões) e **servidores públicos**; estes ocupam **cargos** ou **empregos** ou exercem **função**.

Daí a observação de Celso Antônio Bandeira de Mello (1975a:17): "cargo é a denominação dada à mais simples unidade de poderes e deveres estatais a serem expressos por um agente".

Com efeito, as várias competências previstas na Constituição para a União, Estados e Municípios são distribuídas entre seus respectivos órgãos, cada qual dispondo de determinado número de **cargos** criados por lei, que lhes confere denominação própria, define suas atribuições e fixa o padrão de vencimento ou remuneração.

Durante muito tempo, essa unidade de atribuições correspondia ao **cargo** e era atribuída ao **funcionário** público sob regime estatutário.

Quando se passou a aceitar a possibilidade de contratação de servidores sob o regime da legislação trabalhista, a expressão **emprego público** passou a ser utilizada, paralelamente a cargo público, também para designar uma **unidade de atribuições**, distinguindo-se uma da outra pelo tipo de vínculo que liga o servidor ao Estado; o ocupante de emprego público tem um vínculo contratual, sob a regência da CLT, enquanto o ocupante do cargo público tem um vínculo estatutário, regido pelo Estatuto dos Funcionários Públicos que, na União, está contido na lei que instituiu o regime jurídico único (Lei nº 8.112/90).

No entanto, ao lado do cargo e do emprego, que têm uma individualidade própria, definida em lei, existem atribuições também exercidas por servidores públicos, mas sem que lhes corresponda um cargo ou emprego. Fala-se, então, em função dando-se-lhe um conceito residual: é o conjunto de atribuições às quais não corresponde um cargo ou emprego.

A **função** abrangia, antes da atual Constituição, pelo menos, duas **modalidades** diversas:

1. a de chefia, assessoramento, direção e tantas outras, remuneradas, normalmente, mediante acréscimos pecuniários ao padrão do funcionário, sob os mais variados títulos, como *pro labore*, representação, gratificação, função gratificada;
2. a exercida, antes da atual Constituição, pelos chamados servidores extranumerários, interinos, temporários e que compõem um **quadro de funções** paralelo ao **quadro de cargos**; normalmente essas funções têm a mesma denominação, remuneração e atribuições dos cargos correspondentes, porém são de livre provimento e exoneração, não conferindo estabilidade àqueles que as exercem; sempre serviram aos propósitos de apadrinhamento próprios da Administração Pública brasileira, em todos os tempos. Era uma forma de atender às exigências do serviço público, criando-se a **função** sem criar-se o **cargo**; com isto contornava-se a exigência constitucional de concurso público para a investidura.

A Constituição de 1967, na redação dada pela Emenda Constitucional nº 1/69, com a norma do art. 106, pretendeu restringir a possibilidade de existência desse quadro paralelo, ao prever regime especial apenas para a admissão de servidores em **serviços de caráter temporário** e contratação para funções de natureza técnica especializada. No entanto, no Estado de São Paulo, a norma foi totalmente desvirtuada, mantendo-se, pela Lei nº 500, de 13-11-74, um Quadro de funções para serviços permanentes, paralelo e análogo ao Quadro de cargos.

A Constituição de 1988 restringiu ainda mais, pois, de um lado, previu regime jurídico único no *caput* do art. 39, depois extinto em decorrência de nova redação dada a esse dispositivo pela Emenda Constitucional nº 19/98. Como o art. 39, com a nova redação, foi suspenso pelo Supremo Tribunal Federal ao julgar a ADI 2.135/DF (julgamento pelo Plenário em 2-8-07), volta a aplicar-se a redação original, com a exigência de regime jurídico único e planos de carreira para os servidores da Administração Pública direta, autarquias e fundações públicas. Embora tenhamos entendido, em edições anteriores, que esse regime pode ser o estatutário ou celetista, reformulamos agora tal entendimento, para defender a tese de que o regime estatutário é que deve ser adotado, tendo em vista que as carreiras típicas de Estado não podem submeter-se a regime celetista, conforme entendeu o Supremo Tribunal Federal ao julgar a ADI 2.310 (pertinente ao pessoal das agências reguladoras). Ainda que para atividades-meio o regime celetista fosse aceitável, o vínculo de natureza estatutária se impõe em decorrência da exigência de que o regime jurídico seja único.

A título de exceção ao regime jurídico único, a Constituição, no art. 37, IX, previu, em caráter de excepcionalidade, para atender à necessidade temporária de excepcional interesse público, a possibilidade de **contratação por tempo determinado**. Esses servidores exercerão **funções**, porém, não como integrantes de um quadro permanente, paralelo ao dos cargos públicos, mas em caráter transitório e excepcional.

Portanto, perante a Constituição atual, quando se fala em **função**, tem-se que ter em vista dois tipos de situações:

1. a função exercida por servidores contratados temporariamente com base no art. 37, IX, para a qual não se exige, necessariamente, concurso público, porque, às vezes, a própria urgência da contratação é incompatível com a demora do procedimento; a Lei nº 8.112/90 definia, no art. 233, § 3º, as hipóteses em que o concurso era dispensado; esse dispositivo foi revogado pela Lei nº 8.745, de 9-12-93, que agora disciplina a matéria, com as alterações posteriores;
2. as funções de natureza permanente, correspondentes a chefia, direção, assessoramento ou outro tipo de atividade para a qual o legislador não crie o cargo respectivo; em geral, são funções de confiança, de livre provimento e exoneração; a elas se refere o art. 37, V, ao determinar, com a redação da Emenda Constitucional nº 19, que "as funções de confiança serão exercidas exclusivamente por servidores ocupantes de cargo efetivo, e os cargos em comissão, a serem preenchidos por servidores de carreira nos casos, condições e percentuais mínimos previstos em lei, destinam-se apenas às atribuições de direção, chefia e assessoramento".

Com isso, fica explicada a razão de ter o constituinte, no art. 37, II, exigido concurso público só para a investidura em cargo ou emprego. Nos casos de função, a exigência não existe porque os que a exercem ou são contratados temporariamente para atender às necessidades emergentes da Administração, ou são ocupantes de funções de confiança, para as quais não se exige concurso público.

A discussão quanto aos dois tipos de função atualmente existentes é de fundamental importância, porque há uma série de normas constitucionais que, ao fazerem referência a cargo, emprego ou função, estão se referindo às funções de confiança e não à função temporária exercida com base no art. 37, IX. Qualquer outra interpretação seria inaceitável, por não se compatibilizar com a transitoriedade e excepcionalidade dessas contratações.

É o caso do art. 38, que prevê o afastamento do cargo, emprego ou **função**, para o exercício de mandato; não seria admissível que um servidor contratado temporariamente pudesse afastar-se com essa finalidade. Ainda a norma do art. 61, § 1º, II, *a*, que exige lei de iniciativa do Executivo para a criação de cargos, **funções** ou empregos públicos; seria totalmente inviável conceber-se a fixação de determinado número de funções para atender a situações eventuais e imprevisíveis.

Cabe também lembrar que o art. 61, § 1º, inciso II, *a*, da Constituição exige lei de iniciativa do Presidente da República, para a criação de cargos, funções ou empregos públicos na Administração Direta e autárquica ou aumento de sua remuneração. Essa exigência de lei para a criação de função não se aplica no caso do art. 37, IX, pela impossibilidade de previsão das ocorrências excepcionais que justificarão a medida. As Constituições dos Estados e as Leis Orgânicas dos Municípios, em regra, repetem a mesma exigência de lei de iniciativa do Chefe do Poder Executivo para a criação de cargos, empregos e funções.

13.4 NORMAS CONSTITUCIONAIS

13.4.1 Regime jurídico do servidor

A Constituição de 1988, em sua redação original, deu especial relevo ao princípio da isonomia; em vários dispositivos revelava-se a preocupação de assegurar a igualdade de direitos e obrigações em diferentes aspectos da relação funcional.

Já o art. 5º, pertinente aos direitos e deveres individuais e coletivos, assegurava (e continua a assegurar), em dois preceitos diversos, o princípio da isonomia; o *caput* afirma que "**todos são iguais perante a lei**, sem distinção de qualquer natureza, garantindo-se aos brasileiros e aos estrangeiros residentes no país a inviolabilidade do direito à vida, à liberdade, à **igualdade**, à segurança e à propriedade". Depois da dupla referência ao mesmo princípio, o constituinte ainda acrescentou, no inciso I, a norma segundo a qual "homens e mulheres são iguais em direitos e obrigações, nos termos desta Constituição".

Não bastassem essas normas, que são aplicáveis a todas as esferas do governo, a Constituição especificava, com relação aos servidores públicos, a forma como queria que a **isonomia** fosse observada, em aspectos como o regime jurídico (que deveria ser único para os servidores da Administração Direta, autarquias e fundações públicas), a remuneração (em relação aos servidores em atividade, inativos e pensionistas) e as condições de ingresso.

A Emenda Constitucional nº 19, de 4-6-98, trouxe algumas modificações nessa sistemática, pois excluiu a exigência de regime jurídico único, contida no *caput* do art. 39, bem como a regra da isonomia de vencimentos para cargos de atribuições iguais ou assemelhadas do mesmo Poder ou entre servidores dos Poderes Executivo, Legislativo e Judiciário, que constava do § 1º do mesmo dispositivo.

Com a exclusão da norma constitucional do regime jurídico único, cada esfera de governo ficou com liberdade para adotar regimes jurídicos diversificados, seja o estatutário, seja o contratual, ressalvadas aquelas carreiras institucionalizadas em que a própria Constituição impõe, implicitamente, o regime estatutário, uma vez que exige que seus integrantes ocupem cargos organizados em carreira (Magistratura, Ministério Público, Tribunal de Contas, Advocacia Pública, Defensoria Pública e Polícia), além de outros cargos efetivos, cujos ocupantes exerçam atribuições que o legislador venha a definir como "**atividades exclusivas de Estado**", conforme previsto no art. 247 da Constituição, acrescido pelo art. 32 da Emenda Constitucional nº 19/98.

Na esfera federal, a Lei nº 8.112, de 11-12-90, com alterações posteriores, estabeleceu o regime estatutário como regime jurídico único para os servidores da Administração Direta, autarquias e fundações públicas. A lei continuou a aplicar-se, apenas deixando de ser obrigatória para todas as categorias de servidores, já que a Emenda Constitucional nº 19 acabou com a exigência de uniformidade de regime jurídico. Em outras palavras, o regime estatutário poderá coexistir com o regime contratual.

Ocorre que o Supremo Tribunal Federal, ao julgar a ADIn 2.135/DF, decidiu, em sessão plenária do dia 2-8-07, suspender a vigência do art. 39, *caput*, da Constituição Federal, em sua redação dada pela Emenda Constitucional nº 19/98. Em decorrência dessa decisão, volta a aplicar-se a redação original do art. 39, que exige regime jurídico único e planos de carreira para os servidores da Administração Pública Direta, autarquias e fundações públicas.

O fundamento para a decisão foi o fato de que a proposta de alteração do *caput* do art. 39 não foi aprovada pela maioria qualificada (3/5 dos parlamentares) da Câmara dos Deputados, em primeiro turno, conforme previsto no art. 60, § 2º, da Constituição. A Ministra Ellen Gracie, ao proclamar o resultado do julgamento, esclareceu que a decisão tem efeito *ex nunc*, vigorando a partir da data da decisão (2-8-07). Voltam, portanto, a ter aplicação as normas legais que dispunham sobre regime jurídico único, editadas na vigência da redação original do art. 39, sendo respeitadas as situações consolidadas na vigência da redação dada pela Emenda Constitucional nº 19/98, até o julgamento do mérito.

No entanto, por decisão tomada em 6-11-2024, o STF, na mesma ADIn 2.135, declarou a constitucionalidade de trecho da Reforma Administrativa feita pela Emenda Constitucional nº 19/98, que suprimiu a obrigatoriedade de regimes jurídicos únicos e planos de carreira para servidores da administração pública direta, das autarquias e das fundações públicas federais, estaduais e municipais. Entendeu a Corte Suprema que não houve irregularidade no processo legislativo de aprovação da emenda (cf. site do STF, de 7-11-2024). Com essa decisão, fica extinto o regime jurídico único. A decisão produz efeitos em relação a futuras contratações, sem a possibilidade de mudança de regime dos atuais servidores.

Quanto à **isonomia de vencimentos**, embora excluída sua previsão do art. 39, § 1º, mantém-se, de certa forma, não só em decorrência da norma do art. 5º, *caput* e inciso I, como de outros dispositivos constitucionais pertinentes aos servidores públicos, em especial o art. 37, incisos X e XII.

13.4.2 Direito de acesso aos cargos, empregos e funções públicas

O inciso I do art. 37, na redação original, assegurava o direito de acesso aos cargos, empregos e funções públicas apenas aos brasileiros que preenchessem os requisitos estabelecidos em lei, o que abrangia os natos e naturalizados, já que a Constituição não faz qualquer distinção.

Sempre se entendeu que a contratação de **estrangeiro** era possível na hipótese do art. 37, inciso IX, para "atender a necessidade temporária de excepcional interesse público". Tanto assim que a Lei nº 8.745, de 9-12-93, que dispõe sobre a contratação de servidor temporário e que foi alterada pela Lei nº 9.849, de 26-10-99, inclui, entre os casos que admitem a contratação com base no referido dispositivo constitucional, o de professor estrangeiro e pesquisador visitante estrangeiro (art. 2º, V).

Um abrandamento à norma do inciso I do art. 37 surgiu com a Emenda Constitucional nº 11, de 30-4-96, que introduziu dois parágrafos no art. 207 da Constituição para permitir às universidades e instituições de pesquisa científica e tecnológica a admissão de professores, técnicos e cientistas estrangeiros, na forma da lei. Esse dispositivo foi disciplinado, na esfera federal, pela Lei nº 9.515, de 20-11-97, que dispõe sobre admissão de professores, técnicos e cientistas estrangeiros pelas universidades e pelas instituições de pesquisa científica e tecnológica federais. Essa lei introduziu um § 3º no art. 5º da Lei nº 8.112/90, estabelecendo que "as universidades e instituições de pesquisa científica e tecnológica federais poderão prover seus cargos com professores, técnicos e cientistas estrangeiros, de acordo com as normas e os procedimentos desta lei".

Essa lei somente se aplica à esfera federal. Os Estados e Municípios deverão editar suas próprias normas. A Universidade de São Paulo, antes mesmo da alteração introduzida pela Emenda Constitucional nº 11/96, já havia alterado seu estatuto para admitir o ingresso de estrangeiros, nos termos da Resolução nº 3.801, de 5-4-91.

Agora, com a Emenda Constitucional nº 19/98, que dá nova redação ao inciso I do art. 37, o direito de **acesso** estende-se também aos **estrangeiros**, "na forma da lei"; entende-se que se trata de lei de cada entidade da federação, já que a matéria de servidor público não é reservada à competência privativa da União. O dispositivo não é autoaplicável, dependendo de lei que estabeleça as condições de ingresso do estrangeiro.

13.4.3 Condições de ingresso

Nos termos do art. 37, II, com redação dada pela Emenda Constitucional nº 19, "a investidura em cargo ou emprego público depende de aprovação prévia em concurso público de provas ou de provas e títulos, de acordo com a natureza e a complexidade do cargo ou emprego, na forma prevista em lei, ressalvadas as nomeações para cargo em comissão declarado em lei de livre nomeação e exoneração".

A exigência de concurso público é feita também para ingresso nas carreiras institucionalizadas pela Constituição: para ingresso na Magistratura, no cargo inicial de juiz substituto, o art. 93, I, exige concurso público de provas e títulos, com a participação da Ordem dos Advogados do Brasil em todas as fases; para ingresso na carreira do Ministério Público, o art. 129, § 3º, faz idêntica exigência; igualmente é exigido concurso público de provas e títulos para ingresso nas classes iniciais da Advocacia-Geral da União (art. 131, § 2º), na carreira de Procurador do Estado (art. 132) e na de Defensor Público (art. 134, § 1º).

Quando a Constituição fala em **concurso público**, ela está exigindo procedimento aberto a todos os interessados,[4] ficando vedados os chamados concursos internos, só abertos a quem já pertence ao quadro de pessoal da Administração Pública. Daí não terem mais fundamento algumas formas de provimento, sem concurso público, previstas na legislação ordinária anterior à Constituição de 1988, como a transposição (ou ascensão) e a readmissão.[5]

A Lei nº 14.965, de 9-9-2024, dispõe sobre as normas gerais relativas a concursos públicos. Nos termos do art. 13, essa Lei "entra em vigor no dia 1º de janeiro do quarto ano após a sua publicação oficial, podendo sua aplicação ser antecipada pelo ato que autorizar a abertura de cada concurso público". A publicação oficial ocorreu em 10-9-2024.

Ao fazer referência a **normas gerais**, tanto na ementa como no art. 1º, a Lei deixa clara a intenção de estender os seus efeitos a todos os entes federativos, em afronta à autonomia dos Estados, do Distrito Federal e dos Municípios, já que não se trata de matéria atribuída à União pela Constituição Federal, entre as competências privativas, previstas no art. 22. Também não se trata da competência concorrente estabelecida no art. 24, que justifique a aplicação do § 1º desse dispositivo, que prevê, em caso de legislação concorrente, a competência da União para estabelecer normas gerais. É cabível, no caso, ação direta de inconstitucionalidade perante o STF, que poderá fazer "interpretação conforme", sem redução de texto, para excluir do art. 1º o vocábulo "gerais". A menção ao art. 37, II, contida no art. 1º da Lei não confere validade jurídica à norma, uma vez que a referência à lei, contida nesse dispositivo constitucional, refere-se à lei posta pelo ente federativo competente para legislar sobre a matéria.

Provavelmente por reconhecer a invalidade da norma, o legislador, no art. 13, § 2º, determina que "alternativamente à observância das normas desta Lei, os Estados, o Distrito Federal e os Municípios podem optar por editar normas próprias, observados os princípios constitucionais da administração pública e desta Lei". Supondo que fosse possível à União estabelecer normas gerais sobre concurso público, a norma do art. 13, § 2º, estaria em desconformidade com o art. 24, §§ 2º e 3º, da Constituição, que somente autorizam os Estados a exercer a **competência suplementar** sobre a matéria e a exercer a **competência plena** apenas na hipótese de inexistir lei federal sobre normas gerais. Talvez seja uma forma desajeitada de o legislador federal reconhecer que a Lei nº 14.965, na realidade, não estabelece normas gerais.

A lei submete à sua abrangência, subsidiariamente, os concursos públicos para as carreiras de Advogado da União e Procurador dos Estados e do Distrito Federal (art. 1º, § 2º), mas exclui de sua abrangência os concursos da Magistratura, do Ministério Público, da Defensoria Pública, bem como das empresas públicas e sociedades de economia mista que não recebam recursos da União, dos Estados, do Distrito Federal e dos Municípios para pagamento de despesas de pessoal ou de custeio em geral (art. 1º, § 3º). No entanto, o § 4º faculta a aplicação total ou parcial da Lei às hipóteses do art. 1º, § 3º, bem como à contratação de servidores temporários, à admissão de agentes comunitários de saúde e agentes de combate às endemias, à admissão de professores, técnicos e cientistas estrangeiros pelas Universidades e a outros não sujeitos à norma do art. 37, II, da Constituição Federal.

---

[4] O STF aprovou duas súmulas que evitam restrições infundadas à participação do candidato a concurso público: pela Súmula nº 684, "é inconstitucional o veto não motivado à participação de candidato a concurso público"; e pela Súmula nº 686, "só por lei se pode sujeitar a exame psicotécnico a habilitação de candidato a cargo público".

[5] V. item 13.5 deste livro, sobre provimento.

O art. 2º exige que a avaliação leve em conta os **conhecimentos**, as **habilidades**, além das **competências** necessárias ao desempenho com eficiência das atribuições do cargo ou emprego, tal como definição contida no § 1º. O § 2º exige que o concurso compreenda, no mínimo, a avaliação por provas ou provas e títulos (em consonância com o art. 37, II, da Constituição), e permite a realização de curso ou programa de formação, "desde que justificada em razão da natureza das atribuições do cargo e prevista no edital". O art. 11, *caput*, reforça o caráter facultativo do curso ou programa de formação, ressalvando a hipótese de haver disposição diversa em lei específica.

Por sua vez, o art. 9º, repetindo a exigência contida no art. 2º, acrescenta que os **conhecimentos** serão avaliados mediante provas escritas, objetivas ou dissertativas, e provas orais, que cubram conteúdos gerais ou específicos; as **habilidades** serão avaliadas mediante elaboração de documentos e simulação de tarefas próprias do cargo ou emprego público, bem como testes físicos compatíveis com suas atividades; e as **competências** serão avaliadas mediante avaliação psicológica, exame de higidez mental ou teste psicotécnico, conduzido por profissional habilitado nos termos da regulamentação específica. Pelos termos dos arts. 2º, 6º, II, e 9º, a avaliação das competências será exigida "nos casos em que couber", sem indicar quando ela é cabível. A conclusão possível é a de que a avaliação das competências é cabível quando prevista em lei específica.

Tanto as provas como o curso ou programa de formação podem ser de caráter eliminatório, classificatório ou eliminatório e classificatório (arts. 9º, § 1º, e 11, § 1º).

O art. 7º dá o rol dos elementos que devem constar do **edital**, cabendo lembrar que esse ato, da mesma forma que ocorre no procedimento da licitação, tem caráter vinculante tanto para a Administração Pública como para os candidatos.

O art. 12 repete preceito contido na Lei de Introdução às Normas do Direito Brasileiro, ao determinar que "a decisão controladora ou judicial que, com base em valores jurídicos abstratos, impugnar tipo de prova ou critério de avaliação previsto no edital do concurso público deverá considerar as consequências práticas da medida, especialmente em função dos conhecimentos, das habilidades e das competências necessários ao desempenho das atribuições do cargo ou emprego público, em observância ao *caput* do art. 20 do Decreto-Lei nº 4.657, de 4 de setembro de 1942)".

Pelo Decreto nº 11.722, de 28-9-2023, com alterações posteriores, foi regulamentado o Concurso Público Nacional Unificado e instituídos seus órgãos de governança. Os objetivos estão mencionados no art. 3º, incluindo-se entre eles o de promover igualdade de oportunidades de acesso aos cargos públicos efetivos e o de zelar pelo princípio da impessoalidade na seleção dos candidatos em todas as fases e etapas do certame. O Decreto prevê a possibilidade de adesão de órgãos e entidades interessados, hipótese em que os custos serão rateados. O Decreto tem aplicação aos órgãos e entidades da administração pública federal direta, autárquica e fundacional.

Para os cargos em comissão, o art. 37, II, da Constituição dispensa o concurso público, o que não significa ser inteiramente livre a escolha dos seus ocupantes, consoante decorre do inciso V do mesmo dispositivo da Constituição. A lei é que definirá os "casos, condições e percentuais mínimos" a serem observados no provimento de cargos em comissão. Além disso, existe a restrição ao nepotismo, prevista na Súmula Vinculante nº 13, do Supremo Tribunal Federal: "A nomeação de cônjuge, companheiro ou parente em linha reta, colateral ou por afinidade, até o terceiro grau, inclusive, da autoridade nomeante ou de servidor da mesma pessoa jurídica investido em cargo de direção, chefia ou assessoramento, para o exercício de cargo em comissão ou de confiança ou, ainda, de função gratificada na Administração Pública direta e indireta em qualquer dos poderes da União, dos Estados, do Distrito Federal e dos Municípios, compreendido o ajuste mediante designações recíprocas, viola a Constituição Federal."[6] Viola, com certeza, o princípio da moralidade administrativa previsto no art. 37, I, da Constituição.

Além dos cargos em comissão, a própria Constituição estabelece outras exceções, como as referentes à nomeação dos membros dos Tribunais (arts. 73, § 2º, 94, 101, 104, parágrafo único, II, 107, 111-A, introduzido pela Emenda Constitucional nº 45/04, 119, II, 120, III, e 123).

Uma dúvida que pode ensejar a norma do art. 37, II, é sobre a razão de o dispositivo mencionar a exigência de **concurso público** apenas para **cargo** ou **emprego público**, deixando de lado as funções. José Afonso da Silva (2003:659), comentando esse preceito, diz que "deixa a Constituição, porém, uma grave lacuna nessa matéria, ao não exigir nenhuma forma de seleção para admissão às funções (autônomas) referidas no art. 37, I, ao lado dos cargos e empregos. Admissões a funções autônomas sempre foram fontes de apadrinhamentos, de abusos e de injustiças aos concursados".

Permitimo-nos discordar do jurista por entendermos que **função**, em paralelo a **cargo** e **emprego**, só existirá para os contratados "por tempo determinado para atender a necessidade temporária de excepcional interesse público", nos termos do art. 37, IX, e para funções de confiança, de livre provimento e exoneração. Pelo inciso V, na nova redação, essas funções de confiança somente são possíveis nas atribuições de direção, chefia e assessoramento.

Já na vigência da Constituição anterior, a **admissão** só era possível para serviços temporários, com base em seu art. 106, e hoje continua apenas nessa hipótese, agora mais restringida pela excepcionalidade do interesse público e pela exigência de **contratação** por tempo determinado. Daí a desnecessidade de concurso, pois somente sendo possível a contratação de servidor temporário para atender à necessidade transitória de excepcional interesse público,[7] a demora do procedimento do concurso público pode ser incompatível com as exigências imediatas da Administração, em caso, por exemplo, de epidemia ou outra calamidade pública. É preciso que a lei, ao disciplinar esse tipo de contratação, estabeleça regras que assegurem a excepcionalidade da medida, evitando que se transforme em regra geral, a exemplo do que ocorreu na vigência da Constituição anterior, e determine as hipóteses em que a seleção pública é exigível.[8]

---

[6] O Decreto nº 7.203, de 4-6-10, dispõe sobre a vedação do nepotismo no âmbito da administração pública federal, abrangendo as nomeações para cargos em comissão, a contratação de servidores temporários (art. 37, IX, da Constituição) e a admissão de estagiários; abrange também trabalhadores em empresas que prestem serviços terceirizados ou em entidades conveniadas com a Administração Pública.

[7] O STF, em ação na qual se questionava a constitucionalidade de Medida Provisória que autorizou contratações temporárias para o CADE, entendeu que "o art. 37, IX, da Constituição do Brasil autoriza contratações, sem concurso público, desde que indispensáveis ao atendimento de necessidade temporária de excepcional interesse público, quer para o desempenho das atividades de caráter eventual, temporário ou excepcional, quer para o desempenho das atividades de caráter regular e permanente. A alegada inércia da Administração não pode ser punida em detrimento do interesse público, que ocorre quando colocado em risco o princípio da continuidade da atividade estatal" (ADI 3.068, Rel. para o acórdão Min. Eros Grau, julgamento em 24-2-06, *DJ* de 23-9-05). Em outra ação, o STF decidiu de modo diferente, tendo em vista a natureza do cargo de Defensor Público: "... a Defensoria Pública se revela como instrumento de democratização do acesso às instâncias judiciárias, de modo a efetivar o valor constitucional da universalização da justiça (inciso XXXV do art. 5º da CF/88). 2. Por desempenhar, com exclusividade, um mister estatal genuíno e essencial à jurisdição, a Defensoria Pública não convive com a possibilidade de que seus agentes sejam recrutados em caráter precário. 3. A estruturação da Defensoria Pública em cargos de carreira, providos mediante concurso público de provas e títulos, opera como garantia da independência técnica da instituição, a se refletir na boa qualidade da assistência a que fazem jus os estratos mais economicamente débeis da coletividade. 4. Ação direta julgada procedente" (ADI 3.700, Rel. Min. Carlos Britto, julgamento em 15-10-08, *DJE*-043). No mesmo sentido ADI 3386/DF, Rel. Min. Cármen Lúcia, 14-4-11.

[8] O STF entende que as leis que autorizam contratações temporárias não podem fixar hipóteses abrangentes e genéricas, sem especificar a contingência fática que, presente, indicaria a exigência de um estado de

Na esfera federal, a Lei nº 8.745, de 9-12-93, alterada por leis posteriores, indica, no art. 2º, os casos considerados como de excepcional interesse público.

Pelo § 1º do art. 2º, introduzido pela Lei nº 12.425/11, a contratação de professor substituto de que trata o inciso IV do *caput* poderá ocorrer para suprir a falta de professor efetivo em razão de: I – vacância do cargo; afastamento ou licença, na forma do regulamento; ou III – nomeação para ocupar cargo de direção de reitor, vice-reitor, pró-reitor e diretor de *campus*. O número total de professores de que trata o inciso IV não poderá ultrapassar 20% do total de docentes efetivos em exercício na instituição federal de ensino (§ 2º do art. 2º).

Pelo art. 3º, a contratação do servidor temporário será feita mediante processo seletivo simplificado, prescindindo de concurso público; nos termos do § 1º, com a redação dada pela Lei nº 14.989, de 25-9-2024, a contratação para atender às necessidades decorrentes de risco iminente à saúde animal, vegetal ou humana, de calamidade pública e de emergência ambiental, fitossanitária, zoossanitária ou em saúde pública prescindirá de processo seletivo; pelo § 2º, a contratação, nos casos do professor referido nos incisos IV e V e nos casos das alíneas *a*, *d*, *e*, *g*, *l* e *m* do inciso VI, e do inciso VIII do *caput* do art. 2º, poderá ser efetivada à vista de notória capacidade técnica ou científica do profissional, mediante análise do *curriculum vitae*; pelo § 3º, as contratações de pessoal no caso das alíneas *h* e *i* do inciso VI do art. 2º serão feitas mediante processo seletivo simplificado, observados os critérios e condições estabelecidos pelo Poder Executivo.

Note-se que a Lei nº 14.965/2024, que dispõe sobre as normas gerais relativas a concursos públicos, permite, no art. 1º, § 4º, que as suas normas sejam aplicadas, total ou parcialmente, às contratações de servidores temporários, previstas no art. 37, IX.

O art. 4º da Lei nº 8.745 estabelece os prazos de contratação, sendo admitida a prorrogação nas hipóteses expressamente mencionadas no parágrafo único do mesmo dispositivo. Por sua vez, o art. 9º, III, combinado com o art. 5º, estabelece que o pessoal contratado temporariamente não pode, antes de decorridos 24 meses do encerramento do contrato anterior, ser novamente contratado, com fundamento na Lei nº 8.745/93, salvo nas hipóteses dos incisos I e IX do art. 2º, observado o disposto no art. 5º (encaminhamento à Secretaria de Recursos Humanos do Ministério do Planejamento, Orçamento e Gestão para fins de controle do disposto na lei).

Estados e Municípios que queiram contratar servidores temporários com base no art. 37, IX, têm que estabelecer, por suas próprias leis, as hipóteses em que essa contratação é possível e o regime jurídico em que a mesma se dará.

Com relação às *funções de confiança*, também não se justifica o concurso público, apenas exigindo a Constituição, no art. 37, V, que sejam exercidas exclusivamente por servidores ocupantes de cargo efetivo e que se limitem às atribuições de direção, chefia e assessoramento. Essa exigência, que decorre de alteração introduzida nesse inciso pela Emenda Constitucional nº 19, impede que pessoas estranhas aos quadros do funcionalismo sejam admitidas para funções de confiança. Do mesmo modo, não se justifica o concurso para os cargos em comissão, tendo em vista a ressalva contida na parte final do inciso II, e a norma do inciso V, que, com a redação dada pela Emenda Constitucional nº 19, exige apenas que os mesmos sejam preenchidos "por servidores de carreira nos casos, condições e percentuais mínimos previstos em lei". Isto significa que a lei que vier a disciplinar esse dispositivo deverá assegurar que um mínimo de cargos em comissão seja ocupado por servidores de carreira.

---

emergência. Desta forma, não basta que a lei simplesmente atribua ao Chefe do Executivo interessado na contratação a competência para estabelecer os casos em que a mesma seria possível (ADI 3.430, Relator Min. Ricardo Lewandowski, j. 12-4-09, Plenário, *Informativo* 555).

O art. 37, V, da Constituição, com a redação dada pela Emenda Constitucional nº 19/98, faz exigências referentes ao exercício de funções de confiança e cargos em comissão: "as funções de confiança, exercidas exclusivamente por servidores ocupantes de cargo efetivo, e os cargos em comissão, a serem preenchidos por servidores de carreira nos casos, condições e percentuais mínimos previstos em lei, destinam-se apenas às atribuições de direção, chefia e assessoramento".

Vale dizer que as duas hipóteses limitam-se às atribuições de direção, chefia e assessoramento, sendo inconstitucionais quaisquer normas que criem funções de confiança ou cargos em comissão para o exercício de outro tipo de atribuição. Além disso, as funções de confiança somente podem ser exercidas por pessoas que já componham o quadro de pessoal, como ocupantes de cargo efetivo. E os cargos em comissão sofrem menor restrição, porque o preenchimento por servidor de carreira somente é exigido nos casos, condições e percentuais mínimos previstos em lei.[9]

A Resolução do Conselho Nacional de Justiça nº 88, de 8-9-09, determinou que, para os entes federativos que ainda não regulamentaram os incisos IV e V do art. 37 da Constituição Federal, pelo menos 20% dos cargos em comissão da área de apoio direto à atividade judicante e 50% da área de apoio indireto à atividade judicante deverão ser destinados a servidores das carreiras judiciárias (art. 2º, § 2º). Se a medida, de um lado, possui caráter moralizador, de outro, desatende à exigência de lei para a fixação do percentual dessa reserva.

Ainda no que diz respeito ao ingresso, o art. 37, inciso III, fixa o **prazo de validade de dois anos para validade do concurso**, prorrogável uma vez, por igual período; a prorrogação fica a critério da Administração, inexistindo, para os candidatos aprovados, direito subjetivo a essa prorrogação.

Nos termos do inciso IV, "durante o prazo improrrogável previsto no edital de convocação, aquele aprovado em concurso público de provas ou de provas e títulos será convocado com prioridade sobre novos concursados para assumir o cargo ou emprego na carreira". Essa norma significa que, enquanto houver candidatos aprovados em concurso e este estiver dentro do prazo de validade fixado no edital, eles terão prioridade para a nomeação, ainda que a Administração tenha feito outro concurso, também com candidatos habilitados.[10]

Durante muito tempo a jurisprudência adotou, predominantemente, o entendimento de que "não há direito adquirido à nomeação de candidato aprovado em concurso público". Esse entendimento vem sendo, em boa hora, relativizado pelo Supremo Tribunal Federal e pelo

---

[9] A respeito dos *cargos em comissão*, duas decisões do STF merecem relevo, sendo que em ambas é destacada a importância da obediência ao art. 37, V, da Constituição. Na primeira, ficou decidido que "os cargos em comissão criados pela Lei nº 1.939/1998, do Estado de Mato Grosso do Sul, possuem atribuições meramente técnicas e que, portanto, não possuem o caráter de assessoramento, chefia ou direção exigido para tais cargos, nos termos do art. 37, V, da Constituição Federal". A ação foi julgada procedente (ADI 3.706, Rel. Min. Gilmar Mendes, *DJ* 5-10-07). Na segunda ação, o STF decidiu que "cabe ao Poder Judiciário verificar a regularidade dos atos normativos e de administração do Poder Público em relação às causas, aos motivos e à finalidade que os ensejam. Pelo princípio da proporcionalidade, há que ser guardada correlação entre o número de cargos efetivos e em comissão, de maneira que exista estrutura para atuação do Poder Legislativo local" (RE 365.368-AgR, Relator Min. Ricardo Lewandowski, julgamento em 22-5-07, *DJ* 29-9-07). Na ADI 3.602, Rel. Ministro Joaquim Barbosa, j. em 14-4-11, *DJe*-108, foi decidido que "é inconstitucional a criação de cargos em comissão que não possuem caráter de assessoramento, chefia ou direção e que não demandam relação de confiança entre o servidor nomeado e o seu superior hierárquico [...]".

[10] O Supremo Tribunal Federal já entendeu que "o princípio da razoabilidade é conducente a presumir-se, como objeto do concurso, o preenchimento das vagas existentes. Exsurge configurador de desvio de poder, ato da Administração Pública que implique nomeação parcial de candidatos, indeferimento da prorrogação do prazo do concurso sem justificativa socialmente aceitável e publicação de novo edital com idêntica finalidade" (RE 192.568/PI, 2ª Turma, Relator Min. Marco Aurélio, *DJ* 13-9-96, p. 33.241).

Superior Tribunal de Justiça.[11] Se o Poder Público realiza o concurso, que é um procedimento oneroso, é porque necessita de pessoal para preenchimento dos cargos vagos. Não tem sentido e contraria o princípio da razoabilidade o Poder Público deixar de nomear os candidatos aprovados em consonância com o edital. Menos justificável ainda é a hipótese cogitada no inciso IV do art. 37 da Constituição, em que a Administração Pública inicia outro concurso público quando existem candidatos habilitados em concurso anterior.

Para as pessoas portadoras de deficiência, o inciso VIII do art. 37 da Constituição determina que a lei lhes reserve percentual dos cargos e empregos públicos e defina os critérios de sua admissão. O dispositivo não é autoaplicável, cabendo aos interessados adotar as medidas judiciais cabíveis em caso de omissão do Poder Público na promulgação da lei (inconstitucionalidade por omissão).

Os procedimentos relativos à reserva de vagas para os portadores de deficiência foram disciplinados pelo Decreto nº 9.508, de 24-9-18, alterado pelo Decreto nº 9.546, de 30-10-18, só aplicáveis à esfera federal. Cada Estado, o Distrito Federal e cada Município tem competência própria para disciplinar a matéria. Essa competência deve necessariamente ser exercida para garantir o cumprimento do art. 37, VIII, da Constituição e da Lei nº 13.146, de 6-7-2015 (Estatuto da Pessoa com Deficiência).

Nos termos do art. 1º do Decreto nº 9.508/18, "fica assegurado à pessoa com deficiência o direito de se inscrever, no âmbito da administração pública federal direta e indireta e em igualdade de oportunidade com os demais candidatos, nas seguintes seleções: I – em concurso público para o provimento de cargos efetivos e de empregos públicos; II – em processos seletivos para a contratação por tempo determinado para atender necessidade temporária de excepcional interesse público, de que trata a Lei nº 8.745, de 9-12-93". O § 1º do mesmo dispositivo determina que "ficam reservadas às pessoas com deficiência, no mínimo cinco por cento das vagas oferecidas para o provimento de cargos efetivos e para a contratação por tempo determinado para atender necessidade temporária de excepcional interesse público, no âmbito da administração pública federal direta e indireta".

Esse Decreto ainda estabelece que a igualdade de condições com os demais candidatos diz respeito: ao conteúdo das provas; à avaliação e aos critérios de aprovação; ao horário e ao local de aplicação das provas; e a nota mínima exigida para os demais candidatos (art. 2º). O Decreto assegura a adequação de critérios para a realização e a avaliação das provas à deficiência do candidato, a ser efetivada por meio do acesso a tecnologias assistivas e a adaptações razoáveis, nos termos do Anexo do Decreto (art. 4º). O Decreto nº 9.546 exclui a previsão de adaptação das provas físicas para candidatos com deficiência e estabelece que os critérios de aprovação dessas provas poderão seguir os mesmos critérios aplicados aos demais candidatos.

No âmbito federal, a Lei nº 8.112, de 11-12-90, assegura, no § 2º do art. 5º, aos portadores de deficiência até 20% das vagas oferecidas no concurso. O dispositivo apenas estabelece um limite máximo, com o qual é compatível a norma do art. 1º, § 1º, do Decreto nº 9.508.

Para as empresas públicas e sociedades de economia mista o § 2º do art. 1º do Decreto nº 9.508 manda que sejam observados os percentuais de que trata o art. 93 da Lei nº 8.213, de

---

[11] Decidindo pelo direito à nomeação para a posse que vier a ser dada nos cargos vagos existentes ou nos que vierem a vagar no prazo de validade do concurso, decisões do STF, in RE 227480/RJ, rel. Min. Menezes Direito, rel. para o acórdão Min. Cármen Lúcia, DJe de 14-9-09. No mesmo sentido, decisões do STJ in RMS nº 20.718/SP, 6ª Turma, Rel. Min. Paulo Medina, j. em 4-12-07, com citação de precedentes; RMS 25501, Rel. Min. Arnaldo Esteves Lima, DJe 14-9-09; em outro acórdão, in RMS 32.105-DF, Rel. Min. Eliana Calmon, DJe de 30-8-10, o STJ vai além para admitir o direito à nomeação, mesmo fora do número de vagas previstas no edital, se a Administração manifesta, por ato inequívoco, a necessidade de novas vagas.

24-7-91, a saber: I – até 200 empregados, 2%; II – de 201 a 500, 3%; III – de 501 a 1000, 4%; IV – de 1001 em diante, 5%.

Com relação aos concursos para ingresso na magistratura, o art. 73 da Resolução nº 75, de 12-5-09, do Conselho Nacional de Justiça, determina que "as pessoas com deficiência que declararem tal condição, no momento da inscrição preliminar, terão reservados, no mínimo 5% (cinco por cento) do total das vagas, vedado o arredondamento superior". Pelo § 2º do mesmo dispositivo (alterado pela Resolução do CNJ nº 118, de 3-8-10), a avaliação sobre compatibilidade da deficiência com a função judicante deve ser empreendida no estágio probatório a que se submete o candidato aprovado no certame.

O Decreto nº 9.427, de 28-6-18, reserva aos negros 30% (trinta por cento) das vagas oferecidas nas seleções para estágio no âmbito da administração pública federal direta, autárquica e fundacional. A seleção é apenas para estágio, não alcançando o ingresso no serviço público, por meio de concurso público ou processo seletivo para trabalho temporário de excepcional interesse público. O preâmbulo do Decreto indica como fundamento o disposto na Lei nº 11.788, de 25-9-08 (que disciplina os estágios de estudantes) e no art. 39 da Lei nº 12.288, de 20-7-10 (Estatuto da Igualdade Racial). Esse dispositivo determina que "o poder público promoverá ações que assegurem a igualdade de oportunidades no mercado de trabalho para a população negra, inclusive mediante a implementação de medidas visando à promoção da igualdade nas contratações do setor público e o incentivo à adoção de medidas similares nas empresas e organizações privadas". A Lei nº 12.990, de 9-6-14, reserva aos negros 20% (vinte por cento) das vagas oferecidas nos concursos públicos para provimento de cargos efetivos e empregos públicos no âmbito da administração pública federal, das autarquias, das fundações públicas, das empresas públicas e das sociedades de economia mista controladas pela União. Como a lei somente tem aplicação na esfera federal, Estados, Distrito Federal e Municípios poderão ter sua própria legislação a respeito. Os candidatos negros concorrem concomitantemente às vagas reservadas e às vagas destinadas à ampla concorrência, de acordo com a sua classificação no concurso.

Também no que se refere ao ingresso, aplica-se aos servidores públicos a regra do art. 7º, XXX, da Constituição, conforme determina o art. 39, § 3º, com a redação dada pela Emenda Constitucional nº 19. De acordo com aquele dispositivo, são vedadas diferenças de salários, de exercício de funções e de critério de admissão por motivo de sexo, idade, cor ou estado civil. Contudo, o art. 39, § 3º, na parte final, permite que a lei estabeleça requisitos diferenciados de admissão quando a natureza do cargo o exigir. Trata-se de aplicação do princípio da razoabilidade (v. item 3.3.12).

Embora o objetivo do constituinte seja o de proibir o limite de idade e outros tipos de discriminação, a proibição não pode ser interpretada de modo absoluto; primeiro, porque o art. 37, I, deixa para a lei ordinária a fixação dos requisitos de acesso aos cargos, empregos e funções; segundo, porque, para determinados tipos de cargo, seria inconcebível a inexistência de uma limitação, quer em relação a sexo, quer em relação à idade. Não se poderia conceber que, para o cargo de guarda de presídio masculino, fossem admitidas candidatas do sexo feminino, ou que para certos cargos policiais fossem aceitas pessoas de idade mais avançada. Como diz Celso Antônio Bandeira de Mello (1978: 24), "as discriminações são recebidas como **compatíveis com a cláusula igualitária apenas e tão somente quando existe um vínculo de correlação lógica** entre a peculiaridade diferencial acolhida, por **residente no objeto,** e a desigualdade de tratamento em função dela conferida". E acrescenta que, "por via do princípio da igualdade, o que a ordem jurídica pretende firmar é a impossibilidade de desequiparações fortuitas ou injustificadas".

Nesse sentido, a Súmula nº 683, do STF, estabelece que "o limite de idade para a inscrição em concurso público só se legitima em face do art. 7º, XXX, da Constituição, quando possa ser justificado pela natureza das atribuições do cargo a ser preenchido".

Cabe ao legislador, portanto, estabelecer critérios para admissão com obediência ao princípio da isonomia, só estabelecendo exigências específicas quando necessária em razão das atribuições a serem exercidas.[12] A Constituição paulista de 1989 veda, no art. 115, XXVII, a estipulação de limite de idade para ingresso, por concurso, na Administração Direta e Indireta. O dispositivo deve ser interpretado de tal forma que se coadune com a redação do art. 39, § 3º, da Constituição Federal, para admitir a exigência aparentemente discriminatória quando o tipo de cargo o exigir.

Cabe, ainda, assinalar que o ingresso de servidor com inobservância das normas legais pertinentes dá margem a ação popular, nos termos do art. 4º, I, da Lei nº 4.717, de 29-6-65.

13.4.4 Sistema remuneratório dos servidores públicos

A Emenda Constitucional nº 19/98 trouxe modificações significativas no sistema remuneratório dos servidores públicos. Além de excluir do art. 39 o princípio da isonomia de vencimentos, introduziu, ao lado do atual regime, o regime de subsídios para determinadas categorias de agentes públicos.

A Constituição de 1988, seguindo a tradição das Constituições anteriores, fala ora em remuneração, ora em vencimentos para referir-se à contribuição pecuniária paga aos servidores públicos pelas entidades da Administração Pública direta ou indireta. A legislação infraconstitucional incumbe-se de dar o conceito legal.

A regra que tem prevalecido, em todos os níveis de governo, é a de que os estipêndios dos servidores públicos compõem-se de uma parte fixa, representada pelo padrão fixado em lei, e uma parte que varia de um servidor para outro, em função de condições especiais de prestação do serviço, em razão do tempo de serviço e outras circunstâncias previstas nos estatutos funcionais e que são denominadas, genericamente, de vantagens pecuniárias; elas compreendem, basicamente, adicionais, gratificações e verbas indenizatórias.

A mesma sistemática tem sido adotada para os membros da Magistratura, Ministério Público e Tribunal de Contas. Para o Chefe do Executivo e para os Parlamentares, a Constituição falava em remuneração nos arts. 27, §§ 1º e 2º, 29, incisos V, VI e VII, e 49, incisos VII e VIII.

A Constituição de 1988, em sua redação original, não falava em **subsídios** para nenhuma categoria de agente público, seja para os agentes políticos, seja para os servidores públicos.

Na Constituição anterior, de 1967, com a redação dada pela Emenda Constitucional nº 1/69, o subsídio era previsto nos arts. 33 e 44, inciso VII, para Deputados, Senadores e Presidente da República.

Segundo o art. 33, "o subsídio, dividido em parte fixa e parte variável, e a ajuda de custo de Deputados e Senadores serão iguais e estabelecidos no fim de cada legislatura para a subsequente".

Pelo § 1º, a ajuda de custo tinha caráter indenizatório de despesas com transporte e outras imprescindíveis para o comparecimento à sessão legislativa. Quanto ao subsídio, a parte variável, consoante norma do § 3º, somente era paga em caso de efetivo comparecimento do congressista e participação nas votações. O mesmo sistema era adotado para os Vereadores, pela Lei Complementar nº 25/75 e, para os Deputados Estaduais, pelo art. 15 da Constituição do Estado de São Paulo de 1967.

---

[12] Pela Súmula Vinculante nº 44, "só por lei se pode sujeitar a exame psicotécnico a habilitação de candidato a cargo público".

Abandonada a expressão **subsídio** na Constituição de 1988, volta a ser prevista na Emenda Constitucional nº 19, porém apenas para algumas categorias de agentes públicos. Com isso, passaram a coexistir dois sistemas remuneratórios para os servidores: o tradicional, em que a remuneração compreende uma parte fixa e uma variável, composta por vantagens pecuniárias de variada natureza, e o novo, em que a retribuição corresponde ao subsídio, constituído por **parcela única,** que exclui a possibilidade de percepção de vantagens pecuniárias variáveis. O primeiro sistema é chamado, pela Emenda, de **remuneração ou vencimento** e, o segundo, de **subsídio.**

13.4.4.1 Normas constitucionais pertinentes à remuneração ou vencimento

Já foi visto que a Emenda Constitucional nº 19 excluiu do art. 39, § 1º, a regra que assegurava isonomia de vencimentos para cargos de atribuições iguais ou assemelhados do mesmo Poder ou entre servidores dos Poderes Executivo, Legislativo e Judiciário. Isto, contudo, não impedirá que os servidores pleiteiem o direito à isonomia, com fundamento no art. 5º, *caput* e inciso I.

Além disso, mantém-se a norma do art. 37, inciso XII, segundo a qual "os vencimentos dos cargos do Poder Legislativo e do Poder Judiciário não poderão ser superiores aos pagos pelo Poder Executivo". É a antiga regra da paridade de vencimentos, que vem do art. 98 da Constituição de 1967, com a redação dada pela Emenda Constitucional nº 1/69, sempre interpretada no sentido de igualdade de remuneração para os servidores dos três Poderes. Entende-se que a aplicação dessa igualdade tem que ser assegurada por lei, já que não decorre diretamente da Constituição.[13]

Outra norma que reforça a ideia de isonomia é a do inciso X do art. 37 que, com redação alterada pela Emenda nº 19/98, exige a revisão anual da remuneração, sempre na mesma data e sem distinção de índices.

A **isonomia** era assegurada também aos **inativos** e aos **pensionistas** (dependentes do servidor falecido), como se constatava pelo § 8º do art. 40, com a redação dada pela Emenda Constitucional nº 20/98. O dispositivo exigia revisão dos proventos de aposentadoria e pensão, na mesma proporção e na mesma data, sempre que se modificasse a remuneração dos servidores em atividade, sendo também estendidos aos inativos e aos pensionistas quaisquer benefícios ou vantagens posteriormente concedidos aos servidores em atividade, inclusive quando decorrentes da transformação ou reclassificação do cargo ou função em que se desse a aposentadoria.

Em relação aos pensionistas, o tratamento isonômico ainda decorria do § 7º do art. 40, acrescentado pela mesma Emenda, em cujos termos *"lei disporá sobre a concessão do benefício da pensão por morte, que será igual ao valor dos proventos do servidor falecido ou ao valor dos proventos a que teria direito o servidor em atividade na data de seu falecimento, observado o disposto no § 3º".*

Pela Emenda Constitucional nº 41, de 19-12-03, os §§ 7º e 8º foram alterados. Com relação aos inativos, o § 8º apenas assegura "o reajustamento dos benefícios para preservar-lhes, em caráter permanente, o valor real, conforme critérios estabelecidos em lei". Vale dizer que não se mantém a isonomia ou paridade com os servidores em atividade. E, para os pensionistas, o § 7º assegura benefício correspondente ao valor da totalidade dos proventos do servidor falecido ou da remuneração do servidor no cargo efetivo em que se deu o falecimento, até o limite estabelecido para o regime geral de previdência social de que trata o art. 201, acrescido de 70%

---

[13] O STF adotou o entendimento de que "o que o inciso XII, artigo 37, da Constituição cria um limite, não uma relação de igualdade. Ora, esse limite reclama, para implementar-se, intervenção legislativa uma vez que já não havendo paridade, antes do advento da Constituição, nem estando, desse modo, contidos os vencimentos, somente por redução dos que são superiores aos pagos pelo Executivo, seria alcançável a parificação prescrita" (ADI 603-7, Rel. Min. Eros Grau, *DJ* de 6-10-06).

da parcela excedente a este limite. Vale dizer que não se mantém a isonomia ou paridade dos proventos e da pensão com os vencimentos ou subsídios dos servidores em atividade.

No entanto, o art. 7º da mesma Emenda manteve a isonomia ou paridade, nos mesmos termos em que era assegurada pelos §§ 7º e 8º, na redação anterior, para os servidores já aposentados e os pensionistas que já recebiam a pensão na data da publicação da Emenda, bem como para os servidores e seus dependentes que, na mesma data, já tinham cumprido os requisitos para concessão dos benefícios, conforme previsto no art. 3º. A Emenda Constitucional nº 47/05 estende o mesmo benefício aos que ingressaram no serviço público até 16-12-98 (data da entrada em vigor da Emenda nº 20/98) e que tenham cumprido os requisitos previstos no art. 6º da Emenda Constitucional nº 41/03 ou no art. 3º da Emenda Constitucional nº 47/05.

Com relação à fixação e alteração da remuneração dos servidores públicos, só pode ser feita por lei específica, observada a iniciativa privativa em cada caso, conforme art. 37, inciso X, na redação dada pela Emenda Constitucional nº 19/98.[14] A iniciativa das leis é repartida entre o Chefe do Executivo (art. 61, § 1º, II, *a*), Tribunais (art. 96, II, *b*), Ministério Público (art. 127, § 2º) e Tribunal de Contas (art. 73, combinado com o art. 96). Cada um desses órgãos remete ao Legislativo projeto de lei, seja de criação de cargos, seja de fixação de vencimentos de seus servidores, devendo todos observar os limites estabelecidos para os servidores do Executivo (art. 37, XII).[15]

O inciso XIII do art. 37, com a nova redação dada pela Emenda nº 19, veda a vinculação ou equiparação de quaisquer espécies remuneratórias para o efeito de remuneração de pessoal do serviço público. O que se visa impedir, com esse dispositivo, são os reajustes automáticos de vencimentos, o que ocorreria se, para fins de remuneração, um cargo ficasse vinculado ao outro, de modo que qualquer acréscimo concedido a um beneficiaria a ambos automaticamente; isso também ocorreria se os reajustes de salários ficassem vinculados a determinados índices, como o de aumento do salário mínimo, o de aumento da arrecadação, o de títulos da dívida pública ou qualquer outro.

Não é por outra razão que o Supremo Tribunal Federal, na Súmula nº 681, definiu que "é inconstitucional a vinculação do reajuste de vencimento de servidores estaduais ou municipais a índices federais de correção monetária". Posteriormente, pela Súmula Vinculante nº 42, o Supremo Tribunal Federal repetiu o mesmo entendimento que já constava da Súmula nº 681, agora em caráter vinculante em relação aos demais órgãos do Poder Judiciário e à Administração Pública, nos termos do art. 103-A da Constituição. Também pela mesma razão o Supremo Tribunal Federal aprovou a Súmula Vinculante nº 4, segundo a qual "salvo nos casos previstos na Constituição, o salário mínimo não pode ser usado como indexador de base de cálculo de vantagem de servidor público ou de empregado, nem ser substituído por decisão judicial".

A justificativa para a proibição é clara, pois a Administração Pública, para pagar seus servidores, além de depender da existência de recursos orçamentários, sofre limitações, em especial a do art. 169, em conformidade com a qual "a despesa com pessoal ativo e inativo da União, dos Estados, do Distrito Federal e dos Municípios não poderá exceder os limites estabelecidos em lei complementar".

---

[14] Conforme Súmula 339, do STF, "não cabe ao Poder Judiciário, que não tem função legislativa, aumentar vencimentos de servidores públicos, sob fundamento de isonomia". Essa súmula foi aprovada como **vinculante** em 16-10-14, sob número 37, com a mesma redação da Súmula 339.

[15] A Súmula nº 682, do STF, fixou o entendimento de que "não ofende a Constituição a correção monetária ao pagamento com atraso dos vencimentos de servidores públicos". Com efeito, embora os vencimentos, subsídios e proventos sejam fixados em lei (arts. 37, X, e 40, § 3º, da Constituição), a correção monetária não altera o valor fixado em lei, já que se constitui em acréscimo só justificável para atualizar monetariamente os valores pagos em atraso.

Esse limite está contido na Lei Complementar nº 101, de 4-5-00 (Lei de Responsabilidade Fiscal), sendo, para a União, de 50% da receita corrente líquida, e, para Estados e Municípios, 60%. Sobre a matéria, escrevemos comentário em obra coletiva coordenada por Ives Gandra da Silva Martins e Carlos Valder do Nascimento (Di Pietro, 2001c:128-180).

Outra limitação com a qual poderia conflitar também o reajuste automático de vencimentos é a contida no § 1º do art. 169, com redação dada pela Emenda Constitucional nº 19, em cujos termos, "a concessão de qualquer vantagem ou aumento de remuneração, a criação de cargos, empregos e funções ou alteração de estrutura de carreiras, bem como a admissão ou contratação de pessoal, a qualquer título, pelos órgãos e entidades da Administração Direta ou Indireta, inclusive fundações instituídas e mantidas pelo Poder Público, só poderão ser feitas:

I – se houver prévia dotação orçamentária suficiente para atender às projeções de despesa de pessoal e aos acréscimos dela decorrentes;

II – se houver autorização específica na lei de diretrizes orçamentárias, ressalvadas as empresas públicas e as sociedades de economia mista.

O inciso XIV do art. 37, também alterado pela Emenda Constitucional nº 19, estabelece outra limitação ao Poder Público, em termos de remuneração dos servidores públicos, ao determinar que "os acréscimos pecuniários percebidos por servidor público não serão computados nem acumulados para fins de concessão de acréscimos ulteriores". Pela redação original, esses cálculos cumulativos somente eram vedados quando se tratasse de acréscimos pecuniários pagos "sob o mesmo título ou idêntico fundamento", tal como ocorria com os adicionais por tempo de serviço. Pela nova redação, o cálculo cumulativo de uma vantagem sobre outra é vedado, qualquer que seja o título ou fundamento sob os quais sejam pagas. A regra é tão rigorosa que, no dispositivo que assegura a irredutibilidade de vencimentos (art. 37, XV), foi feita ressalva quanto ao art. 37, inciso XIV. Isto significa que o legislador não pretende respeitar formas de cálculo feitas ao abrigo da redação original da Constituição, atingindo, portanto, direitos previamente adquiridos, com ofensa ao art. 5º, inciso XXXVI, da Constituição.

13.4.4.2 Regime de subsídios

O vocábulo **subsídio** tinha sido abandonado na Constituição de 1988 como forma de designar a remuneração dos agentes políticos, mas volta com a chamada Emenda da Reforma Administrativa (Emenda Constitucional nº 19/98), o que é lamentável, sob o ponto de vista terminológico.

Com efeito, ensinava José Afonso da Silva, em seu *Curso de direito constitucional positivo* (edição de 1989, p. 461-462) que a Constituição de 1988, ao suprimir o vocábulo, "rompeu com a tradição dos **subsídios** divididos em parte fixa e parte variável, e também não menciona **ajuda de custo** (...) Abandonando o termo **subsídio**, dá-se nova feição aos estipêndios parlamentares. **Subsídio**, de fato guardava certo resquício de sua antiga natureza, de mero auxílio, sem caráter remuneratório, pelos serviços prestados no exercício do mandato, mero achego com o fim e a natureza de adjutório, de subvenção, pelo exercício da função pública relevante. Mas, como já advertíamos nas edições anteriores desta obra, hodiernamente, assumiu caráter remuneratório, dado que o eleito deve manter-se, a si e a sua família, com a quantia que se lhe paga a título de subsídio, enquanto exerce o mandato. Foi correta, portanto, a mudança terminológica, de modo que o estipêndio assume, de vez, o sentido de pagamento por um serviço prestado".

A volta do vocábulo **subsídio** significa, portanto, um retrocesso do ponto de vista terminológico. Em dicionário latim-português, a palavra *subsidium* designa tropa auxiliar, gente que vem em socorro, e também significa ajuda, socorro. Não é com essa conotação que o servidor público quer ver interpretada a importância que recebe como forma de retribuição do serviço que presta.

No entanto, apesar do sentido original do vocábulo, é evidente que ele vem, mais uma vez, substituir, **para algumas categorias de agentes públicos,** a palavra *remuneração* ou *vencimento*, para designar a importância paga, em parcela única, pelo Estado a determinadas categorias de agentes públicos, como retribuição pelo serviço prestado. Em consequência, não tem a natureza de ajuda, socorro, auxílio, mas possui caráter retribuitório e alimentar.

Contudo, o regime de subsídios vem sendo implantado muito lentamente, em especial nos âmbitos estadual e municipal, de modo que a inovação permanece, em grande parte, no nível constitucional, com aplicação limitada a algumas categorias de agentes políticos.

O dispositivo básico para se entender a ideia de subsídio é o § 4º do art. 39, introduzido pela Emenda Constitucional nº 19/98, que o prevê como "parcela única, vedado o acréscimo de qualquer gratificação, adicional, abono, prêmio, verba de representação ou outra espécie remuneratória, obedecido, em qualquer caso, o disposto no artigo 37, X e XI".

Ao falar em **parcela única,** fica clara a intenção de vedar a fixação dos subsídios em duas partes, uma fixa e outra variável, tal como ocorria com os agentes políticos na vigência da Constituição de 1967. E, ao vedar expressamente o **acréscimo de qualquer gratificação, adicional, abono, prêmio, verba de representação ou outra espécie remuneratória**, também fica clara a intenção de extinguir, para as mesmas categorias de agentes públicos, o sistema remuneratório que vem vigorando tradicionalmente na Administração Pública e que compreende o padrão fixado em lei mais as vantagens pecuniárias de variada natureza previstas na legislação estatutária.

Com isso, ficam derrogadas, para os agentes que percebam subsídios, todas as normas legais que prevejam vantagens pecuniárias como parte da remuneração.

Em consequência, também, para remunerar de forma diferenciada os ocupantes de cargos de chefia, direção, assessoramento e os cargos em comissão, terá a lei que fixar, para cada qual, um subsídio composto de parcela única. O mesmo se diga com relação aos vários níveis de cada carreira abrangida pelo sistema de subsídio.

No entanto, embora o dispositivo fale em **parcela única,** a intenção do legislador fica parcialmente frustrada em decorrência de outros dispositivos da própria Constituição, que não foram atingidos pela Emenda. Com efeito, mantém-se, no art. 39, § 3º, a norma que manda aplicar aos ocupantes de cargo público o disposto no art. 7º, IV, VII, VIII, IX, XII, XIII, XV, XVI, XVII, XVIII, XIX, XX, XXII e XXX. Com isto, o servidor que ocupe cargo público (o que exclui os que exercem mandato eletivo e os que ocupam emprego público, já abrangidos pelo art. 7º) fará jus a: décimo terceiro salário, adicional noturno, salário-família, remuneração do serviço extraordinário superior, no mínimo, a 50% à do normal, adicional de férias, licença à gestante, sem prejuízo do emprego e salário, com a duração de cento e vinte dias.

Poder-se-ia argumentar que o § 4º do art. 39 exclui essas vantagens ao falar em **parcela única;** ocorre que o § 3º refere-se genericamente aos **ocupantes de cargo público,** sem fazer qualquer distinção quanto ao regime de retribuição pecuniária. Quando há duas normas constitucionais aparentemente contraditórias, tem-se que adotar interpretação conciliatória, para tirar de cada uma delas o máximo de aplicação possível. No caso, tem-se que conciliar os §§ 3º e 4º do art. 39, de modo a entender que, embora o segundo fale em parcela única, isto não impede a aplicação do outro, que assegura o direito a determinadas vantagens, portanto, igualmente com fundamento constitucional.

Também não podem deixar de ser pagas as vantagens que têm caráter indenizatório, já que se trata de compensar o servidor por despesas efetuadas no exercício do cargo; é o caso das diárias e das ajudas de custo. Não se pode pretender que o servidor que faça gastos indispensáveis ao exercício de suas atribuições não receba a devida compensação pecuniária. Trata-se de aplicação pura e simples de um princípio geral de direito que impõe a quem quer que cause prejuízo a outrem o dever de indenizar.

13.4.4.2.1 Agentes públicos em regime de subsídio

É curioso que a Emenda Constitucional nº 19 tenha inserido, em sessão específica dos servidores públicos, normas que abrangem outras categorias de agentes públicos, inclusive agentes políticos. E isto ocorreu exatamente na matéria atinente aos subsídios.

Serão **obrigatoriamente** remunerados por subsídios:

a) todos os agentes públicos mencionados no art. 39, § 4º, a saber: **membro de Poder** (o que compreende os membros do Legislativo, Executivo e Judiciário da União, Estados e Municípios), o **detentor de mandato eletivo** (já alcançado pela expressão **membro de Poder**), Ministros de Estado e Secretários Estaduais e Municipais;
b) os **membros do Ministério Público** (art. 128, § 5º, I, *c*, com a redação da Emenda nº 19);
c) os integrantes da **Advocacia-Geral da União**, os **Procuradores dos Estados e do Distrito Federal** e os **Defensores Públicos** (art. 135, com a redação da Emenda nº 19);
d) os **Ministros do Tribunal de Contas da União** (art. 73, § 3º);
e) os servidores públicos policiais (art. 144, § 9º, na redação da Emenda nº 19).

Além desses, poderão, **facultativamente,** ser remunerados mediante subsídios os servidores públicos organizados em carreira, conforme previsto no art. 39, § 8º, o que constituirá opção para o legislador de cada uma das esferas de governo.

13.4.4.2.2 Competência para fixação e alteração dos subsídios

Uma primeira observação a ser feita é no sentido de que a substituição do atual regime remuneratório pelo sistema de subsídios não decorre diretamente da Constituição, pois depende de lei, conforme está expresso em vários dispositivos.

Os subsídios dos Deputados Estaduais, do Governador, do Vice-Governador e dos Secretários de Estado serão fixados por lei de iniciativa da Assembleia Legislativa, conforme arts. 27, § 2º, e 28, § 2º, da Constituição, alterados pela Emenda Constitucional nº 19. Os de Prefeito, Vice-Prefeito, Secretários Municipais e Vereadores serão fixados por lei de iniciativa da Câmara Municipal, conforme art. 29, incisos V e VI.

Para os Deputados Federais, Senadores, Presidente e Vice-Presidente da República e Ministros de Estado, a fixação dos subsídios não se faz por lei, por ter sido prevista no art. 49 entre as competências exclusivas do Congresso Nacional, portanto, sem sanção do Chefe do Poder Executivo. É de se presumir que os membros dos três Poderes receberão igual subsídio.

Com relação aos membros da Magistratura, o art. 48, inciso XV, com a redação dada pela Emenda Constitucional nº 41/03, atribui ao Congresso Nacional, com sanção do Presidente da República, competência para "fixação do subsídio dos Ministros do Supremo Tribunal Federal, observado o que dispõem os arts. 39, § 4º; 150, II; 153, III; e 153, § 2º, I".

Para os Ministros dos Tribunais Superiores, a própria Constituição, no art. 93, inciso V, estabelece o montante dos subsídios em 95% do subsídio mensal fixado para os Ministros do STF; para os demais magistrados, a fixação será feita em lei, observado um escalonamento, em níveis federal e estadual, conforme as respectivas categorias da estrutura judiciária nacional, não podendo a diferença entre uma e outra ser superior a 10% ou inferior a 5%, nem exceder a 95% do subsídio mensal dos Ministros dos Tribunais Superiores. Para os Desembargadores dos Tribunais de Justiça, os subsídios ficam limitados a 90,25% do subsídio, em espécie, dos Ministros do Supremo Tribunal Federal (art. 37, XI), devendo ser observado o teto único da magistratura, consoante entendimento do STF na ADI 3854-MC, julgado em 28-02-07 (v. item 13.4.4.3.2). A lei, no caso, é de iniciativa dos Tribunais Superiores e dos Tribunais de Justiça (art. 96, inciso II, *b*), cada qual para os respectivos membros.

Quanto aos demais servidores, o art. 37, inciso X, estabelece que os subsídios somente poderão ser fixados ou alterados por lei específica, observada a iniciativa privativa em cada caso. Mantêm-se inalterados os dispositivos da Constituição que definem a competência para iniciar os projetos de leis referentes à remuneração dos servidores. Ou seja, continua repartida entre o Chefe do Executivo (art. 61, § 1º, II, *a*), Tribunais (art. 96, II, *b*), Ministério Público (art. 127, § 2º) e Tribunal de Contas (art. 73, combinado com art. 96). Cada um desses órgãos remete ao Legislativo projeto de lei, seja de criação de cargos, seja de fixação de vencimentos dos seus servidores, devendo todos respeitar os limites estabelecidos para os servidores do Executivo, já que o art. 37, XII, não foi alterado.

Vale dizer que os subsídios de todos os agentes públicos serão fixados por lei, ressalvadas as hipóteses dos Deputados Federais e Senadores, do Presidente e Vice-Presidente da República e dos Ministros de Estado, em que a competência é exclusiva do Congresso Nacional.

Quanto à **alteração** dos subsídios, também somente poderá ser feita por lei, observadas as mesmas regras quanto à iniciativa legislativa e observada também a norma do art. 169, § 1º, I, que exige, para a concessão de qualquer vantagem ou aumento de remuneração, prévia dotação orçamentária suficiente para atender às projeções de despesa de pessoal e aos acréscimos dela decorrentes.

13.4.4.2.3 Subsídios para os servidores organizados em carreira

A Emenda nº 19 não repete a norma do art. 39, que previa o regime jurídico único e a instituição de planos de carreira para os servidores da Administração Direta, autarquias e fundações públicas. No entanto, conforme exposto no item 13.4, o STF, na ADIn 2.135/DF, suspendeu a vigência do art. 39, *caput*, com a redação dada pela Emenda nº 19, voltando a aplicar-se a redação original do dispositivo, com a exigência de organização em carreira.

O art. 39, § 1º, I, na nova redação, estabelece que a fixação dos padrões de vencimento e dos demais componentes do sistema remuneratório observará, entre outras exigências, "a natureza, o grau de responsabilidade e a complexidade dos cargos componentes de cada **carreira**".

Por sua vez, o § 2º do mesmo dispositivo fala em "**promoção na carreira**", ao exigir que a União, os Estados e o Distrito Federal mantenham escolas de governo para a formação e o aperfeiçoamento dos servidores públicos, constituindo a participação nos cursos um dos requisitos para a **promoção na carreira**.

Além disso, a própria Constituição, em outros dispositivos, prevê a organização em carreira dos membros da Magistratura (art. 93), do Ministério Público (art. 128, § 1º), da Advocacia-Geral da União (art. 131, § 2º), dos Procuradores do Estado (art. 132), da Defensoria Pública (art. 134, parágrafo único).

Por outras palavras, não há nada na Constituição, em sua redação original ou na Emenda, que impeça a organização em carreira dos servidores em regime de subsídios. Pelo contrário, o art. 39, § 8º, expressamente estabelece que "a remuneração dos servidores públicos organizados em carreira poderá ser fixada nos termos do § 4º".

Como a organização em carreira implica o escalonamento dos cargos em níveis crescentes de responsabilidade e complexidade ou de antiguidade, é evidente que a remuneração correspondente a cada nível também sobe, à medida que o servidor é promovido de um nível a outro; se assim não fosse, não teria sentido prever-se a organização em carreira nem a promoção. Em consequência, os subsídios terão que ser fixados em valores diferentes para cada nível da carreira, observada a exigência de parcela única. Não se pode, para diferenciar um nível do outro, conceder acréscimos pecuniários que constituam exceção à regra do subsídio como parcela única.

13.4.4.3 Normas comuns à remuneração e aos subsídios

Algumas normas constitucionais são comuns aos regimes de remuneração e de subsídio.

13.4.4.3.1 Fixação e alteração da remuneração e do subsídio

Pelo inciso X do art. 37, alterado pela Emenda nº 19, "a remuneração dos servidores públicos e o subsídio de que trata o § 4º do art. 39 somente poderão ser fixados ou alterados por lei específica, observada a iniciativa privativa em cada caso, assegurada revisão geral anual, sempre na mesma data e sem distinção de índices".[16]

As inovações introduzidas pela Emenda Constitucional nº 19 no inciso X foram: a expressa referência à necessidade de lei específica para a fixação ou alteração da remuneração e dos subsídios, bem como a previsão da revisão anual como direito do servidor.

A primeira adaptação do sistema de remuneração para o de subsídio dependerá da "lei específica" a que se refere o inciso X, respeitada a iniciativa privativa em cada caso. Do mesmo modo, a **alteração** dos subsídios também somente poderá ser feita por lei, observadas as mesmas regras quanto à iniciativa legislativa e observada também a norma do art. 169, § 1º, I, que exige, para a concessão de qualquer vantagem ou aumento de remuneração, prévia dotação orçamentária suficiente para atender às projeções de despesa de pessoal e aos acréscimos dela decorrentes.

Pelo art. 39, § 1º, da Constituição, "a fixação dos padrões de vencimento e dos demais componentes do sistema remuneratório observará: I – a natureza, o grau de responsabilidade e a complexidade dos cargos componentes de cada carreira; II – os requisitos para a investidura; III – as peculiaridades dos cargos".

Os servidores passam a fazer jus à revisão geral anual, para todos na mesma data e sem distinção de índices (estas últimas exigências a serem observadas em cada esfera de governo). A revisão anual, presume-se que tenha por objetivo atualizar as remunerações de modo a acompanhar a evolução do poder aquisitivo da moeda; se assim não fosse, não haveria razão para tornar obrigatória a sua concessão anual, no mesmo índice e na mesma data para todos. Essa revisão anual constitui **direito** dos servidores, o que não impede revisões outras, feitas com o objetivo de reestruturar ou conceder melhorias a carreiras determinadas, por outras razões que não a de atualização do poder aquisitivo dos vencimentos e subsídios.

Essa revisão não pode ser impedida pelo fato de estar o ente político no limite de despesa de pessoal previsto no art. 169 da Constituição Federal. Em primeiro lugar, porque seria inaceitável que a aplicação de uma norma constitucional tivesse o condão de transformar outra, de igual nível, em letra morta. Em segundo lugar, porque a própria Lei de Responsabilidade

---

[16] Pela redação original do inciso X do art. 37, o dispositivo exigia que o reajuste alcançasse servidores civis e militares. Por isso, reajuste concedido apenas aos militares foi pleiteado judicialmente por servidores civis, que obtiveram ganho de causa. Daí a Súmula Vinculante nº 51, do STF, determinar que "o reajuste de 28,86%, concedido aos servidores militares pelas Leis 8.622/1993 e 8.627/1993, estende-se aos servidores civis do Poder Executivo, observadas as eventuais compensações decorrentes dos reajustes diferenciados concedidos pelos mesmos diplomas legais". Com a Emenda Constitucional nº 18/98, o inciso X do art. 37 deixou de fazer menção aos militares, não mais se aplicando a isonomia de vencimentos prevista na redação original.

Fiscal, em pelo menos duas normas, prevê a revisão anual como exceção ao cumprimento do limite de despesa: art. 22, parágrafo único, I, e art. 71.

Contudo, a Lei nº 10.331, de 18-12-01, que regulamenta o inciso X do art. 37 da Constituição no âmbito da União (abrangendo remuneração e subsídios dos servidores dos Poderes Executivo, Legislativo e Judiciário da União, das autarquias e das fundações públicas), estabelece as condições a serem observadas para a revisão geral, dentre elas o atendimento aos limites para despesa com pessoal de que tratam o art. 169 da Constituição e a Lei Complementar nº 101, de 4-5-00.

Por sua vez, o Supremo Tribunal Federal, no Recurso Extraordinário 565089, julgado em 25-9-19, decidiu que não é obrigatório o reajuste anual, fixando a seguinte tese, de repercussão geral: *"O não encaminhamento de projeto de lei de revisão anual dos vencimentos dos servidores públicos, previsto no inciso 10 do artigo 37 da Constituição Federal de 1988, não gera direito subjetivo à indenização. Deve o Poder Executivo, no entanto, se pronunciar, de forma fundamentada, acerca das razões pelas quais não propôs a revisão".*

O art. 109 do ADCT, alterado pela Emenda Constitucional nº 109, de 15-3-21, estabelece algumas vedações para a hipótese em que seja verificado, na aprovação da lei orçamentária, que, no âmbito das despesas sujeitas aos limites do art. 107 do mesmo ADCT, a proporção da despesa obrigatória primária em relação à despesa primária total seja superior a 95%. O § 3º do art. 109 determina que "caso as vedações de que trata o *caput* deste artigo sejam acionadas, fica vedada a concessão da revisão geral prevista no inciso X do *caput* do artigo 37 da Constituição Federal". (Sobre o assunto, v. item 13.4.12).

13.4.4.3.2 Teto das remunerações e subsídios

Desde a entrada em vigor da Constituição de 1988 existe a preocupação de estabelecer um teto para a remuneração dos servidores públicos. A primeira norma nesse sentido veio no art. 37, XI, da Constituição.

Esse dispositivo, na redação original, estabelecia tetos diferenciados para os três níveis de governo e para os três Poderes, salvo no âmbito municipal, em que o teto era representado pela remuneração do Prefeito. Além disso, a Constituição permitia que cada ente federativo estabelecesse subteto, desde que respeitado o limite máximo estabelecido pela Constituição. Essa regra nunca foi inteiramente aplicada, seja porque a jurisprudência se firmou no sentido de que se excluíam do teto as vantagens pessoais e as inerentes ao cargo, seja porque leis ordinárias criavam determinadas vantagens pecuniárias, expressamente excluindo-as do teto.

A Emenda Constitucional nº 19/98, com o intuito de corrigir os vícios da redação original, alterou o art. 37, XI, fixando nova norma sobre o teto, que passaria a ser representado pelo subsídio dos Ministros do Supremo Tribunal Federal, igual para todos os servidores, federais, estaduais e municipais. Ficou excluída a possibilidade de fixação de subteto. No entanto, a norma nunca foi cumprida, em decorrência de decisão administrativa do próprio Supremo Tribunal Federal que, entendendo não ser autoaplicável o dispositivo, surpreendentemente mandou aplicar o teto anterior, que já havia desaparecido, porque a norma constitucional que o estabelecera já não existia. A dificuldade para aplicação do teto decorria do art. 48, XV, da Constituição, com a redação dada pela Emenda 19/98, que exigia lei de iniciativa conjunta do Presidente da República, do Presidente do Senado, do Presidente da Câmara dos Deputados e do Presidente do Supremo Tribunal Federal para a fixação dos subsídios de Ministro do Supremo Tribunal Federal.

Com a Emenda Constitucional nº 41/03, tenta-se novamente impor um teto, devolvendo-se ao Congresso Nacional, com a sanção do Presidente da República, a competência para fixar os subsídios dos Ministros do Supremo Tribunal Federal (art. 48, XV), e alterando-se, mais uma vez, o art. 37, XI, que passou a vigorar com a seguinte redação:

> XI – a remuneração e o subsídio dos ocupantes de cargos, funções e empregos públicos da administração direta, autárquica e fundacional, dos membros de qualquer

dos Poderes da União, dos Estados, do Distrito Federal e dos Municípios, dos detentores de mandato eletivo e dos demais agentes políticos e os proventos, pensões ou outra espécie remuneratória, percebidos cumulativamente ou não, incluídas as vantagens pessoais ou de qualquer outra natureza, não poderão exceder o subsídio mensal, em espécie, dos Ministros do Supremo Tribunal Federal, aplicando-se como limite, nos Municípios, o subsídio do Prefeito, e nos Estados e no Distrito Federal, o subsídio mensal do Governador no âmbito do Poder Executivo, o subsídio dos Deputados Estaduais e Distritais no âmbito do Poder Legislativo e o subsídio dos Desembargadores do Tribunal de Justiça, limitado a noventa inteiros e vinte e cinco centésimos por cento do subsídio mensal, em espécie, dos Ministros do Supremo Tribunal Federal, no âmbito do Poder Judiciário, aplicável este limite aos membros do Ministério Público, aos Procuradores e aos Defensores Públicos.

A leitura desse dispositivo, conjugada com outros dispositivos da Constituição, permite as seguintes conclusões:

a) o teto abrange tanto os que continuam sob o regime remuneratório como os que passarem para o regime de subsídio;
b) abrange os servidores públicos ocupantes de cargos, funções e empregos públicos, o que significa que o teto independe do regime jurídico, estatutário ou trabalhista, a que se submete o servidor;
c) alcança os servidores da Administração Direta, autárquica e fundacional; quanto às empresas públicas, sociedades de economia mista e subsidiárias, somente são alcançados pelo teto se receberem recursos da União, dos Estados, do Distrito Federal ou dos Municípios para pagamento de despesas de pessoal ou de custeio em geral, conforme decorre do § 9º do art. 37;
d) o teto, no *âmbito federal*, é o mesmo para todos os servidores, correspondendo ao subsídio dos Ministros do Supremo Tribunal Federal; no *âmbito estadual*, é diferenciado para os servidores de cada um dos três Poderes do Estado, sendo representado pelos subsídios dos Deputados, do Governador e dos Desembargadores, incluindo-se no teto destes últimos algumas categorias de servidores do Executivo (membros do Ministério Público, Procuradores e Defensores Públicos); pela Emenda Constitucional nº 47/05, foi acrescentado o § 12 ao art. 37, permitindo que, para fins do teto previsto no inciso XI do *caput*, os Estados e o Distrito Federal fixem, por emenda à Constituição e Lei Orgânica, como limite único, o subsídio dos Desembargadores do respectivo Tribunal de Justiça, limitado a 90,25% do subsídio mensal dos Ministros do Supremo Tribunal Federal, não se aplicando o disposto nesse parágrafo aos subsídios dos Deputados Estaduais e Distritais e dos Vereadores; no *âmbito municipal*, o teto é igual para todos os servidores, sendo representado pelo subsídio de Prefeito; o STF decidiu que a expressão "procuradores", contida na parte final do inciso XI do art. 37 da Constituição Federal, compreende os procuradores municipais, uma vez que estes se inserem nas funções essenciais à Justiça, portanto, submetidos ao teto de 90,25% do subsídio mensal, em espécie, dos ministros do STF;[17]

---

[17] RE-651703-ED, Rel. Min. Luiz Fux, j. em 28-2-2019. In: Informativo STF nº 932, de 25-2-19. No mesmo sentido, acórdão proferido no RE-663696, com repercussão geral, Rel. Min. Luiz Fux, quando se fixou a seguinte tese: "A expressão 'procuradores' contida na parte final do inciso XI do art. 37 da Constituição Federal compreende

e) para os parlamentares dos Estados e Municípios, a norma do art. 37, XI, tem que ser combinada com as dos arts. 27, § 2º, e 29, VI, que estabelecem para os Deputados Estaduais e Vereadores limite inferior para os subsídios; para os primeiros, o subsídio não pode ultrapassar o limite de 75% do estabelecido para os Deputados Federais; a partir de 1º-1-01, data da entrada em vigor da Emenda Constitucional nº 25, de 14-2-00, que altera o art. 29, VI, da Constituição, o limite máximo, para os Vereadores, varia entre 20%, 30%, 40%, 50%, 60% e 75% do subsídio dos Deputados Estaduais, em função do número de habitantes do Município. Há que se observar, também, que os Municípios sofrem limitações maiores no que diz respeito às despesas com subsídios dos Vereadores, tendo em vista que, pelo inciso VII do art. 29, o total da despesa com a remuneração dos Vereadores não poderá ultrapassar o montante de 5% da receita do Município, e, pelo art. 29-A, acrescentado pela mesma Emenda, o Poder Legislativo Municipal está sujeito a limite total de despesa, fixado em percentuais que incidem sobre a receita tributária e as transferências previstas no § 5º do art. 153 e nos arts. 158 e 159 e que variam em função do número de habitantes do Município, não podendo a despesa com folha de pagamento da Câmara Municipal ultrapassar o limite de 70% de sua receita. Vale dizer que o limite máximo dos subsídios, fixado no inciso VI do art. 29, só pode prevalecer enquanto não contrariar o limite máximo de despesa com folha de pagamento, previsto no art. 29-A, § 1º, sob pena de crime de responsabilidade do Prefeito;

f) para os membros da Magistratura, a norma do art. 37, XI, tem que ser combinada com o art. 93, V, que estabelece, para os Ministros dos Tribunais Superiores, o montante dos subsídios em 95% do subsídio mensal fixado para os Ministros do STF; para os demais magistrados, a fixação será feita em lei, observado um escalonamento, em níveis federal e estadual, conforme as respectivas categorias da estrutura judiciária nacional, não podendo a diferença entre uma e outra ser superior a 10% ou inferior a 5%, nem exceder 95% do subsídio mensal dos Ministros dos Tribunais Superiores; o STF entendeu, no entanto, que os membros da magistratura devem submeter-se a teto único, independentemente da esfera da federação à qual pertençam, ao considerar inconstitucionais, em sede cautelar, o art. 2º, da Resolução nº 13/06, e o art. 1º, parágrafo único, da Resolução nº 14/06, ambas do Conselho Nacional de Justiça. De acordo com o voto do relator, "essa ostensiva distinção de tratamento, constante do art. 37, inc. XI, da Constituição da República, entre as situações dos membros das magistraturas federal (a) e estadual (b), parece vulnerar a regra primária da isonomia (CF, art. 5º, *caput* e inc. I). Pelas mesmas razões, a interpretação do art. 37, § 12, acrescido pela Emenda Constitucional nº 47/2005, ao permitir aos Estados e ao Distrito Federal fixar, como limite único de remuneração, nos termos do inc. XI do *caput*, o subsídio mensal dos Desembargadores do respectivo Tribunal de Justiça, limitado a noventa inteiros e vinte e cinco centésimos por cento do valor do subsídio dos Ministros desta Corte, também não pode alcançar-lhes os membros da magistratura" (ADI 3.854-MC, voto do Min. Cezar Peluso, j. em 28-2-07, *DJ* de 29-6-07);

g) o teto atinge os proventos dos aposentados e a pensão devida aos dependentes do servidor falecido;

h) o servidor que esteja em regime de acumulação está sujeito a um teto único que abrange a soma da dupla retribuição pecuniária; a mesma ideia repete-se com a redação dada ao inciso XVI do art. 37, que manda observar, em qualquer caso de acumulação permitida, "o disposto no inciso XI"; e também com a redação dada ao

---

os procuradores municipais, uma vez que estes se inserem nas funções essenciais à justiça, estando, portanto, submetidos ao teto de 90,75% do subsídio mensal em espécie dos Ministros do Supremo Tribunal Federal".

§ 11 do art. 40 pela Emenda Constitucional nº 20, a norma é repetida com relação à acumulação de proventos. No entanto, o STF tem dado interpretação que abranda os efeitos da norma para os servidores que acumulam cargos licitamente. Com efeito, a Resolução nº 13, de 21-3-06, do Conselho Nacional de Justiça, que dispõe sobre a aplicação do teto remuneratório constitucional e do subsídio mensal dos membros da magistratura, excluiu do teto remuneratório, com base em decisão administrativa do Supremo Tribunal Federal adotada em 5-2-04 (Processo nº 319269), "remuneração ou provento decorrente do exercício do magistério, nos termos do art. 95, parágrafo único, inciso I, da Constituição Federal". Vale dizer que, para os magistrados, o exercício cumulativo de suas atribuições com uma de magistério não impede a percepção das retribuições correspondentes aos dois cargos, ainda que sua soma supere o teto; vínhamos realçando, nas edições anteriores, que o princípio da razoabilidade e o princípio do *ubi eadem est ratio, eadem est jus dispositio* (onde existe a mesma razão deve reger a mesma disposição legal) exigem que a mesma interpretação seja adotada em relação aos servidores que acumulam cargos ou proventos com base no art. 37, XVI, da Constituição;[18] agora o Plenário do STF, em decisão majoritária adotada nos Recursos Extraordinários nº 602.043 e nº 612.975 (Relator Min. Marco Aurélio), entendeu que "nos casos autorizados, constitucionalmente, de acumulação de cargos, empregos e funções, a incidência do art. 37, inciso XI, da Constituição Federal, pressupõe consideração de cada um dos vínculos formalizados, afastada a observância do teto remuneratório quanto ao somatório dos ganhos do agente público". O Relator considerou que o teto remuneratório continua a proteger a Administração Pública, "só que tomado de uma forma sistemática e, portanto, não incompatível com um ditame constitucional que viabiliza a cumulação de cargos". Outra interpretação, segundo o acórdão, significaria violação à irredutibilidade de vencimentos, desrespeito ao princípio da estabilidade, desvalorização do trabalho e ferimento ao princípio da igualdade (j. em 27-4-17);

i) na aplicação do teto, serão consideradas todas as importâncias percebidas pelo servidor, **"incluídas as vantagens pessoais ou de qualquer outra natureza"**; com a referência a essa expressão, o objetivo foi o de afastar a interpretação, adotada no âmbito do Poder Judiciário, em face da redação original do art. 37, XI, de que as vantagens pessoais e as relativas à natureza ou ao local de trabalho ficavam fora do teto; pelo § 11 do art. 37, introduzido pela Emenda Constitucional nº 47, de 5-7-05 (que tem efeito retroativo a 30-12-03, data da entrada em vigor da Emenda Constitucional nº 41), "não serão computadas, para efeito dos limites remuneratórios de que trata o inciso XI do *caput* deste artigo, as parcelas de caráter indenizatório previstas em lei"; em consonância com o art. 4º da mesma Emenda nº 47, "enquanto não editada a lei a que se refere o § 11 do art. 37 da Constituição Federal, não será

---

[18] No que diz respeito à aplicação do teto remuneratório, quando existe acumulação de proventos com subsídio relativo a cargo eletivo, o Tribunal de Contas da União, entendeu que "quando as fontes pagadoras decorrerem de acumulação legal de cargos, funções ou empregos públicos em esferas de governo e/ou poderes distintos, a operacionalização do teto remuneratório depende da implementação do sistema integrado de dados instituído pela Lei nº 10.887/04, além de normatização infraconstitucional suplementar que defina as questões relativas a qual teto ou subteto aplicar o limite, a responsabilidade pelo corte de valores que ultrapassem seu valor, qual a proporção do abate teto nas diferentes fontes, a questão da tributação dela resultante, a destinação dos recursos orçamentários e financeiros decorrentes da redução remuneratória, a possibilidade de opção por parte do beneficiário da fonte a ser cortado etc.;" (Acórdão 2274/09 – Plenário). Em novo acórdão (nº 564, de 2010, do Plenário), o TCU fixou o prazo de 60 dias para que o governo federal adote providências com vistas à implantação do sistema de dados integrado previsto no art. 3º da Lei nº 10.887/04 no âmbito da União, Estados, Distrito Federal e Municípios, expedindo recomendações e determinações para que seja aplicado o teto único em caso de acumulação de cargos, conforme previsto no art. 37, XI, da Constituição Federal.

computada, para efeito dos limites remuneratórios de que trata o inciso XI do *caput* do mesmo artigo, qualquer parcela de caráter indenizatório, assim definida pela legislação em vigor na data de publicação da Emenda Constitucional nº 41, de 2003"; é o caso, por exemplo, das indenizações garantidas ao servidor federal para fins de ajuda de custo, diárias e transporte, conforme art. 51 da Lei nº 8.112, de 11-12-90; note-se que, como a Emenda nº 47 tem efeito retroativo a 30-12-03, todos os descontos efetuados, para fins de aplicação do teto salarial, têm que ser revistos, para devolução, ao servidor, de valores correspondentes a verbas indenizatórias, eventualmente glosadas pela Administração Pública. O § 11 do art. 37 foi alterado pela Emenda Constitucional nº 135, de 20-12-2024 para determinar que "não serão computadas, para efeito dos limites remuneratórios de que trata o inciso XI do *caput* deste artigo, as parcelas de caráter indenizatório expressamente previstas em lei ordinária, aprovada pelo Congresso Nacional, de caráter nacional, aplicada a todos os Poderes e órgãos constitucionalmente autônomos".

O art. 3º da Emenda Constitucional nº 135/2024 determina que "enquanto não editada a lei ordinária de caráter nacional, aprovada pelo Congresso Nacional, a que se refere o § 11 do art. 37 da Constituição Federal, não serão computadas, para efeito dos limites remuneratórios de que trata o inciso XI do *caput* do referido artigo, as parcelas de caráter indenizatório previstas na legislação".

O art. 8º da Emenda nº 41/03, para garantir a imediata aplicação do teto e evitar que a regra não seja novamente considerada autoaplicável, já definiu os montantes a serem considerados até que sejam fixados em lei os subsídios dos Ministros do Supremo Tribunal Federal. Contudo, o valor provisório não tem mais aplicação, porque, pela Lei nº 11.143, de 26-7-05, o subsídio mensal de Ministro do Supremo Tribunal Federal ficou fixado em R$ 21.500,00, a partir de 1º-1-05, e em R$ 24.500,00, a partir de 1º-1-06; a gratificação mensal de Juízes Eleitorais ficou fixada em 16% do subsídio de Juiz Federal. Tais valores têm sido reajustados por leis posteriores.

Com relação aos advogados públicos (abrangendo advogados da União, Procuradores dos Estados, Municípios, autarquias e fundações públicas), foram propostas várias Ações Diretas de Inconstitucionalidade pela Procuradoria-Geral da República, impugnando dispositivos do CPC (art. 85, § 19) e de leis dos vários entes federativos que asseguram a tais servidores a percepção de honorários de sucumbência. Os principais argumentos são o de que o recebimento dessa verba contraria o regime de subsídio e ultrapassa o teto salarial. O entendimento adotado pelo STF tem sido o de que é constitucional a percepção de honorários de sucumbência pelos advogados públicos e que a somatória dos subsídios e honorários não pode exceder o teto dos Ministros do Supremo.[19]

Com relação aos Procuradores do Estado de São Paulo, o STF decidiu que o recebimento de honorários sucumbenciais é constitucional, desde que o somatório dos honorários com

---

[19] Dentre outras, as ADIns 6.135/GO, 6.160/AP, 6.161/AC, 6.169/MS, 6.177/PR, 6.182/RO, todas relatadas pela Ministra Rosa Weber e julgadas em 19-10-20. Nessas ações, julgadas em conjunto, ficou decidido que "a natureza constitucional dos serviços prestados pelos advogados públicos possibilita o recebimento da verba de honorários sucumbenciais, nos termos da lei, desde que submetido ao mencionado teto remuneratório. Restaram definidas cinco razões de decidir: (i) os honorários de sucumbência constituem vantagem de natureza remuneratória, por serviços prestados com eficiência no desempenho da função pública; (ii) os titulares dos honorários sucumbenciais são os profissionais da advocacia, seja pública ou privada; (iii) o art. 135 da CF, ao estabelecer que a remuneração dos procuradores estaduais se dá mediante subsídio, é compatível com o regramento constitucional referente à advocacia pública; (iv) a CF não institui incompatibilidade relevante que justifique vedação ao recebimento de honorários por advogados públicos, à exceção da magistratura e do Ministério Público; e (v) a percepção cumulativa de honorários sucumbenciais com outras parcelas remuneratórias impõe a observância do teto remuneratório estabelecido constitucionalmente no art. 37, XI.

as demais verbas remuneratórias recebidas mensalmente não exceda ao teto remuneratório constitucional (ADPF 596, Rel. Min. Rosa Weber, j. em 1º-7-2022).

Além disso, no RE dos autos do ARE 1.144.442/SP, o STF julgou procedente o pedido da Associação dos Procuradores do Estado de São Paulo – APESP, em ação ajuizada em 2015, que buscava a alteração do teto remuneratório aplicado aos Procuradores do Estado, de 90,25% do valor dos subsídios dos Ministros do STF, para 100% desse mesmo paradigma.

13.4.4.3.3 Irredutibilidade de remuneração e subsídio

O inciso XV do art. 37, na redação dada pela Emenda Constitucional nº 19/98, estabelece que "o subsídio e os vencimentos dos ocupantes de cargos e empregos públicos são irredutíveis, ressalvado o disposto nos incisos XI e XIV deste artigo e nos artigos 39, § 4º, 150, II, 153, § 2º, I".[20]

Mantém, na realidade, o princípio da irredutibilidade que já constava da redação original, apenas alterando-se a redação para adaptá-lo às alterações introduzidas pela Emenda.

As ressalvas contidas na parte final do dispositivo significam que não contrariam a regra da irredutibilidade as normas dos dispositivos constitucionais expressamente referidos, ou seja:

a) a **irredutibilidade de vencimentos** e subsídios não impede a observância do teto fixado pelo inciso XI; vale dizer que não se poderá invocar a irredutibilidade para manter remunerações que hoje superam o teto; a norma reforça-se com a do art. 29 da Emenda, segundo a qual "os subsídios, vencimentos, remuneração, proventos da aposentadoria e pensões e quaisquer outras espécies remuneratórias adequar-se-ão, a partir da promulgação desta Emenda, aos limites decorrentes da Constituição Federal, não se admitindo a percepção de excesso a qualquer título"; a norma fere, evidentemente, o preceito constitucional que protege os direitos adquiridos (art. 5º, XXXVI); é a vontade do poder constituinte derivado prevalecendo sobre a vontade do poder constituinte originário. A exigência de respeito aos direitos adquiridos foi incluída na própria Constituição, entre os direitos que o constituinte originário considerou **fundamentais**. Se são fundamentais, é porque devem ser respeitados pelo legislador, qualquer que seja a natureza da norma a ser promulgada. Trata-se de princípio geral do direito, que diz respeito à segurança jurídica e que existiria ainda que não previsto no corpo da Constituição;[21]

b) também a irredutibilidade de vencimentos e subsídios não impede a aplicação da norma do inciso XIV, segundo a qual "os acréscimos pecuniários percebidos por servidor público não serão computados nem acumulados para fins de concessão de acréscimos ulteriores"; isto significa que, embora o servidor estivesse percebendo vantagens pecuniárias calculadas por forma que se coadunava com a redação original do dispositivo, poderá sofrer redução para adaptar a forma de cálculo à nova redação;

---

[20] O STF vem entendendo que não há direito adquirido a regime jurídico funcional pertinente à composição dos vencimentos ou à permanência do regime legal de reajuste de vantagens, desde que eventual modificação introduzida por ato legislativo superveniente preserve o montante global da remuneração (in RE 593.304, AgR, rel. Min. Eros Grau, j. em 29-9-09, Segunda Turma, *DJe* de 23-10-09, e RE 469.834, AgR, rel. Min. Cármen Lúcia, j. em 30-6-09, Primeira Turma, *DJe* de 21-8-09).

[21] O STF decidiu por 7 votos a 3 que o teto de retribuição estabelecido pela EC nº 41/03 é de eficácia imediata, e submete às referências de valor máximo nele discriminadas todas as verbas de natureza remuneratória percebidas pelos servidores públicos da União, dos Estados, do Distrito Federal e dos Municípios, ainda que adquiridas de acordo com o regime legal anterior (RE 609381/GO, Repercussão Geral, Rel. Min. Teori Zavascki, j. 2.10.14, Plenário, *Informativo* 761, de 29-9 a 3-10-14). Com essa decisão, altera-se o entendimento anterior que permitia o pagamento acima do teto a servidores que obtiveram o benefício antes da referida Emenda.

c) a referência ao art. 39, § 4º, seria desnecessária, porque ele manda respeitar o disposto no art. 37, X e XI; o primeiro cuida da fixação dos subsídios por meio de lei; e o segundo cuida do teto, já referido com a menção ao inciso XI;

d) não fere a regra da irredutibilidade de vencimentos ou subsídios a aplicação do art. 150, II, da Constituição, que veda à União, Estados, Distrito Federal e Municípios "instituir tratamento desigual entre contribuintes que se encontrem em situação equivalente, proibida qualquer distinção em razão de ocupação profissional ou função por eles exercida, independentemente da denominação jurídica dos rendimentos, títulos ou direitos"; como também não conflita com a irredutibilidade a incidência do imposto de renda, previsto no art. 153, III, ou a aplicação da norma do § 2º, I, do art. 153, segundo a qual o imposto de renda será informado pelos critérios da generalidade, da universalidade e da progressividade, na forma da lei. Por outras palavras, o teto salarial corresponde ao valor bruto, não impedindo que o valor líquido seja inferior ao teto, em decorrência da incidência do imposto de renda.

13.4.5 Direito de greve e de livre associação sindical

A Constituição anterior vedava, no art. 162, a greve nos **serviços públicos** e atividades essenciais definidas em lei; silenciava quanto ao direito de associação sindical. Mas a CLT, no art. 566, determinava: "não podem sindicalizar-se os servidores do Estado e os das instituições paraestatais. Parágrafo único – Excluem-se da proibição constante deste artigo os empregados das sociedades de economia mista, da Caixa Econômica Federal e das Fundações criadas ou mantidas pelo Poder Público da União, dos Estados e dos Municípios".

O art. 37, incisos VI e VII, da Constituição, com a redação da Emenda Constitucional nº 19, assegura ao servidor público o direito à livre associação sindical e o direito de greve, que "será exercido nos termos e nos limites definidos em lei específica". O primeiro é autoaplicável; o segundo depende de lei. Na redação original do inciso VII, exigia-se **lei complementar** para regulamentar o direito de greve; pela nova redação, exige-se **lei específica**. Como a matéria de servidor público não é privativa da União, entende-se que cada esfera de Governo deverá disciplinar o direito de greve por lei própria.

O art. 142, § 3º, IV, proíbe a greve e a sindicalização ao militar. Essa norma aplica-se aos militares dos Estados, Distrito Federal e Territórios por força do art. 42, § 1º.

No que diz respeito aos sindicatos, a Constituição não estabelece normas disciplinadoras, à semelhança do que fez, para o trabalhador, no art. 8º, o que permite inferir que são as mesmas para os servidores públicos, mesmo porque perfeitamente compatíveis.

Já com relação ao direito de greve, a situação é outra, porque o art. 37, VII, exige expressamente lei específica que lhe defina os limites. O direito de greve do trabalhador, referido no art. 9º da Constituição, foi disciplinado pela Lei nº 7.783, de 28-6-89, cujo art. 16 estabelece que, "para os fins previstos no artigo 37, inciso VII, da Constituição, lei complementar definirá os termos e os limites em que o direito de greve poderá ser exercido"; quis o legislador deixar bem claro que as disposições dessa lei não se aplicam aos servidores públicos.

Embora o art. 37 da Constituição abranja os servidores da Administração Direta e Indireta, a lei de greve aplica-se aos empregados públicos das empresas públicas e sociedades de economia mista, por força do art. 173, § 1º, II, que lhes impõe regime jurídico igual ao das empresas privadas, inclusive quanto aos direitos e obrigações trabalhistas. Em consequência, quando exerçam atividade essencial, estarão sujeitos aos arts. 10 a 13 da Lei nº 7.783/89 e à norma do art. 114, § 3º, da Constituição (introduzido pela Emenda Constitucional nº 45/04), segundo o qual "em caso de greve em atividade essencial, com possibilidade de lesão ao interesse público, o Ministério Público do Trabalho poderá ajuizar dissídio coletivo, competindo à Justiça do Trabalho decidir o conflito".

O Supremo Tribunal Federal entendeu que o preceito constitucional que prevê o direito de greve do servidor público é norma de eficácia limitada, não podendo ser aplicada enquanto não disciplinada por lei (STF – Pleno – Mandado de Injunção nº 20 – Rel. Min. Celso de Mello, *Diário da Justiça*, 22-11-96, Seção I, p. 45.690; STF – 2ª T. – Rextr. nº 208.278-3/RS – Rel. Min. Carlos Velloso, *Diário da Justiça*, 13-10-97, Seção I, p. 51.487; STF – Pleno – MI nº 586-5/RJ – Rel. Min. Nelson Jobim, *Diário da Justiça*, Seção I, 27-8-98, p. 13). No entanto, ao julgar os mandados de injunção nºs 670-ES, 708-DF e 712-PA, o STF entendeu de modo diverso ao aceitar a possibilidade de uma regulação provisória pelo próprio Judiciário, decidindo pela aplicação da Lei nº 7.783/89 aos servidores públicos, até que seja suprida a omissão legislativa (*Boletim Informativo* nº 485, de 31-10-07, do STF). Posteriormente, o STF reduziu a amplitude do entendimento anteriormente esposado quanto ao direito de greve. Na apreciação da Rel. 6568, relatada pelo Ministro Eros Grau (j. em 21-5-09, *DJe* 181), foi asseverado que o direito de greve deve ser restringido para algumas categorias que exercem atividades relacionadas à manutenção da ordem pública. Com relação especificamente aos policiais civis, o STF considerou as atividades desenvolvidas pelos mesmos "análogas, para esse efeito, às dos *militares*, em relação aos quais a Constituição expressamente proíbe a greve".[22]

Na realidade, não devem ser poucas as dificuldades que o legislador federal enfrentará para regulamentar a greve do servidor público; não é especialmente por se tratar de serviço público, cuja continuidade fica rompida com a paralisação; se fosse essa a dificuldade, poderia ser contornada da mesma forma por que o foi nos arts. 10 a 13 da Lei nº 7.783/89, que cuida dos serviços considerados essenciais (a maior parte deles sendo **serviços públicos**) e estabelece normas que asseguram a sua continuidade em períodos de greve.[23]

A dificuldade está no fato de que, tanto o direito de sindicalização como o direito de greve, cuja importância para os trabalhadores em geral diz respeito a assuntos relacionados com pretensões salariais, não poderão ter esse alcance com relação aos servidores públicos, ressalva feita aos das empresas estatais. Com esse objetivo, o exercício do direito de greve poderá, quando muito, atuar como pressão sobre o Poder Público, mas não poderá levar os servidores a negociações coletivas, com ou sem participação dos sindicatos, com o fito de obter aumento de remuneração.

A norma do art. 114 da Constituição, em sua redação original, permitia controvérsias, porque dava à Justiça do Trabalho competência para "conciliar e julgar os **dissídios individuais e coletivos** entre trabalhadores e empregadores, **abrangidos os entes de direito público externo e da administração pública direta e indireta dos Municípios, do Distrito Federal,**

---

[22] No RE 456.530-ED, Rel. Min. Joaquim Barbosa, j. em 23-11-10, Segunda Turma, *DJE* de 1º-2-11, o STF entendeu possível, em caso de greve de servidor, o desconto dos dias parados, sem prejuízo da possibilidade de composição em benefício dos grevistas. No mesmo sentido, RE 399.338-AgR, Rel. Min. Cármen Lúcia, j. em 1º-2-11, Primeira Turma, *DJE* de 24-2-11. No RE 693.456, o STF decidiu, por seis votos contra seis, com repercussão geral reconhecida, que a administração pública deve fazer o corte do ponto dos grevistas, mas admitiu a possibilidade de compensação dos dias parados mediante acordo. Também decidiu que o desconto não poderá ser feito caso o movimento grevista tenha sido motivado por conduta ilícita do próprio Poder Público (j. em 17-10-16).

[23] Na esfera federal, o Decreto nº 7.777, de 24-7-12, dispõe sobre as medidas para a continuidade de atividades e serviços públicos dos órgãos e entidades da administração pública federal durante greves, paralisações ou operações de retardamento de procedimentos administrativos promovidas pelos servidores públicos federais. O art. 1º atribui aos Ministros de Estado competência para promover, mediante convênio, o compartilhamento da execução da atividade ou serviço com Estados, Distrito Federal ou Municípios, bem como a adoção, por ato próprio, de procedimentos simplificados necessários à manutenção ou realização da atividade ou serviço.

dos **Estados e da União** e, na forma da lei, outras controvérsias decorrentes da relação de trabalho, bem como os litígios que tenham origem no cumprimento de suas próprias sentenças, inclusive coletivas".

Este dispositivo, no entanto, tinha que ser entendido (e realmente foi) de maneira que se conciliasse com outras normas da Constituição: em primeiro lugar, os **dissídios individuais** de competência da Justiça do Trabalho compreendem apenas os que envolvem servidores regidos pela CLT, os quais podem existir na Administração direta e indireta (ao lado dos estatutários) e necessariamente existem nas empresas públicas e sociedades de economia mista que exercem atividade econômica (art. 173, § 1º, II, da Constituição, com a redação dada pela Emenda Constitucional nº 19/98). Os **dissídios coletivos** somente são possíveis nessas mesmas empresas e nas fundações de direito privado, já que os servidores da Administração direta, fundações públicas e autarquias têm seus cargos, empregos e funções criados por lei, que fixa os respectivos vencimentos (art. 61, § 1º, II, *a*, da Constituição) com todas as limitações já examinadas, referentes ao teto, à paridade, ao reajuste igual para todos, aos limites de despesa com pessoal, à previsão na lei orçamentária.

Não poderia o servidor de uma categoria participar de negociação coletiva que lhe assegurasse vencimentos superiores aos definidos em lei e que ainda contrariasse as normas do art. 37.

Quer dizer que o direito de greve, com a possibilidade de participar de negociação coletiva, por meio de sindicato, dificilmente poderá alterar a remuneração ou qualquer direito do servidor público que seja definido em lei. Mesmo que União, Estados e Municípios optem pelo regime da CLT para seus servidores, ele terá que ser adotado com todas as derrogações previstas no art. 37 e seguintes da Constituição.

O STF, na ADIn nº 492-1, do Distrito Federal, julgou inconstitucionais as alíneas *d* e *e* do art. 240 da Lei nº 8.112/90 (que instituiu o regime único dos servidores da União), que versam sobre o direito dos servidores à negociação coletiva e ao ajuizamento, na Justiça do Trabalho, de dissídios individuais e coletivos que envolvam as relações por ela regidas.

Pela Súmula nº 679, o Supremo Tribunal Federal firmou o entendimento de que "a fixação de vencimentos dos servidores públicos não pode ser objeto de convenção coletiva".

Note-se que o art. 114 foi alterado, passando o *caput* a constituir o inciso I, com a atribuição de competência à Justiça do Trabalho para processar e julgar: "I – as ações oriundas da relação de trabalho, abrangidos os entes de direito público externo e da administração pública direta e indireta da União, dos Estados, do Distrito Federal e dos Municípios".

Como se vê, ficaram expressamente excluídas da competência da Justiça do Trabalho as ações trabalhistas relativas a "servidores ocupantes de cargos criados por lei, de provimento efetivo ou em comissão, incluídas as autarquias e fundações públicas dos referidos entes da federação".

O STF tem entendido que o regime de contratação temporária é "administrativo", não sendo necessariamente regido pela CLT, decidindo pela "incompetência da Justiça Trabalhista para o processamento e o julgamento das causas que envolvam o Poder Público e servidores que sejam vinculados a ele por relação jurídico-administrativa. O eventual desvirtuamento da designação temporária para o exercício de função pública, ou seja, da relação jurídico-administrativa estabelecida entre as partes, não pode ser apreciado pela Justiça do Trabalho".[24]

---

[24] Rel. 6366 AgR/MG, Relatora Min. Cármen Lúcia, j. 4-3-09, *DJe* 084. No mesmo sentido, RE 573202, ADI 3395. Igual entendimento é adotado no STJ, conforme CC 94.627-RS (*DJe* de 3-6-08), e RCDESP no CC 64.544-RJ (*DJe* de 4-8-08). O TST, ao seu turno, em 23-4-09, cancelou a Orientação Jurisprudencial nº 205, de acordo com a qual a "lei que disciplina a contratação por tempo determinado para atender a necessidade temporária de excepcional interesse público não é o bastante para deslocar a competência da Justiça do Trabalho" e também passou a entender que cabe à Justiça Comum o processamento e o julgamento de conflitos entre servidores temporários e a Administração Pública.

13.4.6 Proibição de acumulação de cargos

Nos termos do art. 37, XVI, da Constituição, alterado pelas Emendas Constitucionais n°s 19, de 4-6-98, e 34, de 13-12-01, é vedada a acumulação remunerada de cargos públicos, exceto quando houver compatibilidade de horários, observado, em qualquer caso, o disposto no inciso XI (teto de vencimento ou subsídio):

a) a de dois cargos de professor;
b) a de um cargo de professor com outro técnico ou científico;
c) a de dois cargos ou empregos privativos de profissionais de saúde, com profissões regulamentadas.

E o inciso XVII do mesmo dispositivo, também alterado pela Emenda, estende a vedação a autarquias, fundações, empresas públicas, sociedades de economia mista, suas subsidiárias, e sociedades controladas, direta ou indiretamente, pelo Poder Público. A alteração introduzida pela Emenda teve por objetivo acabar com a discussão sobre a incidência da proibição sobre os empregados de outras empresas estatais, não enquadráveis no conceito de sociedade de economia mista ou empresa pública. Pela nova redação, são alcançados pela norma todos os servidores de empresas nas quais o Estado tenha participação acionária, seja diretamente, seja por meio de suas entidades da Administração Indireta.

É importante assinalar que a vedação só existe quando ambos os cargos, empregos ou funções forem remunerados.[25] As exceções somente admitem **dois** cargos, empregos ou funções, inexistindo qualquer hipótese de tríplice acumulação, a não ser que uma das funções não seja remunerada. As exceções somente são possíveis quando haja compatibilidade de horário, tendo desaparecido a exigência de correlação de matérias constante da Constituição anterior. As fundações foram incluídas na regra de acumulação, o que não ocorria na Constituição de 1967, com a redação dada pela Emenda Constitucional nº 1/69 (art. 99, § 2º).

Além dessas normas, existem outras referentes à acumulação de cargo na Constituição:

1. o art. 38, III, admite a possibilidade do servidor investido em mandato de Vereador continuar no exercício de seu cargo, emprego ou função, desde que haja compatibilidade de horários, hipótese em que perceberá as vantagens correspondentes a sua condição de servidor e de vereador;
2. o § 3º do art. 42, acrescentado pela Emenda Constitucional nº 101, de 3-7-19, manda aplicar aos militares dos Estados, do Distrito Federal e dos Territórios o disposto no art. 37, inciso XVI, com prevalência da atividade militar;
3. o art. 142, § 3º, II, implicitamente, proíbe o militar das Forças Armadas, em atividade, de aceitar cargo ou emprego público civil permanente, sob pena de passar para a reserva; o inciso III permite a aceitação de cargo, emprego ou função temporária, não eletiva, porém, enquanto estiver nessa situação, ficará agregado ao respectivo quadro e somente poderá ser promovido por antiguidade, contando-se-lhe o tempo de serviço apenas para aquela promoção e transferência, sendo depois de dois anos de afastamento, contínuos ou não, transferido para a reserva; a mesma

---

[25] O STF, no RE com Agravo (ARE) 848.993, relatado pelo Ministro Gilmar Mendes, que teve repercussão geral, reafirmou jurisprudência dominante de que é inconstitucional a acumulação tríplice de vencimentos e proventos mesmo se o ingresso em cargos públicos tiver ocorrido antes da Emenda Constitucional nº 20/98 (Informativo Jurídico da APESP, de 24-10-16).

norma aplica-se aos militares dos Estados, do Distrito Federal e dos Territórios, nos termos do art. 42, § 1º;

4. o art. 95, parágrafo único, inciso I, veda aos juízes "exercer, ainda que em disponibilidade, outro cargo ou função, salvo uma de magistério";
5. o art. 128, § 5º, II, *d*, veda também aos membros do Ministério Público "exercer, ainda que em disponibilidade, qualquer outra função pública, salvo uma de magistério".

A norma é mais restritiva para o juiz do que para o promotor público; o primeiro, além das funções de seu cargo, só pode exercer **uma** função de Magistério, seja pública ou privada; o Promotor Público pode exercer outra **função** pública de magistério, nenhuma restrição havendo quanto ao magistério particular.

A Resolução nº 34, de 24-4-07, do Conselho Nacional de Justiça, tratou do exercício da docência por magistrados e também da acumulação do cargo de juiz com outro cargo ou emprego de professor. A Resolução, no art. 1º, proíbe o exercício, ainda que em disponibilidade, de outro cargo ou função, salvo o magistério; neste caso, deverá haver compatibilidade entre os horários fixados para o expediente forense e para a atividade acadêmica, o que deverá ser comprovado perante o Tribunal. O art. 2º permite o exercício de cargos ou funções de coordenação acadêmica, assim considerados os que envolvam atividades estritamente ligadas ao planejamento e/ou assessoramento pedagógico, desde que haja compatibilidade de horário; no § 1º, veda o desempenho de cargo ou função administrativa ou técnica em estabelecimento de ensino, não se incluindo na proibição o exercício da docência em curso ou escola de aperfeiçoamento dos próprios Tribunais, de associações de classe ou de fundações estatutariamente vinculadas a esses órgãos e entidades (§ 3º).[26]

Cabe uma referência ao servidor aposentado. A Constituição de 1967, com a redação dada pela Emenda Constitucional nº 1/69, no art. 99, § 4º, estabelecia que "a proibição de acumular proventos não se aplica aos aposentados, quanto ao exercício de mandato eletivo, quanto ao de um cargo em comissão ou quanto a contrato para prestação de serviços técnicos ou especializados". Além dessas três hipóteses de acumulação permitidas, ainda era pacífico o entendimento segundo o qual o servidor que, em atividade, acumulasse cargos, empregos ou funções, poderia, na inatividade, acumular os proventos correspondentes.

A Constituição de 1988 não repetiu a norma, de modo que deu margem a que se reabrissem as mesmas controvérsias já lavradas na vigência da Constituição de 1946, em que também não havia, como na atual, norma expressa coibindo a acumulação de proventos com vencimentos de outro cargo ou função.

Na esfera administrativa federal prevaleceu o entendimento contrário à acumulação. O Decreto nº 35.956, de 3-8-54, no art. 12, admitia que o aposentado ocupasse cargo em comissão ou participasse de órgão de deliberação coletiva, porém, enquanto exercesse a comissão, perderia os proventos da aposentadoria, salvo se por estes optasse. Além disso, houve orientação fixada pelo Presidente da República, publicada no *Diário Oficial* de 9-10-64, aprovando parecer da Consultoria-Geral da República, proferido por Adroaldo Mesquita, no sentido de

---

[26] O STF possui precedente em sentido contrário ao entendimento de que a Constituição permite ao juiz o exercício de somente uma única função de magistério, seja pública ou privada. Na ADIn-MC 3126 (Relator Min. Gilmar Mendes, julgamento em 17-2-05, órgão julgador: Tribunal Pleno, *DJ* 6-5-05 PP-00006), foi suspensa a vigência da expressão "único (a)", constante da redação do art. 1º da Resolução nº 336/03, do Conselho de Justiça Federal, segundo o qual "ao magistrado da Justiça Federal, de primeiro e segundo graus, ainda que em disponibilidade, é defeso o exercício de outro cargo ou função, ressalvado(a) um(a) único(a) de magistério, público ou particular".

que "a vedação constitucional, como é pacífico na doutrina e na jurisprudência, impede tanto a **acumulação de exercício** como a **acumulação de remuneração**. Por conseguinte, também se aplica aos inativos que continuam percebendo os **proventos de inatividade** e são beneficiados pela atualização periódica dos mesmos por força de lei".

No Estado de São Paulo, depois de muitas controvérsias, acabou por prevalecer o entendimento favorável à acumulação, consagrado no art. 448 do Decreto nº 42.850, de 28-10-63, em consonância, com o qual não se compreende na proibição de acumular a percepção de vencimentos, remunerações ou salários com proventos de inatividade ou pensões civis ou militares.

Na jurisprudência houve decisões, em um e outro sentido, dentro do próprio STF; em sentido favorável, citem-se acórdãos publicados: *RTJ*-3/99, 40/657, 40/104, 42/505, 54/780 e *RDA* 52/152; em sentido contrário: *RDA* 127/247 e *RTJ* 71/10, 53/126 e 47/131.

Segundo entendemos, a Constituição de 1946 não criava, como a atual não cria, restrição ao exercício de outro cargo ou função, de qualquer natureza, por parte do funcionário aposentado por tempo de serviço. A de 1967 é que restringiu, ao estabelecer as hipóteses em que essa acumulação era permitida ao aposentado.

Note-se que a Constituição atual veda a acumulação de "cargo" e não se pode ampliar o sentido desse vocábulo de tal modo que abranja a situação do aposentado. O termo foi empregado, no art. 37, I, em sentido preciso, de modo a não se confundir com **função** e **emprego**. Também nos incisos XVI e XVII, a sua utilização foi feita em sentido técnico: o primeiro veda a acumulação de **cargos públicos**; o segundo estende a proibição a **empregos** e **funções**, repetindo a mesma distinção feita no inciso I. Não há menção à acumulação de **proventos**. Cabe aqui a aplicação do princípio geral de direito em decorrência do qual as normas que impõem restrições ao exercício de direitos devem ser interpretadas restritivamente: *exceptiones sunt strictissimae interpretationis*.

No entanto, o STF, no Recurso Extraordinário nº 163.204-6-SP, decidiu, em 9-11-94, que "a acumulação de proventos e vencimentos somente é permitida quando se tratar de cargos, funções ou empregos acumuláveis na atividade, na forma permitida na Constituição". Decisão semelhante foi proferida pelo mesmo Tribunal ao apreciar o Mandado de Segurança nº 22.182-8.

Na linha desse entendimento, a Lei nº 9.527, de 10-12-97, que altera a Lei nº 8.112/90, incluiu um § 3º ao art. 118, para considerar "acumulação proibida a percepção de vencimento de cargo ou emprego público efetivo com proventos da inatividade, salvo quando os cargos de que decorram essas remunerações forem acumuláveis na atividade". Como se vê, a proibição somente atinge os ocupantes de **cargos efetivos**, deixando as portas abertas para que os aposentados acumulem proventos com os vencimentos de **cargo em comissão**.

Pela Emenda Constitucional nº 20, de 15-12-98, foi acrescentado um § 10 ao art. 37 da Constituição, consagrando aquilo que já era entendimento do STF e que constava da Lei nº 8.112/90, com a redação dada pela Lei nº 9.527, de 10-12-97. Com efeito, o dispositivo veio tornar expressa a vedação de percepção simultânea de proventos de aposentadoria decorrentes do art. 40 (servidores civis), do art. 42 (militares dos Estados, Distrito Federal e Territórios) e do art. 142 (militares das Forças Armadas) com a remuneração de cargo, emprego ou função pública, ressalvados os cargos acumuláveis na forma da Constituição, os cargos eletivos e os cargos em comissão declarados em lei de livre exoneração. Fica, portanto, vedada a acumulação de proventos de aposentadoria com a remuneração de outro cargo efetivo, salvo naqueles casos em que a própria Constituição admite a acumulação, previstos nos arts. 37, inciso XVI, 95, parágrafo único, inciso I, e 128, § 5º, inciso II, *d*.

No entanto, a Emenda Constitucional nº 20 resguardou, no art. 11, os direitos dos que já vinham acumulando proventos com vencimentos de outro cargo efetivo, apenas proibindo que percebam duas aposentadorias com base no art. 40 da Constituição e impondo o teto salarial previsto no art. 37, XI, à soma dos proventos com os vencimentos do cargo.

Quanto à acumulação de mais de uma aposentadoria, somente é possível nos casos em que o servidor esteve, em atividade, em situação de acumulação lícita. É o que consta expressamente do art. 40, § 6º. Nesse caso, a soma dos proventos está sujeita ao teto previsto no art. 37, XI. A norma já decorria desse dispositivo, na redação dada pela Emenda nº 19, mas foi repetida no § 11 do art. 40, introduzido pela Emenda Constitucional nº 20. A norma consta agora do art. 40, § 6º, da Constituição, com a redação dada pela Emenda Constitucional nº 103/19, que altera o sistema de previdência social.

13.4.7 Aposentadoria e pensão

Aposentadoria é o direito à inatividade remunerada, assegurado ao servidor público em caso de invalidez, idade ou requisitos conjugados de tempo de exercício no serviço público e no cargo, idade mínima e tempo de contribuição. Daí as três modalidades de aposentadoria: por incapacidade temporária, compulsória e voluntária.

Pensão é o benefício pago aos dependentes do servidor falecido, nas condições definidas em lei.

Do ponto de vista **formal**, aposentadoria é o ato pelo qual a Administração Pública concede esse direito ao servidor público. Do mesmo modo, pensão, sob o ponto de vista formal, é o ato administrativo pelo qual a Administração Pública concede esse direito aos dependentes do servidor falecido.

Tanto a aposentadoria como a pensão são atos complexos, uma vez que sujeitos a registro pelo Tribunal de Contas, conforme art. 71, III, da Constituição Federal. Produzem efeitos jurídicos imediatos, sendo suficientes para que o servidor ou o seu dependente passe a usufruir do benefício; mas os mesmos só se tornam definitivos após a homologação pelo Tribunal de Contas, que tem a natureza de condição resolutiva.

Perante a atual Constituição, tanto a aposentadoria como a pensão têm a natureza jurídica de benefício previdenciário e contributivo, sujeito às normas do art. 40 da Constituição.

13.4.7.1 Regime previdenciário

Teoricamente, a pensão pode constituir encargo do Poder Público, independente de contribuição do servidor. Mas tem prevalecido a sua natureza de benefício previdenciário.

Dependendo do regime adotado, a aposentadoria do servidor público também pode, em tese, apresentar-se como direito de **natureza previdenciária**, dependente de contribuição, ou como direito vinculado ao exercício do cargo público, financiado inteiramente pelo Poder Público, sem contribuição do servidor.

Tradicionalmente, a primeira hipótese era reservada apenas aos servidores contratados pelo regime da CLT, ficando os demais livres de qualquer contribuição. A Emenda Constitucional nº 3, de 1993, introduziu o § 6º no art. 40 da Constituição, para prever que "as aposentadorias e pensões dos servidores públicos federais serão custeadas com recursos provenientes da União e das contribuições dos servidores, na forma da lei".

Com relação aos servidores estaduais e municipais, o art. 149, parágrafo único, da Constituição estabelecia que "os Estados, o Distrito Federal e os Municípios poderão instituir contribuição, cobrada de seus servidores, para o custeio, em benefício destes, de sistemas de previdência e assistência social".

A Emenda Constitucional nº 20/98 alterou a redação do art. 40 da Constituição, assegurando aos servidores ocupantes de cargo efetivo regime de previdência de caráter contributivo, observados critérios que preservem o equilíbrio financeiro e atuarial. Ela não manteve a redação do § 6º do art. 40 (com redação dada pela Emenda Constitucional nº 3/93), que impunha o regime contributivo para o servidor federal, e manteve com a mesma redação o art. 149, § 1º, de modo que se pode afirmar que, diante dessa Emenda, não era obrigatória a instituição desse regime para o servidor. Tratava-se de faculdade a ser exercida, a critério do legislador de cada nível de Governo.

Por isso mesmo, em grande parte dos Estados e Municípios, não foi instituído regime previdenciário para os servidores, a não ser, em alguns deles, para custear a pensão dos dependentes do servidor falecido. Foi o que ocorreu no Estado de São Paulo, em que se continuou a adotar o regime contributivo para a pensão, nos termos da Lei Complementar nº 180, de 12-5-78. Só recentemente, com a Lei Complementar nº 943, de 23-6-03, é que foi prevista a contribuição para fins de aposentadoria e pensão.

Além disso, outros benefícios que, para o trabalhador, são assegurados também pelo regime previdenciário, constituem para o servidor público, do mesmo modo que a aposentadoria, encargos do Estado, previstos no Estatuto do Servidor Público, como é o caso da licença-saúde, licença-maternidade, auxílio-funeral, entre outros.

Com a Emenda Constitucional nº 41, de 19-12-03, foi alterada a redação do art. 149, § 1º, para determinar que "os Estados, o Distrito Federal e os Municípios instituirão contribuição, cobrada de seus servidores, para o custeio, em benefício destes, do regime previdenciário de que trata o art. 40, cuja alíquota não será inferior à da contribuição dos servidores titulares de cargos efetivos da União".

A Emenda Constitucional nº 103, de 12-11-19, alterou a redação do dispositivo e acrescentou ao art. 149 os §§ 1º-A, 1º-B e 1º-C. O § 1º, que se referia apenas aos Estados, Distrito Federal e Municípios, passou, com a nova redação, a abranger também a União, determinando que: "A União, os Estados, o Distrito Federal e os Municípios instituirão, por meio de lei, contribuições para custeio de regime próprio de previdência social, cobradas dos servidores ativos, dos aposentados e dos pensionistas, que poderão ter alíquotas progressivas de acordo com o valor da base de contribuição ou dos proventos de aposentadoria e de pensões". Pela redação do dispositivo, verifica-se que a instituição de contribuição para custeio do **regime próprio de previdência social** é obrigatória, mas a fixação de **alíquotas progressivas** é facultativa.

O § 1º-A do art. 149 permite que, em caso de haver *deficit* atuarial, a contribuição ordinária dos aposentados e pensionistas incida "sobre o valor dos proventos de aposentadoria e de pensões que supere o salário mínimo". Se essa medida não for suficiente para equacionar o *deficit* atuarial, o § 1º-B permite "a instituição de contribuição extraordinária, no âmbito da União, dos servidores públicos ativos, dos aposentados e dos pensionistas". Como se verifica, essa **contribuição extraordinária** está prevista, nesse dispositivo, apenas para os servidores da União e vigorará por período determinado, contado da data de sua instituição, podendo ser instituída simultaneamente com outras medidas para equacionamento do *deficit*, nos termos do § 1º-C. O art. 9º da Emenda Constitucional nº 103/19, que é de natureza transitória, no § 8º, limita a duração da contribuição extraordinária a que se referem os §§ 1º-B e 1º-C do art. 149 ao prazo máximo de 20 anos.

Vale dizer que o regime previdenciário de caráter contributivo, já aplicado para os servidores federais com base na Emenda Constitucional nº 3/93, tornou-se obrigatório para Estados e Municípios. No entanto, a Emenda Constitucional nº 103/19 trouxe modificações sensíveis no sistema de previdência social, aplicáveis essencialmente à União. A aplicação dessa Emenda aos Estados, Distrito Federal e Municípios somente ocorre quando houver norma expressa nesse sentido, cabendo a cada ente federativo legislar a respeito de seus regimes próprios de previdência social.[27] Também se deve realçar que, para os servidores públicos vinculados ao Regime Geral de Previdência Social (contratados pela CLT, ocupantes de cargos em comissão e outras funções temporárias), aplicam-se desde logo as normas da Emenda Constitucional nº 103/19.

13.4.7.2 Princípios da reforma previdenciária

As bases para a chamada reforma previdenciária foram lançadas pela Emenda Constitucional nº 20/98. O objetivo último é o de reduzir os benefícios sociais – mais especificamente proventos de aposentadoria e pensão – dos servidores públicos ocupantes de cargos efetivos e seus dependentes, colocando-os, paulatinamente, nos mesmos patamares vigentes para o regime geral de previdência social, que inclui o trabalhador do setor privado e os servidores não ocupantes de cargo efetivo. O que se objetiva, na realidade, é a unificação da previdência social. Não podendo ser feita de imediato, tendo em vista as situações consolidadas com base na legislação vigente, pretende-se alcançar esse objetivo de forma paulatina. Daí já terem sido promulgadas pelo menos três Emendas Constitucionais instituidoras de "reformas previdenciárias".

Os principais objetivos da reforma ficaram definidos na Emenda Constitucional nº 20/98, a saber:

a) previsão de regime previdenciário de caráter contributivo para os servidores ocupantes de cargos efetivos, observados critérios que preservem o equilíbrio financeiro e atuarial (art. 40, *caput*); a instituição desse regime foi mantida em caráter facultativo para Estados e Municípios (art. 149, § 1º);

b) inclusão no regime geral de seguridade social dos servidores ocupantes exclusivamente de cargos em comissão ou de outros cargos temporários e dos servidores ocupantes de empregos públicos (art. 40, § 13);

c) alteração dos requisitos para a aposentadoria voluntária dos servidores ocupantes de cargo efetivo, de modo a prolongar a sua permanência no serviço público e, paralelamente, retardar a sua dependência em relação ao seguro social (art. 40, § 1º, III);

d) previsão da possibilidade de estabelecimento de limite para os proventos de aposentadoria e pensão, igual ao estabelecido para os segurados do regime geral de previdência social, sob a condição de ser instituída a chamada previdência complementar (art. 40, § 14); a ideia é a de que a previdência social responda dentro do limite estabelecido para a seguridade social em geral, ficando eventuais diferenças por conta da previdência complementar, também de caráter contributivo;

e) previsão da possibilidade de instituição de fundos de aposentadoria e pensão para administração dos recursos do regime previdenciário próprio dos servidores (art. 249);

f) vinculação das contribuições sociais ao regime previdenciário (art. 167, XI, combinado com art. 40, § 12).

Com exceção da norma referente aos novos requisitos para aposentadoria voluntária, a consecução desses objetivos dependia de legislação infraconstitucional. Para esse fim, foi

---

[27] Outra proposta de emenda constitucional está em tramitação no Congresso Nacional (a PEC 133, conhecida como PEC Paralela) determinando a forma como a nova sistemática da previdência social pode estender-se aos Estados, Distrito Federal e Municípios.

baixada a Lei federal nº 9.717, de 27-11-98 (que já sofreu alterações posteriores), com normas obrigatórias para União, Estados, Distrito Federal e Municípios. Mas a instituição do regime nos níveis estaduais e municípios ficou dependendo de legislação própria.

Na tentativa de possibilitar a implementação da nova sistemática, a Emenda Constitucional nº 41/03 manteve, basicamente, os mesmos objetivos já definidos na Emenda nº 20/98, com algumas inovações:

a) obrigatoriedade da instituição do regime previdenciário de caráter contributivo para todos os níveis de governo (redação dada ao art. 149, § 1º);
b) menção expressa ao caráter solidário do regime previdenciário (art. 40, *caput*), com o que se pretendeu dar fundamento à contribuição dos inativos e pensionistas;
c) indicação das fontes de custeio, incluindo contribuição do ente público, dos servidores ativos e inativos e dos pensionistas (art. 40, *caput*);
d) definição de critérios para fixação, em lei, do valor da pensão dos dependentes do servidor falecido (art. 40, § 7º);
e) extinção, respeitados os direitos adquiridos, da paridade entre, de um lado, os proventos e pensões, e, de outro, os vencimentos dos servidores em atividade (como decorrência da nova redação dada aos §§ 7º e 8º do art. 40, que asseguravam a paridade);
f) previsão da garantia de reajustamento dos benefícios para preservar-lhes, em caráter permanente, o valor real, conforme critérios a serem estabelecidos em lei (nova redação do § 8º do art. 40);
g) extinção do direito a proventos integrais, com a previsão de que o cálculo dos proventos de aposentadoria levará em consideração a remuneração utilizada como base para as contribuições do servidor ao regime de previdência social a que estiver vinculado (regime geral ou regime próprio do servidor, conforme o caso), de acordo com o que for definido em lei (art. 40, § 3º); isto significa que, ao instituir o regime previdenciário próprio do servidor, cada ente da federação terá que definir a remuneração sobre a qual incidirá a contribuição, a qual deverá obrigatoriamente ser levada em consideração no cálculo dos proventos; a limitação ao teto de R$ 2.400,00 (atualizado anualmente pelo Governo Federal) continua condicionada à instituição da previdência complementar por lei de cada esfera de governo (art. 40, § 14, não alterado pela Emenda Constitucional nº 41/03).

Outras inovações no sistema de previdência social foram instituídas pela Emenda Constitucional nº 103, de 12-11-19, muitas delas dependendo de lei para serem concretizadas no âmbito dos Estados e do Distrito Federal. Houve a manifesta intenção do legislador constituinte de desconstitucionalizar parcialmente o regime previdenciário. Para evitar que algumas das inovações fiquem dependendo indefinidamente da promulgação de leis infraconstitucionais, as disposições transitórias estabelecem a forma como as inovações serão cumpridas no âmbito da União. São dependentes de leis, dentre outras medidas previstas na Constituição: (i) a fixação de regras sobre cálculo dos proventos, que será fixada em lei de cada ente federativo (art. 40, § 3º); (ii) as regras sobre aposentadoria de pessoas com deficiência ; de ocupantes do cargo de agente penitenciário, de agente socioeducativo ou de policial; e sobre aposentadoria de servidores cujas atividades sejam exercidas com efetiva exposição a agentes químicos, físicos e biológicos prejudiciais à saúde, vedada a caracterização por categoria profissional ou ocupação (art. 40, §§ 4º-A, 4º-B e 4º-C); (iii) a regra sobre tempo de exercício no magistério (§ 5º do art. 40); (iv) a regra sobre o benefício de pensão por morte (§ 7º do art. 40); (v) a instituição da previdência complementar (§ 14 do art. 40); (vi) o critério para percepção do abono de permanência pago ao servidor federal que tenha cumprido os requisitos para aposentadoria e opte por continuar em atividade até a aposentadoria compulsória (§ 19 do art. 40); (vii) normas sobre o financiamento do regime próprio de previdência social (§ 20 do art. 40); (viii) normas gerais de competência da União para organização, funcionamento e responsabilidade pela gestão dos regimes previdenciários próprios do servidor, já existentes (§ 22 do art. 40); (ix) autorização para que as causas em que forem partes instituição de previdência social e segurado possam ser processadas e julgadas na justiça estadual (§ 3º do art. 109); (x) instituição de contribuições para custeio de regime próprio de previdência, com possibilidade de instituição de alíquotas progressivas (§ 1º do art. 149).

Além da desconstitucionalização, a Emenda nº 103/19 trouxe inúmeras alterações na Constituição, no que diz respeito ao regime previdenciário do servidor:

a) **aplicação apenas à União**, deixando para Estados, Distrito Federal e Municípios a competência para alterarem o regime próprio de previdência de seus servidores; no entanto, algumas normas da Emenda são aplicadas aos servidores de todos os entes federativos;

b) **mudanças das regras de aposentadoria voluntária**, aplicáveis apenas para os servidores federais, continuando Estados, Distrito Federal e Municípios a reger-se pelas normas constitucionais e infraconstitucionais anteriores à Emenda 103/19 (art. 40, § 1º, III);

c) proibição de instituição de novos **regimes próprios de previdência social**, ficando a União com a competência para, mediante lei complementar, estabelecer, para os que já existam, as normas gerais de organização, de funcionamento e de responsabilidade em sua gestão (art. 40, §§ 22); pelo art. 9º, enquanto não entrar em vigor essa lei complementar, continuam a aplicar-se as normas da Lei nº 9.717, de 27-11-98, com a redação dada pela Lei nº 13.846, de 18-6-2019;

d) proibição de **incorporação de vantagens** de caráter temporário ou vinculadas ao exercício de função de confiança ou de cargo em comissão à remuneração do cargo efetivo (art. 39, § 9º); essa vedação aplica-se a todos os servidores de todas as esferas de governo;

e) obrigatoriedade, para todos os entes federativos, de instituição, por meio de lei, de contribuições para custeio de regime próprio de previdência social, cobradas dos servidores ativos, dos aposentados e dos pensionistas, as quais poderão ter **alíquotas progressivas** de acordo com o valor da base de contribuição ou dos proventos de aposentadoria e de pensões (art. 149, § 1º); a contribuição dos aposentados e pensionistas poderá incidir sobre o valor dos proventos de aposentadoria e de pensões que supere o salário mínimo, na hipótese de haver déficit atuarial (art. 149, § 1º-A);

f) possibilidade de instituição de **contribuição extraordinária**, no âmbito da União, quando a contribuição dos aposentados e pensionistas, previstas no art. 149, § 1º-A, não for suficiente para equacionar o *deficit* atuarial; essa contribuição extraordinária deverá ser instituída simultaneamente com outras medidas para equacionamento do *deficit* e vigorará pelo prazo máximo de 20 anos (art. 149, § 1º-B, da Constituição, combinado com art. 9º, § 8º, da Emenda 103/19); cabe à União, por meio de lei complementar, dispor sobre os "parâmetros para apuração da base de cálculo e definição de alíquota de contribuições ordinárias e extraordinárias" (art. 40, § 22, X);

g) possibilidade de instituição, por lei de cada ente federativo, de **abono de permanência** equivalente, no máximo, ao valor de sua contribuição previdenciária, até completar a idade para aposentadoria compulsória (art. 40, § 19); para os servidores federais, os arts. 3º, § 3º, 8º e 10, § 5º, da Emenda asseguram o abono de permanência, desde que tenham completado os requisitos para aposentadoria voluntária, na data da entrada em vigor dessa Emenda;

h) vedação de **complementação de aposentadorias** de servidores públicos e de pensões por morte a seus dependentes, salvo as decorrentes de previdência complementar prevista nos §§ 14 a 16 do art. 40 e as previstas em lei que extinga o regime próprio de previdência social (art. 37, § 15); o art. 7º da Emenda 103 faz ressalva quanto às complementações de aposentadorias e pensões concedidas até a data de entrada em vigor da Emenda 103/19;

i) obrigatoriedade, para todos os entes federativos, de instituição do **regime de previdência complementar**, na modalidade de **contribuição definida** (art. 40, § 14), a ser instituído no prazo máximo de dois anos da data de entrada em vigor da Emenda (art. 9º, § 6º);

j) proibição, prevista no art. 40, § 6º, de **acumulação de aposentadorias** pagas por regime próprio de previdência social (com ressalva para as aposentadorias decorrentes de cargos acumuláveis na forma da Constituição), além de outras vedações, regras e condições para acumulação de benefícios previdenciários estabelecidos para o regime geral de previdência social; essas outras vedações devem ser estabelecidas por lei complementar, conforme art. 201, § 15, da Constituição Federal; quanto à **acumulação de pensão**, devem ser observadas as normas do art. 24 da Emenda Constitucional 103/19, sendo permitidas nas seguintes situações: (i) quando devidas pelo mesmo instituidor, decorrentes de cargos acumuláveis na forma do art. 37 da Constituição; (ii) pensão por morte deixada por cônjuge ou companheiro de um regime de previdência social com pensão por morte concedida por outro regime de previdência social ou com pensões decorrentes das atividades militares de que tratam os arts. 42 e 142 da Constituição Federal; (iii) pensão por morte deixada por cônjuge ou companheiro de um regime de previdência social com aposentadoria concedida no âmbito do regime geral de previdência social ou de regime próprio de previdência social ou com proventos de inatividade decorrentes das atividades militares de que tratam os arts. 42 e 142 da Constituição; (iv) pensões decorrentes das atividades militares de que tratam os arts. 42 e 142 da Constituição com aposentadoria concedida no âmbito de regime geral de previdência social ou de regime próprio de previdência social.

Quanto aos **riscos cobertos pelo regime previdenciário**, existe uma diferença entre o regime geral de previdência social de que trata o art. 201 da Constituição, e o regime próprio do servidor, disciplinado pelo art. 40. Para o primeiro, os riscos cobertos são: incapacidade temporária ou permanente para o trabalho, idade avançada, maternidade, desemprego involuntário, reclusão e morte. Para o servidor vinculado ao regime próprio de previdência social, os riscos cobertos pelo regime previdenciário são a incapacidade permanente para o trabalho, a idade (combinada com o tempo de contribuição e de serviço público) e a morte. Por outras palavras, os benefícios previdenciários ficam limitados às aposentadorias e à pensão por morte (art. 9º, § 2º, da Emenda 103/19).

Muitos dos benefícios atendidos pelo regime geral de previdência social, como auxílio-doença, auxílio-funeral, licença-maternidade, entre outros, constituem, para os servidores vinculados ao regime próprio de previdência, encargo que o Estado assume, independentemente de contribuição. Trata-se de vantagens previstas e reguladas por normas estatutárias.

13.4.7.3 Regimes previdenciários diferenciados

Pela Emenda Constitucional nº 20, de 15-12-98, que estabeleceu a **reforma da previdência social** (primeira reforma), o regime previdenciário foi previsto para todas as categorias de servidores, porém com duas modalidades um pouco diversas: alguns ficaram sujeitos ao regime geral da previdência social, estabelecido no art. 201 e seguintes, em tudo igual ao do trabalhador privado, enquanto outros ficaram sujeitos ao regime previdenciário próprio do servidor, previsto no art. 40. A primeira modalidade foi disciplinada pela Lei nº 8.212, de 24-7-91, e, a segunda, pela Lei nº 9.717, de 27-11-98 (com alterações posteriores), que dispõe sobre regras gerais para a organização e o funcionamento dos regimes próprios de previdência social dos servidores públicos da União, dos Estados, do Distrito Federal e dos Municípios; essa lei estabeleceu algumas normas de âmbito apenas federal e outras normas gerais obrigatórias para todos os níveis de governo, sem afetar a competência de cada qual para instituir o respectivo regime previdenciário, já que se trata de matéria de competência concorrente, em que a União estabelece apenas as normas gerais e os Estados exercem a competência suplementar (art. 24, XII, e parágrafos da Constituição); os Municípios também podem legislar supletivamente com base no art. 30, II. Para os servidores federais, a matéria foi disciplinada pela Lei nº 10.887/04.

Pelo sistema instituído pela Emenda nº 20, a vinculação dos servidores públicos ao regime previdenciário foi feita da seguinte maneira:

a) os ocupantes de **cargos efetivos** da União, Estados, Distrito Federal e Municípios, bem como suas autarquias e fundações, ficaram sujeitos ao art. 40, ou seja, ao regime previdenciário próprio do servidor público, e não ao regime geral de previdência previsto nos arts. 201 e seguintes, embora o § 12 do mesmo art. 40 determine que aos servidores se aplicam *"no que couber, os requisitos e critérios fixados para o regime geral de previdência social"*;

b) para o servidor **ocupante exclusivamente de cargo em comissão**, bem como de outro **cargo temporário**, ou de **emprego público**, aplicou-se o regime geral de previdência social (§ 13 do art. 40). A referência ao *servidor ocupante exclusivamente de cargo em comissão* tem por objetivo distinguir essa situação daquela em que o servidor ocupa cargo em comissão, mas é titular de cargo efetivo nos quadros da Administração Pública; este se enquadra no regime previdenciário próprio do servidor.

Verifica-se que não houve, na Emenda Constitucional nº 20/98, nem nas posteriores, qualquer referência ao regime previdenciário dos servidores que exercem **função**. Seria de indagar-se se foi intenção do legislador constituinte excluí-los de qualquer regime previdenciário. A resposta só pode ser negativa. E, se houve essa intenção, ela certamente ficará frustrada e a omissão terá que ser corrigida pela legislação infraconstitucional ou pela via de interpretação, tendo em vista que o art. 6º da Constituição, inserido no título pertinente aos direitos e garantias fundamentais, inclui nessa categoria os **direitos sociais**, abrangendo, dentre outros, a previdência social.

Conforme visto no item 13.3, a Constituição faz referência, em vários dispositivos, a **cargo**, **emprego** e **função**; esta última abrange pelo menos duas modalidades com fundamento constitucional: a função exercida por servidores contratados temporariamente com base no art. 37, IX, e as funções de confiança referidas no art. 37, V.

Para as funções de confiança, é justificável a omissão quanto ao seu regime previdenciário, porque, pelo inciso V do art. 37, com a redação dada pela Emenda Constitucional nº 19, as mesmas só podem ser exercidas por servidor ocupante de cargo efetivo e este, como visto, está necessariamente inserido no regime previdenciário previsto no art. 40.

Quanto aos servidores contratados temporariamente com base no art. 37, IX, tem-se que o incluir, por analogia, no regime geral da previdência, já que o art. 40, § 13, faz referência a "outro cargo temporário". Trata-se de aplicação do princípio geral de direito, segundo o qual *ubi eadem est ratio, eadem est jus dispositio* (onde existe a mesma razão, deve aplicar-se o mesmo dispositivo), que justifica a aplicação da lei por analogia.

Há que se lembrar também que alguns Estados e Municípios não implantaram o regime jurídico único previsto no art. 39 da Constituição, em sua redação original. Foi o que ocorreu no Estado de São Paulo, onde até hoje existem servidores que exercem a chamada **função-atividade**, com base na Lei nº 500, de 13-11-74, que corresponde a funções de caráter permanente, para as quais o ingresso se fazia mediante **processo seletivo**. Tais servidores nem ocupam cargo efetivo a que se refere o *caput* do art. 40, nem ocupam cargo em comissão, cargo temporário ou emprego público, referidos no § 13 do mesmo dispositivo. Eles têm uma situação muito semelhante à dos servidores efetivos, à medida que foram admitidos por processo seletivo; seu regime é estatutário, porque estabelecido por lei; a maior parte deles adquiriu estabilidade com base no art. 19 do Ato das Disposições Constitucionais Transitórias. O caráter de temporariedade e de precariedade da forma de provimento e exoneração, presente nos casos previstos no § 13, não existe com relação a esses servidores. A eles deve aplicar-se, por analogia, o *caput* do art. 40.

Além disso, os servidores que foram admitidos, a qualquer título, antes da Emenda Constitucional nº 20 (ressalvados os celetistas, que já eram vinculados ao regime previdenciário geral), tinham a sua aposentadoria regida pelos dispositivos constitucionais relativos aos servidores públicos. O art. 40 da Constituição não fazia qualquer distinção quanto ao tipo de servidor, fosse ele ocupante de cargo ou função; apenas remetia para a legislação a disciplina legal sobre a aposentadoria em cargos ou empregos temporários. Fora essas duas hipóteses, todos os demais servidores faziam jus às modalidades de aposentadoria previstas no art. 40 e continuam sujeitos a esse dispositivo, já que tiveram os seus direitos preservados pela regra do art. 3º, § 3º, da Emenda nº 20. Esse dispositivo manteve, expressamente, *"(...) todos os direitos e garantias assegurados nas disposições constitucionais vigentes à data de publicação desta Emenda aos servidores e militares, inativos e pensionistas, aos anistiados e aos ex-combatentes, assim como àqueles que já cumpriram, até aquela data, os requisitos para usufruírem tais direitos, observado o disposto no artigo 37, XI, da Constituição Federal"*.

Ocorre que alguns Municípios não instituem regimes próprios de previdência, adotando o Regime Geral de Previdência Social. Essa possibilidade existe em razão de o legislador federal, amparado no art. 195, II, da Constituição, com a redação dada pela Emenda Constitucional nº 20/98 – que incluiu entre as fontes de financiamento da Seguridade Social, ao lado da contribuição do trabalhador, a *"dos demais segurados da previdência social"* –, ter previsto como segurado obrigatório da Previdência Social o servidor civil ocupante de cargo efetivo ou o militar da União, dos Estados e do Distrito Federal ou dos Municípios, bem como o das respectivas autarquias e fundações, desde que amparados por regime próprio de previdência social (art. 13 da Lei nº 8.212/91 e art. 12 da Lei nº 8.213/91, ambos com a redação dada pela Lei nº 9.876, de 26-11-99).

Dessa forma, os servidores públicos não amparados por regime de previdência próprio, ainda que titulares de cargos efetivos, são segurados obrigatórios do Regime Geral de Previdência Social.[28]

---

[28] Nesse sentido, acórdão proferido pelo TRF 1ª Região, AC 200143000009844, Rel. Des. Federal Antônio Sávio de Oliveira Chaves, j. 29-9-04, *DJ* 25-10-04.

A Emenda Constitucional nº 103/19 mantém o regime próprio do servidor público, previsto no art. 40, porém introduz algumas alterações, cujo objetivo é aproximá-lo, sob vários aspectos, do regime geral de previdência social, especialmente no que diz respeito às alíquotas de contribuição.

Nos dois regimes, está presente a ideia de *previdência social* (como encargo do Poder Público, em oposição à previdência privada), que funciona à semelhança do contrato de seguro, em que o segurado paga determinada **contribuição**, com vistas à cobertura de **riscos futuros**. Os segurados contribuem compulsoriamente, mas nem todos usufruem dos benefícios, porque nem sempre se concretiza a situação de risco coberta pela previdência social. Daí a ideia de **solidariedade**, inerente ao regime de previdência social.

No caso do servidor vinculado ao regime geral da previdência social, a sua aposentadoria, tal como a do trabalhador privado, integra-se, nos termos do art. 195 da Constituição, com a redação dada pela Emenda Constitucional nº 20, de 15-12-98, e pela Emenda Constitucional nº 103, de 12-11-19, no regime da previdência social mantido com a participação da União, Estados, Distrito Federal e Municípios, além das seguintes contribuições sociais:

I – do empregador, da empresa e da entidade a ela equiparada na forma da lei, incidente sobre: (a) a folha de salários e demais rendimentos do trabalho pagos ou creditados, a qualquer título, à pessoa física que lhe preste serviços, mesmo sem vínculo empregatício; (b) a receita ou faturamento; e (c) o lucro;

II – do trabalhador e dos demais segurados da previdência social, podendo ser adotadas alíquotas progressivas de acordo com o valor do salário de contribuição, não incidindo contribuição sobre aposentadoria e pensão concedidas pelo regime geral de previdência social (redação dada art. 195, II, pela Emenda nº 103/19);

III – sobre a receita de concursos de prognósticos.

Quanto ao regime previdenciário próprio do servidor público, a Emenda Constitucional nº 41/03 trouxe algumas inovações, a começar pela redação do *caput* do art. 40, que passou a falar em *regime de previdência de caráter contributivo e solidário, mediante contribuição do respectivo ente público, dos servidores ativos e inativos e dos pensionistas, observados critérios que preservem o equilíbrio financeiro e atuarial*. Vale dizer que definiu as fontes de custeio do regime previdenciário próprio do servidor, incluindo as contribuições dos inativos e pensionistas, que havia sido considerada inconstitucional pelo Supremo Tribunal Federal. Repete-se agora, por emenda constitucional, a exigência que constava da Lei nº 9.717/98. O Supremo Tribunal Federal, ao apreciar as ADINs de nºs 3105 e 3128, ajuizadas, respectivamente, pela Associação Nacional dos Membros do Ministério Público e pela Associação Nacional dos Procuradores da República, entendeu ser constitucional a cobrança de contribuição dos inativos e pensionistas.

Pelo § 20 do art. 40 da Constituição, com a redação dada pela Emenda nº 103/19: "É vedada a existência de mais de um regime próprio de previdência social e de mais de um órgão ou entidade gestora desse regime em cada ente federativo, abrangidos todos os poderes, órgãos e entidades autárquicas e fundacionais, que serão responsáveis pelo seu financiamento, observados os critérios, os parâmetros e a natureza jurídica definidos na lei complementar de que trata o § 22". Por sua vez, o § 22 veda a instituição de novos regimes próprios de previdência social e atribui à União a competência para, mediante lei complementar federal, estabelecer, para os que já existam, normas gerais de organização, de funcionamento e de responsabilidade em sua gestão. O dispositivo indica as matérias sobre as quais deverá dispor a lei complementar nele prevista.

O art. 9º, em disposição transitória, determina que "até que entre em vigor lei complementar que discipline o § 22 do artigo 40 da Constituição Federal, aplicam-se aos regimes próprios de previdência social o disposto na Lei nº 9.717, de 27 de novembro de 1998, e o disposto neste artigo". Dentre as normas estabelecidas nesse art., nos §§ 1º a 9º, destacam-se: a forma como deve ser comprovado o equilíbrio financeiro e atuarial do regime próprio de previdência social; a inclusão apenas das aposentadorias e pensões por morte no rol dos benefícios pagos por esse regime, não podendo ser pagos à conta do regime próprio de previdência os afastamentos por incapacidade temporária para o trabalho e o salário-maternidade; vedação a Estados, Distrito Federal e Municípios de instituição de alíquota inferior à dos servidores federais, exceto se demonstrado que o regime próprio de previdência social não possui déficit atuarial a ser equacionado, hipótese em que a alíquota não poderá ser inferior às alíquotas aplicáveis ao regime geral de previdência social; obrigatoriedade de instituição do regime de previdência complementar no prazo máximo de dois anos; possibilidade de utilização dos recursos do regime próprio de previdência social para a concessão de empréstimos a seus segurados, na modalidade de consignados; possibilidade de instituição de contribuição extraordinária pelo prazo máximo de 20 anos, nos termos dos §§ 1º-B e 1º-C do art. 149 (aplicável apenas aos servidores federais).

Quanto ao montante da contribuição, o art. 149, § 1º, com a redação dada pela Emenda Constitucional nº 103/19, determina que: "A União, os Estados, o Distrito Federal e os Municípios instituirão, por meio de lei, contribuições para custeio de regime próprio de previdência social, cobradas dos servidores ativos, dos aposentados e dos pensionistas, que poderão ter alíquotas progressivas de acordo com o valor da base de contribuição ou dos proventos de aposentadoria e de pensões". Note-se que a instituição de contribuição é obrigatória para todos os entes federativos, mas a instituição de alíquotas progressivas é facultativa. A definição das contribuições deve ser feita por meio de lei de cada ente federativo, que decidirá pela instituição ou não de progressividade para as alíquotas.

Para os servidores aposentados e pensionistas, o § 1º-A do art. 149 da Constituição determina que "quando houver *deficit* atuarial, a contribuição ordinária dos aposentados e pensionistas poderá incidir sobre o valor dos proventos de aposentadoria e de pensões que supere o salário mínimo".

Para os **servidores federais**, o art. 11 da Emenda 103 (que constitui disposição de natureza transitória), já indica a alíquota de contribuição e as alíquotas progressivas, que variarão de 7,5% a 22%. O dispositivo prevê que, até que entre em vigor lei que altere a alíquota da contribuição previdenciária de que tratam os arts. 4º, 5º e 6º da Lei nº 10.887, de 18-6-2004, esta será de 14 %, mas poderá ser reduzida ou majorada, em função do valor da base de contribuição ou do benefício recebido: I – até um salário mínimo, redução de seis inteiros e cinco décimos pontos percentuais; II – acima de um salário mínimo até R$ 2.000,00, redução de cinco pontos percentuais; III – de R$ 2.000,01 até R$ 3.000,00, redução de dois pontos percentuais; IV – de R$ 3.000,01 até R$ 5.839,45 (que corresponde, na data da Emenda, ao valor do teto do regime geral de previdência), sem redução ou acréscimo; V – de R$ 5.839,45 até R$ 10.000,00, acréscimo de meio ponto porcentual; VI – e R$ 10.000,01 até R$ 20.000,00, acréscimo de dois inteiros e cinco décimos pontos percentuais; VII – de R$ 20.000,01 até R$ 39.000,00, acréscimo de cinco pontos percentuais; e VIII – acima de R$ 39.000,00, acréscimo de oito pontos percentuais.

O § 3º do art. 11, determina o reajuste dos valores previstos no § 1º, a partir da data da entrada em vigor da Emenda, na mesma data e com o mesmo índice em que se der o reajuste dos benefícios do regime geral de previdência social.

Para os **aposentados e pensionistas** de qualquer dos Poderes da União, o § 4º do mesmo dispositivo determina que a alíquota de 14%, prevista no *caput*, com a redução ou majoração prevista em seu § 1º, incide sobre o valor da parcela dos proventos de aposentadoria e de pensões que supere o limite máximo estabelecido para os benefícios do regime geral de previdência social, hipótese em que será considerada a totalidade do valor do benefício para fins de definição das alíquotas aplicáveis. Essa norma, que é transitória, somente é aplicável enquanto não promulgada a lei federal prevista no art. 149, § 1º, da Constituição; quando esta for promulgada, terá que ser observada a norma do § 1º-A do art. 149, em cujos termos "quando houver *deficit* atuarial, a contribuição ordinária dos aposentados e pensionistas poderá incidir sobre o valor dos proventos de aposentadoria e de pensões que supere o salário mínimo".

Ainda para os servidores federais, o art. 149, nos §§ 1º-B e 1º-C, prevê a possibilidade de instituição de **contribuição extraordinária**, desde que a contribuição dos aposentados e pensionistas, prevista no § 1º-A, não seja suficiente para equacionar o *deficit* atuarial. Essa contribuição pode ser instituída simultaneamente com outras medidas que tenham o mesmo objetivo e deverá vigorar por tempo determinado. O § 8º do art. 9º da Emenda nº 103 estabelece o prazo máximo de 20 anos para a cobrança dessa contribuição extraordinária.

Para os servidores dos Estados, Distrito Federal e Municípios, não poderá ser estabelecida alíquota inferior à da contribuição dos servidores da União, exceto se demonstrado que o respectivo regime próprio de previdência social não possui *deficit* atuarial a ser equacionado, hipótese em que a alíquota não poderá ser inferior às alíquotas aplicáveis ao regime geral de previdência social (art. 9º, § 4º da Emenda nº 103). Essa obrigatoriedade de respeitar as alíquotas estabelecidas para os servidores da União é, sob todos os aspectos, inaceitável, tendo em vista que não leva em consideração o fato de que o equilíbrio financeiro e atuarial pode exigir alíquotas diversas em cada ente da federação. E está em contradição com o disposto no *caput* do art. 40, que fala em *equilíbrio financeiro e atuarial*, o qual pode variar de um ente para outro.

Para atender ao objetivo de assegurar recursos para o pagamento de proventos de aposentadoria e pensão, a Emenda Constitucional nº 20 permite, nos arts. 249 e 250, acrescidos à Constituição, a instituição de **fundos** a serem constituídos por lei com recursos provenientes de contribuições e por bens, direitos e ativos de qualquer natureza. O primeiro dispositivo trata do regime previdenciário próprio dos servidores e, portanto, a lei instituindo o fundo terá que ser da competência de cada ente da federação (União, Estados, Distrito Federal e Municípios). O segundo trata do regime geral de previdência social, hipótese em que a instituição do fundo é de competência exclusiva da União, conforme está expresso no dispositivo. Note-se que os dispositivos não obrigam a instituição dos fundos, deixando a sua instituição à decisão discricionária de cada nível de governo.

Pelo art. 40, § 22, inciso V, da Constituição Federal, com a redação dada pela Emenda Constitucional nº 103/19, cabe à União, mediante lei complementar, estabelecer "condições para instituição do fundo com finalidade previdenciária de que trata o artigo 249 e para vinculação a ele dos recursos provenientes de contribuições e dos bens, direitos e ativos de qualquer natureza".

A Lei de Responsabilidade Fiscal (Lei Complementar nº 101, de 4-5-00) instituiu, no art. 68, o Fundo do Regime Geral de Previdência Social, vinculado ao Ministério da Previdência e Assistência Social, com a finalidade de prover recursos para o pagamento dos benefícios do regime geral de previdência social; no § 1º do mesmo dispositivo, indica os bens e receitas que integram o Fundo e, no § 2º, estabelece que o mesmo será gerido pelo INSS, na forma da lei.

Os fundos não têm personalidade jurídica própria e caracterizam-se por serem constituídos por receitas vinculadas a determinados fins. A Lei federal nº 4.320, de 17-3-64, que estabelece normas gerais de direito financeiro, define os fundos como "*o produto de receitas especificadas que, por lei, se vinculam à realização de determinados objetivos ou serviços, facultada a adoção de normas peculiares de aplicação*" (art. 71). Como os fundos não têm personalidade jurídica própria, normalmente ficam vinculados a determinado órgão, encarregado de sua administração. No caso específico de que se trata, a receita será a decorrente da própria contribuição previdenciária, além de bens, direitos e ativos de qualquer natureza. A forma de sua administração será definida na lei instituidora.

Quanto à aplicação dos recursos provenientes das contribuições sociais, há norma expressa na Emenda Constitucional nº 20 proibindo a sua utilização para a realização de despesas distintas do pagamento de benefícios do regime geral de previdência social (art. 167, XI). A Emenda Constitucional nº 103/19 introduziu os incisos XII e XIII no art. 167 da Constituição, vedando "a utilização de recursos de regime próprio de previdência social, incluídos os valores integrantes dos fundos previstos no artigo 249, para a realização de despesas distintas do pagamento dos benefícios previdenciários do respectivo fundo vinculado àquele regime e das despesas necessárias à sua organização e ao seu funcionamento", bem como "a transferência voluntária de recursos, a concessão de avais, as garantias e as subvenções pela União e a concessão de empréstimos e de financiamentos por instituições financeiras federais aos Estados, ao Distrito Federal e aos Municípios na hipótese de descumprimento das regras gerais de organização e de funcionamento do regime próprio de previdência social". Em disposição transitória, o art. 9º, § 7º, da Emenda nº 103 permite que os recursos de regime próprio de previdência social sejam aplicados na concessão de empréstimos a seus segurados, na modalidade de consignados, observada a regulamentação específica estabelecida pelo Conselho Monetário Nacional".

13.4.7.4 Modalidades de aposentadoria

À vista da dualidade de regimes previdenciários para os servidores públicos, em função do tipo de vínculo que os une à Administração Pública, a aposentadoria rege-se também por normas diversas. Todos têm direito à aposentadoria **por incapacidade permanente para o trabalho** (chamada de aposentadoria por **invalidez, antes da Emenda Constitucional nº 103/19), compulsória** e **voluntária**. Porém, o valor dos proventos varia conforme o tipo de regime previdenciário, como também variam os requisitos exigidos para a outorga do benefício.

Para o servidor vinculado ao regime geral de previdência social, adotam-se as mesmas normas aplicáveis aos empregados do setor privado (art. 201 e seguintes, com as alterações introduzidas pela Emenda Constitucional nº 103/19). A Constituição não especifica as modalidades de aposentadoria, deixando a matéria para a legislação ordinária. Porém, no art. 201, I, exige que, entre outros benefícios, sejam cobertos obrigatoriamente pela previdência social os eventos de **incapacidade temporária ou permanente para o trabalho**[29] e **idade avançada** e, no § 7º, indica os requisitos para a aposentadoria voluntária, a saber:

I – 65 (sessenta e cinco) anos de idade, se homem, e 62 (sessenta e dois) anos de idade, se mulher, observado tempo mínimo de contribuição;

II – 60 (sessenta) anos de idade, se homem, e 55 (cinquenta e cinco) anos de idade, se mulher, para os trabalhadores rurais e para os que exerçam suas atividades em regime de economia familiar, nestes incluídos o produtor rural, o garimpeiro e o pescador artesanal.

Além disso, o § 8º do art. 201 da Constituição reduz em cinco anos o tempo de contribuição para o professor que comprove exclusivamente tempo de efetivo exercício em funções de magistério na educação infantil e no ensino fundamental e médio fixado em lei complementar.[30]

---

[29] A Lei complementar nº 142, de 8-5-13, regulamenta o § 1º do art. 201 da Constituição Federal, no tocante à aposentadoria da pessoa com deficiência segurada do Regime Geral de Previdência Social – RGPS. Dá o conceito de deficiência para os fins de obtenção do benefício; estabelece as condições pertinentes ao tempo de contribuição e à idade; bem como fixa o valor da aposentadoria, que será de 100% sobre o salário de benefício, salvo na hipótese em que a aposentadoria se der por idade.

[30] Pela Súmula 726, o STF havia consagrado o entendimento de que "para efeito de aposentadoria especial de professores não se computa o tempo de serviço prestado fora da sala de aula, salvo o de diretor". No entanto, em decisão proferida na ADIn 3772 (em 29-10-08), proposta contra o art. 1º da Lei federal nº 11.301/06,

Verifica-se, portanto, que, para a aposentadoria voluntária, combinam-se os critérios de **idade mínima e tempo de contribuição**, a ser fixado em lei. Pelo art. 19 da Emenda nº 103, enquanto não for promulgada a lei definindo o tempo de contribuição, o filiado ao regime geral de previdência social após a data de entrada em vigor dessa Emenda será aposentado aos 62 anos de idade, se mulher, 65 anos de idade, se homem, com 15 anos de tempo de contribuição, se mulher, e 20 anos de tempo de contribuição, se homem.

Quanto ao montante dos proventos, a Constituição nada estabelece, deixando a sua fixação para a legislação ordinária. Porém, o art. 14 da Emenda Constitucional nº 20 determina que "*o limite máximo para o valor dos benefícios do regime geral de previdência social de que trata o artigo 201 da Constituição Federal é fixado em R$ 1.200,00, devendo, a partir da data da publicação desta Emenda, ser reajustado de forma a preservar, em caráter permanente, seu valor real, atualizados pelos mesmos índices aplicados aos benefícios do regime geral de previdência social*". Esse valor passou a ser de R$ 2.400,00 a partir da Emenda Constitucional nº 41/03 (art. 5º), sendo anualmente reajustado em obediência ao comando constitucional.

A Emenda nº 20/98 também estabelece um limite mínimo para os proventos de aposentadoria e para os benefícios em geral, correspondente ao valor mensal do salário mínimo (art. 201, § 2º).

Para o **servidor público vinculado ao regime previdenciário próprio** referido no art. 40, *caput*, são previstas, no § 1º, três modalidades de aposentadoria (Constituição Federal):

1. por **incapacidade permanente para o trabalho**, no cargo em que estiver investido, quando insuscetível de readaptação, hipótese em que será obrigatória a realização de avaliações periódicas para verificação da continuidade das condições que ensejaram a concessão da aposentadoria, na forma de lei do respectivo ente federativo;
2. **compulsória,** com proventos proporcionais ao tempo de contribuição, aos 70 (setenta) anos de idade, ou aos 75 (setenta e cinco) anos de idade, na forma de lei complementar (redação dada pela Emenda Constitucional nº 88, de 7-5-15;
3. **voluntária**, no âmbito a União, aos 62 anos de idade, se mulher, e aos 65 anos de idade, se homem, e, no âmbito dos Estados, do Distrito Federal e dos Municípios, na idade mínima estabelecida mediante emenda às respectivas Constituições e Leis Orgânicas, observados o tempo de contribuição e os demais requisitos estabelecidos em lei complementar do respectivo ente federativo.

Para os **professores**, o art. 40, § 5º, da Constituição (com redação dada pela Emenda nº 103) manteve a redução da idade mínima em relação às idades exigidas para aposentadoria voluntária, "desde que comprovem tempo de efetivo exercício das funções de magistério na educação infantil e no ensino fundamental e médio fixado em lei complementar do respectivo ente federativo".

---

que estabeleceu aposentadoria especial para especialistas em educação que exerçam direção de unidade escolar, coordenação e assessoramento pedagógico, o STF, por maioria de votos, decidiu que "I – A função de magistério não se circunscreve apenas ao trabalho em sala de aula, abrangendo também a preparação de aulas, a correção de provas, o atendimento aos pais e alunos, a coordenação e o assessoramento pedagógico e, ainda, a direção de unidade escolar. II – As funções de direção, coordenação e assessoramento pedagógico integram a carreira do magistério desde que exercidas, em estabelecimentos de ensino básico, por professores de carreira, excluídos os especialistas em educação, fazendo jus aqueles que as desempenham ao regime especial de aposentadoria estabelecido nos arts. 40, § 4º, e 201, § 1º, da Constituição Federal. III – Ação direta julgada parcialmente procedente, com interpretação conforme, nos termos supra" (ADI 3772, Rel. para acórdão Min. Ricardo Lewandowski, *DJe*-059). Com essa decisão, a Súmula 726 terá alcance mais restrito, porque só abrangerá funções exercidas fora da carreira do magistério.

Os §§ 4º-A, 4º-B e 4º-C do art. 40 preveem a possibilidade de serem instituídas, por lei complementar de cada ente federativo, regras de idade e tempo de contribuição diferenciados, respectivamente, para aposentadoria de (i) servidores com deficiência; (ii) de ocupantes do cargo de agente penitenciário, de agente socio educativo ou de policial; e (iii) de servidores cujas atividades sejam exercidas com efetiva exposição a agentes químicos, físicos e biológicos prejudiciais à saúde, ou associação desses agentes, vedada a caracterização por categoria profissional ou ocupação.

Como se verifica por esses dispositivos, a Emenda manteve na Constituição as regras para **aposentadoria por incapacidade permanente** e para **aposentadoria compulsória**. Tais regras valem para todos os entes federativos. Quanto à **aposentadoria voluntária**:

(i) manteve na Constituição os requisitos referentes à idade mínima, apenas para os servidores federais;

(ii) relegou à lei complementar federal as regras sobre tempo de contribuição exigido para os servidores federais; em disposição transitória contida no art. 10, § 1º, indicou os requisitos a serem observados até que entre lei federal sobre a matéria: 62 anos de idade para a mulher e 65 para o homem; 25 anos de tempo de contribuição, desde que cumprido o tempo mínimo de 10 anos de efetivo exercício no serviço público; e 5 anos no cargo efetivo em que for concedida a aposentadoria;

(iii) relegou a emendas às Constituições Estaduais e às Leis Orgânicas municipais as regras sobre idade mínima para aposentadoria voluntária; enquanto não feitas essas alterações, continuam a aplicar-se as normas constitucionais e infraconstitucionais anteriores à Emenda nº 103/19 (art. 4º, § 9º, art. 10, § 7º, e art. 20, § 4º);

(iv) relegou para lei de cada ente federativo as regras sobre tempo de contribuição para os servidores estaduais e municipais; enquanto não promulgada essa lei, continuam a aplicar-se as normas constitucionais e infraconstitucionais anteriores à Emenda nº 103/19, conforme dispositivos citados no item anterior;

(v) relegou à lei complementar de cada ente federativo as regras sobre requisitos diferenciados para aposentadoria com fundamento no art. 40, §§ 4º-A, 4º-B e 4º-C da Constituição; para os servidores federais, os arts. 10, § 2º, incisos I e II, 21 e 22 da Emenda 103/19 estabelecem os requisitos de idade a serem observados enquanto não for promulgada a lei complementar exigida para esse fim;

(vi) relegou à lei complementar a definição do tempo de efetivo exercício nas funções de magistério (art. 5º); para os servidores federais, os requisitos de idade, tempo de contribuição, tempo de serviço público e tempo de exercício no cargo em que for concedida aposentadoria, enquanto não promulgada a lei complementar exigida no art. 5º, foram definidos pelo art. 10, § 2º, inciso III; para os servidores estaduais, continuam a aplicar-se as normas constitucionais e infraconstitucionais anteriores à Emenda nº 103/19 (art. 10, § 7º);

(vii) relegou à lei de cada ente federativo a forma de cálculo dos benefícios; para os servidores federais, o art. 26 da Emenda estabelece, transitoriamente, a forma como será feito o cálculo do benefício.

A Emenda Constitucional nº 103/19 condiciona a **aposentadoria por incapacidade permanente para o trabalho** (antes denominada de aposentadoria por **invalidez permanente**), à prévia verificação da possibilidade de **readaptação**, cabendo a cada ente federativo, mediante lei, estabelecer normas sobre essa readaptação. Nos termos do § 13 do art. 37, introduzido pela mesma Emenda Constitucional: "O servidor público titular de cargo efetivo poderá ser readaptado para o exercício de cargo cujas atribuições e responsabilidades sejam compatíveis com a limitação que tenha sofrido em sua capacidade física ou mental, enquanto permanecer nesta condição, desde que possua habilitação e o nível de escolaridade exigidos para o cargo de destino, mantida a remuneração do cargo de origem". Vale dizer que a readaptação, previamente à aposentadoria por incapacidade permanente, só pode ser feita se o servidor possuir habilitação e nível de escolaridade compatíveis com o novo cargo, e mantiver o mesmo nível de remuneração. Se essas condições não forem satisfeitas, a aposentadoria será obrigatória.

A aposentadoria **compulsória** (em que a incapacidade para o trabalho é presumida), pela redação dada ao art. 40, § 1º, inciso II, da Constituição, pela Emenda Constitucional nº 20/98, ocorria aos 70 anos de idade, com proventos proporcionais ao tempo de contribuição. Em consequência, somente dava direito a proventos integrais se o funcionário já tivesse completado o tempo de contribuição exigido para a aposentadoria voluntária, ou seja, 35 anos, para o homem, e 30 para a mulher.

Mas a Emenda Constitucional nº 88, de 7-5-15 (conhecida como Emenda da Bengala e não revogada pela Emenda Constitucional nº 103/19), alterou o art. 40, § 1º, II, da Constituição para assim estabelecer:

> "Artigo 40. ...
> § 1º ...
> II – compulsoriamente, com proventos proporcionais ao tempo de contribuição, aos 70 (setenta) anos de idade, ou aos 75 (setenta e cinco) anos de idade, na forma de lei complementar."

A mesma Emenda acrescentou o art. 100 no Ato das Disposições Constitucionais Transitórias, com a seguinte redação:

> "Artigo 100. Até que entre em vigor a lei complementar de que trata o inciso II do § 1º do artigo 40 da Constituição Federal, os Ministros do Supremo Tribunal Federal, dos Tribunais Superiores e do Tribunal de Contas da União aposentar-se-ão, compulsoriamente, aos 75 (setenta e cinco) anos de idade, nas condições
> do artigo 52 da Constituição Federal."

A interpretação literal do art. 40, § 1º, II, permite concluir que, até que seja promulgada a lei complementar nele referida, não existe a aposentadoria compulsória para os servidores públicos. No entanto, é de supor que não tenha sido essa a intenção do legislador. Como parte do dispositivo já existia antes da alteração feita pela Emenda (a que fixava em 70 anos a idade para a aposentadoria compulsória e a que previa proventos proporcionais ao tempo de contribuição), entende-se que ela continua a aplicar-se pela mesma forma até que seja promulgada a lei complementar, quando poderá ser disciplinada a aposentadoria compulsória aos 75 anos de idade, mantendo-se a regra da proporcionalidade dos proventos ao tempo de contribuição. Por outras palavras, o que se introduziu de novo no dispositivo foi a frase *"ou aos 75 (setenta e cinco) anos de idade, na forma da lei complementar"*.

Dúvidas surgiram quanto à competência para a promulgação da lei complementar exigida pelo dispositivo: será lei complementar federal ou lei complementar de cada ente federativo, observadas as normas sobre competência para a iniciativa do projeto de lei? A Emenda nada diz. E, na realidade, se fosse intenção tornar a norma aplicável a todos os servidores, não haveria razão para exigir lei complementar ou qualquer outra medida legislativa, porque a Emenda já esgota, por si, o seu conteúdo. Duas razões ocorrem pelas quais o poder constituinte derivado exigiu lei complementar: (a) para fugir ao vício de iniciativa em matéria reservada a cada Poder; ou (b) para deixar a critério de cada ente federativo a adoção ou não da aposentadoria compulsória aos 75 anos de idade. Como a definição do regime jurídico dos servidores públicos compete a cada esfera de governo e a Emenda não exigiu lei complementar federal, a competência define-se pelas regras de distribuição que decorrem da Constituição. Não há qualquer norma constitucional que outorgue à União competência privativa no que diz respeito ao regime jurídico dos servidores públicos federais, estaduais e municipais. Pelo contrário, o art. 61, § 1º, II "c", somente prevê iniciativa privativa do Presidente da República para as leis que disponham sobre "servidores públicos da União e dos Territórios, seu regime jurídico, provimento de cargos, estabilidade e aposentadoria". Isso significa que para os demais servidores a definição do regime jurídico compete a cada Estado, ao Distrito Federal e a cada Município.

No entanto, a Lei Complementar nº 152, de 3-12-15, veio dispor sobre "a aposentadoria compulsória por idade, com proventos proporcionais, no âmbito da União, dos Estados, do Distrito Federal e dos Municípios, dos agentes públicos aos quais se aplica o inciso II do § 1º do art. 40 da Constituição Federal" (art. 1º).

O art. 2º da mesma Lei determina que "serão aposentados compulsoriamente, com proventos proporcionais ao tempo de contribuição, aos 75 (setenta e cinco anos) de idade: I – os servidores titulares de cargos efetivos da União, dos Estados, do Distrito Federal e dos Municípios, incluídas suas autarquias e fundações; II – os membros do Poder Judiciário; III – os membros do Ministério Público; IV – os membros das Defensorias Públicas; V – os membros dos Tribunais e dos Conselhos de Contas".

A lei foi vetada, por vício de iniciativa, já que, tratando-se de matéria pertinente ao regime jurídico dos servidores, a iniciativa do projeto de lei complementar seria de iniciativa do Chefe do Poder Executivo, conforme art. 61, § 1º, inciso II, "c". No entanto, o veto foi derrubado pelo Congresso Nacional. A menos que a lei seja objeto de ação direta de inconstitucionalidade e que esta seja julgada procedente, ela continuará em vigor.

O art. 100 do Ato das Disposições Constitucionais Transitórias, introduzido pelo art. 2º da Emenda nº 88/15, é infeliz e desastroso. O intuito expressamente declarado pelo Congresso Nacional, por meio da mídia, foi o de estender o limite de idade para aposentadoria compulsória dos Ministros do STF para impedir que a atual Presidente da República tenha o poder de indicar novos Ministros para ocupar as vagas que ocorrerem até o término do seu mandato. A exigência de aplicação do art. 52 da Constituição Federal constitui verdadeira aberração jurídica. Dos quinze incisos do art. 52, o único que poderia ter aplicação para atender ao disposto na parte final do art. 100 é o inciso III, que exige aprovação prévia, por voto secreto, após arguição pública, para a escolha dos agentes públicos nele mencionados, dentre os quais não se incluem os Ministros do STF nem os Ministros dos Tribunais Superiores. A Constituição, nos arts. 101, parágrafo único, e 104, parágrafo único, exige que a nomeação dos Ministros seja feita pelo Presidente da República, depois de aprovada a escolha pela maioria absoluta do Senado Federal, constituindo-se em exceção ao princípio da separação de poderes, mas que harmoniza a relação entre os dois Poderes, em consonância com o art. 2º da Constituição, pelo qual os três Poderes são independentes e **harmônicos** entre si. Além de revelar **tendência** a abolir a "separação de poderes", com a introdução de novo controle do Senado sobre membros de outros Poderes, não previsto na redação original, dada pelo constituinte originário, o dispositivo afronta a própria dignidade inerente aos cargos mais elevados do Poder Judiciário, cuja permanência até a aposentadoria compulsória aos 75 anos de idade ficará dependendo da decisão política do Senado Federal. Na realidade, a exigência afronta a dignidade das próprias instituições atingidas pelo dispositivo. Este somente tem condições de amoldar-se ao ordenamento constitucional vigente, com a exclusão, por inconstitucionalidade, da parte final do art. 100, que condiciona a extensão do limite de idade à prévia aprovação do Senado Federal.

O Supremo Tribunal Federal, na ADI-5316, felizmente, adotou, em sede de medida cautelar, algumas decisões que não só corrigem os vícios de que se reveste a Emenda Constitucional nº 88/15, como define alguns pontos controvertidos, que já vinham dando margem a pleitos judiciais visando à ampliação dos efeitos do art. 2º da Emenda (que introduz o art. 100 no ADCT) a outros cargos nela não expressamente previstos. Conforme consta do Informativo nº 786, do STF, de 22-5-15, foram as seguintes as decisões adotadas no acórdão:

"O Plenário, por maioria, deferiu pedido de medida cautelar em ação direta de inconstitucionalidade para: a) suspender a aplicação da expressão 'nas condições do art. 52 da Constituição Federal', contida no artigo 100 do ADCT, introduzido pela EC 88/2015, por vulnerar as condições materiais necessárias ao exercício imparcial e independente da função jurisdicional, ultrajando a separação dos Poderes, cláusula pétrea inscrita no art. 60, § 4º, III, da CF; b) fixar a interpretação, quanto à parte remanescente da EC 88/2015, de que o art. 100 do ADCT não pudesse ser estendido a outros agentes públicos até que fosse editada a lei complementar a que alude o art. 40, § 1º, II, da CF, a qual, quanto à magistratura, é a lei complementar de iniciativa do STF, nos termos do art. 93 da CF; c) suspender a tramitação de todos os processos que envolvessem a aplicação a magistrados do art. 40, § 1º, II, da CF e do art. 100 do ADCT, até o julgamento definitivo da ação direta em comento; e d) declarar sem efeito todo e qualquer pronunciamento judicial ou administrativo que afastasse, ampliasse ou reduzisse a literalidade do comando previsto no art. 100 do ADCT e, com base neste fundamento, assegurasse a qualquer outro agente público o exercício das funções relativas a cargo efetivo após ter completado 70 anos de idade".

O STF entendeu que *"a nova sabatina, introduzida pela EC 88/2015, é degradante ou estreitaria a imparcialidade jurisdicional. Seria tormentoso imaginar que o exercício da jurisdição pudesse ser desempenhado com isenção quando o julgador, para permanecer no cargo, carecesse da confiança política do Poder Legislativo, cujos atos seriam muitas vezes questionados perante aquele mesmo julgador".*

Ainda no mesmo acórdão, o STF definiu o sentido da lei complementar referida no art. 40, § 1º, da CF: no caso da magistratura, à luz da unidade do Poder Judiciário, *"não haveria dúvidas de que se trataria da lei complementar nacional, de iniciativa do STF, indicada no art. 93 da CF".*

No que diz respeito à aposentadoria compulsória dos empregados dos consórcios públicos, das empresas públicas, das sociedades de economia e de suas subsidiárias, o art. 201, § 16, da Constituição, na redação dada pela Emenda nº 102/19, os submete à regra do art. 40, § 1º, II, no que diz respeito à idade máxima, observado o tempo mínimo de contribuição.

13.4.7.5 Cálculo dos proventos dos servidores federais

Quanto ao **cálculo dos proventos** dos servidores filiados ao regime próprio de previdência social, a Constituição, no art. 40, com as alterações feitas pela Emenda 103/19, não mais define a forma de cálculo. O § 3º desse dispositivo determina que: "As regras para cálculo de proventos de aposentadoria serão disciplinadas em lei do respectivo ente federativo". E o § 2º proíbe que os proventos sejam inferiores ao valor mínimo a que se refere o § 2º do art. 201 ou superiores ao limite máximo estabelecido para o regime geral de previdência social (o qual, na data dessa Emenda, está fixado em R$ 5.839,46). Enquanto não promulgada essa lei, o art. 26 da Emenda determina que será observada, para os servidores federais, tanto no regime próprio de previdência social, como no regime geral de previdência social, "a média aritmética simples dos salários de contribuição e das remunerações adotados como base para contribuições a regime próprio de previdência social e ao regime geral de previdência social, ou como base para contribuições decorrentes das atividades militares de que tratam os arts. 42 e 142 da Constituição Federal, atualizados monetariamente, correspondentes a 100% do período contributivo desde a competência julho de 1994 ou desde o início da contribuição, se posterior àquela competência"; essa média não pode ultrapassar o valor máximo do salário de contribuição do regime geral de previdência social (§ 1º do art. 26). O benefício corresponderá a 60% da média nas hipóteses previstas no art. 26, § 2º.

Os servidores estaduais continuam a receber os proventos com base na legislação anterior, até que efetuem a própria reforma previdenciária.

Enquanto não promulgada a lei prevista no art. 40, § 3º, da Constituição, os **proventos da aposentadoria por incapacidade permanente** corresponderão a 100% da média aritmética, já referida, definida na forma prevista no art. 26, *caput* e em seu § 1º, quando a incapacidade decorrer de acidente de trabalho, de doença profissional e de doença do trabalho (art. 26, § 3º, II, da Emenda).

No caso de **aposentadoria compulsória**, o mesmo art. 26, no § 4º, estabelece transitoriamente que os proventos corresponderão "ao resultado do tempo de contribuição dividido por 20 anos, limitado a um inteiro, multiplicado pelo valor apurado na forma do *caput* do § 2º deste art., ressalvado o caso de cumprimento de critérios de acesso para aposentadoria voluntária que resulte em situação mais favorável". Vale dizer que o servidor que completar a idade para aposentadoria compulsória terá os proventos calculados na forma do art. 26, § 4º ou pelos proventos previstos para aposentadoria voluntária (se ele já completou os respectivos requisitos e se os proventos, neste caso, forem mais favoráveis).

Com relação à **aposentadoria voluntária,** que ocorre a pedido, é preciso distinguir quatro situações aplicáveis ao servidor federal: (a) a do servidor já aposentado e do que já completou os requisitos para aposentadoria até a data da entrada em vigor da Emenda Constitucional nº 103/19; (b) a do servidor que ingressou ou vier a ingressar no serviço público, em cargo efetivo, a partir da entrada em vigor da Emenda Constitucional nº 103/19; (c) a do servidor que ingressou até 31-12-03 (data da entrada em vigor da Emenda Constitucional nº 41/03); e (d) a do servidor que ingressou até a data de publicação da Emenda Constitucional nº 41/03 (31-12-03).

Pode-se afirmar que a primeira situação é a que já estava consolidada antes da reforma previdenciária; a segunda situação é a que se pretende seja permanente, valendo para os futuros servidores que ingressaram ou vieram a ingressar no serviço público a partir da entrada em vigor da Emenda Constitucional nº 103/19 (13-11-19); e a terceira e a quarta definem os direitos dos atuais servidores que ingressaram no serviço público antes da promulgação da Emenda nº 103/19.

1. Servidor federal já aposentado ou que completou os requisitos para aposentadoria voluntária até a publicação da Emenda Constitucional nº 103/19 (art. 3º)

Os servidores federais já aposentados ou que completaram os requisitos para aposentadoria voluntária até a data da entrada em vigor da Emenda Constitucional nº 103/19, seja com base no art. 40, em sua redação original, seja com base na redação dada pela Emenda Constitucional nº 20/98, seja com base nas disposições transitórias dessa mesma Emenda, têm garantido o direito aos proventos integrais ou proporcionais, conforme o caso, em consonância com a legislação vigente na data em que foram atendidos os requisitos para concessão do benefício, inclusive com aplicação do teto previsto no art. 37, XI, da Constituição. A concessão do benefício deve ser outorgada mesmo que o pedido seja formulado quando já estava em vigor a Emenda nº 103/19. É o que estabelece o art. 3º, *caput* e §§ 1º e 2º da Emenda Constitucional nº 103/19. Pelo § 1º, se tiver completado os requisitos para aposentadoria voluntária, nos termos da legislação anterior à Emenda nº 103, o servidor federal fará jus a um **abono de permanência** equivalente ao valor da sua contribuição previdenciária até completar os requisitos para aposentadoria compulsória enquanto não for fixado o seu valor definitivo pela lei federal de que trata o § 19 do art. 40.

Para os servidores estaduais, continua a aplicar-se a legislação anterior à Emenda 103/19.

2. Servidor que ingressou no serviço público federal após a Emenda Constitucional nº 103/19 (art. 10)

Quanto ao servidor que ingressou ou vier a ingressar no serviço público federal após a entrada em vigor da Emenda Constitucional nº 103/19, está sujeito às regras do art. 40, § 1º, inciso III, da Constituição Federal, em sua nova redação. Enquanto não for promulgada lei complementar federal que discipline os benefícios do regime próprio de previdência social, em consonância com esse dispositivo, a aposentadoria voluntária ocorrerá a pedido desde que cumpridos os seguintes requisitos estabelecidos no art. 10 da Emenda 103:

- a) idade mínima de 62 anos, para as mulheres, e 65 anos, para os homens;
- b) 25 anos de tempo de contribuição;
- c) **10 anos de efetivo exercício no serviço público**;
- d) **5 anos no cargo efetivo em que for concedida a aposentadoria**.

Nesse caso, os proventos serão calculados pela forma já referida, prevista no art. 26 da Emenda 103/19.

Os servidores federais, nessa situação, fazem jus ao **abono de permanência**, se optarem por permanecer em atividade após completarem os requisitos para aposentadoria (art. 40, § 19, da Constituição). O valor definido transitoriamente é o correspondente ao da contribuição previdenciária (art. 10, § 5º, da Emenda).

O art. 10, § 2º, da Emenda ainda estabelece, transitoriamente, os requisitos a serem cumpridos nas hipóteses de aposentadoria especial referidas no art. 40, §§ 4º-B, 4º-C e 5º da Constituição:

- a) para o policial civil e o ocupante de cargo de agente federal penitenciário ou socioeducativo: 55 anos de idade, 30 anos de contribuição e 25 anos de efetivo exercício em cargo dessas carreiras, para ambos os sexos;
- b) para o servidor público federal cujas atividades sejam exercidas com efetiva exposição a agentes químicos, físicos e biológicos prejudiciais à saúde, ou associação desses agentes: 60 anos de idade, 25 anos de efetiva exposição e contribuição, 10 anos de efetivo exercício de serviço público e 5 anos no cargo efetivo em que for concedida a aposentadoria;
- c) para o titular de cargo federal de professor: 60 anos de idade, se homem, e 57, se mulher, 25 anos de contribuição exclusivamente em efetivo exercício das funções de magistério na educação infantil e no ensino fundamental e médio, 10 anos de efetivo exercício de serviço público e 5 anos no cargo efetivo em que for concedida a aposentadoria.

Nessas três hipóteses de aposentadoria especial, os proventos são calculados com base no art. 26, § 2º, da Emenda.

Para os servidores estaduais, conforme consta do art. 10, § 7º, continua a aplicar-se a legislação anterior à Emenda 103/19, nos termos em que prevista na redação original do art. 40, com as alterações introduzidas pelas Emendas Constitucionais nºs 20/98, 41/03, 47/05, 70/12 e 88/15.

3. Servidor que ingressou no serviço público federal antes da Emenda Constitucional nº 103/19 (art. 4º)

Para tais servidores, o art. 4º da Emenda exige sejam preenchidos cumulativamente os seguintes requisitos para aposentadoria voluntária:

a) idade mínima de 56 anos de idade, se mulher, e 61, se homem, elevada para 57 e 62 anos, respectivamente, a partir de 1º-01-22 (§ 1º do art. 4º);
b) 30 anos de tempo de contribuição, se mulher, e 35 anos, se homem;
c) 20 anos de efetivo exercício no serviço público;
d) 5 anos no cargo efetivo em que se der a aposentadoria;
e) somatório da idade e do tempo de contribuição, incluídas as frações, equivalente a 86 pontos, se mulher, e 96, se homem, sendo o somatório, a partir de 1º-01-22, acrescido de um ponto a cada ano, até atingir o limite de 100 pontos, se mulher, e 105, se homem (§ 2º do art. 4º); pelo § 3º o mesmo dispositivo, a idade e o tempo de contribuição serão apurados em dias para o cálculo do somatório de pontos a que se refere o inciso V do *caput* e o § 2º.

Para o professor, os requisitos de idade e tempo de contribuição serão: a) 51 anos de idade, se mulher, e 56, se homem, elevados, a partir de 1º-01-22, para 52 anos de idade e 57 anos de idade, respectivamente; b) 25 anos de contribuição, se mulher, e 30, se homem (§ 4º do art. 4º). O somatório da idade e do tempo de contribuição será de 81 pontos, se mulher, e 91, se homem, aos quais serão acrescidos, a partir de 1º-01-2020, um ponto a cada ano, até atingir o limite de 92 pontos, se mulher, e 100 pontos, se homem (§ 5º do art. 4º).

Quanto aos proventos, o § 6º do art. 4º prevê duas hipóteses:

a) pelo inciso I, os proventos correspondem à totalidade da remuneração do cargo efetivo em que se der a aposentadoria, para o servidor que tenha ingressado em cargo efetivo até 31-12-2003, desde que não tenha optado pela previdência complementar com fundamento no art. 40, § 16, da Constituição, e desde que preencha os seguintes requisitos: 62 anos de idade, se mulher, e 65, se homem; para os titulares do cargo de professor, o requisito é de 57 anos de idade, se mulher, e 60 anos de idade, se homem. Tais servidores, conforme dispõe o § 7º, I, do art. 4º da Emenda 103, fazem jus à paridade com os vencimentos dos servidores em atividade, prevista no art. 7º da Emenda Constitucional nº 41/2003; pelo § 8º do art. 4º, considera-se remuneração, para fins de cálculo de aposentadoria, o valor constituído pelo subsídio, pelo vencimento e pelas vantagens pecuniárias permanentes do cargo, estabelecidos em lei, acrescidos dos adicionais de caráter individual e das vantagens pessoais permanentes, observados os critérios estabelecidos nos incisos I e II para os cargos sujeitos a variações na carga horária ou a vantagens permanentes variáveis (vinculadas a indicadores de desempenho, produtividade ou situação similar); nesses casos, tais vantagens integram a remuneração pela média aritmética simples, proporcional ao número de anos completos de recebimento e contribuição, contínuos ou intercalados, em relação ao tempo total exigido para a aposentadoria;
b) pelo inciso II, os proventos são calculados na forma prevista no art. 26, § 2º, inciso I, da Emenda nº 103, se o servidor não cumprir os requisitos do inciso I, ou seja, se ingressou no serviço público federal a partir de 1º-01-2004 ou se não preencheu os requisitos de idade; nesse caso os proventos corresponderão a 60% da média

aritmética dos salários de contribuição e das remunerações adotados como base de contribuição ao regime próprio de previdência social e ao regime geral de previdência social, ou base para contribuições decorrentes das atividades militares de que tratam os arts. 42 e 142 da Constituição Federal, atualizados monetariamente, correspondentes a 100% do período contributivo desde a competência julho de 1994 ou desde o início da contribuição, se posterior àquela competência, com acréscimo de 2 pontos percentuais para cada ano de contribuição que exceder o tempo de 20 anos de contribuição. O reajuste de proventos, nessa hipótese, é feito nos termos estabelecidos para o regime geral de previdência social (§ 7º, II, do art. 4º da Emenda 103).

4. Servidor que ingressou no serviço público federal antes da Emenda Constitucional nº 103/19 (art. 20)

O art. 20 da Emenda Constitucional nº 103/19 prevê mais uma hipótese de aposentadoria voluntária para os servidores que ingressaram no serviço público federal até a data da entrada em vigor dessa Emenda e que cumpram requisitos parcialmente diversos dos referidos no item anterior:

a) 57 anos de idade, se mulher, e 60, se homem
b) 30 anos de contribuição, se mulher, e 35, se homem;
c) 20 anos de efetivo exercício no serviço;
d) 5 anos no cargo efetivo em que se der a aposentadoria;
e) período adicional de contribuição correspondente ao tempo que, na data de entrada em vigor da Emenda, faltaria para atingir o tempo mínimo de contribuição referido no item *b*; é o chamado **pedágio**.

Para o professor que comprovar tempo de efetivo exercício das funções de magistério na educação infantil e no ensino médio serão reduzidos em 5 anos os requisitos de idade e de tempo de contribuição (§ 1º do art. 20).

Quanto aos proventos de aposentadoria, o § 2º do art. 20 prevê duas hipóteses:

a) o servidor que ingressou até 31-12-03 e que não tenha optado pela previdência complementar, faz jus à totalidade da remuneração do cargo efetivo em que se der a aposentadoria, sendo observado o conceito de remuneração constante do art. 4º, § 8º, já referido; esse servidor faz jus à **paridade** dos proventos com os vencimentos do servidor em atividade (§ 3º, I, do art. 20);

b) o servidor que não preencha esses requisitos (porque ingressou depois de 31-12-03 ou optou pela previdência complementar), receberá proventos apurados na forma da lei, ou seja, apurados segundo a média, já referida, prevista no art. 26, *caput* e § 1º, da Emenda), sendo o valor da aposentadoria correspondente a 100% dessa média; os reajustes serão feitos em consonância com os estabelecidos para o regime geral da previdência social.

13.4.7.6 Regime previdenciário dos servidores estaduais, distritais e municipais

A Emenda Constitucional nº 103/19 estendeu algumas de suas normas a todos os entes federativos:

a) a regra sobre **readaptação** para exercício de cargo cujas atribuições e responsabilidades sejam compatíveis com a limitação que tenha sofrido em sua capacidade física ou mental (art. 37, § 13, CF);
b) a regra pela qual a aposentadoria concedida com a utilização de tempo de contribuição decorrente de cargo, emprego ou função pública, inclusive do regime geral de previdência social, acarreta o rompimento do vínculo que gerou o referido tempo de contribuição (art. 37, § 14, CF);
c) vedação de **requisitos diferenciados para aposentadoria**, salvo nas hipóteses do art. 40, §§ 4º-A, 4º-B, 4º-C e 5º (art. 40, § 4º, da CF);
d) vedação de **complementação de aposentadorias** de servidores públicos e de pensões por morte a seus dependentes, salvo na hipótese de previdência complementar fundada nos §§ 14 a 16 do art. 40 (art. 37, § 15, CF);
e) regra pela qual, ao **servidor público no exercício de mandato**, é assegurado o direito de permanecer filiado ao regime próprio de previdência social enquanto afastado (art. 38, IV, CF);
f) requisitos para **aposentadoria por incapacidade permanente para o trabalho** (quando insuscetível de readaptação) e para **aposentadoria compulsória** (art. 40, § 1º, I e II, CF);
g) **proibição de proventos de aposentadoria inferiores ao valor mínimo** a que se refere o § 2º do art. 201 da Constituição ou **superiores ao limite máximo** estabelecido para o regime geral de previdência social (art. 40, § 2º, CF);
h) vedação de **acumulação de aposentadorias** à conta do regime próprio de previdência social, salvo na hipótese de cargos acumuláveis (art. 40, § 6º, CF);
i) inclusão, no **regime geral de previdência social**, dos servidores ocupantes, exclusivamente, de cargo em comissão, de outro cargo temporário (inclusive mandato eletivo) ou de emprego público (art. 40, § 13, CF);
j) obrigatoriedade de instituição de **previdência complementar** para servidores ocupantes de cargo efetivo, com observância do limite máximo de benefícios do regime geral de previdência social, mediante plano de benefícios na modalidade contribuição definida, por intermédio de entidade fechada ou aberta de previdência complementar (art. 40, §§ 14 e 15, CF);
k) **contagem recíproca de tempo de serviço público** para fins de aposentadoria (art. 40, § 9º, da Constituição);
l) **proibição de incorporação de vantagens de caráter temporário** ou vinculadas ao exercício de função de confiança ou de cargo em comissão (art. 39, § 9º, CF);
m) previsão de **abono de permanência** para o servidor que tenha completado os requisitos para aposentadoria voluntária e opte por permanecer em atividade até completar a idade para aposentadora compulsória (art. 40, § 19, CF);
n) **proibição de existência de mais de um regime de previdência próprio de previdência social** e de mais de um órgão ou entidade gestora desse regime em cada ente federativo, abrangidos todos os poderes, órgãos ou entidades autárquicas ou fundacionais (art. 40, § 20, CF);
o) submissão às **normas gerais sobre regimes próprios de previdência social**, a serem baixadas por lei complementar federal (art. 40, § 22, CF);
p) exigência de instituição de **contribuições para custeio de regime próprio de previdência**, com a possibilidade de instituição de alíquotas progressivas (art. 149, § 1º);

q) **vedação de utilização de recursos de regime próprio de previdência social** para realização de despesas distintas do pagamento dos benefícios previdenciários (art. 167, XII, CF);

r) **vedação de transferência voluntária de recursos**, concessão de avais, garantias e subvenções pela União e a concessão de empréstimos e de financiamentos por instituições federais aos Estados, ao Distrito Federal e aos Municípios na hipótese de descumprimento das regras gerais de organização e de funcionamento de regime próprio de previdência social (art. 167, XIII, CF).

No que diz respeito ao cálculo dos proventos de aposentadoria e de pensão por morte, a Emenda nº 103/19 respeitou a autonomia dos Estados, Distrito Federal e Municípios. Pela redação dada ao art. 40, § 3º, da Constituição: "As regras para cálculo de proventos de aposentadoria serão disciplinadas em lei do respectivo ente federativo".

No entanto, para os servidores federais, foram previstas normas para vigorarem transitoriamente enquanto não promulgada a lei federal sobre cálculo de proventos de aposentadoria e de pensão. É o que foi feito nos arts. 4º, 10 e 20 da Emenda.

Com relação aos servidores estaduais, distritais e municipais, foi incluído, em todos esses dispositivos, um parágrafo com a mesma redação:

> Aplicam-se às aposentadorias dos servidores dos Estados, do Distrito Federal e dos Municípios as normas constitucionais e infraconstitucionais anteriores à data de entrada em vigor desta Emenda Constitucional, enquanto não promovidas alterações na legislação interna relacionada ao respectivo regime próprio de previdência social (§ 9º do art. 4º, art. 10, § 7º, e 20, § 4º, da Emenda).

A norma cria uma situação inteiramente inaceitável sob o ponto de vista jurídico: os servidores estaduais, distritais e municipais vão ficar sujeitos a normas constitucionais que já foram alteradas pela Emenda Constitucional 103/19 e que não mais estão em vigor na redação que serve de fundamento para o cálculo dos proventos. Por outras palavras, haverá, no que diz respeito ao cálculo dos proventos, **dois regimes constitucionais diversos:** (i) para os servidores federais, o regime posto pela Emenda Constitucional nº 103/19; (ii) para os servidores dos Estados, Distrito Federal e Municipal, normas postas pela Constituição de 1988, alteradas por Emendas Constitucionais posteriores, especialmente pela Emenda Constitucional nº 41/03; algumas delas foram expressamente revogadas pelo art. 35 da Emenda nº 103/19, como os arts. 2º, 6º e 6º-A da Emenda 41. Esses dispositivos estabeleceram normas transitórias para aposentadoria voluntária de quem ingressou em cargo efetivo antes da Emenda Constitucional nº 20/98 (art. 2º), ou ingressou antes da Emenda Constitucional nº 41/03 (art. 6º); o art. 6º-A, introduzido pela Emenda Constitucional nº 70/12, estabeleceu norma sobre cálculo da aposentadoria por invalidez para quem ingressou no serviço público até a data da entrada em vigor da Emenda 41.

Tem-se que entender que a revogação desses dispositivos somente tem aplicação para os servidores federais, para os quais a Emenda 103 estabeleceu outras normas transitórias. Para os servidores dos Estados, Distrito Federal e Municípios, essas normas não podem ter sido revogadas, uma vez que continuam a aplicar-se aos servidores estaduais, distritais e municipais, com fundamento nos dispositivos da Emenda 103 que mandam submetê-los às normas constitucionais e infraconstitucionais anteriores à entrada em vigor dessa Emenda, até que sejam feitas as alterações por leis de âmbito local.

13.4.7.7 Valor dos proventos de aposentadoria voluntária dos servidores estaduais, distritais e municipais

Pelo exposto no item anterior, verifica-se que, aplicadas as normas constitucionais anteriores à entrada em vigor da Emenda Constitucional nº 103/19, haverá diferentes valores para os proventos de aposentadoria voluntária dos servidores dos Estados, Distrito Federal e Municípios:

1) Os **servidores já aposentados e os que já completaram os requisitos para aposentadoria voluntária na data da Emenda Constitucional nº 41/03**, seja com base no art. 40, em sua redação original, seja com base na redação dada pela Emenda Constitucional nº 20/98, seja com base nas disposições transitórias dessa mesma Emenda, têm garantido o direito aos proventos integrais ou proporcionais, conforme o caso, com aplicação do teto previsto no art. 37, XI. O cálculo dos proventos se faz de acordo com a legislação vigente à época em que foram atendidos os requisitos para aposentadoria. É o que estabelece o art. 3º, *caput* e § 2º, da Emenda Constitucional nº 41/03. Pelo § 1º do mesmo dispositivo, se tiver completado os requisitos para aposentadoria e tiver, no mínimo, 25 anos de contribuição, se mulher, ou 30, se homem, mas optar por permanecer em atividade, fará a jus ao **abono de permanência** equivalente ao valor da sua contribuição previdenciária até completar os requisitos para aposentadoria compulsória;

2) Os **servidores que ingressaram no serviço público após a publicação da Emenda Constitucional nº 41/03** estarão sujeitos às regras de aposentadoria estabelecidas pelo art. 40, § 1º, com proventos calculados na forma a ser definida em lei, conforme previsto no do § 3º do mesmo dispositivo, podendo sujeitar-se ao limite estabelecido para o regime geral de previdência, desde que instituída a previdência complementar; a norma geral sobre o cálculo dos proventos consta do art. 1º da Lei nº 10.887/04, de 18-6-04. A aposentadoria voluntária, para esses servidores, ocorre a pedido desde que cumprido o tempo mínimo de 10 anos de efetivo exercício no serviço público e cinco anos no cargo efetivo em que se der a aposentadoria, observadas as seguintes condições: (a) 60 anos de idade e 35 de contribuição, se homem, e 55 anos de idade e 30 de contribuição, se mulher; nesse caso, a aposentadoria ocorre com **proventos integrais**; (b) 65 anos de idade, se homem e 60, se mulher, com **proventos proporcionais ao tempo de contribuição**. Em ambas as situações, os proventos podem sujeitar-se ao limite estabelecido para o regime geral de previdência social, desde que instituída a previdência complementar. Tais servidores também fazem jus ao **abono de permanência** (art. 40, § 19);

3) Os **servidores que ingressaram no serviço público até a entrada em vigor da Emenda Constitucional nº 20/98**, e ainda não completaram os requisitos para aposentadoria na data da publicação da Emenda nº 41/03, terão duas opções:

a) aposentar-se nas condições do art. 40, § 1º, III, "a", acima expostas, com proventos fixados na forma do § 3º, com possibilidade de aplicação do limite estabelecido para o regime geral de previdência social, desde que instituída a previdência complementar; ou

b) aposentar-se com observância de menos requisitos do que os estabelecidos pelo art. 40, § 1º, III, "a", porém com aplicação de redutor sobre os proventos.

Essa possibilidade existe, com base no art. 2º da Emenda nº 41/03, quando o servidor, cumulativamente:

I – tiver 53 anos de idade, se homem, e 48 anos de idade, se mulher;
II – tiver cinco anos de efetivo exercício no cargo em que se der a aposentadoria;
III – contar tempo de contribuição igual, no mínimo, à soma de: (a) 35 anos, se homem, e 30 anos, se mulher; e (b) um período adicional de contribuição equivalente a 20% do tempo que, na data de publicação daquela Emenda, faltaria para atingir o limite de tempo constante da alínea *a* desse mesmo inciso.

Em consonância com o § 1º do mesmo dispositivo, os proventos, nesse caso, serão reduzidos na proporção de 3,5% ou de 5%, conforme os requisitos sejam preenchidos até 31-12-05, ou a partir de 1º-1-06, respectivamente.

Para os membros da Magistratura e do Ministério Público, bem como para os professores (estes últimos desde que aposentados exclusivamente com tempo de efetivo exercício nas funções de magistério), o tempo de serviço exercido até a data da publicação da Emenda nº 20/98 será contado com acréscimo de 17%.

Essa categoria de servidores abrangidos pelo art. 2º da Emenda nº 41/03 também faz jus ao **abono de permanência** se, após completar as exigências para aposentadoria voluntária, optar por permanecer em atividade (§ 5º do mesmo dispositivo).

Para eles, não é garantida a paridade entre os seus proventos e os vencimentos dos servidores em atividade, mas apenas o reajustamento dos benefícios previsto no § 8º do art. 40, para preservar-lhes, em caráter permanente, o valor real, conforme critérios estabelecidos em lei. É o que estabelece o art. 2º, § 6º, da Emenda nº 41/03.

4) Os **servidores que ingressaram no serviço público antes da Emenda Constitucional nº 41/03** têm quatro opções que decorrem do art. 6º da Emenda nº 41/03 e uma que decorre do art. 3º da Emenda Constitucional nº 47/05:

a) aposentar-se segundo as normas do art. 40, com proventos fixados de acordo com o § 3º do mesmo dispositivo, e possibilidade de observância do limite estabelecido para o regime geral de previdência, quando instituída a previdência complementar;

b) aposentar-se com base no art. 2º da Emenda Constitucional nº 41/03, com proventos reduzidos pela aplicação do redutor de 3,5% ou 5%, conforme o caso, correspondente a cada ano de antecipação em relação aos requisitos de idade;

c) aposentar-se com proventos integrais, correspondentes à remuneração do cargo em que se aposentou (observado o teto estabelecido pelo inciso XI do art. 37), desde que o servidor preencha cumulativamente as seguintes condições:
I – 60 anos de idade, se homem, e 55, se mulher;
II – 35 anos de contribuição, se homem, e 30, se mulher;
III – 20 anos de efetivo exercício no serviço público;
IV – 10 anos de carreira e 5 anos de efetivo exercício no cargo em que se der a aposentadoria;

d) aposentar-se com proventos integrais, desde que preencha cumulativamente as seguintes condições:
I – 35 anos de contribuição, se homem, e 30, se mulher;
II – 25 anos de efetivo exercício no serviço público, 15 anos de carreira e 5 anos no cargo em que se der a aposentadoria;
III – idade mínima resultante da redução, relativamente aos limites do art. 40, § 1º, inciso III, alínea *a*, da Constituição Federal, de um ano de idade para cada ano de contribuição que exceder a condição prevista no inciso I do *caput* deste artigo.

Para os servidores que fizerem a terceira ou quarta opção, aplica-se a regra do art. 7º da Emenda Constitucional nº 41, de 2003 (direito à revisão de proventos e pensão, em igualdade de condições com os servidores em atividade). É o que estabelecem o art. 2º e o parágrafo único do art. 3º da Emenda Constitucional nº 47, de 2005.

Esses servidores fazem jus ao **abono de permanência** se optarem pela aposentadoria com base no art. 40 da Constituição, ou com base no art. 2º da Emenda Constitucional nº 41/03 (duas primeiras opções).

13.4.7.8 *Pensão por morte do servidor*

A Emenda Constitucional nº 103/19 alterou a redação do § 7º do art. 40 da Constituição para determinar que "observado o disposto no § 2º do artigo 201, quando se tratar da única fonte de renda formal auferida pelo dependente, o benefício da pensão por morte será concedido nos termos de lei do respectivo ente federativo, a qual tratará de forma diferenciada a hipótese de morte dos servidores de que trata o § 4º-B decorrente de agressão sofrida no exercício ou em razão da função". O § 2º do art. 201, referido no dispositivo, proíbe qualquer benefício inferior ao salário mínimo. E o § 4º-B do art. 40, também mencionado, prevê a possibilidade de ser estabelecido, por lei complementar do respectivo ente federativo, idade e tempo de contribuição diferenciados para aposentadoria de ocupantes do cargo de agente penitenciário, de agente socioeducativo ou de policial dos órgãos de que tratam o inciso IV do *caput* do art. 51 (Câmara dos Deputados), o inciso XIII do *caput* do art. 52 (Senado Federal) e os incisos I a IV do *caput* do art. 144 (polícia federal, polícia rodoviária federal, polícia ferroviária federal e polícias civis).

Desse modo, cada ente federativo tem competência própria para estabelecer, por lei, as normas sobre pensão.

Também com relação a esse benefício, têm que ser distinguidas duas situações: (i) a do servidor federal e (ii) a dos servidores dos Estados, Distrito Federal e Municípios.

Para os **servidores federais**, o art. 23 da Emenda Constitucional 103/19 já define a forma de cálculo da pensão, de forma igual à que se aplicará ao segurado do regime geral de previdência social: será equivalente a uma cota familiar de 50% do valor da aposentadoria recebida pelo segurado ou servidor ou daquela a que teria direito se fosse aposentado por incapacidade permanente na data do óbito, acrescida de cotas de 10 pontos percentuais por dependente, até o máximo de 100%.

Pelo § 1º desse dispositivo, as cotas por dependente cessarão com a perda dessa qualidade e não serão reversíveis aos demais dependentes, preservado o valor de 100% da pensão por morte quando o número de dependentes for igual ou superior a 5. Se houver dependente inválido ou com deficiência intelectual, mental ou grave, determina o § 2º do art. 23 que o valor da pensão por morte será equivalente a: I – 100% da aposentadoria recebida pelo segurado ou servidor ou daquela a que teria direito se fosse aposentado por incapacidade permanente na data do óbito, até o limite máximo de benefícios do Regime Geral de Previdência Social; e II – uma cota familiar de 50%, acrescida de 10 pontos percentuais por dependente, até o máximo de 100%, para o valor que supere o limite máximo de benefícios do Regime Geral de Previdência Social.

Nos termos do § 4º, "o tempo de duração da pensão por morte e das cotas individuais por dependente até a perda dessa qualidade, o rol de dependentes e sua qualificação e as condições necessárias para enquadramento serão aqueles estabelecidos na Lei nº 8.213, de 24-7-91".

Embora o art. 23 não tenha natureza transitória, o § 7º do art. 23 da Emenda 103 permite que as regras sobre pensão estabelecidas nesse artigo sejam alteradas por lei para o regime geral e para o regime próprio de previdência social.

Quanto às **pensões concedidas aos dependentes de servidores dos Estados, do Distrito Federal e dos Municípios**, aplicam-se as normas constitucionais e infraconstitucionais anteriores à data de entrada em vigor da Emenda Constitucional nº 103, enquanto não promovidas alterações na legislação interna relacionada ao respectivo regime próprio de previdência social (§ 8º do art. 23).

Importa, portanto, analisar o que estabeleciam as normas anteriores a essa Emenda.

Com relação à **pensão**, o art. 3º da Emenda Constitucional nº 41/03 garantiu o direito ao montante estabelecido em consonância com as normas anteriores a sua entrada em vigor. A norma harmoniza-se com o entendimento do STF, ao decidir que "a pensão é regida pela norma em vigor na data do falecimento do servidor, presente o ato jurídico aperfeiçoado".[31]

Daí a necessidade de distinguir diferentes situações. Se o óbito ocorreu antes da Emenda Constitucional nº 20/98, aplica-se o art. 40, § 5º, em sua redação original: "*O benefício da pensão por morte corresponderá à totalidade dos vencimentos ou proventos do servidor falecido, até o limite estabelecido em lei, observado o disposto no parágrafo anterior.*" O "parágrafo anterior", referido no dispositivo, proibia que os proventos de aposentadoria e pensão excedessem a remuneração do servidor, no cargo efetivo em que se deu a aposentadoria ou que serviu de referência para a concessão da pensão.

O entendimento do STF é no sentido de que o § 5º era autoaplicável, correspondendo a pensão à totalidade dos vencimentos ou proventos do servidor falecido.[32]

Com a entrada em vigor da Emenda Constitucional nº 20/98, o § 7º veio assim determinar: "*Lei disporá sobre a concessão do benefício da pensão por morte, que será igual ao valor dos proventos do servidor falecido ou ao valor dos proventos a que teria direito o servidor em atividade na data de seu falecimento, observado o disposto no § 3º*". Este último, por sua vez, estabelecia que "os proventos de aposentadoria, por ocasião da sua concessão, serão calculados com base na remuneração do servidor no cargo efetivo em que se der a aposentadoria".

O § 8º do art. 40 garantia a paridade da pensão (e também dos proventos de aposentadoria), com os vencimentos dos servidores em atividade.

Vale dizer que a pensão continuou a corresponder à totalidade da remuneração do servidor falecido, sendo calculada sobre a remuneração do servidor no cargo efetivo em que se deu a aposentadoria. Se o servidor estava aposentado por ocasião do falecimento, a pensão era calculada com base na totalidade dos proventos. Além disso, o pensionista fazia jus à paridade com os servidores em atividade.

A situação mudou com a Emenda Constitucional nº 41/03.

Para as pensões cujo direito foi ou vier a ser adquirido após a entrada em vigor dessa Emenda, aplica-se a norma do § 7º do art. 40, que remete à lei a fixação do montante do benefício, que será igual: I – à totalidade dos proventos do servidor falecido, até o limite máximo estabelecido para os benefícios do regime geral de previdência social de que trata o art. 201, acrescido de 70% da parcela excedente a este limite, caso aposentado à data do óbito; ou II – ao valor total da remuneração do servidor no cargo efetivo em que se deu o falecimento, até o limite máximo

---

[31] AgRg na Suspensão de liminar 16/SP, Rel. Min. Ellen Gracie, Rel. para o acórdão Min. Marco Aurélio, Tribunal Pleno, *DJ* de 9-3-07, p. 26. No mesmo sentido, acórdão proferido no RE 273.570/MA, Rel. Min. Marco Aurélio, *DJ* de 5-5-06, p. 19: "Pensão – Proventos – Vencimentos – Valor. A teor do § 5º do art. 40 da Carta Política da República, a pensão corresponde a 'totalidade dos vencimentos ou proventos do servidor falecido'. Eis o mandamento constitucional a sofrer temperamento próprio a legitimidade quantitativa da parcela. O que se contém na parte final do preceito outro sentido não possui senão o de enquadrar o valor da pensão nos limites próprios aos proventos e vencimentos, sob pena de submissão da regra asseguradora da totalidade referida ao legislador ordinário." Jurisprudência citada por Deborah Fialho Ribeiro Glória (2009:67-68).

[32] RE 220.827, Min. Maurício Corrêa, *DJ* de 20-3-98; RE 220.713/RS, Min. Sydney Sanches, *DJ* de 13-2-98; RE-AgR 255.550/CE, Rel. Min. Ilmar Galvão, *DJ* de 10.11.00; AgR 265.373, Rel. Min. Marco Aurélio, *DJ* de 2-2-01.

estabelecido para os benefícios do regime geral de previdência social de que trata o art. 201, acrescido de 70% da parcela excedente a este limite, caso em atividade na data do óbito.

Por sua vez, a regra da paridade foi substituída pela norma do § 8º, com a redação dada pela Emenda Constitucional nº 41: "É assegurado o reajustamento dos benefícios para preservar-lhes, em caráter permanente, o valor real, conforme critérios estabelecidos em lei".

Para a pensão dos dependentes dos militares dos Estados, do Distrito Federal e dos Territórios, o art. 42, § 2º, com a redação dada pela Emenda Constitucional nº 41/03, manda aplicar o que for fixado em lei específica do respectivo ente estatal.

Para dar cumprimento aos dispositivos constitucionais, foi promulgada a Lei nº 10.887, de 18-6-04. Com relação à pensão, o art. 2º repete a norma do art. 40, § 7º, da Constituição. No parágrafo único, manda aplicar ao valor das pensões o limite previsto no art. 40, § 2º, da Constituição, que veda que os proventos de aposentadoria e a pensão excedam a remuneração do servidor, no cargo efetivo em que se deu a aposentadoria ou que serviu de referência para a concessão da pensão.

Tais normas referentes à pensão continuam a aplicar-se aos servidores dos Estados, Distrito Federal e Municípios.

13.4.7.9 Previdência complementar

A Emenda Constitucional nº 20, no art. 40, § 14, veio outorgar à União, Estados, Distrito Federal e Municípios a possibilidade de instituírem regime de previdência complementar para os seus servidores titulares de cargo efetivo, ou seja, para os que se sujeitam ao regime do art. 40. A instituição não era obrigatória, ficando a critério de cada ente federativo. Quando instituído o regime de previdência complementar, poderiam tais servidores ficar sujeitos ao limite máximo estabelecido para os benefícios do regime geral de previdência social de que trata o art. 201, seja para os proventos de aposentadoria, seja para a pensão por morte.

A ideia é de que a previdência social, como encargo do Poder Público, remanesça apenas para cobrir os benefícios limitados a esse valor, ficando para a previdência complementar a cobertura de valores maiores. Cada ente governamental tem competência própria para instituir o regime, mediante lei de iniciativa do Poder Executivo (art. 40, § 15, com a redação dada pela Emenda nº 41/03).

Essa previdência complementar, disciplinada pela Lei Complementar nº 109, de 29-5-01, somente é possível para os servidores que ingressarem no serviço público após a instituição do novo regime; para os demais, dependerá de sua expressa opção (art. 40, § 16, da Constituição).

A Emenda Constitucional nº 103/19 alterou a redação do § 14 do art. 40 para tornar obrigatória, para todos os entes federativos, a instituição da previdência complementar para os servidores ocupantes de cargo efetivo, mediante lei de iniciativa do respectivo Poder Executivo, devendo ser observado o limite máximo dos benefícios do regime geral de previdência social para o valor das aposentadorias e das pensões em regime próprio de previdência social, ressalvado o disposto no § 16. Este último parágrafo determina que: "Somente mediante sua prévia e expressa opção, o disposto nos §§ 14 e 15 poderá ser aplicado ao servidor que tiver ingressado no serviço público até a data da publicação do ato de instituição do correspondente regime de previdência complementar".

Vale dizer que a instituição da previdência complementar é obrigatória para todos os entes federativos, que deverão fazê-lo no prazo de dois anos a contar da data da entrada em vigor da Emenda Constitucional nº 103/19 (art. 9º, § 6º). E é obrigatória para os servidores ocupantes de cargo efetivo, salvo para aqueles que ingressaram antes da instituição desse regime de previdência complementar.

O § 15 do art. 40 determina que o regime de previdência complementar oferecerá plano de benefícios somente na modalidade contribuição definida, observará o disposto no art. 202 e será efetivado por intermédio de entidade fechada ou aberta de previdência complementar.

Pelas várias normas contidas nos dispositivos mencionados, tiram-se as seguintes conclusões quanto ao regime de previdência complementar:

a) trata-se de regime de previdência pública, de caráter complementar, e organizado de forma autônoma em relação ao regime geral de previdência social e ao regime de previdência próprio do servidor público;

b) a previdência complementar é administrada por intermédio de entidade fechada de previdência complementar ou de entidade aberta de previdência complementar;

c) a instituição do benefício é obrigatória para todos os entes governamentais, que devem instituí-lo, por lei de iniciativa do respectivo Poder Executivo, no prazo de dois anos a contar da data da entrada em vigor da Emenda Constitucional nº 103/19;

d) enquanto não instituído, não pode ser aplicado o limite estabelecido para o regime geral de previdência de que trata o art. 201 (art. 40, § 14);

e) para os servidores que ingressarem no serviço público antes da instituição do regime de previdência complementar, a aplicação desse regime só pode ser feita mediante prévia e expressa opção (§ 16 do art. 40);

f) União, Estados, Distrito Federal e Municípios, bem como suas autarquias, fundações, sociedades de economia mista, empresas públicas e outras entidades públicas não podem aportar recursos às entidades de previdência privada, salvo na qualidade de patrocinador, hipótese em que sua contribuição não poderá exceder a do segurado (art. 202, § 3º); neste caso, a relação entre os entes públicos e as entidades de previdência privada será regulada por lei complementar, que estabelecerá também os requisitos para a designação dos membros das diretorias das entidades fechadas de previdência privada e a inserção dos participantes nos colegiados e instâncias de decisão em que seus interesses sejam objeto de discussão e deliberação; essa lei complementar aplicar-se-á, no que couber, às empresas permissionárias ou concessionárias de serviços públicos, quando patrocinadoras de entidades fechadas de previdência privada (art. 202, §§ 4º a 6º).

Na esfera federal, o regime de previdência complementar foi instituído pela Lei nº 12.618, de 30-4-2012, com alterações posteriores, abrangendo os servidores públicos titulares de cargo efetivo da União, suas autarquias e fundações, inclusive para os membros do Poder Judiciário, do Ministério Público da União e do Tribunal de Contas da União. Isso significa que o limite máximo do benefício a cargo da União (igual ao estabelecido para o Regime Geral de Previdência Social – RGPS) será obrigatório para os que ingressarem no serviço público a partir do início da vigência do regime de previdência complementar e para os que, mesmo tendo ingressado antes da instituição do mesmo regime, façam a opção pelo mesmo no prazo de 24 meses (§ 7º do art. 3º).

Para estimular essa opção, o art. 3º, § 1º, da Lei nº 12.618, de 30-4-2012 prevê um benefício especial calculado com base nas contribuições recolhidas ao regime de previdência próprio do servidor (tal como definido nos §§ 2º a 4º do mesmo dispositivo), atualizado pelo mesmo índice aplicável ao benefício de aposentadoria ou pensão mantido pelo RGPS (§ 6º), além do direito à compensação financeira de que trata o § 9º do art. 201 da Constituição (contagem recíproca de tempo na Administração Pública e na atividade privada). Os §§ 2º, 4º e 6º do art.

3º da Lei nº 12.618, de 30-4-2012, foram alterados pela Medida Provisória nº 1.119/22, a qual foi convertida na Lei nº 14.463, de 26-10-2022.

O § 8º do art. 3º estabelece que o exercício da opção pelo regime de previdência complementar é irrevogável e irretratável, não sendo devida pela União e suas autarquias e fundações públicas qualquer contrapartida referente ao valor dos descontos já efetuados sobre a base de contribuição acima do limite previsto no *caput* do dispositivo.

A Lei nº 12.618/12 estabelece normas sobre os planos de benefícios, abrangendo os recursos garantidores e as contribuições.

A mesma lei ainda autorizou a União a criar as entidades fechadas de previdência complementar com a finalidade de administrar e executar planos de benefícios de caráter previdenciário (art. 4º), a saber, a Fundação de Previdência Complementar do Servidor Público Federal do Poder Executivo (Funpresp-Exe),[33] a Fundação de Previdência Complementar do Servidor Público do Poder Legislativo (Funpresp-Leg) e a Fundação de Previdência Complementar do Servidor Público Federal do Poder Judiciário (Funpresp-Jud). Pelo § 1º do mesmo dispositivo, tais entidades serão estruturadas na forma de fundação de natureza pública, com personalidade jurídica de direito privado e gozarão de autonomia administrativa, financeira e gerencial.

13.4.7.10 *Contagem de tempo para aposentadoria*

Quanto à contagem de tempo, o art. 40, § 9º, da Constituição, com a redação dada pela Emenda Constitucional nº 103/19, determina que "*o tempo de contribuição federal, estadual distrital ou municipal será contado para fins de aposentadoria, observado o disposto nos §§ 9º e 9º-A do art. 201, e o tempo de serviço correspondente para fins de disponibilidade*". A diversidade de redação no que se refere à contagem para aposentadoria e para disponibilidade permite a conclusão de que, para a primeira, só pode ser computado o *tempo de contribuição* e, para a segunda, o tempo de serviço público, independentemente de contribuição. A distinção se justifica porque a aposentadoria passou a ser benefício de natureza previdenciária, o mesmo não ocorrendo com a disponibilidade, que constitui garantia do servidor estável, em caso de extinção ou desnecessidade do cargo, assegurada com *remuneração proporcional ao tempo de serviço*, nos expressos termos do art. 41, § 3º, da Constituição.

O § 9º-A do art. 201, acrescentado pela Emenda Constitucional nº 103/19, determina que: "O tempo de serviço militar exercido nas atividades de que tratam os arts. 42, 142 e 143 e o tempo de contribuição ao regime geral de previdência social ou a regime próprio de previdência social terão contagem recíproca para fins de inativação militar ou aposentadoria, e a compensação financeira será devida entre as receitas de contribuição referentes aos militares e as receitas de contribuição aos demais regimes".

O § 10 do art. 40, acrescentado pela Emenda Constitucional nº 20, determina que "*a lei não poderá estabelecer qualquer forma de contagem de tempo de contribuição fictício*". Por sua vez, o § 14 do art. 201 da Constituição, introduzido pela Emenda Constitucional nº 103, determina que: "É vedada a contagem de tempo de contribuição fictício para efeito de concessão dos benefícios previdenciários e de contagem recíproca". É comum a legislação estabelecer como tempo de serviço público aquele exercido em atividades que não têm essa natureza, como o tempo de estágio, de advocacia em caráter privado, de serviço considerado relevante etc. O novo dispositivo proíbe que seja considerado esse tempo como sendo de contribuição; para o requisito referente ao **tempo de contribuição** a contagem ficta não é admitida.

---

[33] Pelo Decreto nº 7.808, de 20-9-12, foi criada a Fundação de Previdência Complementar do Servidor Público Federal do Poder Executivo – Funpresp-Exe.

No entanto, o art. 25 da Emenda Constitucional nº 103/19 respeita as contagens de tempo fictício efetuadas, para fins de concessão de aposentadoria, com base na legislação anterior, devendo ser observado, a partir da entrada em vigor dessa Emenda, o disposto no § 14 do art. 201. O § 3º do art. 25 da Emenda retromencionada considera nula "a aposentadoria que tenha sido concedida ou que venha a ser concedida por regime próprio de previdência social com contagem recíproca do regime geral de previdência social mediante o cômputo de tempo de serviço sem o recolhimento da respectiva contribuição ou da correspondente indenização pelo segurado obrigatório responsável, à época do exercício da atividade, pelo recolhimento de suas próprias contribuições previdenciárias". O dispositivo é de constitucionalidade bastante duvidosa, na parte em que considera nulas as concessões de aposentadoria que já tenham sido concedidas antes dessa Emenda Constitucional. Se a contagem foi feita com base na legislação então vigente, ela não pode ser invalidada por norma posterior, ainda que esta seja introduzida por emenda à Constituição. A regra do art. 5º, inciso XXXVI, que consagra o princípio da irretroatividade das leis, tem que ser observada também por emendas à Constituição, já que o seu fundamento decorre do princípio da segurança jurídica, inerente ao Estado de Direito. Além disso, o dispositivo, nessa parte, está em contradição com o disposto no *caput* do art. 25, que quis respeitar as contagens de tempo fictício efetuadas antes da entrada em vigor da Emenda 103.

Ainda sobre a contagem de tempo, há a norma do art. 201, § 9º, da Constituição, alterado pela Emenda Constitucional nº 103/19 (e mencionado no art. 40, § 9º), segundo a qual: *"Para fins de aposentadoria, será assegurada a contagem recíproca do tempo de contribuição ao regime geral de previdência social e os regimes próprios de previdência social, e destes entre si, observada a compensação financeira, de acordo com critérios estabelecidos em lei*. A compensação financeira está disciplinada pela Lei nº 9.796, de 5-5-99, e regulamentada pelo Decreto nº 10.188, de 20-12-19.

Essa contagem já era prevista na legislação ordinária (Lei nº 6.226, de 14-7-75), com alterações posteriores, cujos interstícios desapareceram com a entrada em vigor da Constituição. A Lei nº 8.112/90, no art. 103, inciso V, determina que será contado apenas para efeito de aposentadoria e disponibilidade "o tempo de serviço em atividade privada, vinculada à Previdência", nenhuma exigência fazendo quanto a interstício.

A Lei nº 9.711, de 20-11-98, alterou a redação do art. 94 da Lei nº 8.213, de 24-7-91, para determinar que "para efeito dos benefícios previstos no Regime Geral de Previdência Social ou no serviço público é assegurada a contagem recíproca do tempo de contribuição na atividade privada, rural e urbana, e do tempo de contribuição ou de serviço na administração pública, hipótese em que os diferentes sistemas de previdência social se compensarão financeiramente".

13.4.8 Estabilidade

Tradicionalmente, a estabilidade, no direito brasileiro, tem sido entendida como a garantia de permanência no serviço público assegurada, após dois anos de exercício, ao servidor nomeado por concurso, que somente pode perder o cargo em virtude de sentença judicial transitada em julgado ou mediante processo administrativo em que lhe seja assegurada ampla defesa.

Excepcionalmente, a Constituição de 1988, a exemplo de Constituições anteriores, conferiu estabilidade a servidores que não foram nomeados por concurso, desde que estivessem em exercício na data da promulgação da Constituição há pelo menos cinco anos continuados (art. 19 das Disposições Transitórias). O benefício somente alcançou os servidores públicos civis da União, Estados, Distrito Federal, Municípios, da **Administração Direta, autarquias e fundações públicas.** Excluiu, portanto, os empregados das fundações de direito privado, empresas públicas e sociedades de economia mista. O reconhecimento de estabilidade a esses servidores não implicou **efetividade**, porque esta só existe com relação a **cargos** de provimento por concurso; a conclusão se confirma pela norma do § 1º do mesmo dispositivo, que permite a contagem de serviço prestado pelos servidores que adquiriram essa estabilidade excepcional, "como título quando se submeterem a concurso para fins de efetivação, na forma da lei".

O dispositivo excluiu do direito a essa estabilidade os professores universitários, os ocupantes de cargos, funções e empregos de confiança ou em comissão, além dos que a lei declara de livre exoneração; no entanto, o tempo de serviço em cargo ou função de confiança poderá ser contado para fins de estabilidade, desde que seu ocupante seja servidor.

Isto significa que a Administração Pública possui dois tipos de servidores estáveis: os que foram nomeados por concurso público e cumpriram o período de estágio probatório de três anos; e os que adquiriram a estabilidade excepcional, independentemente de concurso, em decorrência de benefício concedido pelas várias Constituições. As duas categorias têm igual garantia de permanência no serviço público: só podem perder seus cargos, empregos ou funções por sentença judicial transitada em julgado ou processo administrativo em que tenham assegurada ampla defesa.

A Emenda Constitucional nº 19/98 trouxe algumas alterações nessa sistemática, a saber:

a) a estabilidade somente se adquire após três anos de efetivo exercício (art. 41, *caput*), ressalvado, para os que já eram servidores na data da promulgação da Emenda, o direito a adquirirem estabilidade no prazo de dois anos (art. 28 da Emenda);

b) a aquisição de estabilidade depende de avaliação de desempenho, na forma de lei complementar, assegurada ampla defesa (art. 41, § 1º, III);

c) previu mais duas hipóteses de perda do cargo pelo servidor estável: (1ª) uma que ocorrerá mediante "procedimento administrativo de avaliação de desempenho, na forma de lei complementar, assegurada ampla defesa" (art. 41, § 1º, III); o dispositivo não é autoaplicável, uma vez que depende de lei complementar que discipline a matéria; portanto, a perda da estabilidade, até que saia essa lei, continua a depender de sentença judicial ou procedimento disciplinar, em que seja assegurada ampla defesa; (2ª) outra que ocorrerá se não for cumprido o limite com despesa de pessoal previsto no art. 169, § 4º, disciplinado pela Lei Complementar nº 101, de 4-5-01. A perda do cargo, nesse caso, só poderá ocorrer depois que houver a redução em 20% das despesas com cargos em comissão e funções de confiança, exoneração dos servidores não estáveis e exoneração dos que adquiriram estabilidade sem concurso (art. 33 da Emenda nº 19). Adotadas essas medidas, se as mesmas se revelarem insuficientes para reduzir a despesa aos limites previstos em lei complementar, aí sim poderá ser exonerado o servidor que tenha adquirido estabilidade mediante concurso; nesse caso, a exoneração dependerá de que "ato normativo motivado de cada um dos Poderes especifique a atividade funcional, o órgão ou unidade administrativa objeto da redução de pessoal" (art. 169, § 4º); o servidor fará jus a indenização correspondente a um mês de remuneração por ano de serviço (art. 169, § 5º) e o cargo objeto da redução será considerado extinto, vedada a criação de cargo, emprego ou função com atribuições iguais ou assemelhadas pelo prazo de quatro anos (art. 169, § 6º). Essa hipótese de perda do cargo está disciplinada pela Lei nº 9.801, de 14-6-99, aplicável a todos os níveis de governo, já que tem a natureza de **norma geral**, conforme previsto no art. 169, § 7º;

d) tornou expresso, no *caput* do art. 41, que a estabilidade só beneficia os servidores nomeados para cargo de provimento efetivo, pondo fim ao entendimento defendido por alguns doutrinadores de que os servidores celetistas, sendo contratados mediante concurso público, também faziam jus ao benefício;

e) incluiu na Constituição o art. 247, estabelecendo que "as leis previstas no inciso III do § 1º do artigo 41 e no § 7º do artigo 169 estabelecerão critérios e garantias especiais para a perda do cargo pelo servidor público estável que, em decorrência das atribuições de seu cargo efetivo, desenvolva atividades exclusivas de Estado". A lei terá, certamente, que enfrentar a difícil tarefa de definir quais sejam as **atividades exclusivas de Estado**, podendo-se adiantar que abrangerão, certamente, pelo menos, as carreiras institucionalizadas pela Constituição (Magistratura, Ministério Público, Advocacia Pública, Defensoria Pública, Polícia), além de outras atividades inerentes ao próprio conceito de Estado, como diplomacia, polícia, controle, fiscalização. A Lei nº 9.801, de 14-6-99, que dispõe sobre as normas gerais para perda de cargo público por excesso de despesa, contém dois dispositivos que se referem à perda do cargo pelo servidor que exerce atividade exclusiva de Estado: o art. 2º, § 1º, inciso IV, pelo qual o ato normativo a que se refere o art. 169, § 4º, da Constituição, entre outros requisitos, deverá especificar "os critérios e as garantias especiais escolhidos para identificação dos servidores estáveis que, em decorrência das atribuições do cargo efetivo, desenvolvam atividades exclusivas de Estado"; e o art. 3º determina que "a exoneração de servidor estável que desenvolva atividade exclusiva de Estado, assim definida em lei, observará as seguintes condições: I – somente será admitida quando a exoneração de servidores dos demais cargos do órgão ou unidade administrativa objeto da redução de pessoal tenha alcançado, pelo menos, trinta por cento do total desses cargos; II – cada ato reduzirá em no máximo trinta por cento o número de servidores que desenvolvam atividades exclusivas de Estado". Como se vê, o dispositivo estabelece os requisitos, mas não define as atividades exclusivas de Estado. Para conciliar os dois dispositivos, tem-se que entender que, ao baixar o ato normativo, o Chefe de Poder indicará os critérios para identificação dos servidores que exercem atividade exclusiva de Estado, devendo, para esse fim, extrair do ordenamento jurídico vigente as normas legais que permitam a identificação desse tipo de atividade, já que não existe lei específica que contenha essa definição.

Não tem qualquer sentido a Súmula 390, I, do TST, quando estabelece que "o servidor celetista da administração direta, autárquica ou fundacional é beneficiário da estabilidade prevista no art. 41 da CF/1988"; esse entendimento já era difícil de ser aceito na redação original do art. 41 da Constituição, mas chegou a ser adotado pelo STF, antes da Emenda Constitucional nº 19/98. Porém, a partir da Emenda nº 19, que só assegura estabilidade ao servidor *nomeado* para *cargo* de provimento efetivo, não mais se justifica a outorga de estabilidade ao servidor celetista, que é *contratado* (e não nomeado) para *emprego* (e não cargo). A distinção entre cargo e emprego resulta claramente da Constituição, especialmente do art. 37, I, II e VIII, e também do respectivo regime previdenciário. Os ocupantes de emprego são beneficiados com os direitos sociais previstos no art. 7º (proteção contra despedida arbitrária, seguro-desemprego, fundo de garantia), não assegurados aos servidores estatutários; e o próprio regime previdenciário é diverso, consoante decorre do art. 40, § 13, da Constituição. A Súmula 390, I, do TST iguala situações que, pela Constituição, são submetidas a regimes jurídicos diferenciados.

Com relação aos servidores celetistas, a Lei nº 9.962, de 22-2-00, cria uma estabilidade relativa, diversa da garantida constitucionalmente ao servidor estatutário, conforme visto no item 13.2.2.

O período de três anos para aquisição da estabilidade pode ser desde logo aplicado.[34] Com efeito, no caso de servidor nomeado por concurso, a estabilidade somente se adquire depois de

---

[34] Em julgamento de mandado de segurança, o STJ reformulou entendimento anterior e considerou que os institutos do estágio probatório e da estabilidade são indissociáveis, não havendo sentido na existência de prazo distinto para os dois institutos. Sendo assim, aquela Corte considerou o art. 41 da CF imediatamente

três anos; o período compreendido entre o início do exercício e a aquisição da **estabilidade** é denominado de **estágio probatório** e tem por finalidade apurar se o servidor apresenta condições para o exercício do cargo, referentes à moralidade, assiduidade, disciplina e eficiência. Pelo § 4º, acrescentado ao art. 41 pela Emenda nº 19/98, além do cumprimento do estágio probatório, deve o servidor, para adquirir estabilidade, submeter-se à avaliação especial de desempenho por comissão instituída para essa finalidade.

Para os servidores federais, a Lei nº 11.784/08 alterou a redação do § 1º do art. 20 da Lei nº 8.112/90, para estabelecer que "4 (quatro) meses antes de findo o período do estágio probatório, será submetida à homologação da autoridade competente a avaliação do desempenho do servidor, realizada por comissão constituída para essa finalidade, de acordo com o que dispuser a lei ou o regulamento da respectiva carreira ou cargo, sem prejuízo da continuidade de apuração dos fatores enumerados nos incisos I a V do *caput* deste artigo" (assiduidade, disciplina, capacidade de iniciativa, produtividade e responsabilidade).

Não confirmados os requisitos, caberá exoneração *ex officio*, desde que assegurado ao interessado o direito de defesa, consoante entendimento consagrado pelo SFT na Súmula nº 21: "funcionário em estágio probatório não pode ser exonerado nem demitido sem inquérito ou sem as formalidades legais de apuração de sua capacidade". A mesma exigência está implícita no art. 5º, LV, da Constituição, que assegura aos acusados em geral, nos processos judicial e administrativo, o contraditório, a ampla defesa, com os meios e recursos a ela inerentes.[35]

Constituem decorrência da estabilidade os direitos à **reintegração**, à **disponibilidade** e ao **aproveitamento** (art. 41, §§ 2º e 3º, da Constituição).

Reintegração é o reingresso do servidor demitido, quando seja invalidada por sentença judicial a sua demissão, sendo-lhe assegurado ressarcimento das vantagens ligadas ao cargo.

Se outra pessoa ocupava o cargo e também já era estável, a Constituição estabelece três possibilidades: (a) será reconduzida ao cargo de origem, sem direito à indenização (se já era servidor anteriormente), (b) aproveitado em outro cargo ou (c) posto em disponibilidade com remuneração proporcional ao tempo de serviço. É o que determina o § 2º do art. 41, alterado pela Emenda Constitucional nº 19.

A primeira hipótese – denominada de *recondução* pelo art. 29 da Lei nº 8.112/90 – segundo entendemos, só pode ser aplicada se o servidor que ocupava o cargo não tinha, ele mesmo, adquirido estabilidade. Se já a adquiriu, terá que ser protegido também pela utilização de uma das duas alternativas: ser aproveitado em outro cargo ou posto em disponibilidade com remuneração proporcional ao tempo de serviço.

Embora a Constituição se refira à reintegração como decorrente de anulação da demissão por sentença judicial, ela pode ocorrer também quando a anulação decorra de ato da própria Administração, pois, como o ato nulo não gera efeitos jurídicos, a anulação retroagirá, garantindo ao servidor o direito de ser reintegrado no cargo. Nesse sentido, o art. 28 da Lei nº 8.112/90 define a reintegração como "a reinvestidura do servidor estável no cargo anteriormente ocupado, ou no cargo resultante de sua transformação, quando invalidada a sua demissão por **decisão administrativa ou judicial**, com ressarcimento de todas as vantagens".

---

aplicável e reafirmou que o prazo para aquisição da estabilidade é de três anos, durante os quais o servidor encontra-se em estágio probatório, mesmo diante da previsão do prazo de dois anos constante do art. 20 da Lei nº 8.112/90 (MS 12.523-DF, Rel. Min. Felix Fischer, j. em 22-4-09). No mesmo sentido, acórdão do STF, no AI 754802 ED-AgR/DF, rel. Min. Gilmar Mendes, j. 7-6-11.

[35] No RMS 22.567-MT, Rel. Min. Og Fernandes, *DJE* 11-5-11, o STJ entendeu desnecessário processo administrativo disciplinar para exoneração de servidor em estágio probatório, mostrando-se suficiente a abertura de sindicância, desde que assegurados os princípios da ampla defesa e do contraditório.

A **disponibilidade** é a garantia de inatividade remunerada, assegurada ao servidor estável, em caso de ser extinto o cargo ou declarada a sua desnecessidade. Pela nova redação do § 3º do art. 41 (Emenda Constitucional nº 19) a disponibilidade dar-se-á com remuneração proporcional ao tempo de serviço. Para fins de disponibilidade, conta-se o **tempo de serviço público** e não o tempo de contribuição, diferentemente do que ocorre com a contagem para fins de aposentadoria. É o que decorre do art. 40, § 9º, da Constituição, ao determinar que "o tempo de contribuição federal, estadual ou municipal será contado para efeito de aposentadoria e o tempo de serviço correspondente para efeito de disponibilidade". A diversidade de tratamento justifica-se porque a aposentadoria constitui benefício de natureza previdenciária e contributiva, o mesmo não ocorrendo com a disponibilidade, que constitui garantia do servidor estável, com proventos pagos pela pessoa jurídica política com a qual o servidor mantém vínculo funcional.

Se o servidor está em estágio probatório, não faz jus à disponibilidade. É o entendimento adotado, com razão, pelo STF, desde longa data, com a Súmula 22, pela qual "*o estágio probatório não protege o funcionário contra a extinção do cargo*".

O **aproveitamento** é o reingresso, no serviço público, do funcionário em disponibilidade, quando haja cargo vago de natureza e vencimento compatíveis com o anteriormente ocupado. Constitui **ato vinculado** para a Administração Pública, tendo em vista que, ocorrendo vaga, ela é obrigada a aproveitar em outro cargo o servidor que está em disponibilidade. Essa obrigatoriedade está prevista no art. 30 da Lei nº 8.112/90. Além disso, publicado o ato de aproveitamento, o servidor é obrigado a tomar posse no cargo, sob pena de ser tornado sem efeito o ato e cassada a disponibilidade. É o que consta do art. 32 da Lei nº 8.112/90. Se estiver incapacitado para o trabalho, será aposentado por invalidez.

Tanto a reintegração como o aproveitamento constituem formas de provimento em cargo público, conforme art. 8º, incisos VII e VIII, da Lei nº 8.112/90. Em consequência, dependem de inspeção de saúde (exigida pelo art. 5º, VI, da mesma Lei), dando direito à aposentadoria por invalidez, se verificada a incapacidade definitiva do funcionário.

13.4.9 Afastamento para exercício de mandato eletivo

O art. 38 da Constituição assegura ao servidor público em exercício de mandato o direito de ficar afastado do **cargo, emprego** ou **função**, computando esse tempo para todos os efeitos legais, exceto para promoção por merecimento. Apenas no caso de eleição para **Vereador** há a previsão de exercício simultâneo do cargo, emprego ou função com o mandato (hipótese de acumulação **obrigatória**), desde que haja compatibilidade de horários; nesse caso, o servidor fará jus às vantagens do cargo, emprego ou função e à remuneração do cargo eletivo.

Quando se tratar de eleição para Prefeito ou para Vereador (no caso em que não haja compatibilidade de horário), o interessado poderá optar pela melhor remuneração.

13.4.10 Direitos sociais

O art. 39, § 3º, alterado pela Emenda Constitucional nº 19, estende aos servidores ocupantes de cargos públicos os seguintes direitos sociais previstos, no art. 7º, para os trabalhadores urbanos e rurais:

1. salário mínimo que atenda a todas as exigências indicadas no art. 7º, IV;
2. garantia do salário, nunca inferior ao mínimo, para os que percebem remuneração variável;
3. 13º salário com base na remuneração integral ou no valor da aposentadoria; essa vantagem é chamada de **gratificação natalina** pelo art. 201, § 6º, da Constituição,

não se justificando a tese de alguns servidores no sentido de que o 13º salário não se confunde com a gratificação de Natal já assegurada pela legislação ordinária, podendo-se perceber as duas cumulativamente;
4. remuneração do trabalho noturno superior à do diurno;
5. salário-família para os dependentes;
6. duração do trabalho normal não superior a 8 horas diárias e 44 semanais, facultada a compensação de horários e a redução da jornada, mediante acordo ou convenção coletiva de trabalho;
7. repouso semanal remunerado, preferencialmente aos domingos;
8. remuneração do serviço extraordinário superior, no mínimo, em 50% à do normal;
9. gozo de férias anuais remuneradas com, pelo menos, 1/3 a mais do que o salário normal; há que se entender que "salário normal" é tudo o que o servidor recebe, habitualmente, a título de remuneração ou vencimento, ressalvadas aquelas vantagens não permanentes, vinculadas ao exercício de cargo, função ou emprego em condições especiais, como as decorrentes de horas extras, de participação em órgãos colegiados, ou as que são pagas a título de representação, quando em função ou missão fora do Estado;
10. licença à gestante, sem prejuízo do emprego ou do salário, com a duração de 120 dias;[36]
11. licença-paternidade, nos termos fixados em lei;
12. proteção do mercado de trabalho da mulher, mediante incentivos específicos, nos termos da lei;
13. redução dos riscos inerentes ao trabalho, por meio de saúde, higiene e segurança;
14. proibição de diferença de salários, de exercício de funções e de critério de admissão, por motivo de sexo, idade, cor ou estado civil, podendo a lei estabelecer requisitos diferenciados de admissão quando a natureza do cargo o exigir (conforme art. 39, § 3º, parte final).

13.4.11 Limites de despesa com pessoal

O art. 169 da Constituição, alterado, no *caput*, pela Emenda Constitucional nº 109, de 15-3-21, e, nos parágrafos, pela Emenda Constitucional nº 19/98, estabelece que "a despesa com pessoal ativo e inativo e pensionistas da União, dos Estados, do Distrito Federal e dos Municípios não pode exceder os limites estabelecidos em lei complementar".

Pelo § 1º, a concessão de qualquer vantagem ou aumento de remuneração, a criação de cargos, empregos e funções ou alteração de estrutura de carreiras, bem como a admissão ou contratação de pessoal, a qualquer título, pelos órgãos e entidades da Administração Direta ou indireta, inclusive fundações instituídas e mantidas pelo Poder Público, só poderão ser feitas: "I – se houver prévia dotação orçamentária suficiente para atender às projeções de despesa de pessoal e aos acréscimos dela decorrentes; II – se houver autorização específica na lei de diretrizes orçamentárias, ressalvadas as empresas públicas e as sociedades de economia mista."

---

[36] A Lei nº 11.770, de 9-9-08, criou o programa destinado à prorrogação da licença-maternidade mediante a concessão de incentivos fiscais. O art. 2º da lei autoriza a Administração Pública, direta indireta e fundacional, a instituir programa que garanta prorrogação da licença-maternidade para suas servidoras por mais 60 (sessenta) dias além do prazo previsto no inciso XVIII, do art. 7º, da Constituição.

Antes da Emenda Constitucional nº 19/98 não estava prevista sanção específica para o descumprimento do dispositivo, o que favorecia seu descumprimento, impunemente. Com as alterações introduzidas pela Emenda nº 19, foram previstas as seguintes consequências para o caso de descumprimento dos limites de despesa estabelecidos em lei complementar: (a) decorrido o prazo estabelecido na lei complementar referida no art. 169, *caput,* para a adaptação aos parâmetros ali previstos, serão imediatamente suspensos todos os repasses de verbas federais ou estaduais aos Estados, ao Distrito Federal e aos Municípios que não observarem os referidos limites (§ 2º); como se vê, essa medida não tem como aplicar-se à União; (b) redução em pelo menos 20% das despesas com cargos em comissão e funções de confiança (§ 3º, I); exoneração dos servidores não estáveis (§ 3º, II); e perda do cargo pelo servidor estável, desde que ato normativo motivado de cada um dos Poderes especifique a atividade funcional, o órgão ou unidade administrativa objeto da redução de pessoal (§ 4º). A última hipótese atinge o servidor estável, com as consequências já comentadas no item pertinente à estabilidade.

O dispositivo foi disciplinado, inicialmente, pela Lei Complementar nº 82, de 27-3-95 (Lei Camata), depois pela Lei Complementar nº 96, de 31-5-99, e, por último, pela Lei Complementar nº 101, de 4-5-00 (*Lei de Responsabilidade Fiscal*), especificamente em seus arts. 18 a 23.

Pelo art. 18 da lei ficou estabelecido o que se entende por *despesa total com pessoal*. O conceito é bem amplo e inclui todos os entes da Federação, os gastos com servidores, inativos, pensionistas, com agentes políticos, com mandatos, cargos, funções ou empregos, abrangendo civis e militares, os membros dos três Poderes, qualquer que seja a espécie remuneratória, tais como vencimentos e vantagens, fixas e variáveis, subsídios, proventos de aposentadoria, reformas e pensões, inclusive adicionais, gratificações, horas extras e vantagens pessoais de qualquer natureza, bem como encargos sociais e contribuições recolhidos pelo ente às entidades de previdência.

Contudo, o art. 19, § 1º, alterado pela Lei Complementar nº 178, de 13-1-21, exclui do limite determinadas despesas com: I – indenização por demissão de servidores ou empregados; II – relativas a incentivos à demissão voluntária; III – derivadas de aplicação do disposto no inciso II do § 6º do art. 57 da Constituição (despesas com convocação extraordinária do Congresso Nacional, em caso de urgência ou interesse público relevante, hipótese em que os parlamentares recebem parcela indenizatória em valor não superior ao do subsídio mensal; por outras palavras, essa parcela, que corresponde ao dobro dos subsídios mensais, não entra no limite de despesa com pessoal); IV – decorrentes de decisão judicial e da competência de período anterior ao da apuração a que se refere o § 2º do art. 18; V – com pessoal do Distrito Federal e dos Estados do Amapá e Roraima, custeadas com recursos transferidos pela União na forma dos incisos XIII e XIV do art. 21 da Constituição e do art. 31 da Emenda Constitucional nº 19; VI – com inativos e pensionistas, ainda que pagas por intermédio de unidade gestora única ou fundo previsto no art. 249 da Constituição Federal, quanto à parcela custeada por recursos provenientes: (a) da arrecadação de contribuições dos segurados; (b) da compensação financeira de que trata o § 9º do art. 201 da Constituição (cabível em caso de contagem recíproca de tempo de serviço para fins de aposentadoria); (c) de transferências destinadas a promover o equilíbrio atuarial do regime de previdência, na forma definida pelo órgão do Poder Executivo federal responsável pela orientação, pela supervisão e pelo acompanhamento dos regimes próprios de previdência social dos servidores públicos.

Logo que foi promulgada a Emenda Constitucional nº 19, as autoridades administrativas apressaram-se em socorrer-se de contratos de fornecimento de mão de obra ou de locação de serviços, para atender a suas necessidades de pessoal. Para impedir esse tipo de contratação, que apenas substitui o item orçamentário em que se enquadra a despesa, o art. 18, § 1º, da lei veio estabelecer que "os valores dos contratos de terceirização de mão de obra que se referem à substituição de servidores e empregados públicos serão contabilizados como Outras Despesas de Pessoal". Não é qualquer despesa com terceirização que se inclui no limite de despesa com pessoal, mas apenas a que é feita com o evidente intuito de colocar pessoal de empresas terceirizadas para exercer atribuições próprias de servidores, especialmente quando estes estão organizados em carreiras ou existem cargos, empregos ou funções específicos criados em lei. Na realidade, esse tipo de terceirização, além de infringir as normas constitucionais sobre ingresso no serviço público, ainda constitui forma de burlar o limite de despesa previsto no art. 169 da Constituição.

O art. 19 fixa o limite de despesa com pessoal em percentual que incide sobre a **receita corrente líquida** aplicável a cada ente da federação: para a União, 50%; para Estados e Municípios, 60%. Note-se que esse percentual não incide sobre toda a receita, mas sobre a **receita corrente líquida**, definida pelo art. 2º, IV, da lei como o somatório das receitas tributárias, de contribuições, patrimoniais, industriais, agropecuárias, de serviços, transferências correntes e outras receitas também correntes, deduzidos: (a) na União, os valores transferidos aos Estados e Municípios por determinação constitucional ou legal, e as contribuições mencionadas na alínea *a* do inciso I e no inciso II do art. 195 (contribuições previdenciárias do empregador e do empregado, respectivamente), e no art. 239 da Constituição (a arrecadação proveniente das contribuições ao PIS e ao PASEP); (b) nos Estados, as parcelas entregues aos Municípios por determinação constitucional; (c) na União, nos Estados e nos Municípios, a contribuição dos servidores para o custeio do seu sistema de previdência e assistência social e as receitas provenientes da compensação financeira citada no § 9º do art. 201 da Constituição (que trata da contagem recíproca de atividade privada e pública para fins de aposentadoria).

O art. 20 estabelece normas para disciplinar a repartição dos limites globais entre os três Poderes do Estado, definindo o percentual de cada qual.[37]

Por sua vez, o art. 22, parágrafo único, estabelece que, se a despesa total com pessoal exceder a 95% do limite, são vedados ao Poder ou órgão referido no art. 20 que houver incorrido em excesso: "I – concessão de vantagem, aumento, reajuste ou adequação de remuneração a qualquer título, salvo os derivados de sentença judicial ou de determinação legal ou contratual, ressalvada a revisão prevista no inciso X do art. 37 da Constituição (revisão anual obrigatória); II – criação de cargo, emprego ou função; III – alteração de estrutura de carreira que implique aumento de despesa; IV – provimento de cargo público, admissão ou contratação de pessoal a qualquer título, ressalvada a reposição decorrente de aposentadoria ou falecimento de servidores das áreas de educação, saúde e segurança; V – contratação de hora extra, salvo no caso do disposto no inciso II do § 6º do artigo 57 da Constituição (pagamento de subsídios, em dobro, aos Parlamentares em caso de convocação extraordinária) e as situações previstas na lei de diretrizes orçamentárias."

No caso de a despesa total com pessoal, do Poder ou órgão referido no art. 20, ultrapassar os limites definidos no mesmo art. (o que é verificado no final de cada quadrimestre, conforme art. 22, *caput*), o art. 23 estabelece que o percentual excedente terá de ser eliminado nos dois quadrimestres seguintes, sendo pelo menos um terço no primeiro, adotando-se, entre outras, as providências previstas nos §§ 3º e 4º do art. 169 (redução em 20% das despesas com cargos em comissão, exoneração dos não estáveis e perda do cargo dos estáveis). Além dessas medidas, que encontram fundamento no referido dispositivo constitucional, a lei prevê outras

---

[37] Na ADI 6.533, o STF concedeu interpretação conforme à Constituição ao art. 20, II, *a*, e § 1º, da Lei Complementar nº 101/00, para permitir, em tese, o remanejamento proporcional da distribuição interna do limite global da receita corrente líquida para as despesas com pessoal entre a Assembleia Legislativa e o Tribunal de Contas do Estado, desde que comprovada a efetiva necessidade decorrente da dificuldade de gastos com pessoal do órgão para o desempenho de suas atribuições, e observados o percentual máximo estabelecido pela LRF e as necessidades orçamentárias dos órgãos envolvidos (j. 13-4-21, Rel. Ministro Alexandre de Moraes).

providências, referidas nos §§ 1º e 2º do art. 23: o primeiro estabelece que, no caso do inciso I, do § 3º do art. 169, da Constituição, o objetivo poderá ser alcançado tanto pela extinção de cargos e funções quanto pela redução dos valores a eles atribuídos; o segundo prevê a "redução temporária da jornada de trabalho com adequação dos vencimentos à nova carga horária" (art. 23, § 2º).[38] Esta última medida é inconstitucional, porque o art. 7º, XIII, da Constituição (aplicável aos servidores públicos por força do art. 39, § 3º) só admite a redução da jornada de trabalho mediante acordo ou convenção coletiva de trabalho, além de implicar redução de vencimentos em hipótese não abrangida pelo art. 37, XV, da Constituição.

Pelo § 3º do art. 23 da Lei de Responsabilidade Fiscal, se a redução não for alcançada no prazo estabelecido, e enquanto perdurar o excesso, o Poder ou o órgão referido no art. 20 não poderá: I – receber transferências voluntárias (definidas pelo art. 25 como a entrega de recursos correntes ou de capital a outro ente da Federação, a título de cooperação, auxílio ou assistência financeira, que não decorra de determinação constitucional, legal ou os destinados ao Sistema Único de Saúde); II – obter garantia, direta ou indireta, de outro ente; III – contratar operações de crédito, ressalvadas as destinadas ao pagamento da dívida mobiliária e as que visem à redução das despesas com pessoal (redação dada pela Lei Complementar nº 178, de 13-1-2021). No entanto, o § 5º do art. 23, acrescentado pela Lei Complementar nº 164, de 18-12-2018, veda a aplicação das restrições previstas no § 3º do mesmo dispositivo que ultrapasse os limites para despesa total com pessoal, nos casos de queda de receita, devido a: I – diminuição das transferências recebidas do Fundo de Participação dos Municípios decorrente de concessão de isenções tributárias pela União; e II – diminuição das receitas recebidas de royalties e participações especiais. Pelo § 6º, também acrescentado pela referida lei complementar, "o disposto no § 5º deste artigo só se aplica caso a despesa total com pessoal do quadrimestre vigente não ultrapasse o limite percentual previsto no art. 19 desta Lei Complementar, considerada, para este cálculo, a receita corrente líquida do quadrimestre correspondente do ano anterior atualizada monetariamente".

O dispositivo foi além do que estabelece o art. 169, § 2º, da Constituição, que apenas previu, como sanção, a suspensão dos repasses de verbas federais ou estaduais aos Estados, ao Distrito Federal e aos Municípios que não observarem os limites estabelecidos na lei complementar referida no *caput* do dispositivo. As medidas previstas nos incisos II e III não encontram fundamento na Constituição, não só porque impõem restrições nela não previstas, como porque interferem com a autonomia financeira dos Estados e Municípios, invadindo ainda matéria de competência do Senado, prevista no art. 52, incisos VII, VIII e IX; esses dispositivos conferem ao Senado competência privativa para dispor sobre limites e condições para as operações de crédito externo e interno da União, Estados, Distrito Federal, Municípios, suas autarquias e demais entidades controladas pelo Poder Público federal, para dispor sobre limites e condições para a concessão de garantia da União em operações de crédito externo e interno e para estabelecer limites e condições para o montante da dívida mobiliária dos Estados, do Distrito Federal e dos Municípios.

Com relação aos Municípios, cabe lembrar que a Emenda Constitucional nº 25, de 14-2-00 (com vigência em 1º-1-01), introduziu na Constituição o art. 29-A, para fixar o limite total da despesa do **Poder Legislativo Municipal**, incluídos os subsídios dos Vereadores e excluídos os gastos com inativos; esse limite não pode ultrapassar os percentuais ali definidos em função do número de habitantes. Esse dispositivo foi alterado pela Emenda Constitucional nº 109, de 15-3-21, em cujos termos o total da despesa do Poder Legislativo Municipal, incluídos os subsídios

---

[38] O § 2º do art. 23 foi considerado inconstitucional pelo STF na ADIn 2.238 (j. 24-6-20, Rel. Min. Alexandre de Moraes).

dos Vereadores e os demais gastos com pessoal inativo e pensionistas, não poderá ultrapassar os percentuais estabelecidos no dispositivo, "relativos ao somatório da receita tributária e das transferências previstas no § 5º do artigo 153 e nos artigos 158 e 159 desta Constituição, efetivamente realizado no exercício anterior". Pelo § 1º, a Câmara Municipal não poderá gastar mais de 70% de sua receita com folha de pagamento, incluído o gasto com o subsídio de seus Vereadores, sob pena de crime de responsabilidade do Presidente da Câmara.

Nos termos do art. 7º da Emenda Constitucional nº 109, a alteração do art. 29-A entra em vigor "a partir do início da primeira legislatura municipal após a data de publicação desta Emenda Constitucional".

13.4.12 Limites decorrentes das Emendas Constitucionais nos 95/16, 109/21 e 126/22

A Emenda Constitucional nº 95, de 15-12-2016, alterou o Ato das Disposições Constitucionais Transitórias (ADCT) para instituir o Novo Regime Fiscal a ser aplicado no âmbito da União, pelo prazo de vinte exercícios financeiros.

Embora trate de matéria financeira e orçamentária, a Emenda pode repercutir sobre o regime constitucional dos servidores públicos federais, uma vez que cria uma série de limitações para medidas que acarretem aumento da despesa.

O art. 107 do ADCT estabelece, para cada exercício, *limites individualizados* para as *despesas primárias* (que não levam em consideração os juros) de órgãos dos três Poderes da União, do Ministério Público Federal e da Defensoria Pública Federal. O § 1º define os limites da despesa primária de cada exercício, corrigida pela variação do Índice Nacional de Preços ao Consumidor Amplo – INPC ou outro que vier a substituí-lo. O § 6º dá o elenco das despesas que são excluídas da base de cálculo do limite estabelecido pelo art. 107.

O dispositivo que interessa ao regime constitucional dos servidores públicos (federais) é o art. 109 do ADCT, que, com as alterações introduzidas pela Emenda Constitucional nº 109, de 15-3-21 (decorrente da aprovação da chamada PEC Emergencial), estabelece as consequências do descumprimento do limite individualizado de despesa previsto no art. 107. Determina o art. 109, com a nova redação, que "se verificado, na aprovação da lei orçamentária, que, no âmbito das despesas sujeitas aos limites do artigo 107 do Ato das Disposições Constitucionais Transitórias, a proporção da despesa obrigatória primária em relação à despesa primária total foi superior a 95% (noventa e cinco por cento), aplicam-se ao respectivo Poder ou órgão, até o final do exercício a que se refere a lei orçamentária, sem prejuízo de outras medidas, as seguintes vedações:

> I – concessão, a qualquer título, de vantagem, aumento, reajuste ou adequação de remuneração de membros de Poder ou de órgão, de servidores e empregados públicos e de militares, exceto dos derivados de sentença judicial transitada em julgado ou de determinação legal anterior ao início da aplicação das medidas de que trata este artigo;
>
> II – a criação de cargo, emprego ou função que implique aumento de despesa;
>
> III – alteração de estrutura de carreira que implique aumento de despesa;
>
> IV – admissão ou contratação de pessoal, a qualquer título, ressalvadas:
>
> a) as reposições de cargos de chefia e de direção que não acarretem aumento de despesa;
>
> b) as reposições decorrentes de vacâncias de cargos efetivos ou vitalícios;
>
> c) as contratações temporárias de que trata o inciso IX do *caput* do artigo 37 da Constituição Federal; e

d) as reposições de temporários para prestação de serviço militar e de alunos de órgãos de formação de militares;

V – realização de concurso público, exceto para as reposições de vacâncias previstas no inciso IV;

VI – criação ou majoração de auxílios, vantagens, bônus, abonos, verbas de representação ou benefícios de qualquer natureza, inclusive os de cunho indenizatório, em favor de membros de Poder, do Ministério Público ou da Defensoria Pública, de servidores e empregados públicos e de militares, ou ainda de seus dependentes, exceto quando derivados de sentença judicial transitada em julgado ou de determinação legal anterior ao início da aplicação das medidas de que trata este artigo;

VII – criação de despesa obrigatória; e

VIII – adoção de medida que implique reajuste de despesa obrigatória acima da variação da inflação, observada a preservação do poder aquisitivo referida no inciso IV do *caput* do art. 7º da Constituição Federal.

IX – aumento do valor de benefícios de cunho indenizatório destinados a qualquer membro de Poder, servidor ou empregado da administração pública e a seus dependentes, exceto quando derivado de sentença judicial transitada em julgado ou de determinação legal anterior ao início da aplicação das medidas de que trata este artigo."

A alteração introduzida nos incisos VI e IX do art. 109 atinge as **verbas de caráter indenizatório**, como auxílio moradia, auxilio alimentação, auxílio saúde e outros auxílios que têm sido concedidos, especialmente a membros de Poder. Praticamente, tais verbas perdem em grande parte o caráter indenizatório, porque, se o mantivessem, não poderiam deixar de ressarcir os prejuízos que justificam a outorga desses benefícios. Não se pode esquecer que a legislação estatutária dos servidores públicos prevê algumas vantagens de caráter indenizatório, como as diárias e as ajudas de custo, as quais não podem ser alcançadas pelos dois incisos do art. 109, a menos que se pretenda atribuir ao servidor o ônus de arcar com despesas efetivamente necessárias ao exercício do cargo, emprego ou função. Tais hipóteses ficam excluídas do alcance daquelas normas, por estarem incluídas na parte final dos dois incisos mencionados, que excetuam as vantagens previstas em "determinação legal anterior ao início da aplicação das medidas de que trata este artigo".

Pelo § 3º do art. 109, se foram aplicadas as vedações previstas no *caput*, também "fica vedada a **concessão de revisão geral** prevista no inciso X do *caput* do art. 37 da Constituição Federal".

Em conformidade com o § 5º, "o disposto nos incisos II, IV, VII e VIII do caput e no § 2º deste artigo não se aplica às medidas de combate a calamidade pública nacional cuja vigência e efeitos não ultrapassem a sua duração".

A Emenda Constitucional nº 109/2021 estabelece também outras vedações, estas dirigidas a todos os entes da Federação, com repercussões sobre o regime constitucional dos servidores públicos.

O art. 167-A, introduzido por essa Emenda, estabelece que, para a hipótese em que for apurado, no período de 12 meses, que a relação entre despesas correntes e receitas correntes supere 95%, no âmbito dos Estados, do Distrito Federal e dos Municípios, fica facultado aos Poderes Executivo, Legislativo e Judiciário, ao Ministério Público, ao Tribunal de Contas e à Defensoria Pública do ente, enquanto permanecer a situação, aplicar o mecanismo de ajuste fiscal de vedação das medidas elencadas no dispositivo. Essas medidas são semelhantes às previstas no art. 109 do ADCT pela Emenda Constitucional nº 95/16, com as alterações feitas pela Emenda Constitucional nº 109/21.

Em consonância com o § 1º do art. 167-A, "apurado que a despesa corrente supera 85% da receita corrente, sem exceder o percentual mencionado no *caput* deste artigo, as medidas nele indicadas podem ser, no todo ou em parte, implementadas por atos do Chefe do Poder Executivo com vigência imediata, facultado aos demais Poderes e órgãos autônomos implementá-las em seus respectivos âmbitos". Pelo § 2º, o ato de que trata o § 1º deve ser submetido, em regime de urgência, à apreciação do Poder Legislativo. O § 3º determina que "o ato perde a eficácia, reconhecida a validade dos atos praticados na sua vigência, quando: I – rejeitado pelo Poder Legislativo; II – transcorrido o prazo de 180 (cento e oitenta) dias sem que se ultime a sua apreciação; ou III – apurado que não mais se verifica a hipótese prevista no § 1º deste artigo, mesmo após a sua aprovação pelo Poder Legislativo". A apuração de que trata o dispositivo deve ser realizada bimestralmente, conforme § 4º.

O § 6º do art. 167-A determina que, "ocorrendo a hipótese de que trata o *caput* deste artigo, até que todas as medidas nele previstas tenham sido adotadas por todos os Poderes e órgãos nele mencionados, de acordo com declaração do respectivo Tribunal de Contas, é vedada: I – a concessão, por qualquer outro ente da Federação, de garantias ao ente envolvido; II – a tomada de operação de crédito por parte do ente envolvido com outro ente da Federação, diretamente ou por intermédio de seus fundos, autarquias, fundações ou empresas estatais dependentes, ainda que sob a forma de novação, refinanciamento ou postergação de dívida contraída anteriormente, ressalvados os financiamentos destinados a projetos específicos celebrados na forma de operações típicas das agências financeiras oficiais de fomento".

A Emenda Constitucional nº 109/2021 ainda contém limitações a serem aplicadas em caso de decretação de calamidade pública de âmbito nacional. O art. 49 da Constituição é acrescido do inciso XVIII, para atribuir ao Congresso Nacional a competência exclusiva para decretar o estado de calamidade pública de âmbito nacional previsto nos arts. 167-B a 167-G (acrescentados pela mesma Emenda Constitucional). E o art. 84 recebe o inciso XXVIII, que inclui entre as competências privativas do Presidente da República a de propor ao Congresso Nacional a decretação do estado de calamidade pública de âmbito nacional previsto nos arts. 167-B a 167-G da Constituição.

As mesmas vedações previstas no art. 167-A aplicam-se durante a vigência de estado de calamidade pública de âmbito nacional, decretado pelo Congresso Nacional por iniciativa privativa do Presidente da República. É o que determina o art. 167-G, também introduzido pela Emenda Constitucional nº 109/2021. O § 3º do mesmo dispositivo faculta aos Estados, Distrito Federal e Municípios a aplicação das vedações referidas no *caput*, ficando submetidos às restrições previstas no § 6º do art. 167-A enquanto perdurarem seus efeitos para a União.

Também constitui limitação que atinge os servidores públicos a Emenda Constitucional nº 126, de 21-12-22, ao alterar o *caput* do art. 107-A do Ato das Disposições Constitucionais Transitórias (introduzido pela Emenda Constitucional nº 114/21). O dispositivo estabelece limite para alocação na proposta orçamentária das despesas com precatórios. Os recursos orçamentários economizados em decorrência dessa limitação ficam destinados ao programa permanente de transferência de renda e à seguridade social, previstos, respectivamente, nos arts. 6º, parágrafo único, e 194 da Constituição Federal. Em consequência do disposto no art. 107-A, o pagamento das vantagens obtidas pelos servidores públicos em virtude de sentença judiciária ficará postergado como decorrência da forma de cálculo estabelecida nos incisos I, II e III daquele dispositivo, conforme demonstrado no capítulo 17, item 17.5.4.

As vedações somente atingem órgãos da União. Estados e Municípios, se quiserem, terão que instituir as suas próprias vedações, provavelmente como decorrência da renegociação da dívida com a União.

13.5 PROVIMENTO E INVESTIDURA

Provimento é o ato do poder público que designa para ocupar cargo, emprego ou função a pessoa física que preencha os requisitos legais. Distingue-se da **investidura**, que é o ato pelo qual o servidor público é investido no exercício do cargo, emprego ou função, abrangendo a posse e o exercício. O provimento constitui ato do Poder Público, enquanto a investidura constitui ato do servidor; o primeiro constitui condição para que ocorra a segunda. É o que decorre, implicitamente, dos arts. 6º e 7º da Lei 8.112/90; o primeiro determina que "*o provimento dos cargos públicos far-se-á mediante ato da autoridade competente de cada Poder*"; pelo segundo, "*a investidura em cargo público ocorrerá com a posse*". Na prática, é comum a utilização das duas expressões – provimento e investidura – como sinônimos, embora os dois atos integrem um procedimento que leva à formação do vínculo entre o servidor e a pessoa jurídica estatal.[39] Praticado o ato de provimento, deve seguir-se a investidura (pela posse e exercício), sem o que o procedimento não se completa e o ato de provimento não se aperfeiçoará, devendo ser extinto.

A Constituição, no art. 37, II, com a redação dada pela Emenda Constitucional nº 19/98, fala em investidura, ao fazer a exigência de concurso público. Na realidade, quer se refira a investidura ou a provimento, a exigência de concurso público tem que ser atendida.

O provimento pode ser **originário** ou **derivado**. O primeiro é o que vincula inicialmente o servidor ao cargo, emprego ou função; pode ser tanto a **nomeação** como a **contratação**, dependendo do regime jurídico de que se trate.

Provimento derivado é o que depende de um vínculo anterior do servidor com a Administração; a legislação anterior à atual Constituição compreendia (com pequenas variações de um Estatuto funcional para outro) a promoção (ou acesso), a transposição, a reintegração, a readmissão, o aproveitamento, a reversão e a transferência.

Com a nova Constituição, esse rol ficou bem reduzido, em decorrência do art. 37, II, que exige a aprovação prévia em **concurso público** de provas ou de provas e títulos para a investidura em **cargo** ou **emprego público**, ressalvadas as nomeações para cargo em comissão declarado em lei de livre nomeação e exoneração.

1. enquanto a norma anterior exigia concurso apenas para investidura em **cargo público**, a atual impõe a mesma exigência para **cargo e emprego**; só não faz referência à **função**, porque deixou em aberto a possibilidade de contratação para serviços temporários (art. 37, IX) e para funções de confiança (art. 37, V), ambas as hipóteses sem concurso;
2. enquanto o dispositivo anterior fazia a exigência para a **primeira investidura**, o atual fala apenas em **investidura**, o que inclui tanto os provimentos originários como os derivados, somente sendo admissíveis as exceções previstas na própria Constituição, a saber, a reintegração, o aproveitamento, a recondução e o **acesso** ou **promoção**, além da **reversão** *ex officio*, que não tem base constitucional, mas ainda prevalece pela razão adiante exposta.

A **readmissão** era o ato discricionário pelo qual o funcionário **exonerado** e, segundo alguns Estatutos, também o **demitido**, reingressava no serviço público.

---

[39] Até a 27ª edição deste livro, não fazíamos a distinção, utilizando o vocábulo "provimento" no mesmo sentido de "investidura".

A **reversão** era o ato pelo qual o funcionário **aposentado** reingressava no serviço público; podia ser a pedido ou *ex officio*, esta última hipótese ocorrendo quando cessada a incapacidade que gerou a aposentadoria por invalidez.

A **transposição** (ou ascensão, na esfera federal) era o ato pelo qual o funcionário ou servidor passava de um cargo a outro de conteúdo ocupacional diverso. Visava ao melhor aproveitamento dos recursos humanos, permitindo que o servidor, habilitado para o exercício de cargo mais elevado, fosse nele provido mediante concurso interno; no Estado de São Paulo, estava prevista nos arts. 22 a 28 da Lei Complementar nº 180, de 12-5-78.

Nos três institutos, o provimento independe de **concurso público**, não podendo ser considerado como tal o procedimento de seleção utilizado na transposição, uma vez que, nesta, as vagas são destinadas a essa forma de provimento, excluindo a participação de terceiros, como o exigiria o **concurso público**.

Portanto, deixaram de existir, com a nova Constituição, os institutos da readmissão, da transposição e da reversão, ressalvada, neste último caso, a reversão *ex officio*, porque, nessa hipótese, desaparecendo a razão de ser da inatividade, deve o funcionário necessariamente reassumir o cargo, sob pena de ser cassada a aposentadoria. O servidor reassume para poder completar os requisitos para aposentadoria. No entanto, a reversão a pedido continua a ser prevista na legislação ordinária, a exemplo da Lei nº 8.112/90, que a disciplina nos arts. 25 e 27,[40] com a redação dada pela Medida Provisória nº 2.225-45, de 4-9-01, estando em desconformidade com a norma constitucional que exige concurso público para a investidura.

A respeito da ascensão, a Consultoria-Geral da República adotou o entendimento de que "com a promulgação da Constituição de 1988, foi banida do ordenamento jurídico brasileiro, como forma de investidura em cargo público, a ascensão funcional". No corpo do parecer, da lavra do Consultor José Márcio Monsão Mollo, está dito que "estão abolidas as formas de investidura que representam ingresso em carreira diferente daquela para a qual o servidor ingressou por concurso e que não são, por isso mesmo, inerentes ao sistema de provimento em carreira, ao contrário do que acontece com a promoção, sem a qual não há carreira, mas, sim, sucessão de cargos ascendentes" (Parecer nº CS-56, de 16-9-92, aprovado pelo Consultor-Geral da República, conforme publicado no *DOU* de 24-9-92, p. 13.386-89).

No mesmo sentido foi a decisão do STF, ao declarar a inconstitucionalidade do § 1º do art. 185 da Constituição do Estado do Rio de Janeiro (ADIN-245, Rel. Min. Moreira Alves, *DJ* de 13-8-92, p. 12.157).

Pelo mesmo fundamento, o STF considerou inconstitucional o instituto da transferência previsto nos arts. 8º, IV, e 33 da Lei nº 8.112, de 11-12-90, ambos suspensos pela Resolução nº 46, de 23-5-97, do Senado Federal e revogados pela Lei nº 9.527, de 10-12-97. Além disso, pela Súmula nº 685, o Supremo Tribunal Federal firmou o entendimento jurisprudencial de que "é inconstitucional toda modalidade de provimento que propicie ao servidor investir-se, sem prévia aprovação em concurso público destinado ao seu provimento, em cargo que não integra a carreira na qual anteriormente investido".[41]

Pelo mesmo fundamento, o STF tem decidido serem inconstitucionais medidas previstas em leis de reclassificação de cargos, como o **acesso**, a **transformação** ou o **aproveitamento** de servidores em cargo de nível superior àquele para o qual prestou concurso. Ainda que a legislação utilize terminologia variada, existe o objetivo de permitir que o servidor que prestou concurso para determinado cargo passe a ocupar outro, de nível de escolaridade mais elevado.

---

[40] O art. 26 foi revogado pela Medida Provisória nº 2.225-45, de 4-9-01.

[41] Em decorrência do entendimento do STF, a Lei nº 9.527, de 10-12-97, revogou os incisos III e IV do art. 8º da Lei nº 8.112/90, que previam, respectivamente, a ascensão e a transferência entre as formas de provimento.

Tal procedimento contraria o art. 37, II, da Constituição. O entendimento do STF só tem sido abrandado em hipóteses em que as atribuições são semelhantes e desde que os servidores tenham prestado concurso público em cargo da mesma natureza.[42] Pela Súmula Vinculante nº 43, ficou pacificado o entendimento de que "é inconstitucional toda modalidade de provimento que propicie ao servidor investir-se, sem prévia aprovação em concurso público destinado ao seu provimento, em cargo que não integra a carreira na qual anteriormente investido".

O STF ainda decidiu, no Tema 1157 (*leading case* ARE 1.306.505, Rel. Min. Alexandre de Moraes, 11-6-22), que "é vedado o reenquadramento, em novo Plano de Cargos, Carreiras e Remuneração de servidor admitido sem concurso público antes da promulgação da Constituição Federal de 1988, mesmo que beneficiado pela estabilidade excepcional do artigo 19 do ADCT, haja vista que esta regra transitória não prevê o direito à efetividade, nos termos do art. 37, II, da Constituição Federal e de decisão proferida na ADI 3.609 (Rel. Min. Dias Toffoli, Tribunal Pleno, *DJe* 30-10-2014)".

Quanto à **promoção** e ao **acesso**, existe diferença de terminologia entre a esfera federal e a estadual, pois o que a Lei nº 8.112/90 chama de promoção equivale ao acesso, no Estatuto estadual. Neste existe, além do acesso, também a promoção, mas esta não constitui forma de provimento. Além disso, as Leis Orgânicas da Magistratura, do Ministério Público e da Procuradoria-Geral do Estado, no Estado de São Paulo, falam em promoção no mesmo sentido que a Lei Federal citada, e que é também o sentido em que aparece em dispositivos na Constituição.

Promoção (ou acesso, no Estatuto Paulista) é forma de provimento pela qual o servidor passa para cargo de maior grau de responsabilidade e maior complexidade de atribuições, dentro da carreira a que pertence. Constitui uma forma de ascender na carreira. Distingue-se da transposição porque, nesta, o servidor passa para cargo de conteúdo ocupacional diverso, ou seja, para cargo que não tem a mesma natureza de trabalho.

A Emenda Constitucional nº 19 trouxe uma novidade ao exigir, como requisito para promoção, a participação em cursos de formação e aperfeiçoamento em escolas de governo. Estabelece o § 2º do art. 39 que "a União, os Estados e o Distrito Federal manterão escolas de governo para a formação e o aperfeiçoamento dos servidores públicos, constituindo-se a participação nos cursos um dos requisitos para a promoção na carreira, facultada, para isso, a celebração de convênios ou contratos entre os entes federados".

A norma cria certa perplexidade, por diversas razões, em especial pelo fato de constar da Constituição, impondo um ônus a Estados e Municípios que lutam, muitas vezes, para manter até mesmo o ensino fundamental. Ela tem que ser interpretada com o bom senso que faltou ao legislador. Em primeiro lugar, ela tem que ser entendida como norma programática a ser cumprida a longo prazo; em segundo lugar, a exigência de participação em curso desse tipo como requisito para promoção só pode ser imposta a partir do momento em que as chamadas escolas de governo estejam à disposição de todos os servidores, ou pela criação da escola ou pela celebração do convênio previsto na parte final do dispositivo; caso contrário, a promoção se tornará inviável exatamente em momento em que o Governo apregoa a valorização do servidor público.

Quanto à **promoção**, tal como definida no Estatuto paulista, não constitui modalidade de provimento; corresponde à passagem do funcionário ou servidor de um **grau a outro da mesma**

---

[42] Na ADI 3720/SP (Rel. Min. Marco Aurélio, j. em 31-10-07, *Informativo STF* 486), o STF julgou constitucional a Lei nº 988/07, que autorizou os Procuradores do Estado de São Paulo a optarem pela carreira de Defensor Público do mesmo Estado, tendo em vista que a Defensoria Pública absorveu atribuições que eram da Procuradoria Geral do Estado. Sobre o assunto, v. também acórdãos do STF na ADI 1591/5-RS, Rel. Min. Gallotti, ADI 2335/SC, Rel. Min. Gilmar Mendes, ADI 3582/PI, Rel. Min Sepúlveda Pertence.

referência. Sem mudar o cargo e a referência, o servidor passa para outro grau, razão pela qual se diz que a promoção se dá no plano **horizontal**, enquanto o acesso se dá no plano **vertical**.

A Constituição dá origem a outra forma de provimento, prevista no art. 41, § 2º; trata-se da **recondução**, que ocorre como consequência da reintegração, hipótese em que o servidor que ocupava o cargo do reintegrando tem o direito de ser reconduzido a seu cargo de origem. O art. 29 da Lei nº 8.112/90 prevê também a **recondução** no caso de inabilitação em estágio probatório relativo a outro cargo e em caso de reintegração do anterior ocupante.

O provimento ainda pode ser classificado, quanto à sua durabilidade, em **efetivo**, **vitalício** e **em comissão**, classificação essa somente aplicável aos cargos. Não se aplicam aos **empregos**, porque, embora providos por concurso público, não dão direito à estabilidade prevista no art. 41 da Constituição, nem às **funções**, porque estas não dependem de concurso público nem dão direito à estabilidade.

Provimento efetivo é o que se faz em cargo público, mediante nomeação por concurso público, assegurando ao servidor, após três anos de exercício, o direito de permanência no cargo, do qual só pode ser destituído por sentença judicial, por processo administrativo em que seja assegurada ampla defesa ou por procedimento de avaliação periódica de desempenho, também assegurado o direito à ampla defesa (conforme art. 41, § 1º, da Constituição, com a redação da Emenda Constitucional nº 19).

Provimento vitalício é o que se faz em cargo público, mediante nomeação, assegurando ao funcionário o direito à permanência no cargo, do qual só pode ser destituído por sentença judicial transitada em julgado.

Somente é possível com relação a **cargos** que a Constituição federal define como de provimento vitalício, uma vez que a vitaliciedade constitui exceção à regra geral da estabilidade, definida no art. 41. A lei ordinária não pode ampliar os cargos dessa natureza.

Na Constituição de 1988, são vitalícios os cargos dos membros da Magistratura (art. 95, I), do Tribunal de Contas (art. 73, § 3º) e do Ministério Público (art. 128, § 5º, *a*).

Tanto a estabilidade como a vitaliciedade não impedem a aposentadoria compulsória do funcionário que tenha completado a idade limite. Com relação à vitaliciedade, houve pretensões desse tipo perante o Poder Judiciário, por parte de titulares de ofícios de Justiça aos quais a Constituição de 1946 outorgou essa garantia; argumentava-se que vitaliciedade significa perpetuidade; no entanto, esse entendimento não foi acolhido pelo STF, que, pela Súmula nº 36, deixou expresso que "servidor vitalício está sujeito à aposentadoria compulsória, em razão da idade".

Enquanto o provimento efetivo se dá sempre por concurso público, o vitalício nem sempre depende dessa formalidade. Na Magistratura de primeiro grau, essa exigência consta do art. 93, I, da Constituição; nos Tribunais, o provimento se faz por promoção dos juízes de carreira ou por nomeação, sem concurso, pelo Chefe do Poder Executivo (art. 84, XIV e XVI, da Constituição). Neste último caso, a vitaliciedade é adquirida independentemente de estágio probatório; este só existe para os juízes de carreira, nomeados por concurso, hipótese em que a perda do cargo, nesse período, exige deliberação do tribunal a que o juiz estiver vinculado (art. 95, I).

Provimento em comissão é o que se faz mediante nomeação para cargo público, independentemente de concurso e em caráter transitório. Somente é possível com relação aos cargos que a lei declara de provimento em comissão.

O provimento é, em regra, ato do Poder Executivo (art. 84, XXV); mas a atual Constituição estabeleceu algumas competências especiais distribuídas entre vários órgãos:

1. o Poder Executivo tem competência para nomear os seus próprios funcionários (art. 84, XIV, da Constituição) e mais: os Ministros do STF e dos Tribunais Superiores, os Governadores de Territórios, o Procurador-Geral da República, o Presidente e

os Diretores do Banco Central, todos eles após aprovação do Senado (art. 84, XIV); os Ministros do Tribunal de Contas, sendo 1/3 de sua própria escolha, mediante aprovação pelo Senado, e 2/3 de escolha do Congresso Nacional (art. 84, XV, e art. 73, § 2º); os magistrados não nomeados por concurso (arts. 84, XVI, e 94) e o Advogado-Geral da União (art. 84, XVI); os membros do Conselho da República indicados no art. 89, VII;

2. aos Tribunais foi conferida competência para prover os cargos de juiz de carreira da respectiva jurisdição e os cargos necessários à administração da Justiça, exceto os de confiança assim definidos em lei (art. 96, I, *c* e *e*);
3. o Ministério Público é competente para prover os cargos de seus membros e os dos serviços auxiliares (art. 127, § 2º).

13.6 VACÂNCIA

Vacância é o ato administrativo pelo qual o servidor é destituído do cargo, emprego ou função.

Decorre de exoneração, demissão, aposentadoria, promoção e falecimento. O art. 33 da Lei nº 8.112/90, com alteração decorrente da Lei nº 9.527/97, prevê ainda a **readaptação** e a **posse em outro cargo inacumulável**. Mas a ascensão e a transformação deixaram de existir por força da Lei nº 9.527, de 10-12-97.

A **exoneração** não é penalidade; ela se dá a pedido ou *ex officio*, neste último caso quando se tratar de cargo em comissão ou função de confiança; no caso de cargo efetivo, quando não satisfeitas as exigências do estágio probatório ou quando, tendo tomado posse, o servidor não entrar em exercício no prazo estabelecido (arts. 34 e 35 da Lei nº 8.112/90, com redação dada pela Lei nº 9.527/97).

Já a **demissão** constitui penalidade decorrente da prática de ilícito administrativo; tem por efeito desligar o servidor dos quadros do funcionalismo.

A **promoção** é, ao mesmo tempo, ato de provimento no cargo superior e vacância no cargo inferior.

A **readaptação**, segundo art. 24 da Lei nº 8.112/90, "é a investidura do servidor em cargo de atribuições e responsabilidades compatíveis com a limitação que tenha sofrido em sua capacidade física ou mental verificada em inspeção médica".

13.7 DIREITOS E DEVERES

Os direitos do servidor público estão consagrados, em grande parte, na Constituição Federal (arts. 37 a 41); não há impedimento, no entanto, para que outros direitos sejam outorgados pelas Constituições Estaduais ou mesmo nas leis ordinárias dos Estados e Municípios.

Os direitos e deveres do servidor público estatutário constam do Estatuto do Servidor que cada unidade da Federação tem competência para estabelecer, ou da CLT, se o regime celetista for o escolhido para reger as relações de emprego. Em qualquer hipótese, deverão ser observadas as normas da Constituição Federal.

Os estatutos promulgados antes da atual Constituição consignam os direitos e deveres do funcionário. Do mesmo modo o faz a Lei nº 8.112/90.

Dentre os direitos, incluem-se os concernentes a férias, licenças, vencimento ou remuneração e demais vantagens pecuniárias, assistência, direito de petição, disponibilidade e aposentadoria, alguns deles já analisados no item concernente às normas constitucionais.

Com relação à retribuição **pecuniária (direito ao estipêndio),** já foi visto que a Emenda Constitucional nº 19/98 introduziu, ao lado do regime de remuneração ou vencimento, o sistema de subsídio. Para estes, o estipêndio compõe-se de uma parcela única, vedado acréscimo de vantagens outras de qualquer espécie. Para os servidores em regime de remuneração, continuam a existir as vantagens pecuniárias acrescidas ao padrão fixado em lei.

A legislação ordinária emprega, com sentidos precisos, os vocábulos **vencimento** e **remuneração**, usados indiferentemente na Constituição. Na lei federal, **vencimento** é a retribuição pecuniária pelo efetivo exercício do cargo, correspondente ao padrão fixado em lei (art. 40 da Lei nº 8.112/90) e **remuneração** é o vencimento e mais as vantagens pecuniárias atribuídas em lei (art. 41).[43] **Provento** é a retribuição pecuniária a que faz jus o aposentado. E **pensão** é o benefício pago aos dependentes do servidor falecido. O vencimento, o subsídio e a remuneração (inclusive as vantagens pecuniárias de qualquer espécie), os proventos e a pensão são definidos em lei (arts. 37, X, 40, § 3º, 61, § 1º, *a* e *d*, da Constituição).

Com relação às **vantagens pecuniárias**, Hely Lopes Meirelles (2003:458) faz uma classificação que já se tornou clássica; para ele, "vantagens pecuniárias são acréscimos ao vencimento do servidor, concedidas a título definitivo ou transitório, pela decorrência do tempo de serviço (*ex facto temporis*), ou pelo desempenho de funções especiais (*ex facto officii*), ou em razão das condições anormais em que se realiza o serviço (*propter laborem*), ou, finalmente, em razão de condições pessoais do servidor (*propter personam*). As duas primeiras espécies constituem os **adicionais** (**adicionais de vencimento** e **adicionais de função**), as duas últimas formam a categoria das **gratificações de serviço e gratificações pessoais**". A Lei nº 8.112/90, no art. 49, prevê as vantagens que podem ser pagas ao servidor, incluindo, além dos adicionais e gratificações, também as indenizações, que compreendem a **ajuda de custo**, as **diárias**, o **transporte** e o **auxílio-moradia** (definidos nos artigos subsequentes).

São exemplos de **adicionais por tempo de serviço** os acréscimos devidos por quinquênio e a sexta parte dos vencimentos, previstos na Constituição paulista (art. 129). Eles aderem ao vencimento e incluem-se nos cálculos dos proventos de aposentadoria.

Os **adicionais de função** são pagos em decorrência da natureza especial da função ou do regime especial de trabalho, como as vantagens de nível universitário e o adicional de dedicação exclusiva. Em regra, também se incorporam aos vencimentos e aos proventos desde que atendidas as condições legais.

A **gratificação de serviço** é retribuição paga em decorrência das condições anormais em que o serviço é prestado. Como exemplo, podem ser citadas as gratificações de representação, de insalubridade, de risco de vida e saúde.

As **gratificações pessoais** correspondem a acréscimos devidos em razão de situações individuais do servidor, como o salário-esposa e o salário-família.

Embora a classificação citada seja útil, até para fins didáticos, o critério distintivo – incorporação dos adicionais aos vencimentos e **não** incorporação das **gratificações** – nem sempre é o que decorre da lei; esta é que define as condições em que cada vantagem é devida e calculada e estabelece as hipóteses de incorporação. É frequente a lei determinar que uma gratificação (por exemplo, a de risco de vida e saúde) se incorpore aos vencimentos depois de determinado período de tempo. É evidente, contudo, que, no silêncio da lei, tem-se que entender que a

---

[43] A Lei nº 11.784/08 inclui o § 5º no art. 41 da Lei nº 8.112/90, determinando que "nenhum servidor receberá remuneração inferior ao salário mínimo". Pela Súmula Vinculante nº 15, o STF definiu que "o cálculo de gratificações e outras vantagens não incide sobre o abono utilizado para se atingir o salário mínimo do servidor público". E pela Súmula Vinculante nº 16 fixou o entendimento de que "os arts. 7º, IV, e 39, § 3º (redação da EC 19/98), da Constituição, referem-se ao total da remuneração percebida pelo servidor público".

gratificação de serviço somente é devida enquanto perdurarem as condições especiais de sua execução, não havendo infringência ao princípio constitucional da irredutibilidade de vencimento na retirada da vantagem quando o servidor deixa de desempenhar a função que lhe conferiu o acréscimo. As gratificações que não se incorporam não são incluídas nos vencimentos para fins de cálculo dos proventos de aposentadoria e de pensão dos dependentes.[44]

O princípio da irredutibilidade de vencimentos diz respeito ao padrão de cada cargo, emprego ou função e às vantagens pecuniárias já incorporadas; não abrange as vantagens transitórias, somente devidas em razão de trabalho que está sendo executado em condições especiais; cessado este, suspende-se o pagamento do acréscimo, correspondente ao cargo, emprego ou função.

Os vencimentos do servidor público (empregada a palavra em sentido amplo, para abranger também as vantagens pecuniárias) têm caráter **alimentar** e, por isso mesmo, não podem ser objeto de penhora, arresto ou sequestro, consoante arts. 649, IV, 821 e 823 do CPC. Pelo art. 833, IV, do novo CPC, são impenhoráveis os vencimentos, os subsídios, os soldos, os salários, as remunerações, os proventos de aposentadoria, as pensões, os pecúlios e os montepios. Pela mesma razão, o art. 100 da Constituição e o art. 33 de suas disposições transitórias, ao excluírem os créditos de natureza alimentar do processo especial de execução contra a Fazenda Pública, sempre foram interpretados de modo a incluir, na ressalva, os vencimentos devidos aos servidores públicos. Esse entendimento foi adotado, no Estado de São Paulo, pelo Decreto nº 29.463, de 19-12-88, e pelo art. 57, § 3º, de sua Constituição. Agora, a matéria constitui objeto de preceito constitucional contido no art. 100, § 1º-A, da Constituição, com a redação dada pela Emenda Constitucional nº 30/00; ficou expresso que "os débitos de natureza alimentícia compreendem aqueles decorrentes de salários, vencimentos, proventos, pensões e suas complementações, benefícios previdenciários e indenizações por morte ou invalidez, fundadas na responsabilidade civil, em virtude de sentença transitada em julgado".

Ainda com relação aos direitos dos funcionários, é importante lembrar que muitos deles correspondem a benefícios previstos para os integrantes da Previdência Social ou, mais amplamente, da Seguridade Social (que abrange previdência, saúde e assistência).

Com efeito, em relação aos servidores, o Poder Público pode determinar a sua inclusão na previdência social (ressalvados aqueles direitos, como aposentadoria e disponibilidade, que constituem encargos que a Constituição atribui ao Estado) ou assumi-los como encargos próprios. A primeira opção normalmente é utilizada para os servidores contratados pela legislação trabalhista e, a segunda, para os estatutários.

Assim, examinando-se os Estatutos funcionais, normalmente, encontram-se vantagens, como a licença para tratamento de saúde, licença-gestante, licença ao funcionário acidentado ou acometido de doença profissional e auxílio-funeral, entre outras. Na esfera federal, com a Lei nº 8.112/90, essas vantagens passaram a ter caráter previdenciário (art. 185).

Os **deveres** dos servidores públicos vêm normalmente previstos nas leis estatutárias, abrangendo, entre outros, os de assiduidade, pontualidade, discrição, urbanidade, obediência, lealdade. O descumprimento dos deveres enseja punição disciplinar.

13.8 RESPONSABILIDADE

O servidor público sujeita-se à responsabilidade **civil**, **penal** e **administrativa** decorrente do exercício do cargo, emprego ou função. Por outras palavras, ele pode praticar atos ilícitos no âmbito civil, penal e administrativo. Hoje existe também a responsabilidade por atos de improbidade administrativa que, embora processada e julgada na área cível, produz efeitos

---

[44] Súmula nº 680, do STF: "O direito ao auxílio-alimentação não se estende aos servidores inativos."

mais amplos do que estritamente patrimoniais, porque pode levar à suspensão dos direitos políticos e à perda do cargo, com fundamento no art. 37, § 4º, da Constituição, como se verá no Capítulo 18.

Para os **agentes políticos**, ainda existe a chamada **responsabilidade política**. Para esse fim, podem ser considerados agentes políticos:

a) o Prefeito e o Presidente da Câmara Municipal (art. 29-A, §§ 2º e 3º, da Constituição); essa responsabilidade rege-se pelo Decreto-lei nº 201, de 27-2-67, que prevê: os **crimes de responsabilidade dos Prefeitos**, sujeitos a julgamento do Poder Judiciário, puníveis com as penas de reclusão ou detenção, além da perda do cargo e a inabilitação, pelo prazo de cinco anos, para o exercício de cargo ou função pública, eletivo ou de nomeação, sem prejuízo da reparação civil do dano causado ao patrimônio público ou particular); e as **infrações político-administrativas**, sujeitas a julgamento pela Câmara dos Vereadores e sancionadas com a cassação do mandato;[45]

b) as autoridades mencionadas no art. 52, I, da Constituição (Presidente e Vice-Presidente da República, nos crimes de responsabilidade, bem como os Ministros de Estado e os Comandantes da Marinha, do Exército e da Aeronáutica, nos crimes de responsabilidade conexos com aqueles), em que o julgamento é da competência do Senado Federal, funcionando como presidente o do STF (parágrafo único do art. 52), sendo aplicável a pena de perda do cargo, com inabilitação, por oito anos, para o exercício de função pública, sem prejuízo das demais sanções judiciais cabíveis; o processo de julgamento, também chamado de *impeachment*, se desenvolve em duas fases: 1ª) apreciação da Câmara dos Deputados, a qual, se entender procedente a denúncia, pelo voto de dois terços dos seus membros, submete-a a julgamento pelo Senado; caso contrário, procede ao seu arquivamento; trata-se de decisão de natureza política, porque baseada em critérios de oportunidade e conveniência; 2ª) julgamento pelo Senado; se se tratar de crime comum, o julgamento compete ao STF (art. 86); o processo de julgamento segue as normas da Lei nº 1.079, de 10-4-50;

c) as autoridades mencionadas nos arts. 52, II (Ministros do STF, Membros do Conselho Nacional de Justiça e do Conselho Nacional do Ministério Público, Procurador-Geral da República e Advogado-Geral da União), e 85 da Constituição (Presidente da República); a competência para julgamento também é do Senado Federal, com relação aos crimes de responsabilidade, com cabimento da mesma penalidade referida no inciso I; nesse caso, não há necessidade de prévia autorização da Câmara dos Deputados;

d) as autoridades referidas no art. 102, I (Ministros de Estado, Comandantes da Marinha, do Exército e da Aeronáutica, membros dos Tribunais Superiores, do Tribunal de Contas e chefes de missão diplomática), que pela prática de crime comum ou de responsabilidade são processadas e julgadas pelo Supremo Tribunal Federal;

e) os agentes mencionados no art. 105, I, "a" (Desembargadores dos Tribunais de Justiça dos Estados e do Distrito Federal, membros dos Tribunais de Contas dos Estados e do Distrito Federal, dos Tribunais Regionais Federais, dos Tribunais Regionais

---

[45] O STF entende que, embora o art. 1º do Decreto-lei nº 201 fale em crime de responsabilidade, trata-se de crime comum (STF-Pleno-HC 70.671/PI, Rel. Min. Celso de Mello, *DJ* de 11-4-96, p. 10.923; HC 69.850/RS, Rel. Min. Francisco Rezek, Tribunal Pleno, *DJ* de 27-5-94; HC 71.669-5/PI, Rel. Min. Carlos Velloso, j. em 31-10-95).

Eleitorais e do Trabalho, membros dos Conselhos ou Tribunais de Contas dos Municípios e os do Ministério Público da União que oficiem perante tribunais), cujos processo e julgamento competem, originariamente, ao Superior Tribunal de Justiça, quando praticarem crimes comuns e de responsabilidade;

f) os membros da Magistratura e do Ministério Público federal, referidos no art. 108, I, "a" (juízes federais, inclusive os da Justiça Militar e da Justiça do Trabalho, e os membros do Ministério Público da União), sendo dos Tribunais Regionais Federais a competência para julgamento.

Quanto aos agentes políticos estaduais (Governadores, membros do Poder Judiciário e do Legislativo), as competências são definidas nas respectivas Constituições.

Os crimes de responsabilidade e respectivas sanções são definidos na Lei nº 1.079, de 10-4-50, que inclui o Presidente da República, os Ministros de Estado, os Ministros do STF, o Procurador-Geral da República, os Governadores e Secretários de Estado. A mesma lei estabelece normas sobre o processo de julgamento. A penalidade cabível é a perda do cargo, com inabilitação, até cinco anos, para o exercício de qualquer função pública, imposta pelo Senado Federal, com fundamento no art. 52, I e II, ou pelo Poder Judiciário, em consonância com a competência definida nos arts. 102, I, "c", 105, I, "a", e 108, I, "a". Nos casos de competência do Senado (art. 52, I e II), a inabilitação para o exercício de função pública ampliou-se para oito anos.

O entendimento do STF[46] é o de que tais crimes de responsabilidade têm natureza penal, não acompanhando a tese adotada pela doutrina de que se trata de infrações político-administrativas.

No Capítulo 18 será analisada a responsabilidade dos agentes públicos em geral por atos de **improbidade administrativa**.

13.8.1 Responsabilidade civil

A **responsabilidade civil** é de ordem patrimonial e decorre do art. 186 do Código Civil,[47] que consagra a regra, aceita universalmente, segundo a qual todo aquele que causa dano a outrem é obrigado a repará-lo.

Analisando-se aquele dispositivo, verifica-se que, para configurar-se o ilícito civil, exigem-se:

1. **ação** ou **omissão antijurídica**;
2. **culpa** ou **dolo**; com relação a este elemento, às vezes de difícil comprovação, a lei admite alguns casos de responsabilidade **objetiva** (sem culpa) e também de culpa presumida; uma e outra constituem exceções à regra geral de responsabilidade subjetiva, somente sendo cabíveis diante de norma legal expressa;
3. **relação de causalidade** entre a ação ou omissão e o dano verificado;
4. ocorrência de um **dano** material ou moral.

---

[46] ADI 834-0/MT, Rel. Min. Sepúlveda Pertence, *DJ* de 9-4-99, p. 2; ADI 1.628/SC, Rel. Min. Nelson Jobim, *RTJ* 166/147. No julgamento de Collor de Mello, o STF decidiu, por maioria de votos, que o *impeachment* constitui um processo de natureza político-penal (MS 21.564/0/DF, impetrado por Fernando Collor de Mello).

[47] Diz o art. 186 do Código Civil: "Aquele que, por ação ou omissão voluntária, negligência ou imprudência, violar direito e causar dano a outrem, ainda que exclusivamente moral, comete ato ilícito."

Quando o dano é causado por servidor público, é necessário distinguir duas hipóteses:

1. dano causado ao Estado;
2. dano causado a terceiros.

No primeiro caso, a sua responsabilidade é apurada pela própria Administração, por meio de processo administrativo cercado de todas as garantias de defesa do servidor, conforme art. 5º, inciso LV, da Constituição. As leis estatutárias em geral estabelecem procedimentos autoexecutórios (não dependentes de autorização judicial), pelos quais a Administração desconta dos vencimentos do servidor a importância necessária ao ressarcimento dos prejuízos, respeitado o limite mensal fixado em lei, com vistas à preservação do caráter alimentar dos estipêndios. Quando o servidor é contratado pela legislação trabalhista, o art. 462, § 1º, da CLT só permite o desconto com a concordância do empregado ou em caso de dolo.

O desconto dos vencimentos, desde que previsto em lei, é perfeitamente válido e independe do consentimento do servidor, inserindo-se entre as hipóteses de autoexecutoriedade dos atos administrativos.[48] Isto não subtrai a medida ao controle judicial, que sempre pode ser exercido mediante provocação do interessado, quer como medida cautelar que suste a decisão administrativa, quer a título de indenização, quando o desconto já se concretizou.

Para os servidores federais, a Lei nº 8.112/90, no art. 121, determina que o "servidor responde civil, penal e administrativamente pelo exercício irregular de suas atribuições". Pelo art. 122, "a responsabilidade civil decorre de ato omissivo ou comissivo, doloso ou culposo que resulte em prejuízo ao erário ou a terceiros". Conforme § 1º do mesmo dispositivo, "a indenização de prejuízo dolosamente causado ao erário somente será liquidada na forma prevista no artigo 46, na falta de outros bens que assegurem a execução do débito pela via judicial". As reposições e indenizações devidas ao erário devem ser previamente comunicadas ao servidor ativo, aposentado ou ao pensionista, para pagamento, no prazo máximo de 30 dias, podendo ser parceladas, a pedido do interessado, conforme previsto no art. 46. Nos termos do § 1º do art. 46, "o valor da parcela não poderá ser inferior ao correspondente a 10% da remuneração, provento ou pensão".

O art. 45 veda expressamente que qualquer desconto incida sobre a remuneração ou provento, "salvo por imposição legal, ou mandamento judicial". Isto significa que a lei não afasta a possibilidade de ser feito desconto dos vencimentos ou proventos, desde que previsto em lei.

Para os servidores estaduais, distritais e municipais, a matéria é tratada nas respectivas Constituições e leis orgânicas.

Em caso de crime de que resulte prejuízo para a Fazenda Pública ou enriquecimento ilícito do servidor, ele ficará sujeito a **sequestro** e **perdimento** de bens, porém com intervenção do Poder Judiciário, na forma do Decreto-lei nº 3.240, de 8-5-41, e Lei nº 8.429, de 2-6-92 (com redação dada pela Lei nº 14.230, de 25-10-2021). Esta última lei dispõe sobre as sanções aplicáveis em virtude de prática de atos de improbidade administrativa, de que trata o § 4º do art. 37 da Constituição Federal (v. Cap. 18).

---

[48] O STF, analisando dispositivo da Lei nº 8.112/90, já se posicionou em sentido contrário ao desconto, sem consentimento do servidor, para ressarcimento de prejuízo. A decisão foi no sentido de que "5. a Administração acha-se restrita às sanções de natureza administrativa, não podendo alcançar, compulsoriamente, as consequências civis e penais. 6. À falta de prévia aquiescência do servidor, cabe à Administração propor ação de indenização para a confirmação, ou não, do ressarcimento apurado na esfera administrativa. 7. O art. 46 da Lei nº 8.112, de 1990, dispõe que o desconto em folha de pagamento é a forma como poderá ocorrer o pagamento pelo servidor, após sua concordância com a conclusão administrativa ou a condenação judicial transitada em julgado. 8. Mandado de Segurança deferido" (MS 24182/DF, Rel. Min. Maurício Corrêa, j. em 12-2-04).

Quando se trata de **dano causado a terceiros**, aplica-se a norma do art. 37, § 6º, da Constituição Federal, em decorrência da qual o **Estado responde objetivamente**, ou seja, independentemente de culpa ou dolo, mas fica com o direito de regresso contra o agente que causou o dano, desde que este tenha agido com culpa ou dolo.

Nesse caso, a reparação do dano pode ser feita na esfera administrativa, desde que a Administração reconheça desde logo a sua responsabilidade e haja entendimento entre as partes quanto ao valor da indenização. Caso contrário, a pessoa que sofreu o dano pode pleitear a sua reparação na esfera judicial, mediante ação proposta contra a pessoa jurídica causadora do dano. Em caso de ser julgada procedente a ação, cabe direito de regresso contra o agente causador do dano. A responsabilidade da pessoa jurídica é objetiva, porque independe de culpa ou dolo, enquanto a do agente público é subjetiva.

Na esfera federal, a Lei nº 4.619, de 28-4-65, estabelece normas sobre a ação regressiva da União contra seus agentes, atribuindo a sua titularidade aos Procuradores da República. Hoje, a competência é dos Advogados da União, a quem cabe a representação judicial da União, conforme art. 131 da Constituição Federal. A propositura da ação é obrigatória em caso de condenação da Fazenda Pública, devendo o seu ajuizamento dar-se no prazo de 60 dias a contar da data em que transitar em julgado a sentença condenatória.

No Estado de São Paulo, a Lei nº 10.177, de 30-12-98, que regula o processo administrativo no âmbito da Administração Pública estadual, prevê um "procedimento de reparação de danos", pela pessoa jurídica, na esfera administrativa (arts. 65 e 66); e também estabelece o procedimento para responsabilização do agente público responsável (arts. 67 a 70).

Quanto à prescrição, o art. 1º-C, acrescentado à Lei nº 9.494, de 10-9-97 pela Medida Provisória nº 2.180-35, de 24-8-01, estabelece que "prescreverá em cinco anos o direito de obter indenização pelos danos causados por agentes de pessoas jurídicas de direito público e de pessoas jurídicas de direito privado prestadoras de serviços públicos". Vale dizer que a prescrição quinquenal contra a Fazenda Pública, nesse caso, estendeu-se às pessoas jurídicas de direito privado prestadoras de serviços públicos, expressão que abrange não só as entidades integrantes da Administração indireta, como também as concessionárias, permissionárias ou autorizatárias de serviços públicos ou qualquer entidade privada que preste serviço público a qualquer título.

13.8.2 Responsabilidade administrativa

O servidor responde administrativamente pelos ilícitos administrativos definidos na legislação estatutária e que apresentam os mesmos elementos básicos do ilícito civil: ação ou omissão contrária à lei, culpa ou dolo e dano.

Nesse caso, a infração será apurada pela própria Administração Pública, que deverá instaurar procedimento adequado a esse fim, assegurando ao servidor o contraditório e a ampla defesa, com os meios e recursos a ela inerentes, nos termos do art. 5º, inciso LV, da Constituição.

Os meios de apuração previstos nas leis estatutárias são os **sumários**, compreendendo a verdade sabida e a sindicância, e o **processo administrativo disciplinar**, impropriamente denominado inquérito administrativo, conforme será analisado no capítulo subsequente.

Comprovada a infração, o servidor fica sujeito a penas disciplinares.

Na esfera federal, a Lei nº 8.112/90 prevê, no art. 127, as penas de advertência, destituição de cargo em comissão, destituição de função comissionada, suspensão, demissão e cassação de aposentadoria; e define, nos artigos subsequentes, as hipóteses de cabimento de cada uma delas.

A pena de cassação de aposentadoria vem gerando controvérsias, principalmente após a instituição do regime previdenciário contributivo para o servidor público. Em texto publicado no site do Conjur, no dia 16-4-15, defendemos a incompatibilidade dessa penalidade com o regime previdenciário de natureza contributiva. No entanto, o Tribunal de Justiça do Estado de São Paulo afastou esse entendimento em acórdão proferido no Mandado de Segurança nº 2189771-75.2014.8.26.0000, da Comarca de São Paulo, j. 1º-7-15. Também o Supremo Tribunal Federal já se manifestou pela constitucionalidade da cassação de aposentadoria, inobstante o caráter contributivo de que se reveste o benefício previdenciário (Ag. Reg. na STA nº 729-SC, Rel. Ministro Ricardo Lewandowski, conforme Informativo nº 791, de 22 a 16-6-15). Finalmente, na ADPF nº 418, em que se questionava a constitucionalidade dos arts. 127, IV, e 134 da Lei nº 8.112/90, que preveem a pena de cassação de aposentadoria e de disponibilidade, o STF decidiu, por unanimidade, pela improcedência da ação, por considerar que tais penalidades não são incompatíveis com o regime próprio de previdência do servidor (j. 15-4-20, Rel. Ministro Alexandre de Moraes).

Não há, com relação ao ilícito administrativo, a mesma tipicidade que caracteriza o ilícito penal. A maior parte das infrações não é definida com precisão, limitando-se a lei, em regra, a falar em falta de cumprimento dos deveres, falta de exação no cumprimento do dever, insubordinação grave, procedimento irregular, incontinência pública; poucas são as infrações definidas, como o abandono de cargo ou os ilícitos que correspondem a crimes ou contravenções.

Isso significa que a Administração dispõe de certa margem de apreciação no enquadramento da falta dentre os ilícitos previstos na lei, o que não significa possibilidade de decisão arbitrária, já que são previstos critérios a serem observados obrigatoriamente; é que a lei (arts. 128 da Lei Federal e 256 do Estatuto Paulista) determina que na aplicação das penas disciplinares serão considerados a natureza e a gravidade da infração e os danos que dela provierem para o serviço público.

É precisamente pelo fato de a Administração dispor de certa margem de apreciação (ou discricionariedade limitada pelos critérios previstos em lei) na aplicação de penalidade que se exige a precisa **motivação**, para demonstrar a adequação entre a infração e a pena escolhida e impedir o arbítrio da Administração. Normalmente essa motivação consta do relatório da comissão ou servidor que realizou o procedimento; outras vezes, consta de pareceres proferidos por órgãos jurídicos preopinantes aos quais se remete a autoridade julgadora; se esta não acatar as manifestações anteriores, deverá expressamente motivar a sua decisão.

O parágrafo único do art. 128 da Lei nº 8.112/90, acrescentado pela Lei nº 9.527/97, exige que o ato de imposição da penalidade mencione sempre "*o fundamento legal e a causa da sanção disciplinar*", ou seja, impõe a **motivação** do ato punitivo. A mesma exigência decorre da Lei nº 9.784, de 29-1-99 (Lei de Processo Administrativo federal), a qual, além de prever o princípio da motivação no art. 2º, *caput*, ainda exige, no parágrafo único, inciso VII, do mesmo dispositivo, a "indicação dos fatos e dos fundamentos jurídicos". O art. 50 da mesma lei ainda exige que os atos administrativos sejam motivados, "com indicação dos fatos e dos fundamentos jurídicos", em algumas hipóteses específicas, dentre as quais aquelas que "neguem, limitem ou afetem direitos ou interesses" (inciso I) e "imponham ou agravem deveres, encargos ou sanções".

Também têm que ser levadas em consideração, na aplicação de penalidades, as normas da LINDB, com as alterações introduzidas pela Lei nº 13.655, de 25-4-2018, em especial as contidas no art. 22, já analisadas no capítulo 3, item 3.3.

Como medidas preventivas, a Lei nº 8.112/90, no art. 147, estabelece o **afastamento preventivo** por 60 dias, prorrogáveis por igual período, quando o afastamento for necessário para que o funcionário não venha a influir na apuração da falta cometida. Isto sem falar no **sequestro** e **perdimento de bens**, já referidos.

Para os servidores temporários, o regime disciplinar, na esfera federal, é parcialmente regido pela Lei nº 8.112/90, tendo em vista que a Lei nº 8.745/93, no art. 11, manda aplicar aos mesmos algumas normas daquela lei, dentre elas a do art. 127, I, II e III (penas de advertência, suspensão e demissão) e a do art. 132, incisos I a VII e IX a XIII (hipóteses em que cabe a pena de demissão). A apuração das infrações é feita "mediante sindicância, concluída no prazo de trinta dias e assegurada ampla defesa" (art. 10 da Lei nº 8.745/93).

Para os servidores temporários das outras esferas de governo a matéria deve ser disciplinada por legislação própria.

Para os servidores celetistas, a Lei nº 9.962, de 22-2-00, determina a sua sujeição às normas da CLT, no que a lei não dispuser em contrário. Dentre as hipóteses de rescisão unilateral do contrato de trabalho, inclui-se "a prática de falta grave, dentre as enumeradas no art. 482 da CLT" e a "acumulação ilegal de cargos, empregos ou funções públicas". Não há exigência de processo administrativo disciplinar (só exigido pela Constituição, no art. 41, § 1º, inciso II, para os servidores estáveis), porém tem que ser realizado um procedimento sumário para apuração de responsabilidade, em observância ao art. 5º, LV, da Constituição.

13.8.3   Responsabilidade penal

O servidor responde penalmente quando pratica crime ou contravenção. Existem, no ilícito penal, os mesmos elementos caracterizadores dos demais tipos de atos ilícitos, porém com algumas peculiaridades:

1. a ação ou omissão deve ser antijurídica e **típica**, ou seja, corresponder ao **tipo**, ao modelo de conduta definido na lei penal como crime ou contravenção;
2. dolo ou culpa, sem possibilidade de haver hipóteses de responsabilidade objetiva;
3. relação de causalidade;
4. dano ou perigo de dano: nem sempre é necessário que o dano se concretize; basta haver o risco de dano, como ocorre na tentativa e em determinados tipos de crime que põem em risco a incolumidade pública.

Para fins criminais, o conceito de servidor público é amplo, mais se aproximando do conceito de agente público. O art. 327 do Código Penal, com a redação dada pela Lei nº 9.983, de 13-7-00, considera "funcionário público, para os efeitos penais, quem, embora transitoriamente ou sem remuneração, exerce cargo, emprego ou função pública". O § 1º equipara a funcionário "quem exerce cargo, emprego ou função em entidade paraestatal, e quem trabalha para empresa prestadora de serviço contratada ou conveniada para a execução de atividade típica da Administração Pública". O sentido da expressão *entidade paraestatal*, nesse dispositivo, tem sido objeto de divergências doutrinárias, alguns entendendo que só abrange as autarquias, outros incluindo as empresas públicas e sociedades de economia mista. Razão assiste aos que defendem este último entendimento, pois, se o empregado de entidade privada é considerado funcionário público, para fins criminais, pelo fato de a mesma prestar atividade típica da Administração Pública, com muito mais razão o empregado das sociedades de economia mista, empresas públicas e demais entidades sob controle direto ou indireto do poder público, que fazem parte integrante da Administração Pública indireta.

A Lei nº 14.133, de 1º-4-2021 (Lei Geral de Licitações e Contratos Administrativos), no art. 178, alterou o Código Penal para introduzir no Título XI da Parte Especial o Capítulo II-B, prevendo e definindo os "crimes em licitações e contratos administrativos", grande parte deles passíveis de serem cometidos por servidores públicos.

A Lei nº 13.869, de 5-9-19, dispõe especificamente sobre os crimes de **abuso de autoridade**. A partir de sua entrada em vigor (prevista para ocorrer 120 dias a contar da publicação oficial, que ocorreu em 5-9-19), fica revogada a anterior Lei nº 4.898, de 9-12-65, que dispunha sobre a matéria. Ela prevê como sujeito ativo do crime "qualquer agente público, servidor ou não, da administração direta, indireta ou fundacional de qualquer dos Poderes da União, dos

Estados, do Distrito Federal, dos Municípios e dos Territórios, compreendendo, mas não se limitando a: I – servidores públicos e militares ou pessoas a eles equiparadas; II – membros do Poder Legislativo; III – membros do Poder Executivo; IV – membros do Poder Judiciário; V – Membros do Ministério Público; VI – membros dos tribunais ou conselhos de contas" (art. 2º). Como se verifica pela redação do dispositivo, a lei não quis deixar dúvidas quanto à aplicação de suas normas, não só aos servidores públicos, mas também aos agentes públicos integrantes das instituições referidas nos incisos de I a VI. No parágrafo único do mesmo dispositivo, a lei adota conceito bem amplo de agente público, para os fins da lei, considerando como tal "todo aquele que exerce, ainda que transitoriamente ou sem remuneração, por eleição, nomeação, designação, contratação ou qualquer outra forma de investidura ou vínculo, mandato, cargo, emprego ou função em órgão ou entidade abrangidos pelo *caput* deste artigo".

A mesma lei contém normas sobre independência entre as instâncias penal, civil e administrativa, como se verá no item subsequente.

A responsabilidade criminal do servidor é apurada pelo Poder Judiciário. De acordo com o art. 229 da Lei nº 8.112/90, é assegurado auxílio-reclusão à família do servidor ativo, nos seguintes valores: dois terços da remuneração, quando afastado por motivo de prisão, em flagrante ou preventiva, determinada pela autoridade competente, enquanto perdurar a prisão; ou metade da remuneração, durante o afastamento, em virtude de condenação, por sentença definitiva, a pena que não determine a perda do cargo. Pelo § 3º do mesmo dispositivo, incluído pela Lei nº 13.135/15, "o auxílio-reclusão será devido, nas mesmas condições da pensão por morte, aos dependentes do servidor recolhido à prisão".

Pelo Estatuto de São Paulo (Lei nº 10.261, de 28-10-68), o funcionário perde, em qualquer hipótese, o total da remuneração, sendo considerado afastado do cargo até a condenação ou absolvição transitada em julgado (art. 70, com a redação dada pela Lei Complementar nº 1.012, de 5-4-07).

O art. 27 da Emenda Constitucional nº 103/19 determina que "até que lei discipline o acesso ao salário-família e ao auxílio-reclusão de que trata o inciso IV do artigo 201 da Constituição Federal, esses benefícios serão concedidos apenas àqueles que tenham renda bruta mensal igual ou inferior a R$ 1.364,43 (mil trezentos e sessenta e quatro reais e quarenta e três centavos), que serão corrigidos pelos mesmos índices aplicados aos benefícios do Regime Geral de Previdência Social". Pelo § 1º, "até que lei discipline o valor do auxílio-reclusão, de que trata o inciso IV do art. 201 da Constituição Federal, seu cálculo será realizado na forma daquele aplicável à pensão por morte, não podendo exceder o valor de 1 (um) salário mínimo". Nos termos do § 2º, "até que lei discipline o valor do salário-família, de que trata o inciso IV do artigo 201 da Constituição Federal, seu valor será de R$ 46,54 (quarenta e seis reais e cinquenta e quatro centavos)". Atualmente, os valores do salário-família e do auxílio-reclusão estão definidos pela Portaria SEPRT nº 3.659, de 10-2-20, do Secretário Especial de Previdência e Trabalho do Ministério da Economia. O art. 27 da Emenda Constitucional nº 103/19 (e, portanto, a referida Portaria) somente tem aplicação aos filiados ao regime geral de previdência social, tendo em vista que o art. 27 constitui disposição transitória baixada para fixar um requisito para acesso ao auxílio-reclusão e ao salário-família enquanto não forem os mesmos estabelecidos em lei. A única norma constitucional, que precisava da aludida disposição transitória é a contida no art. 201, inciso IV, com a redação dada pela mesma Emenda 20; nela se inclui entre os benefícios cobertos pela seguridade social o "auxílio-reclusão para os dependentes dos segurados de baixa renda". Não há, na parte referente aos servidores públicos (arts. 37 a 41) qualquer referência a esse benefício, que pudesse estar abrangida pela norma transitória constante do art. 27 da Emenda. Por outras palavras, o objetivo do art. 27 foi apenas o de definir, transitoriamente, o que se entende por "segurados de baixa renda", para fins de auxílio-reclusão.

Em consequência, não se alteram as normas legais referentes ao auxílio-reclusão assegurado para os servidores estatutários.

13.8.4 Comunicabilidade de instâncias

Quando se analisa o tema, bastante complexo, da repercussão da decisão proferida pelo juiz criminal sobre a órbita administrativa, devem-se separar duas hipóteses profundamente diversas:

1. uma em que a infração praticada pelo funcionário é, ao mesmo tempo, definida em lei como ilícito penal e ilícito administrativo;
2. a outra em que a infração praticada constitui apenas ilícito penal.

Na primeira hipótese, instauram-se o processo administrativo disciplinar e o processo criminal, prevalecendo a regra da independência entre as duas instâncias, ressalvadas algumas exceções, em que a decisão proferida no juízo penal deve prevalecer, fazendo coisa julgada na área cível e na administrativa.

A regra fundamental sobre a matéria está contida no art. 935 do Código Civil, em cujos termos não se poderá questionar mais sobre "**a existência do fato** ou quem seja o seu **autor**, quando estas questões se acharem decididas no juízo criminal". A mesma norma se continha no art. 1.525 do Código Civil de 1916. Em consonância com esse dispositivo, o art. 126 da Lei nº 8.112/90 determina que "a responsabilidade administrativa do servidor será afastada no caso de absolvição criminal que negue a existência do fato ou da sua autoria".

Por sua vez, o art. 65 do Código de Processo Penal determina que "faz coisa julgada no cível a sentença penal que reconhecer ter sido o ato praticado em estado de necessidade, em legítima defesa, em estrito cumprimento de dever legal ou no exercício regular de direito". E o art. 66 estabelece que "não obstante a sentença absolutória no juízo criminal, a ação civil poderá ser proposta quando não tiver sido, categoricamente, reconhecida a inexistência material do fato".

A Lei nº 13.869, de 5-9-19, que dispõe sobre o crime de abuso de autoridade, contém normas semelhantes. No art. 6º, determina que: "As penas previstas nesta Lei serão aplicadas independentemente das sanções de natureza civil ou administrativa cabíveis". No parágrafo único, estabelece que "as notícias de crimes previstos nesta Lei que descreverem falta funcional serão informadas à autoridade competente com vistas à apuração".

O art. 7º determina que: "As responsabilidades civil e administrativa são independentes da criminal, não se podendo mais questionar sobre a existência ou a autoria do fato quando essas questões tenham sido decididas no juízo criminal". Por sua vez, o art. 8º estabelece que: "Faz coisa julgada em âmbito cível, assim como no administrativo disciplinar, a sentença penal que reconhecer ter sido o ato praticado em estado de necessidade, em legítima defesa, em estrito cumprimento de dever legal ou exercício regular de direito".

Como se verifica, esses dois dispositivos da Lei nº 13.869 repetem, em termos muito semelhantes, as normas do art. 935 do Código Civil e do art. 65 do Código de Processo Penal, apenas deixando expresso que os dispositivos alcançam também os processos administrativos disciplinares.

Quando o funcionário for **condenado** na esfera criminal, o juízo cível e a autoridade administrativa não podem decidir de forma contrária, uma vez que, nessa hipótese, houve decisão definitiva quanto ao fato e à autoria, aplicando-se o art. 935 do Código Civil de 2002 e, quanto ao crime de abuso de autoridade, os arts. 7º e 8º da Lei nº 13.869/19.

Quando a sentença for pela **absolvição**, há que se distinguir os seus vários fundamentos, indicados no art. 386 do Código de Processo Penal (com a redação alterada pela Lei nº 11.690/08), nos seguintes termos:

> "Artigo 386. O juiz absolverá o réu, mencionando a causa na parte dispositiva, desde que reconheça:
> I – estar provada a inexistência do fato;
> II – não haver prova da existência do fato;
> III – não constituir o fato infração penal;
> IV – estar provado que o réu não concorreu para a infração penal;
> V – não existir prova de ter o réu concorrido para a infração penal;
> VI – existirem circunstâncias que excluam o crime ou isentem o réu de pena (arts. 20, 21, 22, 23, 26 e § 1º do art. 28, todos do Código Penal) ou mesmo se houver fundada dúvida sobre sua existência;
> VII – não existir prova suficiente para a condenação".

Repercutem na esfera administrativa as decisões baseadas nos incisos I, IV e VI; nos dois primeiros casos, com base no art. 935 do Código Civil e, no último, com esteio no art. 65 do Código de Processo Penal.

Não repercutem na esfera administrativa:

1. a hipótese do inciso III, porque o mesmo fato que não constitui crime pode corresponder a uma infração disciplinar; o ilícito administrativo é menos do que o ilícito penal e não apresenta o traço da **tipicidade** que caracteriza o crime;
2. as hipóteses dos incisos II, V e VII, em que a absolvição se dá por falta de provas; a razão é semelhante à anterior: as provas que não são suficientes para demonstrar a prática de um crime podem ser suficientes para comprovar um ilícito administrativo.

Merecem ser citadas, por continuarem inteiramente aplicáveis, algumas decisões judiciais, extraídas da obra de José Armando da Costa (1987:242):

> "Absolvição criminal fundada em ausência de prova no tocante à autoria não exclui a punição administrativa de funcionário público baseada em inquérito" (STF, RE 85.314, *DJ* 2-6-78, p. 3.031).
> "Demissão de servidor público. Legalidade do ato, o qual não se afeta pela absolvição criminal do servidor por carência de melhor prova do fato denunciado" (TFR, AC. 20.188, *DJ* 16-5-79, p. 3.784).
> "O autor não foi denunciado no juízo criminal por nenhum dos fatos consignados no relatório e que serviram de base à punição administrativa. A instância administrativa, no livre exercício de seu poder legal, julgou a prova colhida no inquérito suficiente para a condenação à pena de demissão, que impôs. E o autor não trouxe para os autos provas capazes de ilidirem aquelas que serviram de esteio ao ato administrativo impugnado. Nem demonstrou sua não conformidade com o direito escrito" (TFR, AC. 29.542, *DJ* 3-12-79, p. 9.120).

Todas essas decisões referem-se a hipóteses em que o funcionário incidiu, pelo mesmo ato, simultaneamente em falta disciplinar e em crime. É exatamente a hipótese a que se refere o art. 136 da Constituição do Estado de São Paulo, pelo qual "o servidor público civil demitido por ato administrativo, se absolvido pela Justiça, na ação referente ao ato que deu causa à demissão, será reintegrado ao serviço público, com todos os direitos adquiridos". Essa norma tem que ser interpretada à luz dos dispositivos do CC e CPP, já mencionados, não significando que, em qualquer hipótese, a decisão judicial repercute sobre a administrativa; ela repercute apenas nas hipóteses já mencionadas pois, a aceitar-se outra interpretação, estar-se-ia pondo fim à independência entre as instâncias penal e administrativa, com manifesta ofensa ao princípio da separação de Poderes.

Totalmente diversa é a situação se o funcionário público for processado na esfera penal por fato que constitui crime mas não corresponde a ilícito administrativo. Nesse caso, quer-nos parecer que a decisão absolutória proferida pelo juiz criminal, **qualquer que seja a fundamentação da sentença**, repercute sobre a esfera administrativa, porque, nessa matéria, a competência é exclusiva do Judiciário; o funcionário só pode ser punido pela Administração se, além daquele fato pelo qual foi absolvido, houver alguma outra irregularidade que constitua infração administrativa, ou seja, a chamada **falta residual** a que se refere a Súmula nº 18 do STF, *in verbis*: "pela falta residual, não compreendida na absolvição pelo juízo criminal, é admissível a punição administrativa do servidor público".

Não havendo falta residual, a absolvição na esfera criminal tem que ser reconhecida na órbita administrativa. Nesse sentido é o pensamento de José Armando da Costa (1987:237), quando afirma: "sem embargo, acentue-se que toda sentença penal absolutória repercute na instância disciplinar quando a falta funcional, em sua definição legal, se escudar exata e precisamente num tipo penal. Nesses casos, o decisório criminal definitivo, qualquer que seja o seu fundamento, constituirá *res judicata* no âmbito disciplinar".

Além da Súmula nº 18, merecem ser citados alguns acórdãos em que esse entendimento é reiterado pelos Tribunais:

> Desde que o servidor foi absolvido em processo criminal e nenhum resíduo restou **sob o aspecto administrativo**, não se justifica a sua demissão (TJSP, in *RDP* 16/249).
>
> "A absolvição no crime produz efeito na demissão do funcionário desde que não haja resíduo a amparar o processo administrativo" (STF, in *RDA* 51/177).
>
> "Se a decisão absolutória proferida no juízo criminal não deixa resíduo a ser apreciado na instância administrativa, não há como subsistir a pena disciplinar" (STF, in *RDA* 123/216).
>
> "Se o inquérito administrativo se baseia tão só em fato previsto como crime, a absolvição faz desaparecer o motivo do procedimento administrativo, se do fato não restou resíduo para a pena disciplinar" (STF, in *RDP* 34/131).

Na esfera federal, ficou devidamente reconhecida a **dependência** da esfera administrativa em relação à criminal, quando o funcionário esteja indiciado apenas por **crime**. Com efeito, o art. 207 do Estatuto (Lei nº 1.711, de 28-10-52) indicava as hipóteses de aplicação da pena de demissão, mencionando, no inciso I, "o crime contra a administração pública". Pois bem, o antigo DASP já tinha definido que "não pode haver demissão com base no inciso I do art. 207 do Estatuto dos Funcionários, se não a precede condenação criminal" (Formulação nº 128). E justificava: "a única hipótese em que a Administração está adstrita a aguardar a prestação jurisdicional é a do inciso I do artigo 107, onde se fala genericamente do crime contra a Administração Pública. Em todas as outras, a Administração não necessita aguardar o desfecho do procedimento criminal, vez que a previsão do fato criminoso como ilícito disciplinar autônomo a autoriza a agir desde logo, aplicando a pena que o Estatuto cominar" (parecer no Processo nº

1.485, de 6-4-67, apud José Armando da Costa, 1987:240). A Lei nº 8.112, de 1990, no art. 132, I, repete a mesma norma que constava do art. 207 do Estatuto anterior.

É verdade que a vida privada do funcionário, na medida em que afete o serviço, pode interessar à Administração, levando-a a punir disciplinarmente a má conduta fora do cargo. Daí alguns estatutos incluírem, entre os deveres funcionais, o de "proceder na vida pública e privada na forma que dignifique a função pública" e punirem com demissão o funcionário que "for convencido de **incontinência pública e escandalosa**". Pela mesma razão, alguns consideram que o "procedimento irregular", punível com demissão, pode abranger o mau procedimento na vida privada ou na vida funcional (cf. Carlos S. de Barros Júnior, 1972:109).

Quanto à incontinência pública e escandalosa, não é qualquer crime que pode ser enquadrado como tal. Consoante ensinamento de A.A. Contreiras de Carvalho (1955, v. 2:156), ela "consiste na falta de abstenção de prazeres sensuais, ou melhor, na prática destes em termos imoderados, expondo quem os pratica e se de modo público e escandaloso, ao ridículo e à condenação da sociedade".

Também Themístocles Brandão Cavalcanti (1958, t. 2:258) dá ideia do que seja essa infração, ao afirmar que "todas essas faltas são apenas manifestações públicas e ostensivas, com manifesto escândalo, pelo grau e pela frequência, de hábitos contrários a uma vida ordenada, nos moldes de um comportamento adequado aos hábitos de nossa sociedade".

Quanto ao "**procedimento irregular** de natureza grave", não definido legalmente, não nos parece que possa abranger, indiferentemente, qualquer tipo de má conduta do funcionário na vida privada. Carlos S. de Barros Júnior (1972:108), discorrendo sobre o tema, assim se manifesta: "de qualquer forma, como à Administração não pode deixar de interessar, pelo que ficou dito, a má conduta fora do cargo, devem as autoridades, principalmente aqui, gozar de liberdade de incriminação, para considerar, de modo discricionário, os fatos dessa natureza, que lhes sejam submetidos. Basta atentar, por exemplo, para a circunstância de que o juízo sobre o mau procedimento dependerá muito, não só da categoria do funcionário, como da natureza de suas atribuições, sendo certo que, sob esse aspecto, muito mais estritos serão os deveres de um juiz ou professor, por exemplo, do que os de um agente de pequena categoria ou operário do Estado".

É de se lembrar também que existem defensores da tese de que o "procedimento irregular" somente se caracteriza quando se trate de ilícito funcional. Nesse sentido, já decidiu o Tribunal de Justiça de São Paulo que "o procedimento irregular, previsto no Estatuto, é relativo à atividade funcional do servidor público e não à sua conduta na vida privada" (*RDA* 52/188). Em defesa desse entendimento, o acórdão cita a lição de Themístocles Brandão Cavalcanti, que considera como tal "o procedimento escandaloso, no sentido de sua desconformidade entre o procedimento funcional e a falta de cumprimento dos deveres do cargo". E cita também o entendimento adotado pelo DASP no sentido de que o procedimento irregular é aquele "oposto à justiça ou à lei, e contrário aos princípios de moral com que se deve conduzir o funcionário no desempenho do cargo ou função pública".

Entendendo coerente essa posição, quer-nos parecer que a má conduta na vida privada, para caracterizar-se como ilícito administrativo, tem que ter, direta ou indiretamente, algum reflexo sobre a vida funcional, sob pena de tudo, indiscriminadamente, poder ser considerado "procedimento irregular" e ensejar demissão.

Finalmente, é importante ressaltar que no próprio Código Penal houve uma evolução no sentido de limitar os reflexos da conduta do funcionário fora do cargo sobre a situação funcional. Antes da alteração da Parte Geral, procedida pela Lei nº 7.209, de 11-7-84, a perda da função pública constituía pena acessória quando o servidor fosse condenado à pena privativa de liberdade por crime praticado com violação de dever inerente à função pública, ou condenado por outro crime à pena de reclusão por mais de dois anos, ou detenção por mais de quatro anos; neste último caso, a perda decorria automaticamente da sentença, ainda que não houvesse declaração expressa (arts. 82, I, 83 e 87).

A partir da alteração decorrente daquela lei, a perda do cargo, função pública ou mandato deixou de ser pena acessória e passou a constituir efeito da condenação apenas nos crimes praticados com **abuso de poder ou violação de dever para com a Administração Pública** e desde que a pena aplicada seja superior a quatro anos; além disso, esse efeito não é automático, devendo ser motivadamente declarado na sentença (art. 92, I e parágrafo único).

A Lei nº 9.268, de 1º-4-96, alterou o art. 92 do Código Penal, passando a prever a perda de cargo, função pública ou mandato eletivo em duas hipóteses: (a) quando aplicada pena privativa de liberdade por tempo igual ou superior a um ano nos crimes praticados com abuso de poder ou violação de dever para com a Administração Pública; (b) quando for aplicada pena privativa de liberdade por tempo superior a quatro anos nos demais casos. Manteve-se a exigência do parágrafo único.

Os próprios Estatutos dos Funcionários Públicos admitem, em regra, a possibilidade de continuar o funcionário como titular do cargo, não obstante condenado em processo criminal, determinando que, no caso de condenação, se esta não for de natureza que acarrete a demissão do funcionário, ele seja considerado afastado até o cumprimento total da pena, com direito a receber parte do vencimento ou remuneração. Mais um argumento para reforçar a tese de que o ilícito penal, só por si, não enseja punição disciplinar.

RESUMO

1. **Terminologia na Constituição:** a) sentido amplo de **servidor público**: todas as pessoas físicas que prestam serviço ao Estado e às entidades da administração indireta, com vínculo empregatício; b) sentido menos amplo: exclui os que prestam serviços às entidades da Administração indireta com personalidade de direito privado.

2. **Agente público:** toda pessoa física que presta serviços ao Estado e às pessoas jurídicas da administração indireta. Expressão usada nos arts. 5º, LXIX, e 37, § 6º, da CF.

   – Categorias:

   a) **Agentes políticos:** os titulares dos cargos estruturais à organização política do país, compondo o arcabouço constitucional do Estado e, portanto, o esquema fundamental do poder. Exercem **típicas atividades de governo** e exercem **mandato** para o qual são **eleitos**: Chefes dos Poderes Executivo federal, estadual e municipal, Senadores, Deputados Federais e Estaduais, Vereadores, além dos Ministros e Secretários de Estados e Municípios, que ocupam cargos em comissão para os quais são **nomeados**. Tendência a considerar os membros da Magistratura e do Ministério Público como agentes políticos, pelo tipo de função que exercem. Rol maior de **agentes políticos para fins de responsabilidade política**: art. 29-A, § 2º e 3º, 52, I e II, 102, I, 105, I, *a*, e 108, I, *a*, da CF.

   b) **Servidores públicos** (em sentido amplo): pessoas físicas que prestam serviços ao Estado e às entidades da administração indireta, com vínculo empregatício e mediante remuneração paga pelos cofres públicos.

   Categorias:

   b.1) **servidores estatutários:** sujeitos ao **regime estatutário** (definido em lei de cada ente federativo) e **ocupantes de cargos públicos**: membros da Magistratura, do Ministério Público, do Tribunal de Contas, da Advocacia Pública e da Defensoria Pública, servidores que trabalham em serviços auxiliares da justiça, os que exercem atividades exclusivas de Estado;

b.2) **empregados públicos**: contratados sob regime da legislação trabalhista, com as alterações decorrentes da CF; sujeição à **Lei nº 9.962, de 22-2-00**, na esfera federal: exigência de lei para criação de empregos; exigência de concurso público; vedação de regime celetista para cargos em comissão; outorga de certa estabilidade, porque só admite a rescisão unilateral nas hipóteses de falta grave (art. 482 da CLT), acumulação ilegal, necessidade de redução de pessoal, por excesso de despesa; insuficiência de desempenho;

b.3) **servidores temporários**: contratados para exercer funções em caráter temporário, para atender a necessidade temporária de excepcional interesse público (art. 37, IX, da CF); hipóteses previstas em lei de cada ente federativo; na esfera federal, aplica-se a Lei nº 8.745, de 21-5-93;

c) **Militares**: prestam serviços às Forças Armadas – Marinha, Exército e Aeronáutica (art. 142, *caput* e § 3º, da CF) e às Polícias Militares e Corpos de Bombeiros Militares dos Estados, Distrito Federal e dos Territórios (art. 42), com vínculo estatutário sujeito a regime jurídico próprio, mediante remuneração paga pelos cofres públicos. Excluídos da categoria de servidores públicos a partir da EC 18/98, embora referidos como **servidores policiais** no art. 144, § 9º, da CF. Aplicáveis as normas próprias dos servidores públicos quando haja previsão expressa na CF, como as dos arts. 42, §§ 1º e 2º, e 142, § 3º. Regime jurídico definido por lei: Lei nº 6.880, de 9-12-80 (esfera federal) e Decreto-lei nº 667, de 2-7-69 (para os militares dos Estados e DF).

d) **Particulares em colaboração com o poder público**: pessoas físicas que prestam serviços ao Estado, sem vínculo empregatício, com ou sem remuneração, mediante: (i) **delegação do Poder Público** (empregados das empresas concessionárias e permissionárias de serviços públicos, os que prestam serviços notariais e de registro, com fundamento no art. 236 da CF); (ii) **requisição, nomeação ou designação** (jurados, convocados para serviço militar ou eleitoral, comissários de menores); (iii) **gestão de negócios** (espontaneamente assumem função pública em momento de emergência, como epidemia, incêndio, enchente etc.).

3. **Cargo, emprego e função** (terminologia da CF)

    a) **cargo**: unidade de atribuições, criada por lei, com denominação e remuneração próprias; ocupado por servidor estatutário;

    b) **emprego**: unidade de atribuições, criada por lei, com denominação e remuneração próprias; ocupado por servidor celetista;

    c) **função**: conjunto de atribuições exercidas por: (i) servidores contratados temporariamente com fundamento no art. 37, IX, da CF, e (ii) servidores em função de chefia, direção, assessoramento ou outro tipo de atividade para a qual o legislador não cria o cargo respectivo (em geral, funções de confiança ou cargos em comissão, previstos no art. 37, V, da CF).

4. **Regime constitucional**

    a) **Regime jurídico único**: art. 39 (redação original); alteração pela EC-19/98, que não manteve a exigência; alteração considerada inconstitucional pelo STF (ADIN 2.135/DF); restabelecimento da regra do regime jurídico único.

    b) **Direito de acesso aos cargos, empregos e funções**: garantido aos brasileiros; e aos estrangeiros, "na forma da lei".

c) **Condições de ingresso**: concurso público, para investidura em cargos e empregos públicos (art. 37, II, da CF); não exigido para: funções, cargos em comissão, funções de confiança e para outros cargos em que a exigência não existe na CF (arts. 73, § 2º, 94, 101, 104, parágrafo único, II, 107, 111-A, 119, II, 120, III, e 123).

– **Investidura em funções de confiança**: possível para **servidores ocupantes de cargo efetivo** com atribuições de chefia, direção e assessoramento (art. 37, V).

– **Investidura em cargo em comissão**: possível para funções de chefia, direção e assessoramento; **provimento para servidores de carreira**, nos casos, condições e percentuais mínimos previstos em lei (art. 37, V).

– **Prazo de validade dos concursos públicos**: 2 anos, prorrogável uma vez, por igual período (art. 37, III); prorrogação a critério da Administração. **Prioridade para nomeação dos aprovados** em concurso público, dentro do prazo de validade (art. 37, IV).

– Entendimento jurisprudencial favorável à existência de **direito à nomeação** dos aprovados em concurso público.

– **Percentual de vagas para portadores de deficiência**: art. 37, VIII, da CF; Lei nº 13.146/15, e Decreto nº 9.508/18 (5% das vagas); Lei nº 8.112, de 11-12-92, art. 5º, § 2º: até 20% das vagas; Resolução nº 75/09, do CNJ: 5% das vagas.

– **Isonomia**: vedação de discriminações de salários, de exercício de funções e de critério de admissão por motivo de sexo, idade, cor ou estado civil, salvo quando a natureza do cargo o exigir (art. 39, § 3º, c/c o art. 7º, XXX, da CF). **Súmula 683, do STF.**

d) **Sistema remuneratório:** duas modalidades: (i) **remuneração** ou **vencimento** (uma parte fixa, representada pelo padrão fixado em lei, e uma parte variável, em função das condições de prestação do serviço, do tempo de serviço ou outra circunstância prevista em lei); e (ii) **subsídio** (parcela única).

e) **Normas sobre remuneração**

– **isonomia de vencimentos**: art. 37, XII (vencimentos dos servidores do Executivo como limite aos dos demais Poderes); isonomia entre aposentados, pensionistas e servidores em atividade em quatro hipóteses: (i) para os que já eram aposentados na data da EC-41/03; (ii) para os pensionistas que já recebiam pensão naquela data; (iii) para os servidores e seus dependentes que, na mesma data, já tinham cumprido os requisitos para concessão dos benefícios (art. 3º da EC-41/03); (iv) para os que se enquadrem no art. 1º da EC-70/12;

– **fixação e alteração da remuneração**: por lei específica, observada a iniciativa privativa em cada caso (art. 37, X, 61, § 1º, II, *a*, 96, II, *b*, 127, § 2º, e 73, c/c o art. 96 da CF);

– **proibição de vinculação ou equiparação de remuneração** (art. 37, XIII): não pode um cargo ser equiparado a outros para fins remuneratórios; nem pode a remuneração ficar vinculada a índices automáticos de reajuste. **Súmulas Vinculantes 4 e 42;**

– **cálculo de acréscimos pecuniários**: não pode ser cumulativo (art. 37, XIV, da CF).

f) **Regime de subsídios**: abrange **parcela única**, sem o acréscimo de qualquer tipo de vantagem pecuniária (art. 39, § 4º, da CF), salvo as de **caráter indenizatório** e as referidas no art. 39, § 3º, que manda aplicar aos ocupantes de cargo público o disposto no art. 7º, IV, VII, VIII, IX, XII, XIII, XV, XVI, XVII, XVIII, XIX, XX, XXII e XXX;

– **subsídios para servidores organizados em carreira**: devem ser fixados de forma escalonada para cada nível;

– **agentes em regime de subsídios**: a) os mencionados no art. 39, § 4º (membros de Poder), o detentor de mandato eletivo, Ministros de Estado e Secretários Estaduais e Municipais; b) os membros do Ministério Público (art. 128, § 5º, I, *c*); c) os integrantes da Advocacia Geral da União, Procuradores dos Estados e do DF e os Defensores Públicos (art. 135); os Ministros do TCU (art. 73, § 3º); os servidores militares (art. 144, § 9º).

g) **Normas comuns à remuneração e aos subsídios**

– **fixação e alteração por lei**: art. 37; **revisão anual, sempre na mesma data e sem distinção de índices**), observada a competência privativa para a iniciativa legislativa;

– **teto das remunerações e subsídios** (art. 37, XI), que abrange: todos os **servidores públicos** de todas as esferas de governo, independentemente do regime jurídico, da administração direta e indireta (salvo os das empresas estatais que não recebem recursos dos entes políticos para pagamento dos servidores); os **agentes políticos** de todos os Poderes; os **proventos de aposentadoria e a pensão**; as **vantagens pessoais ou de qualquer natureza**;

– em caso de **acumulação**, aplica-se um teto único que abrange a soma da dupla retribuição pecuniária (ressalvado o entendimento diverso do STF);

– teto único para os servidores federais; para os estaduais, o teto é representado pelos subsídios dos Deputados, do Governador e dos Desembargadores; para os municipais, o teto é único, representado pelo subsídio de Prefeito;

– **irredutibilidade de remuneração e subsídio** (art. 37, XV): não impede a aplicação do teto, nem a nova forma de cálculo dos acréscimos (do inciso XIV), nem a proibição de tratamento desigual entre contribuintes (do art. 150, II) e não conflita com a incidência do imposto de renda.

h) **Direito de greve e de livre associação sindical** (art.37, VI e VII): o primeiro depende de **lei específica** e o segundo é **autoaplicável** e se submete ao art. 8º da CF. Decisão do STF: **aplicação da Lei nº 7.783, de 28-6-89 (relativa ao direito de greve do trabalhador) aos servidores públicos**, até que suprida a omissão legislativa. Impossibilidade de **negociação coletiva** no serviço público.

i) **Proibição de acumulação de cargos**: (art. 37, XVI e XVII). Exceções: arts. 37, XVI, 38, III, 142, § 3º, II, 95, 128, § 5º, II, *d*. Possibilidade de **acumulação de proventos com vencimentos de outro cargo, emprego ou função**, com as ressalvas do art. 37, § 10. EC-20/98: resguardou os direitos dos que acumulavam proventos com outro cargo efetivo (art. 11).

j) **Aposentadoria e pensão: sujeição a registro pelo Tribunal de Contas (art. 71, III)**

– **aposentadoria**: direito à inatividade remunerada, assegurado ao servidor público em caso de invalidez, idade ou requisitos conjugados de tempo de exercício no serviço público e no cargo, idade mínima e tempo de contribuição; daí três modalidades: por **invalidez, compulsória** e **voluntária**;

– **pensão**: benefício pago aos dependentes do servidor falecido, nas condições definidas em lei;

k) **Regime previdenciário** (art. 40): obrigatório para todos os entes federativos (EC 20/98, 41/03 e 103/19). **Objetivos**: (i) previsão de **regime contributivo para os servidores ocupantes de cargo efetivo, inativos e pensionistas**; (ii) **inclusão no Regime Geral de Previdência Social – RGPS dos servidores ocupantes exclusivamente de cargos em comissão ou de outros cargos temporários, inclusive mandato eletivo e dos servidores ocupantes de empregos públicos (art. 40, § 13)** (iii) estabelecimento de **limite para os proventos de aposentadoria e pensão** igual ao estabelecido para o RGPS, sob a condição de ser instituída a **previdência complementar**; (iv) possibilidade de instituição de **fundos de aposentadoria e pensão** para administração dos recursos do Regime Previdenciário Próprio dos Servidores – RPPS (art. 249); (v) **vinculação das contribuições sociais ao regime previdenciário** (art. 167, XI, combinado com art. 40, § 12); (vi) menção ao **caráter solidário** do regime previdenciário para justificar a contribuição dos inativos e pensionistas; (vii) indicação das **fontes de custeio**: contribuição do ente público, dos servidores ativos e inativos e dos pensionistas; (viii) definição de critérios para fixação, em lei, do **valor da pensão** (art. 40, § 7º); (ix) **extinção da paridade** entre proventos e pensões e vencimentos dos servidores em atividade, respeitados os direitos adquiridos; (x) **garantia de reajustamento dos benefícios** para preservação do seu valor real; (xi) **extinção dos proventos integrais** (art. 40, § 14).

l) **Inovações da EC-103/19:** (i) aplicação aos servidores federais; (ii) aplicação parcial aos servidores dos Estados, Distrito Federal e Municípios; (iii) desconstitucionalização parcial; (iv) **mudanças nas regras da aposentadoria voluntária**, para os servidores federais, continuando os demais sujeitos à legislação anterior até que sejam alteradas por Emendas às Constituições Estaduais e Leis Orgânicas Municipais (art. 40, § 1º, III); (v) previsão de readaptação antes da concessão de aposentadoria por incapacidade permanente para o trabalho (art. 40, § 1º, I); (vi) **proibição de instituição de novos regimes próprios de previdência social** (art. 40, § 22); (vii) obrigatoriedade, para todos os entes federativos, de instituição de **contribuição para custeio de RPPS**, com previsão de **alíquotas progressivas** (art. 149, § 1º); (viii) possibilidade de instituição de **contribuição extraordinária no âmbito da União,** pelo prazo máximo de 20 anos (art. 149, § 1º, CF, e art. 9º, § 8º, da EC 103); (ix) competência da União para, por meio de lei complementar, dispor sobre os "parâmetros para apuração da base de cálculo e definição de alíquota de contribuições ordinárias e extraordinárias" (art. 40, § 22, X); (x) possibilidade de instituição, por lei de cada ente federativo, de **abono de permanência** equivalente, no máximo, ao valor de sua contribuição previdenciária, até completar a idade para aposentadoria compulsória (art. 40, § 19, CF, e arts. 3º, § 3º, 8º e 10, § 5º, da EC 103); (xi) vedação de **complementação de aposentadorias** de servidores públicos e de pensões por morte a seus dependentes, salvo as decorrentes de previdência complementar prevista nos §§ 14 a 16 do art. 40 e as previstas em lei que extinga o regime próprio de previdência social (art. 37, § 15); (xii) obrigatoriedade, para todos os entes federativos, de instituição do **regime de previdência complementar,** na modalidade de **contribuição definida** (art. 40, § 14), a ser instituído no prazo máximo de dois anos da data de entrada em vigor da Emenda (art. 9º, § 6º); (xiii) proibição, prevista no art. 40, §

6º, de **acumulação de aposentadorias** pagas por regime próprio de previdência social (com ressalva para as aposentadorias decorrentes de cargos acumuláveis na forma da Constituição), além de outras vedações, regras e condições para acumulação de benefícios previdenciários estabelecidos para o regime geral de previdência social; (xiv) **acumulação de pensão** permitida nas hipóteses do art. 24 da EC 103).

m) **Regimes previdenciários diferenciados:**

(i) ocupantes de **cargos efetivos**: regime do art. 40, *caput*, da CF (RPSP);

(ii) ocupantes exclusivamente de **cargo em comissão**, de outro **cargo temporário, inclusive mandato eletivo,** ou de **emprego público**: art. 40, § 13 (RGSS, disciplinado pelo art. 201 e seguintes da CF).

n) **Modalidades de aposentadoria: por incapacidade permanente para o trabalho**, **compulsória** e **voluntária** (para os dois regimes previdenciários, variando o valor dos proventos e os requisitos para aposentadoria conforme o regime).

– **servidor vinculado ao RGSS**: normas do art. 201 e seguintes;

– **servidor vinculado ao RPSP**: art. 40, com as características a seguir mencionadas:

(i) **aposentadoria por incapacidade permanente para o trabalho**: quando insuscetível de readaptação; proventos definidos por lei de cada ente federativo; para os servidores federais, definição do cálculo por norma transitória (art. 23, *caput* e § 1º), se a incapacidade decorrer de acidente de trabalho, de doença profissional e de doença do trabalho);

(ii) **aposentadoria compulsória** (art. 40, § 1º, II): com proventos proporcionais ao tempo de contribuição, aos 70 anos de idade, ou aos 75, na forma de lei complementar; para os servidores federais, forma de cálculo definida em norma transitória (art. 26, § 4º, da EC 103/19);

(iii) **aposentadoria voluntária**: 10 anos de efetivo serviço público, 5 anos no cargo efetivo em que se der a aposentadoria; 25 anos de contribuição; requisitos de idade e tempo de contribuição fixados em lei de cada ente federativo (art. 40, § 1º, III); para os servidores federais, definição por normas transitórias da EC/103/19 (arts. 4º, 10, § 1º, e 20);

– quatro situações para os servidores federais: (i) servidor já aposentado ou que completou os requisitos para aposentadoria até a publicação da EC 103/19: aplicação da legislação vigente à época em que foram atendidos os requisitos (art. 3º, *caput* e § 1º); direito ao abono de permanência; (ii) servidor que ingressou no serviço público federal após a entrada em vigor da EC 103/19: aplicação do art. 40, § 1º, III; para os servidores federais, requisitos fixados em norma transitória (art. 10 da EC 03/19); direito ao abono de permanência (art. 40, § 19, CF, e art. 10, § 5º, da EC 103/19); (iii) servidor que ingressou no serviço público federal antes da EC 103/19: requisitos previstos no art. 4º da EC 103; (iv) servidor que ingressou no serviço público federal antes da EC 103, com requisitos diversos do item anterior: art. 20 da EC 103;

– para os servidores estaduais, distritais e municipais: observância dos requisitos do art. 40, § 1º, III, CF, dependendo de Emendas às respectivas Constituições estaduais e Leis Orgânicas municipais a definição da idade mínima, e de lei complementar de cada ente federativo a definição do tempo de contribuição e demais requisitos para aposentadoria voluntária; enquanto não promulgadas essas normas, continuam a ter aplicação as normas constitucionais e infraconstitucionais anteriores à EC 103/19 (arts. 10, § 7º, 4º, § 9º, e 20, § 4º).

o) **Cálculo da pensão**: depende de lei de cada ente federativo; para os **servidores federais**: cálculo do valor previsto em norma transitória (art. 23 da EC 103); para os servidores estaduais: aplicação da legislação anterior à EC 103 (art. 23, § 8º); art. 40 § 7º da CF, dependendo da data de ingresso: (i) **servidor que faleceu antes da EC 20/98**: pensão igual ao montante dos vencimentos; **direito à paridade** com os vencimentos do servidor em atividade; (ii) **servidor que faleceu após aquela EC**: o benefício será igual: I – à totalidade dos proventos do servidor falecido, até o limite estabelecido para o RGSS, acrescido de 70% da parcela excedente a este limite, caso o mesmo já estivesse aposentado à data do óbito; ou II – ao valor total da remuneração do servidor no cargo efetivo em que se deu o falecimento, até o limite máximo do RGSS, acrescido de 70% da parcela excedente a este limite, caso o mesmo estivesse em atividade na data do óbito (art. 40, § 7º); **sem direito à paridade** com os vencimentos dos servidores em atividade.

p) **Previdência complementar** (art. 40, § 14, EC-20/98): a) é **previdência pública**, autônoma em relação ao RGSS; b) é administrada por **entidade fechada de previdência** complementar de natureza pública ou entidade aberta de previdência complementar; c) sua instituição é **obrigatória para todos os entes federativos, devendo ser feita no prazo de 2 anos (art. 9º, § 6º, da EC 103)**; d) sua instituição é **condição para aplicação, aos servidores, do limite previsto para o RGSS no art. 201 da CF**; e) para os **servidores que ingressaram antes da sua instituição** a aplicação desse regime depende de expressa opção; na esfera federal: **Lei nº 12.618, de 30-4-12**.

q) **Contagem de tempo para aposentadoria** (art. 40, § 9º): para fins de **aposentadoria**, é contado o tempo de contribuição; para fins de **disponibilidade**, é contado o tempo de serviço público; previsão de **contagem recíproca de tempo de serviço público e atividade privada**: art. 201, § 9º e 9º-A (para militares); proibição de contagem de tempo de contribuição fictício (art. 201, § 14); assegurada contagem de tempo fictício feita antes da EC 103; nulidade da aposentadoria concedida no RPPS com contagem recíproca do RGPS, mediante o cômputo de tempo de serviço sem recolhimento da respectiva contribuição (art. 25 da EC 103).

r) **Estabilidade**: direito à **permanência no serviço público, outorgado só aos servidores nomeados para cargo de provimento efetivo** (art. 41 da CF).

(i) adquire-se após **3 anos de efetivo exercício**, ressalvado, para os que já eram servidores na data da EC 19/98, o direito de adquirirem a estabilidade no prazo de 2 anos;

(ii) depende de **avaliação de desempenho**;

(iii) hipóteses de perda do cargo: 1) **sentença judicial** transitada em julgado; 2) **processo administrativo** em que seja assegurada ampla defesa; 3) **procedimento de avaliação de desempenho**, assegurada ampla defesa (hipótese ainda não aplicada, por falta de lei complementar que regulamente); 4) descumprimento do **limite de despesa com pessoal** previsto no art. 169, § 4º, da CF (hipótese disciplinada pela Lei Complementar nº 101, de 4-5-01 (LRF); **perda do cargo**, nesse caso, só ocorre depois que houver redução de 20% das despesas com cargos em comissão e funções de confiança, exoneração dos não estáveis e dos que adquiriram estabilidade sem concurso; exoneração dos estáveis dá direito a indenização;

(iv) previsão de maiores garantias para perda do cargo por servidores que exerçam **atividades exclusivas de Estado** (Lei nº 9.801, de 14-6-99, arts. 2º, § 1º, IV, e 3º);

– **estabilidade excepcional**: art. 19 do ADCT (5 anos de serviço público na data da Constituição);

– **direitos decorrentes da estabilidade**:

(i) **reintegração**: reingresso do servidor demitido, se anulada a demissão (art. 41, § 2º);

(ii) **disponibilidade**: garantia de inatividade remunerada em caso de extinção do cargo ou declarada a sua desnecessidade (art. 41, § 3º); remuneração proporcional ao tempo de serviço;

(iii) **aproveitamento**: reingresso do funcionário em disponibilidade, quando haja cargo vago de natureza e vencimento compatíveis com o anteriormente ocupado; é **ato vinculado.**

s) **Afastamento para exercício de mandato eletivo** (art. 38 da CF): direito do servidor em exercício de mandato de ficar afastado do cargo, emprego ou função; contagem do tempo de afastamento para todos os fins, menos promoção por merecimento; no caso de **vereador: possibilidade de acumulação** do cargo e mandato, desde que haja compatibilidade de horário.

t) **Direitos sociais**: extensão, aos servidores ocupantes de cargo efetivo, de direitos do trabalhador (art. 39, § 3º).

u) **Limites de despesa com pessoal:** previsão no art. 169 da CF e regulamentação pela LRF (Lei Complementar nº 101/00, arts. 18 a 23): definição de "despesa total com pessoal" (art. 18); despesas excluídas do limite (art. 19, § 1º); fixação do limite de 50% sobre a receita corrente líquida, para a União, e 60% para Estados e Municípios (art. 19); critérios para repartição dos limites globais entre os três Poderes (art. 20); previsão das consequências, para o Poder ou órgão que ultrapassar a 95% do limite (art. 22); forma de eliminação do excedente (art. 23, alterado pela Lei Complementar nº 164/2018).

v) **Limites decorrentes da EC 95/16 e da EC 109/21:** estabelecimento de limites individualizados para as despesas primárias (art. 107 do ADCT); consequências do descumprimento em relação aos servidores: vedação de vantagem, reajuste, criação de cargo, admissão ou contratação de pessoal etc. (art. 109 do ADCT alterado pela EC 109/21); medida que só atinge a União.

5. Provimento e investidura

– **provimento:** ato do poder público que designa para ocupar cargo, emprego ou função, pessoa física que preencha os requisitos legais; **ato do poder público;**

– **investidura**: ato pelo qual o servidor público é investido no exercício do cargo, emprego ou função, abrangendo a posse e o exercício; **ato do servidor;**

– **formas de provimento**: (i) **originário** (vincula o servidor ao cargo, emprego ou função, como a nomeação e a contratação) e **derivado** (o que depende de vínculo anterior do servidor com a Administração, como a promoção, a transposição, a reintegração, a readmissão, o aproveitamento, a reversão e a transferência); não subsistem, diante da exigência de concurso público, as formas de provimento feitas sem concurso (como a readmissão, a transposição, a ascensão, a reversão, salvo a feita *ex officio*);

– **formas de provimento, quanto à durabilidade**: (i) **efetivo**, mediante concurso público, propiciando estabilidade depois de 3 anos de estágio probatório e aprovação em procedimento de avaliação de desempenho; (ii) **em comissão**, sem concurso público e em caráter transitório; (iii) **vitalício**, mediante nomeação, assegurando ao servidor o direito à permanência no cargo, do qual só pode ser destituído por sentença judicial transitada em julgado; só admitido para os membros da Magistratura, do Tribunal de Contas e do Ministério Público.

6. **Vacância**: ato pelo qual o servidor é destituído do cargo, emprego ou função: exoneração, demissão, aposentadoria, promoção, falecimento.

7. **Responsabilidade**: civil, penal e administrativa, além da política (para os agentes políticos) e da responsabilidade por improbidade administrativa (capítulo 18).

   a) **responsabilidade civil**: de ordem patrimonial (art. 186 do CC); exige: (i) **ação ou omissão antijurídica**; (ii) **culpa** ou **dolo** (sendo exceção a responsabilidade objetiva); (iii) **relação de causalidade** entre a ação ou omissão e o dano; (iv) **dano** material ou moral;

   – duas hipóteses:

   (i) **dano causado ao Estado**: apuração pela própria Administração; possibilidade de ser o valor do dano descontado dos vencimentos do servidor (embora haja entendimento contrário do STF); se for servidor celetista, o desconto depende de sua concordância (art. 462, § 1º, da CLT);

   (ii) **dano causado a terceiros**: o servidor responde em ação regressiva, com base no art. 37, § 6º, da CF; prescrição em 5 anos (Lei nº 9.494, de 10-9-97);

   b) **responsabilidade administrativa**: o servidor responde pelos ilícitos administrativos definidos na legislação estatutária e apurados mediante meios sumários (**sindicância** e **verdade sabida**) e **processo administrativo disciplinar.**

   – **Sanções**: advertência, destituição de cargo em comissão, destituição de função comissionada, suspensão, demissão, cassação de aposentadoria (na Lei nº 8.112/90), podendo haver variações nas esferas estaduais e municipais; **tipicidade**: não observada com rigor na legislação estatutária;

   – **medidas preventivas**: afastamento preventivo, sequestro e perdimento de bens;

   – **servidores temporários**: penas de advertência, suspensão e demissão, aplicadas em sindicância (Lei nº 8.745/93);

   c) **responsabilidade penal**: conceito de funcionário público do art. 327 do CP (aproxima-se do conceito de agente público); apuração na esfera judicial.

8. **Comunicabilidade de instâncias**

   – art. 935 do CC: não se pode mais questionar sobre a **existência do fato** ou quem seja o seu **autor** quando estas questões se acharem decididas no crime;

   – art. 65 do CPP: coisa julgada, no cível, da sentença penal que reconhecer estado de necessidade, legítima defesa, estrito cumprimento de dever legal ou exercício regular de direito.

   – **Condenação na esfera criminal**: repercute na esfera administrativa (art. 935 do CC).

– **Absolvição na esfera criminal**: necessidade de distinguir o fundamento (art. 386 do CPP):

a) **repercute na esfera administrativa a absolvição:**

(i) por estar provada a **inexistência do fato** (art. 386, I, do CP, e 935 do CC);

(ii) por estar provado que o **réu não concorreu para a infração penal** (arts. 386, IV, do CP, e 935 do CC);

(iii) por existirem **circunstâncias que excluam o crime ou isentem o réu de pena** (art. 65 do CPP);

b) **não repercutem na esfera administrativa:**

(i) absolvição com base no art. 386, III, do CPP (**o fato não constitui crime**);

(ii) as hipóteses de absolvição **por falta de prova** (art. 386, II, V e VII, do CPP).

c) **fato que constitui crime, mas não constitui infração administração:** Súmula 18 do STF: "*pela falta residual, não compreendida na absolvição pelo juízo criminal, é admissível a punição administrativa do servidor público*";

d) **efeitos da condenação criminal:** perda do cargo, função pública ou mandato em duas hipóteses: 1ª) quando aplicada a pena privativa de liberdade por tempo igual ou superior a **um ano** nos crimes praticados com abuso de poder ou violação de dever para com a Administração Pública; 2ª) quando for aplicada pena privativa de liberdade por tempo superior a **quatro anos**, nos demais casos; o efeito não é automático, pois depende de declaração do juiz na sentença (art. 92 do CP, com a redação dada pela Lei nº 9.268, de 1º-4-96).

14

Processo Administrativo

14.1 PROCESSOS ESTATAIS

O vocábulo **processo**, etimologicamente, tem o sentido de marcha para a frente, avanço, progresso, desenvolvimento; seria, na linguagem de José Frederico Marques, um "fenômeno em desenvolvimento". O processo é sempre forma, instrumento, modo de proceder.

Assim, pode-se falar em processo num sentido muito amplo, de modo a abranger os instrumentos de que se utilizam os três Poderes do Estado – Judiciário, Legislativo e Executivo para a consecução de seus fins. Cada qual, desempenhando funções diversas, se utiliza de processo próprio, cuja fonte criadora é a própria Constituição; ela estabelece regras fundamentais de competência e de forma, institui os órgãos, define suas atribuições, confere-lhes prerrogativas, impõe-lhes obrigações, tudo com o objetivo de assegurar a independência e o equilíbrio no exercício das suas funções institucionais e, ao mesmo tempo, garantir que esse exercício se faça com respeito aos direitos individuais, também assegurados pela Constituição.

Cada um dos **processos estatais** está sujeito a determinados princípios próprios, específicos, adequados para a função que lhes incumbe. Não podem ser iguais o processo legislativo e o processo judicial, e um e outro não podem ser iguais ao processo administrativo.

Porém, todos eles obedecem, pelo menos, aos princípios da competência, da formalidade, da predominância do interesse público sobre o particular, o que permite falar na existência de uma teoria geral do processo.

Partindo-se do processo, nesse sentido amplo, em que se apresenta como **uma série de atos coordenados para a realização dos fins estatais**, pode-se fazer uma primeira classificação, separando-se, de um lado, o **processo legislativo**, pelo qual o Estado **elabora a lei**, e, de outro, os processos **judicial** e **administrativo**, pelos quais o Estado **aplica a lei**.

Cumpre, pois, distinguir esses dois processos de aplicação da lei.

O processo judicial se instaura sempre **mediante provocação** de uma das partes (o autor) que, por ser titular de um interesse conflitante com o de outra parte (o réu), necessita da intervenção de terceira pessoa (o juiz), o qual, atuando com imparcialidade, aplica a lei ao caso concreto, compondo a lide: a relação jurídica é **trilateral**: as partes (autor e réu) e o juiz.

O processo administrativo, que pode ser instaurado **mediante provocação** do interessado ou por **iniciativa da própria Administração**, estabelece uma relação bilateral, "inter partes", ou seja, de um lado, o administrado, que deduz uma pretensão e, de outro, a Administração que, quando decide, não age como terceiro, estranho à controvérsia, mas como **parte** que atua no próprio interesse e nos limites que lhe são impostos por lei. Provocada ou não pelo particular, a Administração atua no interesse da própria Administração e para atender a fins que lhe são específicos. Justamente por isso alguns autores preferem falar em "interessados" e não em "partes"; no entanto, partindo-se do conceito de "parte" como aquele que propõe ou contra quem se propõe uma pretensão, é possível falar em "parte" nos processos administrativos em que se estabelecem controvérsias entre Administração e administrado.

Dessa posição da Administração como parte interessada decorre a gratuidade do processo administrativo, em oposição à onerosidade do processo judicial. Neste, o Estado atua como terceiro, a pedido dos interessados; movimenta-se toda a máquina do Poder Judiciário para resolver um conflito de interesse particular. Naquele, o Estado atua, ainda quando provocado pelo particular, no interesse da própria Administração. Daí não caber no processo administrativo a aplicação do princípio da sucumbência.

Pela mesma razão, não pode a Administração proferir decisões com força de coisa julgada, pois ninguém pode ser juiz e parte ao mesmo tempo ou ninguém pode ser juiz em causa própria. Aliás, é essa precisamente a distinção fundamental entre a função administrativa e a função jurisdicional.

14.2 PROCESSO ADMINISTRATIVO

A expressão **processo administrativo**, na linguagem corrente, é utilizada em sentidos diferentes:

1. num primeiro sentido, designa o conjunto de papéis e documentos organizados numa pasta e referentes a um dado assunto de interesse do funcionário, do administrador ou da administração;
2. é ainda usado como sinônimo de processo disciplinar, pelo qual se apuram as infrações administrativas e se punem os infratores; nesse sentido é empregado no art. 41, § 1º, da Constituição Federal, com redação dada pela Emenda Constitucional nº 19, de 1998, quando diz que o servidor público estável só perderá o cargo em virtude de **sentença judicial transitada em julgado**, mediante **processo administrativo** em que lhe seja assegurada ampla defesa ou mediante **procedimento de avaliação periódica de desempenho**, na forma de lei complementar, assegurada ampla defesa;
3. em sentido mais amplo, designa o conjunto de atos coordenados para a solução de uma controvérsia no âmbito administrativo;
4. como nem todo processo administrativo envolve controvérsia, também se pode falar em sentido ainda mais amplo, de modo a abranger a série de atos preparatórios de uma decisão final da Administração.

14.3 PROCESSO E PROCEDIMENTO

Não se confunde processo com procedimento. O primeiro existe sempre como instrumento indispensável para o exercício de função administrativa; tudo o que a Administração Pública faz, operações materiais ou atos jurídicos, fica documentado em um processo; cada vez que ela for tomar uma decisão, executar uma obra, celebrar um contrato, editar um regulamento, o ato final é sempre precedido de uma série de atos materiais ou jurídicos, consistentes em estudos, pareceres, informações, laudos, audiências, enfim, tudo o que for necessário para instruir, preparar e fundamentar o ato final objetivado pela Administração.

O procedimento é o conjunto de formalidades que devem ser observadas para a prática de certos atos administrativos; equivale a rito, a forma de proceder; o procedimento se desenvolve dentro de um processo administrativo.

Nem sempre a lei estabelece procedimentos a serem observados necessariamente pela Administração; nesse caso, ela é livre na escolha da forma de atingir os seus objetivos, o que normalmente ocorre quando se trata de fase interna de desenvolvimento do processo, não atingindo direitos dos administrados. Em outras hipóteses, a lei estabelece uma **sucessão de atos preparatórios que devem obrigatoriamente preceder a prática do ato final**; nesse caso, existe o **procedimento**, cuja inobservância gera a ilegalidade do ato da Administração. Em regra, o procedimento é imposto com maior rigidez quando esteja envolvido não só o interesse público, mas também os direitos dos administrados, como ocorre na licitação, nos concursos públicos, nos processos disciplinares.

É evidente, contudo, que todos os processos que envolvem solução de controvérsia ou que resultem em alguma decisão por parte da Administração compreendem, pelo menos, quatro fases: *instauração, instrução, defesa* e *decisão*. A Lei nº 9.784, de 29-1-99, que regula o processo administrativo no âmbito da Administração Pública federal, sem estabelecer qualquer procedimento a ser rigorosamente seguido nos processos administrativos em geral, contém normas pertinentes àquelas quatro fases e também sobre recursos.

Quanto à *instauração*, estabelece que pode dar-se de ofício (em atendimento ao princípio da oficialidade, analisado no item 14.5.2) ou a pedido do interessado (art. 5º); indica os requisitos a serem observados no requerimento do interessado (art. 6º); veda a recusa imotivada de documentos (art. 6º, parágrafo único); prevê a possibilidade de elaboração de modelos ou formulários padronizados para assuntos que importem pretensões equivalentes (art. 7º); e admite a possibilidade de serem formulados em um único requerimento pedidos iguais de uma pluralidade de interessados, salvo preceito legal contrário (art. 8º).

No que diz respeito à *instrução*, a lei contém o princípio da oficialidade, sem prejuízo do direito dos interessados de propor atuações probatórias (art. 29); veda as provas obtidas por meios ilícitos (art. 30); atribui ao interessado a prova dos fatos que tenha alegado (art. 36), sem prejuízo do dever atribuído ao órgão competente para a instrução e sem prejuízo da aplicação da norma do art. 37, que atribui ao órgão competente para a instrução do processo o dever de providenciar, de ofício, a obtenção de documentos ou respectivas cópias, quando o interessado declarar que fatos e dados estão registrados em documentos existentes na própria Administração responsável pelo processo ou em outro órgão administrativo; prevê a possibilidade de o interessado juntar documentos e pareceres, requerer diligências e perícias, bem como aduzir alegações referentes à matéria objeto do processo (art. 38); proíbe a recusa de provas propostas pelo interessado, salvo se as mesmas forem ilícitas, impertinentes, desnecessárias ou protelatórias (art. 38, § 2º); estabelece o prazo de 15 dias para a elaboração de parecer, salvo norma especial ou comprovada necessidade de maior prazo (art. 42); prevê a possibilidade de ser adotada, motivadamente, medida acautelatória, sem a prévia manifestação do interessado, em caso de risco iminente (art. 45).

Quanto à *decisão*, a lei impõe à Administração o dever de decidir (art. 48), estabelecendo o prazo de até 30 dias para fazê-lo, salvo prorrogação por igual período expressamente motivada (art. 49).

14.4 MODALIDADES

Nos países que admitem a dualidade de jurisdição, ou seja, a existência de um contencioso administrativo ao lado da jurisdição comum, é possível falar em dois tipos de processo administrativo: o **gracioso** e o **contencioso**.

No processo **gracioso**, os próprios órgãos da Administração são encarregados de fazer atuar a vontade concreta da lei, com vistas à consecução dos fins estatais que lhe estão confiados e que nem sempre envolvem decisão sobre pretensão do particular. Para chegar à prática do ato final pretendido pela Administração, pratica-se uma série de atos precedentes necessários para apuração dos fatos, averiguação da norma legal aplicável, apreciação dos aspectos concernentes à oportunidade e conveniência. Essa série de atos constitui o processo, que vai culminar com a edição de um ato administrativo. É nesse sentido que se fala em processo administrativo no direito brasileiro.

O processo administrativo contencioso é o que se desenvolve perante um órgão cercado de garantias que asseguram a sua independência e imparcialidade, com competência para proferir decisões com força de coisa julgada sobre as lides surgidas entre Administração e administrado. Esse tipo de processo administrativo só existe nos países que adotam o contencioso administrativo; nos demais, essa fase se desenvolve perante o Poder Judiciário, porque só este pode proferir decisão com força de coisa julgada; a Administração Pública, sendo "parte" nas controvérsias que ela decide, não tem o mesmo poder, uma vez que ninguém pode ser juiz e parte simultaneamente.

No direito brasileiro, a Constituição de 1967, na redação da Emenda Constitucional nº 1, de 1969, previu o contencioso administrativo para decidir litígios decorrentes de relações de trabalho dos servidores com a União, autarquias e empresas públicas federais (art. 111), bem como para a decisão de questões financeiras e previdenciárias, inclusive as relativas a acidentes do trabalho (art. 203). No entanto, esse contencioso, que não chegou a ser instituído, apenas tinha o mesmo nome que o instituto adotado em outros países, pois que as suas decisões não teriam força de coisa julgada (art. 203), por serem incompatíveis com o princípio da unidade de jurisdição previsto no art. 153, § 4º. A sua instituição apenas teria significado a instituição do princípio da exaustão das vias administrativas para ingresso em juízo, conforme constava expressamente do último dispositivo citado.

A Constituição de 1988 não prevê o contencioso administrativo e mantém, no art. 5º, XXXV, a unidade de jurisdição, ao determinar, que "a lei não excluirá da apreciação do Poder Judiciário lesão ou ameaça a direito".

Portanto, no direito brasileiro, falar em processo administrativo significa falar em processo gracioso.

Ainda se pode falar em duas outras modalidades de processo administrativo: o **técnico** e o **jurídico**.

Essa classificação, que é adotada por Guimarães Menegale (in *RDA* 2, fasc. 2:473), parte da ideia de que naqueles processos que são provocados por iniciativa da própria Administração existem, em regra, duas fases: a **decisória** e a **executória**. A primeira é uma fase de escolha de meios, é uma operação **técnica**, como a que ocorre com os estudos que antecedem a realização de uma obra pública; a segunda coloca a Administração frente aos administrados, sendo, por isso mesmo, uma fase **jurídica**, porque exige adaptação da vontade da Administração aos interesses dos administrados; surgem relações jurídicas, e a escolha dos meios de ação deve ser feita de acordo com a lei. Na primeira fase, que é interna e corresponde ao **processo técnico**, apenas o interesse público está em jogo; na segunda, que é externa, acrescenta-se o interesse do particular atingido pela execução do ato administrativo.

Alguns autores restringem o conceito de processo administrativo para abranger somente os que envolvem interesses de particulares, criando controvérsia entre Administração e administrado. Hely Lopes Meirelles (2003:657), por exemplo, só considera como **processos administrativos** propriamente ditos "aqueles que encerram um litígio entre a Administração e o administrado ou o servidor"; os demais, ele designa de **processos de expediente**, "que tramitam pelos órgãos administrativos, sem qualquer controvérsia entre os interessados".

No entanto, partindo-se da ideia de processo como **instrumento** indispensável para exercício da função administrativa, não há como deixar de enquadrar os processos técnicos e os chamados "de expediente", por aquele autor, entre os processos administrativos, considerados em seu sentido mais amplo. Nem sempre, quando o particular deduz uma pretensão perante a Administração, surge uma controvérsia; nem por isso deixa de haver um processo administrativo.

O *processo administrativo* está hoje disciplinado, no âmbito federal, pela Lei nº 9.784, de 29-1-99, alterada pelas Leis nºs 11.417, de 19-12-06, 12.008, de 29-7-09, e 14.210, de 30-9-21.[1] Ela estabelece normas básicas sobre o processo administrativo no âmbito da Administração Federal Direta e Indireta, visando à *"proteção dos direitos dos administrados e ao melhor cumprimento dos fins da Administração"*. Estados e Municípios que queiram dispor sobre a matéria têm competência para promulgar as suas próprias leis. No Estado de São Paulo, a matéria está disciplinada pela Lei nº 10.177, de 30-12-98. No entanto, o STJ decidiu, acertadamente, pela Súmula nº 633, que "a Lei nº 9.784/1999, especialmente no que diz respeito ao prazo decadencial para a revisão dos atos administrativos no âmbito da Administração Pública Federal, pode ser aplicada, de forma subsidiária, aos Estados e Municípios, se inexistente norma local e específica que regule a matéria".

A lei não se limitou a estabelecer normas sobre processo; se fosse o caso, a Lei poderia ser considerada de âmbito federal apenas. Ocorre que ela não se limitou a isso. O seu principal objetivo foi o de dar aplicação a princípios constitucionais pertinentes aos direitos do cidadão perante a Administração Pública. Ora, quando se fala em princípios constitucionais e em direitos do cidadão, entra-se na esfera de temas de interesse nacional e, portanto, de competência da União. Por essa razão, as normas da Lei nº 9.784/99, sendo de caráter principiológico, são de âmbito nacional. Isso não impede que Estados e Municípios legislem sobre a mesma matéria. Com relação às leis estaduais e municipais, a lei federal terá aplicação subsidiária, da mesma forma que ocorre com relação às leis federais sobre procedimentos específicos.[2]

A lei federal disciplina os processos administrativos em geral, que tramitam perante a Administração Pública federal, direta e indireta, abrangendo, além do Poder Executivo, também os órgãos administrativos dos demais Poderes, conforme art. 1º, § 1º. Porém, teve o cuidado de respeitar as normas que disciplinam os processos específicos, aos quais a nova lei se aplicará apenas subsidiariamente (art. 69). Assim, por exemplo, as normas legais que disciplinam o processo disciplinar, o processo de licitação ou o processo administrativo tributário prevalecem, nessas matérias, sobre as normas da Lei nº 9.784/99.

A lei federal contém normas sobre os princípios da Administração Pública, direitos e deveres do administrado, competência, impedimento e suspeição, forma, tempo e lugar dos atos do processo, comunicação, instrução, decisão, motivação, anulação, revogação e convalidação,

---

[1] A Lei nº 11.917/06 acrescentou os arts. 64-A e 64-B (comentados no capítulo 17 (item 17.3.2.2), que tratam, respectivamente, da alegação de violação de súmula vinculante em recurso interposto na esfera administrativa, e da reclamação administrativa fundada em violação de súmula vinculante. A Lei nº 12.008/09 incluiu o art. 69-A, sobre tramitação preferencial dos procedimentos que envolvam idosos, deficientes e portadores de moléstias especificadas no dispositivo. A Lei nº 14.210/21 introduz os arts. 49-A a 49-G, prevendo a possibilidade de tomada de **decisão coordenada**, em situações que exijam a partiação de três ou mais setores, órgãos ou entidades, sempre que: I – for justificável pela relevância da matéria; II – houver discordância que prejudique a celeridade do processo administrativo decisório. O § 1º do art. 49-A define decisão coordenada como "a instância de natureza interinstitucional ou intersetorial que atua de forma compartilhada com a finalidade de simplificar o processo administrativo mediante participação concomitante de todas as autoridades e agentes decisórios e dos responsáveis pela instrução técnico-jurídica, observada a natureza do objeto e a compatibilidade do procedimento e de sua formalização com a legislação pertinente". O § 6º art. 49-A veda a adoção de decisão coordenada nos processos de licitação, nos processos relacionados ao poder sancionador e naqueles em que estejam envolvidaas autoridades de Poderes distintos.

[2] Sobre o tema: DI PIETRO, Maria Sylvia Zanella. A lei de processo administrativo: sua ideia matriz e âmbito de aplicação. In: NOHARA, Irene Patrícia; MORAES FILHO, Marco Antonio Praxedes de. *Processo Administrativo: temas polêmicos da Lei nº 9.784/99*. São Paulo: Atlas, 2011, p. 185-201. O STJ vem entendendo que a Lei nº 9.784/99 tem aplicação subsidiária aos Estados e Municípios que não tenham lei própria de processo administrativo (AgRg no REsp 1.092.202/DF 2008/0212281-9; AgReg no RMS 25.979/GO) e acabou por fixar esse entendimento pela Súmula nº 633, supra transcrita.

recursos administrativos e prazos. Em regra, o que a lei faz é colocar no direito positivo conceitos, regras, princípios já amplamente defendidos pela doutrina e jurisprudência. Define algumas questões controvertidas, como a dos prazos para a Administração praticar determinados atos, proferir decisões, emitir pareceres, anular atos administrativos. As normas da lei serão mencionadas nos itens pertinentes aos temas nela tratados.

14.5 DECISÃO COORDENADA

A Lei nº 14.210, de 30-9-21, incluiu o Capítulo XI-A (arts. 49-A a 49-G) na Lei nº 9.784, de 29-1-99, para introduzir no ordenamento positivo brasileiro a chamada **decisão coordenada**, considerada como tal aquela que exija a participação de três ou mais setores, órgãos ou entidades da Administração Pública, sempre que: I – for justificável pela relevância da matéria; e II – houver discordância que prejudique a celeridade do processo administrativo decisório.

O conceito consta do § 1º do art. 1º, assim redigido: "para os fins desta Lei, considera-se decisão coordenada a instância de natureza interinstitucional ou intersetorial que atua de forma compartilhada com a finalidade de simplificar o processo administrativo mediante participação concomitante de todas as autoridades e agentes decisórios e dos responsáveis pela instrução técnico-jurídica, observada a natureza do objeto e a compatibilidade do procedimento e de sua formalização com a legislação pertinente".

Em trabalho sobre o assunto, Fabrício Motta[3] faz algumas considerações sobre o regime jurídico da decisão coordenada: "os órgãos ou entidades participantes conduzem a análise técnica inicial dos temas de sua competência (artigo 49-E) e preservam as respectivas competências individuais específicas; (b) há um exercício compartilhado da competência administrativa que resultará na prática de uma decisão (ato) complexa, sendo a decisão colegiada consolidada em ata (que deverá conter as informações constantes do artigo 49-G); (c) o ato complexo é imputado a todos os participantes e, obviamente, vincula os órgãos e entidades participantes com relação às questões interinstitucionais ou intersetoriais tratadas".

A decisão coordenada aproxima-se do conceito de **ato complexo** que consta do capítulo 7, item 7.9, deste livro: atos complexos são os que resultam da manifestação de dois ou mais órgãos, sejam eles singulares ou colegiados, cuja vontade se funde para formar um ato único. As vontades são homogêneas; resultam de vários órgãos de uma mesma entidade ou de entidades públicas distintas, que se unem em uma só vontade para formar o ato; há identidade de conteúdo e de fins".

A diferença está em que, no ato complexo, a exigência de manifestação de vontade de dois ou mais órgãos decorre da lei, como condição de validade de determinados atos. A adoção de decisão coordenada não é obrigatória, pois resulta do consenso entre diferentes órgãos ou entidades, que resolvem, espontaneamente, adotar essa forma de ato administrativo. O art. 49-A não deixa dúvidas quanto à facultatividade da adoção de decisão coordenada.

O § 6º do art. 49-A veda a adoção de decisão coordenada: I – nos processos administrativos de licitação; II – nos relacionados ao poder sancionador; ou III – em que estejam envolvidas autoridades de Poderes distintos.

A decisão final fica consignada em ata publicada por extrato no Diário Oficial, da qual constem: I – relato sobre os itens da pauta; II – síntese dos fundamentos aduzidos; III – síntese das teses pertinentes ao objeto da convocação; IV – registro das orientações, das diretrizes,

---

[3] MOTTA, Fabrício. Decisão coordenada: a boa novidade. *Revista Conjur*. 21 out. 2021. Sobre o assunto, v. MODESTO, Paulo. Decisão coordenada: experimentação administrativa processual. *Revista Conjur*, 30 maio 2022.

das soluções ou das propostas de atos governamentais relativos ao objeto da convocação; V – posicionamento dos participantes para subsidiar futura atuação governamental em matéria idêntica ou similar; e VI – decisão de cada órgão ou entidade relativa à matéria sujeita à sua competência (art. 49-G).

O que a lei não diz é quem responde, processualmente, nas esferas administrativa e judicial, pelos efeitos da decisão coordenada. O art. 49-A determina que "a decisão coordenada não exclui a responsabilidade originária de cada órgão ou autoridade envolvida". É de se presumir que, sendo a decisão coordenada um ato administrativo único, a sua eventual invalidação produz efeitos em relação a todos os órgãos e entidades envolvidos.

14.6 PROCESSO ADMINISTRATIVO ELETRÔNICO

Por meio do Decreto nº 8.539, de 8-10-15, alterado pelo Decreto nº 10.543, de 13-11-20, foram baixadas normas sobre o uso de meio eletrônico para a realização do processo administrativo no âmbito dos órgãos e das entidades da administração pública federal direta, autárquica e fundacional. É o que consta da ementa e do art. 1º. Não há dúvida, portanto, de que o decreto só tem aplicação na esfera federal. Estados e Municípios que queiram adotar o modelo devem baixar as suas próprias normas.

O art. 2º, III, define o processo administrativo eletrônico como "aquele em que os atos processuais são registrados e disponibilizados em meio eletrônico".

Dentre os objetivos referidos no art. 3º, constam o de assegurar eficiência, eficácia e efetividade da ação governamental; promover a utilização de meios eletrônicos para a realização dos processos administrativos com segurança, transparência e economicidade; ampliar a sustentabilidade ambiental com o uso da tecnologia da informação e da comunicação; e facilitar o acesso do cidadão às instâncias administrativas.

A adoção do processo eletrônico é obrigatória, mas os atos processuais podem ser praticados segundo as normas aplicáveis aos processos em papel, desde que posteriormente o documento-base correspondente seja digitalizado (art. 5º, parágrafo único).

Para atendimento ao disposto no Decreto, o art. 4º exige que os órgãos e entidades da administração pública federal direta, autárquica e fundacional utilizem **sistemas informatizados para a gestão e o trâmite de processos administrativos eletrônicos**.

Pelo art. 6º, "a autoria, a autenticidade e a integridade dos documentos e da assinatura, nos processos administrativos eletrônicos, poderão ser obtidas por meio de certificado digital emitido no âmbito da Infraestrutura de Chaves Públicas – ICP-Brasil, que é disciplinada pela Medida Provisória nº 2.200-2, de 24-8-01. No entanto, o § 1º do mesmo dispositivo permite a utilização de "outro meio de comprovação da autoria e integridade de documentos em forma eletrônica, inclusive os que utilizem identificação por meio de nome de usuário e senha".

O art. 7º considera que o ato foi praticado no dia e hora do recebimento pelo sistema informatizado de gestão de processo administrativo, devendo o órgão ou entidade que o receber fornecer recibo eletrônico de protocolo que os identifique. No caso de prazo para a prática do ato, este se considera praticado até as vinte e três horas e cinquenta e nove minutos do último dia do prazo, no horário oficial de Brasília. Em caso de indisponibilidade do sistema por motivo técnico, o prazo se considera prorrogado até as vinte e três horas e cinquenta e nove minutos do primeiro dia útil seguinte ao da resolução do problema.

O **direito de vista** pode ser exercido eletronicamente ou por acesso à cópia do documento, preferencialmente, em meio eletrônico.

A classificação da informação quanto ao grau de sigilo e a possibilidade de limitação do acesso aos servidores autorizados e aos interessados no processo devem observar as normas da lei de acesso à informação (Lei nº 12.527, de 18-11-11), além de outras normas vigentes (art. 9º).

A juntada de documentos aos autos pode ser feita eletronicamente, respondendo o interessado por eventuais fraudes, nos termos da legislação civil, penal e administrativa (art. 11, *caput*, e § 1º). Tais documentos têm valor de cópia simples; no entanto, pode ser necessária a apresentação do original digitalizado quando: (i) a lei expressamente o exigir; (ii) for impugnada a integridade do documento, hipótese em que deve ser instaurada diligência para a verificação do documento objeto de controvérsia (art. 13); (iii) a critério da Administração, até que decaia o seu direito de rever os atos praticados no processo (art. 14). Deve ser observada, no caso, a norma do art. 54 da Lei de Processo Administrativo Federal (Lei nº 9.784, de 29-1-99), que estabelece prazo para a Administração Pública rever os seus atos.

Pela norma do art. 10, os documentos nato-digitais (definidos pelo art. 2º, II, *a*, como os criados originariamente em meio eletrônico) e assinados eletronicamente são considerados originais para todos os efeitos legais.

Nos termos do art. 12, "a digitalização de documentos recebidos ou produzidos no âmbito dos órgãos e das entidades da administração pública federal direta, autárquica e fundacional deverá ser acompanhada da **conferência** da integridade do documento digitalizado", devendo tal conferência registrar se foi apresentado documento original, cópia autenticada em cartório, cópia autenticada administrativamente ou cópia simples.

Se o documento for resultante da digitalização dos originais, ele é considerado cópia autenticada administrativamente; os resultantes da digitalização de cópia autenticada em cartório, de cópia autenticada administrativamente ou de cópia simples terão valor de cópia simples (art. 12, § 2º).

Pela análise conjunta dos arts. 11 e 12, verifica-se que os documentos podem ser considerados: (i) **cópia simples**, quando enviados digitalizados pelo interessado, ou resultantes da digitalização de cópia autenticada em cartório, ou resultantes de cópia autenticada administrativamente ou de cópia simples; (ii) **cópia autenticada administrativamente**, quando resultantes da digitalização de originais.

O Decreto impõe, para os órgãos e entidades da administração federal, a adoção de políticas, estratégias e ações que garantam a preservação de longo prazo, o acesso e o uso contínuo dos documentos digitais, devendo prever, no mínimo, I – proteção contra a deterioração e a obsolescência de equipamentos e programas; e II – mecanismos para garantir a autenticidade, a integridade e a legibilidade dos documentos eletrônicos ou digitais (art. 18).

Embora o Decreto não o diga, é evidente que o Estado responderá, nos termos do art. 37, § 6º, da Constituição, pelos danos causados a terceiros, em decorrência de ação ou omissão na implantação e na guarda de documentos constantes do processo administrativo eletrônico.

Também é relevante acrescentar que os atos praticados por meio eletrônico devem observar os mesmos requisitos de validade dos atos administrativos em geral, bem como os princípios a que se submete a Administração Pública, sob pena de invalidade.

Pelo art. 22, § 1º, do Decreto, "o uso do meio eletrônico para a realização de processo administrativo deverá estar implementado no prazo de dois anos, contado da data de publicação deste Decreto".

A respeito do processo eletrônico, devem ser observadas as normas da Lei nº 14.129, de 29-3-21, que dispõe sobre princípios, regras e instrumentos para o Governo Digital e para o aumento da eficiência pública, conforme tratado no item 3.4.14 do capítulo terceiro deste livro.

14.7 PRINCÍPIOS

Existem alguns princípios comuns aos processos administrativo e judicial que constituem objeto de estudo da teoria geral do processo: tais são os princípios da publicidade, da ampla defesa, do contraditório, do impulso oficial, da segurança jurídica (estabilidade das relações jurídicas e proteção à confiança), da motivação, da obediência à forma e aos procedimentos estabelecidos em lei. E existem outros princípios que são próprios do direito administrativo, como o da oficialidade, o da gratuidade, o da atipicidade.

A Lei nº 9.784/99 menciona, no art. 2º, *caput*, os princípios da legalidade, finalidade, motivação, razoabilidade, proporcionalidade, moralidade, ampla defesa, contraditório, segurança jurídica, interesse público e eficiência. Além disso, embora não referidos especificamente nesse dispositivo, outros princípios decorrem implicitamente da lei, como o da impessoalidade e o da participação do administrado nos atos do processo. A maior parte desses princípios, por serem informadores de todo o Direito Administrativo, estão tratados no item 3.3 deste livro. Os que são mais especificamente referidos à matéria processual são tratados neste capítulo.

Também não podem deixar de ser observados os preceitos da Lei de Introdução às Normas do Direito Brasileiro – LINDB (Decreto-lei nº 4.657, de 4-9-42, com as alterações introduzidas pela Lei nº 13.655, de 25-4-18). Essa lei contém normas relevantes sobre os princípios da segurança jurídica, motivação, eficiência, dentre outros analisados no capítulo 3, item 3.3, deste livro.

14.7.1 Princípio da publicidade

Esse princípio, agora previsto expressamente no art. 37, *caput*, da Constituição, aplica-se ao processo administrativo. Por ser pública a atividade da Administração, os processos que ela desenvolve devem estar abertos ao acesso dos interessados.

Esse direito de acesso ao processo administrativo é mais amplo do que o de acesso ao processo judicial; neste, em regra, apenas as partes e seus defensores podem exercer o direito; naquele, qualquer pessoa é titular desse direito, desde que tenha algum interesse atingido por ato constante do processo ou que atue na defesa do interesse coletivo ou geral, no exercício do direito à informação assegurado pelo art. 5º, inciso XXXIII, da Constituição.

É evidente que o direito de acesso não pode ser exercido abusivamente, sob pena de tumultuar o andamento dos serviços públicos administrativos; para exercer esse direito, deve a pessoa demonstrar qual o seu interesse individual, se for o caso, ou qual o interesse coletivo que pretende defender.

O direito de acesso ao processo não se confunde com o direito de "vista", que somente é assegurado às pessoas diretamente atingidas por ato da Administração, para possibilitar o exercício do seu direito de defesa.

O direito de acesso só pode ser restringido por razões de segurança da sociedade e do Estado, hipótese em que o **sigilo** deve ser resguardado (art. 5º, XXXIII, da Constituição); ainda é possível restringir a **publicidade** dos atos processuais quando a defesa da intimidade ou o **interesse social** o exigirem (art. 5º, LX).

A Lei nº 9.784/99, que regula o processo administrativo, estabelece, no parágrafo único do art. 2º, a exigência de "*divulgação oficial dos atos administrativos, ressalvadas as hipóteses de sigilo previstas na Constituição*" (inciso V) e a "*garantia dos direitos à comunicação, à apresentação de alegações finais, à produção de provas e à interposição de recursos, nos processos de que possam resultar sanções e nas situações de litígio*" (inciso X). Além disso, o art. 3º, inciso II, inclui entre os direitos do administrado o de "*ter ciência da tramitação dos processos administrativos em que tenha a condição de interessado, ter vista dos autos, obter cópias de documentos neles contidos e conhecer as decisões proferidas*".

14.7.2 Princípio da oficialidade

Esse princípio também é mais amplo no processo administrativo. No processo judicial, ele só existe depois de instaurada a relação processual, cabendo ao juiz movimentar o procedimento nas suas várias fases até a decisão final.

No âmbito administrativo, esse princípio assegura a possibilidade de instauração do processo por iniciativa da Administração, independentemente de provocação do administrado e ainda a possibilidade de impulsionar o processo, adotando todas as medidas necessárias a sua adequada instrução.

Essa executoriedade, sendo inerente à atuação administrativa, existe mesmo que não haja previsão legal; como a Administração Pública está obrigada a satisfazer ao interesse público, cumprindo a vontade da lei, ela não pode ficar dependente da iniciativa particular para atingir os seus fins.

Na Lei nº 9.784/99, está previsto, como um dos critérios a serem observados nos processos administrativos, a *"impulsão, de ofício, do processo administrativo, sem prejuízo da atuação dos interessados"* (art. 2º, XII). No art. 5º, está expresso que o processo pode *iniciar-se de ofício* ou a pedido de interessado, e o art. 29 contém a determinação de que as atividades de instrução destinadas a averiguar e comprovar os dados necessários à tomada de decisão realizam-se *de ofício ou mediante impulsão do órgão responsável pelo processo*, sem prejuízo do direito dos interessados de propor atuações probatórias. A lei ainda permite, no art. 65, que nos processos administrativos de que resultem sanções a revisão se faça a pedido ou *de ofício*, quando surgirem fatos novos ou circunstâncias relevantes suscetíveis de justificar a inadequação da sanção aplicada, ficando expressamente vedado o agravamento da sanção.

Embora a lei só faça referência à revisão de ofício nos processos de que resultem sanção, é evidente que tal possibilidade existe em relação a qualquer ato da Administração, uma vez reconhecido ter ele sido praticado com inobservância da lei. Trata-se de aplicação do poder de autotutela sobre os atos administrativos, reconhecido pela Súmula nº 473 do STF (v. itens 7.11.2.1 e 14.6.2), que, em última análise, decorre do princípio da legalidade. Aliás, o art. 63 da Lei consagra esse entendimento ao estabelecer, no § 2º, que "o não conhecimento do recurso não impede a Administração de rever de ofício o ato ilegal, desde que não ocorrida preclusão administrativa".

O princípio da oficialidade autoriza a Administração a requerer diligências, investigar fatos de que toma conhecimento no curso do processo, solicitar pareceres, laudos, informações, rever os próprios atos e praticar tudo o que for necessário à consecução do interesse público.

Portanto, a oficialidade está presente:

1. no poder de iniciativa para instaurar o processo;
2. na instrução do processo;
3. na revisão de suas decisões.

Em todas essas fases, a Administração pode agir *ex officio*.

14.7.3 Princípio da obediência à forma e aos procedimentos

Quanto a este princípio, a sua aplicação é muito mais rígida no processo judicial do que no administrativo; por isso mesmo, em relação a este, costuma-se falar em **princípio do informalismo**.

Informalismo não significa, nesse caso, ausência de forma; o processo administrativo é **formal** no sentido de que deve ser reduzido a escrito e conter documentado tudo o que ocorre no seu desenvolvimento; é **informal** no sentido de que não está sujeito a formas rígidas.

Às vezes, a lei impõe determinadas formalidades ou estabelece um procedimento mais rígido, prescrevendo a nulidade para o caso de sua inobservância. Isso ocorre como garantia para o particular de que as pretensões confiadas aos órgãos administrativos serão solucionadas nos termos da lei; além disso, constituem o instrumento adequado para permitir o controle administrativo pelos Poderes Legislativo e Judicial.

A necessidade de maior formalismo existe nos processos que envolvem interesses dos particulares, como é o caso dos processos de licitação, disciplinar e tributário. Nesses casos, confrontam-se, de um lado, o interesse público, a exigir formas mais simples e rápidas para a solução dos processos, e, de outro, o interesse particular, que requer formas mais rígidas, para evitar o arbítrio e a ofensa a seus direitos individuais.

É por isso que, enquanto inexistem normas legais estabelecendo o procedimento a ser adotado nos processos administrativos em geral, à semelhança do que ocorre nos judiciais, determinados processos especiais que dizem respeito a particulares estão sujeitos a procedimento descrito em lei.

O processo disciplinar, por exemplo, tem o seu procedimento descrito nas leis estatutárias; mas o art. 305 do Estatuto paulista (Lei nº 10.261, de 28-10-68, com a redação dada pela Lei Complementar nº 942, de 6-6-03) quebra a rigidez do princípio, ao estabelecer que não será declarada a nulidade de nenhum ato processual que não houver influído na apuração da verdade substancial ou, diretamente, na decisão do processo ou da sindicância.

Na realidade, o formalismo somente deve existir quando seja necessário para atender ao interesse público e proteger os direitos dos particulares. É o que está expresso no art. 2º, incisos VIII e IX, da Lei nº 9.784/99, que exige, nos processos administrativos, a *"observância das formalidades essenciais à garantia dos direitos dos administrados"* e a *"adoção de formas simples, suficientes para propiciar adequado grau de certeza, segurança e respeito aos direitos dos administrados"*. Trata-se de aplicar o princípio da razoabilidade ou da proporcionalidade em relação às formas.

Ainda na mesma linha do informalismo, o art. 22 da lei estabelece que *"os atos do processo administrativo não dependem de forma determinada senão quando a lei expressamente a exigir"*. Inclusive o reconhecimento de firma, salvo imposição legal para casos específicos, só pode ser exigido quando houver dúvida de autenticidade (§ 2º); e a autenticação de documentos exigidos em cópia poderá ser feita pelo próprio órgão administrativo (§ 3º).

14.7.4 Princípio da gratuidade

Sendo a Administração Pública uma das partes do processo administrativo, não se justifica a mesma onerosidade que existe no processo judicial (v. item 14.1).

A regra da gratuidade está agora expressa no art. 2º, parágrafo único, inciso XI, da Lei nº 9.784, que proíbe *"cobrança de despesas processuais, ressalvadas as previstas em lei"*. A menos que haja leis específicas exigindo cobrança de determinados atos, a regra é a da gratuidade dos atos processuais.

Inclusive para fins de propositura de recurso na esfera administrativa, o STJ sumulou o entendimento de que "é ilegítima a exigência de depósito prévio para admissibilidade de recurso administrativo" (Súmula nº 373). Esse também é o entendimento do Supremo Tribunal Federal, conforme visto no Capítulo 17 (item 17.3.2.1), agora objeto da Súmula Vinculante nº 21: "É inconstitucional a exigência de depósito ou arrolamento prévios de dinheiros ou bens para admissibilidade de recurso administrativo."

14.7.5 Princípio da ampla defesa e do contraditório

Este princípio, amplamente defendido pela doutrina e jurisprudência já na vigência de Constituições anteriores, está agora expresso no art. 5º, inciso LV, da Constituição de 1988: "aos litigantes, em processo judicial ou administrativo, e aos acusados em geral são assegurados o contraditório e ampla defesa, com os meios e recursos a ela inerentes". Especificamente com relação aos servidores estáveis, o mesmo direito está assegurado no art. 41, § 1º, com a redação dada pela Emenda Constitucional nº 19, de 1998, que só permite a perda do cargo em virtude de sentença judicial transitada em julgado, mediante processo administrativo em que lhe seja assegurada ampla defesa ou mediante procedimento de avaliação periódica de desempenho, na forma de lei complementar, assegurada ampla defesa.

Na Lei nº 9.784/99, os princípios da ampla defesa e do contraditório estão mencionados no art. 2º, entre os princípios a que se sujeita a Administração Pública.

O princípio da ampla defesa é aplicável em qualquer tipo de processo que envolva situações de litígio ou o poder sancionatório do Estado sobre as pessoas físicas e jurídicas. É o que decorre do art. 5º, LV, da Constituição e está também expresso no art. 2º, parágrafo único, inciso X, da Lei nº 9.784/99, que impõe, nos processos administrativos, sejam assegurados os *"direitos à comunicação, à apresentação de alegações finais, à produção de provas e à interposição de recursos, nos processos de que possam resultar sanções e nas situações de litígio"*.

O princípio do contraditório, que é inerente ao direito de defesa, é decorrente da bilateralidade do processo: quando uma das partes alega alguma coisa, há de ser ouvida também a outra, dando-se-lhe oportunidade de resposta. Ele supõe o conhecimento dos atos processuais pelo acusado e o seu direito de resposta ou de reação. Exige:

1. notificação dos atos processuais à parte interessada;[4]
2. possibilidade de exame das provas constantes do processo;
3. direito de assistir à inquirição de testemunhas;
4. direito de apresentar defesa escrita.

Em atendimento aos princípios do contraditório e da ampla defesa, a Lei nº 9.784/99 assegura ao administrado os direitos de ter ciência da tramitação dos processos administrativos em que tenha a condição de interessado, ter vista dos autos, obter cópias de documentos neles contidos e conhecer as decisões proferidas; formular alegações e apresentar documentos antes da decisão, os quais serão objeto de consideração pelo órgão competente; fazer-se assistir, facultativamente, por advogado, salvo quando obrigatória a representação, por força de lei (art. 3º, incisos II, III e IV). O art. 46 da lei repete, em termos semelhantes, a mesma norma quanto ao direito à vista do processo e a obter certidões ou cópias reprográficas dos dados e documentos que o integram, ressalvando, porém, os dados e documentos de terceiros protegidos por sigilo ou pelo direito à privacidade, à honra e à imagem.

Além disso, a mesma lei impõe a *intimação* do interessado nos seguintes casos: para ciência de decisão ou efetivação de diligências (art. 26); para conhecimento de atos do processo que resultem em imposição de deveres, ônus, sanções ou restrição ao exercício de direitos e atividades e para os atos de outra natureza, de seu interesse (art. 28); para a prestação de informações ou a apresentação de provas (art. 39), para apresentar alegações, em caso de interposição de recurso (art. 62). A intimação deve ser feita com antecedência mínima de três dias úteis quanto à data de comparecimento (§ 2º do art. 26), ou para apresentação de prova ou realização de

---

[4] A respeito dos processos relativos a aplicação de multas de trânsito, o STJ decidiu que "é indispensável a efetivação de duas notificações no procedimento administrativo adotado para a imposição de multas de trânsito: a) a primeira poderá ser feita pelo correio, quando for o caso de autuação à distância ou por equipamento eletrônico, correspondendo à notificação relativa à lavratura do auto de infração, exceto nas hipóteses de flagrante, quando a notificação do infrator se realiza em sua presença; b) a segunda deverá ocorrer após julgada a subsistência do auto de infração com a imposição da penalidade" (REsp 942180/RS, Rel. Min. Herman Benjamin, *DJ* 24-9-07, p. 286).

diligência (art. 41), podendo ser efetuada por ciência no processo, por via postal com aviso de recebimento, por telegrama ou outro meio que assegure a certeza da ciência do interessado (§ 3º do art. 26); no caso de interessados indeterminados, desconhecidos ou com domicílio indefinido, a intimação deve ser efetuada por meio de publicação oficial (§ 4º do art. 26).

O art. 49-D, incluído na Lei nº 9.784 pela Lei nº 14.210/21, exige também a intimação, na forma do art. 26, dos participantes da decisão, assim considerados os interessados de que trata o art. 9º.

A inobservância da lei no que diz respeito à intimação é causa de nulidade, porém o comparecimento do administrado supre a sua falta ou irregularidade (§ 5º do art. 26). Além disso, o desatendimento da intimação não importa o reconhecimento da verdade dos fatos, nem a renúncia a direito pelo administrado (art. 27).

Na fase de instrução, o interessado pode juntar documentos e pareceres, requerer diligências e perícias, bem como aduzir alegações referentes à matéria objeto do processo (art. 38); terminada a instrução, ele tem o direito de manifestar-se no prazo máximo de 10 dias, salvo se outro prazo for legalmente fixado (art. 44).

Além dessas normas, o Superior Tribunal de Justiça, pela Súmula nº 343, de 21-9-07, fixou o entendimento de que "é obrigatória a presença de advogado em todas as fases do processo administrativo disciplinar". Essa Súmula, no entanto, ficou implicitamente revogada em decorrência da Súmula Vinculante nº 5, aprovada pelo Supremo Tribunal Federal em 7-5-08: "A falta de defesa técnica por advogado no processo administrativo disciplinar não ofende a Constituição".[5] Em decorrência disso, a Súmula nº 343 foi cancelada.

Ainda sobre os princípios da ampla defesa e do contraditório, o Supremo Tribunal Federal aprovou, em 30-5-07, a Súmula Vinculante nº 3, em cujos termos "nos processos perante o Tribunal de Contas da União asseguram-se o contraditório e a ampla defesa quando da decisão puder resultar anulação ou revogação de ato administrativo que beneficie o interessado, excetuada a apreciação da legalidade do ato de concessão inicial de aposentadoria, reforma e pensão".

14.7.6 Princípio da atipicidade

No direito penal, o crime constitui uma atividade **típica** (ação ou omissão ajustada a um modelo legal), **antijurídica** (contrária ao direito) e **culpável**.[6] No direito administrativo, existe a exigência de antijuridicidade, que constitui aplicação do princípio da legalidade, significando que o ilícito administrativo tem que ter previsão legal. No entanto, a tipicidade nem sempre está presente, tendo em vista que muitas infrações administrativas, ainda que previstas em lei, não são descritas com precisão, ou seja, não correspondem a um modelo definido em lei. É o que ocorre, por exemplo, com as infrações previstas na Lei nº 8.666, de 21-6-93,[7] cujo art. 87 se limita a falar em "inexecução total ou parcial do contrato", mencionando as sanções, sem especificar as hipóteses em que são cabíveis; seria uma situação comparável às normas penais em branco, previstas no art. 3º do Código Penal, em que a definição da infração fica dependendo de ato normativo de outro órgão; no caso da licitação, normalmente são os editais de licitação e os contratos que indicam o conteúdo das infrações. Outro exemplo é o que consta do Estatuto dos Funcionários Públicos Civis do Estado de São Paulo

---

[5] O Conselho Federal da Ordem dos Advogados do Brasil, por vislumbrar incompatibilidade entre a Súmula Vinculante nº 5 e o art. 5º, LV, da Constituição, teve a iniciativa de propor o cancelamento da Súmula, com fundamento na competência prevista no art. 103-A, § 2º, da Constituição.

[6] Cf. Guilherme de Souza Nucci. *Código Penal Comentado*, 2000, p. 11.

[7] Essa omissão foi corrigida pelos arts. 155 e 156 da Lei nº 14.133, de 1º-4-21.

(Lei nº 10.261, de 28-10-68, art. 256), que prevê infrações como falta grave, procedimento irregular de natureza grave e incontinência pública e escandalosa, às quais são cominadas, respectivamente, penas de suspensão, demissão e demissão a bem do serviço público. Essas infrações ficam sujeitas à apreciação da Administração Pública, que deverá decidir diante das circunstâncias de cada caso concreto. É a autoridade julgadora que vai enquadrar o ilícito como "falta grave", "procedimento irregular", "ineficiência no serviço", "incontinência pública", ou outras infrações previstas de modo indefinido na legislação estatutária. Para esse fim, deve ser levada em consideração a gravidade do ilícito e as consequências para o serviço público. Já em algumas leis, a tipicidade é observada, como ocorre, por exemplo, com o Código Nacional de Trânsito.

Como a lei não define essas infrações, tem-se a impressão de que a Administração é inteiramente livre para enquadrar determinadas faltas funcionais em uma ou outra categoria. Mas, diante do caso concreto, a discricionariedade será bastante reduzida pelo exame do motivo, ou seja, dos fatos que cercaram a prática do ato ilícito. Em matéria de servidor, por exemplo, circunstâncias como a natureza do cargo, as consequências para o serviço público, as repercussões sociais influirão necessariamente na decisão administrativa. O mesmo fato que seria considerado de pequena gravidade quando praticado por um servente, um datilógrafo, uma secretária, poderá assumir proporções muito maiores se praticado por um professor, um policial, um advogado público, que têm responsabilidades muito maiores inerentes à própria dignidade da instituição a que pertencem.

É importante, nessa matéria, aplicar a norma do art. 22, § 2º, da Lei de Introdução às Normas do Direito Brasileiro, introduzido pela Lei nº 13.655/18. O § 2º determina que "na aplicação de sanções, serão considerados a natureza e a gravidade da infração cometida, os danos que dela provierem para a administração pública, as circunstâncias agravantes ou atenuantes e os antecedentes do agente". Essa norma torna mais rígida a exigência de motivação do ato punitivo, porque deverão ser levados em conta, necessariamente, os fatores mencionados no dispositivo, sempre passíveis de apreciação judicial.

Não se pode dizer que a Administração possa basear-se em razões de oportunidade ou conveniência para decidir qual a penalidade a ser aplicada; ela terá que escolher, **diante dos fatos**, qual a sanção cabível para punir o servidor, cumprindo a finalidade punitiva prevista na lei. Ela terá que levar em conta o princípio da razoabilidade, em especial em seu aspecto de proporcionalidade dos meios aos fins.

Por isso mesmo, na punição administrativa, a motivação do ato pela autoridade julgadora assume fundamental relevância, pois é por essa forma que ficará demonstrado o correto enquadramento da falta e a dosagem adequada da pena. Também é importante, quanto à escolha da sanção cabível, a observância da norma do art. 22, § 3º, da LINDB, introduzido pela Lei nº 13.655/18, pela qual "as sanções aplicadas ao agente serão levadas em conta na dosimetria das demais sanções de mesma natureza e relativas ao mesmo fato". O objetivo é impedir a cumulação de sanções que decorreria da sobreposição de instâncias de apuração de responsabilidade.

A grande maioria da doutrina defende, hoje, o princípio da tipicidade na esfera administrativa, como decorrência do princípio da legalidade e aplicação analógica do princípio do direito penal, segundo o qual não existe crime nem pena sem lei que o preveja (*nullum crimen, nulla poena sine lege*). No entanto, a legislação nem sempre o observa, como ocorre nos exemplos já mencionados dos Estatutos dos Servidores Públicos e na lei de licitações e contratos administrativos.

Desse modo, o princípio da tipicidade, no direito administrativo, ainda é aplicado de forma limitada, se comparado com o direito penal.

14.7.7 Princípio da pluralidade de instâncias

O princípio da pluralidade de instâncias decorre do poder de autotutela de que dispõe a Administração Pública e que lhe permite rever os próprios atos, quando ilegais, inconvenientes ou inoportunos; esse poder está reconhecido pelo STF, conforme Súmulas n°s 346 e 473.

Levando em conta que é dado ao superior hierárquico rever sempre os atos dos seus subordinados, como poder inerente à hierarquia e independente de previsão legal, haverá tantas instâncias administrativas quantas forem as autoridades com atribuições superpostas na estrutura hierárquica. O administrado que se sentir lesado em decorrência de decisão administrativa, pode ir propondo recursos hierárquicos até chegar à autoridade máxima da organização administrativa. Na esfera federal, esse direito de recorrer foi limitado a "três instâncias administrativas, salvo disposição legal diversa", conforme art. 57 da Lei nº 9.784/99. Isto significa que o administrado pode recorrer apenas a três níveis de decisão dentro da organização hierárquica, ressalvadas as hipóteses em que a lei específica sobre determinadas matérias disponha de modo diverso, quer para ampliar quer para restringir. O que não se pode impedir é o direito de recorrer, já que ele é assegurado pelo art. 5º, inciso LV, da Constituição, como inerente ao direito de defesa e ao contraditório.

Cabe lembrar que, independentemente de ter se esgotado a via administrativa, ainda cabe **reclamação administrativa** ao Supremo Tribunal Federal quando o ato administrativo contrariar enunciado de súmula vinculante, negar-lhe vigência ou aplicá-la indevidamente (conforme art. 103-A, § 3º, da Constituição, regulamentado pela Lei nº 11.417, de 19-12-2006).[8]

Também quanto ao princípio da pluralidade de instâncias existem algumas diferenças entre o processo civil e o administrativo; neste último, é possível (e naquele não):

a) alegar em instância superior o que não foi arguido de início;
b) reexaminar a matéria de fato;
c) produzir novas provas.

Isto porque o que se objetiva, com a possibilidade de reexame, é a preservação da legalidade administrativa.

Só não há possibilidade de pluralidade de instâncias quando a decisão já partiu da autoridade máxima, hipótese em que caberá apenas pedido de reconsideração; se não atendido, restará ao interessado procurar a via judicial.

14.7.8 Princípio da economia processual

Há que se ter sempre presente a ideia de que o processo é **instrumento** para aplicação da lei, de modo que as exigências a ele pertinentes devem ser adequadas e proporcionais ao fim que se pretende atingir. Por isso mesmo, devem ser evitados os formalismos excessivos, não essenciais à legalidade do procedimento que só possam onerar inutilmente a Administração Pública, emperrando a máquina administrativa.

Desse princípio decorre outro, que é o do **aproveitamento dos atos processuais**, que admite o saneamento do processo quando se tratar de nulidade sanável, cuja inobservância não prejudique a Administração ou o Administrado. O Estatuto dos Funcionários Públicos do Estado de São Paulo prescreve que não será declarada a nulidade de nenhum ato processual que não houver influído na apuração da verdade substancial ou, diretamente, na decisão do processo

---

[8] Sobre essa reclamação administrativa, v. item 17.3.2.2.

ou da sindicância (art. 305, com a redação dada pela Lei Complementar nº 942, de 6-6-03). Na esfera federal, a Lei nº 8.112/90 apenas determina, no art. 169, § 1º, que "o julgamento fora do prazo legal não implica nulidade de processo".

14.7.9 Princípio da participação popular

O princípio da participação popular na gestão e no controle da Administração Pública é inerente à ideia de Estado Democrático de Direito, referido no Preâmbulo da Constituição de 1988, proclamado em seu art. 1º e reafirmado no parágrafo único, com a regra de que "*todo o poder emana do povo, que o exerce por meio de representantes eleitos, ou diretamente, nos termos desta Constituição*"; além disso, decorre implicitamente de várias normas consagradoras da participação popular em diversos setores da Administração Pública, em especial na parte referente à ordem social.

Na ideia de participação inserem-se, por exemplo:

1. participação dos trabalhadores e empregadores nos colegiados dos órgãos públicos em que seus interesses profissionais ou previdenciários sejam objeto de discussão e deliberação (art. 10);
2. participação do produtor e trabalhador rural no planejamento e execução da política agrícola (art. 187);
3. participação da sociedade e dos Poderes Públicos nas iniciativas referentes à seguridade social (art. 194);
4. caráter democrático e descentralizado da gestão administrativa, com participação da comunidade, em especial de trabalhadores, empresários e aposentados na seguridade social (art. 194, VII), reafirmado com relação à saúde (art. 198, III) e à assistência social (art. 204, II);
5. gestão democrática do ensino público (art. 206, VI);
6. colaboração da comunidade na proteção do patrimônio cultural (art. 216, § 1º).

Essas são modalidades de participação na **gestão** da atividade administrativa do Estado. Como instrumentos de **controle**, podem ser mencionados, dentre outros:

1. direito à informação (art. 5º, XXXIII), com o que se assegura ao cidadão a possibilidade de conhecer os assuntos que estão sendo tratados no âmbito da Administração Pública;
2. mandado de injunção, instituído precisamente para suprir a omissão do Poder Público na regulamentação de normas constitucionais (art. 5º, LXXI);
3. ação popular, como meio posto nas mãos do cidadão para provocar o controle jurisdicional na defesa do interesse coletivo (art. 5º, LXXIII);
4. direito de denunciar irregularidades perante o Tribunal de Contas (art. 74, § 2º);
5. direito de fazer reclamações e denunciar irregularidades perante ouvidorias de justiça, não só contra membros do Poder Judiciário e do Ministério Público, mas também contra seus serviços auxiliares, representando diretamente ao Conselho Nacional de Justiça ou ao Conselho Nacional do Ministério Público, conforme o caso (art. 103-B, § 7º, e art. 130-A, § 5º, da Constituição, acrescentados pela Emenda Constitucional nº 45/04).

Além disso, encontram-se na legislação infraconstitucional inúmeras normas que consagram diferentes formas de participação do cidadão, com a instituição de ouvidores junto a diferentes órgãos públicos, sistemas de "disque-denúncia", audiências públicas, consulta pública e tantas outras.

Na Lei nº 9.784/99, embora não mencionada a participação do cidadão como princípio da Administração Pública, estão disciplinados vários instrumentos que facilitam a participação, como o direito à informação, a motivação, as regras sobre publicidade, já analisadas nos itens pertinentes. Estão também previstas a **consulta pública** (art. 31), a **audiência pública** (art. 32) e a **participação dos administrados, diretamente ou por meio de organizações e associações legalmente reconhecidas** (art. 33). O art. 49-B, introduzido pela Lei nº 14.210/21, permite a participação na decisão coordenada, na qualidade de ouvintes, dos interessados de que trata o art. 9º da Lei, os quais podem ter o direito a voz, previsto no parágrafo único do art. 49-B.

A consulta pública não é prevista, nessa lei, como obrigatória para a Administração Pública, mas como faculdade a ser exercida, mediante despacho motivado, quando a matéria do processo envolver assunto de interesse geral e desde que não cause prejuízo à parte interessada. A consulta é divulgada por meios oficiais, a fim de que pessoas físicas ou jurídicas possam examinar os autos, fixando-se prazo para oferecimento de alegações escritas (§ 1º do art. 31); pelo § 2º do mesmo dispositivo, o comparecimento à consulta pública não confere, por si, a condição de interessado do processo, mas confere o direito de obter da Administração resposta fundamentada, que poderá ser comum a todas as alegações substancialmente iguais.

A audiência pública também não é prevista em caráter obrigatório, ficando a sua realização a critério da autoridade quando se tratar de matéria relevante; o objetivo é o de permitir debates sobre a matéria.

Outros meios de participação poderão ser instituídos pelos órgãos administrativos, quando se tratar de matéria relevante (art. 33). A nova Lei de Licitações (Lei nº 14.133, de 1º-4-21) no art. 21, prevê a possibilidade de convocação de audiência pública, presencial ou à distância, na forma eletrônica, sobre licitação que pretenda realizar, com possibilidade de manifestação de todos os interessados. O parágrafo único do mesmo dispositivo, por sua vez, autoriza a submissão da licitação a prévia consulta pública, mediante disponibilização de seus elementos a todos os interessados, que poderão formular sugestões no prazo fixado. Também as leis que disciplinam as atividades das agências reguladoras estão prevendo a realização de audiência pública; tal é o caso da Lei nº 9.478, de 6-8-97, que instituiu a Agência Nacional do Petróleo (ANP), tornando obrigatória a realização de audiências públicas anteriormente às iniciativas de projetos de lei ou de alteração de normas administrativas que impliquem afetação de direito dos agentes econômicos ou de consumidores e usuários de bens e serviços da indústria do petróleo, de gás natural ou de biocombustíveis (art. 19, alterado pela Lei nº 12.490, de 16-9-11). Há ainda a norma do art. 26 da LINDB, introduzido pela Lei nº 13.655/18, que prevê a possibilidade de realização de consulta pública como procedimento prévio à celebração de compromisso entre interessados, para eliminar irregularidade, incerteza jurídica ou situação contenciosa na aplicação do direito público.

Todos esses exemplos servem para demonstrar a presença do princípio da participação do administrado na Administração Pública, dentro de um objetivo maior de descentralizar as formas de sua atuação e de ampliar os instrumentos de controle.

14.8 PROCESSO ADMINISTRATIVO DISCIPLINAR

Carlos Schmidt de Barros Júnior (1972:158) indica três sistemas pelos quais se pode fazer a repressão disciplinar:

1. o **sistema hierárquico**, em que o poder disciplinar é exercido exclusivamente pelo superior hierárquico; ele apura a falta e aplica a pena; é o sistema que se usa às vezes para a apuração de faltas leves ou para a aplicação do princípio da verdade sabida;
2. o **sistema de jurisdição completa**, no qual a falta e a pena são estritamente determinadas em lei e a decisão cabe a um órgão de jurisdição que funciona segundo regras de procedimento jurisdicional; este sistema não existe no direito brasileiro;
3. **sistema misto** ou de **jurisdicionalização moderada**, em que intervêm determinados órgãos, com função geralmente opinativa, sendo a pena aplicada pelo superior hierárquico; além disso, mantém-se certo grau de discricionariedade na verificação dos fatos e na escolha da pena aplicável; é o sistema adotado no Brasil relativamente aos processos administrativos disciplinares.

No direito brasileiro, os meios de apuração de ilícitos administrativos são o processo administrativo disciplinar e os meios sumários, que compreendem a sindicância e a verdade sabida.

O processo administrativo disciplinar é obrigatório, de acordo com o art. 41 da Constituição, para a aplicação das penas que impliquem perda de cargo para o funcionário estável. A Lei nº 8.112/90 exige a realização desse processo para a aplicação das penas de suspensão por mais de 30 dias, demissão, cassação de aposentadoria e disponibilidade, e destituição de cargo em comissão (art. 146); o art. 100 do Decreto-lei nº 200, de 25-2-67 (Reforma Administrativa federal), ainda exige o mesmo processo para a demissão ou dispensa do servidor efetivo ou estável, comprovadamente **ineficiente** no desempenho dos encargos que lhe competem ou **desidioso** no cumprimento de seus deveres.

No Estatuto paulista, o processo administrativo é exigido nas infrações que possam ensejar pena de **demissão a bem do serviço público e cassação de aposentadoria e disponibilidade** (art. 270, com a redação dada pela Lei Complementar nº 942, de 6-6-03).

O processo é realizado por comissões disciplinares (comissões processantes), sistema que tem a vantagem de assegurar maior imparcialidade na instrução do processo, pois a comissão é órgão estranho ao relacionamento entre o funcionário e o superior hierárquico.

Para garantir essa imparcialidade, tem-se entendido, inclusive na jurisprudência, que os integrantes da comissão devem ser funcionários estáveis e não interinos ou exoneráveis *ad nutum*.

O processo desenvolve-se nas seguintes fases: instauração, instrução, defesa, relatório e decisão.

O processo tem início com despacho de autoridade competente, determinando a instauração, assim que tiver ciência de alguma irregularidade; ela age *ex officio*, com fundamento no princípio da oficialidade.[9]

---

[9] Pela Súmula 611, o STJ consagrou o entendimento de que "desde que devidamente motivada e com amparo em investigação ou sindicância, é permitida a instauração de processo administrativo disciplinar com base em denúncia anônima, em face do poder-dever de autotutela imposto à Administração". No que diz respeito ao prazo para que a Administração Pública aplique a penalidade, a Súmula nº 635, do STJ, fixou a tese de que "os prazos prescricionais previstos no art. 142 da Lei nº 8.112/1990 iniciam-se na data em que a autoridade competente para a abertura do procedimento administrativo toma conhecimento do fato, interrompem-se com o primeiro ato de instauração válido – sindicância de caráter punitivo ou processo disciplinar – e volta a fluir por inteiro, decorridos 140 dias desde a interrupção". Pela Súmula nº 641, o STJ definiu que "a portaria de instauração do processo administrativo disciplinar prescinde da exposição detalhada dos fatos a serem apurados". Pela Súmula 665, o STJ definiu que "o controle jurisdicional do processo administrativo disciplinar restringe-se ao exame da regularidade do procedimento e da legalidade do ato, à luz dos princípios do contraditório, da ampla defesa e do devido processo legal, não sendo possível incursão no mérito administrativo, ressalvadas as hipóteses de flagrante ilegalidade, teratologia ou manifesta desproporcionalidade da sanção aplicada".

Não havendo elementos suficientes para instaurar o processo, determinará previamente a realização de sindicância.

Determinada a instauração e já autuado o processo, é este encaminhado à comissão processante, que o instaura, por meio de **portaria** em que conste o nome dos servidores envolvidos, a infração de que são acusados, com descrição sucinta dos fatos e indicação dos dispositivos legais infringidos.

A portaria bem elaborada é essencial à legalidade do processo, pois equivale à denúncia do processo penal e, se não contiver dados suficientes, poderá prejudicar a defesa; é indispensável que ela contenha todos os elementos que permitam aos servidores conhecer os ilícitos de que são acusados.

Se, além da infração administrativa, a fato constituir ilícito penal, deve a comissão processante comunicar às autoridades policiais, fornecendo os elementos de instrução de que dispuser.

A instrução rege-se pelos princípios da oficialidade e do contraditório, este último essencial à ampla defesa. Com base no primeiro, a comissão toma a iniciativa para levantamento das provas, podendo realizar ou determinar todas as diligências que julgue necessárias a essa finalidade. O princípio do contraditório exige, em contrapartida, que a comissão dê ao indiciado oportunidade de acompanhar a instrução, com ou sem defensor, conhecendo e respondendo a todas as provas contra ele apresentadas.

O STJ, pela Súmula nº 591, decidiu que "é permitida a prova emprestada no processo administrativo disciplinar desde que devidamente autorizada pelo juízo competente e respeitados o contraditório e a ampla defesa".

Concluída a instrução, deve ser assegurado o direito de "vista" do processo e notificado o indiciado para a apresentação da sua defesa. Embora esta fase seja denominada de **defesa**, na realidade as normas referentes à instauração e à instrução do processo já têm em vista propiciar a ampla defesa ao servidor. Nesta terceira fase, deve ele apresentar razões escritas, pessoalmente ou por advogado da sua escolha; na falta de defesa, a comissão designará funcionário, de preferência bacharel em direito, para defender o indiciado.

A citação do indiciado deve ser feita antes de iniciada a instrução e acompanhada de cópia da portaria para permitir-lhe pleno conhecimento da denúncia; além disso, é permitido a ele assistir a inquirição das testemunhas e reperguntar às mesmas, por intermédio da comissão, devendo comparecer acompanhado do seu defensor. Terminada a instrução, será dada vista dos autos a indiciado e aberto o prazo para a defesa. O princípio do contraditório é, pois, assegurado em toda a sua extensão.

Terminada a defesa, a comissão apresenta o seu **relatório**, no qual deve concluir com proposta de absolvição ou de aplicação de determinada penalidade, indicando as provas em que baseia a sua conclusão. O relatório é peça apenas opinativa, não obrigando a autoridade julgadora, que poderá, analisando os autos, apresentar conclusão diversa.

A fase final é a de **decisão**, em que a autoridade poderá acolher a sugestão da comissão, hipótese em que o relatório corresponderá à motivação; se não aceitar a sugestão, terá que motivar adequadamente a sua decisão, apontando os elementos do processo em que se baseia. É comum a autoridade julgadora socorrer-se de pareceres de órgãos jurídicos antes de adotar a sua decisão.

A autoridade julgadora deve fazer exame completo do processo para verificar a sua legalidade, podendo declarar a sua nulidade, determinar o saneamento do processo ou a realização de novas diligências que considere essenciais à prova. Tudo com base no princípio da oficialidade.

Os estatutos de servidores, em regra, contêm norma fixando prazo para conclusão do processo, o que nem sempre é obedecido pela Administração. No entanto, conforme entendimento do STJ, na Súmula nº 592, "o excesso de prazo para conclusão do processo administrativo disciplinar só causa nulidade se houver demonstração de prejuízo à defesa".

Concluído o processo, pela absolvição ou aplicação de penalidade, cabem, neste último caso, o pedido de reconsideração e os recursos hierárquicos, além da revisão admitida na legislação estatutária.

14.9 PROCESSO SUMÁRIO

14.9.1 Sindicância

Segundo José Cretella Júnior (1969, v. 6:153), no idioma de origem, os elementos componentes da palavra *sindicância*, de origem grega, são o prefixo *syn* (junto, com, juntamente com) e *dic* (mostrar, fazer ver, pôr em evidência), ligando-se este segundo elemento ao verbo *deiknymi*, cuja acepção é **mostrar, fazer ver**. Assim, sindicância significa, em português, à letra, "a operação cuja finalidade é trazer à tona, fazer ver, revelar ou mostrar algo, que se acha oculto".

O mesmo autor define a sindicância administrativa como "o meio sumário de que se utiliza a Administração do Brasil para, sigilosa ou publicamente, com indiciados ou não, proceder à apuração de ocorrências anômalas no serviço público, as quais, confirmadas, fornecerão elementos concretos para a imediata abertura de processo administrativo contra o funcionário público responsável". Nesse conceito, a sindicância seria uma fase preliminar à instauração do processo administrativo; corresponderia ao inquérito policial que se realiza antes do processo penal.

A Lei Federal nº 8.112/90 prevê sindicância para a apuração de irregularidade (art. 143), dela podendo resultar: arquivamento do processo; aplicação de penalidade de advertência ou suspensão de até 30 dias; e instauração do processo disciplinar (art. 145).

A lei não estabelece procedimento para a sindicância, que pode ser realizada por funcionário ou por comissão de funcionários.

14.9.2 Verdade sabida

Verdade sabida é o conhecimento pessoal e direto da falta pela autoridade competente para aplicar a pena. É o conceito que constava do art. 271, parágrafo único, do Estatuto paulista dos funcionários civis – Lei nº 10.261, de 28-10-68. Pelo *caput* do dispositivo, era possível aplicar a pena pela verdade sabida, quando se tratasse de repreensão e suspensão. No entanto, esse dispositivo deixou de existir a partir da Lei Complementar nº 942/03.

Esse dispositivo estatutário não mais prevalece, diante da norma do art. 5º, LV, da Constituição, que exige o contraditório e ampla defesa nos processos administrativos. Mesmos antes da atual Constituição, já se entendia que o princípio da ampla defesa, previsto no art. 153, § 16, para o processo penal, era aplicável às esferas civil e administrativa.

A lei federal não prevê a aplicação da pena pela verdade sabida.

RESUMO

1. O vocábulo "processo": marcha para a frente, progresso, desenvolvimento.

2. Sentido amplo, que abrange todos os processos estatais: **uma série de atos coordenados para a realização dos fins estatais**; abrange os instrumentos de que se utilizam os

três Poderes para a consecução dos seus fins, todos sujeitos às regras constitucionais de competência, forma, prerrogativas. Cada qual está sujeito também a princípios próprios.

3. Modalidades: o **processo legislativo** (de criação da lei) e os **processos judicial** e **administrativo** (de aplicação da lei).

4. **Processo judicial**: instaura-se por provocação do interessado; relação trilateral: as partes (autor e réu) e o juiz; característica da onerosidade; movimenta-se a máquina estatal para resolver um litígio entre partes.

5. **Processo administrativo**: instaura-se por provocação ou *ex officio*; a relação é bilateral; a Administração atua como parte interessada; daí a **gratuidade**, a **inaplicabilidade da sucumbência** e a **ausência de coisa julgada** das decisões.

6. **Processo administrativo**: sentidos da expressão: a) conjunto de papéis e documentos organizados numa pasta; b) sinônimo de processo disciplinar (art. 41, § 1º, CF); c) conjunto de atos coordenados para a solução de uma controvérsia, assegurada ampla defesa; d) série de atos preparatórios de uma decisão final.

7. **Processo e procedimento**: o **processo** abrange todos os atos praticados no exercício da função administrativa (estudos, pareceres, informações, laudos, audiência etc. necessários à tomada da decisão final); o **procedimento** equivale a rito e se desenvolve dentro do processo. Nem todo processo envolve procedimento. Nos processos que exigem solução de controvérsia existem várias fases: **instauração, instrução, defesa** e **decisão**.

8. **Sujeição à Lei de Processo Administrativo federal** (9.784/99) ou a leis estaduais e municipais:

   a) **instauração**: de ofício ou a pedido (art. 5º), com observância dos requisitos do art. 6º, motivação (art. 6º, parágrafo único), possibilidade de definição de modelos (art. 7º) e de vários pedidos iguais em um único requerimento (art. 8º);

   b) **instrução**: princípio da oficialidade, que não afasta as iniciativas do interessado (art. 29); vedação de provas obtidas ilicitamente (art. 30); atribuição da parte de provar os fatos alegados, sem prejuízo da atuação *ex officio* da Administração; possibilidade de o interessado juntar documentos, pareceres, requerer diligências (art. 38); proibição de recusa de provas, salvo se ilícitas, impertinentes, desnecessárias ou protelatórias (art. 38, § 2º); prazo de 15 dias para elaboração de parecer (art. 42); possibilidade de medida acautelatória em caso de risco iminente (art. 45); admissibilidade de prova emprestada (Súmula 591 do STJ);

   c) **decisão:** dever de decidir (art. 48) no prazo de 30 dias, salvo prorrogação motivada (art. 49).

9. **Modalidades** nos países com dualidade de jurisdição: **processo gracioso** (a própria Administração pratica todos os atos necessários à decisão, que não tem força de coisa julgada, porque ninguém pode ser juiz e parte ao mesmo tempo) e **processo contencioso** (que se desenvolve perante órgão a que se atribui função jurisdicional, ou seja, com o poder de decidir com força de coisa julgada).

10. **Direito brasileiro:** todos os processos administrativos são graciosos; previsão do contencioso administrativo (sem função jurisdicional) na CF de 1967 (não instituído). CF de 1988: unidade de jurisdição (art. 5º, XXXV).

11. **Decisão coordenada:** que exija a participação de 3 ou mais setores, órgãos ou entidades, sempre que: I – for justificável pela relevância da matéria; e II – houver discordância

que prejudique a celeridade do processo administrativo decisório (art. 49-A a 49-G da Lei nº 9.784/99, introduzido pela Lei nº 14.210, de 30-9-21).

12. Processo administrativo eletrônico: Decreto nº 8.539, de 8-10-15 (só aplicável na esfera federal); adoção obrigatória; autenticidade por meio de certificado digital emitido pelo ICP – Chaves Públicas, nos termos da Medida Provisória 2.200-2, de 24-8-01); o ato considera-se praticado no dia e hora do recebimento pelo sistema informatizado (art. 7º); direito de vista exercido eletronicamente ou por acesso à cópia do documento; observância das normas da Lei de Acesso à Informação – Lei nº 12.527/11 para proteger o sigilo; juntada de documentos por meio eletrônico (art. 11); considerados originais os documentos nato-digitais assinados eletronicamente (art. 2º, II, *a*, e 10); dois tipos de documentos: **cópia simples** (enviados digitalizados ou resultantes de digitalização de cópia autenticada em cartório ou administrativamente ou de cópia simples) **e cópia autenticada administrativamente** (resultantes da digitalização de originais); implantação no prazo de dois anos); observância dos requisitos de validade dos atos administrativos.

13. Princípios do processo administrativo: arts. 37 da CF e 2º da Lei de Processo Administrativo federal e normas da LINDB.

a) **publicidade:** direito de acesso ao processo (mais amplo que no processo judicial); não se confunde com o direito de vista; restrição ao direito de acesso apenas nos casos de sigilo previstos na CF (art. 5º, XXXIII e LX); aplicação do princípio nos arts. 2º, parágrafo único, V e X, e 3º, II, da LPA;

b) **oficialidade:** atuação *ex officio* da Administração para a **instauração**, para a **instrução** e para a **revisão** do processo (arts. 2º, parágrafo único, XII, 5º, 29 e 65 da LPA); presente no poder de autotutela consagrado pela Súmula 473 do STF;

c) **obediência à forma e aos procedimentos**: menos rígido do que no processo judicial (princípio do informalismo); maiores exigências formais nos processos que envolvem interesses dos particulares (disciplinar, tributário, licitatório); art. 2º, VIII e IX, e 22 da LPA;

d) **gratuidade**: art. 2º, parágrafo único, XI, da LPA; impossibilidade de cobrança de despesas processuais para propositura de recursos (Súmula 373, do STJ, e Súmula vinculante 21, do STF);

e) **ampla defesa e contraditório**: arts. 5º, LV, e 41, § 1º, da CF; 2º, parágrafo único, X, e 3º, II, III e IV, da LPA; contraditório exige: 1. notificação dos atos processuais à parte interessada; 2. exame das provas constantes do processo; 3. direito de assistir à inquirição de testemunhas; 4. direito de apresentar defesa escrita; assistência facultativa de advogado (art. 3º e Súmula Vinculante nº 5, do STF), exigência de intimação (art. 26, 27, 28, 39, 44, 62, da LPA); Súmula Vinculante nº 3, do STF, sobre contraditório e ampla defesa nos processos do Tribunal de Contas da União;

f) **atipicidade**: nem sempre existe tipicidade na definição das infrações administrativas (ex.: Lei de Licitações e estatutos dos servidores públicos); definições equiparáveis às normas penais em branco; inexistência de discricionariedade na escolha da pena: necessidade de motivação adequada diante dos fatos apurados; maioria da doutrina defende a aplicação do princípio da tipicidade nos processos administrativos, embora a legislação nem sempre o observe;

g) **pluralidade de instâncias**: decorrente da organização hierárquica (possibilidade de recorrer às instâncias superiores); limitação a três instâncias na LPA, salvo disposição legal em contrário (art. 57); possibilidade de: 1) alegar em instância superior o que não foi arguido de início; 2) reexaminar matéria de fato; 3) produzir novas provas; inexistência da pluralidade quando a decisão partiu da autoridade administrativa, hipótese em que cabe pedido de reconsideração;

h) **economia processual**: exigências formais devem ser adequadas e proporcionais ao fim que se pretende atingir; **aproveitamento dos atos processuais**: admite o saneamento quando se tratar de nulidade sanável;

i) **participação popular**: inerente ao Estado de Direito Democrático (art. 1º e preâmbulo da CF); **participação na gestão**: aplicação nos arts. 10, 187, 194, VII, 198, III, 204, II, 206, VI, e 216, § 1º, da CF; **participação no controle**: arts. 5º, XXXIII e LXXI, 74, § 2º, 103-B, § 7º, e 130-A, § 5º, da CF; instrumentos de participação na LPA (arts. 31, 32, 33), na Lei de Licitações (art. 39 da Lei nº 8.666 e art. 21 da nova Lei de Licitações) e na legislação das agências reguladoras.

14. Processo administrativo disciplinar

– **Sistemas:**

a) **hierárquico** (o poder disciplinar é exercido pelo superior hierárquico; utilizado para faltas leves ou para a aplicação da verdade sabida);

b) de **jurisdição completa** (a decisão cabe a um órgão de jurisdição segundo procedimento jurisdicional);

c) **misto** ou de **jurisdição moderada** (a apuração é feita por órgãos, com função opinativa, sendo a pena aplicada por superior hierárquico; mantém certo grau de discricionariedade na verificação dos fatos e na escolha da pena aplicável; é o sistema adotado no direito brasileiro).

– **Meios de apuração**: processo administrativo disciplinar, sindicância e verdade sabida.

– **Processo administrativo disciplinar**: obrigatório para demissão do servidor estável (art. 41 da CF) e outras penas, conforme o Estatuto de cada esfera de governo. É realizado por **comissões disciplinares**, que constituem órgãos estranhos ao relacionamento entre o servidor e o superior hierárquico, garantindo maior imparcialidade.

– **Fases**: a) **instauração** (feita pela autoridade competente, *ex officio*, por meio de portaria, contendo o nome dos indiciados, a infração e indicação dos dispositivos legais infringidos); b) **instrução** com observância dos princípios da oficialidade e do contraditório; permissão ao indiciado para assistir à inquirição das testemunhas e reperguntar; c) **defesa**, com direito de vista aos indiciados e notificação para apresentação da defesa escrita, pessoalmente ou por meio de advogado; na falta de defesa, tem que ser indicado outro servidor, de preferência bacharel em direito; Súmula Vinculante nº 5, do STF (não obrigatoriedade de defesa técnica por advogado) d) **relatório** (descrição dos fatos e das provas colhidas, além de proposta de absolvição ou de aplicação de penalidade; peça opinativa, não vinculante para a autoridade competente para decidir); e e) **decisão**, a qual pode acolher a sugestão do relatório (que equivalerá à motivação) ou rejeitar, com nova motivação; reexame do processo, com possibilidade de anular e pedir novas diligências (princípio da oficialidade). Cabimento de **pedido de reconsideração** e **recurso hierárquico,** além do pedido de **revisão**.

– **Sindicância**: meio sumário de apuração de infrações, cabível para penas mais leves, como repreensão e suspensão (nos termos da legislação estatutária), e como fase preliminar ao processo administrativo disciplinar, quando não haja elementos suficientes para sua instauração.

15
Responsabilidade Extracontratual do Estado

15.1 DELIMITAÇÃO DO TEMA

Quando se fala em responsabilidade do **Estado**, está-se cogitando dos três tipos de funções pelas quais se reparte o poder estatal: a administrativa, a jurisdicional e a legislativa. Fala-se, no entanto, com mais frequência, de responsabilidade resultante de comportamentos da Administração Pública, já que, com relação aos Poderes Legislativo e Judiciário, essa responsabilidade incide em casos excepcionais.

Trate-se de dano resultante de comportamentos do Executivo, do Legislativo ou do Judiciário, a responsabilidade é do **Estado**, pessoa jurídica; por isso é errado falar em responsabilidade da Administração Pública, já que esta não tem personalidade jurídica, não é titular de direitos e obrigações na ordem civil. A **capacidade** é do Estado e das pessoas jurídicas públicas ou privadas que o representam no exercício de parcela de atribuições estatais. E a responsabilidade é sempre civil, ou seja, de ordem pecuniária.

A referência à responsabilidade **extracontratual** é necessária para restringir o tema tratado neste capítulo a essa modalidade de responsabilidade civil, ficando excluída a responsabilidade **contratual**, que se rege por princípios próprios, analisados no capítulo referente aos contratos administrativos.

A responsabilidade patrimonial pode decorrer de atos jurídicos, de atos ilícitos, de comportamentos materiais ou de omissão do Poder Público. O essencial é que haja um dano causado a terceiro por comportamento omissivo ou comissivo de agente do Estado.

Ao contrário do direito privado, em que a responsabilidade exige sempre um ato **ilícito** (contrário à lei), no direito administrativo ela pode decorrer de atos ou comportamentos que, embora lícitos, causem a pessoas determinadas ônus maior do que o imposto aos demais membros da coletividade.

Pode-se, portanto, dizer que **a responsabilidade extracontratual do Estado corresponde à obrigação de reparar danos causados a terceiros em decorrência de comportamentos comissivos ou omissivos, materiais ou jurídicos, lícitos ou ilícitos, imputáveis aos agentes públicos.**

15.2 EVOLUÇÃO

O tema da responsabilidade civil do Estado tem recebido tratamento diverso no tempo e no espaço; inúmeras teorias têm sido elaboradas, inexistindo dentro de um mesmo direito uniformidade de regime jurídico que abranja todas as hipóteses. Em alguns sistemas, como o anglo-saxão, prevalecem os princípios de direito privado; em outros, como o europeu-continental, adota-se o regime publicístico. A regra adotada, por muito tempo, foi a da **irresponsabilidade**; caminhou-se, depois, para a **responsabilidade subjetiva**, vinculada à culpa, ainda hoje aceita em várias hipóteses; evoluiu-se, posteriormente, para a teoria da **responsabilidade objetiva**, aplicável, no entanto, diante de requisitos variáveis de um sistema para outro, de acordo com normas impostas pelo direito positivo.

As várias teorias que serão analisadas são adotadas preferencialmente no sistema europeu-continental, graças, em especial, ao trabalho jurisprudencial do Conselho de Estado francês. Em outros direitos, filiados ao sistema anglo-saxão, a orientação é diversa e não será aqui aprofundada, por não exercer grande influência no direito brasileiro.

As **teorias** sobre o tema compreendem:

1. teoria da irresponsabilidade;
2. teorias civilistas;
   - teoria dos atos de impérios e de gestão; e
   - teoria da culpa civil ou da responsabilidade subjetiva;

3. teorias publicistas;
   - teoria da culpa administrativa ou culpa do serviço público; e
   - teoria do risco integral ou administrativo ou teoria da responsabilidade objetiva.

Antes de analisar cada uma dessas teorias, cabe assinalar que existe muita divergência de terminologia entre os autores, o que torna difícil a colocação da matéria; o que alguns chamam de culpa civil outros chamam de culpa administrativa; alguns consideram como hipóteses diversas a culpa administrativa e o acidente administrativo; alguns subdividem a teoria do risco em duas modalidades, risco integral e risco administrativo.

15.2.1 Teoria da irresponsabilidade

A teoria da irresponsabilidade foi adotada na época dos Estados absolutos e repousava fundamentalmente na ideia de **soberania**: o Estado dispõe de autoridade incontestável perante o súdito; ele exerce a tutela do direito, não podendo, por isso, agir contra ele; daí os princípios de que o rei não pode errar (*the king can do no wrong; le roi ne peut mal faire*) e o de que "aquilo que agrada ao príncipe tem força de lei" (*quod principi placuit habet legis vigorem*). Qualquer responsabilidade atribuída ao Estado significaria colocá-lo no mesmo nível que o súdito, em desrespeito a sua soberania.

Essa teoria logo começou a ser combatida, por sua evidente injustiça; se o Estado deve tutelar o direito, não pode deixar de responder quando, por sua ação ou omissão, causar danos a terceiros, mesmo porque, sendo pessoa jurídica, é titular de direitos e obrigações.

Os Estados Unidos e a Inglaterra abandonaram a teoria da irresponsabilidade, por meio do *Federal Tort Claim Act*, de 1946, e *Crown Proceeding Act*, de 1947, respectivamente.

Nos Estados Unidos, em grande parte dos casos, o particular pode acionar diretamente o funcionário, admitindo-se, em algumas hipóteses, a responsabilidade direta do Estado, porém, desde que haja **culpa**, apurada da mesma maneira e tão amplamente como a de um particular em iguais circunstâncias. Trata-se de **responsabilidade subjetiva**.

Na Inglaterra, a partir do *Crown Proceeding Act*, a Coroa passou a responder por danos causados por seus funcionários ou agentes, desde que haja infração daqueles deveres que todo patrão tem em relação aos seus prepostos e também daqueles deveres que toda pessoa comum tem em relação à propriedade. A responsabilidade, no entanto, não é total, porque sofre limitações, não se aplicando aos entes locais nem às empresas estatais.

15.2.2 Teorias civilistas

Foi no século XIX que a tese da irresponsabilidade ficou superada. Porém, ao admitir-se, inicialmente, a responsabilidade do Estado, adotavam-se os princípios do Direito Civil, apoiados na ideia de culpa; daí falar-se em **teoria civilista da culpa**.

Numa primeira fase, distinguiam-se, para fins de responsabilidade, os **atos de império** e os **atos de gestão**. Os primeiros seriam os praticados pela Administração com todas as prerrogativas e privilégios de autoridade e impostos unilateral e coercitivamente ao particular independentemente de autorização judicial, sendo regidos por um direito especial, exorbitante do direito comum, porque os particulares não podem praticar atos semelhantes; os segundos seriam praticados pela Administração em situação de igualdade com os particulares, para a conservação e desenvolvimento do patrimônio público e para a gestão de seus serviços; como não difere a posição da Administração e a do particular, aplica-se a ambos o direito comum.

Essa distinção foi idealizada como meio de abrandar a teoria da irresponsabilidade do monarca por prejuízos causados a terceiros. Passou-se a admitir a responsabilidade civil quando decorrente de atos de gestão e a afastá-la nos prejuízos resultantes de atos de império. Distinguia-se a pessoa do Rei (insuscetível de errar – *the king can do no wrong*), que praticaria os atos de império, da pessoa do **Estado**, que praticaria atos de gestão, através de seus prepostos.

Surgiu, no entanto, grande oposição a essa teoria, quer pelo reconhecimento da impossibilidade de dividir-se a personalidade do Estado, quer pela própria dificuldade, senão impossibilidade, de enquadrar-se como atos de gestão todos aqueles praticados pelo Estado na administração do patrimônio público e na prestação de seus serviços.

Embora abandonada a distinção entre atos de império e de gestão, muitos autores continuaram apegados à doutrina civilista, aceitando a responsabilidade do Estado desde que demonstrada a culpa. Procurava-se equiparar a responsabilidade do Estado à do patrão, ou comitente, pelos atos dos empregados ou prepostos. Era a **teoria da culpa civil** ou da **responsabilidade subjetiva**.

A doutrina civilista serviu de inspiração ao art. 15 do Código Civil Brasileiro (de 1916), que consagrou a teoria da responsabilidade subjetiva do Estado.

15.2.3 Teorias publicistas

O primeiro passo no sentido da elaboração de teorias de responsabilidade do Estado segundo princípios do direito público foi dado pela jurisprudência francesa, com o famoso caso Blanco, ocorrido em 1873: a menina Agnès Blanco, ao atravessar uma rua da cidade de Bordeaux, foi colhida por uma vagonete da Cia. Nacional de Manufatura do Fumo; seu pai promoveu ação civil de indenização, com base no princípio de que o Estado é civilmente responsável por prejuízos causados a terceiros, em decorrência de ação danosa de seus agentes. Suscitado conflito de atribuições entre a jurisdição comum e o contencioso administrativo, o Tribunal de Conflitos decidiu que a controvérsia deveria ser solucionada pelo tribunal administrativo, porque se tratava de apreciar a responsabilidade decorrente de funcionamento do serviço público. Entendeu-se que a responsabilidade do Estado não pode reger-se pelos princípios do Código Civil, porque se sujeita a regras especiais que variam conforme as necessidades do serviço e a imposição de conciliar os direitos do Estado com os direitos privados.

A partir daí começaram a surgir as teorias publicistas da responsabilidade do Estado: teoria da **culpa do serviço** ou da **culpa administrativa** e teoria do **risco**, desdobrada, por alguns autores, em teoria do **risco administrativo** e teoria do **risco integral**.

A teoria da **culpa do serviço**, também chamada de **culpa administrativa**, ou teoria do **acidente administrativo**, procura desvincular a responsabilidade do Estado da ideia de culpa do funcionário. Passou a falar em culpa do serviço público.

Distinguia-se, de um lado, a culpa individual do funcionário, pela qual ele mesmo respondia, e, de outro, a culpa **anônima do serviço público**; nesse caso, o funcionário não é identificável e se considera que o serviço funcionou mal; incide, então, a responsabilidade do Estado.

Essa culpa do serviço público ocorre quando: o serviço público não funcionou (omissão), funcionou atrasado ou funcionou mal. Em qualquer dessas três hipóteses, ocorre a culpa (*faute*) do serviço ou acidente administrativo, incidindo a responsabilidade do Estado independentemente de qualquer apreciação da culpa do funcionário.

Sem abandonar essa teoria, o Conselho de Estado francês passou a adotar, em determinadas hipóteses, a **teoria do risco**, que serve de fundamento para a **responsabilidade objetiva do Estado**.

Essa doutrina baseia-se no princípio da igualdade de todos perante os encargos sociais e encontra raízes no art. 13 da Declaração dos Direitos do Homem, de 1789, segundo o qual "para a manutenção da força pública e para as despesas de administração é indispensável uma contribuição comum que deve ser dividida entre os cidadãos de acordo com as suas possibilidades". O princípio significa que, assim como os benefícios decorrentes da atuação estatal repartem-se por todos, também os prejuízos sofridos por alguns membros da sociedade devem ser repartidos. Quando uma pessoa sofre um ônus maior do que o suportado pelas demais, rompe-se o equilíbrio que necessariamente deve haver entre os encargos sociais; para restabelecer esse equilíbrio, o Estado deve indenizar o prejudicado, utilizando recursos do erário.

Nessa teoria, a ideia de culpa é substituída pela de **nexo de causalidade** entre o funcionamento do serviço público e o prejuízo sofrido pelo administrado. É indiferente que o serviço público tenha funcionado bem ou mal, de forma regular ou irregular. Constituem pressupostos da responsabilidade objetiva do Estado: (a) que seja praticado um ato lícito ou ilícito, por agente público; (b) que esse ato cause **dano específico** (porque atinge apenas um ou alguns membros da coletividade) e **anormal** (porque supera os inconvenientes normais da vida em sociedade, decorrentes da atuação estatal); (c) que haja um nexo de causalidade entre o ato do agente público e o dano.

É chamada teoria da **responsabilidade objetiva**, precisamente por prescindir da apreciação dos elementos subjetivos (culpa ou dolo); é também chamada **teoria do risco,** porque parte da ideia de que a atuação estatal envolve um risco de dano, que lhe é inerente. Causado o dano, o Estado responde como se fosse uma empresa de seguro em que os segurados seriam os contribuintes que, pagando os tributos, contribuem para a formação de um patrimônio coletivo (cf. Cretella Júnior, 1970, v. 8, p. 69-70).

O Código Civil acolheu expressamente a teoria da responsabilidade objetiva, ligada à ideia de risco. Em consonância com o art. 927, parágrafo único, "haverá obrigação de reparar o dano, independentemente de culpa, nos casos especificados em lei, ou quando a atividade normalmente desenvolvida pelo autor do dano implicar, por sua natureza, risco para os direitos de outrem".

Segundo Hely Lopes Meirelles (2003:623), a teoria do risco compreende duas modalidades: a do risco **administrativo** e a do **risco integral**; a primeira admite (e a segunda não) as causas excludentes da responsabilidade do Estado: culpa da vítima, culpa de terceiros ou força maior.

No entanto, durante muito tempo, aqui no direito brasileiro, grande parte da doutrina não fazia distinção, considerando as duas expressões – risco integral e risco administrativo – como sinônimas ou falando em risco administrativo como correspondente ao acidente administrativo. Mesmo alguns autores que falavam em teoria do risco integral admitiam as causas excludentes da responsabilidade.

Yussef Said Cahali (1995:40), criticando a distinção feita por Hely Lopes Meirelles, diz que "a distinção entre **risco administrativo** e **risco integral** não é ali estabelecida em função de uma distinção conceitual ou ontológica entre as duas modalidades de risco pretendidas, mas simplesmente em função das **consequências** irrogadas a uma outra modalidade: o risco administrativo é qualificado pelo seu **efeito** de permitir a contraprova de excludente de responsabilidade, **efeito** que seria inadmissível se qualificado como risco integral, sem que nada seja enunciado quanto à base ou natureza da distinção". E acrescenta que "deslocada a questão para o plano da causalidade, qualquer que seja a qualificação atribuída ao risco – risco integral, risco administrativo, risco proveito – aos tribunais se permite exclusão ou atenuação daquela responsabilidade do Estado quando fatores outros, voluntários ou não, tiverem prevalecido ou concorrido como **causa** na verificação do **dano injusto**".

Portanto, não é demais repetir que as divergências são mais terminológicas, quanto à maneira de designar as teorias, do que de fundo. Todos parecem concordar em que se trata de responsabilidade **objetiva**, que implica averiguar se o dano teve como **causa** o funcionamento de um serviço público, sem interessar se foi regular ou não. Todos também parecem concordar em que algumas circunstâncias excluem ou diminuem a responsabilidade do Estado.

Ocorre que, diante de normas que foram sendo introduzidas no direito brasileiro, surgiram hipóteses em que se aplica a teoria do risco integral, no sentido que lhe atribuiu Hely Lopes Meirelles, tendo em vista que a responsabilidade do Estado incide independentemente da ocorrência das circunstâncias que normalmente seriam consideradas excludentes de responsabilidade. É o que ocorre nos casos de danos causados por acidentes nucleares (art. 21, XXIII, *d*, da Constituição Federal), disciplinados pela Lei nº 6.453, de 17-10-77; e também na hipótese de danos decorrentes de atos terroristas, atos de guerra ou eventos correlatos, contra aeronaves de empresas aéreas brasileiras, conforme previsto nas Leis nºs 10.309, de 22-11-01, e 10.744, de 9-10-03.

Também o Código Civil previu algumas hipóteses de risco integral nas relações obrigacionais, conforme arts. 246, 393 e 399.

15.3 DIREITO POSITIVO BRASILEIRO

A teoria da irresponsabilidade do Estado não foi acolhida pelo direito brasileiro; mesmo não havendo normas legais expressas, os nossos tribunais e doutrinadores sempre repudiaram aquela orientação.

As Constituições de 1824 e 1891 não continham disposição que previsse a responsabilidade do Estado; elas previam apenas a responsabilidade do funcionário em decorrência de abuso ou omissão praticados no exercício de suas funções.

Nesse período, contudo, havia leis ordinárias prevendo a responsabilidade do Estado, acolhida pela jurisprudência como sendo **solidária** com a dos funcionários; era o caso dos danos causados por estrada de ferro, por colocação de linhas telegráficas, pelos serviços de correio.

Com o Código Civil, promulgado em 1916, entende-se que teria sido adotada a teoria civilista da responsabilidade subjetiva, à vista do disposto em seu art. 15: "as pessoas jurídicas de direito público são civilmente responsáveis por atos de seus representantes que nessa qualidade causem danos a terceiros, procedendo do modo contrário ao direito ou faltando a dever prescrito por lei, salvo direito regressivo contra os causadores do dano".

A expressão *procedendo de modo contrário ao direito ou faltando a dever prescrito por lei* conduzia à ideia de que deveria ser demonstrada a culpa do funcionário para que o Estado respondesse. No entanto, a redação imprecisa do dispositivo permitiu que alguns autores defendessem, na vigência desse dispositivo, a teoria da responsabilidade objetiva.

A Constituição de 1934 acolheu o princípio da responsabilidade solidária entre Estado e funcionário. Nos termos de seu art. 171, os funcionários são responsáveis solidariamente com a Fazenda Nacional, Estadual ou Municipal, por quaisquer prejuízos decorrentes de negligência, omissão ou abuso no exercício de seus cargos. A mesma norma se repetiu no art. 158 da Constituição de 1937.

Com a Constituição de 1946 é que se adotou a teoria da responsabilidade objetiva. De acordo com seu art. 194, "as pessoas jurídicas de direito público interno são civilmente responsáveis pelos danos que seus funcionários, nessa qualidade, causem a terceiros". Pelo parágrafo único, "caber-lhes-á ação regressiva contra os funcionários causadores do dano, quando tiver havido culpa destes".

A Constituição de 1967 repete a norma em seu art. 105, acrescentando, no parágrafo único, que a ação regressiva cabe em caso de **culpa** ou **dolo**, expressão não incluída no preceito da Constituição anterior. Na Emenda nº 1, de 1969, a norma foi mantida no art. 107.

A Constituição de 1988, no art. 37, § 6º, determina que "as pessoas jurídicas de direito público e as de direito privado prestadoras de serviços públicos responderão pelos danos que seus agentes, nessa qualidade, causarem a terceiros, assegurado o direito de regresso contra o responsável nos casos de dolo ou culpa".

O Código Civil de 2002 não repete a norma do art. 15 do Código Civil de 1916. Determina, no art. 43, que "as pessoas jurídicas de direito público interno são civilmente responsáveis por atos de seus agentes que nessa qualidade causem danos a terceiros, ressalvado direito regressivo contra os causadores de dano, se houver, por parte destes, culpa ou dolo".

De certa forma, está atrasado em relação à norma constitucional, tendo em vista que não faz referência às pessoas jurídicas de direito privado prestadoras de serviço público.

Entende-se que, a partir da Constituição de 1946, ficou consagrada a teoria da responsabilidade objetiva do Estado; parte-se da ideia de que, se o dispositivo só exige culpa ou dolo para o direito de regresso contra o funcionário, é porque não quis fazer a mesma exigência para as pessoas jurídicas.

No dispositivo constitucional estão compreendidas duas regras: a da **responsabilidade objetiva do Estado** e a da **responsabilidade subjetiva do agente público**.

A regra da responsabilidade objetiva exige, segundo o art. 37, § 6º, da Constituição:

1. que o ato lesivo seja praticado por agente de pessoa jurídica de direito público (que são as mencionadas no art. 41 do Código Civil) ou pessoa jurídica de direito privado prestadora de serviço público (o que inclui empresas públicas, sociedades de economia mista, fundações governamentais de direito privado, cartórios extrajudiciais[1], bem como qualquer entidade com personalidade jurídica de direito privado, inclusive as do terceiro setor, que recebam delegação do Poder Público, a qualquer título, para a prestação do serviço público);
2. que as entidades de direito privado prestem **serviço público**, o que exclui as entidades da administração indireta que executem atividade econômica de natureza privada; as que prestam serviço público respondem objetivamente, nos termos

---

[1] O STF, pelo Plenário, fixou a tese de que o Estado responde, objetivamente, pelos atos dos tabeliães e registradores oficiais que, no exercício de suas funções, causem dano a terceiros, assentado o direito de regresso contra o responsável, nos casos de dolo ou culpa, sob pena de improbidade administrativa. RE-842846, Rel. Min. Luiz Fux, j. em 27-2-19. In: *Informativo do STF-932*, de 25-2-19.

do dispositivo constitucional, quando causem dano decorrente da prestação de serviço público; mesmo as concessionárias e permissionárias de serviço público e outras entidades privadas somente responderão objetivamente na medida em que os danos por elas causados sejam decorrentes da prestação de serviço público;

3. que seja causado **dano a terceiros**, em decorrência da prestação de serviço público; aqui está o nexo de causa e efeito; como o dispositivo constitucional fala em **terceiros**, é inaceitável o entendimento adotado pelo Supremo Tribunal Federal, pelo voto do Ministro Carlos Velloso,[2] no sentido de que a responsabilidade só é objetiva se o dano for causado ao **usuário** do serviço público; se for causado a **terceiro**, a responsabilidade é subjetiva (RE-262.651, 2ª turma, e RE-302.622-4, 2ª turma); em julgado posterior, no entanto, o STF retomou o seu entendimento anterior, favorável à existência de responsabilidade objetiva decorrente de dano causado a terceiro, independentemente da qualidade de usuário de serviço público;[3] não poderia ser outra a interpretação, tendo em vista que o dispositivo, ao falar em danos causados a terceiros, não distingue entre o usuário e o não usuário; em consequência, não pode o intérprete fazê-lo, sob pena, inclusive, de derrogar o princípio da repartição dos encargos sociais e a ideia de risco que é inerente a grande parte das atribuições do Estado;

4. que o dano seja causado por **agente** das aludidas pessoas jurídicas, o que abrange todas as categorias, de agentes **políticos, administrativos** ou **particulares em colaboração com a Administração**, sem interessar o título sob o qual prestam o serviço;

5. que o agente, ao causar o dano, aja **nessa qualidade**; não basta ter a qualidade de agente público, pois, ainda que o seja, não acarretará a responsabilidade estatal se, ao causar o dano, não estiver agindo no exercício de suas funções.

Segundo alguns doutrinadores, o Estado só responde objetivamente se o dano decorrer de **ato antijurídico**, o que deve ser entendido em seus devidos termos. Ato antijurídico não pode ser entendido, para esse fim, como ato ilícito, pois é evidente que a licitude ou ilicitude do ato é irrelevante para fins de responsabilidade objetiva; caso contrário, danos decorrentes de obra pública, por exemplo, ainda que licitamente realizada, não seriam indenizados pelo Estado. Somente se pode aceitar como pressuposto da responsabilidade objetiva a prática de ato antijurídico se este, mesmo sendo lícito, for entendido como ato causador de dano **anormal** e **específico** a determinadas pessoas, rompendo o princípio da igualdade de todos perante os encargos sociais. Por outras palavras, ato antijurídico, para fins de responsabilidade objetiva do Estado, é o **ato ilícito** e o **ato lícito que cause dano anormal e específico**.

Exemplo típico de ato lícito que enseja a responsabilidade civil do Estado encontra-se no art. 188, combinado com os arts. 929 e 930 do Código Civil. O art. 188 estabelece que "não constituem atos ilícitos: I – os praticados em legítima defesa ou no exercício regular de um direito reconhecido; II – a deterioração ou destruição da coisa alheia, ou a lesão a pessoa, a

---

[2] O STF possui interessante precedente a respeito do alcance da expressão "terceiros", constante do art. 37, § 6º, da Constituição (curiosamente tendo como relator o próprio Min. Carlos Velloso): "O entendimento do Supremo Tribunal Federal é no sentido de que descabe ao intérprete fazer distinções quanto ao vocábulo 'terceiro' contido no § 6º do art. 37 da Constituição Federal, devendo o Estado responder pelos danos causados por seus agentes qualquer que seja a vítima, servidor público ou não" (AI-AgR 473381/AP, Relator Min. Carlos Velloso, j. 20-9-05).

[3] RE 591874/MS, rel. Min. Ricardo Lewandowski, j. 26-8-09, *DJe* nº 237.

fim de remover perigo iminente". Neste último caso enquadra-se inteiramente a atuação do Estado quando, no exercício do poder de polícia, provoca danos com o objetivo de remover perigo iminente. Nos termos do parágrafo único do mesmo dispositivo, "no caso do inciso II, o ato será legítimo somente quando as circunstâncias o tornarem absolutamente necessário, não excedendo os limites do indispensável para a remoção do perigo".

Não obstante a licitude dos atos praticados com base no art. 188, inciso II, o Código Civil não afasta a responsabilidade civil de quem os praticou. Pelo art. 929, "se a pessoa lesada, ou o dono da coisa, no caso do inciso II do art. 188, não forem culpados do perigo, assistir-lhes-á direito à indenização do prejuízo que sofreram". Vale dizer que incide a responsabilidade civil do Estado, com a excludente de culpa da pessoa lesada ou do dono da coisa.

Além disso, o art. 930 determina que "no caso do inciso II do art. 188, se o perigo ocorrer por culpa de terceiro, contra este terá o autor do dano ação regressiva para haver a importância que tiver ressarcido ao lesado". Mais uma vez, a conclusão é a de que incide a responsabilidade civil do Estado, sem possibilidade de invocar a culpa de terceiro, a não ser para contra este exercer o direito de regresso. Pelo parágrafo único do art. 930, "a mesma ação competirá contra aquele em defesa de quem se causou o dano (art. 188, inciso I)". Isto é, no caso de danos decorrentes de prática de atos em legítima defesa ou no exercício regular de um direito reconhecido, a responsabilidade civil incide, apesar da licitude do ato, cabendo direito de regresso contra aquele em defesa de quem se causou o dano.

15.4 CAUSAS EXCLUDENTES E ATENUANTES DA RESPONSABILIDADE

Sendo a existência do nexo de causalidade o fundamento da responsabilidade civil do Estado, esta deixará de existir ou incidirá de forma atenuada quando o serviço público não for a **causa** do dano ou quando estiver aliado a outras circunstâncias, ou seja, **quando não for a causa única**. Além disso, nem sempre os tribunais aplicam a regra do risco, socorrendo-se, por vezes, da teoria da culpa administrativa ou culpa anônima do serviço público.

São apontadas como **causas excludentes** da responsabilidade a **força maior**, a **culpa da vítima** e a **culpa de terceiros**. Como causa atenuante, é apontada a **culpa concorrente da vítima**.

Existe toda uma controvérsia sobre as diferenças entre força maior e caso fortuito. O Código Civil parece identificar os dois conceitos, no art. 393, parágrafo único, ao estabelecer que "o caso fortuito ou de força maior verifica-se no fato necessário, cujos efeitos não era possível evitar ou impedir".

Sem maiores aprofundamentos sobre a controvérsia, temos entendido, desde a primeira edição deste livro, que **força maior** é acontecimento imprevisível, inevitável e estranho à vontade das partes, como uma tempestade, um terremoto, um raio. Não sendo imputável à Administração, não pode incidir a responsabilidade do Estado; não há nexo de causalidade entre o dano e o comportamento da Administração.

Já o **caso fortuito** – que não constitui causa excludente da responsabilidade do Estado – ocorre nos casos em que o dano seja decorrente de ato humano ou de falha da Administração; quando se rompe, por exemplo, uma adutora ou um cabo elétrico, causando dano a terceiros, não se pode falar em força maior, de modo a excluir a responsabilidade do Estado.

No entanto, mesmo ocorrendo motivo de **força maior**, a responsabilidade do Estado poderá ocorrer se, aliada à força maior, ocorrer omissão do Poder Público na realização de um serviço. Por exemplo, quando as chuvas provocam enchentes na cidade, inundando casas e destruindo objetos, o Estado responderá se ficar demonstrado que a realização de determinados serviços de limpeza dos rios ou dos bueiros e galerias de águas pluviais teria sido suficiente para impedir a enchente.

Porém, neste caso, entende-se que a responsabilidade não é **objetiva**, porque decorrente do mau funcionamento do serviço público; a omissão na prestação do serviço tem levado à aplicação da teoria da culpa do serviço público (*faute du service*); é a culpa anônima, não individualizada; o dano não decorreu de atuação de agente público, mas de **omissão** do poder público.

A mesma regra se aplica quando se trata de ato de terceiros, como é o caso de danos causados por multidão ou por delinquentes; o Estado responderá se ficar caracterizada a sua omissão, a sua inércia, a falha na prestação do serviço público. Nesta hipótese, como na anterior, é desnecessário apelar para a teoria do risco integral; a **culpa do serviço público**, demonstrada pelo seu mau funcionamento, não funcionamento ou funcionamento tardio é suficiente para justificar a responsabilidade do Estado.

Quando houver culpa da vítima, há que se distinguir se é sua culpa exclusiva ou concorrente com a do Poder Público; no primeiro caso, o Estado não responde; no segundo, atenua-se a responsabilidade, que se reparte com a da vítima. Essa solução, que já era defendida e aplicada pela jurisprudência, está hoje consagrada no Código Civil, cujo art. 945 determina que "se a vítima tiver concorrido culposamente para o evento danoso, a sua indenização será fixada tendo-se em conta a gravidade de sua culpa em confronto com a do autor do dano". E, em matéria de transporte, o art. 738, parágrafo único, estabelece que "se o prejuízo sofrido pela pessoa transportada for atribuível à transgressão de normas e instruções regulamentares, o juiz reduzirá equitativamente a indenização, na medida em que a vítima houver concorrido para a ocorrência do dano"; nesse caso, não ocorre a excludente de culpa da vítima, mas apenas a mitigação da responsabilidade do transportador; o Código Civil tratou dessa hipótese como sendo de culpa concorrente.[4]

A **culpa de terceiro** também tem sido apontada como excludente de responsabilidade. No entanto, nem sempre é essa a solução diante de inovações introduzidas pelo Código Civil de 2002.

Conforme demonstrado no item 15.3, no caso de deterioração ou destruição de coisa alheia ou lesão a pessoa, a fim de remover perigo iminente (conforme previsto no art. 188, II, do Código Civil), a regra é a de que incide a responsabilidade de quem praticou tais atos. Essa responsabilidade se exclui com a invocação da culpa da vítima (art. 929), mas não se exclui com a culpa de terceiro, contra o qual é possível ser exercido o direito de regresso (art. 930).

Em matéria de transporte de pessoas, o Superior Tribunal de Justiça, pela Súmula 187, já havia fixado o entendimento de que "a responsabilidade contratual do transportador, pelo acidente com o passageiro, não é ilidida por culpa de terceiro, contra o qual tenha ação regressiva".

E o Código Civil, no art. 735, do mesmo modo, determina que "a responsabilidade contratual do transportador por acidente com o passageiro não é elidida por culpa de terceiro, contra o qual tem ação regressiva".

O Código Civil de 2002 avançou no âmbito do direito público ao trazer algumas normas referentes ao transporte exercido por meio de autorização, permissão ou concessão. Com estas duas últimas expressões, está abrangendo as permissionárias e concessionárias de serviços de transportes. De acordo com o art. 731, esse tipo de transporte rege-se pelas normas regulamentares e pelo que for estabelecido nos atos de autorização, permissão e concessão, "sem prejuízo do disposto neste Código".

---

[4] De acordo com o magistério de Heleno Taveira Torres, citado no julgamento do REsp 1014520/DF, do STJ (Rel. para o acórdão Min. Luiz Fux, *DJe* 1º-7-09), "a definição dos níveis de participação da vítima nem sempre é muito clara, de modo que, na prática, tem-se admitido a mesma como excludente apenas nos casos de completa eliminação de conduta estatal. Nos casos em que existam dúvidas sobre tal inexistência, resolve-se pela responsabilização exclusiva do Estado". Adotando esse entendimento, o STJ assentou a responsabilidade do Estado pelo suicídio de militar que, depressivo, teve acesso a armas da corporação, pondo em risco não apenas a sua própria existência, mas a vida de terceiros.

E foi precisamente a propósito da responsabilidade das empresas transportadoras de pessoas que o Código Civil incluiu normas relevantes sobre excludentes de responsabilidade, que escapam ao entendimento anteriormente adotado (cf. Alice Gonzáles Borges, 2006:28-31).

Pelo art. 734, a única causa excludente é a **força maior**, sendo nula qualquer cláusula excludente de responsabilidade. Além disso, conforme visto, a culpa de terceiro não exclui a responsabilidade do transportador, pois este responde pelo prejuízo e tem ação de regresso contra o terceiro causador do dano (art. 735). E a culpa da vítima não exclui a responsabilidade do transportador, pois apenas constitui causa atenuante de responsabilidade; pelo art. 738, parágrafo único, "o juiz reduzirá equitativamente a indenização, na medida em que a vítima houver concorrido para a ocorrência do dano".

15.5 RESPONSABILIDADE DO ESTADO POR OMISSÃO

Existe controvérsia a respeito da aplicação ou não do art. 37, § 6º, da Constituição às hipóteses de omissão do Poder Público, e a respeito da aplicabilidade, nesse caso, da teoria da responsabilidade objetiva. Segundo alguns, a norma é a mesma para a conduta e a omissão do Poder Público; segundo outros, aplica-se, em caso de omissão, a teoria da responsabilidade subjetiva, na modalidade da teoria da culpa do serviço público. Na realidade, a diferença entre as duas teorias é tão pequena que a discussão perde um pouco do interesse, até porque ambas geram para o ente público o dever de indenizar.

Alguns, provavelmente preocupados com as dificuldades, para o terceiro prejudicado, de obter ressarcimento na hipótese de se discutir o elemento subjetivo, entendem que o dispositivo constitucional abarca os atos comissivos e omissivos do agente público. Desse modo, basta demonstrar que o prejuízo sofrido teve um nexo de causa e efeito com o ato comissivo ou com a omissão. Não haveria que se cogitar de culpa ou dolo, mesmo no caso de omissão.

Para outros, a responsabilidade, no caso de omissão, é subjetiva, aplicando-se a teoria da culpa do serviço público ou da culpa anônima do serviço público (porque é indiferente saber quem é o agente público responsável). Segundo essa teoria, o Estado responde desde que o serviço público (a) não funcione, quando deveria funcionar; (b) funcione atrasado; ou (c) funcione mal. Nas duas primeiras hipóteses, tem-se a omissão danosa.

Com algumas nuances referentes aos fundamentos, pode-se mencionar, entre outros que adotam a teoria da responsabilidade subjetiva em caso de omissão, José Cretella Júnior (1970, v. 8:210), Yussef Said Cahali (1995:282-283), Álvaro Lazzarini (*RTJSP* 117/16), Oswaldo Aranha Bandeira de Mello (1979, vol. II:487), Celso Antônio Bandeira de Mello (*RT* 552/14). É a corrente a que também me filio. A maioria da doutrina, contudo, parece pender para a aplicação da teoria da responsabilidade objetiva do Estado, em casos de sua omissão.

No dizer de José Cretella Júnior (1970, v. 8:210),

> "a omissão configura a culpa *in omittendo* ou *in vigilando*. São casos de inércia, casos de não atos. Se cruza os braços ou se não vigia, quando deveria agir, *o agente público omite-se*, empenhando a responsabilidade do Estado por inércia ou incúria do agente. *Devendo agir*, não agiu. Nem como o *bonus pater familiae*, nem como *bonus administrator*. Foi negligente. Às vezes imprudente ou até imperito. Negligente, se a solércia o dominou; imprudente, se confiou na sorte; imperito, se não previu a possibilidade de concretização do evento. Em todos os casos, *culpa*, ligada à ideia de inação, física ou mental".

No caso de omissão do Poder Público, os danos em regra não são causados por agentes públicos. São causados por fatos da natureza ou fatos de terceiros. Mas poderiam ter sido evitados ou minorados se o Estado, tendo o *dever* de agir, se omitiu.

Isto significa dizer que, para a responsabilidade decorrente de omissão, tem que haver o *dever de agir* por parte do Estado e a *possibilidade de agir* para evitar o dano. A lição supratranscrita, de José Cretella Júnior, é incontestável. A culpa está embutida na ideia de omissão. Não há como falar em responsabilidade objetiva em caso de inércia do agente público que tinha o dever de agir e não agiu, sem que para isso houvesse uma razão aceitável.

A dificuldade da teoria diz respeito à *possibilidade* de agir; tem que se tratar de uma conduta que seja *exigível* da Administração e que seja *possível*. Essa possibilidade só pode ser examinada diante de cada caso concreto. Tem aplicação, no caso, o *princípio da reserva do possível*, que constitui aplicação do princípio da razoabilidade: o que seria razoável exigir do Estado para impedir o dano.

A esse respeito, Juan Carlos Cassagne (citado por Flávio de Araújo Willeman, 2005:122) ensina que "a chave para determinar a falta de serviço e, consequentemente, a procedência da responsabilidade estatal por um ato omissivo se encontra na configuração ou não de uma *omissão antijurídica*. Esta última se perfila só quando seja razoável esperar que o Estado atue em determinado sentido para evitar os danos às pessoas ou aos bens dos particulares. Pois bem, a configuração de dita *omissão antijurídica* requer que o Estado ou suas entidades descumpram uma obrigação legal expressa ou implícita (art. 186 do Cód. Civil) tal como são as vinculadas com o exercício da polícia administrativa, descumprimento que possa achar-se imposto também por outras fontes jurídicas".

Por outras palavras, enquanto no caso de atos comissivos a responsabilidade incide nas hipóteses de atos lícitos ou ilícitos, a omissão tem que ser ilícita para acarretar a responsabilidade do Estado.

Por essa razão, acolhemos a lição daqueles que aceitam a tese da responsabilidade subjetiva nos casos de omissão do Poder Público. Com Celso Antônio Bandeira de Mello (2008:996), entendemos que, nessa hipótese, existe uma *presunção de culpa* do Poder Público. O lesado não precisa fazer a prova de que existiu a culpa ou dolo. Ao Estado é que cabe demonstrar que agiu com diligência, que utilizou os meios adequados e disponíveis e que, se não agiu, é porque a sua atuação estaria acima do que seria razoável exigir; se fizer essa demonstração, não incidirá a responsabilidade.

Na jurisprudência também existe a mesma controvérsia a respeito da responsabilidade subjetiva ou objetiva em caso de omissão do Poder Público. Mesmo no Supremo Tribunal Federal existem acórdãos nos dois sentidos. Pela responsabilidade objetiva, citem-se os acórdãos da 1ª Turma, proferidos no RE-109.615-2-RJ, tendo como Relator o Ministro José Celso de Mello (j. 28-5-96, v. u.), e RE-170.014-9-SP, sendo Relator o Ministro Ilmar Galvão (j. 31-10-97, v. u.). Pela responsabilidade subjetiva, os acórdãos da 2ª Turma, proferidos no RE-180.602-8-SP, sendo Relator o Ministro Marco Aurélio (j. 15-12-98, v. u.) e RE-170.147-1-SP, sendo Relator o Ministro Carlos Velloso (j. 12-12-97, v. u.). Sobre a análise da evolução do pensamento do Supremo Tribunal Federal a respeito da responsabilidade por omissão, confira-se Luciano Ferraz (2006:210-212).

Ainda quanto à responsabilidade do Estado por omissão, o Supremo Tribunal Federal vinha exigindo, para a caracterização do nexo de causalidade, a **teoria do dano direto e imediato.** Serve como exemplo acórdão envolvendo indenização devida a vítimas de homicídios praticados por fugitivos de penitenciárias; a Corte vinha reconhecendo a responsabilidade do Estado quando não há rompimento da cadeia causal (ou seja, quando existe ligação direta entre causa e dano), mas elide tal responsabilidade quando já se tenham passado "meses" da fuga, por falta de nexo causal.[5] A teoria do dano direto e imediato, expressamente mencionada em acórdão do STF,[6] citando Agostinho Alvim, "só admite o nexo de causalidade quando o dano é efeito necessário de uma causa, o que abarca o dano direto e imediato sempre, e, por vezes, o dano indireto e remoto, quando, para a produção deste, não haja concausa sucessiva. Daí dizer Agostinho Alvim: 'os danos indiretos ou remotos não se excluem, só por isso; em regra, não são indenizáveis, porque deixam de ser efeito necessário, pelo aparecimento de concausas. Suposto não existam estas, aqueles danos são indenizáveis".

Esse entendimento, que vinha sendo adotado reiteradamente, parece estar se alterando, no sentido de aceitar um alargamento da responsabilidade do Estado, independentemente da aplicação da teoria do dano direto e imediato. Em dois julgados pelo menos, o Supremo Tribunal Federal deu mostras de caminhar nesse sentido.

No primeiro caso, considerou-se a omissão do Estado em cumprir a Lei de Execução Penal como causa suficiente para responsabilizá-lo pelo crime de estupro cometido por fugitivo de penitenciária. Nas palavras do relator, Min. Joaquim Barbosa, "tal omissão do Estado constituiu, na espécie, o fator determinante que propiciou ao infrator a oportunidade para praticar o crime de estupro contra menor de doze anos de idade, justamente no período em que deveria estar recolhido à prisão. Está configurado o nexo de causalidade, uma vez que se a lei de execução penal tivesse sido corretamente aplicada, o condenado dificilmente teria continuado a cumprir a pena nas mesmas condições (regime aberto), e, por conseguinte, não teria tido a oportunidade de evadir-se pela oitava vez e cometer o bárbaro crime de estupro".[7]

No segundo caso, o Supremo Tribunal Federal reconheceu a responsabilidade do Estado por danos causados em razão da falta de policiamento ostensivo em locais de alta periculosidade,[8] deixando de lado, inclusive, o princípio da reserva do possível que costuma ser invocado em situações semelhantes.

15.6 RESPONSABILIDADE DO ESTADO POR DANOS DECORRENTES DE LEIS E REGULAMENTOS

Existem divergências a respeito da incidência ou não de responsabilidade civil do Estado em decorrência de atos e omissões do Poder Legislativo e do Poder Regulamentar.

Vários argumentos já foram invocados em defesa da irresponsabilidade:

---

[5] RE-573.595-AgR, Rel. Min. Eros Grau, j. 24-6-08, *DJ* de 15-8-08.

[6] Mencionado no *Informativo* 329, do STF, com citação a ensinamento de Agostinho Alvim.

[7] RE 409.203, Rel. para o acórdão Min. Joaquim Barbosa, j. 7-3-06, *DJ* de 20-4-07).

[8] O Estado de Pernambuco foi condenado a pagar todas as despesas necessárias à realização de cirurgia de implante de Marcapasso Diafragmático Muscular (MDM) ao agravante. Segundo o Informativo nº 502, "entendeu-se que restaria configurada uma grave omissão, permanente e reiterada, por parte do Estado de Pernambuco, por intermédio de suas corporações militares, notadamente por parte da polícia militar, em prestar o adequado serviço de policiamento ostensivo, nos locais notoriamente passíveis de práticas criminosas violentas, o que também ocorreria em diversos outros Estados da Federação. Em razão disso, o cidadão teria o direito de exigir do Estado, o qual não poderia se demitir das consequências que resultariam do cumprimento do seu dever constitucional de prover segurança pública, a contraprestação da falta desse serviço. Ressaltou-se que situações configuradoras de falta de serviço podem acarretar a responsabilidade civil objetiva do Poder Público, considerado o dever de prestação pelo Estado, a necessária existência de causa e efeito, ou seja, a omissão administrativa e o dano sofrido pela vítima, e que, no caso, estariam presentes todos os elementos que compõem a estrutura dessa responsabilidade" (STA 223-AgR, Rel. para o acórdão Min. Celso de Mello, j. 14-4-08).

1. o Poder Legislativo atua no exercício da **soberania**, podendo alterar, revogar, criar ou extinguir situações, sem qualquer limitação que não decorra da própria Constituição;
2. o Poder Legislativo edita normas gerais e abstratas dirigidas a toda a coletividade; os ônus delas decorrentes são iguais para todas as pessoas que se encontram na mesma situação, não quebrando o princípio da igualdade de todos perante os ônus e encargos sociais;
3. os cidadãos não podem responsabilizar o Estado por atos de parlamentares por eles mesmos eleitos.

A isso, responde-se que:

1. mesmo exercendo parcela da soberania, o Legislativo tem que se submeter à Constituição, de modo que acarreta responsabilidade do Estado quando edita leis inconstitucionais;
2. nem sempre a lei produz efeitos gerais e abstratos, de modo que o Estado deve responder por danos causados por leis que atinjam pessoas determinadas, mesmo que se trate de normas constitucionais;
3. ao terceiro argumento, responde-se que a eleição do parlamentar implica delegação para fazer leis constitucionais.

Atualmente, aceita-se a responsabilidade do Estado por atos legislativos pelo menos nas seguintes hipóteses:

a) leis inconstitucionais;
b) atos normativos do Poder Executivo e de entes administrativos com função normativa, com vícios de inconstitucionalidade ou ilegalidade;
c) leis de efeitos concretos, constitucionais ou inconstitucionais;
d) omissão no poder de legislar e regulamentar.

Com relação às **leis inconstitucionais**, a tese da responsabilidade do Estado é aceita, entre outros, por Amaro Cavalcanti (1957:313), Guimarães Menegale (1957:50), Cretella Júnior (1970, v. 8:253), Diógenes Gasparini (1995:593), Juary C. Silva (1985:292), Lúcia Valle Figueiredo (2004:287-288), Yussef Said Cahali (1996:520), Odete Medauar (2001:438). É a tese que adotamos.

Existe decisão nesse sentido do Supremo Tribunal Federal, com voto do Ministro Celso de Mello (RE 153.464, JSTF 189/14, Lex Editora), no qual são citados vários precedentes em que aquela Corte decidiu no mesmo sentido.

Juary Silva coloca o tema da responsabilidade do Estado de forma **unitária**, que abrange atos dos três poderes. O fundamento que ele aponta, nos três casos é o "**princípio do Estado de Direito**, vale dizer, o da plena submissão de toda a atividade estatal ao Direito, concebendo-se este como criado pelo Estado, senão como algo que se coloca **acima do Estado**".

Na lição de Amaro Cavalcanti, referida por Celso de Mello no voto referido, "declarada uma lei inválida ou inconstitucional por decisão judiciária, um dos efeitos da decisão deve ser logicamente o de obrigar a União, o Estado ou Município a reparar o dano causado ao indivíduo cujo direito fora lesado – quer restituindo-se-lhe aquilo que indevidamente foi exigido do mesmo, como sucede nos casos de impostos, taxas ou multa inconstitucionais, quer satisfazendo-se os prejuízos *provavelmente* sofridos pelo indivíduo com a execução da lei suposta".

A responsabilidade por leis inconstitucionais depende da prévia declaração do vício pelo STF, conforme, aliás, consta expressamente da lição de Amaro Cavalcanti.

O mesmo entendimento adotado em relação às leis inconstitucionais pode ser adotado, pelos mesmos fundamentos, para os regulamentos **do Poder Executivo** e para os atos normativos das agências reguladoras e de outros entes que exerçam competência normativa no âmbito da Administração Pública, não só quando sejam inconstitucionais, mas também quando sejam ilegais, por exorbitarem dos limites de sua competência regulamentar, contrariando normas de hierarquia superior. Só que, no caso de ilegalidade, não há necessidade de prévia apreciação judicial. A indenização pode ser pleiteada, tendo por fundamento a ilegalidade do ato normativo do Poder Executivo ou dos entes reguladores. É o ensinamento, que endossamos, de Yussef Said Cahali (1995:661), que faz a seguinte distinção:

> "a) Se o decreto regulamentar é ilegal, consequente de abuso do poder regulamentar, por ultrapassado o limite de atribuição que a lei havia delegado ao Poder Executivo, os danos que dele resultam para o particular podem ser reclamados desde logo, questionando-se incidentalmente a legalidade do decreto;
>
> b) Se o decreto regulamentar se ajusta aos parâmetros da atribuição que a lei havia delegado ao Poder Executivo, neste caso, decreto e lei se complementam, de tal modo que a pretensão indenizatória do particular prejudicado, se fundada em pretendida inconstitucionalidade do decreto, mais se condiciona ao reconhecimento e declaração da inconstitucionalidade desta pelo tribunal competente, como dano provocado por lei inconstitucional."

Pela mesma razão, os atos normativos das agências reguladoras, se inconstitucionais, têm que ter esse vício declarado pelo órgão judicial competente, antes que se pleiteie indenização pelos danos deles decorrentes. Já os prejuízos decorrentes de atos normativos ilegais podem ser pleiteados desde logo, na mesma ação em que se pede o reconhecimento da ilegalidade, tendo em vista que o juízo de ilegalidade não está sujeito às mesmas exigências impostas ao juízo de inconstitucionalidade.[9]

Com relação às **leis de efeitos concretos** (também chamadas de leis materialmente administrativas), que atingem pessoas determinadas, incide a responsabilidade do Estado, porque, como elas fogem às características da generalidade e abstração inerentes aos atos normativos, acabam por acarretar ônus não suportado pelos demais membros da coletividade. A lei de efeito concreto, embora promulgada pelo Legislativo, com obediência ao processo de elaboração das leis, constitui, quanto ao conteúdo, verdadeiro ato administrativo, gerando, portanto, os mesmos efeitos que este quando cause prejuízo ao administrado, independentemente de considerações sobre a sua constitucionalidade ou não. Incide, nesse caso, o princípio da repartição dos encargos sociais, como fundamento da responsabilidade civil do Estado.

---

[9] O STF já decidiu que "a intervenção estatal na economia, mediante regulamentação e regulação de setores econômicos, faz-se com respeito aos princípios e fundamentos da Ordem Econômica. CF, art. 170. O princípio da livre iniciativa é fundamento da República e da Ordem Econômica: CF, art. 1º, IV; art. 170. Fixação de preços em valores abaixo da realidade e em desconformidade com a legislação aplicável ao setor: empecilho ao livre exercício da atividade econômica, com desrespeito ao princípio da livre iniciativa. Contrato celebrado com instituição privada para o estabelecimento de levantamentos que serviriam de embasamento para a fixação dos preços, nos termos da lei. Todavia, a fixação dos preços acabou realizada em valores inferiores. Essa conduta gerou danos patrimoniais ao agente econômico, vale dizer, à recorrente: obrigação de indenizar por parte do poder público: CF, art. 37, § 6º" (RE 422.941, Rel. Min. Carlos Velloso, j. 6-12-05, *DJ* de 24-3-06).

Vale dizer que, em se tratando de lei de efeitos concretos, aceita-se a responsabilidade do Estado mesmo que ela seja constitucional. É também a opinião de José Cretella Júnior (1970, v. 8:255-261), para quem "o Estado responde civilmente pelos danos que o ato legislativo cause a **um** ou a **um número** restritíssimo de administrados". Lembra ele que às vezes o próprio legislador insere na lei um dispositivo atenuante, prevendo uma indenização pelo dano.

Yussef Said Cahali (1995:674), citando a doutrina estrangeira e nacional existente sobre o assunto, mostra que "a lei, produto da vontade soberana do órgão competente, perfeita constitucionalmente, pode causar um **dano injusto** aos particulares". Menciona, como situações mais frequentemente discutidas na doutrina: o caso em que o particular desfruta de certas vantagens econômicas asseguradas por um ato legislativo, e sendo este modificado ou revogado, resulta para ele a supressão ou diminuição daquelas vantagens; também a hipótese em que o Estado estabelece a seu benefício um monopólio industrial ou comercial de certa atividade, que assim fica interdita aos particulares, sofrendo aqueles que a exercem a sua privação.

Ainda o mesmo autor transcreve acórdão do Tribunal de Alçada Civil de São Paulo, em que foi acolhida a tese de responsabilidade do Estado por lei estadual que criou a reserva florestal do Vale do Paraíba, afetando totalmente o direito de propriedade do autor. Nesse acórdão foi feita com precisão a diferença entre limitação administrativa e o sacrifício que decorre da lei para pessoas determinadas; no primeiro caso, o princípio da solidariedade determina que todos os componentes do grupo social têm o dever de suportar um sacrifício gratuito em benefício da coletividade; no segundo caso, quando o sacrifício passa a ser **particular**, surge o direito à indenização.

Em resumo, quando se trata de lei de efeito concreto, a responsabilidade civil do Estado em nada difere da responsabilidade por atos da Administração Pública.

Do mesmo modo, o Poder Executivo e outros órgãos administrativos com função normativa, bem como as agências reguladoras, muitas vezes baixam regulamentos, resoluções, portarias, para disciplinar situações concretas. São atos administrativos quanto ao aspecto formal, mas com conteúdo de atos administrativos com efeitos jurídicos concretos. Nesse caso, incide a responsabilidade civil objetiva, com base no art. 37, § 6º, da Constituição, fundado no princípio da repartição, entre todos, dos encargos impostos a alguns membros da coletividade.

Quanto à **omissão do legislador**, a Constituição prevê os remédios da ação direta de inconstitucionalidade por omissão de medida para tornar efetiva norma constitucional (art. 103, § 2º) e o mandado de injunção, sempre que a falta de norma regulamentadora torne inviável o exercício dos direitos e liberdades constitucionais e das prerrogativas inerentes à nacionalidade, à soberania e à cidadania (art. 5º, LXXI).

O pressuposto do mandado de injunção é a omissão de norma regulamentadora, que pode ser de natureza regulamentar ou legal e ser de competência de qualquer das autoridades, órgãos e pessoas jurídicas que compõem os três Poderes do Estado, inclusive da administração indireta. É o que se deduz dos arts. 102, I, *q*, e 105, I, *h*, da Constituição, que fixam a competência do Supremo Tribunal Federal e do Superior Tribunal de Justiça, respectivamente, para julgar os mandados de injunção, em função da autoridade que se omitiu.

Não há dúvida, entretanto (porque assim decidiu o Supremo Tribunal Federal), de que a omissão da norma pode ensejar a responsabilidade por perdas e danos. No caso julgado no Mandado de Injunção 283-DF, sendo relator o Ministro Sepúlveda Pertence, tratava-se de omissão do Congresso Nacional em disciplinar a matéria do art. 8º do ADCT (*RTJ* 135-03, p. 882; *DJU* de 22-4-94, p. 8.925; e *DJU* de 1º-7-94, p. 17.495). A decisão foi no sentido de reconhecer a responsabilidade do Congresso Nacional (ou seja, da União) pelos danos decorrentes da omissão legislativa. Na parte final da ementa do acórdão consta o deferimento do mandado de injunção para:

"a) declarar em mora o legislador com relação à ordem de legislar contida no art. 8, par. 3, ADCT, comunicando-o ao Congresso Nacional e à Presidência da República; b) assinar o prazo de 45 dias, mais 15 dias para a sanção presidencial, a fim de que se ultime o processo legislativo da lei reclamada; c) se ultrapassado o prazo acima, sem que esteja promulgada a lei, reconhecer ao impetrante a faculdade de obter, contra a União, pela via processual adequada, sentença líquida de condenação a reparação constitucional devida, pelas perdas e danos que se arbitrem; d) declarar que, prolatada a condenação, a superveniência de lei não prejudica a coisa julgada, que, entretanto, não impedirá o impetrante de obter os benefícios da lei posterior, nos pontos em que lhe for mais favorável".

Solução diferente foi adotada em outras hipóteses em que o Supremo Tribunal Federal não reconheceu o dever de indenizar diante da inércia do Executivo em iniciar a revisão geral dos vencimentos, prevista no art. 37, X, da Constituição.[10] A diversidade de tratamento diante da omissão do legislador mostra a insegurança do Poder Judiciário em relação à matéria, ou talvez a sua resistência em invadir matéria legislativa que envolve o servidor público.

A mesma solução adotada no MI-283-DF é cabível se a omissão danosa for do Chefe do Poder Executivo, que deixe de regulamentar norma legal, tornando inviável o exercício dos direitos e liberdades constitucionais e das prerrogativas inerentes à nacionalidade, à soberania e à cidadania.

15.7 RESPONSABILIDADE DO ESTADO POR ATOS JURISDICIONAIS

Com relação aos atos praticados pelo Poder Judiciário no exercício da função jurisdicional, também existem divergências doutrinárias.

Os que refutam essa responsabilidade alegam que:

1. o Poder Judiciário é soberano;
2. os juízes têm que agir com independência no exercício das funções, sem o temor de que suas decisões possam ensejar a responsabilidade do Estado;
3. o magistrado não é funcionário público;
4. a indenização por dano decorrente de decisão judicial infringiria a regra da imutabilidade da coisa julgada, porque implicaria o reconhecimento de que a decisão foi proferida com violação da lei.

Com relação à soberania, o argumento seria o mesmo para os demais Poderes; a soberania é do Estado e significa a inexistência de outro poder acima dele; ela é una, aparecendo nítida nas relações externas com outros Estados. Os três Poderes – Executivo, Legislativo e Judiciário – não são soberanos, porque devem obediência à lei, em especial à Constituição. Se fosse aceitável o argumento da soberania, o Estado também não poderia responder por atos praticados pelo Poder Executivo, em relação aos quais não se contesta a responsabilidade.

---

[10] "Revisão geral anual de vencimentos. Competência privativa do poder executivo. Dever de indenizar. Impossibilidade. Agravo regimental ao qual se nega provimento. Não compete ao Poder Judiciário deferir pedido de indenização no tocante à revisão geral anual de servidores, por ser atribuição privativa do Poder Executivo" (RE 548.967-Agr, Rel. Min. Cármen Lúcia, julgamento em 20-11-07, *DJ* de 8-2-08). No mesmo sentido: RE 529.489-Agr, Rel. Min. Joaquim Barbosa, julgamento em 27-11-07, *DJ* de 1º-2-08; RE 561.361-AgR, Rel. Min. Cármen Lúcia, julgamento em 20-11-07, *DJ* de 8-2-08; RE 547.020 AgR, Rel. Min. Ricardo Lewandowski, j. 6-11-07, *DJ* de 16-2-08.

A ideia de **independência** do Judiciário também é inaceitável para o fim de excluir a responsabilidade do Estado, porque se trata de atributo inerente a cada um dos Poderes. O mesmo temor de causar dano poderia pressionar o Executivo e o Legislativo.

Quanto a não ser o juiz funcionário público, o argumento não é aceitável no direito brasileiro, em que ele ocupa cargo público criado por lei e se enquadra no conceito legal dessa categoria funcional. Ainda que se entenda ser ele agente político, é abrangido pela norma do art. 37, § 6º, da Constituição Federal, que emprega precisamente o vocábulo *agente* para abranger todas as categorias de pessoas que, a qualquer título, prestam serviços ao Estado.

O argumento mais forte é o que entende que o reconhecimento de responsabilidade do Estado por ato jurisdicional acarreta ofensa à coisa julgada.

No direito brasileiro, a força da coisa julgada sofre restrições na medida em que se admite a ação rescisória e a revisão criminal.

Neste último caso, dúvida inexiste quanto à responsabilidade do Estado, prevista no art. 630 do CPP e, agora, no art. 5º, LXXV, da Constituição: "o Estado indenizará o condenado por erros judiciários, assim como o que ficar preso além do tempo fixado na sentença".

As divergências que ocorrem abrangem outras hipóteses que não a de revisão criminal provida. Nos casos em que a ação rescisória não soluciona o assunto, ou porque prescreveu, ou porque foi julgada improcedente, a decisão se torna imutável. A admitir-se a indenização por dano decorrente da sentença, estar-se-ia infringindo a regra da imutabilidade da coisa julgada; esta tem em seu bojo uma **presunção de verdade** que não admite contestação.

Edmir Netto de Araujo (1981:137-143), mostrando as divergências doutrinárias a respeito do assunto, coloca de modo adequado a questão, dizendo que "uma coisa é admitir a incontrastabilidade da coisa julgada, e outra é erigir essa qualidade como fundamento para eximir o Estado do dever de reparar o dano". Acrescenta que "o que se pretende é possibilitar a indenização ao prejudicado, no caso de erro judiciário, mesmo que essa coisa julgada não possa, dado o lapso prescricional, ser mais modificada".

Com efeito, o fato de ser o Estado condenado a pagar indenização decorrente de dano ocasionado por ato judicial não implica mudança na decisão judicial. A decisão continua a valer para ambas as partes; a que ganhou e a que perdeu continuam vinculadas aos efeitos da coisa julgada, que permanece inatingível. É o Estado que terá que responder pelo prejuízo que a decisão imutável ocasionou a uma das partes, em decorrência de erro judiciário.

A própria **presunção de verdade** atribuída às decisões judiciais aparece enfraquecida num sistema judiciário como o nosso, em que o precedente judiciário não tem força vinculante para os magistrados; são comuns decisões contrárias e definitivas a respeito da mesma norma legal; uma delas afronta, certamente, a lei.

A jurisprudência brasileira, como regra, não aceita a responsabilidade do Estado por atos jurisdicionais, o que é lamentável porque podem existir erros flagrantes não só em decisões criminais, em relação às quais a Constituição adotou a tese da responsabilidade, como também nas áreas cível e trabalhista. Pode até ocorrer o caso em que o juiz tenha decidido com dolo ou culpa; não haveria como afastar a responsabilidade do Estado. Mas, mesmo em caso de inexistência de culpa ou dolo, poderia incidir essa responsabilidade, se comprovado o erro da decisão.

Maria Emília Mendes Alcântara (1986:75-79) menciona várias hipóteses em que o ato jurisdicional deveria acarretar a responsabilidade do Estado: prisão preventiva decretada contra quem não praticou o crime, causando danos morais; a não concessão de liminar nos casos em que seria cabível, em mandado de segurança, fazendo perecer o direito; retardamento injustificado de decisão ou de despacho interlocutório, causando prejuízo à parte. A própria concessão de liminar ou de medida cautelar em casos em que não seriam cabíveis pode causar danos indenizáveis pelo Estado. Apenas para o caso de dolo, fraude, recusa, omissão, retardamento injustificado de providências por parte do juiz, o art. 133 do CPC anterior previa a sua responsabilidade pessoal por perdas e danos. O art. 143 do CPC atual determina, de forma análoga, que "o juiz responderá, civil e regressivamente, por perdas e danos quando: I – no exercício de suas funções, proceder com dolo ou fraude; II – recusar, omitir ou retardar, sem justo motivo, providência que deva ordenar de ofício ou a requerimento da parte". Nos termos do parágrafo único, "as hipóteses previstas no inciso II somente serão verificadas depois que a parte requerer ao juiz que determine a providência e o requerimento não for apreciado no prazo de 10 (dez) dias".

As garantias de que se cerca a magistratura no direito brasileiro, previstas para assegurar a independência do Poder Judiciário, em benefício da Justiça, produziram a falsa ideia de intangibilidade, inacessibilidade e infalibilidade do magistrado, não reconhecida aos demais agentes públicos, gerando o efeito oposto de liberar o Estado de responsabilidade pelos **danos injustos** causados àqueles que procuram o Poder Judiciário precisamente para que seja feita justiça.

Merece menção uma importante decisão do STF que pode significar mudança de orientação da jurisprudência no que diz respeito à responsabilidade do Estado por atos judiciais. Trata-se de acórdão proferido no Recurso Extraordinário 228.977/SP, em que foi Relator o Ministro Néri da Silveira, julgado em 5-3-02 (*DJU* de 12-4-02). Nele se decidiu que a autoridade judicial não tem responsabilidade civil pelos atos jurisdicionais praticados, devendo a ação ser proposta contra a Fazenda Estadual, a qual tem o direito de regresso contra o magistrado responsável, nos casos de dolo ou culpa.

Com relação a atos judiciais que não impliquem exercício de função jurisdicional, é cabível a responsabilidade do Estado, sem maior contestação, porque se trata de atos administrativos, quanto ao seu conteúdo.

Cabe lembrar que o CPC de 2015 prevê a responsabilidade dos integrantes das funções essenciais à Justiça, de forma semelhante à do art. 143, para os membros da Magistratura. Trata-se dos arts. 181, 184 e 187, que preveem a responsabilidade dos membros do Ministério Público, da Advocacia Pública e da Defensoria Pública, respectivamente, quando agirem com dolo ou fraude no exercício de suas funções. Tais dispositivos não afastam a responsabilidade objetiva da pessoa jurídica a que forem vinculados, prevista no art. 37, § 6º, da Constituição. Apenas reforçam a norma que já decorre do dispositivo constitucional: como agentes públicos, respondem em ação regressiva, quando agirem com dolo ou fraude. Vale dizer que sua responsabilidade é subjetiva.

15.8 REPARAÇÃO DO DANO

A reparação de danos causados a terceiros pode ser feita no âmbito administrativo, desde que a Administração reconheça desde logo a sua responsabilidade e haja entendimento entre as partes quanto ao valor da indenização.

Caso contrário, o prejudicado deverá propor ação de indenização contra a pessoa jurídica que causou o dano.

Pelo art. 37, § 6º, da Constituição Federal, quem responde perante o prejudicado é a pessoa jurídica causadora do dano, a qual tem o direito de regresso contra o seu agente, desde que este tenha agido com dolo ou culpa.

Não obstante a clareza do dispositivo, muita controvérsia tem gerado na doutrina e na jurisprudência. As principais divergências giram em torno da aplicação, a essa hipótese, do art. 70, III, do CPC/73 (art. 125, II, do atual CPC), que determina seja feita a *denunciação da lide* "àquele que estiver obrigado, pela lei ou pelo contrato, a indenizar, em ação regressiva, o prejuízo do que perder a demanda".

Contrários à denunciação à lide, merecem menção os ensinamentos de Celso Antônio Bandeira de Mello (2008:1019), Lúcia Valle Figueiredo (1994: 177), Vicente Greco Filho (*Justitia*, v. 94, p. 9-17), Weida Zancaner (1981:64-65). Os principais argumentos contra a denunciação são os seguintes: (a) são diversos os fundamentos da responsabilidade do Estado e do servidor; (b) essa diversidade de fundamento retardaria injustificadamente a solução do conflito, pois se estaria, com a denunciação à lide, introduzindo outra lide no bojo da lide entre vítima e Estado; (c) o inciso III do art. 70 do CPC refere-se ao garante, o que não inclui o servidor, no caso da ação regressiva prevista no dispositivo constitucional.

Yussef Said Cahali (1995:186) faz, no entanto, uma distinção entre duas hipóteses, e que nos parece relevante para o deslinde da questão:

1. de um lado, a hipótese em que a ação é proposta contra a pessoa jurídica com fundamento exclusivo na responsabilidade objetiva do Estado ou na falha anônima do serviço, sem individualizar o agente causador do dano: neste caso, se a pessoa jurídica fizesse a denunciação da lide, estaria incluindo novo fundamento não invocado pelo autor, ou seja, a culpa ou dolo do funcionário; nas palavras de Cahali, seria "imoral e despropositado pretender servir-se do mesmo processo instaurado pelo ofendido para inovar a fundamentação da ação, recuperar de terceiro aquilo que já deveria ter pago, na composição do dano sofrido pela vítima; e visto que só este pagamento efetivamente realizado legitima a pretensão fazendária regressiva contra o funcionário culpado, resta-lhe apenas a ação direta de regresso para o reembolso";

2. de outro lado, há a hipótese em que a pretensão indenizatória é deduzida com fundamento em ato doloso ou culposo do funcionário; aqui, então, deve ser feita a denunciação da lide ao funcionário, com aplicação do art. 70, III, do CPC (agora 125, II, no vigente Código), que em nada contraria a Constituição; antes, pelo contrário, visa disciplinar o direito de regresso assegurado ao responsável direto pelo pagamento da indenização. Aceitando essa doutrina, citem-se acórdãos in *RT* 526/221, *RT* 500/103. O mesmo autor admite, ainda, que a ação seja proposta ao mesmo tempo contra o funcionário e a pessoa jurídica, constituindo um **litisconsórcio facultativo**; ou apenas contra o funcionário, hipótese também admitida por Celso Antônio Bandeira de Mello (1992:358); para ele, o dispositivo constitucional "visa proteger o **administrado**, oferecendo-lhe um patrimônio solvente e a possibilidade da responsabilidade objetiva em muitos casos. Daí não se segue que haja restringido sua possibilidade de proceder contra quem lhe causou dano. Sendo um dispositivo protetor do administrado, descabe extrair dele restrições ao lesado".

Quanto à possibilidade de litisconsórcio, Cahali menciona acórdão do STF (in *RT* 544/260), em que o Tribunal Pleno entendeu que propositura da ação ao mesmo tempo contra a Administração e o funcionário não traz qualquer prejuízo a um ou a outro e mais se coaduna com os princípios que disciplinam a matéria. "Isto porque a Administração, sobre não poder nunca isentar de responsabilidade seus servidores, vez que não possui disponibilidade sobre o patrimônio público, não se prejudica com a integração do funcionário na lide, já que a confissão dos fatos alegados pelo autor, por parte do funcionário, afetava apenas sua defesa, e não a da Administração, cuja responsabilidade se baseia no risco administrativo."

Em resumo:

1. quando se trata de ação fundada na culpa anônima do serviço ou apenas na responsabilidade objetiva decorrente do risco, a denunciação não cabe, porque

o denunciante estaria incluindo novo fundamento na ação: a culpa ou dolo do funcionário, não arguida pelo autor;

2. quando se trata de ação fundada na responsabilidade objetiva do Estado, mas com arguição de culpa do agente público, a denunciação da lide é cabível como também é possível o litisconsórcio facultativo (com citação da pessoa jurídica e de seu agente) ou a propositura da ação diretamente contra o agente público.

Na esfera federal, a Lei nº 4.619, de 28-4-65, estabelece normas sobre a ação regressiva da União contra seus agentes, atribuindo a sua titularidade aos Procuradores da República. Tem-se que entender que a competência, hoje, é dos Advogados da União, a quem cabe a representação judicial da União, conforme art. 131 da Constituição Federal. A propositura da ação é obrigatória em caso de condenação da Fazenda Pública, devendo o seu ajuizamento dar-se no prazo de 60 dias a contar da data em que transitar em julgado a sentença condenatória.

A Lei nº 8.112/90 determina, no art. 122, § 2º que, "tratando-se de dano causado a terceiros, responderá o servidor perante a Fazenda Pública, em ação regressiva", afastando quer a denunciação à lide quer o litisconsórcio. Também o Supremo Tribunal Federal vem decidindo que a ação deve ser proposta contra a **pessoa jurídica** e não contra o agente público, nem mesmo em litisconsórcio.[11]

No Estado de São Paulo, a Lei nº 10.177, de 30-12-98, que regula o processo administrativo no âmbito da Administração Pública Estadual, prevê um *"procedimento de reparação de danos"* na esfera administrativa (arts. 65 e 66).

O interessado deve requerer a indenização, indicando o montante atualizado da indenização pretendida; a decisão incumbe ao Procurador-Geral do Estado ou ao dirigente de entidade descentralizada; acolhido o pedido, total ou parcialmente, será feita, em 15 dias, a inscrição, em registro cronológico, do valor atualizado do débito, intimando-se o interessado; a ausência de manifestação expressa do interessado, em 10 dias, contados da intimação, implicará concordância com o valor inscrito; caso não concorde com esse valor, poderá, no mesmo prazo, apresentar desistência, cancelando-se a inscrição e arquivando-se os autos. Os débitos inscritos até 1º de julho serão pagos até o último dia útil do exercício seguinte, à conta de dotação orçamentária específica. Nas indenizações pagas não incidirão juros, honorários advocatícios ou qualquer outro acréscimo.

A mesma lei estabelece normas sobre a reparação do dano pelo agente público responsável (arts. 67 a 70). O art. 67 exige que, em caso de condenação definitiva do Estado ao ressarcimento de danos, deverá o fato ser comunicado ao Procurador-Geral do Estado, no prazo de 15 dias, pelo órgão encarregado de oficiar no feito, sob pena de responsabilidade. Recebida a

---

[11] No RE 327.904/SP, rel. Min. Carlos Ayres Britto (*DJ* 8-9-06), entendeu o STF que o § 6º do art. 37 da Constituição consagra **dupla garantia**: "uma, em favor do particular, possibilitando-lhe ação indenizatória contra a pessoa jurídica de direito público, ou de direito privado que preste serviço público, dado que bem maior, praticamente certa, a possibilidade de pagamento do dano objetivamente sofrido. Outra garantia, no entanto, em prol do servidor estatal, que somente responde administrativa e civilmente perante a pessoa jurídica a cujo quadro funcional se vincular". No mesmo sentido foi a decisão proferida no RE 344.133, em que foi relator o Min. Marco Aurélio; segundo consta do Informativo 519, o STF "deu provimento a recurso extraordinário para assentar a carência de ação de indenização por danos morais ajuizada em desfavor de diretor de universidade federal que, nessa qualidade, supostamente teria ofendido a honra e a imagem de subordinado ... Enfatizou-se, no ponto, que o ora recorrido ingressara com ação em face do recorrente, cidadão. Desse modo, pouco importaria que o ato praticado por este último tivesse considerado certa qualificação profissional. De outro lado, reputou-se violado o § 6º do art. 37 da CF, haja vista que a ação por danos causados pelo agente deve ser ajuizada contra a pessoa de direito público e as pessoas de direito privado prestadoras de serviços públicos, o que, no caso, evidenciaria a ilegitimidade passiva do recorrente" (j. 9-9-08, *DJe* nº 216).

comunicação, o Procurador-Geral do Estado, no prazo de 10 dias, determinará a instauração de procedimento administrativo para apurar a responsabilidade civil de agente público, por culpa ou dolo. Se a indenização foi paga administrativamente, o Procurador-Geral do Estado instaurará de ofício o procedimento para apuração de responsabilidade de agente público. Comprovada a responsabilidade, será intimado o agente para, em 30 dias, recolher aos cofres públicos o valor do prejuízo suportado pela Fazenda, atualizado monetariamente. Vencido esse prazo, sem pagamento, será proposta, de imediato, a respectiva ação judicial para cobrança do débito.

Quanto à prescrição, o art. 1º-C, acrescentado à Lei nº 9.494, de 10-9-97, pela Medida Provisória nº 2.180-35, de 24-8-01, estabelece que "prescreverá em cinco anos o direito de obter indenização dos danos causados por agentes de pessoas jurídicas de direito público e de pessoas jurídicas de direito privado prestadoras de serviços públicos". Vale dizer que a prescrição quinquenal contra a Fazenda Pública, nesse caso, estendeu-se às pessoas jurídicas de direito privado prestadoras de serviços públicos, expressão que abrange não só as entidades integrantes da Administração Indireta, como também as concessionárias, permissionárias ou autorizatárias de serviços ou qualquer entidade privada que preste serviço público a qualquer título.[12]

RESUMO

1. **Conceito:** é a obrigação de reparar danos causados a terceiros em decorrência de comportamentos comissivos ou omissivos, materiais ou jurídicos, lícitos ou ilícitos, imputáveis aos agentes públicos.

– É responsabilidade do **Estado** (e não da Administração Pública), resultante de comportamentos de qualquer dos três Poderes do Estado. É **extracontratual**, porque exclui a responsabilidade contratual, regida por princípios próprios.

2. **Evolução**: tema que recebeu tratamento diverso no tempo e no espaço, às vezes prevalecendo o direito privado (como no direito anglo-saxão), outras vezes, o regime jurídico publicístico (como no sistema europeu continental). Várias teorias neste último sistema, que inspirou o direito brasileiro:

   a) **Teoria da irresponsabilidade:** adotada na época do Estado absolutista: *the king can do no wrong*, significando que o Estado dispõe de autoridade incontestável sobre os súditos; a responsabilização do Estado colocaria o príncipe no mesmo nível do súdito. Estados Unidos e Inglaterra abandonaram a teoria da irresponsabilidade por meio do *Federal Tort Claim Act*, de 1946, e *Crown Proceeding Act*, de 1947, respectivamente.

   b) **Teorias civilistas:** duas fases: (i) **teoria dos atos de império e de gestão** e (ii) **teoria da culpa civil** ou da **responsabilidade subjetiva.**

   – **Atos de império** são os praticados pela Administração com todas as prerrogativas de autoridade e impostos unilateral e coercitivamente ao particular; por esses atos o Estado não responde; e **atos de gestão** são os praticados em situação de igualdade com os particulares, para a conservação e desenvolvimento do patrimônio público e para a gestão de seus serviços; sendo igual a situação, rege-se a responsabilidade pelo direito comum. Essa teoria distingue a **pessoa do Rei** (que pratica atos de império) e a **pessoa do Estado** (que pratica atos de gestão).

   – **Teoria da culpa civil:** resultou da superação da distinção entre atos de império e de gestão. Passou-se a aceitar a responsabilidade do Estado desde que demonstra-

---

[12] Sobre prescrição quinquenal, v. item 17.5.3.

da a **culpa** do funcionário. Essa teoria abrandou a da irresponsabilidade e serviu de inspiração ao art. 15 do CC de 1916.

c) **Teorias publicistas:** passaram a aplicar princípios do direito público. Tem inspiração no famoso caso **BLANCO**, ocorrido em 1873, no qual se entendeu que a responsabilidade do Estado não pode reger-se por princípios do CC, e sim a regras especiais de direito público.

– Modalidades:

c.1) **Teoria da culpa do serviço público ou teoria da culpa administrativa ou teoria do acidente administrativo:** leva em consideração, não a culpa do funcionário, mas a **culpa anônima do serviço público** (*faute*): o serviço público não funcionou, funcionou mal ou funcionou atrasado. O Estado responde.

c.2) **Teoria do risco**, que serve de fundamento para a **responsabilidade objetiva do Estado,** baseada no **princípio da igualdade de todos perante os encargos sociais**: se uma pessoa sofre um ônus maior do que o suportado pelos demais, rompe-se o equilíbrio que deve haver entre os encargos sociais, devendo o Estado indenizar o prejudicado utilizando recursos do erário. Substituição da culpa pelo **nexo de causalidade** entre o funcionamento do serviço público e o prejuízo sofrido pelo administrado. Pressupostos: (i) que seja praticado um **ato lícito ou ilícito por agente público**; (ii) que esse ato cause um **dano específico** (que atinge um ou alguns membros da comunidade) e **anormal** (que supera os inconvenientes normais da vida em sociedade); e (iii) que haja nexo de casualidade entre o ato do agente público e o dano.

– Teoria adotada no art. 927, parágrafo único, do atual CC.

– Modalidades: **risco administrativo** (admite as causas excludentes da responsabilidade) e **risco integral** (não admite). Exemplos de risco integral no direito brasileiro: danos causados por **acidentes nucleares** (art. 21, XXIII, *d*, da CF); e danos decorrentes de **atos de terrorismo**, atos de guerra ou eventos correlatos, contra aeronaves de empresas aéreas (Leis nos 10.309, de 22-11-01, e 10.744, de 9-10-02); hipóteses dos arts. 246, 393 e 399 do CC.

3. **Direito positivo brasileiro**

    (i) Teoria da irresponsabilidade: nunca adotada.

    (ii) CF de 1824 e 1891: **responsabilidade do funcionário** por abuso ou omissão no exercício de suas funções. Período em que leis ordinárias previam responsabilidade do Estado, que a jurisprudência considerava **solidária** com o funcionário.

    (iii) CC de 1916, art. 15: responsabilidade **subjetiva.**

    (iv) CF de 1934: **responsabilidade solidária** entre Estado e funcionário. Baseada na **culpa.**

    (v) CF de 1946: **responsabilidade objetiva** do Estado, com direito de regresso contra os funcionários causadores do dano, quando tiver havido **culpa** destes.

    (vi) CF de 1967: mesma regra, com inclusão do **dolo**, ao lado da culpa.

    (vii) CF de 1988, art. 37, § 6º, mesma regra, estendida às pessoas de direito privado prestadoras de serviço público. Previsão de ação regressiva contra o responsável nos casos de dolo ou culpa. **Responsabilidade objetiva** das pessoas jurídicas e **responsabilidade subjetiva** do agente.

(viii) CC de 2002, art. 43: responsabilidade objetiva das pessoas jurídicas de direito público.

– **Pressupostos da responsabilidade objetiva**: a) ato lesivo praticado por agente de **pessoa jurídica de direito público** (as do art. 41 do CC) e de **pessoa jurídica de direito privado prestadora de serviço público**; b) **dano causado a terceiros** (nexo de causalidade); c) **dano causado por agente público** de qualquer categoria (político, administrativo ou particular em colaboração com a Administração); d) dano causado por **agente, agindo nesta qualidade**.

– O **ato lesivo** pode ser lícito ou ilícito; é **antijurídico** no sentido de que causa dano anormal e específico.

4. **Causas excludentes de responsabilidade**:

   a) **força maior**: acontecimento imprevisível, inevitável e estranho à vontade das partes; difere do **caso fortuito** (que não é causa excludente), porque este ocorre nos casos em que o dano seja decorrente de ato humano ou de falha da Administração; se a **força maior estiver aliada à omissão do Poder Público ou a ato de terceiros**, incide a **responsabilidade subjetiva** do Estado;

   b) **culpa da vítima**: se for **exclusiva**, exclui a responsabilidade do Estado; se for **concorrente com a do Poder Público**, atenua a responsabilidade (arts. 945 e 738, parágrafo único, do CC);

   c) **culpa de terceiros**: exclui a responsabilidade. Exceções: art. 188, II, e 930 do CC; em matéria de **transportes de pessoas**: art. 734 do CC (só admite a **força maior** como excludente); Súmula 187, do STJ: "a responsabilidade **contratual** do transportador, pelo acidente com o passageiro, não é ilidida por culpa de terceiro, contra o qual tenha ação regressiva"; mesma solução no art. 735 do CC.

5. **Responsabilidade do Estado por omissão**: divergências doutrinárias e jurisprudenciais quanto à aplicação da regra do art. 37, § 6º, da CF; parte da doutrina entende que, no caso, a **responsabilidade é subjetiva**; para outros, é **objetiva**. Minha opinião: a responsabilidade é subjetiva, porque exige o **dever de agir** por parte do Estado e a **possibilidade de agir**; a culpa está embutida na ideia de omissão; enquanto a responsabilidade objetiva pode decorrer de ato lícito, a **omissão tem que ser ilícita**.

– Entendimento do STF quanto à exigência da **teoria do dano direto e imediato** para caracterização do nexo de causalidade; tendência atual para alargar a responsabilidade do Estado, independentemente da aplicação dessa teoria.

6. **Responsabilidade do Estado por danos decorrentes de leis e regulamentos**

   a) **argumentos contrários**: (i) o Legislativo atua no exercício da soberania; (ii) as leis e regulamentos dirigem-se a todos igualmente, não causando dano anormal e específico; (iii) os cidadãos não podem responsabilizar o Estado por atos de parlamentares que eles elegeram;

   b) **argumentos favoráveis**: (i) o Legislativo, embora soberano, tem que respeitar a Constituição, respondendo por atos inconstitucionais; (ii) nem sempre a lei produz efeitos gerais, devendo o Estado responder pelas que prejudiquem pessoas determinadas; (iii) a eleição do parlamentar implica delegação para fazer leis constitucionais.

– Hipóteses de responsabilidade por atos legislativos: (a) **leis inconstitucionais**, depois de assim declaradas pelo STF; (b) **leis de efeitos concretos** ou **leis ma-**

terialmente administrativas, que atingem pessoas determinadas, equivalendo, quanto ao conteúdo, a verdadeiros atos administrativos; são **leis**, quanto à forma, mas são **atos administrativos**, quanto ao conteúdo; nesse caso, o Estado responde, mesmo que as leis sejam constitucionais. Mesma solução para os **atos normativos do Poder Executivo**.

– Responsabilidade por **omissão do legislador**: ação de inconstitucionalidade por omissão (art. 103, § 2º, da CF) e mandado de injunção (art. 5º, LXXI, da CF); **responsabilidade por perdas e danos** (julgados do STF nesse sentido).

7. **Responsabilidade do Estado por atos jurisdicionais**

a) **argumentos contrários**: (i) o Poder Judiciário é soberano; (ii) os juízes têm que agir com independência, sem temor de causar responsabilidade do Estado; (iii) o magistrado não é funcionário público; (iv) a indenização por dano decorrente de decisão judicial infringiria o princípio da coisa julgada;

b) **argumentos favoráveis**: (i) a soberania é do Estado e não de cada Poder; (ii) a independência é atributo de todos os Poderes; (iii) mesmo que não seja funcionário público, o juiz entra na categoria de agente público, no sentido amplo do art. 37, § 6º, da CF.

– **Ideia de coisa julgada**: sofre restrições na medida em que se admite a ação rescisória e a revisão criminal, esta última dando ensejo à responsabilidade do Estado (arts. 5º, LXXV, da CF, e 630 do CPP). Em outras hipóteses que não a da revisão criminal provida, a aceitação de indenização por dano decorrente da sentença infringiria a imutabilidade da coisa julgada, porque esta tem uma **presunção de verdade** que não admite contestação. Resposta a esse argumento: o fato de o Estado ser condenado a pagar indenização por dano resultante de sentença não implica mudança na decisão judicial. **Jurisprudência**: como regra, não aceita a responsabilidade por ato judicial, entendendo que quem responde é o juiz que atue com dolo ou fraude, e não o Estado (art. 143 do CPC). Existência de uma decisão judicial em que se reconheceu a responsabilidade do Estado (RE 228.977/SP).

– **Atos judiciais que não impliquem exercício da função jurisdicional**: é cabível a responsabilidade do Estado.

8. **Reparação do dano**: se não possível na esfera administrativa, é cabível ação judicial proposta contra a **pessoa jurídica,** que tem direito de regresso contra o agente causador do dano.

– **Denunciação à lide** (art. 125, II, do CPC): divergências quanto ao cabimento ou não. **Argumentos contrários**: (i) são diversos os fundamentos da responsabilidade do Estado e do agente; (ii) a denunciação à lide retardaria o andamento, porque introduziria outra lide no bojo do processo; (iii) o dispositivo do CPC refere-se ao garante, o que não inclui o servidor.

– **Distinção necessária**: na ação proposta com fundamento exclusivo na responsabilidade objetiva do Estado ou na culpa anônima do serviço, não cabe a denunciação, porque o autor estaria incluindo novo fundamento não invocado pelo autor; se a pretensão for deduzida com fundamento na culpa ou dolo do agente, cabe a denunciação, porque o argumento já foi introduzido pelo próprio autor.

– Possibilidade de **litisconsórcio facultativo** entre Estado e agente público.

– **Ação judicial diretamente contra o agente**: possibilidade aceita pela doutrina, mas rejeitada pelo STF (RE 327.904/SP).

– **Lei nº 4.619, de 28-4-65**: normas sobre ação regressiva da União contra seus agentes.

– **Lei nº 8.112/90**: afasta a denunciação à lide e o litisconsórcio (art. 122, § 2º).

– **Lei nº 10.177, de 30-12-98, do Estado de São Paulo** (lei estadual de processo administrativo): procedimento de reparação de dano, na esfera administrativa (arts. 65 e 66).

9. **Prescrição**: é de cinco anos para obter indenização dos danos causados por agentes de pessoas jurídicas de direito público e de direito privado prestadoras de serviços públicos (art. 1º-C da Lei nº 9.494, de 10-9-97).

16

Bens Públicos

16.1 EVOLUÇÃO

Já no Direito Romano se fazia referência aos bens públicos, constando da divisão das coisas apresentadas por Caio e Justiniano nas Institutas. Falava-se, então, em *res nullius*, como coisas *extra commercium*, dentre as quais se incluíam as *res communes* (mares, portos, estuários, rios, insuscetíveis de apropriação privada), as *res publicae* (terras, escravos, de propriedade de todos e subtraídas ao comércio jurídico) e *res universitatis* (fórum, ruas, praças públicas).

As *res publicae* pertenciam ao **povo**.

Na Idade Média, ensina Cretella Júnior (1984:24) que "sob o domínio dos bárbaros, repartem-se as terras conquistadas entre o rei e os soldados, deixando-se uma parte aos vencidos (*allodium*). A parte que coube aos soldados combatentes, dada primeiro como prêmio por tempo determinado (*beneficium*), passou depois a **vitalícia** e, finalmente, a **hereditária**, originando o 'feudo'". Quer dizer que, nessa época, os bens públicos eram considerados propriedade do rei, e não mais do povo, como ocorria no Direito Romano. No entanto, logo foi formulada outra teoria que, com base nos textos romanos, voltava a atribuir ao povo a propriedade desses bens, reconhecendo ao rei apenas o exercício do **poder de polícia** sobre os mesmos.

Enquanto se considerou o bem como propriedade da Coroa, não houve distinção de regime jurídico segundo as várias espécies de bens. No entanto, quando se passou à segunda teoria, que fala em poder de polícia do rei, foram dados os primeiros passos no sentido de uma classificação. Assim é que, já nos séculos XVII e XVIII, alguns autores consideravam duas categorias de bens públicos:

1. as **coisas públicas**, que eram afetadas ao uso público, como os cursos d'água, rios, estradas etc.; sobre tais bens o rei não tinha direito de propriedade, mas apenas um direito de guarda ou poder de polícia;
2. os bens integrados no **domínio da coroa**, sobre os quais o monarca detinha a propriedade.

Com o Estado Moderno e o desenvolvimento da ideia de Estado como pessoa jurídica, este assumiu a propriedade dos bens públicos, em substituição ao príncipe.

16.2 CLASSIFICAÇÃO

Não houve, de início, uma classificação dos bens públicos. No Código Civil de Napoleão, de 1804, apenas se declarava que certos bens, como rios, estradas etc., eram insuscetíveis de propriedade privada. Segundo alguns, estaria aí o germe da divisão dos bens em duas grandes categorias: os do domínio público e os do domínio privado do Estado.

Deve-se, no entanto, a Pardessus a primeira classificação: para ele, existe, de um lado, o **domínio nacional**, suscetível de apropriação privada e produtor de renda; e, de outro, o **domínio público**, consagrado, por natureza, ao uso de todos e ao serviço geral, sendo inalienável, imprescritível e insuscetível de servidão.

Distinção semelhante foi adotada por Proudhon, que divide os bens em duas categorias, que ainda hoje se adotam no direito francês: os **bens de domínio público** e os **bens do domínio privado do Estado**.

Na Itália, distingue-se o *demanio* (**domínio público**), que corresponde aos bens de uso comum do povo, e os **bens patrimoniais**, que se subdividem em bens do **patrimônio disponível** e **bens do patrimônio indisponível**.

No direito brasileiro, a primeira classificação metódica dos bens públicos, ainda hoje subsistente, foi feita pelo Código Civil de 1916, sendo pobre, antes disso, a doutrina a respeito do assunto.

O Código Civil adotou terminologia própria, peculiar ao direito brasileiro, não seguindo o modelo estrangeiro, onde é mais comum a bipartição dos bens públicos, conforme o regime jurídico adotado.

No art. 66, o Código fazia uma divisão tripartite, distinguindo:

I – **os bens de uso comum do povo**, tais como mares, rios, estradas, ruas, e praças;
II – os de **uso especial**, tais como edifícios ou terrenos aplicados a serviço ou estabelecimento federal, estadual ou municipal;
III – os **dominicais**, isto é, os que constituem o patrimônio da União, dos Estados ou dos Municípios, como objeto de direito pessoal ou real de cada uma dessas entidades.

O Código Civil de 2002 mantém a mesma classificação, porém deixando claro que se incluem entre os bens públicos os pertencentes às pessoas jurídicas de direito público. Nos termos do art. 99, "são bens públicos:

I – os de uso comum do povo, tais como rios, mares, estradas, ruas e praças;
II – os de uso especial, tais como edifícios ou terrenos destinados a serviço ou estabelecimento da administração federal, estadual, territorial ou municipal, inclusive os de suas autarquias;
III – os dominicais, que constituem o patrimônio das pessoas jurídicas de direito público, como objeto de direito pessoal, ou real, de cada uma dessas entidades".

O critério dessa classificação é o da **destinação** ou **afetação** dos bens: os da primeira categoria são destinados, por **natureza** ou por **lei**, ao uso coletivo; os da segunda ao uso da Administração, para consecução de seus objetivos, como os imóveis onde estão instaladas as repartições públicas, os bens móveis utilizados na realização dos serviços públicos (veículos oficiais, materiais de consumo, navios de guerra), as terras dos silvícolas, os mercados municipais, os teatros públicos, os cemitérios públicos; os da terceira não têm destinação pública definida, razão pela qual podem ser aplicados pelo Poder Público, para obtenção de renda; é o caso das terras devolutas, dos terrenos de marinha, dos imóveis não utilizados pela Administração, dos bens móveis que se tornem inservíveis.

No entanto, pelo parágrafo único do art. 99 do Código Civil de 2002, "não dispondo a lei em contrário, consideram-se dominicais os bens pertencentes às pessoas jurídicas de direito público a que se tenha dado estrutura de direito privado". A redação do dispositivo permite concluir que, nesse caso, a destinação do bem é irrelevante, pois, qualquer que seja ela, o bem se inclui como dominical só pelo fato de pertencer a pessoa jurídica de direito público a que se tenha dado estrutura de direito privado, a menos que a lei disponha em sentido contrário. Vale dizer que a lei instituidora da pessoa jurídica pode estabelecer a categoria dos bens, consoante a sua destinação.

Pelos termos do art. 99, já se nota um ponto comum – destinação pública – nas duas primeiras modalidades (bens de uso comum do povo e bens de uso especial), e que as diferencia da terceira, sem destinação pública. Por essa razão, sob o **aspecto jurídico**, pode-se dizer que há duas modalidades de bens públicos:

1. os do **domínio público do Estado**, abrangendo os de uso comum do povo e os de uso especial;
2. os do **domínio privado do Estado**, abrangendo os bens dominicais.

Quando se estuda esse tema, no direito estrangeiro, verifica-se que os autores tratam, em geral, em capítulos à parte, dos bens do domínio público e dos bens do domínio privado, precisamente pela diversidade de regimes jurídicos que os caracteriza.

No direito brasileiro, nem sempre se nota a mesma preocupação. Principalmente quando se trata da transferência de uso de bens públicos aos particulares, cuida-se dos vários institutos como se fossem os mesmos para as várias modalidades, quando, na realidade, existem sensíveis diferenças, principalmente no direito positivo federal.

Cretella Júnior (1984:21), referindo-se ao domínio público e ao domínio privado da Administração, preocupa-se em ressaltar a diversidade dos respectivos regimes jurídicos, ao afirmar que, "junto a relações jurídicas reais, que coincidem substancialmente com as que se passam entre os sujeitos particulares e as coisas que lhes pertencem, outras existem submetidas a um regime especial, distinto, portanto, do comum".

Outra classificação dos bens públicos é a que constava do Regulamento do Código de Contabilidade Pública da União, aprovado pelo Decreto nº 15.783, de 8-11-1922 (revogado pelo Decreto de 25-4-91). Embora empregando, no art. 803, a mesma terminologia utilizada no art. 66 do Código Civil anterior, fazia melhor distinção, no art. 807, chamando os bens de uso especial de **patrimoniais indisponíveis** e, os dominicais, de **patrimoniais disponíveis**. Daí já resultava mais clara a natureza alienável dos bens dominicais e a inalienabilidade dos demais, que são indisponíveis, ou por se destinarem ao uso coletivo ou por estarem destinados ao uso direto ou indireto da Administração, para consecução de seus fins.

Essa classificação seguia a do direito italiano e baseava-se no critério da natureza, patrimonial ou não, do bem. Os de uso comum não são suscetíveis de valoração patrimonial, de avaliação econômica; os demais têm um valor patrimonial; só que uns (os de uso especial ou do patrimônio indisponível) são inalienáveis, por terem afetação pública; os outros (dominicais ou do **patrimônio disponível**) são alienáveis, por não terem igual afetação.

Os bens públicos ainda podem ser classificados, quanto à titularidade, em **federais**, **estaduais** e **municipais**.

16.3 BENS DO DOMÍNIO PÚBLICO DO ESTADO

16.3.1 Conceito

A expressão *domínio público* é equívoca, no sentido de que admite vários significados:

1. em sentido muito amplo, é utilizada para designar o conjunto de bens pertencentes às pessoas jurídicas de direito público interno, políticas e administrativas (União, Estados, Municípios, Distrito Federal, Territórios e autarquias);

2. em sentido menos amplo, utilizado na referida classificação do direito francês, designa os bens afetados a um fim público, os quais, no direito brasileiro, compreendem os de uso comum do povo e os de uso especial;
3. em sentido restrito, fala-se em bens do domínio público para designar apenas os destinados ao uso comum do povo, correspondendo ao *demanio* do direito italiano; como não eram considerados, por alguns autores, como pertencentes ao poder público, dizia-se que estavam no domínio público; o seu titular seria, na realidade, o povo.

Usaremos, aqui, a expressão no segundo sentido assinalado abrangendo os bens de uso comum do povo e os de uso especial. Embora a designação de "bens do domínio público" não seja perfeita, porque pode dar a ideia de bens cujo uso pertence a toda a coletividade, preferimos utilizá-la como forma de contrapor o regime jurídico dos bens de uso comum e de uso especial, submetidos ao direito público, ao regime dos bens do domínio privado do Estado (bens dominicais), que é parcialmente público e parcialmente privado.

Com efeito, embora a classificação adotada pelo Código Civil abranja três modalidades de bens, quanto ao regime jurídico existem apenas duas.

Com relação aos bens de uso comum e de uso especial, não existe diferença de regime jurídico, pois ambos estão destinados a fins públicos; essa destinação pode ser inerente à própria natureza dos bens (como ocorre com os rios, estradas, praças, ruas) ou pode decorrer da vontade do poder público, que afeta determinado bem ao uso da Administração para realização de atividade que vai beneficiar a coletividade, direta ou indiretamente.

Segundo a definição de Cretella Júnior (1984:29), bens do domínio público são "o conjunto das coisas móveis e imóveis de que é detentora a Administração, afetados quer a seu próprio uso, quer ao uso direto ou indireto da coletividade, submetidos a regime jurídico de direito público derrogatório e exorbitante do direito comum".

Estão presentes nessa definição os seguintes elementos:

1. **conjunto de bens móveis e imóveis**;
2. a ideia de **pertinência à Administração** (diríamos melhor o "Estado"), que afasta a tese de que o poder público não exerce sobre os bens públicos o direito de propriedade;
3. a **afetação** ao uso coletivo ou ao uso da Administração, que representa um traço distintivo entre os bens dessa categoria e os dominicais; aliás, esse traço revela a maior abrangência do vocábulo *bem* no direito público, em relação ao direito privado; neste, interessam as coisas suscetíveis de avaliação econômica e que possam ser objeto de posse ou propriedade exclusiva pelo homem; no Direito Administrativo, os bens têm sentido mais amplo, porque abrangem não apenas as coisas que podem ser objeto de posse e propriedade exclusivas, mas também aquelas que são destinadas ao uso coletivo ou ao uso do próprio poder público;
4. **regime jurídico de direito público**, derrogatório e exorbitante do direito comum, não se aplicando a essas modalidades de bens os institutos regidos pelo direito privado.

16.3.2 Natureza jurídica

Muitas controvérsias já se lavraram a respeito da natureza do direito das pessoas públicas sobre os bens do domínio público.

No século XIX, boa parte da doutrina, partindo da ideia de propriedade, própria do Direito Civil, entendia que as pessoas públicas não tinham sobre esses bens um direito de propriedade. Proudhon, por exemplo, apegado ao conceito romano de propriedade como direito exclusivo, entendia que os bens afetados ao uso de todos não apresentava essa característica de exclusividade. Para Ducroq, faltavam os três atributos: uso, fruto e disponibilidade.

Essa tese justificava-se, em suas origens, como uma reação contra as teorias elaboradas à época das monarquias absolutas, que atribuíam à coroa a propriedade de todos os bens públicos e que eram consideradas perigosas para a proteção do patrimônio público. Posteriormente, a mesma tese foi retomada por outros autores que viam no domínio público um conjunto de bens insuscetíveis de propriedade (Ducroq e Berthélemy) ou que negavam, de modo geral, a existência do direito de propriedade (Leon Duguit e Gaston Jèze). Construíram-se, assim, diversas teorias que explicam o poder do Estado sobre os bens do domínio público como sendo os de depósito, de administração, de soberania, de polícia, de guarda etc.

Na época contemporânea, no início deste século, os autores, liderados por Maurice Hauriou, passaram a afirmar a tese da propriedade administrativa sobre o domínio público, mas uma **propriedade regida pelo direito público**. Ela tem pontos de semelhança e de diferença com a propriedade privada: assim é que a Administração exerce sobre os bens do domínio público os direitos de **usar** ou de autorizar a sua utilização por terceiros; o de **gozar**, percebendo os respectivos frutos, naturais ou civis; o de **dispor**, desde que o bem seja previamente desafetado, ou seja, desde que o bem perca a sua destinação pública. Por outro lado, a Administração sofre certas **restrições** também impostas ao particular (como transcrição no Registro de Imóveis), além de outras próprias do direito público (como as normas sobre competência, forma, motivo, finalidade etc.); e dispõe de **prerrogativas** que o particular não tem, como poder de polícia que exerce sobre seus bens.

Em razão disso, foram afastadas as doutrinas que viam na propriedade do Estado um direito de propriedade privada ou que negavam a existência desse direito em relação aos bens do domínio público. Passou-se a adotar a tese da **propriedade pública**; esta, segundo Hauriou, não é, em sua essência, diferente da propriedade privada, mas a existência da **afetação** dos bens lhe imprime características particulares.

16.3.3 Modalidades

São bens do domínio público os de uso comum do povo e os de uso especial. Consideram-se bens de **uso comum do povo** aqueles que, por determinação legal ou por sua própria natureza, podem ser utilizados por todos em igualdade de condições, sem necessidade de consentimento individualizado por parte da Administração.

Dentre eles, citem-se as ruas, praças, estradas, águas do mar, rios navegáveis, ilhas oceânicas.

Bens de uso especial são todas as coisas, móveis ou imóveis, corpóreas ou incorpóreas, utilizadas pela Administração Pública para realização de suas atividades e consecução de seus fins.

A expressão *uso especial*, para designar essa modalidade de bem, não é muito feliz, porque se confunde com outro sentido em que é utilizada, quer no direito estrangeiro, quer no direito brasileiro, para indicar o **uso privativo** de bem público por particular e também para abranger determinada modalidade de **uso comum** sujeito a maiores restrições, como pagamento de pedágio e autorização para circulação de veículos especiais.

É mais adequada a expressão utilizada pelo direito italiano e pelo antigo Código de Contabilidade Pública, ou seja, **bens do patrimônio indisponível**; por aí se ressaltar o caráter patrimonial do bem (ou seja, a sua possibilidade de ser economicamente avaliado) e a sua indisponibilidade, que resulta, não da natureza do bem, mas do fato de estar ele afetado a um fim público.

Quando se fala que o bem de uso especial está afetado à realização de um serviço, como o faz o art. 99, II, do Código Civil, tem-se que entender a expressão *serviço* em sentido amplo, para abranger toda atividade de interesse geral exercida sob autoridade ou sob fiscalização do poder público; nem sempre se destina ao uso **direto** da Administração, podendo ter por objeto o uso por particular, como ocorre com o mercado municipal, o cemitério, o aeroporto, a terra dos silvícolas etc. Para alguns autores, esse tipo de bem não utilizado **diretamente** pela Administração não se enquadra em qualquer das categorias previstas no Código Civil. É o pensamento, por exemplo, de Raimundo Nonato Fernandes, que chama a atenção para o fato de que nessa modalidade conjugam-se vários tipos de usos: o uso comum do povo e o uso especial da Administração (repartições e serviços administrativos ali instalados) e o uso exclusivo de particulares (*RDA* 118/1).

No entanto, a dificuldade se contorna se se der ao vocábulo *serviço* o sentido amplo, já referido, e desde que se leve em conta que, quanto ao regime jurídico, esses bens em nada diferem daqueles utilizados direta e exclusivamente pela Administração para execução dos serviços públicos.

São exemplos de bens de uso especial os imóveis onde estão instaladas repartições públicas, os bens móveis utilizados pela Administração, museus, bibliotecas, veículos oficiais, terras dos silvícolas, cemitérios públicos, aeroportos, mercados e agora, pela nova Constituição, as terras devolutas ou arrecadadas pelos Estados, por ações discriminatórias, necessárias à proteção dos ecossistemas naturais.

Os bens de uso comum do povo e de uso especial (da mesma forma, aliás, que os dominicais) repartem-se entre União, Estados, Municípios, Distrito Federal e Territórios.

Na Constituição Federal existe a especificação dos bens da União (art. 20) e dos Estados (art. 26), sem distinguir a natureza dos bens. Também o Decreto-lei nº 9.760, de 5-9-46, que dispõe sobre os bens imóveis da União, indica aqueles que pertencem à União (art. 1º). No que diz respeito às águas públicas, o Código de Águas (Decreto nº 24.643, de 10-7-34) também as reparte entre União, Estados e Municípios (art. 29).

16.3.4 Regime jurídico

Em razão de sua destinação ou afetação a fins públicos, os bens de uso comum do povo e os de uso especial estão fora do comércio jurídico de direito privado; vale dizer que, enquanto mantiverem essa afetação, não podem ser objeto de qualquer relação jurídica regida pelo direito privado, como compra e venda, doação, permuta, hipoteca, penhor, comodato, locação, posse *ad usucapionem* etc. Se isto já não decorresse da própria afetação desses bens, a conclusão seria a mesma pela análise dos arts. 100, 102 e 1.420 do Código Civil. O primeiro estabelece a inalienabilidade dos bens de uso comum do povo e dos bens de uso especial, enquanto conservarem a sua qualificação, na forma que a lei determinar. O segundo determina que os bens públicos não estão sujeitos a usucapião; e o terceiro estabelece que só os bens que se podem alienar poderão ser dados em penhor, anticrese ou hipoteca. A tudo isso, acrescente-se o art. 100 da Constituição Federal, que exclui a possibilidade de penhora de bens públicos, ao estabelecer processo especial de execução contra a Fazenda Pública.

São, portanto, características dos bens das duas modalidades integrantes do domínio público do Estado a **inalienabilidade** e, como decorrência desta, a **imprescritibilidade**, a **impenhorabilidade** e a **impossibilidade de oneração**.

A inalienabilidade, no entanto, não é absoluta, a não ser com relação àqueles bens que, por sua própria natureza, são insuscetíveis de valoração patrimonial, como os mares, praias, rios navegáveis; os que sejam inalienáveis em decorrência de destinação legal e sejam suscetíveis de valoração patrimonial podem perder o caráter de inalienabilidade, desde que percam a destinação pública, o que ocorre pela **desafetação**, definida, por José Cretella Júnior (1984:160-161) como o "fato ou a manifestação de vontade do poder público mediante a qual o bem do domínio público é subtraído à dominialidade pública para ser incorporado ao domínio privado, do Estado ou do administrado".

Também a alienabilidade não é absoluta, pois aqueles que têm esse caráter, por não terem qualquer destinação pública (os bens dominicais ou bens do domínio privado do Estado) podem perdê-la pelo instituto da **afetação**, definida, pelo mesmo autor (1984:152), como "o fato ou pronunciamento do Estado que incorpora uma coisa à dominialidade da pessoa jurídica" ou, por outras palavras, o ato ou o fato pelo qual um bem passa da categoria de bem do domínio privado do Estado para a categoria de bem do domínio público.

Pelos conceitos de afetação e desafetação, verifica-se que uma e outra podem ser **expressas** ou **tácitas**. Na primeira hipótese, decorrem de ato administrativo ou de lei; na segunda, resultam de atuação direta da Administração, sem manifestação expressa de sua vontade, ou de fato da natureza. Por exemplo, a Administração pode baixar decreto estabelecendo que determinado imóvel, integrado na categoria dos bens dominicais, será destinado à instalação de uma escola; ou pode simplesmente instalar essa escola no prédio, sem qualquer declaração expressa. Em um e outro caso, o bem está afetado ao uso especial da Administração, passando a integrar a categoria de bem de uso especial. A operação inversa também pode ocorrer, mediante declaração expressa ou pela simples desocupação do imóvel, que fica sem destinação.

Não há uniformidade de pensamento entre os doutrinadores a respeito da possibilidade de a desafetação decorrer de um **fato** (desafetação tácita) e não de uma manifestação de vontade (desafetação expressa); por exemplo, um rio que seca ou tem seu curso alterado; um incêndio que provoca a destruição dos livros de uma biblioteca ou das obras de um museu. Alguns acham que mesmo nesses casos seria necessário um ato de desafetação. Isto, no entanto, constitui excesso de formalismo se se levar em consideração o fato de que o bem se tornou materialmente inaproveitável para o fim ao qual estava afetado.

O que é inaceitável é a desafetação pelo **não uso**, ainda que prolongado, como, por exemplo, no caso de uma rua que deixa de ser utilizada. Em hipótese como essa, torna-se necessário um ato expresso de desafetação, pois inexiste a fixação de um momento a partir do qual o não uso pudesse significar desafetação. Sem essa restrição, a cessação da dominialidade pública poderia ocorrer arbitrariamente, em prejuízo do interesse coletivo.

16.4 BENS DO DOMÍNIO PRIVADO DO ESTADO OU BENS DOMINICAIS

16.4.1 Conceito

Os bens do domínio privado do Estado, chamados bens dominicais pelo Código Civil, e bens do patrimônio disponível pelo antigo Código de Contabilidade Pública, foram definidos legalmente como "os que constituem o patrimônio da União, dos Estados ou Municípios, como objeto de direito pessoal ou real de cada uma dessas entidades" (art. 66, III, do Código Civil de 1916).

O Código Civil de 2002, no art. 99, III, mantém o conceito, alterando-o apenas para deixar claro que são titulares de bens dominicais todas as pessoas jurídicas de direito público. Estabelece o dispositivo que os mesmos "constituem o patrimônio das pessoas jurídicas de direito público, como objeto de direito pessoal, ou real, de cada uma delas".

Além disso, o parágrafo único determina que "não dispondo a lei em contrário, consideram-se dominicais os bens pertencentes às pessoas jurídicas de direito público a que se tenha dado estrutura de direito privado". Conforme visto no item 10.2.2, tais pessoas poderiam ser as fundações de direito público que, não obstante dotadas de personalidade pública, têm a mesma estrutura das fundações privadas.

O Código de Contabilidade os definia como "os bens do Estado, qualquer que seja a sua proveniência, dos quais se possa efetuar a venda, permuta ou cessão, ou com os quais se possam fazer operações financeiras em virtude de disposições legais especiais de autorização" (art. 810).

Segundo Cretella Júnior (1984:336), *dominical* é vocábulo bem formado, designando o tipo de coisa ou bem que pertence ao *dominus*, senhor ou proprietário. Por isso mesmo, ele usa a expressão para designar "a parcela de bens que pertence ao Estado em sua qualidade de proprietário".

16.4.2 Características

Tradicionalmente, apontam-se as seguintes características para os bens dominicais:

1. comportam uma **função patrimonial** ou **financeira**, porque se destinam a assegurar rendas ao Estado, em oposição aos demais bens públicos, que são afetados a uma destinação de interesse geral; a consequência disso é que a gestão dos bens dominicais não era considerada serviço público, mas uma atividade privada da Administração;
2. submetem-se a um regime jurídico de direito privado, pois a Administração Pública age, em relação a eles, como um proprietário privado.

As duas características já se alteraram sensivelmente.

Hoje já se entende que a natureza desses bens não é exclusivamente patrimonial; a sua administração pode visar, paralelamente, a objetivos de interesse geral. Com efeito, os bens do domínio privado são frequentemente utilizados como sede de obras públicas e também cedidos a particulares para fins de utilidade pública. Por exemplo, no direito brasileiro, é prevista a concessão de direito real de uso para fins de urbanização, industrialização, cultivo e também a sua cessão, gratuita ou onerosa, para fins culturais, recreativos, esportivos. E mesmo quando esses bens não são utilizados por terceiros ou diretamente pela Administração, podem ser administrados no benefício de todos, como as terras públicas onde se situem florestas, mananciais ou recursos naturais de preservação permanente.

Além disso, a própria administração financeira constitui objetivo apenas **imediato**, pois, em uma perspectiva mais ampla, atende a fins de interesse geral.

Esse novo modo de encarar a natureza e função dos bens dominicais leva alguns autores a considerar a sua administração como serviço público sob regime de gestão privada. O duplo aspecto dos bens dominicais justifica a sua submissão a **regime jurídico de direito privado parcialmente derrogado pelo direito público.**

16.4.3 Regime jurídico

Comparando os bens do domínio público com os do domínio privado do Estado, pode-se traçar a seguinte regra básica quanto ao regime jurídico a que se submetem: os primeiros, ao direito público, e, os segundos, **no silêncio da lei**, ao direito privado. O mesmo pensamento encontra-se em Pontes de Miranda (1954, v. 2:136): "na falta de regras jurídicas sobre os bens dominicais, incidem as de direito privado, ao passo que, na falta de regras jurídicas sobre bens públicos *stricto sensu* (os de uso comum e os de uso especial), são de atender-se os princípios gerais de direito público".

Se nenhuma lei houvesse estabelecido normas especiais sobre essa categoria de bens, seu regime jurídico seria o mesmo que decorre do Código Civil para os bens pertencentes aos particulares. Sendo alienáveis, estariam inteiramente no comércio jurídico de direito privado (art. 101); em consequência, poderiam ser objeto de usucapião e de direitos reais, inclusive os de garantia (art. 1.420); como também poderiam ser objeto de penhora e de contratos como os de locação, comodato, permuta, arrendamento.

No entanto, o fato é que as normas do direito civil aplicáveis aos bens dominicais sofreram inúmeros "desvios" ou derrogações impostos por normas publicísticas.

Em primeiro lugar, o art. 100 da Constituição, que estabelece **processo especial de execução** contra a Fazenda Pública, excluindo, implicitamente, a **penhora** sobre qualquer tipo de bem público pertencente à União, Estados, Municípios e respectivas autarquias.

Com relação ao **usucapião**, depois de larga divergência doutrinária e jurisprudencial, o Decreto nº 22.785, de 31-5-33, veio expressamente proibi-lo, seguindo-se norma semelhante no Decreto-lei nº 710, de 17-9-38 e, depois, no Decreto-lei nº 9.760, de 5-9-46 (este último concernente apenas aos bens imóveis da União). O STF, pela Súmula nº 340, consagrou o entendimento de que "desde a vigência do Código Civil, os bens dominicais, como os demais bens públicos, não podem ser adquiridos por usucapião". No entanto, tem havido exceções, como a prevista nas Constituições de 1934, 1937 e 1946, que previam o chamado **usucapião** *pro labore*, cujo objetivo era assegurar o direito de propriedade àquele que cultivasse a terra com o próprio trabalho e o de sua família; a Constituição de 1967 não mais contemplou essa modalidade de usucapião, porém valorizava ainda o trabalho produtivo do homem do campo, permitindo que lei federal estabelecesse as condições de **legitimação de posse** e de **preferência para aquisição**, até 100 ha, de terras públicas por aqueles que as tornassem produtivas com o seu trabalho e o de sua família (art. 164 da redação original, e art. 171, após a Emenda Constitucional nº 1, de 1969). As condições para essa legitimação estão contidas nos arts. 29 a 31 da Lei nº 6.383, de 7-12-76. A legitimação difere do usucapião porque, neste, a posse dá direito à aquisição, pura e simples, do imóvel pelo simples decurso do tempo; naquela, a posse dá direito de **preferência para aquisição** do imóvel pelo valor histórico, desde que comprovados os requisitos legais.

Embora não mais previsto na Constituição, havia o **usucapião especial** disciplinado pela Lei nº 6.969, de 10-12-81, que incidia sobre terras devolutas situadas na área rural, após o período de cinco anos de posse ininterrupta e sem oposição, além de outros requisitos anteriormente estabelecidos para o usucapião *pro labore*: morada e cultivo da terra com o próprio trabalho, inexistência de outro imóvel de que seja proprietário o interessado, área não superior a 25 ha.

A Constituição de 1988, lamentavelmente, proibiu qualquer tipo de usucapião de imóvel público, quer na zona urbana (art. 183, § 3º), quer na área rural (art. 191, parágrafo único), com o que revogou a Lei nº 6.969/81, na parte relativa aos bens públicos. Essa proibição constitui um retrocesso por retirar do particular que cultiva a terra um dos instrumentos de acesso à propriedade pública, precisamente no momento em que se prestigia a função social da propriedade.

A Constituição também não fala mais em legitimação de posse; mas também não a proíbe, razão pela qual o instituto continua a existir, com fundamento na legislação ordinária que o disciplina.

Com relação à **instituição de direitos reais de garantia** sobre os bens dominicais, formaram-se duas correntes, uma entendendo impossível essa oneração, tendo em vista a impenhorabilidade desses bens, e a outra considerando-a possível e enquadrando-a como uma das espécies de execução forçada contra a Fazenda Pública.

À primeira corrente pertence, entre outros, Hely Lopes Meirelles; a seu ver (2003:515), "não importa, por igual, o fim a que se destine a garantia real. Desde que os bens públicos das entidades estatais são insuscetíveis de penhora, sendo a penhora consectário legal da execução para a satisfação do crédito, objeto da garantia real, ressalta a impossibilidade de constituir-se penhor ou hipoteca sobre bens e rendas públicas de qualquer natureza ou procedência. Para a garantia de empréstimo, há o recurso à emissão de títulos e outros mais, postos à disposição da Administração pelo direito financeiro, sem necessidade de o Estado recorrer a institutos de direito civil, que impliquem execução direta sobre os bens vinculados à dívida".

Em posição contrária, coloca-se Seabra Fagundes (1984:168), que cita como hipótese de execução coativa contra o Estado aquela em que este seja condenado como devedor de crédito, com garantia real, pignoratícia ou hipotecária. "Uma vez que o Estado aquiesce em firmar penhor ou hipoteca, em benefício de credor seu abre mão, ao fazê-lo, da inalienabilidade reconhecida aos seus bens. É de notar, porém que essa renúncia à inalienabilidade peculiar dos bens públicos nem sempre é possível. Só os bens dominicais, que são facultativamente alienáveis, podem ser gravados de ônus real."

Diante, porém, do direito positivo brasileiro, essa tese não é defensável, pois o processo de execução contra a Fazenda Pública obedece a normas próprias estabelecidas no art. 100 da Constituição Federal (repetidas nos arts. 730 e 731 do CPC e disciplinadas no art. 910 do novo CPC) e que excluem qualquer possibilidade de penhora de bem público, seja qual for a sua modalidade. Não poderia a Fazenda Pública, nem mesmo com autorização legislativa, abrir mão da impenhorabilidade com que a própria Constituição quis proteger os bens públicos de qualquer natureza.

Além dessas restrições, que abrangem os bens públicos em geral, devem ser assinaladas algumas normas restritivas previstas na Constituição e na legislação ordinária, concernindo à utilização de bens dominicais:

1. A Constituição, no art. 188, §§ 1º e 2º, exige prévia aprovação do Congresso Nacional para a **alienação** ou **cessão** de terras públicas com área superior a 2.500 ha, exceto para fins de reforma agrária. Na Constituição anterior, essa exigência se fazia para áreas superiores a 3.000 ha; agora, o art. 51 das Disposições Transitórias da Constituição determina que Comissão mista do Congresso Nacional, nos três anos a contar da data da sua promulgação, reveja todas as doações, vendas e concessões de terras públicas com área superior a 3.000 ha, realizadas no período de 1º-1-62 a 31-12-87; Quanto às vendas, a revisão se fará com base em critério de legalidade (§ 1º) e quanto às concessões e doações, com base em critérios de legalidade e conveniência do interesse público (§ 2º); comprovada a ilegalidade ou havendo interesse público, as terras reverterão ao patrimônio da União, Estados, Distrito Federal ou Municípios (§ 3º).

2. Com relação às **terras tradicionalmente ocupadas pelos índios**, o art. 231 da Constituição estabelece a sua inalienabilidade e imprescritibilidade e assegura aos silvícolas o direito de posse permanente e usufruto exclusivo das riquezas do solo, rios e lagos, exigindo autorização do Congresso Nacional para o aproveitamento dos recursos hídricos e riquezas minerais, ouvidas as comunidades afetadas e ficando-lhes assegurada participação nos resultados da lavra. O § 6º do mesmo dispositivo considera nulos os atos que tenham por objeto a ocupação, o domínio e a posse das aludidas terras ou a exploração das riquezas naturais do solo, dos rios e dos lagos nelas existentes, **ressalvado relevante interesse público da União**.[1]

---

[1] O STF, RE-1.017.365, rejeitou a tese do marco temporal para a demarcação de terras indígenas, por 9 votos a 2, decidindo que a data da promulgação da Constituição Federal (5-10-88) não pode ser utilizada para definir a ocupação tradicional da terra por essas comunidades (j. 27-9-23). A decisão foi adotada com repercussão geral, dando origem ao Tema 1.031. A tese do marco temporal é a de que os indígenas somente podem reivindicar as terras demarcadas nas quais estavam, fisicamente, assentados, até o dia 5-10-88. Posteriormente a esse acórdão, foi promulgada a Lei nº 14.701, de 20-10-2023, que regulamenta o art. 231 da Constituição Federal, para dispor sobre o reconhecimento, a demarcação, o uso e a gestão de terras indígenas, e altera

Em relação aos interesses indígenas, parece que houve um retrocesso, pois a Constituição veio permitir a exploração de recursos naturais por terceiros, mediante autorização do Congresso Nacional, conforme art. 49, XVI, e art. 231, § 3º, e deixou em aberto a possibilidade de utilização pela União, por motivo de relevante interesse público, segundo o que dispuser a lei complementar. Na Constituição anterior não havia tais normas.

3. Restrições são também estabelecidas para a **faixa de fronteira**, como tal definida a faixa interna de 150 km de largura, paralela à linha divisória terrestre do território nacional, considerada fundamental para defesa do Território Nacional, nos termos do art. 20, § 2º, da Constituição Federal. Na legislação ordinária, a matéria está disciplinada pela Lei nº 6.634, de 2-5-79, com alterações posteriores.

O art. 91, § 1º, III, da Constituição confere ao Conselho de Defesa Nacional competência para propor os critérios e condições de utilização de áreas indispensáveis à segurança do Território Nacional e opinar sobre seu efetivo uso, especialmente na faixa de fronteira e nas relacionadas com a preservação e a exploração dos recursos naturais de qualquer tipo.

A respeito da faixa de fronteira, o STF, pela Súmula nº 477, fixou o entendimento de que "as concessões de terras devolutas situadas na faixa de fronteira, feitas pelos Estados, autorizam apenas o uso, permanecendo o domínio com a União, ainda que se mantenha inerte ou tolerante em relação aos possuiros".

A Lei nº 6.634/79, que sob certos aspectos precisa ser adaptada à Constituição, contém algumas restrições: as empresas que atuam nessa área e que se dediquem às indústrias de interesse da Segurança Nacional ou às atividades de pesquisa, lavra, exploração e aproveitamento de recursos naturais (salvo aqueles de imediata aplicação na construção civil) ou a colonização e loteamentos rurais terão que ter 51% do capital pertencente a brasileiros, 2/3 de trabalhadores brasileiros e a administração entregue à maioria de brasileiros, aos quais se assegurarão os poderes predominantes (art. 3º).

4. A exploração e a pesquisa no **mar territorial** e na **plataforma continental** estão sujeitas às normas estabelecidas pela Lei nº 8.617, de 4-1-93, que prevê três faixas: (a) o **mar territorial**, na faixa de 12 milhas marítimas de largura, onde é possível o "**direito de passagem inocente**", assim considerado "desde que não seja prejudicial à paz, à boa ordem ou à segurança do Brasil, devendo ser contínua e rápida" (arts. 1º a 3º); (b) a **zona contígua**, na faixa de 12 a 24 milhas marítimas, na qual o Brasil deverá tomar as medidas de fiscalização necessárias para "evitar as infrações às leis e regulamentos aduaneiros, fiscais, de imigração ou sanitários, no seu território ou no seu mar territorial", bem como "reprimir as infrações às leis e aos regulamentos no seu território ou no seu mar territorial" (arts. 4º e 5º); (c) **zona econômica exclusiva**, na faixa entre 12 e 200 milhas marítimas, na qual o Brasil tem o "direito exclusivo de regulamentar a investigação científica marinha, a proteção e preservação do meio marinho, bem como a construção, operação e uso de todos os tipos de ilhas artificiais, instalações e estruturas"; a exploração científica marinha na zona econômica exclusiva só poderá ser conduzida por outros Estados com o consentimento prévio do Governo brasileiro (art. 8º e parágrafo único).

5. Com relação às **terras públicas situadas na zona rural**, o art. 94 do Estatuto da Terra veda contrato de **arrendamento** ou **parceria** para sua exploração, permitindo-os excepcionalmente quando:

---

as Leis nos 11.460, de 21-3-2007, 4.132, de 10-9-62, e 6.001, de 19-12-73. A lei foi sancionada pelo Presidente da República com veto a vários dispositivos.

a) razões de segurança nacional o determinarem;
b) áreas de núcleos de colonização pioneira, na sua fase de implantação, forem organizadas para fins de demonstração;
c) forem motivo de posse pacífica e a justo título, reconhecida pelo poder público, antes da vigência da lei.

Posteriormente, a Lei nº 4.947, de 6-4-66, no art. 14, veio criar exceção a essa regra, consentindo na **permissão, a título precário**, da utilização de terras públicas sob qualquer das formas de uso temporário previstas na Lei nº 4.504, o que abrange arrendamento e parceria.

Ainda quanto aos imóveis rurais, não se aplicam as disposições sobre **ocupação** previstas nos arts. 127 a 133 do Decreto-lei nº 9.760, de 5-9-46,[2] conforme art. 32 da Lei nº 6.383, de 7-12-76 (que dispõe sobre processo discriminatório de terras devolutas da União).

6. O Decreto-lei nº 9.760 proíbe, no art. 203, que fora dos casos expressos em lei, as **terras devolutas** sejam alienadas ou cedidas senão a **título oneroso**.
7. Restrições quanto à alienação de bens públicos são impostas pela **Lei nº 14.133, de 1º-4-2021 (Lei Geral de Licitações e Contratos Administrativos)**, cujo art. 76, repetindo norma que constava do art. 17 da Lei nº 8.666/93, exige prévia avaliação, demonstração de interesse público, licitação (salvo nos casos expressamente indicados no dispositivo) e autorização legislativa, quando se trate de bens imóveis (ver item 9.7.4.3). A Lei nº 13.240, de 30-12-15, com alterações posteriores, dispõe sobre a administração, a alienação, a transferência de gestão de imóveis da União e seu uso para a constituição de fundos, contendo normas sobre aforamento, ocupação, transferência, aos Municípios, da gestão de determinadas categorias de bens imóveis da União, em especial as praias marítimas urbanas, inclusive as áreas de bens de uso comum com exploração econômica.
8. Pelo art. 225, § 5º, da Constituição, são indisponíveis as terras devolutas ou arrecadadas pelos Estados, por ações discriminatórias, necessárias à proteção dos ecossistemas naturais.

16.5 ALIENAÇÃO

16.5.1 Alienação dos bens de uso comum e de uso especial

De acordo com o art. 67 do Código Civil de 1916, os bens públicos das três categorias "só perderão a inalienabilidade, que lhes é peculiar, nos casos e na forma que a lei prescrever".

Pela redação do art. 100 do Código Civil, "os bens públicos de uso comum do povo e os de uso especial são inalienáveis, enquanto conservarem a sua qualificação, na forma que a lei determinar". E, pelo art. 101, "os bens públicos dominicais podem ser alienados, observadas as exigências da lei". A nova redação está em consonância com entendimento que desde longa data era adotado pela doutrina e jurisprudência.

Com relação aos bens de uso comum e de uso especial, nenhuma lei estabelece a possibilidade de alienação; por estarem afetados a fins públicos, estão fora do comércio jurídico de direito privado, não podendo ser objeto de relações jurídicas regidas pelo Direito Civil,

---

[2] Os §§ 1º e 2º do art. 127 e os arts. 129 e 130 do Decreto-lei nº 9.760/46 foram revogados pelo Decreto-lei nº 2.398/87 e o art. 133 foi revogado pela Lei nº 9.636/98.

como compra e venda, doação, permuta, hipoteca, locação, comodato. **Para serem alienados pelos métodos de direito privado, têm de ser previamente desafetados**, ou seja, passar para a categoria de bens dominicais, pela perda de sua destinação pública. Vale dizer que a inalienabilidade não é absoluta.

No entanto, é possível a alienação por meio de institutos publicísticos. Dizer que um bem está fora do **comércio jurídico** significa excluí-lo do **comércio jurídico de direito privado**, mas não do comércio jurídico de direito público, caso contrário ficaria a Administração impedida de extrair dos bens do domínio público toda a sua potencialidade de utilização, em consonância com a função social que é inerente à própria natureza da propriedade pública.

Esse aspecto é realçado por Marcello Caetano (1969, v. 2:825), ao afirmar que "quando se diz que uma coisa está no **comércio jurídico** ou é **juridicamente comerciável**, quer-se exprimir a suscetibilidade dessa coisa ser objeto de direitos individuais. As coisas fora do comércio não podem, por sua natureza ou por disposição legal, ser objeto de posse, nem sobre elas se podem fazer quaisquer contratos". Acrescenta que "**as coisas públicas estão fora do comércio jurídico privado**, o que significa serem insuscetíveis de redução à propriedade particular, inalienáveis, imprescritíveis, impenhoráveis e não oneráveis pelos modos de direito privado, enquanto coisas públicas". Mas, continua o autor, "considerando agora a situação das coisas públicas à luz das normas do direito público, vemos que podem ser objeto de direito de propriedade por parte das pessoas coletivas (**propriedade pública**) e transferidas entre elas (**transferências do domínio ou mutações dominiais**); e admitem a criação dos direitos reais administrativos e de direitos administrativos de natureza obrigacional em benefício dos particulares (concessões) transmissíveis de uns a outros na forma da lei".

O mesmo ensinamento encontra-se em Otto Mayer (1951, v. 3:154).

Isto quer dizer que os bens de uso comum e de uso especial, enquanto mantiverem essa natureza, podem ser objeto de alienação de uma entidade pública para outra, segundo normas de direito público. Essa transferência se dá normalmente por lei. Se perderem essa natureza, pela desafetação, tornam-se disponíveis pelos métodos do direito privado.

16.5.2 Alienação dos bens dominicais

Os bens dominicais, não estando afetados a finalidade pública específica, podem ser alienados por meio de institutos do direito privado (compra e venda, doação, permuta) ou do direito público (investidura, legitimação de posse e retrocessão, esta última objeto de análise no capítulo concernente à desapropriação).

Tais bens estão, portanto, no comércio jurídico de direito privado e de direito público.

Na esfera federal, os requisitos para alienação constam do art. 76 da **Lei nº 14.133/21**, a qual exige demonstração de **interesse público, prévia avaliação, licitação e autorização legislativa**, este último requisito somente exigível quando se trate de bem imóvel. A inobservância dessas exigências invalida a alienação. A Lei nº 9.636, de 15-5-98, com alterações posteriores, exige para alienação de bens imóveis da União autorização do Presidente da República (art. 23). Normas sobre alienação de bens imóveis da União constam também da Lei nº 13.240, de 30-12-15, e da Lei nº 14.011, de 10-6-20, que altera a Lei nº 9.636/98, aprimorando os procedimentos de gestão e alienação dos imóveis da União, com previsão, inclusive, de hipóteses de dispensa de licitação, conforme demonstrado no item 9.5 deste livro.

Além disso, a **Lei nº 14.133** estabelece algumas normas especiais de licitação para alienação de bens públicos, conforme a natureza, móvel ou imóvel, do bem.

Para os bens imóveis, a forma de licitação adotada é o leilão (art. 76, I); ela é, no entanto, dispensável nos casos previstos no mesmo dispositivo legal (analisados no item 9.7.4.3). Às hipóteses previstas nesse dispositivo, pode-se acrescentar outra em que a licitação é incompatível com a própria natureza do instituto: a **retrocessão**. Se a alienação tiver derivado de procedimentos judiciais ou de dação em pagamento, dispensará autorização legislativa e exigirá apenas avaliação prévia e licitação na modalidade leilão (§ 1º do art. 76).

Nos termos do § 2º do art. 76, os imóveis doados com base na alínea b do inciso I do *caput* (com dispensa de licitação), "cessadas as razões que justificaram sua doação, serão revertidos ao patrimônio da pessoa jurídica doadora, vedada sua alienação pelo beneficiário".

O § 3º do art. 76 autoriza a Administração a "conceder título de propriedade ou de direito real de uso de imóvel, admitida a dispensa de licitação, quando o uso destinar-se a: I – outro órgão ou entidade da Administração Pública, qualquer que seja a localização do imóvel; II – pessoa natural que, nos termos de lei, regulamento ou ato normativo do órgão competente, haja implementado os requisitos mínimos de cultura, de ocupação mansa e pacífica e de exploração direta sobre área rural, observado o limite de que trata o § 1º do artigo 6º da Lei nº 11.952, de 25 de junho de 2009". Na hipótese do inciso II do § 3º, a autorização legislativa é dispensada e submete-se aos condicionamentos previstos no § 4º do art. 76.

Em consonância com o § 6º do art. 76, "a doação com encargo será licitada e de seu instrumento constarão, obrigatoriamente, os encargos, o prazo de seu cumprimento e a cláusula de reversão, sob pena de nulidade do ato, dispensada a licitação em caso de interesse público devidamente justificado". Nesse caso, se o donatário necessitar oferecer o imóvel em garantia de financiamento, a cláusula de reversão e as demais obrigações serão garantidas por hipoteca em segundo grau em favor do doador. É o que estabelece o § 7º do art. 76.

O art. 77 inova ao determinar que "para a venda de bens imóveis, será concedido direito de preferência ao licitante que, submetendo-se a todas as regras do edital, comprove a ocupação do imóvel objeto da licitação".

Quando se trata de **bens móveis**, a autorização legislativa não é necessária e a modalidade de licitação a ser utilizada é o **leilão, conforme previsto no art. 76, II, dispensada a licitação nas hipóteses** mencionadas no mesmo dispositivo (art. 6º, XL, da **Lei nº 14.133**).[3]

Na hipótese de alienação realizada por institutos do direito privado, observam-se as normas do Código Civil, parcialmente derrogadas pelo direito público, no que diz respeito às exigências de procedimento, forma, motivação, competência, finalidade.

Com relação aos institutos de direito público, a licitação não é necessária, porque inexiste competição; é o que ocorre com a **investidura**, a **retrocessão**, a **legitimação de posse** e a **legitimação fundiária, incluídas entre as hipóteses de dispensa de licitação elencadas no art. 76, I, *d*, *i* e *j*.**

A **investidura** vem definida no art. 76, § 5º, da **Lei nº 14.133/21, abrangendo duas hipóteses:** "I – alienação ao proprietário de imóvel lindeiro de área remanescente ou resultante de obra pública que se tornar inaproveitável isoladamente, por preço que não seja inferior ao da avaliação nem superior a 50% (cinquenta por cento) do valor máximo permitido para dispensa de licitação de bens e serviços previsto nesta lei"; II – a "alienação, ao legítimo possuidor direto ou, na falta dele, ao poder público, de imóvel para fins residenciais construído em núcleo urbano anexo a usinas hidrelétricas, desde que considerado dispensável na fase de operação da usina e que não integre a categoria de bens reversíveis ao final da concessão".

---

[3] O Decreto nº 9.373, de 11-5-18, dispõe sobre a alienação, a cessão, a transferência, a destinação final ambientalmente adequada de bens móveis no âmbito da administração pública federal direta, autárquica e fundacional. O Decreto nº 11.461, de 31-3-2023, regulamenta o art. 31 da Lei nº 14.133/21, para dispor sobre os procedimentos operacionais da licitação na modalidade leilão, na forma eletrônica, para alienação de bens móveis inservíveis ou legalmente apreendidos, e institui o Sistema de Leilão Eletrônico no âmbito da administração pública federal direta, autárquica e fundacional.

A **legitimação de posse** foi prevista, pela primeira vez, na Lei nº 601, de 18-9-1850 (Lei de Terras), cujo art. 5º estabeleceu que seriam legitimadas as posses mansas e pacíficas, adquiridas por ocupação primária ou havidas do primeiro ocupante, que se achassem cultivadas, ou com princípio de cultura, efetiva morada habitual do respectivo posseiro, ou de quem o representasse.

Embora se fale em legitimação **de posse**, o instituto nasceu e se desenvolveu como forma de transferência de domínio. Por esse instituto, transforma-se uma situação de fato – a posse – em situação de direito – o domínio. Atualmente, fala-se na legitimação de posse resultante do processo de discriminação de terras devolutas e na legitimação de posse como instrumento de regularização fundiária urbana (não aplicável a imóveis urbanos de titularidade do Poder Público.

Na Constituição de 1967, a legitimação de posse, na primeira modalidade mencionada, foi prevista no art. 164 (em substituição ao usucapião *pro labore*, assegurado nas Constituições de 1934, 1937 e 1946), segundo o qual "a lei federal disporá sobre as condições de legitimação de posse e de preferência para aquisição, até cem hectares, de terras públicas por aqueles que as tornarem produtivas com o seu trabalho e o de sua família".

Disciplinando a matéria, foi promulgada a Lei nº 6.383, de 7-12-76, cujos arts. 29 a 31 estabelecem as condições para a **legitimação de posse** e **preferência para aquisição**. De acordo com a nova sistemática, a legitimação de posse passou a consistir na outorga de uma licença de ocupação, por um prazo máximo de quatro anos, ao posseiro que ocupa área pública com até 100 ha e atenda aos requisitos de morada permanente, cultura efetiva, exploração direta e não seja proprietário rural. Findo o prazo de quatro anos e constatada a sua capacidade de desenvolver a área, terá ele preferência para adquiri-la, pelo valor mínimo estabelecido em planilha referencial de preços, a ser periodicamente atualizada pelo INCRA, utilizando-se dos critérios relativos à ancianidade da ocupação, às diversificações das regiões em que se situar a respectiva ocupação e à dimensão de área (art. 29, § 1º, da Lei nº 6.383/76, alterado pela Lei nº 11.952/09).

De acordo com a Lei nº 6.383/76, a legitimação de posse reveste-se das seguintes características:

1. o ocupante é titular de direito subjetivo de natureza pública à posse do imóvel pelo prazo mínimo de quatro anos;
2. findo esse prazo, o ocupante adquire direito à preferência para a aquisição do imóvel, segundos critérios definidos pelo já citado art. 29, § 1º, da Lei nº 6383/76, com a redação dada pela Lei nº 6.383/76;
3. a licença de ocupação pode ser cancelada, a qualquer momento, por motivo de necessidade ou utilidade pública, imitindo-se a União na posse do imóvel e promovendo, sumariamente, a sua desocupação no prazo de 180 dias, hipótese em que deverá indenizar o ocupante pelas benfeitorias existentes e propiciar-lhe instalação em outra gleba de terra da União, computados os prazos de morada habitual e cultura efetiva da antiga ocupação (art. 31);
4. a licença é intransferível *inter vivos* e inegociável, não podendo ser objeto de penhora e arresto (art. 29, § 3º);
5. a licença dará acesso aos financiamentos concedidos pelas instituições financeiras integrantes do Sistema Nacional de Crédito Rural, sendo as obrigações assumidas pelo ocupante garantidas pelo INCRA; em caso de inadimplência, esse Instituto cancelará a licença de ocupação e alienará o imóvel para ressarcir-se do que houver assegurado (art. 30).

No Estado de São Paulo, a legitimação de posse está disciplinada pela Lei nº 3.962, de 24-7-57, e Decreto nº 43.116, de 3-3-64. Rigorosamente, a Lei nº 6.383/76 deveria ser de âmbito nacional, já que disciplina dispositivo da Constituição Federal. No entanto, não foi o que ocorreu. Já na Ementa e no art. 1º consta que a lei dispõe sobre o processo discriminatório de terras devolutas da União. E o art. 27 determina que o processo de discriminação por ela estabelecido aplicar-se-á, no que couber, às terras devolutas estaduais, observado o seguinte: I – na instância administrativa, por intermédio de órgão estadual específico, ou através do INCRA, mediante convênio; II – na instância judicial, na conformidade do que dispuser a Lei de Organização Judiciária local. Em consequência, a legislação estadual não restou revogada.

A legitimação de posse é, em regra, precedida de um **processo de discriminação de terras devolutas**, cujo objetivo é separar as terras públicas das terras particulares; concluído o processo, os posseiros que não tenham título legítimo de domínio, mas que preenchem os requisitos para a legitimação, recebem o título de domínio do poder público.

Como diz Messias Junqueira (1966:32), "o processo administrativo de legitimação de posse constitui a verdadeira finalidade a que visa o poder público, ao exercer a atividade discriminatória de terras devolutas. Ao propor uma ação de discriminação de terras, o poder público não está animado de espírito privatista de adquirente de terras. O Estado não propõe discriminação de terras devolutas para enriquecer o seu próprio patrimônio, mas principalmente para regularizar a situação dos posseiros aí localizados. Somente as terras devolutas vagas, desocupadas, desqueridas ou ilegalmente ocupadas é que serão incorporadas ao patrimônio público para serem aplicadas nas diversas finalidades de interesse social".

A legitimação de posse está sujeita aos condicionamentos previstos no art. 76, § 4º, da **Lei nº 14.133, de 1º-4-2021.**

Não se confundem com a legitimação de posse de que trata a Lei nº 6.383 a **legitimação de posse e a legitimação fundiária** que se dão para fins de regularização fundiária urbana (Reurb) e que estão disciplinadas pela Lei nº 13.465, de 11-7-17 (conversão da Medida Provisória nº 759, de 22-12-16), regulamentada pelo Decreto nº 9.310, de 15-3-18. O art. 9º dessa lei institui "normas gerais e procedimentos aplicáveis à Regularização Fundiária Urbana (Reurb), a qual abrange medidas jurídicas, urbanísticas, ambientais e sociais destinadas à incorporação dos núcleos urbanos informais ao ordenamento territorial urbano e à titulação de seus ocupantes". O art. 11 considera como **núcleo urbano informal** aquele "clandestino, irregular ou no qual não foi possível realizar, por qualquer modo, a titulação de seus ocupantes, ainda que atendida a legislação vigente à época de sua implementação ou regularização". O núcleo urbano informal é considerado **consolidado** quando for de difícil reversão, "considerados o tempo de ocupação, a natureza das edificações, a localização das vias de circulação e a presença de equipamentos públicos, entre outras circunstâncias a serem avaliadas pelo Município" (art. 11, III). Pelo art. 13 da Lei nº 13.465, a Reurb abrange duas modalidades: I – a Reurb de Interesse Social (Reurb-S), aplicável aos núcleos urbanos informais ocupados predominantemente por população de baixa renda, assim declarados em ato do Poder Executivo municipal; e II – a Reurb de Interesse Específico (Reurb-E), aplicável aos núcleos urbanos informais não abrangidos na hipótese anterior.

Nos termos do art. 15, são instrumentos jurídicos da Reurb, dentre outros, a **legitimação fundiária** e a **legitimação de posse.**

Em consonância com o art. 25, "a legitimação de posse, instrumento de uso exclusivo para fins de regularização fundiária, constitui ato do poder público destinado a conferir título, por meio do qual fica reconhecida a posse de imóvel objeto da Reurb, com a identificação de seus ocupantes, do tempo da ocupação e da natureza da posse, o qual é conversível em direito real de propriedade, na forma desta Lei". Essa forma de legitimação não incide sobre áreas de titularidade do poder público (art. 25, § 2º).

É diferente o que ocorre com a **legitimação fundiária**, que pode incidir sobre área pública ou particular. No art. 23 da mesma lei é prevista essa forma de legitimação, definida como "forma originária de aquisição do direito real de propriedade conferido por ato do poder público, exclusivamente no âmbito da Reurb, àquele que detiver em área pública ou possuir em área privada, como sua, unidade imobiliária com destinação urbana, integrante do núcleo urbano informal consolidado existente em 22 de dezembro de 2016". Pelo § 1º do mesmo dispositivo, "apenas na Reurb-S, a legitimação fundiária será concedida ao beneficiário, desde que atendidas as seguintes condições: I – o beneficiário não seja concessionário, foreiro ou proprietário do imóvel urbano ou rural; II – o beneficiário não tenha sido contemplado com legitimação de posse ou fundiária de imóvel urbano com a mesma finalidade, ainda que situado em núcleo urbano distinto; III – em caso de imóvel urbano com finalidade não residencial, seja reconhecido pelo poder público o interesse público de sua ocupação".

Se a legitimação fundiária incidir sobre imóveis públicos, "a União, os Estados, o Distrito Federal e os Municípios, e as suas entidades vinculadas, quando titulares do domínio, ficam autorizados a reconhecer o direito de propriedade aos ocupantes do núcleo urbano informal regularizado por meio da legitimação fundiária" (art. 23, § 4º). Trata-se de medida que tem por objetivo beneficiar a população de baixa renda. Pela redação do § 4º do art. 23, conclui-se que a outorga do título de propriedade constitui "faculdade" do poder público, ou seja, ato de natureza discricionária.

Como se verifica pela maneira como foi tratada a legitimação de posse na Lei nº 13.465/17, tal instituto não constitui propriamente forma de aquisição da propriedade, mas instrumento conversível em aquisição do direito real de propriedade, conforme art. 11, inciso VI. Já a legitimação fundiária constitui "mecanismo de reconhecimento da aquisição originária do direito real de propriedade sobre unidade imobiliária objeto da Reurb" (art. 11, VII). O próprio art. 23, ao definir a legitimação fundiária, fala em "forma originária de aquisição do direito real de propriedade". Sendo forma originária, independe da validade ou não do título de propriedade anterior; por isso mesmo, o § 2º do art. 23 determina que o ocupante adquire a unidade livre e desembaraçada de quaisquer ônus, direitos reais, gravames ou inscrições existentes na matrícula original, exceto quando disserem respeito ao próprio legitimado.

Quando incidir sobre imóvel público, a União, os Estados, o Distrito Federal e os Municípios, ao fazerem a legitimação fundiária dos ocupantes, praticarão ato meramente declaratório, de reconhecimento do direito de propriedade, consoante decorre do § 4º do art. 23.

No caso da legitimação de posse de que trata o art. 25 – a qual não pode incidir sobre bens públicos – trata-se de título de reconhecimento da **posse** do imóvel, como direito real transmissível por ato *inter vivos* ou *mortis causa* (art. 25, § 1º). Após cinco anos da expedição do título de legitimação de posse, haverá a conversão automática em título de propriedade, desde que atendidos os requisitos do art. 183 da Constituição Federal (posse em área urbana de até 250 metros quadrados, por cinco anos ininterruptamente e sem oposição, utilizando-a como sua moradia ou de sua família, desde que não seja proprietário de outro imóvel urbano ou rural). É o que determina o art. 26 da Lei nº 13.465. Se não atendidos esses requisitos do art. 183 da Constituição, a propriedade somente será adquirida segundo as regras da usucapião previstas na legislação.

Quanto à **concessão**, que alguns autores incluem entre as formas de alienação de bens públicos, enquadra-se melhor entre as modalidades de utilização do domínio público pelo particular, uma vez que não confere título de propriedade. Assemelha-se, em determinadas hipóteses, ao instituto do aforamento ou enfiteuse e, nesse sentido, prende-se às origens do regime de terras no Brasil. Com efeito, após o descobrimento do Brasil, sendo este colônia de Portugal, todas as terras eram públicas e a sua transferência aos particulares se dava pelo sistema de **concessão de cartas de sesmaria**, sob um regime semelhante à enfiteuse, ou por meio de doação. **Sesmaria** era uma área desmembrada do domínio público e **concedida** ao particular, para que este fizesse a sua utilização econômica, conservando, no entanto, o monarca, a titularidade sobre o bem; o sesmeiro pagava ao rei determinados privilégios e, não cumprindo a sua obrigação, ocorria o comisso, perdendo o direito sobre a sesmaria.

Ainda hoje algumas leis e a própria Constituição fazem referência à concessão, mas como transferência de posse e não do domínio.

Nas palavras de Igor Tenório (1984:36), "quando se trata de concessão, o Estado não aliena a coisa, isto é, não se despe do domínio da terra; cede-a apenas para um determinado fim e, cumprida a finalidade para a qual fora feita a concessão a terra volta a integrar o patrimônio do Estado".

É nesse sentido que o vocábulo é usado no art. 49, XVII, da Constituição e no art. 51 e parágrafos de suas disposições transitórias. Na Lei nº 14.133/21, a concessão, conforme visto supra, é referida no art. 76, § 3º, como forma de transferência da propriedade ou outorga de direito real de uso.

16.6 USO DE BEM PÚBLICO POR PARTICULAR

Os bens públicos das três modalidades previstas no art. 99 do Código Civil – de uso comum, de uso especial e dominical – podem ser utilizados pela pessoa jurídica de direito público que detém a sua titularidade ou por outros entes públicos aos quais sejam cedidos, ou, ainda, por particulares (sobre o tema, v. Maria Sylvia Z. Di Pietro, 2010).

Estes últimos podem, por sua vez, exercer sobre os bens públicos diferentes formas de uso, que dão lugar à dupla classificação:

a) pelo critério da conformidade ou não da utilização com o destino principal a que o bem está afetado, o **uso** pode ser **normal** ou **anormal**;

b) pelo critério da exclusividade ou não do uso, combinado com o da necessidade ou não de consentimento expresso da Administração, o uso pode ser **comum** ou **privativo**.

16.6.1 Uso normal e uso anormal

O uso de bem público por particular nem sempre tem por objeto o mesmo fim a que ele se destina, embora deva ser sempre com ele compatível. Daí resulta a distinção, aceita por alguns autores, entre uso normal e anormal.

Uso normal é o que se exerce de conformidade com a destinação principal do bem; e **uso anormal** é o que atende a finalidades diversas ou acessórias, às vezes em contradição com aquela destinação.

Se uma rua está aberta à circulação, tem **uso comum normal**; supondo-se que essa mesma rua seja utilizada, em período determinado, para realização de festejos, comemorações, desfiles, tem-se **uso comum anormal**, pois esses não são os fins a que normalmente se destinam tais bens.

Por outro lado, quando uma pessoa obtém permissão para ocupar determinado **box** em mercado municipal, tem-se **uso privativo normal**, já que essa é a finalidade precípua do bem; no entanto, se a permissão visa à instalação de terraço de café sobre a calçada, o uso privativo passa a ser anormal.

As utilizações anormais só devem ser consentidas na medida em que sejam compatíveis com o fim principal a que o bem está afetado, ou seja, desde que não impeçam nem prejudiquem o uso normal do bem. Seu exercício depende, em geral, de manifestação discricionária do poder público, podendo o ato de outorga ser a qualquer momento revogado, uma vez verificada a sua incompatibilidade com a utilização normal. O título jurídico mais adequado para esse tipo de uso privativo é a **permissão de uso**, em virtude da discricionariedade e precariedade que a caracterizam.

O uso privativo normal, que incide, em geral, sobre bens afetados a essa forma de uso, como mercados e cemitérios, tem disciplina legal uniforme para todos os usuários, de modo que sua outorga se faz àqueles que preencham os requisitos legais, sendo a **concessão de uso** o título mais adequado.

16.6.2 Uso comum

Uso comum é o que se exerce, em igualdade de condições, por todos os membros da coletividade.

Trata-se, segundo Miguel S. Marienhoff (1955:62), "de um poder que pode ser exercido por todos os homens, por sua só condição de homens – *quivis de populo* – sem distinção entre nacionais e estrangeiros, e em cujo exercício o usuário permanece sempre anônimo, indeterminado, não individualizado".

O uso comum tem, **em regra**, as seguintes características:

1. é aberto a todos ou a uma coletividade de pessoas, para ser exercido anonimamente, em igualdade de condições, sem necessidade de consentimento expresso e individualizado por parte da Administração;
2. é, em geral, gratuito, mas pode, excepcionalmente, ser remunerado; no direito brasileiro, o art. 103 do Código Civil expressamente permite que o uso de bens públicos seja gratuito ou remunerado, conforme for estabelecido legalmente pela entidade a cuja administração pertencerem;
3. está sujeito ao poder de polícia do Estado, que compreende a **regulamentação** do uso, a **fiscalização** e a **aplicação de medidas coercitivas**, tudo com o duplo objetivo de **conservação da coisa pública** (coibindo e punindo qualquer espécie de ação danosa por parte dos administrados) e de **proteção do usuário** (garantindo-lhe a fruição do bem público de acordo com a sua destinação); no exercício desse encargo, que constitui verdadeiro poder-dever do Estado, a Administração não precisa necessariamente recorrer ao Poder Judiciário, pois dispõe de meios próprios de defesa do domínio público, que lhe permitem atuar diretamente; é o privilégio da Administração que José Cretella Júnior chama de **autotutela administrativa** (*RDA* 108/57).

O administrado, frente ao bem afetado ao uso comum do povo, pode estar em duas posições:

1. como membro da coletividade, participa do **interesse coletivo** na preservação do uso comum; mas esse interesse não tem a natureza de direito subjetivo, porque seus titulares não dispõem da faculdade de compelir quem o contraria a cessar a prática do ato danoso; eventualmente, o cidadão poderá propor ação popular desde que o dano decorra de ato da Administração, ou mesmo de omissão, quando esta deixe de exercer o seu poder de polícia, disso resultando prejuízo ao uso comum, causado pelo particular;
2. individualmente considerado, como usuário em concreto do bem de uso comum, o administrado pode ser titular de **direito subjetivo público**, defensável nas vias administrativa e judicial, quando sofrer cerceamento no livre exercício do uso comum, em decorrência de ato de terceiro ou da própria Administração. Tomando como

exemplo a hipótese de fechamento de praias para utilização privativa, as pessoas que forem afetadas pelo ato de cerceamento serão titulares de verdadeiro direito subjetivo, tutelável por meio de ações judiciais, inclusive com vistas à indenização por perdas e danos. O direito do particular pode ser assegurado, também, por meio de mandado de segurança; o Tribunal de Justiça de São Paulo já decidiu que "todo aquele que satisfizer as exigências legítimas da Administração tem direito a utilizar-se dos bens de uso comum do povo e dos bens de uso especial destinados ao público. Indevidamente obstado nesse propósito, poderá recorrer às vias ordinárias para consegui-lo, sendo o mandado de segurança remédio hábil para a efetivação desse direito" (*RDP* 15/212).

O **uso comum** admite duas modalidades: o **uso comum ordinário** e o **uso comum extraordinário**.

Com efeito, existem determinados casos de utilização de bem público por particular que, por sua peculiaridade, dão margem a controvérsias quanto a sua inclusão em uma ou outra modalidade de uso (comum ou privativo), havendo quem os inclua em terceira categoria.

Trata-se de utilizações que não se exercem com **exclusividade** (não podendo, por isso, ser consideradas **privativas**), mas que dependem de determinados requisitos, como o pagamento de prestação pecuniária ou de manifestação de vontade da Administração, expressa por meio de ato de polícia, sob a forma de **licença** ou de **autorização**. O uso é exercido em comum (sem exclusividade), mas remunerado ou dependente de título jurídico expedido pelo Poder Público.

Tome-se como exemplo o caso de determinados tipos de veículos que, por serem de altura elevada ou peso excessivo, dependem, para circular nas estradas, de consentimento do Poder Público; ou ainda a hipótese de realização de desfiles, comícios, festejos, nas ruas e praças públicas, que também dependem de outorga administrativa; finalmente, o exemplo das estradas abertas à circulação de todos, porém sujeitas a pagamento de pedágio.

Essas exigências constituem limitações ao exercício do direito de uso, impostas pela lei, com base no poder de polícia do Estado, sem desnaturar o uso comum e sem transformá-lo em uso privativo; uma vez cumpridas as imposições legais, ficam afastados os obstáculos que impediam a utilização. Tem-se, nesse caso, **uso comum** – já que a utilização é exercida sem o caráter de exclusividade que caracteriza o uso privativo – porém sujeito à remuneração ou ao consentimento da Administração. Essa modalidade é a que se denomina de **uso comum extraordinário**, acompanhando a terminologia de Diogo Freitas do Amaral (1972:108).

Parte ele do pressuposto de que o uso comum está sujeito a determinadas regras: a **generalidade** (porque pode ser exercido por todos); a **liberdade** (porque dispensa autorização); a **igualdade** (porque deve ser garantido a todos em igualdade de condições); e a **gratuidade** (porque dispensa pagamento de qualquer prestação pecuniária). Quando exercido em conformidade com essas regras, o uso comum é **ordinário**. Porém, cada uma dessas regras comporta exceções, subordinadas a regimes diversos; cada exceção corresponde a uma modalidade de **uso comum extraordinário**.

O **uso comum ordinário** é aberto a todos indistintamente, sem exigência de instrumento administrativo de outorga e sem retribuição de natureza pecuniária.

O **uso comum extraordinário** está sujeito a maiores restrições impostas pelo poder de polícia do Estado, ou porque limitado a determinada categoria de usuários, ou porque sujeito a remuneração, ou porque dependente de outorga administrativa.

16.6.3 Uso privativo

16.6.3.1 Conceito e características

Uso privativo, que alguns denominam de uso especial, é o que a Administração Pública confere, mediante título jurídico individual, a pessoa ou grupo de pessoas determinadas, para que o exerçam, com exclusividade, sobre parcela de bem público.

Pode ser outorgado a pessoas físicas ou jurídicas, públicas ou privadas, pois nada impede que um ente público consinta que outro se utilize privativamente de bem público integrado em seu patrimônio.

O conteúdo do uso privativo é variável, podendo comportar faculdade de ocupação (como a instalação de bancas na calçada), poderes de transformação (construção de vestiários na praia) ou até poderes de disposição de uma parte da matéria (aproveitamento das águas públicas ou extração de areia).

Em qualquer hipótese, há duas características essenciais:

1. a **exclusividade** na utilização da parcela dominial, para a finalidade consentida;
2. a exigência de um **título jurídico individual**, pelo qual a Administração outorga o uso e estabelece as condições em que será exercido.

Esses títulos jurídicos individuais podem ser **públicos** ou **privados**. Os primeiros, obrigatórios para o uso privativo de bens de uso comum e de uso especial, são a **autorização**, a **permissão** e a **concessão** de uso. Os títulos privados, somente possíveis, em determinadas hipóteses previstas em lei, para os bens dominicais, abrangem a **locação**, o **arrendamento**, o **comodato**, a **enfiteuse**, a **concessão de direito real de uso**.

Desde que se atente para o sentido do vocábulo **precariedade**, pode-se acrescentá-la como terceira característica do uso privativo.

José Cretella Júnior (1972:106), a propósito do uso privativo, aponta dois sentidos que pode reunir o vocábulo precariedade:

"a) **revogável a qualquer tempo**, por iniciativa da Administração, com ou sem indenização, e, nesse caso, tanto as **permissões** como as **concessões** são sempre precárias;
b) **outorga para utilização privativa do bem público sem prazo fixo**, revogável, pois, sem indenização."

A precariedade que está presente em todas as modalidades de uso privativo corresponde àquele primeiro sentido, pois mesmo que a outorga seja feita por contrato, com prazo determinado, é possível a sua **revogação** por motivo de interesse público.

No segundo sentido, de outorga do uso privativo **sem prazo** estabelecido, somente a autorização e a permissão podem ser precárias. Nesse caso, a precariedade do uso encontra-se já na origem do ato de outorga; a Administração, ao consentir, por ato formal, a utilização privativa, já o faz com a nota da precariedade; o particular que recebe o consentimento já sabe que ele é dado a título precário, sem prazo estabelecido, e que por isso mesmo, pode ser retirado, a todo momento, pela Administração, sem direito a qualquer reparação pecuniária.

No caso de **uso privativo estável**, ou seja, **outorgado com prazo** estabelecido, a precariedade não existe no ato de outorga. A fixação do prazo cria para o particular uma expectativa de estabilidade, a justificar os maiores encargos que assumirá em decorrência do uso consentido;

frustrada, pela revogação antecipada, essa expectativa que o poder público espontaneamente criou, tem o particular direito a compensação de natureza pecuniária.

A rigor, a autorização de uso e a permissão de uso são precárias, enquanto a concessão é estável. Na prática administrativa, tem-se admitido autorização e permissão com prazo (sendo chamadas de **condicionadas** ou **qualificadas**), o que confere ao beneficiário a mesma estabilidade que decorre da concessão e, portanto, o mesmo direito à indenização, em caso de revogação do ato antes do prazo estabelecido. Confundem-se, nessas hipóteses, os institutos da autorização e permissão, de um lado, e a concessão, de outro.

16.6.3.2 Instrumentos estatais de outorga de uso privativo

Com relação aos instrumentos jurídicos de outorga do uso privativo ao particular, mais uma vez se torna relevante a distinção entre, de um lado, os bens de uso comum do povo e uso especial e, de outro, os bens dominicais, já que apenas estes últimos são coisas que estão no comércio jurídico de direito privado, sujeitos, portanto, a regime jurídico um pouco diverso quanto às formas de sua utilização.

Os bens das duas primeiras modalidades estão fora do comércio jurídico de direito privado, de modo que só podem ser objeto de relações jurídicas regidas pelo direito público; assim, para fins de uso privativo, os instrumentos possíveis são apenas a autorização, a permissão e a concessão de uso.

Trata-se de institutos sujeitos ao **regime jurídico de direto público**, com características próprias que decorrem da posição de supremacia da Administração sobre o particular. A sujeição a esse regime revela-se pela **constituição** do uso (por meio de ato administrativo ou contrato administrativo), pelo seu **exercício** (sujeito à fiscalização do poder público) e pela sua **extinção** (que se dá pelo **término do prazo**, pela **caducidade**, em caso de não utilização do bem; pela **rescisão** unilateral do contrato de concessão ou pela **revogação** unilateral da autorização e permissão).

Diversa é a situação dos bens dominicais, já que estes são coisas que estão no comércio jurídico de direito privado. Embora possam ser cedidos aos particulares por meio dos mesmos institutos de direito público já mencionados, também podem ser objeto de contratos regidos pelo Código Civil, como a locação, o arrendamento, o comodato, a concessão de direito real de uso, a enfiteuse.

16.6.3.3 Autorização, permissão e concessão

Autorização de uso é o ato administrativo unilateral e discricionário, pelo qual a Administração consente, a título precário, que o particular se utilize de bem público com exclusividade.

Como toda autorização administrativa, a de uso privativo é ato **unilateral**, porque não obstante outorgada mediante provocação do interessado, se perfaz com a exclusiva manifestação de vontade do Poder Público; **discricionário**, uma vez que o consentimento pode ser dado ou negado, segundo considerações de oportunidade e conveniência, a cargo da Administração; **precário**, no sentido de que pode ser revogado a qualquer momento, quando o uso se tornar contrário ao interesse público. Pode ser **gratuita** ou **onerosa**.

A utilização não é conferida com vistas à utilidade pública, mas no interesse privado do utente. Aliás, essa é uma das características que distingue a autorização da permissão e da concessão.

Do fato de tratar-se de utilização exercida no interesse particular do beneficiário decorrem importantes efeitos:

1. a autorização reveste-se de maior precariedade do que a permissão e a concessão;
2. é outorgada, em geral, em caráter transitório;
3. confere menores poderes e garantias ao usuário;
4. dispensa licitação e autorização legislativa;
5. não cria para o usuário um **dever** de utilização, mas simples **faculdade**.

A autorização pode ser **simples** (sem prazo) e **qualificada** (com prazo).

O legislador brasileiro tem previsto a possibilidade de fixação de prazo, como ocorre com a derivação de águas, no interesse do particular, com fundamento no art. 16 da Lei nº 9.433, de 8-1-97 (que institui a Política Nacional de Recursos Hídricos), devendo a outorga ser feita por tempo não excedente a 35 anos.

No Município de São Paulo, a Lei Orgânica de 4-4-90, no art. 114, § 5º, apesar de imprimir natureza transitória à autorização, permite a fixação de prazo, até o máximo de 90 dias.

A fixação de prazo tira à autorização o caráter de precariedade, conferindo ao uso privativo certo grau de estabilidade; vincula a Administração à obediência do prazo e cria, para o particular, direito público subjetivo ao exercício da utilização até o termo final previamente fixado; em consequência, se razões de interesse público obrigarem à revogação extemporânea, ficará o poder público na contingência de ter de pagar indenização ao particular, para compensar o sacrifício de seu direito. Manifesta é a inconveniência de estipulação de prazo nas autorizações.

A autorização é da competência do órgão a quem incumbe a administração do bem e pode assumir, no Estado de São Paulo, consoante art. 12 da Lei nº 10.177, de 30-12-98 (que regula o processo administrativo no âmbito da Administração Pública Estadual), a forma de decreto, resolução, deliberação ou portaria, conforme a autoridade competente seja, respectivamente, o Chefe do Executivo, Secretário de Estado, órgão colegiado ou outras autoridades inferiores. A exigência de portaria para a autorização existe com relação ao município de São Paulo, com fundamento no art. 114, § 5º, da respectiva lei orgânica, sendo, nesse caso, a forma exigida, qualquer que seja a autoridade expedidora do ato.

Permissão de uso é o ato administrativo unilateral, discricionário e precário, gratuito ou oneroso, pelo qual a Administração Pública faculta a utilização privativa de bem público, para fins de interesse público.[4]

O Decreto-lei nº 9.760/46, ao mencionar, no art. 64, os institutos hábeis para outorga de utilização de bens imóveis da União, não previa a permissão de uso. Contudo, a Lei nº 9.636/98, no art. 22, *caput*, estabelece que a permissão de uso poderá ser outorgada quando se tratar de utilização, a título precário, de áreas de domínio da União para a realização de eventos de curta duração, de natureza recreativa, esportiva, cultural, religiosa ou educacional. Além disso, o art. 18, § 2º, da mesma Lei, ao tratar da cessão de uso de bens imóveis da União (v. item 16.6.3.4), prevê que, em caso de cessão de áreas específicas a Estados e Municípios, estes podem permitir o uso das mesmas por terceiros. Tal como disciplinado nesses dispositivos, o instituto enquadra-se no conceito de permissão de uso como ato unilateral e precário em que a utilização do bem público se faz para fins de interesse público.

A permissão pode recair sobre bens públicos de qualquer espécie.

---

[4] O legislador nem sempre observa as características dos institutos apontadas pela doutrina. Veja-se, por exemplo, que o Decreto nº 980, de 11-11-93, alterado pelo Decreto nº 4.528, de 18-12-02, prevê a utilização de imóveis residenciais de propriedade da União por meio do instituto da permissão de uso precário e por prazo indeterminado. O uso privativo, no caso, é feito no interesse privado do agente público, estando sujeito a cobrança da chamada *taxa* de uso.

Sendo ato precário, revela-se mais adequado nos chamados usos **anormais** em que a utilização privativa, embora conferida com vistas a fim de natureza pública, está em contraste com a afetação do bem ou com sua destinação principal. É o que ocorre, principalmente, nos casos de uso privativo incidente sobre bens de uso comum do povo. É precisamente esse contraste do uso privativo com a afetação que exige seja imprimida precariedade ao ato de outorga.

Aliás, o fato de tratar-se de bem destinado, por sua natureza ou destinação legal, ao uso coletivo, impede que o uso privativo seja **permitido** ou **autorizado** para fins de interesse exclusivo do particular; embora seja assegurada, com a permissão, determinada vantagem ao usuário, não auferida pela generalidade dos indivíduos, o uso por ele exercido deve proporcionar algum benefício de caráter geral. Por essa razão, também, embora o vocábulo *permissão* dê a ideia de faculdade que pode ser ou não exercida, na realidade o permissionário se **obriga** a utilizar o bem para o fim predeterminado, sob pena de, não o fazendo, ser-lhe retirada a permissão.

O que acaba de ser exposto permite ser estabelecida mais nítida comparação entre autorização e permissão de uso. Ambas têm a natureza de ato administrativo unilateral, discricionário e precário. Nas duas hipóteses, o uso pode ser gratuito ou oneroso, por tempo determinado (permissão ou autorização qualificada) ou indeterminado (permissão ou autorização simples).

Três diferenças podem ser assinaladas, em face do direito positivo brasileiro:

1. enquanto a autorização confere a faculdade de uso privativo no interesse privado do beneficiário, a permissão implica a utilização privativa para fins de interesse coletivo;
2. dessa primeira diferença decorre outra, relativa à **precariedade**. Esse traço existe em ambas as modalidades, contudo é mais acentuado na autorização, justamente pelas finalidades de interesse individual; no caso da permissão, que é dada por razões de predominante interesse público, é menor o contraste entre o interesse do permissionário e o do usuário do bem público;
3. a autorização, sendo dada no interesse do usuário, cria para este uma **faculdade** de uso, ao passo que a permissão, sendo conferida no interesse predominantemente público, **obriga** o usuário, sob pena de caducidade do uso consentido.

Quanto à fixação de prazo na permissão, vale a mesma observação já feita para a autorização. Ao outorgar permissão **qualificada** ou **condicionada** de uso, a Administração tem que ter em vista que a fixação de prazo reduz a precariedade do ato, constituindo, em consequência, uma autolimitação ao seu poder de revogá-lo, o que somente será possível quando a utilização se tornar incompatível com a afetação do bem ou se revelar contrária ao interesse coletivo, sujeitando, em qualquer hipótese, a Fazenda Pública a compensar pecuniariamente o permissionário pelo sacrifício de seu direito antes do termo estabelecido.

A permissão qualificada é dotada da mesma estabilidade de que se reveste a concessão de uso, pois no ato de outorga não haverá o traço da precariedade; os dois institutos, nesse caso, se assemelham, no sentido de que o permissionário adquire, da mesma forma que o concessionário, direito subjetivo à indenização em caso de revogação, antes do prazo determinado. A diferença entre os dois institutos estará apenas na formação do ato, pois a permissão se constitui por ato unilateral e, a concessão, por contrato precedido de autorização legislativa e **licitação**. Quanto aos efeitos, não existe diferença porque em um e outro caso surgem obrigações recíprocas para ambas as partes: para o usuário, a obrigação de utilizar a coisa de acordo com as condições estabelecidas no ato de outorga e, para a Administração, a obrigação de respeitar o uso objeto da permissão qualificada por todo tempo previamente delimitado. Além disso, na concessão, é comum a outorga de maiores poderes de natureza pública ao concessionário. O que não é viável é utilizar-se a permissão, quando seria caso de concessão, apenas para burlar a exigência de autorização legislativa e licitação, não cabível na permissão.

Com referência à **competência** para permissão de uso, aqui no Estado de São Paulo cabe ao Governador, por meio de decreto, com base no art. 19, V, da Constituição Estadual, combinado com art. 12, inciso I, *a*, da Lei nº 10.177/98.

A **Lei nº 14.133/21** pôs fim à controvérsia quanto à necessidade ou não de licitação, porque, no art. 2º, IV, incluiu a permissão de uso de bens públicos entre os ajustes a que se aplica a lei, sem distinguir se, no caso, se trata de permissão precária (ato unilateral) ou qualificada (com forma contratual). No art. 76, inciso I, *f* e *g*, indica as hipóteses em que a permissão de uso de bens imóveis é feita mediante dispensa de licitação.

Concessão de uso é o contrato administrativo pelo qual a Administração Pública faculta ao particular a utilização privativa de bem público, para que a exerça conforme a sua destinação.

Sua natureza é a de contrato de direito público, sinalagmático, oneroso ou gratuito, comutativo e realizado *intuitu personae*.

A concessão é o instituto empregado, preferencialmente à permissão, nos casos em que a utilização do bem público objetiva o exercício de atividades de utilidade pública de maior vulto e, por isso mesmo, mais onerosas para o concessionário. Este assume obrigações perante terceiros e encargos financeiros elevados, que somente se justificam se ele for beneficiado com a fixação de prazos mais prolongados, que assegurem um mínimo de estabilidade no exercício de suas atividades. Em consequência, a forma mais adequada é a contratual, que permite, mediante acordo de vontades entre concedente e concessionário, estabelecer o equilíbrio econômico do contrato e fixar as condições em que o uso se exercerá, entre as quais a finalidade, o prazo, a remuneração, a fiscalização, as sanções. Quanto à fixação de prazo, não há dúvida de que constitui uma garantia para o concessionário, sem a qual ele dificilmente aceitaria a concessão. O art. 109 da Lei nº **14.133, de 1º-4-2021**, permite a celebração de contrato com prazo indeterminado, mas apenas "nos contratos em que seja usuária de serviço público oferecido em regime de monopólio, desde que comprovada a cada exercício financeiro, a existência de créditos orçamentários vinculados à contratação".

Elemento fundamental na concessão de uso é o relativo à finalidade. Ficou expresso no seu conceito que o uso tem que ser feito de acordo com a **destinação do bem**. No caso de bens destinados à utilização privativa, o uso tem que atender a essa destinação; é o caso, por exemplo, de bens de uso especial, como os mercados e cemitérios, parcialmente afetados ao uso privativo, dos bens destinados à ocupação por concessionários de serviços públicos, e dos bens dominicais postos no comércio jurídico para fins de moradia, cultivo da terra, exploração agrícola ou industrial, reforma agrária.

Quando a concessão implica utilização de bem de uso comum do povo, a outorga só é possível para fins de interesse público. Isto porque, em decorrência da concessão, a parcela de bem público concedida fica com sua destinação desviada para finalidade diversa: o uso comum a que o bem estava afetado substitui-se, apenas naquela pequena parcela, pelo uso a ser exercido pelo concessionário. Além disso, como a concessão é outorgada sob forma contratual e, em geral, por prazos mais prolongados, dela decorre estabilidade para o concessionário, uma vez que não pode ser despojado de seu direito de utilização privativa antes do termo estabelecido, a não ser por motivo de interesse público relevante e mediante justa indenização. Tais circunstâncias afastam a possibilidade de concessão de uso para fins de interesse particular do concessionário, a não ser nas hipóteses em que o uso privativo constitua a própria finalidade do bem. A utilização que ele exercer terá que ser compatível com a destinação principal do bem ou atender a outro fim de interesse coletivo.

Na **Lei nº 14.133/21**, o art. 2º, IV, inclui a concessão de uso de bens públicos entre os contratos a que se aplica a lei. Nada diz sobre a modalidade de licitação cabível. Apenas com relação à concessão de direito real de uso de bem imóvel, o art. 76, I, *f, g* e *h*, a inclui entre as hipóteses de licitação dispensada (todas elas referindo-se a situações em que o uso se dá para fins de regularização fundiária de interesse social).

A concessão pode ser das seguintes **modalidades** (cf. Raimundo Nonato Fernandes, in *RDA* 118/1-11):

1. de **exploração** ou de simples **uso**, conforme seja, ou não conferido ao concessionário poder de gestão dominial, substituindo-se à Administração concedente; como exemplos da primeira, o autor indica as concessões de minas, de águas e de campo de algas; e, da segunda, as relativas a áreas de dependências de aeroportos, ocupação da via pública, sepultura e outras;
2. **temporária** (como a concessão de águas e a maioria das utilizações privativas) ou **perpétua** (como a de sepultura);
3. **remunerada** ou **gratuita**;
4. de **utilidade pública** (como a que é acessória de uma concessão de serviço público) ou de **utilidade privada** (como a de sepultura, a de derivação de águas para irrigação, de exploração de campo de algas e de minas, a de concessão especial para fins de moradia).

A concessão especial para fins de moradia foi prevista e disciplinada na Medida Provisória nº 2.220, de 4-9-01, para dar cumprimento ao art. 183, § 1º, da Constituição.[5] Com relação aos imóveis de propriedade da União, a aplicação para fins de concessão de uso especial prevista na referida medida provisória está prevista no art. 22-A da Lei nº 9.636, de 15-5-98, acrescentado pela Lei nº 11.481, de 31-5-07.

Pode-se falar, ainda, em **concessão autônoma** ou **acessória**, conforme seja ou não conjugada com uma concessão de serviço público; na acessória, o concessionário só pretende o bem como condição material da montagem de um serviço público, como se verifica na concessão da via pública ou do espaço aéreo para colocação de postes e lançamento de fios ou cabos, aéreos ou subterrâneos, de instalações elétricas de interesse público, bem como na concessão de águas públicas para aproveitamentos hidráulicos de interesse público.

No caso de concessão de uso conjugada com concessão de serviço público, muita discussão se travou a respeito da possibilidade ou não de ser instituída taxa ou preço público pelo uso e ocupação do solo por concessionária de serviço público. Esse assunto foi tratado no livro *Uso privativo de bem público por particular* (Di Pietro, Atlas, 2010, p. 67-78 e 279-303), onde foi defendida a tese da impossibilidade dessa cobrança. Ali ficou demonstrado que o STJ vem adotando o mesmo entendimento, agora também encampado pelo STF.[6]

---

[5] Sobre o tema, v. comentário que escrevemos na obra organizada por Adilson Abreu Dallari: *Estatuto da Cidade, comentários à Lei Federal 10.257*. São Paulo: Malheiros, 2002. p. 152-170. A Medida Provisória nº 759/16, convertida na Lei 13.465, de 11-7-2017, alterou os arts. 1º, 2º e 9º da Medida Provisória nº 2.220, de 4-9-01, para estender até 22-12-16 a data a ser considerada para outorga do benefício da concessão de uso especial de moradia e da autorização de uso, aos possuidores que preenchessem os requisitos legais. Na redação original, a data-limite era 30-6-01.

[6] Acórdãos do STJ: Recurso Ordinário em MS nº 12.081-SE (2000/0053957-9); Recurso Ordinário em MS nº 11.412-SE (1999/0113894-9); REsp 863.577-RS, Rel. Min. Mauro Campbell Marques, j. em 10-8-10. Acórdão do STF: RE 581947/RO, Relator Min. Eros Grau, j. 27-5-10, Tribunal Pleno, *DJe*-159.

16.6.3.4 Uso privativo de bens imóveis da União

O uso privativo de bens imóveis da União está disciplinado por legislação específica, contida no Decreto-lei nº 9.760, de 5-9-46, com alterações posteriores.[7] Essa legislação, que é de aplicação restrita à esfera federal, relaciona, no art. 1º, os bens imóveis da União, rol esse ampliado pelo art. 20 da Constituição Federal. No título II, o Decreto-lei trata das modalidades de uso privativo, abrangendo, entre os títulos jurídicos de outorga, a locação, o arrendamento, a enfiteuse e a cessão de uso. Os três primeiros seriam institutos de direito privado; pelo menos têm paralelo no Código Civil. No entanto, não se sujeitam às normas desse Código e sim às do referido Decreto-lei e alterações posteriores.

O emprego de institutos do direito privativo para transferência de uso privativo somente é possível, em tese, no caso de bens dominicais, já que estes estão dentro do comércio jurídico de direito privado. Embora possam ser cedidos aos particulares por meio de autorização, permissão ou concessão, também podem ser objeto de contratos regidos pelo Código Civil ou leis esparsas, a exemplo do que ocorre nos casos de locação, arrendamento, comodato, concessão de direito real de uso e enfiteuse (sobre o tema, v. Maria Sylvia Z. Di Pietro, 1989).

Nesse caso, como em todos aqueles em que a Administração se utiliza do direito privado, este sofre **desvios**, derrogações necessárias para adaptar o instituto às peculiaridades da Administração. Às vezes esses desvios são tão grandes que desnaturam o instituto, dando-lhe conotação publicística, como ocorre com a locação, o arrendamento e a enfiteuse de bens imóveis da União, subordinada ao regime instituído pelo Decreto-lei nº 9.760, de 5-9-46 (arts. 86 a 98) e não sujeita "a disposições de outras leis concernentes à locação".

Isto ocorre porque a aplicação pura e simples de contratos de Direito Civil aos bens patrimoniais disponíveis implica renúncia, por parte do Estado, à sua situação de supremacia sobre o particular e, em consequência, à possibilidade de sujeitá-lo às chamadas cláusulas exorbitantes, admitidas nos contratos administrativos, a fim de assegurar o melhor atendimento do interesse público. No contrato de direito privado, as partes colocam-se em igualdade de posições, não podendo o Estado alterá-lo ou rescindi-lo unilateralmente por motivo de mérito.

O que se verifica é que, enquanto a utilização privativa dos bens de uso comum do povo e dos bens de uso especial só pode ser consentida por títulos de direito público (autorização, permissão e concessão), a utilização dos bens dominicais pode ser outorgada quer por instrumentos públicos como os assinalados, quer por institutos de Direito Civil, aplicados com observância de derrogações impostas por normas publicísticas, que asseguram à pessoa jurídica de direito público a sua posição de supremacia com a possibilidade de rescindir, a qualquer momento, o acordo, quando motivos de mérito determinem a subtração do bem ao comércio jurídico privado, para sua afetação a fim de interesse público.

Os institutos de direito público são empregados quando a utilização tem finalidade predominantemente pública, ou seja, quando se destina ao exercício de atividades de interesse geral, como ocorre na concessão de uso de águas para fins de abastecimento da população; ao contrário, os institutos de direito privado são aplicados quando a utilização tem por finalidade direta e imediata atender ao interesse privado do particular, como ocorre na locação para fins residenciais e no arrendamento para exploração agrícola. Nesses casos, o interesse público é apenas indireto, assegurando a obtenção de renda ao Estado e permitindo a adequada exploração do patrimônio público, no interesse de todos.

---

[7] Especialmente as Leis nºs 9.636, de 15-5-98, 11.481, de 31-5-07, 13.240, de 30-12-15, e 14.011, de 10-6-20.

Merece realce o **contrato de locação**, que é disciplinado, no que se refere aos bens imóveis da União, pelo Decreto-lei nº 9.760, de 5-9-46. O art. 86 permite que os bens não utilizados em serviço público (portanto bens dominicais) sejam alugados:

a) para residência de autoridades federais ou de outros servidores da União, no interesse do serviço público;
b) para residência de servidor da União, em caráter voluntário;
c) por quaisquer interessados.

O art. 87 determina que a locação "se fará mediante contrato, **não ficando sujeita a disposições de outras leis concernentes à locação**".

Dentre as normas estabelecidas, há de se ressaltar a do art. 89, que prevê as hipóteses da rescisão, incluindo, entre elas, a do imóvel tornar-se necessário ao serviço público; isto se fará por ato administrativo da União (autoexecutório), sem que esta fique obrigada a pagar ao locatário indenização de qualquer espécie, excetuada a que se refira a benfeitorias necessárias. Além disso, se o locatário sublocar o imóvel ou deixar de pagar os aluguéis nos prazos estipulados, dar-se-á **rescisão de pleno direito, imitindo-se a União sumariamente na posse da coisa locada**.

Embora apresente pontos de contato com a **concessão de uso**, a locação dela se distingue pela finalidade. A concessão tem por objeto o uso privativo de bem público para fins de utilidade pública; por ela, o concessionário vai exercer, sobre o bem, algum tipo de atividade de interesse público. A locação tem por objeto também o uso de bem público, mas para proveito exclusivo do locatário, que dele se utilizará para fins residenciais. O interesse público, no caso, é apenas indireto, na medida em que, explorando os bens de seu patrimônio privado, o poder público estará produzindo renda para os cofres públicos.

Além disso, na locação, o poder público transfere apenas o uso e gozo da coisa, enquanto na concessão pode haver transferência de poderes públicos ao concessionário, em especial nos casos em que a concessão de uso se apresenta como instrumento acessório da concessão de serviço público. Acresce que, tendo uma finalidade pública, a outorga admite prazos mais prolongados, ao contrário da locação, destinada a fins residenciais, em que os prazos não devem ser prolongados.

Atualmente, a utilização de imóveis residenciais de propriedade e da União por agentes políticos e servidores públicos federais, está disciplinada pelo Decreto nº 980, de 11-11-93, alterado pelo Decreto nº 4.528, de 18-12-02; nesse caso, a utilização far-se-á por "**permissão de uso**, em caráter precário e por prazo indeterminado" (art. 1º, *caput*); a utilização não é gratuita, porque sujeita ao pagamento de **taxa mensal de uso**, correspondente a um milésimo do valor do imóvel, nos termos do art. 16 da Lei nº 8.025, de 12-4-90, com a redação dada pela Lei nº 11.490, de 20-6-07. Note-se que, nesse caso, a permissão é dada no interesse privado do permissionário.

O **arrendamento** foi previsto no Decreto-lei nº 9.760/46 como modalidade de locação, na hipótese em que a utilização objetiva a exploração de frutos ou a prestação de serviços (arts. 64, § 1º, e 96). Seu prazo máximo é de 20 anos, salvo em casos especiais expressamente determinados em lei (art. 96, parágrafo único, com a redação dada pela Lei nº 11.314, de 3-7-06), sendo assegurada preferência aos Estados e Municípios (art. 97). O arrendamento deve ser precedido de licitação (art. 95, parágrafo único), sendo cabível o procedimento de manifestação de interesse previsto e regulamentado pelo Decreto nº 8.428, de 2-4-15.[8]

---

[8] Sobre o procedimento de manifestação de interesse, v. cap. 8, item 8.8.1.4.7.

O **aforamento** ou **enfiteuse** também foi previsto no Decreto-lei nº 9.760/46 como forma de utilização de bens da União, com algumas derrogações ao direito privado. Há uma tendência para extinguir-se esse instituto, quer no direito privado quer no direito público, o que se confirma com o Código Civil de 2002, que não mais prevê o instituto, e com a norma do art. 49 das Disposições Transitórias da Constituição, que faculta aos foreiros, no caso de sua extinção, a remição dos aforamentos mediante aquisição do domínio direto, na conformidade do que dispuserem os respectivos contratos. No entanto, o § 3º determina que "a enfiteuse continuará sendo aplicada aos terrenos de marinha e seus acrescidos, situados na faixa de segurança, a partir da orla marítima" (sobre aforamento, v. Lei nº 9.636, de 15-5-98, alterada pelas Leis nº 11.481, de 31-5-07, nº 13.240, de 30-12-15, nº 13.465, de 11-7-17, e 14.011, de 10-6-20, entre outras).

O Código Civil de 2002 não mais previu a enfiteuse. No art. 1.225, que dá o elenco dos direitos reais, não consta essa modalidade, que foi substituída pelo direito de superfície. Nas disposições finais e transitórias, o art. 2.038 expressamente proíbe a constituição de enfiteuses e subenfiteuses, subordinando as existentes, até sua extinção, às disposições do Código Civil anterior e leis posteriores. O § 1º proíbe que nos aforamentos a que se refere esse artigo seja cobrado laudêmio ou prestação análoga nas transmissões de bem aforado, sobre o valor das construções ou plantações, e que se constitua subenfiteuse. Pelo § 2º, "a enfiteuse dos terrenos de marinha e acrescidos regula-se por lei especial", a saber, o Decreto-lei nº 9.760/46 e a Lei nº 9.636/98, com alterações posteriores, especialmente as da Lei nº 13.465/17.

Esses dois diplomas continuam disciplinando a enfiteuse como forma de utilização de imóveis da União e, portanto, não apenas sobre terrenos de marinha e seus acrescidos.

Como os mesmos somente se aplicam aos imóveis da União, os Estados e Municípios que eventualmente tenham constituído enfiteuse sobre imóveis de seu domínio certamente se sujeitaram às normas do Código Civil de 1916.

Diante dessas disposições constitucionais e legais, persistem ainda duas hipóteses de enfiteuse: (a) a constituída sob a égide do Código Civil de 1916 e que continuará a existir enquanto não ocorrer uma das causas possíveis de extinção; (b) a que incide sobre os imóveis públicos da União, regida pelo Decreto-lei nº 9.760/46 e pela Lei nº 9.636/98, com alterações posteriores, especialmente as introduzidas pelas Leis nº 13.465/17 e 14.011/20.

Existem algumas diferenças entre as duas modalidades, já que a primeira se constitui como instituto do direito privado, e a segunda, como instituto do direito público.

As enfiteuses constituídas na vigência do Código Civil de 1916 apresentam as seguintes características: (a) têm natureza de direito real, em que o titular (foreiro ou enfiteuta) recebe o *domínio útil*, com os poderes de usar, gozar e reivindicar a coisa, bem como alienar seus direitos a outrem, independentemente de anuência do proprietário; (b) o senhorio conserva o domínio direto com direito ao *foro* (contraprestação devida pelo enfiteuta), ao *laudêmio* (importância devida pelo foreiro em caso de transferência do domínio útil a terceiros e em caso de resgate) e à *preferência* no caso de alienação do domínio útil; (c) extingue-se pela deterioração do prédio aforado, pelo comisso (penalidade em caso de não pagamento do foro por três anos consecutivos) e pelo falecimento do enfiteuta, sem herdeiros; (d) admite o resgate, ou seja, a prerrogativa concedida ao foreiro de adquirir, compulsoriamente, o domínio direto, depois de dez anos de constituída a enfiteuse, mediante o pagamento de dez pensões e um laudêmio (Lei nº 5.827, de 23-11-72); (e) é perpétua, sendo considerada como arrendamento se for estabelecida por prazo determinado; (f) só pode ter por objeto terras não cultivadas ou terrenos que se destinem à edificação.

Quando aplicável a imóveis da União, a enfiteuse tem também a natureza de *direito real*, porém de *direito real de natureza pública*, já que não se submete a normas do Código Civil, mas a legislação própria pertinente aos bens públicos da União. Embora tenha algumas características que a aproximam de igual instituto do direito privado, já que implica bifurcação da propriedade em *domínio direto* (que pertence à União) e *domínio útil* (que pertence ao foreiro ou enfiteuta), apresenta algumas peculiaridades próprias do regime jurídico de direito público, concernentes à competência, remição, caducidade com ou sem revigoração do aforamento e formalidades:

a) a utilização do terreno sob regime de aforamento depende de prévia autorização do Presidente da República, salvo se já permitida em expressa disposição legal (art. 99 do Decreto-lei nº 9.760/46);

b) os terrenos aforados ficam sujeitos ao pagamento anual de uma importância chamada **foro**, no valor de 0,6% do valor do respectivo domínio pleno, que será anualmente atualizado (art. 101 do Decreto-lei nº 9.760/46); o não pagamento do foro por três anos consecutivos ou quatro intercalados importa a **caducidade** do aforamento, sendo permitida a revigoração, mediante pagamento dos foros em atraso (arts. 118 e 119); a revigoração pode ser indeferida se a União necessitar do imóvel para o serviço público (art. 120);

c) a transferência onerosa, por ato *inter vivos*, do domínio útil e de inscrição de ocupação de terreno da União ou cessão de direitos a eles relativos dependerá do prévio recolhimento do laudêmio pelo vendedor em quantia correspondente a 5% do valor atualizado do domínio pleno do terreno, excluídas as benfeitorias (art. 3º do Decreto-lei nº 2.398, de 21-12-87, com a redação dada pela Lei nº 13.240, de 30-12-15, e pela Lei nº 13.465, de 11-7-17);

d) a extinção do aforamento dar-se-á, conforme art. 103 do Decreto-lei nº 9.760/46: por **inadimplemento** de cláusula contratual; por **acordo** entre as partes; pela **remição**, a critério do Presidente da República, por proposta do Ministério da Fazenda, nas zonas onde não mais subsistam os motivos determinantes da aplicação do regime enfitêutico; pela **caducidade**, decorrente do não pagamento do foro durante três anos consecutivos ou quatro intercalados (art. 101, parágrafo único, com a redação dada pela Lei nº 9.636/98), sem que haja revigoração do aforamento (art. 121); pelo **abandono do imóvel**, caracterizado pela ocupação, por mais de cinco anos, sem contestação, de assentamentos informais de baixa renda, retornando o domínio útil à União; por **interesse público**, mediante prévia indenização.

e) a **remição** (e não remissão, como consta do Decreto-lei nº 9.760/46) ou **resgate** significa a aquisição do domínio útil pelo foreiro. Por outras palavras, com a remição, ocorre a consolidação do domínio direto e do domínio útil em mãos do enfiteuta, que deixa de pagar o foro anual bem como o laudêmio no caso de alienar futuramente o imóvel. Nos termos do art. 122, parágrafo único, do Decreto-lei nº 9.760/46 (com a redação dada pela Lei nº 13.139/15), a decisão da Secretaria do Patrimônio da União sobre os pedidos de remição constitui ato vinculado. Para a remição é previsto o pagamento de valor correspondente a 17% do valor do domínio pleno, excluídas as benfeitorias (art. 123);

f) a **caducidade**, por não pagamento do foro ou pensão durante três anos, que extinguiria obrigatoriamente o aforamento (por *comisso*), segundo o art. 692 do Código Civil de 1916, não tem a mesma amplitude no Decreto-lei nº 9.760/46, tendo em vista que, pelo art. 103, § 1º, combinado com os arts. 118 e 119, o foreiro tem direito à *revigoração* do aforamento, e não mera faculdade, se solicitá-la no prazo de 90 dias depois de notificado da caducidade da enfiteuse, pagando os foros em atraso. Conforme determina o art. 120, a União só poderá negar a revigoração se necessitar do terreno para serviço público ou, quanto às terras de que trata o art. 65 (revogado), quando as mesmas estiverem sendo utilizadas apropriadamente; neste caso, a União terá que indenizar o foreiro pelas benfeitorias porventura existentes;

g) o aforamento depende de leilão ou concorrência pública, respeitado, como preço mínimo, o valor de mercado do respectivo domínio útil, estabelecido em avaliação de precisão, realizada, especificamente para esse fim, pelo Serviço de Patrimônio da União ou, sempre que necessário, pela Caixa Econômica Federal, com validade de seis meses a contar da data de sua publicação (art. 12 da Lei nº 9.636/98); a Lei nº 14.133/21 inclui o aforamento entre as hipóteses de licitação dispensada, quando a utilização se der para os fins previstos no art. 76, I, *f* e *g*;

h) na concessão do aforamento será dada preferência a quem, em 15-2-97, já ocupava o imóvel há mais de um ano e esteja, até a data da formalização do contrato de alienação do domínio útil, regularmente inscrito como ocupante e em dia com suas obrigações (art. 13 da referida lei); o pagamento poderá ser feito em até 120 prestações mensais e consecutivas, devidamente atualizadas, observando-se que o término do parcelamento não poderá ultrapassar a data em que o ocupante completar 80 anos de idade (art. 14).

A **cessão** é instituto típico do direito público, instituído pelo art. 64 do Decreto-lei nº 9.760/46, para as hipóteses em que interesse à União concretizar, com a permissão da utilização gratuita de imóvel seu, auxílio ou colaboração que entenda prestar. Era disciplinada pelos arts. 125 e 126 do referido Decreto-lei e pelo Decreto-lei nº 178, de 16-2-67. Tais dispositivos não estão mais em vigor, aplicando-se as normas contidas nos arts. 18 a 21 da Lei nº 9.636/98.

Por essa lei, verifica-se que existem dois tipos de cessão de uso de bens imóveis da União:

a) a prevista no art. 64 (ainda vigente) do Decreto-lei nº 9.760/46 e repetida no art. 18, *caput*, da Lei nº 9.636, que se faz sempre gratuitamente, a Estados, Distrito Federal, Municípios e entidades sem fins lucrativos das áreas de educação, cultura, assistência social ou saúde (art. 18, I), bem como a pessoas físicas ou jurídicas, que desempenhem atividade de interesse público ou social de interesse nacional, sem fins lucrativos (art. 18, II); nessa hipótese, a outorga se faz mediante cessão de uso, pura e simplesmente;

b) a prevista no art. 18, *caput*, da Lei nº 9.636/98, com a redação dada pela Lei nº 11.481, de 31-5-07, que se faz em condições especiais, sob qualquer dos regimes previstos no Decreto-lei nº 9.760/46 (locação, arrendamento ou enfiteuse) ou sob o regime de concessão de direito real de uso resolúvel, previsto no art. 7º do Decreto-lei nº 271, de 28-2-67, podendo, neste caso, incidir inclusive sobre terrenos de marinha (art. 18, § 1º); os beneficiários, no caso, são pessoas físicas ou jurídicas, que utilizem o bem para fins de *aproveitamento econômico de interesse nacional*; nesse caso, a cessão será onerosa, já que destinada à execução de empreendimento de fim lucrativo, devendo ser observados os procedimentos licitatórios previstos em lei, se houver condições de competitividade (art. 18, § 5º); entende-se que a lei aí referida é a de nº 8.666, de 21-6-93; nessa segunda hipótese, embora a lei fale em cessão de uso, a outorga se faz mediante locação, arrendamento, enfiteuse ou concessão de direito real de uso.

Pelo § 2º do art. 18, também será utilizada a cessão de uso como modalidade adequada quando se tratar de espaço aéreo sobre bens públicos, espaço físico em águas públicas, áreas de álveo de lagos, rios e quaisquer correntes d'água, de vazantes, da plataforma continental e de outros bens de domínio da União, insuscetíveis de transferência de direitos reais a terceiros. Como o objetivo do legislador é o de obstar a outorga, a terceiros, de direitos reais sobre esses bens, resulta claro que a cessão só pode ser por locação ou arrendamento, que têm a natureza de direitos obrigacionais.

A competência para autorizar a cessão é do Presidente da República (que pode delegá-la ao Ministro da Fazenda, sendo admitida a subdelegação, conforme §§ 3º e 4º do art. 18). A cessão se formaliza "mediante termo ou contrato, do qual constarão expressamente as condições estabelecidas, entre as quais a finalidade da sua realização e o prazo para seu cumprimento e tornar-se-á nula, independentemente de ato especial, se ao imóvel, no todo ou em parte, vier a ser dada aplicação diversa da prevista no ato autorizativo e consequente termo ou contrato" (art. 18, § 3º).

Quanto à licitação, é prevista apenas quando o cessionário utilizar o bem imóvel da União para realizar empreendimento de fins lucrativos e desde que haja possibilidade de competição (art. 18, § 5º, da Lei nº 9.636/98). No entanto, a licitação é dispensável, nos termos do § 6º (acrescentado ao art. 18 pela Lei nº 11.481/07), quando se tratar de: "I – bens imóveis residenciais construídos, destinados ou efetivamente utilizados no âmbito de programas de provisão habitacional ou de regularização fundiária de interesse social desenvolvidos por órgãos ou entidades da administração pública; II – bens imóveis de uso comercial de âmbito local com área de até 250m², inseridos no âmbito de programas de regularização fundiária de interesse social desenvolvidos por órgãos ou entidades da administração pública e cuja ocupação se tenha consolidado até 27.4.2006; III – espaços físicos em corpos d'água de domínio da União para fins de aquicultura, no âmbito da regularização aquícola desenvolvida por órgãos ou entidades da administração pública (inciso III incluído pela Lei nº 14.011/20). A cessão "poderá estabelecer como contrapartida a obrigação de construir, reformar ou prestar serviços de engenharia em imóveis da União ou em bens móveis de interesse da União, admitida a contrapartida em imóveis da União que não sejam objeto da cessão" (§ 10 do art. 18). Nesse caso, a cessão com contrapartida será celebrada sob condição resolutiva até que a obrigação seja integralmente cumprida pelo cessionário" (§ 11 do art. 18). Em caso de descumprimento da contrapartida, "o instrumento jurídico da cessão resolver-se-á sem direito à indenização pelas acessões e benfeitorias nem a qualquer outra indenização ao cessionário, e a posse do imóvel será imediatamente revertida para a União" (§ 12 do art. 18).

A cessão pode ser assim caracterizada: é ato de outorga de **uso privativo** de imóvel do patrimônio da União; essa outorga, depois de autorizada por decreto do Presidente da República, se faz mediante termo ou contrato, no qual se especificam as condições em que o uso se exercerá; o uso é gratuito, devendo ser oneroso quando destinado à execução de empreendimento de fim lucrativo ou quando exigir contrapartida do cessionário; podem ser cessionários os Estados, os Municípios, entidades educacionais, culturais ou de finalidades sociais, bem como os particulares (pessoas físicas ou jurídicas), nesta última hipótese quando se tratar de aproveitamento econômico de interesse nacional; torna-se nula em caso de utilização em desacordo com as condições estabelecidas. Além disso, a cessão se faz sempre por prazo determinado, conforme estabelece o § 3º do art. 18 da Lei nº 9.636/98.

Em conformidade com o art. 19, o ato autorizativo da cessão poderá conceder vários direitos ao cessionário, como a alienação do domínio útil ou de direitos reais de uso de frações do terreno, para fins de obtenção de recursos, a hipoteca do domínio útil ou de direitos reais de uso, a locação ou arrendamento de partes do imóvel cedido e benfeitorias, isenção do pagamento de foro e de laudêmio, prazo de carência para início de pagamento das retribuições devidas, nas hipóteses que especifica, cessão gratuita de direitos enfitêuticos relativos a frações de terrenos cedidos quando se tratar de regularização fundiária ou provisão habitacional para famílias carentes ou de baixa renda. Além disso, o art. 22, § 2º, prevê a possibilidade de os Estados e Municípios aos quais sejam cedidas áreas da União sob o regime de cessão, autorizarem a *permissão de uso* a terceiros.

Como se verifica por esse dispositivo, o cessionário não fica obrigado a utilizar o bem com exclusividade, podendo, em relação ao mesmo, praticar atos, inclusive cessão de uso a terceiros, sempre com o objetivo de garantir adequada utilização do imóvel.

A **concessão de direito real de uso**, outro instrumento de utilização de bem público dominical por particular, foi instituída pelos arts. 7º e 8º do Decreto-lei nº 271, de 28-2-67, que, com as alterações introduzidas pela Lei nº 11.481/07 e pela Lei nº 13.240/15, dispõe sobre o loteamento urbano, responsabilidade do loteador, concessão de uso do espaço aéreo e dá outras providências.

Segundo o art. 76, § 3º, da **Lei nº 14.133, de 1º-4-2021,** "a Administração poderá conceder título de propriedade ou de direito real de uso de imóvel, admitida a dispensa de licitação, quando o uso destinar-se a: I – outro órgão ou entidade da Administração Pública, qualquer que seja a localização do imóvel; II – a pessoa natural que, nos termos de lei, regulamento ou ato normativo do órgão competente, haja implementado os requisitos mínimos de cultura, de ocupação mansa e pacífica e de exploração direta sobre área rural, observado o limite de que trata o § 1º do art. 6º da Lei nº 11.952, de 25 de junho de 2009" (áreas não superiores a 2.500 hectares). O art. 76, I, *f, g* e *h* prevê outras hipóteses de dispensa de licitação, dentre elas a concessão de direito real de uso de imóveis inseridos no âmbito de programas de regularização fundiária de interesse social desenvolvidos por órgãos da Administração Pública.

Esse instituto não é específico do direito público, podendo ser utilizado também por particulares, como está expresso nos arts. 7º e 8º do Decreto-lei nº 271/67. Além disso, não abrange apenas o uso da terra, podendo ter por objeto o uso do espaço aéreo sobre a superfície de terrenos públicos ou particulares, nos mesmos termos e para os mesmos fins impostos para a concessão de uso de terras.

Caracteriza-se por ser direito real resolúvel, que se constitui por instrumento público ou particular; ou por simples termo administrativo, sendo inscrito e cancelado em livro especial (art. 7º, § 1º); pode ser remunerada ou gratuita, por tempo certo ou indeterminado; a sua finalidade só pode ser a que vem expressa no art. 7º, *caput* (com a redação dada pela Lei nº 11.481/07), a saber: regularização fundiária de interesse social, urbanização, industrialização, edificação, cultivo da terra, aproveitamento sustentável das várzeas, preservação das comunidades tradicionais e seus meios de subsistência ou outras modalidades de interesse social em áreas urbanas.

A **permissão de uso** é prevista na Lei nº 9.636, de 15-5-98, para utilização, a título precário, de áreas de domínio da União para realização de eventos de curta duração, de natureza recreativa, esportiva, cultural, religiosa ou educacional (art. 22).

16.6.3.5 *Tutela do uso privativo*

A pessoa beneficiada com o uso privativo de bem público pode ser perturbada por atos de terceiros ou da própria Administração.

No caso de ser perturbado por terceiros, no exercício de seus direitos, o usuário pode recorrer à Administração para que esta adote as medidas de polícia administrativa cabíveis para pôr fim aos atos lesivos, ou pode recorrer ao Judiciário pleiteando a proteção do uso, com indenização por perdas e danos.

Quando a perturbação decorre da própria Administração que conferiu o uso privativo, há que se distinguir se ela o faz legítima ou ilegitimamente. Com efeito, às vezes, a Administração deixa de cumprir disposições legais que seriam aplicáveis à hipótese ou mesmo as cláusulas do ato constitutivo, ou, ainda, decreta a extinção do ato praticado com desvio de poder ou outra ilegalidade quanto à competência, à forma, ao procedimento. Nesses casos, a tutela do uso privativo pode ser exercida, não só na via administrativa, como também na judicial, opondo-se o usuário à revogação ilegítima, pois, no direito brasileiro, nenhuma lesão a direito pode ser subtraída à apreciação judicial (art. 5º, XXXV, da Constituição).

O que não existe, em qualquer das três modalidades de uso privativo – autorizado, permitido ou concedido – é a possibilidade de opor-se, o usuário, à revogação legítima do ato, quando a utilização revelar-se contrária ao interesse público. Trata-se de aplicação do princípio da predominância do interesse público sobre o particular. As consequências, para a Administração, serão diversas, conforme se trate de uso outorgado **sem prazo** ou **com prazo estabelecido**. No primeiro caso, o particular não tem um direito público subjetivo oponível à Administração, que pode revogar o ato independentemente de qualquer compensação pecuniária. No segundo caso, a Administração obriga-se a não perturbar o uso por determinado período de tempo; ela assegura ao usuário um direito público subjetivo que, se extinto antes do prazo, deve ser compensado pecuniariamente.

A questão mais complexa que envolve o tema da tutela do uso privativo é a que diz respeito à possibilidade de emprego de ações possessórias. Alguns admitem, outros rejeitam essa possibilidade.

A principal objeção levantada pelos autores é o fato de estarem os bens públicos fora do comércio jurídico.

Evidentemente, sendo essa a objeção, não se aplica aos bens dominicais, já que estes estão no comércio jurídico, podendo ser objeto de relações jurídicas regidas pelo direito privado, inclusive a posse.

Diversa é a situação dos bens de uso comum do povo e de uso especial, que são coisas *extra commercium*.

Contudo, esse fato, por si, não impede o emprego de **ação possessória**, pois, como ensina Carvalho Santos (1944, v. 2:157-159), "seria deslocar a questão encará-la no sentido de não admitir qualquer posse para os bens que se acham fora do comércio. Pelo menos seria confundi-la, diante da nossa legislação, certo como é que, pela nossa legislação, são bens fora do comércio não somente os insuscetíveis de apropriação, mas igualmente aqueles que como tal forem considerados pela lei. Somente quanto aos primeiros é que se poderá dizer que são insuscetíveis de posse, mas não quanto aos segundos, porque a determinação da lei não pode ter a virtude de alterar a substância da coisa, tornando-a inapta a qualquer ato de posse. Os bens, por exemplo, gravados com a cláusula de inalienabilidade são, sem dúvida, bens considerados como fora do comércio e, no entretanto, estão e continuam a estar na posse de seu proprietário ou de outrem que sobre eles tenha adquirido qualquer direito que lhes confira a posse, como, por exemplo, se forem alugados".

Especificamente quanto aos bens de uso comum do povo, diz ele que "a regra é esta: a posse não é excluída senão para as coisas fora do comércio, de sorte que a ação possessória não é repudiada e afastada senão na medida mesma desta exceção, vale dizer, tão somente enquanto entra em conflito e põe em dúvida a destinação da propriedade pública; nos limites em que é compatível com essa destinação, a ação possessória tem cabimento". Se assim não fosse, não poderia o Estado defender os bens públicos contra terceiros, utilizando esse procedimento. A extracomerciabilidade exclui a posse *ad usucapionem* (porque incompatível com a inalienabilidade dos bens públicos), porém admite a posse *ad interdicta* à medida que seja necessária para proteger a pública destinação dos bens.

Há de se atentar, no entanto, que o titular de uso privativo pode propor ação possessória contra terceiros; não cabe contra a Administração quando esta usa **legitimamente** seu poder de extinguir o uso privativo por razões de interesse público.[9]

Mesmo contra terceiros, não cabe ação possessória, quando se tratar de uso precário (**sem prazo**), revogável *ad nutum* pela Administração, porque isto conflitaria com a regra do art. 1.208

---

[9] O STJ vem entendendo não ser possível a posse de bem público para fins de ação possessória, constituindo a sua ocupação mera detenção de natureza precária. Nesse sentido, REsp 932.971-SP, Rel. Min. Luis Felipe Salomão, *DJe* 26-5-11.

do Código Civil (art. 497 do Código Civil de 1916), em cujos termos "não induzem posse os atos de mera permissão ou tolerância". Sobre o assunto, confira-se, com maior desenvolvimento do tema, Maria Sylvia Zanella Di Pietro (2010:56-61).

Quando o particular utiliza o bem público sem qualquer título fornecido pelo poder público, trata-se de mera detenção. Nesse caso, tem aplicação a Súmula 619, do STJ, segundo a qual "a ocupação indevida de bem público configura mera detenção, de natureza precária, insuscetível de retenção ou indenização por acessões ou benfeitorias".

16.7 FORMAÇÃO DO PATRIMÔNIO PÚBLICO

Sob o título de **formação do patrimônio público** serão analisadas as várias formas de aquisição de bens pelo Poder Público apenas no que existe de específico para a Administração Pública.

Podem ser separadas, de um lado, aquelas que são **regidas pelo direito privado**, como compra, recebimento em doação, permuta, usucapião, acessão, herança; de outro lado, as que são **regidas pelo direito público**, como desapropriação, requisição de coisas móveis consumíveis, aquisição por força de lei ou de processo judicial de execução, confisco, investidura, perda de bens como penalidade, reversão, caducidade do aforamento, arrecadação de imóveis abandonados.

A compra é, em geral, utilizada para a aquisição de coisas móveis e semoventes, devendo obedecer às normas da **Lei nº 14.133**, de 1º-4-2021, que a define, no art. 6º, X, como "toda aquisição remunerada de bens para fornecimento de uma só vez ou parceladamente, considerada imediata aquela com prazo de entrega de até 30 (trinta) dias da ordem de fornecimento". O art. 40 estabelece que o planejamento e compras deverá considerar a expectativa de consumo anual e observar o seguinte: exige, especialmente, condições de aquisição e pagamento semelhantes às do setor privado; processamento por meio de sistema de registro de preços, quando pertinente; determinação de unidades e quantidades a serem adquiridas em função de consumo e utilização prováveis, cuja estimativa será obtida, sempre que possível, mediante adequadas técnicas quantitativas, admitido o fornecimento contínuo; condições de guarda e armazenamento que não permitam a deterioração do material; e atendimento aos princípios da padronização, do parcelamento, da responsabilidade fiscal, mediante a comparação da despesa estimada com a prevista no orçamento.

O registro de preços está previsto entre os instrumentos auxiliares da licitação, no art. 78, IV, e disciplinado pelos arts. 82 a 86, conforme analisado no capítulo 9, item 9.11.2.4.

O art. 75, II, prevê a dispensa de licitação para contratação de serviços e compras que envolva valores inferiores a R$ 50.000,00, atualizados anualmente pelo Presidente da República com fundamento no art. 182 da Lei nº 14.133/21. E no inciso IV contempla uma série de hipóteses de dispensa de licitação para aquisição de bens.

Quando se trata de **bens e serviços comuns**, a Administração Pública deve utilizar o pregão, conforme previsto no art. 6º, XLI.

Quando a compra é feita para entrega e pagamento imediato, não gerando obrigações futuras, ela não difere da compra regida pelo Código Civil. Quando, porém, envolve entrega parcelada ou contínua, é denominada, doutrinariamente, de **fornecimento**, tendo a natureza de típico contrato administrativo, com todas as características previstas na Lei nº 14.133/21.

Para aquisição de **imóvel** é muito rara a compra, já que a Administração dispõe do poder de desapropriar. Além disso, ela é, em regra, inadequada para atender às necessidades da Administração, já que esta necessita escolher o imóvel, pelo local e características, não podendo ficar na dependência da concordância do proprietário; mesmo porque, como a aquisição fica sujeita à avaliação feita pelo próprio poder público, dificilmente o particular concorda em alienar pelo preço ofertado.

A Lei nº 14.133 não diz qual a modalidade de licitação cabível para aquisição de bem imóvel, porém, prevê a inexigibilidade de licitação para aquisição ou locação de imóvel cujas características de instalações e de localização tornem necessária sua escolha (art. 74, V).

A Lei nº 4.717, de 29-6-65, que dispõe sobre ação popular, no art. 4º, V, considera nula e, portanto, passível dessa medida judicial, a compra e venda de bens móveis ou imóveis, nos casos em que não cabível concorrência, quando:

a) for realizada com desobediência a normas legais, regulamentares ou constantes de instruções gerais;

b) o preço de compra dos bens for superior ao corrente no mercado, na época da operação;

c) o preço de venda dos bens for inferior ao corrente no mercado, na época da operação.

Com relação ao recebimento de **bens móveis e serviços em doação,** o Decreto nº 9.764, de 11-4-19, com alterações posteriores, prevê as doações sem ônus ou encargo (que são realizadas mediante chamamento público ou manifestação de interesse) e as doações com ônus ou encargo (realizadas mediante manifestação de interesse) (arts. 1º e 6º). O procedimento do chamamento público e da manifestação de interesse é estabelecido pelos arts. 7º a 17.

Nos termos do art. 2º, "as doações de bens móveis e de serviços têm por finalidade o interesse público e buscarão, sempre que possível, a ampliação da relação com **startups** e o exercício do empreendedorismo inovador e intensivo em conhecimento, observados os princípios que regem a administração pública".

As doações feitas por pessoas jurídicas são formalizadas por meio de contrato de doação (no caso de doação com ônus ou encargo) e por meio de termo de doação ou declaração firmada pelo doador (nos termos do art. 20).

As doações feitas por pessoas físicas são formalizadas por contrato de doação, quando se tratar de doação com ônus ou encargo, e por meio de termo de doação, no caso de doação sem encargos, conforme art. 21.

A respeito do recebimento de bens em **doação**, a Constituição paulista, no art. 19, inciso IV, exige autorização legislativa para "o recebimento, pelo Estado, de doações com encargo, não se considerando como tal a simples destinação específica do bem". Somente se considera existente o encargo na hipótese em que a destinação a um fim específico vem acompanhada de medida coercitiva, como a fixação de um prazo para o cumprimento do encargo, ou a previsão expressa de revogação da liberalidade em caso de descumprimento do encargo.

No que diz respeito à aquisição por **herança**, além da possibilidade de o Estado receber bens por força de testamento, ainda há a hipótese dos chamados **bens vagos**, que entram para o patrimônio público depois de cinco anos da declaração de vacância da herança, conforme determinava o art. 1.594 do Código Civil de 1916, com a redação dada pela Lei nº 8.049, de 20-6-90. Esses bens passarão ao domínio do Município ou do Distrito Federal, se localizados nas respectivas circunscrições, incorporando-se ao domínio da União, quando situado em Território Federal. A norma hoje consta do art. 1.822 do Código Civil de 2002.

A aquisição de bens também pode decorrer da **invenção** disciplinada pelos arts. 1.233 a 1.237 do Código Civil (arts. 603 a 606 do Código Civil de 1916) e que corresponde ao achado de coisas perdidas, chamadas **bens do evento**. Nos termos do art. 1.237, decorridos 60 dias da divulgação da notícia pela imprensa, ou do edital, não se apresentando quem comprove a propriedade sobre a coisa, será esta vendida em hasta pública e, deduzidas do preço as despesas mais a recompensa do descobridor, pertencerá o remanescente ao Município em cuja circunscrição se deparou o objeto perdido. Pelo parágrafo único, sendo de diminuto valor, poderá o Município abandonar a coisa em favor de quem a achou.

Quanto à desapropriação e requisição, o tema foi tratado no Capítulo 6, ao qual remetemos o leitor.

No que diz respeito à **aquisição por força de lei**, existem vários exemplos no Direito brasileiro, bastando citar os seguintes: a Constituição de 1891, no art. 64, transferiu para os Estados a maior parte das terras devolutas, deixando para a União apenas as indispensáveis para a defesa das fronteiras, fortificações, construções militares e estradas de ferro federais. O Estado de São Paulo transferiu parte delas para os Municípios por meio de sua lei orgânica. Agora a Constituição de 1988 faz reverter para o patrimônio da União parte das terras devolutas estaduais e municipais, consideradas indispensáveis à proteção ambiental (art. 20, II), bem como os terrenos marginais antes pertencentes a municípios ou a particulares (art. 20, III). A Lei Federal nº 6.766, de 19-12-79, que dispõe sobre o parcelamento do solo urbano, determina a integração, no domínio municipal, desde a data do seu registro no cartório competente, das vias e praças, espaços livres e áreas destinadas a edifícios públicos e outros equipamentos, constantes do projeto e do memorial descritivo (art. 22). Outro exemplo de aquisição por força de lei foi a de terrenos reservados e de águas particulares (hoje não mais existentes) para o patrimônio público, por força de normas constitucionais (v. item 16.8.2).

A aquisição de bens públicos também é possível por força de **sentença judicial**, em processos de execução em favor da Fazenda Pública. Também a **perda (ou perdimento) de bens**, prevista no art. 5º, XLV, *b*, da Constituição como penalidade, implica a transferência dos bens perdidos para o patrimônio público. É o que também ocorre no caso da perda de bens decretada com fundamento no art. 91 do Código Penal e na punição por ato de improbidade administrativa. Com efeito, a perda de bens é prevista pela Lei nº 8.429, de 2-6-92 (art. 12, I e II, com a redação dada pela Lei nº 14.230, de 25-10-21), para as hipóteses de ato de improbidade que implique enriquecimento ilícito ou cause prejuízo ao erário; nessas hipóteses, os bens ilicitamente acrescidos ao patrimônio do agente público passarão a integrar o patrimônio da pessoa jurídica contra a qual foi praticado o ato de improbidade.

Do mesmo modo, o **confisco** é previsto como penalidade, acarretando a perda do bem pelo punido e sua aquisição pelo poder público. É o que ocorre no caso da expropriação sancionatória prevista no art. 243 da Constituição.

A **investidura**, como forma de aquisição de bens que beneficia tanto o poder público quanto o particular, está definida no art. 76, § 5º, da **Lei nº 14.133, de 1º-4-2021**: como "I – alienação ao proprietário de imóvel lindeiro de área remanescente ou resultante de obra pública que se tornar inaproveitável isoladamente, por preço que não seja inferior ao da avaliação nem superior a 50% (cinquenta por cento) do valor máximo permitido para dispensa de licitação de bens e serviços previsto nesta Lei; II – alienação, ao legítimo possuidor direto ou, na falta dele, ao poder público, de imóvel para fins residenciais construído em núcleo urbano anexos a usina hidrelétrica, desde que considerado dispensável na fase de operação da usina e que não integre a categoria de bens reversíveis ao final da concessão".

A **reversão**, como forma de aquisição de bens públicos, é instituto próprio da concessão de serviços públicos, implicando a transferência dos bens do concessionário para o patrimônio público, ao término do contrato (art. 35 da Lei nº 8.987, de 13-2-95). Também é aplicável à concessão patrocinada e à concessão administrativa (cf. art. 3º, *caput* e § 1º, da Lei nº 11.079, de 30-12-04).

A **caducidade** do aforamento ou enfiteuse de bem da União também constitui modo de aquisição de bem público por norma de direito público. Ocorre quando o foreiro deixar de pagar o foro por três anos consecutivos ou quatro intercalados (art. 101, parágrafo único, do Decreto-lei nº 9.760/46).

A **arrecadação de imóveis abandonados** está prevista no art. 1.276 do Código Civil e no art. 64 da Lei nº 13.465, de 11-7-17 (em que se converteu a Medida Provisória nº 759/16), em cujos termos "os imóveis urbanos privados abandonados cujos proprietários não possuam a intenção de conservá-los em seu patrimônio ficam sujeitos à arrecadação pelo Município ou pelo Distrito Federal na condição de bem vago". Em conformidade com o § 1º, "a intenção referida no *caput* será presumida quando o proprietário, cessada a sua posse sobre o imóvel, não adimplir com os ônus fiscais instituídos sobre a propriedade predial e territorial urbana". O § 2º prevê o procedimento a ser observado para a arrecadação de imóveis urbanos abandonados, compreendendo, no mínimo, abertura de processo de arrecadação, comprovação do tempo de abandono e notificação do titular do domínio para, querendo, apresentar impugnação no prazo de 30 dias. Se o proprietário reivindicar a posse do imóvel abandonado no triênio previsto no art. 1.276 do Código Civil, fica assegurado ao Poder Executivo municipal ou distrital o direito ao ressarcimento prévio, em valor atualizado, de todas as despesas em que eventualmente houver incorrido, inclusive tributárias, em razão do exercício da posse provisória (§ 5º do art. 64). Nos termos do art. 65, os imóveis arrecadados pelos Municípios ou pelo Distrito Federal poderão ser destinados aos programas habitacionais, à prestação de serviços públicos, ao fomento da Reurb-S (regularização fundiária de interesse social, referida no art. 13, I, da mesma lei) ou serão objeto de concessão de direito real de uso a entidades civis que comprovadamente tenham fins filantrópicos, assistenciais, educativos, esportivos ou outros, no interesse do Município ou do Distrito Federal.

Conforme art. 1.276 do Código Civil, se o imóvel abandonado estiver situado em zona urbana, ele passará para o domínio do Município ou do Distrito Federal. Se estiver situado na zona rural, ele passará para o domínio da União. A transferência de domínio processa-se três anos depois da concretização do abandono, desde que o imóvel não esteja na posse de terceiros.

16.8 BENS PÚBLICOS EM ESPÉCIE

16.8.1 Direito positivo

A especificação dos bens públicos, no direito brasileiro, encontra-se em legislação esparsa.

A Constituição Federal indica, no art. 20, os bens da União e, no art. 26, os do Estado. Por sua vez, o Decreto-lei nº 9.760, de 5-9-46, enumera os bens imóveis da União. O Código de Águas (Decreto nº 24.643, de 10-7-34) classifica as águas públicas em de uso comum e dominicais (art. 1º). O Estatuto da Terra (Lei nº 4.504, de 30-11-64) contém normas sobre as terras públicas situadas na zona rural.

E ainda se encontram subsídios sobre bens públicos no Código Florestal, Código de Minas, Código de Águas Minerais etc. A Lei nº 9.636, de 15-5-98, com alterações posteriores, também estabelece normas sobre bens públicos.

Serão a seguir analisadas algumas das modalidades de bens públicos sujeitos a normas específicas.

16.8.2 Terrenos reservados

Os terrenos reservados surgiram com a Lei nº 1.507, de 26-9-1867, cujo art. 39 estabelece: "fica reservada para a servidão pública nas margens dos rios navegáveis e de que se fazem os navegáveis, fora do alcance das marés, salvas as concessões legítimas feitas até a data da publicação da presente lei, a zona de sete braças contadas do ponto médio das enchentes ordinárias para o interior e o Governo autorizado para concedê-la em lotes razoáveis na forma das disposições sobre os terrenos da marinha".

Ficaram com essa denominação porque foram **reservados** para servidão pública de trânsito, conforme se constata pela redação do dispositivo.

O Decreto nº 4.105, de 22-2-1868, referiu-se a essa servidão, definindo, no art. 1º, § 2º, os terrenos reservados para a servidão pública nas margens dos rios navegáveis e de que se fazem os navegáveis "como todos os que, banhados pelas águas dos ditos rios, fora do alcance das marés, vão até a distância de sete braças craveiras (15,4 metros) para a parte da terra, contadas desde o ponto médio das enchentes ordinárias".

Hoje o conceito consta do art. 14 do Código de Águas (Decreto nº 24.643, de 10-7-34); "terrenos reservados são os que, banhados pelas correntes navegáveis, fora do alcance das marés, vão até a distância de 15 metros para a parte da terra, contados desde o ponto médio das enchentes ordinárias". O ponto médio das enchentes ordinárias foi o medido em 1831, conforme critério fixado pelo Decreto nº 4.105, de 1868.

A expressão "fora do alcance das marés" é importante para distinguir os terrenos reservados dos terrenos de marinha; se o terreno marginal ao rio estiver sob influência das marés, ele entra no conceito de terreno de marinha dado pelo art. 13 do Código de Águas.

Muita controvérsia já existiu quanto à propriedade desses bens (cf. Di Pietro, 1978:117-128), hoje superada pela norma do art. 20, III, da Constituição.

O Código de Águas estabeleceu, no art. 31, que "**pertencem aos Estados** os terrenos reservados às margens das correntes e lagos navegáveis **se, por algum título, não forem do domínio federal, municipal ou particular**". E, no parágrafo único, determinou que esse domínio sofreria idênticas limitações às de que trata o art. 29, ou seja, a servidão pública para aproveitamento industrial das águas e da energia hidráulica, bem como para utilização da navegação do rio.

Quanto à **natureza** desses bens, o art. 11 do mesmo Código determinava que são públicos **dominicais**, se não estivessem destinados ao uso comum, ou por qualquer título legítimo não pertencessem ao domínio particular, os terrenos de marinha e os **terrenos reservados** nas margens dos rios de uso comum, bem como dos canais, lagos e lagoas da mesma espécie.

Nos termos do § 1º do mesmo dispositivo, "os terrenos em causa serão concedidos na forma da legislação especial sobre a matéria".

Dos dispositivos transcritos inferia-se que:

1. os **terrenos reservados eram de propriedade dos Estados**, salvo se, por algum título legítimo, fossem do domínio federal, municipal ou particular;
2. as margens dos rios navegáveis, **objeto de concessão pelo Poder Público**, seriam de propriedade particular, estando oneradas com a servidão pública instituída pelo art. 39 da Lei nº 1.507, de 26-9-1867, salvo se a concessão tivesse sido feita antes da entrada em vigor dessa lei.

O art. 8º da Constituição de São Paulo, que inclui entre os bens do Estado os terrenos reservados às margens dos rios e lagos do seu domínio, tinha que ser interpretado com essa ressalva, pois, caso contrário, estaria fazendo reverter para o patrimônio público bens da propriedade de terceiros, sem a devida indenização.

Quanto às margens dos **rios não navegáveis**, eram oneradas, em uma faixa de 10 metros, com servidão de trânsito, em benefício dos agentes da administração em execução de serviços (art. 12 do Código de Águas).

Na jurisprudência, ficou assentado, pela Súmula nº 479, do STF, que "as margens dos rios navegáveis são de domínio público, insuscetíveis de expropriação e, por isso mesmo, excluídas de indenização". A súmula indica, como referência, os acórdãos proferidos nos Recursos Extraordinários nºs 10.042, de 29-4-46, 59.737, de 24-9-68, e 63.206, de 1º-3-68.

Em todos esses julgados parte o STF do pressuposto de que, na tradição do nosso direito, os terrenos marginais sempre foram do domínio público, de modo que o único título hábil para a sua transferência para o domínio privado é a concessão pelo poder público. Qualquer outro título seria inábil para esse fim.

Partindo do pressuposto de que, quando da descoberta do Brasil, todos os bens eram públicos, do domínio da coroa, e que os mesmos foram passando para o domínio privado mediante concessões, vendas e doações, a conclusão lógica era a de que os únicos títulos que legitimavam a propriedade de particulares sobre os terrenos reservados seriam aqueles filiados a aquisições feitas pelo Poder Público, conforme demonstrou Oswaldo Aranha Bandeira de Mello (in *RDA* 6/24-40), com base nas leis imperiais e na doutrina.

A Súmula nº 479 refere-se a julgados em que os pretensos proprietários dos imóveis apresentavam títulos de aquisição não emanados do Poder Público e, por isso mesmo, considerados **bens públicos** insuscetíveis de desapropriação. No entanto, nos casos em que os títulos são legítimos, porque representados por concessão feita pelo Poder Público, a referida súmula não tem aplicação, de modo que, se o bem for desapropriado, a indenização deverá abranger a faixa correspondente aos chamados terrenos reservados, que estavam no domínio útil do particular.

Verifica-se, portanto, que os terrenos reservados podiam ser bens públicos ou bens particulares.

Há uma presunção em favor da propriedade pública, devido à própria história das terras no Brasil: todas pertenciam à coroa. Essa presunção se desfazia nos casos concretos em que particulares demonstrassem que tinham recebido essas terras por concessão (aforamento) do Poder Público. Nesse caso, seriam bens particulares: se a concessão tivesse sido feita antes da Lei nº 1.507, de 1867, tais terrenos estariam livres de servidão; se a concessão tivesse sido feita posteriormente, estariam onerados com a servidão de trânsito instituída por essa lei, visando ao aproveitamento industrial das águas e de energia hidráulica, bem como utilização da navegação do rio (cf. Di Pietro, 1978:117-128).

Uma parte dos terrenos reservados, chamada **terrenos marginais**, é de propriedade da União, por força do art. 1º, *b* e *c*, do Decreto-lei nº 9.760, de 5-9-46; de acordo com esse dispositivo, incluem-se entre os bens imóveis da União:

a) os terrenos marginais dos rios navegáveis, em Territórios Federais se, por qualquer título legítimo, não pertencerem a particular;
b) os terrenos marginais de rios e ilhas nestes situadas, na faixa da fronteira do território nacional e nas zonas onde se faça sentir a influência das marés.

E o art. 4º define os terrenos marginais como os que, banhados pelas correntes navegáveis, fora do alcance das marés, vão até a distância de 15 metros medidos horizontalmente para a parte da terra, contados desde a linha média das enchentes ordinárias. O conceito é idêntico ao de terreno reservado, contido no art. 14 do Código de Águas, já transcrito, do que se deduz que as expressões são sinônimas. Combinando-se as disposições dos arts. 11 e 31 do Código de Águas e 1º e 4º do Decreto-lei nº 9.760/46, chegava-se à conclusão de que os terrenos reservados pertenciam, em regra, aos Estados, salvo os terrenos marginais que se situassem nos Territórios Federais e na faixa de fronteira (que pertencem à União) e os que se encontrassem em poder dos particulares, por título legítimo (aforamento).

Ocorre que a Constituição de 1988 trouxe inovação que implicou em revogação tácita de dispositivos do Código de Águas. Com efeito, no art. 20, III, inclui os terrenos marginais no domínio da União. Com isso, deixaram de existir terrenos marginais de propriedade dos Municípios ou dos particulares, como deixaram de existir águas particulares. Todos os lagos, rios e quaisquer correntes de água em terrenos de domínio da União ou que banhem mais de um Estado, sirvam de limites com outros países, ou se estendam a território estrangeiro ou dele provenham, bem como os **terrenos marginais** e as **praias fluviais**, se incluem entre os bens da União, conforme consta expressamente do referido dispositivo constitucional.

Ficaram no domínio dos Estados, conforme art. 26, inciso III, "as águas fluviais e lacustres não pertencentes à União".

Na lição de José Afonso da Silva (2005:256), "todas as correntes de água são públicas, de sorte que a Constituição reparte o domínio das águas entre a União e os Estados, modificando profundamente o Código de Águas, eliminando as antigas águas municipais, as comuns e as particulares. Logo os *terrenos reservados*, que são sempre os banhados por correntes navegáveis, serão de domínio público da União se a corrente navegável a ela pertencer, ou de domínio público do Estado a que pertencer a corrente navegável".

Trata-se de hipótese em que a aquisição de bens pelo Poder Público decorre diretamente de lei; no caso específico, decorre da própria Constituição, caracterizando o que Diogo de Figueiredo Moreira Neto (2006:358) chama de "expropriação constitucional, de natureza confiscatória", já que feita sem qualquer indenização aos proprietários.

No mesmo sentido é o entendimento adotado por Marcos Luiz da Silva em trabalho específico sobre os terrenos marginais,[10] no qual ele afirma que "a titularidade do imóvel da União se dá em face de determinação constitucional, de modo que o ato de demarcação da área do Poder Público é meramente declaratório da propriedade, conforme já dito alhures, e independe de qualquer ato posterior para constituir-se validamente. O registro em cartório teria o condão de dar a devida publicidade ao título da União, com o fito de evitar que negócios jurídicos sejam entabulados tendo como objeto tais imóveis, e, por conseguinte, pessoas de boa-fé sejam prejudicadas em tais transações". Em favor de seu posicionamento, cita acórdão do Superior Tribunal de Justiça, proferido a respeito dos terrenos de marinha que é inteiramente aplicável aos terrenos reservados (RE-624.746/RS).

16.8.3 Terrenos de marinha e seus acrescidos

De acordo com o art. 2º do Decreto-lei nº 9.760/46, "são terrenos de marinha, em uma profundidade de 33 metros, medidos horizontalmente, para a parte da terra, da posição da linha do premar-médio de 1831: (a) os situados no continente, na costa marítima e nas margens dos rios e lagoas, até onde se faça sentir a influência das marés; (b) os que contornam as ilhas situadas em zona onde se faça sentir a influência das marés".

Embora o conceito faça referência às margens dos **rios**, elas somente são incluídas no conceito de terreno de marinha se forem atingidas pela influência das marés, porque, em regra, as margens dos rios entram no conceito de terrenos reservados.

Muita controvérsia já se lavrou sobre qual a pessoa jurídica a que pertencem os **terrenos de marinha**. Hoje a Constituição os inclui entre os bens da União (art. 20, VII).

Têm a **natureza** de bens dominicais, uma vez que podem ser objeto de exploração pelo Poder Público, para obtenção de renda. Sua utilização pelo particular se faz sob regime de aforamento ou enfiteuse, pelo qual fica a União com o domínio direto e transfere ao enfiteuta o domínio útil, mediante pagamento de importância anual, denominada foro ou pensão. A matéria está regulamentada pelo Decreto-lei nº 9.760 e alterações posteriores.

---

[10] Dos terrenos marginais da União: conceituação a partir da Constituição Federal de 1988. In *Revista de Direito dos Advogados da União*, ano 7, nº 7, out. 2008, p. 221-232.

A Constituição de 1988 revela a intenção de extinguir a enfiteuse, no art. 49 das Disposições Transitórias; o dispositivo faculta aos foreiros, no caso de sua extinção, a remição dos aforamentos mediante aquisição do domínio direto; porém, determina que o mesmo instituto continuará a ser adotado nos terrenos de marinha e seus acrescidos, situados na faixa de segurança, a partir da orla marítima (conf. Item 16.6.3.4, sobre enfiteuse ou aforamento de bens imóveis da União).

Note-se que a Constituição, nos dois dispositivos citados, faz menção aos terrenos de marinha e **seus acrescidos**, que também pertencem à União.

Os terrenos acrescidos são definidos pelo art. 3º do Decreto-lei nº 9.760/46 como "os que se tiverem formado, natural ou artificialmente, para o lado do mar ou dos rios e lagos, em seguimento aos terrenos de marinha".

Os terrenos acrescidos, como se verifica por esse dispositivo, tanto se formam para o lado do mar, em acréscimo aos terrenos de marinha, como para o lado do rio, em acréscimo aos terrenos reservados. Os primeiros pertencem à União (art. 20, VII, da Constituição).

Os segundos podem pertencer ao particular ou constituir patrimônio público. Pelo art. 538 do Código Civil de 1916, "os acréscimos formados por depósitos e aterros naturais ou pelo desvio das águas, ainda que estes sejam navegáveis, pertencem aos donos dos terrenos marginais". O art. 1.250 do novo Código Civil altera um pouco a redação, ao estabelecer que "os acréscimos formados, sucessivamente e ininterruptamente, por depósitos e aterros naturais ao longo das margens das correntes, ou pelo desvio das águas destas, pertencem aos donos dos terrenos marginais, sem indenização".

Os terrenos acrescidos são formados por **aluvião** ou **artificialmente**; o art. 16 do Código de Águas define aluvião como "os acréscimos que sucessiva e imperceptivelmente se formarem para a parte do mar e das correntes, aquém do ponto a que chega o preamar médio, ou do ponto médio das enchentes ordinárias, bem como a parte do álveo que se descobrir pelo afastamento das águas".

Conforme ensina Antônio de Pádua Nunes (1980, v. 1:66), o dispositivo permite distinguir entre a **aluvião própria**, resultante dos acréscimos, e a **aluvião imprópria**, decorrente do afastamento das águas.

16.8.4 Terras tradicionalmente ocupadas pelos índios

Pelo art. 20, XI, da Constituição, são bens da União as terras tradicionalmente ocupadas pelos índios.[11] Portanto, inserem-se entre os bens públicos de que trata o art. 98 do Código Civil.

O art. 231, § 1º, define como tal as terras habitadas pelos índios em caráter permanente, as utilizadas para suas atividades produtivas, as imprescindíveis à preservação dos recursos ambientais necessários a seu bem-estar e as necessárias à sua reprodução física e cultural, segundo seus usos, costumes e tradições.

Segundo José Afonso da Silva (2003:829), a expressão **terras tradicionalmente ocupadas** não revela uma relação temporal; "não se trata de **posse** ou **prescrição imemorial**, como se a ocupação indígena nesta se legitimasse, e dela se originassem os direitos dos índios sobre as terras por eles ocupadas, porque isso, além do mais, é incompatível com o reconhecimento constitucional dos direitos originários sobre elas". Para o autor, "o **tradicionalmente** refere-se ao **modo tradicional** de os índios ocuparem e utilizarem as terras e ao **modo tradicional** de produção, enfim, ao modo

---

[11] O arts. 231 e 232 da Constituição falam em "índios". A Lei nº 14.701, de 20-10-2023, que regulamenta o art. 231, fala em "indígenas". Mantivemos, neste item, a expressão que consta da Constituição. Sobre terras indígenas e sua demarcação, v. acórdão do STF no caso Raposa do Sol (Pet. 3388-RR, Rel. Min. Carlos Britto, j. em 19-3-09, Tribunal Pleno, *DJe*-181).

tradicional de como eles se relacionam com a terra, já que há comunidades mais estáveis, outras menos estáveis, e as que têm espaços mais amplos em que se deslocam etc."

Os direitos que a Constituição assegura aos índios sobre as terras são a **posse permanente** e o usufruto exclusivo das riquezas do solo, dos rios e dos lagos nelas existentes (art. 231, § 2º). A posse não é a de que trata o Código Civil; "não é a posse como simples poder de fato sobre a coisa, para sua guarda e uso, com ou sem ânimo de tê-la como própria. É, em substância, aquela *possessio ab origine* que, no início, para os romanos, estava na consciência do antigo povo, e era não a relação material do homem com a coisa, mas um poder, um senhorio" (cf. José Afonso da Silva, 2003:830).

Embora a Constituição assegure aos índios o usufruto exclusivo das riquezas do solo, dos rios e dos lagos existentes nas terras por eles ocupadas, o § 3º do art. 231 permite que, mediante autorização do Congresso Nacional e ouvidas as comunidades afetadas, seja feito o aproveitamento dos recursos hídricos, incluídos os potenciais energéticos, a pesquisa e a lavra das riquezas minerais, assegurada aos índios participação nos resultados da lavra, por forma a ser disciplinada em lei.

As terras tradicionalmente ocupadas pelos índios são bens públicos de uso especial; embora não se enquadrem no conceito do art. 99, II, do Código Civil, a sua **afetação** e a sua inalienabilidade e indisponibilidade, bem como a imprescritibilidade dos direitos a elas relativos, conforme previsto no § 4º do art. 231 da Constituição, permite incluí-las nessa categoria de bens. Como se verá, nem todas as terras indígenas se incluem na categoria de terras tradicionalmente ocupadas pelos índios.

Ainda, o art. 232 da Constituição determina que os índios, suas comunidades e organizações são partes legítimas para ingressar em juízo em defesa de seus direitos e interesses, intervindo o Ministério Público em todos os atos do processo(art. 232), mas cabe à União demarcar as terras, proteger e fazer respeitar todos os seus bens (art. 231, *caput*).[12]

A Lei nº 14.701, de 20-10-2023, regulamenta o art. 231 da Constituição Federal, para dispor sobre o reconhecimento, a demarcação, o uso e a gestão de terras indígenas, e altera as Leis nº 11.460, de 21-3-2007, nº 4.132, de 10-9-62, e nº 6.001, de 19-12-73. Ela foi em grande parte vetada pelo Presidente da República, mas o Congresso Nacional, rejeitando os vetos, promulgou as partes vetadas, em 27-12-2023.

O art. 2º da Lei dá o rol dos princípios orientadores, a saber: I – o reconhecimento da organização social, dos costumes, das línguas e das tradições indígenas; II – o respeito às especificidades culturais de cada comunidade indígena e aos respectivos meios de vida, independentemente de seus graus de interação com os demais membros da sociedade; III – a liberdade, especialmente de consciência, de crença e de exercício de qualquer trabalho, profissão ou atividade econômica; IV – a igualdade material; V – a imprescritibilidade, a inalienabilidade dos direitos indígenas. O art. 3º prevê três modalidades de terras indígenas:

I – as **áreas tradicionalmente ocupadas pelos indígenas** nos termos do § 1º do art. 231 da Constituição Federal;

---

[12] O STF entende que a exclusividade de usufruto das riquezas do solo, dos rios e dos lagos nas terras indígenas é conciliável com a eventual presença de não índios, bem assim com a instalação de equipamentos públicos, a abertura de estradas e outras vias de comunicação, a montagem ou construção de bases físicas para a prestação de serviços públicos ou de relevância pública (Pet. 3.388, Rel. Min. Ayres Britto, j. 19-3-09, Plenário, *DJe* de 1º-7-10). No mesmo acórdão, decidiu que os direitos dos índios sobre as terras que tradicionalmente ocupam foram constitucionalmente "reconhecidos" e não simplesmente outorgados, com o que o ato de demarcação se torna de natureza declaratória, e não propriamente constitutiva, razão pela qual esse direito, mais antigo do que qualquer outro, prepondera sobre pretensos direitos adquiridos, mesmo os materializados em escrituras públicas ou títulos de legitimação de posse em favor de não índios.

II – as **áreas reservadas**, consideradas as destinadas pela União por outras formas que não a prevista no inciso I deste *caput*;

III – as **áreas adquiridas**, consideradas as havidas pelas comunidades indígenas pelos meios admissíveis pela legislação, tais como a compra e venda e a doação.

O art. 4º define as **terras tradicionalmente ocupadas pelos indígenas**, como "aquelas que, na data da promulgação da Constituição Federal, eram, simultaneamente: I – habitadas por eles em caráter permanente; II – utilizadas para suas atividades produtivas; III – imprescindíveis à preservação dos recursos ambientais necessários a seu bem-estar; IV – necessárias à sua reprodução física e cultural, segundo seus usos, costumes e tradições".

O legislador preferiu, portanto, afastar do conceito a ocupação que ocorreu antes da data da promulgação da Constituição (5-10-88). A única exceção é a prevista no § 2º do art. 4º, que prevê "o caso de renitente esbulho devidamente comprovado". Pelo § 3º, considera-se renitente esbulho "o efetivo conflito possessório, iniciado no passado e persistente até o marco demarcatório temporal da data da promulgação da Constituição Federal, materializado por circunstâncias de fato ou por controvérsia possessória judicializada".

A Lei contempla vários requisitos para a **demarcação** das terras tradicionalmente ocupadas pelos indígenas: publicidade do ato demarcatório, inclusive por meio eletrônico (§ 5º do art. 4º); direito de acesso, a qualquer cidadão, a informações sobre o processo de demarcação (§ 6º); efeito probatório das informações orais somente quando prestadas em audiência pública ou registradas eletronicamente em áudio ou vídeo, com a transcrição em vernáculo (§ 7º); direito das partes interessadas de terem a tradução oral ou escrita, por tradutor nomeado pela Fundação Nacional dos Povos Indígenas (Funai), da língua indígena para o português, ou do português para a língua indígena (§ 8º); obrigatória participação, na demarcação, dos Estados e dos Municípios em que se localize a área pretendida, franqueada a manifestação de interessados e de entidades da sociedade civil desde o início do processo demarcatório, a partir da reivindicação das comunidades indígenas (art. 5º); direito ao contraditório e à ampla defesa, assegurado a todos os interessados na demarcação, com possibilidade de indicação de peritos auxiliares (art. 6º).

A Lei ainda prevê a indenização (a) das benfeitorias de boa-fé realizadas até que seja concluído o procedimento demarcatório (art. 9º, *caput* e § 1º); (b) das áreas que tiverem que ser desocupadas no caso em que verificada a existência de justo título de propriedade ou de posse em área considerada necessária à reprodução sociocultural da comunidade indígena (art. 11); (c) em caso de posses legítimas, cuja concessão pelo Estado possa ser documentalmente comprovada (art. 11, parágrafo único).

São **áreas indígenas reservadas**, nos termos do art. 16 da Lei nº 14.701/2023, as destinadas pela União à posse e à ocupação por comunidades indígenas, de forma a garantir sua subsistência digna e a preservação de sua cultura. Podem ser formadas por: I – terras devolutas da União discriminadas para essa finalidade; II – áreas públicas pertencentes à União; III – áreas particulares desapropriadas por interesse social, com fundamento no inciso IX do art. 2º da Lei nº 4.132, de 10-9-62, incluído pela Lei nº 14.701/2023. Também são consideradas áreas reservadas, nos termos do § 2º do art. 16, os parques e as colônias agrícolas indígenas constituídos nos termos da Lei nº 6.001, de 19-12-73 (Estatuto do Índio).

Tais áreas são bens públicos de propriedade da União, ficando a sua gestão a cargo da comunidade indígena, sob supervisão da Funai (art. 16, § 3º). Não apresentam os requisitos constitucionais previstos para as terras tradicionalmente ocupadas pelos indígenas, mas foram consideradas bens públicos por serem de propriedade da União ou por ela desapropriadas por interesse social. Seu regime jurídico é o mesmo adotado para as terras indígenas tradicionalmente ocupadas (art. 17).

São **áreas indígenas adquiridas** as havidas pela comunidade indígena mediante qualquer forma de aquisição permitida pela legislação civil, tal como a compra e venda ou a doação (art. 18). Essas áreas não constituem bens públicos, sendo submetidas ao regime jurídico da propriedade privada (art. 18, § 1º).

A Lei nº 14.701/2023 ainda contém normas sobre o uso e a gestão das terras indígenas, cabendo salientar: a competência das comunidades indígenas para escolher a forma de uso e ocupação de suas terras (art. 19), salvo nas hipóteses de (i) instalação de bases, unidades e postos militares (parágrafo único do art. 20), (ii) atuação das Forças Armadas e da Polícia Federal (art. 21); (iii) instalação, pelo poder público, de equipamentos, de redes de comunicação, de estradas de ferro e de vias de transporte, além das construções necessárias à prestação de serviços públicos, especialmente os de saúde e educação (art. 22); (iv) administração de unidades de conservação pelo poder público, com a participação das comunidades indígenas (art. 23).

16.8.5 Terras devolutas

16.8.5.1 Evolução da propriedade rural no Brasil

Segundo Igor Tenório (1984:25), a história da propriedade rural, no Brasil, compreende quatro fases: a de **sesmarias**, a de **posses**, a que se inicia com a **Lei de Terras** (Lei nº 601, de 18-9-1850) e a que tem por marco a instauração da **República**, com a Constituição de 1891.

No início, todas as terras existentes no Brasil eram públicas e pertencentes a Portugal.

A primeira medida adotada com vistas à colonização foi a divisão das terras em capitanias hereditárias, incluindo entre os direitos outorgados aos donatários o de distribuir sesmarias, assim considerados as glebas de terras públicas que eram concedidas aos particulares interessados em cultivá-las, mediante o pagamento de uma renda calculada sobre os frutos; a concessão de sesmarias, feita sob regime enfitêutico, gerou os grandes latifúndios, em sua maior parte inexplorados, não produzindo, portanto, os resultados que se pretendia.

Em 1822, pouco antes da Independência, foi suspensa a concessão de sesmarias, iniciando-se a segunda fase, de **ocupação**; como não havia legislação disciplinando o uso das terras, as pessoas tomavam posse e começavam a cultivá-las; a partir de então, a morada habitual e o cultivo da terra passaram a ser considerados fatores essenciais à legitimidade da posse. Desse modo, enquanto o regime de sesmarias favoreceu os grandes proprietários, que acabavam por não cultivar adequadamente a terra, o período de ocupação beneficiou o pequeno colono que, fazendo da terra sua morada habitual, cultivava-a com o próprio trabalho e o de sua família.

Com o intuito de regularizar a situação das terras públicas, evitar abusos no apossamento e legitimar as ocupações, foi promulgada a primeira lei de terras no Brasil – a Lei nº 601, de 18-9-1850. A principal intenção que decorria da lei era a de legitimar as posses que apresentassem os requisitos da morada habitual e cultivo da terra (art. 5º). Mesmo com relação às sesmarias concedidas irregularmente, podiam ser revalidadas desde que apresentassem os mesmos requisitos da cultura efetiva e morada habitual.

A lei proibiu o apossamento de novas terras (art. 2º) e "as aquisições de terras devolutas por outro título que não seja o de compra", salvo nas zonas de fronteira com outros países, em uma zona de dez léguas, local onde seriam possíveis as doações (art. 1º).

O art. 3º dessa lei define como terras devolutas:

> "§ 1º as que não se acharem aplicadas a algum uso público nacional, provincial ou municipal;
>
> § 2º as que não se acharem no domínio particular por qualquer título legítimo, nem forem havidas por sesmarias e outras concessões do Governo Geral ou Provincial,

não incursas em comisso por falta de cumprimento das condições de medição, confirmação e cultura;

§ 3º as que não se acharem dadas por sesmarias, ou outras concessões do Governo, que, apesar de incursas em comisso, forem revalidadas por esta lei;

§ 4º as que não se acharem ocupadas por posses que, apesar de não se fundarem em título legal, foram legitimadas por esta lei."

Vale dizer que, pelo conceito legal, **terras devolutas eram terras vagas, abandonadas, não utilizadas quer pelo Poder Público quer por particulares**. Essa concepção corresponde ao sentido etimológico do vocábulo *devoluto*: devolvido, vazio, desocupado.

Excluíam-se do conceito de terras devolutas: as utilizadas pelo poder público, as que fossem objeto de sesmarias legítimas ou mesmo de sesmarias ilegítimas, porém revalidáveis, e as que fossem objeto de posse (morada e cultivo). As demais eram consideradas devolutas. **Não se pode dizer que fossem terras sem dono, porque pertenciam ao patrimônio público**, que poderia vendê-las ou doá-las (art. 1º).

Já com essa lei teve origem o processo de discriminação de terras devolutas; o art. 10 determinava que o Governo adotasse o modo prático de extremar o domínio público do particular.

A quarta fase da evolução do regime de terras se inicia com a Constituição de 1891, que reservou para a União a porção de terras indispensável à defesa das fronteiras, fortificações, construções militares e estradas de ferro federais; transferiu as demais aos Estados.

O Decreto-lei nº 9.760, de 5-9-46, define as **terras devolutas federais** em seu art. 5º: "são devolutas, na faixa da fronteira, nos Territórios Federais e no Distrito Federal, as terras que, não sendo próprias nem aplicadas a algum uso público federal, estadual ou municipal, não se incorporaram ao domínio privado:

a) por força da Lei nº 601, de 18-9-1850, Decreto nº 1.318, de 30-1-1854, e outras leis e decretos gerais, federais e estaduais;

b) em virtude de alienação, concessão ou reconhecimento por parte da União ou dos Estados;

c) em virtude de lei ou concessão emanada de governo estrangeiro e ratificada ou reconhecida, expressa ou implicitamente, pelo Brasil, em tratado ou convenção de limites;

d) em virtude de sentença judicial com força de coisa julgada;

e) por se acharem em posse contínua e incontestada com justo título e boa-fé, por termo superior a 20 anos;

f) por se acharem em posse pacífica e ininterrupta, por 30 anos, independentemente de justo título e boa-fé;

g) por força de sentença declaratória nos termos do art. 148 da Constituição Federal, de 10-11-1937".

Note-se que esse decreto foi promulgado na vigência da Constituição de 1937, que previa o usucapião *pro labore*; daí a referência à "sentença declaratória nos termos do art. 148 da Constituição de 1937".

Aumentou, consideravelmente, o rol das terras pertencentes a particulares, já que se reconheceram como legítimas todas as hipóteses de transferência mencionadas nesse dispositivo.

Mas o conceito de terras devolutas continuou sendo **residual**: são assim consideradas **aquelas que não estão destinadas a qualquer uso público nem incorporadas ao domínio privado**.

16.8.5.2 Conceito e natureza jurídica

As **terras devolutas** constituem uma das espécies do gênero **terras públicas**, ao lado de tantas outras, como terrenos reservados, terrenos de marinha, terras dos índios, ilhas etc.

Elas integram a categoria de **bens dominicais**, precisamente pelo fato de não terem qualquer destinação pública. Isto significa que elas são **disponíveis**.

Contudo, o art. 225, § 5º, da Constituição de 1988 trouxe uma inovação, ao estabelecer que "são indisponíveis as terras devolutas ou arrecadadas pelos Estados, por ações discriminatórias, necessárias à proteção dos ecossistemas naturais".

Dois aspectos merecem realce nesse dispositivo: primeiro, o fato de dar a esses bens o caráter de indisponibilidade, colocando-os sob regime jurídico idêntico ao dos bens de uso comum do povo e de uso especial; segundo, o fato de mencionar, como coisas distintas, as **terras devolutas** e as **terras arrecadadas pelos Estados** por ações discriminatórias; dá a impressão de que somente são terras devolutas as que não foram ainda objeto de ação discriminatória. O que parece evidente é que o constituinte quis deixar claro que todas elas, mesmo que não arrecadadas por aquele processo, são indisponíveis.

Isto não significa que as terras devolutas deixem de sê-lo depois de "arrecadadas". Elas continuam como tais enquanto não forem destinadas a algum uso público, passando a integrar a categoria de bem de uso especial.

Continua válido o conceito residual de terras devolutas como sendo todas as terras existentes no território brasileiro, que não se incorporaram legitimamente ao domínio particular, bem como as já incorporadas ao patrimônio público, porém não afetadas a qualquer uso público.

A primeira parte do conceito abrange as terras que ainda não foram objeto de processo discriminatório; corresponde ao sentido originário da expressão, ligado ao sentido etimológico de devoluto: vago, sem dono. A segunda parte compreende as terras que já foram incorporadas ao patrimônio público.

O problema concernente ao conceito de terras devolutas e à sua abrangência é da maior relevância em matéria de usucapião. Ressalvado o período anterior ao Código Civil de 1916 e alguns períodos em que se admitiu o **usucapião *pro labore*** (Constituições de 1934, 1937 e 1946) e o **usucapião especial** (Lei nº 6.969, de 10-12-81), a regra, no direito brasileiro, tem sido a de proibição de usucapião de bens públicos, hoje acolhida, sem exceções de qualquer espécie, na Constituição de 1988 (arts. 183, § 3º, e 191, parágrafo único).

Com relação às terras já incorporadas ao patrimônio público, não há dúvida quanto à impossibilidade de usucapião. Quanto às demais é que surgem controvérsias na jurisprudência, até mesmo no âmbito do STF.

Em alguns acórdãos prevaleceu a tese de que existe uma presunção em favor da propriedade pública, cabendo ao interessado provar que a terra era do domínio particular; em outros, adotou-se o entendimento oposto, no sentido de que cabe ao Poder Público fazer a prova de que se trata de terra devoluta, não sendo a simples ausência de transcrição imobiliária em nome de terceiros suficiente para essa finalidade (cf. Tenório, 1984:54-56).[13]

A primeira tese nos parece juridicamente a mais correta, embora a segunda favoreça o acesso do particular às terras públicas. Há que se ter em vista que as terras devolutas sempre foram definidas de forma residual, ou seja, por exclusão: são devolutas porque não entraram

---

[13] O STJ entendeu que "não havendo registro de propriedade do imóvel, inexiste, em favor do Estado, presunção *juris tantum* de que sejam terras devolutas, cabendo a este provar a titularidade pública do bem. Caso contrário, o terreno pode ser usucapido" (REsp 674558, Rel. Min. Luis Felipe Salomão, 4ª Turma, *DJe*, 26-10-09).

legitimamente no domínio particular ou porque não têm qualquer destinação pública. E existe, indubitavelmente, uma presunção em favor da propriedade pública, graças à origem das terras no Brasil: todas elas eram do patrimônio público; de modo que, ou os particulares as adquiriram mediante concessão, doação, venda, legitimação de posse ou usucapião (no período permitido), ou elas realmente têm que ser consideradas públicas e insuscetíveis de usucapião.

Trata-se de presunção *juris tantum*, cabendo ao interessado em adquiri-la por usucapião provar que a terra não é devoluta, porque adquirida por particular por meio de título legítimo. O Estado nada tem que provar, mesmo porque não há meios de prova hábeis para demonstrar que a terra não é de particular, a **não** ser por meio da ação discriminatória.

É irrepreensível o voto do Ministro Rodrigues Alckmin no Recurso Extraordinário nº 72.020, de São Paulo: "não cabe ao estado provar que determinada gleba é devoluta: cabe a quem a afirma no domínio particular o ônus da prova..." Na ementa está dito que "terras devolutas se conceituam por exclusão: são devolutas as terras que nunca entraram, legitimamente, no domínio particular".

16.8.5.3 Titularidade

As terras devolutas, quanto à titularidade, passaram por diferentes fases: no período colonial, pertenciam a Portugal; na época imperial, pertenciam à Coroa; com a proclamação da República, a Constituição de 1891 transferiu-as para o Estado, reservando para a União apenas as indispensáveis para a defesa das fronteiras, fortificações, construções militares e estradas de ferro federais (art. 34).

Também a Constituição de 1946 incluiu entre os bens da União aquela mesma porção de terras devolutas (art. 4º, I).

A Constituição de 1967, com a Emenda nº 1, de 17-10-69, reservou para a União "a porção de terras devolutas indispensável à segurança e ao desenvolvimento nacionais" (art. 4º, I).

A Constituição de 1988, no art. 20, inciso II, inclui entre os bens da União "as terras devolutas indispensáveis à defesa das fronteiras, das fortificações e construções militares, das vias federais de comunicação e à preservação ambiental, definidas em lei".

De um lado, houve uma definição mais restritiva, pois, ao invés de falar em termos genéricos e imprecisos, em **segurança e desenvolvimento**, já diz, usando o mesmo critério da Constituição de 1891, que necessárias a esses fins são apenas aquelas expressamente mencionadas. Porém, de outro lado, houve uma ampliação, ao incluir entre os bens da União as terras indispensáveis à preservação ambiental.

Parece que, com relação a esses bens por último mencionados, houve uma reversão, ao domínio público federal, de terras devolutas antes pertencentes aos Estados. Caberá à lei definir quais sejam esses bens; a eles é que se aplica o art. 225, § 5º, da Constituição.

No Estado de São Paulo, parte das terras devolutas que lhe foram transferidas pela Constituição de 1891 passou para os Municípios. A Lei de Organização Municipal (Lei nº 16, de 13-11-1891) concedeu às municipalidades, para a formação de cidades, vilas e povoados, "as terras devolutas adjacentes às povoações de mais de mil almas em raio de círculo de seis quilômetros a partir da praça central" (cf. Hely Lopes Meirelles, 2003:520). Em 1945, pelo Decreto nº 14.916, de 6-8-45, esse raio foi aumentado para 12 km no Município da Capital e 8 km nos demais. Pelo Decreto-lei Complementar nº 9, de 31-12-69 (Lei Orgânica dos Municípios), acrescentou-se ao patrimônio municipal a porção de terras devolutas situadas no raio de 6 km dos seus distritos (art. 60, parágrafo único). A atual Lei Orgânica do Município de São Paulo, de 4-4-90, no art. 110, § 1º, determina que "pertencem ao patrimônio municipal as terras devolutas que se localizem dentro dos seus limites", o que tem que ser interpretado em consonância com as normas citadas, da Constituição Federal e rejeitando as que forem do patrimônio do Estado de São Paulo.

16.8.5.4 Processo de discriminação

A matéria concernente ao processo de discriminação de terras devolutas foi disciplinada pelo Decreto-lei nº 9.760, de 5-9-46, que previu uma **fase administrativa** e uma **fase judicial**. A Lei nº 3.081, de 22-12-56, previu apenas o processo judicial de discriminação; posteriormente, o Estatuto da Terra (Lei nº 4.504, de 30-11-64) restabeleceu a instância administrativa, regida pelo Decreto-lei nº 9.760, de 5-9-46, com referência aos bens da União. Hoje a matéria está disciplinada pela Lei nº 6.383, de 7-12-76, que prevê também o processo administrativo e o processo judicial. Essa lei aplica-se, no que couber, às terras devolutas estaduais, conforme determina o art. 27.

O objetivo do processo discriminatório é separar as terras públicas das particulares, mediante verificação da legitimidade dos títulos de domínio particulares, apurando, por exclusão, as terras do domínio público.

Desde a Lei nº 601, de 1850, a intenção, ao criar-se o procedimento de discriminação de terras devolutas, sempre foi a de legitimar as posses que apresentassem os requisitos da cultura efetiva e morada habitual. Por essa razão, uma vez concluído o processo de discriminação, o Poder Público faz a legitimação de posse em benefício daqueles que preencham os requisitos legais previstos no art. 29 da Lei nº 6.383/76.[14]

Tanto o processo administrativo de discriminação como o judicial compreendem uma **fase de chamamento dos interessados** e uma **fase de demarcação**.

Na primeira fase da instância administrativa é feito o chamamento, por edital, de todos os interessados em áreas situadas em perímetro previamente descrito, para que apresentem os seus títulos de domínio, documentos, informações e, se for o caso, testemunhas.

Encerrado o prazo, o Poder Público deverá pronunciar-se sobre os elementos apresentados pelos interessados; em relação às áreas que ensejarem dúvidas quanto à legitimidade do título, será proposta ação judicial; com referência aos títulos legítimos, será lavrado o termo cabível.

Depois disso, inicia-se a segunda fase, de **demarcação**, na qual serão delimitadas, com auxílio de peritos, as terras consideradas devolutas, as que foram consideradas do domínio particular (tanto as já registradas como as reconhecidas nesse processo), as terras que possam ser objeto de legitimação de posse (pela presença dos requisitos da cultura efetiva e morada habitual) e as terras cujos títulos suscitarem dúvidas.

Concluído o processo, serão registradas, como bens públicos, as terras devolutas discriminadas.

O processo judicial, conforme art. 19 da Lei nº 6.383/76, é instaurado quando o processo administrativo for dispensado ou interrompido por presumida ineficácia; contra aqueles que não atenderam ao chamamento; e quando ocorrer o **atentado** a que se refere o art. 25: alteração, depois de iniciado o processo administrativo, das divisas da área discriminada, a derrubada da cobertura vegetal, a construção de cercas e transferências de benfeitorias a qualquer título, sem consentimento do Poder Público.

O processo judicial segue o rito sumaríssimo (art. 20) e tem caráter preferencial e prejudicial em relação às ações em andamento, referentes a domínio ou posse de imóveis, no todo ou em parte, na área discriminada, determinando o imediato deslocamento da competência para a Justiça federal (quando se tratar de terras da União).

---

[14] Sobre legitimação de posse, v. item 16.5.2.

No processo judicial, também há uma fase de chamamento, em que se faz a citação por edital (art. 20, § 2º). Pela sentença, o juiz define quais os títulos legítimos apresentados pelos interessados; por exclusão, definem-se as terras devolutas.

Da sentença que faz a discriminação cabe apelação com efeito devolutivo; com isto, inicia-se a **demarcação**, ainda que em execução provisória da sentença, que vale para efeitos de registro, como título de propriedade (art. 22).

16.8.6 Faixa de fronteira

É designada como faixa de fronteira a área de 150 km de largura, paralela à linha divisória terrestre do território nacional, considerada indispensável à segurança nacional. Pelo art. 1º, § 3º, da Lei nº 13.240, de 30-12-15, considera-se faixa de segurança "a extensão de trinta metros a partir do final da praia, nos termos do § 3º do art. 10 da Lei nº 7.661, de 16-5-1988".

A faixa de fronteira é prevista desde a Lei nº 601, de 1850, cujo art. 1º fixava uma largura de dez léguas. Essa faixa foi fixada depois em 100 km (Decreto nº 24.643, de 10-7-34, art. 29, I, *c*); depois passou a ser de 150 km (Decreto-lei nº 852, de 11-11-38, art. 2º, V); atualmente, é mantida essa largura pela Lei nº 6.634, de 2-5-79, e pelo art. 20, § 2º, da Constituição Federal.

Desde a Constituição de 1891 foi definida como pertencente à União a porção do território indispensável à defesa das fronteiras. Pela Constituição atual, são bens da União as terras devolutas indispensáveis à defesa das fronteiras (art. 20, II).

Isto não quer dizer que todas as terras situadas na faixa de fronteira sejam públicas e de propriedade da União; a Constituição faz referência às **terras devolutas**. Existem terras particulares nessa faixa, que ficam sujeitas a uma série de restrições estabelecidas em lei, em benefício da segurança nacional.[15]

O art. 91, § 1º, III, da Constituição dá ao Conselho de Defesa Nacional competência para "propor os critérios e condições de utilização de áreas indispensáveis à segurança do território nacional e opinar sobre seu efetivo uso, especialmente na faixa de fronteira e nas relacionadas com a preservação e exploração dos recursos naturais de qualquer tipo". Além disso, o art. 20, § 2º, determina que a faixa de 150 km de largura, ao longo das fronteiras, é considerada fundamental para defesa do território nacional, e sua ocupação e utilização serão reguladas em lei.

As restrições ao uso e alienação das áreas situadas na faixa de fronteira são as estabelecidas na Lei nº 6.634, de 2-5-79, com alterações posteriores.

16.8.7 Ilhas

De acordo com o art. 20, IV, da Constituição, alterado pela Emenda Constitucional nº 46/05, são bens da União as ilhas **fluviais** e **lacustres** situadas nas zonas limítrofes com outros países, bem como as **ilhas oceânicas** e as **costeiras**, excluídas, destas, as que contenham a sede de Municípios, exceto aquelas áreas afetadas ao serviço público e a unidade ambiental e as referidas no art. 26, II.

Pertencem aos Estados as áreas, nas ilhas oceânicas e costeiras, que estiverem no seu domínio, excluídas aquelas sob domínio da União, Municípios ou terceiros (art. 26, II); o dispositivo deixa implícita a possibilidade de algumas áreas, nessas ilhas, pertencerem a particulares.

Além disso, pertencem também aos Estados "as ilhas fluviais e lacustres não pertencentes à União" (art. 26, III); ou seja, ficam excluídas do domínio dos Estados as ilhas situadas nas zonas limítrofes com outros países.

---

[15] Nesse sentido, acórdão do STJ, in REsp 736742, Rel. Min. Sidnei Benetti, 3ª Turma, *DJe*, 23-11-09.

Ao falar em ilhas fluviais e lacustres, quer-nos parecer que a Constituição somente se refere àquelas que se formam nas águas públicas; as situadas em águas particulares a estes pertencem, conforme art. 23 do Código de Águas.

As ilhas públicas podem constituir bens dominicais ou de uso comum do povo, conforme estabelece o art. 25 do Código de Águas.

16.8.8 Águas públicas

O Código de Águas classificava as águas em quatro categorias:

a) águas públicas;
b) águas comuns;
c) águas particulares;
d) águas comuns de todos.

As águas públicas, por sua vez, podiam ser de **uso comum** ou **dominicais** (art. 1º). O art. 2º indicava as águas públicas de uso comum:

a) os mares territoriais, nos mesmos incluídos os golfos, baías, enseadas e portos;
b) as correntes, canais, lagos e lagoas navegáveis ou flutuáveis;
c) as correntes de que se façam estas águas;
d) as fontes e reservatórios públicos;
e) as nascentes quando forem de tal modo consideráveis que, por si sós, constituam o *caput fluminis*;
f) os braços de quaisquer correntes públicas, desde que os mesmos influam na navegabilidade ou flutuabilidade.

Eram consideradas águas públicas de uso comum todas as situadas em zonas periodicamente assoladas pelas secas, nos termos e de acordo com a legislação especial sobre a matéria (art. 5º do Código).

Águas públicas dominicais eram "todas as águas situadas em terrenos que também o sejam, quando as mesmas não forem do domínio público de uso comum, ou não forem comuns" (art. 6º do Código de Águas).

Águas particulares definiam-se por exclusão: seriam as situadas em terrenos particulares, desde que não estivessem classificadas entre as águas comuns de todos, as águas públicas ou as comuns (art. 8º do Código de Águas).

Essa sistemática ficou alterada, seja em decorrência de normas constitucionais, seja por força da Lei de Águas (Lei nº 9.433, de 8-1-97).

Quanto ao domínio das águas públicas, a Constituição, no art. 20, inclui entre os bens da União "lagos, rios e quaisquer correntes de água em terrenos de seu domínio, ou que banhem mais de um Estado, sirvam de limites com outros países, ou se estendam a territórios estrangeiros ou deles provenham, bem como os terrenos marginais e as praias fluviais" (inciso III); e o mar territorial (inciso VI).

Aos Estados pertencem "as águas superficiais ou subterrâneas, fluentes, emergentes e em depósito, ressalvadas, neste caso, na forma da lei, as decorrentes de obras da União" (art. 26, I, da Constituição).

Nada diz a Constituição sobre rios pertencentes aos Municípios, estando revogado, desde a Constituição de 1946, o art. 29 do Código de Águas na parte em que a eles atribuía as águas situadas "em seus territórios, respeitadas as restrições que possam ser impostas pela legislação dos Estados".

Diante da atual Constituição, também não se pode mais falar em águas particulares, o que é confirmado pela Lei nº 9.433, de 8-1-97, que, entre outras providências, institui a Política Nacional de Recursos hídricos e cria o Sistema Nacional de Gerenciamento de Recursos Hídricos. Logo no art. 1º, I, a lei estabelece que "a água é um bem de domínio público". A utilização da água está sujeita a ato de outorga do Poder Público, conforme arts. 11 a 18 da mesma lei.[16]

A competência para legislar sobre águas foi reservada privativamente à União pelo art. 22, IV, da Constituição; além disso, a ela foi dada a atribuição de "instituir sistema nacional de gerenciamento de recursos hídricos e definir critérios de outorga de direitos de seu uso" (art. 21, XIX).

Isto, contudo, não impede os Estados de estabelecerem normas sobre o policiamento de suas águas, visando a sua proteção, pois o art. 24, inciso VI, da Constituição lhes defere competência concorrente com a União para legislar sobre "florestas, caça, pesca, fauna, conservação da natureza, defesa do solo e dos recursos naturais, proteção do meio ambiente e controle da poluição".

Por isso mesmo, não ferem a Constituição Federal as normas da Constituição paulista referentes a recursos hídricos, contidas nos arts. 205 a 213, e que visam, em síntese, ao seu adequado aproveitamento; à proteção contra poluição, superexploração e erosão; à destinação de recursos públicos para os serviços de proteção às águas.

As águas públicas admitem o *uso comum* e o *uso privativo*.

O uso comum é aberto a todos; é, em regra, gratuito, podendo ser remunerado, conforme art. 103 do Código Civil; está sujeito ao poder de polícia do Estado, que compreende a regulamentação do uso, a fiscalização e a repressão; não tem, em regra, a natureza de direito subjetivo, podendo ser exercido, sem distinção, por todas as pessoas, nacionais e estrangeiras.

O uso privativo depende de ato de outorga do Poder Público, disciplinado pelo Código de Águas, que prevê os institutos da **autorização** e da **concessão**, conforme o uso se destine ao interesse privado do usuário ou à prestação de serviço de utilidade pública (art. 43). O ato de outorga é dispensado quando se trate de derivações insignificantes.

A Lei nº 9.433/97, que tem aplicação em âmbito nacional, já que disciplina matéria de competência privativa da União, prevê a "outorga do direito de uso de recursos hídricos", bem como a "cobrança pelo uso de recursos hídricos", como instrumentos da Política Nacional de Recursos Hídricos (art. 5º, III e IV). Essa lei não mais fala em autorização e concessão, referindo-se apenas a *ato de outorga*, o que permite concluir que continuam a aplicar-se as normas do Código de Águas que com ela sejam compatíveis. Vale dizer que continuam a existir os institutos da autorização e da concessão de uso de águas públicas, salvo com relação aos recursos hídricos de domínio federal. Com efeito, com relação a estes, tem aplicação também a Lei nº 9.984, de 17-7-00, que prevê, como instrumento de outorga do direito de uso, apenas a **autorização** (art. 4º, IV).

Algumas normas do Código de Águas são comuns para a autorização e a concessão: (a) o uso pode ser autorizado ou concedido por tempo fixo, não excedente de 30 anos (art. 43, § 2º); pelo art. 16 da Lei nº 9.433/97, o prazo pode ser de 35 anos; (b) a utilização deve ser feita sem prejuízo da navegação, salvo no caso de uso para as primeiras necessidades da vida, ou no caso de lei especial que, atendendo a superior interesse, o permita, e, finalmente, no caso em que a navegação não sirva efetivamente ao comércio (art. 48); (c) o uso da derivação tem a natureza de *direito real*, tendo em vista que, alienando-se o prédio ou o engenho a que ela serve,

---

[16] Sobre o tema, v. item 16.8.2.

passa o mesmo ao novo proprietário (art. 50); (d) toda cessão total ou parcial da concessão ou autorização, toda mudança de concessionário ou de permissionário depende do consentimento da Administração; (e) cabe ação judicial para defesa dos direitos dos particulares (art. 60); (f) a competência para autorizar ou conceder é da União ou dos Estados, conforme o seu domínio sobre as águas ou conforme os serviços públicos a que se destine a mesma derivação, ressalvada a hipótese de derivação para produção de energia hidrelétrica, que é sempre de competência da União (art. 63); os usos de derivação extinguem-se: pela *renúncia*, pela *caducidade*, pelo *resgate* (decorridos os dez primeiros anos após a conclusão das obras, e tomando-se por base do preço da indenização só o capital efetivamente empregado), pela *expiração do prazo* e pela *revogação* (art. 66); (h) o uso das águas é sempre revogável (art. 67).

Distingue-se a autorização da concessão porque a primeira se constitui por ato unilateral e não confere, em hipótese alguma, delegação de poder ao seu titular (art. 43, § 1º), o que se justifica pelo fato de ser outorgada no interesse privado do beneficiário; além disso, dispensa licitação. A concessão se faz por contrato; pode implicar a outorga de poderes públicos, uma vez que a utilização se destina à realização de um serviço público ou de utilidade pública, sendo a concessão de uso acessória da concessão de serviço público; é precedida de concorrência pública, salvo os casos em que as leis ou regulamentos a dispensarem.

A Lei nº 9.984, de 17-7-00 (que dispõe sobre a criação da Agência Nacional de Águas – ANA e foi alterada pela Lei nº 14.026, de 15-6-20, que atualiza o marco legal do saneamento básico), como dito, ao definir as competências da Agência, fala em **autorização** como o tipo de ato cabível para a outorga (art. 4º, IV). O termo é inadequado, tendo em vista que a autorização pode ser dada por longos prazos, de até 35 anos (art. 5º, III). Se a outorga for ligada a uma concessão de serviço público de geração de energia elétrica, os respectivos prazos coincidem (art. 5º, § 4º). Essa norma confirma a ideia de que, no caso, se trata de verdadeira concessão de uso, com prazo estabelecido, e não de autorização precária. Trata-se de mais uma hipótese em que o legislador federal confunde os títulos jurídicos de outorga. Quando muito, é possível aceitar-se o ato de outorga para designar o ato prévio do poder público para que a outorga seja feita, com o subsequente procedimento de contratação.[17]

16.8.9 Minas e jazidas

16.8.9.1 Conceito

Jazida é "toda massa individualizada de substância mineral ou fóssil, aflorando à superfície ou existente no interior da terra e que tenha valor econômico"; esse conceito é dado pelo art. 4º do Decreto-lei nº 227, de 28-2-67 (Código de Mineração), com alterações posteriores.

Mina é a jazida em lavra.

A jazida é fenômeno geológico, da natureza, enquanto a mina é o resultado de exploração da jazida, traduzindo uma atividade econômica e produtiva.

16.8.9.2 Sistemas de exploração e aproveitamento das jazidas

Existem vários sistemas jurídicos concernentes à exploração e aproveitamento de jazidas:

1. **sistema fundiário ou da acessão**: atribui a propriedade da jazida ao proprietário do solo, cabendo ao Estado apenas a fiscalização, com base em seu poder de polícia;

---

[17] Para maior aprofundamento sobre o uso de águas, v. Di Pietro, *Uso privativo de bens públicos por particulares*, 2010, p. 126-135.

parte do conceito de propriedade de modo a abranger o solo, o subsolo e o espaço aéreo;

2. **sistema dominial ou regaliano**: a propriedade do subsolo distingue-se da propriedade do solo para fins de exploração; desse modo, as jazidas constituem propriedade da Coroa, que pode explorá-las diretamente ou mediante autorização ou concessão a terceiros, que ficam obrigados a pagar uma compensação pelo direito de exploração;
3. **sistema da *res nullius* ou sistema industrial**: os recursos naturais não pertencem a ninguém, razão pela qual cabe ao Estado conceder a sua exploração;
4. **sistema da ocupação**: a jazida cabe àquele que a descobrir, ou seja, ao seu primeiro ocupante, que tem o direito de explorá-la;
5. **sistema da concessão**: a jazida pertence ao Estado, que poderá conceder ao particular a sua exploração e aproveitamento.

16.8.9.3 Evolução no direito brasileiro

No período colonial e durante o regime das Ordenações Filipinas, a propriedade das jazidas era da Coroa; a sua exploração era feita pelo regime regaliano, devendo o concessionário pagar o "quinto".

Com a Independência, a Lei de 20-10-1823 mandou que se aplicassem no Brasil as leis portuguesas, de modo que o regime continuou o mesmo, pertencendo as minas à Nação.

A Constituição de 1891 adotou o sistema fundiário ou da acessão, pelo qual as minas pertencem ao proprietário do solo. Em consonância com esse sistema, o art. 526 do CC de 1916 veio determinar que a propriedade do solo abrange a do que lhe está superior e inferior em toda a altura e em toda profundidade, úteis ao seu exercício, só podendo, todavia, o proprietário opor-se a trabalhos que sejam empreendidos a uma altura ou profundidade tais que não tenha interesse algum em impedi-los.

O sistema foi prejudicial porque inexistia qualquer legislação disciplinando a atividade minerária, provocando o declínio da indústria extrativa.

A partir do Código de Minas de 10-7-34, passou a vigorar o sistema da concessão, em que as jazidas constituem propriedade distinta da do solo, para efeito de exploração ou aproveitamento industrial. Esse Código só foi publicado em 20 de julho, quando já estava em vigor a Constituição de 1934, que consagrou o sistema da concessão e assegurou ao proprietário do solo **preferência** na exploração ou **coparticipação** nos lucros (art. 119, § 1º).

A Constituição de 1937 manteve a mesma sistemática, apenas exigindo que a concessão fosse dada a brasileiros ou a empresas constituídas por acionistas brasileiros.

Na Constituição de 1946 manteve-se o sistema da concessão, porém se extinguiu o direito à participação nos lucros, mantendo-se para o proprietário apenas o direito de preferência.

A Constituição de 1967 extinguiu o direito de preferência e instituiu o regime de participação do proprietário do solo nos resultados da lavra; este pode requerer o direito de pesquisa e lavra, porém em igualdade de condições com terceiros. A escolha é feita pelo direito de **prioridade**, ou seja, pela antecedência do pedido.

16.8.9.4 Sistema atual

Na Constituição atual, o art. 176 determina que "as jazidas, em lavra ou não, e demais recursos minerais e os potenciais de energia hidráulica constituem propriedade distinta da do solo, para efeitos de exploração ou aproveitamento, e pertencem à União, garantida ao concessionário a propriedade do produto da lavra".[18]

Ao proprietário do solo o § 2º assegura participação nos resultados da lavra, na forma e no valor que dispuser a lei. Além disso, o art. 20, § 1º, assegura aos Estados, ao Distrito Federal e aos Municípios, bem como a órgãos da Administração Direta da União, participação no resultado da exploração de petróleo ou gás natural, de recursos hídricos para fins de geração de energia elétrica e de outros recursos minerais no respectivo território, plataforma continental, mar territorial ou zona econômica exclusiva, ou compensação financeira por essa exploração.

A pesquisa e a lavra dependem da autorização ou concessão da União e só podem ser dadas, no interesse nacional, a brasileiros ou empresa constituída sob as leis brasileiras e que tenha sede e administração no País, na forma da lei, que estabelecerá as condições específicas quando essas atividades se desenvolverem em faixa de fronteira ou terras indígenas (art. 176, § 1º, da Constituição, com a redação dada pela Emenda Constitucional nº 6, de 15-8-95).

Nos termos do § 3º do art. 176, a autorização de pesquisa será sempre por prazo determinado e as autorizações e concessões não poderão ser cedidas ou transferidas, total ou parcialmente, sem prévia anuência do poder concedente.

> **RESUMO**
>
> 1. **Classificação** (art. 99 do CC): I – os de uso comum do povo; II – os de uso especial; e III – os dominicais;
>
>   – **critério da classificação**: destinação ou afetação; os **bens de uso comum do povo** são destinados, por natureza ou por lei, ao uso coletivo; os de **uso especial** são destinados ao uso da Administração; os **dominicais** não têm destinação pública, podendo ser usados para obtenção de renda;
>
>   – quanto ao **regime jurídico**, duas modalidades: a) os do **domínio público do Estado** (bens de uso comum do povo e bens de uso especial); e b) bens do **domínio privado do Estado** (bens dominicais);
>
>   – classificação do antigo Código de Contabilidade Pública (art. 807): **bens patrimoniais indispensáveis** (os de uso especial) e **bens patrimoniais disponíveis** (os dominicais);
>
>   – **quanto à titularidade**: bens federais, estaduais e municipais.
>
> 2. **Bens do domínio público do Estado**
>
>   – **domínio público**: (i) **sentido amplo**: conjunto de bens pertencentes às pessoas jurídicas de direito público interno; (ii) **sentido menos amplo**: bens afetados a um fim público; e (iii) **sentido restrito**: bens de uso comum do povo, cuja titularidade seria do povo;
>
>   – **características**: regime jurídico de direito público; pertinência a pessoas jurídicas de direito público; afetação pública;
>
>   – **natureza jurídica: direito de propriedade** regido pelo direito público;
>
>   – **modalidades**:

---

[18] Sobre monopólio e distinção entre as hipóteses dos arts. 176 e 177 da CF, v. acórdão do STF proferido na ADI 3366/DF, Rel. Min. Carlos Britto, Rel. para acórdão Min. Eros Grau, j. 16-3-05, Tribunal Pleno, *DJ* 2-3-07, p. 00026.

(i) **bens de uso comum do povo**: utilizados por todos em igualdade de condições (ruas, praças, estradas, águas do mar, rios navegáveis, ilhas oceânicas);

(ii) **bens de uso especial**: afetados ao **serviço da Administração**;

– **regime jurídico** de direito público: arts. 100 (**inalienabilidade**), 102 (**imprescritibilidade**: não sujeição a usucapião) e 1.420 (**impossibilidade de oneração**), todos dispositivos do CC; art. 100 da CF (**impenhorabilidade**, decorrente do processo dos precatórios);

– **inalienabilidade relativa**: pela possibilidade de **desafetação** (perda da afetação pública), que pode ser **tácita** ou **expressa**.

3. **Bens do domínio privado do Estado** ou **bens dominicais**

– **conceito**: (art. 99, III, do CC); abrangem também "os bens pertencentes às pessoas jurídicas de direito público a que se tenha dado estrutura de direito privado" (art. 99, parágrafo único);

– **características**: (i) **função patrimonial ou financeira**; (ii) possibilidade de utilização para **fins de interesse público**; (iii) submissão a **regime jurídico de direito privado**;

– **regime jurídico** de direito privado, com derrogações pelo direito público: sujeição ao **processo dos precatórios** (art. 100 da CF e 910 do CPC); **impenhorabilidade; impossibilidade de usucapião** (arts. 183, § 3º, e 191, parágrafo único, da CF), impossibilidade **de instituição de direitos reais de garantia**;

– **restrições legais quanto ao uso de bens dominicais**: (i) exigência de autorização do Congresso para **alienação ou cessão de terras públicas** com área superior a 2.500 ha, exceto para fins de reforma agrária (art. 188, §§ 1º e 2º, da CF); (ii) **inalienabilidade** e **imprescritibilidade das terras tradicionalmente ocupadas pelos índios** (arts. 49, XVI, e 231 da CF); acórdão do STF no RE-1.017.365, com repercussão geral, rejeitando a tese do marco temporal para a demarcação de terras indígenas (j. em 27-9-23, Tema 1.031); Lei nº 14.701, de 20-10-2023, que regulamenta o art. 231 da CF, sobre marco temporal para demarcação de terras indígenas; (iii) restrições de uso na **faixa de fronteira** (Lei nº 6.634, de 2-5-79, e art. 91, § 1º, III, da CF); (iv) exploração e pesquisa do **mar territorial** e da **plataforma continental** (Lei nº 8.617, de 4-1-93); três faixas: 1) **mar territorial**, na faixa de 12 milhas (direito de passagem inocente), 2) **zona contígua**, de 12 a 24 milhas (fiscalização) e 3) **zona econômica exclusiva**, de 12 a 200 milhas (direito do Brasil de regulamentar a investigação científica marinha, a proteção e preservação do meio marinho, etc.); (v) **terras públicas situadas na zona rural**: proibição de arrendamento ou parceria para sua exploração, salvo exceções previstas no Estatuto da Terra (art. 94); (vi) **terras devolutas**: só podem ser alienadas a título oneroso (Decreto-lei nº 9.760/46); (vii) **terras devolutas ou arrecadadas pelos Estados em ações discriminatórias, necessárias à proteção dos ecossistemas naturais**: são indisponíveis (art. 225, § 5º, da CF).

4. **Alienação de bens de uso comum e de uso especial**: possível enquanto conservarem a sua qualificação (art. 100 do CC); sua alienação depende de prévia **desafetação;** são coisas *extra commercium* (estão fora do comércio jurídico de direito privado), mas podem ser objeto de relações jurídicas de direito público (alienação de uma entidade pública para outra).

5. **Alienação de bens dominicais**: possibilidade, com observância das exigências legais (art. 101 do CC);

   – **requisitos**: art. 76 da Lei nº 14.133/21;

   – **licitação**: **leilão** para alienação de bens imóveis ou de bens móveis inservíveis ou legalmente apreendidos (art. 6º, XL); regulamentado pelo Decreto nº 11.461, de 31-3-2023;

   – **institutos de direito público**: contratação direta, sem licitação, pela inexistência de competição: **investidura** (art. 76, § 5º, da Lei de Licitações), **retrocessão** (v. cap. 6, sobre desapropriação), **legitimação de posse** que se dá após processo de discriminação de terras devolutas (requisitos na Lei nº 6.383, de 7-12-76), **legitimação de posse para fins de regularização fundiária urbana e legitimação fundiária** (disciplinadas pela Lei nº 13.465, de 11-7-17);

   – **legitimação de posse**: outorga de uma licença de ocupação, por um prazo máximo de 4 anos, ao posseiro que ocupa área pública com até 100 ha e atenda aos requisitos de morada permanente, cultura efetiva, exploração direta e não seja proprietário rural; findo o prazo, o ocupante adquire **direito à preferência para aquisição do imóvel**;

   – **legitimação de posse para fins de regularização fundiária urbana (Reurb)**: instrumento jurídico da Reurb; "ato do poder público destinado a conferir título, por meio do qual fica reconhecida a **posse do imóvel** objeto da Reurb, com a identificação de seus ocupantes, do tempo de ocupação e da natureza da posse, o qual é **conversível em direito real de propriedade**, na forma da Lei" (art. 25 da Lei nº 13.465); essa forma de legitimação não incide sobre áreas de titularidade do poder público (art. 25, § 2º);

   – **legitimação fundiária:** instrumento jurídico da Reurb, que pode incidir sobre área pública ou particular; constitui "forma originária de **aquisição do direito real de propriedade** conferido por ato do poder público, exclusivamente no âmbito da Reurb, àquele que detiver em área pública ou possuir em área privada, como sua, unidade imobiliária com destinação urbana, integrante do núcleo urbano informal consolidado, existente em 22-12-2016". Se a legitimação fundiária incidir sobre imóveis públicos, "a União, os Estados, o Distrito Federal e os Municípios, e as suas entidades vinculadas, quando titulares do domínio, ficam autorizados a conceder o **direito de propriedade** aos ocupantes do núcleo urbano informal regularizado por meio da legitimação fundiária". Trata-se de medida que tem por objetivo beneficiar a população de baixa renda. Pela redação do § 4º do art. 23, conclui-se que a outorga do título de propriedade constitui "faculdade" do poder público, ou seja, ato de natureza discricionária.

6. **Uso de bem público por particular**

   – **classificação das modalidades de uso**: a) pelo critério da conformidade ou não do uso com o destino principal a que o bem está afetado: uso **normal** ou **anormal**; b) pelo critério da exclusividade ou não do uso, combinado com o da necessidade ou não de consentimento do poder público: **uso comum** ou **privativo.**

7. **Uso normal e uso anormal**

   – **uso normal**: é o que se exerce de conformidade com a destinação principal do bem; exemplo: rua aberta à circulação;

– **uso anormal**: é o que atende a finalidades diversas ou acessórias, às vezes em contradição com aquela destinação; exemplo: utilização de rua para realização de festejos, desfiles, etc.; somente possível quando compatível com a destinação principal do bem.

8. **Uso comum**: é o que se exerce, em igualdade de condições, por todos os membros da coletividade; **características**: (i) é aberto a todos; (ii) é, em regra, gratuito, podendo ser remunerado (art. 103 do CC); (iii) está sujeito ao poder de polícia do Estado;

– **modalidades**: (i) **ordinário**, aberto a todos indistintamente, sem exigência de instrumento administrativo de outorga e sem retribuição de natureza pecuniária; (ii) **extraordinário**, sujeito a maiores restrições impostas pelo poder de polícia do Estado, ou porque limitado a determinada categoria de usuários, ou porque sujeito a remuneração, ou porque dependente de outorga do poder público.

9. **Uso privativo**

– **conceito**: é o que a Administração confere, mediante título jurídico individual, a pessoa ou grupo de pessoas determinadas, para que o exerçam, com exclusividade, sobre parcela de bem público;

– **características**:

(i) **exclusividade** na utilização;

(ii) exigência de **título jurídico individual**, pelo qual a Administração outorga o uso e estabelece as respectivas condições; esses títulos podem ser **públicos** (autorização, permissão e concessão de uso) ou **privados**, somente possíveis para os bens dominicais (locação, arrendamento, comodato, enfiteuse, concessão de direito real de uso);

(iii) **precariedade**: todos os atos de outorga são revogáveis, a qualquer tempo, por motivo de interesse público;

– **instrumentos estatais de outorga de uso privativo**: (i) para os bens de uso comum do povo e de uso especial, que estão fora do comércio de direito privado: **autorização**, **permissão** e **concessão de uso**, que são institutos de direito público; (ii) para os bens dominicais: institutos do direito privado.

10. **Autorização de uso**: ato administrativo **unilateral** e **discricionário**, pelo qual a Administração consente, **a título precário**, que o particular utilize bem público com exclusividade; pode ser **gratuita** ou **onerosa**; pode ser **simples** (sem prazo) e **qualificada** (com prazo); é conferida no **interesse privado do utente**.

11. **Permissão de uso**: ato administrativo **unilateral**, **discricionário** e **precário**, **gratuito** ou **oneroso**, pelo qual a Administração Pública faculta a utilização privativa de bem público, para fins de **interesse público**; adequada nos usos anormais; pode ser **simples** (sem prazo), **qualificada** ou **condicionada** (com prazo, hipótese em que a revogação antes do prazo cria para o permissionário o direito à compensação pecuniária); aproximação entre permissão qualificada e concessão de uso; licitação, em regra, desnecessária, salvo quando a lei a exija ou haja mais de um interessado na licitação, sem possibilidade de atender a todos.

12. **Concessão de uso: contrato administrativo** pelo qual a Administração faculta ao particular a utilização privativa de bem público, para que a exerça conforme a sua destinação; natureza de contrato administrativo (de direito público), sinalagmático, oneroso ou gratuito, comutativo e realizado *intuitu personae*; utilizada de preferência quando a

utilização do bem público tem por objetivo o exercício de atividade de utilidade pública de maior vulto, mais onerosa para o concessionário;

– exigência de **licitação** (art. 2º, IV, da Lei nº 14.133/21).

– **modalidades**: (i) de **exploração** ou de **uso**, conforme conferido ou não o poder de gestão dominial; (ii) **temporária** ou **perpétua**; (iii) **remunerada** ou **gratuita**; (iv) de **utilidade pública** ou de **utilidade privada**; (v) **concessão especial de moradia**: Medida Provisória nº 2.220, de 4-9-01 (com base no art. 183, § 1º, da CF); (vi) **autônoma** ou **acessória**, conforme conjugada ou não com uma concessão de serviço público.

13. **Uso privativo de bens imóveis da União:** Decreto-lei nº 9.760, de 5-9-46 (título II): locação, arrendamento, aforamento ou enfiteuse e cessão de uso;

– **Locação** (art. 86): os bens não utilizados para serviço público (bens dominicais) podem ser alugados para: (i) residência de autoridades federais ou de outros servidores da União, no interesse do serviço público; (ii) residência de servidor da União, em caráter voluntário hipótese hoje disciplinada pelo Decreto nº 980, de 11-11-93, que trata da utilização como **permissão de uso, em caráter precário e mediante indenização**; (iii) por quaisquer interessados;

– natureza de **contrato** sujeito ao Decreto-lei nº 9.760 e não a outras leis sobre locação (art. 87);

– possibilidade de **rescisão** quando o imóvel tornar-se necessário ao serviço público (art. 89);

– **rescisão de pleno direito** se o locatário sublocar o imóvel ou deixar de pagar os aluguéis nos prazos estipulados; nesse caso, a União imite-se sumariamente na posse do imóvel (art. 89);

– distingue-se da concessão: (i) pela **finalidade** (que é residencial) e (ii) pelo fato de a locação transferir apenas o **uso e gozo** (enquanto na concessão há outorga de poderes de gestão).

– **Arrendamento**: modalidade de locação em que a utilização objetiva a exploração de frutos ou a prestação de serviços (arts. 644, § 1º, e 96); prazo máximo de 20 anos, salvo casos especiais previstos em lei; exigência de **licitação** (art. 95, parágrafo único), sendo cabível o **procedimento de manifestação de interesse** previsto no Decreto nº 8.428, de 2-4-15 (v. cap. 8).

– **Aforamento ou enfiteuse**: direito real de natureza pública, não submetido às normas do CC, mas às do Decreto-lei nº 9.760; implica **bifurcação da propriedade** em **domínio direto** (pertencente à União) e **domínio útil** (pertencente ao foreiro ou enfiteuta);

– sujeição ao pagamento de importância anual (o **foro**); não pago por três anos consecutivos, gera a **caducidade** do aforamento, permitida a **revigoração** mediante pagamento dos atrasados;

– a transferência onerosa do domínio útil exige pagamento do **laudêmio**;

– a **extinção** do aforamento se dá por: (i) **inadimplemento**; (ii) **acordo**; (iii) **remição**, em favor do foreiro e a critério do Presidente da República, quando não subsista razão para o regime enfitêutico; (iv) **caducidade**, pelo não pagamento do foro por três anos consecutivos; (v) **abandono do imóvel**, caracterização pela ocupação, por mais de cinco anos, sem contestação, de assentamentos informais de baixa renda, retornando o domínio útil à União; (vi) **interesse público**, mediante indenização;

– exigência de **licitação**, na forma de leilão ou concorrência; hipóteses de licitação dispensada previstas no art. 76, I, *f* e *g*, da Lei nº 14.133/21.

– **Cessão de uso:** duas modalidades:

(i) a prevista no **art. 64 do Decreto-lei nº 9.760**, repetida no art. 18 da Lei nº 9.636/98: é sempre gratuita e outorgada a Estados, DF, Municípios e entidades sem fins lucrativos das áreas públicas para fins de atividades de educação, cultura, assistência social ou saúde, bem como a pessoas físicas ou jurídicas que desempenhem atividade de interesse público ou social de interesse nacional, sem fins lucrativos;

(ii) a prevista no **art. 18, *caput*, da Lei nº 9.636**, com a redação dada pela Lei nº 11.481, de 31-5-07: faz-se em condições especiais, sob qualquer dos regimes previstos no Decreto-lei 9.760 (locação, arrendamento ou enfiteuse) ou sob o regime de concessão de direito real de uso; os beneficiários são pessoas físicas ou jurídicas que utilizem o bem para fins de aproveitamento econômico de interesse nacional; a cessão é onerosa, devendo observar os procedimentos licitatórios, se houver competitividade.

– **Concessão de direito real de uso**: arts. 7º e 8º do Decreto-lei nº 271, de 28-2-67; **é direito real resolúvel**, que se constitui por instrumento público ou particular ou por simples termo administrativo; pode ser **remunerado** ou **gratuito**, por **tempo certo ou indeterminado**; a finalidade é a prevista no art. 7º; licitação dispensada na concessão de direito de uso de bens imóveis, nas hipóteses previstas no art. 76, I, *f*, *g* e *h*, da Lei nº 14.133/21

– **Permissão de uso**: art. 22 da Lei nº 9.636; previsão para utilização a título precário, de áreas de domínio da União, para realização de eventos de curta duração, de natureza recreativa, esportiva, cultural religiosa ou educacional; submissão à Lei nº 14.133/21 (art. 2º, IV).

14. Tutela do uso privativo

– **uso privativo perturbado por terceiros**: o interessado pode recorrer à própria Administração ou ao Judiciário, pleiteando proteção do uso ou indenização por perdas e danos;

– **uso privativo perturbado pela própria Administração**: (i) de **forma ilegítima**: o usuário pode recorrer na própria via administrativa ou perante o Judiciário, podendo opor-se à revogação ilegítima; (ii) de **forma legítima**: não pode o usuário opor-se à revogação legítima do ato de outorga, quando o uso se revelar contrário ao interesse público; se o uso foi concedido **com prazo**, o usuário faz jus à indenização;

– **possibilidade ou não de uso de ação possessória**: (i) tratando-se de bens dominicais, podem ser utilizadas ações possessórias, já que os mesmos estão no comércio jurídico de direito privado; (ii) em se tratando de bens de uso comum do povo ou de uso especial: possibilidade de ação possessória contra terceiros; não contra a própria Administração Pública, quando esta usa legitimamente seu poder de extinguir o uso privativo por razões de interesse público; não cabe ação possessória quando se tratar de uso outorgado a título precário.

15. **Formação do patrimônio público**: formas de aquisição de bens pelo poder público.

   a) **regidas pelo direito privado:**

   – **compra**: para coisas móveis e semoventes; sujeição à **licitação**, conforme art. 37, XXI, da CF; possibilidade de **registro de preços** (v. cap. 9, sobre licitações) e de **pregão** (para bens e serviços comuns); **inexigibilidade de licitação**, na hipótese do art. 74, V, da Lei de Licitações;

   – **doação**;

   – **herança**: por **testamento** e na hipótese **bens vagos** (art. 1.822 do CC);

   – **invenção**: achado de coisas perdidas (bens do evento); arts. 1.233 a 1.237 do CC;

   b) **regidas pelo direito público:**

   – **desapropriação e requisição** (v. cap. 6);

   – **aquisição por força de lei**: transferência de terras devolutas entre entes políticos, por força das sucessivas Constituições; transferência, para os Municípios, das vias e praças, espaços livres e áreas destinadas a edifícios públicos e outros equipamentos, em caso de parcelamento do solo urbano (Lei nº 6.766, de 19-12-79);

   – **sentença judicial**: em processos de execução em favor da Fazenda Pública; **perda (ou perdimento) de bens**: art. 5º, XLV, *b*, da CF; perda de bens decretada com base no art. 91 do CP e na Lei de Improbidade Administrativa (arts. 6º e 12, I e II); **confisco** (na expropriação sancionatória prevista no art. 243 da CF);

   – **investidura**: definição no art. 76, § 5º, da Lei de Licitações;

   – **reversão**: transferência de bens da concessionária ao patrimônio do poder concedente, ao término da concessão;

   – **caducidade**: ocorre na enfiteuse ou aforamento, quando o foreiro deixa de pagar o foro por três anos consecutivos (art. 101, parágrafo único, do Decreto-lei 9.760/46);

   – **arrecadação de imóveis abandonados**: "os imóveis urbanos abandonados cujos proprietários não possuam a intenção de conservá-lo em seu patrimônio ficam sujeitos à arrecadação pelo Município ou pelo Distrito Federal na condição de bem vago" (art. 52 da MP 759/16); se o imóvel abandonado estiver na zona urbana, ele passa para o Município; se estiver na zona rural, passa para a União (art. 1.276 do CC); entrando para o patrimônio público, os bens arrecadados serão destinados prioritariamente aos programas habitacionais, à prestação de serviços públicos, ao fomento na Reurb ou serão objeto de direito real de uso a entidades civis que comprovem fins filantrópicos, assistenciais, educativos, esportivos ou outros.

16. **Bens públicos em espécie**

   – **previsão em leis esparsas:** arts. 20 da CF (bens da União) e 26 (bens dos Estados); Decreto-lei nº 9.760/46 (bens imóveis da União); Código de Águas (classificação das águas públicas em bens de uso comum e dominicais); Estatuto da Terra – Lei nº 4.504, de 30-11-64: normas sobre terras públicas situadas na zona rural;

   a) **Terrenos reservados:** art. 14 do Código de Águas – Decreto nº 24.643, de 10-7-34; mesma definição de **terrenos marginais**, contida no art. 4º do Decreto-lei nº 9.760 (expressões sinônimas);

   – **Súmula 479 do STF**: "as margens dos rios navegáveis são de domínio público, insuscetíveis de expropriação e, por isso mesmo, excluídas de indenização";

– art. 20, III, da CF: inclui os terrenos marginais no rol de bens da União; revogação dos dispositivos do Código de Águas que atribuíam a propriedade aos Municípios ou a particulares.

b) **Terrenos de Marinha e seus acrescidos**: art. 2º do Decreto-lei nº 9.760; só entram no conceito as margens dos rios que sofrem influência das marés; caso contrário, são **terrenos reservados**;

– art. 20, VII, da CF: incluem-se entre os bens da União;

– são **bens dominicais**; utilização por particular por meio da **enfiteuse**;

– **terrenos acrescidos**: art. 3º do Decreto-lei nº 9.760; os que se formam ao lado do mar, em acréscimo aos terrenos de marinha, pertencem à União (art. 20, VII, da CF); os demais pertencem ao dono dos terrenos marginais aos rios (art. 1.250 do CC).

c) **Terras tradicionalmente ocupadas pelos índios**: art. 231, § 1º, da CF;

– art. 20, XI, da CF: incluem-se entre os **bens da União**;

– **direitos dos índios: posse permanente** e **usufruto exclusivo** das riquezas do solo, dos rios e dos lagos nelas existentes (art. 231, § 2º); mas, mediante autorização do Congresso Nacional e ouvidas as comunidades afetadas, pode ser feito o aproveitamento dos recursos hídricos, incluídos os potenciais energéticos, a pesquisa e a lavra das riquezas minerais, assegurada aos índios participação no resultado da lavra;

– são **bens públicos de uso especial**: em decorrência de sua afetação, de sua inalienabilidade e imprescritibilidade.

– Lei nº 14.701, de 20-10-2023: regulamenta o art. 231 da CF; distingue três categorias de terras indígenas: as tradicionalmente ocupadas pelos índios, as áreas reservadas e as áreas adquiridas. As duas primeiras são bens públicos de propriedade da União; a terceira abrange bens particulares da comunidade indígena, regidos pelo direito privado.

d) **Terras devolutas**

– **fases da evolução da propriedade rural no Brasil:** a) de **sesmarias**; b) a de **posses** (a partir de 1822, iniciando-se a fase de mera ocupação, passando a morada habitual e o cultivo da terra a serem essenciais para a legitimidade da posse); c) a da **Lei de Terras** – Lei nº 601, de 18-9-1850 (para regularizar a situação das terras públicas, adotou várias medidas: legitimação das posses que tivessem os requisitos do cultivo e morada habitual; proibição de novas ocupações; definição de **terras devolutas**; criação do processo de discriminação de terras devolutas); d) a iniciada com a **República**, (com reserva, na CF de 1891, de parte das terras devolutas para a União, ficando as demais com os Estados);

– **conceito** no art. 5º do Decreto-lei nº 9.760; **conceito residual**: terras devolutas são as que não estão destinadas a qualquer uso público nem incorporadas ao domínio privado;

– são **bens dominicais**; salvo na hipótese do art. 225, § 5º, da CF (com referência a **terras devolutas** e **arrecadas pelos Estados**; as primeiras ainda não foram objeto de processo de discriminação, sendo vagas, sem dono; as segundas já foram objeto daquele processo e incorporadas ao patrimônio público);

– art. 20, II, da CF: as de propriedade da **União** as terras devolutas indispensáveis à defesa das fronteiras, das fortificações e construções militares, das vias federais de comunicação e à preservação ambiental, definidas em lei; as demais pertencem aos Estados; alguns doaram parte aos Municípios;

– **controvérsias jurisprudenciais quanto à usucapião de terras não incorporadas ao patrimônio público**: a) a partir da presunção de que todas as terras eram públicas, cabe ao interessado provar que a terra era do domínio particular, sendo suscetível de usucapião; b) entendimento oposto: cabe ao poder público fazer a prova de que se trata de terra devoluta;

– **processo de discriminação** (Lei nº 6.383, de 7-12-76), com o objetivo de separar as terras públicas das terras particulares; abrange:

a) um **processo administrativo,** com duas fases: (i) **fase de chamamento** dos interessados; b) **fase de demarcação:** delimitação das terras particulares, com títulos legítimos, para fins de transcrição no registro de imóveis;

b) um **processo judicial**, com relação aos títulos que ensejarem dúvida quanto ao domínio, instaura-se ação judicial de discriminação, com nova **fase de chamamento**, em que o juiz define os títulos legítimos (terras privadas) e, por exclusão, as terras devolutas (terras públicas); b) **fase de demarcação**: com delimitação das terras privadas e das terras públicas;

– na sequência, pode ser feita a **legitimação de posse** das terras devolutas que sejam objeto de cultivo e morada habitual.

e) **Faixa de fronteira:** área de 150 km de largura, paralela à linha divisória terrestre do território nacional, considerada indispensável à segurança nacional; são de propriedade da União as consideradas indispensáveis à defesa das fronteiras (art. 20, II, da CF); as demais são particulares e sujeitam-se a restrições (art. 91, § 1º, III, da CF; Lei nº 6.634, de 2-5-79).

f) **Ilhas**: art. 20, IV, da CF define as de propriedade da União; o art. 26, II e III, define as de propriedade dos Estados; pertencem aos Municípios as ilhas onde está situada a sua sede; são **bens dominicais ou bens de uso comum do povo** (art. 25 do Código de Águas).

g) **Águas públicas**: art. 20, III e VI, da CF (define as águas de propriedade da União); art. 26, I (define as águas estaduais); não mais existem águas particulares nem águas de propriedade dos Municípios;

– **competência da União para legislar sobre águas**: art. 21, XIX, e 22, IV, da CF; Lei nº 9.433, de 8-1-97 (Política Nacional de Recursos Hídricos); podem **Estados estabelecer normas de proteção** (art. 24, VI, da CF);

– **uso das águas públicas**: pode ser de **uso comum** (gratuito ou remunerado – art. 103 do CC) e de **uso privativo** (mediante **autorização**, se for para uso privado, ou **concessão**, se for para prestação de serviço de utilidade pública, conforme art. 43 do Código de Águas).

h) **Minas e jazidas:** definidas pelo art. 4º do Decreto-lei nº 227, de 28-2-67 (Código de Mineração); a jazida é fenômeno geológico, da natureza, enquanto a mina é o resultado de exploração da jazida, traduzindo uma atividade econômica e produtiva;

– **sistema de exploração e aproveitamento**: as jazidas e recursos minerais são de propriedade distinta da do solo, para efeitos de exploração ou aproveitamento, e pertencem à União, garantida ao concessionário a propriedade do produto da lavra (art. 176 da CF); o proprietário do solo participa dos resultados da lavra (art. 176, § 2º); os Estados, o DF e os Municípios, bem como os órgãos da Administração Direta da União participam do resultado da exploração de petróleo ou gás natural, de recursos hídricos para fins de energia elétrica e de outros recursos minerais no respectivo território, plataforma continental, mar territorial ou zona econômica exclusiva, ou compensação financeira por essa exploração (art. 20, § 1º, da CF);

– **formas de exploração**: autorização ou concessão da União, só podendo ser dadas a brasileiros ou empresa constituída sob as leis brasileiras (art. 176, § 1º, da CF).

17
Controle da Administração Pública

17.1 CONCEITO E ABRANGÊNCIA

No exercício de suas funções, a Administração Pública sujeita-se a controle por parte dos Poderes Legislativo e Judiciário, além de exercer, ela mesma, o controle sobre os próprios atos.

Esse controle abrange não só os órgãos do Poder Executivo, incluindo a administração direta e a indireta, mas também os dos demais Poderes, quando exerçam função tipicamente administrativa; em outras palavras, abrange a Administração Pública considerada em sentido amplo.

A finalidade do controle é a de assegurar que a Administração atue em consonância com os princípios que lhe são impostos pelo ordenamento jurídico, como os da legalidade, moralidade, finalidade pública, publicidade, motivação, impessoalidade; em determinadas circunstâncias, abrange também o controle chamado de mérito e que diz respeito aos aspectos discricionários da atuação administrativa.

Embora o controle seja atribuição estatal, o administrado participa dele à medida que pode e deve provocar o procedimento de controle, não apenas na defesa de seus interesses individuais, mas também na proteção do interesse coletivo. A Constituição outorga ao particular determinados instrumentos de ação a serem utilizados com essa finalidade. É esse, provavelmente, o mais eficaz meio de controle da Administração Pública: o controle popular.

A Emenda Constitucional nº 19/98 inseriu o § 3º no art. 37 prevendo lei que discipline as formas de participação do usuário na administração pública direta e indireta, regulando especialmente: I – as reclamações relativas à prestação dos serviços públicos em geral, asseguradas a manutenção de serviços de atendimento ao usuário e a avaliação periódica, externa e interna, da qualidade dos serviços; II – o acesso dos usuários a registros administrativos e a informações sobre atos de governo, observado o disposto no art. 5º, X e XXXIII; III – a disciplina da representação contra o exercício negligente ou abusivo de cargo, emprego ou função na Administração Pública. O dispositivo foi parcialmente disciplinado pela chamada Lei de Acesso a Informações (Lei nº 12.527, de 18-11-11, alterada pela Lei nº 14.129, de 29-3-21, e regulamentada pelo Decreto nº 7.724, de 16-5-12, com alterações posteriores).

Essa lei constitui-se em importante instrumento de controle por parte do cidadão.[1]

---

[1] V. item 3.4.10, com maiores comentários sobre o direito à informação, como uma das manifestações do princípio da publicidade. No Estado de São Paulo, já existe lei dispondo sobre proteção e defesa do usuário do serviço público; trata-se da Lei nº 10.294, de 20-4-99, que define como direitos básicos do usuário a informação, a qualidade na prestação do serviço e o controle adequado do serviço público. Na esfera federal, a Lei

Atualmente, uma instituição que desempenha importante papel no controle da Administração Pública é o Ministério Público, em decorrência das funções que lhe foram atribuídas pelo art. 129 da Constituição. Além da tradicional função de denunciar autoridades públicas por crimes no exercício de suas funções, ainda atua como autor na ação civil pública, seja para defesa de interesses difusos e coletivos, seja para repressão à improbidade administrativa. Ainda tem legitimidade para ajuizar ações de responsabilização contra pessoas jurídicas que causam dano à Administração Pública, com fundamento no art. 19 da Lei anticorrupção. Embora outras entidades disponham de legitimidade ativa para a propositura dessas ações, a independência do Ministério Público e os instrumentos que lhe foram outorgados pelo referido dispositivo constitucional (competência para realizar o inquérito civil, expedir notificações, requisitar informações e documentos, requisitar diligências investigatórias) fazem dele o órgão mais bem estruturado e mais apto para o controle da Administração Pública.

O controle constitui poder-dever dos órgãos a que a lei atribui essa função, precisamente pela sua finalidade corretiva; ele não pode ser renunciado nem retardado, sob pena de responsabilidade de quem se omitiu.

Ele abrange a fiscalização e a correção dos atos ilegais e, em certa medida, dos inconvenientes ou inoportunos.

Com base nesses elementos, pode-se definir o controle da Administração Pública como o poder de fiscalização e correção que sobre ela exercem os órgãos dos Poderes Judiciário, Legislativo e Executivo, com o objetivo de garantir a conformidade de sua atuação com os princípios que lhe são impostos pelo ordenamento jurídico.

17.2 ESPÉCIES

Vários critérios existem para classificar as modalidades de controle.

Quanto ao **órgão** que o exerce, o controle pode ser **administrativo, legislativo** ou **judicial**.

Quanto ao **momento** em que se efetua, pode ser **prévio, concomitante** ou **posterior**. Exemplos de controle prévio (*a priori*) existem inúmeros na própria Constituição Federal, quando sujeita à autorização ou aprovação prévia do Congresso Nacional ou de uma de suas Casas determinados atos do Poder Executivo (cf. arts. 49, II, III, XV, XVI e XVII, e 52, III, IV e V); é um controle **preventivo**, porque visa impedir que seja praticado ato ilegal ou contrário ao interesse público.

O controle **concomitante**, como o próprio nome diz, acompanha a atuação administrativa no momento mesmo em que ela se verifica; é o que acontece com o acompanhamento da execução orçamentária pelo sistema de auditoria; ainda, com a fiscalização que se exerce sobre as escolas, hospitais e outros órgãos públicos prestadores de serviços à coletividade. O controle **posterior** tem por objetivo rever os atos já praticados, para corrigi-los, desfazê-los ou apenas confirmá-los; abrange atos como os de aprovação, homologação, anulação, revogação, convalidação.

O controle ainda pode ser **interno** ou **externo**, consoante decorra de órgão integrante ou não da própria estrutura em que se insere o órgão controlado. É interno o controle que cada um dos Poderes exerce sobre seus próprios atos e agentes. É externo o controle exercido por um dos Poderes sobre o outro; como também o controle da Administração Direta sobre a Indireta.

A Constituição Federal, no capítulo concernente à fiscalização contábil, financeira e orçamentária, prevê o **controle externo**, a cargo do Congresso Nacional, com o auxílio do

---

nº 13.460, de 26-6-17, veio dispor sobre participação, proteção e defesa dos usuários dos serviços públicos da administração pública.

Tribunal de Contas (art. 71) e o **controle interno** que cada Poder exercerá sobre seus próprios atos (arts. 70 e 74). Esse controle interno é feito, normalmente, pelo sistema de auditoria, que acompanha a execução do orçamento, verifica a legalidade na aplicação do dinheiro público e auxilia o Tribunal de Contas no exercício de sua missão institucional.

O art. 74 da Constituição inova de várias maneiras: primeiro, ao deixar claro que cada um dos Poderes terá um sistema de controle interno; segundo, ao prever que esse sistema se exercerá de forma integrada entre os três Poderes; terceiro, ao estabelecer a responsabilidade solidária dos responsáveis pelo controle quando, ao tomarem conhecimento de irregularidade, deixarem de dar ciência ao Tribunal de Contas (§ 1º); finalmente, ao colocar o Tribunal de Contas como uma espécie de ouvidor-geral a quem os cidadãos, partidos políticos, associações ou sindicatos podem denunciar irregularidades ou ilegalidades (§ 2º).

O controle ainda pode ser de **legalidade** ou de **mérito**, conforme o aspecto da atividade administrativa a ser controlada. O primeiro pode ser exercido pelos três Poderes; o segundo cabe à própria Administração e, com limitações, ao Poder Legislativo.

Qualquer que seja o órgão de controle, ele está sujeito às normas da Lei de Introdução às Normas do Direito Brasileiro, com as alterações introduzidas pela Lei nº 13.655, de 25-4-18, no que diz respeito à segurança jurídica, à motivação quanto às consequências administrativas e jurídicas das decisões, à dosimetria das sanções, à possibilidade de celebração de compromisso para eliminar irregularidades, incerteza jurídica ou situação contenciosa na aplicação do direito público, à possibilidade de compensação a ser garantida em decorrência de benefícios indevidos ou prejuízos anormais. A análise dessas normas foi feita no capítulo 3, item 3.3, deste livro.[2]

17.3 CONTROLE ADMINISTRATIVO

17.3.1 Conceito e alcance

Controle administrativo é o poder de fiscalização e correção que a Administração Pública (em sentido amplo) exerce sobre sua própria atuação, sob os aspectos de legalidade e mérito, por iniciativa própria ou mediante provocação. Na esfera federal, esse controle é denominado de **supervisão ministerial** pelo Decreto-lei nº 200, de 25-2-67.

Abrange os órgãos da Administração Direta ou centralizada e as pessoas jurídicas que integram a Administração Indireta ou descentralizada.

A Lei nº 14.133, de 1º-4-21, que estabelece normas gerais de licitação e contratos administrativos, tem um capítulo específico sobre controle das contratações (arts. 169 a 173), analisado no capítulo 9, item 9.12.16 deste livro.

O controle sobre os órgãos da Administração Direta é um controle interno e decorre do **poder de autotutela** que permite à Administração Pública rever os próprios atos quando ilegais, inoportunos ou inconvenientes. Esse poder é amplamente reconhecido pelo Poder Judiciário em cujo âmbito foram formuladas as Súmulas nos 346 e 473, pelo STF; nos termos da primeira, "a Administração Pública pode declarar a nulidade de seus próprios atos"; e, em conformidade com a segunda, "a Administração pode anular seus próprios atos, quando eivados de vícios que os tornem ilegais, porque deles não se originam direitos; ou revogá-los, por motivo de conveniência ou oportunidade, respeitados os direitos adquiridos e ressalvada, em todos os casos, a apreciação judicial".

---

[2] Sobre o assunto: PEREIRA, Flávio Henrique Unes (coord.). *Segurança jurídica e qualidade das decisões públicas*. Brasília: Senado Federal, 2015.

O poder de autotutela encontra fundamento nos princípios a que se submete a Administração Pública, em especial o da legalidade e o da predominância do interesse público, dos quais decorrem todos os demais. Com efeito, se a Administração está sujeita à observância da lei e à consecução do interesse público, não há por que negar-lhe o controle sobre os próprios atos para assegurar a observância daqueles princípios, mesmo porque, não o fazendo, sujeita-se ao controle pelos demais Poderes, aumentando os ônus do Estado na missão suprema de tutela do direito.

Esse controle sobre os próprios atos pode ser exercido *ex officio*, quando a autoridade competente constatar a ilegalidade de seu próprio ato ou de ato de seus subordinados; e pode ser provocado pelos administrados por meio dos recursos administrativos.

O controle sobre as entidades da Administração Indireta, também chamado de **tutela**, é um controle externo que só pode ser exercido nos limites estabelecidos em lei, sob pena de ofender a autonomia que lhes é assegurada pela lei que as instituiu. Esses limites dizem respeito aos **órgãos** encarregados do controle, aos **atos** de controle possíveis e aos **aspectos** sujeitos ao controle. Este tema não será aqui tratado, porque já analisado no Capítulo 10, concernente à Administração Indireta.

17.3.2 Recursos administrativos

17.3.2.1 Conceito, efeitos e fundamento

Recursos administrativos são todos os meios que podem utilizar os administrados para provocar o reexame do ato pela Administração Pública.

Eles podem ter efeito **suspensivo** ou **devolutivo**; este último é o efeito normal de todos os recursos, independendo de norma legal; ele **devolve** o exame da matéria à autoridade competente para decidir. O efeito **suspensivo**, como o próprio nome diz, suspende os efeitos do ato até a decisão do recurso; ele só existe quando a lei o preveja expressamente. Por outras palavras, no silêncio da lei, o recurso tem apenas efeito devolutivo.

Segundo Hely Lopes Meirelles (2003:646), o **recurso administrativo com efeito suspensivo** produz de imediato duas consequências fundamentais: o impedimento da fluência do prazo prescricional e a impossibilidade jurídica de utilização das vias judiciárias para ataque ao ato pendente de decisão administrativa.

Com efeito, quando a lei prevê recurso com efeito suspensivo, o ato não produz efeito e, portanto, não causa lesão, enquanto não decidido o recurso interposto no prazo legal. Não havendo lesão, faltará interesse de agir para a propositura da ação. Ocorre, no entanto, que ninguém é obrigado a recorrer às vias administrativas de modo que, querendo, pode o interessado deixar exaurir o prazo para recorrer e propor ação judicial, isto porque, exaurido aquele prazo, o ato já começa a causar lesão. A partir daí, começa a correr a prescrição judicial e surge o interesse de agir para ingresso em juízo.

A Constituição de 1967, com a redação dada pela Emenda Constitucional nº 1, de 1969, no art. 153, § 4º, previa a possibilidade de a lei instituir a exaustão das vias administrativas como condição para propositura de ação. Essa exigência não chegou a ser disciplinada e não foi repetida na Constituição de 1988. O que se exige é apenas a ocorrência de **lesão** ou **ameaça** a direito, com base no art. 5º, XXXV, da Constituição, segundo o qual "a lei não excluirá da apreciação do Poder Judiciário lesão ou ameaça a direito".

No recurso sem efeito suspensivo, o ato, ainda que possa vir a ser corrigido pela própria autoridade administrativa, produz lesão a partir do momento em que se torna exequível; a prescrição começa a correr e o interessado pode propor ação judicial independentemente da propositura ou não de recurso administrativo.

Os recursos administrativos têm duplo fundamento constitucional: art. 5º, incisos XXXIV e LV.

Este último assegura aos litigantes, em processo judicial ou administrativo, e aos acusados em geral, o **contraditório** e a ampla defesa, com os meios e recursos a ela inerentes.

O inciso XXXIV, por sua vez, na alínea *a*, garante a todos, independentemente do pagamento de taxas, "o direito de petição aos Poderes Públicos em defesa de direitos ou contra ilegalidade ou abuso de poder".

O direito de petição (*right of petition*) teve origem na Inglaterra, durante a Idade Média. Ele serve de fundamento a pretensões dirigidas a qualquer dos Poderes do Estado, por pessoa física ou jurídica, brasileira ou estrangeira, na defesa de direitos individuais ou interesses coletivos.

Conforme ensinamento de José Afonso da Silva (2003:442), "é importante frisar que o **direito de petição** não pode ser destituído de eficácia. Não pode a autoridade a quem é dirigido escusar pronunciar-se sobre a petição, quer para acolhê-la quer para desacolhê-la com a devida motivação". Acrescenta que "a Constituição não prevê sanção à falta de resposta e pronunciamento da autoridade, mas parece-nos certo que ela pode ser constrangida a isso por via do mandado de segurança, quer quando se nega expressamente a pronunciar-se quer quando se omite; para tanto, é preciso que fique bem claro que o peticionário esteja utilizando efetivamente do direito de petição, o que se caracteriza com maior certeza se for invocado o art. 5º, XXXIV, *a*.

Como a Constituição assegura o direito de petição independentemente do pagamento de taxas, não mais têm fundamento as normas legais que exigiam a chamada "garantia de instância" para interposição de recursos administrativos, ou seja, o depósito de quantias em dinheiro como condição para decisão do recurso.

O Superior Tribunal de Justiça, pela Súmula nº 373, fixou o entendimento de que "é ilegítima a exigência de depósito prévio para admissibilidade de recurso administrativo" (Súmula nº 373).

Esse também tem sido o entendimento do Supremo Tribunal Federal (noticiado no *Boletim* 462/07, do STF), ao considerar inconstitucionais o § 2º do Decreto nº 70.235/72 (RE-388.359/PE, Rel. Ministro Marco Aurélio, 2-4-07), os §§ 1º e 2º do art. 126 da Lei nº 8.213/91, com alterações posteriores (RE-389.383/SP, Rel. Ministro Marco Aurélio, 2-4-07) e o art. 250 do Decreto-lei nº 5/75, com as redações ditadas pela Lei nº 3.188/99 e pela Lei nº 3.344/99, do Rio de Janeiro (AI-398933 e AI-408914, Rel. Ministro Sepúlveda Pertence, 2-4-07). Tal entendimento ficou consagrado na Súmula Vinculante nº 21: "É inconstitucional a exigência de depósito ou arrolamento prévio de dinheiros ou bens para admissibilidade de recurso administrativo."[3]

17.3.2.2 *Modalidades*

Dentro do direito de petição estão agasalhadas inúmeras modalidades de recursos administrativos, disciplinadas por legislação esparsa, que estabelece normas concernentes a prazo, procedimento, competência e outros requisitos a serem observados pelos peticionários. É o caso da **representação**, da **reclamação administrativa**, do **pedido de reconsideração**, dos **recursos hierárquicos próprios e impróprios** e da **revisão**. Como a legislação administrativa é esparsa, as normas sobre recursos têm que ser encontradas conforme o assunto de que se trate.

---

[3] O mesmo entendimento é adotado para propositura de ação judicial, conforme Súmula Vinculante nº 28: "É inconstitucional a exigência de depósito prévio como requisito de admissibilidade de ação judicial na qual se pretenda discutir a exigibilidade de crédito tributário."

Mas a inexistência de normas específicas sobre determinada matéria não impede seja dirigida pretensão à Administração Pública, sempre com base no direito de petição assegurado entre os direitos e garantias fundamentais do homem.

A representação é a denúncia de irregularidades feita perante a própria Administração Pública ou a entes de controle, como o Ministério Público, o Tribunal de Contas ou outros órgãos que funcionem como ouvidoria.

Estava disciplinada pela Lei nº 4.898, de 9-12-65, quando se tratasse de representação contra **abuso de autoridade**, definido pelos seus arts. 3º e 4º. Nesse caso, a representação era dirigida à autoridade superior com competência para aplicar ao culpado a respectiva sanção, bem como ao órgão do Ministério Público com competência para iniciar processo-crime contra a autoridade culpada. A primeira determinaria a instauração de inquérito para apurar o fato (art. 7º) e o segundo denunciaria o réu, no prazo de 48 horas, desde que o fato constituísse abuso de autoridade (art. 13); não o fazendo nesse prazo, seria admitida ação privada (art. 16). Essa lei foi revogada pela Lei nº 13.869, de 5-9-2019 (que define os crimes de abuso de autoridade e foi parcialmente alterada pela Lei nº 14.321, de 31-3-22), que não repete as mesmas normas. Seu art. 6º, no *caput*, determina que "as penas previstas nesta Lei serão aplicadas independentemente das sanções de natureza civil ou administrativa cabíveis", reafirmando a independência de instâncias administrativa, civil e criminal, já tratadas no capítulo 13, item 13.8.4. O parágrafo único limita-se a estabelecer que "as notícias de crimes previstos nesta Lei que descreverem falta funcional serão informadas à autoridade competente com vistas à apuração". No entanto, o direito de representar contra abuso de autoridade que constitua também infração administrativa, deve ser exercido perante a autoridade a que se subordina o agente público, com fundamento no art. 5º, XXXIV, alínea *a*, da Constituição Federal e nos dispositivos legais contidos nos estatutos dos servidores públicos dos vários entes federativos.

Quando se tratar de abuso de autoridade praticado no âmbito do Poder Judiciário e do Ministério Público, a competência para a representação é do Conselho Nacional da Magistratura ou do Conselho Nacional do Ministério Público, conforme o caso (art. 103-B, § 4º, III, e art. 130-A, § 2º, III, da Constituição, introduzidos pela Emenda Constitucional nº 45/2004).

A Constituição Federal prevê um caso específico de representação perante o Tribunal de Contas. O art. 74, § 2º, estabelece que "qualquer cidadão, partido político, associação ou sindicato é parte legítima para, na forma da lei, denunciar irregularidades ou ilegalidades perante o Tribunal de Contas da União". A Constituição do Estado de São Paulo contém norma semelhante, estendendo a possibilidade de a representação ser feita à Assembleia Legislativa (art. 35, § 2º).

Ainda na Constituição do Estado de São Paulo foi prevista representação dirigida ao Ministério Público. O art. 97, inciso III, inclui entre as suas funções a de "receber petições, reclamações, representações ou queixas de qualquer pessoa ou entidade representativa de classe, por desrespeito aos direitos assegurados na Constituição Federal e nesta Constituição, as quais serão encaminhadas a quem de direito, e respondidas no prazo improrrogável de trinta dias".

Entende-se que caberá ao Ministério Público adotar a medida cabível, desde que seja de sua competência, o que abrange as atribuições previstas no art. 129 da Constituição Federal, como a de promover a ação penal pública, promover o inquérito civil e a ação civil pública para a proteção do patrimônio público e social, do meio ambiente e de outros interesses difusos e coletivos, promover a ação de inconstitucionalidade ou representação para fins de intervenção da União e dos Estados, requisitar diligências investigatórias e a instauração de inquérito policial, indicados os fundamentos jurídicos de suas manifestações.

Não sendo matéria de sua competência, deverá o Ministério Público encaminhar a representação à autoridade competente para apreciá-la.

Não assiste razão a Hely Lopes Meirelles (2003:648) quando afirma que "a representação vale como informação de ilegalidades, a serem conhecidas e corrigidas pelos meios que a

Administração reputar convenientes". A afirmação vale para as representações manifestamente infundadas, feitas por capricho ou de forma temerária. Mas a regra é que a Administração determine a apuração da irregularidade sob pena de condescendência criminosa, definida no art. 320 do Código Penal.

Essa ideia é reforçada, agora, pelo art. 74, § 1º, da Constituição Federal, segundo o qual "os responsáveis pelo controle interno, ao tomarem conhecimento de qualquer irregularidade ou ilegalidade, dela darão ciência ao Tribunal de Contas da União, sob pena de responsabilidade solidária". Infere-se que a irregularidade, nesse caso, deve referir-se a aspectos pertinentes à fiscalização contábil, financeira e orçamentária a cargo do Tribunal de Contas. A própria norma do art. 97, inciso III, da Constituição do Estado, já referida, leva à mesma conclusão.

Não pode ser deixada à discricionariedade da Administração a decisão sobre apurar ou não a irregularidade denunciada. Ela tem o **poder-dever** de averiguar e punir os responsáveis em decorrência da sua sujeição ao princípio da legalidade, ao qual não pode fazer sobrepor simples razões de oportunidade e conveniência.

A **reclamação administrativa** está prevista no Decreto nº 20.910, de 6-1-32, que dispõe sobre **prescrição**, nas esferas administrativa e judicial, em favor da Administração Pública. Ele não especifica as hipóteses em que é cabível, razão pela qual se pode dizer que a reclamação tem um sentido amplo que abrange as várias modalidades de recursos administrativos que tenham por objeto as dívidas passivas da União, Estados e Municípios, bem assim todo e qualquer direito ou ação contra a Fazenda Federal, Estadual ou Municipal, seja qual for a sua natureza (art. 1º).

A análise desse dispositivo permite concluir que ele não teve por objetivo disciplinar as hipóteses em que cabe a reclamação ou mesmo o seu procedimento, mas apenas estabelecer normas sobre "prescrição administrativa" e sua interrupção e suspensão. Por isso, pode-se dar à reclamação um conceito amplo, abrangente, não excludente de outras modalidades de recurso: **reclamação administrativa** é o ato pelo qual o administrado, seja particular ou servidor público, deduz uma pretensão perante a Administração Pública, visando obter o reconhecimento de um direito ou a correção de um ato que lhe cause lesão ou ameaça de lesão.

Nos termos do art. 6º do Decreto nº 20.910, a reclamação deve ser feita no prazo de um ano, se outro não estiver estabelecido em lei. Vale dizer que, quando houver previsão legal de determinado recurso sem estipulação de prazo, ou quando a lei não previr recurso nenhum específico, poderá o interessado valer-se da reclamação administrativa para pleitear seus direitos perante a Administração, devendo fazê-lo no prazo de um ano.

Quando feita no prazo, a reclamação **suspende** a prescrição a partir da entrada do requerimento do titular do direito ou do credor nos livros ou protocolos (art. 4º).

O art. 103-A, § 3º, da Constituição Federal, acrescentado pela Emenda Constitucional nº 45/04 e regulamentado pela Lei nº 11.417, de 19-12-06, prevê modalidade de **reclamação administrativa** que pode ser proposta, perante o Supremo Tribunal Federal, depois de esgotadas as vias administrativas, quando a decisão proferida pela Administração Pública contrariar o enunciado de súmula vinculante. Se a reclamação for julgada procedente, a decisão do Supremo Tribunal Federal é de cumprimento obrigatório para a autoridade administrativa que praticou o ato contrário à súmula, bem como para a autoridade competente para decidir o recurso administrativo. De acordo com o dispositivo constitucional, se a reclamação for julgada procedente, o Supremo Tribunal Federal anulará o ato administrativo ou cassará a decisão judicial impugnada determinando que outra seja proferida com ou sem aplicação da súmula, conforme o caso. De forma um pouco diferente, o art. 64-B da Lei nº 9.784, acrescentado pela Lei nº 11.417, determina que, "acolhida pelo Supremo Tribunal Federal a reclamação fundada em violação de enunciado da súmula vinculante, dar-se-á ciência à autoridade prolatora e ao órgão competente para o julgamento do recurso, que deverão adequar as futuras decisões administrativas em casos semelhantes, sob pena de responsabilização pessoal nas esferas cível, administrativa e penal". Conjugando os dois dispositivos, tem-se que entender que, se o Supremo Tribunal Federal julgar procedente a reclamação, ele anulará o ato e dará ciência à autoridade prolatora da decisão e ao órgão competente para julgar o recurso, os quais, nas futuras decisões, deverão obedecer à súmula sob pena de responsabilidade civil, administrativa e penal.

Pedido de reconsideração é aquele pelo qual o interessado requer o reexame do ato à própria autoridade que o emitiu. Está previsto no art. 106 da Lei nº 8.112/90 e no art. 240 do Estatuto dos Funcionários Públicos Civis do Estado de São Paulo (Lei nº 10.261, de 28-10-68, com a redação dada pela Lei Complementar nº 942/03); em ambas as esferas, o prazo para decisão é de 30 dias, não podendo ser renovado; só é cabível se contiver novos argumentos; caso contrário, caberá recurso à autoridade superior.

Recurso hierárquico é o pedido de reexame do ato dirigido à autoridade superior à que proferiu o ato. Pode ser **próprio** ou **impróprio**.

O recurso hierárquico próprio é dirigido à autoridade imediatamente superior, dentro do mesmo órgão em que o ato foi praticado. Ele é uma decorrência da hierarquia e, por isso mesmo, independe de previsão legal.

A Lei nº 9.784, de 29-1-99, que estabelece normas sobre o processo administrativo federal, contém algumas normas referentes ao recurso hierárquico, que assim se resumem:

1. o recurso pode ser interposto por razões de legalidade ou de mérito (art. 56);
2. é dirigido à autoridade que proferiu a decisão, a qual, se não a reconsiderar no prazo de cinco dias, o encaminhará à autoridade superior (art. 56, § 1º); com isto, se elimina a necessidade de entrar previamente com pedido de reconsideração; o mesmo recurso, antes de ser dirigido à autoridade superior, já é examinado pela autoridade que praticou o ato recorrido, com possibilidade de reconsideração de sua decisão;
3. a interposição de recurso administrativo independe de caução, salvo exigência legal expressa (art. 56, § 2º);
4. o recurso administrativo tramita até o máximo de três instâncias administrativas, salvo disposição legal diversa (art. 57);
5. têm titularidade para recorrer: I – os titulares de direitos e interesses que forem parte no processo; II – aqueles cujos direitos ou interesses forem indiretamente afetados pela decisão recorrida; III – as organizações e associações representativas, no tocante a direitos e interesses coletivos; IV – os cidadãos ou associações, quanto a direitos ou interesses difusos (art. 58);
6. salvo disposição legal específica, o prazo para recorrer é, em regra, de dez dias, contado a partir da ciência ou divulgação oficial da decisão recorrida (art. 59);
7. quando a lei não fixar prazo diferente, o recurso administrativo deverá ser decidido no prazo máximo de trinta dias, a partir do recebimento dos autos pelo órgão competente (art. 59, § 1º), podendo esse prazo ser prorrogado por igual período, ante justificativa explícita (§ 2º); apesar da fixação desse prazo, tem-se que entender que, mesmo que descumprido, a decisão tem que ser proferida, até porque o art. 48 da mesma lei estabelece que a Administração tem o dever de explicitamente emitir decisão nos processos administrativos e sobre solicitações ou reclamações, em matéria de sua competência; portanto, não há como conceber a hipótese de deixar a matéria sem decisão apenas por esta não ter sido proferida no prazo legal; no entanto, é evidente que a omissão da autoridade poderá sujeitá-la à responsabilidade administrativa, civil e criminal;

8. como regra geral, o recurso não tem efeito suspensivo, salvo nos casos em que a lei expressamente o estipular (art. 61); no entanto, o parágrafo único do dispositivo permite que, mesmo não sendo previsto o efeito suspensivo, a autoridade administrativa poderá outorgá-lo a determinado recurso, quando haja justo receio de prejuízo de difícil ou incerta reparação decorrente da execução;
9. interposto o recurso, o órgão competente para dele conhecer deverá intimar os demais interessados para que, no prazo de cinco dias úteis, apresentem alegações (art. 62); trata-se de aplicação do princípio do contraditório;
10. o recurso não será conhecido quando interposto: I – fora do prazo; II – perante órgão incompetente; III – por quem não seja legitimado; IV – após exaurida a esfera administrativa (art. 63); na hipótese do inciso II, será indicada a autoridade competente, sendo devolvido o prazo para recurso (§ 1º); em qualquer hipótese de não conhecimento do recurso, não fica a autoridade administrativa impedida de rever o ato de ofício, desde que não ocorrida preclusão administrativa (§ 2º);
11. o órgão competente para decidir o recurso poderá confirmar, modificar, anular ou revogar, total ou parcialmente, a decisão recorrida, se a matéria for de sua competência (art. 64);
12. se da decisão resultar gravame à situação do recorrente, este deverá ser cientificado para que formule suas alegações antes da decisão (art. 64, parágrafo único);
13. se o recorrente alegar que a decisão administrativa é contrária a enunciado de súmula vinculante editada pelo Supremo Tribunal Federal, com fundamento no art. 103-A da Constituição, caberá à autoridade prolatora da decisão impugnada, se não a reconsiderar, explicitar, antes de encaminhar o recurso à autoridade superior, as razões da aplicabilidade ou inaplicabilidade da súmula, conforme o caso (§ 3º do art. 56, acrescentado na Lei nº 9.784 pela Lei nº 11.417, de 19-12-06, que disciplina a súmula vinculante);
14. a mesma obrigação de explicitar as razões da aplicabilidade ou não da súmula vinculante incumbe ao órgão competente para o julgamento do recurso (art. 64-A da Lei nº 9.784, acrescentado pela Lei nº 11.417/06).

O recurso hierárquico impróprio é dirigido a autoridade de outro órgão não integrado na mesma hierarquia daquele que proferiu o ato. Precisamente por isso é chamado **impróprio**. Não decorrendo da hierarquia, ele só é cabível se previsto expressamente em lei. A hipótese mais comum é a de recurso contra ato praticado por dirigente de autarquia, interposto perante o Ministério a que a mesma se acha vinculada ou perante o Chefe do Poder Executivo, dependendo do que estabeleça a lei. É o caso também de recursos interpostos perante tribunais administrativos, como o Tribunal de Impostos e Taxas ou o Conselho de Contribuintes.

Revisão é o recurso de que se utiliza o servidor público, punido pela Administração, para reexame da decisão, em caso de surgirem fatos novos suscetíveis de demonstrar a sua inocência.

Está prevista nos arts. 174 a 182 da Lei nº 8.112/90 e nos arts. 315 a 321 do Estatuto Paulista (Lei nº 10.261, de 28-10-68, alterada pela Lei Complementar nº 942/2003). Este último define as hipóteses em que é cabível:

"I – quando a decisão for contrária a texto expresso de lei e à evidência dos autos;
II – quando a decisão se fundar em depoimento, exames ou documentos comprovadamente falsos ou errados; e
III – quando, após a decisão, se descobrirem novas provas da inocência do punido ou de circunstância que autorize pena mais branda".

A revisão pode ser requerida, a qualquer tempo, pelo próprio interessado, por seu procurador ou por terceiros, conforme dispuser a lei estatutária. No entanto, pela formulação nº 35, o DASP fixou o entendimento de que a revisão está sujeita à prescrição quinquenal, o que destoa inteiramente da natureza *sui generis* do instituto que, previsto também na órbita penal, tem por fim corrigir um erro no julgamento. Note-se que ela é admissível até mesmo depois de falecido o interessado, pois o seu objetivo é reabilitar o acusado, o que não pode ser limitado no tempo.

Na legislação estatutária federal e estadual, está expresso que a revisão não autoriza a agravação da pena, devendo concluir, se julgada procedente, pela redução ou cancelamento da pena. A Lei nº 9.784/99 repete a mesma ideia no art. 65, parágrafo único, ao estabelecer que *"da revisão do processo não poderá resultar agravamento da sanção"*.

17.3.2.3 Coisa julgada administrativa

As expressões **coisa julgada administrativa** e **prescrição administrativa**, criticadas por muitos autores, por entenderem que se trata de institutos típicos do direito processual, civil e penal, foram transpostas para o direito administrativo por influência de doutrinadores que não veem diferença de fundo, mas apenas de forma, entre a administração ativa e a jurisdição; em ambos os casos há a aplicação da lei ao caso concreto.[4]

No entanto, há que se ter em conta que, sendo muito diversas as funções jurisdicional e administrativa, pela forma como nelas atua o Estado, não se pode simplesmente transpor uma noção, como a de coisa julgada, de um ramo, onde tem pleno fundamento, para outro, em que não se justifica. Na função jurisdicional, o Poder Judiciário atua como terceiro estranho à lide; a relação é trilateral, porque compreende autor, réu e juiz, não sendo este **parte** na relação que vai decidir. Por isso mesmo, a função é **imparcial** e, como tal, torna-se definitiva, pondo fim ao conflito; por outras palavras, ela produz coisa julgada.

Na função administrativa, a Administração Pública é **parte** na relação que aprecia; por isso mesmo se diz que a **função** é **parcial** e, partindo do princípio de que ninguém é juiz e parte ao mesmo tempo, a decisão não se torna definitiva, podendo sempre ser apreciada pelo Poder Judiciário, se causar lesão ou ameaça de lesão.

No processo judicial, existe a coisa julgada formal (imutabilidade da sentença no mesmo processo em que foi proferida, por não caber mais recurso) e a coisa julgada material (imutabilidade mesmo fora do processo, porque a decisão transitada em julgado faz lei entre as partes, nos termos do art. 503 do CPC). No processo administrativo, só existe a coisa julgada formal; não existe coisa julgada material, porque a decisão proferida na esfera administrativa é passível de apreciação pelo Poder Judiciário.

Portanto, a expressão **coisa julgada**, no Direito Administrativo, não tem o mesmo sentido que no Direito Judiciário. Ela significa apenas que a decisão se tornou **irretratável pela própria Administração**.

Embora se faça referência apenas à hipótese em que se exauriu a via administrativa, não cabendo mais qualquer recurso, existem outras possibilidades: (a) a decisão não mais pode ser revogada por razões de mérito; (b) a Administração perdeu o prazo para rever os atos ilegais previsto no art. 54 da Lei nº 9.784/99; (c) ocorreu a prescrição judicial; (d) já foi proferida decisão judicial transitada em julgado.

---

[4] Sobre o assunto, v. DI PIETRO, Maria Sylvia Zanella. Limites da utilização de princípios do processo judicial no processo administrativo. In: *Fórum Administrativo*, Belo Horizonte: Fórum, ano 13, nº 147, maio 2013. p. 44-60.

No Capítulo 7, item 7.11.3, referente à revogação, foram apontadas as limitações à revogação dos atos administrativos: não podem ser revogados os atos vinculados, os que exauriram os seus efeitos, os meros atos administrativos, os que geraram direitos subjetivos. Não podendo ser revogados, tornam-se irretratáveis pela própria Administração, fazendo **coisa julgada administrativa**.

17.3.2.4 Prescrição administrativa

Em diferentes sentidos costuma-se falar em prescrição administrativa: ela designa, de um lado, a perda do prazo para recorrer de decisão administrativa; de outro, significa a perda do prazo para que a Administração reveja os próprios atos; finalmente, indica a perda do prazo para aplicação de penalidades administrativas.

Quanto ao primeiro aspecto, encontram-se em leis esparsas normas estabelecendo prazos para que os interessados recorram de decisões administrativas. Os servidores públicos federais, por exemplo, têm o prazo de cinco anos para pleitear na esfera administrativa quanto aos atos de que decorreram demissão, cassação de aposentadoria ou disponibilidade, e 120 dias nos demais casos (art. 110 da Lei nº 8.112/90).

Na ausência de lei específica estabelecendo prazo para recorrer, aplica-se, na esfera federal, a Lei nº 9.784, de 29-1-99, que disciplina o processo administrativo no âmbito da Administração Pública Federal. O art. 59 estabelece que *"salvo disposição legal específica, é de dez dias o prazo para interposição de recurso administrativo, contado a partir da ciência ou divulgação oficial da decisão recorrida"*.

Nesses casos, como em outros semelhantes, em que o prazo é estabelecido em benefício da própria Administração, para bom andamento dos serviços públicos, nada impede que ela conheça de recursos extemporâneos, desde que constate assistir razão ao interessado; isto porque, no exercício da função de tutela da legalidade, a Administração pode e deve, mesmo sem provocação do administrado, rever os seus atos ilegais, até com o objetivo de evitar demandas judiciais inúteis, que poderão terminar com decisão a ela favorável. Na Lei nº 9.784, embora se estabeleça que o recurso não será conhecido quando interposto fora do prazo (art. 63, I), admite-se que, nesse caso, a Administração possa rever de ofício o ato ilegal, desde que não ocorrida preclusão administrativa.

Também em caso de ter ocorrido prescrição judicial desaparece o poder de rever o ato de ofício porque, nesse caso, a revisão constituiria ofensa à estabilidade das relações jurídicas que o legislador quis proteger com a fixação de prazo prescricional. O reconhecimento de um direito, nessas circunstâncias, significaria liberalidade da Administração em face de um interesse público do qual ela não pode dispor.

Pela mesma razão, no silêncio da lei, o prazo para que a Administração reveja os próprios atos, com o objetivo de corrigi-los ou invalidá-los, é o mesmo em que se dá a prescrição judicial. Reconhecemos que a matéria é controvertida, no que diz respeito a esse prazo.

Interessante é a colocação feita por Régis Fernandes de Oliveira (1978:122); segundo seu modo de ver, não há, com relação ao Poder Público, prazo para que se reconheça a invalidação de qualquer ato, pouco importando se nulo ou anulável; para ele, "ao administrador sempre cabe reconhecer a nulidade de algum ato, desde que praticado com vício, bem como decretar-lhe a nulidade, já que qualquer deles é incompatível com a indisponibilidade do interesse público". Será diante do caso concreto que a Administração deve decidir se a anulação do ato, apesar do decurso do tempo, deve ou não ser feita; a decisão se pautará pelo que seja melhor para o interesse público.

Ficamos com a posição dos que, como Hely Lopes Meirelles (2003:653), entendem que, no silêncio da lei, a prescrição administrativa ocorre em cinco anos, nos termos do Decreto nº

20.910/32. Quando se trata de direito oponível à Administração, não se aplicam os prazos do direito comum, mas esse prazo específico aplicável à Fazenda Pública; apenas em se tratando de direitos de natureza real é que prevalecem os prazos previstos no Código Civil, conforme entendimento da jurisprudência.

Desse modo, prescrita a ação na esfera judicial, não pode mais a Administração rever os próprios atos, quer por iniciativa própria, quer mediante provocação, sob pena de infringência ao interesse público na estabilidade das relações jurídicas.

Na esfera federal, a questão ficou pacificada com a Lei nº 9.784/99, cujo art. 54 veio estabelecer que *"o direito da Administração de anular os atos administrativos de que decorram efeitos favoráveis para os destinatários decai em cinco anos, contados da data em que foram praticados, salvo se comprovada má-fé"*. Pela norma do § 1º do mesmo dispositivo, "no caso de efeitos patrimoniais contínuos, o prazo de decadência contar-se-á da percepção do primeiro pagamento".

Com relação aos prazos para punir, que são estabelecidos em favor do administrado, são fatais para a Administração.[5] Na esfera federal, prescreve em 180 dias a pena de advertência, em dois anos a de suspensão e em cinco anos as de demissão, cassação de aposentadoria ou disponibilidade e destituição de cargo em comissão (art. 142 da Lei nº 8.112/90). Pelo § 2º do mesmo dispositivo, "os prazos de prescrição previstos na lei penal aplicam-se às infrações disciplinares capituladas também como crime". No Estado de São Paulo, os prazos são de dois anos para a falta sujeita à pena de repreensão, suspensão ou multa; cinco anos para a falta sujeita à pena de demissão, de demissão a bem do serviço público e de cassação da aposentadoria ou disponibilidade; e no prazo de prescrição em abstrato da pena criminal, no caso de falta prevista em lei como infração penal, se superior a cinco anos (art. 261 do Estatuto, com a redação dada pela Lei Complementar nº 942, de 6-6-03).

Quando se trata de punição decorrente do exercício do **poder de polícia**, a Lei nº 9.873, de 23-11-99, com alterações introduzidas pela Lei nº 11.941, de 27-5-09, estabelece prazo de prescrição de cinco anos para a ação punitiva da Administração Pública Federal, Direta e Indireta, contados da data da prática do ato ou, no caso de infração permanente ou continuada, do dia em que tiver cessado. Em caso de paralisação do procedimento administrativo de apuração de infração, por período superior a três anos, também incide a prescrição, sem prejuízo da apuração da responsabilidade funcional decorrente da paralisação. Se ao fato objeto da ação punitiva da Administração corresponder crime, a prescrição reger-se-á pelo prazo previsto na lei penal.

A mesma lei, nos arts. 2º e 3º, indica, respectivamente, os casos de interrupção e suspensão da prescrição.

Essa lei somente se aplica na esfera federal.

17.4 CONTROLE LEGISLATIVO

17.4.1 Alcance

O controle que o Poder Legislativo exerce sobre a Administração Pública tem que se limitar às hipóteses previstas na Constituição Federal, uma vez que implica interferência de um Poder nas atribuições dos outros dois; alcança os órgãos do Poder Executivo, as entidades da Administração Indireta e o próprio Poder Judiciário, quando executa função administrativa. Não podem as legislações complementar ou ordinária e as Constituições estaduais prever outras

---

[5] V. item 3.3.15.4, sobre aplicação dos princípios da segurança jurídica, boa-fé e proteção à confiança na fixação de prazo para anulação de atos administrativos.

modalidades de controle que não as constantes da Constituição Federal, sob pena de ofensa ao princípio da separação de Poderes; o controle constitui exceção a esse princípio, não podendo ser ampliado fora do âmbito constitucional.

Basicamente, são dois os tipos de controle: o **político** e o **financeiro**.

17.4.2 Controle político

O controle abrange aspectos ora de legalidade, ora de mérito, apresentando-se, por isso mesmo, como de natureza **política**, já que vai apreciar as decisões administrativas sob o aspecto inclusive da discricionariedade, ou seja, da oportunidade e conveniência diante do interesse público.

São hipóteses de controle:

1. a competência exclusiva do Congresso Nacional e do Senado para apreciar *a priori* ou *a posteriori* os atos do Poder Executivo (arts. 49, incisos I, II, III, IV, XII, XIV, XVI, XVII, e 52, incisos III, IV, V e XI); a decisão, nesses casos, expressa-se por meio de autorização ou aprovação contida em decreto-legislativo ou resolução;
2. a convocação de Ministro de Estado, quaisquer titulares de órgãos diretamente subordinados à Presidência da República ou o Presidente do Comitê Gestor do imposto sobre Bens e Serviços para prestarem, pessoalmente, informações sobre assunto previamente determinado, importando crime de responsabilidade a ausência sem justificação adequada (art. 50, alterado pela Emenda Constitucional nº 132, de 20-12-23);
3. o encaminhamento de pedidos escritos de informação, pelas Mesas da Câmara dos Deputados e do Senado, dirigidos aos Ministros de Estado ou a quaisquer titulares de órgãos diretamente subordinados à Presidência da República, que deverão responder no prazo de trinta dias, sob pena de crime de responsabilidade (art. 50, § 2º, alterado pela Emenda Constitucional de Revisão nº 2/94);
4. a apuração de irregularidades pelas Comissões Parlamentares de Inquérito, as quais têm poderes de investigação próprios das autoridades judiciais, além de outros previstos nos Regimentos das Casas do Congresso; as suas conclusões, se for o caso, serão encaminhadas ao Ministério Público, para que promova a responsabilidade civil ou criminal dos infratores (art. 58, § 3º); as Comissões não têm poder sancionatório; elas se limitam a **investigar** a irregularidade e a encaminhar as suas conclusões, acompanhadas dos elementos comprobatórios, ao Ministério Público;
5. a competência do Senado Federal para processar e julgar o Presidente e o Vice-Presidente da República nos crimes de responsabilidade, bem como os Ministros de Estado e os Comandantes da Marinha, do Exército e da Aeronáutica, nos crimes da mesma natureza conexos com aqueles; a competência para processar e julgar os Ministros do STF, os membros do Conselho Nacional de Justiça e do Conselho Nacional do Ministério Público, o Procurador-Geral da República e o Advogado-Geral da União nos crimes de responsabilidade (art. 52, incisos I e II); nesses casos, funciona como Presidente o do STF, limitando-se a condenação, que somente poderá ser proferida por 2/3 dos votos do Senado, à perda do cargo, com inabilitação, por oito anos, para o exercício da função pública, sem prejuízo das sanções judiciais cabíveis (art. 52, parágrafo único);
6. a competência do Senado para fixar, por proposta do Presidente da República, limites globais para o montante da dívida consolidada da União, dos Estados, do Distrito Federal e dos Municípios; para dispor sobre limites globais e condições

para as operações de crédito externo e interno da União, dos Estados, do Distrito Federal e dos Municípios, de suas autarquias e demais entidades controladas pelo Poder Público Federal; para dispor sobre limites e condições para a concessão de garantia da União em operações de crédito externo e interno (art. 52, incisos VI, VII e VIII);

7. a competência do Congresso Nacional para sustar os atos normativos do Poder Executivo que exorbitem do poder regulamentar ou dos limites de delegação legislativa; essa atribuição, prevista no art. 49, inciso V, constitui inovação da Constituição de 1988, da maior relevância, porque permitirá ao Poder Legislativo controlar, mediante provocação ou por iniciativa própria, a legalidade dos atos normativos do Poder Executivo, sustando os seus efeitos independentemente de prévia manifestação do Poder Judiciário.

A Constituição do Estado de São Paulo prevê também atos de controle da Assembleia Legislativa sobre o Poder Executivo no art. 20, incisos VII, VIII, IX, X, XII, XIV, XV, XVI, XIX, XXI, XXIV e XXV. Essas atribuições encontram paralelo na Constituição Federal, ressalvada a do inciso XXIV, que atribui à Assembleia Legislativa o poder de "solicitar ao Governador, na forma do Regimento Interno, informações sobre atos de sua competência privativa"; a norma é inconstitucional por ofender o princípio da separação de Poderes, à medida que prevê hipótese de controle não agasalhada pela Constituição Federal;

8. controle financeiro, exercido com o auxílio do Tribunal de Contas.

17.4.3 Controle financeiro

A Constituição Federal disciplina, nos arts. 70 a 75, a fiscalização contábil, financeira e orçamentária, determinando, no último dispositivo, que essas normas se aplicam, no que couber, à organização, composição e fiscalização dos Tribunais de Contas dos Estados e do Distrito Federal, bem como dos Tribunais e Conselhos de Contas dos Municípios.

O art. 70 permite inferir algumas normas básicas:

1. quanto à **atividade** controlada, a fiscalização abrange a contábil, a financeira, a orçamentária, a operacional e a patrimonial; isto permite a verificação da contabilidade, das receitas e despesas, da execução do orçamento, dos resultados e dos acréscimos e diminuições patrimoniais;
2. quanto aos **aspectos** controlados, compreende:

"I – **controle de legalidade dos atos** de que resultem a arrecadação da receita ou a realização da despesa, o nascimento ou a extinção de direitos e obrigações;

II – **controle de legitimidade**, que a Constituição tem como diverso da legalidade, de sorte que parece assim admitir exame de mérito a fim de verificar se determinada despesa, embora não ilegal, fora legítima, tal como atender a ordem de prioridade, estabelecida no plano plurianual;

III – **controle de economicidade**, que envolve também questão de mérito, para verificar se o órgão procedeu, na aplicação da despesa pública, de modo mais econômico, atendendo, por exemplo, uma adequada relação **custo-benefício**;

IV – **controle de fidelidade funcional** dos agentes da administração responsáveis por bens e valores públicos;

V – **controle de resultados de cumprimento de programas de trabalho e de metas**, expresso em termos monetários e em termos de realização de obras e prestação de serviços" (cf. José Afonso da Silva, 2003:727);

3. quanto às **pessoas** controladas, abrange União, Estados, Municípios, Distrito Federal e entidades da Administração Direta e Indireta, bem como qualquer pessoa física ou entidade pública, que utilize, arrecade, guarde, gerencie ou administre dinheiros, bens e valores públicos ou pelos quais a União responda, ou que, em nome desta, assuma obrigações de natureza pecuniária;
4. a fiscalização compreende os sistemas de **controle externo**, que compete ao Poder Legislativo, com auxílio do Tribunal de Contas, e de **controle interno** exercido por cada um dos Poderes.

O controle externo foi consideravelmente ampliado na atual Constituição, conforme se verifica por seu art. 71. Compreende as funções de:

1. **fiscalização financeira** propriamente dita, quando faz ou recusa o registro de atos de admissão de pessoal (excetuadas as nomeações para cargo em comissão) ou de concessão inicial de aposentadoria, reforma ou pensão; quando faz inquéritos, inspeções e auditorias; quando fiscaliza a aplicação de quaisquer recursos repassados pela União, mediante convênio, acordo, ajuste ou outros instrumentos congêneres, a Estado, ao Distrito Federal ou a Município;
2. de **consulta**, quando emite parecer prévio sobre as contas prestadas anualmente pelo Presidente da República;
3. de **informação**, quando as presta ao Congresso Nacional, a qualquer de suas Casas, ou a qualquer das respectivas Comissões, sobre a fiscalização contábil, financeira, orçamentária, operacional e patrimonial e sobre resultados de auditorias e inspeções realizadas;
4. de **julgamento**, quando "julga" as contas dos administradores e demais responsáveis por dinheiros, bens e valores públicos e as contas daqueles que derem causa à perda, extravio ou outra irregularidade de que resulte prejuízo ao Erário Público; embora o dispositivo fale em "julgar" (inciso II do art. 71), não se trata de função jurisdicional, porque o Tribunal apenas examina as **contas**, tecnicamente, e não aprecia a responsabilidade do agente público, que é de competência exclusiva do Poder Judiciário; por isso se diz que o julgamento das contas é uma questão prévia, preliminar, de competência do Tribunal de Contas, que antecede o julgamento do responsável pelo Poder Judiciário;
5. **sancionatórias**, quando aplica aos responsáveis, nos casos de ilegalidade de despesa ou irregularidade de contas, as sanções previstas em lei, que estabelecerá, entre outras cominações, multa proporcional ao dano causado ao erário;
6. **corretivas**, quando assina prazo para que o órgão ou entidade adote as providências necessárias ao exato cumprimento da lei, se verificada ilegalidade; e quando susta, se não atendido, a execução do ato impugnado, comunicando a decisão à Câmara dos Deputados e ao Senado Federal; nos termos do § 1º do art. 71, no caso de contrato, o ato de sustação será adotado diretamente pelo Congresso Nacional, que solicitará, de imediato, ao Poder Executivo, as medidas cabíveis; pelo § 2º, se o Congresso ou o Poder Executivo, no prazo de 90 dias, não efetivar as medidas previstas no parágrafo anterior, o Tribunal decidirá a respeito; isto constitui inovação

da Constituição de 1988, já que, na anterior, a decisão final, de natureza puramente política, ficava com o Congresso Nacional;
7. de **ouvidor**, quando recebe denúncia de irregularidades ou ilegalidades, feita pelos responsáveis pelo controle interno ou por qualquer cidadão, partido político, associação ou sindicato, nos termos do art. 74, §§ 1º e 2º.

Nos âmbitos estadual e municipal, as normas sobre fiscalização contábil, financeira e orçamentária aplicam-se aos respectivos Tribunais e Conselhos de Contas, conforme art. 75.

Com relação aos Municípios, o art. 31 da Constituição prevê o controle externo da Câmara Municipal, com o auxílio dos Tribunais de Contas dos Estados ou do Município ou dos Conselhos ou Tribunais de Contas, onde houver. Pelo § 2º, o parecer prévio emitido pelo órgão competente sobre as contas anuais do Prefeito só deixará de prevalecer por decisão de 2/3 dos membros da Câmara Municipal. E o § 3º contém uma inovação, ao determinar que as contas dos Municípios ficarão, durante 60 dias, anualmente, à disposição de qualquer contribuinte, para exame e apreciação, o qual poderá questionar-lhes a legitimidade, nos termos da lei. É mais uma hipótese de **participação popular** no controle da Administração.

17.5 CONTROLE JUDICIAL

17.5.1 Sistema de unidade de jurisdição

O controle judicial constitui, juntamente com o princípio da legalidade, um dos fundamentos em que repousa o Estado de Direito. De nada adiantaria sujeitar-se a Administração Pública à lei se seus atos não pudessem ser controlados por um órgão dotado de garantias de imparcialidade que permitam apreciar e invalidar os atos ilícitos por ela praticados.

O direito brasileiro adotou o sistema da **jurisdição una**, pelo qual o Poder Judiciário tem o monopólio da função jurisdicional, ou seja, do poder de apreciar, com força de coisa julgada, a lesão ou ameaça de lesão a direitos individuais e coletivos. Afastou, portanto, o sistema da dualidade de jurisdição em que, paralelamente ao Poder Judiciário, existem os órgãos do Contencioso Administrativo que exercem, como aquele, função jurisdicional sobre lides de que a Administração Pública seja parte interessada.

O fundamento Constitucional do sistema da unidade de jurisdição é o art. 5º, inciso XXXV, da Constituição Federal, que proíbe a lei de excluir da apreciação do Poder Judiciário lesão ou ameaça a direito. Qualquer que seja o autor da lesão, mesmo o poder público, poderá o prejudicado ir às vias judiciais.

17.5.2 Limites

O Poder Judiciário pode examinar os atos da Administração Pública, de qualquer natureza, sejam gerais ou individuais, unilaterais ou bilaterais, vinculados ou discricionários, mas sempre sob o aspecto da **legalidade** e, agora, pela Constituição, também sob o aspecto da **moralidade** (arts. 5º, inciso LXXIII, e 37).

Quanto aos atos discricionários, sujeitam-se à apreciação judicial, desde que não se invadam os aspectos reservados à apreciação subjetiva da Administração Pública, conhecidos sob a denominação de **mérito** (oportunidade e conveniência). Sobre o assunto, remetemos o leitor ao Capítulo 7, item 7.8.5.

Não há invasão do mérito quando o Judiciário aprecia os **motivos**, ou seja, os **fatos** que precedem a elaboração do ato; a ausência ou falsidade do motivo caracteriza ilegalidade, suscetível de invalidação pelo Poder Judiciário.

Os atos normativos do Poder Executivo, como Regulamentos, Resoluções, Portarias, não podem ser invalidados pelo Poder Judiciário a não ser por via de ação direta de inconstitucionalidade e ação direta de constitucionalidade (previstas no art. 102, II, *a*, da Constituição Federal e disciplinadas pela Lei nº 9.868, de 10-11-99) ou por arguição de descumprimento de preceito fundamental (prevista no art. 102, § 1º, da Constituição e disciplinada pela Lei nº 9.882, de 3-2-99). O julgamento de todas elas é de competência do STF, ressalvada a competência dos Tribunais de Justiça estaduais quando se tratar de ação direta de inconstitucionalidade de lei ou ato normativo estadual ou municipal que contrarie a Constituição do Estado (art. 125, § 2º, da Constituição Federal, e art. 74, VI, da Constituição Paulista).

Nos casos concretos, poderá o Poder Judiciário apreciar a legalidade ou constitucionalidade dos atos normativos do Poder Executivo, mas a decisão produzirá efeitos apenas entre as partes, devendo ser observada a norma do art. 97 da Constituição Federal, que exige maioria absoluta dos membros dos Tribunais para a declaração de inconstitucionalidade de lei ou ato normativo do Poder Público.

O art. 103-A da Constituição Federal, introduzido pela Emenda Constitucional nº 45/04 e regulamentado pela Lei nº 11.417, de 19-12-06, criou novo instrumento de controle do Poder Judiciário sobre os atos da Administração Pública. Trata-se da **reclamação administrativa** contra decisão que contrarie ou aplique indevidamente uma súmula vinculante editada pelo Supremo Tribunal Federal. Nesse caso, independentemente de ação judicial, o Supremo Tribunal Federal, se acolher a reclamação, **anulará** o ato administrativo e determinará que outro seja praticado (v. item 17.3.2.2).

Com relação aos **atos políticos**, é possível também a sua apreciação pelo Poder Judiciário, desde que causem lesão a direitos individuais ou coletivos. Houve um período no direito brasileiro, na vigência da Constituição de 1937, em que os atos políticos eram insuscetíveis de apreciação judicial, por força de seu art. 94. Essa norma ligava-se à concepção do ato político como sendo aquele que diz respeito a interesses superiores da nação, não afetando direitos individuais; como o exercício do direito de ação estava condicionado à existência de um **direito individual** lesado, não ocorrendo essa lesão, faltava o interesse de agir para o recurso às vias judiciais.

Essa concepção, que persistiu mesmo após a referida Constituição, foi aos poucos sendo superada; inicialmente, pelo reconhecimento de que o ato político pode, em determinados casos, causar lesão a direitos individuais, como ocorre na promoção de juízes e na intervenção federal; disso resultou uma distinção entre **atos exclusivamente políticos** (que não afetam direitos individuais) e atos **quase políticos** ou **não exclusivamente políticos** (que, embora dizendo respeito a interesses superiores do Estado, da nação, da sociedade, afetam também direitos individuais); os primeiros não podiam e os segundos podiam ser submetidos ao Poder Judiciário.

Pela atual Constituição, existe mais uma razão para admitir-se o controle judicial dos atos políticos; é que o art. 5º, inciso XXXV, proíbe seja excluída da apreciação judicial a lesão ou ameaça a **direito**, sem distinguir se ele é individual ou coletivo; previu, ainda, além da ação popular, outras medidas judiciais cabíveis para defesa dos direitos e interesses coletivos, como a ação civil pública e o mandado de segurança coletivo. Com isso, ampliou também a possibilidade de apreciação judicial dos atos exclusivamente políticos.

Quanto aos **atos *interna corporis*** (Regimentos dos atos colegiados), em regra não são apreciados pelo Poder Judiciário, porque se limitam a estabelecer normas sobre o funcionamento interno dos órgãos; no entanto, se exorbitarem em seu conteúdo, ferindo direitos individuais e coletivos, poderão também ser apreciados pelo Poder Judiciário.

17.5.3 Controle judicial das políticas públicas

17.5.3.1 Conceito de políticas públicas e competência para sua definição e execução

Políticas públicas são metas e instrumentos de ação que o Poder Público define para a consecução de interesses públicos que lhe incumbe proteger.

O tema, que despertou a atenção dos juristas a partir principalmente do início do século XXI, vem suscitando controvérsias nos âmbitos doutrinário e jurisprudencial. Isso porque coloca em xeque a discricionariedade dos Poderes Legislativo e Executivo na definição e implementação das políticas públicas, bem como a complexa questão dos limites do seu controle pelo Poder Judiciário.

A definição das políticas públicas implica opções a serem feitas pelo Poder Público. Essas opções são externadas por variados instrumentos, como a Constituição, as emendas à Constituição, os atos normativos do Poder Legislativo, do Poder Executivo e de órgãos e entidades da Administração Pública. Como são vários os instrumentos, pode-se fazer uma gradação levando em conta a própria hierarquia dos atos estatais. Existem metas fixadas, em sentido muito amplo, pela própria Constituição, já a partir de seu preâmbulo. Inúmeros exemplos extraem-se de seu texto. É o caso do art. 170, que coloca como meta da ordem econômica "a existência digna, conforme os ditames da justiça social" e já indica os princípios de observância obrigatória para esse fim. O art. 194 estabelece como meta da seguridade social a garantia dos "direitos relativos à saúde, à previdência e à assistência social". O art. 196 impõe políticas sociais e econômicas na área da saúde que visem "à redução do risco de doença e de outros agravos e ao acesso universal e igualitário às ações e serviços para sua promoção, proteção e recuperação". O art. 205 coloca como meta da educação o "pleno desenvolvimento da pessoa, seu preparo para o exercício da cidadania e sua qualificação para o trabalho". Esses são apenas alguns exemplos de metas definidas pela Constituição e dirigidas a todos os entes da federação e aos três Poderes do Estado.

Em muitos casos, a Constituição até já indica os instrumentos hábeis para a consecução das metas. É o caso, por exemplo, do art. 182, § 4º, que prevê, como instrumentos hábeis para garantir a função social da propriedade urbana, o parcelamento ou edificação compulsórios, o IPTU progressivo no tempo e a desapropriação com pagamento em títulos da dívida pública; do mesmo modo, o art. 184, que prevê a desapropriação, também com pagamento em títulos da dívida pública, como o instrumento adequado para cumprimento da função social da propriedade. O art. 201 indica os eventos a serem cobertos pelos planos de previdência. Do mesmo modo, o art. 208 prevê os instrumentos hábeis para garantir o dever do Estado com a educação.

Outras vezes, a Constituição distribui entre as três esferas de Governo a competência para definir as políticas públicas, como se verifica pelo art. 21, que outorga à União, entre outras, a competência para elaborar e executar planos nacionais e regionais de ordenação do território e de desenvolvimento econômico e social (inciso IX), planejar e promover a defesa permanente contra as calamidades públicas, especialmente as secas e as inundações (inciso XVIII), instituir diretrizes para o desenvolvimento urbano, inclusive habitação, saneamento básico e transportes urbanos (inciso XX), estabelecer princípios e diretrizes para o sistema nacional de viação (inciso XXI). Já o art. 23 define as competências comuns da União, dos Estados, do Distrito Federal e dos Municípios, algumas das quais envolvendo a construção de moradias e a melhoria das condições habitacionais e de saneamento básico (inciso IX), estabelecer e implantar política de educação para a segurança do trânsito (inciso XII).

Diretrizes também são definidas, no Título da Ordem Social (arts. 193 e seguintes) com relação à assistência social, ao ensino, à cultura, à família, à criança, ao adolescente, ao idoso, à proteção do meio ambiente, aos índios. Em grande parte dos dispositivos constitucionais, aparecem como **deveres do Estado e direitos dos cidadãos** as atividades voltadas para a ordem social.

Paralelamente, o art. 6º da Constituição indica o rol dos direitos sociais: educação, saúde, alimentação, trabalho, moradia, lazer, segurança, previdência social, proteção à maternidade e à infância, assistência aos desamparados, "na forma desta Constituição".

O próprio rol dos direitos sociais e a contrapartida dos deveres a serem assumidos pelo Estado na garantia dos direitos já leva a uma conclusão: constitui utopia achar que o Estado brasileiro possui condições de cumprir todas as metas constitucionais e satisfazer a todos os "direitos" dos cidadãos. Por isso mesmo, tais normas sempre foram consideradas programáticas, já que dependem de leis e medidas administrativas para serem concretizadas. Daí a necessidade e importância das políticas públicas: dentre tantas metas postas pela Constituição, as políticas públicas definem as que devem ser atendidas prioritariamente.

O cumprimento das metas exige planejamento e recursos orçamentários; estes são finitos; não existem em montante suficiente para atender a todas as aspirações individuais e a satisfazer a todos os direitos sociais.

O art. 165 prevê três importantes instrumentos de definição de metas, a serem estabelecidos por meio de leis de iniciativa do Poder Executivo: o Plano Plurianual, as diretrizes orçamentárias e os orçamentos anuais. Algumas diretrizes podem ser vinculantes e têm que, obrigatoriamente, ser incluídas nas leis orçamentárias, como a exigência de percentual mínimo de gastos com a educação e a saúde (arts. 212 e 198, respectivamente).

Postas as metas, em termos genéricos, pela Constituição, cabe ao legislador, em segundo plano, disciplina-las de modo a garantir o seu atendimento, por meio dos atos legislativos previstos no art. 59. Além do Plano Plurianual e da Lei de Diretrizes Orçamentárias, já referidos, outras leis vão sendo promulgadas para áreas específicas. É o caso da Lei nº 10.257, de 10-7-01 (Estatuto da Cidade), que regulamenta os arts. 182 e 183 da Constituição Federal e estabelece diretrizes gerais da política urbana. É o que consta da Lei nº 6.983, de 31-8-81 (com alterações posteriores), que define a Política Nacional do Meio Ambiente, da Lei nº 9.433, de 8-1-97 (com alterações posteriores), que define a Política Nacional de Recursos Hídricos, da Lei nº 9.478, de 6-8-97 (com alterações posteriores), que dispõe sobre a Política Energética Nacional e as Atividades Relativas ao Monopólio do Petróleo. Por sua vez, na área da saúde, os princípios e diretrizes constam da Lei nº 8.080, de 19-9-90 (com alterações posteriores).

Muitas dessas leis deixam ao Poder Executivo e a órgãos e entidades da Administração Direta e Indireta, especialmente as agências reguladoras, a competência para complementar a definição das políticas públicas, além da atribuição de colocá-las em prática. Nenhuma atribuição nessa área foi outorgada ao Poder Judiciário.

17.5.3.2 Controle das políticas públicas pelo Poder Judiciário

Rigorosamente, diante da distribuição constitucional de competências entre os três Poderes do Estado, pode-se afirmar que as políticas públicas são definidas pelo legislador e executadas pelo Executivo. Nenhuma atribuição é outorgada ao Poder Judiciário para a definição ou implementação de políticas públicas, sendo o seu papel o de controlador da constitucionalidade das leis e legalidade dos atos administrativos pertinentes às políticas públicas, inclusive no que diz respeito às omissões antijurídicas.

No entanto, o Judiciário vem, direta ou indiretamente, interferindo nas políticas públicas definidas pelos poderes competentes. Parte da doutrina defende essa possibilidade, colocando em xeque a forma de aplicação do princípio tradicional da separação de poderes.

Isto ocorre porque as políticas públicas são vistas como o instrumento adequado para concretizar os direitos fundamentais previstos na Constituição, especialmente na área social. Como o modelo do Estado Social é pródigo na proteção dos direitos fundamentais e na previsão de inúmeros serviços sociais como deveres do Estado, a consequência inevitável é a de que acabam por se colocar em confronto, de um lado, o *dever* constitucional de atender às imposições constitucionais, que correspondem a *direitos* do cidadão (essenciais para garantir a dignidade da pessoa humana), e, de outro lado, a escassez dos recursos públicos para atender a todos esses direitos. Daí o *princípio da reserva do possível*, oriundo do direito alemão: os deveres estatais, impostos pelo ordenamento jurídico, devem ser cumpridos na medida em que o permitam os recursos públicos disponíveis.

Surge então o difícil problema de tentar estabelecer critérios para a definição de políticas públicas: quais as prioridades a serem atendidas? Quais as escolhas que melhor atendem às metas constitucionais? Pode o Poder Judiciário (ou outro órgão de controle) interferir nas escolhas feitas pelo legislador ao definir as metas no Plano Plurianual e distribuir recursos nas leis orçamentárias? Pode o Poder Judiciário interferir nas escolhas feitas pela Administração Pública?

Rigorosamente, não pode o Judiciário interferir em políticas públicas, naquilo que a sua definição envolver aspectos de discricionariedade legislativa ou administrativa. O cumprimento das metas constitucionais exige planejamento e exige destinação orçamentária de recursos públicos. Estes são finitos. Não existem em quantidade suficiente para atender a todos os direitos nas áreas social e econômica. Essa definição está fora das atribuições constitucionais do Poder Judiciário. Este pode corrigir ilegalidades e inconstitucionalidades, quando acionado pelas medidas judiciais previstas no ordenamento jurídico, mas não pode substituir as escolhas feitas pelos poderes competentes.

No entanto, o que se verifica é que, por diferentes formas, o Judiciário vem interferindo, direta ou indiretamente, na formulação de políticas públicas. É a chamada **judicialização das políticas públicas.** Existem diferentes fatores que vêm contribuindo para isso. De um lado, a inércia do Poder Público, a sua ineficiência, a ausência ou deficiência no planejamento, a corrupção, os desvios de finalidade na definição de prioridades, os interesses subalternos protegidos, em detrimento de outros, especialmente relevantes para a garantia dos direitos fundamentais; de outro lado, a atuação do Ministério Público, que não mais se conforma com o seu papel de controlador da legalidade da atuação administrativa, mas quer participar das decisões de governo, utilizando, para esse fim, os termos de ajustamento de conduta e as ações civis públicas para substituir as decisões dos poderes competentes na definição das prioridades e dos meios de atuação.

A interferência do Judiciário vai ganhando adeptos, sob alguns argumentos pretensamente extraídos da Constituição: alega-se que, ao interferir em políticas públicas, o Judiciário não está invadindo matéria de competência dos outros Poderes do Estado, nem a discricionariedade que lhes é própria, porque está fazendo o seu papel de intérprete da Constituição. Ele está garantindo o **núcleo essencial dos direitos fundamentais** ou o **mínimo existencial** indispensável para a **dignidade da pessoa humana.** Tratando-se de mínimo existencial, alega-se que as normas constitucionais que o garantem não são meramente programáticas (como sempre se entendeu em relação aos dispositivos garantidores dos direitos sociais), mas, ao contrário, têm eficácia imediata, não dependendo de medidas legislativas ou administrativas para a sua implementação. Em decorrência disso, a omissão do Poder Público, afrontando metas constitucionais, pode ser corrigida pelo Poder Judiciário, quando provocado pelos interessados ou por órgãos de defesa de interesses coletivos, dentre os quais o Ministério Público. Em resumo, alega-se que o Judiciário não estaria analisando aspectos de discricionariedade, mas fazendo cumprir a Constituição.

Para defender que as normas garantidoras dos direitos sociais têm efetividade que decorre diretamente da Constituição, invoca-se, erroneamente, o art. 5º, § 1º, da Constituição, pelo qual "as normas definidoras dos direitos e garantias fundamentais têm aplicação imediata". O fundamento é errôneo, porque consta do art. 5º. Os direitos sociais, ainda que possam doutrinariamente ser considerados direitos fundamentais, estão previstos no art. 6º, que os enumera, deixando claro que são garantidos "**na forma desta Constituição**".

Veja-se, por exemplo, que o direito à saúde, que vem sendo indiscriminadamente garantido pelo Poder Judiciário pela imposição de obrigações de fazer à Administração Pública (consistentes em fornecer medicamentos, exames, cirurgias etc.), é assegurado no art. 196 da Constituição, mediante "**políticas sociais e econômicas** que visem à redução do risco de doença e de outros agravos e ao **acesso universal e igualitário** às ações e serviços para sua promoção, proteção e recuperação". Se depende de políticas sociais e econômicas, não se pode afirmar que o direito à saúde tem efetividade que decorre diretamente da Constituição. Se tem que garantir acesso universal e igualitário, o direito à saúde não pode ser reconhecido em ações individuais que privilegiam alguns (nem sempre os que mais necessitam) em detrimento do interesse da coletividade. Essas ações individuais, que são propostas em grande quantidade, com fortes impactos orçamentários na área de saúde (e às vezes atingindo outras áreas), afrontam o dispositivo constitucional, porque não observam qualquer política social ou econômica e descumprem o princípio da isonomia.

A atuação do Judiciário não pode significar invasão na esfera de atribuições dos outros poderes. Se existe lei ou ato normativo baixado pelos órgãos legitimados para esse fim, o direito pode ser garantido judicialmente. Se existe omissão de lei ou de outro tipo de norma regulamentadora, o Judiciário só pode apreciá-la diante dos instrumentos previstos na Constituição para esse fim: a ação direta de inconstitucionalidade por omissão e o mandado de injunção.

O fato é que vem ganhando força, embora com muitas contestações, a tese que defende o controle das políticas públicas pelo Poder Judiciário. E vem crescendo o número de ações em que se pleiteia judicialmente a imposição de prestações positivas para o Estado, com o objetivo de garantir o atendimento de direitos sociais.

Diferentes tipos de ações vêm sendo propostas, como as **individuais**, principalmente nas áreas da saúde e da educação, e as **coletivas**, para obtenção de prestações positivas a toda uma coletividade de pessoas que estão na mesma situação; ou para obtenção de provimento em que se determine a prestação de um serviço público (como saneamento, por exemplo), ou execução de uma obra pública (rodovia), ou a adoção de determinada política pública, muitas vezes em substituição à adotada pela Administração Pública e até com interferência na distribuição de recursos públicos constante de lei orçamentária.

Trata-se de hipóteses variadas em que o Judiciário não se limita a decretar a invalidade de um ato da Administração Pública ou a inconstitucionalidade de uma lei ou de uma omissão, mas vai além, impondo prestações positivas, diante da inércia do Legislativo ou do Executivo.

No caso das ações individuais, não há interferência direta nas políticas públicas, porque o que se objetiva é a garantia de um direito subjetivo individual. É o caso das ações em que se pleiteiam medicamentos, exames ou tratamentos médicos, vagas em creches ou escolas. Embora não haja interferência direta com as políticas públicas, na prática se verifica uma interferência indireta, provocada pela grande quantidade de ações desse tipo. O custo global das prestações positivas assim obtidas é de tal ordem que acaba por praticamente obrigar o administrador público a destinar, para esse fim, verbas que estariam previstas no orçamento para atender a outros objetivos. Por exemplo, a construção de hospitais ou postos de saúde (que podem atender ao mínimo existencial de toda uma coletividade) pode ficar frustrada pela necessidade de dar cumprimento às decisões judiciais proferidas em casos concretos. Como se verifica, corrige-se, parcialmente, uma omissão do Poder Público, beneficiando o cidadão que recorre ao Judiciário, mas se produz um mal maior para a coletividade, que fica privada da implementação de determinada política pública que viria em benefício de todos. Por outras palavras, garante-se o direito a uma parcela da população, porém afronta-se o princípio da isonomia, além de prejudicar (e não favorecer) o cumprimento de políticas públicas.

Em situações como essas, a Administração Pública, na qualidade de ré, costuma invocar o princípio da reserva do possível (inexistência de recursos orçamentários disponíveis para atender ao pedido), nem sempre aceito pelo Poder Judiciário, já que este entende estar diante de direito fundamental, analisado no caso concreto, sendo possível a alocação de verba orçamentária para esse fim.

No caso das ações coletivas que tenham também o objetivo de obter prestações positivas, por exemplo, medicamentos a todos os portadores de determinada doença ou prestação do serviço de saneamento em determinado município, dois tipos de observação são relevantes: (1) é inteiramente inconcebível que o Judiciário interfira nas opções feitas licitamente pelos demais Poderes, substituindo-as pelas próprias opções; se as metas a serem cumpridas na área dos direitos sociais são em quantidade maior do que é possível atender com os recursos financeiros disponíveis, cabe ao Legislativo e ao Executivo, dentro de suas competências constitucionais, definir aquelas que consideram prioritárias; não há fundamento constitucional para que o Judiciário determine a observância de outras prioridades, substituindo-se ao legislador; (2) no caso de ações coletivas, é mais difícil afastar o princípio da reserva do possível, pois inúmeros fatores têm que ser analisados, como a impossibilidade de dispensar tratamento igual a situações diferentes, com afronta aos princípios da razoabilidade e proporcionalidade, sem falar que a inexistência de recursos orçamentários pode apresentar-se como uma deficiência difícil ou impossível de ser superada com base em simples ordem judicial. A dificuldade é fácil de ser constatada em Municípios com parcos recursos financeiros.

Na realidade, a interferência do Poder Judiciário em políticas públicas não pode transformar-se em regra e não pode implicar substituição da discricionariedade administrativa e da própria discricionariedade do legislador pela discricionariedade do juiz. Para atuação judicial, ainda que com o objetivo de obter prestações positivas, é necessária a demonstração de que a omissão é antijurídica e de que a invocação do princípio da reserva do possível não é feita, ilicitamente, com desvio de poder, para fugir ao cumprimento do dever. Isso não quer dizer que o Judiciário não possa analisar a política pública; ele pode fazê-lo; mas, se verificar que as escolhas do Poder Público são razoáveis à vista das metas impostas constitucionalmente, ele não pode alterá-las ou determinar a sua alteração.

É relevante observar que, quando o Judiciário analisa políticas públicas fixadas e implementadas pelos demais Poderes, ele caminha em areias movediças. Todos os fundamentos em que se baseiam os defensores do controle judicial decorrem de *conceitos jurídicos indeterminados*, como dignidade da pessoa humana, núcleo essencial dos direitos fundamentais, mínimo existencial, razoabilidade, proporcionalidade. Não há critérios objetivos que permitam definir, com precisão, o que é essencial para que se garanta a dignidade da pessoa humana, ou em que consiste o núcleo essencial dos direitos fundamentais ou o mínimo existencial. E mesmo esse mínimo pode estar fora do alcance do Poder Público, pela limitação dos recursos financeiros. Não é por outra razão que o cumprimento das metas constitucionais exige planejamento. Também não é por outra razão que não se pode fugir inteiramente ao caráter programático das normas constitucionais inseridas no capítulo da ordem social e econômica.

Por isso mesmo, o tratamento da matéria deve ser o mesmo que se adota com relação aos conceitos jurídicos indeterminados: *o Judiciário somente pode atuar em zonas de certeza positiva ou negativa*. E deve analisar com muita cautela os pedidos formulados, seja quanto à matéria de fato em que se fundamentam, seja quanto à razoabilidade em relação ao fim que se pretende alcançar. A observância do princípio da razoabilidade, inclusive quanto ao aspecto da proporcionalidade, é obrigatória e impõe os seguintes questionamentos pelo magistrado: a medida solicitada é realmente necessária para o fim pretendido? Ela é adequada? Ela é proporcional? Não existem outros meios menos onerosos para os cofres públicos?

Em caso de omissão na definição de políticas públicas, os remédios judiciais cabíveis são a **ação direta de inconstitucionalidade por omissão**, prevista no art. 103, parágrafo segundo da Constituição, e o **mandado de injunção**, previsto no art. 5º, inciso LXXI, da Constituição, "sempre que a falta de norma regulamentadora torne inviável o exercício dos direitos e liberdades constitucionais e das prerrogativas inerentes à nacionalidade, à soberania e à cidadania". Não há possibilidade de tais ações serem substituídas pela ação civil pública, com o objetivo de obter, junto ao Judiciário, a imposição de obrigações substitutivas da atuação do legislador. Do mesmo modo, não é possível ao Judiciário determinar à Administração a adoção de medidas que dependem de legislação, como não é possível determinar à Administração a inclusão de verbas no orçamento, desde que não previstas na lei orçamentária, nem na Lei de Diretrizes Orçamentárias ou no Plano Plurianual. Decisões judiciais desse tipo (que vêm sendo adotadas pelo Poder Judiciário, inclusive pelo Superior Tribunal de Justiça[6] e pelo Supremo Tribunal Federal[7]) institucionalizam o **ativismo judicial**, que significa interferência indevida nas atribuições dos demais Poderes do Estado e, em consequência, infringência ao princípio da separação de poderes. Isso sem falar na insegurança jurídica que essa atuação ilegítima acarreta.

O Judiciário não tem funções de planejamento, não tem competência em matéria de destinação de recursos orçamentários; ele não pode determinar à Administração que transfira recursos de uma dotação para outra, pois, se o fizer, estará se substituindo ao legislador. O Judiciário é intérprete e aplicador da lei e não pode decidir contra ela, a menos que declare a sua inconstitucionalidade.

É importante ponderar que a interferência do Poder Judiciário, mesmo quando lícita, não resolve o problema da afronta à dignidade da pessoa humana no Brasil. Não existem condições de garantir nem o mínimo do mínimo existencial. Se todas as pessoas que vivem em situação de miséria fossem pleitear, perante o Judiciário, um teto para morar, alimentos, vestimenta, saúde, educação, não haveria recursos financeiros suficientes para atender a todos. É essa a razão pela qual o cumprimento dos direitos sociais exige prévia definição de políticas públicas. A interferência indevida do Judiciário, além de não resolver o problema, agrava a situação de desigualdade social e afronta o princípio da separação de poderes.

Na tentativa de limitar a interferência judicial nas políticas públicas (que vem ocasionando pesados ônus para o poder público, sem resolver o problema da saúde), o STJ estabeleceu alguns critérios para concessão de tutela judicial no fornecimento de medicamentos que não integram as listas oficiais do Sistema Único de Saúde (SUS). A decisão foi proferida no julgamento do

---

[6] Veja-se acórdão proferido pelo STJ no REsp 429.570/GO, que impôs a realização de obras de recuperação do solo, para fins de proteção ambiental, e determinou a alocação de verba orçamentária para cumprimento específico de obrigação de fazer (2ª Turma, Rel. Min. Eliana Calmon). Também o REsp 493.811/SP, em que se determinou a inclusão, no próximo orçamento, de verba necessária à implantação de serviço oficial de auxílio, orientação e tratamento de alcoólatras e toxicômanos (2ª Turma, Rel. Min. Eliana Calmon). No primeiro acórdão, a decisão judicial acarretou a alteração de lei orçamentária. No segundo, o STJ participou do processo legislativo, substituindo o Poder Executivo em sua competência constitucional para a iniciativa das leis de orçamento (art. 165 da Constituição).

[7] Veja-se decisão monocrática do Min. Celso de Mello, de 27-8-13, no AI 598.212/PR, determinando a instalação da Defensoria Pública no Estado do Paraná. Medida dessa natureza exige lei criando órgãos, cargos públicos, com os respectivos vencimentos e atribuições.

Recurso Especial 1.657.156, de 25-4-18, em que ficou definido que o Estado é obrigado a fornecer medicamentos que estejam fora das listas do SUS, desde que estejam presentes três requisitos cumulativamente: 1) laudo médico que afirme que o medicamento é necessário; 2) alegação de incapacidade financeira do usuário; 3) existência de registro do medicamento na Agência Nacional de Vigilância Sanitária – Anvisa.

Por sua vez, o STF, em 30-6-2023, aprovou a seguinte tese de repercussão geral: "1. A intervenção do Poder Judiciário em políticas públicas voltadas à realização de direitos fundamentais, em caso de ausência ou deficiência grave do serviço, não viola o princípio da separação dos poderes. 3. A decisão judicial, como regra, em lugar de determinar medidas pontuais, deve apontar as finalidades a serem alcançadas e determinar à Administração Pública que apresente um plano e/ou os meios adequados para alcançar o resultado. 3. No caso de serviços de saúde, o déficit de profissionais pode ser suprido por concurso público ou, por exemplo, remanejamento de recursos humanos e pela contratação de organizações sociais (OS) e organizações da sociedade civil de interesse público (OSCIP)".[8] A tese, adotada no RE 684.612, é por demais genérica e não impõe obrigações de fazer ou não fazer a entes políticos determinados. Contém mais sugestões do que imposições. Além disso, sugere medidas que dependem, para sua concretização, de recursos nem sempre disponíveis nos orçamentos dos entes federativos.

Em 20-9-2024, o STF concluiu o julgamento do RE 566.471, com repercussão geral (Tema 6), sendo a tese proposta em voto conjunto dos Ministros Gilmar Mendes e Luís Roberto Barroso, levada ao Plenário Virtual, onde foi aprovada, com voto vencido do Ministro Marco Aurélio. No dia 3-10-2024, foi aprovado o Enunciado da Súmula Vinculante nº 61, nos seguintes termos: "A concessão judicial de medicamento registrado na Anvisa, mas não incorporado às listas de dispensação do Sistema Único de Saúde, deve observar as teses firmadas no julgamento do Tema 6, da Repercussão Geral (RE 566.471)". A ata de julgamento é do dia 27-9-2024, divulgada no *DJe* de 30-9-2024.

17.5.4 A Administração Pública em juízo

A Administração Pública, quando é parte em ação judicial, submete-se a regime jurídico diverso, sob alguns aspectos, daquele previsto para os particulares. Dispõe de algumas prerrogativas e privilégios e sujeita-se a restrições próprias do regime jurídico administrativo, que desigualam, muitas vezes, a situação das partes nas relações processuais, sem que ocorra infringência ao princípio da isonomia, tendo em vista a natureza pública dos interesses que tutela.

Serão a seguir analisadas algumas dessas peculiaridades:

1. **Juízo privativo.** Na esfera federal, é a Justiça Federal, compreendendo os Tribunais Regionais Federais e os Juízes Federais (arts. 106, 108, inciso II, e 109, inciso I, da Constituição); excetuam-se apenas as causas referentes à falência e as de acidentes de trabalho (que são de competência da justiça comum) e as relativas à Justiça Eleitoral e Justiça do Trabalho. Esse juízo privativo beneficia a União, entidade autárquica ou empresa pública, excluídas as fundações governamentais de direito privado e as sociedades de economia mista, que atuarão na justiça comum (art. 109). Com relação às sociedades de economia mista federais, esse entendimento ficou consagrado pela Súmula nº 556 do STF.

   No âmbito estadual, a matéria é disciplinada pelas Constituições e leis de organização judiciária. No Estado de São Paulo, as ações de que são parte o Estado, os

---

[8] *Informativo jurídico da APESP* – Associação dos Procuradores do Estado de São Paulo, de 17-7-2023.

Municípios ou as entidades paraestatais são de competência das Varas da Fazenda Pública (art. 36 do Código Judiciário aprovado pelo Decreto-lei Complementar nº 3, de 27-8-69). Nos Municípios onde não há Varas dessa natureza correm perante a Justiça comum a ação popular, o mandado de segurança, a execução fiscal, a desapropriação, as ações de discriminação de terras devolutas e outras relativas a bens imóveis. Na segunda instância, inexiste juízo privativo na esfera estadual.

No entanto, o Judiciário, no Estado de São Paulo, vem entendendo que os litígios que envolvem empresas estatais que prestem atividade econômica não são de competência das Varas da Fazenda Pública, visto que o art. 173, § 1º, II, da Constituição determina a sujeição dessas entidades ao regime jurídico próprio das empresas privadas, o que afastaria qualquer privilégio, inclusive o do juízo privativo. Disso decorre que as empresas estatais passaram a ser distinguidas, para esse fim, em função do tipo de atividade que exercem: quando prestam **serviço público**, suas ações competem às Varas da Fazenda Pública; quando exercem **atividade econômica** a título de intervenção, a competência é das Varas Cíveis. O entendimento é equivocado porque dificilmente se pode chamar de juízo privativo a Vara da Fazenda Pública.

Merece referência o art. 114, I, da Constituição Federal, que, com a redação dada pela Emenda Constitucional nº 45/04, atribui à Justiça do Trabalho competência "para processar e julgar as ações oriundas da relação de trabalho, abrangidos os entes de direito público externo e da Administração Pública direta e indireta da União, dos Estados, do Distrito Federal e dos Municípios".

Sendo a Justiça do Trabalho especializada em direito do trabalho, tem-se que entender que o objetivo do preceito foi o de conferir a ela a apreciação dos dissídios individuais e coletivos que envolvam servidores contratados sob o regime da legislação trabalhista; os demais continuam na competência da Justiça Federal e das Varas da Fazenda Pública estaduais, mesmo porque os servidores estatutários não participam de dissídios coletivos, uma vez que as normas que regem os seus direitos e deveres decorrem de lei e não de contrato, não podendo ser alteradas por decisão judicial.

O STF, em decisão proferida pela 2ª Turma no Recurso Extraordinário nº 117.059-0, do Estado de São Paulo, decidiu que "a competência da Justiça do Trabalho da Nova Carta não alcançou os servidores estaduais e municipais sob o regime do Estatuto, cujas relações funcionais litigiosas haverão de persistir a cargo da Justiça comum estadual" (*DJ* 23-6-89, e *Boletim do Centro de Estudos da Procuradoria-Geral do Estado*, setembro de 1989, p. 477).

Essa decisão foi proferida na vigência da redação original do art. 114. Após a alteração introduzida pela Emenda Constitucional nº 45/04, o Supremo Tribunal Federal, em 27-1-05, concedeu liminar, com efeito *ex tunc*, na ADIn nº 3.395-6, suspendendo, "*ad referendum*, toda e qualquer interpretação dada ao inciso I do art. 114 da CF, na redação determinada pela EC/45, que inclua, na competência da justiça do trabalho, a apreciação de causas que sejam instauradas entre o Poder Público e seus servidores, a ele vinculados por típica relação de ordem estatutária ou de caráter jurídico-administrativo".[9]

---

[9] Decisões do STF adotando esse entendimento: Recl. 4.785-MC-AgR, Rel. Min. Gilmar Mendes, *DJE* de 14-3-08; ADIn 3.395-MC, Rel. Min. Cezar Peluzo, *DJ* de 10-11-06; e Rcl. 4.990-MC-AgR, Rel. Min. Gilmar Mendes, *DJE* de 14-3-08.

Vale dizer que a competência da Justiça do Trabalho só alcança os servidores celetistas. Mesmo com relação aos servidores temporários, o entendimento do Supremo Tribunal Federal é no sentido de que o seu regime de contratação não é necessariamente celetista, e, assim sendo, a competência é da Justiça Comum.[10]

2. **Prazos dilatados.** Pelo art. 188 do CPC, a Fazenda Pública e o Ministério Público têm prazo em quádruplo para contestar e em dobro para recorrer. A Lei nº 9.469, de 10-7-97, no art. 10, estendeu igual benefício às autarquias e fundações públicas. Pelo novo CPC, desaparecem os prazos em quádruplo. Os prazos passam a ser em dobro para a União, Estados, Distrito Federal, Municípios e suas respectivas autarquias e fundações de direito público (art. 183), para o Ministério Público (art. 180) e para a Defensoria Pública (art. 186).

3. **Duplo grau de jurisdição.** O art. 475, incisos I e II, do Código de Processo Civil de 1973, com a redação dada pela Lei nº 10.352, de 26-12-01, determina que está sujeita ao duplo grau de jurisdição, não produzindo efeitos senão depois de confirmada pelo tribunal, a sentença proferida contra a União, o Estado, o Distrito Federal, o Município e as respectivas autarquias e fundações de direito público, bem como a que julgar procedentes, no todo ou em parte, os embargos à execução de dívida ativa da Fazenda Pública.

Nos termos desse dispositivo, o juiz ordenará a remessa dos autos ao tribunal, haja ou não apelação voluntária da parte vencida; não o fazendo, poderá o Tribunal avocá-los.

O objetivo é permitir que as ações de interesse da União, Estados e Municípios, por envolverem assuntos de interesse público, sejam reapreciadas em instância superior, ainda que não o requeiram as partes por meio de recursos voluntários.

Contudo, pelo art. 12 da Medida Provisória nº 2.180-35, de 24-8-01, "não estão sujeitas ao duplo grau de jurisdição obrigatório as sentenças proferidas contra a União, suas autarquias e fundações públicas, quando a respeito da controvérsia o Advogado-Geral da União ou outro órgão administrativo competente houver editado súmula ou instrução normativa determinando a não interposição de recurso voluntário".

O novo CPC prevê o duplo grau de jurisdição, no art. 496, para a sentença: "I – proferida contra a União, os Estados, o Distrito Federal, os Municípios e suas respectivas autarquias e fundações de direito público; II – que julgar procedentes, no todo ou em parte, os embargos à execução fiscal". Nessas hipóteses, se "não interposta apelação no prazo legal, o juiz ordenará a remessa dos autos ao tribunal, e, se não o fizer, o presidente do respectivo tribunal avocá-los-á" (§ 1º).

Pelo § 3º do mesmo dispositivo, são indicadas hipóteses em que, pelo valor da causa, não existe a obrigatoriedade de duplo grau de jurisdição. Também não se aplica essa garantia, nos termos do § 4º, quando a sentença estiver fundada em: "I – súmula de tribunal superior; II – acórdão proferido pelo Supremo Tribunal Federal ou pelo Superior Tribunal de Justiça em julgamento de recursos repetitivos; III – entendimento firmado em incidente de resolução de demandas repetitivas ou de assunção de competência; IV – entendimento coincidente com orientação vinculante firmada no âmbito administrativo do próprio ente público, consolidada em manifestação, parecer ou súmula administrativa".

---

[10] V. item 13.4.5.

4. **Processo especial de execução.** O art. 100 da Constituição, com a redação dada pelas Emendas Constitucionais n.ºs 30, de 13-9-00, 37, de 12-6-02, e 62, de 11-11-09,[11] e 94, de 15-12-16, 113, de 8-12-21, e 114, de 16-12-21, prevê processo especial de execução contra a Fazenda Federal. Estadual e Municipal, e que abrange todas as **entidades de direito público**, como decorre do § 5º do mesmo dispositivo, alterado pela Emenda Constitucional nº 114/21. Esse processo de execução diz respeito aos pagamentos devidos pelas entidades de direito público, em virtude de sentença judicial, os quais deverão ser efetuados exclusivamente na ordem cronológica de apresentação dos precatórios e à conta dos créditos respectivos, proibida a designação de casos ou de pessoas nas dotações orçamentárias e nos créditos adicionais abertos para esse fim.

As Emendas Constitucionais 113 e 114, de 2021, estabelecem o novo regime de pagamentos de precatórios, modificam normas relativas ao Novo Regime Fiscal e autorizam o parcelamento de débitos previdenciários dos Municípios. A Emenda 113 veio incluir entre os direitos sociais, de natureza constitucional, o "direito a uma renda familiar básica, garantida pelo poder público em programa permanente de transferência de renda, cujas normas e requisitos de acesso serão determinados em lei, observada a legislação fiscal e orçamentária" (parágrafo único do art. 6º). Como se verifica pela redação do dispositivo, a sua aplicação depende de lei. Paralelamente, a mesma Emenda introduz novo inciso no art. 203 da Constituição, para incluir entre os objetivos da assistência, no inciso VI, "a redução da vulnerabilidade socioeconômica de famílias em situação de pobreza ou de extrema pobreza".

Conforme decorre do art. 100 da Constituição, o juiz expede ofício à entidade devedora requisitando o pagamento do débito; de acordo com a nova redação do § 5º do art. 100 (dada pela Emenda Constitucional nº 113/21), a entidade devedora é obrigada a incluir no seu orçamento verba necessária ao pagamento de seus débitos oriundos de sentenças transitadas em julgado constantes de precatórios judiciais apresentados até **2 de abril**, fazendo-se o pagamento até o final do exercício seguinte, quando terão seus valores atualizados monetariamente.

Segundo o § 12 (acrescentado ao art. 100 pela Emenda nº 62/09), a partir da promulgação da Emenda 62, a atualização dos valores de requisitórios, após sua expedição, será feita até o efetivo pagamento (não se aplicando, por inconstitucionalidade já reconhecida pelo STF, a correção monetária pelos índices oficiais da caderneta de poupança, prevista no § 12); para fins de compensação pela demora no pagamento, incidirão juros simples no mesmo percentual de juros incidentes sobre a caderneta de poupança, ficando excluída a incidência de juros compensatórios. O STF, no RE 1.169.289, com repercussão geral (Tema 1.037), decidiu, em 15-6-2020, que não incidem juros de mora no período compreendido entre a expedição do precatório ou requisição de pequeno valor e o efetivo pagamento, considerado o "período de graça", que é de 1º de julho até o fim do exercício seguinte. Foi firmada, com base em voto do Ministro Alexandre de Moraes, a seguinte tese:

---

[11] O STF, nas ADIs 4.357 e 4.425, julgou inconstitucionais os §§ 9º, 10 e 15 do arti. 100 da Constituição, com a redação dada pela Emenda Constitucional 62/09, bem como o art. 97 e seus parágrafos do ADCT, também com a redação dada por essa Emenda. No § 2º do art. 100, considerou inconstitucional a expressão "na data da expedição do precatório"; e no § 12, as expressões "índice oficial de remuneração básica da caderneta de poupança" e "independentemente de sua natureza" (Portal do STF de 14-3-13). A Emenda Constitucional nº 94/16 alterou o § 2º do art. 100 para ajustá-lo à decisão do STF.

"O enunciado da Súmula Vinculante nº 17[12] não foi afetado pela superveniência da Emenda Constitucional nº 62/2009, de modo que não incidem juros de mora no período de que trata o parágrafo 5º do artigo 100 da Constituição. Havendo o inadimplemento pelo ente público devedor, a fluência dos juros inicia-se após o 'período de graça'".

Pelo § 6º do art. 100 da Constituição, as dotações orçamentárias e os créditos abertos serão consignados diretamente ao Poder Judiciário, cabendo ao Presidente do Tribunal que proferir a decisão exequenda determinar o pagamento integral e autorizar, a requerimento do credor e exclusivamente para os casos de preterimento de seu direito de precedência ou de não alocação orçamentária do valor necessário à satisfação do seu débito, o sequestro da quantia respectiva. Pelo § 7º, incorrerá em **crime de responsabilidade** o Presidente do Tribunal competente que, por ato comissivo ou omissivo, retardar ou tentar frustrar a liquidação regular de precatórios.

Conforme se verifica, o Presidente do Tribunal que proferiu a decisão exequenda expede o ofício requisitando o pagamento; a entidade devedora inclui no orçamento a importância dos precatórios expedidos até 1º de julho, para pagamento até o final do exercício seguinte; as dotações orçamentárias e os créditos abertos para esse fim serão consignados diretamente ao Poder Judiciário; o Presidente do Tribunal autoriza o pagamento requerido pelo credor, pela ordem cronológica, determinando o sequestro da quantia necessária à satisfação do débito em caso de preterimento do direito de precedência ou de não alocação orçamentária; na data do pagamento, o precatório tem o seu valor atualizado.

O processo de execução previsto no dispositivo constitucional somente não se aplica aos pagamentos de obrigações definidas em lei como de pequeno valor que as Fazendas referidas devem fazer em virtude de sentença judicial transitada em julgado (§ 3º). Como a norma já constava da redação anterior desse parágrafo, as leis antes promulgadas definindo o "pequeno valor" foram recepcionadas pela Emenda nº 62/09. No entanto, o § 4º permite que as entidades de direito público, por lei própria, definam o que se considera "pequeno valor", segundo as diferentes capacidades econômicas, não podendo o mesmo ser inferior ao valor do maior benefício do regime geral de previdência social. Além disso, o § 8º proíbe, para fins de exclusão dos créditos de pequeno valor, a expedição de precatórios complementares ou suplementares de valor pago, bem como o fracionamento, repartição ou quebra do valor da execução para fins de enquadramento de parcela do total no pequeno valor referido no § 3º; cuida-se, com essa norma de evitar a burla praticada pelo devedor com o objetivo de ficar fora do processo dos precatórios.

Desde a entrada em vigor da Constituição, têm sido previstas medidas transitórias com o objetivo de tentar regularizar o pagamento dos precatórios, que vêm se acumulando em sucessivos atrasos.

O art. 33 do Ato das Disposições Constitucionais Transitórias previu a possibilidade de ser o valor dos precatórios, pendentes de pagamento, parcelado em até oito prestações anuais, iguais e sucessivas, a partir de 1º-7-89, incluindo o remanescente de juros e correção monetária e excluindo os créditos de natureza alimentícia. O dispositivo já exauriu os seus efeitos.

---

[12] Súmula Vinculante nº 17, do STF: "Durante o período previsto no parágrafo 1º do art. 100 da Constituição, não incidem juros de mora sobre os precatórios que nele sejam pagos".

Posteriormente, o art. 2º da Emenda Constitucional nº 30/00 acrescentou o art. 78 ao Ato das Disposições Constitucionais transitórias, prevendo o **parcelamento, em até dez prestações** anuais, iguais e sucessivas, dos precatórios que decorram de ações ajuizadas até 31-12-99, permitindo ainda a **cessão dos créditos** respectivos. Foram excluídos os créditos definidos em lei como de pequeno valor, os de natureza alimentícia, os de que trata o art. 33 do Ato das Disposições Constitucionais Transitórias e os que já tiverem os seus respectivos recursos liberados ou depositados em juízo. Em caso de não pagamento das prestações anuais até o final do exercício a que se referem, o respectivo valor terá poder liberatório do pagamento de tributos da entidade devedora (§ 2º). O prazo de dez anos para pagamento das prestações é reduzido para dois anos, quando o precatório se referir a desapropriação de imóvel residencial do credor, desde que comprovadamente único à época da imissão na posse (§ 3º). Em caso de omissão no orçamento ou preterição ao direito de precedência, cabe ao Presidente do Tribunal, a requerimento do credor, requisitar ou determinar o sequestro de recursos financeiros da entidade executada, suficientes à satisfação da prestação (§ 4º).

Pela Lei de Responsabilidade Fiscal (Lei Complementar nº 101, de 4-5-00), os precatórios judiciais não pagos durante a execução do orçamento em que houverem sido incluídos integram a dívida consolidada, para fins de aplicação dos limites (art. 30, § 7º). Sabe-se que, pelo art. 52, inciso VI, da Constituição, é da competência do Senado, por proposta do Presidente da República, fixar limites globais para o montante da dívida consolidada da União, dos Estados, do Distrito Federal e dos Municípios. Por sua vez, a Lei de Responsabilidade Fiscal, no art. 29, I, define a dívida pública consolidada ou fundada como o "montante total, apurado sem duplicidade, das obrigações financeiras do ente da Federação, assumidas em virtude de leis, contratos, convênios ou tratados e da realização de operações de crédito, para amortização em prazo superior a doze meses". Conjugando-se esse dispositivo com o art. 30, § 7º, verifica-se que os precatórios não pagos de acordo com o previsto no orçamento serão incluídos no montante da dívida consolidada, podendo impedir que a entidade contraia novas dívidas, desde que, com isso, ultrapasse limite definido pelo Senado.

O intuito do legislador com as disposições transitórias e com as referidas normas da Lei de Responsabilidade Fiscal era o de moralizar o processo dos precatórios, em relação ao qual, de longa data, está institucionalizado o calote pelo poder público, sem qualquer punição, já que os pedidos de intervenção federal nos Estados e intervenção estadual nos Municípios, por descumprimento de ordem judicial, vêm sendo sistematicamente ignorados, com um duplo desrespeito ao Judiciário (não cumprimento dos precatórios e não decretação da intervenção) e com desrespeito também aos credores.

A Emenda Constitucional nº 62/09 trouxe considerável alteração no processo de execução previsto no art. 100 da Constituição e introduziu, mais uma vez, medidas transitórias com o intuito de facilitar a regularização no pagamento dos precatórios para as entidades públicas em atraso: (a) deixou de ressalvar, no *caput*, os créditos de natureza alimentícia, mas no § 1º previu que serão pagos com preferência sobre os demais débitos, exceto sobre aqueles criados no § 2º; (b) criou, no § 2º, preferência em favor dos créditos de natureza alimentícia, cujos titulares sejam pessoas com mais de 60 anos ou portadoras de doença grave; (c) permitiu, no § 11, a utilização dos créditos de precatórios para compra de imóveis públicos; (d) no § 13, permitiu ao credor a cessão de créditos, total ou parcial, a terceiros, independentemente da concordância do devedor; (e) no § 16, autorizou a União, a seu exclusivo critério, a assumir débitos oriundos de precatórios de Estados, Distrito Federal e Municípios, refinanciando-os diretamente.

Essa Emenda foi considerada parcialmente inconstitucional pelo Supremo Tribunal Federal na ADin nº 4.425/DF, em que foi Relator o Ministro Carlos Ayres Britto (*DJe* 19-12-13). Considerou constitucional a sistemática de "superpreferência" a credores de verbas alimentícias quando idosos ou portadores de doença grave, porém julgou inconstitucional a limitação da preferência a idosos que completem 60 anos até a expedição do precatório (contida na expressão "na data de expedição do precatório", do art. 100, § 2º, da Constituição, com a redação dada pela Emenda nº 62). Também considerou inconstitucional a sistemática de compensação de débitos inscritos ou não em dívida ativa e constituídos contra o credor original pela Fazenda Pública (prevista nos §§ 9º e 10 do art. 100), bem como a remuneração de poupança como critério de correção monetária (§ 12 do art. 100). A Emenda Constitucional nº 94 alterou a redação do § 2º do art. 100, determinando que "os débitos de natureza alimentícia cujos titulares, originários ou por sucessão hereditária, tenham 60 (sessenta) anos de idade, ou sejam portadores de doença grave, ou pessoas com deficiência, assim definidos na forma da lei, serão pagos com preferência sobre todos os demais débitos, até o valor equivalente ao triplo fixado em lei para os fins do disposto no § 3º deste art., admitido o fracionamento para essa finalidade, sendo que o restante será pago na ordem cronológica de apresentação do precatório".

Com relação aos **créditos de natureza alimentícia**, que eram ressalvados no *caput* do art. 100, houve sensível alteração. Foi mantida a sua conceituação como aqueles "decorrentes de salários, vencimentos, proventos, pensões e suas complementações, benefícios previdenciários e indenizações por morte ou por invalidez, fundadas em responsabilidade civil, em virtude de sentença judicial transitada em julgado" (§ 1º). No entanto, eles não mais ficam excluídos do processo dos precatórios; eles têm preferência sobre todos os demais créditos, salvo sobre os referidos no § 2º, ou seja, sobre os débitos de natureza alimentícia cujos titulares tenham 60 anos de idade, ou sejam portadores de doença grave, ou pessoas com deficiência, assim definidos em lei;[13] essa preferência prevista no § 2º não se aplica a todo o montante devido, mas apenas à parcela não excedente do valor equivalente ao triplo do fixado em lei para os débitos de pequeno valor (referidos no § 3º), sendo o restante incluído na ordem cronológica de apresentação dos precatórios.

Com isso, a ordem cronológica vai sendo constantemente atrasada pela inclusão de novos créditos alimentícios preferenciais, observados os requisitos constantes do § 2º.

O § 11 facultava ao credor a **entrega de créditos em precatórios para compra de imóveis públicos** do respectivo ente federado. Esse dispositivo foi alterado pela Emenda Constitucional nº 113/21, que ampliou a possibilidade de utilização desses créditos, para abranger: I – quitação de débitos parcelados ou débitos inscritos em dívida ativa do ente federativo devedor, inclusive em transação resolutiva de litígio, e, subsidiariamente, débitos com a administração autárquica e fundacional do mesmo ente; II – compra de imóveis públicos de propriedade do mesmo ente disponibilizados para venda; III – pagamento de outorga de delegações de serviços

---

[13] Nessa parte, relativa às doenças graves, o dispositivo não é autoaplicável, pois depende de lei que venha defini-las.

públicos e demais espécies de concessão negocial promovidas pelo mesmo ente; IV – aquisição, inclusive minoritária, de participação societária, disponibilizada para venda, do respectivo ente federativo; ou V – compra de direitos, disponibilizados para cessão, do respectivo ente federativo, inclusive, no caso da União, da antecipação de valores a serem recebidos a título do excedente em óleo em contratos de partilho de petróleo. A medida não é autoaplicável, porque o dispositivo prevê lei da entidade federativa devedora, para disciplinar a matéria. É uma alternativa para pôr fim ao débito: o credor sai da fila dos precatórios, porque o crédito é utilizado para um dos fins previstos no dispositivo.

Ainda é prevista a **cessão de créditos em precatórios**, total ou parcialmente, em benefício de terceiros: a cessão independe da concordância da entidade pública mas somente produz efeito após a comunicação, por meio de petição protocolizada, ao tribunal de origem e à entidade devedora (§§ 13 e 14). Nessa hipótese, não se aplica a preferência dos titulares de créditos com mais de 60 anos de idade ou portadores de doenças graves, nem a exclusão dos créditos de pequeno valor.

O § 15 permitia que a lei complementar estabelecesse regime especial para pagamento de crédito de precatórios de Estados, Distrito Federal e Municípios. E o art. 97, inserido no ADCT, já definiu, em caráter transitório, o regime especial a ser utilizado até que fosse editada a lei complementar prevista no § 15. Mas ambos os dispositivos foram considerados inconstitucionais pelo Supremo Tribunal Federal nas ADIs 4.357 e 4.425, já referidas.

A Emenda Constitucional nº 94/16 incluiu os §§ 17 a 20 no art. 100, e estabeleceu novas disposições transitórias (arts. 101 a 105), instituindo um regime de pagamento de precatórios, com o intuito evidente de colocá-los em dia, especialmente nos Estados, Distrito Federal e Municípios.[14]

Essa Emenda estabelece algumas inovações, que assim se resumem:

a) o § 17 cria para todos os entes políticos a obrigação de aferirem, anualmente, o comprometimento de suas receitas correntes líquidas com o pagamento de precatórios e obrigações de pequeno valor;
b) o § 18 define o que se entende por receita corrente líquida, para os fins do § 17, excluindo do conceito (i) as parcelas repassadas pela União e pelos Estados a outros entes políticos por determinação constitucional, (ii) a contribuição dos servidores para o regime próprio de previdência; e (iii) as receitas provenientes da compensação financeira referida no § 9º do art. 201 da Constituição;
c) o § 19 permite seja financiada a parcela de precatórios e obrigações de pequeno valor que ultrapasse, em período de 12 meses, a média do comprometimento da receita corrente líquida nos cinco anos imediatamente anteriores, não se aplicando, para esse fim: (i) os limites de endividamento previstos nos incisos VI e VII do art. 52; e (ii) a vedação de vinculação de receita prevista no inciso IV do art. 167;
d) para o precatório de valor superior a 15% do montante dos precatórios apresentados até 2 de abril, conforme previsto no § 5º do art. 100, o § 20 permite que 15% desse

---

[14] Na ADIN 5.679, em que A Procuradoria Geral da República questionou dispositivo da EC nº 94/16, que trata da possibilidade de utilização de depósitos judiciais para pagamento de precatórios em atraso, o STF, em julgamento realizado em 29-9-2023, fixou a seguinte tese: "Observadas rigorosamente as exigências normativas, não ofende a Constituição a possibilidade de uso de depósitos judiciais para o pagamento de precatórios em atraso, tal como previsto pela EC nº 94/2016".

valor seja pago até o final do exercício seguinte e o restante em parcelas iguais nos cinco exercícios subsequentes, acrescidos de juros e correção monetária, ou mediante acordos diretos, perante Juízos Auxiliares de Conciliação de Precatórios, com redução máxima de 40% do valor do crédito atualizado, desde que em relação ao crédito não penda recurso ou defesa judicial e que sejam observados os requisitos definidos na regulamentação editada pelo ente federado. Esse acordo foi disciplinado, no âmbito da União, pela Lei nº 14.057, de 11-9-2020, que autoriza o desconto máximo de 40% sobre o valor do crédito atualizado (art. 2º, § 3º), ficando vedado o afastamento de atualização monetária ou dos juros moratórios previstos no § 12 do art. 100 da Constituição (§ 2º do art. 2º). Essa lei só tem aplicação na esfera federal, de modo que Estados, Distrito Federal e Municípios que queiram adotar medida semelhante, deverão aprová-la por meio de lei.

Nas Disposições Transitórias (alteradas pelas Emendas Constitucionais nº 99, de 14-12-17, 109, de 15-3-21, 113, de 8-12-21, 114, de 16-12-21, e 126, de 21-12-22) é criado um regime especial de pagamento para os casos em mora. Esse regime assim se resume:

a) para os Estados, Distrito Federal e Municípios que, em 25-3-2015, estivessem em mora no pagamento de seus precatórios, o art. 101 do ADCT (com a redação dada pela Emenda Constitucional nº 109/2021) impõe a obrigação de quitarem, até 31-12-2029, seus débitos vencidos e os que vencerão dentro desse período, atualizados pelo Índice Nacional de Preços ao Consumidor Amplo Especial (IPCA-E) ou por outro índice que venha a substituí-lo, depositando mensalmente em conta especial do Tribunal de Justiça local, sob única e exclusiva administração deste, 1/12 (um doze avos) do valor calculado percentualmente sobre as receitas correntes líquidas, apuradas no segundo mês anterior ao mês de pagamento, em percentual suficiente para a quitação de seus débitos e, ainda que variável, nunca inferior, em cada exercício, ao percentual praticado na data da entrada em vigor do regime especial a que se refere este art., em conformidade com plano de pagamento a ser anualmente apresentado ao Tribunal de Justiça local";

b) o § 1º do art. 101 define receita corrente líquida, para os fins do dispositivo, de forma semelhante à contida no já referido § 18 do art. 100 da Constituição;

c) o § 2º permite que, além dos recursos orçamentários próprios, sejam ainda utilizados: I – até 75% do montante dos depósitos judiciais e dos depósitos administrativos em dinheiro referentes a processos judiciais ou administrativos, tributários ou não tributários, nos quais os Estados, o Distrito Federal, os Municípios, as respectivas autarquias, fundações e empresas estatais dependentes, mediante a instituição de fundo garantidor em montante equivalente a 1/3 (um terço) dos recursos levantados, constituído pela parcela restante dos depósitos judiciais e remunerado pela taxa referencial do Sistema Especial de Liquidação e Custódia (Selic) para títulos federais, nunca inferior aos índices e critérios aplicados aos depósitos levantados; II – até 30% dos demais depósitos judiciais da localidade sob jurisdição do respectivo Tribunal de Justiça, mediante instituição de fundo garantidor em montante equivalente aos recursos levantados, constituído pela parcela restante dos depósitos judiciais e remunerado pela taxa referencial do Sistema Especial de Liquidação e de Custódia (Selic) para títulos federais, nunca inferior aos índices e critérios aplicados aos depósitos levantados;

d) o art. 103, parágrafo único, do ADCT, veda que, na vigência do regime especial previsto no art. 101, sejam efetuadas desapropriações pelos Estados, Distrito Federal e pelos Municípios, cujos estoques de precatórios ainda pendentes de pagamento, incluídos os precatórios a pagar de suas entidades da administração indireta, sejam superiores a 70% das respectivas receitas correntes líquidas, excetuadas as desapropriações para fins de necessidade pública nas áreas de saúde, educação, segurança pública, transporte público, saneamento básico e habitação de interesse social;

e) o art. 104 indica as consequências da não liberação tempestiva dos recursos para pagamento dos precatórios: I – sequestro, até o limite do valor não liberado, das contas do ente federado inadimplente II – responsabilização do chefe do Poder Executivo, nos termos da legislação de responsabilidade fiscal, e por improbidade administrativa; III – retenção, pela União, dos repasses ao Fundo de Participação dos Estados e do Distrito Federal e ao Fundo de Participação dos Municípios, e depósito na conta especial referida no art. 101 das Disposições Transitórias; IV – retenção, pelos Estados, dos repasses previstos no parágrafo único do art. 158 da Constituição Federal, com a redação dada pela Emenda Constitucional nº 108, de 26-8-2020 (participação dos Municípios em impostos arrecadados pelos Estados), e depósito na conta especial referida no art. 101; V – proibição de contrariar empréstimo externo ou interno, exceto para os fins previstos no § 2º do art. 101 das Disposições Transitórias, ficando ainda impedido de receber transferências voluntárias;

f) permissão aos credores de precatórios, próprios ou de terceiros, enquanto viger o regime de pagamento de precatórios previsto no art. 101 das Disposições Transitórias, de compensarem esses créditos com débitos de natureza tributária ou de outra natureza, que até 25-3-2015 tenham sido inscritos na dívida ativa dos Estados, do Distrito Federal ou dos Municípios, observados os requisitos definidos em lei própria do ente federado (art. 105 das Disposições Transitórias).

A Emenda Constitucional nº 114/21 acrescenta o art. 107-A no Ato das Disposições Constitucionais Transitórias, alterado pela Emenda Constitucional nº 126/22, para estabelecer, para cada exercício financeiro, limite para alocação na proposta orçamentária das despesas com pagamento de precatórios, "equivalente ao valor da despesa paga no exercício de 2016, incluídos os restos a pagar pagos, corrigido, para o exercício de 2017, em 7,2% (sete inteiros e dois décimos por cento) e, para os exercícios posteriores, pela variação do Índice Nacional de Preços ao Consumidor Amplo (IPCA), publicado pela Fundação Instituto Brasileiro de Geografia e Estatística, ou de outro índice que vier a substituí-lo, apurado no exercício anterior a que se refere a lei orçamentária, devendo o espaço fiscal decorrente da diferença entre o valor dos precatórios expedidos e o respectivo limite ser destinado ao programa previsto no parágrafo único do art. 6º[15] e à seguridade social, nos termos do art. 194, ambos da Constituição Federal".

---

[15] O parágrafo único do art. 6º, referido no dispositivo, foi introduzido pela Emenda Constitucional nº 114/21, que trata do "programa permanente de transferência de renda", nos seguintes termos: "Todo brasileiro em situação de vulnerabilidade social terá direito a uma renda básica familiar, garantida pelo poder público em programa permanente de transferência de renda, cujas normas e requisitos de acesso serão determinados

O "espaço fiscal" referido no art. 107-A equivale aos recursos orçamentários economizados em decorrência da aplicação do limite estabelecido por esse dispositivo, os quais somente podem ser utilizados em **seguridade social** (nos termos do art. 194 da Constituição) e no programa **permanente de transferência de renda** (previsto no art. 6º, parágrafo único, da Constituição). A forma de cálculo desses valores, para os exercícios de 2022, 2023 e 2004 a 2006, foi definida, respectivamente, pelos incisos I a III do art. 107-A, não alterados pela Emenda Constitucional nº 126/22. Verifica-se, pelo dispositivo, que o exercício de 2026 foi definido como a data do fim do regime fiscal estabelecido pelo art. 107-A.

O art. 3º da Emenda nº 114, que inclui os §§ 5º e 6º no art. 4º da Emenda Constitucional nº 113/2021, repete a mesma exigência de que o aumento do limite será destinado ao atendimento de despesas de programa de transferência de renda, devendo, no exercício de 2022, ser destinado somente ao atendimento das despesas de ampliação de programas sociais de combate à pobreza e à extrema pobreza, à saúde, à previdência e assistência social. Pelo art. 118 do ADCT, "os limites, as condições, as normas de acesso e os demais requisitos para o atendimento do disposto no parágrafo único do art. 6º e no inciso VI do *caput* do art. 203 da Constituição Federal serão determinados, na forma da lei e respectivo regulamento, **até 31 de dezembro de 2022**, dispensada, exclusivamente no exercício de 2022, a observância das limitações legais quanto à criação, à expansão ou ao aperfeiçoamento de ação governamental que acarrete aumento de despesa no referido exercício".

Cabe ainda realçar as seguintes inovações:

a) Definição de despesas de pagamento de **precatórios que ficarão fora do limite anual para o orçamento de cada ano e do teto de gastos** previstos nos arts. 107 e 107-A do Ato das Disposições Constitucionais Transitórias : a) precatórios pagos com desconto de 40%, com fundamento no art. 107-A, § 3º; (b) oferta, pelo credor, de créditos líquidos e certos que originalmente lhe são próprios ou adquiridos de terceiros reconhecidos pelo ente federativo ou por decisão judicial transitada em julgada para os fins indicados no § 11 do art. 100; (c) precatórios para os quais o art. 100, § 20, com a redação dada pela Emenda Constitucional nº 94/16, determina o parcelamento automático quando o seu valor for valor superior a 15% do montante previsto no orçamento para esse tipo de despesa; (d) utilização de valores objeto de sentenças transitadas em julgado devidos a pessoa jurídica de direito público para amortizar dívidas, vencidas ou vincendas, nas hipóteses referidos no § 21 do art. 100; (e) despesas decorrentes de precatórios pagos por conta do Fundep (art. 4º, parágrafo único); (f) despesas com atualização monetária dos precatórios inscritos no exercício (§ 5º do art. 107-A);

b) Definição do exercício de 2026 como a data do fim do regime fiscal de teto de gastos (art. 107-A);

c) Pagamento dos precatórios decorrentes de complementação da União aos Estados e aos Municípios por conta do Fundo de Manutenção e Desenvolvimento do Ensino Fundamental e de Valorização do Magistério (Fundep) em três parcelas anuais e sucessivas, na forma estabelecida no art. 4º da Emenda

---

em lei, observada a legislação fiscal e orçamentária". Esse dispositivo serve de fundamento para o que ficou conhecido como "bolsa-família".

114/21; exigência de que no mínimo 60% do montante resultante do pagamento desses precatórios sejam repassados aos profissionais do magistério, inclusive aposentados e pensionistas, na forma de abono, vedada a incorporação na remuneração, na aposentadoria ou na pensão (parágrafo único do art. 5º);

d) Previsão da possibilidade de o credor de precatório não contemplado no orçamento optar pelo recebimento em parcela única até o fim do ano seguinte, com renúncia de 40% do valor do crédito, mediante acordos diretos perante Juízes Auxiliares de Conciliação de Pagamento de Condenações Judiciais contra a Fazenda Pública Federal (§ 3º do art. 107-A);

e) Previsão de prioridades no pagamento de precatórios, segundo a ordem estabelecida pelo § 8º do art. 107-A, a saber: I – obrigações definidas em lei como de pequeno valor, previstas no § 3º do art. 100; II – precatórios de natureza alimentícia cujos titulares, originários ou por sucessão hereditária, tenham no mínimo 60 (sessenta) anos de idade, ou sejam portadores de doença grave ou pessoas com deficiência, assim definidos na forma da lei, até o valor equivalente ao triplo do montante fixado em lei como obrigação de pequeno valor; III – demais precatórios de natureza alimentícia até o valor equivalente ao triplo do montante fixado em lei como obrigação de pequeno valor; IV – demais precatórios de natureza alimentícia além do valor previsto no inciso II deste parágrafo; V – demais precatórios;

f) Previsão de que o aumento do limite de gastos, decorrente da mudança na forma de cálculo do teto de gastos, seja destinado, no exercício de 2022, somente ao atendimento das despesas de ampliação de programas sociais de combate à pobreza e à extrema pobreza (§ 6º do art. 4º da Emenda Constitucional nº 113/21, acrescentado pela Emenda Constitucional nº 114/21);

g) Previsão, no art. 6º, da criação, pelo Congresso Nacional, no prazo de um ano, de comissão mista, para exame analítico dos atos, dos fatos e das políticas públicas com maior potencial gerador de precatórios e de sentenças judiciais contrárias à Fazenda Pública da União. A comissão atuará em cooperação com o CNJ e com o auxílio do TCU, buscando identificar medidas legislativas a serem adotadas com vistas a trazer maior segurança jurídica no âmbito federal. Pelo § 2º do mesmo dispositivo, verifica-se que o objetivo é o de criar mecanismos de aferição de risco fiscal e de prognóstico de efetivo pagamento de valores decorrentes de decisão judicial, segregando esses pagamentos por tipo de risco e priorizando os temas que possuam maior impacto financeiro. Pelo § 3º, o Congresso Nacional encaminhará suas conclusões aos presidentes do STF e do STJ, para a adoção de medidas de sua competência. Se bem utilizada a medida, ela poderá ser útil para reduzir as demandas judiciais desfavoráveis à Fazenda Pública Federal.

Quanto ao pagamento das verbas indenizatórias na desapropriação, o STF decidiu, no julgamento do RE 922.144, com repercussão geral reconhecida, conforme Tema 865, que "no caso de necessidade de complementação da indenização ao final do processo expropriatório, deverá o pagamento ser feito mediante depósito judicial direto se o Poder Púbico não estiver em dia com os precatórios". Isto quer dizer que os pagamentos das diferenças entre os valores de avaliação inicial e final do bem desapropriado devem, em regra, ser feitos mediante precatório, se o ente público estiver em dia com essa despesa. Entendeu que a utilização do precatório não viola o direito de propriedade do particular, desde que a administração pública esteja adimplente, fazendo o pagamento, no máximo, no ano seguinte à ordem do Judiciário. No final do acórdão, o Plenário modulou os efeitos da decisão para que esse entendimento apenas seja aplicado para as desapropriações futuras ou para as ações em curso que já discutem essa questão específica. Com essa decisão, o STF tenta dar aplicação à exigência constitucional de que a indenização, na desapropriação, seja **prévia,** ao contrário do que vem acontecendo desde sempre, com a demora de pagamento de precatórios, que se prolonga por muitos anos. No entanto, pode estar criando outro embaraço quando a aplicação do acórdão exigir recursos financeiros não disponíveis nas leis orçamentárias dos entes federativos. Com a modulação de efeitos, o acórdão deixa sem solução satisfatória as milhares de ações de desapropriação, já findas com a transferência da propriedade, sem que os proprietários tenham recebido a devida indenização. Na realidade, o dispositivo constitucional (art. 5º, inciso XXIV), na parte em que exige indenização prévia, tem sido desde sempre desrespeitado.

5. **Prescrição quinquenal.** Nos termos do art. 1º do Decreto nº 20.910, de 6-1-32, "as dívidas passivas da União, dos Estados e dos Municípios, bem assim todo e qualquer direito ou ação contra a Fazenda federal, estadual ou municipal, seja qual for a sua natureza, prescrevem em cinco anos contados da data do ato ou fato do qual se originaram".

   A prescrição quinquenal abrange as dívidas passivas das autarquias ou entidades e órgãos paraestatais criados por lei e mantidos mediante impostos, taxas ou quaisquer contribuições, exigidas em virtude de lei federal, estadual ou municipal, bem como todo e qualquer direito e ação contra os mesmos (art. 2º do Decreto-lei nº 4.597, de 19-8-42).

   Embora ambos os dispositivos falem em "todo e qualquer direito ou ação", não se aplica a prescrição quinquenal quando se trata de ação real, porque, caso contrário, poderia a Administração vir a adquirir imóvel alheio no curto prazo de cinco anos; seria um usucapião especial em hipótese não prevista no ordenamento jurídico. Assim, em se tratando de ação real contra a Fazenda Pública, aplica-se a regra do art. 205 do CC, ou seja, a prescrição ocorre em dez anos.

   É o que se verifica, por exemplo, na ação de retrocessão, tenha ela por objeto a reivindicação do imóvel expropriado ou a indenização (cf. Capítulo 6, item 6.10.13).

   Com a entrada em vigor do Código Civil de 2002, tem sido levantada a questão da revogação parcial do Decreto nº 20.910/32, diante dos novos prazos de prescrição previstos no art. 206, especialmente em seu § 3º, IV e V. Segundo esses dispositivos, prescreve em três anos "a pretensão de ressarcimento de enriquecimento sem causa" (inciso IV) e "a pretensão de reparação civil" (inciso V). Desse modo, quando a ação contra a Fazenda Pública tiver um desses objetos, aplicar-se-á o prazo de três anos, fixado pelo Código Civil, e não o prazo de cinco anos, previsto no Decreto nº 20.910/32.

   Dentre outros argumentos, alega-se que o Código Civil disciplinou inteiramente a matéria de prescrição e que a prescrição quinquenal, que era considerada um privilégio da Fazenda Pública, não mais se justifica diante do menor prazo estabelecido na legislação civil. Teria havido uma inversão: o particular é que foi privilegiado, enquanto a Fazenda Pública ficaria prejudicada com um prazo prescricional maior do que aquele que se aplica aos particulares.

Na jurisprudência, há acórdãos divergentes no âmbito do próprio Superior Tribunal de Justiça, às vezes dentro da mesma Turma.[16]

Entendo que tem aplicação, no caso, a norma do art. 2º, § 2º, da Lei de Introdução às Normas Gerais do Direito (antes chamada de Lei de Introdução ao Código Civil, conforme Decreto-lei nº 4.657, de 4-9-42), segundo a qual "a lei nova, que estabeleça disposições gerais ou especiais a par das já existentes, não revoga nem modifica a lei anterior". Assim como o Decreto nº 20.910/32 não revogou qualquer dispositivo do Código Civil de 1916, referente a prescrição, o novo Código Civil também não afeta o Decreto nº 20.910, até porque, ao contrário do Código Civil, ele não disciplina a prescrição aplicável nas relações entre particulares, mas sim nas relações que envolvam a Fazenda Pública.

Toda a matéria de prescrição, com relação à Administração Pública, é disciplinada por normas de direito público e não pelo Código Civil. A prescrição quinquenal tem sido prevista em inúmeras leis que tratam de ações contra a Fazenda Pública: Lei nº 4.717, de 29-6-65, que rege a ação popular (art. 21); Lei nº 9.873, de 23-11-99, que dispõe sobre prescrição de ação punitiva pela Administração Pública Federal (art. 1º); ação de cobrança do crédito tributário, prevista no art. 174 do Código Tributário Nacional.

Se fosse aceitável o argumento de que o Código Civil, por regular inteiramente a matéria de prescrição, teria revogado o Decreto nº 20.910, inúmeras normas do direito público restariam também revogadas, sob o mesmo argumento. Muitas matérias tratadas no Código Civil, como a referente a obrigações, negócios jurídicos, contratos, propriedade, direitos reais, teriam o condão de revogar a legislação existente sobre a matéria, no âmbito do direito administrativo, o que seria um absurdo.

O Decreto nº 20.910/32 estabelece normas específicas sobre a prescrição das ações contra a Fazenda Pública, sua suspensão e interrupção, não restando afetada pelas novas disposições do Código Civil. O que se reconhece como verdadeiro é que a prescrição quinquenal não mais pode ser vista como um privilégio da Fazenda Pública. De qualquer forma, mesmo que se admita a aplicação do prazo estabelecido pelo Código Civil, a revogação do referido Decreto será apenas parcial, porque o novo prazo somente se aplicará quando o objeto da ação enquadrar-se nas hipóteses dos incisos IV ou V do § 3º do art. 206.

Em caso de prejuízo causado ao erário, o Supremo Tribunal Federal e o Superior Tribunal de Justiça vêm adotado a tese da imprescritibilidade, com fundamento no art. 37, § 5º, da Constituição.[17]

A prescrição admite **interrupção** e **suspensão**; esta última ocorre pelos meios previstos no CPC, pelos recursos administrativos com efeito suspensivo e pela reclamação administrativa; segundo o art. 4º do Decreto nº 20.910/32, "não

---

[16] Acórdãos que consideram aplicável o prazo prescricional de três anos do Código Civil: REsp 982.811/RR, Min. Francisco Falcão, 1ª Turma, 2-10-08, *DJe* 16-10-08; REsp 698.195/DF, Rel. Ministro Jorge Scartezzini, 4ª Turma, 4-5-06, *DJ* de 29-5-06, p. 254; REsp 665783, Rel. Min. Aldir Passarinho, *DJe* 13-10-09; REsp 1137354-RJ, Rel. Min. Castro Meira, 2ª Turma, *DJe* 18-9-09. Acórdãos favoráveis ao prazo de 5 anos: REsp 534.671/CE, Rel. Min. José Delgado, 1ª Turma, 31-5-04, *DJ* de 31-5-04, p. 194; REsp 909.291/SE, Rel. Min. José Delgado, 1ª Turma, 12-2-08, *DJe* 12-3-08; REsp 820.768/RS, Min. Luiz Fux, 1ª Turma, 4-10-07, *DJ* 5-11-07, p. 227; REsp 1200764-AC, Rel. Min. Herman Benjamin, 2ª Turma, *DJe* 27-9-10.

[17] No STF, acórdão proferido no MS 26210/DF, Rel. Min. Ricardo Lewandowski, j. em 4-9-08; e no STJ, acórdão proferido no REsp 1067561/AM, Rel. Min. Eliana Calmon, *DJe* 27-2-09; também no REsp 1.187.297-RJ, Rel. Min. Eliana Calmon, j. em 2-9-10; e REsp 909.446-RN, Rel. Min. Luiz Fux, j. em 6-4-10.

corre a prescrição durante a demora que, no estudo, no reconhecimento ou no pagamento da dívida, considerada líquida, tiverem as repartições ou funcionários encarregados de estudar e apurá-la"; segundo o parágrafo único desse dispositivo, "a suspensão da prescrição, neste caso, verificar-se-á pela entrada do requerimento do titular do direito ou do credor nos livros ou protocolos das repartições públicas, com designação do dia, mês e ano".

A **interrupção**, que se dá nos casos previstos no CPC, somente ocorre uma vez, recomeçando a correr o prazo, pela **metade**, da data do ato que a interrompeu, ou do último do processo para a interromper (art. 9º do Decreto nº 20.910/32).

Como o prazo recomeça a correr **pela metade** (dois anos e meio), poderia acontecer que a prescrição se desse em período total inferior a cinco anos, desde que a interrupção ocorresse na primeira metade do período. Para evitar essa possibilidade – em que a interrupção poderia prejudicar o titular do direito, ao invés de beneficiá-lo – o STF formulou a Súmula nº 383, em cujos termos "a prescrição em favor da Fazenda Pública recomeça a correr, por dois anos e meio, a partir do ato interruptivo, mas não fica reduzida aquém de cinco anos, embora o titular do direito a interrompa durante a primeira metade do prazo".

6. **Pagamento das despesas judiciais.** Nos termos do art. 27 do CPC, as despesas dos atos processuais efetuados a requerimento do Ministério Público ou da Fazenda serão pagas a final pelo vencido.

    O art. 1º-A da Lei nº 9.494/97, acrescentado pela Medida Provisória nº 2.180-35, de 24-8-01, determina que "estão dispensados de depósito prévio, para interposição de recurso, as pessoas jurídicas de direito público federais, estaduais, distritais e municipais".

    Pelo art. 91 do novo CPC, "as despesas dos atos processuais praticados a requerimento da Fazenda Pública, do Ministério Público ou da Defensoria Pública serão pagas ao final pelo vencido". Pelo § 1º, as perícias requeridas por esses órgãos "poderão ser realizadas por entidade pública ou, havendo previsão orçamentária, ter os valores adiantados por aquele que requerer a prova". E, nos termos do § 2º, "não havendo previsão orçamentária no exercício financeiro para adiantamento dos honorários periciais, eles serão pagos no exercício seguinte ou ao final, pelo vencido, caso o processo se encerre antes do adiantamento a ser feito pelo ente público".

7. **Restrições à concessão de liminar e à tutela antecipada.** A Lei nº 8.437, de 30-6-92 (com alterações posteriores), impede a concessão de medida liminar contra atos do Poder Público, no procedimento cautelar ou em quaisquer outras ações de natureza cautelar ou preventiva, toda vez que providência semelhante não puder ser concedida em mandado de segurança, em virtude de vedação legal. Isto significa que a restrição existe nas hipóteses referidas na Lei nº 12.016, de 7-8-09, que disciplina o mandado de segurança individual e coletivo, cujo art. 7º, § 2º, determina que "não será concedida medida liminar que tenha por objeto a compensação de créditos tributários, a entrega de mercadorias e bens provenientes do exterior, a reclassificação ou equiparação de servidores públicos e a concessão de aumento ou a extensão de vantagens ou pagamento de qualquer natureza".

    Quanto à tutela antecipada, o § 5º do mesmo dispositivo legal estabelece que "as vedações relacionadas com a concessão de liminares previstas neste art. se estendem à tutela antecipada a que se referem os arts. 273 e 661 da Lei nº 5.869, de 11-1-1973 – Código de Processo Civil".

O intuito do legislador é evidente: o de evitar que, diante da vedação de liminar em mandado de segurança, o interessado se utilize do processo cautelar ou da tutela antecipada para obter o mesmo resultado.

Outro tipo de restrição é estabelecido quanto à concessão de liminar no mandado de segurança coletivo e na ação civil pública. A Lei nº 8.437/92, no art. 2º, só permite a sua outorga "após a audiência do representante judicial da pessoa jurídica de direito público, que deverá se pronunciar no prazo de 72 horas".

Outra medida análoga à estabelecida para o mandado de segurança (art. 15 da Lei nº 12.016/09) é a prevista no art. 4º da Lei nº 8.437/92, ao atribuir ao presidente do tribunal ao qual couber o conhecimento do respectivo recurso competência para suspender, em despacho fundamentado, a execução da liminar nas ações movidas contra o Poder Público ou seus agentes, a requerimento do Ministério Público ou da pessoa jurídica de direito público interessada, em caso de manifesto interesse público ou de flagrante ilegitimidade, e para evitar grave lesão à ordem, à saúde, à segurança e à economia públicas.

Pelo art. 1.059 do CPC, "à tutela provisória requerida contra a Fazenda pública aplica-se o disposto nos arts. 1º a 4º da Lei nº 8.437, de 30 de junho de 1992, e o art. 7º, § 2º, da Lei nº 12.016, de 7 de agosto de 2009".

Há que se observar que todas essas restrições às medidas liminares ou acautelatórias são de valor relativo, pois não podem ser adotadas pelo Poder Judiciário quando coloquem em risco os direitos das pessoas, sob pena de ofensa ao art. 5º, inciso XXXV, da Constituição Federal, que impede seja excluída da apreciação judicial, não só a lesão, como também a ameaça a direito. Por outras palavras, se devidamente demonstrado o *periculum in mora*, não poderá ser negada a medida liminar para proteger o direito ameaçado, já que, entre a norma constitucional e a lei ordinária, a primeira tem que prevalecer.

8. **Restrições à execução provisória.** Em matéria de mandado de segurança, o art. 14, § 3º, da Lei nº 12.016/09 veda a execução provisória nos casos em que for vedada a concessão da medida liminar, a saber, nas hipóteses previstas no art. 7º, § 2º, já referidas no item anterior. Vale dizer que não é possível a execução provisória na pendência de recurso, mesmo este tendo efeito apenas devolutivo.

Restrição semelhante é prevista, em caráter genérico, para todas as sentenças contra a Fazenda Pública que tenham aquele objeto. Com efeito, o art. 2º-B, acrescentado à Lei nº 9.494, de 10-9-97, pela Medida Provisória nº 2.180-35, de 27-8-01, determina que "a sentença que tenha por objeto a liberação de recurso, inclusão em folha de pagamento, reclassificação, equiparação, concessão de aumento ou extensão de vantagens a servidores da União, dos Estados, do Distrito Federal e dos Municípios, inclusive de suas autarquias e fundações, somente poderá ser executada após seu trânsito em julgado". Nessas mesmas hipóteses, se proposta ação cautelar, a sentença "só poderá ter caráter satisfativo quando transitada em julgado a sentença proferida na ação principal", conforme parágrafo único do mesmo art.

Em matéria de execução provisória de **obrigação de fazer contra a Fazenda Pública**, o Plenário do Supremo Tribunal Federal decidiu, em recurso com repercussão geral reconhecida, que ela é possível, com base em dispositivos do CPC, não havendo incompatibilidade com a Constituição Federal. Afastou o entendimento da União de que esse tipo de execução deveria seguir critérios fixados no art. 100 da Constituição, para o pagamento de precatórios (RE-573.872, Conjur, 30-5-17).

17.5.5 Meios de controle

Com base no art. 5º, inciso XXXV, da Constituição, que serve de fundamento para o direito de ação ou de exceção contra lesão ou ameaça a direito, o administrado pode utilizar dos vários tipos de ações previstos na legislação ordinária, para impugnar os atos da Administração; pode propor ações de indenização, possessórias, reivindicatórias, de consignação em pagamento, cautelar etc. Mas a Constituição prevê ações específicas de controle da Administração Pública, às quais a doutrina se refere com a denominação de **remédios constitucionais**.

São assim chamadas porque têm a natureza de **garantias dos direitos fundamentais**; estão inseridas no Título II da Constituição, concernente aos "direitos e garantias fundamentais": o seu objetivo é provocar a intervenção de autoridades, em geral a judiciária, para corrigir os atos da Administração lesivos de direitos individuais ou coletivos.

Têm, porém, a dupla natureza de **direitos** e de **garantias**. São **direitos** em sentido instrumental, da mesma forma que o é o direito de ação decorrente do inciso XXXV do art. 5º, e são **garantias** porque reconhecidos com o objetivo de resguardar outros direitos fundamentais (em sentido material) previstos no art. 5º.

São remédios constitucionais o *habeas corpus*, o *habeas data*, o mandado de segurança individual, o mandado de segurança coletivo, o mandado de injunção, a ação popular e o direito de petição; ressalvado este último, todos os demais são meios de provocar o controle jurisdicional de ato da Administração. Eventualmente, a ação civil pública, embora não prevista no art. 5º da Constituição, serve à mesma finalidade, quando o ato lesivo seja praticado pela Administração.

O mandado de segurança individual, o *habeas data*, o *habeas corpus* e o mandado de injunção são garantias de direitos individuais; o mandado de segurança coletivo, a ação popular e a ação civil pública são garantias de interesses coletivos ou difusos, ainda que acessoriamente possam garantir também interesses individuais.

17.5.5.1 Habeas corpus

O *habeas corpus* protege o direito de locomoção. A expressão foi tirada da parte inicial da frase latina: "Tomes o corpo de delito e venhas submeter ao Tribunal o homem e o caso".

Apesar de ficar conhecido pela fórmula latina, sua origem encontra-se no direito inglês, mais precisamente na Magna Carta de 1215. Foi o primeiro remédio previsto para controle jurisdicional de ato da Administração.

No direito brasileiro apareceu, pela primeira vez, no Código de Processo Criminal do Império, de 1832, cujo art. 340 determinava que "todo cidadão que entender que ele, ou outrem, sofre uma prisão ilegal ou constrangimento ilegal em sua liberdade tem direito de pedir uma ordem de *habeas corpus* em seu favor".

A Constituição de 1891 foi a primeira que o estabeleceu. Seu art. 72, § 22, determinava: "Dar-se-á o *habeas corpus* sempre que o indivíduo sofrer ou se achar em iminente perigo de sofrer violência ou coação, por ilegalidade ou abuso de poder".

Como a redação não fazia referência ao direito de locomoção, permitiu que fosse utilizado para proteção de outros direitos, segundo a teoria que ficou conhecida como doutrina brasileira do *habeas corpus*, acolhida em inúmeros julgados.

Segundo essa doutrina, definida especialmente por Rui Barbosa, "o *habeas corpus* hoje se estende a todos os casos em que um direito nosso, qualquer direito, estiver ameaçado, manietado, impossibilitado, no seu exercício, pela intervenção de um abuso de poder ou uma ilegalidade. Desde que a Constituição não particularizou os direitos que, com o *habeas corpus*, queria proteger, contra a coação ou contra a violência, claro está que o seu propósito era escudar contra a violência e a coação todo e qualquer direito que elas podiam tolher e lesar nas suas manifestações" (Cf. Seabra Fagundes, 1984:213).

A reforma constitucional de 1926 pôs fim a essa doutrina, com a nova redação dada ao art. 72, § 22, que restringiu a aplicação do *habeas corpus* à proteção do direito de locomoção: "dar-se-á o *habeas corpus* sempre que alguém sofrer, ou se achar em iminente perigo de sofrer violência por meio de prisão ou constrangimento ilegal, em sua liberdade de locomoção".

Na Constituição atual, está previsto no inciso LXVIII do art. 5º: "conceder-se-á *habeas corpus* sempre que alguém sofrer ou se achar ameaçado de sofrer violência ou coação em sua liberdade de locomoção, por ilegalidade ou abuso de poder". Só não é cabível "em relação a punições disciplinares militares" (art. 142, § 2º).

Para torná-lo acessível a todos, o art. 5º, inciso LXXVII, determina a sua **gratuidade**.

O *habeas corpus* pode ser impetrado por qualquer pessoa, nacional ou estrangeira, em benefício próprio ou de terceiro.

Os **pressupostos** para sua propositura são:

1. ilegalidade ou abuso de poder, seja por parte de autoridade pública, seja por parte de particular;
2. violência, coação ou ameaça à liberdade de locomoção.

17.5.5.2 Habeas data

O *habeas data*, no direito brasileiro, constitui inovação introduzida pelo art. 5º, inciso LXXII, da Constituição de 1988:

"Conceder-se-á *habeas data*:
a) para assegurar o conhecimento de informações relativas à pessoa do impetrante, constantes de registros ou bancos de dados de entidades governamentais ou de caráter público;
b) para a retificação de dados, quando não se prefira fazê-lo por processo sigiloso, judicial ou administrativo".

O *habeas data* está hoje disciplinado pela Lei nº 9.507, de 12-11-97, que acrescentou mais uma hipótese de cabimento da medida, além das duas previstas na Constituição: o art. 7º, inciso III, contempla a hipótese de *habeas data* "para a anotação nos assentamentos do interessado, de contestação ou explicação sobre dado verdadeiro, mas justificável e que esteja sob pendência judicial ou amigável".

José Afonso da Silva (2003:451), citando a lição de Firmín Morales Prats, diz que o *habeas data* "é um remédio constitucional que tem por objeto proteger a esfera interna dos indivíduos contra:

a) usos abusivos de registro de dados pessoais coletados por meios fraudulentos, desleais ou ilícitos;
b) introdução nesses registros de dados sensíveis (assim chamados os de origem racial, opinião política, filosófica ou religiosa, filiação partidária e sindical, orientação sexual etc.);
c) conservação de dados falsos ou com fins diversos dos autorizados em lei".

Não se pode dizer que ele constitua garantia do direito à informação previsto no art. 5º, inciso XXXIII, segundo o qual "todos têm direito a receber dos órgãos públicos informações de seu interesse particular, ou de interesse coletivo ou geral, que serão prestadas no prazo da lei, sob pena de responsabilidade, ressalvadas aquelas cujo sigilo seja imprescindível à segurança da sociedade e do Estado".

Embora o dispositivo assegure o direito à informação de **interesse particular** ou de **interesse coletivo**, ele não se confunde com a informação protegida pelo *habeas data*, que é sempre relativa à **pessoa** do impetrante, com a particularidade de constar de banco ou registro de dados. O direito à informação, que se exerce na via administrativa, é mais amplo e pode referir-se a assuntos dos mais variados, como o conteúdo de um parecer jurídico, de um laudo técnico, de uma informação constante do processo, de uma prova apresentada em concurso público, do depoimento de uma testemunha etc.; não se refere a dados sobre a própria **pessoa** do requerente; e pode ter por finalidade a defesa de um interesse particular, como, por exemplo, o exercício do direito de petição perante a própria Administração Pública, ou a defesa de um direito individual perante o Judiciário, ou de um interesse coletivo, como a defesa do patrimônio público.

Já o *habeas data* assegura o conhecimento de informações relativas à própria pessoa do impetrante; e o objetivo é sempre o de conhecer e retificar essas informações, quando errôneas, para evitar o seu uso indevido.

Dessa distinção decorrem importantes consequências:

1. o direito à informação de interesse particular ou coletivo (art. 5º, XXXIII), se negado pela Administração, deve ser protegido pela via judicial ordinária ou pelo mandado de segurança e não pelo *habeas data*;
2. o mesmo direito pode ser exercido de forma ampla, com ressalva para as informações "cujo sigilo seja imprescindível à segurança da sociedade e do Estado"; essa restrição não se aplica no caso do *habeas data*, que protege a própria intimidade da pessoa. Essa conclusão decorre do fato de que o inciso LXXII do art. 5º não contém a mesma restrição inserida na parte final do inciso XXXIII.

Como diz Manoel Gonçalves Ferreira Filho (1989:282), ao comparar este último dispositivo com o referente ao *habeas data*, "as informações que se podem obter do Poder Público aqui tratadas são de caráter geral, concernentes às atividades múltiplas dos órgãos governamentais e, portanto, justificam a ressalva imposta. Trata-se do direito à informação tão somente. Aquelas que se pretendem obter mediante impetração de *habeas data* dizem respeito a dados relativos à pessoa do requerente que, obviamente, não admitem segredo com relação a ele".

Esse é também o pensamento de Calmon Passos (1989:139): "no *habeas data* não se postula a certificação judicial do direito à informação. Esse direito, no tocante à própria pessoa do interessado, foi deferido constitucionalmente sem possibilidade de contestação ou restrição. Nenhuma exceção lhe foi posta, constitucionalmente. A respeito da própria pessoa, o direito à informação é livre de barreiras, inexistindo exceções que o limitem ou excluam".

Infelizmente, outro foi o entendimento adotado pela Consultoria-Geral da República nos pareceres SR 13, de 17-10-86, e SR 71, de 6-10-88, publicados, respectivamente, na *RDA* 166/139 e no *Diário Oficial da União*, de 6-10-88, p. 19.804.

Outro obstáculo que pode dificultar a propositura do *habeas data* é o entendimento adotado pelo Tribunal Federal de Recursos, nos autos do HD 001-DF, no sentido da necessidade de prévio pedido administrativo para propositura da medida judicial; no caso, a falta desse pedido levou o Tribunal a julgar extinto o processo sem julgamento do mérito (*DJU*, de 2-5-89, p. 6.374). Merecia ter prevalecido a tese do Ministro Garcia Vieira, defendida em voto vencido;

para ele "a exigência de prévio exaurimento da esfera administrativa significava a vedação do uso do *habeas data* e não se pode tirar essa conclusão do dispositivo constitucional que garante o seu uso por todos aqueles que pretendem conhecer as informações a seu respeito, existentes no SNI, para, posteriormente, retificá-las" (*Repertório IOB de Jurisprudência* – 1ª quinzena de junho de 1989, nº 11/89, p. 177).

O STJ consagrou esse entendimento pela Súmula nº 2: "Não cabe *habeas data* se não houver recusa por parte da autoridade administrativa."

Não há fundamento constitucional para exigir o prévio recurso à via administrativa como condição para propositura do *habeas data*.

No entanto, a Lei nº 9.507/97 agasalhou a mesma restrição, ao exigir, no art. 8º, parágrafo único, que a petição inicial seja instruída com prova: I – da recusa ao acesso às informações ou do decurso de mais de 10 dias sem decisão; II – da recusa em fazer-se a retificação ou do decurso de mais de 15 dias, sem decisão; ou III – da recusa em fazer-se a anotação a que se refere o § 2º do art. 4º ou do decurso de mais de 15 dias sem decisão.

Sujeito ativo do *habeas data* é a pessoa, brasileira ou estrangeira, a que se refere a informação.

Sujeito passivo é a **entidade governamental** ou de **caráter público** que tenha registro ou banco de dados sobre a pessoa. A primeira expressão abrange qualquer órgão do Estado, seja ele do Judiciário, Legislativo ou Executivo, bem como as entidades da Administração Indireta; a segunda, que não pode ser sinônima da primeira (a menos que se queira atribuir ao constituinte o emprego de palavras inúteis) abrange entidades que, embora particulares, contenham dados sobre a pessoa, destinados ao conhecimento de terceiros. Não teria sentido proteger a pessoa contra o registro de dados falsos coletados pelo Poder Público e não conceder igual proteção quando esses dados sejam registrados por particulares para uso público. Calmon Passos (1989:141) cita o exemplo dos Serviços de Proteção ao Crédito, que armazenam dados para orientar terceiros, seus clientes.

O **objeto** pode ser a simples informação ou, se o impetrante já a conhecer, pode ser sua **retificação**; e, agora, pelo art. 7º da Lei nº 9.507/97, o objeto pode ser também a **anotação** de esclarecimentos ou justificativas no registro de dados. Nada impede que, no mesmo processo, se pleiteie primeiro a informação e, sendo esta falsa, se pleiteie, a seguir, a retificação; ou, ainda, a anotação de esclarecimentos ou justificativas.

O **processo** estabelecido pela Lei nº 9.507/97 é muito semelhante ao estabelecido para o mandado de segurança pela Lei nº 12.016, de 7-8-09 (cf. item 17.5.4.4.4).

Vale dizer que o rito é sumaríssimo, compreendendo: despacho da inicial, notificação à autoridade coatora para prestar informações no prazo de 10 dias (art. 9º); com ou sem informações, será ouvido o Ministério Público no prazo de cinco dias, sendo a seguir os autos conclusos ao juiz para decisão a ser proferida em cinco dias.

A execução se faz por simples comunicação ao coator, pelo correio, com aviso de recebimento, ou por telegrama, radiograma ou telefonema, conforme o requerer o impetrante (art. 14). Por esse meio, o juiz marcará data e horário para que o coator apresente as informações ou faça a retificação de dados ou a anotação requerida.

Os **recursos** referidos na Lei nº 9.507/97 são:

a) apelação contra o despacho de indeferimento (art. 10, parágrafo único);
b) apelação da decisão de mérito, a qual terá apenas efeito devolutivo, se a decisão for concessiva do *habeas data*;
c) agravo contra decisão do Presidente do Tribunal ao qual competir o conhecimento do recurso que suspender a execução da sentença (art. 16).

Pelo art. 18 da lei, o pedido de *habeas data* poderá ser renovado se a decisão denegatória não lhe houver apreciado o mérito.

Os processos de *habeas data* têm prioridade sobre todos os demais, ressalva feita aos processos de *habeas corpus* e mandado de segurança (art. 19).

A Constituição Federal estabelece os órgãos judiciários competentes para julgamento nos arts. 102, I, *d*, II, *a*; 105, I, *b*; 108, I, *c*; 109, VIII; 114, IV (introduzido pela Emenda Constitucional nº 45/04); e 121, § 4º, V. A Constituição do Estado de São Paulo contém norma sobre competência do Tribunal de Justiça nessa matéria, no art. 74, III.

Essa competência consta agora expressamente do art. 20 da Lei nº 9.507/97.

No art. 21, a lei, repetindo a norma do art. 5º, LXXVII, da Constituição, estabelece a gratuidade do processo judicial de *habeas data*, assim como do procedimento administrativo para acesso a informações, retificação de dados ou inclusão de anotação.

17.5.5.3 Mandado de injunção

17.5.5.3.1 Controvérsias quanto à origem

O art. 5º, inciso LXXI, prevê a "concessão de mandado de injunção sempre que a falta de norma regulamentadora torne inviável o exercício dos direitos e liberdades constitucionais e das prerrogativas inerentes à nacionalidade, à soberania e à cidadania".

Durante longos anos, esse remédio constitucional ficou sem qualquer regulamentação legal. A omissão foi suprida pela Lei nº 13.300, de 23-6-16, que disciplina o processo e o julgamento dos mandados de injunção individual e coletivo e dá outras providências.

Talvez pela própria omissão legislativa, o mandado de injunção, dentre todos os remédios constitucionais introduzidos pela Constituição de 1988, foi, provavelmente, o que mais suscitou controvérsias e o que mais encontrou dificuldades na sua utilização. As controvérsias começam quanto à origem do instituto.

Segundo José Afonso da Silva (2003:446), "o **mandado de injunção** é um instituto que se originou na Inglaterra, no século XIV, como essencial remédio da *Equity*. Nasceu, pois, do **Juízo de Equidade**. Ou seja, é um remédio outorgado, mediante um juízo discricionário, quando **falta norma legal** (*statutes*) regulando a espécie, e quando a *Common Law* não oferece proteção suficiente. A equidade, no sentido inglês do termo (sistema de estimativa social para a formulação da regra jurídica para o caso concreto) assenta-se na valoração judicial dos elementos do caso e dos princípios de justiça material, segundo a pauta de valores sociais, e assim emite a decisão fundada não no justo legal mas no **justo natural**". O mesmo autor acrescenta, no entanto, que "a fonte mais próxima do mandado de injunção é o *writ of injunction* do direito norte-americano, onde cada vez mais tem aplicação na proteção de direitos da pessoa humana para impedir, por exemplo, violações da liberdade de associação e de palavra, da liberdade religiosa e contra denegação de igual oportunidade de educação por razões puramente raciais".

Calmon Passos (1989:104) nega essa origem do mandado de injunção e, repetindo entendimento de Sérgio Bermudes, diz que "o mandado de injunção do sistema do *common law* jamais teve o objetivo que definimos para a nossa injunção, nem desempenhava na nação norte-americana, o papel que pretendemos dar ao nosso remédio constitucional, nem foi pensado com o objetivo a que nos propomos com nossa injunção, nem tem história vinculada à desse instituto". Ele nega, peremptoriamente, qualquer semelhança com o juízo de equidade do direito inglês, pois, para ele, dar-se o poder de ditar normas segundo os valores que informam o senso ou sentido de equidade do julgador seria dar a esse homem um poder que se recusa, terminantemente, a todos os demais.

Manoel Gonçalves Ferreira Filho (1989:275-276) acha que "não se pode identificar no Direito comparado a fonte de inspiração do legislador constituinte, embora medidas com o mesmo nome possam ser encontradas, por exemplo, no Direito inglês e no Direito italiano". A semelhança estaria só na terminologia e não no conteúdo.

Também Ulderico Pires dos Santos (1988:33) diz que "o novo **mandado de injunção** e o dos países estrangeiros convergem, tão somente, no que respeita ao modo do devedor prestar o fato, porque todos eles permitem meios coativos para exigir-se a prestação do fato ou a abstenção de ato sob penas diversas, inclusive a que Chiovenda chama de meios de sub-rogação". Esse autor indica as várias modalidades de mandado de injunção do direito norte-americano e francês, os quais têm sentido muito mais amplo do que o nosso, sendo utilizado para obter ordens judiciais que contêm determinações de não fazer destinadas a proteger liberdades públicas de variada natureza.

Na realidade, o objetivo do mandado de injunção instituído no direito brasileiro, ainda que sirva ao mesmo propósito de proteção de liberdades públicas, tem alcance mais restrito, porque somente cabível no caso em que a "falta de norma regulamentadora torne inviável o exercício dos direitos e liberdades constitucionais e das prerrogativas inerentes à nacionalidade, à soberania e à cidadania". Assim, o mandado de injunção de outros países pode ter servido, quando muito, de inspiração, mas não como modelo seguido fielmente pelo constituinte brasileiro.

17.5.5.3.2 Objeto do mandado de injunção

Muitas controvérsias se travaram a respeito do objeto do mandado de injunção, podendo-se resumir em pelo menos cinco blocos as opiniões:

a) os que entendiam que o objeto do mandado seria o de marcar prazo para o poder regulamentador praticar o ato que lhe compete, ou seja, para regulamentar o que estiver dependendo de regulamentação, sob pena de ter-se por enunciada a declaração de vontade, hipótese em que esta servirá como título autêntico para investir o titular do direito no seu efetivo exercício, independentemente da regulamentação faltante (cf. Ulderico Pires dos Santos, 1988:34);

b) a dos que defendem ser objeto do mandado de injunção realizar concretamente em favor do impetrante, o direito, liberdade ou prerrogativa (José Afonso da Silva, 2003:448);

c) a dos que entendem possível dar efeito *erga omnes*, com a edição, pelo próprio órgão judicante, da norma ausente, necessária à integração da eficácia técnica da Constituição (Ritinha Alzira Stevenson Georgakilas, 1989:107-108);

d) a dos que dão ao mandado de injunção alcance análogo ao da inconstitucionalidade por omissão, levando o Judiciário a dar ciência ao Poder competente da falta da norma sem a qual é inviável o exercício de direito fundamental; o estabelecimento da norma pelo próprio Poder Judiciário configuraria afronta ao princípio da separação de poderes (Manoel Gonçalves Ferreira Filho, 1989:277); esse foi o entendimento adotado pelo STF no MI nº 107-3-DF, publicado em Cadernos Liberais: 89/88 (do Instituto Tancredo Neves de Estudos Políticos e Sociais, Brasília);

e) a dos que veem no mandado de injunção uma atividade em tudo correspondente à do legislador competente para a regulamentação do preceito constitucional; era o entendimento de Calmon Passos (1989:124), para quem a decisão produz efeitos apenas no caso concreto, fazendo coisa julgada, de modo que, se editada posteriormente a norma regulamentadora pelo Poder competente, incidirá o preceito do art. 5º, inciso XXXVI, segundo o qual "a lei não prejudicará o direito adquirido, o ato jurídico perfeito e a coisa julgada".

O STF teve oportunidade de manifestar-se a respeito, com decisões que foram evoluindo no decurso do tempo. Inicialmente decidiu que a omissão do Congresso Nacional em disciplinar a matéria do art. 8º do ADCT dá ensejo a que os prejudicados obtenham reparação por perdas e danos (*RTJ* 135-03, p. 882; *DJU*, de 22-4-94, p. 8.925; e *DJU* de 1º-7-94, p. 17.495).

Um avanço deu o STF ao julgar três mandados de injunção (670-ES, 708-DF e 712-PA) impetrados, respectivamente, pelo Sindicato dos Servidores Policiais Civis do Espírito Santo (SINDIPOL), Sindicato dos Trabalhadores em Educação do Município de João Pessoa (SINTEM) e pelo Sindicato dos Trabalhadores do Poder Judiciário do Estado do Pará (SINJEP), em que se pretendia fosse garantido aos seus associados o exercício do direito de greve previsto no art. 37, inciso VII, da Constituição Federal. A decisão, para suprir a omissão legislativa, foi por maioria de votos, no sentido da aplicação da Lei nº 7.783/89, que dispõe sobre o exercício do direito de greve na iniciativa privada. Nos dois primeiros mandados prevaleceu o voto do Ministro Gilmar Mendes. Conforme consta do *Informativo* nº 485, de 31-10-07, do STF, "ressaltou-se que a Corte, afastando-se da orientação inicialmente perfilhada no sentido de estar limitada à declaração da existência de mora legislativa para a edição de norma regulamentadora específica, passou, sem assumir compromisso com o exercício de uma típica função legislativa, a aceitar a possibilidade de uma regulação provisória pelo próprio Judiciário". A regulação é provisória, porque só se aplica enquanto não suprida, pelo legislador, a omissão no exercício da competência para legislar sobre o direito de greve, conforme previsto no art. 37, inciso VII, da Constituição.

Ainda outra decisão que confirmou o posicionamento do Supremo Tribunal Federal em relação ao mandado de injunção foi a proferida no MI 758, sendo Relator o Ministro Marco Aurélio (*DJE* de 26-9-08), em que, diante da inexistência de lei disciplinando a aposentadoria especial prevista para os servidores no art. 40, § 4º, da Constituição, decidiu que deve ser aplicada, via pronunciamento judicial, aquela prevista para os trabalhadores em geral (art. 57, § 1º, da Lei nº 8.213/91).

Esse posicionamento do Supremo Tribunal Federal parecia aproximar-se daquele, já citado, defendido por Calmon Passos.

A opinião que defendíamos antes da promulgação da Lei nº 13.300/16 era a de que o mandado de injunção tem em comum com a ação direta de inconstitucionalidade por omissão, prevista no art. 103, § 2º, da Constituição, o fato de ter por fundamento uma inconstitucionalidade por omissão que impede o exercício de determinados direitos constitucionais. Mas assinalamos algumas diferenças:

1. a ação direta tem alcance mais amplo, porque é cabível quando a omissão impeça a efetivação de norma constitucional, qualquer que seja ela; enquanto o mandado de injunção só é cabível quando haja omissão de norma regulamentadora necessária para tornar viável o exercício dos direitos e liberdades constitucionais e das prerrogativas inerentes à nacionalidade, à soberania e à cidadania; deve-se entender a expressão *norma regulamentadora* em sentido amplo, de modo a abranger todos os atos normativos, emanados ou não do Poder Legislativo, sem os quais a norma constitucional não possa ser aplicada;

2. na ação direta, o julgamento é de competência exclusiva do STF, enquanto no mandado de injunção a competência é outorgada a Tribunais diversos, dependendo da autoridade que se omitiu;

3. a titularidade da ação direta cabe às pessoas e órgãos indicados no art. 103 da Constituição; a do mandado de injunção, ao titular do direito que não pode ser exercido por falta de norma regulamentadora;
4. na ação direta, a omissão é apenas dos Poderes Legislativo e Executivo, enquanto no mandado de injunção pode ser de várias autoridades, órgãos colegiados e entidades indicados nos arts. 102, I, *q*, e 105, I, *h*, abrangendo órgãos do próprio Poder Judiciário e entidades da Administração Indireta.

Ainda que o fundamento das duas seja o mesmo – omissão de norma necessária para tornar efetivo o exercício de direito constitucional –, a finalidade é diversa, pois, caso contrário, não haveria necessidade de previsão das duas medidas na Constituição e não haveria normas diversas sobre a competência para o mandado de injunção.

Na ação direta, o art. 103, § 2º, da Constituição determina que, declarada a inconstitucionalidade por omissão, será dada ciência ao Poder competente para a adoção das providências necessárias e, em se tratando de órgão administrativo, para fazê-lo em 30 dias. O objetivo é conseguir, com efeito *erga omnes*, uma decisão do STF que reconheça a inconstitucionalidade por omissão; está claro no dispositivo que o Judiciário não emitirá a norma regulamentadora, mas dará ciência ao órgão competente para fazê-lo.

O mandado de injunção, como é interposto pelo próprio titular do direito, exige uma solução para o **caso concreto**, e não uma decisão com efeitos *erga omnes*. O Judiciário decidirá, dizendo o conteúdo da norma que se aplicará ao caso concreto e que fará **coisa julgada**, insuscetível de ser alterada por norma legal ou regulamentar posterior. Sem isso, o mandado de injunção seria medida absolutamente inócua como **garantia** de direito individual e estaria mal colocada no art. 5º da Constituição. É o próprio Poder Judiciário que supre, no caso concreto, a omissão da norma regulamentadora. Não há fundamento constitucional para concluir que o Judiciário apenas **daria ciência** ao Poder que se omitiu, ou que **determinaria** a edição da norma regulamentadora, pois, aí sim, haveria interferência indevida de um Poder em outro em hipótese não expressamente prevista na Constituição, com ofensa ao princípio da separação de Poderes.

17.5.5.3.3 A solução adotada pela Lei nº 13.300/16

O art. 8º da Lei nº 13.300/16 atribuiu ao mandado de injunção duplo objeto, sendo o segundo aplicado no caso de não ser atendido o primeiro:

a) "determinar prazo razoável para que o impetrado promova a edição da norma regulamentadora" (inciso I); nos termos do parágrafo único, essa determinação é dispensada "quando comprovado que o impetrado deixou de atender, em mandado de injunção anterior, ao prazo estabelecido para a edição da norma";
b) "estabelecer as condições em que se dará o exercício dos direitos, das liberdades ou das prerrogativas reclamados ou, se for o caso, as condições em que poderá o interessado promover ação própria visando a exercê-los, caso não seja suprida a mora legislativa no prazo determinado".

Como se verifica pela norma legal, o Poder Judiciário, ao decidir o mandado de injunção, não se substitui ao legislador, editando a norma legal faltante. Ele dá um prazo para que o impetrado edite a norma regulamentadora.

Além disso, na mesma decisão, o Judiciário estabelece, desde logo, as condições em que o direito poderá ser exercido, para a hipótese de não ser editada a norma regulamentadora no prazo estabelecido. Se for o caso, o impetrante deverá pleitear em ação própria a observância das condições estabelecidas no mandado de injunção.

Vale dizer que o Judiciário, no mandado de injunção, adota decisão para o caso concreto, com efeitos limitados às partes e a ser adotada em caso de não suprida a mora legislativa no prazo determinado. Essa decisão perdurará até que advenha a norma regulamentadora. É o que estabelece o art. 9º, *caput*: "A decisão terá eficácia subjetiva limitada às partes e produzirá efeitos até o advento da norma regulamentadora".

17.5.5.3.4 Pressupostos

O **pressuposto** do mandado é a omissão de norma regulamentadora que torne inviável o exercício dos direitos e liberdades constitucionais e das prerrogativas inerentes à nacionalidade, à soberania, e à cidadania (art. 5º, LXXI, da Constituição).

A **norma regulamentadora** pode ser de natureza regulamentar ou legal e ser de competência de qualquer das autoridades, órgãos e pessoas jurídicas que compõem os três Poderes do Estado, inclusive da administração indireta. É o que se deduz dos arts. 102, I, *q*, e 105, I, *h*.

Pela norma do art. 2º da Lei nº 13.300, a omissão pode ser total ou parcial. O importante é que ela torne inviável o exercício de direitos e liberdades constitucionais e das prerrogativas inerentes à nacionalidade, à soberania e à cidadania. O parágrafo único teve o cuidado de estabelecer que se considera *parcial* a regulamentação quando forem insuficientes as normas editadas pelo órgão legislador competente. Disse o óbvio.

Só é cabível o mandado quando a omissão tornar inviável o exercício dos **direitos e liberdades constitucionais**, o que abrange: (i) os consagrados no Título II (direitos individuais, coletivos e sociais) ou em outros capítulos da Constituição, como o referente aos direitos dos servidores públicos, à seguridade social, à educação, à cultura, ao meio ambiente, aos índios; (ii) bem como as **prerrogativas** referentes à **nacionalidade**, à **soberania**, e à **cidadania**, nos Capítulos III e IV do Título II da Constituição, abrangendo, dentre outras, as previstas nos arts. 12, § 3º, e 14.

17.5.5.3.5 Mandado de injunção individual ou coletivo

A Lei nº 13.300 disciplinou o mandado de injunção de forma muito semelhante à prevista em lei para o mandado de segurança,[18] inclusive com previsão, no art. 1º, do mandado de injunção individual e coletivo.

O **mandado de injunção individual** tem por objetivo garantir, pela edição de norma regulamentadora, o exercício de direitos, liberdades ou prerrogativas pertencentes a pessoas físicas ou jurídicas *determinadas*. Legitimados ativos, nos termos do art. 3º, são as pessoas naturais ou jurídicas que se afirmam titulares dos direitos, das liberdades ou das prerrogativas inerentes à nacionalidade, à soberania e à cidadania. Não necessariamente o sujeito ativo é uma única pessoa, natural ou jurídica. Nada impede que haja litisconsórcio ativo no mandado de injunção, hipótese em que várias pessoas, prejudicadas em seus direitos, liberdades ou prerrogativas, pela falta de norma regulamentadora, na mesma ação, impetrem a medida contra o Poder, órgão ou autoridade que tenha a atribuição legal de editar a norma. A sentença produzirá efeitos perante todos os impetrantes e perdurará até o advento da norma regulamentadora (art. 9º).

---

[18] No art. 14, a lei manda aplicar subsidiariamente ao mandado de injunção as normas do mandado de segurança, disciplinado pela Lei nº 12.016, de 7-8-09. Isto significa que as eventuais lacunas da Lei nº 13.300 serão preenchidas com fundamento na legislação do mandado de segurança que, por sua vez, se rege subsidiariamente pelas normas do Código de Processo Civil.

O **mandado de injunção coletivo** é assim denominado não porque impetrado por várias pessoas, mas porque interposto pelas instituições expressamente indicadas no art. 12 para *defesa de interesses de uma coletividade indeterminada de pessoas*, cujos direitos, liberdades e prerrogativas estão prejudicados pela falta, total ou parcial, da norma regulamentadora. É o que determina o parágrafo único do art. 12: "Os direitos, as liberdades e as prerrogativas protegidos por mandado de injunção coletivo são os pertencentes, indistintamente, a uma coletividade indeterminada de pessoas ou determinada por grupo, classe ou categoria".

Legitimados ativos, nesse caso, segundo o art. 12, são: I – o Ministério Público, "quando a tutela requerida for especialmente relevante para a defesa da ordem jurídica, do regime democrático ou dos interesses sociais ou individuais indisponíveis"; II – o "partido político com representação no Congresso Nacional, para assegurar o exercício de direitos, liberdades e prerrogativas de seus integrantes ou relacionados com a finalidade partidária"; III – a "organização sindical, entidade de classe ou associação legalmente constituída e em funcionamento há pelo menos 1 (um) ano, para assegurar o exercício de direitos, liberdades e prerrogativas em favor da totalidade ou de parte de seus membros ou associados, na forma de seus estatutos e desde que pertinentes a suas finalidades, dispensada, para tanto, autorização especial"; IV – a Defensoria Pública, "quando a tutela requerida for especialmente relevante para a promoção dos direitos humanos e a defesa dos direitos individuais e coletivos dos necessitados, na forma do inciso LXXIV do artigo 5º da Constituição Federal".

Não se pode confundir o mandado de injunção coletivo, nas hipóteses mencionadas nos incisos II e III do art. 12, com o mandado de segurança coletivo, que também pode ser impetrado pelas mesmas entidades. O mandado de segurança coletivo protege o *direito líquido e certo*, quando o responsável pela ilegalidade ou abuso de poder for autoridade pública ou agente de pessoa jurídica no exercício de atribuições do Poder Público (art. 5º, LXIX e LXX, da Constituição); o impetrante insurge-se contra ato não normativo já praticado ou que deveria ter sido praticado por autoridade pública ou por agente de pessoa jurídica que esteja no exercício de atribuições do Poder Público. O mandado de injunção somente é cabível em caso de falta, total ou parcial, da norma regulamentadora.

O mandado de injunção coletivo produz **coisa julgada** apenas em relação às pessoas integrantes da coletividade, do grupo, da classe ou da categoria de pessoas em cujo nome foi impetrado.

17.5.5.3.6 Anotações quanto ao processo

O procedimento, no mandado de injunção, é muito semelhante ao estabelecido para o mandado de segurança pela Lei nº 12.016, de 7-8-09, que tem aplicação subsidiária, conforme previsto no art. 14 da Lei nº 13.300/16.

O **rito** é sumaríssimo, compreendendo: despacho da inicial, com notificação do impetrado para prestar informações no prazo de 10 dias e ciência do ajuizamento da ação ao órgão de representação judicial da pessoa jurídica interessada, acompanhada de cópia da inicial, para que, querendo, ingresse no feito (art. 5º). Terminado o prazo para informação, será ouvido o Ministério Público no prazo de 10 dias, após o que, com ou sem o parecer, os autos serão conclusos para decisão (art. 7º).

Nos termos do art. 4º, a **petição inicial** deverá preencher os requisitos estabelecidos pela lei processual e indicará, além do órgão impetrado, a pessoa jurídica que ele integra ou aquela a que está vinculado. A petição pode ser apresentada por meio eletrônico; quando não apresentada por meio eletrônico, devem os documentos que a instruírem ser juntados em tantas cópias quantos forem os impetrados. Se o documento necessário à prova do alegado encontrar-se em repartição ou estabelecimento público, em poder de autoridade ou de terceiro, havendo recusa em fornecê-lo por certidão, no original, ou em cópia autêntica, o art. 4º, § 2º, determina que "será ordenada, a pedido do impetrante, a exibição do documento no prazo de 10 (dez) dias, devendo, nesse caso ser juntada cópia à segunda via da petição". Nos termos do § 3º do mesmo dispositivo, "se a recusa em fornecer o documento for do impetrado, a ordem será feita no próprio instrumento da notificação".

Os **legitimados ativos** são diferentes conforme se trate de mandado de injunção individual ou coletivo.

No mandado de injunção individual, os legitimados ativos estão definidos no art. 3º da lei. Ou seja, são tanto as pessoas físicas como as pessoas jurídicas que se consideram titulares dos direitos, das liberdades e das prerrogativas inerentes à nacionalidade, à soberania e à cidadania e que não possam exercê-los em decorrência da falta total ou parcial de norma regulamentadora.

Legitimados passivos são o Poder, o órgão ou a autoridade com atribuição para editar a norma regulamentadora (art. 3º).

No mandado de injunção coletivo, legitimados ativos são o Ministério Público, o partido político com representação no Congresso Nacional, a organização sindical, entidade de classe ou associação legalmente constituída e em funcionamento há pelo menos um ano e a Defensoria Pública (art. 12).

O **objeto** do mandado de injunção é duplo: a determinação de prazo razoável para que o impetrado promova a edição da norma regulamentadora; o estabelecimento das condições em que se dará o exercício dos direitos, liberdades ou prerrogativas reclamados (caso não suprida a mora legislativa no prazo determinado).

A **causa de pedir** é a falta, total ou parcial, de norma regulamentadora, que torne inviável o exercício dos direitos e liberdades constitucionais, bem como das prerrogativas inerentes à nacionalidade, à soberania e à cidadania.

A autoridade impetrada é **notificada** (e não citada) para prestar **informações** (e não contestação) no prazo de dez dias. As informações equivalem à contestação, devendo conter todas as defesas possíveis, quanto à preliminar e quanto ao mérito.

A **sentença** é mandamental, porque contém uma determinação dirigida ao legitimado passivo. Seus efeitos são limitados às partes e perdurarão até o advento da norma regulamentadora (art. 9º); esse dispositivo dá a impressão de que a coisa julgada é meio relativa, no que diz respeito às condições em que o impetrante exercerá seus direitos, já que perdurarão somente até o advento da norma regulamentadora. No entanto, tem-se que ter presente a norma do art. 5º, XXXVI, da Constituição, segundo o qual "a lei não prejudicará o direito adquirido, o ato jurídico perfeito e a coisa julgada".

O § 1º do art. 9º permite que seja conferida "eficácia **ultra partes** ou **erga omnes** à decisão, quando isso for inerente ou indispensável ao exercício do direito, da liberdade ou da prerrogativa objeto da impetração.

Além disso, o § 2º permite que, transitada em julgado a decisão, seus efeitos sejam estendidos aos casos análogos por decisão monocrática do relator.

Da mesma forma que no mandado de segurança, o indeferimento do mandado de injunção por insuficiência de prova "não impede a renovação da impetração fundada em outros elementos probatórios".

No mandado de injunção coletivo, a sentença "fará coisa julgada limitadamente às pessoas integrantes da coletividade, do grupo, da classe ou da categoria substituídos pelo impetrante, sem prejuízo do disposto nos §§ 1º e 2º do art. 9º", já referidos. É o que determina o art. 13. Nos termos do parágrafo único desse dispositivo, "o mandado de injunção coletivo não induz litispendência em relação aos individuais, mas os efeitos da coisa julgada não beneficiarão o impetrante que não requerer a desistência da demanda individual no prazo de 30 (trinta) dias a contar da ciência comprovada da impetração coletiva". Por outras palavras, pode haver a interposição concomitante do mandado de injunção individual e do coletivo. Mas o impetrante individual não será beneficiado pela decisão favorável obtida no coletivo se não apresentar o pedido de desistência previsto no dispositivo. Se a sentença, no mandado de injunção coletivo, for pela improcedência do pedido, ela não atingirá o impetrante do mandado de injunção individual que tenha obtido a sentença favorável ao seu pedido.

Quanto aos **recursos**, a Lei nº 13.300/16 somente faz referência expressa ao cabimento de **agravo**, no prazo de cinco dias, contra decisão do relator que inferir o pedido, dirigido ao órgão colegiado competente para o julgamento da impetração. No entanto, são cabíveis os demais recursos previstos na legislação processual, pela aplicação subsidiária prevista no art. 14 da Lei.

17.5.5.3.7 Competência para julgamento

A competência para julgamento do mandado de injunção vem definida nos arts. 102, I, *q*, e II, *a*, e 105, I, *h*, da Constituição Federal e no art. 74, V, da Constituição do Estado de São Paulo.

O primeiro dispositivo prevê a competência do STF para processar e julgar, originariamente, o mandado de injunção quando a elaboração da norma regulamentadora for atribuição do Presidente da República, do Congresso Nacional, da Câmara dos Deputados, do Senado Federal, das Mesas de uma dessas Casas Legislativas, do Tribunal de Contas da União, de um dos Tribunais Superiores, ou do próprio STF (inciso I, *q*). E o inciso II, *a*, estabelece a competência do mesmo Tribunal para julgar, em **recurso ordinário**, o mandado de injunção decidido em única instância pelos Tribunais Superiores, se **denegatória a decisão**.

O art. 105, I, *h*, atribui ao STJ a competência para processar e julgar, originariamente, o mandado de injunção, quando a elaboração da norma regulamentadora for atribuição de órgão, entidade ou autoridade federal, da Administração Direta ou Indireta, excetuados os casos de competência do STF e dos órgãos da Justiça Militar, da Justiça Eleitoral, da Justiça do Trabalho e da Justiça Federal.

Pelos dispositivos mencionados, verifica-se que toda a competência se concentra nos Tribunais, nada restando para a Justiça de primeira instância.

No âmbito estadual, essa competência é deferida apenas ao Tribunal de Justiça, conforme art. 74, inciso V, da Constituição paulista.

17.5.5.4 *Mandado de segurança individual*

17.5.5.4.1 Origem

O mandado de segurança foi previsto, pela primeira vez, na Constituição de 1934, desapareceu na Constituição de 1937 e voltou na Constituição de 1946.

Ele surgiu como decorrência do desenvolvimento da doutrina brasileira do *habeas corpus*. Quando a Emenda Constitucional de 1926 restringiu o uso dessa medida às hipóteses de ofensa ao direito de locomoção, os doutrinadores passaram a procurar outro instituto para proteger os demais direitos. Sob inspiração dos *writs* do direito norte-americano e do *juicio de amparo* do direito mexicano, instituiu-se o mandado de segurança.

Está hoje previsto no art. 5º, LXIX, da Constituição e disciplinado pela Lei nº 12.016, de 7-8-09 (que revogou a anterior Lei nº 1.533, de 31-12-51, que regulava a matéria). A nova lei, com alterações posteriores, não trouxe modificações significativas, limitando-se, em grande parte, a repetir dispositivos da lei anterior, às vezes com pequenas mudanças de redação, ou a incorporar entendimentos já adotados pela doutrina e jurisprudência. Além disso, repetiu normas já constantes de leis anteriores, que foram expressamente revogadas pelo art. 29. Veio criar controvérsia quanto à validade jurídico-constitucional da norma inserida no art. 7º, inciso III, que prevê a possibilidade de ser exigida pelo juiz, ao despachar a inicial, "caução, fiança ou depósito, com o objetivo de assegurar o ressarcimento à pessoa jurídica". A norma destoa da jurisprudência do Supremo Tribunal e do Superior Tribunal de Justiça, que considera inconstitucional a exigência de depósitos prévios à interposição de recursos administrativos, por cercear o direito de defesa constitucionalmente garantido pelo art. 5º, LV, da Constituição Federal (conf. item 17.3.2.1). Do mesmo vício e pelos mesmos fundamentos padece a norma do art. 7º, III, cujos efeitos podem ser reduzidos em sua aplicação, tendo em vista que a medida foi prevista com caráter facultativo.

O STF, na ADI 4296, proposta pelo Conselho Federal da OAB, julgou **inconstitucionais** os arts. 7º, § 2º, e 22, § 2º, da Lei nº 12.016/09 e **constitucionais** os arts. 1º, § 2º, 7º, inciso III, 23 e 25 da mesma lei (Relator para o acórdão Min. Alexandre de Moraes, *DJe* nº 202, de 11-10-21).

17.5.5.4.2 Conceito e pressupostos

Mandado de segurança é a ação civil de rito sumaríssimo pela qual qualquer pessoa física ou jurídica pode provocar o controle jurisdicional quando sofrer lesão ou ameaça de lesão a direito líquido e certo, não amparado por *habeas corpus* nem *habeas data*, em decorrência de ato de autoridade, praticado com ilegalidade ou abuso de poder.

Além dos pressupostos processuais e das condições da ação exigíveis em qualquer procedimento, são pressupostos específicos do mandado de segurança:

1. ato de autoridade;
2. ilegalidade ou abuso de poder;
3. lesão ou ameaça de lesão;
4. direito líquido e certo não amparado por *habeas corpus* ou *habeas data*.

Quanto ao primeiro requisito, considera-se **ato de autoridade** todo aquele que for praticado por pessoa investida de uma parcela de poder público. Esse ato pode emanar do Estado, por meio de seus agentes e órgãos ou de pessoas jurídicas que exerçam funções delegadas. Isto quer dizer que abrange atos praticados pelos órgãos e agentes da administração direta e da indireta (autarquias, fundações, empresas públicas, sociedades de economia mista, concessionárias e permissionárias de serviços públicos).[19] E abrange também atos emanados de particulares que ajam por delegação do Poder Público. É o que decorre do próprio preceito constitucional, que fala em ilegalidade ou abuso de poder praticado por "autoridade pública ou agente de pessoa jurídica no exercício de atribuições do Poder Público".

Com relação às entidades particulares, cabe mandado de segurança quando atuem por **delegação** e nos limites da delegação; quando exerçam atividades que nada têm a ver com essa delegação, não cabe o mandado de segurança. Além disso, se exercerem atividades **autorizadas**, com base no poder de polícia do Estado, que não se inserem entre as atividades próprias do Poder Público, também não cabe essa medida. É o que ocorre com os serviços de táxi, hospitais particulares, estabelecimentos bancários, companhias de seguro.

---

[19] O STJ decidiu que multa contratual aplicada no âmbito de contrato administrativo não é passível de mandado de segurança, por ser o contrato um ato de gestão e não ato de autoridade (REsp 1.078.342-PR, Rel. Min. Luiz Fux, *DJe* de 15-3-10). Não assiste razão ao E. Tribunal, tendo em vista que, nos contratos administrativos, o poder público, como contratante, é detentor de uma série de prerrogativas públicas, verdadeiros atos de autoridade, previstos nas chamadas cláusulas exorbitantes ou cláusulas de prerrogativas. São cláusulas que não são tipicamente contratuais; só têm essa natureza as cláusulas financeiras.

O art. 1º, § 1º, da Lei nº 12.016/09, equipara às autoridades "os representantes ou órgãos de partidos políticos e os administradores de entidades autárquicas, bem como os dirigentes de pessoas jurídicas ou as pessoas naturais no exercício de atribuições do poder público, somente no que disser respeito a essas atribuições".

Por sua vez, no âmbito judicial, a necessidade de tratar-se de função **delegada** para cabimento da medida ficou expressa na Súmula nº 510, do STF:

"Praticado o ato por autoridade, no exercício de competência delegada, contra ela cabe o mandado de segurança ou medida judicial".

A esse propósito, a jurisprudência tem admitido mandado de segurança contra agentes de:

1. **estabelecimentos particulares de ensino**, embora exerçam funções apenas **autorizadas** e não delegadas pelo Poder Público (acórdãos in *RT* 496/77, 497/69, 498/84, 502/55);
2. **sindicatos**, no que diz respeito à cobrança da contribuição sindical;
3. **agentes financeiros** que executam planos governamentais, sob as normas e a fiscalização do Poder Público, como ocorre com os agentes financeiros do Sistema Financeiro de Habitação;
4. **serviços sociais autônomos** que, embora de natureza privada, recebem parcela da contribuição arrecadada pela Previdência Social, para, em troca, prestar assistência a determinadas categorias de trabalhadores; é o caso do SESI, SESC, SENAI, Legião Brasileira de Assistência e outras entidades congêneres.

Embora se trate de jurisprudência adotada na vigência da Lei nº 1.533/51, não há dúvida de que continua a aplicar-se, tendo em vista que o conceito de autoridade, para fins de mandado de segurança, alterou-se apenas na redação, permanecendo o sentido que já decorria da norma anterior e estava pacificado no âmbito doutrinário e jurisprudencial, inclusive pelo Supremo Tribunal Federal, conforme se verifica pelos termos da Súmula nº 510.

O § 2º do art. 1º reforça a ideia, já defendida desde longa data pela doutrina e jurisprudência, de que, em se tratando de entes privados, o mandado de segurança somente cabe se os atos forem praticados no exercício de funções delegadas pelo Poder Público. Estabelece o dispositivo que "não cabe mandado de segurança contra os atos de gestão comercial praticados pelos administradores de empresas públicas, de sociedades de economia mista e de concessionárias de serviços públicos".

É compatível com essa norma a Súmula nº 333, do Superior Tribunal de Justiça, pela qual "cabe mandado de segurança contra ato praticado em licitação promovida por sociedade de economia mista ou empresa pública". Isto porque o procedimento licitatório envolve o exercício de atribuições, prerrogativas e regime jurídico próprios de autoridade pública.

É contra a autoridade responsável pelo ato – chamada autoridade coatora – que se impetra o mandado de segurança e não contra a pessoa jurídica. Nos termos do art. 6º, § 3º, da Lei nº 12.016, "considera-se autoridade coatora aquela que tenha praticado o ato impugnado ou da qual emane a ordem para a sua prática". Pelo art. 2º, "considerar-se-á federal a autoridade coatora se as consequências de ordem patrimonial do ato contra o qual se requer o mandado houverem de ser suportadas pela União ou entidade por ela controlada". Na hipótese de haver mais de uma autoridade, como no caso de atos complexos e compostos, todas elas devem ser citadas, uma vez que nesse tipo de ato, que só se aperfeiçoa com a manifestação de duas ou mais vontades, o desfazimento exigirá a mesma participação.

O mesmo não ocorre no caso do simples executor material do ato, que não participa da formação da vontade, quer para fazer, quer para desfazer o ato. Desse modo, autoridade coatora será aquela que determinou a execução do ato, uma vez que ela é que dispõe do poder decisório. O executor não é **autoridade**, para fins de mandado de segurança; mas, se cumpre ato **manifestamente ilegal**, responderá juntamente com o ordenador do ato, conforme decidiu o TFR em acórdão publicado na *RDA* 155/103.

Em caso de **omissão** do Poder Público, autoridade coatora é a que a lei indica como competente para praticar o ato.

Embora a regra seja a de que a autoridade coatora, mesmo no caso de ato comissivo, é a que dispõe de **competência** para corrigir o ato ilegal, na realidade nem sempre isso ocorre, pois, no mandado de segurança, legitimado passivo é o "**responsável pela ilegalidade** ou **abuso de poder**", segundo expressão que consta do próprio dispositivo constitucional. Se o ato foi praticado por determinada autoridade, ainda que incompetente, contra ela cabe a impetração, já que é a responsável pela ilegalidade, cabendo-lhe a obrigação de desfazer o ato se o mandado for concedido.

Outro pressuposto do mandado de segurança é a **ilegalidade** ou **abuso de poder**. Bastaria a menção à ilegalidade, que o abuso de poder já estaria compreendido no vocábulo.

Os atos administrativos são ilegais por vícios quanto ao sujeito, ao objeto, ao motivo, à finalidade e à forma, valendo o que foi dito no Capítulo 7, concernente aos atos administrativos.

O terceiro pressuposto é a **lesão** ou **ameaça de lesão**, o que permite inferir que o mandado de segurança pode ser **repressivo**, quando a lesão já se concretizou, ou **preventivo** quando haja apenas ameaça de lesão.

O direito, além de líquido e certo, deve estar sendo lesado ou ameaçado de lesão por atos executórios e aptos a produzir efeitos, sem o que não se configura o interesse de agir. Por isso mesmo, não cabe mandado de segurança contra atos preparatórios de decisão posterior, contra projeto de lei em tramitação, contra pareceres; não contendo decisões exequíveis, são insuscetíveis de causar lesão ou ameaça de lesão. Mesmo no caso de mandado preventivo, a ameaça só é concreta, real, quando a decisão já foi emitida, embora ainda não executada.

Apenas em caso de omissão, a exigência perde sentido, uma vez que, nesse caso, o objetivo do mandado é precisamente o de provocar a edição do ato; é a omissão que causa lesão ou ameaça de lesão.

Finalmente, o último requisito é o que concerne ao **direito líquido e certo**. Originariamente, falava-se em direito certo e incontestável, o que levou ao entendimento de que a medida só era cabível quando a norma legal tivesse clareza suficiente que dispensasse maior trabalho de interpretação.

Hoje, está pacífico o entendimento de que a liquidez e certeza referem-se aos **fatos**; estando estes devidamente provados, as dificuldades com relação à interpretação do direito serão resolvidas pelo juiz. Esse entendimento ficou consagrado com a Súmula nº 625, do STF, segundo a qual "controvérsia sobre matéria de direito não impede concessão de mandado de segurança".

Daí o conceito de direito líquido e certo como o **direito comprovado de plano**, ou seja, o direito comprovado juntamente com a petição inicial. No mandado de segurança, inexiste a fase de instrução, de modo que, havendo dúvidas quanto às provas produzidas na inicial, o juiz extinguirá o processo sem julgamento do mérito, por falta de um pressuposto básico, ou seja, a certeza e liquidez do direito.

Apenas se admite a ressalva contida no art. 6º, § 1º, da Lei nº 12.016: "no caso em que o documento necessário à prova do alegado se ache em repartição ou estabelecimento público, ou em poder de autoridade que recuse fornecê-lo por certidão ou de terceiro, o juiz ordenará, preliminarmente, por ofício, a exibição desse documento em original ou em cópia autêntica e marcará, para o cumprimento da ordem, o prazo de 10 dias. Se a autoridade que tiver procedido dessa maneira for a própria autoridade coatora, a ordem far-se-á no próprio instrumento da notificação. O escrivão extrairá cópias do documento para juntá-las à segunda via da petição".

Como se verifica pela redação do dispositivo (quando comparado com a norma correspondente da Lei nº 1.533/51), a nova lei está admitindo a exibição do documento, não só quando se encontre em repartição ou estabelecimento público ou em poder de autoridade que se recuse a fornecê-lo (como já previsto na lei anterior), mas também na hipótese em que esse documento esteja em posse de terceiro e seja necessário à prova dos fatos alegados na petição inicial.

Pelo § 2º do art. 6º, se a autoridade que tiver procedido dessa maneira (ou seja, tiver se recusado a entregar o documento) for a própria autoridade coatora, a ordem judicial para que entregue o documento será dada no próprio instrumento da notificação. Trata-se, aí, da notificação referida no art. 7º, I, dirigida à autoridade coatora para que preste informações no prazo de dez dias.

Também é aceitável, mesmo após o ajuizamento da inicial, a juntada de parecer jurídico, já que este não constitui prova, mas apenas reforça a tese jurídica defendida pelo impetrante.

O direito líquido e certo deve apresentar alguns requisitos, além da **certeza quanto aos fatos**:

1. **certeza jurídica**, no sentido de que o direito deve decorrer de norma legal expressa, não se reconhecendo como líquido e certo o direito fundamentado em analogia, equidade ou princípios gerais de direito, a menos que se trate de princípios implícitos na Constituição, em decorrência, especialmente, do art. 5º, § 2º, da Constituição Federal: "Os direitos e garantias expressos nesta Constituição não excluem outros decorrentes do regime e dos princípios por ela adotados, ou dos tratados internacionais em que a República Federativa do Brasil seja parte";
2. **direito subjetivo próprio do impetrante** no sentido de que o mandado somente é cabível para proteger **direito** e não simples **interesse** e esse direito deve pertencer ao próprio impetrante; ninguém pode reivindicar, em seu nome, direito alheio, conforme decisões unânimes do STF in *RTJ* 110/1026 e *RDA* 163/77. Não destoa desse entendimento a norma do art. 1º, § 3º, da Lei nº 12.016/09, em consonância com a qual, "quando o direito ameaçado ou violado couber a várias pessoas, qualquer delas poderá requerer o mandado de segurança", porque, nesse caso, cada qual estará agindo na defesa de direito próprio.

    Atualmente, a pessoa jurídica pode impetrar mandado de segurança para defender direito individual de seu associado, com base no art. 5º, XXI, da Constituição; pode defender direito próprio da pessoa jurídica e, agora, **interesse coletivo** dos seus membros, por meio do mandado de segurança coletivo. Isto, no entanto, não permite utilizar o mandado de segurança em substituição à ação popular, conforme Súmula nº 101, do STF;
3. direito líquido e certo referido a **objeto determinado**, significando que o mandado de segurança não é medida adequada para pleitear prestações indeterminadas, genéricas, fungíveis ou alternativas; o que se objetiva com o mandado de segurança é o exercício de **um direito** determinado e não a sua reparação econômica; por isso mesmo, a Súmula nº 269, do STF, diz que "o mandado de segurança não é substitutivo da ação de cobrança". Assim, o objeto do mandado de segurança pode ser: (a) a anulação do ato ilegal; (b) a prática de ato que a autoridade coatora omitiu; ou (c) a cessação de ameaça de lesão; se concedido o mandado, a execução se fará por ofício do juiz à autoridade com a determinação para que anule o ato, pratique o ato omitido ou cesse a ameaça de lesão; não cumprida a ordem, incidirá a autoridade no crime de desobediência. Não há processo de execução no mandado de segurança.

Existe uma única hipótese em que, com base em decisão proferida no mandado de segurança, é possível pleitear o pagamento de prestações pecuniárias por meio de processo de execução: é a hipótese prevista no art. 14, § 4º, da Lei nº 12.016, segundo o qual "o pagamento de vencimentos e vantagens pecuniárias assegurados em mandado de segurança a servidor público da administração direta ou autárquica federal, estadual e municipal somente será efetuado relativamente às prestações que se vencerem a contar da data do ajuizamento da inicial". É a mesma norma que se continha no art. 1º da Lei nº 5.021, de 9-6-66 (revogada pelo art. 29 da Lei nº 12.016).

No mesmo sentido, o Supremo Tribunal Federal já havia fixado o entendimento de que "concessão de mandado de segurança não produz efeitos patrimoniais em relação a período pretérito, os quais devem ser reclamados administrativamente ou pela via judicial própria" (Súmula nº 271).

Apesar de permitida a impetração para efeitos pecuniários (art. 14, § 4º), o art. 7º, § 2º, da Lei nº 12.016, expressamente vedava a concessão de liminar para "a reclassificação ou equiparação de servidores públicos e a concessão de aumento ou a extensão de vantagens ou pagamento de qualquer natureza", mas esse dispositivo foi considerado inconstitucional pelo STF na já mencionada ADI 4296. Permanece em vigor a exigência de que a execução que tenha efeitos pecuniários somente poderá ser feita depois de transitada em julgado a sentença, tendo em vista que, nos termos do art. 14, § 3º, a sentença não pode ser executada provisoriamente nos casos em que for vedada a concessão de liminar.

17.5.5.4.3 Restrições

Pelo exposto no item anterior, já se deduzem algumas hipóteses em que não cabe mandado de segurança, por ausência de algum de seus pressupostos. Mas, além disso, existem determinados casos em que, por força de lei ou de jurisprudência, não é cabível essa medida:

1. **para assegurar a liberdade de locomoção**, exclusão que decorre do próprio art. 5º, inciso LXIX, da Constituição, quando prevê o mandado para proteger "direito líquido e certo **não amparado por *habeas corpus***"; como este é cabível para proteção do direito de locomoção (art. 5º, LXVIII), ele exclui o cabimento do mandado de segurança, salvo no caso de punições disciplinares militares, porque aqui não cabe *habeas corpus*, conforme art. 142, § 2º, da Constituição. A exclusão do *habeas corpus* não impede a propositura de mandado de segurança, já que nenhuma lesão ou ameaça de direito pode ser subtraída à apreciação do Poder Judiciário (art. 5º, XXXV);

2. para assegurar o conhecimento de **informações relativas à pessoa** do impetrante ou a **retificação de dados**, porque nesse caso cabe *habeas data* (art. 5º, LXXII); a exclusão do mandado de segurança decorre também do art. 5º, LXIX, mas não impede o uso dessa medida para a garantia do direito à informação previsto no inciso XXXIII do mesmo dispositivo, ressalvado, nesse caso, o sigilo imprescindível à segurança da sociedade e do Estado;

3. para corrigir lesão decorrente de **lei em tese**; pela Súmula nº 266, do STF, "não cabe mandado de segurança contra lei em tese". O entendimento decorre do fato de que o mandado de segurança só é meio idôneo para impugnar atos da Administração que causem efeitos concretos; por meio dele, objetiva-se afastar a aplicação da lei no caso específico do impetrante; e, como a decisão produz efeitos apenas entre

as partes, a lei continuará a ser aplicada às demais pessoas a que se dirige. Não se pode, por meio de mandado de segurança ou mesmo por ações ordinárias, pleitear a anulação de uma lei pelo Poder Judiciário; a única via possível é a ação direta de arguição de inconstitucionalidade, com base nos arts. 102, I, e 103, da Constituição.

No entanto, o rigor desse entendimento foi aos poucos abrandado pela jurisprudência, que passou a admitir o mandado de segurança contra a lei em duas hipóteses: na **lei de efeito concreto** e na **lei autoexecutória**, o que se aplica também aos **decretos** de efeito concreto e autoexecutórios.

Lei de efeito concreto é a emanada do Poder Legislativo, segundo o processo de elaboração das leis, mas sem o caráter de generalidade e abstração próprio dos atos normativos. Ela é lei em sentido **formal**, mas é ato administrativo, em sentido **material** (quanto ao conteúdo), já que atinge pessoas determinadas. Por exemplo, uma lei que desapropie determinado imóvel ou que defina uma área como sendo sujeita a restrições para proteção do meio ambiente. Leis dessa natureza produzem efeitos no caso concreto, independentemente de edição de ato administrativo; na falta deste, o mandado deve ser impetrado diretamente contra a lei.

Lei autoexecutória é a que independe de ato administrativo para aplicar-se aos casos concretos. Além da própria lei de efeito concreto, que é autoexecutória, também o são as que encerram proibição.

Nesses casos, admite-se o mandado de segurança, que deve ser impetrado contra o Legislativo e contra o Chefe do Executivo que a sancionou, já que a lei é ato complexo, que resulta da manifestação de vontade dos dois órgãos.

Além disso, entendemos ser possível a impetração em caráter preventivo, não contra quem aprovou a lei, mas contra a autoridade administrativa que irá aplicá-la ao caso concreto. Em hipóteses como essa, a promulgação da lei traz uma ameaça certa de lesão, que pode ser afastada, preventivamente, por meio do mandado de segurança;

4. **contra ato do qual caiba recurso administrativo com efeito suspensivo, independente de caução** (art. 5º, I, da Lei nº 12.016/09); quando o recurso administrativo tem efeito suspensivo (o que só ocorre quando a lei o diz expressamente), o ato não produz efeitos e, portanto, não causa lesão, enquanto não decidido o recurso; a impetração de segurança na pendência dessa decisão configura falta de interesse de agir; a situação é diversa quando, para recorrer, a lei exige caução (garantia), hipótese em que o mandado pode ser desde logo impetrado.

Com base nesse dispositivo, alguns entendem que, sendo cabível recurso administrativo com efeito suspensivo, é necessária a prévia exaustão das vias administrativas para propositura do mandado. Houve julgados nesse sentido (STF, in Arquivo Judiciário, v. 112/63; Tribunal de Justiça do Rio de Janeiro, in *RF* 118/512).

Porém, a jurisprudência evoluiu para admitir o mandado de segurança, mesmo que seja cabível o recurso administrativo com efeito suspensivo, desde que o interessado tenha deixado escoar o prazo, sem recorrer. Nesse sentido, decisão publicada na *Revista de Jurisprudência do Tribunal de Justiça de São Paulo* 45/278; também acórdãos proferidos pelo TFR no AMS – 89.104-RJ, *DJU* 26-2-81, p. 1.272, e AMS – 108.005-RJ, *DJU* 24-10-85, p. 19070. Na realidade, a exaustão das vias administrativas ocorre quer na hipótese de propositura de todos os recursos cabíveis, com a decisão final do último, quer na hipótese de perda do prazo para recorrer. Assim, se o interessado não quiser recorrer administrativamente, poderá deixar escoar o prazo ou renunciar ao recurso administrativo e impetrar a segurança; o que não pode é propor a ação enquanto pendente de decisão o recurso com efeito suspensivo.

Em se tratando de **omissão** do Poder Público, mesmo que caiba recurso, pode o interessado impetrar o mandado, conforme Súmula nº 429, do STF; isto por razões óbvias: se há omissão, não há como suspender os seus efeitos.

Se o recurso administrativo não tiver efeito suspensivo, nada impede a propositura concomitante do mandado, consoante decorre do art. 5º, I, da Lei nº 12.016/09. No entanto, essa propositura concomitante gera determinada consequência: o recurso administrativo vai deslocar a competência para a correção do ato, pois, no momento em que é interposto, a matéria sai da competência da autoridade que o emitiu e passa a ser da competência daquela que decidirá o recurso; assim, muda a autoridade coatora e poderá, como consequência, mudar também a competência jurisdicional para decisão do mandado.

Partindo-se da tese de que o mandado deve ser impetrado contra a autoridade competente para corrigir o ato e de que deve ser julgado conforme proposto pelo impetrante, a conclusão lógica é a de que a propositura do mandado de segurança implica a desistência do recurso já apresentado na via administrativa;

5. contra **decisão judicial da qual caiba recurso com efeito suspensivo** (art. 5º, II, da Lei nº 12.016);[20] a jurisprudência admitia o mandado de segurança mesmo quando coubesse recurso, desde que este não tivesse efeito suspensivo e da decisão pudesse resultar dano irreparável; paralelamente ao mandado de segurança, deveria ser interposto o recurso. Contudo, essa jurisprudência ficou superada a partir do momento em que se passou a admitir a possibilidade de ser dado efeito suspensivo ao agravo de instrumento, conforme art. 527, III, do CPC, com a redação dada pela Lei nº 10.352, de 26-12-01. O entendimento passou a ser no sentido de que esse artigo, conjugado com a norma do art. 558, "torna inviável, daqui por diante, a impetração de mandado de segurança com a finalidade de conseguir efeito suspensivo para o agravo de instrumento ou da apelação recebida apenas no efeito devolutivo" (*RSTJ* 90/68, *RT* 736/422, *RJTJERGS* 180/208, *Lex-JTA* 163/515, apud Theotonio Negrão. *Código de processo civil e legislação processual em vigor*. 31. ed. São Paulo: Saraiva, 2000, p. 559-560). Contudo, aceita-se ainda o mandado de segurança para imprimir efeito suspensivo à decisão judicial se o impetrante tiver indeferido o pedido de efeito suspensivo a que se refere o art. 558 do CPC; por outras palavras, tendo sido interposto o agravo de instrumento, com pedido de seu recebimento com efeito suspensivo, se indeferido esse pedido, aí sim é cabível o mandado de segurança contra o despacho de indeferimento, objetivando o efeito suspensivo denegado.

Mas, no Código de Processo Civil anotado por Theotonio Negrão, está citada jurisprudência admitindo o mandado mesmo quando não interposto o recurso, ou

---

[20] V. acórdão do STF no RMS 25.141, voto do Min. Ricardo Lewandowski, julgamento em 22-4-08, *DJe* de 30-5-08: "Com efeito, o Mandado de segurança impetrado contra decisão judicial só é admissível nas raras hipóteses em que ela não possa ser atacada por outro remédio processual, exigindo-se ademais, a presença de direito líquido e certo. (...) Em outras palavras, a pendência deduzida pela via do *mandamus* poderia ter sido solucionada por outro meio processual. Depois, porque a matéria veiculada na inicial envolve ato de governo, que se caracteriza pela ampla discricionariedade, praticado por altas autoridades da República, razão pela qual não se pode cogitar de direito líquido e certo no tocante ao ajuizamento de ação penal contra estas. Ademais, o questionado Acordo, nos termos do art. 49, II, da CF, somente passa a vigorar após a respectiva ratificação pelo Congresso Nacional."

porque impetrado contra decisão que, embora recorrível, era de natureza provisória ou, mais amplamente, contra decisão teratológica ou de flagrante ilegalidade, hipótese em que os Tribunais não aplicam nem a Súmula nº 267, nem a Súmula nº 268 (que afasta o cabimento do mandado de segurança contra decisão transitada em julgado).

No novo CPC, o art. 1.015 indica, taxativamente, as hipóteses em que cabe agravo de instrumento, dentre elas as decisões interlocutórias que versarem sobre tutelas provisórias. E o art. 1.019, inciso I, prevê a possibilidade de o relator, ao receber o agravo de instrumento, atribuir-lhe efeito suspensivo, se da imediata produção dos efeitos da decisão puder resultar risco de dano grave, de difícil ou impossível reparação, e ficar demonstrada a probabilidade de provimento do recurso (art. 995, parágrafo único). Se concedida a suspensão, o relator deve comunicar o fato ao juiz. Se denegada a suspensão, cabe agravo interno, dirigido ao órgão colegiado, contra a decisão interlocutória, com fundamento no art. 1.021;

6. contra **decisão judicial transitada em julgado**; essa hipótese, inserida pela Lei nº 12.016/09, apenas traz para o direito positivo entendimento já consagrado na Súmula nº 268, do Supremo Tribunal Federal.

17.5.5.4.4 Anotações quanto ao processo

Não cabe nesta obra estudo aprofundado do processo judicial do mandado de segurança, o que não impede algumas anotações relevantes.

O **rito** é sumaríssimo, compreendendo, basicamente: despacho da inicial, com ou sem concessão de liminar e notificação à autoridade coatora para prestar informações no prazo de 10 dias; prestadas ou não as informações, será ouvido o Ministério Público no prazo de dez dias (art. 12 da Lei nº 12.016) e, após, o juiz ou Tribunal proferirá a decisão, no prazo de 30 dias (art. 12, parágrafo único).

O art. 4º, *caput*, da Lei nº 12.016/09, permite que, em caso de urgência, o mandado de segurança seja impetrado por telegrama, radiograma, fax ou outro meio eletrônico de autenticidade comprovada, hipótese em que o texto original da petição deverá ser apresentado nos cinco dias úteis seguintes (§ 2º). Também o juiz, em caso de urgência, poderá notificar a autoridade por telegrama, radiograma ou outro meio que assegure a autenticidade do documento e a imediata ciência pela autoridade (§ 1º).

No caso de utilização de meio eletrônico, o § 3º do art. 4º determina que sejam observadas as regras de Chaves Públicas Brasileiras – ICP – Brasil.[21]

Nos termos do art. 6º, "a petição inicial, que deverá preencher os requisitos estabelecidos pela lei processual, será apresentada em duas vias com os documentos que instruírem a primeira reproduzidos na segunda e indicará, além da autoridade coatora, a pessoa jurídica que esta integra, à qual se acha vinculada ou na qual exerce atribuições". Se o documento estiver em poder de autoridade ou de terceiro que se recuse a entregá-lo, por certidão, o juiz ordenará de ofício a exibição desse documento, marcando o prazo de dez dias para cumprimento (art. 6º, § 1º). Se a autoridade que se recusar a fornecer o documento for a própria autoridade coatora, a ordem judicial far-se-á no próprio instrumento da notificação (art. 6º, § 2º).

Legitimado ativo é a pessoa, física ou jurídica, pública ou privada, órgão público ou universalidade patrimonial, titular de direito líquido e certo, lesado ou ameaçado de lesão. Pode

---

[21] V. Lei nº 11.419/06, que dispõe sobre a informatização do processo judicial.

ocorrer que o direito líquido e certo de uma pessoa seja decorrente de direito de terceiro; neste caso, estabelece o art. 3º da Lei nº 12.016 que o titular do direito poderá impetrar mandado de segurança em favor do direito originário, se o seu titular não o fizer, no prazo de 30 dias, quando notificado judicialmente. A partir da notificação, conta-se o prazo de 120 dias para impetração da segurança (art. 3º, parágrafo único, combinado com o art. 23).

O ingresso de litisconsorte ativo não será admitido após o despacho da petição inicial (art. 10, § 2º).

Legitimado passivo é a pessoa jurídica de direito público ou a de direito privado que esteja no exercício de atribuições do Poder Público. A matéria é controvertida porque, para alguns, sujeito passivo é a **autoridade coatora**, já que ela é que presta as informações e cumpre o mandado; no entanto, esse entendimento deve ser afastado quando se observa que a fase recursal fica a cargo da pessoa jurídica e não do impetrado e que os efeitos decorrentes do mandado são suportados pela pessoa jurídica e não pela autoridade coatora.

O litisconsórcio é possível no mandado de segurança, conforme se deduz do art. 24 da Lei nº 12.016. Quanto à assistência, o Supremo Tribunal Federal já consolidou o entendimento contrário à sua admissibilidade.[22]

Objeto do mandado é a anulação de ato ilegal ofensivo de direito líquido e certo ou a prática de ato omitido pela autoridade competente ou ordem de não fazer (mandado de segurança preventivo).

A **causa de pedir** é a ilegalidade ou abuso de poder e a lesão ou ameaça de lesão a direito líquido e certo.

A autoridade coatora é **notificada** (e não citada) para prestar **informações** (e não contestação) no prazo de 10 dias; essas informações são prestadas pela própria autoridade coatora e não por meio de procurador e, como correspondem à contestação da pessoa jurídica, devem conter todas as defesas possíveis, quanto à preliminar e quanto ao mérito.

Admite-se a informação fora do prazo, desde que o atraso seja justificável, e ainda seja oportuna a sua apreciação, conforme art. 105, § 3º, do Regimento Interno do STF.

A **sentença** é mandamental, porque contém uma ordem dirigida à autoridade coatora, e é de execução imediata, cumprindo-se por ofício do juiz, transmitido por oficial de justiça ou pelo Correio, conforme art. 13 da Lei nº 12.016/09. Apenas no caso de pagamento de vantagens pecuniárias ao servidor público, com base no art. 14, § 4º, da Lei nº 12.016, o mandado de segurança comporta liquidação por cálculo do contador. Em caso de urgência, poderá o juiz observar o disposto no art. 4º, ou seja, expedir a sentença por meio de telegrama, radiograma, fax ou outro meio eletrônico de autenticidade certificada (art. 13, parágrafo único).

Os recursos devem ser endereçados não à autoridade coatora, mas ao representante da pessoa jurídica responsável pelo ato impugnado.[23]

---

[22] A esse respeito, v. acórdão proferido em SS 3.272-AgR, julgamento em 16-4-08, *DJe* de 20-6-08, no qual o Relator faz referência a "consolidação da jurisprudência do Supremo Tribunal Federal no sentido de não ser admissível assistência em mandado de segurança, porquanto o art. 19 da Lei 1.533/51, na redação dada pela Lei 6.071/74, restringiu a intervenção de terceiros no procedimento do *writ* ao instituto do litisconsórcio". O art 19, da Lei 1.533, aí referido, corresponde ao art. 24, da Lei nº 12.016, com redação um pouco diversa, mas com o mesmo conteúdo.

[23] Nesse sentido, Acórdão do STJ, in REsp 1.186.726-MG, Rel. Min. Eliana Calmon, *DJe* de 21-6-10: "Em sede de mandado de segurança, a partir da sentença a intimação dos atos processuais deve ser endereçada à pessoa jurídica de direito público a quem está vinculada a autoridade impetrada, tendo início, assim, o prazo recursal após intimado pessoalmente o representante da pessoa jurídica de direito público..."

Os **recursos** cabíveis são:

1. **apelação** contra a sentença que negue ou conceda a segurança (art. 14 da Lei nº 12.016/09), ou que indefira desde logo o pedido (art. 10); a apelação tem efeito apenas devolutivo, podendo a sentença ser executada provisoriamente, conforme art. 14, § 3º;
2. **recurso de ofício** da sentença que conceder o mandado; ele decorre do art. 14, § 1º, da Lei nº 12.016, segundo o qual, "concedida a segurança, a sentença estará sujeita obrigatoriamente ao duplo grau de jurisdição";
3. **agravo de instrumento** da decisão do juiz de 1º grau que conceder ou denegar a liminar (art. 7º, § 1º);
4. **agravo** de decisão do relator que conceder ou denegar a medida liminar, dirigido ao órgão competente do Tribunal que integre (art. 16, parágrafo único);[24]
5. **agravo** da decisão do Presidente do Tribunal que **suspender** a execução da sentença ou da liminar, a requerimento da pessoa jurídica de direito público interessada ou do próprio Ministério Público, para evitar grave lesão à ordem, à saúde, à segurança e à economia pública; o agravo não tem efeito suspensivo e deve ser apresentado no prazo de 5 dias, devendo ser levado a julgamento na sessão seguinte à sua interposição (art. 15 da Lei nº 12.016); pela Súmula nº 506, esse agravo cabia somente do despacho do Presidente do STF que **deferisse** a suspensão da liminar, não do que a denegasse. No entanto, essa súmula foi revogada pelo Supremo Tribunal Federal,[25] que passou a defender a extensão da disciplina prevista na Lei nº 8.437, de 30-6-92 (que dispõe sobre a concessão de medidas cautelares contra atos do Poder Público) à hipótese de indeferimento do pedido de suspensão de segurança. Em decorrência da revogação da referida súmula, passou-se a admitir o agravo nas hipóteses de deferimento e de denegação da suspensão da liminar; tal entendimento é compatível com a nova lei, que praticamente repete a norma do art. 4º da Lei nº 4.348/64 (revogada pelo art. 29 da Lei nº 12.016);
6. **recurso especial e extraordinário** nas hipóteses previstas, respectivamente, nos arts. 105, III, e 102, III, da Constituição (art. 18 da Lei nº 12.016);
7. **recurso ordinário** ao STF contra decisão denegatória, em única instância, dos Tribunais Superiores, nos termos do art. 102, inciso II, *a*, da Constituição.

Com relação aos embargos infringentes, muita discussão se lavrou em face do art. 20 da Lei nº 1.533/51, que revogou os dispositivos do CPC de 1930 sobre mandado de segurança; dentre esses dispositivos estava o art. 833, que admitia embargos contra acórdãos não unânimes proferidos em grau de **apelação**, em **ação rescisória** e em **mandado de segurança**. Depois de alguma hesitação, acabou por prevalecer o entendimento de que esse dispositivo, na parte

---

[24] Pela Súmula nº 622, o STF fixou o entendimento de que "não cabe agravo regimental contra decisão do relator que concede ou indefere liminar em mandado de segurança".

[25] SS 1.945-AgR-QO, Rel. para o acórdão Min. Gilmar Mendes, julgamento em 19-12-02, *DJ* de 1º-8-03): "Completa reformulação da legislação, quanto à suspensão das liminares nos diversos processos, até mesmo na ação civil pública e na ação popular. Disciplina assimétrica na legislação do mandado de segurança. Recorribilidade, tão somente, da decisão que nega o pedido de suspensão em mandado de segurança. Súmula 506. Configuração de lacuna de regulação superveniente. Necessidade de sua colmatação. Extensão da disciplina prevista na Lei nº 8.437/92, à hipótese de indeferimento do pedido de suspensão em mandado de segurança. Admissibilidade do agravo nas decisões que deferem ou indeferem a suspensão da segurança (...). Revogação da Súmula 506."

relativa ao mandado de segurança, estava revogado, dando origem à Súmula nº 597, do STF, segundo a qual "não cabem embargos infringentes de acórdão que, em mandado de segurança, decidiu, por maioria de votos, a apelação".

A regra é a de que cabem no mandado de segurança aqueles recursos que sejam possíveis em qualquer espécie de processo; mas a regra do art. 833 do anterior CPC, que admitia os embargos apenas para determinadas ações, foi considerada revogada, quanto ao mandado de segurança, porque não repetida na Lei nº 1.533/51.

Quando entrou em vigor a Lei nº 6.014, de 27-12-73, adaptando a Lei nº 1.533/51 ao novo CPC, reabriu-se a dúvida, porque se deu nova redação ao art. 12 dessa lei, para substituir o agravo de petição pela apelação. Mas o STF, em decisão proferida no RE 83.246, por maioria de votos, entendeu não cabíveis os embargos, porque o procedimento do mandado de segurança é inteiramente regulado por lei especial, não se lhe aplicando o CPC a não ser que haja norma expressa, como a do art. 19 da Lei nº 1.533/51; além disso, a propositura de embargos seria incompatível com a celeridade que se exige no processo do mandado de segurança (in *RTJ* 80/185). O argumento se reforçou com a Constituição de 1988, que, com a previsão de recurso ordinário ao STF, em caso de decisão denegatória, dá ao impetrante a possibilidade de ver reapreciada a decisão que lhe é desfavorável. Finalmente, a Lei nº 12.016/09, seguindo a tendência já definida anteriormente à sua vigência, expressamente veda a interposição de embargos de infringência no processo de mandado de segurança (art. 25).

A **legitimidade para recorrer**, no mandado de segurança, era da pessoa jurídica e não da autoridade coatora, conforme entendimento consagrado na vigência da Lei nº 1.533/51 (*RTJ* 105/404, 114/1225; *RDA* 155/100, 150/162; *RT* 600/243). No entanto, a Lei nº 12.016/09 estende à autoridade coatora o direito de recorrer (art. 14, § 2º).

Também pode recorrer o terceiro prejudicado, com base no art. 499 do CPC (art. 996 do novo CPC).

Pela Súmula nº 392, do STF, "o prazo para recorrer de acórdão concessivo de segurança conta-se da publicação oficial de suas conclusões, e não da anterior ciência à autoridade para cumprimento da decisão". Para a pessoa jurídica de direito público aplica-se a regra do art. 188 do CPC, que lhe confere prazo em dobro (art. 183 do novo CPC).

Com relação à **coisa julgada**, o art. 6º, § 6º, da Lei nº 1.533/51 determina que "o pedido de mandado de segurança poderá ser renovado dentro do prazo decadencial, se a decisão denegatória não lhe houver apreciado o mérito". E a Súmula nº 304, do STF, fixou o entendimento de que "decisão denegatória de mandado de segurança, não fazendo coisa julgada contra o impetrante, não impede o uso de ação própria"; vale dizer que, se a denegação se deu quanto ao mérito, por ter entendido o juiz que o impetrante não faz jus ao direito pleiteado, a decisão transita em julgado, impedindo que o mesmo direito seja pleiteado por ação ordinária. Se não houve julgamento de mérito, tendo sido extinto o processo por falta de pressupostos para sua impetração, pode ser proposta ação ordinária, visando à proteção do mesmo direito, ou outro mandado de segurança, desde que não exaurido o prazo de 120 dias.

A Lei nº 12.016/09 prevê a concessão de **liminar** no mandado de segurança, o que deverá ser feito pelo juiz ao despachar a inicial (art. 7º, III); são requisitos para sua concessão: que seja relevante o fundamento e do ato impugnado possa resultar a ineficácia da medida, caso seja deferida. O mesmo dispositivo permite ao juiz exigir do impetrante caução, fiança ou depósito, com o objetivo de assegurar o ressarcimento à pessoa jurídica. Essa exigência destoa da jurisprudência do Supremo Tribunal Federal e do Superior Tribunal de Justiça, que entende não ser possível exigência de depósito prévio para recorrer na esfera administrativa (v. item 17.3.2.1). Com muito mais razão, não se justifica a exigência de garantia para outorga de liminar, quando o objetivo desta é exatamente o de evitar o perecimento do direito. A exigência infringe o art.

5º, XXXV, da Constituição Federal, que protege as pessoas, não só contra as lesões já concretizadas, mas também contra as ameaças de lesão.

Não se admite a execução provisória que tenha efeitos patrimoniais (art. 14, § 3º). Além disso, nos casos em que não cabe liminar, também não cabe tutela antecipada (art. 7º, § 5º).

De acordo com o art. 7º, § 3º, "os efeitos da medida liminar, salvo se revogada ou cassada, persistirão até a prolação da sentença".

Pelo art. 15 da mesma lei, a liminar e a sentença podem ser suspensas a pedido da pessoa jurídica de direito público interessada, para evitar grave lesão à ordem, à saúde, à segurança e à economia pública; dessa decisão cabe agravo, sem efeito suspensivo, no prazo de 10 dias contados da publicação do ato. Também cabe pedido de suspensão quando negado provimento a agravo de instrumento interposto contra a liminar. O pedido pode ser recebido com efeito suspensivo se o Presidente do Tribunal constatar, em juízo prévio, a plausibilidade do direito invocado e a urgência na concessão da medida (art. 15, § 4º).

O § 5º do art. 15 trata da hipótese em que haja pedido de suspensão de várias liminares, com idêntico objeto; e determina a possibilidade de todas serem suspensas pelo Presidente do Tribunal em decisão única, cujos efeitos podem alcançar inclusive liminares concedidas posteriormente.

Se o pedido de suspensão feito com base no art. 15 for indeferido ou se for provido o agravo, cabe novo pedido de suspensão ao Presidente do Tribunal competente para conhecer do eventual recurso especial ou extraordinário (art. 15, § 1º).

Nos termos do § 3º do art. 15, "a interposição de agravo de instrumento contra liminar concedida nas ações movidas contra o Poder Público e seus agentes não prejudica nem condiciona o julgamento do pedido de suspensão a que se refere este artigo". Vale dizer que, mesmo que interposto o agravo de instrumento contra a concessão de liminar, pode ser feito o pedido de suspensão previsto no *caput* do mesmo dispositivo.

Nos termos da Súmula nº 626, do STF, "a suspensão da liminar em mandado de segurança, salvo determinação em contrário da decisão que a deferir, vigorará até o trânsito em julgado da decisão definitiva de concessão da segurança ou, havendo recurso, até a sua manutenção pelo Supremo Tribunal Federal, desde que o objeto da liminar deferida coincida, total ou parcialmente, com o da impetração".

Por sua vez, o art. 8º da Lei nº 12.016 prevê a peremptação ou caducidade da medida liminar, *ex officio* ou a requerimento do Ministério Público, quando, concedida a medida, o impetrante criar obstáculo ao normal andamento do processo ou deixar de promover, por mais de três dias úteis, os atos e diligências que lhe cumprirem.

Admite-se, ainda, com base no art. 807 do CPC (art. 296 do atual Código), que o juiz revogue a liminar quando se convencer, após a sua concessão, de que ela não se justificava; essa hipótese é tanto mais defensável quando se considera que o juiz tem que decidir sobre a liminar ao despachar a petição inicial e, portanto, sem ouvir a autoridade coatora, de modo que é possível, após as informações por esta prestadas, convencer-se do não cabimento da liminar.

A **competência** para julgar os mandados de segurança é definida em razão da autoridade que praticou o ato e da sede funcional; pela Constituição Federal, cabe:

1. ao STF:
    a) processar e julgar, originariamente, o mandado de segurança contra atos do Presidente da República, das Mesas da Câmara dos Deputados e do Senado Federal, do Tribunal de Contas da União, do Procurador-Geral da República e do próprio STF (art. 102, I, *d*); sobre a matéria, existem duas súmulas do

STF: a de nº 623 fixa o entendimento de que "não gera por si só a competência originária do Supremo Tribunal Federal para conhecer do mandado de segurança com base no art. 102, I, *n*, da Constituição, dirigir-se o pedido contra deliberação administrativa do tribunal de origem, da qual haja participado a maioria ou a totalidade de seus membros"; a de nº 624 estabelece que "não compete ao Supremo Tribunal Federal conhecer originariamente de mandado de segurança contra atos de outros tribunais".

b) julgar, em recurso ordinário, o mandado de segurança decidido em única instância pelos Tribunais Superiores, se **denegatória a decisão**; essa competência, que era prevista na Constituição de 1946 e extinta na de 1967, é agora restabelecida (art. 102, II, *a*);

2. ao STJ:
   a) processar e julgar, originariamente, os mandados de segurança contra ato de Ministro do Estado, dos comandantes da Marinha, Exército ou Aeronáutica ou do próprio Tribunal (art. 105, I, *b*);
   b) julgar, em recurso ordinário, os mandados de segurança decididos em única instância pelos Tribunais Regionais Federais ou pelos Tribunais dos Estados, do Distrito Federal e Territórios, **quando denegatória a decisão** (art. 105, II, *b*);
3. aos Tribunais Regionais Federais: processar e julgar, originariamente, os mandados de segurança contra ato do próprio Tribunal ou de Juiz Federal (art. 108, I, *c*);
4. aos Juízes Federais: processar e julgar os mandados de segurança contra ato de autoridade federal, excetuados os casos de competência dos Tribunais Federais (art. 109, VIII);
5. à Justiça do Trabalho: processar e julgar os mandados de segurança, quando o ato questionado envolver matéria sujeita à sua jurisdição (art. 114, IV, introduzido pela Emenda Constitucional nº 45/2004).

Os arts. 111, § 3º, 121 e 124, parágrafo único, remetem à lei a fixação de competência dos Tribunais do Trabalho, Eleitorais e Militares.

A Constituição do Estado de São Paulo atribui competência ao Tribunal de Justiça, para processar e julgar originariamente os mandados de segurança contra atos do Governador, da Mesa e da Presidência da Assembleia, do próprio Tribunal ou de algum de seus membros, dos Presidentes dos Tribunais de Contas do Estado e do Município de São Paulo, do Procurador-Geral de Justiça, do Prefeito e do Presidente da Câmara Municipal da Capital (art. 74, III).

Quanto às demais autoridades estaduais e municipais, prevalece a competência das Varas da Fazenda Pública e, nas comarcas onde estas não existirem, a competência da justiça comum.

17.5.5.4.5 Prazo

O art. 23 da Lei nº 12.016/09 estabelece que "o direito de requerer mandado de segurança extinguir-se-á decorridos 120 dias, contados da ciência, pelo interessado, do ato impugnado". Na vigência da lei anterior, chegou a formar-se o entendimento de que esse prazo era inconstitucional, por cercear o direito ao uso do mandado de segurança, previsto pelo art. 5º, LXIX, da Constituição. No entanto, esse entendimento foi afastado pela Súmula nº 632, do STF, segundo a qual "é constitucional lei que fixa o prazo de decadência para a impetração de mandado de segurança". No mesmo sentido foi o julgamento da ADI 4.296, que considerou constitucional o art. 23 da Lei nº 12.016.

Trata-se de prazo de **decadência**, que não admite interrupção nem suspensão.

Quanto ao início do prazo (*dies a quo*), é preciso distinguir:

1. se o mandado é interposto contra **ato lesivo já praticado**, o prazo começa a correr a partir da ciência do ato; nenhuma consequência terá a interposição de recurso administrativo **sem efeito suspensivo**, porque o ato já está causando lesão e, em consequência, o prazo de decadência já está correndo; mas se o recurso tem efeito suspensivo, o prazo começa a correr quando decidido o último recurso ou quando se esgotar o prazo para recorrer administrativamente;
2. se o mandado é interposto contra **omissão**, duas hipóteses devem ser distinguidas: se a Administração está sujeita a prazo para praticar o ato, esgotado esse prazo, começam a correr os 120 dias para impetração da segurança, conforme decisão do STF, in *RTJ* 53/637; se a Administração não está sujeita a prazo legal para a prática do ato, não se cogita de decadência para o mandado de segurança, por inexistência de um termo *a quo*; enquanto persistir a omissão, é cabível o mandado;
3. se o mandado é interposto preventivamente, quando haja **ameaça** de lesão, também não se cogita de decadência, porque, enquanto persistir a ameaça, há a possibilidade de impetração.

17.5.5.5 *Mandado de segurança coletivo*

O mandado de segurança coletivo constitui mais uma inovação da Constituição de 1988, cujo art. 5º, inciso LXX, determina:

"LXX – o mandado de segurança coletivo pode ser impetrado por:
a) partido político com representação no Congresso Nacional;
b) organização sindical, entidade de classe ou associação legalmente constituída e em funcionamento há pelo menos 1 (um) ano, em defesa dos interesses de seus membros ou associados".

Até a promulgação da Lei nº 12.016/09, não havia qualquer norma infraconstitucional dispondo sobre mandado de segurança coletivo. Nessa lei foi introduzido um único dispositivo sobre a matéria, definindo os interesses coletivos que podem ser protegidos com esse remédio constitucional e dispondo sobre os efeitos da coisa julgada, a litispendência e a concessão de liminar.

Um primeiro dado que salta aos olhos é o fato de que o dispositivo constitucional não indicou os pressupostos da medida, como o fez em relação aos outros remédios constitucionais. Isto permite uma primeira conclusão: os pressupostos são os mesmos previstos no inciso LXIX para o mandado de segurança individual, a saber, **ato de autoridade, ilegalidade ou abuso de poder** e lesão ou ameaça de lesão a **direito líquido e certo**.

Essa é a conclusão a que se chega pela leitura do dispositivo, uma vez que, não tendo o constituinte definido a medida, é porque ela já estava delimitada, quanto aos seus pressupostos, no inciso anterior. Ficou sendo o mandado de segurança o gênero que comporta duas espécies: o individual e o coletivo. No entanto, José Afonso da Silva (2005:164), depois de esclarecer que a referência a direito líquido e certo constava da proposta inicial do projeto e foi retirada nas sucessivas alterações da redação, acrescenta que "a alínea 'b' do inciso LXX do art. 5º fala em 'interesses', e não em 'direitos'". Um pouco além, acrescenta: "Parece que a esse propósito poderemos tirar uma primeira conclusão: o requisito do direito líquido e certo será sempre exigido quando a entidade impetra o mandado de segurança coletivo na defesa de direito subjetivo individual. Quando o sindicato usá-lo na defesa de *interesse coletivo* de seus membros e quando os partidos políticos o impetrarem na defesa de interesse coletivo difuso, exigem-se ao menos a ilegalidade e a lesão do interesse que o fundamenta".

É preciso ter presente, no entanto, que o processo do mandado de segurança coletivo é o mesmo do mandado de segurança individual, razão pela qual as provas todas devem acompanhar a inicial, sob pena de extinção do processo sem julgamento do mérito.

Outra observação que decorre de interpretação literal é quanto ao fato de ter o dispositivo separado em duas alíneas diversas, de um lado, o partido político e, de outro, a organização sindical, entidade de classe ou associação legalmente constituída e em funcionamento há pelo menos um ano, em defesa dos interesses de seus membros ou associados.

Qualquer dessas entidades pode ser sujeito ativo do mandado de segurança coletivo, mas, enquanto as indicadas na alínea *b* só podem agir "em defesa dos interesses de seus membros ou associados", o partido político, em relação ao qual não se fez a mesma restrição, poderá agir na defesa de interesses que extrapolam aos dos seus membros ou associados; caso contrário, não haveria razão para mencioná-lo, separadamente, na alínea *a*. Pelo art. 21 da Lei nº 12.016, deduz-se que o mandado de segurança coletivo impetrado por partido político somente pode proteger os "interesses legítimos relativos a seus integrantes" e as "finalidades partidárias", praticamente excluindo a possibilidade de defender interesses da coletividade, o que é inaceitável e conflita com a amplitude maior do dispositivo constitucional. Por isso, o art. 21 da Lei nº 12.016 tem que ser interpretado de forma que não conflite com o art. 5º, LXX, da Constituição, sob pena de inconstitucionalidade.[26]

Isto porque o partido político defende interesses de uma coletividade muito maior do que os interesses a cargo das demais entidades legitimadas para o mandado de segurança coletivo.

Consoante art. 1º da Lei nº 9.096, de 19-9-95, "o partido político, pessoa jurídica de direito privado, destina-se a assegurar, no interesse do regime democrático, a **autenticidade do sistema representativo** e a defender os **direitos humanos fundamentais**, definidos na Constituição Federal".

Com base nesse dispositivo, que define os objetivos dos partidos políticos, Lúcia Valle Figueiredo (1989a:22) conclui, com razão, que "tudo que atina aos direitos humanos fundamentais, à autenticidade do sistema representativo pode ser objeto de mandado de segurança coletivo". E cita vários exemplos extraídos da Constituição Federal: o desrespeito ao art. 5º, XLIX, que assegura ao preso o respeito à integridade física e moral; o descumprimento do art. 58, § 4º, que exige, durante o recesso parlamentar, a presença de comissão representativa do Congresso Nacional com composição proporcional, tanto quanto possível; discriminações entre brasileiros natos e naturalizados em hipóteses não previstas na Constituição; prática do racismo.

Já com relação ao sindicato, entidade de classe ou associação, referidas na alínea *b* do inciso LXX, o interesse que elas podem defender é mais restrito, porque há de se referir à classe ou categoria de pessoas que congregam, conforme decorre da redação do texto constitucional.

O sindicato só pode agir no interesse da categoria profissional que o compõe; a entidade de classe só pode defender interesses de seus associados, relacionados com os objetivos sociais. Com relação à associação, há a exigência de que esteja constituída legalmente há pelo menos um ano; o objetivo é claro: quer-se evitar a impetração de mandados de segurança coletivos por entidades constituídas aleatória e transitoriamente apenas com esse objetivo.

---

[26] Esse o entendimento da Segunda Turma do STF no RE 196.184/AM, rel. Min. Sepúlveda Pertence. É também o posicionamento de Alexandre de Moraes, em artigo sobre a inconstitucionalidade parcial do *caput* do art. 21 da Lei de Mandado de Segurança (Lei nº 12.016/09), in *RDA* 252, p. 11-14.

Outro aspecto que suscita dúvidas é o referente à natureza do interesse defendido: seria o individual, de cada um dos membros componentes da pessoa jurídica, ou será o coletivo, pertinente a toda a classe ou categoria que congrega a entidade? Outra dúvida diz respeito à exigência ou não de autorização expressa para essa representação.

Quanto à primeira questão, a Lei nº 12.016, no art. 21, parágrafo único, veio esclarecer o tipo de interesse que pode ser protegido pelo mandado de segurança coletivo, abrangendo os **coletivos** e os **individuais homogêneos**. Os primeiros são os "transindividuais, de natureza indivisível, de que seja titular grupo ou categoria de pessoas ligadas entre si ou com a parte contrária por uma relação jurídica básica"; os segundos são "os decorrentes de origem comum e da atividade ou situação específica da totalidade ou de parte dos associados ou membros do impetrante".

Quanto à segunda questão, ela tem gerado muita controvérsia, a nosso ver, pela precipitada e indevida conjugação do dispositivo concernente ao mandado de segurança coletivo com a norma do art. 5º, XXI, da Constituição, que atribui às entidades associativas, "quando expressamente autorizadas", legitimidade para representar os seus filiados judicial ou extrajudicialmente.

Esse preceito deve ser interpretado nos seus devidos termos. Ele veio trazer uma inovação que não constava do regime anterior, ao autorizar as entidades associativas a representarem seus membros em juízo ou fora dele.

Essa norma veio pôr fim a uma controvérsia que gravitava especialmente em torno do mandado de segurança, sobre a possibilidade de a pessoa jurídica propor a ação na defesa de direito dos seus associados; a tese que prevalecia era a contrária a essa possibilidade. Hoje, não mais se justifica a controvérsia, porque o inciso XXI do art. 5º previu a representação sem outras restrições que não a de expressa autorização do representado.

Isto não permite a conclusão de que, nesse caso, haverá mandado de segurança coletivo, mesmo que a entidade represente, em um só mandado, vários de seus associados. Haverá mandado de segurança individual, em que a entidade, devidamente autorizada por cada um dos interessados, agirá como substituto processual, defendendo direito alheio.

A mesma conclusão é possível com referência ao art. 8º, III, da Constituição, que atribui ao sindicato "a defesa dos **direitos e interesses coletivos ou individuais** da categoria, inclusive em questões judiciais ou administrativas".

Uma hipótese é a defesa de **direitos individuais**, que exige representação devidamente autorizada e que dá margem ao mandado de segurança individual. Outra hipótese é a defesa dos direitos coletivos de toda a categoria ou de parte dela, o que se fará pelo mandado de segurança coletivo, independentemente de autorização expressa. Pela Súmula nº 629 do STF, ficou definido que "a impetração do mandado de segurança coletivo por entidade de classe em favor dos associados independe da autorização destes". O art. 21 da Lei nº 12.016, na parte final, também tornou expressa a dispensa de autorização especial.

Com efeito, se a associação de classe só pode defender interesses pertinentes aos membros que a integram, esses interesses já estão definidos nos objetivos sociais da entidade, independendo de autorização expressa essa defesa; se os interesses não estão incluídos nos objetivos sociais da entidade, esta não poderá defendê-los por via do mandado de segurança coletivo, a menos que seja feita alteração estatutária pelos meios legais.

Preciso é, a esse respeito, o pensamento de Calmon Passos (1989:15): "se o interesse é individual, exclusivo, ou específico, só o seu titular está autorizado a defendê-lo via *mandamus*. Nada obsta que esse seu interesse, mesmo quando exclusivo ou específico, receba o apoio de entidade na qual ele se insere. Para isso, deve autorizá-la a representá-la em juízo, recebendo, na defesa de seu direito, o apoio da força social ou política da entidade a que se filia. Mas se o interesse é também compartilhado por outros, que têm interesse de igual natureza, assim como poderiam esses sujeitos titulares de interesses semelhantes associar-se, como litisconsortes, em um só *mandamus*, podem ser defendidos, ter os seus interesses patrocinados ou postulados pela entidade em que se associam, justamente por força da afinidade que esse interesse (compartilhado) guarda com o interesse ou função, ou fim básico da entidade. Aqui a aquiescência é irrelevante. Não pode o associado impedir uma atuação que é de benefício comum. Faltar-lhe-ia qualidade para tanto".

Vale dizer que o mandado de segurança coletivo é instrumento utilizável apenas para a defesa do **interesse coletivo** da categoria (ou de parte dela) integrante da entidade de classe ou do sindicato, devendo entender-se por interesse coletivo não a soma dos interesses individuais, mas aquele que pertence ao todo, que é despersonalizado e que se torna, em geral, indisponível, por colocar-se acima dos direitos individuais.

Poder-se-ia argumentar que é irrelevante concluir que, para defender os associados em juízo, o instrumento adequado é o mandado de segurança individual ou o coletivo. Mas assim não é, pois os efeitos da decisão serão diversos em um e outro caso; no individual, a decisão produzirá efeitos apenas em relação aos titulares de direitos devidamente representados; no coletivo, a decisão terá efeitos para toda a categoria (ou parte da categoria) integrante da entidade ou do sindicato.

Lúcia Valle Figueiredo (1989a:36) defende a tese de que, em sendo desfavorável a decisão, ela não fará coisa julgada, pois não impedirá a interposição de mandado de segurança individual.

Quanto aos partidos políticos, a decisão produzirá efeitos em relação a todos os atingidos pelo ato lesivo impugnado por via do mandado de segurança coletivo.

Quanto ao **processo**, deve ser observado o mesmo estabelecido para o mandado de segurança individual, pela Lei nº 12.016/09.

A **competência** vem definida nos mesmos dispositivos concernentes ao mandado de segurança individual, uma vez que os dispositivos não distinguem entre o individual e o coletivo.

17.5.5.6   Ação popular

17.5.5.6.1   Evolução

A ação popular já existia no Direito Romano, com características muito semelhantes ao instituto previsto no direito positivo brasileiro, pois, por meio da *actio popularis*, qualquer pessoa do povo (*populus*) podia dela fazer uso para a defesa de interesses da coletividade.

No direito brasileiro ela foi prevista, pela primeira vez, na Constituição de 1934, abolida na de 1937 e instituída novamente na de 1946, embora em nenhuma delas aparecesse a expressão **ação popular**. Apenas com a Lei nº 4.717, de 29-6-65, ainda em vigor, utilizou-se a expressão no direito positivo. É curioso observar que desde a sua instituição, pela Constituição de 1946, o instituto começou a ser utilizado, embora a lei regulamentadora só tivesse sido promulgada 19 anos depois; entendeu-se ser autoaplicável o dispositivo.

Pela Constituição de 1967, "qualquer cidadão será parte legítima para propor ação popular que vise a anular atos lesivos ao patrimônio de entidades públicas" (art. 150, § 31, da redação original, e 153, § 31, após a Emenda nº 1, de 1969). Só era, portanto, cabível, para a proteção do patrimônio público.

A Constituição de 1988 ampliou consideravelmente as hipóteses de cabimento de ação popular, ao estabelecer, no art. 5º, LXXIII, que "qualquer cidadão é parte legítima para propor ação popular que vise a anular ato lesivo ao patrimônio público ou de entidade de que o Estado participe, à moralidade administrativa, ao meio ambiente e ao patrimônio histórico e cultural, ficando o autor, salvo comprovada má-fé, isento de custas judiciais e do ônus da sucumbência".

No entanto, prevalecem as duas características básicas: o fato de que a sua titularidade cabe a qualquer cidadão e o de que este age na defesa do interesse público e não de interesse individual.

Ampliaram-se os seus fundamentos, para admitir-se a sua propositura em quatro hipóteses: lesão ao patrimônio público, à moralidade administrativa, ao meio ambiente e ao patrimônio histórico e cultural.

A ação popular foi a primeira que surgiu no direito brasileiro com características que a distinguem das demais ações judiciais; nestas, o autor pede a prestação jurisdicional para a defesa de um direito subjetivo próprio, sob pena de ser julgado carecedor da ação, por falta de interesse de agir. Na ação popular, o autor pede a prestação jurisdicional para defender o interesse público, razão pela qual tem sido considerado como um direito de natureza política, já que implica controle do cidadão sobre atos lesivos aos interesses que a Constituição quis proteger.

Hoje, existem outros remédios que refogem também às características tradicionais do processo judicial, pela possibilidade de sua interposição na defesa de direitos ou interesses coletivos. Trata-se do mandado de segurança coletivo e da ação civil pública.

17.5.5.6.2 Conceito e pressupostos

Ação popular é a ação civil pela qual qualquer cidadão pode pleitear a invalidação de atos praticados pelo poder público ou entidades de que participe, lesivos ao patrimônio público, ao meio ambiente, à moralidade administrativa ou ao patrimônio histórico e cultural, bem como a condenação por perdas e danos dos responsáveis pela lesão.

Além das condições da ação em geral – interesse de agir, possibilidade jurídica e legitimação para agir –, são pressupostos da ação popular:

1. qualidade de cidadão no sujeito ativo;
2. ilegalidade ou imoralidade praticada pelo Poder Público ou entidade de que ele participe;
3. lesão ao patrimônio público, à moralidade administrativa, ao meio ambiente e ao patrimônio histórico e cultural.

Cidadão é o brasileiro, nato ou naturalizado, que está no gozo dos direitos políticos, ou seja, dos direitos de votar e ser votado. A rigor, basta a qualidade de **eleitor**, uma vez que o art. 1º, § 3º, da Lei nº 4.717/65 exige que a prova da cidadania, para ingresso em juízo, seja feita com o título eleitoral, ou com documento que a ele corresponda.

Seabra Fagundes (1984:316) ensina que, não obstante a discriminação que se faz doutrinariamente entre cidadania ativa e passiva e apesar de a Constituição empregar o vocábulo **cidadão**, sem qualquer qualificativo, "deve entender-se que essa palavra, no que concerne ao direito de agir judicialmente, se refere ao titular da cidadania ativa, ou seja, ao eleitor". E acrescenta que, se ao instituir o direito de petição a Constituição (de 1967) o defere a qualquer pessoa (hoje o defere a "todos", pelo art. 5º, XXXIV), e ao instituir o direito à propositura da ação popular o atribui ao "cidadão", é porque aqui a titularidade é mais restrita, o que se confirma pela já citada norma do art. 1º, § 3º, da Lei nº 4.717/65.

Quanto ao segundo pressuposto da ação, **ilegalidade** ou **imoralidade**, muito se tem discutido, quer quanto à exigência de ilegalidade como causa de pedir, ao lado da lesividade, quer quanto à possibilidade de a simples imoralidade constituir-se em fundamento da ação.

A Constituição de 1946, no art. 141, § 38, dizia que "qualquer cidadão será parte legítima para pleitear a **anulação** ou **declaração de nulidade** de atos lesivos do patrimônio da União, dos Estados, dos Municípios, das entidades autárquicas e das sociedades de economia mista".

A redação do dispositivo, com as expressões "anulação ou declaração de nulidade", deu margem a grandes controvérsias; a tese que acabou predominando foi a da necessidade de conjugação dos dois fundamentos – ilegalidade e lesividade – como requisito para a propositura da ação popular. Esse entendimento foi defendido por Frederico Marques, em 1948, antes, portanto, da Lei nº 4.717/65, em decisão judicial proferida em ação popular movida por um partido político contra o Governo do Estado de São Paulo, em decorrência da aquisição e posterior alienação, aos antigos proprietários, do jornal *O Estado de S. Paulo* (in *RT* 181/826). Nessa decisão, que ficou sendo o *leading case* sobre a questão, Frederico Marques deixou de examinar o mérito, por entender que faltavam dois dos pressupostos da ação, que eram a qualidade de cidadão no autor popular e a **ilegalidade** do ato.

A Lei nº 4.717/65, embora definindo os **atos nulos** (art. 2º) e os **atos anuláveis** (art. 3º), dando a impressão de que exige demonstração de ilegalidade, no art. 4º faz uma indicação casuística de hipóteses em que considera **nulos** determinados atos e contratos, sem que haja qualquer ilegalidade, como, por exemplo, no caso de compra de bens por valor superior ao corrente no mercado, ou a venda por preço inferior ao corrente no mercado. Trata-se de hipóteses em que pode haver imoralidade, mas não ilegalidade propriamente dita.

Para fins de ação popular, são **nulos** os atos lesivos nos casos de incompetência, vício de forma, ilegalidade do objeto, inexistência dos motivos e desvio de finalidade (art. 2º); cada um desses vícios é definido nas cinco alíneas do parágrafo único do mesmo dispositivo.

São **anuláveis**, nos termos do art. 3º, os atos lesivos cujos vícios não se compreendam nas especificações do artigo anterior; o objetivo foi o de incluir entre os casos de ilegalidade não só os referidos no art. 2º, concernentes aos elementos do ato administrativo, como também qualquer outro tipo de vício, ainda que estruturado nos termos do Código Civil, como os vícios referentes à capacidade e à manifestação de vontade (erro, dolo, coação, simulação e fraude).

Quanto à imoralidade, sempre houve os que a defendiam como fundamento suficiente para a ação popular. Hoje, a ideia se reforça pela norma do art. 37, *caput*, da Constituição, que inclui a moralidade como um dos princípios a que a Administração Pública está sujeita. Tornar-se-ia letra morta o dispositivo se a prática de ato imoral não gerasse a nulidade do ato da Administração. Além disso, o próprio dispositivo concernente à ação popular permite concluir que a imoralidade se constitui em fundamento autônomo para propositura da ação popular, independentemente de demonstração de ilegalidade, ao permitir que ela tenha por objeto anular ato lesivo à **moralidade administrativa**.[27]

O terceiro requisito é a lesão ao patrimônio público, à moralidade administrativa, ao meio ambiente e ao patrimônio histórico e cultural.

Quanto ao **patrimônio público**, abrange, nos termos do art. 1º da Lei nº 4.717/65, o da União, Distrito Federal, Estados, Municípios, entidades autárquicas, sociedades de economia mista, sociedades mútuas de seguro nas quais a União represente os segurados ausentes, empresas públicas, serviços sociais autônomos, instituições ou fundações para cuja criação ou custeio o tesouro público haja concorrido ou concorra **com mais de 50%** do patrimônio ou da receita ânua, empresas incorporadas ao patrimônio da União, Distrito Federal, Estados e Municípios, e de quaisquer pessoas jurídicas ou entidades subvencionadas pelos cofres públicos.

Essa lei ampliou consideravelmente o conceito de patrimônio público em relação ao que estava disposto no art. 141, § 38, da Constituição de 1946, que permitia a ação popular em caso

---

[27] Nesse sentido, acórdão do STJ, entendendo: "... Âmbito da ação popular que não está limitada ao desfalque do patrimônio material. O desfalque pode ser do patrimônio paisagístico, ambiental etc., ou do patrimônio moral. 3. Moralidade administrativa que pode ser resguardada via ação popular" (REsp 260821-SP, Rel. Ministra Eliana Calmon, *DJ* de 19-5-03, p. 158).

de lesão ao patrimônio da União, Estados, Municípios, entidades autárquicas e sociedades de economia mista. A Constituição de 1967, no art. 150, § 31 (art. 153, § 31, com a Emenda nº 1, de 1969), falava em atos lesivos ao patrimônio das **entidades públicas**. E o art. 5º, LXXIII, da atual Constituição fala em ato lesivo ao **patrimônio público ou de entidade de que o Estado participe**. Basta que o Estado participe da entidade, majoritária ou minoritariamente, que o seu patrimônio poderá ser protegido por via de ação popular; não mais vigora a exigência constante do dispositivo da Lei nº 4.717/65, que previa participação com mais de 50%.

Além disso, o art. 1º, § 1º, da Lei nº 4.717/65, com a redação dada pela Lei nº 6.513, de 20-12-77, considera patrimônio público "os bens e direitos de valor econômico, artístico, estético, histórico ou turístico".

Já estava, pois, prevista nessa lei a possibilidade de ação popular para defesa do **patrimônio histórico e cultural**, hoje inserida expressamente no dispositivo constitucional.

Com relação ao uso da ação popular para a proteção do patrimônio público e para defesa do meio ambiente, há uma superposição de medidas, já que a ação civil pública serve à mesma finalidade, consoante decorre do art. 129, III, da Constituição, e da Lei nº 7.347, de 24-7-85. A diferença básica está na legitimidade ativa e passiva: na ação popular, sujeito ativo é o cidadão e passivo a entidade pública ou privada detentora do patrimônio público tal como definido no art. 1º da Lei nº 4.717/65; na ação civil pública, sujeito ativo é o poder público (eventualmente associação particular) e, passivo, qualquer pessoa, física ou jurídica, pública ou privada, que cause lesão ao interesse difuso protegido. Poderá até ocorrer a hipótese de cabimento das duas ações, quando o ato lesivo for praticado por uma das pessoas definidas no art. 1º da Lei nº 4.717/65.

Aspecto que se discute quanto ao requisito da lesividade diz respeito à possibilidade ou não de propositura da **ação popular preventiva**, à semelhança do mandado de segurança preventivo. Se comparados os dispositivos legais referentes às duas medidas, a interpretação literal levará à conclusão de que não será possível a ação popular sem que se demonstre a lesão já ocorrida, pois a Lei nº 4.717/65, a ela pertinente, não faz expressa menção à "violação ou justo receio de sofrê-la", que consta do art. 1º da Lei nº 12.016, de 7-8-09. Se a interpretação podia ser justificada ao tempo em que o patrimônio público protegido pela ação popular era considerado apenas em sentido econômico, porque o prejuízo, assim considerado, é, em regra, passível de ser indenizado, o mesmo não ocorre quando se amplia o conceito de patrimônio público, para nele incluir valores como o histórico, o cultural, o artístico, o moral, o concernente ao meio ambiente; nesses casos, é indefensável a tese da exigência de lesão concreta, efetiva, já ocorrida, sob pena de a ação tornar-se inócua para os fins pretendidos. Nessas hipóteses, ela é muito mais útil e necessária como medida preventiva, para evitar um dano que pode tornar-se irreparável, do que como medida repressiva, que poderá, no mais das vezes, resultar em compensação pecuniária, nem sempre suscetível de reparar danos dessa natureza.

É de ressaltar que o § 4º do art. 5º da Lei nº 4.717/65, introduzido pela Lei nº 6.513, de 20-12-77, prevê que "na defesa do patrimônio público caberá a suspensão liminar do ato lesivo impugnado". Ora, seria inviável, até mesmo **de fato**, a concessão de liminar se a lesão já se tivesse concretizado; a própria previsão de liminar na ação popular está a indicar que ela pode ser proposta preventivamente para evitar que o dano se concretize.

A lesão ou ameaça de lesão pode resultar de **ato** ou **omissão**, desde que produza efeitos concretos; o que não se admite é a ação popular contra a lei em tese, a não ser que esta seja autoaplicável ou de efeitos concretos, conforme assinalado com relação ao mandado de segurança. O ato ou omissão deve ser imputável a qualquer uma das entidades referidas no art. 1º da Lei nº 4.717/65. Contra ato judicial não é cabível ação popular; se o ato não é definitivo, deve ser impugnado pelos recursos previstos na lei processual, ou, na falta deles, por mandado de segurança; se já se tornou definitivo, pelo trânsito em julgado, não permite ação popular porque traz em si uma presunção de legitimidade, impossível de ser contrastada por outra via que não a ação rescisória.

17.5.5.6.3 Sujeito ativo e passivo

Sujeito ativo já se viu que é o cidadão, assim considerado, para fins de ação popular, o eleitor. É perfeitamente possível o **litisconsórcio ativo**, que será facultativo, uma vez que é dado a qualquer cidadão habilitar-se como litisconsorte ou assistente do autor da ação popular, nos expressos termos do art. 6º, § 5º, da Lei nº 4.717/65. E também é possível a **sucessão**, ou seja, a qualquer cidadão e também ao Ministério Público é dado promover o prosseguimento da ação, se "o autor desistir ou der motivo à absolvição da instância", conforme consta do art. 9º da Lei. Os casos de absolvição de instância eram previstos no art. 201 do CPC de 1939; significa a extinção do processo, sem julgamento do mérito, em decorrência de inobservância, por parte do autor, de ônus processuais impostos por lei. O CPC de 1973 não emprega mais essa expressão, mas continua a prever a extinção do processo, sem julgamento do mérito, em hipóteses semelhantes, como as do art. 267, II e III. O novo CPC, no art. 485, elenca hipóteses em que o juiz não resolverá o mérito, entre elas: quando o processo ficar parado durante mais de 1 (um) ano por negligência das partes (inciso II); quando por não promover os atos e as diligências que lhe incumbir, o autor abandonar a causa por mais de 30 (trinta) dias (inciso III); quando homologar a desistência da ação (inciso VIII). Em todas essas hipóteses, é possível a sucessão pelo Ministério Público ou por qualquer cidadão.

O **sujeito passivo** vem definido no art. 6º da Lei nº 4.717/65, abrangendo três categorias de pessoas:

1. as pessoas jurídicas, públicas ou privadas, de que emanou o ato, o que abrange as entidades referidas no art. 1º da Lei; embora a ação popular seja meio de controle da Administração Pública, na realidade esse conceito ficou consideravelmente ampliado, porque foram consideradas como tal todas as entidades, de direito público ou privado, de que o Poder Público participe (art. 5º, LXXIII, da Constituição);
2. as autoridades, funcionários ou administradores, que houverem autorizado, aprovado, ratificado ou praticado o ato impugnado ou que, por omissão, tiverem dado oportunidade à lesão;
3. os beneficiários diretos do mesmo, se houver.

Existe, portanto, um litisconsórcio passivo necessário na ação popular, de vez que várias pessoas têm necessariamente que ser citadas.

Há, no entanto, uma peculiaridade com relação à pessoa jurídica. Embora deva ser necessariamente citada, como sujeito passivo, ela pode adotar três atitudes possíveis, com base no art. 6º, § 3º:

1. **contestar a ação**, continuando na posição de sujeito passivo;
2. **abster-se de contestar**;
3. **atuar ao lado do autor**, desde que isso se afigure útil ao interesse público, a juízo do respectivo representante legal ou dirigente. Justifica-se essa possibilidade, em decorrência do objetivo da ação popular, que é a defesa do interesse público; como é o autor que assume essa defesa, poderá a pessoa jurídica, desde que isto se afigure útil, passar a atuar do lado dele, na qualidade de assistente, com o que estará reforçando a posição do sujeito ativo. Esse tipo de procedimento não é muito comum, porque dificilmente o representante da pessoa jurídica, em geral servidor da confiança do Chefe do Executivo, irá passar para o lado do autor; é mais possível tal decisão quando a ação popular vise impugnar ato do Governo anterior. O Superior Tribunal de Justiça já admitiu que a pessoa jurídica citada participe, de

forma simultânea, como autor e réu da mesma ação popular, quando haja mais de um pedido.[28]

17.5.5.6.4 Posição do Ministério Público

A Lei nº 4.717/65 atribuiu várias funções ao Ministério Público na **ação popular**, algumas delas obrigatórias e, outras, facultativas.

São funções obrigatórias:

1. acompanhar a ação e apressar a produção da prova (art. 6º, § 4º);
2. promover a responsabilidade, civil ou criminal, dos que nela incidirem (art. 6º, § 4º), hipótese em que atuará como autor;
3. providenciar para que as requisições de documentos e informações previstas no art. 7º, I, *b*, sejam atendidas dentro dos prazos fixados pelo juiz (art. 7º, § 1º);
4. promover a execução da sentença condenatória quando o autor não o fizer; nos termos do art. 16, "caso decorridos 60 dias de publicação da sentença condenatória de segunda instância, sem que o autor ou terceiro promova a respectiva execução, o representante do Ministério Público a promoverá nos 30 dias seguintes, sob pena de falta grave".

São funções facultativas:

1. dar continuidade ao processo em caso de desistência ou de absolvição de instância (extinção do processo, sem julgamento do mérito, por falta de providências a cargo do autor); é o que decorre do art. 9º, que dá essa possibilidade a qualquer cidadão ou ao representante do Ministério Público;
2. recorrer de decisões contrárias ao autor (art. 19, § 2º), o que também pode ser feito por qualquer cidadão.

O que não pode o Ministério Público, porque está vedado pelo art. 6º, § 4º, é "assumir a defesa do ato impugnado ou dos seus autores".

Apesar dessa restrição e ressalvadas as hipóteses em que o Ministério Público atua como autor ou como sucessor (em caso de desistência e absolvição da instância), pode-se dizer que

---

[28] "... A ação civil pública e a ação popular compõem um microssistema de defesa do patrimônio público na acepção mais ampla do termo, por isso que regulam a *legitimatio ad causam* de forma especialíssima. 3. Nesse seguimento, ao Poder Público, muito embora legitimado passivo para a ação civil pública, nos termos do § 2º, do art. 5º, da Lei 7.347/85, fica facultado habilitar-se como litisconsorte de qualquer das partes. 4. O art. 6º da Lei de Ação Popular, por seu turno, dispõe que, muito embora a ação possa ser proposta contra as pessoas públicas ou privadas e as entidades referidas no art. 1º, bem como as autoridades, funcionários ou administradores que houverem autorizado, aprovado, ratificado ou praticado o ato impugnado, ou que, por omissão, tiverem dado oportunidade à lesão, e contra os beneficiários diretos do mesmo, ressalva no parágrafo 3º do mesmo dispositivo que, *verbis*: § 3º – A pessoa jurídica de direito público ou de direito privado, cujo ato seja objeto de impugnação, poderá abster-se de contestar o pedido, ou poderá atuar ao lado do autor, desde que isso se afigure útil ao interesse público, a juízo do respectivo representante legal ou dirigente. 5. Essas singularidades no âmbito da legitimação para agir, além de conjurar as soluções ortodoxas, implicam a decomposição dos pedidos formulados, por isso que o poder público pode assumir as posturas acima indicadas em relação a um dos pedidos cumulados e manter-se no polo passivo em relação aos demais... 8. Recurso especial desprovido para manter a União em ambos os polos em relação aos pedidos distintos em face da mesma formulados" (REsp 791042/PR, Rel. Min. Luiz Fux, *DJ* de 9-11-06, p. 261).

a sua função, na ação popular, é de fiscal da lei, podendo opinar pela procedência ou improcedência da ação.

17.5.5.6.5 Objeto

Pela ação popular, o que se pleiteia do órgão jurisdicional é:

1. a anulação do ato lesivo;
2. a condenação dos responsáveis ao pagamento de perdas e danos ou à restituição de bens ou valores, conforme art. 14, § 4º, da Lei nº 4.717/65.

Daí a dupla natureza da ação, que é, ao mesmo tempo, constitutiva e condenatória.

No caso de dano ao patrimônio público, a condenação incidirá sobre as autoridades responsáveis pelo ato e sobre os beneficiários, cabendo, ainda, ação regressiva contra funcionários não chamados ao processo, desde que tenham agido com culpa (art. 11). A pessoa jurídica não responde pela condenação, ainda que conteste a ação, uma vez que o valor fixado na sentença se destina precisamente a recompor o seu patrimônio.

Já a hipótese de lesão ao patrimônio histórico ou cultural e ao meio ambiente, introduzida pela nova Constituição como fundamento da ação popular, exige solução diversa, não cogitada na Lei nº 4.717/65; a solução deverá ser a mesma prevista para a ação civil pública: o valor da indenização poderá ser destinado ao Fundo para Reconstituição de Bens Lesados, instituído pelo Decreto nº 92.302, de 16-1-86, com base no art. 13 da Lei nº 7.347, de 24-7-85, que disciplina aquela ação.

No Estado de São Paulo, a Lei nº 6.536, de 13-11-89, autorizou o Poder Executivo a criar o Fundo Especial de Despesa de Reparação de Interesses Difusos Lesados, que integrará a estrutura organizacional do Ministério Público do Estado. Sua receita será constituída basicamente por indenizações decorrentes de condenações por danos causados ao meio ambiente, ao consumidor, aos bens e direitos de valor artístico, estético, histórico, turístico e paisagístico, no território do Estado (art. 3º); e será aplicada na consecução dos objetivos dessa lei e daqueles previstos na Lei Federal nº 7.347, de 24-7-85, e na Lei federal nº 8.078, de 11-9-90 (art. 6º, I, com a redação dada pela Lei nº 13.555, de 9-6-09).

17.5.5.6.6 Anotações quanto ao processo

Pelo art. 7º da Lei nº 4.717/65, a ação popular obedecerá ao procedimento ordinário, mas com as alterações previstas nesse dispositivo, das quais as mais importantes são as seguintes:

1. O Juiz, ao despachar a inicial, determinará a citação de todos os réus, a qual será feita pessoalmente, ressalvada a possibilidade de citação, por edital, dos beneficiários, a pedido do autor (art. 7º, II); determinará ainda a intimação do representante do Ministério Público; decidirá sobre a suspensão liminar, se solicitada; e requisitará os documentos indicados pelo autor, na inicial, e outros que lhe pareçam necessários, fixando um prazo de 15 a 30 dias para atendimento. A rigor, os documentos devem ser juntados na inicial, pelo autor, que pode solicitar informações e certidões às entidades públicas, as quais têm o prazo de 15 dias para atender (art. 1º, § 5º), ressalvada a hipótese de sigilo, quando, então, o juiz requisitará os documentos e o processo correrá em segredo de justiça, que cessará com o trânsito em julgado da sentença condenatória; apenas em razão de segurança nacional, pode ser desatendida a requisição feita pelo juiz (art. 1º, §§ 6º e 7º). O desatendimento do pedido

de certidão e informação, bem como de requisição judicial sujeita a autoridade à pena de desobediência, salvo motivo justo devidamente comprovado (art. 8º).

2. A **defesa** será feita no prazo de 20 dias, igual para todos os réus, podendo ser prorrogado por mais 20 dias a requerimento do interessado, se for particularmente difícil a produção da prova documental. As pessoas jurídicas citadas, conforme assinalado, podem defender-se, abster-se de contestar ou passar para o lado do autor.

3. Para **instrução** do processo são admissíveis todos os tipos de provas, obtidas pela forma já indicada; as provas testemunhais e periciais devem ser solicitadas antes do saneamento do processo, para definir o rito a ser seguido (art. 7º, V); se não requeridas, o juiz dará vista às partes, por 10 dias, para alegações, sendo-lhe os autos conclusos, para sentença, 48 horas após a expiração desse prazo; se requeridas, o processo seguirá o rito ordinário.

4. A **sentença** deve ser prolatada na audiência ou no prazo de 15 dias do recebimento dos autos, sob pena de perda, na promoção por antiguidade, de tantos dias quantos forem os do retardamento (art. 7º, VI, e parágrafo único).

5. A **liminar** está prevista no art. 5º, § 4º, tendo sido introduzida nesse dispositivo pela Lei nº 6.513, de 20-12-77. Não há qualquer norma relativa a prazo ou a recursos cabíveis em caso de concessão ou indeferimento, o que não impede o agravo de instrumento; como este não tem efeito suspensivo, poderá ser impetrado mandado de segurança para assegurar esse efeito, desde que se trate de decisão da qual possa resultar dano irreparável.

    A sentença, na ação popular, produz efeitos *erga omnes*, exceto se tiver sido a ação julgada improcedente por deficiência de prova, hipótese em que outra ação poderá ser intentada por qualquer cidadão, com idêntico fundamento, valendo-se de nova prova (art. 18).

6. Com relação aos **recursos**, cabe **apelação**, quanto às decisões de mérito; a decisão **denegatória** fica sujeita ao duplo grau de jurisdição, o que significa que o juiz deverá recorrer de ofício; além disso, dessa decisão podem recorrer qualquer cidadão e também o Ministério Público, conforme art. 19 da Lei nº 4.717/65.

A **competência** define-se em razão da pessoa, conforme art. 5º da lei; para esse fim, equiparam-se aos da União, Estados, Municípios e Distrito Federal os atos das pessoas criadas ou mantidas por essas entidades, bem como os atos das sociedades de que elas sejam acionistas e os das pessoas ou entidades por elas subvencionadas ou em relação às quais tenham interesse patrimonial.

Se houver várias pessoas jurídicas interessadas, prevalece o juízo da entidade maior.

Com relação às **custas judiciais**, ficou revogado o art. 10 da Lei nº 4.717/65, que previa o pagamento a final, pois o art. 5º, LXXIII, da Constituição isenta o autor de custas e do ônus da sucumbência, salvo comprovada má-fé.

A **prescrição** ocorre no prazo de cinco anos, nos termos do art. 21 da Lei nº 4.717/65, salvo quanto à reparação de danos, que é imprescritível, nos termos do art. 37, § 5º, da Constituição.

17.5.5.7 Ação civil pública

17.5.5.7.1 Origem e evolução

A ação civil pública não constitui, a rigor, meio específico de controle da Administração Pública, razão pela qual pode causar estranheza a sua inclusão neste capítulo. Contudo, como ela tem como legitimado passivo todo aquele que causar dano a algum interesse difuso, poderá eventualmente ser proposta contra o próprio Poder Público quando ele for o responsável pelo dano.

Foi ela referida, a nível legislativo, pela primeira vez, na Lei Complementar Federal nº 40, de 14-12-81 (Lei Orgânica do Ministério Público), que incluiu entre as funções institucionais do Ministério Público a promoção da ação civil pública, nos termos da lei (art. 3º, III), sem, no entanto, defini-la. Na Lei Orgânica do Ministério Público do Estado de São Paulo (Lei Complementar nº 304, de 28-12-82), a ação civil pública foi apenas mencionada entre as atribuições do Promotor de Justiça Curador Judicial de Ausentes e Incapazes (art. 41, I), também sem qualquer definição. Exemplo típico de ação civil pública, embora não empregada a denominação, encontra-se no art. 14, § 1º, da Lei nº 6.938, de 31-8-81, que definiu a política nacional do meio ambiente e concedeu legitimação ao Ministério Público para a ação de responsabilidade civil por danos ao meio ambiente.

Sua disciplina legal só foi feita pela Lei nº 7.347, de 24-7-85, para designar a ação de responsabilidade por danos morais e patrimoniais causados ao meio ambiente, ao consumidor, a bens e direitos de valor artístico, estético, histórico, turístico e paisagístico. Essa lei teve alguns dispositivos alterados pelo Código de Defesa do Consumidor (Lei nº 8.078, de 11-9-90), pela Lei nº 8.884, de 11-6-94, pela Lei nº 9.494, de 10-9-97, pela Lei nº 10.257, de 10-7-01 (Estatuto da Cidade), pela Medida Provisória nº 2.180-35, de 24-8-01, pela Lei nº 12.288, de 20-7-10 (Estatuto da Igualdade Racial), pela Lei nº 12.529, de 30-11-11, pela Lei nº 12.966, de 24-4-14 (que inclui a proteção à honra e à dignidade de grupos raciais, étnicos ou religiosos), pela Lei nº 13.004, de 24-6-14 (que inclui entre as finalidades da ação civil pública a proteção do patrimônio público e social).

A denominação justifica-se quer pela titularidade da ação (que compete ao Ministério Público, a pessoas jurídicas de direito público e às de direito privado que integram a Administração Indireta e, excepcionalmente, a entidades particulares) quer pelo seu objeto, que é sempre a defesa de interesse público ou, mais especificamente, de interesses difusos.

Surgiu na legislação ordinária, mas erigiu-se a nível constitucional, não no título concernente aos direitos e garantias individuais e coletivos, à semelhança da ação popular e do mandado de segurança coletivo, mas apenas mencionada na seção referente ao Ministério Público, entre as suas funções institucionais. O art. 129, III, da Constituição de 1988 inclui entre essas funções a de "promover o inquérito civil e a ação civil pública, para a proteção do patrimônio público e social, do meio ambiente e de outros interesses difusos e coletivos". Pelo § 1º do mesmo dispositivo, "a legitimação do Ministério Público para as ações civis previstas neste artigo não impede a de terceiros, nas mesmas hipóteses, segundo o disposto nesta Constituição e na lei".

Isto quer dizer que foi ampliado o âmbito dos interesses protegidos por meio dessa ação, com o emprego da expressão *e de outros interesses difusos e coletivos*. A enumeração deixou de ser taxativa, como era na Lei nº 7.347/85, e passou a ser apenas exemplificativa. O Código de Defesa do Consumidor, no art. 111, introduziu alterações na Lei nº 7.347/85, para adaptá-la ao art. 129, III, da Constituição Federal.

Outra alteração foi introduzida pela Lei nº 8.884, de 11-6-94, para prever o cabimento da ação em caso de infração à ordem econômica. Agora, com a alteração introduzida pelo art. 53 do Estatuto da Cidade e pelo art. 6º da Medida Provisória nº 2.180-35, passaram a se reger pelas disposições da Lei nº 7.347 as ações de responsabilidade por danos morais e patrimoniais causadas: I – ao meio ambiente; II – ao consumidor; III – a bens e direitos de valor artístico, estético, histórico e paisagístico; IV – a qualquer outro interesse difuso ou coletivo; V – por infração da ordem econômica; VI – à ordem urbanística; VII – à honra e à dignidade de grupos raciais, étnicos ou religiosos; VIII – ao patrimônio público e social.

A titularidade continua a ser a mesma prevista na Lei nº 7.347/85, que é perfeitamente compatível com o preceito constitucional.

Note-se que o rito da Lei nº 7.347/85 também é utilizado nas ações de responsabilização judicial das pessoas jurídicas pela prática de atos contra a Administração Pública, conforme art. 21 da Lei nº 12.846, de 1º-8-13. E também nas ações de improbidade administrativa.

17.5.5.7.2 Comparação com ação popular e mandado de segurança coletivo

Da mesma forma que a ação popular e o mandado de segurança coletivo, a ação civil pública foge aos esquemas tradicionais do direito de ação, estruturado para proteger o direito subjetivo, o direito individual. Nas três hipóteses, o que se protege são os interesses metaindividuais, os chamados **interesses públicos**, que abrangem várias modalidades: o **interesse geral**, afeto a toda a sociedade; o **interesse difuso**, pertinente a um grupo de pessoas caracterizadas pela indeterminação e indivisibilidade; e os **interesses coletivos**, que dizem respeito a um grupo de pessoas determinadas ou determináveis.

A proteção do patrimônio público (considerado em sentido amplo, para abranger o econômico, o turístico, o estético, o paisagístico) pode ser do interesse geral ou pode ser de um grupo apenas e se faz por meio da ação popular ou da **ação civil pública**, nitidamente distinguíveis pela legitimidade ativa e passiva (cf. item 17.5.4.6.2).

A proteção do interesse coletivo, pertinente a uma coletividade determinada, é feita por meio do mandado de segurança coletivo.

17.5.5.7.3 Pressupostos e conceito

Constitui pressuposto da ação civil pública o dano ou a ameaça de dano a interesse difuso ou coletivo, abrangidos por essa expressão o dano ao patrimônio público e social, entendida a expressão no seu sentido mais amplo, de modo a abranger o dano material e o dano moral.

Com a expressão *interesse difuso ou coletivo*, constante do art. 129, III, da Constituição, foram abrangidos os interesses públicos concernentes a grupos indeterminados de pessoas (interesse difuso) ou a toda a sociedade (interesse geral); a expressão *interesse coletivo* não está empregada, aí, em sentido restrito, para designar o interesse de uma coletividade de pessoas determinada, como ocorre com o mandado de segurança coletivo, mas em sentido amplo, como sinônimo de interesse público ou geral.

Abrange, especialmente, a proteção ao meio ambiente, ao consumidor, ao patrimônio histórico ou cultural, à ordem econômica, à ordem urbanística ou a qualquer interesse que possa enquadrar-se como difuso ou coletivo, à honra e à dignidade de grupos raciais, étnicos ou religiosos, ao patrimônio público e social. Contudo, a Medida Provisória nº 2.180-35, de 24-8-01, introduziu um parágrafo único ao art. 1º da Lei nº 7.347/85, para estabelecer que não será cabível ação civil pública para veicular pretensões que envolvam tributos, contribuições previdenciárias, o Fundo de Garantia do Tempo de Serviço (FGTS) ou outros fundos de natureza institucional cujos beneficiários podem ser individualmente determinados. A norma, a toda evidência, não pode prevalecer nas situações em que estejam presentes os requisitos constitucionais para propositura da ação, previstos no art. 129, inciso III, da Constituição.

O **meio ambiente** está hoje definido pelo art. 225 da Constituição como um "bem de uso comum e essencial à sadia qualidade de vida, impondo-se ao Poder Público e à coletividade o dever de defendê-lo e preservá-lo para as presentes e futuras gerações". A responsabilidade, nesse caso, é **objetiva**, ou seja, independe da demonstração de culpa, conforme decorre do art. 14, § 1º, da Lei nº 6.938, de 31-8-81. Basta demonstrar o nexo de causa e efeito entre a ação ou omissão danosa e a lesão ao meio ambiente.

A **defesa do consumidor** é inserida entre os princípios da ordem econômica e financeira, voltada para o atendimento da justiça social, consoante art. 170, V, da Constituição Federal, e atribuída ao Estado dentro do dispositivo concernente aos direitos e garantias individuais e coletivos (art. 5º, XXXII). Sempre que a atividade econômica for exercida com prejuízo injustificável ao consumidor, enseja **ação civil pública**.

O **patrimônio histórico e artístico nacional** está definido no art. 1º do Decreto-lei nº 25, de 30-11-37, como "o conjunto dos bens móveis e imóveis existentes no país e cuja conservação seja do interesse público, quer por sua vinculação a fatos memoráveis da história do Brasil, quer por seu excepcional valor arqueológico ou etnográfico, bibliográfico ou artístico".

Além da proteção administrativa, por meio do tombamento, disciplinado por esse Decreto-lei, o patrimônio histórico ou artístico pode ser defendido por meio da ação popular ou da ação civil pública. Não é exigível o prévio tombamento como condição da ação; aliás, são precisamente os bens ainda não tombados os que mais necessitam de proteção. É curioso que, se em juízo ficar reconhecido o valor patrimonial do bem, para fins de proteção, ter-se-á um caso típico de **tombamento resultante de decisão judicial**.

Quanto ao uso da ação civil pública para proteção do patrimônio público, a Súmula nº 329, de 10-8-06, do Superior Tribunal de Justiça, fixou o entendimento de que "o Ministério Público tem legitimidade para propor ação civil pública em defesa do patrimônio público". Qualquer dúvida que pudesse persistir a esse respeito, foi dissipada com a norma da Lei nº 13.004/14, que incluiu o inciso VIII no art. 1º da Lei nº 7.347, para abranger os danos morais e patrimoniais causados ao "patrimônio público e social".

Cabe assinalar também que hoje a ação civil pública é utilizada como meio judicial cabível para punir os responsáveis por atos de improbidade administrativa, nos termos do art. 37, § 4º, da Constituição. A matéria está disciplinada pela Lei nº 8.429, de 2-6-92, que, pela sua amplitude, relevância e atualidade, será objeto de análise no Capítulo 18. Por meio dela, protege-se basicamente a **honestidade, a moralidade, a lisura** na Administração Pública, não escapando, portanto, aos objetivos previstos no art. 129, III, da Constituição. Com isso, é possível enquadrá-la como ação civil pública, regida pela Lei nº 7.347/85, no que couber e não contrariar a legislação específica.

Pelo exposto, pode-se definir ação civil pública como o meio processual de que se podem valer o Ministério Público e as pessoas jurídicas indicadas em lei para proteção de interesses difusos e gerais.

17.5.5.7.4 Sujeito ativo e passivo

Pela interpretação conjunta do art. 129, § 1º, da Constituição, e art. 5º da Lei nº 7.347/85 (com a redação alterada pela Lei nº 11.448, de 15-1-07), conclui-se que **sujeito ativo** pode ser o Ministério Público, a Defensoria Pública, a União, os Estados, os Municípios, o Distrito Federal, as autarquias, empresas públicas, fundações, sociedades de economia mista, bem como associações que estejam constituídas há pelo menos um ano, nos termos da lei civil, e incluam, entre as suas finalidades institucionais, a proteção ao meio ambiente, ao consumidor, à ordem econômica, à livre concorrência ou ao patrimônio artístico, estético, histórico, turístico e paisagístico ou de qualquer outro interesse difuso ou coletivo.

Conforme art. 2º-A, acrescentado à Lei nº 9.494, de 10-9-97, pela Medida Provisória nº 2.180-35, de 2001, no caso de ação coletiva proposta por entidade associativa, na defesa dos interesses e direitos dos seus associados, a sentença abrangerá apenas os substituídos que tenham, na data da propositura da ação, domicílio no âmbito da competência territorial do órgão prolator.

O parágrafo único do mesmo dispositivo exige, para esse fim, que a petição inicial, nessas ações, quando propostas contra entidades da Administração Direta, Autárquica e Fundacional da União, dos Estados, do Distrito Federal e dos Municípios, seja obrigatoriamente instruída com a ata da assembleia da entidade associativa que a autorizou, acompanhada da relação nominal dos seus associados e indicação dos respectivos endereços.

Sujeito passivo é qualquer pessoa, física ou jurídica, pública ou privada, responsável por dano ou ameaça de dano a interesse difuso ou geral. No caso da ação judicial proposta com fundamento na Lei nº 12.846, de 1º-8-13, sujeito passivo é a pessoa jurídica que cause dano à Administração Pública nacional ou estrangeira (v. Capítulo 19). E na ação judicial proposta com fundamento na Lei nº 8.429, de 2-6-92 (com alterações introduzidas pela Lei nº 14.230, de 25-10-2021), sujeito passivo é o agente público ou terceiro que induza ou concorra para a prática de ato de improbidade administrativa ou dele se beneficie sob qualquer forma direta ou indireta (v. Capítulo 18).

17.5.5.7.5 Funções do Ministério Público

O Ministério Público desempenha importantes funções na ação civil pública:

1. pode atuar como autor;
2. se não tiver essa posição, atuará obrigatoriamente como fiscal da lei (art. 5º, § 1º, da Lei nº 7.347/85);
3. deve promover a execução, se o autor não o fizer no prazo de 60 dias do trânsito em julgado da sentença condenatória (art. 15);
4. em caso de desistência infundada ou abandono da ação por associação legitimada, ele ou outro legitimado assumirá a titularidade ativa (art. 112 do Código de Defesa do Consumidor);
5. deve realizar o inquérito civil previsto no art. 8º, § 1º, da Lei nº 7.347/85, e no art. 129, III, da Constituição Federal. Esse procedimento constitui a única modalidade de inquérito civil prevista no direito positivo brasileiro e é de competência exclusiva do Ministério Público. Seu objetivo é o de buscar elementos que permitam a instauração de ação civil pública; ele não é obrigatório, uma vez que, se os elementos forem suficientes, torna-se desnecessário. O inquérito pode ser arquivado, mas o ato de arquivamento deve ser homologado pelo Conselho Superior do Ministério Público. Enquanto não ocorrer essa homologação, as associações legitimadas poderão apresentar razões escritas ou documentos (art. 9º, § 2º).

Para instrução da ação, o Ministério Público pode requisitar de qualquer organismo, público ou privado, certidões, informações, exames ou perícias, no prazo que assinalar, o qual não poderá ser inferior a 10 dias úteis (art. 8º, § 1º); a recusa só é possível em caso de sigilo, hipótese em que cabe ao juiz requisitá-los. Fora dessa hipótese, o desatendimento constitui crime punido com pena de reclusão de um a três anos e multa (art. 10).

O Ministério Público pode agir de ofício ou mediante provocação feita por qualquer pessoa ou por servidor público, nos termos do art. 6º.

17.5.5.7.6 Objeto

A ação civil pública pode ser proposta em caso de lesão ou ameaça de lesão. Daí a lei falar em **ação principal** e **cautelar** (arts. 4º e 5º).

Ela pode ter por objeto:

1. a condenação do réu em perdas e danos, hipótese em que o valor da indenização será destinado ao Fundo de Defesa de Direitos Difusos, regulamentado pelo Decreto nº 1.306, de 9-11-94, com base no art. 13 da Lei nº 7.347/85, alterada pela Lei nº 12.288, de 20-7-10; enquanto o fundo não for regulamentado, o dinheiro ficará depositado em estabelecimento oficial de crédito, em conta com correção monetária (art. 13, § 1º); no caso de dano causado por discriminação étnica, a prestação em dinheiro reverterá ao referido Fundo e será utilizada para ações de promoção da igualdade étnica, conforme definido pelo Conselho Nacional de Promoção da Igualdade Racial, na hipótese de extensão nacional, ou dos Conselhos de Promoção da Igualdade Racial, estaduais ou locais, nas hipóteses de danos com extensão regional ou local, respectivamente (art. 13, § 2º); no Estado de São Paulo, a matéria está disciplinada pela Lei nº 6.536, de 13-11-89; a receita do fundo será gerida por um Conselho do qual participarão membros do Ministério Público e representantes da comunidade, e será destinada à restauração dos bens lesados;
2. cumprimento de obrigação de fazer ou não fazer (art. 3º), hipótese em que o juiz determinará o cumprimento da prestação da atividade devida ou a cessação da atividade nociva, sob pena de execução específica, ou de cominação de multa diária, se esta for suficiente ou compatível, independentemente de requerimento do autor (art. 11). Essa multa diária só será exigível do réu após o trânsito em julgado da decisão favorável ao autor, mas será devida desde o dia em que se houver configurado o descumprimento (art. 12, § 2º).

17.5.5.7.7 Anotações quanto ao processo

O processo é, em regra, o ordinário, podendo ser sumário na hipótese do art. 275, I, do CPC (hipótese em que o valor das causas não exceda a 60 vezes o valor do salário mínimo). O atual CPC não fala mais em processo sumário. No art. 318 prevê a utilização do procedimento comum a todas as causas, "salvo disposição em contrário deste Código ou de lei". No parágrafo único, determina que "o procedimento comum aplica-se subsidiariamente aos demais procedimentos especiais e ao processo de execução". Desse modo, mesmo que a ação civil pública esteja submetida às normas da Lei nº 7.347/85, aplicam-se subsidiariamente as normas do procedimento comum estabelecidas no novo CPC.

Em qualquer caso, seja na ação principal, seja na cautelar, o juiz pode conceder mandado liminar, com ou sem justificação prévia, em decisão sujeita a agravo.

No caso de concessão, cabe agravo de instrumento (art. 12). Além disso, a requerimento da pessoa jurídica de direito público interessada, e para evitar grave lesão à ordem, à saúde, à segurança e à economia pública, poderá o Presidente do Tribunal a que competir o conhecimento do recurso, suspender a execução da liminar, em decisão fundamentada, da qual caberá agravo para uma das turmas julgadoras, no prazo de cinco dias a partir da publicação do ato (art. 12, § 1º).

Embora os agravos tenham efeito apenas devolutivo, o art. 14 da Lei nº 7.347/85 permite que o juiz confira efeito suspensivo para evitar dano irreparável à parte.

A sentença produz efeitos *erga omnes*, exceto se a ação for julgada improcedente por deficiência de prova, hipótese em que qualquer legitimado poderá intentar outra ação com idêntico fundamento, valendo-se de nova prova (art. 16, com a redação dada pela Lei nº 9.494, de 10-9-97).

Com relação às custas e honorários, a lei procura estimular o exercício da ação, liberando os autores do pagamento prévio das custas e quaisquer despesas processuais (art. 18), salvo comprovada má-fé.

Além disso, o art. 17, com a redação dada pela Lei nº 8.078, de 11-9-90 (Código de Defesa do Consumidor) e retificada no *DOU* de 10-1-07, estabelece que "em caso de litigância de má-fé, a associação autora e os diretores responsáveis pela propositura da ação serão solidariamente condenados em honorários advocatícios e o décuplo das custas, sem prejuízo da responsabilidade por perdas e danos".

A Lei nº 7.347/85 silencia quanto ao prazo prescricional para propositura da ação. Entende-se, no entanto, que tem aplicação a regra do art. 37, § 5º, da Constituição, que considera imprescritíveis as ações de ressarcimento de danos ao erário, provocados por atos ilícitos praticados por qualquer agente público, seja ou não servidor.[29]

RESUMO

1. **Conceito:** poder de fiscalização e correção que sobre a Administração Pública exercem os órgãos dos Poderes Judiciário, Legislativo e Executivo, com o objetivo de garantir a conformidade de sua atuação com os princípios que lhe são impostos pelo ordenamento jurídico. Conceito mais amplo abrange também o **controle social**, exercido pela própria sociedade, e o **controle exercido pelo Ministério Público** – MP.

2. **Classificação**: a) quanto ao órgão: administrativo, legislativo ou judicial; b) quanto ao **momento**: prévio, concomitante ou posterior; c) conforme exercido por **órgão integrante ou não da própria estrutura do órgão controlado**: interno (em cada Poder, arts. 70 e 74 da CF) ou externo (art. 71 da CF); d) quanto ao **aspecto controlado**: de legalidade ou de mérito.

3. **Controle administrativo:** é o poder de fiscalização e correção que a Administração Pública (em sentido amplo) exerce sobre a própria atuação, sob os aspectos de legalidade e mérito, por iniciativa própria ou mediante provocação; chamado de **supervisão ministerial** na esfera federal (Decreto-lei nº 200, de 25-2-67);

– **abrangência:** a) sobre a administração direta (**autotutela**); Súmulas 346 e 473, do STF; b) e sobre a administração indireta (**tutela**), exercido nos limites estabelecidos em lei;

– **recursos administrativos:** são todos os meios que podem utilizar os administrados para provocar o reexame do ato pela Administração Pública;

– **efeitos**: a) **suspensivo,** quando previsto em lei; ou b) **devolutivo**;

– **fundamento constitucional**: art. 5º, XXXIV (**direito de petição**, que não pode ficar sujeito a depósito prévio: entendimento do STJ, pela Súmula 373, e do STF, pela Súmula Vinculante 21) e LV (**direito de defesa e contraditório**);

– **modalidades**:

a) **Representação**: denúncia de irregularidades perante a própria Administração Pública ou a entes de controle; competência do CNJ e do CNMP no âmbito do Judiciário e do MP, respectivamente (arts. 103-B, § 4º, III, e 130-A, § 2º, III, da CF);

b) **Reclamação administrativa**: prevista no art. 1º do Decreto nº 20.910, de 6-1-32; abrange as várias modalidades de recursos administrativos que tenham por objeto as dívidas passivas dos entes políticos, bem como todo e qualquer direito ou ação contra a Fazenda Estadual, Estadual ou Municipal, seja qual for a sua natureza;

---

[29] Nesse sentido, acórdão do STF no MS 26210/DF, Rel. Min. Ricardo Lewandowski, j. em 4-9-08; e do STJ, acórdão proferido no REsp 1067561/AM, Rel. Min. Eliana Calmon, *DJE* 27-2-09.

– **prazo**: um ano, se outro não for estabelecido em lei; efeito: suspende a prescrição;

– **reclamação administrativa perante o STF**: quando a decisão administrativa final contrariar o enunciado de súmula vinculante (arts. 103-A, § 3º, da CF; Lei nº 11.417, de 19-12-06; e 64-B da Lei nº 9.784, de 29-1-99 – Lei de Processo Administrativo federal);

– **pedido de reconsideração**: dirigido à própria autoridade que emitiu o ato;

– **recurso hierárquico**: dirigido à autoridade superior, dentro do mesmo órgão em que o ato foi praticado; independe de caução (art. 56, § 2º); tramita até o máximo de três instâncias, salvo disposição legal em contrário (art. 57); como regra geral, não tem efeito suspensivo (art. 61);

– **recurso hierárquico impróprio**: dirigido à autoridade de outro órgão, não integrado na hierarquia daquele que proferiu o ato; só cabível se previsto em lei;

– **revisão**: é o recurso de que se utiliza o servidor público, punido pela Administração, para reexame da decisão, em caso de surgirem fatos novos suscetíveis de demonstrar a sua inocência (arts. 174 a 182 da Lei nº 8.112/90); cabível a qualquer tempo; não autoriza a agravação da pena (art. 65, parágrafo único, da Lei nº 9.784/99).

– **coisa julgada administrativa**: a decisão administrativa se torna irretratável pela própria Administração; hipóteses: a) **exaustão da via administrativa**; b) impossibilidade de revisão por **razões de mérito** (v. cap. 7, sobre revogação do ato administrativo); c) **perda do prazo** para revisão dos atos ilegais (art. 54 da Lei nº 9.784/99; d) **prescrição judicial**; e) existência de **sentença judicial transitada em julgado**.

– **Prescrição administrativa:** dois sentidos:

a) **perda do prazo para recorrer**; aplicação subsidiária da Lei nº 9.784: 10 dias para recorrer (art. 59); possibilidade de ser conhecido o recurso extemporâneo (art. 63 da Lei nº 9.784);

b) **perda do prazo para que a Administração reveja os próprios atos**: art. 54 da Lei nº 9.784/99 (prazo de 5 anos para anular atos de que decorram efeitos favoráveis para os destinatários); os **prazos para punir** são fatais para a Administração; na punição decorrente do **poder de polícia**, o prazo é de 5 anos (Lei nº 9.783, de 23-11-99, aplicável à esfera federal).

4. **Controle legislativo:** é o que se exerce sobre a Administração Pública; limita-se às hipóteses previstas na CF (ao princípio da separação de poderes); incide sobre os órgãos do Poder Executivo, as entidades da administração indireta e o próprio Poder Judiciário, quando exerça função administrativa.

– **Modalidades:**

a) **controle político:** abrange hipóteses de **legalidade** e de **mérito**;

b) **controle financeiro:** arts. 70 a 75 da CF, aplicáveis, no que couber, à organização, composição e fiscalização dos Tribunais de Contas dos Estados e do DF, bem como aos Tribunais e Conselhos de Contas dos Municípios;

– **Abrangência do controle externo**: fiscalização financeira, consulta, informação, julgamento, função sancionatória, função corretiva, ouvidoria.

5. Controle judicial

– **Sistema de unidade de jurisdição**: art. 5º, XXXV, da CF.

– **Limites:** o Judiciário pode: a) apreciar aspectos de **legalidade**; b) **anular atos normativos** do Poder Executivo, por via de ADIN ou ADPF, de competência do STF, ressalvada a competência dos Tribunais de Justiça para invalidar atos normativos municipais; c) apreciar a **legalidade ou constitucionalidade** dos atos normativos do Poder Executivo nos casos concretos, com efeitos entre as partes (art. 97 da CF); d) **anular ato administrativo que contrarie súmula vinculante** (art. 103-A da CF); e) apreciar **atos políticos** que causem lesão a direitos individuais ou coletivos; f) apreciar **atos *interna corporis*** (Regimentos dos órgãos colegiados), se exorbitarem em seu conteúdo, ferindo direitos individuais e coletivos.

– **Controle das políticas públicas:** não pode o Judiciário interferir em políticas públicas, quanto aos aspectos de discricionariedade legislativa ou administrativa; o cumprimento das metas constitucionais exige planejamento e destinação orçamentária de recursos públicos; na prática, vem ocorrendo a **judicialização das políticas públicas**, por diferentes tipos de ações: **individuais** (interferência é indireta, pela quantidade de ações propostas e julgadas procedentes) e **coletivas** (interferência é direta: o juiz julga procedentes pedidos de prestações positivas a toda uma coletividade de pessoas); aplicabilidade do **princípio da reserva do possível** (desde que não utilizado com desvio de poder).

– **Administração pública em juízo**: prerrogativas e privilégios, bem como restrições próprias do regime jurídico administrativo:

a) **juízo privativo**: Justiça Federal (Tribunais Regionais Federais e juízes federais, conforme. arts. 106, 108, II, e 109, I, da CF); na esfera estadual, a matéria é definida pelas Constituições e leis de organização judiciária; competência da Justiça do Trabalho para julgar os litígios entre poder público e **servidores celetistas**;

b) **prazos em dobro** para contestar e recorrer (art. 183 do CPC); igual benefício para as autarquias e fundações de direito público, MP (art. 180) e Defensoria Pública (art. 186);

c) **duplo grau de jurisdição** para a sentença: I – proferida contra a União, os Estados, o DF, os Municípios e suas respectivas autarquias e fundações públicas; II – que julgar procedentes, no todo ou em parte, os embargos à execução fiscal (art. 496 do CPC); situações em que não existe obrigatoriedade de duplo grau de jurisdição indicadas no § 3º do art. 496;

d) **processo especial de execução**: art. 100 da CF, beneficiando todas as **entidades de direito público** (par. 5º);

e) **prescrição quinquenal** (Decreto nº 20.910, de 6-1-32): beneficia todos os entes políticos, autarquias ou entidades e órgãos paraestatais criados por lei e mantidos mediante impostos, taxas ou quaisquer contribuições; **não se aplica às ações reais**, sujeitas ao prazo prescricional de 10 anos (art. 205 do CC); controvérsia quanto à **revogação parcial do Decreto** nº **20.910** diante dos novos prazos prescricionais previstos no art. 206, § 3º, IV e IV, do CC; **minha opinião**: não revogação diante da norma do art. 2º, § 2º, da Lei de Introdução às Normas Gerais do Direito; prevista a **interrupção** (que só ocorre uma vez, recomeçando a correr o prazo pela metade) e a **suspensão**;

f) **pagamento das despesas judiciais** só a final, pelo vencido (art. 91 do CPC);

g) **restrições à concessão de liminar e à tutela antecipada** (Lei nº 8.437, de 30-6-92): quando medida semelhante não possa ser concedida em mandado de segurança, nas hipóteses de que trata a Lei nº 12.016, de 7-8-09 (art. 7º, § 2º): quando tenha por objeto a compensação de créditos tributários, a entrega de mercadorias e bens provenientes do exterior, a reclassificação ou equiparação de servidores e a concessão de aumento ou a extensão de vantagem ou pagamento de qualquer natureza;

h) **restrições à execução provisória**: vedada nas hipóteses em que não cabe concessão de medida liminar (14, § 3º, da Lei nº 12.016/09); mesma restrição para todas as sentenças contra a Fazenda Pública que tenham referido objeto (art. 2º-B da Lei nº 9.494, de 10-9-97).

– **Meios de controle**: impugnação dos atos da Administração Pública possível por todos os tipos de ações (art. 5º, XXXV, da CF), além dos **remédios constitucionais**: *habeas corpus*, *habeas data*, mandado de segurança individual e coletivo, mandado de injunção, ação popular, ação civil pública.

6. ***Habeas corpus***: protege o direito de locomoção (art. 5º, LXVIII, da CF); não cabível em relação a punições disciplinares militares (art. 142, § 2º, da CF); é **gratuito**; pode ser **impetrado por qualquer pessoa,** nacional ou estrangeira, em benefício próprio ou de terceiro; tem como **pressupostos**: 1. ilegalidade ou abuso de poder, por parte de autoridade pública ou de particular; 2. violência, coação ou ameaça à liberdade de locomoção.

7. ***Habeas data***: protege o direito à **informação sobre a pessoa** (art. 5º, LXXII, da CF; Lei nº 9.507, de 12-11-97); **objetivo**: conhecer e retificar informações sobre a pessoa, constantes de registros ou bancos de dados de entidades governamentais ou de caráter público; **Súmula 2, do STJ**: "não cabe *habeas data* se não houver recusa por parte da autoridade administrativa"; mesma restrição no art. 8º, parágrafo único, da Lei nº 9.507;

– **sujeito ativo**: pessoa, brasileira ou estrangeira, a que se refere a informação;

– **sujeito passivo**: entidade governamental ou de caráter público que tenha registro ou banco de dados sobre a pessoa;

– **objeto**: informação, retificação ou anotação de esclarecimentos ou justificativas;

– **processo**: rito sumaríssimo;

– **execução**: por comunicação ao coator;

– **recursos**: apelação contra o indeferimento, apelação da decisão de mérito (com efeito devolutivo, se a sentença for concessiva do *habeas data*), agravo contra decisão do Presidente do Tribunal ao qual competir o conhecimento do recurso que suspender a execução da sentença;

– outras características: possibilidade de **renovação do pedido de** *habeas data*, se a decisão denegatória não apreciou o mérito; **prioridade do processo** sobre todos os demais, exceto *habeas corpus* e mandado de segurança; **gratuidade** do processo administrativo e judicial.

8. **Mandado de injunção**: cabível quando a falta de norma regulamentadora tornar inviável o exercício dos direitos e liberdades constitucionais e das prerrogativas inerentes à nacionalidade, à soberania e à cidadania (art. 5º, LXXI, da CF; Lei nº 13.300, de 23-6-16);

– **objeto**: **regulamentação provisória, na omissão do legislador** (entendimento do STF); **definição do objeto pelo art. 8º da Lei nº 13.300**: fixação de prazo para que o impetrado edite a norma regulamentadora e, na mesma decisão, condições em que o direito poderá ser exercido se não editada a norma no prazo estabelecido;

– **pressupostos**: omissão de **norma de natureza regulamentar ou legal**, de competência de qualquer das autoridades, órgãos e pessoas jurídicas dos três Poderes, inclusive da administração indireta; **omissão total ou parcial** que torne inviável o exercício dos direitos e liberdades constitucionais;

– **modalidades**: mandado de injunção **individual** (para garantir o exercício de direitos de pessoas físicas ou jurídicas determinadas) e **coletivo** (interposto pelas entidades indicadas no art. 12 da Lei nº 13.300 para defesa de interesses de uma coletividade indeterminada de pessoas);

– **legitimados ativos**: indicados no art. 3º da Lei nº 13.300 (mandado de injunção individual), e no art. 12 (mandado de injunção coletivo);

– **legitimado passivo**: autoridades competentes para emitir a norma regulamentadora;

– **rito**: sumaríssimo; semelhante ao do mandado de segurança e *habeas data*;

– **efeitos da sentença**: **apenas entre as partes**, salvo se a eficácia *ultra partes* ou *erga omnes* for inerente ou indispensável ao exercício do direito; possibilidade de **extensão dos efeitos aos casos análogos** por decisão monocrática do relator; perduram até o advento da norma regulamentadora;

– **coisa julgada no mandado de segurança coletivo**: apenas em relação às pessoas integrantes da coletividade, grupo, classe ou categoria substituídos pelo impetrante; em caso de demanda individual concomitante, deverá haver pedido de desistência para que o impetrante se beneficie dos efeitos da decisão coletiva;

– **recursos**: agravo, no prazo de 5 dias, contra a decisão do relator que indeferir o pedido; demais recursos do CPC (aplicação subsidiária previsto no art. 14 da Lei nº 13.300).

9. **Mandado de segurança individual**: art. 5º, LXIX, da CF; Lei nº 12.016, de 7-8-09;

– **conceito:** a ação civil de rito sumaríssimo pela qual qualquer pessoa física ou jurídica pode provocar o controle jurisdicional quando sofrer lesão ou ameaça de lesão a direito líquido e certo, não amparado por *habeas corpus* nem *habeas data*, em decorrência de ato de autoridade, praticado com ilegalidade ou abuso de poder;

– **pressupostos**:

a) **ato de autoridade** (praticado por pessoa investida de uma parcela de poder público); **Súmula 510, do STF**: "praticado o ato por autoridade, no exercício de competência delegada, contra ela cabe o mandado de segurança ou medida judicial";

b) **ilegalidade ou abuso de poder**: vícios quanto aos elementos do ato administrativo (sujeito, objeto, forma, motivo ou finalidade);

c) **lesão ou ameaça de lesão**: mandado de segurança **repressivo** ou **preventivo**;

d) **direito líquido e certo**: comprovado de plano;

– **requisitos**: (i) **certeza quanto aos fatos;** (ii) **certeza jurídica** (o direito deve decorrer de norma expressa); (iii) **direito subjetivo (e não simples interesse) próprio do impetrante**, ressalvada a possibilidade de a pessoa jurídica defender direito individual de seu associado); (iv) **objeto determinado** (impossibilidade de pleitear prestações indeterminadas, genéricas, fungíveis ou alternativas, salvo na hipótese de pedido de pagamento de vencimentos e vantagens pecuniárias de servidor público, conforme art. 29 da Lei nº 12.016, hipótese em que o pagamento abrangerá as parcelas devidas a partir do ajuizamento da ação);

– **restrições quanto ao cabimento de mandado de segurança**: (i) para assegurar a **liberdade de locomoção**, protegida por *habeas corpus* (art. 5º, LXIX, da CF); (ii) nos casos em que cabe *habeas data*; (iii) para corrigir lesão decorrente de **lei em tese** (Súmula 266 do STF), salvo caso de **lei de efeito concreto** (que tem a forma de lei, mas o conteúdo de ato administrativo) e de **lei autoexecutória** (que independe de ato administrativo para aplicar-se aos casos concretos); possibilidade de **mandado de segurança preventivo**, para evitar a concretização da ameaça de lesão; (iv) **contra ato do qual caiba recurso com efeito suspensivo, independente de caução** (art. 5º, I, da Lei nº 12.016); possibilidade de impetração se o interessado deixou transcorrer o prazo, sem recorrer administrativamente; possível a impetração em caso de **omissão** do poder público (Súmula 429 do STF); (v) **contra decisão judicial da qual caiba recurso com efeito suspensivo** (art. 5º, II, da Lei nº 12.016); cabimento de mandado de segurança para dar efeito suspensivo a agravo; (vi) **contra decisão judicial transitada em julgado**;

– **rito sumaríssimo**:

– **legitimado ativo**: pessoa, física ou jurídica, pública ou privada, órgão ou universalidade patrimonial, titular de direito líquido e certo, lesado ou ameaçado de lesão; possibilidade de litisconsórcio, não admitido após o despacho da inicial;

– **legitimado passivo**: pessoa jurídica de direito público ou privado no exercício de atribuições do poder público; **litisconsórcio possível** (art. 24 da Lei nº 12.016); **assistência** não é possível (entendimento do STF);

– **objeto**: (i) **anulação de ato ilegal** ofensivo a direito líquido e certo; (ii) a **prática de ato omitido**; (iii) **ordem de não fazer** (mandado de segurança preventivo);

– **causa de pedir**: ilegalidade ou abuso de poder e lesão ou ameaça de lesão a direito líquido e certo;

– **sentença**: mandamental e de execução imediata; só no caso de pagamento de vantagens pecuniárias a servidor público existe liquidação por cálculo do contador;

– **recursos**: (i) **apelação** com efeito devolutivo contra a sentença que negue ou conceda a segurança ou que indefira desde logo o pedido; possibilidade de execução provisória, exceto nas hipóteses do art. 7º, § 2º, da Lei nº 12.016; (ii) **recurso de ofício** da sentença que conceder mandado de segurança; (iii) **agravo de instrumento** da decisão do juiz de 1º grau que conceder ou denegar a liminar; (iv) **agravo** de decisão do relator que conceder ou denegar a liminar; (v) **agravo**, sem efeito suspensivo, da decisão do Presidente do Tribunal que suspender a execução da sentença ou da liminar para evitar grave lesão à ordem, à saúde, à segurança e à economia pública (art. 15 da Lei nº 12.016); (vi) **recurso especial e extraordinário** nas hipóteses previstas nos arts. 105, III, e 102, III, da CF; (vii) **recurso ordinário** ao STF contra decisão denegatória, em única instância, dos Tribunais Superiores (art. 102, II, *a*, da CF);

– **legitimados para recorrer**: pessoa jurídica e autoridade coatora (art. 14, § 2º, da Lei nº 12.016), além do terceiro prejudicado (art. 996 do CPC);

– **possibilidade de renovação do pedido de mandado de segurança**: dentro do prazo decadencial, se a decisão denegatória não houver apreciado o mérito; decisão denegatória, não fazendo coisa julgada contra o impetrante, não impede o uso de ação própria (Súmula 304, do STF);

– **requisitos para concessão de liminar**: que seja relevante o fundamento e do ato impugnado possa resultar a ineficácia da medida, caso seja deferida; possibilidade de **suspensão da liminar,** a pedido da pessoa jurídica interessada, para evitar grave lesão à ordem, à saúde, à segurança e à economia popular;

– **prazo para impetração**: 120 dias (decadência); início do prazo: (i) do **ato lesivo** já praticado; (ii) se o **recurso administrativo tiver efeito suspensivo**: o prazo começa a correr quando decidido o último recurso ou quando se esgotar o prazo para recorrer administrativamente; (iii) em caso de mandado de segurança contra **omissão**: a partir da data em que se encerrar o prazo para a Administração praticar o ato omitido; se não houver prazo para a prática do ato administrativo: não se cogita de prazo para o mandado de segurança; (iv) em caso de **ameaça de lesão**: não se cogita de decadência.

10. **Mandado de segurança coletivo**: art. 5º, LXX, da CF; Lei nº 12.016/09.

    – **pressupostos**: os mesmos do mandado de segurança individual;

    – **sujeito ativo**: a) partido político com representação no Congresso Nacional; b) organização sindical, entidade de classe ou associação legalmente constituída e em funcionamento há pelo menos um ano, **em defesa dos interesses de seus membros ou associados**;

    – **objeto**: no caso dos partidos políticos, o objeto é a proteção dos "interesses legítimos relativos a seus integrantes" e as "finalidades partidárias" (art. 21 da Lei nº 12.016); finalidades partidárias são as definidas no art. 1º da Lei nº 9.096, de 19-9-95: autenticidade do sistema representativo e defesa dos direitos humanos fundamentais definidos na CF; no caso dos sindicatos, o objeto é apenas a "defesa dos interesses de seus membros ou associados";

    – **interesses protegidos**: (i) os **coletivos** (transindividuais, de natureza indivisível, de que seja titular grupo ou categoria de pessoas ligadas entre si ou com a parte contrária por uma relação jurídica básica); (ii) os **individuais homogêneos** (decorrentes de origem comum e da atividade ou situação específica da totalidade ou de parte dos associados ou membros do impetrante);

    – **desnecessidade de autorização expressa:** art. 21 da Lei nº 12.016, parte final; e **Súmula 629 do STF**;

    – **processo**: o mesmo do mandado de segurança individual;

    – **sentença**: efeitos *erga omnes*; a **coisa julgada** não impede a propositura de mandado de segurança individual, se a sentença for desfavorável no mandado de segurança coletivo.

11. **Ação popular**: art. 5º, LXXIII, da CF; Lei nº 4.717, de 29-6-65.

    – **conceito:** é a ação civil pela qual qualquer cidadão pode pleitear a invalidação de atos praticados pelo poder público ou entidades de que participe, lesivos ao patrimônio público, ao meio ambiente, à moralidade administrativa ou ao patrimônio histórico e cultural, bem como a condenação por perdas e danos dos responsáveis pela lesão;

    – **pressupostos**:

    a) **qualidade de cidadão** no sujeito ativo: brasileiro, nato ou naturalizado, que está no gozo dos direitos políticos de votar e ser votado;

b) **ilegalidade** ou **imoralidade** praticada pelo Poder Público ou entidade de que ele participe; definição, no art. 2º da Lei nº 4.717, de **atos nulos** (em relação a cada um dos elementos do ato administrativo) e **atos anuláveis** (qualquer outro vício não incluído no conceito de atos nulos); a **imoralidade** (não definida na Lei nº 4.717, porque só prevista na CF de 1988) constitui fundamento autônomo para propositura da ação popular;

c) **lesão ao patrimônio público**, à **moralidade administrativa**, ao **meio ambiente** e ao **patrimônio histórico e cultural**; possibilidade de propositura de **ação popular preventiva**, em caso de **ameaça de lesão**; a lesão ou ameaça de lesão pode resultar de **ato** ou **omissão**, desde que produza efeitos concretos; inadmissível ação popular contra **lei em tese**, salvo se for **lei de efeitos concretos** ou **autoexecutória**;

– **inadmissibilidade de ação popular contra ato judicial**: se a decisão não é definitiva, deve ser impugnada pelos recursos previstos em lei ou, na falta deles, por mandado de segurança; se já se tornou definitiva, pelo trânsito em julgado, só pode ser impugnado por ação rescisória;

– **sujeito ativo**: o cidadão; possibilidade de **litisconsórcio ativo facultativo** (art. 6º, § 5º, da Lei nº 4.717) e de **sucessão** (art. 9º da Lei nº 4.717, combinado com os arts. 485, II, III e VIII, do CPC);

– **sujeito passivo**: (i) pessoas jurídicas, públicas ou privadas, de que emanou o ato; (ii) autoridades, funcionários ou administradores, que houverem autorizado, aprovado, ratificado ou praticado o ato impugnado ou que, por omissão, tiverem dado oportunidade à lesão; (iii) os beneficiários diretos do mesmo, se houver; **litisconsórcio passivo necessário**;

– **opções da pessoa jurídica de que emanou o ato**: (i) contestar a ação; (ii) abster-se de contestar; (iii) atuar ao lado do autor;

– **funções obrigatórias do MP**: (i) acompanhar a ação (art. 6º, § 4º, da Lei nº 4.717); (ii) promover a responsabilidade, civil ou criminal, dos que nela incidirem, atuando como autor (mesmo artigo); (iii) providenciar para que as requisições de documentos e informações previstas no art. 7º, I, *b*, sejam atendidas dentro dos prazos fixados pelo juiz (art. 7º, § 1º); (iv) promover a execução da sentença condenatória quando o autor não o fizer (art. 16);

– **funções facultativas do MP**: (i) dar continuidade ao processo em caso de desistência ou de absolvição de instância (art. 9º); (ii) recorrer das decisões contrárias ao autor (art. 19, § 2º); as duas possibilidades também se aplicam a qualquer cidadão;

– **vedação ao MP**: defesa do ato impugnado ou dos seus autores (art. 6º, § 4º);

– **objeto**: (i) anulação do ato lesivo; e (ii) condenação dos responsáveis ao pagamento de perdas e danos ou à restituição de bens ou valores (art. 14, § 4º);

– **processo**: rito ordinário, com as alterações previstas na Lei nº 4.717: **citação** de todos os réus; **defesa** no prazo de 20 dias, prorrogável por mais 20; **instrução** por todos os tipos de provas; **sentença** no prazo de 15 dias, sob pena de perda, na promoção por antiguidade, de tantos dias quantos forem os do retardamento; possibilidade de **liminar**; decisão denegatória sujeita ao duplo grau de jurisdição; possibilidade de **recurso** por qualquer cidadão e pelo MP; **isenção de custas e do ônus da sucumbência**, para o autor (art. 5º, LXXIII, da CF); **prescrição:** 5 anos.

12. **Ação civil pública:** Lei nº 7.347, de 24-7-85, e art. 129, III, da CF.

   – **conceito:** meio processual de que se podem valer o MP e as pessoas jurídicas indicadas em lei para proteção de interesses difusos e gerais;

   – **pressupostos:** dano ou ameaça de dano a **interesse difuso ou coletivo**, abrangidos o dano ao patrimônio público e social, incluindo o dano material e o dano moral;

   – **interesse difuso ou coletivo:** interesses públicos concernentes a grupos indeterminados de pessoas (interesse difuso) ou a toda a sociedade (interesse geral): abrange: a) proteção ao **meio ambiente** (art. 225 da CF), em que a **responsabilidade é objetiva** (art. 14, § 1º, da Lei nº 6.938, de 31-8-81); b) **defesa do consumidor**: prevista como direito individual e coletivo (art. 5º, XXXII, da CF, e como princípio da ordem econômica (art. 170, V, da CF); c) **patrimônio histórico e artístico nacional**, definido no art. 1º do Decreto-lei nº 25, de 30-11-37 (lei do tombamento); proteção pelo tombamento e pela ação civil pública (tombamento decorrente de decisão judicial);

   – **Súmula 329 do STJ:** "o MP tem legitimidade para propor ação civil pública em defesa do patrimônio público";

   – **sujeito ativo:** os indicados nos arts. 129, § 1º, da CF e 5º da Lei nº 7.347; no caso das associações atuando na defesa de interesses ou direitos dos associados, a sentença abrangerá apenas os substituídos que tenham, na data da propositura da ação, domicílio no âmbito de competência territorial do órgão prolator (art. 2º-A da Lei nº 7.347);

   – **sujeito passivo:** qualquer pessoa, física ou jurídica, pública ou privada, responsável por dano ou ameaça de dano a interesse difuso ou geral;

   – **funções do MP:** a) atuar como **autor**; b) **fiscal da lei** (art. 8º, § 1º); ele atua de ofício ou mediante provocação feita por qualquer pessoa ou por servidor público (art. 6º); c) **promover a execução**, se o autor não o fizer no prazo de 60 dias do trânsito em julgado da sentença condenatória; d) **assumir a titularidade ativa**, em caso de desistência infundada ou abandono da ação por entidade associativa (art. 112 do CDC); e) realizar o **inquérito civil** previsto no art. 8º, § 1º, da Lei nº 7.347 e no art. 129, III, da CF;

   – **objeto:** a) na **ação principal**: condenação do réu em perdas e danos, sendo o valor da indenização destinado ao Fundo de Defesa dos Direitos Difusos (art. 13 da Lei nº 7.347, regulamentado pelo Decreto nº 1.306, de 9-11-94, na esfera federal, e pelo Decreto 6.536, de 13-11-89, no Estado de São Paulo); b) na **ação cautelar**: cumprimento de obrigação de fazer (prestação de atividade ou cessação de atividade nociva), sob pena de execução específica ou cominação de multa diária;

   – **rito ordinário**, podendo ser sumário nas hipóteses previstas no CPC; cabimento de **liminar**, com ou sem justificação prévia, em decisão passível de **agravo**; cabimento de **agravo de instrumento** no caso de concessão de liminar (art. 12 da Lei nº 7.347); possível a suspensão da liminar pelo Presidente do Tribunal a quem competir o conhecimento do recurso, para evitar grave lesão à ordem, à saúde, à segurança e à economia pública (art. 12, § 1º); possibilidade de os agravos serem recebidos com efeito suspensivo (art. 14); **sentença com efeito *erga omnes***, exceto se a ação for julgada procedente por falta de prova, hipótese em que qualquer legitimado pode intentar outra ação com idêntico fundamento (art. 16); **isenção do pagamento prévio de custas de despesas processuais**, salvo comprovada má-fé (art. 18); em caso de litigância de má-fé, a entidade associativa autora e os diretores responsáveis pela propositura da ação serão solidariamente condenados em honorários advocatícios e o décuplo das custas, sem prejuízo da responsabilidade por perdas e danos (art. 17); **prescrição:** aplicação do art. 37, § 5º, da CF, ressalvado o entendimento do STF de que a imprescritibilidade somente se aplica nas ações de improbidade.

18

Improbidade Administrativa

18.1 LEGALIDADE, MORALIDADE E PROBIDADE

Não é fácil estabelecer distinção entre *moralidade administrativa* e *probidade administrativa*. A rigor, pode-se dizer que são expressões que significam a mesma coisa, tendo em vista que ambas se relacionam com a ideia de **honestidade** na Administração Pública. Quando se exige probidade ou moralidade administrativa, isso significa que não basta a legalidade formal, restrita, da atuação administrativa, com observância da lei; é preciso também a observância de princípios éticos, de lealdade, de boa-fé, de regras que assegurem a boa administração e a disciplina interna na Administração Pública.

A **improbidade administrativa**, como ato ilícito, vem sendo prevista no direito positivo brasileiro desde longa data, para os agentes políticos, enquadrando-se como crime de responsabilidade. Para os servidores públicos em geral, a legislação não falava em improbidade, mas já denotava preocupação com o combate à corrupção, ao falar em **enriquecimento ilícito no exercício do cargo ou função**, que sujeitava o agente ao sequestro e perda de bens em favor da Fazenda Pública. O mesmo não ocorreu com a lesão à moralidade. A inclusão do princípio da moralidade administrativa entre os princípios constitucionais impostos à Administração é bem mais recente, porque ocorreu apenas com a Constituição de 1988. Vale dizer que, nessa Constituição, quando se quis mencionar o **princípio**, falou-se em moralidade (art. 37, *caput*) e, no mesmo dispositivo, quando se quis mencionar a lesão à moralidade administrativa, falou-se em **improbidade** (art. 37, § 4º); do mesmo modo a lesão à probidade administrativa aparece como ato ilícito no art. 85, V, entre os crimes de responsabilidade do Presidente da República, e como causa de perda ou suspensão dos direitos políticos no art. 15, V.

Enquanto a lesão à probidade administrativa era definida no direito positivo, para os crimes de responsabilidade, com a característica da **tipicidade**, própria do Direito Penal, implicando definição precisa dos elementos constitutivos da infração, a moralidade administrativa aparece como **princípio**, ou seja, como proposição que se encontra na base do ordenamento jurídico, de conteúdo indefinido. Corresponde a um **conceito jurídico indeterminado**, tal como referido no item 7.8.3 deste livro. Trata-se de **conceito de valor**, sem conteúdo preciso que possa ser definido pelo direito positivo. Daí a grande resistência do Poder Judiciário e mesmo de alguns doutrinadores em aceitarem a possibilidade de invalidação de um ato administrativo por lesão apenas à moralidade administrativa. A maioria fala em imoralidade como uma espécie de agravante da ilegalidade e não como vício autônomo do ato administrativo.

A inclusão do princípio da moralidade administrativa na Constituição foi um reflexo da preocupação com a ética na Administração Pública e com o combate à corrupção e à impunidade no setor público. Até então, a improbidade administrativa constituía infração prevista e definida apenas para os agentes políticos. Para os demais, punia-se apenas o enriquecimento ilícito no exercício do cargo. Com a inserção do princípio da moralidade na Constituição, a exigência de moralidade estendeu-se a toda a Administração Pública, e a improbidade ganhou abrangência maior, porque passou a ser prevista e sancionada com rigor para todas as categorias de servidores públicos e a abranger infrações outras que não apenas o enriquecimento ilícito.

Além disso, a inserção do princípio da moralidade na Constituição é coerente com a evolução do princípio da legalidade ocorrida no sistema jurídico de outros países, evolução essa que levou à instituição do Estado Democrático de Direito, consagrado no preâmbulo da Constituição e em seu art. 1º. Isso significou repulsa ao positivismo jurídico e a ampliação do princípio da legalidade, que passou a abranger valores outros, como os da razoabilidade, boa-fé, moralidade, economicidade e tantos outros hoje consagrados na doutrina, na jurisprudência e mesmo em regras expressas na Constituição e em normas infraconstitucionais. O objetivo foi o de reconquistar o conteúdo axiológico do direito, perdido em grande parte com o positivismo jurídico.

Hoje, é possível falar em **legalidade restrita**, significando exigência de lei, em sentido formal, para a prática de determinados atos, em especial os que restringem direitos do cidadão, tal como decorre do art. 5º, II, da Constituição. Também é desse sentido restrito que se fala quando se exige lei para a criação de cargos, empregos e funções (art. 61, § 1º, II, *a*), para a fixação e alteração de vencimentos e subsídios para os servidores públicos (art. 37, X), para a criação ou aumento de tributos (art. 150, I) e tantos outros previstos na Constituição.

Todavia, também é possível falar em **legalidade em sentido amplo**, para abranger não só a obediência à lei, mas também a observância dos princípios e valores que estão na base do ordenamento jurídico.

Quando a Lei Fundamental da República Federal da Alemanha, de 1949, pioneira nessa tendência ampliadora do princípio da legalidade, exige **obediência à lei e ao direito** (art. 20, § 3º), está consagrando o princípio da legalidade no duplo sentido assinalado (cf. Di Pietro, 2001b:41). Ao falar em obediência à *lei*, está exigindo conformidade com a lei formal; ao falar em obediência ao **direito**, está exigindo conformidade não só com a lei formal, mas também com a moral, a ética, o interesse público, enfim, com todos os princípios e valores que decorrem implícita ou explicitamente da Constituição.

Nesse sentido amplo, a legalidade (ou o Direito) absorveu todos os demais princípios, inclusive o da moralidade. No sentido restrito, a legalidade exige obediência à lei, enquanto a moralidade exige basicamente honestidade, observância das regras de boa administração, atendimento ao interesse público, boa-fé, lealdade.

Comparando moralidade e probidade, pode-se afirmar que, como **princípios**, significam praticamente a mesma coisa, embora algumas leis façam referência às duas separadamente, do mesmo modo que há referência aos princípios da razoabilidade e da proporcionalidade como princípios diversos, quando este último é apenas um aspecto do primeiro.

No entanto, quando se fala em improbidade como **ato ilícito**, como infração sancionada pelo ordenamento jurídico, deixa de haver sinonímia entre as expressões *improbidade* e *imoralidade*, porque aquela tem um sentido muito mais amplo e muito mais preciso, que abrange não só atos desonestos ou imorais, mas também e principalmente atos ilegais.

Note-se que essa lei definiu os atos de improbidade em três dispositivos: no art. 9º, cuida dos atos de improbidade administrativa que importam **enriquecimento ilícito**; no art. 10, trata dos atos de improbidade administrativa que **causam prejuízo ao erário**; e no art. 11, indica os atos de improbidade administrativa que **atentam contra os princípios da Administração Pública**. A Lei Complementar nº 157, de 29-12-16, alterou a Lei nº 8.429/92, para prever mais uma hipótese de ato de improbidade administrativa, no art. 10-A, a saber, os atos de improbidade administrativa decorrentes de concessão ou aplicação indevida de benefício financeiro ou tributário. Mas esse dispositivo foi revogado pela Lei nº 14.230, de 25-10-21. Os atos de improbidade que atentam contra os princípios da Administração Pública são definidos, taxativamente, em seis incisos do art. 11.

Concluindo: a legalidade estrita não se confunde com a moralidade e a honestidade, porque diz respeito ao cumprimento da lei; a legalidade em sentido amplo (o Direito) abrange a moralidade, a probidade e todos os demais princípios e valores consagrados pelo ordenamento jurídico; como princípios, os da moralidade e probidade se confundem; como infração, a improbidade é mais ampla do que a imoralidade, porque a lesão ao princípio da moralidade constitui uma das hipóteses de atos de improbidade definidos em lei.

18.2 EVOLUÇÃO NO DIREITO POSITIVO

A Constituição de 1988 inovou ao introduzir o ato de improbidade no capítulo da Administração Pública.

Antes disso, no entanto, já havia no direito positivo brasileiro, desde longa data, legislação prevendo sanções para os atos que importassem prejuízo para a Fazenda Pública e locupletamento ilícito para o indiciado.

O Decreto-lei nº 3.240, de 8-5-41, sujeita a sequestro os bens de pessoas indiciadas por crimes de que resultem prejuízo para a Fazenda Pública. O sequestro pode atingir bens em poder de terceiros desde que estes os tenham adquirido dolosamente, ou com culpa grave. No caso de o prejuízo não ser coberto por essa forma, deve ser promovida, no juízo competente, a execução da sentença condenatória, a qual recairá sobre tantos bens quantos bastem para ressarci-lo.

Por essa lei, a perda dos bens constitui efeito da condenação criminal, não podendo manter-se em caso de extinção da ação ou de absolvição.

Posteriormente, a Constituição de 1946 veio determinar, no art. 141, § 31, que "a lei disporá sobre o sequestro e o perdimento de bens, no caso de enriquecimento ilícito, por influência ou com abuso de cargo ou função pública, ou de emprego em entidade autárquica".

Para dar cumprimento ao dispositivo constitucional, foi promulgada a Lei nº 3.164, de 1º-6-57 (conhecida como Lei Pitombo-Godói Ilha), que sujeitava também a sequestro e a perda, em favor da Fazenda Pública, dos bens adquiridos pelo servidor público, por influência ou abuso de cargo ou função pública, ou de emprego em entidade autárquica, sem prejuízo da responsabilidade criminal em que tenha aquele incorrido. As medidas eram decretadas no juízo cível, sendo o processo promovido por iniciativa do Ministério Público, ou de qualquer pessoa do povo.

Estava muito claro que se tratava de sanção de natureza civil, já que aplicada independentemente da responsabilidade criminal e mesmo que ocorresse a extinção da ação penal ou a absolvição do réu.

Essa lei instituiu, no art. 3º, a obrigatoriedade de registro público dos valores e bens pertencentes ao patrimônio privado de quantos exercessem cargos ou funções públicas da União e entidades autárquicas, eletivas ou não.

Posteriormente, a Lei nº 3.502, de 21-1-58, sem revogar a anterior, veio regular o sequestro e o perdimento de bens nos casos de enriquecimento ilícito, por influência ou abuso de cargo ou função.

As principais inovações dessa lei foram: (a) deixou claro que o sequestro e a perda de bens são aplicáveis ao servidor público e ao dirigente ou empregado de autarquia; (b) considerou como servidor público todas as pessoas que exercessem, na União, nos Estados, nos Territórios, no Distrito Federal e nos Municípios, quaisquer cargos, funções ou empregos, civis ou militares, nos órgãos dos três Poderes do Estado; (c) equiparou a dirigente de autarquia o dirigente ou empregado de sociedade de economia mista, de fundação instituída pelo Poder Público, de empresa incorporada ao patrimônio público, ou de entidade que receba e aplique contribuições parafiscais; (d) definiu, nos arts. 2º, 3º e 4º, os casos de enriquecimento ilícito para os fins da lei; (e) deu legitimidade ativa para pleitear o sequestro e a perda de bens, a União, Estados, Municípios, Distrito Federal, entidades que recebem e aplicam contribuições parafiscais, sociedades de economia mista, fundações e autarquias; (f) em caso de essas entidades não promoverem a ação, qualquer cidadão poderia fazê-lo, hipótese em que a pessoa jurídica interessada devia ser citada para integrar o contraditório na qualidade de litisconsorte da parte autora; (g) deixou claro que o sequestro é medida acautelatória que deveria ser seguida da ação principal, cujo objeto era a perda dos bens sequestrados em favor da pessoa jurídica autora ou litisconsorte, além do ressarcimento integral de perdas e danos sofridos pela entidade.

Manteve-se, nessa lei, a natureza civil da sanção, aplicável independentemente da responsabilidade criminal.

Na Constituição de 1967, o art. 150, § 11, que passou a ser 153, § 11, com a Emenda Constitucional nº 1/69, estabeleceu, na parte final, que "a lei disporá sobre o perdimento de bens por danos causados ao erário ou no caso de enriquecimento ilícito no exercício de função pública".

Na vigência dessa Constituição, o Ato Institucional nº 5, de 13-1-68, previu, no art. 8º, que o Presidente da República podia, após investigação, decretar o confisco de bens de todos quantos tivessem enriquecido, ilicitamente, no exercício de cargo ou função pública, inclusive de autarquias, empresas públicas e sociedades de economia mista, sem prejuízo das sanções penais cabíveis. Esse confisco foi disciplinado pelo Ato Complementar nº 42/69 e pelo Decreto-lei nº 359, de 17-12-68, e convivia com as medidas de sequestro e perdimento de bens previstas nas Leis nºs 3.164/57 e 3.502/58. Estas eram medidas que só podiam ser decretadas judicialmente, enquanto o confisco era medida administrativa decretada pelo Presidente da República.

Esse confisco, que implicava a perda de bens sem o devido processo legal e sem possibilidade de apreciação judicial (conforme art. 11 do referido Ato Institucional), contrariava norma expressa do art. 150, § 11, que proibia o confisco e deixou de existir com a Emenda Constitucional nº 11, de 13-10-78, que, no art. 3º, revogou "os atos institucionais e complementares, no que contrariarem a Constituição Federal, ressalvados os efeitos dos atos praticados com base neles, os quais estão excluídos de apreciação judicial". Além disso, alterou a redação do art. 153, § 11, ao prever lei que dispusesse sobre o perdimento de bens por danos causados ao erário, ou no caso de enriquecimento ilícito no exercício de função pública.

No entanto, nenhuma outra lei foi promulgada sobre a matéria, continuando a aplicar-se as anteriores Leis nºs 3.164/57 e 3.502/58, recepcionadas pela norma constitucional.

Com a Constituição de 1988, foi previsto o princípio da moralidade no art. 37, *caput,* entre os princípios a que se sujeita a Administração Pública direta e indireta de todos os níveis de Governo e, no art. 5º, inciso LXXIII, foi inserida, como fundamento para propositura da ação popular, a lesão à moralidade administrativa. Além disso, no § 4º, do mesmo art. 37, ficou estabelecido que "os atos de improbidade administrativa importarão a suspensão dos direitos políticos, a perda da função pública, a indisponibilidade dos bens e o ressarcimento ao erário, na forma e gradação previstas em lei, sem prejuízo da ação penal cabível". Por sua vez, o art. 15, ao indicar os casos em que é possível a perda ou suspensão dos direitos políticos, expressamente inclui, no inciso V, a "improbidade administrativa, nos termos do art. 37, § 4º".

Para regulamentar o art. 37, § 4º, foi promulgada a Lei nº 8.429, de 2-6-92, que, com a redação dada pela Lei nº 14.230, de 25-10-21, "dispõe sobre as sanções aplicáveis em virtude de prática de atos de improbidade administrativa, de que trata o § 4º do art. 37 da Constituição Federal, e dá outras providências".

Enquanto não promulgada a Lei nº 8.429, continuaram a vigorar as Leis nºs 3.164/57 e 3.502/58, as quais foram expressamente revogadas pelo art. 25 da lei de improbidade administrativa.

Note-se que os atos de improbidade definidos na Lei nº 8.429/92 são de amplitude muito maior do que as hipóteses de enriquecimento ilícito previstas nas Constituições anteriores e disciplinadas pelas referidas leis. Na Lei nº 8.429/92, o enriquecimento ilícito constitui apenas uma das hipóteses de atos de improbidade (art. 9º), ao lado dos atos que causam prejuízo ao erário (art. 10) e dos que atentam contra os princípios da Administração Pública (art. 11).

Assim, embora a Constituição tenha sido promulgada em 5-10-88, já prevendo as sanções para os atos de improbidade, o art. 37, § 4º, não era autoaplicável, não podendo a Lei nº 8.429/92 ser aplicada com efeito retroativo. Até a entrada em vigor dessa lei, apenas eram puníveis os atos que implicassem enriquecimento ilícito, sendo cabíveis, em sede judicial, apenas o sequestro e a perda de bens (na esfera cível) e as sanções penais cabíveis (na esfera criminal). Na esfera administrativa, as penalidades aplicáveis eram as previstas no estatuto dos servidores de cada nível de governo. As penas previstas no art. 37, § 4º, da Constituição, repita-se, só podem ser aplicadas por atos de improbidade praticados após a entrada em vigor da Lei nº 8.429/92.

A Lei nº 8.429/92 foi bastante alterada pela Lei nº 14.230, de 25-10-21, conforme demonstrado nos itens subsequentes.

Veja-se, por essa evolução do direito positivo, que a expressão *ato de improbidade administrativa*, aplicável às infrações praticadas por agentes públicos em geral (e por particulares que com eles interajam), só foi introduzida pela Constituição de 1988, não sendo utilizada nas Constituições anteriores a não ser para designar as infrações de natureza política. E seu significado só foi definido pela Lei nº 8.429/92, de forma mais ampla do que a anterior fórmula do **enriquecimento ilícito**.

No entanto, a **lesão à probidade administrativa** sempre foi prevista como crime de responsabilidade do Presidente da República, desde a primeira Constituição da República de 1891 (art. 54, item 6º), sendo mantida nas Constituições de 1934 (art. 57, *f*), 1937 (art. 85, *d*), 1946 (art. 89, V), 1967 (art. 84, V, que passou a 82, V, com a Emenda Constitucional nº 1/69) e 1988 (art. 85, V).

A matéria está disciplinada pela Lei nº 1.079, de 10-4-50, com alterações posteriores, que define os crimes de responsabilidade e regula o respectivo processo de julgamento. Atinge o Presidente da República, os Ministros de Estado, os Ministros do Supremo Tribunal Federal, o Procurador-Geral da República, os Governadores e Secretários dos Estados. No art. 9º, define os crimes contra a probidade na Administração. A penalidade cabível é a perda do cargo, com inabilitação, até cinco anos, para o exercício de qualquer função pública, imposta pelo Senado Federal.

Cabe ressaltar que o mesmo ato definido por essa lei como crime de responsabilidade pode enquadrar-se como ato de improbidade administrativa previsto na Lei nº 8.429/92, hipótese em que a aplicação das sanções previstas nesta última não impede a aplicação da Lei nº 1.079/50, já que o art. 37, § 4º da Constituição, ao indicar as sanções cabíveis por improbidade, deixa claro que isso ocorre "sem prejuízo da ação penal cabível". Apenas com relação a alguns agentes políticos, a aplicação da lei de improbidade tem que se limitar às sanções de caráter indenizatório, já que a perda do mandato está disciplinada por dispositivos próprios, adiante analisados.

Com relação aos Prefeitos Municipais, os crimes de responsabilidade estão disciplinados pelo Decreto-lei nº 201, de 27-2-67, com alterações posteriores, sendo cabível a pena de reclusão ou detenção, conforme o caso (art. 1º, § 1º). Além disso, a condenação acarreta a perda do cargo e a inabilitação, pelo prazo de cinco anos, para o exercício de cargo ou função pública, eletivo ou de nomeação, sem prejuízo da reparação civil do dano causado ao patrimônio público ou particular (art. 1º, § 2º). Do mesmo modo que nos crimes de responsabilidade definidos pela

Lei nº 1.079/50, a instauração de processo criminal não impede a ação civil para apuração da improbidade administrativa.

Por último, cabe assinalar, neste item pertinente ao direito positivo, que ainda existe na Constituição de 1988 uma outra referência à probidade e à moralidade administrativa no art. 14, § 9º, em cujos termos "lei complementar estabelecerá outros casos de inelegibilidade e os prazos de sua cessação, a fim de proteger a **probidade administrativa,** a moralidade para o exercício do mandato, considerada a vida pregressa do candidato, e a normalidade e legitimidade das eleições contra a influência do poder econômico ou o abuso do exercício de função, cargo ou emprego na Administração direta ou indireta".

Nesse caso, porém, o dispositivo tem nítido caráter preventivo, já que, tratando de casos de inelegibilidade, a serem definidos em lei complementar, seu objetivo não é o de punir atos de improbidade já praticados, mas o de impedir que eles sejam praticados em período eleitoral, prejudicando a normalidade e legitimidade das eleições.

18.3 LEI DE IMPROBIDADE ADMINISTRATIVA

18.3.1 Competência para legislar sobre improbidade administrativa em função da natureza do ilícito e da sanção cabível

O art. 37, § 4º, da Constituição prevê lei que estabeleça a forma e gradação das medidas previstas no dispositivo. Não exige lei federal, o que obriga o intérprete a procurar solução nas normas constitucionais que fazem a distribuição de competências entre as três esferas de governo, para concluir se se trata de competência privativa da União ou de competência concorrente.

A primeira observação a fazer é no sentido de que um ato de improbidade administrativa pode corresponder a um **ilícito penal**, se puder ser enquadrado em crime definido no Código Penal ou em sua legislação complementar. É o que decorre da própria redação do dispositivo constitucional, quando, depois de indicar as medidas sancionatórias cabíveis, acrescenta que a lei estabelecerá sua forma e gradação **"sem prejuízo da ação penal cabível"**. Por outras palavras, pode ocorrer que algum dos ilícitos definidos em lei como ato de improbidade corresponda a um crime definido em lei, por exemplo, a um dos crimes contra a Administração Pública previstos no capítulo pertinente do Código Penal ou a um dos crimes de responsabilidade definidos na legislação específica sobre a matéria, já referida no item anterior.

Isso permite concluir que: (a) o **ato de improbidade**, em si, não constitui crime, mas pode corresponder **também** a um crime definido em lei: (b) as sanções indicadas no art. 37, § 4º, da Constituição não têm a natureza de sanções penais, porque, se tivessem, não se justificaria a ressalva contida na parte final do dispositivo, quando admite a aplicação das medidas sancionatórias nele indicadas **"sem prejuízo da ação penal cabível"**; (c) se o ato de improbidade corresponder também a um crime, a apuração da improbidade pela ação cabível será concomitante com o processo criminal.

Além disso, o ato de improbidade administrativa, quando praticado por servidor público, corresponde também a um ilícito administrativo já previsto na legislação estatutária de cada ente da federação, o que obriga a autoridade administrativa competente a instaurar o procedimento adequado para apuração de responsabilidade. No entanto, as penalidades cabíveis na esfera administrativa são apenas as previstas nos Estatutos dos Servidores. Não pode especificamente ser aplicada a pena de suspensão dos direitos políticos, por atingir direito fundamental, de natureza política, que escapa à competência puramente administrativa. Não se pode enquadrar a improbidade administrativa como ilícito puramente administrativo, ainda que possa ter também essa natureza, quando praticado por servidor público.

A natureza das medidas previstas no dispositivo constitucional está a indicar que a improbidade administrativa, embora possa ter consequências na esfera criminal, com a concomitante instauração de processo criminal (se for o caso) e na esfera administrativa (com a perda da função pública e a instauração de processo administrativo concomitante) caracteriza um ilícito de natureza civil e política, porque pode implicar a **suspensão dos direitos políticos**, a **indisponibilidade dos bens** e o **ressarcimento dos danos causados ao erário**.

Note-se que os direitos políticos, que dizem respeito fundamentalmente aos direitos de votar e ser votado, estão assegurados no título II da Constituição, que trata dos direitos e garantias fundamentais e só podem ser suspensos ou perdidos nos casos expressos no art. 15, entre os quais está prevista a "**improbidade administrativa, nos termos do art. 37, § 4º**". Seria inconcebível que cada Estado ou cada Município pudesse legislar a respeito ou aplicar sanção dessa natureza, mediante processo administrativo. Trata-se de matéria de direito eleitoral (já que afeta fundamentalmente os direitos de votar e ser votado), de competência privativa da União, nos termos do art. 22, inciso I, da Constituição.

A **indisponibilidade dos bens**, também prevista no dispositivo constitucional, afeta atributo inerente ao próprio direito de propriedade (a livre disposição do bem), matéria também de competência privativa da União, conforme previsto no mesmo art. 22, I, da Constituição. Do mesmo modo, o ressarcimento ao erário constitui sanção de natureza civil, também de competência privativa da União por força do mesmo dispositivo constitucional e, aliás, já disciplinada no Código Civil.

O fato de estar prevista a **perda da função pública** entre as sanções cabíveis em caso de improbidade administrativa não é suficiente para concluir que se trata de sanção administrativa para punir um ilícito puramente administrativo, apurável em processo administrativo. Se essa conclusão fosse válida, não haveria dúvida de que se estaria frente a matéria de competência de cada ente da federação. Isso, porém, não ocorre, da mesma forma que não se pode afirmar que a perda do cargo prevista no art. 92, I, do Código Penal, seja sanção de natureza administrativa. A perda da função pública, no caso, pela gravidade do ato de improbidade, é inerente à própria suspensão dos direitos políticos. Se uma pessoa tem os direitos políticos suspensos por determinado período, ela deve perder concomitantemente o direito de exercer uma função de natureza pública.

Reforça a ideia de natureza civil e política das medidas sancionatórias o fato de poderem ser aplicadas a particulares, que não se enquadram no conceito de servidores ou de agentes públicos e sobre os quais a Administração Pública não poderia exercer poder disciplinar.

Portanto, tratando-se de sanções de natureza civil e política, sua aplicação escapa à alçada da Administração Pública, o que não impede seja instaurado concomitantemente o processo administrativo para apurar a responsabilidade de servidores envolvidos nos atos de improbidade e aplicar as penalidades previstas no respectivo Estatuto dos Servidores. Por isso mesmo, andou bem o legislador quando previu como procedimento adequado para aplicar as sanções previstas no art. 37, § 4º, da Constituição, o processual civil, cuja competência legislativa é privativa da União (art. 22, I, da Constituição).

À vista disso, tem-se que entender que a Lei nº 8.429/92 é de âmbito nacional e, portanto, obrigatória para todas as esferas de governo, quando define os sujeitos ativos (arts. 1º a 3º), os atos de improbidade (arts. 9º, 10 e 11), as penas cabíveis (art. 12), quando estabelece norma sobre o direito de representação (art. 14), quando prevê ilícito penal (art. 19) e quando estabelece normas sobre prescrição para propositura de ação judicial (art. 23).

No entanto, alguns de seus dispositivos tratam de matéria estritamente administrativa, a respeito da qual cada ente da federação tem competência privativa para legislar. Esses dispositivos somente se aplicam na esfera federal, não se incluindo entre as matérias de competência concorrente previstas no art. 24 da Constituição. É o caso das normas sobre processo administrativo referidas no art. 14, com as alterações introduzidas pela Lei nº 14.230/21.

18.3.2 Inovações da Lei nº 14.230, de 25-10-21

A Lei nº 8.429/92 foi profundamente alterada pela Lei nº 14.230, de 25-10-21,[1] a tal ponto que talvez tivesse sido mais adequada a elaboração de outra lei. As principais inovações podem ser assim resumidas:

- exclusão de responsabilidade por divergência interpretativa, baseada em jurisprudência, ainda que não pacificada (§ 8º do art. 1º);
- exigência de **dolo** para configuração do ato de improbidade administrativa, com exclusão da conduta ou omissão culposa, antes prevista nos arts. 5º e 10;[2]
- **exclusão da modalidade de ato improbidade administrativa incluída no art. 10-A da Lei nº 8.429** pela Lei Complementar nº 157/16: concessão ou aplicação indevida de benefício financeiro ou tributário;
- vedação ao juiz de modificar o fato principal e a capitulação legal apresentada pelo autor (art. 10-C), considerando nula a decisão de mérito total ou parcial da ação de improbidade que condenar o requerido por tipo diverso daquele definido na petição inicial (art. 10-F);
- **elenco taxativo das hipóteses de ato de improbidade administrativa que atentam contra os princípios da Administração Pública** (art. 11), com revogação das hipóteses previstas nos incisos I e II;
- preocupação com a **preservação da vida da empresa**, evitando que a punição impeça a continuação das atividades (art. 12, §§ 3º e 4º);
- aplicação do **princípio do *non bis in idem*** para evitar a aplicação cumulativa de sanções pelo mesmo fato (art. 12, §§ 6º e 7º);
- **legitimidade apenas do Ministério Público** para propositura da ação judicial de improbidade (art. 17);[3]
- submissão da ação judicial de improbidade administrativa às normas do CPC (art. 17);
- **definição da ação judicial de improbidade como repressiva**, de caráter sancionatório (art. 17-D);

---

[1] Vários dispositivos da Lei 14.230 estão sendo objeto de impugnação na ADIN 7236, proposta pela CONAMP (Associação Nacional dos membros do Ministério Público) e na ADIN 7237, proposta pela Associação Nacional dos Procuradores da República, ambas distribuídas ao Ministro Alexandre de Moraes. Em sede de medida cautelar na ADIN 7.236/DF, o Ministro Alexandre de Moraes deferiu parcialmente a medida cautelar, ad referendum do Plenário, para suspender a eficácia dos arts. 1º, § 8º, 12, § 1º, 12, § 10, 17-B, § 3º, 21, § 4º, da Lei 8.429, introduzidos pela Lei 14.230; e conferiu interpretação conforme ao art. 23-C da Lei 8.429, incluído pela Lei 14.230, no sentido de que os atos que ensejem enriquecimento ilícito, perda patrimonial, desvio, malbaratamento ou dilapidação de recursos públicos dos partidos políticos ou de suas fundações, poderão ser responsabilizados nos termos da Lei 9.096/1995, mas sem prejuízo da incidência da Lei de Improbidade Administrativa.

[2] Essa exclusão é de duvidosa constitucionalidade, uma vez que se trata de lei ordinária alterando dispositivo de lei complementar, de hierarquia superior.

[3] O STF, em 31-8-22, por maioria de votos, declarou inválidos dispositivos da Lei 14.230/21, que conferiam legitimidade exclusiva ao Ministério Público para a propositura das ações de improbidade (ADIs 7.042 e 7.043, Rel. Min. Alexandre de Moraes).

- possibilidade de **conversão da ação de improbidade em ação civil pública**, quando não estiverem presentes os requisitos para aplicação das sanções por improbidade (art. 17, § 17);
- possibilidade de instauração de **inquérito civil** ou **procedimento investigatório** semelhante (art. 22);
- permissão expressa de **solução consensual** (art. 17, § 10-A) e de **acordo de não persecução civil** (art. 17-B), com proibição ao investigado que descumprir esse acordo de celebrar novo acordo pelo prazo de cinco anos (§ 7º do art. 17-B);
- previsão de **restrições aos pedidos e à outorga da indisponibilidade de bens** (parágrafos do art. 16);
- previsão de condenação do réu ao **ressarcimento dos danos** ou à **reversão dos bens e valores ilicitamente adquiridos** (art. 18), hipótese em que a liquidação do dano incumbe à pessoa jurídica lesada pelo ato de improbidade administrativa, o que deve ser providenciado no prazo de seis meses; não cumprida essa providência, a competência para a medida se transfere ao Ministério Público (§ 2º do art. 3º);
- observância de **normas e princípios já previstos na LINDB** (art. 17-C);
- proibição de tramitação da ação de improbidade administrativa em caso de absolvição criminal em ação que discuta os mesmos fatos, confirmada por decisão colegiada (§ 4º do art. 21);
- **prescrição** no prazo de 8 anos, com indicação expressa dos casos de suspensão e interrupção (art. 23, §§ 1º e 4º); previsão de prescrição intercorrente.

18.3.3 Concomitância de instâncias penal, civil e administrativa

Consoante já assinalado, os atos de improbidade estão definidos nos arts. 9º, 10 e 11 da Lei nº 8.429/92, com alterações introduzidas pela Lei nº 13.019, de 31-7-14 (alterada pela Lei nº 13.204, de 14-12-15), e pela Lei nº 14.230/21. Muitos deles podem corresponder a crimes definidos na legislação penal e a infrações administrativas definidas nos Estatutos dos Servidores Públicos. Nesse caso, nada impede a instauração de processos nas três instâncias, administrativa, civil e criminal. A primeira vai apurar o ilícito administrativo segundo as normas estabelecidas no Estatuto funcional; a segunda vai apurar a improbidade administrativa e aplicar as sanções previstas na Lei nº 8.429/92; e a terceira vai apurar o ilícito penal segundo as normas do Código de Processo Penal.

Mesmo que a autoridade administrativa represente ao Ministério Público, na forma dos arts. 7º (para pedir a adoção das providências necessárias), e 16 (para solicitar indisponibilidade de bens dos réus), não pode deixar de ser instaurado e ter tramitação normal o processo administrativo, pois ele insere-se como manifestação do poder disciplinar da Administração Pública, com a natureza de poder-dever e, portanto, irrenunciável.

Em caso de concomitância de processos nas três esferas (civil, administrativa e penal), o art. 21, § 3º, da Lei nº 8.429/92, incluído pela Lei nº 14.230/21, determina que as sentenças civis e penais produzirão efeitos em relação à ação de improbidade quando concluírem pela inexistência da conduta ou pela negativa da autoria. E o § 4º do mesmo dispositivo estabelece que "a absolvição criminal em ação que discuta os mesmos fatos, confirmada por decisão colegiada, impede o trâmite da ação da qual trata esta Lei, havendo comunicação com todos os fundamentos de absolvição previstos no art. 386 do Decreto-lei nº 3.689, de 3-10-1941 (Código de Processo Penal". Esse parágrafo está sendo está impugnado na ADIn 7.236, por infringência aos princípios da máxima efetividade das normas constitucionais (ou princípio da eficiência), da proteção deficiente e da vedação de retrocesso. O § 4º do art. 21 infringe o art. 37, § 4º, da Constituição Federal que, ao dar o elenco das medidas cabíveis em caso de ato de improbidade administrativa, acrescenta a expressão "sem prejuízo da ação penal cabível", garantindo, portanto, a independência entre a instância penal e a instância cível em que tramita a ação de improbidade administrativa; essa independência entre instâncias fica prejudicada pela norma do § 4º do art. 21 da Lei nº 8.429, incluído pela Lei nº 14.230.

Por sua vez, o § 5º do art. 21 determina que "sanções eventualmente aplicadas em outras esferas deverão ser compensadas com as sanções aplicadas nos termos desta Lei", seguindo a mesma linha do art. 22, § 3º, da LINDB, acrescentado pela Lei nº 13.655, de 25-4-18, segundo o qual "as sanções aplicadas ao agente serão levadas em conta na dosimetria das demais sanções de mesma natureza e relativas ao mesmo fato".

Pelo § 2º do art. 3º, acrescentado à Lei nº 8.429 pela Lei nº 14.230/21, "as sanções desta Lei não se aplicarão à pessoa jurídica, caso o ato de improbidade administrativa seja também sancionado como ato lesivo à administração pública de que trata a Lei nº 12.846, de 1º de agosto de 2013". Mais um dispositivo que constitui aplicação do princípio que veda o *bis in idem*.

18.3.4 Elementos constitutivos do ato de improbidade administrativa

O ato de improbidade administrativa, para acarretar a aplicação das medidas sancionatórias previstas no art. 37, § 4º, da Constituição, exige a presença de determinados elementos:

a) **sujeito passivo;**
b) **sujeito ativo;**
c) ocorrência do **ato danoso** descrito na lei, causador de enriquecimento ilícito para o sujeito ativo, **prejuízo para o erário ou atentado contra os princípios da Administração Pública;** o enquadramento do ato pode dar-se isoladamente em uma das três hipóteses, ou, cumulativamente, em duas ou três hipóteses;
d) elemento subjetivo: **dolo.**

18.3.4.1 Sujeito passivo

O art. 1º da Lei nº 8.429, nos §§ 5º, 6º e 7º (incluídos pela Lei nº 14.230), indica as entidades que podem ser atingidas por atos de improbidade administrativa, abrangendo o Estado, em qualquer dos três Poderes, a administração direta e indireta no âmbito da União, dos Estados, dos Municípios e do Distrito Federal a entidade privada que receba subvenção, benefício ou incentivo, fiscal ou creditício, de entes públicos ou governamentais, bem como a entidade privada para cuja criação ou custeio o erário haja concorrido ou concorra no seu patrimônio ou receita anual (hipótese em que o ressarcimento de prejuízos fica limitado à repercussão do ilícito sobre a contribuição dos cofres públicos).

Pela norma do § 6º do art. 1º, são incluídas entidades que não compõem a Administração Pública, direta ou indireta, nem podem ser enquadradas como entidades públicas de qualquer natureza. São entidades privadas em relação às quais o Estado exerce a função de fomento, por meio de incentivos, subvenções, incentivos fiscais ou creditícios, ou mesmo contribuição para a criação ou custeio. Podem ser incluídas nessa modalidade as entidades do tipo dos serviços sociais autônomos (Sesi, Senai, Sesc e outras semelhantes), as chamadas organizações sociais, as organizações da sociedade civil de interesse público e qualquer outro tipo de entidade criada ou mantida com recursos públicos.

18.3.4.2 Sujeito ativo

A lei de improbidade administrativa, no art. 2º, considera como sujeitos ativos o **agente público, assim entendido o agente político, o servidor público e** todo aquele que exerce, ainda que transitoriamente ou sem remuneração, por eleição, nomeação, designação, contratação ou qualquer outra forma de investidura ou vínculo, mandato, cargo, emprego ou função nas entidades mencionadas no artigo anterior. Também é sujeito ativo aquele que, mesmo não sendo agente público, induza ou concorra dolosamente para a prática do ato de improbidade (art. 3º, com a redação dada pela Lei nº 14.230) e o particular, pessoa física ou jurídica, que receba recursos públicos em decorrência de contrato de repasse, contrato de gestão, termo de parceria, termo de cooperação ou ajuste administrativo equivalente (art. 2º, parágrafo único).[4]

Pelo § 1º acrescentado ao art. 3º da Lei nº 8.429 pela Lei nº 14.230, "os sócios, os cotistas, os diretores e os colaboradores de pessoa jurídica de direito privado não respondem pelo ato de improbidade que venha a ser imputado à pessoa jurídica, salvo se comprovadamente houver participação e benefícios diretos, caso em que responderão nos limites de sua participação". Nos termos do § 2º do art. 3º, as sanções previstas na lei nº 8.429 não se aplicarão à pessoa jurídica se o ato de improbidade administrativa for também sancionado como ato lesivo à administração pública de que trata a Lei nº 12.846, de 1º-8-13. Com esse dispositivo, também acrescentado pela Lei nº 14.230, o legislador quis separar, dentre os ilícitos atribuídos à pessoa jurídica, aqueles que já sejam sancionados pela lei anticorrupção.

Como se verifica pelo conceito de agente público, contido no art. 2º, não é preciso ser servidor público, com vínculo empregatício, para enquadrar-se como sujeito ativo da improbidade administrativa. Qualquer pessoa que preste serviço ao Estado é agente público, tal como o definimos no item 13.2, incluindo as três modalidades ali referidas: (a) (os **agentes políticos** (parlamentares de todos os níveis, Chefes do Poder Executivo federal, estadual e municipal, Ministros e Secretários dos Estados e dos Municípios); (b) os **servidores públicos** (pessoas com vínculo empregatício, estatutário ou contratual, com o Estado); (c) os **militares** (que também têm vínculo estatutário, embora referidos na Constituição fora da seção referente aos servidores públicos); e (d) os **particulares em colaboração com o Poder Público** (que atuam sem vínculo de emprego, mediante delegação, requisição ou espontaneamente).

Quanto aos servidores públicos, todas as categorias estão incluídas, independentemente de ocuparem cargos efetivos, em comissão ou vitalícios, funções ou empregos públicos, seja o regime estatutário ou contratual, seja a função permanente ou transitória, seja qual for a forma de provimento.

Os membros da Magistratura, do Ministério Público e do Tribunal de Contas incluem-se também como sujeitos ativos, sejam eles considerados servidores públicos, como querem alguns, ou agentes políticos, como preferem outros. De uma forma ou de outra, podem ser sujeitos ativos de atos de improbidade, consoante conceito amplo que decorre do art. 2º da lei. O fato de gozarem de vitaliciedade não impede a aplicação das sanções previstas na lei, inclusive a de perda do cargo, já que uma das hipóteses de perda do cargo, para os servidores vitalícios, é a que decorre de sentença transitada em julgado (arts. 95, I, e 128, § 5º, II, *d*, da Constituição). E as sanções por improbidade administrativa, com fundamento no art. 37, § 4º, da Constituição, só podem ser impostas por sentença judicial.

Quanto aos agentes políticos, cabem algumas ressalvas, por gozarem, algumas categorias, de prerrogativas especiais que protegem o exercício do mandato.

É o caso, em primeiro lugar, dos Parlamentares que têm asseguradas a **inviolabilidade** por suas opiniões, palavras e votos e a **imunidade parlamentar**.

---

[4] O STJ já decidiu que não é possível o ajuizamento de ação de improbidade administrativa exclusivamente em face de particular, sem a concomitante presença de agente público no polo passivo da demanda (REsp 896.044-PA, Segunda Turma, *DJe* 19-4-11; REsp 1.181.300-PA, Segunda Turma, *DJe* 24-9-10; REsp 1.171.017-PA, Rel. Min. Sério Kukina, j. em 25-2-14).

A inviolabilidade está assegurada no art. 53 da Constituição, segundo o qual "os Deputados e Senadores são invioláveis, civil e penalmente, por suas opiniões, palavras e votos". A mesma garantia é assegurada aos Deputados estaduais, pelo art. 27, § 1º, e, aos Vereadores, pelo art. 29, VIII, este último limitando a inviolabilidade à circunscrição do Município.

A inviolabilidade, também chamada de imunidade material, impede a responsabilização civil, criminal, administrativa ou política do parlamentar pelos chamados crimes de opinião, de que constituem exemplos os crimes contra a honra. Fala-se em imunidade material, porque, embora ocorra o fato típico descrito na lei penal, a Constituição exclui a ocorrência do crime.

Assim, se algum parlamentar, de qualquer dos níveis de governo, praticar, no exercício do mandato, ato que pudesse ser considerado crime de opinião, sua responsabilidade estará afastada, nas áreas criminal, civil e administrativa, não podendo aplicar-se a lei de improbidade administrativa.

Além disso, os Senadores e Deputados Federais gozam da chamada **imunidade parlamentar**, que decorre dos §§ 2º e 3º do art. 53, com a redação dada pela Emenda Constitucional nº 35, de 2001. A mesma prerrogativa é estendida aos Deputados estaduais pelo art. 27, § 1º, da Constituição. Para os Vereadores essa prerrogativa não é assegurada na Constituição Federal, mas apenas em leis orgânicas municipais, o que não é suficiente para impedir a aplicação de normas constitucionais, como as que se referem à improbidade administrativa.

A imunidade parlamentar, no entanto, somente se refere à responsabilidade criminal. Como a improbidade administrativa não constitui crime, não há impedimento a que a lei seja aplicada aos parlamentares.

No entanto, não pode ser aplicada a sanção de perda da função pública, que implicaria a perda do mandato, porque essa medida é de competência da Câmara dos Deputados ou do Senado, conforme o caso, tal como previsto no art. 55 da Constituição. Mas o art. 15, inciso V, da Constituição inclui entre as hipóteses de perda ou suspensão dos direitos políticos a "improbidade administrativa, nos termos do art. 37, § 4º". Assim, nada impede que se imponha a pena de suspensão dos direitos políticos ao Deputado Federal ou ao Senador, em ação civil por improbidade administrativa. Nesse caso, a perda do mandato será "declarada pela Mesa da Casa respectiva, de ofício ou mediante provocação de qualquer de seus membros ou de partido político representado no Congresso Nacional, assegurada ampla defesa" (conforme art. 55, § 3º, da Constituição).

A mesma conclusão aplica-se aos Deputados estaduais, por força do art. 27, § 1º, da Constituição. Para os Vereadores não existe norma semelhante na Constituição Federal, podendo aplicar-se inclusive a pena de perda da função pública.

Questão bastante tormentosa é a que diz respeito à possibilidade de propositura de ação de improbidade, com aplicação de todas as penalidades, inclusive a de perda do cargo, para as autoridades referidas no art. 52, I e II, da Constituição. Esse dispositivo outorga competência privativa ao Senado Federal para: "I – processar e julgar o Presidente e o Vice-Presidente da República nos crimes de responsabilidade e os Ministros de Estado e os Comandantes da Marinha, do Exército e da Aeronáutica nos crimes da mesma natureza conexos com aqueles; II – processar e julgar os Ministros do Supremo Tribunal Federal, os membros do Conselho Nacional de Justiça e do Conselho Nacional do Ministério Público, o Procurador-Geral da República e o Advogado-Geral da União nos crimes de responsabilidade" (redação dada pela Emenda Constitucional nº 45, de 8-12-04).

Pelo parágrafo único do mesmo dispositivo, "nos casos previstos nos incisos I e II, funcionará como Presidente o do Supremo Tribunal Federal, limitando-se a condenação, que somente será proferida por 2/3 dos votos do Senado Federal, à perda do cargo, com inabilitação, por 8 anos, para o exercício de função pública, sem prejuízo das demais sanções judiciais cabíveis".

Nos crimes comuns, essas autoridades são julgadas pelo STF (art. 102, I).

O art. 52 retirou do Poder Judiciário a competência para o julgamento dos crimes de responsabilidade praticados pelas autoridades nele referidas, imprimindo natureza nitidamente política ao julgamento, que poderá resultar em perda do cargo, com inabilitação, por oito anos, para o exercício de função pública. A conclusão mais simples, que decorre de uma interpretação puramente literal, seria no sentido de que o dispositivo somente se refere aos crimes de responsabilidade. Como os atos de improbidade nem sempre correspondem a ilícitos penais, a competência para processar e julgar referidas autoridades por tais atos estaria inteiramente fora do alcance do art. 52.

No entanto, partindo da ideia de que os dispositivos da Constituição têm que ser interpretados de forma harmoniosa, sistemática, de modo que não leve a conclusões contraditórias, é necessário deixar de lado a interpretação puramente literal. O legislador constituinte certamente teve por objetivo impedir que os crimes praticados por autoridades de tão alto nível, podendo levar à perda do cargo, fossem julgados por autoridade outra que não o STF (para os crimes comuns) e o Senado Federal (para os crimes de responsabilidade). Não teria sentido que essa mesma pena de perda do cargo, em caso de improbidade que não caracterize crime, pudesse resultar em perda do cargo imposta por outra autoridade de nível inferior. Seria absurdo que o crime de responsabilidade (que constitui ilícito mais grave) tenha competência privilegiada para julgamento e aplicação da pena de perda do cargo, e o ato de improbidade (que pode ser ilícito menos grave, porque nem sempre constitui crime) pudesse resultar também em perda do cargo imposta por outro órgão que não o Senado Federal.

Isso não significa que a tais autoridades não se aplique a lei de improbidade administrativa. Ela aplica-se de forma limitada, porque não pode resultar em aplicação da pena de perda do cargo. Essa conclusão resulta muito clara do parágrafo único do art. 52, que limita a competência do Senado à aplicação da pena de perda do cargo com inabilitação, por oito anos, para o exercício de função pública, **"sem prejuízo das demais sanções judiciais cabíveis"**. Vale dizer: sem prejuízo de sanções outras, como as que decorrem da prática de crime comum ou de ilícitos civis, como ocorre com a improbidade administrativa.

A discussão que o assunto pudesse ensejar tinha perdido grande parte de sua utilidade pelo fato de que a Lei nº 10.628, de 24-12-02, alterou a redação do art. 84 do Decreto-lei nº 3.689, de 3-10-41 – Código de Processo Penal –, determinando que a competência pela prerrogativa de função é do Supremo Tribunal Federal, do Superior Tribunal de Justiça, dos Tribunais Regionais Federais e Tribunais de Justiça dos Estados e do Distrito Federal, relativamente às pessoas que devem responder perante eles por crimes comuns e de responsabilidade. No § 2º do mesmo dispositivo, veio determinar que "a ação de improbidade de que trata a Lei nº 8.429, de 2-6-92, será proposta perante o tribunal competente para processar e julgar criminalmente o funcionário ou autoridade na hipótese de prerrogativa de foro em razão do exercício de função pública, observado o disposto no § 1º". Esse parágrafo estendeu o privilégio de foro para o período posterior à cessação do exercício da função pública, contrariando a orientação jurisprudencial e doutrinária no sentido de que o privilégio de foro protege o exercício do mandato e não a pessoa que o exerce.

Ocorre que, ao apreciar as ADIns nº 2.797 e nº 2.860, propostas, respectivamente pela Associação Nacional dos Membros do Ministério Público – Conamp e Associação dos Magistrados Brasileiros – AMB, o Supremo Tribunal Federal, por 7 votos a 3, julgou procedentes as ações, em 5-10-05, declarando inconstitucionais os §§ 1º e 2º apostos ao art. 84 do Código de Processo Penal pela Lei nº 10.628/02.

Com isto, volta-se à situação pretérita, em que os efeitos da ação de improbidade administrativa são limitados em relação aos agentes políticos que estão sujeitos a foro especial para perda de mandato, conforme art. 52, I e II, da Constituição.

É importante lembrar que, em relação ao Presidente da República, o art. 85, V, da Constituição, inclui entre os crimes de responsabilidade os que atentem contra a probidade na administração. E a Lei nº 1.079/50, ao definir os crimes de responsabilidade, utiliza conceitos indeterminados para definir tais crimes; para todas as categorias de agentes abrangidos pela lei, constitui crime de responsabilidade "proceder de modo incompatível com a dignidade, a honra e o decoro do cargo" (arts. 9º, item 7, 39, item 5, 40, item 4).

Quanto aos agentes políticos referidos no art. 102, I, c, da Constituição (Ministros de Estado e Comandantes da Marinha, do Exército e da Aeronáutica, Membros dos Tribunais Superiores e do Tribunal de Contas da União e Chefes de missão diplomática), o Supremo Tribunal Federal, depois de fazer distinção entre os regimes de responsabilidade político-administrativa previstos na Constituição, quais sejam, o do art. 37, § 4º, regulado pela Lei nº 8.429/92, e o regime de crime de responsabilidade fixado no art. 102, I, c, disciplinado pela Lei nº 1.079/50, decidiu que tais agentes, por estarem regidos por normas especiais de responsabilidade, não respondem por improbidade administrativa com base na Lei nº 8.429, mas apenas por crime de responsabilidade em ação que somente pode ser proposta perante o Supremo Tribunal Federal (Reclamação 2138/DF, rel. orig. Min. Nelson Jobim, rel. p/ o acórdão Min. Gilmar Mendes, 13-6-07, *Boletim* nº 471, de 20-6-07, do STF).

Essa não é a melhor interpretação dos dispositivos constitucionais, até porque contrária ao próprio art. 37, § 4º, da Constituição que, ao indicar as sanções cabíveis por ato de improbidade administrativa, deixa expresso que as mesmas serão previstas em lei, "sem prejuízo da ação penal cabível". A improbidade administrativa e o crime de responsabilidade são apurados em instâncias diversas e atendem a objetivos também diversos. Todos os agentes públicos que praticam infrações estão sujeitos a responder nas esferas penal, civil, administrativa e político-administrativa. Nenhuma razão existe para que os agentes políticos escapem à regra, até porque, pela posição que ocupam, têm maior compromisso com a probidade administrativa, sendo razoável que respondam com maior severidade pelas infrações praticadas no exercício de seus cargos. Por isso, são incontestáveis os argumentos expostos no voto do Ministro Joaquim Barbosa, que acompanhou o voto vencido do Ministro Carlos Velloso. Ele ressaltou a existência, no Brasil, de disciplinas normativas diversas em matéria de improbidade, as quais, embora visando à preservação da moralidade na Administração Pública, possuiriam objetivos constitucionais diversos: a específica da Lei nº 8.429/92, que disciplina o art. 37, § 4º, da Constituição Federal, de tipificação cerrada e de incidência sobre um amplo rol de possíveis acusados, incluindo até mesmo pessoas que não tenham vínculo funcional com a Administração Pública; e a referente à exigência de probidade que a Constituição faz em relação aos agentes políticos, especialmente ao Chefe do Poder Executivo e aos Ministros de Estado (art. 85, V), a qual, no plano infraconstitucional, se completa com o art. 9º da Lei nº 1.079/50. Segundo o Ministro, o art. 37, § 4º, da Constituição traduz concretização do princípio da moralidade administrativa a prática de atos desonestos e antiéticos, aplicando-se aos acusados as várias e drásticas penas previstas na Lei nº 8.429/92. Já o tratamento jurídico da improbidade prevista no art. 85, V, da Constituição e na Lei nº 1.079/50, direcionada aos fins políticos, ou seja, de apuração da responsabilização política, assumiria outra roupagem, porque o objetivo constitucional visado seria o de lançar no ostracismo político o agente político faltoso, cujas ações configurassem um risco para o Estado de Direito; a natureza política e os objetivos constitucionais pretendidos com esse instituto explicariam a razão da aplicação de apenas duas punições ao agente político: perda do cargo e inabilitação para o exercício de funções públicas por oito anos. Ainda foi ressaltada no voto a ideia de que eximir os agentes políticos da ação de improbidade administrativa, além de gerar situação de perplexidade que violaria os princípios isonômico e republicano, seria um desastre para a Administração Pública, um retrocesso institucional.

Esse entendimento acabou por predominar na Corte Suprema. Na mesma seção em que decidiu, por maioria de votos, pela inaplicabilidade da lei de improbidade aos agentes políticos referidos no art. 102, I, *c* (13-6-07), o Supremo Tribunal Federal adotou entendimento diverso com relação aos parlamentares (Pet. 3923 QO/SP, rel. Min. Joaquim Barbosa, 13-6-07, *Boletim* nº 471, de 20-6-07).

Além disso, o Supremo Tribunal Federal, em decisão monocrática do Min. Celso de Mello, em medida cautelar inominada (AC 3.585-MC/RS), decidiu que os agentes políticos se submetem ao regime jurídico da Lei nº 8.429/92.[5] Inúmeros precedentes são citados no corpo do acórdão, inclusive com o reconhecimento da competência do magistrado de primeiro grau para julgamento.[6]

18.3.4.3 Ocorrência de ato danoso

Foi dito, no item 18.3.3, que, para ocorrer o ato de improbidade disciplinado pela Lei nº 8.429/92, são necessários três elementos: o sujeito ativo, o sujeito passivo e a ocorrência de um dos atos danosos previstos na lei como ato de improbidade.

Os atos de improbidade compreendem três modalidades:

a) os que **importam enriquecimento ilícito** (art. 9º);
b) os que **causam lesão ao erário** (art. 10);
c) os que **atentam contra os princípios da Administração Pública** (art. 11).

Embora a lei fale em **ato de improbidade**, tem-se que entender que o vocábulo **ato** não é utilizado, nesses dispositivos, no sentido de ato administrativo (por nós definido no item 7.4 deste livro). O ato de improbidade pode corresponder a um ato administrativo, a uma omissão, a uma conduta.

Esse ato tem que ser praticado no exercício de função pública, considerada a expressão em seu sentido mais amplo, de modo que abranja as três funções do Estado; mesmo quando praticado por terceiro, que não se enquadre no conceito de agente público, o ato tem que ter algum reflexo sobre uma função pública exercida por agente público. Difícil conceber ato de improbidade praticado por terceiro que não esteja em relação de cumplicidade com agente público.

Embora a lei, nos três dispositivos da redação original, tenha elencado um rol de atos de improbidade, não se trata, nos que importam **enriquecimento ilícito** (art. 9º) e nos que causam **lesão ao erário** (art. 10), de enumeração taxativa, mas meramente exemplificativa. Ainda que o ato não se enquadre em uma das hipóteses previstas expressamente nos vários incisos dos dois dispositivos, poderá ocorrer improbidade sancionada pela lei, desde que enquadrada no *caput* dos arts. 9º ou 10. Nos dois dispositivos, aparece a descrição da infração seguida da expressão **e notadamente**, a indicar a natureza exemplificativa dos incisos que se seguem. Apenas quanto aos atos de improbidade que **atentam contra os princípios da Administração Pública** (art. 11), a enumeração é taxativa.

---

[5] Julgamento em 2-6-24. *Informativo STF* nº 761, de 3-10-14.

[6] Rcl 2.766-AgR/RN, Rel. Min. Celso de Mello; Pet 3.030-QO/RO, Rel. Min. Marco Aurélio; Pet 4.070-AgR/DF, Rel. Min. Celso de Mello; Pet 4089-AgR/DF, Rel. Min. Celso de Mello; Pet 4.314-AgR/DF, Min. Rosa Weber; Rcl. 3.405-AgR/SP, Rel. Min. Sepúlveda Pertence; Rcl 3.499-AgR/SP, Rel. Min. Sepúlveda Pertence; RE 444.042-AgR/SP, Rel. Min. Cármen Lúcia.

Embora sejam vários os tipos infracionais previstos nos referidos dispositivos, o art. 17, § 10-D, incluído pela Lei nº 14.230, determina que "para cada ato de improbidade administrativa, deverá necessariamente ser indicado apenas um tipo dentre aqueles previstos nos artigos 9º, 10 e 11 desta lei". A norma é absurda, porque não há dúvida de que o mesmo ato ilícito pode enquadrar-se em mais de um tipo de infração.

Pelo art. 9º, **"constitui ato de improbidade administrativa importando enriquecimento ilícito auferir, mediante a prática de ato doloso, qualquer tipo de vantagem patrimonial indevida em razão do exercício de cargo, mandato, função, emprego ou atividade nas entidades mencionadas no art. 1º e notadamente"** as que vêm indicadas nos 12 incisos contidos no dispositivo, alterado pela Lei nº 14.230.

Nos termos do art. 10, com a redação dada pela Lei nº 14.230, **"constitui ato de improbidade administrativa que causa lesão ao erário qualquer ação ou omissão dolosa que enseje, efetiva e comprovadamente, perda patrimonial, desvio, apropriação, malbaratamento ou dilapidação dos bens ou haveres das entidades referidas no art. 1º desta Lei, e notadamente"** as que vêm previstas nos incisos do dispositivo.

Os §§ 1º e 2º do art. 10, acrescentados pela Lei nº 14.230, estabelecem novas exigências para aplicação do dispositivo: o primeiro determina que "nos casos em que a inobservância de formalidades legais ou regulamentares não implicar perda patrimonial efetiva, não ocorrerá imposição de ressarcimento, vedado o enriquecimento sem causa das entidades referidas no artigo 1º desta Lei"; e o segundo determina que "a mera perda patrimonial decorrente da atividade econômica não acarretará improbidade administrativa, salvo se comprovado ato doloso praticado com essa finalidade".

Por fim, pelo art. 11, também alterado pela Lei nº 14.230, **"constitui ato de improbidade administrativa que atenta contra os princípios da administração pública a ação ou omissão dolosa que viole os deveres de honestidade, de imparcialidade e de legalidade, caracterizada por uma das seguintes condutas"** indicadas nos incisos do dispositivo.[7]

Os parágrafos do art. 11, acrescentados pela Lei nº 14.230, preveem algumas vedações com fundamento na Convenção das Nações Unidas contra a corrupção, promulgada pelo Decreto nº 5.687, de 31-1-06: (i) somente haverá improbidade administrativa, na aplicação do art. 11, quando for comprovado na conduta funcional do agente público o fim de obter proveito ou benefício indevido para si ou para outra pessoa ou entidade (§ 1º); (ii) o mesmo condicionamento é aplicado a quaisquer atos de improbidade administrativa tipificados na Lei 8.429 e em leis especiais e a quaisquer outros tipos especiais de improbidade administrativa instituídos por lei (§ 2º); (iii) o enquadramento de conduta funcional no art. 11 pressupõe a demonstração objetiva da prática de ilegalidade no exercício da função pública, com a indicação das normas constitucionais, legais ou infralegais violadas (§ 3º); (iv) o enquadramento no art. 11 da lei exige

---

[7] É lamentável a revogação do inciso I do art. 11, que dava fundamento para punição dos atos praticados com desvio de poder. Trata-se de ilícito que pressupõe a existência de dolo, já que a ilicitude se localiza na própria intenção do agente. A exclusão não impede a invalidação do ato praticado com desvio de poder, nem a propositura de ação popular, nem a aplicação da lei anticorrupção, uma vez que a situação se enquadre em uma das infrações definidas na lei. No entanto, o § 1º do art. 11 deixa uma abertura para a punição do desvio de poder, ao determinar, com base na Convenção das Nações Unidas contra a corrupção, que "somente haverá improbidade administrativa, na aplicação deste artigo, quando for comprovado na conduta funcional do agente público o fim de obter proveito ou benefício indevido para si ou para outra pessoa ou entidade". O dispositivo praticamente contém uma definição do desvio de poder. Também é lamentável a mudança do *caput* do art. 11, ao tornar taxativo o rol de atos de improbidade administrativa, deixando sem punição outros atos que, embora contrários à probidade na Administração Pública, não foram incluídos no rol do art. 11. Esse dispositivo também está sendo impugnado na ADIn 7.236. E realmente a inconstitucionalidade é flagrante na medida em que restringe a aplicação do art. 37, § 4º, da Constituição.

lesividade relevante ao bem jurídico tutelado para ser passível de sancionamento e independe do reconhecimento da produção de danos ao erário e de enriquecimento ilícito dos agentes públicos (§ 4º). Pelo § 5º do art. 11, não se configurará improbidade a mera nomeação ou indicação política por parte dos detentores de mandatos eletivos, sendo necessária a aferição de dolo com finalidade ilícita por parte do agente.

Outro dado a ressaltar é que, nos termos do art. 21 da Lei nº 8.429 (com a redação dada pela Lei nº 14.230/21), a aplicação das sanções nela previstas independe: I – da efetiva ocorrência de dano ao patrimônio público, salvo quanto à pena de ressarcimento e às condutas previstas no art. 10 da Lei n 8.429; II – da aprovação ou rejeição das contas pelo órgão de controle interno ou pelo Tribunal ou Conselho de Contas.

No que diz respeito ao inciso II, referente ao Tribunal de Contas, a norma é de fácil compreensão. Se forem analisadas as competências do Tribunal de Contas, previstas no art. 71 da Constituição, vai-se verificar que o julgamento das contas das autoridades públicas não esgota todas as atribuições daquele colegiado, estando previsto nos incisos I e II; a apreciação das contas obedece a critérios políticos e não significa a aprovação de cada ato isoladamente considerado; as contas podem ser aprovadas, independentemente de um ou outro ato ou contrato ser considerado ilegal. Além disso, como o Tribunal de Contas não faz parte do Poder Judiciário, as suas decisões não têm força de coisa julgada, sendo sempre passíveis de revisão pelo Poder Judiciário, com fundamento no art. 5º, inciso XXXV, da Constituição.

Já a hipótese prevista no inciso I do art. 21, que dispensa a ocorrência de dano para aplicação das sanções da lei, **salvo quanto à pena de ressarcimento e às condutas previstas no art. 10** (lesão ao erário), merece meditação mais cautelosa. Seria inconcebível punir-se uma pessoa se de seu ato não resultasse qualquer tipo de dano. Tem-se que entender que o dispositivo, ao dispensar o "dano ao patrimônio público" utilizou a expressão **patrimônio público** em seu sentido restrito de patrimônio econômico. Note-se que a lei de ação popular (Lei nº 4.717/65) define patrimônio público como "os bens e direitos de valor econômico, artístico, estético, histórico ou turístico" (art. 1º, § 1º), para deixar claro que, por meio dessa ação, é possível proteger o patrimônio público nesse sentido mais amplo. O mesmo ocorre, evidentemente, com a ação de improbidade administrativa, que protege o patrimônio público nesse mesmo sentido amplo. Essa ideia se confirma com o acréscimo da expressão "condutas previstas no artigo 10", acrescentada ao inciso I do art. 21 pela Lei nº 14.230.

Assim, o que quis dizer o legislador, com a norma do art. 21, I, é que as sanções podem ser aplicadas mesmo que não ocorra dano ao patrimônio econômico. É exatamente o que ocorre ou pode ocorrer com os atos de improbidade previstos no art. 11, por atentado aos princípios da Administração Pública. Do ato pode não resultar qualquer prejuízo para o patrimônio público, mas ainda assim constituir ato de improbidade, porque fere o patrimônio moral da instituição, que abrange as ideias de honestidade, boa-fé, lealdade, imparcialidade. O mesmo pode ocorrer com as hipóteses do art. 9º, em que a improbidade é caracterizada pelo enriquecimento ilícito; o fato de uma pessoa enriquecer ilicitamente no exercício de função pública pode não acarretar necessariamente dano ao patrimônio econômico-financeiro; por exemplo, se uma pessoa receber propina para praticar um ato que realmente é de sua competência ou para dispensar a licitação quando esta era obrigatória, esses atos podem não ocasionar prejuízo ao erário e ainda assim propiciar enriquecimento ilícito. Nesse caso, também, é o patrimônio moral que está sendo lesado.

Quanto a esse aspecto, muito precisa é a lição de Marcelo Figueiredo (1997:101), quando ensina: "Entendemos que se pretendeu afirmar que a lei pune não somente o dano material à administração, como também qualquer sorte de lesão ou violação à moralidade administrativa, havendo ou não prejuízo no sentido econômico. De fato, pretende a lei, em seu conjunto, punir os agentes ímprobos, vedar comportamentos e práticas usuais de 'corrupção' (sentido leigo).

Muitas dessas práticas revertem em benefício do agente e nem sempre causam prejuízo 'econômico-financeiro' à Administração. O dispositivo, ainda, ao não exigir 'a efetiva ocorrência de dano ao patrimônio público', pode levar o intérprete a imaginar que o juiz será obrigado a aplicar as sanções da lei independentemente de dano. Não parece a melhor exegese, como vimos. Já desenvolvemos alhures a ideia de que ao Judiciário é cometida a ampla análise da conduta do agente. Assim, poderá, ao aplicar a pena, dosá-la em função do prejuízo causado ao erário. Nota-se que, ausente qualquer tipo de prejuízo, mesmo moral, seria um verdadeiro 'nonsense' punir-se o agente."

Finalmente, cabe observar que o mesmo ato pode enquadrar-se em uma, duas ou três hipóteses de improbidade prevista na lei. Por exemplo, a revelação de fato ou circunstância de que tem ciência em razão de suas atribuições, prevista no inciso III do art. 11, pode causar prejuízo para o erário, incidindo no art. 10, e o enriquecimento ilícito no exercício do cargo, incidindo também na regra do art. 9º.

Não é demais repetir que os atos de improbidade descritos na lei constituem também ilícitos administrativos, passíveis de punição na esfera administrativa, e podem corresponder a crimes passíveis de punição na esfera criminal. Nessas hipóteses, ocorrerá a já assinalada concomitância de instâncias.

18.3.4.4 Elemento subjetivo: dolo ou culpa

O enquadramento na lei de improbidade exige dolo por parte do sujeito ativo. Quanto a esse aspecto, a Lei nº 14.230 alterou a Lei nº 8.429, que admitia também a culpa no art. 10. No entanto, já na vigência da redação anterior entendíamos que, quando algum ato ilegal seja praticado, é preciso pesquisar se houve um mínimo de má-fé que revele realmente a presença de um comportamento desonesto. A quantidade de leis, decretos, medidas provisórias, regulamentos, portarias torna praticamente impossível a aplicação do velho princípio de que todos conhecem a lei. Além disso, algumas normas admitem diferentes interpretações e são aplicadas por servidores públicos estranhos à área jurídica. Por isso mesmo, a aplicação da lei de improbidade exige bom senso, pesquisa da intenção do agente, sob pena de sobrecarregar-se inutilmente o Judiciário com questões irrelevantes, que podem ser adequadamente resolvidas na própria esfera administrativa. A própria severidade das sanções previstas na Constituição está a demonstrar que o objetivo foi o de punir infrações que tenham um mínimo de gravidade, por apresentarem consequências danosas para o patrimônio público (em sentido amplo), ou propiciarem benefícios indevidos para o agente ou para terceiros. A aplicação das medidas previstas na lei exige observância do princípio da razoabilidade, sob o seu aspecto de proporcionalidade entre meios e fins.

Dos três dispositivos que definem os atos de improbidade, somente o art. 10, na redação original, falava em ação ou omissão, **dolosa ou culposa**. E a mesma ideia de que, nos atos de improbidade causadores de prejuízo ao erário, exigia-se dolo ou culpa, repetia-se no art. 5º da lei, que foi revogado pela Lei nº 14.230.

A tendência da jurisprudência era a de somente admitir a conduta culposa na hipótese do art. 10 da lei de improbidade, já que o dispositivo legal a previa expressamente. Nas hipóteses dos arts. 9º e 11, exigia-se comprovação de dolo.[8]

No caso da lei de improbidade, a presença do elemento subjetivo é tanto mais relevante pelo fato de ser objetivo primordial do legislador constituinte o de assegurar a probidade, a moralidade, a honestidade dentro da Administração Pública. Sem um mínimo de má-fé, não

---

[8] Era o entendimento do STJ na Edição nº 38 de sua Jurisprudência de Teses.

se pode cogitar da aplicação de penalidades tão severas como a suspensão dos direitos políticos e a perda da função pública.

A exigência de dolo ficou reforçada no art. 17-C, § 1º, em cujos termos "a ilegalidade sem a presença de dolo que a qualifique não configura ato de improbidade".

Qualquer dúvida que houvesse ficou dissipada pelo acórdão proferido pelo STF no Tema 1.199, no sentido de que é necessária a comprovação de responsabilidade subjetiva para a tipificação dos atos de improbidade administrativa, exigindo-se, nos arts. 9º, 10 e 11 da lei de improbidade administrativa, a presença do elemento subjetivo "dolo".

No mesmo acórdão, o STF decidiu que: (i) a norma benéfica da Lei 14.230/2021 – revogação da modalidade culposa do ato de improbidade administrativa – é irretroativa, em virtude do disposto no art. 5º, inciso XXXVI, da Constituição Federal, não tendo incidência em relação à eficácia da coisa julgada; nem tampouco durante o processo de execução das penas e seus incidentes; (ii) a nova Lei 14.230/2021 aplica-se aos atos de improbidade administrativa culposos praticados na vigência do texto anterior, porém sem condenação transitada em julgado, em virtude da revogação expressa do tipo culposo, devendo o juízo competente analisar eventual dolo por parte do agente.

O Tema 1.199, ao afastar a retroatividade benéfica com relação às condenações por sentença transitada em julgado, produz situações de extrema injustiça porque mantém a punição de atos que não são mais considerados de improbidade administrativa. Talvez tenha ocorrido grave omissão do legislador ao deixar de prever o **pedido de revisão** que existe na esfera criminal para as hipóteses em que o ato deixou de ser considerado crime (*absolutio criminis*). Pelo art. 107 do Código Penal, inciso III, extingue-se a punibilidade pela retroatividade de lei que não mais considere o fato como criminoso. O fundamento constitucional decorre do art. 5º, XL, da Constituição Federal, pelo qual "a lei não retroagirá, salvo para beneficiar o réu". Na legislação estatutária dos servidores públicos, costuma também ser prevista a revisão do processo, quando se aduzirem fatos novos ou circunstâncias suscetíveis de justificar a inocência do punido ou a inadequação da penalidade aplicada. É o que está previsto no art. 174 da Lei nº 8.112, de 11-12-90. Medida semelhante a essa poderia ter sido prevista com relação aos atos de improbidade, levando em consideração a gravidade dos efeitos de uma condenação em ilícitos dessa natureza.

18.3.5 Sanções

Pelo art. 37, § 4º, da Constituição, os atos de improbidade importarão a suspensão dos direitos políticos, a perda da função pública, a indisponibilidade dos bens e o ressarcimento ao erário, na forma e gradação previstas em lei, sem prejuízo da ação penal cabível.

Note-se que o dispositivo constitucional, ao indicar as medidas cabíveis, não se refere a elas como sanções. E, na realidade, nem todas têm essa natureza. É o caso da indisponibilidade dos bens, que tem nítido caráter preventivo, já que tem por objetivo acautelar os interesses do erário durante a apuração dos fatos, evitando a dilapidação, a transferência ou ocultação dos bens, que tornariam impossível o ressarcimento do dano.

Quanto ao ressarcimento do dano, constitui uma forma de recompor o patrimônio lesado. Seria cabível, ainda que não previsto na Constituição, já que decorre do art. 159 do Código Civil de 1916, que consagrou, no direito positivo, o princípio geral de direito segundo o qual quem quer que cause dano a outrem é obrigado a repará-lo. A norma repete-se no art. 186 do novo Código Civil, com o acréscimo de menção expressa ao dano moral.

Por isso mesmo, só é cabível o ressarcimento se do ato de improbidade resultou prejuízo para o erário ou para o patrimônio público (entendido em sentido amplo). Onde não existe prejuízo, não se pode falar em ressarcimento, sob pena de enriquecimento ilícito por parte do Poder Público.

Também são sanções de natureza civil a suspensão dos direitos políticos e a perda da função pública. E são penalidades de natureza civil e não criminal, conforme analisado no item 18.3.1.

Na Lei nº 8.429/92, as sanções estão previstas especificamente no art. 12, indo além da norma constitucional, ao prever outras medidas, a saber, a **perda dos bens ou valores acrescidos ilicitamente ao patrimônio** (para a hipótese de enriquecimento ilícito), a **multa civil** e a **proibição de contratar com o Poder Público ou receber benefícios ou incentivos fiscais ou creditícios, direta ou indiretamente, ainda que por intermédio de pessoa jurídica da qual seja sócio majoritário.**

Essa ampliação das medidas cabíveis não constitui infringência à norma constitucional. Essa estabeleceu algumas medidas possíveis, mas não limitou a competência do legislador para estabelecer outras.

Pelo art. 12 da lei verifica-se que o legislador estabeleceu uma gradação decrescente em termos de gravidade: em primeiro lugar, os atos que acarretam enriquecimento ilícito; em segundo, os atos que causam prejuízo ao erário; e, em terceiro, os atos que atentam contra os princípios da Administração.

A gradação foi estabelecida em relação a algumas penas, da seguinte forma:

a) a suspensão dos direitos políticos, que pode chegar a até 14 anos, no primeiro caso; e a 12 anos, no segundo; não cabe no caso do art. 11;

b) o valor da multa civil, que pode corresponder ao valor do acréscimo patrimonial, em caso de enriquecimento ilícito; e ao valor do dano, no caso de prejuízo ao erário; e pode ser de até 24 vezes o valor da remuneração percebida pelo agente, no caso de atentado aos princípios da Administração;

c) a proibição de contratar com a Administração ou de receber benefícios ou incentivos fiscais ou creditícios pode ser aplicada pelo prazo máximo de 14, 12 e 4 anos respectivamente.

O art. 20 determina que "a perda da função pública e a suspensão dos direitos só se efetivam com o trânsito em julgado da sentença condenatória".

Nos termos do art. 18-A, se houver outras sanções aplicadas em outros processos, o juiz, na fase de cumprimento da sentença, as unificará, "tendo em vista a eventual continuidade de ilícito ou a prática de diversas ilicitudes", devendo observar o seguinte: I – no caso de continuidade de ilícito, o juiz promoverá a maior sanção aplicada, aumentada de 1/3 ou a soma das penas, o que for mais benéfico ao réu; II – no caso de prática de novos atos ilícitos pelo mesmo sujeito, o juiz somará as sanções. Para essas situações, o parágrafo único do art. 18-A determina que "as sanções de suspensão de direitos políticos e de proibição de contratar ou de receber incentivos fiscais ou creditícios do poder público observarão o limite máximo de 20 anos.

É plenamente possível que o mesmo ato ou omissão se enquadre nos três tipos de improbidade administrativa previstos na lei. Pelo *caput* do art. 12, as sanções podem ser aplicadas isolada ou cumulativamente. Pode ocorrer que um ato que atente contra os princípios da Administração Pública (previstos no art. 11) não cause enriquecimento ilícito ou prejuízo para o erário. Nesse caso, a sanção será aplicada em sua gradação menos severa.

Essa aplicação cumulativa justifica-se porque o ato de improbidade afeta ou pode afetar valores de natureza diversa. Com efeito, o ato de improbidade afeta, em grande parte, o patrimônio público econômico-financeiro; afeta o patrimônio público moral; afeta o interesse de toda a coletividade em que a honestidade e a moralidade prevaleçam no trato da coisa pública; afeta a disciplina interna da Administração Pública. Ora, se valores de natureza diversa são atingidos, é perfeitamente aceitável que algumas ou todas as penalidades sejam aplicadas concomitantemente. O sujeito ativo da improbidade administrativa poderá ser atingido em diferentes direitos: o de propriedade, pela perda dos bens ou valores ilicitamente acrescidos ao seu patrimônio e pela obrigação de reparar os prejuízos causados; o de exercer os direitos políticos, que de certa forma engloba o de exercer função pública, já que não se pode conceber que uma pessoa privada dos direitos políticos, ainda que transitoriamente, possa continuar a exercer mandato ou ocupar cargo, emprego ou função dentro da Administração Pública. Na realidade, a principal penalidade é a suspensão dos direitos políticos; as demais praticamente constituem efeitos civis e administrativos da penalidade maior; isso para não falar na sanção penal, se for o caso, e que independe da aplicação das demais, conforme está expresso no art. 37, § 4º, da Constituição.

Qualquer dúvida que houvesse quanto à possibilidade de aplicação cumulativa das sanções ficou dissipada com a entrada em vigor da Lei nº 12.120, de 15-12-09, que deu nova redação ao art. 12 da lei de improbidade, tornando expressa a possibilidade de que as sanções previstas no dispositivo sejam aplicadas isolada ou cumulativamente. Essa previsão se manteve na Lei nº 14.230.

O parágrafo único do art. 12 da Lei nº 8.429 determinava que "na fixação das penas previstas nesta Lei o juiz levará em conta a extensão do dano causado, assim como o proveito patrimonial obtido pelo agente". Tratava-se de critérios para orientar o juiz na fixação da pena, cabendo assinalar que a expressão **extensão do dano causado** tem que ser entendida em sentido amplo, de modo que abranja não só o dano ao erário, ao patrimônio público em sentido econômico, mas também ao patrimônio moral do Estado e da sociedade. Esse dispositivo foi revogado pela Lei nº 14.230. Mas têm aplicação, no caso, as normas do art. 22, §§ 1º, 2º e 3º, da LINDB, introduzidas pela Lei nº 13.655/18, que mandam considerar, na aplicação de sanções: (i) as circunstâncias práticas que houverem imposto, limitado ou condicionado a ação do agente; (ii) a natureza e a gravidade da infração cometida, os danos que dela provierem para a administração pública, as circunstâncias agravantes ou atenuantes e os antecedentes do agente; e (iii) a dosimetria das demais sanções de mesma natureza e relativas ao mesmo fato.

Os parágrafos do art. 12, acrescentados pela Lei nº 14.230, também determinam a observância de uma série de circunstâncias, muitas delas correspondendo a entendimentos anteriormente adotados pela doutrina e jurisprudência: (i) o § 1º determina que a sanção de perda da função pública, nas hipóteses dos incisos I e II do *caput* (referentes ao enriquecimento ilícito e dano ao erário) atinge apenas o vínculo da mesma qualidade e natureza que o agente público ou político detinha com o poder público na época do cometimento da infração, podendo o juiz, no caso de enriquecimento ilícito, e em caráter excepcional, estendê-la aos demais vínculos, consideradas as circunstâncias do caso e a gravidada infração; (ii) o § 2º prevê a possibilidade de ser aumentado até o dobro o valor da multa se o juiz considerar que, em virtude da situação econômica do réu, o valor calculado na forma dos incisos I, II e III do art. 12, é ineficaz para reprovação e prevenção do ato de improbidade; (iii) pelo § 3º, na responsabilização da pessoa jurídica, deverão ser considerados os efeitos econômicos e sociais das sanções, de modo a viabilizar a manutenção de suas atividades; (iv) o § 4º determina que "em caráter excepcional e por motivos relevantes devidamente justificados, a sanção de proibição de contratação com o poder público pode extrapolar o ente público lesado pelo ato de improbidade, observados os impactos econômicos e sociais das sanções, de forma a preservar a função social da pessoa jurídica, conforme disposto no § 3º deste artigo"; note-se que os §§ 3º e 4º revelam preocupação do legislador em preservar a vida da empresa, evitando que a punição impeça a continuação de suas atividades; (v) no caso de atos de menor ofensa aos bens públicos tutelados pela lei, a sanção limitar-se à aplicação de multa, sem prejuízo do ressarcimento do dano e da perda dos valores obtidos; a lei não diz o que considera como "atos de menor ofensa aos bens públicos" (§ 5º), deixando larga margem de apreciação para o julgador, que poderá basear-se nos princípios da razoabilidade e proporcionalidade; (vi) no caso de dano ao patrimônio público, a reparação do dano a que se refere a lei deve deduzir o ressarcimento ocorrido nas instâncias criminal, civil e administrativa que tiver por objeto os mesmos fatos (§ 6º); esse inciso constitui aplicação do princípio do *"non bis in idem"*; (vii) o § 7º faz expressa referência ao princípio do *"non bis in idem"* quando se tratar de infrações sujeitas concomitantemente às sanções da lei de improbidade e da lei anticorrupção (Lei 12.846/13); (viii) em consonância com o § 8º, a sanção de proibição de contratação com o poder público deverá constar do Cadastro Nacional de Empresas Inidôneas e Suspensas (CEIS) de que trata a Lei nº 12.846/13, devendo ser observadas as limitações territoriais contidas em decisão judicial, conforme disposto no § 4º do art. 12; (ix) o § 9º veda que as sanções sejam executadas antes do trânsito em julgado da sentença condenatória; (x) pelo § 10, "para efeitos de contagem do prazo da sanção de suspensão dos direitos políticos, computar-se-á retroativamente o intervalo de tempo entre a decisão colegiada e o trânsito em julgado da sentença condenatória".

Sobre a cumulação das sanções previstas na Lei nº 8.429/92 com sanções previstas em outras leis (como a lei de licitações, a lei anticorrupção, a legislação dos Tribunais de Contas, entre outras), o tema será analisado no capítulo subsequente, especificamente no item 19.7. Também é relevante o comentário ao art. 17, § 1º, da Lei nº 8.429/92, a ser feito no item 18.3.6, pertinente à ação judicial de improbidade administrativa.

18.3.6   Procedimento administrativo

Dentro do capítulo intitulado "Do Procedimento Administrativo e do Processo Judicial", a Lei nº 8.429/92 contém algumas normas sobre o direito que cabe a qualquer pessoa de representar para que seja instaurada investigação destinada a apurar a prática de ato de improbidade (art. 14). Trata-se de direito de natureza constitucional, que poderia ser exercido mesmo que não previsto nessa lei, já que assegurado pelo art. 5º, inciso XXXIV, *a*, da Constituição.

O § 1º exige que a representação seja feita por escrito ou reduzida a termo e assinada, devendo conter a qualificação do representante, as informações sobre o fato e sua autoria e a indicação das provas de que tenha conhecimento.

Se essas exigências não forem observadas, a autoridade administrativa rejeitará a representação, em despacho fundamentado, o que não impede seja feita a representação ao Ministério Público (art. 14, § 2º). O § 3º, alterado pela Lei nº 14.230, determina que, atendidos os requisitos da representação, a autoridade determinará a imediata apuração dos fatos, observada a legislação que regula o processo administrativo disciplinar aplicável ao agente. Essa exigência da parte final tem em vista a competência concorrente de todos os entes federativos para a disciplina dos processos administrativos.

Em consonância com o art. 19 da Lei nº 8.429, "constitui crime a representação por ato de improbidade contra agente público ou terceiro beneficiário, quando o autor da denúncia o sabe inocente". A pena é de 6 a 10 meses de detenção e multa. Além disso, o denunciante está sujeito a indenizar o denunciado pelos danos materiais, morais ou à imagem que houver provocado (parágrafo único do art. 19).

Em sendo instaurado processo administrativo, exige o art. 15 que a comissão permanente dê conhecimento ao Ministério Público e ao Tribunal ou Conselho de Contas da existência de procedimento administrativo para apurar a prática de ato de improbidade. E o parágrafo único permite que o Ministério Público ou Tribunal ou Conselho de Contas designe representante para acompanhar o procedimento administrativo. Este último preceito não significa que o Ministério Público possa interferir na realização do processo administrativo a cargo da Administração Pública. Ele pode adotar as providências de sua alçada, como instaurar inquérito civil ou criminal, se verificar alguma omissão ou irregularidade, mas não pode ter qualquer participação na realização do procedimento administrativo que se insere entre as atribuições da Administração Pública.

Para a esfera administrativa, o art. 13 estabelece que "a posse e o exercício de agente público ficam condicionados à apresentação de declaração de imposto de renda e proventos de qualquer natureza, que tenha sido apresentada à Secretaria da Receita Federal do Brasil, a fim de ser arquivada no serviço de pessoal competente", devendo tal declaração ser atualizada anualmente e na data em que o agente público deixar o exercício do mandato, do cargo, do emprego ou função (§ 2º do art. 13). A não apresentação dessa declaração ou a declaração falsa sujeita o agente público à pena de demissão, sem prejuízo da possibilidade de aplicação de outras penas (§ 3º).

18.3.7 Ação judicial de improbidade administrativa

A ação judicial para aplicação das sanções cabíveis por ato de improbidade administrativa, pela norma do art. 17, com a redação dada pela Lei 14.230, cabe apenas ao Ministério Público e segue o **procedimento comum previsto no CPC**, salvo quanto às normas que sejam derrogadas pela Lei de Improbidade (art. 17). Mas o STF, ao julgar as ADIs 7.042 e 7.043, em 31-8-22, decidiu que entes públicos que tenham sofrido prejuízos em razão de atos de improbidade também estão autorizados a propor ação e celebrar acordos de não persecução civil em relação a esses atos. Por maioria de votos, declarou inválidos dispositivos da Lei nº 14.230 que conferiam ao Ministério Público legitimidade exclusiva para a propositura das ações por improbidade.[9]

A ação deve ser proposta perante o foro do local onde ocorrer o dano ou da pessoa jurídica prejudicada (art. 17, § 4º-A) e prevenirá a competência do juízo para todas as ações posteriormente intentadas que possuam a mesma causa de pedir ou o mesmo objeto (§ 5º do art. 17). O art. 17, § 6º, estabelece os requisitos da petição inicial. O prazo para contestação, (conforme § 7º do art. 17) é de 30 dias, iniciada a contagem na forma do art. 231 do CPC.

A Lei nº 8.429, com as alterações feitas pela Lei nº 14.230, separou nitidamente a ação de improbidade administrativa da ação civil pública. No art. 17-D, determina que "a ação por improbidade administrativa é **repressiva**, de caráter sancionatório, destinada à aplicação de sanções de caráter pessoal previstas nesta Lei, e não constitui ação civil,[10] vedado seu ajuizamento para o controle de legalidade de políticas públicas e para a proteção do patrimônio público e social, do meio ambiente e de outros interesses difusos, coletivos e individuais homogêneos". Nessas situações, cabe a ação civil pública, conforme determina o parágrafo único do art. 17-D. Vale dizer que a ação de improbidade administrativa não se confunde com a ação civil pública prevista no art. 129, III, da Constituição e disciplinada pela Lei nº 7.347, de 24-7-85, nem segue o procedimento dessa lei.

No entanto, a ação de improbidade administrativa pode, a qualquer momento, mediante adequada motivação, ser **convertida em ação civil pública**, se o magistrado identificar a existência de ilegalidades ou de irregularidades administrativas a serem sanadas sem que estejam presentes todos os requisitos para a imposição das sanções aos agentes incluídos no polo passivo da demanda (§ 16 do art. 17). Contra essa decisão cabe agravo de instrumento (§ 17 do art. 17).

O art. 22 da Lei nº 8.429 autoriza que, para apuração de qualquer ilícito previsto nessa lei, o Ministério Público instaure **inquérito civil** ou **procedimento investigativo assemelhado** e requisite a instauração de inquérito policial. O inquérito civil será concluído no prazo de 365

---

[9] ADINs 7.042 e 7.043, Plenário, Rel. Min. Alexandre de Moraes, j. em 31-8-22.

[10] É de difícil compreensão esse dispositivo ao estabelecer que a ação de improbidade não é **ação civil**; o dispositivo diz qual não é a natureza da ação, mas não esclarece a sua natureza.

dias corridos, prorrogável em uma única vez por igual período, mediante ato fundamentado submetido à revisão da instância competente do órgão ministerial, conforme dispuser a respectiva lei orgânica (§ 2º do art. 23). Encerrado o prazo previsto no § 2º do art. 23, a ação deverá ser proposta no prazo de 30 dias, se não for caso de arquivamento do inquérito civil (§ 3º do art. 23).

É permitida a **solução consensual**, hipótese em que as partes poderão requerer ao juiz a interrupção do prazo para contestação, por período não superior a 90 dias (art. 17, § 10-A).

O art. 17-B autoriza o Ministério Público, conforme as circunstâncias de cada caso concreto, a celebrar **acordo de não persecução civil**, desde que dele advenham, ao menos, os seguintes resultados: I – o integral ressarcimento do dano; II – a reversão à pessoa jurídica lesada da vantagem indevida obtida, ainda que oriunda de agentes privados. A celebração desse acordo depende de: I – oitiva do ente federativo lesado, em momento anterior ou posterior à propositura da ação; II – aprovação, no prazo de até 60 dias, pelo órgão do Ministério Público competente para apreciar as promoções de arquivamento de inquéritos civis, se anterior ao ajuizamento da ação; III – homologação judicial, independentemente de o acordo ocorrer antes ou depois do ajuizamento da ação de improbidade administrativa (§ 1º do art. 17-B). Esse acordo pode ser celebrado no curso da investigação de apuração do ilícito, no curso da ação de improbidade ou no momento da execução da sentença condenatória (§ 4º do art. 17-B). O acordo pode contemplar a adoção de mecanismos e procedimentos internos de integridade, de auditoria e de incentivo à denúncia de irregularidades e a aplicação efetiva de códigos de ética e de conduta no âmbito da pessoa jurídica, se for o caso, bem como de outras medidas em favor do interesse público e de boas práticas administrativas (§ 6º do art. 17-B).

Seguindo a linha do art. 22, § 2º, da LINDB, acrescentado pela Lei nº 13.655/18, o § 2º do art. 17-B da Lei nº 8.429 determina que, em qualquer caso, a celebração do acordo a que se refere o *caput* considerará a personalidade do agente, a natureza, as circunstâncias, a gravidade e a repercussão social do ato de improbidade, bem como as vantagens, para o interesse público, da rápida solução do caso. Em consonância com o § 3º do art. 17-B, o Tribunal de Contas competente deverá manifestar-se sobre a apuração do valor do dano a ser ressarcido, com indicação dos parâmetros utilizados, no prazo de 90 dias.

Se descumprido o acordo de não persecução civil, o investigado ficará impedido de celebrar novo acordo pelo prazo de 5 anos, contado do conhecimento pelo Ministério Público do efetivo descumprimento (§ 7º do art. 17-B).

Conforme art. 17, § 6º-A, algumas medidas de natureza cautelar podem ser requeridas pelo Ministério Público, nos termos dos arts. 294 a 310 do CPC, inseridos no Livro V, que trata da **tutela provisória**. No art. 301, o CPC dá o elenco das medidas englobadas sob o título de "tutela de urgência", abrangendo "arresto, sequestro, arrolamento de bens, registro de protesto contra alienação de bem e qualquer outra medida idônea para asseguração do direito". Essa parte final do dispositivo abre para o juiz a possibilidade de determinar outras medidas que entender necessárias e adequadas para garantir o direito.

A **indisponibilidade de bens** pode ser requerida pela autoridade administrativa, em caráter antecedente ou incidente, independentemente da representação feita ao Ministério Público, de que trata o art. 7º, a fim de garantir a integral recomposição do erário ou do acréscimo patrimonial resultante de enquadramento ilícito (art. 16), podendo a solicitação abranger, quando for o caso, pedido de investigação, exame e bloqueio de bens, contas bancárias e aplicações financeiras mantidas pelo indiciado no exterior (§ 2º).

A indisponibilidade de bens, como diz o próprio vocábulo, impede a livre disposição dos bens pelo indiciado, vedando qualquer tipo de ato jurídico que implique a transferência de seus bens a terceiros. Embora o art. 7º imponha à autoridade administrativa responsável pelo inquérito administrativo o dever de representar ao Ministério Público para a indisponibilidade dos bens do indiciado, é evidente que a medida pode ser requerida pelo Ministério Público independentemente de representação da autoridade administrativa.

Os parágrafos do art. 16 impõem uma série de restrições ao pedido e à outorga da indisponibilidade de bens: (i) o pedido só pode ser deferido se acompanhado da demonstração de perigo de dano irreparável ou de risco ao resultado útil do processo (§ 3º); (ii) a medida pode ser decretada sem a oitiva prévia do réu, sempre que o contraditório prévio puder comprovadamente frustrar a efetividade da medida ou houver outras circunstâncias que recomendem a proteção liminar, não podendo a urgência ser presumida (§ 4º); (iii) se houver mais de um réu, a somatória dos valores declarados indisponíveis não poderá superar o montante indicado na petição como dano ao erário ou como enriquecimento ilícito (§ 5º); (iv) o valor da indisponibilidade considerará a estimativa de dano indicada na petição, sendo permitida a sua substituição por caução direta, fiança bancária ou seguro-garantia judicial, a requerimento do réu, bem como a sua readequação durante a instrução do processo (§ 6º); (v) quando se tratar da indisponibilidade de bens de terceiros, deverá ser comprovada a sua concorrência para o ato ilícito; se for bem pertencente à pessoa jurídica, depende da instauração de incidente de desconsideração da personalidade jurídica (§ 7º); (vi) a indisponibilidade de bens regula-se pelo regime de tutela provisória de urgência do CPC (§ 8º); (vii) o recurso cabível contra o deferimento ou indeferimento da medida é o agravo de instrumento (§ 9º); (viii) a indisponibilidade de bens recai sobre aqueles que assegurem exclusivamente o integral ressarcimento do dano ao erário, não podendo incidir sobre os valores a serem aplicados a título de multa civil ou sobre acréscimo patrimonial decorrente de atividade lícita (§ 10); (ix) a medida deve priorizar veículos de via terrestre, bens imóveis, bens móveis em geral, semoventes, navios e aeronaves, ações e quotas de sociedades simples e empresárias, pedras e metais preciosos e, apenas na inexistência desses, o bloqueio de contas bancárias, de forma a garantir a subsistência do acusado e a manutenção da atividade empresária ao longo do processo (§ 11); (x) na decretação da medida, o juiz deve observar os efeitos práticos da decisão, vedada a adoção de medida capaz de acarretar prejuízo à prestação de serviços públicos (§ 12); essa norma dá aplicação ao princípio do consequencialismo, previsto no art. 20 da LINDB, incluído pela Lei nº 13.655, de 25-4-18, analisada no capítulo 3, item 3.3, deste livro; (xi) é vedada a decretação da medida na quantia de até 40 salários-mínimos depositados em caderneta de poupança, em outras aplicações financeiras ou em conta corrente (§ 13) e de bem de família do réu (§ 14), salvo se comprovado que o imóvel seja fruto de vantagem patrimonial indevida, conforme descrito no art. 9º (ato de improbidade administrativa que importa enriquecimento ilícito).

Outra medida de caráter preventivo é o afastamento, pelo juiz, do agente público do exercício do cargo, do emprego ou da função, sem prejuízo da remuneração, quando a medida for necessária à instrução processual ou para evitar a iminente prática de novos ilícitos (§ 1º do art. 20), podendo o afastamento ser de até 90 dias, prorrogáveis uma única vez por igual prazo, mediante decisão motivada (§ 2º do art. 20).

Pelo art. 18 da Lei nº 8.429, a **sentença que julgar procedente a ação** fundada nos arts. 9º e 10 condenará ao ressarcimento dos danos ou à reversão dos bens e valores ilicitamente adquiridos, conforme o caso, em favor da pessoa jurídica prejudicada. Conforme o § 1º do mesmo dispositivo, "se houver necessidade de liquidação do dano, a pessoa jurídica procederá a essa determinação e ao ulterior procedimento para cumprimento da sentença referente ao ressarcimento do patrimônio público ou à perda ou à reversão dos bens". Como se vê, a ação de improbidade tem por objetivo apenas a imposição das sanções cabíveis (com o que se reafirma o caráter repressivo da ação), podendo também acarretar a condenação dos réus ao ressarcimento dos prejuízos. Mas a liquidação do dano, no caso, incumbe à pessoa jurídica lesada pelo ato de improbidade. Somente se essa providência não for adotada no prazo de seis meses é que caberá ao Ministério Público proceder à respectiva liquidação (§ 2º do art. 18). Pelo § 3º, "para fins de apuração do valor do ressarcimento, deverão ser descontados os serviços efetivamente prestados". E, pelo § 4º, o valor da condenação poderá ser pago em até 48 parcelas mensais corrigidas monetariamente, mediante autorização do juiz.

Importantes princípios e valores se contêm no art. 17-C, no que diz respeito à sentença a ser proferida na ação judicial de improbidade administrativa. Com certeza, o dispositivo inspirou-se, em grande parte, nos preceitos da LINDB acrescentados pela Lei nº 13.655/18, no que diz respeito especialmente à motivação, aos princípios da razoabilidade e proporcionalidade, ao princípio que ficou conhecido como consequencialismo, introduzido por essa lei. O art. 17-C determina a observância das normas do CPC, na elaboração da sentença, e mais a uma série de preceitos que, na realidade, já decorrem da LINDB, mas que ficam reforçados nesse dispositivo, ao determinar que a sentença deve: I – indicar de modo preciso os fundamentos que demonstram os elementos a que se referem os arts. 9º, 10 e 11, que não podem ser presumidos; II – considerar as consequências práticas da decisão, sempre que decidir com base em valores jurídicos abstratos; III – considerar os obstáculos e as dificuldades reais do gestor e as exigências das políticas públicas a seu cargo, sem prejuízo dos direitos dos administrados e das circunstâncias práticas que houverem imposto, limitado ou condicionado a ação do agente; IV – considerar, para a aplicação das sanções, de forma isolada ou cumulativa: a) os princípios da proporcionalidade e da razoabilidade; b) a natureza, a gravidade e o impacto da infração cometida; c) a extensão do dano causado; d) o proveito patrimonial obtido pelo agente; e) as circunstâncias agravantes ou atenuantes; f) a atuação do agente em minorar os prejuízos e as consequências advindas de sua conduta omissiva ou comissiva; g) os antecedentes do agente; v) considerar na aplicação das sanções a dosimetria das sanções relativas ao mesmo fato já aplicadas ao agente; VI – considerar, na fixação das penas relativamente ao terceiro, quando for o caso, a sua atuação específica, não admitida a sua responsabilização por ações ou omissões para as quais não tiver concorrido ou das quais não tiver obtido vantagens patrimoniais indevidas; VII – indicar, na apuração da ofensa a princípios, critérios objetivos que justifique a imposição da sanção.

A **prescrição** da ação de improbidade administrativa ocorre em 8 anos, contados a partir da ocorrência do fato ou, no caso de infrações permanentes, do dia em que cessou a permanência (art. 23).

A **suspensão da prescrição** ocorre pela instauração de inquérito civil ou de processo administrativo para apuração dos ilícitos referidos na lei, por, no máximo, 180 dias corridos, recomeçando a correr após a sua conclusão ou, caso não concluído o processo, esgotado o prazo de suspensão (art. 23, § 1º).

A **interrupção da prescrição**, conforme norma contida no art. 23, § 4º, ocorre: I – pelo ajuizamento da ação de improbidade administrativa; II – pela publicação da sentença condenatória; III – pela publicação de decisão ou acórdão de Tribunal de Justiça ou Tribunal Regional Federal que confirma sentença condenatória ou que reforma sentença de improcedência; IV – pela publicação de decisão ou acórdão do Superior Tribunal de Justiça que confirma acórdão condenatório ou que reforma acórdão de improcedência; V – pela publicação de decisão ou acórdão do Supremo Tribunal Federal que confirma acórdão condenatório ou que reforma acórdão de improcedência.[11]

Nos termos do § 5º do art. 23, "interrompida a prescrição, o prazo recomeça a correr do dia da interrupção, pela metade do prazo previsto no *caput* deste artigo". Em se tratando de atos de improbidade conexos que sejam objeto do mesmo processo, a suspensão e a interrupção relativas a qualquer deles estendem-se aos demais (§ 7º do art. 23). O § 8º do mesmo

---

[11] Os § 4º, incisos I a V, e § 5º do art. 23 estão sendo objeto de impugnação na ADIn 7.236.

dispositivo prevê a obrigatoriedade de o juiz ou tribunal, decretar a prescrição intercorrente, de ofício ou a pedido de qualquer interessado, "caso, entre os marcos interruptivos referidos no § 4º, transcorra o prazo previsto no § 5º deste artigo".

A suspensão e a interrupção da prescrição produzem efeitos relativamente a todos os que concorreram para a prática do ato de improbidade, conforme determina o § 6º do mesmo dispositivo.

O STF, no RE com Agravo (ARE) 843.989, julgou o Tema 1.199, de repercussão geral, decidindo que o novo regime prescricional previsto na Lei nº 14.230-21 é irretroativo, aplicando-se os novos marcos temporais a partir da publicação da lei (j. em 18-8-22).

São imprescritíveis as ações de ressarcimento por danos causados por agente público, seja ele servidor público ou não, conforme o estabelece o art. 37, § 5º, da Constituição. Assim, ainda que para outros fins a ação de improbidade esteja prescrita, o mesmo não ocorrerá quanto ao ressarcimento dos danos. Nesse sentido, a Primeira Seção do STJ, no Tema nº 1089, fixou a tese de que é possível o prosseguimento da ação civil pública por ato de improbidade administrativa para pleitear o ressarcimento do dano ao erário, ainda que sejam declaradas prescritas as demais sanções previstas no art. 12 da Lei nº 8.429/92.

O art. 37, § 5º, da Constituição determina que "a lei estabelecerá os prazos de prescrição para ilícitos praticados por qualquer agente, servidor ou não, que causem prejuízos ao erário, ressalvadas as respectivas ações de ressarcimento". Assim, ainda que para outros fins a ação de improbidade esteja prescrita, o mesmo não ocorrerá quanto ao ressarcimento dos danos.[12]

Alguns autores vêm defendendo ponto de vista oposto. É o caso de Celso Antônio Bandeira de Mello, que, na 28ª edição do seu *Curso de direito administrativo* (2011:1073), confessa ter mudado o seu entendimento. Ele expressamente declara estar aceitando o argumento apresentado por Emerson Gabardo em conferência proferida no Congresso Mineiro de Direito Administrativo, realizado em maio de 2009, no sentido de que, se adotada a imprescritibilidade, "restaria consagrada a minimização ou eliminação prática do direito de defesa daquele a quem se houvesse increpado dano ao erário, pois ninguém guarda documentação que lhe seria necessária além de um prazo razoável, de regra não demasiadamente longo". Alega também que, quando quis adotar a regra da imprescritibilidade, a Constituição o fez expressamente, como no art. 5º, LII e LXIV. A seu ver, o que se tem de extrair do art. 37, § 5º, é "a intenção manifesta, ainda que mal expressada, de separar os prazos de prescrição do *ilícito propriamente*, isto é, penal, ou administrativo, dos prazos das ações de responsabilidade, que não terão porque obrigatoriamente coincidir. Assim, a ressalva para as ações de ressarcimento significa que terão prazos autônomos em relação aos que a lei estabelecer para as responsabilidades administrativa e penal".

O argumento de prejuízo ao direito de defesa parece frágil, quando se pensa que a norma constitucional quis proteger o patrimônio público. A previsão da imprescritibilidade constitui um alerta aos responsáveis de que estarão sujeitos a responder a qualquer tempo pelos prejuízos causados ao erário. O mínimo de prudência recomenda a preservação de provas que auxiliem o direito de defesa. Ainda que a imprescritibilidade possa acarretar algum prejuízo ao princípio da segurança jurídica, o princípio que prevalece, no caso, é o do interesse público na proteção do erário desfalcado por ato de improbidade administrativa.[13]

---

[12] Esse entendimento foi adotado pelo STF no MS 26210/DF, Rel. Min. Ricardo Lewandowski, j. em 4-9-08; e pelo STJ, no REsp 1067561/AM, Rel. Min. Eliana Calmon, *DJe* 27-2-09.

[13] É importante ressaltar que a imprescritibilidade somente alcança os débitos resultantes da prática de atos de improbidade administrativa. Não afeta a prescrição quinquenal aplicável em outras hipóteses de ressarcimento ao erário. No RE-669069, julgado em 3-2-2016, o STF decidiu, com repercussão geral, que "é prescritível a ação de reparação de dano à Fazenda Pública decorrente de ilícito civil". No RE 852.475, o STF

RESUMO

1. Antecedentes: a) previsão como **crime de responsabilidade dos agentes políticos** desde a Constituição de 1891 (disciplinado pela Lei nº 1.079, de 10-4-50; para os Prefeitos, aplica-se o Decreto-lei nº 201, de 27-2-67); b) para os **servidores públicos: enriquecimento ilícito** no exercício do cargo ou função (Decreto-lei nº 3.240 de 8-5-41, art. 141, § 31, da Constituição de 1946, Lei nº 3.164, de 1º-6-57, e Lei nº 3.502, de 21-1-58).

– **CF de 1988:** princípio da moralidade (art. 37, *caput*). Previsão da **improbidade**, como ato ilícito: a) art. 37, § 4º; b) como causa de **perda ou suspensão dos direitos políticos** (art. 15, V); c) como **crime de responsabilidade** (art. 85, V). Como princípio, confunde-se com a **probidade**. Como **ato ilícito**, tem sentido mais restrito: a lesão à moralidade é uma das modalidades de improbidade administrativa.

2. Competência para legislar: é da União. Razão: a improbidade administrativa constitui infração de natureza civil e política, ainda que possa ter efeitos na esfera administrativa.

– **Disciplina legal: Lei nº 8.429, de 2-6-92**, alterada pela Lei nº 14.230, de 25-10-21, que é lei de âmbito nacional, obrigatória para todas as esferas de governo, quando define os **sujeitos ativos** (arts. 2º e 3º), os **atos de improbidade** (arts. 9º, 10 e 11), as **penas cabíveis** (art. 12), quando estabelece norma sobre o **direito de representação** (art. 14), quando prevê **ilícito penal** (art. 19) e quando estabelece **normas sobre prescrição** (art. 23).

– **Competência de cada ente federativo:** norma sobre **declaração de bens** (art. 13); normas sobre **processo administrativo** (art. 14, § 13) e sobre **afastamento do agente público** quando necessário à instrução do processo (art. 20, § 1º).

3. Concomitância de instâncias penal, civil e administrativa: possível quando o mesmo fato corresponder à infração prevista no Estatuto dos Servidores, também a crime definido na legislação penal e a ato de improbidade administrativa previsto na Lei nº 8.429 (art. 21, §§ 3º, 4º e 5º). Vedação de tramitação da ação de improbidade administrativa em caso de absolvição criminal em ação que discuta os mesmos fatos, confirmada por decisão colegiada (§ 4º do art. 21, impugnado na ADIn 7.236).

4. Elementos constitutivos do ato de improbidade administrativa: sujeito passivo, sujeito ativo, ato danoso e elemento subjetivo.

a) **Sujeito passivo:** entidades que podem ser atingidas por atos de improbidade: (i) administração direta e indireta de qualquer dos Poderes da União, de todas as esferas de governo, entidade privada que receba subvenção, benefício ou incentivo fiscal ou creditício de entes públicos, bem como entidade privada para cuja criação ou custeio o erário haja concorrido ou concorra no seu patrimônio ou receita anual (art. 1º, §§ 5º 6º e 7º);

b) **Sujeito ativo:** (i) **agente público** (tal como definido no art. 2º, que abrange todas as categorias, qualquer que seja o tipo de investidura, permanente ou transitória, inclusive membros da Magistratura, do Ministério Público e do Tribunal de Contas; e (ii) **terceiro** que, mesmo não sendo agente pública, induza ou concorra

---

fixou o entendimento, com repercussão geral, de que "São imprescritíveis as ações de ressarcimento ao erário fundadas na prática de ato doloso tipificado na Lei de Improbidade Administrativa" (Rel. Min. Edson Fachin, j. em 08-08-18). Por outras palavras, o entendimento do STF é no sentido de que apenas nas ações de improbidade administrativa, a reparação ao erário é imprescritível.

para a prática do ato de improbidade, ou dele se beneficie sob qualquer forma direta ou indireta (art. 3º).

– Quanto aos **agentes políticos**:

(i) **parlamentares** de todos os níveis gozam de **imunidade parlamentar** por suas opiniões, palavras e votos; não podem responder em qualquer esfera, inclusive por improbidade, quando se tratar desse tipo de infração (arts. 53, 27, § 1º, e 29, VIII, da CF);

(ii) **senadores, deputados federais e estaduais** gozam de **imunidade parlamentar**, que só se refere à responsabilidade criminal, não impedindo a aplicação da Lei de Improbidade (arts. 53, §§ 2º e 3º, e 27, § 1º, da CF); no entanto, **não pode ser aplicada a pena de perda da função pública**, porque a perda do mandato é de competência do Câmara dos Deputados ou do Senado (art. 55 da CF); pode ser aplicada a pena de **suspensão dos direitos políticos**, por improbidade administrativa (art. 15, V, da CF), cabendo à Mesa da Casa respectiva, nesse caso, **declarar a perda do mandato** (art. 55, § 3º, da CF). Mesma conclusão aplica-se aos Deputados estaduais (art. 27, § 1º, da CF);

(iii) **autoridades referidas no art. 52, I e II, da CF**: competência privativa do Senado para processá-los e julgá-los por **crime de responsabilidade**; trata-se de **julgamento político** (*impeachment*), que pode levar à perda do mandato; possibilidade de aplicação da Lei de Improbidade, mas não de aplicação da pena de perda do mandato, cuja aplicação é privativa do Senado (minha opinião);

(iv) **agentes políticos referidos no art. 102, I, c, da CF**: decisão do STF na Recl. 2138/DF, rel. Min. Nelson Jobim, no sentido da inaplicabilidade da Lei de Improbidade, por estarem os mesmos sujeitos à Lei nº 1079/50, sobre crimes de responsabilidade.

c) **Ocorrência de ato danoso**: três modalidades, previstas nos arts. 9º (**importam enriquecimento ilícito**), 10 (**causam prejuízo ao erário**), 10-A (decorrem de **concessão ou aplicação indevida de benefício financeiro ou tributário**) e 11 (**atentam contra os princípios da Administração Pública**).

– Características:

(i) pode corresponder a um ato, uma omissão, uma conduta;

(ii) é sempre praticado no exercício de função pública ou tem reflexo sobre ela;

(iii) a relação de atos de improbidade contida nos arts. 9º e 10 não é taxativa; a do art. 11 é taxativa;

(iv) a aplicação das sanções independe: I – da efetiva ocorrência de dano ao patrimônio público (entendida a expressão como patrimônio financeiro; tem que haver algum tipo de dano, ainda que seja ao patrimônio artístico, estético, moral, histórico ou turístico), salvo quanto à pena de ressarcimento e às condutas previstas no art. 10; II – da aprovação ou rejeição das contas pelo órgão de controle interno ou pelo Tribunal de Contas (art. 21 da Lei nº 8.429);

(v) possibilidade de o mesmo ato enquadrar-se em mais de uma das modalidades de ato de improbidade.

d) **Elemento subjetivo: dolo (art. 1º, § 1º).**

Tema 1.199 do STF – sobre restrições à retroatividade da Lei nº 14.230/21.

5. **Sanções:**

   a) art. 37, § 4º, da CF, indica as medidas cabíveis; nem todas têm a natureza de sanções, como é o caso da **indisponibilidade de bens** (de caráter preventivo) e o **ressarcimento ao erário**. São sanções: a **suspensão dos direitos políticos** e a **perda da função pública**;

   b) art. 12 da Lei nº 8.429/92, alterado pela Lei nº 14.230/21: **rol das sanções cabíveis**, em uma gradação decrescente de gravidade: em primeiro lugar, os atos que acarretam enriquecimento ilícito; em segundo, os atos que causam prejuízo ao erário; em terceiro, os atos que atentam contra os princípios;

   c) possibilidade de enquadramento da mesma conduta em mais de uma modalidade de ato de improbidade: possibilidade de aplicação cumulativa de sanções (art. 12).

6. **Procedimento administrativo**: possibilidade de **qualquer pessoa representar** para que seja instaurada investigação (art. 14), mediante **representação feita por escrito ou reduzida a termo** (§ 1º do art. 14), sob pena de rejeição fundamentada (§ 2º do art. 14); atendidos os requisitos da representação, a autoridade determinará a **imediata apuração dos fatos**, o que será feito com observância da lei que regula o processo administrativo disciplinar aplicável ao agente (§ 3º do art. 14, alterado pela Lei nº 14.230/21); A competência para legislar sobre o processo administrativo é de todos os entes federativos.

7. **Ação judicial de improbidade administrativa:** proposta com observância do **procedimento comum previsto no CPC**, com ressalva para as normas derrogadas pela lei de improbidade administrativa (art. 17);

   – Propositura perante o **foro** do local onde ocorrer o dano ou da pessoa jurídica prejudicada (art. 17, § 4º-A), prevenindo a competência do juízo para todas as ações posteriormente intentadas que possuam a mesma causa de pedir ou o mesmo objeto (§ 5º do art. 17).

   – Prazo para **contestação**: 30 dias, nos termos do art. 231 do CPC (art. 17, § 7º);

   – **Ação de caráter repressivo**, destinada apenas à aplicação das sanções por improbidade administrativa (art. 17-D).

   – Possibilidade de **conversão em ação civil pública**, regida pela Lei nº 7.347/85, se faltarem os requisitos para aplicação das sanções por improbidade e estiverem presentes os requisitos para propositura da ação civil pública (art. 17, § 16).

   – Possibilidade de realização de **inquérito civil** ou **procedimento investigatório assemelhado**, a ser concluído no prazo de 365 dias corridos, prorrogável uma única vez por igual período (arts. 22 e 23, § 2º); encerrado esse prazo, a ação deve ser proposta no prazo de 30 dias, se não for o caso de arquivamento do inquérito civil (art. 23, §§ 2º e 3º).

   – Cabimento de **medidas de natureza cautelar**: **tutela provisória, nos termos dos arts. 294 a 310 do CPC, abrangendo: arresto, sequestro, arrolamento de bens, registro de protesto contra alienação de bem e qualquer outra medida idônea para asseguração do direito, elencadas no art. 301 (art. 17, § 6º-A); indisponibilidade de bens a fim de garantir a integral recomposição do erário ou do acréscimo patrimonial resultante de enquadramento ilícito (art. 16), podendo abranger, quando for o caso, pedido de investigação, exame e bloqueio de bens, contas bancárias e aplicações financeiras mantidas pelo indiciado no exterior**

(§ 2°); exigência de observância das restrições previstas nos parágrafos do art. 16; **afastamento do agente público do exercício do cargo, do emprego ou da função**, determinado pelo juiz, sem prejuízo da remuneração, pelo prazo de até 90 dias, prorrogáveis uma única vez por igual período (art. 20, §§ 1° e 2°);

– **Legitimidade ativa**: é do Ministério Público (art. 17) e dos entes públicos que tenham sofrido prejuízos em razão de atos de improbidade (conf. Acórdão do STF nas ADIs 7.042 e 7.043).

– Possibilidade de **solução consensual** (art. 17, § 6°) e de acordo de **não persecução civil**, desde que observados os requisitos estabelecidos no art. 17-B, § 1°.

– **Sentença**: aplicação das sanções, com possibilidade de condenação ao **ressarcimento dos danos** ou à **reversão dos bens e valores ilicitamente adquiridos**, conforme o caso, em favor da pessoa jurídica prejudicada (art. 18).

– **Competência da pessoa jurídica lesada para proceder à liquidação dos danos**, no prazo de seis meses; em caso de omissão, a providência cabe ao Ministério Público (art. 18, §§ 1° e 2°).

– Exigência de observância, na sentença, das normas do art. 17-C, que repete exigências constantes da LINDB, introduzidas pela Lei n° 13.655/18.

– **Destino do valor da indenização**: vai para a pessoa jurídica lesada pelo ato ilícito (art. 18).

– **Prescrição**: no prazo de oito anos, a contar da ocorrência do fato ou, no caso de infrações permanentes, do dia em que cessou a permanência (art. 23); hipóteses de suspensão e interrupção da prescrição previstas no art. 23, § 1° e 4°). Previsão de prescrição intercorrente. **Imprescritibilidade das ações de ressarcimento:** entendimento do STF com repercussão geral. Irretroatividade das normas sobre prescrição previstas na Lei n° 14.230 (acórdão do STF nas ADIs 7.042 e 7.043).

– **Adiantamento de despesas judiciais**: vedado pelo art. 23-B o adiantamento de custas, preparo, emolumentos, honorários periciais e de quaisquer outras despesas; pagamentos das custas e demais despesas processuais ao final (art. 23-B, § 1°); condenação em honorários sucumbenciais em caso de improcedência da ação de improbidade se comprovada má-fé (art. 23-B, § 2°).

– Atos que ensejem enriquecimento ilícito, perda patrimonial, desvio, apropriação, malbaratamento ou dilapidação de recursos públicos dos **partidos políticos**, ou de suas fundações, serão responsabilizados nos termos da Lei n° 9.096, de 19-9-95 (que dispõe sobre partidos políticos).

19

Responsabilidade das Pessoas Jurídicas pela Prática de Atos Danosos contra a Administração Pública

19.1 DA LEI ANTICORRUPÇÃO

Embora já existam normas legais definindo crimes, atos de improbidade e infrações administrativas praticados contra a Administração Pública, o legislador houve por bem disciplinar especificamente os ilícitos praticados por **pessoas jurídicas** contra a Administração Pública, nacional ou estrangeira. Essa disciplina legal é a que consta da Lei nº 12.846, de 1º-8-13, já conhecida como "Lei Anticorrupção", cujo art. 31 prevê a sua entrada em vigor 180 (cento e oitenta) dias após a data de sua publicação, que ocorreu em 2-2-14. Está regulamentada pelo Decreto nº 11.129, de 11-7-22.

O Código Penal, além de outras leis esparsas, já pune os crimes praticados contra a Administração Pública, alcançando, porém, as pessoas físicas. A Lei de Improbidade Administrativa (Lei nº 8.429, de 2-6-92) significou considerável avanço em termos de combate à corrupção, porém punindo especificamente as pessoas físicas (agentes públicos e terceiros que pratiquem atos de improbidade), ainda que determinadas penas possam também ser aplicadas a pessoas jurídicas. Ainda merece menção a chamada Lei da Ficha Limpa (Lei Complementar nº 135, de 4-6-10), voltada para as pessoas físicas, para torná-las inelegíveis. Também a Lei de Licitações (Lei nº 8.666, de 21-6-93) define ilícitos administrativos e crimes, bem como as respectivas sanções, em matéria de licitações e contratações efetuadas pela Administração Pública, aplicando-se as sanções administrativas tanto a pessoas físicas como às jurídicas. A nova Lei de Licitações (nº 14.133, de 1º-4-21) define as infrações e sanções administrativas nessa matéria, revoga, a partir de sua publicação, os arts. 89 a 108 da Lei nº 8.666/93, que tratavam dos crimes (art. 193, I), e inclui um capítulo no Código Penal, sobre os "crimes em licitações e contratos administrativos" (arts. 337-E a 337-P).

A Lei Anticorrupção amplia a responsabilização nas esferas administrativa e civil, na medida em que alcança as **pessoas jurídicas**, inclusive as que resultarem de alteração contratual, transformação, incorporação, fusão ou cisão societária (art. 4º); e alcança também os respectivos dirigentes, com previsão expressa da **desconsideração da personalidade jurídica** (arts. 3º e 14).

Ela também traz um avanço em relação à legislação anterior, uma vez que prevê a **responsabilidade objetiva** das pessoas jurídicas, ou seja, a responsabilidade que incide independentemente de culpa ou dolo. Apenas os dirigentes ou administradores respondem **subjetivamente**, mediante demonstração de sua culpabilidade.

A responsabilização ocorre na **esfera administrativa** e na **esfera judicial**; na primeira hipótese, ficam a cargo da Administração Pública a apuração do ilícito, a aplicação das sanções e a apuração dos danos a serem ressarcidos; se estes não forem satisfeitos, o débito será inscrito em dívida ativa, para fins de execução judicial. Na **esfera judicial**, são apurados ilícitos definidos na lei (art. 19), para aplicação de sanções de natureza civil (art. 20).

A lei prevê o chamado **acordo de leniência**, a ser celebrado com as pessoas jurídicas responsáveis pela prática dos atos previstos na lei, para incentivá-las a colaborar com as investigações (arts. 16 e 17).

Um dos aspectos da lei que podem gerar controvérsias diz respeito à sua aplicabilidade aos Estados, Distrito Federal e Municípios, pelo fato de tratar de infrações e sanções administrativas. Na 28ª edição deste livro, defendemos que, por tratar-se de matéria não atribuída à competência legislativa da União, nem mesmo em concorrência com os demais entes federativos, Estados e Municípios têm competência própria para legislar nessa matéria. Portanto, no que diz respeito às infrações e sanções administrativas, cada ente federativo deveria ter a sua própria lei. Também a matéria de processo administrativo, inclusive de competência para sua instauração e aplicação das penalidades, deveria ser disciplinada pelos entes federativos, por meio de legislação própria.

No entanto, após ouvir palestra proferida pelo Procurador da República, José Roberto Pimenta Oliveira, em Seminário promovido pela Escola Superior do Ministério Público em 2-9-15, cheguei à conclusão de que o assunto merece maior reflexão. O jurista baseou-se no art. 37, § 4º, da Constituição, que prevê os atos de improbidade administrativa, para concluir que as infrações definidas na lei anticorrupção têm o mesmo fundamento constitucional, razão pela qual a competência para a sua definição é da União.

O fato é que a lei anticorrupção definiu atos considerados ilícitos tanto na esfera administrativa como na esfera cível. As sanções também podem ser puramente administrativas (quanto ao processo de apuração e à competência para aplicá-las) como de natureza civil, hipótese em que a apuração e o julgamento são feitos pela via judicial, por meio da ação civil pública. E não há dúvida de que, quanto às sanções aplicáveis judicialmente, a competência legislativa é da União, por força do art. 22, I, da Constituição Federal.

Em decorrência disso, as infrações que constituem ilícito civil (e também administrativo) só podem ser definidas na legislação federal. Fere o princípio da razoabilidade a interpretação de que os atos definidos na lei federal como lesivos à Administração Pública são considerados lícitos em outras esferas de governo. Seria inconcebível que Estados e Municípios pudessem legislar por forma que os atos definidos como infração na lei anticorrupção não têm essa natureza nas esferas estadual e municipal.

No que diz respeito à responsabilização civil, não há dúvida possível quanto à competência exclusiva da União, por envolver matéria de direito civil e processual, conforme art. 22, I, da Constituição Federal. Inclusive o dispositivo que trata da desconsideração da personalidade jurídica insere-se em matéria de competência exclusiva da União, com base no mesmo dispositivo constitucional.

Já a matéria de processo administrativo e definição de competências para sua realização e para aplicação de sanções administrativas, cada ente federativo deve ter a sua própria legislação.

O estatuto jurídico das empresas públicas, sociedades de economia mista e suas subsidiárias, aprovado pela Lei nº 13.303, de 30-6-16, no art. 94, determina que se aplicam a essas empresas as sanções previstas na Lei nº 12.846/13, salvo as previstas nos incisos II, III e IV do art. 19 (tratadas no item 19.6 deste capítulo).

19.2 DOS REQUISITOS DA RESPONSABILIZAÇÃO

Sabe-se que a regra geral, no direito brasileiro, é a de que, no silêncio da lei, a responsabilidade é subjetiva. É o que determina o art. 927, parágrafo único, do Código Civil, *in verbis*:

"Haverá obrigação de reparar o dano, independentemente de culpa, nos casos especificados em lei, ou quando a atividade normalmente desenvolvida pelo autor do dano implicar, por sua natureza, risco para os direitos de outrem".

A Lei nº 12.846/13 prevê hipótese de **responsabilidade objetiva** da pessoa jurídica que pratica atos contra a Administração Pública e a **responsabilidade subjetiva** dos dirigentes e administradores ou de qualquer pessoa natural, autora, coautora ou partícipe do ato ilícito. E a responsabilidade, tal como prevista na Lei nº 12.846/13, é objetiva, para a pessoa jurídica, nas **órbitas civil** e **administrativa**. Por sua vez, a responsabilidade subjetiva dos dirigentes e administradores bem como de terceiros que participem do ato ilícito, também se aplica nas duas esferas, civil e administrativa.

Aparentemente, a Lei quis dar aos entes privados o mesmo tratamento que a Constituição, no art. 37, § 6º, dá ao Estado e seus agentes: o Estado responde objetivamente pelos danos causados a terceiros, porém os agentes causadores do ato lesivo respondem subjetivamente.

A regra da **responsabilidade objetiva** exige, no caso da Lei nº 12.846/13, que:

1. haja **nexo de causa e efeito** entre a atuação da pessoa jurídica e o dano sofrido pela Administração Pública;
2. seja praticado **ato lesivo,** tal como definido no art. 5º;
3. o **ato lesivo seja praticado por pessoas jurídicas** (art. 1º, *caput*);
4. o ato lesivo cause **dano à Administração Pública, nacional ou estrangeira**.

Já a regra da **responsabilidade subjetiva** dos dirigentes ou administradores, bem como a de outras pessoas naturais, autoras, coautoras ou partícipes do ato ilícito, exigem os mesmos requisitos já apontados com relação à responsabilidade das pessoas jurídicas, ressalvado o mencionado no item 1, já que exige demonstração de sua **culpabilidade** (art. 3º, § 2º).

Quanto ao **ato lesivo**, o art. 5º assim considera todos aqueles praticados pelas pessoas jurídicas, que atentem contra o patrimônio público nacional ou estrangeiro, contra princípios da Administração Pública ou contra os compromissos internacionais assumidos pelo Brasil, assim definidos:

I – prometer, oferecer ou dar, direta ou indiretamente, vantagem indevida a agente público, ou a terceira pessoa a ele relacionada;

II – comprovadamente, financiar, custear, patrocinar ou de qualquer modo subvencionar a prática dos atos ilícitos previstos na Lei;

III – comprovadamente, utilizar-se de interposta pessoa física ou jurídica para ocultar ou dissimular seus reais interesses ou a identidade dos beneficiários dos atos praticados;

IV – no tocante a licitações e contratos: (a) frustrar ou fraudar, mediante ajuste, combinação ou qualquer outro expediente, o caráter competitivo de procedimento licitatório público; (b) impedir, perturbar ou fraudar a realização de qualquer ato de procedimento licitatório público; (c) afastar ou procurar afastar licitante, por meio de fraude ou oferecimento de vantagem de qualquer tipo; (d) fraudar licitação pública ou contrato dela decorrente; (e) criar, de modo fraudulento ou irregular, pessoa jurídica para participar de licitação pública ou celebrar contrato administrativo; (f) obter vantagem ou benefício indevido, de modo fraudulento, de modificações ou prorrogações de contratos celebrados com a Administração Pública sem autorização em lei, no ato convocatório da licitação pública ou nos respectivos instrumentos contratuais; ou (g) manipular ou fraudar o equilíbrio econômico-financeiro dos contratos celebrados com a Administração Pública;

V – dificultar atividade de investigação ou fiscalização de órgãos, entidades ou agentes públicos, ou intervir em sua atuação, inclusive no âmbito das agências reguladoras e dos órgãos de fiscalização do sistema financeiro nacional.

Como se verifica pelo elenco constante do dispositivo, muitos dos atos lesivos previstos correspondem a crimes contra a Administração Pública definidos no Código Penal, inclusive no novo capítulo sobre crimes em licitações e contratos administrativos, introduzido pela nova Lei de Licitações. E praticamente todos eles correspondem a atos de improbidade administrativa. No entanto, essa coincidência de definições não afasta a aplicação da Lei nº 12.846, porque, nesta última, cogita-se de **infrações administrativas**, que podem ensejar também a responsabilidade civil. O art. 30 da Lei expressamente determina que "a aplicação das sanções nela previstas não afeta os processos de responsabilização e aplicação de penalidades decorrentes de: I – ato de improbidade administrativa nos termos da Lei nº 8.429, de 2-6-92; II – atos ilícitos alcançados pela Lei nº 8.666, de 21-6-93, ou por outras normas de licitações e contratos da Administração Pública, inclusive no que se refere ao Regime Diferenciado de Contratações Públicas – RDC, instituído pela Lei nº 12.462, de 4-8-11". Há que se lembrar que, pelo art. 189 da Lei de Licitações (nº 14.133/21), "aplica-se esta Lei às hipóteses previstas na legislação que façam referência expressa à Lei nº 8.666, de 21 de junho de 1993, à Lei nº 10.520, de 17 de julho de 2002, e aos artigos 1º a 47 da Lei nº 12.462, de 4 de agosto de 2011".

Essa cumulatividade de sanções, embora prevista na lei, deve ser interpretada com muita cautela para evitar o *bis in idem*, ou seja, a dupla punição pelo mesmo fato, principalmente no caso de haver afronta concomitante à lei anticorrupção e à lei de improbidade administrativa. No caso de infrações à Lei nº 14.133/21, ou a outras normas sobre licitações e contratos da administração pública, que também sejam tipificados como atos lesivos à lei anticorrupção, o art. 159 da lei de licitações determina que "os atos previstos como infrações administrativas nesta Lei ou em outras leis de licitações e contratos da Administração Pública que também sejam tipificados como atos lesivos na Lei nº 12.846, de 1º de agosto de 2013, serão apurados e julgados conjuntamente, nos mesmos autos, observados o rito procedimental e a autoridade competente definidos na referida Lei". Do mesmo modo, o art. 16 do Regulamento da Lei Anticorrupção (Decreto nº 11.129/22) determina a apuração e o julgamento conjuntos nos mesmos autos. Nesse caso, o art. 19, parágrafo único, do Regulamento determina que "a pessoa jurídica também estará sujeita a sanções administrativas que tenham como efeito restrição ao direito de participar em licitações ou de celebrar contratos com a administração pública, a serem aplicadas no PAR" (processo administrativo de responsabilização). O art. 12, § 7º, da Lei nº 8.429, de 2-6-92, incluído pela Lei nº 14.230, de 25-10-21, determina que "as sanções aplicadas a pessoas jurídicas com base nesta Lei e na Lei nº 12.846, de 1º-8-13, deverão observar o princípio do *non bis in idem*".

No que diz respeito às **pessoas jurídicas**, que são os sujeitos ativos do ato lesivo causador do dano, elas podem ser nacionais ou estrangeiras e abrangem, nos termos do parágrafo único do art. 1º, as sociedades empresárias e as sociedades simples, personificadas ou não, independentemente da forma de organização ou modelo societário adotado, bem como quaisquer fundações, associações de entidades ou pessoas, ou sociedades estrangeiras, que tenham sede, filial ou representação no território brasileiro, constituídas de fato ou de direito, ainda que temporariamente; há que se entender que as **empresas estatais** que prestem atividade econômica estão sujeitas à lei, tendo em vista que, pelo art. 173, § 1º, II, da Constituição Federal, elas submetem-se ao **regime jurídico próprio das empresas privadas**, inclusive quanto aos direitos e obrigações civis, comerciais, trabalhistas e tributários. Qualquer dúvida que houvesse a esse respeito ficou dissipada com a Lei nº 13.303, de 3-6-16 (estatuto jurídico das empresas públicas, sociedades de economia mista e suas subsidiárias), cujo art. 94 manda aplicar a essas empresas (sem distinguir se prestam atividade econômica ou serviço público) as sanções previstas na Lei nº 12.846/13, salvo as previstas nos incisos II, III e IV do *caput* do art. 19, que são incompatíveis com o regime jurídico das entidades da administração indireta.

A lei alcança, como pessoas jurídicas sujeitas à responsabilização, também as resultantes de alteração contratual, transformação, incorporação, fusão ou cisão societária (art. 4º). No caso de fusão e incorporação, a responsabilidade da sucessora será restrita à obrigação de pagamento de multa e reparação integral do dano causado, até o limite do patrimônio transferido, não lhe sendo aplicáveis as demais sanções previstas na lei, decorrentes de atos e fatos ocorridos antes da data da fusão ou incorporação, exceto no caso de simulação ou evidente intuito de fraude, devidamente comprovados (art. 4º § 1º).

A lei previu a **responsabilidade solidária** das sociedades controladoras, controladas, coligadas ou, no âmbito do respectivo contrato, das consorciadas, pela prática dos atos previstos na lei, restringindo-se tal responsabilidade à obrigação de pagamento de multa e reparação integral do dano causado (art. 4º, § 2º).

Quanto ao sujeito **passivo do ato lesivo**, pode ser a Administração Pública nacional ou estrangeira; pelo art. 5º, § 1º, consideram-se Administração Pública estrangeira os órgãos e entidades estatais ou representações diplomáticas de país estrangeiro, de qualquer nível ou esfera de governo, bem como as pessoas jurídicas controladas, direta ou indiretamente, pelo Poder Público de país estrangeiro; a elas se equiparam as organizações públicas internacionais.

Note-se que a lei fala em "atos contra a Administração Pública, nacional ou estrangeira" (art. 1º) e em "atos lesivos à Administração Pública, nacional ou estrangeira" (art. 5º), sem distinguir a Administração Direta e a Indireta. No entanto, como o objetivo da lei é o de punir as pessoas jurídicas que pratiquem atos "que atentem contra o patrimônio público nacional ou estrangeiro, contra princípios da Administração Pública ou contra os compromissos internacionais", não há dúvida de que as normas da lei abrangem também os atos danosos às entidades da Administração Indireta (autarquias, fundações públicas, empresas públicas, sociedades de economia mista e consórcios públicos), porque estas também dispõem de patrimônio público e também estão sujeitas aos princípios da Administração Pública.

19.3 RESPONSABILIZAÇÃO ADMINISTRATIVA

Como visto, a Lei 12.846 prevê a responsabilização administrativa e civil das pessoas jurídicas pela prática de atos contra a Administração Pública.

Os atos lesivos são os definidos no art. 5º. As sanções administrativas estão previstas no art. 6º, podendo ser aplicadas isolada ou cumulativamente, de acordo com as peculiaridades do caso concreto e com a gravidade e natureza da infração e sem prejuízo do dever de reparação integral do dano; e abrangem:

I – multa, no valor de 0,1% (um décimo por cento) a 20% (vinte por cento) do faturamento bruto do último exercício anterior ao da instauração do processo administrativo, excluídos os tributos, a qual nunca será inferior à vantagem auferida, quando for possível sua estimação; e

II – publicação extraordinária da decisão condenatória.

No caso de não ser possível utilizar o critério do valor do faturamento bruto da pessoa jurídica, a multa será de R$ 6.000,00 (seis mil reais) a 60.000.000,00 (sessenta milhões de reais), conforme previsto no art. 6º, § 4º. O art. 7º da lei indica as circunstâncias que podem ser levadas em consideração na aplicação das sanções, a saber: I – a gravidade da infração; II – a vantagem auferida ou pretendida pelo infrator; III – a consumação ou não da infração; IV – o grau de lesão ou perigo de lesão; V – o efeito negativo produzido pela infração; VI – a situação econômica do infrator; VII – a cooperação da pessoa jurídica para a apuração das infrações; VIII – a existência de mecanismos e procedimentos internos de integridade, auditoria e incentivo à denúncia de irregularidades e a aplicação efetiva de códigos de ética e de conduta no âmbito da pessoa jurídica; IX – o valor dos contratos mantidos pela pessoa jurídica com o órgão ou entidade pública lesados.

Como se verifica, foi deixada larga margem de apreciação para a Administração Pública na dosimetria da pena, o que não significa a existência de discricionariedade administrativa. Esta somente existiria se fosse possível cogitar de possibilidade de apreciação de oportunidade e conveniência na escolha da dosagem da pena. Na realidade, a escolha da pena terá que ser devidamente fundamentada em uma ou mais das circunstâncias apontadas no art. 7º, levando em conta ainda a razoabilidade, ou seja, a adequação, a relação, a proporção entre o ato ilícito e a pena aplicada. Por isso mesmo, o art. 6º, § 2º, exige que a aplicação das sanções seja precedida da manifestação jurídica elaborada pela Advocacia Pública ou pelo órgão de assistência jurídica, ou equivalente, do ente público. Além disso, o parágrafo único do art. 7º prevê que os parâmetros de avaliação de mecanismos e procedimentos previstos no inciso VIII do *caput* sejam estabelecidos em regulamento do Poder Executivo federal. Esses parâmetros foram definidos pelos arts. 20 a 27 do Regulamento da lei anticorrupção (Decreto nº 11.129/22).

Quanto à publicação da decisão condenatória, o § 5º do art. 6º determina que ela ocorrerá na forma de extrato de sentença, a expensas da pessoa jurídica, em meios de comunicação de grande circulação na área da prática da infração e de atuação da pessoa jurídica ou, na sua falta, em publicação de circulação nacional, bem como por meio de afixação de edital, pelo prazo mínimo de trinta dias, no próprio estabelecimento ou no local de exercício da atividade, de modo visível ao público, e no sítio eletrônico na rede mundial de computadores. O grande objetivo é, a toda evidência, o de dar a maior publicidade à punição, tornando de todos conhecida a infração e respectiva sanção. A sanção ainda fica constando do Cadastro Nacional de Empresas Punidas – CNEP, criado pelo art. 22 da lei.

Medida de grande utilidade prevista no art. 14 da lei, mesmo na responsabilização administrativa, é a **desconsideração da personalidade jurídica**, quando utilizada com abuso do direito para facilitar, encobrir ou dissimular a prática dos atos ilícitos previstos nesta Lei ou para provocar confusão patrimonial, sendo estendidos todos os efeitos das sanções aplicadas à pessoa jurídica aos seus administradores e sócios com poderes de administração, observados o contraditório e a ampla defesa.

Não obstante as sanções previstas no art. 6º serem de natureza administrativa, a lei prevê uma hipótese em que elas podem ser aplicadas judicialmente: quando haja omissão das autoridades competentes para promover a responsabilização administrativa, o Ministério Público, ao ajuizar ação para responsabilização civil e aplicação das sanções previstas no art. 19, pode pleitear também a aplicação das sanções previstas no art. 6º. É o que prevê o art. 20. Trata-se de medida relevante, porque desestimula a omissão das autoridades administrativas responsáveis pela instauração do processo administrativo, até porque a sua omissão pode, por si, caracterizar ato de improbidade administrativa, infração disciplinar ou mesmo ilícito penal. Ainda que essa responsabilidade já resultasse do ordenamento jurídico, ela foi prevista expressamente no art. 27 da Lei.

19.4 DO PROCESSO ADMINISTRATIVO DE RESPONSABILIZAÇÃO

O art. 8º da lei dá à autoridade máxima de cada órgão ou entidade dos Poderes Executivo, Legislativo e Judiciário, competência para a instauração e o julgamento do processo administrativo, admitindo expressamente a possibilidade de delegação e proibindo a subdelegação. Mas o § 2º do mesmo dispositivo atribui igual competência à Controladoria-Geral da União – CGU, no âmbito do Poder Executivo, podendo tal órgão avocar processos instaurados por outras autoridades, para exame de sua regularidade ou para corrigir o seu andamento. Vale dizer que a CGU atua como órgão controlador, hierarquicamente superior àqueles que promovem a instauração do processo administrativo. Além disso, é o órgão competente para instaurar o processo quando os atos ilícitos previstos na lei sejam praticados contra a Administração Pública estrangeira, observado o disposto no art. 4º da Convenção sobre o Combate da Corrupção de Funcionários Públicos Estrangeiros em Transações Comerciais Internacionais, promulgada pelo Decreto nº 3.678, de 30-11-00.

O processo é conduzido por comissão designada pela autoridade instauradora e composta por dois ou mais servidores estáveis, devendo ser concluído no prazo de 180 dias, prorrogável mediante ato fundamentado da autoridade instauradora. As fases são as mesmas que existem nos processos disciplinares contra servidores públicos: instauração, defesa (no prazo de 30 dias), apresentação de relatório sobre os fatos, com sugestão de responsabilização da pessoa jurídica e das sanções a serem aplicadas, e julgamento. A primeira e a última fase são de competência da autoridade instauradora.

O Decreto nº 11.129/22, no capítulo II, estabelece normas sobre a responsabilização administrativa, a ser efetuada mediante Processo Administrativo de Responsabilização – PAR (art. 2º), no qual a investigação terá caráter sigiloso (art. 3º, § 1º).

A comissão designada para apuração da responsabilidade, após a conclusão do processo, deve dar ciência da existência do processo ao Ministério Público, para apuração de eventuais delitos, conforme previsto no art. 15. Não se trata de competência discricionária da comissão, já que, em se tratando de atos ilícitos, não se há de cogitar de aspectos de oportunidade ou conveniência na adoção das medidas necessárias para a completa responsabilização. Como todos os poderes da Administração Pública, trata-se de **poder-dever**, irrenunciável pela autoridade competente.

Com o julgamento, as sanções administrativas podem ser aplicadas de imediato, sem prejuízo da instauração de processo administrativo para reparação integral do dano (art. 13). Concluído este e não pago o prejuízo, o valor correspondente será inscrito em dívida ativa da Fazenda Pública para fins de execução fiscal.

O valor da multa, aplicada na esfera administrativa, bem como o perdimento de bens, direitos ou valores aplicados na esfera judicial, com fundamento na lei, são destinados à pessoa jurídica lesada (art. 24).

Quando haja necessidade de medidas cautelares que não possam ser adotadas na esfera administrativa, a comissão pode requerer as medidas judiciais necessárias para a investigação e o processamento das infrações, inclusive de busca e apreensão, as quais ficarão a cargo do órgão de representação judicial ou equivalente do ente público que instaurou o processo (art. 10, § 1º); a comissão também pode requerer à autoridade instauradora a suspensão cautelar dos efeitos do ato ou processo objeto da investigação.

A prescrição para apuração das infrações, nas esferas administrativa e judicial, ocorre no prazo de cinco anos, contados da ciência da infração ou, no caso de infração permanente ou continuada, do dia em que tiver cessado (art. 25). A interrupção da prescrição, também nas duas esferas, ocorre com a instauração de processo que tenha por objeto a apuração da infração (parágrafo único do art. 25).

19.5 DO ACORDO DE LENIÊNCIA

O acordo de leniência não constitui novidade no direito brasileiro, em relação à responsabilização administrativa. Ele estava previsto no art. 35-B da Lei nº 8.884, de 11-6-94 (que dispõe sobre prevenção e repressão de infrações à ordem econômica), acrescentado pela Lei nº 10.149/00, consistindo na possibilidade de acordo entre a Secretaria de Desenvolvimento Econômico, representando a União, e a pessoa física ou jurídica envolvida na prática da infração à ordem econômica, que confessar o ilícito e apresentar provas suficientes para a condenação dos envolvidos na suposta infração. Em contrapartida, era assegurada ao agente a extinção da ação punitiva pela Administração Pública ou a redução de 1/3 a 2/3 da pena.

Esse dispositivo foi revogado pela Lei nº 12.529, de 30-11-11, que, entre outras medidas, define as infrações à ordem econômica. No art. 86, é previsto acordo de leniência a ser celebrado entre o CADE e a pessoa física ou jurídica acusada de infração à ordem econômica, desde que colaborem efetivamente com as investigações e o processo administrativo e que dessa identificação resulte: I – identificação dos demais envolvidos na infração; e II – a obtenção de informação e documentos que comprovem a infração noticiada ou sob investigação. O benefício outorgado é o mesmo: extinção da ação punitiva pela Administração Pública ou redução de 1 a 2/3 da penalidade aplicável.

De inspiração no direito norte-americano e hoje adotado em inúmeros países, o acordo de leniência tem por objetivo permitir ao infrator, por meio de acordo com o Poder Público, colaborar na investigação de ilícitos administrativos ou penais, favorecendo, a um tempo, o interesse público na investigação das infrações e responsabilização dos infratores, e o interesse do próprio infrator na obtenção da extinção da punibilidade ou redução da pena aplicável.

Na Lei nº 12.846/13, o acordo de leniência é incluído no art. 7º, VII, entre as circunstâncias que podem ser levadas em consideração na aplicação das sanções. Embora o dispositivo não utilize a expressão acordo de leniência, refere-se genericamente à "cooperação da pessoa jurídica para a apuração das infrações". Está previsto nos arts. 16 e 17 apenas com relação às investigações e aos processos administrativos instaurados pela prática dos atos previstos nessa lei e também nas normas de licitações e contratos administrativos.

Nos termos do art. 16, "a autoridade máxima de cada órgão ou entidade pública poderá celebrar acordo de leniência com as pessoas jurídicas responsáveis pela prática dos atos previstos nesta Lei que colaborem efetivamente com as investigações e o processo administrativo, sendo que dessa colaboração resulte: I – a identificação dos demais envolvidos na infração, quando couber; II – a obtenção célere de informações e documentos que comprovem a infração noticiada ou sob investigação".

Apesar de a norma dar competência para celebração do acordo às autoridades máximas de cada órgão ou entidade pública, a competência é reservada para a Controladoria-Geral da União, quando se tratar de acordo firmado no âmbito do Poder Executivo (art. 16, § 10).[1]

O acordo de leniência, que está regulamentado pelos arts. 32 a 55 do Decreto nº 11.129/22, não isenta a pessoa jurídica que o celebre de todas as consequências do ilícito praticado. Nos termos do art. 16, § 2º, da Lei nº 12.846/13, a celebração do acordo isentará a pessoa jurídica das sanções previstas no inciso II do *caput* do art. 6º (publicação extraordinária da decisão

---

[1] No dia 6-8-20 foi firmado Acordo de Cooperação Técnica (ACT) entre a Controladoria-Geral da União, a Advocacia-Geral da União, o Ministério Público Federal (que não assinou o documento), o Tribunal de Contas da União e o Ministério da Justiça e Segurança Pública, sob a coordenação do Ministro Dias Toffoli, na qualidade de Presidente do STF. Nesse ACT foram estabelecidos os princípios a serem observados pelos signatários bem como o papel de cada qual; também foram definidos os ritos e mecanismos de compartilhamento de informações entre as instituições envolvidas nos acordos de leniência previstos na Lei Anticorrupção. O objetivo é dar maior segurança jurídica aos acordos de leniência e garantir a efetividade do processo investigatório e a recuperação de valores desviados da União. A grande mudança é a posição que assume o TCU, que terá acesso a informações, desde a instauração até a assinatura do acordo de leniência; com isso, o TCU terá elementos para calcular com celeridade o valor do dano ao erário, que será incluído nos termos de acordo de leniência para fins de débitos para com a União.

condenatória) e no inciso IV do art. 19 (proibição de receber incentivos, subsídios, subvenções, doações ou empréstimos de órgãos ou entidades públicas e de instituições financeiras públicas ou controladas pelo Poder Público, pelo prazo mínimo de um ano e máximo de cinco anos), e reduzirá em até 2/3 (dois terços) o valor da multa contratual.

Note-se, com relação ao inciso II do art. 16, que a colaboração do infrator na investigação pode ser levada em consideração na aplicação das sanções, influindo sobre a dosimetria da pena de multa, já que o art. 7º da lei, ao indicar as circunstâncias a serem consideradas, prevê "a cooperação da pessoa jurídica para a apuração das infrações" (inciso VII). Mas o acordo de leniência não isenta a pessoa jurídica do dever de reparar integralmente o dano (§ 3º do art. 16).

Os benefícios recebidos pela pessoa jurídica, em decorrência do acordo de leniência, são estendidos também às pessoas jurídicas que integram o mesmo grupo econômico, de fato e de direito, desde que firmem o acordo, em conjunto, respeitadas as condições nele estabelecidas (art. 16, § 5º).

Pelo § 1º do art. 16, são estabelecidos alguns requisitos que devem ser cumulativamente preenchidos pela pessoa jurídica que queira celebrar o acordo de leniência: deve ser a primeira a se manifestar sobre seu interesse em cooperar para a apuração do ato ilícito; deve cessar completamente seu envolvimento na infração investigada a partir da data de propositura do acordo; e deve admitir sua participação no ilícito e cooperar plena e permanentemente com as investigações e o processo administrativo, comparecendo, sob suas expensas, sempre que solicitada, a todos os atos processuais, até seu encerramento.

Embora a proposta do acordo de leniência tenha que partir da pessoa jurídica que praticou o ato danoso, pode ocorrer que o acordo não venha a ser celebrado, porque rejeitado pela Administração Pública. Nessa hipótese, estabelece o § 7º do art. 16 que a proposta de acordo não importará em reconhecimento da prática do ato ilícito investigado. A norma é pelo menos estranha, tendo em vista que a própria proposta de celebração do acordo já implica o reconhecimento da prática de ilícito pela pessoa jurídica ou por terceiros, sem o que a proposta seria inútil.

A proposta de acordo somente se tornará pública após a efetivação do respectivo acordo, a menos que haja interesse das investigações e do processo administrativo em antecipar a publicidade. Evidentemente, essa divulgação antes da celebração do acordo deve ser devidamente justificada.

Outra hipótese de acordo de leniência é a prevista no art. 17 da lei, pelo qual "a administração pública poderá também celebrar acordo de leniência com a pessoa jurídica responsável pela prática de ilícitos previstos na Lei nº 8.666, de 21 de junho de 1993, com vistas à isenção ou atenuação das sanções administrativas estabelecidas em seus arts. 86 a 88". Entenda-se que a referência à Lei nº 8.666 terá que ser substituída pela referência à Lei nº 14.133, de 1º-4-21, conforme decorre de seu art. 189.

Questão que tem surgido com relação à celebração de acordos de leniência diz respeito ao seu efeito expansivo a outras instâncias com competência para apurar o mesmo tipo de infração, como a ação de improbidade administrativa e os processos de responsabilização que correm perante os Tribunais de Contas. O STF, em medida cautelar outorgada pelo Ministro Gilmar Mendes, no MS-35.435, entendeu que o TCU não pode aplicar sanções que foram levantadas em Acordo de Leniência. Reconheceu a competência do TCU para fiscalizar a aplicação do dinheiro público em hipóteses já albergadas pelos acordos de leniência, mas sua atuação deve limitar-se a buscar a reparação integral do dano, sem inviabilizar o cumprimento dos citados acordos. A decisão foi no sentido de impedir a aplicação, pelo TCU, da pena de declaração de inidoneidade, que tenha sido levantada em Acordo de Leniência, "ressalvado eventual descumprimento do Acordo de Leniência ou o surgimento de fatos novos" (decisão de 13-4-2018).

Também o TCU, no acórdão 1.214/2018, relatado pelo Ministro Benjamin Zymler, na Sessão de 30-5-2018, realçou o aspecto da unicidade do sistema de controle. Ele reconheceu que o

Acordo de Leniência (no caso, celebrado com o CADE), tendo natureza contratual, só produz efeitos entre as partes. Como o TCU não participou do acordo, ele não poderia ser alcançado pelos seus efeitos. No entanto, entendeu o Ministro que "as diversas instâncias de controle devem atuar em prol da unidade do sistema de combate aos ilícitos que são instrumentalizados a perseguir e sancionar. Tomando por base a ideia de um microssistema de tutela da moralidade e da probidade públicas, compreendo que o Tribunal de Contas, o Ministério Público, o MTFC e o Cade devem atuar, nos eventuais espaços de sobreposição, no sentido de cooperar entre si com vistas a maximizar a eficiência da defesa dos referidos bens jurídicos, sob a ótica do Estado como um todo". O TCU decidiu não aplicar a pena de declaração de inidoneidade que havia sido levantada em acordo de leniência.

Os argumentos utilizados nesses acórdãos (do STF e do TCU) são incontestáveis, permitindo-se concluir que se caminha para a extensão dos efeitos do acordo de leniência para outras esferas punitivas. Além do argumento da unicidade do sistema punitivo do Estado, outro grande fundamento é o princípio da segurança jurídica, especialmente no aspecto da proteção à confiança. A pessoa que firmou o acordo de leniência, colaborando com as investigações, com o objetivo de obter abrandamento ou isenção da punição, acredita e espera que esse acordo seja cumprido pelo Estado, em todas as esferas sancionatórias. Se assim não for, o acordo de leniência tende a tornar-se pouco atraente para os infratores.

19.6 DA RESPONSABILIZAÇÃO JUDICIAL

No capítulo VI, que trata da responsabilização judicial, a Lei nº 12.846/13, ao contrário do que ocorre no capítulo IV, que trata do processo administrativo, não deixa dúvidas de que suas normas são de âmbito nacional, ou seja, de aplicação a todas as esferas de governo. Nem poderia ser diferente, já que regula matéria de direito civil e processual, de competência legislativa exclusiva da União, nos termos do art. 22, I, da Constituição. Depois de estabelecer, no art. 18, que a responsabilização administrativa não afasta a possibilidade de responsabilização na esfera judicial, o art. 19 expressamente prevê a competência da União, Estados, Distrito Federal e Municípios para, por meio das respectivas Advocacias Públicas ou órgãos de representação judicial ou equivalente, bem como do Ministério Público, ajuizar ação com vistas à aplicação das sanções de natureza civil indicadas no art. 9º, a saber:

I – perdimento dos bens, direitos ou valores que representem vantagem ou proveito direta ou indiretamente obtidos da infração, ressalvado o direito do lesado ou de terceiro de boa-fé;
II – suspensão ou interdição parcial de suas atividades;
III – dissolução compulsória da pessoa jurídica;
IV – proibição de receber incentivos, subsídios, subvenções, doações ou empréstimos de órgãos ou entidades públicas e de instituições financeiras públicas ou controladas pelo Poder Público, pelo prazo mínimo de 1 (um) e máximo de 5 (cinco) anos.

Em caso de perdimento de bens, direitos ou valores, o beneficiário será a pessoa jurídica lesada (art. 24 da Lei nº 12.846). O mesmo destino, conforme visto, terá o valor da multa aplicada com fundamento no art. 6º, I.

A dissolução compulsória da pessoa jurídica só pode ser aplicada quando comprovado: I – ter sido a personalidade jurídica utilizada de forma habitual para facilitar ou promover a prática de atos ilícitos; II – ter sido constituída para ocultar ou dissimular interesses ilícitos ou a identidade dos beneficiários dos atos praticados (art. 19, § 1º).

Além dessas penalidades, a responsabilização, na esfera judicial, ainda poderá resultar na aplicação das sanções previstas no art. 6º, desde que a ação tenha sido proposta pelo Ministério Público e tenha ocorrido omissão da Administração Pública em promover a responsabilização administrativa. A medida é da maior relevância, porque desestimula a Administração Pública de tomar decisões políticas (e antijurídicas) de não investigar os atos danosos praticados por pessoas jurídicas, já que a omissão poderá ser suprida pela atuação do Ministério Público, inclusive com responsabilização da autoridade que se omitiu pela prática de ato de improbidade e de ilícito penal, sem prejuízo da responsabilidade na esfera administrativa (art. 27).

A ação judicial para responsabilização judicial das pessoas jurídicas segue o rito estabelecido pela Lei da Ação Civil Pública (Lei nº 7.347, de 24-7-85), conforme previsto no art. 20, podendo ser proposta tanto pelo Ministério Público como pela própria pessoa jurídica política (União, Estados, Distrito Federal e Municípios), por meio da Advocacia Pública ou outros órgãos de representação judicial.

A lei não faz referência à possibilidade de propositura da ação pelas entidades da Administração Indireta; apenas prevê, implicitamente, a possibilidade de instauração de processo administrativo e de celebração de acordo de leniência, com a referência a órgãos e entidades da Administração Pública (arts. 8º e 16). A omissão da lei, no entanto, não pode afastar essa possibilidade, já que tais entidades também podem sofrer danos por atos praticados por pessoas jurídicas. Não teria sentido que pudessem aplicar as sanções administrativas previstas na lei e ficassem dependendo da iniciativa da Administração Direta ou do Ministério Público para propositura da ação judicial cabível, seja para aplicar as sanções de natureza civil, previstas no art. 19, seja para pleitear o ressarcimento do dano sofrido.

Em caso de condenação pela infração, com a aplicação das penalidades previstas na lei, já resulta certa a obrigação de reparar, integralmente, o dano causado pelo ilícito, sendo o respectivo valor apurado em posterior liquidação, se não constar expressamente da sentença. É o que determina o art. 21, parágrafo único, da lei.

A prescrição, na esfera judicial, da mesma forma que na esfera administrativa, ocorre em cinco anos, contados da data da ciência da infração ou, no caso de infração permanente ou continuada, do dia em que tiver cessado (art. 25). Na esfera administrativa ou judicial, a prescrição interrompe-se com a instauração de processo que tenha por objeto a apuração da infração (parágrafo único do art. 25).

A lei silencia a respeito da prescrição da ação visando à reparação do dano. No entanto, o STF entendeu aplicável a regra da prescrição quinquenal, no RE 852.475, com repercussão geral (Rel. Min. Edson Fachin, j. em 8-8-18). Como decorre desse acórdão, a imprescritibilidade a que se refere o art. 37, § 5º, da Constituição Federal só alcança a reparação de danos devida em decorrência de prática de ato doloso de improbidade administrativa.

19.7 DOSIMETRIA DAS SANÇÕES

O art. 7º da Lei nº 12.846/13 dá o rol das circunstâncias que devem ser levadas em consideração na aplicação das sanções, como a gravidade da infração, a vantagem auferida, a consumação ou não da infração, o grau de lesão ou perigo de lesão, o efeito negativo produzido pela infração, a situação econômica do infrator, a cooperação da pessoa jurídica para a apuração das infrações, a existência de mecanismos e procedimentos de integridade (*compliance*), o valor dos contratos mantidos pela pessoa jurídica com o órgão ou entidade lesados.

O dispositivo deixa larga margem de apreciação para a Administração Pública efetuar a dosimetria da pena, uma vez que indica fatores de natureza diversa, alguns relacionados com o ilícito em si (como a gravidade da infração, a consumação ou não da infração, o grau de lesão, o efeito negativo da infração), outros pertinentes ao infrator (como a sua situação econômica) e outros ainda que, de certo modo, podem ser considerados como atenuantes ou agravantes (como a cooperação para apuração das infrações e a existência de mecanismos de *compliance*).

O inciso I fala em *gravidade da infração*, sem indicar qualquer critério para a definição do grau de gravidade. Na realidade, as infrações estão previstas no art. 5º da lei, todas elas de considerável gravidade, podendo caracterizar atos ilícitos previstos na Lei nº 8.666/93 e na Lei 14.133/21 e atos de improbidade administrativa definidos na Lei nº 8.429/92 (alterada pela Lei nº 14.230, de 25-10-21). Por isso mesmo, a apuração da gravidade terá que ser combinada com os outros critérios estabelecidos no art. 7º, especialmente os previstos nos incisos II a V, ou seja, a vantagem auferida ou pretendida pelo infrator, a consumação ou não da infração, o grau de lesão ou perigo de lesão, o efeito negativo produzido pela infração.

Os fatores indicados nos incisos VI a VIII não interferem propriamente na gravidade maior ou menor da infração, mas devem ser levados em consideração para a dosimetria da pena.

A *situação econômica do infrator* (inciso VI) é irrelevante como critério definidor da gravidade da infração, mas deverá influir no valor da multa, constituindo critério que se baseia no princípio da proporcionalidade, em suas três regras (adequação, necessidade e proporcionalidade em sentido estrito).

O inciso VII inclui a *"cooperação da pessoa jurídica para a apuração das infrações"* entre os fatores a serem levados em consideração na aplicação das sanções. Essa cooperação não equivale ao acordo de leniência, como se deduz do art. 18, inciso III, do regulamento, que faz referência ao "grau de colaboração da pessoa jurídica com a investigação ou a apuração do ato lesivo, independentemente do acordo de leniência". Essa colaboração é prevista no regulamento apenas como um critério para definição dos valores que devem ser subtraídos dos percentuais do faturamento. Difere do acordo de leniência, em que o resultado pode ser a redução do valor da multa em até dois terços ou a isenção da pessoa jurídica em relação às sanções previstas no inciso II do seu art. 6º (publicação extraordinária da sentença) e no inciso IV do art. 19 (proibição de receber incentivos, subsídios, subvenções, doações ou empréstimos de órgãos ou entidades públicas e de instituições financeiras públicas ou controladas pelo Poder Público, pelo prazo mínimo de um e máximo de cinco anos).

O inciso VIII do art. 7º inclui entre os fatores a serem considerados na aplicação das sanções a "existência de mecanismos e procedimentos internos de integridade, auditoria e incentivo à denúncia de irregularidades e aplicação efetiva de códigos de ética e de conduta no âmbito da pessoa jurídica". Essa hipótese equivale ao chamado *compliance* ou programa de integridade, definido pelo art. 56 do Decreto nº 11.129/22 como o "conjunto de mecanismos e procedimentos internos de integridade, auditoria e incentivo à denúncia de irregularidades e na aplicação efetiva de códigos de ética e de conduta, políticas e diretrizes com o objetivo de: I – prevenir, detectar e sanar desvios, fraudes, irregularidades e atos ilícitos praticados contra a administração pública, nacional ou estrangeira; e II – fomentar e manter uma cultura de integridade no ambiente organizacional".

O art. 47 do Regulamento estabelece, em quinze incisos, os parâmetros para avaliação do programa de integridade, como, a título de exemplo, código de ética, treinamentos periódicos sobre o programa de integridade, registros contábeis que reflitam de forma completa e precisa as transações da pessoa jurídica, os controles internos etc. Pelo art. 8º, § 2º, do regulamento, se a pessoa jurídica que está sendo processada administrativamente apresentar documentos que sejam pertinentes à existência e funcionamento de programa de integridade, a comissão processante deverá examiná-lo segundo os parâmetros indicados no Capítulo V (arts. 56 e 57), para a dosimetria das sanções a serem aplicadas.

Embora o art. 7º da Lei nº 12.846 deixe larga margem de apreciação para a Administração Pública na dosimetria da sanção, *isto não significa discricionariedade administrativa*, uma vez que esta somente existe quando a Administração Pública tem a possibilidade, outorgada por lei, de decidir entre duas ou mais alternativas válidas perante o direito, segundo critérios de oportunidade ou conveniência (o chamado mérito do ato administrativo). No caso de aplicação de sanções, ainda que haja vários fatores a serem levados em consideração na definição da sanção aplicável, não é possível cogitar-se de decidir segundo critérios de oportunidade e conveniência, inaceitáveis na fixação do *quantum* da sanção. A dosimetria deve ser motivada com base nos parâmetros definidos no Decreto nº 11.129 (arts. 22 e 23) e levar em conta a proporcionalidade entre o ato ilícito e a pena aplicada, além de sua aplicação estar sujeita à prévia manifestação da Advocacia Pública ou do órgão de assistência jurídica ou equivalente do ente público.

Também devem ser observadas as normas da LINDB introduzidas no Decreto-lei nº 4.657/42 pela Lei nº 13.655, de 25-4-18, em especial as contidas nos arts. 22, conforme exposto no capítulo 3 deste livro (item 3.3).

19.8 DA CUMULATIVIDADE DE SANÇÕES

O art. 30 da Lei nº 12.846/13 estabelece que "a aplicação das sanções previstas nesta Lei não afeta os processos de responsabilização e aplicação de penalidades decorrentes de: I – ato de improbidade administrativa nos termos da Lei nº 8.429, de 2 de junho de 1992; e II – dos atos ilícitos alcançados pela Lei nº 8.666, de 21 de junho de 1993, ou outras normas de licitações e contratos da administração pública inclusive no tocante ao Regime Diferenciado de Contratações Públicas – RDC instituído pela Lei nº 12.462, de 4 de agosto de 2011". Mais uma vez, lembre-se a norma do art. 189 da nova Lei de Licitações, nº 14.133/21, que manda considerar como referência a ele as hipóteses que mencionam a Lei nº 8.666.

O dispositivo quis deixar claro que são autônomas as instâncias de responsabilização previstas na Lei Anticorrupção, na Lei de Improbidade Administrativa e na legislação de licitações e contratos administrativos. Isso significa que a mesma pessoa jurídica pode sofrer sanções com base em todas essas leis (isto sem falar nas sanções aplicáveis pelo Tribunal de Contas e na legislação de defesa da concorrência, entre outras).

Muitas vezes, a mesma penalidade é prevista em diferentes leis: a pena de multa, por exemplo, é prevista na Lei nº 8.666/93, na Lei nº 14.133/21, na lei de improbidade administrativa, na lei anticorrupção, na legislação de defesa da concorrência, na legislação dos Tribunais de Contas. A pena de declaração de inidoneidade é aplicável com base na lei de licitações e também se insere na competência dos Tribunais de Contas. A proibição de receber incentivos, subsídios ou outros benefícios do poder público é prevista na lei anticorrupção e na lei de improbidade administrativa. Também a reparação de danos (que não tem caráter sancionatório) é prevista em todas essas leis.

Apesar da norma do art. 30 da Lei nº 12.846/13 prever a autonomia das esferas de apuração de responsabilidade e apesar de outras leis estabelecerem penalidades da mesma natureza para o mesmo tipo de infração, a razoabilidade (inerente ao princípio do *non bis in idem*) recomenda que não haja aplicação da mesma penalidade, pelo mesmo fato, por instituições diferentes. Já foi realçado, com relação aos efeitos expansivos do acordo de leniência, o sistema de unicidade do poder punitivo do Estado. A mesma ideia é inteiramente aplicável no que diz respeito à sobreposição de esferas de apuração de responsabilidade.

Essa proibição de cumulatividade de sanções, pela aplicação do princípio do *non bis in idem,* consta expressamente do art. 12, §§ 6º e 7º, da Lei nº 8.429, de 2-6-92 (lei de improbidade administrativa), incluídos pela Lei nº 14.230, de 25-10-21. Também o § 2º do art. 3º da Lei nº 8.429 atende ao mesmo objetivo ao determinar que "as sanções desta Lei não se aplicarão à pessoa jurídica, caso o ato de improbidade administrativa seja também sancionado como ato lesivo à administração pública de que trata a Lei nº 12.846, de 1º de agosto de 2013".

Por sua vez, o art. 159 da Lei nº 14.133, de 1º-4-2021 (Lei Geral de Licitações e Contratos Administrativos) determina que "os atos previstos como infrações administrativas nesta Lei ou em outras leis de licitações e contratos da Administração Pública que também sejam tipificados como atos lesivos na Lei nº 12.846, de 1º de agosto de 2013, serão apurados e julgados conjuntamente, nos mesmos autos, observados o rito procedimental e a autoridade competente definidos na referida Lei".

A Lei de Introdução às Normas do Direito Brasileiro, com o acréscimo de dispositivos pela Lei nº 13.655, de 25-4-18, veio contribuir para a melhor solução, ao estabelecer, no art. 22, § 3º, que "as sanções aplicadas ao agente serão levadas em conta na dosimetria das demais sanções de mesma natureza e relativas ao mesmo fato". Trata-se de norma da maior relevância, dirigida aos órgãos de controle, obrigando-os a levar em consideração outras sanções da mesma natureza, já aplicadas em outra instância de apuração de responsabilidade.[2]

Todas essas leis quebram a autonomia de instâncias prevista no já citado art. 30 da Lei Anticorrupção.

Também no que diz respeito à reparação do dano, não é aceitável que, pelo mesmo fato, que causou prejuízo ao erário, a indenização ocorra mais de uma vez. Se o dano é um só, também a sua reparação deve ser única.

19.9 DO CADASTRO NACIONAL DE EMPRESAS PUNIDAS – CNEP

A Lei nº 12.846/13, no art. 22, cria, no âmbito do Poder Executivo federal, o Cadastro Nacional de Empresas Punidas – CNEP, cujo objetivo é o de dar publicidade às sanções aplicadas às pessoas jurídicas infratoras. Nele deverão ficar registrados:

a) as sanções aplicadas pelos três Poderes do Estado, com base na lei;
b) a razão social e número de inscrição da pessoa jurídica ou entidade no Cadastro Nacional da Pessoa Jurídica – CNPJ;
c) o tipo de sanção:
d) a data de aplicação e a data final da vigência do efeito limitador ou impeditivo da sanção, quando for o caso;
e) as informações acerca de acordo de leniência, salvo se esse procedimento vier a causar prejuízo às investigações e ao processo administrativo;
f) o descumprimento do acordo de leniência pela pessoa jurídica infratora.

De acordo com o § 5º do art. 22, os registros das sanções e acordos de leniência serão excluídos depois de decorrido o prazo previamente estabelecido no ato sancionador ou do cumprimento integral do acordo de leniência e da reparação do eventual dano causado, mediante solicitação do órgão ou entidade sancionadora.

A lei ainda prevê, no art. 23, a obrigatoriedade de órgãos ou entidades dos três Poderes de todas as esferas de governo, informar e manter atualizados, para fins de publicidade, no Cadastro Nacional de Empresas Inidôneas e Suspensas – CEIS, de caráter público, os dados relativos às sanções por eles aplicadas, nos termos do disposto nos arts. 87 e 88 da Lei nº 8.666/93.

---

[2] A respeito do assunto, com opinião um pouco diversa, v. MARTINS JÚNIOR, Wallace Paiva. Comentários ao art. 30. In: DI PIETRO, Maria Sylvia Zanella, e MARRARA, Thiago (coords.). *Lei anticorrupção comentada*. 2. ed. Belo Horizonte: Fórum, 2018, p. 327-337.

RESUMO

1. **Lei Anticorrupção ou Lei da Empresa Limpa**: Lei nº 12.846, de 1º-8-13: previsão de responsabilização administrativa e judicial da pessoa jurídica e de seus dirigentes e administradores, bem como de qualquer pessoa natural, autora, coautora ou partícipe do ato ilícito contra a Administração Pública, nacional ou estrangeira.

   Regulamento: Decreto nº 11.129, de 11-7-2022.

   Matéria de **competência legislativa da União para definição das sanções**.

   Matéria de **competência de cada ente federativo** para definir o processo administrativo de apuração da responsabilidade.

2. **Requisitos de responsabilização**:

   a) **responsabilidade objetiva da pessoa jurídica**, independente de culpa (nas esferas administrativa e judicial) e **responsabilidade subjetiva**, baseada na culpabilidade, das pessoas físicas (também nas duas esferas);

   b) **ato lesivo**: os previstos no art. 5º da Lei nº 12.846; alguma coincidência com crimes contra a Administração Pública (previstos no Código Penal e na Lei nº 8.666/93) e com atos de improbidade administrativa: aplicação de todas as sanções;

   c) **sujeito ativo**: pessoas jurídicas (art. 1º da Lei nº 12.846), inclusive empresas estatais; responsabilidade das controladoras, controladas, coligadas e das consorciadas;

   d) **sujeito passivo**: Administração Pública, nacional e estrangeira.

3. **Responsabilização administrativa**: sanções previstas no art. 6º da Lei nº 12.846:

   a) **multa**: valor não definido na lei; exigência de motivação na definição do montante, inclusive prévia manifestação do órgão jurídico; parâmetros de avaliação de mecanismos e procedimentos previstos no Regulamento;

   b) **publicação extraordinária da decisão condenatória**, sob a forma de publicação de extrato de sentença, a expensas da pessoa jurídica, em meios de comunicação de grande circulação na área da prática da infração e de atuação da pessoa jurídica ou, na sua falta, em publicação de circulação nacional, bem como por meio de afixação de edital. Inclusão no Cadastro Nacional de Empresas Punidas, criado pelo art. 22 da lei.

Circunstâncias que podem ser levadas em consideração na aplicação das sanções: art. 7º; exigência de **motivação** da escolha da pena.

Dosimetria das sanções: observância da proporcionalidade em sentido amplo; adequação, necessidade, proporcionalidade em sentido estrito. Aplicação da LINDB (art. 22).

Omissão das autoridades para promover a responsabilidade administrativa: a iniciativa pode ser adotada pelo Ministério Público, ao propor ação para responsabilização na esfera judicial.

Possibilidade de desconsideração da personalidade jurídica: art. 14 da lei, para a hipótese de abuso da personalidade jurídica, para facilitar, encobrir ou dissimular a prática dos atos ilícitos ou para provocar confusão patrimonial.

Reparação integral do dano: previsão no art. 13 da Lei, sob pena de inscrição em dívida ativa.

4. Processo administrativo de responsabilização

Competência: autoridade máxima de cada órgão ou entidade dos três Poderes, **bem como da Controladoria Geral da União (CGU),** com possibilidade de avocar processos instaurados por outras autoridades, para verificar a sua regularidade; a CGU também é o órgão competente para instaurar o processo quando os atos ilícitos sejam praticados contra a Administração estrangeira.

PAR (Processo Administrativo de Responsabilização): caráter sigiloso.

Condução por Comissão designada pela autoridade instauradora.

Ciência ao Ministério Público (art. 15).

Destino do valor da multa: pessoa jurídica lesada (art. 24).

Possibilidade de adoção de **medidas cautelares** solicitadas ao juiz.

Prescrição: cinco anos, contados da ciência da infração ou, no caso de infração permanente ou continuada, do dia em que tiver cessado (art. 25).

5. Acordo de leniência

Objetivo: permitir ao infrator, por meio de acordo com o Poder Público, colaborar na investigação de ilícitos administrativos ou penais, devendo dessa colaboração resultar: identificação dos demais envolvidos na infração, quando houver, e obtenção célere de informações e documentos que comprovem a infração noticiada ou sob investigação (art. 16).

Competência: autoridade máxima do órgão ou entidade ou da CGU, quando se tratar de acordo firmado no âmbito do Poder Executivo (art. 16, § 10).

Consequências: isenção das sanções previstas no art. 6º, II (publicação extraordinária da decisão condenatória) e no inciso IV (proibição de receber incentivos, subsídios, subvenções, doações ou empréstimos de órgãos ou entidades públicas e de instituições financeiras públicas ou controladas pelo Poder Público, pelo prazo mínimo de um ano e máximo de cinco anos; e **redução em até 2/3 do valor da multa**; influência na dosimetria da pena de multa (art. 7º, VII).

Requisitos: a) a pessoa jurídica deve ser a primeira a manifestar interesse em cooperar; b) deve cessar completamente seu envolvimento na infração investigada a partir da data de propositura do acordo; e c) deve admitir sua participação no ilícito e cooperar plena e permanentemente com as investigações (art. 16, § 1º).

Rejeição do acordo: não implica o reconhecimento da prática do ilícito (art. 16, § 7º).

Acordo de leniência em caso de ilícitos previstos na Lei nº 8.666/93 e na Lei nº 14.133/21: isenção ou atenuação das sanções administrativas estabelecidas nos arts. 86 a 88 (art. 17 da Lei nº 12.846/13).

6. Responsabilização judicial

Ação judicial de iniciativa da advocacia pública ou dos órgãos de representação judicial ou equivalentes, bem como do Ministério Público.

Sanções: as previstas no art. 9º.

Cumulatividade de sanções: quebra da autonomia das esferas de apuração de responsabilidade (art. 30 da Lei nº 12.846/13).

Dispositivos legais que impedem a cumulatividade de sanções pela prática do mesmo tipo de ato ilícito: arts. 3º, § 2º, e 12, §§ 6º e 7º, **da Lei nº 8.429/92** (incluídos pela Lei nº 14.230/21); art. 159 da Lei de Licitações (nº 14.133/21); art. 22, § 3º, da LINDB (incluído pela Lei nº 13.655/18).

Possibilidade de aplicação das sanções administrativas, desde que a ação tenha sido proposta pelo MP e tenha ocorrido omissão da Administração Pública (art. 27).

Rito: o mesmo da ação civil pública (Lei nº 7.347/85).

Possibilidade de propositura da ação pelas entidades da administração indireta. Quanto às empresas estatais, possibilidade de aplicação das sanções previstas na Lei nº 12.846, salvo as do art. 9º, II, III e IV (v. art. 94 da Lei nº 13.303/16).

Obrigação de reparação integral do dano (art. 21, parágrafo único).

Prescrição: 5 anos, a contar da data da ciência da infração ou, no caso de infração permanente ou continuada, do dia em que tiver cessado (art. 25).

Reparação do dano: prescrição quinquenal (entendimento do STF no RE 852.475, com repercussão geral. Informativo Jurídico da APESP de 24-5-16).

7. Cadastro Nacional de Empresas Punidas – CNEP

Criado no âmbito do Poder Executivo federal (art. 22).

Objetivo: dar publicidade às sanções aplicadas às pessoas jurídicas.

Exclusão depois de cumprido o prazo previsto no ato sancionador ou de cumprido integralmente o acordo de leniência.

20
Arbitragem, Mediação e Autocomposição de Conflitos na Administração Pública

20.1 DIREITO POSITIVO

A multiplicação de demandas levadas ao Poder Judiciário, envolvendo a Administração Pública, fortaleceu a tendência de adotar-se, em seu âmbito, os meios alternativos de solução de conflitos: a **arbitragem**, a **mediação** e a **autocomposição de conflitos**.

Na arbitragem, põe-se fim ao litígio por meio de árbitros de confiança das partes. A arbitragem constitui meio privado de solução de conflitos, regido por legislação própria.

Muita controvérsia se travou a respeito da constitucionalidade da arbitragem diante do art. 5º, incisos XXXV, XXXVII e LV, da Constituição Federal. O primeiro garante o direito de acesso à justiça, ao proibir que a lei exclua da apreciação do Poder Judiciário lesão ou ameaça a direito. O segundo veda juízo ou tribunal de exceção. E o terceiro assegura aos litigantes e aos acusados em geral, nos processos administrativos e judiciais, o contraditório e a ampla defesa, com os meios e recursos a ela inerentes; desse inciso decorreria o direito à dupla instância de julgamento. No entanto, o Supremo Tribunal Federal decidiu pela constitucionalidade da lei de arbitragem tendo em vista que o recurso à arbitragem só é possível quando as partes são capazes e quando o litígio envolva interesses disponíveis.[1]

O Código Civil prevê o compromisso nos arts. 851 a 853. O primeiro admite o compromisso, judicial e extrajudicial, para resolver litígios entre pessoas que podem contratar. O art. 852 veda compromisso para solução de questões de estado, de direito pessoal de família e de outras que não tenham caráter estritamente patrimonial. E o art. 853 admite nos contratos a cláusula compromissória, para resolver divergências mediante juízo arbitral, na forma estabelecida em lei especial.

O CPC prevê a arbitragem e a mediação. O art. 3º, no *caput*, repete a norma do art. 5º, XXXV, da Constituição, determinando que "não se excluirá da apreciação jurisdicional ameaça ou lesão a direito". No § 1º permite a arbitragem, na forma da lei. O § 2º estabelece que "o Estado promoverá, sempre que possível, a solução consensual dos conflitos". E o § 3º determina

---

[1] SE-AgR 5206/EP (Espanha), Rel. Min. Sepúlveda Pertence, j. 12-12-01.

que "a conciliação, a mediação e outros métodos de solução consensual de conflitos deverão ser estimulados por juízes, advogados, defensores públicos e membros do Ministério Público, inclusive no curso do processo judicial".

O art. 42 repete a norma que permite a arbitragem, estabelecendo que "as causas cíveis serão processadas e decididas pelo juiz nos limites de sua competência, ressalvado às partes o direito de instituir juízo arbitral, na forma da lei".

A lei, exigida pelo § 1º do art. 3º e pelo art. 42 já existe. Trata-se da chamada Lei de Arbitragem – Lei nº 9.307, de 23-9-96, alterada pela Lei nº 13.129, de 26-5-15, inteiramente compatível com o CPC.

Na mediação, as partes socorrem-se da ajuda de terceiro em que confiam para chegarem a acordo que ponha fim ao litígio. O mediador não decide, mas apenas auxilia as partes em conflito na busca pelo consenso.

No que diz respeito à **mediação**, o art. 165 do CPC prevê a criação, pelos tribunais, de centros judiciários de solução consensual de conflitos, responsáveis pela realização de sessões e audiências de conciliação e mediação, e pelo desenvolvimento de programas destinados a auxiliar, orientar e estimular a autocomposição, ou seja, a resolução do litígio pelas próprias partes, sem necessitar da decisão judicial. Os arts. 166 a 173 disciplinam o funcionamento desses centros judiciários de solução consensual de conflitos.

A Resolução nº 125/10, do CNJ (com alterações posteriores), que institui a Política Judiciária Nacional de Tratamento Adequado dos Conflitos de Interesse, define, no Anexo III, o Código de Ética de Conciliadores e Mediadores judiciais, prevendo, como princípios e garantias da conciliação e mediação judiciais, a confidencialidade, decisão informada,[2] competência, imparcialidade, independência e autonomia, respeito à ordem pública e às leis vigentes, empoderamento[3] e validação.[4]

Trata-se, no caso, da mediação judicial. No entanto, o art. 174 do CPC prevê a mediação a ser realizada na esfera administrativa, determinando que "a União, os Estados, o Distrito Federal e os Municípios criarão câmaras de mediação e conciliação, com atribuições relacionadas à solução consensual de conflitos no âmbito administrativo, tais como: I – dirimir conflitos envolvendo órgãos e entidades da administração pública; II – avaliar a admissibilidade dos pedidos de resolução de conflitos, por meio de conciliação, no âmbito da administração pública; III – promover, quando couber, a celebração de termo de ajustamento de conduta."

O dispositivo é criticável por inserir no CPC, que envolve matéria de competência exclusiva da União (conforme art. 22, I, da Constituição), norma pertinente ao processo administrativo, que se insere na competência de cada ente federativo. A norma acabou sendo inócua, porque já existe lei disciplinando o assunto e que já está em vigor (desde 29-12-15), antes mesmo da entrada em vigor do CPC.

A Lei nº 13.140, de 26-6-2015, com alterações posteriores, dispõe sobre a mediação entre particulares como meio de solução de controvérsias (abrangendo a mediação judicial e a extrajudicial) e sobre a autocomposição de conflitos no âmbito da Administração Pública. Como se verifica, a lei utiliza o vocábulo **mediação**, quando se trata de meio de solução de controvérsia

---

[2] Decisão informada, estabelece o inciso II do art. 1º da Resolução, é o "dever de manter o jurisdicionado plenamente informado quanto aos seus direitos e ao contexto fático no qual está inserido".

[3] Empoderamento, conforme inciso VII do art. 1º da Resolução, é o "dever de estimular os interessados a aprenderem a melhor resolverem seus conflitos futuros em função da experiência de justiça vivenciada na autocomposição".

[4] Validação, define o inciso VIII, é o "dever de estimular os interessados perceberem-se reciprocamente como serem humanos merecedores de atenção e respeito".

entre particulares, e fala em **autocomposição de conflitos**, como meio de solução de conflitos empregado no âmbito da Administração Pública. O vocábulo **autocomposição**[5] justifica-se porque se trata de meio de solução de controvérsia utilizado quando esta é resolvida pela própria Administração Pública, sem recurso ao Poder Judiciário ou a terceiros.[6]

A entrada em vigor da Lei nº 13.140/15 foi prevista para 180 (cento e oitenta) dias a contar de sua publicação oficial. Tendo sido publicada em 29-6-15, a sua entrada em vigor ocorreu em 23-12-15.

20.2 A ARBITRAGEM NA ADMINISTRAÇÃO PÚBLICA

20.2.1 Das controvérsias doutrinárias

Tem sido grande a controvérsia, no decurso do tempo, sobre a possibilidade de inclusão de cláusula compromissória nos contratos administrativos.

A Lei nº 8.666, de 21-6-93, silenciou a respeito. No entanto, muitas leis esparsas, incluindo algumas referentes a contratos administrativos, têm previsto essa possibilidade. É o que ocorre nas leis sobre telecomunicações, transportes aquaviários e terrestres, energia elétrica e tantas outras. Além disso, a nova Lei de Licitações (Lei nº 14.133, de 1º-4-21) contém capítulo específico prevendo "meios alternativos de resolução de controvérsias" (arts. 151 a 154).

Na Lei nº 8.987, de 13-2-95 (que dispõe sobre o regime de concessão e permissão da prestação de serviços públicos previsto no art. 175 da Constituição Federal), o art. 23-A, introduzido pela Lei nº 11.196, de 21-11-05, prevê a possibilidade de o contrato estabelecer mecanismos privados de resolução de conflitos.

Também a Lei nº 11.079, de 30-12-04, que institui normas gerais para licitação e contratação de parceria público-privada no âmbito da administração pública, prevê, no art. 11, inciso III, a possibilidade de inclusão no instrumento convocatório, do "*emprego dos mecanismos privados de resolução de disputas, inclusive a arbitragem, a ser realizada no Brasil e em língua portuguesa, nos termos da Lei 9.307, de 23.9.1996, para dirimir conflitos decorrentes ou relacionados ao contrato*".

O Decreto nº 10.025, de 20-9-19, dispõe sobre a arbitragem para dirimir litígios que envolvam a administração pública federal nos setores portuário e de transportes rodoviário, ferroviário, aquaviário e aeroportuário, e regulamenta o inciso XVI do *caput* do art. 35 da Lei nº 10.233, de 5-6-01, o § 1º do art. 62 da Lei nº 12.815, de 5-6-13, e o § 5º do art. 31 da Lei nº 13.448, de 5-6-17.

Toda essa legislação é posterior à lei de arbitragem (Lei nº 9.307, de 23-9-96) e provavelmente teve por objetivo suprir a sua omissão, no que diz respeito aos contratos administrativos.

Na realidade, a Lei nº 9.307/96, na redação original, nada diz sobre os contratos administrativos. Mas a norma do art. 1º, *caput*, tem um caráter genérico ao assim estabelecer:

---

[5] O vocábulo autocomposição, etimologicamente, é formado pelo prefixo *auto*, que significa *próprio*(a) e *composição*, do latim *compositio*, que significa composição, construção, preparação, disposição, conciliação, pacto.

[6] Outras leis existem estabelecendo normas sobre arbitragem e que não se alteram pela entrada em vigor da Lei nº 13.140/15. É o caso, por exemplo, da Lei nº 9.610, de 19-2-98, que altera, atualiza e consolida a legislação sobre direitos autorais, prevendo, no art. 100-B a possibilidade de solução de conflitos em matéria de direitos autorais, por meio de mediação e arbitragem. Essa lei está regulamentada pelo Decreto nº 8.469, de 22-6-15, e pela Instrução Normativa nº 4, de 7-7-15, do Ministro de Estado da Cultura que aprova o Regulamento de Mediação e Arbitragem no âmbito do Ministério da Cultura, nos termos da Lei nº 9.610/98 e do Decreto nº 8.469/15.

"Artigo 1º As pessoas capazes de contratar poderão valer-se da arbitragem para dirimir litígios relativos a direitos patrimoniais disponíveis".

São apenas dois os requisitos: (i) que o recurso à arbitragem seja utilizado por pessoa com capacidade para contratar e (ii) que os litígios se refiram a direitos patrimoniais disponíveis.

Note-se que o Código Civil, no art. 852, estabelece que *"é vedado compromisso para solução de questões de estado, de direito pessoal de família e de outras que não tenham caráter estritamente patrimonial".*

Opiniões divergentes formaram-se sobre a possibilidade ou não de recurso à arbitragem pela Administração Pública.[7] O Tribunal de Contas da União firmou o entendimento contrário à arbitragem, por falta de previsão legal e por contrariar princípios da Administração Pública, como o da supremacia do interesse público e o da vinculação ao edital. Na Decisão nº 286/93, aquele Tribunal entendeu que *"o juízo arbitral é inadmissível em contratos administrativos, por falta de expressa autorização legal e por contrariedade a princípios básicos de direito público (princípio da supremacia do interesse público sobre o privado, princípio da vinculação ao instrumento convocatório da licitação e à respectiva proposta vencedora, entre outros)".*

No entanto, no acórdão 1.330/07, decidiu, com relação às parcerias público-privadas, que é possível a resolução de disputas mediante arbitragem, porque prevista no art. 11, inciso III, da Lei nº 11.079/04.

Também decidiu o TCU que é possível a arbitragem nos contratos de direito privado celebrados pela Administração Pública, porque neles ela se iguala ao particular, tal como ocorre nos contratos de seguro, de financiamento, de locação (em que o poder público seja locatário), conforme disposto no art. 62, § 3º, inciso I, da Lei nº 8.666/93 (Acórdão 391/2008). Na nova Lei de Licitações esse dispositivo não se repete. Com isso, não mais se aplicam aos contratos privados firmados pela Administração Pública as normas gerais da lei geral de licitações, sendo os mesmos regidos pelo direito privado (art. 3º, inciso II). Assim se reforça o entendimento do TCU quanto à aplicação da arbitragem nos contratos de direito privado celebrados pela Administração.

A Lei nº 13.867, de 26-8-19, que alterou parcialmente o Decreto-lei nº 3.365, de 21-6-41 (lei geral de desapropriações), nele introduziu o art. 10-B, para permitir a opção pela mediação ou pela via arbitral, cabendo ao particular indicar um dos órgãos ou instituições especializados em mediação ou arbitragem previamente cadastrados pelo órgão responsável pela desapropriação. Pelo § 1º do art. 10-B, "a mediação seguirá as normas da Lei nº 13.140, de 26 de junho de 2015, e, subsidiariamente, os regulamentos do órgão ou instituição responsável", podendo, conforme o § 2º, ser eleita câmara de mediação criada pelo poder público, nos termos do art. 32 da Lei nº 13.140/15. Por sua vez, o § 4º do art. 10-B determina que "a arbitragem seguirá as normas da Lei nº 9.307, de 23 de setembro de 1996, e, subsidiariamente, os regulamentos do órgão ou instituição responsável". Comentários sobre essas alterações foram feitas no capítulo 6, item 6.10.4, que trata do procedimento da desapropriação.

As normas da Lei nº 13.867/19 somente terão aplicação às desapropriações cujo decreto seja publicado após a data de publicação dessa lei.

Entretanto, a verdade é que a Administração Pública vem utilizando a arbitragem em inúmeros conflitos surgidos no âmbito da execução dos contratos.

---

[7] Encontra-se levantamento das diferentes opiniões em trabalho de Alberto Shinji Higa, sob o título "Notas sobre o uso da arbitragem pela Administração Pública". In: DI PIETRO, Maria Sylvia Zanella Di Pietro (org.). *Direito Privado Administrativo*. São Paulo: Atlas, 2013.

20.2.2 Inovações da Lei nº 13.129, de 26-5-15, quanto à arbitragem na Administração Pública

A Lei nº 13.129, de 26-5-15, trouxe algumas alterações na Lei nº 9.307/96, resolvendo *parcialmente* a controvérsia.

Por que resolveu apenas *parcialmente*?

Resolveu a controvérsia quanto ao cabimento ou não de cláusula compromissória nos contratos administrativos em geral.[8]

Com efeito, o § 1º, introduzido no art. 1º da Lei 9.307 pela Lei nº 13.129, assim estabeleceu expressamente:

> "*§ 1º A administração pública direta e indireta poderá utilizar-se da arbitragem para dirimir conflitos relativos a direitos patrimoniais disponíveis*".

Com essa norma, ficou clara a possibilidade de solução de disputas, pela Administração Pública, por meio de arbitragem. Mas deixou em aberto a dúvida quanto à expressão *direitos patrimoniais disponíveis*, que é, evidentemente, um conceito jurídico indeterminado, que já levantava dúvidas anteriormente e continua a levantá-las.

Resta, portanto, saber o que são *direitos patrimoniais disponíveis*.

Muitos critérios têm sido apontados pela doutrina e jurisprudência e que podem ser assim resumidos:

a) é possível usar a arbitragem quando se trata de *ato de gestão* (em que a Administração Pública atua sem o seu poder de império, ou seja, como se fosse um particular na gestão de seus negócios); nessa situação ela se iguala ao particular, ao contrário do que ocorre quando se trata de *ato de império*;

b) o princípio da indisponibilidade do interesse público não se confunde com a ideia de direitos patrimoniais indisponíveis; o interesse público é sempre indisponível; os direitos patrimoniais podem ser disponíveis ou indisponíveis;

c) é possível a arbitragem em relação aos serviços comerciais e industriais do Estado, ou seja, quando se trata de atividade econômica em sentido estrito, tal como entendeu o STJ no REsp 606.345/RS e 612.439/RS, em que foi Relator o Ministro João Otávio de Noronha;

d) é possível a arbitragem nos atos negociais, em que a Administração Pública se iguala ao particular, porque age sem prerrogativas públicas;

e) é possível nos contratos de direito privado firmados pela Administração Pública;

f) é possível nas empresas estatais que exercem atividade econômica, com fundamento no art. 173, § 1º, inciso II, da Constituição Federal, já que esse dispositivo prevê a sujeição dessas empresas ao mesmo regime jurídico das empresas privadas, inclusive quanto aos direitos e obrigações civis, comerciais, trabalhistas e tributárias.

Na realidade, todos esses critérios são válidos. Uns não excluem os outros.

No entanto, alguns aspectos são especialmente relevantes, a começar pela análise dos vocábulos *patrimônio* e *disponível*, como se verá no item subsequente.

---

[8] A cláusula compromissória é definida pelo art. 4º da Lei 9.307 como "*a convenção através da qual as partes em um contrato comprometem-se a submeter à arbitragem os litígios que possam vir a surgir, relativamente a tal contrato*".

Cabe lembrar que a Lei nº 14.133/21, no capítulo sobre meios alternativos de resolução de controvérsias, no art. 151, parágrafo único, estabelece que "será aplicado o disposto no *caput* deste artigo às controvérsias relacionadas a **direitos patrimoniais disponíveis**, como as questões relacionadas ao restabelecimento do **equilíbrio econômico-financeiro do contrato, ao inadimplemento de obrigações contratuais por quaisquer das partes** e ao **cálculo de indenizações**". (Sobre o assunto, v. capítulo 8, item 8.8). Note-se que as hipóteses mencionadas no dispositivo como envolvendo direitos patrimoniais disponíveis são meramente exemplificativas, não afastando inteiramente a controvérsia sobre o sentido da expressão.

20.2.3 Direitos patrimoniais disponíveis

Clóvis Beviláqua define patrimônio como o *"complexo das relações jurídicas de uma pessoa, que tiverem valor econômico".*[9]

Segundo o autor, incluem-se no patrimônio:

a) a posse;
b) os direitos reais;
c) os direitos obrigacionais;
d) as relações econômicas do direito de família;
e) as ações correspondentes a esses direitos.

E excluem-se do patrimônio:

a) os direitos individuais à existência, à honra e à liberdade;
b) os direitos pessoais entre os cônjuges:
c) os direitos de autoridade entre pai e filho;
d) os direitos políticos.

No âmbito do direito público também existem direitos que admitem valoração econômica e outros que não a admitem. Por exemplo: é possível dizer que determinadas atividades exercidas pelo Estado são passíveis de valoração econômica (são as atividades econômicas por ele exercidas direta ou indiretamente). Outras não admitem essa valoração, como determinados serviços sociais do Estado, que correspondem aos direitos sociais do homem, considerados como direitos fundamentais. É evidente que os direitos fundamentais do homem não possuem valor econômico, não admitindo qualquer tipo de negociação ou transação, ainda que alguns produzam efeitos patrimoniais passíveis de negociação, como o direito de propriedade, por exemplo.

Note-se que no âmbito do direito administrativo o antigo Regulamento do Código de Contabilidade da União (aprovado pelo Decreto nº 15.783, de 8-11-1922, e revogado por Decreto s/nº de 25-4-91) ao tratar dos bens públicos, chamava os bens de uso especial de *patrimoniais indisponíveis* e, os dominicais, de *patrimoniais disponíveis*.

Se consideradas as três modalidades de bens públicos previstas no art. 99 do Código Civil, pode-se afirmar que os bens de uso comum do povo não são passíveis de avaliação, de valoração econômica, porque destinados ao uso de todos, como as ruas, as praças, o mar, a praia, dentre outros; os de uso especial são passíveis de valoração econômica, mas são *indisponíveis* porque

---

[9] Apud NAUFEL, José. *Novo Dicionário Jurídico Brasileiro*. 7ª edição. São Paulo: Parma, 1984.

têm uma destinação pública, tal como previsto no inciso II do referido dispositivo legal; e os dominicais são passíveis de avaliação e são *disponíveis* por não terem afetação pública.

As duas primeiras categorias são *res extra commercium*: estão fora do comércio jurídico de direito privado. Portanto, não podem ser objeto de nenhuma relação jurídica regida pelo direito privado, como é o caso do compromisso arbitral e da transação.

Embora o patrimônio público possa ter um conceito amplo, que abrange o patrimônio social, o patrimônio moral, o patrimônio cultural, dentre outros, o que interessa para os fins do art. 1º da Lei nº 9.307/96 é o patrimônio econômico, ou seja, aquele que é passível de valoração econômica.

Também é preciso tomar cuidado com o vocábulo *disponível*. Ele pode dar a errônea impressão de que significa livre disposição, liberalidade. Mas não é esse o sentido correto.

Quando se diz que os bens dominicais são disponíveis, é apenas no sentido de que eles podem ser objeto de negociação pelo poder público, por meio de institutos regidos pelo direito privado, como compra e venda, locação, permuta, doação. Eles podem ser objeto de relações regidas pelo direito privado exatamente porque, enquanto não têm destinação pública, são passíveis de valoração econômica.

À primeira vista parece inaceitável que possam existir, com relação ao patrimônio público, *direitos patrimoniais disponíveis*, referidos no art. 1º, § 1º, da Lei nº 9.307. A tendência é a de afirmar que não existem direitos patrimoniais públicos que sejam disponíveis.

No entanto, a verdade é que estamos apegados ao conhecido princípio da *indisponibilidade do interesse público*, explicado com maestria por Celso Antônio Bandeira de Mello:[10]

> "... significa que sendo interesses qualificados como próprios da coletividade – internos ao setor público – não se encontram à livre disposição de quem quer que seja, por inapropriáveis. O próprio órgão administrativo que os representa não tem disponibilidade sobre eles, no sentido de que lhe incumbe apenas curá-los – o que é também um dever – na estrita conformidade do que dispuser a intentio legis."

Um pouco além, diz que "*as pessoas administrativas não têm portanto disponibilidade sobre os interesses públicos confiados à sua guarda e realização. Esta disponibilidade está permanentemente retida nas mãos do Estado (e de outras pessoas políticas, cada qual na própria esfera) em sua manifestação legislativa. Por isso, a Administração e a pessoa administrativa, autarquia, têm caráter instrumental*".

O interesse público é sempre indisponível pela Administração Pública, porque ele é de titularidade da coletividade e não do poder público. A Administração Pública apenas o administra, protege e tem o dever de dar-lhe efetividade. Mas não pode dele dispor livremente porque não lhe pertence.

Portanto, é correto afirmar que o interesse público é indisponível. Mas isto não significa que todos os direitos patrimoniais, no âmbito do direito público, sejam indisponíveis. Por vezes, a disponibilidade de um patrimônio público pode ser de mais interesse da coletividade do que a sua preservação.

Por que se aceita a recomposição do equilíbrio econômico-financeiro dos contratos administrativos?

Porque, sem a recomposição, o contrato pode tornar-se inviável e levar à necessidade de sua rescisão. É do interesse público a continuidade dos contratos administrativos.

---

[10] *Curso de Direito Administrativo*. 32ª edição. São Paulo: Malheiros, 2015, p. 76.

Por isso, não assiste razão ao Tribunal de Contas da União quando afirma que a arbitragem contraria o princípio da indisponibilidade do interesse público. Confunde-se o princípio da indisponibilidade do interesse público com o conceito de patrimônio indisponível.

Aliás, também não lhe assiste razão quando alega que a arbitragem contraria o princípio da vinculação ao edital. Os árbitros não podem descumprir os termos do edital e do contrato. A cláusula de arbitragem deve estar prevista no edital e no contrato para ser admitida.

20.2.4 Previsão de contratos de direito privado na Lei nº 8.666/93 e na nova Lei de Licitações – Lei nº 14.133/21

A Lei nº 8.666/93 (revogada pelo art. 193, II, da Lei nº 14.133/21, admitia os contratos de direito privado, implicitamente, no art. 62, § 3º, inciso I, assim redigido:

> "§ 3º Aplica-se o disposto nos artigos 55 e 58 a 61 desta Lei e demais normas gerais, no que couber:
> I – aos contratos de seguro, de financiamento, de locação em que o Poder Público seja locatário, e **aos demais cujo conteúdo seja regido predominantemente por norma de direito privado.**"

O compromisso arbitral tem natureza contratual, da mesma forma que a transação, conforme arts. 840 a 853 do Código Civil.

Na Lei nº 14.133 não se repete a norma do art. 62, § 3º, inciso I, da Lei nº 8.666, mas o art. 3º, II, determina que não se subordinam ao regime da nova lei "as contratações sujeitas a normas previstas em legislação própria". Isto significa que os contratos regidos pelo Código Civil ficam subordinados às normas desse Código.

Portanto, não há impedimento a que a Administração Pública participe de convenção de arbitragem, a qual se regerá pela legislação específica (Lei nº 9.307/96, alterada pela Lei nº 13.129/15).

20.2.5 Matérias que podem ser submetidas à arbitragem

Como nem toda matéria pode ser objeto de decisão pela via da arbitragem – mas apenas os direitos patrimoniais disponíveis – é importante que os instrumentos convocatórios de licitação e os contratos administrativos, quando incluírem cláusula prevendo a solução de conflitos pela via da arbitragem, *delimitem as matérias sobre as quais ela é possível*.[11]

O fato de ser inserida a cláusula de arbitragem nos contratos administrativos não significa que a arbitragem poderá referir-se a todas as matérias de que trata o contrato, porque algumas podem referir-se a direitos patrimoniais indisponíveis.

Note-se que os contratos administrativos contêm *cláusulas regulamentares* e *cláusulas financeiras*. As primeiras referem-se ao próprio objeto do contrato, à forma de sua execução; elas decorrem do poder regulador da Administração Pública; são fixadas unilateralmente e

---

[11] A título de exemplo, cite-se o Decreto nº 10.025, de 20-9-19, que, dentrre outras medidas, dispõe sobre a arbitragem para dirimir litígios que envolvam a administração pública federal nos setores portuário e de transporte rodoviáriio, ferroviário, aquaviário e aeroportuário. No art. 2º, parágrafo único, o decreto menciona três hipóteses de litígios relativos a direitos patrimoniais disponíveis que podem ser objeto de arbitragem: I – questões relacionadas à recomposição do equilíbrio econômico-financeiro dos contratos; II – o cálculo de indenizações decorrrentes de extinção ou de transferência do contrato de parceria; e III – o inadimplemento de obrigações contratuais por quaisquer das partes, icluídas a incidência das suas penalidades e o seu cálculo.

alteradas unilateralmente. Correspondem às chamadas cláusulas exorbitantes ou cláusulas de prerrogativas. Mas as cláusulas financeiras, que dizem respeito à remuneração do contratado e ao equilíbrio econômico-financeiro do contrato têm natureza tipicamente contratual. Por isso mesmo, não podem ser alteradas unilateralmente pelo poder público. Mas podem ser objeto de acordo entre as partes.

Também não teria sentido que se instalasse um procedimento de arbitragem para decisão de conflito que envolva prerrogativas de autoridade que só o poder público pode exercer. Não pode um tribunal de arbitragem decidir sobre as prerrogativas previstas no art. 58 da Lei nº 8.666 e no art. 104 da Lei nº 14.133/21 (alteração unilateral, rescisão unilateral, aplicação de penalidade etc.). Mas pode decidir sobre os efeitos patrimoniais decorrentes do uso de prerrogativas próprias do poder público, como as de alterar e rescindir unilateralmente os contratos, que podem provocar o desequilíbrio econômico-financeiro. São aspectos que se incluem no conceito de direitos patrimoniais disponíveis, não porque a Administração Pública possa abrir mão de seus direitos, mas porque se trata de direitos passíveis de valoração econômica.

Visto o mesmo argumento sob outro ângulo, pode-se partir da distinção entre atos de império e atos de gestão. Os primeiros são praticados pelo poder público como autoridade, como ente que atua em nome do Estado. As decisões sobre desapropriação, tombamento, servidão administrativa, por exemplo, não podem ser objeto de apreciação por árbitro. Mas os efeitos patrimoniais dessas decisões podem, porque são passíveis de valoração econômica. Veja-se que a Lei nº 13.867, de 26-8-2019, ao alterar o Decreto-lei nº 3.365, de 21-6-42 (lei geral de desapropriações) para permitir o emprego da mediação e arbitragem, implicitamente reconheceu que o valor da indenização nas desapropriações, a cargo do poder público, constitui bem patrimonial disponível.

Já os atos de gestão são praticados pelo poder público sem as prerrogativas próprias de autoridade, tal como ocorre com os contratos de direito privado celebrados pela Administração Pública, como compra e venda, locação, permuta etc. Os conflitos surgidos podem ser decididos pela via da arbitragem.

20.2.6 Competência para autorizar a arbitragem

É importante ressaltar que os acordos feitos pela Administração Pública, como o compromisso e a transação, não são novidade no direito positivo. Desde longa data é prevista, para os processos judiciais, a possibilidade de a Administração Pública confessar, desistir, fazer transação, firmar compromissos, sem que se alegue qualquer óbice de natureza jurídica.

A exigência que a lei faz é de que tais atos sejam autorizados por determinadas autoridades. Não é qualquer advogado público que, por sua própria decisão, pode confessar, desistir, fazer transação, no curso de um processo judicial em que atua como representante do Estado.

A Lei da Advocacia-Geral da União – Lei Complementar nº 73, de 10-2-93, outorga ao Advogado-Geral da União competência para "*desistir, transigir, acordar e firmar compromisso nas ações de interesse da União, nos termos da legislação vigente*" (art. 4º, inciso VI).

Esse dispositivo está regulamentado pela Lei nº 9.469, de 10-7-97, cujo art. 1º dava competência ao Advogado-Geral da União, aos dirigentes máximos das autarquias, das fundações e das empresas públicas federais, para autorizar a realização de acordos ou transações *em juízo*, para terminar o litígio, até determinado valor. Acima desse valor, a competência era do Ministro de Estado ou da Secretaria da Presidência da República a cuja área de competência estivesse afeto o assunto.

Com a redação dada pela Lei nº 13.140, de 26-6-15, ao art. 1º da Lei nº 9.469/97, ficou definido que cabe ao Advogado-Geral da União, diretamente ou mediante delegação, e aos dirigentes máximos das empresas públicas federais, em conjunto com o dirigente estatutário da área afeta ao assunto, competência para "autorizar a realização de acordos ou transações para prevenir ou terminar litígios, inclusive os judiciais".[12]

Embora o dispositivo não condicione o exercício da competência ao valor envolvido no litígio, o § 4º do art. 1º dá ideia de que acima de determinado valor, a ser definido em regulamento, a competência é diversa: "quando o litígio envolver valores superiores aos fixados em regulamento, o acordo ou a transação, sob pena de nulidade, dependerá de prévia e expressa autorização do Advogado-Geral da União e do Ministro de Estado a cuja área de competência estiver afeto o assunto, ou ainda do Presidente da Câmara dos Deputados, do Senado Federal, do Tribunal de Contas da União, de Tribunal ou Conselho, ou do Procurador-Geral da República, no caso de interesse dos órgãos dos Poderes Legislativo e Judiciário ou do Ministério Público da União, excluídas as empresas públicas federais não dependentes,[13] que necessitarão apenas de prévia e expressa autorização dos dirigentes de que trata o *caput*".

A Lei nº 13.129, de 26-5-2015, inclui um § 2º no art. 1º da Lei nº 9.307/96 assim estabelecendo:

"*§ 2º A autoridade ou órgão competente da administração pública direta para a celebração de convenção de arbitragem é a mesma para a realização de **acordos** ou **transações**.*"

Combinando-se esse artigo com o art. 1º da Lei nº 9.469/97 (com a redação dada pela Lei nº 13.140/15), pode-se afirmar que, na esfera federal, a convenção de arbitragem tem que ser autorizada pelo Advogado-Geral da União, diretamente ou mediante delegação, ou pelos dirigentes máximos das empresas públicas federais, em conjunto com o dirigente estatutário da área afeta ao assunto. Acima de valor a ser definido em regulamento, a competência é das autoridades mencionadas no art. 1º, § 4º, da Lei nº 9.469/97. O Decreto nº 10.201, de 15-1-20, veio regulamentar esse dispositivo e o art. 2º da Lei nº 9.469, para fixar os valores de alçada para autorização de acordos ou transações celebradas por pessoa jurídica de direito público federal e por empresas públicas federais, para prevenir ou terminar litígios, inclusive os judiciais. E a Lei nº 14.057, de 11-9-20 disciplina o acordo com credores para pagamento de precatórios e o acordo terminativo de litígio contra a Fazenda Pública, nos termos do art. 1º da Lei nº 9.469/97 e do § 12 da Lei nº 10.522, de 19-7-02 (que dispõe sobre o Cadastro Informativo dos créditos não quitados de órgãos e entidades federais).

Nos Estados, Distrito Federal e Municípios, a competência para fazer transação ou firmar acordos depende do que dispuser a respectiva legislação. As leis estaduais e municipais que organizam a respectiva advocacia pública costumam indicar a quem compete autorizar as transações ou acordos em juízo. A essa mesma autoridade caberá autorizar a arbitragem (art. 1º, § 2º, da Lei nº 13.129/15).

---

[12] O dispositivo é de uma infelicidade suprema: não menciona as autarquias e fundações, referidas na redação original do dispositivo. Tem-se que entender que, se as empresas públicas, que são pessoas jurídicas de direito privado, têm essa competência, com muito mais razão a exercem os dirigentes das autarquias e fundações, que têm personalidade de direito público. Além disso, pelo art. 2º, § 3º, da Lei Complementar nº 73, de 10-2-93 (Lei da Advocacia-Geral da União), as Procuradorias e Departamentos Jurídicos das autarquias e fundações públicas são órgãos vinculados à Advocacia-Geral da União. Também é infeliz a redação do art. 1º da Lei nº 9.469/97, na nova redação, porque não diz quem são os "dirigentes estatutários" mencionados no dispositivo, o que faz supor que sejam os dirigentes mencionados no estatuto social da empresa.

[13] Empresas públicas não dependentes, pela interpretação *a contrario sensu* do art. 2º, III, da Lei de Responsabilidade Fiscal (Lei Complementar nº 101, de 4-5-00), é a empresa controlada que não receba do ente controlador recursos financeiros para pagamento de despesas com pessoal ou de custeio em geral ou de capital.

20.2.7 Arbitragem de direito

Outra norma inserida na Lei nº 9.307/96 pela Lei nº 13.129/15 é a que afasta a possibilidade de a arbitragem que envolva a Administração Pública ser *de direito* ou *de equidade*, a critério das partes. Terá que ser sempre *de direito*. O § 3º do art. 2º, introduzido pela Lei nº 13.129/15, assim determina:

> "§ 3º A arbitragem que envolva administração pública será sempre de direito e respeitará o princípio da publicidade."

Na Lei nº 14.133/21, o art. 152 também determina que a arbitragem será sempre de direito e observará o princípio da publicidade.

As normas têm fundamento no princípio da legalidade a que se submete a Administração Pública direta e indireta, por força do art. 37, *caput*, da Constituição. Esse princípio exige submissão à lei.

É relevante lembrar, contudo, que o princípio da legalidade, atualmente, é entendido *em sentido restrito*, para abranger as matérias em que a Constituição exige ato legislativo propriamente dito, e *em sentido amplo*, para abranger a submissão, não só à lei, mas aos atos normativos do Poder Executivo (Regulamentos) e da própria Administração Pública (Resoluções, Portarias, Instruções, Deliberações, dentre outros), além dos valores e princípios que decorrem expressa ou implicitamente da Constituição. E hoje é grande o rol dos princípios aplicáveis à Administração Pública, como os previstos no art. 37, *caput*, além de outros considerados implícitos na própria ideia de Estado de Direito, como os da razoabilidade, da segurança jurídica (inclusive sob o aspecto subjetivo da proteção à confiança), da motivação, do interesse público, entre outros.

Não há dúvida de que os árbitros que decidam litígios envolvendo a Administração Pública não podem decidir com base na equidade, mas podem decidir com base nos princípios previstos no ordenamento jurídico, inseridos no conceito de Direito.

20.2.8 Conflito entre sigilo e publicidade

O mesmo dispositivo (§ 3º do art. 2º) da Lei nº 9.307/96, incluído pela Lei nº 13.129/15, resolveu a questão do eventual conflito entre o sigilo que deve haver no julgamento arbitral e o princípio da publicidade, previsto no art. 37, *caput*, da Constituição. Pelos termos já transcritos no item anterior, a arbitragem que envolva a Administração Pública respeitará o princípio da publicidade.

O dispositivo tem que ser interpretado em seus devidos termos. Existem hipóteses de sigilo na Administração Pública, que têm que ser respeitadas, porque agasalhadas pelo ordenamento jurídico, como as que protegem a segurança da sociedade e do Estado (art. 5º, XXXIII, da Constituição), as que protegem a intimidade e o interesse social (art. 5º, LX), além de outras previstas em favor das próprias empresas, agasalhadas pelo direito positivo.

Desse modo, devem ser observadas, dentre outras leis que disponham sobre sigilo, as contidas na Lei de Acesso a Informações – Lei nº 12.527, de 18-11-11, regulamentada pelo Decreto nº 7.724, de 16-5-12. Ela define o que se considera sigilo imprescindível à segurança da sociedade e do Estado e, portanto, passível de classificação como ultrassecreta, secreta ou reservada (arts. 23 e 24); protege as hipóteses de sigilo, de segredo de justiça e de segredo industrial (art. 22); e estabelece, no art. 31, § 1º, que as informações pessoais, relativas à intimidade, vida privada, honra e imagem terão seu acesso restrito, independentemente de classificação de sigilo, a agentes públicos legalmente autorizados e à pessoa a que eles se referirem. Essas e outras normas da lei têm que ser respeitadas pelos árbitros, não obstante a norma do art. 2º, § 3º, da Lei nº 9.307/96, incluído pela Lei nº 13.129.

20.3 MEDIAÇÃO

Como visto, a mediação e a autocomposição de conflitos estão disciplinadas pela Lei nº 13.140, de 26-6-15 cuja entrada em vigor foi prevista para ocorrer 180 dias a contar de sua publicação oficial (art. 47), que foi feita no Diário Oficial da União de 29-6-15.

Nos termos do art. 1º, a lei dispõe sobre "a mediação como meio de solução de controvérsias entre particulares e sobre a autocomposição de conflitos no âmbito da administração pública". Utilizou terminologia diversa conforme o instrumento seja utilizado como meio de solução de controvérsias surgidas entre particulares ou no âmbito da Administração Pública. No primeiro, o dispositivo fala em mediação e, no segundo, em autocomposição de conflitos.

Pelo art. 1º, parágrafo único, "considera-se mediação a atividade técnica exercida por terceiro imparcial sem poder decisório que, escolhido ou aceito pelas partes, as auxilia e estimula a identificar ou desenvolver soluções consensuais para a controvérsia".

O art. 2º indica os princípios que regem a mediação: imparcialidade do mediador, isonomia entre as partes, oralidade, informalidade, autonomia da vontade das partes, busca do consenso, confidencialidade e boa-fé.

A mediação pode versar sobre direitos disponíveis ou sobre direitos indisponíveis que admitam transação (art. 3º). No caso de se tratar de direitos indisponíveis, mas transigíveis, deve ser homologado em juízo, com prévia oitiva do Ministério Público (art. 3º, § 2º).

A mediação é **extrajudicial,** quando o mediador pode ser qualquer pessoa capaz que tenha a confiança das partes e seja capacitada para fazer mediação, ou **judicial**, hipótese em que só pode atuar como mediador a pessoa capaz, graduada há pelo menos dois anos em curso de ensino superior de instituição reconhecida pelo Ministério da Educação e que tenha obtido capacitação em escola ou instituição de formação de mediadores, reconhecida pela Escola Nacional de Formação e Aperfeiçoamento de Magistrados – ENFAM ou pelos tribunais, observados os requisitos mínimos estabelecidos pelo Conselho Nacional de Justiça em conjunto com o Ministério da Justiça (art. 11).

Para os fins de mediação judicial, é prevista, no art. 24 (à semelhança do que estabelece o art. 165 do CPC), a criação, pelos Tribunais, dos centros judiciários de solução consensual de conflitos, responsáveis pela realização de sessões e audiências de conciliação e mediação, pré-processuais e processuais, e pelo desenvolvimento de programas destinados a auxiliar, orientar e estimular a autocomposição (que designa a solução do conflito pelas próprias partes, mediante acordo).[14] O mediador judicial tem que ser inscrito, a pedido, em cadastro mantido pelos tribunais, sendo sua remuneração definida pelos tribunais e custeada pelas partes, salvo no caso de necessitados, aos quais é assegurada a gratuidade da mediação (art. 4º, § 2º, combinado com art. 13). Embora a lei não o diga, o mediador judicial entra na categoria de **agente público** (como definido no capítulo 13, item 13.2, deste livro e, como tal, acarreta a responsabilidade civil objetiva do Estado se causar dano a terceiros, respondendo em ação regressiva, desde que tenha agido com dolo ou culpa (art. 37, § 6º, da Constituição).

Em qualquer das duas situações (mediação judicial e extrajudicial) o mediador e as pessoas que o assessoram não são servidores públicos, mas a ele equiparados para os efeitos da legislação penal.

É dado às partes ser assistidas por advogado ou defensor público (art. 10).

---

[14] A Resolução nº 125, de 29-11-10, alterada pela Emenda nº 1, de 31-01-13, do Conselho Nacional de Justiça, instituiu a Política Judiciária Nacional de Tratamento Adequado de Conflitos de Interesses, estabelecendo normas sobre os Centros Judiciários de Solução de Conflitos e Cidadania e sobre os conciliadores e mediadores. Contém um Anexo I com normas sobre cursos de capacitação e aperfeiçoamento e um Anexo III contemplando o Código de Ética de Conciliadores e Mediadores Judiciais.

Mesmo que haja juízo arbitral ou processo judicial em andamento, é possível a mediação para solução consensual do conflito. Nesse caso, o processo de arbitragem ou o processo judicial ficará suspenso. A instauração da mediação, que ocorre quando for marcada a primeira audiência, suspende o prazo prescricional (art. 17, parágrafo único). O mesmo efeito é produzido pela instauração de procedimento de autocomposição de conflitos em que for parte pessoa jurídica de direito público (art. 34).

A função do mediador não é a de proferir decisão pondo fim ao conflito, mas auxiliar as partes na busca do consenso. Encerra-se o procedimento da mediação quando as partes chegarem a um acordo, lavrando o respectivo termo, ou quando "não se justificarem novos esforços para a obtenção de consenso, seja por declaração do mediador nesse sentido ou por manifestação de qualquer das partes" (art. 20). Se houver acordo, o termo final de mediação constitui título executivo extrajudicial e, quando homologado judicialmente, título executivo judicial (art. 20, parágrafo único).

20.4 AUTOCOMPOSIÇÃO DE CONFLITOS EM QUE FOR PARTE PESSOA JURÍDICA DE DIREITO PÚBLICO

20.4.1 Conceito e alcance

A Lei nº 13.140/15 trata como **autocomposição** o meio de resolução de conflitos de que se utiliza a Administração Pública, por seus próprios órgãos, para resolver conflitos de que participe como parte interessada. Alcança conflitos entre órgãos ou entidades da Administração Pública ou entre pessoa jurídica de direito público e particulares. O objetivo não é só o de ajudar as partes chegarem a um acordo, mas também, em determinadas hipóteses, o de dirimir o conflito. O vocábulo *autocomposição* tem sentido genérico, que abrange várias modalidades, como a **resolução administrativa de conflitos** (de que trata o art. 32), a **mediação** (referida no art. 33), a **mediação coletiva de conflitos relacionados com a prestação de serviços públicos** (art. 33, parágrafo único), a **transação por adesão** (art. 35), a **composição extrajudicial de conflitos** (arts. 36 e 37).

O vocábulo autocomposição significa que a solução da controvérsia (seja entre órgãos e entidades da própria Administração Pública ou entre esta e particulares) é alcançada no próprio âmbito administrativo, sem necessidade de recurso às vias judiciais ou a terceiros (particulares).

20.4.2 Medidas de autocomposição de conflitos

São várias as medidas que a Lei nº 13.140/15 insere no capítulo II, que trata da autocomposição de conflitos em que for parte pessoa jurídica de direito público e, em determinadas hipóteses, pessoas jurídicas de direito privado integrantes da administração indireta (sociedades de economia mista e empresas públicas federais):

a) Prevenção e resolução administrativa de conflitos

O art. 32 da Lei nº 13.140/15 estabelece que "a União, os Estados, o Distrito Federal e os Municípios poderão criar câmaras de prevenção e resolução administrativa de conflitos, no âmbito dos respectivos órgãos da Advocacia Pública, onde houver, com competência para:

I – "dirimir conflitos entre órgãos e entidades da administração pública" (art. 32, I); nesse caso, a redação do dispositivo dá a entender que a competência das câmaras de prevenção e resolução administrativa de conflitos não é apenas a de auxiliar as partes a chegarem a um acordo, mas a de tomar decisão que ponha fim ao conflito; é a conclusão a que se chega pelo emprego do verbo "dirimir";

II – "avaliar a admissibilidade dos pedidos de resolução de conflitos, por meio de composição, no caso de controvérsia entre particular e pessoa jurídica de direito público" (art. 32, II); neste caso, a autocomposição se apresenta como instrumento para busca do consenso, atuando as câmaras de prevenção e resolução administrativa de conflitos como mediadoras, ajudando as partes a chegar a um acordo para pôr fim ao conflito;

III – "promover, quando couber, a celebração de termo de ajustamento de conduta" (art. 32), que tem a natureza de acordo a ser firmado pelas partes em conflito, para estabelecerem as condições em que o mesmo será cumprido.

O art. 32 repete a norma do art. 174 do CPC, porém *facultando* (e não impondo) a criação de câmaras de prevenção e resolução administrativa de conflitos (e não falando em câmaras de mediação e conciliação, como o faz o dispositivo do Código). A mesma crítica que merece o dispositivo do CPC cabe em relação ao art. 32 da Lei nº 13.140/15: a autocomposição de conflitos, no âmbito da Administração Pública, é feita em processo administrativo e, portanto, envolve matéria de competência legislativa de cada ente federativo. O dispositivo deveria referir-se apenas à União. Talvez por isso, ao invés de determinar que as pessoas jurídicas de direito público "criarão" câmaras de conciliação e mediação, o dispositivo estabelece que tais entidades "poderão" criar câmaras de prevenção e resolução. A mudança de redação não afasta as críticas, tendo em vista que os Estados, o Distrito Federal e os Municípios não necessitam de autorização da União para criar os órgãos de conciliação e mediação e podem disciplinar a matéria pela forma que melhor se adapte às suas necessidades e peculiaridades. As normas da lei federal poderão valer como *normas gerais*, à vista do art. 24, XI, da Constituição Federal, que atribui à União, aos Estados e ao Distrito Federal competência concorrente para legislar sobre "procedimentos em matéria processual". Por sua vez, o art. 30, II, atribui aos Municípios competência para "suplementar a legislação federal e a estadual no que couber".

A lei federal reconhece, de certo modo, a competência dos demais entes para disciplinar a matéria, ao estabelecer, no § 1º do art. 32, que "o modo de composição e funcionamento das câmaras de que trata o caput será estabelecido em regulamento de cada ente federado". E no § 2º prevê a facultatividade da submissão do conflito às referidas câmaras, bem como o seu cabimento apenas nas hipóteses previstas no regulamento do respectivo ente federado.

O § 4º do art. 32 impõe uma limitação quanto ao cabimento da autocomposição de conflitos: não podem ser decididas por esse meio as controvérsias que somente possam ser resolvidas por atos ou concessão de direitos sujeitos a autorização do Poder Legislativo. Quer-se evitar que, por meio de acordo, as partes logrem afastar a exigência de autorização legislativa para a prática de determinados atos. Trata-se de mera aplicação do princípio da legalidade.

O § 5º, por sua vez, já estabelece hipótese em que a autocomposição de conflitos é possível: para resolver conflitos que envolvam equilíbrio econômico-financeiro de contratos celebrados pela Administração com particulares.

b) Mediação

Enquanto não forem criadas as câmaras referidas no art. 32, estabelece o art. 33 que os conflitos podem ser dirimidos nos termos do procedimento de mediação previsto no capítulo I, seção I, subseção III (disposições comuns à mediação judicial e à mediação extrajudicial). Note-se que, pela redação dos arts. 32 e 34, a criação das câmaras de prevenção e resolução é facultativa, inclusive para a União.

c) **Mediação coletiva de conflitos**

Essa medida tem por objetivo resolver conflitos relacionados à prestação de serviços públicos e será instaurada, de ofício ou mediante provocação, pela Advocacia Pública da União, dos Estados, do Distrito Federal e dos Municípios, onde houver (art. 33, parágrafo único); a lei não estabelece o procedimento a ser observado para esse fim, dependendo de regulamentação específica de cada um dos entes federados.

d) **Transação por adesão**

Trata-se de medida a ser utilizada quando houver controvérsias envolvendo a administração pública federal direta, suas autarquias e fundações (art. 35). A transação pode ser utilizada com fundamento em:

I – autorização do Advogado-Geral da União, com base na jurisprudência pacífica do Supremo Tribunal Federal ou de tribunais superiores; ou
II – parecer do Advogado-Geral da União, aprovado pelo Presidente da República.[15]

Como se verifica, trata-se de hipóteses em que já existe entendimento consagrado na esfera judicial ou administrativa a respeito de determinado assunto. Nesse caso, mediante "*resolução administrativa própria*",[16] serão estabelecidos os requisitos e as condições da transação por adesão. A formalização da resolução não implica renúncia tácita à prescrição nem sua interrupção ou suspensão (§ 6º do art. 35). Presume-se, pela redação dos §§ 2º e 3º do art. 35, que a adesão dos interessados aos termos da resolução administrativa depende de pedido por eles formulado, no prazo estabelecido, acompanhado de prova de que atendem aos requisitos previstos na referida resolução. A adesão implica renúncia do interessado ao direito sobre o qual se fundamenta a ação ou recurso, eventualmente pendentes, de natureza administrativa ou judicial, no que tange aos pontos compreendidos pelo objeto da resolução administrativa (§ 4º); nesse caso, a renúncia é tácita. Em se tratando de ação coletiva, a renúncia deve ser expressa, mediante petição dirigida ao juiz da causa (§ 5º).

e) **Composição extrajudicial de conflito**

A medida é prevista nos arts. 36 e 37. O primeiro tem aplicação no caso de conflitos que envolvam controvérsia jurídica entre órgãos ou entidades de direito público que integram a administração pública federal (autarquias ou fundações de direito público). A segunda hipótese de composição extrajudicial de conflitos é prevista no art. 37 da lei, para a hipótese em que Estados, Distrito Federal e Municípios, suas autarquias e fundações públicas, bem como empresas públicas e sociedades de economia mista federais, submetam seus conflitos com órgãos ou entidades da Administração Pública federal ao Advogado-Geral da União. Por exemplo, um conflito entre um Estado ou Município com a Secretaria da Receita Federal ou com um Ministério.

---

[15] Pelo art. 40, § 1º, da Lei Complementar nº 73/93 (que institui a Lei Orgânica da Advocacia-Geral da União), o parecer do Advogado-Geral da União, "aprovado e publicado juntamente com o despacho presidencial vincula a Administração Federal, cujos órgãos e entidades ficam obrigados a lhe dar fiel cumprimento".

[16] O dispositivo não diz a quem compete a "resolução administrativa própria". Pode-se entender que ela cabe ao Advogado-Geral da União.

A composição extrajudicial de conflito incumbe ao Advogado-Geral da União, mediante procedimentos previstos em ato dessa mesma autoridade. Há duas possibilidades: (i) o Advogado-Geral, atuando como mediador, leva as partes a firmarem um acordo; (ii) não logrando êxito, ele resolverá o conflito, com fundamento na legislação pertinente ao assunto. Nos termos do § 4º do art. 36, se a matéria objeto do litígio estiver sendo discutida em ação de improbidade administrativa ou sobre ela haja decisão do Tribunal de Contas da União, a conciliação dependerá de anuência expressa do juiz da causa ou do Ministro Relator.

O art. 38 estabelece regras específicas para as controvérsias jurídicas relativas a tributos administrados pela Secretaria da Receita Federal ou a créditos inscritos em dívida ativa da União:

I – não se aplicam as disposições dos incisos II e III do *caput* do art. 32, ou seja, não podem as câmaras de prevenção e resolução administrativa de conflitos avaliar a possibilidade dos pedidos de resolução de conflitos, por meio de composição, entre a União e particulares; também não cabe o termo de ajustamento de conduta;

II – as empresas públicas, sociedades de economia mista e suas subsidiárias que explorem atividade econômica de produção ou comercialização de bens ou de prestação de serviços em regime de concorrência não poderão exercer a faculdade prevista no art. 37, ou seja, não poderão submeter seus conflitos à Advocacia-Geral da União, para fins de composição extrajudicial do conflito;

III – quando foram partes as pessoas referidas no art. 36 (órgãos ou entidades de direito público da administração pública federal): a) a submissão do conflito à composição extrajudicial pela Advocacia-Geral da União implica renúncia do direito de recorrer ao Conselho Administrativo de Recursos Fiscais; b) a redução ou o cancelamento do crédito dependerá de manifestação conjunta do Advogado-Geral da União e do Ministro de Estado da Fazenda.

Veja-se que para a resolução de conflitos entre órgãos e entidades da própria Administração Pública, a lei previu duas soluções: a) decisão pelas câmaras de prevenção e resolução administrativa de conflitos, referidas no art. 32; b) composição extrajudicial de conflito, mediante conciliação ou, em sua ausência, mediante decisão do Advogado-Geral da União. Entende-se que alternativa prevista no art. 36 aplica-se quando não forem criadas as câmaras referidas no art. 32.

RESUMO

1. Arbitragem: meio privado de solução de conflitos, por pessoa capaz, da confiança das partes.

2. Controvérsias sobre constitucionalidade da arbitragem diante do art. 5º, XXXV, XXXVII e LV, da CF: decisão favorável do STF no SE-AgR 5.206/EP (Espanha), Rel. Min. Sepúlveda Pertence, j. 12-12-01.

3. Direito positivo

Código Civil: arts. 851 a 853: sobre compromisso, judicial e extrajudicial, para resolver litígios entre pessoas que podem contratar.

CPC: art. 3º, §§ 2º e 3º: solução consensual de conflitos.

CPC: art. 42: possibilidade de instituição de juízo arbitral pelas partes, na forma da lei.

Lei nº 9.307, de 23-9-96, alterada pela **Lei nº 13.129, de 26-5-15**.

CPC: art. 165 a 173: mediação por **centros judiciários de solução consensual de conflitos**.

Resolução nº 125/10, do CNJ: institui a Política Judiciária Nacional de tratamento de conflitos de interesse e define no Anexo III, o Código de Ética de Conciliadores e Mediadores judiciais. É a **mediação judicial**.

CPC: art. 174: mediação administrativa; criação de **câmaras de mediação e conciliação**.

Lei nº 13.140, de 26-6-15: dispõe sobre **mediação** entre particulares como meio de solução de controvérsias, abrangendo a mediação judicial e a extrajudicial, bem como a **autocomposição de conflitos, como meio de solução de conflito no âmbito da Administração Pública**.

4. **Arbitragem na Administração:** controvérsias sobre a possibilidade de inclusão de cláusula compromissória nos contratos administrativos.

Lei nº 8.666/93: silenciou.

Lei nº 8.987/95 (concessões e permissões de serviços públicos, art. 23-A), **Lei nº 11.079/04** (parceria público-privada, art. 11, III) e **Lei nº 12.462/11** (RDC, art. 44-A): possibilidade de o contrato estabelecer mecanismos privados de resolução de conflitos.

Nova Lei de Licitações (Lei n 14.133/21): capítulo sobre meios de resolução de controvérsias (arts. 151 a 154).

Lei de arbitragem (Lei nº 9.307/96), de caráter genérico: no art. 1º, permite que pessoas capazes de contratar se valham da arbitragem para dirimir litígios relativos a **direitos patrimoniais disponíveis**.

Opiniões divergentes sobre o cabimento da arbitragem na Administração Pública. Entendimento do TCU na Decisão 286/93: contrário à arbitragem em contratos administrativos, por falta de previsão legal e por contrariar o princípio da supremacia do interesse público sobre o privado, o princípio da vinculação ao instrumento convocatório da licitação e à respectiva proposta vencedora.

Entendimento do TCU em relação às parcerias público-privadas: é possível a arbitragem porque prevista no art. 11, III, da Lei nº 11.079/04.

Entendimento do TCU em relação aos contratos de direito privado celebrados pela Administração: é possível a arbitragem porque neles a Administração Pública se iguala ao particular (Acórdão 391/2008).

5. **Inovações da Lei nº 13.129, de 26-5-15:** resolução parcial das controvérsias.
Art. 1º, § 1º: previsão de arbitragem na Administração Pública relativamente a **direitos patrimoniais disponíveis**.

Dificuldade na definição de direitos patrimoniais disponíveis.

Vários critérios, todos eles válidos, entendendo que é possível a arbitragem: a) nos **atos de gestão**; b) nos **serviços comerciais e industriais do Estado;** c) nos **atos negociais**; d) nos **contratos de direito privado**; e) nas empresas estatais que exercem atividade econômica, com fundamento no art. 173, § 1º, II, da CF; f) porque o princípio da indisponibilidade do interesse público não se confunde com direitos patrimoniais indisponíveis; os direitos patrimoniais podem ser disponíveis e indisponíveis. Indicação exemplificativa de direitos patrimoniais disponíveis no art. 151, parágrafo único, da nova Lei de Licitações.

Conceito de patrimônio (Clóvis Beviláqua): *"complexo das relações jurídicas de uma pessoa, que tiverem valor econômico".*

Patrimônio, no direito administrativo: pode ser ou não ser passível de valoração econômica. Sentido amplo: patrimônio social, patrimônio moral, patrimônio cultural, patrimônio econômico (dentre outros).

Admitem valoração econômica: as atividades econômicas do Estado, os bens públicos dominicais e os de uso especial (chamados, respectivamente, de bens patrimoniais disponíveis e indisponíveis pelo antigo Regulamento do Código de Contabilidade da União).

Não admitem valoração econômica: as atividades sociais do Estado, os direitos fundamentais, os bens públicos de uso comum do povo, o patrimônio histórico, artístico, científico, arqueológico etc.

A disponibilidade do patrimônio público não se confunde com o princípio da indisponibilidade do interesse púbico: o interesse público é sempre indisponível; o patrimônio pode ser disponível ou indisponível. A disponibilidade do patrimônio pode ser melhor para o interesse público.

6. Possibilidade de **convenção de arbitragem nos contratos administrativos**, com fundamento no art. 62, § 3º, da Lei nº 8.666/93, e no art. 3º, II, da nova Lei de Licitações. Aplicação da legislação específica sobre arbitragem (Lei nº 9.307).

7. **Matérias passíveis de submissão à arbitragem:** necessidade de delimitação nos instrumentos convocatórios de licitação e nos contratos.

Impossibilidade de previsão de arbitragem para decisão de conflito que envolva as cláusulas exorbitantes dos contratos administrativos. Possibilidade de arbitragem para decidir conflitos patrimoniais que decorram das cláusulas exorbitantes, que podem gerar desequilíbrio econômico-financeiro.

Possibilidade de se levar em consideração a distinção entre **atos de gestão** (praticados sem prerrogativas públicas) e **atos de império** (como desapropriação, tombamento, servidão administrativa): os efeitos patrimoniais dos atos de império podem ser decididos em arbitragem, porque passíveis de valoração econômica, embora o ato de império, em si, não possa. Os conflitos decorrentes de atos de gestão, como os contratos de direito privado, podem ser solucionados por arbitragem.

8. Competência para autorizar a arbitragem

Na esfera federal: Advogado-Geral da União, diretamente ou mediante delegação, bem como os dirigentes máximos das empresas públicas federais, em conjunto com o dirigente estatutário da área afeta ao assunto (art. 1º, § 2º, da Lei de Arbitragem, combinado com art. 1º da Lei nº 9.469/97).

Nos Estados, Distrito Federal e Municípios: competência definida pela respectiva legislação.

9. **Arbitragem de direito apenas,** afastada a arbitragem baseada em equidade (art. 2º, § 3º, introduzido na Lei de Arbitragem pela Lei nº 13.129/15, e art. 152 da nova Lei de Licitações, em matéria de licitações e contratos).

Possibilidade de decisão baseada em princípios da Administração Pública.

10. **Conflito entre sigilo** (próprio da arbitragem) e **publicidade** (art. 37, *caput*, da CF): aplicação da publicidade, nos termos do § 3º do art. 2º da Lei de Arbitragem. Exceção para as hipóteses de sigilo previstas na CF (art. 5º, XXXIII e LX) e regulamentadas pela Lei de Acesso à Informação – Lei nº 12.527, de 18-11-11.

11. Mediação: Lei nº 13.140, de 26-6-15.

Conceito do art. 1º, parágrafo único: atividade técnica exercida por terceiro imparcial sem poder decisório que, escolhido ou aceito pelas partes, as auxilia e estimula a identificar ou desenvolver soluções consensuais para a controvérsia.

Objeto: direitos disponíveis ou direitos indisponíveis que admitam transação (hipótese que depende de homologação em juízo, com prévia oitiva do MP).

Mediação extrajudicial: feita por qualquer pessoa capaz e que mereça a confiança das partes.

Mediação judicial: feita por pessoa capaz, graduada há pelo menos dois anos em curso de ensino superior de instituição reconhecida pelo Ministério da Educação e que tenha obtido capacitação em escola ou instituição de formação de mediadores, reconhecida pela Escola Nacional de Formação e Aperfeiçoamento de Magistrados – ENFAM ou pelos tribunais, observados os requisitos mínimos estabelecidos pelo CNJ em conjunto com o Ministério da Justiça.

Previsão de criação de **centros judiciários de solução consensual de conflitos**, pelos Tribunais (art. 24).

O mediador é **agente público mas não é servidor público.** Equiparação para fins penais.

Suspensão do processo judicial ou do juízo arbitral quando instaurada a mediação.

Função do mediador: auxiliar as partes na busca do consenso; não é a de proferir decisão.

Encerramento da mediação: pelo acordo entre as partes ou pela ausência de justificativa para novos esforços no sentido da obtenção de acordo (art. 20).

O acordo constitui-se em título executivo extrajudicial e, quando homologado judicialmente, título executivo judicial (art. 20, parágrafo único).

12. Autocomposição de conflitos em que for parte pessoa jurídica de direito público: Lei nº 13.140/15.

Conceito: meio de resolução de conflitos de que se utiliza a Administração Pública, por seus próprios órgãos, para resolver conflitos de que participe como parte interessada. Alcança conflitos entre órgãos ou entidades públicas ou entre pessoa jurídica de direito público e particulares.

Objetivo: ajudar as partes a resolverem o conflito ou, em algumas hipóteses, resolver o conflito.

Vocábulo "autocomposição": utilizado porque a solução da controvérsia é alcançada no próprio âmbito da Administração Pública.

Modalidades previstas na lei:

    a) **Prevenção e resolução administrativa de conflitos** (art. 32): previsão de criação, pelos entes federativos, de **câmaras de prevenção e resolução administrativa de conflitos**, no âmbito dos órgãos da Advocacia Pública, onde houver; as atribuições são: I – **dirimir conflitos** entre órgãos e entidades da administração pública; II – avaliar a admissibilidade dos pedidos de resolução de conflitos entre a pessoa jurídica de direito público e um particular; e III – promover, quando couber, a celebração de termo de ajustamento de conduta.

    Limitação: não é possível a autocomposição, nessa modalidade, para decidir controvérsias que só possam ser resolvidas por atos ou concessão de direitos sujeitos a autorização do Poder Legislativo (§ 4º do art. 32).

Possibilidade: para resolver conflitos que envolvam equilíbrio econômico-financeiro de contratos administrativos firmados com particulares.

b) **Mediação:** pode ser utilizada quando não sejam criadas as câmaras de prevenção e resolução administrativa de conflitos (art. 33).

c) **Mediação coletiva de conflitos:** destinada a resolver conflitos concernentes à prestação de serviços públicos (art. 33, parágrafo único). Matéria dependente de regulamento de cada ente federativo.

d) **Transação por adesão (prevista para a esfera federal):** utilizada quando houver controvérsias envolvendo a administração pública federal direta, suas autarquias e fundações (art. 35). Supõe que já haja entendimento consagrado no STF ou em tribunais superiores, ou em parecer do Advogado-Geral da União, aprovado pelo Presidente da República. Implica a renúncia ao direito sobre o qual se fundamenta a ação ou recurso eventualmente pendentes na esfera administrativa ou judicial. Os requisitos e condições são definidos em *"resolução administrativa própria".*

e) **Composição extrajudicial de conflito:** duas hipóteses: a) controvérsia jurídica entre órgãos ou entidades de direito público que integram a administração pública federal (art. 36); b) quando Estados, DF e Municípios, suas autarquias e fundações públicas, empresas públicas e sociedades de economia mista submetem seus conflitos com órgãos ou entidades da Administração Pública federal ao Advogado-Geral da União (art. 37).

Competência: Advogado-Geral da União, com duas possibilidades: a) ele atua como mediador e leva as partes a um acordo; b) não logrando êxito, ele resolve o conflito. Se a matéria estiver sendo discutida em ação de improbidade administrativa ou se sobre ela houver decisão do TCU, a conciliação depende de anuência expressa do juiz ou do Ministro Relator, conforme o caso.

f) **Controvérsias relativas a tributos administrados pela Secretaria da Receita Federal** ou a **créditos inscritos em dívida ativa da União**: aplicação das regras especiais previstas no art. 38.

Bibliografia

ADAMS, John Clarke. *El derecho administrativo norteamericano*. Buenos Aires: Editorial Universitária de Buenos Aires, 1964.

ALBUQUERQUE, Ronaldo de. *Desapropriação e constituição de servidão administrativa*. São Paulo: Atlas, 1987.

ALCÂNTARA, Maria Emília Mendes. Responsabilidade ou irresponsabilidade do Estado? In: *Curso de direito administrativo*. São Paulo: Revista dos Tribunais, 1986. p. 67-83.

ALESSI, Renato. *Instituciones de derecho administrativo*. Buenos Aires: Bosch, Casa Editorial, 1970. t. 1.

ALMEIDA, Fernando Dias Menezes de. Mecanismos de consenso no direito administrativo. In: ARAGÃO, Alexandre Santos de; MARQUES NETO, Floriano de Azevedo Marques (Coord.). *Direito administrativo e seus novos paradigmas*. Belo Horizonte: Fórum, 2008, p. 335-349.

ALMEIDA, Fernando Dias Menezes de. *Formação da teoria do direito administrativo no Brasil*. São Paulo: 2013 (tese defendida na Faculdade de Direito da USP).

ALMEIDA, Lacerda de. *Das pessoas jurídicas*: ensaio de uma teoria. Rio de Janeiro: Revista dos Tribunais, 1905.

AMARAL, Diogo Freitas do. *A utilização do domínio público pelos particulares*. São Paulo: Juriscredi, 1972.

ARAÚJO, Edmir Netto de. *Responsabilidade do Estado por ato jurisdicional*. São Paulo: Revista dos Tribunais, 1981.

ARAÚJO, Edmir Netto de. *Curso de direito administrativo*. 5. ed. São Paulo: Saraiva, 2005; 14. ed. São Paulo: Saraiva, 2014.

ARAÚJO, Edmir Netto de. *Contrato administrativo*. São Paulo: Revista dos Tribunais, 1987.

ARAÚJO, Edmir Netto de. *Do negócio jurídico administrativo*. São Paulo: Revista dos Tribunais, 1992.

ARAÚJO, Telga. Função social da propriedade. *Enciclopédia Saraiva do Direito*, v. 39, p. 1-15.

BARROS JÚNIOR, Carlos Schmidt de. *Compêndio de direito administrativo*. São Paulo: Max Limonad, 1963.

BARROS JÚNIOR, Carlos Schmidt de. *Do poder disciplinar na administração pública*. São Paulo: Revista dos Tribunais, 1972.

BARROS JÚNIOR, Carlos Schmidt de. *Contratos administrativos*. São Paulo: Saraiva, 1986.

BEVILÁQUA, Clóvis. *Comentários ao Código Civil*. Rio de Janeiro: Francisco Alves, 1958.

BIELSA, Rafael. *Derecho administrativo*. Buenos Aires: La Ley, 1965. t. 4.

BONNARD, Roger. *Précis de droit administratif*. Paris: Librairie du Recueil Sirey, 1953.

BORGES, Alice Gonzalez. A responsabilidade civil do Estado à luz do Código Civil: um toque de direito público. In: FREITAS, Juarez (Org.). *Responsabilidade civil do Estado*. São Paulo: Malheiros, 2006. p. 17-36.

BORGES, Alice Gonzalez. Serviços sociais autônomos. Natureza jurídica. In: MODESTO, Paulo (Coord.). *Nova organização administrativa brasileira*. 2. ed. Belo Horizonte: Fórum, 2010. p. 259-273.

BRANDÃO, Antônio José. Moralidade administrativa. *RDA*, nº 25, p. 454.

BULLINGER, Martin. A discricionariedade da administração pública. *Revista de Ciência Política*. 2, v. 30, p. 3-23, abr./jun. 1987.

CAETANO, Marcello. *Manual de direito administrativo*. Lisboa: Coimbra Editora, 1969. v. 2.

CAETANO, Marcello. *Manual de direito administrativo*. Rio de Janeiro: Forense, 1970. v. 2.

CAHALI, Yussef Said. *Responsabilidade civil do Estado*. São Paulo: Malheiros, 1995.

CANOTILHO, J. J. Gomes. *Direito constitucional e teoria da Constituição*. Coimbra: Almedina, 2000.

CARBONELL, Eloisa; MUGA, José Luis. *Agências y procedimiento administrativo en Estados Unidos de América*. Madri: Marcial Pons, Ediciones Jurídicas y Sociales, 1996.

CARVALHO, A. A. Contreiras de. *Estatuto dos funcionários públicos interpretado*. Rio de Janeiro: Forense, 1955.

CARVALHO FILHO, José dos Santos. *Manual de direito administrativo*. 6. ed. Rio de Janeiro: Lumen Juris, 2000.

CARVALHO FILHO, José dos Santos. *Manual de direito administrativo*. 24. ed. Rio de Janeiro: Lumen Juris, 2011.

CASSAGNE, Juan Carlos. *El acto administrativo*. Buenos Aires: Abeledo-Perrot, s/d.

CAVALCANTI, Amaro. *Responsabilidade civil do Estado*. Rio de Janeiro: Borsoi, 1957.

CAVALCANTI, Themístocles Brandão. *Tratado de direito administrativo*. São Paulo-Rio de Janeiro: Freitas Bastos, 1956. t. 2 e 3.

CAVALCANTI, Themístocles Brandão. *O funcionário público e o seu regime jurídico*. Rio de Janeiro: Borsoi, 1958. t. 2.

CHAMOUN, Ebert. *Da retrocessão nas desapropriações*. Rio de Janeiro: Forense, 1959.

CHITI, Mario P. Principio di sussidiarietà, pulblica amministrazione e diritto amministrativo. In: *Sussidiarietà e Pubbliche Amministrazione*. Bolonha: Maggiore, 1997.

CONSTITUIÇÃO DA REPÚBLICA FEDERATIVA DO BRASIL. São Paulo: Atlas, 1988.

CONSTITUIÇÃO DO ESTADO DE SÃO PAULO. São Paulo: Atlas, 1989.

COSTA, José Armando da. *Teoria e prática do processo administrativo disciplinar*. São Paulo: Saraiva, 1987.

COSTA, Regina Helena. Conceitos jurídicos indeterminados e discricionariedade administrativa. *Revista da Procuradoria Geral do Estado*. São Paulo, v. 29, p. 79, 1988.

COTRIM NETO, A. B. Intervenção do Estado no domínio econômico. *Enciclopédia Saraiva do Direito*. v. 46, p. 45.

CRETELLA JÚNIOR, José. *Tratado de direito administrativo*. Rio de Janeiro: Forense, 1966, v. 1-5; 1969, v. 6 e 7; 1970, v. 8; 1972, v. 10.

CRETELLA JÚNIOR, José. *Empresa pública*. São Paulo: Bushatsky, 1973.

CRETELLA JÚNIOR, José. *Comentários às leis de desapropriações*. São Paulo: Bushatsky, 1976.

CRETELLA JÚNIOR, José. *Do ato administrativo*. São Paulo: Bushatsky, 1977.

CRETELLA JÚNIOR, José. *Administração indireta brasileira*. Rio de Janeiro: Forense, 1980.

CRETELLA JÚNIOR, José. *Tratado do domínio público*. Rio de Janeiro: Forense, 1984.

CRETELLA JÚNIOR, José. *Curso de direito administrativo*. Rio de Janeiro: Forense, 1986.

CRETELLA JÚNIOR, José. *Comentários à Constituição Brasileira de 1988*. Rio de Janeiro: Forense, 1989.

CRETELLA JÚNIOR, José. O direito administrativo no sistema do "common law". *Revista da Procuradoria Geral do Estado*. São Paulo, v. 12, p. 9.

CRETELLA JÚNIOR, José. Regime jurídico do tombamento. *RDA* 112/50.

CRETELLA JÚNIOR, José. Da autotutela administrativa. *RDA* 108/57.

CRETELLA JÚNIOR, José. Definição da autorização administrativa. *RT* 486/18.

CRETELLA JÚNIOR, José. Os cânones do direito administrativo. *Revista de Informação Legislativa*. Brasília, ano 25, nº 97/5.

DALLARI, Adilson Abreu. *Aspectos jurídicos da licitação*. São Paulo: Juriscredi, 1973.

DI PIETRO, Maria Sylvia Zanella. *Servidão administrativa*. São Paulo: Revista dos Tribunais, 1978.

DI PIETRO, Maria Sylvia Zanella. *Uso privativo de bem público por particular*. São Paulo: Revista dos Tribunais, 1983.

DI PIETRO, Maria Sylvia Zanella. *Do direito privado na administração pública*. São Paulo: Atlas, 1989.

DI PIETRO, Maria Sylvia Zanella. Natureza jurídica dos bens das empresas estatais. *Revista da Procuradoria Geral do Estado*. São Paulo, v. 30/173, 1988.

DI PIETRO, Maria Sylvia Zanella. *Temas polêmicos sobre licitações e contratos*. 5. ed. São Paulo: Malheiros, 2001a (em coautoria).

DI PIETRO, Maria Sylvia Zanella. *Discricionariedade administrativa na constituição de 1988*. 3. ed. São Paulo: Atlas, 2012a.

DI PIETRO, Maria Sylvia Zanella. *Parcerias na administração pública*. 13. ed. Rio de Janeiro: Forense, 2022.

DI PIETRO, Maria Sylvia Zanella. Comentários à lei de responsabilidade fiscal (arts. 18 a 28). In: MARTINS, Ives Gandra da Silva; NASCIMENTO, Carlos Valder do. *Comentários à lei de responsabilidade fiscal*. 6. ed. São Paulo: Saraiva, 2012b.

DI PIETRO, Maria Sylvia Zanella. Os princípios da proteção à confiança, da segurança jurídica e da boa-fé. In: MOTTA, Fabrício (Org.). *Estudos em homenagem ao professor Nelson Figueiredo*. Instituto de Direito Administrativo de Goiás. Belo Horizonte: Fórum, 2008, p. 296-316.

DI PIETRO, Maria Sylvia Zanella. (Org.). *Direito privado administrativo*. São Paulo: Atlas, 2013.

DI PIETRO, Maria Sylvia Zanella. 500 anos de direito administrativo. In: *Cadernos de Direito e Cidadania II – Instituto de Estudos de Direito e Cidadania*. São Paulo: Artchip, 2000. p. 39-69.

DI PIETRO, Maria Sylvia Zanella; RIBEIRO, Carlos Vinícius Alves (Coord.). *Supremacia do interesse público e outros temas relevantes do direito administrativo*. São Paulo: Atlas, 2010.

DINIZ, Maria Helena; FERRAZ JUNIOR, Tercio Sampaio; GEORGAKILAS, Ritinha Alzira Stevenson. *Constituição de 1988*: legitimidade, vigência e eficácia, supremacia. São Paulo: Atlas, 1989.

DONY, Marianne. *Droit de l'Union Européenne*. 4. ed. Bruxelas: Editions de l'Université de Bruxelles, 2012.

DROMI, José Roberto. *La licitación pública*. Buenos Aires: Astrea, 1975.

DUGUIT, Léon. *Manuel de droit constitutionnel*. Paris: Fontemoing et Cie. Editeurs, 1911.

ESCOLA, Hector Jorge. *Tratado integral de los contratos administrativos*. Buenos Aires: Depalma, 1977/1979. 2 v.

ESTATUTO DOS FUNCIONÁRIOS PÚBLICOS CIVIS DO ESTADO DE SÃO PAULO. São Paulo: Atlas, 1989.

ESTORNINHO, Maria João. *A fuga para o direito privado*. Contributo para o estudo da actividade de direito privado da Administração Pública. Coimbra: Almedina, 1999.

FAGUNDES, M. Seabra. *O controle dos atos administrativos pelo Poder Judiciário*. São Paulo: Saraiva, 1984.

FALLA, Fernando Garrido. *Las transformaciones del regimen administrativo*. Madri: Instituto de Estudios Políticos, 1962.

FALLA, Fernando Garrido. *Tratado de derecho administrativo*. Madri: Instituto de Estudios Políticos, 1970.

FARIA, José Eduardo. *Eficácia jurídica e violência simbólica*: o direito como instrumento de transformação social. São Paulo: Edusp, 1988.

FERNANDES, Jorge Ulisses Jacoby; REOLON, Jaques Fernando. Regime diferenciado de contratações públicas (RDC). *Fórum de Contratação e Gestão Pública*. Belo Horizonte: Editora Fórum, ano 10, n. 117, p. 20-43, set. 2011.

FERNANDES, Raimundo Nonato. Da concessão de uso de bens públicos. *RDA* 118/1.

FERRAZ JUNIOR, Tercio Sampaio; DINIZ, Maria Helena; GEORGAKILAS, Ritinha Alzira Stevenson. *Constituição de 1988*: legitimidade, vigência e eficácia, supremacia. São Paulo: Atlas, 1989.

FERRAZ, Luciano. Responsabilidade do estado por omissão legislativa – Caso do artigo 37, X, da Constituição da República. In: FREITAS, Juarez (Org.). *Responsabilidade civil do Estado*. São Paulo: Malheiros, 2006. p. 208-225.

FERREIRA, Daniel; SANTOS, José Anacleto Abduch. Licitações para a copa do mundo e olimpíadas. Comentários sobre algumas inovações da Lei nº 12.462/2011. *Fórum de Contratação e Gestão Pública*. Belo Horizonte: Editora Fórum, ano 10, n. 117, p. 46-58.

FERREIRA FILHO, Manoel Gonçalves. *Comentários à Constituição brasileira*. São Paulo: Saraiva, 1975. v. 3.

FERREIRA FILHO, Manoel Gonçalves. *Curso de direito constitucional*. São Paulo: Saraiva, 1989.

FERREIRA, Sérgio de Andréa. O direito administrativo das empresas governamentais brasileiras. *RDA* 136/1-33.

FIGUEIREDO, Lúcia Valle. *Empresas públicas e sociedades de economia mista*. São Paulo: Revista dos Tribunais, 1978.

FIGUEIREDO, Lúcia Valle. *Disciplina urbanística da propriedade*. São Paulo: Revista dos Tribunais, 1980a.

FIGUEIREDO, Lúcia Valle. *Dispensa de licitação*. São Paulo: Revista dos Tribunais, 1980b.

FIGUEIREDO, Lúcia Valle. Discricionariedade: poder ou dever? In: *Curso de direito administrativo*. São Paulo: Revista dos Tribunais, 1986.

FIGUEIREDO, Lúcia Valle. *Perfil do mandado de segurança coletivo*. São Paulo: Revista dos Tribunais, 1989a.

FIGUEIREDO, Lúcia Valle. *Direitos difusos e coletivos*. São Paulo: Revista dos Tribunais, 1989b.

FIGUEIREDO, Lúcia Valle. *Curso de direito administrativo*. São Paulo: Malheiros Editores, 1994.

FIGUEIREDO, Lúcia Valle. *Curso de direito administrativo*. São Paulo: Revista dos Tribunais, 2004.

FIGUEIREDO, Marcelo. *Probidade administrativa. Comentários à Lei 8.429/92 e legislação complementar*. São Paulo: Malheiros, 1997.

FLEINER, Fritz. *Les principes généraux du droit administratif allemand*. Paris: Delagrave, 1933.

FONSECA, Tito Prates da. *Direito administrativo*. Rio de Janeiro-São Paulo: Freitas Bastos, 1939.

FRANÇA, Rubens Limongi. *Manual prático das desapropriações*. Rio de Janeiro: Forense, 1987.

FRANCO SOBRINHO, Manoel de Oliveira. *Desapropriação*. São Paulo: Saraiva, 1973.

FRANCO SOBRINHO, Manoel de Oliveira. *O controle da moralidade administrativa*. São Paulo: Saraiva, 1974.

FRANCO SOBRINHO, Manoel de Oliveira. *Contrato administrativo*. São Paulo: Saraiva, 1981.

FRANCO SOBRINHO, Manoel de Oliveira. A desapropriação no direito comparado. *RDA* 112/1.

FREITAS, Juarez. Conceito digital sustentável e gestão de riscos. *Revista Interesse Público*, Belo Horizonte, ano 26, n. 147, p. 17-30, set./out. 2024.

GARNER, James W. La concepción anglo américaine du droit administratif. In: Mélanges *Maurice Hauriou*. Paris: Librairie du Recueil Sirey, 1929.

GASPARINI, Diógenes. *Direito administrativo*. São Paulo: Saraiva, 1995.

GEORGAKILAS, Ritinha Alzira Stevenson; FERRAZ JUNIOR, Tercio Sampaio; DINIZ, Maria Helena. *Constituição de 1988*: legitimidade, vigência e eficácia, supremacia. São Paulo: Atlas, 1989.

GIANNINI, Massimo Severo. *Diritto amministrativo*. Milão: Giuffrè, 1970. v. 1.

GIL, José Ignacio Monedero. *Doctrina del contrato del estado*. Madri: Instituto de Estudos Fiscales, 1977.

GLÓRIA, Deborah Fialho Ribeiro. Análise da pensão dos servidores públicos à luz do entendimento do Supremo Tribunal Federal (STF). In: FORTINI, Cristiana Fortini (Org.). *Servidor público. Estudos em homenagem ao Professor Pedro Paulo de Almeida Dutra*. Belo Horizonte: Fórum, 2009, p. 61-72.

GONZÁLEZ PEREZ, Jesús. *El principio general de la buena fé en el derecho administrativo*. Madri: Civitas, 1989.

GORDILLO, Agustin A. *Princípios gerais de direito público*. São Paulo: Revista dos Tribunais, 1977.

GORDILLO, Agustin A. *Tratado de derecho administrativo*. Buenos Aires: Macchi, 1979. t. 3.

GORDILLO, Agustin A. *Tratado de derecho administrativo*. 5. ed. Buenos Aires: Fundación de Derecho Administrativo, 1998. t. 1.

GORDILLO, Agustin A. *La administración paralela*. Madri: Civitas, 1982.

GRAU, Eros Roberto. *Elementos de direito econômico*. São Paulo: Revista dos Tribunais, 1981.

GROTTI, Dinorá Adelaide Musetti. *O serviço público e a Constituição Brasileira de 1988*. São Paulo: Malheiros, 2003.

GUSHINKEN, Luís et al. *Regime próprio de previdência dos servidores: como implementar?* Uma visão prática e teórica. Brasília: MPAS, 2002, v. 17, p. 165 ss. (Coleção Previdência Social.)

HAURIOU, Maurice. *Précis de droit administratif et droit public général*. 11. ed. Bordeaux: Imprimerie Cadout, 1927.

HIGA, Alberto Shinji. Notas sobre o uso da arbitragem pela Administração Pública. In: DI PIETRO, Maria Sylvia Zanella (Org.). *Direito privado administrativo*. São Paulo: Atlas, 2013. p. 21-49.

JÈZE, Gaston. *Princípios generales del derecho administrativo*. Buenos Aires: Depalma, 1948.

JUNQUEIRA, Messias. *As terras públicas no estatuto da terra*. Ibra, 1966.

JUSTEN FILHO, Marçal. *Comentários à lei de licitações e contratos administrativos*. 8. ed. São Paulo: Dialética, 2001; 9. ed. São Paulo: Revista dos Tribunais, 2013.

JUSTEN FILHO, Marçal. O direito administrativo do espetáculo. In: ARAGÃO, Alexandre dos Santos; MARQUES NETO, Floriano de Azevedo. *Direito administrativo e seus novos paradigmas*. Belo Horizonte: Fórum, 2008. p. 65-85.

JUSTEN FILHO, Marçal. *Curso de direito administrativo*. São Paulo: Saraiva, 2005; 9. ed. São Paulo: Revista dos Tribunais, 2013.

LASO, Sayagués. *La licitación pública*. Montevidéu: Pena e Cia, 1940.

LAZZARINI, Álvaro. Do poder de polícia. *Revista de Jurisprudência do TJSP*, v. 98/20.

LEITE, Luciano Ferreira. *Discricionariedade administrativa e controle judicial*. São Paulo: Revista dos Tribunais, 1981.

LIMA, Paulo B. de Araújo. *Sociedades de economia mista e a Lei das S.A*. Rio de Janeiro: Instituto Brasileiro de Mercado de Capitais, 1980.

LIMA, Ruy Cirne. Das servidões administrativas. *RDP* 5/18.

LIMA, Ruy Cirne. *Princípios de direito administrativo*. São Paulo: Revista dos Tribunais, 1982.

LOSANO, Mario G. *Os grandes sistemas jurídicos*. Lisboa: Presença/Martins Fontes, 1979.

MACHADO, Carlos Augusto A. Tombamento: um instituto jurídico. In: Temas de direito urbanístico-1. *RT*, São Paulo, p. 23-51, 1987.

MAGALHÃES, Roberto Barcelos de. *Teoria e prática da desapropriação no direito brasileiro*. Rio de Janeiro: José Konfino, 1968.

MARIENHOFF, Miguel S. *Domínio público:* protección jurídica del usuario. Buenos Aires: Valerio Abeledo, 1955.

MARIENHOFF, Miguel S. *Tratado del dominio público*. Buenos Aires: Tipografia Editora Argentina, 1960.

MARRARA, Thiago. As fontes do direito administrativo e o princípio da legalidade. In: DI PIETRO, Maria Sylvia Zanella; RIBEIRO, Carlos Vinícius Alves (Coord.). *Supremacia do interesse público e outros temas relevantes do direito administrativo*. São Paulo: Atlas, 2010. p. 230-260.

MARTÍN, Carlos de Cabo. *Sobre el concepto de ley*. Madri: Trotta, 2000.

MASAGÃO, Mário. *Conceito de direito administrativo*. São Paulo: Escolas Profissionais Salesianas, 1926.

MASAGÃO, Mário. *Natureza jurídica da concessão de serviço público*. São Paulo: Saraiva, 1933.

MASAGÃO, Mário. *Curso de direito administrativo*. São Paulo: Revista dos Tribunais, 1968.

MAYER, Otto. *Derecho administrativo alemán*. Buenos Aires: Depalma, 1982. 4 v.

MEDAUAR, Odete. *Controle administrativo das autarquias*. São Paulo: Bushatsky, 1976.

MEDAUAR, Odete. *Direito administrativo moderno*. 5. ed. São Paulo: Revista dos Tribunais, 2001.

MEDAUAR, Odete. *Direito administrativo moderno*. 11. ed. São Paulo: Revista dos Tribunais, 2011.

MEDAUAR, Odete. *O direito administrativo em evolução*. 2. ed. São Paulo: Revista dos Tribunais, 2003.

MEIRELLES, Hely Lopes. *Direito administrativo brasileiro*. São Paulo: Malheiros, 2003.

MEIRELLES, Hely Lopes. *Licitação e contrato administrativo*. São Paulo: Revista dos Tribunais, 1990.

MELLO, Celso Antônio Bandeira de. *Natureza e regime jurídico das autarquias*. São Paulo: Revista dos Tribunais, 1968.

MELLO, Celso Antônio Bandeira de. *Apontamentos sobre os agentes públicos*. São Paulo: Revista dos Tribunais, 1975a.

MELLO, Celso Antônio Bandeira de. *Prestação de serviços públicos e administração indireta*. São Paulo: Revista dos Tribunais, 1975b.

MELLO, Celso Antônio Bandeira de. *O conteúdo jurídico do princípio da igualdade*. São Paulo: Revista dos Tribunais, 1978.

MELLO, Celso Antônio Bandeira de. *Licitação*. São Paulo: Revista dos Tribunais, 1980.

MELLO, Celso Antônio Bandeira de. *Ato administrativo e direitos dos administrados*. São Paulo: Revista dos Tribunais, 1981.

MELLO, Celso Antônio Bandeira de. *Elementos de direito administrativo*. São Paulo: Malheiros, 1992.

MELLO, Celso Antônio Bandeira de. *Curso de direito administrativo*. São Paulo: Malheiros, 2004, 2008, 2011 e 2015; 36. ed. Belo Horizonte: Fórum, 2023.

MELLO, Celso Antônio Bandeira de. Apontamentos sobre o poder de polícia. *RDP* 9/55.

MELLO, Celso Antônio Bandeira de. Controle judicial dos atos administrativos. *RDP* 65/27.

MELLO, Oswaldo Aranha Bandeira de. *Princípios gerais de direito administrativo*. Rio de Janeiro: Forense, 1979. 2 v.

MELLO, Oswaldo Aranha Bandeira de. *Princípios gerais de direito administrativo*. 3. ed. São Paulo: Malheiros, 2007.

MELLO, Oswaldo Aranha Bandeira de. Servidão pública sobre os terrenos reservados. *RDA* 5/26 e 6/20.

MENEGALE, Guimarães. Contribuição à teoria do processo administrativo. *RDA* 2, fasc. 2, p. 473.

MENEGALE, Guimarães. *Direito administrativo e ciência de administração*. Rio de Janeiro: Borsoi, 1957.

MERKL, Adolfo. *Teoria general del derecho administrativo*. México: Editora Nacional, 1980.

MIRABETE, Julio Fabbrini. *Manual de direito penal*. 19. ed. São Paulo: Atlas, 2004. v. III.

MIRANDA, Pontes de. *Tratado de direito privado*. Rio de Janeiro: Borsoi, 1954/1956. t. 2 e 14.

MODESTO, Paulo. A reforma previdenciária e as peculiaridades do regime previdenciário dos agentes públicos. *Revista Brasileira de Direito Privado*. Belo Horizonte: Fórum, ano I, nº 2, p. 141-183, jul./set. 2003.

MODESTO, Paulo. Decisão Coordenada: experimentação administrativa processual. *Revista Conjur*, 30 maio 2022.

MORAES, Alexandre de. *Direito constitucional*. São Paulo: Atlas, 2000.

MORAES, Alexandre de. A inconstitucionalidade parcial do *caput* do art. 21 da Lei de mandado de segurança (Lei nº 12.016/2009). In: *Revista de Direito Administrativo*. Rio de Janeiro: FGV, v. 252, set./dez. 2009, p. 11-14.

MORAND-DEVILLER, Jacqueline. *Droit administratif*. 13. ed. Paris: LGDJ, 2013.

MORAND-DEVILLER, Jacqueline. As mutações do Direito Administrativo francês. *Revista de Direito Administrativo & Constitucional*, ano 12, nº 50, out./dez. 2012. Belo Horizonte: Fórum, p. 51-65.

MOREIRA, Vital. Os serviços públicos tradicionais sob o impacto da União Europeia. *Revista de Direito Público da Economia*. Belo Horizonte: Editora Fórum, nº 1, p. 227-279, jan./fev./mar. 2003.

MOREIRA NETO, Diogo de Figueiredo. *Legitimidade e discricionariedade*. Rio de Janeiro: Forense, 1989.

MOREIRA NETO, Diogo de Figueiredo. *Curso de direito administrativo*. Parte introdutória. Parte geral. Parte especial. Rio de Janeiro: Forense, 2006.

MOREIRA NETO, Diogo de Figueiredo. *Curso de direito administrativo*. 15. ed. Rio de Janeiro: Forense, 2009.

MOTTA, Fabrício. Decisão coordenada: a boa novidade. *Revista Conjur*, 21 out. 2021.

MUKAI, Toshio. *O novo estatuto jurídico das licitações e contratos públicos*. São Paulo: Revista dos Tribunais, 1994.

MUKAI, Toshio. *Direito administrativo e empresas do Estado*. Rio de Janeiro: Forense, 1984.

NAUFEL, José. *Novo dicionário jurídico brasileiro*. 7. ed. São Paulo: Parma, 1984.

NEGRÃO, Theotônio. *Código de processo civil*. São Paulo: Revista dos Tribunais, 1988.

NOGUEIRA, Antonio de Pádua Ferraz. *Desapropriação e urbanismo*. São Paulo: Revista dos Tribunais, 1981.

NUCCI, Guilherme de Souza. *Código Penal comentado*. São Paulo: Revista dos Tribunais, 2000.

NUNES, Antonio de Pádua. *Código de águas*. São Paulo: Revista dos Tribunais, 1980.

OLIVEIRA, Fernando Andrade de. Conceituação do direito administrativo. *RDA* 120/14 e 121/16.

OLIVEIRA, J. E. Abreu. *Aposentadoria no serviço público*. São Paulo: Freitas Bastos, 1970.

OLIVEIRA, Régis Fernandes de. *Ato administrativo*. São Paulo: Revista dos Tribunais, 1978.

ORLANDO, Vittorio Emmanuele. *Principii di diritto amministrativo*. Florença: G. Barbera, 1919.

ORLANDO, Vittorio Emmanuele. Il sistema del diritto amministrativo. In: *Primo Trattato completo di diritto amministrativo italiano*. Milão: Societá Editrice Libreria, 1900.

ORTIZ, Gaspar Ariño. *Teoria del equivalente economico en los contratos adminstrativos*. Madri: Instituto de Estudios Administrativos, 1968.

PASSOS, J. J. Calmon. *Mandado de segurança coletivo. Mandado de injunção. Habeas data*. Rio de Janeiro: Forense, 1989.

PINTO, Bilac. O declínio das sociedades de economia mista e o advento das modernas empresas públicas. *RDA* 32/1.

RAMOS, Dora Maria de Oliveira. *Terceirização na administração pública*. São Paulo: LTr, 2001.

RAO, Vicente. *Ato jurídico*. São Paulo: Max Limonad, 1961.

REALE, Miguel. *Revogação e anulamento do ato administrativo*. Rio de Janeiro: Forense, 1980.

REALE, Miguel. *Filosofia do direito*. 4. ed. São Paulo: Saraiva, 1965.

REALE, Miguel. *Nova fase do direito moderno*. São Paulo: Saraiva, 1990.

REFORMA ADMINISTRATIVA. São Paulo: Atlas, 1991.

REGIME JURÍDICO DOS SERVIDORES PÚBLICOS CIVIS DA UNIÃO. São Paulo: Atlas, 1991.

REQUIÃO, Rubens. *Curso de direito comercial*. São Paulo: Saraiva, 1977. v. 2.

RETORTILLO, Sebastian. Il diritto civile nella genesi del diritto amministrativo e dei suoi instituti. *Rivista Trimestrale di Diritto Pubblico*, v. 9, p. 698-735, 1959.

RIGOLIN, Ivan Barbosa. *O servidor público na Constituição de 1988*. São Paulo: Saraiva, 1989.

RIGOLIN, Ivan Barbosa. A verdadeira "precariedade" das permissões. *Boletim de Direito Administrativo*. NDJ, São Paulo, p. 634, out. 1988.

RIVERO, Jean. *Droit administratif*. Paris: Dalloz, 1973.

RIVERO, Jean. *Direito administrativo*. Coimbra: Ehrhardt Soares, Almedina, 1981.

RIVERO, Jean. *Curso de direito administrativo comparado (apostila)*. Trad. Odete Medauar. São Paulo, 1984.

SALOMÃO FILHO, Calixto. *Regulação e atividade econômica*: princípios e fundamentos jurídicos. São Paulo: Malheiros, 2001.

SANTOS, J. M. de Carvalho. *Código Civil brasileiro interpretado*. Rio de Janeiro-São Paulo: Freitas Bastos, 1944, v. 2.

SANTOS, Ulderico Pires dos. *Mandado de injunção*. São Paulo: Paumape, 1988.

SARMENTO, Daniel. *Interesses públicos versus interesses privados*: desconstruindo o princípio da supremacia do interesse público. Rio de Janeiro: Lumen Juris, 2005.

SILVA, Almiro do Couto e. O princípio da segurança jurídica (proteção à confiança) no direito público brasileiro e o direito da administração pública de anular seus próprios atos administrativos: o prazo decadencial do art. 54 da lei do processo administrativo da União (Lei nº 9.784/99). *Revista Brasileira de Direito Público – RBDP*, v. 2, nº 6, p. 7-59, jul./set. 2004.

SILVA, José Afonso da. *Curso de direito constitucional positivo*. São Paulo: Revista dos Tribunais, 2003.

SILVA, José Afonso da. *Comentário contextual à Constituição*. São Paulo: Malheiros, 2005.

SILVA, Juary C. *A responsabilidade do Estado por atos judiciários e legislativos*. São Paulo: Saraiva, 1985.

SILVA, Virgílio Afonso da. *A constitucionalização do direito*: os direitos fundamentais nas relações entre particulares. São Paulo: Malheiros, 2007.

SODRÉ, Eurico. *A desapropriação*. São Paulo: Saraiva, 1955.

SUNDFELD, Carlos Ari. Função social da propriedade. *Temas de direito urbanístico*, 1, São Paulo: Revista dos Tribunais, p. 1-22, 1987.

TÁCITO, Caio. *Direito administrativo*. São Paulo: Saraiva, 1975.

TEIXEIRA, J. H. Meirelles. Permissão e concessão de serviço público. *RDP* 6/100 e 7/114.

TEMER, Michel. Inativos e direito adquirido. *Revista do Advogado*. Associação dos Advogados de São Paulo, ano XXIII, nº 73, p. 143-145, nov. 2003.

TENÓRIO, Igor. *Curso de direito agrário brasileiro*. São Paulo: Saraiva, 1984.

ULLA, Decio Carlos. Concepto y caracteres del acto administrativo. In: Vários autores. *Acto administrativo*. Buenos Aires: Astrea, 1982.

VEDEL, Georges; DELVOLVÉ, Pierre. *Droit administratif*. Paris: Presses Universitaires de France, 1964.

VEDEL, Georges; DELVOLVÉ, Pierre. Paris: Presses Universitaires de France, 1984.

VILLA, Jesús Leguina. A Constituição Espanhola e a fuga do direito administrativo. *Revista de Direito Administrativo Aplicado*, ano 2, nº 6, set. 1995.

WADE, H. W. R. *Derecho administrativo*. Madri: Instituto de Estudios Políticos, 1971.

WALLBACH, Rafael Schwind. *O Estado acionista. Empresas estatais com participação estatal*. São Paulo: Almedina, 2017.

WILLEMAN, Flávio de Araújo. *Responsabilidade civil das agências reguladoras*. Rio de Janeiro: Lumen Juris, 2005.

ZANCANER, Weida. *Responsabilidade extracontratual da administração pública*. São Paulo: Revista dos Tribunais, 1981; 2. ed. São Paulo: Malheiros, 2008.

ZANCANER, Weida. *Da convalidação e da invalidação dos atos administrativos*. São Paulo: Revista dos Tribunais, 1990.

ZANOBINI, Guido. *Corso di diritto amministrativo*. Milão: Giuffrè, 1968. v. 4.

Índice Remissivo

ABUSO DE AUTORIDADE
crime de *244*
de poder *244, 882*

AÇÃO CIVIL PÚBLICA *927*
e defesa do consumidor *906*
e mandado de segurança coletivo *905*
e meio ambiente *905*
e patrimônio público *905*
e tombamento *906*
funções do Ministério Público *907*
inquérito civil *907*
interesse coletivo *905*
interesse difuso *905*
objeto *907*
origem *903*
pressupostos *905*
processo *908*
sujeitos *906*

AÇÃO JUDICIAL DE IMPROBIDADE *926*

AÇÃO POPULAR
cidadão *897*
competência *903*
conceito *897*
contra omissão *899*
custas *903*
evolução *896*
liminar *903*
objeto *902*
patrimônio público *898*
posição do Ministério Público *901*
prescrição *903*
pressupostos *897*
preventiva *899*
processo *902*
recursos *903*
sujeitos *899*

ACESSO
conceito *688*

ACORDO DE NÃO PERSECUÇÃO CIVIL *927, 942*

ACUMULAÇÃO DE CARGOS
e proventos *643*
exceções *641*
vedação *641*

ADESÕES *237*

ADMINISTRAÇÃO
e autonomia *457*
e governo *64*
e propriedade *63*
o vocábulo *63*

ADMINISTRAÇÃO CONTRATADA
conceito *339*
empreitada *338*

ADMINISTRAÇÃO INDIRETA *457*
agências *518*
atividade econômica *463*
autarquias *512*
bens *516*
constituição *463*
controle administrativo das entidades *542*
descentralização *457*
desconcentração *457*
direito positivo *462*
entidades *466*
fundações públicas *512*
na Constituição *464*
natureza jurídica dos bens das entidades *516*
no Estado de São Paulo *464*
no Município de São Paulo *464*
regime jurídico *466*
serviço público *462, 463*
tutela das entidades *542*

ADMINISTRAÇÃO PÚBLICA *63*
aspecto objetivo *64*
aspecto subjetivo *65*
direito positivo *70*
e governo *64*
em juízo *852*
fomento *67*
função administrativa *64*
função política *65*
governo *65*
monopólio *69*
o vocábulo *63*
polícia administrativa *67*
propriedade *63*
sentido objetivo *67*
sentido subjetivo *69*

ADMISSÃO
conceito *231*

AFETAÇÃO
dos bens do domínio público *767*

AFORAMENTO
e bens públicos *793*

AGÊNCIA
executiva *520*
o vocábulo *518*
reguladora *521*

AGÊNCIAS *527*

AGENTE POLÍTICO
conceito *604*
função política *605*

AGENTE PÚBLICO *943*

AGENTES PÚBLICOS *923*
classificação *604*
conceito e caractérísticas *603*
curador *597*
relações do Estado com *597*
teoria da imputabilidade *597*
teoria da representação *597*
teoria do mandato *597*
teoria do órgão *597*
tutor *597*

ÁGUAS PÚBLICAS
categorias *815*
zona contígua *775*
zona econômica exclusiva *775*

ALVARÁ
conceito *239*

ANÁLISE DO IMPACTO REGULATÓRIO *529*

ANULAÇÃO
conceito *240*
do ato administrativo *240*
efeitos *240*
súmulas do STF *241*

APOSENTADORIA
conceito *644*
regime previdenciário *644*

APROVAÇÃO
conceito *235*

ATIVIDADE ECONÔMICA
intervenção *69*

ATO ADMINISTRATIVO *203*
admissão *234*
alvará *239*
anulação *240*
anulável *248*
aprovação *235*
atos administrativos *206*
atos administrativos puros *228*
atos da administração *203*
atos de conhecimento, opinião, juízo ou valor *203*
atos de direito privado *203*
atos gerais *230*
atos materiais *203*
atos negociais *228*
atributos *208*
autoexecutoriedade *210*
caducidade *240*
capacidade *212*
cassação *240*
circular *239*
classificação *227*
competência *212*
complexo *229*
composto *230*
conceito *205*
condição *212*
confirmação *251*
constitutivo *231*
consumado *231*
conteúdo *222, 232*
contraposição *240*
convalidação *249*
conversão *250*
declaratório *231*
decreto *238*
de gestão *228*
de império *227*
despacho *239*
despacho normativo *239*
destinatários *230*
discricionário *220*
e atos da administração *228*
e atos de direito privado *228*
efeitos *231*
efeitos jurídicos *207*
elementos *212*
em espécie *231*
enunciativo *231*
executoriedade *211*
exequibilidade *231*
extinção *240*
fatos da administração *203*
finalidade *218*

forma *215*
formação da vontade *229*
homologação *235*
imperatividade *210*
imperfeito *231*
individual *230*
inexistente *248*
invalidação *240*
licença *231*
meros atos administrativos *231, 238*
motivação *219*
motivo *222*
motivo *218*
negócios jurídicos *228*
normativo *203, 230*
objeto *215*
origem da expressão *204*
parecer *235*
pendente *231*
perfeito *231*
permissão *231, 234*
políticos *203*
portaria *238*
prerrogativas *227*
presunção de legitimidade *208*
presunção de veracidade *209*
regime jurídico *207*
relativos ao sujeito *243*
requisitos *212*
resolução *238*
revogação *240*
revogação *251*
silêncio *217, 221*
simples *229*
sujeito *212*
teoria dos motivos determinantes *219*
termo *212*
tipicidade *211*
vícios *243*
vinculado *220*
visto *238*

ATO CONSUMADO
conceito *231*

ATO IMPERFEITO
conceito *231*

ATO NORMATIVO
conceito *203*

ATO PENDENTE
conceito *231*

ATO PERFEITO
conceito *231*

ATO POLÍTICO
e ato não exclusivamente político *845*
e ato quase político *845*

ATOS DE IMPROBIDADE ADMINISTRATIVA *922*

AUTARQUIA
administração indireta *515*
autarquias *470*
capacidade de autoadministração *471*
características *471*
classificação *472*
conceito *471*
corporativa *473*
de serviço *473*
direitos e obrigações *472*
e descentralização *470*
evolução *470*
fundacional *473*
fundações públicas *515*
geográfica *473*
institucional *473*
o vocábulo *469*
pessoa jurídica pública *471*
princípio da especialização *471*
privilégios *515*
processo especial de execução *515*
pública *474*
territorial *473*

AUTOEXECUTORIEDADE *137*
atributo do ato administrativo *210*
conceito *210*
do poder de polícia *138*
e coercibilidade *138*
na requisição administrativa *152*
privilège daction doffice 211
privilège du préalable 211

AUTORIZAÇÃO *233*
acepções *232*
conceito *232*
de polícia *233*
de serviço público *233, 311*
de uso *232*

AUTOTUTELA
e controle administrativo *543*
e tutela *543*

BENS DE INTERESSE PÚBLICO
noção *155*

BENS DOMINICAIS
alienabilidade *771*
alienação *777*
conceito *771*
investidura *778*
modalidade de bem jurídico *769*
regime jurídico *772*
terras indígenas *775*
usucapião *773*
usucapião especial *773*
usucapião *pro labore* *773*

BENS MÓVEIS E SERVIÇOS EM DOAÇÃO *800*

BENS PÚBLICOS
  ação possessória *798*
  afetação *768*
  alienação *774, 776*
  arrendamento *792*
  classificação *765*
  comodato *785*
  conceito *767*
  da união *770*
  de domínio público *766*
  desafetação *771*
  de uso comum do povo *766*
  de uso especial *766*
  direitos reais *773*
  do domínio privado do estado *767*
  dominicais *766*
  enfiteuse *785*
  evolução *765*
  faixa de fronteira *775*
  impenhorabilidade *770*
  impossibilidade de oneração *770*
  imprescritibilidade *770*
  inalienabilidade *770*
  invenção *800*
  locação *785*
  natureza jurídica *768*
  patrimoniais disponíveis *767*
  patrimoniais indisponíveis *767*
  permissão de uso *787*
  regime jurídico *770, 772*
  terrenos reservados *802*
  uso privativo *785*

BENS VAGOS
  definição *800*

BLOQUEIO DE BENS *942*

BOAS PRÁTICAS ADMINISTRATIVAS *942*

CADUCIDADE
  do ato administrativo *240*

CARGO PÚBLICO
  acesso de estrangeiros *616*
  acumulação *643*
  conceito *612*
  e direito de acesso *616*
  efetivo *643*
  e funcionário público *612*
  em comissão *643*
  vitalício *689*

CASSAÇÃO
  do ato administrativo *240*

CATEGORIA JURÍDICA
  e servidão *162*

CESSÃO DE USO
  de terras públicas *775*
  e concessão *792*

CHAMAMENTO PÚBLICO *800*
  no procedimento de manifestação de interesse *328*
  para seleção de organização da sociedade civil *583*

CIRCULAR
  conceito *239*

CLÁUSULA EXORBITANTE
  conceito *275*

COISA JULGADA ADMINISTRATIVA
  noção *838*

COMMON LAW
  ato administrativo no sistema da... *205*

COMPETÊNCIA
  requisito do ato administrativo *212*

COMPRA E ALIENAÇÃO
  normas pertinentes *267*

CONCEITO JURÍDICO INDETERMINADO
  finalidade *222*
  motivo *222*

CONCEITO LEGAL *488*

CONCEITOS JURÍDICOS INDETERMINADOS *529*

CONCEITOS TÉCNICOS *529*

CONCESSÃO
  conceito *298*
  constitutiva *299*
  modalidades *298*
  translativa *299*

CONCESSÃO DE DIREITO REAL DE USO
  características *785*
  conceito *785*

CONCESSÃO DE OBRA PÚBLICA
  conceito *335*

CONCESSÃO DE SERVIÇO PÚBLICO *300*
  caducidade *306*
  conceito *303*
  encampação *306*
  energia elétrica *303*
  evolução *302*
  intervenção *308*
  licitação *312*
  permissão *311*
  prestadoras de serviços públicos *306*
  reversão *307*
  subconcessão *309*
  subcontratação *309*
  transferência *309*
  usuário tem direito *306*

CONCESSÃO DE USO
    conceito *335*
    tutela *797*

CONCESSÃO PATROCINADA *314*

CONCURSO DE PROJETOS *579*

CONCURSO PÚBLICO
    para ingresso de servidor público *619*

CONFIRMAÇÃO
    conceito *251*

CONSEQUENCIALISMO *944*

CONSITUCIONALIZAÇÃO *26*
    conceito *26*
    efeitos *27*

CONSÓRCIO PÚBLICO
    associação pública *533*
    conceito *533*
    de direito privado *535*
    natureza jurídica *533*

CONTENCIOSO ADMINISTRATIVO
    conceito *718*
    na Constituição *718*

CONTRAPOSIÇÃO
    conceito *240*

CONTRATAÇÃO PÚBLICA *265*

CONTRATO ADMINISTRATIVO *259*
    administração contratada *339*
    álea administrativa *286*
    álea econômica *287*
    álea ordinária *286*
    alteração unilateral *288*
    anulação *282*
    autotutela *282*
    características *268*
    cláusulas exorbitantes *263*
    concessão *298*
    concessão de obra pública *335*
    concessão de serviço público *300*
    concessão de uso *336*
    consórcio administrativo *350*
    contrato de adesão *313*
    contratos de direito privado *261*
    convênio *347*
    de fornecimento *298*
    de gestão *344*
    de prestação de serviços *336*
    empreitada *338*
    espécie do gênero contrato *261*
    exceptio non adimpleti contractus 285
    fato da administração *287*
    fato do príncipe *285, 287*
    fatos imprevistos *294*
    finalidade *269*
    fiscalização *279*
    força maior *286*
    forma *269*
    garantia *275*
    legislação ordinária *266*
    mutabilidade *285*
    natureza jurídica *301*
    normas constitucionais *265*
    penalidades *279*
    prerrogativas *263*
    procedimento *273*
    rebus sic stantibus 291
    retomada do objeto *284*
    tarefa *340*
    teoria da imprevisão *291*

CONTRATO COM PRAZO INDETERMINADO *789*

CONTRATO DE ADESÃO *233*

CONTRATO DE DESEMPENHO *32, 33, 521*

CONTRATO DE PROGRAMA
    convênio de cooperação *539*
    e consórcio público *538*

CONTRATO DE RATEIO
    e consórcio público *537*

CONTRATOS *507*

CONTRATOS ADMINISTRATIVOS
    extinção unilateral *278*

CONTROLE
    administrativo *831*
    concomitante *830*
    de legalidade *831*
    de mérito *831*
    de resultados *545*
    externo *830*
    interno *830*
    ou tutela *832*

CONTROLE JURISDICIONAL
    da Administração Pública *852*
    da legalidade *844*
    da moralidade *844*
    de mérito *844*
    de políticas públicas *846*
    do ato *interna corporis 845*
    do ato normativo *845*
    do ato político *845*
    limites *844*
    meios *868*
    remédios constitucionais *868*
    sistema de unidade de jurisdição *844*
    tutela antecipada *866*

CONTROLE LEGISLATIVO
    alcance *840*
    controle financeiro *842*
    controle judicial *844*
    controle político *841*

CONVALIDAÇÃO
    conceito *249*

CONVÊNIO
conceito 347
e contrato 347

CONVÊNIOS 237

CONVERSÃO
conceito 251

DA LEI ANTICORRUPÇÃO 951

DECISÃO COORDENADA 719

DECISÕES COORDENADAS 229

DECLARATÓRIO 231

DECRETO
modalidades 238

DEFESA DOS USUÁRIOS DOS SERVIÇOS PÚBLICOS DA ADMINISTRAÇÃO PÚBLICA 29

DESAFETAÇÃO
conceito 771
expressa 771
pelo não uso 771
tácita 771

DESAPROPRIAÇÃO 170
benfeitorias 183
caducidade 176
competência 181
conceito 171
correção monetária 185
de bensa da administração indireta 182
decisão executória 175
destino dos bens desapropriados 190
direito real 195
domínio eminente 182
evolução 170
fase declaratória 174
fase executória 174
forma originária de aquisição 186
fundo de comércio 185
honorários advocatícios 184
imissão provisória na posse 188
imóvel rural 179
indenização 182, 186
indireta 193
interesse social 192
modalidades 171
natureza jurídica 186
necessidade pública 180
objeto 181
por descumprimento da função social da propriedade urbana 172
por descumprimento de função social da propriedade rural 173
por interesse social 170, 181
pressupostos 180
procedimento 174
processo judicial 178
propriedade produtiva 182
reforma agrária 170, 179
retrocessão 195, 196
sancionatória, modalidades 171
solo urbano não edificado, subutilizado ou não utilizado 181
sujeitos ativo e passivo 179
utilidade pública 179
valor do bem expropriado 183

DESCENTRALIZAÇÃO
administrativa 457
autonomia 457
conceito 457
e desconcentração 457
funcional 458
geográfica 458
política 457
por colaboração 458, 460
por serviços 458
princípio da especialidade 459
técnica 458
territorial 458
tutela 460

DESCONCENTRAÇÃO
conceito 457

DESPACHO
conceito 239
normativo 239

DESVIO DE PODER
conceito 218

DIREITO ADMINISTRATIVO 1
formação 1

DIREITO À INFORMAÇÃO 377

DIREITO À INFORMAÇÃO
mandado de segurança 879

DIREITO DE PETIÇÃO
e recurso administrativo 833

DIREITOS DOS USUÁRIOS DE SERVIÇOS PÚBLICOS 124

DISCIPLINAR 107

DISCRICIONARIEDADE
âmbito de aplicação 221
atos discricionários 226
conceito 219
conceito jurídico indeterminado 222
controle pelo poder judiciário 226
em relação à finalidade 221
em relação à forma 222
em relação ao momento 221
em relação ao sujeito 221
e vinculação 219
justificação 220
legalidade e mérito do ato administrativo 223
limites 226

DISCRICIONARIEDADE TÉCNICA *528*

DOMÍNIO EMINENTE
conceito *182*

EMPREGO PÚBLICO
acumulação *641*
conceito *613*

EMPRESA ESTATAL
alcance da expressão *482*
distinção quanto ao tipo de atividade *483*

EMPRESA PÚBLICA
características *490*
controle *510*
forma de organização *490*
pluripessoal *495*
responsabilidade *514*
unipessoal *495*

ENCAMPAÇÃO
conceito *306*

ENFITEUSE
e bens públicos *793*

ENTIDADE PARAESTATAL
significado *555*

ENTIDADES DA ADMINISTRAÇÃO INDIRETA
modalidades *465*
natureza jurídica *465*
regime jurídico *466*

ENTIDADES DE APOIO
conceito e características *565*

ERRO MANIFESTO *529*

ESTATUTO JURÍDICO *485*

EXCEPTIO NON ADIMPLETI CONTRACTUS
e continuidade do serviço público *123*

EXCESSO DE PODER
conceito *244*
e desvio de poder *244*

EXECUTORIEDADE
do poder de polícia *137*
e autoexecutoriedade *137*

EXEQUIBILIDADE
do ato administrativo *231*

FAIXA DE FRONTEIRA
conceito *814*

FALÊNCIA
das empresas estatais *515*

FALTA RESIDUAL
conceito *702*

FATO DA ADMINISTRAÇÃO
conceito *203*

FINALIDADE
conceito *218*

FISCALIZAÇÃO *508*

FONTES DO DIREITO ADMINISTRATIVO
classificação *45*

FORMA
como elemento do ato administrativo *215*
conceito *231*

FUNÇÃO
conceito *612*
modalidades *612*

FUNÇÃO ADMINISTRATIVA
características *65*

FUNÇÃO POLÍTICA
conceito *66*

FUNÇÃO QUASE JUDICIAL *528*

FUNÇÃO SOCIAL *500*

FUNÇÃO SOCIAL DA PROPRIEDADE
aspecto negativo *145*
aspecto positivo *145*
desapropriação *145*
e doutrina social da Igreja *147*
no direito brasileiro *146*
poder de polícia *144*

FUNCIONÁRIO PÚBLICO
livre associação sindical *638*
regime estatutário *612*
servidor público *612*

FUNDAÇÃO
conceito *475*
de direito privado *476*
de direito público *481*
direito positivo *478*
fundações *475*
governamental *476*
natureza jurídica *475*

FUNDAÇÕES DE APOIO
características *565*
e organizações da sociedade civil *569*

GOVERNO DIGITAL *38*

GREVE
nos serviços públicos *638*

HABEAS CORPUS
conceito 868
doutrina brasileira 868
pressupostos 869

HABEAS DATA
conceito 869
e direito à informação 870
finalidade 869

HIERARQUIA 108
decorrentes da 108

HOMOLOGAÇÃO
conceito 235

ILHAS
públicas 814
titularidade 814

ILÍCITO ADMINISTRATIVO
falta residual 702
incontinência pública e escandalosa 703
procedimento irregular 703

IMPERATIVIDADE
conceito 210

IMPROBIDADE
agente público 928
ato ilícito 920
competência para legislar 924
dolo ou culpa 936
do presidente da república 922
e crime de responsabilidade 923
e imunidade parlamentar 930
elementos constitutivos 928
evolução 921
procedimento administrativo 940
sanção 924
sujeito ativo 928

INDISPONIBILIDADE DE BENS 927, 942

INOVAÇÃO TECNOLÓGICA 38
fundamento constitucional 38
inteligência artificial 38

INQUÉRITO CIVIL 927, 941

INTERESSE COLETIVO
conceito 905

INTERESSE DIFUSO
conceito 905

INTERESSE PÚBLICO
desvio de poder 82
supremacia do 81

INTERVENÇÃO
conceito 69

LEGITIMAÇÃO DE POSSE
de bens públicos 779

LEI DE EFEITO CONCRETO
e desapropriação 175
e responsabilidade do Estado 750

LEI Nº 14.133, DE 1º-4-21 80

LICENÇA
ato declaratório 231, 234
ato negocial 228
conceito 234
e autorização 232

LICITAÇÃO 503
dispensada 403
objetivos 372

LIMITAÇÕES ADMINISTRATIVAS
e poder de polícia 135

LIMITAÇÕES ADMINISTRATIVAS À PROPRIEDADE
conceito 145
fundamento 150
indenização 150

LINDB 927

LOCAÇÃO
de bem público 792
e concessão de uso 792

MANDADO DE INJUNÇÃO
origem 872

MANDADO DE SEGURANÇA
coisa julgada 890
conceito 880
contra decisão judicial 886
direito comprovado de plano 882
direito líquido e certo 882
e ação civil pública 903
e direito à informação 884
lei em tese 884
liminar 890
omissão 886
origem 879
prazo 892
pressupostos 880
preventivo 882
processo 887
recursos 888
restrições 884

MANDADO DE SEGURANÇA COLETIVO
conceito e características 893

MANIFESTAÇÃO DE INTERESSE 800

MARCO LEGAL DO SANEAMENTO BÁSICO *817*

MAR TERRITORIAL
conceito *775*

MEDIDAS SANCIONATÓRIAS *928*

MÉRITO
controle *831*

MINAS E JAZIDAS
conceito *817*
evolução *818*

MINISTÉRIO PÚBLICO *926*, *941*

NEGÓCIO JURÍDICO
conceito *228*

NOMEAÇÃO
provimento originário *686*

NORMAS DE CONTEÚDO TÉCNICO *528*

NOTA DE EMPENHO
conceito *270*

NOVO REGIME FISCAL *683*

OCUPAÇÃO TEMPORÁRIA
conceito *150*
desapropriações *151*
direito positivo *150*
restrição à propriedade *144*

ORDEM DOS ADVOGADOS DO BRASIL OAB
natureza jurídica *474*

ORGANIZAÇÃO DA SOCIEDADE CIVIL
características *580*

ORGANIZAÇÃO DA SOCIEDADE CIVIL DE INTERESSE PÚBLICO
características *577*
conceito *576*

ORGANIZAÇÃO DA SOCIEDADE CIVIL OSC
chamamento público *583*
terceiro setor *580*

ORGANIZAÇÃO SOCIAL
características *571*
conceito *570*
e organização da sociedade civil de interesse público *576*

ÓRGÃO PÚBLICO
centrais *599*
classificação *599*
conceito *598*
natureza *599*
teoria do órgão *597*
teorias *597*

ÓRGÃOS DE ADMINISTRAÇÃO *498*

PARCELAMENTO DO SOLO
restrição à propriedade *143*

PARCERIAS PÚBICO-PRIVADAS *178*

PARCERIAS PÚBLICO-PRIVADAS
concessão administrativa *314*
direito positivo *314*
lei de responsabilidade fiscal *325*
licitação *324*

PARCERIAS VOLUNTÁRIAS
e organizações da sociedade civil *580*

PARTIDOS POLÍTICOS *949*

PEDIDO DE RECONSIDERAÇÃO
conceito *836*

PENSÃO
conceito *644*
valor *670*

PERMISSÃO
conceito *234*

PERMISSÃO DE SERVIÇO PÚBLICO
e concessão *311*

PERMISSÃO DE USO
condicionada *788*
precariedade *785*, *788*
qualificada *788*

PERMUTA *403*

PESSOA JURÍDICA PÚBLICA
características *466*
e pessoas privadas *466*
regime jurídico *466*

PLATAFORMA CONTINENTAL
exploração *775*

PODERES DA ADMINISTRAÇÃO *103*
disciplinar *107*
discricionário *103*
normativo *103*, *104*, *106*
poder de polícia *137*
poder-dever *103*
regulamentar *104*
vinculado *103*

POLÍCIA ADMINISTRATIVA
conceito *68*
polícia de segurança *134*
polícia judiciária *136*
polícias especiais *134*

POLÍCIA JUDICIÁRIA
conceito *136*
e polícia administrativa *136*

POLÍTICAS PÚBLICAS
conceito e competências 846
controle judicial 847

PORTARIA
conceito 238

PRECATÓRIOS 855
acordo de pagamento 860

PRERROGATIVAS
da Administração Pública 74

PRESCRIÇÃO
administrativa 839
interrupção 866
quinquenal 515
suspensão 865

PRESERVAÇÃO DA VIDA DA EMPRESA 926

PRESUNÇÃO DE LEGITIMIDADE E VERACIDADE
atributo do ato administrativo 208
justificativa 208
significado 208

PRINCÍPIO DA COMPETITIVIDADE 376
PRINCÍPIO DA IMPESSOALIDADE 375
PRINCÍPIO DO CONSEQUENCIALISMO 943
PRINCÍPIO DO JULGAMENTO OBJETIVO 375
PRINCÍPIO DO NON BIS IN IDEM 926, 954

PRINCÍPIOS
atipicidade 727
autotutela 85
classificação 79
continuidade do serviço público 86
contraditório 725
controle 85
da administração pública 79
economia processual 729
eficiência 96
especialidade 84
finalidade pública 83
gratuidade 725
hierarquia 86
legalidade 81
participação popular 730
pluralidade de instâncias 729
proporcionalidade 93
publicidade 87
razoabilidade 93
segurança jurídica 102
supremacia do interesse público 81
tutela 85

PRINCÍPIOS DA ADMINISTRAÇÃO PÚBLICA 926

PRIVILÈGE DACTION DOFFICE
significado 211

PRIVILÈGE DU PRÉALABLE
significado 211

PRIVILÉGIOS

duplo grau de jurisdição 854
juízo privativo 852
prazos dilatados 854

PROCEDIMENTO DE MANIFESTAÇÃO DE INTERESSE
conceito e características 328

PROCEDIMENTO INVESTIGATIVO 941

PROCEDIMENTO INVESTIGATÓRIO 927

PROCESSO
conceito 715
estatal 715
o vocábulo 715

PROCESSO ADMINISTRATIVO
a expressão 716
contencioso administrativo 717
contraditório 725
de expediente 718
disciplinar 731
e procedimento 716
gracioso 717
gratuidade 725
informalismo 724
jurídico 718
modalidades 717
oficialidade 723
princípios 722
sigilo 723
sumário 734
técnico 718

PROCESSO ADMINISTRATIVO DISCIPLINAR
e responsabilidade do servidor 696

PROCESSO ADMINISTRATIVO ELETRÔNICO
conceito e características 721

PROCESSO ELETRÔNICO 38

PROGRAMA DE AUTORIZAÇÕES FERROVIÁRIAS 233

PROMOÇÃO
conceito 688, 690
forma de vacância 690

PROVIMENTO
conceito 686
derivado 686
efetivo 689
em comissão 689
originário 686
vitalício 689

PUBLICIDADE 377

PUBLICIDADE
princípio 87
sigilo 87

READAPTAÇÃO
conceito *690*

RECLAMAÇÃO ADMINISTRATIVA
conceito *835*
e prescrição *835*

RECONDUÇÃO
do servidor público *689*

RECURSO ADMINISTRATIVO
conceito *832*
e entidade descentralizada *545*
efeitos *832*
fundamento *832*
hierárquico impróprio *836*
hierárquico próprio *836*
modalidades *833*
pedido de reconsideração *833*
representação *833*
revisão *833*

REFORMA AGRÁRIA
e desapropriação *170*

REGIME DE PAGAMENTO DE PRECATÓRIOS *859*

REGIME ESTATUTÁRIO
significado *606*

REGIME JURÍDICO *496*

REGIME JURÍDICO-ADMINISTRATIVO *73*
administração pública *73, 74*
poder de polícia *133*
prerrogativas e sujeições *133*
regime jurídico *74*
regime jurídico de direito privado *73*

REGISTRO DE PREÇOS *237*

REGULAMENTAÇÃO DA LEI Nº 14.133/21 *268*

REGULAMENTOS
modalidades *104*

REMUNERAÇÃO
conceito *691*

REPARTIÇÕES SEDIADAS NO EXTERIOR *268*

REPRESENTAÇÃO
conceito *833*
direito positivo *833*

REQUISIÇÃO ADMINISTRATIVA
conceito *152*
de bens *153*
de serviços *153*
e desapropriação *154*
em tempo de guerra *152*
em tempo de paz *152*
restrição à propriedade *144*

RESOLUÇÃO
conceito *238*

RESPONSABILIDADE DO SERVIDOR
afastamento preventivo *697*
civil *694*
comunicabilidade de instâncias *700*
falta residual *702*
penal *698*
perdimento de bens *695*
sequestro *695, 697*
sindicância *734*
verdade sabida *734*

RESPONSABILIDADE E CONTROLE INTERNO *501*

RESPONSABILIDADE EXTRACONTRATUAL DO ESTADO
causas atenuantes *746*
causas excludentes *746*
conceito *739*
culpa da vítima *746*
direito positivo *743*
evolução *739*
força maior *748*
litisconsórcio *757*
os atos de gestão *741*
os atos de império *741*
por atos jurisdicionais *754*
por omissão *748*
reparação do dano *756*
responsabilidade objetiva *740*
teorias *740*

RESSARCIMENTO DOS DANOS *927*

RESTRIÇÕES DO ESTADO SOBRE A PROPRIEDADE PRIVADA *143*
evolução *143*
função social da propriedade *143*
fundamento *144*
limitações administrativas *148*
modalidades *143*
servidão administrativa *144*

RETIRADA
do ato administrativo *240*

REVERSÃO DOS BENS E VALORES *927*

REVOGAÇÃO
competência *252*
conceito *251*

SANÇÃO *77*

SANÇÃO DE POLÍCIA *112, 136*

SANÇÕES ADMINISTRATIVAS *955*

SERVIÇO PÚBLICO *113*
administrativo, comercial ou industrial *126*
atividade econômica *126*
classificação *125*
continuidade *123*
derivado *127*

elemento formal *117*
elemento material *120*
elemento subjetivo *119*
escola de *113*
evolução *116*
exceptio non adimpleti contractus *123*
exclusivo *128*
greve *123*
igualdade dos usuários *124*
impróprios *126*
mutabilidade *123*
não exclusivo *128*
originário *128*
princípios *123*
próprio *126*
regime jurídico *117*
sentido amplo *113*
uti singuli 127
uti universi 127

SERVIÇOS SOCIAIS AUTÔNOMOS
conceito e características *563*
e entes paraestatais *563*

SERVIDÃO ADMINISTRATIVA
aforamentos *168*
conceito *164*
direito real *163*
e limitação administrativa *164*
e servidão de direito privado *163, 164*
extinção *165*
forma de constituição *164*
indenização *166*
modalidades *167*
para aproveitamento das águas *168*
perpetuidade *165*
prescrição *166*
res dominans 163
res serviens 163
restrição à propriedade *144*
servidão de energia elétrica *169*
servidão sobre terrenos marginais *167*
servidões administrativas *166*

SERVIDOR PÚBLICO
acumulação de cargos *641*
afastamento *678*
agentes políticos *604*
agentes públicos *603*
agentes públicos em regime de subsídio *629*
cargo *612*
cargo em comissão *643*
cargos efetivos *643*
competência para fixação e alteração dos subsídios *629*
constituição *615*
contagem de tempo para aposentadoria *673*
contratação de estrangeiro *616*
demissão *690*
direito de acesso *616*
direitos e deveres *690*
direitos sociais *678*
empregados públicos *606*
emprego *678*
estabilidade *674*

exoneração *690*
função *612*
funcionário público *609, 612*
gestores de negócio *612*
gratificação *691*
ingresso *616*
investidura *686*
irredutibilidade de remuneração e subsídio *637*
particulares em colaboração com o poder público *612*
promoção *688, 690*
proventos *666*
provimento *686*
readaptação *690*
readmissão *686*
recondução *689*
regime de subsídios *627*
regime estatutário *606*
regime jurídico *614*
remuneração *625*
responsabilidade *692*
reversão *687*
servidores estatutários *606*
subsídios para os servidores organizados em carreira *630*
terminologia *603*
transposição *687*
vacância *690*
vencimentos *625*

SERVIDOR TEMPORÁRIO
regime jurídico *606*

SIGILO
no processo administrativo *723*

SILÊNCIO
efeitos *221*

SINDICÂNCIA
o vocábulo *734*

SOBREPREÇO
conceito *372*

SOCIEDADE DE ECONOMIA MISTA
conceito *469*
e atividade de natureza econômica *493*
servidores públicos *510*

SOLUÇÃO CONSENSUAL *927, 942*

STARTUPS 800

SUPERFATURAMENTO
conceito *372*

TEORIA DA IMPREVISÃO
conceito *291*

TEORIA DOS MOTIVOS DETERMINANTES
significado *219*

TERMOS DE COOPERAÇÃO *237*

TERRAS DEVOLUTAS

conceito *809*
evolução *809*
natureza jurídica *811*
processo de discriminação *813*
titularidade *812*

TERRAS INDÍGENAS
conceito *806*
na Constituição *807*
titularidade *807*

TERRENOS ACRESCIDOS
conceito *806*

TERRENOS DE MARINHA
conceito *805*
natureza *805*

TERRENOS MARGINAIS
servidão administrativa *805*

TERRENOS RESERVADOS
conceito *802*
natureza jurídica *803*

TIPICIDADE
atributo do ato administrativo *211*
conceito *211*

TOMBAMENTO *154*
restrição à propriedade *144*

TRIBUNAL DE CONTAS *942*

TUTELA
de legitimidade *544*
de mérito *544*
direito positivo *544*
e desconcentração *543*
e hierarquia *543*
preventiva *544*
repressiva *544*

USO DE BEM PÚBLICO
autorização de uso *786*
concessão *786*
modalidades *782*
precariedade *785*
revogação *785*
uso anormal *782*
uso comum *783*
uso comum extraordinário *784*
uso comum ordinário *784*
uso normal *782*
uso privativo *782, 785*
uso privativo *785*

USUCAPIÃO
de bens públicos *773*
especial *773*
pro labore *773*

USURPAÇÃO DE FUNÇÃO
conceito *244*

VACÂNCIA
conceito *690*
modalidade *690*

VANTAGEM PECUNIÁRIA
adicionais *691*
conceito *691*
gratificações *691*

VENCIMENTO
conceito *691*

VÍCIOS
abuso de autoridade *244*
abuso de poder *244*
ato de direito privado *243*
atos nulos *247*
desvio de poder *244*
do ato administrativo *243*
excesso de poder *244*
função de fato *244*
incapacidade *243*
incompetência *243*
nulidade absoluta *247*
nulidade relativa *247*
quanto à competência *244*
quanto ao motivo *246*
relativos à finalidade *246*
relativos à forma *246*
relativos ao objeto *245*
usurpação de função *244*

VISTO
conceito *238*

VITALICIEDADE
e estabilidade *689*
significado *689*

EITO
TRA

DIRE
MINIS